ביד"צ שע"י העדה החרדית שליט"א

BETH DIN TZEDEK OF THE ORTHODOX JEWISH COMMUNITY 26\A STRAUSS ST. JERUSALEM	בית דין צדק לכל מקהלות האשכנזים שע"י "העדה החרדית" פעיה"ק ירושלם תובב"א רח' שטראוס 26/א

FAX 02-6221317 פאקס TEL 02-6236550.טל P.O.B 5006 .ת.ד

ב"ה

הסכמת הביד"צ שליט"א

נודע בשערים המצוינים בהלכה גודל ענין החזרה והשינון לדעת את הדרך ילכון בה ואת המעשה אשר יעשון בפרט בהלכתא רברבתא כהלכות שבת וכדו' אשר לפעמים נצרך להם ואין פנאי לחפש מקורו בספר, וע"כ באו ונחזיק טובה להאי גברא יקירא הרה"ג ר' אהרן זליקוביץ שליט"א מעיר נ"י, אשר ערך ספר "חזרה ברורה" לפי סדר המשנה ברורה לחזור ולשנן הלכות שבת תחומין ועירובין שבמשנ"ב חלק ג' וד'.

והנה עבר על הספר ידידנו הגאון רבי חיים יוסף בלויא שליט"א מו"צ פעיה"ק רב שכו' פאג"י ומרבני ועד השחיטה דעדתינו, ומעיד כי הספר בנוי לתלפיות לתועלת ללומדים לשינון וחזרה, ע"כ אף ידינו תכון עמו לחלקו ביעקב ולהפיצו בישראל, והרוצים לידע את המעשה אשר יעשון עליהם לעיין בפנים הספר משנה ברורה ובהלכה, וכידוע מפי הפוסקים שאין לסמוך על ספרי הקיצורים ללא לימוד מקור הדברים בעיון כדת של תורה.

מי יתן וחפץ ה' בידיו של המחבר יצליח להגדיל תורה ולהאדירה מתוך שמחה ונחת וברכת ה' מלא, עדי נזכה לביאת גוא"צ אשר אליו מייחלים עינינו בקרוב הימים בב"א.

וע"ז באעה"ח ביום ז"ך לחודש תמוז - בין המצרים יהיה לששון ולשמחה - תשע"ה לפ"ק הביד"צ דפעיה"ק ת"ו

נאם יצחק טוביה ווייס – גאב"ד	נאם משה שטרנבוך – ראב"ד
נאם אברהם יצחק אולמאן	נאם נפתלי ה' פרנקל

בית דין צדק לכל מקהלות האשכנזים ע"י העדה החרדית
Beth Din Tzedek of the orthodox jewish community
Jerusalem
ירושלם ת"ו

קיבלנו בעד ספר "חזרה ברורה" על משנה ברורה

הרה"ג רב עזריאל אוירבאך שליט"א

בס"ד

הרב עזריאל אוירבאך
רב בית הכנסת "חניכי הישיבות", בית וגן
רח' הפסגה 53, בית וגן, ירושלים

Rabbi Azriel Auerbach
Rabbi of "Chaniche Hayeshivot"
53 Hapisga St., Bayit Vegan, Jerusalem

בס"ד

ראיתי את הספר "חזרה ברורה" הנועד לאלו אשר כבר
עסקו בעיון בשו"ע ובס' משנה ברורה - לקיים ושננתם
ובפרט בדבר הלכה בעניני או"ח אשר יום יום ידרושון
לדעת את הדרך ילכו בה. והנה המחבר עשה עבודה
יפה ומתוקנת ערוך ומסודר במעשה אומן לשם שינון הלכה
בבחינת נר לרגלי דבריך ואור לנתיבתי.
וברכה להמשך זיכוי הרבים להחדרת ההלכה היום
יומית מתוך הרחבת הדעת.

עזריאל אוירבאך

בס"ד

ראיתי את הספר "חזרה ברורה" הנועד לאלו אשר כבר עסקו בעיון בשו"ע ובס' משנה ברורה - לקיים ושננתם ובפרט בדבר הלכה בעניני או"ח אשר יום יום ידרושון לדעת את הדרך ילכו בה, והנה המחבר עשה עבודה יפה ומתוקנת ערוך ומסודר במעשה אומן לשם שינון הלכה בבחינת נר לרגלי דבריך ואור לנתיבתי.

וברכה להמשך זיכוי הרבים להחדרת ההלכה היום יומית מתוך הרחבת הדעת.

עזריאל אוירבאך

קיבלנו בעד ספר "חזרה ברורה" על משנה ברורה

הרה"ג רב ישראל גנס שליט"א

הרב ישראל גנס
רח' פנים מאירות 2
קרית מטרסדורף, ירושלים 94423

בס"ד א' אלול תשע"ב

ישראל גנס

בס"ד א' אלול תשע"ב

ראיתי את הספר "חזרה ברורה" אשר הפליא לעשות האברך היקר הרב אהרן זליקוביץ שליט"א. בספר הזה יש עמל רב, יגיעה רבה, סדר נפלא, ובעיקר תועלת גדולה ללימוד המשנה ברורה שיוכלו לזכור את דבריו, הן המ"ב הן הבה"ל והן השעה"צ. ולא נצרכה אלא לברכה שיוסיף המחבר תת תנובה לזכות הרבים בעוד ספרים מועילים.

הכו"ח לכבוד התורה ועמליה פה עיה"ק ירושלים תובב"א
ישראל גנס

קיבלנו בעד ספר "חזרה ברורה" על משנה ברורה

הרה"ג רב שמואל פירסט שליט"א

Rabbi Shmuel Fuerst
6100 North Drake Avenue
Chicago, Illinois 60659
(773) 539-4241
Fax (773) 539-1208

בס"ד

הרב שמואל פירסט
דיין ומו"ץ אגודת ישראל
שיקאגא, אילינאי

ה' מנחם אב תשע"ב

ראיתי הספר "חזרה ברורה" שחיברו הר"ר אהרן זליקוביץ שליט"א
שכתוב בתוכו כל דברי המחבר והרמ"א וכמעט כל דברי המ"ב ושע"צ
וב"ה והכל ערוך בסדר נאה. והתועלת מהספר יהי' להלומדי המ"ב
שיוכלו לחזור על ספר מ"ב באופן קל להבין אותה על בוריה.
ובודאי ספר הנ"ל יהי' תועלת גדולה להרבה לומדי משנה ברורה שיהא להם
קל לחזור על דבריו כדי שיהיו בקיאין בדבריו ועי"ז יזכו לשמור ולעשות
ולקיים את דבר הלכה.
יהי רצון שיזכה המחבר שיתקבל הספר "חזרה ברורה" לפני כל הלומדים
הלכות אלו ויזכה לסיים כל שאר חלקים של המ"ב, ויזכה לשבת באהלה של
תורה כל ימי חייו.

הכו"ח לכבוד התורה,
בידידות,
שמואל פירסט

ה' מנחם אב תשע"ב

ראיתי הספר "חזרה ברורה" שחיברו הר"ר אהרן זליקוביץ שליט"א שכתוב בתוכו כל דברי המחבר והרמ"א וכמעט כל דברי המ"ב ושע"צ וב"ה, והכל ערוך בסדר נאה. והתועלת מהספר יהיה להלומדי המ"ב שיוכלו לחזור על ספר מ"ב באופן קל להבין אותה על בוריה.

ובודאי ספר הנ"ל יהיה תועלת גדולה להרבה לומדי משנה ברורה שיהא להם קל לחזור על דבריו כדי שיהיו בקיאין בדבריו ועי"ז יזכו לשמור ולעשות ולקיים את דבר הלכה.

יהי רצון שיזכה המחבר שיתקבל הספר "חזרה ברורה" לפני כל הלומדים הלכות אלו ויזכה לסיים כל שאר חלקים של המ"ב, ויזכה לשבת באהלה של תורה כל ימי חייו.

הכו"ח לכבוד התורה,
בידידות, שמואל פירסט

קיבלנו בעד ספר "חזרה ברורה" על משנה ברורה

הרה"ג רב שמואל פעלדער שליט"א

RABBI SHMUEL FELDER BETH MEDRASH GOVOAH LAKEWOOD N.J.08701	שמואל יצחק פעלדער דיין ומו"ץ בית מדרש גבוה לייקואוד נוי זשערזי

בעזהי"ת יום א' כ"א אייר תשע"ב לפ"ק

הן הובא לפני קונטרוס שחיברו ר' אהרן זליקוביץ שליט"א על משנה ברורה אשר בשם "חזרה ברורה" יקבנו המכיל בתוכו כל דברי המחבר והרמ"א ומ"ב, וגם תמצית דברי הביאור הלכה ושער הציון, הכל עורך בצורה מסודרת ומאירת עינים, באופן ששייך לחזור על ספר משנה ברורה עם תמצית בה"ל ושעה"צ באופן קל ובהיר בלא בלבול ועירבוביא.

ובודאי שיש בחיבור זה תועלת גדולה ללומדי משנה ברורה לחזור ולשנן הדברים בצורה מועילה ביותר למען תהיה תורתם בלבם ערוכה ושמורה להיות בקיאין בדבר הלכה ללמוד וללמד לשמור ולעשות ולקיים.

ועל כן אברך הרב המחבר שיזכה שיתקבלו הדברים באהבה ובשמחה לפני הלומדים ויזכה לחבר עוד חיבורים כזה ואחרים בתורה הקדושה ולשבת באהלה של תורה כל ימי חייו מתוך מנוחת הנפש והרחבת הדעת.

הכו"ח לכבוד התורה

שמואל יצחק פעלדער

הרה"ג רב יחזקאל רוטה שליט"א

RABBI Y. ROTH
1556-53RD STREET
BROOKLYN, N. Y. 11219
TEL:(718) 435-1502

יחזקאל רוטה

אבדק"ק קארלסבורג
בארא פארק ברוקלין, נ.י. יע"א

להי"ו

תפארת שבנצח למב"י לסדר כללותיה ופרטותיה ודיקדוקיה מסיני תשע"ד לפ"ק

בימי הספירה שמסוגלים מאד ללמוד הלכה ברורה, כמבואר בתשו' המפורסמת לכ"ק זקיני זי"ע בשו"ת מראה יחזקאל סי' ק"ד בשם רבו הרה"ק מרימנאב זי"ע, שכל ההלכות שנשתכחו בימי אבלו של משה והחזירן עתניאל בן קנז כדאיתא בתמורה ט"ז, היתה בימי העומר, וע"כ מסוגל מאד בימים הקדושים הללו לעשות חזרה על הלימוד שלא ישתכח, וע"ז רומז לשון והחזירן מלשון חזרה, וע"כ מאד מתאים כעת לחזק את ידי הרב המופלג צמ"ס כמוהר"ר **אהרן זליקוביץ** שליט"א שאיתמחי מכבר לערוך חיבור **חזרה ברורה** על המ"ב או"ח, ונתעטר בהמלצות והסכמות מגדולי הרבנים שיחי', ועל של עכשיו באתי מה שהוציא עתה חדש מן הישן על הלכות או"ה שביו"ד, ובוודאי יועיל להלומדים לחזור על לימודם, ודבר גדול עשה בזה שיהי' מוכן ומזומן לפני הלומד הלכות שירוץ בהם בלי גימגום וחיפוש, ובזה יתרבה יודעי דת ודין לזכור הלכה המביא לידי מעשה, והמחבר יהי' נמנה בין מזכי הרבים להגדיל תורה ולהאדירה, ויזכה להמשיך בעבוה"ק על מי מנוחות מתוך הרחבה וכט"ס עדי שיתרומם קה"ת וישראל ב"ב אמן.

הכו"ח לחיזוק תוה"ק ולומדיה

הק' יחזקאל רוטה

קיבלנו בעד ספר "חזרה ברורה" על יו"ד הלכות איסור והיתר

הקדמה

בעזה"י. תנא דבי אליהו: "כל השונה הלכות בכל יום מובטח לו שהוא בן עולם הבא, שנאמר 'הליכות עולם לו', אל תקרי הליכות אלא הלכות". **ואיתא** בגמ' (סוטה כא.) "משל לאדם שהיה מהלך באישון לילה ואפילה, ומתיירא מן הקוצים ומן הפחתים ומן הברקנים ומחיה רעה ומן הלסטין, ואינו יודע באיזה דרך מהלך, נזדמנה לו אבוקה של אור, ניצל מן הקוצים ומן הפחתים ומן הברקנים, (פירש רש"י: כך זכה לקיים מצוה ניצל ממקצת פורעניות), ועדיין מתיירא מחיה רעה ומן הליסטין ואינו יודע באיזה דרך מהלך, כיון שעלה עמוד השחר ניצל מחיה רעה ומן הליסטין, (פי' רש"י: זכה לתורה ניצול מיצה"ר ומן החטא), ועדיין אינו יודע באיזה דרך מהלך, הגיע לפרשת דרכים ניצל מכולם; מאי פרשת דרכים, מר זוטרא אמר: זה ת"ח דסלקא ליה שמעתתא אליבא דהלכתא" (פי' רש"י: כלומר זכה לכך ניצול מכולם). מבואר דהמעלה הגבוהה ביותר בלימוד התורה, היא לאסוקי שמעתתא אליבא דהלכתא.

וכך מצינו גם בדברי הרמב"ם באגרת לתלמידו: "ואין המטרה העיקרית אלא ידיעת מה שצריך לעשות וממה להמנע". **וכתב** הטור לבניו (נדפס בדף האחרון בספר ארחות חיים לרא"ש - ירושלים תשכ"ב): "והוי זהיר בתלמוד תורה לשמה, כדי שתדע המצות ותשמור עצמך מן העבירות וכו', והוי זהיר להאריך ולהעמיק ולחפש אחר כל הספרים בדרך פסק ההלכה בדבר הצריך לעולם וכו', ובכל מסכתא שתלמוד תכתוב מעט בכל מן הפוסקים, ומן ההלכות המעורבבות כתוב הכללים, כדי שיהיו בידך, ואם תספק באחד מהם, תמצאם בפעם אחרת, ובזה יצאו דבריך לאור ותתקיים תורתך".

כתב הדרישה (יו"ד סי' רמ"ו סק"ב, הובא בש"ך שם סק"ה ובט"ז שם סק"ב): "יש בעלי בתים נוהגין ללמוד בכל יום גפ"ת ולא שאר פוסקים, ומביאים ראיה מהא דאמרינן סוף פרק בתרא דנדה: 'תנא דבי אליהו כל השונה הלכות בכל יום מובטח לו שהוא בן העולם הבא'. אבל לי נראה כי לא זאת המרגוע ולא בזאת יתהלל המתהלל, כי אם בזאת יתהלל השכל וידוע בספרי פוסקים דיני תורה כגון האלפסי והמרדכי והרא"ש ודומיהם, דזהו שורש ועיקר לתורתנו, ואינם יוצאים כלל בלימוד גפ"ת, דהא דתנא דבי אליהו וכו', כבר כתב רש"י שם: כל השונה הלכות, פירוש הלכות פסוקות". **וכתב** המשנ"ב (סי' קנה סק"ט): "וכשלומד רק מעט, נכון שעיקר למודו יהיה בהלכות, שידע איך להתנהג למעשה וכנ"ל, ואמרו חז"ל (ברכות ח.) על הפסוק (תהלים פז, ב): 'אוהב ה' שערי ציון מכל משכנות יעקב', אוהב ה' שערים המצוינים בהלכה יותר מכל בתי כנסיות וכו', וגם אמרו (נדה עג.): 'כל השונה הלכות בכל יום מובטח לו שהוא בן עוה"ב". **בנוסף** לאמור לעיל הובא בשם החזו"א זצ"ל: "שהמפרש היותר טוב של הגמרא הוא השלחן ערוך".

מטרת הספר שלפנינו 'הלכתא ברורה' היא, לאפשר לכל לומד - גם ללומד גמרא ורש"י בלבד - לראות מיד את ההלכה למעשה, ע"פ המראה מקומות שציין ה"עין משפט".

כדי להימנע מאריכות יתר, ברוב מקומות שהציון ב"עין משפט" הוא גם לרמב"ם וגם השו"ע, לא הבאתי את פסק הרמב"ם אלא רק את דברי השו"ע, אליהם חיברתי גם את דברי המשנה ברורה, וכן את הנקודות העיקריות שבדברי הביאור הלכה והשער הציון. במקומות שבהם ציין ה"עין מפשט" רק לדברי הרמב"ם, הבאתי רק את דברי הרמב"ם ללא הוספת דברי נושאי כליו, מלבד במקומות שבהם יש בנושאי הכלים פירוש נוסף לעצם הסוגיא.

הוספתי בשולי הדף גם את כל ציוני ה"באר הגולה", בהן מבוארת מקורה של כל הלכה בדברי הראשונים. במקומות שבהם פוסק השו"ע שלא כפי' רש"י בגמ', הוספתי את עיקר דברי הנושאי כלים והמפרשים, כדי שהסוגיא תובן ע"פ השיטה שכמותה פסק.

ידוע רבים נוהגים ללמוד את מסכת החג לפני החג, במקביל ללימוד הלכות החג, וא"כ התועלת בספר זה רבה, שבאמצעותו יוכל הלומד לדעת את כל ההלכות בסמיכות למקורותיהם בגמ', ובנוסף, במקומות שלהלכה נפסק אחרת מכפי הנראה מפירוש רש"י, יוכל הלומד לראות מיידית לפי איזו שיטה בראשונים פוסק השו"ע, ואיך מתפרשת הסוגיא לפי אותה שיטה. **להשלמת** הענין הוספתי את כל הלכות יו"ט חוה"מ ואבילות - גם אלו שאינן מובאות ב"עין משפט" - אותן סדרתי על הדף ע"פ דברי הבית יוסף, הביאור הגר"א ו"באר הגולה". את ההלכות שאינן מוזכרות בגמ', סדרתי ליד ההלכות השייכות להן, שהוזכרו בסוגיא, או בשער המילואים.

הקדמה

גם בספר זה סדרתי את דברי השו"ע והמשנ"ב משולבים זה בזה - כפי שעשיתי בס"ד בספר "חזרה ברורה" - כך שניתן לקרוא את כל הענין ברציפות, כדי להקל על הלומד. **כיון** שבמקומות רבים נצרכים מאד גם דברי הביאור הלכה ושער הציון, הן מחמת חידושים להלכה שמופיעים בהם והן מחמת תוספת הסבר בסוגיות הגמ' או בפסקי השו"ע, לקטתי את עיקרי דבריהם והצבתי אותם בתוך דברי השו"ע והמשנ"ב.

וזאת למודעי שדברי השו"ע והרמ"א וסידורם לא שונו על ידי בשום אופן. גם דברי המשנ"ב הובאו בדרך כלל כלשונם ממש ללא שום שינוי, מלבד במקומות מועטים בלבד, שבהם נאלצתי לשנות מעט למען הסדר הטוב. גם את לשונות הביאור הלכה והשער הציון שהוצבו בתוך דברי השו"ע והמשנ"ב השתדלתי כמיטב יכולתי שלא לשנות, מלבד במקומות שהיה הכרחי לעשות זאת, הן מחמת צורך ההבנה והן מחמת סידור הדברים.

כדי שלא יצטרך ללומד, לבדוק בכל הלכה האם הוא מדברי השו"ע, הרמ"א, או המשנ"ב, הבאתי את דבריהם בצורת "פונטים" שונים: דברי השו"ע המחבר הובאו באותיות גדולות וברורות ב"פונט" זה: **מחבר**. ודברי הרמ"א הובאו באותיות כתב רש"י גדולות וברורות ב"פונט" זה: **רמ"א**. הציטוטים מהמשנ"ב (וביו"ד הש"ך) נעשו באותיות רגילות ב"פונט" זה: משנה ברורה/ש"ך. את הליקוט מדברי הביאור הלכה (וביו"ד הט"ז) הכנסתי לסוגריים עגולים ב"פונט" זה: (ביאור הלכה)/[ט"ז]. ואת תמצית השער הציון (וביו"ד הפת"ש) הצגתי בסוגריים מרובעים וב"פונט" שונה: [שער הציון]/(פת"ש). במעט המקומות בהן היה צורך בהוספה כלשהי, (וביו"ד דברי רעק"א ושארי אחרונים) הודפסו הדברים באופן זה: ‹באופן זה›. **ולמטה** בחלק ה"באר הגולה", דברי הבאר הגולה עצמו הובאו כזה:(באר הגולה). וכל שאר הדברים המובאים שם בשם הפוסקים, נכתבים באופן זה: ‹באופן זה›.

יתן ה' שספר זה יהיה לתועלת הרבים להגדיל תורה ולהאדירה, שנוכל להיות בקיאים בדבר ה' זו הלכה, ללמוד וללמד לשמור ולעשות ולקיים, ושלא אכשל ח"ו בדבר הלכה, ושאזכה להיות ממזכי הרבים, ולראות בבנין בית המקדש בב"א.

לוח ה"פונטים" לאו"ח

מחבר	רמ"א	משנה ברורה	(ביאור הלכה/באר הגולה)	[שער הציון]	‹הוספה›

לוח ה"פונטים" ליו"ד

מחבר	רמ"א	ש"ך	[ט"ז/באר הגולה]	(פתחי תשובה)	‹רעק"א ושאר אחרונים/הוספה›

מפתח כללי

מפתח הלכות יום טוב

לוח המפתח

- האותיות שהם תוך רבוע כזה א הם אותיות הסעיפים.
- כשהסעיף אינו נכתב במקום א' בשלימותה, אלא נחלקה לחלקים, אז נרשם במפתח אצל כל חלק וחלק מספר כזה (1) או (2) וכדו'.

הלכות יום טוב • מסכת ביצה

תצה: איזה מלאכות אסורים בי"ט, ובו ד' סעיפים. א - יב:(1) כח:(2) לו:(1) ב - כג: ג - כג. ד - ב:(1) לד:(2)

תצו: דיני י"ט שני של גליות, ובו ג' סעיפים. א - מילואים ב - ו.(1) כב.(2) ג - מילואים

תצז: דיני הכנה ביום טוב, ובו י"ז סעיפים. א - כג: ב - כג: מ. ג - כד. ד - כד. ה - כה. ו - כד. כה.
ז - [כג:] כד. ח - כה. ט - כה. י - י. יא - י. יב - י: יג - י: יד - יא. טו – יז - מילואים

תצח: דיני שחיטה ביום טוב, ובו כ' סעיפים. א - כח: ב - יא. ג - מ. ד - מ. ה - ו: ו - כה. ז - כה.
ח - לד. ט - כו.(4,1) כו:(2) כז:(3) י - לז. יא - כא. יב – יג - מילואים יד - ב.(1,2) ז:(2) ח.(2,3)
טו - ח. טז - ח. יז - ח. יח - ח. ח:(2) יט - ח: כ - ח:

תצט: דין מליגה ומליחה בי"ט, ובו ה' סעיפים. א - לד. ב - לד. ג - יא.(1,2) יא:(3) ד - יא. ה - יא.

תק: דין הנצרך לבשר ביום טוב היאך יתנהג, וסדר מליחתו, ובו ו' סעיפים.
א - כז: כח:(1) [כט.] ב - כח. ג - כח. ד - לד. ה - יא: ו - יא:

תקא: עצים האסורים והמותרים בי"ט, ובו ז' סעיפים.
א - ב:(1) לא: ב - לא: ג - לא. לג.(2) ד - לא. ה - ד: ו - לב. ז - לב.

תקב: דיני האש ביו"ט, ובו ד' סעיפים. א - כב.(4) לב.(2) לב:(5) לג.(6,1) לד.(3) ב - כב. ג - לב:(1) לג. ד - לד.

תקג: שלא להכין מיום טוב לחבירו, ובו ב' סעיפים. א - ב:(1) יא:(3) יז. ב - יז.

תקד: דין התבלין בי"ט, ובו ד' סעיפים. א - יד.(3,1) כג.(2) ב - יא. ג - יד: ד - כט.

תקה: דין החולב בהמה בי"ט, ובו סעיף אחד - מילואים

תקו: דיני לישה ביום טוב, ובו ט' סעיפים.
א - כט. ב - כט: ג - ט.(2) יב:(1) לז.(1) ד - ט. ה - כב: ו - כא. ז - יז. ח - כח: ט - י"ב:

תקז: דין אפייה ביום טוב, ובו ז' סעיפים. א - לד. ב - ד: ג - לג. ד - לב: ה - לד. ו - יז. ז - לב:

תקח: דברים האסורים בי"ט להכנת צלי, ובו ב' סעיפים. א - לב:(2) לג.(1) לד.(3,1) ב - לד.

תקט: כמה דינים פרטיים להלכות י"ט, ובו ז' סעיפים. א - כח: ב - כח.(3,2) כח:(3) לד.(1) ג – ז - מילואים

תקי: כמה דברים האסורים לעשות ביום טוב ואיזו מהם מותרים על ידי שינוי, ובו י"א סעיפים. א - יב: יד.(2)
ב - יד: ג – ה - מילואים ו - לד. ז - יא:(2) לד.(1) ח – ט - כט: י - ל. יא - מילואים

תקיא: הבערה ולהחם מים מותר בי"ט, ובו ד' סעיפים. א - כא: ב - כא: ג - יז: ד - כב:(1,2) כג.(3,2)

מפתח הלכות יום טוב

תקיב: שלא לבשל לצורך כותים בי"ט, ובו ג' סעיפים. א - כ:(1) כא:(2) ב - כא. ג - כ: כא.(1)

תקיג: דין ביצה שנולדה ביום טוב, ובו ח' סעיפים. א - [ב.] ג:(1)(2) ב - ג: ג - ג: ד - ג: ה - ב:(2) ג.(1) ד.(2) ד:(2,1) ו - ז.(1,2) ז:(3) ז - ו: ח - ו:

תקיד: שלא לכבות בי"ט, ובו י"א סעיפים. א – ג - כב. ד - כב.(1) לב.(2) ה - כג. ו - לב: ז - לב. ח - לב. לב:(2) ט - לב: י - לב: יא - לב:

תקטו: דין דברים הבאים ביום טוב חוץ לתחום, ובו ט' סעיפים.

א - כד: ב – ד - מילואים ה - כד: ו – ט - מילואים

תקטז: דין איזה דברים מותרים לשלוח בי"ט, ובו ג' סעיפים. א - יד: ב - יד: ג - יד:(1) טו.(2)

תקיז: באיזה אופן מותר ליקח ביום טוב מן החנוני מיני מאכל, ובו ד' סעיפים.

א - כט:(1) מילואים ב - מילואים ג - כט. ד - כט.

תקיח: דיני הוצאה מרשות לרשות בי"ט, ובו ט' סעיפים.

א - יב. ב - כ: ג - כח: ד - ט.(1) ט:(2) ה - לו: ו - כז: ז - ל. ח - ל: ט - לא:

תקיט: צירי דלתות מותר להסיר ולהחזיר לצורך י"ט, ובו ה' סעיפים.

א - יא:(1,2,3) ב - כב. ג - לא: ד - לג: ה - כג.

תקכ: לכבד הבית, ובו סעיף אחד - כב:

תקכא: דין שלשול פירות ביו"ט ממקום למקום, ובו ג' סעיפים. א - לה:(1) לו.(2) ב - לה: לו. ג - לה: לו. לו:

תקכב: קצת דברים האסורים לטלטל ביום טוב, ובו ד' סעיפים. א - כה: ב - כה: ג - כה: ד - לב:

תקכג: דינים הנוהגין בבהמות ביום טוב, ובו ד' סעיפים - כג.

תקכד: כמה דברים האסורים ביום טוב, ובו ב' סעיפים. א - לו: ב - לו:

תקכה: דין הלואה בי"ט, ובו ב' סעיפים - מילואים

תקכו: דין מת ביום טוב, ובו י"ב סעיפים. א - ו. ב – ג - מילואים ד - ו. ה – יב - מילואים

תקכז: דיני עירוב תבשילין, ובו כ"ד סעיפים. א - ב:(1) טו: ב - טו: ג - טז: ד - טז. ה - טז.(2) טז:(1)

ו - טז. ז - טו: טז: ח - טז: ט - טז: י – יג - מילואים יד - טו: טו - טו: טז - יז:

יז - יז: יח - טו: יט - מילואים כ - יז.(3,1) כא:(2) כא - טו: כב - ו. יז. כג - יז. כד - יז:

תקכח: דיני ערובי חצירות בי"ט, ובו ב' סעיפים. א - יב. ב - טז:(1) יז.(2)

תקכט: דיני שמחת יום טוב, ובו ד' סעיפים. א - טו:(1) טז.(2) מילואים ב – ד - מילואים

הלכות תחומין – סימן שצו • מסכת ביצה

שצו: דין שביתת היחיד וכליו ומהלך אלפים אמה, ובו י"ח סעיפים. א – ב - מילואים ג - לז. ד - לז.

ה - לז: ו - לח. ז - לח. ח - לז. ט - לז: י - לז: יא -לז. לח. יב - לז. יג - לט. יד - לט.

טו - לט. טז - לט. יז - לט:(1) מ.(2) יח - מ.

מפתח הלכות חול המועד

הלכות חול המועד • מסכת מועד קטן

תקל: ובו סעיף אחד - יא:

תקלא: דיני גילוח בחול המועד, ובו ח׳ סעיפים.

א - יד. ב - יד. ג - יד. ד - יג:(1) יד.(2) יז:(1) ה - יד. ו - יד: ז - יז: ח - יח.

תקלב: דין נטילת צפרנים בחוה״מ, ובו ב׳ סעיפים. א - יז: ב - יז:

תקלג: מלאכות המותרים בחול המועד, ובו ה׳ סעיפים. א - יב: ב - יב: ג - י: ד - יא. ה - יג:

תקלד: דיני כבוס בחול המועד, ובו ג׳ סעיפים. א - יג:(1) יד.(2) יח.(3) ב - יח. ג - יג:

תקלה: שלא לפנות מחצר לחצר בחוה״מ, ובו ג׳ סעיפים. א - יג. ב - יג. ג - יג.

תקלו: כל צרכי בהמה מותר לעשות בחוה״מ, ובו ד׳ סעיפים. א - י. ב - י: ג - י:(2) יב.(1) ד - מילואים

תקלז: דין מלאכת דבר האבד, ובו ט״ז סעיפים. א - ב. ו:(2) יב.(1) יב:(1) ב - ב.(1,2) ד.(3) ג - ד. ד - ד.

ה - ב.(1) ד: ו - ב.(1) ד: ז - ו: ח – יא - י: יב - מילואים יג - ז. יד - יב. טו - יב: טז - יב:

תקלח: כמה עניינים הנקראים דבר האבד, ובו ו׳ סעיפים.

א - יא: יב.(1) יב:(2) ב - יב: ג - יב: ד - יג: ה - יא: ו - יא.(1) יב:

תקלט: דיני הסחורה בחוה״מ, ובו י״ד סעיפים.

א – ה - י: ו - יא. ז – ט - י: י – יא - יג: יב - יג. יג – יד - י:

תקמ: דיני בנין וסתירה בחוה״מ, ובו ח׳ סעיפים.

א - ז. יא.(2) ב - י: ג – ד - יא. ה – ו - י: ז - י.(2) יא.(1) ח - י.(1) י:(2)

תקמא: דיני אריגה בחוה״מ, ובו ה׳ סעיפים. א - יא. ב - ח:(1) י. ג - י: ד - י. ה - ח: י.(1,2)

תקמב: שלא לעשות מלאכה לאחרים בחול המועד אלא בחנם, ובו ב׳ סעיפים. א - יב. ב - יג.

תקמג: דין מלאכה על ידי אינו יהודי בחול המועד, ובו ג׳ סעיפים. א - יב. ב - יב. ג - יב.

תקמד: דין צרכי רבים בחול המועד, ובו ב׳ סעיפים. א - ב.(1) ה. ב - ב.(1) ד:(1) ה.

תקמה: דיני כתיבה בחול המועד, ובו י״א סעיפים.

א - יח: ב - יח: ג - יח:(1) יט.(2) ד - יח: ה - יח: ו - יג.(1) יח: ז – ט - יח: י - יד: יא - י:

תקמו: דיני אירוסין ונשואין בחול המועד, ובו ה׳ סעיפים. א - ח: יח: ב - ח: ג - ט. ד - ח: ה - ח:(1) ט:

תקמז: דין מי שמת לו מת בחול המועד, ובו י״ב סעיפים.

א - כז. ב - כח: ג – ה - ח. ו – ח - כד: ט - כה. י – יב - ח:

תקמח: דין אבילות בחוה״מ, ובו כ׳ סעיפים.

א - יד: ב – ג - מילואים ד - כד. ה - כג: ו - כ. ז - [יט.] כ. ח - יז: יט: ט - כב: י - יט:

יא - יט. יב - כד: יג - יט.(1) כד: יד - כד: טו - כד: טז - כד: יז - כ: יח – כ - מילואים

מפתח הלכות קריעה ואבילות

הלכות קריעה • מסכת מועד קטן

שמ: ענין הקריעה, שיעורה ומקומה, ועל מי קורעין ובאיזה זמן קורעין, ובו ל"ט סעיפים. [א] - טו.(1) כ:(2) כד.(1) כו.(1) [ב – ג] - כו: [ד] - כ:(1) כו:(2) [ה – ז] - כה. [ח] - כו. [ט – יג] - כב: [יד] - כב:(1) כד.(2) [טו] - כב: כה.(2) [טז] - כב: [יז] - כב: כו.(2) [יח] - כ: [יט – כג] - כו: [כד – כו] - מילואים [כז] - יד: [כח – ל] - מילואים [לא – לב] - כד: [לג – לד] - כו: [לה] - מילואים [לו] - כו. [לז] - כה.(2) כו.(1) [לח – לט] - כו.

הלכות אבילות • מסכת מועד קטן

שמא: מי שמתו מוטל לפניו בשבת או ביום טוב, ודיני האונן, ובו ו' סעיפים. [א] - כג: [ב – ו] - מילואים

שמב: מי שהכין צרכי חופתו ומת לו מת שחייב עליו אבילות, ובו סעיף אחד - מילואים

שמג: מצות הלווית המת, ובו ב' סעיפים. [א] - כז: [ב] - מילואים

שדמ: חיוב ההספד וגודל שכרו, וכיצד ועל מי מספידין, ובו כ' סעיפים.

[א – ג] - מילואים [ד] - כד: [ה – יז] - מילואים [יח] - כב: [יט – כ] - מילואים

שמה: דין המאבד עצמו לדעת, ומעודה, והרוגי ב"ד, והפורשין מן הצבור, ובו ח' סעיפים.

[א – ג] - מילואים [ד] - טו. [ה – ז] - מילואים [ח] - כה.

שמו: מי שקרובו צלוב בעיר לא ידור בה, ובו סעיף אחד - מילואים

שמז: שלא לעורר על מתו שלשים יום לפני הרגל, ובו ג' סעיפים. [א] - ח. [ב] - ח. [ג] - ח.

שמח: דין שרפה על המת, והאומר: אל תקברוני, ובו ג' סעיפים - מילואים

שמט: איסור הנאה במת ובתכריכיו, ובו ד' סעיפים - מילואים

שנ: דברים העשויים למת ואין בו משום דרכי האמורי, ובו סעיף אחד - מילואים

שנא: דין כלאים וציצית למת, ובו ב' סעיפים - מילואים

שנב: באיזו בגדים קוברין, ואין האיש מלביש את האשה, ובו ד' סעיפים. [א] - כז: [ב] - כז: [ג – ד] - מילואים

שנג: היאך מוציאין מת גדול או קטן, ובאיזו מטה, ובו ז' סעיפים.

[א] - כז. [ב] - כה. [ג] - כה. [ד] - כד. [ה] - כד: [ו – ז] - מילואים

שנד: עיר שיש בה שני מתים, איזה קודם, ובו סעיף אחד - מילואים

שנה: דברים שמשנים באשה יותר מבאיש, ובו סעיף אחד - כז. כח.

שנו: גבו לצורך המת והותירו, ובו סעיף אחד - מילואים

שנז: איסור הלנת המת, ומתי מותר להלינו, ובו ב' סעיפים. [א] - מילואים [ב] - כב.

שנח: נושאי המטה פטורים מקריאת שמע ומתפלה, ובו ג' סעיפים - מילואים

שנט: מקום יציאת המת והאבלים, ובו ב' סעיפים - מילואים

מפתח הלכות קריעה ואבילות

שס: מת וכלה ומילה, איזה קודם, ובו סעיף אחד - מילואים

שסא: הלוית המת ובטול ת"ת להלויתו, ובו ה' סעיפים. [א] - מילואים [ב] - כז: [ג] - כז: [ד] - מילואים [ה] -כה.

שסב: לקבור בקרקע, ואם קוברים שני מתים יחד, ובו ו' סעיפים. [א – ד] - מילואים [ה] - יז. כה. [ו] - מילואים

שסג: איסור פינוי המת והעצמות ממקומן, ובו ז' סעיפים - מילואים

שסד: איסור הנאה של קבר והאבן והבנין, ובו ז' סעיפים - מילואים

שסה: החופר קבר פטור מק"ש, וכמה מרחיקין הקברות מהעיר, ובו ב' סעיפים - מילואים

שסו: דין המוכר קבר, ואשה שירשה קבר ממשפחתה, ובו ד' סעיפים - מילואים

שסז: קוברים מתי עובדי כוכבים, ושלא יהלך בבית הקברות בתפילין וציצית, ובו ו' סעיפים - מילואים

שסח: שלא לנהוג קלות ראש בבית הקברות, ובו ג' סעיפים - מילואים

שסט: על איזה טומאה הכהן מוזהר, ובו סעיף א' - מילואים

שע: מי הוא החשוב כמת אף על פי שעודנו חי, ובו סעיף אחד - מילואים

שעא: דין אהל היאך מביא הטומאה, ובו ו' סעיפים - מילואים

שעב: היתר טומאה במקום מצוה, ודין קברי עובדי כוכבים, ובו ב' סעיפים - מילואים

שעג: איזה כהן מוזהר על הטומאה, ולאיזה מתים מטמא, ועד מתי מטמא, ובו ט' סעיפים - מילואים

שעד: טומאת כהן למת מצוה, לנשיא ולרבו, ועל איזה מת מתאבלין, ובו י"א סעיפים.

[א – ג] - מילואים [ד] - כ: [ה] - מילואים [ו] - כ: [ז] - כ: [ח – ט] - מילואים [י] - כה: [יא] - מילואים

שעה: אימתי מתחיל האבילות, ולמי שמפנין מקבר לקבר, ובו י"א סעיפים.

[א] - כז. [ב] - כב. [ג – ז] - מילואים [ח] - כא:(1) כב.(2) [ט] - כב. [י – יא] - מילואים

שעו: מנהג המנחמין, ודין מת שאין לו מנחמים, ובו ד' סעיפים.

[א] - כז:(2) כח:(1) [ב] - כז: [ג – ד] - מילואים

שעז: דין עבדים ושפחות ומעודה שיש להם אבילות, ובו ג' סעיפים - מילואים

שעח: דיני סעודת הבראה לאיש ולאשה, ובו י"ג סעיפים. [א] - כז: [ב] - מילואים [ג] - כז: [ד – ו] - מילואים

[ז] - כג.(2) כז.(1) [ח – י] - מילואים [יא] - כ. [יב] - כד: [יג] - מילואים

שעט: דין ברכת המזון בבית האבל, ובו ה' סעיפים - מילואים

שפ: דברים שהאבל אסור בהם, ובו כ"ה סעיפים. [א] - יד: טו. טו:(1) כא. [ב] - כא: [ג] - מילואים [ד – ה] - יא:

[ו – ט] - מילואים [י – יד] - יא: [טו] - מילואים [טז – יח] - יא: [יט] - יב. [כ] - מילואים [כא] - יא:

[כב] - מילואים [כג] - כז. [כד] - כב. [כה] - מילואים

שפא: איסור רחיצה וסיכה לאבל, ובו ו' סעיפים. [א – ב] - טו: [ג] - מילואים [ד] -יז: [ה] - מילואים [ו] - כ:

שפב: איסור נעילת הסנדל לאבל, ובו ה' סעיפים. [א] - טו: כ: [ב – ה] - מילואים

שפג: איסור תשמיש המטה לאבל, ובו ב' סעיפים. [א] - טו: [ב] - מילואים

מפתח הלכות קריעה ואבילות

שפד: האבל אסור בתלמוד תורה, ובו ה׳ סעיפים. א - טו.(1) כא. ב - מילואים ג – ד - כא. ה - מילואים

שפה: דין שאלת שלום באבל, ובו ג׳ סעיפים. א - טו.(1) כא: ב - כא: ג - מילואים

שפו: עטיפת הראש באבל, ובו סעיף אחד - טו. כד.(1)

שפז: דיני כפיית המטה, ובו ב׳ סעיפים. א - טו.(1) כח: ב - טו.

שפח: אבל ביום ראשון אסור להניח תפילין, ובו ב׳ סעיפים. א - טו. כא. ב - כא.

שפט: אבל אסור בכביסת כסותו ודין גיהוץ, ובו ח׳ סעיפים. א -טו.(1) יז:(3) ב – ח - כג.

שצ: דיני גילוח וסריקה באבל, ובו ז׳ סעיפים.

א - יד: יח.(2) ב - מילואים ג - יז: ד - כב: ה – ו - מילואים ז - יח.

שצא: אבל אסור בכל מיני שמחה, ובו ג׳ סעיפים. א - כו: ב - כב: ג - מילואים

שצב: אבל אסור כל ל׳ יום לישא אשה, ובו ג׳ סעיפים. א - כג. ב - כג. ג - מילואים

שצג: מתי האבל יכול לצאת מביתו, ובו ד׳ סעיפים. א - כא: ב - כג. ג – ד - מילואים

שצד: שלא להתקשות על המת יותר מדאי, ובו ו׳ סעיפים.

א - כז: ב – ג - מילואים ד - כז: ה – ו - מילואים

שצה: מקצת יום השבעה והשלשים ככולו, ובו ג׳ סעיפים. א - יט: ב – ג - מילואים

שצו: דין אבל שלא נהג אבלותו כל שבעה, ובו ג׳ סעיפים. א - כד. ב – ג - מילואים

שצז: דיני עדות לנהוג אבילות על פיהם, ובו ב׳ סעיפים - מילואים

שצח: אבלות יום ראשון דאורייתא, ובו סעיף אחד - מילואים

שצט: דיני אבלות ברגל בראש השנה וי״ט שני של גליות, ובו י״ד סעיפים.

א -יט.(1) כ. ב - [יט.] כ. כד.(2) ג - יז: יט: ד - כב: ה - יט: ו - יט. ז - כד: ח - יט.(1) כד:
ט – יא - כד: יב – יג - מילואים יד - כב.

ת: דיני אבלות בשבת, ובו ב׳ סעיפים.

א - יט.(1) כג:(1) כד. ב - מילואים

תא: דברים הנוהגים בחול המועד, ובו ז׳ סעיפים.

א - כז. ב - כד: ג - מילואים ד - כד:(1) כה.(2) ה - כז:(2) כח:(1) ו – ז - מילואים

תב: דין שמועה קרובה ורחוקה, ובו י״ב סעיפים.

א - כ. כ:(2) ב – ה - כ: ו – ח - מילואים ט - כ: י – יא - מילואים יב - כ:(1) מילואים(2)

תג: דיני המלקט עצמות, ובו י׳ סעיפים. א - ח. ב – ג - מילואים ד - ח. ה – ט - מילואים י - כח:

ספר

הלכתא ברורה

מסכת ביצה

כולל כל הלכות יום טוב

ושאר ההלכות הנמצאות על הדף

שבשו"ע ובמשנה ברורה

בשילוב תמצית דברי הביאור הלכה והשער הציון

מסודרות על הדף ע"פ ציוני ה'עין משפט'

בתוספת מקורות של הבאר הגולה

לאסוקי שמעתתא אליבא דהלכתא

§ מסכת ביצה דף ב. §

אות א'

ביצה שנולדה ביום טוב... לא תאכל

סימן תקיד ס"א - [א]ביצה שנולדה ביו"ט, אסור ליגע בה, (הגה: דהיינו לטלטלה), וכל שכן שלא לאכלה.

אות ב'

שאור... וחמץ... זה וזה בכזית

רמב"ם פ"א מהל' חמץ ומצה ה"ב - [ב]ואיסור החמץ, ואיסור השאור שבו מחמצין, אחד הוא.

סימן תמב ס"ז - בצק שבסדקי עריבה, אם יש כזית במקום אחד חייב לבער - ר"ל אף דבודאי מבטל ליה כשעשוי לחזק בו שברי העריבה, אפ"ה כיון דחשיב לא בטיל.

אות ג'

לא ישחוט אלא אם כן היה לו עפר מוכן מבעוד יום

סימן תצח סי"ד - [ג]לא ישחוט אדם חיה ועוף - שצריכין כיסוי הדם, **ביו"ט** - דאם ירצה לחפור ביו"ט כדי לכסות, יש בזה תרי איסורי, אחד משום חפירת גומא, ואחד משום טלטול העפר דהוא מוקצה, **אא"כ יש לו עפר מוכן מבעוד יום** - ויהיה העפר תיחוח שיוכל לכסות בו, ולא יצטרך לכתשנה, דכתישת רגבים הוא מלאכה גמורה, דהוא תולדה דטוחן, ולא הותרה ביו"ט, **וה"ה** באפר של הסקה שהוסק מבע"י, דמסתמא מוכן הוא לכל תשמיש, וכדלקמיה בסט"ז.

ואם עבר ושחט, אם יש לו דקר (פי' כעין יתד של ברזל שחופרין בו את הקרקע) נעוץ - בקרקע, **מבעוד יום** - ועל ידי זה הו"ל הקרקע כחפור ועומד, ‹דדקר נעוץ לא בעינן אלא משום דאיכא צד חפירה›, **ודעת** כמה פוסקים, דבעינן שינעוץ בהדיא לשם הכנה לצורך מחר, ‹דדקר נעוץ בעינן שיהא מוכן - ב"ח›, **בעפר תיחוח, מכסהו בו** - ואם אין לו דקר נעוץ מבע"י, לא יכסהו עד הערב.

אות ד'

מגביהין מעל השלחן עצמות וקליפין

סימן שח סכ"ז - [ד]עצמות שראויים לכלבים - אפילו אם נתפרקו מן הבשר בשבת, דמבעוד יום לא היה מוכן לכלבים, אפ"ה שרי, **וכ"ש** אם נתפרקו מבע"י, **וקליפים [ה]שראוים למאכל בהמה, ופרורים שאין בהם כזית** - היינו שמפני קטנותן סתמא עומדין רק למאכל בהמה ועופות, **מותר להעבירם מעל השלחן.**

אבל אם אין הקליפים ראוים למאכל בהמה - כגון קליפי אגוזים וביצים וכל כה"ג, **אסור לטלטלם** - וה"ה בעצמות שהם קשים, שאינם ראויים אפילו לכלבים, בין אם נתפרקו בשבת או מבע"י, **אבל** כ"ז הוא דוקא אם נתפרקו לגמרי, לאפוקי אם נשתייר מקצת בשר על עצמות, מותר לטלטל אותם אגב הבשר.

אלא מנער את הטבלא - הוא דף המונח על השלחן כדי לשום עליו הלחם, וה"ה מפה הפרוסה, **והם נופלים** - וטעם ההיתר הוא, כיון דלא מטלטלו בידים, (ומן הארץ מותר לכבד בכנף של אווז).

אות ה'

מחתכין את הדלועין לפני הבהמה

סימן שכד ס"ו - מחתכין דלועין לפני בהמה - ודוקא כשהם קשים, שאינם ראויים לאכול בלא חיתוך, **אבל** כשהם רכים, הוי בכלל מטרח באוכלים, ואסור. **ואפילו** קשים לא יחתכם דק דק משום טוחן, **ואיסור** טחינה לא שייך רק אם דעתו להאכילם לאחר זמן, **אבל** מה שדעתו להאכיל הדלועים והירקות וכה"ג לפני הבהמה והעופות בפעם אחד, זה לא נחשב טחינה, [**והיכא** דאסור משום מטרח באוכלא, אסור אף אם דעתו להאביל לאלתר]. **והוא שנתלשו מאתמול** - דאילו נתלשו היום, אסור אפילו לטלטלן לכו"ע משום מוקצה, [**היינו** אפי' לר"ש, דמדלא לקטינהו מאתמל, אקצינהו ודחינהו בידים, **ואפי'** אם לקטן א"י בשבת לא פלוג].

אות ו'

ואת הנבלה לפני הכלבים

סימן שכד ס"ז - מחתכין נבילה לפני הכלבים אפי' נתנבלה היום, בין שהיתה מסוכנת, בין שהיתה בריאה - וא"ר והגר"א מסתפקין בבריאה, [בלא היה חולה קצת מבע"י], דלא היתה דעתו כלל מבע"י שתמות ויאכיל ממנה לכלבים, דיהיה אסור בטלטול לכו"ע משום מוקצה.

והני מילי בנבילה הקשה שאי אפשר להם לאכלה בלא חתיכה - ואפילו אם איננה קשה לגמרי, שראוי להם לאכילה ע"י הדחק, ג"כ בכלל שווי אוכלא הוא ושרי.

וה"ה כשהיא רכה, אך שהכלבים הם קטנים, דכל נבלה קשה להם.

אבל אם היתה ראויה להם בלא חתיכה, לא, דמיטרח במה שהוא ראוי לא טרחינן.

באר הגולה

[א] ברייתא ביצה ג' [ב] ‹משום דלגבי ביעור איפליגו בית שמאי ובית הלל, אבל לענין אכילה כו"ע מודו כדאיתא בריש יום טוב, משו"ה כתב הרמב"ם דאיסור דחמץ ושאור אחד הוא הכא גבי ביעור - כסף משנה› [ג] משנה ביצה ב' וכדמפרשי לה אמוראי שם [ד] שבת במשנה קמ"ג וכרב נחמן שם בגמרא [ה] לפי' התוס' שם ‹עיין כאן ברש"י ותוס'›

ביצה

*שנולדה ביום טוב בית שמאי אומרים
תאכל ובית הלל אומרים *לא תאכל בית
שמאי אומרים *שאור בכזית וחמץ בככותבת
ובית הלל אומרים *זה וזה בכזית *השוחט
חיה ועוף ביום טוב בית שמאי אומרים
יחפור בדקר ויכסה °ובית הלל אומרים *לא
ישחוט אלא אם כן היה לו עפר מוכן
מבעוד יום ומודים שאם שחט שיחפור
בדקר ויכסה שאפר כירה מוכן הוא:
גמ' במאי עסקינן אילימא בתרנגולת העומדת
לאכילה מאי טעמייהו דבית הלל אוכלא
דאפרת הוא אלא בתרנגולת העומדת לגדל
ביצים מאי טעמייהו דבית שמאי מוקצה
היא ומאי קושיא דלמא בית שמאי לית
להו מוקצה קא סלקא דעתין אפילו מאן
דשרי במוקצה בנולד אסר מאי טעמייהו
דבית שמאי אמר רב נחמן לעולם בתרנגולת
העומדת לגדל ביצים *ודאית ליה מוקצה
אית ליה נולד ודלית ליה מוקצה לית ליה
נולד בית שמאי כר' שמעון ובית הלל כר'
יהודה ומי אמר רב נחמן הכי והתנן בית שמאי
אומרים *מגביהין מעל השלחן עצמות
וקליפין ובית הלל אומרים מסלק את הטבלא
כולה ומנערה ואמר רב נחמן אנו אין לנו אלא
בית שמאי כרבי יהודה ובית הלל כר"ש אמר
לך רב נחמן גבי שבת *דסתם לן תנא
כרבי שמעון דתנן *מחתכין את הדלועין
לפני הבהמה ואת הנבלה לפני הכלבים
מוקים לה לבית הלל כרבי שמעון אבל
גבי

ביצה לא תאכל · בו ביום בגמרא מפרש טעמא · משום דהני תלת מילי הוו מקולי בית שמאי ומחומרי בית הלל גבי יו"ט תנא להו גבי הדדי ובגמרא מפרש טעמייהו: **שאור בכזית** · שאור בכזית: **בככותבת** · תמרה: **יחפור בדקר** · פיל"א בלע"ז: **ומודים שאם שחט כו'** כדמפרש טעמא בגמ' כשים לו דקר נעוץ מבעוד יום: **שאפר כירה מוכן הוא** · בגמרא בעי מאי קאמר: **גמ' העומדת לאכילה** · שאינה מוקצה: **אוכלא דאפרת** · אוכל שנפרד וחבירו *במנחות תבורי אוכלין כמאן דמפרתי דמו וכן בשחיטת חולין (דף עג·): **לית להו מוקצה** · דדלמא כר' שמעון סבירא להו דאמר בפרק[כירה](שבת דף מד·)מותר השמן שבנר ושבקערה אסור (*דברי רבי יהודה) ור"ש מתיר: **קא סלקא דעתין** · להכי פרכינן מאי טעמייהו דבית שמאי דקא סלקא דעתין דאפי' לר' שמעון דשרי במוקצה בנולד אסיר דאילו במוקצה סבירא ליה לא מקצי איניש מדעתיה מידי דחזי ליה אבל נולד לא הוה ידע דנהוי דעתיה עלויה: **ומי אמר רב נחמן הכי** · דבית הלל כר' יהודה: **מגביהין** · בשבת מעל השלחן עצמות שאינן ראוין לאכילה וקליפי אגוזים ולא חיישינן למוקצה: **ובית הלל אומרים** · אין מטלטלין אותן בידים שמוקצה הן: **אלא מסלק הטבלא** · שיש תורת כלי עליה ומנערה: **ואמר רב נחמן אנו אין לנו** · בשיטת משנה זו לפי שמוחלפת שיטתה אלא כך שמעתי מרבותינו דבית שמאי כר' יהודה ומחמרי ובית הלל כרבי שמעון: **מחתכין דלועין** · תלושין לפני הבהמה ולא אמרינן טרחא דלאו צורך הוא: **ואת הנבלה לפני הכלבים** · ואע"פ שנתנבלה בשבת דבין השמשות לא היתה עומדת לאכילת כלבים אפילו הכי שרי דלית לן מוקצה בשבת הלכך מגביהין מעל השלחן דמיירי בשבת מוקים לבית הלל דנימרו כר' שמעון כי היכי דלא תקשי הלכתא אהלכתא דקיימא לן הלכה כסתם משנה וקיימא [לן] הלכה כבית הלל אבל גבי יום טוב דאשכחן דסתם רבי כרבי יהודה:
דתנן

ביצה שנולדה בי"ט בש"א תאכל ובה"א לא תאכל · וא"ת אמאי לא תנא אוסרין ומתירין וכי הימא אוסרין משמע שאסור לעולם זה אינו דאמרינן לקמן(דף ו·)אפרוח שנולד בי"ט אסור והיינו ביומו ועוד דאמרינן (לקמן ל:)מותר שמן שבנר רבי יהודה אוסר והיינו דוקא באותו יום ויש לומר דאי הוה תני אוסרין ומתירין הייתי אומר שמה שמתירין הבילה היינו לטלטל אבל באכילה אסורה והכי אמרינן (לקמן דף כד·) גבי נכרי אחד שהביא דגים לפני רבן גמליאל ואמר מותרים הם אלא שאין רצוני לקבל הימנו ומסיק מאי מותרים לטלטל אבל באכילה אסורים ואם תאמר לבית הלל דאמרי לא תאכל אבל לטלטל שרי והא קי"ל (לקמן ד.) דאף לטלטל אסור לכן פירש ר"י דנקט כי האי לישנא דסתם ביצה לאכילה קיימא עוד יש לומר דנקט לבית שמאי תאכל משום דמשמע אכילה וטלטול דאין אכילה בלא טלטול ובית הלל אסרי אף בטלטול אלא אגב דנקטי ב"ש תאכל נקטי אינהו לא תאכל:

שאור בכזית · לא שייך הכא מידי אלא מייתי כאן תלת מילי גבי יום טוב דבית הלל לחומרא וב"ש לקולא:

אוכלא דאפרת הוא · פירוש אוכל הנפרד מן האוכל הוא דהבילה שנולדה נפרדה היא מן התרנגולת ואי בעי שחיט לה ואכיל כל שבגוה:

דלמא בית שמאי לית להו מוקצה · תימה במתני' קאמר בהדיא דבית שמאי אית להו מוקצה דקתני (לקמן דף י·) לא יטול אלא אם כן נענע מבעוד יום ויש לומר דמוקצה דבעלי חיים חמיר טפי ומוקצה ביותר והתם הוא דאית ליה מוקצה כדחזינא ר"ש דאע"ג דלית ליה מוקצה אית ליה (שבת דף מה·) גבי גרוגרת וצמוקים דאתקצאי טפי:

קא סלקא דעתין דאפי' מאן דשרי מוקצה בנולד אסיר: דלא מקצי איניש מאי דחזי ליה אבל בנולד לא הוה ידע מאתמול ותימה דהא רבי שמעון דשרי במוקצה שרי בנולד כדאמרינן בשבת (דף כט·) רבי יהודה אומר אין מסיקין בשברי כלים ור"ש מתיר אע"ג דהוי נולד וי"ל דלא דמי דהאי נולד דהכא הוי נולד טפי שמתחילה לא היה בעולם אבל התם הכלי היה בעולם רק שנשבר וכן משמע נמי בעירובין (דף מה: ושם) מיא בעיבא מיבלע בליעי ופריך כל שכן דהוי נולד ואסור ומאי פריך ודלמא ההוא כר' שמעון דהא רבי שמעון מתיר בנולד אלא ודאי היינו טעמא כדפרישית דכיון דבליעי לא היו כלל בעולם ואפי' ר' שמעון מודה דהאי נולד אסור:

מגביהין מעל השלחן עצמות וקליפין · פ"ה אע"ג דאין ראוין לא למאכל אדם ולא למאכל בהמה ולא נהירא דהא איכא בסיפא ושער של אפונין ושער של עדשים מפני שהן ראוין למאכל בהמה לכך נ"ל שהם ראוים למאכל בהמה כגון עצמות רכים וקליפי תפוחים ובית הלל סברי כיון דלא חזי למאכל אדם לא*: **ובית** הלל אומרים מסלק את הטבלא ומנערה · תימה והלא היא בסיס לדבר האסור דהא לא שכח הואיל והניחם שם מדעתו ויש לומר דלפירוש רבינו תם ניחא דפירש במסכת שבת* דלא הוי בסיס לדבר האסור אלא כשדעתו להניחם שם כל היום אי נמי כיון דהוו שם אוכלין הוה ליה בסיס לדבר האסור ולדבר המותר ושרי כדמוכח פרק נוטל (שם דף קמב·) ועוד דאין זה מניח בכוונה דהא אינו חושש היכן יפלו: **דתנן** מחתכין את הדלועין לפני הבהמה ואת כו' · וא"ת היכי דמי אי בדלועין שהיו מחוברין בין השמשות בהא ודאי מודה ר' שמעון גזרה שמא יעלה ויתלוש וי"ל דמיירי בתלושין וסלקא דעתך דאסור דמשוה להו אוכלין לפי שהן קשין והחתוך מרכך אותם: **ואת** הנבלה כו' · אנו צריכין לפרש שנתנבלה בשבת ומכל מקום תני להו בהדי הדדי דאע"ג דבדלועין לא הוי טעמא משום מוקצה כמו בנבלה משום דבשניהם שייך לשון מחתכין:
גבי

עין משפט נר מצוה

א א מיי' פ"א מהלכות י"ט הלכה יט סמג לאוין עה טוש"ע א"ח סי' תקיג סעיף א:

ב ב מיי' פ"א מהלכות חמץ ומצה הלכה ב טוש"ע א"ח סי' תמב סעיף ז:

ג ג מיי' פ"ג מהלכות י"ט הל' א סמג לאוין עה טוש"ע א"ח סי' תלח סעיף יד:

ד ד מיי' פכ"ו מהלכות שבת הלכה טז סמג לאוין סה טוש"ע א"ח סי' שח סעיף כז:

ה ה מיי' פכ"א מהל' שבת הלכה יח סמג שם טוש"ע א"ח סי' שכד סעיף ו:

ו ו מיי' שם טוש"ע שם סעיף ז:

רבינו חננאל

אתחיל מסכת ביצה · בעזרת גדול העצה ·

ביצה שנולדה ביו"ט ב"ש אומרים תאכל וב"ה אומרים לא תאכל: אוכלא דאפרת. פי' כגון אוכל שנפרד אבר מאבר. מוקצה כל דבר שאינו מוכן נקרא מוקצה. נולד פי' כל דבר שלא היה מאתמול ונעשה היום נקרא נולד. אוקמה רב נחמן למתני' בתרנגולת העומדת לגדל ביצים. וב"ש כר' שמעון דלית ליה מוקצה. וב"ה כר' יהודה דאית ליה מוקצה. ואקשינן ומי אמר רב נחמן ב"ש כר' שמעון וב"ה כר' יהודה והא אפכא שמעינן ליה דתנן בפרק נוטל אדם את בנו. ב"ה אומרים מגביהין מעל השלחן עצמות וקליפין וב"ש א' מסלק את הטבלא כו'

מסורת הש"ס

[פסחים סס. כג"ן]

עדיות פ"ד מ"א [ולפנינו שם ליתא]

שם ויומא עט:

[לקמן ט: עדיות פ"ד מ"ב]

גליון הש"ס

מתני' וב"ה לא ישחוט. עיין בר"ן פרק י"ט דשבת דף נח:

שבת מס:

שם קמג. קנו.

[ועי' תוס' לקמן לא: ד"ה ונפחת וביבמות מב: ד"ה שהם]

[ועי' תוס' שבת קמג. ד"ה עצמות]

[דף נא. תד"ה או]

גבי יום טוב *דסתם לן תנא כרבי יהודה דתנן **אין מבקעין עצים מן הקורות ולא מן הקורה שנשברה ביום טוב מוקים לה לב"ה כרבי יהודה מכדי מאן סתמיה למתני' רבי מאי שנא בשבת דסתם לן כר' שמעון ומאי שנא ביו"ט דסתם לן כר' יהודה אמרי *שבת דחמירא ולא אתי לזלזולי בה סתם לן כרבי שמעון יום טוב דקיל ואתי לזלזולי ביה סתם לן כרבי יהודה דמחמיר במאי אוקימתא בתרנגולת העומדת לגדל ביצים ומשום מוקצה אי הכי אדמפלגי בביצה לפלגו בתרנגולת להודיעך כחן דב"ש דבנולד שרי ולפלוגי בתרנגולת להודיעך כחן דבית הלל דבמוקצה אסרי וכ"ת *כח דהתירא עדיף ונפלוג בתרוייהו תרנגולת העומדת לגדל ביצים היא וביצתה ב"ש אומרים תאכל וב"ה אומרים לא תאכל אלא אמר רבה לעולם בתרנגולת העומדת לאכילה *וביום טוב שחל להיות אחר השבת עסקינן ומשום הכנה וקסבר רבה כל ביצה דמתילדא האידנא מאתמול גמרה לה *ורבה לטעמיה דאמר רבה מאי דכתיב *והיה ביום הששי והכינו את אשר יביאו חול מכין לשבת וחול מכין ליום טוב 'ואין יו"ט מכין לשבת ואין שבת מכינה ליום טוב א"ל אביי אלא מעתה יו"ט בעלמא תשתרי 'גזרה משום יו"ט אחר השבת שבת דעלמא תשתרי 'גזרה משום שבת אחר יום טוב ומי גזרינן והא תניא *השוחט את התרנגולת ומצא בה ביצים גמורות מותרות לאכלן ביום טוב ואם איתא ליגזר משום הנך דמתילדן ביומיהן א"ל ביצים גמורות במעי אמן מילתא דלא שכיחא היא *ומילתא דלא שכיחא לא גזרו בה רבנן רב יוסף אמר גזרה *משום פירות הנושרין א"ל אביי 'פירות הנושרין טעמא מאי גזרה

רש"י

דתנן אין מבקעין עצים · בי"ט לא מן הקורות הסדורות זו על גב זו בקרקע ועומדות לבנין : **ולא מן הקורה שנשברה בי"ט** · ולא"פ שעומדת מעכשיו להיסק הואיל ובין השמשות לא הכי קיימא כיון דאתקצאי לבין השמשות אתקצאי לכולי יומא אלמא אית לן מוקצה ביום טוב הלכך מוקי רב נחמן למתני' דאיירי ביום טוב ובית הלל כר' יהודה ובעומדת לגדל ביצים ומשום מוקצה : **מאן סתם לן למתני' ר'** · הוא סדר המשנה וכשראה דברי חכם ושרו בעיניו שנאן סתם ולא הזכיר שם אומרו עליהן כדי שלא יהו שנויה מפי יחיד ונראין כאלו נשנו מפי המרובים ויעשו כמותן : **ולא אתי לזלזולי בה** · אי מקילין בה חדא קולא לא אתי לאקולי בה טפי : **דהתירא עדיף ליה** · טוב לו להשמיענו כח דברי המתיר שהוא סומך על שמועתו ואינו ירא להתיר אבל כח האוסרין אינה ראיה שהכל יכולין להחמיר ואפילו בדבר המותר : **ומשום הכנה** · (א) דלאסרי לה ב"ה כדמפרש ואזיל : **דכל בילה דמתילדא האידנא מאתמול גמרה לה** · ואף על גב דבידי שמים הוא אסור דבעינן כל סעודות שבת וסעודות יום טוב שיהו מזומנות ומוכנות מבעוד יום של חול : **ורבה** · דלאסר בהכנה שאינה בידים ממש : **לטעמיה דאמר רבה** בפסחים (דף מז:) וילפי' מהכא מוקצה דאורייתא : **והכינו** · והזמינו כגון מכאן אני אוכל למחר דאי משום הכנה בידים ולומר שיאפו ויבשלו מבעוד יום בהדיא כתיב את אשר תאפו אפו אלא הזמנה בפה קאמר וכתיב ביום הששי והששי חול הוא ואחשבה רחמנא לסעודת שבת שיזמינהו מבעוד יום ובחול : **ואין יום טוב מכין לשבת** · ויום טוב נמי קרוי שבת ובעיא סעודתו הזמנה והזמנתה בחול אבל סעודת חול לא חשיבא ולא שייכא בה הזמנה הלכך באחד בשבת בעלמא לית לן למיסר בילה שנולדה ביה משום דאתכן בידי שמים דסעודת חול לא אצרכה רחמנא זמון מבעוד יום דלא שייך בה מוקצה : **יום טוב בעלמא** · שאינו אחר שבת : **שבת דעלמא** · שאינו אחר יום טוב : **תשתרי** · לגמרי בילה חיה שנולדה בו : **ומי גזרינן** · ומי אמור רבנן בבילה למגזר התירא משום איסורא : **[ושחטה וכו']**. ולא"ת הויא לה גזרה לגזרה דהנך דמתילדין ביומיהם נמי אינן אסורות אלא משום גזרה דיום טוב אחר השבת תריך הא מני לאוקומי ביום טוב אחר השבת דהשתא ליכא למיגזר אטו הנך דמתילדין ביומיהם ואשמועינן הך מתני' דאפי' בי"ט אחר השבת מותרות הואיל ואינם טולדות ומשום הנך דמתילדן ליכא למגזר דמילתא דלא שכיחא הוא בשם רבינו והא דאמרינן בכולי הש"ס שאין גוזרין גזרה לגזרה מהאי קרא נפקא ושמרתם את משמרתי עשו משמרת כלומר גזרה למשמרתי לתורתי ולא משמרת למשמרת שלא יעשו גזרה לגזרה . ואין י"ט מכין לחברו לא גרסינן במלתיה דרבה דהא קרא קא דריש ושני ימים טובים בתורה לא אשכחן דמספיקא עבדינן להו : **רב יוסף אמר** · טעמא דבילה בתרנגולת העומדת לאכילה וכדאוקימנא ובית הלל דאסרי משום פירות הנושרין מן האילן בשבת וקא סלקא דעתך השתא גזרה היא משום פירות הנושרין דלא נכלינהו דהא נמי לפירות הנושרין מן האילן דמיא שאף זו פרי הנושר :

ויתלוש

תוספות

גבי שבת דסתם לן תנא כרבי שמעון · *ותימה והא הוי סתם ואח"כ מחלוקת דהא פליג ר' יהודה במתניתין ואמר אם לא נתנבלה בערב שבת אסור ואין הלכה כסתם דכי האי גונא חשיב סתם ואח"כ מחלוקת בפרק יש נוחלין (ב"ב דף קל:) (ושם) גבי מלתיה דרבי יוחנן בן ברוקה דפריך סתם ואחר כך מחלוקת היא וי"ל דהתם סמיך אסתם מאי אלא דפריך בתר הכי וכן פירש שם בקונטרס אבל לעולם מהני הסתם להיות רבים והוי רבים רבי שמעון והוי יחיד רבי יהודה *והלכתא כרבים כת"ק דהיינו רבי שמעון וא"ת גבי שבת נמי סתם לן כרבי יהודה כי ההיא דתנן (שבת דף מד:) מטלטלין נר חדש אבל לא ישן ור' שמעון מתיר והוא אוסר מוקצה מחמת מיאוס כל שכן מחמת איסור דהכי אמרינן התם וי"ל דהאי סתמא עדיפא הואיל ונשנית משנה בסתם לבסוף פרק מי שהחשיך (שם דף קנז: ושם) : **מוקים** לב"ה כר"ש · וקשה דמאי אולמיה דהאי סתמא מהאי סתמא וי"ל דבעדיות לא תני לה מקולי ב"ש וחומרי ב"ה : **אין** מבקעין עצים לא מן הקורות וכו' · לא מייתי מרישא דאין מבקעין קורות דהא מיירי בסותר של קורות דהוי מוקצה מחמת חסרון כיס ובהא כ"ע מודו אפי' ר' שמעון אלא מייתי מסיפא דלא מן הקורה שנשברה ביו"ט והא ר' שמעון איתו מתיר אלא ביושב ומצפה (לקמן ל:) וי"ל דה"ה הואיל ונשברה *בשבת מסתמא היתה רעועה מאתמול והוי כיושב ומצפה מתי תשבר קורתו ותהיה ראויה להסקה : **וכ"ת** כח דהתירא עדיף · פי' הקונט' לכך כח דהתירא עדיף כשאדם מתיר סומך על שמועתו וצריך להביא ראיה לדבריו אבל איסורא אדם יכול להחמיר עליו בלא טעם : **ונפלוג** בתרוייהו · תימה ובכל מקום דקאמר כח דהיתרא עדיף לפרוך הכי *)וי"ל דהכי פריך ונפלוג בתרוייהו שלא יצריך משום כך ויאמר היא ובילתה אבל בעלמא לא שייך : **והיה** ביום הששי וגו' · פרש"י ועי"כ בא לאשמועינן דאפילו הכנה בידי שמים(ב) בילה אסורה דאי משום הכנה בידי אדם כלומר שיאפו ויבשלו מבעוד יום הא בהדיא כתיב את אשר תאפו אפו אלא הזמנה בפה קאמר ואין י"ט מכין לשבת כו' ואין שבת מכין לי"ט מכ"ש דכיון דאין י"ט מכין לשבת כ"ש דאין שבת מכין לי"ט והקשה רש"י אם כן בילה שנולדה באחד בשבת או לאחר י"ט תתסר מכ"ש דשבת וי"ט לא מכינין אהדדי כ"ש דלא מכינין אחול ותירץ דלגבי סעודת חול לא צריך הכנה דאין סעודת חול חשובה אך תימה הואיל והכנה דאורייתא היאך אופין ומבשלין מי"ט לשבת וכ"ת ע"י ערובי תבשילין וכי אתי תקנתא דרבנן וליעקר הכנה דאורייתא ונראה ליישב דרבה גופיה אזיל לטעמיה *דאית ליה הואיל ואי מקלעי אורחין חזי ליה השתא נמי חזי ליה ואפילו לדידן ניחא דכל דבר אפוי ומבושל לא שייך ביה הכנה שאינו מחוסר רק תקון בעלמא דמעיקרא הוה חזי ליה רק גבי בילה שהוא דבר חדש שלא היתה בעולם ולא היתה ראויה כלל מעיקרא (*ולאפות ולבשל תקוני מלתא בעלמא) תימה דכאן משמע שהמן לא היה יורד בי"ט כדפי' רש"י הששי הראוי להכנה וזהו בחול והא אמר ויברך ויקדש ברכו במן וקדשו במן שבשבת לא היה יורד מן אבל בי"ט היה יורד וי"ל דמדרשים חלוקין כדאיתא במדרש (מכילתא פ' בשלח) שבת לא יהיה (שמות טז) לרבות יום הכפורים לא יהיה בו לרבות י"ט שלא היה יורד בהן מן ועי"ל דאפי' היה יורד בי"ט מ"מ בי"ט שחל להיות בע"ש לא היה יורד מדכתיב קרא בו ביום הששי ולא כתיב ששי משמע הששי המיוחד שהוא ראוי להכנה ולא בששי שהוא יו"ט* : **נגזור** משום הנך דמתילדן ביומיהן · ואין זה גזרה לגזרה דמותר לאוכלן בי"ט משמע אפילו ביום טוב דלאחר השבת : **מלתא** דלא שכיחא היא · וקשה דלמא אם לא שחטה היתה טולדת היום ואם כן מאתמול גמרה לה ותאסר בלא גזרה מספק וי"ל דמאחר דלא טולדה ע"י כך לא חשיב גמר ובירושלמי פליג בהא :

*) [עי' בתוס' עירובין עב: ד"ה כח דהתירא]

גרס

רבינו חננאל

ופרקינן בתר סתמא אזלינן. בשבת דסתם לן תנא כר' שמעון דלית ליה מוקצה וקי"ל כוותיה דהלכתא כסתמא אוקימנא לב"ה כוותיה משום דקיי"ל הלכתא כסתם כי היכי דלא תקשי הלכתא אהלכתא ואקשינן נמי אהא מ"ש דרבי שסתם המשנה דסתם לן ביו"ט חילוף מה שסתם לנו בשבת ופרקינן יו"ט קיל להו לבני אדם דהא אופין ומבשלין בו ועושין בו כל צרכי אוכל נפש ואי שרית להו מוקצה אתו לזלזולי בי' לפיכך החמיר וסתם לן לחומרא אבל שבת דחמיר להו אע"ג דשרית להו מוקצה כגון חתיכת דלועין לפני בהמה וכגון נבלת לפני הכלבים וכיוצא בהן לא אתו לזלזולי בה ומשום הכי לא אחמר בה אלא שנאה בהלכה המסורה בידם. ואקשינן על רב נחמן במאי אוקימתא למתני' בתרנגולת העומדת לגדל ביצים ומשום מוקצה אדמפלגי בביצה נפלגי בתרנגולת גופה [דהיא] (דאי) עצמה מוקצה היא שלא היתה מוכנת מאתמול לאכילה אלא לגדל ביצים . אלא אמר רבה לעולם בתרנגולת העומדת לאכילה והכא ביו"ט שחל אחר השבת עסקינן ומשום הכנה . וקסבר כל ביצה דמתילדה האידנא מאתמול גמרה לה ורבה לטעמיה [דאמר רבה] אמר קרא והכינו את אשר יביאו חול מכין לשבת וחול מכין ליו"ט ואין שבת מכינה ליו"ט ואין יו"ט מכין לשבת : אי הכי יו"ט לתודיה תשתרי גזירה כו'. ופשוטה היא. רב יוסף אמר גזירת ביצה שנולדה ביו"ט משום פירות שנשרו מן האילן

עין משפט נר מצוה

[עיין בתוס' יבמות מב: ד"ה סתם]

ז א מיי' פ"ב מהלכות יו"ט הלכה יב סמג לאוין עה טוש"ע א"ח סי' תקא סעיף א :

שבת קנז. לקמן לא :

ח ב מיי' פ"א שם הל' יז סמג שם טוש"ע א"ח סי' תצה סעיף ד :

[לקמן לה:]

ט ג ד מיי' שם הל' יט סמג שם טוש"ע שם סי' תקב סעיף א וסי' תקיג סעיף ט וסי' תקכז סעיף א :

י ה מיי' שם טוש"ע א"ח סי' תקיג סעיף א :

יא ו מיי' שם טוש"ע א"ח סי' שכב סעיף א :

יב ז מיי' פכ"א מהלכות שבת הל' ז סמג לאוין שם טוש"ע שם סעיף ג :

מסורת הש"ס

[עיין לקמן לח: בתוס' ד"ה ונפחת]

הגהות הב"ח

(א) רש"י ד"ה ומשום הכנה הוא דלאסרי : (ב) תוס' ד"ה והיה וכו' בידי שמים דסייע בילה :

[ברכות ס. וש"נ]

עירובין לח. [וע"ע בתוס' ד"ה אמר רבה]

שמות טז

לקמן ו: [תוספתא פ"א]

[עירובין לט. וש"נ] [שם לט:]

גליון הש"ס

גמ' וביו"ט שחל להיות אחר השבת עסקינן. עיין מ"ש רש"ל דמשום גזרה אטו יו"ט אחר שבת. רש"ל בשבת דף קמט ע"א ד"ה בלה כמראה של מתכת : תוס' ד"ה גבי שבת וכו' והלכתא כרבים. עיין יבמות דף מב ע"ב תוס' ד"ה סתם ודף מז ע"ב תוס' ד"ה ודלמא.

[ועי' תוספות עירובין לח: ד"ה ואין ופסחים קה. ד"ה מה]

§ מסכת ביצה דף ב: §

אות א'

אין מבקעין עצים מן הקורות, ולא מן הקורה שנשברה ביום טוב

סימן תקא ס"א - [א]אין מבקעין עצים מן הקורות שעומדות לבנין - ומוקצה הם, [אף לצורך גופן ומקומן], שאדם מקפיד עליהם מחמת חשיבותן, ומיחד להם מקום, **ואפילו** להמתירין מוקצה סתם, במוקצה מחמת חסרון כיס מודו.

ולא מקורה שנשברה ביו"ט, [ב]אפילו אם היתה רעועה מעיו"ט וקרובה להשבר – (או קורה חדשה דעבידא דפקעה), דיכול להיות דמצפה מע"ש שתשבר, ולא אקצה, [היינו לדעת ר"ש], **מ"מ** אסור, משום דעכ"פ בין השמשות לא היתה שבורה, ותקועה בבנין, ונאסרה ושוב אינה ניתרת, ‹זהו אליבא דר"י - מ"א›, **ועוד** דהויא נולד, דמעיקרא קורה, והויא ככלי, והשתא עצים בעלמא, **ומטעם** זה לא הגיה הרמ"א כאן כמו בסימן תצ"ה, דיש מתירים מוקצה, משום דסמך עצמו על מה שמסיים שם, דאפי' המקילין לא רצו להקל במוקצה דנולד.

[**אבל** בקורה בריאה שנשברה ביו"ט, אף להמתירין מוקצה ונולד, ג"כ אסור], ‹דאפי' לפמ"ש סי' שכ"ד ס"ז, דבהמה בריאה שמתה מותר לר"ש, היינו משום דמ"מ יושב ומצפה שמא ישחטנו חרש שוטה וקטן, אבל קורה בריאה שנשברה לכו"ע אסור – מ"א›.

אות ב'

שבת דחמירא ולא אתי לזלזולי בה, סתם לן כרבי שמעון דמיקל; יום טוב דקיל ואתי לזלזולי ביה, סתם לן כרבי יהודה דמחמיר

סימן תצה ס"ד - [ג]מוקצה, אעפ"י שמותר בשבת, החמירו בו ביום טוב ואסרוהו - פי' דלעיל בסימן ש"י מתבאר, דיש כמה מיני מוקצה המותרין בשבת, כמו מוקצה מחמת שעומד לסחורה, או בשהכניסו לאוצר ואין דעתו להסתפק ממנו עד אחר זמן, או מוקצה מחמת מיאוס, ועוד כמה גווני, **אך** כ"ז הקילו דוקא בשבת דחמיר לאינשי, ולא חיישינן אם נקל לו לטלטל דבר מוקצה, יבוא להקל בשאר איסורי שבת, **אבל** ביום טוב דקילי ליה, שהרי הרבה מלאכות מותרים לו לצורך אוכל נפש, ואם נקל לו במוקצה, יבוא להקל גם בשאר איסורי יום טוב, ולפיכך אסרו לו חכמים לטלטל ולאכלו.

ולפי סברא זו, בהמה העומדת לחלבה ותרנגולת לביצתה ושור של חרישה, אסור לשחטן ביו"ט עד שיכין אותם לכך מעיו"ט, וכן כל כה"ג צריך הכנה מבע"י, **ודבר** שהוא מוקצה מחמת נולד, פשיטא דאסור לדעת המחבר ביו"ט.

[**ודוקא** אם רצה לטלטל המוקצה כדי להשתמש בו, או לאכלו, **אבל** אם רוצה לטלטלו כדי להגיע לדבר המותר שרוצה לאכלו, כגון שמונחים אבנים על פירות, ורוצה להסירן כדי לאכול הפירות וכה"ג, מותר].

[ד]הגה: ויש מתירין מוקצה אפילו ביו"ט (טור בשם הפוסקים) - דלא חמיר משבת, וכתב מ"א דכן הוא ג"כ דעת הרש"ל, וכן פסק גם הפר"ח.

[ה]אבל נולד אסור לדבריהם, אפילו בשבת - ואף דיש פוסקים שמתירין אף במוקצה דנולד, הרמ"א לא רצה לתפוס כדעתם בזה, אלא כאותן פוסקים דמחמירין עכ"פ במוקצה דנולד, **וכתבו** האחרונים, דאף שבשבת נקטינן לעיקר להתיר אפילו במוקצה דנולד, דלא כבעלי סברא זו, מ"מ ביו"ט אין להתיר עכ"פ במוקצה דנולד, **ולפי"ז** אין לטלטל עצמות שנתפרקו מן הבשר ביו"ט, אע"פ שהן ראויין לכלבים, מפני שאתמול כשהיו מחוברין לבשר היו ראויין גם לאדם, והוי נולד.

[**ודע**, דבמוקצה דנולד שלא היה כלל בעולם מתחילה, כגון אפר שהוסק ביו"ט, אפילו ר"ש מודה דזה הוא מוקצה גמור].

אות ג' – ד'

וביום טוב שחל להיות אחר השבת עסקינן ומשום הכנה ואין יום טוב מכין לשבת ואין שבת מכינה ליום טוב

סימן תקג ס"א - [ו]אסור לאפות או לבשל או [ז]לשחוט ביום טוב לצורך מחר, אפילו הוא שבת - דאין יו"ט מכין לשבת, כדיליף בגמרא מקרא: ["והיה ביום הששי", וסתם שישי חול הוא, "והכינו וגו' את אשר תאפו אפו ואת אשר תבשלו בשלו", חול מכין לשבת, אבל אין יו"ט מכין לשבת], **וכ"ש** דמיו"ט לחול אסור.

או יום טוב - ר"ל יו"ט שני של גליות, דספק חול הוא, ונמצא מכין מיו"ט לחול, [**ואם** מבשל איזה דבר ביו"ט ראשון, וכונתו בשביל יו"ט שביעי, לכאורה בודאי שרי, **אבל** באמת דבר זה תלוי בפלוגתא שנזכר בסי' תצ"ה, לענין אוכל נפש עצמו שאינו מפיג טעם אם עשאו מעיו"ט, וה"נ הרי הוא יכול לבשל בחוה"מ לצורך יום השביעי].

ואפי' דבר שאינו מלאכה רק טרחא בעלמא, כגון הדחת קערות והבאת יין מיו"ט לחבירו, ג"כ אסור, [**והח"א** מתיר בזה בשעת הדחק, אך שיביא בעוד היום גדול, דלא יהיה מוכחא מילתא שהוא לצורך הלילה].

באר הגולה

[א] **משנה וגמ' ביצה דף ל"א** [ב] ‹עיין תוס' ד"ה אין מבקעין› [ג] **מסקנת הגמ' אליבא דרב נחמן בריש ביצה, דב"ה ס"ל ביו"ט כרבי יהודה, וכן פסק הרי"ף והרמב"ם, וכך הסכימו האחרונים** [ד] ‹אבל בה"ג ורש"י (לג. ד"ה והלכתא) ור"י ור"ת פוסקים כר"ש בין בשבת בין ביו"ט – טור. **והביאו** ראיות לדבריהם, וכתב דלא אשכחן מאן דמפליג בין שבת ליו"ט אלא רב נחמן נדחק לחלק להעמיד אוקימתא דידיה, אבל לשאר אמוראי א"צ לחלק – ב"י› [ה] ‹אלא שר"ת היה מחלק לומר שאין הלכה כר"ש אלא במוקצה, אבל בנולד הלכה כר"י, וכן ר"ח פסק כר"ש אף ביו"ט, אלא במוקצה מחמת איסור ונולד פסק כר"י ביו"ט – טור›. ‹**ג"כ** דלא כר"נ שאמר מאן דאית ליה כו', וכרבא פרק המביא (ביצה לג) ואוד שנשבר כו', ובסוף נוטל (קמג) שמואל מטלטל כו' – גר"א› [ו] **ברייתא ביצה י"ז** ‹העין משפט הביא גם מסי' תק"ג ותקכ"ז, דלכאורה אינם נוגע לדינא דרבה, דכן ה"ה לכו"ע, ורק סי' תקי"ג הוי מקורו מרבה› [ז] **הג' מיימוני בשם סמ"ק**

(ואפילו בין השמשות של יום ראשון גם כן אסור, דשמא יום הוא, ופשוט דאסור להתחיל באיזה מלאכת אוכל נפש אף בעוד היום גדול, אם משער שימשך הדבר ולא יוכל ליהנות ממנו עד אחר שקיעת החמה).

ואפילו בשני ימים של ר"ה - דלהחמיר אמרינן קדושה אחת הן, [כגון ביצה שנולדה בזה אסורה בזה], ולא להקל, (**ודעת הגר"א** בביאורו, דלהרמב"ם וסייעתו, דס"ל דשני ימים של ר"ה קדושה אחת הן אפי' לקולא, ישתנה זה הדין, **ולכאורה** הלא יום ראשון של ר"ה ודאי קודש מן התורה, ואיך יהיה מותר לבשל בו לצורך יו"ט שני, **ואפשר** דס"ל לדעה זו, דאף מיו"ט לחול נמי, כיון דלית ביה איסור דאורייתא מטעם "הואיל", ולהכי בר"ה דקדושה אחת היא לשניהם, מותר מיו"ט לחבירו, דהם אמרו והם אמרו, **ולפי"ז** אף לדעה זו לא יהיה מותר רק אם יהיה ראוי להנות ממנו עוד באותו יום, דע"ז שייך "הואיל ואי מקלעי ליה אורחים חזי ליה" וכו', **ולאפוקי** אם לא יגמר עד שקיעת החמה, דיש בזה ספק דאורייתא, גם לדעה זו אסור).

סימן תקיג ס"ה - וכן בשבת ויו"ט הסמוכים זה לזה - בין שהוא יו"ט אחר שבת, או שבת אחר יום טוב, **נולדה בזה אסורה בזה** - עד הערב, שע"י לידה זו נעשית הביצה מוכנת לאכילה, ואם נתירה, נמצא שאחד הכין לחבירו, ואנן קי"ל דאין שבת מכין ליו"ט, ואין יו"ט מכין לשבת, [**עיין** במ"א שהסכים, שאף לטעם זה אינה אסורה אלא מד"ס, **ודעת** הרא"ש שהיא דאורייתא, וצ"ע]. (ע"ל בס"ו).

סימן תקכז ס"א - [ח]יו"ט שחל להיות בערב שבת, לא יבשל בתחלה לצורך שבת בקדירה בפני עצמה - ואין נ"מ בין יו"ט א' בין יו"ט ב' של גליות, דאם חל יו"ט ב' בע"ש ג"כ אסור לבשל לשבת, אם לא ע"י עירוב שיערב מעיו"ט הראשון.

אות ה'

גזרה משום יום טוב אחר השבת

סימן תקיג ס"א - עיין לקמן דף ג: אות א'.

אות ו'

גזרה משום שבת אחר יום טוב

סימן שכב ס"א - [ט]ביצה שנולדה בשבת, אסורה אפי' לטלטלה - דכיון דלא חזי לאכילה, והיינו לגומעה חיה, כמוקצה דמיא, [**ואסורה** בטלטול אפי' כשצריך לגופה, כגון לכסות בה את הכלי].

[**ופמ"ג** מסופק, היכא שהתרנגולת עומדת לאכילה, (דבתרנגולת העומדת לגדל וולדות, אסורה הביצה משום מוקצה, דהיינו נולד, וכר' יהודה דאית ליה מוקצה), או למ"ד מוקצה בשבת שרי, ורוצה ליתן הביצה לעו"ג, (דיש לו צורך), דאפשר דלא אסור בטלטול].

והאי דאסורה באכילה, משום גזירה שבת דמיקלע אחר יו"ט, שאז ביצה הנולדה בה אסורה מדאורייתא באכילה, **דכל** ביצה דמתילדא האידנא מאתמול גמרה לה, ונמצא כשנאכלנה, דיו"ט הכינה לשבת, וזה אסור, מדכתיב: והיה ביום הששי והכינו את אשר יביאו, וסתם ששי חול הוא, להורות לנו דדוקא בחול צריך להכין לסעודת שבת, וכן ליו"ט דגם הוא איקרי שבת, **אבל** ביו"ט אסור להכין לסעודת שבת, [ובזה לא מועיל עירוב תבשילין, דלא אתי דרבנן ועקר דאורייתא, תוס' שם (דף ב: ד"ה והיה)], **וכ"ש** דבשבת אסור להכין לסעודת יו"ט, וע"כ כשנולדה הביצה ביו"ט שחל יום א', ג"כ אסור מן התורה לאכלה, דבודאי נגמרה במעי התרנגולת מאתמול, ונמצא דשבת הכינה ליו"ט כשנאכלנה, **ואע"ג** דהכנה בידי שמים היא ולא בידי אדם, גם זה בכלל הכנה ואסור, **וע"כ** גזרו רבנן בכל שבת ויו"ט כשנולדה, שאסור.

[**והא** דלא אסור כשנולדה ביום א' של חול מהאי טעמא, דסעודת חול לא חשיבא כלל, ולא בעיא הכנה מבע"י כמו דאשכחן בשבת, וע"כ לא שייך לומר שהשבת הכין לה, רש"י שם והרע"ב].

ואפי' נתערבה באלף, כולן אסורות - דהוי דבר שיש לו מתירין, וקי"ל דדשיל"מ אפילו באלף לא בטיל, **והטעם**, דעד שעתה יאכלנה ויטלטלנה בחשש איסור, יותר טוב שימתין עד שתחשך, ויהיה כולם בהיתר.

וכן אם הוא ספק אם נולדה בשבת או מקודם, ג"כ אסור מטעם זה, אף דבכל דוכתא קי"ל דספיקא דרבנן להקל, **אך** אם השכים קודם עמוד השחר, ומצא הביצה מונחת בהקינה של תרנגולת, מותרת לטלטלה ולאכלה, דרובן אינן יולדות בלילה, ותלינן דמאתמול שהיה יום חול נולדה, [**משא"כ** אם אתמל היה יו"ט].

ויכול לכוף עליה כלי שלא תשבר, [י]ובלבד שלא יגע בה - היינו בהכלי, וכ"ש בנגיעה בידיו, והטעם, דע"י שהיא עגולה היא מתנענעת ממקומה.

סימן שכב ס"ב - [יא]שבת שלאחר יום טוב, או לפניו, נולדה בזה אסורה בזה - דאם נאכלנה הוי כמכין מיום אחד לחבירו ואסור, וכנ"ל, **וממילא** כיון דלא חזיא לאכילה אסור ג"כ בטלטול.

(**והיינו ביום א' הסמוך לשבת, אבל ביום ב' שרי, וכן אם יו"ט ביום ה' וי"ו, ונולדה ביום ה', מותר בשבת, ואינו אסור כי אם כשנולדה ביום הסמוך לשבת, לבד אם הם ב' יו"ט של ר"ה, דאז חשובין שניהם כיומא אריכתא**).

באר הגולה

ח משנה ביצה ט"ו | ט ביצה ג' ברייתא | י ציינתיו לעיל בסי' ש"י סעיף ד' וע"ש | יא ביצה ד' מימרא

אות ז׳

פירות הנושרין

סימן שכב ס״ג - [יב]**פירות שנשרו מן האילן בשבת, אסורים בו ביום** - משום שמא יעלה ויתלוש, **וגם** משום מוקצה, דכיון דאיתקצאי מדעתיה בין השמשות, דהיה אז מחובר, איתקצאי לכולי יומא.

ואפילו אם ספק שמא נשרו בשבת, ג״כ אסור, וה״ה זרעים וירקות הנמצאים בגינות, אסור לאכלן, ואף לטלטלן, שמא נשרו היום.

באר הגולה

יב שם ב׳

§ מסכת ביצה דף ג, §

אות א׳ - ב׳

משקין שזבו טעמא מאי גזרה שמא יסחוט

אין סוחטין את הפירות להוציא מהן משקין, ואם יצאו מעצמן אסורין

סימן שכ ס״א - [א]**זיתים וענבים, אסור לסחטן** - והסוחטן חייב משום מפרק דהוא תולדה דדש, **(ע״ל סי׳ רנ״ב ס״ה)** - דשם נתבאר לענין טעינת הקורה מבעוד יום על זיתים וענבים, וע״ש מה שכתבנו במ״ב.

[ב]**ואם יצאו מעצמן, אסורים** - גזירה שמא יבוא לסחטו לכתחלה, **אפילו לא היו עומדים** [ג]**אלא לאכילה** - דהיינו שקבצם לאכילה, והטעם, דכיון דרובן לסחיטה קיימא, ניחא ליה בהמשקה שזבו, ושמא ימלך עליהן לסחיטה.

אות ג׳

ביצה שנולדה בראשון תאכל בשני, בשני אין בראשון לא

סימן תקיג ס״ה - [ד]**אם נולדה ביו״ט ראשון, מותרת ביו״ט שני** - היינו בליל יו״ט שני, **בשני יו״ט של גליות** - שהרי ממ״נ אחד מהם הוא חול.

באר הגולה

[א] שבת קמ״ג במשנה ובגמרא [ב] שם [ג] שם כאוקימתא דשמואל דמודה רבי יהודה בהא ‹בזיתים וענבים› [ד] שם בגמרא (ד.) וכרב

גזרה שמא יעלה ויתלוש *היא גופה גזרה ואנן ניקום ונגזור גזרה לגזרה כולה חדא גזרה היא ר' יצחק אמר גזרה *משום משקין שזבו אמר ליה אביי *משקין שזבו טעמא מאי גזרה שמא יסחוט היא גופה גזרה ואנן ניקום ונגזור גזרה לגזרה כולה חדא גזרה היא כולהו כרב נחמן לא אמרי כי קושיין כרבה נמי לא אמרי הכנה לית להו אלא רב יוסף מאי טעמא לא אמר כר' יצחק אמר לך ביצה אוכלא ופירות אוכלא לאפוקי משקין דלאו אוכלא ורבי יצחק מאי טעמא לא אמר כרב יוסף אמר לך ביצה בלועה ומשקין בלועין לאפוקי פירות דמגלו וקיימו ואף רבי יוחנן סבר גזרה משום משקין שזבו דרבי יוחנן רמי דרבי יהודה אדר' יהודה ומשני תנן *[א]אין סוחטין את הפירות להוציא מהן משקין ואם יצאו מעצמן אסורין רבי יהודה אומר אם לאוכלין היוצא מהן מותר ואם למשקין היוצא מהן אסור אלמא כל אוכלין לרבי יהודה אוכלא דאפרת הוא ורמינהו ועוד אמר רבי יהודה *מתנה אדם על כלכלה של פירות ביום טוב ראשון ואוכלה בשני וכן [ב]ביצה שנולדה בראשון תאכל בשני בשני אין בראשון לא ומשני רבי יוחנן *מוחלפת השיטה ומדקא מרמי להו אהדדי שמע מינה חד טעמא הוא רבינא

רש"י

ויתלוש · דהוא איסורא דאורייתא דהייט קוצר שהוא אב מלאכה : **חדא גזרה היא** · לא שהא זו גזרה דלא ליתי לידי פירות הנושרין אלא כשגזרו ונגזרו על פירות הנושרין אף ביצה היתה במשמע ואע"ג דלית בה משום תלישה מיהו מכלל גזרת חכמים היתה שאף היא פרי הנושר : **משום משקין שזבו** · דקי"ל אסורין לבו ביום כדתנן ואם יצאו מעצמן אסורין (שבת דף קמג:) וביצה נמי דמיא להו שזבה ויצאת ממקום שהיתה בלועה: **שמא יסחוט** · וסחיטת פירות תולדה דדש היא שמפרקן מתוך זג שלהן כמפרק תבואה מקש שלה : **חדא גזרה היא** · כדפרישית כשגזרו על משקין שזבו אף ביצה היתה במשמע : **כולהו** · רבה דאוקי מתני' משום הכנה ורב יוסף ורבי יצחק דאוקמוה משום גזרה : **כרב נחמן לא אמרי** · משום מוקצה : **כי קושיין** · כדפרכינן לעיל ליפלגו בתרווייהו : **ומשקין לאו אוכלא** · הלכך כשגזרו על משקין שזבו לא היתה ביצה במשמע שהרי אינה משקה אבל בכלל פירות הנושרין היתה : **בלועה** · בתוך התרנגולת וזבה לחוץ : **ומשקין בלועין** · בתוכן וזבין לחוץ : **לאפוקי פירות דמגלו וקיימו** · הלכך נשירת הביצה לאו בכלל נשירת הפירות : **ואם יצאו מעצמן אסורין** · בו ביום גזרה שמא יסחוט : **אם לאוכלין** · הן מכונסין הפירות הללו היוצא מהן מותר בו ביום דכיון דלא ניחא ליה בהני משקין ליכא למגזר שמא יסחוט : **אלמא** · מדקאמר אם לאוכלין היוצא מהן מותר כל לאוכלין אמר בדבר היוצא מהן אוכלא דאפרת הוא ולאו בכלל גזרת משקין שזבו : **ועוד אמר ר' יהודה** · לעיל מיניה תנן במסכת עירובין ראש השנה שהיה ירא שמא תתעבר ויהו שני ימים טובים מערב אדם שני עירובין כו' דקסבר שתי קדושות הן אחד חול ואחד יום טוב ולא ידעינן הי חול והי יום טוב : **מתנה אדם על כלכלה.** להא מלתא (א) הוי שתי קדושות היתה לו כלכלה של פירות טבל ושכח ולא עישר מערב יום טוב ותנן *אין מגביהין תרומות ומעשרות ביו"ט מעשר ביו"ט בתנאי ואומר אם היום חול ולמחר קדש יהיו אלו תרומה ומעשרות על אלו ואם היום קדש אין בדברי כלום ונותן בהן סימן ולמחרת חוזר ואומר כן אם היום חול ואתמול קדש יהיו אלו תרומה על השאר ואם היום קדש ואתמול חול הרי נעשה תרומה מאתמול וממה נפשך נתקנו : **ואוכלה בשני** · אבל לא בראשון דשמא קדש הוא ואין בדבריו כלום : **וכן לגבי ביצה** · הוו שתי קדושות האחד חול והאחד יו"ט והנולדה בראשון מותרת בשני : **בשני אין בראשון לא** · אלמא כל מידי דזב ממקומו ביו"ט ואפילו אוכלא אסור: **ומשני רבי יוחנן מוחלפת השיטה** · שיטת המשנה דאין סוחטין ואיפוך דרבי יהודה לרבנן : **ומדקא מרמי** · רבי יוחנן משקין שזבו וביצה אהדדי : **שמע מינה חד טעמא הוא** · ומאן דאסר בהא אסר בהא ודשרי בהא שרי בהא :

תוספות

גזרה שמא יעלה ויתלוש · ותימה ל"ל האי טעמא דלקמן (דף כד:) גבי נכרי שהביא דורון אם יש במינו במחובר אסור פי' רש"י דכיון דאתקלאי לבין השמשות אתקצאי לכולי יומא וכן משמע דטעמא משום מוקצה מדמייתי לה גבי ספק מוכן והשתא תרי טעמי למה לי וי"ל דטעמא דהכא אתיא אליבא דר' שמעון דלית ליה מוקצה ולקמן אתיא אליבא דרבי יהודה ותימה דהא פירש רש"י גופיה לקמן נכרי שהביא דורון ט' אסור הואיל ולא לקטינהו מאתמול אקצינהו והוי כמוקצה דגרוגרות וצמוקים דאפי' ר' שמעון מודה א"כ אתיא נמי כר' שמעון ע"כ י"ל דמיירי הכא כגון בחצר דהוי מוכן לעורבים ומוכן לעורבים הוי מוכן לאדם לכך צריך האי טעמא וא"ת הא אמרי' (שבת דף קכב:) מעמיד אדם בשבת בהמתו על המחובר אבל לא על המוקצה פירוש עשבים שנתלשו היום ואמאי הא הוי מוכן לבהמה דאי בעי אכלה מנפשה וי"ל דמיירי בתרי עברי דנהרא עוד יש לומר דלא שייך מוכן לעורבים רק בפירות האילן שרגילין להשיר מעצמן והוא מצפה לכך אבל תימה אם כן כיון דאמר האי טעמא למה לי טעמא דלקמן ויש לומר *דלקמן מיירי בדבר דבעי מרא וחצינא כגון לפת ולנון דלא שייך שמא יעלה ויתלוש דאדכורי מדכר הואיל ואין יכול בקל לתולשו וראיה לדבר הא דתנן במסכת שבת (דף קכב: ושם) נכרי שהדליק הנר בשביל ישראל אסור להשתמש לאורו אבל בשביל הנכרי מותר ואמאי לא חיישינן שמא ידליקנו ישראל עצמו אלא אדכורי מדכר ומטעם זה אכל רבינו אליעזר ממי"ן מליח (ב) שצלאו נכרי מעצמו בשבת דלמאי ניחוש הרי לא צלאו בשבילו וכי תימה שמא יצלה הוא עצמו הואיל ואיכא טרחא בדבר אדכורי מדכר ואי משום מוקצה חזי לכוס ולא נהירא דאמרינן במסכת שבת (ג"ז שם) בהדיא אם הביא נכרי מים אסור שמא ירבה בשבילו ואין לחלק ולומר דדוקא גבי מים שייך שמא ירבה בשבילו אבל כאן הנכרי צלאו כבר ולא שייך האי טעמא דהא איכא בתוספתא (דשבת פי"ב) בהדיא במכירו אסור מפני שמרגילו לשבת הבאה ועוד י"ל דדוקא בפירות וענבים שייך שמא יעלה ויתלוש ושמא יסחוט לפי שאדם מתאוה להם ובעודו בכפו יבלענו אך תימה מאי שמא יעלה ויתלוש הא אפי' לכתחילה מותר לתלוש דהא אוכל נפש מותר וגם קשה לקמן (דף כג: ושם) תנן אין צדין דגים מן הביברין ביו"ט ואמאי הא אוכל נפש הוא ואין לומר דכל דבר שיכול לעשותו מערב יו"ט אסור לעשותו ביו"ט עצמו כי לא אתעביד ליה מערב יו"ט דהא אמרי' (לקמן כח:) הוא ולא מכשיריו פירוש אוכל נפש ולא מכשיריו כגון לתקן שפוד רבי יהודה אומר לכם לכל צרכיכם והוא לבדו איצטריך לאסור מכשירין שאפשר לתקן מערב יום טוב אלמא דוקא במכשירין יש חילוק בין אפשר לעשותן מערב יו"ט בין אי אפשר אבל באוכל נפש כ"ע מודו דאפילו אפשר לעשותן מערב יו"ט מותר לעשותן ביו"ט וי"א דלכך אין צדין שמא יצוד דגים טמאים שאינם צורך ולא נהירא דאם כן הוי מלאכה שאינה צריכה לגופה דמותרת על כן פירש רבינו נתנאל מקינו"ן דבירושלמי יש אך אשר יאכל לכל נפש וסמיך ליה ושמרתם את המצות אותם מלאכות שמשימור ואילך הם מותרות דהיינו מלישה ואילך אבל שאר מלאכות דמקודם לכן אסורין ועוד דבירושלמי *יש מיעוט אחר אך שלא לקצור [וע' תוספות שבת נסי ד"ה והרודה] : **רבי** יוחנן אמר מוחלפת השיטה · פירש רש"י מוחלפת ההיא דאין סוחטין ויפה פירש דעל כרחך צריך לפרש הכי דאין לפרש איפוך ההיא דכלכלה דאם כן כ"ש דקשה מדרבי יהודה לדר"י שיאסור ביו"ט שני דהא רבנן דפליגי עליה אמרי קדושה אחת היא וא"כ אי אמרינן איפוך אסור אפילו ביו"ט שני ותימה דהא ר' יוחנן גופה פסיק בפרק חבית (שבת דף קמג: ושם) דהלכה כרבי יהודה (דקאמר רבי יוחנן הלכה כרבי יהודה) בשאר פירות אבל זיתים וענבים לא אלמא דלא סבירא ליה דמוחלפת השיטה וי"ל דרבי יוחנן קאמר לפי דברי אותם האמוראים דלא סברי מוחלפת השיטה לדבריהם הכי הוא והכי נראה לי כמדומה ובשיטת מחברי"א תירץ דמוחלפת השיטה היא אותה דכלכלה ורבי יהודה לדבריהם דרבנן קאמר להו לדידי אפילו ביום הראשון מותרין דאוכלא דאפרת הוא ולדידכו דאסריתו נולד בההיא דאין סוחטין אפילו ביום טוב השני אסור ואם תאמר אם כן דלדבריהם קאמר להו אמאי קא מחליף השיטה לימא לדבריהם קאמר להו ולא מוחלפת השיטה כרבינא ויש לומר דזה נראה לו דוחק לומר לדבריהם קאמר להו כדלא מוקמינן מוחלפת כו' דהואיל ועדיין לא דברו חכמים כלל מתחילה קודם רבי יהודה לא שייך למימר לדבריהם ורבינא איתו חושש לזה : אבל

עין משפט נר מצוה

יג א ב מיי' פכ"א מהלכות שבת הלכה יב ומוש"ע א"ח סי' שכ סעיף א :

יד ג מיי' פ"א מהלכות יו"ט הלכה כד סמג לאוין סה טור וש"ע א"ח סי' תקיג סעיף ס :

[עירובין לט:]

יש גורסים הכא וי"ל דדוקא בפירות וענבים שייך שמא יעלה ויתלוש ושמא יסחוט לפי שאדם מתאוה להם ובעודו בכפו יבלענו ולקמן מיירי · מהרש"א

רבינו חננאל

מותרין א"ל אביי ופירות שנשרו מן האילן משום מאי אסורין גזירה שמא יעלה ויתלוש מן הפירות היא גופה גזירה ואנן ניקום ונגזור ביצה שנולדה ביום טוב משום פירות שנשרו שהן גופן אין בהן איסור אלא משום גזרה אסרום נגזור גזרה לגזרה כו' · ר' יצחק אמר גזירה ביצה שנולדה ביו"ט משום משקין שזבו כגון ענבים שזב מהן יין ביו"ט . הרואה שהתרנו לו ביצה יבא להתיר משקין שזבו ואמרינן משקין שזבו עצמן אין אסורין אלא גזרה גזרנו עליהן שלא יבא לסוחטן כו' כולהו (כרבה) [רבה] ורב יוסף ורבי יצחק לא אמרי כרב נחמן דאמר משום מוקצה דעלתה בקושיא דאמרי ליה ונפלגו בתרנגולת העומדת לגדל ביצים היא וביצתה בש"א תאכל כו' . ולא מצא פירוק לדבריו . ומש"ה לא אמרינן כוותיה . כרבה נמי לא אמרינן הכנה לית להו אלא רב יוסף כו'. ואף ר' יוחנן סבר ביצה שנולדה ביו"ט גזרה משום משקין שזבו ביו"ט . מדרמינן ליה דרמי דרבי יהודה אדרבי יהודה (הכי תנן) [דתנן] אין סוחטין פירות להוציא מהן משקין ואם יצאו מעצמן אסורין . רבי יהודה אומר המשקין הללו שיצאו מן הפירות מעצמן אם לאוכלין עומדים הפירות הללו היוצא מותר מ"ש זה המשקה שיצא חשוב הוא כמו שנפרד מקצת מן האוכל הוה והכל בין הנפרד בין הנשאר כמו אוכל הוא ומותר . ואמר איני והאמר ר' יהודה בפ' בכל מערבין מתנה אדם על הכלכלה של פירות ביו"ט ראשון ואוכלה ביו"ט שני וכן ביצה שנולדה ביו"ט ראשון תאכל בשני ולא הודו לו חכמים בשני אין בראשון לא מכלל שהמשקין שזבו כביצה שנולדה הן וא"ר יוחנן מוחלפת השיטה כלומר כך היא חצעה של משנה אין סוחטין את הפירות להוציא מהן משקין ואם יצאו מעצמן אסורין דברי רבי יהודה וחכמים אומרים כו' מדקא רמי מביצה לפירות שמע מינה חדא מייתא היא ומפורש בעירובין כיצד מתנה היו לפניו ב' כלכלות של טבל אומר אם היום חול תהא זו תרומה על זו ואם היום קודש אין בדברי כלום ולמחר אומר אם היום חול תהא כלכלה שאמרתי אתמול תרומה על זו ואם היום קודש תקנתיה מאתמול ואוכלה ביו"ט שני מכל מקום . רבינא

מסורת הש"ס

[שבת יח: כא. עירובין ד: לט. יומא יא: מד: סוכה ו: יבמות כא. קח. קפ. ע"ז כא. חולין סד: קד. נדה מו:]

שבת קמג: חולין יד:

עירובין לט.

[ברכות יז: מט: עירובין לט. פסחים מג: נה. לקמן ט: יח.]

[לקמן לו:]

הגהות הב"ח

(א) רש"י ד"ה מתנה וכו' להא מילתא נמי טוב שתי: (ב) תוס' ד"ה גזרה וכו' ר' אליעזר ממיץ דג מליח שצלאו שפחתו בשבילו בשבת:

גליון הש"ס

גמ' מוחלפת השיטה. לקמן דף ט ע"ב דף י ע"א ברכות דף יז ע"ב פסחים דף מט: ודף נה ע"א עירובין דף לח ע"א ופרש"י שם :

[לקמן על מתני' סכו ר קטניות]

רש"ל מוחק זה

רבינא אמר לעולם לא תיפוך ורבי יהודה לדבריהם דרבנן קאמר להו לדידי אפילו בראשון נמי שריא דאוכלא דאפרת הוא אלא לדידכו אודו לי מיהת דבשני שריא דשתי קדושות הן ואמרי ליה רבנן לא קדושה אחת היא רבינא בריה דרב עולא אמר הכא בתרנגולת העומדת לגדל ביצים ור' יהודה לטעמיה דאית ליה מוקצה מיתיבי **אחת ביצה שנולדה בשבת ואחת ביצה שנולדה ביו"ט אין מטלטלין אותה לא לכסות בה את הכלי ולא לסמוך בה כרעי המטה ^אבל כופה עליה את הכלי בשביל שלא תשבר ^וספיקא אסורה ^ואם נתערבה באלף כולן אסורות בשלמא לרבה דאמר משום הכנה הוי ספיקא דאורייתא וכל ספיקא דאורייתא לחומרא אלא *לרב יוסף ולר' יצחק דאמרי משום גזרה ספיקא דרבנן היא *וכל ספיקא דרבנן לקולא (*א"ל) *סיפא אתאן לספק טרפה אי הכי אימא סיפא נתערבה באלף כולן אסורות אי אמרת בשלמא ספק יו"ט ספק חול הוי *דבר שיש לו מתירין *וכל דבר שיש לו מתירין אפילו באלף לא בטיל אלא אי אמרת ספק טרפה דבר שאין לו מתירין היא ותבטל ברובא וכי תימא ביצה חשובה ולא בטלה הניחא למ"ד *כל שדרכו למנות שנינו אלא למ"ד את שדרכו למנות שנינו מאי איכא למימר דתנן *מי שהיו לו חבילי תלתן של כלאי הכרם ידלקו נתערבו באחרות ואחרות באחרות כולן ידלקו דברי ר' מאיר וחכמים אומרים *יעלו באחת ומאתים שהיה ר' מאיר אומר את שדרכו למנות מקדש וחכמים אומרים אינו מקדש אלא ששה דברים בלבד ר' עקיבא אומר *שבעה ואלו הן אגוזי פרך ורמוני באדן וחביות סתומות וחלפי תרדין וקלחי כרוב ודלעת יונית *ר' עקיבא מוסיף אף ככרות של בעל הבית *הראוי לערלה ערלה הראוי לכלאי הכרם כלאי הכרם ואתמר *עלה רבי יוחנן אמר את שדרכו למנות שנינו ור' שמעון בן לקיש אמר כל שדרכו למנות שנינו הניחא לר' שמעון בן לקיש אלא לרבי יוחנן מאי איכא למימר אמר רב פפא האי תנא תנא דליטרא קציעות הוא דאמר כל דבר שבמנין אפי' בדרבנן לא בטיל וכל שכן בדאורייתא *דתנן *ליטרא קציעות שדרסה על פי עגול ואינו יודע באיזה עגול דרסה על פי חבית ואינו יודע באיזו חבית דרסה על פי כורת ואינו יודע באיזו כורת דרסה ר' מאיר אומר ר' אליעזר אומר

רבינא אמר. הא דקאמר ר' יוחנן מוחלפת השיטה לא תיפוך : אוכלא דאפרת הוא. וכיון דמשום סחיטה ליכא משום משקין שזבו נמי ליכא בעומדת לאכילה : לדידכו. דאסריתו לה אף בשני נהי נמי דאית לכו בביצה גזירת משקין שזבו ואפילו בתרנגולת העומדת לאכילה : אודו לי מיהת דבשני שריא. דחד מינייהו חול הוא : קדושה אחת היא. ולא דמו לשאר ימים טובים דהכא לאו משום ספקא אתקין דהא בזמן בית דין היו עושין אותם שני ימים אם באו עדים מן המנחה ולמעלה כדאמרינן בר"ה (דף ל:): רבינא בריה דרב עולא אמר. רבי יהודה הדר' יהודה מעיקרא לא תקשי דהא דקאמר בשני אין כראשון לא בעומדת לגדלים קאמר ומשום מוקצה ולא משום משקין שזבו: מיתיבי. הכא אמוראי קמאי דאפלוג בעומדת דכולה הלל דמתני' : לכסות בה את הכלי. פי' לכוחים : לסמוך בה. זוקפה כנגד חודה וסומך בה : אבל כופה עליה כו'. ואע"ג דהיא אינה ניטלת מטלטלין את הכלי לצורכה ולאפוקי מדר' יצחק דאמר (שבת דף מג.) אין כלי ניטל אלא לדבר הניטל בשבת והאי מוקי לה בצריך למקומו של כלי : וספקה. של זו אסורה קא סלקא דעתך ספק נולדה ביו"ט ספק בחול אסורה כיו"ט: ספק דרבנן הוא. דאפי' ולאו משום גזירה הוא דאסור וכי הויא לה ספיקא הוי ספק במידי דאסור מדרבנן: לספק טריפה. ספק נולדה מתרנגולת טרפה ולאו ביו"ט קאי ולאידי דאיירי לאיסור ביצה איירי נמי בהא: שיש לו מתירין. שיכול לאכלו אחר יו"ט בהיתר גמור : אפילו באלף לא בטיל. ואע"ג דמדאורייתא חד בתרי בטיל דכתיב (שמות כג) אחרי רבים להטות אחמור רבנן הואיל ויש לו מתירין לאחר זמן לא יאכלנו באיסור על ידי ביטול: הניחא למ"ד. לקמן: כל שדרכו למנות שנינו. במסכת ערלה כדלקמן דלא בטיל משמע כל דבר שיש בני אדם המקפידין עליו מפני חשיבותו למוכרו במנין ביצה נמי הרבה מוכרין אותה במנין : אלא למאן דאמר את שדרכו. דמשמע את המיוחד לכך שאין אדם מוכרו בלאו הכי: מאי איכא למימר. הרי ביצה הרבה (א) מוכרת באומד בלא מנין: פלכן. מין קטנית (ב) למתק קדירה פילוג"ר בלע"ז: ידלקו. כדין כלאי הכרם שנאמר (דברים כב) פן תוקדש תוקד אש דאסירי בהנאה : יעלו באחד ומאתים. אם נתערב אחד מהן במאתים של היתר יעלה *אחד מהן וידלק והשאר מותרין וזה שיעור ביטול כלאים וערלה באחד ומאתים : שהיה ר' מאיר אומר. כלומר להכי אמר ר' מאיר כולן ידלקו ולית להו ביטול שהיה ר' מאיר אומר הואיל ודרכן לימנות אין בטלין ומקדשין לאסור כל המתערבין בהן : וחכמים אומרים. כל פירות שבעולם בטלים חוץ מששה דברים הללו המנויין כאן שהן חשובין מאד : פרך ובאדן. מקומות הן : קולסי. קלחי כרובין גדולים עם עלין שלהן וכרוב של א"י היה גדול כאילן כדאמרינן בכתובות (דף קיא:): הראוי לערלה ערלה. אותן שהן מין אילן וערלה נוהגת בהן מקדשין את ערוביהן משום ערלה : והראוי לכלאי הכרם. כגון חלפי תרדין וקולחי כרוב וככרות שאינן מין אילן מקדשין ערוביהן באיסור כלאי הכרם : את שדרכו למנות שנינו. במילתיה דר' מאיר : הניחא לר' שמעון בן לקיש. איכא לאוקמא לברייתא דלעיל דקתני ביצה לא בטלה כר' מאיר : האי תנא. דלעיל : תנא. דאיירי גבי ליטרא קציעות הוא דאמר כל דבר שיש בו מנין אפילו במידי דרבנן כגון ליטרא קציעות דאיירי בתרומת פירות דרבנן לא בטיל כדמפרש לקמיה : וכ"ש ביצה טרפה: ליטרא קציעות. תאנים שנתייבשו בשדה וקוצן במקצוע והוא שם כלי העשוי לכך וחותכין בו עוקצי התאנים ואחר כך דורסין אותם בכלי עגול והן נדבקין יחד ונעשין כגבינה והוא נקרא עגולי דבילה וכשבאין למוכרן מפרידן במגריפה ומוכרן במשקל ליטרא : שדרסה ע"פ כלי. ששמו עגול שבו עושין העגולין : ואינו יודע באיזה עגול. אבל יודע שעל פיו הוא ולא בתוכו : רבי מאיר אומר. כן נחלקו ר' אליעזר ור' יהושע בדבר זה ר' אליעזר אומר אף על פי שאין לטרות תחתונות בספק דמוע מצטרפות התחתונות אל הפומין של כל העגולין הללו : רואין

אבל כופה עליה כלי. פירש רש"י מהך ברייתא פריך התם לר' יצחק דאמר דאין כלי ניטל אלא לדבר הניטל והוא תירץ בצריך למקומו ומכאן פוסקין דהא דקי"ל דדבר שמלאכתו לאיסור אסור (ג) היינו אלא דוקא שלא לצורך גופו או לצורך מקומו אבל לצורך גופו או לצורך מקומו שרי ואם התחיל לטלטלו בשביל שצריך לגופו או למקומו מותר להוליכו אפילו בחדרו אם ירצה דהא הזיקה הכא דהוליך וצריך למקומו או לגוף הכלי כופהו על הביצה :

לדידי אפי' בראשון נמי שריא. וקימה ר' יהודה דאמר כבית שמאי וכי שביק ב"ה ועביד כב"ש וי"ל דר' יהודה היה אומר לא נחלקו ב"ש וב"ה בדבר זה מטעם :

ואחרות באחרות וכו'. קימה דהא כן אומר ספק ספיקה ובהתערובות (זבחים דף עד. ופ"ה) (ד) דקאמר מי איכא דאסר ספק ספיקה באיסורי הנאה דאמר לא פשיט ליה מהכא דאסרינן הנ"ע דהיכא ספק ספיקא בשלמא היינו דלעיל דאמר וספיקא אסורה נתערבה באלף כולן אסורות טעל לפרש כדפירש ר"ח נתערבה באלף לאאיסור עצמו קאי א"נ הא דלעיל בברייתא היא ומאי אולמיה דהך בברייתא הכלא מהך ברייתא דהתם אבל (*מברייתא קשיא למשנה) ע"כ לא גריס ר"ח ואחרות באחרות ורבינו יצחק ב"ר ברוך אומר דגרס ליה שפיר וה"פ שנתערבה גם האיסור דסד"א שמותר חוזל ואיכא כמין תרי רובי קמ"ל משמע כן ועוד תירץ הר"ר יצחק דגרס ליה שפיר ואעפ"כ לא מצי למיפשט מהכא דקים לן כל דבר שיש לו חשיבות אינו בטל אלא בתרי רובי לכך אינו בטל הכא אבל התם מוכיח ליה מתרי רובי דקאמר אם נתערב רובא בתוך רובא והתחיל וכו' אבל הכא אין כאן תרי רובי שהתערבות הראשון היה שוה ובפרק הערל (יבמות דף פא. ושם בד"ה נתערבו) פירשתי :

עין משפט נר מצוה

טו א מיי' פ"א מהל' י"ט הלכה כ סמג לאוין עה טוש"ע א"ח סי' שכב סעיף א וסי' תקיג סעיף:

טז ב מיי' פכ"ה מהל' שבת הלכה כג סמג לאוין סה טוש"ע א"ח סי' שח סעיף ג וסי' שכב סעיף א וסי' תקיג סעיף ד :

יז ג מיי' פ"ב מהל' י"ט הל' ו טוש"ע א"ח סי' תקיג סעי' ה ועיין טוש"ע י"ד סי' קי סעיף ח :

דבור זה שייך לעיל לפני ד"ה אבל

יח ד מיי' פ"א מה' י"ט הל' כ סמג שם טוש"ע שם סעי' ט וטוש"ע י"ד סי' קי:

יט ה מיי' שם ופט"ז מה' מאכלות אסורות הלכה ט סמג לאוין קמא טוש"ע י"ד שם:

כ ו מיי' פט"ו מהלכות מא"ס הלכה ח:

כא ז מיי' שם הלכה ג טוש"ע י"ד סי' קי סעיף א:

אבל לרב נחמן לא פריך דמוקצה המוכלה והוי כעין דהולידה [כספק מוכן דאסור לקמן (כד:). תו"י]

מסורת הש"ס

[לקמן ד. שבת דף מג.]

[שבת מג. וש"נ]

[שעות וקולות' במהר"ם]

[נ"ל ממשנה קשיא]

[לקמן לט. יבמות פב. ב"מ נג.]

[חולין ק. וזבחים עב.]

ערלה פ"ג מ"ו יבמות דף פא.

[ע"ז עד.] [זבחים עב:]

[פלגתא דר"מ ור"י גם כל אריכות לשון זה ליתא במשנה דתרומות ולכך עיקר כגי' דתניא וכן הוא בזבחים דף עג.]

וזבחים עג. תרומות פ"ד מ"י [תוספתא תרומות פ"ה] [הר"ש משנ' ע"ו ממשנה א' פ"ב דערלה דא"ג לאחרים ע"ש מ"ו פ"ג דערלה]

הגהות הב"ח

(א) רש"י ד"ה מאי איכא למימר הרי ביצה הרבה פעמים נמכרת : (ב) ד"ה פלכן מין קטנית. נ"ב וכן פי' רש"י : (ג) תוס' ד"ה אבל וכו' ואסור לטלטל אינו אלא דוקא: (ד) ד"ה ואחרות וכו' ובהתערובות דקא מספקא באסורי הנאה דקאמר: ספק ספיקא:

גליון הש"ס

גמ' סיפא אתאן לספק טרפה. עי' חולין דף סד ע"א תוד"ה שאם ריקמה ובשיט' מקובצ' בב"ק דף מז ע"א ד"ה מאי טעמא :

רבינו חננאל

רבינא אמר לעולם לא תיפוך ור' יהודה לדבריהם דרבנן קאמר להו לדידי אפילו ביו"ט ראשון שריא ואוכלא דאפרת הוא כו'. רבינא בריה דרב עולא אמר (לעולם)[הכא] בעומדת לגדל ביצים ור' יהודה לטעמיה דאית ליה מוקצה ול"ז דמיא ביצה לפירות. מיתיבי אחת ביצה שנולדה בשבת ואחת שנולדה ביו"ט אין מטלטלין אותה לא לכסות בה כלי ולא לסמוך בה כרעי המטה אבל כופה עליה כלי שלא תשבר וספיקא אסורה.ואם נתערבה באלף כולם אסורות. בשלמא לרבה דאמר משום הכנה כיון דהכנה מדאורייתא היא הוי ספיקא דאורייתא וספיקא דאורייתא לחומרא.אלא לרב יוסף ולר' יצחק דאמרי גזרה משום פירות הנושרים ומשום משקין שזבו כל ספיקא דרבנן לקולא הוא.אמאי ביצה זו אסורה.ופריק רב אידי סיפא דקתני ספיק' אסורה אינה ביצה שנולדה ספק ביו"ט ספק בחול אלא כגון שהיתה שם תרנגולת טרפה ואחרת שלמה ונמצאת בקן ביצה זו ואין יודעין אם הטרפה ילדה או השלמה ילדה אותה שהיא אסורה.ואקשינן בשלמא ספק יו"ט ספק חול הוי דבר שיש לו מתירין כלומר ביצה זו ביו"ט אסורה אבל למחר מותרת וכל דבר שיש לו מתירין אפי' באלף לא בטיל.לפיכך תני ואם נתערבה באלף כולן אסורות.אלא ספק טרפה דבר שאין לו מתירין לעולם הוא ונבטיל ברובא.וכי תימא ביצה חשובה וכל דבר שהוא חשוב לא בטיל אפי' באלף הניחא לריש לקיש דאמר כל שדרכו לימנות שנינו.כלומר זה שכתוב במשנה את שדרכו לימנות שנינו מקדש היה ר"ל שונה כל שדרכו לימנות מקדש. וכיון שטונה במשנתנו כל שדרכו שמעינן מינה ואפי' ביצה בכללם שדרכה לימנות אחת אחת אלא לר' יוחנן דאמר את שדרכו שנינו שאין בטלין אפי' באלף [והיינו] אלו השנויין במשנתנו בלבד. והן עשרה דברים. ראשכחן בירושלמי במסכת ערלה דר' יוחנן וריש לקיש חד אמר דברי ר"מ עשרה דברים מקדשין וחד אמר דברי ר"מ כל הדברים מקדשין.ש"מ דאליביה דר' מאיר חולקין ר' יוחנן ור"ל.ואלו הן עשרה השנויין במשנה.ראשון בגד שצבעו בקליפי ערלה ונתערב באחרים כולן ידלקו דברי ר' מאיר.וחכמים אומרים יעלו באחד ומאתים.שני האורג מלא הסיט הצבוע בקליפי ערלה וארגו בבגד ונתערב באחרים ואין ידוע איזו הוא ר' מאיר אומר הבגד כולו ידלק.וחכמים אומרים יעלו באחד ומאתים.שלישי חבילי תלתן של כלאי הכרם שנתערבו באחרים כולם ידלקו דברי ר' מאיר.וחכמים אומרים יעלו באחד ומאתים.באלו הג' חלקו. ותידו לו על השאר. ועל זה שנינו שהיה ר' מאיר אומר את שדרכו לימנות מקדש. וחכמים אומרים אינו מקדש אלא ששה דברים בלבד ואלו הן אגוזי פרך ורמוני באדן. חביות פתומות. חליפות תרדין. קולסי כרוב. ודלעת יוונית. ר"ע מוסיף אף ככרות של בעל הבית. פירוש מפני שהן גדולין. ואינן (במנין) [נמכרין] אלא אחד אחד. הראוי לערלה ערלה. פי' כל מי שהוא מין אילן. כגון אגוזי פרך ורמוני באדן וחביות של יין או של שמן איסורן משום ערלה שנאמר ונטעתם כל עץ מאכל וערלתם ערלתו את פריו. אבל חליפות תרדין וקולסי כרוב ודלעת יוונית שהן ירקות אין איסורן אלא משום כלאים. אבל איסור ערלה אין בהן. וזה ששנינו כי אין בטלין לעולם בזמן שהן שלמים. אבל אם נתפצעו האגוזים או נתפרדו הרמונים וכן כל כיוצא בהן לא הוו ממי שדרכו לימנות אלא עולין באחד ומאתים וראינו רבותינו שחשבו תשלום העשרה שהוכירו בתלמוד א"י כל הזובחים שנתערבו בחטאות מתות כו' והא דביצה ותתיכה של נבלה שנתבשלה עם החתיכות כו'. ומפרש בגמרא [יבמות פ"ב זבחים ע"ב] דבכל שדרכו לימנות ובאת שדרכו לימנות פליגי. (אלא) [ולא] סמכנו על זה דחזינא בה פרכא *) ולא השבנו על זה הפירוש שאין משיבין את הארי שלא בפניו. וחזרנו בענייננו לפרש שמועה זו. הניחא לר"ל דאמר כל שדרכו לימנות מקדש שנינו אליבא דר' מאיר איכא לרבויי אפי' ביצה דהא קתני ביה כל. אלא לר' יוחנן דאמר את שדרכו אפילו לר' מאיר [והיינו] אלו העשרה שפירשנו מאין לנו לרבות ביצה ועמדה הקושיא אליבא דר' יוחנן ופריק רב פפא הכי זה התנא ששנה אחת ביצה שנולדה בשבת כו'. תנא דליטרא קציעות הוא. דסבר **) כל דבר שאין לו מתירין כגון תרומה וכיוצא בה שלא יתכן להיות מותרת לזר לעולם אפילו בדרבנן לא בטיל דתניא ליטרא קציעות שדרסה על פי עיגול ואינו יודע כו':

*) אולי הפרכא הוא דהא בירושלמי מבואר דלר"ל לא שדרכו למנות שנינו ור"מ י' דברים מקדשין וליכא למימר דהחתיכות שנתערבו בכלל הני' דהא מבואר בגמ' שם דהם אינן בכלל דאת שדרכו למנות ע"ש. **) אולי צ"ל דסבר כל דבר שבמנין אפי' בדבר שאין לו מתירין וכו'.

§ מסכת ביצה דף ג: §

אות א'

אחד ביצה שנולדה בשבת ואחד ביצה שנולדה ביום טוב אין מטלטלין אותה

סימן שכב ס"א - [א]ביצה שנולדה בשבת, אסורה אפי' לטלטלה - דכיון דלא חזי לאכילה, והיינו לגומעה חיה, כמוקצה דמיא, [**ואסורה** בטלטול אפי' כשצריך לגופה, כגון לכסות בה את הכלי].

[**ופמ"ג** מסופק, היכא שהתרנגולת עומדת לאכילה, ‹דבתרנגולת העומדת לגדל וולדות, אסורה הביצה משום מוקצה, דהיינו נולד, וכר' יהודה דאית ליה מוקצה›, או למ"ד מוקצה בשבת שרי, ורוצה ליתן הביצה לעו"ג, ‹דיש לו צורך›, דאפשר דלא אסור בטלטול].

והאי דאסורה באכילה, משום גזירה שבת דמיקלע אחר יו"ט, שאז ביצה הנולדה בה אסורה מדאורייתא באכילה, **דכל** ביצה דמתילדא האידנא מאתמול גמרה לה, ונמצא כשנאכלנה, דיו"ט הכינה לשבת, וזה אסור, מדכתיב: והיה ביום הששי והכינו את אשר יביאו, וסתם ששי חול הוא, להורות לנו דדוקא בחול צריך להכין לסעודת שבת, וכן ליו"ט דגם הוא איקרי שבת, **אבל** ביו"ט אסור להכין לסעודת שבת, [ובזה לא מועיל עירוב תבשילין, דלא אתי דרבנן ועקר דאורייתא, תוס' שם ‹דף ב: ד"ה והיה›], **וכ"ש** דבשבת אסור להכין לסעודת יו"ט, וע"כ כשנולדה הביצה ביו"ט שחל יום א', ג"כ אסור מן התורה לאכלה, דבודאי נגמרה במעי התרנגולת מאתמול, ונמצא דשבת הכינה ליו"ט כשנאכלנה, **ואע"ג** דהכנה בידי שמים היא ולא בידי אדם, גם זה בכלל הכנה ואסור, **וע"כ** גזרו רבנן בכל שבת ויו"ט כשנולדה, שאסור. [**והא** דלא אסור כשנולדה ביום א' של חול מהאי טעמא, דסעודת חול לא חשיבא כלל, ולא בעיא הכנה מבע"י כמו דאשכחן בשבת, וע"כ לא שייך לומר שהשבת הכין לה, רש"י שם והרע"ב].

סימן תקיג ס"א - [ב]ביצה שנולדה ביו"ט, אסור [ג]ליגע בה - אע"ג דאין איסור בנגיעת דבר המוקצה, ביצה שאני, כיון שהוא דבר המתגלגל, חיישינן שמא ינענענה ע"י הנגיעה.

ואפילו מתרנגולת העומדת לאכילה, דליכא בה מוקצה, דאי בעי שחיט לה, מ"מ הביצה אסורה באכילה, דביו"ט שחל להיות בא' בשבת אסורה מדאורייתא, דכל ביצה דמתילדא האידנא מאתמול גמרה לה במעיה, ואין שבת מכין ליו"ט, וגזרינן יו"ט דעלמא משום יו"ט אחר השבת, וכיון דאסורה באכילה, ממילא אסורה בטלטול.

(הגה: דהיינו לטלטלה) (מרדכי) - משמע מלשון זה שהוא חולק על המחבר, וס"ל דגם בביצה דוקא טלטול אסור, אבל נגיעה בעלמא שרי, **אבל** מכמה אחרונים משמע דסבירא להו, דאפילו בנגיעה אסור, דמפני שהיא מתגלגלת מצוי להתנענע על ידי הנגיעה.

וכל שכן שלא לאכלה.

אות ב'

אבל כופה עליה את הכלי בשביל שלא תשבר

סימן שי ס"ו - [ד]כל דבר שאסור לטלטלו, אסור ליתן תחתיו כלי כדי שיפול לתוכו, מפני שאוסר הכלי בטלטול, ונמצא מבטל כלי מהיכנו - והוי כסותר הכלי.

אבל מותר לכפות עליו כלי - היינו דלא כר' יצחק, דס"ל דאסור לטלטל שום כלי אלא בשביל דבר המותר לטלטל.

[ה]ובלבד שלא יגע בו - ואע"ג דמותר ליגע במוקצה, כדלעיל בסי' ש"ח ס"ג, **הכא** אביצה קאי, וכדי שלא ינענע אותה, **אבל** דבר שאינו מתנדנד ע"י הנגיעה, שרי, באה"ג והגר"א וכ"כ בדה"ח, **ודלא** כמ"א וט"ז, ‹דס"ל כהתרומות הדשן הנ"ל בב"י למטה בהערה›.

סימן שכב ס"א - ויכול לכוף עליה כלי שלא תשבר, [ו]ובלבד שלא יגע בה - היינו בהכלי, וכ"ש בנגיעה בידיו, והטעם, דע"י שהיא עגולה היא מתנענעת ממקומה.

סימן תקיג ס"ד - [ז]מותר לכפות עליה כלי כדי שלא תשבר, [ח]ובלבד שלא יגע בה הכלי - דמצוי להתנענע הביצה ע"י נגיעה כל שהוא, מפני שהיא עגולה.

אבל אסור ליתן תחתיה כלי, בעת שהתרנגולת מטילתה, שתפול בו, דהרי היא מוקצה, ונמצא מבטל עי"ז הכלי מהיכנו.

אות ג'

וספיקא אסורה

סימן תקיג ס"ב - [ט]ספק אם נולדה ביו"ט או בחול, אסורה - ואם נתערבה באחרות, יש דעות בין הפוסקים, אם גם בזה אמרינן דאינה בטלה משום דהוי דבר שיש לו מתירין, **[י]ומצדד** המ"א בזה להחמיר, **ויש** מאחרונים שחולקין עליו, וסוברין דכיון דהוא מלתא דרבנן, כדאים המקילין לסמוך עלייהו להקל, ואפילו נתערב זה הספק חד בתרי, בטל, [**ולאפוקי** אם היה זה ביו"ט שאחר השבת, דהוא ספק דאורייתא, אין להקל בנתערבה]. **ובמקום** הפסד יש לסמוך עלייהו, [ומ"מ אין לסמוך עלייהו שלא במקום הפסד, שכמה אחרונים העתיקו דברי מ"א לדינא].

יו"ד סימן קב ס"א - [יא]כל דבר שיש לו מתירין, כגון ביצה שנולדה ביו"ט, שראויה למחר; אם נתערבה באחרות,

באר הגולה

א ביצה ג' ברייתא **ב** ברייתא ביצה ג' **ג** עיין בב"י ‹נראה דלאו דוקא, דדבר שהוא מוקצה אינו אסור ליגע בו כל שאינו מטלטלו, וכמו שכתבתי בסימן ש"ח בשם המרדכי וכמה רבוותא, **ומיהו** לפי מה שכתבתי בסימן ש"י בשם הרב המגיד, נראה דביצה שאני, דמתוך שהוא דבר המתגלגל חיישינן שמא ינענענו כשנוגע בו, **ולפי** מה שכתבתי שם בשם בעל תרומת הדשן, אין היתר ליגע בשום מוקצה, אלא אם כן ההנחה והתשמיש שמשתמש במוקצה אינו אלא לצורך דבר שאינו מוקצה – ב"י. עיין אות ב' סי' ש"י ס"ו› **ד** שבת מ"ב **ה** טור. אע"ג דמותר ליגע במוקצה, הכא אביצה קאי, וכן הוא בירושלמי, ובלבד שלא יגע בביצה, והביאו הראב"ד בהשגות, והרא"ש בפ"ק דביצה, עיין ב"י מ"ש בזה ה"ה ות"ה **ו** ציינתיו לעיל בסי' ש"י סעיף ו' וע"ש **ז** ברייתא שם **ח** ציינתיו לעיל סימן ש"י סעיף ו' וע"ש **ט** שם בברייתא וגמרא **י** ‹וכן פסק הש"ך, עיין לקמן› **יא** ביצה דף ג' ע"ב ובכמה דוכתי

בין שלימה בין טרופה, אינה בטלה אפי' באלף – [מדאורייתא חד בתרי בטל, דכתיב אחרי רבים להטות, ואחמירו בה רבנן, הואיל ויש לו מתירין לאחר זמן, לא יאכלנו באיסורו ע"י ביטול – ט"ז].

בין שלימה – [פי', שהיא בלא"ה אינה בטילה דהוה דבר שבמנין, וקמ"ל כאן דלא תטעה לומר, שהביצה שלימה אין בה אלא חומרא דדבר שבמנין, קמ"ל דיש שם ג"כ חומרא דיש לו מתירין, ונ"מ לענין ספק כמו שנזכיר בסמוך, ובפרישה האריך בשביל זה בחנם – ט"ז].

[יב]**ואפילו ספק אם נולדה ביום טוב, ונתערבה באחרות, אסורות** – [בדבר זה חמור דשיל"מ משאר דברים שאינם בטלים, דשם מותר בספיקן, אם הודאי איסור הוא דרבנן, אמרינן בספק שלו דמותר ככל ספק דרבנן, ולא יזיק לו אם הוא דבר חשוב, אבל כאן אפי' בספק איסור דרבנן אסור, כיון שיש לו מתירין – ט"ז].

כל מש"כ הב"ח בכאן אינו מוכרח כלל, דהאי "ונתערבה באלף" דברייתא, קאי על ודאי ביצה שנולדה ביו"ט, ולא על האי "וספיקא אסורה", דספק ביצה שנולדה ביו"ט כשנתערבה, לכו"ע מותרת - אמרי בינה, **גם** מה שסמך אהמתירין בספק ביצת טרפה שנתערבה, לאו מילתא היא, דדשיל"מ שאני, כיון דיש היתר לאיסורו, ולדבריו יהיו דברי הסמ"ג וסמ"ק סותרים זא"ז, אלא כדפי', וכן דעת הרב בת"ח לחלק בזה, וכן מצאתי להדיא במרדכי, **גם** מה שהביא מהר"ן אינו כלום, דלא כתב שם, אלא דספק מוכן בי"ט שני מותר, דשם הוי שני ספיקות בגופו, ספק אם נולדה היום, ואת"ל נולדה היום, שמא היום חול, אבל לא בספק אחד בגופו, וספק שני ע"י תערובות - אמרי בינה, וכ"כ ג"כ המחבר גופיה באו"ח סי' תצ"ז ס"ד, משא"כ הכא כדלקמן סי' ק"י, **גם** מ"ש דבב' תערובות יש להתיר דשיל"מ לכו"ע, ליתא כמ"ש בסי' ק"י - ש"ך.

[**ואם** אותו התערובות נתערבה אח"כ בתערובות שנית, כתב לקמן סי' ק"י ס"ח, דמותר – ט"ז].

אות ד'

ואם נתערבה באלף כולן אסורות

סימן תקיג ס"א - ואם נתערבה, אפילו באלף, כולן אסורות - באכילה ובטלטול, שהרי למחר היא מותרת בלא ביטול, וכל דבר שיש לו מתירין אפילו באלף לא בטל, **ומזה** הטעם אסר גם בס"ב בספק, אף דבעלמא ספיקא דרבנן לקולא.

[יג]**סימן שכב ס"א - ואפי' נתערבה באלף, כולן אסורות** - דהוי דבר שיש לו מתירין, וקי"ל דדשיל"מ אפילו באלף לא בטיל, **והטעם**, דעד שעתה יאכלנה ויטלטלנה בחשש איסור, יותר טוב שימתין עד שתחשך, ויהיה כולם בהיתר.

וכן אם הוא ספק אם נולדה בשבת או מקודם, ג"כ אסור מטעם זה, אף דבכל דוכתא קי"ל דספיקא דרבנן להקל, **אך** אם השכים קודם עמוד השחר, ומצא הביצה מונחת בהקינה של תרנגולת, מותרת לטלטלה ולאכלה, דרובן אינן יולדות בלילה, ותלינן דמאתמול שהיה יום חול נולדה, [**משא"כ** אם אתמול היה יו"ט].

יו"ד סימן קב ס"א - ע"ל אות ג'.

אות ה'

וכל דבר שיש לו מתירין אפילו באלף לא בטיל

יו"ד סימן קב ס"א - ע"ל אות ג'.

[יד]**סימן תקיג ס"ג -** [טו]**ביצה שנולדה ביום טוב, שנתבשלה בשוגג עם בשר ותבשיל** - דאם היה במזיד, לא היה מהני ליה הבטול, אף דהוא איסור דרבנן, כמבואר ביו"ד סי' צ"ט ס"ו.

[טז]**אם יש ס' כנגדו, הכל מותר** - בין שהיתה הביצה שלמה וקלופה, ובין שנטרפה ונתערבה עם התבשיל, **דהא** דקי"ל דדבר שיש לו מתירין לא בטיל, הוא דוקא כשהוא מין במינו, אבל לא זה שהוא מין בשאינו מינו, **ואם** לא היתה קלופה, היה מותר אפילו בדליכא ס' כנגדה, בין שנתבשל עם בשר ותבשיל, ובין שנתבשלה עם ביצים אחרות, דלא יהיבא טעמא כשהיא בקליפתא, כמבואר ביו"ד.

חוץ מן הביצה - משמע שהביצה עדיין שלמה, ואפ"ה דוקא כשנתבשלה עם בשר שרי, אבל עם ביצים אחרים, אף שהוא מכיר אותה ביצה, מ"מ אסורים כל הביצים, [אפי' כשהם עדיין בקליפתן], דמין במינו הוא ולא בטיל בדבר שיש לו מתירין, **אבל** דעת רמ"א ביו"ד סימן ק"ב ס"ד בהג"ה, דכיון שהוא רק טעמו בלבד, ולא ממשו של איסור, בטיל אפילו בדבר שיש לו מתירין, **ובמקום** מניעת שמחת יו"ט יש לסמוך ע"ז.

[יז]**אבל אם לבנו בו התבשיל וכיוצא בזה, מידי דלחזותא וטעמא עביד לא בטיל** - דנחשב עי"ז כמין במינו, **המ"א** מפרש דבעינן דוקא תרוייהו, חזותא וטעמא, **אבל** בש"ך וכן הגר"א מפרשים, דהכונה לחזותא או לטעמא.

אות ו'

יעלו באחת ומאתים

רמב"ם פט"ז מהל' מאכלות אסורות ה"ח - כיצד אגודה של ירק מכלאי הכרם שנתערבה במאתים אגודות, או אתרוג של ערלה שנתערב במאתים אתרוגים, הכל מותר, וכן כל כיוצא בזה.

באר הגולה

[יב] ציינתיו בטור או"ח סימן תקי"ג בשם מהר"ר איסרלן, ועיין ביו"ד סימן קב [יג] (פשוט) [יד] (מילואים) [טו] לשון כל בו [טז] טור לדעת ר"ת [יז] שערי דורא ומצא כתוב

אות ז'

שבעה ואלו הן: אגוזי פרך, ורמוני באדן, וחביות סתומות, וחלפי תרדין, וקלחי כרוב, ודלעת יונית, רבי עקיבא מוסיף אף ככרות של בעל הבית

יו"ד סימן קי ס"א - דבר חשוב אוסר במינו בכל שהוא - כלומר אפילו בכמה אלפים אינו בטל - ש"ך.

כל הסעיף הוא לשון הרמב"ם, וכ"כ האו"ה, דדוקא במינו, **אבל** הרב בת"ח השיג על האו"ה בזה, ופסק דאפילו שלא במינו אוסר בכל שהוא, וכן פסק בהג"ה לעיל סימן ק"א סוף ס"ו, **וצ"ע** למה לא הגיה כאן כלום אדברי המחבר, **ונראה** דס"ל דהרמב"ם והמחבר לא נקטו מינו, אלא משום דלא משכחת לה שלא במינו, דהא יהא ניכר האיסור, ונמשך אחר הטור ס"ס ק"ט, שכתב דדבר יבש שלא במינו, היינו כגון שנפרך לחתיכות דקות, א"כ דבר חשוב שאינו נפרך לחתיכות דקות, לא משכחת לה שלא במינו, **ובת"ח** ובהג"ה שם דכתב דאפילו שלא במינו אינו בטל, לא נקטיה אלא משום בריה דאיירי התם, שנתערב במרק ותבשיל, דבריה אע"פ שהיא קטנה אינה בטלה, זהו נ"ל בדעת הרב, **ומ"מ** אף שלא במינו אוסר דבר חשוב בכל שהוא, ומשכחת לה שפיר נתערב שלא במינו, כמ"ש בסי' ק"ט סק"ח ע"ש - ש"ך.

‹**ומשמע** דוקא במינו, דלא כמ"ש לעיל סי' ק"א ס"ו בהג"ה, ואף שיש לדחוק משום דלא משכחת לתערובת יבש מין בשא"מ דלא מינכר, מ"מ שפת יתר הוא, אלא ע"כ דוקא קאמר – גר"א›.

והם ז' דברים ואלו הם: אגוזי פרך ורמוני בדן - פרש"י פרך ובדן מקומות הן, וכן פי' הריב"ש, **והברטנורה** כתב, ואני שמעתי אגוזים שקליפתן רכה ונפרכים ביד, וכן פירשו התוספות ביבמות ובזבחים שם, ובערוך כתב שני הפירושים - ש"ך.

וחביות סתומות - דוקא גדולות, אבל קטנות אינן חשובים, וחד בתרי בטיל, כדלקמן סי' קל"ד ס"ב בהג"ה - ש"ך.

סתומות - אבל פתוחות אפי' של יין נסך בטילים דלא חשיבי, כ"כ התוס' סוף ע"ז, וביבמות, **אבל** בזבחים כתבו, ושמא החמירו ביין נסך לאסור אפילו בחביות פתוחות, משום דחמירא עבודת כוכבים משאר איסורים כו', **וכ"כ** עוד שם, וא"נ כדמפ' בירושלמי, יין נסך ועבודת כוכבים משום דלא ידבק בך מאומה מן החרם, ומיירי אפילו בחביות פתוחות, עכ"ל - ש"ך.

וחלפות תרדין, וקלחי כרוב, ודלעת יונית, וככרות של בעל הבית - לאפוקי דנחתום דלא חשיבי, כן פשוט בש"ס ופוסקים, **וצ"ל** דהיינו דוקא בזמנם, אבל במקומות שגם של נחתום חשובים, פשיטא דאינן בטלים וק"ל - ש"ך.

וכן בעלי חיים חשובים הם ואינם בטלים - אע"ג דלא אסירי מתחלת ברייתן, כגון שור הנסקל ודרוסה וכה"ג, לא בטילי מכח חשיבותן, כך פשוט בש"ס ופוסקים - ש"ך. ‹ואף בעלי חיים קטנים כחושים, ב"ח חשיבי – פמ"ג›.

אבל שאר דברים, אף על פי שדרכן למנות, הרי אלו עולים בשיעורן - אע"פ שדרכן למנותן לעולם, ואינן נמכרים כלל באומד, עולים בשיעורן, כיון שאינן חשובים - ש"ך. [**היינו** כר"ע בגמ' דפליג עם ר"מ, **ותימה עליו**, שבסי' פ"ו ס"ג פסק כמו ריש לקיש דכאן ‹אליבא דר"מ›, דביצה אינה בטילה, **והאידנא** הוה ביצה דבר שמוכרין תמיד במנין, ואפי' ר' יוחנן מודה, וכ"כ רש"ל – ט"ז].

הגה: ויש אומרים דכל דבר שבמנין, דהיינו שדרכו למנותו תמיד, אינו בטל. וכן נוהגין - אבל דבר שמוכרים לפעמים ג"כ באומד, כמו ביצים שלפעמים מוכרים סל מלא ביצים, כדאיתא בש"ס ריש מס' ביצה, בטל, וכ"פ בת"ח - ש"ך.

[**היינו** כר' יוחנן בגמ' אליבא דר' מאיר, דס"ל את שדרכו למנות שנינו, פי' שלעולם אין מוכרין אלא במנין, משא"כ ביצה שפעמים מוכרים סל מלא ביצים, זהו בטל, **ולא** כריש לקיש דס"ל, כל שדרכו למנות שנינו, וביצה אסורה אינה בטילה, וזהו דעת הטור שהביא דעה זו, וכן סמ"ג בשם ריצב"א, **אבל** בש"ד סי' מ"ב וכן בהג"ה שם בשם רוב הגאונים פסקו כר"ל, **וכן** פסק רש"ל – ט"ז], **וכ"כ** הב"ח דהכי נהגינן, וכן כתב האו"ה דכן נוהגין, **וכתב** עוד מהרש"ל, וכ"ש האידנא שאין בנמצא כלל בגבולינו למכור סל מלא ביצים באומד בלי מנין, פשיטא דביצה לא בטיל, עכ"ל, וכ"כ הב"ח, וע"ל סימן פ"ו ס"ק י' - ש"ך.

[**ולענין** הלכה כיון דמילתא דרבנן היא, כדאי הם המתירים לסמוך עליהם במקום הפסד ‹מרובה – פמ"ג›, **וכמ"ש** רמ"א דלא מקרי דבר שבמנין רק אם לעולם אין מוכרין אותה אלא במנין כר' יוחנן. **וכתב** רש"ל דכרכשתא אע"פ שהאידנא אין מוכרין אותה אלא במנין, בטילה, כיון דאין אוכלין אותה אלא ע"י מילוי, והוא מדברי המרדכי – ט"ז].

‹**ועיין** בספר מנחת יעקב שכתב בשם הט"ז, דיש להקל בהפ"מ דביצה בטילה, וכתב דכן ראוי לנהוג ע"ש, **ועיין** בשו"ת תשובה מאהבה, שמורה אחד סמך על דברי המנ"י דביצה בטילה בהפ"מ, **וכתב** דלא טוב הורה, דדברי המנ"י בטילים הם, דמ"ש הט"ז דבהפ"מ מותר, היינו דבר שפעמים במנין, אבל ביצה אף בהפ"מ אסור האידנא, **ומ"מ** אחרי שכבר הורה להקל, צידד בזה עפמ"ש רש"י בזבחים, ואע"פ שיש בני אדם שאין מקפידים ומוסיפים יתירה כו', ועתה במדינות אלו מוסיפין יתירה ללוקח, הוי נמי אין דרכו למנות - פת"ש›.

כל דדבר חשוב אינו בטיל, אינו אלא מדרבנן ואזלינן בספיקו לקולא - כלומר אם יש בו ספק אם הוא דבר חשוב או לא, וכ"כ האו"ה, וכ"כ הרב לעיל ר"ס ק"א, **אבל** שאר ספיקות אשכחן דאזלינן לחומרא, כמו שיתבאר בסימן זה בכמה דוכתי - ש"ך.

כל דבר שהוא חשוב אצל בני מקום מהמקומות, כגון אגוזי פרך ורמוני בדן בארץ ישראל באותם הזמנים, הוא אוסר בכל שהוא, לפי חשיבותו באותו מקום ובאותו זמן, ולא הוזכרו אלו אלא לפי שהן אוסרים בכל שהן בכל מקום, וה"ה בכל כיוצא בהן בשאר מקומות.

§ מסכת ביצה דף ד. §

אות א' - ב' - ג'

אם יש שם מאה פומין יעלו ואם לאו הפומין אסורין והשולים מותרין דרסה בעגול ואינו יודע באיזה מקום עגול דרסה אי לצפונה אי לדרומה, דברי הכל יעלו

רמב"ם פי"ד מהל' תרומות ה"ו - כדים מלאים תאנים של חולין, שדרס ליטרא תאנים של תרומה בפי כד אחד מהם, ואין ידוע אי זו היא, אם היו שם מאה כד וכד, הרי זו תעלה, ולוקח כד אחד מהם ומוכרה לכהן חוץ מדמי אותה ליטרא, והשאר מותרין; ואם היו פחות ממאה, הפומין כולן מדומעות, והשולים מותרין.

רמב"ם פי"ד מהל' תרומות ה"ז - [א]וכן אם דרסה על פי כוורת או ע"פ עיגול, ואין ידוע אי זה הוא. דרסה על [ב]פי העיגול ואין ידוע אם בצפונו או בדרומו, ולא אי זו עיגול הוא, רואין אותם כאילו הם פרודות ותעלה לפי המשקל, אם יש בכל העיגולין מאה ליטרין תעלה; [ג]והוא שיש בכל עיגול מהן יתר על שני ליטרין כדי שתבטל התרומה ברוב, שספק התרומה בטל ברוב החולין.

אות ד'

לעולם ספק יום טוב ספק חול, הוי דבר שיש לו מתירין, וכל דבר שיש לו מתירין אפילו בדרבנן לא בטיל

סימן תקיג ס"א - עיין לעיל דף ג: אות ד'.

יו"ד סימן קב ס"א - עיין לעיל דף ג: אות ג'.

אות ה'

שבת ויום טוב... נולדה בזה אסורה בזה

סימן שכב [ד]ס"ב - שבת שלאחר יום טוב, או לפניו, נולדה בזה אסורה בזה - דאם נאכלנה הוי כמכין מיום אחד לחבירו ואסור, וכנ"ל, **וממילא** כיון דלא חזיא לאכילה אסור ג"כ בטלטול.

(והיינו ביום א' הסמוך לשבת, אבל ביום ב' שרי, וכן אם יו"ט ביום ה' וי"ו, ונולדה ביום ה', מותר בשבת, ואינו אסור כי אם כשנולדה ביום הסמוך לשבת, לבד אם הם ב' יו"ט של ר"ה, דאז חשובין שניהם כיומא אריכתא).

סימן תקיג ס"ה - וכן בשבת ויו"ט הסמוכים זה לזה - בין שהוא יו"ט אחר שבת, או שבת אחר יום טוב, **נולדה בזה אסורה בזה** - עד הערב, שע"י לידה זו נעשית הביצה מוכנת לאכילה, ואם נתירה, נמצא שאחד הכין לחבירו, ואנן קי"ל דאין שבת מכין ליו"ט, ואין יו"ט מכין לשבת, [**עיין** במ"א שהסכים, שאף לטעם זה אינה אסורה אלא מד"ס, **ודעת** הרא"ש שהיא דאורייתא, וצ"ע]. (ע"ל בס"ו).

הגה: ואם יו"ט ביום ה' ו', ונולדה בשבת שלפניהם, מותר ביום ב' של גליות (מהרי"ל) - דממ"נ אם היום ראשון היה קודש, היום חול, ואם היום קודש, אתמול היה חול, **ולאפוקי** אם יו"ט היה ביום ש"ק וביום ראשון, אסור ביום ראשון, אף שהוא יום שני של יו"ט, דשמא היום קודש.

ולאפוקי של ר"ה, דשניהם הם כיום אחד ארוך, אף ביום שני אסור, וה"ה אם חל ר"ה ביום ה' וי"ו, ונולדה ביום ה', אסור מהאי טעמא אף בשבת, [היינו לגומעה חיה, ואף לטלטלה אסור].

אות ו'

שתי קדושות הן

סימן תטו ס"ב - המערב לשני ימים טובים של גליות, או לשבת ויו"ט - ר"ל שפירש בהדיא שיחול העירוב על שני הימים או על שבת ויו"ט, **אע"פ שהוא עירוב אחד לרוח אחת לשני הימים, צריך שיהיה העירוב במקומו מצוי בליל הראשון ובליל ב' כל ביה"ש** - ולא אמרינן כיון שהוא עירוב אחד, דדי שיהיה העירוב קיים ביום הראשון לבד, כיון דשתי קדושות הן.

ולאפוקי שני ימים טובים של ר"ה, אף אם נאכל עירובו ביום הראשון, יכול לילך גם בשני, שתיכף בביה"ש ראשון נקנה לו העירוב לשני הימים, דקדושה אחת הן, **משא"כ** בשל גליות, לא נתקן השני רק משום ספיקא דיומא, **וה"ה** במערב ברגליו בבין השמשות דיום ראשון של ר"ה, קונה שביתה בזה לשני הימים.

כיצד הוא עושה, מוליכו בעיו"ט או בע"ש ומחשיך עליו, ונוטלו בידו ובא לו אם היה ליל יו"ט - ר"ל אם הוא מקום שאינו משתמר, שחושש שמא יאבד ביום ראשון, לכך מוליכו שם ע"י עצמו וה"ה ע"י שליח, ויושב שם עד שחשיכה, ואח"כ נוטלו לביתו, ומוכרח להוליכו למחר עוד הפעם לשם, [**דאם** הוא מקום המשתמר, א"צ להביאו לביתו, אלא מניחו שם, וכשיגיע ביה"ש דיום שני, יקנה לו ממילא ליום השני ג"כ].

ובשבת שאסור לישאנו לביתו, יהיה מוכרח לילך למחר קודם בין השמשות לשם, לראות אם העירוב קיים, ולישב שם עד שתחשך.

ולמחר מוליכו לאותו מקום ומניחו שם עד שתחשך, ואוכלו אם היה ליל שבת - ר"ל שמותר לאכלו כשירצה מכיון שכבר חל העירוב, **או מביאו אם היה ליל יו"ט; מפני שהן שתי קדושות, ואינם כיום אחד כדי שנאמר מליל ראשון קנה העירוב לשני ימים.**

באר הגולה

[א] ‹אדלעיל קאי, דה"ה אם דרסה על פי כוורת או על פי עיגול ואין ידוע ע"פ איזה מהם, דינו ג"כ כנ"ל בפי הכד, שאם יש שם ק"א כוורות או ק"א עיגולים מתבטלת, ומרים א' מהן, ואם לאו הפומין אסורין והשוליים מותרין - דרך אמונה› [ב] ‹נלע"ד דטעות נפל בדבריו, והך "על פי" הוא טעות, וכצ"ל: דרסה בתוך העיגול או דרסה בעיגול, כלשון ר"פ - ערוה"ש› [ג] ‹ירושלמי בפ"ד דתרומות - כסף משנה› [ד] ‹פשוט דכצ"ל›

גמרא

אומר *רואין את העליונות כאילו הן פרודות והתחתונות מעלות את העליונות ר' יהושע אומר *אם יש שם מאה פומין יעלו ואם לאו הפומין אסורין והשולים מותרין ר' יהודה אומר ר' אליעזר אומר אם יש שם מאה פומין יעלו ואם לאו הפומין אסורין והשולים מותרין ר' יהושע אומר אפילו יש שם שלש מאות פומין לא יעלו דרסה בעגול ואינו יודע באיזה עגול דרסה דברי הכל יעלו דברי הכל היינו פלוגתייהו אמר רב פפא הכי קאמר דרסה בעגול ואינו יודע באיזה מקום עגול דרסה אי לצפונה אי לדרומה דברי הכל יעלו רב אשי אמר לעולם ספק יום טוב ספק חול הוי דבר שיש לו מתירין וכל דבר שיש לו מתירין אפילו בדרבנן לא בטיל תניא *אחרים אומרים משום רבי אליעזר ביצה תאכל היא ואמה במאי עסקינן אילימא בתרנגולת העומדת לאכילה פשיטה דהיא ואמה שריא אלא בתרנגולת העומדת לגדל ביצים היא ואמה אסורה א"ר זירא תאכל אגב אמה היכי דמי *אמר אביי כגון שלקחה סתם נשחטה הוברר דלאכילה עומדת לא נשחטה הוברר דלגדל ביצים עומדת רב מרי אמר גוזמא קתני דתניא *אחרים אומרים משום רבי אליעזר ביצה תאכל היא ואמה ואפרוח וקליפתו מאי קליפתו אילימא קליפה ממש קליפה בת אכילה היא אלא אפרוח בקליפתו עד כאן לא פליגי *רבנן עליה דרבי אליעזר בן יעקב אלא היכא דיצא לאויר העולם אבל היכא דלא יצא לאויר העולם לא פליגי אלא אפרוח וקליפתו גוזמא הכא נמי תאכל היא ואמה גוזמא אחמר *שבת ויום טוב רב אמר *נולדה בזה אסורה בזה ור' יוחנן אמר נולדה בזה מותרת בזה נימא קסבר רב קדושה אחת היא *והאמר רב הלכה כארבעה זקנים ואליבא דרבי אליעזר *דאמר שתי קדושות הן אלא הכא בהכנה דרבה קמיפלגי רב אית ליה הכנה דרבה ורבי יוחנן לית ליה הכנה דרבה כתנאי *נולדה בשבת תאכל ביו"ט ביום טוב תאכל בשבת ר' יהודה אומר משום ר' אליעזר עדיין היא מחלוקת שב"ש אומרים תאכל וב"ה אומרים לא תאכל אושפיזכניה דרב אדא בר אהבה הוו ליה הנך ביצים מיו"ט לשבת אתא לקמיה אמר ליה מאי לאטווינהו האידנא וניכלינהו למחר א"ל מאי דעתיך רב ור' יוחנן הלכה כר' יוחנן אפילו ר' יוחנן לא קא שרי אלא לגומעה למחר אבל ביומיה לא והתניא *אחת ביצה שנולדה בשבת ואחת ביצה שנולדה ביו"ט אין מטלטלין אותה לא לכסות בה את הכלי ולא לסמוך בה כרעי המטה אושפיזכניה דרב פפא ואמרי לה ההוא גברא דאתא לקמיה דרב פפא הוו ליה הנך ביצים משבת ליום טוב אתא לקמיה א"ל מהו למכלינהו למחר אמר ליה זיל האידנא ותא למחר *דרב לא מוקי אמורא עליה מיומא טבא לחבריה משום שכרות כי אתא למחר אמר ליה איכו

רש"י

רואין אותן כאילו הן פרודות. אם אין כאן מאה פומין של היתר שיהא בהן כדי להעלות פי האיסור באחד ומאה רואין כאילו ליטרות של כל הפומין פרודות מעל הפומין ומעורבות בשל שולים ונמצאו כולם בספק הדמוע ומצטרפות התחתונות להעלות את ליטרא שעל הפה דהואיל ותרומת פירות דרבנן מקילים בהעלאתם: **ור' יהושע אומר אם יש שם מאה פומין.** של היתר לבד פומין של אסור מעלין אותן באחד ומאה ואם לאו הפומין אסורין ואין השולים מועילין לבטל הפומין הואיל ואינן בספק הדמוע: **רבי יהודה אומר.** לא כן נחלקו ר' אליעזר ור' יהושע אלא כן נחלקו ר' אליעזר אומר כו': **ר' יהושע אומר אפילו יש שם שלש מאות פומין.** וכולן בכלל הספק אין מעלין את היחיד הואיל ופומי הכלי דבר שיש בו מנין הוא לא בטלי ואפילו בדרבנן אבל דרסה בעגול כו': **הכי קאמר דרסה בתוך העגול.** דעכשיו אינן נכרות שהרי מדובקות ואינו יודע היכן היא אם בצפונו של עגול או בדרומו הואיל והשתא לאו בת מנין היא ולא מנכרא דברי הכל יעלו ותנא דלעיל ר' יהודה ואליבא דרבי יהושע היא: **רב אשי אמר לעולם.** הא דקתני וספקה אסור ספק יום טוב ספק חול קאמר ודקשיא לך לרב יוסף ולרבי יצחק ספק דרבנן הוא ולקולא הכא אזלינן לחומרא הואיל ויש לו מתירין למחר: **אפילו בדרבנן.** כגון בילה דגזרת פירות הטעשרין היא לא בטלה בתערובתה וכי היכי דבבטולה מחמרינן מהאי טעמא בספקה נמי מחמרינן מהאי טעמא: **ביצה תאכל.** אם נולדה ביום טוב: **פשיטא דהיא ואמה שריא.** כלומר אם בא לומר כבית שמאי לשמעינן בילה אמה למה לי פשיטא דשריא: **היא ואמה אסורה.** דשמעינן לר' אליעזר דאית ליה מוקצה דתנן בפרק המביא (לקמן דף לד:) ר' אליעזר אומר עומד אדם על המוקצה כו' אלמא הכנה בעי: **אגב אמה.** אם אוכלין את אמה היום תאכל אף היא: **שלקחה סתם.** תרנגולת זו קנאה סתם: **גוזמא קתני.** כאדם שרוצה להחזיק דבריו מדבר יתר ובעומדת לאכילה קאמר ונחלק על בית הלל האוסרים ואמה לא אצטריכא ליה אלא גזים ואמר מילתא יתירא הכל יאכל גם את האב *גם את האם: **דר' אליעזר בן יעקב.** אוסר אפרוחים שלא נפתחו עיניהם ופליגי רבנן עליה ולקמן מייתי לה בגמרא: **גוזמא.** אע"פ דלא אפשר גזים ואמר מילתא דמופלגא גוזמא דבר שטוי שאינו מתקבל: **שבת ויום טוב.** הסמוכין והוא הדין ליום טוב ושבת: **קדושה אחת היא.** הרי הן כיום אחד ארוך: **ארבעה זקנים אליבא דר' אליעזר.** בעירובין בפ' בכל מערבין (דף לח:): **דאמר שתי קדושות הן.** ומערב ליום א' למזרח ולשני למערב: **הכנה דרבה.** דאמר הכנה בידי שמים מתסרא מיום טוב לשבת דסעודת שבת בעיא הזמנה מיום חול מגזרת הכתוב: **עדיין היא מחלוקת.** ב"ש וב"ה בזה כשם שנחלקו לגו ביום: **אושפיזכניה.** בעל הבית: **מיו"ט לשבת.** היום נולדו והיה רוצה לאכלן למחר בשבת: **לאטווינהו.** לצלותן האידנא מי אסירי בטלטול בו ביום או לא: **מאי דעתיך.** דפשיטא לך דלמחר מיהא שרו משום דקיימא לן כרב ור' יוחנן הלכה כר' יוחנן מיהו בטלטול האידנא אסירי דאפילו ר' יוחנן לא שרי לגלותה היום אלא לגומעה למחר אם היה יו"ט קודם לשבת אבל ביומיה לא ואפילו בטלטול: **ותניא.** סייעתא: **דרב לא מוקי אמורא עלויה.** לא היה מעמיד מתורגמן לפניו לדרשה לרבים: **מיומא טבא לחבריה.** כלומר משעשה היום יום טוב דהיינו לאחר סעודה עד מחר: **משום שכרות.** דרב אורויי הוי מורי בדרשה שלו כדאמרינן בכריתות ושכור אסור להורות דכתיב יין ושכר אל תשת (ויקרא י) וכתיב להורות את בני ישראל (שם): איכו

תוספות

נימא קסבר רב קדושה אחת הן. תימה לימא דקסבר שתי קדושות הן אלא הטעם הוי מגו דאתקצאי לבין השמשות דשמא יום שבת הוא אתקצאי לכולי יומא דיום שני וי"ל דלא אמרינן מגו משום יום שהוא לשעבר דדוקא להבא אמרינן הכי כגון בין השמשות דתחילת יום טוב או בין השמשות דשבת שמא שבת הוא ותימה דהא בסוכה (דף י) אמרינן נויי סוכה אסורין עד מוצאי יום טוב האחרון של חג שהוא יום תשיעי שהוא ספק יום שמיני ועל כרחיך טעמא משום דאתקצאי בין השמשות דשמא יום שמיני הוא והיינו לשעבר וי"ל דמוקצה מחמת מצוה שאני כדמפרש טעמא התם דילמא מתרמיא ליה סעודה ואכיל בגוה והתם אמרינן אפילו לשעבר אבל הכא מוקצה דמחמת אסור לא אמרינן הכי:

אלא בהכנה דרבה קמפלגי. ותימה דהא אמרינן *כל היכא דמתילדא האידנא מאתמול גמרה לה ואם כן כשחל יום טוב לאחר השבת והבילה נולדה בשבת היא נגמרת ביום שהוא חול ואם כן מאי הכנה איכא וי"ל דמכל מקום כשנולדה בשבת הרי זו הכנה דגם בשעת לידה שייך הכנה ועוד יש לומר דכיון דאם נולדה ביו"ט הרי זו אסורה אם נאמר כשנולדה בשבת הרי היא מותרת בשביל אותה לידה דשבת אם כן הוי שבת מכין ליום טוב:

רבי יהודה אומר משום ר' אליעזר עדיין היא מחלוקת. ואע"ג דפירשתי לעיל דר' יהודה סבירא ליה דלא נחלקו ב"ש וב"ה בדבר זה מ"מ לא קשיא מהכא דהא דידיה והא דרביה: ותנן

עין משפט נר מצוה

כב א ב ג מיי' פ"ד מהלכות תרומות הלכה יז:

כג ד מיי' פ"א מהלכות יו"ט הלכה כ וכ"ב טוש"ע א"ח סי' תקיג סעיף א וטוש"ע יו"ד סי' קב סעיף א:

כד ה מיי' פ"א שם הלכה יט סמג לאוין עה טוש"ע א"ח סי' שכב סעיף ה וסי' תקיג סעיף ה:

כה ו מיי' פ"א מהלכות עירובין הלכה ה סמג עשין א טוש"ע א"ח סי' תקז סעיף ב:

מסורת הש"ס

הגהה משמע דלעיל ולעיל גבי תלתן קאמ' ר"מ כל שדרכו למנות לרבנ"ל צ"ל הא דידיה הא דרביה. תוס' ישנים

[תוס' דמכלתין פ"א ועדיות פ"ג] — [תוספ' עדיות פ"ב] — [לקמן ו:] — [עירובין לח:] — שם — [תוספתא פ"א] — ס"א גם את הבן . רש"ל — כריתות יג: זבחים יח. [מס' סופרים פי"ח סוף הלכה ד] — [לעיל ג:]

רבינו חננאל

עד ר' יהושע אמר אפילו יש שם ג' מאות לא יעלו ש"מ כיון דלא בטיל ברוב רבנן הוא דאחמרו עלה. ועלה אמר ר' יהושע אפי' יש שם ג' מאות פומין לא יעלו. דסבר ר' יהושע אפילו מדרבנן לא בטיל וכן ביצת טרפה. דרסה בעיגול ואינו יודע באיזה עיגול דרסה. אוקמה רב פפא בספק ספיקא. ולפיכך קתני דברי הכל יעלו: ירושלמי א"ר בון וצריך להיות בכל עיגול ב' לטרין ועוד קציעות כדי לבטל בכל מקום שהיא אותה ליטרא של תרומה בליטרא ועוד של חולין. ועוד אמרו בתלמוד א"י במס' תרומות הא דתני ר' מאיר משום ר' יהושע אפילו היו שם ג' מאות פומין לא תעלה הדא אמרה פומין עשאום כדרך שורתו להימנות הדא מסייעא לר' יוחנן [דו] אמר תניין אינון הדא מסייעא למ"ד דברי ר' מאיר כל הדברים מקרשין מסייע למ"ד דלעת אפילו אחת ממאה אוסר. ובא רב אשי ופירק פירוק אחר לעולם ספק יו"ט ספק חול היא מתני' דא ודקאמרת אמאי ספיק' אסורה הא קיי"ל כל ספיקא דרבנן לקולא משום דהוי דבר שמתר (ומחרתים) הוא עצמו מותר. וכל כי האי גוונא אפילו בדרבנן לא בטיל. והא דתניא ביצה תאכל היא ואמה ואפרוח וקליפתו גוזמא. כלומר אינן דברים נכונים דקליפה לאו בת אכילה היא. ודברי הכל אפרוח בקליפתו קודם שיצא לאויר העולם אסור. יו"ט הסמוך בין מלפניה בין מלאחריה. קיי"ל כרב דאמר נולדה בשבת אסורה ביו"ט וכן נולדה ביו"ט אסורה בשבת. ואשקינן לימא קסבר רב קדושה אחת. והאמר רב הלכה כד' זקנים ואליבא דר' אליעזר דאמר ב' קדושות הן. ור' ישמעאל ב"ר יוחנן בן ברוקה. ור' אלעזר בן שמוע. ור' יוסי ב"ר יהודה. אליבא דר' אליעזר דאמר ב' קדושות הן. והמפרש בפרק בכל מערבין. ופרקינן לעולם קסבר רב ב' קדושות הן והכא סבר לה כרבה [illegible]

גליון הש"ס

גמ' אמר אביי כגון שלקחה סתם. עי' חולין דף יד ע"א תוס' ד"ה כמאן נר"י:

עין משפט
נר מצוה

כו א ב מיי' פ"ב מהל' יו"ט הלכה יא סמג לאוין סה עה טוש"ע א"ח סי' תקז סעיף ב:

כז ג מיי' פט"ו מהלכות מא"ס הל' כט סמג לאוין קמא טוש"ע י"ד סי' לט סעיף ה:

כח ד מיי' שם הלכה כו טוש"ע שם סעיף ו:

כט ה (מיי' פ"ב מהל' יו"ט הי"א) טוש"ע י"ד סי' קב ס"ד בהג"ה עי' טור או"ח סי' תקיג:

ל ו מיי' פ"א מהלכות יו"ט הלכה כד סמג לאוין עה טוש"ע א"ח סי' תקיג סעיף ה:

לא ז מיי' פ"ג מהל' קידוש החדש הלכה ח:

לב ח מיי' שם פ"ה הל"ח ופ"א מהל' יו"ט הלכה כא:

לג ט מיי' פ"א מהלכות יו"ט הלכה כד סמג לאוין מה טוש"ע שם:

לד י מיי' פ"ג מהלכות קידוש החודש הלכה ה:

מאה. רש"ל

הכי נמי היכא דליכא כנ"ל

ותנן אין מבטלין איסור לכתחילה. ואע"ג דמדאורייתא חד בתרי בטיל היינו היכא דמיערב ממילא אבל למערבינהו בידים לבטולי אסור דהכי תנן במס' תרומות (פ"ה מ"ט) סאה של תרומה שנפלה לתוך תשעים ותשעה של חולין וחזרה ונפלה לתוכן סאה של חולין ורבה עליהן בשוגג מותר במזיד אסור דאין מבטלין איסור לכתחילה ומשני הני מילי בדאורייתא אבל בדרבנן מבטלין ומש"ה הפילה אסור דאין מבטלין איסור לכתחילה אבל הכא לא אמרינן הכי דשפיר מבטלין לכתחילה ואם תאמר לעיל (ג:) גבי עגול דהוי תרומה דרבנן יוסיף עליו ויבטל וי"ל דהא דאמר בדרבנן מבטלין *היינו בדבר שעיקרו מדרבנן כגון מוקצה דעיקרו אינו אלא מדרבנן אבל בדבר שעיקרו מדאורייתא כגון תרומה דאיכא שום דבר דאורייתא כגון דגן תירוש ויצהר אפילו במקום שאינו אלא מדרבנן כגון בשאר פירות אין מבטלין וכן משמע פ' גיד הנשה (חולין צח.) גבי ההיא פלגא דזיתא דתרבא דנפל בדקולא סבר מר בר רב אשי לשעריגהו בתלתין פלגי דזיתא א"ל אבוה אל תזלזל בשיעורי כו' ואין מבטלין ואמאי לא הוסיף עליהן עד [*ששים] כדי לבטל אותם אלא שמע מינה כיון דעיקר איסורו דאורייתא כגון היכא דאיכא כזית *הכי נמי דליכא כזית וליכא אלא איסור דרבנן אין מבטלין:

איכו השתא אשתלאי ואמרי לך רב ורבי יוחנן הלכה כר' יוחנן הא אמר רבא *הלכתא כותיה דרב בהני תלת בין לקולא בין לחומרא אמר ר' יוחנן *עצים שנשרו מן הדקל בשבת אסור להסיקן ביום טוב ואל תשיבני ביצה מ"ט ביצה משום דביומא נמי חזיא לגומעה ולא קא שרי לה עד למחר מידע ידיע דבת יומא אסרוה עצים דלא חזו ליומיהו אי שרי להו למחר אתי למימר ביומיהו נמי שרו ואתמול משום שבת הוא דלא חזו להסקה *אמר רב מתנה עצים שנשרו מן הדקל לתוך התנור ביו"ט מרבה עליהם עצים מוכנים ומסיקן והא קא מהפך באיסורא כיון דרובא דהיתרא נינהו כי קא מהפך בהיתרא קא מהפך והא קא מבטל איסורא לכתחלה ותנן *אין מבטלין איסור לכתחלה הני מילי בדאורייתא אבל בדרבנן מבטלין ולרב אשי דאמר כל דבר שיש לו מתירין אפילו בדרבנן לא בטיל מאי איכא למימר הני מילי היכא דאיתיה לאיסורא בעיניה הבא מקלא קלי איסורא אתמר שני ימים טובים של גליות רב אמר נולדה בזה מותרת בזה ורב אסי אמר נולדה בזה אסורה בזה לימא קא סבר רב אסי קדושה אחת היא והא *רב אסי מבדיל מיומא טבא לחבריה רב אסי ספוקי מספקא ליה ועביד הכא לחומרא והכא לחומרא אמר ר' זירא כותיה דרב אסי מסתברא דהאידנא ידעינן בקביעא דירחא וקא עבדינן תרי יומי אמר אביי כותיה דרב מסתברא *דתנן בראשונה היו משיאין משואות משקלקלו הכותים התקינו שיהו שלוחין יוצאין ואילו בטלו כותים עבדינן חד יומא והיכא דמטו שלוחין עבדינן חד יומא והשתא דידעינן בקביעא דירחא מאי טעמא עבדינן תרי יומי משום דשלחו מתם הזהרו במנהג אבותיכם בידיכם זמנין דגזרו המלכות גזרה ואתי לאקלקולי אתמר שני ימים טובים של ר"ה רב ושמואל דאמרי תרוייהו נולדה בזה אסורה בזה דתנן *בראשונה היו מקבלין עדות החדש כל היום (*כולו) פעם אחת נשתהו העדים מלבא ונתקלקלו

איכו השתא. אם הוריתי לך לאחמול בשכרותי: **אשתלאי.** שכחתי ושגגתי והייתי מורה בו היתר משום דקיימא לן בשאר דוכתי רב ור' יוחנן הלכה כר' יוחנן עכשיו יפה דחיתיך עד היום ונזכרתי: **הא אמר רבא.** לקמן (דף ה:): **הלכתא כותיה דרב בהני תלת.** שאמר לענין ביצה זו משבת ויום טוב ולקמיה בשני ימים טובים של גליות נחלק להקל והשלישי בשני ימים טובים של ראש השנה נחלק להחמיר: **מן הדקל.** שנשבר בשבת: **אסור להסיקן ביום טוב.** הסמוך לו: **ואל תשיבני ביצה.** שאמרתי בה נולדה בזה מותרת בזה דהכא שייך למיסר טפי: **ומאי טעמא ביצה כיון דביומא.** אי לאו דאסירה משום דנולדה בשבת הוה חזיא לגומעה חיה שיש בני אדם גומעין כן: **ולא שרי ליה (מר) עד למחר מידע ידיע.** כי שרית ליה למחר ואתמול לא שרית דבת יומא אסירה אבל עצים דשבת כיון דביומייהו בלאו איסור מוקצה נמי לא חזו שאין מבערין אש בשבת: **אי שרי להו (מר) למחר אתי למימר.** אם נפלו בו ביום נמי שרו ואתמול שלא בערתם משום דשבת לא חזי להסקה: **והא קא מהפך באיסורא.** כשמוליכן בתנור מזוית לזוית: **בהיתרא מהפך.** שהאיסור בטל ברוב: **והא קמבטל איסור בידים.** ותנן אין מבטלין איסור לכתחלה דאע"ג דאיסורא בטיל ברובא הני מילי היכא דאיערב ממילא אבל לאערובי ולבטולי בידים אסור דהכי תנן במס' תרומות (פ"ה מ"ט) סאה תרומה שנפלה לתוך תשעים ותשעה וחזרה ונפלה סאה של חולין אם שוגג מותר ואם מזיד הפילה לאותה סאה אחרונה כדי להשלים מאה חולין להעלות את התרומה אסור: **בדאורייתא.** כגון תרומה: **אבל בדרבנן.** כגון מוקצה דהכא: **של גליות.** שאין עושין אותו אלא בני גליות הרחוקים מבית דין ואין השלוחין יכולין להגיע אצלם מראש חדש עד יו"ט להודיעם באיזה יום נקבע החודש אם ביום שלשים אם ביום שלשים ואחד ועושין ב' ימים יו"ט מספק ומדאורייתא ביום הראשון שבתון וביום השביעי שבתון ותו לא: **מותרת בזה.** דחד מינייהו חול הוא וממה נפשך שריא: **אסורה בזה.** כדמפרש ואזיל: **לימא קסבר רב אסי קדושה אחת היא.** כלומר יום ארוך: **והא רב אסי מבדיל.** ומברך המבדיל בין קדש לחול דקסבר קים לן בקביעא דירחא וי"ט שני חול גמור הוא משום מנהג אבותינו שלא ידעו בקביעת החדש כמונו ועשאום מספק מאליהן אנחנו עושין אותם: **ספוקי מספקא ליה.** אם חק חכמים הוא שהוטל על הגליות לדורות ואפילו יבנה בהם חכמים יודעי העתים יהיו עושין אותן שנים א"כ הרי הוא מדברי סופרים כיום ארוך או אם הן עשאום מאליהן מספק וחד מינייהו חול ולמאן דקים ליה בקביעא דירחא בעי אבדולי: **כותיה דרב אסי מסתברא.** דאסיר: **קים לן בקביעא דירחא.** על ידי חשבון שמחשבין תולדתו אנו למדים אם נראה ביום שלשים אם לאו: **ועבדינן תרי יומי.** אלמא חק קבוע הוא מתקנת חכמים על ישראל הרחוקים לעשותן ואפילו בלא ספק הלכך כחד יומא אריכא שוינהו: **כותיה דרב מסתברא.** שאינו חק אלא מדאגת הספק החמירו עליהם הגליות: **בראשונה.** קודם שקלקלו הכותים והשיאו הם משואות ביום שלא קבעו בו החודש כדי להטעות את ישראל: **משיאין משואות.** כמו להעלות משאת העשן מן העיר (שופטים כ) (סימן) תבערה ובראש השנה מפרש להו והכל היו יודעין כל בני הגליות הקרובים והרחוקים את קביעת החודש ולא היו עושין אלא יו"ט אחד בכל מקום: **שיהו שלוחים יוצאים.** ועד מקום שיכול להגיע בתוך חמשה עשר ימים הם מודיעים ועושין יום אחד והשאר עושין שני ימים: **ואילו בטלו כותים.** הדרינן ועבדינן משואות בראש ההרים וידעו הכל: **ועבדי חד יומא.** בכל דוכתא והאידנא נמי היכא דמטו שלוחין קודם יו"ט עבדי חד יומא שמע מינה לא קבעום עליהם בתקנה לדורות: **דגזרי המלכות גזרה.** שלא יתעסקו בתורה וישתכח סוד העיבור מהם ותעבדו נמי חד יומא ואתי לקלקולי ולעשות חמץ בפסח: **אסורה בזה.** שהם ודאי חוק קבוע להיות כיום ארוך מדרבנן שמתחילה לא מחמת ספק התחילו לעשותן: **כל היום.** יום שלשים של אלול ומבערב היו אסורין במלאכה שמא יתקדש החודש למחר ונמצא שהלילה הזה יו"ט שכן כל היום מלפין לעדות רואי הלבנה אולי יבואו וכל שעה שבאין עד שתחשך היו מקבלין עדותן ומקדשין החודש בו ביום: ונתקלקלו

מסורת הש"ס

[לקמן ה:]

שבת כט. ע"ש

[עי' ר"ש ספ"ה דתרומות]

ר"ה כב:

שם ל:

[במשנה דר"ה ליתא]

גליון הש"ס

גמ' והא רב אסי מבדיל. עיין ריטב"א סוכה ד' מו ע"א ד"ה והלכתא: תוס' ד"ה ותנן וכו' היינו בדבר שעיקרו. עי' פסחים דף ל ע"א תוס' ד"ה לשהינהו:

רבינו חננאל

אבותיכם. דחיישינן שמא יגזרו גזרה וישכחו חשבון הקביעות ויבואו לידי קלקול. א"ר יוחנן עצים שנשרו מן הדקל בשבת אסור להסיקן ביו"ט ואל תשיבני ביצה כלומר אל הקשה עלי. ומפני מה [א"נ] מתיר בביצה שנולדה בשבת כי מותר לאוכלה בי"ט כו'. ופשוטה היא. והלכתא כוותיה בעצים ולא בביצה. אמר רב מתנה עצים שנשרו מן הדקל לתנור ביו"ט מרבה עליהן עצים מוכנין ומסיקן דקי"ל איסור עצים כי האי גוונא גזרה היא מדרבנן שמא יעלה ויתלוש ואע"ג דקי"ל אין מבטלין איסור לכתחלה א) בי"ט הני מילי בדאורייתא אבל האי דמדרבנן אסור אפילו לכתחלה שרי. ואפילו לרב אשי דאמר כל דבר שיש לו מתירין כגון הני עצים דלמחר שרו לא בטיל הני מילי היכא דאיתא בעיניה. אבל הני עצים כבר נשרפו. ולפיכך בטלי ושרי למיפא ב) בתנור. והאי דאמרי רב ושמואל בב' יו"ט של ר"ה נולדה בזה אסורה בזה דתנן בראשונה היו מקבלין

א) אינו מוכן דלבטל איסור לכתחלה אפילו בחול אסור וצ"ע.
ב) ומשמע דאי לא בטלי אסור לאפות ועי' תוס' פסחים ד' כ"ז ע"ב ד"ה תנור וצ"ע.

§ מסכת ביצה דף ד: §

אות א' - ב'

עצים שנשרו מן הדקל בשבת, אסור להסיקן ביום טוב

עצים שנשרו מן הדקל לתוך התנור ביום טוב, מרבה עליהם עצים מוכנים ומסיקן

[א]**סימן תקא ס"ה** - [ב]**עצים שנשרו מן האילן ביו"ט, אין מסיקין בהם** - ואפי' בטלטול אסורין, דהא היה מחובר מאתמול, והו"ל מוקצה, **ועוד** שמא יעלה ויתלוש, [**וע"כ** אפי' להמתירין מוקצה ביו"ט, ג"כ אסור]. **(וע"ל סימן תק"ז סעיף ג').**

סימן תקז ס"ב - [ג]**אף על פי שעצים שנשרו מן הדקל ביו"ט,** ‹אסור להסיקן› - משום מוקצה, שהרי הם מחוברין ביה"ש, ועוד משום שמא יעלה ויתלוש, **או בשבת שלפניו, אסור להסיקן** - [ד]משום דאין שבת מכין ליו"ט.

[ה]**אם נשרו ביו"ט בתוך התנור** - וה"ה בהניחם עכו"ם בתנור שלא לדעת ישראל, **מרבה עליהם עצים מוכנים (שלא יהיו עצי איסור ניכרים) (ר"ן)** - דבניכרים לא שייך ביטול, **ומבטלן.**

ומיירי שהיו עוד עצים בתנור, אלא שלא היה שם רוב כנגד העצים שנשרו, דבכה"ג מוסיפין ומבטלים איסור דרבנן, וכדמבואר ביו"ד סימן צ"ט ס"ה, **ואפילו** להרמ"א שם שמחמיר מלבטל איסור לכתחלה אפילו בכה"ג, מודה הכא, משום דהאיסור נשרף וכדלקמיה.

ואע"ג דעצים אלו יש להם מתירין למחר, ודבר שיש לו מתירין אפילו באלף לא בטיל, ואפילו באיסורי דרבנן, **איסור** זה קילא טפי, שהרי עיקר הנאת העצים בא לאחר הסקה, שאופה בו, או מחמם ביתו, ואז האיסור כבר אינו בעין, ובכגון זה לא החמירו חכמים בשביל שהוא דבר שיש לו מתירין, **וגם** אם ירצה אחר הסקה להעמיד קדירה לבשל נגד האש, או לחמם גופו, או אפילו ליהנות לאור האש, בשעה שהעצים דולקים, שרי, **דמוקצה** אינו אסור בהנאה הבא מאליה, רק דאסור לטלטל מוקצה, או להשתמש בה אפילו בלי טלטול, והכא שמשתמש בה בהיתרא בשביל אפיית פת, מותר ממילא ליהנות גם בשאר הנאות, אף על פי דלאלו הנאות העצים מוקצים הם.

[**וממילא** ה"ה במסיק בהיתר כלים שלמים, אע"פ שאח"כ נעשה שבר כלי, והוא מוקצה, מ"מ בודאי מותר לכתחילה לאפות בו פת, ולהעמיד קדירה נגד העצים לבשל, שהרי מוקצה מותר בהנאה בכגון זה, **וגם** ליהנות לאורה ג"כ מותר].

ויש מקילין גם להסיק לכתחלה בשביל להעמיד קדירה, או להתחמם כנגד המדורה, דאע"פ שהעצים דולקים עדיין, מ"מ עיקר הנאה הוא האכילה, ובשעה שאוכל אינו נהנה אלא מחום שבתבשיל, וחום זה כבר מופרד מהאש שבעצים שהם בעין, **וכן** במחמם כנגד המדורה, עיקר ההנאה בא לו מן החום, וכבר כלה האיסור, [משום שהחום בא מאותו מקצת שכבר נשרף, מ"א]. **מיהו** להסיק כדי ליהנות לאורה, בודאי אסור, שהרי הוא נהנה מהאש שהוא בעין, וכדלקמן סי' תרע"ז ס"ד לענין נר חנוכה. [**וסברא** הנ"ל, דאותו מקצת כבר נשרף, הוא טעם קלוש, דא"כ גם בנהנה לאורה נימא ג"כ, שהפתילה נשרפת מעט במקום שהאש אוחז בה, ויש לעיין בזה, **והגר"ז** השוה להדיא מתחמם כנגד האור ונהנה לאורן, ובתרוויהו אסור אם הסיק לכתחילה בשביל זה, וצ"ע].

(**ולענ"ד צ"ע, דאפשר דמאחר דסתם עצים להסקה עומדים, לאפות בו פת או לבשל, ולהנאה אחר הביעור התירו חכמים לערב ולבטל, וממילא העצים מותרים הם כשאר עצים המוכנים, ויכול להדליק אותם אפילו להאיר, ולכאורה** ראיה גמורה לזה, שהרי משעה שנתערב מותר לו לטלטל, אע"ג דלא הסיק עדיין בהם, ועדיין לא מיקלי קלי, וע"כ צ"ל דבשביל טעם זה כבר ניתר מעיקרו משעת התערובות, וא"כ אפשר ה"ה לנידון דידן נמי, **מיהו** לסברת חמד משה שנביא לקמן, דלא התירו בעיקר דין זה רק מדוחק, **לא קשה מה שהקשינו, וצ"ע).**

ובלבד שלא יגע בהם עד שיתבטלו ברוב - ואז כשמהפך בהם בעת הדלקתם מזוית לזוית, בהיתרא קמהפך, **ומשמע** דתיכף משעה שנתבטלו מותר להפוך בהם, אע"פ שלא הדליקם עדיין.

ואע"ג דבשעה שמרבה עליהם עצים ומערב אותם, העצים הקודמים מתנודדים, לא חיישינן לזה, דהוא כטלטול מן הצד.

ודע, דיש פוסקים המקילים בדין זה ביותר, ולדידהו אפילו לא היה בתנור עצים כלל, רק אלו שנשרו מן הדקל, מותר ג"כ לערב, **ואפילו** אם יהיו עצי איסור ניכרים לאחר עירוב ברוב, ג"כ לא חיישינן, **רק** שלא יזיז בעצי האיסור כשרואה אותן, **והכל** מטעם הנ"ל, שהאיסור נשרף, והנאה באה לאחר שהאיסור אינו בעין.

(**ועיין בחמד משה שכתב סברא חדשה, דאפשר כל עיקרו דהיתר זה דמרבה עליו ומבטלו, אינו רק בנפל לתנור, דאם לא נבטל אין לו מקום לאפות בו פתו, שהרי התנור מלא מעצי מוקצה, ובע"כ צריך לפנות המוקצה בשביל צורך אוכל נפש, וא"כ מוטב שיבטל ויאפה, הא בענין אחר ליכא כלל היתר זה, וכעין** זה כתב בנהר שלום, דדוקא בתנור, הא אם נתערב בשדה עם עצים של היתר, לא נתיר לו לבטל, **אמנם** מפוסקים לא מוכח כן, שהרי למדו מזה לכל איסורי דרבנן, לענין לבטל איסור לכתחלה, עיין ביו"ד סי' צ"ט, וכ"כ הגר"ז דאין לחלק בזה).

[ו]**אבל אם נפלו בתנור בשבת, אסור להסיקן ביום טוב שלאחריו, אפילו על ידי ביטול ברוב** - לפי שתלישה זו מכינה אותם להסקה, וכיון דבשבת אינם ראוים להסקה, א"כ השבת

באר הגולה

[א] ‹ע"פ הבאר הגולה› [ב] **מימרא דרבי יוחנן שם** [ג] **הרב המגיד** [ד] ‹פי' שר' יוחנן היה אומר שבת ויום טוב ביצה שנולדה בזה מותרת בזה, ולפיכך היה אומר אל תשיבני ביצה וכו', אבל למאן דאית ליה הכנה, אסורין משום הכנה, שאין שבת מכין ליום טוב – שבלי הלקט› [ה] **מהא דרב מתנה שם ד'** [ו] **טור בשם אחיו הר' יחיאל**

מכינה אותם לצורך מחר שהוא יו"ט, ואין שבת מכין ליו"ט, ואיסור הכנה הוא מדאורייתא, ובדאורייתא אין מבטלין איסור.

(דע, דסברא זו לאו לכו"ע היא, ועיין בב"ח שכתב ג"כ, דמשאר פוסקים משמע דגם הכנה זו אינה אלא [י]מדרבנן, וכן תמה במאמ"ר שלא הביאו בזה שום פלוגתא, וכן בחמד משה נוטה להקל גם בזה ע"י ביטול ברוב).

אות ג'

אין מבטלין איסור לכתחלה

יו"ד סימן צט ס"ה - [ח]אין מבטלין איסור לכתחלה - כתב הרשב"א והר"ן, דהיינו מדרבנן לדעת התוס', אבל לדעת הראב"ד אסור מדאורייתא, **מיהו** בדיעבד גם דעת הראב"ד כמ"ש המחבר, ("אם בשוגג מותר"), וכמ"ש הרשב"א והר"ן על שמו, **ומדברי** הרב ר' מנחם עזריה מבואר, שסובר כמ"ד דהיינו מדרבנן - ש"ך. **(מפני** שחששו שמא יקל האיסור בעיניו, ויבא לאוכלו אף בלא ביטול, או שמא לא ידקדק כ"כ בשיעור ביטולו. **וכתב** החכ"א שדעת רוב הפוסקים דהוא מדרבנן – בדי השלחן).

(**ונפקא** מינה אם ביטל בשוגג, דלהראב"ד בדאורייתא קנסינן שוגג אטו מזיד, ואינו מותר אלא אם כבר נתבטל ברוב [מקודם, ורק לא בששים, והתערובות הוי אסור רק מדרבנן] - רעק"א. **(וכן** הקשה החוו"ד על הש"ך).

אות ד'

הני מילי בדאורייתא אבל בדרבנן מבטלין

יו"ד סימן צט ס"ו - [ט]איסור של דבריהם, אין מערבין אותו בידים כדי לבטלו; ואם עשה כן במזיד, אסור - היינו כמו שנתבאר בס"ה, אבל לשאר כל אדם פשיטא דמותר - ש"ך.

[י]אבל אם נפל מעצמו, ואין בהיתר כדי לבטלו, מרבה עליו ומבטלו – [וראיה לזה, מעצים שנשרו מדקל לתוך התנור ביו"ט, שמרבה עליהם עצים מוכנים ומדליקן, כן הוא דעת הרשב"א – ט"ז].

(**להמחבר**, איסור דרבנן אף שיש לו שורש מן התורה, אם לא היה ששים והוסיף, שרי – פמ"ג).

(**הא"ד** כ', דוקא נפל מעצמו, אבל הפיל בשוגג, אסור להוסיף ולבטלו – רעק"א).

קשה, דבאו"ח סי' תרע"ז סתם המחבר וכתב, דמותר השמן שבנר חנוכה שנתערב בשמן אחר, ואין בו ס' לבטלו, יש מי שאומר שאין להוסיף עליו לבטלו, עכ"ל, והרי חנוכה אינו אלא מדרבנן, גם בב"י שם לא הביא שום פוסק שחולק על זה, **ושמא** יש לחלק, דהתם כיון דהוקצה למצותו, חמיר טפי, *ידוחק, **ועוד** דהאי ויש מי שאומר הוא מהר"ם מרוטנבורג שהביא הטור שם, ומוכרח דלא ס"ל לחלק בהכי, דכתב שם, ולא דמי לעצים שנשרו מן הדקל לתוך התנור ביו"ט, שמרבה עליהן עצים מוכנים ומבטלן, דשאני התם, שאין נהנה מהן עד אחר ביעורן, אבל הכא נהנה ממנו בשעה שהנר דולק, עכ"ל, **ואם** איתא הוי ליה למימר, דשאני הכא דהוקצה למצותו, וצ"ע - ש"ך.

***הג"ה**, ול"נ כיון דעצי מוקצה הוא מדאורייתא, כדאיתא בפסחים דף מ"ז: [ע"ש דאין המסקנא כן], חמיר כמוקצה למצותו, וע"כ הוכרח לתרץ תירוץ אחר - נקה"כ.

(**והמ"א** רוצה לתרץ שם, דחנוכה הוי דבר שיש לו מתירין לשנה הבאה, **ולא** אוכל להבין דבריו, דא"כ אפי' באלף לא בטיל, ולמה כתב המחבר שם ואין בו ס' לבטלו – בה"ט), (**עיין** בתשובת רבינו עקיבא איגר, שגם הוא נ"ע הקשה כן, וכתב ליישב הסתירה בטוב טעם). (**אמנם** המ"א תירץ כבר בדבריו, במש"כ ועיין ביו"ד סי' ק"ב, דשם איכא פלוגתא בין הפוסקים דהיכא דיש לו מתירין לדבר אחד, ולדבר זה לא נאסר מעולם, רוב הפוסקים ס"ל דזה לא מקרי דבר שיש לו מתירין, אכן הרי"ף חולק, וס"ל דזה מקרי דבר שיש לו מתירין, **וגם** כאן במותר שמן לנר חנוכה לשנה הבאה לא נאסר מעולם, ותליא ג"כ בפלוגתת הרי"ף והפוסקים הנ"ל. **ולכן** המחבר שפיר פסק דבטל אם יש ששים, כיון דעיקר כהפוסקים דלא מקרי דבר שיש לו מתירין כנזכר לעיל, **אבל** לכתחלה אין להוסיף עליו, כיון דאפשר דהכא חמיר דהוי דבר שיש לו מתירין וכו', ר"ל לשיטת הרי"ף – מחה"ש).

הגה: וי"א דאין לבטל איסור דרבנן או להוסיף עליו, כמו באיסור דאורייתא, וכן נוהגין, ואין לשנות – [ס"ל כהרא"ש, דשאני התם בעצים דמקלי קלי לאיסורא, פי' שאין נהנה מהן עד שעת ביעורן מן העולם, ואז אין ממש באיסור – ט"ז].

ונ"ל עיקר לדינא, דאפי' איסורים של דבריהם שאין להם עיקר כלל בתורה, אין לבטלו או להוסיף עליו, וכדעת הרב - ש"ך.

[**וכתב** רש"ל, דהעיקר כהרשב"א, שרוב המחברים ס"ל כן, והא דאמרי' בריש ביצה, דההיתר בעצים משום דמקלי קלי לאיסורא, התם הוה דבר שיש לו מתירין, אבל בדבר שאין לו מתירין, בכל איסורי דרבנן מרבה עליו ומבטלו, **ע"כ** פסק דבדיעבד אפי' כוון לבטלם ולא ידע שאסור לעשות כן, שרי, ע"כ, **ואני הוכחתי** לעיל, דאם לא ידע שיש איסור בדבר, שרי בכל הביטולים – ט"ז].

אות ה'

הני מילי היכא דאיתיה לאיסורא בעיניה, הכא מקלא קלי איסורא

יו"ד סימן קב ס"ד - הגה: הא דדבר שיש לו מתירין אינו בטל, היינו דוקא אם האיסור בעין, או שיש עדיין ממשות האיסור בתערובת, [יא]אבל טעמו, בטל.

טור סימן תקיג - ביצה שנולדה בשבת ויו"ט, אסור ליגע בה וכ"ש שלא לאוכלה, ואפילו ספק נולדה ביו"ט או בחול אסורה, ואפי' נתערב באלף כולן אסורות. ואבי העזרי

באר הגולה

[ז] (דלא שייך הכנה דאורייתא אלא בביצה שנולדה בשבת אחר יו"ט, או יו"ט אחר שבת, שאז נגמרה הביצה ביום שלפניו, וגמר יצירתה הוא ההכנה ליום שלאחריו, משא"כ כאן שרק נתלשה בשבת, והרי זה דומה לעגל שנולד בשבת שמותר לשוחטו ביו"ט שלאחריו, אלא דכאן אנו אוסרים מדרבנן, דכיון שאם היה נתלש ביו"ט היה אסור, נמצא מה שנתלש בשבת הוא כהכנה ואסור מדבריהם, משא"כ בעגל שאף אם נולד ביום טוב מותר - מ"ב המבואר) [ח] ביצה דף ד' ממשנה ט' פ"ה דתרומות [ט] טור בשם הרשב"א [י] שם מימרא דרב מתנה ביצה דף ד' [יא] (כמ"ש בריש י"ט ד: ה"מ היכא דאיתיה לאיסורא בעינא כו' - גר"א)

אסר אפילו התבשיל שנעשה בספק ביצה שנולדה ביו"ט, וכ"כ הר"ם מרוטנבורק. ולפי מה שפי' ר"ת, דהא דאמרינן דבר שיש לו מתירין לא בטיל, דוקא כשהוא בעין, אבל טעמו בטל בס', היה נראה שהתבשיל מותר כיון שלא נתכוין לבטלה.

אות ו'

שני ימים טובים של גליות... נולדה בזה מותרת בזה

סימן תקיג ס"ה - [יב]אם נולדה ביו"ט ראשון, מותרת ביו"ט שני - היינו בליל יו"ט שני, **בשני יו"ט של גליות** - שהרי ממ"נ אחד מהם הוא חול.

אות ז'

בראשונה היו משיאין משואות, משקלקלו הכותים התקינו שיהו שלוחין יוצאין

רמב"ם פ"ג מהל' קידוש החודש ה"ח - בראשונה כשהיו בית דין מקדשין את החדש, היו משיאין משואות בראשי ההרים כדי שידעו הרחוקים; משקלקלו הכותים שהיו משיאין משואות כדי להטעות את העם, התקינו שיהו שלוחים יוצאין ומודיעין לרבים; ושלוחים אלו אינן מחללין את יום טוב ואין צריך לומר שבת, שאין מחללין את השבת לקיימו אלא לקדשו בלבד.

אות ח'

הזהרו במנהג אבותיכם בידיכם זמנין דגזרו שמדא ואתי לאקלקולי

רמב"ם פ"ה מהל' קידוש החודש ה"ה - בזמן הזה שאין שם סנהדרין, ובית דין של ארץ ישראל קובעין על חשבון זה, היה מן הדין שיהיו בכל המקומות עושין יום טוב אחד בלבד, אפילו המקומות הרחוקות שבחוצה לארץ, כמו בני ארץ ישראל, שהכל על חשבון אחד סומכין וקובעין, אבל תקנת חכמים היא, שיזהרו במנהג אבותיהם שבידיהם.

רמב"ם פ"א מהל' יום טוב הכ"א - זה שאנו עושין בחוצה לארץ כל יו"ט מאלו שני ימים, מנהג הוא, ויום טוב שני מדברי סופרים הוא, ומדברים שנתחדשו בגלות; ואין עושין בני ארץ ישראל שני ימים טובים אלא בראש השנה בלבד, ובהלכות קידוש החדש מספר זה נבאר עיקר מנהג זה, ומאי זה טעם עושין ראש השנה שני ימים בכל מקום.

אות ט'

שני ימים טובים של ראש השנה... נולדה בזה אסורה בזה

סימן תקיג ס"ה - אבל בשני יו"ט של ראש השנה, ‹נולדה בזה אסורה בזה› - מפני ששני הימים הם קודש, וכיום אחד ארוך הן חשובים, **ובספק** אם נולדה ביו"ט ראשון, מותר אף ביו"ט שני של ר"ה, כ"כ הכנה"ג, **והעו"ש** מחמיר.

אות י'

בראשונה היו מקבלין עדות החדש כל היום (כולו), פעם אחת נשתהו העדים לבא ונתקלקלו הלוים בשיר, התקינו שלא יהו מקבלים את העדים אלא עד המנחה

רמב"ם פ"ג מהל' קידוש החודש ה"ה - בראשונה היו מקבלין עדות החדש כל יום שלשים, פעם אחת נשתהו העדים מלבוא עד בין הערבים, ונתקלקלו במקדש, [יג]ולא ידעו מה יעשו, אם יעשו עולה של בין הערבים, שמא יבאו העדים, ואי אפשר שיקריבו מוסף היום אחר תמיד של בין הערבים; עמדו בית דין והתקינו שלא יהיו מקבלים עדות החדש אלא עד המנחה, כדי שיהא שהות ביום להקריב מוספין ותמיד של בין הערבים ונסכיהם.

באר הגולה

יב **שם בגמרא וכרב** יג ‹בפרק יום טוב של ר"ה (דף ל' ב) מה קלקול קלקלו הלוים בשיר, הכא תירגמו שלא אמרו שירה כל עיקר, ר' זירא אמר שאמרו שירה של חול עם תמיד של בין הערבים, ע"כ. **והתימה** על רבינו דלא כתב כשום חד מינייהו, אלא מפרש שהיו בהולים ולא היו יודעים מה יעשו, ומשמע דלא עשו כלל. **והוא** תימה שלא הוזכר זה לא במשנה ולא בגמרא – לחם משנה›

§ מסכת ביצה דף ה. §

אות א׳ – ב׳

ואם באו עדים מן המנחה ולמעלה נוהגין אותו היום קדש ולמחר קדש

משחרב בית המקדש התקין רבן יוחנן בן זכאי שיהו מקבלין עדות החדש כל היום

רמב״ם פ״ג מהל׳ קידוש החודש ה״ו - ואם הגיע מנחה ולא באו עדים, עושין תמיד של בין הערבים, ואם באו עדים מן המנחה ולמעלה, נוהגין אותו היום קדש ולמחר קדש, ומקריבין מוסף למחר, לפי שלא היו מקדשין אותו אחר מנחה; משחרב בית המקדש התקין רבן יוחנן בן זכאי ובית דינו, שיהיו מקבלין עדות החדש כל היום כולו, ואפילו באו עדים יום שלשים בסוף היום סמוך לשקיעת החמה, מקבלין עדותן ומקדשין יום שלשים בלבד.

אות ג׳

וכל דבר שבמנין צריך מנין אחר להתירו

רמב״ם פ״ב מהל׳ ממרים ה״ב - בית דין שגזרו גזרה או תקנו תקנה והנהיגו מנהג, ופשט הדבר בכל ישראל, ועמד אחריהם בית דין אחר ובקש לבטל דברים הראשונים ולעקור אותה התקנה ואותה הגזרה ואותו המנהג, אינו יכול עד שיהיה גדול מן הראשונים בחכמה ובמנין, היה גדול בחכמה אבל לא במנין, במנין אבל לא בחכמה, אינו יכול לבטל את דבריו.

השגת הראב״ד: ב״ד שגזרו גזרה וכו׳ עד שיהא גדול מן הראשונים בחכמה ובמנין. א״א ולא אפי׳ אליהו ובית דינו, הואיל ופשט איסורן בכל ישראל,[א] כדאיתא בע״ז.

אפילו בטל הטעם שבגללו גזרו הראשונים או התקינו, אין האחרונים יכולין לבטל[ב] עד שיהו גדולים מהם.

השגת הראב״ד: יהיה גדול בחכמה וכו׳. א״א עיטור שוקי ירושלים בפירות קשיא עליה, שהראשונים תקנוהו, ור׳ יוחנן בן זכאי ביטלה אחר חרבן מפני שנתבטל הטעם לראשונים,[ג] ולא היה גדול כראשונים.

והיאך יהיו גדולים מהם במנין הואיל וכל בית דין ובית דין של שבעים ואחד הוא, זה מנין חכמי הדור שהסכימו וקבלו הדבר שאמרו בית דין הגדול ולא חלקו בו.

אות ד׳ – ה׳

כרם רבעי היה עולה לירושלים מהלך יום אחד לכל צד

כרם רבעי היה לו לרבי אליעזר במזרח לוד בצד כפר טבי ובקש להפקירו לעניים, אמרו לו תלמידיו רבי כבר נמנו עליך חבריך והתירוהו

רמב״ם פ״ט מהל׳ מעשר שני ה״ה - ענבים של כרם רבעי התקינו ב״ד שיהיו עולין לירושלים מהלך יום לכל צד, כדי לעטר שוקי ירושלים בפירות, ומשחרב בהמ״ק נפדה אפילו סמוך לחומה.

באר הגולה

[א] ‹נ״ל שלמד כן רבינו מדאמרינן בע״ז פרק אין מעמידין (דף ל״ו), בכל ב״ד יכול לבטל דברי ב״ד חבירו חוץ מי״ח דבר, שאפילו יבא אליהו ובית דינו אין שומעין לו, ומשמע לרבינו דה״פ, בכל תקנות ב״ד יכול ב״ד אחר לבטל דבריו, חוץ מי״ח דבר וכיוצא בהם, שהם דברים שנעשו סייג לתורה, דמאי רבותא די״ח דבר משאר תקנות, דהנהו דפ״ק דביצה דביצה שנולדה ביום ר״ה אסורה ביום ב׳, אין שם סייג לאסור ביום שני של ר״ה יותר משני ימים של שאר ימים טובים, וההיא דעיטור שוקי ירושלים בפירות, ודאי דאין שם משום סייג, וכן בההיא דפרוזבול דאמר שמואל אי איישר חילי (מהלל) אבטלינה, אין בו סייג לתורה, כמו שהוכחתי למעלה. וכיון ששיטה זו אפשרית, אין כח ביד הראב״ד לדחותה מפני שיטתו, דלא שני ליה בין תקנות שהם לסייג לתקנות שאינם לסייג, וכולי טעמא תלי בפשט איסורן או לא פשט – כסף משנה›

[ב] ‹בפרק קמא דביצה (דף ה׳) אמרינן, דדבר שנאסר במנין, אף על פי שנתבטל הטעם, צריך מנין אחר להתירו, ומשמע לרבינו דהיינו מנין גדול ממנו, וה״ה דבעינן שיהיה חכם ממנו, וחדא מינייהו נקט – כסף משנה›

[ג] ‹ומ״מ קושית הראב״ד איני מכיר, דמי אמר לו שריב״ז לא היה גדול כראשונים, (וע״ש שמאריך בזה אי היה גדול כראשונים). **ומאי** דאמרינן בפ״ק דביצה (דף ד׳:) והשתא דידעינן בקביעא דירחא מאי טעמא עבדינן תרי יומי, משום דשלחו מתם הזהרו במנהג אבותיכם שבידכם, זמנין דגזרי המלכות גזירה ואתי לאיקלקולי, משמע דאי לא משום חששא דגזירה, לא עבדינן תרי יומי, והא ודאי אין ב״ד שבימי האמוראים גדול כשל המתקנים שני ימים, אלמא שאע״פ שאינו גדול ממנו, כיון דאיבטיל טעמא יכול לבטלו, **יש** לומר דהתם ה״ק, כיון דבקיאינן בקיבועא דירחא מאי טעמא עבדינן תרי יומי, היה להם לחכמים שבאותו זמן שהיו מהקובעים שני ימים לתקן דלא נעביד תרי יומי, אי נמי דהוה קים להו שהמתקנים אמרו בפירוש אם יבא זמן שיעמדו על החשבון ולא על פי הראיה לא נעביד תרי יומי. **ולדעת** הראב״ד הו״ל לגמ׳ לאקשויי עליה, מדתנן אין ב״ד יכול לבטל דברי בית דין חבירו וכו׳, ולתרוצי דהיינו במידי דלא נתבטל הטעם, אבל היכא שנתבטל הטעם יכול לבטל אפילו אינו גדול כמוהו – כסף משנה›

גמרא

ונתקלקלו הלוים בשיר התקינו שלא יהו מקבלים את העדים אלא עד המנחה *ואם באו עדים מן המנחה ולמעלה נוהגין אותו היום קדש ולמחר קדש אמר רבה מתקנת רבן יוחנן בן זכאי ואילך ביצה מותרת דתנן *משחרב בית המקדש התקין רבן יוחנן בן זכאי שיהו מקבלין עדות החדש כל היום א"ל אביי והא רב ושמואל דאמרי תרוייהו ביצה אסורה א"ל אמינא לך אנא רבן יוחנן בן זכאי ואת אמרת לי רב ושמואל ולרב ושמואל קשיא מתניתין לא קשיא *הא לן והא להו ורב יוסף אמר אף מתקנת רבן יוחנן בן זכאי ואילך ביצה אסורה מ"ט הוי דבר שבמנין *וכל דבר שבמנין צריך מנין אחר להתירו אמר רב יוסף מנא אמינא לה דכתיב °לך אמור להם שובו לכם לאהליכם ואומר °במשוך היובל המה יעלו בהר (*ותניא) *כרם רבעי היה עולה לירושלים מהלך יום אחד לכל צד וזו היא תחומה (*עלת) מן *(הצפון) ועקרבת מן (*הדרום) לוד מן המערב וירדן מן המזרח ואמר עולא ואיתימא רבה בר בר חנה א"ר יוחנן מה טעם כדי לעטר שוקי ירושלים בפירות ותניא *כרם רבעי היה לו לר' אליעזר במזרח לוד בצד כפר טבי ובקש

תורה אור: דברים ה | שמות יט

רש"י

ונתקלקלו הלוים בשיר. תמיד של בין הערבים שאמרו בו שירה של חול שהיו סבורים שלא יבאו עוד והיום חול וכשבאו נמצא שהוא קדש ובשל שחר אין טעות דבתמיד של שחר אפילו הוקבע החדש קודם הקרבתו שיר של חול היו אומרים לפי שברוב השנים אין העדים ממהרים לבא כל כך: **עד המנחה.** עד הקרבת תמיד של בין הערבים אבל לאחר מכאן אותו היום הרי הוא מעובר ומונין מיום המחרת ליום הכפורים וסוכות ואם באו עדים מן המנחה ולמעלה אע"פ שאין מונין למועדות מהיום לא מזלזלינן ביה בהאי שלשים אלא גומרין אותו באיסורו כאשר החזרו עד המנחה ממלאכה כן נוהגין וגומרין אותו בקדושתו אלמא תחילת עשייה שני ימים לראש השנה אפילו בבית דין הוה ולא מספק שהרי ודאי יום טוב למחר ואעפ"כ תקנו לעשותו שמע מינה חק חכמים ומנהג היה לעשותן כבאו עדים אחר המנחה והרחוקים יש עליהם לעשותן בכל שנה שמא יבאו עדים אחר המנחה והרי קדושתו אחת ואין כאן לומר ממה נפשך חד מינייהו חול דשמא אין כאן חול אלא שניהם קדש: **אמר רבה גר' מתקנת רבן יוחנן בן זכאי.** שהחזיר הדבר ליושנו לקבל עדותן כל היום ולקדש היום נמצא שאין בית דין עושין שני ימים והרחוקים העושים שני ימים אינו אלא מספק שאין יודעין אם נתקדש ביום שלשים אם בשלשים ואחד והרי הן כשאר י"ט של גליות וביצה שנולדה בזה מותרת בזה ממה נפשך דחד מינייהו חול: **ולרב ושמואל קשיא מתניתין.** דקתני דחזר הדבר ליושנו: **הא לן והא להו.** לבני א"י שעושין יום אחד מותרת אבל לדידן בני גולה אסורה שהרי עדיין אנו עושין שני ימים ועודנו כבתחילה מפני אותה תקנה ראשונה לא מפני ספק הלכך הואיל ולא פסקו מאללנו אין להקל ולומר אין מנהגנו זה מפני תקנה ראשונה אלא מפני הספק וביצה מותרת הא לא אמרינן דכיון דלא פסקה אותה תקנה מאללנו שנה אחת לעשות יום אחד עדיין באיסורנו הראשונה עמדנו להיותם כיום ארוך: **כל דבר שבמנין.** ביצה זו נאסרת בקבוץ חכמים שנמנו וגמרו לעשותן שני ימים קדושה אחת אם לא באו עדים לפני המנחה וכל העושין שני ימים מחמת כן עשו שמא לא באו עדים לבית דין קודם המנחה: **צריך מנין אחר.** שימנו לך ויתירוהו ולקמן פרכינן ביצה מי אתסרה במנין והלא לא נמנו אלא על קבלת עדות ובההוא חזר בו רבן יוחנן והתירו: **מנא אמינא לה.** דכל דבר הנאסר במנין צריך מנין אחר להתירו ואפילו אירע דבר שאתה יכול להורות בו היתר ולומר אין תקנת מנין הראשון עומדת כי הכא אפילו הכי אסור עד שיתירוהו בפירוש בקבוץ חכמים: **לך אמור להם.** לקמן מפרש לה היכי יליף: **ואומר במשוך היובל.** לקמן מפרש: **ותניא.** כמי דצריך מנין אחר להתירו: **כרם רבעי.** שאמרה תורה קדש הלולים (ויקרא יט) וגמרינן קדש קדש ממעשר שני דכתיב ביה קדש וכל מעשר הארץ מזרע הארץ מפרי העץ וגו' (שם כז) שצריך להעלות הפירות לירושלים או לפדותן ולהעלות הדמים לירושלים ותקנו חכמים במהלך יום אחד לכל צד שלא יפדוהו אלא הפירות עצמן יעלם ויאכלם שם כדמפרש לקמן כדי לעטר שוקי ירושלים בפירות: **במזרח לוד.** היינו בין לוד לירושלים בתוך מהלך יום דהא אמרינן לוד בתוך מהלך יום מן המערב נמצא מזרחה בין לוד לירושלים כיולד מברכין (ברכות דף לה:) יש פלוגתא חד תני נטע רבעי וחד תני כרם רבעי: להפקירו

תוספות

ונתקלקלו הלוים בשיר. בשיר של בין הערבים מיירי שאמרו שיר של חול שלא היו סבורים שיבאו עדים אותו יום ונהגו אותו יום חול וכשבאו לאחר המנחה נמצא שהוא קדש אבל אינו אומר בשיר של שחרית שאמרו בו שיר של חול בתמיד של שחרית שהרי אפילו באו קודם הקרבת תמיד של שחרית היו אומרים שיר של חול כדאמרינן בר"ה (דף ל: ושם) לפי שרוב השנים לא היו ממהרין כל כך לבא והקשה ר' פרץ והא היכא קלקול גבי מוספין ולמאי לא חשו אלא על עבודת התמיד דכשבאו עדים מן המנחה ולמעלה כבר הקריבו התמיד א) וא"כ אין יכולין להקריב המוספין דכתיב והקטיר עליה חלבי השלמים ודרשינן (יומא דף לג.) עליה השלם כל הקרבנות כולן שאין קרבן קרב לאחריה ותירץ דאפילו לא באו עד לאחר הקרבת התמיד מכל מקום המוספין קרבן דהיכא דלא אפשר שאני מידי דהוי אמחוסר כפורים בע"פ שמביא כפרתו לאחר הקרבת התמיד של בין הערבים ואוכל פסחו בערב והכי אמרינן בפ' תמיד נשחט (פסחים נט. ושם) *ועוד י"ל דאתי עשה דרבים ודחי עשה דהשלמה משום דהלים מפי דהכי אמרינן בתמיד נשחט (נ"ז נט) דאתי עשה דפסח דעשה כרת ודחי עשה דהשלמה דאינו ענוש כרת ותוס' מפרש' דמעיקרא אייתו התמיד ומתנו אם לא יבאו עדים יהא תמיד ואם יבאו יהא מן המוספין וא"כ יביאו את התמיד ושאר קרבנות ולא נהירא דאיכא בהדיא התם דאמרו שיר של חול עם תמיד של בין הערבים: **הא לן והא להו.** פי' בקונטרס בני א"י שמקדשין החדש על פי הראייה ואין עושין אלא יום אחד ופעמים עושין שנים כשבאו עדים מן המנחה ולמעלה ואשתני בשביל תקנת רבן יוחנן בן זכאי ואין עושין אלא יום אחד אף כשבאו עדים מן המנחה ולמעלה ואפילו כשהיו עושין שני ימים כגון שלא באו עדים הרי הוא מחמת ספק והרי הן שתי קדושות לפי שאין זה מחמת המנהג לפיכך היתה מותרת להן אבל לבני חוצה לארץ אסור שהרי עדיין הם עושין שני ימים כבתחילה ואם כן לא אשתני להן מפני התקנה הואיל והתחילו לעשות שני ימים ולא פסקו בשום פעם לעשות יום אחד עדיין הם עומדים באיסורן להיותן כיום ארוך דלא נימא דמחמת ספק הן עושין דאין יודעין אם באו עדים אם לאו אלא מחמת המנהג הן עושין כיון דלא נשתנה להן המנהג וא"ת לר' יוסי דאמר בעירובין (דף לט: ושם) גבי שני ימים של ר"ה נולדה בראשון אסורה בשני והא ר' יוסי בא"י הוה לאחר חורבן וא"כ שתי קדושות הן ואמאי ביצה אסורה ואין לומר דהיינו קודם חורבן דהוו קדושה אחת דא"כ מאי נפקא מינה מאי דהוה הוה וכי תימא דהיינו לאחר חורבן והא דביצה אסורה היינו לבני בבל דלדידהו קדושה אחת הן זה אינו דר' יוסי מא"י ונקט מילתא בשביל בבל וי"ל דלעולם ר' יוסי מקודם חורבן קאמר ואין להקשות מאי דהוה הוה הואיל ואשמועינן פסק דגם עתה שייך לאחר חורבן לבני בבל: **כל דבר שבמנין צריך מנין אחר להתירו.** יש שהיו רוצין לומר מכאן לאותן חרמות שעושין לזמן עד פסח או עד זמן אחר דכי יגיע הזמן צריך מנין להתיר את החרם אע"פ שעבר הזמן דהא הרי הכא דהקב"ה אסר להם תשמיש בשביל מתן תורה וממילא ידעינן דלאחר שלשה ימים דנתנה תורה דמותרין ואעפ"כ התיר להם ולא היא דהכא אין כאן שום זמן דקרא דהיו נכונים לשלשת ימים וגו' (שמות יט) הזמינו עצמכם לדבר שיהיה לסוף שלשת ימים דאם כתיב היו נכונים שלשת ימים בלא למ"ד של לשלשת ימים הייתי מוכיח שפיר דכי היכי דצריך להתיר תשמיש צריך נמי להתיר החרם ומדלא כתיב הכי שמע מינה גבי תשמיש צריך להתיר משום דכתיב אל תגשו אל אשה וגו' דמשמע עולמית כי היכי דאסר להם קודם מתן תורה שלשת ימים אבל חרמות שמשימין לזמן נוכי עבר הזמן ממילא עבר ואין צריך היתר: [ועי' תוספות סנהדרין נט: ד"ה לכל דבר]:

מסורת הש"ס

ר"ה ל: | [ברכות ה: וש"נ] | [סנהדרין נט.] | [צ"ל ותנן] | ר"ה לא: מעשר שני פ"ה [מ"ב] | [צ"ל הדרום]

הגהות מהר"ב רנשבורג

א) בתוס' ד"ה ונתקלקלו וכו' וא"כ אין יכולין להקריב המוספין. נ"ב עיין ראב"ן סי' ... ריש ע"ב ד"ה ... אלעזר וכו':

עין משפט נר מצוה

לה א ב מיי' פ"ג מהל' קידוש החדש הלכה ח

לו ג מיי' פ"ב מהלכות ממרים הלכה ג:

לז ד ה מיי' פ"ט מהל' מעשר שני הלכה ה סמג עשין רל:

[עי' מהרש"א] | [צ"ל אילת] | [צ"ל הצפון כך איתא במשנה]

רבינו חננאל

עדות כו'. ש"מ מדקתני סיפא אם באו מן המנחה ולמעלה נוהגים אותו היום קדש ולמחר קדש דקדושה אחת היא. פי' שכיון שבבית הועד פעמים היו עושין ר"ה ב' ימים לפיכך החמירו בהן ועשאום קדושה אחת. אמר רבה מתקנה שהתקין ריב"ז שיהו מקבלין עדות החדש כל היום ביצה מותרת דהא כב' קדושות הן. ואסיקנא ל"ק הא לן והא להו. כלומר לבני א"י שהתקין להן ריב"ז להיות מקבלין עדות החדש כל היום כולו הרי הן ב' קדושו'. *)הביצה אסורה מ"ט מפני שלא נמנו עליה ב"ד והתירוה להן דקיי"ל כל דבר שנמנו באיסור' צריך מנין אחר להתירו מדכתיב היו נכונים וגו' הלא ידענו שאחר ג' ימים מותר למה כתב לנו לך אמור להם שובו לכם לאהליכם אלא ללמד שכל דבר שנאסר ע"פ ב"ד אינו מותר עד שיותר בפני ב"ד. ואם תאמר לא בא מקרא זה שובו לכם לאהליכם אלא ללמד קביעות עונה. כלומר שחייב לתת לה עונתה הנה פסוק אחר כתיב השמרו לכם עלות בהר וגו' וכתיב בלוחות האחרונות ואיש לא יעלה עמך וגם איש אל ירא וגו' לאו מכלל שמותר היה לעלות בהר משעה שנסתלקה השכינה ממנו. במשוך היובל המה יעלו בהר למה לי אלא להתיר עליית ההר ע"פ האוסרה וא"ת איסור ביצה מדרבנן היא ולא בעינן כולי האי. הרי כרם שאיסור פדיונו חוץ לירושלים תקנה דרבנן היא. ואמרו

*) נראה דחסר כאן וצ"ל ב' קדושות והביצה מותרת והא לנו לבני בבל הביצה אסורה ורב יוסף אמר אף וכו' ביצה אסורה מ"ע מפני וכו':

ובקש להפקירו לעניים אמרו לו תלמידיו רבי כבר נמנו עליך חבריך והתירוהו *מאן חבריך רבן יוחנן בן זכאי טעמא דנמנו הא לא נמנו לא מאי ואומר ה"ק מכדי כתיב °היו נכונים לשלשת ימים אל תגשו אל אשה °לך אמור להם שובו לכם לאהליכם למה לי שמע מינה כל דבר שבמנין צריך מנין אחר להתירו וכי תימא למצות עונה הוא דאתא ת"ש °במשוך היובל המה יעלו בהר מכדי כתיב °גם הצאן והבקר אל ירעו אל מול ההר ההוא במשוך היובל למה לי שמע מינה דבר שבמנין צריך מנין אחר להתירו וכי תימא הני מילי בדאורייתא אבל בדרבנן לא ת"ש כרם רבעי והא כרם רבעי דרבנן וקאמרי ליה כבר נמנו עליך חבריך והתירוהו וכי תימא ביצה נמי אמנו עלה רבן יוחנן בן זכאי ושריוה כי אמנו אעדות אביצה לא אמנו א"ל אביי אטו ביצה במנין מי הואי ביצה בעדות תליא מלתא אתסר עדות אתסר ביצה אשתרי עדות אשתרי ביצה רב אדא ורב שלמן תרוייהו מבי כלוחות אמרי אף מתקנת רבן יוחנן בן זכאי ואילך ביצה אסורה מ"ט מהרה יבנה בית המקדש ויאמרו אשתקד מי לא אכלנו ביצה ביום טוב שני השתא נמי ניכול ולא ידעי דאשתקד שתי קדושות הן והשתא קדושה אחת היא אי הכי עדות נמי לא נקבל מ"ט מהרה יבנה בית המקדש ויאמרו אשתקד מי לא קבלנו עדות החדש כל היום כולו השתא נמי נקבל הכי השתא התם *עדות מסורה לב"ד ביצה לכל מסורה רבא אמר אף מתקנת רבן יוחנן בן זכאי ואילך ביצה אסורה מי לא מודה רבן יוחנן בן זכאי שאם באו עדים מן המנחה ולמעלה *שנוהגין אותו היום קדש ולמחר קדש ואמר רבא *הלכתא כותיה דרב בהני תלת בין לקולא בין לחומרא

אמר

תורה אור: שמות יט · דברים ה · שמות יט · שמות לד

להפקירו לעניים. שילקטוהו הם ויעלוהו לירושלים ויאכלוהו שם שהיה עליו תורת להעלות שם הפירות: **כבר נמנו עליך חבריך והתירוהו.** לפדותו ולהעלות דמיו ואע"ג דלאחר חורבן הוה קסברי קדושה ראשונה קדשה לשעתה וקדשה לעתיד לבא וצריך להעלות הפירות או הדמים: **טעמא דנמנו הא לא נמנו לא.** ואע"ג דממילא ליתא לתקנתא קמייתא דהא כדי לעטר שוקי ירושלים הוא דהוה וכיון דחרבה מה לנו לעטרה לצורך הגברים ואפילו הכי צריך מנין: **מאי ואומר.** כלומר כיצד אתו למדין מן המקרא הראשון שאמר כי ירושלמה כאמרו שנים: **ה"ק.** כך למד מן הראשון מכדי כתיב היו נכונים לשלשת ימים אל תגשו אל אשה וממילא איתסרו בתשמיש לאחר שלשה ימים שקבלו את התורה למה ליה למהדר ולמימן להו רשות לשוב לאהליהם דהיינו תשמיש: **ש"מ.** הואיל ובקדושה צריך הוא אסר בעי למשרייה הוא גופיה בהדיא והה"ה לכל דבר שבמנין: **וכי תימא.** כלומר וקרא דבמשוך היובל דיליף הכא מיניה להכי הדר ביה ויליף מהתם דהכי קאמר לך וכי תימא דהאי שובו לכם לאו למשרי תשמיש דהא ממילא משתרי אלא לצוותן לשוב במצות המלך על כרחן שלא לגרוע עונת נשותיהן: **ת"ש.** מהכא במשוך היובל שימשוך בהסתלק שכינה מן ההר ויאריך התוקע את קולו כמנהג התוקע באחרונה לשון אחר במשוך היובל שימשוך התוקע מלתקוע והכי מפרש לה במכילתא במשוך היובל בפסוק היובל: **מכדי כתיב.** בלוחות האחרונות ואיש לא יעלה עמך וגו' (שמות לד) מסיפיה דקרא יליף אל מול ההר ההוא כל זמן שהוא בהויית קדושתו שהשכינה עליו אסור אבל נסתלק שכינה מותר שמעינן ממילא למה ליה לאדכורי שריותא בהדיא בלוחות הראשונות ולמימר נסתלקה שכינה המה יעלו והלא לא נסתלקה שכינה ממנו מיום מתן תורה עד אחד בחדש שהוקם המשכן ועד בעשרים באייר שנעלה הענן והיה לו ללמוד היתר כשמסתלק מאל מול ההר ההוא ובמסכת תענית (דף כא:) נמי מההוא קרא ילפינן דתניא רבי יוסי אומר לא מקומו של אדם מכבדו אלא הוא מכבד מקומו שכל זמן שהשכינה היתה בהר אמרה תורה גם הצאן והבקר אל ירעו וגו' נסתלקה שכינה אמרה תורה במשוך היובל המה יעלו בהר הלכך למה ליה לכתוב בהדיא המה יעלו ולא איפשרי ממילא מדוקיא דההר ההוא ש"מ צריך מנין אחר להתירו כו': **הני מילי בדאורייתא.** באיסור שילא מפי הגבורה הוצרכנו לשמוע היתר מפיו אבל במנין דרבנן לא בעינן שריותא בהדיא אלא מכללא: **ת"ש כרם רבעי.** דהא דהוצרך להעלות פירות עצמן במהלך יום דרבנן הוא וקא בעי מנין ואע"ג דאיכא למשרייה מכלל: **וכ"ת ביצה נמי וכו'.** השתא הדר רב יוסף לאסוקי מלתא דאמר אף מתקנת רבן יוחנן בן זכאי ואילך ביצה אסורה: **ביצה במנין מי הואי.** כלום הוזכרה במנין הראשון לאוסרה: **מהרה יבנה בית המקדש.** ותחזור תקנה ראשונה שלא לקבל עדות אלא עד המנחה: **מסורה לב"ד.** אין נזקקין להם אלא ב"ד והם יודעין טעמו של דבר ולא יטעו: **לכל מסורה.** ליד הכל היא באה ואין הכל בקיאין לישאל וסומכין על מנהגן: **מי לא מודה כו'.** אע"ג דתקן לקבל עדות החדש כל היום להיות מוכן למועדות מן הראשון ואפילו באו עדים לאחר המנחה אבל מלעשות י"ט שני לא נעקרה תקנה ראשונה ממקומה:

אמר

ובקש ר' אליעזר להפקירו לעניים. וא"ת אי קסבר קדושה ראשונה קדשה לשעתה ולא קדשה לעתיד לבא א"כ מה הכריזו עניים בזה הא הוו צריכין לפדותו קודם אכילה שהרי לא היה חומה לירושלים ולא היו יכולין לאכלו בשום מקום רק לפדותו קודם אכילה וי"ל לפרש"י ניחא דפי' קדושה ראשונה אליבא דרבי אליעזר קדשה לעתיד לבא א"כ יכולין העניים להביא פירות לירושלים ולאכלן שם בלא פדייה אי נמי אפילו ס"ל לא קדשה לעתיד לבא מ"מ היו מרויחין העניים דהא הקדש שוה מנה שחללו על שוה פרוטה מחולל ואפילו לכתחילה בזמן הזה כדאי' בערכין (דף כט.*):

מכדי כתיב גם הצאן והבקר אל ירעו וגו'. פירוש מכדי כתיב אל מול ההר ההוא דמשמע כל זמן שהוא בהוייתו בקדושה שכינה שרויה עליו דוקא אסור אבל נסתלקה שכינה מותר וא"כ במשוך היובל למה לי וא"ת והא אל מול ההר ההוא בלוחות אחרונות כתיב ובמשוך היובל נאמר קודם לכן בלוחות הראשונות ואי לאו במשוך היובל לא שמעינן שריותא בלוחות הראשונות ופירש בקונטרס שלא נסתלקה שכינה ממנו מיום מתן תורה עד יום שהוקם המשכן ועד בעשרים באייר בשנה השנית שנעלה הענן וא"כ שריותא דבמשוך היובל לא הוי עד שנה שניה ואז נאמר כבר אל מול ההר ההוא דמשמע מינה שריותא כדפי' כך שיטת הקונטרס ודוחק הוא דהא במשוך היובל משמע שגם בו ביום דמתן תורה הותרו לעלות כשימשוך היובל שלא היו קולות רק בלוחות הראשונות בסיון וא"כ ליכא למימר שריותא דבמשוך היובל לא היה עד השנה שניה ועוד כיון דמההוא משתמע היתר בהדיא כדפרי' א"כ אין צריך מנין אחר להתירו מידי דהוה אחרמות לאחר הזמן כדפרישית לעיל לכן נראה לי ה"פ במשוך היובל וכו' למה לי והלא בלאו הכי יש לסתיר מסברא דהא לא אסר להם לעלות אלא משום שכינה וא"כ ממילא משתריין כשנסתלקה השכינה והא דקאמר מכדי כו' זהו שלא תאמר דבמשוך היובל אתי למשרי כשיפסקו הקולות אע"פ שלא נסתלקה שכינה עדיין והאי התירא לא הוה שמעינן ממילא מסברא והשתא לא תפשוט מידי הא לא אפשר לומר דמכדי כתיב גם הצאן והבקר אל ירעו בלוחות האחרונות אע"פ שלא היה שם קולות ומסתמא ה"ה כמידברות הראשונות שנאסרו כל זמן ששכינה בהר אפילו כשיפסקו הקולות כמו באחרונות א"כ במשוך היובל לא בא להתיר (אלא) כשיפסקו הקולות (*שנסתלקה) שכינה והאי התירא שמעינן ממילא מסברא אלא שמע מינה שצריך מנין אחר להתירו:

מי לא מודה רבן יוחנן בן זכאי כו' דהיום קדש ולמחר קדש. וא"ת והא הוא עצמו תקן לקבל עדות החדש כל היום ופי' הקונטרס הני מילי לענין שמוכן המועדות מיום הראשון ואפילו באו לאחר המנחה אבל מלעשות יום שני קדש לא נעקרה תקנה ראשונה ממקומה וקשה דמנין ליה הך סברא דתקינו לענין מועדות לחוד הא לענין יום טוב הוי יום שני נמי קדוש וא"כ תהא הבילה אסורה ואימא כיון שהתקין שיהו מקבלין כל היום א"כ כשהיו עושין שני ימים הם מספק ושתי קדושות נינהו וביצה מותרת לכך נראה כפירוש ר"ח דגרס מי לא מודה שאם לא באו כו' ומ"מ קשה דכיון שלא באו א"כ היו שני ימים מספק וא"כ שתי קדושות נינהו וביצה מותרת וי"ל דה"פ שאם לא באו עדים עד סמוך לחשכה ומיד התשיך ולא היה שהות ביום כדי לקבל עדותם ומ"מ היו יכולין לעשות מעט מלאכה ולא היו עושין אלמא דקדושה אחת נינהו והא דאמר התקינו שיהו מקבלין עדותן כל היום היינו היכא דבאו עדים ביום או קודם המנחה או לאחר מיד והשתא דאתית להכי אין למחוק גרסת הספרים אם באו עדים וכו' כדפי' ומ"מ יש ליישב *פרש"י ודקשיא לך מנא ליה הך סברא ה"פ מי לא מודה רבן יוחנן בן זכאי וכו' כגון קודם חורבן דהוי קדושה אחת ואם כן גם לאחר חורבן נמי כשהיו עושין שני ימים כמו קודם חורבן הם קדושה אחת:

מימות

רבינו חננאל

ואמרו לו תלמידיו לר' אליעזר כבר נמנו חבריך והתירו לפדותן בכל מקום. טעמא דנמנו הא לא נמנו לעולם באיסורו עומד ואע"ג דהיא תקנה דרבנן כו'. רב אדא ורב שלמן. וכן אמר רבא אף מתקנת ריב"ז [ואילך ביצה אסור*)מי לא מודי שאם לא באו עדים עד הערב שנוהגין אותו היום קדש ולמחר קדש. הנה תמצא לריב"ז] נמי ב' י"ט כי האי גוונא כי הן קדושה אחת ש"מ שאפילו בני א"י צריכין להיות עושין ר"ה ב' ימים. אמר רבא הלכתא כרב בהני תלת בין לקולא בין לחומרא כבר פירשנוהו למעלה:

*) עי' בתוס' כאן ד"ה מי לא מודה מה שהקשו על פי' רבינו כזה.

[ר"ה לא:]

[יבמות כב.]

עירובין לט.

[לעיל ד:]

[ועי' תוס' ר"ס לא: ד"ה וכקס ותוס' מגילה י' ד"ה דכ"ע ותוס' שבועות טז. ד"ה דכ"ע ותוס' חגיגה ג:ד"ה עמון]

[צ"ל אלא כשנסתלקה]

ס"א יש ליישב פרש"י דגרים אם לא באו כו' ור"ל אם לא באו כלל ביום שלשים ודקשיא לך א"כ היה שני ימים מספק ס"פ מי לא מודה כו'

§ עניני הלכה שונים הקשורים להדף §

וכל דבר שבמנין צריך מנין אחר להתירו

צריך לעיין בענין זה, שהרי בפ"ק דע"ז [ה:] כתבו התוס' [ד"ה והתנן] שאף עתה שאין לנו קרבן, שואלין בהלכות פסח קודם לפסח שלשים יום, אף שעיקר התקנה על הקרבן נתקנה. **וכן** לענין עשיית מלאכה בערב פסח אחר חצות, כתבו התוספות בריש פרק מקום שנהגו [פסחים נ.] שאף שעיקר הטעם משום קרבן, אף בזמן הזה דליכא הקרבה, כיון שנאסר אז אסור לעולם. **וכן** לענין איסור גבינות של גוים אמרינן [סימן קטו ס"ב] דאף במקום שמעמידין בעשבים אסור, **והטעם** בכל זה, משום דהוי דבר שבמנין צריך מנין אחר להתירו, וכדאיתא בפ"ק דביצה [ה.] ואף על פי שבטל הטעם לא בטלה התקנה. **אלא** שיש להקשות על זה דבפ"ק דע"ז [ב.] קתני לפני אידיהן של גוים שלשה ימים אסור לשאת ולתת עמהם, ואפ"ה גרסינן התם בפרק בתרא [סוף סד:] רב יהודה שדר ליה קורבנא לאבידרנא ביום אידו, אמר קים ליה בגויה דלא פלח לעכו"ם, וכן רבא שדר קרבנא לבר ששך ביום אידו מהך טעמא, ואמאי לא אמרינן דלא פלוג רבנן, ואף שבטל הטעם לא בטל התקנה. **וכן** בפרק אין מעמידין [שם כט:] קתני דמורייס של גוים אסור משום חשש תערובת יין, ומבואר שם בגמרא [לד:] דבמקום שהיין דמיו יקרין מן המורייס מותר. **וצ"ל** דבהני מעיקרא כי תקון הכי תקון, שלא אסרו לשאת ולתת אלא במי שעובד עכו"ם, וכן לא אסור המורייס אלא במקום שהיין בזול, וא"כ מעולם לא נאסר בענין דנצטריך להתירו. **ומצאתי** להר"ן בפרק בתרא דע"ז [לא: ד"ה גרסינן תו] גבי ההיא דרב יהודה שהבאתי שכתב וז"ל: כתבו בתוס' [שם נז: ד"ה לאפוקי] דלא שייך לאסור משום דבר שבמנין, כיון דחששא דאזיל ומודה לא שייכא כי אם בהני דפלחי לע"ז, ע"כ, **נראה** שדעתם לומר, דכי אמרינן צריך מנין אחר להתירו, ה"מ להתיר אותם שיהיה בהם טעם האיסור לכתחילה, אע"פ שבטל עכשיו, אבל אותם שלא היה בהם טעם האיסור מעולם, שרו בלא מנין אחר, **ואם** הם רוצים לומר כך, ודאי שזו קולא יתירה, דאפשר דהוה קים להו לרבנן שלא נאסר מעיקר התקנה לשאת ולתת עם הגוים דלא פלחי לע"ז, אבל בסתם אין לנו, והדבר צ"ע, עכ"ל. **ודברי** התוס' הם מגומגמים ודברי הר"ן ברורים ונכונים וכן עיקר. **אלא** דאכתי יש לדקדק ממה שכתבו התוס' בברכות בסוף פרק אלו דברים [נג: ד"ה והייתם] לענין מים אחרונים, שאנו שאין מלח סדומית מצוי בינינו, אין אנו רגילין ליטול, וכן בפרק בתרא דיומא [עז:] אהא דאמרינן התם מדיחה אשה ידה אחת במים ונותנת פת לתינוק ואינה חוששת, מאי טעמא משום שיבתא, וכתבו שם בתוס' שהוא רוח ששורה על האוכל כשבא ליתן פת לתינוק בן ד' וה' שנים וחונקתו, אם לא נטל ידיו באותה שעה אע"פ שכבר נטלן שחרית, ומה שהעולם אין נזהרין עכשיו מזה, לפי שאין אותה רוח רעה שורה באלו המלכיות, כמו שאין נזהרין על הגילוי ועל הזוגות, עכ"ל. **והשתא** קשה דבהני מאן לימא לן שלא היתה גזרה כוללת. **ונראה** ליישב זה, דשיבתא אף בזמן התלמוד לא נתפשט בכל המקומות, וכן לענין גילוי יש מקומות הרבה דלא שכיח בהו כלל נחשים ועקרבים, וכן לענין זוגות מסיק הש"ס בפרק ערבי פסחים [פסחים קי:] דכל דקפיד קפדי בהדיה, ודלא קפיד לא קפדי בהדיה, גם בענין מלח סדומית אינו דבר שישנו בכל המקומות, אלא בסדום ובבנותיה, וכן בעיירות הסמוכים להם והנראים עמהם וכיוצא, א"כ בכל הני בודאי כשאסרו תחלה לא אסרו אלא במקום שיש חשש, אבל באיים הרחוקים שאין מלח סדומית מצוי שם, וכן במקומות דלא שכיחי נחשים שם, וכן במקומות שאין שיבתא מצויה שם, לא גזרו ולא נכנסו מתחלת הגזרה, **וזה** לא שייך בגבינה, משום דאף במקומות שמעמידין בעשבים, אפשר שיבוא זמן שלא יעמידו בעשבים, או לאיזו סיבה גם הם יעמידו בעור קיבת נבלה, ומשום הכי לא פלוג רבנן במילתייהו, **אבל** שאלה בהלכות פסח קודם לפסח ל' יום, וכן עשיית מלאכה בערב פסח, שהיו תקנות קבועות כלליות מפני הקרבן, אף שבטל הטעם לא בטלה התקנה. **וכהאי** גוונא כתבו התוס' בפרק אין מעמידין [ע"ז לה: ד"ה חדא] אהא דאיתא התם שטעם איסור גבינות גוים הוי משום ניקור, וז"ל התוס' שם, ואנו שאין נחשים מצויים בינינו אין לחוש משום גילוי, ואין לומר דדבר שבמנין הוא וצריך מנין אחר להתירו, כי ודאי הוא כשאסרו תחלה לא אסרו אלא במקום שהנחשים מצויים ע"כ. **ולשון** התוס' דפ"ק דביצה [ו. ד"ה והאידנא] אינו מדוקדק, שכתבו שם, והשתא בזמן הזה שאין חברי מותר, ואין לומר שצריך מנין אחר להתירו, דכיון דזה הטעם משום חששא, ועברה החששא, עבר הטעם, והכי נמי אמרינן גבי מים מגולים דאסורין שמא נחש שתה מהם, ועכשיו שאין נחשים מצויים בינינו, אנו שותין מהם אפילו לכתחילה, אע"פ שהוא דבר שבמנין, עכ"ל, **ואין** דבריהם נכונים אלא העיקר כדכתיבנא ודוק – פר"ח יו"ד סימן קטז ס"ק ב'.

בתשו' חת"ס סי' ק"א נשאל אודות מרק של דגים שהוריקו אותו לתוך כלי שומן, ולאחר שנצטנן הסירו השומן שנקרש, מה דין המרק והדגים, **והשיב** הנה באיסורים כה"ג בעינן לשער בס' כנגד כולו, ולא מהני מה שהסירו האיסור שנקרש, וא"כ לכאורה מכש"כ הכא בסכנתא, דלענין ספיקא חמירא סכנתא מאיסורא לכו"ע. **איברא** מאחר דחזינן להרמב"ם דרב גובריה ברפואות וטבעיות, שהשמיט הא דביניתא דאטוי בהדי בישרא, מסתמא לפי עוצם חכמתו ידע והבין שנשתנו הטבעים בענין זה, **ונהי** שלא נסמוך ע"ז לעשות מעשה לאכלם זה עם זה, דאפשר דהו"ל כמו דבר הנאסר במנין, מ"מ הרווחנו שיצאנו מחמירת סכנתא, דהשתא מיהת ליכא סכנתא. **ואפשר** שגם בזמנם לא היה הסכנה אלא במין ביניתא, ולא במינים המצויים בינינו כלל, וליכא אלא איסור קל דרבנן, **דנהי** דדבר שבמנין דאורייתא היא, היינו הנאסר משום סייג וגדר איסור, אבל בכה"ג קילא טובא – פת"ש יו"ד סי' קטז ס"ק ג.

אפי' לדברי האוסרין, דעיקר הגזירה משום תכלת, והאידנא ליכא תכלת, ולא שייך לדמותו לדבר שנאסר במנין אין לו היתר אלא ע"י ב"ד גדול ממנו בחכמה ובמנין, דכיון שטעם האיסור ידוע, אם נתבטל הטעם נתבטל האיסור ממילא, דלא דמי לתקנת ריב"ז וכו' ע"ש, דהיתה ביצה אין הטעם ידוע כ"כ וכו', אבל בנדון זה אין כאן תקנה, אלא ב"ש אוסרין משום גזירה, וכיון דהשתא לא שייך הך גזירה, שרי – מג"א סימן ט ס"ק ז.

בזה מתורץ מה שיש להקשות מפ"ק דביצה, דאמרינן שאע"פ שנתבטל טעם הגזירה לא נתבטלה הגזירה, דהכא שאני כיון דלא שכיח, כ"כ ב"י – ט"ז אורח חיים סימן שלט ס"ק ג'.

ועוד אני אומר, שאף מה שנאסר במנין חכמים ועברה הסבה, שאנו צריכין למנין בהיתרו, דוקא במה שלא עלה על דעת האוסרים להיות אותה סבה בטלה, כגון זה שהזכרנו בכרם רבעי, שלא עלה על דעתם שיחרב בית המקדש ותבטל הסבה, **אבל** דברים שנאסרו במנין מחמת סבה שראוי להעלות בטולה על דעת האוסרים, הרי הוא כאלו תקנו בפרוש עד שתעבור אותה סבה, ומותרת בלא היתר מנין, **אלא** שאין לסמוך בה למעשה – בית הבחירה (מאירי) מסכת ביצה דף ה עמוד א.

§ מסכת ביצה דף ו. §

אות א'

מת ביום טוב ראשון יתעסקו בו עממים

סימן תצ"ה ס"ב - אין חילוק בין ראשון לשני אלא [א]לענין מת - משום כבודו, ויתבאר לקמן בסימן תקכ"ו, **ולענין** כיבוי דליקה עיין פר"ח, ויתבאר לקמן בסימן תקי"ד ס"א.

סימן תקכ"ו ס"א - [ב]מת המוטל לקברו, אם הוא ביו"ט ראשון, (לא יתעסקו בו ישראל) - דאין מצוה של קבורה דוחה עשה ול"ת דיו"ט, **וה"ה** דאסור לחתך בעצמו בגד פשתן, בין מה שחותכין במדה מן החתיכה הגדולה, או מה שמחתכין לחתיכות קטנות, כדי לתפרם אח"כ יחד כדרך שעושין בבגד, דכל זה הוא בכלל מחתך.

וגם ע"י קראי"ם, ואפילו אם נעשה עובד כוכבים, אסור, דהא ישראלים הם ומצווים, ואיכא משום לפני עור לא תתן מכשול.

(ואפילו יסריח) - כגון שמונח מעיו"ט, או שהוא ימות החמה, ואפילו היה יו"ט ראשון ע"ש, שעד יום א' א"א לקוברו, ובמקום שאין העובדי כוכבים מניחים לעשות מלאכה ביום אידם, שע"כ יהא מונח עד יום ב', **(ואי אפשר בעממין)** - אסור גם כן על ידי ישראל.

(אבל) יתעסקו בו עממין, [ג]אפילו מת בו ביום. (ועי"ל סימן ד"ש) - לענין עבדים אם מתעסקין על ידיהם. **ואפילו אם יכולין להשהותו עד למחר שלא יסריח.**

וכתבו הפוסקים, דאפי' יש איזה חפירה בבה"ק, שאפשר להניחו שם עד אחר יו"ט, או אפילו קבר גמור, רק שאיננו שלו, ויצטרך לפנותו, מותר לחפור ביו"ט ע"י עממים, שאין זה כבוד למת לטלטל עצמותיו ולפנותו.

ומ"מ אם אפשר ליקח תכריכים מוכנים מאחד, והם לפי ערך מדתו, [דאל"ה בודאי שרי לעשות], בודאי אין עושין אפילו על ידי עממין, [**ואם** אפשר לתקן המוכנים מכבר, למעוטי במלאכה עדיף].

ואם חל יו"ט ראשון בע"ש, וביה"ק רחוק מן העיר יותר ממהלך יום, ולא יגיעו העכו"ם שם עד למחר ביום השבת, אסור, וכדלקמן בס"ג, **אלא** יקברוהו על ידי עכו"ם בעירו, ולאחר שבת יוציאוהו ויוליכוהו לבית הקברות, **או** יניחוהו בארון, ויחמרו בחמר ובזפת ע"י עכו"ם, כדי שלא יהא ריחו נודף, ולאחר שבת יוציאוהו ויקברוהו, [מ"א בכוונת דברי הריב"ש].

[**והיותר** נראה לפרש בדבריו, דאין הקפידא דוקא במה שהוא רחוק עד כדי שלא יגיעו עד השקיעה, **אלא** כל שהוא רחוק כ"כ שאין הישראל יכול ללותו, ויצטרך לסמוך רק על העכו"ם, לא יתכן לעשות כן, דשמא יתעלל בו וינוולו, או שלא יקברוהו וכה"ג, ולפיכך מוטב שיקברו אותו בעירו ע"מ לפנותו אחר יו"ט, או להשימו בארון, **מיהו** מיו"ד סי' שצ"ט סי"ד משמע, דמוסרין המת ע"י עכו"ם, ונראה שהכל לפי העכו"ם].

[ד]וכל זה בעשיית (קבר) וארון ותכריכין - שהם מלאכות גמורות מדאורייתא, **וכן** לכסותו אח"כ בעפר, לא שרי לכו"ע רק ע"י עממין, דמילוי גומא הוי כבונה, [**וה"ה** שאסור הכיסוי שמכסין בקרשים משום אהל, **וה"ה** לתקן מה שקורין גאפעלא"ך, דהוי מלאכה דאורייתא].

אבל להלבישו - שאינו אלא טלטול בעלמא, **ולחמם לו מים לטהרו, ולהוציאו** - פי' לקוברו, **ולשומו בקבר, מותר על ידי ישראל** - דאין בכל זה איסור דאורייתא, דמתוך שהותרה הבערה לצורך אוכל נפש, הותרה נמי שלא לצורך, וה"ה בהוצאה, **ואפי'** למ"ד דשלא לצורך כלל מדאורייתא אסור, בכגון זה דאיכא צורך קצת ומצוה, דזילא ביה מלתא דלתעסקי עכו"ם בטהרתו וכה"ג, שרי משום כבוד המת.

אבל לטלטלו מן המטה לארץ, כמו שנוהגין תיכף לאחר מיתה, לא שרי רק ע"י ככר ותינוק, וכמו בשבת, דטלטול זה אינו צורך קבורה.

ומ"מ ללות חוץ לתחום אסור, אף דתחומין גם כן אינן אלא מדרבנן, כדלקמן בס"ו, ושם יתבאר.

ודע, דאף שהמחבר העתיק לסעיף זה בלא פלוגתא, יש כמה ראשונים שחולקים בזה, ואומרים דלא התירו חכמים לישראל בזה בשום דבר, כיון דסוף סוף צריכין אנו לעכו"ם לעיקר עסק הקבורה, יעשה גם שארי דברים, וכן הוא דעת רדב"ז בתשובה, וכן נוטה ג"כ דעת הגר"א בביאורו, **ומ"מ** מי שרוצה לנהוג כדעת השו"ע, בודאי אין למחות בידו, כי יש כמה פוסקים העומדים בשיטה זו.

הגה: וטוב ליזהר לטהרו ע"י קש על גב עור או נסר - כלומר לטהרו ע"ג עור או נסר, ולא ע"ג בגדים, ובמה ירחצו, בקש, וה"ה בידו, **ולא ע"י סדינים, שלא יבא לידי סחיטה (תה"ד)** - אע"ג דמשעה ששורה אותו במים יש בו משום כיבוס, ולא הוי ליה לנקוט חשש דסחיטה שאח"כ, **י"ל** דמסתמא רוחצין המת בסדינים נקיים ולבנים, ולהרבה פוסקים לא אמרינן בזה שרייתו זהו כיבוסו, **אבל** משום סחיטה יש כאן, ובפרט דלאחר הרחיצה מלוכלך הסדין מזיעת המת וכה"ג, ויבא לסחוט אותו, והוא כיבוס גמור.

אות ב'

מת ביום טוב שני יתעסקו בו ישראל, ואפילו בשני ימים טובים של ראש השנה

סימן תקכ"ו ס"ד - [ה]ביו"ט שני יתעסקו בו ישראל, אפי' ביום שני של ראש השנה.

באר הגולה

[א] מימרא דרבא ביצה ו' [ב] מימרא דרבא ביצה ו' [ג] טור בשם אביו הרא"ש וכ"כ הר"ן, דאפי' מר זוטרא שרי אמירה לא"י, והא דאמר והוא דאשתהי, קאי איו"ט שני דמתעסקים בו ישראל (וכ"כ ברש"י) [ד] לשון הג' מיימוני בשם ראב"ן, וכ"כ הטור בשם רבנו יחיאל הלוי ואביו הרא"ש בפסקיו ובתשובה ושאר פוסקים [ה] מימרא דרבא ביצה ו'

*אמר רבא *מת ביום טוב ראשון יתעסקו בו עממים (א) מת ביו"ט שני יתעסקו בו ישראל ואפילו בשני ימים טובים של ר"ה מה שאין כן בביצה נהרדעי אמרי אף בביצה דמה דעתיך דלמא מעברי ליה לאלול הא אמר רב חיננא בר כהנא אמר רב *מימות עזרא ואילך לא מצינו אלול מעובר אמר מר זוטרא לא אמרן אלא דאשתהי אבל לא אשתהי משהינן ליה רב אשי אמר גאע"ג דלא אשתהי נמי לא משהינן ליה מ"ט יום טוב שני לגבי מת כחול שויוה רבנן דאפילו *למינז ליה גלימא ולמיגז ליה אסא אמר רבינא והאידנא דאיכא חברי חיישינן רבינא הוה יתיב קמיה דרב (*אסי) בשני ימים טובים של ראש השנה חזייה דהוה עציב אמר ליה אמאי עציב מר א"ל דלא אותיבי עירובי תבשילין אמר ליה ולותיב מר האידנא מי לא *אמר רבא דמניח אדם עירובי תבשילין מיו"ט לחבירו ומתנה אמר ליה איאמר דאמר רבא בשני ימים טובים של גליות בשני ימים טובים של ראש השנה מי אמר והא *אמרי נהרדעי אף ביצה מותרת אמר ליה רב מרדכי בפירוש אמר לי מר דלא סבר להא דנהרדעי אתמר *אפרוח שנולד ביום טוב רב אמר אסור ושמואל ואיתימא ר' יוחנן אמר מותר רב אמר אסור מוקצה הוא ושמואל ואיתימא ר' יוחנן אמר מותר הואיל ומתיר עצמו בשחיטה אמרי ליה רב כהנא ורב אסי לרב וכי מה בין זה לעגל שנולד ביום טוב אמר להו הואיל ומוכן אגב אמו בשחיטה ומה בין זה ולעגל שנולד מן הטרפה שתיק רב אמר רבה ואיתימא רב יוסף מ"ט *שתיק רב לימא להו הואיל ומוכן אגב אמו לכלבים אמר ליה אביי השתא

רש"י

אמר רבא מת ביו"ט ראשון כו'. מת המוטל לקבור אם יו"ט ראשון הוא וכו': **מה שא"כ בביצה.** לענין ביצה לא הקלו ביו"ט שני דראש השנה להשוות לשל גליות דהוו ר"ה טולדה בזה אסורה בזה: **אף בביצה.** טולדה בזה מותרת בזה: **דמאי דעתיך.** לאסרה בשני לרחוקי' מב"ד: **דילמא מעברי ליה לאלול.** כתקנה הראשונה למנות מיום שני ולעשות שני ימים כגון שלא באו עד יום שלשים ואחד: **מימות עזרא ואילך וכו'.** ואע"פ שתקנו לא אירע שבאו עדים מן המנחה ולמעלה חוץ מאותה הפעם ועדיין לא נתקנה אלא דנקט מימות עזרא משום דבימיו עברוהו דכתיב בעזרא (נחמיה ח) וביום השני ובראש השנה משתעי: **לא אמרן.** דיתעסקו בו ישראל: **אלא דאשתהי.** ומסירה שלא יסריח: **אסא.** הדס היו מניחין על מטת מת לכבודו: **דאיכא חברי.** אומה רשעה שהיו בימי פרסיים וכופין את ישראל לעשות מלאכתן וביו"ט היו נדחין מהן ע"י שאומרים להם יו"ט הוא ואם יראו אותם מקברין מתיהם יכופו אותם למלאכה והאי גלימא דאמרינן לעיל אינו צורך המת שהרי יש לו תכריכין אחרים כל צרכו שאם צריך לו מאי אפילו דקאמר הא אמרינן ביו"ט שני יתעסקו בו ישראל ועסק זה חליבת קברו ותפור תכריכין הלכך על כרחך בגלימא שאינו צריך לו מיירי דומיא דאסא דשרי למגזייה וקמ"ל דאע"ג דטרחא דלא צריך הוא אלא משום כבודו עושין לו יותר מדאי מותר לעשות לו כיון דלגבי מת כחול שויוה רבנן: **עציב.** רבינא לרב אשי דהוה עציב: ה"ג אמאי עציב מר: **א"ל דלא אותיבי ערובי תבשילין.** לא הושבתי כלומר לא הכנתי לי ערובי תבשילין לאפות ולבשל מי"ט לשבת דתנן לקמן (דף טו:) עושה אדם תבשיל מערב יו"ט לשם ערוב: **האידנא.** ביו"ט ראשון והוא חמישי בשבת ועל תנאי הוא אומר אם היום הוא חול ולמחר קדש הרי זה ערוב ואם היום קדש ולמחר חול אינו צריך לכך: **מי אמר.** והרי הם כיום ארוך וקדושה קדש: **א"ל רב מרדכי.** לרבינא מנהרדעי לא תוקביה למר בפירוש שמיע ליה מיניה דלא סבר לנהרדעי רב מרדכי תלמידו של רב אשי היה כדאמרינן בסוטה (דף מו:) גבי לויה לרבו עד פרסה רב מרדכי אלויה לרב אשי כו': **הואיל ומתיר עצמו.** בלידתו כשחטו מה שלא היה לפני לידתו אף מוקצה הסיר את עצמו בלידתו דמגו דאתקן להא אתקן להא: **לעגל שנולד ביו"ט.** דתניא לקמן שמותר בו ביום לדברי הכל: **מוכן אגב אמו.** בעודו בתוך מעיה אם נשחטה האם היה נאכל: **הטרפה.** כנה אסור אם נמצא בתוכה א] דעובר ירך אמו הוא הואיל ובשחיטת אמו אתה בא לאכלו וכי נולד ביו"ט מן הטרפה ליכא למימר הואיל ומוכן אגב אמו ואפ"ה בשחיטת עצמו מותר לשחטו ולאכלו דלא אשכחן מאן דאסיר: **לכלבים.** דבין השמשות היתה אמו עומדת לכך אבל אפרוח שבקליפה אינו עומד לאכילת כלבים ואף לא היה ראוי הלכך נולד הוא: מוכן

תוספות

מימות עזרא ואילך לא מצינו אלול מעובר. וא"ת והאמרינן בערובין (דף לט: ושם) דרבי יוסי אוסר הביצה שנולדה [בראשון ביום] השני וא"כ היכי פליגי נהרדעי אר' יוסי שהוא תנא וי"ל דלרבי יוסי אסור אי אתרמי ונהרדעי אמרי דלא אתרמי: **יום** טוב שני לגבי מת כחול שויוה רבנן אפילו למינז ליה גלימא ולמיגז ליה אסא. ותימה דבמועד קטן (דף ח: ושם) אמרינן אין חופרין כוכין במועד והכא משמע דאין זו מלאכה וי"ל כפי' ר"ת דפירש שהיו רגילין לחפור הרבה ביחד כדי שיהיו מזומנות כשיבאו מתים ועל זה קאמר דאין חופרין במועד לצורך אחר המועד: **והאידנא** דאיכא חברי חיישינן. פרש"י שכופין לישראל לעשות מלאכה וכשהוא יו"ט מניחין אותם ואם היו רואין שיקברו מתיהם יכופו אותם לעשות מלאכה והשתא בזמן הזה שאין חברי מותר ואין לומר שצריך מנין אחר להתירו דכיון דזה הטעם משום תקנה ועברה התקנה עבר הטעם וה"נ אמרינן גבי מים מגולין דאסורין שמא נחש שתה מהן ועכשיו שאין נחשים מצויין בינינו אנו שותין מהן אפילו לכתחילה אע"פ שהוא דבר שבמנין ומ"מ ר"ת היה אוסר ומעשה היה במלאו"ן שמת אדם אחד בי"ט שני ורצו להתעסק בו לקברו וגער בהן ר"ת ושלח להם בני בשכר אינן בני תורה ואתם בני תורה כדאיתא בשבת (דף קלט: ושם) שלא לקבור מת בי"ט שני משום דלאו בני תורה נינהו ואתי לזלזולי ביה אבל הר"י אמר דאין זה דמיון דהא לענין הרבה דברים אשכחנא דאינן בני תורה כדאי' ביבמות (דף מו: ושם) חזנהו דקא אכלי תורמוס דשלקי נכרים ואסר להם ופרכינן והא נאכל כמו שהוא חי וכל שהוא נאכל כמו שהוא חי אין בו משום בשולי נכרים ומשני שלא היו בני תורה ואנו אין אנו חוששין בדבר זה דקיימא לן דכל שהוא נאכל כמו שהוא חי אין בו משום בשולי נכרים והר"ר יחיאל אומר דלא דמי דשאני הכא דבצנעה הוא אוכל בביתו ולא אוושא מלתא אבל לקבור מתים בפרהסיא אוושא מלתא ואין נכון להתיר ועוד אמר רבינו תם דבזמן הזה נמי יש יהודים שהן משועבדים למלכות לעשות מלאכה כגון לקבל המס ולהתעסק בגרכיאס הלכך אם יראו שיתעסקו לעשות מלאכה במת יכופו אותם לעשות מלאכה למלכות: **אפרוח** שנולד בי"ט וכו'. נראה לומר דאתרמי שנפתחו עיניו היום דאי לא נפתחו עיניו קי"ל דאפילו בחול אסור: **הואיל** ומתיר עצמו בשחיטה. פירש רש"י מתיר עצמו בלידתו להיות נשחט אבל קודם לידתו היה אסור וכיון דאתקן לשחיטה אתקן נמי לענין מוקצה ותימה למה להו לשמואל ור' יוחנן הך טעמא תיפוק ליה משום דלית להו מוקצה כדאמרינן פרק מי שהחשיך (שבת דף קנו:) דשמואל וזעירי ור' יוחנן כר' שמעון סבירא להו וי"ל דהכא קאמר טעמא אפילו לרבי יהודה דאית ליה מוקצה שרי מהאי טעמא ולכך צריך האי טעמא אי נמי איצטריך אפילו לרבי שמעון דלית ליה מוקצה דמודה בהאי מוקצה דהכא דהוי כגרוגרות וצמוקין ב] והכי מוכח בשבת (דף מה:): **וכי** מה בין זה לעגל שנולד מן הטרפה. דהתם לא מצי למימר הואיל ומוכן אגב אמו דהא אמו טרפה והוא מותר ותימה והא מוכן הוא דאמרינן בחולין (דף עה:) דבן פקועה ניתר בארבעה סימנין בשחיטת אמו או בדידיה ואם כן יכול להושיט ידו במעי אמו וישחטנו ויהיה מוכן כהאי גוונא וי"ל דקאמר גמרא אליבא דרבי הושעיא דקמבעיא ליה התם בחולין (דף עד:) אם ניתר בן פקועה בארבעה סימנין אי נמי י"ל הואיל ולכתחילה אין לו לשחטו כי האי גוונא שאינו יכול לראות מידי דהוה אשוחט בלילה (שם דף יג:) דאסור לכתחילה לא מיקרי מוכן ועוד יש לומר דהתם מיירי דאירע שכלו לו חדשיו עד היום והכא מיירי בלא כלו לו חדשיו וא"כ לא הוי מוכן היום הואיל ובין השמשות לא הוה חזי: השתא

עין משפט נר מצוה

לח א מיי' פ"א מהלכות י"ט הלכה כג סמג לאוין עה טוש"ע א"ח סי' תצו סעיף ב וסי' תקכו סעיף א:

לט ב מיי' שם טוש"ע שם סעיף ד:

מ ג ד מיי' שם טוש"ע שם סעי' א וסעיף ד:

מא ה ו מיי' פ"ו מהל' יו"ט הלכה יא יג סמג לאוין עה טוש"ע א"ח סי' תקכז סעיף כב:

מב ז מיי' פ"ט מהלכות מא"ס הלכה עו טוש"ע י"ד סי' יג סעיף ג [וסי' עט סעיף ג]:

רבינו חננאל

ולגבי מת אע"ג דמת ביו"ט שני דלא אישתהי כלל לא משהינן ליה דקיי"ל כרב אשי דהוא בתרא דאמר יו"ט שני לגבי מת כחול שוויה רבנן. ואפילו ביו"ט שני של ר"ה. אמר רבינא והאידנא דאיכא חברי שאומרים לישראל כיון שאתם קוברים המת שלכם תקברו המת שלנו ביו"ט שלכם חיישינן ומשהינן למחר. והאי דאמר מימות עזרא ואילך לא מצינו אלול מעובר שמעינן מינה מכלל דבימות עזרא עיברוהו מנהני מילי שנאמר ויגע החדש השביעי (וכל) [ובני] ישראל בעריהן. *) ולגבי עירובי תבשילין מניח אדם מיו"ט הראשון שחל פסח או סוכות חמישי וששי בשבת מניח עירובו ביום חמישי. ואומר אם היום יו"ט מחר חול הוא ומותר לבשל לשבת בלא עירוב ואם יום ששי (כגון) הוא יו"ט היום הוא עיו"ט והריני מערב מעיו"ט והני מילי בב' יו"ט של גליות אבל בב' יו"ט של ר"ה לא. אפרוח שנולד ביו"ט רב אסר כי מוקצה הוא אבל עגל שנולד ביו"ט מותר שהיה מוכן מאתמול על גב אמו שהפרה מוכנת היא. ובלבד בידוע שכלו לו חדשיו ואם אינו ידוע אסור עד שמונה ימים. ואפילו בחול. ומפורש בפרק ר' אליעזר במס' שבת.

*) עי' סיעב תוס' ר"ה דף יט ע"ב ד"ה מימות עזרא ע"ש.

מסורת הש"ס

לקמן כב. שבת קלט:

לקמן כב: ר"ה יט: לב.

[למינד פי' לחתוך וי"א לחפור. ערוך]

[אשי כל"ל וכ"ה ברי"ף והרא"ש]

לקמן יז.

[לקמן כב:]

[עי' תוספ' כ"ב סב. ד"ה ומודה]

הגהות הב"ח

(א) גמ' עממים ביו"ט שני כצ"ל ותיבת מת נמחק:

גליון הש"ס

גמ' אפרוח שנולד ביו"ט. עי' תוי"ט פרק ד' משנה ב' דעדיות: שם שתק רב. וכן לקמן דף לו ע"ב סוכה דף ז ע"א וע"ב:

הגהות מהר"ב רנשבורג

א] רש"י ד"ה הטרפה וכו' דעובר ירך אמו הוא. נ"ב ר"ל לענין זה הוי עובר ירך אמו דלא ניתר בשחיטת אמו דטרפה היא אבל בנולד מן הטרפה אדרבה לאו ירך אמו הוא ומותר בשחיטת עצמו כדקיי"ל בי"ד ס"ס ע"ט וכמ"ש תוס' סנהדרין דף פ ע"ב ד"ה עובר וכו' יעוש"ה ודו"ק: ב] תוס' ד"ה הואיל וכו' והכי מוכח בשבת. נ"ב דף מה ע"ב בתוס' ד"ה אין בית הפרוח יעוש"ה:

אות ג' – ד'

אף על גב דלא אשתהי נמי לא משהינן ליה

אפילו למיגז ליה גלימא ולמיגז ליה אסא

סימן תקכו ס"א - [ו]אפילו מת בו ביום. (וע"ל סימן ד"ש) - לענין עבדים אם מתעסקין על ידיהם. **ואפילו אם יכולין להשהותו עד למחר שלא יסריח.**

סימן תקכו ס"ד - [ז]ביו"ט שני יתעסקו בו ישראל, אפי' ביום שני של ראש השנה, [ח]ואפילו לא אשתהי, אפי' לחתוך לו הדס מהמחובר - במקומות שנוהגין להניח הדס על מטת המת, ואע"פ שאין זה מעיקרי צרכי הקבורה, אלא בשביל כבוד.

ולעשות לו תכריכין - לחתוך ולתפור, ואע"פ שאפשר לכרוך את המת בסדין שלא בתפירה, **ומ"מ** אם יכול למצוא תכריכים מוכנים כמדתו, אין לעשות חדשים, וכמש"כ לעיל בס"א, **ואם** מטונפים הם, מותר לכבסם.

וארון - אם אין לו נסרים מוכנים, מותר לנסור ביום טוב, ועיין בסימן תקמ"ז.

[ט]ולחצוב לו קבר, ולחמם לו מים לטהרו, ולגזוז לו שערו – (אגב שיטפא נקט כל המלאכות, ובאמת לחמם מותר ע"י ישראל אף ביו"ט ראשון, וכדלעיל בס"א, וכבר העיר בחי' רעק"א בזה).

יש שכתבו, דמ"מ כל מה שאפשר למעט בחלול ממעטין, וע"כ כתבו, דבמקום שיש בני חבורה שרגילין לחפור ולתפור ולעסוק, אין רשאין אחרים זולת בני החברה לעסוק בקבורת המת, **אם** לא שהוא ע"ש סמוך לחשיכה, דאז כל הזריז לסייעו שלא יבאו לידי חילול שבת, הרי זה משובח, **וכמה** אחרונים מקילין בזה, משום דיו"ט שני לגבי מת כחול הוא, [והא"ר כתב: וטוב להחמיר].

[י]ואם אין באותה העיר מקום קברות לישראל, מוליכין אותו לעיר אחרת שיש בה שכונת קברות, אפילו חוץ לתחום - אבל אם יש ביה"ק, אלא שהוא צוה לפני מותו להוליכו לקברות אבותיו, אין לחלל יו"ט בשביל זה, **ומאחר** שעכ"פ מצוה לקיים דברי המת, מלינים אותו עד אחר יו"ט, ואח"כ יוליכוהו למקום אבותיו, **ואם** יש לחוש שיסריח, קוברין אותו ביו"ט בעירו.

[יא]ומשכירין לו ספינה - או עגלה, **להוליכו ממקום למקום** - עד מקום הקבורה, **ומותר** גם להוליכו על בהמת ישראל, **ודוקא** האנשים הקברנים מותרים ליכנס לספינה, אבל אנשים אחרים כדי ללוותו, אסורים, ויבואר עוד לקמן בסעיף ז'.

דיו"ט שני לגבי מת, כחול שויוה רבנן; ואפילו אפשר בעממין, יתעסקו בו ישראל - ומ"מ אינו כחול ממש, וכל דבר שאסור בחוה"מ אסור ביו"ט שני במכל שכן, [**ואפי'** ביו"ט אחרון של החגים, דמה"ת הוא חול גמור, ג"כ לא קילא מחוה"מ], **כגון** לחצוב אבנים לקבר, וכן לקצץ עצים מיער כדי לעשות מהם ארון, דאסור בחוה"מ וכמבואר בסי' תקמ"ז, וה"ה הכא, [**וקציצת** הדסים לא אושי מילתא כקציצית ארזים, ולהכי שרי בחצר של מת].

וגם מבואר שם, דלנסור עצים לקרשים לעשות מהן ארון, ולקצוץ הדסים, ולתפור תכריכין וכה"ג, אינו מותר רק בחצירו של מת וכה"ג, כדי שיראו הכל שבשביל מת הוא עושה, **ובאדם** מפורסם שמת, מותר לעשות אפילו בשוק, שהכל יודעים שבשבילו הוא, **ומבואר** שם עוד, דבמקומות שאין יהודים הרבה דרים בעיר, אפילו באדם דעלמא מותר לעשות כל המלאכות שלא במקומו של מת, דכיון שישראלים מועטים, כשמת אחד הכל יודעים, [**הא** עיר שדרים בה הרבה יהודים, אסור, ולא מהני במה שנתפרסם הדבר במקרה].

הגה: [יב]אבל באשכנז ובמדינות אלו אין נוהגין כן, אלא כל היכא דאפשר בעממין, עושין הקבר והארון ותכריכין ע"י עממין - ודוקא שיש עממין לפנינו, אבל אם צריך להמתין הרבה שעות עד שיבאו עכו"ם, ומתוך כך יבא המת לידי בזיון, לנפוח וכיו"ב, א"צ להמתין, ויתעסקו בו ישראל.

ושאר הדברים עושים ישראלים כמו ביו"ט ראשון - ומ"מ כתבו האחרונים, דמותר לטהרו בסדין כדרכו, ולא גזרינן שמא יבא לסחיטה, רק שיזהר שלא יעשה סחיטה בידים, **ונ"ל** שידקדקו שיהיו הסדינים נקיים, דאי לא, שרייתו הוא כיבוסו, **ומותר** ללותו חוץ לתחום, אע"ג דביו"ט ראשון אסור, דמ"מ לא הוי מלאכה.

אבל אם לא אפשר בעממין, מותר לעשות הכל ע"י ישראלים (מרדכי ותה"ד).

[יג]חוץ מן הכיפה שבונים על הקבר - היינו שהיה דרכם לבנות בנין, **שאין בונין אותה ביום טוב** - דכיון שכבר נקבר, למה לנו לחלל יו"ט, [**ומ"מ** משמע מכמה האחרונים, דע"י עכו"ם מותר אפי' ביו"ט ראשון, וצ"ל דמ"מ הוא לכבוד המת].

הגה: אבל מותר לכסותו בעפר כדרכו בחול (ב"י) - היינו אפילו כמו שנוהגין לצבור עפר על הקבר עד שנעשה כמו תל, דגמר קבורה הוא, **ודלא כיש מחמירין, כן נ"ל** - ומשמע מסתימת רמ"א,

---

באר הגולה

ו טור בשם אביו הרא"ש וכ"כ הר"ן, דאפי' מר זוטרא שרי אמירה לא"י, והא דאמר והוא דאשתהי, קאי איו"ט שני דמתעסקים בו ישראל ‹וכ"כ ברש"י› ז מימרא דרבא ביצה ו' ח שם בגמרא וכרב אשי ט הרא"ש והר"ן י הרשב"א בתשובה יא רוקח יב ‹דאור זרוע פסק כמר זוטרא, ור"ת {תוס' ד"ה והאידנא} החמיר משום דאמר רבינא שם והאידנא כו', וכן יש אצלינו גם כן {יש יהודים שהן משועבדים למלכות} במלאכתם, ועוד שבשבת שם אסרו לפי שאינן {בני תורה} כו', ובמקום דאפשר עבדינן כוותיהו, **ותוס'** {הנ"ל} דחו סברתם, שאנן נקראים בני תורה כמו בנאכל כמו שהוא חי {יבמות מ"ו}, **וגם** מש"כ {בתוס' הנ"ל} שיהודים כו', דחו משום שיהודים מעטים נכנסין מעצמן אין לנו {לחוש} – גר"א› יג טור

דאפילו למנהגנו דמחמרינן במלאכות גמורות לעשות ע"י עכו"ם, מ"מ בזה לא נהגו להחמיר.

[יד] במה דברים אמורים, כשרוצים לקוברו בו ביום; אבל אם אין רוצים לקוברו בו ביום - כגון שמלינים אותו לכבודו, (והיינו להביא לו ארון ותכריכים וכיו"ב), **וה"ה** אם היה סמוך לערב ואין שהות לקוברו, **אין עושים לו שום דבר איסור מלאכה, אפילו ע"י אינו יהודי.**

וע"ל בס"ח, דלפעמים מותר להתחיל לעסוק לצורך המת ביו"ט, כדי למהר קבורתו בחול, ושם יתבאר.

אבל אם אין רוצים כו' – (אבל אין להלינו כדי שיקבר למחר ע"י ישראל, ‹לפי מנהגיהו דביו"ט שני קוברין ע"י עכו"ם›, **דאין זה כבוד למת, ומ"מ** אם הוא ת"ח יש לעיין בזה, ואינו דומה להני דפסק המחבר בס"ב דאסור, דשם הטעם כמו שכתבנו במ"ב ובשעה"צ, משא"כ בזה), ‹דלמחר יהיה מותר לגמרי, ולא יעברו אשבות בידים›.

אבל טילטול מותר - אפילו ע"י ישראל, ואין בכלל זה הוצאה, ואפילו לכרמלית אסור, **ומסקנת** רוב האחרונים, דאפילו טלטול אינו מותר לצורך החיים, כגון לפנותו מן הבית כדי שהכהנים יכנסו לבית, או מפני עגמת נפש, אלא א"כ שהוא צורך המת, כמו מחמה לצל וכה"ג, **ואף** בזה מחמירים, שאינו מותר רק ע"י ככר ותינוק, וע"פ המבואר לעיל סימן שי"א, [**והגר"ז** מתיר ע"י ככר ותינוק בכל ענין].

(ודין ק"ש ותפלה אם מת לו מת ביו"ט ראשון או בשני, ע"ל סימן ע"א סעיף ב', ולקמן סימן תקמ"ח בסעיף כ').

אות ה' – ו'

<u>מניח אדם עירובי תבשילין מיום טוב לחבירו ומתנה</u>

<u>אימר דאמר רבא בשני ימים טובים של גליות, בשני ימים טובים של ראש השנה מי אמר</u>

סימן תקכז סכ"ב - אם נזכר ביו"ט ראשון שלא עירב, [טו] אם הוא ביו"ט של ר"ה, אינו יכול לערב על תנאי - לפי ששני ימים של ר"ה הם כיום אחד ארוך, ולא משום ספיקא כשאר ב' יו"ט של גליות.

אבל אם הוא ביו"ט של גליות, יכול לערב בתנאי: אם היום קודש אינו צריך לערב - דהא למחר יהיה יום חול, וממילא יהא מותר לבשל, **ואם היום חול, בעירוב זה יהא שרי לן לאפויי ולבשולי וכו'** - ומברך בתחלה, מ"א בשם ש"ג, ‹ואע"ג דמערב מספק, אין זה ספק כשאר ספקות דאין מברכין עליו – מחה"ש›, **ובחי'** רע"א הביא בשם ספר לחם סתרים, דאין לברך, וכ"כ בשיטה מקובצת, ‹דאיך יברך ויאמר אם היום קדש אין בדברי כלום, ונמצא דהברכה לבטלה, ואי משום דכך תקנו חכמים, הא אינה תקנה קבועה אלא למי ששכח ומי שרוצה לערב על תנאי, וכי זו היא תקנה קבועה מחז"ל שנברך עליה – ערוה"ש›, **ולמחר אין צריך לומר כלום.**

[טז] וי"א דאי לית ליה מידי דבשיל מאתמול, לא מהני תנאו - ‹דבעינן דוקא דבר שנתבשל מאתמול, כדין עירובי תבשילין שהתחלה תהיה בעיו"ט›. **ונקטינן** כסברא הראשונה, ‹דכיון דמערב על תנאי, ממילא דהוי היום כעיו"ט – ערוה"ש›.

אות ז'

<u>לעגל שנולד מן הטרפה</u>

יו"ד סימן יג ס"ג - אם לא שחט האם, אלא קרעה, וכן אם שחטה ונתנבלה בידו או שנמצאת טריפה, אם העובר (הנמצא בה) בן ט' חי, טעון שחיטה לעצמו - מדאורייתא, **וניתר בה** - וכל שאר טרפות פוסלים בו, כך פשוט בש"ס ופוסקים - ש"ך.

ואם הוא בן ט' מת, או בן ח' אפילו חי, הרי זה אסור - שהרי לא הועילה שחיטת אמו לטהרו, וצריך הוא שחיטה, וכיון שהוא בן ט' מת, או בן ח' חי שחשוב כמת, לא מהני ביה שחיטה ואסור - ש"ך.

[**דאמרינן בגמ'** ד' סימנים אכשר ביה רחמנא, בקרא דבבהמה תאכלו, שאם רוצה אוכלו בשחיטת אמו, ואם אמו טריפה, שוחט לאותו בן ט' חי, שהוא ניתר או בב' סימנים של אמו, או בשל עצמו, ולהכי אם הוא בן ט' מת, או בן ח' חי, דאין לו שחיטת עצמו, ושחיטת אמו ג"כ אין לו דהא נמצאה טריפה, אסור – ט"ז].

הגה: ועכשיו אין להתיר שום ולד הנמצא בבהמה, אם האם טריפה, ולא מהני לו שחיטת עצמו, דחיישינן שמא אינו בן ט' - אבל ודאי כשימתין עד תחלת ח' ללידתו, שאז יצא מספק נפל, וכדלקמן סי' ט"ו, אפילו היתה אמו טריפה ניתר בשחיטת עצמו, וכ"כ בפרישה סי"ב - ש"ך.

(**ועיין** תב"ש שחלק ע"ז, וכתב דגם בשהה ל' יום באדם ושמונה בבהמה, אכתי אין זה בירור דלאו נפל הוא, **ועיין** בדגמ"ר שחלק עליו והסכים להש"ך, וכן בס' לבושי שרד חולק ג"כ על התב"ש, ע"ש - פת"ש).

יו"ד סימן עט ס"ג - [יז] הנולד מן הטריפה, מותר - פי' שנתעברה קודם שנטרפה, דאל"כ טרפה אינה יולדת, א"נ מיירי בודאי טרפה, ‹**פעמים** מיעוטא דמיעוטא אף וודאי טריפה מתעברת ויולדת, והוולד מותר, ומיירי שהזכר כשר, והוה זה וזה גורם, ומש"ה שרי בנטרפה ולסוף נתעברה - פמ"ג›. **ואף** על גב דבעלמא קי"ל עובר ירך אמו הוא, ומה"ט קי"ל בחו"מ ר"ס שצ"ט פרה שהזיקה גובה מולדה, **לענין** טרפות שאני, שהדבר תלוי בחיות הבהמה, כדקי"ל טרפה אינה חיה, ועובר זה חי הוא, תוס' והרשב"א, **ואע"ג** דביצת טרפה קי"ל בסימן פ"ו שאסור, שאני התם שגדל באיסור, הכי איתא בש"ס פרק א"ט שם - ש"ך.

באר הגולה

[יד] הרא"ש [טו] שם גמרא בעובדא דרבינא ו' [טז] טור בשם רבי אפרים [יז] ממשמעות הגמרא ביצה דף ו' ע"א, וכרב בחולין דף ע"ה, ואף על גב דאמרינן עובר ירך אמו הוא, כיון שאין איסורה של אם אלא מחמת שאינה חיה, ועובר זה חי הוא, ואין חיותו תלוי בחיי האם

השתא מוכן לאדם לא הוי מוכן לכלבים דתנן *מחתכין את הדלועין לפני הבהמה ואת הנבלה לפני הכלבים רבי יהודה אומר אם לא היתה נבלה מערב שבת אסורה לפי שאינה מן המוכן מוכן לכלבים הוי מוכן לאדם אמר ליה *אין מוכן לאדם לא הוי מוכן לכלבים דמאי דחזי ליה לאיניש לא שדי ליה לכלבים מוכן לכלבים הוי מוכן לאדם דדעתיה דאיניש אכל מידי דחזי ליה תניא כותיה דרב תניא כותיה דשמואל ואיתימא ר' יוחנן תניא כותיה דרב *עגל שנולד ביו"ט מותר [ב]אפרוח שנולד ביום טוב אסור ומה הפרש בין זה לזה זה מוכן אגב אמו וזה אינו מוכן אגב אמו תניא כותיה דשמואל ואיתימא רבי יוחנן *עגל שנולד ביום טוב מותר *ואפרוח שנולד ביו"ט מותר מאי טעמא זה מוכן אגב אמו וזה מתיר עצמו בשחיטתה תנו רבנן אפרוח שנולד ביום טוב אסור *רבי אליעזר בן יעקב אומר [ג] אף בחול אסור לפי שלא נתפתחו עיניו במאן אזלא הא דתניא* °לכל השרץ השורץ על הארץ לרבות אפרוחים שלא נתפתחו עיניהם כמאן כר' אליעזר בן יעקב אמר רב הונא אמר רב ביצה עם יציאתה נגמרה מאי עם יציאתה נגמרה אילימא עם יציאתה נגמרה ומותרת לאכלה בחלב הא במעי אמה אסורה לאכלה בחלב והתניא [ד]השוחט את התרנגולת ומצא בה ביצים גמורות מותרות לאכלן בחלב אלא עם יציאתה נגמרה ומותרת לאכלה ביום טוב הא במעי אמה אסורה לאכלה ביום טוב והא תניא *השוחט את התרנגולת ומצא בה ביצים גמורות מותרות לאכלן ביום טוב וכי תימא קמ"ל בברייתא מאי דלא אשמעינן במתניתין הא נמי תנינא ביצה שנולדה ביו"ט ב"ש אומרים תאכל וב"ה אומרים לא תאכל ועד כאן לא פליגי ב"ש וב"ה אלא בנולדה אבל במעי אמן דברי הכל שריין וכי תימא בית הלל אפילו במעי אמן נמי אסרי והאי דקתני נולדה להודיעך כחן דב"ש דאפילו נולדה נמי שרו אלא הא דתניא השוחט את התרנגולת ומצא בה ביצים גמורות מותרות לאכלן ביום טוב מני לא ב"ש ולא ב"ה אלא עם יציאתה נגמרה ומגדלת אפרוחים במעי אמה אינה מגדלת אפרוחים למאי נפקא מינה למקח וממכר כי ההוא דאמר להו ביעי
דפחיא

ויקרא יא

רש"י

מוכן לאדם לא הוי מוכן לכלבים. למאן דאית ליה מוקצה דהא נתנבלה בשבת לר' יהודה אתמול בין השמשות היתה עומדת לאדם וקא חשיב ליה מוקצה* (א) בהא לגבי כלבים: **אכל מידי דחזי ליה.** ועובר שבמעי טרפה ראוי לו לכשיולד הלכך מאתמול דעתיה עלויה אם יולד יאכלנו: **לפי שלא נתפתחו עיניו.** ואתרבי לאסורא מכל השרץ השורץ על הארץ כדלקמן: **עם יציאתה נגמרה.** כשיצאה נגמרה ברייתה אבל מקמי הכי לא חשיבא ביצה גמורה ולקמיה מפרש ואזיל למאי הלכתא: **לאכלה בחלב.** דהשתא הוה ביצה ולא בשר אבל הנמצאת במעי אמה אינה ביצה ואסורה לאכלה בחלב: **ביצים גמורות.** ואפילו בלא קליפה לבנה אלא שהחלמון לבדו גמור ואע"פ שמעורה עדיין בגידין שריא כדלקמן מדפליג ר' יעקב עליה ואמר אם היו מעורות בגידין אסורות: **בי"ט.** וה"ק ילתה ודאי מבעוד יום מותר כי ודאי הוא דנגמרה בחול אבל לא ילתה לא נגמרה בחול ואסורה משום הכנה דרבה: **וכי תימא.** אין הלכה כברייתא זו דאשמעינן בה מאי דלא אשמעינן במתני' ובשום משנה לא סתם לן רבי הכי ואם רבי לא שנה רבי חייא מנין לו: **אלא הא דתניא כו'.** הך ברייתא דלעיל מאן קתני לה: **לא בית שמאי ולא ב"ה.** לא ב"ש דמאי אריא במעי אמה אפילו נולדה בי"ט שריא ולא ב"ה דאפילו במעי אמן אסירי: **ומגדלת אפרוחים.** ולענין דין מקח וממכר אתמר דאם נולדה נגמר בשולה וראויה לגדל ממנה אפרוחים אבל נמצאת במעי אמה אינה מגדלת אפרוחים ואם תבעוהו למכור ביצים לגדל אפרוחים אם מכר אלו הוי מקח טעות ובטל מקח:

תוספות

השתא מוכן לאדם לא הוי מוכן (ג) לבהמה דתנן מחתכין וכו' ר' יהודה כו' לפי שאינו מוכן. ותימה היכי הוי מוכן לאדם אדרבה לא הוי מוכן לאדם דבין השמשות לא מצי שחיט לה דשמא הוא שבת והיכא מוכח מהכא דמוכן לאדם לא הוי מוכן לכלבים על כן נראה להר"י דגרס אם לא היתה נבלה מעיו"ט ולא נראה דהא בהדיא אמרינן לעיל דגבי שבת מתניא דקאמר *גבי שבת דסתם לן תנא כר"ש וכו' ומייתי הך משנה וי"ל דשפיר מיירי בשבת ומייתי מן היתור דאי לא אשמועינן כי אם גבי שבת לתני רבי יהודה אומר אם לא היתה נבלה מערב שבת אסורה ותו לא והייתי יודע דאסורה משום מוקצה ואמאי היה צריך למיתני לפי שאינו מן המוכן אם אינו ענין לשבת דהא שמעינן ליה תנהו ענין ליו"ט ואפילו הכי אסור ואע"ג דהוה מוכן לאדם בין השמשות משום דמוכן לאדם לא הוי מוכן לכלבים ותימה הא דתנן בשבת (דף מב: ושם) אין נותנין כלי תחת הנר בשבת לקבל בו שמן ואם נתנו מבעוד יום מותר ואין נאותין הימנו לפי שאינו מן המוכן והתם מאי דרשינן מן היתור ולא שייך לרבות י"ט וי"ל דהתם נמי מרבי' מן היתור אע"פ שכבה הנר כבר אסור אחרי כן לפי שאינו מן המוכן והר"ר יעקב מקורביי"ל תירץ דשפיר מיירי דוקא לענין שבת ואעפ"כ מוכח שפיר דמוכן לאדם לא הוי מוכן לכלבים דאי ס"ד מוכן לאדם הוי מוכן לכלבים א"כ בע"ש מבעוד יום אם היה מוכן לאדם היה כמו כן מוכן לכלבים לפי דבריו דמוכן לאדם הוי מוכן לכלבים א"כ כשהחשיך וקדש היום אע"ג דנסתלקה הכנה דאדם שאינה ראויה לאדם עכשיו מ"מ היתה מוכנת לכלבים מבעוד יום וכיון שהיתה מוכנת להם ההכנה לא נסתלקה בקדוש היום:

מוכן לכלבים הוי מוכן לאדם דדעתיה דאיניש אכל מידי דחזי ליה. וקשה דא"כ אפרוח נמי יהא מותר שמוכן לכלבים וי"ל דבעינן מוכן ועומד וזה אינו עומד לכלבים:

עגל שנולד בי"ט מותר. ותימה מ"מ הוי אסור משום נולד כמו ביצה וי"ל דהא דאמר דשייך למיסר נולד היינו דוקא בדבר מאכל דומיא דפירות הנושרין ומשקין שזבו אבל בבעלי חיים לא:

ביצים גמורות מותרות לאכלן בחלב. וקשה דהא אמרינן בעדויות (פ"ה מ"א) ביצת נבילה כל *שכמוה נמכרת בשוק ב"ש מתירין וב"ה אוסרין והכא היכי מותר לאכלן בחלב וי"ל דטעמא משום דבשר עוף בחלב מדרבנן ואפילו ב"ה מודו וקשה דאמרינן בעירובין (דף סג: ושם) אפילו ביצתה בכותחא לא לשרי איניש במקום רביה מאי קמ"ל פשיטא והיכא בסמוך ר' יעקב דאסר וי"ל דכ"ע מודו דביצים *גמורות מותרות לאכלן בחלב וטעמא דב"ה דאסרי ביצת נבלה היינו משום דגזרינן אטו ביצת טרפה כדאמרינן בעדיות ומודים בביצת טרפה שהיא אסורה *מפני שהיא גדילה באיסור [וע"ע תוס' עירובין סג: ד"ה אפילו וכתובות ס: ד"ה אפילו ובב"ק מו: ד"ה מ"מ ובחולין נח. ד"ה וטוין]:

וכי תימא קא משמע לן בברייתא מאי דלא אשמעינן במשנה. פירש רש"י ונראה לנו דהוי הא"ל ולא סתם לן במשנה הכי דהברייתא משובשת דרבי לא שנאה ר' חייא מנין ליה ותימה אם כן מאי פריך הא תולדה אסורה לא בית שמאי ולא ב"ה ואמאי דחיק נפשיה לאוקומה אליבא דתנאי הוא"ל ומשובשת היא על כן צריך לפרש הכי וכי תימא קא משמע לן בברייתא מאי דלא אשמעינן במתניתין לטמר מאי שסייר במתני' קתני הברייתא דהא לא הגא אלא מתניתין הייתי אומר שמתירין בית שמאי דוקא כשנולדה אבל במעי אמה היו מודים לאסור *ופריך תנינא דלדרבה תולדה חמורה יותר מבמעי אמה ואתיא נמי כבית הלל וכו' דבמעי אמה דברי הכל שריא:

מני לא כב"ש ולא כב"ה. ואינו יכול לפרש דקתני בברייתא מה שסייר במתניתין דהא ס"ד עכשיו שנולדה חמורה מבמעי אמה:
ומאי

עין משפט נר מצוה

מג א מיי' פ"ב מהלכות יו"ט הלכה א סמג לאוין עה טוש"ע א"ח סי' תצה סעיף ס:

מד ב מיי' שם סמג שם טוש"ע א"ח סי' תקיג סעיף ח:

[לעיל ב.]

[מה ב מיי' פ"ג מאכ' מא"ס הלכה י טוש"ע י"ד סי' טו סעיף א ובכל אלפס פי' אלו טרפות דלא כר"א]

מה ג מיי' פ"ט מאכ' מא"ס הלכה ט סמג לאוין קלב טוש"ע י"ד סי' פז סעיף ה [רב אלפס והא"ש כאן ובחולין פ"ח לג. וכר"ש שם סי' ג]

מו ד מיי' פ"א מהלכות י"ט הלכה כ סמג לאוין עה טוש"ע א"ח סי' תקיג סעיף ז:

רבינו חננאל

תניא כשמואל ואיתימא ר' יוחנן עגל שנולד ביו"ט מותר מפני שמוכן על גב אמו. אפרוח שנולד ביו"ט מותר מפני שמתיר עצמו בשחיטה: ת"ר אפרוח שנולד ביו"ט אסור. ר' אליעזר אומר [אפי'] בחול אסור לפי שלא נתפתחו עיניו תניא אידך כל השרץ השורץ לרבות אפרוחים שלא נתפתחו עיניהם. סוגיא דשמעתא עגל שכלו לו חדשיו מותר אבל אפרוח שנולד בו ביום אסור. אמר רב הונא אמר רב ביצה עם יציאתה נגמרה ואפיקנא עם יציאתה נגמרת ומגדלת אפרוחים אבל במעי אמן לא למאי נפקא מינה למקח וממכר.

גליון הש"ס

תוס' ד"ה ביצים וכו' מפני שהיא גדילה באיסור. עי' ביצים מקולקלת ב"ק מו מ"א ד"ה מ"מ.

מסורת הש"ס

ס"א מוקצה סבהם לגבי

לעיל ב. [לקמן ז:] חולין יד. שבת קנו: פסחים נו:

[שם]

שבת קנו. חולין נה:

[תוספתא פ"א]

[לעיל ד.]

חולין סד.

[לעיל ב:]

דפייט שקליפתם קשה

גמורות שאינם מעורות

עיין נכרש"ל ורש"א

הגהות הב"ח

(א) רש"י ד"ה מוכן וכו' מוקצה לגבי כלבים כצ"ל ותיבת בהא נמחק: (ב) תוס' ד"ה השתא וכו' מוכן לכלבים דתנן מחתכין:

§ מסכת ביצה דף ו: §

אות א'

עגל שנולד ביום טוב מותר

סימן תצה ס"ה - [א]עגל שנולד ביו"ט, מותר לשחטו אם האם [ב]עומדת לאכילה - ר"ל דאז מותר אפילו למאי דפסק לעיל בסימן תצ"ה ס"ד, דמוקצה אסור ביו"ט, **ומטעם**, דכיון שאמו מוכנת לאכילה, הרי הוא מוכן אגב אמו, שאם היה רוצה היה שוחט האם קודם שנולד העגל, ואוכל שניהם ביו"ט, **ואפי'** אם ידוע שהאם היא טרפה, מ"מ אינה מוקצה ביו"ט, שהרי היא מוכנת כבר לכלבים, א"כ גם העגל ממילא אינו מוקצה, [גמ', **ודוקא** בודאי טריפה, אבל בספק טריפה וילדה ביו"ט, י"ל דהוי נולד ומוקצה, דביה"ש לא הוי קאי לכלבים ולא לאדם עד שילדה].

ולפי מנהג מדינותינו שאין אוסרין מוקצה ביו"ט אלא נולד, כמו שפסק הרמ"א שם, יש להתיר עגל שנולד ביו"ט, אפילו אם אמו עומדת לגדל ולדות, **ואין** לאסרו משום נולד, כיון שהלידה לא עשתה שינוי בגופו כלל, שהרי אף קודם לידתו היה ראוי לאכילה כמו אחר שנולד.

והוא דקים ליה בגויה שכלו לו חדשיו - בן ט' חדשים לגסה, וחמשה לדקה.

והאידנא אין אנו בקיאין בזה, כדאיתא ביו"ד, וע"כ אין שוחטין עגל שנולד ביו"ט, או בשבת עיו"ט, ‹ב' הציורים שהתיר סעיף זה, אבל באמת בנוגע דין זה אינו נוגע מתי נולד›, קודם יום שמיני, שמא נפל הוא.

והיכא דצריך להמתין שבעה ימים, כגון לדידן שאין אנו בקיאים אם כלו חדשיו, וחל יום שמיני ביו"ט א', י"ל דאסור, דאתקצאי בין השמשות, וה"ה כשחל יום שמיני ביו"ט ב' - פמ"ג, **אבל** בספר ישועות יעקב מתיר בזה, כיון דרוב הולדות ולד מעליא ילדן, ובודאי יגיע לכלל היתר, לא חשיב מוקצה.

הגה: ובעינן גם כן שהפריס על גבי קרקע (טור והרא"ש) - דעי"ז יצא מחשש שמא נתרסקו איבריו ביציאתו מן הרחם שהוא מקום צר, **דחיישינן שמא יראה בו ריעותא באיברים הפנימיים, ונמצא שחט ביו"ט שלא לצורך, כך נראה לי מדברי הרא"ש והטור** - ר"ל אע"פ שאם נולד בחול, היכי דידעינן שכלו לו חדשיו, מותר לשוחטו בו ביום, ואין חוששין שמא נתרסקו איבריו, וא"צ בדיקה באיבריו הפנימים, **מ"מ** ביו"ט חיישינן שמא בלא מתכוין יראה חשש טריפות באיבריו הפנימיים, ונמצא ששחט ביו"ט שלא לצורך, [**והוא** חומרא בעלמא].

ודעת הרש"ל וט"ז, דא"צ להפריס, ואין לחוש לכל הני חששות, **אך** לדידן אין נ"מ בכל זה, דאין אנו בקיאין בכלו חדשיו, וכנ"ל.

[ג]ואם היו שבת ויו"ט סמוכים זה לזה, נולד בזה מותר בזה - אעפ"י שהוא יו"ט, ואין שבת מכינה ליו"ט, לפי שאין לידה זו חשיבא הכנה, כיון שהיה ראוי לאכילה קודם הלידה כמו אחר הלידה. [**משא"כ** בביצה דאם נולדה בשבת אסורה ביו"ט משום הכנה, דהתם ע"י לידה נשתבחה, שע"י זה ראויה אח"כ לגדל אפרוח. **ועיין** במג"א שכתב עוד טעם משום הר"ן ומ"מ, דלא שייך בענינינו הכנה ליו"ט, משום דשבת הכינה לעצמה, דע"י הלידה ראוי לשחטה לחולה וחזי ע"י השחיטה גם לבריא באומצא, כדאיתא בסימן שי"ח ס"ב, ועיין בחידושי רעק"א הנ"מ שיש בין אלו השני טעמים].

אות ב'

אפרוח שנולד ביום טוב אסור

סימן תקיג, ס"ח - [ד]אפרוח שנולד ביו"ט, אסור - באכילה ובטלטול עד הערב, מפני שהוא מוקצה, [גמ'], **ואף** המתירין מוקצה ביו"ט מודים במוקצה כזה, [תוס' ‹ד"ה הואיל› בתירוץ השני], שעד שיצא האפרוח לאויר העולם לא היה ראוי לכלום, דאף הכלבים לא היו אוכלין אותו כשהוא בקליפתו.

[ה]ואם נולד בשבת, אסור ביו"ט שלאחריו - י"א דהוא מן התורה, לפי שע"י לידה זו הוכן לאכילה, וכיון שבשבת א"א לשחטו ולאכלו, נמצא שהוכן בשבת לאכלו ביו"ט שלאחריו, וכבר נתבאר דאין שבת מכינה ליו"ט, **וי"א** דהוא רק מדרבנן, לפי שבשבת גופא הוא מוקצה, ואין יכול לאכול ולטלטל באותו יום כלל, ואם נתירו ביו"ט, נמצא ששבת הכין ליו"ט, [א"ר, וכ"כ מ"א].

אות [ב']

אף בחול אסור לפי שלא נתפתחו עיניו

יו"ד סימן טו ס"א - [ו]אפרוח כל זמן שלא יצא לאויר העולם, אסור - משום שרץ השורץ על הארץ, שגם שריצתו בתוך קליפתו מיקרי שריצה, **ולאחר שיצא לאויר העולם, מותר מיד** - אפי' לא נתפתחו עיניו, ב"י בשם רוב הפוסקים, **מיהו** כתבו הג"א מא"ז, דמשום דבר שקץ אין לאכלו עד שיגדלו הכנפים, דהיינו נוצה גדולה שעל גופו שיש לו קנים, דכל עופות שלא גדלו כנפים אסר ר' יואל משום שקץ, עכ"ל, וכ"כ האו"ה, וכ"כ האחרונים - ש"ך.

[**בפ"ק דביצה פליגי ר"א בן יעקב ורבנן, דראב"י ס"ל כל השרץ השורץ על הארץ לרבות אפרוחים שלא נפתחו עיניהם, ורבנן ס"ל כל זמן שלא יצא לאויר העולם, ופסק הרי"ף כרבנן, וכתב הר"ן אע"ג דקי"ל משנת ראב"י קב ונקי, מ"מ כיון דקים ליה רבי יוחנן כרבנן**, ‹דמשמע דאפילו בו ביום מותר, אע"פ שלא נתפתחו עיניו›, **ורב כראב"י**, ‹כתב הר"ן אלא רב ורבי יוחנן תרוויהו כרבנן, מדפליגי ביו"ט מכלל דבחול שרי - דגו"מ›, **וקי"ל רב ור"י, הלכה כר"י**, ‹והיינו לכאורה רק בנוגע לפרט זה, דהא בעיקר

באר הגולה

א ברייתא ביצה ו' | ב הרא"ש שם | ג טור בשם בעל העיטור ואביו הרא"ש | ד שם בגמ' ו' וכרב, טור בשם הגאונים, הרי"ף ורמב"ם ושאר פוסקים | ה טור בשם אחיו הר' יחיאל | ו ברייתא חולין דף ס"ד וביצה דף ו' וכת"ק, הרי"ף והרמב"ם והרשב"א בשם סה"ת

מחלוקתם פסק השו"ע, לעיל באות ב', כהרי"ף כרב, **וק"ל מאי אולמיה דהאי כללא, מהאי כללא דמשנת ראב"י קב ונקי, ונראה דלבטל זה מפני זה, והדרינן לכללא דיחיד ורבים הלכה כרבים, וכן פסק הרא"ש פרק א"ט, וכ"כ כאן טור ושו"ע, ותימא על הרא"ש שפוסק בפ"ק דביצה כראב"י, וסותר דבריו בפרק א"ט – ט"ז].**

לק"מ, דבפרק א"ט לא העתיק אלא לשון רי"ף, כידוע למי שיודע דרכו של רבינו אשר, דמעתיק לשון הרי"ף בסתם בכמה דוכתי, אע"ג דלא ס"ל הכי, ובפ"ק דביצה הוא עיקר פסק דידיה, וע"כ כתב הטור וב"י ושאר אחרונים בשם הרא"ש, דפסק כראב"י, ולא כמ"ש הוא בשמו דפוסק כת"ק - נקה"כ.

[וכתבתי דבר זה, לפי שראיתי בהג"ה אשיר"י פ"ק וז"ל, וכגון שנולד עם הכנפים, דהיינו נוצה גדולה שעל גופו שיש לו קנים, דכל עופות שלא גדלו כנפים אסר ר' יואל משום שקץ, מא"ז, עכ"ל, ומו"ח ז"ל הביא הג"ה זאת להלכה, ותמהני דרבינו יואל שאסר משום שקץ כמאן ס"ל, ונ"ל דס"ל כראב"י, ושיעור דנפתחו עיניהם ושיעור דגדלות כנפים שיעור אחד הוא, וא"כ למאי דפסק השו"ע כרבנן, לא קי"ל ג"כ כהך הג"ה אשיר"י – ט"ז].

גם מש"כ דהג"ה אשיר"י פסק כראב"י, ליתא, דא"כ מאי קאמר, וכגון שנולד עם הכנפים כו', הל"ל פירוש שנולד עם הכנפים כו', **ועוד** דמאי קאמר אסר רבינו יואל משום שקץ, מאי רבותא דר' יואל דאסר כן, דהא היינו כראב"י, **אלא** ודאי ה"ק, הא דפליגי ראב"י ורבנן, היינו כגון שנולד עם הכנפים כו', דכל עופות שלא גדלו הכנפים, אסר ר' יואל משום שקץ, כלומר דנהי דמשום שרץ השורץ על הארץ ליכא, מ"מ משום שקץ ומיאוס אסור לאכלו, **וכן** נראה מדברי כל האחרונים, שאע"פ שפסקו כת"ק, העתיקו דברי הג"ה לפסק הלכה - נקה"כ.

אות ג'

השוחט את התרנגולת ומצא בה ביצים גמורות, מותרות לאכלן בחלב

יו"ד סימן פז ס"ה - ‹ברייתא בפ"ק דיום טוב, השוחט את התרנגולת ומצא בה ביצים גמורות, מותרות לאכלן בחלב, רבי יעקב אומר, אם היו מעורות בגידין אסורות, **ומשמע** מדברי הפוסקים דהלכה כתנא קמא, וכ"כ הרב המגיד, **וכתב** הרשב"א, איזו היא ביצה גמורה, כל שיש לה חלבון וחלמון, אף ע"פ שמעורה בגידין, אין לה אלא חלמון, עדיין בשר היא וכגוף העוף היא, ואסורה לאכלה בחלב, **וי"א** שאינה גמורה עד שתגמר קליפתה ותתקשה, והראשון נראה עיקר, עכ"ל, **וסברא** זו שדחה הרשב"א, כתבה המרדכי בריש ביצה בשם רשב"ם, **ורש"י** פירש, ביצים גמורות, ואפילו בלא קליפה לבנה, אלא שהחלמון לבדו גמור, ואע"פ שמעורה עדיין בגידין שריא – ב"י›.

[ז] ביצים הנמצאים בעופות, אם הם גמורות [ח] דהיינו שיש להם חלבון וחלמון, אע"פ שהיא מעורה בגידים, הרי זה גמורה ומותר לאכלה בחלב - והא דמשמע לעיל סימן פ"ו ס"ד, דבהכה תרנגולת על זנבה והטילה ביצים, דאסורות משום אבר מן החי אם מעורות בגידין, אע"פ שנגמרה בחלבון וחלמון, אלמא כיון שמעורה חשיב כבשר התרנגולת, **שאני** הכא דלענין בשר בחלב דעוף שהוא מדרבנן הקילו, **אי** נמי שאני הכא, כיון דכל חד בפני עצמו שרי, כן כתבו האחרונים, וחלוק זה הוזכר בתוספות ופוסקים והרשב"א מכללם, לחלק בין הא דביצת נבילה דאסור, ובין הך דהכא, **ונ"ל** דבלאו הכי לא קשה מידי, מהך דהכה תרנגולת על זנבה, דאע"ג דלא חשיב בשר, מ"מ אפילו חלב ממש הוה אסור משום אבר מן החי, אי לאו דגלי לן קרא ארץ זבת חלב ודבש, ואם כן נהי דגלי לן קרא דחלב שרי, היינו משום דאינו מחובר בשום דבר, ואינו פורש מן הבשר, אבל ביצים מעורות ומחוברות ודאי באיסוריהו קיימי, **וגדולה** מזו היו יש אוסרים אפילו מימי חלב משום אבר מן החי, ונהי דלא קי"ל כוותייהו מהני טעמי שנתבארו לשם, מ"מ ודאי דביצים מעורות לכו"ע אסירי משום אבר מן החי, **ועוד** כתב ר"ת, דאפילו ביצים ממש היו אסורות משום אבר מן החי, אי לאו דגלי לן קרא דשרי, וא"כ ודאי כשהן מעורות, דלא גלי לן קרא, דאסירי משום אבר מן החי, וזה ברור - ש"ך.

‹**ועיין** בט"ז ונקה"כ, דמביאין קושיא זאת של הש"ך בשם מהרש"ל, והוא דוחה את תירוץ ראשון ושלישי של הש"ך משום שהם דחוקים, ועיין מה שהקשה עליו הנקה"כ. **ומסיק** המהרש"ל›: **[אלא נראה בעיני עיקר, כל זמן שמעורה בגידין, חשוב כבשר לכל מילי – ט"ז].**

[ט] אבל אם אין לה אלא חלמון, אסור לבשלם בחלב - כלשון הזה כתב גם כן העט"ז, והוא מגומגם, דהא לבשל פשיטא דשרי, דאפילו עוף גופיה נתבאר לעיל דמותר בבישול אף מדרבנן, **אלא** האי לבשלם ר"ל לאכלם. **ודין** מליחת ביצים הנמצאים בעוף, נתבאר לעיל סימן ע"ה - ש"ך.

משמע אע"פ שאינה מעורה, דכל שלא נגמר אלא החלמון, כגוף הבשר נינהו, **ובספרי** הארכתי בזה והעליתי, דלכתחלה אין לאכול בחלב אפילו אותן שנגמרו בחלמון וחלבון וקליפתן רכה עדיין, אפילו אינן מעורות, וכדעת רשב"ם והמרדכי והשערים ואו"ה ומהרא"י בהגהת ש"ד, **אבל** בדיעבד אם נתבשלו עם חלב נראה דמותר - ש"ך.

אבל אם הן מעורות אפי' בדיעבד אסור, כיון דבה"ג פסק כר' יעקב, **וכן** הוא ברי"ף, וגם דעת הר"ן, וכן הוא דעת הר"ר יונתן שהובא בא"ח ובכל בו, וכן מוכח דעת רשב"ם וסייעתו הנזכרים דהלכה כרבי יעקב, דאל"כ א"א ליישב הסוגיא דפ"ק דביצה לדבריהם, ‹דלשיטה זה ר' יעקב בא להקל, דלרבנן צריך שתתקשה הקליפה לגמרי, ובודאי אינו מעורה עוד בגידין, ור' יעקב מקיל, דא"צ שתתקשה הקליפה, אלא כל עוד שאינו מעורה בגידין מותר, ואם אין הלכה כר' יעקב, נמצא דברייתא דהתם "מן השלל של ביצים טהור", הוי שלא כהלכתא, דללישנא קמא דאמרינן דהוי דלא כרבי יעקב, היינו לומר דכרבנן פשיטא דלא אתא, ורק ללישנא בתרא הוי כרבי יעקב - עפ"י אמרי בינה›, וכ"כ האגודה להדיא, וגם בירושלמי פסק בהדיא כרבי יעקב, וכן משמע קצת בש"ס דילן, דבתרתי לישני מהדר לאוקמי

באר הגולה

[ז] ברייתא ביצה דף ז' וכת"ק [ח] הרשב"א בת"ה וכ"כ רבינו ירוחם וש"פ [ט] א"ח בשם ה"ר יהונתן

ברייתא כותיה, **והב"י** ושאר אחרונים כתבו סתמא דכל הפוסקים פסקו כת"ק, וזה אינו וכמ"ש - ש"ך.

וכבר הוכחתי דהעיקר דגמורות, היינו שנגמרו בחלמון וחלבון, דאם אותן שקליפתן רכה מעורות אפי' דיעבד אסור, ואם אינן מעורות מותר, **אבל** אותן הקטנים שלא נגמרו אלא בחלמון לבד, אפילו אינן מעורות אסור אפי' דיעבד, דכגוף הבשר נינהו, **וכן** פסק בת"ח, אלא שלא חילק שם בין מעורות או לאו, ומשמע שם מדבריו, דאותן שנגמרו בחלמון וחלבון אפילו מעורות מותר בדיעבד, והעיקר כמ"ש, **גם** צ"ע קצת, למה לא הגיה כאן כלום - ש"ך, ‹ר"ל, על מש"כ המחבר: אבל אם אין לה אלא חלמון אסור לבשלם בחלב, דמשמע אסור לבשלם לכתחילה, אבל בדיעבד מותר, הו"ל להר"ב להגיה כמש"כ שם בת"ח, דבכה"ג אפי' בדיעבד אסור. **ואינו** רק צ"ע קצת, כי אפשר שגם המחבר במש"כ: אסור לבשלם וכו', ר"ל אפי' בדיעבד אסור - מחה"ש›, ‹**וגם** למה לא הגיה כאן, דבחלבון וחלמון עכ"פ לכתחילה אסור, דלא כהמחבר - אמרי בינה›.

מיהו נראה דאפילו לא נגמר אלא החלמון והן מעורות, יש להקל במקום הפסד מרובה וכה"ג, דכדאי הם רש"י ותוס' והרא"ש והטור ור' ירוחם לסמוך עליהם בכה"ג, **גם** נ"ל דלדעתם, מעורות היינו אותן הקטנים שנגמרו בחלמון לבד, המעורין ומחוברים בבשר השדרה, **ודלא** כמ"ש בב"י, דלסברת הטור בשם רש"י, היינו כשפירש מן בשר השדרה, ואית בהו שורייקי סומקי, ואחריו נמשך העט"ז, **דרש"י** גופיה לא פירש כן, גם בלישנא קמא ובלישנא בתרא בש"ס מוכח בהדיא דלא כהב"י, אלא כדפי' - ש"ך.

וכל זה מדינא, אבל מהרא"י כתב: וכמדומה שאין הנשים נוהגות היתר אפי' נגמרו לגמרי, וגם הקליפה חיצונה קשה לגמרי, ונמשכו אחריו מהרש"ל והרב בת"ח שם במנהג זה, **מיהו** משמע מדברי מהרא"י ומדבריהם שם, דאינו אלא חומרא בעלמא, והלכך במקום שאין מנהג אין לחוש לזה כלל, **והב"ח** בקש למצוא טעם דהמנהג הוא דין, ואין דבריו מוכרחים - ש"ך.

[**ואין** להחמיר בזה אלא לכתחילה, **אבל** בדיעבד כל זמן שנגמרה הקליפה, אפי' בקרום לבן לחוד סגי, **ואין** עליה דין בשר כלל, **רש"ל - ט"ז**].

‹**ועיין** בשאילת יעב"ץ שכתב, דאף לפי המנהג, דוקא בנמצאת במעי אמה אחר שחיטה, **אבל** אם הטילה אותה בחייה כדרכה, אפילו אם הקליפה רכה, מותר לאכלה בחלב לכתחלה - פת"ש›.

אבל אם אכלם בפני עצמם, מותר לאכול אחריהם גבינה או חלב - ‹כיון דבשר עוף בחלב דרבנן - ב"י›, **ואפילו** אם הם מעורים עדיין באשכול, כן הוא בא"ח שם, **ומשמע** שם אפילו לא נגמר אלא החלמון, וגם הם מעורות באשכול, מותר לאכול אחריהן גבינה או חלב. **ופירוש** מעורות באשכול, פירש"י מחוברות בבשר השדרה - ש"ך.

אות ד'

השוחט את התרנגולת ומצא בה ביצים גמורות מותרות לאכלן ביום טוב

סימן תקיג, ס"ז - [י] השוחט תרנגולת ומצא בה ביצים גמורות - היינו אפילו בקליפתן, **מותרות** - דכל זמן שלא נולדה, חשבינן זה כגופה, ‹ועדיין אין עליה שם ביצה, שנאסור אותה מדין ביצה שנולדה ביו"ט - בעל המאור›.

[יא] **ואפילו ביום טוב שלאחר השבת** - ולא אמרינן שמא אם לא היה שוחטה היו נולדין היום, ונמצא שכבר נגמרו מאתמול בשבת, והוי הכנה משבת ליו"ט, **דאף** אם נגמרה בשבת, אינה חשיבא הכנה אא"כ נולדה ע"י גמר זה, אבל כל זמן שלא נולדה, אין גמר זה נקרא הכנה, שטעמה משובח יותר כשנולדה.

באר הגולה

[י] ברייתא שם ב' [יא] הרא"ש והר"ן שם ושכן נראה מדברי הרי"ף והרב המגיד בשם המפרשים

§ מסכת ביצה דף ז. §

אות א'

ביצה שיצאה רובה מערב יום טוב וחזרה, מותרת לאכלה ביום טוב

סימן תקיג ס"ו - [יב]**ביצה שיצאה רובה מעיו"ט וחזרה ואח"כ נולדה ביו"ט, מותרת** - דכיון שיצתה רובה הרי היא כילודה.

אות ב'

האוכל מנבלת עוף טהור מן השלל של ביצים מן העצמות ומן הגידין ומן הבשר שנתלש מן החי, טהור; מן האשכול של ביצים מן הקורקבן ובני מעיין או שהמחה את החלב וגמעו, טמא

רמב"ם פ"ג מהל' שאר אבות הטומאה ה"י - **האוכל מנבלת העוף הטהור, מן העצמות הרכין, או מן הגידין, ומן השלל של ביצים, ומן הדם, ומבשר מן החי ממנו, טהור; אבל האוכל מן האשכול של ביצים, ומן הקורקבן, ומן בני המעיים, או שהמחה את החלב באור וגמעו, ה"ז טמא כאוכל מבשרם, שהשותה בכלל אוכל; המחהו בחמה וגמעו, טהור, שהרי הסריחו.**

אות ג'

בדק בקנה של תרנגולין מערב יום טוב ולא מצא בה ביצה, ולמחר השכים ומצא בה ביצה, מותרת

סימן תקיג ס"ו - [יג]**לפיכך אפילו בדק בקינה של תרנגולת עיו"ט סמוך לחשיכה ולא מצא בה ביצה, ולמחר השכים** - היינו קודם עלות השחר, **ומצא בה ביצה, מותרת; שתרנגולת אינה יולדת בלילה** - דכל שתשמישו ביום נולד רק ביום, ותרנגול תשמישו ביום הוא, **ואנו תולין שמאתמול יצא רובה וחזר** - אבל אם בדק רק אחר עמוד השחר, תלינן שהיום ילדה, דיצתה רובה וחזרה לא שכיח.

ואף דאם התרנגולת מתחממת מן הקרקע תוכל לילד לפעמים אף בלילה, לא תלינן בזה, דכיון דאיכא זכר אפילו בבית אחר רחוק ממנה, היינו עד ס' בתים, ושומעת קול קריאתו, אינה רוצה להתחמם מן הקרקע, ונזקקת להתרנגול.

באר הגולה

יב מימרא דרבי יוחנן שם | יג מימרא דרב מארי שם

עין משפט נר מצוה

מז א טוש"ע א"ח סי' תקיג סעיף ו:

מח ב מיי' פ"ג מהל' שאר אבות הטומאה הלכה י:

מט ג טוש"ע א"ח סי' תקיג סעיף ו:

מסורת הש"ס

[תוספתא פ"א]

בכורות ח.

[בכורות איתא יולד וכן בכל נולד דהכא איתא שם יולד]

דפחיא למאן יהבו ליה ביעי דשרוטה אתא לקמיה דרבי אמי אמר להו מקח טעות הוא והדר פשיטא מהו דתימא האי לאבילה קא בעי להו והאי דקאמר דפחיא משום דצריבן למאי נפקא מינה למיתבה ליה ביני ביני קמ"ל ההוא דאמר להו ביעי דדכרא למאן ביעי דדכרא למאן יהבו ליה ביעי דספנא מארעא אתא לקמיה דרבי אמי אמר להו מקח טעות הוא והדר פשיטא מהו דתימא האי לאבילה קא בעי להו והאי דקאמר דדכרא משום דשמינן טפי למאי נפקא מינה למיתבא ליה ביני ביני קמ"ל ואי בעית אימא מאי עם יציאתה נגמרה עם יציאת רובה נגמרה וכדרבי יוחנן דא"ר יוחנן *ביצה שיצאה רובה מערב יום טוב וחזרה מותרת לאכלה ביום טוב ואיכא דאמר מאי עם יציאתה נגמרה עם יציאת כולה נגמרה עם יציאת כולה אין אבל רובה לא ולאפוקי מדר' יוחנן גופא השוחט את התרנגולת ומצא בה ביצים גמורות מותרות לאכלן בחלב ר' יעקב אומר אם היו מעורות בגידין אסורות מאן תנא להא דת"ר ¹האוכל מנבלת עוף טהור *מן השלל של ביצים מן העצמות ומן הגידין ומן הבשר שנתלש מן החי טהור מן האשכול של ביצים מן הקורקבן ובני מעיין או שהמחה את החלב וגמעו טמא מאן תנא מן השלל של ביצים טהור אמר רב יוסף דלא כרבי יעקב דאי כר' יעקב האמר אם היו מעורות בגידין אסורות אמר ליה אביי ממאי דלמא עד כאן לא קאמר רבי יעקב התם אלא לענין אסורא אבל לענין טומאה לא וכי תימא לענין טומאה נמי נגזור אפושי טומאה הוא ואפושי טומאה מדרבנן לא מפשינן ואיכא דאמרי מאן תנא מן האשכול של ביצים טמא אמר רב יוסף ר' יעקב היא דאמר אם היו מעורות בגידין אסורות א"ל אביי ממאי דאשכול מהנך דתליא באשכול דלמא אשכול גופיה וכי תימא אשכול גופיה מאי למימרא מידי דהוה אקורקבן ובני מעיין דאע"ג דבשר נינהו כיון דאיכא אינשי דלא אכלי איצטריך לאשמועינן הכא נמי כיון דאיכא אינשי דלא אכלי איצטריך לאשמועינן *ת"ר כל שתשמישו ביום *נולד ביום כל שתשמישו בלילה נולד בלילה כל שתשמישו בין ביום ובין בלילה נולד בין ביום ובין בלילה כל שתשמישו ביום נולד ביום זו תרנגולת כל שתשמישו בלילה נולד בלילה זו עטלף כל שתשמישו בין ביום ובין בלילה אדם וכל דדמי ליה אמר מר כל שתשמישו ביום נולד ביום זו תרנגולת למאי נפקא מינה לכדרב מרי בריה דרב כהנא דאמר רב מרי בריה דרב כהנא ²בדק בקנה של תרנגולין מערב יום טוב ולא מצא בה ביצה ולמחר השכים ומצא בה ביצה מותרת והלא בדק אימר לא בדק יפה יפה ואפילו בדק יפה אימר יצתה רובה וחזרה הואי וכדר' יוחנן איני והא אמר ר' יוסי בן שאול אמר רב בדק בקנה של תרנגולת מערב יו"ט ולא מצא בה ביצה ולמחר השכים ומצא בה ביצה אסורה התם בדספנא מארעא אי הכי דרב מרי נמי אימא מארעא ספנא בדאיכא זכר בהדה בדאיכא זכר נמי אימא מארעא ספנא אמר רבינא גמירי כל היכא דאיכא זכר לא ספנא מארעא ועד כמה אמר רב גמדא משמיה* דרב כל היכא

דשמעה

ומצא בה ביצים גמורות וכו' ר' יעקב אומר אם היו מעורות בגידין אסורות. תימה כיון דגמורות כיצד היו מעורות ופירש הקונטרס דגמורות קאי אחלמון אבל לא נתקשה עדיין הקליפה מבחוץ רק הקרום על כן קאי רבי יעקב וקאמר אם היו מעורות ולפי הספרים דלא גרסי גמורות ניחא והכי גרסינן ומצא בה ביצים מותרות לאכלן בחלב רבי יעקב אומר כו':

דשמעה

דפחיא. כמו דפעיא הטלדים מן התרנגולת חיה שפועה בלידתה: **פשיטא.** דמקח טעות הוא דהא בהדיא אמר ליה דפחיא: **דצריבן.** לשון מבושלות כל צרבן כמו צרבת (ויקרא יג) כויה שבשול: **ונפקא מינה.** בין מאן דבעי להו לאכילה בין מאן דבעי להו לאפרוחים: **למיתבא ליה דביני ביני.** להחזיר לו דמי מעלה שבין ביעי דפחיא לביעי דשחוטה ואי בעי להו לאכילה אין המקח בטל דהא בני אכילה נינהו אלא שאלו יפים מהם ויחזיר לו דמי מעליותן: **קא משמע לן.** רבי אמי דסתם מאן דבעי ביעא דפחיא לאפרוחים בעי להו ואין אלו שוין לו כלום: **דדכרא.** שילדתן תרנגולת מתרנגול ולא נתחממה מן הקרקע לקולטן בלא זכר: **דספנא מארעא.** מתחממת בקרקע ויולדת ביצים ואותן ביצים אין מגדלות אפרוחים: **ספנא.** קולטת ביצים כשמתעפרת בקרקע ובסמוך לקמן אמר כל היכא דאיכא זכר לא ספנא מארעא כלומר אינה קולטת ביצים מן הקרקע אלא מן הזכר ואינו אלא לשון שפוני טמוני חול (דברים לג): **עם יציאת רובה נגמרה.** ולענין י"ט אתמר דאם יצתה רובה מערב י"ט וחזרה בתוך מעיה וילדתה בלילה מותרת דהויא ליה כאילו נולדה מאתמול: **כדרבי יוחנן.** דאמר לקמן הכי: **ואי בעית אימא.** רב לאפוקי מדר' יוחנן אתא ועם יציאתה דקאמר עם יציאת כולה ולמעוטי יציאת רובה: **מעורות.** מחוברות: **נבלת עוף טהור.** מטמאה האוכלה לטמא בגדים שהוא לבוש בשעת בליעתה ואין לה טומאת מגע ומשא ובמסכת נדה (דף נא·) ילפינן לה והאוכל אחד מן הדברים הללו ממנה: **מן השלל של ביצים.** כשהן כבושין ושלולין וקבועין בשדרה כלומר האוכל אותם ביצים בעודן מעורין בגידין: **מן הגידין.** וקסבר אין בגידין בנותן טעם: **שלל.** בשט"א כמו שלל של כובסין (שבת דף מח:): **בשר שנתלש מן החי.** לאו נבלה היא: **מן האשכול.** מבשר השדרה שהביצים אדוקים שם: **שהמחה את החלב.** התיך את השומן וגמעו טמא ובהעור והרוטב (חולין דף קכ·) פריכנן והא אכילה כתיבה ביה ואמר רבי שמעון בן לקיש הנפש לרבות את השותה והכא כתיב ונפש אשר תאכל נבלה ובנבלת עוף טהור מתוקם בת"כ: **מאן תנא מן השלל של ביצים טהור.** אלמא לאו בשר הוא דלא כר' יעקב: **אלא לענין אסורא.** דאע"ג דלאו בשר נינהו אסר לה מדרבנן הואיל וקרובים להיות בשר ואיכא למגזר משום בשר בחלב אבל לענין טומאה לא דלאו בשר נינהו דלטמו: **וכי תימא לענין טומאה (א) נגזור.** דלטמו מדרבנן כי היכא דגזרינן לענין אסורא: **אפושי טומאה הוא.** דאיכא הפסד טהרות: **ואפושי טומאה מדרבנן לא מפשינן.** ואע"פ שגזרו בטומאות במקומות הרבה ליכא למימר הכא נמי נגזור דלא ניחא לן לפשו בטומאות: **ואיכא דאמרי.** דאשכול דסיפא הוה משמע ליה לרב יוסף ביצים המעורות בגידין ושלל הוה משמע ליה שאינן מעורות כל כך כמו אותן הגמורות קרובות לצאת בהן קליפה הלבנה שאינם דבוקות יפה אלא מעט: **מאשכול גופיה.** בשר הדבוק בשדרה והביצים אדוקין בו: **נולד ביום.** נקבותיו יולדות ביום: **עטלף.** קלב"א שור"ץ בלע"ז: **מערב יום טוב.** בין השמשות דשוב לא ילדה אלא בלילה: **השכים.** קודם עלות השחר והאי דנקט בדק רבותא קמ"ל דאע"ג דבדק ולא מצא דליכא למתלייה בנולדה בחול אפילו הכי מותרת דסמכינן אברייתא דקתני כל שתשמישו ביום נולד ביום והא ודאי לא ילדתו בלילה: **אימר יצאה רובה וחזרה הואי.** ואע"ג דמילתא דלא שכיחא היא מגו דפשיטא לן דאינה יולדת בלילה תלינן בה: **בדספנא מארעא.** והיא יולדת אף בלילה: **אי הכי.** דיש יולדת בלילה: **דרב מרי.** היכי שריא אימא מארעא ספנא וילדה בליל יום טוב:

הגהות הב"ח

(א) רש"י ד"ה וכי תימא לענין טומאה נמי נגזור:

גליון הש"ס

גמ' מן השלל של ביצים. עיין מנחות דף ע ע"א תוס' ד"ה ביצי נבילות: שם אמר רב גמדא משמי' דרב. נ"ל רבא סדר הדורו' בהקדמ' אות ד':

[נ"ל רבא עיין בב"ק עב ע"א וכן הגיה בעל סדה"ד]

רבינו חננאל

כי ההוא דאמר ביעי דפעיא למאן והבו ליה ביעי דשחוטה. ואמר ר' אמי מקח טעות הוא והדר. ואמרינן פשיטא מהו דתימא האי לאכילה בעי להו והאי דקאמר דפעיא משום דצריבן טפי למאי נפקא מינה למיתבא ליה דביני ביני קמ"ל. ההוא דאמר ביעי דדיכרא למאן יהבו ליה ביעי דספנא מארעא. וא"ר אמי מקח טעות הוא והדר. איכא דאמרי מאי עם יציאתה נגמרה עם יציאת כולה אין עם יציאת רובה לא ולאפוקי מדר' יוחנן דאמר ביצה שיצאתה רובה מעיו"ט וחזרה מותרת לאוכלה ביו"ט. תניא השוחט תרנגולת ומצא בה ביצים גמורות מותרות לאוכלן ביו"ט. גופא השוחט את התרנגולת ומצא בה ביצים גמורות מותרות לאוכלן בחלב. ר' יעקב אומר אם היו מעורות בגידין אסורות פי' כלומר בשר הן. והתניא האוכל מנבלת עוף טהור מן השלל של ביצים מן העצמות ומן הגידים ומן הבשר שנתלש מן החי טהור. הנה השלל של ביצים אע"פ שהוא מעורה בגידים טהור. כלומר אינו בשר. ואוקימנא דלא כר' יעקב. אבל האוכל מן האשכול של ביצים ומן הקרקבן ומבני מעים או שהמחה את החלב וגמעו טמא. ופשוטה היא. אפושי פי' להרבות. ת"ר כל שתשמישו ביום יולד ביום תרנגולת. תשמישו בלילה יולד בלילה עטלף. תשמישו בין ביום בין בלילה יולד בין ביום בין בלילה. אדם וכל מילי. למאי נ"מ לכדרב מארי דאמר בדק בקינה של תרנגולת מעיו"ט ולא מצא בה ביצים. ובשחר השכים ומצא בה ביצים מותרות. אימר יצתה רובה וחזרה הואי. וכר' יוחנן

דשמעה קליה בימאמא עבד רב מרי עובדא *עד שתין בתי ואי איכא נהרא לא עברא ואי איכא מברא עברא ואי איכא מיצרא לא עברא הוה עובדא ועברא אמיצרא במאי אוקימתא בדספנא מארעא מאי איריא בדק כי לא בדק נמי כי ²לא בדק אימא מאתמול הואי אי הכי כי בדק נמי אימא יצתה רובה וחזרה היא וכדר' יוחנן דרבי יוחנן לא שכיח ואמר רבי יוסי בן שאול אמר רב ³האי תומא שחיקא סכנתא לגלויא: בית שמאי אומרים שאור בכזית: *מאי טעמייהו דב"ש א"כ לכתוב רחמנא חמץ ולא בעי שאור ואנא אמינא ומה חמץ שאין חמוצו קשה בכזית שאור שחמוצו קשה לא כל שכן שאור דכתב רחמנא למה לי לומר לך שיעורו של זה לא כשיעורו של זה ובית הלל צריכי דאי כתב רחמנא שאור הוה אמינא משום דחמוצו קשה אבל חמץ דאין חמוצו קשה אימא לא צריכא ואי כתב רחמנא חמץ משום דראוי לאכילה אבל שאור שאין ראוי לאכילה אימא לא צריכא ובית שמאי לית להו דרבי זירא דאמר רבי זירא פתח הכתוב בשאור וסיים בחמץ לומר לך זהו שאור זהו חמץ לענין אכילה כולי עלמא לא פליגי כי פליגי לענין ביעור בית שמאי סברי לא ילפינן ביעור מאכילה ובית הלל סברי ילפינן ביעור מאכילה אתמר נמי א"ר יוסי בר חנינא מחלוקת לענין ביעור אבל לענין אכילה דברי הכל זה וזה בכזית תניא נמי הכי ⁵ולא יראה לך (*שאור) ולא יראה לך (*חמץ) זהו מחלוקת שבין בית שמאי וב"ה שב"ש אומרים שאור בכזית וחמץ בככותבת וב"ה אומרים זה וזה בכזית: **השוחט** חיה ועוף ביו"ט וכו': השוחט דיעבד אין לכתחלה לא אימא סיפא וב"ה אומרים לא ישחוט מכלל דת"ק סבר ישחוט הא לא קשיא ויכסה קאמר אימא סיפא ומודים שאם שחט שיחפור בדקר ויכסה מכלל דרישא לאו דיעבד הוא אמר רבה הכי קאמר השוחט שבא לימלך כיצד אומר לו ב"ש אומרים אומר לו שחוט חפור וכסה ובית הלל אומרים לא ישחוט אא"כ היה לו עפר מוכן מבעוד יום רב יוסף אמר ה"ק השוחט שבא להמלך כיצד אומר לו ב"ש אומרים אומר לו לך חפור שחוט וכסה וב"ה אומרים לא ישחוט אא"כ היה לו עפר מוכן מבעוד יום א"ל אביי לרב יוסף לימא מר ורבה בדרבי זירא קא מפלגיתו דא"ר זירא אמר רב *השוחט צריך שיתן עפר למטה ועפר למעלה שנאמר ⁶ושפך את דמו וכסהו בעפר עפר לא נאמר אלא בעפר מלמד שהשוחט צריך שיתן עפר למטה ועפר למעלה דמר אית ליה דרבי זירא ורבה לית ליה דרבי זירא א"ל לדידי בין לרבה אית לן דרבי זירא והכא בהא קא מפלגינן רבה סבר אי איכא עפר למטה אין אי לא לא חיישינן דלמא ממליך ולא שחיט ולדידי (*אדרבה) הא עדיפא דאי לא שרית ליה אתי לאמנועי משמחת יום טוב: ומודים שאם שחט שיחפור בדקר ויכסה: אמר רבי זריקא אמר רב יהודה ⁷והוא שיש לו דקר נעוץ מבעוד יום והא קא עביד כתישה אמר רב חייא בר אשי אמר רב בעפר

רש"י

דשמעה קליה בימאמא. שהקול אינו נשמע ביום כבלילה: **עובדא.** דבדק מעי"ט ולא מצא והשכים ומצא ולא היה תרנגול זכר עד ששים בתים וסמך רב מרי על התרנגול והתיר את הביצה: **מברא.** גשר: **מיצרא.** חבל קשור בראשי שתי יתדות אחת תקועה בשפת הנהר מזה ואחת תקועה בשפת הנהר מזה ועץ קצר מוטל לרוחב הנהר ועוברין בו בדוחק על ידי שאוחזין בחבל ועוברין: **במאי אוקימתא.** לדרבי יוסי ב"ר שאול: **אימא מאתמול הואי.** דכיון דרובא בימאמא ילדן אי לא בדק תלינן בימאמא: **דרבי יוחנן לא שכיחא.** הלכך בדאיכא זכר כיון דקים לן דאינה יולדת בלילה תלינן כרבי יוחנן אבל בדספנא מארעא ליולד בלילה שכיח טפי מילתא רובה: **תומא שחיקא.** שומין שחוקין: **לגלויא.** הנחש שותה ממנו אם מוצאו מגולה ומטיל בו ארס: **אם כן.** דחד שיעורא לתרוייהו: **שיעורו של זה כו'.** להכי לא יליף שאור מחמץ משום דחמץ בככותבת °דלא תימא דיו לבא מן הדין להיות כנדון ושאור נמי בככותבת להכי כתביה בהדיא לשעורי בשיעורא זוטא ושיעורא רבא ולהכי נקט כותבת דבהכי הוי יתובי דעתא כדמפרש טעמא ביומא (דף עט:) אי נמי שיעורין הלכה למשה מסיני: **לית להו דרבי זירא.** בתמיה והא קרא בהדיא כתיב: **פתח הכתוב בשאור.** שאור לא ימצא בבתיכם (שמות יב): **וסיים בחמץ.** כי כל אוכל [מחמצת] והוה ליה למכתב כי כל אוכל שאור כו' דהא אתיא לאזהרתו עם אזהרתו: **זהו שאור וכו'.** כזה כן זה: **לענין אכילה כולי עלמא לא פליגי.** דאפילו ב"ש מודו דחמץ חייב בכזית כשאור באכילתו ולדר' זירא אבל לביעור לב"ש לא השוו מדאיצטריך קרא למכתבינהו לתרוייהו לא יראה לך חמץ ולא יראה לך שאור לא ילפינן למימר כי היכי דבאכילה השוה הכתוב אכילת חמץ לאכילת שאור אף לביעורו השוה לו דמדאיצטריך למכתבינהו יש חלוק בשיעורן: **תניא נמי הכי.** דבביעור הוא דפליגי ולא באכילה: **השוחט דיעבד.** דלא שחט משמע אבל לכתחלה לא שרי ליה בית שמאי לשחוט אא"כ יש לו עפר מוכן מיום: **מכלל דת"ק סבר ישחוט.** בתמיה והא השוחט קתני: **הא לא קשיא.** לא ישחוט דב"ה לאו לאודויי קא מהדרי והכי קאמר לא יגמור מעשה השחיטה דהיינו הכסוי: **לא ישחוט ויכסה.** אע"פ שחטו שלא יגמור: **השוחט שבא לימלך.** אע"ג דהשוחט דעלמא דיעבד על כרחך הכא לכתחלה השוחט שבא לשחוט (בהמה) ובא לימלך לנו מה יעשה אם ישחוט אם לאו הואיל ואין לו עפר מיוחד ב"ש אומרים כו': **רב יוסף אמר כו'.** ולקמיה מפרש במאי קמפלגי רבה ורב יוסף אליבא דב"ש: **בעפר.** משמע שהוא כבלל וטמון בעפר קודם הכסוי: **וכסהו עפר.** הוי משמע דלא קפיד אלא אכסוי: **אית לן דר' זירא.** ובעינן עפר למטה והכי קאמר רבה אם יכולין לומר לו שחוט מיד שיש לו כבר עפר למטה שרינן ליה אבל אם אנו צריכין לומר לו חפור תחלה לא נתיר לו: **דלמא.** לאחר חפירה ממליך ולא שחיט נמצא שחופר בחנם: **הא עדיפא.** דלא תגזור הכי: **והא קא עביד כתישה.** לרב יהודה פריך דאמר והוא שיש לו דקר נעוץ אלמא דטעמא דמתניתין לאו משום דאתי עשה דוכסהו בעפר ודחי את לא תעשה כל מלאכה אלא משום דכבר חפור ועומד הוא והא קא עביד כתישה שעדיין רגבים מדובקים הם ואינן ראוין לכסוי אלא אם כן כותשן וכותש תולדה דטוחן הוא ומלאכה היא: והא

תוספות

דשמעה קליה בימאמא. ובלילה משמיעין קולם למרחוק יותר מביום ולא נקט בלילה משום דהשמישו ביום:

כי לא בדק אימר מאתמול הואי. וא"ת והא ביצה דבר שיש לו מתירין (א) א"כ ספקא לחומרא וי"ל דשאני הכא משום דגם כי ספנא מארעא שכיח דיולדת ביום יותר מבלילה:

לומר לך שיעורו של זה לא כשיעורו של זה. פירש רש"י דאי לא כתב שאור הייתי אומר דיו לבא מן הדין להיות כנדון ודוקא בככותבת וא"ת מנלן דשיעור חמץ בככותבת אימא כבילה או כשיעור אחר ופ"ה דהלכתא גמירי לה דהוי ככותבת ולא נהירא דא"כ קרא למה לי ע"כ נראה פירוש (*אחר) הואיל וידענא דשיעורו של זה לא כשיעורו של זה נוקים ליה שיעורו כדאשכחנא בעלמא גבי יום כפור (יומא דף עט: ושם) דהוי בככותבת*:

דאמר רבי זירא פתח הכתוב בשאור וסיים בחמץ וכו' ובית הלל סברי ילפינן ביעור מאכילה. ואם תאמר למה ליה לריכותא דלעיל הא ידענא שפיר [דחמץ] בכזית מהכא וי"ל שלא תטעה לומר הואיל והלקן הכתוב בשני לאוין ולא יראה לך (*שאור) ולא יראה לך (*חמץ) ודאי אין שיעורן שוה דזה בככותבת וזה בכזית קמ"ל הצריכותא וא"ת הואיל ואית להו הצריכותא למה להו דר' זירא וי"ל לא הייתי מפרש כרת אלא בחמץ דכתיב ביה כרת:

רבינו חננאל

יוחנן. איני והאמר ר' יוסי בן שאול אמר רב בדק בקנה של תרנגולת מעיו"ט ולא מצא בה ביצים ובשחר השכים ומצא בה ביצים אסורות ואוקימנא התם בדספנא בארעא. אמר רבינא גמירי כל היכא דאיכא זכר ואפילו בחצר אחרת ושמעה קליה בימאמא לא ספנא מארעא. עבד רב מארי עובדא עד שיתין בתי ואי איכא נהרא לא עברא כו'. א"ר יוסי בן שאול אמר רבי האי תומא שחיקא סכנתא לגילויא. בש"א שאור בכזית וחמץ ככותבת ובה"א זה וזה בכזית. תוספתא איזהו שאור המחמיץ אחרים ואיזהו חמץ שנתחמץ מאחרים. מאימתי קרוי שאור משיפסל מלאכול לכלב: **מתני'** השוחט חיה או עוף ביו"ט כו'. ואקשינן וכי ב"ש ישחוט לכתחלה קאמרי דקתני בה"א לא ישחוט ופרקינן הא דקתני לא ישחוט לא יכסה הוא. וכך היא העצה על משנה אמרו ב"ש אם שחט דאיעבד יכסה לכתחלה ואמרי בית הלל לא יכסה. ודחינן להאי פירוקא מדקתני סיפא ומודים שאם שחט שיחפור בדקר ויכסה. מכלל דרישא לכתחלה הוא. ופריק רבה פירוק אחר דהאי דקאמר השוחט כלומר הרוצה לשחוט שבא לימלך כיצד אומרים לו. בש"א אומרים לו שחוט מקודם ואח"כ חפור וכסה. ובה"א לא ישחוט כו'. ואסיקנא דכ"ע אית להו דר' זירא דאמר בשחיטת חולין השוחט צריך שיתן עפר למטה וישחוט עליו ואח"כ יכסהו בעפר מלמעלה ובהא פליגי רבה סבר אי איכא עפר מוכן מאתמול למטה ישחוט ואם לאו לא יחפור ויתן עפר למטה כדי שישחוט עליו. חיישינן דלמא ממליך ולא שחיט ואתי למיעבר. ורב יוסף אמר הא עדיפא דאי לא שרית ליה למיחפר זמנין דלית ליה עפר ואתי לאימנועי משמחת יו"ט וקיי"ל כב"ה דאמר לא ישחוט אא"כ היה לו עפר מוכן וכרבה. ומודים שאם שחט שיחפור בדקר ויכסה. פי' דקר כמן יתד וכמן נגר. ואוקמה רב יהודה והוא שיש לו דקר נעוץ מאתמול. ואקשינן והא עביד כתישה כלומר כשסומך על הדקר מכתש את העפר כדכתיב אם תכתוש את האויל במכתש. ואמר רב בעפר

עין משפט נר מצוה

נ א ב טוש"ע א"ח סי' תקיג סעיף ו:

נא ג מיי' פי"א מהל' רוצח הלכה ה טור י"ד סי' קיו [רב אלפס ע"ז ס"ב דף מג. וברא"ש שם סי' יג]:

נב ד מיי' פי"ד מהל' שחיטה הלכה יד סמג עשין סג טוש"ע י"ד סי' כח סעיף ס:

נג ה מיי' פ"ב מהלכות יו"ט הלכה יח סמג לאוין עה טוש"ע א"ח סי' תצח סעיף יד:

מסורת הש"ס

[צ"ל ראשון] [יומא עט:] [ועי' תוס' יומא עט: ד"ה לומר] [צ"ל חמץ] [צ"ל שאור] [צ"ל חמץ] [צ"ל שאור] [שמות יג] [חולין פג.] [ויקרא יז]

הגהות הב"ח

(א) תוס' ד"ה כי לא וכו' מתירין הוא אם כן:

גליון הש"ס

רש"י ד"ה שיעורו של זה כו' דלא תימא דיו. וכעין זה כ' רש"י בב"מ דף נב ע"א ד"ה לומר לך:

§ מסכת ביצה דף ז: §

אות א׳ - ב׳

עד שתין בתי, ואי איכא נהרא לא עברא, ואי איכא מברא עברא

כי לא בדק אימא מאתמול הואי

סימן תקיג ס״ו - [א]והוא שיש תרנגול זכר תוך ס׳ בתים, ואינו מפסיק נהר שאין בו [ב]גשר - שאם יש בו גשר תעבור על הגשר, **שאם לא כן אפשר שתלד בלילה ואסור** - ואע״פ שרובן אפי׳ מתחממות מן הקרקע אינן יולדות בלילה, כאן אזלינן בתר המיעוט, כיון שבדק אתמול ולא היה שם ביצה, והיום השכים קודם עמוד השחר ומצא, ולא תלינן דיצתה רובה מאתמול וחזרה, דזה הוי מיעוטא דמיעוטא, וניחא לן טפי למיתלי דילדה בלילה.

אבל אם לא בדק מעיו״ט - פי׳ והשכים קודם עמוד השחר ומצא, **אפילו ליכא זכר בהדה, שריא, שאנו תולים שמאתמול נולדה, [ג]ובלא זכר רובן יולדת ביום** - ר״ל אפילו בלא זכר, עכ״פ רובן יולדות ביום, ולא הוי ספק השקול.

אבל אם לאחר עמוד השחר מצא, אסור מספק, ואף דהוא ספק דרבנן, בדבר שיש לו מתירין מחמרינן אפילו בספיקא וכנ״ל.

לפיכך מותר ליקח ביצים מן האינו יהודי [ד]בליל ראשון של יו״ט, דתלינן שמעיו״ט נולדו, וכן בליל שני של שני ימים טובים של גליות - דאפילו אם נאמר שנולדה ביו״ט ראשון, הרי נולדה בזה מותרת בזה, וכנ״ל בס״ה, **אבל** אם הביא ביום, אפילו ביו״ט שני של גליות, אסורה, דשמא היום נולדה.

[ה]אבל לא בליל שני של ר״ה, ולא בליל יו״ט שאחר השבת - דאפילו אם נאמר שנולדה ביום ראשון של ר״ה, או בשבת, הרי ג״כ אסורה וכנ״ל בס״ה, ואפילו אם חל יו״ט שני אחר השבת.

ומיירי שאין העכו״ם מספר כלל אימתי נולדה, או שמספר שנולדה קודם, ואינו לפי תומו, כגון לאחר ששאלו ישראל אימתי נולדה, משיבו שקודם ר״ה או קודם שבת.

הגה: וא״י המביא ביצים ביו״ט ראשון, ומסיח לפי תומו שנולדו מאתמול, מותר לסמוך עליו (מרדכי) - כיון שהוא מילתא דרבנן, וגם לא איתחזק איסורא, [**והנה** בביאור הגר״א כתב, דהוא דעות חלוקות בפוסקים, **ועיין** בא״ר שכתב, דמ״מ יש להקל בענינינו, מטעם שמגרע כחו במה שאומר שנולדו מאתמול, וגם דרוב ביצים של המוכרים, הם מה שנולדו מאתמול].

ומיירי דלא ידע הנכרי דביצה שנולדה היום אסורה לישראל, דאם ידע, אף שהוא מסל״ת אינו נאמן, דמתכוין להשביח מקחו, שיקחו ממנו, כיון שהביצים הם שלו, **אבל** אם הביצים הם של ישראל, והעכו״ם מסיח לפי תומו שנולדו מעיו״ט, אע״פ שהוא יודע שביצה שנולדה היום אסורה לישראל, מ״מ כיון שלהגוי עצמו אין מגיע שום תועלת ממה שמשקר לומר שנולד מקודם, מותר לסמוך עליו, כיון שמסיח לפי תומו.

ודוקא ביו״ט שחל באמצע השבוע, אבל ביו״ט שחל באחד בשבת, שאז יש לחוש שמא נולדה בשבת ואסור מדאורייתא ביו״ט, אין אינו יהודי מסיח לפי תומו נאמן - ודעת המ״א, דאפילו נולדה בשבת ליכא איסור דאורייתא לאכלה, (דהכנה לא מקרי רק מה שהבריאה נתהוית בעולם, ולא מה שיצאה לעולם, שהרי גם מעיקרא היתה כן, מ״מ מדרבנן אסורה משום הכנה, כלומר כיון דביום הראשון אסורה מדרבנן, אם תתיר אותה ליום השני, נמצא שהראשון הכין להשני ולא לעצמו - ערוה״ש), [ובדרבנן הלא מסל״ת נאמן], **אלא** עיקר החשש שמא נולדה היום, וא״כ נגמרה מאתמול במעיה, דכל ביצה דמתיילדא האידנא מאתמול גמרה לה, ונמצא דשבת הכין ליו״ט, ואסור מן התורה, **ולפי״ז** אם הביאה ביום א׳ קודם עמוד השחר, דליכא למיחש שמא נולד בלילה, ועכו״ם מסל״ת דנולד מע״ש, שרי, דאף את״ל שנולדה בשבת, אין איסורה אלא מדרבנן, ובדרבנן מסל״ת נאמן.

ובמדינותינו ששכיחי הרבה ביצים, ומביאים הרבה בבת אחת, ודאי רוב מהביצים שמביאים למכור הם מהנולדים מכבר, [והמיעוט הם בטלים ברוב], וע״כ נאמן הנכרי כשמסל״ת ואומר שנולדו קודם שבת, [**ואפילו** לוקח הרבה ביצים שרי, דמה״ת חד בתרי בטל, ואפשר דבזה יש להחמיר לאכול כל אחד בפני עצמו. **ובלא** לפי תומו אין להקל].

וכ״ז כשמביא העכו״ם הביצים לבית ישראל, ואם הולך הישראל לבית העכו״ם ליקח ביצים, עיין בר״ן ובמחה״ש במה שהביא בשם השו״מ, [**ולענ״ד** דבמדינותינו שמצוי הרבה ביצים בבת אחת, גם הר״ן והרשב״א מודים להקל, דהמיעוט שנולדו היום בטלים ברוב].

ודוקא ביו״ט ראשון, אבל ביו״ט שני, אפילו ר״ה, נאמן, דאינו אלא דרבנן (תה״ד) - ר״ל שחל ר״ה ביום השבת וביום א׳, והביא העכו״ם ביום א׳, נאמן במסל״ת, דגם הוא אינו אלא מדרבנן, דאנן בקיאין בקביעא דירחא, והעיקר הוא יום הראשון, ובדרבנן נאמן העכו״ם במסל״ת, [ובענין זה לא אמרינן דשני הימים חשובים כיום אחד].

אות ג׳

האי תומא שחיקא סכנתא לגלויא

טור יו״ד סימן קטז - ואלו המשקין שיש בהן משום גילוי: מים, יין, חלב, ודבש, ושום כתוש.

אות ד׳

השוחט צריך שיתן עפר למטה ועפר למעלה

יו״ד סימן כח ס״ה - צריך שיהיה למטה עפר תיחוח.

באר הגולה

[א] שם בגמרא [ב] ׳ואפי׳ קורה ואפי׳ חבל עוברין מעבר הנהר אל העבר הוי כגשר -א״ר, עיין בגמ׳ [ג] כפי׳ רש״י ותוס׳ והר״ן [ד] הרא״ש והמרדכי והר״ן [ה] טור ושאר פוסקים

אות ה'

והוא שיש לו דקר נעוץ מבעוד יום

סימן תצח סי"ד - ואם עבר ושחט, אם יש לו דקר (פי' כעין יתד של ברזל שחופרין בו את הקרקע) נעוץ - בקרקע, **מבעוד יום** - ועי"ז הו"ל הקרקע כחפור ועומד, ‹דדקר נעוץ לא בעינן אלא משום דאיכא צד חפירה›, **ודעת** כמה פוסקים, דבעינן שינעוץ בהדיא לשם הכנה לצורך מחר, ‹דדקר נעוץ בעינן שיהא מוכן - ב"ח›, **בעפר תיחוח, מכסהו בו** - ואם אין לו דקר נעוץ מבעו"י, לא יכסהו עד הערב.

---

§ מסכת ביצה דף ח. §

אות א'

בעפר תיחוח

סימן תצח סי"ד - ואם עבר ושחט, אם יש לו דקר (פי' כעין יתד של ברזל שחופרין בו את הקרקע) נעוץ - ועי"ז הו"ל הקרקע כחפור ועומד, ‹דדקר נעוץ לא בעינן אלא משום דאיכא צד חפירה›, **ודעת** כמה פוסקים, דבעינן שינעוץ בהדיא לשם הכנה לצורך מחר, ‹דדקר נעוץ בעינן שיהא מוכן - ב"ח›, **בעפר תיחוח, מכסהו בו** - ואם אין לו דקר נעוץ מבע"י, לא יכסהו עד הערב.

בעפר תיחוח - דבעפר קשה, הלא צריך לכתוש כדי לכסות, ואסור וכנ"ל, **ואע"ג** דבתיחוח נמי הלא קעביד גומא עכשיו בהוצאת העפר, **אין** בזה איסור דאורייתא, דהוא מלאכה שא"צ לגופה, וגם הוא מקלקל, והתירו בדיעבד כששחט משום מצות כיסוי, ‹ואסורה משום מראית העין בלא דקר נעוץ - ב"ח›.

ומשמע מהפוסקים, דחשש גומא אינו אלא כשהיה רק מעט עפר תיחוח באמצע, וסביב קרקע קשה, וכשנוטל העפר נשאר גומא, **אבל** כשהיה עפר תיחוח הרבה סביב, אין עושה גומא בנטילתו, שמיד שנוטל העפר נשאר עפר אחר במקומו, ויכול לכסות בדיעבד כשכבר שחט, אפילו לא היה שם דקר נעוץ מבע"י, **ומ"מ** לענין לשחוט לכתחלה, אפילו על סמך עפר כזה אסור, ‹ואפי' יש לו דקר נעוץ›, דנעיצת דקר אינה הכנה גמורה להוציא מידי מוקצה, שהרי מ"מ לא נטלו להעפר ממקום חיבורו מבעוד יום, ולא התירו ע"י נעיצת דקר אלא בדיעבד כשכבר שחט.

[א]**(ואפילו היה צריך לכמה דקירות, שרי) (ב"י)** - שכשנעץ הדקר להכנה, מסתמא דעתו היה להכין מן העפר כפי השיעור שיצטרך לו לכיסוי, [**ופשוט** דבמקום שרוצה לדקור עתה הדקר מחדש, מיירי ג"כ שהיה העפר תיחוח, דלא יצטרך לכתשו], **ויש** מאחרונים [ט"ז סי"ט] שסוברין, דהכנה שהכין מאתמול לא מהני אלא לאותו דקר שנעץ שהזמינו לכך, אבל לא לדקור מחדש בשביל זה, **וכ"ש** להפוסקים שסוברין, דהטעם דבעינן דקר נעוץ מבע"י, כדי שלא יהא חשש חפירה ביו"ט, פשיטא דאסור לדקור מחדש ביו"ט.

אות ב'

החופר גומא בשבת ואינו צריך אלא לעפרה פטור עליה

רמב"ם פ"א מהל' שבת הי"ז - כל המקלקלין פטורין, כיצד, הרי שחבל בחבירו או בבהמה דרך השחתה, וכן אם קרע בגדים או שרפן או שבר כלים דרך השחתה, הרי זה פטור; חפר גומה ואינו צריך אלא לעפרה, [ב]**ה"ז מקלקל ופטור, אע"פ שעשה מלאכה, הואיל וכוונתו לקלקל, פטור.**

אות ג'

לא שנו אלא שהוסק מערב יום טוב, אבל הוסק ביום טוב אסור, ואם ראוי לצלות בו ביצה מותר

סימן תצח סט"ו - [ג]**אפר כירה שהוסק מעיו"ט, מותר לכסות בו** - היינו אפילו לשחוט לכתחלה על דעת זה, דהו"ל מוכן, דכיון שהיה אפר מאתמול, דעתיה עלויה לכל מילי שיצטרך. **אבל אם הוסק ביו"ט, אסור** - ואפילו להמתירין מוקצה ואפי' בנולד, מ"מ [ד]בנולד גמור כזה, דמעיקרא עצים והשתא אפר, כו"ע מודים דאסור בטלטול. **אא"כ הוא חם שראוי לצלות בו ביצה** - דאתמול בעודן עצים, היו מוכנים להיסק ולבשל ולצלות, ועודנו בתשמישו זה, ואיידי דחזי לאפוכי ביה מידי לצליית ביצה, שקיל ליה נמי ומכסה בו להדם, [רש"י, **ועיין** בפמ"ג שמצדד, דאפי' אינו ראוי רק להפשיר משקה שנצטנן, ג"כ אין עליו שם מוקצה]. **(מכאן שמותר לכסות אף באפר חם).**

(**בפמ"ג** כתב, גחלים כבוים שאינן חמים, הוי מעשה חדש כמו אפר, ור"ל דגם גחלים מקרי נולד כמו אפר, דמעיקרא עצים והשתא גחלים, **ועיין במחה"ש שכתב, דאם הובערו שוב, מותרין, וכמו אפר שנצטנן וחזר ונתחמם, ומשום דאין מוקצה לחצי שבת, וה"ה דמותר לנפוח בהן אם מונחים אצל גחלים לוחשות כדי להבעירן, ואע"ג דע"י הנפיחה זזים ממקומם, לית לן בה, ובעיקר הדין יש לעיין, דלענ"ד אף בנצטננו לגמרי אין זה מעשה חדש, דעדיין עומדין לתשמישן הראשון, דכשם שמסיקין בעצים ה"ה בגחלים לצלי, ובפרט בימינו שמבערין המיחם רק בגחלים, אח"כ מצאתי שמביאים בשם ספר קהלת יעקב שמסכים, דגחלים קטנים** שאינן ראוין להבעיר אותן לצורך בישול וצלי, אסורין לטלטל, אבל **גדולים מותרים כמו עצים להסקה).**

באר הגולה

[א] ‹ממ"ש שם {בע"ב} אמר רבי יוסי בר יאסינאה לא שנו אלא שאין כו' - גר"א. ‹**והט"ז** דוחה, דהתם אפי' אם היו לו הרבה דקירות נעוצים מעי"ט, לא הותר בתערובות כי אם בדקירה אחת› [ב] ‹וטעם הקלקול הוא לר"י כדאיתא התם (שבת ע"ג ב'): ואפי' לר"י דאמר מלאכה שאצל"ג חייב, ה"מ מתקן, האי מקלקל הוא, ע"כ. ומכאן שאם היתה הגומא במקום שאין בו קלקול, אע"פ שאצל"ג, חייב עליה לדעת רבינו ז"ל שפסק כר"י, וזה פשוט - מגיד משנה› [ג] **שם במשנה וגמ'** [ד] ‹עיין בתוס' ורש"י, וז"ל רבינו יהונתן: אבל בהוסק ביו"ט, דליכא למימר ביה דעתיה עליה מאתמול, אסור וכנולד דמי, ואסור לטלטלו›

ביצה פרק ראשון ביצה ח

בעפר תיחוח והא קא עביד גומא כדר' אבא *דאמר ר' אבא החופר גומא בשבת ואינו צריך אלא לעפרה פטור עליה: שאפר כירה מוכן הוא: אפר כירה מאן דכר שמיה אמר רבה הכי קאמר ואפר כירה מוכן הוא אמר רב יהודה אמר רב לא שנו אלא שהוסק מערב יו"ט אבל הוסק ביום טוב אסור ואם ראוי לצלות בו ביצה מותר תניא נמי הכי כשאמרו אפר כירה מוכן הוא לא אמרו אלא שהוסק מערב יו"ט אבל הוסק ביום טוב אסור ואם ראוי לצלות בו ביצה מותר הכנים עפר לגנתו ולחורבתו מותר לכסות בו *ואמר רב יהודה מכנים אדם מלא קופתו עפר ועושה בה כל צרכו דרש מר זוטרא משמיה דמר זוטרא רבה והוא שייחד לו קרן זוית מיתיבי *כוי אין שוחטין אותו ביו"ט ואם שחטו אין מכסין את דמו ואי איתא לכסייה בדרב יהודה ולטעמיך לכסייה באפר כירה או בדקר נעוץ אלא דלית ליה הכא נמי דלית ליה אי הכי מאי איריא ספק אפילו ודאי נמי לא לא מבעיא קאמר לא מבעיא ודאי דלא לשחוט אבל ספק אימא משום שמחת יו"ט לישחוט ולא לכסייה קמ"ל

והא

רש"י

וסא קא עביד גומא · וחייב משום בנין · כדמפרש טעמא בפ"ק דחגיגה דכיון דאינו צריך אלא לעפרה ולא לגומא אינו בונה ולא חורש אלא מקלקל וכל המקלקלים פטורים : **מאן דכר שמיה** · דקאמר שאפר כו' דמשמע דיהיב טעמא למילתיה דלעיל: **שהוסק מערב י"ט** · מאתמול דעתיה עלויה לכל מילי : **אבל הוסק ביו"ט** · דליכא למימר דעתיה עלויה מאתמול אסור : **ואם ראוי לצלות בו ביצה** · שיש עדיין רמץ חם : **מותר** · דמאתמול בעודם עלים היו מוכנים להסק ולבשל ולצלות ועודו בתשמישו זה ואע"ג דחזי להסיקו ביה מידי לצלויי ביצה שקיל ליה נמי ומנח ליה על הדם : **הכנים עפר** · הרבה במקום אחד לצורך גגתו או לצורך חורבתו לטוחן בהן מותר לכסות בו דכל זמן שהוא צבור דעתיה עלויה לכל צרכיו : **מכנים אדם מלא קופתו עפר** · בשבת וטוחו במקום אחד ועושה בה כל צרכיו ולא אמרינן בטלה לה לגבי קרקע הבית אהיידי דזוטרה : **והוא שייחד לו כו'** · ולא שטחה דמוכחא מילתא דלצרכיו קא בעי לה ובעפר תיחוח קאמר שאינו מחוסר לא חפירה ולא כתישה אלא הכנה : **כוי** · ספק חיה ספק בהמה: **אין שוחטין אותו ביו"ט** · משום דשמא חיה הוא וצריך כסוי והוא אינו יכול לכסותו ביו"ט כדקתני : **ואם שחטו אין מכסין את דמו** · דשמא בהמה הוא ואין בו מצות כסוי ואין מטלטלין העפר לכך : **ואם איתא** · דיש עפר שמוכן לכל צרכי אדם אפי' הוא בהמה לכסייה: **כדרב יהודה** · אם הכניס קופת עפר: ס"ג **ולטעמיך לכסייה בדקר נעוץ או באפר כירה** · דהא בהדיא תנא במתני' דמוכן הוא : **אפילו ודאי נמי** · דהא כב"ה קי"ל דאסרי ואפילו דיעבד בלא דקר נעוץ : **לא מבעיא קאמר** · הא דנקט כוי אין שוחטין כל שכן חיה גמורה הטעונה כסוי והוא אינו יכול ולרבותא אשמעינן כוי ולא מיבעיא ודאי :

והא

תוספות

בעפר תיחוח והא קא עביד גומא · תימה דמשמע דשייך גומא אף בעפר תיחוח ובשבת פרק כירה (דף לט. ושם) אמרי' אין טומנין ביצה בחול (*רב) אמר גזרה שמא יטמין ברמץ (*ור' זירא) אמר גזרה שמא יזיז עפר ממקומו* מאי ביניייהו איכא בינייהו עפר תיחוח פירוש למ"ד שמא יטמין ברמץ איכא למגזר אבל למ"ד שמא יזיז אין כאן משום שמא יזיז וי"ל דהתם מיירי שכל המקום סביב עפר תיחוח וכשמגביה הביצה אז טפל הקרקע ואין ניכר כאן שיש גומא אבל הכא מיירי שהוא קשה סביב והעפר תיחוח באמצעו וא"כ כשמגביה(א) (*הביצה) ניכרת הגומא : **ואינו צריך אלא לעפרה פטור** · משום *דהוי מלאכה שאינה צריכה לגופה ופטור עליה ותימה דא"כ פטור אבל אסור לכתחלה וי"ל דמשום שמחת יו"ט מותר אפילו לכתחלה וא"ת אם כן למה לי דקר נעוץ וי"ל דמ"מ בעינן שיהא מוכן מערב יום טוב : **הכי קאמר ואפר כירה מוכן הוא** · ותימה דאמרי' בפרק כסוי הדם (חולין דף פח: ושם) ב"ש אומרים אין מכסין באפר דאפר לא מקרי עפר והיכי *קאמר הכא דאפר מוכן הוא לעשות כסוי לכ"ע דהא קתני ליה גבי וטון במתני' וי"ל דמלתא דהכא באפי נפשה קאמר רבה כלומר ואפר הכירה מוכן הוא לענין טלטול שאר דברים כגון לכסות בו צואה וכיוצא בו אבל לא קאי אכסוי דלעיל כלל א"נ י"ל דהתם מיירי באפר אוכלין דאינו מגדל צמחין הלכך הואיל ואינו מגדל צמחין אין מכסין בו אבל הכא מיירי באפר עצים דמגדל צמחין ואע"פ דלא מקרי עפר מכסין בו דקאמר דבר המגדל צמחין אע"ג דלא אקרי עפר ואי אקרי עפר בשום מקום אע"ג דלא מגדל צמחין מכסין בו דתניא היה הולך במדבר ואין לו עפר לכסות שוחק דינר זהב ומכסה בו היה הולך בספינה ואין לו עפר לכסות שורף טליתו ומכסה בו ופריך אשכחן אפר דמקרי עפר שנאמר ולקחו לטמא מעפר שרפת החטאת ולכך שורף טליתו ומכסה בו אלא דינר זהב מנא ליה ומשני דכתיב ועפרות זהב לו (איוב כח) ועל כרחך עפרות זהב ושריפת טלית לא מגדלי צמחים ולכך הוצרך הפסוק לומר דמקרו עפר דכל דבר המגדל צמחים מרבינן התם מקרא דוכסהו (ויקרא יז) אע"ג דלא אקרו עפר כגון נסורת של חרשים דקה ונעורת של פשתן דקה ושחיקת כלי מתכות וא"כ אפר הכירה וחול הדק ונעורת של כשתן וסיד ומגופה שכתשן מותר לכסות: **אמר רב יהודה לא שנו אלא שהוסק מערב י"ט וכו'** · נראה דהכי הלכתא דהא מייתי ליה סייעתא מברייתא ועוד דליכא מאן דפליג דאפי' ר"ש מודה דהאי דהוסק בי"ט דהוי נולד גמור דמעיקרא עצים והשתא אפר והויא כמיא בעיבא מבלע בליעי (עירובין דף מה:*) דמודה ר"ש וא"ת ואנו היאך אנו מסלקין אפר הכירה בי"ט לאפות הפשטיד"א אע"ג שאין ראוי לצלות בו ביצה ואומר הר"ר יצחק דמוקצה אינו אסור לטלטל בי"ט בשביל אוכל נפש ושמחת י"ט וראיה מדלקמן פרק אין צדין (דף כח:*) ובירושלמי מפרש דהכא מיירי בשלא שחט אבל שחט שרי אע"ג שהוסק בי"ט שלא לעקור מצות כסוי : **ואמר רב יהודה מכנים אדם מלא קופתו עפר וכו'** · וא"ת מה בא להוסיף על הברייתא דקתני אפי' הכנים לגנתו או לחורבתו וכ"ש מלא קופתו וי"ל דלפי' רש"י ניחא דכשהכנים עפר לגנתו מיירי שהכניס הרבה ביחד וכל זמן שהוא צבור דעתו עליו לכל צרכו ואינו בטל אגב קרקע אבל הכא מיירי שלא הכניס הרבה רק מלא קופתו מעט (מפני) עפר וס"ד דיבטל אגב קרקע א"נ י"ל דהתם לא מיירי רק לכסות בו אבל שאר צרכיו לא והכא אשמועינן דהואיל ומלא קופתו עפר עביד בו כל צרכו : **ואי איתא לכסייה כדרב יהודה** · משמע דקאי אסיפא וכן פי' רש"י בסמוך בהדיא דקאי אסיפא ועל כרחך צ"ל דקאי אסיפא דאי קאי ארישא מאי פריך לכסייה בדקר נעוץ הא ב"ה סבירא להו דלכתחילה לא ישחוט וכו' וכי פריך הש"ס ולעביד כב"ש אבל תימה מדפריך בסמוך והא סיפא וכו' מכלל דעד השתא איירי ברישא וי"ל דלעולם קאי ארישא ולא גרסינן בדקר נעוץ אלא גרס לכסייה באפר כירה עוד י"ל דלמה שפירש ר"ת לקמן (דף ט: ד"ה אמר ר"י) ניחא דפירש שמוחלפת השיטה דבית הלל אומרים יחפור בדקר ויכסה וב"ש אומרים לא ישחוט והשתא פריך אליבא דבית הלל : **אי הכי מאי איריא ספק אפי' ודאי נמי** · תימה מאי אי אמרת בשלמא שייך הכא *אפי' כי ליתא דרב יהודה שייך להקשות הכא לכסייה בדקר נעוץ וכו' וצריך לשנויי דלית ליה וי"ל דהכי פי' אי אמרת בשלמא דלית ליה דרב יהודה לא קשיא ליה אברייתא דאיכא למימר דלית ליה דקר נעוץ ואפר כירה דבני אדם לא שכיחי שיש להם דקר נעוץ ואפר כירה שהוסק מערב י"ט ודרב יהודה אית ליה שיש לו עפר מזומן דשכיח הוא טפי ומ"מ אין לכסות כדרב יהודה בעפר דליתא לדרב יהודה ואין הלכה כרב יהודה ואין להקשות מאי איריא ספק וכו' הואיל וליתא לדרב יהודה ודקר נעוץ לית ליה דהא ודאי איתא לדרב יהודה לענין שמכסה בו כשהוא ודאי חיה או עוף אבל מה שאמר רב יהודה ועושה בו כל צרכו לא סבירא לן טותיה ולא שרי לכסויי בו כוי אבל כיון דאיתא לדרב יהודה צריך ליה לשנויי דלית ליה כל הני ואפי' עפר מזומן אין לו ואם כן אפי' ודאי נמי :

והא

עין משפט נר מצוה

[נ"ל רבה]

ופרש"י שם משום דקא עביד גומא

נד א מיי' פ"ב מהל' יו"ט הלכה יח סמג לאוין עה טוש"ע א"ח סי' תצח סעיף יד :

נה ב מיי' פ"א מהל' שבת הלכה יז :

נו ג מיי' פ"ב מהלכות יו"ט הלכה יח סמג שם טוש"ע שם סעיף טו :

[הדקר כנ"ל]

[ועי' תוס' פסחים מז: ד"ה כתישה ביו"ט]

נז ד טוש"ע שם סעיף טו :

נח ה ו מיי' שם ופ' כ"ה מהלכות שבת הלכה כב טוש"ע א"ח שם סעיף יז וסי' שח סעיף לח :

נט ז מיי' פ"ג מהלכות יו"ט הלכה א טוש"ע שם סי' תצח סעיף יח :

והיכי קאמר רבה הכא כנ"ל

רבינו חננאל

בעפר תיחוח כלומר עפר מת שאינו מכתש. והא עביד גומא. כלומר משיתלוש הדקר נעשית גומא. ופרקינן מתני' כר' אבא דאמר בחגיגה פרק ראשון החופר גומא ואין צריך אלא לעפרה פטור עליה: **פיסקא** ואפר הכירה מוכן הוא. תניא כשאמרו אפר כירה מוכן לא אמרו אלא שהוסק מעיו"ט אבל אם הוסק ביו"ט אסור. ואם ראוי לצלות בו ביצה מותר. הכנים עפר לגנתו ולחורבתו מותר לכסות בו אמר רב יהודה מכנים אדם מלא קופתו עפר ועושה בו כל צרכיו. ואסיקנא והוא שייחד לו קרן זוית ואותבינן עליה מיהא כוי אין שוחטין אותו ביו"ט ואם שחט אין מכסין את דמו. ואם איתא ליכסייה כדרב יהודה כלומר בעפר שהכנים. ודחינן ולטעמיך ליכסייה בדקר נעוץ או באפר הכירה אלא דלית ליה אחד מהן לא עפר ולא דקר נעוץ ולא אפר הכירה. אי הכי אפילו צבי או עוף ודאי לא ישחוט שאין לו במה לכסות את

מסורת הש"ס

שבת עג: חגיגה י.

שבת נ.

חולין עט: סג: [בכורים פ"ב מ"ט]

ועי' תוס' שם מו. ד"ה כ"ש [ושם בד"ה גריפת . וע"ע תוס' לקמן לג: ד"ה אמר ר' זירא]

[עי' תוס' שבת קכ: ד"ה א"ה]

הגהות הב"ח

(א) תוס' ד"ה בעפר וכו' כשמגביה העפר ניכרת הגומא :

ואם הסיק עצים היום ע"ג אפר של אתמול, ונתערב האפר באפר של אתמול, בענין שלא היה ניכר מעולם בפני עצמו בלי תערובות, דבזה ליכא כללא: דדבר שיש לו מתירין אפי' באלף לא בטיל, בטל ברוב.

ה'ואם שחט, מותר לכסות בו אע"פ שאינו ראוי לצלות בו ביצה - דשרו רבנן מוקצה בדיעבד שלא לבטל מצות כיסוי, [**ואע"ג** שבסי"ד לא שרינן לכסות רק באם היה דקר נעוץ, אבל לחפור לכתחילה אסור, **שאני** התם דאיכא תרתי איסורי, מוקצה, ועשיית גומא דג"כ אסור לכתחילה אפי' במקלקל, ובכגון זה העמידו חכמים דבריהם, משא"כ כאן דליכא אלא מוקצה לחוד]. (**וצריך ביאור, דהא בגמ' דף ח'** ע"ב משמע להדיא, **דאף** באפר כירה שייך גומא, וכגון שלא יחזור ויפול כשיקחנו, וצ"ע שלא העירו בזה משם).

(ומיהו עדיף טפי לכסות בדקר נעוץ בעפר תיחוח, אם יש לו) (כ"י בשם הרא"ש וטור) - דדקר שהיה נעוץ מבע"י לכך, אין בו איסור מוקצה, ורק עשיית גומא, דאינו אלא מקלקל במקום שא"צ להגומא, וס"ל דזהו קילא מאיסור מוקצה, **אכן** כמה אחרונים חולקים אהגה"ה זו, וס"ל להיפך, דמוטב לכסות באפר מוקצה, דאינו אלא טלטול בעלמא, ולא להגביה העפר עם הדקר, שעושה גומא בידים, [**ונראה** דלדקור כמה דקירות, לכו"ע אינו נכון במקום שיש אפר, אף שהוסק בו ביום].

אות ד'

הכניס עפר לגנתו ולחורבתו מותר לכסות בו

סימן תצח סט"ז - ו'הכניס עפר הרבה לביתו לצורך גינתו - היינו שדעתו היה בפירוש לצורך גינתו לשוטחה שם, **והוא כנוס במקום אחד** - ר"ל שלא שטחם עדיין על פני גינתו, אלא מונחים לעת עתה כמו שהכניסם, בצבור אחד, [כן מוכח מרש"י], **מותר לכסות בו** - ואפילו לשחוט לכתחלה על דעת עפר זה, [כפירוש הראשון שבתוס' ד"ה ואמר, דס"ל דמותר לכל צרכיו], **שכל זמן שהוא צבור דעתו עליו לכל מה שיצטרך** - ומשמע דלכל תשמיש מותר. **וכתבו** האחרונים, דסעיף זה מיירי ג"כ בשהיה העפר תיחוח, כמו ההיא דסי"ד, הלא"ה אסור לכסות בו, **ולענין** לשחוט לכתחלה, או לשאר צרכים, צריך שיהיה תיחוח כ"כ, עד שלא יעשה שום גומא בנטילתו.

ויש פוסקים שכתבו, שלא התירו אלא לענין כיסוי שהוא צורך מצוה, אבל לשאר תשמישים לא, [תוס' בתירוץ בתרא], **ואפילו** לענין כיסוי דוקא דיעבד, אבל לא לשחוט לכתחלה על דעת זה, **ולא** דמי לסעיף י"ז דלקמיה, דכאן אין הכנה גמורה, כיון שעיקרו בא לצורך גינתו, **ויש** להחמיר כסברא זו.

אבל אם הכניס מלא קופה לצורך גינתו, לא, שמאחר שהוא מועט, בטל - דדוקא אם הוא עפר הרבה, ומשום דכל זמן שהוא צבור וכו', אבל אם רק מלא קופתו לא, ואפי' הניחם בקרן זוית לא מהני, **משא"כ** בסי"ז שהכניס לבית בסתם, אפילו מלא קופתו מותר, כשייחד לו קרן זוית וכדלקמיה.

ויש מן הפוסקים שסוברין, דדוקא אם הכניס לגינתו ממש, דאז אמרינן אם הוא מועט מלא קופה וכיוצא בטל לגבי קרקע הגינה, **משא"כ** במכניסו לבית או לחצר, אע"פ שלא הכניס אלא מלא קופה, וייחד לו מקום, אינו בטל, [**ופירוש** הראשון נראה יותר].

אות ה' – ו'

מכניס אדם מלא קופתו עפר ועושה בה כל צרכו
והוא שייחד לו קרן זוית

סימן תצח סי"ז - ז'מכניס אדם מלא קופתו עפר לבית - מערב יו"ט, (דביו"ט גופא, סתם עפר וחול הוא מוקצה לד"ה, ואפילו לר"ש), ומערה אותו על הקרקע, **בסתם** - ר"ל שלא חישב בהדיא לצורך גינה, אלא בסתם, וכנ"ל, **ועושה בו כל צרכו.** **(וע"ל סימן ש"ח סעיף ל"ח)** - ר"ל שמבואר שם, דמותר אף לכסות בו צואה, אף דאפשר היה לומר דכונתו לא היה אלא לדבר שתשמישו תדיר ודאי, אבל לא לזה דאפשר שלא יעשה התינוק צרכיו בבית.

ודוקא בזה שהכניסו לבית בסתמא, דאז אמרינן דדעתו לכל מה שיצטרך, **אבל** אם הכניסו לדבר שתשמישו ודאי, כגון שהכניסו לכסות בו דם עוף שדעתו לשחטו ביו"ט, אסור לכסות בו צואה, **ויש** מקילין גם בזה, [אור זרוע, **ואפשר** דהרי"ף והרמב"ם והרא"ש שלא העתיקו דינא דרבא (בעמוד ב'), דהכניס לכסות דם צפור אסור לכסות בו צואה, ס"ל דלמסקנא דרמי בריה דרב ייבא לא סבירא כלל לחלק בין ודאי לספק, דמה שדעתו היה להכין לודאי, דעתו היה גם לספק, וכוי שאני משום התרת חלבו, ולכך השמיטוהו להאי מימרא].

ולא אמרינן שהוא בטל אגב קרקע הבית - משום מיעוטו, וכמו בסעיף הקודם, **ח'והוא שייחד לו קרן זוית, דכיון שלא שטחו, מוכחא מילתא דלצרכו בעי ליה** - עיין לעיל בסי' ש"ח במ"ב, דאם שטחו, נתבטל אגב קרקע הבית, אפילו אם הכניסו בפירוש לצרכיו.

וגם צריך ליזהר (כשעושה בו כל צרכו), ליטול ממנו בשוה, ולא לעשות גומא, **או** דמיירי שהוא תיחוח הרבה, דתיכף כשנוטל החול, נופל לתוך הגומא וסותמה.

ט'ואם הוא עפר תיחוח, מותר לכסות בו - דאל"כ הלא צריך כתישה ואסור, **ואם** מיירי שלא שחט עדיין, צריך שיהיה העפר

באר הגולה

ה ירושלמי כתבוהו התוס' והרא"ש ו ברייתא שם בבבלי וכפי' רש"י ז שם מימרא דרב יהודה ח שם מימרא דרב זוטרא ט פי' ואין צריך דקר נעוץ, ורישא נמי איירי בעפר תיחוח כמו שכתבו הטור והב"י

תיחוח כ"כ כל סביביו, שבלקיחתו לא יעשה גומא, **או** שיטול ממנו בשוה וכו"ל, {וכגון שהיה משופע וגבוה קצת}, דאל"כ אסור לכתחלה עכ"פ לשחוט על דעת זה, וכמבואר למעלה.

וכתבו האחרונים, דעשיית גומא שייך אפילו בקרקע תלוש, כמו בכאן שהעפר כבר נתלש ונחפר, וה"ה בעפר שבכלים, [**ובנשמת** אדם מפקפק בזה]. **ולפי"ז** אין לתחוב נר בכלי מלא עפר, אם העפר קשה קצת שנעשה גומא בתחיבתו, דאם העפר תיחוח, דכשיוציאנו תחזור ותפול, אין זה חשיב עושה גומא, **ומ"מ** להוציא נר מעפר זו, אע"פ שנעשה גומא ממילא, לית לן בה.

אות ז'

כוי אין שוחטין אותו ביו"ט, ואם שחטו אין מכסין את דמו

סימן תצח סי"ח - [י]כוי (פי' בריה שנולדה מתיש ולביה) - ר"ל צבי הבא על התישה, ‹דיש ספק אם חייב לכסות, דשמא חוששין לזרע האב›, **דאלו** תיש הבא על הצביה, אף דג"כ חלבו אסור, **מ"מ** שוחטין אותו ביו"ט, כמבואר ביו"ד באחרונים, ‹דאפי' אי חוששין לזרע האב, יש חיוב ודאית לכסות, דאמרינן צבי ואפי' מקצת צבי›.

ויש עוד מין כוי שהוא בריה בפני עצמו, והוא ספק חיה ספק בהמה, ויהבינן להו חומרי שניהם, דטעונין כיסוי כחיה, וחלבן אסור כבהמה, [**וזהו** סתם כוי האמור בכל מקום, וגם בכאן, ומה שציין בהג"ה מצבי ותישה, נקט מלתא דשכיחא, דגם זה יש לו דין כוי].

אין שוחטין אותו ביו"ט - שהרי אי אפשר לכסות דמו עד מוצאי יו"ט, ושמא יתבלע בקרקע ולא יהא רשומו ניכר, ויבטל מצות כיסוי.

ואם שחטו, אין מכסין את דמו [יא]אפילו יש לו עפר מוכן - ואפילו הכינו בהדיא לשם כיסוי כוי, **מפני שהרואה יאמר: ודאי חיה הוא, דאם לא כן לא היו מטריחין לכסות דמו ביו"ט, ויבא להתיר חלבו** - ר"ל כדי שלא יטעו לחשוב כי כוי חיה ודאית היא, מדשרו טרחא ביו"ט, **ויש** כח ביד חכמים לבטל מצוה בשב ואל תעשה, כדי שלא יבוא לידי מכשול בספק כרת בקום ועשה, [**ובפרט** דאפשר שיתקיים המצוה במו"ש, אם יהיה עדיין רישומו ניכר].

ועיין בצל"ח שדעתו, דדוקא בכוי שהוא בריה בפני עצמו, אבל בנולד מצבי הבא על התישה, אם הכינו בהדיא מערב יו"ט לכיסויו, מותר לשחוט אותו ביו"ט, עי"ש טעמו, ‹דלא שייך בו חשש התרת חלבו כלל, כיון שאמו היא תישה, ממילא חלבו ודאי אסור - צל"ח›.

[יב]ולערב, אם רשומו ניכר, יכסנו - ולדידן דעושין שני ימים, צריך להמתין בכיסוי עד מוצאי יו"ט שני.

(**וכתבו** הרבה אחרונים, דאפי' אם ירצה ליתן עפר מעט בכלי, ולקבל הדם בתוכו {דבלי עפר הלא אין מקבלין דם בכלי, משום דדרך עכו"ם לשם זריקה לע"ג} ג"כ אין נכון ביום טוב, **דבזה** ג"כ יש חששא, **דשמא** יאמרו מדהחזירו ליתן עפר, ש"מ דודאי חיה הוא, ונתנו לשם כיסוי).

הגה: [יג]"ודוקא שמחטו בקרן זוית וכה"ג, אבל אם שחטו באמצע החצר, אפי' דם בהמה יכול לכסות אם יש לו עפר מוכן - כגון שהכניס מלא קופתו עפר בסתם כבסי"ז, או שהכין לכסות בו צואה, מוכן הוא גם לזה, **דהוי ליה כגרף של רעי, וצריך לכסות שלא יתלכלכו כליו בחצר (הג' אלפסי)** ‹שלטי גיבורים בשם הריא"ז› - ר"ל שדרכו לכסות שלא יתלכלך כליו בחצר, [**ואפשר** נמי דנכון לכתחילה לכסות, כדי שלא יבוא אח"כ לידי כיבוס כליו].

(**עיין** שבת קכ"א ע"ב, דמשמע שם דדוקא באשפה שבחצר אין בו משום גרף של רעי, אבל בשאר החצר לא חלקו בין אמצע לזוית, וע"כ דדם אין נחשב כגרף של רעי, וא"כ אף באמצע נמי אסור, וצע"ק).

ומשמע (מלשון ההג"ה), דכ"ש דם כוי דמותר לכסות, כיון דבלאו מצות כיסוי צריך הוא לכסות משום מיאוס, ושוב לא יטעו להתיר חלבו, דיאמרו מכסה הוא בשביל שלא יתלכלכו כליו, **ועיין** במ"א שמצדד, דאין להקל בזה לכסות רק היכא שמכוין באמת בשביל שלא יתלכלכו כליו, אבל אם מכוין רק לשם מצות כיסוי, אסור, (**דלא** חילקו חכמים בגזירתם באיזה מקום שחט, וכמו שאסרו לכתחלה לשחוט בכל גווני, אלא דבא להתיר כאן רק אם הוא ירא שיתלכלך בדרך הילוכו, דמותר לכסות בשביל טינוף בגדיו, **אלא** דמלשון הגה"ה "אפילו דם בהמה", משמע מזה דכ"ש כוי דאיכא תרתי, מצות כיסוי וניקור חצירו, ומ"מ יש לדחות, דהיכא דמכוין לניקור חצירו, דחושש לטינוף כליו, מותר לכסות ולכוין גם לשם מצות כיסוי, **משא"כ** היכא דלא היה חושש בשביל טינוף, ועיקר כונתו הוא רק לשם מצוה, אסור, אף דהרואין יאמרו דלנקות חצירו הוא עושה, כיון דהוא עצמו יודע שאין כונתו רק לכיסוי).

(**ודע** עוד, דלענ"ד נראה דאין לכסות דם כוי אף באופן זה שרוצה לנקות חצירו, אלא כשיכוין גם למצות כיסוי, דאל"כ הרי יבטל בידים המצוה, לפי הכלל דמצות צריכות כונה, דאם לא היה מכסה כלל, הלא אפשר שישאר רשומו ניכר לערב לכסות, וגם דברי המ"א שכתב, דמיירי שמכוין לנקר חצירו, כונתו ג"כ שיכוין גם למצות כיסוי).

(**ואין** לשחוט הכוי לכתחלה ביו"ט בכל גווני, ואפילו באמצע החצר במקום שהולכים שם כל בני הבית, ואף דשם אין חשש בהכיסוי, דיאמרו לנקות חצירו הוא מכסה, וכן משמע מלשון ההג"ה, דקאמר: אם שחטו וכו', וצ"ל הטעם, דלא רצו חכמים לחלק בזה לענין לכתחלה).

(**ודע**, דמביאור הגר"א שכתב דטעמא דהג"ה זו, דהריא"ז סובר דהסוגיא מיירי בעפר שאינו מוכן לגמרי כדקר נעוץ וכה"ג, עי"ש, מוכח דס"ל, דלפי מאי דקי"ל כהפוסקים דסוגיא קאי אפי' במוכן, ‹וכמ"ש המחבר: אפי' יש לו עפר מוכן›, לא קיי"ל כהג"ה זו).

באר הגולה

[י] משנה חולין פ"ג [יא] גמרא ביצה ח' [יב] פשוט וכן משמע מדברי הרא"ש [יג] ‹שמפרש מש"כ רמי בריה דרב ייבא אמר כו' {עמוד ב'}, בעפר שאינו מוכן, דאל"כ היאך אמרו בחול אמרי לנקר כו', {הא} ביו"ט נמי, {הרי דגם באמצע החצר דאיכא טעמא דלנקר, אפ"ה אסור ביו"ט, וזה לא הוי אלא בעפר שאינו מוכן - דמשק אליעזר} - גר"א. ‹**ועיין** בא"ר ומאמר מרדכי ונהר שלום, שהסכימו לתירוץ א' דהמ"א, {על הקושיא: דמדמשני בחול אמרי לנקר חצירו הוא צריך, ומדאסרינן ביו"ט, אלמא דביו"ט לא אמרינן לנקר חצירו הוא צריך}, דהש"ס מיירי בקרן זוית, וקושית המ"א: דא"כ בחול נמי, תירצו, דבחול בודאי דרכו לנקות חצירו בכל זוית, ולא כן ביו"ט כל שאין מטונף במקום עוברים ושבים אסור לנקות - בה"ל›

ם א מיי' פ"א מהלכות יו"ט הלכה ג סמג עשין לג לח עד:
סא ב מיי' פ"ג שם הלכה א טוש"ע א"ח סי' תצח סעיף יח:
סב ג ד מיי' שם הל' ב טוש"ע שם סעיף יט:
סג ה מיי' שם טוש"ע שם סעיף כ:

והא מדקתני סיפא ואם שחטו וכו'· ואם תאמר אמאי לא פריך אי לית ליה פשיטא דאין שוחטין דבמאי יכול לכסות ופירש הקונטרס' דאי קאי ארישא הוה אמינא דלשחוט ולא לכסייה משום שמחת י"ט אלא אסיפא דקתני אין מכסין אי דלית ליה חדא מהני אילטריך למימר אין מכסין אותו השתא ודאי אין אנו מכסין כב"ה דאסרי אפי' דיעבד בלא דקר נעוץ ספק מבעיא אלא שמע מינה בדאית ליה דודאי מכסין אבל ספק לא והדר קושיא לדוכתין לכסייה כדרב יהודה או באפר כירה: **סוף** סוף יו"ט עשה ולא תעשה אלא אמר רבא וכו'· ותימה דהכא משמע לרבא דאית ליה עשה ולא תעשה מדדחיק נפשיה לשנויי ובפרק במה מדליקין (שבת דף כד: ושם) אמר רבא הוא ולא מכשיריו לבדו ולא מילה שלא בזמנה ורב אשי אמר יום טוב עשה ולא תעשה וכו' משמע דרבא לית ליה ההוא טעמא וי"ל דגמרא דחיק נפשיה לאוקומי מילתא דרבא אליבא דהלכתא די"ט עשה ולא תעשה אע"ג דרבא עצמו לית ליה האי סברא*: [עי' תוס' שבת כד: בד"ה ולא]

תני ר' זירא לא כוי בלבד אמרו וכו'· וא"ת וכי יש כח ביד חכמים לעקור דבר שהוא מן התורה דהא כסוי דאורייתא דכתיב וכסהו בעפר וי"ל דאין הכי נמי דשב ואל תעשה יש כח בידם*: [כדאיתא ביבמות צ.]

גלגל

וכא מדקתני סיפא כו'· כלומר בשלמא אין שוחטין דרישא אילטריך כדקאמרת דלא תימא לשחוט משום כבוד יום טוב בלא כסוי אלא סיפא דקתני אין מכסין אי דלית ליה חדא מהני לכסות מאי אילטריך לאשמועינן השתא ודאי אין מכסין ספק מבעיא אלא שמע מינה בדאית ליה דלגבי ודאי מכסין ולאשמועינן דספק לא וקשיא לן אמאי אין מכסין אי כדרב יהודה אי באפר הכירה: **מוכן לודאי ואין מוכן לספק**· קא ס"ד דהכי קאמר אע"ג דדעתיה לכל מילי הכנסתו מועלת לודאי ואינה מועלת לספק ופרכינן וכיון דדעתיה עלויה ומשום דאקלה ליכא ספק מ"ט לא מכסינן משום דקא עביד גומא בתמיה: **אלא כדר' אבא**· ודאי מ"ט שרית כדר' אבא דאמר לעיל מקלקל הוא ופטור עליה: **דלמא קא עביד כתישה**· גרסינן שמא יהו שם רגבים ויכתישם: **ודאי נמי נגזור משום כתישה**· ומשני כיון דרוב פעמים אין צריך לכתוש לא גזור רבנן משום כתישה דאי נמי אתו לידי כך לאו איסורא דאורייתא איכא דאתי עשה דוכסהו בעפר ודחי לא תעשה מלאכה דקיימא לן בפרק קמא דיבמות (דף ד·) עשה דוחה את לא תעשה: **מילה בצרעת**· דכתיב (דברים כד) השמר בנגע הצרעת ותניא בקוצץ בהרתו הכתוב מדבר ותניא בגמרא דאם לא הביא כלי במסכת שבת (קלג:) ימול בשר ערלתו אפי' במקום בהרת יקוץ: אי נמי ציצית בכלאים דכתיב (דברים כב) לא תלבש שעטנז וסמיך ליה גדילים תעשה לך דבשעת מילה או בשעת לבישת הטלית מעקר לאו ומקיים עשה אבל עשה זה כשהוא כותש עובר בלאו והעשה אינו מקיים עד שיכסה: **עשה ולא תעשה הוא**· דכתיב (ויקרא כג) ביום הראשון שבתון דמשמע שבות: **ואין דעתו לספק**· הלכך איסור מוקצה איכא והוא הדין לדרב יהודה: **ואזדא רבא לטעמיה**. דאמר מי שדעתו לודאי לא רמי אנפשיה לאזמוני למידי דספק: **הכנים עפר לכסות בו צואה**· ביום טוב שיש לו תינוק וירא שמא יטיל רעי ביו"ט לפניו: **מותר לכסות דם צפור**· שיש לו לשחוט ביום טוב דכיון שהזמינו לספק כל שכן לודאי: **אסור לכסות בו צואה**· אם יש לו תינוק קטן והטיל צואה ביום טוב מאי טעמא דם צפור ודאי היה לו שישחטנו ויהא צריך כסוי אבל הצואה ספק הוא אם יתרע במקום המאוס לו ודעתו לודאי ולא לספק: **מותר לכסות בו צואה**· כיון שהזמינהו אזמניה דהא נמי קרוב לודאי: **נהרבלאי אמרי**· בסנהדרין (דף יז:) מפרש דהוא רמי בר *ברוכי: **כוי הרי הוא כצואה**· המכנים עפר לכסות בו צואה מותר לכסות בו דם כוי דזה וזה ספק: **וחד אמר אינו כצואה**· והמכנים עפר לכסות צואה אסור לכסות בו דם כוי דכוי לגבי צואה כספק לגבי ודאי דצואת תינוק שכיחא וקרובה לודאי: **דרבה הוא דאמר**· צואה כספק וכוי מותר בהזמנת צואה: **דאמר רבא הכנים עפר לכסות בו צואה מותר לכסות בו דם צפור אסור לכסות בו צואה**· אלמא ספק הוא: **משום התרת חלבו**· דאי שריית לכסויה הוו אמרי דחיה הוא: **בחול אמרי לנקר חצרו כו'**· הרואה אומר לא מפני שטעון כסוי אלא כדי לנקר חצרו מכסהו: **לא גרסינן ולימטעמיך לא הכי גרסינן בא לימלך מאי איכא למימר**· מי שיש לו כוי ובא לימלך לחכמים אם צריך לכסותו ובחול והם מורים לו שצריך כסוי: **מאי איכא למימר**· איהו גופיה אתי למימר חיה הוא דהא מגרסו ליה כסוי: אלא לא גרסינן: **בחול אי נמי מספקא כו'**· כלומר בחול זה שהורוהו לכסות לא מחזיק ליה בחיה ודאית דמימר אמר אי נמי מספקא להו לרבנן אי חיה אי בהמה אמרי ליה זיל טרח וכסי כו' אמרי ליה גר': **לא כוי בלבד אמרו**· דאין מכסין ביום טוב דדין הוא שלא יכסוהו שמא בהמה היא וטרחה טרחה דלא מצוה ואפילו באפר הכירה: **אלא אפי' שחט כו'**· דאיכא חד דטעון כסוי אפי' הכי אין מכסין משום דקא טרח נמי בשל בשביל בהמה מידי: **פשיטא**· דהא לא טרח בשביל בהמה: **אין מכסין אותו ביו"ט**· דהיה לו לכסות מבעוד יום ומשום למטעוי מצוה גדולה דהא לא מחסר לפור דם לאכילה:

גלגל

[Margin: ס"א אין מכסין אי כדרב יהודה נ"ג; נ"א רבא; שבת קלב: כתובות מ.; [שבת כה.]; ס"א דכתיב; [לכסות בו כנ"ל]; ס"א ברוכי וכ"ה בג' הערוך]

והא מדקתני סיפא ואם שחטו אין מכסין את דמו מכלל (דרישא) בדאית ליה עסקינן אלא אמר *רבה אפר כירה מוכן לודאי ואין מוכן לספק מאי טעמא לא דקא עביד גומא ודאי נמי קא עביד גומא אלא אמר כדר' אבא הבא נמי כדר' אבא אלא ספק מאי טעמא דלמא עביד כתישה ודאי נמי נגזור משום כתישה ודאי כי קא עביד כתישה אתי עשה ודחי את לא תעשה אימר דאמרינן *אתי עשה ודחי את לא תעשה כגון מילה בצרעת א"נ סדין בציצית דבעידנא דקא מעקר לאו קא מוקים לעשה הכא בעידנא דקא מעקר לאו לא מוקים עשה הא לא קשיא דבהדי דכתיש קא מכסי סוף סוף *יום טוב 'עשה ולא תעשה הוא ואין עשה דוחה את לא תעשה ועשה אלא אמר רבא אפר כירה דעתו לודאי ואין דעתו לספק ואזדא רבא לטעמיה דאמר רבא הכנים עפר לכסות בו צואה מותר לכסות בו דם צפור דם צפור אסור לכסות בו צואה נהרבלאי אמרי אפילו הכנים עפר לכסות בו דם צפור מותר לכסות בו צואה אמרי במערבא פליגי בה ר' יוסי בר חמא ור' זירא ואמרי לה רבא בריה דרב יוסף בר חמא ור' זירא חד אמר כוי הרי הוא כצואה וחד אמר כוי אינו כצואה תסתיים דרבא הוא דאמר כוי הרי הוא כצואה דאמר רבא הכנים עפר לכסות בו צואה מותר לכסות בו דם צפור דם צפור אסור לכסות בו צואה תסתיים רמי בריה דרב ייבא אמר 'כוי היינו טעמא דלא מכסינן גזירה משום התרת חלבו אי הכי אפילו בחול נמי בחול אמרי לנקר חצרו הוא צריך שחט באשפה מאי איכא למימר בא לימלך מאי איכא למימר אלא בחול [אי נמי] מספקא אמרי ליה רבנן זיל טרח וכסי ביום טוב אי מספקא מי אמרי ליה רבנן זיל טרח וכסי תני רבי זירא 'לא כוי בלבד אמרו אלא אפילו שחט בהמה חיה ועוף ונתערבו דמן זה בזה אסור לכסותו ביום טוב אמר רבי יוסי בר יאסיניאה 'לא שנו אלא שאין יכול לכסותו בדקירה אחת אבל יכול לכסותו בדקירה אחת מותר פשיטא מהו דתימא נגזור דקירה אחת אטו שתי דקירות קמ"ל אמר *)רבה "שחט צפור מערב יו"ט אין מכסין אותו ביו"ט

גלגל

*) [יש ספרים דגרסי רב עי' בה"ש]

רבינו חננאל

הדם *) ודייקינן מסיפא מדקתני אם שחטו אין מכסין את דמו מכלל דאית ליה במה לכסות. ופריק רבה אפר כירה מוכן הוא לכסות בו דם של ודאי ולא דם של כוי שהוא ספק חיה. מ"ט דלמא אתי למעבד כתישה אי הכי ודאי נמי נגזור דלמא אתי למיעבד כתישה ודחינן ודאי אפילו אי עבד כתישה שרי. מ"ט אתי עשה דושמחת בחגך ודחי את לא תעשה כל מלאכה. ואקשינן אימור דאמרינן אתי עשה ודחי לא תעשה כגון מילה בצרעת או סדין בציצית דבעידנא דמיעקר לאו מקיים עשה. לאו בצרעת מנין דכתיב השמר בנגע כו' וכל השמר לאו הוא ובקציצת הצרעת בערלה מתקיימת המילה וביום השמיני ימול בשר ערלתו שהוא עשה אבל הכא בעידנא דעקר ליה לאו דלא תעשה כל מלאכה וכתישה היא מלאכה בעצמה לא מקיים עשה דכיסוי. ופרקינן הא ל"ק בהדי דכתיש מכסה כלומר שוחט וכותש והדם שותת סביבות הדקר ואקשינן עוד מכדי י"ט עשה ולא תעשה הוא כלומר עשה שבתון ולאו כל מלאכת עבודה לא תעשו **) ושמחת יו"ט עשה בלבד הוא ואין עשה דוחה את לא תעשה ועשה ופרקינן אלא אמר רבא לעולם כשיש לו אפר כירה וכיוצא בה מיהו הני מוכנין הן לודאי מ"ט דעתו לודאי ולא הכינן ואין דעתו לספק לפיכך אין מכסין בו דם הכוי באפר הכירה ואזדא רבא לטעמיה דכל מידי דדעתיה עליה ולא הכינו שרי. דאמר רבא הכנים עפר לכסות בו צואה מותר לכסות בו דם צפור. מ"ט דהא לנקות חצרו בעי כ"ש הכא דאינון תרתי ניקוי ומצות כסוי. אבל הכניסו לכסות בו דם צפור אסור לכסות בו צואה נהרבלאי אמרי כו' ופשוטה היא. רמי בריה דרב ייבא אמר היינו טעמא דלא מכסין גזירה מפני הרואה שאם יתיר לו לכסות דם הכוי ביו"ט הרואה אומר ודאי חיה היא ויתיר חלבו· וא"ת בחול נמי בחול ליכא למיחש בהאי מלתא דאמרי מספק הוא ומפני הספק אמרו רבנן זיל טרח וכסה ומפני שמצוה הבאה בעבירה היא הלכך לא גזרינן כסוי דם הכוי בחול. תני ר' חייא לא כוי בלבד אמרו אלא שחט בהמה חיה ועוף ונתערב דמן אסור לכסותן ביו"ט ואם יכול לכסות כל הדם של אלו בדקירה אחת מותר ולא גזרינן דקירה אחת אטו ב' דקירות. אמר רבה שחט צפור מעו"ט ופשע ולא כסהו אין מכסהו ביו"ט. שכל דבר שאפשר לו לעשותו מערב יום טוב ויום טוב אינו דוחה את יום טוב.

גלגל

*) נראה דחסר כאן וצ"ל ושנינן דלא מיבעיא קאמר וכו' ותו דייקינן מסיפא וכו'. **) לכאורה נראה שחסר דכך עשה דקאמרינן דדמי לנ"ט היינו עשה דכיסוי הדם וכמו מפרש"י ודברי רבינו צ"ע ועוד דא"ע בספק נמי איכא עשה זו ומאוס וי"יבא.

§ מסכת ביצה דף ח: §

אות א'

עשה ולא תעשה הוא

רמב"ם פ"א מהל' יו"ט ה"ב - כל השובת ממלאכת עבודה באחד מהן, הרי קיים מצות עשה, שהרי נאמר בהן: שבתון, כלומר שבות; וכל העושה באחד מהן מלאכה שאינה לצורך אכילה, כגון שבנה או הרס או ארג וכיוצא באלו, הרי בטל מצות עשה, ועבר על לא תעשה, שנאמר: כל מלאכת עבודה לא תעשו, כל מלאכה לא יעשה בהם, ואם עשה בעדים והתראה, לוקה מן התורה.

אות ב'

כוי היינו טעמא דלא מכסינן גזירה משום התרת חלבו

סימן תצ"ח סי"ח - ואם שחטו, אין מכסין את דמו [א]אפילו יש לו עפר מוכן - ואפילו הכינו בהדיא לשם כיסוי כוי, **מפני שהרואה יאמר: ודאי חיה הוא, דאם לא כן לא היו מטריחין לכסות דמו ביו"ט, ויבא להתיר חלבו** - ר"ל כדי שלא יטעו לחשוב כי כוי חיה ודאית היא, מדשרו טרחא ביו"ט, **ויש** כח ביד חכמים לבטל מצוה בשב ואל תעשה, כדי שלא יבוא לידי מכשול בספק כרת בקום ועשה, [**ובפרט** דאפשר שיתקיים המצוה במו"ש, אם יהיה עדיין רישומו ניכר].

אות ג' - ד'

לא כוי בלבד אמרו, אלא אפילו שחט בהמה חיה ועוף ונתערבו דמן זה בזה, אסור לכסותו ביום טוב

לא שנו אלא שאין יכול לכסותו בדקירה אחת, אבל יכול לכסותו בדקירה אחת מותר

סימן תצ"ח סי"ט - [ב]שחט בהמה וחיה - וה"ה כוי וחיה, **ונתערב דמם** - והיה דם החיה מרובים, עד כדי שאם היה דם בהמה מים, היה ניכר אדמומית דם החיה, בזה בחול חייב בכיסוי, **ויש לו עפר מוכן או אפר כירה, אם יכול לכסותו בדקירה אחת** - לאו דוקא, והכונה שאין צריך להרבות בטלטול עפר בשביל דמי הבהמה שניתוספו, וכדמסיים: **שאינו צריך להרבות בשביל דם הבהמה, יכסנו** - וה"ה אם היה לו דקר נעוץ מבע"י בעפר תיחוח, נמי שרי בדקירה אחת, דהא לא טרח טפי בשביל הבהמה.

ודע עוד, דלפי מה שנתבאר לעיל בסט"ו, דבדיעבד אם שחט ואין לו עפר מוכן, מותר לכסות אף באפר שאין מוכן, ה"ה בענינו נמי דינא הכי דמותר, דהא לא טרח טפי בשביל הבהמה, **ולא** העתיק המחבר עפר מוכן, אלא משום סיפא, דאם אינו יכול לכסותו בדקירה אחת, אפילו בעפר מוכן לא יכסנו.

ואם לאו, לא יכסנו - דטרח בשביל בהמה, **והסכימו** האחרונים, דאפילו דקירה אחת שהיה נוטל בשביל דמי החיה נמי אסור, דכיון דמעורב בדם בהמה, אם כן אפשר דבמקום שמכסה, דם בהמה מרובים כ"כ, עד כדי שדם החיה לא היה ניכר אם דם הבהמה היה מים, ופטור אותו מקום מלכסות, וא"כ טרח בשביל דם הבהמה שאינו חייב בכיסוי, ואסור.

וכתבו האחרונים, דאם שחט באמצע החצר, מותר לכסות בעפר מוכן אפילו בכמה דקירות, כדי שלא יתלכלכו כליו, וכדלעיל בהג"ה.

אות ה'

שחט צפור מערב יום טוב, אין מכסין אותו ביום טוב

סימן תצ"ח ס"כ - [ג]שחט צפור מערב יו"ט ולא כיסה דמו, לא יכסנו ביו"ט - ואפי' יש לו עפר מוכן, נמי לא שרי ליה למטרח, כיון דהיה אפשר לו מעיו"ט, **ומימנע** משמחת יו"ט ליכא כאן, דאפי' לא מכסה ליה שרי הבשר באכילה, **וימתין** עד לערב, ואם יהיה רשומן ניכר יכסנו, **ויש** לכפות עליו כלי לשמרו כדי שיכסנו, [דזה לא חשיב טרחא כמו כיסוי].

באר הגולה

א גמרא ביצה ח' | ב ברייתא שם וכרבי יוסי בר יאסינאה | ג מימרא דרבא שם

§ מסכת ביצה דף ט. §

אות א'

אפילו גלגל עיסה מערב יום טוב, אין מפריש ממנה חלתה ביום טוב

סימן תקו ס"ג - [א]אבל עיסה שנלושה בעיו"ט, אסור להפריש ממנה חלה ביו"ט - דאין מגביהין תרומות ומעשרות בשבת ויו"ט, היכי דטבילי מאתמול, **וכן** בהיה אפי' מאתמול, דאסור להפריש היום, **ואפילו** בחלת חוץ לארץ הדין כן, **ואפילו** לא הפריש מחמת שכחה, נמי אסור לו להפרישה.

ואם עבר והפריש, אם במזיד, אסור לו ולאחרים עד מוצ"ש, **ואם** בשוגג, מותר מיד, [**ואפשר** דבזה מותר אפי' להוליך לכהן].

ומיירי שגמר כל הלישה מעיו"ט, דכבר נתחייב בהפרשת חלה, **אבל** אם היה לו לעסוק ביו"ט בגמר לישתה, א"כ מעיו"ט לא נתחייב עדיין בחלה, וכהתחיל ללוש ביו"ט דמי, [**וכ"ז** בחלה דידן, שהוא חלת האור, אבל בחלה טהורה, כל שהתחיל בלישה מעיו"ט אין מפרישין ביו"ט, דבחלה טהורה החיוב להפריש מתחילת הלישה].

הגה: אלא אוכל ומשייר קצת - היינו יותר מכדי שיעור שרוצה להפריש, כדי שיפריש חלה מאותו השיור, דבעינן שיהיה שיריה ניכר, **ועוד** דאם לא יניח רק שיעור חלה, דמי כמאן דמפריש ביו"ט.

ולמחר מפריש מן המשוייר חלה - היינו לדידן בחו"ל, דחיובה אינה מן התורה, ובחלת א"י ליכא תקנה, [וממילא אסור גם בטלטול], אא"כ ילוש עוד עיסה וכבסוף הסעיף.

ומותר לאפות הפת ע"י שיאכל ממנו ויפריש אח"כ חלה (ב"י) - ואע"ג דעוסק גם בשביל חלק החלה שיש בו, וחלק זה לא יאכל ביו"ט לכהן, ובכעין זה אסרינן בס"ג, **שאני** הכא דא"א לחלק החלה מן העיסה, שהרי אסור לו להפריש, **ועוד** שחלק החלה בזמן הזה הוא דבר מועט, [דחלת חו"ל אין לה שיעור], וליכא תוספת טרחא בשבילו.

ויש מחמירים ואומרים, דכיון דלש מאתמול, ואתמול היה אפשר לחלקו ולהפריש חלק החלה, לא שרינן ליה ביו"ט לאפות כל העיסה, משום חלק החלה שיש בו שנאפית שלא לצורך יו"ט, **ויש** לחוש לזה לכתחלה, שלא לאפות כל העיסה, ורק שישאיר קצת עיסה שלא לאפותה עד אחר יו"ט, וממנה יפריש חלה גם בעד עיסה הראשונה, **מיהו** אם עבר ואפה, בודאי מותר לו לאכול, ולהניח מעט שיפריש מזה חלה למוצאי יו"ט.

ובערב פסח שחל להיות בשבת, שאפה לחם חמץ על שבת, שא"א לאכול ולשייר ולהניח עד למחר, אם לא הפריש חלה מע"ש, הסכימו כמה אחרונים, [ובשע"ת צדד ג"כ הכי], דסמכינן בדיעבד אהני פוסקים, דבחלת חו"ל שרי להפריש אפילו בשבת ויו"ט, [ב](דפוסקים כרבה), ויפריש ויתננה לכהן קטן פחות מט', או אפילו לגדול שטבל,

ואף דיש אחרונים שסוברין דאין לו תקנה לפת זה לאכילה, מ"מ במקום הדחק שאין לו פת אחר לשבת, יש לסמוך להקל.

ואם רוצה, יוכל ללוש עוד עיסה אחת ביום טוב וילרפס יחד, ויפריש מאותה עיסה גם על מה שלש מעיו"ט (הג' מיימוני ומרדכי וב"י בשם תוס') - ומיירי שצריך לה, או שרוצה לאכול פת חמה, ולהכי לא איכפת לן אם אגבה מתוקן גם עיסה הראשונה, **ואפי'** בחלת א"י יכול לעשות עצה זו.

ודוקא ביש בהחדש שיעור חלה, ולפי מה שפסק המחבר ביו"ד, ב' עיסות שיש בהם בכל אחת שיעור חלה, א"צ לא צירוף כלי ולא נגיעה, אלא מניח שתיהן לפניו ומפריש מזה ע"ז, והכא נמי כן אם היה בכל א' כשיעור.

אבל באין בה כשיעור, אלא דמצרפה עם הראשונה שיש בה, אסור, דדמי כמאן דמפריש חלה מעיסה שנילושה מעיו"ט, **ויש** מקילין, דאפילו אין בה כשיעור, וע"י צירוף סל, **ובמקום** הדחק [שאין צריך לאפייה מרובה], יש להקל, [דבלא"ה דעת הרבה ראשונים בחלת חו"ל, דמותר להפריש לכתחילה ביו"ט].

[ג]סימן תקו ס"ד - המפריש חלה ביו"ט והיא טמאה - וה"ה תרומה וחלה בזה"ז, שכולנו טמאי מתים, **לא יאפה אותה** - משום דהיא אסורה באכילה, **וה"ה** שאסורה היא בטלטול מטעם זה, ואעפ"כ מיד כשקרא לה שם חלה ועדיין היא בידו קודם שהניחה, רשאי לטלטלה לכל מקום שירצה, ומניחה שם עד חוה"מ, ואז שורפה.

ולא ישרפנה, שאין שורפין קדשים ביו"ט - ואע"ג דשריפת חלה טמאה מצוה, [י"א שהוא דאורייתא וי"א שהוא מדרבנן], מ"מ אינו דוחה יו"ט, שהוא עשה ולא תעשה.

אלא מניחה עד הערב ושורפה - ומשמע לכאורה דשורפה בלילה, (ועיין הגהות ר' ישעיה פיק שעמד ע"ז, מהא דקיי"ל אין שורפין קדשים בלילה, וא"כ לכאורה ה"ה לתרומה וחלה שנטמאו).

וכ"ז בחלת א"י שהיא אסורה לטמאים, או בחו"ל במקומות שאין נוהגים להאכילה לכהן טהור מטומאת קרי, דהיינו גדול שטבל, או קטן פחות מבן ט', או במקום שאין כהן לפנינו, **אבל** אם נוהגין לתת לכהן, ויש שם כהן, מותר לו לאפותה.

אות ב'

חלת חוצה לארץ אוכל והולך ואחר כך מפריש

יו"ד סימן שכג - ואם רצה לאכול תחלה ואחר כך יפריש החלה, בחו"ל מותר, מפני שאין עיקרה אלא מדבריהם - (והקילו בזה שני קולות, האחת, מה דלא בעינן מוקף, והשנית, מה שאינה טובלת, שמותר לאכול ממנה קודם הפרשת חלה, דמפריש אח"כ ומברך - ערוה"ש).

<המשך ההלכות מול עמוד ב'>

באר הגולה

[א] **שם ט' וכאבוה דשמואל וכדעת רוב הפוסקים** [ב] <דהרא"ש כתב דטעמא דרבה, כיון דקיי"ל תרומת חו"ל אוכל והולך ואח"כ מפריש, לא מיחזי כמתקנו כיון דיכול לאכול בלא הפרשה, ואפ"ה אסר אבוה דשמואל כדמפרש טעמא - ב"י, ודלא כרש"י ותוס'> [ג] <מילואים>

גלגל עיסה מערב יו"ט מפריש ממנה חלתה ביום טוב אבוה דשמואל אמר אפילו גלגל עיסה מערב יום טוב *אין מפריש ממנה חלתה ביו"ט לימא פליגא דשמואל אדאבוה (דשמואל) דאמר שמואל *חלת (א) חוצה לארץ אוכל והולך ואח"כ מפריש אמר רבא מי לא מודה שמואל שאם קרא עליה שם שאסורה לזרים: **מתני'** ב"ש אומרים אין מוליכין את הסולם משובך לשובך אבל מטהו מחלון לחלון וב"ה מתירין: **גמ'** אמר רב חנן בר אמי מחלוקת ברשות הרבים דב"ש סברי הרואה אומר להטיח גגו הוא צריך וב"ה סברי שובכו מוכיח עליו אבל ברשות היחיד דברי הכל מותר איני והא *אמר רב יהודה אמר רב כל מקום שאסרו חכמים מפני מראית העין אפילו בחדרי חדרים אסור תנאי היא דתניא *שוטחן בחמה אבל לא כנגד העם ר' (*אליעזר) ור' שמעון אוסרין איכא דאמרי אמר רב חנן בר אמי מחלוקת ברשות היחיד דב"ש אית להו דרב יהודה אמר רב וב"ה לית להו דרב יהודה אמר רב אבל ברשות הרבים דברי הכל אסור לימא רב דאמר כב"ש תנאי היא דתניא שוטחן בחמה אבל לא כנגד העם רבי (*אליעזר) ור"ש אוסרין

מתניתין

גלגל עיסה מערב י"ט מפריש ממנה חלתה בי"ט · ואע"ג דתנן לקמן (דף לו:) אלו הן משום שבות אין מגביהין תרומות ומעשרות בי"ט והא נמי כתרומה דגן דמיא שהיה יכול להפרישה מערב י"ט אפילו הכי מפריש שלא גזרו על תרומה עיסה שהרי מותר לגלגלה בי"ט ולאפותה כדי לאכול פת חמה: **אין מפריש ממנה** · דלא התירו להפריש חלה אלא בעיסה שנתגלגל בי"ט אבל זו היה לו להפריש מערב יו"ט כתרומה דגן ופירות: (ב) **חלת [ח"ל]**. חלה שמדרבנן מן העיסה שבחוצה לארץ הואיל ואינה מן התורה כדקיימא לן בקדושין (דף לו:) כל מצוה התלויה בפירות הגדולים בארץ אינו נוהג אלא בארץ: **אוכל והולך** · כל הפת ומשייר כדי חלה ומפרישה באחרונה אלמא הפרשתה שלא לצורך היא ולא הויא הפרשה והמפריש בי"ט אינו כמתקן דלאסר כשאר הגבהת תרומה דגזור בה רבנן מפני שנראה כמתקן: **מי לא מודה שמואל** . אע"פ שאינו צריך להפרישה שאם קרא עליה שם שחל עליה שם חלה ואסורה לזרים אלמא שם תרומה עליה ואיתא בכלל אין מגביהין תרומות ומעשרות ביו"ט: **מתני' אין מוליכין את הסולם** · קס"ד סולם המיוחד לכך וניכר שהוא של שובך וטעמא דב"ש (ג) מפרש בגמרא דאסרי ואע"פ שהוא בא ליטול גוזלות לשמחת י"ט: **מחלון לחלון** · באותו שובך עצמו שכן דרך שובך להיות בו מחילות הרבה קן לכל זוג וזוג וחלון לכל קן וקן: **גמ' הרואה** · שהוא מוליכו אומר להטיח גגו הוא צריך והרי הוא עושה מלאכה ביום טוב: **להטיח** · שהיו טחין גגותיהן בטיט לפי שלא היו משופעין אלא עשויין כמין תקרת עליה ומשתמשין בהן לפיכך טחין אותן ומשפעין הטיח לצד הכתלים שיזובו מימיו: **שובכו מוכיח עליו**. שובכו של סולם מוכיח שהוא ניכר שהוא של שובך: **מותר** · שהרי אין אדם רואהו: **והאמר רב יהודה אמר רב כו'** · וקשיא דרב אדרב חנן ואע"ג דרב אמורא הוא מקשי מיניה מפני שרבן של כל בני הגולה היה בדורו חוץ משמואל: **תנאי היא** · איכא תנא דקאי כוותיה: **שוטחן בחמה** · מי שנשרו כליו בדרך במי גשמים שוטחן בחמה והן נגבין מאליהן: **אבל לא כנגד העם** · שלא יאמרו כבסן בשבת אלמא מידי דמשום מראית העין מותר במקום צנוע: **לימא רב דאמר כב"ש** · לרב חנן קא פריך דאוקי לה בית הלל ברה"ר אסרי וברשות היחיד שרו א"כ לרב חנן רב דאמר כל מקום שאסרו כו' דאמר כב"ש בתמי' הא ודאי לא שביק ב"ה ועביד כב"ש ועל כרחך לבית הלל אפי' ברשות הרבים מותר משום דשובכו מוכיח עליו דאי ברה"ר אסור וברשות היחיד שרי לא הוה אמר רב להא שמעתא: **תנאי היא** · כלומר אמר לך רב חנן ודאי רב סבר דבית הלל אפילו בר"ה שרו ופליג עלי והא דאמרי כי האי תנא דאמר שוטחן בחמה דלית ליה דרב וההוא תנא מוקי בית הלל כוותיה דלא התירו אלא ברשות היחיד ורבי אליעזר ור"ש דסבירא להו כרב מוקמי שריותא דבית הלל דמתניתין ואפי' ברה"ר דקא סברי שובכו מוכיח עליו וב"ש לית להו שובכו מוכיח עליו ואסרי אפי' בחדרי חדרים וי"מ דלרב קא פריך ואמר לך רב תנאי היא ולאו מלתא היא דמאי רבותייהו דרבי אליעזר ור' שמעון במקום בית הלל הא ב"ש נמי טובא הוו ואין הלכה כמותן:

גלגל עיסה מערב י"ט מפריש חלה בי"ט · פרש"י דאע"ג דאין מגביהין תרומות ומעשרות בי"ט והא נמי כתרומת גורן דמיא שהוא היה יכול להפריש מעי"ט דהא מאתמול התחיל זמנה להפריש דתנן (חלה פ"ג) מאימתי חיוב חלה משנגלגל אפילו הכי מפרישין לה שלא גזרו על תרומה עיסה שהרי מותר לגלגל בי"ט ולאפות כדי לאכול פת חמה ולא מותר להפריש ממנה חלה כיון שבי"ט נלושה א"כ לא היה הפרשת חלה בכלל איסור הגבהת תרומה ואפי' כשנגלגלה מבעוד יום ע"כ לפי הירושלמי ניחא דקמיירי שלא גמר הלישה מעי"ט ואע"ג דסוף סוף היה יכול להפריש מבעוד יום משעת גלגול מכל מקום אחר שנגמרה הלישה בי"ט הוה ליה כאלו נעשית כל הלישה בי"ט שרגילות שלא להפריש חלה עד גמר הלישה ולעולם הפרשת חלה הוי בכלל הגבהת תרומה היכא דהיה לו להפריש מאתמול אבל לא אלי לנמימר דלהכי מחלק בין כסוי משום דגבי כסוי לא ממנע משמחת י"ט דאין הכסוי מעכב האכילה אבל הפרשת חלה מעכב אכילה דזה אינו דהא מיירי הכא בחוצה לארץ כדקאמר בסמוך וא"כ אוכל ואחר כך מפריש דמשמע דליכא מאן דפליג בזה ובתוספתא פי' דטעמא דרבה דמיירי בחוצה לארץ ולא מחזי כמתקן כיון שבלאו הכי יוכל לאכול אבל בא"י מודה רבה ואין נראה דמשמע בסמוך דלא שייך כלל לומר זה הטעם דקאמר מי לא מודה שמואל שאם קרא וכו' א"כ כיון דשם חלה עליה מיחזי כמתקן ומשמע לפי הלשון דסברא זו פשוטה ולכך נראה עיקר כדפי' לעיל דאפי' בא"י מתיר רבה ואבוה דשמואל אסר אפי' בחו"ל ותדע דהא ודאי הירושלמי מיירי בא"י ואפילו הכי לא קא אסר אלא היכא דלש אבל ערס שרי דהיינו גלגל ונראה דהלכה כרבה דהוא בתראה ודוקא גלגל שלא נגמרה לישתה לגמרי דאי נגמרה לגמרי אפילו רבה מודה דאין מפרישין אותה בי"ט והכי (ד) נמי איתא בירושלמי כל הלש עיסה מעי"ט אין מפרישין חלתה בי"ט וקאמר לש אין ערס לא וה"פ דוקא לש דנגמרה מערב י"ט אין מפרישין אבל ערס לא דלא נגמרה הלישה מערב י"ט מפריש והכא נמי מיירי בגלגל שהוא כמו ערס והיכא דשכח ולא הפריש מן הפת מעי"ט קי"ל דחלת חו"ל אוכל והולך ואח"כ מפריש וא"כ ישייר מן הפת מכל אחד ואחד ואוכל השאר ולמחר יפריש חלה וצריך שתהא גדולה כדי שיהיה לה הכירא אחר הפרשה דכתיב (במדבר טו) ראשית דבעינן שיהו שיריה ניכרין והיכא דאפה עריבה מלאה עיסה מערב י"ט ושכח ולא הפריש חלה מערב י"ט ישייר פת אחת בשביל כולם עד למחר מפני שנגבלן כאחד אבל במצות בערב הפסח אם שכח ולא הפריש צריך לשייר מכל אחת ואחת מפני שניבולן כל אחת ואחת בפני עצמה ולמחר יניח כל החתיכות בסל אחד ומצרפן לחלה ויפריש מן כולם אחת ומיהו אם ירצה לעשות דבר קל יעשה מצה אחת ויאפה אותה ויצרפם ויפריש [מאחת על] כל האחרות אגב אותה מפני שחיובה בא עכשיו:

אין מוליכין הסולם · תימה אפי' הכין אותם מאתמול מ"מ אית בהו משום צידה כדאמרינן לקמן (דף כד·) הצד יוני שובך [ויוני עליה] חייב וי"ל דמיירי בקטנים שלא פרחו*:

והאמר רב יהודה אמר רב · אף על גב דרב היה אמורא מ"מ פריך שפיר כיון דרב גדול היה בדורו וראש ישיבה לישראל חוץ משמואל אין סברא °דרב חנן פליג עליה: **ורב** כבית שמאי · פרש"י ומקשה לרב חנן דמוקי דבית הלל לית להו דרב וברה"ר דברי הכל אסור ואפילו ב"ה אסרי וברשות היחיד שרו (ואדרבה) רב לא יאמר הכי דלא יאמר דלא כהלכתא אלא יאמר דב"ה שרו אפילו ברה"ר דשובכו מוכיח עליו ודלא כוותך ומשני תנאי היא כלומר רב חנן אמר לך אין הכי נמי דרב סבר דבית הלל שרו ברה"ר ופליג עלי והא דאמרי כי ההוא תנא דשוטחן דלית ליה דרב וההוא תנא מוקי לה בית הלל כוותיה דלא התירו אלא ברשות היחיד וי"מ דלרב קא פריך ואמר לך רב תנאי היא דסבירא להו כב"ש והנהו תנאי סבירא לי כהני תנאי ולא נראה דמאי אולמייהו דרבי אליעזר ור"ש לגבי בית הלל הא ב"ש טובא תנאי הוו ואע"פ כן אין הלכה כמותם:

ולא

עין משפט נר מצוה

סד א מיי' פ"ג מהל' יו"ט הלכה ח סמג לאוין עה טוש"ע א"ח סי' תקו סעיף ג:

סה ב מיי' פ"ה מהלכות בכורים הלכה יב טוש"ע י"ד סי' שכג:

סו ג ד מיי' פרק ה מהל' יו"ט הלכה ד טוש"ע א"ח סי' תקיח סעיף ד:

סז ה ו מיי' פכ"ב מהלכות שבת הל' כ ופ"ה מהלכות יו"ט שם סמג לאוין סה טוש"ע א"ח סי' שא סעיף מה:

רבינו חננאל

גלגל עיסה מערב יו"ט מפריש ממנה חלתה ביו"ט אבוה דשמואל אוסר להפריש חלה ביום טוב מן העיסה שנגלגלה מעיו"ט מ"ט שהיה לו להפריש חלתה בעת שנגלגל. כדתנן אוכלין עראי מן העיסה עד שתגלגל בחטים ותטמטם בשעורים גלגלה בחטים ותטמט' בשעורים האוכל ממנה חייב מיתה כיון שנותנת המים מגבהת חלתה. וכבר אמרנו כל שאפשר לו לעשותו מערב יו"ט אינו דוחה את יו"ט ופליגא עליה שמעתא דשמואל בריה דאמר במסכת בכורות פרק עד כמה ישראל חייבין כו'. אמר שמואל תרומת חוצה לארץ אוכל והולך ואח"כ מפריש והנה כיון שיש לו עדיין רשות לאכול בלא הפרשת חלה כאלו לא נתחייב ומתמהינן מי לא מודי שמואל שאם הפריש חלה וקרא עליה שם חלה קודם שיאכל חלה אסורה לזרים. וכיון שאילו עשה כך היתה חלתו חלה אפשר לעשותו מערב יו"ם קרינא ביה ולפיכך אין מפרישין אותה ביו"ם: ירושלמי תיפתר בעיסה טמאה שאינו יכול להפריש חלתה אלא [לבסוף: **מתני'** בש"א אין מוליכין את הסולם משובך לשובך כו'. עד וב"ה מתירין. אמר רב חנן מחלוקת ברה"ר אבל ברשות] היחיד דברי הכל מותר*). ואקשינן לימא רב דאמר כל מקום שאמרו חכמים מפני מראית העין אסור כגון זה שהרואה אותו מוליך הסולם ברה"ר אומר להטיח גגו הוא צריך אפילו בחדרי חדרים ברה"י אסור כב"ש אמרה לשמעתיה דהא ב"ה ברה"ר אסרי אבל ברה"י שרו ובית שמאי הוא דאסרי ברה"י. ופרקינן תנאי היא. כלומר לא אמר רב על כל החכמים אלא על אותן שאוסרין משום **) מראית העין א' שאוסרין אפילו בחדרי חדרים ועל זולתם לא אמר דתניא שוטחן בחמה הבגדים שנשרו

*) ד' רבינו כהא דאמר ואקשינן קאי אליבא כתרא דכרס"י פליגי אבל ברה"ר דברי הכל אסור. **) פי' רבינו הוא הי"מ שברש"י ותוס'.

מסורת הש"ס

[בכורות כז. ע"ש]

[שבת סד: קמו:] עי' יב.

שבת סה. קמו:

[נ"ל אלעזר]

[נ"ל אלעזר]

הגהות הב"ח

(א) גמ' דאמר שמואל חלת תרומה בחוצה לארץ: (ב) רש"י ד"ה חלת תרומה חלה: (ג) ד"ה אין מוליכין וכו' וטעמא דב"ש דאסרי מפרש בגמרא ואע"פ שהוא כצ"ל: (ד) תוס' ד"ה גלגל וכו' והכי איתא בירושלמי כצ"ל ותיבת נמי נמחק:

גליון הש"ס

תוס' ד"ה והאמר רב יהודה אמר רב וכו' דרב חנן פליג עליה. עי' בכ"מ דף מו ע"ב תוס' ד"ה סרי נמי:

[ועי' תוס' עירובין פח: ד"ה ס"ע וכו']

כח א מיי' פכ"ו מהל' שבת הלכה ז וס"ם מהל' יו"ט הל' ד טוש"ע א"ח סי' תקיח סעיף ד :

מתניתין דלא כי האי תנא דתניא *אמר רבי שמעון בן אלעזר מודים ב"ש וב"ה שמוליכין את הסולם משובך לשובך לא נחלקו אלא להחזיר שב"ש אומרים אין מחזירין וב"ה אומרים אף מחזירין אמר רבי יהודה במה דברים אמורים בסולם של שובך "אבל בסולם של עליה דברי הכל אסור ר' דוסא אומר מטהו מחלון לחלון אחרים אומרים משום רבי דוסא אף מדדין בו *בני רבי חייא נפוק לקרייתא כי אתו אמר להו אבוהון כלום מעשה בא לידכם אמרו לו סולם בא לידינו והתרנוהו אמר להם צאו ואסרו מה שהתרתם אינהו סבור מדקא אמר רבי יהודה בסולם של עליה לא פליגי מכלל דתנא קמא סבר פליגי ולא היא רבי יהודה טעמיה דתנא קמא קא מפרש ממאי מדקתני מוליכין את הסולם משובך לשובך ואי סלקא דעתך בסולם של עליה פליגי האי מוליכין את הסולם לשובך מבעי ליה אלא לאו הכי קאמר של שובך אין של עליה לא ואידך מי קתני סולם של שובך משובך לשובך קתני ואפי' לכמה שובכין איכא דאמרי אמרו לו הטוי סולם של עליה בא לידינו והתרנוהו אמר להם צאו ואסרו מה שהתרתם אינהו סבור מאי דקא אסר תנא קמא קא שרי רבי דוסא ולא היא מאי דקא שרי תנא קמא קא אסר רבי דוסא: אבל מטהו מחלון לחלון וכו': אלמא גבי שמחת יו"ט ב"ש לחומרא וב"ה לקולא ורמינהי *השוחט חיה ועוף ביום טוב ב"ש אומרים יחפור בדקר ויכסה וב"ה אומרים לא ישחוט אא"כ היה לו עפר מוכן מבעוד יום אמר רבי יוחנן מוחלפת השיטה ממאי דלמא עד כאן לא קאמרי ב"ש התם אלא היכא דאיכא דקר נעוץ אבל היכא דליכא דקר נעוץ לא ואי נמי עד כאן לא קאמרי בית הלל הכא אלא דשובכו מוכיח עליו אבל התם לא אלא אי קשיא הא קשיא בית שמאי אומרים *לא יטול אלא אם כן נענע מבעוד יום וב"ה אומרים עומד ואומר זה וזה אני נוטל אלמא גבי שמחת יו"ט ב"ש לחומרא וב"ה לקולא ורמינהי השוחט חיה ועוף ביו"ט אמר רבי יוחנן מוחלפת השיטה ודלמא לא היא עד כאן לא אמרי ב"ש אלא היכא דאיכא דקר נעוץ אבל

[תוספתא פ"א] · [נדה כד. בע"ז מו. כ' רש"י ד"ה בני ר' חייא יהודה וחזקיה שמן] · לעיל ג. · לקמן י.

רש"י

מתניתין · דקתני בהולכת סולם פליגי לאו כי האי תנא דקתני בהולכה מודו מפני שלורך יו"ט היא : **אבל של עליה אסור** · דההוא ודאי אמרי להטיח גגו הוא לריך : **מדדין בו** · אם החלון רחוק ואין ראש הסולם מגיע שם (א) בה בהטיה מדדין רגליו של סולם מעט מעט : **לקרייתא** · לכפרים לראות שדותיהן : **סולם בא לידינו** · הולכת סולם של עליה לשובך : **מכלל דת"ק סבר** · בשל עליה פליגי בחזרה ומודים בהולכה : **טעמיה דת"ק קא מפרש** · ובשל עליה ליכא למאן דשרי : **ממאי מדקתני** · במלתיה דת"ק משובך לשובך אלמא בסולם המיוחד לשובכין קאי : **מי קתני סולם של שובך** · דנהוי משמע דבשל שובך קאי : **משובך לשובך קתני** · ולעולם בשל עליה ורבותא אשמעינן דיוליכנו מעליה לשובך ראשון וממנו לכמה שובכין : **הטוי סולם של עליה** · והוליכו לשובך מבעוד יום ועכשיו בא להטותו מחלון לחלון : **מאי דקא אסר ת"ק** · דרבי דוסא דהוא ר' יהודה דאמר בסולם של עליה אסור להוליך קא שרי רבי דוסא מיהא להטות : **ולא היא מאי דקא שרי ת"ק** · דהיינו של שובך להוליך קא אסר ר' דוסא ואתא למימר הולכה אסור הטיה שרי ובשל עליה לא איירי כלל : **מוחלפת השיטה** · כאן הוחלפה שיטתן ולריך להפוך דבריהם : **וממאי דמוחלפת** · ומאי קשיא ליה לר' יוחנן דלמא טעמייהו דב"ש התם משום דאיכא דקר נעוץ וליכא לד איסור : **אבל היכא דליכא דקר נעוץ** · דאיכא לד רמז חפירה לא שרו ואפי' בעפר תיחוח שהוא כחפור ועומד והכא נמי לא שנא דהא איכא חשדא דלהטיח גגו : **אבל התם לא** · דגזרי משום כתישה דלמא זמנין דבעי כתישה : **אלא אי קשיא** · מתניתין אהדדי שהולרך רבי יוחנן להחליף שיטתן ולריך להפוך דבריהם : **הא קשיא** · (ב) על זו החליפה : **לא יטול** · מן הגוזלות בי"ט : **אא"כ נענע מבעוד יום** · ולא סגי בהכנה בדבור בעלמא כדמפרש לקמן טעמא דלמא למחר כי שקיל להו חיים עלייהו וממליך : אבל

הגהות הב"ח

(א) רש"י ד"ה מדדין וכו' שם בהטיה כצ"ל ותיבת בה נמחק: (ב) ד"ה הא קשיא זו החליפה כצ"ל ותיבת על נמחק:

תוספות

ולא היא דר"י טעמא דת"ק מפרש · ואי"ת והא כל מקום דתני במה לחלוק וי"ל דהייט במשנה אבל לא בברייתא: **מאי** דקא שרי ת"ק קא אסר רבי דוסא · דאפי' בשאר סולמות לא שרי אלא הטוי ותימה רבי דוסא דאמר כמאן דלכ"ע שרי הולכה בשאר סולמות וי"ל דר' דוסא יאמר דלא נחלקו ב"ש וב"ה בדבר זה משמע דקי"ל כר' דוסא ותימה דאמר בעירובין פרק חלון (דף עז: ושם) מטלטלין את הסולם ובכולי שמעתין משמע דאסור לטלטל סולם של עליה ור' דוסא אוסר אפי' סולם של שובך וי"ל דשני מיני סולמות הן וכן משמע בהדיא פרק חלון (שם דף עז:) והתם מיירי בקטנים *והכא מיירי בגדולים ור"ר אברהם מבורגו"ל פירש דהתם מיירי בשבת דמאי טעמא אסרי לטלטל הסולם משום דמחזי דלהטיח גגו הוא לריך ובשבת ליכא חששא שאסור להוליאו לחוץ אבל הכא מיירי ביום טוב דמותר להוליאו לחוץ וא"כ איכא הך חששא ולפי זה אסור לטלטל הסולם שלנו בי"ט ואפילו בביתו דשמא הלכה כרבי דוסא ול"ע : **אלמא** גבי שמחת י"ט ב"ש לחומרא וכו' וא"ת אמאי לא פריך מבילה שנולדה ופי' הקונט' משום דגבי בילה לא שייך שמחה שאין בה שמחת י"ט כ"כ ומה שמתירין ב"ש היינו מטעם דלית להו הכנה ומטעם דלא דמי לפירות הנושרים ולמשקין שזבו : **אמר** ר' יוחנן מוחלפת השיטה · פירוש ההיא דתריסין דב"ה סברי אין מסלקין התריסין בי"ט וכל הנך משניות דמייתי מחליף ואותה דהשוחט כדקאי קאי וקשה טובא להאי פי' דא"כ מתוקמא לפי המסקנא כל הני שנויי דחיקי דלעיל דמייתי הואיל ולא מחליף בשום פנים אותה דהשוחט ועוד קשה מאי קאמר גבי עור משום דמחזי למזגא עליה הא מפרש טעמא לקמן (דף יא:) דהתירו סופן משום תחלתן וע"ק דא"כ דאותה דהשוחט נשארת במקומה א"כ רבה ורב יוסף שקלו וטרו (לעיל דף ז:) אליבא דב"ש וזהו דוחק גדול ועוד קשה כיון דמוחלפת ההיא דתריסין סבירא להו לב"ה דאין מסלקין משום דיש בנין וסתירה בכלים ובריש פרק כל הכלים (שבת דף קכב: ושם) סתים לן תנא דאין בנין וסתירה בכלים לכך פר"ת דמוחלפת השיטה היינו ההיא דהשוחט דב"ה סברי יחפור בדקר ויכסה וכו' והשתא ניחא הכל ואומר ר"ת תמיה אני על מה הלריכו העולם הכנה וזכור אני דבימי נערותי לא הוי מלריכין כלל אך עתה לפי מה שטעו דסבורים דמוחלפת לא קאי אהשוחט וכו' וב"ה לחומרא לפיכך מלריכין הכנה ומיהו זה אינו דלפי פירושו נמי לכל הפחות סברי ב"ה מאי דסברי ב"ש מעיקרא וב"ש בעו דקר נעוץ ואפי' בעפר תיחוח בעו הכנה מדקאמר הכא עד כאן לא קאמרי ב"ש התם אלא היכא דליכא דקר נעוץ משמע אפילו בעפר תיחוח בעו ב"ש דקר נעוץ מבעוד יום משום הכנה כדפ"ה ותדע דהא"כ הא דקאמר רב יהודה לעיל והוא שיש לו דקר נעוץ לאו אליבא דב"ה הוא לפי המסקנא דאמרי ב"ה שיחפור בדקר לכתחלה וישחוט ואע"ג דמייתי מלתיה דרב יהודה גבי ומודים מכל מקום קאי אכולה מתניתין כדפרישית וסברא היא דלא פליגי ב"ש וב"ה אלא בהא דבכה"ג דשרו ב"ש בדיעבד שרו ב"ה לכתחילה ולעולם בעו דקר נעוץ משום הכנה ועוד ראיה מדקאמר רב יהודה גופיה לעיל (דף ח:) *ממלא קופתו ועושה בה כל לרכו משמע דבעינן הכנה לפי האמת ואע"פ שיש לפרש דבשאר לרכים מיירי כגון לכסות בו לואה אבל לכסוי דם לא בעינן הכנה לא משמע הכי לעיל לפי המסקנא וגם עתה דאמר מוחלפת השיטה אין להחליף פירוש דברי האמוראין וא"כ יפה נהגו העולם שלא לכסות רק בעפר מוכן שהוא תיחוח כגון מגבור של אפר או שראוי ללנות בו בילה ולא מעפר תיחוח שע"ג קרקע שהוא בטל אגב קרקע ולא מאפר הכירה שהוסקה בי"ט אם אינו ראוי ללנות בו בילה ותימה א"כ דמוחלפת קאי אההיא דהשוחט ובית שמאי לחומרא היכי מונה לה במסכת עדיות גבי הנך דב"ש לקולא ובית הלל לחומרא וי"ל דמונה לה לפי הטעות דנשנית קודם דמוחלפת השיטה :
בית

וכגון סולמות של בית

[ממלא קופתו עפר ועושה כנ"ל]

רבינו חננאל

אבל לא כנגד העם דאתי למימר היום רחצם ר' אלעזר ור' שמעון אוסרין ורב לדבתי אלו קאמר. ומתני' דמפרש דבמוליכין פליגי ב"ש וב"ה דלא כר' שמעון בן אלעזר דתני דבמוליכין את הסולם משובך לשובך לא פליגי אלא דברי הכל שרי. כי פליגי להחזיר הסולם מםקום שלקחו ממנו שב"ש אוסרין וב"ה מתירין. בר"א שחולקין בסולם של שובך אפילו ב"ה שמתירין משום דשובכו מוכיח עליו אבל בסולם של עלייה דברי הכל אסור. רבי דוסא אומר מטהו מחלון לחלון. דקו' בני ר' חייא מדקתני ר' יהודה אומר בסולם של עלייה לא פליגי אלא דברי הכל אסור מכלל דרבי שמעון בן אלעזר סבר דאפילו בסולם של עליי' חולקין להוליכו לשובך וב"ה מתירין והורו להוליך סולם של עלייה לשובך כב"ה אליבא דר' שמעון בן אלעזר דהוא ת"ק דר' יהודה ואמר להן ר' חייא אביהן צאו ואסרו מה שהתרתם שמעיתם ולא דקדקתם יפה. פי' ר' יהודה שדקדקתם שחולק על ר' שמעון בן אלעזר בסולם של עלייה אינו חולק עליו אלא אדרבה איכא למידק הכי מדלא קתני מוליכין את הסולם לשובך סתם דאיכא למימר מ"מ בין מן השובך ובין מן העלייה מן הכל ב"ה מתירין אלא קתני במה דברים אמורים דמוליכין את הסולם משובך לשובך בסולם של שובך אבל בסולם של עלייה דברי הכל אסור שמעינן מינה דר' יהודה מפרש דברי ר' שמעון בן אלעזר. איכא דאמרי לא הורו אלא להטות סולם של עלייה מחלון לחלון ודקדק ואמרינן מאי דאסר ת"ק והיא הולכת הסולם ואפילו הטיית סולם של עלייה. וא"ר דוסא אע"פ שאין מוליכין מותר להטות והורו כר' דוסא. ואמר להם אביהם טעיתם לא כי כי ר' דוסא אינו חולק על ר' יהודה בסולם של עלייה כלל. אלא בסולם של שובך שמתיר ר' יהודה להוליכו. אומר ר' דוסא בהולכה ואינו מתיר אלא בהיטוי. מדקתני מחלון לחלון ש"מ לא שרי ר' דוסא אלא היטוי מחלון לחלון באותו שובך. אבל משובך לשובך להוליכו לא וכ"ש של עלייה: דייקינן מתני' דקתני ב"ש אומרים אין מוליכין וב"ה אומרים מוליכין אלמא בשמחת יו"ט ב"ש לחומרא וב"ה לקולא ורמינהו השוחט חיה ועוף

(עיין במג"א שכתב, דע"פ שחל בשבת ושכח להפריש חלה בע"ש מלחם חמץ שאפה לשבת, אסור לאכול ממנו, דהא יצטרך לבער החמץ, ‹וא"כ נמצא אוכל טבלים למפרע› כו', **ועיין** בשע"ת הביא בשם שאילת יעב"ץ [ד] ותשו' אא"ז פנים מאירות, דבדיעבד יש תקנה, ע"ש, **ועיין** בתשו' כנסת יחזקאל שכתב, שבשנת תפ"ז חל ע"פ בשבת, ודרש בשבת שלפניו אשר לשבת הבאה יזהיר כל אחד לאשתו ליקח חלה, **כי** טעם שאין אנו נוהגין לעשות האמור במשנה: ג' דברים צריך אדם לומר כו' עשרתם, משום דחלת חו"ל יש לה תקנה, שאוכל ומשייר, משא"כ בע"פ שחל בשבת אין תקנה, עיין שם, **והביאו** ג"כ בשע"ת סי' תנ"ז, וכתב הגם שכתבתי בסי' תמ"ד דיש תיקון בדיעבד, מכל מקום לכתחלה מיהת יש ליזהר - פת"ש).

הגה: וצריך לשייר מעט יותר משיעור חלה שמפריש, כדי שיהא שירים בשעה שמפריש. ודוקא לעיסה שנתחייב עם חלה זו יכול לפטור שלא מן המוקף, אבל עיסה שנילושה בפני עצמה, אין מפרישין חלה מעיסה אחרת שלא מן המוקף - אלא צריך להקיפן יחד - ש"ך.

אות ג' – ד'

מחלוקת ברשות הרבים

ובית הלל סברי שובכו מוכיח עליו

סימן תקיח ס"ד - [ה]מותר לטלטל סולם של שובך משובך לשובך - כדי ליטול גוזלות לצורך יו"ט, **ואפילו** היה אפשר לו מאתמול, **וה"ה** אם עומד במקום אחר, שמותר להעמידו לשובך. **[ו]אפילו ברה"ר** - ר"ל שהשובכין היו בר"ה, או שמעביר הסולם דרך ר"ה, **ולא** חיישינן שמא יאמרו שמטלטל הסולם לצורך עשיית מלאכה, דסולמות של שובכין נכרין ומיוחדין, וידעי דלשובכו הוא מוליכו, [רש"י ושארי מפרשים], **ומיירי** שהכין היונים מבע"י, [תוס'] ‹ד"ה אין מוליכין›, וביונים דמהני הכנה, ע"פ האופנים המבוארין לעיל סימן תצ"ז ס"ט.

אות ה' – ו'

כל מקום שאסרו חכמים מפני מראית העין, אפילו בחדרי חדרים אסור

שוטחן בחמה אבל לא כנגד העם... אוסרין

סימן שא סמ"ה - ולא ישטחם לנגבם, מפני מראית העין, שלא יחשדוהו שכבסן בשבת - עיין מ"א שמצדד לומר, דדוקא כשנשרה במים, אבל אם נפלו מים מועטים עליהם, מותר לשטחן, דליכא למיחש בזה שיחשדוהו שכבסן, **אבל** הרבה אחרונים סוברים דאין לחלק בזה. **ואפילו בחדרי חדרים שאין שם רואים, אסור** - הטעם, דלא חלקו חכמים בתקנתן, **כתבו** התוספות והרא"ש, דוקא במקום שיש חשש שיחשדוהו הרואים שעשה איסור דאורייתא, כגון כאן בכיבוס, בזה אסור אפילו בחדרי חדרים, **משא"כ** בדבר שהוא איסור דרבנן אפילו למה שיסברו הרואים, לא החמירו לאסור בזה כי אם בפרהסיא, והובא דבר זה במ"א וט"ז ושארי אחרונים.

---

§ מסכת ביצה דף ט: §

אות א'

אבל בסולם של עליה דברי הכל אסור

סימן תקיח ס"ד - [ז]אבל סולם של עליה, אסור בטלטול - דהרואה יאמר דלהטיח גגו הוא מטלטל סולם זה, וכדרכו תמיד בחול, [רש"י], **ואפי'** לטלטלו רק ברה"י נמי אסור, דכל מקום שאסור משום מראית עין, אפי' בחדרי חדרים אסור, **וכתבו** הפוסקים, דאפי' בלא טלטול לשובך אחר, [ח]רק להטותו מקן זה לקן אחר באותו שובך גופא, ג"כ אסור, **אבל** בלי טלטול, שרי לעלות עליו לעליתו או לשובכו.

ודע, דמלשון המחבר משמע לכאורה, דסולם של עליה דין מוקצה יש לו, [מפני שאינו כלי], **אבל** הגר"א בביאורו מצדד, דאינו מוקצה, ולא אסור בסתם טלטול והזזה ממקומו, אלא טלטול של הולכה לאיזה תשמיש, או אפילו הטיה לתכלית זה, [וכתב ליישב בזה קושית התוס'] ‹ד"ה מאי, ב"ותימה" שניה›.

וסולמות שמיוחדות לתשמיש שבפנים הבית, ומטלטלים אותם תמיד מזוית זו לזוית שכנגדו, אם מוליכים אותם, יש דעות בין הפוסקים: **י"א** דשרי, [הוא דעת ר"ת] ‹תירוץ א' של תוס'›, דדוקא סולם של עליה שהוא גדול, וחזי לעלות עליו לגג לתקנו, חיישינן שיאמרו להטיח גגו הוא צריך, **משא"כ** סולם שבבית, שאינם ראוים לעלות עליהם לגג, דינו כסולם של שובך. [**והנה** הט"ז ס"ל, דלא בקטן וגדול תליא מילתא, אלא אפי' בגדולים, כיון שמיוחדים תמיד לתשמיש הבית, מותר, דלא חיישינן שיאמרו להטיח גגו הוא צריך, אלא אדרבה מטלטל אותם לתשמישין התדירין, **אבל** באמת הרא"ש מבואר להדיא, דשריותן מפני שהם קטנים, ולא חזו לעלות עליהן לגג, וצ"ע].

ויש מחמירים בזה, [סברת הרב רבי אברהם בתוס'] ‹דאינו מחלק בין קטן לגדול›, ודעתם דלא הקילו אלא בסולם של שובך, שניכרים הם בצורתם, וכו"ע ידעי דלשובך ממטי להו, **אבל** לא בסתם סולם, דאפילו כשהם קטנים, זימנין דמסמיך להו לזיזים היוצאים מן הכתלים, ועולה לגג.

ולענין הלכה, ברה"י יש לסמוך להקל, לטלטל סולם שבבית, וברה"ר נכון לכתחלה להחמיר, [**ובא"ר** מיקל בכל גווני].

באר הגולה

ד ‹ע"ל באות א', שהביא המ"ב תקנת הפמ"א› ה **משנה שם ט' וכב"ה** ‹ולי נראה דהילכתא כסתמא דמתניתין, שלא נחלקו אלא בלהוליך, אבל בלהחזיר אסור לכו"ע – ראבי"ה. **ושאר** פוסקים לא כ"כ בפירוש, ודלמא הוא פשוט ונשמע ממילא› ו **כלישנא קמא שם בגמרא לקולא, הרא"ש בשם הגאונים ושאר פוסקים** ז **ברייתא שם וכרבי יהודה** ח ‹וכתב הר"ן, דמוכח בגמרא דאפילו הטוי מחלון לחלון אסור – ב"י›

§ מסכת ביצה דף י. §

אות א'

עומד ואומר זה וזה אני נוטל

סימן תצז ס"י - [א]כיצד הוא הזימון, אומר: זה וזה אני נוטל למחר, ואין צריך לנענעם - [ב]לאפוקי מדעת ב"ש, דלא הוי זימון אא"כ עביד מעשה, דהיינו שינענע הקן, וכ"ש אם יאחוז היונים שבורר בידים, **ולא** קי"ל כן, רק אפילו בעומד מרחוק, [מוכח מסוגיא, וכן כתב רש"י להדיא] (ד"ה והא אמרת), ובראית עינו בורר איזה מהם, סגי, [ולאו דוקא בשבורר בפיו, ה"ה בשמסכים בלבבו סגי], **ומ"מ** צריך שיסמן בדעתו, או יטבע עיניו בטביעת עין גמור, שלא יחליף למחר באחרת.

[ג]אבל באומר: מכאן אני נוטל למחר, לא סגי - משום דלא פירש בהדיא איזה מהן יקח, **ולא** אמרינן האי דלוקח למחר הוברר דאליו כוון בהזמנתו, דחששו חכמים שמא כשיבוא ליקח אחד מהם, ימשמשנו וימצאנו כחוש, ויניחו ויקח אחר שמן ממנו, ונמצא אותו קמא טלטל שלא לצורך, ומוקצה הוא שהרי לא הזמין אלא אותו שיקח לבסוף, ומשום זה אפילו אם ירצה אח"כ ליקח מן הבא בידו, ג"כ אסור, **אמנם** אם מזמין עוף פלוני בפירוש, אפילו לא משמשו ולא מחזי כלל, לא חיישינן שמא כשיקחנו למחר ימצאנו כחוש ויניחנו, שכיון שבעיו"ט אפשר היה לו למשמשו היטב אם שמן הוא ולא עשה כן, [ד]מסתמא נתרצה איך שיהיה.

(ולאו דוקא ביונים הדין כן, אלא ה"ה בכל מוקצה דבעלי חיים, כגון תרנגולת העומדת לגדל ביצים, למאן דאית ליה מוקצה ביו"ט).

אות ב' - ג'

המת בבית ולו פתחים הרבה, כולן טמאים; נפתח אחד מהן, הוא טמא וכולן טהורין; חשב להוציאו באחד מהן או בחלון שיש בו ארבעה על ארבעה, מצלת על כל הפתחים

והוא שחשב להוציאו... אף משימות המת

רמב"ם פ"ז מהל' טומאת מת ה"ב - המת בתוך הבית ובו פתחים הרבה, [ה]בזמן שכולם נעולים, כולם טמאים, והיושב בצד כל פתח מהן תחת התקרה היוצא על הפתח, נטמא; נפתח אחד מהן, או שחשב להוציאו באחד מהן, ואף על פי שחשב אחר שמת המת, אפילו חשב להוציאו בחלון שהיא ארבעה על ארבעה, [ו]הציל על הפתחים כולן, ואין טמא אלא כנגד הפתח שנפתח או שחשב עליו, והשאר טהורין מפני שהן נעולין, והרי אין הבית כקבר סתום; וכן אם התחיל לחתור פתח להוציאו בו, משיחתור ארבעה על ארבעה הציל על הפתחים כולן; היה שם פתח סתום וחשב להוציאו והתחיל לפותחו, משיתחיל לפתוח הציל על הפתחים כולן.

אות ד'

הני מילי מערב יום טוב

סימן תצז ס"י - עיין לעיל אות א'.

[ז]סימן תצז סי"א - [ח]אם זימן כל השובך, ואינו צריך אלא לזוג - וה"ה לזימן זוג, וא"צ אלא לאחד מהם, **אינו מועיל** - דאדרבה כיון שהזמין יותר ממה שצריך, מסתמא דעתו היה לברור למחר את השמן ביותר, ואיכא חשש דטלטול מוקצה וכנ"ל.

הגה: ואם הוא אפשר שיצטרך כל השובך, יכול להזמין כל השובך, ולמחר נוטל מה שצריך (רבינו ירוחם והג"א) - ומותר לו אפילו לטלטל ולהניח, שכולם מזומנים הם.

באר הגולה

[א] **כב"ה שם** [ב] (היינו דוקא בבריכה ראשונה, ולכאורה לא היה משמעות דהשו"ע איירי בזה, וצ"ע) [ג] **שם בגמ'** [ד] (כן פי' הב"י, ורש"י משמע סברא אחרת קצת) [ה] (עיין ברש"י) [ו] (והנה רבינו ז"ל לא ביאר בזה דעתו בפירוש במה שכתב מציל, אי הוא למפרע או מכאן ולהבא - כתר המלך) [ז] (מילואים. וכתב הגר"א: כמש"ש (דף י:) דזימנין כו' וקמטלטל כו') [ח] **רבינו ירוחם**

מסורת הש"ס

עין משפט נר מצוה

סט א מיי' פ"ב מהל' יו"ט הלכה ס טוש"ע א"ח סי' תנ סעיף י:

ע ב ג מיי' פי"ז מהל' טומאת מת הלכה ב סמג עשין רלג:

עא ד מיי' פ"ב מהל' יו"ט הל' ס טוש"ע א"ח סי' תצז סעיף י:

אבל היכא דליכא דקר נעוץ לא אי נמי עד כאן לא קאמרי ב"ה הכא אלא כיון דמוקצה הוא בעומד ואומר זה וזה אני נוטל סגי אבל התם לא אלא אי קשיא הא קשיא *ב"ש אומרים אין נוטלין את העלי לקצב עליו בשר וב"ה מתירין אלמא גבי שמחת יו"ט ב"ש לחומרא וב"ה לקולא ורמינהי השוחט חיה ועוף ב"ש וכו' אמר רבי יוחנן מוחלפת השיטה ממאי דלמא לא היא עד כאן לא קאמרי ב"ש התם אלא היכא דאיכא דקר נעוץ אבל היכא דליכא דקר נעוץ לא אי נמי עד כאן לא קאמרי ב"ה הכא אלא דאיכא תורת כלי עליו אבל התם לא אלא אי קשיא הא קשיא *ב"ש אומרים אין נותנין את העור לפני הדורסן ולא יגביהנו אלא אם כן יש עליו כזית בשר וב"ה מתירין אלמא גבי שמחת יום טוב ב"ש לחומרא וב"ה לקולא ורמינהי השוחט חיה ועוף ביום טוב וכו' אמר רבי יוחנן מוחלפת השיטה ממאי דלמא לא היא עד כאן לא קאמרי ב"ש התם אלא היכא דאיכא דקר נעוץ אבל היכא דליכא דקר נעוץ לא אי נמי עד כאן לא קאמרי ב"ה הכא אלא *דחזי למזגא עלויה אבל התם לא אלא אי קשיא הא קשיא ב"ש אומרים *אין מסלקין את התריסין ביום טוב וב"ה מתירין אף להחזיר אלמא גבי שמחת יו"ט ב"ש לחומרא וב"ה לקולא ורמינהי השוחט חיה ועוף ביו"ט וכו' בשלמא ב"ש אבית שמאי לא קשיא התם דאיכא דקר נעוץ הכא ליכא דקר נעוץ אלא ב"ה אבית הלל קשיא אמר רבי יוחנן מוחלפת השיטה (*אי נמי) עד כאן לא קאמרי בית הלל הכא אלא משום *דאין בנין בכלים ואין סתירה בכלים אבל התם לא: **מתני׳** ב"ש אומרים א) לא יטול אא"כ נענע מבעוד יום וב"ה אומרים ב) *עומד ואומר זה וזה אני נוטל: **גמ׳** אמר רב חנן בר אמי מחלוקת בבריכה ראשונה דב"ש סברי גזרינן דלמא אתי לאמלוכי וב"ה סברי לא גזרינן אבל בבריכה שניה דברי הכל בעומד ואומר זה וזה אני נוטל סגיא וב"ה למה ליה למימר זה וזה אני נוטל לימא מכאן אני נוטל למחר וכי תימא ב"ה לית להו ברירה *והתנן המת בבית ולו פתחים הרבה כולן טמאים נפתח אחד מהן הוא טמא וכולן טהורין חשב להוציאו באחד מהן או בחלון שיש בו ארבעה על ארבעה מצלת על כל הפתחים כולן ב"ש אומרים והוא שחשב להוציאו עד שלא ימות המת ובית הלל אומרים אף משימות המת הא אתמר עלה אמר רבה לטהר את הפתחים מכאן ולהבא וכן אמר רבי *אושעיא לטהר את הפתחים מכאן ולהבא אין למפרע לא רבא אמר לעולם למפרע והבא היינו טעמא דלמא מטלטל ושביק מטלטל וקא מטלטל מידי דלא חזי ליה והא אמרת בעומד ואומר זה וזה אני נוטל סגיא הני מילי מערב יו"ט אבל

א) [לעיל ט:] ב) [חולין קמב.]

תוספות

ב"ש אומרים והוא שחשב עליו וכו' וב"ה אומרים אף משימות המת · וקא סלקא דעתך דמיירי בכלים דלמפרע וה"ה דפליגי בשנפתח אחד מהם ובכלים למפרע והא דקאמר לעיל נפתח אחד מהם הוא טמא והן טהורין ולא פליגי ב"ש מיירי בכלים הבאים אחר כן שם ותימה אדפליגי בחשב ליפלגו בנפתח ובכלים דלמפרע וי"ל דנקט חשב משום רבותא דב"ה דאפי' במחשבה דעלמא פליגי ומועיל להציל כל הפתחים אחרים אבל תימה לב"ה דאית להו ברירה היכי משכחת כשמת בבית ולו פתחים הרבה דכולן טמאים הא איכא למימר לבסוף כשמוציאין בההוא פתח הוברר הדבר מתחלה דסופו לצאת דרך שם וי"ל כגון שעשו פתח חדש והוציאו המת דלא שייך ברירה (א) א"נ מיירי דנשאר המת במקומו:

רש"י

אבל היכא דליכא דקר נעוץ לא · והא נמי להא דמיא דלמא מימליך ואשתכח דטלטלה בכדי דכיון דממליך בטלה לה הזמנה למפרע: **אלא כיון דמוקצה הוא** · כיון דלאו אסור אלא משום מוקצה בהזמנה בעלמא סגי: **את העלי** · עץ עב וכבד וכותשין בו חטים לטרגים וטיסני והוי מלאכתו לאיסור וקא סברי ב"ש אסור לטלטלו ואפי' לצורך גופו שצריך לגוף הכלי למלאכה המותרת היום: **תורת כלי עליו** · ואף על פי שמלאכתו לאיסור מותר לטלטלו לצורך גופו: **אין נותנין את העור** · שהופשט ביום טוב: **לפני הדורסן** · לא ישטחנו במקום דריסת הרגלים שזהו צורך עבוד שמתעבד ע"י הדריסה: **וב"ה מתירין** · קס"ד משום שמחת יום טוב דאי לא שרית ליה לא שחיט: **למזגא עליה** · כן היתה ישיבתם שוטחין בגדים על גבי הקרקע ונסמכין ויושבין על ברכיהן כפופין כדאמרינן בפסחים (דף קח·) הוה זגינן אברכי דהדדי ובמלאת שטיחתו לצורך י"ט: **תריסין** · דלתות החלונות של חנויות שסוגרין בהן החלונות בלילה ומסלקין אותם ביום וטותגין אותן לפניהם ושוטחין עליהן תבלין למכור לרבים וביו"ט מותר ליקח מחנוני המכיר אותו ובלבד שלא יזכיר סכום מקח: **אף להחזיר** · ולסגור בהן וחזרה ודאי שלא לצורך היא ואפילו דאמרינן אין בנין בכלים טרחא דלאו צורך מיהא הוא וקא שרינן ליה משום תחלתן כדלקמן אלמא משום שמחת י"ט מקילינן וקשיא ב"ה דכסוי: **הכא ליכא דקר נעוץ** · כלומר ליכא טעמא להתירא דקא סברי יש בנין בכלים: **מתני'** **עומד ואומר** · מבעוד יום: **גמ'** **בבריכה ראשונה** · דרך מגדלי יונים להניח בריכה ראשונה של כל שנה להיות לוות לאמה: **גוזרין** · כי שקיל להו למחר אתי לאמלוכי וחייס עלייהו והוי ליה טלטול שלא לצורך ומשנענע ומשמש בהן מבעוד יום לשחיטה ולא חס עלייהו תו לא חיישינן דחיים: **בריכה** · קובי"ד בלע"ז שהיונים יולדים בריכה בכל חדש וחדש והן שני גוזלות זכר ונקבה ומפסיקין בתקופת טבת וחוזרים ויולדים בניסן: **לית להו ברירה** · וכי שקיל למחר דלמא לא הני אזמין והוא לא הזמין את כולם אלא כדי לרצו: **ולו פתחים הרבה** · כולם פתוחים או כולם סגורים: **כולם טמאים** · כל כלים המונחים בחלל הפתחים תחת עובי התקרה של פתח טמאים ואע"פ שאינו תחת הגג המאהיל על המת א) שגזרו חכמים טומאה על מקום שהוא לכך יציאת הטומאה שסופו לצאת דרך שם וכאן אין אנו יודעים באיזה יוציאו הלכך כולם טמאים: **נפתח אחד מהם** · לאחר מיתת המת: **הוא טמא** · בין כלים דמעיקרא בין כלים דלבסוף המונחין לו מבחוץ: **וכולם טהורים** · לדברי הכל מוקמינן להו דמודו הכל מכאן ולהבא בכלים המונחים לתוכן אחרי כן מבחוץ דודאי בההוא דנפתח מפיק ליה: **ארבעה על ארבעה** · בכך שעורו שראוי להוצאת מתים: **מצלת על כל הפתחים** · מלטמא כאילו נפתח: **אף משימות המת** · וקס"ד דבברירה פליגי ובכלים שהיו בהם בין מיתה למחשבה ב"ש סברי לא אמרי' הוברר מעיקרא דעתיה להכי הואי ולא ירדה הטומאה לשאר הפתחים וב"ה סברי הוברר ולמאי דס"ד השתא סבירא לן דבנפתח אחד מהם נמי הוו פליגי בכלים דמעיקרא וטהורין דקא תני לעיל לדברי הכל בכלים דמכאן ולהבא: **הא אתמר עלה כו'** · ואפי' ב"ה לית להו הוברר ואין מטהרין אלא כלים דלבסוף דלאחר מחשבה אבל הראשונים טמאים וב"ש מטמאין אף האחרונים דקא סברי משירדה תורת טומאה לפתחים לפני מחשבה במיתת המת שוב אינו עולה מהם אלא על ידי מעשה כגון נפתח ובנפתח אחד מהם לא פליגי מידי: **רבא אמר לעולם למפרע** · נמי מטהרין ב"ה דאית להו ברירה והכא במתניתין היינו טעמא דלריך לברר ולומר אלו אני נוטל דלמא למחר מטלטל ובודק השמנים ושביק הא ושקיל אידך נמצא מטלטל מה שלא הזמין שהרי לא היה דעתו אלא בכדי צרכו הלכך אומר זה וזה אני נוטל ולמחר על כרחיה הני הוא דשקיל: **והא אמרת בעומד** · מרחוק ואין מנענע סגיא אלמא לא בדק מאתמול הכחושים והשמנים ואכתי איכא למיחש: **ה"מ מערב י"ט** · כלומר היכא דידע מערב י"ט דהני הוא דאזמין דהא בין שהן כחושין בין שהן שמנים לא שקיל אחריני שהרי יודע שמוקנין הם שלא זמנן: אבל

רבינו חננאל

ב"ש אומר' תפור בדקר ויכסה. וב"ה אוסרין ופריק ר' יוחנן מוחלפת השיטה כלומר הפוך דברי ב"ש לב"ה ודברי ב"ה לב"ש. ודחינן דלמא שאני התם דאיכא דקר נעוץ וכו'. על זה הדרך השמועה כלה ופשטה היא: פיסקא בש"א לא יטול אלא א"כ נענע מבעו"י כו'. אוקמה רב חנן בבריכה ראשונה. פירוש באפרוחין הדשין שלא הולידו בזה השובך אלא בריכה אחת ותו הן שבשובך. ואין שם אפרוחין זולתן. ב"ש סברי אם לא יכנס בשובכו מעיו"ט ויעמוד עליו חיישינן שמא כשיבא ביו"ט ליטול האפרוחין יראה השובך שאין בו יונים הרבה ויתירא ליטול מהם שמא כיון שלא ימצאו במי יצטוותו יברחו הנשארים ואם לא נענע מקרי ואמר זה וזה אני נוטל ומתנחם ולא יטול ונמצא בטל בשמחת יו"ט אלא אם יבא ויראה וינענע ויעשה מעשה ודאי ביו"ט אינו מתנחם. וב"ה כולי האי לא חיישינן אלא באומר זה וזה אני נוטל. *) אע"פ שלא עיין האפרוחים אלא אמר מעיו"ט מזה השובך אני נוטל מחר אותם שיטול ביו"ט נתברר הדבר כי הן הן שהזכיר מעיו"ט. וכי תימא ב"ה לית להו ברירה והתנן באהלות פ"ז המת בבית ולו פתחין הרבה כולן טמאין. נפתח אחד מהן הוא טמא וכולן טהורין חישב להוציאו באחד מהן כו'. עד ובה"א אף משימות המת פירוש אלו הפתחים יש מהן שלהן **) כגון זיזין ברוחב הבית בבית ובאהלים הזיזין שהן מחוץ הפתח על בני אדם או על כלים כולן טמאין שאין לך פתח [שאינו עשוי] לבא ולצאת וקיי"ל שכל פתח העומד להפתח כפתוח דמי. ואינו חוצץ בפני הטומאה אלא דבר הסותם לגמרי ותנן בפרק כיצד צולין מן האגף ולפנים כלפנים מן האגף ולחוץ כלחוץ. ואסיקנא אגף עצמו בשערי עזרה כלפנים בשערי ירושלים כלחוץ מפני שמצורעין מגינין תחתיהן בחמה ובגשמים ואם נפתח אחד מהם נשארה סתימת הפתחים

*) כצ"ל דחסר כאן ונ"ל אני נוטל כו'. **) אולי צ"ל שלהן אוהל כגון זיזין וכו'.

עין משפט נר מצוה

עב א מיי' פ"ב מהל' יו"ט הלכה ו טוש"ע א"ח סי' תצז סעיף יב:

עג ב מיי' פט"ו מהל' גזילה הל' יח טוש"ע חו"מ סי' רס סעיף ח:

עד ג מיי' פ"ב מהל' יו"ט הלכה ו טוש"ע א"ח סי' תצז סעיף יב:

עה ד מיי' שם טוש"ע שם סעיף יג:

ועי' רש"י ותוס' פסחים [ד. ד"ה תולין וכו' שהליפו שיטתם]

אבל ביום טוב אסור דזימנין דמשתכחי שמנים כחושים וכחושים שמנים וקמטלטל מידי דלא חזי ליה אי נמי זימנין דמשתכחי כלהו כחושים ושביק להו ואתי לאמנועי משמחת יום טוב: **מתני'** זימן שחורים ומצא לבנים לבנים ומצא שחורים שנים ומצא שלשה אסורים שלשה ומצא שנים מותרים בתוך הקן ומצא לפני הקן אסורין ואם אין שם אלא הם הרי אלו מותרים: **גמ'** פשיטא אמר רבה הכא במאי עסקינן *[א]כגון שזמן שחורים ולבנים והשכים ומצא שחורים במקום לבנים ולבנים במקום שחורים מהו דתימא הני אינהו ואתהפוכי אתהפוך קמ"ל הנך אזדו לעלמא והני אחריני נינהו לימא מסייע ליה לר' חנינא דאמר ר' חנינא *[ב]רוב וקרוב הלך אחר הרוב כדאמר אביי *בדף הכא נמי בדף: [ג]שנים ומצא שלשה אסורין: מה נפשך אי אחריני נינהו הא אחריני נינהו ואי לא אחריני נינהו הא איכא חד דמערב בהו: [ד]שלשה ומצא שנים מותרין: מ"ט הני אינהו נינהו וחד מנייהו אזל לעלמא לימא מתני' רבי היא ולא רבנן *דתניא הניח מנה ומצא מאתים חולין ומעשר שני מעורבין זה בזה דברי רבי וחכ"א הכל חולין הניח מאתים ומצא מנה מנה מונח ומנה מוטל דברי רבי וחכ"א הכל חולין אפילו תימא רבנן הא אתמר עלה ר' יוחנן ור"א דאמרי תרוייהו שאני גוזלות הואיל ועשויין לדדות ולמה לי לשנויי עלה שאני גוזלות הואיל ועשויין לדדות והא אתמר עלה דההיא דרבי יוחנן ור' אלעזר חד אמר בשני כיסין מחלוקת אבל בכיס אחד דברי הכל חולין וחד אמר בכיס אחד מחלוקת אבל בשני כיסין דברי הכל מנה מונח ומנה מוטל בשלמא למ"ד בשני כיסין מחלוקת היינו דאיצטריך לשנויי הכא שאני גוזלות הואיל ועשויין לדדות אלא למ"ד בכיס אחד מחלוקת אבל בשני כיסין דברי הכל מנה מונח ומנה מוטל השתא למה לי לשנויי עלה הא אמרת בשני כיסין לא פליגי אמר רב אשי הכא בגוזלות מקושרים *וכיסים מקושרים עסקינן גוזלות מנתחי אהדדי כיסין לא מנתחי אהדדי ורבי אמר לך כיסין נמי זמנין דמתעכל

תוספות

איכא חד דמערב בהו · וא"ת ולבטיל ברובא וי"ל דבעלי חיים לא בטלי דחשיבי א"נ ה"ל דבר שיש לו מתירין לאחר יו"ט וכל דבר שיש לו מתירין אפי' באלף לא בטיל:

חד מנייהו אזל לעלמא · וא"ת וכי תלינן לקולא בדבר שיש לו מתירין ויש לומר דהואיל ונשארו שנים במקומם ודאי בכה"ג תלינן לקולא: **חולין** ומעשר שני מעורבין זה בזה · פ"ה בורר מנה היפה שבשניהם ויאמר אם זה של מעשר מוטב ואם האחר של מעשר הרי זה מחולל על זה ותימה דמפרש בפרק הזהב (ב"מ דף מה.) דאין מחללין כסף על כסף ולא מעות על מעות לכך נראה דמחלל בתחלה המנה של מעשר על פרוטות של נחשת ואח"כ מחללו על מנה היפה שבשניהם*: **הכל** חולין · שאני אומר הוא לקח מעות של מעשר שני והני אחריני נינהו ותימה דהא לא אמרי' שאני אומר להקל אלא כשהוא מדרבנן כדאיתא בפסחים (דף י·) דקאמר שאני תרומה דרבנן לפיכך אני תולה להקל טמר שאני אומר וכו' וי"ל דכיון שאין אדם מניח חולין אלא מעשר תלינן שפיר לקולא ואמרי' ודאי לקח אלו משם ושכח ואחר כך הניח אלו שם:

פשיטא

רש"י

אבל בי"ט · כשבא לברכן בי"ט כלומר שלא בירר דבריו מבעוד יום וסומך על בדיקה מחר שיבדוק את כולן: **דזימנין דמשתכחי שמנים כחושין וכחושין שמנים** · אותם הנראים שמנים למראה עיניו נמצאים כחושין במשמושן והכחושים נמצאים שמנים: **מידי דלא חזי ליה** · כל אותן שטלטל יותר על צרכו מוקצים היו: **אי נמי** זימנין דמשתכחי כלהו כחושין וקא ממנע משמחת יו"ט וכל זה על ידי שלא בירר אתמול דבריו לפיכך סמך על שקר לומר אי אפשר שלא יהו שנים או שלשה טובים ולמחר נמצאו כולם רעים אבל כשאתה מזקיקו לברר טוב אינו סומך אלא על אלו בין היו שמנים או כחושין ולדעת כן זמנן ובא ונוטלן ולא ממנע: **מתני' זמן שחורים** · ולא היה שם עוד ולמחר מצא הכל לבנים ודאי המזומנים הלכו להם ואלו אחרים דאתו להו מעלמא לשובך וכן שנים ומצא שלשה ואינו מכיר את המוכנים כולם אסורים: **שלשה ומצא שנים מותרים** · האחד הלך והשנים נשארו ולא אמרינן הואיל והאחד הלך כן הלכו כולם ואלו אחרים הם: **זמן בתוך הקן ומצא לפני הקן** · ובתוך הקן לא מצא כלום הרי אלו אסורים ובגמרא מפרש לה: **גמ' כגון שזמן שחורים ולבנים** · בשני קינין וכל הקינין מובדלין במחיצות ועליות כדרך כל שובכין עשויין עליות הרבה וכל עליה יש בה מחילות הרבה: **והשכים ומצא כו'** · והכי קאמר זמן שחורים בקן זה ומצא בו לבנים ולבנים זמן בשני ומצא בו שחורים: **דרבי חנינא** · בבבא בתרא בלא יחסר: **רוב וקרוב** · אם בא מעשה לפניו ויש לתלותו בדבר הקרוב לו להתיר או לאסור ויש לתלותו אחר הרוב לענין אחר תלוף הקרוב הלך אחר הרוב ומתני' נמי הכי אמר דהא איכא למתלינהו להנך שחורים באותם שהיו אתמול בקן שבצדו וכן הלבנים ולומר נהפכו ולא תלינן אלא אמרינן מעלמא אתו ומרובה פירשו: **כדאמר אביי** · לקמן: **בדף** · שיש דף לפני השובך בולט ויוצא ממנו ושם באין ויושבין יונים דמעלמא תדיר שיראים ליכנס לקן מפני שאותן שבקן מגרשים את כל הבא אליהן וכשיוצאין משובך אלו נכנסין הלכך חיישינן שמא מן הדף באו לקינין הלכך אסורים דהוו להו כלהו קרובים שבדף ושבקן הלכך זיל בתר רובא: **מה נפשך כו'** · פירושא דמתני' היא כלומר להכי אסורים דמה נפשך להתירם: [*לימא מתני' רבי היא · הא מתני' סתמא היא והלכה כסתם משנה ואנן קי"ל (*כתובות דף כא·) הלכה כרבי מחבירו ולא מחביריו]: **הניח מנה** · ממעות מעשר שני בתיבה: **חולין ומעשר שני מעורבין זה בזה** · האחד חולין ואינו יודע איזהו ונוטל היפה שבהן ואומר אם (*היא זו) של מעשר הרי יפה ואם חולין היא תהא חברתה מחוללת עליה: **הכל חולין** · הואיל ולא מצא כמו שהניח תולין להקל ולומר נטל את הראשון והניחו במקום אחר והניח שוב את אלו ושכח שאין אדם מניח מעות חולין ומעות מעשר ביחד: **מנה מוטל** · ונשאר רק מנה ממעשר: **הכל חולין** · הואיל ולא העלהו לירושלים לא הפרידן זה מזה ושניהם נטלן והניחם במקום אחר וזה חולין הוא שהניח הלום אחרי כן ושכח: **שאני גוזלות** · להכי איכא למימר האחד הלך וחבריו נשארו: **הואיל ועשויין** · רגילים הן להיות מדדין אחד אחד ויוצאין ונכנסין אבל מנה לא הלך מאליו אא"כ נטלו וכשנטל נטל שניהם: **ולמה לי לשנויי עלה** · רבי יוחנן ורבי אלעזר מה דוחקין לתלות טעם משנתנו במדדים הא לדידהו מתוקמא שפיר כרבנן בלאו האי טעמא דהא איהו אפליגו בההיא דמעשר חד אמר מחלוקת במונחין שני המנין בכיס אחד בההוא הוא דקאמרי רבנן דכשנטל כל הכיס נטל אבל בשני כיסים מודו דהאחד נטל והניח השני וחד אמר מחלוקת בב' כיסין בההוא הוא דקאמר רבי מנה מונח ומנה מוטל: **האי מאי** לא גרסינן: **בשלמא למ"ד כו'** · המקשה סיומי מסיים למילתיה ומפרש קושייתו בשלמא מאן דמוקי פלוגתייהו בב' כיסין דהיינו כדומיא דמתני' דהוו שני גוזלות צריך לשנויי דתקום מתני' כרבנן מהאי טעמא הואיל ועשויין לדדות אלא למ"ד בשני כיסין מודו רבנן השתא למה לי לשנויי משום דעשויין לדדות הא בשני כיסים נמי הכי קאמרינן: השתא ומה כו' לא גרסינן אלא ה"ג אלא למ"ד בכיס אחד מחלוקת אבל בשני כיסים דברי הכל מנה מונח ומנה מוטל השתא למה לי לשנויי עלה האמר בשני כיסים לא פליגי וחד מהני רבנן או רבי יוחנן או רבי אלעזר אוקמה הכי ולעיל אמאי שנו תרווייהו הואיל ועשויין לדדות: **אמר רב אשי הכא בגוזלות כו'** · מ"ד בכיס אחד מחלוקת בשני כיסין כעין כיס אחד קאמר דהיינו שני כיסין מקושרין ודקאמר אבל בשני כיסין דברי הכל מנה מונח ומנה מוטל בשאין מקושרין ומתני' אפי' בגוזלות מקושרין משמע דהנותרין מותרין ולא אמרי' אותן שזמן נטלו כולם ואלו אחרים הלכך אי לא דשאני גוזלות הואיל ועשויין לדדות לא הוה מתוקמא כרבנן דהא בכיסים מקושרין אמרי רבנן הכל חולין והשתא אגב האי שנויא מתוקמא שפיר כרבנן דגוזלות המדדין מנתחי אהדדי ואיכא למתלי לקולא דחד מנייהו הוא דאזל ליה אבל כיסים לא מנתחי ואדם בא ונטלן וכיון דמקושרים הם שניהם נטל:

דמתעכל

רבינו חננאל

למתר סניא יאמר בדעתו כל השובך היכנתי לי ומותר לי ליטול איזה שאברור וחיישינן דלמא מטלטל ושביק כדי לבחור לו השמנים אי נמי משתכחי כולהו כחושים כו': [מתני'] זימן שחורים ומצא לבנים כו'. אוקמא רבא כגון שזימן שחורים בצד מזרחי ולבנים בצד מערבי ובא ביו"ט ומצא לבנים במזרח ושחורים במערב וכגון דאיכא בדף ההוא אחרים הרבה שחורים ולבנים שלא זימן אותן דחיישינן שמא מאותן שלא זימן מהן שהן רוב ואין עוד ברף אחר עמהן שהן קרובין נמצאו האסורין מרובין וקרובין לפיכך גם הן אסורים. ג' ומצא ב' הרי אלו מותרים ואוקימנא דסבר האי תנא חד מינייהו אזל לעלמא ואשתיירו תרי והן הן שזימן ואמרינן מתני' רבי היא דתניא הניח מאתים זוז ממעות מעשר שני ומצא מנה מנה מונח ומנה נוטל. כלומר מי שנטל לא רצה ליטול הכל ונטל מנה והניח מנה וזה המנה מעשר שני הן וחכמים אומרים הכל חולין. כלומר מעות מעשר שני כולן ניטלין ואלו אחרים הן ופריק רב אשי לעולם משנתנו אפילו לרבנן והכא בב' גוזלין מקושרין קמפלגי זימן וכן הניח ב' כיסין מקושרין בכל כיס מנת גוזלין עבידי דמנתחי ואפילו רבנן מודו דחד מינייהו ניתח ועריק ואשתיירו הני תרי והן הן ולפיכך מותרים. אבל כיסין דלא מנתחי ליכא למימר הכי לפיכך מי שלקח הכל לקח. ואלו אחרים הן ורבי אמר לך כיסין נמי זמנין

מסורת הש"ס

ב"ב כג.

[לקמן יא.]

פסחים י. [תוספתא מ"ש פ"ב]

[גיטין נה.]

גי' רש"ל

[עירובין מז: פסחים כז.]

[נ"ל זו היא]

§ מסכת ביצה דף י: §

אות א'

כגון שזמן שחורים ולבנים, והשכים ומצא שחורים במקום לבנים ולבנים במקום שחורים

סימן תצז סי"ב - או זימן שחורים ולבנים בקנים המובדלים במחיצה - כדרך כל שובכין, עשויין עליות עליות הרבה, וכל עליה יש בה מחיצות הרבה, **ומצא שחורים במקום לבנים ולבנים במקום שחורים, אסורין אא"כ מכירן** - חיישינן דהני שהזמין פרחו, והני אחריני נינהו דאתו מעלמא, **ומיירי** דאיכא שובכים בתוך חמשים אמה, או שהיונים יכולים לפרוח קצת, דאל"ה מוטב לנו לומר דאיתהפוכי איתהפך, משנאמר דמעלמא אתי, וכמו שכתב המחבר בסי"ד.

אבל זימן שחורים ולבנים בקן אחד, ומצאן שלא במקומן, מותרין, דהני ודאי איתהפוכי איתהפך.

ובמשכח להו בדוכתייהו שהניחם, אע"פ שיש עוד הרבה לבנים בשובך או שחורים שלא הזמין, לא חיישינן שמא איתהפוכי איתהפך,

[מאירי, **ואינו** מבואר היטב, אם דוקא כשהם בתוך חורים אחרים, או אפי' בחור אחת, כל שהזמין אותם השחורים שבצד זה ומצאם כן, לא חיישינן לאיתהפוכי, **ומב"ח** משמע דבכגון זה אסור, עיין מה שכתב בפירוש [א]דברי רש"י, [ב]ואף שהפרי חדש דחה פירושו, וכדבריו מבואר באסיפת זקנים, אכן על דינו לא חילק בהדיא, וצ"ע].

אות ב'

רוב וקרוב הלך אחר הרוב

חו"מ סימן רס ס"ח - גוזל שמדדה (פי' שמתנודד) ואינו יכול לפרוח, הנמצא קרוב לשובך בתוך חמשים אמה, הרי הוא של בעל השובך; חוץ לחמשים אמה, הרי הוא של מוצאו, שאין הגוזל מדדה יותר על חמשים אמה. (ובשביל של כרמים, אפילו חוץ לנ' אמה הוי של בעל השובך) (טור). נמצא בין שובכות, הרי הוא של קרוב; מחצה למחצה, יחלוקו. בד"א, כשהיו יוני שני השובכות שוין במנין, אבל אם היו יוני האחד רבים, הלך אחר הרוב אע"פ שהוא רחוק.

(וכל זה בגוזלות שאינן מפריחים, אבל אם הם מפריחים, בכל ענין של מוצאו) (טור).

אות ג'

שנים ומצא שלשה אסורין

סימן תצז סי"ב - [ג]זימן שנים ומצא שלשה - וא"כ איכא עכ"פ חד דאתי מעלמא שאינו מזומן, ולא מיבטל, דבעלי חיים חשיבי ולא בטלי, גם הוא דבר שיש לו מתירין, (וע"כ אסורין אא"כ מכירן).

וכתבו האחרונים, דכל זה בהניחן קשורים או מותרין, ומצא גם השלישי קשור או מותר, **הא** אם הניחן קשורין, ומצאן כמו שהניחן, רק מצא אצלן שלישי אינו מקושר, אין לאסור השנים, ואמרינן בודאי הן הם שהכינן, וזה שאינו מקושר הוא דאתי מעלמא.

(**מדעת הט"ז משמע, דאם זימן שנים מקושרים, ומצא אח"כ שלשה מקושרים, מותר, דאף דשלישי אתי מעלמא, אבל הלא מסתמא אדם קשר השלישי להם, ומן הסתם לא קשרן ביו"ט רק בערב יו"ט, וא"כ הרי הם מזומנים כולם ע"י קשירה זו, וכן העתיק הגר"ז לדינא, אכן** בפר"ח מבואר דבר זה לאיסור, וכן בחמד משה כתב ג"כ, שאין לסמוך ע"ז לדינא).

עוד כתבו, דאין האחד אוסר כולם רק באם היו כולם לפנינו, הא אם נאכל אחד מהם, או נפל לים, שכבר אינו בעולם, מותרים השאר, דאמרינן איסורא נפל או נאכל, ועל פי האופנים המבוארים ביו"ד סימן ק"י סעיף ז' ח', וע"ש בהג"ה. [**וכתב** המ"א, דאע"ג דבסוגיא אמרינן ממ"נ אי אחריני נינהו, לא אמרינן כן אלא אליבא דרבנן גבי שני כיסין, אמנם לרבי אמרינן חד אתי מעלמא, [ד]והוא כפי' הב"ח בסוגיא, והקדימם הרשב"א בחידושיו בפירוש זה].

אות ד'

שלשה ומצא שנים מותרין

סימן תצז סי"ג - [ה]זימן שלשה ומצא שנים, מותרים - דלא מחזקינן ריעותא, ואמרינן דהשנים הן הם שהכינן, רק אחת אזלא לעלמא.

(ואפי' היו מקושרים ביחד, מנתחי מהדדי) (ב"י) - שדרך בעלי חיים להתפרק ולהנתק מקשירתם, ואמרינן שהשלישי נתפרק מהם ואזל לעלמא, **וה"ה** אם מצא גם השנים שמותרים מקשירתם,

---

באר הגולה

[א] ‹ד"ה זימן שחורים "ולא היה שם עוד", כוונתו שבאותו הקן לא היה עוד שחור שלא זימן, שאילו היה כן, אפילו בלא מצא לבנים אסורין, דהא איכא חד דמערב בהו – ב"ח› [ב] ‹פי' לפי, שהזמין כל השובך ולא יש שם קנים אחרים, דאי לא, היכי מסייע מינה לר"ח דאמר רוב וקרוב הלך אחר הרוב, הא במתני' כלהו קרובים ולפיכך אזלינן בתר רובא, וכן אמאי איצטריכנין לדחוי בדף, לידחי דהא איכא קינים אחרים, זה ברור בכונת רש"י ודלא כהב"ח ע"ש – פר"ח› [ג] **משנה וגמרא שם** [ד] ‹ודלא כפירש"י, {דפי', פירושא דמתניתין היא, כלומר, להכי אסורין דמה נפשך להתירם, וא"כ אין ה"ממה נפשך" טעם לאסור, אלא מברר שאין טעם להתיר. **אולם** הב"ח דקדק ותמה בפירש"י, ולכן פי' שצדדי הממה נפשך הם צדדי המחלוקת של רבי ורבנן בסמוך – חברותא}, **דאחר** זה מביא הש"ס ברייתא דפליגי רבי ורבנן לענין מעות מעשר שני, וס"ד דהש"ס דדין גוזלות שוה לדין מעשר פלוגתא דרבי ורבנן כדאיתא שם, ולכן אמר בזימן שנים ומצא שלשה ממה נפשך אסורים בין לרבי ובין לרבנן, **ולכן** אמר אי אחריני נינהו, דהיינו לרבנן דאמרי במעשר שלקח מנה המעשר והניח שם מעות חולין מאתים, ה"ה הכא דאמרינן המזומנים אזלי לעלמא והני אחריני נינהו, א"כ אחריני נינהו וכל הג' אין מזומנים דהא אחריני נינהו, **ואי** לא אחריני נינהו, דהיינו לרבי דאמר חולין ומעשר מעורבין, ה"ה הכא דלא אמרינן הני אחריני נינהו אלא שנתוסף מעלמא גוזל אחר כדס"ל לרבי, עכ"פ איכא חד דמערב בהו וכדסבירא ליה לרבי. **ולפי"ז** הא דאמרינן אי אחריני כו', לאסרן גם לרבנן, והיינו לפי הס"ד שם דשוה גוזלת למעשר, משא"כ למסקנא גם רבנן מודו בגוזלות ליכא חשש לומר אחריני נינהו, כי אם דאיכא חד דמערב בהו – מחה"ש› [ה] **שם במשנה**

דשרי ג"כ מטעם זה, **והנה** הרב ט"ז חולק אדין זה, ולדבריו כל שלא מצא כפי שהניחן, אמרינן הני שהזמין אזלו לעלמא, והנהו אחריני נינהו, **אבל** כמה אחרונים מסכימים לדברי הג"ה בכל גווני, **מיהו** בהזמין שנים ומצא שנים, גם הט"ז מודה, דאפילו הניחם מקושרין ומצאן מותרין, לא מחזקינן ריעותא, ואמרינן דניתקו קשירתם.

אות ד*[ו]

הניח מנה ומצא מאתים... הכל חולין

הניח מאתים ומצא מנה... הכל חולין

רמב"ם פ"ו מהל' מעשר שני ה"ג - הניח מנה מעשר ונמצא מאתים, מאתים ונמצא מנה, [ז]אפילו הן בשני כיסין, הכל חולין.

---

§ מסכת ביצה דף יא. §

אות א' - ב' - ג'

בתוך הקן ומצא לפני הקן, אסורין

ואם אין שם אלא הן, הרי אלו מותרין במדדין

סימן תצז סי"ד - [ח]זימן בתוך הקן ומצא לפני הקן - פי' דרך כל השובכין להיות מעט מדף העליה בולט מחוץ המחיצה החיצונה של קן וקן, ושם היונים יוצאין לשאוף אויר, ונוחין שם וחוזרין לקן, **אסורים** - ואע"ג דאשכחינהו לפני הקן שרגילין לצאת בו, מכיון דלא אשכחינהו בדוכתייהו, חיישינן דלמא הני דאזמין אזלו, והני מעלמא אתו מהשובכין שסביבות שובך זה, [רש"י ואור זרוע ומאירי, [ט]**ואין** זה דף דאמר אביי, דשם הדף הוא לפני השובך, והכא הוא לפני הקן, וכן מוכח ברש"י ובמאירי, [י]**ותימה** קצת, שהמחבר והאחרונים סתמו וכתבו סתם לפני הקן].

ואם אין סביבותיהם קן אחר - היינו בתוך חמשים אמה, שדרכם לדדות עד שיעור זה, וכדלקמיה, **הרי אלו מותרים** - דודאי אלו הן שהזמין בתוך הקן ובאו לפניה.

[יא]והני מילי במדדין, אבל אם הם מפריחין, אסורים - ומיירי בהם [יב]מפריחים קצת, ואפ"ה חיישינן שיפרחו אפילו לחוץ מחמישים אמה, **דאם** יכולין לפרוח כראוי, אין בהם דין זימון כלל, שהרי אסורים בצידה, וכדלעיל בס"ט.

אות ד'

כל המדדה אין מדדה יותר מחמשים אמה

סימן תצז סי"ד - עיין באות ג'.

חו"מ סימן רס ס"ח - גוזל שמדדה (פי' שמתנודד) ואינו יכול לפרוח, הנמצא קרוב לשובך בתוך חמשים אמה, הרי הוא של בעל השובך; חוץ לחמשים אמה, הרי הוא של מוצאו, שאין הגוזל מדדה יותר על חמשים אמה.

אות ה'

לעולם דאיכא קן בתוך חמשים אמה וכגון דקיימא בקרן זוית

סימן תצז סי"ד - ואפילו יש - במדדין גופא, **קן אחר בתוך נ' אמה** - אין לאסור, **אם הוא בקרן זוית שאינו יכול לראותו מקן זה, כיון שאינם מפריחין אלא מדדין, משום דכל היכא דמדדה ולא הדר חזיה לקניה, לא מדדה** - ואין לאסור אלא בשהשובך אחר עומד ביושר נגד שובך זה.

(ואם הזמין תוך הקן ומצא על פתח הקן, מותרים). (א"ז)

אות ו'

אין נוטלים את העלי לקצב עליו בשר, ובית הלל מתירין

סימן תצט ס"ה - [יג]עלי, שהוא דף עב וכבד, וכלי הוא, אלא שמלאכתו לאיסור לכתוש בו הריפות - דאסור ביו"ט, וכדלקמן סימן תק"ד ס"ג, **מותר לטלטלו לקצב עליו בשר** - כדין כל כלי שמלאכתו לאיסור, לעיל בסימן ש"ח, שמותר לטלטלו לצורך גופו, דהיינו לעשות בו מלאכה המותרת, או לצורך מקומו, [יד]**ודעת** מג"א, דאפילו היה העלי מוקצה מחמת חסרון כיס, כגון שמקפיד על העלי מלהשתמש בו בדבר אחר שלא יתקלקל, דבכגון זה אסור בכל מקום, הכא שרי משום שמחת יו"ט, (**וצ"ע לדינא, דאפשר דלא מקילינן ביום טוב יותר מבכל מקום**).

באר הגולה

ו ‹ע"פ מהדורת נהרדעא› ז ‹וי"א דדוקא אם הכיסין היו קשורין יחד, אבל אם לא היו קשורין, אמרינן דמנה מונח מע"ש, ומנה השני ניטל - דרך אמונה› ח **שם במשנה** ט ‹והשמיטו הפוסקים אוקמתא דאביי ורבא, נלע"ד פשוט הואיל דאנן קיימא לן כר' חנינא, א"כ אף בקן אחד אם זימן בתוך הקן ומצא לפני הקן דאסורין, ומכ"ש בשני קנין אם מצא לפני הקן אותן שזימן שיש לאסור, וכל זה פשוט וברור - נחלת צבי› י ‹**לכאורה** ר"ל דלא חילקו בין לפני השובך ללפני הקן, ואינו מובן, דכן הוא לשון הגמ', **ודלמא** כיון דלאביי לפני הקן היינו לפני השובך, ולמסקנא א"צ לזה וכנ"ל, היה צריך השו"ע לפרש דבר זה› יא **שם בגמרא י"א** יב ‹ודלא כרש"י ד"ה מפורחים, עיין פני יהושע› יג **משנה שם** יד ‹דלפי אוקימתא קמייתא (שבת קכג. עיין לקמן אות ח' בהערה) מוכח דאפילו כלי שמוקצה מחמת חסרון כיס מותר לקצב עליו משום שמחת יו"ט, דהא עלי מוקצה מחמת חסרון כיס, והתוס' ויש"ש פוסקים כן, **ואע"ג** דהרי"ף פסק כאוקימתא בתרייתא דאיירי מחמה לצל, ולא הוה עלי מוקצה מחמת חסרון כיס, וכן פסק פה בשו"ע, וא"כ אין ראיה להתיר מוקצה מחמת חסרון כיס לצורך יו"ט, **מ"מ** כיון דאפי' להרי"ף עכ"פ אין ראיה לאסור, עדיף טפי לומר דלדינא מודה הרי"ף להתוס' ויש"ש, כדי למעט במחלוקת - מחה"ש›

דמתעכל קטרייהו: ״בתוך הקן ומצא לפני הקן אסורין: לימא מסייע ליה לר׳ חנינא דאמר ר׳ חנינא *רוב וקרוב הלך אחר הרוב אמר אביי בדף ״רבא אמר בשני קנין זו למעלה מזו עסקינן ולא מבעיא זמן בתחתונה ולא זמן בעליונה ומצא בתחתונה ולא מצא בעליונה דאסירן דאמרינן הנך אזלו לעלמא והנך אשתרבובי אשתרבוב ונחות אלא אפילו זמן בעליונה ולא זמן בתחתונה ובא ומצא בעליונה ולא מצא בתחתונה הנך נמי אסירי דאמרינן הנך אזלו לעלמא והנך סרוכי סריך וסליקו: ״ואם אין שם אלא הן הרי אלו מותרין: היכי דמי אילימא במפורחין איכא למימר הנך אזלו לעלמא והני אחריני נינהו אלא ״במדדין אי דאיכא קן בתוך חמשים אמה אדדויי אדדו ואי דליכא קן בתוך חמשים אמה פשיטא דמותרין דאמר מר עוקבא בר חמא ״כל *המדדה אין מדדה יותר מחמשים אמה ״לעולם דאיכא קן בתוך חמשים אמה וכגון דקיימא *בקרן זוית מהו דתימא אדדויי אדדו קמ״ל כל היכא דמדדה והדר חזי לקניה מדדה ואי לא לא מדדה: **מתני׳** *ב״ש אומרים אין נוטלים את העלי לקצב עליו בשר ״וב״ה מתירין בית שמאי אומרים אין נותנין את העור לפני הדורסן ולא יגביהנו אלא אם כן יש עמו *כזית בשר ״ובית הלל מתירין: **גמ׳** תנא *״ושוין שאם קצב עליו בשר שאסור לטלטלו אמר אביי מחלוקת בעלי אבל בתברא גרמי דברי הכל מותר פשיטא עלי תנן מהו דתימא הוא הדין דאפי׳ תברא גרמי נמי והאי דקתני עלי להודיעך כחן דב״ה דאפי׳ דבר שמלאכתו לאיסור נמי שרו קמ״ל איכא דאמרי אמר אביי לא נצרכא אלא אפילו תברא גרמי חדתי מהו דתימא ממלך ולא תבר עלה קמ״ל וב״ש לא חיישי לאמלוכי והתניא *בית שמאי אומרים *אין מוליכין *טבח וסכין אצל בהמה ולא בהמה אצל טבח וסכין ובית הלל אומרים ״מוליכין זה אצל זה בית שמאי אומרים אין מוליכין תבלין ומדוך אצל מדוכה ולא מדוכה אצל תבלין ומדוך וב״ה אומרים ״מוליכין זה אצל זה הכי השתא בשלמא בהמה אתי לאמלוכי דאמר נשבק האי בהמה כחושה ומייתינא בהמה אחריתי דשמינה מינה קדרה נמי אתי לאימלוכי דאמר נשבק האי קדרה דבעיא תבלין ומייתינא אחריתי דלא בעיא תבלין הכא מאי איכא למימר ממלך ולא תבר כיון דשחטה לתבירא קיימא: בית שמאי אומרים אין נותנין את העור: תנא *״ושוין שמולחין עליו בשר לצלי אמר אביי לא שנו אלא לצלי אבל לקדרה לא פשיטא לצלי תנן הא קמ״ל ״דאפי׳ לצלי כעין קדרה אסור ת״ר ״אין מולחין את החלבים ואין מהפכין בהן משום ר׳ יהושע אמרו שוטחן ברוח ע״ג יתדות אמר רב מתנה הלכה כר׳ יהושע איכא דאמרי אמר רב מתנה ״אין הלכה כר׳ יהושע בשלמא למ״ד הלכה כר׳ יהושע אצטריך סד״א יחיד ורבים הלכה כרבים קמ״ל הלכה כיחיד אלא למ״ד אין הלכה פשיטא *יחיד ורבים הלכה כרבים מהו דתימא מסתבר טעמיה דר׳ יהושע דאי לא שרית ליה ממנע ולא שחיט קא משמע לן ומ״ש מעור לפני הדורסן

התם

אות ז'

אין נותנין את העור לפני הדורסן, ולא יגביהנו אלא אם כן יש עמו כזית בשר, ובית הלל מתירין

סימן תצט ס"ג - [טו]בהמה שנשחטה ביו"ט, מותר להגביה עורה - ר"ל לטלטלה ולהניחה במקום משומר, או מחמה לצל, כדי שלא תפסד, **ואע"ג** דבעלמא עור לח אסור לטלטלו, וכדלעיל בסימן ש"ח, הכא הקילו, דאי לא שרית ליה, לא ישחוט, ואתי לאימנועי משמחת יו"ט.

וליתנה במקום דריסת הרגלים - ר"ל וכן הקילו שמותר ליתנה במקום דריסת הרגלים, שע"י הדריסה מתעבד העור קצת, **וכיון** דלא מוכחא מילתא להדיא שעושה משום כן, דאפשר שטחה כדי שישבו עליה, שעיקר ישיבתם באותו הזמן היה בדרך זו, שוטחין עור או בגדים ע"ג קרקע ויושבין עליהן, הו"ל התיקון כלאחר יד, [גמ']. **ולא** רצו לאסור עליו, דא"כ מימנע ולא שחיט משום הפסד העור, ואתי לאימנועי משמחת יו"ט.

ומיהו דוקא ליתנה במקום הדורסין, אבל לשוטחה ע"ג יתדות כדי שתתייבש, אסור, משום דמוכחא מלתא דלצורך העור קעביד, ואם נתיר לו שיטוח לצורכה, אתי למימלחה ג"כ, [טז][מ"א].

אע"פ שאין עליו בשר כלל - דאי יש עליה כזית בשר, בלא"ה מותר לטלטלה משום הבשר.

אות ח'

ושוין שאם קצב עליו בשר שאסור לטלטלו

סימן תצט ס"ה - [יז]ולאחר שקצב עליו, אסור לטלטלו [יח]מחמה לצל - או כדי שלא יגנב, וכדלעיל בסי' ש"ח, **(אבל לצורך גופו ומקומו שרי)** - כדין כל כלי שמלאכתו לאיסור.

וסדן העב שקוצבין עליו בשר, מותר לטלטלו לאחר שקצב, אפילו מחמה לצל וכה"ג, דהא הוא כלי שמלאכתו להיתר.

אות ט'

אין מוליכין טבח וסכין אצל בהמה, ולא בהמה אצל טבח וסכין, ובית הלל אומרים מוליכין זה אצל זה

סימן תצח ס"ב - [יט]יכול להוליך סכין והבהמה אצל טבח לשחוט, ואפילו גדי קטן שצריך להוליכו על כתפו - ואפי' דרך ר"ה, ואין חוששין שמא ימלך ולא ישחט, ונמצא דהוציא שלא לצורך. **ואע"פ שהיה אפשר להוליכם מאתמול** - דהוצאה באוכל נפש כתיקון אוכל נפש עצמו דמי, ולא כמכשירין, ולכך אין חילוק בין אפשר מבעוד יום או לא, **ואפילו** לדעת היש מחמירין לעיל בסי' תצ"ה ס"א בהג"ה, לענין הוצאה אין להחמיר, [דלענין הוצאה אמרינן, מתוך שהותרה הוצאה לצורך הותרה נמי שלא לצורך, ובלבד שיהיה בה צורך היום קצת].

(וכ"ש שהטבח יכול להוליך הסכין אצל הבהמה) (ב"י) - ולא אמרינן דטוב יותר שהבהמה תלך ברגליה אצל הטבח.

אות י'

אין מוליכין תבלין ומדוך אצל מדוכה, ולא מדוכה אצל תבלין ומדוך, ובית הלל אומרים מוליכין זה אצל זה

סימן תקד ס"ב - [כ]מותר להוליך תבלין ומדוך - היינו הבוכנא, שמכין בו בתוך המדוכה, **אצל מדוכה, או מדוכה אצלם, [כא]אפילו דרך ר"ה** - ולא חיישינן דלמא מימלך ולא ידוך, ונמצא שהוציא שלא לצורך, וכדלעיל סימן תצ"ח ס"ב, **אעפ"י שהיה אפשר להוליכם מערב יו"ט.**

אות כ' - ל'

ושוין שמולחין עליו בשר לצלי

אבל לקדרה לא... דאפילו לצלי כעין קדרה אסור

סימן תצט ס"ג - [כב]ומותר למלוח עליו מליחה קלה - ר"ל שימלח בשר על העור, דעי"ז ממילא ימלח גם העור קצת, **כדרך שמולחים לצלי** - ר"ל שרוצה לצלות אותה, דבזה א"צ מליחה מרובה, [אבל מליחה מועטת צריך]. **ולאפוקי** אם ימלחנה מליחה מרובה, [היינו אפי' אותה החתיכה של הצלי], אסור, דעי"ז יהיה עיבוד יפה גם לעור.

[כג]ומותר להערים למלוח כאן מעט וכאן מעט - ר"ל כאן בשר מעט וכאן בשר מעט, **עד שימלח את כולו.**

אות מ' - נ'

אין מולחין את החלבים ואין מהפכין בהן, משום רבי יהושע אמרו שוטחן ברוח על גבי יתדות

אין הלכה כרבי יהושע

סימן תצט ס"ד - [כד]אין מולחין את החלבים - דדבר שאינו אוכל גמור, אם מולח כדי שלא יסריח, יש בו משום מעבד, **ולא מהפכים בהם** - הוא ג"כ כעין תקון להחלבים, ואסור מטעם הנ"ל,

---

באר הגולה

[טו] משנה ביצה י"א וכב"ה [טז] ‹דהא אמרינן בגמ', דאסור לשטוח חלבים ע"ג יתידות, ופריך מ"ש מעור לפני הדורסן, ומשני התם לא מוכחא מלתא – שם› [יז] **ברייתא שם** [יח] **לדעת הרי"ף, ולדעת רבינו יונה והרא"ש אסור** ‹אפי לצורך גופו ומקומו›, **טור** ‹וז"ל: ולרבינו יונה אפילו לצורך גופו ולצורך מקומו נמי אסור, ולזה הסכים א"א הרא"ש ז"ל – טור›. ‹**פסקו** כאוקימתא קמייתא (שבת קכג) דמדמי ליה לסיכי זיירי ומזורי, דמייחד להו מקום, הילכך לצורך גופו ולצורך מקומו נמי אסור. **והרי"ף** פסק כאוקימתא בתרייתא, דמדמי עלי לסתם כלים שמלאכתן לאיסור – ב"י› [יט] **ברייתא שם י"א וכב"ה** [כ] **ברייתא שם י"א וכב"ה** [כא] ב"י, כמ"ש הר"ן בדין הולכת הסכין [כב] ברייתא וגמרא שם [כג] ירושלמי כתבוהו הרי"ף והרא"ש, וכמו שכתב רבינו ירוחם שהערמה זו מותרת לכל אדם [כד] ברייתא שם וכתנא קמא

אפילו לשטחן על גבי יתדות - דמוכחא מילתא שעושה זה כדי שלא יסריחו, וגזרינן דלמא אתי ג"כ למולחם, [משא"כ גבי עור אע"ג דשרית ליה ליתן במקום דורסין, מימר אמר הרואה דלאו משום עבוד הונח שם אלא משום דחזי למזגא עליהו], **אע"פ שנשחטה ביו"ט.**

וכן אסור למלוח בשר עליהם - כדי שיפול מן המלח על החלבים, **באויר** - דעל החלבים ממש אי אפשר להניח בשר, שבולע מן החלבים.

והטעם, דחלבים מליחה מועטת סגי להו, ואסור משום חששא דעיבוד וכנ"ל, [מ"א בשם הטור. ‹**דע"ג** העור לא הותר כי אם מליחה מועטת כמו לצלי כדלעיל, ובזה לא מהני לעור שיהיה כמעבד, משא"כ בחלבים דאפילו מליחה מועטת מהני להו והוי כמעבד, והוי כמו מליחה לקדירה גבי העור דאסור - מחה"ש›, **ועוד** כתב טעם בשם הר"ן, משום דאין דרך למלוח עלייהו מחמת אסור, ‹ר"ל אפילו באויר נמנעים שמא יפול הבשר מידו על החלבים - מחה"ש›, מוכח מילתא דלעבדן קעביד].

ולענין טלטול, כשנשחטה מעיו"ט, מותר לטלטל החלבים, דחזו להדלקה, **וה"ה** חתיכת שעוה מותר לטלטל, דיכול להניח פתילה ע"ג וחזי להדלקה, [**ועיין** בט"ז שכתב, דאם הקצה אותם לסחורה, אסורים בטלטול, ולכאורה דבריו הוא רק לדעת המחבר בסי' תצ"ה, דמוקצה אסור ביו"ט, **ואולי** מיירי כשמקפיד עלידם מלהשתמש בהם שום דבר, והוי מוקצה מחמת חסרון כיס].

וכשנשחטה ביו"ט, דעת הט"ז בשם הג"א להקל, **והמ"א** העלה, דלפי מאי דפסק הרמ"א בסימן תצ"ה, דנולד אסור, גם החלבים אסור לטלטלן, דהוי נולד, ואע"ג דחזו להדלקה, מאתמול לא היה עומד להדלקה, [**ונתיב** חיים וכן בא"ר מפקפק ע"ז, ‹דלאו נולד הוא, דהשתא נמי אוכל הוא אך אריא הוא דרביע עליה - נתיב חיים›, **ורק** לטלטלן כדי להצניען, או כדי שלא יסריחו, מותר, דשרינן סופן משום תחלתן, וכנ"ל גבי נוצות.

עוד כתב מ"א, דעור שהופשט מעיו"ט, אם הוא לח אסור לטלטלו, ואם הוא יבש מותר לטלטלו, כמ"ש סימן ש"ח סכ"ה, וע"ש דהרמ"א הביא דעת החולקין ע"ז, **אבל** כשנשחט ביו"ט, הו"ל נולד, וע"כ אם הוא לח מותר לטלטלו כדי שלא יסריח וכנ"ל, **ואם** הוא מונח גם עתה במקום צל, ויודע שלא יתקלקל, אסור לטלטלו, **ואם** יבש אסור לטלטלו, דהו"ל נולד, [**ומ"מ** אפשר לפקפק ע"ז, דכיון דחכמים התירו למזגי עלייהו בשעה שהיו לחין, אף שהיא ישיבה ע"י הדחק, משום שהתירו סופן משום תחילתן, וכשיתייבש העור אח"כ ויהיה ראוי למזגי לגמרי, יוכרחו לעמוד משם משום נולד, וזה תימה קצת].

עין משפט
נר מצוה

[וע"ע תוספות לקמן יז: ד"ה וכלכד]

פו א מיי' פ"א מהלכות יו"ט הל' יוד סמג לאוין שם טוש"ע א"ח סי' תק סעיף ה:

פז ב מיי' שם פ"ד הל' יב סמג שם טוש"ע א"ח סי' תקיט סעיף א:

פח ג מיי' פ"ג שם הלכה ד:

פט ד מיי' שם פ"ד הלכה יב טוש"ע שם:

צ ה מיי' פכ"א מהלכות שבת הלכה כז סמג לאוין שם טוש"ע א"ח סי' שכח סעיף כה:

צא ו מיי' פי"א מהל' מטמאי משכב ומושב הלכה י:

ב"א אלטבא

צב ז מיי' פ"ד מהלכות יו"ט הל' יב טוש"ע א"ח סי' תקיט סעיף א:

מסורת הש"ס

התם לא מוכחא מלתא *משום דחזי למזגא עליה הכא אתי למימר מ"ט שרו לי רבנן כי היכי דלא לסרח מה לי למשתחינהו מה לי למלחינהו אמר רב יהודה אמר שמואל *מולח אדם כמה חתיכות בשר בבת אחת אע"פ שאינו צריך אלא לחתיכה אחת רב אדא בר אהבה מערים ומלח גרמא גרמא:

מתני' ב"ש אומרים *אין מסלקין את התריסין ביום טוב וב"ה מתירין אף להחזיר:

גמ' מאי תריסין אמר עולא תריסי חנויות ואמר עולא שלשה דברים התירו סופן משום תחלתן ואלו הן עור לפני הדורסן ותריסי חנויות וחזרת רטיה במקדש ורחבא אמר רבי יהודה אף הפותח חביתו ומתחיל בעיסתו על גב הרגל ואליבא דרבי יהודה דאמר יגמור עור לפני הדורסן תנינא מהו דתימא טעמייהו דב"ה משום דחזי למזגא עלייהו ואפילו מערב יום טוב נמי קמ"ל התירו סופן משום תחלתן דיום טוב אין דערב י"ט לא תריסי חנויות נמי תנינא [וב"ה מתירין אף להחזיר] מהו דתימא טעמייהו דב"ה משום *דאין בנין בכלים ואין סתירה בכלים ואפילו דבתים נמי קמ"ל התירו סופן משום תחלתן דחנויות אין דבתים לא חזרת רטיה במקדש נמי תנינא *מחזירין רטיה במקדש אבל לא במדינה מהו דתימא טעמא מאי משום דאין שבות במקדש אפילו כהן דלאו בר עבודה הוא קמ"ל התירו סופן משום תחלתן דבר עבודה אין דלאו בר עבודה לא פותח את חביתו נמי תנינא *הפותח את חביתו ומתחיל בעיסתו על גב הרגל ר' יהודה אומר יגמור וחכמים אומרים לא יגמור מהו דתימא עם הארץ ברגל כטהרה שויוה רבנן ואע"ג דלא התחיל נמי קמ"ל התירו סופן משום תחלתן התחיל אין לא התחיל לא ועולא מאי טעמא לא אמר הא בפלוגתא לא קא מיירי הנך נמי פלוגתא נינהו *בית שמאי במקום בית הלל אינה משנה מתניתין דלא כי האי תנא דתניא *אמר רבי שמעון בן אלעזר מודים בית שמאי ובית הלל שמסלקין את התריסין ביום טוב לא נחלקו אלא להחזיר שבית שמאי אומרים אין מחזירין ובית הלל אומרים אף מחזירין במה דברים אמורים בשיש להן ציר אבל אין להן ציר דברי הכל מותר והתניא בד"א בשאין להן ציר אבל יש להן ציר דברי הכל אסור אמר אביי *בשיש להן ציר מן הצד דברי הכל אסור אין להן ציר כל עיקר דברי הכל מותר כי פליגי בשיש להן ציר באמצע

מר

תוספות

מערים ומלח גרמא גרמא · וכן רגילין העולם שמערימין (נ) ואוכלין מעט מן התרנגולת ואוכלין הכבד ומיהו ה"ר שמואל היה אומר היינו דוקא קודם אכילה אבל אחר אכילה לא*:

אמר רחבא אמר ר' יהודה · פי' רש"י יש מפרשים דלהכי קאמר הכי לישנא משום שהיה מסופק אם שמע שמועה זאת מרבי יהודה הנשיא או מרב יהודה ולא נהירא דרחבא היה בפומבדיתא ולא מצינו שעלה לא"י ועוד מצינו בפסחים (דף נב.) דדייק וגמר שמעתתא מפומיה דרביה כרחבא דפומבדיתא כו' ואם כן שהיה מסופק ממי שמע שמועה היה לו לומר דאפילו ספיקי דגברי גרים כדאמר בחולין (דף יח:) בשמעתין דמוגרמת לכך נראה לי דלכך אמר רבי יהודה משום שהיה רבו מובהק והא דקאמר וגמר שמעתתא מפומיה (ד) קאי אהא דקאמר שמיו לפניו מסתיו ולא קאמר *אסמכתא דאותו לשון שמע מרבו ולא רצה לשנותו:

מהו דתימא טעמייהו דב"ה דאין בנין וסתירה כו' · דקי"ל אין בנין וסתירה כשהוא מהדק ומפרק כי אם בעושה כלי שהוא חייב משום מכה בפטיש או בבונה על גבי קרקע כדאמרינן בשבת (דף קב:) הבונה כל שהוא חייב קמ"ל ותימה הא קיימא לן אין בנין וסתירה בכלים י"ל מ"מ אסור (ה) שמא יתקע:

רש"י

הכא לא מוכחא מלתא · שהתא שטיחתו לצורך עבוד דמימר אמר הא דשרו ליה רבנן להתוו לפני הדריסה מפני צורך יום טוב התירו שאף שטיחתו צורך י"ט דחזי למזגא עליה אבל הכא גבי חלבים כי שריה לשוטחן מוכחא מלתא שלתקון החלבים התירו ואתי נמי לממלחינהו ומליחה מאבות מלאכות היא בדבר שיש בו עבוד דתנן (שבת דף עג:) והמולחו והמעבדו: **גרמא גרמא** · דחד טרחא לכלהו: **מערים** · לאחר שמלח זו לאכלה היום אומר חברתה ערבה עלי לאכלה היום וחוזר ומולחה: **חנויות** · כמו סוכות הן ועומדות בשווקים ואוכלין ממוכרו' לקרקע: **תריסין** · דלתות פתחיהן: **התירו סופן** · שאינו צורך יום טוב ולאי לא שרית סופן לא עביד תחלתן: **עור לפני הדורסן** · הותרה שטיחתו משום שמיטתן: **תריסי חנויות** · הותרה חזרתן משום סלוקן: (א) **וחזרת רטיה** · בשבת פרק כלל גדול (דף עה:) אמרו הממרח רטיה חייב משום ממחק: **במקדש** · לכהן שלקה בידו וצריך לעבוד עבודה וליטול רטיה מעל ידו שלא תהא חציצה בין ידו לעבודה מחזיר הרטיה לאחר עבודה דאי לא שריא ליה להחזירה לא שקיל ליה מעיקרא: **ורחבא אמר רבי יהודה** · י"מ ספק משמיה דרבי יהודה נשיאה ספק משמיה דרב יהודה ולכי אומר לא ראה רחבא את רבי יהודה נשיאה דהא מפומבדיתא הוה ולא מצינו שעלה לא"י ועוד כי אמרי' בעלמא *דדייק וגמר שמעתתא מפומיה דרביה כרחבא דפומבדיתא הוה לן למימר דאפילו ספיקי דגברי גרים כדאמרינן בדרב יהודה בהכל שוחטין (חולין יח:) ונראה בעיני משום דרבו מובהק היה ולא היה לומר מרב אחר הוה קרי ליה רבי דלא כספקיה בדרב יהודה אחרינא: **אף הפותח את חביתו** · חבר כשהתחיל למכור יינו או ככרו לעולי רגלים ברגל וממשמשין בה יד הכל וטומאת עם הארץ ברגל טהורה כל ימות הרגל ובמה שנשאר לאחר הרגל נחלקו רבי יהודה וחכמים בפרק חומר בקדש (חגיגה דף כו:) רבי יהודה אומר יגמור וימכרנה לחברים ולכל אדם ויזהר שלא יגע עם הארץ עוד וחכמים אומרים לא יגמור ולא ימכרנה עוד משום דנטמאת ברגל במגע עם הארץ והכי לכל ימות הרגל · אמשראי שלא לבייסם מיהו לאחר הרגל הוא למפרע ולאמשינן רחבא דרבי יהודה לא אמר יגמור אלא משום תחלתן דאי לא שריא ליה לא פתח ליה מעיקרא: **תנינא** · במתניתין ובית הלל מתירין ומעולא מאי נפקא לן: **ואפילו מעי"ט** · שהופשט מבעוד יום: **דערב יום טוב לא** · דליכא למיגזר משום תחלתן דאי נמי לא שרית ליה איתו מגע מלשוחטו מעי"ט (ב) דהא יכול לשוטחו מבעוד יום: **תנינא** · במתניתין: וב"ה מתירין אף להחזיר גרסינן: **דאין בנין בכלים** · אין איסור בנין וסתירה בכלים אלא בבתים דמחייב בבנין כל דהו והעושה כלי או גומרו ב"ש או בשבת משום מכה בפטיש הוא דמחייב שהוא חיוב לכל גמר מלאכה או אם הוא דבר שהוא מחליקו חייב משום ממחק ואם צריך קלוע חייב משום מחתך וכן אורג או מסך או תופר אבל בבנין וסתירה לא שייך בהו לאחוכי בסלוק וחזרה דהא דתנן (שבת דף קב:) הבונה כל שהוא בבתים תנן והלכך בית הלל אפילו בתיבות הבית שרו לסלק דלתותיהן ולהחזיר ואע"ג דלאו לשמחת י"ט קמ"ל עולא דאע"ג דאין בנין וסתירה בכלים קאסרי ליה ב"ה מדרבנן אי לאו משום תחלתן דחנויות שהן לצרכי רבים אין אבל תריסי כלי הבית לא: **תנינא** · בעירובין מחזירין רטיה במקדש אבל לא במדינה: **מהו דתימא טעמא** · דהתירה משום דלא גזרו על השבות שבמקדש ולקבור רטיה וכן כל דבר רפואה שאין מלאכה אלא שבות הוא שגזרו חכמים בכל רפואות גזירה משום שחיקת סממנין: **תנינא** · בחגיגה: **כטהרה שויוה רבנן** · דהסמכוה אקרא כאיש אחד חברים (שופטים כ) וטעמא דרבי יהודה משום דלא הדרה חיילא ואע"ג דלא התחיל על גב הרגל למוכרה ולא ידע שנגע בה עם הארץ ברגל קאמר נמי רבי יהודה דאין מגעו מטמאה ואפי' לאחר הרגל קמ"ל רחבא דמשום תחלתן הוא: **בפלוגתא לא קא מיירי** · והא פליגי רבנן עלה: **מתניתין** · דקתני בסלוק נמי פליגי לאו כי האי תנא: **בשיש להן ציר** · ידות לשני ראשין דדומות לבנין: **והתניא** · בשאין להן ציר הוא דשרי ב"ה אבל בשיש כו': **אמר אביי** · דכולי עלמא תרוייהו תנאי דברייתא לפרשי לן פלוגתא דב"ש וב"ה: **ידברי הכל אסור** · ובשאין להן ציר כל עיקר דברי הכל ב"ש וב"ה: **בשיש להן ציר באמצע** · כגון פלימ"ו ומחובין אותו בחור שבאמצע דופן פתח התיבה:

מר

רבינו חננאל

אמר רב יהודה אמר שמואל מולח אדם כמה חתיכות כאחת אע"פ שאינו צריך אלא לחתיכה אחת. רב אדא בר אהבה מערים ומלח ליה גרמא גרמא כגון דמלח האי חתיכה ואימלך ואמר לא בעינא האי אחריתי בעינא: ירושלמי מערים ומלח הכא עד דמלח כולה. כלומר היה ממלח ע"ג העור מעט מעט. וישאל מאי תריסין אמר עולא תריסי חנויות. והני מילי חנויות אבל בתים לא. ג' דברים התירו סופן משום תחלתן ואלו הן תריסי חנויות משום להוציא תבלין ומיני מאכל התירו לו. ואם תאמר לו אסור לסגור בהן כי יש בנין בכלים מתחלה לא יפתח. וכן עור לפני הדריסה. אם לא תתיר לו להניחו במקומו שטוח לא ישחוט תחלה. וכן החזרת רטיה במקדש כמפורש בסוף עירובין ורב יהודה אמר אף עם הארץ הפותח חביתו ברגל והמתחיל עיסתו ברגל יגמור לאחר הרגל כר' יהודה. ואע"ג דקיי"ל מגע ע"ה בחזקת טומאה הוא הכא אם לא תטהר לו לא אתי למיעבד לכתחלה ושקלינן וטרינן בענין תריסי חנויות ואסקה אביי בשיש לה ציר מן הצד דברי הכל אסור. כדתנן מחזירין ציר התחתון במקדש אבל לא במדינה. בשאין לה ציר כל עיקר דברי הכל מותר. כי פליגי בשיש לה ציר באמצע

[לעיל יוד.]

הגהות הב"ח

(א) רש"י ד"ה (וה רת רטיה וכו' משום ממחק במקדש) תא"מ ונ"ב ס"א וחזרת רטיה בשבת במקדש לכהן כו': (ב) ד"ה דערב יום טוב וכו' דלא יכול לשוטחו מבעוד יום: (נ) תוס' ד"ה מערים וכו' שמערימין ואוכלין ואוכלין מעט מן התרנגולת כמו הכבד: (ד) ד"ה אמר וכו' מפומיה דרביה קאי אהא: (ה) ד"ה מהו וכו' מ"מ אסור דחיישינן שמא יתקע:

[שם וש"נ]

עירובין קב:

[ברכות לג:]

חגיגה כו.

[ברכות לו: יבמות טו:] [תוספ' פ"א]

גליון הש"ס

גמ' שלשה דברים התירו סופן. עיין ר"ס דף כב ע"ב תוס' ד"ה שיהו מהלכים ועיין יומא דף עז ע"ב ומו"ק דף ז ע"א:

[ר"ל הך ד"ה אסור וכן בשאין להם ציר ד"ה מותר קאי אב"ש וב"ה]

§ מסכת ביצה דף יא: §

אות א'

מולח אדם כמה חתיכות בשר בבת אחת אף על פי שאינו צריך אלא לחתיכה אחת

סימן תק ס"ה - [א]מותר למלוח - ‹היינו שמולחו להוציא דמו, או לאחר שמלחו והדיחו, מולחו בליל יו"ט – מ"א, והביאו המ"ב לקמן›, **כמה חתיכות בבת אחת** - במפולת יד א', כגון שיש כאן ג' חתיכות, יניחם זו אצל זו, ויקח מלח מלא חפניו כדי שיעור מליחה של כל החתיכות, וזורה עליהם בבת אחת, **אע"פ שאינו צריך אלא אחת** - ליו"ט, והטעם, שטורח א' הוא טורח לכל הבשר, שהרי מולחן ביחד, [רש"י], **ואע"פ** שהוא מוסיף קצת טרחא, שהרי צריך להפך כל חתיכה וחתיכה בפני עצמה כדי למולחם בצד השני, **מ"מ** כיון דמן התורה אין עיבוד באוכלין, הקילו חכמים למלוח בבת אחת, אם חושש שמא יסריח הבשר.

הגה: וי"א דלא שרי להערים - הלשון מגומגם, דלא נזכר הערמה כלל בדברי המחבר, וכתבו הרבה מפרשים, שחסר כאן בדברי המחבר, וכצ"ל: "**ומותר להערים ולמלוח חתיכה, ואח"כ ליטול אחרת ולומר: בזה אני רוצה**", ור"ל דאפילו כשאינו מולח בבת אחת, יש תקנה, דהיינו ע"י הערמה, שיאמר: בזו האחרת אני רוצה עכשיו, [שזה הבשר ערב עלי לאכילת היום, וחוזר ומולח עד שמולח כל הבשר שיש לו], והתירו לו דבר זה כדי שלא ימנע מלשחוט, אם ידע שלא יתירו לו למלוח כל הבשר ואתי למסרח, [רש"י בדף י"ז: ‹ד"ה ואם הערים›, **ויש** שכתבו, דאפילו נשחט מעיו"ט, נמי מותר למלוח כולן ביו"ט ע"י הערמה, [ב][פר"ח, **והב"ח** וא"ר החמירו בזה, **וא"ר** הפליג עוד יותר, דאפי' בבת אחת אין להקל בשנשחט מעיו"ט].

וע"ז הגיה רמ"א: "**וי"א דלא שרי להערים**" **רק קודם אכילת שחרית (ר"י וב"י בשם סמ"ק)** - דבאמת צריך לאכול אז איזה חתיכה, **אבל** אם כבר אכל, ואין בדעתו לאכול עוד יותר היום, [דמש"כ בשו"ע "שחרית" לאו דוקא], אסור להערים ולמלוח, אע"פ שיבשל ויטעום מעט, כיון שאינו טועם רק כדי להתיר לו מליחת שאר החתיכות, **ואפי'** אם ירצה למלוח כל החתיכות ביחד, נמי אסור בכגון זה, דלא שייך בזה לומר טרחא א' לכולם, שהרי גם לאחת א"צ באמת.

והסכימו האחרונים, דכ"ז בשאינו ידוע לו בודאי שיסריח אם לא ימלחנו, **אבל** בידוע לו בודאי, מותר למולחו אפילו אחר אכילה, ואפילו בזה אחר זה ע"י שיערים על כל חתיכה לומר: מזו אוכל היום, וצריך שיאכל כזית מאחת מהן, **ואפילו** זה לא התירו אלא כששחט ביו"ט, כדי שלא ימנע על להבא מלשחוט, **אבל** כששחטה מעיו"ט, כיון שהיה יכול למלחה מעיו"ט, אסור למלוח בשר שא"צ לו ביו"ט, אא"כ מולחו קודם אכילה.

ומותר למלוח הבשר ביו"ט - ר"ל כשמולחו להכשירו להוציא דמו, **אע"פ שהיה אפשר למלחו מעיו"ט (מהרי"ל ות"ה)** - ומטעם דאם היה מולחו מעיו"ט, היה צריך אחר הדחה שניה למולחו עוד פעם שני, ולהשהותו במלח עד למחר, דאל"כ היה מתקלקל, ‹דאח"כ מתקלקל כשעומד בלא מלח, והוא טוב יותר כשהבשר תולה כך באויר בלי הדחה ומליחה – מ"א›, **ודבר ידוע הוא כשהבשר שוהה הרבה במלח מפיג טעם**, **לפיכך** מותר למלוח הבשר שרוצה לאכלו בו ביום, ואגבן מותר למלוח שארי הבשר כיון שהוא בבת אחת, או ע"י הערמה וכנ"ל, [לדעת המקילין לעיל במ"ב, בשנשחט בעיו"ט].

אבל אם כבר נמלח והודח משום דם, אסור למולחו פעם שנית ביו"ט [בשחרית] כדי שלא יפסיד, ואפי' בשחרית קודם אכילה, שהרי אין דרך למלוח בשר בשעת בישולו, ואדרבה מדיחין אותו ממלחו בשעת בישולו, ואם כן מוכחא מלתא שמולח רק לתקן הבשר, ולכן אסור, [**ופשוט** דדוקא בשחרית, אבל בליל יו"ט מותר למולחו שלא יתקלקל, אם דעתו לאכול מהן מעט למחר, וכן מוכח במ"א], **ובליל** יו"ט ב' מותר למלחו, ע"י שיערים על כל חתיכה לומר: מזו אוכל למחר, וכן יעשה שיאכל מהן מעט למחר, [**אבל** ביו"ט ב' בשחרית, אסור למלוח ע"י הערמה זו, שהרי הבשר שרוצה לאכול יבשלנו מיד, וא"צ מליחה].

(**משמע** מלשון "אע"פ שהיה אפשר למולחו מעיו"ט", דכ"ש כשנשחט ביו"ט בודאי מותר למלוח, **ואף ע"י הערמה לכל הבשר, ועיין** במ"א בשם תה"ד שמצדד, **דדוקא אם נשחט ביום א' של יום טוב, דיתקלקל אם ימתין עד יום שלישי, או שחל יו"ט שני בע"ש, שיתקלקל אם ימתין עד יום א', הא אם חל יו"ט שני בחול ונשחט בו, אסור למלוח ע"י הערמה, כי יוכל להמתין מלמלוח עד מחר**, וטוב יותר להבשר, **והנה** ראיתי בהגר"ז והח"א שהשמיטו דין זה, **אח"כ** מצאתי במאמר מרדכי, שמגמגם ג"כ בדין של תה"ד, ומביא דמדברי הריב"ש מוכח שלא כדבריו, **ואפשר** עוד משום דדין זה תלוי בטבע הזמן, אם העת חם מאוד ויכול להתקלקל ביום אחד, בודאי מותר למלוח כל הבשר על ידי הערמה, לכך השמיטו דין זה).

ומ"מ דגים שהם משובחין כשמונחין במלח, אסור למולחן ביו"ט כשהיה יכול למלחן מעיו"ט, [**אבל** אם לא היה יכול למלחן מעיו"ט, כגון שלא היה לו פנאי וכדומה, מותר, **ודוקא** אם דעתו לאכול מהן בו ביום, אבל שלא לצורך אסור לקרען, ופשיטא למלחן, ובמקום הפסד גדול יש להתיר, כמו במסוכנת], **ואין** בכלל זה מה שנותנין מלח לתוך המחבת שמבשלין אותן בה, דאין איסור במליחה אלא משום גזרת עיבוד, או משום דטורח שלא לצורך יו"ט, משא"כ בזה שנותן לתוך התבשיל, **ומיני** דגים הרכים המתקלקלים כשינוחו זמן רב במלח, מותר למלחן ביו"ט, אפילו אם קרען בעיו"ט, ודינן כמליחת בשר לכל דבר.

באר הגולה

[א] מימרא דשמואל שם י"א, וכפי' רבינו ירוחם, דרב אדא בר אהבה להוסיף על דברי שמואל בא, דאפי' להערים ולמלוח חתיכה אחת ואח"כ ליטול אחרת ולומר בזו אני רוצה מותר, וע"ז קאי הגהת רמ"א [ב] ‹מדקאמר שמואל סתמא מולח אדם כמה חתיכות, משמע דמיירי בכל גוונא ואפי' נשחט מערב יו"ט, שאין עיבוד באוכלים, ועוד שהבשר שמלחוהו מערב יו"ט מפיג טעמו קצת, ואגב זה התירו למלוח נמי שאר חתיכות בשר, והשתא כי אתא רב אדא לאוסופי להתיר ע"י הערמה אף במולח זו אחר זו, בודאי דמיירי ממאי דמיירי שמואל, דהיינו אף בנשחטה מערב יו"ט – פר"ח›

[ג]**סימן תקי ס"ז - [ד]נוהגין לנקר בשר ביו"ט, אפי' נשחט מעיו"ט** - וכנ"ל לענין מליחה, וכ"ז כשמנקר הבשר שדעתו לאכלה ביו"ט, אבל שאר בשר אסור לנקרו, ואפילו נשחט ביו"ט, שהרי טורח הוא לצורך חול, **אא"כ** רוצה למלחו מפני שחושש שמא יסריח הבשר, ולמלחו אסור קודם ניקור, כמ"ש ביו"ד, בזה מותר לו לנקר גם שאר בשר ע"י הערמה, דהיינו לאחר שניקר חתיכה אחת לצורך היום, אומר חתיכה זו אינה טובה בעיני כ"כ, רק חתיכה אחרת, ומנקרה, וכן כולם, [**ודוקא** קודם אבילה וכנ"ל לענין מליחה].

ודוקא כשנשחט ביו"ט, אבל אם נשחטה בעיו"ט, והיה לו פנאי לנקרה מבע"י, אסור לו לנקר ביו"ט רק הבשר שצריך לו לאכילה ביו"ט, שהרי הניקור אינו מפיג טעם הבשר כלל, והיה לו לנקר קודם יו"ט, [**ואע"ג** דבמליחה יש שמתירין בזה, שאני התם דחתיכה שצריך לאכול, איכא הפגת טעם אם ימלחנו מבע"י, ואגבה מותר למלוח כל הבשר בהערמה].

(וטוב לשנות קלת אם יוכל לשנות באיזה דבר) - דהיינו שינקרנו בקופיץ או בקרדום, **ואע"ג** דלעיל גבי מליחה, אף שהיה יכול למלחו מעיו"ט, א"צ שינוי, **התם** משום דבשר ששוהה הרבה במליחה מפיג טעם, משא"כ הכא ע"י הניקור אינו מפיג טעם כלל, והיה לו לנקרו מעיו"ט. **ואם** א"א לו לשנות, מותר אפילו בלי שינוי, ואע"ג דהיה יכול לעשות מעיו"ט, משום דבניקור ליכא שום לתא דמלאכה, אלא משום טרחא בעלמא, **וחלק** אחרוניים דא"א לנקר היטב ע"י שינוי, יש להחמיר שלא לנקרו אם נשחט מעיו"ט, והיה שהות לנקרו מעיו"ט, **ובמקום** דחק יש להקל לצורך יו"ט.

בשר מנוקר שהוא ביום ג' לשחיטתו, ואם ישהה אחר יו"ט, יהיה אסור לאכלו כי אם צלי, כמבואר ביו"ד, מותר להדיחו ביו"ט, הואיל וראוי לאכילה, ואף דטרחא זו לצורך חול הוא, אינו עושה מעשה, רק ששופך עליו מים, **ומ"מ** ראוי לכתחלה שיאכלו הקצבים חתיכה ממנה, [וגם מלוי המים יהיה קודם יו"ט]. **ואם** אפשר להניח ההדחה עד יו"ט ב', לא ידיחו ביו"ט ראשון, **אבל** בשבת דא"א לבשל ולאכול, אסור - מ"א, **וע"ל** בסי' שכ"א במ"ב, מה שכתבנו בשם האחרונים, דע"י עכו"ם בודאי יש להקל להדיח, ואם א"א ע"י עכו"ם, מותר גם ע"י ישראל.

עוד כתב המ"א, דאם אירע זה בבשר שאינו מנוקר, גם ביו"ט אסור להדיחו, משום דכיון דאסור לנקר מה שאינו לצורך יו"ט ע"י הערמה, שיאמר: אוכל ממנו כזית, כיון דהיה יכול לנקרה מבע"י וכנ"ל, ממילא לא חזי לאכילה, וע"כ דינו כמו בשבת דאסור להדיחו, **והנה** לפי מה שהקילו האחרונים גם בשבת במקום הדחק, מטעם דכיון דחזי לטלטול, ממילא מותר להדיחו ג"כ, גם בבשר שאינו מנוקר אין להחמיר מטעם זה, **ומ"מ** אם אפשר ע"י עכו"ם, טוב יותר ע"י עכו"ם, או כשמונח הבשר בכלי, טוב שירחוץ ידיו עליו עד שיהיה הבשר שרוי במים, (**ודע**, דאף לדעת המ"א שמחמיר להדיח, היינו רק לענין הדחת כל הבשר, אבל הבשר שרוצה לצרכי יו"ט, בודאי מותר להדיח ולנקר לכו"ע, אף דנשחט מעיו"ט).

[ה]**סימן תקי ס"ז - [ו]הגה: ומותר למלוח הרבה חתיכות לנון ביו"ט אם רולה לאכלן, אע"פ שאסור בשבת** - כדלעיל בסימן שכ"א ס"ג, ביו"ט מותר, דא"א לעשותן מעיו"ט.

[ז]**ויש מחמירין (מהרי"ל)** - טעמם, דאפשר למלוח כל חתיכה בפני עצמה, **וטוב** לחוש לדבריהם לכתחלה.

אות א'*[ח]

תוס' ד"ה מערים: היינו דוקא קודם אכילה אבל אחר אכילה לא

סימן תקג ס"א - [ט]ודוקא קודם אכילה, אבל אחר אכילה אינה יכולה לבשל ולומר: אוכל ממנה כזית, דהוי הערמה - ובזה לכו"ע אסור, אף שאוכלת אח"כ מעט, דהוי הערמה הניכרת לכל, כיון שכבר סעדה.

[י]**מיהו אם עברה ובשלה, (או שחטה), מותר לאכלו** - יש מן האחרונים שמפרשי, דאריש הסעיף קאי, דהיינו אם עבר במזיד ובישל מיו"ט לחבירו, **ולא** קאי כלל אדסמיך ליה, דמיירי בדין הערמה, דשם אפשר דאף בדיעבד אסור, דהערמה חמירא ממזיד, **אבל** כמה אחרונים כתבו, דאדסמיך ליה קאי, דהערמה זו קילא להתיר בדיעבד, (אפי' יש לו תבשילין אחרים), כיון שעכ"פ אכל ממנה קצת מבע"י, [**ודלא** כא"ר דרצה להקל בזה, אפי' אם היה רק בדעתו לאכול, ולבסוף אירע שלא אכל], (**וע"ל** ס"ס תקכ"ז בבה"ל, דגם לענין מזיד לא פשוט כ"כ להתיר, ביש לו תבשילין אחרים).

אות ב'

מתירין אף להחזיר

סימן תקיט ס"א - [יא]מסלקין תריסי חנויות, (פי' קרשים שנועלים בהם החנויות), ומחזירין אותם ביו"ט - היינו חנויות שאין מחוברין בקרקע, אלא עשויות כמין תיבה או מגדל של עץ, וסוגר אותו, וכשרוצה לפתחו, מסלק הדלת מן הציר ונותנו לפני החנויות, ומסדר עליו צרורות רוכלין למכור, ולבסוף מצניע את הנשאר בחנות, ומחזיר הדלתות למקומן והולך לו, **אבל** חנויות המחוברין לקרקע, יש בהו בנין וסתירה מן התורה, ואסור לסלק הדלת מן הציר ולהחזירו כמו בשבת.

אות ג'

התירו סופן משום תחלתן, דיום טוב אין דערב יום טוב לא

רמב"ם פ"ג מהל' יו"ט ה"ד - המפשיט עור בהמה ביום טוב, לא ימלחנו, שזה עיבוד הוא ונמצא עושה

באר הגולה

ג «ע"פ הבאר הגולה והב"י. וז"ל הב"י: ובהגהות אשיר"י כתב אהא דרב אדא מערים ומלח גרמא גרמא, משום פסידא שלא יסריח הבשר התירו ע"י הערמה, ואומר ריב"א דאהא סמכינן לנקר הבשר ואפילו אינו צריך אלא למקצתה, דדמי להא דמערים ומלח גרמא גרמא» ד **מרדכי בפרק קמא דביצה ושאר פוסקים מהא דרב אדא בר אהבה לעיל** ה «ע"פ הגר"א» ו «כמ"ש י"א: מולח אדם כו' וכ"ש כאן שצריך לכל - גר"א» ז «דשם משום תחלתן התירו - גר"א» ח «ע"פ הבאר הגולה» ט **טור בשם העיטור ותוס' י"א** י **מרדכי בשם רבני קולניא והרשב"א בתשובה** יא **משנה ביצה י"א**

מלאכה שלא לצורך אכילה, אבל נותנו לפני בית הדריסה כדי שידרסו עליו ולא יפסד; ולא התירו דבר זה אלא מפני שמחת יום טוב, כדי שלא ימנע מלשחוט; ומותר למלוח בשר לצלי על גבי העור, ומערימים בדבר זה, כיצד, מולח מעט בשר בכאן ומעט בכאן עד שימלח העור כולו.

[יב]**סימן תצט ס"ג - [יג]אבל אם נשחטה מערב יו"ט, אסור** - לא מיבעיא אם גם הופשטה קודם יו"ט, בודאי דאסור ביו"ט להגביה אותה וליתנה במקום הדורסין, ולמלוח עליה, שהרי אפשר היה לעשות כל אלה מעיו"ט, **אלא** אפילו הופשטה ביו"ט, אסור, דמשום זה לא ימנע מלשחוט, דהא יכול להפשיטו מעיו"ט, **אם** לא שלא היה לו שהות להפשיט מעיו"ט, אז יש להקל. **כתבו** הפוסקים, דאפילו שכח למלחו מעיו"ט, אסור למלחו ביו"ט, דאין לחלק בין מזיד לשוכח.

בגליות שעושין שני ימים טובים מספק, הרי יו"ט א' נחשב לחול לגבי יו"ט שני, לפיכך אם נשחטה ביו"ט ראשון, אפשר דדינה כאלו נשחטה בעיו"ט לענין טלטול העור ומליחתו, כשיגיע יו"ט שני, [**ובספר** בגדי ישע מצדד להקל].

הגה: ונוצות של עוף דינן כמו בעור, דמותר לטלטלן כדי להצניען, כמו בעור - אבל בלא"ה אסור לטלטלן, דלא חזו למידי, **והפר"ח** מחמיר בכל גווני, ‹דשאני עור דחזי למזגא עליה ע"י הדחק, ולפיכך התירו סופן משום תחילתן›, **והאחרונים** מסכימים לפסק שו"ע.

והיינו שנשחטה ביו"ט, דאי נשחטה מעיו"ט, אע"ג דהוסרו הנוצות ביו"ט, אסור לטלטלן, כדלעיל גבי עור.

ומיהו פלעדערו"ש מאווז שנשחטה, לכו"ע שרי לטלטולי, דראוי להשתמש בה, [**ואפי'** נשחטה ביו"ט, דלאו נולד הוא, וכ"ש מעיו"ט].

אות ד'

התירו סופן משום תחלתן, דחנויות אין דבתים לא

סימן תקיט ס"א - כדי שיוציא תבלין שהוא צריך להן - קאי אדלעיל, מה שהתירו לסלק, הוא כדי שיוציא וכו', **ולא ימנע משמחת יו"ט** - פי' ולהחזירן דשרו, משום דאם לא נתיר לו להחזירן לא ירצה לפותחן, דיחוש שמא יגנבו מהנשאר בחנות, ואתי לאימנועי משמחת יו"ט, [גמ'], **אך** צריך ליזהר שלא יזכור סכום המקח בעת הקניה.

וכ"ז כשעומדין החנויות מבחוץ, אבל כשעומדין החנויות בבית, אסור להחזירן, דלא חייש שם לגנבה, [**גמ'**, וכפי' הרי"ף והרא"ש, ‹דמאי דאמרינן "דבתים לא", פי' שידה תיבה ומגדל שבבתים - ב"י›, דלפי דבריהם אסור בבית להחזיר אפי' אם הוא ג"כ צורך רבים, שלוקחין הבאין בביתו, דשם ליכא חשש גנבה אפי' אם ישאר פתוח, **ועיין** בט"ז שכתב דלדעת רש"י מותר בזה, ועיין בא"ר שכתב דלדינא יש להחמיר, שכל הפוסקים העתיקו הטעם כרי"ף ורא"ש].

‹ומחזירין דוקא אם הוא צורך רבים, אבל אם הוא לצרכו בלבד, או לצורך יחיד, אסור אפילו בחנויות שעומדין מבחוץ›, [**אבל** לסלק מותר, אפי' אם הוא רק לצורך יחיד, אם הוא דבר לצורך יו"ט, רש"ל וט"ז, **והנה** מדברי רש"י משמע לכאורה דבכלי הבתים אפילו לסלק אסור מדרבנן, משום סתירה, **אפשר** דרש"י מיירי בסתם תיבות לסלק דלתותן, שאין מונח שם דבר שהוא צורך יו"ט].

אות ה'

מחזירין רטיה במקדש אבל לא במדינה

סימן שכח סכ"ה - רטייה – ‹היא חתיכה של בגד שפושטין עליו המשיחה לתת אותה על המכה›, **שנפלה מעל גבי המכה על גבי קרקע, לא יחזירנה** - [יד]שמא ימרח על גבה להחליק הגומות שיש בה, ומירוח רטיה מלאכה דאורייתא היא, משום שהוא בכלל ממחק, **אבל** משום שחיקת סממנים ליכא למיגזר, כיון דהיו מאתמול עלויה.

אות ו'

הפותח את חביתו ומתחיל בעיסתו על גב הרגל... לא יגמור

רמב"ם פי"א מהל' מטמאי משכב ומושב ה"י - הפותח חביתו ברגל והמתחיל בעיסתו ועבר הרגל, הרי שאר החבית ושאר העיסה בחזקת טומאה, שהרי נגעו בו ע"ה, ואף על פי שלא נגע בה אלא בזמן שהוא כחבר, אינה טהורה אלא בימי הרגל בלבד.

אות ז'

בשיש להן ציר מן הצד דברי הכל אסור, אין להן ציר כל עיקר דברי הכל מותר, כי פליגי בשיש להן ציר באמצע

סימן תקיט ס"א - [טו]בד"א, כשיש להם ציר באמצע - פי' באמצע הדופן יש חור, ויש לדלת שם בליטה כנגדו, שתוחבין אותו בחור, ואינו נראה כבונה כ"כ, ומותר אפילו להחזיר כל צרכו.

‹ואם יכול להשתמש ע"י חלון או פתח שבמגדול, אע"פ שהוא משתמש בדוחק, לפי דברי העיטור אין מותר להחזיר רק במקצתו, ודעת הרשב"א בזה צ"ע בכונתו, דאפשר דגם הוא סובר כהעיטור, או דהוא סובר דמותר להחזיר כל צרכו, ודלא כא"ר דמפרש להרשב"א דס"ל דכשיש חלון או פתח, דישתמש דרך שם, ולא יסלק ויחזור, דהא עיקר הטעם שלא למנוע משמחת יו"ט, וא"כ כיון שאפשר להשתמש ע"י חלון או פתח, אסור›.

[**מפי'** הט"ז והמ"א משמע, דדוקא כשהוא רק חור אחד, אבל אם יש לו חור למעלה בדופן, וכן כנגדו למטה, אף שהוא באמצע הדופן, דינו כמו

באר הגולה

יב ‹ע"פ הב"י והגר"א והבאר הגולה› יג **שם בבלי מימרא דעולא וכפי' הטור, וכן נראה מדברי הרא"ש וכ"כ הרב המגיד בשם הרשב"א** ‹ונראה שמפרש רבינו, דכי אמרינן דעיו"ט לא, היינו לומר דכל שנשחטה מעיו"ט, אע"פ שהופשטה ביו"ט, לא התירו, וכן נראה מדברי הרא"ש, וכבר כתב הרב המגיד בפרק ג' שיש מי שסובר כן, ומצאתי כתוב שכן דעת הרשב"א ז"ל, **אבל** מדברי הרמב"ם נראה, דכל שהופשט ביום טוב, אף על פי שנשחטה מערב יום טוב, התירו, וכן נראה שהוא דעת רש"י, שפי' ואפילו מערב יום טוב, שהופשט מבעוד יום - ב"י› יד ‹זו היא שטת רש"י עירובין ק"ב: ודלא כרש"י הכא דה"ה מהו דתימא, דהוא משום שחיקת סמנין› טו **אוקימתא דאביי שם**

שיש לו צירים מן הצד, **אכן** במאירי איתא בהדיא, דבאמצע אפי' יש לו חור מלמעלה ולמטה, ג"כ מותר, דלא נקרא זה מן הצד].

ובלבד שלא יתקע ביתד בחוזק, ואם תקע הוי מלאכה גמורה, (**ולא חיישינן שמא יתקע, ואולי דלפי שאין להם רק ציר באמצע, אין מצוי שם תקיעה, וע"כ לא חיישינן לזה**).

אבל יש להם ציר מן הצד - היינו שבולט ראש א' מהדלת למעלה כמו יתד, וראש א' כנגדו מלמטה, ובמפתן יש חור שתחוב לתוכו, ומלמעלה כנגדו יש ג"כ חור, **אסור** - היינו להחזירו כל צרכו, אחר שנשמט הקרש מהחנות, **גזירה שמא יתקע** - אבל להחזיר מקצתו מותר, וכן לסלק מותר, [דלא שייך חששא דשמא יתקע רק בלהחזיר. **אף** דבמאירי איתא ב' דעות אם מותר לסלק בשיש להם צירים מן הצד, «וז"ל: י"א שאין ב"ה אוסרין בזו אלא חזרתן, אבל סלוקן אף בזו מותר לדבריהם, ולא יראה לי כן, מפני שהסלוק והחזרה תלוים הם זה בזה, ולעולם אינו מסלק אא"כ אתה מתיר לו החזרה», מפי' הרע"ב משמע דמותר, וכן מוכח מביאור הגר"א].

אבל בפותח ונועל בעוד שהוא קבוע בו, ודאי שרי, דאל"כ יהא אסור לפתוח ולנעול הבית בשבת.

(**והא דמחמרינן בשיש להם ציר מן הצד, דוקא אם לאחר חזרתן יהיו רפויין ואינם רפויין, אבל רפויין גמורים מותר להחזיר אף בשבת, ואצ"ל ביו"ט, והוא שלא יתקע**).

ושאין להם ציר מן הצד כל עיקר - "ושאין להם ציר כל עיקר" - כצ"ל, **אפילו בבית מותר להחזיר** - דאף שבבית אין לחוש לגנבה, מ"מ מותר, שלא אסרו אלא כשיש לו ציר באמצע, גזירה משום יש לו ציר למעלה ולמטה, «וכהט"ז והמ"א לעיל בשעה"צ», שיש לחוש שמא יתקע, **אבל** כשאין לו ציר כל עיקר, לא גזרו כלל.

---

§ מסכת ביצה דף יב. §

אות א' – ב'

אין מוציאין לא את הקטן ולא את הלולב ולא את ספר תורה לרשות הרבים, ובית הלל מתירין

הא אמרי מתוך שהותרה הוצאה לצורך הותרה נמי שלא לצורך

סימן תקיח ס"א – (לדעת התוס' והרא"ש, הוצאה שלא לצורך כלל, כהוצאת אבנים וכדומה, מן התורה אסור, ולא התירו אלא בדאיכא צורך קצת, **אכן** לדעת רש"י, הותרה הוצאה במתוך וכו' אפילו שלא לצורך כלל, והוצאת אבנים רק מדרבנן אסור, וכן הוא דעת הרי"ף, וכן נראה דעת הרמב"ם, **ומצדד** עוד הר"ן, דלרש"י וכן להרי"ף, **אפילו** איסור דרבנן ליכא בהוצאה שלא לצורך, «כל» שאינו מוציאו לצורך מחר, ולא אסרו חכמים אלא אבנים וכדומה, שבלא"ה מוקצה הם, וכן הוא דעת הרה"מ בשיטת הרמב"ם, **ועיין** בב"י, שמדברי שארי פוסקים לא משמע כן, אלא דלכל הסברות מדרבנן עכ"פ אסור, כל שאין בו צורך כלל, וכן מוכח גם שיטת רש"י, [א]לפי מה שהביא התוס' בסוגין בד"ה ה"ג רש"י, ע"ש, וכן משמע גם ברש"י ע"ב בד"ה הבערה, ודוחק לחלק בין הוצאה להבערה).

[ב]מתוך שהותרה הוצאה לצורך אכילה, הותרה שלא לצורך - אפילו להוציא אותו לרשות הרבים, וכ"ש לכרמלית.

וכן הדין בהבערה ושחיטה ואפיה ובשול, שהם מלאכות השייכות לאוכל נפש, אמרינן בהו מתוך וכו', **דאף** דכתיב: אך אשר יאכל לכל נפש הוא לבדו יעשה לכם, קיבלו חז"ל, דהכונה הוא אותן מלאכות הרגילות להעשות לצורך אוכל נפש, אפי' אם עתה אין כונתו לצורך אכילה, התירה התורה, **ועיין** לקמיה במה שסיים הרמ"א לענין הוצאה דאיירינן בה, דבעינן שיהא עכ"פ צורך קצת, וה"ה בכל הנ"ל.

כגון [ג]קטן - לא מיבעיא דאם לא יוציאו יבכה, ויצטער האב עי"ז, בודאי מותר, **אלא** אפילו אם יכול להניחו אצל אמו ולא יבכה, מ"מ אם יש לאב געגועים על בנו, וישמח האב לטייל עמו, ג"כ מותר, דהוא שמחת יו"ט, ומקרי צורך היום.

(**וכ"ש להוציא קטן בן ח' ימים כדי למולו, דבודאי מותר לכתחלה, דהוא צורך מצוה השייך לאותו יום, ולאחר ח' ימים דהוא מילה שלא בזמנה, אסור להוציאו, דהא אסור למולו ביו"ט, והרא"ה כתב, דבזה חייב מלקות על הוצאתו כאבנים, דליכא צורך אוכל נפש ולא צורך מצוה**).

(**וה"ה לגדול אם אינו יכול להלך, וצריכין להביאו לאיזה מקום, והא דאמרינן במכילתין, דדוקא גדול שרבים צריכין לו, פי' לדרוש ברבים, משום דצורך הבאת גדול לא שכיחא אלא בכי הא**).

ולולב - לצאת בו, **וסספר תורה** - לקרות בו היום, דהוא צורך מצוה, (**וה"ה מחזורים ושארי ספרים ללמוד בהם ביום זה, דתלמוד תורה מיקרי דבר השייך לאותו יום, ואפילו היה רק לצורך מצוה דרבנן נמי מותר, ולצורך שאר דבר מצוה שאינו לצורך אותו היום, משמע מכמה פוסקים שיש להחמיר בזה, ובמאירי מצדד, דבאופן זה ליכא לאו, רק איסורא. ודע, דכל הני פוסקים המחמירין בזה, הם אותן שסוברין דלא הותר משום "מתוך" כי אם כשיש לו צורך קצת, וזה לא מיקרי לדידהו צורך, אבל לשיטת רש"י וסייעתיה, אפשר דלא שייך זה**).

באר הגולה

[א] «שהקשה אליבא דב"ה, אמאי אין מתירין אפילו טלטול אבנים, וי"ל דודאי אה"נ דמדאורייתא הואיל והותרה הותרה לגמרי, אלא רבנן גזור על דבר שאינו צורך יו"ט, דכיון דעיקר הוצאה נאסרה יש לאסור בדבר שאין לצורך יו"ט כלל, הרי שאפילו לרש"י לא התירו אלא לצורך, אבל שלא לצורך כלל אסור מדרבנן, **אמנם** ברש"י שם ד"ה ליפלגו, לא משמע הכי, שכתב על קושיה זו אמאי אסרו לדעת ב"ה להוציא אבנים, דרבנן גזור במידי דהוי טירחא דלא צריך, ומשמע מדבריו שלא אסרו אלא משום טירחא, אבל בכלים שלא הוי טירחא, מותר אפילו שלא לצורך כלל – מ"ב המבואר» [ב] **גמרא ביצה י"ב** [ג] **משנה שם וכב"ה**

מסורת הש"ס | ביצה פרק ראשון ביצה יב | עין משפט נר מצוה

מר סבר גזרינן ציר באמצע אטו ציר מן הצד ומר סבר לא גזרינן: **מתני'** *בית שמאי אומרים אין מוציאין לא את הקטן ולא את הלולב ולא את ספר תורה לרשות הרבים ובית הלל °מתירין: **גמ'** תני תנא קמיה דרבי יצחק בר אבדימי השוחט עולת נדבה ביו"ט לוקה א"ל דאמר לך מני בית שמאי היא *דאמרי לא אמרינן מתוך שהותרה הוצאה לצורך הותרה נמי שלא לצורך דאי בית הלל °הא אמרי מתוך שהותרה הוצאה לצורך הותרה נמי שלא לצורך הכא נמי מתוך שהותרה שחיטה לצורך הותרה נמי שלא לצורך מתקיף לה רבה ממאי דב"ש ובית הלל בהא פליגי דלמא בערוב והוצאה לשבת ואין ערוב והוצאה ליו"ט קא מיפלגי מ"ס *ערוב הוצאה לשבת וערוב הוצאה ליו"ט ומר סבר ערוב הוצאה לשבת ואין ערוב הוצאה ליו"ט כדכתיב °ולא תוציאו משא מבתיכם ביום השבת בשבת אין ביו"ט לא מתקיף לה רב יוסף אלא מעתה ליפלגו באבנים אלא מדלא מפלגי באבנים ש"מ בהוצאה שלא לצורך פליגי ואף ר' יוחנן סבר במתוך שהותרה הוצאה לצורך הותרה נמי שלא לצורך פליגי דתני תנא קמיה דר' יוחנן *המבשל גיד הנשה בחלב ביו"ט ואכלו לוקה חמש לוקה משום *מבשל גיד ולוקה משום אוכל גיד ולוקה משום מבשל בשר בחלב ולוקה משום אוכל בשר בחלב ולוקה משום

(ירמיה יז)

רש"י

מר סבר · בית שמאי: **ומר סבר** · בית הלל והך מתניתא לא אפלוג אלא מר אשמעינן חדא ומר אשמעינן חדא ולא פליגי מתניתא קמייתא הכי קאמר במה דברים אמורים בשיש להן ציר באמצע אבל אין להם ציר כל עיקר דברי הכל מותר ותנא בתרא ה"ק במה דברים אמורים דנחלקו בשאין להם ציר מן הצד אבל בשיש להם ציר מן הצד דברי הכל אסור: **מתני' לא את הקטן** · כל מילי דלאו לצורך אכילה: **גמ' עולת נדבה** · דאילו עולת חובת היום רחמנא שריא אבל זו יש להקריבה לאחר יום טוב: **לוקה** · משום (*לא תעשה כל מלאכה) (שמות כ): **לצורך** · אך אשר יאכל לכל נפש: **בערוב הוצאה** · אם נאסרה הוצאה ביו"ט ונתקנו הלכות ערובי חצירות ליו"ט אם לאו: **ואין ערוב והוצאה כו'** · ואע"ג דעיקר הוצאה מויעבירו קול במחנה נפקא לן (שבת דף צו:) בא ירמיה ופירש שלא נאסרה אלא בשבת משום הכי קא שרו אבל שחיטה שהיא אב מלאכה ובכלל לא תעשה כל מלאכה היא אימא לך אפילו לב"ה אם הותרה לצורך לא הותרה שלא לצורך והך מתניתין אפי' ב"ה: **מתקיף לה רב יוסף** · אהך אתקפתא דרבה: **אלא מעתה** · דסבירא להו לב"ה אין אסור הוצאה ליו"ט: **ליפלגו באבנים** · אי אין אסור הוצאה אין אסור טלטול שלא נאסר טלטול אלא משום הוצאה ומה שלא גזרו על כל טלטולים אפילו על אוכלים וכלים משום דאין גוזרין גזרה על הצבור אא"כ רוב צבור יכולין לעמוד בה: **אלא מדלא אפלוג באבנים** · ש"מ דלכולי עלמא יש הוצאה ליו"ט אלא שמן התורה הותרה לצורך וב"ה אית להו כיון דהותרה לצורך הותרה מן התורה לגמרי אלא רבנן גזור במידי דהוי טרחא דלא צריך כגון אבנים אבל בקטן וספר תורה דצריכין להו ביו"ט לא גזור ובית שמאי לית להו מיגו ומידי דלצורך הותר ושאינו צורך אכילה באסורו עומד מן התורה: ואף ר' יוחנן סבר במתוך גרסינן: **פליגי** · ב"ש וב"ה ודכולי עלמא יש אסור הוצאה ליו"ט מויעבירו קול במחנה דישנה בשאר מלאכות וירמיה היה מזהירן על השבתות שהן חמורין והלוי ישמעו: **לוקה משום מבשל גיד** · שהבשול אב מלאכה הוא ובשול גיד דבר האסור ואינו ראוי לאכילה ועומד באסור לא תעשה כל מלאכה דלא הותר אלא לצורך: **ולוקה משום מבשל בשר בחלב** · לאו משום יום טוב דמלקות דבשול יו"ט הא תנא ליה אלא אפילו הוא חול לוקה משום מבשל בשר בחלב דכתיב לא תבשל גדי בחלב שלש פעמים אחד לאסור אכילה ואחד לאסור הנאה ואחד לאסור בשול:

תוספות

השוחט עולת נדבה ביום טוב לוקה וכו' · וה"ה דמצי למימר ר"ע היא *דלית ליה מתוך אלא ניחא ליה למנקט ב"ש דסבירא להו הכי בהדיא טפי ותימה הואיל ומוקמינן לה אליבא דב"ש אם כן לימא השוחט עולת חובה בי"ט לוקה דהא ב"ש אית להו לקמן (דף יט:) על עולת ראייה דלוקה דדרשינן ותגותם חגיגה אין עולת ראייה לא וי"ל משום דיוקא נקטיה דאי הוה נקט עולת חובה הוה אמינא עולת חובה מחייבי אבל שלמי חובה כיולא בו פטור הואיל והם חובה וגם יש בהן לורך האדם אבל שלמי נדבה חייב הואיל והיה יכול להקריבן למחר והשתא דנקט עולת נדבה אשמעינן רבותא דדוקא עולת נדבה חייב דכולה כליל אבל שלמי נדבה פטור אע"ג שאינו חייב בהן והיה יכול להמתין עד למחר הואיל ויש בהן לורך הדיוט וא"ת והא אפילו ב"ה מודו דלוקה דסבירא להו לקמן (שם) דנדרים ונדבות אין קרבים בי"ט ואמאי מוקים לה אליבא דב"ש וי"ל דמהיכא אית ליה דנדרים ונדבות אין קרבים בי"ט מלכם ולא לגבוה וא"כ הוי לאו הבא מכלל עשה דאין לוקין עליו וא"ת כיון דאהדריה אהדריה לאסורא קמא דהא אמרי* גבי גוזז פסולי המוקדשין דלוקה אע"ג דלא ידעינן אסור גזיזה רק מדכתיב (דברים יב) תזבח ולא גיזה דהיינו לאו הבא מכלל עשה דאין לוקין אלא ש"מ כיון דאהדריה אהדריה לאסורא קמא כלומר ללאו שהיה בו קודם שנפסל וגם גבי נדרים ונדבות נימא הכי דאהדריה לאסורא קמא ולוקה וי"ל דשאני גיזה שלא הותרה בפסולי המוקדשין כלל בהדיא וא"כ הואיל ואשתכח סמך בהו לאסורא מוקמינן ליה באיסורא קמא אבל הכא גבי יו"ט דאוכל נפש הותר דכתיב אשר יאכל וגו' (שמות יב) וה"ה בנדרים ונדבות מתוך שהותרה וכו' וא"כ אשכחנא דהותרו בהדיא וכיון דאשכחנא דהותרו בהדיא לא אמרי' אהדרי' לאסור' קמא אלא למאי דאהדריה אהדריה ולמאי דלא אהדריה לא אהדריה וקאי דוקא בעשה:

דלמא בערוב והוצאה קמפלגי · פי' רש"י ערובי חצרות וקשה מאי צריך עירובי חצרות גבי י"ט הא בלאו הכי מותר לטלטל מחצר לחצר לצורך לכ"ג להר"ר חיים כהן דגרסינן ערוב הוצאה בלא וי"ו *והכי פירושו אם אסור הוצאה מעורב בו בין שאר מלאכות אע"ג שהיא מלאכה גרועה ואם שייכא אסור הוצאה אם לא קמפלגי ומיהו יש ליישב דגרסינן שפיר ערוב והוצאה דצריך ערוב שיוכל להוציא דברים שאינן לצורך יו"ט כלל (*ואין ערוב והוצאה ליו"ט דשאני הוצאה דגרועה היא מכל שאר מלאכות ויש ספרים דגר' קרא דירמיה ולא תוציאו משא מבתיכם ביום השבת בשבת אין ביו"ט לא דממעט לה בהדיא מטעם דהוצאה גרועה היא):

ה"ג רש"י אלא מעתה לפלגו באבנים ומדלא מיפלגי באבנים ש"מ וכו' והכי פירושו אלא מעתה דב"ה לית להו אסור הוצאה לפלגו בטלטול אבנים ולשמעינן רבותא דלית להו בהן אסור הוצאה דהא לא נאסר בשום דבר טלטול אפי' דבר שמלאכתו לאסור וגם אינו לורך י"ט כלל אלא גזרה שמא יוליא כדאיתא בהדיא פרק כל הכלים (שבת דף קכד:) ואפי' דבר שהוא לורך יו"ט כגון כלי הצריך לו היה ראוי לאסור גזירה שמא יוליא אלא שאין גוזרין גזירה על הצבור אא"כ רוב הצבור יכולין לעמוד בה ומדלא קמפלגי באבנים שמע מינה בהוצאה וכו' דב"ה סברי מתוך וא"ת כיון דב"ה אית להו מתוך אמאי אין מתירין אפי' טלטול אבנים וכל דבר אפילו אינו לורך יום טוב ויש לומר דודאי אין ה"נ דמדאורייתא הואיל והותרה הותרה לגמרי אלא רבנן גזור על דבר שאינו לורך יו"ט דכיון דעיקר הוצאה נאסרה יש לאסור בדבר שאין לורך יום טוב כלל ע"כ פי' רש"י ולא רצה לגרוס כמו שיש בספרים אלא מעתה הוציא אבנים לב"ה ה"נ דלא מחייב מלקות דא"כ הוה מסיק לפי' זה הוציא אבנים לב"ה דחייב ורש"י קים ליה דב"ה סבירא להו הואיל והותרה לגמרי אלא רבנן הוא דגזור בדבר שאינו לורך יו"ט כלל וקשה חדא דאמרי' בפסחים (דף מו:) האופה מיו"ט לחול לוקה ולא אמרינן מתוך וכו' ואפילו לרבה דלא לקי היינו מטעם הואיל ואי אתרמי ליה אורחים אבל מטעם מתוך לא קאמר ועוד דמוחק גירסת הספרים לכן נראה לפר' דגרסי' כגירסת הספרים אלא מעתה הוציא אבנים לב"ה ה"נ דלא מחייב פי' מדאורייתא מלקות וכ"ת ה"נ א"כ לפלגו באבנים אלא ודאי מדלא קמפלגי וכו' ודוקא בהוצאה שיש בה לורך יו"ט קלת אמרינן מתוך שהותרה לצורך יו"ט דכל אוכל נפש מותר הותרה נמי שלא לצורך אוכל נפש הואיל ואיכא לורך מקצת (א) שיש לורך יו"ט אבל שלא לצורך יו"ט כלל ודאי דאסור מן התורה כגון אופה מיו"ט לחול ומוציא אבנים דליכא לא לורך נפש ולא שמחת יו"ט חייב מדאורייתא וכי פליגי ב"ש וב"ה בדברים שאינן לצורך אוכל נפש ואיכא בהן לורך יו"ט קלת כגון קטן למולו דהמצוה נקראת לורך יום טוב ולולב לנאת בו וס"ת לקרות בו וכן פי' רבינו חננאל אבל *ליתא פירושן דלאו דוקא קטן למולו דה"ה שלא למולו דשרי גם (ב) טיול דהא אשכחן נמי דמשחקין בכדור שקורין פלוט"א בלע"ז ביו"ט בהר"ר אע"ג דליכא אלא טיול וא"ת השוחט עולה מה לורך יש לו בה יש לומר דהכא נמי איכא שמחת יו"ט שלא יהא שלחנו מלא ושלחן רבך ריקן כדמוכח לקמן (דף כ:) הכא

רבינו חננאל

ב"ה סברי לא גזרינן ומותר להחזיר: [מתני'] בש"א אין מוציאין לא את הקטן כו' · נקטינן לולב למצותו וקטן למולו וס"ת לקרות בו · וב"ה מתירין להוציאן אפילו לרה"ר · ומשום הכי אמרי' בגמרא הא דתני השוחט עולת נדבה ביו"ט לוקה · ואע"פ שעושה מצוה · ב"ש היא ולא ב"ה דשמעינן להו לב"ה דאמרי מתוך שהותרה הוצאה לצורך שנאמר אך אשר יאכל וגו' הותרה נמי הוצאת לולב וס"ת שאינן לצורך אכילה · הכא נמי כיון שהותרה השחיטה לצורך אכילה הותרה נמי שלא לצורך · אלא מתני' מני ב"ש היא · ודחינן להאי סברא ממאי דבהאי טעמא פליגי ב"ש וב"ה דלמא בעירוב והוצאה פליגי ב"ש [סברי] יו"ט בדברים שאינן לצורך אוכל נפש כשבת מה שבת אין מוציאין מרשות לרשות אלא ע"י עירוב כך ביו"ט · ומה שבת אין מוציאין בה [לר"ה] כך שבת אין מוציאין · וב"ה סברי אין עירוב והוצאה ליו"ט · דכי כתיב ולא תוציאו משא מבתיכם ביום השבת היא דכתיב ולפיכך הוצאה ביו"ט שרי · אבל לשחיטה שלא לצורך אפילו ב"ה אמרי ודחי רב יוסף אי הכי שאין הוצאה אסורה ביו"ט לדברי ב"ה אם יוציא אבנים לר"ה פטור הוא · אלא מדלא תנינן דפליגי באבנים אלא בדברים שיש בהן צד מצוה · ש"מ במתוך שהותרה לצורך אכילה הותרה נמי שלא לצורך אכילה · וכן נמי מדחזינן לר' יוחנן דאמר לתנא דהוה תני קמיה · המבשל גיד הנשה בחלב ואכלו לוקה ה' · לוקה משום מבשל גיד · שבישל ביו"ט דבר שאינו בר אכילה · וה"ה למבשל בשר בחלב כו' ואי"ל

עין משפט נר מצוה

[פסחים סו:]

צג א ב מיי' פ"א מהל' י"ט הל' ד וס"ה הלכה ח סמג לאוין עה טוש"ע א"ח סי' תקיח סעיף א:

צד ג מיי' פ"א מהל' פיגולין הלכה ד סמג לאוין עש טוש"ע א"ח סי' תקכח סעיף א:

[עי' תוס' חולין לח: ותוס' ע"ז סו: סד"ה אמר ר' יוחנן]

[ופי' תוספות כריתות ידי ד"ה פירוב]

רש"ל מוחק כל זה

מסורת הש"ס

שבת ד' קכד: נקמן ני:

[כל מלאכה לא יעשה בהם שמות יב]

*גי' רש"ל דאמרי ולא

[ד"ל ספרון ערך ערב מר סבר עירוב יוצאת לשבת ועירוב הוצאה ליו"ט פי' י"ש לדברים שאין צורך אוכל כשבת מה שבת אין מוציאין מרשות לרשות אלא ע"י עירוב כך ביו"ט]

מכות כא: פסחים מז: [מבשל גיד ביו"ט כצ"ל]

הגהות הב"ח

(א) תוס' ד"ה ס"ג רש"י וכו' ואיכא צורך מקצת אבל שלא לצורך כצ"ל ותיבת שיש צורך יו"ט נמחק: (ב) בא"ד דשרי גם בשביל טיול:

רש"ל גורס ליתא לנסי פירוש ו"ע אבל י"ט פירש

[ד]וכלים, הגה: הצריכים לו קצת - ליו"ט, ואכלים קאי, ואפילו אין צריך להן רק לשם תכשיט להתקשט בהן, [וכ"ש אם יצטרכו לו לאכילה], **אבל** שלא לצורך כלל, הו"ל כאבנים, **וכתבו** הפוסקים, דה"ה דמותר להוציא המפתח שסוגר בו האוכלין או הכלים שצריך לאותו היום, אם ירא להניחו בביתו.

ודע, דאף הכלים ששייכים לאוכל נפש, כגון סכינים וכה"ג, אם כבר גמר סעודתו ולא יצטרך עוד אליהן, אסור להוליכן עמו בר"ה או בכרמלית, **ויש** מקילין בסכינים, שמא יזדמן לו איזה פרי לחתוך בו, **מיהו** אם ידוע לו בודאי שלא יצטרך לסכין בהליכה זו, כגון שהולך לביהכ"נ וכה"ג, אסור להוליכו עמו לד"ה.

(והנה המחבר סתם כשיטת רש"י, משום דהרי"ף והרמב"ם עומדים בשיטתיה, ומסתימת לשונו שכתב "וכלים", ולא חילק בין לצורך לשלא לצורך, ולא הוציא מכלל רק אבנים, משמע דסתם להיתרא אפילו לכתחלה בשלא לצורך, וכמו שמצדד הר"ן לבעלי שיטה זו, **ולפי"ז** צ"ל דהרמ"א שמגיה לצורך, הוא דעת עצמו, וכן מצינו כמה פעמים שהרמ"א מכניס דבריו בדברי המחבר, ואינו מביא בשם י"א, וכן נוטה דעת הגר"א כפי' דברי המחבר, **אלא** דקשה לפי"ז מה שמביא המחבר בס"ב, דאסור להוציא לצורך נכרי, וזהו דוקא להנהו דס"ל דעכ"פ מדרבנן אסור, דלמאן דשרי אפילו לכתחלה בשלא לצורך, ה"ה דלצורך נכרי שרי, וכמו שכתב בב"י בעצמו בשם הרה"מ, **אם** לא דנימא דהמחבר בעצמו סובר דלנכרי גרע טפי, ודוחק הוא, שהרי לא הביא בב"י שום חולק אסברת הרה"מ, **וע"כ** נראה יותר, דגם להמחבר אסור עכ"פ מדרבנן אפילו בכלים, היכא שהוא שלא לצורך כלל, וכן משמע מד"מ הארוך דמסקנת הב"י להחמיר, **ובזה** אתי שפיר טפי שהגיה בשו"ע ולא כתב בלשון י"א, ומה שלא הוציא המחבר מכללא רק אבנים, משום דאבנים מסתמא הם שלא לצורך כלל, וסתם כלים יש בהם איזה צורך).

(וכ"ז הוא לפי שיטת המחבר, [ה]שהכריע כדעת רש"י והרי"ף והרמב"ם, **אכן** באמת פסק זה צ"ע, שכמעט כל הפוסקים חולקים ע"ז, ולדידהו הוצאת אבנים וכדומה, דבר שאין בו צורך כלל, מן התורה אסור, וחייב מלקות ע"ז, וכדעת תוס' ורא"ש, **וביותר** שהרא"ש מפרש גם דברי הרי"ף כשיטתיה, ושלא כפי' הר"ן, וגם הפר"ח מגמגם בדעת הרמב"ם, ומפרש בו כדעת שארי פוסקים, ואפשר שכן גם דעת רמ"א, וכן נראה קצת שפי' הגר"א כן בדבריו, **וא"כ** לא נשאר לנו מי שדעתו להקל, רק רש"י ור' ישעיה וריא"ז, נגד כל הני פוסקים, ובודאי יש להחמיר ולנקוט כדעת החמירים, וכן פסק ביש"ש).

או שמתירא שלא יגנובו או שאר פסידא (הג' סמ"ק ור' ירוחם) - אם ישאירם במקומן, אף שאינם כלים הראוים לאוכל נפש, **ומטעם** זה מותר ג"כ להוציא מפתח של התיבה שמונח שם מעותיו, אם ירא להניחו שם בביתו, דכיון דלבו דואג ומצטער ע"ז, חשוב הוצאת המפתח צורך עונג יו"ט.

ודע, דיש כמה פוסקים שחולקין ע"ז, וסוברין דלא הותר הוצאה אלא לצורך אוכל נפש ממש, או צורך מצוה, ושאר דברים השייכים לאותו יום וכנ"ל, אבל לא בשביל הפסד ממון, **ונכון** להחמיר לנהוג כמותם, ובפרט במקום שיוכל למסור הכלים או המפתח למי שהוא נאמן לו בביתו, דאז אסור לד"ה.

ומ"מ המחזורים שהביאם ביו"ט לבהכ"נ, ומתירא מגנבה, אע"פ שא"צ להם עוד ביו"ט, מותר להביאן לביתו לד"ה, דהתירו סופן משום תחלתן, דאל"כ לא יביאם בתחלה לבהכ"נ, **אך** המחזורים שמונחים מכבר בבהכ"נ, כשאין צריך להם עוד ביו"ט, [ביום זה, אפי' אם צריך להם ליום שני של יו"ט], נכון להחמיר שלא להחזירם לביתו ביו"ט, אפילו אם יש שם חשש גנבה, [היינו לדעת המחמירין משום גנבה, **ואם** צריך להם לומר בביתו שירות ותשבחות, לכו"ע מותר להחזירם לביתו בלי חשש גנבה].

[ו]**אבל אבנים וכיוצא בהן, אסור** - ר"ל סתם אבנים שאינם מיוחדים להשתמש, דאם מיוחדים, הו"ל כמו כלים.

ואסור אפילו בטלטול, וכ"ש להוציא, דלית בהו צורך היום כלל, **ולכמה** פוסקים חייב מלקות על הוצאתו לר"ה, **ואף** לכרמלית יש עכ"פ איסור דרבנן.

הגה: ומותר לשחוק בכדור, אפילו ברשות הרבים, אע"ג שאינו אלא טיול בעלמא (תוס' ור' ירוחם) - ר"ל אע"ג דעי"ז רגיל להעביר ד' אמות ממקום למקום, אפ"ה מותר, דהוא בכלל טיול ושמחת יו"ט, **ורש"ל** כתב דדבר תימה הוא להתיר זה, דאין בו צורך היום כלל אלא שחוק של ילדים, והנח להם, אבל לגדולים שנוהגין כן מנהג רע הוא, דאין זה שמחה וטיול אלא שיחת ילדים וקלות ראש, **ובלא"ה** אין דין זה מוסכם לכו"ע, דדעת המחבר לאסור, כמבואר לעיל בסימן ש"ח סעיף מ"ה.

ולענין שאר מיני שחוק, דינו כמו בשבת, ומבואר לעיל בסימן של"ח סעיף ה'.

ואם הניח עירוב - ר"ל שהניח עירובי חצרות, מלבד מה שעשה תיקון מבואות בעיר, דאז מותר לטלטל ולהוציא מחצר לחצר אפילו דרך המבוי, **מותר לטלטל ולהוציא כל שיש לו תורת כלי, אע"פ שאינו לצורך היום כלל (ר"ן)** - אבל אבנים וכה"ג, אסור משום מוקצה.

ומשמע דאם לא הניח עירובי חצירות, אסור להוציא דבר שאין בו צורך היום כלל, אפילו מחצר לחצר, או מבית לחצר, **ועיין** לעיל סימן תט"ז בסופו, ולקמן בסימן תקכ"ח, דסתם המחבר כדעת הפוסקים, דלא תקנו עירובי חצרות כלל ביו"ט, ומותר להוציא מחצר לחצר או מבית לחצר, אפילו דבר שאין בו צורך היום כלל, [ובלבד שלא יוציא חוץ לצורת הפתח שבעיר, **והטעם**, כיון דרוב הוצאות מצוי מה

באר הגולה

ד הרי"ף ושאר פוסקים ה «איני מבין, כיון דכבר אמר דיותר מסתבר לומר דלהמחבר שלא לצורך אסור עכ"פ מדרבנן, ומה דמוציא אבנים, משום דהם מסתמא שלא לצורך כלל, וא"כ איפא ההכרח שסובר כשיטת רש"י, דלמא שלא לצורך אסור גם מדאורייתא, ולכאורה סומך עצמו על מש"כ הב"י ו שם

שצריך לאותו יום, לא הצריכו חכמים עירובי חצירות אף להמיעוט שאינו מצוי], **והרמ"א** בעניננו סתם כדעת המחמירין בזה, ולפלא שלא הגיה שם כלום, **ורש"ל** כתב, שנוהגין שלא לעשות עירובי חצרות בעיו"ט, וכדעת המחבר, ואין לשנות המנהג, **ומ"מ** לכתחלה כשמערב עירובי חצירות בע"פ לכל שבתות השנה, יכלול גם יו"ט, ויאמר: ולכל יו"ט, כדי לצאת גם דעת המחמירין.

אות ג'

ערוב הוצאה לשבת ואין ערוב הוצאה ליום טוב

סימן תקכח ס"א - [ז]יו"ט א"צ עירובי חצירות ושיתופי מבואות - דכל אלו ניתקן משום גדר הוצאה, וביו"ט קי"ל: דמתוך שהותרה הוצאה לצורך אוכל נפש, הותרה נמי שלא לצורך, **ומשמע** מסתימת לשונו דלא תקנו כלל עירובי חצרות ליו"ט, וכן סתם לעיל בסימן תט"ז ס"ה, **אכן** מדברי רמ"א לעיל בסי' תקי"ח ס"א בהג"ה, מוכח דס"ל, דדברים שאין בהם צורך כלל, אסור להוציא מבית לחצר בלא עירובי חצרות, **וע"כ** כתבו האחרונים, דכשמערב עירובי חצרות בע"פ בשביל שבתות השנה, יכלול גם יו"ט, כדי שיהיה יכול להוציא עי"ז אף דברים שאין צורך היום כלל, ויאמר: לכל שבתות ויו"ט של שנה זו, [דבשביל יו"ט לבדו בודאי אין כדאי לברך, כיון שיש דעות בזה], **ומי** שמניח בכל ע"ש, ואיקלע יו"ט סמוך לו, יאמר: לשבת זה ויו"ט הבאים עלינו לטובה, [אכן צריך שיהיה שמור העירוב עד יו"ט].

אבל עירובי תחומין צריך, וכל הלכות תחומין נתבארו [ח]בהלכות עירובי תחומין.

באר הגולה

[ז] **הרי"ף ורא"ש והרמב"ם** ‹כתב הרב המגיד, וביו"ט משמע פ"ק דיו"ט (דף י"ב) דב"ה ס"ל דאין עירוב והוצאה ליו"ט וכו'. {וכן נראה שלמד העין משפט, מדציין הלכה זו על גמרא זה}. **ע"ש** ותמיה לי, דשם בגמ' אסיקנא דבמתוך פליגי, אבל בהוצאה לכו"ע יש עירוב והוצאה ליו"ט, מדלא פליגי באבנים, ע"ש - ארץ יהודה›, ‹**ועוד** דגם הרמב"ם והשו"ע לא קאמר דאין איסור הוצאה ביו"ט, ורק דאין עירוב חצירות› [ח] (בסי' **שצ"ו כל פרטי דברים האסורים והמותרים, ובסי' ת' דיני יו"ט ודיני יו"ט הסמוכים לשבת**)

עין משפט נר מצוה

צה א מיי' פ"א מהל' יו"ט הל' ד ופ"ד הל' ב סמג לאוין עה טוש"ע א"ח סימן תקט סעיף א:

צו ב ג ד מיי' פ"ד מהל' יו"ט הלכה כו סמג שם טוש"ע א"ח סימן תקו סעיף ג:

צז ה מיי' פ"ג שם הל' טו סמג לאוין עה טוש"ע א"ח סי' תקי סעיף א:

צח ו מיי' פכ"א מהל' שבת הל' יד סמג לאוין סה טוש"ע א"ח סי' שיט סעיף ו:

צט ז ח מיי' פ"ג מהל' יו"ט הלכה טו סמג לאוין עה טוש"ע א"ח סי' תקי סעיף א:

רבינו חננאל

וא"ל ר' יוחנן לתנא הבערה ובישול אינה משנה כלומר אינו חייב בהן אליבא דב"ה דמתוך שהותרה הבערה לצורך כו': מתני' בש"א אין מוליכין חלה ומתנות לכהן ביו"ט כו' וב"ה מתירין · קס"ד שהורמו מאמש ושנשחטו מאמש ושהורמו היום קתני במתני' שנשחטו היום · נמצא הלוקחת אפילו נשחטו היום והורמו היום · ב"ש אוסרים וב"ה מתירים · מני מתני' לא ר' יהודה ולא ר' יוסי אלא אחרים. ר' יהודה לא דהא שמעינן ליה דתני לא נחלקו אלא להוליך המתנות ששחטו מאמש ושהורמו מאמש להוליכן בפ"ע ב"ש אוסרין אבל לעשות טפילה ולהוליכן עם המתנות שנשחטו היום והורמו היום שמותר ומתני' קתני הללו והללו דב"ש אוסרין · וכך ב"ש דנין כו' · ולא ר' יוסי דהאמר כל מתנות שאפילו הורמו מאמש מותר להוליכן בפני עצמן · ב"ש אוסרין שהורמו היום · לא נחלקו אלא על התרומה כו' · ואלא לאחרים דתני לא נחלקו אלא על המתנות סתם כלומר כל מתנות ב"ש אוסרין וב"ה מתירין · ובא רבינא לאוקמא למתני' אפילו לר' יהודה דמי קתני בפירוש במתני' שנשחטו מהיום. אתא הוספתא שנשחטו מהיום' מתנות שהורמו מהיום קתני. ולעולם בבהמה ששחטה מאמש ולא הורמו מתנותיה אתמול והורמו היום ובאו אומרין ב"ש ומתירין ב"ה אבל בבהמה שנשחטה היום ביו"ט והורמו מתנותיה ביו"ט דברי הכל מוליכין ואפילו אותן שהורמו אמש עושין אותן טפלה לאלו שנשחטו היום · וכיון שהעמדנו משנתנו על זה הדרך מקשינן אי הכי ליתא מתני' דלא כאחרים · ופשוטה היא · ופרקינן הא דאמרי אחרים סתם כי על המתנות נחלקו ב"ש אוסרין וב"ה מתירין באותן שנשחטו מאמש' אבל באותן שנשחטו היום דברי הכל מוליכין' אי הכי היינו ר' יהודה ומה בין אחרים ובאו ללמדנו.

הכא נמי כיון שהותרה הבערה לצורך וכו' · וא"ת ומה צורך איכא במבשל גיד כיון שהוא אסור יש לומר כיון שהיה בדעתו של זה לאכלו היינו צורך יום טוב :

אין מוליכין חלה ומתנות לכהן כו' · פי' לאו דוקא מוליכין דה"ה אם יבא הכהן לביתו לא יתנם לו וכן משמע בירושלמי דדמאי פרק הלוקח פירות בהדיא דקאמר התם מי שקרא שם לתרומת מעשר דמאי ולמעשר עני של ודאי לא יטלם בשבת אבל אם כהן ועני (ב) רגילים לאכול אצלו באין ואוכלין ובלבד שיודיעם פי' מאתמול וקאמר עלה דההוא דקאמר לא יטלם היינו מתניתין לא יתנם ומייתי מהך דהכא אין מוליכין וכו' ומסיק ילפי' הוא מההיא והדין ילפינן מההיא הוא יו"ט היא שבת פי' ה"ק דין שבת ילפינן מההיא דאין מוליכין דמיירי ביו"ט והוא ילפינן מהיא דוקא מה שמתירין ב"ה היינו דוקא כשרגילין לאכול אצלו ואותה של ירושלמי קרי היא אלמא דאם אין למודין לאכול אצלו לא יתנם אפי' אם יבא הכהן לביתו משום דלא סלקא אדעתא דכל איניש למיכל פיסתיה בביתא דחבריה ויסברו העולם שהוא תרם אותם ביום טוב ולכך הוא אוכל בביתו :

משום הבערה א"ל *°פוק תני לברא הבערה ובשול אינה משנה ואם תמצא לומר משנה ב"ש היא דאמרי לא אמרינן מתוך שהותרה הוצאה לצורך הותרה נמי שלא לצורך ה"נ לא אמרינן מתוך שהותרה הבערה לצורך הותרה נמי שלא לצורך דאי ב"ה כיון דאמרי מתוך שהותרה הוצאה לצורך הותרה נמי שלא לצורך [א]הכא נמי *מתוך שהותרה הבערה לצורך הותרה נמי שלא לצורך :

מתני' בש"א אין מוליכין חלה ומתנות לכהן ביום טוב בין שהורמו מאמש בין שהורמו מהיום וב"ה [ב]מתירין אמרו להם ב"ש גזרה שוה חלה ומתנות מתנה לכהן ותרומה מתנה לכהן כשם שאין מוליכין את התרומה כך אין מוליכין את המתנות אמרו להם ב"ה לא אם אמרתם בתרומה [ג]שאינו זכאי בהרמתה תאמרו במתנות שזכאי בהרמתן :

גמ' קא סלקא דעתך שהורמו מהיום ושנשחטו מהיום ושהורמו מאמש ושנשחטו מאמש מני מתני' לא רבי יוסי ולא ר' יהודה אלא אחרים דתניא* אמר רבי יהודה לא נחלקו בית שמאי ובית הלל על המתנות שהורמו מערב יו"ט שמוליכין עם המתנות שהורמו מהיום ושנשחטו מהיום לא נחלקו אלא להוליכן בפני עצמן שב"ש אומרים אין מוליכין ובית הלל אומרים מוליכין וכך היו בית שמאי דנין חלה ומתנות מתנה לכהן ותרומה מתנה לכהן כשם שאין מוליכין את התרומה כך אין מוליכין את המתנות אמרו להם ב"ה לא אם אמרתם בתרומה שאינו זכאי בהרמתה תאמרו במתנות שזכאי בהרמתן אמר רבי יוסי לא נחלקו ב"ש וב"ה על המתנות שמוליכין לא נחלקו אלא על התרומה שב"ש אומרים אין מוליכין וב"ה אומרים מוליכין וכך היו ב"ה דנין חלה ומתנות מתנה לכהן ותרומה מתנה לכהן כשם שמוליכין את המתנות כך מוליכין את התרומה אמרו להם ב"ש לא אם אמרתם במתנות שזכאי בהרמתן תאמרו בתרומה שאין זכאי בהרמתה אחרים אומרים לא נחלקו ב"ש וב"ה על התרומה שאין מוליכין לא נחלקו אלא על המתנות שב"ש אומרים אין מוליכין ובית הלל אומרים מוליכין לימא אחרים היא ולא רבי יהודה אמר רבא מי קתני שהורמו מהיום ושנשחטו מהיום שהורמו קתני ולעולם שחיטתן מאמש לימא רבי יהודה היא ולא אחרים אפילו תימא אחרים ובהנך דנשחטו מאמש אי הכי היינו ר' יהודה איכא בינייהו טפלה : אמר רב יהודה אמר שמואל [ד]הלכה כרבי יוסי רב טובי בריה דרב נחמיה הוה ליה גרבא דחמרא דתרומה אתא לקמיה דרב יוסף אמר לו מהו לאמטויי לכהן האידנא א"ל הכי אמר רב יהודה אמר שמואל הלכה כרבי יוסי אושפיזכניה דרבא בר רב חנן הוה ליה אסורייתא דחרדלא א"ל מהו לפרוכי ומיכל מנייהו ביו"ט לא הוה בידיה אתא לקמיה דרבא א"ל [ה]מוללין מלילות ומפרכין קטניות ביו"ט איתיביה אביי* [ו]המולל מלילות מע"ש למחר מנפח מיד ליד ואוכל אבל לא בקנון ולא בתמחוי [ז]המולל מלילות מערב יו"ט למחר מנפח על יד על יד ואוכל אפילו בקנון ואפי' בתמחוי אבל לא בטבלא ולא בנפה ולא בכברה מערב יו"ט אין ביו"ט לא אפילו תימא [ח]ביו"ט ואיידי דתנא רישא מע"ש תנא סיפא נמי מערב יו"ט א"כ מצינו תרומה שזכאי בהרמתה ותנן לא אם אמרתם בתרומה שאינו זכאי בהרמתה וכו' לא קשיא הא

משום הבערה · שהיא מלאכה לעצמה וקא סבר יש חלוק מלאכות ליום טוב ללקות שתים על שתי מלאכות משום יום טוב : **הבערה ובשול** · דיום טוב אינה משנה ללקות עליהן דמתוך שהותרו לצורך הותרו נמי שלא לצורך מן התורה : **אינה משנה** · לא נשנית מעולם בבית המדרש : **ואם תמצא לומר משנה** · אם יאמרו תנאים שנשנית ודאי בית שמאי שנאוה : **מתני' אין מוליכין חלה** · אע"פ שמותר בהפרשתה לא שרו ליה הולכתה אלא תקון לתקן עיסתו התירו לו ולא יותר : **מתנות** · הזרוע והלחיים והקיבה אף הן הרמתן הותרה לו שהרי נצטוה להרימן והיאך יאכל שאר הבשר ואע"פ שאין טובלין כשאר טבל לאסור הבשר באכילה מיהו אם לא פירש שאר הבשר מהן הרי הוא אוכלן ועובר בעשה הלכך הרמתן התירו ולא הולכתן וכולן משום גזרה דאין מגביהין (א) אותם : **גזרה שוה** · לאו דוקא דכולה מדרבנן גזור אלא דומיא דגזירה שוה בדרבנן : **מתנה לכהן** · מעשרים וארבע מתנות כהונה הן : **כשם שאין מוליכין** · דהא מודיתו לן שהרי מאתמול הוגבהה : **שאינו זכאי** · רשאי לא נתנו חכמים לאדם כח וזכות בהפרשתה : **גמ'** לא ר' יוסי ולא רבי יהודה אלא אחרים גרסינן : **שמוליכין אותן כו'** · ומתניתין קתני בין שהורמו מהיום וקס"ד דבנשחטו היום קא מיירי ואסר : **על המתנות שמוליכין** · הואיל וזכאי בהרמתן והוא הדין לחלה וחד מינייהו נקט : **אלא על המתנות** · ואפילו נשחטו מהיום משמע כי מתניתין: **לימא אחרים היא ולא ר' יהודה** · כלומר כר' יוסי ודאי לא אפשר לאוקמא כרבי יהודה מאי מי מצינן למימר דמתניתין נמי דוקא בשל אמש קאמר ומתוקם אליביה או נזקק על כרחנו לומר דלא כרבי יהודה: **מי קתני** · מתני' בין שהורמו *ונשחטו מהיום ולעולם שחיטתן מאמש אבל בהנך דנשחטו ביום טוב מודו : **לימא רבי יהודה היא ולא אחרים** · כיון דמתניתין דוקא בדשל אמש קאי מדלא קתני נשחטו היום נימא דלא כאחרים דהא אחרים על המתנות קאמרי : **בהנך דנשחטו מאמש** · על המתנות דקאמרי אחרים בשל אמש קמיירי : **טפלה** · ר' יהודה מתיר לטפל ולהוליך של אמש עם של היום ואחרים סברי דאפי' לטפל נמי אסרי ב"ש ומתני' דלא איירי בטפלה כלל איכא למימר כרבי יהודה ואיכא למימר כאחרים : **הלכה כרבי יוסי** · ואליבא דב"ה דאפי' תרומה נמי מותר להוליך : **אסורייתא** · חבילות של חרדל בשרביטין והזרע בתוכן : **מהו לפרוכי** · השרביטין ולהוציא הזרע ביום טוב מי שרי בי"ט כשחיקה וכבישול או דלמא כיון דאפשר מערב יו"ט לא דתולדת דישה הוא : **מוללין מלילות** · דדש כלאחר יד הוא ואפילו בשבת לאו דאורייתא הוא אלא מדרבנן וביום טוב לא גזור : **מלילות** · של חטין שמולל בידיו כשהן רכים : גבי שבת גרסי' מיד ליד וגבי יום טוב גרסי' על יד על יד : **מיד ליד** · שלא כדרך חול : **קנון** · כלי הוא ראשו אחד רחב והשני עשוי כעין מרזב קצר ונותן הקטניות בתוך הרחב ומנענע והאוכל מתגלגל דרך המרזב והפסולת נשאר בכלי : **תמחוי** · קערה גדולה : **על יד על יד** · מעט מעט : **אבל לא בטבלא כו'** · דמחזי כמאן דעביד לצורך מחר שאין דרך לעשות בכלים הללו אלא הרבה : **מערב יום טוב אין** · המולל מערב יו"ט קתני ולא קתני המולל ביו"ט : **אם כן** · דמוללין מלילות ביו"ט מצינו תרומה שזכאי בהרמתה דסתם שבלין לא מפרישין תרומה עד שיעשו דגן והמוללן ביו"ט לאכלן מפרים מהן תרומה על כרחו: הא

מסורת הש"ס

[שבת קיז: וש"נ]

[פסחים ס: כתובות ז:]

[תוספתא פ"א]

ונשחטו מהיום שהורמו מהיום קתני ולעולם שחיטתן מאמש כצ"ע

[תוספתא שם]

הגהות הב"ח

(א) רש"י ד"ה אין מוליכין וכו' דאין מגביהין תרומה בס"ד:

(ב) תוס' ד"ה אין וכו' ועני למודים לאכול:

גליון הש"ס

גמ' פוק תני לברא. שבת דף קו ע"א עירובין דף ס ע"א יומא דף מג ע"ב יבמות דף עז ע"ב:

ופרקינן איכא בינייהו טפלה · פי' ר' יהודה סבר שנשחטו מאמש אין מוליכין [בפ"ע אבל טפלה שרי] · ואחרים אומרים לא בפ"ע ולא טפלה · ולדברי הכל תרומה אינו זכאי בהרמתה · אמר רב יהודה אמר שמואל הלכה כר' יוסי דאמר על המתנות לא נחלקו אלא על התרומה שב"ש אומרים אין מוליכין ...

§ מסכת ביצה דף יב: §

אות א'

הכא נמי מתוך שהותרה הבערה לצורך הותרה נמי שלא לצורך

סימן תצה ס"א - [א]**כל מלאכה האסורה בשבת אסורה ביום טוב** - בין שאיסורה מן התורה, ובין שאיסורה משום שבות, **וכן** כל דבר שאסור לעשותו בעצמו, אסור לומר גם לעכו"ם לעשותו, כמו בשבת. **חוץ ממלאכת אוכל נפש** - כדכתיב בקרא: אך אשר יאכל לכל נפש הוא לבדו יעשה לכם. **וחוץ מהוצאה והבערה** - ופרטי דיניהם יתבארו לקמן סימן תקי"א ותקי"ח.

אות ב' – ג' – ד'

אין מוליכין חלה ומתנות לכהן ביום טוב, בין שהורמו מאמש בין שהורמו מהיום, ובית הלל מתירין שאינו זכאי בהרמתה

הלכה כרבי יוסי

רמב"ם הלכות יום טוב פ"ד הכ"ו - אף על פי שאין מגביהין תרומה ומעשרות ביום טוב, אם היו לו תרומות ומעשרות שהגביהן מאמש, הרי זה מוליכן לכהן ביום טוב; ואין צריך לומר חלה וזרוע ולחיים וקיבה שמוליכן לכהן ביום טוב.

סימן תקו ס"ג - [ב]**הלש עיסה ביום טוב, יכול להפריש ממנה חלה** - אע"ג דאין מגביהין תרומות וכו' ביו"ט, משום דנראה כמתקן, או כמקדיש, **בלש** ביו"ט לא גזרו, ואפי' באין לפניו כהן, או במקום שהחלה נשרפת, **דכיון** דמותר ללוש לכתחלה ביו"ט, משום דפת חמה עדיף טפי, התירו לו ג"כ לתקן עיסתו ולהוציאה מידי טבל.

ולהוליכה לכהן (שרי, אפילו הפרישה מאתמול) - ולא אמרינן היה לו להוליכה מאתמול, ואפילו צריך להעבירה דרך ר"ה, ג"כ שרי, דהוצאה מותר ביו"ט.

ודע, דגם בשבת מותר לו להוליכה לכהן, במקום שיש עירוב, ובאופן אם היה אפוי מאתמול, דעיסה אינה ראויה למידי בשבת, **ובמקום** שאין עירוב, ‹יש מחלוקת› אם מותר לבא הכהן לביתו של ישראל בשבת ולאכול שם, (**הרב יש"ש** כתב, דהיכא דאין מוליכין, כגון שמפסיק ר"ה או כרמלית, ה"ה שיהא אסור ליתן לו אפילו כשבא לביתו, אם לא שהוא רגיל אצלו תדיר, **מיהו** עיין במהרש"א ובמהר"ם ובמהר"ם שיף ובפר"ח, ולדידהו מנין לנו לחלק כלל חילוקים אלו, ועי"כ אפילו אין רשאי להוליך, עכ"פ יכול לבא לביתו ולאכול, וכן הסכים במאמר מרדכי להקל).

אות ד'*

מי קתני... ולעולם שחיטתן מאמש

סימן תקו ס"ט - [ד]**אפילו נשחטה הבהמה מערב יום טוב, מותר להפריש המתנות ביו"ט** - משום דאינו מתקן, דגם קודם הפרשה לא טבלן, **ועוד** דמפורשות ועומדות בגוף הבהמה.

אות ה'

מוללין מלילות ומפרכין קטניות ביום טוב

סימן תקי ס"א - [ה]**מוללין מלילות** - פי' שבידו ימלול החטים כשהם רכים, **ומפרכין קטניות** - היינו השרביטין, ומוציא הזרע מהן, **כדרכן ביו"ט** - דהוי דש כלאחר יד, ובשבת צריך שינוי במלילה, דהיינו בראשי אצבעותיו, כמ"ש סי' שי"ט, וביו"ט כשהוא רוצה לאכלן לא גזרו, וזהו שכתב "כדרכן ביו"ט", [ו]**ויש** מחמירין דוקא בשינוי, בראשי אצבעותיו.

אות ו'

המולל מלילות מערב שבת, למחר מנפח מיד ליד ואוכל, אבל לא בקנון ולא בתמחוי

סימן שיט ס"ז - [ז]**היו לו מלילות מע"ש, לא ינפה בקנון (ופירש"י: כלי שראשו אחד רחב והשני עשוי כמין מרזב, ונותנין הקטניות בראשו הרחב ומנענע האוכל ומתגלגל דרך המרזב, והפסולת נשאר בכלי), ותמחוי (פי' קערה גדולה)** - גזירה משום נפה וכברה, דיש בזה חיוב חטאת.

ולא בשתי ידיו - דהיינו לדבק שתי ידיו כאחת, וליקח בשניהם ולנפח.

וה"ה דמיד ליד חברתה אין נכון לדעת הרמב"ם, ‹ולפי זה הא דתני מנפח מיד ליד, הכי קאמר מיד לאותו יד עצמו ינפח – ב"י›, [**והטור** מיקל בזה, ומלשון הגמרא ‹דף י"ד› משמע יותר כדעת הרמב"ם]. **אלא מנפח בידו אחת בכל כחו** - וה"ה דאפי' אם מלל מעט בשבת [ח]וכנ"ל, ג"כ מותר לנפח בידו אחת, והאי דנקט מע"ש, לאשמעינן דאפילו היו לו הרבה מלילות, ג"כ מותר לנפח בידו אחת.

אות ז' – ח'

המולל מלילות מעיו"ט, למחר מנפח על יד על יד ואוכל, אפי' בקנון ואפי' בתמחוי; אבל לא בטבלא ולא בנפה ולא בכברה ביום טוב

סימן תקי ס"א - [ט]**ומנפח מעט מעט ואוכל, ואפילו בקנון ותמחוי** - מבואר לעיל בסי' שי"ט ס"ו, וביו"ט הקילו.

אבל לא בטבלה ולא בנפה ולא בכברה - דמחזי כמאן דעביד לצורך מחר, שאין דרך לעשות בכלים הללו אלא הרבה.

באר הגולה

[א] משנה ביצה ל"ו ומגילה ז' [ב] שם בגמ' ל"ז [ג] ‹ע"פ הגר"א› [ד] מהר"י אבוהב בשם הרשב"א ‹וגמ' ערוכה היא שם י"ב: מי קתני כו' ולעולם כו' – גר"א› [ה] מימרא דרבא ביצה י"ב ‹ומפרש מש"כ שם י"ג: כיצד מולל, קאי אשבת, [ודלא כרש"י שם], אבל ביו"ט א"צ שינוי, ועיין סי' שי"ט ס"ו ומש"כ שם – גר"א› [ו] ‹כמ"ש סי' שי"ט ס"ו הר"ן – מ"א **עיין בדף י"ג›** [ז] ביצה י"ב שבת קכ"ח וכחכמים [ח] ‹והיינו ע"י שינוי, עיין שם בס"ו, מובא דף י"ג: אות ט'. ‹**והא** דקתני "ואיידי דתנא רישא מע"ש" וכו', דמשמע דאין היתר למלול בשבת, היינו בלא שינוי – מ"ב המבואר› [ט] ברייתא שם

§ מסכת ביצה דף יג. §

אות א'

הכניס שבלין לעשות מהן עיסה, אוכל מהן עראי ופטור

רמב"ם פ"ג מהל' מעשר ה"ה - **הכניס שבלים לעשות מהן עיסה, לא נקבעו; לאכלן מלילות, נקבעו למעשר; בד"א בתבואה, אבל בקטניות לא נקבעו למעשר.**

אות ב'

למוללן במלילות רבי מחייב

רמב"ם פ"ג מהל' מעשר ה"ה - **עיין לעיל אות א'.**

רמב"ם פ"ה הל' תרומות ה"ה - **מאימתי תורמין את הגורן, משיברור; ברר מקצת, תורמין מן הברור על שאינו ברור; המכניס שבלים לתוך ביתו לעשותן מלילות, הרי זה תורם מן שבלים.**

אות ג'

מי שהיו לו חבילי תלתן של טבל, הרי זה כותש ומחשב כמה זרע יש בהם, ומפריש על הזרע ואינו מפריש על העץ

טור יו"ד סימן שלא - **לוי שלקח המעשר בשבלים, לא יתן ממנו תרומה בשבלים, אלא קונסים אותו לדוש ולהבר וליתן המעשר דגן; ואינו חייב ליתן המעשר מן התבן והעצה; ואם הפריש תרומת מעשר שבלים כמו שלקח, הרי זה כותש ונותן לכהן את הזרע ואת התבן.**

אות ד'

מחלוקת בשבלין, אבל בקטניות, ד"ה אסורייתא לא טבלא

רמב"ם פ"ג מהל' מעשר ה"ה - **הכניס שבלים לעשות מהן עיסה, לא נקבעו; לאכלן מלילות, נקבעו למעשר; בד"א בתבואה, אבל בקטניות לא נקבעו למעשר.**

אות ה'

לא טבל טבול של תרומת מעשר

טור יו"ד סימן שלא - **עיין לעיל אות ג'.**

אות ו'

מעשר ראשון שהקדימו בשבלין, שמו טובלו לתרומת מעשר

רמב"ם פ"ג מהל' מעשר הי"ט - **מעשר ראשון שהקדימו בשבלים, אסור לאכול ממנו עראי קודם שיפריש תרומתו, ואם אכל, מכין אותו מכת מרדות.**

יו"ד סימן שלא סק"י - **[א]התורם פירותיו תרומה שצריך לתרום אחריה שניה, נקבע למעשר, ולא יאכל מהם עראי עד שיוציא התרומה שניה ויעשר.**

יו"ד סימן שלא סק"ל - **פירות שהוציא מהם מעשר ראשון קודם שיקבעו למעשר, הרי זה אוכל מהם עראי קודם שיוציא מעשר שני, [ב]שאין הראשון קובע לשני; אבל משנקבעו למעשר, אף על פי שהוציא את הראשון, אסור לאכול מהם עראי עד שיוציא את השני או את מעשר עני.**

אות ז'

קנסא

טור יו"ד סימן שלא - **עיין לעיל אות ג'.**

באר הגולה

[א] ‹ר"ל הפרשה שצריך להפריש אחריה עוד הפרשה, כגון הפריש תרומה גדולה וצריך עדיין להפריש מעשרות, או שהפריש מעשר ראשון וצריך עדיין להפריש מעשר שני, [וכגון שהתרומה הקדים לפני גמר מלאכה, והמעש"ר אחר גמר מלאכה, שהתרומה לא טבלה וכנ"ל], או שהפריש מע"ש ועדיין לא הפריש חלה, {נקבעו}, **ובכל** אלו דוקא אחר גמר מלאכה, אבל קודם גמר מלאכה אינן טובלין כמו תרומה, וכמש"כ רבנו בפ"א ממע"ש הי"ג {ובשו"ע סעיף ק"ל עיין בסמוך}, **חוץ** ממעש"ר שטובלת לתרומת מעשר אפי' לפני גמר מלאכה, כנ"ל, {וזהו סוגיא דידן}, **אבל** לא טובל את שאר הפירות למעשר שני או מעשר עני, אא"כ תרם אחר גמר מלאכה, **ואם** הקדים מעש"ר לתרומה אחר גמר מלאכה, כיון שהפריש באיסור אינו טובל כלל - דרך אמונה› ‹**והגם** דאינו ממש ענין של סוגייתינו, אבל עכ"פ הוי דבר דומה, דכמו שמעשר ראשון טובל לתרומת מעשר קודם גמר מלאכה, ה"ה כל ראשון טובל לשניה עכ"פ אחר גמר מלאכה, והביא סעיף ק"ל לברר נקודה זו, דבשאר דברים הוי דוקא אחר גמר מלאכה›

[ב] ‹ולא קבע התרומה למעשר, דמיירי שהפריש תרומה לפני מירוח, ואין לומר דמיירי שהקדים המעש"ר לתרומה, דכה"ג כיון שעשה באיסור אין טובל כלל, כנ"ל פ"ה ממעשר הי"ט - דרך אמונה›

הא רבי הא ר' יוסי בר' יהודה דתניא *הכונס שבלין לעשות מהן עיסה *אוכל מהן עראי ופטור *למוללן במלילות רבי מחייב ור' יוסי ברבי יהודה פוטר ולרבי יוסי ברבי יהודה נמי משכחת לה כגון שהכניס שבלין לעשות מהן עיסה ונמלך עליהן למוללן ביום טוב דטבלא בזומיה אלא מאי תרומה רוב תרומה אמר אביי מחלוקת בשבלין אבל בקטניות דברי הכל אסוריתא טבלא לימא מסייע ליה *מי שהיו לו חבילי תלתן של טבל הרי זה כותש ומחשב כמה זרע יש בהם ומפריש על הזרע ואינו מפריש על העץ מאי לאו רבי יוסי בר' יהודה היא דאמר התם לא טבלא הכא טבלא לא רבי היא אי רבי היא מאי איריא תלתן אפי' שבלין נמי אלא מאי רבי יוסי בר' יהודה לשמעינן שאר מיני קטניות וכ"ש תלתן אלא תלתן אצטריכא ליה סד"א הואיל וטעם עצו ופריו שוה לפרוש נמי אעצו קמ"ל איכא דאמרי אמר אביי *מחלוקת בשבלין אבל בקטניות דברי הכל אסורייתא לא טבלא מיתיבי מי שהיו לו חבילי תלתן של טבל הרי זה כותש ומחשב כמה זרע יש בהן ומפריש על הזרע ואינו מפריש על העץ מאי לאו טבל טבול של תרומה *לא טבל טבול של תרומת מעשר וכדר' אבהו א"ר שמעון בן לקיש דאמר רבי אבהו אמר רבי שמעון בן לקיש מעשר ראשון שהקדימו בשבלין *שמו טובלו לתרומת מעשר כותש למה לי לימא ליה כי היכי דיהבו לי הכי יהיבנא לך אמר רבא *קנסא תניא נמי הכי בן לוי שנתנו לו שבלין במעשרותיו עושה אותן גורן ענבים עושה אותן יין זיתים עושה אותן שמן ומפריש עליהם תרומת מעשר ונותנן לכהן שכשם שתרומה גדולה אינה ניטלת אלא

רש"י

הא רבי הא ר' יוסי ברבי יהודה · לעולם מוללין מלילות לדברי הכל ודקשיא לך אם כן מליט תרומה שזכאי בהרמתה אין ודאי מליט אליבא דרבי דאמר יש תרומה במלילות ומתניתין דקתני לא מליט ר' יוסי ברבי יהודה היא דאמר אין תרומה במלילות: **אוכל מהן עראי** · כל זמן שלא דשן ומרחן בכרי לא נגמרה מלאכתן לתרומה: **למוללן במלילות** · הכניסן לאכלן מעט מעט ע"י מלילות: **רבי מחייב** · בתרומה שלא יאכל מהן עראי עד שיפריש לפי שהכניסן בשבלין היא גמר מלאכתן שאין סופן לבא לידי גורן אחר וזהו גרנן: **ורבי יוסי בר' יהודה פוטר** · דגנך כתיב והייט מרוח דאין דגנך אלא קבון בכרי: ופרכינן לרבא דאמר מוללן לר' יוסי ברבי יהודה נמי לא צריך למוללן ביו"ט משכחת לה על כרחיך שזכאי בהרמתה במלילות שהכניסן לעשות עיסה כדישה ומרוח ונמלך עליהן למוללן להכניסן כולן למלילות דעל כרחיך מודה בהו רבי יוסי דטבלן ביום שנמלך עליהן דכיון דהכניסן לשם גורן גמור ירדה להן תורת תרומות ומעשרות וכשנמלך למוללן נעשית הכנסתו גורן והמוללן ביו"ט על כרחו (א) קדים תרומתן: **אלא מאי תרומה רוב תרומה גרסינן** · ולא גרס אלא מאי אית לך למימר אלא לא תימא הא רבי הא רבי יוסי דבין לרבי בין לרבי יוסי מתוקמא ומאי תרומה דתנן מתניתין אינו זכאי בהרמתה ברוב תרומות קאמר שיתנן על ידי דישה ומרוח והן מערב יום טוב: **מחלוקת בשבלין** · בהנהו הוא דפטר ר' יוסי דרובן לדישה ואין גרנן אלא במרוח: **אבל קטניות** · יש בני אדם הרבה שאין חובטין אותן יחד אלא כדי קדרתן לפיכך הכנסתן בחבילין זהו גרנן: **תלתן** · מין קטנית הוא ומעט נותנין בקדרה ליתן טעם: **כותש** · זהו לדך דישתן: **ומחשב** · מאומד: **ואין מפריש על העץ** · אין צריך להפריש מן הקסים ואף על פי שטעם עצו ופריו שוה לא חייבוהו חכמים במעשרות מדקתני חבילין של טבל אלמא אסורייתא טבלא: **לשמעינן שאר מיני קטניות** · דטבלו בחבילי ואף על פי שהרבה עושין מהן כרי ומרוח וכ"ש תלתן שהוא טותו מעט מעט בקדרה למתק ונותנו בעלו: **אלא תלתן אצטריכא ליה גרסינן** · ולעולם רבי היא וה"ה לשבלין ולא תסייעי' מהכא: **איכא דאמרי אמר אביי מחלוקת בשבלין** · בהנהו מחייב רבי לפי שהרבה כונסין אותן למלילות וקליות שהן גרנן אבל בקטניות סתם הכנסתם למרוח ואסורייתא לא טבלא: **מאי לאו בטבל טבול לתרומה** · כלומר מאי לאו גבי ישראל קרי ליה טבל ועדיין לא נקרא עליו שם בפה ומסתמא קרוי טבל וחייב בתרומה שהיא תחלה לכל המעשרות דכתיב בה ראשית: **לא בטבל טבול לתרומת מעשר** · לעולם אין חבילין גמר מלאכה ואילו גבי ישראל הוא לא הוה מקרי טבל אלא בבן לוי קאי שקדם והלך אצל ישראל ונטל מעשר ראשון ממנו בחבילין והואיל וחל על חבילין הללו שם מעשר נעשו טבל אצלו להפריש מהם תרומת מעשר מן המעשר שעל הלוי להפריש והיא במיתה וכל תורת תרומה עליה דתרומה קרייה רחמנא: **שהקדימו בשבלין** · שהקדימו לתרומה גדולה: **שמו טובלו** · שם מעשר שנקרא עליו טובלו ואוסרו באכילת עראי ובמיתה כדין טבל עד שיריש תרומת מעשר שלו ולקמיה יהיב טעמא: **כותש למה לי** · אי בבן לוי מוקמינן ליה למה מוטל עליו לעשותו דגן אי אמרת בשלמא בישראל קאי ואסורייתא טבלא שפיר תנא כותש דכתיב דגנך ודרבנן דומיא דאורייתא תקון: **קנסא** · על שהקדים וגרם להעריס לעבור על דברי תורה שהמשנה סדר המעשרות עובר בלאו מלאתך ודמעך לא תאחר (שמות כג) דהכי קאמר לא תאחר תרומה להקדים לה מעשר: **יעשה אותו גורן גרסינן**:

אלא

תוספות

הא רבי יוסי · פרש"י ומה (ב) מליט דזכאי בהרמתה הייט אליבא דרבי דאמר יש תרומה במלילות דסבר דהככנסתן דמלילות הייט גרנן וגמר מלאכה אבל מתני' דקתני לא מליט הייט ר' יוסי ברבי יהודה דאמר אין תרומה במלילות דלדגן קפיד רחמנא ואין זה אלא קבון בעלמא ובסמוך גרסינן ולרבי יוסי בר' יהודה נמי משכחת לה וכו' משמע לפי' דלר' יוסי אפי' אכילת קבע יכול לאכול בלא מעשר דאם היה מחייב באכילת קבע משכחת לה לר' יוסי בר' יהודה דזכאי בהרמתה באכילת קבע ותימה דהלשונא משמע כן דהא קאי על אכילת עראי הכנים שבלין לעשות מהן עיסה אוכל מהן עראי ופטור ועלה מסיק למוללן במלילות רבי מחייב מעראי ור' יוסי בר' יהודה פוטר מעראי וע"ק לרבי נמי היכי מליט (הוא) שזכאי בהרמתה ביו"ט הואיל דאית ליה דהככנסתן למלילות זהו גרנן וגמר מלאכתן אם כן נתחייבו מאתמול מעיו"ט ואם כן אין יכול להפריש ביו"ט לכן נ"ל דהא דקאמר דכהן זכאי בהרמתה אתיא אליבא דר' יוסי ברבי יהודה דפוטר דכיון דסבר דהככנסתן לאו זהו גרנן ואם כן כי מללן ביו"ט *בא לו חיוב השתא וא"כ זכאי בהרמתה והא דאמר דאינו זכאי בהרמתה אתי אליבא דרבי דס"ל דהככנסתן זו היא גרנן והיה להם לתרום מאתמול וא"כ אינו זכאי בהרמתה ובסמוך גרסי' ולרבי משכחת לה וכו': **איכא** דאמרי מחלוקת בשבלים אבל בקטניות ד"ה לא טבלא · והקשה הר"ר שמשון מקולי דבכל התלמוד לא מליט איכא דאמרי כה"ג שהוא להפך מן הראשון דודאי מליט בשאר מקומות לישנא קמא דברי הכל ואיכא דאמרי בהא נמי פליגי או איכא דאמרי בהא פליגי ובהא דלישנא קמא דברי הכל אבל כה"ג לא דכל הפחות הוה לי' למימר דבקטניות מחלוקת אבל בשבלין כ"ע מודו ותירץ דה"ק לישנא קמא מחלוקת בשבלין היכא שפירש בהדיא שהכניסן לשבלין אבל בקטנית שפירש למוללן ד"ה טבלא וה"ה דפליגי בקטניות סתם ובשבלין סתם ולאיכא דאמרי ה"ק מחלוקת בשבלין סתם שלא פירש למוללן אבל בקטניות סתמא כ"ע מודו דלא טבלו וה"ה בקטניות שהכניסן למוללן פליגי וכן בשבלין פליגי והשתא ניחא דלא הוי להיפך לגמרי דהא דקאמר לישנא קמא דפליגי מסיק הכא בדאיכא דאמרי ד"ה [לא] טבלא וא"ת והא לא מיירי כלל בפלוגתיה רק במפרש שהכניסן לשבלים יש לומר דמה דקתני סיפא למוללן במלילות משום דמסתמא כמו למוללן במלילות דכל שלא פיר' דהוו לעשות מהן עיסה הוי כמו למוללן במלילות בשבלים אבל תימה להאי פירושא דמקשה בסמוך מאי לאו בטבל וכו' מאי פריך לשני ליה דמיירי בדמפרש והכא מיירי בסתם ויש לומר דמשמע דמיירי בכל ענין אפילו בסתמא ועוד דבעי (ג) אליבא דכלהו תנאי:

כשם

[פי' לאכול קבע רש"ל]

רבינו חננאל

ופרקינן לא קשיא הא דתני מוללין ומפרכין ביו"ט לר' יוסי בר' יהודה שפוטר המלילות מן התרומה והא דתני המולל מלילות מעיו"ט ואמרינן מעיו"ט אין ביו"ט לא · לר' דתניא הכנים שבלין לעשות מהן עיסה אוכל מהן עראי ופטור למוללן במלילות רבי מחייב ור' יוסי בר' יהודה פוטר. ר' סבר כיון שחישב עליהן למוללן הוקבעו למעשר ולתרומה וכיון שהיה לו לעשר מאתמול ולא עישר מוקצה הוא ואסור למוללן ביו"ט ור' יוסי בר' יהודה סבר אין חייב אא"כ עשאן כעין גורן · אבל המכנים למלילות פטור הוא בחול כ"ש בי"ט לפיכך מוללין ביו"ט · ואמרינן ולר' *) נמי משכחת לה הא דתניא · ואוקימנא ר' יוסי ב"ר יהודה דמחייב ביו"ט בטלתא דלא הוה אפשר לו לעשותו מעיו"ט · וכל מלאכה [שהוא] צורך אוכל [נפש] שאי אפשר לעשותה מעיו"ט מותר לעשותה ביו"ט · והוא כגון הלש עיסה מעיו"ט אין מפריש ממנה חלתה ביו"ט · והלש ביו"ט מפריש חלתה ביו"ט · הכא נמי כגון שהכנים שבלין לעשות עיסה דאפילו ר' מתיר לאכול מהן עראי בין בחול בין ביו"ט · תכנם ביו"ט ואח"כ נמלך עליהן ואמר איני עושה מהן עיסה אלא מלילות אני עושה אותן כולן שנמצאו היום ביו"ט מתחייבין ולא היה בהן חיוב מאתמול כגון האי הכי נמי דאיבעי כו' למיכל מינייהו אסור אלא

מאי אית לך למימר מתקנן ואוכל : ירושלמי מטלטלין את האיסטנוסין דר' ירמיה הודי לבר גירונטי אסיא מטעינה כסדינה מיעול מבקרא בישיא בשובתא · מיישא בר בריה דריב"ל מטען בסדיניה מיעול מדרש בציבורא בשבתא לא סוף דבר שצורך הרבים בו · אלא שמא יצטרכו לו רבים · תני לא את המפתח וב"ה מתירין · הדא דמתירין ב"ה מפתח של אוכלין אבל מפתח של כלים לא שרא · והא ר' אבהו הוה יתיב ומתני ומפתחא של פלמטירין בידיה פלפלין הוה ליה בגווה · תני הלש עיסה ביו"ט מפריש חלה ביו"ט מעיו"ט ושכח ולא הפריש חלתה אסור לטלטלה כו' ·תיפתר בעיסה טמאה שאינו יכול להפריש חלתה אלא לבסוף · ובדין הוה בעיסה טהורה שלא יפרישנה אלא בסוף תקנה תקנו להפרישה בתחלה שלא תטמא את העיסה. והא דתנן אין זכאי בהרמתה רוב תרומה היא ולא כל התרומה ויתנו **) לפרקי' שיודמן כגון זו ויש לו להרים התרומה ביו"ט אם צריך לאכול מהן כגון אפייה ובישול שהן מותרין וכגון הלש עיסה ביו"ט ספריש ממנה חלתה ביו"ט הכא נמי אפילו לר' יוסי בר' יהודה מאי תרומה דתנינן לא אם אמורתם בתרומה שאינו זכאי בהרמתה רוב תרומה 'אמר אביי מחלוקת ר' ור' יוסי בר' יהודה בשבלין של תבואה אבל בקטניות דברי הכל איסורייתא טבלא לימא מסייעא מי שהיו לו חבילי תלתן של טבל כו' · איכא דאמרי אמר אביי מחלוקת בשבלין אבל בקטניות דברי הכל איסורייתא לא טבלא יוטותבינן עליה מהא דתנן בתרומות פ"ט מי שהיו לו חבילי תלתן של טבל הרי זה כותש ומחשב כמה זרע יש בהן ומפריש על הזרע ואין מפריש על העץ מאי לאו תרומה היא זו דקתני ומפריש על הזרע'והנה מצינו כי נתחייב בחבילות שהן איסורייתא להפריש מהן תרומה'ואיך[אמר]איסורייתא דברי הכל לא טבלי 'כלומר אין חייבין עד שיפרשו ודחה לא זה ששנינו ומפריש תרומת מעשר היא ולא תרומה גדולה · פי' כגון שיש לו לבעל הבית אלף חבילי תלתן ונתן מאה מהן מעשר ללוי · חייב הלוי לכתש עשר חבילות מהן שהן מעשר מן המעשר ·

וזהו

ק א מיי' פ"ג מהל' מעשר הל' ס :
קא ב מיי' שם ופי"ט מהל' תרומות הל' ט' :
קב ג מיי' פ"ג מהלכות תרומות הל' יד סמג עשין קלד טור יו"ד סי' שלא :
קג ד מיי' פ"ג מהל' מעשר הל' ה :
קד ה מיי' פ"ג מהל' תרומות הל' יד סמג עשין קלד טור י"ד סי' שלא :
קה ו מיי' פ"ג מהלכות מעשר הלכה יג טוש"ע י"ד סי' שלא סעיף קי וסעיף קל :
קו ז מיי' פ"ג מהל' תרומות הל' יד סמג עשין קלד טור י"ד סי' שלא :

תרומות פ"י מ"ו

הגהות הב"ח

(א) רש"י ד"ה ופרכינן וכו' על כרחו מדים תרומתן הס"ד: (ב) תוס' ד"ה הא וכו' ומה שמליט וכו' דהא דקאמר שזכאי כצ"ל ותיבת דכהן נמחק: (ג) בא"ד אליבא וכו' ועוד דבעי לאוקמא אליבא:

גליון הש"ס

גמ' אוכל מהן עראי · עיין מנחות דף סז ע"ב תוס' ד"ה כדי שתפסל.

עין משפט נר מצוה

קז א מיי' פ"ג מהלכות תרומות הלכ' ד:
קח ב מיי' שם הלכה יג טור יו"ד סי' שלא:
קט ג ד מיי' פ"ג מהל' מעשר הלכה יג טוש"ע יו"ד סי' שלא סעיף פו:
קי ה מיי' פכ"א מהל' שבת הלכה יז טוש"ע א"ח סי' שיט סעיף ו:
קיא ו מיי' פ"ג מהל' מעשר הלכה ח:
קיב ז מיי' שם הלכה יב:
קיג ח מיי' פ"ח מהל' שבת הלכה ט:
קיד ט מיי' פכ"א מהל' שבת הלכה יז טוש"ע א"ח סי' שיט סעיף ו:

גמרא

אלא מן הגורן ומן היקב כך תרומת מעשר אינה ניטלת אלא מן הגורן ומן היקב מחשב הא מדידה בעי הא מני אבא אלעזר בן גימל היא דתניא *אבא אלעזר בן גימל אומר °ונחשב לכם תרומתכם בשתי תרומות הכתוב מדבר אחת תרומה גדולה ואחת תרומת מעשר כשם *שתרומה גדולה ניטלת באומד ובמחשבה כך תרומת מעשר ניטלת באומד ובמחשבה גופא א"ר אבהו א"ר שמעון בן לקיש מעשר ראשון שהקדימו בשבלין שמו טובלו לתרומת מעשר מאי טעמא אמר רבא הואיל ויצא עליו שם מעשר: *אמר ר"ש בן לקיש °מעשר ראשון שהקדימו בשבלין פטור מתרומה גדולה שנא' °והרמותם ממנו תרומת ה' מעשר מן המעשר מעשר מן המעשר אמרתי לך ולא תרומה גדולה ותרומת מעשר מן המעשר *א"ל רב פפא לאביי אי הכי אפילו הקדימו בכרי נמי אמר ליה עליך אמר קרא °מכל (*מעשרותיכם) תרימו את כל תרומת ה' ומה ראית האי אדגן והאי לא אדגן: *תנן התם °המקלף שעורין מקלף אחת אחת ואוכל ואם קלף ונתן לתוך ידו חייב אמר רבי אלעזר וכן לשבת איני והא רב מקלפא ליה דביתהו כסי כסי ור' חייא מקלפא ליה דביתהו כסי כסי אלא אי אתמר אסיפא אתמר *°המולל מלילות של חטים מנפח על יד על יד ואוכל ואם נפח ונתן לתוך חיקו חייב אמר רבי אלעזר °וכן לשבת מתקיף לה רבי אבא בר ממל ורישא למעשר אין לשבת לא ומי איכא מידי דלענין שבת לא הוי גמר מלאכה ולמעשר הוי גמר מלאכה מתקיף לה רב ששת בריה דרב אידי ולא והא גרנן למעשר דתנן *איזהו גרנן למעשר הקשואין והדלועין משיפקסו ושלא פקסו משיעמיד ערמה ותנן נמי גבי בצלים *°משיעמיד ערמה ואילו גבי שבת העמדת ערמה פטור אלא מאי אית לך למימר *°מלאכת מחשבת אסרה תורה הכא נמי מלאכת מחשבת אסרה תורה: כיצד מולל אביי משמיה דרב יוסף אמר חדא אחדא ורב אויא משמיה דרב יוסף אמר חדא אתרתי רבא אמר °כיון דמשני אפילו חדא אכולהו נמי כיצד מנפח אמר רב אדא בר אהבה אמר רב מנפח
מקשרי

רש"י

אלא מן הגורן ומן היקב · שנאמר כולה דכתיב דגן תירוש ויצהר (במדבר יח): מחשב הא מדידה בעי · בשלמא אי בישראל מוקמת לה ובתרומה גדולה איכא למימר מחשב דניטלת באומד שתרומה גדולה לא נתנה בה התורה שיעור דכתיב ראשית דגנך (דברים יח) ורבנן הוא דאמרי שיעור עין יפה ובינונית ורעה הלכך באומד סגי דאי נמי לא יהיב כשיעור חטה אחת פוטרת כל הכרי אבל גבי לוי מעשר מן המעשר כתיב (במדבר יח) וצריך למדוד: אבא אלעזר בן גימל גרסי': ונחשב לכם תרומתכם · בלוים כתיב: בשתי תרומות הכתוב מדבר · דכתיב כדגן מן הגורן זו תרומה גדולה תרומתכם זו תרומת מעשר: מה תרומה גדולה ניטלת באומד · כדפרישית דלא כתיב בה שיעור: ובמחשבה · נותן עיניו בצד זה ואוכל בצד אחר דכתיב ונחשב ואתרווייהו קאי הא דקא יליף לה מתרומה גדולה משום אומד נקט לה: הואיל ויצא עליו שם מעשר · ורחמנא אמר והרמותם ממנו מעשר מן המעשר משנקרא מעשר הקיקוס לתרומתו: פטור מתרומה גדולה · שהיה לו לכהן ליטול תרומה גדולה תחלה שהרי קרויה ראשית והלוי אחריו מעשר במה שמשייר וזה שנטל מעשר תחלה וכשלא הורמה תרומה גדולה ממעשרו וישראל לא יתן לכהן אלא אחד מחמשים במה ששייר נמצא כהן מפסיד ופטור הלוי מתרומה גדולה שבמעשר זה שנאמר והרמותם ממנו תרומת ה' ופירש ומה היא התרומה מעשר מן המעשר: אפילו הקדימו · לתרומה בכרי משנתמרח נפטר לוי מהאי קרא: עליך אמר קרא · כדי שלא תאמר כן: מכל (*מעשרותיכם) תרימו את כל תרומת ה' · ובלוים כתיב והכי כתיב כל למימר דכל צד תרומה המוטלת בו יתן: ומה ראית · דהאי כל למרבי שדית ליה אהקדימו בכרי ואידך אהקדימו בשבלים אימא איפכא: האי אדגן · הקדימו בכרי כבר נעשה דגן ומשבא לכלל דגן חלה עליו חובת כהן דכתיב ראשית דגנך הלכך מסתברא דהאי קרא דזוכתא דכהן אכרי תשדייה: המקלף שעורים · לאוכלן קלופים חיים: ואוכל · ופטור מן המעשר דכי האי גוונא אכילת עראי היא ובשלא נתמרחו קאי שמקלפן מתוך שבולת שלהן: חייב · במעשר דהוה ליה קבע: וכן לשבת · אחת אחת לא הוי מפרק תולדה דדש דכלאחר יד הוא אבל מקבלן בידו הויא תולדת דישה וחייב: כסי כסי · מלא כוסות (א): ואוכל · בלא מעשר: לתוך חיקו · בשולי בגדיו שקורין פאל"ך: והרי גרנו של מעשר · כלומר הרבה מלאכות שאמרו שהן קובעות גורן למעשר לאסרו באכילת עראי ומותרות בשבת: איזהו גרנן למעשר · לעיל מינה איירי בפירות וקאמר אימתי גמר מלאכתן ליקבע למעשר: משיפקסו · משיטול פקס שלהן והוא כמין פרח בראשו כמו שיש בתפוחים ונופל מאליו כשמתיבש: ושלא פקסו משיעמיד ערמה · כלומר ואם עד שלא פקסו העמיד ערמה מהן כמין כרי הוקבעו אלמא העמדת ערמה הויא גמר מלאכה למעשר ולענין שבת משהביא בגליס לביתו אין העמדת ערמה מלאכה: אלא מאי אית לך למימר · אע"ג דלמעשר הויא מלאכה לשבת (ב) מלאכת מחשבת שהיא מלאכת אומנות אסרה תורה שנסמכה פרשת שבת למלאכת המשכן בויקהל והתם מלאכת מחשבת כתיב: כיצד מולל · ביום טוב דאמרן לעיל מוללין מלילות והא ודאי שינוי בעי מעובדא דחול: חדא אחדא · בין גודל לאצבע: חדא אתרתי · בין גודל לשתי אצבעותיו: כיצד מנפח · דאמרינן לעיל למחר מנפח מיד ליד בשבת:
מקשרי

תוספות

כשם שתרומה גדולה ניטלת וכו' · ואם תאמר מה צריך למילף תרומת מעשר מתרומה גדולה דניטלת במחשבה תיפוק ליה דבהדיא כתיב בה ונחשב דקאי אתרומת מעשר וכו' ופ"ה דלאו דוקא נקט מחשבה אלא אומד דוקא נקט ועי"ל אי לאו דילפינן תרומת מעשר מתרומה גדולה לא הייתי אומר דתרומת מעשר ניטלת במחשבה דאי משום קרא דונחשב דכתיב גבי מעשר מוקמינן לה בתרומה גדולה דה"ק בירושלמי כל התורה למדה ומלמדה חוץ מתרומת מעשר דמלמדה ואינה למדה דהא ממנו דכתיב גבי תרומת מעשר דמיניה נפקא מוקף דדרשינן ממנו מן הסמוך לו ומוקמינן לה בתרומה גדולה דבעינן מוקף אבל בתרומת מעשר מדאורייתא לא בעינן מוקף אלמא גבי ממנו דכתיב במעשר מוקמינן ליה בתרומה גדולה והכא נמי ונחשב נימא כדפרישית:

ומה ראית האי אדגן והאי לא אדגן · ותימה היכי אסיק אדעתיה דמקשה לומר אפכא דבשבלין יהא חייב ובהקדימו בכרי יהא פטור אם הוא חייב בשבלים כ"ש בכרי שכל מה שלאחרי כן יהא חייב ואומר הרר"י דה"ק מה ראית לחייב מכל לדרין הקדימו בכרי ופטור בשבלין אימא דבין חיוב ובין פטור בהקדימו בכרי פטור קודם ראיית פני הבית וחיוב לאחר ראיית פני הבית ומשני האי אדגן פירוש בהקדימו בכרי וא"כ דין הוא שיהא חייב מכל לד:

ואם קלף ונתן לתוך ידו חייב · פרש"י ואם קלף מתוך השבלין ותימה היכי מקלפא לרב דביתהו כסי כסי כיון דאמר לעיל דמולל מלילות מערב שבת וכו' משמע הא בשבת אסור ויש לומר דהתם מיירי לתלוש מן השבלים שהוא מפרק והוא תולדה דדש שהוא אב מלאכה והכא מיירי שכבר נתלשו מע"ש מן השבלין אבל עוד הן בקליפתן החיצונה ולכך שרי ומה שפרש"י הכא דאם קלף ונתן לתוך ידו חייב מפני שהוא קבע לא נהירא דבסמוך משמע שהטעם מפני שהוא גמר מלאכה הואיל והוא קולף הרבה ביחד דהיינו דגוט:

ביצד מולל · פי' ביו"ט ובשבת אסור למלול וכיצד מנפח ר"ל בשבת דביו"ט שרי אף בקטון ובתמחוי:

כיצד מנפח וקאמר בין קשרי אצבעותיו · ותימה דלעיל אמר המולל מלילות מע"ש למחר מנפח מיד ליד ט' אבל לא בקנון וכו' ויש לומר דלעיל הוי פירוש בין קשרי אצבעותיו וקנון ותמחוי דנקט משום י"ט נקט ליה:
בית

רבינו חננאל

וזהו שנקרא תרומת מעשר כדכתי' והרמותם ממנו וגו' · ומחשב כלומר מחשב בדעתו של אילו החבילות יש בהן זרע עשרים סאה כותש מהן סאתים ונותן לכהן וזו הכתישה קנס קנסו ללוי שלא היה לו לקבל חבילות עד שיכתשם ישראל ויתקנ' וכריש לקיש דאמר שמו טובלן כלומר כיון שנקרא מעשר חייב להפריש ממנו תרומת מעשר · וזהו פי' שמו טובלן לתרומת מעשר ומחשב באומד דעתו כמה זרע יש בהן כמה שפירשנו ונותן לכהן תרומת מעשר כאבא אלעזר בן גימל דתני ונחשב לכם תרומתכם בב' תרומות הכתוב מדבר אחת תרומה גדולה ואחת תרומת מעשר · מה תרומה גדולה ניטלת באומד ובמחשבה כדכתיב ונחשב לכם כלומר אפילו בלא מדידה אלא במחשבה בלבד דיי כך תרומת מעשר · אמר ר"ל אם נתן ישראל ללוי מעשר ראשון שלו שבלין קודם שיפריש תרומה גדולה שהיא עין בינונית אחד מחמשים אין חייב בן לוי לתת לכהן אלא תרומת מעשר בלבד כאשר פירשנו אחד מי' · אבל תרומה גדולה שהיא אחד מחמשים פטור עליה מ"ט מעשר מן המעשר חייבה תורה לבן לוי ולא תרומה גדולה ותרומת מעשר · ואקשינן אי הכי למה אם הקדימו בשבלין בלבד הוא פטור אפילו הקדים מעשר של לוי על התרומה בכרי יהיה הלוי פטור מתרומה גדולה · ואסיקנא האי דבכרי אידגן ונתחייב ובנתינתו לבן לוי לא פקע חיוב תרומה מיניה לפיכך חייב לוי לתת לכהן אפילו תרומה גדולה אלא שבלין דלא אידגן ולא נתחייב פטור מתרומה גדולה:

תנן התם במעשרות פרק ד' המקלף שעורים מקלף אחת אחת על יד ואוכל · ואם קילף ונתן לתוך ידו חייב · א"ר אלעזר וכן לשבת · איני והא רב ור' חייא מקלפי להו דביתהו כסי כסי · אלא לקלף כי האי גוונא אפילו כסי כסי שרי · וכי אתמר דר' אלעזר אסיפא אתמר · המולל מלילות של חטין מנפח על יד על יד ואוכל ואם ניפח ונתן לתוך חיקו חייב · א"ר אלעזר וכן לשבת · ואקשינן ארישא דהא מתני' מי איכא מידי דלגבי מעשר הוי גמר מלאכה ולגבי שבת פטור · והדינן ולא והרי גרנן למעשרות דתנן במעשרות פרק א' איזהו גרנן למעשרות הקשואין והדלועין כו' · הנה הפיקוס בקשואין הוא גמר מלאכה למעשר ולגבי שבת שרי · דהא אנן מפקיסין ואכלינן בשבת · אלא בשבת מלאכת מחשבת אסרה תורה ולא קא מכוין לפקסי משום מלאכה אלא לאכשורי אוכלא · ואוקמה רבא למלילה אפילו אם מולל באצבעו הגדולה
על

מסורת הש"ס

בכורות נח: ע"ש מנחות נד: ע"ש גיטין לא: ע"ש
שבת קכז. ע"ש עירובין לא: ע"ש פסחים לג: ע"ש
[תמורה ה:]
[נ"ל מתנותיכם]
מעשרות פ"ד מ"ה
ג"ז שם
[מתנותיכם]
ב"מ פח: מעשרות פ"א מ"ה
[מעשרות פ"א מ"ו]
[חגיגה יוד: ב"ק כו: סנהדרין סב: זבחים מז: כריתות יט:]

הגהות הב"ח

(א) רש"י ד"ה כסי כסי מלא כוסות בשבת ואוכל כצ"ל והד"א: (ב) ד"ה אלא וכו' לשבת לא הוי מלאכה דמלאכת מחשבת שאיל [illegible]

§ מסכת ביצה דף יג: §

אות א'

שתרומה גדולה ניטלת באומד ובמחשבה

רמב"ם פ"ג מהל' תרומות ה"ד - אין תורמין תרומה זו לא במדה ולא במשקל ולא במנין, [א]לפי שלא נאמר בה שיעור, אלא אומד ומפריש בדעתו כמו אחד מששים; אבל תורם הוא את המדוד ואת השקול ואת המנוי; ולא יתרום בסל ובקופה שמדתן ידועה, אבל תורם הוא בהן חציין או שלישן; ולא יתרום בסאה חציה, שהחציה מדה. השגת הראב"ד: אין תורמין תרומה זו וכו' עד כמו אחד מחמשים. א"א לא מן השם הוא זה, אלא כיון שלא נתנה בו תורה שיעור, מוטב שיתרום באומד ולא במדה, שכיון שיתן דעתו להקפיד ולתרום במדה, שמא יוסיף או ימעט במדות, ונמצא מקלקל את התרומה או את הפירות.

אות ב'

מעשר ראשון שהקדימו בשבלין פטור מתרומה גדולה

טור יו"ד סימן שלא - ואם הפריש הישראל מעשר בשבלים קודם שהפריש תרומה גדולה, אין הלוי צריך להפריש ממנו חלק תרומה גדולה שהיה על הישראל להפריש; אבל אם דש הישראל והפריש המעשר מן הדגן קודם שהפריש ממנו תרומה גדולה, חייב הלוי להפריש תרומה גדולה שבו מלבד תרומת המעשר.

אות ג' - ד'

המקלף שעורין, מקלף אחת אחת ואוכל, ואם קלף ונתן לתוך ידו, חייב

המולל מלילות של חטים, מנפח על יד על יד ואוכל, ואם נפח ונתן לתוך חיקו, חייב

שו"ע יו"ד סימן שלא ספ"ז - כיצד היא אכילת עראי, כגון שהיה מקלף שעורים ואוכל, מקלף אחת אחת; ואם קלף וכנס לתוך ידו, חייב לעשר. היה מולל מלילות של חטים, מנפה מיד ליד ואוכל; ואם נפה לתוך חיקו, חייב לעשר.

אות ה'

וכן לשבת

סימן שיט ס"ו - [ב]אין מוללין מלילות - מלילה הוא שמולל השבלים כדי לפרק הדגן מתוכן, ואסור מפני שנראה כדש, [רש"י דף י"ב: ד"ה מוללין, דס"ל דהוא רק מדרבנן, ומסתברא דהוכחתו, דאל"ה לא היו מתירין ביו"ט, ולפי מה דמסיק בסוף הסוגיא ‹לשיטת רש"י› דדוקא ע"י שינוי, שוב אין ראיה. **ומר"ח** וערוך משמע דס"ל דהוא מדאורייתא].

[ג]אלא מולל בשינוי, מעט בראשי אצבעותיו - בגמרא איתא שם: ומולל בראשי אצבעותיו, וזהו השינוי שאינו מולל בידו, **ומה** דקאמר "מעט", היינו שלא ימלול בהם רק מעט. **הגה: ואע"פ שמפרק האוכל מתוך השבלים, הואיל ואינו מפרק רק כלאחר יד כדי לאכול, שרי.**

וה"ה בשרביטין של קטניות, שאין להוציא מהן הקטניות רק מעט, וע"י שינוי. **וצ"ע** דכל העולם נוהגין היתר, וצ"ל כיון שעודן לחין, ואף השרביט אוכלין אותו, לא הוי מפרק, רק כמפריד אוכל מאוכל, **אבל** יבשין, או שאר מיני קטניות שאין השרביטין ראוין לאכילה, כגון פולין שלנו וכן השומשמין מקליפתן, אסור לכו"ע בלי שנוי, (**ואפי'** נתקו הקטניות מן השרביטין מבפנים), **אף** שדעתו לאכול מיד, [**דלענין** מפרק אין נ"מ בין מיד ללאחר זמן, **ואי** אין דעתו לאכול מיד, אפי' ע"י שינוי אסור, כשאר בורר אוכל מתוך פסולת שאסור בלאחר זמן, **ודש** ומולל אין בו משום בורר, שעדיין יש לו פסולת, משא"כ בזה].

באר הגולה

[א] ‹ויהיב טעמא בירושלמי משום שנאמר: ונחשב לכם תרומתכם, במחשבה אתה תורם, ואי אתה תורם במדה במשקל ובמנין. **והראב"ד** כתב על דברי רבינו לא מן השם הוא זה וכו'. ואיני יודע למה כתב לא מן השם הוא זה, שהרי מה שנתן רבינו טעם לפי שלא נאמר בה שיעור, הוא יסוד מוסד לכל מה שיאמר בזה, שאילו היתה תורה נותנת בו שיעור, היה צריך להפריש במדה במשקל ובמנין. והראב"ד עצמו הוצרך לאומרו, שכתב שכיון שלא נתנה בו תורה שיעור, וזה שכתב רבינו הוא פירוש מה שאמרו בירושלמי ונחשב לכם וכו', וכ"כ הוא ז"ל בפירוש המשנה. **וטעמו** הוא, שכיון שהתורה לא נתנה שיעור, אין לעשות בענין שנראה שהוא מקפיד על השיעור שלא צותה תורה – כסף משנה. וע"ש מש"כ על דברי הראב"ד› [ב] **ביצה י"ב ובשבת קכ"ח וכחכמים** ‹לענין סיפא המולל מלילות של חטים כו' אמר ר"א וכן לשבת, דמשמע דאם נפח ונתן לתוך חיקו, אסור בשבת. **ולא** נזכר בשום פוסק דין זה, **אלא** הא דר"א אמר וכן לשבת, לא קאי אלא ארישא [דסיפא], המולל מלילות של חטים מנפח מיד ליד {גירסא הנכונה במשנה שם} ואוכל, ולאפוקי בקנון ותמחוי, **אבל** לא לענין אוכל מיד ולאפוקי אם נפח ונתן לתוך חיקו, דזה אין נפ"מ בשבת, וע"כ צ"ל דהטעם הוי משום אכילת קבע, ומשו"ה אין נפ"מ בשבת – מרומי שדה› ‹**וצ"ע** דא"כ קושיית הגמ' "מי איכא מידי דלענין שבת לא הוי גמר מלאכה" וכו', היה יכול להקשות גם מסיפא› [ג] ‹עיין בהערה של אות ט'›

אות ו'

איזהו גרנן למעשר, הקשואין והדלועין משיפקסו, ושלא פקסו משיעמיד ערמה

רמב"ם פ"ג מהל' מעשר ה"ח - איזהו גמר מלאכתן של פירות, הקישואין והדילועין והאבטיחין, משישפשף בידו [ד]ויסיר הציהוב שעליהן כמו שער דק; ואם אינו משפשף, משיעמיד ערימה.

אות ז'

בצלים משיעמיד ערמה

רמב"ם פ"ג מהל' מעשר הי"ב - [ה]והבצלים משיסיר העלים והקליפות שדרכו להשליכם מעליהן; ואם אינו מסיר, עד שיעמיד ערימה.

אות ז'* [ו]

גבי שבת העמדת ערמה פטור

רמב"ם פ"ח מהל' שבת ה"ו - המקבץ דבילה ועשה ממנה עגול, או שנקב תאנים והכניס החבל בהן עד שנתקבצו גוף אחד, הרי זה תולדת מעמר וחייב, וכן כל כיוצא בזה - ‹כתב הרמ"ך, דוקא שקבצם ממקום שנפלו שם מן האילן, [ז]אבל אם קבצם בבית לא, כדאמרינן במס' יום טוב, דמעמיד ערימה לא הוי גמר מלאכה, עכ"ל - כסף משנה›.

אות ח'

מלאכת מחשבת אסרה תורה

רמב"ם פ"א מהל' שבת [ח]ה"ח - כל המתכוין לעשות מלאכה ונעשית לו מלאכה אחרת שלא נתכוין לה, פטור עליה, לפי שלא נעשית מחשבתו; כיצד, זרק אבן או חץ בחבירו או בבהמה כדי להרגן, והלך ועקר אילן בהליכתו ולא הרג, הרי זה פטור; קל וחומר אם נתכוין לאיסור קל ונעשה איסור חמור, כגון שנתכוין לזרוק בכרמלית, ועברה האבן לרשות הרבים, שהוא פטור, וכן כל כיוצא בזה; נתכוין לעשות דבר המותר ועשה דבר אחר, כגון שנתכוין לחתוך את התלוש וחתך את המחובר, אינו חייב כלום, וכן כל כיוצא בזה.

אות ט'

כיון דמשני אפילו חדא אכולהו נמי

סימן שיט ס"ו - [ט]אין מוללין מלילות - מלילה הוא שמולל השבלים כדי לפרק הדגן מתוכן, ואסור מפני שנראה כדש, [רש"י, דף י"ב: ד"ה מוללין, דס"ל דהוא רק מדרבנן, ומסתברא דהוכחתו, דאל"ה לא היו מתירין ביו"ט, ולפי מה דמסיק בסוף הסוגיא ‹לשיטת רש"י›, דדוקא ע"י שינוי, שוב אין ראיה. **ומר"ח** וערוך משמע דס"ל דהוא מדאורייתא].

[י]אלא מולל בשינוי, מעט בראשי אצבעותיו - בגמרא איתא שם: ומולל בראשי אצבעותיו, וזהו השינוי שאינו מולל בידו, **ומה** דקאמר "מעט", היינו שלא ימלול בהם רק מעט. **הגה: ואע"פ שמפרק האוכל מתוך השבלים, הואיל ואינו מפרק רק כלאחר יד כדי לאכול, שרי.**

וה"ה בשרביטין של קטניות, שאין להוציא מהן הקטניות רק מעט, וע"י שינוי. **וצ"ע** דכל העולם נוהגין היתר, וצ"ל כיון שעודן לחין, ואף השרביט אוכלין אותו, לא הוי מפרק, רק כמפריד אוכל מאוכל, **אבל** יבשין, או שאר מיני קטניות שאין השרביטין ראוין לאכילה, כגון פולין שלנו וכן השומשמין מקליפתן, אסור לכו"ע בלי שנוי, (**ואפי'** נתקו הקטניות מן השרביטין מבפנים), **אף** שדעתו לאכול מיד, [**דלענין** מפרק אין נ"מ בין מיד ללאחר זמן, **ואי** אין דעתו לאכול מיד, אפי' ע"י שינוי אסור, כשאר בורר אוכל מתוך פסולת שאסור בלאחר זמן, **ודש** ומולל אין בו משום בורר, שעדיין יש לו פסולת, משא"כ בזה].

[יא]ויש מחמירין (מרדכי ור"ן פ"ק דיו"ט) - דס"ל דדוקא לרכך השבלים מותר ע"י שינוי, אבל לפרק הדגן מתוך השבלים, אף ע"י שינוי אסור, אף שדעתו לאכול לאלתר, מפני שנראה כדש, **אבל** כשנתפרק הדגן מן השבלים מע"ש, מותר לקלפו לכו"ע, דאין זה בכלל מפרק כלל, ואפי' לקלוף הרבה מותר, כדאיתא בגמרא, [ביצה י"ג: דעבדא לה כסי כסי], **וכ"ז** כשדעתו לאכול לאלתר, כדאיתא לקמן בסוף סימן שכ"א, עי"ש. **ולרכך** תפוח קשה, אפשר דמותר אפי' בלי שינוי.

באר הגולה

[ד] ‹ורש"י פי', והוא כמין פרח בראשו, כמו שיש בתפוחים, ונופל מאליו כשמתיבש› [ה] ‹כן הוא במשנה מעשרות פ"א מ"ו: הבצלים משיפקל, ואם אינו מפקל משיעמיד ערימה, ופי' הרמב"ם משיפקל, היינו שיסיר מהבצלים את כל העלין ושאר הדברים שהם פסולת עד שישאר רק הבצל הראוי› [ו] ‹ע"פ מהדורת נהרדעא› [ז] ‹וכן מדוייק מרש"י ד"ה ושלא פקסו "ולענין שבת משהביא בצלים לביתו, אין העמדת ערמה מלאכה"› [ח] ‹ע"פ מהדורת נהרדעא›

[ט] **ביצה י"ב ובשבת קכ"ח וכחכמים** [י] ‹כתב הב"י: וכתבו התוספות כיצד מולל. פי' ביום טוב, ובשבת אסור למלול, {וכן רש"י לומד דקאי איו"ט}, **והר"ן** כתב ואיכא למידק, דהכא משמע דבשבת לא שרי למלול כלל, ואילו בפרק מפנין אמרינן דמולל בראשי אצבעותיו, **ותירץ** הרז"ה, דהתם בחבילי פיאה וכו', אבל בחבילי תבואה וקטניות לא שרי כלל, **ואחרים** תירצו, דהתם אינו מולל אלא לרכך האוכל, ומשום הכי שרי ע"י שינוי, ומולל דהכא לפרק האוכל מתוך הקשין, דאסור לגמרי, וכן כתב המרדכי. **ולפי** דעת זו, כי אמרינן כיצד מולל, ביום טוב היא, דבשבת אסור אפילו ע"י שינוי. **ואין** זה דעת הרי"ף והרא"ש שכתבו בפרק מפנין, דאשבת קאי, ופסקו כרבא דקיימי רבנן כוותיה, וכן דעת הרמב"ם בפרק כ"א, וכן הסכים שם הרב המגיד ורבינו ירוחם, דמלילה שריא בשבת אפילו לפרק הזרע מהגבעולין, עכ"ל. ‹**וחדא** אכולהו, היינו בראשי אצבעותיו דשבת - גר"א›. ‹**והא** דקתני לעיל דף י"ב: איידי דתנא רישא מע"ש וכו', דמשמע דאין היתר למלול בשבת, היינו בלא שינוי - מ"ב המבואר› [יא] ‹עיין לדברי המרדכי והר"ן בהערה הקודמת›

ולכן אסור לפרק האגוזים לוזים או אגוזים גדולים מתוך קליפתן הירוקה - דזה דמי כמתוך השבלין, והיינו אפי' ע"י שינוי, דבלי שינוי לכו"ע אסור, **וטוב להחמיר אחר דיכול לאכלן כך בלא פירוק.**

אבל לכו"ע מותר לשבר הקליפה הקשה, ולקלוף גם הקליפה הדקה שעל האגוז גופא, וכדלקמן בסוף סימן שכ"א.

לוזים ובטנים שנשתברו ועדיין הם בקליפתן, משמע מדברי הפמ"ג בסימן זה, שיש ליזהר לברור האוכל מתוך הקליפות ולא להיפוך, ואפי' כשדעתו לאכול מיד ומשום בורר, **אבל** לקמן בסימן תק"י הביא המ"א בשם הים של שלמה, דדבר זה שקולף הקליפה מהן, בכלל תיקונא אוכלא הוא, ולא שייך ברירה בזה, **ואף** שהקשה עליו המ"א, כבר יישבו הא"ר והביאו הפמ"ג שם, דכיון שדעתו לאכול מיד שרי.

§ מסכת ביצה דף יד. §

אות א'

מנפח בידו אחת ובבל כחו

[א]**סימן תקי ס"א - [ב]ומנפח מעט מעט ואוכל, ואפילו בקנון ותמחוי** - מבואר לעיל בסי' שי"ט ס"ו, וביו"ט הקילו. **אבל לא בטבלה ולא בנפה ולא בכברה** - דמחזי כמאן דעביד לצורך מחר, שאין דרך לעשות בכלים הללו אלא הרבה.

[ג]**סימן שיט ס"ז - [ד]היו לו מלילות מע"ש** - וה"ה דאפי' אם מלל מעט בשבת וכנ"ל, ג"כ מותר לנפח בידו א', והאי דנקט מע"ש, לאשמעינן דאפילו היו לו הרבה מלילות, ג"כ מותר לנפח בידו אחת, **לא ינפה בקנון (ופירש"י: כלי שראשו אחד רחב והשני עשוי כמין מרזב, ונותנין הקטניות בראשו הרחב ומנענע האוכל ומתגלגל דרך המרזב, והפסולת נשאר בכלי), ותמחוי (פי' קערה גדולה)** - גזירה משום נפה וכברה, דיש בזה חיוב חטאת. [ה]**ולא בשתי ידיו** - דהיינו לדבק שתי ידיו כאחת, וליקח בשניהם ולנפח, **וה"ה** דמיד ליד חברתה אין נכון לדעת הרמב"ם, ‹**ולפי"ז** הא דתני מנפח מיד ליד, ה"ק מיד לאותו יד עצמו ינפח - ב"י›, [**והטור** מיקל בזה, ומלשון הגמ' ‹דף י"ד.› משמע יותר כדעת הרמב"ם], **אלא מנפח בידו א' בכל כחו.**

אות ב' - ג' - ד'

תבלין נדוכין כדרכן במדוך של אבן

כל התבלין מפיגין טעמן, ומלח אינה מפיגה טעמה

כי דייכת אצלי אצלויי ודוך

סימן תקד ס"א - [ו]דכין את התבלין כדרכן - במדוך ובמדוכה שכותשין בו בחול, בלי שום שינוי, **ור"ל** אף דטחינה לכו"ע אסור ביו"ט, וכדלעיל בסי' תצ"ה ס"ב, ולכמה פוסקים יש בזה איסור תורה, אף שכונתו לצורך אוכל נפש באותו יום, **מ"מ** דיכת תבלין מותר, וכ"ש שום ובצל ושחליים וכדומה, **שאם ידוך אותם מבע"י יפיג טעמן** - ר"ל אפילו ידע מאתמול שצריך לו למחר, ג"כ לא אמרינן דהו"ל להכין מאתמול, שאם ידוך וכו', [גמ' ופוסקים]. **ופלפלין** וחרדל בכלל תבלין הם, וג"כ מפיגין טעמן כששוהין הרבה כתושין. **אבל מלח** - כגון מלח גסה שצריך כתישה, [רש"י], **אינו נידוך ביו"ט, [ז]אא"כ הטה המכתשת, או שידוך בקערה, וכיוצא בה** - דהיינו שידוך במדוך של עץ, [גמ'], **כדי שישנה, שאם שחק המלח מעיו"ט לא יפיג טעמו** - ויש פוסקים שכתבו, דה"ה במיני תבלין שאין מפיגין טעם, כגון כרכום שקורין זאפרע"ן, דידוע שאינו מפיג טעם, [וכמו שמבואר בש"ס בראש הסוגיא לפי טעם זה], **ובפרט** היכא שידע מאתמול שיהיה צריך לו למחר כרכום לקדרתו, [דאיכא תרתי לגריעותא], שאסור לו לכתוש בלי שינוי, **ויש** להחמיר ולחוש לסברא זו.

ונתבאר לעיל סי' שכ"א ס"ח, דאיסור כתישה במלח אינו אלא במלח ים, שהיא גסה מתחלתה, **משא"כ** מלח שקורין שליני"ש, שנעשה דק מתחלתו, ואח"כ נתבשל ועושין ממנו פתיתין גדולים, [תוס' ‹ד"ה ב"ה›, **ואפשר** הוא אותו המין שקורין מאלפי"ן זאל"ץ, המורגל בארץ רוסיא, שהוא מלח המתבשל מן מי מעינות המלוחין, ושופכין אותם בדפוסין ומתקרש ומתחבר, וחיבור רך הוא ונידוך בקל, ואינו קשה כגרעיני מלח של ים הנעשים בידי שמים], **אין** בו איסור כתישה מן הדין, [דאין טוחן אחר טוחן], **ורק** מפני מראית העין יש שמחמירין בזה ‹בשבת›, [דדוקא לחתוך בסכין דק דק מותר, ולא לכתוש במכתשת, **ואפשר** דביו"ט אין להחמיר, אפי' לדידיה]. **ואם** מעורב המלח עם התבלין, דך כדרכו ואינו חושש, הואיל ואינו טורח בה בפני עצמה, [דלא כרש"ל], ‹עיין בהגה בצד הגמ'›.

הגה: ומיהו נוהגין לשנות קצת בדיכת תבלין (הגה"מ בשם סמ"ק), וכן ראוי להורות - הטעם, משום דיש פוסקין המחמירין, ואומרים דגם בתבלין המפיגין טעם, אין מותר לדוכן ביו"ט כדרכן, אא"כ לא ידע מאתמול שיצטרך להם ביו"ט, וחוששין אנו לדבריהם לכתחלה, **מיהו** גם הם לא אמרו אלא בתבלין, אבל בשום ובצל ושחליים, לכו"ע אין לו לדוכם מעיו"ט, אפילו ידע שיצטרך להם למחר, שמפיגין טעמם לגמרי ומתקלקלים. **ויש** שכתבו, דלפי המנהג אין חילוק בין ידע מאתמול ללא ידע, ובכל גווני אין נוהגים לדוך ביו"ט, אא"כ ע"י איזה שינוי, שמתוך כך יהיו העם זכורים שאסור לדוך רק מה שצריך לאותו היום, [**ולפי"ז** אפשר דאפי' בשום צריך שינוי, **אמנם** אח"כ מצאתי בחי' רעק"א שכ', שאף אחר המנהג אין להחמיר בשום, וא"צ שינוי].

באר הגולה

[א] ‹ולכאורה הוא ממש פלאי פלאים, דכל המפרשים לומדים, דשאלת הגמ' "כיצד מנפח" הוא לענין שבת, ולשון הגמ' "מנפח בידו אחת ובכל כחו" מובא ברמב"ם ושו"ע בהל' שבת, והעין משפט מביא רק ההלכה של יו"ט› [ב] **ברייתא שם** ‹י"ב:› [ג] ‹עיין בהערה דלעיל› [ד] **ביצה י"ב שבת קכ"ח וכחכמים** [ה] ‹והטור כתב "מנפח מיד ליד ואוכל אבל לא בקנון ותמחוי", **וכתב** הב"י: וכ' הרמב"ם, כשהוא מנפח מנפח בידו א' בכל כחו, אבל לא בקנון ובתמחוי, גזירה שמא ינפה בנפה ובכברה שהוא חייב. **וכתב** המ"מ וז"ל, וכתבו המפרשים דלאו דוקא קנון ותמחוי, אלא אפי' בשתי ידיו אסור, כדאסיקנא בידו אחת ובכל כחו, וזהו שכתב רבינו בידו א', עכ"ל. **ולפ"ז** הא דתני {דף י"ב:} מנפח מיד ליד, ה"ק מיד לאותו יד עצמו ינפח. **ורבינו** שכתב מנפח מיד ליד, ולא פי' יותר, אפשר דס"ל דמיד ליד היינו מיד לחבירתה, והא דאמר רבי אלעזר מנפח בידו א', איידי דאמר רב אדא קשרי אצבעותיו, אמר איהו בידו א', כלומר בכל ידו, אבל אה"נ דמיד לחבירתה נמי שרי כלישנא דברייתא, עכ"ל› [ו] **משנה ביצה י"ד וכב"ה** [ז] **שם בגמ' כרב** ‹עיין בהג' הב"ח›, **כפי' הרי"ף וכ"כ רמב"ם** ‹וכתב {הרי"ף} והא דרב דאמר אצלי ודוך, אוקמוה רבוותא במלחא {וכפרש"י}... **לכך** נ"ל שהרי"ף פסק כמ"ד כל התבלין מפיגין טעמן, ומלח אינה מפיגה טעמה, שמאחר שהדבר ניכר לחוש שהוא כן, נקטינן כוותיה, וכיון שכן ע"כ אית לן למימר, דכי אמר רב יהודה דאפי' מלח נדוך כדרכו, לאו כדרכו לגמרי קאמר, אלא לומר דלא בעי שינויא רבה כדמצריך תנא דמתניתין, דאפי' לב"ה אסור לדוכו במדוך של אבן, דליתא, אלא במדוך של אבן נמי שרי, ומשו"ה קאמר כל הנדוכין נדוכין כדרכן ואפי' מלח, אבל מ"מ מאחר שאינו מפיג טעמו, שינוי זוטא מיהא בעי, דהיינו דליצלי אצלויי, והיינו דקאמר רב אצלי ודוך, והיינו נמי עובדא דרב ששת. וכן נראה מדברי הרמב"ם. **ומיהו** לפי דרך זה הו"ל להרי"ף והרמב"ם לכתוב דמוריקא בעי הצלאה, כיון שאינו מפיג טעמו, ובשלמא להרמב"ם שהזכיר במלח טעמא דאינו מפיג טעמו, איכא למימר דממילא משמע דמוריקא כיון שאינו מפיג טעמו דינו שוה למלח, אבל להרי"ף שלא הזכיר טעמא דהפגת טעם, קשיא, וגם להרמב"ם קשה לפי מש"כ ה"ה, דסבר דכרכום דינו כשום, משמע דאינו צריך שינוי כלל. **ואפשר** שהם סוברים דכרכום יש בו קצת הפגת טעם, ואע"ג דבגמ' אמרינן דאינו מפיג טעמו, היינו לומר שאינו מפיג טעמו כ"כ כמו תבלין, אבל מ"מ מפיג הוא קצת, ונהי דלמאי דהוה ס"ד דמלח בעי שינויא רבה, לא הוה מדמינן מוריקא לתבלין, כיון שאין הפגת טעמו דומה לשלהם, אבל למאי דאסיקנא דמלח לא בעי אלא שינוי כל דהוא, אלמא שחיקה לא חמירא כולי האי, הילכך כיון דכרכום מפיג טעמו, אין להשוותו למלח - ב"י›

עין משפט נר מצוה

קטו א מיי' פ"ג מהל' י"ט הלכה ט"ו סמג לאוין עה טוש"ע א"ח סימן תקד סעיף א :

קטז ב ג ד מיי' שם הלכה יב סמג שם טוש"ע א"ח סימן תקד סעיף א :

מסורת הש"ס

ס"א אלא שנוי זוטא

[סנהדרין יז: וש"נ]

פי' ולא בבת אחת אלא בפעם אחת זה אחר זה רש"ל

מקשרי אצבעותיו ולמעלה *מחכו עלה במערבא כיון דמשני אפי' בכולה ידא נמי אלא א"ר אלעזר *מנפח בידו אחת ובכל כחו: **מתני'** בית שמאי אומרים תבלין נדוכין במדוך של עץ והמלח בפך ובעץ הפרור וב"ה אומרים תבלין נדוכין כדרכן במדוך של אבן והמלח במדוך של עץ: **גמ'** דכולי עלמא מיהת מלח בעיא שנוי מ"ט רב הונא ורב חסדא חד אמר כל הקדרות כולן צריכות מלח ואין כל הקדרות צריכות תבלין וחד אמר כל התבלין מפיגין טעמן ומלח אינה מפיגה טעמה מאי בינייהו איכא בינייהו דידע מאי קדרה בעי לבשולי אי נמי במוריקא אמר רב יהודה אמר שמואל כל הנדוכין נדוכין כדרכן ואפילו מלח והא אמרת מלח בעיא שנוי הוא דאמר כי האי תנא דתניא אמר רבי מאיר לא נחלקו בית שמאי וב"ה על הנדוכין שנדוכין כדרכן ומלח עמהן לא נחלקו אלא לדוכה בפני עצמה שבית שמאי אומרים מלח בפך ובעץ הפרור לצלי אבל לא לקדרה וב"ה אומרים בכל דבר בכל דבר סלקא דעתך אלא אימא לכל דבר (א) א"ל רב אחא ברדלא לבריה כי דייכת אצלי אצלויי ודוך רב ששת שמע קל בוכנא אמר האי לאו מגוויה דביתאי הוא ודלמא אצלויי אצלי דשמעיה דהוה צליל קליה ודלמא תבלין הוו תבלין נבוחי מנבח קלייהו תנו רבנן אין עושין טיסני ואין כותשין במכתשת תרתי הכי קאמר מה טעם אין עושין טיסני לפי שאין כותשין במכתשת ולימא אין כותשין במכתשת אי תני אין כותשין במכתשת הוה אמינא ה"מ במכתשת גדולה אבל במכתשת קטנה אימא שפיר דמי קמ"ל והתניא אין כותשין במכתשת גדולה אבל כותשין במכתשת קטנה אמר אביי כי תניא נמי מתניתא מכתשת גדולה תניא

רש"י

מקשרי אצבעותיו · ולא בכפו: **מתני' מדוך** · הוא בוכנא(ב) שמכין בו כדרכו ואין צריך *שנוי אבל במלח במקום שיש מלח גסה בפך של חרס ידוכנו ולא במדוכה: **או בעץ פרור** · כף גדולה שקורין פוקי"א דמלח בעי שנוי ובגמרא מפרש טעמא: **וסמלח במדוך של עץ** · שנוי בעי אבל כגי בהאי שנוי זוטא: **גמ' כל סקדרות** · כל מיני תבשיל צריכות מלח הלכך מאתמול הוה ידע דאיבעי לי' לדוכה: **ואין כל סקדרות צריכות תבלין** · ואדם אינו יודע מה יעלה בלבו לאכול מחר: **מפיגין טעמן** · ממירין טעמן אם ידוכן מאתמול ריחו לא נמר (ירמיה מח) מתרגמינן לא פג: **דידע מאתמול מאי קדרה בעי בשולי** · ללישנא קמא בעי שנוי ללישנא בתרא לא בעי שנוי: **אי נמי** · תבלין של מוריקא איכא בינייהו שיש קדרה שמתבלין אותה בכרכום ואינו מפיג טעמו אם נדוך מבעוד יום והוא לא היה יודע מה יבשל מחר ללישנא בתרא בעי שנוי ללישנא קמא לא בעי שנוי: **עמהם** · מלח ותבלין *כאחד: **לא נחלקו אלא לדוכה בפני עצמה** · כדרכה כשאר תבלין: **בפך ובעץ הפרור** · על ידי שנוי ולא כדרכה וללי דהייתו דבר מועט: **בכל דבר סלקא דעתך** · ואפי' בדבר שאין ניטל בשבת: **לכל דבר** · ואפי' לקדרה ועל כרחך כדרכה אמרי ככל דרך שיטת הש"ס דעל מה נחלקו דומיא דלא נחלקו קאמר לא נחלקו על התבלין ומלח כאחד שנדוכין כדרכן על מה נחלקו לדוך כדרכה על מלח בפני עצמה שב"ש אומרים בפך בשנוי ועוד מחמיר ללי ולא לקדרה וב"ה אומרים לכל דבר נדוכית כדרכה ולא הוצרך לפרש שכבר פירש: **כי דייכת** · מלח: **אצלי אצלויי ודוך** · הטה המדוכה על לדה דסבר כשמואל דאמר נידוכת כדרכה במדוך של אבן ומיהו שנוי זוטא בעי לשנויי: **קל בוכנא** · במדוכת מלח: **האי לאו מגוים דביתאי הוא** · יודע אני שאין זה בתוך ביתי שאסרתי עליהם לדוך במדוך של אבן בלא שנוי: **דהוה צליל קליה** · ואינו מכה (ג) בהשמטה באלכסון לא היה קולו צלול: **ודילמא תבלין הוו** · שאינן צריכין שנוי: **נבוחי מנבח** · (ד) כשהן משברין הגרעינים נשמע קולו במדוכה כמנבחים קרויסנ"ט: **אין עושין טיסני** · בי"ט שטורח גדול הוא שכותש החטין עד שנחלקים א' לארבעה כדאמרי' במו"ק (ד' יג:): **פרפי** · שני דברים יש כאן לא זה דומה לזה קתני אין עושין טיסני הא חלקא ודייסא שפיר דמי דאין טרחן מרובה והדר תני אין כותשין כלל: **ולימא אין כותשין** · ואנא ידענא דתו לא מתעביד טיסנא: סתם מכתשת היינו גדולה: **אבל קטנה אימא שפיר דמי** · אפילו טיסני: **קא משמע לן** · אין עושין טיסני כלל לפי שאין כותשין שום כתישה במכתשת והך מכתשת על כרחיך לא שנא גדולה ולא שנא קטנה מדתני רישא אין עושין טיסני כלל: **אבל כותשה בקטנה** · דהוי כלאחר יד דאינה אלא לתבלין : **כי תניא נמי מתני'** · דלעיל מכתשת גדולה תניא ולא תימא מה טעם קאמר אלא תרתי קתני וה"ק אין עושין טיסני כלל אפי' בקטנה ואין כותשין שאר כתישות במכתשת כגון דייסא וסתם מכתשת בגדולה קא מיירי :

רבא

תוספות

בית הלל אומרים תבלין נידוכין במדוך של אבן · ותימה דמשמע הכא דתבלין מותר לדוך בלא שנוי ובמסכת שבת (דף קמא. ושם) קאמר פלפלין בקתא דסכינא חדא חדא שרי תרי תרי אסיר וכי תימא דיש חילוק בין פלפלין לתבלין זה אינו דבהדיא קאמר בתוספתא עלה דהכא פלפלין הרי הוא כתבלין וי"ל דהתם מיירי בשבת והדע דשמעתא דהתם מיירי בשבת א דאם רוצה לומר בי"ט היה לו לפרש *כדפירש ר"ח והכא מיירי בי"ט ואע"ג שרי כדרכו ואפי' במדוך של אבן אבל מלח של ים צריך שינוי לדוך אותו גרעין גרעין אבל *שליכייוכ"ו אין צריך שנוי הואיל והוא עשוי בידי אדם :

איכא בינייהו דידע כו' בעי לבשולי · דללישנא קמא בעי שנוי וללישנא בתרא לא בעי שנוי אי נמי בהאי שאינו מפיג טעמו ולא ידע דללישנא בתרא צריך שנוי וללישנא קמא לא צריך שנוי ופסק ר"י שיש לאסור בכל ענין דאזלינן לחומרא אע"ג דבשל סופרים הלך אחר המיקל הואיל ולכל אחד ואחד יש קולא וחומרא מכל לד עבדינן לחומרא ומיהו שומן מותר לתקנם בי"ט בלא שנוי מפני שמתקלקלין ביותר אם יעשה אותן מערב יו"ט ועוד דאמרינן *דרוח רעה שורה עליהן כשנשחכין בלילה ומיהו מהאי פיסקא לא נפיק לן מידי דהא קי"ל כשמואל בסמוך דכל הנדוכין נדוכין כדרכן וכדתניא דמייתי בר ממלח שלרי' אצלויי דרך שנוי מעט וכן פסק רב אלפס דהואיל (ה) ואזלי וגררי אמוראי אליבא דהאי ברייתא אע"ג דבמתני' פליגא עלה קיימא לן כברייתא וכן פסק רב יהודאי גאון בהלכות פסוקות וכן יש מנהג הלכה למעשה דהך מלתא תליא באשלי רברבי ומ"מ אסור לטחון פלפלין ברחים שלהם משום דמחזי כעובדא דחול כשטוחנין ברחים שקורין מוליני"ש בלע"ז כדאיתא בפ"ב (דף כג.) אבל במדוך של אבן מותר לדוכן בלא שנוי ואף *לפירוש התוספות דאזלינן לחומרא מכל מקום שמא דפלפלין מותרין היכא דלא ידע מאי קדרה בעי לבשולי לפי שהן מפיגין טעמן ופלפלין כמי מפיג טעמן מדלא קאמר איכא בינייהו פלפלין אבל לפי מה שפירש בשם הגדולים דקי"ל דכל הנדוכין נדוכין כדרכן יש להתיר אפי' כי ידע מאי קדרה בעי לבשולי ואפילו לא מפיג טעמו והמחמיר לדוכן מעי"ט הרבה ביחד יתברך באלהים ובשם המיוחד :

בכל דבר ס"ד · פי' ואפילו בדבר שאין ניטל בשבת כגון סיכי זיירי ומזורי *דמודי בהו ר' שמעון אלא אימא לכל דבר ואפילו לקדרה ואם תאמר ואכתי מאי מייתי דילמא לעולם בעי שנוי וי"ל כדפ"ה דשיטת התלמוד כך היא דדומיא דלא נחלקו קאמר דנחלקו וכי היכי דלא נחלקו על התבלין ומלח עמהן שנדוכין כדרכן ביחד בלא שנוי דומיא דהכי נחלקו בית שמאי וב"ה על מלח בפני עצמה לדוכה כדרכה בלא שנוי :

תרתי · כלומר למה לי למימר תרתי דסתרי אהדדי אין עושין טיסני הא חלקא ודייסא שפיר דמי דאין טרחא מרובה והדר תני אין כותשין כלל כדפ"ה: **כי** תניא נמי במתניתא במכתשת גדולה תניא · פירוש (ו) והשתא נימא דתרתי קאמר והכי קאמר אין עושין טיסני כלל אפי' במכתשת קטנה ואין כותשין שאר דברים בגדולה אבל בקטנה כותשין הכל חוץ מטיסני משום דהאי דליכא רק לתבלין הוי כתישה כלאחר יד :

רבא

[ודלא כדפי' רבינו חננאל בל"ו ועי' בתוס' שבת קמא. ד"ה הני]

ס"א שלגו

[שבת קכב.]

רבינו חננאל

על שאר אצבעותיו שפיר דמי ור' אלעזר אומר מנפח בידו אחת ובכל כחו : **מתני'** בש"א תבלין נידוכין במדוך של עץ כו' אמר רב יהודה אמר שמואל הלכתא כל הנידוכין נידוכין כדרכן ואפילו מלח דקיי"ל כר' מאיר דאמר לא נחלקו על כל הנידוכין דנידוכין כדרכן ומלח עמהן לא נחלקו אלא לדוך המלח בפני עצמן שבש"א בפך ובעץ הפרור לצלי אבל לא לקדירה ובה"א נידוך בכל ולכל דבר · ואפי' לקדירה א"ל רב לרב אחא אצלי ודוך כלומר עשה שנוי הטה אסיתא על צדה ודוך · רב ששת שמע קל בוכנא דהות ציל קליה ואמר כיון דציל קליה לא אצלו ודכו ותבלין מנבח קליהו והאי לא מנבח קליה לאו מביתי הוא : ת"ר אין עושין טיסני ואין כותשין במכתשת תרתי קתני אין עושין טיסני אבל במכתשת כותשין והדר תני אין כותשין במכתשת קשיין אהדדי ופרקינן הכי קתני אין עושין טיסני מ"ט לפי שאין כותשין במכתשת ופריק רבא ואמר הא דתניא אין כותשין במכתשת גדולה אבל כותשין במכתשת קטנה לדידן אבל לבני א"י אפילו במכתשת קטנה לא כדתניא אין עושין טיסני ואין כותשין במכתשת

הגהות הב"ח

(א) גמ' אמר ליה רב אחא: נ"ב ס"א א"ל רב לרב אחא ברדלא כי דייכת כו' (ב) רש"י ד"ה מדוך שלה כו במדוכה כדרכו: (ג) ד"ה דהוה צליל קליה מכה בהכתישה בהלכסון: (ד) ד"ה נבוחי מנבח כשהן מתשברין במדוכה: (ה) תוס' ד"ה איכא בינייהו דידע מאי קדרה בעי לבשולי וכו' רב אלפס דהואיל ואזלי אמוראי אליבא וכו': (ו) ד"ה כי תניא וכו' והשתא נימא דתרתי:

הגהות מהר"י לנדא

אין תוס' ד"ה בית הלל וכו' דאם רצה לומר בי"ט היה לו לפרש כדפירש ר"ח. התירוץ וצ"ל דאם רצה לומר בי"ט כדפירש ר"ח היה לו לפרש:

רבא אמר *לא קשיא *הא לן והא להו רב פפי אקלע לבי מר שמואל אייתי ליה דייסא ולא אכל ודלמא במכתשת קטנה עבדוה דחזייה דהוה דייק טפי ודלמא מאתמול עבדוה דחזייה דהוה קליף צהריה ואי בעית אימא שאני בי מר שמואל דאיכא פריצותא דעבדי: **מתני'** *הבורר קטניות ביום טוב בית שמאי אומרים בורר אוכל ואוכל ובית הלל אומרים בורר כדרכו בחיקו *בקנון ובתמחוי אבל לא בטבלא ולא בנפה ולא בכברה רבן גמליאל אומר אף מדיח ושולה: **גמ'** *תניא אמר *רבן גמליאל *בד"א כשהאוכל מרובה על הפסולת אבל פסולת מרובה על האוכל דברי הכל נוטל את האוכל ומניח את הפסולת פסולת מרובה על האוכל מי איכא מאן דשרי לא צריכא *דנפיש בטרחא וזוטר בשיעורא: רבן גמליאל אומר אף מדיח ושולה: תניא *אמר רבי אלעזר בר' צדוק כך היה מנהגן של בית ר"ג שהיו מביאין דלי מלא עדשים ומציפין עליו מים ונמצא אוכל למטה ופסולת למעלה והתניא איפכא לא קשיא הא בעפרא הא בגילי: **מתני'** בית שמאי אומרים אין משלחין ביום טוב אלא מנות וב"ה אומרים משלחין בהמה חיה ועוף בין חיין בין שחוטין משלחין יינות שמנים וסלתות *וקטניות אבל לא תבואה ורבי שמעון מתיר בתבואה: **גמ'** תני רב יחיאל ובלבד שלא יעשנו בשורה תנא אין שורה פחותה משלשה בני אדם בעי רב אשי תלתא גברי ותלתא מיני מאי תיקו: רבי שמעון מתיר בתבואה: תניא *רבי שמעון מתיר בתבואה כגון חטין לעשות מהן לודיות שעורים ליתן לפני בהמתו עדשים לעשות מהן רסיסין: **מתני'** *משלחין כלים בין תפורין בין שאינן תפורין ואע"פ שיש בהן כלאים *והן לצורך המועד אבל לא סנדל המסומר ולא מנעל שאינו תפור ר' יהודה אומר אף לא מנעל לבן מפני שצריך אומן זה הכלל כל שנאותין בו ביו"ט משלחין אותו: **גמ'** בשלמא תפורין חזו למלבוש שאין תפורין נמי חזו לכסויי אלא כלאים למאי חזו וכי תימא חזו למימך תותיה והתניא לא יעלה עליך אבל אתה יכול להציעו תחתיך אבל אמרו חכמים אסור לעשות כן שמא תכרך לו נימא על בשרו וכ"ת דמפסיק מידי ביני ביני והאמר ר' שמעון בן פזי א"ר יהושע בן לוי אמר ר' יוסי בן שאול אמר רבי משום קהלא קדישא דבירושלים אפי' עשר מצעות זו על גבי זו וכלאים תחתיהן אסור לישן עליהם (*משום שנאמר לא יעלה עליך) אלא בווילון והאמר עולא וילון טמא מפני שהשמש מתחמם בנגדו אלא

תורה אור · ויקרא יט

רבא אמר · לעולם מה טעם קאמר ובקטנה נמי קאי וקאמר אין כותשין כלל ודרמינן עלה אבל כותשין כו': **הא לן** · דלית לן עבדי דמזלזלי: **הא להו** · דאית להו עבדי דמזלזלי ועושין בגדולה ואומרים בקטנה עשינו: **קליף צהריה** · טוהר מראיתו היה קלוף ולבן: **מתני' מדיח** · במים: **ושולה** · מפרש בגמרא שולה הפסולת שצף למעלה כמו משילה בחביות (ע"ז דף ס.) דהיינו נמי שנוטל הזגים הצפים ע"פ החביות: **גמ' בד"א** · דשרו ב"ה ליטול פסולת ממש ולהשליך: **מי איכא מאן דשרי** · ואפי' לטלטלו והא בטילי ליה מיעוטא לגבי רובא והוה ליה כבוליה פסולת ולא חזי: **דנפיש בטרחא** · שישנו דק והכי קאמר בד"א בזמן שנוטל האוכל מרובה על של פסולת הוא דקא אמרי ב"ה נוטל פסולת דמשום בטרחא עדיף אבל אם נוטל הפסולת מרובה על האוכל דברי הכל כו': **ומציפין עליו מים** · ונוטלים בו מים עד שצפים על האוכל: **איפכא** · אוכל למעלה ופסולת למטה: **עפרא** · למטה מן האוכל: **גילי** · קש למעלה מן האוכל: **מתני' אין משלחין** · דורון איש לרעהו: **אלא מנות** · דבר המוכן ולאו עשוי להניחו למחר כגון חתיכות בשר מתוקנות לפני האורחים וכן דגים: **אבל לא את התבואה** · שאינה ראויה היום שאין טוחנים ביום טוב שהיה לו לטחון מאתמול ולא תפיג טעמה: **ורבי שמעון מתיר בתבואה** · שמא יבשלם בקדרה ויכתשם במכתשת קטנה: **גמ' שלא יעשנו בשורה** · לא ישלח הדורון ע"י אנשים הרבה דאושא מלתא ונראים כמוליכים למכור בשוק: **תלתא גברי** · שלשה בני אדם עם תלתא מיני: **תלתא** · מי אזלינן בתר כל מין ומין ושרי כי היכא דיכול לשלוח איש אחד עם כל מין זה בלא זה השתא נמי שרי או דלמא השתא מיהא אושא מלתא: **לודיות** · מאכל חטין: **רסיסין** · מאכל העשוי מן העדשים: **מתני' משלחין כלים** · בגדים: **והן לצורך המועד** · ובגמרא מפרש למאי חזו: **אבל לא סנדל** · של עץ מלופה עור ומסמרות קבועין בו שגזרו חכמים עליו שלא לנעלו בשבת וביום טוב משום מעשה שהיה שנהרגו הרוגים בשבת על ידיו במסכת שבת (דף ס.): **ולא מנעל שאינו תפור** · דלא חזי למידי: **אף לא מנעל לבן** · שלא היה דרכו לנעלו: **שצריך אומן** · להשחירו: **שנאותין** · מתקשטין: **גמ' למימך** · לכפול: **שמא תכרך לו נימא** · ויש נימים גדולים וגסים כגון של דלופקרין שקורין קו"ט ומתחממת במקומה ועובר משום לא תלבש שעטנז א"נ נימא בעלמא כיון דעיקר הבגד מהגהו ומתחממו מלמטה הויא לה הא לבישה דאית בה הנאה: **דמפסיק מידי** · שעושן בגד אחר ביניהם: **אסור לישן עליהם** · מדרבנן: **בוילון** · שראוי לפרסו כנגד הפתח: **מפני מה אמרו וילון טמא** · מקבל טומאה ולא עשאוהו כא' ממחיצו' הבית שאינן מקבלות טומאה: **מפני שהשמש מתחמם כנגדו** · מתעטף בשוליו לפיכך יש תורת כלי עליו וכיון דמתחממים כנגדו אסור לעשותו כלאים:

בקשין

רבא אמר · לעולם מה טעם קאמר ושום כתישה לא שריא ואפילו בקטנה ומיירי להו לבני א"י שיש להם עבדים שמזלזלים כדבר כך פירש הקונטרס:

הבורר קטניות ביו"ט בית שמאי אומרים בורר אוכל ואוכל · ולאו היינו ברירה וכו' ותימה דבמסכת שבת (דף קלח.) קאמר מה דרכו של בורר נוטל האוכל ומניח הפסולת והכא משמע שאין ברירה בכך דקרי ליה שנוי וי"ל דהתם ה"פ נוטל האוכל עצמו ומניח הפסולת פירוש יזרוק אותו ומכל מקום פסולת מתוך האוכל הוי ברירה אי נמי התם שהפסולת מרובה על האוכל ואז ודאי הוי אוכל מתוך הפסולת דרך ברירה אבל הכא מיירי שהאוכל מרובה על הפסולת דאז הוי פסולת מתוך האוכל דרך ברירה ובגמ' דפריך דפסולת מרובה על האוכל מי איכא מאן דשרי פי' אפי' בטלטול יהא אסור היה יכול להקשות דזהו דרך בורר אלא דעדיפא מניה פריך *דאפילו טלטול יהא אסור דבטל מעוטא לגבי רובא והוי כבוליה פסולת:

מפני מה אמרו וילון טמא מפני שהשמש מתחמם כנגדו · וא"ת והא בפרכת המשכן אמר בפרק גיד הנשה (חולין דף ל: ושם) דמקבל טומאה (*וקאמר) ושלש מאות כהנים וכו' ואף על גב דהאי טעמא לא שייך בהו ויש לומר דהאי פרכת הואיל דמיקפכייפי עליה דארון הוי הוא אהל ומטמא במת ומ"מ קשה דהילך מטמאה בולד הטומאה דאמר במסכת שקלים (דף יב:) פרכת שנטמאה בולד הטומאה ומיירי במשקה דזב וזבה דאי לאו הכי לא מטמו כלי וי"ל כיון שנעשה אהל יש להם תורת כלי ומטמאים אף בולד הטומאה ועוד אומר הר"ר שמואל מאייבר"א כשהיו עושים הפרכת ממקום למקום נותן הכלים לתוכה א"כ יש תורת כלי עליהם ובה"ג *גרס וילון אסור ויש לפרש אסור לעשותו מכלאים מפני שהשמש מתחמם כנגדו ול"ע דלא אשכחנא בשום מקום לא בברייתא ולא במשנה דיהא אסור וילון מכלאים *בשלמא טומאה אשכחנא כדתנן סדין שהיה טמא מדרס ועשאו וילון טהור מן המדרס אבל טמא מגע: (כלים פרק כ"ח מ"ט):

קיז א מיי' פ"ג מהל' יו"ט הלכה יג סמג לאוין ע"ה טוש"ע א"ח סימן תקד סעיף ג:

קיח ב ג מיי' פ"ג מהלכות יו"ט הלכה טו טז טוש"ע א"ח סימן תקי סעיף ב:

קיט ד מיי' פ"ה מהל' יו"ט הלכה ז סמג לאוין עה טוש"ע א"ח סימן תקטו סעיף א:

קכ ה ו ז מיי' שם הל' ט טוש"ע שם סעיף ב:

קכא ח טוש"ע שם סעיף ג:

קכב ט מיי' שם הלכה ו:

ג"י שם ע"ש

דאפילו פסולת יהיה אסור כצ"ל

קכג י כ מיי' פ"י מהל' כלאים הלכה יב סמג לאוין רפג טוש"ע י"ד סימן שא סעיף א:

[דקאמר]

גרס מפני מה אמרו וילון אסור כצ"ל

וא"כ סילק אמרו מפני מה אמרו כו' כ"ה בתלוסי גרסאות

[ברכות ה: וש"נ]

שבת קמב

רשב"ג כצ"ל

[ע' תוס' שבת קמב: סד"ה שהאוכל]

[תוספתא פ"א]

גליון הש"ס

גמרא כלאים למאי חזו · ע' יבמות דף ד ע"א תוספות ד"ה דכתיב:

[תוספתא שם ע"ש]

[שבת ס.]

ואע"פ שאין לצורך המועד כן בגירסא במתני' בירו' (ועי' ביאור הגר"א לא"ח סימן ל"א ס"ק ד')

יומא סט. תמיד כז:

[ליתא ביומא וכתמיד]

רבינו חננאל

רב פפי לא אכל דייסא בבית מר שמואל משום פריצותא דעבדי: מתני' הבורר קטניות ביום טוב · עד בה"א בורר כדרכו בחיקו ובתמחוי אבל לא בטבלא כו' · תניא רשב"ג מחלוקת בשהאוכל מרובה על הפסולת בזה בה"א בורר כדרכו אבל אם הפסולת מרובה על האוכל כגון דנפיש בטרחא וזוטר בשיעורא פי' פסולת כגון אבנים דקות והאוכל נסים אחד מן האוכל כנגד שנים מן הפסולת דברי הכל בזה בורר ונוטל האוכל ומניח הפסולת במקומו ר"ג אומר אף מדיח ושולה · וכך היו נוהגין מביאין דלי מלא עדשים ומציפין עליו מים אם הפסולת כגון תבן וכיוצא בו נמצא הפסולת צפה והאוכל למטה · ואם הוא עפר נמצא האוכל למעלה והעפר למטה: ירושלמי הבורר והטוחן והמרקיד בשבת נסקל ביו"ם סופג הארבעים והתנינן בורר כדרכו [ואוכל] ובתמחוי ההיא דר"ג היא דתני אף מדיח ושולה והתני שבית ר"ג שוחקין פלפלין ברחים שלהן מותר לשחוק ואסור לבור: [מתני'] בה"א משלחין ביו"ם בהמה וחיה ועוף *) ושוחטין יינות שמנים וסלתות וקטנית אבל לא תבואה תני ובלבד שלא יעשה בשורה ואין שורה פחותה מג' בני אדם · בעי רב אשי תלתא גברי בתלתא מיני מאי תיקו · תניא ר' שמעון מתיר בתבואה **) של חטין לעשות מהן עססיות שעורין לעשות מהן רסיסין: מתני' משלחין כלים בין תפורין כו' · ואמרינן תפורין חזו למלבוש שאין תפורין נמי חזו לכסויי אלא כלאים למאי חזו וכי תימא חזו להציען עליהן · והתניא לא יעלה עליך אבל מותר להצניען תחתיו · אבל אמרו חכמים אסור לעשות כן שמא מיכרך לו נימא על בשרו וכי תימא דמפסיק מצע אחר בינו ובין מצע של כלאים והאמר אפילו עשר מצעות זו ע"ג זו וכלאים תחתיהן אסור לישן עליהם · אלא הכלאים שהתירו לשלחו ביו"ם הוא וילון פי' פרוכת · ואקשינן וכי מותר להשתמש בוילון של כלאים · והאמר עולא וילון טמא מפני שהשמש

*) נ"ל בין חיין בין שחוטין. **) כ"ה בתוספתא העין לעשות מהן עסיסיות אבל בשעורים איתא שם כגי' דילן בגמרא ליתן לפני בהמתו ואולי דרבינו היה לו גירסא אחרת.

§ מסכת ביצה דף יד: §

אות א'

לא קשיא הא לן והא להו

סימן תקד ס"ג - [א]אין כותשין הריפות במכתשת גדולה - שזהו כמו טחינה גמורה שאסור ביו"ט, וכמו פלפלין בריחיים שלהם, [**וגם** הכא אפשר דאסור אף בשינוי דהטיה כדהתם, וצ"ע]. **ואם** כיתש, משמע בגמרא שאסור לאכול מזה. **אבל כותשין במכתשת קטנה, שזה הוא השינוי שלה** - דבחול אין דרך לכתוש בקטנה, מפני שאין נכתש דק היטב, [גמרא גבי הא דרב פפי].

(**בשו"ע** לא נזכר אלא לענין הריפות, אבל בש"ס איתא אין עושין טיסני,

ופירש"י טיסני הוא שכותש החטים עד שנחלקים לארבע, והוא טרחא גדולה, ודייסא וחילקא אין טרחן מרובה כ"כ, ע"ש בסוגיא דמוכח לכאורה דלרבא דאמר דאין עושין טיסני ואין כותשין במכתשת, חדא היא, ומה טעם קאמר, מה טעם אין עושין טיסני משום דאין כותשין במכתשת, וכדמוקי לה בש"ס דאארץ ישראל קאי שאסור בין בגדולה ובין בקטנה, וא"כ לדידן דשרינן עכ"פ בקטנה, גם טיסני מותר לעשות בקטנה, אע"ג דהוא טורח גדול, וכן מוכח מהרב המגיד ע"ש, וכן משמע מהטור וכ"כ במהר"ם שי"ף ע"ש, **אכן** הרב המאירי כתב להדיא, דדייסא וחילקא לדידן מותר לעשות בקטנה, אבל טיסני אסור אף לדידן, עי"ש וצ"ע).

ובארץ ישראל, אפילו בקטנה אסור - כמה פירושים יש בזה: יש מפרשים דאסרו בא"י משום דהיו רגילים להחזיק עבדים, ומזלזלי בזה, שעושין כדרכן בחול ואומרים: בקטנה עשינו, לפיכך אסרו חכמים לגמרי, [**ופשוט** דאפי' ירצה בעצמו לכתוש, ג"כ אסור, ולא חילקו בזה, **ומלשון** רש"י משמע, דסתם עבדים כן הוא, ולא בעינן פרוצים דוקא, **ושארי** אחרונים העתיקו "עבדים פרוצים", **מיהו** במשרתים ישראלים בודאי לא חשדינן]. **וא"כ** לדינא בזמנינו תלוי בזה, היכי שמחזיקים עבדים כנענים, אסור בכל גווני, [וכהיום בא"י שאין מחזיקין עבדים, שרי].

ויש שכתבו, דבא"י היו החטים משובחים שאין מתקלקלים, ולא נשתנה מראיתם אם יכתשם מעיו"ט, ולפיכך לא התירו להם חכמים לכתוש ביו"ט, **וא"כ** ה"ה בכל מקום ומקום שהחטים טובים, ואינם נפגמים אם יהיו נידוכים מלפני יו"ט, אסור, [**ואף** דלגבי מלח לא נפגם כלל אם היה נידוך מעיו"ט, ואפ"ה התירו ע"י שינוי, והכא אסרוהו אפי' בקטנה דהוי ודאי שינוי, **צ"ל** דדיכת דייסא הוי טפי עובדא דחול, וכן משום זה החמירו בבבל להצריכו שינוי בקטנה אף דמיפגים, ולא כמו בתבלין דהקילו בלי שינוי משום דמיפגים].

ויש שכתבו, דבבבל היו רגילים לאכול תדיר דייסא, ומתוך שהיה צרכיהן מרובה לזה, לא כתשו במכתשות קטנות, וכשכותש ביו"ט בקטנה הוי שינוי, **משא"כ בא"י** שלא היו רגילין הרבה בזה, גם בימות החול מצוי שכותשים במכתשת קטנה, וליכא שום שינוי ביו"ט, ולהכי אסור, **וה"ה** בזמנינו תלוי ג"כ בזה, אם אין דרך לכתוש בקטנה בחול, שרי.

ויש להחמיר ככל הפירושים.

וכיון שאין אנו יודעים עכשיו מה נקראת גדולה או קטנה, יש לאסור הכל - (עיין פר"ח שחולק אטור, וכתב דמדברי כל הפוסקים מוכח, דגם לדידן שייך האי דינא, ושפיר בקיאינן בזה, דכל שאין רגילים לכתוש בזה בשאר ימות השנה מפני קטנותה, מקרי קטנה, **ומסיים:** וכן נראה להקל במילתא דרבנן, עכ"ל, וכן הקשה הב"ח על האי דינא, דאם דוכה החטים במכתשת של תבלין, בודאי הוי שינוי, וכן היש"ש בחיבורו לא העתיק להא דהטור, **ולפי** דבריהם במדינתנו שיש לזה כלי מיוחד שקורין שטופ"ע, שכותשין בה שעורים, ובשום פעם אין דוכין בכלי אחר, וא"כ כשידוך ביו"ט שלא במכתשת אלא בכלי אחר, בודאי אין לך שינוי גדול מזה, **ואפשר** היה לומר, דבשעת הדחק כשלא היה לו פנאי מעיו"ט לזה, יש להקל לכתוש שלא במכתשת וכנ"ל, **אכן** יש להחמיר בזה מצד אחר, לפי שמוכרח אח"כ לבוא למלאכה אחרת שאסורה מצד הדין, כי ידוע שאחר כתישת השעורים, מנהג מדינתנו כשכותשין שעורים שיש עליהן פסולת הרבה, שנותנין אותן בעריבה, וזורין ממנה הפסולת כדרך זרייה ממש, וזה אסור).

הגה: ומותר לגרור גבינה ביו"ט על הכלי שהוא מורג חרוץ - ולא דמי לפלפלין וחרדל בריחיים, דבריחיים הוי עובדא דחול טפי, **מיהו לריך שינוי מעט, כמו דיכת מלח (ריב"ש)** - דעל פי רוב אין מפיג טעם, **ומיהו** אם מפיג טעם, מותר אפילו בלי שינוי מן הדין, **אלא** דליש נוהגין דלעיל (ס"א), בכל גווני משני.

ותמכא שקורין חריי"ן, אע"ג שכמה פעמים טוחנין התמכא בשיעור מרובה לב' או לג' ימים, אעפ"כ יש לצדד ולומר, דלא גזרו חכמים בזה לאסור אפי' בטוחן ליומו, דלא גזרו אלא בריחיים שהוא מעשה חול גמור, וכדרך כל טחינה, [**והא"ר** כתב הטעם, דדוקא היכי שדרך לעשות לימים הרבה גזרו חכמים, ולא היכי שמכין לב' או לג' ימים, כמו גבי תמכא], **ומיהו** עכ"פ יש לשנות קצת, [דהא י"א דאסור אפי' בשינוי, דהוי כפלפלין ברחיים, ועוד דהרבה פעמים אין מפיג טעם כשמכסין היטב, וראיה, שכמה עושין התמכא לב' או לג' ימים, וא"כ היה לו להכין מעיו"ט]. **וכשטוחן** התמכא שלא ע"ג קערה, אלא על המפה או על השולחן, מקרי שינוי.

מותר לחתוך ביו"ט ירקות דק דק בלי שינוי, [דמפיגין טעם הרבה, וכשום ושחליים דמי, דכו"ע מודו בה], **אכן** כל אלה אינו מותר רק בכדי שיעור שצריך לאותו היום.

וכ"ה מלות בלא שינוי - ר"ל דה"ה מצות דמותר לכתוש בכלי המיוחד כמו שנהגו, ולטחון אותם על מורג, **אכן** בזה קיל יותר, דמותר אפי' בלא שינוי כלל, **משום דאין טחינה באוכלין שהיו טחונין תחלה (מהרי"ל)** - ולאחר הטחינה נכון ליזהר, שלא יברור פרורי מצות שלא נכתשו עדיין היטב מתוך הקמח אף ביד, דהוי כמו פסולת מתוך אוכל, דאסור גם ביו"ט לחד מאן דאמר, וכמו שיתבאר לקמן סי' תק"ו ס"ב בהג"ה, (והוא ממ"א בשם מהרי"ל, והנה הד"מ דחה לזה, דהא קי"ל לקמן

באר הגולה

א בריתא וגמ' שם י"ד

בסי' תק"י, דביו"ט בורר כדרכו, והמ"א כתב לתלות ענינינו בהא דסימן תק"ו ס"ב בהג"ה, דיש מחמירין שם לברור ביד צרור וקיסם, ובאמת אינו מיושב כלל, דגם על הא דסימן תק"ו קשה מההיא דסימן תק"י הנ"ל, וכבר העירו ע"ז כמה אחרונים, ומוכרחים אנו לתרץ, דדוקא שם גבי קטניות התירו, ומשום דאין דרך לברור לימים הרבה, משא"כ בשארי תבואה וקמחים הדרך להכינם לימים הרבה, וכן הביא הגר"ז בשם השיטה מקובצת לחלק, אכן תירוץ זה לא שייכא לנידון דידן, דברירת פירורי מצות לכאורה ביותר אין מכינים לימים הרבה מבקטניות, וא"כ למה אסרם המהרי"ל וצ"ע, **איברא** דבח"א כתב טעם להמחמירין בנפל צרור או קיסם ליטלו ביד, משום דדרך הוא כן ליטלו ביד, וא"כ דרך בירתו כן הוא, וכתב עוד שם דפירור מצה בקמח ג"כ דינו כצרור וקיסם עי"ש, וטעמו דגם בזה הדרך ליטלו אף ביד, ולפי"ז ניחא הכל, ומ"מ צ"ע), **ואם** ירצה ליקחם, יקחם עם מעט קמח, דליכא חששא דברירה.

אות ב' - ג'

בורר כדרכו בחיקו בקנון ובתמחוי, אבל לא בטבלא וכו'

בד"א כשהאוכל מרובה על הפסולת וכו'

סימן תקי' ס"ב - [ב]הבורר קטניות ביו"ט, בורר כדרכו בחיקו ובתמחוי - הפסולת מן האוכל, וא"צ לשנות לברור האוכל מן הפסולת, דכיון שהאוכל מרובה וכדלקמיה, טוב למעט בטרחא, ולברור הפסולת המועט. [רש"י ושארי פוסקים]. (**מכאן** קשה על האי מ"ד לעיל סימן תק"ו ס"ב בהג"ה, דאסור ליטול צרור בידים, והרי הכא מבואר דביו"ט בורר כדרכו, ובמ"ב שם פירשתי טעם האי מ"ד, משום דגבי צרור אפילו בחול דרך ליטלו שלא בכלי, והוא מח"א, (משא"כ כאן שהדרך בטבלה נפה וכברה), **עי"ש, והגר"ז** כתב, דלא התירו חכמים בורר כדרכו אלא בקטניות, שאין דרך להכין לימים רבים, אבל לא חטין שדרכו להכין לימים רבים, **ולפי"ז** בדגן יהיה אסור לברור אפי' ביד).

(אם רוצה לאכלו בו ביום) - לא אתי לאפוקי אם דעתו לאכול למחר, דבזה פשיטא, דאסור לעשות שום הכנה מיו"ט לחבירו, **אלא** אשמועינן, דאפי' אין דעתו לאכול לאלתר כי אם לאחר זמן, דבשבת כה"ג חייב חטאת, אפילו בורר אוכל מן הפסולת, וכ"ש בפסולת מן האוכל, **קמ"ל** דשרי, דאין איסור בורר ביו"ט בזה מן התורה, כיון שהוא צורך אוכל נפש בו ביום, וכאופה ומבשל דמי.

אבל לא בטבלה ולא בנפה ולא בכברה - משום דמחזי כמאן דעביד לצורך מחר, דדרך ברירה בכלים הללו לעשות לימים הרבה, וכמש"כ לעיל בס"א.

(**והא** דמבואר ברמ"א סי' תצ"ה ס"ג לדעת היש מחמירין, דאפילו באוכל נפש עצמו, כל שאפשר לעשותו מבעו"י אסור כי אם ע"י שינוי, **ואם** כן בענינינו הא דמתירין פסולת מתוך אוכל, דוקא כשלא היה יכול לברור מבעו"י, וכ"כ באמת החמד משה, **אכן** מסתימת השו"ע והרמ"א משמע, דיש להקל בענינינו בכל גווני, **והטעם** אפשר לענ"ד לומר, דכיון דע"י שינוי כתב שם הרמ"א שמותר, וכאן דבלא"ה לא התירו אלא ע"י קנון ותמחוי, י"ל דזה חשיב שינוי, דכדרכו הוא דוקא ע"י נפה וכברה, **ואף** דאין זה שינוי גמור, דבשבת בפסולת מתוך אוכל חייב אף בזה, מ"מ לענין יו"ט חשיב שינוי, וכ"ש אם בורר ביד, **היוצא** מדברינו, דהנוהג להקל לברור קטניות פסולת מתוך אוכל, אף שהיה אפשר מבעו"י, יש להם על מי לסמוך, ואף בבורר להניח לסעודה אחרת, או בע"ש על שבת, ועל ידי עירוב תבשילין, ומ"מ לכתחלה נכון בכגון זה שהיה אפשר לו מבעו"י, לברור האוכל מתוך הפסולת, דזהו בודאי חשיב שינוי, וכמדומה שכן נוהגין העולם).

[ג]בד"א, כשהאוכל מרובה על הפסולת - דאז טוב יותר לברור הפסולת, שטרחתו מעוטה, **ואם** הם שוין בכמותן, בורר איזה מהם שירצה, **אכן** אם האוכל הוא דק, יברור הפסולת. **[ד]אבל אם היתה הפסולת מרובה על האוכל, בורר את האוכל ומניח את הפסולת. ואם היה טורח בברירת הפסולת מן האוכל יותר מטורח ברירת האוכל מן הפסולת** - כגון שהפסולת הוא דק מאוד, ויש טורח רב לבררם, **אעפ"י שהאוכל מרובה, בורר את האוכל ומניח את הפסולת.**

הגה: ולוזים ובטנים שנשתברו ועדיין בקליפיהם, לא מקרי הקליפה פסולת, כיון דאורחייהו בהכי ועדיין מעורבין (טור) - וכמין אחד דמי, ובאיזה ענין שמתקן האוכל מתוך השומר, תיקון אוכל בעלמא הוא, ויכול לברור אחד מחבירו איזה שירצה, (דכיון שאינו אלא תיקון אוכל, לא חיישינן לטירחא, דדוקא היכא דשם פסולת עליו חיישינן לזה - א"ר), **ועיין** באחרונים שהסכימו, דמ"מ אף בכאן יברור איזה שקל יותר לו לברור.

אות ד'

משלחין בהמה חיה ועוף בין חיין בין שחוטין וכו'

סימן תקטז ס"א - [ה]מותר לשלוח לחבירו ביו"ט - היינו לדורון, ואפי' דרך ר"ה, כדמסיים הרמ"א לבסוף, כיון שיכול חבירו ליהנות מהן, כגון ששולח לו מיני מאכל וכלים ובגדים שראוי להשתמש בהם וכדלקמיה, **בהמה חיה ועוף, אפילו חיים** - שהרי יכול לשוחטם לצורך יו"ט, ואפי' אם הוא יודע שחבירו לא ישחטם, מ"מ כיון שאלו היה רוצה היה יכול לשוחטם ולאוכלם, מותר לשלוח לו.

לפי דעת המחבר לעיל בסימן תצ"ה, דאוסר מוקצה ביום טוב, מיירי הכא בבהמה שאינה עומדת לגדל ולדות, וכן בעוף סתמי, [דסתם תרנגולת עומדת לאכילה, אם לא שדעתו להדיא כדי לגדל ביצים], **דאילו**

באר הגולה

[ב] **משנה שם י"ד וכב"ה** [ג] **ברייתא כרבן גמליאל ובגמרא שם** [ד] (נראה מדבריו שהוא מפרש, דכי אמרינן פסולת מרובה על האוכל מי איכא מאן דשרי, לאו למימרא מי איכא מאן דשרי לטלטל כדפירש רש"י, **אלא** ה"ק מי איכא מאן דהוה ס"ד דשרי לברור פסולת מתוך אוכל, דאיצטריך רשב"ג לאשמועינן דאסיר, **ומשני** לא צריכא דנפיש בטירחא וזוטר בשיעורא, כלומר הא ודאי כשפסולת מרובה לא היה צריך רשב"ג לאשמועינן, דפשיטא דד"ה אסור לברור פסולת מתוך האוכל, ומיהו לברור אוכל מתוך פסולת ודאי שרי, כיון שאין דרך בורר בכך, **וכי** איצטריך לאשמועינן, בנפיש בטירחא וזוטר בשיעורא, דסד"א כיון שאוכל מרובה, שרי לברור כדרכו, ואפילו פסולת מתוך אוכל נמי, קמ"ל דכיון דנפיש בטירחא אסור לברור כדרכו - ב"י) [ה] **משנה ביצה י"ד וכב"ה**

בבהמה העומדת לגדל ולדות, וכן בעוף שעומד לגדל ביצים, הוא מוקצה, ואסור לשוחטן ביו"ט.

ויינות שמנים וסלתות וקטניות - לפי שדרך לבשלן שלמים בלא טחינה, והרי הן ראוין אפי' לבו ביום.

'**אבל לא תבואה** - בין חטים או שאר מיני תבואה, **לפי שמחוסרת טחינה, שהיא מלאכה האסורה ביו"ט** - ואע"ג דחטים ראוין לעשות מהן קליות, או איזה מיני תבשיל, **מ"מ** כיון דסתמן עומדות לטחינה, וטחינה אסורה ביו"ט, נראה בהולכתו שהוא לצורך חול, ומחזי כמתעסק ביו"ט לצורך חול, ואסור, **ומטעם** זה הסכימו כמה אחרונים, דאסור לשלוח אפילו במקום שיש עירוב.

ואע"ג דשעורים חזיין לבהמה בלי טחינה, מ"מ רובן עומדות לטחינה למאכל אדם, **אכן** אם חבירו צריך היום ליתן תבואה לבהמתו, מותר לשלוח לו במקום שיש עירוב, [כדי שלא יהא בו משום איסור הוצאה, דהא בשביל בהמה אסור להוציא], **ויש** מחמירין גם בזה, [**ולצורך** נראה דיש להקל, **ותבן** ושחת בודאי יש להקל לשלוח, דהם עומדין רק לבהמה, **ואפשר** עוד, דבזמנינו דרוב שבולת שועל עומד לסוסים ולא למאכל אדם, אפשר דיש להקל, וצ"ע].

אות ה' - ו' - ז'

ובלבד שלא יעשנו בשורה

אין שורה פחותה משלשה בני אדם

תלתא גברי ותלתא מיני מאי

סימן תקטז ס"ב - '**כל דבר שמותר לשלוח ביו"ט, לא ישלחנו בשורה, דהיינו ג' בני אדם או יותר, זה אחר זה, נושאים כולם מין אחד** - דאוושא מילתא, ונראה כמוליכו למכור בשוק, ואפילו דרך מבוי המעורבת אסור לשלוח, [**והמ"א** כתב, דאפי' בחצר אסור, **אבל** כמה אחרונים מפקפקים ע"ז, ואם הוא לצורך יש להקל].

זה אחר זה - לאפוקי כשהיא בערבוביא, דלא מקרי כשורה, **ויש** מן הפוסקים דס"ל דבכל גווני אסור.

ח**אבל אם כל אחד נושא מין אחר, מותר** - דעכ"פ לא הוי לכל מין כי אם איש אחד, ט[**אכן** רש"ל החמיר כשהוא בזה אחר זה, אפי' בג' מינים ע"י ג' בני אדם, ואין להקל בג' מינים בהם, כי אם כשהם בערבוביא].

אות ח'

משלחין כלים בין תפורין בין שאינן תפורין וכו'

סימן תקטז ס"ג - '**משלחים כלים** - היינו בגדים, **אע"פ שאינם תפורים, יאשהם ראוים לישען עליהם** - אבל לא מנעל שאינו תפור, שאין נאותין בו בחול כמו שהוא בלי תפירה, [גמרא ופוסקים. **היינו** אפי' היכי דנקט בסיכי, והיינו תפירה שאינה כראוי, **ובזה** לא מקילינן מפני שראוי להשען עליו, כמו לגבי בגדים שהדרך להציען תחתיו ולישען עליהם]. **ואפילו יש בהם כלאים, אם הם קשים** - בענין שמותר לישען עליו, כמ"ש ביו"ד סימן ש"א ע"ש.

אות ט'

זה הכלל כל שנאותין בו ביום טוב משלחין אותו

רמב"ם פ"ה מהל' יו"ט ה"ו - כל שנאותין בו אפילו בחול, אף על פי שאין נאותין בו ביום טוב, כגון תפילין, מותר לשלחו לחבירו ביום טוב; ואין צריך לומר דבר שנאותין בו ביום טוב, כגון יינות שמנים וסלתות, שמותר לשלחן; וכל דבר שאין נאותין בו בחול עד שיעשה בו מעשה שאסור לעשותו ביום טוב, אין משלחין אותו ביו"ט.

אות י' - כ'

אבל אתה יכול להציעו תחתיך, אבל אמרו חכמים וכו'

אפילו עשר מצעות זו על גבי זו וכלאים תחתיהן וכו'

יו"ד סימן שא ס"א - מותר מן התורה לישב על מצעות של כלאים, שנאמר: לא יעלה עליך, אבל אתה מציעו תחתיך. הגה: וכן מותר להעלותם עליו שלא דרך חמום, כגון לפרוס עליו אהל של כלאים.

‹**מדכתיב** [ויקרא יט, יט]: בגד כלאים לא יעלה עליך, וכתיב [דברים כב, יא]: לא תלבש שעטנז וגו', דרשו חז"ל, אם לא נאמר אלא לא תלבש שעטנז, הייתי אומר אינו אסור אלא ללבוש, ת"ל לא יעלה עליך, ואם לא נאמר אלא לא יעלה עליך, הייתי אומר לא יפשיל קופה עם כלאים לאחוריו, ת"ל לא תלבש, מה מלבוש מיוחד דבר שהוא מהנה הגוף ומחממו בלבישה, אף כל דבר שהוא מעלה עליו באופן שהוא מהנה הגוף. לפיכך אמרו ז"ל: דבר תורה אין איסור כלאים אלא דרך לבישה, או שיעלהו עליו דרך חימום שמחמם בו את גופו, אבל אם מעלהו עליו שלא בדרך חימום הגוף, מותר - לבוש›.

וכן לפרוס בגד כלאים על גיגית פרוחן בה, כדי להעמיד החום, דאינו אסור אלא דרך לבישה או להעלותם עליו דרך חמום - בכל אלו שהזכיר הרב, מותר אפי' מדרבנן, **מיהו** נראה דהיינו שלא יגע בהן - ש"ך. **ומדברי סופרים, אפילו עשר מצעות זו על גבי זו והתחתון שבהם כלאים, אסור לישב על העליון, שמא תכרך נימא על בשרו.**

אות כ'* יב

אלא בוילון

רמב"ם מהל' כלאים פ"י הי"ד - וכן הפרוכת שהיא כלאים, אם היתה רכה, אסורה, שמא יסמך לה השמש ותעלה על בשרו; ואם היתה קשה שאינה נכרכת, מותרת.

באר הגולה

ו טור בשם רמב"ם ואביו הרא"ש ז שם בגמ' ח שם בעיא ולא נפשטא ורמב"ם פסקא לקולא ט ‹אף דתיקו לקולא, י"ל כאן הואיל ואין צורך והפסד, דיכול לשלוח בחד גברא, אין עושין ס"ס וספק דרבנן לכתחלה, ודוקא היכא דיש הפסד מקילין - פמ"ג› י משנה שם יא שם בגמרא י"ד, ‹אפשר שהיה גורס חזו לזגויי, במקום חזו לכסויי, או אפשר שכתב כן משום דכלאים אפי' לישען עליהם אינם ראויים אא"כ הם קשים - ב"י›, ועיין ביו"ד סי' ש"א יב ‹ע"פ מהדורת נהרדעא›

§ מסכת ביצה דף טו. §

אות א'

בקשין

יו"ד סימן שא ס"א - בד"א, ברכין, כגון יריעות ושמלות, אבל כרים וכסתות שהם קשים, וליכא למיחש שמא תכרך נימא עליו, מותר לישן עליהם, ובלבד שלא יהא בשרו נוגע בהם - ‹דאע"ג דקשים הם, כשבשרו נוגע בהם יש לחוש שמא על ידי נגיעתו תכרך עליו נימא - לבוש›.

בד"א, כשהם ריקנים ונתונים על גבי איצטבא של עץ או של אבן, אבל אם הם מלאים, או אפי' ריקנים אם הם נתונים על גבי מטה - [פי' של חבלים - ט"ז], (שנשקע תחתיו וצידי הכר עולים עליו, **אבל** נסרים של עץ קשה ואינו נשקע, כ"כ הר"ש בפ' בתרא דכלאים ותוי"ט שם. **ולי** נראה דה"ה במטה של עץ, אם הכר רחב והמטה קצרה, וצידי הכר כשמגיע לדפנות המטה נכפף, ונשקע שם ועולה עליו - פת"ש). **או על גבי תבן, אסור, לפי שנכפף תחתיו ונכרך על בשרו.**

הגה: וי"א דכל זה מיירי בכלאים דאורייתא, אבל בכלאים דרבנן והם קשים, מותר לישב עליהם בכל ענין - [פי' אף על גב דנכפף תחתיו והוה כמו לבישה, וה"ה לבישה ממש דשרי בלבדים קשים, וכמ"ש רמ"א עצמו בסמוך אח"כ - ט"ז], **דהואיל וכשרכים הם אינו רק דרבנן, בקשים לא גזרו.**

ומ"מ לכתחילה לא יעשה של כלאים (כל בו) - ‹מפני שפעמים מוציא מה שבתוכם ומתכסה בהם, ומשמע דמיירי בכלאים דאורייתא - גר"א›.

אות א'*[א]

ערדלין אין בהן משום כלאים

יו"ד סימן שא סי"ג - ערדילרין (פי' כלי שלובשין אותו תחת המנעל - ‹פי' בתוך מנעליהם - יש"ש›, **ויש שעושין אותו של צמר כנגד העקב, אין בהם משום כלאים, דקשין הן) (מפי' רש"י בשם תשובת הגאונים) אין בהם משום כלאים** - [בטור כתוב וז"ל: ופירשו הגאונים רגילין ללבשן תחת מנעליהן, ותולין עליהן עור של תיש מעובד תחת קרקעותיהן, וכנגד העקב של רגל יש שעושין אותו של צמר, אין בו משום כלאים, לפי שהעקב קשה ואינו מתחמם, עכ"ל ט"ז].

‹**לפירש"י** הצמר קשה כנמטי, ולא קאי על הרגל, ולהרא"ש והטור הפירוש דעור העקב קשה - שבה"ל›.

אות ב'

אחד זה ואחד זה אין בהן משום כלאים, לפי שאין דרך חמום בכך

יו"ד סימן שא סי"ד - אין אסור משום כלאים אלא בגדים שהן דרך חמום, כגון הכתונת והמצנפת והמכנסים והאבנט והשמלה, ובגדים שמחפין בהם השוקיים ואת הידים וכיוצא בהם; אבל צלצלים קטנים שעושים אותם העם בבית יד שלהם לצרור בהם מעות או תבלין, וסמרטוט שמניחים עליו רטיה, או מלוגמא או אספלנית וכיוצא בהם, הרי אלו מותרים אע"פ שבשרו נוגע בהם, שאין דרך חימום בכך. ציץ של עור או משי וכיוצא בהם שתלה בה חוטי צמר וחוטי פשתן מדולדלים על פני האדם כדי להפריח הזבובים, אין בו משום כלאים, שאין דרך חימום בכך - ‹ופשוט הוא דאם בא' מכל אלו כוונתו גם לחימום, אסור - ערוה"ש›.

אות ג'

סנדל המסומר אסור לנעלו, ומותר לטלטלו

רמב"ם פי"ט מהל' שבת ה"ב - [ב]אין יוצאין בסנדל מסומר שסמרו לחזקו, ואפילו ביום טוב גזרו שלא יצא בו.

אות ד' - ה'

שרא להו לרבנן לשדורי תפלין ביומא טבא

כל שנאותין בו בחול משלחין אותו ביום טוב

רמב"ם פ"ה מהל' יו"ט ה"ו - כל שנאותין בו אפילו בחול, אע"פ שאין נאותין בו ביום טוב, כגון תפילין, מותר לשלחו לחבירו ביום טוב; ואין צריך לומר דבר שנאותין בו ביום טוב, כגון יינות שמנים וסלתות, שמותר לשלחן; וכל דבר שאין נאותין בו בחול עד שיעשה בו מעשה שאסור לעשותו ביום טוב, אין משלחין אותו ביו"ט.

‹המשך ההלכות בעמוד הבא›

באר הגולה

א ‹ע"פ מהדורת נהרדעא› ב ‹לא מצאתי ברמב"ם דאסור לנעלו, ועיין תויו"ט ד"ה סנדל - הג' עין משפט. ‹**וז"ל** התוי"ט: ועיין בפי' הר"ב משנה ב' פ"ו דשבת ומ"ש שלא לנעלו, כך לשון רש"י והר"ן, ומימרא דאביי היא. **ואע"ג** דמתניתין דשבת לא תנן ביה אלא לא יצא כו', וכן בברייתא התם בשבת תני לא יצא כו', ומהכא נמי לא תידוק דאסור לנעלו כלל מדאסרינן לשלחו, דלטעמיה הא תנן סיפא כל שנאותין בחול משלחין ביום טוב, אלא על כרחך סנדל חמיר טפי כמ"ש לקמן. **אלא** היינו טעמייהו, דבברייתא התם תני לא יצא וכו' ולא יטייל מבית לבית אפילו ממטה למטה, אבל מטלטלין אותו לכסות בו את הכלי ולסמוך בו כרעי המטה, והביאה הרי"ף בהלכותיו. **ותמיהני** על דלא מייתי הגמרא אדאביי תניא דמסייע ליה. **גם** אני תמה על הרמב"ם, שבפרק י"ט מה"ש כתב, לא יצא כו', והשמיט הברייתא ולדאביי›

אלא *בקשין וכי הא דאמר רב הונא בריה דרב יהושע *האי נמטא גמדא דנרש שריא אמר רב פפא עדלין אין בהן משום כלאים אמר רבא הני צררי דפשיטי אין בהם משום כלאים דבורני יש בהם משום כלאים רב אשי אמר *אחד זה ואחד זה אין בהן משום כלאים לפי שאין דרך חמום בכך: אבל לא סנדל המסומר: סנדל המסומר מ"ט לא משום מעשה שהיה אמר אביי *סנדל המסומר אסור לנעלו ומותר לטלטלו אסור לנעלו משום מעשה שהיה ומותר לטלטלו מדקתני אין משלחין דאי ס"ד אסור לטלטולי השתא לטלטולי אסור משלחין מבעיא: ולא מנעל שאינו תפור: פשיטא לא נצרכא דאע"ג דנקיט בסיכי: ר' יהודה אומר אף לא מנעל לבן: תניא **ר' יהודה מתיר בשחור ואוסר בלבן מפני שצריך ביצת הגיר ר' יוסי אוסר בשחור מפני שצריך לצחצחו ולא פליגי *מר כי אתריה ומר כי אתריה באתריה דמר בשרא לתחת באתריה דמר בשרא לעיל: זה הכלל כל שנאותין בו ביום טוב: רב ששת *שרא להו לרבנן לשדורי תפלין ביומא טבא אמר ליה אביי והא אנן תנן כל שנאותין בו ביום טוב משלחין אותו הכי קאמר *כל שנאותין בו בחול משלחין אותו ביום טוב אמר אביי תפלין הואיל ואתו לידן נימא בהו מילתא *היה בא בדרך ותפלין בראשו ושקעה עליו חמה מניח ידו עליהם עד שמגיע לביתו היה יושב בבית המדרש ותפלין בראשו וקדש עליו היום מניח ידו עליהן עד שמגיע לביתו מתיב רב הונא בריה דרב יהושע היה בא בדרך ותפלין בראשו וקדש עליו היום מניח ידו עליהן עד שמגיע לבית הסמוך לחומה היה יושב בבית המדרש וקדש עליו היום מניח ידו עליהן עד שמגיע לבית הסמוך לבית המדרש *לא קשיא הא דלא מנטרא הא דמנטרא אי דלא מנטרא מאי איריא בראשו אפילו מחתן בארעא נמי דהא תנן **המוצא תפלין מכניסן זוג זוג לא קשיא הא *דמנטרא מחמת גנבי ומחמת כלבי הא דמנטרא מחמת כלבי ולא מנטרא מחמת גנבי מהו דתימא *רוב לסטים ישראל נינהו ולא מזלזלי בהו קמ"ל:

הדרן עלך ביצה

רש"י

בקשין · בגדים קשין שאין מחממים מותר לישב עליהן: **נמטא** · בגד שקורין פלטר"א בלע"ז: **גמדא** · קשה כמו גמוד מסמר (פסחים דף קיא.) דבר שאינו כוון נעשה קשה: **דנרש** · מקום: **שריא** · לישבה שאינו מחמם: **עדלין** · ראיתי בתשו' הגאונים שרגילין ללבשן תחת מנעליהן (*והולים) עליהם עור של קוסים מעובדין תחת קרקעיתן וכנגד העקב של רגל יש עושין אותן של צמר וקורין אותן (א) כמנו: **אין בהם משום כלאים** · דקשין הן: **צררי דפשיטי אין בהן משום כלאים** · בגד כלאים שצרורין בו מעות מותר לחתן בחיקו שהמעות מקשין אותו ואינו מחמם: **דבורני** · שצרור בהם זרעים: **יש בהם משום כלאים** · ואסור לחתן בחיקו: **אסור לנעלו** · ביו"ט: **ומותר לטלטלו** · דכלי הוא: **מעשה שהיה** · במסכת שבת פרק במה אשה יוצאה (דף ס.): **בסיכי** · יתדות קטנות של עץ ... בראשן ושתים בעקבו: **ביצת הגיר** · גיר מין קרקע המשחיר ביצת כל דבר הלבנים ונעשה עב קרוי ביצת מטוע"ש בלע"ז: **לצחצחו** · להחליקו כמפרש לקמיה שבמקומו היו הופכים מקום בשר מבחוץ ומקום שער מבפנים ולדרך מקום בשר להיות בו מרטים וקליפות קליפות: **באתריה דר' יהודה בשרא לתחת** · לפנים הלכך א"צ לצחצחו: **וסמכן מכן כו'** · ותפלין אין נאותין בהן ביו"ט כדאמר בעירובין (דף צו.) ילאו שבתות וימים טובים שהן עצמן אות: **כל שנאותים בו בחול** · שהוא מתוקן כל לרכו: **משלחין אותו ביום טוב** · דהאי ביום טוב דקתני מתני' לאו אנאותין דלקמיה קאי אלא אמשלחין דבתריה ולאתויי תפילין אתא דאי נמי מנח להו ביו"ט ליכא איסורא ומיהו סנדל המסומר לא דלא לימא מדשרו רבנן לשלחו ש"מ מותר לנעלו: **היה בא בדרך** · בע"ש: **מניח ידו עליהם** · שלא יראום וחכמים התירו לו להכניסם לעיר דרך מלבוש להיות העברה כלאחר יד ומשום בזיון: **בכנסת** · בשדה היה ואינו משתמר: **לבית הסמוך לחומה** · משנכנס לעיר יתנם בבית הראשון ולא יוליכם עד ביתו: **הא דמנטרא** · באותו בית הסמוך לבהמ"ד אם נשמרים הם בו יתנם שם: **מאי איריא בראשו** · שכבר היה מלובש בהן מבעוד יום דקא נקיט אביי: **אפי' מחתן בארעא נמי** · אפילו לאחר שקדש היום מלאן מונחים בקרקע התירו לו חכמים להניחן בראשו ולהכניסן: המוצא גרס ולא גרסינן המוציא: **המוצא תפילין** · בשבת בשדה: **מכניסן** · לעיר: **זוג זוג** · נותן בראשו אחד ואחד בזרועו כדרך הנחתן בחול ומכניסן וחוזר והולך ולובש זוג אחר ומכניסן: תפילין של ראש ושל זרוע קרי זוג זוג: **ולא מנטרא מחמת גנבי** · ואשמעינן אביי דהואיל ולא מנטרא מחמת גנבי מאחר שהן בראשו יוליכם עד ביתו אבל אם מלאן שם במקום שהן נשמרין מן הכלבים לא יזיזם ממקומן:

הדרן עלך ביצה

תוספות

אלא בקשין · משמע הכא דבדבר קשה אין בו משום כלאים וכן משמע ביומא (דף סט. ושם) דקאמר שהכהנים היו מקפלים בגדיהם תחת ראשיהם ופריך הא קא מהנהו מכלאים וכו' וכללא דסוגיא איתא התם כדאיתא הכא ואמר רב אשי בגדי כהונה קשין הן ותימה דאמר בערכין (דף ג:) הכל חייבין בציצית כהנים לוים וישראלים ופריך פשיטא משום דכהנים הן יהיו פטורים ומשני מהו דתימא הואיל וכתיב לא תלבש שעטנז גדילים תעשה לך אימא כל שישנו בבל תלבש שעטנז ישנו בכלל גדילים תעשה לך והני כהני הואיל ואשתרו כלאים לגבייהו אימא לא ליחייבו בציצית קמ"ל דכהנים חייבין והשתא תימה מאי קאמר הואיל ואשתרו כלאים לגבייהו דשאני בגדיהם שהיו קשין וי"ל דדוקא להניח תחתיהם דהואיל דבדרכים ליכא אלא איסור דרבנן להציע בקשין לא גזור ומייתי כי הכיא וכו' נמטא גמדא דנרש שריא גמדא שמתקשה מותר להציע תחתיו כן פרש"י אבל רכים אסורים כדאמר התם דלבדין אסורין מפני שהן שוע וכו' ול"נ דשריא משמע אפי' ללבוש ויש לומר דאה"נ דשריא אפילו ללבוש ולא אתאמר מאי מייתי מהא גמדא דנרש וכו' והא פירש דקשין מותרין דוקא להציע תחתיו אבל ללבוש אסורין וי"ל דגבי [*בגדי כהונה] מיירי שהוא שוע טווי ונוז ולאו יש בו איסור כלאים מדאורייתא וכיון שהן אסורין מן התורה א"כ אפילו קשין אסורין בלבישה ובהצעה אבל גמדא אינו אלא דרבנן כדאמרינן בנדה (דף סא: ושם) דמדאורייתא בעינן שיהא שוע טווי ונוז והא דקאמר דלבדים אסורים מיירי דוקא דרבנן וכיון דרכים ליכא איסורא אלא דרבנן אפי' בלבישה בקשין לא גזור והני פורפיוטי"ש שקורין באשכנז דמזלו"ש שאלו לטבעים דפעמים שיש בהן צמר יש לומר הואיל ואם עושין קרע קטן מוליכין אותו לדרך הקריעה דחד מסכך צריך לתפרו שרי אבל אם היו משימין בהן מחוטות קטנות של בגד צמר ולאו (ג) שיהא אסור:

הכי קאמר כל שנאותין בחול וכו' · ולאו לאתויי תפילין דמשלחין אותן דהא אפילו אם מניח אותן ליכא איסורא אבל לא תני לאתויי סנדל המסומר דודאי יהא אסור לשלחו דאי שרית לשלחו אתי לנעלו דליכא איסורא בדבר זה *) אבל תפלין *(נהי דשבת ויום טוב לאו זמן תפלין הן) מכל מקום ליכא איסורא *להניחן:

היה בא בדרך ותפילין בראשו ושקעה עליו חמה וכו' או יושב בבית המדרש וכו' · פרש"י דתרוייהו מיירי בערב שבת דשבת לאו זמן תפלין וכי בא בדרך ושקעה עליו חמה התירו לו להביאם לעיר הואיל ומביאם כלאחר יד ולפ"ז קשה דא"כ אמאי נקט גבי בא בדרך ושקעה ולגבי יושב בבית המדרש וקדש היום כיון דטעמא דתרוייהו שוין אמאי שני בלישניה לכ"נ ובא בדרך ושקעה מיירי בחול והואיל ושקעה חמה יש לו לסלקן וקמ"ל דלילה לאו זמן תפילין הוא ואם תאמר אי מיירי בחול אמאי אינו מביא אותם בידו וי"ל דלמא משתלפי ליה מידיה והשתא דיושב בבית המדרש נקט וקדש היום דבע"ש מיירי וקמ"ל דשבת לאו זמן תפילין הוא:

*)[וע"ע תוס' שבת ס. ד"ה לא בסנדל]

מסורת הש"ס

[וחולין] · יומא סט. · [תוספתא פ"א ע"ש] · [פסחים נ. וש"נ] · שבת ס. עירובין מה. · [ע"ז ס. ע"ש ובד"ה תוס' ב"ב נה: ד"ה רבי אליעזר]

הגהות הב"ח

(א) רש"י ד"ה עדלין וכו' וקורין אותן עדלין בלע"ז · (ב) תוס' ד"ה אלא וכו' לאו דלאו מותר כל"ל ותיבת שיהא נמחק:

גליון הש"ס

גמרא רבי יהודה מתיר בשחור · עיין בב"ק דף מט ע"ב תוס' ד"ה דמים:

עין משפט נר מצוה

קכד א מיי' פ"י מהל' כלאים הלכה יג סמג לאוין רפג טוש"ע י"ד סי' שא סעיף א:

קכה ב מיי' שם הלכה יט וסמג שם טוש"ע שם סעיף יד:

קכו ג מיי' פי"ט מהל' שבת הלכה ב [לא מצאתי ברמב"ם דאסור לנעלו ועי' תוי"ט ד"ה סנדל]

קכז ד ה מיי' פ"ה מהלכות יו"ט הל' ו סמג לאוין עה טוש"ע א"ח סי' תקכו סעיף ג:

קכח ו ז מיי' פי"ט מהלכות שבת הל' כו סמג לאוין סה טוש"ע א"ח סימן רסו סעיף י [רב אלפס הל' תפלין דף עד: וברא"ש שם סימן יז ועירובין פ"י דף קכב. וברא"ש שם סימן ג]:

קכט ח מיי' שם הלכה כג וסמג שם טוש"ע שם סימן שא סעיף מג:

ס"א וילון

ס"א הא דלא מנטרא מחמת גנבי ומחמת כלבי והא דמנטרא מחמת כלבי ולא מחמת גנבי [מהר"ם]

[ומתוך דברי הטוש"ע ד"ה כל שנאותין וכו' הראה שלפנו מוחק ונתב ע"ז פי' נכון ע"ש]

רבינו חננאל

שהשמש מתחמם כנגדו ופרקינן אלא תאי כלאים ששנינו שמותר לשלחם ביו"ט מצעות קשות הן וכדרב הונא דאמר נמטא דנרש שריא · פי' הלבדין שעושין בנרש · אע"פ שהן כלאים מותר להשתמש בהן מפני שהן חזקים · ואין נימא מהן: וסתיק עדלין וצררי דפשיטי ודבוזני אין בהן משום כלאים לפי שאין דרך חימום בכך · אמר אביי סנדל המסומר אסור לנעלו משום מעשה שהיה ומפורש בשבת בפרק במה אשה ומותר מדתנינן אין משלחין אותו ביו"ט דאי ס"ד אסור לטלטלו שלוחי מיבעי למימר · ולא מנעל שאינו תפור אע"ג דנקיט בסיכיה פי' תפוש ביתדות · תניא ר' יהודה אוסר (לנ"מ שלו שליחי מבעי"א) לבן כמנהג מקומו מפני שצריך ביצת הגיר ור' יוסי אוסר במנעל שחור כמנהג מקומו שהיו מצחצחין אותו באתריה דר' יוסי *) (ברבשהין) במקום השיער ואין צריך אלא צחצוח בלבד ובאתריה דר' יהודה וצריך ביצת הגיר ללבנו: ירושלמי תני אין מפרקין את המנעל מן האימום ביו"ט אבל מפרקין בחולו של מועד מהו להעמיד חלב אם אתה אוסר אף הוא חולב ומעמיד מיו"ט לחול · תני בן שאול תכשיטין אסור לשלחן עד כדין תכשיטין של זהב ואפילו תכשיטין של כסף · **) א"ר חזקיה סליין דקיקין הוון מתרבין ברתיה דרבי ירמיה אתא שאול לר' זעירא א"ל לא תיאסר ולא זה הכלל כל שנאותין משלחין אותו ביו"ט רב ששת שרא להו לרבנן לשדורי תפלין ביו"ט ואמר כך פי' המשנה כל שנאותין בו בחול משלחין אותו ביו"ט · אמר אביי היה בא בדרך בראשו ושקעה חמה מניח ידו עליהן עד שמגיע לביתו . היה יושב במדרש וקידש עליו היום מניח ידו עליהן עד שמגיע לביתו מיתיבי היה בא בדרך ותפלין בראשו וקדש עליו [היום] ידו עליהן עד שמגיע לבית הסמוך לחומה היה יושב במדרש ותפלין בראשו וקידש עליו היום [מניח ידו עליהן] עד שמגיע לבית הסמוך לבית המדרש · ופרקינן לא קשיא הא דתני עד שמגיע לבית לחומה ולבית הסמוך לבית המדרש מקום שמשתמרין מחמת גנבי וכ"ש מפני כלבים · והא דאמר אביי עד שמגיע לביתו בשאין שם בית סמוך לבית המדרש אלא מקום שהוא בית שימור מפני הכלבים · אבל מפני הגנבים לא מהו דתימא גנבי גופייהו לא מזלזלי בתפילי יניחם לשם קמ"ל דלא: **הדרן עלך ביצה שנולדה ביום טוב**

*) בערוך ערך גר י"ב איתא באתריה דר"י גר ביברא לתתא וכלפי שיער לבר והוי חלק בעצמו ואינו צריך לחצוח באתריה דרבי יוסי גר ביברא לעיל ולא הוי חלק וצריך לצחצחו. **) בירושלמי איתא אמרין ירמיה אסור ואמרין משמיה דר' ירמיה מותר א"ר חזקי' אנא וכו' סליין דקיקין וכו'.

עין משפט
נר מצוה

א א מיי' פ"ו מהלכות יו"ט הלכה א סמג לאוין ע"ה טוש"ע א"ח סימן תקכז סעיף א:

ב ב מיי' שם הלכה ג טוש"ע שם ס"ב:

ג ג מיי' שם הלכה ה טוש"ע שם סעיף טו:

ד ד מיי' שם הלכה א:

ה ה מיי' שם הלכה יט סמג שם טוש"ע א"ח סימן תקכט סעיף א:

[קיב. קיג. ובשבת קיח.]

כלומר אע"כ יפול מן הצדקה אבל הכא מיירי שיש לו משכנות כדי לפרוע ואין לו מעות לכך אמר לוו עלי · רש"ל

ו ו טוש"ע שם סימן תקכז סעיף ז:

יום טוב שחל להיות ערב שבת לא יבשל בתחלה מיום טוב לשבת אבל מבשל הוא ליום טוב ואם הותיר הותיר לשבת ועושה תבשיל מערב יו"ט וסומך עליו לשבת בית שמאי אומרים שני תבשילין ובית הלל אומרים תבשיל אחד ושוין בדג וביצה שעליו שהן שני תבשילין אכלו או שאבד לא יבשל עליו בתחלה ואם שייר ממנו כל שהוא סומך עליו לשבת: **גמ'** מנה"מ אמר שמואל דאמר קרא זכור את יום השבת לקדשו זכרהו מאחר שבא להשכיחו מאי טעמא אמר רבא כדי שיברור מנה יפה לשבת ומנה יפה ליום טוב רב אשי אמר כדי שיאמרו אין אופין מיום טוב לשבת קל וחומר מיום טוב לחול תנן עושה תבשיל מערב יום טוב וסומך עליו לשבת בשלמא לרב אשי דאמר כדי שיאמרו אין אופין מיום טוב לשבת היינו דמערב יום טוב אין ביום טוב לא אלא לרבא מאי איריא מערב יום טוב אפילו ביום טוב נמי אין הכי נמי אלא גזרה שמא יפשע ותנא מייתי לה מהכא את אשר תאפו אפו ואת אשר תבשלו בשלו מכאן אמר ר' אליעזר אין אופין אלא על האפוי ואין מבשלין אלא על המבושל מכאן סמכו חכמים לערובי תבשילין מן התורה ת"ר מעשה ברבי אליעזר שהיה יושב ודורש כל היום כולו בהלכות יום טוב יצתה כת ראשונה אמר הללו בעלי פטסין כת שניה אמר הללו בעלי חביות כת שלישית אמר הללו בעלי כדין כת רביעית אמר הללו בעלי לגינין כת חמישית אמר הללו בעלי כוסות התחילו כת ששית לצאת אמר הללו בעלי מארה נתן עיניו בתלמידים התחילו פניהם משתנין אמר להם בני לא לכם אני אומר אלא להללו שיצאו שמניחים חיי עולם ועוסקים בחיי שעה בשעת פטירתן אמר להם לכו אכלו משמנים ושתו ממתקים ושלחו מנות לאין נכון לו כי קדוש היום לאדונינו ואל תעצבו כי חדות ה' היא מעוזכם אמר מר שמניחין חיי עולם ועוסקין בחיי שעה והא שמחת יום טוב מצוה היא רבי אליעזר לטעמיה דאמר שמחת יום טוב רשות דתניא רבי אליעזר אומר אין לו לאדם ביום טוב אלא או אוכל ושותה או יושב ושונה ר' יהושע אומר חלקהו חציו לה' וחציו לכם אמר רבי יוחנן ושניהם מקרא אחד דרשו כתוב אחד אומר עצרת לה' אלהיך וכתוב אחד אומר עצרת תהיה לכם הא כיצד רבי אליעזר סבר או כולו לה' או כולו לכם ורבי יהושע סבר חלקהו חציו לה' וחציו לכם מאי לאין נכון לו אמר רב חסדא למי שלא הניח עירובי תבשילין איכא דאמרי מי שלא היה לו להניח עירובי תבשילין אבל מי שהיה לו להניח עירובי תבשילין ולא הניח פושע הוא מאי כי חדות ה' היא מעוזכם אמר ר' יוחנן משום ר' אליעזר בר' שמעון אמר להם הקב"ה לישראל בני לוו עלי וקדשו קדושת היום והאמינו בי ואני פורע ואמר ר' יוחנן משום ר' אליעזר בר' שמעון הרוצה שיתקיימו נכסיו יטע בהן אדר שנאמר אדיר במרום ה' אי נמי אדרא כשמיה כדאמרי אינשי מאי אדרא דקיימא לדרי דרי תניא נמי הכי שדה שיש בה אדר אינה נגזלת ואינה נחמסת ופירותיה משתמרין תני רב תחליפא אחוה דרבנאי חוזאה
כל

אן אוכל ושותה או יושב ושונה: ואע"ג דלעיל קאמר לתלמידיו אכלו משמנים ושתו ממתקים משום דסיים הדרשה הוא דהא בשאר ימים נמי היו אוכלים אחר הדרשה ומ"מ אמר להו אכלו משמנים ושתו ממתקים משום שמחת יום טוב: **לוו** עלי ואני פורע · והא דאמר (פסחים. דף קי"ב) עשה שבתך חול ואל תצטרך לבריות ה"מ כשאין * לו [א] לפרוע:

יום טוב · לא יבשל בתחלה · להיות תחלת בשולו ועיקרו לשם שבת אלא לשם יו"ט יהא תחלת בשולו והמשויר יהא לשבת כדקתני ואזיל אבל מבשל הוא ליו"ט ובלא הערמה כדקתני לקמן: **עושה תבשיל** · לשם ערוב: **ובילה שעליו** · שהיו טחין בילה על הדג כשצולין אותו: **אכלו או שאבד** · קודם שבשל כל צרכי שבת: **סומך עליו** · לבשל בשבילו: **גמ' מנא הני מילי** · לאו דוקא מקרא יליף דערובי תבשילין דרבנן והכי קא מבעיא ליה היכא אסמכוה רבנן: **זכור** · אין זכירה אלא בדבר המשתכח: **זכרהו מאחר שבא להשכיחו** · תורה אור כשבא יו"ט בערב שבת קרוב שבת להשתכח מחמת יו"ט שמרבה בסעודת היום ואינו מניח לשבת כדי כבודו והזהירך הכתוב לזכרו וכשמערב ערובי תבשילין נמצא שזוכרו שהרי אינו עושה אלא מחמת שבת: **מ"ט** · למה תקנו ערוב קרא ודאי לאו בערוב משתעי ולאו ערוב משתמע מיניה ואסמכתא בעלמא הוא וכי אתא קרא לקדוש היום אתא כדתניא בפסחים (דף קו.) זכרהו על היין וערוב מדרבנן ומה ראו לתקן: **אמר רבא כדי שיברור כו'** · מתוך שמערב זוכר את השבת ואינו מכלה את הכל ליו"ט וברור מנה לזה ומנה לזה: **רב אשי אמר** · לא לכבוד שבת תקנוהו אלא לכבוד יום טוב: **כדי שיאמרו אין אופין מיום טוב לשבת** · אלא א"כ התחיל מבעוד יום דהוינו אלא כגומר והולך אבל אתחולי לא: **ק"ו דמיום טוב לחול** · לגמרי לא: **בשלמא לרב אשי** · דאמר לכבוד יו"ט תקנוהו כדי שיאמרו אסור להתחיל בשולי שבת ביו"ט היינו דמערב יו"ט הולרך לעשותו: **אלא לרבא** · דאמר כדי שיברור: **אפי' ביו"ט** · יעשהו לפני סעודת יו"ט יש כאן זכירת שבת לברור מנותיו: **שמא יפשע** · ישכח ולא יערב משום דטריד: **ותנא מייתי לה מהכא** · כן דרך שיטת התלמוד כשמתחילין האמוראין להוציא טעם מן המקרא ויש תנא של ברייתא למד אותו ממקום אחר נקט הכי כלומר האמוראין למדוהו מכאן והתנא למד מכאן: **את אשר תאפו אפו** · הוה ליה למכתב היום אפו ובשלו אלא רמז הוא שיש לך יום ששי שאין אופין לצורך מחר: **אלא על האפוי** · בחמישי בשבת: **אופין** · פת: **מבשלין** · תבשיל: **שהיה יושב ודורש** · ביום טוב: **יצאה כת ראשונה** · לסעוד סעודת יום טוב והניחוהו דורש: **בעלי פטסין** · חביות גדולות הכינו להם *באוצמלין ומסך משתאות לפיכך מהרו לצאת כלומר בעלי נפש הן ואין יגעין לשמוע תורה: **הללו בעלי מארה** · שהיה בית המדרש מתרוקן מאד ונגאי הדבר וקשה בעיניו: עד מתי הם יושבים ל"ג: **התחילו פניהם משתנין** · כסבורין שכועס על כת ששית מפני שאחרו לצאת וכ"ש עלינו: **חיי שעה** · סעודה: **אכלו משמנים** · מקרא הוא בספר עזרא עד כי חדות ה' היא מעוזכם: **שלא היה לו להניח** · כגון שאבדה לו אבדה מערב יו"ט ומחזר כל היום אחריה: **חדות ה'** · שמחה שאתם עושים בשביל הקב"ה הרי היא מעוזכם היא תעזור אתכם לשלם הקפותיכם ומלוותיכם שלוו בשבילה: **שיתקיימו לו נכסיו** · שלא יהא אדם חומסן וגוזל שדות ממנו: **יטע בהן אדר** · אילן חשוב הוא יש לו שם למרחוק ואומרים פלוני יש לו אדר בשדהו ומתוך כך היא נקראת על שמו ואם הולך למדינת הים ובא אחר והחזיק בה יש לו עדים הרבה שהיתה שלו ואילו מכרה היה הקול יוצא להיות נקראת על שמו של שני: **שנאמר אדיר במרום** · כלומר שאדר לשון קיום וחוזק ולכך נקרא אדר: **כשמיה** · כשמו שמפרשין בני אדם את שמו: **נחמסת** · חמסן יהיב דמי" אלא שלוקח בכח ויש קול לדבר והיום או מחר מזמינו לבית דין: **ופירותיה משתמרין** · לא ידענא מאי היא י"מ שנוטעין אותו על הגבולים ויש לו ענפים הרבה והוא לשדה לגדר ולי נראה שהוא מין עשב חשוב וזרעו מתערב עם הפירות ובשדה לבן קאמר ומשמרת התבואה מן הכנימה והתולעים שריח אותו זרע מבריחן והורגן כדאמר בחומטין שמשמר התבואה במסכת שבת (דף לא.):
כל

[צ"ל אליעזר וכ"ה בתוס' לקמן יז: ד"ה אמר רבה]

[הערוך בערך פט פי' בעלי מארה אין להם כלום לא קיימו שמחת יו"ט ולא מנות בית המדרש כבר יצאו]

פסחים סח: ע"ש

הגהות הגר"א

[א] תוספות ד"ה לוו · כשאין לו ממי ללוות · כצ"ל:

פי' יין פלפלין ודבש

[שבת י. לג: תענית כח.]

[לשון הערוך בערך אדר פירוש אדיר במרום ה' ויעשה מהן צדקה שהיא חשובה לפני ה' במרום כדכתיב אמת מארץ תצמח וצדק משמים נשקף]

[ב"ק סג.]

רבינו חננאל

יו"ט שחל כו' לא יבשל בתחלה מיו"ט לשבת כו' · מנא לן שעושה תבשיל וסומך עליו לשבת אמר שמואל מדכתיב זכור את יום השבת כלומר זכרהו מקודם יום טוב שבא להשכיחו · ואמר רבא כיון שיודע כי מהר צריך לבשל לשבת בפ"ע אף הוא מתכוין לברר מנה יפה לשבת שלא יבשל הכל ליו"ט · רב אשי אמר למה אין מבשלין מיו"ט לשבת אלא ע"י עירוב כדי שיאמרו אין אופין מיו"ט לשבת ק"ו מיו"ט להול · ואקשינן עליה אי משום האי למה לי מעיו"ט אפילו ביו"ט נמי · ומשנינן אלא גזרה שמא יפשע ביו"ט ונמצא אופה ומבשל בלא עירובי תבשילין · ותנא מפרש טעמא דמתני' מהכא את אשר תאפו אפו ואת אשר תבשלו בשלו וגו' כלומר אם אפיתם מאתמול אפו גם עתה · וכן אם יש לכם כבר מבושל בשלו והאי אי אפשר לאוקמי בחול אלא מיו"ט לשבת ומפרש שאין אופין אלא על האפוי ואין מבשלין אלא על המבושל · מיכן סמכו לעירובי תבשילין מן התורה · פי' בעלי פטסין הם בעלי חביות גדולות כלומר יש להן הרבה ומשכימין שיספק להם היין עד הערב בעלי לגינין פחות מן הכדים והכוסות פחות מן הלגין *)בת השפיות. אמר להן [הללו] בעלי מארה כלומר אין להם כלום לא קיימו שמחת יו"ט ולא מצות ביהמ"ד שכבר יצאו. ואסיקנא כל מי שהיה יכול להניח עירובי תבשילין ולא עירב פושע הוא · מאי כי חדות ה' היא מעוזכם · אמר הקב"ה לישראל לוו עלי ושמחו היום וקדשוהו והאמינו בי ואני פורע כלומר קיימו מצות חדות ה' שאמר הקב"ה ושמחת בחגך · והאמינו אומן לכם ברכה במעשה ידיכם כדי שתפרעו מה שלקחתם בהלואה · וא"ר יוחנן הרוצה שיתקיימו נכסיו יטע בהן אדר שנאמר אדיר במרום ה' · כלומר יעשה מהן צדקה חשובה לפני ה' במרום · כדכתיב אמת מארץ תצמח וצדק משמים נשקף · ומפורש בפרק השותפין במעשה דמונבז המלך שאמר אני גנזתי למעלה כלומר הצדקה שפרשתי לעניים הנה היא גנוזה לי למעלה במרום כדכתיב מלוה ה' חונן דל · איכא דאמרי אדרא כשמיה והוא מאילני סרק והוא גדול ומשלח פארות וענפים הרבה · ואם **) מסיין בו הכרם אין חיה יכולה ליכנס לתוכו ומשתמר לעולם · תני
כל

*) אולי צ"ל פתחינו כת ששית לצאת. **) ואם מסייג בו הכרם וכו' וכ"ה בערוך ערך אדר.

סימן תקטז ס"ג - [ג]**ומשלחין תפלין** - ר"ל כשהן תפורין ומתוקנין כל צרכן, שהן ראוין להיות נאות בהן בחול, **כיון שראויים להניחם בחול** - לאפוקי תבואה שמבואר למעלה לאיסור, משום דאפילו בחול אינה ראויה ליהנות בלא טחינה.

ואע"פ שאסור להוציא שום דבר ביו"ט, כל שאינו צריך לו ואינו מוציאו אלא לצורך חול, מ"מ כיון שהוא נהנה ושמח במה שמשלח דורונות לחבירו, הרי זה צורך שמחת יו"ט.

הגה: וכל כיוצא בזה, אפי' דרך רס"ר מותר לשלחן (ב"י) - כדלקמן בסי' תקי"ח, דהותר הוצאה ביו"ט כשהיא צורך קצת לכו"ע.

המאירי הביא בשם ירושלמי, [ד]דאין לשלוח תכשיטין של זהב ביו"ט, ואפילו בשל כסף מגמגם שם, **אבל** בשמ"ק בשם הריטב"א ובאו"ז הסכימו, שמותר לשלוח תכשיטין, כיון שראוין להתלבש בהן.

אות ו' – ז'

היה בא בדרך ותפלין בראשו ושקעה עליו חמה, מניח ידו עליהן עד שמגיע לביתו; היה יושב בבית המדרש ותפלין בראשו וקדש עליו היום, מניח ידו עליהן עד שמגיע לביתו

לא קשיא הא דמנטרא הא דלא מנטרא

סימן רסו ס"י - [ה]**חשכה לו בדרך ותפלין בראשו, או שיושב בבית המדרש בשדה וחשכה לו** - היינו דנעשה ביה"ש, וא"א לו לישא אותם בידו לביתו מפני קדושת שבת, **ולהשאיר** אותם שם בדרך או בבה"מ א"א מפני בזיון התפלין, דבתי מדרשות שלהם היה בשדה מקום שאין משומר מפני הגנבים, **מניח ידו עליהם עד שמגיע לביתו** - התירו לו חכמים לנשאם עליו דרך מלבוש עד ביתו, **אך** צריך לכסותם, שלא יראוהו שהוא נושא עליו התפלין בשבת, **ואם יש בית סמוך לחומה שנשמרים בתוכו, מניחן שם.**

אות ח'

המוצא תפלין מכניסן זוג זוג

סימן שא סמ"ב - המוצא תפילין בשבת בבזיון, במקום שאין משתמרין, אם יש סכנה שגזרו שלא להניח תפילין, מכסן והולך לו. ואם אין סכנה, אם יש בהם רצועות שבכך ניכר שהם תפילין ולא קמיעות, והן קשורות שיכול ללבשן, מכניסן זוג זוג דרך לבישה עד שיכניסן כולם. ואם היו רבים, שלא יספיק ללבשן ולהכניסן זוג זוג, יחשיך עליהם עד הלילה ויביאם. ואם ירא להחשיך מפני לסטים, מוליכם פחות פחות מד"א, או נותנם לחבירו וחבירו לחבירו עד שמגיע לחצר החיצונה.

---

§ מסכת ביצה דף טו: §

אות א'

יום טוב שחל להיות ערב שבת, לא יבשל בתחלה מיום טוב לשבת; אבל מבשל הוא ליום טוב ואם הותיר הותיר לשבת; ועושה תבשיל מערב יום טוב וסומך עליו לשבת

סימן תקכז ס"א - [א]**יו"ט שחל להיות בערב שבת, לא יבשל בתחלה לצורך שבת** [ב]**בקדירה בפני עצמה** - ואין נ"מ בין יו"ט א' בין יו"ט ב' של גליות, דאם חל יו"ט ב' בע"ש ג"כ אסור לבשל לשבת, אם לא ע"י עירוב שיערב מעיו"ט הראשון.

אבל מבשל הוא כמה קדרות ליו"ט, ואם הותיר, הותיר לשבת - ואפילו ניתותר קדירה שלימה כולה, כיון שמתחלה חשב שיצטרך ליו"ט, ובלבד שלא יערים בזה.

וע"י עירוב, מבשל בתחלה לשבת, (פי' ענין העירוב הוא, שיבשל ויאפה מיו"ט לשבת עם מה שבשל ואפה כבר מעיו"ט לצרך שבת, ונמצא שלא התחיל מלאכה ביו"ט אלא גמר אותה).

כתבו הפוסקים, דהיתר העירוב הוא אף למ"ד דמלאכות שבת אין נעשין ביו"ט מדאורייתא, ‹פסחים דף מ"ז›, מ"מ מהני העירוב, **דמ"מ** אין כאן אלא איסור מד"ס, דמדאורייתא אמרינן: הואיל ואלו מקלעי אורחים וחזי ליה ליו"ט גופא, א"כ אין עושה איסור בזה, ורק מדרבנן אסרו, **ובשביל** שבת שהוא שעת הדחק התירו ע"י עירוב, שנחשב בזה כאלו כבר התחיל להכין מעיו"ט לשבת, ורק שגומר ביו"ט.

ויזהר להקדים הכנת מאכליו לשבת, בכדי שיגמר מלאכתו בעוד יום גדול, דסמוך לחשיכה בזמן דלא שייך שיצטרך לו ביו"ט גופא, הלא יש כאן לתא דמלאכה דאורייתא, **וכן** יש ליזהר בהמאכלים שמטמנין לשבת, שיטמינן בזמן שאפשר שיתבשלו שליש בישול מבעו"י, **ומטעם** זה נהגו להקדים תפלת ערבית בליל שבת כשחל סמוך ליו"ט, כדי שלא יתאחר מלאכת בישולו ביום טוב עד סמוך לחשיכה.

(**אמנם נמצאו גם דעת ראשונים המקילין בזה, שפסקו כרב חסדא** ‹פסחים דף מ"ז› **לגמרי, ומלאכת שבת נעשין ביו"ט מדאורייתא, ולדידהו אין חילוק בין מבעוד יום בין סמוך לחשיכה, דמדאורייתא מלאכת שבת נעשין ביו"ט, ורק מד"ס אסור כדי שלא יקילו גם מיו"ט לחול**).

ועיין בה"ל, דבשעת הדחק יש להקל ביו"ט שני שחל בע"ש, אם נתאחר בישולו לשבת עד סמוך לשבת, **ואף** ביו"ט ראשון אפשר דיש להקל בשעת הדחק, **ולכתחלה** בודאי צריך ליזהר בזה, ובפרט ביו"ט ראשון שהוא דאורייתא.

באר הגולה

ג שם ט"ו בעובדא דרב ששת · ד ‹לפי שאין הכל ראויין לכך, והוא הוצאה שלא לצורך - פני משה שם שבת פ"ו ה"א› · ה ביצה ט"ו · א משנה ביצה ט"ו · ב ממשמעות המשנה, ב"י ‹דאילו בקדירה אחת יכול לבשל כמה שירצה - ב"י›

הגה: ומותר להניח עירוב זה אפילו ספק חשיכה (מרדכי) - זמן ספק חשיכה נתבאר בסימן רס"א, ומבואר שם, דכשנראין ג' כוכבים בינונים, הוא ודאי לילה.

וכתבו האחרונים, דאם קיבל עליו יו"ט באמירת "ברכו", שוב אין יכול לערב, דבקבלת יו"ט נחשב הזמן כיו"ט ודאי, **ובשעת** הדחק, אף אחר "ברכו", כל זמן שלא התפללו הציבור מעריב, יוכל לערב אם לא חשכה עדיין, ‹די"א דקבלת יו"ט לא הוה עד תפלת יו"ט - ט"ז›. [**והדרה"ח** מצדד להקל אף אחר קבלת צבור, אם יש שהות].

ודוקא בקבלת "ברכו" שהוא קבלת ציבור, ואף אם הוא לא אמר "ברכו", נגרר אחר הציבור, **אבל** קבלת עצמו ‹בזמן ספק חשיכה›, אף שקיבל בפירוש, אפשר דלא מהני לענין זה, ויכול עדיין לערב אם עוד לא חשכה, [**ואם** כבר התפלל מעריב אפי' ביחידות, הגר"ז פסק להחמיר. **ואם** קיבל או התפלל מבע"י, משמע מסי' רס"א דמותר, די"ל דקיבלו רק לדין ספק חשיכה, **משא"כ** הכא שקבל בספק חשיכה, י"ל דקבלתו הוי לודאי, ‹ולפיכך רק "אפשר" דיכול עדיין לערב, ובתפלה אסר הגר"ז›.

אם בא להתפלל מנחה, ונזכר שלא עשה עירוב תבשילין, ואם יחזור לביתו לערב, יאחר זמן מנחה, יתפלל מנחה, ולענין עירוב יקנה קמחו לאחרים, **ומיהו** אם יכול לעשות עירובו ע"י שליח, ישלח שליח לעשות עירוב קודם שיתפלל מנחה, [ויאמר להשליח שיעשה בשבילו, ויזכה גם למשרתיו].

(**ועיין בסימן רס"ג, דהדלקת נר בשבת חשיב קבלה לנשים, וצ"ע מה הדין בזה, ולכאורה אם הנשים הדליקו נר יו"ט, שוב א"א לעשות עירוב בשבילן, אף שהוא עדיין יום, שכבר קיבלו עליהם יו"ט, ומשמע לכאורה שם, דבהדלקת הנרות יש לו דין קבלה של ציבור, מאחר שכן המנהג, עי"ש די"א דלא מהני תנאי, אלא דיש לדון, דאולי דוקא בשבת שמדליקין הכל בשעה אחת, ונהגו לקבל בזה שבת, אבל ביו"ט שאין הכל מדליקין בשעה אחת, אפשר דלא נהגו לקבל בזה, ויש לו דין איש המדליק, שאינו מקבל שבת בהדלקתו, ואף אם נאמר דאשה דרכה לקבל אף ביו"ט בהדלקתה, מ"מ ביו"ט אפשר דאין בזה רק דין קבלת יחיד, כיון שאין מדליקין בשעה אחת, ומותר עדיין הדברים שמותר לעשות בספק חשיכה, אכן לכתחלה בודאי יש לזהר לעשות העירוב קודם שתדליק הנרות**).

[ג]סימן תקכז סכ"א - [ד]אם נזכר שלא עירב קודם סעודת שחרית, יבשל הרבה בקדרה אחת ויותיר לשבת - ומיירי שלא היה שם בכל העיר גדול שזיכה בעירובו לכל אנשי העיר.

הגה: וה"ה שיוכל לילך מבע"י לחדר בנר דלוק לחפש איזה דבר, ויניחנו דולק עד הלילה (טור) - ויכול אח"כ לטלטלו ולהניחו באיזה מקום שירצה.

[ה]וי"א דאפילו לבשל כמה קדירות מותר, כיון שקודם אכילה הוא - אין ר"ל שמבשל מינים חלוקים בכמה קדרות לצורך יו"ט, ומרבה בכל אחת בשביל שבת, דזה אפילו לדעה ראשונה שרי, **אלא** דבא להוסיף, שאף אם אינו מבשלם אלא בשביל שבת, ורק כדי להתיר לבשל אוכל קצת מכל אחת ביו"ט, ג"כ שרי, **והיינו** שבכל אחד יהיה מין חלוק בפני עצמו, דאל"ה מינכר הערמה, דמה שיאכל קצת מכל קדרה, הלא יכול לטעום מאחת, **וכן** נוהגין העולם להקל כדעה זו.

והוא שיאכל מכל אחד ואחד - כתב הט"ז, דהיינו לכתחלה, אבל אם אירע שלא אכל כלל ממין א', אינו אסור לשבת, כיון שעכ"פ בשעת הבישול נתכוין לאוכלו היום, הרי היה המעשה שלו בהיתר, **ובב"מ** חולק ע"ז, דכיון דעיקר בישולו הוא לצורך מחר, וא"צ ליו"ט, וכל ההיתר הוא רק מה שעכ"פ אוכל ממנו קצת ביום טוב, דעי"ז לא הוי הערמה הניכרת, ואם אח"כ לא יאכל, הלא מינכר ההערמה לכל, דנמצא כל בישולו לצורך מחר לחוד, **וכן** נראה להחמיר בזה, אחרי שכמה אחרונים ס"ל דהעיקר כדעה הראשונה, שאין להתיר לבשל אלא באותה קדירה שמבשל באמת לצורך יו"ט, אלא שמרבה בה גם בשביל שבת, אלא שנהגו העולם להקל כדעה אחרונה, עכ"פ אין להוסיף קולא על קולא.

אות ב'

תבשיל אחד

סימן תקכז ס"ב - [ו]עירוב זה עושין אותו בפת ותבשיל - דצריך לאפות ולבשל מיו"ט לשבת, ולכן עושין העירוב מפת ותבשיל מעיו"ט, שעל סמך זה אופין ומבשלין אח"כ.

[ז]ואם לא עשאו אלא מתבשיל לבד, מותר - לאפות ולבשל ביו"ט בשביל שבת, דמעיקר הדין א"צ אלא מתבשיל לבד, ומהני בין לפת בין לתבשיל, שכן הוא דעת רוב הפוסקים, אלא שנהגו כדעת הפוסקים המחמירין להצריך פת ותבשיל, ולכן בדיעבד מותר.

ומ"מ אם נזכר קודם שחשכה, צריך להוסיף להניח גם פת, ויאמר: בהדין עירובא, אבל לא יברך שנית.

ואם א"צ לאפות ביו"ט ורק לבשל, אף לכתחלה סגי בתבשיל לחוד לכו"ע.

באר הגולה

ג ‹ע"פ הב"י וז"ל: ונראה שזו היא ששנינו אבל מבשל הוא ליו"ט ואם הותיר הותיר לשבת, והיינו ודאי אפילו בכמה קדירות, ומשמע דקודם אכילה דוקא הוא דשרי, אבל אחר אכילה לא, וכמו שנתבאר בסימן תק"ג, ואע"פ שיש מי שמתיר, סברא זו עיקר. **וכבר** כתבתי שם דמדברי רש"י {יז: ד"ה שלא יערים} נראה דקודם אכילה נמי, כל שמבשל קדירות יותר מכדי צורך היום, הוי מערים ואסור, מיהו היכא דאוכל מעט מכל אחד, כיון דקודם אכילה הוא מבשלם, אפשר דלרש"י נמי שרי - ב"י› ד **מרדכי** ה **רבינו ירוחם** ו **טור בשם ר"ת ורבי שמשון הזקן ובה"ג** ‹כתב הרא"ש, ר"ת היה אומר דפלוגתא דבית שמאי ובית הלל הוא בבישול, דבית הלל סברי דלבשל סגי בתבשיל אחד, וכן משמע לישנא דמתניתין דלא הזכיר אלא בישול, אבל לאפות אף בית הלל מודו דבעינן פת, דכולהו אית להו דרבי אליעזר (טו:) דאמר אין אופין אלא על האפוי - ב"י› ז **הג' מיימוני דסומכין על ר"י והרי"ף ושאר פוסקים** ‹דפשטא דמתני' וב"ה אומרים תבשיל א', וכן לישנא דגמרא (ט"ז) לא שנו אלא תבשיל, אבל פת לא כו', משמע דבתבשיל לבד סגי, **ושם** י"ז: ובה"א מערב בתבשיל אחד ועושה כו', ובש"א אין אופין כו', ועלה קאמר ב"ה מערב כו' - גר"א›

ואם עשה מפת לבד, לתבשיל בודאי לא מהני, ואם מהני לפת לחוד יש דעות בין הפוסקים, והאחרונים הסכימו, דלא מהני אף לפת, דעיקר העירוב נתקן מתבשיל. [**ונראה** דהם קיימי אליבא דהלכתא דקיי״ל דתבשיל לחוד סגי מעיקר הדין, **אבל** למאן דס״ל דצריך פת ותבשיל, מסתבר דפת לחוד מהני לפת, וכן משמע מהגר״א, דלדעתם תבשיל לחוד מהני לתבשיל, וה״ה איפכא פת לפת, **אלא** דלהלכה הלא קיי״ל דהעיקר הוא תבשיל לחוד, **אכן** בשבלי לקט, אף דס״ל נמי תבשיל לחוד, מ״מ הקל בפת לפת].

אות ג׳

אכלו או שאבד, לא יבשל עליו בתחלה; ואם שייר ממנו כל שהוא, סומך עליו לשבת

סימן תקכז סט״ו - [ח]נאכל העירוב או שאבד קודם שבישל לשבת, אינו יכול לבשל אא״כ נשתייר ממנו כזית - דזהו שיעור עירוב כדלעיל בס״ג, **והיינו** שנאכל התבשיל, אבל נאכל הפת, אין בכך כלום, ואפי׳ אם חל יו״ט ביום ה׳ ויום ו׳, ונזכר בראשון שאבד הפת, א״צ לערב על תנאי, אלא סומך על התבשיל לחוד, שהוא עיקר העירוב, כדלעיל בס״ב.

[ט]סימן תקכז סי״ח - [י]אפה ולא בישל, או בישל ולא אפה - הלשון אינו מדוקדק, דה״ה אם אפה ובישל, ורק שלא לצורך שבת, **ונאכל העירוב או אבד, מה שנעשה בהיתר, אפילו נתכוין בו לצורך יום טוב, יכול הוא להניחו לשבת, ולבשל מכאן ואילך ליו״ט** - כאן בא להשמיענו דין חדש, דכשנאבד העירוב קודם סעודת יו״ט, יכול להשאיר מה שבישל ביו״ט לצורך יו״ט עצמו, לשבת, דכיון דבשלם בשעה שהיה העירוב קיים, והיה יכול לבשלם לשבת, מה שכוון בהם לצורך יו״ט לא הפסיד בזה, ויכול להשאירם לשבת, ולבשל אחרים לצורך יו״ט, **אבל** מה שבישל ליו״ט אחר שנאבד עירובו, אינו יכול להשאיר לשבת, ולבשל אחרים לצורך יו״ט, דהערמה הוא, דהא יש לו תבשילין ליו״ט.

אבל להניחו לחול בכה״ג, ‹מה שבישל בהיתר›, ולבשל אחרים לצורך יו״ט, אסור, וכנ״ל, [דהלא גם לשבת אסור, אם לא מה שבישל בשעה שהיה עירובו קיים, ולחול לא שייך זה].

אות ד׳

כדי שיאמרו אין אופין מיום טוב לשבת, קל וחומר מיום טוב לחול

רמב״ם פ״ו מהל׳ יו״ט ה״א - יום טוב שחל להיות ערב שבת, אין אופין ומבשלין ביום טוב מה שהוא אוכל למחר בשבת, ואיסור זה מדברי סופרים, כדי שלא יבא לבשל מיום טוב לחול, שקל וחומר הוא, לשבת אינו מבשל כל שכן לחול; לפיכך אם עשה תבשיל מערב יום טוב שיהיה סומך עליו ומבשל ואופה ביום טוב לשבת, הרי זה מותר, ותבשיל זה שסומך עליו הוא הנקרא עירובי תבשילין.

[יא]סימן תקכז סי״ד - אם הניח העירוב על דעת לסמוך עליו כל זמן שיהיה קיים, אפילו ליו״ט אחר - (ור״ל שכלל בתנאי של ״בהדין עירובא״ שבתות אחרות שיגיעו סמוך ליו״ט), וכגון מעושן שמתקיים ימים הרבה.

[יב]לכתחלה לא יסמוך עליו ליו״ט אחר - דיש דעות בזה בין הפוסקים, י״א דלטעם העירוב המובא בס״א, יכול לערב בעיו״ט, ולהתנות שיהיה לעירוב אף ליו״ט אחר אם יתקיים, [הרא״ש לטעמא דרב אשי, והכי נקטינן כמו שמסיק ב״י, דאף ליו״ט אחר שרי, וכ״ש לאותו יו״ט לימים האחרונים], דאף דנמצא שהניח העירוב זמן רב קודם יו״ט ההוא, לא איכפת לן, כיון דעכ״פ כבר התחיל להכין לשבת ההוא מזמן קודם בימות החול, **וי״א** דמצותו להניחו דוקא בערב אותו יו״ט שבא להתיר לבשל בו, ואפילו אם הניח ב׳ או ג׳ ימים מקודם לא מהני, [כל בו בשם רבנו נתנאל], **והכריע** המחבר, דלכתחלה צריך להחמיר כדעה זו, ובדיעבד סומכין על המקילין באיסור דרבנן, [**כ״כ** הנהר שלום ומאמ״ר וב״מ דזהו טעם המחבר, וכמו שמבואר בב״י, דחשש לדעת הכל בו, **והכל** בו אזיל ג״כ אף לרב אשי, וכמבואר בדבריו שכתב לכולהו אמוראי, **ודלא** כט״ז דמשמע מיניה דהחומרא הוא מפני סברת רבא כדי שיברור, דא״כ הלא אין מקום לחומרא זו, דהא קיימ״ל כרב אשי לגבי רבא].

(**דע**, **דיש עוד דעה שלישית בין הפוסקים, דליו״ט אחר אין יכולין לערב, אבל לאותו יו״ט, כגון שחל סוכות ביום ה׳, שיכול לומר עיו״ט שיהיה גם על שמיני עצרת, אכן המחמירים מחמיר אף בזה, וע״כ יש** להחמיר לכתחלה כפסק השו״ע).

באר הגולה

ח משנה שם ט ‹ע"פ הגר"א› י **הראב״ד בהשגות, וכתב הרב המגיד שסברא נכונה היא** ‹כן משמע במתני׳, דקאמר "אכלו או שאבדו לא יבשל עליו בתחלה", ד"בתחלה" לכאורה מיותר - גר"א›, ‹**דקמ"ל** דדוקא לבשל כעת בתחילה לשבת אסור, אבל מה שבישל כבר, יוכל להניח לשבת - דמשק אליעזר› יא ‹ע"פ הב"י והבאר הגולה› יב **כל בו בשם רבי נתנאל** ‹לכאורה אין זה שיטת הכל בו עצמו, דלדידיה לא מהני אף בדיעבד, אלא כמ"ש המ"ב דהוי הכרעה וכדמבואר בב"י, דלכתחילה חוששין לשיטת הכל בו›

(וגם משמע מב"י, דלדעת המחמירין, טוב לכתחלה לעשות התבשיל בעיו"ט גופא, ולא מקודם, אף שיניחו עיו"ט לשם עירוב, דכן דייק מלשון המשנה: ועושה תבשיל מעיו"ט וכו', **אכן** אם אין לו, בודאי כשר אף לכתחלה אם רק הניחו לשם עירוב).

[יג] **אבל בדיעבד יכול לסמוך עליו** - היינו כשהניח העירוב על יו"ט אחר, ולא נזכר לערב שנית בעיו"ט, סומך על עירוב זה לאפות ולבשל, **אבל** אם נזכר קודם יום טוב, צריך לערב שנית ולומר: בהדין עירובא, אבל לא יברך שנית.

(הנה הפוסקים לא ביארו, אם די בכזית אחד, או צריך כזית לכל יו"ט, ולכאורה מסברא נראה דלא מהני אף דיעבד, אא"כ יש בו שיעור כזית לכל יו"ט שיערב עליו, **דלא** דמי לעירובי חצרות, דכל זמן שהוא קיים הרי כולם משותפין בו, אבל כאן שתקנו שיכין תבשיל מעיו"ט, כדי שיאפה ויבשל על סמך זה, וא"כ כאן שרוצה לערב עתה גם על יו"ט אחר, צריך כזית יתירה בשביל אותו יו"ט, דהלא נחשב כאלו הכין ליו"ט ההוא ג"כ מהיום, ואיפה הכנתו אם לא יניח כזית יתירה בשביל יו"ט ההוא, **אכן** מלשון המחבר "על דעת לסמוך עליו", משמע דעל כזית גופא סומך, וכן נראה קצת מלשון הרא"ש, שכתב עירוב אחד לשבת זו ולשבת הבאה, **וביותר** נראה מירושלמי, שכתב: מערב אדם פת כביצה ותבשיל כזית, וסומך עליו עד מוצאי יו"ט האחרון, הרי משמע להדיא דעל כזית אחד סומך אף על יו"ט האחרון, **אם** לא שנחלק, דכל היו"ט עד יו"ט אחרון חשיב ליה כאחד, וא"צ להכנה יתירה, משא"כ מיו"ט לחבירו צריך על כל יו"ט כזית בפני עצמו, **היוצא** לן מדברינו, דבדיעבד יכול לסמוך על הירושלמי אף בזה, דדי בכזית אחד, אלא דמ"מ יש לדון, דאולי רק לאותו יו"ט, וכיון דמקור דין זה הוא מירושלמי, הבו דלא להוסיף עלה, **אבל** ליו"ט אחר, אף אם נקיל בדיעבד בעירוב שיערב עכשיו ליו"ט אחר, אפשר דצריך דוקא שיהיה עכ"פ כזית יתירה בשבילו, וצ"ע).

(**אכן** כ"ז אם מניח ואומר עכשיו "בהדין עירובא" בשעה שמניח "לכל היו"ט הבאים לפניו", **אבל** אם נשאר קיים הכזית, וחוזר ואומר "בהדין עירובא" באותו עיו"ט, פשוט דמהני אף בכזית אחד, דהשתא הוא עירוב חדש).

אות ד'* [יד]

מיום טוב לחול

רמב"ם פ"א מהל' יו"ט ה"ט - אין אופין ומבשלין ביום טוב מה שיאכל בחול, ולא הותרה מלאכה שהיא לצורך אכילה אלא כדי ליהנות בה ביום טוב; עשה כדי לאכול ביום טוב והותיר, מותר לאכול המותר בחול.

אות ה'

חלקהו חציו לה' וחציו לכם

סימן תקכט ס"א - [טו] מצות יו"ט לחלקו, חציו לבית המדרש, וחציו לאכילה ושתייה - דבחד קרא כתיב: עצרת תהיה לכם, ובחד קרא כתיב: עצרת לה' אלהיך, וע"כ אחז"ל דצריך לחלקו, חציו לה', דהיינו לתורה ותפלה, וחציו לכם, דהיינו לאכילה ושתיה בשביל עונג יו"ט, **וע"כ** יש לגעור בחזנים המאריכים יותר מחציו של יום, [**וכתב** המ"א בשם מהרש"ל, דמה שמאריכים החזנים בניגונים, אין זה בכלל חציו לה' וחציו לכם].

וכתבו הפוסקים, דכך הוא הדרך הנכון, בבוקר מקדימין לילך לבהכ"נ ולבתי מדרשות, ומתפללין וקורין בתורה בענינו של יום, ומתפללין מוסף, **וחוזרין** לבתיהם ואוכלין, והולכין לבתי מדרשות ושונין עד חצי היום, **ואח"כ** כשבא זמן מנחה מתפללין תפלה המנחה, וחוזרין לבתיהם להתענג בשמחת יו"ט שאר היום עד הלילה, כדי לקיים "חציו לכם".

באר הגולה

[יג] כדעת רא"ש לטעמה דרב אשי בעירוב תבשילין שם בגמרא ט"ו (וכתב הרא"ש: יראה דנ"מ בין אלו שני הטעמים, דלרבא צריך לערב דוקא בערב יו"ט כדי שיברור מנה יפה לשבת, ולרב אשי יכול לערב אפילו קודם ערב יום טוב - ב"י) [יד] (ע"פ מהדורת נהרדעא) [טו] ברייתא ביצה ט"ו ופסחים ס"ח וכרבי יהושע

אות ו'

אבל מי שהיה לו להניח עירובי תבשילין ולא הניח, פושע הוא

סימן תקכז ס"ז - [טז]מצוה על כל אדם לערב, [יז]ומצוה על כל גדול העיר לערב על כל בני עירו - וכן מצינו בש"ס שכמה גדולי האמוראים היו מדקדקים בזה, [**ולאו** דוקא גדול, אלא כל אדם יכול להקנות עירובו], **כדי שיסמוך עליו מי ששכח** - וכ"ז בפעם ראשון, אבל אם ברגל השני שכח עוד פעם, הוי כפושע, שניכר שאינו חרד לדבר מצוה, ודינו מבואר בסוף הסעיף, [**וכתבו** האחרונים, דה"ה אם שכח מחמת עצלות שלא מחמת טרדא, אפי' בפעם ראשון].

או נאנס, או שהניח עירוב ואבד - ולא אמרינן שבזה שעירב, גילה בדעתו שאינו רוצה לצאת בעירוב של גדול העיר.

(וכ"ה עם הארץ שאינו יודע לערב) (א"ז) - וה"ה אם חשב שיכולין לצאת בעירוב של גדול אפילו לכתחלה.

(**פשוט הוא**, דבין כשכולל עצמו בעירוב זה, ואומר: לי ולבני עירי, ומזכה בתבשילו להם חלק, בין כשכבר עירב, יכול לערב עליהם גם בפני עצמם, **אלא** דמספקא לי אם יכול לברך, כיון דאינו ידוע לו אם יצטרכו לזה, לפי דעת המחבר שכל אחד צריך לערב לעצמו, **ועוד** יש לעיין, אם כשכבר עירב לעצמו, ורוצה לערב בעד בני העיר, אם צריך תבשיל אחר, או שיכול לזכות להם בתבשיל שכבר עירב, כיון שעירוב אחד סגי למאה, ובתוס' ירושלים מסתפק בזה).

[יח]אבל מי שאפשר לערב ולא עירב, אלא שרוצה לסמוך על עירובו של גדול העיר, נקרא פושע ואינו יוצא בו - [יט]שאין החכמים מקנים עירובם למי שהוא יכול לעשות בעצמו ומתעצל, [ושום גדול אין רשאי לכוון להוציאם], **מפני** שתקנת חכמים היה שכל אחד ואחד יעשה עירוב תבשילין בעצמו, וכדי שיהיה זכור, שאם מיו"ט לשבת אסור לבשל, מכ"ש מיו"ט לחול, [שזהו עיקר הטעם שהצריכו חכמים ערוב תבשילין, וכדמבואר בש"ס], **ומיהו** לאו דוקא הוא בעצמו, דה"ה אם ממנה שליח נמי, דשלוחו של אדם כמותו, [וה"ה אם הגדול יאמר לו קודם שעשה שיסמוך עליו, ונתרצה], **ולא** בא אלא לאפוקי עירוב של גדול, שמכין מתבשילו ואינו נמלך בהם בשעת עשייתו, אלא מודיע להם ביו"ט שעשה עירוב ויכולין לסמוך עליו.

ודע, [כ]דהרבה פוסקים חולקים על זה, ולדידהו יכול כל אדם לסמוך לכתחלה על עירוב של גדול העיר, ואף הגדולים מכוונים בעירובם להקנות לכל אדם בכל אופן, **ואיזהו** שאינו יוצא בעירובם, זה שכל פעם עושה בעצמו, ואינו רוצה לסמוך על עירוב של הגדול, ואח"כ קרה ששכח כמה פעמים ולא עשה, בזה אין הגדול מוציאו, שהרי לא היה דרכו לסמוך על הגדול, **ואפשר** בדיעבד יש לסמוך אפוסקים אלו ולהקל, משום שמחת יום טוב.

באר הגולה

טז שם ט"ו | יז **מהא דאבוה דשמואל ורב אמי ורב אסי שם** ‹ט"ז› | יח **מעובדא דההוא סמיא שם** | יט [רא"ש וטור, וכן כתב האור זרוע בשם ריב"א, ומקור דבריהם הוא מפירוש רש"י, ‹דף ט"ז: ד"ה לדידך אסור, וז"ל: שאין דעתי על המזידים והפושעים שאינם חרדים לדברי חכמים›, וכמו דמבואר באור זרוע בהדיא, וכן מוכח משבלי לקט בדעת רש"י. **והנה** הבית יוסף עשה פלוגתא בין רש"י לרא"ש, ‹וז"ל: נראה {מרש"י} דטעמא משום דשמואל לא היתה דעתו על הפושעים, הא לאו הכי הוה מהני גם לפושעים›, **ולענ"ד** שאין שום פלוגתא ביניהם, וכדעת האור זרוע, שמכיון ששמואל לא הוציא הפושעים, מסתמא אין להוציאם, דזלזול הוא בתקנת חכמים שתקנו ערוב תבשילין, ושום גדול אין רשאי לכוון להוציאם] | כ ‹פירש הר"ן פושע את, דכיון דעציבת גלית אדעתך שאינך רוצה לסמוך בשל אחרים, ולא הנחת, ואף אני אין דעתי על הפושעים שאינם רוצים לסמוך עלי - ב"י›

§ מסכת ביצה דף טז. §

אות א'* [א]

כל מזונותיו של אדם קצובים לו מראש השנה

טור סימן תיט - ואיתא נמי בפסיקתא: כל מזונותיו של אדם קצובים לו מר"ה ועד ר"ה, חוץ ממה שמוציא בשבתות ויו"ט ור"ח וחוש"מ, ומה שהתינוקות מוליכין לבית רבן, אם מוסיף מוסיפין לו, ואם פוחת פוחתין לו - (והא דבגמרא לא קתני הוצאות ר"ח כדקתני בפסיקתא, איכא למימר דבכלל יום טוב הוא - ב"י, וכ"כ הג' מהר"ב רנשבורג).

[ב]**סימן תקכט ס"א - 'ואל יצמצם בהוצאת יו"ט** - שכל מזונותיו ויציאותיו של אדם קצובים לו מראש השנה, חוץ מהוצאות שבתות ויו"ט, שאם פיחת פוחתין לו, ואם מוסיף מוסיפין לו.

(**אבל בשאר הימים צריך כל אדם לצמצם בהוצאותיו – טור, ומקורו מהא דאיתא בגמרא: מזונותיו של אדם קצובים לו מראש השנה וכו', ופירש"י, ויש לו ליזהר מלעשות יציאה מרובה, שלא יוסיפו לו אלא מה שפסקו לו, עכ"ל, וזהו תוכחת מרובה על זמנינו, שבעוה"ר הרבה אנשים עוברין ע"ז, ולא ישימו לב איך להתנהג בהוצאות ביתם, להרחיק דברים המותרים, ורבים חללים הפילה הנהגה הרעה הזו, שמביאה את האדם לבסוף עי"ז לידי גזל וחמס, וגם לחרפה וכלמה, והרבה סיבות יש שגורמים להנהגה רעה הזו, והסיבה הגדולה שבכולן הוא ע"י הנשים שדעתן קלות, ואינן רואות הנולד, ואשרי למי שיאמץ לבבו ולא ישגיח לפיתויים, וינהל הוצאות ביתו בחשבון, כפי ערך הרוחתו ולא יותר).**

אות א'** [ד]

אמרו עליו על שמאי הזקן, כל ימיו היה אוכל לכבוד שבת

[ה]**כתיב** בתורה: זכור את יום השבת לקדשו, ודרשו בית שמאי שתהא זוכרו מאחד בשבת, נזדמן לך חלק יפה, תהא מתקנו לשבת, **ואמרו** על שמאי הזקן שכל ימיו היה אוכל לכבוד שבת, היה מוצא בהמה נאה, אומר: זו לשבת, מצא אחרת נאה הימנה, אוכל הראשונה ומניח השניה על שבת, נמצא שהאכילה היא כדי שתשאר היפה של שבת, **אבל** הלל הזקן מדה אחרת היתה בו, שהיה אומר: ברוך אדני יום יום יעמס לנו צרכנו, **והסכימו** הרבה פוסקים, שגם הלל מודה שכדברי בית שמאי עדיפא טפי, אלא שהיה בוטח בה' שבודאי יזמין לו לשבת מנה יפה משאר הימים, וכדי לחזק מדת בטחונו היה נוהג כן, **אבל** בשאר כל אדם שאין בטחונו חזק כ"כ, גם הוא מודה דכשמאי עדיפא טפי, **ופשיטא** בדבר שאינו שכיח לקנות, כשיזדמן לו דבר שלא יהיה נפסד, אזי יניח אותו לשבת - מ"ב סימן ר"נ ס"א.

אות א' – ב'

אלא תבשיל אבל פת לא

מידי דמלפת בעינן, ופת לא מלפתא, ודייסא נמי לא מלפתא

סימן תקכז ס"ד - 'צריך שיהא תבשיל זה דבר שהוא ראוי ללפת בו את הפת - כגון בשר ודגים וביצים, ושארי מיני לפתן מבושלים, שדרכן ללפת בהן את הפת. **לאפוקי דייסא** - היינו ריפות של שעורים שקורין גאגעלאך, שאין דרכן של בני אדם ללפת בהן את הפת, אלא אוכלין אותן בעצמן כדי לשבוע כמו פת, **ואפי'** במקומות שנוהגין ללפת בהן את הפת, בטלה דעתן אצל כל אדם, [מג"א, מגמ' דהני בבלאי דאכלי נהמא בנהמא וכו']. **ושארי** מיני קטניות תלוי במנהג המקומות, שבמקום שאין מלפתין בהן את הפת, אסור לערב בהן.

[**ונראה** דתפוחי אדמה שהסיר קליפתן, ובשלן יבשים, הוא מדברים שדרכן לאכלן בפני עצמן כדי לשבוע, ולא ללפת בהן את הפת, ואין מערבין בהן, וכן קטניות מבושלין יבשים שקורין ארבע"ס, או פולין שקורין בא"ב].

[**המ"א** וא"ר הביאו ממשמעות רש"י, שצריך להקפיד מן הדין שיהא דבר שאין רגיל לאכלו בכל יום, **ולא** העתקתי, כי לענ"ד קשה לומר כן, דמגמ' ושו"ע ס"ו לא משמע כן, דאטו עדשים הוא דבר שרגיל לאכלו רק בשבת, **וגם** נראה לומר דרש"י לא בא אלא לאפוקי לחם וכיוצא בו שאוכלין אותן רק כדי לשבע ולא ללפת בהן את הפת, דזה רגילין הכל לאכול אף בחול, משא"כ דברים שאוכלין אותן ללפת, בכולהו יכול לערב, שלא הכל אוכלין פתן בלפתן בחול. אח"כ מצאתי בנ"א שכתב ג"כ כדברינו].

מהרי"ל היה מניח הבשר על טעלער ולא על הגלוסקא, משום מיאוס, **וגם** לקח לחם שלם, והיה לוקח אותו אחר כך ללחם משנה, ובוצע עליו בסעודה שלישית, דכיון דאיתעביד ביה מצוה חדא, ליתעבד ביה מצוה אחרינא.

ואם עשה מפת לבד, לתבשיל בודאי לא מהני, ואם מהני לפת לחוד יש דעות בין הפוסקים, והאחרונים הסכימו, דלא מהני אף לפת, דעיקר העירוב נתקן מתבשיל. [**ונראה** דהם קיימי אליבא דהלכתא דקיי"ל דתבשיל לחוד סגי מעיקר הדין, **אבל** למאן דס"ל דצריך פת ותבשיל, מסתבר דפת לחוד מהני לפת, וכן משמע מהגר"א, דלדעתם תבשיל לחוד מהני לתבשיל, וה"ה איפכא פת לפת, **אלא** דלהלכה הלא קיי"ל דהעיקר הוא תבשיל לחוד, **אכן** בשבלי לקט, אף דס"ל נמי תבשיל לחוד, מ"מ הקל בפת לפת] - מ"ב ושעה"צ ס"ב

אות ג' – ד'

עדשים שבשולי קדרה סומך עליהן משום ערובי תבשילין, והני מילי דאית בהו כזית

שמנונית שעל גבי הסכין גוררו וסומך עליו משום ערובי תבשילין, והני מילי דאית בהו כזית

סימן תקכז ס"ה - 'עיין לקמן אות ו', ובדף ט"ז: אות ג'.

(המשך ההלכות בעמוד הבא)

באר הגולה

[א] (ע"פ מהדורת נהרדעא) [ב] (ע"פ הגר"א) [ג] (שם ט"ז א' - גר"א. **וז"ל** הב"י: אמר להם הקב"ה לישראל לוו עלי וקדשו היום והאמינו בי ואני פורע. **וכתב** המ"ב בסי' רמ"ב ס"א, דאין היתר למי שהשעה דחוקה לו, אלא דוקא כשאין לו משכונות ללות עליהם, ובלא משכון אין יכול להשיג, דאל"ה צריך ללות כדי שלא לבטל מצות עונג שבת. **והביא** השעה"צ דבעטרת זקנים משמע, דלא ילוה אא"כ הוא משער שיהיה לו במה לפרוע, וכתב וכנראה דהכל לפי הענין) [ד] (פשוט) [ה] (כן הוא לשון הגר"ז ממכילתא) [ו] **שם וכלישנא בתרא** [ז] (ואין השייכות מובן)

עין משפט נר מצוה

ז א ב מיי' פ"ו מהל' יו"ט הלכה ג סמג לאוין עה טוש"ע א"ח סימן תקכז סעיף ד:

ח ג ד מיי' שם טוש"ע שם סעיף ס ו:

ט ה מיי' פ"ו מהל' מאכלות אסורות הלכה טו סמג לאוין קמח טוש"ע י"ד סימן קיג סעיף יב:

י ו מיי' פ"ו מהלכות יו"ט הלכה ד סמג לאוין עה טוש"ע א"ח סימן תקכז סעיף ה:

כל מזונותיו של אדם קצובים לו מראש השנה (א) ועד יום הכפורים חוץ *) מהוצאת שבתות והוצאת י"ט והוצאת בניו לתלמוד תורה שאם פחת פוחתין לו ואם הוסיף מוסיפין לו א"ר אבהו מאי קראה תקעו בחדש שופר (*בכסא) ליום חגנו *איזהו חג שהחדש מתכסה בו הוי אומר זה ראש השנה וכתיב כי חק לישראל הוא משפט לאלהי יעקב מאי משמע דהאי חק לישנא דמזוני הוא דכתיב ואכלו את חקם אשר נתן להם פרעה מר זוטרא אמר מהכא הטריפני לחם חקי תניא אמרו עליו על שמאי הזקן כל ימיו היה אוכל לכבוד שבת מצא בהמה נאה אומר זו לשבת מצא אחרת נאה הימנה מניח את השניה ואוכל את הראשונה אבל הלל הזקן מדה אחרת היתה לו שכל מעשיו לשם שמים שנאמר ברוך ה' יום יום תניא נמי הכי בית שמאי אומרים מחד שביך לשבתיך ובית הלל אומרים ברוך ה' יום יום *א"ר חמא ברבי חנינא הנותן מתנה לחברו אין צריך להודיעו שנאמר ומשה לא ידע כי קרן עור פניו מיתיבי לדעת כי אני ה' מקדשכם אמר לו הקב"ה למשה מתנה טובה יש לי בבית גנזי ושבת שמה ואני מבקש ליתנה לישראל לך והודיע אותם מכאן אמר רבן שמעון בן גמליאל הנותן פת לתינוק צריך להודיע לאמו לא קשיא הא במתנה דעבידא לאגלויי הא במתנה דלא עבידא לאגלויי שבת נמי מתנה דעבידא לאגלויי מתן שכרה לא עבידא לאגלויי: אמר מר מכאן אמר רשב"ג הנותן פת לתינוק צריך להודיע לאמו *מאי עביד ליה שייף ליה משחא ומלי ליה כוחלא והאידנא דחיישינן לכשפים מאי אמר רב פפא שייף ליה מאותו המין א"ר יוחנן משום ר' שמעון בן יוחי כל מצות שנתן להם הקב"ה לישראל נתן להם בפרהסיא חוץ משבת שנתן להם בצנעא שנאמר ביני ובין בני ישראל אות היא לעולם אי הכי לא לענשו נכרים עלה שבת אודועי אודעינהו מתן שכרה לא אודעינהו ואי בעית אימא מתן שכרה נמי אודעינהו נשמה יתירה לא אודעינהו *דאמר ר' שמעון בן לקיש נשמה יתירה נותן הקב"ה באדם ערב שבת ולמוצאי שבת נוטלין אותה הימנו שנאמר שבת וינפש כיון ששבת ווי אבדה נפש: עושה אדם תבשיל מערב יום טוב: אמר אביי *לא שנו אלא תבשיל אבל פת לא מאי שנא פת דלא אילימא מידי דמלפת בעינן ופת לא מלפתא והא דייסא נמי דלא מלפתא דאמר ר' זירא *הני בבלאי טפשאי דאכלי נהמא בנהמא ואמר רב נחומי בר זכריה משמיה דאביי מערבין בדייסא אלא מידי דלא שכיח בעינן ופת שכיחא ודייסא לא שכיחא איכא דאמרי אמר אביי לא שנו *אלא תבשיל אבל פת לא מאי טעמא אילימא דמידי דלא שכיח בעינן ופת שכיחא והא דייסא לא שכיחא ואמר רב נחומי בר זכריה משמיה דאביי אין מערבין בדייסא אלא *מידי דמלפת בעינן ופת לא מלפתא ודייסא נמי לא מלפתא דאמר ר' זירא הני בבלאי טפשאי דאכלי נהמא בנהמא תני ר' חייא עדשים שבשולי קדרה סומך עליהן משום ערובי תבשילין וה"מ דאית בהו כזית אמר רב יצחק בריה דרב יהודה שמנונית שעל גבי הסכין גורדו וסומך עליו משום ערובי תבשילין והני מילי דאית בהו כזית אמר רב אסי אמר רב *דגים קטנים מלוחים אין בהם משום בשולי נכרים אמר רב יוסף ואם צלאן נכרי סומך עליהם משום ערובי תבשילין ואי עבדינהו נכרי כסא דהרסנא אסור פשיטא מהו דתימא הרסנא

רש"י

כל מזונותיו של אדם · כל מה שעתיד להשתכר בשנה שיהא זוכה מקצב לו כך וכך ישתכר בשנה זו ויש לו ליזהר מלעשות יציאה מרובה שלא יוסיפו לו שכר למזונות אלא מה שפסקו לו: חוץ מהוצאת שבתות · אותה לא פסקו לו מה ישתכר לצרכה ומהיכן תבואהו אלא לפי מה שרגיל ממציאים לו לשעה או לאחר שעה: מוסיפין לו · כלומר ממציאין לו שכר מועט: מאי קראה · שקוצבין מזונות בראש השנה: שהחדש מתכסה בו · שהלבנה מתכסה בו שאינה נראית לכל אדם אלא שחרית ליושבי מזרח וערבית ליושבי מערב כדאמר בר"ה (דף כ:) עשרים וארבע שעות מתכסה סיהרא: הוי אומר זה ר"ה · דהלו שאר ימים כבר נתמלאה הלבנה במקצת ונראית בכל מקום: בכסה ליום חגנו · אבחדש קאי תקעו בחדוש הלבנה שופר בשהוא מתכסה ביום חגנו: ואוכל את הראשונה · נמצא אוכלה לזו כדי שתהא היפה נאכלת בשבת דהויא לה אכילתה של הראשונה לכבוד שבת: לשם שמים · בוטח שתזדמן לו נאה לשבת: מחד שביך לשביך · מאחד בשבת שלך תן לבך לשבת הבאה: יום יום · יעמס לנו את צרכינו ועזרתנו: אינו צריך להודיעו · לומר שלא יהא זה יושב ותוהה מהיכן בא אליו דבר זה: ומשה לא ידע · אלמא נתן לו הקב"ה קרון עור פניו ולא הודיעו: לדעת כי אני ה' וגו' · רישיה דקרא אך את שבתותי תשמרו ומאי לדעת רוצה אני שתודיעם מה מתנה טובה אני מבקש ליתן להם: צריך להודיע את אמו · לעשות לו אות וסימן שאם יאכלנו קודם שיבא לאמו תראה את האות ותשאלנו מי עשה לך כך והוא יאמר פלוני וגם נתן לי פת ומתוך כך ידעו אביו ואמו שהוא אוהבם ותרבה אהבה ורעות בישראל: דעבידא לגלויי · כגון קרון פנים דמשה שהודיעוהו הרואין לא צריך הנותן להודיעו: ומלי ליה כוחלא · נותן כחול סביבות עיניו: לא (*ינעגשו) נכרים עלה · ואכן אשכחן* שחזר הקב"ה להעניש על התורה ועל המצות דכתיב וזרח משעיר למו הופיע מהר פארן (דברים לג) וכתיב אלוה מתימן יבא (חבקוק ג): נשמה יתירה · רוחב לב למנוחה ולשמחה ולהיות פתוח לרווחה ויאכל וישתה ואין נפשו קצה עליו: וינפש · דרשינן ליה ווי על הנפש שהלכה לה: לא שנו · דהוי ערוב: דמלפת · לפתן בעינן דמוכחא מלתא שעשוי לשבת: ופת לא מלפתא · הלכך לא מוכחא מלתא היא שהרי בכל יום יש לחם: שבשולי קדרה · שנשארו בלא מתכוין: סומך עליהם · מערב יום טוב לשם ערוב ולא אמרינן לא חשיבי ובטלי: גורדו · מערב יום טוב: אין בהם משום בשולי נכרים · שגזרו חכמים בבשולי נכרים משום חתנות ועל שנאכל כמו שהוא חי לא גזרו על בשולו דכיון שנאכל כמו שהוא חי אינו בשול דלא אהני מידי ולא נאכלין על ידי מלחן חיים: סומך ישראל עליהן · דהא שרו באכילה: כסא דהרסנא · מטוגן בשומן קרבי דגים ובקמח: אסירי · דקמח אין נאכל כמו שהוא חי לפיכך יש בו משום בשולי נכרים:

תוספות

כל מזונותיו של אדם קצובים כו' והוצאת בניו לתלמוד תורה · פר"י הכל נפקי מקראי דלעיל מזונותיו דשבת כדאמר לוו עלי ואני פורע תורה דכתיב חדות וחדות היא תורה דכתיב פקודי ה' ישרים משמחי לב (תהלים יט):

איזהו חג שהחדש מתכסה בו וכו' · פרש"י שהלבנה אינה נראית וקשה לפי' זה דהוה ליה למימר שהלבנה מתכסה לכך *פר"ת [שר"ח] מזומן בו כלומר שרגיל לבא בו וכסא לשון זמן כמו ליום הכסא יבא ביתו (משלי ז) ורבינו משולם פירש מתכסה שלא היה שעיר של ר"ח קרב בו והקשה רבינו תם דבתוספתא *קאמר דקחשיב (*ל"ז) שעירים בשנה וקא חשיב י"ב שעירים דראשי חדשים ולא מליט י"ב אם לא היה שעיר דר"ח דר"ה והשיב לו רבינו משולם דלא עלה על לבו לומר כן אלא היתה דעתו דלא מפרש קרא בהדיא של ראש חדש דראש השנה דכתיב בפינחס מלבד עולת החדש וחטאת לא הזכיר וי"מ מתכסה שאין מזכירין אותו במוסף דראש השנה ור"ת היה אומר אדרבה הואיל והיה קרב מזכירין אותו במוסף דראש השנה ותקן ר"ת לומר במוסף מלבד עולת החדש וגו' וכן תקן לומר שני שעירים כהלכתן וגו' שעיר אחד של ראש חדש ושעיר אחד של ר"ה:

אמר

[ועי' תוס' ר"ה ח: ד"ה שהחדש]

ר"ה ח. סנהדרין יא: ע"ש

[ל"ב]

[וע"ע תוספות עירובין מ. ד"ה זכרון ותוספות ר"ה ח: ד"ה שהחדש ועוד שם בתוספות לג. ד"ה אלימא]

[עי' תוספות לקמן יז: ד"ה אמר רבא]

רבינו חננאל

כל מזונותיו של אדם של כל השנה קצובין לו מראש השנה חוץ מהוצאת שבתות והוצאת ימים טובים והוצאת בניו לת"ת שאם פיחת פוחתין לו ואם הוסיף מוסיפין לו ואמרינן מהאי קרא תקעו בחדש וגו' כי חק לישראל הוא והאי חק מזונות הן כדכתיב הטריפני לחם חקי וכתיב ואכלו את חקם · שמאי הזקן היה אוכל כל ימיו לכבוד שבת · הלל הזקן מדה אחרת היתה בו שהיו כל מעשיו לשמים · ואומר ברוך ה' יום יום · תניא בש"א מחד שבא לשבתא · ובה"א ברוך ה' יום יום · הנותן

עין משפט נר מצוה

יא א ב מיי' פ"ו מהל' יו"ט הלכה ג סמג לאוין עה טוש"ע א"ח סימן תקכז סעיף ג :

יב ג מיי' שם הלכה ד טוש"ע שם סעיף ה:

יג ד ה מיי' שם הלכה ז טוש"ע שם סעיף ט:

יד ו מיי' שם טוש"ע שם ס"ז :

טו ז מיי' פ"ו שם הלכה טו ופ"ח מהלכות עירובין הלכה יד סמג לאוין עה טוש"ע א"ח סימן תקכח ס"ב :

גמרא

הרסנא עיקר קמ"ל קמחא עיקר אמר ר' אבא א ערובי תבשילין צריכין כזית איבעיא להו כזית אחד לכלן או דלמא כזית לכל אחד ואחד ת"ש דאמר רבי אבא אמר רב ב ערובי תבשילין צריכין כזית בין לאחד בין למאה: תנן אכלו או שאבד לא יבשל עליו בתחלה שייר ממנו כל שהוא סומך עליו לשבת מאי כל שהוא לאו אע"ג דליכא כזית לא דאית ביה כזית: ת"ש *תבשיל זה צלי ואפילו כבוש שלוק ומבושל וקוליים האספנין שנתן עליו חמין מערב יו"ט תחלתו וסופו אין לו שיעור מאי לאו אין לו שיעור כלל לא אין לו שיעור למעלה אבל יש לו שיעור למטה אמר רב הונא אמר רב ג ערובי תבשילין צריכין דעת פשיטא דעת מניח בעינן דעת מי שהניחו לו בעינן או לא בעינן תא שמע ד דאבוה דשמואל מערב אכולה נהרדעא רבי אמי ורבי אסי מערבו אכולהו טבריא: ה מכריז רבי יעקב בר אידי מי שלא הניח ערובי תבשילין יבא ויסמוך על שלי ועד כמה אמר רב נחומי בר זכריה משמיה דאביי עד תחום שבת: ההוא סמיא דהוה מסדר מתניתא קמיה דמר שמואל חזייה דהוה עציב אמר ליה אמאי עציבת אמר ליה דלא אותיבי ערובי תבשילין אמר ליה סמוך אדידי לשנה חזייה דהוה עציב אמר ליה אמאי עציבת אמר ליה דלא אותיבי ערובי תבשילין אמר ליה פושע את לכולי עלמא שרי לדידך אסור ת"ר *יום טוב שחל להיות בערב שבת אין מערבין לא ערובי תחומין ולא ערובי חצרות רבי אומר מערבין ערובי חצרות אבל לא ערובי תחומין מפני שאתה אוסרו בדבר האסור לו ואי *אתה אוסרו בדבר המותר לו אתמר רב אמר ו הלכה כתנא קמא ושמואל אמר הלכה כרבי: איבעיא להו כרבי לקולא או לחומרא פשיטא דלקולא קאמר משום דשלח רבי אלעזר לגולה לא כשאתם שונין בבבל רבי מתיר וחכמים אוסרין אלא רבי אוסר וחכמים מתירין מאי תא שמע דרב תחליפא בר אבדימי עבד עובדא כותיה דשמואל ואמר רב תחלת הוראה דהאי צורבא מרבנן לקלקולא אי אמרת בשלמא לקולא קאמר היינו קלקולא אלא אי אמרת לחומרא מאי קלקולא איכא כיון דמקלקלי בה רבים

היינו

רש"י

סרסנא עיקר · שומן הדגים : **בין לאחד בין למאה** . די להם בכזית : **לא דאית ביה כזית** · ולגבי ככר שלם קרי ליה כל שהוא: **תבשיל זה** · של ערוב : **כבוש** · בחומץ ובחרדל ומיני ירקות : **שלוק** · מבושל הרבה מאד : **מבושל** · כהלכתו : **קוליים האספנין** · דג מליח הוא ורך ונאכל כמו שהוא חי אלא שנותנין עליו חמין וזה בשולו כדתנן במסכת שבת (דף לט.) שהדחתו זו היא גמר מלאכתו : שנתנו עליו חמין גרסינן שנתנו לו מערב יו"ט בשול הראוי לו : **תחלתו** · כשעשה התבשיל אין לו שיעור כמה יהא בו : **סופו** · אכלו או שאבד ושייר ממנו קצת : **מאי לאו אין לו שיעור כלל** · לא לרב ולא למעט : **לא אין לו שיעור למעלה** · לומר שלא יוסיף בו על כך וכך : **למטה** · לא יפחות מכזית : **צריכים דעת** · שידעו שלשם כך נעשו ורב הונא לא פירש דעת מי ומפרשינן לה אנן ואמרינן הא ודאי פשיטא לן דכי אמר רב הונא צריכים דעת דעתו דמניח מיהא בעי דלהוו עדיף שעושהו לשם כך מיהו מבעיא לן דעת מי שהניחו לצרכו כגון דעשאו זה לצורך חברו כלום צריך שימלך בו תחלה לעשותו על פיו : **עד תחום שבת** · ולעומדים חוץ לתחום לא היה דעתו של מניח עליהם ולא עלו על לבו לזוכרן : **מסדר מתניתא** · שהיה יודע משניות בגרסא ומחזר עליהן לפני מר שמואל שהיו סדורות בפיו כעיקרן : **סמוך אדידי** · דמערבנא אכולה נהרדעא שהיא עירו : **לשנה** · לשנה אחרת *ולאשנה השנה היה שאין יכול להניח ולהתנות : **לדידך אסור** · שאין דעתי על המזידין והפושעים שאינם חרדים לדברי חכמים : **לא ערובי חצרות** · לטלטל מחר דערוב כמתקן דבר : **שאתה אוסרו בדבר האסור לו** · כח יש בידך לאסור עליו מלעשות לצורך מחר דבר שהוא אסור בו ביום והיינו תחומין שאף ביו"ט אסור לצאת מן התחום : **ואי אתה אוסרו** · אין כח בידך לאסור לו מלתקן למחר דבר שהוא מותר בו ביום ואסור טלטול חצרות ליתיה ביום טוב : **משום דשלח רבי אלעזר כו'** · לפיכך הוצרכו לשאול לקולא קאמר שמואל או לחומרא משום דשלח ר' אלעזר לחומרא ואנו שונין דרבי לקולא לפיכך שואלים אנו שמואל שקבע הלכה כרבי היכי מתני לפלוגתייהו : **ואמר רב תחלת הוראה וכו'** · דרב פליג עליה ואמר הלכה כת"ק : **כיון דמקלקלי בה רבים** · שסומכין ומטלטלין בלא ערוב:

היינו

תוספות

אמר רבי אבא ערובי תבשילין צריך שיהא בהן כזית · וה' דינים יש בהלכות ערוב ערובי תחומין צריך שתי סעודות לכל אחד ואחד והכי מסיק בהדיא בעירובין (דף פ:) ערובי חצרות צריכין כגרוגרת לכל אחד ואחד והכי מסיק בהדיא בעירובין (דף פב:) עד שיהא ב' סעודות ואם יש שם מזון ב' סעודות אינו צריך יותר ואפילו מאה יכולין לסמוך עליו ערובי תבשילין בין לאחד בין למאה אינו צריך אלא כזית לכל מין ומין: [נעיין] **דגים** קטנים מלוחים אין בהם משום בשולי נכרים · דהא נאכלים כמו שהן חיין הואיל ומלוחים אבל אם לא היו מלוחים יש בהם משום בשולי נכרים ותימה דאמר במס' ע"ז פרק אין מעמידין (דף לח.) כל שאינו עולה על שלחן מלכים ללפת בו את הפת אין בו איסור משום בשולי נכרים וקאמר עלה כגון דגים קטנים וי"ל דהתם בקטנים טפי מיירי והכא מיירי בדגים שאין קטנים כל כך שפעמים שהן עולין על שלחן מלכים ללפת בו את הפת :

קמ"ל קמחא עיקר · מכאן אנו סומכין ליקח מן הנכרים פת הנלוש מן בצים שקורין קנגוי"ש ואובליאו"ש דמאי נחוש אי משום פת עצמו התירו חכמים אי משום ביצים שבלקו בה הא אמרינן קמחא עיקר ואין לחלק ולומר דשאני הכא לחומרא כלומר דקמחא שהוא מן שלקות שבבלילתו רכה אסור אבל בעלמא שהוא עב והוי מעשה תנור אף שהיתר עיקר לא אזלינן לקולא אי אפשר לומר כן דהא קאמר הכא מהו דתימא הרסנא עיקר כלומר היה לנו להתיר אלמא היכא דהיתר עיקר אזלינן בתריה אפי' לקולא אי לאו דאסיק דקמחא עיקר ואין לחוש שמא הביצים מעופות טמאים דהא אנן מוינן ביניה ושמא יש בהם ביצים רובם אין בהם דם ומה שבודקים הביצים בשעה שמשימין אותם ברוטב אם יש בהן דם זהו חומרא בעלמא דהא אם לא בדקו מותרין וגם אין לחוש משום ביצי נבלות או מטרפות משום דאזלינן בתר הרוב וא"ת והא יש לחוש שמא נלושו בביצים טרופות דאמר בחולין (דף סד. ושם) דאין לוקחין ביצים טרופות מן הנכרי וי"ל ה"מ בעינייהו משום דאית בהו ריעותא דמוכחא מלתא ממה שהן טרופות דמנבלות וטרפות אתו ובנהו ישראל לנכרי אבל הכא שנלושו דליכא שום ריעותא לא חיישינן לשום דבר ויש לומר שנלושו מבילים שלמות ומיהו פסטי"ץ של דגים שאפאו נכרי אין להתיר דיש בהם משום בשולי נכרים הואיל ונבלע שומן הדגים בתוך העיסה והדגים אסורין משום בישולי נכרים א"כ אף העיסה שמבחוץ אסורה ונעשה כולו בשולי נכרים אע"פ שהעיסה אין בה משום ב"נ דהא התירו את הפת וגם מה שנבלע בה אינו בעין מ"מ קודם שנבלע בעיסה היה בעין והיה נאסר ונמצא שהעיסה *נלושה מן האיסור דרבנן ויש (א) שמסירין השומן ואוכלים אותן בכה"ג ואותן ניליי"ש מדלא מברכין עלייהו ברכת המוציא יש בהן משום ב"נ ומיהו אומר הר"ר יחיאל דאין בהם משום ב"נ כיון דדרך אפיית פת עביד להו ועוד דאי קבע סעודתיה עלייהו מברך ברכת המוציא אלמא פת ניהו* :

רבי אומר מערבין ערובי חצרות אבל לא ערובי תחומין · תימה הא רבי ס"ל בפרק בכל מערבין (עירובין דף לח: ושם) דשבת ויו"ט קדושה אחת היא וא"כ היכי מערבין ערובי חצרות מי"ט לשבת ויש לומר דאדרבה היינו טעמא הכא דרבי דהא דאית ליה קדושה אחת הן היינו בדבר האסור לעשות ביו"ט כגון תחומין אסור לעשותם ביו"ט בשביל שבת דהא קדושה אחת הן אבל בשביל שקדושה אחת היא לא אסרינן דבר המותר לעשות ביו"ט עצמו כגון לטלטל בחצרו לעשות ערוב בשביל שבת :

אין

רבינו חננאל

אמצלאו נכרי סומך עליהן משום עירובי תבשילין ואי עבדינהו נכרי כסא דהרסנא כלומר בישל הדגים הללו עם הקמח אסור משום בישולי נכרים מאי [טעמא] קמחא עיקר ולדברי הכל אינו נאכל כמות שהוא חי ועולה על שלחן [מלכים] לאכול בו פת ולא דמי לדייסא . אמר רב עירובי תבשילין צריכין דעת · אוקימנא ודאי המניח צריך לומר כי לפלוני ופלוני אני מערב כשמואל דהוה מערב אכולה נהרדעא ור' אמי ור' אסי מערבי אכולה טבריא · אבל דעת מי שהניחו א"צ להיות יודע בשעת עירוב אלא אפילו אח"כ ואפילו ביו"ט עצמו אם נודע לו שאחרים ערבו עליו מותר לו לבשל כר' יעקב בר אידי דהוה מערב ומוכיר הריני מערב זה על כל מי ששכח ולא עירב ואח"כ היה מכריז כל מי שלא עירב יבא ויסמוך על עירוב שלי ואמרינן עד כמה ואסיקנא עד כדי תחום שבת בא ושאלו וסומך עליו וכההוא סומא דאמר ליה מר שמואל ביו"ט קא סמוך אדידי בשנה אחרת נמי חזייה עציב וא"ל פושע הוא לב"ע שרי וליה אסור *)איקימנא להא מתניתא הכי: ת"ר יו"ט שחל בע"ש אין מערבין לא עירובי תחומין ולא עירובי חצרות דברי רבי וחכמים מתירין וכן שלח ר' אלעזר לגולה ואסיקנא הלכה כרבי דאמר שאין מערבין למאי דתנינן אין מערבין עירובי תחומין ביו"ט שאתה אוסרו בדבר האסור לו כו' · כלומר ביו"ט דאסור לצאת חוץ לתחום כן לערב ביו"ט לצאת בשבת חוץ לתחום אסור אבל טלטול בחצרות שמותר ביו"ט יש לו לערב ביו"ט כדי לטלטל בשבת אע"ג דסתבבר טעמיה והלכתא כרבי שאין מערבין לא לתחומין ולא לחצרות : *) ת"ר יו"ט שחל בשבת [וכו'] בה"א מתפלל ז' מתחיל בשל שבת ומסיים בשל שבת ואומר קדושת היום באמצע פי' מתפלל ג' ראשונות וג' אחרונות ואומר אתה בחרתנו באמצע מתחיל בשל שבת ואומר ותתן לנו ה' אלהינו את יום המנוח ומסיים בשל שבת בשמחה ובששון הנחלתנו ושבתות ומועדי קדשך · רבי אומר אף חותם בה מקדש ישראל והשבת והזמנים ותרציה רבינא הכי מקדש השבת וישראל והזמנים דשבת לאו ישראל מקדשי לה דהא מיקדשא וקיימא · אמר רב יוסף הלכתא כרבי דחותם בה וכדמתרץ רבינא ברוך מקדש השבת

*) שייך לדף י"ז ע"א

*) אוקימנא להא מתניתא הכי' שייך למעט אמר וחכמים מתירין .

מסורת הש"ס

[ודף קמה:]

[תוספתא פ"ב]

[תוספתא שם]

[ועיין תוספ' כתובות ז. ד"ה מתוך]

נ"א נלושה ועיין רש"ל

[ועי' תוספות ע"ז מ. ד"ה אמר רבא והו' חולין סד. ד"ה סימנין]

הגהות הב"ח

(א) תוס' ד"ה קמ"ל וכו' ויש שמסירין השומן · נ"ב ס"א ויש שמסירין השומן:

גליון הש"ס

רש"י ד"ה לשנה · ור"ה סיס · עיין תשובת ח"ס סימן קי"ל:

סימן תקכז ס"ו - [ח]**סומך מערב יו"ט אפילו על עדשים שבשולי קדרה, וכן על שמנונית שנדבק בסכין וגררו, והוא שיהא בו כזית** - ר"ל אע"פ שנשארו העדשים שם בלא מתכוין, הואיל ומבעו"י סמך עליהן, **ולא** אמרינן דמיגו דלא חשיבי בטלי אגב קידרא, אלא גורגן מעיו"ט ומחשבן לכך, ואומר עליהן: בהדין עירובא וכו', וכן שמנונית שעל הסכין, **וכ"ז** דוקא אם דרך באותו מקום ללפת הפת עם עדשים.

וכ"ז דוקא אם אין לו תבשיל אחר, אחרונים, **ופשוט** דזה דוקא לענין עדשים שבשולי קדרה, דהוא קצת ביזוי מצוה, אבל תבשיל גמור של עדשים, לא גריעא משאר תבשיל, ואפילו לא נתבשלו מתחלה לשם כך, (**אכן הב"ח** כתב טעם אחר, דהוא משום שלא נתבשל לשם כך, דלכתחלה מצוה מן המובחר לעשות תבשיל בכוון לשם עירוב, (**ואולי** אם רק בישל לצורך שבת סגי, ושאני אלו שלא נתבשלו כלל לצורך שבת), **וכ"ז** למצוה מן המובחר בעלמא, אבל העירוב כשר אף אם לקח דברים שלא נתבשלו לצורך זה).

אות ה'

דגים קטנים מלוחים אין בהם משום בשולי נכרים

יו"ד סימן קיג ס"ב - **דגים קטנים שמלחן ישראל או עובד כוכבים, הרי הן כמו שנתבשלו מקצת בישול, ואם צלאן עובד כוכבים אחר כן, מותרים** - [דכיון שנאכלין כמות שהן חיין על ידי המליחה, אין בהם משום בישול עכו"ם, ועל המליחה תחילה לא גזרו, שלא גזרו רק בבישול שעל ידי האש - ט"ז].

אות ו'

ואם צלאן נכרי, סומך עליהם משום ערובי תבשילין

סימן תקכז ס"ה - [ט]**וכן סומך על תפוחים מבושלים, (וה"ה שאר פירות מבושלים)** - (ע"ל בסי' קע"ז ס"א, דמוכח שם דפירות אין דרך ללפת בהן הפת, דלהכי צריך ברכה לאוכל אותן בתוך הסעודה, **אכן** הכא מיירי בידוע שדרך אותו מקום ללפת בהן הפת).

[י]**ועל דגים קטנים שבישלן** - או צלאן, גמ', והיינו אפילו היו מלוחים בתחלה, דראויין היו לאכלן חיים, ואין צריכין בישול, הו"א דלא נחשב בישולן לכלום, קמ"ל, **ורבותא** זו היא גם כן לענין תפוחים מבושלין, אף דראוי היה לאכלן חיים.

---

§ מסכת ביצה דף טז: §

אות א' - ב'

ערובי תבשילין צריכין כזית

ערובי תבשילין צריכין כזית בין לאחד בין למאה

סימן תקכז ס"ג - [א]**שיעור תבשיל זה כזית, בין לאחד בין לאלפים** - ומשום הידור מצוה יקח לחם שלם, וחתיכת בשר או דגים חשובה.

בין בתחלתו בין בסופו - לכאורה ק"ו הוא, אם בתחלתו סגי בכזית, כ"ש אם היה יותר ונשאר כזית, **אלא** בא לאשמעינן, דאף בסופו לא סגי בפחות מכזית.

הגה: [ב]**ויש מצריכין לכתחלה בפת כביצה (א"ז בשם הירושלמי), וכן נוהגין לכתחלה** - האי לכתחלה הוא רק קודם שעושה העירוב, אבל אם כבר עשה, א"צ לחזור ולעשות.

אות ג'

תבשיל זה צלי ואפילו כבוש שלוק ומבושל, וקולייס האספנין שנתן עליו חמין מערב יום טוב

סימן תקכז ס"ה - [ג]**תבשיל זה שאמרו, אפילו צלי** - ודוקא צלי ממש, אבל מליח, אף שהוא חשיב כרותח דצלי, אפ"ה אין מערבין, וגרע מכבוש דלקמיה, [רש"ל ומ"א וחמ"מ והגר"ז וח"א, **דלא** כחכ"צ המובא בשע"ת שמיקל בשעת הדחק בהערינ"ג דמדמי לכבוש, **אבל** המ"א מחלק, דכבוש הוא כמבשל, ומליח אינו אלא כרותח, **וכן** מוכרח לחלק, דדגים קטנים מלוחים מוכח בש"ס [ד]לגירסת רש"י ותוס', דאין מערבין בהן עד שצלאן, ובכבוש מבואר דמערבין], **ולכן** אין מערבין בדגים מלוחים שקורין הערינ"ג, אף שהוא ראוי לאכילה כמו שהוא חי, **אכן** אלו המונחים בשולי החביות שכבושין הן בציר, יש להם דין כבוש, ומערבין בהן.

אפילו שלוק - מבושל הרבה יותר מכפי צרכו, **אפילו כבוש** - דכבוש כמבושל חשיבי, **ושיעור** כבישה במים ושאר משקין, הוא מעל"ע, **ובחומץ** וציר, אם רק נשרה כדי שיתננו על האור ויתחיל להרתיח, חשוב כמבושל, **וכ"ז** אם ראוי לאכילה ע"י הכבישה, **או מעושן** - וזה נמי כשראוי לאוכלו בזה.

אפי' מין דגים קטנים שהדיחן במים חמים, והדחתן הוא בישולן לאכילה - היינו קולי"ס האיספנין שבש"ס, שרכין הן, ובמים חמין נגמרין לאכילה, וחשיבי בישול לדידה, [**ולרש"י** גם מלוחין הן, וזה לא היה מועיל אלא משום הדחתן בחמים, שעל ידי שהם רכים נגמר בישולן על ידי הדחה], **הרי זה סומך עליהם.**

באר הגולה

[ח] שם תני רבי חייא [ט] הג' מיימוני בשם סמ"ג מהירושלמי נדרים [י] משמעות דברי רב יוסף שם <היינו לכאורה דבשלן הוי בפירוש, צלאן הוי משמעות> [א] שם בגמרא ט"ז כרבי אבא וכרב [ב] <כתב המרדכי שם דאיתא בירושלמי, עירובי תבשילין כך הם, פת כביצה ותבשיל כזית והא דקאמר פת כביצה ותבשיל כזית, פליג אתלמודא דידן (טז:) דמשמע שיעור כזית, ולא מפליג בין פת לתבשיל, עד כאן - ב"י> [ג] ברייתא שם [ד] <דהרי"ף גורס דגים קטנים אין בהם משום בשולי נכרים, ולא גורס מלוחים, וא"כ לא מוכח מידי לענין דגים מלוחים אם מערבין בהם>

אות ד' – ה'

ערובי תבשילין צריכין דעת

דאבוה דשמואל מערב אכולה נהרדעא, רבי אמי ורבי אסי מערבו אכולהו טבריא

סימן תקכז ס"ט - [ה]דעת מניח בעינן, שיכוין להוציא לאחר - לכאורה מילתא דפשיטא הוא, שהרי אינו מוציא עד שיזכה ע"י אחר, ואפשר דמשום סיפא "דאבל דעת" וכו' נקט לה, **ועוד** אפשר לומר, דנקט לה להיכא שמוציא בסתם, דלא מהני אלא לבני אדם הנכללים מסתמא בלשונו, דהיינו מי שהוא בתוך התחום, וכעין ההיא דסעיף הקודם, [וכן משמע בפי' ר"ח, ע"ש, ‹וז"ל: אוקימנא ודאי המניח צריך לומר כי לפלוני ופלוני אני מערב, כשמואל דהוה מערב אכולה נהרדעא ור' אמי ור' אסי מערבי אכולה טבריא›, **אכן** מרש"י משמע שמפרש בש"ס, "פשיטא דדעת מניח בעינן", אמניח ערוב בעדו, והכונה, דצריך להכין התבשיל לשם ערוב].

[ו]אבל דעת מי שהניחו בשבילו לא בעינן בשעת הנחה, רק שיודיעוהו ביו"ט קודם שיתחיל לבשל לצורך השבת - כלומר אם נודע לו ביו"ט שהניחו עירוב בעדו, מותר לו לבשל, אע"ג שלא נמלכו עמו בעת הנחה, דא"צ דעתו כלל, **ולשון** "רק שיודיעוהו" דקאמר, הוא כדי שידעו שיכולים לבשל לשבת.

הגה: [ז]ואם דרך הגדול להניח עליהם, סומכין עליו מסתמא (ר"ן) - אותן ששכחו או נאנסו, דבודאי עירבו בעד כולם, ואע"ג שלא הוכרז.

ויש מהאחרונים שרצו לומר, לדידן שבנוסח ברכת עירוב תבשילין הוא: לנו ולכל הדרים בעיר הזאת, כל מי ששכח יכול לסמוך דודאי עירבו בעדו, **וחלקו** עליהם, שאין הנוסח מועיל כלום כל זמן שלא זיכו להם על ידי אחר בתבשיל, וכדלקמן בס"י, ואין רוב בני אדם יודעים זאת ואינם מקנים כלל, וע"כ אי אפשר לסמוך ע"ז על סתם בני אדם, אא"כ יודעים בבירור שהקנו להם.

אות ו'

מכריז רבי יעקב בר אידי, מי שלא הניח ערובי תבשילין יבא ויסמוך על שלי; ועד כמה, אמר רב נחומי בר זכריה משמיה דאביי עד תחום שבת

סימן תקכז ס"ז - [ח]מצוה על כל אדם לערב, [ט]ומצוה על כל גדול העיר לערב על כל בני עירו - וכן מצינו בש"ס שכמה גדולי האמוראים היו מדקדקים בזה, [**ולאו** דוקא גדול, אלא כל אדם יכול להקנות עירובו].

כדי שיסמוך עליו מי ששכח - וכ"ז בפעם ראשון, אבל אם ברגל השני שכח עוד פעם, הוי כפושע, שניכר שאינו חרד לדבר מצוה, ודינו מבואר בסוף הסעיף, [**וכתבו** האחרונים, דה"ה אם שכח מחמת עצלות שלא מחמת טרדא, אפי' בפעם ראשון].

או נאנס, או שהניח עירוב ואבד - ולא אמרינן שבזה שעירב, גילה בדעתו שאינו רוצה לצאת בעירוב של גדול העיר.

(וכ"ה עם הארץ שאינו יודע לערב) (מ"א) - וה"ה אם חשב שיכולין לצאת בעירוב של גדול אפילו לכתחלה.

(**פשוט הוא, דבין כשכולל עצמו בעירוב זה, ואומר: לי ולבני עירי, ומזכה בתבשילו להם חלק, בין כשכבר עירב, יכול לערב עליהם גם בפני עצמם, אלא דמספקא לי אם יכול לברך, כיון דאינו ידוע לו אם יצטרכו לזה, לפי דעת המחבר שכל אחד צריך לערב לעצמו, ועוד יש לעיין, אם כשכבר עירב לעצמו, ורוצה לערב בעד בני העיר, אם צריך תבשיל אחר, או שיכול לזכות להם בתבשיל שכבר עירב, כיון שעירוב אחד סגי למאה, ובתוס' ירושלים מסתפק בזה**).

[י]אבל מי שאפשר לערב ולא עירב, אלא שרוצה לסמוך על עירובו של גדול העיר, נקרא פושע ואינו יוצא בו - [יא]שאין החכמים מקנים עירובם למי שהוא יכול לעשות בעצמו ומתעצל, [ושום גדול אין רשאי לכוון להוציאם], **מפני** שתקנת חכמים היה שכל אחד ואחד יעשה עירוב תבשילין בעצמו, וכדי שיהיה זכור, שאם מיו"ט לשבת אסור לבשל, מכ"ש מיו"ט לחול, [שזהו עיקר הטעם שהצריכו חכמים ערוב תבשילין, וכדמבואר בש"ס], **ומיהו** לאו דוקא הוא בעצמו, דה"ה אם ממנה שליח נמי, דשלוחו של אדם כמותו, [וה"ה אם הגדול יאמר לו קודם שעשה שיסמוך עליו, ונתרצה], **ולא** בא אלא לאפוקי עירוב של גדול, שמכין מתבשילו ואינו נמלך בהם בשעת עשייתו, אלא מודיע להם ביו"ט שעשה עירוב ויכולין לסמוך עליו.

ודע, [יב]דהרבה פוסקים חולקים על זה, ולדידהו יכול כל אדם לסמוך לכתחלה על עירוב של גדול העיר, ואף הגדולים מכוונים בעירובם להקנות לכל אדם בכל אופן, **ואיזהו** שאינו יוצא בעירובם, זה שכל פעם עושה בעצמו, ואינו רוצה לסמוך על עירוב של הגדול, ואח"כ קרה

באר הגולה

[ה] **פשוט שם** [ו] **שם מהא דמכריז רב יעקב בר אידי** [ז] ‹מאבוה דשמואל ורב אמי ורב אסי לא הוו מכרזי, ור' יעקב לא היה דרכו להניח עליהם – גר"א› [ח] **שם ט"ו** ‹איכא דאמרי מי שלא היה לו להניח עירובי תבשילין, אבל מי שהיה לו להניח עירובי תבשילין ולא הניח, פושע הוא› [ט] **מהא דאבוה דשמואל ורב אמי ורב אסי שם** [י] **מעובדא דההוא סמיא שם** [יא] [רא"ש וטור, וכן כתב האור זרוע בשם ריב"א, ומקור דבריהם הוא מפירוש רש"י, ‹דף ט"ז: ד"ה לדידך אסור, וז"ל: שאין דעתי על המזידים והפושעים שאינם חרדים לדברי חכמים›, וכמו דמבואר באור זרוע בהדיא, וכן מוכח משבלי לקט בדעת רש"י. **והנה** הבית יוסף עשה פלוגתא בין רש"י לרא"ש, ‹וז"ל: נראה {מרש"י} דטעמא משום דשמואל לא היתה דעתו על הפושעים, הא לאו הכי הוה מהני גם לפושעים›, **ולענ"ד** שאין שום פלוגתא ביניהם, וכדעת האור זרוע, שמכיון ששמואל לא הוציא הפושעים, מסתמא אין להוציאם, דזלזול הוא בתקנת חכמים שתקנו ערוב תבשילין, ושום גדול אין רשאי לכוון להוציאם] [יב] ‹פירש הר"ן פושע את, דכיון דעציבת גלית אדעתך שאינך רוצה לסמוך בשל אחרים, ולא הנחת, ואף אני אין דעתי על הפושעים שאינם רוצים לסמוך עלי – ב"י›

ששכח כמה פעמים ולא עשה, בזה אין הגדול מוציאו, שהרי לא היה דרכו לסמוך על הגדול, **ואפשר** בדיעבד יש לסמוך אפוסקים אלו ולהקל, משום שמחת יום טוב.

[יג]סימן תקכז ס"ח - [יד]כשמערב על אחרים, אינו צריך לפרט - בשעה שמזכה ע"י אחר, **אלא מניח בכלל על כל בני העיר, [טו]וכל מי שהוא בתחום העיר יוצא בו** - וה"ה באמירת הנוסח, יאמר: לי ולכל מי שלא עשה עירוב.

הגה: [טז]אבל מי שהוא חוץ לתחום, אינו יוצא בו, אפילו הניח עירוב תחומין ויכול לבא לכאן - דמן הסתם אין דעתו של אדם להקנות אלא למי שהוא בעירו, או בתחום אלפים.

אא"כ התנה עליו המניח בהדיא (המגיד) - ומיהו אם לא הניח עירוב תחומין, לא מהני תנאו, שהרי אינו יכול לבא וליקח.

אות ז'

הלכה כתנא קמא

סימן תקכח ס"ב - [יז]יום טוב שחל להיות בע"ש, אין מערבין לא עירובי חצרות ולא עירובי תחומין - דמחזי כמתקן לצורך מחר, **(אפילו אם הניח ערוב תבשילין) (ר"ן)** - דעירובי תבשילין אינו מתיר אלא לתקן צרכי סעודה לצורך מחר.

ואם הניח עירובי חצירות מערב יום טוב לשם יו"ט, ועדיין העירוב קיים, [דשתי קדושות הן], סומך עליו גם לשבת.

באר הגולה

[יג] ‹ע"פ הבאר הגולה› [יד] **מהא דאבוה דשמואל ורב אמי ורב אסי** [טו] **שם בגמרא** [טז] ‹עיין רש"י שם ד"ה עד תחום כו' - גר"א›

[יז] **מסקנא דגמרא ביצה ט"ז** ‹והנה לעיל בגמ' (י"ב. ע"ש באות ג', דפסק השו"ע בסי' תקכ"ח ס"א: דיו"ט א"צ עירובו חצירות ושיתופי מבואות. והביא שם המ"ב, דמדברי הרמ"א מוכח דס"ל דיש דין עירובי חצירות ביו"ט), הבאנו שם מחלוקת הראשונים לגבי טלטול מחצר לחצר, דדעת הרי"ף והרא"ש שם דאף דאיכא איסור הוצאה שלא לצורך כלל, מ"מ כ"ז הוא דוקא ברה"י ורה"ר דאורייתא, אבל בטלטול מחצר לחצר שרי גם בלא צורך כלל. וכן הוא משמעות דברי רש"י בסוגיין, שכתב (בד"ה ואי אתה אוסרו) ואיסור טלטול חצרות ליתיה ביום טוב, ומשמעות דבריו דהוא דין מיוחד דליכא איסור טלטול חצירות ביום טוב. **מיהו** מייתינן שם עוד דעת הרשב"א, דס"ל דאיכא איסור טלטול מחצר לחצר שלא לצורך, והריטב"א דמוסיף דאף אין מועיל ביה עירובי תבשילין. **ויש** להקשות דבשלמא לדעת הרי"ף אתי שפיר בסוגיין דחשיב דאינו מתקן כלל לצורך יום טוב, דהא שרי להוציא מחצר לחצר בלא צורך, וגם להריטב"א אינו מתקן דלא מהני עירוב חצירות להתיר את הטלטול. **אבל** לדעת הרשב"א דאיכא איסור לטלטל שלא לצורך ומועיל עירוב חצירות להתיר הטלטול, אמאי לא ייחשב כמתקן בהך עירוב, דמתיר לטלטל על ידו בלא לצורך כלל. **ונראה** לבאר בזה, דכיון דעיקר הכוונה שעושה את העירוב הוא להוצאות שהם לצורך יום טוב, דלהוציא שלא לצורך כלל אינו מצוי, ע"כ לא חשיב דמתקן בזה דבר האסור ביום טוב, וע"כ שרי לערב ביום טוב - הערות הגרי"ש אלישיב›

§ מסכת ביצה דף יז. §

אות א'

הלכה כרבי וכדתריץ רבינא

סימן תפז ס"א - ואם חל בשבת [א]אומר: "את יום המנוח הזה" - ומנהגנו לומר: "את יום השבת הזה", ונהרא נהרא ופשטיה, **"ואת יום חג המצות הזה", [ב]וחותם: "מקדש השבת וישראל והזמנים"** - וי"א שצריך לומר "ישראל" בלא וי"ו, ‹וכנוסח הש"ס - חק יעקב›, וכן הסכים המהרש"ל, **אבל** מנהגנו כהשו"ע.

ובדיעבד אם לא הזכיר רק "שבת" או "ישראל והזמנים" לבד, יש דעות בין האחרונים אם צריך לחזור או לא, **ועיין** בבה"ל שהכרענו, דאם לא הזכיר רק "שבת" לבד, (והתחיל "רצה"), בודאי אין לחזור הברכה משום זה, (**ואם** הזכיר רק "ישראל והזמנים" לבד, צ"ע למעשה. והיינו דבגמ' איתא מחלוקת ב"ש וב"ה בשבת ויו"ט, דלב"ש מתפלל שמונה, ולב"ה שבע, ופותח בשל שבת וחותם בשל שבת ומזכיר יו"ט באמצע, רבי אומר אף חותם בה מקדש השבת וישראל והזמנים, ומסקינן שם דהלכה כרבי, **וכתב** הכנה"ג, דבדיעבד אם חתם רק בשל יום טוב יצא, כיון שהזכיר שבת באמצע, **והפר"ח** ועוד כמה פוסקים חולקים עליו, דבין שהזכיר שבת לבד או יו"ט לבד לא יצא, כיון ששינה החתימה ממטבע שטבעו חכמים, **ולענ"ד** היה נראה לחלק, דאם דילג של שבת לא יצא, ואם דילג של יו"ט יצא, די"ל דאף לרבי דהוסיף לחתום אף בשל יום טוב, היינו רק לכתחלה, אבל בדיעבד אם לא חתם רק בשל שבת, מודה דיצא, דבודאי לא פליג על ב"ה, דעיקר נוסח הברכה היא רק לחתום בשל שבת, אלא דלכתחלה הוסיף אף בשל יו"ט, **ולפי"ז** יש חילוק בין שבת ויו"ט, דאם דילג בשל יו"ט, יצא, אבל דילג של שבת, לא יצא, דעיקר נוסח הברכה הוא של שבת, ומה שסיים בשל יו"ט לא הועיל כלום, וכאלו לא חתם כלל, דבודאי לא יצא, **אכן** הח"א כתב דבכל אופן יצא, ואסתייע זה מן הירושלמי, אמנם לענ"ד קשה לי טובא פירושו בירושלמי, ואף לפי פירושו אינו מוכרח דקיי"ל לדינא כן, וצ"ע למעשה).

אות ב'

ערבית ושחרית ומנחה מתפלל שבע, ואומר מעין המאורע בעבודה

סימן תכה ס"א - [ג]ר"ח שחל להיות בשבת, ערבית שחרית ומנחה מתפלל שבע ואומר "יעלה ויבא" בעבודה, [ד]ואינו מזכיר של שבת ב"יעלה ויבא" - שהרי כבר הזכיר שבת בברכה רביעית.

סימן תצ ס"ט - [ה]שבת שחל בחול המועד, ערבית שחרית ומנחה מתפלל כדרכו של שבת, ואומר "יעלה ויבא" בעבודה - ואומרים במנחה "ואני תפלתי", וקורין בסדר השבוע.

(**וכתב** בברכי יוסף בשם מהר"י מולכו, אם חתם בשחרית שבת וחוה"מ "מקדש השבת וישראל והזמנים", א"צ לחזור, **ואם** חתם "ישראל והזמנים" ולא הזכיר שבת, לא יצא, **ואם** תוך כדי דיבור חזר ואמר "מקדש השבת", יצא).

אות ג'

ואם לא אמר מחזירין אותו

סימן תצ ס"ב - [ו]יום ג' שהוא חוש"מ, ערבית ושחרית ומנחה מתפלל כדרכו, ואומר "יעלה ויבא" בעבודה, ואם לא אמרו מחזירין אותו; וכן מזכירו בברכת המזון, ואם לא אמרו אין מחזירין אותו - דדוקא בתפלה דלא סגי דלא יתפלל, וכיון שלא התפלל כראוי, יחזור, **דהיינו** אם נזכר לאחר שעקר רגליו חוזר לראש, ואם עד שלא סיים תפלתו חוזר ל"רצה", **משא"כ** בברכת המזון בחול המועד, דאי בעי לא אכיל דבר המחייב לבהמ"ז, שיאכל בשר ופירות, ע"כ אין מחזירין אותו בכל גווני.

אות ד'

ובמוספין מתחיל בשל שבת, ומסיים בשל שבת, ואומר קדושת היום באמצע

סימן תצ ס"ט - ובמוסף אומר סדר מוסף יום חוה"מ, אלא שמזכיר של שבת ואומר: ותתן לנו את יום המנוח הזה ויום חג המצות הזה, וכן אומר: את מוספי יום המנוח הזה ויום חג המצות הזה, וחותם: מקדש השבת [ח]וישראל והזמנים - (וכתב בר"י, שאם בסדר מוסף התפלל מוסף שבת לחוד, לא יצא).

ומפטירים: "היתה עלי" - האמורה לענין תחית המתים, והטעם, כי תחית המתים יהא בניסן, וגוג ומגוג בתשרי, ע"כ מפטירין בניסן "העצמות היבשות", ובתשרי "ביום בוא גוג".

סימן תכה ס"ג - ר"ח שחל להיות בשבת, כולל במוסף בברכה רביעית שבת ור"ח, וחותם: מקדש השבת וישראל וראשי חדשים - ואם חתם בשל שבת לבד, יצא בדיעבד, [**וזהו** אף למאן דפליג בההיא דסי' תפ"ז וס"ל דלא יצא, ‹ע"ל אות א' בבה"ל›, וכמ"ש בפר"ח שם, ‹שרק ביו"ט שתפלה זו מעיקר הדין, לא יצא, אבל בר"ח אין זה אלא לכתחילה, שהרי בשאר תפילות היום אינו חותם בר"ח›, **ועיין** במאמר מרדכי שמפקפק קצת על פסק זה], ‹שהריטב"א שם משמע, דאם לא חתם אלא באחד מהם לא יצא, ופשיטא שאין לדחות דברי הריטב"א מקמי דברי האחרונים›.

בסידורים כתוב בשבת ר"ח ובשאר ימים טובים, אחר שמסיים קרבן שבת יסיים: "זה קרבן שבת וקרבן היום כאמור", וכן כתב בסידור רב עמרם, **אכן** כמה פוסקים כתבו דהוי יתור לשון, וקמי שמים גליא, והוי הפסק, ולכן כתבו שאין לאומרו.

באר הגולה

[א] ביצה י"ז [ב] ברכות מ"ט ‹דמהתם מבואר מה דאינו נחשב חתימה בשתים› [ג] ברייתא ביצה י"ז עירובין מ' [ד] טור מרדכי בפ"ב דשבת [ה] ברייתא ביצה י"ז ועירובין מ' [ו] ברייתא שבת כ"ד [ז] ‹כצ"ל, דס"ב אין לו שייכות לכאן› [ח] כרבי דפליג את"ק, רש"י ותוס' שם והרמב"ם

היינו קלקולא אמר רבא אמר רב חסדא אמר רב הונא הלכה כרבי ולאסור תנו רבנן *יום טוב שחל להיות בשבת בית שמאי אומרים מתפלל שמנה [ואומר] של שבת בפני עצמה ושל יו"ט בפני עצמה וב"ה אומרים מתפלל שבע מתחיל בשל שבת ומסיים בשל שבת ואומר קדושת היום באמצע רבי אומר אף חותם בה *מקדש השבת ישראל והזמנים תני תנא קמיה דרבינא מקדש ישראל והשבת והזמנים אמר ליה אטו שבת ישראל מקדשי ליה והא שבת מקדשא וקיימא אלא אימא מקדש השבת ישראל והזמנים אמר רב יוסף *הלכה כרבי וכדתריץ רבינא: *ת"ר שבת *שחל להיות בר"ח או בחולו של מועד ערבית ושחרית ומנחה מתפלל שבע ואומר מעין המאורע בעבודה ואם לא אמר מחזירין אותו רבי אליעזר אומר בהודאה ובמוספין מתחיל בשל שבת ומסיים בשל שבת ואומר קדושת היום באמצע רשב"ג ורבי ישמעאל בנו של רבי יוחנן בן ברוקא אומרים כל מקום שהוזקק לשבע מתחיל בשל שבת ומסיים בשל שבת ואומר קדושת היום באמצע אמר רב הונא אין הלכה כאותו הזוג אמר רב חייא בר אשי אמר רב מניח אדם עירובי תחומין מיום טוב לחברו ומתנה אמר רבא *מניח אדם עירובי תבשילין מיום טוב לחבירו ומתנה מאן דאמר עירובי תחומין כל שכן עירובי תבשילין ומאן דאמר עירובי תבשילין אבל עירובי תחומין לא מאי טעמא דלמקני שביתה בשבתא לא תנו רבנן *אין אופין מיום טוב לחברו באמת אמרו ממלאה אשה כל הקדרה בשר אע"פ שאינה צריכה אלא לחתיכה אחת ממלא נחתום חבית של מים אע"פ שאינו צריך אלא לקיתון אחד אבל לאפות אינו אופה אלא מה שצריך לו ר' שמעון בן אלעזר אומר **ממלאה אשה כל התנור פת מפני שהפת נאפת יפה בזמן שהתנור מלא אמר רבא הלכה כרבי שמעון בן אלעזר איבעיא להו מי שלא הניח עירובי תבשילין הוא נאסר וקמחו נאסר או דלמא הוא נאסר ואין קמחו נאסר למאי נפקא מינה לאקנויי קמחו לאחרים אי אמרת הוא נאסר וקמחו נאסר צריך לאקנויי קמחו לאחרים ואי אמרת הוא נאסר ואין קמחו נאסר לא צריך לאקנויי קמחו לאחרים מאי תא שמע מי שלא הניח עירובי תבשילין הרי זה לא יאפה ולא יבשל ולא יטמין לא לו ולא לאחרים ולא אחרים אופין ומבשלין לו כיצד הוא עושה מקנה קמחו לאחרים ואופין לו ומבשלין לו ש"מ הוא נאסר וקמחו נאסר ש"מ איבעיא להו עבר ואפה מאי ת"ש מי שלא הניח עירובי תבשילין כיצד הוא עושה מקנה קמחו לאחרים ואחרים אופין לו ומבשלין לו ואי

רש"י

היינו קלקולא · אם היה מותר לערב אתמול והוא אסר: **מתחיל בשל שבת** · ברכה אחת לשניהם ומתחיל להזכיר שבת תחלה ותתן לנו את יום המנוחה הזה ואת יום חג פלוני הזה: **ומסיים** · הברכה בשל שבת מקדש השבת ותו לא: **ואומר קדושת היום באמצע** · ותתן לנו ה' אלהינו את יום המנוחה הזה ואת יום חג פלוני הזה: **תני תנא קמיה דרבינא** · בחתימה דברכה מקדש ישראל והשבת והזמנים: **אטו שבת ישראל מקדשי ליה** · שקדמה קדושת ישראל לשל שבת בשלמא זמנים צריך להקדים קדושת ישראל לקדושתן שעל ידי קדושת ישראל נתקדשו הם ואילו לא נתקדשו ישראל לא היו קובעים חדשים וקורין מועדים בבית דין: **אלא שבת מקדשא וקיימא** · מששת ימי בראשית ואינה תלויה בקביעות דראש חדש: **מתפלל שבע** · כשאר שבתות כי היכי דבחול אין לו למועד ברכה קבועה בשלש תפלות הללו אף בשבת אין צריך לקבוע לו ברכה לבית שמאי ולא לכללו לבית הלל: **מעין המאורע** · ראש חדש או מועד: **בעבודה** · כגון יעלה ויבא בברכת עבודה: **בהודאה** · כמו שאומר על הנסים בחנוכה ופורים: **כל מקום שהוזקק לשבע** · ואפי' ערבית ושחרית ומנחה: אין הלכה כאותו הזוג גרסינן אלא כתנא קמא דאמר ערבית שחרית ומנחה מתפלל שבע ואומר מעין המאורע בעבודה מיהו לאו הלכתא כוותיה בהא דקאמר ובמוספין מתחיל כו' אלא בהא הלכתא כרבי דאמר אף חותם בה מקדש השבת ישראל והזמנים או ראשי חדשים בראש חדש: **מיום טוב לחבירו** · אם נזכר ביו"ט ראשון וחלו שני ימים טובים חמישי וערב שבת ומתנה אם היום חול ומחר קדש עירובי עירוב ואם חלוף אותי צריך לערב לתבשילין ובתחומין יאמר אם היום(א) קדש אין בדברי כלום ולמחר יאמר כמו כן בשל תחומין ובאותה הפת עצמה דממה נפשך הוי עירוב אבל בשל תבשילין אין צריך לשנות ולחזור את תנאו למחר: **דלמקני שביתה בשבתא** · לאו דוקא שבתא נקט אלא יו"ט קרי שבתא לא התירו לו לקנות שביתה ביום טוב ואפי' מספק ואם התירו בעירובי תבשילין התם משום כבוד שבת התירו: **אין אופין** · פת: **ממלאה אשה כו'** · דבחד טרחא סגי וכן בנחתום לגבי מלוי: **אבל לאפות** · כל ככר וככר צריכה אפיה ורדיה לעצמה: **בזמן שהתנור מלא** · שהתנורים קטנים הוו ומדביקין פת בדפנות ומתוך שהוא מלא מתמעט חללו ואין מקום לחמימותו להתפשט והפת נאפת יפה: **הוא נאסר** · לאפות: **וקמחו נאסר** · שלא יהו אחרים אופין קמחו בעודו שלו: **לאקנויי קמחו** · אם צריך לתת במתנה את קמחו שיהו אחרים מותרים לאפותו ולתת לו: בשלמא לא גרס: **ולא יטמין** · כדרך שמטמינין תבשיל שבת: **עבר ואפה מאי** · מהו שיאכל בשבת: ולו

תוספות

אין הלכה כאותו הזוג · וא"ת אמאי לא קאמר הלכה כתנא קמא וי"ל דאי הוה אמר הלכה כתנא קמא הוה משמע אכל דבריו אף ממה שאמר מסיים בשל שבת והא ליתא דהא קי"ל דהלכתא כרבי דאמר חותם ברוך מקדש השבת ישראל והזמנים*:

מאי טעמא למקני שביתה בשבתא לא · וא"ת למה לי האי טעמא האיכא טעמא דהכנה כדאמרי' בפ' בכל מערבין (עירובין דף לח: ושם) מיו"ט לשבת מאי טעמא לא משום הכנה וי"ל דאי לאו ההיא טעמא דמקני שביתה בשבתא משום טעמא דקאמר משום הכנה לא אסרינן הואיל ויש שם ספק דשמא חול הוא לגמרי מכל מקום קשה דהתם בעירובין למה לי טעמא דהכנה תיפוק ליה משום דמקני שביתה בשבתא לא ויש לומר דהתם מיירי בעירובי חצרות ולא שייך למקני שביתה ומכל מקום קשה מההוא דגטין פרק הזורק (דף עז:) גבי שכיב מרע דקאמר איהי תזיל ותחוד ותפתח והתם מיירי בשבת דשרי לעשות קנין והכא אסר למקני שביתה אפי' ביו"ט וי"ל דשכיב מרע שאני דהתירו עליו שלא תטרף דעתו ותדע דיש חילוק בין שכיב מרע לאיש אחר דהא התירו לו לגרש בשבת ואין אנו מקדשין ואין מגרשין ואע"ג דלא קאמר לקמן* אין מגרשין מכל מקום למה יש לחלק בין קדושין לגרושין ועוד דבתוספתא אמרינן בהדיא אין מקדשין ואין מגרשין ולי נראה מדקאמר התם אי אתה מודה משמע דלא פליג שום אדם עליה והא פליג רבי עליה לעיל דאמר מערבין עירובי חצרות לכך נראה לפרש דטעמא דהכא יש לומר משום הכנה וה"ק אסור למקני שביתה בשבתא משום דהייט הכנה ואין מכינין מיום טוב לשבת וא"ת לרבי יוחנן דאמר לעיל (דף ד.) עולדה בזה מותרת בזה וקאמר טעמא לעיל משום דלית ליה הכנה וכי פליג רבי יוחנן אכל הני תנאי ואמוראי דהכא(ב) ויש לומר דהתם מיירי בהכנה שנעשה בידים כגון עירובי תחומין ואפי' רבי יוחנן מודה אבל מה שמתיר ר' יוחנן היינו גבי בילה דהוי הכנה בידי שמים שנעשית מאליה:

אי אמרת הוא נאסר וקמחו נאסר צריך לאקנויי קמחו לאחרים ואי אמרת אין קמחו נאסר אין צריך לאקנויי קמחו · ותימה הואיל וקמחו נאסר מה מועיל הקנייה לאחרים מי יכול לסלק האיסור שבו כדי שיאכל הוא עצמו אחר (כך) שנאסר ועוד קשה כיון שהוא נאסר מאיזה טעם יהא מותר שאחרים אופין (לשבת) בשבילו וכי אחרים יכולים לעשות בשבילו מה שהוא עצמו אינו יכול לעשות בשביל עצמו לכן נראה לי כגי' *דה"ג אי אמרת הוא נאסר ואין קמחו נאסר מאי לאקנויי קמחו לאחרים ולא מועיל הקנין ואי אמרת הוא נאסר וקמחו נאסר לא מאי לאקנויי קמחו לאחרים דהא לא מועיל הקנין ובסמוך גרס ש"מ הוא נאסר ואין קמחו נאסר: וכלבד

עין משפט נר מצוה

טז א מיי' פ"ב מהלכות תפלה הלכה ה סמג עשין יט טוש"ע א"ח סי' תפז סעיף א:

[ועי' תוספות מנחות לו: ד"ה והא]

יז ב מיי' פ"ו מהלכות יו"ט הלכה יא סמג לאוין עה טוש"ע א"ח סימן תקכז סעיף א וסימן תטו סעיף ט:

יח ג שם סימן תכ סעיף ב:

יט ד מיי' שם טוש"ע שם וסימן תכה סעיף ג:

כ ה מיי' פ"ו מהלכות יו"ט הלכה יא סמג לאוין עה טוש"ע א"ח סימן תקכו סעיף כג:

כא ו מיי' פ"ח מהל' עירובין הלכה יד טוש"ע א"ח סימן תקכח סעיף ג:

גבי יו"ט נקט איפכא יו"ט שחל להיות בשבת משום דביו"ט מתפלל כסדר של יו"ט אבל ר"ח מתפלל כסדר של שבת. מסכ"א בשם תוספות ישנים

[דף לו: ועי' תוספות שם ד"ה והא מתם]

כב ז מיי' פ"א מהלכות יו"ט הלכה ט סמג שם טוש"ע א"ח סימן תקג סעיף א:

כג ח מיי' שם הלכה י טוש"ע שם סעיף ב:

[לעיל ו:]

כד ט מיי' וסמג שם טוש"ע א"ח סימן תקז סעיף ו:

כה י מיי' שם הלכה יג סמג שם טוש"ע א"ח סי' תקכז סעיף כ:

כו כ מיי' שם הלכה י טוש"ע שם סעי' כג:

מסורת הש"ס

[תוספ' ברכות פ"ג]

[ברכות מט.]

עירובין מ: [תוספ' ברכות פ"ג] ע"ש שינוי גירסי'

[תוספ' פ"ב]

[עי' תוספות פסחים מו. ד"ה עד שתאפה]

הגהות הב"ח

(א) רש"י ד"ה מיום טוב וכו' ובתחומין יאמר אם היום חול ומחר קדש אם היום קדש: (ב) תוס' ד"ה מאי טעמא וכו' ואמוראי דהכא והתם ויש לומר דהתם וכלה מיירי:

גליון הש"ס

גמ' תנ"ה ממלאה אשה כל התנור פת. עיין לקמן דף כב ע"ב ברש"י ד"ה מפירין ובתוס' שם:

רבינו חננאל

השבת וישראל והזמנים דישראל מקדשי להו לזמנים הלכך מקדמינן קדושתן דישראל דאינון מקדשי להו לזמנים: ת"ר שבת שחלה להיות בר"ח או בחולו של מועד · ערבית ושחרית ומנחה מתפלל שבע ואומר אלהינו ואלהי אבותינו יעלה ויבא וגו' ומזכיר מעין המאורע אם הוא ר"ח אומר של ר"ח ואם חולו של מועד אם פסח אומר של פסח ואם סוכות של סוכות · בעבודה ותיא רצה ה' אלהינו בעמך ישראל וכו' · ואם לא אמר מחזירין אותו והכי הלכתא ובמוספין מתחיל בשל שבת ומסיים בשל שבת ואומר קידוש היום באמצע וחותם מקדש השבת וישראל והזמנים והכי הלכתא רשב"ג ור' ישמעאל בנו של רבי יוחנן בן ברוקה אומר לא במוספין בלבד אלא כל מקום שזקוק לשבע בין ערב בין שחרית בין מנחה מתחיל בשל שבת ומסיים בשל שבת ואומר קידוש היום באמצע · אמר רב הונא אין הלכה כאותו הזוג והן רשב"ג ור' ישמעאל בנו של ר' יוחנן בן ברוקה הללו . אמר רבא מניח אדם עירובי תחומין מיו"ט לחבירו ומתנה וכ"ש עירובי תבשילין ומשמיה דרב אמר מניח עירובי תבשילין מיו"ט לחבירו ומתנה אבל עירובי תחומין לא דלמקנא שביתה ביו"ט לא והני מילי בב' יו"ט של גליות שהן ב' קדושות שמתנה ואומר אם היום קדש ולמחר חול הוא אינו צריך לעירוב ואם מחר הוא יו"ט היום עיו"ט הנה אני מערב מעיו"ט ליו"ט וקיי"ל כרבא דהוא בתראה : ת"ר אין אופין מיו"ט לשבת ק"ו מיו"ט לחול · באמת אמרו ממלאה אשה קדרה בשר אפילו שאינה צריכה אלא לחתיכה אחת וכן נחתום ממלא ומחמם קומקמוס מים אע"פ שא"צ אלא לקיתון אחד כו' · ר' שמעון בן אלעזר אומר אף ממלאה אשה תנור פת מפני שהפת [נאפת] יפה בשעה שהתנור מלא · אמר רבא הלכה כר' שמעון בן אלעזר וקיי"ל מרבותינו ובלבד שלא יערים : איבעיא להו מי שלא הניח עירובי תבשילין הוא נאסר וקמחו נאסר · ואין לו תקנה אא"כ יקנה קמחו לאחרים אלא הוא שנאסר *) דכמה דלא מקני ליה לא הוא אפי ליה ולא אחרים אפו ליה או דלמא הוא נאסר אבל קמחו לא נאסר ולא צריך לאקנויי קמחו לאחרים אלא הוא שנאסר לא אפי אחריני אפו ליה · ופשטנא הוא נאסר וקמחו נאסר ואין לו תקנה אלא אם יקנה קמחו לאחרים ויספרנו להן נעשה כשלהן ומותר להן לאפות

*) נראה דצ"ל אלא הוא שנאסר לא אפי ליה אבל כל כמה דלא מקני כו'.

אות ה'

מניח אדם עירובי תבשילין מיום טוב לחבירו ומתנה

סימן תקכז סכ"ב - [ט]אם נזכר ביו"ט ראשון שלא עירב, אם הוא ביו"ט של ר"ה, אינו יכול לערב על תנאי - לפי ששני ימים של ר"ה הם כיום אחד ארוך, ולא משום ספיקא כשאר ב' יו"ט של גליות.

אבל אם הוא ביו"ט של גליות, יכול לערב בתנאי: אם היום קודש אינו צריך לערב - דהא למחר יהיה יום חול, וממילא יהא מותר לבשל, **ואם היום חול, בעירוב זה יהא שרי לן לאפויי ולבשולי וכו'** - ומברך בתחלה, מ"א בשם ש"ג, ‹ואע"ג דמערב מספק, אין זה ספק כשאר ספקות דאין מברכין עליו - מחה"ש›, **ובחי'** רע"א הביא בשם ספר לחם סתרים, דאין לברך, וכ"כ בשיטה מקובצת, ‹דאיך יברך ויאמר אם היום קדש אין בדברי כלום, ונמצא דהברכה לבטלה, ואי משום דכך תקנו חכמים, הא אינה תקנה קבועה אלא למי ששכח ומי שרוצה לערב על תנאי, וכי זו היא תקנה קבועה מחז"ל שנברך עליה - ערוה"ש›, **ולמחר אין צריך לומר כלום.**

[י]וי"א דאי לית ליה מידי דבשיל מאתמול, לא מהני תנאו - ‹דבעינן דוקא דבר שנתבשל מאתמול, כדין עירובי תבשילין שההתחלה תהיה בעיו"ט›. **ונקטינן** כסברא הראשונה, ‹דכיון דמערב על תנאי, ממילא דהוי היום כעיו"ט - ערוה"ש›.

אות ו'

אבל עירובי תחומין לא, מאי טעמא, דלמקני שביתה בשבתא לא

סימן תקכח ס"ב - [יא]אבל אם נזכר ביום הראשון בשני ימים טובים של גליות, יכול לערב [יב]עירובי חצירות בתנאי - דהיינו שיאמר: אם היום חול, אני מניחו בשביל עירובי חצירות לשבת, ואם היום קודש, איני אומר כלום, ולמחר יאמר: אם היום קודש, הרי עירבתי אתמול, ואם היום חול, אני מניחו לשם עירובי חצרות.

ולאפוקי שני ימים של ר"ה, דכיום אחד אריכתא דמיא.

אבל עירוב תחומין אין מניחין אותו ביום טוב בתנאי - דקנין שביתה הוא כקנין בית, ובית לא קנינן ביום טוב אפילו בתנאי, **וכתב** בא"ר, דהיינו דוקא לכתחלה, אבל בדיעבד כשכבר עירב, מהני בשני יו"ט של גליות, והביאו הפמ"ג.

אות ז'

אין אופין מיום טוב לחבירו; באמת אמרו ממלאה אשה כל הקדרה בשר אף על פי שאינה צריכה אלא לחתיכה אחת

סימן תקג ס"א - [יג]אסור לאפות או לבשל או [יד]לשחוט ביום טוב לצורך מחר, אפילו הוא שבת - דאין יו"ט מכין לשבת, כדיליף בגמרא מקרא: [דף ב' מדכתיב: "והיה ביום הששי", וסתם ששי חול הוא, "והכינו וגו' את אשר תאפו אפו ואת אשר תבשלו בשלו", חול מכין לשבת, אבל אין יו"ט מכין לשבת], **וכ"ש** דמיו"ט לחול אסור.

או יום טוב - ר"ל יו"ט שני של גליות, דספק חול הוא, ונמצא מכין מיו"ט לחול, [**ואם** מבשל איזה דבר ביו"ט ראשון, וכונתו בשביל יו"ט שביעי, לכאורה בודאי שרי, **אבל** באמת דבר זה תלוי בפלוגתא שנזכר בסי' תצ"ה, לענין אוכל נפש עצמו שאינו מפיג טעם אם עשאו מעיו"ט, וה"נ הרי הוא יכול לבשל בחוה"מ לצורך יום השביעי].

ואפי' דבר שאינו מלאכה רק טרחא בעלמא, כגון הדחת קערות והבאת יין מיו"ט לחבירו, ג"כ אסור, [**והח"א** מתיר בזה בשעת הדחק, אך שיביא בעוד היום גדול, דלא יהיה מוכחא מילתא שהוא לצורך הלילה].

(**ואפילו בין השמשות של יום ראשון גם כן אסור, דשמא יום הוא, ופשוט** דאסור להתחיל באיזה מלאכת אוכל נפש אף בעוד היום גדול, **אם משער שימשך הדבר ולא יוכל ליהנות ממנו עד אחר שקיעת החמה).**

ואפילו בשני ימים של ר"ה - דלהחמיר אמרינן קדושה אחת הן, [כגון ביצה שנולדה בזה אסורה בזה], ולא להקל, (**ודעת הגר"א בביאורו, דלהרמב"ם וסייעתו, דס"ל דשני ימים של ר"ה קדושה אחת הן אפי' לקולא, ישתנה זה הדין, ולכאורה הלא יום ראשון של ר"ה ודאי קודש מן התורה, ואיך יהיה מותר לבשל בו לצורך יו"ט שני, ואפשר דס"ל לדעה זו, דאף מיו"ט לחול נמי, כיון דלית ביה איסור דאורייתא מטעם "הואיל", ולהכי בר"ה דקדושה אחת היא לשניהם, מותר מיו"ט לחבירו, דהם אמרו והם אמרו, ולפי"ז אף לדעה זו לא יהיה מותר רק אם יהיה ראוי להנות ממנו עוד באותו יום, דע"ז שייך "הואיל ואי מקלעי ליה אורחים חזי ליה" וכו', ולאפוקי אם לא יגמר עד שקיעת החמה, דיש בזה ספק דאורייתא, גם לדעה זו אסור).**

[טו]אבל ממלאה אשה קדרה בשר, אף על פי שאינה צריכה אלא לחתיכה אחת - ואפילו אחר שהניחה הקדרה על האש, מותרת להוסיף בשר, [טז]מפני שהתבשיל מתוקן יותר כשיש שם בשר הרבה, **ואפילו** הוא בקדרה קטנה, מותר ליתנו בקדרה גדולה ולהוסיף עליו, כדי שיהיה שמן ביותר.

באר הגולה

ט **שם דף ו' בעובדא דרבינא ודף י"ז** י **טור בשם רבי אפרים** יא **שם י"ז** יב ‹ומסתברא לן, דהני מילי {דאסור להתנות} בעירובי תחומין דמיקני ביתא הוא, אבל עירובי חצירות דביטול רשות הוא, מניח אדם עירובו בראשון ומתנה - ב"י. ‹**ואמנם** רש"י בד"ה דלמקני שביתה וכו', וז"ל: ואם התירו בעירובי תבשילין התם משום כבוד שבת התירו, {וזהו שלא כהסברא שמביא המ"ב}, מלשון רש"י משמע דגם בעירובי תבשילין שייך איסור קנין שביתה, וק"ו ששייך בעירובי חצירות, אלא שבעירובי תבשילין התירו משום כבוד שבת, וא"כ בעירובי חצירות אסור אפילו בחמישי בתנאי - צל"ח› יג **ברייתא ביצה י"ז** יד **הג' מיימוני בשם סמ"ק** טו **ברייתא שם** טז ‹והרב המגיד כתב בשם הרשב"א, ממלאה אשה קדירה וכו' כדי שיאכלו משמנים, לפיכך יראה לי, שאפילו ליתן בקדירה חתיכה אחר שהניח הקדירה על גבי האש מותר, עכ"ל. ומיהו לדברי רש"י (ד"ה ממלאה), שנתן טעם משום דחד טרחא הוא, כל כהאי גוונא דהוי תרי טירחי נראה דאסור, ודברי רבינו כדעת הרשב"א - ב"י›

וה"ה אם אינה צריכה רק להתבשיל או להרוטב בלבד, ג"כ שרי, דכ"ז משתבח ע"י הוספת הבשר.

ואף אם כונתה בהוספת הבשר, בשביל לילה שהוא חול, אעפ"כ מותר, כיון שעכ"פ צריכה לחתיכה אחת לאכול ביו"ט, (**והטעם, משום דחד טרחא הוא, אבל להוסיף וליתן בה בשר כשהיא כבר שפותה אצל האש, אסור, ומה שהסכימו האחרונים דמותר גם להוסיף אח"כ, אף דטרחא בפני עצמו הוא, זה אינו מותר רק כשמכונת כדי שעי"ז ישתבח התבשיל שמבשלת לצורך יו"ט, אבל לצורך חול אסור**).

והסכימו הרבה אחרונים, דמ"מ תזהר שלא תאמר בפיה, שמבשלת לצורך לילה, **ומ"מ** בדיעבד אינו נאסר עי"ז.

וכ"ז שייך דוקא כשמבשל בשר ודגים בקדרה, אבל בשאר תבשילין אינה רשאה להוסיף בשביל לילה כשעומדת כבר הקדרה על האש, דאינו מוסיף שבח עי"ז בהתבשיל, **וכן** כשצולין בשר על השפוד, אינו רשאי להוסיף בשביל לילה כשעומד כבר השפוד על האש, **אבל** בתחלה יכול להוסיף על השפוד כמה שירצה, כיון שהוא בטרחא אחת, וכן בתבשיל כה"ג, וכמו בס"ב. ‹**וצ"ע**, דבבה"ל לעיל כתב, דכשמוסיף בשר לאחר שהקדירה מונחת ע"ג האש, אם כוונתו לצורך הלילה, אסור, אף שהתבשיל משתבח, וכאן אוסר להוסיף בשביל לילה רק בשאר תבשילין, **ואולי** כוונת דבריו, דכיון שאין התבשיל משתבח, א"כ הרי ע"כ כוונתו לצורך לילה, משא"כ בבשר ודגים שהתבשיל משתבח, מותר כשכוונתו לצורך כך, דאף שבמציאות ישאר לצורך לילה, מ"מ כיון שכוונתו להשביח התבשיל, מותר – מ"ב המבואר›.

ודוקא בזה שיש תועלת גם לצורך היום ע"י הריבוי, ‹או שהוא טרחא אחת›, אבל אסור לעשות חרעמזלא"ך או קרעפלא"ך וכיו"ב, יותר ממה שצריך לבו ביום, שאין א' משביח מחבירו, וצריך לטרוח בכל א' וא' בפני עצמו.

ואם א"צ לסעודת היום כלל, ועיקר בישולו רק לצורך הלילה, ואוכל קצת ממנה כי היכי דלא ליתסר עליה לבשל, יש דיעות בין הפוסקים, דיש אוסרין דהוא בכלל הערמה, [יז]**ויש** מתירין, כיון שעכ"פ אוכל קצת ממנה, וגם הוא קודם אכילה וכדלקמיה, **והעולם** נהגו להקל כדעה זו, שמבשלין בשחרית לצורך הלילה, וטועמין קצת מהן, ואין למחות בידם, כי יש להם על מי שיסמוכו, [**ויש** שדעתם להקל, אבל דוקא כשמבשל לצורך לילה מין אחר שלא מאותו מין שבישל לצורך שחרית, שאז מהני מה שטועם ממנו בשחרית - ט"ז וש"א], **ודוקא** מיו"ט א' ליו"ט ב', אבל מיו"ט לחול יש ליזהר בזה, **והמחמיר** כדעה ראשונה, שלא לבשל לצורך הלילה בקדרה בפני עצמה, אלא באותה קדרה עצמה שמבשל לצורך סעודת שחרית הוא מרבה בה לצורך הלילה, תבוא עליו ברכה.

הגה: וכל שכן שיכול לשחוט אעפ"י שאינו צריך אלא לכזית (סמ"ק) - קאמר כ"ש, משום שא"א לשחוט בשביל כזית א' אא"כ ישחוט כל הבהמה, **ודוקא** אם יש עדיין שהות עד זמן אכילה להפשיטו ולמולחו ולבשלו, או עכ"פ לצלותו, **אבל** אם לא יספיק כ"כ עד אחר זמן אכילה, אסור וכדלקמיה.

וכן יכולה לבשל הרבה קדרות ולאכול מכל אחת מעט (ב"י ורבינו ירוחם ותשובת הרשב"א) - ר"ל אפילו כונתו לצורך הלילה, כיון שרוצה לאכול מכל אחת בסעודת שחרית, **ומיירי** שכל קדרה היה מבשל מין בפני עצמו, **אבל** מין אחד בשתי קדרות אין להתיר, כיון שטעם שתי הקדרות הוא שוה, א"כ כל מה שטועם משתיהן יכול לטעום מאחת, ונמצא שהקדרה השניה אינה מתבשלת כי אם לצורך לילה לבד, [ט"ז וש"א].

מסתימת לשונו משמע, דאפילו א"צ לאכול, ורק שטועם מעט מכל קדרה כדי שיהיה לו היתר לבשל, והיינו כדעת המקילין לעיל, **ולדעת** האוסרין שם, אין היתר רק למי שדעתו באמת לאכול מיני מטעמים חלוקין בסעודת שחרית, ומכוין להרבות בכל מין כדי שישאר ללילה, אבל לא כשטועם רק דרך הערמה, **וכבר** כתבנו דהעולם נהגו כדעת המקילין.

[יח]**ודוקא קודם אכילה, אבל אחר אכילה אינה יכולה לבשל ולומר: אוכל ממנה כזית, דהוי הערמה** - ובזה לכו"ע אסור, אף שאוכלת אח"כ מעט, דהוי הערמה הניכרת לכל, כיון שכבר סעדה.

[יט]**מיהו אם עברה ובשלה, (או שכחה), מותר לאכלו** - יש מן האחרונים שמפרשי, דאריש הסעיף קאי, דהיינו אם עבר במזיד ובישל מיו"ט לחבירו, **ולא** קאי כלל אדסמיך ליה, דמיירי בדין הערמה, דשם אפשר דאף בדיעבד אסור, דהערמה חמירא ממזיד, **אבל** כמה אחרונים כתבו, דאדסמיך ליה קאי, דהערמה זו קילא להתיר בדיעבד, (**אפי' יש לו תבשילין אחרים**), כיון שעכ"פ אכל ממנה קצת מבע"י, [**ודלא** כא"ר דרצה להקל בזה, אפי' אם היה רק בדעתו לאכול, ולבסוף אירע שלא אכל], (**וע"ל** ס"ס תקכ"ז בבה"ל, ‹לקמן אות כ'› **דגם לענין מזיד לא פשוט כ"כ להתיר, ביש לו תבשילין אחרים**).

[כ]**סימן תקו ס"ז** - [כא]**אם יש לאדם הרבה פת נקיה** - שמספיק לו לכל היום, **אינו אופה פת אחרת** - בין פת נקיה, ובין פת הדראה {היינו פת קיבר}, דהא יש לו פת נקיה שטוב לו יותר לאכילתו.

ונראה לי, דדוקא אם הפת האחר הוא מאותו המין, אבל אם הוא מין אחר, אפילו גרוע מזה, כגון שהפת שלו הוא פת חטים, והוא רוצה לאפות פת דגן, שרי, **ואם** ניחא ליה בפת חמה, והפת נקיה נאפה מאתמול, שרי לאפות אפילו פת הדראה.

אא"כ יש לו בני בית שרגיל להאכילם פת הדראה - ומשמע דבאינם רגילים, אלא שבפעם הזאת רוצה להאכילם, אסור.

באר הגולה

| יז | ‹מדברי רש"י {יז: ד"ה שלא יערים} נראה דקודם אכילה נמי, כל שמבשל קדירות יותר מכדי צורך היום, הוי מערים ואסור, מיהו היכא דאוכל מעט מכל אחד, כיון דקודם אכילה הוא מבשלם, אפשר דלדרש"י נמי שרי - ב"י› | **יח** | **טור בשם העיטור ותוס' י"א** | **יט** | **מרדכי בשם רבני קולניא והרשב"א בתשובה** |

| כ | ‹מילואים› | **כא** | **סמ"ק והר"ן בפרק ט"ז דשבת בשם התוס' מברייתא דהציל פת נקיה וכו'** |

אבל אם יש לו פת הדראה הרבה, יכול לאפות פת נקיה - ומותר לכתחלה לאפות פת הדראה ואח"כ פת נקיה, **ודוקא** אם רוצה לאכול הפת הדראה, אבל אם כונתו להערים שיוותר לחול, בודאי אסור.

אות ח'

ממלא נחתום חבית של מים אף על פי שאינו צריך אלא לקיתון אחד

סימן תקג ס"ב - [כב]**ממלא נחתום חבית של מים, אף על פי שאינו צריך אלא לקיתון אחד** - ר"ל והמותר מכוין שיהיה לצורך הלילה, אפ"ה שרי, דחד טרחא הוא, **וכתבו** האחרונים, דהיינו דוקא היכי דממלא פעם אחת מהדלי, ולא פעמים רבות ע"י כלים.

וגם בזה צריך ליזהר, שלא יאמר בפירוש שהוא רוצה המותר לצורך מחר, **ובדיעבד** אינו נאסר בכך, דמ"מ חד טרחא היה.

הגה: אבל צריך להפיס הכל אלא האש בפעם אחת, אבל אסור להוסיף אם כבר החבית אלא האש, דטרחא שלא לצורך הוא (המגיד) - דלא דמי לבשר, שכתבנו בס"א דמותר אף להוסיף אח"כ, דהתם ההוספה משביח בהתבשיל, משא"כ הכא, אין המים משביחין בכך.

ואם עושה כן כדי שלא תבקע הקדירה, שרי, דהרי זה לצורך יו"ט.

אות ט'

הלכה כרבי שמעון בן אלעזר

סימן תקז ס"ו - [כג]**מותר לאפות תנור מלא פת, אע"פ שאינו צריך אלא פת אחד;** [כד]**ודוקא בתנוריהם, שהיו קטנים והיו מדבקים הפת בדפנותיהם, ומתוך שהוא מלא אין מקום לחומו להתפשט והפת נאפה יפה** - יש מן הפוסקים שסוברין, דוקא במתכוין שעי"ז יושבח הפת, אבל במתכוין לצורך חול, אסור, **ואף** דלעיל בסימן תק"ג לענין מילוי קדרה בשר, אפי' עושה לצורך חול שרי, מפני שעי"ז משתבח הבשר שצריך ליו"ט, **שאני** התם דחד טרחא הוא, אבל הכא כל כיכר צריך טרחא בפני עצמו.

אבל בתנורים שלנו אין לאפות יותר ממה שצריך - וכן במקומות שאין דרכן לדבק, גדול וקטן שוה לאיסור. **והטעם**, משום שבכל ככר וככר איכא טרחא בעריכה ואפיה, ולכן לא שרי לאפות יותר, כל שאין הפת נאפה יותר יפה מצד מילוי התנור, ואפי' ע"י עכו"ם אסור.

ויש פוסקים שמתירין אף בתנור שלנו, [ומטעם דאם אינו ממלאן, אז הבל הראוי להתפשט בכל התנור אם היה מלא, עתה נתאחזות בפת שבו, ונאפית יותר מדאי, והפת בא לידי חרון], **ודוקא** כשצריך באמת עכ"פ פת אחד ליו"ט, אבל אם אינו צריך, רק שמערים לאכול מעט ממנו כדי להתיר לו האפיה, אסור, (**משמע** דאם אינו מערים, אלא באמת הוא צריך לפת אחד, מותר, אע"פ שאינו מתכוין להשביח, וזה סותר מה שכתב לעיל, ומקור שניהם הוא ממ"א, וכן הקשה הגר"ז בקונטרוס אחרון), **ובשעת** הדחק, כגון מי שלא הניח ערובי תבשילין, וצריך לו פת לשבת, יש לסמוך על דעה זו, לאפות קודם אכילת שחרית, אם צריך עכ"פ לפת אחד בו ביום עצמו, **אבל** אם אינו צריך, רק שמערים לאכול מעט כדי להתיר לו האפיה, אסור, אף שעושה זה בשביל שבת.

והאופים שמכוונים לעשות מלאכתם ע"י עכו"ם ביו"ט, כדי שיהיה מוכן להם הפת תיכף למוצאי יו"ט, ומערימין לאכול מהם פת אחד בו ביום, עושין איסור לכו"ע, [דדבר שהוא אסור, אף ע"י עכו"ם אסור].

אות י'

מי שלא הניח עירובי תבשילין, הרי זה לא יאפה ולא יבשל ולא יטמין לא לו ולא לאחרים, ולא אחרים אופין ומבשלין לו, כיצד הוא עושה, מקנה קמחו לאחרים, ואופין לו ומבשלין לו

סימן תקכז ס"כ - מי שלא עירב, כשם שאסור לבשל לעצמו, כך אסור לבשל לאחרים, ואפילו בביתם - קמ"ל דלא אמרינן, כיון שהם עירבו ויכולים לבשל לעצמן, יכולין לעשות שליח עבורן, דכיון שהוא לא עירב, איסורא רמי עליה לבשל.

ודוקא אחד מאנשי העיר, שאינו נטפל לעיסתו ולתבשילו של חבירו, **אבל** אשתו ובני ביתו של אדם, כיון שעירב הבעה"ב, הם נטפלין לו ומותרין לבשל אע"פ שלא עירבו לעצמן כלל, וגם הוא לא זיכה להם על ידי אחר.

(אולם לענין משרתו שלו העברית לא אדע, דלסברת הרא"ש, תלוי דין מי צריך עירוב לעצמו, אותו איש שמזכין ע"י, וכיון דקי"ל דע"י עבדו ושפחתו העברים יוכל לזכות לאחרים, ממילא לכאורה צריכין עירוב לעצמן, ואין נטפלים לו, **אם לא** שנתן העירוב לידם, **או** שזיכה להן ע"י אחר, **ולדברי המחה"ש** משמע, דכיון שהם אוכלים מאכליו ותבשיליו, ממילא נגרר העירוב שהכין מבע"י גם עלייהו, ואפשר שגם הרא"ש מודה לסברא זו, **וצ"ע**).

וגם אחרים אסורים לבשל לו - ר"ל אפילו בביתם, והיינו מקמחו, דאף שהם עירבו, לא הותר להם ליקח קמח שלו, דגם קמחו נאסר כל זמן שהוא שלו, [גמרא, **דאילו** מקמח שלהם, בודאי מותרים הם].

[כה]**ואין לו תקנה אלא שיתן קמחו ותבשילו לאחרים שעירבו במתנה** - היינו במשיכה לרשותם, או בהגבהה בכל מקום, דאלו בקנין סודר אסור, (דמיחזי כי עובדא דחול, ערוה"ש), **והם אופין ומבשלים ונותנים לו, ואפילו בביתו יכולים לבשל.**

באר הגולה

כב שם ברייתא | כג ברייתא שם י"ז וכר"ש בן אלעזר גמרא שם | כד הרא"ש ושאר פוסקים (וכן הוא ברש"י, אלא דהרא"ש מסיים: אבל בתנור גדול וכו') | כה בעיא ונפשטא שם י"ז

[כו]**הגה: ואם הניח עירוב ולא הזכיר המלאכות בהדיא, אלא אמר: בדין יהא שרי לן למעבד כל צרכנא, הוי כמי שלא עירב כלל (א"ז)** - דכן תקנו חכמים, שיפרט עיקרי המלאכות, **ואם** פרט רק מקצתו, כגון שאמר רק "לאפויי", ולא הזכיר בישול והטמנה, אסור בהם.

ויש חולקין על עיקר דין זה, וס"ל דהאמירה של "בהדין" אינו רק למצוה לכתחלה, אבל בדיעבד כיון שהניח התבשיל לשם עירוב, אפילו לא אמר כלל נוסח של "בהדין" וכו', אינו מעכב, ומותר לסמוך עליו לעשות כל המלאכות מיו"ט לשבת, [**וכן** הסכים במור וקציעה דכן נראה מסתימות המשנה וש"ס דילן, שלא הזכירו כלל נוסח של בהדין ערובא הנזכר בירושלמי, ומשמע דהוא רק למצוה בעלמא].

ולענין הלכה, לכתחלה יש להחמיר כסברא הראשונה, וע"כ אם נזכר קודם כניסת ליל יום טוב, יחזור ויטלו להעירוב בידו ויאמר נוסח "בהדין" וכו', ולא יחזור ויברך שנית אם כבר בירך בתחלה, [**ואם** נזכר ביו"ט ראשון שחל ביום ה', יניח עירוב ויתנה כדלקמן בסכ"ב, ויאמר "בהדין עירובא" ולא יברך], **ואם** נזכר בע"ש, יקנה קמחו לאחרים, והם יבשלו ויתנו לו, **ואם** אין לו למי להקנות, יוכל לסמוך על סברא האחרונה.

ואם אמר נוסח "בהדין", אך שלא בירך בתחלה, אינו מעכב, דברכות אין מעכבות.

ומי שמתענה ביו"ט, אסור לבשל לאחרים אפילו לצורך בו ביום, דהוי כמי שלא הניח עירוב שאינו מבשל לאחרים (מהרי"ו) - ר"ל כמו דקי"ל, דאותו איש שלא עירב, אסור לבשל מיו"ט לשבת אפילו בשביל אחרים, כיון שאסור לבשל בשביל עצמו, **כן** ה"ה ביו"ט גופא, מי שמתענה, דאסור לבשל בשביל עצמו כיון שא"צ לה, ממילא לא הותר לו לבשל גם בשביל אחרים.

וכתב המ"א, דממילא אם איקלע זה ביו"ט הסמוך לשבת, אסור לבשל בעצמו לכתחלה על שבת, אף שהניח עירוב, **אבל** בני ביתו או אחרים אופין ומבשלין לו משלו, דאין קמחו נאסר, הואיל והניח עירוב תבשילין.

ועיין באחרונים שמפקפקים על עיקר דינו דרמ"א, [**וכתבו** דאינו דומה למי שלא עירב מעיו"ט, דהתם כיון שלא עירב, איסור יו"ט חייל עליה, **משא"כ** בזה שהאיסור לא בא עליו רק משום שאינו יכול לאבול, ודומה זה למי שכבר אכל כדי שביעה, והוא סמוך לערב, שבודאי לא יצטרך עוד לאכול יותר, וממילא אסור אז בודאי לבשל בחנם, ואפ"ה אי מקלעי אז אנשים אחרים לביתו, מותר לו לבשל בשבילן, וה"נ דכוותיה]. **וע"כ** ביו"ט הסמוך לשבת, אם אין לו אחרים שיבשלו בעבורו, מותר לו לבשל בעצמו, **וכן** אשה משרתת שמתענה ביו"ט, ג"כ יכולה לבשל לצורך בעה"ב.

אות כ׳

עבר ואפה

סימן תקכז סכ"ג- [כז]אם עבר במזיד [כח](או בשוגג) ובישל כמה קדרות שלא לצורך יו"ט, מותר לאכלן בשבת או בחול - (ומיהו ראוי לקונסו לפי ראות עיני ב"ד על מה שעשה).

או בשוגג - אשמועינן, דלא תימא דוקא מזיד, שלא ילמדו ממנו לעשות כן, דהכל יודעים שהוא רשע, אבל בשוגג אם נתירו, יבואו אחרים להקל ולהערים.

(הנה המחבר סתם, ולא ביאר דדוקא באין לו תבשילין אחרים, משמע דבכל גווני שרי, והוא משום דסמך בזה אתשובת הרשב"א שהביא בסימן תק"ג בב"י, שכתב שם דלפי מאי דמתרץ הש"ס [ביצה דף י"ז] לבסוף, איסורא דשבת שאני, [כט]חזר מתירוצא קמא דמתרץ לא צריכא דאית ליה פירי אחריני, אלא דבשבת אסור במזיד בכל גווני, וביו"ט מותר בכל גווני, **אמנם** לענ"ד לא ברירא דין זה, דתלוי בפלוגתא דרבוותא, דלדעת הרמב"ם שפסק בפכ"ג מהלכות שבת, (עיין בעמוד ב׳), דבין מעשר בשבת ובין מעשר ביום טוב בשוגג יאכל במזיד לא יאכל, וא"כ לדידיה ע"כ צריכין לתירוצא קמא דמיירי דאית ליה פירי אחריני, ולהכי לא מקילינן במזיד, וכאן שכתב הרמב"ם ג"כ להתיר במזיד, ע"כ מיירי דאין לו תבשילין אחרים על שבת, **ועיין** בלח"מ שם בפ"ו מהלכות יום טוב, ולדבריו גם כן מוכח דאם היה לו תבשילין אחרים אסור להרמב"ם, דלא גרע דבר זה ממה דמשני שם דאפשר בשאלה, דקאי לדידיה על הכל, עי"ש. **וכן** מדברי מהרש"ל המובא בט"ז סקי"ב, מוכח דס"ל דדוקא באין לו תבשילין אחרים מותר, **ולפלא** שכתב דבר זה בפשיטות כ"כ, ולא זכר דלדעת הרשב"א בכל גווני לא קנסוהו בדיעבד, **וצ"ע**).

באר הגולה

כו «קטע שחסר כאן נמצא בדף כ"א»

כז בעיא שם ולא נפשטא ופסקו הפוסקים לקולא

כח «כ"ש ממזיד, וכמ"ש שם תנן המבשל כו' - גר"א»

כט «עיין ברש"י שם דהסביר משום דבישול בשבת הוא איסור סקילה, וא"כ אינו מתרץ מעשר פירותיו ומטביל כליו»

עין משפט נר מצוה

כז א מיי' פ"ו מהל' יו"ט הל' ה טוש"ע א"ח סי' תקכז סעיף טז:

[לעיל יז.]

כח ב מיי' שם הלכה י סמג לאוין עה טוש"ע א"ח סימן תקכז סעיף כד:

כט ג מיי' פכ"ג מהל' שבת הלכה טו טוש"ע א"ח סימן שלט סעיף ד:

ל ד מיי' שם הלכה ח סמג לאוין סה:

לא ה מיי' שם פ"ט הלכה כג טוש"ע א"ח סי' שיח סעיף א:

לב ו מיי' פ"ו מהלכות יום טוב הלכה ה טוש"ע א"ח סימן תקכז סעיף יז:

[וכן הוא בתוספתא פ"ב]

לג ז מיי' פכ"ג מהל' שבת הלכה ח סמג לאוין סה:

לד ח מיי' שם וסמג שם טוש"ע א"ח סימן שכו סעיף ח:

[צ"ל ת"ש]

תרומות פ"ב מ"ג גיטין נד.

לה ט מיי' פ"ד מהל' יו"ט הלכה יז:

ב"ק פה. חולין טו. גיטין נג: תרומות פ"ב מ"ג עיין שם [שבת לח.] כתובות לד.

מסורת הש"ס

[לעיל יא:] [לקמן כב.] תרומות פ"ב [מ"ג ע"ש] גיטין נד. [ועי' תוספות גיטין נג: ד"ה המעשר וכו' הניחו בתימה דפריך בריש מכסי' דהמעשר ומ"א שטיה שם בסוף] [תוספתא' פ"ב] [עי' פרש"י דעירובין ס. ד"ה והאמר ר"נ נקטינן] [עיין תוספו' לקמן יח: ד"ה ושוין] [פסחים לד. ר"ה כב: סוכה מב: מגילה ד:]

ואי איתא ליתני עבר ואפה מותר אמר רב אדא בר מתנה תנא תקנתא דהיתרא קתני תקנתא דאסורא לא קתני ת"ש מי שהניח עירובי תבשילין הרי זה אופה ומבשל ומטמין *ואם רצה לאכול את עירובו הרשות בידו אכלו עד שלא אפה עד (א) שלא הטמין הרי זה לא יאפה ולא יבשל ולא יטמין לא לו ולא לאחרים ולא אחרים אופין ומבשלין לו אבל מבשל הוא ליו"ט ואם הותיר הותיר לשבת ובלבד שלא יערים ואם הערים אסור אמר רב אשי הערמה קא אמרת שאני הערמה דאחמירו בה רבנן טפי ממזיד רב נחמן בר יצחק אמר הא מני חנניה היא ואליבא דבית שמאי דתניא *חנניה אומר בית שמאי אומרים אין אופין אלא אם כן ערב בפת ואין מבשלין אא"כ ערב בתבשיל ואין טומנין אלא אם כן היו חמין טמונין מערב יום טוב ובית הלל אומרים מערב בתבשיל אחד ועושה בו כל צרכו (*תנן) *המעשר פירותיו בשבת בשוגג יאכל במזיד לא יאכל לא צריכא דאית ליה פירי אחריני ת"ש *המטביל כליו בשבת בשוגג ישתמש בהן במזיד לא ישתמש בהן לא צריכא דאית ליה מאני אחריני א"נ אפשר בשאלה ת"ש *המבשל בשבת בשוגג יאכל במזיד לא יאכל אסורא דשבת שאני: בית שמאי אומרים שני תבשילין: מתניתין דלא כי האי תנא דתניא *אמר רבי שמעון בן אלעזר מודים בית שמאי ובית הלל על שני תבשילין שצריך על מה נחלקו על דג וביצה שעליו שב"ש אומרים שני תבשילין ובית הלל אומרים תבשיל אחד ושוין שאם פרפר ביצה ונתן לתוך הדג או שרסק קפלוטות ונתן לתוך הדג שהן שני תבשילין אמר רבא הלכתא כתנא דידן ואליבא דב"ה: אכלו או שאבד הרי זה לא יבשל עליו וכו': אמר אביי *נקטינן התחיל בעיסתו ונאכל עירובו גומר: **מתני'** חל להיות אחר השבת בית שמאי אומרים מטבילין את הכל מלפני השבת וב"ה אומרים כלים מלפני השבת ואדם בשבת ושוין *שמשיקין את המים בכלי אבן לטהרן אבל לא מטבילין ומטבילין מגב לגב ומחבורה לחבורה: **גמ'** דכולי עלמא מיהת כלי בשבת לא מאי טעמא אמר רבה *גזרה שמא

ובלבד שלא יערים · פרש"י בשתי קדרות שיאמר אני צריך להזמין אורחים או יבאו לי אורחים אבל בקדרה אחת מותר להערים ולהרבות דהא חזינן לעיל דלפי' מיום טוב לחברו שרי בכך ואם תאמר מאי שנא מההיא דרבה אדא* דמערים ומלח גרמא גרמא וי"ל דשאני התם דהוי עבוד אוכלין בעלמא ומשום שמחת יום טוב התירו דאי לאו הכי חייש שמא יסריח הבשר וממנע ולא שחיט אבל הכא מיירי בבשול דאמור וגם היה יכול לעשות תקנה על ידי עירובי תבשילין מבעוד יום:

על מה נחלקו על דג וביצה שעליו שב"ש אומרים שני תבשילין · ודג וביצה שעליו אינו חשוב אלא תבשיל אחד וב"ה אומרים תבשיל אחד כלומר תבשיל אחד כי האי גוונא כגון דג וביצה שעליו חשוב שני תבשילין וקשה לישנא לא משמע הכי לכך נראה לי דגרס אפכא *ב"ש אומרים תבשיל אחד פירוש דג וביצה שעליו אינו חשוב אלא תבשיל אחד וצריך עוד תבשיל אחד ובית הלל אומרים שני תבשילין פירוש דג וביצה שעליו חשוב שני תבשילין:

אמר רבא הלכתא כתנא דידן ואליבא דב"ה · פירש רש"י ואליבא דבית הלל דקאמר תבשיל אחד ואע"ג דלאפיה צריך לערב גם בפת ואינו יכול לאפות על עירוב תבשיל(ג) אחד דהא קיימא לן כרבי אליעזר דאמר אין אופין אלא על האפוי ואין מבשלין אלא על המבושל מדקא מייתי סתמא דגמ' כוותיה לעיל* בריש פירקין דקאמר ותנא מייתי לה מהכא והא דקאמרי ב"ה לעיל מניח אדם ערוב תבשיל אחד ועושה בו כל צרכו קאי אמאי דקאמר בית שמאי אין טומנין אלא אם כן היו חמין טמונין מבעוד יום וכו' וסברי דלפי' בשלשה תבשילין צריך שיהא לכל אחד ואחד כנגדו ועל זה קא מיירי ב"ה ואמרי דעל תבשיל אחד עושה בו כל צרכו כלומר כל מיני תבשילין כגון חמין וכיוצא בו והא דקאמר אביי לא שנו אלא תבשיל אחד אבל פת לא הייתו דווקא היכא דאינו רוצה לאפות אבל אם היה רוצה לאפות היה צריך פת ולא נהירא להר"ר יצחק חדא דמכל הני משמע דלא צריך אלא תבשיל אחד לכל דבר בין לאפות בין לבשל ומה שמביא הש"ס לעיל דר' אליעזר לאו משום דהלכתא כוותיה אלא אסמכתא בעלמא מייתי על עירובי תבשילין אלא אדרבה קיימא לן כרבי יהושע לגבי דרבי אליעזר משום דרבי אליעזר שמותי הוא ורבי יהושע פליג עליה בירושלמי ואמר אופין ומבשלין על המבושל ומ"מ אור"י לא מלאני לבי לעבור על דברי דודי וצריך שני תבשילין פת ותבשיל וכן עמא דבר*:

* [וע"ע תוספות ע"ז לג: ד"ה והשלקות]

ולי איתא · דעבר ואפה מותר מכדי תנא אתקנתא קא מהדר נתני נמי הך תקנתא בהדי הך דמקנה קמחו : **תקנתא דהיתרא** · העשויה בהיתר : **שלא יערים** · לאמר שבשל לצרך (ב) לומר עוד אני צריך להזמין אורחים ויותירם לשבת אבל בקדרה אחת אם ירבה לשבת הא אמר דלפי' לחול שרי כדלעיל ממלאה אשה קדרה בשר ואע"פ שאינה צריכה אלא לחתיכה אחת : **ואם הערים אסור** · לאכול דאחמור רבנן בהא מילתא שלא לעקור תורת עירוב ולא דמי להערמה *דרב אדא בר אהבה דמלח גרמא גרמא דאין עבוד כאוכלין °ואי משום טרחא הא עדיפא דלמא אם שלא יסריח הבשר וממנע ולא שחיט וקס"ד דהוא הדין לעבר ואפה: **שאני הערמה כו'** · לעולם עבר ואפה מותר והערמה אינה ראיה לכאן דשאני הערמה ממזיד דאיכא למימר אחמור בה רבנן בהערמה טפי ממזיד דאגו מזיד רשע הוא לעבור על דברי חכמים ואין אחרים למדים הימנו והוא עצמו משים אל לבו ושב הלכך לא מעקרא תורת עירוב אבל מערים סבור לעשות בהיתר הלכך לא ישיב אל לבו לחזור בו ואחרים למדין הימנו ומעקרא תורת עירוב הלכך קנסוהו רבנן : **הא מני** · דקתני אם הערים אסור : **חנניה היא** · דשמעינן ליה דמחמיר בעירובי תבשילין ואליבא דבית שמאי : **במזיד לא יאכל** · שעבר על השבות דאין מגביהין תרומות ומעשרות ביו"ט אלמא אחמור רבנן במילתייהו ואפי' גבי עונג שבת : **דאית ליה פירי אחריני** · לשבת : **המטביל כליו** · במקוה שיש לו בחצרו ועבר אדרבנן דאמרי במתניתין מטבילין כלים מלפני השבת דנראה כמתקן : **ישתמש בהן** · בו ביום : **אפשר בשאלה** · לשאול כלים מחברו ולהשתמש : **אסורא דשבת** · בשול שבת מאבות מלאכות הוא ואיסור סקילה הוא הלכך קנסוה רבנן למזיד אבל עבר ואפה ביום טוב לשבת אסורא דרבנן הוא דעבד : **על מה נחלקו על דג וביצה שעליו שבית שמאי אומרים שני תבשילין** · צריך וזה כתבשיל אחד שמחובר בו ובטיל לגביה וב"ה אומרים דיו בתבשיל אחד כזה : **ושוין שאם פרפר ביצה** · מבושלת ונתן לתוכו דלאחודיה קאי שהן שני תבשילין : **שרסק** · מינצ"ר בלעז : **קפלוטות** · כרתי פוריי"ש בלעז : **כתנא דידן** · דמתני' דקתני ב"ה שרו בתבשיל אחד : **אם התחיל בעיסתו** · לתקנה ולאפותה ע"י עירובו:

מתני' מטבילין את הכל · כל הצריך טבילה בין אדם בין כלים : **מלפני השבת** · דקי"ל בר"ה (דף טז:) חייב אדם לטהר את עצמו ברגל דכתיב ובנבלתם לא תגעו (ויקרא יא) ומוקים לה ברגל הלכך יטביל מערב שבת דאסור להטביל בשבת וביו"ט : **ובית הלל אומרים כו'** · והא דנקט שבת רבותא אשמועינן לב"ה דאפי' בשבת שרו באדם ובגמרא מפרש מאי טעמא דכלים אסורים : **ושוין שמשיקין את המים** · מי שיש לו מים יפין לשתות ונטמאו ממלא מהן כלי אבן ונותנם במקוה מים מלוחים עד שמשיק מים למים ונמלאו אלו זרועים ומחוברים למי המקוה ובטלי אגבייהו וטהרו ואין עוד טהרה במקוה לכל אוכל ומשקה אלא למים ולא בתורת טבילה אלא בתורת זריעה כדאמרינן בפסחים בפרק כל שעה (דף לד:) : **אבל לא מטבילין** · בגמרא מפרש שאין נותנין אותן בכלי עץ טמא הצריך טבילה להשיקן בו כדי להעלות טבילה לכלי אגב השקת המים : **ומטבילין מגב לגב** · ביום טוב : **ומחבורה לחבורה** · בגמרא מפרש לה : **גמ'** ויעבירנו

רבינו חננאל

לאפות ולהאכילו · איבעיא להו זה שאסר אם עבר ואפה מאי כלומר קנסינן ליה ומנעינן ליה לאכול מה שאפה אי לא · ת"ש מי שהניח עירובי תבשילין הרי זה אופה ומבשל ומטמין ואם רצה לאכול עירובו הרשות בידו אכלו עד שלא אפה ועד שלא בישל ועד שלא הטמין הרי זה לא יאפה ולא יבשל ולא יטמין ולא אחרים אופין ומבשלין לו · אבל מבשל ליו"ט ואם הותיר הותיר לשבת · ובלבד שלא יערים ואם הערים אסור · ודחה רב אשי ואמר אחמרו רבנן במערים טפי ממזיד רב נחמן בר יצחק אמר הא מתני' לחנני' היא אליבא דב"ש · (דתנן) [דתניא] אין אופין אא"כ עירב בפת ואין מבשלין אא"כ עירב בתבשיל כו' ובה"א מניח אדם עירובי תבשילין ועושה בו כל צרכו כלומר אופה ומבשל ומטמין את החמין. ואתינן לפשטא לבעיין מן המעשר בשבת במזיד לא יאכל כלומר הנה זה עבר ועישר וקתני לא יאכל ש"מ עבר ואפה נמי לא יאכל. ודחינן התם לענין שבת משום דאפשר ליה להתענג בפרי אחריני. וכן בענין המטביל כליו במזיד בשבת לא ישתמש בהן. ודחינן שאני התם דאית ליה כלי אחריני. אפשר לו לשאול כלים ולהשתמש בהן. וכן המבשל בשבת במזיד לא יאכל הנה קנסינן ליה אם עבר ובישל ודחינן איסורא דשבת שאני: מתני' בש"א ב' תבשילין ובה"א תבשיל אחד ומודין ב"ש בדג וביצה שעליו שהן ב' תבשילין · אכלו או שאבד כו' מתני' דלא כי האי תנא דתניא אר"ש לא נחלקו בית שמאי ובית הלל על ב' תבשילין שצריך כו' · אמר רבא הלכתא כתנא דידן ואליבא דבית הלל דאמר תבשיל אחד · אכלו או שאבד לא יבשל עליו בתחלה · שייר הימנו כל שהוא סומך עליו לשבת · אמר אביי נקטינן התחיל בעיסתו ונאכל עירובו או שאבד הרי זה גומר · חל יום טוב להיות אחר השבת מטבילין כלים מלפני השבת ואדם בשבת · כלים דלאו בני סחיטה נינהו בשבת מאי טעמא דלא מטבילינן להו · אמר רבה אפילו מי שיש לו בור בחצרו גזרינן שלא יטבילן לכליו בחצרו גזרה שמא

הגהות הב"ח

(א) גמ' אכלו עד שלא אפה עד שלא בשל עד שלא הטמין: (ב) רש"י ד"ה שלא יערים וכו' לצורך יו"ט לא יערים לומר עוד וכו' אם ירבה בשביל שבת: (ג) תוס' ד"ה אמר רבא וכו' על עירוב תבשיל דהא קיי"ל כצ"ל ותיבת אחד נמחק:

גליון הש"ס

רש"י ד"ה ואם הערים · ואי משום טרחא · משמע דליכא שום איסור רק טרחא וקשה לי הא אף שאין באוכלין מ"מ מדרבנן אסור כדאיתא בסוגיא דשבת וכדמוכיח הר"ן פ"ק דחולין בסוגיא דשוחט בשבת

§ מסכת ביצה דף יז: §

אות א'

ואם רצה לאכול את עירובו הרשות בידו

סימן תקכ"ז סט"ז - [א]**לאחר שהכין צרכי שבת, יכול לאכלו** - מ"מ לכתחלה נכון שיניח אותו ללחם משנה בערבית ושחרית, ובמנחה יבצע עליו, דכיון דאיתעביד בו מצוה חדא, ליתעביד בו מצוה אחריתא.

אות ב'

ואם הערים אסור

סימן תקכ"ז סכ"ד - [ב]**אם הערים לבשל ב' קדרות לצורך היום** - ר"ל שבאמת א"צ אלא לקדרה אחת, ומבשל שניה בדרך הערמה, שאומר שמא יזדמנו לו אורחים, או שבישל לצורך היום, וחזר ובישל לצורך היום, ואמר שקדרה הראשונה ישאר למחר, **והותיר אחת לצורך מחר, אסור לאכלה** - דבהערמה חיישינן שילמדו אחרים לעשות כן, וגם הוא יעשה כן פעם אחרת, משא"כ במזיד.

והיינו לו ולבני ביתו, דקנסוהו רבנן, אבל לאחרים מותר למוצאי יו"ט מיד. **כתב** בחמד משה, דאף לו אינו אסור רק עד מוצאי שבת, [**והגר"ז** מצדד דאסור לו לעולם, **ועכ"פ** מי שמקיל אין למחות בידו].

אבל כשמבשל בדרך הערמה שיאכל מן השניה כזית, מבואר לעיל בסכ"א, 'דמותר', [**ולפעמים** אף במבשל כדי לאכול מעט משניהם ג"כ אסור, וכגון ששני הקדירות הם ממין אחד, דמינכר ההערמה לכל].

אות ג'

המעשר פירותיו בשבת, בשוגג יאכל במזיד לא יאכל

רמב"ם פכ"ג מהל' שבת הט"ו - המגביה תרומות ומעשרות בשבת או ביו"ט, בשוגג יאכל ממה שתיקן, במזיד לא יאכל עד מוצאי שבת, ובין כך ובין כך תיקן את הפירות.

סימן שלט ס"ד - ולא מפרישין תרומות ומעשרות - וה"ה חלה, **שהוא** דומה כמקדיש אותן פירות שהפריש, **ועוד** שהוא כמתקן דבר שאינו מתוקן. **ואם** עבר והפריש במזיד, לא יאכל בין לו בין לאחרים עד מו"ש, מטעם קנס, **ואם** היה בשוגג, מותר אפילו לו מיד, וה"ה בחלה.

אות ד'

המטביל כליו בשבת בשוגג, ישתמש בהן במזיד וכו'

רמב"ם פכ"ג מהל' שבת ה"ח - המטביל כלים בשבת, בשוגג ישתמש בהן, במזיד לא ישתמש בהן עד למוצ"ש.

אות ה'

המבשל בשבת, בשוגג יאכל במזיד לא יאכל {דברי ר"מ}

סימן שיח ס"א - המבשל בשבת, (או שעשה אחת משאר מלאכות), במזיד, אסור לו לעולם - ליהנות מאותה מלאכה, דקנסוהו רבנן, **ומ"מ** מותר לו ליהנות מדמיה של המלאכה, **כתב** המג"א בשם הרשב"א, דגם הקדירה שבישל בה בשבת אסורה לו לבשל בה, מפני שהיא בלועה מדבר האסור לו, **ודוקא** המבשל לבריא, אבל המבשל לחולה מותרת הקדרה.

ולאחרים מותר למוצאי שבת מיד - ואפילו למי שנתבשל בשבילו, דלא בעינן להמתין בכדי שיעשו אלא במלאכה הנעשית ע"י א"י בשביל ישראל, משום דקל בעיניו איסור דאמירה לא"י, ויבוא לעשות כן פעם אחרת כדי שיהיה מוכן לו במו"ש מיד, **אבל** דבר שנעשה ע"י ישראל בידים, ודאי ליכא למיחש דעי"ז שנתיר למו"ש מיד, יבא פעם אחרת לומר לישראל לבשל לו בשבת בשביל זה, **ועוד** שהישראל לא ישמע לו, דאין אדם חוטא ולא לו.

ובשוגג - שגג בדין או שכח, כ"ז בכלל שוגג הוא, **אסור בו ביום גם לאחרים, ולערב מותר גם לו מיד** - הנה בגמרא פליגי בענין שוגג ומזיד ר"מ ור' יהודה, ודעת השו"ע הוא דעת ר' יהודה, שכן הסכימו הרי"ף והרמב"ם והגאונים,**והגר"א** הסכים בבאורו לשיטת התוס' וסייעתם, דפסקו כר' מאיר, דבמזיד אסור בין לו בין לאחרים עד מו"ש, ובשוגג מותר גם לו מיד, **ובמקום** הצורך יש לסמוך על זה בבשול בשוגג.

אות ו'

נקטינן התחיל בעיסתו ונאכל עירובו, גומר

סימן תקכ"ז סי"ז - [ג]**התחיל בעיסתו** - רק ללוש, **ונאכל העירוב, גומר אותה עיסה** - לאפותה, (וסתם המחבר להחמיר, דדוקא אותה עיסה, וגם ברש"י דמתניתין כתב נמי להדיא: אכלו או שאבד קודם שבישל כל צרכי שבת, מבואר נמי דלא כמו שדייק השמ"ק מפירש"י שברי"ף, שכתב: התחיל לתקנה ולאפותה גומר הכל, ודייק השמ"ק שכוונתו שגומר אף שאר תבשילין, **אם** לא שנאמר דרש"י מפרש דאביי חולק על המשנה דאנן נקטינן כן להלכה למעשה, או דאביי מפרש כן למתניתין דלא כהבנתה הפשוטה, ומ"מ נראה לי דכיון דבראב"ד משמע להדיא לאיסור, וכן משמעות הרמב"ם לענ"ד, וכן בראב"ן המובא בקרבן נתנאל, וכן הוא בלשון רש"י במשנה, אין נכון לזוז מפסק השו"ע ואחרונים). **והוא הדין אם התחיל לבשל** - ואפילו לא הניחה עדיין אצל האש, ורק שהתחיל בה, כגון שחתך ראשי הלפתות וכדומה, **שגומר** - לבשלה, **אותו התבשיל שהתחיל.**

אות ז'

מטבילין... כלים מלפני השבת

רמב"ם פכ"ג מהל' שבת ה"ח - אסור להטביל כלים טמאין בשבת, מפני שהוא כמתקן כלי; אבל אדם טמא מותר לטבול, מפני שנראה כמיקר.

באר הגולה

א בריתא שם י"ז | ב שם בגמרא | ג מימרא דאביי שם

אות ח'

ואדם בשבת

סימן שכו ס"ח - [ד]אדם מותר לטבול מטומאתו בשבת - אע"ג דכלי אסור להטבילו ולטהרו מטומאתו בשבת ויו"ט, מפני שנראה כמתקן הכלי עי"ז, אדם שאני מפני שהוא נראה כמצנן עצמו במים, **ואפילו** אם העת קר וגם המים סרוחים שאין דרך לרחוץ בהם, מ"מ לפעמים כשאדם בא מן הדרך ומלוכלך בטיט וצואה, הדרך לרחוץ אף באלו, **וע"כ** מותר אפי' היה יכול לטבול קודם השבת.

ונוהגות הנשים שאינן טובלות שלא בזמנן בשבת, וכתבו הפוסקים דיפה נהגו, משום דכיון דסוף סוף המנהג בזמננו לאסור בשבת לרחוץ כל הגוף אפילו בצונן, א"כ ניכר דהוא משום טבילה ומחזי כמתקן.

וכתבו האחרונים, דמ"מ נראה דמותר לטבול לקריו, כיון דנתבטל התקנה, ומותר בתורה ובתפלה אפילו קודם טבילה, א"כ לא מחזי כמתקן ע"י הטבילה, **ויש** מחמירין וסוברין דאין לחלק בין טבילת קרי לשאר טומאות, **ומי** שנוהג להקל אין למחות בידו, כי רוב האחרונים סותמין להקל בזה, **ועכ"פ** בנטמא בשבת ויו"ט גופא נראה בודאי דאין להחמיר, וכן נתפשט המנהג להתיר, **אך** יזהר מאד שלא יבוא לידי סחיטה דהוא איסור גמור.

(ודע עוד, דאם הוא טהור גמור, ורוצה לטבול בשבת בשחרית משום תוספת קדושה, אין בזה משום חשש מתקן מצד הדין, **אך** לפי מה שכתב מהרי"ל, דיפה נוהגות הנשים שאינן טובלות שלא בזמנן משום חשש סחיטה, נראה דגם טבילה כזו יש למנוע, ודי לנו במה שאנו מקילין לטבול בשבת היכא דהוא צריך לטבילה).

[ה]סימן תקיא ס"ג - [ו]אדם מותר לטבול ביו"ט מטומאתו - ר"ל אע"ג דכלי אסור להטבילו ולטהרו מטומאתו ביו"ט, מפני שנראה כמתקן הכלי עי"ז, **אדם** שאני, מפני שהוא נראה כמצנן עצמו במים, גמ', **וע"ל** סי' שכ"ו ס"ח, במ"ב ובה"ל שם ביארנו כל פרטי דין זה.

אות ט'

ומטבילין מגב לגב ומחבורה לחבורה

רמב"ם פ"ד מהל' יו"ט הי"ז - [ז]כלי שהיה טהור לתרומה ורצה להטבילו לקדש, מותר להטבילו, וכן כל כיוצא בזה מטבילות שאר המעלות.

---

§ מסכת ביצה דף יח. §

אות א'

מדלין בדלי טמא והוא טהור

רמב"ם פ"ד מהל' יו"ט הי"ח - ומדלין בדלי טמא והוא טהור מאליו; נדה שאין לה בגדים להחליף, מערמת וטובלת בבגדיה.

[ח]סימן שכג ס"ז - הגה: ואם הוא כלי הראוי למלאות בו מים, ימלאנו מים מן המקוה ועלתה לו טבילה (המגיד והגמ"י) - ואינו מברך, דאז אינו מוכח שעושה לשם טבילה, **ופשוט** דזה דוקא אם אין לו כלי אחר לצורך שבת, דאל"ה אסור, מפני שמפסיד הברכה בידים, [**דלא** עדיף ממה דקימ"ל דערום אסור לתרום מפני שאסור לברך]. (**ונדה הטובלת בשבת מברכת**).

אות ב'

כלי שנטמא מערב יום טוב אין מטבילין אותו ביום טוב

רמב"ם פ"ד מהל' יו"ט הי"ז - כלי שנטמא מערב יום טוב אין מטבילין אותו ביום טוב, [ט]גזירה שמא ישהה אותו בטומאתו.

אות ג' – ד'

בולד הטומאה מטבילין אותו ביום טוב

נדה שאין לה בגדים מערמת וטובלת בבגדיה

רמב"ם פ"ד מהל' יו"ט הי"ח - כלי שנטמא ביום טוב מטבילין אותו ביום טוב; נטמא הכלי במשקין טמאין שהן ולד הטומאה מערב יום טוב, מטבילין אותו ביום טוב, לפי שהוא טהור מן התורה כמו שיתבאר במקומו; ומדלין בדלי טמא והוא טהור מאליו; נדה שאין לה בגדים להחליף, מערמת וטובלת בבגדיה.

[י]יו"ד סימן קצח סמ"ו - נדה שטבלה בבגדיה, מותרת לבעלה - נראה דוקא באותן הבגדים שהן רפויין עליה, אבל לא באותן שהן מהודקים, **שוב** מצאתי כן בראב"ן וז"ל, דוקא אשה בבגדיה שהם רחבות, שכך היה מנהג נשים שלהן, כמו שעדיין נוהגות הנשים של ארץ כנען, אבל איש בבגדיו שהן קצרים ודבוקים לבשר, ולא מצי מיא עיילי בהו, או אשה בזמן הזה בבגדים קצרים, לא, ע"כ - ש"ך. (**ועמש"ל** בס"ד, לפי שיטת הסד"ט, דגם לדעת רבותיו של רש"י, לא אסור היכא דעיילי מיא אלא במקפיד, אבל באינו מקפיד אף ברובא שרי, די"ל דהכא מיירי בבגדים הגרועים ופחותים דלא קפדי עליהן - פת"ש).

אות ה'

גזרה שמא ישהא

רמב"ם פ"ד מהל' יו"ט הי"ז - כלי שנטמא מערב יום טוב אין מטבילין אותו ביום טוב, [ט]גזירה שמא ישהה אותו בטומאתו.

באר הגולה

[ד] ביצה י"ז משנה וכב"ה [ה] ‹ע"פ מהדורת נהרדעא› [ו] משנה ביצה י"ז וכב"ה [ז] ‹זהו מטבילין מחבורה לחבורה שאמרו (דף י"ט) שם, ופי' ר"ח מחבורת תרומה לחבורת שלמים – מגיד משנה. ועיין ברש"י שם› [ח] ‹ע"פ מהדורת נהרדעא› [ט] ‹ע"פ מהדורת נהרדעא› [י] ‹ע"ל י"ח: אות ד' בהערה›

שמא ישלנו בידו ויעבירנו ארבע אמות ברשות הרבים א"ל אביי יש לו בור בחצירו מאי איכא למימר א"ל גזירה בור בחצרו אטו בור ברשות הרבים התינח שבת ביו"ט מאי איכא למימר גזרו יו"ט אטו שבת ומי גזרינן והא תנן ושוין שמשיקין את המים בכלי אבן לטהרן אבל לא מטבילין ואי איתא נגזור השקה אטו הטבלה ותסברא אי אית ליה מים יפים הני למה לי למעבד להו השקה אלא דלית ליה וכיון דלית ליה מזדהר זהיר בהו איתיביה *מדלין בדלי טמא והוא טהור ואי איתא נגזור דלמא אתי לאטבוליה בעיניה שאני התם מתוך שלא הותרה לו אלא ע"י דליו זכור הוא איתיביה *כלי שנטמא מעיו"ט אין מטבילין אותו ביו"ט ביו"ט מטבילין אותו ביום טוב ואם איתא נגזור דיום טוב אטו דערב יום טוב טומאה ביום טוב מלתא דלא שכיחא היא *ומלתא דלא שכיחא לא גזרו בה רבנן איתיביה *כלי שנטמא באב הטומאה אין מטבילין אותו ביום טוב *בולד הטומאה מטבילין אותו ביום טוב ואם איתא נגזור הא אטו הא ולד הטומאה היכי משכחת לה גבי כהנים *כהנים זריזין הם ת"ש דאמר רב חייא בר אשי אמר רב *נדה שאין לה בגדים מערמת וטובלת בבגדיה ואם איתא נגזור דלמא אתי לאטבולי בעינייהו שאני התם מתוך שלא הותרה לה אלא על ידי מלבוש זכורה היא רב יוסף אמר גזרה משום סחיטה אמר ליה אביי תינח כלים דבני סחיטה נינהו כלים דלאו בני סחיטה נינהו מאי איכא למימר א"ל גזרה הני אטו הני איתיביה כל הני תיובתא ושני ליה כדשנינן רב ביבי אמר *גזרה שמא ישהא תניא כוותיה דרב ביבי כלי שנטמא מערב יום טוב אין מטבילין אותו ביום טוב גזרה שמא ישהא רבא אמר מפני שנראה כמתקן כלי אי הכי אדם נמי *אדם °נראה כמיקר הא תינח מים יפים מים רעים מאי איכא למימר אמר רב נחמן בר יצחק פעמים שאדם בא בשרב

רש"י

ויעבירנו ארבע אמות ברשות הרבים · ממקומו עד המקוה: **ומי גזרינן** · ומי אמרינן רבנן כולי האי בכך תקנתא דטבילת כלים למגזר הסירה אטו אסורה וגזרה לגזרה: **והשקאה** · דהא קושיא הוא: **מוסר ורשי בכו** · שלא יטמאו וכיון דזהיר בהו הויא להו טומאתן מלתא דלא שכיחא ולא גזרו בה רבנן: **מדלין** · מים: **בדלי טמא והוא טהור** · מאליו והא לא דמי למטביל כלי ע"ג מימיו דמתני' דאסור דהתם כל עצמו לא בא אלא לטהר בין מים בין כלי הלכך מוכחא מילתא דטבילה וטעמא דטבילה אסורה משום דנראה כמתקן כלי והאי מתזי אבל הכא אין הכל יודעים שהדלי טמא והרואה אומר לשאוב מים הללו הוא צריך: **נגזור דלמא אתי לאטבוליה בעיניה** · בלא שאיבת מים: **מתוך שלא הותרה לו** · טבילה זו אלא ע"י דליו בשאיבתו שאין בו דרך שאר טבילות: **זכור הוא** · שהטבילה אסורה בי"ט: **כלי שנטמא מערב י"ט** · והכא בטומאה כדלקמן: **אין מטבילין אותו בי"ט** · הואיל והיה לו להטבילו מבעוד יום: **בי"ט מטבילין אותו בי"ט** · ומשתמש בו היום חולין שאין צריכין הערב שמש: **דלא שכיחא** · שהרי הכל מטהרין ברגל וכל שכן שזהירין מלהטמא: **כלי שנטמא באב הטומאה** · מערב י"ט כדלעיל: **אין מטבילין אותו בי"ט** · דכיון דטמא מן התורה הוה ליה כמתקן: **בולד הטומאה** · אין כאן תקון דמדאורייתא טהור מעליא הוא שאין כלי טמא אלא באב הטומאה כדתניא (בכל שוחטין דף כה:) אוכל ומשקה מטמאין מאויר כלי חרס ואין כל הכלים מטמאין מאויר כלי חרס משום דהוה ליה ולד הטומאה שמה שבתוכו אין מיטמא מחמת הסרק אלא מחמת אויר כלי יש מפרשים כלי שנטמא באב הטומאה אפילו נטמא בי"ט אין מטבילין אותו בי"ט וטעמא משום דבעי הערב שמש דטומאה דאורייתא צריכה הערב שמש הלכך הואיל ואינו ראוי היום להשתמש לא יטבילנו וקשי' לי הרי ראוי להשתמש בו חולין שאין צריך הערב שמש אלא לתרומה וקדשים כדתנן טבל ועלה אוכל במעשר העריב שמשו אוכל *בקדשים (נגעים פרק יד מ"ג*): **ולד הטומאה היכי משכחת לה** · מי הוא הצריך להטבילו אינו אלא כהן דהא ולד הטומאה ראשון וכלי שנטמא בו שני ומותר לחולין שאין שני עושה שלישי בחולין וא"צ להטבילו אלא לתרומה: **זריזין הן** · ולא אתו למשרי דאב הטומאה אי נמי זריזין מלבא טומאה לכליהן והויא מלתא דלא שכיחא: **שאין לה בגדים** · טהורים להחליף וללבוש אחר טבילתה והיום י"ט ואינה יכולה להטביל את אלו שעליה: **מערמת וטובלת** · כשהיא לבושה וסלקא לה טבילה אף לכלים ולא מוכחא מלתא שהיא מתקנת דלטבילת עצמה נכנסה ואדם מותר לטבול כב"ה דנראה כמיקר כדלקמן: **רב יוסף אמר** · טעמא דמתני' דטבילת כלים בשבת וי"ט אסירא משום סחיטת בגדים שאף הן בכלל כלים: **שמא ישהא** · אי שריא ליה לאטבולינהו בי"ט משהי להו עד י"ט שהוא פנוי ואתי בהו בתוך כך לידי תקלה להשתמש בהן תרומה: **רבא אמר** · טעמא דמתני' מפני שנראה כמתקן כלי ודמיא לתקנת מלאכה וגזור עלה מדרבנן: **פינה מים יפין** · שדרך לרחוץ בהן: בשרב

תוספות

שמא יעבירנו ארבע אמות ברשות הרבים · תימה אמאי לא קאמר שמא יוליכנו מרשות היחיד לרשות הרבים וי"ל שיש היכרא בפתח ובגפופי החלר*: **גזרה** י"ט אטו שבת · ולא הוי גזרה לגזרה די"ט ושבת אחת היא: **נגזור** השקה אטו הטבלה · וקשה לפרוך נגזור משום שמא יעבירנו ארבע אמות ברשות הרבים להשיקן וי"ל דגבי הטבלת כלי לריך למגזר שמא יעבירנו לפי שלהוט להטבילו אבל בהשקת מים אין להוט כל כך להשיקן דאפשר במים אחרים וכן בסמוך בולד הטומאה לא פריך נגזור שמא יעבירנו לפי שאינו להוט כל כך להטבילו כיון דליכא אלא טומאה דרבנן: **מדלין** בדלי טמא והוא טהור · מאליו תימה דבמתניתין אמר אין מטבילין כלי על גבי מימיו לטהרו וי"ל דהתם מיירי שהוא מלא מים ויש בו הוכחה דלאטבולי קבעי ואסור להטביל כלי דמחזי כמתקן אבל הכא אין הכל יודעין שהדלי טמא וא"כ הרואה יהא סבור דלשאוב הוא לריך: **כלי** שנטמא באב הטומאה אין מטבילין אותו בולד הטומאה מטבילין אותו וכו' · פירש רש"י דמיירי שנטמא מערב י"ט דאי בי"ט אפילו באב הטומאה מטבילין אותו והא דאמרינן לעיל מערב י"ט אין מטבילין אותו בי"ט מיירי שנטמא באב הטומאה וטעמא דאב הטומאה אין מטבילין אותו משום דטומאה דאורייתא היא דנראה כמתקן אבל בטומאה שנטמא במשקין אינו טמא כי אם מדרבנן ולא מחזי כמתקן ועוד פירש פירוש אחר דמיירי שנטמא בי"ט עצמו ובאב הטומאה ומ"מ אין מטבילין אותו בי"ט הואיל ולריך הערב שמש ואין מטבילין לצורך חול אבל בולד הטומאה אינו לריך הערב שמש ומטבילין אותו בי"ט והא דאמרינן נטמא ביום טוב מטבילין אותו בי"ט מיירי שנטמא בולד הטומאה ולא נהירא ליה לרש"י דהכתי מ"מ הרי ראוי להשתמש בו חולין שאינו לריך הערב שמש אלא תרומה והר"י פי' דניחא לפי המסקנא דאיירי בתרומה דשם לריך הערב שמש ואינו נראה להר"ר ילחק דאטו פסיקא ליה דכהנים לית להו חולין ומיהו קשה היאך הוא מותר להטביל כלי שנטמא בולד הטומאה דאם רולה להשתמש בחולין ובמעשר א"ל טבילה ואי משום תרומה הא בעי הערב שמש וא"כ לצורך חול הוא מטביל ויש לומר דלפירוש אחר שפירש רש"י ניחא דטבילה דרבנן כמו זו"לא בעיא הערב שמש *כדתנן במסכת פרה (פי"א משנה ה) כל הטעון ביאת מים מדברי חכמים לאחר ביאתו מותר בכולן: **היכי** משכחת לה בכהנים · וא"ת בישראל נמי משכחת לה דכל הפוסל תרומה מטמא משקין להיות תחלה וי"ל דמיירי בכלי שאינו ראוי להשתמש בתוכו מים כגון כלי מנוקב: **מערמת** וטובלת בבגדיה · תימה הייטו שרייה ושרייה אסורה מפני שהוא מכבס ומלבן דאמרי' שרייתו זו היא כבוסו וי"ל דהואיל דהוי דרך טינוף שרי ותדע דהאיך אנו מנגבים ידינו במפה בשבת הא הוי שרייה ואסור מפני שהוא מכבס ומלבן אלא כיון דהוי דרך טינוף שרי הכא נמי כימא הכי*): **גזרה** שמא ישהא · פי' עד י"ט שהוא פנוי ויבא לידי תקלה להשתמש בהן תרומה אבל אדם אין משהא עצמו מלטבול ועוד לא שייך למיחש לידי תקלה כל כך: הדר

*) [ועי' תוס' שבת קיח: ד"ה כאי ותו' זבחים לד: ד"ה מקנהו]

רבינו חננאל

שמא ישלם בחצר אחרת מי שאין לו בור בחצרו יעבירם ברה"ר ותורינן נמי יו"ט להטביל הכלים אטו שבת ומתמהינן ומי גזרינן והתנן ושוין שמשיקין את המים · פי' משקעין כלי אבן זה שיש בו מים מתוקין שנטמאו משקעין אותן במקוה הכלי כולו ובלבד שלא יצופו מן המקוה על הכלי אלא יהיה משוקע במלאו בכלי אבן לטהר אותן המים אבל לא מטבילין שיצופו המים ויעלו למעלה מן הכלי כדי שיהא הכלי ומימיו משוקעין במים אלא הכלי כולו צריך להיות משוקע במים ויהיו המים הטמאין שבתוך הכלי משיקין עם מי המקוה · ואי גזרינן נגזור השקה אטו הטבלה ונאמר הרואה שמשקין יטביל · ודחינן טומאת המים היפין בזמן שאין לו זולתם מיזהר זהיר בהו · וטומאתם מלתא דלא שכיח היא ומלתא דלא שכיח לא גזרו בה רבנן · ולמה בכלי אבן משום דלא מקבלי טומאה · כדקיי"ל כלי גללים כלי אבנים כלי אדמה לא מקבלי טומא'. ופירשנוה בתחלת יומא · ומותבינן עלה מדלין בדלי טמא · [כמו] ונם דלה דלה לנו. כלומר מגילאין בו מים מן הבור והוא טהור מאליו כלומר אמאי לא גזרינן דלמא אתי לאטבולינהו · ודחינן מתוך שלא הותרה לו אלא ע"י מילוי זכור הוא שאסור להטבילו ולא אתי לאטבוליה · וכן כלי שנטמא ביו"ט מטבילין אותו ביו"ט · ולא גזרינן דלמא אתי לאטבולי כלי שנטמא מעיו"ט · מ"ט ביו"ט מזהר זהירי אינשי בכלים שלהן וטומאת הכלים ביו"ט מלתא דלא שכיחא היא דהא זהירי בה · וכל מלתא דלא שכיח לא גזרו בה רבנן · ומותבינן עלה כלי שנטמא באב הטומאה כו' · ושנינן וולד הטומאה לא משכחת לה דצריך טבילה לטהריה שלא יטמא אלא גבי כהנים דאכלי תרומה ושני עושה שלישי והן זריזין ולא אתי לאטבולי כלים שנטמאו באב הטומאה אבל וולד הטומאה אינו מטמא דאין שני עושה שלישי בחולין ואי משתמשי בכלי שנגע בוולד הטומאה *) שרי ליה דהא לא מטמא כדקי"ל אין שני עושה שלישי בחולין וכן נדה שאין לה בגדים ללבוש מערמת ביו"ט וטובלת בבגדיה ונמצאו בגדיה מטהרין עמה. משנינן בה מתוך שלא היתרתיה לה להטביל כליה אא ע"י מלבוש וזכורה היא ולא אתיא לאטבולי בגדיה בפני עצמן ורב יוסף אמר מתני' גזירה משום סחיטה כו' ופשוטה היא רב ביבי [אמר] גזירה שמא ישהא פי' כל כלים שנטמאו לו יאמר הנה ביו"ט שאין אני עושה מלאכה נטבילם עכשיו פרוד אני במלאכתי ונמצא משהא אותם ביו"ט · תניא כוותיה דרב ביבי כו' רבא אמר מפני שנראה כמתקן כלי פי' אתמול לא היה יכול להשתמש בו עכשיו ביו"ט משתמש בו נמצא כאילו היום תיקנו ואקשינן אי הכי אדם נמי נראה כמתקן עצמו שאתמול היה טמא ועכשיו ניזהר וניתקן ושנינן אדם נראה כמיקר פי' כיורד במים להצטנן בהן ולא להיתקן כו' ואקשינן התינח שבת דאיכא למימר מצטנן הוא דרחיצה בשבת שריא אלא יוה"כ שאסור ברחיצה מאי איכא למימר דליכא למימר נראה כמיקר למה טובל והא נראה כמתקן עצמו ומשני רבא הואיל ובשבת שרי ביוה"כ נמי שרי דליכא מידי דבשבת שרי

*) תרומה שרינן ליה לאטבולי ביו"ט דהא כו' כנ"ל

עין משפט נר מצוה

[ועי' תוס' ר"ש כט: ד"ה שמא וכסוכה מג' ד"ה ויעבירנו ובמגילה ד: ד"ה ויעבירנס]

לו א מיי' פ"ד מהל' י"ט הל' יח:

לז ב מיי' שם הל' יז:

לח ג ד מיי' שם הל' יח:

לט ה מיי' שם הל' יז:

מסורת הש"ס

[עירובין סג: וש"נ] [תוספ' פ"ב] [שבת כו: וש"נ] [שבת קלה:] [שם נג:] [בתרומה הביא כפתוח אוכל] [עי' בר"ש כנג"ס] [פ"א משנה ה]

גליון הש"ס

גמ' נראה כמיקר · עיין יבמות דף מ"ז ע"ב תוס' ד"ה תקוני גברא:

עין משפט נר מצוה

מ א ב מיי' פכ"א מהל' שבת הל' כ' סמג לאוין סה טור ש"ע א"ח סי' שכח סעיף לג :

מא ג מיי' פי"ג מהל' שביתת עשור הלכה ב טוש"ע א"ח סי' תקנד סעיף ח :

מב ד מיי' פ"ד מהלכות יו"ט הל' יז :

בשרב ורוחץ אפילו במי משרה תינח בימות החמה בימות הגשמים מאי איכא למימר אמר רב נחמן בר יצחק פעמים שאדם בא מן השדה מלוכלך בטיט ובצואה ורוחץ אפילו בימות הגשמים תינח בשבת ביוה"כ מאי איכא למימר אמר רבא מי איכא מידי דבשבת שרי וביוה"כ אסור אלא הואיל ובשבת שרי ביוה"כ נמי שרי ומי אית ליה לרבא הואיל *והתנן החושש בשיניו *לא יגמע בהן את החומץ אבל מטבל הוא כדרכו ואם נתרפא נתרפא ורמינן עלה *לא יגמע ופולט אבל מגמע ובולע ואמר אביי כי תנן נמי מתני' מגמע ופולט תנן ורבא אמר אפי' תימא מגמע ובולע ולא קשיא כאן קודם טבול כאן לאחר טבול ואם איתא נימא הואיל וקודם טבול שרי לאחר טבול נמי שרי הדר ביה רבא מההיא וממאי דמההיא הדר ביה דלמא מהא הדר ביה לא סלקא דעתך *דתניא כל חייבי טבילות טובלין כדרכן בין בתשעה באב בין ביוה"כ : ושוין שמשיקין את המים בכלי אבן וכו': מאי אבל לא מטבילין אמר שמואל אין מטבילין את הכלי על גב מימיו לטהרו ביום טוב מני מתניתין לא רבי ולא רבנן דתניא *אין מטבילין את הכלי על גב מימיו לטהרו ואין משיקין את המים בכלי אבן לטהרן דברי רבי וחכמים אומרים מטבילין כלי על גב מימיו לטהרו ומשיקין את המים בכלי אבן לטהרן מני אי רבי קשיא השקה אי רבנן קשיא הטבלה *איבעית אימא רבי איבעית אימא רבנאי בעית אימא רבי רישא דברייתא ביום טוב וסיפא בשבת וכולה מתניתין ביו"ט ואיבעית

רש"י

בשרב · חום : מי משרה · ששורין הפשתן בהן : ביום הכפורים · שאסור ברחיצה משום ענוי ומותר בטבילת מצוה כדלקמן : מאי איכא למימר · הא ודאי מוכחא מלתא לטבילה מתכוין ולא כמיקר : מי איכא מידי · דמלאכה דבשבת שרי וליכא איסור דרבנן משום דדמיא למלאכה : וביום הכפורים אסור משום מלאכה כי הא דבעינא למימרי עליה משום דנראה כמתקן : כיון דבשבת · דאמירה במלאכה שרי משום טעמא דמיקר : ביום הכפורים נמי שרי · ואע"ג דלא נראה כמיקר שלא תחמיר לענין מלאכה ביום הכפורים משבת : ומי אית ליה הואיל · באיסורי שבת כה"ג משום דשרי בהא לא תשרי בהא : לא יגמע בהן את החומץ · לרפואה דכל רפואה בשבת גזור בה רבנן משום שחיקת סממנין שהיא אב מלאכה טוחן : אבל מטבל הוא · בו מאכלו כדרכו : לא יגמע ופולט · דמוכחא מלתא דלרפואה עביד: ואמר אביי גרסינן : ורבא אמר גרסינן : קודם טבול · קודם אכילה מגמע ובולע דלא מוכחא מלתא דלרפואה דסברי חומץ אהני ליה למיכל : לאחר טבול · לאחר אכילה וטבל מאכלו בחומץ דמוכחא מלתא דלאו חומץ בעי למטעם אלא משום רפואה ואמאי הרי קודם אכילה שבת היא מותר ובתר שבת אתא אוסרו ובתרי שבת אתא מתירו : נימא הואיל · וקודם אכילה שרי דנראה כמתכן בבליעת חומץ לאחר אכילה נמי שרי שאין חלוק בשיעור של שבת : הדר ביה רבא מההיא · דחומץ ושנייה כאביי ואת זו דטבילה דאית ליה הואיל אמר לאחר חזרה : דלמא מהא · דטבילה דיוה"כ הדר ביה ושל חומץ אמר בהתרונה : לא ס"ד · למיסר טבילה ביוה"כ : בין בתשעה באב בין ביום הכפורים · ואע"ג שאסורין ברחיצה : אין מטבילין כלי · הצריך טבילה על גב השקת מימיו לטהרו : הכי גרסינן דתניא אין מטבילין את הכלי על גבי מימיו לטהרו ואין משיקין את המים בכלי אבן לטהרן דברי רבי וחכמים אומרים מטבילין כלי על גב מימיו לטהרו ומשיקין את המים בכלי אבן לטהרן מני אי רבי קשיא השקה אי רבנן קשיא הטבלה אי בעית אימא רבי אי בעית אימא רבנן אי בעית אימא רבי מתניתא רישא ביו"ט וסיפא בשבת וכולה מתני' ביו"ט ואי בעית אימא רבנן וכולה מתני' בשבת · וה"ם אי רבי קשי' השקה דרבי לאסר ומתני' תנן משיקין אי רבנן קשיא הטבלה דאינהו שרו להטביל ומתני' קתני אין מטבילין ומשני רישא דמתניתא רישא דמלתא דרבי דאיירי בהטבלה לאוסרה הא השקה שריא איירי ביו"ט וסיפא דמלתיה דאסר אף השקה איירי בשבת וכן רבנן נמי רישא איירי ביו"ט וסיפא איירי בשבת והכי קאמר מטבילין כלי על גב מימיו לטהרו ביו"ט וכל שכן דמשיקין ומשיקין את המים בכלי אבן בשבת השקה אין הטבלה לא ולתוספתא דבילה* ודשבת* בהדיא תני בה הכי אין מטבילין את הכלי על גבי מימיו לטהרו בי"ט ואין משיקין את המים בכלי אבן לטהרן בשבת דברי רבי וחכמים אומרי' כו' והשתא דברייתא מתוקמא הכי אי בעית אימא מתני' רבנן היא וכולה מתני' בשבת הלכך הטבלה אסורה והשקה שריא כרבנן דאמרי משיקין את המים בכלי אבן לטהרן בשבת השקה הוא דשריא הא הטבלה כלים אסירה :

ולי

תוספות

הדר ביה רבא מההיא · פי' מההיא שנויא דקא משני כאן קודם כו' לא ס"ד דאמר כל חייבי טבילות כו' ותימה מנא ליה לרבא הדר ביה מההיא שנויא לעולם אימא לך דהדר משנויא דהואיל דמאי מזקיקו להאי טעמא דהואיל דקמשני מתני' משום דנראה כמתקן ואימא דהדר ביה מההיא שנויא והדר ביה נמי מהאיא שנויא דהואיל והא דכלים אסורים מההיא טעמא דשנויי אמוראי דלעיל משום שמא יעבירנו או ישהא או יסחוט וי"ל דסמי חדא מקמי תרתי ההיא שנויא דהכא כאן קודם טבילה מקמי תרתי שנויי דמשני משום מתקן כלי והואיל ולא נהירא חדא דהא בהא תליא דהא מה דמשני רבא הואיל ושבת כו' היה כולו להעמיד שנויא משום דנראה כמתקן ועוד דהיה לו לפרש האי מקמי תרתי לכך נראה לי דקים ליה לגמרא דלא היה יכול לעקור מפני שנראה כמתקן כיון דמתרץ ליה עלה דמתני' אבל היה סבור לעקור שנויא דהואיל ומהא נמי מייתי ראיה דאין יכול לעקור [וע"ע תוס' שבת קיא: ד"ה לא] :

כל חייבי טבילות טובלין כדרכן בין בתשעה באב בין ביום הכפורים · היינו דוקא להני שטובלין טבילת מצוה בזמנה אבל השתא שכל טבילות שבשותינו טובלות היינו טבילה שלא בזמנה דהן סופרות ז' נקיים מספק שהן זבות ואינן טובלות בט' באב וביוה"כ ומיהו יש לחלק כדאמר ביומא (דף פח.) נדות ויולדות טבילתן בלילה זבין וזבות טבילתן ביום בעל קרי טובל והולך עד המנחה כדי שיתפלל תפלת המנחה בטהרה אבל לאחר המנחה לא יטבול ומפרש התם טעמא דאי משום תפלת נעילה היה יכול להמתין עד הלילה ויטבול ויתפלל תפלת נעילה בלילה ואמאי אינו טובל ביום כדי שתהא הטבילה בזמנה אלמא ש"מ דקסבר ההוא תנא דטבילה בזמנה לאו מצוה היא ואפילו הכי שריא ביוה"כ ומיהו בתשעה באב אין טובלין כר' חנינא בן אנטיגנוס דאמר *כדאי בית אלהינו לאבד טבילה אחת בשנה וקאמר עלה בירושלמי הורה ר' לוי כר' חנינא בן אנטיגנוס ולית הלכתא כהך משנה דקאמר כל חייבי טבילות וכו' ועוד אומר ר"י דבזמן הזה אין טובלין לא ביוה"כ ולא בט' באב דדוקא הם שהיו עסוקין בטהרות היה צריך לטבול מיד כדי שלא יטמאו הטהרות אבל השתא דהטבילה אינה באה אלא לטהרה לבעלה יכולה היא לרחוץ ולחוף ערב יוה"כ כדי שתסרוק שערה ותופפת מעט למוצאי יום הכפורים משום דצריך חפיפה סמוך לטבילה וכן בט' באב דהא אפי' תטבול ביום הכפורים ובט' באב אסורה *לבעלה :

*ושוין שמשיקין המים בכלי אבן לטהרן · אבל לא בכלי עץ לפי שהוא מקבל טומאה מןהמש קין וגמלא שהוא מטביל כלי וא"ת אמאי אין מטבילין אותו הא איכא תרתי לטיבותא חדא דנטמא בי"ט ועוד דלא נטמא כי אם בולד הטומאה וכולי עלמא מודים דמטבילין לכל הפירושים דלעיל ולמאן דמוקי מתניתין בשבת וכרבנן ניחא אבל למאן דמוקי לה בי"ט וכו' קשיא וי"ל דמ"מ אין לגרום הטומאה לכלי בידים כדי שיטבילנו דדוקא כשנטמא כבר בולד הטומאה הוא דמטבילין אותו אבל אסור לטמאותו על מנת להטבילו בי"ט :

אין מטבילין את הכלי על גבי מימיו לטהרו ואין משיקין וכו' · הכי גרים רש"י בדברי רבי בין בדברי חכמים ובספרים היה כתוב הפכא השקה קודם הטבלה והכל אחד אלא שגרסת הספרים גרס רישא בשבת וסיפא בי"ט ולגירסת רש"י רישא בי"ט וסיפא בשבת ועל פי התוספתא הגיה רש"י הגירסא ולפי מה שכתוב בספרים השקה קודם הטבלה לא תוכל לפרש רישא בי"ט וסיפא בשבת אלא אם כן תפרש שאמתניתין קאי דקתני משיקין אבל לא מטבילין ושבוש הוא כדפירש רש"י :

אמר

מסורת הש"ס

שבת דף קיא: ע"ז דף כח.

[שבת שם]

שבת דף קיא: תענית דף יג: [יומא פח.]

[תוספתא פ"ב ותוספתא שבת פי"ז]

אבע"א אבע"א מתניתא רישא ביו"ם וסיפא בשבת ואב"א רבנן וכולה מתניתין בשבת ואב"א רבי וכולה מתניתין בי"ט ת"ר וכו' כצ"ל וכן בכת"י מהרש"ל

[פ"ב] [פי"ז]

[תענית יג: וש"נ איתא ר"ח סגן הכהנים]

[וע"ע תוס' נדה סח: ד"ה לא דאפשר]

[דיבור זה שייך למשנה דלעיל יז: וע"ש]

רבינו חננאל

שרי וביוה"כ אסור ומקשינן ומי אית ליה לרבא הואיל והתנן החושש בשניו לא יגמע בהן חומץ אבל מטבל כדרכו ואם נתרפא נתרפא והתניא אינו מגמע ופולט אבל מגמע ובולע · ואמר רבא ל"ק ואוקמה למתניתין לא יגמע ויבלע לאחר טיבול ומתניתא דקתני מגמע ובולע (לאחר) [קודם] טיבול ואם איתא דאית ליה לרבא הואיל לימא הואיל מקודם טיבול שרי לאחר טיבול נמי שרי אלא ודאי לית ליה הואיל ופרקינן הדר ביה רבא לגבי אביי [מההיא] והורה דמתני' לא יגמע ויפלוט היא מהא דתניא כל חייבי טבילות טובלין כדרכן בין בט' באב בין ביוה"כ ש"מ דטובלין ביוה"כ ומפורש בפרק שמנה שרצים : ירושלמי תני כל חייבי טבילות טובלין כדרכן בין בט' באב בין ביוה"כ א"ר חנינא סגן הכהנים כדיי הוא בית אלהינו לאבד עליו הכהנים טבילה אחת דריש ר' לוי בר' חנינא סגן הכהנים ואדם בשבת שכן אדם טובל לקירויו בשבת ושוין שמשיקין את המים בכלי אבן דוקא של אבן שאינו מקבל טומאה אלא לטהר המים בלבד משיקין אבל לא מטבילין את הכלים ע"ג מימיהן לטהרם ואמרי' מתניתין לא ר' היא ולא רבנן · ופרקינן איבעית אימא ר' היא וכולה מתניתין ביו"ם היא שנוייה שמשיקין אותן בשבת ואע"פ שמשיקין את המים ביו"ם לטהרן אין מטבילין כלים ע"ג מימיהן לטהרן אפי' ביו"ם וכן דברי ר' מפורשים בלשון הזה בברייתא אבע"א רבנן היא וכולה מתנית' בשבת והכי קתני ושוין שמשיקין את המים בכלי לטהרן בשבת אבל לא מטבילין כלי ע"ג מימיו לטהרן בשבת אבל ביו"ם מטבילין אפי' כלי ע"ג מימיו לטהרן ביו"ם פי' ומשיקין מלשון ותשק ידי לפי וכן

§ מסכת ביצה דף יח: §

אות א׳ - ב׳

לא יגמע בהן את החומץ, אבל מטבל הוא כדרכו, ואם נתרפא נתרפא

כי תנן נמי מתניתין מגמע ופולט תנן

סימן שכח סל״ב - החושש בשיניו, לא יגמע בהם חומץ ויפלוט - דמוכח מלתא שהוא לרפואה, **ואפילו** לשהות ואח"כ יבלע, אסור. **אבל מגמע ובולע, או מטבל בו כדרכו.**

וה"ה יין שרף ג"כ דינו כמו חומץ, **אך** במקום צער גדול אפשר לסמוך ביי"ש, דמותר לשהותו בפיו ולבלוע אחר כך.

אות ג׳

כל חייבי טבילות טובלין כדרכן, בין בט׳ באב בין ביוה"כ

סימן תקנד ס"ח - טבילה של מצוה בזמנה, מותרת; אבל בזמן הזה אין טבילה בזמנה - ר"ל שנהגו הנשים לישב על טיפת דם ז' נקיים דוקא, ממילא אין הטבילה בזמנה, **הילכך לא תטבול בו; וכן נהגו** - דלמה תטבול, דהרי מצות עונה לא יוכל לקיים בט"ב, **אלא** תרחוץ ותחוף עט"ב, ולמוצאי ט"ב חופפת מעט קודם הטבילה, דבעינן סמוך לחפיפה טבילה, [**ואם** לא חפפה בעט"ב, מותרת בדיעבד לעשות כל החפיפה כדין במוצאי ט"ב]. **ולענין** לבישת לבנים בט"ב, עיין לעיל בסימן תקנ"א ס"ג בהג"ה ובמ"ב שם.

אות ד׳

מטבילין כלי על גב מימיו לטהרו

רמב"ם פ"ד מהל׳ יו"ט הי"ז - כלי שנטמא מערב יום טוב, אין מטבילין אותו ביום טוב, [א]גזירה שמא ישהה אותו בטומאתו; ואם היה צריך להטביל מים שבו, מטביל את הכלי במימיו ואינו חושש.

באר הגולה

א ‹ובהל' שבת פרק כ"ג כתב רבינו הטעם, דנראה כמתקן, דהוה רק טעמא דרבא, ובכאן הוא תופס לעיקר הטעם משום שמא ישהה, והוא טעם דרב ביבי וכו', **וכבר** התעורר בזאת המהרש"א ז"ל בשמעתא זאת, וכתב דהיה קשה לרבינו ז"ל, דא"כ דהטעם הוא שמא ישהה לחודא, א"כ למה אמרינן שם בברייתא וכו' לחלק לרבי ולרבנן בין שבת ליו"ט, אלא ודאי דאף רב ביבי נמי ס"ל הטעם משום תיקון כלי, רק זאת שייך דוקא בשבת ולא ביום טוב, **ולעומת** זה דשמא ישהה אפשר לא שייך רק ביום טוב דהוא מזמן לזמן, ולא בשבת דהוא שכיחא מזמן קצר, ולכך כתב בשבת משום דנראה מתקן, וביו"ט משום שמא ישהה, ודבריו נכונים, ואין פקפוק כלל, **ואפשר** דס"ל, דאף רבה דאמר הטעם משום שמא יעבירנו ד' אמות ברה"ר, ס"ל ג"כ משום דנראה כמתקן, דאל"כ מאי חילוק יש בין דלי לשאר דברים, ובין אב הטומאה לולד הטומאה, רק דקשיא ליה קושית הש"ס, אי הכי אדם נמי וכו', ותירץ רבא לא ניחא ליה כלל, לכך ס"ל משום דנראה כמתקן לחודא לא תקנו חז"ל כלל, רק משום שמא יעבירנו ד' אמות ברה"ר, ומעתה באדם לא קשיא כלל, ובזה מיושב דברי רש"י, במ"ש בד"ה בדלי טמא גם בדברי רבה הטעם משום תיקון - בינה לעיתים לבעל אורים ותומים›

§ מסכת ביצה דף יט. §

אות א'

מביאין שלמים ועולות

רמב"ם פ"א מהל' חגיגה ה"ח - עולת ראיה ושלמי חגיגה אינן דוחין לא את השבת ולא את הטומאה, לפי שאין להן זמן קבוע כקרבנות הצבור, שאם אינו חוגג היום חוגג למחר כמו שביארנו; אבל דוחין את יום טוב, ואף על פי שאין מקריבין ביום טוב נדרים ונדבות, מקריבין עולת ראייה ושלמי חגיגה ושלמי שמחה, שאין אלו נדרים ונדבות אלא חובות.

אות ב'

וסומכין עליהן

רמב"ם פ"א מהל' חגיגה ה"ט - כשמקריב המקריב עולת ראייתו ושלמי חגיגתו ושמחתו ביום טוב, סומך עליהן בכל כחו כדרך שעושה בשאר הימים, אף על פי שסמיכה אינה מעכבת, כמו שביארנו במעשה הקרבנות, לא גזרו עליה משום שבות.

אות ג'

אבל נדרים ונדבות דברי הכל אין קריבין ביום טוב

רמב"ם פ"א מהל' חגיגה ה"ח - עיין לעיל אות א'.

רמב"ם פ"א מהל' חגיגה ה"י - מותר להקריב בחולו של מועד נדרים ונדבות, שנאמר: אלה תעשו לה' במועדיכם לבד מנדריכם ונדבותיכם, מכלל שקרבין ברגל; לעולותיכם: כמו עולת מצורע ועולת יולדת; ולמנחותיכם: להביא מנחת חוטא ומנחת קנאות; ולשלמיכם: לרבות שלמי נזיר; הכל קריבין במועד, ואין קריבין ביום טוב.

ולאי בעית אימא רבי קתני לה וכולה מתני' ב"ש כדאמרינן אין מטבילין את הכלי על גב מימיו לטהרו ב"ש הטבלה הוא דלא הוא השקה בכלי אבל שפיר דמי ובספרים שלנו נתחלפה רישא לסיפא וסיפא לרישא דכתיב בהו ברישא אין משיקין והדר אין מטבילין ועל כן רוב התלמידים שגו בפירושה של סוגיא זו ואין אדם יכול לישבה על כנה וגורסין מפני דוחק ומתני' רישא בי"ט וסיפא בשבת ומפרשינן רישא דקתני משיקים בי"ט קאמר ותנא השקה והוא הדין להטבלה וסיפא דקתני אבל לא מטבילין איירי בשבת ותנא הטבלה והוא הדין להשקה ואין ראוי לפרש כן לדקדקי דבי רב

דא"כ ליתני קולא ושמעינן חומרא לשמעינן הטבלה דמותרת בי"ט ואנא אמינא דכל שכן השקה אבל השתא דאשמעינן משיקין איכא למימר דוקא קתני אבל הטבלה לא וכן לענין שבת דאשמעינן אבל לא מטבילין אי הוה הדין להשקה סבירא ליה הוה ליה לאשמועינן אין משיקין ושמעינן כל שכן דאין מטבילין אבל השתא דאשמעינן אין מטבילין איכא למימר הא השקה שרי וסיוע לדברי ספר התוספתא דכך מלינו בו במסכת שבת ובמסכת ביצה: **אין מטבילין אותו בין השמשות** · מפני שהוא ספק לילה ונמצא מטביל בי"ט: **אף בחול** · אם אנו רואין אדם המטביל כלי בין השמשות אנו צריכין להחזירו ולמחות בידו מפני שצריך הערב שמש וזה המטביל כלי בלילה ודאי דעתו להשתמש בו מיד ולא להמתין הערב שמש למחר: **ותנא קמא לא בעי כו'** · בתמיה: **אשכחתינהו לרבנן דבי רב** · לתלמידים שבבית המדרש: **מעשיו** · דקא רהיט במרוצה: **מידע ידע דבעי הערב שמש** · והיינו דרהיט כסבור להספיק קודם יציאת היום וכשירה שלא יספיק הואיל וכא למקוה גומר טבילתו וממתין מלהשתמש בו עד שיעריב שמשו למחר הלכך בין השמשות די"ט אסור משום דמטביל בי"ט שלא לצורך אבל בחול לא מחינן ביה דמחשבתו ניכרת שלהערב שמשו הוא מתכוין מתוך מעשיו של מרוצתו: **דכולי עלמא לא פליגי** · דודאי ניכרת בחיים דעלמא והאי גברא דאפליג ביה רבי שמעון שזורי ואמר דלא אמרינן ביה מחשבתו ניכרת מתוך מעשיו: **כגון דאיטמי ליה** · מנא אחריגא בפחות מכעדשה

תורה אור

ואיבעית אימא רבנן וכולה מתניתין בשבת: תנו רבנן כלי שנטמא מערב יום טוב אין מטבילין אותו בין השמשות רבי שמעון שזורי אומר אף בחול אין מטבילין אותו מפני שצריך הערב שמש ותנא קמא לא בעי הערב שמש אמר רבא אשכחתינהו לרבנן דבי רב דיתבי וקא אמרי *במחשבתו נכרת מתוך מעשיו קמפלגי והיכי דמי כגון דנקיט מנא בידיה ורהיט ואזיל בין השמשות לאטבוליה מר סבר האי דקא רהיט ואזיל מידע ידע דבעי הערב שמש ומר סבר מחמת מלאכתו הוא דקרהיט ואמינא להו אנא במחשבתו נכרת מתוך מעשיו דכולי עלמא לא פליגי כי פליגי כגון דאיטמי בפחות מכעדשה ואתא לקמיה דרבנן לשיולי בפחות מכעדשה איטמי אי לא מר סבר מדהא לא גמיר הערב שמש נמי לא גמיר ומר סבר הא הוא דלא גמיר הא הערב שמש גמיר: ומטבילין מגב לגב: תנו רבנן כיצד מגב לגב הרוצה לעשות גתו על גב *כדו וכדו על גב גתו עושה כיצד מחבורה לחבורה היה אוכל בחבורה זו ורוצה לאכול בחבורה אחרת הרשות בידו: **מתני'** ב"ש אומרים מביאין שלמים ואין סומכין עליהן אבל לא עולות ובית הלל אומרים *מביאין שלמים ועולות °וסומכין עליהן: **גמ'** אמר עולא מחלוקת בשלמי חגיגה לסמוך ועולת ראייה ליקרב דבית שמאי סברי °וחגותם אותו חג לה' חגיגה אין עולת ראייה לא וב"ה סברי לה' *כל דלה' *אבל נדרים ונדבות דברי הכל אין קריבין ביו"ט מתיבי וכן אמר רב אדא בר אהבה *נדרים ונדבות אין קריבין ביו"ט אמר רבי שמעון בן אלעזר לא נחלקו בית שמאי ובית הלל על עולה שאינה של יו"ט שאינה קרבה ביום טוב ועל שלמים שהן של יום טוב שקריבין ביו"ט על מה נחלקו על עולה שהיא של יום טוב ועל שלמים שאינן של יו"ט שבית שמאי אומרים לא יביא ובית הלל אומרים יביא תריץ ואימא הכי אמר ר' שמעון בן אלעזר לא נחלקו בית שמאי ובית הלל על עולה ושלמים שאינן של יו"ט שאין קריבין ביום טוב ועל שלמים שהן של יום טוב שקריבין ביו"ט על מה נחלקו על עולה שהיא של יו"ט שבית שמאי אומרים לא יביא ובית הלל אומרים יביא *רב יוסף אמר תנאי שקלת מעלמא תנאי היא דתני' שלמים הבאים מחמת יו"ט ביום טוב בית שמאי אומרים סומך עליהן מערב יו"ט ושוחטן ביו"ט ובית הלל אומרים סומך עליהן ביום טוב ושוחטן ביום טוב אבל

אמר עולא מחלוקת כו' · וא"ת לב"ש למה להו למימר טעמא משום וחגותם הא קאמרינן לקמן משום לכם ולא לגבוה וי"ל משום דלא תטעה לומר לה' כל דלה' ומ"מ קשיא לב"ה למה להו למימר כל דלה' סיפוק ליה משום דאית להו לב"ה מתוך וכו' והוי שפיר צורך קצת משום שלא יאמרו שלחן שלך מלא ושל רבך ריקן כדפרישית לעיל פ"ק (ד' יב: סד"ה ס"ג) וי"ל משום שלא תטעה לומר וחגותם חג חגיגה אין עולה לא:

מן השרץ והאא לשיולי וכו': **מר סבר דלא גמיר** · דלא כתיב בהדיא כבעדשה אבל הערב שמש דבהדיא כתיב מגמר גמיר וכבר עסוקין להשתמש בו תרומה: **הרוצה לעשות גתו על גב כדו** · מי שהיו כליו טמאין והטבילן לדעת דריכת זיתיו ומלך לעשות גתו: גתו על גב טבילה זו שהטביל לשם כדו וא"צ לחזור ולהטביל לשם גת והיאיל טבילה שניה הבאה להחמיר על עצמו ולהטביל קתני מתני' שהוא מטביל בי"ט שאין כאן תקון כלי ואינה טבילה שהרי אינה צריכה: **מחבורה זו** · על פסחו והיה טמא או כליו טמאין וטבל לדעת כן: **הרשות בידו** · וא"צ לחזור ולטבול וקאמרה מתני' דאם בא להחמיר ולהטביל כליו לשם חבורה האחרת מטביל ביום טוב:

מתני' מביאין שלמים · בי"ט לפי שיש בהן אכילת אדם: **ואין סומכין עליהן** · שהסמיכה אסורה משום שבות שבכל כחו היה סומך והוי ליה משתמש בבעלי חיים ותנן אין רוכבין על גבי בהמה (לקמן דף לו:): **אבל לא עולות** · אין מביאין עולות חוץ מתמידין ומוספין שהן קרבן צבור וזמנן קבוע אבל עולת יחיד לא יביא לפי שאין בה אכילת הדיוט וכתיב (שמות יב) יעשה לכם ולא לגבוה:

גמ' מחלוקת בשלמי חגיגה לסמוך ועולת ראייה ליקרב · מתני' דמודו תרוייהו בשלמים להביא ולא אפלוג בהו אלא בסמיכתן בשלמי חגיגה מודו ב"ש בהבאתן מפני שהן חובת היום כדאמרינן בחגיגה (דף ט') מוחגותם אותו חג ועולה שנחלקו אף בהבאתן בעולת ראייה נחלקו והיינו הוא דקא שרו ב"ה מפני שהיא של יום טוב דנפקא לן מולא יראו פני ריקם (שמות כג): **אבל נדרים ונדבות** · הואיל ואין זמנן היום כלל דברי הכל אין קרבין ואפי' שלמים וכ"ש עולות דיכול להביאן לאחר זמן ואף על גב דחגיגה וראייה יש להן תשלומין כל שבעה שרו בה שמא יאנס ולא יקריבנה בשאר הימים ותנן עבר הרגל ולא חג אינו חייב באחריותו והכי מפרש בברייתא לקמן *דמשום האי טעמא שרו לה: **שאינה של יום טוב** · כגון נדר ונדבה: **שאינה קרבה** · דאית בה תרתי לאסורא אין בה אכילת אדם ואפשר לאחר זמן: **ועל שלמים שהן של י"ט** · כגון חגיגה ושלמי שמחה: **שקרבין** · דאיכא תרתי להתירא אכילת אדם והן זמנן ברגל ואם יעבור הרגל בטל קרבנו: **ועל שלמים שאינן וכו'** · אלמא שלמים דנדרים ונדבות לבית הלל קרבין וקשיא לעולא: **תנאי שקלת מעלמא** · וכי לא משכחת תנא דאמר כעולא דתימא עולא כי ההוא סבירא ליה דאיצטריכא לך לשבושה להך מתני' ולתרוצה: **תנאי היא** · אשכחן תנא אחרינא דקאי כעולא: **מחמת יום טוב** · חגיגה ושמחה: אבל

מג א מיי' פ"א מהל' חגיגה הל' ח: מד ב מיי' שם הל"ט: מה ג מיי' שם הלכה ח והלכה י:

[בתוספתא איתא כדו וכדו על גב גתו וכן איתא בערוך ערך גב ע"ש]:

[חולין יג:] [תוספתא פ"ב] חגיגה דף ז: ודף יז: מגילה דף ט: [לקמן כ:] סנהדרין לו: [לקמן כ: שבת קלד: פסחים [illegible] מנחות [illegible]] [פסחים מה: וש"נ] [דף כ:]

רבינו חננאל

וכן והשיקו היקבים: ת"ר כלי שנטמא מעיו"ט אין מטבילין אותו בי"ט בין השמשות ר' שמעון שזורי אומר אף בחול אסור מפני שצריך הערב שמש אמרו רבנן דבי רב במחשבתו ניכרת מתוך מעשיו פליגי היכי דמי דנקיט מנא טמא בידיה בין השמשות ורהיט לאטבולי רבנן סברי מדרהיט ידע דבעי הערב שמש כלומר לא יטהר הכלי הטמא אלא עד שיעריב עליו השמש בתר טבילה ולפי' רהיט לאטבולית קודם ביאת השמש ובחול שפיר דמי ובי"ט הוא דאסור שנמצא מתקן מנא בי"ט לחול כי בעת שיערב השמש ונטהר חול הוא ור' שמעון שזורי סבר האי דרהיט בין השמשות לאו משום דידע דלא מיטהר אלא בהערב השמש אלא משום דטרוד במלאכתו הוא ולפי' ממהר. ואמר להו רבא במחשבתו ניכרת מתוך מעשיו דברי הכל דלאו כלום הוא והכא בכלי שנגע בו כעדשה מן השרץ ואינו יודע אם כעדשה מטמא אי אינו מטמא ובא לשאול מן החכמים ואמרו לו טמא דקי"ל שכן החומט תחלת ברייתו בכעדשה *)וחזינן ליה להאי גברא דאזיל לאטבולי להוא מנא דאיטמי בכעדשה מן השרץ שאינו מפורש בתורה הוא שנסתפק לו אבל הערב שמש שכתב בפירוש בתורה ובא השמש וטהר מידע ידע ליה ור"ש שזורי סבר מידע לא ידע הא נמי לא ידע: [פיסקא] ומטבילין מגב לגב ומחבורה לחבורה: ירושלמי כיצד מטבילין מגב לגב רצה לעשות עיסתו על גב גתו או ע"ג עיסתו מטביל את כליו מחבורה לחבורה היה אוכל בחבורה זו **) וביקש עוד לאכול בחבורה אחרת שלמים וכיוצא בהן הרשות בידו והני מילי ביו"ט ***) אבל בחול לא כדתנן הטובל לתרומה והוחזק לתרומה אסור לקודש כיוצא בו גתו ובדו אחד מהן תרומה והשני קודש עושה בי"ט זו ע"ג זו: **מתני'** ב"ש אומרים מביאין שלמים ואין סומכין עליהן אבל לא עולות וב"ה אומרים מביאין שלמים כו' אמר עולא מחלוקת בשלמי חגיגה לסמוך דב"ש סבירא להו מביאין חגיגה ואין סומכין עליהן ועולת ראייה אין מקריבין כל עיקר ביו"ט וב"ה מביאין שלמים וסומכין ומקריבין עולת ראייה דכתיב לא יראו פני ריקם אבל נדרים ונדבות דברי הכל אין קריבין בי"ט: ירושלמי ב"ש אומרים הותרה סמיכה שלא כדרכה וב"ה לא הותרה איזו היא שלא כדרכה מאתמול א"ר זעירא הכל מודים באשם מצורע שסמך עליו מאתמול שלא יצא שלמי נדבה שסמך עליהן מאתמול יצא מה פליגי בשלמי חגיגה ב"ש עבדי לה כשלמי נדבה וב"ה עבדי לה כאשם מצורע אוקמה רב יוסף הא דתנינן נדרים [ונדבות] אין קרבין בי"ט תנאי היא ר"ש בן אלעזר תני שלמים שאינן של י"ט ב"ש לא יביא וב"ה יביא והאי תנא תני שלמים הבאין מעי"ט ב"ש אומר סומך עליהן מעי"ט ושוחטן ביו"ט

*) נ"ל דמ"ק סבר דאף דמזיק ליה לכאי גברא דאזיל לשיולי להכוא מנא וכו' מן השרץ אי מיטמא או לא היינו משום שאינו מפורש. **) כמבורה זו תרומה וביקש עוד כו' כנ"ל וכ"ה בכ"ס בכ"י מכל' יו"ט בשם רבינו ז"ל. ***) דברי רבינו אינו מובן לכאורה דהא ע"י טבילה שנית אפי' בחול שרי ועי' בערוך ערך גב ב'

עין משפט נר מצוה

מו א ב מיי' פ"ב מהל' חגיגה הל' י והלכה יג :

מז ג מיי' שם פ"א הלכה י :

מח ד מיי' פי"ד מהל' מעשה הקרבנות הלכה יג סמג לאוין שלג :

מט ה מיי' פ"ב מהל' חגיגה הלכה ח :

אבל נדרים ונדבות דברי הכל אין קריבין ביום טוב והני תנאי כי הני תנאי *דתניא אין מביאין תודה בחג המצות מפני חמץ שבה ולא בעצרת מפני שהוא יו"ט אבל מביא אדם תודתו בחג הסוכות ר' שמעון אומר הרי הוא אומר °בחג המצות ובחג השבועות ובחג הסכות כל שבא בחג המצות בא בחג השבועות ובחג הסוכות וכל שלא בא בחג המצות אינו בא בחג השבועות ובחג הסוכות ר"א בר"ש אומר *מביא אדם תודתו בחג הסוכות ויוצא בה ידי חובתו משום שמחה ואין יוצא בה משום חגיגה אמר מר אין מביאין תודה בחג המצות מפני חמץ שבה פשיטא *אמר רב אדא בריה דרב יצחק ואמרי לה רב שמואל בר אבא °הבא בארבעה עשר עסקינן וקסבר *אין מביאין קדשים לבית הפסול ולא בעצרת מפני שהוא יו"ט קסבר נדרים ונדבות אין קריבין ביום טוב אבל מביא אדם תודתו בחג הסוכות אימת אילימא ביום טוב עצמו והא אמרת ולא בעצרת מפני שהוא יום טוב אלא בחולו של מועד ר"ש אומר הרי הוא אומר בחג המצות ובחג השבועות ובחג הסוכות כל שבא בחג המצות בא בחג השבועות ובחג הסוכות וכל שלא בא בחג המצות אינו בא בחג השבועות ובחג הסוכות מתקיף לה ר' זירא השתא סלותי מסלתינן נדרים ונדבות מבעיא אמר אביי °בהקרבה כולי עלמא לא פליגי דשרי כי פליגי למיקם עליה בבל תאחר ת"ק סבר °שלש רגלים אמר רחמנא אפילו שלא כסדרן *ור' שמעון סבר כסדרן אין שלא כסדרן לא רבי אלעזר בר' שמעון אומר מביא אדם תודתו בחג הסוכות אימת אילימא בחולו של מועד היינו ת"ק אלא ביו"ט וקסבר נדרים ונדבות קריבין ביו"ט ומאי שנא חג הסוכות דנקט רבי אלעזר בר"ש לטעמיה דתניא* רבי שמעון אומר לא יאמר חג הסוכות שבו הכתוב מדבר למה נאמר לומר שזה אחרון רבי אלעזר ברבי שמעון אומר לומר שזה גורם : ויוצא בה משום שמחה ואינו יוצא בה משום חגיגה : פשיטא דבר שבחובה הוא *וכל דבר שבחובה אינו בא אלא מן החולין לא צריכא דאף על גב דפריש כדבעא מניה רבי שמעון בן לקיש מר' יוחנן האומר הרי עלי תודה ואצא בה ידי חגיגה הריני נזיר ואגלח

תורה אור: דברים טז

רש"י

אבל נדרים ונדבות כו' · ועולה דקאמר כי האי תנא : **והני תנאי** · דלקמן פליגי כי הני תנאי דלעיל בנדרים ונדבות : **מפני חמץ שבה** · על חלות לחם חמץ וגו' (ויקרא ז) : **ולא בעצרת מפני שהוא יום טוב** · ותודה נדרים ונדבות היא : **בחג הסוכות** · בחולו של מועד : **רבי שמעון אומר כו'** · לקמיה מפרש לה : **מביא אדם תודתו בחג הסוכות** · לקמיה מפרש אפילו ביום טוב קאמר ויוצא בה משום שלמי שמחה ואף על פי שמחויב בתודה זו ועומד דתניא במסכת חגיגה (דף ח·) ושמחת בחגך לרבות כל מיני שמחות של בשר לשמחה מדלא כתיב והבאת שלמים ואכלת שם ושמחת ומיהו פשיטא לן דכל זמן שבית המקדש קיים אין שמחה אלא בבשר שנאמר (דברים כז) וזבחת שלמים ואכלת שם ושמחת והאי קרא בהר גרזים כתיב ולא בשלמי שמחת י"ט כתיב דשמחת י"ט אם יש לו בכורות ומעשר בהמה אין צריך להביא שלמים : **ואין יוצא בה משום חגיגה** · דדבר שבחובה הוא וכל דבר שבחובה אינו בא אלא מן החולין ותודה זו כבר מחויב הוא בה ואין זו מן החולין שיהא פוטר בה חגיגתו : **אמר מר** · השתא מהדר אמילתיה לפרושי מאי דאמר לעיל בהקרבת נדרים ונדבות פליגי : **לבית הפסול** · שממעט זמן אכילתן שאינו יכול לאכול חמץ אלא עד ארבע שעות ומתוך כך חמץ שבה בא לידי נותר : **ר"ש אומר כו'** · קס"ד למיסר נדרים ונדבות בחולו של מועד אתא : **פשיטא** · לרבי שמעון דאסר הכי : **סלותי מסלתינן** · לוקטין עליה בסדה מן המחובר בחולו של מועד דתניא במועד קטן (דף יב:) קולטין עליה מן המחובר במועד לצורך המועד : **אמר אביי בהקרבה כ"ע לא פליגי** · דשרי בחולו של מועד : **כי פליגי למיקם עליה בבל תאחר** · וכולה הך מתני' לענין בל תאחר איירי תנא קמא סבר כל המאחר נדרו שלש רגלים אפילו שלא כסדרן עובר בבל תאחר וטעמא יליף בר"ה (דף ד:) מהאי קרא שלש פעמים בשנה וגו' למה לי למיכתב בחג המצות ובחג השבועות ובחג הסוכות כיון דכתיב שלש פעמים פשיטא דהכי ניכהו דהא מייניהו קמליק דלעיל מיניה כתיב שמור את חדש האביב שבעה שבעות תספר לך חג הסוכות תעשה לך ש"מ לבל תאחר לומר אלה קבעתי לך לתשלום מתחיל ונדריך והיינו דקא אתא לאשמועינן עלה טובה כל מי שיש עליו תודה יביאנה בחג הסוכות ואפילו הוא רגל ראשון אחר נדרו שאם לא יביאנה עכשיו יעבור לבא בשבילה לירושלים שהרי בעצלותו ברגל בפסח לא יביאנה מפני חמץ שבה ולא בעצרת מפני שהוא יום טוב כמו נמלא שלאחרה ג' רגלים שלא כסדרן ואתא ר"ש למימר הרי הוא אומר כו' כסדרן אין שלא כסדרן לא הלכך הנודרה לפני סוכות יש לו שהות עד לשנה הבאה והת"ק כל שבא בחג המצות כגון שנדר קודם הפסח והיה עליו להביאה בחג המצות בא בחג השבועות שלאחריו או בחג הסוכות ואין לו עוד שהות וכל שאינו בא בחג המצות שלא היה עליו להביאה בפסח כגון שנדר אחר הפסח אינו בא *כלומר אינו צריך להביאה לא בחג השבועות שלאחריו ולא בחג הסוכות שיש לו שהות עד חג הסוכות של שנה הבאה שעברו שלש רגלים כסדרן : **אלא ביום טוב וקסבר כו'** · והיינו תנאי : **לא יאמר חג הסוכות** · כשהחזיר הכתוב להזכירן לשלש רגלים לבל תאחר לא היה צריך לכתוב ובחג הסוכות כיון שכתוב שלש פעמים בשנה וכתב בחג המצות ובחג השבועות דממילא ידענא דבו היה הכתוב מדבר שבפרשת סוכות הוא עסוק ובו נכתב כתוב זה : **לומר שזה אחרון** · דבעינן כסדרן : **שזה גורם** · את בל תאחר שאפילו נדר לפני החג כיון שעבר עליו חג הסוכות עובר : **דבר שבחובה הוא** · דכתיב והגוסס : **מן החולין** · ולא ממעות מעשר שני ולא מנדרים ונדבות שהוא מחויב ועומד בהן : **דאף על גב דפריש** · כשנדר התודה פירש על מנת שיוצא בה ידי חגיגתו : ואגלח

תוספות

רבי שמעון אומר הרי הוא אומר בחג המצות וגו' כל שבא בחג המצות בא בחג השבועות ובחג הסוכות · כך משמע מתוך פירוש הקונטרס דלקמן דגרים הכי וא"כ לפירוש זה מעיקרא דס"ד שבא לומר דנדרים ונדבות אין קרבין בחול המועד ה"פ כל שאינו בא בחג המצות כגון תודה וכיוצא בה דאליבא דתנא קמא תודה אינה קרבה בחג המצות ואפי' בחול המועד וזהו דוחק דהיכי משמע ממלתיה דנדרים ונדבות חוץ מתודה אינן באין בחג המצות וכי תימא כל שאינו בא בחג המצות ר"ל ביום טוב אם כן לא הוי דומיא דחג הסוכות ועוד דאם כן אמאי כתב בחג השבועות לומר שאינן באין בחג השבועות והא אף בחול המועד דסוכות אינן באין ועוד כי גם לפי המסקנא לא אתי שפיר דקאמר דלענין בל תאחר קאמר וה"ק כל שראוי לבא בחג המצות שנתחייב בו קודם חג המצות בא בחג השבועות ובחג הסוכות שלא יאחר מלהביאו או בעצרת או בסוכות ועתה איך יביאנו והלא אין בו חול המועד וכי תימא דנדרים ונדבות קרבין בי"ט הא משמע דבהכי תנאי ליכא מאן דסבר קרבין בי"ט רק רבי אלעזר בר' שמעון ודוחק הוא לפרש בא בחג השבועות שכשיעלה לרגל יביאנו או קודם לכן ולאו בי"ט קאמר על כן נראה דגרס הכי כל שבא בחג המצות ובחג השבועות בא בחג הסוכות וכו' והשתא מעיקרא סלקא דעתך כל שאינו בא בחג המצות כגון תודה וכן שאר נדרים ונדבות שאינן באין בחג השבועות דלקאמר תנא קמא דבהדיא אינן באין בחג הסוכות ואפילו בחול המועד ולפי המסקנא ה"ק כל שבא בחג המצות ובחג השבועות כלומר שעברו שני רגלים כסדרן בא בחג הסוכות פירוש צריך שיביאנו בחול המועד של סוכות וכל שאינו בא וכו' כלומר שאינו ראוי לבא בשניהם רק בעצרת ולא בחג המצות אינו חייב להביאו בחג הסוכות זה וכי שחקה פירוש בא בחג הסוכות כלומר חובה להביאו משום בל תאחר וסיפא לאו דוקא פי' סיפא דאינו בא ר"ל אם לא ירצה שהרי הוא יכול להמתין עד סוכות של שנה הבאה אבל לעולם אם ירצה יקריב בחול המועד וקל להבין :

נזיר

רבינו חננאל

ביו"ט ובה"א סומך עליהןבי"ט ושוחטןבי"ט אבל נדרים ונדבות דברי הכל אין קריבין ביו"ט והני תנאי כהני תנאי דתניא אין מביאין תודה בי"ד כגון מפני חמץ שבה שאין מביאין קדשים לבית הפסול · כלומר שהן מרובין ונפסלין בלינה ואין מביאין קדשים לכתחלה ליפסל ולא בעצרת מביא תודה מפני שהוא יו"ט אבל מביא תודתו בחוש"מ בחג הסוכות ואם לא הביא עובר בבל תאחר · ור' שמעון אומר הרי הוא אומר בחג המצות ובחג כו' ואוקימנה לר' שמעון בחוש"מ סלותי מסלתינן כלומר *) עושה אדם מלאכה כגון סלין וכיוצא בהן הקרבה מיבעיא דודאי (אין)מקריבין כי פליגי למיקם בבל תאחר ת"ק סבר שלש רגלים אמר רחמנא אפי' שלא כסדרן כיון שעברו עליו ג' רגלים ולא הקריבו עובר במה שכתב כי תדור נדר לה' אלהיך לא תאחר לשלמו וגו' ור' שמעון סבר בעינן ג' רגלים כסדרן כדכתיבי באורייתא חג המצות חג השבועות וחג הסכות ר' שמעון לטעמיה דדייק **) חג המצות ואמר לא היה צריך לכתוב בפסוק חג המצות כאשר לא כתב בפרשת ראה אתה אומר אלי אלא הזכיר חג שבועות וחג האסיף ואמר שלש פעמים למה לא היה צריך מפני שבו פתח הכתוב תחלה וכתב שמור את חדש האביב ועשית פסח וגו' וכתיב בחג המצות לומר שזה ראשון לג' רגלים ואם הקדישו אחר הפסח אינו עובר עליו בבל תאחר עד שיעברו עליו אחר עצרת ואחר סוכות ג' רגלים כסדרן ור' אלעזר בר' שמעון אומר מביא אדם תודתו בחג הסכות ואוקימנה בי"ט עצמו ושמעינן מינה דקסבר נדרים ונדבות קרבין בי"ט ותוב ש"מ (דלא רבי) [דר'] אלעזר בר' שמעון [לטעמיה דס"ל] דחג הסכות לבדו הוא הגורם דאי ס"ד משום י"ט הוא ליתני עצרת מ"ט שביק עצרת ותני סוכות ללמד שזה גורם כלומר בין קודם הפסח הקדישו בין לאחר הפסח כיון שעבר עליו חג הסכות ולא הקדיבו עובר עליו בבל תאחר ודייק מ"ט הסכות · ואמר לא יאמר בחג הסכות דמיניה סליק למה נאמר לומר שזה גורם : ויוצא בה משום שמחה · ואין יוצא בה משום חגיגה אע"פ שאמר בשעה שנדר הרי עלי תודה ואצא בה ידי חגיגה אסיקנא המפריש בענין זה נדור ואינו יוצא כלומר נתחייב בנדרו וקדושה ושלמי חגיגה שהן עליו חובה שנאמר חג לה' ג' ימים אינן באין אלא מן החולין (וכיון) [וכמו] שאמר ר' יוחנן לר"ל האומר הרי עלי תודה ואצא בה ידי חגיגה הריני

*) עי' בערוך ערך סלת **) עי' בתוס' ר"ה ד: ד"ה ול"ל לומר

מסורת הש"ס

פסחים יג: [תוספ' חגיגה פ"א]

[פסחים יג:]

[שם וש"נ]

ר"ה ד:

ר"ה ד:

[פסחים עא: וש"נ]

גליון הש"ס

רש"י ד"ה כי פליגי למיקם עליה וכו' כלומר א"כ לכסילא · עיין טורי אבן ר"ה

§ מסכת ביצה דף יט: §

אות א' - ב'

מביא אדם תודתו בחג הסוכות, ויוצא בה ידי חובתו משום שמחה, ואין יוצא בה משום חגיגה

הכא בארבעה עשר עסקינן, וקסבר אין מביאין קדשים לבית הפסול

רמב"ם פ"ב מהל' חגיגה ה"י - יוצאין ישראל ידי חובת שלמי שמחה בנדרים ונדבות ובמעשר בהמה, והכהנים בחטאת ובאשם ובבכור ובחזה ושוק, שמצוה זו היא לשמוח באכילת בשר לפני ה' והרי אכלו; אבל אין יוצאין ידי חובתן לא בעופות ולא במנחות, שאינן בשר המשמח; כבר ביארנו בפסחים שחגיגת ארבעה עשר רשות, לפיכך אין אדם יוצא בה ידי חובת חגיגה, אלא יוצא בה חובת שמחה. השגת הראב"ד: כבר ביארנו בפסחים שחגיגת י"ד רשות לפיכך. א"א איני יודע [א]מאי לפיכך; ואותה ברייתא בן תימא שונה אותה, דסבר חגיגת י"ד חובה היא בפסח, אבל לרבנן כיון דרשות היא, יוצא בה אף משום חגיגה, אם התנה עליה לצאת בה ושחטה בי"ד.

רמב"ם פ"ב מהל' חגיגה הי"ג - לא יביא אדם תודה ביום ארבעה עשר מפני החמץ שבה, שאין מביאין קדשים לבית הפסול; [ב]ואם הביא, יוצא בה ידי חובת שמחה כמו שביארנו.

[ג]**סימן נא ס"ט** - **הגה: ולא "מזמור לתודה" בשבת ויו"ט** - שאין תודה קריבה אז, **או בימי פסח, שאין תודה קריבה בהם משום חמץ** - כי עם התודה היו צריכין להביא עשרה לחמי חמץ, **ולא בערב פסח** - שמא לא יוכלו לאכלו עד זמן איסור חמץ, ויצטרכו לשרפו, ואסור לגרום לקדשים שיבואו לידי שריפה, **וע"ל סי' תכ"ט.**

[ד]**סימן תכט ס"ב** - **ואין אומרים "מזמור לתודה" ו"אל ארך אפים" ו"למנצח" בערב פסח, ולא ביום טוב.**

ואין אומרים מזמור לתודה וכו' - שלחמי תודה היו חמץ, ואפילו בער"פ אסור להקריבה, שיבוא לידי נותר.

אות ג'

בהקרבה כולי עלמא לא פליגי דשרי

רמב"ם פ"א מהל' חגיגה ה"י - מותר להקריב בחולו של מועד נדרים ונדבות, [ה]שנאמר: אלה תעשו לה' במועדיכם לבד מנדריכם ונדבותיכם, מכלל שקרבין ברגל; לעולותיכם: כמו עולת מצורע ועולת יולדת; ולמנחותיכם: להביא מנחת חוטא ומנחת קנאות; ולשלמיכם: לרבות שלמי נזיר; הכל קריבין במועד ואין קריבין ביום טוב.

אות ד'

שלש רגלים אמר רחמנא אפילו שלא כסדרן

רמב"ם פי"ד מהל' מעשה הקרבנות הי"ג - אחד נדרים ונדבות עם שאר הדברים שאדם חייב בהן מערכין ודמים ומעשרות ומתנות עניים, מצות עשה מן התורה שיביא הכל ברגל שפגע בו תחלה, שנאמר: ובאת שמה והבאתם שמה וגו', כלומר בעת שתבא לחוג תביא כל מה שאתה חייב בו, ותתן כל חוב שעליך לשם; הגיע הרגל ולא הביא, הרי זה ביטל מצות עשה; עברו עליו שלשה רגלים ולא הביא קרבנותיו שנדר או התנדב, או שלא נתן הערכים והחרמים והדמים, הרי זה עבר בלא תעשה, שנאמר: לא תאחר לשלמו; אינו עובר בלא תעשה עד שיעברו עליו רגלי השנה כולה; ואין לוקין על לאו זה, לפי שאין בו מעשה.

אות ה'

וכל דבר שבחובה אינו בא אלא מן החולין

רמב"ם פ"ב מהל' חגיגה ה"ח - עולת ראייה אינה באה אלא מן החולין, כשאר הקרבנות שאדם חייב בהן; אבל שלמי חגיגה באות ממעות מעשר שני המעורבות עם מעות חולין, לוקח מן התערובת בהמה ומקריבה שלמי חגיגה, והוא שיהיה שיעור אכילה ראשונה מן החולין, מפני ששלמי חגיגה חובה, וכל שהוא חובה אינו בא אלא מן החולין.

באר הגולה

[א] ‹ובאמת שלשון לפיכך קשה, דמשמע דמשום שהיא רשות יוצא בה י"ח שמחה, שאם היתה חובה לא היה יוצא בה י"ח שמחה. **ומה** שהקשה דאותה ברייתא כבן תימא וכו', י"ל שסובר רבינו דלא פליגי רבנן אבן תימא אלא במאי דאמר דאינה נאכלת אלא ליום ולילה, אבל מאי דקתני יוצא בה משום שמחה ואינו יוצא בה משום חגיגה, דברי הכל היא. **ומ"ש** הראב"ד דלבן תימא היא חובה, אינו מוכרח, דהא טעמיה דאינו נאכל אלא ליום ולילה אמרינן בגמרא דהוי משום דהקישה הכתוב לפסח, ואין במשמע זה שתהא חובה, אלא ה"ק אם רצה להביא חגיגה דינה כפסח – כסף משנה›

[ב] ‹הקשה הר"י קורקוס ז"ל, דהא תודה אינה נאכלת אלא ליום ולילה, ואם כן תודה זו ששחטה ע"פ איך יוצא בה ידי שמחה, הא איפסילא בלינה, ואין לומר דיוצא ידי שמחת לילה קאמר, שלא מצינו שיהא חייב בשמחה בלילה הראשון, שאם כן יהא חייב לשחוט שלמי שמחה בערב הרגל לשמוח בלילה, דלאו אשחטה בע"פ קאי, אלא אם הביא במועד קאמר, כי בכלל מש"כ לא בעיו"ט, כ"ש במועד, וה"ק ואם הביא בזמן שחייב בשמחה, יוצא י"ח שמחה – כסף משנה›

[ג] ‹ע"פ הגר"א›

[ד] ‹ע"פ הגר"א›

[ה] ‹והקשו בתוס', דהא איצטריך קרא למשרי נדרים ונדבות בחולו של המועד, דגרסינן במסכת תמורה, אלה תעשו לה' במועדיכם לבד מנדריכם ונדבותיכם, למד על נדרים ונדבות שקרבין בחולו של מועד. ולמה לי קרא דהשתא סלותי מסלתינן כו' – שיטה מקובצת. **י"ל** דכל קושיית הגמ' הוא דוקא גבי שלמים, דיכול לקיים בהן מצות שמחה, וא"כ חשיב צורך להביאן במועד, אבל בעולות דליכא שום ענין ומצוה להביאם במועד דוקא, לא חשיב צורך המועד, ואיכא לאוקמא דהא דמצריך פסוק ע"ז דשרי להקריב נדרים ונדבות ביום טוב, קאי אעולות דלית בהו צורך המועד – הגרי"ש אלישיב›

§ מסכת ביצה דף כ. §

אות א'

נדור ואינו יוצא

רמב"ם פ"ב מהל' חגיגה הי"ד - האומר הרי עלי תודה שאצא בה ידי חובתי לשם חגיגה, חייב להביא תודה, ואינו יוצא בה ידי חגיגה, שאין חגיגה באה אלא מן החולין. השגת הראב"ד: האומר הרי עלי תודה שאצא בה. א"א בספרים שלנו לא גרסינן שאצא בה, אלא ואצא בה, דלאו כל כמיניה לאתויי אף על גב דמפרש;[א] אבל אמר שאצא בה, יכול להתנות דאדעתא דהכי נדר.

אות ב'

נזיר ואינו מגלח

רמב"ם פ"ח מהל' נזירות הי"ד - [ב]האומר הריני נזיר על מנת שאגלח ממעות מעשר שני, הרי זה נזיר, ואינו מביא קרבנותיו מן המעשר אלא מן החולין.

אות ג'

ארבע מאה שקיל, וברתיה, אי בעי נסיב, אי בעי לא נסיב

שו"ע חו"מ סימן רנג סי"ב - [ג]שכיב מרע שאמר: תנו ר' זוז לפלוני וישא בתי, ה"ז כמי שנתן לו שתי מתנות, כל איזה מהם שירצה יקח, לפיכך אם רצה ליקח המעות ולא ישא הבת, הרשות בידו; אבל אם אמר: יקח בתי ויתנו לו ק"ק זוז, הרי זה תנאי, ולא זכה במעות אם לא ישא הבת.

אות ד' – ה'

למד על עולת חובה שטעונה סמיכה

[ד]לא נחלקו בית שמאי ובית הלל על הסמיכה עצמה שצריך

רמב"ם פ"ג מהל' מעשה הקרבנות ה"ו - כל קרבנות בהמה שיקריב היחיד, בין חובה בין נדבה, סומך עליהן כשהן חיין, חוץ מן הבכור והמעשר והפסח, שנאמר: וסמך ידו על ראש קרבנו, מפי השמועה למדו, שכל קרבן במשמע חוץ מפסח ובכור ומעשר.

אות ו'

על מה נחלקו, על תכף לסמיכה שחיטה... ובית הלל אומרים: צריך

רמב"ם פ"ג מהל' מעשה הקרבנות הי"ב - ובמקום שסומכין שוחטין, [ה]ותכף לסמיכה שחיטה; ואם שחט במקום אחר או ששהה, שחיטתו כשירה.

באר הגולה

[א] ‹וגירסת רבינו שאצא בה, ואעפ"כ אינו יוצא בה, דכיון שאמר הרי עלי תודה, נתחייב בתודה, וכי הדר אמר שאצא בה י"ח חגיגה, לאו כל כמיניה, דוגמא לדבר מה ששנינו בפרק התודה (דף פ"א) האומר הרי וכו' תודה עלי מן החולין ולחמה מן המעשר, יביא היא ולחמה מן החולין, ובזה נסתלקה השגת הראב"ד – כסף משנה› [ב] ‹ויש לתמוה על הר"א ז"ל, למה לא השיגו כמו שהשיגו בהל' חגיגה, דכיון דאמר ע"מ מהני. **ואולי** דאית ליה להר"א ז"ל, דגבי נזיר שאני דאין יכול להתנות על זה, דכיון שחל נזירותו ונהג בו, לא מצי מביא קרבנותיו מן המעשר, אבל הכא לא עשאן תודה אלא בתנאי כך – לחם משנה בהל' חגיגה› [ג] **לשון הרמב"ם בפרק י"א מהל' זכיה דין כ', מעשה בפרק ב' דביצה דף כ' ע"א, וכתב ה"ה בהלכות פרק מי שמת מבואר הדין והטעם** [ד] ‹ציון זה אינו מובן, דלב' הצדדים במחלוקת ב"ש וב"ה, הרי שיטת ב"ה שעולת חובה בעי סמיכה› [ה] ‹משנה בס"פ שתי מדות, ובגמרא מאי קאמר, ה"ק במקום שסומכין שוחטין שתיכף לסמיכה שחיטה, י"ל דסבר רבינו דהא דאמרו בגמ' ה"ק שתיכף וכו', לאו לתקוני הגירסא, אלא לפרושי, ודייקא נמי דלא אמר "הכי קתני", אלא "הכי קאמר" – כסף משנה. ‹**נראה** שצ"ל "דתכף", והסופרים טעו בין דלי"ת לוי"ו, וכן היא הגירסא בהרב קרית ספר ז"ל, וניחא נמי למ"ש מרן ז"ל – מעשה רוקח›

נ א מיי' פ"ג מהל' חגיגה הלכה יד :
נא ב מיי' פ"ח מהל' נזירות הלכה יד :
נב ג מיי' פי"א מהל' זכיה הלכה ב סמג לאוין פב טוש"ע ח"מ סי' רנג סעיף יב [רב אלפס ב"ב פ"ט דף נג ע"ב] :
נג ד ה מיי' פ"ג מהל' מעשה הקרבנות הל' ו סמג עשין קפב :
נד ו מיי' שם הל' יב :

תורה אור

ואגלה ממעות מעשר שני מהו א"ל נדור ואינו יוצא נזיר ואינו מגלח: ההוא גברא דאמר להו הבו ליה ארבע מאה זוזי לפלוני ולנסיב ברתי *אמר רב פפא ארבע מאה שקיל וברתיה אי בעי נסיב אי בעי לא נסיב טעמא דאמר הבו ליה ולנסיב אבל אי אמר לנסיב והבו ליה אי נסיב שקיל ואי לא נסיב לא שקיל: יתיב מרימר וקאמר להא שמעתא משמיה דנפשיה א"ל רבינא למרימר אתון הכי מתניתו לה אנן כדבעא מיניה ריש לקיש מר' יוחנן מתנינן לה: *תני תנא קמיה דר' יצחק בר אבא ויקרב את העולה ויעשה כמשפט (ויקרא ט) כמשפט עולת נדבה למד *על עולת חובה שטעונה סמיכה א"ל דאמר לך מני בית שמאי היא דלא גמרי שלמי חובה משלמי נדבה דאי בית הלל כיון דגמרי שלמי חובה משלמי נדבה עולת חובה נמי לא תבעי קרא דגמרי מעולת נדבה וממאי דבית הלל שלמי חובה משלמי נדבה גמרי דלמא מעולת חובה גמרי ועולת חובה גופא בעיא קרא מאי שנא משלמי נדבה דלא גמרי שכן מצויין מעולת חובה נמי לא גמרי שכן כליל (*אלא) אתיא מבינייא וסברי בית שמאי שלמי חובה לא בעו סמיכה והתניא אמר רבי יוסי לא נחלקו בית שמאי ובית הלל על הסמיכה עצמה שצריך על מה נחלקו על *תכף לסמיכה שחיטה שבית שמאי אומרים אינו צריך ובית הלל אומרים צריך הוא דאמר כי האי תנא דתניא אמר רבי יוסי בר' יהודה לא נחלקו בית שמאי ובית הלל על תכף לסמיכה שחיטה שצריך על מה נחלקו על הסמיכה עצמה שבית שמאי אומרים אינו צריך ובית הלל אומרים צריך: ת"ר *מעשה בהלל הזקן שהביא עולתו לעזרה לסמוך עליה ביו"ט חברו עליו תלמידי שמאי הזקן אמרו לו מה טיבה של בהמה זו אמר להם נקבה היא ולזבחי שלמים הבאתיה כשכש להם בזנבה והלכו להם ואותו היום גברה ידם של בית שמאי על בית הלל ובקשו לקבוע הלכה כמותן והיה שם זקן אחד מתלמידי שמאי הזקן ובבא בן בוטא שמו שהיה יודע שהלכה כבית הלל ושלח והביא

ואגלה ממעות מעשר שני · קרבנות שנזר עליו הכתוב ביום תגלחתו אקנה ממעות מעשר שני: **נדור** · על התודה ואינו יוצא בה ידי חגיגה: **נזיר ואינו מגלח** · ממעות מעשר אלא מן החולין דכיון דאמר הרי עלי נתחייב דאמירה לגבוה כמסירה להדיוט וכי הדר אמר על מנת לאו מילתא היא: **ההוא גברא** · מצוה מחמת מיתה היה: **לסב ממעשה** · דהאומר הרי עלי תודה ואגלה בה ידי חגיגה: **משמיה דנפשיה** · ולא אמר לה בלשון בעיא אלא מאליו אמרה האומר הרי עלי תודה ואגלה בה ידי חגיגה הריני נזיר ואגלח ממעות מעשר שני נדור ואינו יוצא נזיר ואינו מגלח: **אתון הכי מתניתו לה** · מאליה ולא משמיה דר' יוחנן: **אנן כדבעא מיניה ריש לקיש מר' יוחנן מתנינן לה** · דאהדר ליה ר' יוחנן הכי: **ויקרב את העולה** · עולת יום שמיני של מלואים שהטיל הכתוב על אהרן חובה ליום קח לך עגל בן בקר לחטאת ואיל לעולה תמימים (ויקרא ט): **ויעשה כמשפט** · מה משפט האמור בעולת חובה על כרחיך כמשפט המפורש בעולת נדבה בויקרא קאמר שכל משפטי עולה ושלמים שם נאמרו ובשל נדבה דבר הכתוב דכתיב אדם כי יקריב מכם משמע לכשירצה יקריב וכתיב התם וסמך ידו ואתא האי כמשפטו דכתיב בעולת חובה ללמד עליה שתטעון סמיכה כשאר משפטי נדבה: **אמר ליה** · ר' יצחק לתנא: **דאמר לך מני** · הא דאיצטריך קרא להכי ולא גמר לה בבנין אב דמה מצינו בנדבה שהיא עולה וטעונה סמיכה אף חובה שהיא עולה כמותה תטעון סמיכה: **ב"ש היא** · דאמר במתניתין מביאין שלמים של י"ט שהן חובה ואין סומכין עליהן וטעמא מאי משום דסמיכה בויקרא כתיב בשלמי נדבה ואם זבח שלמים קרבנו וסמך ידו וגו' וקא סברי לא גמרינן חובה מנדבה דפרכינן מה לנדבה שכן מצויה בכל שעה שירצה יתנדב ויביא האמר בחובה שאינה אלא לכשיתחייב הלכך לא דחיא סמיכה דידהו יום טוב הלכך עולת חובה נמי אי לאו דפרט בה קרא כמשפט לא הוה בעיא סמיכה דחובה מנדבה לא גמרי': **וממאי דבית הלל כו'** · דלמא לעולם חובה מנדבה לא גמרינן אלא בית הלל חובה מחובה גמרי שלמי חובה מעולת חובה הלכך עולת חובה בעיא האי קרא דכמשפט להיות מפורש בה ואי לא לא הוה ידעינן סמיכה לא בעולה ולא בשלמים דחובה והך מתניתא דברי הכל היא: **אתיא מבינייא** · לעולם מתני' דהכי תנא דברי הכל היא ואפי' לב"ה בעיא קרא ומאחר דקי"ל סמיכה בעולת חובה מהאי קרא אתו להו שלמי חובה מתרוייהו משלמי נדבה ומעולת חובה במה מצינו בשלמי נדבה שטעונין סמיכה אף שלמי חובה שהן שלמים כמותן יטענו סמיכה וכי פרכת מה לשלמי נדבה שכן מצויין עולת חובה תוכיח שאינה מצויה וטעונה סמיכה אף אני אביא שלמי חובה שאע"פ שאינן מצויין יטענו סמיכה וכי פרכת מה לעולת חובה שכן כליל תאמר בשלמי חובה שאינם כליל שלמי נדבה יוכיחו וחזר הדין לא ראי זה כראי זה לא ראי עולת חובה כראי שלמי נדבה לתלות טעם הסמיכה בראיה שכן מצוין דהך ראיה בעולת חובה ליתא ולא ראי שלמי נדבה כראי עולת חובה לתלות טעם הסמיכה בראיה שכן כליל דהא ליתא בשלמי נדבה וכתיב בהו סמיכה הצד השוה שבהן על כרחך תתלה טעם סמיכתן בטעם הצד השוה שבשניהם בעולת חובה ובשלמי נדבה הצד השוה שבשניהם שקרבן יחיד הן וטעונין נסכים [וסמיכה] אף אני אביא כל הטעון נסכים והוא קרבן יחיד שיטעון סמיכה ואתו להו שלמי חובה מהאי טעמא: **לא נחלקו על הסמיכה** · בשלמי חובה שצריך אלא כך היו בית שמאי אומרים סומך עליהן מערב יום טוב ושוחטן ביום טוב ולא אמרינן תכף לסמיכה שחיטה: **הוא דאמר כי האי תנא כו' על תכף לסמיכה שחיטה שצריך**. בדבר הטעון סמיכה כדכתיב וסמך ושחט: **על הסמיכה עצמה** · אם טעונין שלמי חובה סמיכה: **נקבה היא** · שאין עולה נקבה: **ולזבחי שלמים הבאתיה** · מרוב ענוותנותו של הלל היה משנה מפני השלום: **כשכש להם בזנבה** · כדי להטעותן שיהיו סבורים שהיא נקבה:

[מנחות צג:]
[עי' תוספות זבחים ה. ד"ה אם]
[ברכות מב. זבחים לג. מנחות צג.]
[תוספתא דחגיגה פ"ב]

נזיר ואינו מגלח · דוקא דקאמר הרי אבל אם אמר אגלה על מנת שאגלה משום חגיגה הרי עלי תודה לא וכן בנזיר וכן משמע בסמוך דקאמר דטעמא דאמר הבו ליה ולנסיב כו' וכן פי' בקונט' שפירש טעמא משום דכיון דאמר הרי עלי נתחייב דאמירה לגבוה כמסירתו להדיוט וכי אמר ע"מ לאו מילתא היא:

ויקרב את העולה וכו' · פירש רש"י דקאי אעולה של אהרן שנאמר בפ' שמיני ולא נהירא דהא קאי אעולת צבור דהכתיב שעיר העם ומיד אח"כ כתיב ויקרב את העולה ועולה של אהרן מפורשת בפסוק אחר בפרשה לכך נראה דלאו הכי נמי דקאי אעולה של צבור:

למד על עולת חובה שטעונה סמיכה . וקשה דהאמר התם דאין טעונין סמיכה בקרבנות צבור אלא בשתי קרבנות חו אינה מן המנין אלא (*פר) של צ"ו ופר של העלם דבר ולפי' רש"י דפירש דהכא מיירי בקרבן של אהרן שהוא קרבן יחיד ניחא וי"ל דהא דקאמר דאין צריכין סמיכה אלא בב' קרבנות היינו דוקא בקרבנות שהן לדורות אבל הכא מיירי בקרבן המלואים שהיה לפי שעה ומ"מ קשה דהיכי ילפינן דורות משעה דקא למד על עולת חובה שטעונה סמיכה ועוד הכי ילפינן יחיד מצבור דהא פי' דקרא דויעשה כמשפט מיירי בקרבן צבור ולפי' רש"י ניחא ועוד י"ל שיטול השוה לשניהם הואיל וגלה לנו קרא דויקרב את העולה וגו' דילפינן שעה מדורות וקרבן צבור מקרבן יחיד דכתיב אדם כי יקריב לדורות וה"ה דלילפי דורות משעה ויחיד מצבור ועוד אמר הר"מ דיש לישב פי' רש"י ולעולם פשטיה דקרא דויקרב העולה מיירי בקרבן צבור ולא קשיא הא דאינה טעונה סמיכה כדקאמר ב' סמיכות בצבור וי"ל דאין ה"נ אלא אם אינו ענין בקרבנות צבור דהא קי"ל דאין טעונין סמיכה אלא בשתי קרבנות צבור וזו אינה מן המנין תנהו ענין לקרבנות אהרן שהוא קרבן יחיד:

דלא גמרי שלמי חובה כו' · השתא אית ליה לרבי יצחק בר אבא דטעמא דב"ש דאמרי אין סומכין היינו משום דאין טעונין סמיכה ולא כרבי יוסי דקאמר בסמוך דפליגי בתכף כו' ורש"י פי' במתני' טעמא משום שבות שמשתמש בבעלי חיים ויפה פי' א] דבפ' אין דורשין (חגיגה דף טז:) משמע דבהכי פליגי לרבי יוחנן:

דלמא מעולת חובה גמרי · ואם תאמר והא הוי דבר הבא מן ההיקש דעולת חובה לא ידעינן אלא מנדבה דכמשפט ודבר הלמד בהיקש אינו חוזר ומלמד בבנין אב וי"ל דבעיא היא בזבחים (דף נ·) אם חוזר ומלמד בבנין אב ואם לאו והכא קאמר אם תמצי לומר חוזרין ומלמדין בבנין אב דבר הלמד בהיקש מעולת חובה גמירי לה דחובה מחובה ילפינן:

רבינו חננאל

הריני נזיר ואגלח ממעות מעשר שני נדור ואינו יוצא נזיר ואינו מגלח. הזכיר מעשה שדומה לו. ההוא דאמר הבו ת' זוז לפלוני ולינסוב ברתי אמר רב פפא ת' זוז שקיל דהא אמר הבו ליה ת' זוזי ברתיה אי בעי שקיל ואי בעי לא שקיל ודייקינן מינה טעמא הבו ליה ולינסיב אבל אי פריש ואמר לינסיב והבו ליה אי נסיב ברתיה שקיל ואי לא נסיב לא שקיל. תני תנא קמיה דר' יצחק מאי דכתיב ויקרב את העולה ויעשה כמשפט כמשפט עולת נדבה מה עולת נדבה כתיב בה אם עולה קרבנו מן הבקר וגו' וכתיב בה וסמך ידו על ראש העולה כו' כך עולת חובה טעונה סמיכה א"ל זו לב"ש היא דאע"ג דכתיב סמיכה בשלמי נדבה שנאמר ואם זבח שלמים קרבנו וגו' וסמך ידו על ראש קרבנו כיון דבשלמי חובה, לא כתיבא סמיכה לא ילפי הני מהני ולפיכך שנו ב"ש במשנתנו מביאין שלמים ואין סומכין דאי ב"ה כיון דגמרי שלמי חגיגה משלמי נדבה לפיכך שנו במשנתנו מביאין שלמים וסומכין עליהן בעולת חובה לב"ה לא היה צריך לכתוב כמשפט וללמוד הימנו סמיכה בעולת חובה אלא אפילו בלא פסוק יליף עולה מעולה כמה דילפי שלמי חובה משלמי נדבה ודחינן וממאי דב"ה זה ששנינו סמיכה בשלמי חובה משלמי נדבה למדו אותה דלמא חובה מחובה למדו שלמי חובה מעולת חובה למדה ועולת חובה גופה בעיא קרא מפורש שיש בה סמיכה ולפיכך אתא כמשפט לומר שעולת חובה טעונה סמיכ' ואמרי' מה ראית*) שלא ילמדו סמיכה לשלמי חובה משלמי נדבה דאיכא למיפרך מה לשלמי נדבה שכן מצויין בכל השנה כולה ולפיכך טעונין אבל שלמי חובה שאינן אלא בימים טובים בלבד לא עולת חובה נמי איכא למיפרך מה לעולה שכן כליל תאמר בשלמי חובה שאין עולה מהן למזבח אלא דם וחלב בלבד ופרקינן אלא אתיא מבינייא כלומר אתיא משתיהן מעולת חובה ושלמי נדבה. ושלמי חובה לב"ש לא בעי סמיכה והתניא א"ר יוסי לא נחלקו ב"ש וב"ה על שלמי חובה שטעונין כו': ת"ר מעשה בהלל שהביא עולה לעזרה לסמוך כו' תניא

*) אולי צ"ל ואמרינן דיש לדחות.

גליון הש"ס גמ' אמר רב פפא ארבע מאה שקיל. עי' נדרים מח ע"א בר"ן ד"ה לא. רש"י ד"ה ב"ש כו' לא דחיין סמיכה דידהו.

הגהות מהר"ב רנשבורג א] תוס' ד"ה דלא גמרי וכו' דבפ' אין דורשין משמע דבהכי פליגי לר"י. נ"ב עי' פסחים פ"ט ע"א תוס' ד"ה ואלו וכו':

והביא כל צאן קדר שבירושלים והעמידן בעזרה ואמר כל מי שרוצה לסמוך יבא ויסמוך ואותו היום גברה ידן של בית הלל וקבעו הלכה כמותן ולא היה שם אדם שערער בדבר כלום: שוב מעשה בתלמיד אחד מתלמידי ב"ה שהביא עולתו לעזרה לסמוך עליה מצאו תלמיד אחד מתלמידי ב"ש אמר לו *מה זו סמיכה אמר לו מה זו שתיקה שתקו בנזיפה והלך לו אמר אביי הלכך האי צורבא מרבנן דאמר ליה חבריה מלתא לא להדר ליה מלתא טפי ממאי דאמר ליה חבריה דאיהו אמר ליה מה זו סמיכה וקא מהדר ליה מה זו שתיקה: תניא *אמרו להם בית הלל לבית שמאי ומה במקום שאסור להדיוט מותר לגבוה מקום שמותר להדיוט אינו דין שמותר לגבוה אמרו להם בית שמאי נדרים ונדבות יוכיחו שמותר להדיוט ואסור לגבוה אמרו להם בית הלל מה לנדרים ונדבות שאין קבוע להם זמן תאמר בעולת ראייה שקבוע לה זמן אמרו להם בית שמאי אף זו אין קבוע לה זמן דתנן *מי שלא חג ביום טוב ראשון של חג חוגג והולך כל הרגל כולו ויום טוב האחרון של חג אמרו להם בית הלל אף זו קבוע לה זמן דתנן *עבר הרגל ולא חג אינו חייב באחריותו אמרו להם בית שמאי והלא כבר נאמר *לכם ולא לגבוה אמרו להם בית הלל והלא כבר נאמר לה' *כל דלה' אם כן מה תלמוד לומר לכם *לכם ולא לכותים לכם ולא לכלבים: *אבא שאול אומרה בלשון אחרת ומה במקום שכירתך סתומה כירת רבך פתוחה במקום שכירתך פתוחה אינו דין שכירת רבך פתוחה וכן בדין *שלא יהא שולחנך מלא ושולחן רבך ריקן במאי קא מפלגי מר סבר נדרים ונדבות קרבין ביום טוב ומר סבר *אין קרבין ביום טוב אמר רב הונא *לדברי האומר נדרים ונדבות אין קרבין ביום טוב *א) לא תימא מדאורייתא מחזא חזו ורבנן הוא דגזרי בהו גזירה שמא ישהה אלא אפילו מדאורייתא נמי לא חזו *דהא שתי הלחם דחובת היום נינהו וליכא למגזר שמא ישהה *ואינו דוחה לא את השבת ולא את יו"ט: איבעיא להו לדברי האומר נדרים ונדבות אין קרבין בי"ט עבר ושחט מאי רבא אמר זורק את הדם על מנת להתיר בשר באכילה רבה בר רב הונא אמר זורק את הדם על מנת להקטיר אימורין לערב מאי בינייהו איכא בינייהו נטמא בשר או שאבד לרבא לא זריק לרבה בר רב הונא זריק מיתיבי *כבשי עצרת ששחטן שלא לשמן או ששחטן בין לפני זמנן בין לאחר זמנן הדם יזרק והבשר יאכל ואם היתה שבת לא יזרוק ואם זרק הורצה

רש"י

צאן קדר· מעולים היו: **שוב מעשה כו'·** לאחר המעשה הזה היה מעשה בתלמיד אחד כו': **מה זו סמיכה·** שאתה רוצה לסמוך ולעבור על דברי ב"ש והלא אנו חלוקין עליכם: **אמר לו מה זו שתיקה·** שהיה לך לשתוק ואינך שותק: **שתקו בנזיפה·** בגערה: **מקום שאסור להדיוט·** שבת שאסור לעשות להדיוט כלום מותר לגבוה תמידין ומוספין: **מקום שמותר להדיוט·** י"ט דכתיב (שמות יב) הוא לבדו יעשה לכם כל צד צרכי אכילה: **אינו דין שמותר לגבוה·** כל צרכי אכילת מזבח ואפילו עולת ראייה: **נדרים ונדבות יוכיחו·** שי"ט מקום המותר להדיוט הוא ואתם מודים לנו שאסורים להקריב והן צרכי גבוה: **אף זו קבוע לה זמן כו'·** ויש לחוש שמא יפשע או יאנס בשאר ימי המועד ולא יביא: **והלא כבר נאמר לה'·** וחגותם אותו חג לה': **אומרה בלשון אחרת·** להאי קל וחומר דבית הלל דלעיל: **כירה·** יש לה בית קבול לקבל שתי קדרות ושייך למימר בה סתומה ופתוחה: **במאי קמפלגי·** אבא שאול והנא קמא אבא שאול דלא אמר אמרו להם בית שמאי נדרים ונדבות יוכיחו סבירא ליה נדרים ונדבות קרבין לבית הלל: **לא תימא מדאורייתא מחזא חזו·** דלה' משמע כל דלה' אפילו נדרים ונדבות: **שמא ישהה·** עד המועד שיהא לו בשר מצוי ברגל ושמא כשיבא המועד יארע לו אונס וגמלא מאחר נדרו: **מדאורייתא נמי·** סבירא ליה דאסור דכי כתיב לה' דומיא דוחגותם קאמר עולות הדומות לחגיגה זמן קבוע ברגל כמותה: **דהא שתי הלחם·** דעצרת דחובת היום הן ואינן ראויין לבא קודם לכן דלגזור בהו שמא ישהה הואיל ויכול לאפותן מערב י"ט אמור רבנן במסכת מנחות (דף נה:) דאין דוחין לא שבת כו' באפייתן דלאו דומיא דחגיגה הוא שזמן שחיטתה קבוע ברגל ואינו יכול להקדים ולאחר: **עבר ושחט מאי·** מהו שיזרוק את הדם: **על מנת להתיר בשר באכילה·** כלומר אם הבשר קיים שתהא זריקתו לצרך י"ט שיאכל הבשר היום זורק ואם לאו אינו זורק: **על מנת להקטיר אימורין לערב.** אפילו אין כאן אלא לצורך הכשר קרבן להכשיר קרבן שאין יכול לזרוק בלילה והקטרת האימורין כשרה כל הלילה וימתין עד שתחשך ויקטירה: **לרבא לא זריק·** אף על גב דלאו מלאכה היא גזור בה משום שבות: **כבשי עצרת·** הבאים עם שתי הלחם כדכתיב בפרשת שור או כשב בעצרת ועשיתם שעיר עזים אחד לחטאת ושני כבשים וגו' (ויקרא כג): **שלא לשמן·** שצריך לשחטן לשם שלמי צבור ושחטן לשם עולה: **לפני זמנן·** קודם עצרת והם הופרשו לשם כבשי עצרת: **הדם יזרק והבשר יאכל.** דקיימא לן כל הזבחים שנזבחו שלא לשמן כשרים ליקרב ונאכלין אלא שלא עלו לבעלים לשם חובה: **ואם היתה שבת לא יזרוק·** שהרי אסור לבשל וללנות היום ולא יאכל מן הבשר: **ואם זרק·** ולא נמלך: הורצה

תוספות

והביא כל צאן קדר בעזרה· ותימה הא אין מביאין חולין בעזרה ויש לומר דלאו דוקא בעזרה אלא בהר הבית:

שכירתך פתוחה· פ"ה לשון כירה ממש ונראה דר"ל כמו ויכרה להם כירה גדולה (מלכים ב ו):

נדרים ונדבות יוכיחו· פ"ה שמותר להדיוט במקום שמותרים להדיוט לעשות כל צרכי כגון ביום טוב אסורין ליקרב לגבוה אפילו שלמים וכל שכן עולות במאי קא מפלגי (א) מר סבר נדרים ונדבות אין קרבין פרש"י ת"ק דאמר נדרים ונדבות יוכיחו ומר סבר אבא שאול נדרים ונדבות קרבין בי"ט מדלא קאמר נדרים ונדבות יוכיחו והר"ר שמואל היה מפרש פירוש אחר נדרים ונדבות יוכיחו במקום שיש חלק להדיוט כגון שלמים ואסורי' לגבוה כגון עולות במאי קמפלגי ת"ק סבר נדרים ונדבות קרבין ביום טוב מדקאמר במקום שמותר להדיוט כגון שלמים דהוו נדרים ונדבות אלמא דס"ל לת"ק דנדרים ונדבות קרבין בי"ט ואסורין לגבוה כגון עולה אבל אבא שאול *דקאמר ומה במקום שכירתך סתומה כו' משמע אפילו שלמים אלמא דס"ל דנדרים ונדבות אין קרבין בי"ט וקשה להאי פי' דבפ' אלו עוברין (פסחים דף מו. ושם) אמר בהדיא וסבר לה כאבא שאול דאמר לכם ולא לנכרים משמע אבל נדרים ונדבות קרבין בי"ט מדלא מוקי ליה לומר לכם ולא לגבוה אלמא דסבירא ליה לאבא שאול דנדרים ונדבות קרבין בי"ט לכ"ע כפי' ראשון:

לכם ולא לנכרים· ב"ש נמי דרשי לכסולא לגבוה למעוטי נדרים ונדבות כדפי' בפ"ק (דף יב: ד"ה השוחט) אלא נקט כותים וכלבים דפסיקא ליה:

מאי בינייהו כגון שנטמאה· וא"ת נימא דאיכא בינייהו כגון שנטמאו אימורים או שנאבדו דלרבא זריק הואיל ואיכא בשר ולרבה בר רב הונא לא זריק כיון שנטמאו האימורין והי' הר"ר שמשון מקוצי מפרש דרבה בר רב הונא מודה להא דרבא דזורק את הדם על מנת להתיר (ב) באכילה דהוי צורך אוכל נפש ושמחת יום טוב אבל הוא מוסיף עליה דקאמר אפילו נטמא בשר זורק את הדם ע"מ להקטיר אימורין לערב אבל קשה היכי יהא הבשר מותר באכילה הא אמר *התם אימורין כל כמה דלא מקטרי בשר לא מתאכל דהא דהקטרת אימורין לא מעכבת היינו היכא דליתנהו שנטמאו או נאבדו אבל היכא דאיתנהו מעכבי ויש מתרצים דהכא איירי שנטמאו או נאבדו ולא נהירא דאם כן לימא דאיכא בינייהו היכא קיים לרבא לא זרק ולרבה זריק ועוד דבסמוך משמע אע"ג דאיתנהו דקאמר כבשי עצרת וכו' הדם יזרק והבשר יאכל ואם היתה שבת לא יזרוק ואם זרק הורצה ע"מ להקטיר וכו' אלמא דמיירי דאיתנהו ואעפ"כ בי"ט הדם יזרק והבשר יאכל וי"ל דהכא הואיל ואין יכול להקטיר האימורין מבעוד יום הוי כאילו נאבדו או נטמאו: אבל

רבינו חננאל

תניא אמרו ב"ה לב"ש ומה בעת שאסור להדיוט בשבת מותר לגבוה שנאמר וביום השבת שני כבשים וגו' בעת שמותר להדיוט ביו"ט שנאמר אך אשר יאכל לכל נפש וגו' אינו דין שמותר לגבוה כו' אמר רבינא לדברי האומר נדרים ונדבות אין קרבין ביו"ט ולא תימא דמדאורייתא חזו לאיקרובי ביו"ט ורבנן הוא דגזרו בהו גזירת שמא ישהה אותן כלומר יאמר בשאר ימות השנה אני טרוד במלאכה איני יכול לעלות ולהקריב קרבן הנה כשאעלה לחוג ביו"ט אקריב נדרי לפיכך גזרו שלא יקרבו נדרים ונדבות ביו"ט אלא אפי' מדאורייתא נמי לא חזו דהא שתי הלחם חובת היום הן וליכא למגזר שמא ישהה ואין עשייתו דוחה לא שבת ולא יו"ט ומיבעיא לן לדברי האומר אין קרבין ביו"ט עבר ושחט נדרים ונדבות ביום טוב מאי רבה אמר זורק את הדם להתיר בשר לאכילה ואם נטמא הבשר או שאבד אינו זורק רבה בר רב הונא אמר זורק הדם להקטיר אמורין לערב ואע"פ שנטמא הבשר זורק ואותבינן עליה מהא כבשי עצרת ששחטן שלא לשמן שהן שלמי צבור כדכתיב ושני כבשים לזבח שלמים או שחטן לשמן קודם עצרת או לאחר עצרת הדם יזרוק והבשר יאכל ואם היתה שבת לא יזרוק ואם זרק הורצה ע"ם

עין משפט נר מצוה

[עי' תוס' פסחים דף סו: ד"ה מביאה]

שייך לעיל קודם ד"ה מאי

נה א מיי' פ"א מהל' חגיגה הלכה ז:

נו ב מיי' שם הלכה ו:

נז ג מיי' פ"א מהלכות י"ט הלכה יג סמג לאוין עה טוש"ע א"ח סי' תקיב סעיף א וסעיף ג:

נח ד מיי' פ"א מהלכות חגיגה הלכה ח:

נט ה מיי' פ"ח מהל' תמידין ומוספין הלכה ח:

ס ו מיי' פ"ב מהל' שגגות הלכה יד וע"ש בכ"מ:

סא ז מיי' פט"ו מהל' פסולי המוקדשין הלכה יט:

וכ"ש דסברו ליה נדרים ונדבות שכירתך וכירת רבך פתוחה משמע אפילו דשלמים. מהרש"א

מסורת הש"ס

[הא דלא אמר מה זו עולה עי' תוס' חגיגה ז: ד"ה מביאין]

[תוספתא חגיגה פ"ב]

חגיגה ט. יז. ר"ה ד: יומא ג. מגילה ה:

ג"ז שם

[פסחים מו.]

[לעיל יב.]

[פסחים מו. לקמן כא: כח: מגילה ז:]

[חגיגה ז.]

[לעיל יט. וש"נ]

[מנחות ק: ע"ש]

מנחות ק:

נזיר כח: ע"ש מנחות מח. ע"ש

[תוספתא חגיגה פ"ב]

הגהות הב"ח

(א) תוס' ד"ה נדרים וכו' במאי קא מיפלגי פרש"י דמר סבר ת"ק דאמר נדרים ונדבות יוכיחו נדרים ונדבות אין קרבין ומר סבר אבא שאול כנ"ל: (ב) ד"ה מאי וכו' להתיר הבשר באכילה דהוי צורך:

הגהות מהר"ב רנשבורג א] גמ' אמר ר"ה וכו' לא תימא מדאורייתא מחזא חזו. ע"כ עיין מסרש"א ומ"ש עליו בשער המלך פ"א מהל' חגיגה הלכה ח דף סד ע"א בד"ה ודע:

§ מסכת ביצה דף כ: §

אות א'

מי שלא חג ביום טוב ראשון של חג, חוגג והולך כל הרגל כולו, ויום טוב האחרון של חג

[א]רמב"ם פ"א מהל' חגיגה ה"ד - **מי שלא הקריב ביום טוב הראשון עולת ראייתו ושלמי חגיגתו, הרי זה מקריבן בשאר ימות הרגל, שנאמר: שבעת ימים תחוג לה' אלהיך, מלמד שכולן ראויין לחגיגה, וכולן תשלומי ראשון הם.**

רמב"ם פ"א מהל' חגיגה ה"ז - **מי שלא חג ביום טוב הראשון של חג הסוכות, חוגג את כל הרגל, וביום טוב האחרון שהוא שמיני, ואף השמיני תשלומי ראשון הוא.**

אות ב'

עבר הרגל ולא חג, אינו חייב באחריותו

רמב"ם פ"א מהל' חגיגה ה"ו - **עבר הרגל ולא חג, אינו חייב באחריותו, ועל זה וכיוצא בו נאמר: מעוות לא יוכל לתקון.**

אות ג'

לכם ולא לנכרים, לכם ולא לכלבים

סימן תקיב ס"א - **[ב]אין מבשלים לצורך כותים ביו"ט** - דכתיב: אשר יאכל לכל נפש הוא לבדו יעשה לכם, ודרשו חז"ל: "לכם" ולא לכותים, "לכם" ולא לכלבים, וה"ה כל מלאכות שמותר לעשות בשביל ישראל, בשביל נכרי אסור. (**ואף** דלענין אפיה ובישול ג"כ אמרינן: מתוך שהותרה לצורך אוכל נפש הותרה נמי שלא לצורך, **אכן** בעינן שיהיה צורך היום קצת, ולצורך עו"ג לא מקרי כלל צורך היום, ויש בזה איסור תורה, **ואף** לשיטת הסוברים, דמה"ת מותר אף שלא לצורך כלל, עכ"פ מדרבנן אסור, **ועוד** נוכל לומר, דלצורך עו"ג, כיון שגילתה התורה "לכם ולא לעו"ג", גרע טפי, ולכו"ע יש בזה איסור דאורייתא, ואף דמטעם "מתוך" ממעט מלקות, אבל מחמת המיעוט ד"לכם" יש בזה איסור עשה עכ"פ, **ולכאורה** ה"ה בהוצאה לצורך עכו"ם, ג"כ יש בזה עכ"פ איסור עשה מקרא ד"לכם", וגרע מהוצאה שלא לצורך כלל).

ולצורך קראי"ם, בתשובת ר' בצלאל אוסר, **ויש** מתירין, דטועים הם ומנהג אבותיהם בידיהם. **ומומר** לעבודת כוכבים, או לחלל שבת בפרהסיא, דינו כעכו"ם.

סימן תקיב ס"ג - **[ג]אסור לבשל ולאפות לצורך כלבים** - אפילו כלבים דמזונותיהם עליו, ומכ"ש כלבים של הפקר, **ולאו** דוקא כלבים, אלא ה"ה שאר בהמה חיה ועוף, אסור לעשות שום מלאכה עבורם, דקרא ד"לכם" ממעט עובד גלולים ובהמה.

[ד]אבל מותר לטלטל מזונות וליתן לפניהם - עיין לעיל בהלכות שבת סימן שכ"ד, שנתבארו שם כל הדינים השייכים לענין הכנת מאכל לבהמה, וה"ה כאן.

הגה: אבל אסור להוציא בשבילן מרשות לרשות (הג"מ והמגיד) - היינו אפילו להוציא מרה"י לכרמלית, דלא הותר הוצאה ביו"ט כי אם לצורך האדם, אבל לא לצורך בהמה, [**דבשביל** בהמה לא הותר ע"י "מתוך", דזה דוקא אם הוא צורך קצת לאדם, ולדעת התוס' וסייעתם, יש בזה איסור דאורייתא אם הוא דרך רה"ר, **ואפי'** לדעת הרמב"ם, דסובר דמטעם "מתוך" הותר שלא לצורך הוצאה לגמרי, עכ"פ איסור דרבנן יש, **ואפשר** דבזה שעושה לצורך בהמה, גרע טפי משלא לצורך כלל, ויש בזה איסור תורה].

וע"י עכו"ם נראה דשרי, [ואפי' דרך רה"ר, דסמכינן אפוסקים דרה"ר שלנו כרמלית הוא, והוי שבות דשבות במקום צורך].

וכן אסור לגבל המורסן לעופות (מרדכי), כי אם ע"י שינוי (כל בו) - שבכה"ג אף בשבת מותר, כמבואר לעיל בסי' שכ"ד, ואופן השינוי מבואר שם בס"ג, עי"ש.

ומותר להרבות בשביל הכלבים באותה קדירה שמבשל בה לעצמו - וה"ה שאר בהמה וחיה, אפילו לא היו מזונותיהן עליו.

אפי' אם יש לו דבר אחר שיוכל ליתן לכלבים אם היה רוצה (ב"י בשם הר"ן והירושלמי) - ט"ס, וצ"ל: "אפילו אין לו ד"א" וכו', **ועיין** בביאור הגר"א שמפרש דברי הרמ"א, דר"ל דאם היה לו ד"א במה לפייסן, אפילו קדרה אחרת שרי להרבות בשבילן, אם המאכל הזה ראוי לעצמו, דאז חשבינן כאלו מבשל לצורך עצמו, וכן מפרש המ"א את דעת הרמ"א, וכן מבואר בד"מ, **אמנם** במ"א מוכח, דלדינא דעתו כדעת המהרש"ל, דבקדירה אחרת בשבילן אסור בכל ענין, דבזה מוכח דהבישול שלא לצרכו הוא, והעתיקו כמה אחרונים את דבריו, ועיין בא"ר.

[ה]סימן תקיח ס"ב - **[ו]אסור לישראל להוציא שום דבר ביום טוב לצורך אינו יהודי** - ר"ל אפילו של אוכל נפש, דלא עדיפא מבישול דאסור ג"כ לצורך עכו"ם, כדאיתא לעיל בסימן תקי"ב. [**לכאורה** לפי דעת המחבר בס"א, דמתוך שהותרה כו' הותרה שלא לצורך לגמרי, ליתא לדין זה, **ומוכח** מזה, דגם להמחבר עכ"פ מדרבנן אסור הוצאה שלא לצורך כלל, **אלא** דלפי מה שהבאנו בשם איזה פוסקים, מלאכה בעבור נכרי גרע טפי, ואפשר דבזה לכו"ע אסור מדאורייתא, **ולפי"ז** אין ראיה להוצאה שלא לצורך בעלמא, **ומיהו** להפוסקים שהבאנו בריש סי' זה, דהוצאה שלא לצורך כלל מדאורייתא אסור, בודאי גם בנידון דידן אסור מדאורייתא לכו"ע, ועיין לעיל בבה"ל].

באר הגולה

א «ע"פ מהדורת נהרדעא» והתוס' בכתובות ז' | ב ברייתא שם ובגמרא כ"א | ג ברייתא שם | ד הרא"ש שם | ה «מילואים» | ו מרדכי בספ"ק דביצה

הגה: אבל מותר לשלוח לו ע"י אינו יהודי, כגון שצריך להחזיר משכון לא"י אלם - ואפילו לית ביה חשש סכנה, **וכדומה לזה (ב"י בשם תוס' פ"ק דכתובות)** - כגון מפני דרכי שלום.

אף דאמירה לעכו"ם שבות, במקום צורך כהאי גוונא, סמכינן אפוסקים דר"ה שלנו כרמלית הוא, והוי שבות דשבות במקום צורך, ושרי.

אות ד'

נדרים ונדבות... אין קרבין ביום טוב

רמב"ם פ"א מהל' חגיגה ה"ח - עולת ראיה ושלמי חגיגה אינן דוחין לא את השבת ולא את הטומאה, לפי שאין להן זמן קבוע כקרבנות הצבור, שאם אינו חוגג היום, חוגג למחר, כמו שביארנו; אבל דוחין את יום טוב, ואף על פי שאין מקריבין ביום טוב נדרים ונדבות, מקריבין עולת ראייה ושלמי חגיגה ושלמי שמחה, שאין אלו נדרים ונדבות, אלא חובות.

אות ה'

שתי הלחם... ואינו דוחה לא את השבת ולא את יום טוב

רמב"ם פ"ח מהל' תמידין ומוספין ה"ח - ואין עשייתן דוחה יום טוב ואין צריך לומר שבת, אלא אופין אותן מערב יום טוב, [ז]שנאמר: הוא לבדו יעשה לכם, לכם ולא לגבוה.

אות ו'

עבר ושחט מאי

רמב"ם פ"ב מהל' שגגות הי"ד - שחט קרבנות יחיד שאין דוחים את השבת בשגגה, חייב חטאת, [ח]והבשר מותר בהנאה, [ט]ואין זורקין את הדם; ואם עבר וזרק דמם לשמן, בין בשוגג בין במזיד, עלו לבעלים לשם חובה, ויקטיר אימורין לערב, והבשר יאכל, ויביא השוחט חטאת על שגגתו.

אות ז'

כבשי עצרת ששחטן שלא לשמן, או ששחטן בין לפני זמנן בין לאחר זמנן, הדם יזרק והבשר יאכל; ואם היתה שבת, לא יזרוק, ואם זרק הורצה על מנת להקטיר אימורין לערב

רמב"ם פט"ו מהל' פסולי המוקדשין הי"ט - שני כבשי עצרת ששחטן שלא לשמן, או ששחטן בין לפני זמנן בין לאחר זמנן, הדם יזרק והבשר יאכל, אף על פי שלא עלו לצבור לשם חובה; ואם היתה שבת לא יזרוק, ואם זרק, הורצה להקטיר אימורין לערב.

---

§ מסכת ביצה דף כא. §

אות א'

חציה של נכרי וחציה של ישראל... לשחטה ביו"ט... מותר

סימן תצח סי"א - [א]בהמה, חציה של א"י וחציה של ישראל, יכולים לשחטה ביו"ט - כיון דא"א לכזית בשר בלי שחיטה, אינו עושה הישראל בשביל עכו"ם כלום, אלא לעצמו הוא עוסק, [גמרא].

ואפילו יש להם שתים, יכול לשחוט שתיהן - דהיה אפשר לומר, אם העכו"ם מתרצה לחלקן, יחלקו מחיים, קמ"ל דאינו מחויב לחלוק, **לא** מיבעיא אם אינו צריך רק חצי בהמה ליו"ט, ‹ושוחט אחת מהן לבד, וכדמבואר בב"י›, א"כ כשיחלוק ויצטרך לשחוט בהמתו בשביל מעט מעט הבשר שצריך לו, יופסד הבשר הנשאר, **אלא** אפילו צריך לכולא בהמה, ורוצה לשחוט שתיהן, ועכו"ם נתרצה לחלוק, ג"כ לא אמרינן ליה לחלוק, **ואפילו** ב' הבהמות שוות במראה ובקומה ובדמיהן, דאפשר אין הבשר של בהמה זו שמן ומוטעם כבשר בהמה אחרת, וניחא ליה טפי שיאכל מבשר ב' הבהמות.

וי"א דאם העכו"ם מתרצה ליתן לו הגדולה והטובה, אסור לשחוט השניה, [**אבל** הא"ר כתב, דמלבוש ויש"ש משמע, דאף בכה"ג מותר], **אכן** אם הישראל ששוחט אינו נוטל לעצמו ‹ואין מעבד – שם› כי אם חלק הפנימי, וחלק אחורים מניח בעור לעכו"ם המשותף, לכו"ע מותר לשחוט שתיהן בכל גווני, דהא אין לו טרחא בחלק העכו"ם, וא"א לכזית בשר בלא שחיטה, [קרבן נתנאל].

אות ב'

עיסה, חציה של נכרי וחציה של ישראל, אסור לאפותה ביום טוב, דהא אפשר ליה למפלגה בלישה

סימן תקו ס"ו - [ב]היה לו קמח או עיסה בשותפות עם אינו יהודי, אסור לאפותה ביום טוב - היינו בעיסה, ובקמח אסור אפילו ללוש, **אלא יחלקנה ויאפה את שלו** - ולא דמי לבהמה שחציה של ישראל וחציה של עכו"ם, דמותר לשחטה ביו"ט, כנ"ל בסי' תצ"ח סי"א, **דשאני** התם דא"א לכזית בשר בלא שחיטה, אבל הכא הא אפשר לחלק מקודם, ויטריח בחלקו לבד, [גמרא].

‹המשך ההלכות בעמוד הבא›

באר הגולה

[ז] ‹עיין רש"י, כיון דאינו דומה לחגיגה להיות נכלל בלה', ממילא ממועט מלכם ולא לגבוה, וכמו נדרים ונדבות גם לב"ה, עיין בתוס' ד"ה לכם› [ח] ‹כתב הר"י קורקוס, איני יודע מה הנאה היא זו, כיון שאינו נאכל מפני שאין הדם נזרק, וכתיב ודם זבחיך ישפך והדר והבשר תאכל, מה הנאה יכול ליהנות בבשר קדש, והרי זבח שנפסל הוא נשרף, וזה זבח פסול הוא, כי דם ששקעה עליו חמה נפסל הזבח, כמבואר בהלכות פסולי המוקדשין – כסף משנה› [ט] ‹ופשוט הוא דהלכה כרבא, דגם ביום טוב אי ליכא בשר אסור לזרוק לכתחלה, וברמב"ם לא הובא כלל דין זה, ובעין משפט ציין להל' חגיגה, וטעות הוא ע"ש – ערוה"ש› [א] **גמרא שם** כ"א [ב] מימרא דרב חסדא שם כ"א

מסורת הש"ס

עין משפט נר מצוה

תורה אור

הורצה על מנת להקטיר אימורין לערב אם זרק דיעבד אין לכתחלה לא בשלמא לרבא ניחא אלא לרבה בר רב הונא קשיא קשיא ואיבעית אימא שאני שבות שבת משבות י"ט: בעא מניה רב אויא סבא מרב הונא בהמה חציה של נכרי וחציה של ישראל מהו לשחטה בי"ט אמר ליה *מותר *אמר ליה וכי מה בין זה לנדרים ונדבות אמר ליה *עורבא פרח כי נפק אמר ליה רבה בריה לאו היינו רב אויא סבא דמשתבח ליה מר בגויה דגברא רבה הוא אמר ליה ומה אעביד ליה *אני היום °סמכוני באשישות רפדוני בתפוחים ובעא מינאי מלתא דבעיא טעמא וטעמא מאי בהמה חציה של נכרי וחציה של ישראל מותר לשחטה בי"ט דאי אפשר לכזית בשר בלא שחיטה אבל נדרים ונדבות אסור לשחטן בי"ט דכהנים *כי קא זכו משלחן גבוה קא זכו: אמר רב חסדא בהמה חציה של נכרי וחציה של ישראל מותר לשחטה ביום טוב דאי אפשר לכזית בשר בלא שחיטה [ג]עיסה חציה של נכרי וחציה של ישראל אסור לאפותה בי"ט דהא אפשר ליה למפלגה בלישה מתיב רב חנא בר חנילאי *[ד]עיסת כלבים בזמן שהרועין אוכלין ממנה חייבת בחלה ומערבין בה ומשתתפין בה ומברכין עליה ומזמנין עליה [ה]ונאפת בי"ט [ו]ואדם יוצא בה ידי חובתו בפסח ואמאי והא אפשר ליה למפלגה בלישה שאני עיסת כלבים הואיל ואפשר לפייסן בנבלה ומי אית ליה לרב חסדא הואיל והא אתמר *האופה מי"ט לחול רב חסדא אמר לוקה רבה אמר *אינו לוקה רב חסדא אמר לוקה לא אמרינן הואיל ומקלעי ליה אורחים חזי ליה השתא נמי חזי ליה רבה אמר אינו לוקה 'אמרי' הואיל אלא לא תימא הואיל ואפשר אלא כגון דאית ליה נבלה דודאי אפשר לפייסן בנבלה: בעו מיניה מרב הונא הני בני באגא דרמו עלייהו קמחא דבני חילא מהו לאפותה בי"ט אמר (*ליה) [ח]חזינא אי יהבי ליה רפתא לינוקא ולא קפדי כל חדא וחדא חזיא לינוקא ושרי ואי לאו אסור והתניא *מעשה בשמעון התימני שלא בא אמש לבית המדרש בשחרית מצאו [ר'] יהודה בן בבא אמר לו מפני מה לא באת אמש לבית המדרש אמר לו בלשת באה לעירנו ובקשה לחטוף את כל העיר ושחטנו להם עגל והאכלנום ופטרנום לשלום אמר לו תמה אני אם לא יצא שכרכם בהפסדכם שהרי אמרה תורה *לכם ולא לעובדי כוכבים ואמאי הא חזי למיכל מיניה אמר רב יוסף עגל טרפה הואי והא חזי לכלבים תנאי היא דתניא °אך אשר יאכל לכל נפש הוא לבדו יעשה לכם ממשמע שנאמר לכל נפש *שומע אני אפילו נפש בהמה במשמע כענין שנאמר °ומכה נפש בהמה ישלמנה תלמוד לומר לכם לכם

שמות יב · ויקרא כד

רש"י

הורצה על מנת להקטיר כו' · כלומר ויקטיר אימורין לערב ולא יקטירם היום: **לכתחלה לא** · הואיל ולא יאכל בשר היום: **שאני שבות שבת** · החמירו חכמים בדבריהם בשבת מבשבות יום טוב: **מה בין זה לנדר ונדבה** שחלין לו וחלין לגבוה ואסור לשוחטן מפני חלק גבוה: **עורבא פרח** · עורב הפורח למעלה הסיחו לדבר אחר: **כי נפק** · רב אויא: **אמר ליה רבה בריה** · דרב הונא לאבוה: **לאו היינו כו'** · ולמה דחיתו והלך לו בכלימה: **אני היום סמכוני באשישות** · י"ט הוא ודרשתי לרבים ואליתי מטורח הדרשה וקורא אני עלי סמכוני באשישות הביאו לי סעודה ואסעוד: **דבעיא טעמא** · וצריך אני להרהר ולעיין בה: **וטעמא מאי** · סוגיא דגמרא הוא: **כהנים משלחן גבוה קא זכו** · בחזה ושוק וה"ה לבעלים בשאר הבשר כעבד הנוטל פרס מבית רבו נמצאת כל השחיטה לשם גבוה: **חייבת בחלה** · דלחם קרינא ביה: **ומערבין בה** · ערובי חצרות להוציא מבתים לחצר שהבתים רשות לכל יחיד ויחיד והחצר רשות כולן וצריכים ערוב להוציא כל אחד מביתו לחצר: **ומשתתפים בה** · שתוף קרי במבוי שחצירות הרבה פתוחין לו וכל חצרות שבש"ם לפני הבתים ויוצאים דרך חצר לרשות הרבים או למבוי: **ומברכין עליה** · המוציא: **ומזמנים עליה** · שלשה שאכלו כאחת: **ונאפה בי"ט** · משום חלק הרועים: **ואדם יוצא בה ידי חובתו בפסח** · לילה הראשון של פסח שהוא מצוה לאכול מצה דכתיב בערב תאכלו מצות (שמות יב) ושאר הימים אם רצה לאכול שאר דברים בלא לחם הרשות בידו: **לפייסן בנבלה** · ונמצאת כולה נאכלת לאדם: **ומי אית ליה הואיל** · סוף סוף מפרנס הכלבים ממנה שהרי אין לו נבלה ומשום אסמכתא דהואיל ואילו היה לו נבלה קא שרית לה: **מי"ט לחול** · לאחר שסעד אפה דהא ודאי לחול הוא: **בני באגא** · ישראל הדרים בכפרים: **דרמו עלייהו קמחא דבני חילא** · המלך הטיל עליהם לאפות ולבשל לבני חילו אנשי מלחמתו: **כל חדא וחדא כו'** · ופליג רב הונא אדרב חסדא דאמר חציה של נכרי וחציה של ישראל אסור לאפותה: **התימני** · מתמנת היה כדכתיב (שופטים טו) שמשון חתן התימני מתמנת: **אמש** · כלומר בין הערבים של יו"ט: **בלשת** · חיל גדול של גדודי נכרים שמחפשים ובולשין לשלול שלל: **יצא שכרכם** · שנשתכרתם בממון יצא ואבד בשביל הפסד עונש שתענשו על חלול יו"ט: ולא לכלבים לא גרסינן: **והא חזי למיכל מיניה** · ולא יקפידו שהרי משלהן היה: היינו דקאמר ליה כו' לא גרס והכי גרס והא חזי לכלבים: **תנאי היא** · דאיכא תנא דאסר לכלבים: **לכל נפש** · אך אשר יאכל לכל נפש:

הני

[עי' תוס' חולין קכב: ד"ה עור וכו'] [חולין קכד:]

[פי' אותו היום סמכוהו בישיבה והושיבוהו ברא"ש · ערוך ערך סמך]

[קידושין נב: ב"ק יב: יג. ערכין כח: חולין קכ.]

חלה פ"א מ"ח

פסחים מו: סג.

לעיל כ: וש"נ

[צ"ל להו]

[תוספתא פ"ב]

הגהות הב"ח

(א) תוס' ד"ה חזינן אי יהבינן רפתא לינוקא:

גליון הש"ס

גמ' שומע אני אפי' נפש בהמה. עיין נזיר דף מ"ח ע"א ועיין בר"ש פרק יא מ"ע דתרומות וצ"ע:

תוספות

אבל נדרים ונדבות כי קא זכו משלחן גבוה קא זכו · כהנים בחזה ושוק והישראל בבשר משלחן גבוה כעבד שנוטל פרס מרבו כן פרש"י ואפי' לרבי יוסי הגלילי דקאמר קדשים קלים ממון בעלים הן בב"ק (דף יב:) ואפי' לאחר *זריקה קאמר דממון בעלים הם רק במתנות כהונה מ"מ אותו ממון זכה משלחן גבוה דהא עיקר הקרבן בשביל גבוה והלכך נהי דהוי ממונו לקדש בו את האשה מ"מ כל העבודות לצורך גבוה הם עושים:

עיסה חציה של נכרי וחציה של ישראל · ואם תאמר והאמר לעיל* רבי שמעון בן אלעזר אומר ממלאה אשה תנור פת ואע"פ שאינה צריכה אלא לפת אחת מפני שהפת נאפית יפה בזמן שהתנור מלא ושרי לאפות בי"ט אפי' לכתחילה וכי תימא דאתיא לת"ק והא הלכתא כר' שמעון דמתיר *ויש לומר דשאני התם דכל הפת של ישראל שהרשות בידו לאכול כל אחד ואחד או זה או זה ועוד דלמא מקלעי ליה אורחים אבל הכא דחציה של נכרי אסור לאפותה בי"ט:

חזינן אי יהבינן (א) לינוקא ולא קפדי כל חדא וחדא וכו' · פרש"י ופליגא אההיא דלעיל דרב חסדא דקאמר עיסה חציה של נכרי וכו' דאפשר למפלגה בלישה ואומר ר"י דלא פליגי דשאני עיסה דחציה של נכרי וחציה של ישראל דישראל מצי למפלגה ולאפות חלקו אבל הכא מיירי שהיה הקמח לבני חילא אלא שטורח אפייה הוה רמי אבני באגא הלכך לא היו יכולין ליקח כלל מן הקמח קודם האפייה לאפותו לצורך התינוק אבל אח"כ שאפו בשביל החיל או לא קפדי וכן בעגל דבסמוך לא שייך אפשר למפלגיה שנתנו משלהם ומ"מ אם היו לוקחין ממנו היו מקפידין אם לא ע"י טורח הבשול כדרך מבשלים שאוכלין מעט מן הבשול להכי פריך אדרב הונא מהכא:

הואיל ומקלעי אורחים וכו' · ותימה הא אמר בשבת פרק המצניע (דף צג: ושם) הרודה חלות דבש ביום טוב סופג ארבעים ואמאי לוקה לרבה דאמר הכא הואיל וכו' התם נמי נימא הואיל דמקלעי אורחים וכו' ואין לומר דשאני התם דאפשר לעשותו מעי"ט דלענין אוכל נפש אין לחלק בין אפשר ללא אפשר כדפרישית בריש מכילתין (דף ג.) גבי רב יוסף דאמר משום פירות הנושרין ויש לומר דמיירי שהדבש הדבש ואינו ראוי לאכילה אלא לכתישה דגמלי א"נ שתלש חלות דבש סמוך לחשכה ולא היה שהות אפי' באו אורחים לאכלן:

עין משפט נר מצוה

סב א מיי' פ"א מהל' י"ט הלכה יד סמג לאוין עה טוש"ע א"ח סי' תצח סעיף יא:

סג ב מיי' שם סמג שם טוש"ע א"ח סי' תקיב סעיף ו:

סד ג מיי' פ"ו מהלכות בכורים הלכה ח טוש"ע יו"ד סי' של סעיף ט:

סה ד מיי' פ"א מהל' י"ט הלכה יד סמג שם טוש"ע א"ח סי' תקיב סעיף ג:

סו ה מיי' פ"ו מהלכות מלה הל' ה טוש"ע א"ח סי' תנד סעיף ג:

סז ו מיי' פ"א מהל' י"ט הלכה טו:

סח ח מיי' שם הל' יד טוש"ע א"ח סי' תקיב סעיף ב:

[ועי' תוס' פסחים מו. סד"ה עד שתאפה וכו' יתיישב קושית תוספות דהכא]

[דף יז.]

רבינו חננאל

ע"מ להקטיר אימורין לערב דייקינן מינה דאי עבד אין דקתני אם זרק הורצה אבל לכתחלה לא בשלמא לרבה דאמר זורק הדם כדי להתיר בשר לאכילה כיון דבשבת לאו בר אכילה הוא לפיכך אינו זורק לכתחלה אלא לרבה בר רב הונא דאמר זורק הדם כדי להקטיר אימורין לערב אמאי אינו זורק לכתחלה הלא יקטיר אימורין לערב ועלתה לו בקושיא איבעית אימא אמר לך רבה בר רב הונא כי קאמינא בשבות דיו"ם שהוא קל לפיכך זורק אפילו לכתחלה אבל שבות דשבת דחמירא לא. עורבא פרח לשון גנאי ופחיתות היא כלומר דעת זו דעת נערים ששוחקין בעורבין. היום סמכוני באשישות כלומר היום סמכו אותי בישיבה. ואסיקנא לדברי רב חסדא בהמה חציה של נכרי וחציה של ישראל מותר לשוחטה ביו"ם דאי אפשר לאכול ממנה כזית בלא שחיטה ולא דמיא לנדרים ונדבות דהני משלחן גבוה זכו. אבל עיסה חציה של נכרי וחציה של ישראל אסור לאפותה ביו"ם מ"ם אפשר דפלגו לה בליש' ומותבינן עליה מהא עיסת כלבים בזמן שהרועים אוכלין ממנה חייבין בחלה ומערבין ומשתתפין בה ומברכין ומזמנין עליה ונאפת ביו"ם ואדם יוצא בה י"ח בפסח ואמאי נאפת אותה עיסה חלק הכלבים ביו"ט הא אפשר לחלק העיסה ולישול מנת הרועים ולהניח מנת הכלבים ופריק רב חסדא שאני כלבים הואיל אם נזדמנה לו נבילה אפשר להאכילם ונמצאת כל העיסה לרועים בלבד ואקשינן ומי אית ליה לרב חסדא הואיל והא איתמר האופה מיו"ט לחול רב חסדא אמר לוקה לא אמרינן הואיל ואי מיקלעי ליה אורחין חזו ליה האי נחמא כוליה ורבה אמר אינו לוקה אמרינן הואיל ופרקינן לא שריא הדא מתניתין אלא בדאית ליה נבילה מוטלת דוודאי מפיים להו לכלבים בה שנמצאת העיסה כולה לרועים: **בעו** מיניה מרב אי שדו בני החיילות של נכרים קמח על היהודים לאפות אותו ביו"ט להם מותר או אסור ואמר להם אם כשיתנו מאותה הפת לתינוקות של יהודים לא קפדי עליהן הני בני חיילא כל חדא וחדא חזיא ליתקא ושרי אבל אי קפדי נמצאו כי לנכרים עשין ואסור ומותבינן עליה מהא דתניא שאמר שמעון התימני לר' יהודה בן בבא בולשת באה לעירנו לילי יו"ט ובקשו לחטוף את כל העיר ושחטנו להן עגל והאכלנום וא"ל ר' יהודה בן בבא והרי אמר' התורה לכם ולא לעובדי כוכבים לכם ולא לכלבים מכלל שלא עשו כהלכה אמאי והא עגל זה ראוי היה שיאכלו גם הם ממנו חתיכה והנכרים אין מסחין ולא קפדי כי של ישראל היה ופריק רב יוסף עגל טריפה הואי דלא חזי לישראל כלל: לכם ולא לכלבים תנאי היא יש תנא דהוא ר"ע שאומר מותר ביו"ט לעשות

אסור - והיינו אפילו בתנור אחד, ואפילו בתנור קטן, דפסק המחבר לקמן בסי' תק"ז ס"ו, דמותר לאפות תנור מלא פת, אע"פ שא"צ אלא לפת אחד והיותר ישאר לחול, מפני שהפת נאפה יפה בזמן שהתנור מלא, **דשאני** התם שכל הפת של ישראל, ורשות בידו לאכול כל אחד ואחד או זה או זה, **ועוד** דלמא מקלעי ליה אורחים וחזו כולהו ליו"ט, **אבל** הכא דחציו של עכו"ם, דמוכרח להשאיר חלקו, ואם כן הוא טורח בלישה ואפייה של עיסת העכו"ם בשביל הוספת שבח הפת שלו בעלמא, ואסור, [**ולפי** ה"ועוד" מוכח, דאפי' ביכול לאכול איזה שירצה, כגון שאין הגוי כופהו לחלוק תיכף אחר האפיה, אלא לאכול ולהשאיר, ג"כ אסור, דעכ"פ מוכרח לבסוף להשאיר חלקו].

[**ולכאורה** לפי מה שפסק הרמ"א לקמן בסי' תקי"ב ס"א בהג"ה, דמותר להרבות בקדירה אחת בשביל עבדו ושפחתו הכנענים, וכתבו האחרונים, דאפי' א"א לפייסן בד"א מותר, משום דחד טירחא הוא, ורק בפת הסכמתם לאיסור, משום דכל ככר וככר טרחא בפני עצמו הוא, **ומשמע** לפי"ז, דאם ירצה לאפות פת אחת גדול, שיהיה די לו וגם לעבדו הכנעני, מותר, משום דחד טרחא הוא, וא"כ ה"נ בענינינו, **אכן** מלישנא דגמ' דמחלק בין בהמה לעיסה, משום דבבהמה א"א לכזית בשר בלא שחיטה, משמע דאל"ה היה אסור, אע"ג דחד טרחא הוא, וא"כ אף בככר גדול אסור, משום דהיה אפשר לחלק מקודם, **ושם** בסי' תקי"ב, אף דמיירי דא"א לפייסן בד"א, מ"מ עכ"פ כיון דהפת שלו, ואינם יכולים לעכב עליו אם ירצה לעכבם בשביל עצמו ולתת להם ככרות אחרות, מותר, אף שעתה אופה בשבילם, ואכתי צ"ע].

אות ג'

עיסת כלבים, בזמן שהרועין אוכלין ממנה, חייבת בחלה

יו"ד סימן של' ס"ט - עיסת הכלבים, בזמן שהרועים אוכלים ממנה, חייבת - (היינו שאם תדיר הדרך שהרועים אוכלין ממנה, לא מקרי עיסת כלבים - ערוה"ש). **ואם לאו, פטורה.**

ונאפת ביום טוב

סימן תקיב ס"ג - [ג]אסור לבשל ולאפות לצורך כלבים - אפילו כלבים דמזונותיהם עליו, ומכ"ש כלבים של הפקר, **ולאו** דוקא כלבים, אלא ה"ה שאר בהמה חיה ועוף, אסור לעשות שום מלאכה עבורם, דקרא ד"לכם" ממעט עובד גלולים ובהמה.

אות ה'

ואדם יוצא בה ידי חובתו בפסח

סימן תנד ס"ב - עיסת הכלבים, בזמן שהרועים אוכלים ממנה - ר"ל אם דרכו של בעה"ב זה, להאכיל ממנה גם לרועיו הישראלים, א"כ כשלשה ואפה, הרי הוא מכוין שתהיה ג"כ לאכילת אדם, ובחזקת שימור לשם מצה קיימי, **יוצאים בה** - ואף דמסתמא מעורב בה מורסן ופסולת הרבה, כדרך עיסת הכלבים, אפ"ה יוצא בה.

ואם לאו - ר"ל שאין הרועים אוכלים, ולש ואופה רק לצורך הכלבים, **אין יוצאין בה** - ובזה אפילו היתה פת נקיה אין יוצא בה, וכדמסיים טעמא, **שאין זו משומרת לשם מצה** - הלשון אינו מדוקדק, דבאמת כיון שלא חשב כלל לאכילת אדם, אין שם לחם עליו כלל, ואפילו לענין ברכת "המוציא", **אלא** משום דאיירי לענין פסח הוסיף עוד טעם, דמשום זה ג"כ אין יוצא בה.

הגה: כך הם דברי הרמב"ם, אבל י"א הטעם, משום שאינו קרוי לחם כל זמן שאין הרועים אוכלים ממנו, וכן נראה עיקר - הרב קיצר בזה, ותוכן כוונתו, דלהרמב"ם איירי בין בפת יפה בין בפת שמעורב בו מורסן הרבה, ועיקר חלוקא הוא אם חשב רק לכלבים, או גם לאכילת אדם, **ובא** הרב לומר, דיש בזה סברא אחרת, דלא תלוי כלל במחשבתו, דהיכא שמעורב בו מורסן הרבה, ואינו ראוי לרועים לאכול מזה, אין שם לחם עלה, ואפילו חשב להדיא גם לרועים, בטלה דעתו, דאין דרך בני אדם לאכול לחם כזה, **ולהיפוך** אם הפת יפה, אפילו עשאן לכלבים, דין לחם עלה לכל הדברים, [**והוא** שעשה בצורת שאר פת, אבל אם יש בה שינוי, שמינכר שהיא לכלבים, לא], **ורק** לענין מצה אין יוצאין בה, דאין משומר לשם מצה.

(**ולא** נתבאר כמה מיקרי מורסן מרובין, ומצאתי להרשב"א, ומתבאר מדבריו, דהשיעור של מורסן מרובין, כל שאין הרועה אוכל מחמתן את הפת, **ונראה** דדין זה לא תלי בטעם כעיקר, כההיא דסימן תנ"ג גבי אורז, דשאני התם דגם אורז הוא מין אוכל, ולהכי אם יש בו טעם דגן, ומכ"ש בשיעור אכילת פרס, יוצאין בו, ולכמה פוסקים אפי' בחדא כזית, משא"כ הכא, אפילו אכל ככר שלם אינו יוצא, דהסובין והמורסן מפסידין הפת, ועל ידם אינו ראוי לאכילה, **ולא** דמי נמי להא דסימן תנ"ה ס"ו, לענין תבלין דסגי בנתינת טעם, דשאני הכא דאין דרך בני אדם לאכול פת כזה, **ובפמ"ג** משמע, דגם בענייננו סגי באכילת פרס, ולענ"ד נראה כמו שכתבתי).

אות ו' - ז'

האופה מיום טוב לחול אינו לוקה

אמרינן הואיל

רמב"ם פ"א מהל' יו"ט הט"ו - המבשל ביום טוב לגוים או לבהמה או להניח לחול, אינו לוקה, שאילו באו לו אורחים, היה אותו תבשיל ראוי להן; עשה לנפשו והותיר, מותר להאכיל ממנו לגוים ולבהמה.

באר הגולה

ג **ברייתא שם** (וכתבו הרי"ף והרא"ש: והלכתא כרבי יוסי הגלילי, דסתם לן תנא כוותיה, דתנן עיסת הכלבים בזמן שהרועים אוכלין ממנה חייבת בחלה ונאפית ביום טוב, וכן פסק הרמב"ם - ב"י)

אות ח'

חזינא, אי יהבי ליה רפתא לינוקא ולא קפדי, כל חדא וחדא חזיא לינוקא, ושרי; ואי לאו, אסור

סימן תקיב ס"ב - [ד]בני החיל של כותים שנתנו קמח שלהם לישראל לאפות להם פת, אם אינם מקפידים כשישראל נותן ממנו לתינוק - יש מאחרונים שכתבו, דלא שרי אא"כ נותן ממש לאכול, ולא ע"י שיכול ליתן, **מותר לאפות להם** - שהרי אם לא יאפה כל הפת, לא יוכל ליתן לתינוק אף פת אחד, וא"כ נחשבת כל האפיה בשביל פת זה שנותן לתינוק, וכיון שאינו מיוחד איזה פת יתנו לתינוק, מצינו למימר על כל אחד ואחד זהו שיתננו לתינוק.

[**כן** הוא לשון הגמרא, כל חדא וחדא חזיא וכו', וכן העתיק הרמב"ם והמגיד משנה, ע"ש, ולכאורה אם הוא אופה פתין גדולים, דבודאי יקפידו אם יתן פת שלם לתינוק, ורק לפרוס קצת ממנו, וא"כ באותו פת גופא חציו אופה בשביל העכו"ם, ודמיא להא דרב חסדא בעיסה שחציה היתה של עכו"ם, **ומ"מ** אפשר, דכיון שא"א לו ליקח המעט עבור התינוק אם לא יאפה כולם, שרי, וצ"ע].

וכתבו האחרונים, דה"ה אם הישראל נותן להם הקמח מחוק המלכות, אלא שאין הישראל רשאי לאפות מקמח פת אחת לתינוק, אא"כ יאפה להם כל הפת, מותר לאפות להם ביו"ט, ע"י שיתן פת אחד מהם לתינוק.

עיין בט"ז שכתב, דאין לסמוך על קולא זו דנתינת פת אחת, אלא בכגון זה שהוא שעת הדחק.

באר הגולה

[ד] **טור בשם בה"ג ורמב"ם מהא דבעי מרב הונא ופשטה שם** ‹ופסק הרמב"ם כן, אבל הרי"ף והרא"ש כתבו, דליתא להא דרב {הם גורסין רב תחת רב הונא} אלא בין כך ובין כך אסור, דאמר רבי יהושע בן לוי אין מזמנין את הגוי ביום טוב גזירה שמא ירבה בשבילו, וכתב הרב המגיד שכן דעת הרבה מהמפרשים, וטעמם מדקאמר בגמרא (כא:) ופליגא דרבי יהושע בן לוי, והם מפרשים דאהא דרב קאי, וכן פירש רש"י, **וכתב** הרב המגיד שיש מי שמעמיד דברי הרמב"ם, באמרו שלא היה בגירסת ספריו "ופליגא", וזהו שכתב רבינו על דברי הרמב"ם, ואינו כן לפי גירסת הגמרא שלנו. **וכתב** עוד הרב המגיד, ואני מקיים הגירסא ומקיים דבריו, וכי אמרו ופליגא, לאו אהא דרב קאי, דלא דמיין להדדי, דההיא דרב אם לא היו אופין כל הפת להם, לא היו יכולין לאפות ממנו פת אחת ולתתו לתינוק, אבל בזימון הגוי לא יגרע חלק הישראל אם לא יזמנהו, שהרי משל ישראל הוא נותן לו, ופת התינוק הוא מבני החיל, {וכן מחלק התוס' ד"ה חזינן, בין דין זה לדין דרב חסדא, ודלא כרש"י דכתב דחולקים}, **וכי** אמרו ופליגא, נראה לי דאמאי דסליק מיניה קאי, דאמר ליה אביי לרב יוסף, למ"ד לכם ולא לכלבים, הני סופלי לחיותא היכי שדינן להו ביום טוב, א"ל חזיין להסקה, א"ל תינח ביום טוב בשבת מאי איכא למימר, א"ל מטלטלין להו אגב ריפתא, ולזה אמרו שהשואת הטלטול בשבת למלאכה דיו"ט, דכיון שאינן עושין מלאכה בשביל בהמה ביום טוב אין מטלטלין בעבורה בשבת אלא על ידי פת, דלא כריב"ל, שהוא התיר טלטול לצורך כותי בשבת אע"פ שמלאכה אסורה מחמתו ביום טוב, וזה נראה לי נכון לדעת רבינו, ודינו קיים, ויש לו בזה הודאת בעל הריב, שכך כתוב בהשגות, א"א יפה אמר אע"פ שלא הסכים לדעת הרב ז"ל, עכ"ל - ב"י. ‹**וקשה** דמנא ליה לגמרא דפליג, דאם התיר ריב"ל לטלטל לצורך כותי אע"פ שאסור לעשות מלאכה ביו"ט בעבורו, היינו משום דמאי דמטלטל חזי למאכל אדם, אבל הני גרעינין לא חזו למאכל אדם כלל, וא"כ לטלטלם בעבור בהמה אסור, כיון שאסור לעשות מלאכה בעבורה ביו"ט. **ונראה** לתרץ, דמ"מ איכא שיורי כוסות דלא חזו למאכל דאסירי בהנאה, וא"כ לא היה ראוי לטלטל לצורך הכותי, כלומר כששותה הכותי פעם אחת ואיכא שיורי כוסות, ומוזגין לו פעם אחרת, אלא ודאי דמותר לטלטל לצורך הכותי. **אבל** ע"ז קשה, דע"כ צריך אתה לומר דלא חייש ר' יהושע לשיורי כוסות, דא"כ כשהשמש מצניע הכוס כדכתב רש"י ז"ל, אמאי מותר לטלטלו, הא השתא לא הוי לצורך כותי, **ועוד** אפילו דנאמר דחייש, שיורי כוסות מטלטלין אגב הכוס, כמו שאמרו בגמ' לטלטולינהו אגב כסא, ומנין לגמרא לומר דפליג רבי יהושע בן לוי לדלעיל, וצ"ע - לחם משנה›

לכם ולא לכלבים דברי רבי יוסי הגלילי ר"ע אומר אפילו נפש בהמה במשמע אם כן מה תלמוד לומר לכם *לכם ולא לעובדי כוכבים ומה ראית לרבות את הכלבים ולהוציא את העובדי כוכבים מרבה אני את הכלבים "שמזונותן עליך ומוציא אני את העובדי כוכבים שאין מזונותן עליך: אמר ליה אביי לרב יוסף ולרבי יוסי הגלילי דאמר לכם ולא לכלבים הני סופלי לחוותא היכי שדינן להו ביום טוב אמר ליה הואיל וחזו להסקה תינח ביבישתא ברטיבתא מאי איכא למימר אמר ליה חזו להיסק גדול תינח בי"ט בשבת מאי איכא למימר מטלטלין להו אגב ריפתא כדשמואל *דאמר שמואל "עושה אדם כל צרכו בפת ופליגא דרבי יהושע בן לוי דאמר רבי יהושע בן לוי "מזמנין את הנכרי בשבת "ואין מזמנין את הנכרי ביום טוב גזרה שמא ירבה בשבילו רב אחא בר יעקב אמר אפילו בשבת נמי לא משום שיורי כוסות אי הכי דידן נמי דידן חזו לתרנגולין דידהו נמי חזו לתרנגולין דידהו איסורי הנאה נינהו ולטלטלינהו אגב כסא מי לא אמר רבא *מטלטלין כנונא אגב קטמיה אע"ג דאיכא עליה שברי עצים התם לאו איסורי הנאה נינהו הכא איסורי הנאה נינהו: אמר ליה רב אחא מדפתי לרבינא ולהוי כגרף של רעי אמר ליה *וכי עושין גרף של רעי לכתחלה: *אדבריה רבא למר שמואל ודרש מזמנין את הנכרי בשבת ואין מזמנין את הנכרי בי"ט גזרה שמא ירבה בשבילו: מרימר ומר זוטרא כי הוה מקלע להו נכרי בי"ט אמרו ליה אי ניחא לך במאי דטריחא לן מוטב ואי לא טרחא יתירא אדעתא דידך לא טרחינן: **מתני' *ב"ש אומרים לא יחם אדם חמין לרגליו אלא אם כן ראויין לשתיה וב"ה "מתירין "עושה אדם מדורה ומתחמם כנגדה: **גמ'** איבעיא להו האי מדורה מאן קתני לה דברי הכל היא ושני להו לבית שמאי בין הנאת כל גופו להנאת אבר אחד או דלמא ב"ה קתני לה אבל ב"ש לא ת"ש דלא שני להו ת"ש ב"ש אומרים לא יעשה אדם מדורה ויתחמם כנגדה וב"ה מתירין: **מתני'** *שלשה *)דברים רבן גמליאל מחמיר כדברי ב"ש אין טומנין את החמין *לכתחלה ביום טוב ואין זוקפין את המנורה ביום טוב ואין אופין פתין גריצין אלא רקיקין אמר רבן גמליאל מימיהן של בית אבא לא היו אופין פתין גריצין אלא רקיקין אמרו לו מה נעשה לבית אביך שהיו מחמירין על עצמן ומקילין לכל ישראל להיות אופין פתין גריצין וחררין: **גמ'** היכי דמי אי דאנח עירובי תבשילין מאי טעמא דב"ש ואי דלא אנח עירובי תבשילין מאי טעמא דב"ה אמר רב הונא לעולם אימא לך שלא הניח עירובי תבשילין וכדי חייו שרו ליה רבנן ורב הונא לטעמיה דאמר רב הונא "מי שלא הניח עירובי תבשילין אופין לו פת (א) אחת ומבשלין לו קדרה אחת ומדליקין

*) [עי' תוס' ע"ז כה: ד"ה מ"ט]

רש"י

סני סופלי · גרעיני תמרין : **היכי שדינן להו** · כיון דלאדם לא חזו ומאכל לבהמה לא משתרי אסירי בטלטול : **עושה אדם כל צרכו בפת** · ומטלטל ע"י הפת ולא חיישינן לבזיון דאוכלין : **ופליגא דרבי יהושע בן לוי** · אדרב הונא דלעיל דאמר אי כי יהבינן רפתא לינוקא ש' : **שיורי כוסות** · של יין ששתה בהן פתו ומטלטלן השמש להצניע הכוס : **דידן נמי** · הא לא חזו דמאיסי : **כנונא** · כלי שמשימים בו הגחלים : **אגב קטמיה** · שהיינו צריכין לאפרו והוכן מעי"ש לכסות רוק או צואה : **ואע"ג דאיכא עליה שברי עצים** · דלא חזו מטלטל להו עם כנונא : **הכא איסורי הנאה נינהו** · ומוקצי טפי : **ולהוי כגרף של רעי** · שמותר לטלטלו ולהוציאו לאשפה מחמת מאוס כדאמרינן בפרק בתרא (דף לו:) : **וכי עושין גרף של רעי לכתחלה** · נהי דכי איתיה קמן מסלקינן ליה אבל לאתויי קמן לא למיזל אנן לגביה כי היכי דנמאס עלן ונסלקיה מי שרי : **מתני' לא יחם אדם חמין** · לרחוץ רגליו דאוכל נפש התיר הכתוב ולא להבעיר אור בשביל רחיצה : **מדורה** · היסק גדול : **גמ' הנאת כל גופו** · דמיא לאוכל נפש : **מתני' ג' דברים כו'** · מפ' טעמא בגמרא : **אין זוקפין** · משמע אם נפלה מנורה של מתכת אין זוקפין ומשיבין אותה : **פתין גריצין** · ככרות עבים משום טרחה : **חררין** · שאופים על הגחלים : **גמ'** שערב

תוספות

לכם ולא לכלבים דברי ר' יוסי הגלילי · אומר הר"ר שמואל מאייבר"א בשם אחיו הר"ר משה דהלכה כר' יוסי הגלילי ואף ע"ג דקיימא לן* דהלכה כרבי עקיבא מחברו דהא אשכחנא סתמא דמשנה כותיה במס' חלה (פ"א מ"ח) בההיא דמייתי לעיל עיסת כלבים בזמן שהרועים אוכלין ממנה נאפית ביום טוב ודוקא בזמן שהרועים אוכלין ממנה הא לאו הכי לא והכי איתא (*בספרי) בהדיא אבל אין הרועים אוכלין ממנה אין אופין אותה בי"ט: **הני סופלי** לחוותא היכי שדינן · ולא האמר מאי מספקא ליה דלמאי היה לו לאסור אי משום טרחא מהא לא משני מידי דמה בכך משום דחזיא להסקה והאיכא טרחא יתירא ואי בעי לאסרו משום מוקצה דלית להו למאכל לבהמה מוקצה הוא לא היא דאם כן תיקשי היאך אנו נותנין תבן לבהמה ועוד תנן* מטלטלין שער של אפונים הואיל שהוא ראוי למאכל בהמה ועוד דאמר* בשר תפוח מטלטלים אותו מפני שהוא ראוי למאכל כלבים ויש לומר דהכי גרסי' תמרה אינן ראויין לבהמה אלא ע"י תקון גדול לאתכן ומדרבנן הויא מלאכה ומ"מ ראויין כמו שהם על ידי הדחק והואיל ולאו ראויין להיות עיקר מאכל בהמה אלא על ידי תקון גדול היכי שדינן להו למאן דדריש לכם ולא לכלבים משום דהויא מלאכה ומשני דמותרין לטלטל ליתנם לחיות מפני דחזו להסקה:

עושה אדם כל צרכו בפת · ותימה דאמר בשבת (דף קמב:) דלא אמרו היתר ככר או תינוק אלא למת בלבד ויש לומר בדבר שיכול לעשות מבעוד יום אמר התם דלא אמר היתר אלא למת בלבד אבל הני סופלי לא היה יכול לעשותם מערב יו"ט:

כנונא אגב קטמיה אף על גב דאיכא עליה שברי עצים · וא"ת מאי מייתי מהכא דלמא שאני הכא שיש בו דבר המטלטל כגון קטמא שראוי לכסות בו צואה או רוק אבל בלא קטמא לא שרי משום דהוי בסיס לדבר האסור וא"כ הכא בכוס שיש בו דבר שאסור לטלטלו לא ויש לומר דה"נ מדמה שבכל אחד יש בו חדא לטיבותא וחדא לריעותא והכא הכוס שרי לטלטל ומה שיש בתוכו אסור וגבי כנונא יש בתוכו דבר המותר והכנונא עצמו אסור לטלטל דמלאכתו לאיסור וה"פ כי היכי דמטלטל כנונא אגב קטמא הכי הוה לן לטלטל השיורין עם הכוס ואין נראה דלפום רהיטא משמע דהא דקאמר מטלטלין כנונא אגב קטמיה לאו מכח הקטמא אלא הייט לצורך גופו ולצורך מקומו ולא דמי לכוס · ואם כן אף כי הוי מלאכתו לאיסור שרי לטלטל אלא נראה דטיבותא דכוס הוי משום דשיורי כוסות גרועי טפי וראויין להתבטל אגב הכוס כמו שברי עצים אגב קטמא ור"ת פי' דלא מקרי בסיס לדבר מועט שאינו נקבע כגון שברי עצים ושיורי כוסות ודאמרינן דבעינן קטמא היינו משום שמטלטל שברי עצים תוך הכנונא והיה לו לנערם אבל אי איכא קטמא לא היה יכול לנערם שלא יפול הקטמא וכ"ש שיורי כוסות אף על גב דליכא היתר עמהן מ"מ שרו לטלטל אגב ככא לפי שאי אפשר לנערם:

לא יחם אדם חמין אא"כ ראויין לשתיה · וא"ת מאיזה טעם שרו ב"ש ואפילו ראויין לשתיה הא לית להו מתוך* וי"ל דמיירי כגון ששותה ומרבה לרחוץ רגליו והכי איתא בהדיא בירושלמי דלב"ש צריך לשתות מהן וב"ה מתירין ודוקא לרגליו אבל לכל גופו מודה דלאסור דדבר השוה לכל נפש בעינן וזה אינו ראוי אלא לבני אדם מעונגין אבל ידיו ורגליו שוה לכל נפש: ומדליקין

עין משפט נר מצוה

סט א מיי' פ"א מהל' יו"ט הל' יג טוש"ע א"ח סי' תקיב סעיף ג : [עירובין מו:]

ע ב טוש"ע א"ח סי' קפא סעיף א :

עא ג מיי' פ"א מהל' יו"ט הל' יג טוש"ע א"ח סי' שכה סעיף א : [נ"ל בכסיפת]

עב ד מיי' שם טוש"ע א"ח סי' תקיב סעיף א :

עג ה מיי' פכ"ו מהל' שבת הלכה יג טוש"ע א"ח סי' שי סעיף ח :

עד ו מיי' שם ופכ"ה הלכה כד טוש"ע א"ח סי' שח סעיף לו וסי' שלח סעיף ח :

עה ז מיי' פ"א מהל' יו"ט הל' טז טוש"ע א"ח סי' תקיב סעיף א. [שבת קמג.]

[שם קכח: ובתוספות ד"ה בשר תפוח וכו' וקל"ע]

לאתכן ולכבכן דהוי מלאכה · מסר"ע

עו ח מיי' שם הל' טז סמג לאוין עה טוש"ע א"ח סי' תקיא סעיף ב :

עז ט מיי' שם הל' ד טוש"ע שם סעיף א:

עח י טוש"ע א"ח סימן תקכו סעיף כ :

רבינו חננאל

לעשות מלאכה לכלבים דכתיב לכל נפש ואפי' נפש בהמה במשמע ור' יוסי הגלילי אומר שנא' לכם ולא לעובדי כוכבים ולא לכלבים ואמרי' לר' יוסי הגלילי סופלי פי' גרעינין איך מטלטלין אותן ומשליכין אותן לפני בהמות ביו"ט והלא אמר לכם ולא לכלבים ופריק משום דאפילו רטיבתא חזיין להסקה גדולה אבל בשבת לא מטלטלינן להו אלא אגב ריפתא כשמואל דאמר עושה אדם כל צרכיו בפת. והא דאמר רב כל מידי דחזי ליה לישראל שרי ליה למיעבדיה לנכרים פליגא עליה הא דריב"ל דאמר מזמנין נכרי בשבת ואין מזמנין נכרי ביו"ט גזירה שמא ירבה בשבילו ופשוטה היא רב אחא בר יעקב אמר אפי' בשבת אסור לזמוני לנכרי משום שיורי כוסות גזירה שמא ישתה וישייר מן היין בכוס ונעשה יין נסך והוא מאיסורי הנאה ואסור לטלטלו בשבת וא"ת ליהוי כגרף של רעי קי"ל אסור לעשות גרף של רעי לכתחלה בשבת ולא דמי נמי לכנונא דמטלטל אגב קטמיה ואע"ג דאיכא עליה שברי עצים דבכנונא לאו איסורי הנאה היא. מרימר ומר זוטרא כי הוו מיקלעי להו נכרי ביו"ט הוו אמרין ליה אי ניחא לך במאי דטריח לן מוטב ואי לא טרחא יתירא מדעתא דידך לא טרחינן וקיימא לן כוותייהו דבתרא' נינהו וקימי כריב"ל ונדחת שמועה דרב : [מתני'] ב"ה מתירין להחם חמין לרגליו אע"פ שאינן ראויין לשתיה וכן אם צריך להתחמם עושה מדורה ביו"ט ומתחמם כנגדה ובית שמאי אוסרין : **מתני'** שלשה דברים ר"ג מחמיר כדברי ב"ש אין טומנין את החמין מיום טוב לשבת פירשה

מסורת הש"ס

[לעיל כ: מגילה ז:]

[לעיל כ: וש"נ]

[ברכות נ:] שבת כג: קמג

לקמן לו:

[שבת קמג.] [עי' פרש"י לקמן כט. ד"ה אדבריה]

שבת נט:

עדיות פ"ג מי' י"ע [במשנה שבמשניות ליתא ע"ש]

[לעיל יב.]

הגהות הב"ח

(א) גמ' אופין לו פת אחת ומזמנין לו קדרה :

גליון הש"ס

גמ' שמזונותן עליך. עיין שבת דף יט ע"א תוס' ד"ה נותנין : שם מזמנין את הנכרי. עיין ברכות פ"ק דשבת בדף הספר ז' ע"ב :

§ מסכת ביצה דף כא: §

אות א'

לכם ולא לכלבים

סימן תקיב ס"ג - אאסור לבשל ולאפות לצורך כלבים - אפילו כלבים דמזונותיהם עליו, ומכ"ש כלבים של הפקר, **ולאו** דוקא כלבים, אלא ה"ה שאר בהמה חיה ועוף, אסור לעשות שום מלאכה עבורם, דקרא ד"לכם" ממעט עובד גלולים ובהמה.

אות ב'

עושה אדם כל צרכו בפת

סימן קעא ס"א - עושה אדם צרכיו - ור"ל צורך תשמישיו, וכמו שיתבאר לקמיה, **בפת** - וכ"ש בשאר אוכלין, **והני מילי דלא ממאיס ביה, אבל מידי דממאיס ביה, לא** - ואפילו בשאר אוכלין ג"כ אסור, **ואסור** לפצוע זיתים ליטול ידיו במים היוצאים מהם, שחזקים הם ומעבירים את הזוהמא, מפני שהזיתים נמאסים על ידי זה, ואיכא הפסד אוכלין, [**אבל** לפצוע על הסלע כדי למתק מרירתו, מותר, דנעשה להכשיר האוכל עצמו].

ואם עושה לרפואה, שרי אפילו מימאס ביה, **ואפילו** בלא רפואה, אם הוא דבר שהוא צורך האדם, ודרך העולם לעשות בהאוכל צורך זה, ג"כ שרי, **ומטעם** זה מזלפין הקרקע ביין, וסכין הגוף ביין ושמן, כמבואר בגמרא בכמה דוכתי.

אות ג'

מזמנין את הנכרי בשבת

סימן שכה ס"א - במותר לזמן א"י בשבת - אף דביו"ט אסור לזמן א"י לאכול עמו, גזירה שמא ירבה לבשל בשבילו, **בשבת** דאין לחוש לזה שרי, [**ואין** לאסור, מפני שיטלטל הישראל הכוס שיש בו פירורי פת ששרה א"י ביין דנאסר בשתייתו, **דלא** נעשה בסיס, דהפירורין בטלי להכוס, תוס' שבת דף מ"ז, והביאו המג"א בסימן שכ"ג, **ואף** לפי גהמסקנא שם דאיסורי הנאה חמירי, דאפשר דר' יהושע בן לוי לא ס"ל כן].

אות ד'

ואין מזמנין את הנכרי ביום טוב, גזרה שמא ירבה בשבילו

סימן תקיב ס"א - הלפיכך אסור להזמינו, שמא ירבה בשבילו - פי' שמא יבשל קדירה לבדה, שלא היה מבשל אם לא בשביל העכו"ם, [דכשמרבה בקדירה אחת, ליכא איסורא], ומשו"ה יש היתר לקמיה בעבדו, דאין לחוש שמא יבשל בקדירה אחרת בשבילו.

ואינו מועיל מה שכבר הכינו כל צרכי סעודה, דיש לחוש שמא יבשל עוד בקדירה אחרת בשבילו, אחרי שמזמינו ורוצה לכבדו.

(**ואפילו** יהיה לו עי"ז איבה, אסור, אם לא שהענין נוגע לבטול שמחת יו"ט, יש להקל להזמינו לאכול ממה שהכין לעצמו).

ודוקא להזמינו, הגה: לביתו - ר"ל דכיון שרוצה לכבדו, ואוכל על שלחנו, חיישינן שיבוא לבשל בקדירה אחרת בשבילו.

ואבל לשלוח לו לביתו ע"י כותי, שרי (הג"מ בשם מו"ז) - היכא דאיכא משום דרכי שלום, [והרמ"א לא הוצרך להזכיר זה, דסתם דורון הוא מפני דרכי שלום], **ואפילו** דרך ר"ה, [וסמכינן על הפוסקים דר"ה שלנו כרמלית הוא, והוי שבות דשבות במקום צורך, דשרי], **אבל** לא ע"י ישראל, **ומיירי** שיש איסור טלטול לבית העכו"ם, אפילו אם הוא רק כרמלית, **אבל** אם העכו"ם דר תוך הרחוב שהוא מותר לטלטל שם, גם על ידי שליח ישראל מותר.

עיין במאמר מרדכי ועוד כמה אחרונים שהסכימו, דדוקא אם שולח לו ממה שהכין לעצמו, אבל אם הרבה בשבילו, אפילו באותה קדרה שבישל ג"כ לעצמו, אסור, דכיון שמרבה בשבילו, חיישינן שיבוא לבשל עבורו בקדירה אחרת, **ומזה** תראה, דמה שנוהגין רבים לשלוח ביו"ט דורון לנכרי שרוצה לכבדו, ומוסיפין בשבילו, שלא כדין הם עושין, **ולא** מבעיא שאסור לאפות בשבילו חלה אחת, כמו שנוהגין, או לעשות בשבילו חרעמזי"ל ובלינצע"ס, דכל אחד ואחד צריך טרחא לעצמו, וגם אין אחד משביח מחמת הריבוי, **אלא** אפילו מה שמרבין לבשל בשבילו דגים, כשמבשל ביחד גם לצורך עצמו, אסור וכנ"ל, [**וכ"ש** אם הניח עבור הנכרי אחר דכבר הונחה על האש, דאסור], **ויש** מאחרונים שמקילין כשמבשל ביחד גם לצורך עצמו, ובמקום איבה או הפסד ממון, אפשר שיש לסמוך ע"ז, (**דע"י** שליחות לא חיישינן שיבשל קדרה אחרת בשבילו, משא"כ כשאוכל הגוי אצלו חיישינן, וזה שכתב רמ"א לסוף: אבל לשאר כותים וכו' - א"ר).

ואבל עבדו ושפחתו, וכן שליח שנשתלח לו, זוכן כותי שבא מאליו, מותר להאכילו עמו, ולא חיישינן שמא ירבה בשבילו - דדוקא כשמזמן העכו"ם אצלו, דחפץ ביקרו, חיישינן שמא ירבה בשבילו, לבשל בקדרה לבדה, משא"כ בעבדו ושפחתו, וכן כל אלו שבאו מאליו, לא חיישינן לזה.

באר הגולה

א ברייתא שם | ב ביצה כ"א ככמה אמוראי דסברי הכי, וכן פסקו הרי"ף ורא"ש ורמב"ם | ג ‹לכאורה זהו רק אליבא דרב אחא בר יעקב, דלא קימ"ל כוותיה, ואמאי קורא זה המסקנא› | ד ‹כתב המג"א סי' שכ"ג ס"ק י"ד בשם התוס', טעם ההיתר, שריב"ל סובר שאין חשיבות לפירורים ובטלים לכוס, אבל החזו"א סי' מ"ח סק"ט מפקפק בזה, וסובר דלמאי דמסקינן בטעם ר"א בר יעקב דאיסורי הנאה חמירי ולא בטלי, י"ל שגם ריב"ל מודה דנעשה בסיס, והא דמתיר לטלטל הכוס, טעמו משום שהכוס עם השיריים נחשב כגרף של רעי, ולכן מותר לפנותו ממקום האכילה, ואע"פ שאין עושין גרף של רעי לכתחילה, סובר ריב"ל שאין זה נחשב עשיית גרף של רעי לכתחילה - מ"ב המבואר› | ה מימרא דרבי יהושע בן לוי שם | ו ‹ממ"ש אין מזמנין, ולא קאמר אין מאכילין, משמע מזמנין דוקא - גר"א› | ז הרא"ש שם | ח ‹ונראה שממה שאמרו אין מזמנין, ולא אמרו אין מאכילין, דקדק רבינו שלא אסרו אלא במזמין אותו, אבל בבא מאליו אין לחוש לו, וזהו שאמרו שם מרימר ומר זוטרא כי מקלע להו כותי ביומא טבא, א"ל אי ניחא לך במאי דטריחא לן מוטב, ואי לא טרחא יתירא אדעתא דידך לא טרחינן, וסובר שאין האמירה הזו מעלה ומורידה בהיתר הדבר. **אבל** הרשב"א כתב שהאמירה מעכבת - מגיד משנה›

ואף אם הוא אדם חשוב, כיון שלא הזמינו לבוא, **ודוקא** שבא אחר שכבר הכין סעודתו, [מוכח מרמב"ם]. **ויש** חולקין, [רשב"א וטור], דאכתי אם הוא אדם חשוב וראוי לכבוד, חוששין שמא ירבה בשבילו, אלא צריך שיאמר לו הישראל קודם שמאכילו: אם יספיק לך במה שהכינו לעצמנו בא ואכול, [מוכח מגמרא דבזה בודאי מהני]. **והט"ז** מכריע להלכה, דאם בא מאליו, והישראל נותן לו לאכול בלי הזמנה והפצרה שיאכל אצלו, מותר, דבזה אין חשש שמא ירבה, [אפי' כשאוכל עמו על השלחן]. **אבל** אם מפציר בו שיאכל אצלו, אע"פ שבא מאליו, מ"מ כיון שחביב לו שיאכל אצלו, חיישינן שמא יבשל לו קדרה אחרת עוד, דמה לי שמזמינו דרך שליחות לביתו, או שמזמינו אחר שבא אליו.

הגה: ומותר להרבות בשביל עבדו ושפחתו באותה קדירה שמבשל בה לעצמו (מרדכי), אבל לשאר כותים, בכל ענין אסור (א"ח ותוס') - הנה המחבר כלל דין עבדו ושפחתו הכנענים, ועכו"ם שבא מאליו, בחדא מחתא, **ובא** הרמ"א לפרש שיש חילוק ביניהם, דבעבדו ושפחתו, אפילו אם מרבה בקדירתו לכתחלה בשבילם שרי, כיון דחד טרחא הוא, ולא חיישינן בדידהו שמא יבשל קדירה אחרת בשבילם, אך צריך ליזהר שלא יאמר בפירוש שמבשל בשבילם, **אבל** בעכו"ם הבא מאליו שהוא מכובד אצלו, דוקא כשנותנו ממה שהכין עבור עצמו, אבל להרבות בשבילו אפילו בקדירה אחת, אסור, דחיישינן שמא יבשל עבורו לבד עוד בקדירה אחרת.

ומותר להרבות בשביל עבדו ושפחתו וכו' - דוקא בבת אחת, דחד טרחא הוא, אבל להוסיף אח"כ בשר בשבילם, אסור, **אלא** א"כ יש לו מאכלים אחרים שיוכל לפייסם בם, ונמצא שכל הבשר היה ראוי בשביל ישראל, ואז מותר ליתן להם לאכול מזה.

ולענין פת, מסקי האחרונים, דכיון שיש על כל ככר וככר טרחא בפני עצמו, ע"כ אין להתיר אפי' אופה בתנור אחד, אא"כ יוכל לפייסן בדברים אחרים, ונמצא שכל הפת ראוי בשביל ישראל, ואז מותר ליתן גם להם לאכול ממנו, [**ובתנור** אחר או בקדירה אחרת, אפי' יוכל לפייסן אסור, מ"א], ודלא כהרמ"א בסוף ס"ג, **ולפי** המבואר לעיל בסי' תק"ז ס"ו, כל היתר הפת אינו כי אם בתנורים שלהם, אבל בתנורים שלנו, אפי' בשביל ישראל אין לאפות יותר ממה שצריך לו, **אכן** לעת הצורך יש להקל גם בתנורים שלנו, [כדעת רש"ל, דאינו מחלק בין תנורים שלהם לשלנו].

וישראל האופה בתנור של כותי וצריך לתת לו פת אחד, לא ייחד לכותי אחד קודם אפייה, דאז אופה של כותי, אלא יאפה סתם ויתן לו אח"כ א' (כל בו).

אות ה'

מטלטלין כנונא אגב קטמיה אע"ג דאיכא עליה שברי עצים

סימן שי ס"ח - כלי שיש עליו דבר האסור ודבר המותר, מותר לטלטלו, כגון: מחתה שיש עליה מבע"י אפר שמותר לטלטלו לכסות בו רוק או צואה, ויש עליה ג"כ שברי עצים שהם אסורים בטלטול, מותר לטלטל מחתה כמו שהיא.

אפר שמותר - לאפוקי אם הוסק בשבת, דאסור בזה לכו"ע משום נולד, דנעשה מעשה חדש, דמעיקרא עצים והשתא אפר, **ואם** נתערב אפר המותר באפר האסור, והאיסור לא היה ניכר קודם שנתערב, בטל ברוב, **דאי** היה ניכר, קי"ל דדשיל"מ אפילו באלף לא בטל, ומוקצה יש לה מתירין בערב.

כתב הח"א: נ"ל דמים הנוטפין מן האילנות בימי ניסן, אסורין ג"כ משום נולד, **ואפילו** יש כבר כלי עם מים מע"ש שנוטף לתוכו, אפ"ה אסור, ולא אמרינן בזה דבטל, **דהא** טיפה הנוטפת היתה ניכר קודם שנתערב בהמים, וקי"ל דדבר שיל"מ אפילו באלף לא בטיל.

וכגון שדבר המותר חשוב מדבר האסור; אבל אם דבר האסור חשוב יותר מדבר המותר, בטל אצלו ואסור לטלטלו - ואם שניהם שוין, אסור.

כתבו הפוסקים, דאם לכל העולם ההיתר חשוב יותר, ולדידיה אינו חשוב, אזלינן בתר דידיה, וה"ה איפכא.

וטעם היתר טלטול זה, משום דלא אפשר למינקט קיטמא לחודיה, אפילו אי שדי ליה מהמחתה - ר"ל דלמה בסימן ש"ט ס"ג אמרינן, בפירות המונחים עם אבן בסל, דאע"ג דהסל הוא בסיס לאיסור ולהיתר, מ"מ היכא דאפשר לא יטלטל הפירות והסל כל זמן שהאבן מונח שם, אלא ינער מתחלה הכל על הארץ, ואח"כ ילקט הפירות לתוך הסל ויטלטלם, **והכא** נמי אף שצריך להאפר, נימא דינער הקיטמא עם השברי עצים על הארץ, ואח"כ יכנס הקיטמא לבד תוך הכלי ויטלטל למקום שירצה, **ולזה** כתב, דהכא לא אפשר לכנס אח"כ הקיטמא לבד, משום דשברי עצים היינו שברים קטנים או פחמין קטנים, שא"א ליטול האפר מבלעדם.

או אם צריך למקום המחתה, (כמו שנתבאר לעיל סי' ש"ט) - דאז א"א לנער, דיפול למקום שצריך אליו, לכן מטלטלה כולה ביחד.

ואם א"צ אלא לגוף המחתה, לא יטלטלנה כמו שהיא, אלא ינער האפר ושברי העצים במקומם, ויטול המחתה - ואי איכא הפסד בניעור, א"צ לנער, וכמ"ש בסימן ש"ט ס"ג.

הגה: וכן אם יוכל לנער האיסור לחוד, ינערנו ולא יטלטלנו עם ההיתר (ב"י בשם תשובת הרא"ש).

וכל זה לא מיירי אלא שהיה ההיתר עם האיסור מבעוד יום; אבל אם היה האיסור עליו לבד - ר"ל בבין השמשות, **לא מהני מה שהניח אצלו ההיתר בשבת (ב"י בשם תשובת הרשב"א)** - דאפי' אם היה ניטל האיסור לגמרי משם, ג"כ אסור כיון דאתקצאי לבין השמשות, וכנ"ל בס"ז, **אבל** אם בשבת הונח עליו דבר איסור, הואיל וביה"ש לא אתקצאי, הו"ל מוקצה לחצי שבת, וקי"ל דאין מוקצה לחצי שבת, אלא כל זמן שהאיסור מונח עליו אסור בטלטול, ע"כ מותר להניח

עליו דבר של היתר החשוב יותר, ומטלטל הכל ביחד, אם אי אפשר לו לנער האיסור משם.

אות ו'

וכי עושין גרף של רעי לכתחלה

סימן שח סל"ו - [ט]אין עושים גרף של רעי לכתחלה, [י]דהיינו להביא דבר שעתיד לימאס כדי להוציאו לכשימאס - בגמרא משמע, דאפי' אם לא עשה כדי להוציאו, אלא דבר העשוי לבסוף להוציאו, ג"כ אסור, **שאף** שהתירו להוציא הדבר המאוס, מ"מ לעשות לכתחלה דבר שיהיה בודאי אח"כ מאוס לפניו ויוציאנו, אסור, (**דאם הוא** ספק שיהיה מאוס, אין לאסור), **והא** דנקט השו"ע "כדי להוציאו", משום סיפא נקט, דבדיעבד אין לאסור אף שהכניסו באופן זה.

(עיין בביאור הגר"א דס"ל, דדעת השו"ע הוא דאפילו במקום הפסד אסור לעשות לכתחלה, **ולא** הותר כי אם במה שמביא בסעיף שאח"ז, שהוא מביא עצמו אל הגרף).

[יא]ואם עבר ועשאו, מותר להוציאו.

סימן שלח ס"ח - [יב]מותר ליתן כלי תחת הדלף בשבת - שדולף דרך התקרה וכוצא בזה. **[יג]ואם נתמלא, שופכו ומחזירו למקומו; והוא שיהא הדלף ראוי לרחיצה** - דאין על המטר היורד שם מוקצה או נולד, ויכול לשתותו או לרחוץ ממנו, וה"ה אם הוא ראוי רק לשתיית בהמה.

[יד]אבל אם אינו ראוי, אסור, משום שאין עושין גרף של רעי לכתחלה - פי' אין עושין דבר שימאס, על סמך שיהיה מותר אח"כ להוציאו כגרף של רעי, **ואם** אפילו יתרצה שישאר כך ולא יזיזנו ממקומו, ג"כ אסור, (**דעיקר** הטעם דאסור להעמידו תחת הדלף, **הוא** משום שאין מבטלין כלי מהיכנו, דלא יהיה יכולת בידו להזיזו אח"כ ממקומו כיון דאית ביה מוקצה, **אלא** משום דאי הוי שרי לעשות גרף של רעי לכתחלה, לא היה קרוי כלל בטול כלי מהיכנו, כיון שמותר ליטול אח"כ ולשופכו, **אבל** כיון דקי"ל דאין עושין גרף של רעי לכתחלה, א"כ הרי הוא מוכרח להתרצות לכתחלה שיהיה מונח שם בקביעות, ומעתה הוי שפיר בטול כלי מהיכנו).

ואם נתן כלי תחת דלף שאינו ראוי לרחיצה, מותר לטלטלו במים המאוסים שבו - היינו אף קודם שנתמלא, **ודוקא** כשהוא נתון במקום שישיבתו קבועה שם, דמאוס עליו, והוי כגרף של רעי שהתירו לטלטלו להוציאו לאשפה מפני כבודו, אם הוא עומד במקום שישיבתו קבועה שם, וכנ"ל בסי' ש"ח סל"ד ע"ש.

אות ז'

אמרו ליה: אי ניחא לך במאי דטריחא לן, מוטב, ואי לא, טרחא יתירא אדעתא דידך לא טרחינן

סימן תקיב ס"א - עיין לעיל אות ד'.

אות ח'

לא יחם אדם חמין לרגליו אא"כ ראויין לשתיה, וב"ה מתירין

סימן תקיא ס"ב - [טו]מותר להחם ביו"ט מים לרחוץ ידיו - אף שאינן ראוין לשתיה רק לרחיצה, **וה"ה** פניו ורגליו, דרחיצת פניו ידיו ורגליו הוא דבר השוה לכל נפש, (**ומ"מ** יש לעיין, אולי דבימינו אין רחיצת רגליו שוה לכל נפש, ונשנה זה רק בימיהם שהיו הולכין הרבה יחף בלי מנעלים, ודומה רגליו לשאר איברי הגוף, **אכן** לפי מה שנכתוב לקמן בשם הרא"ש והרשב"א, דמקצת שאר איברי הגוף דומה לפניו ידיו ורגליו דמותר, בודאי אין להחמיר בזה), **ומ"מ** לא ירחצם במרחץ, שמא יבוא לרחוץ שם כל גופו.

אבל לא כל גופו - פי' להחם מים כדי רחיצת כל גופו, דרחיצת כל גופו הוא דבר שאין שוה לכל נפש, רק למעונגין הרגילין בזה.

(**ולכאורה** לפי"ז ה"ה אף לאבר אחד חוץ מפניו ידיו ורגליו אסור, **ובחמד** משה ראיתי שהעתיק, דכל שאינו רוחץ רוב גופו שרי, והעתיק זה מסי' שכ"ו לענין שבת, במים שהוחמו מע"ש, שכתוב שם נמי דפניו ידיו ורגליו שרי ולא כל גופו, וכתב שם הרמ"א דגם שאר איברים שרי כל שאינו רוחץ רוב גופו, **ולכאורה** אינו דומה לשם, דשם המים כבר הוחמו מע"ש, ורק איסור גזירת רחיצה נגעו בו, וס"ל להרמ"א דכל שאינו רוחץ כל גופו אין ע"ז שם רחיצה, **משא"כ** כאן דמיחם חמין ביו"ט, שאינו מותר מלאכה ביו"ט אלא לדבר השוה לכל נפש, ואמרינן דלפניו ידיו ורגליו שרי, דדבר זה שוה לכל נפש, ולא כל גופו, ומאי נ"מ אם יחם לצורך כל גופו ממש, או הרבה איברים מגופו, כל מה שרוחץ חוץ מפניו ידיו ורגליו לכאורה אינו שוה לכל נפש הוא, **ואף** להרמב"ם וסמ"ג והגאונים, דלדידהו אין בו איסור דאורייתא, רק משום גזירה ‹משום מרחצאות›, מ"מ כיון שלא נזכר בגמרא להקל אלא פניו ידיו ורגליו, שהוא דבר הרגיל, משמע לכאורה דשארי אברים אסור, דאל"ה היה להם לכלול: דכל שאינו רוחץ כל גופו או רובו מותר, והכל בכלל, **אלא** דראיתי דמקור הדין דרמ"א דסימן שכ"ו, נובע הוא מהרא"ש הלכות מקואות בסופו, ומדבריו מוכח דה"ה בענינו, דס"ל דלרגליו לאו דוקא, דה"ה לשארי איברים, **אבל** מ"מ לדינא בענינו לא הגיה הרמ"א בזה, ומשמע לכאורה דלא נראה לו להקל כדעתו, אלא שם לענין רחיצה דהוא דרבנן לכו"ע, אבל לא להחם חמין שהוא דאורייתא לכמה פוסקים,

---

באר הגולה

ט **שם** ‹ל"ו› **ובדף כ"א**   י ‹וכתב רש"י, לאתויי קמן ,וה"ה דאסור נמי למיזל אנן לגביה כי היכי דנמאס עלן. והקשה הרשב"א מגמ' לקמן (ל"ו ע"ב) גבי בי ריחייא דאביי דדלוף, וא"ל רבה זיל עייליה לפורייך להתם דלהוי כגרף של רעי, וחזינן דשרי לבוא למקום הגרף כדי שיהיה מותר לסלקו. ומתרץ הרשב"א בחד תירוצא דהיינו דוקא במקום פסידא – הגהות הגרי"ש אלישיב›   יא **הרמב"ם**   יב **משנה שם** (ל"ה ב)   יג **ברייתא שם** (ל"ו ב)   יד **רמב"ם**   טו **הרי"ף ותוס'** ‹ד"ה לא, ודוקא לרגליו אבל לכל גופו מודה דאסור, דדבר השוה לכל נפש בעינן, וזה אינו ראוי אלא לבני אדם מעונגין, אבל ידיו ורגליו שוה לכל נפש› **מהא דאמרו להן חכמים משנה שבת ל"ח** ‹אמרו להם חכמים אם ביום טוב, כחמין שהוחמו ביום טוב, אסורין ברחיצה ומותרין בשתייה›

אמנם אח"כ מצאתי בחי' הרשב"א בשבת, דדעתו נמי דפניו ידיו ורגליו לאו דוקא, דה"ה שאר איברים, כל שהוא רק מקצת גופו שרי, וכהרא"ש, ועיין בשע"ת במש"כ בשם מחזיק ברכה להקל, וכן משמע דעת הנו"ב).

[הוא שיטת התוס', (מה דאינו חשוב שוה לכל נפש), והביאו ראיה לדבריהם מן הירושלמי, ודעת הרמב"ם והגאונים דהוא מדרבנן, ונפ"מ שאסור להתוס' להחם אפילו לצורך חולה שאין בו סכנה, ולהרמב"ם שרי, ועיין לעיל בסימן שכ"ח, דלפי דברי הסברא השלישית שהיא העיקר, אינו מותר כי אם על ידי שינוי].

ואפילו אינו רוחצו בבת אחת - אלא אבר אבר, דבמים שהוחמו ביו"ט, אסור לרחוץ בכל גווני, [וכן אפי' להשתטף אסור, וכמו גבי שבת].

הגה: אבל מותר לרחוץ תינוק במים שהוחמו על ידי ישראל ביו"ט (מרדכי) - פי' כגון שעבר וחממו, או שהוחם לצורך שתיה, או פניו ידיו ורגליו, דשרי, **ולגדול** אסור אף בכה"ג לרחוץ ביו"ט, אף להמתירין רחיצה בחמין שהוחמו מעיו"ט, כיון שעכ"פ הוחמו ביו"ט, (**ומוכח בגמרא, דלרחוץ ידיו ורגליו מותר, אפי' אם חימם המים כדי לרחוץ כל גופו**, דעשה איסור בזה, מ"מ לא קנסוהו על **רחיצת פניו ידיו ורגליו מהם**), **אבל** לקטן מותר, דהיינו רביתיה ולא גזרו בו, **ודוקא** בקטן שרגילין לרחצו בכל יום, אז אמרינן היינו רביתיה, **אבל** כל שרגילין שלא לרחצו ב' או ג' ימים, אז לאו היינו רביתיה ואסור.

אבל אסור לחמם לצרכו אפילו ע"י אינו יהודי (מהר"א מפראג) - דלכמה פוסקים הוא איסור דאורייתא, דרחיצת כל הגוף אינו שוה לכל נפש, [ואפי' לגבי תינוק דהוא רביתיה וצריך לבריאותו, אינו נחשב עי"ז שוה לכל נפש], וע"י עכו"ם הוא שבות, **ואפילו** לדעת הסוברים דהוא איסור דרבנן, [דרחיצת כל הגוף וסיכה הוא בכלל אוכל נפש, (ושוה לכל נפש), ורק דרבנן גזרו משום מרחצאות], עכ"פ הוי שבות דשבות, **מיהו** במקום חולי קצת יש להתיר.

אבל כשצריך לחם לבשל או להדיח, אז מותר להרבות בשבילו - כדי שישאר גם לקטן לרחיצה, ובלבד שלא יוסיף מים בקדרה לאחר שהעמיד אותה על האש, רק שיקח מתחלה כלי גדול, [**ואף** דבאופן זה גם בשביל גדול היה מותר להרבות, נקט הרמ"א להרבות בשביל הקטן, **דבגדול** אף דעצם החימום היה מותר, אבל ללא תועלת הוא, דאח"כ יהיה אסור לרחוץ בם, וכמש"כ, דאפי' אם החימום היה של היתר לגמרי, כגון לשתיה לבד, ג"כ אסור לרחוץ אח"כ כל גופו].

ולענין מה שנוהגין ליתן מטפחת {ווינדלי"ן} בעריבה תחת הקטן בעת הרחיצה, והנה יש בזה איסור כיבוס, דשורה אותם במים, וע"כ יש ליזהר עכ"פ שיהיו הווינדלי"ן נקיים מכובסים מכבר, דבלא"ה אין להקל ליתנם לתוך המים כי אם ע"י עכו"ם, **ואפי'** אם הם נקיים ומכובסים, טוב שיתנן לתוך המים ע"י עכו"ם אם באפשר.

ודין חמי טבריה כמו בשבת, כדאיתא סימן שכ"ו.

[טז] **אבל במים שהוחמו מעיו"ט, מותר לרחוץ כל גופו אפילו כאחד** - אף דבשבת אסור אף אבר אבר, וכ"ש כל גופו כאחד, כדאיתא בסימן שכ"ו, ביו"ט קיל טפי.

מיהו דוקא חוץ למרחץ, אבל במרחץ אסור - היינו אפילו בבית החיצון של מרחץ אסור לרחוץ בחמין, ולא הותר שם אלא להשתטף בהם, **דאסרו** חכמים רחיצה במרחץ, משום גזירת הבלנין, שהיו מזלזלין בזה לעשות באיסור, כמבואר בשבת דף מ'.

הגה: ויש אוסרים בכל ענין, וכן נוהגין (טור ורא"ש) - דס"ל דאין חילוק בין שבת ליו"ט, ואסרו רחיצה ביו"ט כמו בשבת {**ודוקא** כל גופו כאחד, אבל אבר אבר לכו"ע מותר לרחוץ}, **ואפי'** להשתטף באותן חמין אסור לדעה זו.

מיהו לענין תינוק, גם לדידהו מקילינן ביו"ט יותר מבשבת, ומותר לרחצו אפי' בחמין שהוחמו ביו"ט וכנ"ל, וכ"ש בחמין שהוחמו מעיו"ט, **אכן** בתינוק שאין מורגל כ"כ אף בימי החול ברחיצת כל הגוף, אפשר דאף בהוחמו מעי"ט יש להחמיר, **ולעת** הצורך בודאי יש להקל.

ועיין בא"ר שכתב, דרוב הפוסקים ס"ל כדעה ראשונה, אלא שנוהגין לאסור, ואין לשנות המנהג.

ולענין אשה שחל טבילתה ביו"ט, הסכימו כמה אחרונים, שצריך ליזהר שלא יהיה במקוה רק פושרין, דאל"כ אסור לטבול בה, **וכ"ז** אם הוחמו המים מעיו"ט, אבל ביו"ט אסור להחם ע"י ישראל, וע"י עכו"ם יש להקל, [**דבלא"ה** להרמב"ם ועוד כמה ראשונים, עצם חימום ביו"ט לצורך רחיצת כל הגוף הוא רק דרבנן, וע"י עכו"ם ממילא הוי שבות דשבות, והוא צורך מצוה, **ועיין** בבית מאיר דדעתו, דלהחם מים כדי להפיג צינה, הוא דבר השוה לכל הגוף].

וכ"ז להחם בליל יו"ט ב', אבל להחם ביו"ט א' לצורך ליל ב', אין להקל כלל, [דהא אפשר להחם בליל יו"ט ב' גופא, דהוא חול לגבי יו"ט ראשון], **אם** לא שהישראל יקח מהמים לשתות מהם קאפע, או להדיח כליו, דבזה מותר מדינא, כדין ממלא חבית מים המבואר בסוף סי' תק"ג, [**ואף** שהוא עושה הערמה, מ"מ ע"י עכו"ם ולצורך מצוה אין להחמיר], **ורק** שצריך ליזהר בכל זה שלא להוסיף אח"כ מים להיורה, [דבזה אסור גבי מילוי מים], אלא בתחלה ימלא כל היורה מים כפי השיעור הצריך לו, [**ונראה** דאף בזה אין להחמיר רק כשמיחם העכו"ם ביו"ט א' לצורך ליל ב', אבל כשמיחם בליל ב' גופא ע"י עכו"ם, אין להחמיר בזה].

אות ט'

עושה אדם מדורה ומתחמם כנגדה

סימן תקי"א ס"א - "מותר לעשות מדורה להתחמם כנגדה - דאף דכתיב בתורה: אך אשר יאכל לכל נפש הוא לבדו יעשה לכם, קי"ל דמתוך שהותרה הבערה לצורך אוכל נפש, הותר אף שלא לצורך אוכל נפש, ובלבד שיהא שוה לכל נפש, וצורך יו"ט, [יח] **וי"א** דכל

באר הגולה

טז טור בשם הרי"ף ורמב"ם וסמ"ג | יז משנה ביצה כ"א וכב"ה | יח (דאיכא למימר אע"ג דלב"ש מדורה אינו כאוכל נפש, ומשו"ה אסרוה, דלא ס"ל

מידי דהנאת הגוף, בכלל "אך אשר יאכל לכל נפש" הוא, ורק שיהא שוה לכל נפש, [**וברמב"ם** מבואר סברא זו רק לענין רחיצה וסיכה דהוא בכלל שתיה, ושארי דברים הוא מטעם "מתוך", ובתוס' ור"ן כתבו אף ברחיצה מטעם "מתוך"].

הגה: וי"א דאסור להסק בית החורף ביו"ט - היינו שאין מבשל שם שום תבשיל, רק להחם בלבד, **ודוקא** על ידי ישראל, אבל ע"י עכו"ם, לכו"ע שרי, **דלפעמים אין הקור גדול ואינו אלא למפונקים** - פי' בזמן שאין הקור גדול, שאין דרך סתם בני אדם להקפיד על צינה זו, וכיון דאינו אלא למפונקין, לא הוי שוה בכל נפש, **דאם** נזדמן ביו"ט שהיה קור גדול, כמו שמצוי לפעמים בפסח וסוכות, מותר לכו"ע, **ואף** אם לא היה קור כ"כ שצריך להבעיר מפני צינה, ורק שהמאכלים השמנים שבשלם בכירה יקרשו מחמת קור, מותר לו לכו"ע להבעיר תנור בית החורף, להעמידם שם כדי שלא יקרשו, דהוא צורך אוכל נפש ממש.

והוי כמרחץ - היינו דין דלהחם מים לצורך רחיצת כל גופו דס"ב, **ומוגמר** - בס"ד לקמיה, **דאסור** - מטעם זה. **(בית יוסף בשם תשו' אשכנזית).**

ונהגו להקל - אף ע"י ישראל, כיון דעיקר מלאכת ההבערה בשביל קור הוא מלאכה המותרת, דהוא שוה בכל נפש, לא קפדינן אם הקור גדול או קטן.

אות י'

מי שלא הניח עירובי תבשילין, אופין לו פת אחת, ומבשלין לו קדרה אחת, ומדליקין לו את הנר

סימן תקכז ס"כ - ואם אין שם אחרים שעירבו, [יט]י"א שמותר לאפות בצמצום פת אחד, ולבשל קדרה אחת - והיינו אפילו פת גדול, שיהיה די לו לכל השבת, [וכן בקדרה, **וא"צ** לצמצם בזה, ומה שכתבו "בצמצום", היינו שלא להרבות במיני לחמים וכן במיני תבשילין, דהלא ירבה במלאכת לישה, וכן בטורח תיקוני הבישול], **ולהדליק נר אחד** - והתירו לו בכל זה כדי חייו, משום כבוד שבת, **ופשוט** דאם יש לו פת אחד שנשאר לו מיו"ט, אסור לו לאפות משום לחם משנה, [**אבל** אם הפת שיש לו אינו מספיק לו לאבילה לכל השבת, מסתברא דמותר לו לאפות עוד פת].

והאחרונים הסכימו, דאפילו יש שם אחרים, אלא שאינו רוצה להקנות להם מאיזה טעם, גם כן מותר לו לאפות פת אחת וכו', [כ][וכדעת הרשב"א, **ולולי** דבריהם יש מקום עיון בזה, כיון דהרי"ף והרמב"ם השמיטו כל עיקר דין זה, וכן הר"ח השמיטו, ודי לנו אם נקל במה שהקל הרשב"א ‹אולי צ"ל הרא"ש› בהדיא, **אבל** מ"מ המיקל יש לו על מי לסמוך], **אכן** באמת נכון מאד שיקנה קמחו לאחרים, כדי שיוכלו לאפות עבורו ללחם משנה.

באר הגולה

מתוך, מ"מ ב"ה ס"ל דמדורה דהנאת כל גופו היא, דמיא לאוכל נפש, ושרינן ליה בלא מתוך – ב"ח› **יט** **מימרא דרב הונא כפי פי' הרא"ש שם** ‹וכתב הרא"ש: יש מדקדקים מדקתני אופין לו ומבשלין לו, משמע דאחרים עושין לו, אבל לא הוא עצמו, **וליתא**, שאם יש אחרים שעירבו, יקנה להם קמחו ויעשו לו כל צרכיו, **ועוד** מאי קאמר משום כדי חייו שרו ליה רבנן, מה הוצרכו להיתר זה כיון שיכול להקנות להם קמחו, **הילכך** מיירי בדליכא מאן דעירב, ומשום כדי חייו התירו לו לעשות דבר מועט, ואופין ומבשלין אבני ביתו קאי, וכן משמע בירושלמי, וכ"כ הר"ן, וכתב דהכי קיי"ל, **אבל** הרי"ף והרמב"ם השמיטו האי מימרא דרב הונא. **ונראה** דטעמא דהרי"ף והרמב"ם הוה, משום דרבא דאוקי באופן אחר (כב) משמע דלית ליה הא דרב הונא, ואע"ג דתניא כוותיה דרב הונא, מאחר דרבא בתרא הוה ולא חש לה, אנן נמי לא חיישינן לה – ב"י› **כ** ‹וז"ל: לא היו שם אחרים להקנות להם קמחו, או שלא רצה להקנות קמחו לאחרים, אופין לו בצמצום פת אחד וכו'›

§ מסכת ביצה דף כב. §

אות א'

אין בנין בכלים ואין סתירה בכלים

סימן תקיט ס"ב - [א]כלים שהם מפוצלים, כגון מנורה של חוליות, וכסא ושלחן שהם חתיכות חתיכות - וה"ה כוס של פרקים, **מעמידין אותן ביום טוב** - דאין בנין וסתירה בכלים, **ולא** גזרו בזה שמא יתקע, כמו לעיל בסעיף א' גבי חנויות ביש להם ציר מן הצד, (דמותר לסלק) משום מניעת שמחת יו"ט, [**משא"כ** להחזיר, אין שייך מניעת שמחת יו"ט].

ומדסתם משמע, דאפילו נתפרקו מבע"י נמי שרי.

[ב]**והוא שלא יתקע** - פי' בחוזק ובגבורה, [**ועיין** בביאור הגר"א, דסתם הידוק שרי]. [**וכלי** העשוי ע"י שרוי"ף, אם מותר להדקו בחוזק ע"י או לא, **לדעת** המ"א נחשב זה כמו תקיעה, וממילא אסור זה גם ביו"ט, **ולדעת** הט"ז דהוא רק דרבנן, ממילא הכא שרי משום שמחת יו"ט, **ולמעשה** נכון להחמיר כהמ"א].

כתב המ"א בשם מהרי"ל, עכו"ם שהביא כתב חתום, מותר לפתחו ביו"ט, **אך** אם כתוב עליו אותיות או צורות, אסור משום מוחק, **אכן** בביאור הגר"א מצדד, דבכל גווני אין לפותחו.

סימן שיד ס"א - אין בנין וסתירה בכלים, והני מילי שאינו בנין ממש, כגון חבית, הגה: שׁאינה מחזקת ארבעים סאה - היינו אמה על אמה ברום ג' אמות, עם עובי הדפנות, בלא עובי הלבזבזים והרגלים {לבזבזים הוא כמו זר סובב אצל שפתה}, **שנשברה ודיבק שבריה בזפת, יכול לשברה ליקח מה שבתוכה** - עיין בפמ"ג שמצדד, דהיתר השבירה הוא אפילו שלא במקום שמדובק בזפת.

דאלו היא מחזקת מ' סאה, הו"ל כאהל, ואית ביה משום בנין וסתירה, אפי' בנין וסתירה כל דהו, (**ועיין** בא"ר שהביא, **דדעת הרשב"א, דבחבית רעועה כזה, אפי' מחזקת ארבעים סאה אין שייך בה שם סתירה, ונראה דיש להקל ע"י א"י, דבלא"ה הוא איסור דרבנן, דהרי הוא מקלקל**).

שאינו בנין ממש - אבל בנין גמור וסתירה גמורה שייך גם בכלים, **ולכן** דוקא בדיבק שבריה בזפת יכול לשברה, דאין זה סתירה גמורה, **אבל** אם היתה שלמה, הוי סתירה גמורה ואסור, אפילו בכלי קטן.

ובלבד שלא יכוין לנקבה נקב יפה שיהיה לה לפתח, דא"כ הוה ליה מתקן מנא - וה"ה אם מתיז ראשה מלמעלה, ומכוין ליפות השבירה שתשאר עוד כלי.

עיין בט"ז, דמשמע דאפילו אם הנקב הוא נקב קטן שאינו עשוי להכניס ולהוציא, ג"כ אסור עכ"פ מדרבנן, אפילו בחבית כזו שהיא רעועה, **ואם** הוא נקב גדול שעשוי להכניס ולהוציא, יש בו איסור תורה, וכן משמע בביאור הגר"א.

אבל אם היא שלמה, אסור לשברה - מטעם סתירה, ואף דבעלמא קי"ל דסותר אינו חייב אלא כשהוא ע"מ לבנות, דאל"ה מקלקל הוא, מדרבנן מיהו אסור. **אפי' בענין שאינו עושה כלי** - ר"ל שאינו עושה נקב לפתח, אלא שוברה.

ובביאור הגר"א הסכים להפוסקים דס"ל, דאין סתירה בכלים אפילו כשעושה שבירה בכלי שלמה, **אם** לא כשעושה אותה כלי ע"י השבירה, דאז חייב עכ"פ לכו"ע משום מכה בפטיש.

אות ב'

הנותן שמן בנר חייב משום מבעיר, והמסתפק ממנו חייב משום מכבה

סימן רסה ס"א - אין נותנין כלי מנוקב מלא שמן על פי הנר, כדי שיהא נוטף בתוכו, גזירה שמא יסתפק ממנו ויתחייב משום מכבה - דכיון שהוא בכלי אחר שאין הנר בתוכו, לא בדיל מיניה, וכיון שהקצהו לנר, המסתפק חייב משום מכבה.

ואפילו להפוסקים שסוברין דעל סתם כיבוי אין בו חיוב חטאת, רק איסורא בעלמא, מלבד כשהוא מכבה כשצריך להפחמים, וכדלקמן בסימן של"ד סכ"ז, אפ"ה גזרו ביה רבנן הך גזירה.

ואם חברו לו בסיד או בחרסית, מותר, דכיון שהוא כלי אחד, בדיל מיניה משום איסור שבת.

אות ג'

לאו אדעתאי

סימן תקיד ס"ב - [ג]להטות הנר כדי להרחיק השמן מן הפתילה - ר"ל ויכבה מהר, **חשיב כיבוי ואסור** - ואצ"ל שאסור להסתפק מן השמן שבנר בשעה שהוא דולק, דכיון שמסיר שמן מעט מהנר, עי"ז כהה אורו קצת, והרי זה כמכבה, [**ועיין** בא"ר שהביא בשם אגודה, דאם לוקח שמן כדי לאכול, מותר, דכבוי זה לצורך אוכל נפש הוא, **אמנם** כתב דמכמה פוסקים לא משמע הכי, וצ"ע למעשה].

וחתיכות חלב או שעוה המונחות בנר, מותר ליקח אחת מן החתיכות הרחוקות מן הפתילות, אחרי שאין הפתילה יונק עדיין מהם כלל.

[ד]**וכן אסור ליקח פתילה מנר הדלוק אפילו ליתנה בנר אחר** – (אורחא דמלתא נקט, וה"ה לאותו נר גופא), **שהרי כשמוציאה מיד הוא מכבה אותה** - ר"ל שמתמעט אורה עכ"פ, וחשיב כיבוי, ומה מועיל שידליקנה אח"כ.

בד"א כשמוציאה לגמרי מן השמן, אבל מותר להוציא מקצתה העליון חוץ לשמן, כדי שתאחוז האור בזה המקצת שהוציא מן השמן,

---

באר הגולה

[א] לשון רמב"ם ממשנה שם כ"א [ב] מדין תריסי חנויות י"א [ג] מימרא דעולא שם [ד] הרא"ש

ומדליקין לו את הנר משום רבי יצחק אמרו אף צולין לו דג קטן תניא נמי הכי מי שלא הניח עירובי תבשילין אופין לו פת אחת וטומנין לו קדרה אחת ומדליקין לו את הנר ומחמין לו קיתון אחד ויש אומרים אף צולין לו דג קטן רבא אמר לעולם שהניח ושאני הטמנה דמוכחא מלתא דאדעתא דשבתא קעביד איתיביה אביי *תניא אומר בית שמאי אומרים אין אופין אלא אם כן ערב בפת ואין מבשלין אלא א"כ ערב בתבשיל ואין טומנין אלא אם כן היו לו חמין טמונין מערב יו"ט הא היו לו חמין טמונין מיהא עביד ואע"ג דמוכחא מלתא דאדעתא דשבת קעביד אלא אמר אביי כגון שערב לזה ולא ערב לזה ותנניה היא ואליבא דב"ש: ואין זוקפין את המנורה: מאי קא עביד אמר רב חננא בר ביסנא הכא במנורה של חוליות עסקינן דמחזי כבונה דב"ש סברי יש בנין בכלים (א) וב"ה סברי **אין בנין בכלים ואין סתירה בכלים עולא איקלע לבי רב יהודה קם שמעיה זקף לה לשרגא איתיביה רב יהודה לעולא הנותן שמן בנר חייב משום מבעיר והמסתפק ממנו חייב משום מכבה א"ל *לאו אדעתאי: אמר *) רב *קנבא שרי: בעא מיניה אבא בר מרתא מאביי מהו לכבות את הנר מפני דבר אחר אמר לו אפשר בבית אחר אין לו בית אחר מאי אפשר לעשות לו מחיצה אין לו לעשות מחיצה מאי אפשר לכפות עליו את הכלי אין לו כלי מאי אמר ליה *אסור איתיביה *) אין מכבין את הבקעת כדי לחוס עליה ואם בשביל שלא יתעשן הבית או הקדרה מותר אמר ליה ההיא רבי יהודה היא כי קאמינא אנא לרבנן בעא מיניה אביי מרבה מהו לכבות את הדלקה ביו"ט היכא דאיכא סכנת נפשות לא קא מבעיא לי דאפילו בשבת שרי כי קמבעיא לי משום אבוד ממון מאי א"ל אסור איתיביה אין מכבין את הבקעת כדי לחוס עליה ואם בשביל שלא יתעשן הבית או הקדרה מותר ההיא רבי יהודה היא כי קאמינא אנא לרבנן בעא מיניה רב אשי מאמימר מהו לכחול את העין ביו"ט היכא דאיכא סכנה *כגון רירא דיצא דמא דמעתא וקדחתא ותחלת אוכלא לא מבעיא לי דאפי' בשבת שרי כי קמבעיא לי סוף אוכלא ופצוחי עינא מאי א"ל *אסור איתיביה אין מכבין את הבקעת ושני ליה כדשנין אמימר *שרי למכחל עינא מנכרי בשבתא איכא דאמרי *אמימר גופיה כחל עינא מנכרי בשבתא אמר ליה רב אשי לאמימר מאי דעתיך *דאמר עולא בריה דרב עילאי כל צרכי חולה עושין ע"י נכרי בשבת ואמר רב המנונא *כל דבר שאין בו סכנה *אומר לנכרי ועושה הני מילי היכא דלא מסייע בהדיה אבל מר קא מסייע בהדיה דקא עמיץ ופתח אמר ליה *איכא רב זביד דקאי כותך ושנייה ליה *) מסייע אין בו ממש אמימר שרא למכחל עינא ביו"ט שני של ראש השנה אמר ליה רב אשי לאמימר **) והאמר רבא מת ביום טוב ראשון יתעסקו בו עממין ביום טוב שני יתעסקו בו ישראל ואפילו בשני ימים טובים של ראש השנה מה

*) שבת נג. **) לעיל ו. שבת קלח.

רש"י

שערב לזה ולא ערב לזה · אפה ובשל מבעוד יום לשם ערוב ולא טמן חמין וכשנפלה נפרקו חליותיה : יש סותר בנין בכלים · ובונה חייב בכל שהוא : אין סותר בנין בכלים · ולאו חייב אלא אם כן עשה בו מלאכה כגון ממחק או מתקן או תוקע שהן אבות מלאכות לעולם אבל חוזר חליות שאין בה אלא משום בנין אין בונה אלא בבתים ואהלים : קם שמעיה · לשולה : זקף לשרגא · שהיה רוצה שיסתלק השמן לפתילה ולא ימשך אחר הפתילה ותכבה : שרגא · נר של חרס קרויז"ל בלעז : הנותן שמן בנר · בשבת : והמסתפק · הנוטל ממנו ואוכל : חייב משום מכבה · וכבוי בי"ט לא אשתרי : לאו אדעתאי · עשה השמש מה שעשה : קנבא · למחוט (ב) ראש הפתילה שנעשה פחם שקורין מוקיי"ר בלעז : מפני דבר אחר · לשמש מטתו : לעשות מחיצה · כסדין : בקעת · אשטי"ל : כדי לחוס עליה · שאין כבוי זה צורך י"ט ולאו שמעתי דהוי ליה סותר ע"מ לבנות במקומו : מותר · אלמא לצורך יום טוב שיהא הבית שרי : ר' יהודה · דאמר לקמן מכשירי אוכל נפש שרו ודריש ועשה לכם לכל צרכיכם והאי נמי צורך הוא וכן השמש ואלא דאמריה כרבנן דדרשי הוא לבדו : איתיביה כו' · ואין לך עשון בית גדול מן הדלקה וצורך י"ט הוא לכשהוא שלא יצטרך לישב בשרב ובעשן : למכחל עינא · לשום בו כחל לרפואה : רירא · שמושה ריר ביה"א והוא שקורין קרי"ה בלעז שהוא עושה ריר *שמגליד תמיד : דילא · פי' שמקב כמו מחק כמו דק ביה מידי (חולין דף נג:) : דמא · שנוצ"ר : דמעתא · מדמעת תמיד : קדחתא · לשון קדחה באפי (דברים לב) שורפת והוא שקורין איקקלפישיון : תחלת אוכלא · תחלת החולי של כל אלו : דאפילו בשבת שרי · כדאמרינן במסכת ע"ז (דף כח:) שורייני דעינא באוכחתא דלבא תלו : סוף אוכלא ופצוחי עינא · שקרוב להתרפאות הוא ואינו כוחל אלא להגיה מאורו : איתיביה בקעת · שמותר להנאת הגוף שלא יתעשן : כדשנין · רבי יהודה שלא דאמר לכל צרכיכם : עמיץ ופתח · סוגר ופותח ריסי עיניו להכניס הכחול : איכא רב זביד · שהיה מקשה לי כמותך : ושני ליה · ופרקתי לו : מסייע אין בו ממש · מי שאינו עושה מלאכה ממש אלא מסייע מעט כי האי וכלאו הוא מתעבדה אין בו ממש והכי אמר במסכת שבת בהמצניע (דף צג.) גבי זה יכול וזה אינו יכול חייב ושאינו יכול פטור ואע"ג דקמסייע בהדיה מסייע אין בו ממש : מה

תוספות

ומדליקין לו נר · מכאן משמע שצריך להזכיר בברכת עירובי תבשילין יהא שרי לבשולי ולאפויי ולאדלוקי וכו' ואם בשביל הדלקה לא התנה משמע הכא דיהא אסור להדליק לו רק נר א' מדחזינן דהולכך להזכיר אדלוקי הנר משמע דאסור למי שלא הניח להדליק לו רק נר אחד :

ובית הלל סברי אין בנין וסתירה בכלים · וא"ת והא בשבת (דף מו:) במנורה של חליות כ"ע לא פליגי דאסור וי"ל דהתם מיירי בשבת והכא מיירי בי"ט ולא החמירו חכמים הואיל ואין בנין בכלים אי נמי י"ל דהתם מיירי שעולה של חליות ומפרקין אותה אברים אברים אבל הכא מיירי שאין חסר כאן רק להקימה קצת והינה בעלת אברים דעולה מחוברת היא :

והמסתפק ממנו חייב משום מכבה · אינו ר"ל מפני שממהר כבוי דלא הוי אלא גרם כבוי וגרם כבוי ביום טוב שרי אע"פ שממהר כבויה ובשבת נמי אינו חייב אלא היינו טעמא הואיל דבאותה שעה שהוא מסתפק ממנה מכבה קצת ומכסה אורו דלא יכול לאנהורי כולי האי כי איכא שמן מועט בנר ולכך נראה ככבוי ומכאן יש להתיר קנדיל"א של שעוה גדולה לחתוך למטה ממנה כיון דבשעה שחותך אותה אינו מכהים מאור שלה כלל אע"ג שהוא גורם לגרום כבויה שרי ודוקא לחתוך אותה באור אבל בסכין אסור אליבא דכולי עלמא דאמר לקמן במתני' (דף לב:) חותכה באור בפי שתי נרות :

קנבא שרי · פי' רש"י מוקיי"ר בלעז למחוט ראש הפתילה ועושה פחם ולא נהירא דלקמן פרק המביא (דף לב:) קרי ליה מוחטין את הנר מאי מוחטין עדויי חשכא ולא קאמר הכא כי ההיא לישנא דהתם לכ"ע דתרי תטויי יש אחד בשעה שדולק והיינו ההוא דלקמן ויש אחד לאחר שכבה שמתקנין אותה כדי שידליק מהר ומסיר הפחם שבראש הפתילה ובכך טוחה כשידליק אותה והיינו ההוא דהכא דשרי :

אין מכבין את הבקעת וכו' · מכאן יש למחות את הנשים שרגילות להסיר הפתילה מתוך השמן כשהיא דולקת ומשימין אותה על הקרקע וכן שלא לכסות את האור ומה שנהגו העולם להדליק הנר מי"ט לחברו ואין מדקדקין אם הוא לילה ולעיל פירשתי דהוי הכנה ואין י"ט מכין לחבירו י"ל דאע"ג שאינו לילה מ"מ הוא סמוך לחשיכה ואף בתוכו יום צורך הוא אותה הדלקה :

ההיא רבי יהודה היא · דאית ליה לכל צרכיכם ואנן עבדינן כרבנן ואם תאמר והא אנן פסקינן לקמן הלכה כר' יהודה וי"ל דמסיק עליה ואין מורין כן אי נמי י"ל דהא דשרינן מדרשה דלכם היינו [שבת דוקא] בדבר שהוא אוכל נפש אבל בדבר שאינו אלא לתשמיש בעלמא וכן שלא יתעשן הקדרה אסור : דנפישה

עין משפט נר מצוה

עט א מיי' פ"ד מהלכות יו"ט הל' יג ופכ"ג מהלכות שבת הלכה כו סמג לאוין עה טוש"ע א"ח סי' תקיט סעיף ב וסי' שיד סעיף א :

פ ב מיי' פי"ב מהלכות שבת הלכה ב סמג לאוין סה טוש"ע א"ח סי' רסה סעיף א :

פא ג מיי' פ"ד מהל' יו"ט הלכה ג סמג לאוין עה טוש"ע א"ח סי' תקיד סעיף ג :

פב ד מיי' שם טוש"ע א"ח סי' תקיד סעיף ד :

פג ה ו מיי' שם כל ד טוש"ע שם סעיף א :

[ועי' תוס' שבת מו. ד"ה דחוליות]

פד ז מיי' פ"ב מהלכות שבת הלכה ד סמג לאוין סה טור ש"ע א"ח סי' שכח סעיף ט :

פה ח מיי' שם טוש"ע א"ח סי' תצו סעיף ב :

פו ט מיי' שם הל' י :

פז י מיי' שם טוש"ע שם סי' שכח סעיף יז :

פח כ מיי' פ"א שם הל' טז טוש"ע א"ח שם בהג"ה :

פט ל מיי' פ"א מהל' יו"ט הלכה כב טור ש"ע א"ח סי' תצו סעיף ב :

רבינו חננאל

פירשה אביי הא דתנן [דאין טומנין את החמין] כדברי ב"ש אליבא דתנניה היא דתני בש"א אין אופין אא"כ עירב בפת ואין מבשלין אא"כ עירב בתבשיל ואין טומנין חמין אא"כ היו חמין טמונין מעיו"ט וכגון שעירב לאפייה ולבישול ולא היו לו חמין טמונין היה ר"ג אוסר להטמין כב"ש וכדתני חנניה משמו · ואין זוקפין המנורה אוקימנא במנורת של חוליות משום דמחזי כבונה וב"ש למעמייהו דאמרי יש בנין וסתירה בכלים וב"ה אין בנין בכלים ואין סתירה בכלים (נמי) וקי"ל כב"ה ותנא [בתוספתא פ"ב] של בית ר"ג לא היו זוקפין המנורה ביו"ט ומעשה שנפלה המנורה בלילי יו"ט ברומי בפני ר"ג והזקנים ועמד ר' עקיבא וזקפה א"ל ר"ג עקיבא מה לך שאתה מכניס ראשך בין המחלוקות א"ל למדתנו רבינו אחרי רבים להטות אע"פ שאתה אוסר הן מתירין והלכה כמרובים . א"ר יהודה משום ר"ג מטלטלין מנורה ביו"ט אבל לא זוקפין: עולא איקלע לבי רב יהודה בלילי יו"ט קם שמעיה זקף שרגא כלומר זקפה ונתקבץ השמן לאחוריה כדי שתכבה מהרה וישאר השמן ונמצא כאילו מכבה ביו"ט.

מסורת הש"ס

לעיל יז:

[כרתות כ.]

[לעיל יח: שבת קכב: עירובין לה.]

[דף כח:]

[פי' תוספות כתובות ז. ד"ה למאי]

[ע"ז כח:]

[פי' רש"י גיטין ח: ד"ה כדאמר]

[עי' תוס' שבת צג. ד"ה אמר רב זביד]

הגהות הב"ח

(א) גמ' יש בנין בכלים ויש סתירה בכלים וב"ה סברי : (ב) רש"י ד"ה קנבא למחוט. נ"ב כדאיתא בדף לב ע"ב :

גליון הש"ס

גמ' מהו לכבות את הנר. עיין כתובות דף ז ע"א תוס' ד"ה אמר ליה :

ותהא הפתילה דולקת יפה, **ואם** אינו יכול לאחוז בפתילה להוציא מקצתה חוץ לשמן, מחמת שהשמן סמוך מאד לאש הדולק, מותר להגביה הנר מעט, כדי שיסתלק השמן מעט לאחוריו, ויוכל לאחוז בפתילה ולהוציא מקצתה, כדי שתאחוז בו האור, ואח"כ יחזור ויקרב השמן אל האש כמו שהיה, [ט"ז, **וטעמו**, דכיון שבהגבהה זו אינו מכהה לגמרי את אור הנר, שהרי מקצת הפתילה מונחת בתוך השמן, וע"י הגבהה זו יכול להרבות את אורו יותר מכשהיה מקודם, לפיכך אין כאן חשש כבוי, **ואף** שהא"ר וחמד משה חוככין בזה להחמיר, אבל השלחן עצי שטים והלכה ברורה והגר"ז העתיקו דברי הט"ז להלכה, ולכן הנוהג כמותו אין למחות בידו, **וגם** לענ"ד יש לצדד להקל בזה מטעם אחר, דכיון שלא היה דולק יפה, מפני שהפתילה לא יצאת מהשמן כי אם מעט, ולא היה מקום לאחוז האור, וא"כ תיכף כשמטה השמן מעט לאחוריו, נאחז האור בהפתילה יפה, וא"כ כבוי זה מבעיר הוא תיכף, **ודמי** להא דס"י, דמותר להסיר הפחם אף שהוא מכבהו, כיון דעי"ז יבעיר הפתילה יפה, ורוב פוסקים סתמו שם כן להלכה, **ועדיף** משם, דשם עכ"פ מכבה הוא, ורק שמזה יולד תיכף אח"כ הבערה, משא"כ בזה, דפעולה זו גופא מבעיר הוא, ולכו"ע מסתבר דשרי, **ולפי** דברינו, אף אם לא יחזור ויקרב השמן להפתילה, ג"כ אין לאסור].

(**וע"כ הלאמפי"ן שלנו, בעת שמתמעט הנפט, יש שנוהגין להתיר השרוי"ף, ולהגביה אותו מעט עם הפתילה, ושופכין לתוכו הנפט, צריכין עכ"פ ליזהר שלא יוציאו לגמרי הפתילה מן הנפט, דזהו בכלל מכבה ואסור, אלא יהיה תחוב קצה הפתילה במעט הנפט שיש שם בשולי הלאמפ, דבאופן זה עכ"פ לדעת הט"ז שרי, וגם באופן זה אין היתר ברור כ"כ, דיש חולקין על דין הט"ז, כמש"כ בשעה"צ, אכן יש עוד אחרונים דקיימי בשיטתו, וע"כ אין למחות ביד המקילין, דיש להם על מי לסמוך, ועיין בשעה"צ, שדין הט"ז גופא שהעתקנוהו במ"ב, יש סברא להקל בלאו טעמו, וע"כ סתמנו אותו להקל במ"ב, משא"כ בלאמפי"ן אין שייך סברא זו, אבל להגביה את הפתילה לגמרי מן הנפט, בודאי אסור כנ"ל, ורק אם כלה הנפט לגמרי, ולא נשאר רק לחות הפתילה, אז אין איסור בהגבהתו כשהוא דלוק**).

(**ויש שרוצים להורות מזה קולא בלאמפי"ן שלנו בעת הדלקה, לעשות ביו"ט כמו בחול, שדרך הוא להוציא הפתילה ולהדליקה, ואח"כ להמשיך הפתילה לתוכה ע"י השרוי"ף הנעשה לזה, ולהעמיד הזכוכית עליה, ואח"כ מוציאה לחוץ, וטעמם, דאף שבעת המשכת הפתילה לתוכה מקטין האור, והוא בכלל מכבה, כיון שהוא לתועלת, שעי"ז יוכל אח"כ להגדיל האור, אבל באמת אינו כן, כי הוא ממש דמי להדין שמובא בפנים, ומה שאמרו שהוא לתועלת, הלא אפשר לצמצם בתחלה, להכניס לתוך המאשינקע את האוד ולהדליק שם הפתילה, ולא להוציא הפתילה לחוץ להדליקה ואח"כ להורידה ולהמשיכה למטה, שזהו בכלל מכבה, וכן נהגתי בעצמי**).

הגה: ומותר להוסיף פתילות לנר דולק, כדי שיבעיר הרבה ויכבה במהרה (ר"ן) - וה"ה דמותר לכפול נר שעוה הדלוק, ולהדליק גם ראש התחתון, כדי שישרף במהרה.

(**עיין בא"ר** ונהר שלום שמפקפקין על הרמ"א, במה שהוסיף "כדי שיבעיר הרבה ויכבה במהרה", דזה לא נמצא בר"ן, **ובעבודת** הקודש להרשב"א מבואר לאיסור אם מכוין בשביל לכבות, ואינו מותר אלא אם מכוין שיאיר הרבה, אף דממילא יכבה מהרה, **אלא** דנראה דתלוי זה במחלוקת התוס' והרא"ש, דלהתוס' והיינו היש מתירין דלקמן בס"ג, דמתירין להדליק נר שעוה הדלוק באמצע, **אף** שמכוין כדי לקצרה ולמהר כיבויה, ה"ה בזה, **אבל** להרא"ש דאוסר שם, ה"ה כאן), **ולפמש"כ** שם דראוי להחמיר בזה, ה"ה כאן, (ובפרט שהרבה ראשונים כתבו בפירוש לאיסור בזה כשמכוין לכבות), [וממילא לכפול נר של שעוה, ג"כ יש להחמיר].

(**ודע עוד**, דהט"ז שהוציא מדין זה, דמותר להטות מעט נר הדולק, כדי שיתיך השעוה ויחזירנו למעלה, וכן יעשה כמה פעמים עד שיכלה וישרף במהרה, ולמד זה מרבוי פתילות דמתיר הרמ"א, **ולפמש"כ** כאן, שמכוין כדי שיכלה במהרה, גם שם אסור, **וגם** ראיתי בא"ר ונה"ש וחמד משה ומאמ"ר שדחו דבריו, והם הבינו בדבריו, דכשמטה הנר מתיך מהשעוה טיפות לארץ, וזה בודאי אסור להרא"ש, דממעט השעוה ומכבה הוא, **והמאמ"ר** מצדד לאסור **אף** לדעת התוס', דמקודם מכהה אורו ע"י ההטיה והתכה לארץ, **אלא** שאח"כ מבעיר יותר, **אכן** אף אם נפרש דבריו באופן שאינו מתיך לארץ, ורק שע"י ההטיה והתכה עולה השלהבת וישרף מהר, ג"כ אסור, כיון שמכוין בזה שתכלה מהר, וכנ"ל).

אסור לחמם נר של שעוה ולדבקו בכותל או במנורה, גזירה שמא ימרח, דהיינו שישפשפנו להחליקו על פני שטח הכותל, והוא תולדה דממחק.

[ה]סימן תקיד ס"ג - [ו]נר של שעוה שרוצה להדליקו ביו"ט, וחס עליו שלא ישרף כולו

- ולחתכו בסכין אסור, דמה שחותכה לשתים ועושה לכל אחת נר בפני עצמו, הוא בכלל תיקון מנא, **ולחתכה** ע"י אור קודם הדלקה, דמותר לכו"ע וכדלקמן בס"ח, אינו רוצה, כי כונתו שישאר לו חתיכת נר להדליק עוד פעם אחרת, ואם ידליקנה באור, ידלקו שתיהם, ולא ישאר מאומה, **יכול ליתן סביבו קודם שידליקנו דבר המונע מלישרף, בענין שיכבה כשיגיע שם** - כגון שיתן סביבו חול וכה"ג, **וה"ה** דמותר לתחוב אותו לתוך חול תיחוח, בענין שאין בו משום עשיית גומא, כמו שכתבנו בסי' תצ"ח סט"ז במ"ב, כדי שכשיגיע לחול יכבה, [**אבל** לתוך חול קשה, אסור משום עשיית גומא].

קודם שידליקנו - ואע"ג דקיי"ל בסימן של"ד סכ"ב, דגרם כיבוי שרי, היינו שם שאינו נוגע בדבר הדולק, אבל כאן נוגע בשעוה שמוכנת כולה להדלקה, ולכן בין שחותך אותה ומקצרה, ובין שעושה איזה דבר

באר הגולה

ה ‹מילואים› | ו טור

סביבה שיכבה הפתילה כשתגיע לשם, לאחר שהדליקה אסור, זהו סברת המחבר, [**ולא** דמי לטלית שאחוז בו האור, די"א דמותר ליתן עליו משקין שיכבה כשיגיע להם, דשאני התם דהטלית אינו מוכן להדלקה, ומקרי זה שהמשקין אינו נוגע בדבר הדלוק, משא"כ בשעוה] **אבל** כמה אחרונים חולקים ע"ז, וס"ל דאפילו לאחר שהדליקה, ג"כ מותר ליתן דבר המונע מלישרף, מאחר שאינו עושה מעשה בגוף דבר הנדלק.

ולפי מה שביארנו בשם כמה אחרונים, דדבר המונע מותר ליתן אפילו אחר הדלקה, יהיה מותר לתחוב אותו בחול אפי' אחר הדלקה, **אבל** לא יניח הנר בצוויינגי"ל אחר הדלקה, או להדביק הנר בכותל, בענין שיכבה כשיגיע לשם, דהוי כאלו חותך מן הנר, וזה אסור לכו"ע לדעה ראשונה, מאחר שעושה מעשה בגוף דבר הנדלק כדי למהר כיבויו, הוי בכלל מכבה.

(**ולענין** לתוחבו לתוך המים, דעת הט"ז, דבמקום צורך קצת יש להקל, **ועיין** בחמד משה שחולק עליו, דבמים אינו נכנס בכלל מונע מלישרף, אלא בכלל מקרב כיבויו, וכן בח"א ג"כ לא התיר זה רק לצורך ד"א, וביו"ט שני של גליות, וכן הגר"ז מסיק לאיסור, משום דדבריו הם נגד כמה פוסקים, ורק אם הוא לצורך גדול מתיר שם, ע"ש טעמו, **ואף** לדעת היש מתירין יש להחמיר).

הגה: ויש מתירין לחתוך נר של שעוה באור, דהיינו שמדליקים גם למטה כדי לקצרה - היינו אפילו אחר הדלקה, וטעמם, דעד כאן לא אסרו משום מכבה, אלא במסתפק מן השמן שבנר בשעה שהוא דולק, ומשום שבשעה שמסתפק מכהה אורו קצת, **משא"כ** בנר של שעוה, דבשעה שחותך למטה אינו נוגע זה להאור כלל, ורק שאח"כ ימהר ליכבות, וזהו רק בכלל גרם כיבוי ושרי.

(**הנה** מדברי המ"א משמע, דלדעה זו שרי אפי' היכי שהחלק התחתון אינו דולק אח"כ כלל, וכגון שמהבהבה קצת באור, ואח"כ מנתק אחד מחבירו, **ולא** דמי להא דס"ח, דהתם כונתו לעשות מפתילה אחת שתים, ולכן אסור אא"כ צריך לשתיהן, אבל הכא שאין מכוין אלא שיכבה במהרה, שרי אפי' בכה"ג, **אבל** מכמה אחרונים משמע, דכונת היש מתירין הוא היכי ששני החלקים נדלקין, ‹אף שמכוין כדי לקצרה ולמהר כיבויה, וכהנ"ל בבה"ל בס"ב›, **דאם** אינו מדליק חלק התחתון, **אף** שאין מכוין לעשות עוד פתילה, הא פס"ר הוא, ובמחה"ש מיישב קצת), ‹שכשאינו מתכוין אינו עושה מלאכה כלל, שהרי אינו רוצה לעשות ממנו כלי - מחה"ש›.

וכן נוהגין - וכמה אחרונים כתבו, דנכון להחמיר כדעה ראשונה שאוסר בזה.

אבל ע"י סכין אסור (הג"מ והג"א ומרדכי ותוס') - שעל ידי חיתוכו עושה עוד פתילה להאיר, והוי בכלל תיקון מנא, אע"פ שאינו מכוין לכך, ‹ולפי המ"א צ"ל, כיון דדרכו ע"י כלי החמירו - מחה"ש›.

ומותר להעמיד נר במקום שהרוח שולט - ר"ל שיכול לשלוט כשיבא, **כדי שיכבה** - וטעם ההיתר, משום דאינו אלא גרם כיבוי בעלמא.

ויש מאחרונים שמחמירין בזה, דבכל רגע ורגע הרוח מנשב, (ומבואר לעיל בסימן רס"ה, דאסור ליתן כלי עם מים תחת הניצוצות, מטעם שמא יגביה הכלי עם מים נגד הניצוצות, ויכבה אותן, וה"נ כיון שבכל שעה מצוי להיות רוח, עלול שיוציא הכלי נגד הרוח).

ומטעם זה, המנהג בליל יו"ט שאין לוקחין הנרות מביהכ"נ לביתם, כדרך שעושין במו"ש, אלא תוחבו בחול וכנ"ל, (**וכתב** בהלכה ברורה, שלדעתו הוא מותר בזה, **אפי'** אם נחמיר בדינו הראשון, שהרי כאן אינו מכוין כדי לכבותו, ואדרבה הוא רוצה שיאיר לפניו, וא"כ כל זמן דלא היה הרוח ולא הוי פ"ר שיכבה שרי, **ולענ"ד** נראה בהיפוך, **אפי'** אם נקיל בדין הראשון, בזה יש להחמיר, דהליכה גורם בודאי שיכבה).

אבל אסור להעמידו שם אם כבר הרוח מנשב (מהרי"ל) - אפילו הוא רק רוח מצויה, דאז חשיב כמכבה ממש.

אות ד'

קנבא שרי

סימן תקיד ס"ד - [ז]נר שכבה ורוצה להדליקו בו ביום, מותר לחתוך ראש הפתילה - כלומר הפתילה הנשרפת, **כדי שיהא נוח לידלק** - ולא חשיב בזה תיקון מנא במה שמסיר הגחלת, [ואפי' בכלי שרי, **אכן** להני שמחמירין לקמן בס"י אפי' בפחם, אפשר דגם בזה יש להחמיר], **אבל** לחתוך בכלי מגוף הפתילה, מסתברא דאסור, וכמו שסתם המחבר לקמן בס"י.

להדליקו בו ביום - ואם רוצה להכין על יום אחר, אפילו על יו"ט שני, אסור, [ואפי' ביד אסור].

[ח]סימן תקב ס"ב - [ט]אגודה של עצים שהודלקה במדורה, כל עץ שלא אחזה בו האש מותר לשמטו, ואינו דומה

באר הגולה

[ז] מימרא דרב יהודה קינבא שרי וכפי' הערוך, הרא"ש שם ‹פירש רש"י למחוט ראש הפתילה שנעשה פחם שקורין מוקיי"ר, **וכתבו** התוספות דלא נהירא דלקמן (לב:) קרי ליה מוחטין את הנר... גם הרא"ש כתב דאין נראה לו פירוש רש"י מהטעם שכתבו התוספות, **אלא** נראה כמו שפירש הערוך, אחר שכבה הנר חותכין ראש הפתילה שנשרף, וקמ"ל שאין בו משום תיקון כלי, שמתקן הפתילה כדי שתהא נוחה לידלק, **ודוקא** כשרוצה להדליק באותו לילה, עכ"ל, **פירוש** באותו לילה או באותו יום, אבל לתקן מיום טוב לחבירו אסור, וכ"ש לתקן מיום טוב לחול - ב"י› [ח] ‹ע"פ הבאר הגולה› [ט] **מימרא דרב יהודה קנסא שרי, שם כ"ב וכפי' הרמב"ם** ‹כך היא גירסת הרי"ף, ופי' כמו שכתב רבינו, וכן פי' הרא"ש בשם הערוך [בפי' שני], וכן פי' המרדכי בשם ר"ח, וכ"כ הרמב"ם, ואיצטריך רב יהודה לאשמועינן דשרי, דלא תימא דהוי כמסתפק משמן שבנר דאסור, **ומשמע** דאם אחזה האור בהם אסור להסיר מהם, **מיהו** משמע מלשון רבינו, דדוקא בעצים דקים הוא דאסור, לפי שכולם חשובים כאחד, [אבל בעצים גסים, אפי' אחז בהן האור מותר להסירן]. **והרמב"ם** כתב אגודה של עצים, משמע דדוקא באגודת עצים הוא דאין מותר להסיר מהם אלא בשלא אחזה בהם האור, ולא כשאחזה, אבל עצים גסים אפילו אחזה בהם האור מותר להסיר מהם, [**וכדי** להשוות דעת הטור לדעת הרמב"ם, לכן ס"ל דלא הותר להסיר באחז בהן האור אלא היכא דאיכא תרתי לטבותא, שאינן אגודה, וגם הם עצים גסים, **ולכן** הטור דמיירי באין אגודים, ולכן כתב דוקא עצים דקים, **והרמב"ם** דמיירי באגודה, ולכן סתם, ומשמע דאפי' בגסים אסור באחז בהם האור - מחה"ש]. **אבל** הרוקח סתם וכתב עצים שבאש אין לסלק דהוי כמכבה. **והמרדכי** כתב, מיהו ליקח האוד מצד זה להניחו בצד זה של מדורה מותר, כיון שאין מתכוין כלל לכיבוי, ע"כ. **ובפרק** ב' כתב [המרדכי], אם לוקח אדם אוד מן המדורה להאיר בלילה, לא דמי למסתפק מן הנר, מיהו העולם רגילין ליזהר ונכון, עכ"ל. **ודע** שיש גורסין קינבא במקום קינסא, ומפרשים בענין אחר, ויתבאר

למסיר שמן מהנר - אבל אם אחזה בו האש, אסור לסלקו, דבזה ממעט האש של אגודה כולה, כיון שאגודין יחד, **אבל** אם אין אגודין יחד, אפי' אותן שאחזה בהן האש מותר לסלקן, [כן דקדק ב"י מלשון הרמב"ם. **ועיין** במ"א, דדוקא בעצים גסים, שאין הטבע להתחבר יחד כ"כ כל זמן שלא אגדן, אבל בדקים, אפי' בשאינן אגודין חשובין כאגודין, **ודעת** הא"ר שלא לחלק בזה].

הגה: ומותר ליקח עץ הדלוק מצד זה של מדורה ולהניחו בצד אחר, הואיל ואינו מכוין לכבוי (מרדכי) - דעת הרמ"א שלא לחלק בין אגודין לשאינן אגודין, דכל שהם במדורה אחת, אם יקח עץ אחת הדולק מהן יש בו משום כיבוי, שעי"ז שמפריד אותו מן המדורה יוכל להתמעט אורו, אבל אין זה פסיק רישא, **ולכן** תלוי בכונתו, דאם שומטו כך כדי שיכבה, אסור, ואם מכוין כדי להניחו בצד אחר או במדורה אחרת, שרי.

וה"ה אם שומטו ולוקחו משם כדי להאיר לפניו, גם כן שרי, דהא אינו מכוין לכיבוי, **ויש** מחמירין בזה, ונכון להחמיר, [**ועיין** בא"ר שמצדד, דליקח קי"ן האל"ץ ממדורה להאיר לפניו, שרי, **והטעם** נראה, שאין דרכו כ"כ להתמעט אורו, אפי' כשהוא בפני עצמו].

וצריך להזהיר בני ביתו, כשמבשלין דגים, שלאחר גמר הבישול לא יקחו האודים, אלא יניחם לשרוף.

אות ה' – ו'

אפשר בבית אחר, אין לו בית אחר מאי וכו'

אין לו כלי מאי... אסור

סימן תקיד ס"א - [י]אסור לכבות דליקה ביו"ט, [יא]ואפי' אם רואה ביתו שנשרף, אם אין שם סכנת נפשות - דמשום הפסד ממון לא הותר כיבוי ביו"ט, **והיינו** אפי' אין לו בית אחר לדור שם, וימנע משמחת יו"ט, אסור לדעה זו, דמ"מ לא חשיב זה צורך אוכל נפש.

ואין מכבין הבקעת, ואפילו כדי שלא יתעשן הבית, או הקדירה - ר"ל וכ"ש אם כונתו לכבות בשביל שחס עליו שלא ישרף כולו, [גמ'], אף שדעתו שישאר לבשל בו עוד הפעם באותו היום, דאסור.

ולא חשיב כיבוי זה אוכל נפש, אף שאין לו מקום אחר להעמיד הקדרה שם, [יב]מפני שאין כיבוי הבקעת מסייע כלום לאוכל נפש, אלא שמונע ההיזק ע"י כיבויה, **ואף** דעכ"פ לא גריעא דבר זה ממכשירי אוכל נפש שא"א לעשותן מבעוד יום, דקי"ל דשרי כדלעיל בסימן תק"ט בהג"ה, **ס"ל** לדעה זו, דלאו כל מכשירי אוכל נפש התירו, אלא דוקא אותן שהן קרובין יותר לתיקון האוכל, [ר"ן בשם הרמב"ן ע"ש].

[יג]**או כדי לשמש מטתו** - דאסור לשמש בפני הנר, ואיתא בגמ', דאפי' אין לו בית אחר להוציא שם הנר, ולא כלי לכפות על הנר, [וגם אין לו ממה לעשות מחיצה להפסיק, שם בגמ'], אפ"ה אסור, ואפי' היא בעילת מצוה, (**ואף** הרמ"א דכתב להקל גבי קדרה ובית **אם** אין לו מקום אחר, ובזה לא חלק, ש"מ דמודי בזה לאסור בכל גווני, **אכן** הט"ז האריך בזה, ודעתו דבעצם ההלכה גם בזה מותר לכבות אם אין לו עצה אחרת, ורק שאין מורין כן לאחרים, ומיהו מדברי האחרונים מוכח, דלא סמכו עליו להקל בזה).

(ורק ביו"ט שני של גליות, דעת הפר"ח וא"ר להקל בזה, משום דיש לסמוך על רשב"א ור"ן המתירין ביו"ט שני, דכי היכי דלכחול עינא שרי ביו"ט שני, ה"ה לענין לכבות הדליקה, או לכבות הנר מפני תשמיש המטה, דמותר, [יד]**ובקרבן** נתנאל מצדד להחמיר אף ביו"ט שני, וכן דעת הח"א, אם לא כשיצרו מתגבר עליו, או ליל טבילה, אז יש לסמוך על המתירין ביו"ט שני לכבות, **ובאמת** הב"י הביא ג"כ שם דברי הר"ן המיקל בזה, וכתב דהטור וכן שאר הפוסקים חולקין עליו, וכ"כ שם בדרכי משה הארוך, וגם היש"ש האריך להשיג על דברי הר"ן בזה, ומצאתי להמאירי שהביא דעות בזה, ומכריע כדעת האוסרין, **וגם** הרשב"א אע"פ שהוא מהמקילין, סיים דראוי לחוש ולאסור, **וע"כ** בודאי מהנכון להחמיר בכל זה, אם לא באופן שכתב הח"א, **ואם** יכול להדביק הנרות לעשותן כאבוקה, כדי שידלק מהר, לא יכבה, וכן יוכל להעמיד הנר במים, וכשיגיע שם ממילא יכבה, כ"ז יש להתיר ביו"ט שני לצורך תשמיש המטה).

הגה: [טו]ויש אומרים דוקא אם אפשר להציל הקדירה בלא כיבוי - מעישון, כגון שיכול לעשות אש במקום אחר ולהעמידה שם, או שיש לו עכ"פ מקום להשליך הבקעת לחוץ, ולא לכבותה ממש.

אבל אם אי אפשר להציל או לבשל הקדירה בענין אחר רק שיכבה, מותר לכבות (הרא"ש ומרדכי ור"ן ורשב"א וטור), וכנ"ל עיקר - ס"ל דזהו צורך אוכל נפש ממש, ומותר הכיבוי, ‹אפי' לרבנן דרבי יהודה – מחה"ש›, כמו שהתירה התורה לאפות ולבשל, **ועיין** ט"ז, דאם האש גדול ומקדיח להתבשיל, וצריך להסיר משם קצת, אף שעי"ז בודאי יכבה האש מהן, שרי, וכן העתיקו האחרונים כהרמ"א.

וכן בבית, אם ישרף הבית לא יהיה לו מקום לאכול שם, ויפסיד סעודתו, מותר לכבות - אין ר"ל שיתקלקל סעודתו המוכנת ע"י השריפה, דבזה אפילו היה מוצא אח"כ מקום לאכול, ג"כ שרי לכבות, בשביל הסעודה גופא, **אלא** מיירי שעצם הסעודה יכול להציל בלי כיבוי הדליקה כלל, ורק שבשביל שלא יהיה לו מקום לאכול יתבטל אצלו סעודת יו"ט, ואפ"ה שרי, דזהו בכלל כיבוי לצורך אוכל נפש, וכן העתיקו האחרונים כהרמ"א.

באר הגולה

[י] **מהא דבעי אביי מרבה ופשטה דף כ"ב** ‹בסימן תקי"ד בס"ד – ב"י› [יא] **שם בגמ' כרבנן, הרי"ף ורמב"ם ורמב"ן ורבינו ירוחם** ‹אע"ג דקי"ל בסי' תק"ט כרבי יהודה דמתיר מכשירים שא"א לעשותן מעיו"ט, אלא דאין מורין כן, והכא משמע דמדינא אסור, אע"ג דלא היה אפשר לעשותו מעיו"ט, **לזה** כתב הרב"י בשם רמב"ן שכתב, ניהו דמן התורה מכשירים שא"א לעשות מעיו"ט מותר לעשותן ביו"ט, מ"מ חכמים החמירו, ולא התירו מכשירים שא"א לעשותן מערב יו"ט אלא במקום שהיה נראה בעיניהם להקל – מחה"ש›, ‹**ולא** רצו להתירם אלא כפי מה שהם קרובים לאוכל נפש – ב"י›, ‹**דלא** בכל מכשירי אוכל נפש אנן פוסקין כרבי יהודה – דמשק אליעזר› [יב] ‹והוא דבר תמוה מאד, דכיון שהמאכל מעושן, לא יהיה טוב לאכילה, ואולי בזמנם לא היו מפונקים שלא לאכל תבשיל מעושן, וצ"ע – אג"מ› [יג] **פשיטות דאביי שם כ"ב, וכן הסכימו רוב הפוסקים** [יד] ‹דדוקא לגבי כיחול העין שאיסורו מדרבנן הקילו ביו"ט שני› [טו] ‹ממ"ש שם משום איבוד ממון, ולא קאמר משום צורך כו', משמע דוקא משום זה אסור, אבל משום אוכל נפש אפי' רבנן מודו – גר"א›

וה"ה כשישרפו כלי אכילה, ולא יכול להשיג כלים אחרים לסעודתו, ג"כ מותר לכבות, [**דאם** יכול להשאיל אסור].

(**אבל כשלא יהיה לו בית אחר לדור בו ביו"ט, לא סמך רמ"א להקל בזה, דס"ל דזהו רחוק מעניני אוכל נפש**).

ומדדילג הרמ"א, ולא כתב דינו גם לענין עישון הבית, משמע דבזה מודה להמחבר, דאף אם אין לו בית אחר, אסור לכבות.

אבל אם יש לו בית אחר לאכול שם, אסור לכבות משום הפסד ממונו (ב"י בשם א"ח)[טז] - ואפי' אם ימצא מקום לאכול בבית עכו"ם, אסור לכבות - מ"א, **ובא"ר** מסתפק בזה.

וע"ל בסי' של"ד סכ"ו, דבזה"ז שאנו שרויים בין הנכרים, דיש חשש סכנת נפשות, מותר לכבות אפילו בשבת.

"**סימן תקב ס"א - הגה: ומותר לכסות האש** - דהיינו שמכסהו בלילה כדי שיהא האש שמור לו למחר, **בכלי, או באפר מוכן** - לאפוקי אם הוסק בו ביום והוא צונן, דהוא מוקצה, [**דאם** הוא חם, הלא ראוי לצלות ביצה לתוכו, ואינו מוקצה].

אם אינו מכבהו - ר"ל באופן שלא יהיה פסיק רישא, [ואף דאפשר שיכבה, שרי, דדבר שאינו מתכוין מותר אף בשבת], **דאי** הוה פסיק רישא, אז אסור, **ואף** דכונתו בהכיבוי לצורך אוכל נפש למחר, וכיבוי לצורך אוכל נפש ממש אין לאסור, דהא צולין בשר ע"ג גחלים, **שאני** התם, דהכיבוי בשעת תיקון האוכל, משא"כ הכא דהוא הרבה מקודם, **ויש** מאחרונים שמקילין בכל גווני, כיון שעכ"פ אינו מכוין לכבות, רק שימצא עי"ז אש למחר לצורך אותו היום.

ודוקא לצורך יו"ט ראשון, אבל לצורך יו"ט שני - כגון ביו"ט ראשון בשחרית מכסה שיהא מוכן לערב בלילה, **אסור (מהרי"ל)** - משום דאין להטריח מיו"ט א' לחבירו.

אות ז'

היכא דאיכא סכנה, כגון רירא, דיצא, דמא, דמעתא, וקדחתא, ותחלת אוכלא, לא מבעיא לי, דאפילו בשבת שרי

סימן שכח ס"ט - החושש בעיניו או בעינו, ויש בו ציר, או שהיו שותתות ממנו דמעות מחמת הכאב, או שהיה שותת דם, או שהיה בו רירא - בגמ' משמע דה"ה קידחא, **ותחלת אוכלא, (פי' תחלת חולי)** - וכן באמצע המחלה, **מחללין עליו את השבת** - ואע"ג דמשום סכנת אבר אין מחללין באיסור דאורייתא לכו"ע, עין שאני, דשורייקי דעינא בליבא תליא, ואיכא סכנת נפש.

אבל בסוף חולי שכבר תש מחלתו, ליכא סכנתא ע"י סימנים הללו, [מאירי ביצה כ"ב], **וכ"ש** כשרוצה לעשות רפואה כדי להגביר אור עיניו, [רש"י], דבודאי אין מחללין משום זה.

אות ח'

סוף אוכלא, ופצוחי עינא... אסור

סימן תצו ס"ב - עיין לקמן אות ל'.

אות ט'

שרי למכחל עינא מנכרי בשבתא

רמב"ם פ"ב מהל' שבת ה"י - "וכן כוחל עיניו מן הגוי בשבת אף על פי שאין שם סכנה.

אות י'

כל דבר שאין בו סכנה, אומר לנכרי ועושה

סימן שכח סי"ז - חולה שנפל מחמת חליו למשכב ואין בו סכנה, הגה: או שיש לו מיחוש שמצטער והלך ממנו כל גופו, שאז אע"פ שהולך, כנפל למשכב דמי, אומרים לא"י לעשות לו רפואה - אפילו במלאכה דאורייתא, וה"ה שאר צרכיו, כגון לאפות ולבשל וכיוצא באלו, אם צריך לכך.

ודוקא כשצריך להרפואה בשבת עצמו, הא כשאין צריך לה בשבת, ימתין עד מוצאי שבת, **אבל** כשיש סכנה, אסור להמתין.

אות כ'

מסייע אין בו ממש

סימן שכח סי"ז - וכל שאסור לעשות ע"י ישראל, אפי' ע"י החולה בעצמו אסור; אבל כשעושה לו הא"י, מותר לחולה לסייעו קצת, דמסייע אין בו ממש - לאו דוקא חולה, וה"ה אחר, אלא דאורחא דמלתא נקט, **ומשמע** דאפילו במלאכה דאורייתא מסייע אין בו ממש. **והיינו** היכא שבלא"ה נמי מתעבדא, אלא שמסייע מעט, כגון א"י שכוחל את העין, וישראל סוגר ופותח את העין שיכנס בו הכחול, **אבל** אם אינו יכול לעשות בלתי ישראל, אסור.

‹המשך ההלכות מול עמוד ב'›

באר הגולה

טז ועיין לעיל סוף סימן של"ד יז ‹ע"פ הב"י וז"ל: כתבו התוס' בפרק ב' דביצה (כב. ד"ה אין) יש למחות בנשים שלא לכסות האור ביו"ט, אבל בשם ספר אגודה מצאתי כתוב: לכסות האש בעפר בלילה כדי שימצאו למחר ביו"ט, מותר› יח ‹ואיכא למידק היכי מצי למימר דרבינו שרי שבות הנעשה ע"י ישראל {בחולה שאין בו סכנה}, שא"כ היאך כתב שכוחל עיניו מן הנכרי בשבת, ומאי איריא מן הנכרי, ואפילו מן הישראל הוה ליה למישרי, כיון דכוחל לא מיתסר אלא מדרבנן בס"פ המצניע. {**ובאמת** דאף להדעות החולקין על הרמב"ם יש לעיין, דאף אי נימא דשבות אסור לצורך חולה, אבל מ"מ היכא דעושה שינוי מותר, והכא מאי דעמיץ ופותח, אף אם נחשיבו ככוחל עיניו, מ"מ הוה דרך שינוי, (ומה היה קושיית רב אשי) - הערות הרה"ג רב אלישיב}. **וה"ה** כתב וז"ל, כבר נתבאר בדברי רבינו שכל שבות מותר בחולי שאין בו סכנה, כיון שהוא חולי כולל כל הגוף, בין שבות דאמירה לנכרי בין שבות הנעשה ע"י ישראל, **אבל** באבר א', כיון שאין בו סכנה, לא הותר לישראל אפילו שבות גמור, וזהו שלא התירו לכחול אלא מן הנכרי... **ואין** דבריו ברורים אצלי... ולפיכך נ"ל דבכלל חולה שאין בו סכנה, הוי בין חולי שהוא כולל כל הגוף בין שאינו כולל, בין שיש בו סכנת אבר בין שאין בו, בכל גוונא לא התירו שבות הנעשה ע"י ישראל, **מיהו** ה"מ בשבות שיש בו עיקר מלאכה שהוא נסמך לה, כגון כוחל שהוא אסור מפני שהוא ככותב, או לעשות שום רפואה בסם דאיכא למיסר משום שחיקת סמנין, אבל שבות שאין לו עיקר מלאכה שהוא נסמך עליה, מותר אפילו ע"י ישראל - כסף משנה. **עיין** עוד בסי' שכח סי"ז, שהמחבר מביא כמה שיטות בענין זה›

מה שאין כן בביצה אמר ליה אנא כנהרדעי סבירא לי דאמרי אף בביצה (א) ומאי דעתיך דלמא מעברי ליה לאלול *האמר רב הונא בר כהנא מימות עזרא ואילך לא מצינו אלול מעובר: ואין אופין פתין גריצין אלא רקיקין: *תנו רבנן ב"ש אומרים אין אופין פת עבה בפסח וב"ה מתירין *וכמה פת עבה אמר רב הונא טפח שכן מצינו בלחם הפנים טפח מתקיף לה רב יוסף אם אמרו בזריזין יאמרו בשאינן זריזין אם אמרו בפת עמלה יאמרו בפת שאינה עמלה אם אמרו בעצים יבשים יאמרו בעצים לחים אם אמרו בתנור חם יאמרו בתנור צונן אם אמרו בתנור של מתכת יאמרו בתנור של חרס אמר רב ירמיה בר אבא שאלית את רבי ביחוד ומנו רב מאי פת עבה פת מרובה איכא דאמרי אמר רב ירמיה בר אבא אמר רב שאלית את רבי ביחוד ומנו רבינו הקדוש מאי פת עבה פת מרובה ואמאי קרו ליה פת עבה משום דנפישא בלישה אי נמי באתריה דהאי תנא פת מרובה פת עבה קרו ליה מכדי משום דקטרח טרחא דלא צריך הוא מאי אריא פסח אפי' בשאר ימים טובים נמי אין הכי נמי ותנא ביו"ט דפסח קאי תניא נמי הכי ב"ש אומרים אין אופין פת *מרובה ביום טוב וב"ה מתירין: **מתני'** *אף הוא אמר שלשה דברים להקל מכבדין בית המטות ומניחין את המוגמר ביו"ט ועושין גדי מקולס בלילי פסחים וחכמים אוסרין: **גמ'** אמר רב אסי מחלוקת לגמר אבל להריח דברי הכל מותר מיתיבי אין מכבדין בית המטות ביום טוב *ושל בית רבן גמליאל מכבדין אמר רבי אליעזר בר צדוק פעמים הרבה נכנסתי אחר אבא לבית רבן גמליאל ולא היו מכבדין בית המטות ביום טוב אלא מכבדין אותן מערב יום טוב ופורסין עליהם סדינין למחר כשאורחים נכנסין מסלקין את הסדינין ונמצא הבית מתכבד מאליו אמרו לו אם כן אף בשבת מותר לעשות כן ואין מניחין את המוגמר ביו"ט ושל בית רבן גמליאל מניחין אמר רבי אליעזר בר צדוק פעמים הרבה נכנסתי אחר אבא לבית רבן גמליאל ולא היו מניחין את המוגמר ביום טוב אלא מביאין ערדסקאות של ברזל ומעשנין אותן מערב יום טוב ופוקקין נקביהן מערב יום טוב למחר כשאורחים נכנסין פותחין את נקביהן ונמצא הבית מתגמר מאליו אמרו לו א"כ אף בשבת מותר לעשות כן אלא אי אתמר הכי אתמר אמר רב אסי מחלוקת להריח אבל לגמר אסור איבעיא להו מהו לעשן רב ירמיה בר אבא אמר רב אסור ושמואל אמר מותר רב הונא אמר אסור מפני שמכבה אמר ליה רב נחמן ונימא מר מפני שמבעיר א"ל תחלתו מכבה וסופו מבעיר א"ר יהודה על גבי גחלת אסור

על

מה שאין כן בביצה · דקדושה אחת הן ולא הקלו בי"ט שני של ראש השנה אלא לענין מת בלבד: **בפסח** · קא סלקא דעתך שאינו יכול לשמרה מהחמיץ: **וכמה פת עבה** · שהתירו בית הלל: **שכן מצינו בלחם הפנים** · שהוא מצה כדאמרינן בכל המנחות באות מצה (מנחות דף נו·) ועביו טפח כשמו לחם הפנים יש לו פנים ואין פנים פחותין מטפח*: **בזריזין** · של בית גרמו שהיו אומנים וזריזים בדבר: **פת עמלה** · בריי"א בלעז שהיה טעון ג' מאות שיפה שפשוף בידו וחמש מאות בעיטה באגרוף שף אחת בועט שתים שף שתים בועט שלש במנחות (דף עו·): **עצים יבשים** · מט"ו באב היו פוסקין מלכרות עצים למערכה במסכת תענית (דף לא·) ומוצאי לשכת העצים היו אופין ומבשלים כל צרכי מקדש: **בתנור חם** · שמסיקין אותו בכל יום הן למנחות הן לגלי: **מתכת**. במס' זבחים (דף נה:) אמרי' תנור של מקדש של מתכת היה משום שתי הלחם ולחם הפנים שאפייתן וקדושתן בתנור הוה ליה כלי שרת וכלי שרת דחרס לא עבדינן: **ביחוד** · ביני לביני: **ואיכא דאמרי** · רב גופיה אמר שאלית את רבי ביחוד: **ומנו** · רבו דרב רבינו הקדוש לשון אחר ביחוד בברור כדתנן בשקלים (פ"ו מ"ב) וידעו ביחוד ששם ארון נגנז: **פת מרובה** · ולאו משום חמוץ הוא אלא משום דטרח טרחא יתירא למחר וליום אחר: **וב"ה מתירין** · כדאמרינן* שהפת נאפה יפה כשהתנור מלא: **תניא נמי הכי** · דבשאר יום טוב נמי נחלקו: **מתני' מכבדין בית המטות** · בית המסיבה שאוכלין שם שהיו מסובין ואוכלין על גבי המטות: **מוגמר** · לבונה על גבי גחלים: **מקולס** · כרעיו °ובני מעיו תלויין חוצה לו בצדו כשצולהו והיו עושין זכר למקדש שכתוב בו על כרעיו ועל קרבו ומקולס לשון גבור מזויין שכלי זיינו תלוין לו בצדו כדמתרגמינן וכובע נחשת וקולסא דנחשא (שמואל א יז): **וחכמים אוסרין** · בשלשתן בכבוד משום אשויי גומות ובמוגמר משום דלאו צורך כל נפש הוא ומהאי טעמא אסרינן ליה בכתובות בפרק ראשון (דף ז·) אשר יאכל לכל נפש דבר השוה לכל נפש וזה אינו אלא למפונקים או למי שריחו רע ובגדי מקולס מפני שדומה לקדשים ויאמרו מותר להקדיש ולאכול קדשים בחוץ: **גמ' מחלוקת לגמר** · כשאסרו חכמים לא אסרו אלא כשמניחו כדי לגמר בו כלים שנותן המחתה עם הלבונה והגחלים תחת הבגדים להכנים בהן ריח דלאו להנאת הגוף הוא אלא להכשיר כלים אבל מניח לבונה על גבי גחלים להריח ריח מותר שהנאת הגוף הוא ולאוכל נפש דמי והשתא למאי דקאמר רב אסי לא הוי טעמא דרבנן משום דבר השוה לכל נפש כדפרישית לעיל אלא משום דלקשוט כלים הוא מכוין ולקמן הדר ביה מחמת קושיא: **כשאורחים נכנסין** · שהן קרויין לסעודת הנשיא לכבוד יום טוב: **ערדסקאות** · אנגינלייר"ש והם נקובים ומנוקבים: **ופוקקין נקביהן** · לשמור העשן והריח שלא יצא: **אם כן** · לא היו חביריו חולקין עליו דאף בשבת מותר לעשות כן אלא ודאי ביום טוב היו מניחים לפיכך נחלקו עליו מכל מקום גמרינן מינה דלאו לגמר הוה אלא להריח ולכבוד האורחין ואפלוג רבנן עליה למיסר להניחו ביום טוב אליבא דתנא קמא ולר"א בר צדוק אפי' רבן גמליאל לא התיר ואת אמרת דבר הכל מותר: **מחלוקת להריח** · התם הוא דשרי רבן גמליאל להניח ביום טוב כדי להריח כתנא קמא דרבי אליעזר בר צדוק ורבנן אסרי דבעינן דבר השוה לכל נפש: **מהו לעשן** · פירות בעשן בשמים לקלוט טעם הבושם: **אסור** · דתפנוק יתירא הוא ואין שוה לכל נפש אלא לאיסטנים ובהאי עשן איכא אב מלאכה כדמפרש רב הונא טעמיה דרב מפני שהוא מכבה הגחלים כשנותן אבקת הבשמים עליהן: **ושמואל אמר מותר** · דאוכל נפש הוא וראוי אף לעניים אלא שאינו מצוי להם ודמי לנזדמן לו צבי בי"ט כדאמרינן בכתובות (שם): **מפני שמכבה** · כדפרישית אינו שוה לכל נפש לפיכך אסור לעשות אב מלאכה בשבילה: **ונימא מר מפני שמבעיר** · הבשמים שגם זה אב מלאכה: **אמר ליה תחלתו מכבה וסופו מבעיר** · ותרוייהו הוו ביה ואגב קמא קמא נקטי: **על גבי גחלת אסור** · דאיכא מכבה ומבעיר:

על

דנפישא בלישה · פירש רש"י וב"ה מתירין משום דאמר ר"ש בן אלעזר* ממלאה אשה תנור פת וכו' ולא נהירא חדא דאם כן ה"ל לאתויי הא דר' שמעון בן אלעזר כיון דפלוגתייהו בהכי ועוד דלא דמי כלל לאפות גריצין ולמאי דאייתינהו הכא לכן נראה לי דפת מרובה *דקאמר היינו פתים גדולים ביותר ועושה לצורך חול הואיל ואין בו טורח כל כך והכי משמע בירושלמי מתוך שאתה מונעו ממנע ואין עושה אלא כדי צרכו דפת קטן יש בו טורח יותר בעריכת כל אחד ואחד וכן גריצין וכן רקיקין היינו כדי לצרכו בלבד וגם כן שוין בעביין אלא דגריצין היינו גדולות ורקיקין קטנות והא דקאמר בסמוך משום דקא טרח טרחה דלא צריך הכי קאמר מתוך שעושה ככרות גדולות אתי למעבד יותר מצורך יו"ט: [ועי' תוספות פסחים לו: ד"ה וב"ה]

על

רבינו חננאל

עינא ע"י ישראל ביו"ט שני ואפי' בב' יו"ט של ר"ה א"ל רב אשי והא אמר רבא מת ביו"ט ראשון יתעסקו בו עממין ביו"ט שני יתעסקו בו ישראל מה שאין כן בביצה א"ל כנהרדעי סבירא לי דאמרי אף ביצה מותרת. מאי איכא למיחש דלמא עברוה לאלול הא אמר [רב חיננא בר כהנא] משמיה דר' מימות עזרא לא מצינו אלול מעובר' ואין אופין פתין גריצות אלא רקיקין מ"ט כיון דרקיקין נפיש טרחייהו אף הוא אינו אופה אלא כדי מה שיאכל ביו"ט בלבד וכך מפורש בירושלמי: ת"ר בש"א אין אופין פת עבה בפסח וב"ה מתירין ואוקמה כמה פת עבה טפח שכן מצינו בעובי לחם הפנים טפח ואתקיף לה רב יוסף אם התירו עובי טפח בלחם הפנים שכן עשייתן ע"י כהנים שזריזין הן ואין מניחין אותו להחמיץ והן פת עמילה בשיפה ובבעיטה ונעשים בתנור של מתכת בעצים יבשין ובתנור חם יאמרו בפת של הדיוט שאין בה אחת מכל אלו. משום רבינו הקדוש אמרו מאי פת עבה פת מרובה כלומר נפישא בלישה ומשום טירחא יתירא אמרו ב"ש ולא תימא בפסח בלבד אלא בכל יו"ט כדתניא בש"א אין אופין פת עבה ביו"ט וב"ה מתירין: מתני' אף הוא אמר ג' דברים להקל מכבדין המטות · תניא אין מכבדין את המטות. של בית ר"ג היו מכבדין א"ר אלעזר ב"ר צדוק פעמים הרבה נכנסתי אחר אבא לבית ר"ג ולא היו מכבדין ביו"ט אלא מכבדין מעיו"ט ופורסין עליהן סדין ולמחר כשאורחין נכנסין היו מסלקים את הסדינים ונמצא הבית מתכבד אמרו לו זה אף בשבת מותרין לעשות כן. אין מניחין את המוגמר ביו"ט של בית ר"ג היו מניחין א"ר אלעזר בר' צדוק לא היו מניחין מוגמר אלא עורדיסקות של ברזל היו מעשנין מעיו"ט ופוקקים נקבים שלהן ולמחר כשאורחים נכנסים היו פותחין נקביהן ונמצא הבית מתגמר מאליו אמרו לו זה אף בשבת מותר לעשות כן א"ר אסי מחלוקת לגמר הבית אבל להריח דברי הכל מותר יש נוסחא אחרינא דברי הכל להריח אסור איבעיא להו מהו לעשן פי' לעשן פירות שהוא מכשירי אוכל נפש ר' ירמיה אמר רב אסור מפני שתחלתו מכבה וסופו מבעיר אמר רב יהודה על גבי גחלת אסור שהוא מכבה ומבעיר אוכל נפש.

ר'

[לעיל יז.]

דפת מרובה דקאמר לאו ביותר מכדי לצרכו קאמר אלא היינו פתים כל"ל רש"ל

צ א מיי' פכ"א מהל' שבת הל' ג ופ"ד מהל' יו"ט וס"ת מהל' חמץ הל' יא טוש"ע א"ח סי' תקז סעיף ג וסי' תקב וסי' תקיח סעיף א:

צא ב ג מיי' פ"ד מהל' יו"ט הל' ו טוש"ע א"ח סי' תקיא סעיף ד:

[סוכה ס.] [לעיל ו. ע"ש ר"ש יט: ע"ש נב. ע"ש] [פסחים לו.] [שם] [פסחים לא· עבה] [עדיות פ"ג מי"א] [לעיל יז.] [תוספתא פ"ב]

הגהות הב"ח

(א) גמ' דמאי דעתיך:

גליון הש"ס

רש"י ד"ה מקולס. ובני מעיו תולה לו. עיין ברש"י פסחים נג ע"א ד"ה מקולס ובדף עד ע"א ד"ה מקולס:

אות ל'

אמימר שרא למכחל עינא ביום טוב שני של ראש השנה

סימן תצו ס"ב - [יט]**וכן לכחול את העין** - מיירי שחש בעינו קצת, וכל גופו בריא, ואינו מרגיש מיחוש בגופו מחמת העין, דבכגון זה בשבת ויו"ט אסור לעשות שום רפואה ע"י עצמו, אפי' בשינוי, וכמו שנתבאר לעיל סי' שכ"ח סי"ז, והכא ביו"ט שני שרי לכתחלה, ואפי' בלי שינוי. **הגה: או שאר חולי שאין בו סכנה (ר"ן)** - וג"כ בשאינו כולל כל הגוף. **ואף על פי שאסור בראשון אלא על ידי א"י אם אין בו סכנה, בשני מותר אפילו ע"י ישראל** - שמיני הנאת הגוף לא החמירו בו ביו"ט שני בשבות דרבנן. **חוץ מיו"ט שני של ראש השנה, דשני ימים קדושה אחת אריכתא הן.**

הגה: ודוקא שבות דרבנן דומיא דמכחל עינא, אבל אב מלאכה אסור לישראל לעשותו אפילו ביו"ט שני (ר"ן והמגיד) -

[וגם ע"י עכו"ם אינו מותר במלאכה דאורייתא, אא"כ חולה בכל גופו], **ואפי'** חש בכל גופו, נמי אסור ע"י עצמו, [**ועי'** שנוי יש לעיין, דהנה ביו"ט ראשון בודאי יש להחמיר, כיון שהוא מדאורייתא כמו בשבת, **אכן** לענין יו"ט שני שהוא דרבנן, אפשר שיש להקל לגבי חולי שאין בו סכנה, וצ"ע].

כתב באו"ה, אדם הנופל או הנגוף, ונצרר דם במקום נפילתו או נגיפתו, אין חשיב חולי הפנימי, ומאחר שאין מצטער כ"כ, ויכול להמתין למחר בלי סכנה, נראה דאסור להקיז דם שקורין קעפפ"ן, ובלשוננו באנקע"ס, אפילו ביו"ט שני של גליות, ואפילו ע"י עכו"ם, עכ"ל.

---

§ מסכת ביצה דף כב: §

אות א*[א]

אין אופין פת עבה... ובית הלל מתירין

סימן תקו ס"ה - [ב]**מותר לעשות ביום טוב פתין גדולים, ולא חיישינן שמתוך כך יבא לאפות יותר ממה שצריך** -

[ומיירי השו"ע, שזה הפת גדול צריך לו, אבן הו"א] הואיל ואין בה טורח כ"כ כמו שיש בפת קטן בעריכת כל אחד מהן, וע"כ הו"א שיש לחוש שיאפה יותר ממה שצריך, [תוס' ד"ה דנפישא, ושאר פוסקים], (ודלא כרש"י, **והיינו** באופן שאסור, וכגון בתנור גדול, או בכמה פעמים, **דבתנור** קטן ובפעם אחת, אפי' לאפות יותר ממה שצריך לית לן בה, מפני שהפת משתבח על ידי זה, וכדלקמן סי' תקז ס"ו.

וה"ה שמותר לו לאפות חררין דקים מאד, אע"ג דטרח הרבה בעריכת ובלישת כל אחת ואחת, [רש"י פסחים ל"ז ע"א].

אות א'

מכבדין בית המטות, ומניחין את המוגמר ביום טוב, ועושין גדי מקולס בלילי פסחים, וחכמים אוסרין

סימן שלז ס"ב - [ג]**אסור לכבד הבית** - דמזיז עפר ממקומו, [ואינו מבואר אם הכוונה משום טלטול עפר שאין מן המוכן, או משום עשיית גומא ע"י החפירה, ויראה דתרוויהו איתנהו] **גם** משוה הגומות בכיבודו, שמתמלאין הגומות שבבית מהעפר, והוי בנין, **ואע"ג** דאינו מתכוין לאשויי גומות, אפ"ה אסור דפסיק רישא הוא, [רש"י דף קכ"ד: ד"ה של תמרה], **ויש** אומרים דחיישינן שמא מתוך טרדתו לכבד וליפות הקרקע, ישכח וישוה הגומות במתכוין. (**והאיסור בזה הוא משום שבות** {ברייתא שם בדף צ"ה}, **ואי מכוין בזה לאשויי גומות, משמע בתוס'** ‹ד"ה המכבד› **דיש בזה חיוב חטאת**), [**וגם** לרש"י אינו אלא משום שבות, אפילו באינו רצוף, דהא בברייתא כיבוד דומיא דריבוץ קתני, ובריבוץ משמע פשטיות הסוגיא דמיירי באינו רצוף, וגם בזה אינו רק משום שבות, וטעם הדבר אפשר, דהוא סובר כדעת הרמב"ן, (**דהוא רק בנין כלאחר יד, כל זמן שלא נעשה בידים ממש**).

אלא אם כן הקרקע מרוצף - בין באבנים ובין בקרשים.

[ד]**ויש מתירין אפי' אינו מרוצף** - דס"ל דגם בזה אינו ודאי שישוה גומות, ולא גרע מריבוץ דשרי בס"א, **וגם** למזיז עפר ממקומו ג"כ לא חייש, שכשאדם מכבד את הבית אינו מכבד אלא עפר תיחוח, ובזה ליכא משום חופר גומא, [**ולאיסור** מוקצה של טלטול עפר ג"כ לא חייש, דהו"ל טלטול מן הצד ע"י דבר אחר לצורך שבת].

הגה: ויש מחמירין אפי' במרוצף (טור בשם ר"י ומרדכי ורבינו ירוחם וסמ"ג ומס"ק וסה"ת) - בין באבנים ובין בקרשים, **וכן נוהגין ואין לשנות** - דס"ל דבאין מרוצף הוי פ"ר, וגזרינן מרוצף אטו אינו מרוצף.

(**והנה אם כל בתי העיר או עכ"פ רובם מרוצפים באבנים או בלבנים, וכ"ש אם הם מכוסים בקרשים, אפשר דמותר לכבד, דלא גזרו על רובה מפני מיעוטה, ולא על עיר זו מפני עיר אחרת, אולם יש עוד סברא אחרת בסה"ת שם, דבין הרובדים, היינו בין השורות שבין אבן לאבן, יש חשש דאשויי גומות אף במרוצפין, ולפי"ז כשבתי העיר כולם או רובם מרוצפים בקרשים, אין להחמיר במרוצפים, ובפרט אם נתכבד מע"ש, יש לצרף לזה ג"כ סברת הראב"ד המובא בב"י, דס"ל דאפילו באינו מרוצף לאו פ"ר הוא**).

מיהו ע"י עכו"ם מותר (רבינו ירוחם) - היינו אפילו בשאינו מרוצף, דהא הוא אינו מתכוין רק לכבד הבית, **ואף** דהוא פ"ר לענין הגומות, מותר ע"י א"י, דבאמירה לא"י לא קפדינן כולי האי.

באר הגולה

יט **מהא דאמימר שם כ"ב** ‹ומפרש טעמא בגמרא, משום דס"ל כמ"ד שתי קדושות הן, ופשיטא דלית הלכתא כוותיה {בר"ה}, דהא קיי"ל כמ"ד קדושה א' הן, וכתבו הרי"ף והרא"ש, דמ"מ גמרינן מהא דאמימר, דשרי למיכחל ביו"ט שני של גליות - ב"י› א ‹ע"פ מהדורת נהרדעא› ב **ברייתא ביצה כ"ב וכב"ה** ג **טור בשם הרמב"ם** ד **שם בשם בה"ג, וכ"כ התוס' בדף צ"ה בשמו, וכן פסק הרי"ף בפרק כל הכלים, וכתב הר"ן שכתב בתשובה, דהא דתנן בפרק ב' דביצה דחכמים אוסרים לכבד בין המטות, ר' יהודה היא ולא קימ"ל כוותיה**

וכן ע"י בגד או מטלית או כנף אווז הקלים ואינו משוה גומות (אגור) - ר"ל דכיון שהם קלים, אינו נוטל בהם רק האבק שלמעלה, ולא אתי לאשויי גומות, וע"כ מותר אפילו אינו מרוצף, **ומוכח** מזה, שאם רוצה לכבד בהם היטב את כל העפרוריות הנמצאות בארץ, שאסור.

ואפילו יש בבית קליפי אגוזים וכיוצא בהם מדברים האסורים בטלטול, אפ"ה מותר לכבד, דהו"ל לדידיה כגרף של רעי.

(המ"א הביא בשם רש"ל, שמחמיר בכנף אווז, וסברתו, דע"י זה יכול ג"כ לבוא לאשויי גומות כמו ע"י שאר מכבדת, **ובבאור הגר"א** משמע עוד שמפקפק על כל ההיתר זה אפילו ע"י בגד, שכתב דמדברי רש"י משמע דאסור, ומ"מ מסתברא דבמרוצף יש להקל בכל זה, דבלא"ה הרבה פוסקים מקילין במרוצף אפילו במכבדת ממש, **ואף** בשאינו מרוצף מי שנוהג להקל כוותיה דהרמ"א בודאי אין למחות בידו, דנוכל לצרף בזה דעת הראשונים שסוברין דכיבוד אינו פ"ר).

כתב בספר כלכלת שבת, דה"ה במה שקורין בארש"ט הרכים, דינו ג"כ ככנף אווז, (**ובאמת** עיקר ההיתר דבגד או כנף אווז ג"כ אינו היתר ברור, דכמה פוסקים פקפקו ע"ז, **וע"כ** נלענ"ד דאין להתיר אלא באותו שפרט הרמ"א, ומשום דהוי שינוי גדול ג"כ, שאין דרכו לכבד בזה בחול, משא"כ בבארש"ט שדרכו לכבד בזה בימות החול ג"כ, והוי זילותא דשבת, **אך** אם הבית היה מרוצף יש לסמוך ע"ז, דכמה ראשונים סוברין דאפילו במכבדת ממש מותר לכבד במרוצף).

ואסור לכבד הבגדים ע"י מכבדות העשויים מקסמים, שלא ישתברו קסמיהם (הגהות אלפסי) - היינו אפילו באופן שמצד הכיבוד בעצמם אין בהם איסור, כגון בבגד ישן שאין מקפיד עליו וכדומה, וכמבואר לעיל בסי' ש"ב ס"א בהג"ה, **ולפי"ז** ה"ה שאסור בהם לכבד את השלחן, אע"פ שכיבוד השלחן מותר מצד עצמו.

וה"ה שאסור לכבד הבית, אפילו במרוצף למאן דשרי, במכבדות העשויות מענפי אילן יבשים שאינם נכפפים, דבודאי נשברים כשמכבדין בהם, [**ולעיל** איירי רק במכבדת של תמרה, שהם נכפפים ואינם משתברין].

וטעם כ"ז, דהוי כמו סותר כלי, **ואף** שמקלקל פטור, מ"מ אסור לכתחלה, [**אף** שהוא ג"כ פ"ר דלא ניחא ליה].

(**ויש** שמפקפקין בזה, דלאו פסיק רישא הוא, ומ"מ נראה שאין כדאי להקל בזה, דמחזי כעובדא דחול וכמזלזל באיסור שבת).

(**היוצא** מכל זה, דאם כל בתי העיר או עכ"פ רובם מרוצפים בקרשים, ובפרט אם נתכבד הבית ג"כ מע"ש, ורוצה עתה לכבד הבית בענפי תמרה הרכים, או במה שאנו קורין בארש"ט, בודאי אין להחמיר, **ובענפי** האילן שבזמנינו, אין ההיתר ברור כ"כ, משום חשש שבירת הקיסמים וכמש"כ הרמ"א, ומ"מ מי שמיקל בזה אין למחות בידו, דכמה אחרונים מפקפקין ע"ז וכנ"ל).

(**מותר** לו לנפח בפיו את האבק והעפר, **ונראה** דאפילו באינה מרוצפת, משום דלאו פ"ר הוא לאשויי גומות, **ואפשר** עוד, **דאפילו** לנפח בכלי באויר ג"כ שרי).

סימן [ה]**תקכ ס"א - לכבד הבית, כדינו בשבת כך דינו ביום טוב. (ועיין לעיל סי' של"ז)** - שם מבואר הדין אם הקרקע היה מרוצף, ושאר פרטים.

סימן תקיא ס"ד - [ו]אין עושין מוגמר - דהוא דבר שאינו שוה לכל נפש, אלא למעונגים, ולא הותר ביום טוב, **דהיינו לפזר מיני בשמים על הגחלים** - של עץ, אפי' אם הובערו לצורך אוכל נפש, דיש בזה משום מכבה הגחלים בתחלת נתינתן, ומבעיר, שמבעיר הבשמים, [גמ'], וכ"ש אם הבעיר הגחלים בשביל זה, **ואף** בגחלת של חרס, פי' חרס שניסק לצלות עליו בשר, משמע בש"ס דאסור, [משום אולודי ריחא, שם גבי עישון, למ"ד דאינו שוה לכל נפש אף בחרס אסור, {והעתק מזה דין דרמ"א (להלן בסעיף, ונמצא בדף כ"ג. אות א'), דאסור לסחוף משום אולודי ריחא}, וה"ה במוגמר, דכן קימ"ל בו דאינו שוה לכל נפש].

[**והנה** על גבי גחלים של מתכת, משום מכבה ליכא בזה, וגם משום מבעיר, הלא הוא על ידי שינוי, וכדפירש רש"י כ"ג. ד"ה מותר {**וגם** לפי' התוס' שם וכן לדעת הרמב"ם לא חשש משום מבעיר, דהותרה שלא לצורך לגמרי, וכמש"כ הלח"מ שם, אך סוגיא דכתובות דף ז' וכן בעניננו סותר הכל לכלל זה, דמשמע בהדיא גם גבי מוגמר איסורו משום מבעיר, ע"ש בגמרא}, [ז]**ואולודי** ריחא לא ידעינן אי שייך במתכות, וא"כ לפי"ז על גבי גחלים של מתכות מותר לפזר בשמים להריח, וכמו שמתיר רב יהודה על גבי חרס, {לדעתו שאין איסור אולידי ריחא, א"כ גם לדידן דיש איסור להוליד ריח, מ"מ במתכות דלא שייך ריח, צריך להיות מותרת, דמימרא שלו שייך גם לענין להריח, וכמו שכתב המהרש"א שם. **אכן** מצאתי בחידושי הרא"ה דקולא דרב יהודה לא הוי כי אם לגבי עישון פירות ולא לענין להריח, ע"ש טעמו, {דרק לעשן מותר, כיון דנראה קצת כאוכל נפש}, וא"כ בעניננו גם על גבי גחלי מתכות אסור, וצ"ע].

סימן תעו ס"א - ובכל מקום אסור לאכול שה - בין שה כשבים או שה עזים, **צלוי כולו כאחד** - דהיינו ראשו על כרעיו ועל קרבו כמו בפסח, **בלילה זה, מפני שנראה כאוכל קדשים בחוץ.**

ואם היה מחותך, או שחסר ממנו אבר - ר"ל שצלה אותו כשהוא מחותך, או אפי' כשהוא מחובר, אלא שנחתך ממנו אבר א' קודם הצליה, ובשעת צליה הניחו אצלו וצלאו ביחד, **או שלק בו אבר והוא מחובר** - ר"ל ואח"כ צלהו כולו כאחד, **הרי זה מותר במקום שנהגו** - הואיל ואינו דומה לצליית הפסח.

באר הגולה

ה (תוקן ע"פ מהדורת נהרדעא) | ו משנה שם כ"ב וכחכמים | ז (ועיין ברש"י ד"ה בשרא, דיש מוליד ריחא בפחמין)

אות ב' - ג'

מחלוקת להריח, אבל לגמר, אסור לעשן... מותר

סימן תקיא ס"ד - [ח]אין עושין מוגמר... בין להריח ובין לגמר הבית או הכלים - דוקא כשעושה זה ביו"ט, אבל מותר ליקח מעיו"ט כלי של ברזל מלא נקבים, ומעשנין אותה בבשמים ופוקקין הנקבים, ולמחר פותחין הנקבים ונמצא הבית מתגמר מאליו, ושרי לעשות כן אפילו בשבת, גמרא.

[ט]אבל אם עושה כדי ליתן ריח טוב בפירות למתקן לאכילה, מותר אפילו אם מפזרן על גבי [י]גחלת של עץ - אף דיש בזה משום מכבה ומבעיר כנ"ל, שרי, דדבר זה שוה לכל נפש הוא, דאף עניים מתאוין למתק אכילתן, אלא שאינו מצוי להם, [לבוש וט"ז וא"ר בשם רש"י ורז"ה ושאר פוסקים], **ואפילו** טובים כך, אלא שרוצה למתקן יותר, שרי, [דלפיכך פליגי בה אמוראי בש"ס, דיש שסוברין שאינו שוה לכל נפש דתפנוקי יתירא הוא, ואילו אינו שוה לאכילה בלא זה, שוה לכל נפש הוא לכו"ע].

ואף דבחרדל בסימן תק"י אסור בכה"ג, התם משום דאפשר מבע"י, שכן דרכו.

ודע דיש מן הפוסקים שסוברין, דדוקא אם הגחלים הובערו מכבר לצורך אוכל נפש לקדרה וכה"ג, **אבל** אסור להבעיר עצים לכתחלה כדי לפזר מיני בשמים תחת הפירות ע"ג גחלתן, [רמב"ן ור"ן לדעת גירסת הרי"ף], **אבל** הרב אלפסי ז"ל סובר, דבבשרא אגומרי ליכא כבוי, שהוא גורס [שבת קל"ד] ת"ר אין מסננים את החרדל במסננת שלו, ואין ממתיקים אותו בגחלת, והתניא ממתיקין אותו בגחלת, לא קשיא כאן בגחלת של מתכת כאן בגחלת של עץ, א"ל אביי לרב יוסף מאי שנא מבישרא אגומרי, התם ליכא כבוי, {דס"ל דבשרא אגומרי לא מיקרי אוכל נפש כיון דאפשר לצלותו בשפוד, ואפ"ה מותר, דלא עבד מלאכה כלל}, **ולדבריו** ז"ל ה"ק, אע"פ שאין זו צורך אוכל נפש ממש, מותר להניח לבונה ע"ג אש הדולק לקדרה, לפי שאין כאן כבוי, שסופו מבעיר, וכיון שכבוי אין כאן הבערה אין כאן, ומשום אולודי ריחא נמי המוזכר בגמרא לא מיתסרא, כיון שאינו מכוין להריח אלא להכשיר אוכלין - ר"ן. {**ולכאורה** משמע דס"ל דפ"ר בדרבנן מותר, הילכך כי לא מכוין להריח שרי - יביע אומר}, {**ולפי"ז** תחלת ההבערה ע"כ לא היה לצורך עישון פירות, כי אם לצורך בישול - מחה"ש}.

באר הגולה

ח משנה שם כ"ב וכחכמים | ט שם בגמרא וכשמואל | י שם כ"ג וכרבא

§ מסכת ביצה דף כג. §

אות א'* [א]

תוס' ד"ה על: מהו לאדלוקי נר של בטלה ביום טוב... ומכאן יש ליזהר מלעשות הבערה שלא לצורך

סימן תקיד ס"ה - [ב]נר של בטלה, דהיינו שאינו צריך לו, אסור להדליקו - ולא מיבעי אם אין לו בהבערתו צורך כלל דאסור, ולכמה פוסקים איכא בזה חיוב מלקות, (וכגון שאינם רוצים לעמוד בלא נר אפילו בשעה שהם ישנים, דאין זה צורך יו"ט כלל), **אלא** אפילו עושה זה לאיזה צורך, כגון להראות עשרו ופזרונותיו, כיון שאין מתכוין בזה לצורך יו"ט, או לצורך גופו כלל, אסור, **אכן** אם עושה זה לכבוד יו"ט, פשוט דמותר וגם מצוה איכא, ואע"ג שכבר הדליק נרות של ברכה, כשמוסיף נרות להרבות אור בביתו איכא שמחת יו"ט, **ודוקא** בלילה, אבל ביום בודאי אסור בביתו, **ואם** יש ברית מילה בבית, שנוהגין להדליק נרות, מסתברא דמותר, דכל זה כבוד וחיבוב מצוה הוא.

(מיהו בני אדם שהם מפחדים לישן אם אין נר דלוק, מסתברא דמותר, דהוי בכלל צורך גופו).

[ג]אבל של בית הכנסת לא חשיב של בטלה - ולא מיבעי בלילה, שהרי יש כאן צורך מצות היום, שאם אין נרות דולקים לא יתאספו שם העם להתפלל, **אלא** אפילו ביום נמי מותר, שהוא כבוד המקום, כמו שנאמר: כבדו ה' באורים.

[ד]ומותר להדליקו אפי' ביו"ט שני אחר מנחה - וכ"ש קודם מנחה דמותר, שהוא ג"כ לכבוד התפלה, **ואין בזה משום מכין לחול, שהרי בהדלקתו יש מצוה לאותה שעה** - ר"ל אפילו א"צ להאור, שעוד היום גדול, אפ"ה איכא מצוה להדליק משום כבוד בית הכנסת, **ואם** הוא כבר סמוך לחשיכה, אפי' בביתו שרי להדליק, דהרי צריך הוא לו באותה שעה.

ומשמע אפילו אין שם אדם בביהכ"נ שרי מהאי טעמא, (**ובאמת** אף שכן מוכח לכאורה מברכות נ"ג, דהיכא דליכא חזנא הוא משום כבוד, מ"מ אינו מוכח משם אלא דבלילה היו דולקין נר בביהכ"נ משום כבוד, אבל ביום ושלא בשעת תפלה, וגם בשעה שכבר הלכו כל הקהל לביתם, לא מצינו שהוא כבוד להדליק, **ובאמת** מבואר בעבוה"ק להרשב"א, שחוכך בעיקר דין נר של ביהכ"נ ביום ואפילו בשעת תפלה, מכש"כ שלא בשעת תפלה וגם אין שום אדם שם, לא ידענא אם יש להקל, וצ"ע).

(ונר של יא"ר ציי"ט, אם לא הדליקו בערב יו"ט, ידליקנו עכ"פ בחדר שאוכלין בו, דמוסיף אורה בחדר, ויותר טוב שידליקנו בביהכ"נ, ויצא מחשש נר של בטלה, **ובשעת** הדחק אפשר דיש להתיר בכל גווני, דהוי כעין נר של מצוה, שהוא לכבוד אבותיו).

[ה]ולתקן הפתילות והעששיות ביו"ט אחר מנחה, אם רוצה להדליק בו ביום, מותר; ואם לאו, אסור - ואפילו להעמיד נרות של שעוה לצורך הלילה אסור, דגם טרחא בעלמא אסור משום הכנה, ואפילו מיו"ט ראשון לשני.

(**ובבה"ט** מצדד למצוא זכות, על מה שנהגו בזמנו להדליק נר ע"י עכו"ם בשבת אחר מנחה, כשחל יו"ט אחריו, וכבר צווחו ע"ז כמה אחרונים, **ובעיקר** הדבר אינו מובן לאיזה צורך נכנסו הנוהגים בפרצה דחוקה, להתיר לדלוק בשבת לצורך יו"ט, שביו"ט מותר בעצמו להדליק, **ואי** משום שבבין השמשות יהיה אור בביהכ"נ, כדי שיכנסו ליו"ט בשמחה, א"כ הלא יותר טוב שיאמרו לעכו"ם להדליק בין השמשות, דשרי עכ"פ לקצת פוסקים במקום מצוה, **אלא** דבאמת דגם בזה קשה להקל, דמאי מצוה איכא הכא).

אות א'

סחופי כסא אשיראי ביומא טבא אסור, מאי טעמא, משום דקמוליד ריחא

סימן תקיא ס"ד - הגה: ואסור לסחוף כוס מבוסם על הבגדים, משום דמוליד בהן ריחא (המגיד והגהות אשר"י) - ואסור מדרבנן, שהמוליד דבר חדש קרוב הוא לעושה מלאכה חדשה, [רש"י]. **ואפילו** בגד שמריח כבר, אין ליתן עליו כדי שיריח יותר, **ומ"מ** אתרוג שהיה מונח מעיו"ט על הבגד, ונטלו ממנו, מותר להחזירו, דאינו מריח יותר בשביל כך, **וה"ה** דאסור ליתן ביו"ט דבר המריח לתוך המים כדי שיריחו.

(ולענין שתיית טיטו"ן ביו"ט, יש דעות בפוסקים והובאו באחרונים, יש מהן שאוסרין, משום דהבערה זו אינו שוה בכל נפש כמו מוגמר, **וגם** דמצוי בו כיבוי, כשמדליק ע"י נייר או גחלת ומשליכם כדרכו בחול, **והרבה** מקילין, ועיקר טעם כולם, משום דעכשיו שהרבה רגילין בזה, נעשה שוה בכל נפש, ורק שצריך ליזהר מכיבוי, דהיינו שלא להבעיר מנייר, ורק משלהבת, וגם מגחלת מותר, דהיינו לקחת גחלת בוערת, ומיד שהדליק הטיטו"ן ישליכנו בחזרה על האש, בענין שלא יהיה כיבוי כלל, וגם שלא לכסות במכסה {דעקעל} שאינו מנוקב, ושלא להרבות עוד טיטו"ן בעוד שהתחתון בוער, **וגם** בציגארין רגילין בחול להסיר הנשרף באצבע, או לדוחפו בקיר, יש ליזהר בזה ביו"ט, דיש בו משום כיבוי, **עוד** כתב בשע"ת, דיש שנהגו להחמיר ביו"ט ראשון, ובשני י"ט של ר"ה, ולהקל ביו"ט שני, וכן נוהגין לעשות, ומ"מ הנוהגין להקל אף ביו"ט ראשון אין למחות בידן, ורק שיזהרו בענין כיבוי וכנ"ל, וכ"ז דוקא באותן מקומות שהעולם רגילין בזה, והוא דבר השוה בכל נפש, דאל"ה מדינא אסור).

באר הגולה

[א] ‹ע"פ הב"י והבאר הגולה› [ב] ירושלמי בפ"ה דביצה וכרבי יוחנן וכתבו התוס' והרא"ש סוף פרק ב' דביצה [ג] הרא"ש [ד] טור בשם תשובת אביו וכמו שמפרש הב"י [ה] תשו' הרשב"א וכמו שמפרש הב"י

על גבי חרס מותר ורבה אמר על גבי חרס נמי אסור משום דקא מוליד ריחא רבה ורב יוסף דאמרי תרוייהו *סחופי כסא אשיראי ביומא טבא אסור מ"ט משום דקמוליד ריחא ומ"ש ממוללו ומריח בו וקוטמו ומריח בו התם ריחא מיהא איתא ואוסופי הוא דקא מוסיף ריחא הכא אולודי הוא דקמוליד ריחא רבא אמר ׳על גבי גחלת נמי מותר מידי דהוה אבשרא אגומרי דרש רב גביהא מבי כתיל אפתחא דבי ריש גלותא קטורא שרי א"ל אמימר מאי קטורא אי *קטורא בידי מעשה אומן הוא ואי לעשן אסור דהא קא מכבה אמר ליה רב אשי לעולם לעשן *מידי דהוה אבשרא אגומרי איכא דאמרי א"ל אמימר מאי קטורא אי קטורא בידי ׳מעשה אומן הוא אי לעשן אסור דקא מוליד ריחא אמר רב אשי אנא אמריתה נהליה ומשמיה דגברא רבה אמריתה נהליה לעולם לעשן ומידי דהוה אבשרא אגומרי: ועושין גדי מקולס: תניא רבי יוסי אומר *תודוס איש רומי הנהיג את בני רומי לאכול גדי מקולס בלילי פסחים שלחו ליה אלמלא תודוס אתה גזרנו עליך נדוי שאתה מאכיל את בני ישראל קדשים בחוץ קדשים סלקא דעתך אלא אימא כעין קדשים: **מתני׳** *שלשה דברים רבי אלעזר בן עזריה מתיר וחכמים אוסרים *פרתו יוצאה ברצועה שבין קרניה ׳ומקרדין את הבהמה ביו"ט ׳ושוחקין את הפלפלין ברחים שלהן *רבי יהודה אומר אין מקרדין את הבהמה ביום טוב מפני שעושה חבורה °אבל מקרצפין וחכמים אומרים אין מקרדין אף לא מקרצפין: **גמ׳** *למימרא דר׳ אלעזר בן עזריה חדא פרה הויא ליה והאמר רב ואמרי לה אמר רב יהודה אמר רב תליסר אלפי עגלי הוה מעשר רבי אלעזר בן עזריה מעדריה כל שתא ושתא תנא לא שלו היתה אלא של שכנתו היתה ומתוך שלא מיחה בה נקראת על שמו: ומקרדין את הבהמה ביו"ט: תנו רבנן *איזהו קרוד ואיזהו קרצוף קרוד קטנים ועושין חבורה קרצוף גדולים ואין עושין חבורה *וג׳ מחלוקות בדבר רבי יהודה סבר *דבר שאינו מתכוין אסור מיהו קרוד קטנים ועושין חבורה קרצוף גדולים ואין עושין חבורה ולא גזרינן קרצוף אטו קרוד ורבנן סברי נמי כר׳ יהודה דבר שאינו מתכוין אסור וגזרינן קרצוף אטו קרוד ור׳ אלעזר בן עזריה סבר לה כר׳ שמעון דאמר *דבר שאינו מתכוין מותר ובין קרוד ובין קרצוף שרי אמר רבא אמר רב נחמן אמר שמואל ואמרי לה אמר רב נחמן לחודיה ׳הלכה כר׳ שמעון שהרי רבי אלעזר בן עזריה מודה לו אמר ליה רבא לרב נחמן ולימא מר הלכה כר׳ יהודה שהרי חכמים מודים לו א"ל אנא כר׳ שמעון ס"ל ועוד שהרי רבי אלעזר בן עזריה מודה לו: מתני׳

רש"י

על גבי חרס · שהסיקו: **מותר** · דכבוי ליכא והבערה נמי ע"ג שיטוי היא כלאחר יד וליכא איסורא דאורייתא: **דקמוליד ריחא** · שנכנס בחרס שלא היה בו ריח ואסור מדרבנן שהמוליד דבר חדש קרוב הוא לעושה מלאכה חדשה: **סחופי כסא אשיראי** · לכפות כוס מבושם על השיראים של מלבוש להכניס בהן ריח הבושם שבכוס: **אסור** · דקא מוליד ריח בשיראים: **מאי שנא ממוללו ומריח בו** · דתניא (*במשילין) גבי עלי בשמים מוללו בין אצבעותיו כדי להוציא ריחו או קוטמו שיהא מקום הקטימה לח ונותן ריח ובתלושין קמיירי: **רבא אמר על גבי גחלת נמי מותר** · כשמואל דאוכל נפש הוא עשון פירות זה ושוה לכל נפש ולאו משום כבוי והבערה ואולודי ריחא מידי דהוה אבשרא אגומרי דאוכלא כל הכי ושרי: **קטורא שרי** · בן דרש להם ולא פירש דבריו: **אי קטורא בידי** · שעושין לבתי שוקים ולבתי ידים של חלוקי הנשים שמקמטין אותן על עץ חלק או על אגודה של קשים וקורין לופרונציי"ר מעשה אומן הוא ואסור וקטורא לשון קשר: **ואי קטורא** · לשון קטור הכבשן דהייני לעשן: **אסור משום דמוליד ריח** · והיכי דריש דשרי: **כבשרא אגומרי** · מוליד נמי ריח בפחמין: **אלמלא תודוס אתה** · חכם גדול ונכבד: **קדשים סלקא דעתך** · מאי קרוב להאכיל קדשים היכא היאך יכולין להיות קדשים ואין אדם מקדישן: **אימא כעין קדשים** · והכי שלחו ליה שאתה מאכיל את ישראל כעין קדשים והרואה אומר הוקדשו לפסח: **מתני׳ פרתו יוצאה** · בשבת: **ברצועה שבין קרניה** · לנוי ואמור רבנן משאוי הוא ואינו תכשיט לה: **ומקרדין** · אשטרליי"ר במגרדת של ברזל שפיה דקות ואע"ג דעביד חבורה: **ברחים שלהן** · כעין אותם שלנו: **מקרצפין** · במגררת של עץ שפיה גסות ואין עושה חבורה: **גמ׳ במאי קא מיפלגי** · כולה לישנא לא גרסי׳ וה"ג ושלש מחלוקות בדבר ר׳ יהודה סבר דבר שאין מתכוין אסור מיהו קרוד קטנים ועושין חבורה קרצוף גדולי׳ ואין עושין חבורה ולא גזרינן קרצוף אטו קרוד ורבנן סברי לה כרבי יהודה דאמר דבר שאינו מתכוין אסור וגזרינן קרצוף אטו קרוד ור׳ אלעזר בן עזריה סבר דבר שאין מתכוין מותר ופירש ר׳ יהודה סבר חבורה אע"פ שאין מתכוין לה אסור מיהו הך חששא בקרוד איתא הלכך אין מקרדין אבל בקרצוף ליכא למיחש משום חבורה: **ורבנן סברי נמי כר׳ יהודה דדבר שאין מתכוין אסור** · ואין מקרדין ומחמירי מיניה דגזרי קרצוף אטו קרוד: **ור׳ אלעזר סבר** · הואיל ואין מתכוין לחבורה אף על גב דזמנין דמתרמי שרי הלכך אפי׳ קרוד שרי: **הלכה כר׳ שמעון** · דאמר (שבת כב. מו:) גורר אדם מטה כסא וספסל דדבר שאינו מתכוין מותר: מתני׳

תוספות

על גבי חרס מותר · פי׳ רש"י משום שאין כאן כבוי ואי משום הבערה הוי הבערה כלאחר יד ושרי לעשותה ביום טוב והר"ר יצחק פירש דשפיר הוי הבערה כדרכה ומ"מ שריא דקסבר דהבערה שלא לצורך שרי לעשותה ביום טוב וכן משמע בירושלמי [דמשילין] מהו לאדלוקי נר של בטלה ביום טוב ר׳ יוסי אסר ורבנן שרו והטעם מאן דאסר סבר דהבערה לחלק יצאת והוי מלאכה ואסור לעשותה בי"ט ומאן דשרי סבר דללאו יצאת (א) והבערה שלא לצורך מותר לעשותה בי"ט ולא הוי אב מלאכה ומיהו התם קאמר לא תאסור ולא תשרי ומכאן יש ליזהר מלעשות הבערה שלא לצורך כדקאמרינן בירושלמי לא תאסור ולא תשרי ומכל מקום על גבי גחלת אסור לפי שיש כבוי עם הבערה דלכולי עלמא האי לא שרי הואיל דאין זה דבר השוה לכל נפש ואפי׳ למאן דשרי הבערה שלא לצורך כלל בירושלמי הייני לפי שישנו פעמים לצורך אוכל נפש אבל כבוי דלעולם אינו לצורך תקון אוכל נפש ודאי אסור לכולי עלמא בי"ט ורבא דשרי אף על גבי גחלת הייני משום דחשיב ליה דבר השוה לכל נפש דאז היו עשירים צריכין הן לכך:

תליסר אלפי עגלי הוה מעשר רבי אלעזר בן עזריה וכו׳ · ותימה והא ר׳ אלעזר בן עזריה היה אחר חורבן הבית טובא דהא רבן גמליאל היה נשיא קודם ר׳ אלעזר בן עזריה ורבן גמליאל היה לאחר חורבן הבית דהא רבן יוחנן בן זכאי היה עושה תקנות מיד לאחר חורבן הבית משום דרבן גמליאל לא הגיעו ימיו להיות נשיא כדאמר משחרב בית המקדש התקין רבן יוחנן בן זכאי ואח"כ רבן גמליאל ואחר כך ר׳ אלעזר ור׳ אלעזר לא היה כי אם בן שמנה עשרה שנה כשהיה נשיא ונשיאותו לאחר חורבן ואמרינן בבכורות (דף נג·) דלאחר חורבן נתבטל כל מעשר בהמה ויש לומר דלא נתבטל לאלתר כי אם לאחר זמן אי נמי אפטרופוס של רבי אלעזר בן עזריה שהיה בימי הבית היה מעשר אי נמי לאו דוקא מעשר אלא שהיה נותן למלך בכל שנה העשירית*) :

ושלש מחלוקות בדבר מר סבר גזרינן קרצוף וכו׳ · פירש ר"י דהלכה כר׳ שמעון שמתיר ודוקא במגררת של עץ דאין עושה חבורה אבל במגררת שלנו שהן של ברזל כ"ע מודו דאסור דפסיק רישיה ולא ימות הוא שחולש שערות :

*) [וע"ע תוס׳ שבת נד: ד"ה כוס וכו׳ ומש"כ שם על הגליון]

עין משפט נר מצוה

צב א מיי׳ פ"ד מהל׳ יו"ט הל׳ ו טוש"ע א"ח סי׳ תקיא סעיף ד בהג"ה:

צג ב מיי׳ שם טוש"ע שם:

צד ג מיי׳ פ"ח מהל׳ יו"ט הל׳ יד טוש"ע א"ח סי׳ תקיט סעיף ה וסי׳ תקמא סעיף ג:

צה ד מיי׳ פ"ד מהלכות י"ט הלכה עז סמג לאוין עה טוש"ע א"ח סי׳ תקכג סעיף א:

צו ה מיי׳ שם פ"ג הל׳ יג טוש"ע א"ח סי׳ תקד סעיף א:

צז ו מיי׳ פ"א מהל׳ שבת הלכה ה סמג לאוין סה טוש"ע א"ח סי׳ שלו סעיף א:

רבינו חננאל

ר׳ ירמיה אמר ע"ג חרס מותר רבה ורב יוסף אמרי אפילו ע"ג חרס אסור משום דמוליד ריחא וכן סחופי כסא אשיראי ואקשינן עלייהו מ"ש מהדם דתניא מוללו ומריח בו קוטמו ומריח בו ופרקינן גבי הדס ריחא מיהא איתא ואוספי מוסיף עלה הכא מוליד ריחא · רבא אמר ע"ג גחלת לעשן פירות מותר מידידהוה אצליית בשר ע"ג גחלים שאע"פ שתחלתו מכבה וסופו מבעיר שרי. דרש בר גביהא קיטורא שרי ואמר אמימר אי קיטורא בידי מעשה אומן הוא ואסור אי לעשן פירות הא מוליד ריחא ואסור. ואסיקנא אמר רב אשי אנא אמריתה ניהליה לרב גביהא ומשמא דגברא רבא אמריתה ניהליה והוא רבא דאמר לעשן שרי מידי דהוה בישרא אגומרי. ומסקנא דשמעתא לגמר את הבית ר"ג מתיר וחכמים אוסרין וקי"ל כחכמים ולעשות מוגמר להריח ולגמר כלים לא איתפריש דשרי והלכתא בכולהי אסור בר מעישון הפירות שהוא מותר. ועושין גדי מקולס בלילי פסחים וחכמים אוסרין: ירושלמי תנא אי זהו גדי מקולס כולו צלי ראשו על כרעיו ועל קרבו מקצתו שלוק מקצתו צלי או מבושל אין זה גדי מקולס לילי י"ט של פסח עושין עגל מקולס לילי עצרת ולילי סכות עושין גדי מקולס תודוס איש רומי הנהיג את ישראל לאכול גדי מקולס לילי פסחים. שלחו לו חכמים אילולי לאו תודוס אתה גזרנו עליך נידוי: תוספתא שהיו קורין אותן פסחים ואמרו לו שמאכיל לישראל כעין קדשים בחוץ בר נידוי הוא: [מתני׳] ג׳ דברים ר׳ אלעזר בן עזריה מתיר חכמים אוסרין פרתו אפי׳ להמשך בה חכמים

מסורת הש"ס

[לקמן בהמביא דף לג:]

[מו"ק י:] ע"ש תוס׳ ד"ה קיטורי דגרסי בידי ברי"ש

[שבת קלד.]

פסחים נג. ברכות יט. [תוספתא פ"ב ע"ש]

[עדיות פ"ג מי"ב]

שבת נד:

[פסחים יא:]

שבת נד:

[פסחים יא: תוספ׳ פ"ב]

[עירובין עה. וש"נ]

[שבת מא: וש"נ]

[שם וש"נ]

הגהות הב"ח

(א) תוס׳ ד"ה על גבי וכו׳ ומאן דשרי סבר דללאו יצאת ולא הוי אב מלאכה והבערה שלא לצורך מותר לעשות ביום טוב ומיהו:

היתה יוצאה ברצועה שבין קרניה: ירושלמי רב ושמואל דאמרי תרוייהו אפי׳ להמשך בה חכמים אוסרין תנא ר׳ יונה בן פזי דברדליה אמרו לו או העבר רצועה מפתחך או עמוד מבינותינו אמר רב יוסי ב"ר בון שהיה מתריס כנגדן א"ר חנינא פעם אחת יצאת והשחירו שיניו מפני הצומות. תנא לא היתה שלו של שכנתו היתה וכי נענש אדם על שכינתו א"ר מירים ללמדך שכל מי שספק בידו למחות ולא מוחה קלקלה תלויה בו ומקרדין את הבהמה ביו"ט ת"ר איזהו קירוד כינים של בהמה כגון תולעים קטנים תפוסין בעור הבהמה שאי אפשר להסירם אלא בחבורה קרצוף גדולים ואין עושין חבורה וג׳ מחלוקות בדבר דהוא ר׳ אלעזר בן עזריה סבר דבר שאין מתכוין מותר וקירוד דעביד חבורה כיון דלא מתכוין הוא שרי ר"ש קרצוף דלא עביד חבורה ור׳ יהודה סבר דבר שאין מתכוין אסור כו׳ ורבנן אמרי אין מקרדין אף לא מקרצפין

גליון הש"ס מתני׳ אבל מקרצפין · עי׳ שבת דף נג ע"א תוס׳ ד"ה מהו ליתן ומו"ק דף י ע"ב תוס׳ ד"ה ואין מוגיין :

אות ב'

על גבי גחלת נמי מותר

סימן תקיא ס"ד - [ו]אבל אם עושה כדי ליתן ריח טוב בפירות למתקן לאכילה, מותר אפילו אם מפזרן על גבי [ז]גחלת של עץ - אף דיש בזה משום מכבה ומבעיר כנ"ל, שרי, דדבר זה שוה לכל נפש הוא, דאף עניים מתאוין למתק אכילתן, אלא שאינו מצוי להם, [לבוש וט"ז וא"ר בשם רש"י ורז"ה ושאר פוסקים], **ואפילו** טובים כך, אלא שרוצה למתקן יותר, שרי, [דלפיכך פליגי בה אמוראי בש"ס, דיש שסוברין שאינו שוה לכל נפש דתפנוקי יתירא הוא, ואילו אינו שוה לאכילה בלא זה, שוה לכל נפש הוא לכו"ע]. **ואף** דבחרדל בסימן תק"י אסור בכה"ג, התם משום דאפשר מבע"י, שכן דרכו.

[ח]**ודע** דיש מן הפוסקים שסוברין, דדוקא אם הגחלים הובערו מכבר לצורך אוכל נפש לקדרה וכה"ג, **אבל** אסור להבעיר עצים לכתחלה כדי לפזר מיני בשמים תחת הפירות ע"ג גחלתן.

אות ג'

אי קטורא בידי, מעשה אומן הוא

סימן תקיט ס"ה - [ט]קמטים שעושים הנשים בבתי זרועותיהן ובבתי שוקיהן, אסור לעשותן ביו"ט משום תיקון מנא - וה"ה דאסור לעשות קמטים בענק שבצואר, שקורין קאלנע"ר, בעצים המיוחדים לכך, **ואפי'** בחוה"מ אסור לעשות כל זה, כמבואר לקמן בסימן תקמ"א ס"ג.

סימן תקמא ס"ג - [י]אבל אין עושין קשרי בתי ידים, מפני שהוא מעשה אומן - היינו לקמט, שקורין קרונצלי"ן בלשון אשכנז, **ודוקא** כשהקמטין אינם מתפשטין כשלובשן, דכיון דהקמטים חזקים כ"כ, הו"ל מעשה אומן, ואסור אפילו לצורך המועד, **ולפי** זה אסור לקמט הענק שקורין קאלנע"ר בעצים המיוחדין לכך, דעי"ז נשאר מקומט אף כשלובשו.

אות ג'* [יא]

פרתו יוצאה ברצועה שבין קרניה

סימן תצה ס"ג - [יב]אין מוציאין משא על הבהמה ביו"ט - לפי דעת הג"ה לעיל סימן רמ"ו ס"ג, דאין אדם מצווה על שביתת בהמתו ‹ביו"ט›, צ"ל דהכא אינו אלא איסורא דרבנן בעלמא, שלא יעשה כדרך שהוא עושה בחול עם בהמתו, [או שלא ישתמש בבעלי חיים], ואפילו לצורך יו"ט, **ואפילו** ברשות אחד ממקום למקום, [דאין בזה לא משום שביתת בהמה, ולא משום מחמר], נמי אסור, **ולפי"ז** לשון "אין מוציאין" לאו דוקא.

ולעיל בסימן רמ"ו הבאנו דעת החולקים, דאדם מצווה על שביתת בהמתו ביו"ט כמו בשבת, וכ"ש כשהוא מחמר אחר בהמתו, [**ואע"ג** דגם אדם עצמו מותר להוציא ביו"ט כשיש בו צורך קצת, והכא בודאי יש בו צורך קצת, **התם** הטעם, משום דאמרינן מתוך שהותר הוצאה לצורך וכו', [יג]ובבהמה לא שייך זה, הגר"א], ‹**דאין** צורך המשאוי של בהמה לאוכל נפש, ואף אם עושה זאת לפעמים לצורך אוכל נפש, להביא על הבהמה הנצרך לאוכל נפש, הרי זה כמו שאר מלאכות כגון כתיבה וכיוצא, דאף אם עושה לצורך אוכל נפש חייב - ברכת אליהו›. **ולדעה** זו אתי שפיר כפשוטו, ואיסורא דאורייתא קאמר המחבר, [וכן משמע מהגר"א בביאורו], **ודע**, אם נאמר דיש שביתת בהמה ביו"ט, שייך בזה כל הדינים הנאמרים בענין זה לעיל בהל' שבת סימן ש"ה.

אות ד'

ומקרדין את הבהמה ביום טוב

סימן תקכג ס"א - [יד]מסירים זבובים הנתלים בבהמה - ר"ל ביד, או [טו]במגרדת של עץ שאינו מוכרח שיתלש שער עי"ז, משא"כ בשל ברזל וכדלקמיה, [כן מוכח בתוס' ד"ה ושלש. **ודוקא** בשער של בהמה ששערותיה גסות, משא"כ בשל אדם]. **אף ע"פ שהן עושין חבורה** - ר"ל שלפעמים נעשה חבורה עי"ז, כיון שהוא אינו מתכוין לזה.

באר הגולה

[ו] **שם בגמ' וכשמואל** [ז] **שם כ"ג וכרבא** [ח] ‹עיין לעיל דף כ"ב: אות ב'-ג' בהערה› [ט] **מהא דקטורי בידי שם כ"ג** [י] **מו"ק ח'** [יא] ‹ע"פ הגר"א, וז"ל: כמ"ש בספ"ב פרתו כו' ומקרדין כו' ביו"ט, משמע דביו"ט קאי אשניהם, ועוד דכל הג' דברים דפליגי ראב"ע וחכמים הכל ביו"ט, דלא כתיו"ט. ואמרו בירושלמי פ"ד די"ט, והביאו הרי"ף ורא"ש שם, אין רוכבין כו' ביו"ט (דף ל"ז) משום שביתת בהמתו, אלמא דמצווה ביו"ט, ובבהמה לא אמרינן מתוך, דלא שייך לצורך›. ‹**פרתו** של ראב"ע יוצאה וכו', פירש"י בשבת, נראה שהוכרח רש"י לפרש כן, משום דס"ל כדעת הרמב"ן, דשביתת בהמתו אינה נוהגת ביום טוב כלל - קובץ שעורים› [יב] **רמב"ם וסמ"ג** [יג] ‹ובשם הגרשז"א מובא, דאין כוונת הגר"א לאסור כאשר הבהמה נושאת משא לצורך האדם, דלא יתכן שלאדם עצמו מותר לשאת משא ולא יותר לו לעשות כן ע"י בהמתו, **אלא** כוונת הגר"א לאסור הוצאת משא לצורך הבהמה עצמה כדי להאכילה, היות ולא שייך בה דין "מתוך", מכיון שהוא עצמו אסור - משנה אחרונה› [יד] **משנה ביצה כ"ג וכרבי אלעזר בן עזריה דאמר מקרדין וכפי' רמב"ם וכן איתא בערוך** ‹מקרדין הבהמה ביום טוב וכו'. פלוגתא דתנאי בפרק ב' דביצה, ואיפסיקא בגמרא הלכה כרבי אלעזר בן עזריה, דשרי לקרד אע"פ שהוא עושה חבורה, משום דקיי"ל כרבי שמעון דאמר דבר שאין מתכוין מותר. **וכתבו** התוספות והרא"ש, תימה, דלא מדכר הכא אלא איסור חבורה, ואנו רואים כשמגרדין סוסים במגרדת של ברזל, שתולשין מן השער, והוי כפסיק רישיה, כההיא דתנן נזיר חופף ומפספס אבל לא סורק, **וצריך** לומר שלא היה עשוי כעין שלנו, ולא היה תולש את השער, אבל שלנו ודאי אסור, עכ"ל הרא"ש. **וכתב** רבינו ירוחם, שיש מי שכתב דאפילו בשלנו מותר אע"פ שמשיר שער, מאחר שאינו נהנה לא הוי פסיק רישיה, ולא דמי לסורק שער שהוא נהנה, ע"כ. **וכבר** נתבאר בסימן ש"ג סברא זו ודברי החולקים עליה. **והרמב"ם** כתב, מסירין זבובים הנתלים בבהמה אע"פ שהן עושין חבורה. **וכתב** הרב המגיד, זהו פי' מקרדין את הבהמה, ואמרו סוף פרק ב' דביצה, דהלכה כתנא קמא דשרי אפילו בקטנים שעושים חבורה, דדבר שאין מתכוין מותר, ופירושו: מסירין הזבובים בכלים קטנים וחדים שלפעמים עושים חבורה, עכ"ל. **והנה** הרב המגיד רצה לפרש על פי שיטת המפרשים, דגדולים וקטנים שאמרו בגמרא קאי אשיני המגרדת, ואין הדבר כן, דהרמב"ם סובר דלא נזכר דין מגרדת כלל, **ומה** שאמרו בגמרא דקירוד הוי קטנים וקרצוף הוי גדולים, אזבובים הנתלים קאי, דכשהם קטנים כשעוקרין אותם ביד או בכלי, מיקרי קירוד, וכשהן גדולים מיקרי קרצוף, וכשעוקרין הקטנים נעשית חבורה לפעמים, אבל כשעוקרין הגדולים אין נעשית חבורה, וגם הערוך הזכיר פירוש זה. **ולפירוש** זה ניחא שאין אנו צריכין לחלק בין מגרדות שלנו ולמגרדות שלהם, דלא הזכירו חכמים דין מגרדת כלל, דפשיטא להו דבכל גווני אסור, מפני שתולש שער והוי פסיק רישיה, ולדברי הסוברים דפסיק רישיה שאינו נהנה שרי, פשוט להו דכל שאינו עושה חבורה אף על פי שתולש שער, שרי - ב"י› [טו] ‹הגם דבסוגיא מבואר דגם מגרדת של ברזל מותרת, זהו אליבא דפירוש רש"י, משא"כ להרמב"ם, וכב"י הנ"ל, וצריך להיות דוקא של עץ משום תלישת שער, כמ"ש בתוס'›

(**ואף** דהלכה כר' יוסי הגלילי ‹כ"א: לכם ולא לכלבים› **דאין לטרוח בשביל** בהמה, נראה דהטעם הוא משום דהוי צער בע"ח ע"י זבובים הנושכים אותם).

[טז]סימן תקכג ס"ב - [יז]אין מגרדין בהמה במגרדת - של ברזל **ביו"ט, מפני שמשרת שער** - שבודאי יתלש שער עי"ז, (וגם בודאי יעשה חבורה עי"ז), **ואף** שאינו מכוין לזה, וגם לא ניחא ליה בתלישת השער, קי"ל דהיכא דהוי פס"ר, אף דלא ניחא ליה, אסור.

[יח]סימן תקכג ס"ג - [יט]אין מילדין בהמה ביו"ט - דהיינו למשוך הולד מן הרחם, דאיכא טרחא יתירא.

אבל מסעדין אותה, שאוחז בולד שלא יפול לארץ, ונופח לו בחוטמו - שנחיריו סתומין לו ברירין, **ונותן לו דד לתוך פיו.**

[כ]סימן תקכג ס"ד - [כא]בהמה שריחקה ולדה, מותר לזלף (פי' לשפוך) מי שליתה עליו - על הולד, כדי שתריח ריחו ותרחם עליו, **וליתן מלא אגרוף מלח ברחמה** - כדי שיכאוב לה ותזכור צער לידה, **כדי שתרחם עליו; אבל הטמאה אסור לעשות לה כן** - שאינה מקרבתו לעולם אחר שריחקתו.

הגה: וע"ל סי' רמ"ו ס"ג בהגה, אם אדם מלוה על שביתת בהמתו ביו"ט - עיין לעיל בסימן תצ"ה ס"ג במ"ב.

אות ה'

ושוחקין את הפלפלין ברחים שלהן

סימן תקד ס"א - [כב]ואין שוחקין את הפלפלין [כג]ולא את החרדל בריחים שלהם, משום דהוי כעובדין דחול - טפי, **ויש** שכתבו משום דהוי עי"ז טוחן גמור, דאסור ביו"ט לכו"ע, וכדלעיל בסימן תצ"ה, (וכן מצאתי להח"א שכתב, דלהרשב"א הוא מדאורייתא), **ואפי'** רוצה לעשות שינוי, כגון לטחון חדא חדא וכה"ג, נמי אסור בריחיים. **(אלא) דך אותם במדוכה ככל התבלין** - מיהו צריך ליזהר שלא ידוך אותם אלא מה שצריך ליום זה, ואפילו להכין ליו"ט שני נמי אסור.

וה"ה לטחון קאוו"י בריחיים שלהן, נמי אסור, אלא יכתוש במכתשת, (**אלא** דיש לחלק בזה ולומר, דע"כ גם להרשב"א שאיסור תורה הוא, מ"מ נמסר הדבר לידי חכמים, והם לא אסרו רק במלאכה שדרך לעשותה הרבה בפעם אחת לימים רבים, דאל"כ מאי נ"מ בין מכתשת לריחיים, הלא גם כותש במכתשת חייב בשבת משום טוחן, ורק משום דבמכתשת דרך לכתוש רק ליומא, וא"כ אפשר לומר דגם בריחיים שאסרו, היינו דוקא בכגון פלפלין או חרדל, שמפני מרירותם בטחינת פעם אחת בריחיים מספיק לימים הרבה, **אבל** בטחינת קאוו"י, אם הריחיים קטן כנהוג אצל בעלי בתים בביתם, ידוע שאין נכנס קאוו"י לתוך המטחן רק בכדי שיעור לפעם אחת או לשני פעמים, אפשר דבזה לא גזרו חכמים, וכן הביא באמת בשע"ת, וכ"כ בבגדי ישע, **ובח"א** כתב, דעכ"פ ע"י עכו"ם מותר אפילו בריחיים, רק שעכו"ם יטחון בשינוי קצת, **וכתב** דאם נוטל התיבה הקטנה שמקבלת הקאוו"ע מהטחינה, נקרא שינוי).

אות ו'

הלכה כרבי שמעון

סימן שלז ס"א - דבר שאין מתכוין, מותר - זה לשון הרמב"ם: דברים המותרים לעשותן בשבת, ובשעת עשייתן אפשר שתיעשה בגללן מלאכה אחרת, ואפשר שלא תיעשה, אם לא נתכוון לאותה מלאכה מותר, וכן כוונת המחבר, **והוא שלא יהא פסיק רישיה** - פירוש, שבודאי תיעשה המלאכה האחרת.

הלכך גורר אדם מטה כסא וספסל - פי' כיון דדבר שאינו מתכוין מותר, הלכך גורר, דאע"ג דבגרירתו מצוי שיעשו חריצים בקרקע, ואיכא בזה משום חשש חופר, דהוא תולדה דחורש, אפ"ה לאו פסיק רישא הוא, אפילו בקרקע שאינה מרוצפת, דאפשר שפיר שלא תחרוץ בקרקע.

[**וחופר** גמור לית בזה, דאינו חופר כדרכו במרא וחצינא, אלא כלאחר יד, ובפרט כשגורר בבית ולא בשדה, דמקלקל הוא ע"י החריצים, ומדרבנן הוא דאסור, **ומ"מ** דע, דהא דקי"ל דבר שאינו מתכוין מותר, הוא אפי' במקום דבמתכוין איכא איסור דאורייתא].

בין גדולים - דמיטרח ליה לישאם על כתפו, **בין קטנים** - דיכול ליקחם על כתפו, אפ"ה מותר לו לגררם על הארץ, **ובלבד שלא יתכוין לעשות חריץ.**

כתב המג"א, דגדולים ביותר אסור לגרור על הארץ, דפסיק רישא הוא, דבודאי יעשה חריץ, **ואפילו** מרוצף בקרקע של שיש אסור לגרור, דגזרינן מרוצף אטו אינו מרוצף, [**ומסתברא** דאם כל העיר מרוצף באבנים או בקרשים, יש להקל בזה, **ואפי'** אם נחמיר לקמן בכיבוד, הכא קיל טפי, דאפי' באינו מרוצף לית בזה גררא דאורייתא מכמה אנפי, אחד, דהחריץ שיעשה, הוא בזה רק חופר כלאחר יד, ועוד, דהוא מקלקל ע"י הגומות שנעשים בבית ולא מתקן, **ועל** כולם, הלא אינו מכוין לזה, והוא רק פסיק רישא דלא ניחא ליה, וגם בזה לכו"ע הוא רק איסור דרבנן, **ומבואר** לעיל בסי' שט"ז ס"ג בהג"ה, דדעת הרמ"א שם מוכח דס"ל בעלמא, דאם הוא תרי דרבנן, מותר בפסיק רישא דלא ניחא ליה].

ומותר לרבץ הבית - להזות מים על קרקע הבית כדי שלא יעלה האבק, **כיון שאינו מתכוין להשוות גומות, אלא שלא יעלה האבק** - ואע"ג דכמה פעמים מתמלאים הגומות בעפר ובאבק, לאו פסיק רישא הוא. **ואפילו** בקרקע שאינה מרוצפת מותר.

באר הגולה

טז ‹ע"פ הב"י› יז פשוט לדעת הב"י יח ‹מילואים› יט משנה וגמרא שבת קכ"ח כ ‹מילואים› כא ברייתא וגמרא שם
כב משנה שם כ"ג וכחכמים, הסכמת הפוסקים ‹לכאורה מה שמציין העין משפט על דברי ראב"ע, לאו דוקא, אלא משום דאין מקום אחר מתאים לציין›
כג הרב המגיד בשם הרשב"א וכ"כ הר"ן

מתני׳ *הרחים של פלפלין טמאה משום שלשה כלים משום כלי קבול ומשום כלי מתכת ומשום כלי כברה: גמ׳ *תנא תחתונה משום כלי קבול אמצעית משום כלי כברה עליונה משום כלי מתכת: מתני׳ *עגלה של קטן טמאה מדרס ונטלת בשבת *ואינה נגררת אלא על גבי כלים ר׳ יהודה אומר כל הכלים אין נגררין חוץ מן העגלה מפני שהיא כובשת: גמ׳ עגלה של קטן טמאה מדרס דהא סמיך עלויה ונטלת בשבת משום דאיכא תורת כלי עלה ואינה נגררת אלא על גבי כלים על גבי כלים אין על גבי קרקע לא מאי טעמא דקא עביד חריץ מני ר׳ יהודה היא דאמר *דבר שאין מתכוון אסור דאי ר׳ שמעון האמר *דבר שאין מתכוון מותר (*דתנן) *רבי שמעון אומר *גורר אדם מטה כסא וספסל ובלבד שלא יתכוון לעשות חריץ אימא סיפא ר׳ יהודה אומר אין הכל נגררין בשבת חוץ מן העגלה מפני שהיא כובשת מפני שכובשת אין אבל חריץ לא עבדא תרי תנאי ואליבא דרבי יהודה:

הדרן עלך יום טוב

אין *צדין דגים מן הביברים ביו״ט ואין נותנין לפניהם מזונות אבל צדין חיה ועוף מן הביברין ונותנין לפניהם מזונות רשב״ג אומר *לא כל הביברין שוין זה הכלל כל המחוסר

רש״י

מתני׳ טמאה משום שלשה כלים. מקבלת טומאה על שם שלשה כלים נפקא מינה דאי נמי אזל חד שמא מינה טמאה משום אידך ובגמרא מפרש לה: גמ׳ תחתונה. שמקבלת אבק הפלפלין כשטופל לדרך נקבי המכבר: משום כלי קבול. שכלי עץ שיש לו בית קבול הוא: אמצעית. שהיא מקפת את המכבר משום כלי עץ לא מטמאה דאין קבולה קבול אלא חכמים גזרו טומאה על הכברה משום ארוג ואפי׳ אין המכבר של מתכת מטמאה משום כלי כברה ושלנו שהיא של מתכת ודאי טמאה משום פשוטי כלי מתכות: ועליונה. שמכתשין ושוחקין בה הפלפלין טמאה משום כלי מתכות דמשום כלי עץ ליכא לטמויה דפשוטיהן טהורין אלא משום לפי התחתון שהוא עיקר והעץ בטל אצלו: מתני׳ עגלה של קטן. שעושין לו לשחוק ויושב עליה ומטלטלין אותו עליה: טמאה מדרס. אם היתה זב נעשית העגלה אב הטומאה דמיוחדת לישיבה היא דהא סומך קטן עליה נמצאת שהיא מיוחדת לו לישיבה ואין אומרים לו עמוד ונעשה מלאכתנו דאילו לא מיוחדת להכי לא הוה אב הטומאה כדתניא יכול כפה סאה ויושב עליה כו׳ (שבת דף נט:): ונטלת בשבת. דתורת כלי עליה: ואינה נגררת. בשבת: אלא על גבי כלים. על גבי בגדים מפני שעושה חריץ בקרקע וחופר חייב משום חורש: מפני שכובשת. חריץ הנראה בהלוכה לא על ידי חפירה הוא אלא כובשת ודורסת הקרקע ונדוש תחתיה ונעשה מקומה כמוך אבל אינו זז עפר ממקומה: גמ׳ לעשות חריץ גרסינן: כובשת אין. כובשת הוי אבל חריץ לא עבדא: תרי תנאי ואליבא דרבי יהודה. חד סבר העגלה נמי כשאר כלים דעושה חריץ בגרירתה שפעמים שאין האופן מתגלגל והוא נגרר וחופר ואידך סבר לא שכיח הכי ואינה אלא כובשת תחת גלגולה:

הדרן עלך יום טוב

אין לדין דגים. אף על גב דשחיטה ואפייה ובשול מאבות מלאכות הן והותרו לצורך יום טוב טעמא משום דלא אפשר מערב יום טוב דשחיטה חייש למחר בשרא פן יתחמם ויסריח אבל לידה אפשר לצודו מבעוד יום ויניחנו במצודתו במים ולא ימות ולמחר יעלהו: ביברים. של דגים הן בריכות של מים שקורין ויבי״ר ביברין של חיה קרפיפות מוקפין גדר סביב וכונסין לתוכן חיות הבר ויולדות ומגדלות שם: ואין נותנין. לפני הדגים מזונות ואפי׳ למאן דאמר *נפש בהמה במשמע הני מילי דמזונותן עליך אבל דגים אפשר להם בלא מזונות שהם אוכלים שרשי עשבים וקרקע וגדול אוכל את הקטן: אבל לדין חיה ועוף. המכונסים מאתמול קא סלקא דעתך השתא כיון דמוקפים גדר הוו להו כנצודין ועומדין אבל דגים נשמטין לחורים ולסדקים והויא לידה ביום טוב: ונותנין לפניהם מזונות. בימי החורף צריכין מזונות ואף בימי הקיץ במקום דריסת בני אדם שאין עשבים עולים בו:

המחוסר

תוספות

משום שלשה כלים. פי׳ ואם נטמא זה לא נטמא זה ואפי׳ בשעת מלאכה שהן טוחן יחד הואיל וכל אחד ראוי למלאכה בלבדו ולא דמי למספרים של פרקים ואיזמל של רהיטני* דהתם הם מחוברים יותר בשעת מלאכה: משום כלי כברה. פירש רש״י אע״ג שהיא של עץ ואין לה בית קיבול שאין נשאר בה כלל מכל מקום גזרו עליה משום ארוג ולא נראה דלא שייך ארוג במעשה של עץ כי אם [בלמר ופשתים ונראה לפרש] בכברה של סלתות דקאמר בירושלמי כברות של סלתות טמאה משום שיש עליה תורת כלי שמקבלת הסובין שאינן יכולין לצאת דרך נקבים והא דקאמר משום כלי כברה ולא קאמר משום בית קיבול הא״ק משום תורת קבול כלי כברה דחשיב קבול שלה כדפי׳: עגלה של קטן. פירש הקונטרס שהקטן יושב בתוכה ולא נהירא דמאי קא משמע לן פשיטא הא אין לך כלי מיוחד גדול מזה לכך נראה לי דהייתו כלי שעושין לקטנים להתלמד להלוך והיא עומדת על שלשה אופנים ואוחז בה בידיו והיא מתגלגלת לפניו תמיד:

הדרן עלך יום טוב

אין לדין דגים מן הביברין וכו׳. פירש רש״י דלאע״ג דאוכל נפש מותר היינו דוקא כגון בשול ואפייה ושחיטה דלא אפשר מערב יום טוב דיותר טוב פת חמה וגם בשול בי״ט ושחיטה שמא יסריח אבל לידה אפשר לצודו מערב י״ט ויניחנו במצודתו במים ולא ימות ולא נהירא כדמפרש בריש מכילתין (דף ג. ושם) גבי גזרה שמא יתלוש דאין לחלק באוכל נפש בין אפשר לעשותו מערב יום טוב לאי אפשר אלא דוקא במכשירין יש חלוק לכך נ״ל *) כפר״ח מקוט״ן שפירש לעיל [דף ג. סד״ה גזרה] משום דדמי לקצירה:

ואין נותנין לפניהם מזונות. פירש רש״י דאין מזונותן עליו דהם אוכלים עשב הגמלא במים וגם פעמים אוכלים עפר וגדולים אוכלים הקטנים ואפילו למאן דשרי מאך אשר יאכל לכל נפש (שמות יב) דמשמע אפילו בהמה מכל מקום דגים לא הואיל ואין מזונותן עליך ותימה דבגמרא פריך ורמינהי ביברין של חיה ועוף אין לדין וכו׳ ומשני כאן בביבר קטן כאן בביבר גדול והשתא תיקח מלידה לנידה תרלא שפיר אלא מזונות מאי תרלא דבמתני׳ אמרי׳ ונותנין לפניהם מזונות והתם אמרי׳ אין נותנין לפניהם מזונות לכך נראה לי דהא תליא בהא אי לידה מותרת מותר נמי ליתן לפניהם מזונות והכי פירושו אין לדין דגים מן הביברין וכו׳ ואין נותנין לפניהם מזונות גזרה שמא יצודם דהא לידה שלהן אין מותרת ביום טוב והשתא כשמתרץ בגמרא מלידה ממזונות נמי ניחא דהא בהא תליא ומכל מקום קשיא דמשמע הכא דהיכא דלידה שלהן אסורה אפילו לזרוק להם מזונות אסור ובפרק מי שהחשיך (שבת דף קנה: ושם) קאמר גבי דברים שאסור ליקח מהן למשדא קמייהו שפיר דמי ויש לומר דהתם מיירי בשבת דחמיר דאוכל נפש אסור ולא שייך למגזר שמא יקח מהן אבל הכא מיירי ביום טוב דאוכל נפש מותר גזרינן דלמא כשיתן להם מזונות שמא יצוד מהם: כל

*כפי׳ ר׳ נתנאל כנ״ל

עין משפט נר מצוה

צח א ב מיי׳ פ״ו מהל׳ כלים הלכה טו:

צט ג מיי׳ פכ״ה מהל׳ כלים הלכה יז:

ק ד מיי׳ פ״ח מהלכות שבת הלכה ט סמג לאוין סה טוש״ע א״ח סי׳ שלז סעיף א:

א ה מיי׳ פ״ב מהלכות י״ט הלכה ז סמג לאוין עה טוש״ע א״ח סי׳ תצז סעיף א:

ב ו מיי׳ שם הלכה יז טוש״ע שם סעיף ג:

ג ז מיי׳ שם הל׳ ו סמג שם טוש״ע שם סעיף ז:

מסורת הש״ס

[שבת מח:] שבת מו. [שבת מח:] [שם וש״נ] שם כב. כט: מו: [תוספתא פ״ב] מנחות מא: [שבת קי:] [לעיל כה.]

גליון הש״ס

מתני׳ ואינה נגררת. עיין שבת דף מו ע״ב תוס׳ ד״ה והאר״י:

רבינו חננאל

מקרצפין סברי לה כר׳ יהודה ומחמרי ואפיקנא אמר רב נחמן הלכה כר״ש דסבר דבר שאין מתכוין מותר שהרי ר׳ אלעזר בן עזריה מודי לו: [מתני׳] הרחיים של פלפלין טמאה משום שלשה כו׳.*) פי׳ כלי עץ חקוק ובאמצעיתו פס של ברזל קבוע במסמרים עומדים מלמטה והוא נקוב נקבים דקים כמין כברה והעליון משופה ליכנס בתוך התחתון ומצופה ראשו של עליון ברזל עשוי כמין פספוסין בלוטין קטנים קטנים. ונותן הפלפלין באותו ברזל המתוח באמצע החקוק לאורכו הנקוב בכברה ושוחקן בעליון שראשו מצופה ברזל כמין פספוסין קטנים נסין יותר מעט מן הנקבים ונותן הפלפלין על הברזל העשוי ככברה וטוחן בעליון וכשישחק יורד מן הנקבים למטה ויש בקרקעות התחתון נקב גדול סתום כשרוצה פותח ונוטל הפלפלין השחוקין ומפורש בגמ׳ שלנו וגם כן בירושלמי התחתון כלי קיבול העליון משום כלי מתכות אמצעי משום כברה: [מתני׳] עגלה של קטן טמאה מדרס דהא קסמיך עלה וניטלת בשבת משום דאיכא תורת כלי עליה ואינה נגררת אלא ע״ג כלים אבל על הקרקע לא דעביד חריץ ומשום דאמר דבר שאין מתכוין אסור וסיפא דהא מתניתין תנא אחר אליבא דר׳ יהודה שהוא שונה כל הכלים אין נגררין חוץ מן העגלה מפני שאינה עושה חריץ אלא כובשת ור׳ שמעון תני גורר אדם מטה וכסא וספסל בשבת ובלבד שלא יתכוון לעשות חריץ וא״צ לומר ביו״ט. **) דלת הנגררת ומחצלת הנגררת וקנקליה הגורר פותחין ונועלין בהן בשבת וא״צ לומר ביו״ט: הדרן עלך יום טוב

---

*) עי׳ בערוך ערך ריחים.

**) הוא בתוספתא סוכה.

§ מסכת ביצה דף כג: §

אות א' - ב'

הרחים של פלפלין טמאה משום שלשה כלים

תנא: תחתונה, משום כלי קבול; אמצעית, משום כלי כברה; עליונה, משום כלי מתכת

רמב"ם פ"י מהל' כלים ה"ז - ריחיים של פלפלין מקבלת טומאה משום שלשה כלים: משום כלי מתכות, ומשום כלי קיבול, ומשום כברה.

אות ג'

עגלה של קטן טמאה מדרס

רמב"ם פכ"ה מהל' כלים הט"ז - עגלה של קטן מתטמאה במדרס, שהרי נשען עליה.

אות ד'

גורר אדם מטה כסא וספסל, ובלבד שלא יתכוין לעשות חריץ

סימן שלז ס"א - דבר שאין מתכוין, מותר - זה לשון הרמב"ם: דברים המותרים לעשותן בשבת, ובשעת עשייתן אפשר שתיעשה בגללן מלאכה אחרת, ואפשר שלא תיעשה, אם לא נתכוון לאותה מלאכה מותר, וכן כוונת המחבר, **והוא שלא יהא פסיק רישיה** - פירוש, שבודאי תיעשה המלאכה האחרת.

הלכך גורר אדם מטה כסא וספסל - פי' כיון דדבר שאינו מתכוין מותר, הלכך גורר, דאע"ג דבגרירתו מצוי שיעשו חריצים בקרקע, ואיכא בזה משום חשש חופר, דהוא תולדה דחורש, אפ"ה לאו פסיק רישא הוא, אפילו בקרקע שאינה מרוצפת, דאפשר שפיר שלא תחרוץ בקרקע.

בין גדולים - דמיטרח ליה לישאם על כתפו, **בין קטנים** - דיכול ליקחם על כתפו, אפ"ה מותר לו לגררם על הארץ, **ובלבד שלא יתכוין לעשות חריץ** - כתב המג"א, דגדולים ביותר אסור לגרור על הארץ, דפסיק רישא הוא, דבודאי יעשה חריץ.

אות ה'

אין צדין דגים מן הביברים ביום טוב

סימן תצז ס"א - [א]אין צדין דגים מן הביברים - היינו בריכות של מים, [רש"י], מוקפים מד' רוחות, **הגה: אפילו במקום שאינם מחוסרים צידה** - ר"ל שהיה הביבר קטן, שא"צ לומר: הבא מצודה ונצודנו, ובחיה ועוף כה"ג חשיב אין מחוסר צידה, כדלקמן בס"ז, **לפי שבביבר רחב הרבה, והדגים** - מכוסים מן העין, ולעולם הם **נשמטים אילך ואילך (המגיד)** - לחורין ולסדקין, ולכן לא חשיבי כניצודים, הואיל ויש עכ"פ טורח לתפסם, **וכתב** המ"א, דאם המים צלולים, ורואה הדגים, מותר אם אין מחוסר צידה, שהביבר קטן, **ויש** מאחרונים שסוברין, דעכ"פ מטעם מוקצה אסור לצודן.

ובמן הנהר לא איצטריך ליה לאשמועינן, דבודאי אסור, דכולהו איתנהו ביה, צידה גמורה, דאסור כקצירה וטחינה ושארי מלאכות, וכדלעיל סי' תצ"ה, **וגם** מוקצה.

אות ו'

ואין נותנין לפניהם מזונות

סימן תצז ס"ב - [ב]דגים ועופות וחיה שהם [ג]מוקצה, אין משקין אותן ביו"ט, ואין נותנים לפניהם מזונות, [ד]שמא יבא ליקח מהם - לאכלם, ובבהמה טמאה דלא שייך זה, מותר לכו"ע.

כתבו האחרונים, דוקא לפניהם ממש אסור ליתן, אבל אם נותן ברחוק קצת מהם, והם באים ואוכלים, לית לן בה, כיון דעושה הכירא, מדכר ולא אתי ליקח מהם.

מדתלה הטעם במוקצה, משמע דה"ה בהמה, כגון בהמה מדברית המבואר לקמן בסי' תצ"ח ס"ג, או כגון אווז ותרנגולת העומדת לגדל ביצים, אף דלא שייך בהן צידה, כיון דהם מוקצה אסור להשקותן וליתן לפניהם מזונות, שמא יבוא לאכול מהן ביו"ט. [**ודע**, דכ"ז אם נסבור דמוקצה אסור ביו"ט, והמחבר אזיל בזה לטעמיה, שפסק בסי' תצ"ה דמוקצה אסור ביו"ט, **אמנם** לי"א שמביא בהג"ה לעיל שם, דמוקצה מותר ביו"ט, א"כ כ"ש דנותנים לפניהם מזונות, אם הוא דבר שניצוד ועומד].

אבל לקמן בסעיף ז' סתם המחבר כדעת הפוסקים, דתלוי הדבר בצידה, דכל שאין מחוסרין צידה מותר ליתן לפניהם מזונות, **וכתב** הפר"ח דכן נוהגין העולם, וכן הוא העיקר, עי"ש.

וכל מה שאסור לאכלו או להשתמש בו מפני שהוא מוקצה, אסור לטלטלו.

אות ז'

לא כל הביברין שוין

סימן תצז ס"ז - שאר כל חיה ועוף [ה]שמחוסרים צידה, שצריך לומר הבא מצודה ונצודנו, אסור לצודן וליתן לפניהם מזונות; וכל שאין מחוסרים צידה, מותר לצודם וליתן לפניהם מזונות.

באר הגולה

[א] משנה ביצה כ"ג [ב] שם במשנה [ג] ‹בפרק רבי אליעזר דאורג (שבת קו:) פי' רש"י, דטעמא דאין נותנין לפניהם מזונות, משום דכיון דמוקצין הם לא שרי למיטרח עלייהו - ב"י, ‹ורש"י הכא לא הזכיר ענין של מוקצה› [ד] פי' תוס' וכ"כ הרמב"ם ‹וכתב הפר"ח וז"ל: זה כדברי התוס' דריש אין צדין וכו', גזרה שמא יצודם, ודלא כסברת רש"י, עכ"ל. ולא ידעתי איך כתב דזה כסברת התוס', והלא התוס' ס"ל דטעמא שמא יבא לצודם, וצידה אסירה מן התורה, ומרן ס"ל משום איסור מוקצה - שם יוסף› [ה] משנה שם כ"ד וכרשב"ג וכדמפרש לה שמואל בגמרא

אות ז'*

רש"י ד"ה אין צדין דגים: אבל צידה, אפשר לצודו מבעוד יום

סימן תצה ס"ב - [ו]קצירה וטחינה ובצירה - וה"ה דישה והרקדה וכה"ג, **וסחיטה** - ר"ל לסחוט הפירות להוציא מהן שמנן ויינן לאכילה ביו"ט, [**דאילו** סתם קצירה וסחיטה, בודאי לכולי עלמא אסור מן התורה], **וצידה, אף על פי שהם מלאכת אוכל נפש, אסרום חכמים** - דמן התורה כל מלאכה שהוא באוכל נפש מותר, אלא חכמים אסרו דברים שהם עבודה רבה כגון הני, שהאדם רגיל לקצור שדהו ולבצור כרמו כאחד, ולדרוך כל ענביו כאחד, ולטחון הרבה בפעם אחת, וא"כ יטרד כל היום בעבודתו וימנע משמחת יו"ט, ולכן אסרו חכמים, ואפילו ע"י שינוי אסור, והניחו בהיתרן רק דברים שמסתמא הן רק לצורך אכילת יו"ט.

והרבה פוסקים חולקין, וסוברין דמלאכת עבודה הנ"ל אסור מן התורה אפילו באוכל נפש, [ח]ולא התירה התורה באוכל נפש אלא מה שהוא דרך לעשות ליום זה, כגון מלישה ואפיה ואילך, וכה"ג מלאכות שהם לצורך אכילה ביו"ט.

ופרטי דינים אלו יתבארו בסימנים הבאים, כל אחד ואחד במקומו.

---

§ מסכת ביצה דף כד. §

אות א' - ב'

צפור למגדל, וצבי לגנה ולחצר ולביברין

הכא בצפור דרור עסקינן, שאינה מקבלת מרות

סימן שטז ס"א - [א]הצד צפור [ב]דרור למגדל - של עץ, ונעשה ככלוב גדול, **והיינו** שפתח שער המגדול, ועשה תחבולות עד שנכנס הצפור לתוכו, וסגר עליו, **שהוא ניצוד בו** - ואפילו לא תפסו עדיין בידו, חייב, כי בסגרו המגדול נגמרה הצידה, **אבל** במה שהכניסו לבית, אפילו הבית קטן [ג]וגם חלונותיו סתומין, עדיין אינו נצוד, שטבעו של הצפור דרור שאינו מקבל מרות, ודר בבית כבשדה, שנשמט מזוית לזוית ואינם יכולים לתפסו, ולכן אינו נקרא צידה מדאורייתא.

(**צפור דרור הם הקטנים ביותר הדרים בענפי אילן, ומשוררים, ומרוב קוטנה של הצפור נשמטת מזוית לזוית וקשה לתופסה, אבל תורים ובני יונה הם בכלל שאר צפרים שזכר המחבר, פמ"ג ע"ש**).

ושאר צפרים, וצבי, לבית או לביבר - קרפיפות המוקפים לגדלם שם, **לצדדין** קתני, דבצפרים וכן בשאר עופות אינו חייב עד שיהיה הביבר והבית מקורה, וגם חלונותיו סתומין, שהוא יכול לברוח דרך שם, **ובצבי** ושאר חיות חייב אפילו אינו מקורה, וגם חלונותיו פתוחין.

שהם נצודים בו, חייב - לאפוקי אם הבית והביבר גדול, שאין יכולין לתפסו בשחיה אחת, היינו בריצה אחת, אלא צריך להנפש קודם שיגיענו, לא מקרי צידה דאורייתא, אף שהוא מקורה, וממילא הצודהו שם בבית או בביבר חייב, **ועיין** לקמן בסי"ב במ"ב.

(**ושיעור מה "דמטיא לה בשחיה אחת", ושיעור ד"אם צ"ל הבא מצודה ונצודנו", כבר כתבו הפוסקים, דאידי ואידי חד שיעורא הוא, וע"כ אפילו בעופות שייך שיעור זה, וכ"כ רש"י ר"פ אין צדין** ‹ד"ה הבא מצודה›, **ודעת התוס' ר"פ אין צדין** ‹ד"ה כל שאומר› **והרשב"א שם, דסוברין דהבא מצודה ונצודנו שיעור אחר הוא, דעת יחידאה הוא, ולכך לא הבאתי דעתם**).

השולה דג מן הים לתוך ספל של מים, חייב דהוי צידה, **אבל** אם עקרו והבריחו לתוך בריכת מים, לא הוי צידה, שגם שם נשמט לחורין ולסדקין, **ועיין** לקמן בס"ח במ"ב בסופו. **הצד** ארי אינו חייב, עד שיכניסנו לכיפה שלו שהוא נאסר בה.

ואם אינו נצוד בו, פטור אבל אסור - על כל הסעיף קאי, וע"כ צפור דרור שנכנס לבית דרך הפתח או החלון, אע"ג שאינו ניצוד שם, מ"מ אסור לסגור הפתח והחלון, **ובזמן** הקור שיש צער צינה, או צער אחר, כתב הח"א דמותר לנעול, אם אין כונתו רק להציל מן הקור, ואינו רוצה כלל בצידת הצפור, כיון דאין בו צידה דאורייתא, אע"ג דהוי פסיק רישיה בדרבנן, **אבל** בשאר חיה ועוף דשייך בו צידה דאורייתא בבית, אסור, אע"ג שאינו מכוין כלל, דהוי פסיק רישיה.

באר הגולה

[ו] ‹ע"פ הב"י, וז"ל: הכל דברי הרא"ש בריש פרק אין צדין, שבא לאפוקי ממאי דמשמע מדברי רש"י (כג: ד"ה אין צדין) דצידה אסורה מדאורייתא›, ‹**וז"ל**: משום דאפשר לצודו מבעוד יום ויניחנו במצודתו במים ולא ימות ולמחר יטלהו, עכ"ל. **ביאור** דבריו, דזה שהתירה התורה מלאכת אוכל נפש ביו"ט, זהו מפני דיותר טוב פת חמה ובישול שמבשלים היום ובשר ששוחטים היום, אבל צידה הגם שדגים של היום טובים משל אמש, מ"מ הרי יכול לצודם מעיו"ט ולהשהותם במים ויהיו טובים כמו נצודו היום, **והנה** אף שיש מי שאומר דכוונת רש"י, דהאיסור הוה רק דרבנן, מ"מ רבים הסכימו דכוונתו דהאיסור הוא מן התורה (יש"ש ופנ"י והר"ן) – ערוה"ש. ‹**ולא** ראיתי בדברי רש"י ז"ל שום רמז שהזכיר דכוונתו אדאורייתא - מגיני שלמה› [ז] **הרא"ש בריש פרק ג' דביצה, ובירושלמי מסמיך לה אקראי** [ח] ‹ואין זו סברת רש"י, ועיין בגר"א שהביא כן בשם הרשב"א› [א] **שבת ק"ו שם במשנה** [ב] **שם בגמ'** [ג] ‹ואע"ג דרש"י פי' במשנה (שבת ק"ו), דטעם דבית משום דחלונות פתוחים, משמע דבסתומות יש צידה, **היינו** לרבי יהודה דלא ס"ל לחלק בין מחוסר צידה או לא, אבל רשב"ג ס"ל דמחוסר צידה פטור, אין חילוק – ט"ז›. ‹**נראה** פירושו, דלר"י אף דמיירי מביבר קטן והוא נצוד ועומד, מ"מ אינו מתחייב (בצבי), הרי דלר"י עיקר ענין צידה במה שמכניס למקום שאינו רגיל וניטל חירותם, לזה חצר וביבר עדיין לא נקרא צידה, **וא"כ** בבית כיון דסתם עוף אינו רגיל בבית, במה שמכניסו מבחוץ למקום שניטל חרותו הוה צידה גמורה, אי לאו דיוצא דרך חלונות, **משא"כ** לחכמים דאין המקום גורם, אלא אם מחוסר צידה הגורם, **ומ"מ** כבר כתב פמ"ג, דמדברי רש"י בביצה (כ"ד. ד"ה וחכמים אומרים, כאשר אמרת), משמע דגם לחכמים כתב רש"י תנאי זה דבעינן חלונות פתוחים, **ונראה** דכן מתפרש יפה שיטת הגמ', דמקשה והא בית דמקורה היא ובין לר"י ובין לחכמים צפור למגדל אין לבית לא, והשתא כיון דמיירי מבית מקורה ואין מחוסר צידה כרשב"ג (קודם דמשני צפור דרור), א"כ איזה סברא היא זו אפילו לפי הקס"ד דלא יתחייב בבית מקורה, אלא ע"כ משום דיוצא דרך חלונות, וכן מצאתי מפורש בחי' הר"ן, שכ' והרי בבית דמקורה ואתה פוטר משום דיוצא דרך חלונות. **והא** דלא משני דאין כאן חלונות, לק"מ עפ"י מש"כ המאירי, דחלונות לאו דוקא, אלא דרך חורים ורעפים, וזה איכא בסתם בית וביבר, **וע"ז** משני ציפור דרור, וא"כ שוב אין הפטור מטעם חלונות. **ומש"כ** רש"י, הוא לפי הקס"ד, **מ"מ** לפי דרכו של החי' הר"ן משמע, דגם להמסקנא דאיכא חלונות קטנות או חורים ורעפים נקרא בשאר עופות צידה, וכה"ג כ' תוס' בביצה ל"ו: דבחלונות קטנות אפשר דנצוד, ועדיין צ"ע בזה – שבט הלוי›, ‹**ועיין** להלן במ"ב, דהביא מהט"ז והגר"א, דצריך שיהיו חלונותיו סתומין›

מסורת הש"ס

שבת קו: [תוספתא פ"ג]

שבת קו. ע"ש

[שבת קו:]

[שם וש"נ]

[שבת קו: קיג. עירובין ס. ע"ז לב:]

עין משפט נר מצוה

ד א ב מיי' פ"י מהלכ' שבת הלכה יט סמג לאוין סה טוש"ע א"ח סי' שטז סעיף א:

ה ג ד מיי' שם הלכה כ:

ו ה מיי' פ"ב מהל' י"ט הלכה ו סמג שם טור ש"ע שם סעיף יב וסי' תצז סעיף ז:

[וע"ע תוס' שבת קו: ד"ה הלכה]

ז ו מיי' שם הלכה ה טוש"ע שם סעיף ז:

ח ז ח מיי' שם הלכה ח סמג לאוין עה טוש"ע א"ח סי' תצז סעיף ג:

המחוסר צידה אסור ושאינו מחוסר צידה מותר: גמ' ורמינהו *ביברין של חיה ושל עופות אין צדין מהם ביום טוב ואין נותנין לפניהם מזונות קשיא חיה אחיה קשיא עופות אעופות בשלמא חיה אחיה לא קשיא הא ר' יהודה הא רבנן דתנן* ר' יהודה אומר הצד צפור למגדל וצבי לבית חייב לבית הוא דמחייב אבל לביברין לא וחכמים אומרים *צפור למגדל וצבי (א) לגנה ולחצר ולביברין אלא עופות אעופות קשיא וכי תימא הא נמי לא קשיא הא בביבר מקורה הא בביבר שאינו מקורה והא בית דכביבר מקורה דמי ובין לרבי יהודה ובין לרבנן צפור למגדל אין לבית לא אמר רבה בר רב הונא ²הכא בצפור דרור עסקינן שאינה מקבלת מרות דתנא דבי ר' ישמעאל למה נקרא שמה צפור דרור שדרה בבית כבשדה השתא דאתית להכי חיה אחיה נמי לא קשיא הא בביבר קטן הא בביבר גדול היכי דמי ביבר גדול היכי דמי ביבר קטן אמר רב אשי ¹כל היכא דרהיט אבתרה ומטי לה בחד שחיא ביבר קטן ואידך ביבר גדול אי נמי כל היכא דאיכא עוקצי עוקצי ביבר גדול ואידך ביבר קטן אי נמי ¹כל היכא דנפלי טולא דכתלי אהדדי ביבר קטן ואידך ביבר גדול: רשב"ג אומר לא כל הביברין שוין וכו': *אמר רב יוסף אמר רב יהודה אמר שמואל הלכה כרבי שמעון בן גמליאל *אמר ליה אביי הלכה מכלל דפליגי *אמר ליה ומאי נפקא לך מינה אמר ליה גמרא גמור זמורתא תהא: זה הכלל כל המחוסר צידה וכו': היכי דמי מחוסר צידה אמר רב יוסף אמר רב יהודה אמר שמואל ¹כל שאומר הבא מצודה ונצודנו ותניא ²הצד אווזין ותרנגולין ויוני הרדיסאות פטור אמר רבה בר רב הונא אמר שמואל הללו באין לכלובן לערב והללו אין באין לכלובן לערב והרי יוני שובך ויוני עלייה דבאין לכלובן לערב ותניא הצד יוני שובך ויוני עלייה וצפרים שקננו בטפיחין בבירות חייב אלא אמר רבה בר רב הונא אמר שמואל הללו באין לכלובן לערב ומזונותן עליך והללו באין לכלובן לערב ואין מזונותן עליך רב מרי אמר הני עבידי לרבויי והני לא עבידי לרבויי כולהו נמי עבידי לרבויי והני לא עבידי לרבויי קאמרינן דעבידי לרבויי: מתני' ¹מצודות חיה ועוף ודגים שעשאן מערב יום טוב לא יטול מהן ביום טוב אלא אם כן יודע שנצודו מערב יום טוב ומעשה בנכרי אחד שהביא דגים לרבן גמליאל ואמר מותרין הן אלא שאין רצוני לקבל הימנו: גמ' מעשה לסתור חסורי מחסרא והכי קתני ²ספק מוכן אסור ורבן גמליאל מתיר ומעשה נמי בנכרי אחד שהביא דגים לרבן גמליאל ואמר מותרין הן אלא שאין רצוני לקבל הימנו אמר רב יהודה אמר שמואל אין הלכה כר"ג ואיכא דמתני לה אהא דתניא ספק מוכן ר"ג מתיר ורבי יהושע אוסר אמר רב יהודה אמר שמואל הלכה כר' יהושע ואיכא דמתני לה אהא דתניא

שוחטין

רש"י

שמחוסר צידה. שצריך לצודו: גמ' סגר לצפור. מן החוץ עד שהכניסו למגדל עץ שקורין מיסטיי"ר או הצד צבי מן החוץ עד שהכניסו לבית בשבת: חייב. דכיון דהכניס לצפור למגדל וגעל לפניו הרי הוא אחוז ועומד ונגמרה צידתו וכן צבי לבית וגעל בפניו אבל לצפור שהכניס לבית וגעל בפניו פטור שיוצא לו דרך חלונות ואין כאן צידה או צבי שהכניסו מן החוץ לביבר וגעל לפניו אין זו צידה: וחכמים אומרים צפור למגדל. היא צידתו כאשר אמרת אבל צבי אין צריך עד שיכניסנו לבית דאף לגינה ולחצר ולביבר הוי צידה ומתניתין דקתני צדין מן הביברין ביום טוב רבנן היא דאמרי משנכנס לביבר הוא נצוד ועומד וברייתא ר' יהודה: אלא עופות קשיא. דהא כולהו מודו דאין צידתן אפילו לבית: מקורה. שיש לו גג: הכא. דקתני גבי שבת צפור למגדל ולא לבית: בצפור דרור. שדרה בבית כבשדה שיודעת להשמט בזויות הבית לכל צד ולכך נקראת דרור על שם דירה שדרה בכל מקום: השתא דאתית להכי. דעופות אעופות לא קשו אהדדי ולא דחיקא לאוקומי מתני' בפלוגתא דתנאי חיה אחיה נמי לא תוקמא כתנאי אלא תרוייהו כרבנן ומתניתין בביבר קטן וכן ההיא דשבת וברייתא דקתני אין צדין בביבר גדול ויש לה להשמט ורשב"ג אף בביבר קטן פליג אם ל"ל הבא מצודה אי נמי לאו לאפלוגי אתא אלא לפרושי כדלקמן: בחד שחיא. בפעם אחת שהוא שוחה עליו לתפשו אין לו להשמט ממנו: עוקצי עוקצי. זויות: דנפלי טולא דכתלי אהדדי. מרוב קטנו וקצרו: הלכה מכלל דפליגי. רבנן עליה למימר כל הביברין שוין בתמיה והא אוקימנא בביבר קטן משום דנצוד ועומד: מאי נפקא לך מינה. אי אמינא הלכה כ"ש דאי לא פליגי הלכתא היא: אמר ליה גמרא גמור וזמורתא תהא. משל שוטים הוא כמו זמון וזבין תגרא אקרי (ב"מ דף מ:) כך גמרא גמור אומר לתלמיד שוטה למוד הן אמת הן שבוש ויהא לך לזמר ושיר: הבא מצודה. כלומר שצריך לבקש תחבולות לתפשו והייט שיעורא דביבר גדול דלעיל ואידך ביבר קטן ורב אשי שעריגהו לעיל בחדא שיעורא ורב יוסף בהאי שיעורא: הרדיסאות. על שם מקומם וי"א ע"ש הורדוס והן הגדלים בבתים: לכלובן. סל שמקננין בו כמו ככלוב מלא עוף (ירמיה ה) אווזין ותרנגולין באין לערב לכלוב וטח לתפשן שם הלכך הרי הן כנצודין ועומדים ומותר לצודן אפילו חוץ לכלובן: יוני שובך ויוני עלייה. יוני הבר הן ושטין ואוכלין בחוץ: בטפיחין בבירות. גרס כמין פכין נותנין בתומות הבירות והמגדלים לקנן שם עופות הבר: ומזונותן עליך. הלכך כבהמה הן וחשיבי מזומן: הני עבידי לרבויי. יוני שובך עשויין להשמט ולברוח מפני בני אדם: לכלובן קאמרינן דעבידי לרבויי. פורחין עד קינן וצריך לעלות אחריהן וגם שם נשמטין ממנו ויורדין: מתני' מותרין הן. בגמ' פריך מעשה לסתור: אלא שאין רצוני לקבל הימנו. שאני שונאו: גמ' מעשה לסתור. בתמיה וכי דרך המדברים לומר דבר ומביאין מעשה אחריו להכחיש דבור הראשון: ספק מוכן. כלומר וזו שאמרתו לא יטול מהן מספק דהייט ספק מוכן וספק מוקצה ואסור לאו דברי הכל היא אלא פלוגתא דרבן גמליאל ור' יהושע היא לקמן בשמעתין מייתינן לה בברייתא: דמתני לה. להא דשמואל לאסר ספק מוכן: אהא. מאן דמתני אמתניתין אמר אין הלכה כר"ג דלא שייך למימר הלכה כר' יהושע משום דלא תני ליה לדר' יהושע במתניתין:

שוחטין

תוספות

כל היכא דנפלי טולא מן הכתלים. ושיעור (ג) היה להם גובה בכתלים של ביברין: כל שאומר הבא מצודה ונצודנו כו'. וא"ת והרי אמרינן לעיל שיעור אחר ופ"ה דאידי ואידי חד שיעורא הוא ודוחק הוא דאם כן אמאי מפרש אותו פעם אחרת והלא פירש לעיל היכי דמי ביבר גדול וכו' לכך נ"ל דלעיל מיירי בבהמה וחיה והכא מיירי בעופות ואע"ג דלעיל קאמר הא בביבר מקורה מכל מקום לא פירש שיעור הביבר בכמה לא הוי מחוסר צידה והשתא ניחא דפריך עלה מאווזין ותרנגולין*: ותניא הצד אווזין ותרנגולין ויוני הרדיסאות (ג). וא"ת והא קיימא לן כל פטורי דשבת פטור אבל אסור מדרבנן ומתניתין נמי מודה דפטור אבל אסור מדרבנן וי"ל לפי מה שפירשתי במתניתין ניחא דגזרינן מזונות גזירה שמא יבא לצוד מהן דאם כן ע"כ צריך לומר דאסור מן התורה דאם אינו אסור אלא מדרבנן לא הוה גזרינן ליתן מזונות משום שמא יצודם דהוי גזירה לגזירה אי נמי סמיך אההיא דתנן פ' האורג במסכת שבת (דף קו: ושם) דאמר התם ר"ג מחוסר צידה הצד לתוכו פטור דהא מחוסר צידה [וא"כ] הצד מתוכו חייב והכי פריך הואיל ואוקמת מחוסר צידה דרולה לומר כל שאומר הבא מצודה ונצודנו א"כ היכי קאמרת הכא הצד אווזין ותרנגולין פטור הא שפיר חשיב מחוסר צידה כיון שצריך לומר הבא מצודה ונצודנו ובמחוסר צידה הצד מתוכו חייב והכא הוי הצד מתוכו:

אלא

הגהות הב"ח

(א) גמ' וחכמים אומרים צפור למגדל וצבי לבית לגינה: (ב) תוס' ד"ה כל היכא וכו' ושיעור גובה היה להם: (ג) ד"ה ותניא וכו' הרדיסאות פטור וא"ת וכו' דאמר התם רשב"ג מחוסר צידה:

רבינו חננאל

אין צדין דגים מן הביברין ביום טוב כו' אבל צדין חיה ועופות מן הביברין ורמינן עלה הא דתניא ביברין של חיה ושל עופות ושל דגים אין צדין מהן ביו"ט כו' קשיא חיה אחיה קשיא עופות אעופות ומפרקינן לא קשיא מתני' ר' יהודה היא דתנן בפ' ר' אליעזר אומר כו' ר' יהודה אומר הצד צפור למגדל וצבי לבית חייב ש"מ דר' יהודה כל חיה שהיא בבית נגמרה צידתה כשמכניסה בבית (שצר) אבל צר הצבי והכניסו לביברין פטור שאינה צידה וכיון שלענין שבת פטור שאינו כצדוי אסור לצוד אותו ביו"ט מן הביברין לפיכך שנה בברייתא אין צדין כי הביברין לר' יהודה כיער השובין ומתניתין דקתני אבל צדין חיה מן הביברין לחכמים הוא דפליגי עליה דר' יהודה ותנן חצר צפור למגדל וצבי לגינה ולחצר ולביברין נגמרה צידתו וחייב בשבת וקתני לחצר ולביברין ביברין דומיא דחצר כאשר כל מה שבחצר מותר לצוד אותו ביו"ט כך כל מה שבביברין צדין הוא קודם לכן ואסיקנא עופות אעופות לא קשיא מתניתין בביבר מקורה והוא כבית ונגמרה צידתו וברייתא בביבר שאינו מקורה יתכן שיפרח אחרי כן בכל שעה שירצה לפיכך אין צדין ואי קשיא לך דהא בין ר' יהודה ובין רבנן הצד צפור לבית בשבת פטור הוא שלא נגמרה צידתו והנה הבית מקורה הוא ואעפ"כ אינה צידה בו וכיון דבשבת פטור ביו"ט אסור לצוד ממנו חלוקתם בצפור דרור הוא ושאר צפור דרור משאר עופות דשאר עופות בבית מקורה נגמרה צידתן אבל צפור דרור אינה מקבלת מרות ואין נגמרה צידתה אלא במגדל. בחד שחיא פי' כגון ריצה אחת ואינו צריך לפוש ביני ביני. כל היכא דנפל טולא דכתלין אהדדי פי' בעת שהחמה בחצות צל כותל המזרחי מגיע עד כותל המערבי והוא ביבר קטן. רשב"ג אומר . היכי דמי מחוסר ואסיק' ואע"פ דבאין לכלובן לערב כגון יוני שובך ויוני עלייה כיון דבעי רבויי להו אסור לצוד מהן ביו"ט אבל אווזים ותרנגולים ויונים הרדיסיות אע"פ דצדין אותן כיון דבאין לכלובן לערב ומזונותן עליו הלכך לכלובן מיהא לא בעו רבויי דבני תרבות הן ואין בורחין מבני אדם אלא כשרוצין ה"ז באין לצודן *) צדין מהן ביו"ט ואין נקרא מחוסר צידה כענין שאמרנו אסור שאינו מחוסר צידה מותר: מתני' מצודות חיה ועופות ודגים וכו' אם יודע שנצודו מעיו"ט ספק מוכן ומעשה בנכרי שהביא לר"ג כו' אמר רב יהודה אמר שמואל אין הלכה כר"ג איכא דמתני לה אהא דתניא

(ודע עוד, דבגמ' איתא: דאם איכא בביבר או בבית עוקצי, {פיאות להשמט – רש"י}, הוא בכלל ביבר גדול, וכתב שם ר"ח, דהני אוקימתא כולהו הילכתא נינהו, וכן העתיקם הרי"ו, **וצריך** טעמא על הרמב"ם (עיין אות ג' ד') שהשמיט זה, ואולי ס"ל להרמב"ם, דשיעורא דשמואל ד"הבא מצודה ונצודנו", אין להשוותו רק עם הני תרי שיעורי קמייתא, דתלוי בהביבר לפי גדלו וקטנו, **משא"כ** לפי סברא דעוקצי, דינא הוא דאפילו אם הביבר קטן, שאין צריך להביא מצודה עבורו, ג"כ הוא בכלל מחוסר צידה עדיין, וכיון דהגמרא מביא מימרא דשמואל באחרונה, ש"מ דלית הלכתא כהאי לישנא, **א"נ** דנכלל במה שכתב הרמב"ם בהל' שבת פ"י הי"ט, שאין זו צידה גמורה וכו', צריך לרדוף וכו', וה"נ בזה).

(**עוד** אמרתי להביא פה מה שיש לכאורה להסתפק בעניננו, אם הכניס עוף לבית והדלת פתוחה או החלון פתוח, או ביבר שאינו מקורה, אפשר דליכא אפילו איסור דרבנן, **דדוקא** היכא דהדלת נעולה, דהחיה והעוף ניצודין עכ"פ במקצת, רק צריך עוד לרדיפה והשתדלות, משא"כ היכא דפתוח, עדיין לא נצודה כלום, **ובתוספתא** תניא: הצד צבי לחצר שיש לה ב' פתחים, פטור, ומשמע אבל אסור, ככל פטורי דשבת דקי"ל בהו לאיסור).

אות ג' – ד'

<u>כל היכא דרהיט אבתרה ומטי לה בחד שחיא, ביבר קטן, ואידך ביבר גדול</u>

<u>כל היכא דנפלי טולא דכתלי אהדדי, ביבר קטן, ואידך ביבר גדול</u>

רמב"ם פ"י מהל' שבת ה"כ - כל מקום שאם ירוץ בו יגיע לחיה בשחיה אחת, או שהיו הכתלים קרובין זה לזה עד שיפול צל שניהם לאמצע כאחד, הרי זה מקום קטן, ואם הבריח הצבי וכיוצא בו לתוכו חייב; ומקום שהוא גדול מזה, המבריח חיה ועוף לתוכו פטור.

אות ה'

<u>כל שאומר הבא מצודה ונצודנו</u>

סימן שטז סי"ב - חיה ועוף שברשותו - כולל כל מיני בע"ח שהרגילן בבית ונעשו בני תרבות, [ד]**מותר לצודן** - היינו אפילו בחוץ, **והטעם**, כיון שהם בני תרבות והורגלו בבית, וממילא יחזרו לביתם בערב, ונוח לתפסן, לכן אף כשיצאו מן הבית הרי הן כניצודין ועומדין, ולא שייך בהם צידה.

ובלבד שלא יטלם בידו, שכל בע"ח הם מוקצים, אלא רודף אותם עד שיכנסו למקום צר ונועל בפניהם.

והוא שלא ימרודו; אבל אם הם מורדים, אסור לתפסם אפילו בחצר, אם החצר גדול שאם לא גדלו בין בני אדם היו צריכים מצודה - היינו שעכשיו שנתגדלו בין אנשים אין צריכין להם מצודה, כי יבואו מעצמן לביתם לערב, **ומ"מ** כיון שמרדו ואין נוח לתפסם, והחצר גדול, מחזי כעין צידה, ואסור עכ"פ מדרבנן.

אבל אם החצר קטן, דבלא"ה אין צריכין להם מצודה, אפילו איסור דרבנן ליכא, [**ולגבי** עוף בעינן שיהיה ג"כ מקורה].

הגה: [ה]וי"א דאסור לצוד חיה ועוף שברשותו - היינו כשהם בחוץ, או בפנים בבית גדול שיש בו שיעור צידה, דהיינו שלא יכול להשיג בשחיה אחת, וכנ"ל בריש הסימן, (וכונת הרמ"א להחמיר אפי' באווזין ותרנגולין), **ואם לדן פטור** - ופסקו האחרונים כהי"א הזה.

סימן תצז ס"ז - שאר כל חיה ועוף [ו]שמחוסרים צידה, שצריך לומר: הבא מצודה ונצודנו, אסור לצודן - עיין לעיל סימן שט"ז במ"ב, ושם נתבאר דכל שאין יכולין לתופסו בריצה אחת, אלא צריך להנפש קודם שיגיענו, כמי שצ"ל: הבא מצודה ונצודנו דמי, **ולפי** המבואר עוד שם, בעוף אפילו היה במקום דחוק, שאפשר לתופסו בשחיה אחת, מ"מ אם החלון או הגג פתוח, שיכול לברוח דרך שם, אסור לצודו. **וליתן לפניהם מזונות** – (עיין בעבוה"ק להרשב"א שכתב, דבמקום הפסד התירו ליתן לפניהם מזונות, כגון דבורים, עושין להם פרנסה בשביל שלא יברחו).

אות ו'

<u>הצד אווזין ותרנגולין ויוני הרדיסאות, פטור</u>

סימן תצז ס"ז - וכל שאין מחוסרים צידה, מותר לצודם - היינו אם הזמינם, דלית בהו משום מוקצה, הא לא"ה אסור לתופסן, שהרי אסורים גם בטלטול, **וליתן לפניהם מזונות.**

[ז]**סימן תצז ס"ו - [ח]אווזים ותרנגולים ויונים שבבית** - ר"ל שגדלין בבית, **או שבחצר, העומדים לאכילה, מותר לצודן**

באר הגולה

[ד] ‹אע"ג דכל פטורי דשבת פטור אבל אסור (ותנן בפרק שמנה שרצים (קז.) חיה או עוף שברשותו הצדן פטור), כאן ע"כ מותר, כמ"ש בפ"ג דיו"ט כ"ד א', {**דפריך** שם הגמ' על הא דאיתא במתני', כל שמחוסר צידה אסור, והא אווזין ותרנגולין דאמרין הבא מצודה, ותניא הצד אווזין ותרנגולין פטור, ומדפריך הגמ' מהא דפטור על הא דאיתא במתני' דאסור, ש"מ דהאי פטור, היינו פטור ומותר – דמשק אליעזר}, **וע"ש** בראש בשם בעל העיטור וע"ש, (עיין לקמן אות ו' סעיף ו'), **ומ"ש** במתני' דשבת פטור, משום דתני ברישא חייב, וכמ"ש שם ל' א' ואידי כו', הג"מ – ביאור הגר"א› [ה] ‹כנ"ל דכל פטורי דשבת פטור אבל אסור, ויו"ט {כדי לשוחטן} שאני משום שמחת יו"ט התירו (עיין לקמן אות ו' ס"ו במ"ב), הג"מ – ביאר הגר"א› [ו] **משנה שם כ"ד וכרשב"ג וכדמפרש לה שמואל בגמרא** [ז] ‹פשוט וכדמבואר בב"י, וז"ל: וכתבו התוס' (ד"ה ותניא) וא"ת והא קיי"ל כל פטורי דשבת פטור אבל אסור, וי"ל לפי מה שפירשתי במתניתין ניחא, דגזרינן מזונות אטו שמא יבוא לצוד מהם, וא"כ ע"כ צ"ל דאסור מן התורה, דאם אינו אסור אלא מדרבנן, לא הוי גזרינן ליתן מזונות משום שמא יצודם, דהוי גזירה לגזירה. **וכתב** הרא"ש, ולפי"ז אסור לצוד ביו"ט אווזין ותרנגולים ההולכים בחצר, (עיין לעיל אות ה' סי' שט"ז סי"ב בדברי הרמ"א), ואין העולם נזהרין מזה, **ובעל** העיטור כתב, דפטור דאווזין ותרנגולין, פטור ומותר קאמר, **ואף** לדברי התוס' איכא למימר, מה שהוצרכו לתרץ דכל המחוסר צידה אסור, היינו חייב, משום דאביי הקשה כ"כ בפשיטות לרב יוסף מאווזין ותרנגולין אמתניתין, ומאי הוה ליה קושיא כולי האי, כיון דמצינו לפרש דפטור דתרנגולין הוי פטור אבל אסור, לכך הוצרכו לתרץ דמחוסר צידה חייב, הילכך אפילו אי מפרשת דפטור דאווזין ותרנגולין פטור אבל אסור, אכתי תיקשי לך, **ומיהו** אפשר אף לדברי התוס' הוי פטור ומותר, כיון דבאין לכלוב ומזונותן עליך לא מיתסר למצדינהו – ב"י› [ח] **ברייתא שם כ"ה**

- ואפי' מרשות הרבים, ואפילו צריך להביא מצודה, דכיון דבאין לכלובן בערב, וגם ניזונין תמיד בבית, הרי הם כניצודים, (וה"ה שארי עופות שהן בני תרבות, ובאין לכלובן לערב, ומזונותן עליך, הו"ל כניצודין).

העומדים לאכילה - לאפוקי אם הם עומדים לביצים, אסור למאן דאוסר מוקצה ביו"ט, **ואם** קנה עופות אלו ולא חשב כלל לאיזה דבר יעמידם, מותרים, דסתמייהו לאכילה קיימי.

וכ"ז אם תופסן כדי לשוחטן, והתירו משום שמחת יו"ט, הא לא"ה אסור לכמה פוסקים, וכמו שהובא דעתם לעיל סי' שט"ז סי"ב בהג"ה.

ואין צריכים זימון - דמוכנים הם, וכתבו הפוסקים, דמ"מ ירא שמים יתן עיניו בתחלה בהעופות, ויברור איזה שירצה, כדי שלא יבא למחר ליטול ולהניח, ואעפ"י שכולם מוכנים הם, מ"מ טורח טרחא יתירה ביו"ט, [**ובפרט** אם תופסו ממקום רוחב, שלא התירו אלא משום שמחת יו"ט, וא"כ כשתופסו ומניחו, נמצא שצדה שלא לצורך].

וכתבו האחרונים, עוף שקנה מחדש, ועדיין לא הורגל בבית, ואינו בא לכלובו בערב, דבזה חייב בשבת אם צד, וכדלעיל סימן שט"ז, גם ביו"ט אסור לצודן, אפילו הם בבית, אא"כ נכנסו במקום צר, [**ודוקא** אם העוף נקנה ממקום רחוק, שאינו מכיר שוב מקומו הראשון, אבל במקום קרוב שמכיר מקומו הראשון, פטור, שהרי אית ליה כלוב, וכנתפס דמי]. **ובח"א** כתב דבלילה כשהן יושבין על הקורה, מותר לצודן, דעיניהם מתעוררות אז, ואינן נשמטין מיד התופסן.

אות ז' – ח'

מצודות חיה ועוף ודגים שעשאן מערב יום טוב, לא יטול מהן ביום טוב, אלא אם כן יודע שנצודו מערב יום טוב

ספק מוכן אסור

סימן תצז ס"ג - [ט]אפילו ספק צידה אסור - ואע"ג דלכמה פוסקים עיקר צידה ביו"ט אינה מן התורה, וכמו שסתם ג"כ המחבר בסימן תצ"ה ס"ב, **מ"מ** החמירו כאן אפילו בספיקא, משום דהוא דבר שיש לו מתירין, שהרי אפשר לו לאוכלם אחר יו"ט, ובדבר שיש לו מתירין החמירו חכמים אפילו בספק דרבנן, [**ולפי** סברא זו, אם יתקלקלו הדגים כשימתין עד אחר יו"ט, שרי, דלא שייך לומר: המתן עד למחר, **אכן** לפי סברא שניה שהביא המ"א, דכמה פעמים ראו חכמים להחמיר אפי' בספיקא דרבנן, אין להקל, ובבית מאיר האריך ג"כ להוכיח כטעמא בתרא, ובכל גווני אסור, **ומ"מ** במקום שיפסד לגמרי, אפשר דיש לסמוך אטעמא קמא, שכמה אחרונים לא הביאו רק טעמא קמא].

והסכימו הפוסקים, דלאו דוקא ספק צידה, אלא ה"ה כל ספק מוקצה, וכ"ש ספק נולד, דמחמרינן בהו כשל תורה, **ובספק** אם בא מחוץ לתחום, יש דעות בפוסקים, ויתבאר לקמן בסי' תצ"ח ס"ג וד'.

כגון מצודות חיה דגים ועופות שהיו פרושות מערב יו"ט, ולמחר מוצא בהם, אסורים - ואפי' בטלטול, מיהו לערב מותר באכילה, ואפילו בודאי ניצוד היום, ולא בעינן בכדי שיעשה, כיון דלא ניצוד בידי אדם רק ממילא, [**וביו"ט** של ר"ה, דשני הימים כיומא אריכתא דמיא, צריך להמתין עד אחר ר"ה, **וה"ה** ביו"ט דעלמא שחל שבת ביו"ט שני, צריך להמתין עד מו"ש].

אלא אם כן ידוע שניצודו מבעוד יום; [י]ואם מצא המצודות מקולקלות מערב יו"ט, בידוע שמערב יו"ט ניצודו - כלומר שהמצודות פרוסות באורך רב, וכשחיה נופלת בראשו אחד, מתוך שמתפרקת ומתנתקת לצאת, מתקלקלות כולן, וראשן השני ג"כ ניתק ממקום שנתקע, וע"כ אף שבמקום זה לא ראה שום דבר ניצוד, מ"מ סימן הוא שניצוד חיה או עוף בראש השני, [רש"י].

סימן תצז ס"ד - [יא]ספק מוכן מותר ביו"ט שני, משום דהוי ספק ספיקא - שמא אין היום יו"ט, ושמא ניצוד מאתמול וכבר הוכן, **ולא** מחמרינן משום יש לו מתירין למחר, כיון דהוא ס"ס גמורה להיתרא, אין כאן איסור כלל, [**ובאין** רק ספק אחד, והספק השני הוא ע"י שנתערב, מחמרינן ביש לו מתירין, אם לא במקום הפסד גדול].

ויש חולקין בזה וס"ל, דלדידן יו"ט שני לא מטעם ספק הוא, שהרי בקיאין אנו בקביעא דירחי, ויודעין אנו שהוא חול, אלא שאנו מקיימין מנהג אבותינו, והוי כיו"ט ודאי מדרבנן, ואין כאן אלא ספק אחד ואסור, וכמו בס"ג, **ויש** להחמיר כסברא זו אם לא במקום הפסד גדול.

וביו"ט שני של ראש השנה אסור, דב' ימים כיומא אריכתא הוא, **וכן** ביו"ט שני הסמוך לשבת, (דהיינו שחל יום ראשון של יו"ט בשבת, ולמחרתו ביום ראשון הוא יו"ט שני, אסור, דליכא ס"ס, דספק שמא ניצד אתמול ליתא, דהא גם אם ניצד אתמול דהיה שבת אסור – מחה"ש, [ומטעם דיו"ט ושבת קדושה אחת הן, (ר"ל דיש להם קדושה ודאית, אבל ודאי שבת ויו"ט שתי קדושות הן – דרשו, ונולדה בזה אסורה בזה, (דאין שבת מכין ליו"ט, ואין יום טוב מכין לשבת – מ"ב סי' תקיג ס"ה, ואין כאן אלא ספק אחד].

באר הגולה

ט משנה שם כ"ד וכמ"ד דאסר בגמרא שם ספק מוכן | י ברייתא שם וכרבי שמעון בן אלעזר | יא רא"ש דלוני"ל וכ"כ הר"ן, משום דא"א שיבוא לפניך ספק מוכן ביו"ט שני אלא בשני ספיקות, ועיין לקמן תקט"ו

עין משפט נר מצוה

ט א מיי' פ"ב מהל' יו"ט הלכה ח טוש"ע א"ח סי' תצז סעיף ג:

י ב מיי' פ"ב מהל' יו"ט הלכה י סמג לאוין עה טוש"ע א"ח סי' תקטו סעיף א:

*שוחטין מן הנגרין ביו"ט אבל לא מן הרשתות ומן המכמורות רבי שמעון בן אלעזר אומר *בא ומצאן מקולקלין מערב יום טוב בידוע שמערב יום טוב נצודו ומותרין בא ומצאן מקולקלין ביום טוב בידוע שביום טוב נצודו ואסורין הא גופה קשיא אמרת בא ומצאן מקולקלין מערב יום טוב בידוע שמערב יום טוב נצודו טעמא דבא ומצאן מקולקלין הא ספיקא אסורין אימא סיפא בא ומצאן מקולקלין ביום טוב בידוע שביום טוב נצודו טעמא דבא ומצאן מקולקלין הא ספיקא מערב יום טוב נצודו ומותרין הכי קאמר בא ומצאן מקולקלין מערב יום טוב בידוע שמערב יום טוב נצודו ומותרין הא ספיקא נעשה כמי שנצודו ביום טוב ואסורין אמר רב יהודה אמר שמואל הלכה כרבי שמעון בן אלעזר: ואמר מותרין הם: מותרין למאי רב אמר מותרין לקבל ולוי אמר מותרין באכילה אמר רב *לעולם אל ימנע אדם עצמו מבית המדרש אפילו שעה אחת דאנא ולוי הוינן קמיה דרבי כי אמרה להא שמעתא באורתא אמר מותרין באכילה בצפרא אמר מותרין לקבל אנא דהואי בי מדרשא הדרי בי לוי דלא הוה בי מדרשא לא הדר ביה מותיבי נכרי שהביא דורון לישראל אפילו דגים המפולמין ופירות בני יומן מותרין בשלמא למ"ד מותרין לקבל שפיר אלא למאן דאמר מותרין באכילה פירות בני יומן מי שרו באכילה ולטעמיך פירות בני יומן מי שרו בטלטול אלא בכוורי דאדימי ופירי דכבישי בירקא עסקינן ואמאי קרי להו בני יומן שהן כעין בני יומן אמר רב פפא *הלכתא נכרי שהביא דורון לישראל ביום טוב אם יש מאותו המין במחובר אסור ולערב נמי אסורין בכדי שיעשו ואם אין מאותו המין במחובר תוך התחום מותר חוץ

רש"י

שוחטין מן הנגרין. שוחטין חיות מן ביברים לפי שלכודים ועומדים ועל שם שעושין שם ניגרי מים ומרזבין לשתות החיות שם קרי להו נגרים: **אבל לא מן הרשתות.** שלא היה במצודתו ספק נצוד היום ספק נצוד מאתמול: **בא מעי"ט.** למקום שהיו פרוסים והן בתוך מיל או חצי מיל ובשחיה טפלת בראשו אחד מתוך שמתפרקת ומתנתקת לצאת המצודות מתקלקלות כולן וראשו השני נתק ממקום שנתקע וסימן הוא לו שיש חיה בראש האחר: **נתקלקלו ביום טוב.** ע"כ הכי משמע שודאי נתקלקלו בי"ט וכגון שבדקן מאתמול ולא היו מקולקלין ועכשיו מקולקלין והכי פריך הא גופה קשיא: **ס"ג טעמא דבא ומצאן הא ספק אסור הכי קאמר כו'.** וכולה חדא מילתא היא בא ומצאן שנתקלקלו מערב יום טוב בידוע שמערב יום טוב נצודו ואם יש לחוש ולומר שנתקלקלו ביום טוב כגון שלא בא ומצאן מאתמול מקולקלין הרי הן כאילו ידוע שביום טוב נצודו: **הלכה כר' שמעון.** דאמר ספק מוכן אסור והיכא דבא ומצאן מקולקלין מאתמול יש לסמוך דנצודו מבעוד יום: **לקבל.** בטלטול דכולי האי לא אחמור בספק מוכן לאסרו בטלטול אבל באכילה לא שריוהו רבנן כרבן גמליאל: **ולוי אמר מותרין באכילה.** קאמר רבן גמליאל ולאו דסבירא ליה ללוי טעמיה אלא מלתיה הוא דמפרש: **מפולמים.** לחים אמי"ש בלע"ז: **מותרין.** והא על כרחך רבן גמליאל הוא דמיקל: **שפיר.** ואע"ג דלאו ספק הוא אלא ודאי מוקצה איכא למימר דמתיר בטלטול ולקמן פריך עלה פירות בני יומן בטלטול מי שרי נהי דמיקל רבן גמליאל בספק מוכן בודאי שאינו מוכן מי מיקל: **אלא בכוורי דאדימי.** אדומים שלא גם ליתן ולהמלמות שתחת בהמה לחייהן שבודקין אותן שם: **ופירי דכבישי בירקי.** כשלקטום טמנום מיד בירק שלא יברח לחלוחן כבישי טמונין כמו לישא בכבשא (חולין דף נג:) והני ודאי מוכן ניניהו דניכרין שמעי"ט הן ואשמועינן דאע"ג דדמו לבני יומן לא חיישינן למראית העין ורבותי פירשו כוורי דאדימי מטוחין הן כמו אדמויי אדמוה (ע"ז דף לח:) וקשיא לי א"כ מאי למימרא: **אם יש מאותו המין במחובר אסורין.** משום מוקצה ואפילו לרבי שמעון יש מוקצה בגרוגרות ולמוקים ומחובר כגרוגרות ולמוקים דמי מדלא לקטן מאתמול אקציניהו מדעתיה ולא תחלוק במחובר בין שלו בין של נכרי: **ולערב אסורין בכדי שיעשו.** כדי שלא יהנה ממלאכת יו"ט והא דקאמר ולערב אסורים בכדי שיעשו הא לאחר כן מותרים אפילו לערב ראשון נמי אע"ג דליל יו"ט שני הוא ממתין בכדי שיעשו ומותרין ממה נפשך אם הלילה חול הוא הרי המתין בכדי שיעשו ואם קדש הוא נמצא שנלקטו בחול כן דעתי נוטה ויש לי ראיות הרבה מההוא בר טביא דעירובין (דף לט:) ומביצה שנולדה בזה שמותרת בזה (לעיל דף ד:) אלמא האחד חול הוא וממה נפשך מותר ולא זכיתי לשאול את פי רבי' יעקב בדבר זה כי היו נוהגים בו היתר במקומינו והיה לי דבר פשוט ולאחר פטירתו של רבי שמעתי את רבי' יצחק הלוי שהוא אוסר עד ליל מוצאי יו"ט שני וכל אנשי עירו כמותו וגם הלכות גדולות אוסרים כן ודנתי לפניו ולא הועיל לי הדבר וכל טעמו אינו אלא מדקתני בכדי שיעשו בלילה הראויה לעשיה קאמר ואני אומר צריך להמתין בכדי שיעשו משום שמא היום היה קדש והלילה חול ותדע מדלא קאמר לערב של שני אסורים בכדי שיעשו *לערב הראשון קאמר ובתשובת רבי' גרשום מאור הגולה מצאתי כמותי גם עתה בא אלי מכתב מגרמייזא שבא לשם אדם גדול זקן ויושב בישיבה מן רומא ושמו ר' קלונימוס ובקי בכל הש"ס והורה כן ונחלק עליהן:

חוץ

תוספות

אלא בכוורי דאדימי וכו'. דודאי נצודו מערב י"ט וקרי ליה בני יומן כך פרש"י ולא נהירא דפשיטא דמותרין לטלטל ואתיא כדברי הכל ומשמע דלא אתיא אלא כרבן גמליאל דמתיר ספק מוכן לכן נראה לי דאין ודאי שהוא מערב י"ט. אלא ספק והשתא אתיא כרבן גמליאל דמתיר ספק מוכן:

ולערב אסורין בכדי שיעשו. פרש"י כדי שיעור לקיטתן שלא יהנה ממלאכת י"ט ולערב ראשון קאמר דממה נפשך הן מותרין אם היה (א) חול הרי היום נלקטו ואם היה היום קדש הרי הלילה הזה חול ובשני ימים טובים של גליות איירי והביא ראיה מביצה לעיל (דף ד: ושם) שנולדה בזה מותרת בזה ומההוא טביא דאתליד ביום ראשון ואכלו אותו ביום שני בעירובין (דף לט: ושם) כן פרש"י ורבינו יצחק הלוי והגאונים אוסרין עד מוצאי (ג) ליל יום טוב שני ומפרש בכדי שיעשו לילה הראויה לעשיה ומיהו בתשובת רבינו גרשום מאור הגולה מצאתי כמותי וגם רבינו קלונימוס איש רומי בקי בכל הש"ס שלח לי כתב מעיר גרמיזא כמותי והקשה הר"י לפרש"י דפירש דלכך בעינן כדי שיעשו כדי שלא יהנה ממלאכת יום טוב א"כ המבשל בשבת בשוגג *אמאי יאכל הא נהנה ממלאכת שבת אלא ודאי אין זה הטעם אלא הטעם שמא יאמר לנכרי לך ולקט ומזה הטעם אסורים עד מוצאי י"ט האחרון בכדי שיעשו דאי אמרת דמותרין במוצאי יום טוב ראשון חיישינן שמא יאמר לנכרי בי"ט ראשון לך והביא כדי לאכול מהן בשני ואם כן ע"כ לילה הראויה לעשיה קאמר ומה שהביא רש"י ראיה מביצה וכו' יש לדחות אותה דהתם נולדה מאליה מן השמים וגם ראיה שהביא מההוא טביא דעירובין (דף לט: ושם) יש לומר דמיירי שהיו המצודות פרוסות מעי"ט ומאליו נצודו וכללא הכי הוא דדבר הבא מאליו או דבר מוקצה הבא בידים שהביא נכרי בשביל עצמו או בשביל נכרי אחר ונתנן לישראל בי"ט ראשון מותר בשני אבל אם הביאו בשביל ישראל מן המחובר אסור עד מוצאי יום טוב שני בכדי שיעשו ואם לאו שאין במינו במחובר חוץ לתחום אסורין תוך התחום מותרין ור"י פירש שאין במינו במחובר הבא מחוץ לתחום לא בעינן כדי שיעשו דלא החמירו אלא בדבר שנעשה בו מלאכה דה"נ הקילו שמותר לישראל אחר אפילו בו ביום וקשה לרבי' יהודה דאמרינן בפרק שואל (שבת דף קנא: ושם) הביאו חלילים למת מחוץ לתחום לא יספוד בהן עד מוצאי *יום טוב ומשמע התם בכדי שיעשו ויש לומר דשאני התם דאוושא טפי מילתא דהכל יודעין שהובאו בשבילו ואיכא למגזר טפי ויש חלוק בין מת לדברים אחרים כדאמר התם עשה קבר לאביו בי"ט לא יקבר בו עולמית אע"ג דדברים אחרים מותרים בכדי שיעשו אחר שבת או אחר יו"ט ואומר הר"ר שמואל מאייבר"א דספק חוץ לתחום מותר והביא ראיה מעירובין (דף מה:) גבי מיא בעיבא מיבלע בליעי וכו' וקאמר דהוי ספק אם באו חוץ לתחום *וסיפא דברייתא לקולא ורבי יהודה היה אוסר במחובר ובלידה אפי' לא הביאו בשביל ישראל רק בשבילו או בשביל נכרי אחר ולא משמע כן גבי מרחצת בשבת דשרי (שבת דף קכב.) הואיל ואיכא נכרים בעיר ואין סברא לחלק בין דבר אכילה לדבר אחר ואומר הרר"י די"ט שחל להיות בה' בשבת ובע"ש או בה' בשבת ובב' בשבת הבא ביום ראשון שרי ליום שלישי ולא בעינן הראויה לעשיה דשני ימים קודם לא שייך שמא יאמר לנכרי ויש להחמיר בדבר (*ובכדי שיעשו דאמר לפי' התוס' כדי שיתלשו ויובאו ממקום שלך אותם גם יש לספק אם הביא קופה מלאה פירות אם צריך להמתין כדי שילקטו באדם אחד או בכמה בני אדם):

הבא

מסורת הש"ס

[תוספתא פ"ג]

[שבת קנ:]

[לעיל יז:]

עיין רש"ל

וספק דכריסם להקל כצ"ל:

אלמא לערב הראשון כצ"ל

הגהות הב"ח

(א) תוס' ד"ה ולערב כו' אם היה היום חול הרי כחול נלקטו ואם היה היום קדש: (ג) בא"ד והגאונים אוסרין עד מוצאי יו"ט שני כצ"ל ותיבת ליל נמחק:

רבינו חננאל

דתניא שוחטין מן הביברין ביו"ט אבל לא מן הרשתות כו' ותריצנא הכי ר' שמעון בן אלעזר אומר בא ומצאן המצודות שנתקלקלו מעיו"ט בידוע שמעיו"ט נצודו הא ספק נעשה כמי שנצודו ביו"ט ואסור אמר רב יהודה אמר שמואל הלכה כר"ש בן אלעזר. מאי מותרין דקתני במתניתי' רב אמר מותרין לקבל ולעולם אל ימנע אדם את עצמו מבהמ"ד אפי' שעה אחת דאנא ולוי הוינא יתבי כי אמר ר' מותרין לאכילה ולצפרא הדר ביה ואמר מותרין לקבל אנא דהוינא בבי מדרשא (שמעתא) [ושמעתיה] והדרי בי לוי לא הוה תמן ולא שמעה מיניה ולא הדר ביה, ומותבינן למאן דאמר מותרין לאכילה מהא דתניא נכרי שהביא דורון לישראל אפילו דגין מפולמין ופירות בני יומן מותרין ואי אסרת מותרין לאכילה בני יומן מי שרו באכילה ולטעמיך בני יומן בטלטול מי שרי אלא הכא בכוורי דאריטי כלומר כגון שנתנן בדבש וכיוצא בהן ופירי דכבישי בירקא ואמאי קרי להו בני יומן דאינון כעין בני יומן. אמר רב פפא הלכתא נכרי שהביא דורון לישראל אם יש מאותו [המין] במחובר לקרקע אפילו בערב אסורים לאכול מהן עד שישהא בכדי שיעשו ואם

§ מסכת ביצה דף כד: §

אות א'

בא ומצאן מקולקלין מערב יום טוב, בידוע שמערב יום טוב נצודו, ומותרין

סימן תצז ס"ג- עיין לעיל כ"ד. אות ז' - ח'.

אות ב'

הלכתא: נכרי שהביא דורון לישראל ביו"ט, אם יש מאותו המין במחובר, אסור, ולערב נמי אסורין בכדי שיעשו. ואם אין מאותו המין במחובר, תוך התחום, מותר, חוץ לתחום, אסור; והבא בשביל ישראל זה, מותר לישראל אחר

סימן תקטו ס"א- הנה קודם שנכנס בביאור זה הסימן, אעתיק לשון הגמרא וביאורו בדרך קצרה, איתא: אמר רב פפא הלכתא נכרי שהביא דורון לישראל ביו"ט, אם יש מאותו המין במחובר, אסור, ולערב נמי אסורין בכדי שיעשו, **ופירש** רש"י, דהאי "אסורין" היינו משום מוקצה, מדלא לקטן מאתמול אקצינהו מדעתיה, ואפילו לר"ש דלית ליה מוקצה בעלמא, מודה בזה, עי"ש.

ומאי דקאמר "ולערב אסורין בכדי שיעשו", פירש רש"י, כדי שלא יהנה ממלאכת יום טוב, **ומה** דקאמר "בכדי שיעשו אסורים", ומשמע דלאחר כן מותרים, היינו אפילו לערב ראשון נמי, אע"ג דליל י"ט שני הוא, ממתין רק בכדי שיעשו, ומותר אח"כ ממ"נ, אם הלילה חול הוא, הרי המתין בכדי שיעשו, ואם קודש הוא, נמצא שנלקטו בחול, **ולזו** השיטה הסכימו רוב ראשונים.

ויש מן הראשונים שפירשו, מדקאמר "כדי שיעשו", משמע דבעינן זמן הראוי לעשייה, דהיינו לערב יו"ט שני בכדי שיעשה, דאז הוא זמן חול וראוי לעשייה, **וטעמם**, דלפיכך החמירו חכמים לאסור כל היום שני, וגם אח"כ בכדי עשייה, דאי אמרת דמותרין במוצאי יו"ט ראשון, חיישינן שמא יאמר לנכרי ביום טוב ראשון "לך ולקוט לי", כדי שיוכל לאכול מהן בשני, (תוס').

ויש עוד נ"מ בין אלו השיטות, דלרש"י וסייעתא שלו, דפירשו דהטעם שהחמירו בכדי שיעשה, כדי שלא יהנה ממלאכת יו"ט, שייך דין זה בין למי שהובא בשבילו, ובין לאחרים, **אבל** לדעה האחרונה, דהטעם שהחמירו כדי שיעשה, הוא כדי שלא יבוא לומר לכתחלה לעכו"ם "לך ולקוט לי", יש מן הפוסקים דס"ל, דזה הטעם אינו שייך רק לענין לאסור בכדי שיעשה למי שהובא בשבילו, אבל לא לאחרים, דבודאי לא יאמר לעכו"ם "לך ולקוט לי" כדי להנות לאחרים, דאין אדם חוטא ולא לו, **וממילא** לשיטה זו יש קולא לענין אחרים, דאינו אסור לאחרים רק יום הראשון בלבד, משום מוקצה, ולאח"כ מותר מיד, וא"צ להמתין אפילו כדי שיעשה, **ויש** מן הפוסקים שסוברין, דגם לשיטה זו, האיסור דכדי שיעשה כולל בין לו בין לאחרים.

עוד איתא שם בגמרא: אם אין מאותו המין במחובר, תוך התחום מותר, חוץ לתחום אסור, **והאי** "אסור" הסכימו הפוסקים, דהוא רק לאכול ולהנות מזה, אבל בטלטול מותר.

והנה מדלא הזכיר הגמרא דצריך להמתין אח"כ בכדי שיעשה, ש"מ דבתחומין הקילו, דא"צ להמתין לערב בכדי שיעשו, (תוס'), **אבל** רוב הראשונים הסכימו, דגם בזה צריך להמתין לערב בכדי שיעשו, **אך** בזה אפילו אותן הנוהגין להחמיר לענין מחובר כדעה השניה, לענין תחומין נהגינן להקל כדעה ראשונה, דדי להמתין כדי שיעשו לערב יו"ט ראשון בלבד.

עוד יש קולא לענין תחומין, דהבא בשביל ישראל זה, מותר לישראל אחר לאכול אותו הדבר, אפילו בו ביום, **ומ"מ** אין לטלטל חוץ לד"א ממקום שהניח הנכרי את הדבר, לבד אם הניח בבית או בעיר המתוקנת בעירובין, דחשיב כולה כד' אמות, **ועתה** נבוא לבאר את הסי' הזה בעזה"י.

[א]אינו יהודי שהביא דורון לישראל ביו"ט - וה"ה בהביא למכור בעיר שרוב ישראל דרים בה, דמן הסתם למכור לישראל הביאו, **וכן** בקצץ להעכו"ם מעות להביא לו פירות או דגים מעיו"ט, והביאן ביו"ט, בכולהו אסור, **ולא** אמרינן בעכו"ם אדעתיה דנפשיה עביד כדי להרויח, או להשלים פעולתו, כיון דעכ"פ עושה מלאכתו כדי שיהנה הישראל ביו"ט, (**ולאפוקי** מדעת המ"א שמיקל בקצץ, **דאדעתא דנפשיה עשה, ועיין דבריו לקמן בסמוך**).

אם יש ממינו במחובר או [ב]שמחוסר צידה, אסור - דמחמרינן מספיקא, אולי תלשן או צדן ביו"ט על דעת להביאן לישראל, **ויש** שסוברין דלהכי אין תולין דנתלשו וניצודו מבערב, דאין דרך רוב אנשים לתלוש מבערב לצורך מחר אלא ביומן, אם לא דניכר בהן דכמישי כמו בס"ג, [**ומטעם** זה חשבינן ליה כודאי ליקטן היום, לאסור בכדי שיעשו, ואילו בספק יש דעות בין הפוסקים].

(**והיכא שהרוב אינן במינו במחובר, והמיעוט יש עדיין במינן במחובר, לא שרינן מכח כל דפריש מרובא פריש, משום דאיכא רוב המנגד לזה, כי רוב המביאין פירות למכור מביאין אותן שנתלשו היום, יותר ממה שמביאין אותן שנתלשו מכבר**).

(**כתב הרוקח, כמהין ופטריות שהביא עכו"ם לישראל ביו"ט, נמי אסורין, דלמא תלשן ביו"ט, וקמ"ל דלא תימא דלא חשיבי מחובר כיון שהם גדילים גם על העצים**).

אף למי שלא הובא בשבילו, לאכלו - וה"ה להנות בו, כגון הדס שנקצץ אסור להריח בו, וכן שאר הנאות, [ממה שכתב רש"י "שלא יהנה ממלאכת שבת", משמע דה"ה שארי הנאות אסור ממה שעשה העכו"ם בשביל ישראל], **בו ביום** - כדין כל מלאכה האסורה שעשה הנכרי בשביל ישראל, דאסור לכל ישראל עד לערב בכדי שיעשו, [ומה שכתב רש"י משום מוקצה, כתבו, דהיינו לכלל בזה איסורא אף אם עשה העכו"ם לעצמו], **ובו** ביום בלא"ה אסור בזה, דבמחובר ומחוסר צידה יש

באר הגולה

א מימרא דרב פפא ביצה כ"ד | ב עירובין ל"ט

בו משום מוקצה לכו"ע, [היינו אפי' לאותן הסוברים כר"ש דאין מוקצה ביו"ט, רש"י, וגם אין חילוק בין שהפירות של עכו"ם או של ישראל, רש"י], מדלא לקטן מאתמול מסתמא אקצינהו מדעתיה, כגרוגרות וצמוקין שלא נתייבשו לגמרי, [רש"י ושארי פוסקים]. **וגם** בפירות שקלין לתלוש, ואדם מתאוה להן, יש בו משום גזירה שמא יעלה ויתלוש, כמו פירות הנושרין, **ואפי'** לקטן וצדן העכו"ם לעצמו, שייך טעם זה, **אלא** דמטעם זה אינו אסור אלא ביומו, אבל לערב היה מותר מיד, כמבואר בס"ב.

(ואפי' עבר ונתן לפיו ולעסו, אסור לבלעו) (ר"ש) - וה"ה אם בשוגג נתן לתוך פיו, **ומשמע** מסתימת הפוסקים, דאפילו אם כבר בירך ע"ז, אסור לבלוע, דמוקצה הוא כשאר אכילת איסור.

[ג] **ואפילו לטלטלן אסור** - דמוקצה הוא וכנ"ל, וגם דכיון דאסור באכילה, ממילא אסור נמי בטלטול, דומיא דטבל, **ומטעם** זה, אפילו לערב שהוא תחלת יום אחר, כיון שאסור באכילה עד כדי שיעשה, ממילא נמי אסור בטלטול, **ולא** דמי לנבילה דאסורה באכילה ושריא בטלטול, התם חזייה לכלבים, אבל הכא לאו דעתיה להשליכה לכלבים, **וגם** דנבילה אין איסורה מחמת איסור היום.

ולערב מותרים בכדי שיעשו - כדי שלא יהנה ממלאכה שנעשית בשביל ישראל ביו"ט, וכיון שממתין שיעור כדי שיהנה בחול, שוב אינו נהנה ממלאכת יו"ט, [רש"י ושארי פוסקים].

ובשני ימים טובים של גליות, אם הובא ביום ראשון, [ד] מותר מיד בליל יו"ט שני בכדי שיעשו - דמעיקרא מיירי בארץ ישראל, שהוא רק יום א', או בחו"ל ונעשה המלאכה ביו"ט ב', דממתין עד לערב שהוא חול, **וכאן** הוסיף, אף בשני י"ט של גליות, שלערב יום ראשון יו"ט הוא, אפ"ה א"צ להמתין לערב יו"ט ראשון אף למי שהובא בשבילו רק כדי שיעשו אז, **דממ"נ** יום אחד חול הוא, דאם יום הראשון קודש, הלא עכשיו חול, ודי בכדי שיעשו, ואם הראשון חול, הלא נעשית המלאכה בהיתר, וא"צ לשהות כלל.

הגה: ויש מחמירין לאסרו עד מוצאי יו"ט שני - והיינו גם כן בכדי שיעשה, **(טור בשם ר"ת ורש"י וסמ"ג)** - ט"ס, דרש"י הוא עיקר דעה ראשונה, וצ"ל: "והרא"ש".

דס"ל דעיקר האיסור הוא, דאי שרית ליה שמא יאמר להעכו"ם לעשות, ולכן אף ביו"ט שני אסור עד לערב בשעה הראויה לעשייה, דאל"ה אכתי יש לגזור שיאמר לעכו"ם לעשות ביום ראשון, כדי להכין ליו"ט שני, מפני שיודע דאם יאמר לו לעכו"ם ביו"ט שני גופא, יהא אסור ליהנות בו ביום עד לערב בכדי שיעשו.

אכן י"א דיש קולא ג"כ לדעה זו, דלדידהו אינו אסור כל יום ב' אלא לאותו ישראל שהובא בשבילו, אבל לשאר ישראל מותר מיד בערב יום ראשון, וא"צ להמתין אף בכדי שיעשו.

ונוהגין להחמיר אם אינו צורך יו"ט לצורך אורחים וכה"ג, דאז נוהגין להקל לאחרים, שלא הובא בשבילן (תה"ד) - פירוש הוא, דהטעם כיון שלא הובא בשבילן, והיינו דלצורך אורחים שהוא מצוה, סומכין על המקילין לדעה זו, לאחרים ביו"ט שני אחר בכדי שיעשה, [בצירוף דעת רש"י]. **אבל** בלא"ה אין להקל אף לאחרים, דהפוסקים אין מחלקין בזה.

(והיינו כשאין לו מאותו המין, דאם יש לו, לא מקרי לצורך).

ודע, דמה דמחשבינן אורחים כאחרים, יש מפרשים דהיינו דוקא כשהזמינן אחר שהביאו הדורון, דאז לאו אדעתיה דידהו הביאו, **דאלו** אורחים שהזמינן מקודם, י"ל דחשיבא כבני ביתו ואסור.

ועוד כתבו האחרונים, להקל לאורחים מעיר אחרת, דכתב הרמ"א בסימן של"ג, דדוקא אורחים שאינן מעיר הזאת מקרי אורחים – מזה"ש, אף אם הזמינן מקודם, **ואף** הוא בעצמו אוכל עמהן מפני כבודם, שזהו בכלל מצות הכנסת אורחים, וסמכינן בזה אדעה ראשונה, דמתיר ביו"ט שני של גליות אחר בכדי שיעשו, **וקודם** כדי שיעשו אין להקל בכל גווני, אף לאחרים.

כתב הט"ז, דכשיש לו דוחק גדול וצורך באכילה, יש לסמוך לגמרי על דעה ראשונה, להתיר אף לאותו ישראל עצמו שהובא בשבילו ביום א', אחר שיעור כדי שיעשה בתחילת ליל ב', [**והעתיקו** א"ר והלכה ברורה, אבל אינו מוכח מהם שתופסין כן לדינא, וגם הגר"ז והח"א לא העתיקו כלל קולא זו, **מ"מ** נראה דאם יש לו עוד קצת ספק, אם נלקט מהיום או מעיו"ט, או שמא לא בשביל ישראל, יש לסמוך להקל בט"ז]. **(דהגם דדעה שניה הוא דעת כמה ראשונים, אבל מ"מ רוב הפוסקים ראשונים קיימי בשיטת המחבר, דסתם כדעת רש"י, וע"כ במקום שיש עוד צדדים להתיר, נראה לכאורה דיש לסמוך להקל כשיטת רש"י).**

ואם קצץ עם העכו"ם מערב יו"ט שיביאו לו בזמן היתר, והם הביאו לו ביו"ט ראשון, יש להקל ביו"ט שני לאחר כדי שיעשה, אף לאותו ישראל בעצמו שהובא בשבילו, [א"ר, **דלענין** יו"ט שני סומך עצמו על המ"א, מובא לקמן בבה"ל].

(המ"א מיקל בקצץ, והוא דבקצץ אין נ"מ כלל לעכו"ם מתי יגיע ליד ישראל, דבכל אופן יקבל דמי קציצתו, אבל במכירה, נהי דעיקר כונת העכו"ם למכור סחורתו, אבל בשביל זה הלא רוצה שיגיע ליד ישראל בהקדם, שיקח שיחויב לו דמים, וא"כ כונתו שיגיע לישראל עכשיו שהוא יו"ט, ודומיא לכל מלאכה שעושה עכו"ם בשביל ישראל, דאסור אף שנוטל דמים, אכן מוכח מאו"ז להיפך, וכן משמע מאליה רבא, שלא העתיק התירא דמ"א רק לענין יום טוב שני, דאז יש לסמוך בזה להתיר בכדי שיעשה, ומ"מ נראה, דאם יהיה לזה עוד ספק, יש להתיר בקצץ אפילו לענין מלאכה גמורה לערב של מוצאי יו"ט ראשון מיד, ולענין תחומין יש להתיר בקצץ, שלא יצטרך בכדי שיעשה למוצאי יו"ט ראשון, אפילו אם לא יהיה לזה עוד צירוף ספק, כנלענ"ד).

באר הגולה

ג הרי"ף והרא"ש שם ד בפירוש רש"י שם

[ה]**וכן אם הובא ביום טוב שני, צריך להמתין במוצאי יום טוב בכדי שיעשו** - ובזה אין חילוק לכו"ע בין הוא לאחרים, כיון שהובא ביום זה, **אכן** אם הביא בתחלת הלילה דאין פנאי לצוד היום, ובע"כ ניצודו ביום ראשון, יש לו דין הביא ביו"ט ראשון, **וכן** אם הביא העכו"ם בתחלת ליל ראשון, יש לו דין ניצוד מעיו"ט, ואם הביא מתוך התחום, שרי.

(**המחבר** נקט לשון "שהובא ‹ביו"ט שני›", ובאמת ה"ה אם ליקט העכו"ם או צד ביום טוב שני, והביא תיכף במוצאי יו"ט, דצריך להמתין בכדי שיעשו, כיון שלקיטתו היה ביום טוב בשביל ישראל, **ועיין** ברא"ה דמיקל היכא שלא היה בו רק איסור תחומין, דאין להחמיר להצטרך בכדי שיעשה, רק אם הביאן ביו"ט גופא ולא במוצאי יו"ט, והיינו אפילו שלח הישראל להעכו"ם, והיה ע"פ צוואתו).

[ו]**אבל בשני ימים של ר"ה** - דלא שייך בהו ממ"נ, דקדושה אחת היא, וכיומא אריכתא דמי, **או ביו"ט הסמוך לשבת, בין מלפניו בין מלאחריו** - כגון שהיה יו"ט ביום ע"ש, והביאן ביו"ט, או שהיה ביום א', והביאן בשבת שלפני יו"ט, **אם הובא בראשון צריך להמתין עד מוצאי יו"ט ושבת בכדי שיעשו** - שאם לא ימתין ויאכל מיד, הרי נהנה ממלאכת יו"ט, דאם לא היה מביא לו ביו"ט, לא היה יכול ליהנות מהן בהיתר, אא"כ היה מביא לו במו"ש, וכן ביו"ט שחל להיות אחר השבת, כדי שלא יהנה ממלאכת שבת, [**ובזה** אין חילוק בין לו בין לאחר, וכשיטת רש"י, דלא אזלינן בתר שיטת ר"ת רק להחמיר ולא להקל].

עד מוצאי יו"ט ושבת - ושיעור זה צריך להמתין אף אם נלקטו או ניצודו מאליהן, דאף דשתי קדושות הן, מ"מ אסור מזה לזה משום הכנה, דאין יו"ט מכין לשבת, ולא שבת מכינה ליו"ט, והיינו כיון דביום זה אסור לאוכלו, נראה כאלו מכין רק לחבירו, **אכן** בזה במו"ש מותר מיד, ולא היו צריכין להמתין אחר מו"ש ויו"ט בכדי שיעשו.

[**והנה** לענין הכנה, מיו"ט לשבת האיסור מדרבנן לכו"ע, דהא מדאורייתא חזי ליו"ט עצמו, **ומשבת** ליו"ט, לדעת רש"ל הוא דאורייתא, בפירות שאין נאכלין חיין, כיון שאינם ראויין לשבת, **ולדעת** הרשב"א והר"ן לעולם הוא מדרבנן].

[ז]**ושיעור כדי שיעשו** - אכל הסעיף קאי המחבר, **היינו כדי שילך האינו יהודי למקום שליקט** - היינו אם יודע מאיזה מקום ליקט, הן רחוק או קרוב, משערינן בו, **ואם** הביאן עכו"ם ע"י רכיבה בסוס, א"צ להמתין אלא בכדי רכיבה לשם, **ויגמור המלאכה ויחזור לכאן.**

(**ומשמע מסתימת הפוסקים**, דלדידן דנוהגין כר"ת, להחמיר להמתין עד מוצאי יו"ט שני בכדי שיעשה, שיעורו ג"כ כמש"כ המחבר, **ודע** דדעת הסמ"ק, דלאחרים השיעור כדי לקיטה לחוד, אמנם בעו"ש דעתו דאין לחלק בזה, וצ"ע, **ודעת** הרא"ש והטור, כדי שיוכלו להביא ממין זה ממקום הקרוב הנמצא סמוך לעיר, והמחבר העתיק לדינא דעת הרשב"א והר"ן, ומ"מ במוצאי יו"ט שני, אם הביא בראשון, אפשר דא"צ להחמיר לאחרים בשיעור זה, ודי בשיעורו דהרא"ש).

ואם נסתפק לו מהיכן הביאן, שיעורן כדי שיבואו מחוץ לתחום - ר"ל בין לחומרא, דהיינו אם ספק שמא בתוך התחום או חוץ לתחום, צריך להמתין עד כדי שיביאו מחוץ לתחום, **וכן** לקולא, כגון אם ידוע לו שבודאי מחוץ לתחום, אלא שאינו ידוע אם בסמוך לתחום או רחוק הרבה, אין להחמיר להמתין אלא בכדי שיעור מחוץ לתחום.

(**ומשום** דס"ל כשיטת הגאונים, דבספיקא תלינן להחמיר, **והנה** לפי המבואר בסימן שכ"ה ס"ז, דעת הי"א שם דתלינן להקל, ועי"ש במ"ב דלצורך מצוה יש לסמוך ע"ז, **אם כן גם בענינינו, אם יש לו ספק אם הביא ממקום קרוב שהוא בתוך התחום, או חוץ לתחום, א"צ להמתין רק בכדי הבאה שהוא בתוך התחום, אם הוא לצורך מצוה**).

[ח]**סימן תקטו ס"ה** - [ט]**דבר שאין במינו במחובר ואינו מחוסר צידה** - כגון אווזים ותרנגולים וכה"ג, או כגון שהביא הנכרי פירות יבשים, וכנ"ל בס"ג, **אם בא מתוך התחום מותר לכל; ואם באו מחוץ לתחום** - דהיינו שבתחלת כניסת יו"ט היו עדיין חוץ לתחום, **אסור לאוכלן למי שהובאו בשבילו, ולכל בני ביתו** - דמסתמא אדעתא דכולם הביא, שידוע שאין בעה"ב אוכל לבדו.

ולענין אורחים, אם הם סמוכים תדיר על שולחנו, לכו"ע הם כבני ביתו, ואפילו אם זימנן במקרה, ג"כ יש מחמירין ואוסרין, [**ומ"מ** נ"ל, דלענין כדי שיעשו אין לאחרים להחמיר בזה, דבלא"ה כמה פוסקים מקילין לענין תחומין, דא"צ אפי' לדידיה כדי שיעשו], **אכן** אם זימנן אחר שהביאן הנכרי הדברים לביתו, יש להקל.

ובנכרי שהביא פירות לעיר שרובה ישראל, אפי' מסתמא אסור לכולם, דאדעתא דכולם הביא, וכדלקמן ס"ו.

[י]**אבל מותר לטלטלן** - מאחר דלאחרים מותרין כדלקמיה, אין עלייהו שם מוקצה, [**ואפי'** הביא למכור בעיר שרובה ישראל או כולה, דלכולם אסור, אעפ"כ מותר לטלטל, דמ"מ הא מותר לאותם שבתחום מקום שלקח, **ואפי'** ליכא שם ישראל, ג"כ שרי, דמ"מ אילו יתרמי שם ישראל הוי שרי].

בתוך ד' אמות - ממקום שהניח הנכרי, ולא יותר, שהרי עכ"פ חוץ לתחום הם, וקנו שביתה שם, **ואפילו** הביאן הנכרי לעצמו, ג"כ דינא הכי.

או בתוך העיר מוקפת חומה - דמסתמא הוקפה לדירה, **או מבצר שידוע שהוקף לדירה** - דמבצר מסתמא לא הוקף לדירה.

באר הגולה

ה שם בעירובין | ו תוס' שם ושארי פוסקים | ז הר"ן והרשב"א בתשובה והרב המגיד | ח ‹ע"פ מהדורת נהרדעא› | ט מימרא דרב פפא ביצה כ"ד | י הרא"ש והר"ן והרשב"א

וה"ה בתוך העיר שיש בה תיקון עירובין שרי, דכארבע אמות דמיא.

ואחרים מותרים אף לאכלם - דגבי איסור תחומין שהוא מדרבנן, לא אחמור רבנן לאוסרה אף על אחרים, כמו בס"א שהשוו שם חכמים מדותיהם, [רש"י], **וגם** דבלא"ה אין האיסור של תחומין שוה לכל אדם, שלזה הוא חוץ לתחום, ולזה הוא בתוך התחום, **ואפילו** בהובא מחוץ לשלשה פרסאות, דלכמה פוסקים יש ע"ז איסור דאורייתא, [היינו לישראל העושה אותן, והיה לנו לגזור אף לנכרי שעשה בשביל ישראל], ג"כ לא החמירו אלא למי שהובא בשבילו - אחרונים.

וכ"ש דמותר לאחרים לטלטלם, ומ"מ חוץ לד"א אסור לטלטל גם לאחרים, מחמת שקנו שביתה במקומן, וע"כ אפי' א"א להם לתקנן או לבשלן אא"כ יטלטלן חוץ לד"א, אסור, **אם** לא שהוא לצורך יו"ט, דאז יש להתיר להוציאן ע"י נכרי, דאינו אלא שבות דשבות במקום מצוה.

עוד כתבו, דאם היה בהמה, והאחר אוכל מעט ממנה, מותר לשחטה מיד, **ומ"מ** גם אחר השחיטה אסור למי שהובא בשבילו, דהא אפילו דבר שא"צ שחיטה אסור למי שהובא בשבילו.

ולערב (יו"ט ראשון) [יא]צריך להמתין מי שהובאו בשבילו, בכדי שיעשו - אין ר"ל דוקא אם הביא בראשון, דה"ה אם הביא בשני, גם כן צריך להמתין לערב בכדי שיעשו, **אלא** דבא להשמיעו, דאם הביא בראשון א"צ להמתין רק בלילה בכדי שיעשה, ואפילו לדידן וכו', וכמו שמסיים הרמ"א בעצמו לבסוף.

הגה: ומותרין אח"כ אפילו לדידן שנוהגין להחמיר בשאר דברים כמו שנתבאר - ר"ל בצידה ומחובר, דצריך להמתין עד מוצאי יו"ט שני בכדי שיעשו, **הכא** לענין תחומין סגי בהמתנה בכדי שיעשה בתחלת ליל שני, ומותר אח"כ, **והטעם**, דבתחומין סמכינן אדעה קמייתא שבס"א.

בכדי שיעשו הוא לפי ערך הזמן שנשתהא המביא, ואם אינו יודע, משערינן רק בכשיעור הבאה מחוץ לאלפים אמה, [**ומ"מ** אם הביאו ממקום רחוק, פשוט שא"צ להמתין רק שיעור הזמן שהוליכה בדרך משקידש היום, אבל מה שהוליכה מעיו"ט אין לצרף, ולא גזרינן שיאמר לעכו"ם ב' ימים קודם יו"ט, בכדי שיוגמר הבאתו ביו"ט].

ועיין לעיל סי' שכ"ה לענין שבת, שיש מחמירין להמתין האי שיעורא ביום שלאחריו, ולא בכניסת לילה, שאין דרך להביא בלילה מחוץ לתחום, ושפיר מתהני מזה אכתי כשהביא לו הנכרי ביום, **וכ'** האחרונים, דמדהשמיט הרמ"א להביא סברא זו גם בסימן זה, מסתמא ס"ל להקל ביו"ט, ודי בכניסת ליל שני, **מ"מ** אפשר דדוקא לענין תחומין לא רצה להחמיר, אבל אם היה בו גם איסור דאורייתא, שלקט ממחובר חוץ לתחום, יש להחמיר, **ולדבר** מצוה או בשעת הדחק, יש להקל בכל גווני.

[יב]סימן שכה ס"ו - [יג]אם ליקט וצד בשביל ישראל - וה"ה בכל המלאכות דאורייתא שעשה הא"י בשביל ישראל, ואפילו עשה מעצמו בלא צווי הישראל, **[יד]או בשביל ישראל וא"י** - כגון שהיה מחצה ישראל ומחצה א"י, או בידוע שגם לישראל צד וליקט, אף דהרוב היו א"י, **צריך להמתין לערב בכדי שיעשו** - דהיינו שיעור שילך הא"י במו"ש למקום שלקט, וילקוט שם אחרים, ויחזור לכאן, **ואם** אינו ידוע מהיכן הביאו, שיעורן בכדי שיביא מחוץ לתחום, **ואם** בתחלה בשבת הביאן על סוס, משערינן ג"כ דרך רכיבה.

והיינו אפילו ישראל אחר שלא נלקט בשבילו, כיון דעשה מלאכה דאורייתא בשביל ישראל, אסור לכל ליהנות עד מו"ש בכדי שיעשו, **ובשבת** גופא בטלטול נמי אסור.

והטעם דאסרו לכל עד בכדי שיעשו, שלא יהנו ממלאכה הנעשית בשביל ישראל בשבת, [רש"י ור"ן], **וגם** דגזרו, דכשיהיה מותר מיד במו"ש, יאמרו לא"י בשבת להכין, שיהיה מזומן על מו"ש מיד, ‹תוס'›

[טו]סימן שכה ס"ז - [טז]ספק אם ליקטן בשביל ישראל - כגון שהא"י אמר לישראל ליתן לו פירות בשבת, והלך לבית הא"י ונתן לו פירות, דספק אם לקט אלו בשבילו, או חשב ללקוט אחרים בשבילו, ואלו לקט לעצמו מתחלה, **אבל** א"י שהביא דורון לישראל, לא הוי ספק, דאמרינן דודאי בשבילו לקטן, **וכן** אם הביא פת חמה לישראל, אמרינן דודאי בשבילו אפה.

או שידוע שליקטן בשביל ישראל, ואין ידוע אם נלקטו היום אם לאו - גם זה לאו בהביא דורון מיירי, דבהביא דורון או הביא למכור, חשבינן כודאי תלשן בשבת, דמסתמא הביא מן המשובחין.

אסורים בו ביום, [יז]ולערב בכדי שיעשו - והטעם דאסרו מספק, אף שהוא מלתא דרבנן דספיקא לקולא, משום דהוא דבר שיש לו מתירין, שאפשר להמתין עד מו"ש, **ואם** היו שני הספיקות יחד, אם תלשן בשבת, וגם אם תלשן בשביל הישראל, **בשבת** גופא אסור, דהא אפילו ודאי לא בשביל ישראל לקטן, אסור בשבת משום ספק מוכן, **אבל** במו"ש יש להתיר בזה מיד משום ס"ס.

[יח]ויש אומרים דלערב מותר מיד - דס"ל דלא אסרו רבנן בזה מספיקא, [**דאף** דבעלמא דבר שיש לו מתירין אסור, ס"ל דבזה דעיקר האיסור הוא משום גזירה, לא גזרו רבנן בספיקא אף דיש לו מתירין], **ומ"מ** בשבת גופא דאיסורו משום מוקצה, מודו דאין להתיר, אפילו היכא דרק ספק אם נלקטו בשבת, דבספק מוכן החמירו יותר משאר ספיקות דרבנן, [**אבל** בשאר ספיקות דאין בהם ספק מוקצה, לדידהו גם בשבת גופא מותר].

ולדינא כתב הא"ר, דיש לסמוך על הי"א הזה, דאין להחמיר למו"ש, [**דאף** דלדידהו שוה שבת ומו"ש וכנ"ל, מ"מ אנן מקלינן טפי במו"ש, **אבל** בשבת יש להחמיר בכל הספיקות, וכסתימת המחבר בס"ט, אפי' בספק תחומין], **אבל** בח"א כתב, דאין להקל רק לצורך מצוה, (וה"ה במקום הדחק, **ומ"מ** די לנו אם נקיל בזה בספק גמור, וכגון שניכר קצת

באר הגולה

יא	ארחות חיים בשם הרשב"א	יב	‹ע"פ מהדורת נהרדעא›	יג	ביצה כ"ד ועירובין	יד	סמ"ג ותרומה	טו	‹ע"פ מהדורת נהרדעא›
טז	ביצה כ"ד ברייתא וכרבי יהושע	יז	הרי"ף	יח	טור בשם סמ"ג				

בהפירות עצמן שנלקטו מאתמול, **אבל** בסתם פירות, דלדעת הר"ן ורבינו יונה הוא כודאי, אפשר דאין להקל, דהלא המחבר משמע דפסק בלא"ה כדעה הראשונה, דאוסרת אף בספק גמור).

[יט]**סימן שכה ס"ח** - [כ]**דבר שאין בו חשש צידה ומחובר, אלא שהובא מחוץ לתחום** - כגון דברים אחרים שאין שייך בהם צידה ולקיטה, או אפילו בהני, אלא שניכרין שלא נצודו ונלקטו בשבת, **אם הביאו הא"י לעצמו, מותר אפילו בו ביום** - היינו אף באכילה, ואפי' להאוסרין בס"ד בכל המלאכות של אכילה שעשה הא"י בשביל עצמו, באיסור תחומין שרי, **ואף** בתחומין די"ב מיל וכדלקמיה.

[כא]**ואם הביאו בשביל ישראל, מותר לטלטל אפילו מי שהובא בשבילו** - ואף דבאכילה אסורין לאותו ישראל, כיון שלישראל אחר מותרין, אין עליהם שם מוקצה.

אבל לאכול, אסור בו ביום למי שהובא בשבילו - ה"ה לבני ביתו דאסור, וה"ה לאורחים שהיו מזומנים אצלו בשבת.

ואם הביא למכור בעיר שרובה ישראל, אסור לכל, דבשביל כולם הביא, **ובעיר** שרובה א"י מותר.

ואם הביאו בשביל ב' בני אדם, ב' דברים, אסורין להחליף כדי להתיר באכילה, **דאם** יהיו מותרין, יבואו לומר לא"י לכתחלה להביא להם.

ולמכור לאחר שלא הובא בשבילו, מותר, והיינו באופן ההיתר, **ובלבד** שלא ירויח, למכור ביוקר ממה שלקח.

אם הובא בספינה למעלה מיו"ד, שרי, דאין תחומין למעלה מיו"ד, **והיינו** שלא היה ביבשה בבין השמשות, **וגם** לא היה למטה מעשרה פעם אחד, **דאם** היה למטה פעם אחד, ויצא משם חוץ לתחום, אף שהיה אח"כ כל הדרך למעלה מעשרה, **וכ"ש** אם היה ביבשה ביה"ש, אסור לטלטל חוץ לד' אמות.

[כב]**ולערב בכדי שיעשו** - הכל לפי הענין שנעשה מלאכה בשבת, דאם הביא הא"י דרך רכיבה על הסוס, צריך לשער ג"כ באופן זה, **ואם** הביא ממקום רחוק הרבה ושהה ג' ימים, א"צ להמתין רק יום א' כנגד הזמן שהלך בשבת, **והיינו** בידוע מאיזה מקום הביא, אבל כשאין ידוע, משערינן לעולם כמו שהביאן חוץ לתחום.

(**וכתב המ"א**, נ"ל דאין צריך להמתין אלא מה שדרך לרכב ביום, כי בלילה מן הסתם לא רכב, **ועיין** בא"ר שכתב ע"ז: וצ"ע, **ובתו"ש** כתב דאין דבריו מוכרחין, והכל לפי הזמן).

הגה: וי"א דאין הלילה עולה מן החשבון, רק צריך להמתין ביום ראשון בכדי שיעשו (סמ"ק ומרדכי) - לפי שאין רגילות להביא בלילה ממקום רחוק, וא"כ אכתי נהנה הישראל במה שהביאו ביום, וע"כ צריך להמתין שיעור ההבאה למחר ביום, **ודוקא** בזה שהובאו ממקום רחוק דהוא חוץ לתחום ס"ל כן, משום דאין דרך להביאו בלילה משם, **אבל** לעיל כשהיא תוך התחום, אלא שלקטו או צדו בשבת, גם לדעה זו סגי להמתין בכדי שיעשו בלילה.

וכתב המ"א, דהיש"ש פסק כסברא ראשונה להקל, וכן מסתבר דאין להחמיר בזה, דהא להי"א השני מתירין לגמרי, **וכ"ש** לצורך אורחים או שאר דבר מצוה בודאי יש להקל, [**ושלא** לצורך אורחים, דעת הגר"ז להחמיר].

אבל אם היה בו גם איסור דאורייתא, שלקט ממחובר חוץ לתחום, יש להחמיר, [**דבזה** א"א לצרף דעת הי"א השני, כיון שיש בו איסור דאורייתא וגם חוץ לתחום], **מ"מ** לדבר מצוה, [או בשעת הדחק], יש להקל בכל גווני [כהיש"ש].

ולאחרים, מותר בו ביום - דבתחומין דרבנן לא אסרו לאחרים, רק למי שהובאו בשבילו, וכן בשאר איסור דרבנן, **ואפילו** בתחומין די"ב מיל להסוברין דהיא דאורייתא, כיון שאינו מפורש בקרא לא החמירו בו, [**בר"ן** כתב הטעם בשם הרמב"ן, משום דתחומין אין שוה לכל, דמה שלזה הוא חוץ לתחומו, לזה הוא תוך תחומו, וע"כ לא אסרו לאחרים].

[כג]**וי"א דלמי שהובא בשבילו מותר לערב מיד** - דס"ל דבאיסורי דרבנן א"צ להחמיר בכדי שיעשו אף למי שהובא בשבילו, **ולדינא** יש להחמיר כסברא ראשונה, וכ"ש בתחומין די"ב מיל.

[כד]**והא דשרי לישראל לטלטל, אפי' כשהביאו הא"י לעצמו, דוקא בתוך ד' אמות** - דכל דבר שיצא חוץ לתחום, אסור לטלטל חוץ לד"א, אף שמותר באכילה במקומם, **או בתוך העיר אם היא מוקפת חומה** - דנחשב כל העיר כד"א, וה"ה כשנתקן בצורת הפתח, דחשיב נמי כל העיר כד"א, וכ"ש בית וחצר, דנחשב כל ההיקף כד"א, [כה]**והוא שתהא מוקפת לדירה, דהיינו שישבה ולבסוף הוקפה** - דאם אינה מוקפת לדירה, או שהניח הא"י בשדה, אין להחפץ רק ד"א, **ואם** טלטל אותו אחד אמה או שתים, שוב אין רשאי אחר לטלטלו רק עד תשלום ד"א.

וסתם עיירות מוקפות לדירה; וסתם מבצרים אינם מוקפים לדירה. (וע"ל סימן ת"א) - היינו דשם כתב לכאורה היפך זה, וי"א דכוונתו לסימן תרפ"ח ס"א, דשם כתב הרמ"א: אבל מסתמא הוקפה ולבסוף ישבה, **אבל** הט"ז כבר יישב שם דלא סתרי אהדדי.

באר הגולה

יט <ע"פ מהדורת נהרדעא> | כ מהא דביצה כ"ה ועירובין פ' | כא שם | כב הרי"ף ור"ן וסמ"ג והמרדכי ושאר פוסקים | כג ר"י <בתוס'> וכן פסק הרא"ש | כד ר"ן | כה רא"ש

§ מסכת ביצה דף כה. §

אות א'

הסוכר אמת המים מערב יום טוב, ולמחר השכים וכו'

סימן תצ"ז ס"ה - [א]**אם סכר אמת המים בכניסה וביציאה מערב יו"ט** - כדי שלא יכנסו חדשים ושלא יצאו הישנים, **מותר ליקח ממנה דגים ביו"ט, דהוה ליה ניצודין ועומדין, (מאחר שאמת המים היא צרה ואינן יכולים להשמט) (המגיד)** - עיין בב"ח וש"א שכתבו, דאם היא רחבה יותר מן ו' טפחים, אסור, **ולענין** ארכה מקילין הרבה אחרונים, אפילו אם ארוכה כמה, כיון שאינה רחבה, בקל יש לתפוס הדגים, [**ובנחלת** צבי מפקפק ע"ז, דכמו ביותר מן ו' טפחים יוכל הדג להשמט, כן ה"ה בארוכה הרבה].

ואפי' באופן המותר, ג"כ יש מחמירין שלא לצודן במצודה כדרך שעושין בחול, אלא ביד, ויש לחוש לסברא זו לכתחלה, [**וט"ז** וא"ר מקילין].

ומוקצה אין כאן, דמעשה הסכירה חשוב כמו שהזמין דגים ידועים, [**ודע** דבפמ"ג משמע, דדוקא כשהזמין קודם יו"ט לצורך יו"ט, **ובהלכה** ברורה משמע, שאפי' לא הזמין על יו"ט רק סתם, נמי שרי].

ואם מותר לו לברור כפי מה שצריך, ולהחזיר השאר למים, תלוי בזה: אם בשעה שסכר חשב שאפשר שיצטרך ביו"ט לכל הדגים שימצא בהאמה, א"כ הרי הוכנו כל הדגים, ושפיר יכול להעלות כמו שירצה, ולברור הגדולים המשובחים, ולהחזיר השאר למים, **אבל** אם בשעה שסתם אמת המים היה יודע בודאי שלא יצטרך ביו"ט רק איזה דגים, א"כ הרי לא הוכנו כולם, וכשבורר ומניח הקטן, אגלאי מלתא דהאי לא הוכן, א"כ טלטלם שלא לצורך, כדלקמן סעיף י"ד, ולכן לא יברור ויניח השאר, אלא צריך ליקח ולאכול כל מה שיעלה בידו, בין טוב ובין רע, ולא יחזיר מה שלא ייטב לו, [**ולא** חיישינן שמא יקח ויניח, כדחיישינן גבי יונים בס"י, דלגבי דגים לא שייכא כולי האי סברא זו].

ולאו דוקא אמת המים, אלא ה"ה אם הכניס דגים לתיבה מלאה נקבים והעמידה במים, נמי שייכי כל הני דיני, [**ואם** התיבה נתון במים מזמן מרובה, ונתנו שמה דגים לפרות ולרבות, ולפעמים צד מהם, יש לומר בודאי ביו"ט מוקצין הם, **ומצדד** הפמ"ג, דדי שיזמינם בפה מעיו"ט, ושוב אינם מוקצה]. **ויש** מי שאומר דדוקא בביבר ובאמת המים, שעכ"פ הדגים הם בקרקע מקום חיותם, משא"כ כשהם מונחים בכלי, לא שייך בהו כלל צידה, ואפי' צריך להביא מצודה שרי, **וע"כ** נראה שאין להחמיר בתיבה ליטול ביד, [דבמצודה אסור משום עובדא דחול], אפילו אם רחבה התיבה יותר מן ו' טפחים הרבה.

כתבו האחרונים, דאם הכניס דגים מבע"י לבאר, וצריך לצוד אותם ע"י כלי דוקא, (והיינו שהם מחוסרי צידה), אסור לצודם ביו"ט, **ומ"מ** אם הם בבור עמוק, (וצריך הכלי רק משום עומק הבור, אבל באמת הם ניצודים לגמרי), א"צ לירד למטה כדי לתופסן בידו, אלא עומד למעלה ותופסן על ידי כלי, (**ואע"פ** שאמרנו לעיל דהוא עובדין דחול, לא חששו כ"כ לאוסרו כיון דקשה לו לרדת - מ"ב המבואר).

אות ב'

ביוני שובך ויוני עליה, וצפרים שקננו בטפיחין ובבירה

סימן תצ"ז ס"ט - [ב]**יוני שובך ויוני עליה** - ר"ל יוני מדבריות שקננו בשובך שבחצירו, או שקננו בעליתו, [**ובפמ"ג** כתב, אפי' הם שלו ממש, כל שלא נתגדלו עם בני אדם תמיד], **וצפרים שקננו בטפיחים, (פי' כלי חרס הבנויים בכותלים לקנן בהם העופות)** - מיירי ג"כ כנ"ל, שאינם מורגלים אצלו, אלא פורחים כל היום בשדות, ולערב באים שם ללון, **אסור לצודן** - אפי' בכלובן, כיון שיכולין לצאת משם, ובשבת חייב חטאת.

ולא דמי ליונים שבבית שניזונים בבית, ובאין תדיר לאכול, וכניצודין דמי, וגם עי"ז בני תרבות הם, ואינן בורחין ונשמטין כ"כ כשרוצים לאחוז אותם, **משא"כ** ביונים אלו שניזונין מעלמא, ואין מניחים עצמן ליתפס ביד, [**ולפי"ז** אפי' אווזין ותרנגולין דמזונותן עליו, אם מרדו ואין נוח לתפסן, אסור, **וכן** יונים אפי' אי איתרמי שהורגלו עם בני אדם ונוח לתפסן, הואיל ואין מזונותן עליו, אסור].

לפיכך אין זימון מועיל להם; [ג]**והני מילי בגדולים, אבל בקטנים שאינם מפריחים** - אלא מדדין, **וה"ה** אפי' יכולין לפרוח מעט, כל שבקל לתופסו, עד שא"צ לומר: הבא מצודה, [ד]**מותר לצודן, אבל זימון צריכים** - ולא דמי לעפרים בס"ח, שאפי' הזמנה א"צ, שאני עוף שיכול לדדות ולהתרחק מחוץ לקן, ולהכי כל שלא הזמינם אסור. **ודע**, דאפי' מאן דמתיר מוקצה ביו"ט, מודה הכא דאסור בלי הזמנה, [דמדבריות כאלו שלא היה שלו מעולם, כו"ע מודו].

אות ג'

אבל אווזים ותרנגולים, ויוני הרדסיאות, וחיה שקננה בפרדס, מותרין, ואין צריכין זמון

סימן תצ"ז ס"ו - [ה]**אווזים ותרנגולים ויונים שבבית** - ר"ל שגדלין בבית, **או שבחצר, העומדים לאכילה, מותר לצודן** - ואפילו מרה"ר, ואפי' צריך להביא מצודה, דכיון דבאין לכלובן בערב, וגם ניזונין תמיד בבית, הרי הם כניצודים, **(וה"ה שארי עופות שהן בני תרבות, ובאין לכלובן לערב, ומזונותן עליך, הו"ל כניצודין).**

העומדים לאכילה - לאפוקי אם הם עומדים לביצים, אסור למאן דאוסר מוקצה ביו"ט, **ואם** קנה עופות אלו ולא חשב כלל לאיזה דבר יעמידם, מותרים, דסתמייהו לאכילה קיימי.

וכ"ז אם תופסן כדי לשוחטן, והתירו משום שמחת יו"ט, הא לא"ה אסור לכמה פוסקים, וכמו שהובא דעתם לעיל סי' שט"ז סי"ב בהג"ה.

באר הגולה

א **מימרא דרב שם כ"ה** ב **ברייתא שם כ"ד** ג (משמע הכא (דף י:) דיוני שובך אינם אסורין אלא בלא זימון. והקשה ה"ר יוסף דלקמן בריש אין צדין (דף כד א) תניא הצד יוני שובך ויוני עלייה וצפרים שקננו בטפיחים בבירות חייב. וי"ל דהתם מיירי בגדולים, והכא מיירי בקטנים, כדאמרינן התם (דף כה א) גבי חיה שקננה בפרדס, הא בה והא באמה - רא"ש פ"א סי' טו) ד **משנה י'** ה **ברייתא שם**

אין צדין פרק שלישי ביצה כה

חוץ לתחום אסור *והבא בשביל ישראל זה מותר לישראל אחר אמר רבה בר רב הונא אמר רב *הסוכר אמת המים מערב יום טוב ולמחר השכים ומצא בה דגים מותרין אמר רב חסדא מדברי רבינו נלמוד חיה שקננה בפרדס אינה צריכה זמון אמר רב נחמן נפל חברין ברברבתא איכא דאמרי אמר רבה בר רב הונא מדברי רבינו נלמוד חיה שקננה בפרדס אינה צריכה זמון אמר רב נחמן נפל בר חברין ברברבתא א) התם לא קא עביד מעשה הכא קא עביד מעשה ולא בעיא זמון והתניא חיה שקננה בפרדס צריכה לזמון וצפור דרור צריך לקשור בכנפיה כדי שלא תתחלף באמה וזו עדות שהעידו מפי שמעיה ואבטליון תיובתא ומי בעיא זמון והתניא *אמר ר"ש בן אלעזר מודים בית שמאי ובית הלל על שהזמינן בתוך הקן ומצא לפני הקן שאסורין במה דברים אמורים ב) ביוני שובך ויוני עליה וצפרים שקננו בטפיחין ובבירה ג) אבל אווזות ותרנגולים ויוני הרדסיאות וחיה שקננה בפרדס מותרין ואין צריכין זמון וצפור דרור צריכה לקשר בכנפיה כדי שלא תתחלף באמה והמקושרים והמנוענעין בבורות ובבתים ובשיחין ובמערות מותרין ובאילנות אסורין שמא יעלה ויתלוש ד) והמקושרין והמנוענעין בכל מקום אסורין משום גזל אמר רב נחמן לא קשיא הא בה הא באמה אמה בזמון סגי לה צידה מעליותא בעיא אלא אמר ר"נ בר יצחק ה) אידי ואידי בדידה הא בגנה הסמוכה לעיר הא בגנה שאינה סמוכה: **מתני'** *בהמה מסוכנת לא ישחוט אלא אם כן יש שהות ביום לאכול ממנה כזית צלי ר"ע אומר אפילו כזית חי מבית טביחתה *שחטה בשדה לא יביאנה במוט ובמוטה אבל מביא בידו אברים אברים: **גמ'** אמר רמי בר אבא הפשט ונתוח בעולה והוא הדין לקצבים מכאן למדה תורה דרך ארץ שלא יאכל אדם בשר קודם הפשט ונתוח (לאפוקי) מאי קמ"ל אילימא לאפוקי מדרב הונא *דאמר רב הונא ו) בהמה בחייה בחזקת איסור עומדת עד שיודע לך במה נשחטה נשחטה בחזקת היתר עומדת עד שיודע לך במה נטרפה והאנן תנן מתניתין כדרב הונא דתנן ר"ע אומר אפילו כזית חי מבית טביחתה מאי לאו מבית טביחתה ממש לא ממקום טביחתה והא תני רבי חייא מקום טביחתה ממש אלא רמי בר אבא

אורח

רש"י

חוץ לתחום אסורין. לא שמעתי טעם מקובל בדבר דהא משום מוקצה אמאי מותר לישראל אחר ואי משום שנעשה בו איסור בשבילו א"כ לישראל אחר נמי אסור דנכרי שהדליק את הנר (שבת דף קכב.) אם בשביל ישראל אסור ולא חלקו בינו לחבירו וי"ל דגבי איסור תחומין דרבנן לא אחמור כולי האי ודיין אם אסרוהו על זה (*טעם אחר נראה לי מחוץ לתחום אסורין גזירה שמא ישלח בשבילו והבא בשביל זה מותר לאחר דליכא למגזר בה שאינו מכירו): **הסוכר אמת המים.** סותמה שלא יכנסו בה דגים מבחוץ משתחשך ואת אלה הכין והזמין על ידי מעשה זה: **בפרדס.** מקום המשתמר ואין הולד יוצא שאינו יכול לברוח וקל לצודו ואינו צריך זמון דהא הכא מפני שהיא סתומה ואין יכולין לצאת קרי להו מוכנים ולקמיה פריך דזמון גדול הוא זה שעושה מעשה לשם הזמנה: **מדברי רבינו.** רב דשלשתן רב הונא ורב חסדא ורב נחמן דקרי ליה לרב חסדא חברין תלמידים של רב הוו: **נפל חברין.** רב חסדא: **ברברבתא.** נכנס ראשו למחלוקות גדולות שירבו עליו בזאת ולקמיה מסיים קושיא אלא מפסקא מלתא באיכא דאמרי דמחלפי רב חסדא ברבה בר רב הונא: **נפל בר חברין.** רב הונא חבריה הוה מתלמידיו של רב ורבה בריה קרי בר חברין: **וצפור דרור.** שזימנה מבעוד יום צריך לקשור בכנפיה להיות סימן לה: **ומצא לפני הקן שאסורין.** כדמתרצינן לה בפ"ק (דף י:) שהיו שני קנין וזימן את זו ולא זימן את זו ולמחר בא ומצא במזומנת ולא במקומן אלא בדף הבולט לפני הקן ובחברתה לא מצא כלום שאסורין דחיישינן שמא מקן שאינה מזומנת באו לכאן: **במה דברים אמורים.** דבעינן זמון: **צפור דרור.** קטנה היא והאם והבת שוות: **והמקושרים.** בכנפיהם סימן הוא להם: **והמנוענעים.** מאתמול לשם זמון והוא מכירן: **בבתים ובבורות.** ובכל מקום שאינו מחובר: **מותרים.** בי"ט: **והמקושרים והמנוענעים.** הגמלאים בכל מקום אף בחול אסורין לטולן משום גזל שהראשון שקשרן או נענען קנאן בהגבהתם שהפקר נקנה בהגבהה: **בה.** בולד אינו צריך זמון שאינה יכולה לברוח ודעתיה עליה אבל אמה שהיא גדולה צריכה זימון: **בדידה.** בולד: **בסמוכה לעיר.** ידע בה ודעתיה עלויה: **מתני' בהמה מסוכנת.** שהוא ירא שתמות ואינו צריך לה שכבר סעד סעודתו אלא מחמת הפסדו הוא שוחט: **לא ישחוט אא"כ.** יודע שיש שהות ביום לאכול כזית ממנה: **מבית טביחתה.** שהוא מזומן ומופשט מעורו ושומר: **לא יביאנה במוט ובמוטה.** בשני בני אדם משום דאושא מלתא היא ומזלזל בי"ט: **גמ' הפשט ונתוח.** פי' הכתוב בעולה שהיא אכילת גבוה והה"ה יש ללמוד לקצבים באכילת הדיוט: **מאי קמ"ל.** דרך ארץ או איסור ולמימר דאסור לאכול ממנה עד שינתחה שמא ימצא לה סימן טרפה בסתר והחזיק לנו הבהמות בספק טרפות אף קודם שראה בהן טרפות: **לאפוקי מדרב הונא דאמר בהמה בחייה בחזקת איסור.** אבר מן החי עומדת ונפקא מינה שאם אירע ספק בשחיטתה נעמידנה על חזקתה ואסורה עד שיודע לך ברור שנשחטה כראוי ומשנשחטה כראוי הרי היא בחזקת היתר דסתם בהמות אינן טרפות ואם נמצא בה נקב בריאה או בבני מעים ויש לתלותו לאחר שחיטה ולהכשיר ובקודם שחיטה ולאסור העמידנה על חזקתה שהיתה בה קודם שנמצא בה ספק זה ומותרת עד שיודע לך אמת שהיא טרפה: **מבית טביחתה ממש.** קודם הפשט: **מטובחת אכילתה.** מבני מעיה שהמאכל מתחתך ומתעכל שם:

אורח

תוספות

הבא בשביל ישראל זה מותר לישראל אחר. תימה מה טעם זה אי הוי מוקצה אפילו לישראל אחר אסור ואי אסור לישראל ראשון בשביל שנעשה בהן איסור בשבילו אם כן לישראל אחר נמי אסורין כדאמרי' (שבת דף קכב.) נכרי שהדליק הנר אם בשביל ישראל אסור וליכא חלוק בין אותו ישראל לישראל אחר ותירץ רש"י דשאני הכא גבי איסור תחומין דליכא איסורא אלא מדרבנן לא אחמור כולי האי ודי אי אסרינן על זה שהובאו בשבילו*: **המקושרין** אסורים בכ"מ מפני גזל. פרש"י שהראשון קנה אותן בהגבהה ולא נהירא דלא שייך כאן הגבהה (א) אלא כדאמרי' א) דהבעלים קונה בהפקר הואיל ומתעסק הוא בהן קנה: **כאן** בגנה הסמוכה וכו'. תימה אמאי לא משני לעיל כן וי"ל אמורה היה לו לפרש דבריו והואיל ולא פירש מיירי בין בסמוכה וכו': **בחזקת** איסור עומדת. פרש"י בחזקת איסור אבר מן החי ולא נהירא דאם כן למה לי עד שיודע במה נשחטה כיון דחזינא שמתה א"כ לא שייך בה איסור אבר מן החי דלאיסור אבר מן החי לא שייך אלא מחיים לכך נ"ל בחזקת איסור ר"ל בחזקה שלא נשחטה עד שיודע לך וכו' ומשום איסור שאינה זבוחה דרחמנא אמר וזבחת ואכלת שחוט ואכול ובזה ניחא אפילו למ"ד *בהמה בחייה לאו לאברים עומדת"):

אורח

רבינו חננאל

ואם אין במינו במחובר לקרקע. הבאים מתוך התחום מותרים. וחוץ לתחום אסורין והבא בשביל ישראל זה מותר לאכול אותו ישראל אחר. אמר רבה בר רב הונא אמר רב הסוכר אמת המים מעיו"ט ומחר השכים ומצא בה דגים מותרין ואמר רב חסדא מדברי רבינו נלמד חיה שקננה בפרדס אינה צריכה זימון פי' הבנים שלה הקטנים השרויין בקן שכבים הן לפיכך אין צריך זימון. אמר רב נחמן נפל חברין ברברבתא דהוא רב חסדא. בר חברין רבה בר רב הונא דרב הונא ורב חסדא חברים היו לרב נחמן והיה קורא לרב הונא חברין. פי' ברברבתא כלומר בקושיות התם בהסוכר אמת המים עשה מעשה וכאילו זימן אותן הדגים בידים. הכא גבי חיה שקינתה בפרדס לא עשה מעשה כלום. ועוד התניא חיה שקינתה בפרדס צריכה זימון וצפור דרור צריך לקשור בכנפיה כדי שלא תחליף באמה ואיך תפרש דלא בעיא זימון. והתניא ר' שמעון בן אלעזר מודין ב"ש וב"ה על שזימן בתוך הקן ומצא לפני הקן שאסורים. בר"א ביוני שובך וביוני עלייה וצפרים שקיננו בטפיחין ובבורות. אבל אווזין ותרנגולים ויוני הרדסיות מותרין שהן ברשות אדם חיה שקינתה בפרדס מותר. ואינה צריכה זימון. וצפור דרור שאינה מקבלת מרות צריך לקשור בכנפיה שלא תחליף באמה המקשר והמנענע בבורות בטפיחין בשיחין ובמערות מותרין ובאילנות אסורין גזירה שמא יעלה ויתלוש. המקושרים והמנוענעים בכל מקום אסורין משום גזל. ופרקינן ל"ק הא דתניא אינה צריכה זימון בפרדס הסמוך לעיר משום דחזו לה כל יומא ודעתיה עילויה והא דתני צריכה זימון בפרדס שאינו סמוך לעיר אי זימן אין ואי לא לא דאסוחי מסח דעתיה מינה והני מילי בבת הקטנה אבל באם צידה מעלייתא בעיא: מתני' בהמה מסוכנת כו'. פי' כגון נופסת וזהו האמור בשר כוס כוס כלומר שחוט מהר קודם שתמות לא ישחוט אותה ביו"ט אלא אם נשאר שהות ביום כדי שיאכל הימנה כזית צלי כבע"י ר' עקיבא אומר אפילו כזית חי מבית טביחתה. אמר רמי בר אבא כתיב בתורה והפשיט את העולה ונו' למדה תורה דרך ארץ שלא יאכל אדם בשר אלא אחר הפשט וניתוח כשם שאין מקריבין העולה למזבח אלא אחר הפשט וניתוח ואסיק' הני מילי לענין מוסר וד"א כדתניא לא יאכל אדם שום ובצל מראשו שנראה רעבתן אלא מעלין. כיוצא בו כו' אבל איסורא ליכא כדרב הונא דאסר בהמה שנשחטה כהלכתה בחזקת היתר עומדת עד שיודע לך שנטרפה ובמה נטרפה והאוכל ממנה אין בו איסור ור' עקיבא קאי כוותיה דתנן ר"ע אומר אפילו כזית חי מבית טביחתה ואוקימנא כדתני ר' חייא מבית טביחתה ממש כלומר קודם הפשט וניתוח. וזה שאמר מקום שטובחת אכילתה כלומר

מעיא

עין משפט נר מצוה

יא א מיי' פ"ב מהלכות יו"ט הלכה ח סמג לאוין עה טוש"ע א"ח סי' תצז סעיף ה:

יב ב מיי' שם הלכה ה טוש"ע שם סעיף ט:

יג ג מיי' שם טוש"ע שם סעיף ו:

[וע"ע תוס' שבת קכב. ד"ה ואם]

יד ד מיי' פט"ו מהל' אבידה הלכה ו סמג עשין עד טוש"ע ח"מ סי' רס סעיף י:

[ב"מ ב. וקיח.]

טו ה מיי' פ"ב מהלכות יו"ט הלכה ז סמג לאוין עה טוש"ע א"ח סי' תצז סעיף ח:

טז ו מיי' פ"א שם הלכה יב סמג לאוין עה טוש"ע א"ח סי' תצח סעיף ו:

יז ז מיי' פ"ג שם הלכה ה סמג שם טוש"ע שם סעיף ז:

יח ח מיי' פ"א מהל' שחיטה הלכה יג סמג עשין סג טוש"ע י"ד סי' כט סעיף א:

[חולין קכ:]

*) [ועי' תוס' פסחים נו. ד"ה לאוכל ותוס' שבועות כד. ד"ה האוכל ותוס' חולין נז. סד"ה הפתח ועוד שם קכ. ד"ה מה לטנך]

מסורת הש"ס

[עירובין מ.]

[תוספ' פ"א]

פסחים מו:

[פי' תוס' שבת קכו. ד"ה דכולי עלמא וכו' קמח. ד"ה מתקין]

חולין ס.

הגהות הב"ח

(א) תוס' ד"ה המקושרין וכו' כאמרינן בהגבהה נ"ב כלומר דמשום דמיתעסק להו בהגבהה קנה:

הגהות מהר"י לנדא

(א) תוס' ד"ה המקושרין וכו' דהבעלים קונה בהפקר. בס"א כתוב דהמחכים והוא טעות סופר:

הגהות מהר"ב רנשבורג

א] גמ' אמר ר"נ וכו' התם לא קא עביד מעשה. נ"ב עי' טעם מקוללת וכו'

ואין צריכים זימון - דמוכנים הם, וכתבו הפוסקים, דמ"מ ירא שמים יתן עיניו בתחלה בהעופות, ויברור איזה שירצה, כדי שלא יבא למחר ליטול ולהניח, ואעפ"י שכולם מוכנים הם, מ"מ טורח טרחא יתירה ביו"ט, [**ובפרט** אם תופסו ממקום רוחב, שלא התירו אלא משום שמחת יו"ט, וא"כ כשתופסו ומניחו, נמצא שצדה שלא לצורך].

וכתבו האחרונים, עוף שקנה מחדש, ועדיין לא הורגל בבית, ואינו בא לכלובו בערב, דבזה חייב בשבת אם צד, וכדלעיל סימן שט"ז, גם ביו"ט אסור לצודן, אפילו הם בבית, אא"כ נכנסו במקום צר, [**ודוקא** אם העוף נקנה ממקום רחוק, שאינו מכיר שוב מקומו הראשון, אבל במקום קרוב שמכיר מקומו הראשון, פטור, שהרי אית ליה כלוב, וכנתפס דמי], **ובח"א** כתב דבלילה כשהן יושבין על הקורה, מותר לצודן, דעיניהם מתעוררות אז, ואינן נשמטין מיד התופסן.

אות ד'

והמקושרין והמנוענין בכל מקום אסורין משום גזל

חו"מ סימן רס ס"י - ואם היו קשורים קשר שהוא סימן, חייב להכריז; וכן אם מצאם קבועים במקומם, חייב להכריז, שהמקום סימן.

אות ה'

אידי ואידי בדידה, הא בגנה הסמוכה לעיר, הא בגנה שאינה סמוכה

סימן תצז ס"ח - [ו]איל וצבי שקננו בפרדס - גדור, שהוא מקום המשתמר, שאין הולד יכול לצאת משם, וקל לצודו, [רש"י, דאל"כ לא שייך דעתיה עלייהו] **וילדו בו עפרים, ועדיין הם קטנים שאין צריכים צידה, מותרים בלא זימון** - דמסתמא דעתיה עלייהו לכל שעה שיצטרך.

ודוקא בפרדס הסמוך לעיר [ז]בתוך שבעים אמה - וד' טפחים, וכדלעיל בסי' שנ"ח, **דדעתיה עלייהו** - דכיון שהמקום קרוב, ורואה אותם תמיד, לא אסח דעתיה מינייהו אפילו בסתמא, **אבל** אם אינו סמוך, אי זמין אין, אי לא זמין לא, [**כן** כתבו הרא"ה והר"ן ושאר פוסקים, **ופשוט** דלפי"ז במקום רחוק לא מהני בשום פנים, אא"כ הזמין בפירוש, **ומג"א** ר"ל, דלרש"י הטעם משום דלא ידע בה, וא"כ אם ידע שילדו, אפילו במקום רחוק לא צריך הזמנה, **ודחו** דבריו בא"ר ונהר שלום וחמד משה, דכונת רש"י ג"כ כפי' שאר פוסקים, משום דאסח דעתיה מינייהו, **ופשוט** דאם לא ידע בהולדות, אסורים אפי' במקום קרוב, דבזה לא שייך "לא אסח דעתיה", כיון דלא ידע כלל מהם].

והאם, אפילו זימון אין מועיל לה, כיון שמחוסרת צידה - ומיירי שהפרדס גדול, שצ"ל: הבא מצודה ונצודנו, **ואפילו** תהא ניצודה מאליה ביו"ט, ג"כ אסור משום מוקצה, כיון שהזמנתו מבעוד יום לא חלתה.

אות ו'

בהמה מסוכנת לא ישחוט, אלא אם כן יש שהות ביום לאכול ממנה כזית צלי

סימן תצח ס"ו - [ח]בהמה מסוכנת שירא שמא תמות, והוא אכל כבר ואין צריך לה, אסור לשחטה אלא א"כ יש [ט]שהות ביום כדי לאכול ממנה - אחר שתצא נפשה, כמ"ש ביו"ד, **כזית צלי** - שזהו הקל בבישולין, **מבעוד יום** - ודי בכזית, משום דא"א לכזית בשר בלא שחיטה, ואם כן הוי השחיטה כולה לצורך יו"ט.

ואף שאין בדעתו לאכול ממנה כלום, והטעם, דבאופן זה שיש שהות לאכול, אין איסור מן התורה לשחטה ביו"ט, דאלו היו מזדמני ליה אורחים שלא אכלו עדיין, ורוצים עתה לאכול מבהמה זו, היתה השחיטה מתרת להם, א"כ שחיטה זו נקראת מלאכת אוכל נפש, **וע"כ** אע"פ שלא נזדמנו אורחים, אין בשחיטה זו איסור מן התורה, אלא שחכמים אסרוה כל שאין בה צורך יו"ט, ובמקום הפסד לא העמידו חכמים דבריהם.

[י](ואפילו אין שהות לנתחה ולבדקה תחילה) (טור) - כיון דמן הדין מותר בלא בדיקת הריאה, אלא שהחמירו לכתחלה לבדקה, הכא משום הפסד ממונו א"צ להחמיר בזה.

[יא]ודעת כמה אחרונים, דבעינן שיהיה שהות כדי להפשיטה ולבודקה, **ובספר** ישועות יעקב כתב, דדוקא בגדיים וטלאים דלא שכיח בהו סירכא יש להקל, אבל בבהמה גסה, בעינן שיהיה ג"כ שהות כדי להפשיטה ולבודקה.

[**ונראה** דאם יש שהות עד שקיעת החמה לאכול ממנה כזית צלי, יש לסמוך על דעת השו"ע להקל, וכידוע דבאמת הלכה כר' יוסי, דעד צה"כ יממא היא, (אם לא כשנראה שני כוכבים, דאז גם לר' יוסי ביה"ש הוא), רק דמחמרינן לכתחילה כר' יהודה, דביהש"מ מתחיל תיכף אחר שקיעה, ואם עד שיראה שני כוכבים, יש שהות להפשיט ולנתח ולבדוק ולאכול ממנה כזית צלי, מותר לשחוט, דיש כמה אחרונים שהעתיקו להקל כדעת השו"ע].

משא"כ בבהמה בריאה, אין לשחטה אא"כ צריך לה ביו"ט גופא, (והיינו **אפי' בצריך רק לכזית, משום דא"א לכזית בשר בלא שחיטה,** [אבל אם א"צ לה, רק שאוכל כזית ממנה כדי להתיר לו השחיטה, זהו בכלל הערמה ואסור], **ומותר ממילא ג"כ להפשיט כל העור מן הבהמה,**

באר הגולה

[ו] **מסקנא בגמרא שם כ"ה** [ז] **טור מהא דקרפף במשנה ל"א כפי' המפרשים** ‹מדתנן (לא) איזהו קרפף כל שהוא סמוך לעיר, ופירשו המפרשים דהיינו כל שהוא תוך שבעים אמה ושירים - ב"י› [ח] **משנה ביצה כ"ה וכת"ק** [ט] **וכתב הב"י, אפי' לא גמר בלבו לאכול, כיון דקי"ל כמאן דאית ליה הואיל וכו', הרי"ף ורא"ש ורמב"ם** [י] ‹דמשמע דת"ק מודה לרע"ק בזה דא"צ בדיקה, כדאיתא בגמ' - מ"א. דאי לאו דפשט להש"ס דבזה גם ת"ק מודה, מאי קושיא לרמי בר אבא מר"ע, אדרבא לסייעיה מת"ק - מחה"ש› [יא] ‹דעת מג"א דת"ק מודה לר"ע בזה, ולא נהירא. **ואין** להקשות מאי פריך הש"ס מר"ע, **דנ"ל** דס"ל דגם ת"ק מודה דאם לא בדק דמותר בדיעבד, דלא מצינו פלוגתא בזה. והא דס"ל לת"ק דימתין אחר הפשט, היינו דלא רצו להתיר לכתחילה, דאם נמצא אח"כ טריפה יהא נענש בשוגג כמ"ש תוס' כ"ה: ד"ה אורח - א"ר›

משום דאל"ה מימנע ולא שחיט, **ואין להקשות**, הלא קי"ל דבשביל מימנע ולא שחיט אין להתיר איסור דאורייתא, והפשטה הלא מלאכה גמורה היא, ולא היה לנו להתיר כי אם הפשט מקצת העור, כדי ליטול הכזית שתחתיה ולא יותר, דכל שיעור הפשט והפשט שהוא כדי לעשות קמיע, יש עליה שם מלאכה בשבת וחייב עליה, **י"ל** דביו"ט אין בזה איסור דאורייתא, מטעם הואיל ואי מיקלעי ליה אורחים הרבה שצריכים לאכול, היה בודאי מותר להפשיט בשביל כולם כדי להאכילם, השתא נמי ליכא איסור, ואין בזה רק איסור דרבנן, ומותר בשביל דאל"ה מימנע ולא שחיט, **ולפי"ז** אין מותר להפשיט כל העור, רק בשיש שהות כדי להאכיל לכל אחד כזית צלי עכ"פ מבע"י, אבל אם ירצה לשחוט סמוך לערב כדי לאכול ממנה כזית, ואין שהות לצלות ולהאכיל לאורחים הרבה, אין מותר להפשיט רק כדי צרכו להבשר שנוטל ממנה).

וכשיש שהות ביום, ושחטה, [יב]אינו נוטל עורה - ר"ל לטלטלו ולהניח על מקומו אחר שהפשיטו מן הבהמה, וכדלעיל בסי' ש"ח סכ"ה, **ואע"ג** דלקמן בסימן תצ"ט, שרינן לטלטל העור אחר ששחטו הבהמה ביו"ט, **התם** בבהמה בריאה, ומשום דאי לא שרית ליה לא ישחוט ואתי לאימנועי משמחת יו"ט, **משא"כ** הכא דמוכרח לשחוט שלא תמות.

אלא אם כן שייר ממנו אבר אחד ומביאו עמו - שאז בטל העור לגבי האבר, ומותר לטלטלו עמו.

הגה: וי"א דאין להפשיטה כלל, אלא א"כ שחטה לצורך יו"ט, וכן ראוי להורות (הגהות אלפסי) - דהפשטה הוא ג"כ בכלל מלאכה, ואסור כיון שהוא שלא לצורך אכילה, **ואע"ג** דליכא בזה איסור דאורייתא, דהואיל אי מזדמני ליה אורחים שהיו צריכין להבשר לאכול, היה בודאי מותר להפשיט, השתא נמי מותר, **עכ"פ** מדרבנן מיהו אסור, **וכן** השוחט עוף מפני שהוא מסוכן, ואין דעתו לאכול ביו"ט, אסור למרוט נוצתו.

ודעת המחבר, דכשם שהתירו בשחיטה משם הפסד ממון, כן התירו נמי בהפשטה משום הפסד ממון, שלא יסריח הבשר, **אכן** זהו דוקא באופן שיש לחוש שאם ימתין עד הערב תסרח הבשר, אבל בלא"ה בודאי אסור עכ"פ מדרבנן להפשיט.

ועיין במ"א וא"ר וש"א, דהעיקר כדברי המחבר, ורק לכתחלה יש ליזהר, **ואפשר** דאם יפשיט ע"י שינוי, כגון בקוץ או בקנה, דבעלמא ג"כ אין בזה אלא משום שבות, אין להחמיר בזה, אחרי דהרבה מסכימים עם דעת המחבר וכנ"ל.

וכתב הפמ"ג, דכ"ז בשיש שהות הרבה, אבל אם שחט סמוך לערב, וא"א לאכול כי אם כזית, אסור להפשיט העור מן התורה, הואיל דליתא בזה הסברא דאי מזדמני ליה אורחים, אחר דאין שהות לאכול יותר.

(משמע מלשון רמ"א לכאורה, דאפילו הפשט קצת כדי לבדוק הריאה, ג"כ אינו רשאי, וכן משמע ממ"א, **אכן** נראה דזה דוקא כשאין פנאי ביום לבדוק הריאה, לכן אין רשאי לפשוט כלל, **משא"כ** כשיש פנאי, ושוחט אותה שחושש שמא תמות עד שתחשך, בודאי נכון יותר שיבדוק הריאה להכשיר הבשר כראוי אי מקלעי ליה אורחים, **ואין** להחמיר אלא אהפשט דכולא בהמה, ומשום דלא התירו חכמים בזה, משום דהשתא עכ"פ לית ליה אורחים שיצטרכו לבשר).

אות ז'

שחטה בשדה, לא יביאנה במוט ובמוטה, אבל מביא בידו אברים אברים

סימן תצח ס"ז - [יג]אם שחט בהמה בשדה – (או בעיר ברשות הרבים, וכה"ג במקום דשכיחי רבים), **לא יביאנה במוט או במוטה כדרך שעושה בחול** – ‹איכא מ"ד דלא מיתסר אלא במסוכנת, שיש לה קול שלא נשחטה לגמרי בשביל יו"ט, **אבל** בריאה ששחטה לצורך יו"ט מביאה אפי' במוט, ובלבד שישנה אם אפשר, **אבל** אחרים אומרים דה"ה לבריאה – ב"י›. **מדסתם** ‹המחבר›, משמע דאף בבהמה בריאה דינא הכי.

אלא יביאנה בידו איברים איברים - ואע"ג דמפיש עי"ז בהלוכא, מ"מ עדיף טפי, כדי שלא יהא כעובדא דחול, **ועיין** בפמ"ג שמוכיח מהר"ן, דאפי' ע"י שינוי אין כדאי להביא על ידי מוט, [**ולענ"ד** בבריאה ע"י נשיאת המוט בשינוי יש להקל, ובפרט היכא דא"א להביא איברים איברים].

ואם א"א לו לשנות להביא איברים איברים, כגון שצריך למהר להביא לאורחים, נראה דמותר להביא ע"י מוט ומוטה, **ובמסוכנת** יש להחמיר גם באופן זה, ואין להקל אלא בבריאה.

אות ח'

בהמה בחייה בחזקת איסור עומדת, עד שיודע לך במה נשחטה; נשחטה בחזקת היתר עומדת, עד שיודע לך וכו'

יו"ד סימן כה ס"א - השוחט צריך שיבדוק בסימנים אחר שחיטה אם נשחטו רובן, או שיראה בשעת שחיטה שהם שחוטין רובן; ואם לא ראה שרובן שחוטין, אסור - והוי נבלה, דבהמה בחייה בחזקת איסור עומדת, ואינה ניתרת עד שיודע לך שנשחטה כראוי, ש"ס - ש"ך. (**ועיין** בתשו' בית שמואל, שכתב דכוונת הש"ך דהוי ספק נבלה - פת"ש).

[יד]יו"ד סימן כה ס"ג - נשחטה כראוי, ובא זאב ונטל בני מעיה והחזירן כשהם נקובים, כשרה, ולא חיישינן שמא במקום נקב ניקב - דכיון דנשחטה הרי היא בחזקת היתר, עד שיודע לך במה נטרפה, ש"ס ופוסקים, **ובסי'** ל"ו ס"ה נתבאר, דאפילו יש נקבים הרבה שלא במקום שיניו, תלינן כולהו בזאב - ש"ך. (**והטעם**, דרוב אין טריפות – פמ"ג).

הגה: אבל קודם שידעינן שנשחטה כראוי, בחזקת איסור עומדת, וכל ספק שאירע בשחיטה, טריפה - ‹דמוקמינן אחזקה, אף שיצא פעם אחת בהיתר, וכבר היה לי ויכוח עם חכם אחד, ואמר דיש לומר כיון דיצא פעם אחת בהיתר אין לחוש, ודחיתי דבריו – פמ"ג›.

באר הגולה

יב הר"ן שם בשם הרשב"א | יג שם במשנה | יד ‹ע"פ מהדורת נהרדעא›

עין משפט נר מצוה

יט א טוש"ע א"ח סי' קע סעיף ח:

כ ב מיי' פ"ה מהלכות יו"ט הלכה ג סמג לאוין עה טוש"ע א"ח סי' תקכב סעיף א:

כא ג ד מיי' שם טוש"ע שם סעיף ב:

[כדאיתא שבת לג:]

אורח ארעא קמ"ל כדתניא *לא יאכל אדם שום ובצל מראשו אלא מעליו ואם אכל ה"ז רעבתן כיוצא בו °לא ישתה אדם כוסו בבת אחת ואם שתה ה"ז גרגרן *תנו רבנן השותה כוסו בבת אחת ה"ז גרגרן שנים דרך ארץ שלשה מגסי הרוח ואמר רמי בר אבא חצובא מקטע רגליהון דרשיעיא נטיעה מקטע רגליהון דקצביא ודבועלי נדות תורמוסא מקטע רגליהון דשנאיהון של ישראל שנאמר °ויוסיפו בני ישראל לעשות הרע בעיני ה' ויעבדו את הבעלים ואת העשתרות ואת אלהי ארם ואת אלהי צידון ואת אלהי מואב ואת אלהי בני עמון ואת אלהי פלשתים ויעזבו את ה' ולא עבדוהו ממשמע שנאמר ויעזבו את ה' איני יודע שלא עבדוהו ומה ת"ל ולא עבדוהו א"ר אלעזר אמר הקב"ה אפילו כתורמוס הזה *ששולקין אותו שבע פעמים ואוכלין אותו בקנוח סעודה לא עשאוני בני תנא משמיה דר"מ מפני מה נתנה תורה לישראל מפני שהן עזין תנא דבי ר' ישמעאל °מימינו אש דת למו אמר הקב"ה ראויין הללו שתנתן להם דת אש איכא דאמרי דתיהם של אלו אש שאלמלא (*לא) נתנה תורה לישראל אין כל אומה ולשון יכולין לעמוד בפניהם והיינו דאמר ר"ש בן לקיש ג' עזין הן ישראל באומות כלב *בחיות תרנגול בעופות וי"א אף עז בבהמה דקה וי"א אף צלף באילנות: שחטה בשדה לא יביאנה במוט: ת"ר *אין הסומא יוצא במקלו ולא הרועה בתרמילו ואין יוצאין בכסא אחד האיש ואחד האשה איני והא שלח ר' יעקב בר אידי זקן אחד היה בשכונתינו והיה יוצא בגלודקי שלו ובאו ושאלו את ר' יהושע בן לוי ואמר אם רבים צריכין לו מותר וסמכו רבותינו על דברי אחי שקיא דאמר אנא אפיקתיה לרב הונא מהיני לשילי ומשילי להיני ואמר ר"נ בר יצחק אנא אפיקתיה למר שמואל משמשא לטולא ומטולא לשמשא התם כדאמר טעמא °אם היו רבים צריכין לו מותר א"ל רב נחמן לחמא בר אדא שליח ציון כי סלקת להתם אקיף וזיל אסולמא דצור וזיל לגבי דר' יעקב בר אידי ובעי מיניה כסא מה אתון ביה אדאזל להתם נח נפשיה דר' יעקב בר אידי כי סליק אשכחיה לרבי זריקא א"ל כסא מה אתון ביה א"ל הכי אמר ר' אמי ובלבד שלא יכתף מאי ובלבד שלא יכתף אמר רב יוסף בריה דרבא באלונקי איני והא רב נחמן שרא לה לילתא למיפק *באלונקי שאני ילתא דבעיתא אמימר ומר זוטרא °מכתפי להו בשבתא דרגלא משום ביעתותא ואמרי לה משום דוחקא דצבורא: **מתני'** בכור שנפל לבור רבי יהודה אומר ירד מומחה ויראה אם

תורה אור

[ד"א רבה פ"ו] · כ"ב ט. · פסחים פו: [מס' ד"א רבה ס"ט] · שופטים י · [עי' בכ"ר פ' י"א תורמוסין צריכין להמתיק] · [ברכות נח:] · דברים לג · [עי' תוס' מגילה כח. ד"ה אלמנה] · [עי' תוס' בכורות ח. ד"ה ומאי] · [תוספתא פ"ג]

אורח ארעא. ולא משום איסור טרפה: **כדתניא.** מלינו אף תלמוד שמלמדים הלכות דרך ארץ שלא יראה אדם עצמו על הבריות כרעבתן אף זה הממהר לאכול קודם הפשט נראה כרעבתן: **בצל.** ליבול"ה: **מעליו.** מצד העלין: **חצובא מקטע רגליהון דרשיעיא.** עשב ששרשיו עמוקין ויורדין בעומק ואין מתפשט לצדדין כלל ונוטעין אותו בין גבולי שדות ובו תיחם יהושע לישראל את הארץ *מקטע רגלי הרשעים ליטול הדין שגוזלין וחומסים ומשיגין גבול ואין למדין ממנו: **נטיעה מקטע רגליהון דקצביא.** נטיעת ערלה שאמרה תורה להמתין שלש שנים ולאכול פירות מקטע רגלי הקצבים הממהרין לאכול קודם הפשט וניתוח ופעמים שנמצאת טרפה וכן דבועלי נדות שממהרין ואינם יכולין להמתין עד שתטבול: **תורמוס.** מין קטנית עגול כמין עדשה ורחב כמעה קטנה והוא מר מאד עד ששולקין אותו שבע פעמים *ונעשה מתוק וטוב עד שיאכל למטעמים בקנוח סעודה: **מקטע רגליהון דשונאי ישראל.** דכתיבי שבעה ע"ז בהאי קרא ולבסוף ויעזבו את ה' התורמוס הזה לאחר שהטריח את בעליו שבע פעמים הוא חוזר למוטב והן הטריחו את בוראן להביא עליהן פורעניות ולהכניעו בשבעת אלה ולא חזרו בהן: **מאי ולא עבדוהו.** לשון קבלה הוא שהוא קובל עליהם הקדיחוני והקניטוני שבע פעמים כבשול התורמוס ואחרי כל זאת לא נחשבתי בעיניהם: **שהן עזים.** ונתנה להם תורה שיעסקו בה והיא מתשת כחם ומכנעת לבם: **דתיהן של אלו.** מנהגם של אלו אש שהם עזים כאש: **מימינו אש דת למו.** מימינו נתן להם התורה מפני שאש דת למו והרבה מקראות חסרים כזה: **עזים.** קשים להנצח אנדרי"ש בלע"ז: **צלף באילנות.** לא ידעתי מהו עזות שלו: **אין הסומא יוצא במקלו.** דהוי דרך חול ואיכא זלותא די"ט: **ואין יוצאין בכסא.** שטוענין אותם בני אדם והם יושבין בקתדרא: **בגלודקי.** פלדייסטו"ל: **צריכין לו.** לבית המדרש לדרשה: **מותר.** להוליכו בו מביתו לבית המדרש: **אפיקתיה.** בכסא: **מהיני לשילי.** מקומות סמוכין ואין תחום שבת ביניהם: **לחמא בר אדא.** כך שמו: **שליח ציון.** רגיל היה לעלות לירושלים: **אקיף.** הרבה בשבילי את הדרך להקיף ההר ולך דרך סולם מעלות הר של צור ששם יושב רבי יעקב בר אידי: **מה אתון ביה.** מה אתם אומרים בו: **כי סליק.** כלומר כי מטא לא"י לאחר שעבר את צור: **באלונקי.** סנגיטולי"ש בלע"ז שנותן זרועו על כתף חבירו וחבירו על כתפו וזה בכסא יושב על זרועותם ממתחזי דרך חול ופרהסיא ולהוליך למקום רחוק טפי מטשאים בין ידיהן בכסא: **ילתא.** שם אשתו של ר"נ: **דבעיתא.** ליפול: **בשבתא דרגלא.** שדורשין: **מכתפי להו.** בבית המדרש עד מקומם: **משום בעתותא דצבורא.** שהיו נבעתים מן הצבור העומדים על רגליהם מפניהם והיו יראים ליפול: **משום דוחקא.** שעומדים על רגליהן וטורח לצבור הוא הלכך מכתפי להו עבדיהם ותלמידיהם ומוליכין אותן מהר למקומן: **מתני' בכור שנפל לבור.** בכור בזמן הזה אין נשחט בלא מום מפני שקדשים הוא דמאליו הוא קדוש והשוחטו כשהוא תם הוי שוחט קדשים בחוץ וענוש כרת: **שנפל לבור.** וירא פן ימות שם: **מומחה.** בקי במומין להבחין בין מום קבוע למום עובר: אם

אורח ארעא קמ"ל. פי' רש"י ולאו משום איסור טרפה דימה דבסמוך משמע שיש איסור בדבר דקאמר נטיעה מקטע רגליהון דקצביא וי"ל דודאי ליכא איסור דמשנשחטה היא עומדת בחזקת היתר מיהו אם נמצאת טריפה לאחר שאכל הוא נענש כשוגג ולא כאנוס שלא היה לו למהר כל כך:

וצלף באילנות. פרש"י ולא ידענא מאי עזותיה ופי' בתוספתא משום דעושה ג' פירות עלין אביונות וקפריסין ועוד שמוטין פירות בכל יום *מה שאין כן בשאר אילנות ועוד פי' ר"י דעזותו הוי ממה (א) שעושין יין מן הקפריסין שהיא עזה כדאמר בפסוק הקטורת יין קפריסין למה הוא בא שעורין בו הצפורן כדי שתהא עזה ולא כפרש"י שפירש בכריתות (דף ו:) שהוא יין הבא ממקום קפריס:

שאני ילתא דבעיתא. וא"ת והא לא התירו אלא כי יש בה צורך רבים כדלעיל וי"ל דלמא נמי הלכה לצורך רבים שבת ראש הגולה היתה והיו רבים צריכים (ב) ממנה: **בכור שנפל לבור ר' יהודה אומר וכו'.** כ"ל דמיירי בבכור שהיה בו מום קבוע מאתמול אך שלא הראהו לחכם מבעוד יום דאי נפל ביה מומא ביו"ט ודאי לא הוה שרי רבי יהודה דהוי מוקצה מחמת איסור דלא הוה דעתיה עליה מאתמול ור' יהודה אית ליה מוקצה והא"ק בכור שנפל בו מום אך שלא הראהו לחכם מבעוד יום ונפל לבור ביו"ט ירד המומחה וכו' דרואין מומין בי"ט ס"ל לרבי יהודה ר"ש אומר אין זה מן המוכן ע"כ

מסורת הש"ס

הגהות הב"ח

(א) תוס' ד"ה וצלף וכו' דעזותו הוי ממה שעושין יין מן: (ב) ד"ה שאני וכו' צריכים לה הס"ד: ס"א באלונקי

רבינו חננאל

*) מעדא והוא אחר הפשט וניתוח נדרו דבריו. ועלתה השמועה מקום סביתתה מטש: ת"ר השותה כוסו בבת אחת הרי זה גרגרן. שנים דרך ארץ. שלשה מגסי הרוח: חצובה הוא עשב שבו תיחם יהושע תחומין לישראל את הארץ ובוקע ויורד מכוון דרך נטוחה עד התחום ואם יגזל אחד משדה חבירו חופרין עד שימצאו זו החצובה ומתפרסם הגזלן הנכנס לשדה חבירו ולא לטרו מאלו הדברים. לפיכך הוא מקטע רגליהון של רשעים כלומר זה עשב השדה שלא נזהר במצות ואינו נוטה אילך ואילך אלא יורד נכוחו והרשעים נצפוו ומפירין ומניחין דרך ישרה ומעמיקים ועושקים וחומסים. נטיעה מקטעת רגליהון דבועלי נדות וגם לקצבייא כלומר מוציא אדם כסה תוצאות ונוטע כרם וכיוצא בו וממתין לו שני ערלה עד שנת רביעית ואח"כ אוכל ממנו הרי הן בשני ערלה ממתינין דברי צורם והמוהירם ומי שאשתו נדה אינו ממתין לה עד שתטהר ואינו לוקח מוסר מנטיעה זו אלא בועלה בימי נדתה וכן הקצב אין ממתין עד שתכשר בהמתו אלא ממהר ואוכל קודם בדיקתה. תורמוסא מקטע רגליהון דשונאי ישראל. כלומר אע"פ שהוא מר אינן משליכין אותו אלא (תוברין) [חוורין] ושולקין אותו כמה פעמים עד שתמתיק וישראל לכתחלה פשעו ויצאו חייבו דאמר אפילו כתורמוס הזה לא עשו בני כו' מפני מה נתנה תורה לישראל מפני שהן עזין אמר הקב"ה הללו ראויין שתנתן להן דת אש שנאמר מימינו אש דת למו. ג' עזין הן ישראל באומות כו': שחט בהמה ביו"ט בשדה לא יביאנה במוט ובמוטה כדרך שעושה בחול אלא מביאה בידו אברים אברים: ת"ר אין הסומא יוצא במקלו והרועה בתרמילו תרגום ילקוט תרמיל (ש"א יז) ואין יוצאין בכסא אחד איש ואשה איני והא ההוא זקן שהיה יוצא בגלונדקא שלו **) פי' במיית הכפה. אריב"ל אם רבים צריכין לו מותר. וכן אמר אחי שקיא אנא כתפתיה כלומר אפיקתיה***) אכתופיי למר שמואל ומשמשא לטולא. ומטולא לשמשא. ואסיקנא הני מילי משום דרבים צריכים להן וכל מי שהרבים צריכים לו שרי. וכסא נמי שרי ובלבד שלא יכתף באלנקי פי' שמענו שהיא מרדעת של כתפים רב נחמן שרא לילתא אשתו למיפק באלנקי ומשום דבעיתא שמא תפול ולא תיישב דעתה לישיבה אלא באלנקי וכן מרימר ומר זוטרא הוו מכתפי להו בשבתא דריגלא באלנקי ומשום ביעתותא ודוחקא דצבורא: ירושלמי (בפ"א ס"ז) הלכתא ב"ש אומרים אין מוציאין לא את הקטן כו' רב הונא הורי לאינתתיה דריש גלותא למיפק בכסא רב חסדא בעי ולא כן תנן אין יוצאין בכסא אחד נשים ואחד אנשים. אפי' ת"ח אין טעין בדבר זה ורב הונא טועה. מיישא בר בריה דריב"ל משען בסדיניה מיעול מידרוש לצבורא בשבתא: תוספתא במס' שבת (פ"ו) יוצאין במוך ובספוג שעל המכה ובלבד שלא יכרוך עליהן חוט או משיחה יוצאין בקליפת השום ובקליפת בצל שע"ג המכה ואם נפל לא יחזיר וא"צ לומר שלא יתן לכתחלה בשבת יוצאין באגד שע"ג המכה וקושרו ומתירו בשבת אספלנית שפרשה מן האגד מחזירה עם האגד. יוצאין באיספלנית ובמלוגמא וברטייה שע"ג המכה ואם נפל לא יחזיר וא"צ לומר לתת לכתחלה בשבת. סוף עירובין: ת"ר רטייה שפירשה מע"ג המכה מחזירין אותה בשבת ר' יהודה אומר הוחלקה למטה דוחקה למעלה. למעלה דוחקה למטה ומגלה קצת רטייה ומקנח פי המכה ורטייה עצמה לא יקנח מפני שממרח והממרח חייב חטאת אמר רב יהודה הלכה כר' יהודה: מתני' בכור שנפל לבור ר' יהודה אומר

*) בערוך ערך סכה איתא שמעכלת את המאכל היינו כגבי מעיין שנבדקים ככר ע"ש. **) עי' בערוך ערך גלוגדקא וערך גלודקיא. ***) אפיקתיה לרב הונא וכו' ואמר רנב"י אני אכתופיי למר שמואל וכו'.

§ מסכת ביצה דף כה: §

אות א'* [א]

לא יאכל אדם שום ובצל מראשו, אלא מעליו

סימן קע ס"ט - [ב]**לא יאכל שום או בצל מראשו, אלא מעליו** - מצד העלין, **ואם אכל, הרי זה רעבתן** - פי' כי השום, הלבן שבו מבפנים הוא המשובח שבו, והעלין הירוקין שמלמעלה גרועין מהן, ומחזי כרעבתן כשיתחיל לאכול מראשו, **ובשבת** מותר משום חיבוב סעודת שבת.

אות א'

לא ישתה אדם כוסו בבת אחת, ואם שתה, הרי זה גרגרן

סימן קע ס"ח - [ג]**לא ישתה כוסו בבת אחת, ואם שתה הרי זה גרגרן** - ואם משייר אפי' מעט, תו לא הוי גרגרן, **שנים דרך ארץ** - פי' כששותהו בשני פעמים, **שלשה, הרי זה מגסי הרוח.**

הגה: מיהו כוס קטן מאד - היינו פחות מרביעית, **מותר לשתותו בבת אחת; וכן גדול מאד, בשלשה או ארבעה פעמים** - וכ"ז כשהאדם בינוני ובסתם יין, אבל מי שכריסו רחבה, או יין מתוק, נשתנה השיעור, והוא מותר בבת אחת, אפילו ביותר מזה, **ולפי"ז** בשכר שלנו שאינו חזק, בודאי שיעורו יותר מרביעית, [**אבל** ביי"ש שלנו שהוא חריף מאד, מסתברא דאפי' כוס שהוא פחות מרביעית לא ישתה בבת אחת].

אות ב'

אין הסומא יוצא במקלו, ולא הרועה בתרמילו

סימן תקכב ס"א - [ד]**אין הסומא יוצא במקלו** - והיינו לר"ה או לכרמלית, מפני שהוא דרך חול וזלזול ליו"ט, כיון שאפשר לו לילך בלא מקל זה, ואינו נוטלו אלא לתקן ולישר פסיעותיו, [**דלאפוקי** מבית לחצר, אפי' לא עירבו, אין להחמיר בזה ביו"ט, **ובשבת** גם זה אסור].

אין הסומא - וה"ה זקן, [**ואם** הזקן כ"כ שא"א לו לילך כלל בלי מקל, מותר אפי' בשבת].

ולא הרועה בתרמילו - היינו גם כן לר"ה או לכרמלית, ומטעם זילותא ליו"ט. **(ודין חיגר, דינו ביו"ט כמו בשבת, וע"ל סימן ש"א סעיף י"ז)** - וה"ה לענין חולה שעמד מחליו, וכנ"ל בסימן ש"א סי"ז.

[ה]**סימן תקכב ס"ג** - **מי שנתכווצו (פי' שנלמתו ונעשה קלרים) גידי שוקיו, יכול לצאת במקל** - אפילו לר"ה, דנחשב לו כמנעל, כיון שאין יכול לילך בלתו.

[ו]**סימן שא סי"ח** - [ז]**סומא, אסור לו לצאת במקל** - היינו חוץ לעירוב, והטעם דעצם הליכתו אפשר לו לילך בלי מקל, ואינו נוטלו אלא ליישר פסיעותיו.

אות ב'* [ח]

ואין יוצאין בכסא, אחד האיש ואחד האשה

סימן תקכב ס"ב - [ט]**אין יוצאין בכסא, אחד האיש ואחד האשה** - שהיה דרכם להוציא את הנכבד בכסא, שהיה הוא יושב בקתדרא, [רש"י], [י]ואחרים היו נושאין את הקתדרא על כתפם, כדי שלא ידחקוהו אנשים, [או כדי שלא יפול], או כדי שלא יטנפו בגדיו.

וכתבו הפוסקים, דדוקא בכסא אסור, משום דהוא עובדא דחול, **אבל** אם נושאו על כתפיו שלא בכסא, מותר, [**ואפי'** לר"ה מותר לשאת ביו"ט, כיון דהוא צורך קצת].

אות ג' – ד'

אם היו רבים צריכין לו, מותר

מכתפי להו בשבתא דרגלא

סימן תקכב ס"ב - [יא]**ואיש שהיו רבים צריכים לו** - לבית המדרש לדרשה, [רש"י], **מותר** - ואפילו יכול לילך ברגליו, מותר אם יש בזה איזה צורך, כגון שלא יטנף בגדיו, או כדי שלא ידחקוהו אנשים, וכ"ש אם היה זקן, או טורח ההליכה מחמת חולשתו.

[יב]**ומוציאין אותו על הכתף** - פי' אפילו על הכתף, שמשים כל א' ידו על כתף חבירו, והכסא שהאדם יושב עליו על זרועותיהם, וכ"ש אם נושאים הכסא בין ידיהם, **אפילו באפריון** - [ואם מותר לישא כסא ביו"ט אחר אדם חשוב, פן יצטרך לישב עליו בהליכתו, יש דעות בין הפוסקים, עיין בט"ז וב"ח, ‹עיין למטה בהערה בב"י›, **ואם** רבים צריכים לו, לכו"ע מותר].

באר הגולה

א ‹ע"פ מהדורת נהרדעא› **ב ביצה שם ומס' דרך ארץ** **ג שם** ‹מס' דרך ארץ› **ופסחים פ"ו ביצה כ"ה** **ד ברייתא ביצה כ"ה** **ה** ‹מילואים› **ו** ‹ע"פ מהדורת נהרדעא› **ז ביצה כ"ה** ‹דת"ר אין הסומא יוצא במקלו. ופרש"י, דהווי דרך חול, וזילותא די"ט הוא. **וברא"ש** שם איתא משום דהסומא אין לו צורך למקל להילוכו, אלא לתרוצי סוגיא עביד [ואיכא זילותא דיו"ט]. **ובמג"א** שם כתב בטעם איסור סומא, כיון דיכול לילך בלא מקל, ונראה דהוא פירוש על טעם הרא"ש – אג"מ›. ‹**נמצא** דהמקור לזה שנחשב למשוי בשבת משום דאין לו צורך להלוכו, הוא מיו"ט, דמזה הטעם נחשב שם לזילותא› **ח** ‹ע"פ מהדורת נהרדעא› **ט שם בברייתא** **י** ‹זה הוי פי' של "בכסא" לפי המאירי {ואלונקי הוי לדידיה, שהיו שנים פניהם איש אל אחיו, זה נותן זרועו על כתף חברו}, **אבל** מרש"י ד"ה אלונקי "משנושאים בין ידיהן בכסא", {וכלשון של המ"ב להלן}, משמע דאסור גם כשאינו על כתפם בכלל› **יא שם בגמרא** **יב מהא דאמימר ומר זוטרא שם** ‹ודע שהרי"ף לא הזכיר איסור בכיתוף כלל, והרמב"ם התירו בהדיא שכתב בפרק ה', איש שהיו רבים צריכין לו, יוצא בכסא אחריו, ומוציאין אותו בכתף אפילו באפיריון. **ונראה** שטעמם, משום דגרסינן התם בגמרא, אמימר ומר זוטרא מכתפי להו בשבתא דריגלא משום ביעתותא, ואמרי לה משום דוחקא דציבורא, אלמא דאיש שרבים צריכים לו, שרי לכתפו כי היכי דלא לידחקו ליה ציבורא, וה"ה מפני טעם אחר איזה שיהיה, וכיון דאמימר ומר זוטרא עבדי בה עובדא, נקטינן כוותייהו, ולא חיישינן למ"ד התם שלא יכתף. **ואע"ג** דלחד לישנא אמרינן דהוו מכתפי להו משום ביעתותא, ומשמע דמשום ביעתותא דוקא הוא דשרי, וכדשרי רב נחמן לילתא, הא לאו הכי לא, **סוברים** הרי"ף והרמב"ם, דכיון דמידי דרבנן הוא, נקטינן כלישנא דמיקל טפי, כנ"ל. **ונראה** מדברי הרמב"ם, דיציאה בכסא שאמרו, היינו שהיו נוהגים להוציא אחר האנשים החשובים כסא ביד איש אחר, לישב בו במקום שירצה – ב"י›

§ מסכת ביצה דף כו. §

אות א' - ב' - ג'

אין רואין מומין ביום טוב

דעבר ואסקיה

הרי אמרו אין רואין מומין ביום טוב

סימן תצח ס"ט - [א]בכור בזה"ז, שאינו יכול לשחטו בלא מום, אין חכם יכול לראותו ביו"ט אם יש בו מום - ולהתירו, בין שהומם ביו"ט בין שהומם מערב יו"ט, משום דמיחזי כמתקן דאסור ביו"ט, [כסברת רש"י, [ב]ולפי מה שהוסיפו תבלין בה שארי ראשונים], **ולא** דמי לשאר הוראה, שאין האיסור וההיתר תלוי בהוראת פי המורה, אלא בידיעת הדבר, [ג]**משא"כ** בבכור, אפי' יש בו מום גמור, כל שלא התירו אותו חכם או ג' הדיוטות, ושחטו, אסור, ולפיכך כשמתירו הרי הוא כמתקנו, [תרומת הדשן].

[**ועיין** בפמ"ג שמצדד, דאפי' אם הכהן לא ישחטנו, ג"כ אסור משום ההוראה בלחוד].

אבל לראות בכור ולעיין בדינו, לא להורות לאחרים למעשה, הוי כלימוד תורה בעלמא, ולא אסור.

(**עיין** ט"ז שכתב, דאם נתערב איסור בהיתר לח בלח, ואין בו ס', או יבש ביבש וליכא רוב, ואח"כ נתוסף עד ס' או רובו, בזה אין לחכם להורות ביו"ט וכמו בבכור ע"ש, ונראה דלא כתב כן אלא לטעמא דמגיד משנה, דמשום טלטול מוקצה שלא לצורך נגע בה, **ולפי** טעמא שכתבנו במ"ב לדינא, אין מקום כלל לדמות שום הוראה לבכור, וכן בבגדי ישע דחה בפשיטות דברי הט"ז מהלכה).

[ד]**ואפילו אם עבר וראהו ומצא שיש בו מום, אינו יכול לשחטו** - אע"ג דמשום דעבר חכם אהא דאין רואין, אין סברא לאסור, מ"מ אסור משום מוקצה, [תוס'], לא מיבעי אם הומם ביו"ט, דבודאי לא מיתחזי מערב יו"ט, **ואפילו** בהומם מערב יו"ט, די"ל דעתיה עליה למשאל לחכם ביו"ט, ואם יתירנו יאכלנו, **מ"מ** כיון שאסרו חכמים לראות מומין ביו"ט, א"כ ע"כ אסח דעתיה מיניה, דלא אסיק אדעתיה שימצא חכם, או אפילו ג' הדיוטות, שיעברו אאיסור דאין רואין מומין, **וכתבו** הפוסקים, דלכו"ע אסור בזה, ואפילו למאן דשרי מוקצה בעלמא ביו"ט, בהיסח הדעת כזה מודו דאסור.

[ה]**הגה: ואם נפל בכור לבור** - ואפילו הומם מחמת נפילתו, **אסור להעלותו, דהא אינו ראוי לשוחטו (רמב"ם)** - וטלטול שלא לצורך שחיטה אסור.

אלא עושה לו פרנסה במקומו - ואע"ג דפסק המחבר לעיל בסימן תצ"ז ס"ב, דכל דבר שהוא מוקצה אסור ליתן לו מזונות, הכא התירו שלא ימות.

[ו]**יו"ד סימן שיב ס"ג - אין רואין מומין ביום טוב; אבל אם ראהו מערב יום טוב, יכול לחקור עליו ביו"ט היאך נפל בו המום.**

באר הגולה

[א] **משנה שם כ"ה כ"ו וכרבי שמעון, הרי"ף ורא"ש** [ב] ‹והא זהו ממש מש"כ רש"י, דנראה כמתקנו, ומה צריך לתבלין› [ג] ‹וצ"ל דאע"ג דאביי דחה ראיה זו {לקמן דף כ"ז} ואמר דדינא דר"מ לא תלוי כלל בדין ראיית מומי בכור, אלא טעמיה דר"מ משום קנס, ולולי הקנס היה ר"מ מודה דדיעבד אם נשחט שלא ע"פ מומחה מותר, וא"כ אין ראיית בכור חשובה כ"כ, ואפשר ס"ל רואין מומין ביו"ט, **מ"מ** ס"ל לתה"ד דאביי ניהו דדחה דאין ראיה מזה דר"מ ס"ל אין רואין מומין ביו"ט, מ"מ נשארה הסברא לדידן דקי"ל אין רואין מומין בי"ט - מחה"ש› [ד] **שם וכר"ש** ‹שם ולפלגו כו' סד"א כו' - גר"א. **וכן** מציין העין משפט ע"ז "דעבר ואסקיה". **והגם** דד"ה של הגר"א הולך על להלן בהמחבר, כבר כתב הדמשק אליעזר דהוא טעות, אלא דלדידיה הולך על דברי הרמ"א, אבל לכאורה מבואר מציון העין משפט דצריך להיות כאן, **והגם** דהגמ' הולך בזה אליבא דרבי יהודה, כבר כתב התוס' וז"ל: וכן הא דקאמר בגמרא מהו דתימא כיון דדעתיה עלויה נשחטיה קמ"ל, ר"ל דאסור משום מוקצה ואפילו אם בקרו בדיעבד, אף לר' יהודה כיון שלא היה בו מום קבוע מאתמול, ור"ש אסר אפילו אם היה בו מום משום מוקצה, ע"כ. **ודלא** כפי' רש"י, דפי' משום דמוקצה מחמת איסור {דהוא רק לר"ש}, אי נמי משום דעבר ואסקיה› [ה] ‹מה שחסר מן הסעיף נמצא בדף כ"ו: וכ"ז› [ו] ‹ע"פ מהדורת נהרדעא›

אם יש בו מום יעלה וישחוט ואם לאו לא ישחוט *ר' שמעון אומר כל שאין מומו ניכר מבעוד יום אין זה מן המוכן: **גמ'** במאי קא מפלגי אי נימא ברואין מומין קמפלגי דר' יהודה סבר רואין מומין בי"ט ור' שמעון סבר *אין רואין מומין בי"ט ולפלגו ברואין מומין דעלמא בבכור שנפל לבור אצטריכא ליה סד"א משום צער בעלי חיים לערים ולסקיה *כר' יהושע קמ"ל אי הכי לא ישחוט לא יעלה וישחוט מבעי ליה לא צריכא דעבר ואסקיה סד"א לשחטיה קמ"ל לשחטיה הא תם הוא לא צריכא דנפל ביה מומא והא מוקצה הוא אלא דנפל ביה מום עובר מערב יום טוב והשתא הוה ליה מום קבוע מהו דתימא דדעתיה עלויה ונשחטיה קמ"ל: ת"ר בכור תם שנפל לבור ר' יהודה הנשיא אומר ירד מומחה ויראה אם יש בו מום יעלה וישחוט ואם לאו לא ישחוט אמר לו ר' שמעון בן מנסיא *הרי אמרו אין רואין מומין ביום טוב כיצד נולד בו מום מערב י"ט אין מבקרין אותו בי"ט נולד בו מום בי"ט

אם יש בו מום. על כרחך ר' יהודה מוקצה אית ליה ובמום הנופל בו ביום טוב לא שרי דלאו דעתיה עלויה מאתמול והכי קאמר בכור בעל מום שלא הראהו לחכם מבעוד יום להתירו ונפל לבור בי"ט ירד מומחה ויראה מום שהיה בו אתמול אם מום קבוע הוא יעלה וישחוט משום דמוקצה ליכא דמאתמול דעתיה עלויה: **אין זה מן המוכן.** לאו משום מוקצה אסר ליה דהא לית ליה מוקצה אלא לפי שמתירו בי"ט נראה כמתקנו *דהוה ליה כמו דין דגזור ביה משום שבות והכי קאמר אין התרתו היתר ואינו מוכן להכשר: **גמ' אי נימא ברואין כו'.** דהא ודאי משום מוקצה לא הוי טעמייהו דאפכא שמעינן להו אלא משום רואין מומין דר"ש סבר אין רואין כיון דהוי ליה כיושב ודן דין: **לפלגו בעלמא.** בלא נפל לבור: **לערים.** לומר ודאי ימצא בו מום: **ולסקיה כרבי יהושע.** דאמר בפרק משילין (לקמן דף לז.) אותו ואת בנו שנפלו לבור מעלה את הראשון ע"מ לשחוט ואינו שוחט וחוזר ומעלה את השני רצה זה שוחט רצה זה שוחט: **אי הכי.** דנפילת בור דנקט לאשמועינן דלא יעלהו נקט ליה ואם לאו לא יעלהו מבעי ליה דהא עיקר משום העלאה נקט לה ושחיטה פשיטא לן: **לא צריכא דעבר ואסקיה.** ומשמעותא דלא לסקיה מרישא ש"מ דקתני ירד המומחה ויראה ולא קתני יעלהו ויראה והדר אשמועינן אחריתי דאי עבר ואסקיה ולא מצא בו מום לא ישחוט: **דנפל ביה מומא.** השתא וה"ק אם יש בו מום הקבוע מעי"ט יעלה וישחוט ואם לאו דלא היה מעי"ט אלא היום אפילו עבר והעלהו לא ישחוט: **והא מוקצה הוא.** אי מאתמול לא הוה ביה מום כלל פשיטא דלא ישחוט דהא אשמעינן רבי יהודה בכמה דוכתי דאית ליה מוקצה: **קמ"ל.** דאי לא הוה קבוע מערב י"ט לא ישחוט משום דמוקצה מחמת איסור הוא אי נמי משום דעבר ואסקיה: בכור תם שנפל לבור גרסינן בברייתא דלית להו מוקצה להנך תנאי בבכור דכל שעתא דעתיה עלויה שמא יפול בו מום: **ירד מומחה.** ולא לערים ולסקיה: ר' יהודה הנשיא הוא רבי ולאו היינו רבי יהודה דמתניתין דסתם ר' יהודה הוא ר' יהודה בר אלעאי: **אם יש בו מום.** אפילו נפל בו היום: **יעלה וישחוט.** דלית ליה מוקצה בבכור: **ואם לאו.** ועבר ואסקיה לא ישחוט אפילו נפל בו מום לאחר העלאה וקנסא הוא משום דעבר ואסקיה [*א"נ] לא ישחוט לא יעלה בהערמת שחיטה קאמר דלא ישחוט לא אצטריך דהא תם הוא ומתניתין דלא שנינן הכי משום דמתניתין לא מצינן לאוקומה בתם משום דרבי יהודה מוקצה אית ליה ולא מצי למימר אם יש בו מום שנפל בו בי"ט יעלה וישחוט וכיון דע"כ בבעל מום תוקמה לא אצטריך לשנויי סיפא בשנויא דחיקא ולמימר דלא ישחוט לא יעלה קאמר דהא מצי לשנויא שפיר כדשנינן דאשמעינן ואם לאו דלא היה קבוע מבעוד יום דאפילו עבר ואסקיה לא ישחוט ואע"ג דאתעביד ליה מום קבוע השתא: לשון אחר לא גרס בברייתא בכור תם אלא כי מתני' גרסינן בברייתא בכור שנפל לבור ומתוקמא הכי בכור שנפל לבור ר' יהודה הנשיא אומר ירד מומחה ויראה דלא נערים ונסקיה מעיקרא: **אם יש בו מום.** אם ימצא בו מום הידוע שהיום לא נעשה יעלהו וישחוט ואם לאו אלא נפל בו מום היום אפילו העלהו לא ישחוט ולרבי יהודה *נשיאה ליכא למפרך כדפרכינן לעיל פשיטא דלא ישחוט דהא מוקצה הוא דאלו לדידיה אצטריך דהשתא הוא דאשמעינן דאית ליה מוקצה: **א"ל ר' שמעון בן מנסיא הרי אמרו.** רבותינו דורות שלפנינו אין רואין מומין דר"ש בן יוחי אלא מדורות שלפניהם היה ורבי תלמידו היה כדאמר במסכת עירובין (דף נא.) ובמסכת שבת (דף קמז:) א"ר כשהיינו לומדים תורה אצל ר' שמעון בתקוע הייתו מעלין לו שמן כו' וקאמר ליה ר' שמעון בן מנסיא לרבי הרי נחלקו בה דורות שלפנינו וזיל לחומרא: **נולד בו מום מעי"ט.** רבי שמעון בן מנסיא מפרש מלתיה דר' שמעון בן יוחי וה"ק הרי אמר ר"ש בן יוחי אין רואין מומין כיצד נולד בו מום מערב י"ט אין מבקרין אותו לכתחלה אבל אם עבר ובקרו שוחטו שהרי אינו מתקן כל כך שקרוב היה בין השמשות להיות מתוקן שלא היה מחוסר אלא ראיית חכם:

בי"ט

ע"כ לא בעי למימר דאין זה מן המוכן שהוא מוקצה דהא ר"ש לית ליה מוקצה אלא ה"ק כל שאין מומו ניכר שלא הראהו חכם מעי"ט ולא היה נודע אם היה קבוע אין זה מן המוכן כלומר אין היתרו היתר דאין מוכן להכשיר דאין רואין מומין בי"ט וטעמא משום דנראה כמתקן או כדן את הדין שהוא אסור משום שבות ע"כ פירש רש"י וקשה דאין זה מן המוכן משמע דאפילו בקרו חכם כיון שלא נודע שהוא מום קבוע מאתמול אוסר ר"ש ולפ"ה משמע דוקא דאינו מוכן להכשיר לכתחלה הא דיעבד שפיר דמי וע"ק דבשבת מוכח בהדיא בפרק כירה (שבת דף מו: ושם) דמטעם מוקצה קאמר דפריך מהכא דר"ש אית ליה מוקצה והא לית ליה מוקצה לר"ש לכן נ"ל דמטעם מוקצה קאמר דאין זה מן המוכן ואפילו עבר ובקרו מ"מ אסור משום מוקצה ופליגי ברואין מומין וגם פליגי במוקצה מיתורא דקתני אין זה מן המוכן והא דפריך הכא בגמ' לפלגו ברואין מומין בעלמא ר"ל דלא נפל לבור ולעולם כלישנא דמתניתין דמוקצה וכן הא דקאמר בגמרא מהו דתימא כיון דדעתיה עלויה כשחטיה קמ"ל ר"ל דאסור משום מוקצה ואפילו אם בקרו בדיעבד אף לר' יהודה כיון שלא היה בו מום קבוע מאתמול ור"ש אסר אפילו אם היה בו מום משום מוקצה כדפירש' דלא כאדא בר אוכמי וא"ת מ"ש דבכל דוכתא מחמיר רבי יהודה טפי במוקצה מרבי שמעון וי"ל דטעמא רבה אית ליה הואיל דס"ל דרואין מומין ביום טוב וידוע שמום קבוע היה מאתמול א"כ אין כאן מוקצה דהא מאתמול דעתיה עלויה אבל לר"ש אית ליה דאין רואין מומין הלכך לאו דעתיה עלויה מאתמול על כן אסור אפילו אם בקרו בדיעבד:

תנו רבנן בכור תם שנפל לבור ה"ג. דר' יהודה הנשיא לית ליה מוקצה דקאמר אם יש בו מום קבוע ואפילו אם נפל בי"ט יעלה וישחוט ולית להו להני תנאי מוקצה בבכור דלעולם דעתו עליו שמא יפול בו מום ואם לאו שאין בו מום מאליו לא ישחוט וא"ת פשיטא והא תם הוא וי"ל לא יעלה בהערמת שחיטה כדפירש' לעיל ועל ר' יהודה דמתני' לא בעי לשנויי הכא דלא בעי לשנויי שנויא דחיקא ולא יעלה בהערמת שחיטה קאמר הואיל דאית ליה שנויא אחרינא דר' יהודה אית ליה מוקצה בבכור וצריך לאוקומי בבעל מום ע"כ דהא אית ליה מוקצה אבל לרבי יהודה הנשיא דלית ליה מוקצה בבכור דהא בתם שנפל לבור מיירי לא מצי לשנויי הכי שנפל בו מום קבוע בי"ט כדמשני לרבי יהודה במתניתין עוד פרש"י פי' אחר דלא גרס תם בברייתא אלא ה"ג בכור שנפל לבור וכו' אם יש בו מום קבוע שידוע בו מום מערב י"ט ישחוט ואם לאו אלא נפל בו מום היום לא ישחוט אפילו אם העלהו משום דהוי מוקצה ולרבי יהודה נשיאה אית ליה מוקצה ולא פריך הש"ס כדפריך הש"ס לעיל לרבי יהודה דמתני' פשיטא דמוקצה הוא דודאי לרבי יהודה דמתני' פריך שפיר דמאי אצטריך לאשמועינן אי משום מוקצה בהרבה מקומות שמעינן דרבי יהודה דמתני' אית ליה מוקצה אבל ארבי יהודה הנשיא אצטריך לאשמועינן (דרבי יהודה) דאית ליה מוקצה ותימה דבשלהי מכלתין (דף מ:) מספקא ליה לרבי יהודה הנשיא אי אית ליה מוקצה ואמאי לא פשיט ליה מהכא וי"ל דלא פסיק להוכיח מהכא דאיכא לפרושי תרי לישני כדפי' דלחד אית ליה מוקצה ולחד לית ליה מוקצה ומספקא ליה אי כהאי לישנא אי כהאי לישנא לכך לא היה לו להוכיח מהכא: [וע"ע תוספות שבת מה: ד"ה לדבריו]:

רבינו חננאל

אומר ירד מומחה ויראה אם יש בו כו' אוקים' ברואין מומין ביום טוב פליגי והאי דקתני נפל לבור איצטריך סד"א משום צער ב"ח ליערים וליסלקיה כר' יהושע דתני אותו ואת בנו שנפלו לבור ר' יהושע אומר מעלה את הראשון ע"מ לשוחטו ואינו שוחטו ומערים ומעלה את השני כו' קמ"ל דלא עבדינן כר' יהושע ולא יעלה הוה צריך למיתנא ואגב חדא קמ"ל תרתי. חדא לא יעלה ואי עבר ואסקיה לא ישחוט ואע"ג דנפל ביה השתא מום קבוע והוה ליה מעיו"ט מום עובר. מהו דתימא כיון דהוה ליה מעיו"ט מום עובר והאידנא הוה ליה מום קבוע דעתיה עלויה הוה מאתמול ולא. מוקצה הוא קמ"ל: ת"ר בכור תם שנפל לבור ר' יהודה הנשיא אומר ירד מי שבקי במומין ויראה כו' אמרו לו הרי אמרו אין מבקרין מומין ביו"ט. נולד בו מום מעיו"ט אין מבקרין אותו ביו"ט נולד בו מום ביו"ט רבן שמעון אומר אין זה מן המוכן.

עין משפט נר מצוה

כב א ב ג מיי' פ"ב מהלכות יו"ט הלכה ו סמג לאוין סה טור שו"ע א"ח סי' תצח סעיף ט:

מסורת הש"ס

שבת מו.

או דהוי ליה כצ"ל מהר"ם

[לקמן לז.]

רש"ל וצ"ל רש"ל שמחק מן ועבר ואסקי' עד משום דעבר ואסקי'

[צ"ל נשיאה]

עין משפט נר מצוה

כג א ב מיי' פ"ב מהל' יו"ט הלכה ד טוש"ע א"ח סי' תצח סעיף ט:

כד ג טוש"ע א"ח סי' שי סעיף ג:

כה ד שם סעיף ד:

כו ה שם סעיף ה:

בי"ט ר' שמעון אומר *אין זה מן המוכן *ושוין שאם נולד הוא ומומו עמו שזה מן המוכן דרש רבה בר רב הונא נולד הוא ומומו עמו מבקרין אותו בי"ט לכתחלה א"ל רב נחמן אבא תני *אם עבר ובקרו מבוקר ואת אמרת מבקרין אותו לכתחלה אמר אביי כותיה דרבה בר רב הונא מסתברא מדקתני תלתא בבי נולד בו מום מערב יום טוב אין מבקרין אותו ביום טוב לכתחלה הוא דלא הא דיעבד שפיר דמי נולד בו מום ביום טוב ר' שמעון אומר אין זה מן המוכן דאפילו דיעבד נמי לא והדר תני ושוין שאם נולד (א) ומומו עמו שזה מן המוכן דאפילו לכתחלה נמי והא כי אתא רב אושעיא אתא ואייתי מתניתא בידיה בין שנולד בו מום מערב י"ט ובין שנולד בו מום בי"ט חכמים אומרים אין זה מן המוכן ואלא קשיא הך ההיא ארא בר אוכמי היא דמשבש ותני אמר רב נחמן בר יצחק מתני' נמי דייקא דקתני ר' שמעון אומר כל שאין מומו ניכר מערב י"ט אין זה מן המוכן מאי אין מומו ניכר אילימא שאין מומו ניכר כלל פשיטא צריכא למימר אלא דלא אתחזי לחכם מערב י"ט אם מום קבוע אם מום עובר קתני מיהת אין זה מן המוכן שמע מינה (ב) בעי מיניה הלל מרבא *יש מוקצה לחצי שבת או אין מוקצה לחצי שבת היכי דמי אי דאחזי בין השמשות אחזי אי דלא אחזי לא אחזי לא צריכא דאחזי והדר אדחי והדר אחזי מאי א"ל יש מוקצה איתיביה ושוין שאם נולד ומומו עמו שזה מן המוכן ואמאי נימא האי בכור מעיקרא הוה חזי אגב אמיה אתיליד ליה אדחי ליה אחזייה לחכם אשתרי ליה אמר אביי ואיתימא רב ספרא כגון דיתבי דייני התם איכא דאמרי אמר ליה *אין מוקצה לחצי שבת לימא מסייע ליה ושוין שאם נולד ומומו עמו שזה מן המוכן והא בכור מעיקרא הוה חזי אגב אמיה אתיליד ליה אדחי ליה אחזייה לחכם אשתרי ליה אמר אביי ואיתימא רב ספרא כגון דיתבי דייני התם ת"ש *היה אוכל בענבים והותיר והעלן לגג לעשות מהן צמוקין בתאנים והותיר והעלן לגג לעשות מהן גרוגרות לא יאכל מהן עד שיזמין מבעוד יום וכן אתה מוצא באפרסקין ובחבושין ובשאר כל מיני פירות היכי דמי אי דחזו למה ליה הזמנה אי דלא חזו כי אזמין להו מאי הוי וכי תימא דלא ידע אי חזו אי לא חזו והאמר רב כהנא *מוקצה שיבש ואין הבעלים מכירין בו מותר אלא לאו דחזו ואדחו והדר אחזו ואי אמרת אין מוקצה למה להו הזמנה אלא מאי יש מוקצה כי אזמין להו מאי הוי *לא צריכא דאחזו ולא אחזו דאיכא אינשי דאכלי ואיכא אינשי דלא אכלי אזמין גלי דעתיה לא אזמין לא גלי דעתיה אמר רבי זירא ת"ש מפולין ועדשים דהא פולין ועדשים מעיקרא חזו לכוס שדינהו בקדרה אדחו להו

גמר

בי"ט. ואם נולד בו מום בי"ט בזו היה ר"ש בן יוחי אומר אין זה מן המוכן ואפילו עבר ובקרו לא ישחוט שהוא כמתקנו לגמרי: **ושוין כו'.** אבל בזו היו מודים חולקים שלפניו ר' יהודה ור"ש שאם נולד היום ומומו עמו שזה מן המוכן שאין בזה משום תקון ומשום דין שלא היתה בו חזקת איסור מעולם וכדמוקי לה לקמן כגון דיתבי דייני התם: **אבא תני.** על אביו קאמר: **מבוקר.** ושוחטו לכתחלה: **כוותיה דרבה מסתברא.** דלכתחלה שרי: **מדקתני לא בכולהו בבי.** בברייתא דלעיל בדרבי שמעון בן מנסיא: **אין מבקרין.** לכתחלה משמע: **אין זה מן המוכן.** משמע אפילו דיעבד איכא הכנה ועוד מדפלגינהו לתרי בבי: שזה מן המוכן אפילו לכתחלה. קאמר דמוכן לבקרו דאי בדיעבד קאמר ומאי מוכן מוכן לשוחטו קאמר אמאי פלגינהו לתלתא בבי לתנייה להך סיפא בהדי רישא ולערבינהו ולתנינהו הכי נולד בו מום מערב יום טוב או שנולד הוא ומומו עמו אין מבקרין אותו ביום טוב דלהוי משמע לכתחלה הוא דלא הא דיעבד שפיר דמי: **ואייתי מתניתא בידיה** *גרסינן: **חכמים אומרים אין זה מן המוכן.** אפילו דיעבד והאי ר' שמעון הוא דשמעינן ליה אין רואין מומין וכיון דהשתא פרקי ערב ותני להו אלכה למימר דנולד הוא ומומו עמו דשרי דיעבד קאמר כרב נחמן וקשיא לאביי דסייעיה לרבה בר רב הונא מהך: **ואלא קשיא הך.** דלעיל דמסייעא ליה לרבה והוי מיניה כמוכן: **הך ארא בר אוכמי הוא.** חכם אחד שהיו מכירין בו שהיה גורס משניות ומשכח ומשבשן: **דייקא.** כי הך דאייתי רב אושעיא: **אי נימא שאין מומו מתחלל כלל.** שלא היה בו שום מום: **צריכא למימר.** בתמיה וכי לריך היה רבי שמעון לומר לר' יהודה בן מחלוקתו והלא רבי יהודה לית ליה מוקצה וכי דרואין מומין סבירא ליה האי מילה אסור דמוקצה הוא: **אין זה מן המוכן.** אפילו דיעבד ומהשתא על כרחיך ושוין שאם נולד הוא ומומו עמו שזה מן המוכן בדיעבד קאמר: **יש מוקצה לחצי שבת.** משום חצי שבת אם הוקצה בתחלתו מי הוי מוקצה לכולי שבת אם לא: **היכי דמי.** מכדי סתם מוקצה היינו גרוגרות וצמוקין שמעלה אותן על מנת ליבשן ומקצה אותן לכך ומשמתחילין ליבש אין ראוין לאכילה עד שייבשו לגמרי והא חצי שבת דקא אמרת היכי מספקא לך: **אי דאחזו.** שנגמרה מלאכתן בין השמשות אחזו ואין כאן אפילו חצי שבת בהקצאה כלל: **ואי דלא אחזו.** בין השמשות והלא אסורין דאין כאן הכנה מבעוד יום ומאן דלית ליה מוקצה והכנה מבעוד יום בעי כדכתיב ביום הששי והכינו את אשר יביאו (שמות טז): **לא צריכא**

דאחזו. בין השמשות: **ואדחו.** בשבת שנפלה עליהן גשמים ותפחו והדר אחזו שנזופן השמש וקא מיבעיא לן הך שעתא דאתקצו מי אסרה להו כולי יומא או לא: **נימא הוא בכור מעיקרא.** בין השמשות הוה חזי לשחוט את אמו והוא נאכל בין בעל מום לפי שאין בכור קדוש אלא בלידתו דכתיב אשר יולד בבקרך וגו' (דברים טו): **אדחיה ליה.** שהיה בחזקת בכור תם ואסור עד שיראה מומו: **דיתבי דייני התם.** כשנולד וכשפתרו את הרחם ראו את מומו דלא הוקצה כלל: **היה אוכל בענבים והותיר.** רבותא נקט דלא תימא כיון דאוכל והולך לא ליבעי הזמנה וכן מפרש בפרק שלישי דשבת בכירה שהסיקוה (דף מה.): **צמוקים.** יבשין קרוין צמוקים ותאנים שנתייבשו קרוין גרוגרות: **אפרסקין.** פרשקי"ש בלע"ז: **חבושין.** קדוני"ן: **אי דחזו.** בין השמשות: **למה לי הזמנה.** הא ודאי כיון דחזו בהו דיבשו דעתיה עלוייהו שהרי לא הוקצה אלא ליבשן: **ואי דלא חזו כי אזמין להו מאי הוי.** הא לא חזי לאכילה ולא מהניא להו הזמנה דהוה ליה כמזמין עצים ואבנים לאכילה שאין בריה אוכלתן: **וכי תימא דלא ידע אי חזו אי לא חזו.** וכי תימא הך הזמנה דקתני כגון דטורח הוא לו לעלות אליהן ולראותן אם יבשו אם לאו ולא ידע אם ראוין אם לא ראוין ומכין בהזמנה ואומר הריני אוכל מהן למחר אם ראוין הן ואשמעינן אי לאו דאזמינהו מאתמול כיון דלא הוה ידע שהן ראוין לא הוה אמרינן דעתיה עלוייהו ואסורים לאכול אפילו מצאן ראוין: **והאמר רב כהנא מוקצה.** של גרוגרות וצמוקין: **שיבש.** מבעוד יום: **ואין הבעלים מכירין בו.** אין הבעלים יודעים שיבש שלא בדקוהו מבעוד יום ולמחר מצאוהו שיבש היה מאתמול: **מותר.** דכי אסקיה מעיקרא לא אקצייה אלא ליבש והרי יבש והוכן מבעוד יום הכי פירש רב אחאי בשאלתות *שלו: **אלא לאו דאחזו ואדחו והדר אחזו.** ע"כ לא מתוקמא הך הזמנה אי לאו להכי דאזמין להו דאם ידחו למחר ויתקנו לבו ביום יאכל מהן: **ס"ג אלא מאי יש מוקצה כי אזמין להו מאי הוי.** הזמנה דקודם הקצאה מאי מהניא בלאו הזמנה נמי מוכנין ועומדין הן והאיסור בא אחרי כן: **ס"ג אלא דאחזו ולא אחזו.** בהכי עסקינן שיבשו ולא כל לרכן: **דאיכא אינשי דאכלי ואיכא דלא אכלי.** ואצטריך ליה לגלויי דעתיה אי אכיל אי לא אכיל: **מה טעם.** דאין מוקצה לחצי שבת: **מפולין ועדשים.** שאלו מבשלין ביום טוב: **דמעיקרא.** בין השמשות: **חזו לכוס.** חיין כל דבר הנאכל חי קרי אכילתו כוסס: **אדחו להו.** כל זמן שרותחין:

גמר

שבת קלו. חולין עה:

הגהות הב"ח

(א) גמ' שנולד הוא ומומו עמו כצ"ל וכן כצ"ל בסמוך: (ב) שם בעי מיניה רב הלל מרבא יש:

גליון הש"ס

גמ' יש מוקצה לחצי שבת. ע' שבת מג ע"א תוס' ד"ה כשנדון עליו ודף מד ע"ב תוס' ד"ה יש עליה ובחולין דף טו ע"ב תוס' ד"ה כגון:

[פרשת בשלח ס"ס מו]

שבת מה.

נ"ל גרסת

מומו ניכר מאתמול נ"ל

רבינו חננאל

ושוין שאם נולד ומומו עמו שזה מן המוכן. דרש רבה בר רב הונא נולד ביו"ט ומומו עמו מבקרין אותו לכתחלה ביו"ט אמר אביי כוותיה מסתברא מדקתני תלתא בבי בברייתא נולד בו מום מעיו"ט אין מבקרין אותו ביו"ט לכתחלה הא דיעבד שפיר דמי נולד בו מום ביו"ט ר' שמעון אומר אין זה מן המוכן דאפילו דיעבד נמי לא ושוין שאם נולד ומומו עמו שזה מן המוכן [דאפי' לכתחלה נמי] ודחינן להא ממתניתא דאייתי ר' אושעיא ותני בין שנולד בו מום ביו"ט ובין שנולד בו מום מעיו"ט חכמים אומרים אין זה מן המוכן ודייק ר' נחמן ומוקים לה למתני' כוותיה מדקתני ר' שמעון אומר כל שאין מומו ניכר מעיו"ט דליכא למימר האי דקתני כל שאין מומו ניכר דלא הוה ביה מום כלל מעי"ט [דקשיא פשיטא] הוא אלא לעולם דהוה ביה מום בעיו"ט ולא ניכר לחכם אי מום עובר אי מום קבוע הוא וקתני [בלשון] חכמים ש"מ דהלכתא כוותיה ומפורש בתלמוד א"י אתא עובדא קומי ר' אמי וסבר למימר ר' יהודה ור' שמעון הלכה כר' יהודה. איתיבי ר' אושעיא מתניתא דבר קפרא מדרומא ותנא. והכ"א כל שאין מומו ניכר מעיו"ט ולא התירו מומחה אלא ביום טוב אינו מוכן וקיבלה והזר ביה. והא דתניא תלתא בבי אוקימנא לארא בר אוכמי דמשבש ותני כלומר משובשת היא ולא סמכינן עלה: בעא מיניה הלל מרבה יש מוקצה לחצי שבת כגון ענבים שהיו לילי שבת ראויין לאכילה. כמשו ואינן לא ענבים ולא צימוקין ונדחו נשבה בהן רוח כל היום ונעשו בסוף היום כמו צימוקין וראויין לאכילה מאי כיון שנדחו בתחלת היום הוו להו מוקצה ואע"ג דהא [חזו] השתא אסירי או לא. אמר ליה יש מוקצה: ירושלמי אין אסור משום מוקצה אלא תאנים וענבים א"ר שמואל בר פרמי מפני שמסריחות בינתים. איתיביה ושוין שאם נולד ומומו עמו שזה מוכן. והא האי דבשר היה ראוי אגב אמו נולד ביו"ט נדחה ביקר חכם מומו והתירו חזר וקתני הרי זה מוכן. וא"ת כי יש מוקצה איך הוא מוכן ופירק אביי כגון דיתבי [דייני] במקום שנולד בו זה הבכור ובעת צאתו מרחם אמו ראו זה המום והתירוהו מיד איכא דאמרי אין מוקצה אמר לו נימא מסייע ליה. ושוין שאם נולד ומומו עמו כו' איתיביה היה אוכל בענבים והותיר והעלן לגג לעשות מהן צימוקין לא יאכל מהן בשבת עד שיזמין ויאמר בעת שותתירו יהיו מוכנין לשבת וכן האפרסקים כו' ולא מיתוקמ' אלא בזמן דאחזו ואידחו והדר איחזו. וא"ת כל דבר שהיה ראוי לאכילה אע"פ שנדחה אם חזר ונראה בכשרותו עומד ולא נדחה למה הצריך להזמין אלא מאי יש מוקצה וכי מזמין על דבר שאינו בר אכילה מאי הוי ופרקינן כגון דנדחו ולא נראו לגמרי. יש בני אדם שאוכלי' אותן כמותן שהן עכשיו ויש מי שאינו אוכל אם גילה דעתו לאוכלן כמות שהן [הרי גלי] לא זימן נתברר כי מוקצה הן אצלו. ת"ש מפולין ועדשין כי בעת שהן יבישין ראוין לכוס

§ מסכת ביצה דף כו: §

אות א' - ב'

אין זה מן המוכן

אם עבר ובקרו מבוקר

סימן תצח ס"ט - [א]ואפילו אם עבר וראהו ומצא שיש בו מום, אינו יכול לשחטו - אע"ג דמשום דעבר חכם אהא דאין רואין, אין סברא לאסור, מ"מ אסור משום מוקצה, [תוס'], לא מיבעי אם הומם ביו"ט, דבודאי לא מיתחזי מערב יו"ט, **ואפילו** בהומם מערב יו"ט, די"ל דעתיה עליה למשאל לחכם ביו"ט, ואם יתירנו יאכלנו, **מ"מ** כיון שאסרו חכמים לראות מומין ביו"ט, א"כ ע"כ אסח דעתיה מיניה, דלא אסיק אדעתיה שימצא חכם, או אפילו ג' הדיוטות, שיעברו אאיסור דאין רואין מומין, **וכתבו** הפוסקים, דלכו"ע אסור בזה, ואפילו למאן דשרי מוקצה בעלמא ביו"ט, בהיסח הדעת כזה מודו דאסור.

[ב]**אבל אם נולד במומו** - היינו שנולד ביו"ט ומום עמו, **ועבר וראהו, נשחט על פיו** - דליכא כאן משום מוקצה, שהרי ביה"ש היה ראוי הולד לאכול אגב אמו, אם היה שוחטה, ולהכי אף שכשנולד אידחי, שהרי נאסר כל זמן שלא התירו חכם, מ"מ כשנמצא חכם והתירו אין לאסור משום מוקצה, שהרי ביה"ש לא היה מוקצה.

(**ולפי** מה דקיי"ל, דאין אנו בקיאין בענין כלו לו חדשיו, אין לשחטו).

ואם נולד תם והומם בו ביום, (כתב בפר"ח דג"כ שרי, למאי דקי"ל בסי' ש"ח, דאין מוקצה לחצי שבת, וא"כ הכא שראוי היה ביה"ש אגב אמו, אע"ג שכשנולד נאסר, מ"מ הרי חזר ונראה כשהומם, עיי"ש, **אכן** מלשון הש"ס לא משמע כן, וכן גמגם בפמ"ג ובחמד משה מלשון רש"י ‹שבת קל"ו›, **ומצאתי** במאירי שעמד בזה, דלמה לש"ס לומר נולד במומו, הלא בהומם בו ביום סגי, וכתב לתרץ, דאפשר כיון דנולד תם, דיחוי גמור הוא, ושיחזור ויהיה ראוי הוא דבר שאין עולה על הדעת, דמילתא דלא שכיחא היא, **ולא** דמי לזריחת השמש על פירות יבשים שירדו עליהם גשמים, דדבר המצוי הוא, ובכה"ג אמרינן דהואיל וביה"ש איחזי להו, כי אדחי בתר הכי, דחייה שקרוב להעלות על לבו של אדם שהוא חוזר ונראה, בכי הא שרי, והיינו נמי דומיא דנולד ומומו עמו, **שאף** בשעת הדיחוי היה בו ענין שקרוב להעלות על לב שהוא חוזר ונראה, מכיון שהוא רואה את המום, ואין לו אלא שיראנו לחכם אם עובר או קבוע, כך נראה לי ברור, עכ"ל, הרי בהדיא דלא כפר"ח).

אות ג'

אין מוקצה לחצי שבת

סימן שי ס"ג - [ג]בין באיסור אכילה בין באיסור טלטול, כל דבר שהיה ראוי בין השמשות, אם אירע בו דבר שנתקלקל בו ביום וחזר ונתקן בו ביום, חזר להיתרו - כגון שירדו גשמים על הצמוקים ונתפחו עד שאינן ראוין לאכילה, ואח"כ שזפתן השמש ונתיבשו עד שנעשו ראוין, [רש"י בביצה], חזר להיתרו, **והטעם**, דאין שייך שם מוקצה לחצי שבת, כיון שביה"ש היה ראוי.

אבל דבר שהוקצה בין השמשות, אסור כל היום - דעיקר הכנה מבעוד יום בעי, כדכתיב: והיה ביום הששי והכינו את אשר יביאו, וזה הלא בתחלת כניסת היום הוקצה מלהשתמש בו, [רש"י].

אות ד'

מוקצה שיבש, ואין הבעלים מכירין בו מותר

סימן שי ס"ד - [ד]גרוגרות וצמוקים שהיו מוקצים, וכשהגיע בה"ש כבר נתייבשו והם ראויים לאכילה, אע"פ שלא ידעו הבעלים באותה שעה שנתייבשו, ואח"כ נודע להם שבה"ש כבר היו יבשים - והו"א דמחמת זה חל עלייהו שם מוקצה, דהוקצה מדעתם אלו הפירות בשבת זו, **מותר** - קמ"ל דלא אמרינן הכי, דהרי הוא לא הסיח דעתו מהם אלא כדי שיתיבשו, והרי כבר נתיבש והוכן מבע"י, רש"י.

אות ה'

לא צריכא דאחזו ולא אחזו, דאיכא אינשי דאכלי ואיכא אינשי דלא אכלי, אזמין גלי דעתיה, לא אזמין לא גלי דעתיה

סימן שי ס"ה - [ה]גרוגרות וצמוקים דחזו ולא חזו - היינו שנתיבשו קצת על הגג מבעוד יום, **דאיכא אינשי דאכלי ליה ואיכא דלא אכלי ליה, אי אזמניה, נפיק ליה מתורת מוקצה; ואי לא, לא.**

אבל אם אינם ראויים והזמינם, הזמנה לאו מלתא היא - דהרי הם כאבנים ועפר, [רש"י].

[ו]**כתבו** הפוסקים, אימתי אמרינן דאתקצאי לבין השמשות, דוקא דברים שגמרו בידי שמים, כגון גרוגרות, דאין נגמרין אלא ע"י חום החמה, ושמא יהיה יום ענן בשבת, ואסח דעתיה מנייהו, **אבל** דבר שנגמר בידי אדם, כגון תמרים שנתן עליהם מים בע"ש, אף דבודאי אינם ראוים בבין השמשות לא התמרים ולא המים, דהא לא קלטו טעם התמרים שיהו ראוין לשתיה, וגם התמרים לעת עתה לא חזיין, **אפ"ה** לא אסח דעתיה מנייהו על יום השבת שיהא מוקצה מחמת זה, דהא בידו להשהותן עד למחר שיקלטו טעם התמרים.

באר הגולה

[א] שם וכר"ש [ב] ‹בש"ס מוקמינן ליה בשהיו הדיינין יושבין שם בשעת הלידה, באופן שלא היה לו חזקת איסור מעולם, ולא היה מוקצה ואפי' לחצי שבת, והפוסקים השמיטוהו, משום דקי"ל כמ"ד אין מוקצה לחצי שבת, כדלעיל סי' ש"י, ולכן אפי' לא יתבי דייני התם שפיר דמי - מאמ"ר› [ג] ביצה כ"ו בעיא ונפשטא להיתר כלישנא בתרא, וכן פסקו הרא"ש והר"ן והרשב"א [ד] שם בגמרא [ה] שם בגמרא [ו] ‹כן מבואר בגמ' ריש כ"ז›

§ מסכת ביצה דף כז. §

אות א'

הואיל ונשחט שלא על פי מומחה, אסור

יו"ד סימן שי ס"א - השוחט את הבכור שלא על פי חכם, אפי' הראהו לחכם אח"כ ומצא בו מום, אסור; וה"ה בזמן הזה, אם לא הראהו לשלשה בני הכנסת - ‹ובכל מומין אסור, גזרה אטו מום המשתנה לאחר מיתה, ט"ז - באה"ט›.

מסורת הש"ס

עין משפט נר מצוה

כז א מיי' פ"ג מהלכות בכורות הלכה ד סמג עשין קיא טוש"ע י"ד סי' שי סעיף א:

גמר בשוליהו חזו להו אמר ליה אביי ולטעמיך תקשי לך קדרות דעלמא דהא סתם קדרות דעלמא בין השמשות רותחות הן ולאורתא אכלינן מינייהו אלא גמרו בידי אדם לא קא מבעיא לן כי קא מבעיא לן גמרו בידי שמים ר' יהודה נשיאה הוה ליה ההוא בוכרא שדריה לקמיה דר' אמי סבר דלא למחזייה א"ל רבי זריקא ואיתימא רבי ירמיה *ר' יהודה ור' שמעון הלכה כר' יהודה הדר שדריה לקמיה דרבי יצחק נפחא סבר דלא למחזייה א"ל ר' ירמיה ואיתימא ר' זריקא ר' יהודה ור' שמעון הלכה כר' יהודה א"ל רבי אבא מאי טעמא לא שבקתינהו לרבנן למעבד עובדא כר' שמעון א"ל ואת מה בידך א"ל הכי אמר ר' זירא הלכה כר' שמעון אמר *מאן דהוא *)אזכי ואסק להתם ואגמרה לשמעתא מפומיה דמרה כי סליק להתם אשכחיה לר' זירא א"ל אמר מר הלכה כרבי שמעון א"ל לא אנא מסתברא אמרי מדקתני במתניתין ר' שמעון אומר כל שאין מומו ניכר מבעוד יום אין זה מן המוכן וקתני לה בברייתא בלשון חכמים ש"מ מסתברא כוותיה מאי הוי עלה אמר רב יוסף ת"ש *דתלא *באשלי רברבי דאמר רבי שמעון בן פזי א"ר יהושע בן לוי א"ר יוסי בן שאול אמר רבי משום קהלא קדישא דבירושלים ר' שמעון וחבריו אמרו הלכה כרבי מאיר אמרו והא אינהו קשישי מניה טובא אלא בשיטת ר' מאיר אמרוה דתנן* השוחט את הבכור ואחר כך הראה את מומו ר' יהודה מתיר ורבי מאיר אומר *הואיל ונשחט שלא על פי מומחה אסור אלמא קסבר ר' מאיר ראיית בכור לאו כראיית טרפה ראיית בכור מחיים ראיית טרפה לאחר שחיטה ומינה ראיית טרפה אפילו בי"ט ראיית בכור מערב י"ט א"ל אביי אטו התם ברואין מומין פליגי בקנסא פליגי דאמר רבה בר בר חנה אמר רבי יוחנן *בדוקין שבעין כולי עלמא לא פליגי דאסור משום דמשתנין כי פליגי במומין שבגוף רבי מאיר סבר גזרינן מומין שבגוף אטו מומין שבעין ור' יהודה סבר לא גזרינן אמר רב נחמן בר יצחק מתניתין נמי דיקא דקתני ר' מאיר אומר הואיל ונשחט שלא על פי מומחה אסור שמע מינה קנסא הוא דקא קנים שמע מינה אמי ורדינאה חזי בוכרא דבי נשיאה הוה ביומא טבא לא הוה חזי אתו ואמרו ליה לרבי אמי אמר להו שפיר קא עביד דלא חזי איני והא רבי אמי גופיה חזי רבי אמי כי חזי מאתמול הוה חזי ובי"ט

גמר להו בשולייהו. אשתרו ולא אמרינן שעה אחת היו מוקצות וידחו: ולטעמיך. דמשוית להו לרתיחתן תורת מוקצה ולאפת מינה דאין מוקצה לחצי שבת: תקשי לך. מהשתא דלא תוכל לתרץ היאך אנו אוכלים שום קדרות בלילי שבתות דעל כרחך המוקצה לבין השמשות מוקצה לכולי יומא והרי בין השמשות כל הקדרות מסולקות מרותחות מן הכירה ואכלינן מנייהו לאורתא: אלא מידי דגמרו בידי אדם לא קא מבעיא לן. דכיון דבידו לתקנו בו ביום לא סלקא ליה מדעתיה מפני דחייתו הלכך פולין ועדשים הינם ראייה לכאן ומהאי טעמא כמי שרינן קדרות של בין השמשות: כי קא מבעיא לן גמרו בידי שמים. ע"י חמה דכיון שאין בידו לתקנו מסח דעתיה מניה: הוה ליה ההוא בוכרא. והיו לו בביתו כהנים סמוכין על שלחנו ואוכלין בכורות: רבי יהודה ור' שמעון הלכה כרבי יהודה. הכי כייליגן להו בעירובין (דף מו:): אמר ליה ר' זריקא. לר' אבא: ואת מה בידך. דשבקת לרבי יהודה ובעית למעבד כר' שמעון ממי שמעת דהלכה כר' שמעון בזו: אמר מאן דהוא. אחד מן התלמידים מי שהוא ולא נודע שמו: אזכי ואסק. יהי רצון שאזכה לעלות לארץ ישראל למקום שרבי זירא שם דהוא מרה דשמעתא דאמרי משמיה הלכה כר' שמעון ואגמרה לשמעתא מפומיה: אנא מסתברא אמרי. כן אמרתי דמסתברא כרבי שמעון אבל לא שמעתי שהוקבעה הלכה למעשה כמותו: בלשון חכמים. דקתני לעיל אתא ואייתי מתניתא בידיה בין שנולד בו מום מעי"ט בין שנולד בו מום בי"ט חכמים אומרים כו' ור' שמעון הוא דקאמר הכי וקרי ליה חכמים: באשלי רברבי. בחבלים גדולים וגסים שקשין לינתק כלומר חכמים גדולים אמרוה ואין נוחין לבטל דבריהם: ר' שמעון בן מנסיא וחביריו. אותן שאמר עליהן הרי אמרו אין רואין מומין בי"ט: אמרו הלכה כר' מאיר. בבכורות השתא משמע שמעידין קהלא קדישא על ר' שמעון בן מנסיא שאומר עוד דבר זה ומפרש רב יוסף אמרו בתמיה וכי אפשר שקהלא קדישא אומרים דבר זה על ר' שמעון בן מנסיא וחביריו אמרו הלכה כר' מאיר ועבדינן כותייהו: והא אינהו קדימי וקשישי מיניה טובא. קהלא קדישא דאמרה רבי להא שמעתא משמייהו קשישי מר' שמעון בן מנסיא טובא דהא ר' שמעון בן מנסיא בימי רבי ובניו היה כדתנן באבות [פ"ו] אמר ר' שמעון בן מנסיא אלו שבע מדות שמנו חכמים בתלמידים כלן נתקיימו ברבי ובבניו ולעיל נמי אפלוג בהדיה והיכי אמרו ההוא קהלא קדישא הלכה משמיה דר' שמעון בן מנסיא דקתני ר' שמעון וחביריו אמרו הלכה כר' מאיר: אלא. הכי אמור קהלא קדישא ר' שמעון בן מנסיא וחבריו שאמרו אין רואין מומין בשיטת ר' מאיר אמרוה וכן אפשר שהזקנים נתנו דעתם על דברי הבחורים ואמרו דברי פלוני נוטין אחר דברי ר' פלוני שהיה לפניו: השוחט את הבכור. קודם שהתירו חכם ואח"כ הראה את מומו לחכם: אלמא קסבר ר' מאיר ראיית בכור. אינה קלה כראיית טרפה דאחשבוה רבנן וכל עצמה של התרת בכור תלויה בה שאף שחיטתו אסורה קודם שיראנו ואינו דומה לראיית טרפה שהתירו לבדקה אחר שחיטה: ומינה. וממנה למדו ר' שמעון בן מנסיא וחביריו ואמרו כיון דחשיבא כולי האי הוה ליה כמתקן *וכדן דין ואסור לראותו בי"ט ואע"פ שהטרפה נבדקת בי"ט והיינו תליא באשלי רברבי שאמרו קהלא קדישא דהא דר' שמעון כר"מ אזלא וקמו להו ר' שמעון בן יוחי ור' מאיר בחדא שיטתא וה"ל ר' יהודה יחיד ואין דבריו של אחד במקום שנים: אמר ליה אביי. לרב יוסף: אטו. ההיא דר"מ דבכור ברואין מומין לאחר שחיטה פליגי ומשום טעמא דחשיבותא אמרה ר"מ למלתיה והא קנסא קנים כדמפרש ואזיל ואלו אדם אחר שחטו וכסבור שהוא ניתר מפי מומחה אפילו ר"מ מודה דרואין: בדוקין. טייל"א כמו הנוטה כדוק שמים (ישעיה מ) אם מום זה דוק שבעין: כולי עלמא. אפילו ר' יהודה מודה דאסור מפני שמשתנה לאחר המיתה ויש דוק שנראה לאחר שחיטה מום קבוע שאלו ראהו לפני שחיטה היה נראה עובר: במומין שבגוף. כגון נקלה אזנו נשברה ידו דלא נשתנה בשביל השחיטה: מתני'. דבכורות נמי דיקא דמשום גזרה קאסר ליה וקנסא קנים כדי שלא ירגיל עוד מדלא קתני ר"מ אוסר דהוי משמע דלאסורו תלוי בגופו שאין ראייתו לאחר שחיטה כלום אלא הואיל ועבר ושחטו שמע מינה זהו טעמו של דבר מפני שהקיל לשחטו ותלה ר"מ הדבר ברשעו של כהן זה שהקיל בו: אמי ורדינאה. כהן היה ועל שם ורדים היה נקרא* ולי נראה מאותו מקום שמו ורדינה כדאמרינן בעירובין (דף מט.) שנקרא מתגשי ורדינה ואנשים לקנים ולרי עין במומין היו: מאתמול הוי חזי. אם קבוע אם עובר: ובי"ט

אלא גמרו בידי אדם לא מבעיא לן וכו'. ואע"ג דאמרי אין מוכיח מההיא דכופין את הסל לפני האפרוחין כדי שיעלו וירדו וקאמר [שבת קמג:] מותר לטלטלו פי' אחר שירדו מותר לטלטל הסל אע"פ שהיה אסור כשעלו עליו האפרוחים עליו בחצי היום אלמא אין מוקצה לחצי שבת *וי"ל דשאני התם דהוי כמו גמרו בידי אדם שבידו להפריחם מעליו דהא שרינן קדרות אע"ג דבין השמשות רותחות הן ועוד יש לומר דהתם מיירי לענין טלטול דפשיטא ליה דאין מוקצה לחצי שבת והכא קא בעי לענין אכילה:

אלא ר' מאיר קנסא קא קניס. ופסיק רבינו יצחק דהלכה כרבי יהודה דקבעי התם בבכורות (דף כח: ושם) כתמא דש"ס אליבא דר' יהודה ואע"ג דר' מאיר ור' יהודה *הלכה כרבי מאיר בגזרותיו היינו ולאו בגזרותיו אבל לא בקנסותיו* ועל

וא"ל דשאני התם דהוי כמו גמרו בידי אדם דבידו לספריחם מעליו דהא שרינן קדרות אע"ג דביה"ש רותחות הן דכפ' כירה (שם) קאמר אם היו עליו בה"ש אסור לטלטלו וא"כ לא הוי כגמרו בידי אדם וי"ל דהתם מיירי כו' כצ"ל מהרש"א

[עירובין מו: בכורות יח.]

[עירובין מז. כתובות נז.]

[ועי' תוס' יבמות לו. ד"ה מי עביד ותוספות ב"ק לו: ד"ה ותכמים ותוס' ב"מ עב. ד"ה קונסין ותוס' ב"ב לד: שילהי ד"ה ותכמים ותוס' בכורות כח. ד"ה ר"מ ותוספות זבחים קד. ד"ה אמר ר' עקיבא]

[מו"ק כב. חולין נ.]

*) [שם וגדפ מח.]

[ב"ב נח: ע"ז ז:]

[בערוך פי' מלשון ויטע אשל כלומר אילנות גבוהים והיינו חכמים גדולים כדכתיב סגה אשור ארז בלבנון [יחזקאל לא] וכדאמרינן פסחים קיב. הרוצה ליחנק יתלה באילן גדול]

בכורות כח.

[שם ע"ב]

נסי ג' מפרש"מ נעיל ג"ל או כדן דין

עי' גיטין מח. דשם נקרא שפיר נאה

רבינו חננאל

לכוס עודנו בקדרא נדחו מלכוס ועדיין לא נתבשלו נגמר בשולן נראו ואנו מבשלין איתן ביו"ם הנה הן מוקצה א"ל אביי ולטעמיך תקשו לך כל קדירות דבין השמשות דאינון רותחות בין השמשות ואין ראויות לאכילה ולאח'[כך]אוכלין מינייהו אלא כל דבר שנגמרו בידי אדם כגון אילו לא קטיבעיא לן דודאי אין מוקצה כי קטיבעי לן גמרו בידי שמים ולא איפשיטה. ר' יהודה נשיאה הוה ליה בכור שדריה לר' אמי ביו"ט לבקרו סבר דלא למיחזי' א"ל ר' ירמיה והא ר' יהודה תני במתניתין ירד מומחה ויראה ור' יהודה ור' שמעון הלכה כר' יהודה ואוקימנא למתניתין ברואין מומין ביו"ם פליגי ר' יהודה מתיר ור' שמעון אוסר וכן ר' יצחק נפחא לא רצה לבקר מומין ביו"ט ואמר לו ר' ירמיה כמו שאמר לר' אמי א"ל ר' אבא לר' ירמיה למה אינך מניח לר' אמי ור' יצחק נפחא לעשות כר' שמעון דאמר אין רואין מומין א"ל ר' ירמיה ואת מה בידך א"ל הכי אמר זעירא הלכה כר' שמעון

ואסיק' מסתברא קאמר מדקתני לה ר' אושעיא במתניתא דאייתי בהדיה הא דר' שמעון בלשון חכמים ש"מ הלכתא כותיה. מאי הוי עלה ת"ש מדאשכחן ר' שמעון בן מנסיא וחביריו שהקדימו באותו הזמן שהיו קודם ר' מאיר ואמרו הלכה כר' מאיר דתנן בבכורות עד כמה ישראל חייב ליטפל (בבשר): השוחט את הבכור ואח"כ הראה מומו ר' יהודה מתיר ר' מאיר אומר הואיל ונשחט שלא ע"פ מומחה אסור. ודייקינן אלמא קסבר ר' מאיר ראיית בכור לאו כראיית טריפה כו' א"ל אביי אטו התם בראיית מומין ביו"ט פליגי בגזירת מומין שבגוף אטו מומין שבעין פליגי מפני שמשתנין לאחר מיתה וקנסא הוא דקא קניס ר' מאיר התם. (אי) אמי ורדינאה לא היה רואה מומי בכור ביו"ם וא"ר אמי שפיר עביד דלא חזי. ר' אמי הוה רואה מומין מעיו"ט ולמחר ביו"ט הוה שואלו איך נפל בו מום וכן

*וביו"ט שיולי קא משייל היכי הוה עובדא כי הא דההוא גברא דאייתי בוכרא לקמיה דרבא אפניא דמעלי יומא טבא הוה יתיב רבא וקא חייף רישיה דלי עיניה והזייה למומיה א"ל זיל האידנא ותא למחר כי אתא למחר אמר היכי הוה עובדא א"ל הוה שדיין שערי בהך גיסא דהוצא והוה איהו באידך גיסא בהדרי דבעי למיכל עייל רישיה ופרטיה הוצא לשפותיה א"ל דלמא את גרמת ליה א"ל לא ומנא תימרא דגרמא אסור *דתניא °מום לא יהיה בו אין לי אלא שלא *יהיה בו מום °מניין שלא יגרום לו על ידי דבר אחר שלא יביא בצק או דבלה ויניח לו על גבי האזן כדי שיבא הכלב ויטלנו ת"ל °כל מום *אמר מום ואמר כל מום: **מתני'** *בהמה שמתה לא יזיזנה ממקומה ומעשה ושאלו את רבי טרפון עליה °ועל החלה שנטמאת ונכנס לבית המדרש ושאל ואמרו לו לא יזיזם ממקומם: **גמ'** לימא תנן סתמא דלא כר' שמעון (*דתנן) ר' שמעון אומר *מחתכין את הדלועין לפני הבהמה ואת הנבלה לפני הכלבים *ר' יהודה אומר אם לא היתה נבלה מערב שבת אסורה אפילו תימא ר' שמעון מודה ר' שמעון בבעלי חיים שמתו שאסורין *הניחא למר בר אמימר משמיה *דרבא דאמר מודה היה רבי שמעון בבעלי חיים שמתו שאסורין שפיר אלא למר בריה דרב יוסף משמיה דרבא דאמר חלוק היה רבי שמעון אפילו בבעלי חיים שמתו שמותרים מאי איכא למימר *תרגומה זעירי בבהמת קדשים דיקא נמי דקתני עליה ועל החלה שנטמאת מה חלה דקדישא אף בהמה דקדישא אלא טעמא דקדישא הא דחולין שריא הניחא למר בריה דרב יוסף משמיה דרבא דאמר חלוק היה ר' שמעון אף בבעלי חיים שמתו שמותרין שפיר אלא למר בר אמימר משמיה דרבא דאמר מודה היה רבי שמעון בבעלי חיים שמתו שאסורין מאי איכא למימר הכא במאי עסקינן °במסוכנת ודברי הכל: **מתני'** *אין נמנין על הבהמה לכתחלה בי"ט אבל נמנין עליה מערב יום טוב ושוחטין ומחלקין ביניהם: **גמ'** מאי אין נמנין אמר רב יהודה אמר שמואל °אין פוסקין דמים לכתחלה על הבהמה ביו"ט היכי עביד אמר רב מביא שתי בהמות ומעמידן זו אצל זו ואומר זו כזו תניא נמי הכי *לא יאמר אדם לחברו הריני עמך בסלע הריני עמך בשתים אבל אומר לו הריני עמך למחצה ולשליש ולרביע:

רש"י

וביו"ט שיולי קא משייל. פעמים שהיה טרוד בעיו"ט ומשרתה המומין אומר לו לך עכשיו ובא למחר והיה שואלו על המום איך בא לו מפני שנחשדו הכהנים על הבכורות להטיל בהם מום כדתנן (בכורות דף לה.) כל המומין הראויים לבא בידי אדם רועי ישראל נאמנים ורועי כהנים אין נאמנים וצריך להביא עדים שמאליו בא לו: **סמוק גברא.** כהן היה: **דלי עיניה.** נשא עיניו: **סולא.** גדר של קוצים: **מום שדיין שערי בהך גיסא דסולא.** שעורין היו מושלכים מעבר לגדר והבכור היה לעבר השני: **ופרטיה לשפוותיה.** קרע שפתיו והיא שטיה בעומי הבכור שפתו שנפגמה שלשולם הוא ניכר: **לא גרמת ליה.** מדעת נתת השעורים שם שנחשדים על הבכורות מפני טורח הגדול והזילה שהוטל עליו שישראל אינו מטפל בו אלא שלשה חדשים ונותנו לכהן: **לא יהיה.** קרי ביה לא יהיה: **ס"ג מום לא יהיה בו אין לי אלא כו'.** אי כתב מום ולא כתב כל לא היה לו לאסור גרמא אלא נתינת מום ממש אבל עכשיו אמר מום לאסור נתינת מום ממש ואמר כל מום לאסור גרמא:

מתני' חלה שנטמאה. אינה ראויה לכהן היום דהא באכילה אסורה לעולם ובהסקה או להאכיל לכלבו ביו"ט אסור דאין מבערין קדשים טמאים מן העולם ביו"ט ואפילו ע"י אכילת בהמה דקי"ל שאין שורפין קדשים ביו"ט ולא תימא דוקא שריפה משום הבערה שלא לצורך היא דהא אין מדליקין בשמן שרפה ביו"ט הבערה לצורך היא דהדלקה נר ביו"ט לצורך אכילה היא ומותרת ואפילו הכי בשמן שרפה לא והוא שמן תרומה שנטמאת דגזרת הכתוב היא שאין קדשים טמאים מתבערים ביו"ט דרחמנא אחשבה להבערתן דכתיב באש ישרף (ויקרא ז) הלכך מלאכה היא: **גמ' ואת הנבלה לפני הכלבים.** ובשנתנבלה בשבת קאמר מדפליג רבי יהודה עלה ואמר אם לא היתה נבלה מע"ש אסורה לפי שאינה מן המוכן: **בבעלי חיים.** בהמה בריאה בין השמשות: **שמתו.** ביו"ט: **שאסורים.** וכי שריא במסוכנת בין השמשות דדעתיה עלויה להאכילה לכלבים: **בבהמת קדשים.** שאסורה בהנאה וטעונה קבורה ולאו נפדים דבעיא העמדה והערכה אי נמי אין פודין קדשים להאכיל לכלבים ואפילו למאן דאמר פודין ביו"ט לא פרקי לה הלכך לא חזיא: **אלא טעמא דקדשים.** כיון דדיקא מתני' למתנייה דומיא דחלה על כרחך שמעינן מינה דדוקא בקדשים נקט ופרכינן אלא טעמא דקדשים בתמיה: **הא דחולין שריא.** לכלבים ולא מתסרא משום מוקצה: **ניחא למר בריה דרב יוסף כו'.** איכא למימר מתני' דדיקא לאשמועינן דחולין שריא ר' שמעון היא דלית ליה מוקצה. **אלא למר בריה דאמימר.** מני לא ר' יהודה ולא ר' שמעון: **הכא במאי עסקינן במסוכנת.** לעולם ר' שמעון היא ומתני' במסוכנת דשרי ר' שמעון בה ואמר מחתכין את הדלועין כו' הלכך טעמא דקדשים לא יזיזנה הא דחולין שריא: **מתני' אין נמנין.** בגמ' מפרש מאי היא: **אבל.** שוחט הוא הטבח בלא פסוק דמים ומחלקין אותה ביניהם ולמחר יפסוק להם דמיה: **גמ' °אין פוסקין דמים.** דמקח וממכר בשבת וביו"ט אסור *°בספר עזרא (נחמיה יג): **היכי עביד.** דקתני שוחט הוא ומחלקין ביניהן היכי עביד שידעו למחר כמה היתה שוה לפסוק דמיה: **מביא.** להם ביו"ט שתי בהמות שוות ויאמר כלו שזו כזו ולמחר שמין את הנותרת: **הריני עמך.** נמנה על בהמה זו בסלע והיינו כשמואל דאמר אין פוסקים לה דמים ביו"ט: מתני'

תוספות

ועל החלה שנטמאת לא יזיזנה ממקומה · פרש"י דלמאי חזי אי לאכילה הא טמאה היא אי להסקה תחת תבשיל אין שורפין קדשים בי"ט וכ"ת ירילנה לפני כלבו כדאמרינן בפסחים (דף מו. ושם) גבי תרומת חמץ ומרילה לפני כלבו וי"ל דנתינה לכלבו אע"ג דאין כאן שום טורח זהו ביעורו וכשם שאין שורפין כך אין מבערים דרחמנא אחשבה להבערתו אע"ג דהוי לצורך כדאמר אין מדליקין בשמן שרפה ביו"ט ואע"פ שהוא צורך יו"ט להדליק לצורך אכילה וקשה דהא דאין שורפין קדשים ביו"ט הייט טעמא משום טורח מלאכה לעשות אש ולעסוק בשריפתו אבל הכא כשנותן החלה לפני כלבו אין כאן שום טורח מלאכה לכן נ"ל דלכך אין נותנה לפני כלבו משום דמצותה בשרפה כדאמר בשבת (דף כה·) כשם שמצוה לשרוף הקדשים שנטמאו כך מצוה לשרוף את התרומה שנטמאת אבל גבי תרומת חמץ דקאמר מרילה לפני כלבו לא מיירי כשנטמאה אלא משום ביעור חמץ ולכך אינה צריכה שריפה וכן משמע בתמורה (דף לג:) דחשיב לה לתרומה טמאה בהדי הנשרפין וקאמר הנשרפין לא יקברו ומ"מ קשה דהיכי מדמה תרומה לקדשים למימר שאין שורפין תרומה ביו"ט אימא שאני שריפת קדשים דלית בהו צורך הדיוט כלל לכך אין שורפין אבל תרומה דצורך הדיוט להסיק תחת תבשילו אימא ישרפנו בי"ט תחת תבשילו דהא איכא צורך אוכל נפש ותירץ רבינו יצחק דתחת תבשילו הואיל ואית ביה נמי צורך גבוה בטל ליה צורך הדיוט אגב צורך גבוה והוי כאילו כולו של גבוה וראיה מדלעיל (דף יט·) דאמרינן נדרים ונדבות אין קרבין ביו"ט ואפילו שלמים ואמאי והא שלמים צורך הדיוט אית בהו אלא ודאי בטיל ליה חלקו אגב חלק גבוה והוי כאילו כולם לגבוה הכא נמי גבי תרומה נימא הכי וקשה לפי זה דא"כ נלייט פסחים היכי דחיא י"ט הא אית ביה צורך גבוה כי אם ללי אש ואמאי לא בטיל ליה אגב מצות גבוה את מה שיש להדיוט אלא ודאי י"ל דאין קושיא מטעם זה דמצות גבוה לא בטלה חלק דהדיוט וגבי שלמים שאני דעיקר הקרבה בשביל גבוה והכהנים ובעלים משל גבוה קא זכו ומה שאין שורפין את התרומות הייט גזרה תרומה אטו קדשים*: [בבהמת קדשים. ורבי טרפון שהיה מסופק דס"ד דשרי משום בזיון קדשים]: א"י גריפת

רבינו חננאל

וכן רבה הוה חייף בעיו"ט ואייתו ליה בכור לבקרו דלי רישיה וחזא למומא ואמר ליה זיל האידנא ותא למחר אתא למחר א"ל איך נפל ביה האי מומא א"ל בכור הוה שערי דרמו מאחורי דהוצא הכניס ראשו בין הוצא לאכול שעורים פרטיה כלומר חתך הקוץ שפתו א"ל דילמא את גרמת ליה א"ל לא וגרמא דאסור מנא לן דתניא מום לא יהיה בו מום שלא יהיה בו . אין לי שלא יהיה בו מום אבל אם יש בו מותר לאוכלו במומו מניין שאסור לגרום לו מום שלא יביא בצק ויתן באזנו של גדי כדי שיבוא כלב ויטלנו ת"ל כל מום לא יהיה בו מעצמו מכאן שאסור לגרום לו: **מתני'** בהמה שמתה לא יזיזנה ממקומה כו'. משנה זו סתם היא וקתני לא יזיזנה ממקומה ליסא תנן סתמא דלא כר' שמעון דתנן מחתכין את הדלועין לפני הבהמה ואת הנבלה לפני הכלבים ואמרינן אפי' תימא ר' שמעון מתניתין בשמתה ביו"ט ומודה ר' שמעון בשהיו בעיו"ט בחיים ומתו ביו"ט שאסורין לטלטלן *) (צריך למצוא מקומו) הניחא למר בר אמימר משמיה דרבא דאמר מודי ר' שמעון אלא למ"ד חלוק היה ר' שמעון אפילו בבעלי חיים שמתו ביו"ט שמותר לטלטלן וליתנם לפני הכלבים מאי איכא למימר. תרגמא זעירי למשנתנו בבהמת קדשים שטעונה קבורה ואסור האכילה לכלבים לפיכך לא יזיזנה ממקומה ואמרי' מתני' נמי דוקא דבהמת קדשים היא דקתני עליה ועל החלה עליה דומיא דחלה מה חלה קדש אף בהמה קדש ודייקינן מינה טעמא דהיא בהמת קדשים הא בהמה דחולין שמתה ביו"ט מותר לטלטלה אליביה דר' שמעון הניחא למ"ד חלוק היה ר' שמעון בב"ח שמתו שמותר לטלטלן אלא למ"ד דמודה היה שאסורים מאי איכא למימר ואוקימנא במסוכנת מעיו"ט ומתה ביו"ט דכיון דמסוכנת**) מתה מאתמול ביו"ט היא ואפילו לר"י ומתניתין בבהמת קדשים ולפיכך לא יזיזנה הא דחולין דברי הכל שרי לטלטלה: **מתני'** אין נמנין על הבהמה בתחלה ביו"ט כו' אוקמ' רבה אין נמנין לפסוק לה דמים אבל נמנין עליה ואומר זו כמו זה שמכרת מערב ודמי אותה הבהמה ידועים ושוחטים ומחלקים בלא פסיקת דמים תניא נמי הכי לא יאמר אדם לחבירו הריני עמך בסלע הריני עמך בשתים שנמצא פוסק דמי

*) נראה שג' תיבות אלו הוא הגה"ה מן הצד שכתב על מימרא דמר בר אמימר דצריך למצוא מקומו היכן אמר דבר זה וצ"ע. **) נראה דצ"ל דכיון דמסוכנת היתה מעיו"ט דעתיה עליה מאתמול וכ"ה בר"ף כאן ע"ש.

עין משפט נר מצוה

כח א מיי' פ"ב מהלכות יו"ט הלכה ג טור שו"ע א"ח סי' תנז סעיף ט:

כט ב מיי' פ"ב מהל' בכורות הלכה ח טוש"ע יו"ד סי' שיג סעיף א:

ל ג מיי' פ"ב מהלכות יו"ט הלכה ג טוש"ע א"ח סי' תקיח סעיף ו:

לא ד ה מיי' שם:

לב ו מיי' שם טוש"ע שם:

לג ז ח מיי' פכ"ד מהל' יו"ט הלכה יג סמג לאוין עה טוש"ע א"ח סי' תקיז סעיף א:

[שם בבכורות איתא אחד מום ואחד כל מום]

[צ"ל דתניא]

פסחים נו

שבת מה:

שבת קמח:

[וע"ש תוס' שבת כד: ד"ה לפי ופסחים מו. ד"ה לא תקרא]

מסורת הש"ס

בכורות לג: [מנחות נו:] [שם בבכורות לג. איתא יתן וכ"ה בשאלתות סי' נא סי' מד]

שבת קטו:

לעיל ב. ז: ע"ש שבת קטו: ע"ש

[שבת כג: כד]

[דרבא וכ"ה בשבת ובאמת צ"ל דרבא וכן טוגם שם]

[תוספ' פ"ג]

[עי' רש"י לקמן לז. ד"ה משום מקח וממכר]

גליון הש"ס

רש"י ד"ה אין פוסקין וכו' עי' רש"י לקמן דף לו ע"ב ד"ה משום מקח וממכר: שם בא"ד בספר עזרא. כלישנא דש"ס סוכה דף לו ע"א וכן בעזרא וכו' ושם בנחמיה ח' ועי' סנהד' דף צג ע"ב

§ מסכת ביצה דף כז: §

אות א'

וביום טוב שיולי קא משייל היכי הוה עובדא

סימן תצ"ח ס"ט - [א]ואם ראה המום מעיו"ט, וראה שהוא מום שראוי לישחט עליו, יכול לחקור עליו ביו"ט אם נפל בו המום מאליו, ומתירו - ר"ל היכא שעיקר ראיית הבכור היה בעיו"ט, דהיינו שעיין בדינו אם הוא מום קבוע, והוסכם אצלו שהוא מום גמור, **רק** שלא חקר ודרש עדיין אם לא פשע בעל הבכור בנפילת המום, שכל מום שלא נפל מעצמו, אלא אחרים גרמו לו בכוונה, אינו חשוב מום לישחט על פיו, **בזה** מותר לו לעשות חקירה ודרישה גם ביו"ט, ואין זה בכלל אין רואין מומין ביו"ט.

[**ואף** שבעל הבכור לא ידע עדיין גמר הדין, מ"מ אין מסיח דעתיה ממנו שוב, וקסבר למחר יתירו החכם, **אכן** מדברי הא"ז משמע, דדוקא בשכבר אמר לו החכם שהמום קבוע, וצ"ע].

[ב]יו"ד סימן שי"ב ס"ג - אין רואין מומין ביום טוב; אבל אם ראהו מערב יום טוב, יכול לחקור עליו ביו"ט היאך נפל בו המום.

אות ב'

מניין שלא יגרום לו על ידי דבר אחר וכו'

יו"ד סימן שי"ג ס"א - אסור להטיל מום בבכור - דכתיב כל מום לא יהיה בו, ודרשינן לא יהיה בו, (היו"ד הראשונה בשו"א וה"א בפת"ח) - ש"ך, **אפילו לגרום לו מום, כגון ליתן דבילה על גבי אזנו כדי שיטלנה הכלב משם ויקטע אזנו עמה וכיוצא בזה, או שאומר לעובד כוכבים להטיל בו מום; ואם עשה מום בידים או בגרמתו, אין שוחטין אותו על ידו עד שיפול בו מום אחר מעצמו; ואם מת, אין קונסין בנו אחריו, אלא שוחטין אותו על ידו.**

אות ג'

בהמה שמתה, לא יזיזנה ממקומה

סימן תקי"ח ס"ו - ואם לא היתה מסוכנת, אע"פ שהיתה חולה, הרי זה מוקצה ולא יזיזנה ממקומה - ולי"א בסימן תצ"ה, דמוקצה שרי ביו"ט, [ג]אפילו בבריאה שמתה ג"כ שרי, כ"כ המ"א, והוא לפי דברי המחבר לעיל בסי' שכ"ד ס"ז, **וכבר** כתבנו שם במ"ב דעת החולקים, [ד]דבבריאה שלא היה ליה לאסוקי אדעתיה, לכו"ע אסור, דכגרוגרות וצמוקין דמי, דמוקצה הם לכו"ע, [ה]ודוקא בהיתה חולה שרי למאן דלית ליה מוקצה, (**וכדמשמע מלשון** "אע"פ שהיתה חולה, הרי זה מוקצה", ‹משמע› דלמאן דלית ליה מוקצה שרי בחולה), **והגר"ז** כתב, דמוקצה זה חמיר טפי, דהו"ל מוקצה דנולד, דמעיקרא כשהיתה חיה לא היתה עומדת לכלבים, ועכשיו עומדת לכלבים, וע"כ למאי דכתב רמ"א בסי' תצ"ה, דבנולד נהגינן לאסור, גם בזה אסור, ואין להקל רק במסוכנת).

אות ד' – ה'

ועל החלה שנטמאת... לא יזיזם ממקומם

תרגומה זעירי בבהמת קדשים

רמב"ם פ"ב מהל' יום טוב הט"ז - בהמה שמתה ביום טוב, אם היתה מסוכנת מערב יום טוב, הרי זה מחתכה לכלבים; ואם לאו, הואיל ולא היתה דעתו עליה, הרי זה מוקצה ולא יזיזנה ממקומה. בהמה קדשים שמתה, ותרומה שנטמאת, לא יזיזנה ממקומה.

אות ו'

במסוכנת ודברי הכל

סימן תקי"ח ס"ו - [ו]בהמה שמתה ביו"ט, אם היתה מסוכנת מעיו"ט, הרי זה מחתכה לכלבים - דמעיו"ט דעתיה עלה, כיון שהיא קרובה למיתה, **ודוקא** שקשה להם לאכול בלי חתיכה, הא יכולים לאכול כך, לא מטרחינן בכדי, וכדלעיל בסי' שכ"ד ס"ז, [**ובא"ר** מסתפק לענין יו"ט], ‹דהא אינה איסור דאורייתא אלא משום טירחא וכו', ובסימן תקי"ב סעיף ג' לא אסרו דרבנן איסורים בבהמה – שם›.

אות ז' – ח'

אין פוסקין דמים לכתחלה על הבהמה ביום טוב, היכי עביד... מביא שתי בהמות ומעמידן זו אצל זו, ואומר זו כזו

לא יאמר אדם לחברו הריני עמך בסלע הריני עמך בשתים, אבל אומר לו: הריני עמך למחצה ולשליש ולרביע

סימן תק ס"א - [ז]אין קונים בשר בפיסוק דמים, לומר לטבח: תן לי בסלע או בשתים - אפילו ליקח בהקפה, משום גזירת מקח וממכר.

באר הגולה

| א | שם כ"ז | ב | ‹ע"פ מהדורת נהרדעא› | ג | ‹כיון דמילי דרבנן נינהו, אזלינן לקולא וקי"ל כמ"ד דאפי' בבריאה שמתה פליג ר"ש ומתיר – מזה"ש› | ד | ‹ס"ל דמדטרח תלמודא לאוקמי מתני' בהכי, כי היכי תיקום כמר בר אמימר משמיה דרבא דמחמיר ואמר מודה היה ר"ש בבע"ח שמתו שאסורים, אלמא משמע דהילכתא כוותיה – מאמ"ר סי' שכ"ד ס"ז› | ה | ‹עיין בהערה לקמן בסמוך› | ו | **שם כ"ז וכמתרגם זעירי למתניתין וכגירסת הרי"ף וכ"כ שאר פוסקים** ‹וכתב הר"ן שהשיג עליו הרז"ה, משום דבגמרא אמרינן דפלוגתייהו דרבי יהודה ורבי שמעון במחתכין את הנבלה, דמודה רבי שמעון בבעלי חיים שמתו שאסורין, ופלוגתייהו במסוכנת דוקא, הילכך לדברי הרי"ף שפסק בסוף מכילתין ביום טוב כרבי יהודה דאית ליה מוקצה, אפילו בהמת חולין מסוכנת שמתה לא יזיזנה ממקומה, **ואפשר** שהרי"ף היה גורס כמו שכתוב בקצת נוסחאות בגמרא, הכא במאי עסקינן במסוכנת ודברי הכל, {דלאידך גירסא אינו גורס "ודברי הכל", ורש"י מבואר דגורס כזה}, כלומר דבמסוכנת אפילו רבי יהודה מודה דשריא, ובבריאה אפילו רבי שמעון מודה דאסורה, כי פליגי בחולה מאתמול ומתה בשבת או ביום טוב, אבל זו הגירסא אינה בעיקר הנוסחאות, עכ"ל. **ורבינו** תופס אותה גירסא עיקר, וכן היא בספרים שלנו, ונראה שכך היתה גירסת הרא"ש, שגם הוא כתב כדברי הרי"ף, וסיים בה, ולפיכך שרי לטלטלה לדברי הכל, ודעת הרמב"ם ג"כ כדעת הרי"ף – ב"י› | ז | **משנה ביצה כ"ז וכדמפרש רש"י שם בגמרא ובריתא שם**

וכן לא יאמר לו: הריני שותף עמך בסלע - ר"ל אע"פ שאינו קונה ממנו, אלא משתתף עמו בגוף הבהמה, אפ"ה אסור, כיון שמזכיר שם דמים.

(עיין בש"ס דף כ"ז: ומוכח דבלי פיסוק שפיר נימנין על הבהמה, **אבל** הרשב"א כתב להחמיר בזה, וז"ל: ויראה שאין נמנין אף מנין בני אדם על הבהמה לכתחלה, לומר נמנה חמשה על בהמה זו, שזה כמעשה חול, ומסיים: אבל נמנו עליה מעיו"ט, יכולין להוסיף למחר ולמנות עמהם עוד חמשה אחרים, עכ"ל, **נראה** שחשש לדברי הירושלמי שהביא בחידושיו, שמזה נראה שפירש מתני' כפשטא, ועיין בפר"ח שכתב, דאף דלעיקר לא קימ"ל כסברת הרשב"א בזה, מ"מ המחמיר תבא עליו ברכה).

אלא מחלק להם שלישיות או רביעיות, כפי החלקים שדרך לחלק בעיר, בלא פיסוק דמים - ודוקא בלא גורל, כגון שהם מוותרים זה לזה, ואין מקפידין אם יקח חבירו מנה יפה, אבל אם מקפידין וצריכין גורל, אסור, **ואפילו** גורל ע"י סכין, כמו שעושין הקצבים, דהיינו שמניחין סכין בין שני החלקים, ושואלים להקונים איזה צד רוצה, אם החלק שמונח לצד החד, או לצד הגב, גם זה מקרי גורל ואסור.

ומביא שתי בהמות ויאמר: זו כזו, ולמחר שמין הנשארת, וכפי ששוה כך יפרע לו - ר"ל וכדי שידעו אח"כ כמה צריך לפרוע, שהרי יש בהמה שחלק ממנה שוה דינר, ויש בהמה שנתח ממנה שוה שני דינרים, לזה אמרו חכמים, שקודם ששוחט לבהמה, מביא בהמה אחרת ששויה כזו לעין הרואה, ולמחר שמין דמיה וכן ישלמו.

ומ"מ אסור לפרש ולומר: מה שאתה נוטל למחר בעד זו, ניתן לך בעד זו, דהוי סכום מקח.

ונראה דאם הקונים סומכין על הטבח בדבר המקח, שיאמר להם למחר, א"צ להביא בהמה אחרת, אח"כ מצאתי שכ"כ בא"ר בשם תניא.

(ומ"מ אינו מובן, דכי אם יבוא מי ליקח מן הטבח בשיווי סלע, יצטרך להביא ע"ז עוד בהמה, גם אין המנהג כן, **אלא** האמת מיירי בחבורה שרוצים ליקח בשר הבהמה כולה מן הטבח, זה בסלע וזה בשתים, וקמ"ל דאסורים להזכיר שם דמים, אלא יחלקוה כפי החלקים שדרך לחלוק בעיר, וכל אחד יטול חלק או חציו, וכדי שידעו שיווי כל הבהמה, יביא הטבח עוד בהמה אחרת שהיא כזו, ולמחר ישמוה, וכפי מה ששוה כך יפרע לו).

הגה: וי"א דדוקא ישראל לגבי ישראל שרי כהאי גונא, אבל ישראל עם א"י אפילו בכהאי גונא אסור (הגהות אשירי)

- היינו אפילו בלא פיסוק דמים, שאומר לעכו"ם: הריני עמך בבהמה זו למחצה וכו', **והטעם**, משום דאין ישראל רגיל להשתתף עם העכו"ם, מחזי טפי כמקח וממכר, ולא הקילו בזה, **ויש** חולקין בזה, דלא מפלגינן בין ישראל לעכו"ם, וכל שאינו מזכיר דמים מותר, **ויש** להחמיר כסברא ראשונה.

בד"א בדבר שאין שיעור מקחו ידוע, כמו בשר, אבל דבר שמקחו ידוע, כמו ביצים ואגוזים וכה"ג, מותר ליקח חלק אצל נכרי אם אינו מזכיר לו סכום דמים.

[**ובאמת** לפי דעת המ"א, דבני חבורה הידוע שמקפידין, אפי' בלי גורל אסור, א"כ עכו"ם דבודאי מקפידין הן, ממילא יש לאסור ג"כ, דבודאי אתי לידי זכירת סכום מקח, ולפלא שלא העירו המפרשים בזה].

וכתב הלבוש, דאסור לו לישראל למכור לעכו"ם ביו"ט אפי' בלי פיסוק דמים, אם לא דאיכא פסידא, כגון בשר טריפה, וכדלעיל בסוף סימן תצ"ז, **דלא** התירו זה אלא כשישראל קונה, ומשום שמחת יו"ט.

---

§ מסכת ביצה דף כח. §

אות א' - ב' - ג' - ד' - ה'

אין משגיחין בכף מאזנים כל עיקר

אפילו לשמרו מן העכברים

והוא דתליא בתריטא

טבח אומן אסור לשקול בשר ביד

טבח אומן אסור לשקול בשר במים

סימן תק ס"ב - [א]אסור לשקול בשר, אפילו בביתו [ב]לידע כמה יבשל - ואפילו אינו שוקל במשקל הרגיל, אלא שמניח בכף כלי או סכין, ודעתו למחר לשקלו, אפ"ה אסור, דעובדא דחול הוא,

כתבו האחרונים, דאפילו אינו מדקדק במשקל כ"כ, רק פוחת מעט או מוסיף, ג"כ אסור, דמ"מ נראה כשוקל.

(**וא"כ** אין שום עצה ליקח בשר ביו"ט במשקל, אלא שיסמוך על השערת הטבח, **ונ"ל** כשאינו רוצה הלוקח לסמוך על השערת הטבח, יאמר לטבח לחתוך שני חלקים שוים לפי השערתו, ויקח אחד מהן, ולמחר ישקלו החלק השני, וכפי מה שישקל יפרע לו).

[ג]ואפילו ליתנו בכף מאזנים לשמרו מן העכברים - ר"ל ובכף השני מונח משקלות, **אסור, [ד]אם היא תלויה במקום שרגילים לשקול בה** - דאז נראה כשוקל, (**משמע** דבמקום אחר, אפילו היא תלויה מותר, דהוי היכרא, וכן מבואר בר' ירוחם להדיא, **אכן** מדברי הרמב"ם מוכח, דכל שהמאזנים תלוים אסור, וצ"ע).

באר הגולה

א משנה שם כ"ח | ב טור | ג משנה וגמרא שם | ד שם בגמרא

מסורת הש"ס

כח אין צדין פרק שלישי ביצה

עין משפט נר מצוה

מתני' ר' יהודה אומר שוקל אדם בשר · טבח המוכר בשר במשקל אע"פ שאסור לשקול בליטרא דהייט מעשה חול מותר הוא לשקול כנגד הכלי וכנגד הקופיץ סכין גדול שקוצבין בו בשר דאיכא שנוי ולא הוי מעשה דחול : **אין משגיחין** · אין מעיינין : **גמ' מאי כל עיקר** · מאי אתא לרבויי האי כל עיקר נימא וחכמים אוסרין : **אפי' לשמרו מן העכברים** · אין נותנין אותו במאזנים התלויין ביתד גבוה : **והוא דתליא בתריטא** · בטבעת שתולין אותן בה כששוקלין דמחזי כעותנו לשם משקל : **טבח אומן** · שיודע לכוין משקל כנגד משקל בידיו: **אסור לשקול בשר ביד** · לאחוז הליטרא

מתני' *ר' יהודה אומר שוקל אדם בשר כנגד הכלי או כנגד הקופיץ וחכ"א *אין משגיחין בכף מאזנים כל עיקר : **גמ'** מאי כל עיקר אמר רב יהודה אמר שמואל ׳אפי' לשמרו מן העכברים אמר רב אידי בר אבין ׳והוא דתליא בתריטא ואמר רב יהודה אמר שמואל ׳טבח אומן אסור לשקול בשר ביד ואמר רב יהודה אמר שמואל ׳טבח אומן אסור לשקול בשר במים ואמר רב חייא בר אשי ׳אסור לעשות בית יד בבשר אמר רבינא ׳ובידא שרי אמר רב הונא ׳מותר לעשות סימן בבשר כי הא *דרבה בר רב הונא מחתך לה אתלת קרנתא ר' חייא ור"ש ברבי שוקלין מנה כנגד מנה ביום טוב כמאן לא כרבי יהודה ולא כרבנן אי כר' יהודה האמר שוקל אדם בשר כנגד הכלי או כנגד הקופיץ כנגד הכלי אין כנגד מידי אחרינא לא אי כרבנן הא אמרי אין משגיחין בכף מאזנים כל עיקר אינהו דעבוד כר' יהושע דתניא ר' יהושע אומר שוקלין מנה כנגד מנה ביום טוב אמר רב יוסף הלכה כר' יהושע הואיל ותנן בבכורות כוותיה דתנן* ׳פסולי המוקדשין הנאתן להקדש ׳ושוקלין מנה כנגד מנה בבכור א"ל אביי ודלמא לא היא עד כאן לא קאמר ר' יהושע הכא אלא דליכא בזיון קדשים אבל התם דאיכא בזיון קדשים לא אי נמי עד כאן לא קאמרי רבנן התם אלא משום דלא מחזי כעובדין דחול אבל הכא דמחזי כעובדין דחול לא למימרא דקפדי אהדדי והא הנהו שב בניתא דאתו לבי רבי ואשתכח חמש מנייהו בי ר' חייא ולא קפיד ר"ש ברבי אמר רב פפא שדי גברא בינייהו אי ר' חייא ור' ישמעאל בר' יוסי אי ר"ש ברבי ובר קפרא: **מתני'** ׳אין משחיזין את הסכין ביום טוב אבל משיאה על גבי חברתה: **גמ'** אמר רב הונא לא שנו אלא במשחזת של אבן אבל במשחזת של עץ מותר אמר רב יהודה אמר שמואל הא דאמרת של אבן אסור לא אמרן אלא לחדדה אבל להעביר שמנוניתה מותר מכלל דבשל עץ אפילו לחדדה נמי מותר איכא דמתני לה אסיפא בשל עץ מותר אמר רב יהודה אמר שמואל הא דאמרת בשל עץ מותר לא אמרן אלא להעביר שמנוניתה אבל לחדדה אסור מכלל דבשל אבן אפילו להעביר שמנוניתה אסור איכא דמתני לה אמתניתין אין משחיזין את הסכין בי"ט אמר רב יהודה אמר שמואל לא שנו אלא לחדדה אבל להעביר שמנוניתה מותר מכלל דע"ג חברתה אפילו לחדדה נמי מותר ואיכא דמתני לה אסיפא אבל משיאה על גבי חברתה אמר רב יהודה אמר שמואל לא שנו אלא להעביר שמנוניתה אבל לחדדה אסור מכלל דבמשחזת אפילו להעביר שמנוניתה אסור מאן תנא דבמשחזת אסור אמר רב חסדא דלא כר' יהודה (א) *דתניא אין בין יו"ט לשבת אלא אוכל נפש בלבד ר' *)יהודה מתיר אף מכשירי אוכל נפש א"ל רבא לרב חסדא דרשינן משמך הלכה כרבי יהודה אמר ליה **)יהא רעוא דכל כי הני מילי מעלייתא תדרשון משמאי אמר רב נחמיה בריה דרב יוסף הוה קאימנא קמיה דרבא והוה קא

מעבר

*)[כך דריי ליתא במשנה ולכן שפיר גרסינן דתניא] **)[יבמות פ. כתובות סח.]

בידו אחת והבשר בידו אחרת ולכוין דבחול נמי כיון דאומן הוא בכך אורחיה הכי : **במים** · שיש לו שנתות וסימנים בכלי ונותנין בו מים והסימנים מודיעין אותו כמה המים עולין למעלה בשביל ליטרא בשר שכבר שיערו לכך: **בית יד** · נקב לאחוז בו : **ובידא שרי** · לנקוב באצבעו שרי דלאו דרך חול הוא אבל בסכין דרך חול הוא כשמוכר בשר עושה בו בית יד ונותנו ללוקח להוליכו לביתו וביו"ט צריך לשנות לעשות היכר שאין מקח וממכר מותר בו : **סימן בבשר** · שלא יחליפהו הטבח: **אתלת קרנתא** · כשהיה משלח הבשר לביתו היה רגיל לעשות כל חתיכה כזה △ בעלת שלש קרנות* וכבר היו מכירין אנשי ביתו שזה היה סימן שלו : **ר' חייא ורבי שמעון ברבי** · כשהיו חולקין בשר ביניהם היו שוקלין אותה מנה כנגד מנה ביו"ט : **כנגד כלי אין** · דבחול לאו הכי אורחיה אבל מנה כנגד מנה כך דרך כל החולקין : **הואיל ותנן בבכורות כותיה** · דאסור לשקול ולמכור בכור בעל מום ששחטו כהן בליטרא שלא לעשות מעשה חול בקדשים דבזיון הוא וקתני דמנה כנגד מנה ויודע כמה משקל ראשונה ושוקל כנגדה מותר אלמא לאו עובדא דחול חשיב ליה : **דתנן פסולי המוקדשין הנאתן להקדש ושוקלין מנה כנגד מנה בבכור** · סיפא דמתני' נקט ורישא הכי איתא כל פסולי המוקדשין נמכרים באטליז ונשקלים בליטרא חוץ מן הבכור והמעשר שהנייתן לבעלים אבל פסולי המוקדשין הנייתן להקדש ושוקלין מנה כנגד מנה בבכור וכן פירושה כל קדשים בעלי מומים שנפדו במומן אף על פי שעדיין מקלת קדושה עליהן שאסרן הכתוב בגיזה ועבודה כדאמרינן בבכורות (דף טו.) תזבח ולא גיזה וכו' אפילו הכי נוהגין מעשה חולין בהן בזו שנשחטין באטליז ונמכרין באטליז בליטרא חוץ מן הבכור והמעשר שהניית מכירתן ביוקר אינה להקדש אלא לבעלים לפי שאין להם פדיון במומם להיות דמיהן נכנסין לקדושתן דבבכור נאמר לא תפדה ובמעשר נאמר לא יגאל (ויקרא כז) אלא נאכלין לבעלים במומן הלכך אין נוהגין בהן מעשה חולין במכירת בשרם כשנפל בהן מום ושחטום הבעלים בעלים דבכור כהן ובעלים דמעשר ישראל אבל שאר פסולי המוקדשים הניית מכירתן ביוקר להקדש היא ואע"פ שכבר נפדו קודם שחיטה דהא קודם פדייה אין נשחטין דבעי העמדה והערכה אפי' הכי הניית מכירתן ביוקר להקדש שלפי מה שיודע שהנאתו יפה הוא מוסיף פדיונו מתחלתו לפיכך מבזין אותו למוכרו באטליז שהכל פונים שם ליקח בשר : **ושוקלין מנה כנגד מנה** · כשמוכרו בתוך הבית אלמא כי האי גונא לאו משקל הוי : **לא היא** · לא סבירא להו לרבנן דבכורות כר' יהושע ביו"ט ולא ר' יהושע ס"ל בבכור דשרי : **ע"כ לא קאמרי רבנן התם אלא דלא עביד מעשה דחול** · דהתם מכירה היא ואין דרך לשקול בשר הנמכר במנה כנגד מנה : **אבל הכא** · גבי רבי חייא ור"ש ברבי קא עבדי עובדין דחול דהא חלוקה היא וכן דרך כל החולקין ולא סבירא להו לרבנן דבכורות כר' יהושע : **ומי קפדי אהדדי** · ר' חייא ור"ש ברבי לחלוק בשר במשקל והלא מוותרין זה לזה ונוטלין זה משל זה משום חבה : **דאתו שב בניתא** · שבעה דגים שבאו לרבי ונמצא שנטל רבי חייא חמש והוליכן לביתו : **ולא קפיד רבי שמעון ברבי** · לומר משל אבי הוא נזון יותר ממני : **אי ר' חייא ור' ישמעאל בר' יוסי** · היו אותן שחלקו שהן היו רגילין ליקח זה עם זה אי ר"ש ברבי ובר קפרא : **מתני' אין משחיזין** · אגוזי"ר בלע"ז : **אבל משיאה על גבי חברתה** · דמשני מדרך חול : **גמ' משחזת של אבן** · דמתקנת ליה שפיר דמחזי כמתקן בחול : **מכלל דבשל עץ כו'** · גמרא קא דייק מדאוקי רב יהודה איסורא בשל אבן בלחדדה מכלל דבשל עץ אף לחדדה שרי דמאי דאסר רב הונא בשל אבן שרי דטוחה בשל עץ : **איכא דמתני לה** · להא דרב יהודה : **אסיפא** · דמלתיה דרב הונא : **איכא דמתני לה** · להא דרב יהודה אמתני' ולאו אמלתיה דרב הונא : **לחדדה** · הוי תקון להעביר שמנונית איכו אלא כהדחה בעלמא : **מתיר אף מכשירי אוכל נפש** · וטעמא משום דדריש יעשה לכם לכל צרכיכם : **דרשינן משמך** · נדרוש משמך :

מעבר

[לקמן כט.]

ב"מ כג: חולין לה:

בכורות לא.

לקמן לו: מגילה ז: שבת ס: קכד. קלז: [תוספ' מגילה פ"א]

הגהות הב"ח

(א) גמ' דתנן אין בין יום טוב לשבת :

לד א ב ג ד ה מיי' פ"ד מהלכות יו"ט הלכה כ סמג לאוין עה טוש"ע א"ח סימן תק סעיף ג :

לה ו ז ח מיי' פ"ג שם הלכה ו טוש"ע א"ח שם סעיף ג :

לו ט מיי' פ"א מהלכות איסורי מזבח הי"ג :

לז י מיי' פ"א מהלכות בכורות הלכה יח סמג לאוין שמג טוש"ע י"ד סימן שו סעיף ו :

לח כ מיי' פ"ד מהל' יו"ט הלכה ט סמג לאוין עה טוש"ע א"ח סימן תקט סעיף ג :

רבינו חננאל

דמים אלא אומר לו הריני למחצה או לשליש או לרביע : [מתני'] וחכ"א אין משגיחין בכף מאזנים כל עיקר. אמר שמואל אפילו לשומרו מן העכברים אל יתנהו בכף מאזנים והוא דתליא בתריטה שנראה כשוקל בשר אמר רב יהודה אמר שמואל טבח אומן אסור לשקול בשר ביד דנראה כאלו במאזנים הוא שוקל כיון דמשער בידיו כמה שיש בו והוא אומן בזה ודאי מכוון המשקל וכמאזנים חשוב : ירושלמי תני הטבח לא יהא שוקל בידו ויניח שידו כליטרא אלא חותך בידו בסכין ונותן לזה ולזה וכן (השוקל) [אסור לשקול] במים. אמר רב אסור לעשות בית יד בבשר פי' עושין לו מקום כדי שיהיה תולה אותו באותו המקום וכשרוצה לחתוך ממנו אוחזו באותו המקום והוא נקרא בית יד שנראה כעושה כלי ביו"ט והני מילי בסכין אבל ביד שרי אמר רב הונא מותר לעשות סימן בבשר כרב הונא דהוה מחתך ליה אתלת קרנתא רבי חייא ורבי שמעון ב"ר היו שוקלין מנה כנגד מנה ביו"ט כשחולקין הבשר ביניהן למימרא דקפדי אהדדי שלא יטול אחד מהן יותר מחברו והא מוותרינהו להדדי דהא קני שבע בוניתא ואשתכח בי ר' חייא חמשה מינייהו ולא קפיד ר' שמעון בר' ופרקינן ר' שמעון ור' חייא מוותרי להדדי והני או ר' חייא ור' ישמעאל בר"י או ר"ש ברבי ובר קפרא והא דשקלי מנה כנגד מנה כמאן לא כר' יהודה ולא כרבנן דמתניתין כו' ואמרינן אינהו דעבוד כר' יהושע דתניא ר' יהושע אומר שוקלין מנה כנגד מנה ביו"ט ואמר רב יוסף הלכתא כר' יהושע הואיל ותנן בבכורות כוותיה דתנן פסולי המוקדשין הנאתן להקדש ושוקלין מנה כנגד מנה בבכור ודחה אביי ואמר ודילמא לא אמר ר' יהושע דשוקלין מנה כנגד מנה אלא ביו"ט אבל בבכור דאיכא בזיון קדשים אפילו מנה כנגד מנה אסור אי נמי עד כאן לא שור רבנן מנה כנגד מנה בבכור אלא משום דלא עביד עובדין דחולין דבחולין שוקלין בליטרא ובבכור התירו מנה כנגד מנה אבל ביו"ט דשקיל במאזנים כעובדא דחול אסורי ונדחת דוקיא דרב יוסף : מתני' אין משחיזין את הסכין כו' ואסיקנא אבל משיאה ע"ג חברתה אמר שמואל ל"ש אלא להעביר שמנוניתא אבל לחדדה אסור והשחזה עצמה אפילו להעביר שמנוניתא אסור · מאן תנא אין משחיזין דלא כר' יהודה דתניא אין בין יו"ט לשבת אלא אוכל נפש בלבד הא כל דבר שאינו אוכל נפש שבת ויו"ט שוין ר' יהודה מתיר אף מכשירי אוכל נפש א"ל רבא לרב חסדא דרשינן משמך הלכה כרבי יהודה א"ל יהא רעוא דכל כי הני מילי מעלייתא תדרשון משמאי : ירושלמי רבי מנא ורבי יוסי בר בון אתפלגון חד אמר מיפוח בהמה ביו"ט שרי מיחום רבי חייא ור' שמעון חד אסר וחד שרי ׳ תני רשבג"א אף מפיים אדם את עצמו בליטרא לידע מה הגיע לו כהדא דרשב"ג ׳ תני הטבח לא יהא שוקל בידו ויניח שידו כליטרא היא אבל חותך בסכין ונותן לזה ולזה ׳ תני אין מרגילין ביו"ט ולא בחול

אם היא תלויה כו' - כתבו האחרונים, דלא קאי רק אנותנו לשמור מן העכברים, הא במקום ששוקל להדיא, אפילו אינה תלויה במקומה אסור.

[ה]**ואפילו לשקול מנה כנגד מנה, אסור** - מנה הוא חלק, ור"ל כשיש להם בשר לחלק, ומניחין חלק אחד בכף אחת, והשני בכף שכנגד להשוותם.

[ו](**בגמרא משמע, דמנה כנגד מנה יותר מסתבר לאיסור, ממה דמניח בכף לשמרו מן העכברים, ע"ש, וא"כ מאי "אפילו", וצע"ק**).

[ז]**ומותר לשקול בידו, שלוקח החתיכה בידו ומשער כמה יש בה** - דוקא בזה שהוא השערה בעלמא, אבל אם לוקח משקל ביד אחת, וביד השני בשר לשער נגד המשקל, אסור.

וטבח אומן אפילו זה אסור - מפני שהוא רגיל בזה, יודע הוא לכוין המשקל בצמצום, וכשוקל במאזנים דמי, **וכתבו** האחרונים, דלא מחמרינן בזה אלא בשעה שמוכר, אבל לעצמו בביתו לית לן בה.

[ח]**אסור** לשקול הבשר במים, דהיינו כלי שיש בו שנתות, דהיינו חריצים, ונותן בו מים ומניח בו הבשר, וכשהמים מגיעין עד השנתות, יודע כמה ליטרא יש בבשר, ג"ז אסור, ואפילו פיחת מעט או הוסיף מעט, שניכר שמכוין למשקל, גמרא.

[ט]**אבל אם הוא יודע לכוין דרך חתיכתו, לחתך ליטרא או חצי ליטרא, חותך כדרכו ואינו חושש** - כתב המ"א, דמותר לומר לטבח: תן לי ליטרא בשר, דאינו מכוין למשקל, אלא להודיע לו כמה הוא צריך, וכמו שכתב הרמ"א לעיל סימן שכ"ג ס"ד, **וע"ש** במ"ב ובה"ל, ‹שנכון להחמיר בזה›.

אות ו' – ז' – ח'

אסור לעשות בית יד בבשר

ובידא שרי

מותר לעשות סימן בבשר

סימן תק ס"ג - [י]**אין נוקבין נקב בבשר בסכין לתלותו בו, אבל ביד מותר** - מלשון זה משמע, דאפילו בעה"ב לעצמו אין לו לעשות נקב בבשר השחוט כדי שיוכל לתלותו על הכותל, שלא יעשה כדרך שהוא עושה בחול, [או מפני שנראה כעושה כלי]. **אבל** יש מפרשים דאין הדברים אמורים אלא בקצב המוכר בשר, שדרכו בחול לעשות נקב בסכין בהבשר, כדי שיוכל הלוקח לאחוז שם בידו להוליכו לביתו, וביו"ט צריך לשנות לעשות הנקב ביד, כדי שיהיה היכר שאין מקח וממכר מותר בו, [רש"י ושארי פוסקים].

ולעשות נקב בחתיכת האפיקומן לתלותו, נראה דלכו"ע מותר אפילו בסכין, [דלא שייך בזה הטעם, דלא יעשה כדרך שהוא עושה בחול, דבחול ג"כ לאו מנהג קבוע באפיקומן]. **ומ"מ** לעשות בו נקב עיגול או משולש כמגן דוד, יש להחמיר, [דבזה שייך שנראה כעושה כלי].

[יא]**ואם לעשות בו סימן** - שלא יחליפנו אדם, **מותר אפילו בסכין** - איתא בגמרא: דרבה בר ר"ה מחתך אתלת קרנתא, כשהיה משלח הבשר לביתו, היה רגיל לעשות כל חתיכה בעלת שלש קרנות, ובביתו היו יודעין שזה היה סימן שלו תמיד, **אבל** אותיות וציורים, אסור לעשותן בבשר דרך סימן ביו"ט, [וכן רושם שהוא כמין צורה, **ואפי'** כתיבה בדבר שאינו מתקיים, שהוא רק מדרבנן, ג"כ בודאי לא התירו משום אוכל נפש, שהרי אפי' מלאכה של אוכל נפש לא התירו רק מלישה ואילך כידוע, וכ"ש שאר ל"ט מלאכות, שאין חילוק בהן בין שבת ליו"ט, ואפי' שבותין שלהן].

אות ט'

פסולי המוקדשין הנאתן להקדש

רמב"ם פ"א מהל' איסורי מזבח הי"ב - כל פסולי המוקדשין כשיפדו, מותר לשוחטן בשוק של טבחים ולמוכרן שם, ולשקול בשרם בליטרא כשאר החולין, חוץ מן הבכור ומן המעשר; מפני שמכירתם בשוק מוסיף בדמיהן, שאר הקדשים שדמיהן חוזרין להקדש, שהרי מביא בדמיהם בהמה אחרת, מוכרין אותן בשוק כחולין; אבל הבכור והמעשר שאין דמיהם להקדש, אלא נאכלין במומן כמו שיתבאר, אין שוחטין אותם בשוק של טבחים, ואין מוכרין אותם שם.

באר הגולה

ה **טור וכן נראה דעת רמב"ם** ‹וכתבו הרי"ף והרא"ש, והא דרבי חייא ור"ש ברבי דהוו שקלי מנה כנגד מנה ביו"ט, לא קיי"ל כוותייהו, אלא כרבנן דאמרי אין משגיחין בכף מאזנים כל עיקר – ב"י› ו ‹דגמ' קאמר: אי כרבנן הא אמרי אין משגיחין בכף מאזנים כל עיקר, ולכאורה מנין לגמרא שאסור לחכמים לשקול מנה כנגד מנה, הרי לעיל פירשו מאי כל עיקר, אפי' לשמרו מן העכברים, ואפשר שמנה כנגד מנה קל מזה ומותר, אלא מוכח שהיה פשוט לגמרא שחכמים שאוסרים להניח בכף מאזניים לשמור, אוסרים מנה כנגד מנה, משום שלשקול מנה כנגד מנה מסתבר יותר לאיסור – מ"ב המבואר› ז **שם בגמרא וכפי' הר"ן וכן פי' הרא"ש** ‹שם טבח אומן אסור לשקול בשר ביד, ופירש רש"י שלוקח הבשר בידו אחת והמשקל בידו אחרת ומכוין המשקל, **משמע** דוקא בכה"ג אסור שדומה לכף מאזנים, אבל אם יודע לכוין המשקל בידו אחת, מותר. **והר"ן** כתב שאחרים פירשו, שהוא יודע לכוין משקל הבשר בלא ליטרא, ואסור שהרי הוא כמאזנים, וכך פירש הרא"ש – ב"י› ח ‹ובגמרא גרסינן: אמר רבי יהודה אמר שמואל, טבח אומן אסור לשקול בשר במים, משמע דוקא אומן, אבל הרי"ף והרא"ש והטור כתבו סתמא דאסור לשקול במים, משמע דלכל אדם אסור אפילו אינו אומן. **ותימה** על המחבר והרב שהשמיטו דין זה – עולת שבת› ט **הרב המגיד בשם הרשב"א** י שם בגמרא יא שם

אות י'

ושוקלין מנה כנגד מנה בבכור

יו"ד סימן שו ס"ו - הבכור, בזמן הזה, מוכר אותו הכהן אפילו לישראל, תמים חי, ובעל מום חי ושחוט, ומקדש בו את האשה, שהוא כשאר ממונו; אבל אינו נמכר במקולין, ואינו נשקל בליטרא; ומכל מקום מותר לשקול בו מנה כנגד מנה, וכנגד כלי וקופיץ (פי' כמו סכין גדול ורחב וחידודו בולט באמצעיתו) - פירש"י אם יש לו חתיכת בשר חולין שנשקלה בליטרא, יכול לשקול בשר בכור כנגדו. **והרמב"ם** פי' חלק כחלק, כגון שיחלקו אותו לכמה חלקים, ונותנין חלק א' בכף מאזנים זה וחלק בכף מאזנים הב', לראות אם מכוונים במשקל. **ובעט"ז** כתב בסתם כשני הפירושים, וכן עיקר, דהא שרינן אפי' כנגד כלי וקופיץ, משום דדוקא ביום טוב אסרינן כה"ג באו"ח סי' ת"ק סעיף ב', משום דמחזי כעובדא דחול, משא"כ הכא, א"כ כל שאינו שוקל בליטרא ממש שרי, וכ"ש כיון שאיסור זה אינו אלא מדרבנן, **ובמע"מ** מגמגם על העט"ז בזה, ואני הנלפע"ד כתבתי - ש"ך. **והני מילי, בשרו, אבל חלבו ודמו וגידו וקרניו, נמכרים במקולין ונשקלין בליטרא; ושמנו של גיד דינו כבשר, כיון שהוא מותר מן התורה.**

אות כ'

אין משחיזין את הסכין ביו"ט, אבל משיאה על גבי חברתה

סימן תקט ס"ב - [יב]אין משחיזין את הסכין במשחזת שלה - היינו של אבן, ואפי' נתקלקל חידודה ביו"ט, דהוי בכלל תיקון כלי. **אבל מחדדה על גבי העץ** - ר"ל אפילו על משחזת של עץ, דבזה לא [יג]יהיה תקון גמור, [יד]**וה"ה** שיכול להשיאה ע"ג סכין אחר כדי לחדדה, [**ומ"מ** י"ל דאף זה לא הותר כי אם בנפגמה ביו"ט, ולא בנפגמה מעיו"ט].

או חרס או אבן - ר"ל אבן דעלמא שאיננה משחזת.

[טו]**ואין מורים דבר זה לרבים, כדי שלא יבאו לחדדה במשחזת** - אבל להעביר שמנונית של סכין, ע"ג משחזת של עץ או חרס או אבן או ע"ג חברתה, מורין ברבים להתיר, [**וע"ג** משחזת ‹של אבן›, אפי' להעביר שמנוניתא, אין מורין לרבים].

באר הגולה

יב **משנה שם כ"ח ולשון הרמב"ם** ‹וכתב הרי"ף: ודוקא אגב ריחייא או אגב דיקולא, אבל במשחזת לא. **וכתב** הרא"ש: מה שפסק הרי"ף אבל במשחזת לא, היינו שאין להורות כן, אבל הלכה כרבי יהודה דאף במשחזת של אבן מותר, דאמתניתין דאין משחיזין את הסכין, דאוקמה רב הונא במשחזת של אבן, קאמר רב חסדא דלא כרבי יהודה, והרי"ף לא הביא כל הני לישני דאיתא בגמרא, משום דקיימי אמתניתין דאין משחיזין את הסכין, דלאו הלכתא היא, דקיימא לן כרבי יהודה, **ומה** שהביא הרי"ף ההוא עובדא דרבא דקא מעבר סכינא אפומא דדיקולא, לא הביאה אלא להשמיענו דהלכה כרבי יהודה, אבל לא הביאה להשמיענו דאין מורין כן, דלא מסתבר למימר דבמשחזת של עץ אין מורין כן, דהא אפילו רבנן מתירין במשחזת של עץ אפילו לחדדה לחד לישנא, וכיון דבשל סופרים הוא, אזלינן כהך לישנא לקולא, **הילכך** נראה בשל עץ אפילו לחדדה מורין, דמשיאין על גבי חבירתה אפילו לחדדה, ובמשחזת של אבן להעביר השמנונית מותר, רק לחדדה במשחזת של אבן אין מורין כן, עכ"ל. **אבל** הר"ן פירש דברי הרי"ף כפשטן, לומר שהביא ההיא עובדא דרבא דקא מעבר סכינא אפומא דדיקולא, להשמיענו דהלכה כרבי יהודה ואין מורין כן, שכתב: דנהי דהלכה שמותר להשחיז את הסכין אפילו לחדדה במשחזת של עץ כרבי יהודה, אפ"ה אין מורין כן לכל, כדי שלא יבוא להשחיזה במשחזת שלה, דבכה"ג אפילו רבי יהודה מודה, לפי שהוא עושה כלי. {**דפסק** כלישנא בתרא שם אר"י אמר שמואל הא דאמרת בשל עץ מותר, לא אמרן אלא להעביר שמנוניתה, אבל לחדדה אסור כו', כשיטתו לפסוק בכ"מ כלישנא בתרא, **ושם** מאן תנא דהשחזה עצמה אסורה כו', ר"ל דלחדדה אף בשל עץ אסור, דלא כר"י, אבל במשחזת של אבן מודה ר"י, שהוא עושה כלי, דעשיית כלי מודה ר"י דאסור, כמ"ש שם ל"ב א' אין פוחתין כו' רי"א כו', ובגמ' שם מ"ש בסכין דלא כו', **והטעם**, דאף באוכל נפש עצמו, מלאכה הנעשה לזמן מרובה אסור, כמש"ל סי' תצ"ה ס"ב, וכ"ש במכשירין, וכל שעושה כלי הוא לימים הרבה - גר"א}. **ומשו"ה** רבא דס"ל כרבי יהודה, לא הוה מעבר סכינא אלא בדיקולא ולא במשחזת, ורב יוסף אפומא דריחייא, כדאיתא בגמרא, אבל במשחזת לא, דהוה ליה עושה כלי, ולפיכך כתב הרי"ף בסמוך, דדוקא אגב ריחייא או אגב דיקולא, אבל במשחזת לא, **ועוד** דשמעתא דלקמן מוכחי דבמשחזת אפילו לרבי יהודה אסור, ומשום הכי אסרינן להראות סכין לחכם, וסכין שעמדה דלא פסקא אפילו אגב דוחקא, וכן דעת הרמב"ם בפרק ד' מהלכות יום טוב, עכ"ל. **ומשמע** מדבריו, דסתם משחזת אינה אלא של אבן, ומשחזת של עץ היינו כגון פומא דדיקולא וכיוצא - ב"י›

יג ‹ואפי' להצד דהמחבר פוסק כרבנן, עיין בבה"ל בס"א הובא בדף כ"ח: כתב הב"י: דאפילו רבנן מודו דשרי, שאין כאן מלאכה כלל כיון שאינו משחיז במשחזת שלה, וגם הסכין חותך קצת›

יד ‹וצריך עיון למה לא הביא השו"ע ציור זה של המשנה›

טו **שם בגמרא מעובדא דרבא ורבה**

עין משפט נר מצוה

לט א ב מיי' פ"ד מהלכות יו"ט הל' ... סמג לאוין שם טוש"ע א"ח סימן תקט סעיף ב:

מ ג ד מיי' שם סמג שם טוש"ע א"ח סי' תקט סעיף א:

מא ה ו מיי' וסמג שם טוש"ע א"ח סימן תקט סעיף ב:

מב ז ח מיי' פ"א מהל' יו"ט הלכה ד ה סמג שם טוש"ע א"ח סימן תקח סעיף א:

מג ט י מיי' פ"ד שם הלכה ח סמג שם טוש"ע א"ח סימן תקיח סעיף א:

מד כ ל מ טוש"ע א"ח סימן תקיח סעיף ג:

מה נ מיי' שם הלכה כא סמג שם טוש"ע א"ח סימן תק סעיף א:

מעבר לסכינא אפומא דדקולא ואמרי ליה לחדדה קא עביד מר או להעביר שמנוניתה ואמר לי להעביר שמנוניתה וחזיתי לדעתיה דלחדדה קא עביד *וקסבר הלכה ואין מורין כן ואמר אביי הוה קאימנא קמיה דמר 'והוה קא מעבר סכינא אשפתא דרחיא ואמרי ליה לחדדה קא בעי מר או להעביר שמנוניתה ואמר לי להעביר שמנוניתה וחזיתי לדעתיה דלחדדה קא עביד וקסבר הלכה ואין מורין כן איבעיא להו מהו להראות סכין לחכם ביום טוב רב מרי בריה דרב ביזנא שרי 'ורבנן אסרי ורב יוסף אמר 'תלמיד חכם רואה לעצמו ומשאילה לאחרים ואמר רב יוסף 'סכין שעמדה מותר לחדדה ביום טוב 'והני מילי (א) הוא דפסקא אגב דוחקא דרש רב חסדא ואיתימא רב יוסף אחד סכין שנפגמה ואחד שפוד שנרצם ואחד גריפת *תנור וכירים ביום טוב באנו למחלוקת ר' יהודה ורבנן דתניא *אין בין יו"ט לשבת אלא אוכל נפש בלבד ר' יהודה 'מתיר אף מכשירי אוכל נפש *מ"ט דת"ק אמר קרא °הוא לבדו יעשה לכם הוא ולא מכשיריו ור' יהודה אמר קרא לכם *לכם לכל צרכיכם ות"ק הא כתיב לכם אמר לך ההוא *לכם ולא לנכרים ואידך נמי הא כתיב הוא אמר לך כתיב הוא וכתיב לכם ולא קשיא *כאן במכשירין שאפשר לעשותן מערב יו"ט כאן במכשירין שאי אפשר לעשותן מערב יו"ט אמר רב יהודה אמר שמואל 'שפוד שנרצף אסור לתקנו ביו"ט פשיטא 'לא צריכא דאע"ג דמפשיט בידיה ואמר רב יהודה אמר שמואל 'שפוד שצלו בו בשר אסור לטלטלו ביו"ט (ג)רב [א] אדא בר אהבה אמר רב מלכיו 'שומטו ומניחו בקרן זוית אמר רב חייא בר אשי אמר רב הונא והוא שיש עליו כזית בשר רבינא אמר °אף על פי שאין עליו בשר מותר לטלטלו מידי דהוה *אקוץ ברשות הרבים *אמר רב חיננא בריה דרב איקא שפוד שפחות וגומות רב מלכיו בלורית אפר מקלה וגבינה רב מלכיא רב פפא אמר מתניתין ומתניתא רב מלכיא שמעתתא רב מלכיו וסימניך מתניתין מלכתא מאי בינייהו איכא בינייהו שפחות: **מתני'** 'לא יאמר אדם לטבח שקול לי בדינר בשר אבל שוחט ומחלק בינידם: **גמ'** היכי עביד כי הא דבסורא

רש"י

מעבר לסכינא אפומא דדקולא · משפשף סכין על פי הסל: **הלכה** · כרבי יהודה ומותר כל איש לעשות אבל אין מורין לרבים כן שלא יזלזלו אף בשאפשר לעשותו מבעוד יום דכל הני דשרינן כגון שנתקלקלו ביו"ט או שהיה אתמול טרוד כדאמרינן לקמן דלא התיר ר' יהודה אלא במכשירין שאי אפשר לעשותן מערב יו"ט: **מהו להראות** · הטבח סכין לחכם בי"ט לבדוק שהטילו חכמים *על הטבחים להראות סכין לחכם קודם שישחוט שום בהמה ומהו לעשות כן בי"ט מי מחזי כעובדא דחול דאושא מלתא שדעתו למכור באטליז או לא מחזי: **רואה לעצמו** · בביתו סכין שלו דלא אוושא מלתא: **שעמדה** · מחריפות שלה שאינה חותכת יפה אבל לא נפגמה: **מותר לחדדה ביו"ט** · ואע"ג דמאתמול ומשלשום התחילה לקלקל ולינך דלא הוה ליה לאסוקי אדעתיה מאתמול דסבר לא צריכא אבל נפגמה מאתמול לא הוי שרי דמוכחא קלקול שלה והוה ליה למעבד מאתמול: **והני מילי דפסקא אגב דוחקא** · אבל אם אינה חותכת כלל אסור לחדדה דטרחא יתירא הוא: **אחד סכין שנפגמה ואחד שפוד שנרצם** · בי"ט אשפויינטי"ר בלע"ז שנשבר ראשו: **ואחד גריפת תנור** · שנפל לתוכו מן הטיח שלו ולא היה יודע מבעוד יום: **באנו למחלוקת ר' יהודה ורבנן** · נכנסנו בדבר זה למחלוקתן שממחלוקתן אנו יכולים ללמוד שאף אלו ממכשירי אוכל הן: **שפוד שנרצף** · נמעך שדרסו עליו ונעקם אבל לא נשבר: **אסור לתקנו ביו"ט** · שהרי יכול להשתמש בו כמו שהוא וטרחא דלא צריך הוא: **ואע"ג דמפשיט בידים** · שמתפשט בידים ואינו צריך להכות עליו בפטיש: **שפוד שצלו בו** · בשר ביו"ט: **אסור לטלטלו** · מיד לאחר שנצלה הצלי לפי שנמאס ומוקצה וכבר נעשה צורך יו"ט: **שומטו ומניחו בקרן זוית** · שומטו מלפניו מהר בגררא וטלטול מן הצד עד שיעבירו מלפניו לקרן זוית אבל לא טלטול גמור: **שרי לטלטולי** · בטלטול גמור ולסלקו שלא יוזקו בו אנשי ביתו: **מידי דהוה אקוץ ברה"ר** · דאמר בפרק כירה שהסיקוה (שבת דף מב.) דמותר להוליכה פחות פחות מד' אמות עד שמסלקה לצדי רה"ר כדי שלא תזיק: **שפוד שפחות וגומות רב מלכיו** · אלו שלש הלכות רב מלכיו אמרן ולא רב מלכיא מפני ששמותיהן דומין זה לזה ויש שמחליפין שמועה

תוספות

גריפת תנור וכיריים · פר"י (ד) אשווי גומות ולא נהירא דאם כן לא הוי דומיא דהני אחריני דחשיבי משום דהוי תקון כלי לכן נ"ל דמיירי בתנור חדש ועדיין יש בו אבנים ועפר שלא פינו וכשיסיר אותם אבנים ועפר הויין כמו גמר מלאכתן וחייב משום מכה בפטיש דכל גמר מלאכה חייב משום מכה בפטיש ומכל מקום קשה דבלא טעמא דמשום מכה בפטיש תיפוק ליה דהוי אסור משום מוקצה דאפר ואבנים שבתוכו מוקצות הן ומכאן אומר ריצב"א דטלטול מוקצה התירו משום אוכל נפש ומכאן יש להביא ראיה למה דאמר בפ"ק (דף יב:*): **רבינא** אמר וכו' מידי דהוה אקוץ ברשות הרבים · דשרי לטלטל אגדדים אע"ג דהוי מלאכה וקשה דמשמע הכא דרבינא אית ליה מוקצה מדקאמר מידי דהוה אקוץ ברה"ר דאי לאו הכי הוה אסור מטעם מוקצה ובפרק מי שהחשיך (שבת דף קנז.) משמע דאית ליה כר' שמעון דלית ליה מוקצה דפליגי התם רב אחא ורבינא חד אמר לקולא וחד אמר לחומרא ובכל מקום *רב אחא לחומרא ורבינא לקולא וי"ל דהכא קאמר רבינא אליבא דרב יהודה אמר שמואל דאסר שפוד לטלטלו אבל איהו ס"ל דשרי אבל קשה מדשמואל אדשמואל דהתם פרק מי שהחשיך אמר כר' שמעון דלית ליה מוקצה גבי כרכי דזוזי והכא משמע דאית ליה מוקצה וי"ל דשאני שפוד דלאחר מלאכתו אין כאן תורת כלי עליו ולהכי אוסר שמואל דיש עליו תורת *מוקצה ולעולם ס"ל כרבי שמעון: [גם הקושיא דרבינא יש לתרץ כך· ת"י]: **איכא** בינייהו שפחות · גבי משנה אתמר בכתובות (דף כח:) וא"ת א"כ נימא אפר מקלה דהייט שמעתא במכות (דף כא:) דלרב פפא רב מלכיו אמרה ולרב חיננא רב מלכיא אמרה וי"ל דה"פ שפחות ושכנגדה פירוש האמצעית דהייט אפר מקלה אי כמי ה"פ מתניתין ומתניתא דוקא רב מלכיא ולא רב מלכיו אבל שמעתתא יש מהם רב מלכיו ולעולם רב מלכיא אמרה אותה שמעתא דאפר מקלה ולכך אינו נותן סימן רק למתניתא: שמואל

של זה בשל זה נתנו בהם סימן לסדר השמועות שפוד הא דאמרן שפחות משנה היא בכתובות ר"א אומר אפי' הכניסה לו מאה שפחות כופה לעשות בצמר שהבטלה מביאה לידי זמה ואמר רב מלכיו הלכה כר"א גומות שמעתא היא ולא נאמרה על המשנה ולענין שתי שערות דאם נמצאו לה גומות של מקום שער אע"פ שאין שם שער גדולה היא (ג) וחוללא דאין גומא אא"כ היה בה שער אלא שנשרו: **בלורית** · במס' ע"ז ועל ברייתא נאמרה הא דרב מלכיא לפרושא לברייתא דת"ר כותי המסתפר מישראל כיון שהגיע לבלוריתו שומט את ידו מפני שהכותי כשהוא מסתפר מניחה לשם ע"ז ואמר עלה וכמה אמר רב מלכיא שלש אצבעות לכל רוח ורוח לכל סביבותיה לא יגע שאם יגלח וילך עד הבלוריה נמצא מניח לו בלוריתו ותיקנה לו לשם ע"ז: **אפר מקלה** · שמעתא היא במסכת מכות אמר רב מלכיא לא יתן אדם אפר מקלה על גבי מכתו מפני שנראה ככתובת קעקע: **גבינה** · אפירושא דמתניתין אתמר במס' ע"ז* מפני מה אסרו גבינות במשנתנו ואמר רב מלכיא מפני שמחליקין פניה בשומן חזיר: **מתניתין ומתניתא רב מלכיא** · אסימנא דאתנח ברב מלכיא פליג רב פפא: **שפחות** · דמתניתין היא ומשוית ליה ברב מלכיו לאו דידיה היא דכל מתניתין ומתניתא דאית בהו רב מלכיא אמר פירושן אבל שמעתתא דאמרת ברב מלכיו כגון שפוד וגומות דידיה נינהו: **מתני' שקול לי בדינר בשר** · שאסור להזכיר שם דמים: **אבל שוחט** · הוא בלא פסוק דמים והן חולקין ביניהן: **גמ' היכי עביד** כשאינו רוצה ליקח כל הבהמה ולא מחצה ולא שליש ולא רביע אלא בדינר או בשנים מה יאמר לו: בבולא

מסורת הש"ס

[חולין יז: יח.] · [לקמן לג:] · [מגילה ז: וש"נ] · [שם ע"ש] · [שם: סוכה מ: ב"ק קב: מכות יג.] · [שבת מב.] · מכות כא. כתובות כח: ע"ז כט. נדה נב. · [לה:] · [פסחים עד: חולין לג:] · [צ"ל ת. ועם ד"ה א"ר יהודה וכו' לקמן לג: ד"ה אי"ר ועיי"ש] · [עיין במורה"ס לובלין] · שמות יב · [מגילה ז:]

רבינו חננאל

בזול בבכור ולא בפסולי המוקדשין א"ד כון שלא יהא כעובד עבודה בחייו ועברי סכינא אפומא דדיקלא או אשפתא דריחים לחדדה הלכה ואין מורין כן: להראות סכין לחכם ביו"ט רב מרי בריה דרב ביזנא שרי ורבנן אסרי אמר רב יוסף ת"ח רואה לעצמו ומשאילין לאחרים· סכין שעמדה אי פסק' אגב דוחקא שרי לחדדה בפומא דדיקלא או כיוצא בהן אבל במשחזת לא· דרש רב חסדא סכין שנפגמה ושפוד שנרצם וגריפת תנור וכירים מחלוקת ר' יהודה ורבנן דתניא אין בין יו"ט לשבת אלא אוכל נפש בלבד· ר' יהודה מתיר אף מכשירי אוכל נפש· ואסיקנא מ"ט דת"ק דייק אך אשר יאכל לכל נפש הוא' לא תימא לכל נפש דאפילו נפש בהמה משמע כדכתב מכה נפש בהמה דהא כתב לכם למעט העובדי כוכבים והכלבים ור' יהודה דייק לכם לכל צרכיכם ואפילו מכשירי אוכל נפש והני מילי מכשירין שאי אפשר לעשותן מעיו"ט· אבל מכשירין שאפשר לעשותן

... יהודה אוסר דאתא הוא לבדו ומיעטן: אמר רב יהודה אמר שמואל שפוד שנרצם אסור לתקנו ביו"ט ואע"ג דיכיל למיפשטיה בידיה וכן. שפוד שצלה בו בשר אם הוציא הבשר ... רב מלכא ואיתימא רב אדא בר אהבה אמר שומטו ומניחו בקרן זוית כו' אמר רבינא אע"פ שאין בו בשר מותר לטלטלו מידי דהוה אקוץ ברה"ר הלא קוץ ברה"ר מטלטלין אותו ... כדי שלא יוזקו בו רבים: פי' שמועות של רב מלכא שפוד הא דאמרן שפחות בכתובות אפילו הכניסה לו ק' שפחות כופה לעשות בצמר גומות בנדה ... ואלו שמועות של רב מלכיה' בלורית וגבינה בסס' ע"ז אפר מקלה בסס' מכות ומי שאמר מתני' מלכתא אמר שפחות בלורית אפר מקלה וגבינה רב מלכיה' שאלו כולן מתני' ...

הגהות הב"ח

(א) גמ' והני מילי דפסקא כצ"ל ... (ב) שם ... (ג) רש"י ... (ד) תוס' ד"ה גריפה וכו' פר"י משום אשווי ...

הגהות הגר"א

[א] גמרא רב אדא בר אהבה אמר רב מלכיו ...

§ מסכת ביצה דף כח: §

אות א׳ - ב׳

וקסבר: הלכה ואין מורין כן

והוה קא מעבר סכינא אשפתא דרחיא

סימן תקט ס״ב - [א]**ואין מורים דבר זה לרבים, כדי שלא יבאו לחדדה במשחזת** - אבל להעביר שמנונית של סכין, ע״ג משחזת של עץ או חרס או אבן או ע״ג חברתה, מורין ברבים להתיר, [**וע״ג** משחזת (של אבן), אפי׳ להעביר שמנוניתא, אין מורין לרבים].

אות ג׳ - ד׳

ורבנן אסרי

תלמיד חכם רואה לעצמו, ומשאילה לאחרים

סימן תצח ס״א - [ב]**אין מראין סכין לחכם ביו״ט לראות אם הוא ראוי לשחוט בו** - כמו שהיה המנהג בזמן חכמי הש״ס, להראות הסכין אחר בדיקתו לחכם, מפני כבודו, **ואפי׳** כבר בדק הטבח לעצמו בערב יו״ט ונמצאת יפה, **שמא תהיה פגומה, ויאמר לו: אסור לשחוט בה מפני פגימתה, וילך ויחדדנה במשחזת** – (זהו טעמו של הרמב״ם על דין זה, [ג]ויש עוד ג׳ טעמים, ונ״מ מזה, דלטעמו גם בזמן הזה שאין דרך להראות הסכין לחכם, אלא כל אחד בודק לעצמו, ג״כ אסור, משא״כ לאידך טעמים, ולפיכך בשעת הדחק מקיל הרמ״א לבדוק ביו״ט, דאז אנו סומכין על יתר הפוסקים).

ובדיעבד אם הראה לו ונמצאת יפה, מותר לשחוט בה.

(**ואם** נפגם הסכין ביו״ט, אם מותר לומר לעכו״ם שישחיזנה, צ״ע – פמ״ג, ע״ש שכתב, דבמקום דחק וצורך גדול אפשר דשרי).

[ד]**וחכם שראה סכין לעצמו** - היינו בביתו ביו״ט כדי לשחוט בה, **יכול להשאילו לאחרים** - [ה]ועיין בפר״ח שמצדד, דאפילו לכתחלה יכול החכם לראות סכינו של עצמו כדי להשאילה לאחרים, **והטעם** שהתירו לחכם, דלגביה ליכא למיחש שמא ישחיזנה, דיודע שאסור להשחיז, **ומטעם** זה מותר החכם גם כן כשאינו רוצה לסמוך על בדיקתו, להראות סכינו לחכם אחר.

הגה: ועכשיו בזמן הזה שכל שוחט רואה סכין בעצמו - שסומכין על קבלה שיש לו, **כל הרוצה לשחוט ביו״ט יבדוק סכינו מעיו״ט** - ולא יחזיר הסכין לנדן שלו, דאם החוד או צדדי הסכין נוגעין בקשיות הנדן, לא מקרי תו סכין בדוק, **וכתבו** האחרונים, דנכון שיהא לכל טבח ב׳ או ג׳ סכינים בדוקים מערב יו״ט.

ולא ביו״ט, שמא ישחיזנו (ד״ע ומהרי״ל והגהות שחיטה) - היינו הבדיקה ראשונה, אבל הבדיקה שצריך לעשות אחר השחיטה, מותר, דלא שייך גביה שמא ישחיזנה אם ימצאנה פגומה, דלא יועיל ההשחזה להכשיר השחיטה ששחט מקודם, [**ולאחר** בדיקה זו, יכול עוד לשחוט בסכין זה ממילא, ואפי׳ אם כוון בבדיקה זו בשביל זה, שיוכל אח״כ ג״כ לשחוט בו, שרי].

(המ״א נשאר בצ״ע, אם השוחט הוא בעצמו ת״ח, ויודע ליזהר שלא ישחיזנו, אם מחמירין בו ג״כ, **ומהרמ״א** דסתם משמע דיש להחמיר, וכן בא״ר מצדד להחמיר, דדבר המסור לעצמו טועה האדם, וסובר שהוא חכם, **וכתב הפמ״ג**, דמ״מ אם הוא רב וגדול הדור, בודק לעצמו ושוחט, או משאילה לאחרים, כמו שפסק המחבר).

מיהו אם לא בדקו מערב יו״ט, והוא שעת הדחק - וכגון שאין בעיר סכין אחר שנבדק מערב יו״ט, **יכול לבדקו ביו״ט (שחיטות ישנים)**.

(מי שלא שחט מעולם, אסור לשחוט ביו״ט – חידושי רע״א בשם תשובת שבות יעקב).

אות ה׳ – ו׳

סכין שעמדה מותר לחדדה ביום טוב

והני מילי הוא דפסקא אגב דוחקא

סימן תקט ס״ב - [ו]**בד״א כשיכולה לחתוך בדוחק, או שנפגמה** - דאז לא גזרינן שיבוא לאהדורי אמשחזת של אבן, **אבל אם אינה יכולה לחתוך כלל, אין משחיזין אותה אפילו על העץ,** [ז]**שמא יבא להשחיזה במשחזת.**

אות ז׳ – ח׳

מתיר אף מכשירי אוכל נפש

כאן במכשירין שאפשר לעשותן מערב יום טוב כו׳

סימן תצה ס״א - [ח]**וכן מכשירי אוכל נפש, שלא היה אפשר לעשותם מאתמול** - דנתקלקל ביו״ט, או שלא הספיק לו השעה, [רש״י ד״ה הלכה], **אבל** אם אפשר לעשותו מאתמול, הרי הוא

באר הגולה

[א] **שם בגמרא מעובדא דרבא ורבה** (עיין לעיל בדף כ״ח. בדברי הב״י הובא בהערות) [ב] **ביצה כ״ח וכרבנן** [ג] (פירש רש״י... והרי״ף כתב בשם בה״ג, דטעמא דאסור להראות סכין לחכם, היינו משום דחיישינן דילמא אזיל חוץ לתחום. **והר״ן** כתב בשם הרז״ה, דמשו״ה אין מראין סכין לחכם, משום דהו״ל כעין ראיית מומין של בכור, ולעצמו מיהא שרי, דאינו אלא לברר הספק, אבל לאחרים אינו אלא שמפני כבודו של חכם אמרו, שלא יהא ראוי הסכין לשחוט בו עד שיתן רשות, ונמצאת נתינת רשותו תיקון גמור בעשיית כלי - ב״י) [ד] **שם וכרב יוסף** [ה] (ולא ידעתי למה נקטיה בדיעבד, דהא בגמרא אמרו תלמיד חכם רואה לעצמו ומשאילה לאחרים, משמע דאף לכתחלה מצי לראותה לעצמו אדעתא להשאילה לאחרים. **ואפשר** דה״ק תלמיד חכם רואה לצורך עצמו, ואח״כ אם רוצה רשאי להשאילה לכתחלה לאחרים, אבל לראותה לכתחלה להשאילה לאחרים לא, ואין נראה כן מדברי רש״י – פר״ח, **לכאורה** משום דא״כ אמאי צריך רש״י לכתוב הסברא "דלא אוושא מילתא", פשיטא דאדם הבודק סכין בביתו לא אוושא מילתא, וע״כ בא לומר דאף דבדקה ע״מ להשאילה לאחרים, אעפ״כ באופן זה הוי לא אוושא מילתא) [ו] **שם מימרא דרב יוסף** [ז] **כן פי׳ הרמב״ם** (עיין פרש״י) [ח] **ברייתא מגילה שם וכרבי יהודה**

כשאר מלאכות ואסור מן התורה, [מוכח בגמרא מקרא], **ופרטי** דין זה עיין לקמן סימן תק"ח ותק"ט.

ומשמע דבאוכל נפש גופיה, מותר לדעת המחבר אפילו באפשר לעשותו מאתמול, **ומיהו** בדבר שדרך לעשותו בפעם אחת לימים רבים, גם להמחבר אסור, בדבר שטוב מאתמול ולא יפיג טעמו, וכדלקמן סימן תק"י ס"ג, **וע"י** שינוי משמע מהגר"א דשרי.

הגה: ויש מחמירין אפילו באוכל נפש עצמו, כל שאינו מפיג טעם כלל אם עשאו מערב יום טוב (א"ז ומהרי"ל) - דלישה ואפיה ושחיטה ובישול, אם עשאן בעיו"ט יש בהם חסרון טעם, שאין לחם שנילוש ונאפה היום, כלחם שנילוש ונאפה מאתמול, ולא תבשיל שנתבשל היום, כתבשיל שנתבשל מאתמול, ולא בשר שנשחט היום, כבשר שנשחט מאתמול, ולהכי לא גזרו בהם, **אבל** דבר שאין בו קלקול טעם והפסד אם נעשה מאתמול, למה לו לעשותן ביו"ט, ואסור מדרבנן, כדי שלא יעבור עליו כל היום במלאכות וימנע משמחת יו"ט.

וכתבו האחרונים, דנקטינן למעשה כסברא זו.

וכתבו עוד, דלפי דעה זו, אסור ללוש ביו"ט וורימזלי"ן, שקורין לאקשי"ן, שאפשר הנילושים מבע"י טובים ביותר, **וכן** אסור לבשל פירות יבשים ביו"ט, שהוא ידוע שהמבושלים מעיו"ט טובים הם יותר לאכילה אח"כ ביו"ט, [**וע"י** שינוי מותר, ואפי' אם עדיף טפי כשיעשהו מעיו"ט, מותר ג"כ ע"י שינוי], **מיהו** אם לא היה לו שהות מקודם לבשל, וכ"ש כשלא היה לו הפירות מקודם, בודאי מותר לבשלם ביו"ט, וכן לענין לישה הנ"ל, [דלא גריע ממכשירי אוכל נפש דשרי בכה"ג].

ומשמע דאם מפיג טעם אפילו במקצת, שרי לכו"ע, **ובמהרי"ל** כתוב, שאסור לדוך שקדים ביו"ט להוציא מהן חלב, מדהיה אפשר ליה לדוך מאתמול, אע"פ שמפיג טעם קצת, **וכתבו** האחרונים דמשו"ה החמיר בזה, דדמי קצת לסחיטת פירות דאסור, **ומ"מ** ע"י שינוי נראה דיש להתיר, [דבאמת הוא חומרא בעלמא, דמעיקר הדבר לא שייך בזה סחיטה, שהחלב אינו כנוס בשקדים כיין בענבים].

מיהו אם לא עשאו מערב יו"ט ויש בו צורך יו"ט, מותר לעשותו ע"י שינוי (סמ"ג ור"ן) - וכתב המ"א, דאפילו לכתחלה מותר להמתין לעשותו ע"י שינוי, **ובספר** בגדי ישע מפקפק ע"ז, [דהלא לדעת התוס' במגילה ז: מלאכה שאפשר לעשותה מבעו"י מה"ת אסור לעשותה ביו"ט, וכן דעת רש"י ריש פרק אין צדין, **ואף** דמבואר בש"ס להדיא גבי מלח דמהני שינוי, ואף דפשע דהא ידע מקודם שיהיה צריך למלוח, מ"מ י"ל דזה דוקא דיעבד, אבל לא לכתחלה להניח על יו"ט], **אכן** אם אין לו שהות קודם יו"ט, בודאי יש לסמוך ע"ז, ‹ולעיל כתב דבאין לו שהות מותר אפי' בלא שינוי, ודלמא הכא היה לו אפשרות דחוקה – דרשו›, **ואם** לא עשאו מעיו"ט מפני איזה אונס, מותר אפי' בלי שינוי, [כן מוכח בש"ס ביצה י"ד].

[ט]**סימן תקו ס"ח - 'אסור לעשות שאור ביו"ט, אלא ע"י שינוי, מפני שהיה אפשר לעשותו מבעוד יום** - שכל כך יפה הפת שנעשה שאור שלו מבע"י, כמו כשנעשה ביומו, **ודע**, דסברא זו הוא לכאורה כפי דעה ב' בסי' תצ"ה בהג"ה, דגם באוכל נפש גופיה מחמרינן, באינו מפיג טעם כלל אם עושהו מעיו"ט, **ועיין** מ"ש שם בבה"ל ‹ובמ"ב שם› לחלק קצת בזה, (דבדבר שדרך לעשותו לימים רבים, אפי' לדעת המחבר צריך שינוי, כשלא היה מפיג טעם כלל אם היה עושהו מעיו"ט – שם).

אות ט' – י'

שפוד שנרצף אסור לתקנו ביום טוב

לא צריכא דאע"ג דמפשיט בידיה

סימן תקט ס"א - הנה קודם שנתחיל לבאר זה הסימן, אקדים הקדמה קצרה, והוא: דבמכשירי אוכל נפש פליגי בגמרא ר' יהודה ורבנן, דרבנן סברי מדכתיב: אך אשר יאכל לכל נפש הוא לבדו יעשה לכם, "הוא" ולא מכשיריו, **ור"י** סבר דזה קאי רק על מכשירין שאפשר לעשותן מבעוד יום, אבל אם א"א, שרי כמו אוכל נפש עצמו, **ופסקו** רוב הפוסקים כר' יהודה.

ואעפ"כ לעשות כלי לצורך אוכל נפש, גם ר"י מודה דאסור, [דלא עדיף דבר זה מאוכל נפש עצמו, אם נעשית לימים הרבה, כמו קצירה וטחינה, דלכו"ע אסור, י"א מדאורייתא וי"א מדרבנן, וה"נ בכלי, שמסתמא נעשה לימים רבים], **ולא** פליגי כי אם בתקוני הכלי שהוא לצורך אוכל נפש, דלר"י שרי אם א"א לעשותו מבעוד יום, כגון שנתקלקל ביו"ט, או שלא היה לו שהות לתקנו מבעוד יום, [מ"א בשם רש"י], וכ"ש אם לא ידע כלל מבע"י שנתקלקל, **אבל** אם היה לו שהות לתקנו מבעוד יום, אף ששכח אח"כ, לכו"ע אסור מן התורה, דעל זה קאי המיעוט "הוא" ולא מכשיריו, **ודע** עוד, דאפי' אותן הפוסקים דס"ל כר"י, היינו לעשות כן לעצמו, משום דמעיקר הלכה הוא מותר, **אבל** יש דברים שאין מורין כן לאחרים, שלא יבואו להקל יותר, וכמו שיבואר לקמיה.

[יא]**שפוד שנרצף** - היינו שנעקם ביו"ט, **אע"פ שהוא יכול לפשטו בידו** - ר"ל ואין צריך להכות עליו בפטיש, [רש"י], **אין מתקנין אותו** - והמחבר סתם דבריו, ולא חילק בין נעקם מעט, או הרבה עד שאין יכול לצלות כלל בלי תיקון, **משום** דאזיל לטעמיה שביאר בב"י, דבכל גווני אסור, משום דהוא תקון מנא, ‹עיין לקמן בביאור הלכה›, ודעת הרמ"א הוא שיטה אחרת.

הגה: ודוקא שיוכל לצלות בו בלא תיקון - היינו על פי הדחק, ומ"מ חשיב התקון טרחא יתירא, [רש"י], **אבל אם אינו יכול לצלות בו כך** - היינו כגון שנעקם השפוד הרבה, [ר"ן לדעת רש"י], **ונשבר** - ר"ל או שנשבר ראש השפוד, **ביום טוב** - ומחמת זה אינו יכול לצלות בו, **מותר לתקנו (טור)** - עיין בפמ"ג שכתב, דהיינו לחדדו מעט, שיהיה יכול לתחוב עליו הבשר, **אבל** לתקנו תיקון גמור, לכו"ע אסור, ודמיא להא דפסק השו"ע בס"ב, דלחדד הסכין במשחזת של אבן, אסור

באר הגולה

ט ‹ע"פ הגר"א› | י מרדכי | יא מימרא דשמואל ביצה כ"ח ופי' רש"י נרצף שנעקם וכן פי' הרמב"ם

מצד הדין, משום דהוא תקון כלי גמור, ואסור אפילו לדעת המתירין מכשירי אוכל נפש.

אבל אם נעקם או נשבר בעיו"ט, שהיה באפשר לתקנו מבעוד יום, אסור מדינא לתקנו, דהרי הם מכשירי אוכל נפש שאפשר לתקנם מבע"י, דאסור לכו"ע.

וכתב המ"א בשם מהרי"ל, דאם נשבר ביו"ט ראשון, אסור לתקנו ביו"ט שני, דלגבי יו"ט שני הוי יו"ט ראשון כערב יו"ט, דהרי אנו עושין יום שני מחמת ספק שמא יום ראשון הוא חול, **ובספר** בגדי ישע כתב, דאם לא היה צריך להשפוד ביו"ט ראשון, מותר לדעת הרמ"א לתקן ביו"ט שני כשצריך לו, [דכיון דהיה אסור אז לתקן, לא גרע דבר זה מאם לא היה לו שהות בעיו"ט, דשרי], **וכן** בחי' רע"א מפקפק על דברי מהרי"ל.

ודע עוד, דדברי הרמ"א הוא דוקא לענין שפוד, שהוא מכשירי אוכל נפש, אבל שאר כלי שנתקלקל, כגון מחט שנתעקמה אפילו מעט, אין לפושטה לכו"ע.

מותר לתקנו - ועיין בבה"ל שכתבנו בשם האחרונים, דיש להחמיר בדין זה, (בנשבר השפוד או שנכפף הרבה עד שא"א לצלות בלי תיקון), כדעת המאור והר"ן, דס"ל דזהו בכלל תיקון כלי גמור, (אם יתקננו וכעושה כלי מחדש), דאסור אף למאן דמתיר במכשירי אוכל נפש, **ואם** יכול להשיג לשאול מאחרים, לכו"ע אסור.

ואין מורים כן לרבים (רבינו ירוחם) - וה"ה לתלמידיו, [וכתב הב"ח, וה"ה שלא יעשה כן בפני רבים], **שלא יבואו לתקן גם כן בנשבר מערב יו"ט; וה"ה לכל מכשירין שאי אפשר לעשותן מערב יו"ט** – (עיין בביאור הגר"א, שלדעת הרמב"ם דוקא בסכין שנפגמה הוא דאין מורין כן, שלא יבוא לחדד במשחזת שלה, ‹כמ"ש בס"ב›, אבל בשארי מכשירי אוכל נפש שא"א לעשותן מבעוד יום, הלכה ומורין כן, ולכן לא הזכיר המחבר בסי' תצ"ה ס"א דאין מורין כן, והוא ע"פ דעת הרמב"ם).

(והנה המחבר העתיק בזה הסעיף לשון הרמב"ם, וכן בסעיף שאחריו, ודעתו כפי מה שביארו בב"י, דהרמב"ם ס"ל כרבנן, ולפי"ז אפי' נכפף הרבה ביו"ט, או שנשבר ואינו יכול לצלות כלל בלי תיקון, אפ"ה אסור לתקנו, **אבל** דעת ההג"ה, שהיא דעת הרא"ש והרשב"א והטור וסייעתו, לפסוק כר' יהודה, וע"כ כתב דוקא כשיכול לצלות בו בלי תיקון, אסור לתקנו משום דטרחא יתירא הוא, אבל בנשבר ביו"ט, שא"א להשתמש בו כך, וה"ה בנכפף הרבה, מותר לתקנו ביו"ט, **וא"כ** יפלא לכאורה, למה לא כתב הרב בלשון וי"א, **ואפשר** משום שהמחבר סתם דבריו בשו"ע, ולא ביאר בהדיא דעתו, דבכל גווני אסור, ודעת הרב היה בעצם הדין להקל כדעת הרא"ש וסייעתו, לכן עשה דבריו בדרך פירוש. ועיין בביאור הגר"א שדעתו דלא כב"י, אלא כדעת הי"ש, דגם הרמב"ם ס"ל כר' יהודה, דמכשירי או"נ שא"א לעשות מבע"י מותר לעשות ביו"ט, דכן כתב בהדיא בפ"א ה"ח, וע"כ לדידיה מה שאמרו שפוד שנרצף אסור לתקנו, היינו כשנשבר או שנעקם הרבה, ומשום דשויא מנא הוא).

אות כ' - ל' - מ'

שפוד שצלו בו בשר אסור לטלטלו ביום טוב

שומטו ומניחו בקרן זוית

אע"פ שאין עליו בשר מותר לטלטלו

סימן תקיח ס"ג - [יב]"לקח עץ שאינו מיוחד לשפוד וצלה בו בשר - ולא הכינו מבערב לכך, ומ"מ מותר להשתמש בו לצורך זה, וכדלעיל בסימן תק"ב ס"ג בהג"ה, ומיירי שהיה עץ יבש שראוי להסקה, וכמו שנתבאר שם במ"ב, **אסור לטלטלו אח"כ** - [אף לצורך גופו ומקומו], אם אינו צריך עוד לצלות בו, או להסיק בו תנורו, דעצים לא ניתנו אלא להסקה וכה"ג, [**ואם** צריך לצלות, מותר ליקחו כדי לצלות, אבל לא מקודם לזה], **שאינו כלי** - ר"ל דעי"ז שעושה בו מעשה שפוד לא נעשה כלי, **ואף** להמתירין מוקצה ביו"ט, דעת כמה אחרונים דהכא אסור, משום שאין עליו תורת כלי, ‹וגם› דע"י הצליה נעשה השפוד מאוס ומוקצה. ‹ע"פ השונה הלכות›.

(אבל אם הוא מיוחד לצלי, בין אם הוא של עץ או של מתכות, תורת כלי עליו, ומותר לטלטלו בכל ענין שירצה, ומפמ"ג משמע, דרק לצורך גופו ומקומו מותר, ככל הכלים שמלאכתו לאיסור).

אלא שומטו ומניחו בקרן זוית כדי שלא יוזקו בו - ר"ל שאינו רשאי ליטלו אחר צליתו ולהניחו כדרכו, אלא שומטו מהר בגרירה וטלטול מן הצד, עד שיעבירו מלפניו לקרן זוית, [כן פי' רש"י בההיא דשומטו, אלא שרש"י סבר דלפי מסקנת רבינא מותר אפילו טלטול גמור, והטור אינו סובר כן, [יג]עיין ב"י], וכההיא דלעיל סי' ש"ח סי"ח, לענין קוץ בר"ה, **ומיהו** התם לא הצריכו טלטול מן הצד, משום דהוא הזיקא דרבים, [**ואם** נמצא שפוד בשבת בר"ה, יהיה אסור לטלטלו פחות פחות מד"א, דאע"ג דמדמי ליה לקוץ, לאו דמיון גמור הוא, שאין הזיקו מצוי כ"כ].

וכ"ז במונח במקום שעוברין בני ביתו שם, וכמו שכתב המחבר "כדי שלא יזוקו", הא אם מונח מן הצד, אסור לזוז אותו.

[יד]"אפי' אין עליו בשר כלל – (ומבואר בהרשב"א, דביש עליו בשר אפי' בפחות מכזית, מותר לשמטו אפי' במקום דליכא למיחש להיזק, ומקורו מההיא דרב מלכיא ‹צ"ל מלכיו› דאמר שומטו, ועלה קאמר ר"ח בר אשי והוא שיש עליו בשר, וע"כ דלאו מטעם היזק הוא, דזהו מימרא דרבינא אחר זה, שאמר אפילו אין עליו וכו' מידי דהוי אקוץ, ומשמע דאמוראי קמאי לאו מטעם קוץ קשרו, אלא דכיון דיש עליו מעט בשר, אף שאינו שיעור חשוב, אין לאוסרו, וגורס בש"ס: והוא שיש עליו בשר, וכן הוא הגירסא בעיטור ובא"ז ובשב"ל ובחי' הרא"ה, **ולפי"ז** מוסיף הרשב"א עוד שם, דבהיה עליו כזית בשר, א"צ אפי' לעשות שינוי, ומטלטל להדיא ואפילו שלא במקום הזיקא, וכמו דאמרינן לענין עור במתני' בפ"ק דביצה, דאם יש עליו כזית בשר מטלטל את העור אגבה, **ודע** דלגירסתנו בש"ס ‹והוא שיש עליו כזית בשר›, והיא ג"כ גירסת הרי"ף והרא"ש, דין בתרא של הרשב"א אין לו מקום).

באר הגולה

יב מימרא דאמוראי ביצה כ"ח יג ‹איכא למידק, דהיינו לרב מלכיו, אבל לרבינא דקיי"ל כוותיה, שרי לטלטוליה בטלטול גמור, כדפירש רש"י, **ונ"ל** שרבינו גורס: רבינא אמר אע"פ שאין עליו כזית בשר שרי, ואינו גורס "מותר לטלטלו", וכך היא גירסת הרי"ף והרא"ש, ומפרש רבינו דשרי לשומטו ולהניחו בקרן זוית קאמר, דלא אתא למימר אלא דלא בעי בשר כדבעי רב חייא בר אשי - ב"י› יד שם וכרבינא

הגה: ולצורך אוכל נפש מותר לטלטל הכל, אפי' מוקצה (רמב"ם ומרדכי) - כגון אבנים או עפר המונחים לפני פירות, מותר לטלטלם ולהסירם כדי לבוא אל הפירות, **וה"ה** בעניננו מותר לטלטל העץ ולהסירו ממקומו שמונח, אם צריך להעמיד שם או"נ וכדומה בשביל שמחת יו"ט. **וכ"ז** בשביל אוכל נפש ושמחת יו"ט, הא לצורך גופו ומקומו בעלמא, אסור, וכדלעיל בסימן תק"ב ס"ג, **והנה** לפי מה שכתבנו שם במ"ב, דעת כמה אחרונים, דהוא רק למאן דאסר מוקצה, אבל לי"א בסי' תצ"ה מוקצה שרי ביו"ט, עצים שעומדים להסקה מותרים גם לשאר תשמיש, **אכן** בענינינו דעת כמה אחרונים, דבעץ שצלו בו הוא מוקצה לכו"ע וכנ"ל, [לדעת רש"י דטעם שמואל הוא משום דהוא מאוס, אסור אף לצורך גופו ומקומו, והיינו בצירוף הטעם דאין עליו תורת כלי, כמו שכתב התוס'].

כתב הח"א, אם היה מונח מפתח של אוכלין בתיבה המיוחדת למעות, ומונח בו מעות, מותר להוציא התיבה כדי ליקח ממנו המפתח, **ומותר** ג"כ להחזירו אם חושש לגנבה, דהתירו סופן משום תחלתן.

אות ג'

לא יאמר אדם לטבח שקול לי בדינר בשר וכו'

סימן תק ס"א - [ט]אין קונים בשר בפיסוק דמים, לומר לטבח: תן לי בסלע או בשתים - אפילו ליקח בהקפה, משום גזירת מקח וממכר. **וכן לא יאמר לו: הריני שותף עמך בסלע** - ר"ל אע"פ שאינו קונה ממנו, אלא משתתף עמו בגוף הבהמה, אפ"ה אסור, כיון שמזכיר שם דמים.

אלא מחלק להם שלישיות או רביעיות, כפי החלקים שדרך לחלק בעיר, בלא פיסוק דמים - ודוקא בלא גורל, כגון שהם מוותרים זה לזה, ואין מקפידין אם יקח חבירו מנה יפה, אבל אם מקפידין וצריכין גורל, אסור, **ואפי'** גורל ע"י סכין, כמו שעושין הקצבים, דהיינו שמניחין סכין בין שני החלקים, ושואלים להקונים איזה צד רוצה, אם החלק שמונח לצד החד, או לצד הגב, גם זה מקרי גורל ואסור.

---

§ מסכת ביצה דף כט. §

אות א'

דבסורא אמרי תרטא ופלגו תרטא

סימן תק ס"א - אלא מחלק להם שלישיות או רביעיות, כפי החלקים שדרך לחלק בעיר, בלא פיסוק דמים.

אות ב' - ג'

אומר אדם לחברו: מלא לי כלי זה, אבל לא במדה

שלא יזכור לו שם מדה, אבל כלי המיוחד למדה ימלאנו

סימן תקיז ס"ג - [א]לומר לחבירו: מלא לי כלי זה יין, דינו ביו"ט כמו בשבת. הגה: כדאיתא סי' שכ"ג. וכ"ה דאסור להטיל גורלות ביו"ט כמו בשבת, כדאיתא לעיל סי' שכ"ב ס"ו.

סימן שכג ס"א - [ב]מותר לומר לחבירו: מלא לי כלי זה - אף דמקח וממכר אסור בשבת ויו"ט, ואחד המוכר בפה או במסירה ומשיכה, וכן מדידה שאינה של מצוה ג"כ אסור, **אפ"ה** מותר לומר בלשון זה, שאינו אומר בלשון מכירה "מכור לי", ואינו מזכיר שם מדה, רק "כלי זה" סתם. **אפי' הוא מיוחד למדה** - פי' שרגיל למדוד ולמכור בו, **[ג]וה"מ כשנוטל הלוקח מדה של מוכר ומוליכו לביתו** - שאין זה דרך מקח וממכר, וגם לא מחזי כעובדין דחול, שאף המשקה חבירו בדרך מתנה, דרכו ג"כ לפעמים להשקות בכלי המיוחד למדה, [גמ'].

וא"צ לומר אם מביא הלוקח מתוך ביתו, ואומר לו: מלא לי כלי זה; אבל למדוד בכלי המיוחד למדה ולשפוך לתוך כליו של לוקח, אסור - מפני שזהו דרך מקח וממכר של חול.

(ומינקת שקורין ליווע"ר, המיוחד למדה, ומחזיק קווארט, מותר לומר: מלא לי כלי זה, ושופך לכלי של לוקח), (כי אי אפשר ליקח המינקת להוליך לבית הלוקח, ולא נראה כמזכיר סכום המדה בפירוש - פמ"ג).

הגה: ויש מקילין לומר, דכל שאינו מכוין למדה לגמרי, שממעט או מוסיף מעט, שרי (הג"א ומרדכי) - היינו דעי"ז אין איסור על המוכר למדוד בכלי מדה שלו, ולשפוך לתוך כליו של לוקח, **וכן המנהג פשוט למדוד בכלי המיוחד למדה ולשפוך לכליו של לוקח** - ואין בזה משום גזל, שידוע לבעליו שהכל רגילים בכך, וכן נהגו להטיל טבעת במדה, וזה ההיתר למוכר, מ"א, [**כונתו**, אבל מה שהמנהג שהלוקח מזכיר שם מדה, אין די בהיתר זה, **ולזה** סיים הרמ"א: ועוד יתבאר וכו', היינו אף מה שמקילין להזכיר שם מדה].

ועוד יתבאר לך בסמוך טעם המקילין - היינו שמצא סמך, שלפעמים מותר להזכיר אף שם מדה. **דין הלואת שבת דינו כמו ביו"ט, וע"ל סי' תקכ"ה, ולעיל סי' ש"ז סעיף י"א.**

אות ג'* [ד]

גזל ואינו יודע למי גזל, יעשה בהם צרכי רבים

חו"מ סימן שסו ס"ב - הרועים והגבאים והמוכסים - (שנטלו יותר מקצבתם שנתן להם המלך, וכן הגבאים הממונים מן המלך לגבות המס, והם מקילים לקרוביהם ומטילים על אחרים, שהרי הם גזלנים גמורים, וכן ממוני הקהל שעושים כמעשיהם - הגר"ז).

(המשך ההלכות מול עמוד ב')

באר הגולה

[ט] משנה ביצה כ"ז וכדמפרש רש"י שם בגמ' וברייתא שם [א] ציינתיו לעיל סי' שכ"ג [ב] ביצה כ"ט משנה וכת"ק וכדמפרש לה רבא שם [ג] ר"ן ושכן נראין דברי רמב"ם (והיינו לישנא דאומר אדם לחבירו מלא לי כלי זה, והיינו דאמרינן בגמ', דעבידי אינשי דמקרבין חמרא במאני וכו', כלומר שמשתמשין במדה עצמו - ב"י) [ד] (ע"פ מהדורות נהרדעא)

מסורת השש

עין משפט נר מצוה

מו א מיי' פ"ח מהל' יו"ט הלכה כא סמג לאוין עה טוש"ע א"ח סימן תק סעיף א:

מז ב ג מיי' שם סמג שם טוש"ע א"ח סימן תקיז סעיף ב וסימן שכג סעיף א:

מח ד מיי' שם הלכה כב סמג שם טוש"ע א"ח סימן תקיז סעיף ד [וסימן שכד סעיף ג]

מט ה מיי' וסמג שם טוש"ע א"ח סימן תקד סעיף ד:

נ ו מיי' וסמג שם טוש"ע א"ח סימן תקו סעיף א:

*דבסורא אמרי תרטא ופלגו תרטא בנרש אמרי חלקא ופלגו חלקא בפומבדיתא אמרי אוזיא ופלגו אוזיא בנהר פקוד ובמתא מחסיא אמרי רבעא ופלגו רבעא: **מתני'** *אומר אדם לחברו מלא לי כלי זה אבל לא במדה ר' יהודה אומר אם היה כלי של מדה לא ימלאנו מעשה באבא שאול בן בטנית שהיה ממלא מדותיו מערב יו"ט ונותנן ללקוחות ביו"ט אבא שאול אומר אף במועד (א) עושה כן [א] מפני ברורי המדות וחכמים אומרים אף בחול עושה כן מפני מצוי המדות: **גמ'** מאי אבל לא במדה אמר רב יהודה אמר שמואל אבל לא בכלי המיוחד למדה אבל כלי העומד למדה ימלאנו ואתא ר' יהודה למימר אפילו כלי העומד למדה לא ימלאנו אלמא גבי שמחת יום טוב ר' יהודה לחומרא ורבנן לקולא והא אפכא שמעינן להו דתנן *רבי יהודה אומר שוקל אדם בשר כנגד הכלי וכנגד הקופיץ וחכמים אומרים אין משגיחין בכף מאזנים כל עיקר אלמא ר' יהודה לקולא ורבנן לחומרא קשיא דר' יהודה אדר' יהודה קשיא דרבנן אדרבנן דר' יהודה אדר' יהודה לא קשיא התם בשאינו עומד למדה הכא בעומד למדה דרבנן אדרבנן נמי לא קשיא התם קא עביד כדעבדין בחול הכא לא קא עביד כדעבדין בחול רבא אמר מאי אבל לא במדה שלא יזכור לו שם מדה אבל כלי המיוחד למדה ימלאנו ואתא ר' יהודה למימר כלי המיוחד למדה לא ימלאנו אלמא גבי שמחת יום טוב רבי יהודה לחומרא ורבנן לקולא והא אפכא שמעינן להו דתנן רבי יהודה אומר שוקל אדם בשר כנגד הכלי וכנגד הקופיץ וחכמים אומרים אין משגיחין בכף מאזנים כל עיקר אלמא ר' יהודה לקולא ורבנן לחומרא קשיא דר' יהודה אדר' יהודה קשיא דרבנן אדרבנן דר' יהודה אדר' יהודה ל"ק התם בשאינו מיוחד למדה הכא מיוחד למדה דרבנן אדרבנן נמי לא קשיא התם קא עביד כדעבדין בחול הכא לא קא עביד כדעבדין בחול דעבדי אינשי דמקרבי חמרא במנא דכילא ושתו: מעשה באבא שאול בן בטנית: תנא אף במועד עושה כן מפני בטול בית המדרש תנו רבנן הוא כנס שלש מאות גרבי יין מברורי המדות וחבריו כנסו שלש מאות גרבי שמן ממצוי המדות והביאום לפני הגזברים לירושלים אמרו להם אי אתם זקוקים לכך אמרו להם אף אנו אין רצוננו בכך אמרו להם הואיל והחמרתם על עצמכם עשו מהם צרכי רבים דתניא *גזל ואינו יודע למי גזל יעשה בהם צרכי רבים מאי נינהו אמר רב חסדא בורות שיחין ומערות אדבריה רב חסדא לרבנא עוקבא ודרש *לא ימדוד אדם שעורים ויתן לפני בהמתו ביו"ט אבל קודר הוא קב או קבים ונותן לפני בהמתו ואינו חושש *(ה)נחתום מודד תבלין ונותן לתוך קדרתו כדי שלא יקדיחה תבשילו אמר רב ירמיה בר אבא אמר רב מודדת אשה קמח ביו"ט ונותנת לתוך עיסתה כדי שתטול חלה בעין יפה ושמואל אמר *אסור והא תנא דבי שמואל מותר אמר אביי השתא דאמר שמואל מותר שמואל

[לעיל כח.]

ב"ק צד:

[תוספ' פ"ג]

רש"י

בסורא אמרי · דרכן לומר לטבח תן לי תרטא או פלג תרטא ובנרש אמרי חלקא או פלג חלקא ובפומבדיתא אמרי אוזיא · כל הטבחין היו מנתחין בהמותיהם בשוה כך וכך נתחים מן הבהמה ולאותן הנתחים קרו להו בסורא תרטא ובנרש חלקא ובפומבדיתא אוזיא ובנהר פקוד רבעא: **מתני' אבל לא במדה** · בגמ' מפרש לה ומאי פלוגתייהו: **שהיה ממלא מדותיו כו'** · שאין מודדין ביו"ט: **אף בסופו של מועד עושה כן** · בגמ' מפרש טעמא ולא גרסינן במתני' מפני ברורי המדות ואית דגרס ליה והן העלאת הרתיחות ובגמרא מפרש: **מפני מלוי המדות** · כשהיה מוכר שמן היה לו מדות הרבה ומביאין הלקוחות כליהן ומודד לאיש ואיש במדה לעצמו ומתמלות והולכות לתוך כליהן כל הלילה: **גמ' המיוחד למדה** · שמודד ומוכר בו: **העומד למדה** · שכשיסבר זה בא זה תחתיו אבל עדיין לא מדד בו: **ואתא רבי יהודה למימר** · כיון דהוא עלמו מדה ולכדעשוי וכדי מדה מחזיק לא ימלאנו דמחזי שפיר כמודד ומוכר כעובדין דחול: **כלי וקופיץ** · אין עומדין לכך: **כדעבדין בחול** · במחוזים פעמים שאין הליטרא לפניו וכיון שיודע משקל כליו שוקל בו: **לא קא עביד כעובדין דחול** · דעדיין לא יצא טבעו של כלי זה למדה: **שם מדה** · רבעא או לוג אלא כך יאמר לו כתם כלי זה מלא לי: **הכא לא קא עביד כדעבדין בחול** · שדרך לקוחות לומר תן לי לוג ואין דרכן לומר כלי זה מלא לי בדרך מקח אלא בדרך הלואה או מתנה ואע"ג דמיוחד למדה: **עבידי אינשי דמקרבי חמרא** · לחבריהם: **במנא דכילא** · של מדה: **תנא אף במועד עושה כן מפני בטול בית המדרש** · שהיה חכם גדול ובאים רבים לשאול הימנו ובמועד רבים עוסקים בתורה שאין טרודים במלאכה והיה ממלאן בלילה שאין זמן בית המדרש כדי שיהא פנוי ביום ולמאן דגרס במתני' מפני ברורי המדות מפרש הכי מפני בטול בית המדרש של בלי מועד לא יהיה פנוי לשהות ולברר מדותיו שלא ירתיחו לפיכך ממלאן בלילה: **הוא כנס כו'** · משנתן יין בחבית כך וכך לוגין במדה

תוספות

ומכר ממנה עד שמכר חשבונו נמצא כל הנותר בחבית על ידי ברורין שהרתיח היין כשמילאו ומעלה אופיא איסקומ"א בלע"ז ואין המדה מלאה והן נקראין ברורין לפי שמבררין אותן מן היין כששותה אי נמי על דקליפי וזיגי ושמן יש בו מלוי מפני שמודבק בשולי המדה ובדפטותיה וביין שכיחי ברורין ולא בשמן: **וחבריו כנסו כו'** · כדפרישית בברורין: **לפני הגזברים** · של הקדש לעשות בהן לרכי הקדש אם ירלו והם לא הקדישוה כבבורין אין יכולין להקדיש שאינו שלהם אי נמי יכולין הוה ליה גזל בעולה: **אמרו להם חכמים אין אתם זקוקין לכך** · הואיל ומתחלה לא נתכוונתם לגזול שהלקוחות מוחלין על ידי טרדן ומרולתם שאינם יכולין לשהות עוד וידעי וקא מחלי: **אף אנו אין רצוננו לכך** · לזה ליהנות משל אחרים: **אמרו להם** · חכמים א"כ אין לכם לעשות הקדש אלא לעשות בהן לרכי רבים שהרי משל רבים היה ויהנו הבעלים מהן: **ואין יודע למי גזל** · שגזל אנשים הרבה: **שיחין ומערות** · שמתכנסין בהן מים ושותין מהן ובב"ק (דף נ:) מפרש מאי בור ומאי שיח ומאי מערה: **אדבריה** · הנהיגו ומטייל עמו במבואות העיר: **לא ימדוד אדם קב שעורין** · אפילו ליתן לבהמתו שנראה כמודד למכור: **אבל קודר הוא** · בקב עלמו נוקב בכרי וממלאו שלא כדרך מדה לתת בידו לתוכו: **קודר** · לשון נוקב: **נחתום** · מבשל קדרות נמי קרוי נחתום: **יקדים** · ישרוף אחורשי"ר בלע"ז: **בעין יפה** · שיעור חלה אחד מכ"ד לכהן וכשאינה יודעת מדת עיסתה היא מקמלת ואומרת אין כאן כל כך אבל כשיודעת מדת עיסתה יודעת מה תפריש ועינה יפה בה: **תנא דבי שמואל** · בתוספתא שסידר שמואל מתנאים שלפניו כמו שסדרו רבי חייא ורבי אושעיא וכמו שסידר רבי את המשנה: **השתא דאמר שמואל אסור** · והוא שנה במשנתו מותר שמואל בשמעתיה דאמר אסור הלכה למעשה אתא לאשמועינן שהבא לשאול הלכה לעשות מעשה מורין לו אסור ואי חזינן איניש דעביד לא מחינן בידיה דהלכה דמותר ואין מורין כן: אין

הגהות הב"ח

(א) במשנה אף במועד עשה כן וכו' אף בחול עשה כן:

הגהות הגר"א

[א] במשנה מפני ברורי המדות: נמחק:

רבינו חננאל

ומחלק ביניהן היכי עביד בסורא אמרי כי תרטא כו' פי' נותן לזה כי תרטא והוא דבר ידוע באותו מקום ולזה פלגו תרטא · ובנרש הוו אומרים כי חלקא ופלגו חלקא · וכן אוזיא וכן ריבעא כולן שם אותו כלי הידוע במקומם: [מתני'] אומר אדם לחבירו ביום טוב מלא לי כלי זה אבל לא במדה כו' אוקמה שמואל הא דתנן מלא לי כלי זה אע"פ שמכיל מדה ידועה כגון כלי שמכיל קפיזא והוא עשוי להשתמש בו בביתו · אבל לא במדה אבל לא בכלי המיוחד למדוד בו לבני אדם שאינו עשוי להשתמש בו אלא למדוד בלבד כגון קפיזא שהוא עשוי למדוד בו למכירה ולקנייה אלו דברי ת"ק ואתא רבי יהודה למימר אפילו כלי העשוי להשתמש בו כיון שמכיל מדה ידועה אסור למלאותו ולתת אותו לחבירו ביו"ם שנמצא כאילו מודד ומוכר לו · ואקשינן וכי ר' יהודה מחמיר בשמחת יו"ט ורבנן [מקילין] והא אפכא שמעינן להו דתנן רבי יהודה אומר שוקל אדם בשר כנגד הכלי כו' ופרקינן דרבי יהודה אדרבי יהודה ל"ק התם בכלי שאינו עומד במשקל ידוע לפיכך מותר הכא למלאות ולתת לו בכלי העומד למדה ידוע אסור לרבנן נמי דאמרי אין משגיחין בכף מאזנים כל עיקר משום שעושה מעשה חול ושוקל במאזנים בשביל כך אסור אבל הכא פעמים שנותן אדם יין בכלי של מדה ושותה לפיכך מותר · רבה אמר ובלבד שלא יזכור לו סכום מדה · מעשה באבא שאול בן בוטנית שהיה ממלא מדותיו מעו"ם כר' וחכ"א אף בחול עושין כן מפני מיצוי המדות · תנא הוא כינס ש' גרבי יין כו' ואסיקנא יעשה בהן צרכי צבור דתניא גזל ואינו יודע ממי גזל ילך ויעשה בהן צרכי צבור אלו הן צרכי צבור בורות שיחין ומערות · ירושלמי ר' אלעזר אמר לוערא בר חמא מלא לי הדין מנא למחר אנן מכלין ליה · אדבריה רב חסדא לרבנא עוקבא ודרש לא ימדוד אדם שעורים ויתן לפני בהמתו אבל אומר *) קב או קבים ואינו חושש מודד תבלין כו' **) מסכמת כדי שתיטול חלתה בעין יפה ושמואל אמר אסור ואסקה אביי

*) אולי צ"ל אבל ליטול כלומר קב או קבים מותר ואינו חושש כו'. **) ליתו מובן ואולי צ"ל ועוד שיא מסכמת ליטול חלתה וכו'.

שמואל *הלכה למעשה אתא לאשמועינן תנו רבנן *אין שונין קמח ביום טוב משום רבי פפיים ור' יהודה בן בתירא אמרו שונין ושוין שאם נפל לתוכן צרור או קיסם ששונין תני תנא קמיה דרבינא אין שונין קמח ביום טוב אבל נפל צרור או קיסם בורר בידו אמר ליה כ"ש דאסור דהוה ליה כבורר דרש רבא בר רב הונא זוטי אפתחא דנהרדעא שונין קמח ביום טוב אמר להו רב נחמן פוקו ואמרו ליה לאבא *שקילא טיבותך ושדי אחורי פוק חזי כמה מהולתא הדרן בנהרדעא דביתהו דרב יוסף נהלא קמחא אגבא דמהולתא אמר לה *חזי דאנא רפתא מעליתא בעינא דביתהו דרב אשי נהלא קמחא אגבא דפתורא אמר רב אשי הא דידן ברתיה דרמי בר חמא ורמי בר חמא *מרא דעובדא הוה ואי לאו דחזיא מבי נשא לא הוה עבדא: **מתני'** *הולך אדם אצל חנוני הרגיל אצלו ואומר לו תן לי ביצים ואגוזים במנין שכן דרך בעל הבית להיות מונה בתוך ביתו: **גמ'** ת"ר *הולך אדם אצל רועה הרגיל אצלו ואומר לו תן לי גדי אחד או טלה אחד אצל טבח הרגיל אצלו ואומר לו תן לי כף אחת או ירך אחת אצל פטם הרגיל אצלו ואומר לו תן לי תור אחד או גוזל אחד אצל נחתום הרגיל אצלו ואומר לו תן לי ככר אחד או גלוסקא אחת ואצל חנוני הרגיל אצלו ואומר לו תן לי עשרים ביצים או חמשים אגוזים עשרה אפרסקין וחמשה רמונים ואתרוג אחד ובלבד שלא יזכיר לו סכום מדה ר' שמעון בן אלעזר אומר ובלבד שלא יזכיר לו סכום מקח:

הדרן עלך אין צדין

המביא כדי יין ממקום למקום לא יביאם בסל ובקופה אבל מביא הוא על כתפו *או לפניו וכן המוליך את התבן לא יפשיל את הקופה לאחוריו אבל מביאה הוא בידו *ומתחילין בערמת

רש"י

אין שונין קמח · שרקדו מאתמול וכא לשנותו בנפה ליפותו אין שונין דאפשר לו מאתמול: **שונין** · דליכא טרחא ודבר הנראה הוא שזו היא פעם שניה ואין זה כמרקד לברור: **תני תנא קמיה דרבינא אין שונין** · ואפילו נפל לתוכן צרור או קיסם אלא בודק הקמח והצרורות וכורכן בידיו: **כל שכן דאסור** · דמחזי כבורר ובורר אב מלאכה היא כהרקדה והשונה אינו מרקד שהרי כבר הוא שהכל יוצא ואין כאן סובין: **לאבא** · לחברי: **שקילא טיבותיך** · אין אנו מחזיקין לך טובה בכך נטולה היא טובתך ומוטלת על הקוצים טיבותיך גרי"ר בלע"ז: **מהולתא** · נפות: **הדרן** · סדרן: **בנהרדעא** · שכולן יודעות שמותר: **אגבא דמהולתא** · באחורי הנפה כדי לשנות: **רפתא מעליתא** · אי אתה צריכה לשנות דשונין קמח ביום טוב: **אגבא דפתורא** · אחורי השלחן שיש לו תוך שקורין טורטרוייר"א והיא היתה שונה הקמח על אחוריו משום שנוי: **הא דידן** · זו אשתי ברתיה דרמי בר חמא היא: **מרא דעובדא** · מדקדק במעשיו: **רועה** · זה המגדל בהמות ופעמים שמוכר מהן: **פטם** · שמתוך שרגיל אצלו מאמינו ונותנו לו בלא פסוק דמים: **פטם** · המפטם עופות לשון משמין: **סכום מדה** · קב או קביים: **סכום מקח** · דמים:

המביא ממקום למקום · בתוך התחום או ע"י ערוב: **לא יביאם בסל ובקופה** · לתת שלש וארבע בתוך קופה וישאם משום דנראה כמעשה דחול לשאת משאות: **אבל מביא על כתפו** · אחת או שתים דמוכח דלצורך י"ט: **או לפניו** · בידו: **וכן המוליך את התבן** · להסק או לבהמה לא יפשיל קופה לאחריו דנראה י"ט(א)שנראה כמתכוין למלאכה רבה או להוליך למקום רחוק כדרך חול: ומתחילין

תוספות

שמואל הלכה למעשה אתא לאשמועינן · פי' דאם יבא שום אדם לשאול לנו כיצד יעשה אומרי' לו הוראה לאסור אבל אם אנו רואין שום אדם שנוהג היתר בדבר אין אנו צריכין למחות בו ולפי זה לא פליג שמואל ארב דתרווייהו מודו לאסור למעשה מיהו בה"ג פירש ושמואל הלכה למעשה אתא לאשמועינן ופליג אברייתא ופליג ארב ויש שפוסקין כשמואל ואע"ג דהלכה כרב באסורי מ"מ מדאמר סתמא דהש"ס שמואל הלכה למעשה אתא לאשמועינן משמע דהלכה כותיה ויש פוסקין כרב משום דהלכה כרב באסורי וכ"ש הכא דהא תנא [דבי] שמואל כותיה דרב ואומר הר"ר שמואל מאייבר"א דלפי' למ"ד דהלכה כרב מ"מ אסור לנו בזמן הזה למדוד משום ליטול חלה בעין יפה דודאי בימיהן שהיו מפרישין חלה אחת מכ"ד ונותנין לכהן שייך לומר דמותר משום עין יפה אבל אנו שאין מפרישין כי אם מעט אפילו מעיסה מרובה ואותו מעט נמי אינו נאכל אלא נשרף אין למדוד דלא שייכא סברא דקאמר הכא כדי שתטול חלה בעין יפה אלא יש לנו לשער מאומד שתהיה בריוה כשיעור משום הברכה וכן בפסח נמי יש ליזהר מלמדוד ביום טוב למצות וצריך לעשות פחות מכשיעור ולא ימדוד במדה שעשה למדוד בחול בצמצום אלא יפחות או יוסיף אם המדה קטנה:

אגבא דפתורא · פ"ה אחורי השלחן כמו אגבא דמהולתא ואפשר לפרש ע"ג השלחן ממש וחשיב שנוי לפי שדרך לרקד בעריבה ומ"מ אין להתיר תחלת הרקדה על ידי שנוי דהא אשונין דברייתא קאי ולשב"ס פירש דע"י שנוי אין לחלק ויש לסמוך עליו לענין להתיר לשפחה נכרית תחלת הרקדה ע"י שנוי אבל אנו לעצמנו אין לסמוך:

אצל חנוני הרגיל אצלו · בין הוא נכרי בין ישראל דאין לחלק רק היכא דליכא חששא דממכר או טולה:

שלא יזכיר לו סכום מדה · פי' רש"י קב או קביים וסכום מקח שלא יאמר לו תן לי אגוזים בדינר אחד או בשנים וקשה *דפשיטא דאסור ועוד אמאי קאמר סכום מדה ה"ל למימר ובלבד שלא יזכיר מדה ותו לא לכן נ"ל כר"ח דגרים סכום מנין וקאי אלעיל וה"פ אמרת דילך אדם אצל חנוני הרגיל אצלו ויאמר לו תן לי ה' אגוזים או י' אפרסקין ובלבד שלא יזכיר סכום מנין שלא יאמר לו תן לי י' אגוזים וכבר נתת לי ל' ואם כן אני חייב לך מ' בין הכל אבל רבי שמעון אומר ובלבד שלא יזכיר סכום מקח שלא יאמר *לו תן לי אגוזים בששה פשיטין וכבר נתת לי כך ואם כן אני חייב לך מכל י"ב פשיטין אבל סכום מנין שרי *וכן איתא בתוספתא ובה"ג מכאן יש ליזהר שלא להזכיר אפילו סכום מנין לפי שדומה למקח וממכר: הדרן עלך אין צדין

המביא כדי יין וכו' לא יביאם בסל · ותימה דאמרינן בשבת פ' מפנין (דף קכו: ושם) מפנין ד' קופות או ה' וכ"ש שיהא מותר בי"ט וי"ל דהתם מיירי (ב) שאינו יכול להוציא לחוץ ואין רוצין אותו וע"כ מותר והכא מיירי ביו"ט שיכול להוציאו לחוץ ורוצין אותו וע"כ יהא אסור שהרואה אותו אומר לצורך חול מביא אותם ולהכי אסור ומ"מ קשה דקאמר אבל הוא מביא על כתפו אלמא משמע דמרבה בהלוכא עדיף וקאמר התם במסכת שבת* למעוטי בהלוכא עדיף ויותר טוב להביאן בסל או בקופה בפעם אחת מלהביאן כל אחת בפני עצמה וי"ל דלמה דפי' ניחא דהתם מיירי בשבת דלא הוי כעובדי דחול שאין מטלטל כי אם מזוית לזוית באותו בית ולכך קאמר למעוטי בהלוכא עדיף טפי משום טרחא יתירא אבל הכא מיירי ביו"ט משום טרחא יתירא לא קפדינא אלא משום דמחזי דעביד כעובדי דחול וא"כ עדיף טפי לאפושי בהלוכא ויעשה דרך שנוי כי היכי דלא לתחזי דעביד כעובדי דחול ופעמים נמי דלאסור לאפושי בהלוכא אע"ג דממעט במשאוי כיון שאין משנה מדרך חול:

דדרו

עין משפט נר מצוה

נא א ב ג מיי' פ"ג מהלכות יו"ט הלכה יד סמג לאוין עה טוש"ע א"ח סימן תקו סעיף ג:

נב ד ה ו ז מיי' פ"ד מהל' יו"ט הלכה כג כד סמג לאוין שם טוש"ע א"ח סימן שכג סעיף ג ד וסימן תקיז סעיף א:

א ח מיי' פ"ה מהלכות יו"ט הלכה א סמג לאוין עה טוש"ע א"ח סימן שכג סעיף ה וסי' תקי סעיף ח:

וזה קשה לפי' רש"י דמחשיב זה למקח וממכר קשה פשיטא משא"כ לפי' ר"ח דלא נחשב למקח רק אם מזכיר סך הכל אבל אם אומר לו כך בדינר פשיטא לא נחשב למקח לא קשה פשיטא דהוה קמ"ל דכסמס שרי ועי' רש"ל ומסכ"מ

מסורת הש"ס

[ברכות כד. וש"נ]

[שבת סג: כתובות סג: ב"ק סג. ב"מ סג:]

[לקמן לב:]

[שבת לו: חולין ק'.]

[תוספתא פ"ג ועיין תוספות דהכא ד"ה שלא יזכיר]

ירושלמי ל"ג או

[שבת קנז.]

עי' בסר"ן דלא גרים ליה

[עי' תוס' שבת קמט. ד"ה כגי תבורא ותוס' ב"מ עט. ד"ה כגי וכו']

דף קכז.

הגהות הב"ח

(א) רש"י ד"ה וכן וכו' דנראה יו"ט הוא שנראה:

(ב) תוס' ד"ה המביא וכו' וי"ל דהתם מיירי בשבת שאינו יכול:

רבינו חננאל

אביי ואמר השתא דתנא דבי שמואל מותר ואמר שמואל אסור שמואל הלכה למעשה אתא לאשמועינן ולאפוקי מתניתא הוא דאתא · דרש רבה בר רב הונא זוטי בנהרדעא הלכה שונין קמח כלומר פעם שניה ביו"ט אמר להו רב חמא אמרו ליה שקילא טיבותיך שדי אחורי כלומר שיחתה דבריך הטובים במקום קוצים · וכי להוראתך צריכין כבר צא וראה כמה כברות סובבות בנהרדעא כל אחת כוברת בנפה ובכברה דביתהו דרב יוסף היתה כוברת באחורי הנפה כלומר בנפה מהופכת על פיה והקמח על גבה א"ל חזי דאנא ריפתא מעלייתא בעינא כלומר מותר לנפות כדרכו . ודביתהו דרב אשי הות נהלה אגבה דפתורא כלומר בשינוי ואמר רב אשי בתו של רמי בר אבא היא אילו לא ראתה בבית אביה לא היה עושה · אומר אדם לחנוני תן לי ביצים ואגוזים במנין שכן דרך בעל הבית להיות מונה בתוך ביתו : ת"ר הולך אדם אצל טבח הרגיל אצלו ואומר לו תן לי גב אחד או ירך אחת כו' וכן אצל נחתום ואומר לו תן לי ככר אחד או קלוסקא אחת כו' וכן אצל חנוני הרגיל אצלו ואומר תן לי כ' ביצים ג' אגוזים י' אפרסקין ב' רמונים אתרוג אחד ובלבד שלא יזכור לו סכום מקח פי' לא יאמר לו יש לך עלי *) ג' כסף תן לי בכסף אחר נעשה לך עלי ב' כספים זהו פי' סכום מקח סכום מנין יאמר לו יש לך ג' אגוזים תן לי עכשיו ג' אחרים הרי יש לך מאה: הדרן עלך אין צדין

המביא

*) נראה דצ"ל יש לך עלי כסף אחד תן לו בכסף אחר נעשה לך עלי כו'.

תשובתן קשה, מפני שגזלו את הרבים ואין יודעים למי יחזרו, לפיכך יעשו בו צרכי רבים - {דאז גם הנגזל יהנה מן הדברים הנעשים מדמי הגזילה - סמ"ע}, ‹וכשיעשה צרכי רבים, יסבב ה' שכל אחד מהנגזלים או מיורשיהם יהנה כפי ערך גזילתו, ושימחלו לו, והבא לטהר מסייעין אותו מן השמים - ערוה"ש›, **כגון בורות שיחין ומערות** - ‹ומ"מ אותם אנשים שהם מכירים שגזלו מהם, חייבים להחזיר להם, ולא די במה שנהנים ממימיהם - הגר"ז›.

‹**ואע"פ** שאם ביכולת ב"ד לכוף לגזלן שיחזיר גזילתו, כופין אותו, מ"מ בגוזלי רבים אין כופין אותם לעשות צרכי רבים, דהא לאו השבה מעליא היא, אלא דאם מתעורר בעצמו לעשות תשובה, אומרים לו עשה בהם צרכי רבים, כי א"א לתקן באופן אחר, ולא שב"ד יכופו לזה - ערוה"ש›.

(**עיין** בהרא"ש שכתב, ובגזילה קיימת איירי, וכ"כ בקיצור פסקי הרא"ש וביש"ש ע"ש, ‹דאם אין הגזילה קיימת, אין מקבלין ממנו מפני תקנת השבים, כבס"א›. **ובב"ח** תמה על הטור והמחבר שסתם ולא הזכיר זה, ותירץ שסמך עצמו על מה שכתב תחילה ס"א גבי גזלן מפורסם, ע"ש. **ועיין** בתשובת שיבת ציון שכתב דתירוץ הב"ח הוא דחוק, אך נראה דס"ל להטור והמחבר, דהאי תקנה דאין מקבלין מהם, הוא רק אם יודע למי גזל ורוצה להחזיר להנגזל עצמו, אבל אם אינו יודע למי גזל, ומדינא צריך לעשות צרכי רבים, בזה לא שייך האי תקנה שלא לקבל מהם, **וטעם** הדבר הוא על פי מש"כ הש"ך ביו"ד סימן קס"א ס"ק י"ג בשם הריב"ש, דגזלן חייב להחזיר הגזילה, רק על הנגזל גזרו שלא יקבל ממנו וימחול לו, א"כ באינו יודע למי גזל, שאין הנגזל לפנינו, מי ימחול לו, וכל זמן שאין הנגזל מוחל לו, עדיין מחויב הוא להחזיר כו', ע"ש וצ"ע).

אות ד'

לא ימדוד אדם שעורים ויתן לפני בהמתו ביום טוב, אבל קודר הוא קב או קבים ונותן לפני בהמתו, ואינו חושש

סימן תקיז ס"ד - [ה]**לא ימוד אדם שעורים ליתן לפני בהמתו** - מפני שנראה כאלו הוא מודד למכור, **אלא משער ונותן לה** - ועיין לעיל בסימן שכ"ד ס"ב במ"ב, וה"ה לענין יו"ט.

סימן שכד ס"ב - [ו]**לא ימדוד אדם שעורים לתת לפני בהמתו** - היינו בכלי המדה, מפני שנראה כאלו הוא מודד למכור, [ז]**אלא משער באומד דעתו** - היינו ליקח בכלי אחר, ולשער קב או קביים.

אות ה'

והנחתום מודד תבלין ונותן לתוך קדרתו, כדי שלא יקדיח כו'

סימן תקד ס"ד - [ח]**מותר אדם למדוד תבלין ליתן בקדירה, בשביל שלא יקדיח תבשילו, (פי' שלא ישרפנו ויקלקלנו מחמת רבוי תבלין)** - אע"ג דקמח אסור למדוד, וכדלקמן ר"ס תק"ו, הכא שיקדיח תבשילו התירו, **ואם** דרכו גם בחול ליקח בלי מדידה אלא באומד הדעת, אסור לו למדוד ביו"ט.

אות ו'

מודדת אשה קמח ביום טוב ונותנת לתוך עיסתה, כדי שתטול חלה בעין יפה... אסור

סימן תקו ס"א - [ט]**אין מודדין קמח ביו"ט כדי ללוש, אלא יקח באומד הדעת** - דכיון דלא צורך פת הוא, [כמו לענין תבלין בשלהי סימן תק"ד], ולא יתקלקל אם לא ימדוד, לא התירו חכמים, דנראה כמודד למכור, [רש"י], ‹כ"כ בנוגע למדוד שעורין לבהמתו›. **ואם** נוטל במדה שמודד בחול, צריך לפחות מעט או להוסיף מעט, **ואם** לוקח קמח לליפתן וכדומה שצריך לזה מדה, י"ל דשרי.

הגה: ומותר ליקח הקמח מן הכלי אע"פ שעושה גומא בקמח (ר"ן) - ר"ל שא"צ להערות מן כלי הקמח לתוך עריבתו, אלא יכול לתחוב ידו לתוך השק של קמח, אע"ג שנעשה גומא שם, **דדוקא** גבי עפר חיישינן לגומא, לעיל בסימן תצ"ח סט"ז, ולא בפירות ובדבר מאכל.

---

§ מסכת ביצה דף כט: §

אות א' - ב' - ג'

אין שונין קמח ביום טוב

אגבא דמהולתא

אגבא דפתורא

סימן תקו ס"ב - [א]**אין מרקדין הקמח בתחלה** - דכל מלאכות שקודם לישה אסרום חכמים, מפני שדרך לעשותם לזמן מרובה, ולכמה פוסקים מדאורייתא אסורים, וכמו שנתבאר לעיל בסימן תצ"ה, **ואפילו** לא היה אפשר לו לרקד מעיו"ט. **אפילו על ידי שינוי** - וכמו בכל מלאכות האסורות ביו"ט, דאפילו בשינוי אסור, וכמו שנתבאר לעיל בסימן תצ"ה במ"ב.

[ב]**אבל אם רקדו מאתמול, ונפל בו צרור או קיסם** - היינו ביו"ט, דאי מעיו"ט היה לו לרקד מאתמול, ואינו מותר כי אם ע"י שינוי, **ורוצה לרקדו פעם שנית, מותר אף בלא שינוי** - שהרי אין כונתו לרקד כדי ליפות הקמח, אלא כדי לברור עי"ז הצרורות והקיסמין שישארו בכברה אחר נפילת הקמח דרך הנקבים, וזה לא אסרו חכמים, שהרי נפל ביו"ט גופא וכנ"ל, **ואינו** דומה להא דמבואר לקמן בסימן תק"י סעיף ב', דאסור לברור קטניות מתוך פסולת שלהן בנפה וכברה, וזה בודאי אסור אפילו בלקחן מתוך החנוני המכירו ביו"ט גופא, ולא

באר הגולה

[ה] ציינתיו לעיל סימן שכד ס"ב [ו] ביצה כ"ט [ז] כן פי' הרי"ף קודר הנאמר שם, וכ"כ הרמב"ם ‹ועיין פי' רש"י› [ח] הרב המגיד, ושכן נראה מדברי קצת הגאונים, דנחתום שאמרו שם בגמרא כ"ט, לאו דוקא, וה"ה לכל אדם [ט] ביצה כ"ט כשמואל [א] הרא"ש [ב] ברייתא שם וכת"ק ‹היינו לכאורה מה דכתוב לקמיה, אבל אם לא נפל בו דבר, אין שונין בלא שינוי›

היה יכול לברנן מעיו"ט, **דהתם** דרך המלאכה לעשותה לזמן מרובה, משא"כ הכא שהקמח כבר מבעוד יום נברר מהסובין, ואירע שנפל בם צרור או קיסם, מינכר לכל שהוא לצורך שעה לאפותה ביום טוב, ושרי.

[ג]**ויש** מחמירין דגם בזה בעי שינוי, ועיין בח"א שדעתו, דצריך בזה שינוי גמור, כגון לרקד באחורי הנפה, או ע"י עכו"ם, **וכן** הדך מצות ביו"ט, וצריך לרקד הקמח הנטחן מן הפרורין, ירקד ע"י שינוי, דהיינו אחורי הנפה לדעת הח"א.

הגה: [ד]וי"א דמותר ליטול הצרור או הקיסם בידו - ר"ל אף זה מותר, וה"ה דמותר ע"י ריקוד וכדעת המחבר, **אבל יש מחמירין ואוסרין (המגיד)** - דכיון דגם בחול דרך ליטול צרור ביד, הו"ל כבורר, [ח"א, **ומתורץ** בזה מה שהקשו מהא דסי' תק"י דמותר ביד, **והגר"ז** כתב לחלק בין חטים וקמחים לקטניות, דקטניות אין דרך לברר ביד אלא ליומו], ‹וע"ל בסי' תק"ד סוף ס"ג בבה"ל, ובבה"ל בסי' תק"י›. **והיינו** דוקא לענין ליטול צרור ביד, אבל על ידי הרקדה, גם הם מודים לדעת המחבר דשרי, [**והטעם** נ"ל, דס"ל דבזה שהקמח נקי, ורק שנפל בו צרור או קיסם, דרך הברירה בחול הוא רק ביד, וכשבורר דרך ריקוד הוא שלא כדרכו, ולכן שרי].

ולדעה זו ה"ה דאין ליטול ביד הפירורין הגדולים מתוך הקמח הנטחן, כשדך מצות ביו"ט, **וה"ה** אם נפלו זבובים לתוך הכוס, לא יסיר אותם לחוד, אלא צריך שיקח מן המשקה ג"כ עמהם, **וה"ה** השותה שכר, ובתחתיתו יש שמרים, יניח מעט שכר על השמרים.

ונכון לנהוג כדעה זו.

ואם לא נפל בו דבר, אלא שרוצה לרקדו שנית כדי שיהא הפת נאה, [ה]צריך שינוי קצת - אף דהוא באוכל נפש, הרי אפשר היה לו לרקד מאתמול, ‹רש"י›, **וגם** דזה מיחלף ברקידה ראשונה, ‹ר"ן›, **משא"כ** בנפל צרור או קיסם הנ"ל, יודעין הכל שהריקוד הוא רק לצורך שעה, שיפול הצרור והקיסם, **וגם** דלא סגי בלא"ה, ומימנע משמחת יו"ט. [ו]**כגון על גבי שלחן** - דבחול הדרך לנפות ע"ג תיבה או עריבה, **ואם** דרכו של אדם זה לנפות גם בחול על שולחן, יעשה שינוי אחר, [כגון ע"ג מפה], **וכ"ש** אם ינפה ע"ג הנפה מצד השני, דשרי, [גמרא].

וכתבו האחרונים, דכ"ז אם הנפה השניה אין נקביה קטנים מנפה ראשונה, וכל מה שיצא בראשונה יצא בשניה, **אבל** בהיתה הנפה השניה עם נקבים דקים, בודאי אסור, שהרי ישאר הקמח העב בנפה, ויצא הדק, וכהרקדה הראשונה דמי, **וכתב** במחצית השקל, דלפי"ז אפילו בזמנינו שהקמחים נרקדים בבית הריחיים, מ"מ אין להרקידם עוד הפעם בבית, אפילו ע"י שינוי, שהרי אנו רואין שהריקוד בבית הריחיים אינו מוציא כל הפסולת, והנפה שבבית מוציא, וכהרקדה ראשונה דמי.

הגה: וכ"ה דמותר לעשות על ידי אינו יהודי אפילו תחלת הרקידה, אם ישנה קצת (ב"י) - לפי שיש מי שאומר, שאפילו ישראל מותר לרקד ע"י שינוי, אף שרוב הפוסקים חולקין עליו, עכ"פ יש לסמוך על דבריו להקל בשינוי על ידי נכרי, [בן משמע מתוס']. **והפר"ח** מחמיר אפילו ע"י עכו"ם, **ואפשר** דבשינוי גמור, כגון אחורי נפה, מודה דשרי ע"י עכו"ם.

אות ד' – ה' – ו' – ז'

הולך אדם אצל חנוני הרגיל אצלו, ואומר לו: תן לי ביצים ואגוזים במנין, שכן דרך בעל הבית להיות מונה בתוך ביתו

הולך אדם אצל רועה הרגיל אצלו וכו'

ובלבד שלא יזכיר לו סכום מדה

ובלבד שלא יזכיר לו סכום מקח

סימן שכג ס"ג - [ז]מותר לומר לחברו: תן לי ביצים ואגוזים במנין - היינו שאומר לו י' או כ', שכן דרך בעה"ב להיות מונה בתוך ביתו לידע כמה הוא נוטל, שלא יטול אלא כפי הצורך, [גמרא], ‹לכאורה ר"ל המשנה›, הלכך לא מוכח דמשום דמים הוא דמדכר ליה, אלא להודיע כמה צריך.

סימן שכג ס"ד - [ח]מותר לומר לחנוני: תן לי ד' ביצים וה' רמונים - דוקא חנוני ישראל, אבל אינו יהודי אסור ליקח ממנו ביצים, שמא נולדו היום ומוקצה הוא, **וכן** ברמונים שמא נלקטו היום מן המחובר. (**היינו הך דס"ג, ואפשר דלרבותא נקט חנוני, אף דכונתו בודאי למכירה, אפ"ה שרי כיון שלא הזכיר בפירוש**).

[ט]**ובלבד שלא יזכיר לו [י]שם דמים** - כגון שאומר: תן לי בעד כך וכך פשוטים, **וכ"ש** כשמזכיר לו סכום דמים, דהיינו שעושה עמו חשבון הכולל גם ממה שנתחייב לו מכבר.

באר הגולה

[ג] ‹ומשמע דהרא"ש פוסק כמ"ד שונין, כדדרש רבה בר רב הונא, {ודלא כהעין משפט והבאה"ג וב"י, עיין לקמן}, אלא דבעי שינוי אגבא דפתורא, ושונין דקאמר רבי פפייס וריב"ב, היינו ע"י שינוי דוקא, וכך הם דברי רבינו, **אלא** דאיכא לתמוה, דמתיר בנפל בו צרור בלא שינוי, והא ודאי משמע, דהאי ושוין בנפל בו צרור, איירי נמי ע"י שינוי, דומיא דפלוגתייהו בלא נפל בו צרור, דבכל דוכתא דקאמר לא נחלקו בהא, מיירי דומיא דנחלקו - ב"ח›, ‹**משא"כ** לכאורה לפי הב"י, דהלכה כת"ק דאין שונין, א"כ פלוגתייהו בלא שינוי, ולכן גם ה"שוין" איירי בלא שינוי› [ד] ‹והרי"ף והרא"ש לא כתבו הא דרבינא, ויש לתמוה עליהם ועל הרמב"ם למה לא פסקו כן, דהא רבינא דבתרא הוא קאמר לה, וליכא אמורא דפליג עליה, **ואפשר** שהם סוברים, דרבינא כלפי מה שרצה ההוא דתני קמיה להחמיר בשונין קמח מבנטילת צרור, א"ל דאת"ל דאסור לשנות קמח, כ"ש דאסור ליטול צרור, אבל לדידן דקיי"ל דשונין ע"י שינוי מיהא, מודה רבינא דלא עדיף נטילת צרור משונין קמח, **או** אפשר לומר, דודאי אסור ליטול צרור או קיסם ביד, ולא כתבוהו הפוסקים גבי הרקדת קמח, לפי שאינו ענין להרקדה, וסמכו על מה שכתבו בדין בורר, וזה נראה יותר - ב"י›. ‹**ואין** דבריו נראים, דאם היה דעתם לאסור, היה להם לפרש בהדיא, אלא ודאי נ"ל דמדסתמו, שס"ל דשרי, וכמו שפי' ה"ה דעת הרמב"ם - ד"מ›. [**ומה** שנרשם בפנים המגיד, היינו, מה שפי' בדברי הראב"ד, אבל הוא לעצמו סובר בדעת הרמב"ם דהכל שרי] [ה] **מעובדא דאמוראי שם** ‹וקיי"ל כת"ק דאין שונין, מיהו בשינוי שרי, כדמוכח עובדא דדביתהו דרב אשי - ב"י› [ו] ‹עיין תוס' שם ד"ה אגבא - גר"א› [ז] **ביצה כ"ט משנה** [ח] **שם בברייתא** ‹ושם כתב כ' ביצים› [ט] **פלוגתא דת"ק ורשב"א, ויש שם חילופי גירסאות וכ' הרא"ש שיש ליזהר בשניהם וכ"כ הרמב"ם** [י] ‹כגי' הרי"ף בת"ק: סכום מקח, {דהלכה כת"ק}, וכמ"ש הר"ן, דלאו דוקא סכום, וכמש"כ כ"ז: אין פוסקין דמים כו', וכמ"ש רש"י בד"ה סכום מקח: דמים, וכ' תוס' שם ד"ה שלא {דדמים פשיטא

[יא]**ולא סכום מדה** - עיין בביאור הגר"א שכתב דט"ס הוא, וצ"ל "ולא שם מדה", דהיינו שמזכיר לו: תן לי מדה פלונית, **וכ"ש** סכום מדה, דהיינו שעושה עמו חשבון הכולל מכמה מדות שלקח ממנו מכבר.

[יב]**ולא סכום מנין, לומר: הרי שיש לך בידי חמשים אגוזים, תן לי חמשים אחרים, והרי יש לך בידי מאה** - דבאופן זה הוא דרך מקח וממכר, אבל מנין בעלמא כבר מבואר מקודם דשרי.

הגה: [יג]וכן בסכום דמים, אינו אסור אלא בכה"ג שאומר: תן לי בכך וכך דמים ויהיה לך בידי כך וכך, אבל בלאו הכי שרי - הוא פליג על המחבר דס"ל דסתם שם דמים אסור למדכר, והוא ס"ל דכמו במנין דוקא סכום מנין אסור, ומנין בעלמא שרי למדכר, כן הדין לענין דמים, **והו"ל** למימר "ויש אומרים", אלא שכן דרכו לפעמים, (והלשון אינו מדויק כ"כ, והכונה, דמה שכתב בדברי המחבר "שם דמים", היינו דוקא "סכום דמים", אבל דמים בעלמא שרי).

[יד]**וכן בסכום מדה, דוקא בכה"ג אסור, אבל בלאו הכי שרי** - ר"ל דוקא סכום מדה, שעושה עמו חשבון הכולל גם ממדותיו שנתחייב לו מכבר, **אבל** שם מדה בעלמא, ס"ל להג"ה דמותר למדכר, דהא שהזכיר מדה הוא רק לסימנא בעלמא, להודיע לו כמה הוא צריך, ולא שימדדו דוקא.

והא דאסר בגמרא ‹כ"ט. "שלא יזכור לו שם מדה"› להזכיר שם מדה, [טו]היינו בדבר שאין העולם רגילים למדוד אותו במדה, שאז אין אומרים דלסימנא בעלמא נקטיה, **והמחבר** לעיל דלא חילק בזה, ס"ל דבכל גוונא אסור גם בזה.

וזה הקולא הוא רק ללוקח, שאינו עובר איסור במה שמזכיר שם מדה, **והיתר** למוכר שיהיה מותר למדדו וליתנו בכליו של לוקח, מבואר לעיל בס"א, שיוסיף או ימעט מעט.

[טז]**ואע"ג דאסור להזכיר דמים כלל, היינו בדבר שאין מקחו ידוע** - חוזר אתחילת הג"ה, וקאמר דהא דקימ"ל דאסור להזכיר דמים כלל, הוא בדבר שאין מקחו ידוע, והיינו שאין לדבר ההוא קצבה ופסיקת דמים, **שאז** לא נוכל לומר שמה שהזכיר לו "בפשוט", הוא רק להודיע לו כמה הוא צריך, ולא לפסוק לו דמים בעד המקח, שהרי אינו יודע כמה יתן לו בעד שיעור זה הדמים. **אבל בדבר שידוע רק שאומר לו כמה צריך, שרי** - דאמרינן דלסימנא בעלמא נקטיה, להודיעו כמה הוא צריך, ונמצא שלא הוזכר כאן מכירה בדמים, אלא נתינה בעלמא כמה יתן, **אם לא שמזכיר לו סכום (א"ז והג"א).**

ואע"ג שיש מחמירין בדבר זה, כבר פשט המנהג במדינות אלו להקל, וכסברא הנזכרת.

והנה יש כמה אחרונים שסוברין, שיש ליזהר מדינא שלא להזכיר שם דמים וכ"ש שם מדה, בכל גוונא, ‹דלא עלה על דעת שום פוסק ראשון או אחרון, לסתור מה שמפורש במשנה וגמרא - ט"ז›, וכדעת המחבר, **ומ"מ** אין למחות ביד הנוהג להקל, דיש לו על מי לסמוך, אבל ראוי ונכון מאד להחמיר בדבר, שלא להזכיר שם מדה או דמים, **ובפרט** שיכול לעשות בהיתר, שיכול לומר: מלא לי כלי זה ולמחר נמדוד אותו, **ובדבר** ששייך בו מנין, יוכל לומר דרך מנין: תן לי כך וכך, ולא יזכיר שם דמים כלל, ולא יבואו לחשבון עד למחר.

מה שנוהגין שכותבין מע"ש: פלוני הניח כך וכך מעות, ופלוני כך וכך, ולמחר בשבת כשנותן היין, לוקח המוכר מחט ועושה נקבים בנייר כמנין היין שלוקח, **אסור** לעשות כן, דהא אסור להסתכל באותו כתב שכתב בו סכום המעות, דהוי שטרי הדיוטות, **גם** עשיית הנקבים בנייר ג"כ אין נכון לכתחלה, **וה"ה** דאסור לכתוב בפתקאות מע"ש סכום מעות, ולמחר בשבת כשלוקח היין, מניח המוכר את הפתקא במקום ששם האיש כתוב אצלו מכבר, דאסור לקרות בפתקאות הללו, **ולכן** נהגו ליתן גרעין או שאר דבר על שם האיש לסימן, **וגבאי** צדקה אפשר דמותרין בפתקאות ליתן על שם האיש לזכרון, משום דהוי חפצי שמים, **ומ"מ** טוב להחמיר היכא דאפשר בגרעין וכיוצא בזה, וכן נהגו הקדמונים.

סימן תקיז ס"א - לומר לחנוני לתת לו ביצים או אגוזים או שאר מיני מאכל ומשתה, דינו ביו"ט כמו בשבת, (כמו שנתבאר לעיל סי' שכ"ג ס"ד) - וע"ש במ"ב כל פרטי הדינים למעשה.

אות ח'

<u>המביא כדי יין ממקום למקום, לא יביאם בסל ובקופה כו'</u>

סימן שכג ס"ה - [יז]המביא כדי יין ממקום למקום, לא יביאם בסל ובקופה - ליתן ג' וד' כדים בתוך קופה לישאם, **כדרך חול** - משום דנראה כמעשה דחול לשאת משאות, [רש"י].

אלא יביאם לפניו - בידו, **או על כתפו** - אחד או שנים, דמוכח דלצורך שבת הוא, [רש"י], **וכיוצא בזה, שישנה מדרך חול, אפי' אין בשינוי קלות במשא** - בטור איתא בזה"ל: "וכן כל כיוצא בזה ישנה מדרך חול" וכו', וזה הלשון מתוקן יותר.

[יח]**ואם אי אפשר לו לשנות, כגון שזימן אורחים הרבה וצריך למהר להביא לפניהם, מותר.**

[יט]**וי"א דלמעט בהילוך עדיף, ויותר טוב להביאם בסל ובקופה בפעם אחת, מלהביאם כל אחת ואחת בפני עצמה** - עיין סימן תק"י ס"ח בהג"ה, דפסק כהי"א אלו.

באר הגולה

דאסור} - גר"א› [יא] ‹כגי' רש"י בדברי ת"ק: סכום מדה - גר"א› [יב] ‹כגי' ר"ח בת"ק: סכום מנין - גר"א. עיין תוס'› [יג] ‹הג"א, שמפרשים סכום מקח כמ"ש בסכום מנין - גר"א› [יד] ‹כ"כ ד"מ, ולמד מדברי הג"א שה"ה לסכום מדה - גר"א› [טו] ‹ולכאורה לגירסא "סכום מדה" א"צ לזה, אלא דשייך לחלק אפי' לפי הגירסא או להפירוש "שם מדה"› [טז] ‹כמ"ש אין פוסקין כו' כנ"ל - גר"א› [יז] **שם במשנה** ‹סברא ראשונה הוא הטור, ס"ל שאין לחלק {בין שבת ליו"ט, עיין לקמן}, משום דכשנותן הכדים בקופה הוא עובדין דחול - גר"א, וכ"כ הב"י› [יח] **שם בגמרא ל'** [יט] **תוס' שם** ‹דמחלק בין שבת לי"ט, דבשבת כיון שאין מטלטל אלא מזוית לזוית, מותר, ולא הוי כעובדא דחול, ולכן למעוטי בהילוך עדיף, משא"כ ביו"ט שמוליכו לחוץ - גר"א›

וכל זה במקום שאין רואין, אבל כשנושא אותם דרך מבוי המעורבת, דשכיחי בה רבים ואושא מלתא טובא, ויאמרו דלצורך חול הוא מביאם, לכו"ע למעט במשא עדיף.

סימן תקי ס"ח - [כ]אע"פ שהותרה הוצאה ביו"ט אפילו שלא לצורך, לא ישא משאות גדולות כדרך שהוא עושה בחול, אלא צריך לשנות. כיצד, [כא]המביא כדי יין ממקום למקום, לא יביאם בסל ובקופה לתת לתוכו ארבעה או חמשה כדים - ואפילו לצורך שתיית היום, **ומשמע** מעבודת הקדש, דאפילו אם ירצה ליתן בתוך הסל רק שנים, גם כן אסור, דהוא עובדא דחול, **ואפשר** דהשו"ע סבר ג"כ הכי, אלא נקט דבר ההוה. **אלא יביאם על כתפו או לפניו אחד או שנים, דמוכח שלצורך יו"ט הביאם** - ואם זימן הרבה אורחים, וצריך להביא במהרה לכולם ביחד, [רש"י], מותר לשאת בקופות ד' וה' כדין, כדלקמן ס"י.

הגה: ודוקא כשמוליכין ממקום למקום - היינו במבואות דשכיחי בה רבים, ומחזי כעובדא דחול, [כב][כ"כ במג"א לדעת הטור, וכן מוכח ברמ"א דלא שרי (בכל ענין) אלא בחצר], **אבל מזוית לזוית [כג](ב"י בשם רש"י) או מבית לבית באותו חצר (א"ז), שרי בכל ענין** - אפי' יותר מארבעה וחמשה כדים, ואדרבה יותר טוב הוא להוליך הרבה ביחד, משיוליך מעט מעט, ויצטרך להרבות בהילוך. [**ודע** דבאור זרוע מיקל (בכל ענין) אפי' בתוך העיר, וכן הביא בד"מ בשמו, אלא שהרמ"א לא נקט כוותיה להלכה בזה, ומה שנרשם ברמ"א בשם אור זרוע אינו מדוקדק, **והנה** מרש"י שכתב, ממקום למקום, [כד]דהיינו בתוך התחום או ע"י ערוב, וכן העתיק הר"ן, משמע דס"ל ג"כ כהאו"ז דאפי' בתוך העיר מותר].

[כה]סימן תקי ס"ט - [כו]המוליך את התבן, לא יפשיל את הקופה לאחוריו, אלא נוטלה בידו - ג"כ מטעם דהוי כעובדא דחול, [כן משמע ברמב"ם, ורש"י הטעים עוד יותר, שהוא גנאי ליו"ט, שנראה שמתכוין למלאכה רבה, או להוליך למקום רחוק, בדרך חול].

§ מסכת ביצה דף ל. §

אות א'

אם אי אפשר לשנות, מותר

סימן שכג [א]ס"ה - וכיוצא בזה, שישנה מדרך חול, אפי' אין בשינוי קלות במשא - בטור איתא בזה"ל: "וכן כל כיוצא בזה ישנה מדרך חול" וכו', וזה הלשון מתוקן יותר. **[ב]ואם אי אפשר לו לשנות, כגון שזימן אורחים הרבה וצריך למהר להביא לפניהם, מותר.**

סימן תקי ס"י - [ג]ואם א"א, כגון שזימן הרבה אורחים וצריך למהר ולהביא לפניהם - ר"ל וכשעושה כדרכו, יובא לפניהם במהרה יותר, **ואורחים** נקרא לענין זה, אפי' מאותה העיר, **עושה כדרכו** - וה"ה אם א"א לו לשנות מפני סיבה אחרת, כגון שאין לו בגד לכסות וכה"ג, [רש"י]. **[ד]בד"א בנושא על האדם, אבל על גבי בהמה לא יביא כלל** - הטעם, עיין לעיל בסימן תצ"ה ס"ג, ובמ"ב שם.

אות ב'

אתקין רבא במחוזא: דדרו בדוחקא, לדרו ברגלא

סימן תקי ס"י - [ה]וכן משאות שדרכן לישא אותם במוט, ישא אותן על גבו מאחוריו; ושדרכן לישא אותן מאחוריו, ישא אותן על כתפו; ושדרכן להנשא על הכתף, ישא אותן בידו לפניו, או יפרוש עליהן בגד, וכל כיוצא בזה משינוי המשא - וכ"ז כדי לשנות מדרך חול, **ומיירי** במשאות יבשות, כגון פירות וכה"ג, או ביין, דלא שייך למגזר שמא יסחוט, דאין בסחיטתו משום ליבון, **אבל** במים אין לפרוס בגד מלמעלה, דלא יפול במים ויבוא לידי סחיטה, [**ומה** שכתב המ"א: בבגד שעשוי לפרוס עליהן לא חיישינן שיבוא לסחיטה, לא אדע אם שייך בענינינו, דאפשר דתו אין זה שינוי, כיון דעשוי בתמידות לכסות].

אות ג'

לא ליתיב איניש אפומא דלחיא

סימן שסה ס"ה - [ו]אע"פ שמותר להשתמש תחת הקורה, לא ישב אדם בראש המבוי וחפץ בידו, שמא יתגלגל החפץ מידו לרה"ר ויביאנו אליו, כיון שאין היכר בינו לרשות הרבים - ר"ל דדוקא על צד המקרה וההזדמן מותר לטלטל שם חפציו לעת הצורך, אבל לא ישב שם בקביעות וחפץ בידו וכו'.

ואפילו אם המבוי פתוח לכרמלית, דהוא רק חששא במלתא דרבנן, ג"כ אסור, דשכיחא לאיתשולי.

וה"ה שלא ישב אצל הלחי, גמ', **ואפשר** דכשיש בו צוה"פ שרי, דמקרי הכירא, **ומיהו** בצוה"פ שלנו שגבוה מאוד, בודאי אסור, דלית הכירא.

[ז]אבל על פתח החצר מותר, בין פתוח לרשות הרבים בין פתוח לכרמלית, שיש בו היכרא.

באר הגולה

[כ] **לשון הרמב"ם** [כא] **משנה שם כ"ט וכפי' רש"י שם** ‹וע"ש ברש"י שכתב שלש וארבע, וצ"ע› [כב] ‹דאפי' להטור, היכי דאינו מוציא לחוץ עדיף לרבות במשא ולמעט בהילוך, וכמו שהוכיחו התוס' (עיין לעיל), ודלא כהב"י והגר"א› [כג] ‹דפי' רש"י: ממקום למקום בתוך התחום או על ידי עירוב, משמע מדבריו דבמוליך הכדים במקום שאין רואים, כגון מזוית לזוית באותו בית, מביא כי היכי דבעי - ב"י› [כד] ‹דמשמע דמיירי במוליך חוץ לעיר בתוך תחומי העיר או ע"י עירוב תחומין, אבל בתוך העיר מותר אפילו ברה"ר› [כה] ‹ע"פ מהדורת נהרדעא› [כו] **שם במשנה** [א] ‹ע"פ מהדורת נהרדעא› [ב] **שם בגמרא ל'** [ג] **שם בגמרא וכפי' הטור** ‹דפי' כרש"י, כגון שזימן אורחים. לתחילת הסעיף עיין באות ב'› [ד] **רמב"ם** [ה] **מהא דאתקין רבא במחוזא שם ל'** ‹הוא פי' למימרא דרבא דדרו בדוחקא, ורש"י פי' בענין אחר - מרכבת המשנה על הרמב"ם הל' יו"ט פ"ה ה"ב, וכ"כ כאן בהג' הגר"א› [ו] **שבת קמ"א** [ז] **רא"ש שם** ‹ולכאורה מרש"י דכתב דתלוי במקורה, גם בחצר היה צריך להיות אסור, והב"י דכתב: וכן נראה מדברי רש"י, י"ל כוונתו לרש"י בשבת›

עין משפט נר מצוה

ב א מיי' פ"ה מהל' יו"ט הל' ו סמג לאוין עה טוש"ע א"ח סי' תקי סעי' ג וסי' תקכב סעיף ו:

ג ב מיי' שם הל' ב טוש"ע א"ח שם:

ד ג מיי' פי"ו מהלכות שבת טוש"ע א"ח סי' שסה סעיף ה:

ה ד מיי' פ"ו מהלכות שביתת עשור הלכה ד סמג לאוין שם טוש"ע א"ח סי' תרח סעיף ב:

ו ה מיי' פ"ב מהלכות יו"ט הלכה יא טוש"ע א"ח סי' תקיח סעיף ז:

ז ו מיי' שם ופכ"ו מהלכות שבת הל' טו טוש"ע א"ח סי' שלג סעיף א:

ח ז ח מיי' פ"ב מהל' יו"ט הלכה יא טוש"ע א"ח סי' תקיח סעיף ז:

מסורת הש"ס

[כתובות סג: ובפסחים ס: כתב בתוס' ד"ה מחוה עירו של רבא]

פי' שבת קמח.

שבת קמח: [וש"נ]

לקמן לו: שבת קמח:

שבת קמח. וקמח:

[ב"ב ס:]

[שבת קמח: ע"ש]

ומתחילין בערמת התבן · להסק ואע"פ שלא זמנה מבע"י ולא היה רגיל להסיק ממנה והשתא משמע דלית ליה מוקצה: **אבל לא בעצים שבמוקצה** · רחבה שאחורי הבתים קרויה מוקצה על שם שהיא מוקצה לאוצר ואין נכנסים ויוצאין בה תדיר ושם טוחנין עצים וכל דבר שאין דעתו ליטול עד זמן מרובה ובגמרא פריך סיפא לרישא דהשתא משמע דאית ליה מוקצה: **גמ' ואם אי אפשר לשנות** · כגון שזמן אורחים מרובה וצריך להביא הרבה ביחד מותר: **דדרו בדוחקא** · משאוי אדם יחיד נושא על כתפו בחול בטורח אם בא לשאת אותו בי"ט לצורך י"ט כגון חבית או שק מלא פירות ישאנו בי"ט ברגלא עתר סקורין פורק"א בדרכי טוענ' מלח למכור מפני שצריך לשנות וכשהוא משנה ישנה להקל משאו ולא להרבות טורח בי"ט ועתר זה נוח הוא לשאת בו משא כבד וכשנושא בו חבית הנשאת בכתף משנה להקל הוא: **דדרו ברגלא** · משוי חבית גדולה שרגילין לשאת אותה ברגלא: **לדרו באגרא** · ישאוה בי"ט בשני בני אדם במוט על כתפיהם דהיינו נמי שנוי להקל: **דדרו באגרא** · במוט על כתפיהם לדרו בי"ט לאותו משוי באכפא במוט בידיהם משום שנוי ואע"פ שאינו להקל מ"מ שנוי הוא ואינו מרבה טורח בשנויו: **נפרוס סודרא** · קל הוא ואינו מכביד ושנוי (א) הוא בעלמא ולהכנע: **ואם אי אפשר לשנות** · שאין לו סודר לכסותו: **מליין מיא** · שואבות מים מן הנהר: **תכסייה בנכתמא** · כסוי של עץ העשוי לכדין: **זמנין דמפסיק** · שצריך לקושרו שלא יפול בדרך וזמנין דמפסיק בהליכתו ואתי למקטריה וקשר העשוי להתקיים אב מלאכה הוא: **דמטמיש במיא** · שנשרה במים: **אין מטפחין** · משום שיר או משום אבל: **מטפחין** · ידיו זו לזו: **מספקין** · כף על ירך: **מרקדין** · ברגל וכולם נאסרו משום שבות גזרה שמא יתקן כלי שיר בפרק משילין (לקמן דף לו:): **אפומא דלחיא** · לחי המתיר במבוי בשבת: **דלמא מנגדר ליה חפץ** · ברה"ר חוץ ללחי: **ואתי לאתויי** · מתוך שאינו במבוי מקורה להכיר שזה רה"ר וזה רה"י ומביאו: וקא מנגדר חצבייהו ומייתי להו לא גרסי': **ולא אמרינן להו ולא מידי** · ואע"ג דעברן אדרבנן דאמור לא ליתיב ואינהו יתבן: **הנח להם** · בדבר שהרגילו בו ולא יחזרו בהם: **מוטב שיהו שוגגין ואל יהיו מזידין** · לעבור כשידעו ולא יניחו בכך: **והני מילי** · דהנח להם לישראל: **בדרבנן** · היכא דהרגילו למעבר אדרבנן כי הנך דמטפחין והנך דיתבן אפומא דלחיא: **תוספת יום הכפורים** · שצריך להתחיל ולהתענות מבעוד יום דאורייתא היא דנפקא לן (יומא דף פא:) מועניתם את נפשותיכם בתשעה: **ואכלי ושתו עד שחשכה** · גרס ולא גרס משחשכה: **באוצר** · בדבר האוצר שהיה מוקצה לאוצרו לזמן ארוך כהאי גוונא דסתמא אוצרין אותו לבהמה: **ארזי ואשוחי** · אין אדם מסיק אותן דעומדין לבנין: **אשוחי** · ארז נקבה: **דמוקצה מחמת חסרון כיס נינהו** · שדמיה יקרין: **דמתני לה** · לדרב כהנא: **תבנא סריא** · נרקב ומסריח שאין ראוי למאכל בהמה וסתמיה לעצים ולא לאכילה והיינו *)לאוצר: **לטינא** · לטיט ללבון לבנים: **דאית ביה קוצים** · ואין יכול לגבלו בידיו וברגליו:

*) לאו לאוצר כצ"ל מוהר"ם.

בערמת התבן אבל לא בעצים שבמוקצה:

גמ' תנא אם אי אפשר לשנות מותר. אתקין רבא במחוזא דדרו [א] בדוחקא לדרו ברגלא דדרו ברגלא לדרו באגרא דדרו באגרא לדרו באכפא דדרו באכפא נפרוס סודרא עלויה ואם לא אפשר שרי דאמר מר אם א"א לשנות מותר. אמר ליה רב חנן בר רבא לרב אשי אמור רבנן כמה דאפשר לשנויי משנינן ביומא טבא והא הני נשי דקא מליין חצבייהו מיא ביומא טבא ולא קא משניין ולא אמרינן להו ולא מידי אמר ליה משום דלא אפשר היכא ליעבד דמליא בחצבא רבה תמלי בחצבא זוטא קא מפשא בהלוכא דמליא בחצבא זוטא תמלי בחצבא רבה קא מפשי במשוי [ב] תכסיה בנכתמא [א] זמנין דנפיל ואתי לאתויי תקטריה זמנין דמפסיק ואתי למקטריה תפרוס סודרא עלויה זמנין דמטמיש במיא ואתי לידי סחיטה הלכך לא אפשר. א"ל רבא בר רב חנן לאביי תנן אין מטפחין ואין מספקין ואין מרקדין והאידנא דקא חזינן דעבדן הכי ולא אמרינן להו ולא מידי אמר ליה ולטעמך הא דאמר (רבא) לא ליתיב איניש אפומא דלחיא דלמא מנגדר ליה חפץ ואתי לאתויי (ד' אמות ברה"ר) והא הני נשי דשקלן חצבייהו ואזלן ויתבן אפומא דמבואה ולא אמרינן להו ולא מידי אלא הנח להם לישראל מוטב שיהיו שוגגין ואל יהיו מזידין הכא נמי הנח להם לישראל מוטב שיהיו שוגגין ואל יהיו מזידין והני מילי בדרבנן אבל בדאורייתא לא ולא היא לא שנא בדאורייתא ולא שנא בדרבנן לא אמרינן להו ולא מידי דהא תוספת יום הכפורים דאורייתא הוא ואכלי ושתו עד שחשכה ולא אמרינן להו ולא מידי: ומתחילין בערמת התבן: אמר רב כהנא זאת אומרת מתחלה באוצר תחלה מני ר' שמעון היא דלית ליה מוקצה אימא סיפא אבל לא בעצים שבמוקצה אתאן לר' יהודה דאית ליה מוקצה הכא בארזי ואשוחי עסקינן דמוקצה מחמת חסרון כיס ואפילו רבי שמעון מודה איכא דמתני לה אסיפא אבל לא בעצים שבמוקצה אמר רב כהנא זאת אומרת אין מתחילין באוצר תחלה מני רבי יהודה היא דאית ליה מוקצה אימא רישא מתחילין בערמת התבן אתאן לר"ש דלית ליה מוקצה התם בתבנא סריא תבנא סריא הא חזי לטינא דאית ביה קוצים:

מתני' עד

דדרו ברגלא · פי' בעתר סקורים פורק"א ועשוי כמין רגל לדרו באגרא בין שנים במוט על כתפיהם דהיינו שנוי והוי להקל כפ"ה וקשה דבסוף פ' האומנין (ב"מ דף פג·) משמע דמשאו כבד טפי בקל ברגלא מבאגרא אלא נראה דאפילו מכביד יותר מכל מקום לא חיישינן כיון דמשנה מדרך חול וכן נמי פירש הקונטרס גבי דדרו באגרא לדרו באכפא *ואפילו נמי אין להקל מכל מקום שנוי הוא:

דמליא בחצבא רבה תמלי בחצבא זוטא הא קא מפשא בהלוכא · וא"ת מאי פריך והא מפשא בהלוכא והא אמרינן לעיל דאפושי בהלוכא שפיר דמי כשיעשה דרך שנוי ויש לומר דהא מפיש בהלוכא ושנוי נמי ליכא דבחול נמי עבדינן הכי:

זמנין דמטמיש בהו מיא ואתי לידי סחיטה · וא"ת והא אמר נפרוס סודרא עלויה ולא חיישינן לידי סחיטה וי"ל דלעיל מיירי בחבית שסתום כולו ופיו צר ולכך לא חיישינן לסחיטה ועי"ל דהכא מיירי בסחיטת מים דאסורה משום לבון וא"כ כי נפל (ג) בגוויה מיא אתי לידי סחיטה אבל התם מיירי ביין דסחיטה שלו אסורה משום דש וא"כ כי נפיל *לארעא הולך לאבוד ולא חיישינן לסחיטה:

אין מטפחין · פ"ה משום שיר או משום אבל ולא נהירא דתפוק ליה דאסור משום צער ואפי' בחול המועד כדאיתא בפ' ואלו מגלחין (מו"ק דף כח:) ולקמיה (דף לו.) מפרש שמא יתקן כלי שיר:

תנן אין מטפחין ואין מרקדין · פרש"י שמא יתקן כלי שיר ומיהו לדידן שרי דדוקא בימיהן שהיו בקיאין לעשות כלי שיר שייך למגזר אבל לדידן אין אנו בקיאין לעשות כלי שיר ולא שייך למגזר:

דהא תוספת יוה"כ דאורייתא היא ואכלי ושתו עד חשכה כו'· משמע דיש שיעור לתוספת יוה"כ מדהצריך להפסיק מבעוד יום דהא ודאי לא היו אוכלים ממש עד חשכה *דעבדי איסורא מדאורייתא ואעפ"כ קאמר מוטב שיהיו ישראל שוגגין ואל יהיו *מזידין ובפי' התוספת לא הוברר השעור ולכך יש ליזהר ולהפסיק מבע"י:

התם בתבנא סריא דאית ביה קוצים · וגם אינו ראוי למאכל בהמה וקאי להסקה ואפילו רבי יהודה מודה וא"ת מאי שנא מעצים שבמוקצה דקא אסר רבי יהודה אע"ג דחזיין להסקה וי"ל דלא דמי דדוקא גבי אוצר של תבן לא הקצה דעתו למה שראוי עתה דלא הקצה דעתו כי אם ממאכל בהמה ועתה הוא ראוי להסקה ומזה לא הקצה דעתו אבל אוצר של עצים הקצה דעתו ממה שראוי עתה:

הגהות הב"ח

(א) רש"י ד"ה נפרוס וכו' ושנוי הוא בעלמא ולהכניע: (ב) תוס' ד"ה זמנין וכו' כי נפיל בגו מיא אתי:

הגהות הגר"א

[א] גמ' בדוחקא. נ"ב הכ"ס פי' בדוחקא במוט. ברגלא על גבו מאחוריו: באגרא על הכתף: באכפא

הגהות מהר"ב רנשבורג א] גמ' זמנין דנפיל ואתי לאתויי.

אות ג'*[ח]

מוטב שיהיו שוגגין ואל יהיו מזידין

סימן שסה ס"ו - [ט]**נשים היושבות על פתח המבוי וכדיהן בידן, אין ממחין בידן, דכיון דמידי [י]דרבנן הוא, מוטב שיהיו שוגגות ולא מזידות** - ואפילו במידי דאורייתא, אי ידעינן שלא ישמעו לנו, אין לומר להם, **אם** לא דבר שמפורש בקרא בהדיא.

אות ד'

ולא היא, לא שנא בדאורייתא ולא שנא בדרבנן, לא אמרינן להו ולא מידי

סימן תרח ס"ב - [יא]**נשים שאוכלות ושותות עד שחשכה** – (ר"ל עד ביה"ש), **והן אינן יודעות שמצוה להוסיף מחול על הקדש, אין ממחין בידן, כדי שלא יבואו לעשות בזדון** – (אבל ביה"ש מחויב למחות בהו, דכמפורש בתורה דמיא, שהוא ספק כרת, **ועיין מחה"ש**, דזהו למ"ד ספיקא דאורייתא מן התורה לחומרא). **ודוקא** ביודע בודאי שלא יקבלו ממנו, אבל בספק שמא יקבלו, צריך למחות אפי' במידי דרבנן, [**דאילו** הנחנו בני אדם על מה ששוגגין, בכל יום היו מוסיפין שגגות, ותפול התורה מעט מעט ח"ו - תשב"ץ].

[**עוד** כתב שם, דנ"ל שזה הדבר לא נאמר אלא בשנתרבו הרבה שוגגין בדבר, **אבל** בדבר שרק מיעוטן שוגגין, מצוה למחות בידם, ואף אם יבואו להיות מזידין, כדי להזהיר לאחרים שלא יכשלו, דילפי מקלקלתא ולא ילפי מתקנתא, והמורה הוראות אם הזהיר את העם והם לא הוזהרו, עליו נאמר: ואתה את נפשך הצלת, עכ"ל].

(**ועיין במחה"ש** בשם תשובת מעיל צדקה, דבדבר שאחזו להם מנהג גרוע להקל בפרהסיא, מקרי גלוי לנו שלא יקבלו, וא"צ למחות, **אא"כ הוא מפורש בתורה**).

הגה: וה"ה בכל דבר איסור אמרינן: מוטב שיהיו שוגגין ולא יהיו מזידין - ר"ל ג"כ בשברור לו שלא יקבלו ממנו וכנ"ל, **ובכ"ז** אין חילוק בין רבים ליחיד.

וכ"ז דוקא בשעכשיו הם שוגגין, אבל כשיודעין שהוא אסור ועוברין במזיד, צריך להוכיחם אף כשברור לו שלא יקבלום, **ונהי** דמי שאינו מוכיח אינו נענש עבור חטאם, כיון שברור לו שלא יקבלום, מכל מקום מצוה להוכיחם.

ודוקא שאינו מפורש בתורה, אע"פ שהוא דאורייתא - ר"ל דאז אנו יכולין לתלות ששוגגין ומוטעין הם בזה, **ומה** שלא ישמעו לנו מה שנאמר להם שהוא אסור, מחמת דקיל להו הדבר, ולכן אמרינן בזה: מוטב שיהיו שוגגין וכו', **אבל אם מפורש בתורה, מוחין בידם** (ר"ן דגילה ורא"ש בשם העיטור) - דבודאי אינם שוגגין, ולא שייך בהו לומר: מוטב שיהיו שוגגין, ומחינן בהו וענשינן להו עד דפרשי, [ב"ד או מי שיש בידו לענוש, **אבל** שאר בני אדם, אינן מחויבים רק להוכיחו].

(**ודוקא** שהוא באקראי, אבל אלו הפורקי עול לגמרי, כגון מחלל שבת בפרהסיא, או אוכל נבילות להכעיס, כבר יצא מכלל "עמיתך", ואינו מחויב להוכיחו. **ולענין** אוכל נבילות לתיאבון, או מחלל שבת שלא בפרהסיא, יש לעיין בדבר).

ודוקא בדליכא סכנה, אבל בדאיכא חשש סכנה א"צ למחות, וכ"כ בחינוך.

(**ועיין** בברכי יוסף שמצדד לומר בזה דבר חדש, דעד כאן לא אמרינן דבדבר המפורש בתורה צריך למחות, אף שיודע שלא יקבלום, היינו רק כשידינו תקיפה על העוברים, למחות בהם בחזקת היד, **אבל** כשאין בידינו כח להפריש, אין מחויב להוכיחם, כיון שיודע שלא יקבלום, **אכן** מדברי הסמ"ק המובא במ"א משמע, דבזה אף שאין נתפס בחטאם, מ"מ יש עליו חיוב מצד המ"ע דהוכחה).

אות ה'

ומתחילין בערמת התבן

סימן תקיח ס"ז - המחבר קיצר בזה, וביאור הענין כך הוא, דלמאן דאית ליה איסור מוקצה ביו"ט, אין מתחילין להשתמש באוצר ביום טוב, אם לא הזמין מעיו"ט, [גמרא], **כגון** אם היה לו ערימה של תבן שאצר שם למאכל בהמותיו להסתפק מהם לאחר זמן, או שכנס עצים לאוצר להסתפק מהן לימות החורף, אסור לו להסתפק מהן ביו"ט, בין להסקה בין להאכיל מהתבן לבהמותיו, [ואפי' בטלטול אסור לדעה זו], **וקאמר** המחבר, דלפעמים יש להתיר להסקה אף דברים שהכניסם לאוצר.

[יב]**מתחילין בערימות התבן, אם היא תיבנא סריא (פי' סרוחה)** - כגון שנתקלקלו שאינם ראוים כעת למאכל בהמה, והיינו כשהוא מוסרח מאד, דאפילו ע"י פירוד לא חזיא לבהמה, **ואית ביה קוצים** - דאל"ה חזי התבן לגבל בהם טיט, ולא בטל שם מוקצה מינייהו, [**אבל** בקוצים לחוד לא די בשלא נסרח, דיש הרבה חיות שאין קוצים מזיק להם], **שעומד להסקה** - אף דמתחלה אקצי אותם מדעתו, מ"מ משעה שנתקלקלו עומדין להסקה בכל יום, אפי' בלי הזמנה מבעוד יום, [**והיינו** כשנתקלקל ונסרח וגם שנתערב בו קוצים קודם יו"ט, דאל"כ הרי כבר נעשה מוקצה ביהש"מ].

וכתב הט"ז, דאפ"ה אסור לקשור אותם לעשותן חבילות חבילות, כדרך שעושין להסקה, אלא א"כ היו קשורין מערב יו"ט.

וכ"ז כשהתבן הוא יבש, אבל אם התבן הוא לח, אינו רשאי להסיק בה, אף דחזי להיסק גדול - מ"א, **ובחמד** משה מפקפק בזה.

באר הגולה

ח «ע"פ הבאר הגולה» | ט ביצה ל' | י «צ"ע דהא אפי' במידי דאורייתא לא מחינן, כמ"ש סי' תר"ח וכן הוא בגמ' - מ"א» | יא רמב"ם בפ"א מהלכות שביתת עשור מהא דשבת קמ"ח וביצה ל' | יב משנה וגמרא שם ל'

ודע, דכ"ז הסעיף הוא רק כפי דעת המחבר לעיל בסימן תצ"ה, דמוקצה אסור ביו"ט, **אבל** לדעת היש מתירין שהובא שם בהג"ה, מותר להסתפק ביו"ט בין בתבן ובין בעצים אפילו הכניסן לאוצר, [מוכח בגמרא], **ורמ"א** שלא הגיה כאן, סמך אדלעיל.

ותבן שלא הכניסם לאוצר להשתמש בהן לאחר זמן, מותר להסיק בהן אפילו יפה, אפילו עומד להאכיל לבהמתו, או לעשות בהן שאר תשמיש, דאין שם מוקצה עליהן.

אות ו'

אין מתחילין באוצר תחלה

סימן שלג ס"א - [יג]אוצר של תבואה או של כדי יין, אע"פ שמותר להסתפק ממנו - למאכלו ולמאכל בהמתו, שאינו מוקצה, דקי"ל כר"ש דלית ליה מוקצה אלא בגרוגרות וצמוקים שהניח ליבשן, משום דדחינהו בידים, ולא חזיין עד שיתייבשו.

[יד]אסור להתחיל בו לפנותו - היינו אפילו פחות מד' וה' קופות, משום טרחא, או משום עובדין דחול, **אלא לדבר מצוה.**

אבל מותר לעשות שביל ברגליו לכאן ולכאן דרך הליכתו ויציאתו, דזה לא הוי בכלל פינוי.

ומשמע דאם התחיל מע"ש, שרי לפנותו בשבת פחות מד' וה' קופות, אף לדבר הרשות.

אות ז' – ח'

התם בתבנא סריא | **דאית ביה קוצים**

סימן תקיח ס"ז - עיין לעיל אות ה'.

באר הגולה

[יג] ל' רמב"ם מברייתא שבת קכ"ז [יד] ‹אין לפרש שמה שכתב אסור להתחיל בו לפנותו, הוא ממאי דפריש רב חסדא אבל לא את האוצר (שבת ריש פרק מפנין (קכו:) מפנין אפילו ארבע וחמש קופות של תבן ושל תבואה מפני האורחין ומפני ביטול בית המדרש, אבל לא את האוצר), שלא יתחיל באוצר תחלה, דהא רב חסדא אליבא דרבי יהודה דאית ליה מוקצה אמרה, ואנן קיימא לן כרבי שמעון דלית ליה מוקצה (שבת יט:), **ותו** דלרב חסדא אליבא דרבי יהודה אפילו לצורך דבר מצוה לא יתחיל את האוצר, **אלא** טעמו מדתנו רבנן (קכז.) אין מתחילין באוצר אבל עושה בו שביל ברגלו בכניסתו וביציאתו... **כלומר** דנהי דלית לן מוקצה, היינו כשרוצה להסתפק ממנו, אבל אם אינו רוצה להסתפק ממנו אלא להתחיל בו לבד לפנותו, אסור להתחיל בו לפנות ממנו אם לא לדבר מצוה – ב"י. ‹**וא"כ** צ"ע על העין משפט, מה שייכות הלכה זו להסוגיא דהכא, והוי רק מלים דומות›

מתני' *אין נוטלין עצים מן הסוכה אלא מן הסמוך לה: גמ' מאי שנא מן הסוכה דלא דקא סתר אהלא מן הסמוך לה נמי קא סתר אהלא אמר רב יהודה אמר שמואל במאי סמוך סמוך לדפנות רב מנשיא אמר אפילו תימא בשאין סמוך לדפנות כי תניא ההיא באסורייתא (א) *תניא ר' חייא בר יוסף קמיה דר' יוחנן אין נוטלין עצים מן הסוכה אלא מן הסמוך לה ור' שמעון מתיר ושוין בסוכת החג בחג שאסורה ואם התנה עליה הכל לפי תנאו ורבי שמעון מתיר והא קא סתר אהלא אמר רב נחמן בר יצחק הכא בסוכה נופלת עסקינן ור' שמעון לטעמיה דלית ליה מוקצה דתניא *מותר השמן שבנר ושבקערה אסור ורבי שמעון מתיר מי דמי התם אדם יושב ומצפה אימתי תכבה נרו הכא אדם יושב ומצפה אימתי תפול סוכתו אמר רב נחמן בר יצחק הכא בסוכה רעועה עסקינן דמאתמול דעתיה עלויה: ושוין בסוכת החג בחג שהיא אסורה ואם התנה עליה הכל לפי תנאו: ומי מהני בה תנאי *והאמר רב ששת משום ר' עקיבא מנין לעצי סוכה שאסורין כל שבעה שנאמר °חג הסוכות שבעת ימים לה' ותניא ר' יהודה בן בתירא אומר מנין שכשם שחל שם שמים על החגיגה כך חל שם שמים על הסוכה ת"ל חג הסוכות שבעת ימים לה' מה חג לה' אף סוכה לה' [א] אמר רב מנשיא (ב) בריה דרבא סיפא אתאן לסוכה דעלמא אבל סוכה דמצוה לא מהני בה תנאה וסוכה דמצוה לא *והתניא סככה כהלכתה ועטרה בקרמים ובסדינין המצויירין ותלה בה אגוזים שקדים אפרסקים ורמונים ופרכילי ענבים יינות שמנים וסלתות ועטרות שבלים אסור להסתפק מהן עד מוצאי יום טוב האחרון של חג ואם התנה עליהם הכל לפי תנאו אביי ורבא דאמרי תרוייהו באומר איני בודל מהם כל בין השמשות דלא חלה קדושה עלייהו אבל עצי סוכה דחלה קדושה עלייהו אתקצאי לשבעה ומאי שנא מהא דאתמר *הפריש שבעה אתרוגים לשבעת הימים אמר רב כל אחת ואחת יוצא בה ואוכלה לאלתר ורב אסי אמר כל אחת יוצא בה ואוכלה למחר התם *דמפסקי לילות מימים כל חד וחד יומא מצוה באפי נפשיה הוא הכא דלא מפסקי לילות מימים כולהו יומי כחדא יומא אריכתא דמי:

מתני'

תורה אור: ויקרא כג

רש"י

מתני' אין נוטלין עצים מן הסוכה · כגון בפסח או בעצרת ויושב בסוכה בגנה או בפרדס אין נוטלין עצים מן הסוכה אלא מן הסמוך לה בגמרא משמע אם הוא עב שנתנו קנים הרבה מותר ליטול מהם ובגמרא פריך הא סתר אהלא דכיון דבטליה לגבי סכך כל פורתא דשקיל מניה סתירה הוא:

גמ' סמוך לדפנות · קנים הנזקפים סביבות לדפנות כיון שלא נארגו עם הדופן לא בטלי לגבי דופן ואינו דומה לסמוך לסכך שהסכך אינו ארוג לפיכך הכל שוה העליון כתחתון סכך הוא: אפילו תימא בשאין סמוך לדפנות · אלא סמוך לסכך: וכי תניא · מתניתין באסורייתא חבילות של קנים שנתנן על הסכך מדלא התיר אגדן לא בטלינהו לגבי סכך אלא להצניעם שם: בברייתא נמי גרסינן אלא מן הסמוך לה: ורבי שמעון מתיר · אפילו מן הסכך ולקמן פריך ליה והא סתר אהלא: שהיא אסורה · אפילו בחוש"מ כדיליף לקמן: ואם התנה עליה · לפני י"ט: נופלת · שנפלה בי"ט דליכא סתירת אהל וטעמא דת"ק משום מוקצה דהא בין השמשות היתה קיימת ומוקצה היא מחמת איסור סתירה אבל הסמוך לה לאו מוקצה הוא דלית ביה משום סתירה: מותר השמן שבנר ושבקערה · נר קרוויז"ל מותר השמן שנותן בנר או בקערה שמן הניתן להדלקת הנר של שבת וכבה המותר יש בה משום מוקצה ואסור: אדם יושב ומצפה אימתי תכבה נרו · שיודע שסופה לכבות הלכך בין השמשות דעתיה על המותר: הכא אדם יושב ומצפה כו' · בתמיה וכי נביא הוא ויודע שעתידה ליפול למחר: בסוכה רעועה · דמסיק אדעתיה דנפלה ולמחר נפלה הלכך לרבי שמעון מוקצה ליכא דאמרינן דעתיה מאתמול עלויה ולת"ק לא אמרינן דעתיה עלויה בשום מידי דלא חזי בין השמשות: לה' · משמע כל שבעה לה' הוא הקדש: על החגיגה · שלמי חגיגה ליאסר משהוקדשו: חג · חגיגה: סיפא · דקתני ואם התנה עליה אסוכה דעלמא קאי וארישא דברייתא קא מהדר דאיפלגו בה ת"ק ורבי שמעון דקתני אין נוטלין עצים מן הסוכה ואוקימנא בשנפלה ומשום מוקצה וקאמר אם התנה עליה מבעוד יום שאם תפול מחר יסיקנה הכל לפי תנאו: ועטרה · יפה בסדינין ובקרמין המצויירין קרמין בגדי צבעונין שקורין אוברי"ן סדינים לבנים של פשתן: יינות שמנים וסלתות · בכוסות של זכוכית לנוי: הכל לפי תנאו · מדקתני אסור להסתפק מהן ש"מ בטלי להו לגבי סוכה והוי להו כסוכה וקאמר דתנאי מהני: אביי ורבא דאמרי תרוייהו · דלא דמו לסוכה לענין תנאה ואע"ג דבטלי לגבה דכי מהני תנאה באומר מבעוד יום איני בודל מהם מהיות כותי וכותי בהם ליטלן כל שהוא אורך של בין השמשות של ערב י"ט הלכך בשעת ביאת היום שהיתה קדושה צריכה לחול עליהם לא חלה לפיכך לא הוקצו אבל עצי [ב] סוכה שאינו יכול להתנות עליהם תנאי זה שהרי על כרחו יבדל מהם בין השמשות משום דסתר אהלא ובין השמשות ספק י"ט הוא חלה קדושה עליה ועל ידי קדושה זו הוקצו לשבעה: ומאי שנא מהא כו' · דלא אמר באחרונה דמשום בין השמשות קמא איתקצי כל שבעה אלא לחד יומא מכי אתחי עליה לחד יומא: דאמר הפריש כו' יוצא בה · ביומא: ואוכלה לאלתר · קסבר למצותה אתקצאי והרי נעשית מצותה: ורב אסי אמר יוצא בה ואוכלה למחר · דכיון דאתקצאי לבין השמשות אתקצאי לכולי יומא והא עצי סוכה נמי כיון דאתקי עלייהו ליהנות מהן בחולו של מועד כהפרישה ליום ראשון ומשום דבין השמשות קמא דקדיש קא אמרת דאתקצאי לשבעה: דמפסקי לילות מימים · שאין מצותו בלילה:

מתני'

תוספות

עד מוצאי י"ט האחרון · עד שיתחיל יום השמיני מוקצה הוא משום דהוי ספק שביעי וגם ביום תשיעי שם מוקצה עליו הואיל ואתקצאי לבין השמשות אתקצאי נמי לכולי יומא ושפיר אמרינן מוקצה מחמת יום שעבר במוקצה מחמת מטה כגון הכא בעצי סוכה אבל נהגו העולם כשחל תשיעי של חג בע"ש שאין מסתפקין מהן בשבת שהוא עשירי ומאי טעמא אי משום סתירת אהל לא שייך בפירות ואי משום דאתקצאי בין השמשות דתשיעי תרי מגו כה"ג לא אמרינן דבתשיעי נמי לא נאסר אלא מטעם מגו וי"ל דהיינו טעמא משום הכנה דהואיל ובע"ש היה אסור שהוא תשיעי והוא י"ט אם היה נאכל בשבת היה מכין י"ט לשבת והוי כעין נולד כיון שבא עתה ראויות שלו ולא בא בי"ט ומזה הטעם יש נזהרין כשחל שמחת תורה אחר השבת מלאכול האתרוג באותו יום דהואיל ובשבת היה אסור שהוא שמיני ועוד כי היה ראוי לברך בו אם אתי אליהו ואמר דעברו אלול א"כ אם היה אוכל אותו בשמחת התורה כדאמרן הוי שבת מכין לי"ט:

אמר רב מנשיא בריה דרבא סיפא אתאן לסוכה דעלמא וכו' · הוי נמי למפרך דלמאי דס"ל דהוי מוקצה מחמת איסור לא תשכחנא דמהני ביה תנאה אלא דאינו חושש למפרך משום דאינו נשאר במסקנא אלא נקט האמת: אבל עצי סוכה דחל קדושה עלייהו אתקצאי לשבעה · וקשה דמשמע הכא דמה שעצי סוכה אסורין היינו מטעם מוקצה וכן (ג) משמע בשבת (דף מה· ושם) הואיל והוקצה למצותו הוקצה לאיסורו ולעיל קאמר מה חג לה' אף סוכה לה' אלמא דאסורין מדאורייתא ותירץ ר"ת דמה שאמר מה חג לשם אף סוכה לשם היינו לפי שיעור סוכה כגון ב' דפנות ושלישית אפי' טפח אבל אי עביד דפנות שלמות יותר משיעור סוכה לא נפיק מקרא ועל היותר קאמר שאסור מטעם מוקצה ור"י פירש דודאי כל זמן שהסוכה בעמידה שייך בה מה חג לה' אף סוכה לה' אבל כשנפלה לא שייך בה מה חג וכו' ואם כן היה יכול לתרוצי הכא מה שעצי סוכה אסורין מקרא דלעיל מה חג היינו כשהיו בעמידה אבל כשנפלו מותרין אלא נקט האמת דכשנפלו נמי אסורין מטעם מוקצה*):

כל אחת ואחת יוצא בה ואוכלה לאלתר · לאו דוקא לאלתר דהא אתרוג של יום ראשון אסור כל היום עד למחר ולא פליג רב ורב אסי אלא בשאר ימים:

*) [וע"ע תוס' שבת כב. ד"ה סוכה]

עין משפט נר מצוה

ט א מיי' פ"ב מהלכות יו"ט הלכה יד ופ"ו מהל' סוכה הל' טו סמג עשין מג טוש"ע א"ח סי' תקיח סעיף ח וסי' תרלח סעיף א:

י ב מיי' פ"ב מהלכות יו"ט שם טוש"ע א"ח סי' תקיח סעיף ח:

יא ג טור שו"ע שם בהגה"ה:

יב ד מיי' פ"ה מהל' שבת הלכה יג ופכ"ה הלכה כג ופ"ו מהל' סוכה הל' יד סמג לאוין סה טוש"ע א"ח סי' רסה סעיף ג וסי' רעט סעיף א:

יג ה מיי' פ"ו מהלכות סוכה הלכה טו סמג שם טוש"ע שם סי' תרלח סעיף א:

יד ו מיי' שם הל' טו טוש"ע שם סעיף ב:

טו ז מיי' שם הל' טו טוש"ע שם סעיף א בהגה"ה:

טז ח מיי' פ"ז מהל' לולב הלכה כו כו סמג עשין מד טוש"ע שם סי' תרסה סעיף ב:

רבינו חננאל

התבן בתיבנא סריא דלא עבדו מיניה אוצר: [מתני'] אין נוטלין עצים מן הסוכה אלא מן הסמוך לה אוקמה שמואל דאין נוטלין לא מן הסוכה ולא מן הדפנות עצמן משום דסתר אוהלא אלא מן העצים הסמוכים לדפנות של סוכה זו ורב מנשה אוקמה באיסורייתא כלומר הדפנות הללו חבילות ע"ג חבילות היו שאינן עשויות לאהל ומותר להסתפק מהן. תני קמיה דר' יוחנן אין נוטלין עצים מן הסוכה [*] ולא מן הסמוך לה ור' שמעון מתיר ואקשינן לר' שמעון והא סתר אהלא ופריק רב נחמן בסוכה שנפלה עסקינן ור"ש לטעמי' דלית ליה מוקצה דתניא מותר שמן שבנר ושבקערה אסור ור"ש מתיר ואמרי' מי דמי התם כיון שסופו ליכבות מצפה אימתי תיכבה להסתפק מן השאר הכא [וכי] הוה יודע שתפול הסוכה ונתן בדעתו להסתפק מבנה ופריק רב נחמן בר יצחק לא תימא בסוכה בריאה שנפלה אלא מתניתין בסוכה רעועה עסקינן דמאתמול דעתיה עילויה · ושוין ת"ק ור"ש בסוכת החג בח"ג שאסורה ואם התנה עליה הכל לפי תנאו ואקשינן וכיון דחל איסורא עליה היכי מצי מתני עליה והא משמיה דר' עקיבא אמרו מניין לעצי סוכה שאסורין כל שבעה שנאמר חג הסוכות שבעת ימים לה' ותניא מנין שכשם שחל שם שמים על החגיגה [illegible]

מסורת הש"ס

(שבת מה.) · [שם מה.] · שבת מד. מו: · סוכה ט. · שבת כב. מה. סוכה י. [תוספ' סוכה פ"א]

הגהות הב"ח

(א) גמ' תני ר' חייא בר יוסף: (ב) שם אמר רב מנשיא בריה דרבא סיפא אתאן לסוכה דעלמא: כצ"ל וכן בתוספות: (ג) תוס' ד"ה אבל וכו' וכן בשבת משמע דקאמר הואיל:

הגהות הגר"א

[א] גמ' אף סוכה לה' · ולא והתניא כו' כצ"ל והשאר נמחק מוקפים בעגולים ונ"ב:

[illegible]

*) עי' בתוס' שבת מה: ד"ה ולא

§ מסכת ביצה דף ל: §

אות א'

אין נוטלין עצים מן הסוכה, אלא מן הסמוך לה

סימן תקיח ס"ח - זה הסעיף מיירי בסוכה דעלמא העשויה לצל, אבל [א]ה"ה בסוכת החג, [לענין עצים הסמוכים]. [ב]**נוטלים עצים הסמוכים לדפני הסוכה ומסיקין בהם** - ר"ל דעצים של סוכה עצמן או סכך שלה, בודאי אסור ליטלן לצורך קדרתו, מטעם סתירת בנין, **ורק** קנים שסמכן סביבות הדפנות, כיון שלא נארגו עם הדופן, לא בטלי לגביה, ואין בהם משום סתירה, [**ולאסור** סתירת הקנים מצד עצמן, אי אפשר, אף שהם סביב כל הדפנות, כיון שאין עבותים וארוגים כמחיצה], **ומשום** מוקצה ג"כ לא נאסרו, דדעתיה עלייהו מאתמול אם יצטרך להם, שהרי אינו סותר אהלו בזה.

ומיירי בשאינם קבועים ומחוברים בקרקע, [דאל"כ הו"ל כחופר גומא, **גם** הו"ל כדחיה בידים, דלכו"ע אסור משום מוקצה].

[ג]**ונתבאר** בפוסקים, דכ"ז בשלא הסמיך הקנים כדי לעבות את דופני הסוכה שיהיו חזקים, **אבל** בשהסמיכן להדיא כדי לעבות, אע"פ שלא נסבכו עם הדופן, וקיימי באפי נפשייהו, אפ"ה מתבטלי לדופן, ואסור ליקח מהם, **ואפילו** העמידן אחר שכבר עמד הדופן, ג"כ מתבטלי אגב הדופן, [**ועיין** ביש"ש שדעתו, דה"ה אם העמיד הקנים לחזק הכותל שלא יפילה הרוח, ג"כ מתבטל אגב דופן, ולא שרי אלא בהעמידן שם להצניע, **והגר"ז** כתב, דאם העמידן רק כדי לסמוך הכותל, לא מבטיל להו, וסבר כשאצטרך להיסק אקח אותם, ודוקא כדי להעבות הכותל בעינן].

סימן תרלח ס"א - [ד]**עצי סוכה אסורים כל שמונת ימי החג** - דכתיב: חג הסוכות שבעת ימים לד', כשם שחל שם שמים על החגיגה, כך חל שם שמים על הסוכה, **ואפילו** עשה סוכה אחרת בחוה"מ וא"צ לראשונה, אפ"ה עציה אסורים בהנאה.

בין עצי דפנות בין עצי סכך, (ואפילו קיסם לחצוץ בו שיניו אסור) - ואין נפקא מינה בין סוכה חדשה ובין ישנה, כל שסיככוה לשם חג, **אבל** היושב בסוכת רועים ובורגנין וקייצין, הרי היא כסוכה דעלמא, שבשביל שנכנס זה ואוכל שם פתו לא נתקדשה, [רשב"א, **אכן** דבריו קצת סותרין זה את זה, שמתחלת דבריו משמע, שבעשויה לשם צל, אפי' אם ישב בה כמה ימים לא נתקדשה עי"ז, **ומסוף** דבריו משמע, דאם יש לו סוכה שעשויה בקיץ לצל, והוא יושב בה בחג הסוכות, ‹כל הזוג בקביעות - שונה הלכות›, נתקדשה, וצ"ע].

ואין ניאותין מהן לדבר אחר - היינו דרך ביטול, שבזה תבטל קדושתה, **אבל** בעוד שהיא קיימת אין איסור הנאה ממנה, כגון לסמוך עליה או להניח עליה שום דבר, כיון שעדיין קדושתה עליה, [ט"ז], [ה]**כל שמונת הימים, מפני שיום הז' כולו הסוכה מוקצה עד בין השמשות, והואיל והוקצה לבין השמשות של שביעי הוקצה לכל היום.**[ו]

ולדידן אסורים גם בט', שהרי בח' עדיין מחוייב לאכול בסוכה, וכיון דאיתקצאי ביה"ש איתקצאי לכולי יומא, **ואם** חל שבת אחר יו"ט, נוהגין שלא להסתפק ממנו גם בשבת, דהוי כמכין מיו"ט לשבת.

הגה: ואפילו נפלה הסוכה, אסורים - היינו דאפילו להפוסקים דסברי, דמן התורה אינה אסורה אלא בעודה קיימת, מדרבנן מיהא אסור להנות ממנה מטעם מוקצה, דאיתקצאי בבין השמשות של תחלת החג, [וכל ימי החג כיומא אריכתא דמי].

ולא מהני בה תנאי - אף אם אמר: איני בודל כל ביה"ש, כיון דא"א ליטול ביה"ש משום דקא סתר אהלא, ואיתקצי לכולי שבעה, **משא"כ** בנוי סוכה בס"ב דמהני שם תנאי, **ודע**, דהא דמשמע מסתימת רמ"א דלא מהני תנאי בשום גוונא, ואפי' נפלו, היינו דוקא בשבעת הימים, **אבל** בשמיני שלו דאיסורו הוא רק משום מוקצה, מהני תנאי לכשיפלו שיכול להשתמש בהן.

אבל עצים הסמוכים לסוכה, מותרים; וע"ל סימן תקי"ח ס"ח - [ז]ר"ל דשם מבואר, דאם זרק חבילות על הסכך, דאינן בטילות לגבי הסכך, וה"ה הכא בסוכה דמצוה, **וע"ש** במ"ב דביארנו כל פרטי דין זה.

(**ואם** הוסיף בסכך עד שאין גשמים יורדים לתוכה, די"א דפסולה, נהי דאפ"ה כל הסכך אסור בהנאה לדבריהם כל שבעה עכ"פ מדרבנן, **ועוד** דאינו יכול לשער באומד יפה מה ששייך לסכך, **מ"מ** אם רוצה ליטול ביו"ט ע"י עכו"ם להכשיר הסוכה, שלא תהיה מעובה כ"כ, שרי, דהוא שבות דשבות במקום מצוה, דלא הוי סתירת אהל רק מדרבנן).

[ח]**ואם אחר שעשה השיעור הצריך מן הדפנות ונשלם הכשר סוכה, הוסיף דופן, לא מיתסרא; אבל אם עשה ארבעתן סתם** - (נ"ל דר"ל, לאפוקי אם פירש דאלו עושה לשם סוכה, ואלו להוספה בעלמא), **כולן אסורות ומוקצות.**

(**עיין** בחידושי אנשי שם דמצדד לומר, דלענין ארבעתן, **עד** כדי שיעור הוא מן התורה, והיֶתֶר מזה הוא רק מדרבנן, **ולענ"ד** לא נהירא כלל, דבהוסיף דופן, ר"ל דלאחר שגמר שיעור הכשר סוכה נתיישב בדעתו שצריך לעשות עוד דופן רביעי, הוא מלתא באנפי נפשיה, **אבל** אם עשה ארבעתן, ר"ל שלא הפסיק בינתיים, נחשבו כל הארבעה בכלל סוכה, וכולן הן מן התורה).

אות ב'

מאי סמוך, סמוך לדפנות

סימן תקיח ס"ח - עיין לעיל אות א'.

באר הגולה

א ‹וצ"ע אמאי כתב רש"י דדינא דמתני' אינו נוהג אלא בפסח ובעצרת - הערות הרב אלישיב› ב משנה שם ל' וכדמפרש לה שמואל שם ג [או"ז בשם הירושלמי] ד ברייתא סוכה ט' ה ביצה ל' ו פי' השמיני, ובחו"ל גם בט' אסור משום ספק ח' ז ‹הובא באות ג'› ח הר"ן

אות ג'

באסורייתא

סימן תקיח ס"ח - הגה: וה"ה אם זרק חבילות - היינו קנים אגודים ביחד, **על הסכך, דאינן בטילות לגבי הסכך** - דמדלא התיר אגודתן בשעה שהניחם על הסכך, לא בטלינהו לגבי סכך, אלא להצניעם חשב, [רש"י], **אם דעתו להסיקן מותר ליטלן משם** - פי' אם רוצה עתה להסיקן, אבל לא בעינן שיהא דעתו עליהם מאתמול, דלאו מוקצה הן, וכמש"כ לעיל לענין עצים הסמוכים לדפנות.

ומבואר בפוסקים, דאפילו בקנים אגודים, אם נתכוין להעבות בהם הסכך להדיא, בטלים לגבי סכך, אע"פ שלא התיר אגודתן, ואסור ליקח מהם משום סותר, [כן משמע מרש"י].

אבל אם הניח קנים שאינם אגודים על הסכך, אף שכבר סיכך כל צרכו, בטלים הקנים אגב עיקר הסכך, **ולא** דמי לעצים הסמוכים לדופני הסוכה שאינם מתבטלים, כיון שאינם עבותים עם הדפנות, **משא"כ** בסכך שאינם עבותים כל עיקר, ולהכי כשמצטרף להם עוד קנים, מתערבים ונעשים סכך אחד, [רש"י].

(**ומבואר** בחידושי הרשב"א, דאם חשב בשאינם אגודים להדיא שלא לשם סכך רק להצניעם, לא מתבטלי, ושרי ליקח מהם, **ועיין** בשו"ע הגר"ז שכתב לדבר פשוט, דבלא איסורייתא, אפילו הניח כדי להצניע, מתבטלי, ואסור ליקח ממנו משום סתירת אוהל, וצ"ע לדינא).

ודע, דכל עצים שאסור ליטלן מן הסוכה, בין עצי סכך ודפנות עצמם, ובין אותן שניתוספו עליהן ונתבטלו עמהן, אפילו אם נפלה הסוכה ביו"ט, ג"כ אסור לטלטלן וליטלן, וה"ה לשורפן במקומן, משום מוקצה, **ואפי'** היתה הסוכה רעועה מעיו"ט ועומדת ליפול, מ"מ בכניסת יו"ט א"א היה לו ללקחן מחמת סתירת בנין, ומתוך שנאסרו אז נאסרו לכל היום, [**ואף** למאן דס"ל דמוקצה מותר גם ביו"ט ‹כר"ש›, כאן אסור, משום דהוא מוקצה מחמת איסור, דקי"ל דאף בשבת אסור], ‹דבזה פסקינן כר"י – מ"א›.

(**ואם** מהני תנאי לסוכה שנפלה, להמחבר בסי' רע"ט שפסק שם דמהני תנאי, ה"ה הכא, **אמנם** יש עוד דעות בין הראשונים, י"א דוקא ברעועה, שעכ"פ לנפילה ולהיסק קיימי, אלא שיו"ט מעכבתו, ובכי הא מהני תנאי, אמנם בבריאה לא מהני תנאי לר' יהודה במוקצה מחמת איסור, וזו היא דעת התוס' בפ' כירה, וכ"כ הרשב"א והרא"ה והמאירי, **ודעת** הרמב"ן והר"ן, דמהני תנאי אפי' בבריאה, ‹עיין בהג' הגר"א דכן הוא שיטת הרי"ף›, **ומסתברא** להלכה דלא מהני תנאי בבריאה, דרבים נינהו, ובפרט דיש דעות דס"ל דאפי' ברעועה לא מהני תנאי {תוס' ד"ה אמר}, **והגר"ז** חידש, דסוכה רעועה שנפלה הו"ל נולד, דמעיקרא סוכה והשתא עצים, ובנולד לא שייך תנאי, דמ"מ הו"ל נולד, וא"כ למאן דאסר נולד ביו"ט, לא מהני תנאי אף ברעועה, **ולרמ"א** בסי' רע"ט, דכתב דמנהגנו כהפוסקים דלא מהני תנאי בנר, אין נ"מ בכ"ז שכתבנו למעשה, רק לענין עצם הדין).

אות ד'

מותר השמן שבנר ושבקערה, אסור

סימן רסה ס"ג - [ט]אין נותנין כלי בשבת תחת הנר לקבל שמן הנוטף, מפני שהוא מבטל כלי מהיכנו - שהיה מוכן מתחלה לטלטלו, ועכשיו אסרו בטלטול מחמת השמן שבתוכו, שהוא מוקצה מחמת איסור, כמש"כ בסימן רע"ט, **וחכמים** אסרו לבטל כלי מהיכנו, מפני שדומה כאלו סותר הכלי ומשברה, (**וי"א** מפני שהוא כקובע לו מקום ומחברו בטיט, ודמי למלאכה).

סימן רעט ס"א - [י]נר שהדליקו בו באותה שבת, אע"פ שכבה, אסור לטלטלו - והיינו אפילו לא נשאר בו שמן כלל, [דהאיסור הוא גם על הנר גופא], **והטעם**, דכיון דביה"ש היה אסור בטלטול, לפי שנעשה הנר והשמן והפתילה בסיס לשלהבת, שהוא דבר האסור בטלטול, ומיגו דאיתקצאי לביה"ש איתקצאי לכולי יומא, **וזהו** הנקרא בגמרא מוקצה מחמת איסור, דקי"ל ביה לאיסורא.

[יא]וכן מותר השמן שבנר שהדליקו בו באותה שבת, אסור לטלטלו ולהסתפק ממנו באותו שבת - וה"ה מותר הנר העשוי מחלב ושעוה, שהדליקו בו באותה שבת וכבה, דאסור לטלטלו ולהסתפק ממנו באותה שבת, [**דאם** לא הדליקו באותו שבת, מקרי כלי שמלאכתו לאיסור, ומותר לטלטל לצורך גופו ומקומו].

דהואיל והוקצה בתחלת כניסת השבת, דהיינו שבביה"ש כשהיה דולק היה אסור להסתפק ממנו, דהמסתפק משמן שבנר חייב משום מכבה, וכדלעיל ברסי' רס"ה, איתקצאי לכולי יומא שלא להסתפק ממנו אף אחר שכבה, **וכיון** שאסור ליהנות ממנו כל יום השבת, ממילא אסור ג"כ לטלטלו, דאינו ראוי לכלום, **ומלבד** זה, בטלטול גופא הוקצה בבין השמשות, שנעשה הכל בסיס להשלהבת, וכדלעיל.

(**ולפי"ז** בנר של שעוה וחלב שכבה ביו"ט, היה מותר להשתמש בהנותר איזה תשמיש, דהא גם בעת שהיה דולק היה מותר לקצרו מלמטה ע"י הדלקה, ‹ואי משום דהיה בסיס לדבר האסור וכנ"ל, שרי טלטול זה ביו"ט - לבושי שרד›, **מיהו בגמרא יש עוד טעם אחר לר"ש, דהואיל והוקצה** בעת שהיה דולק למצותו, **א"כ** לפי"ז ה"ה בנר של שעוה וחלב שהודלק לשם מצות יו"ט וכבה, אסור להשתמש בו שוב שום תשמיש אחר ביו"ט, דלא הוקצה אלא למצות הדלקה ביו"ט, וה"ה אם הנר נעשה משומן וכבה, אסור לאכול הנותר אף ביו"ט).

אות ה'

מנין לעצי סוכה שאסורין כל שבעה

סימן תרלח ס"א - [יב]עצי סוכה אסורים כל שמונת ימי החג - דכתיב: חג הסוכות שבעת ימים לד', כשם שחל שם שמים על החגיגה, כך חל שם שמים על הסוכה, **ואפילו** עשה סוכה אחרת בחוה"מ וא"צ לראשונה, אפ"ה עציה אסורים בהנאה.

אות ו' – ז'

סככה כהלכתה, ועטרה וכו'

באומר איני בודל מהם כל ביה"ש, דלא חלה קדושה עלייהו

באר הגולה

ט שבת מ"ב | י שבת מ"ד וכר' מאיר הרי"ף ורא"ש שם ורמב"ם | יא שם וכת"ק רמב"ם | יב ברייתא סוכה ט'

סימן תרלח ס"ב - [יג]**וכן אוכלים ומשקים שתולין בסוכה כדי לנאותה** - בין שתלויין בסכך ובין שתלויין בדפנות, **אסור להסתפק מהם כל שמנה** - דביזוי הוא להמצוה כשמסתפק מהם, **אפילו נפלו** - דכיון דאיתקצאי לביה"ש, איתקצאי לכל היו"ט, **ואפילו** נפלו בחוה"מ אסורין. (**זהו אם תלאן קודם ביה"ש ראשון, ואם תלאן ביום** א' **או בחוה"מ, מתחיל איסורו מן בין השמשות הראשון שאחר זה עד סוף יו"ט, אבל מן עת התליה עד הערב לא מיתסרא**).

(**וביו"ט ושבת אסור לטלטל דמוקצים הם**) - (היינו בין כשתלויין על הכותל ובין כשנפלו), **והיינו** אפי' לדעת המתירין לעיל בסי' תצ"ה מוקצה ביו"ט כמו בשבת, במוקצה כזה לכו"ע אסור, דהוקצו למצותן.

(**ואם** נפלו הנויין על השולחן וא"א לאכול, י"א דמשום אוכל נפש ביו"ט מותר לטלטל המוקצה ולהסירן, **והפמ"ג** מסיק, **דאם אפשר** ע"י טלטול מן הצד, לנער הטבלא וכדומה, יעשה ולא יטלטל בידים, ע"ש, **ולענ"ד** אם קסמי הסכך נושרין הרבה על השלחן, אפשר דמותר לטלטל אף בשבת להסירן אם נמאס מזה, מידי דהוי אגרף של רעי).

אבל בחוה"מ לא שייך איסור טלטול, וע"כ אם נפלו מותר לטלטלן ולהחזירן למקומן.

ואם יודע שהילדים יאכלו מהם, מוטב שלא לתלותם, שינתקו החוטים ויבואו לידי חלול שבת, וגם שמא יבואו לאכלם, **אכן** אם יכול לתלותם בגובה שלא יוכלו הילדים להגיע לשם, או שאין לו ילדים, מצוה לתלות נוי סוכה, **גם** בשל"ה כתב, דראוי ליפות הסוכה בקרמין וסדינין, ולתלות בה פירות חשובין.

ואם התנה עליהם בשעה שתלאם - בא לאפוקי דלא נימא דוקא סמוך לבין השמשות, [יד]**ואמר: איני בודל מהן כל בין השמשות** - דיש תחלת ביה"ש ויש סוף בין השמשות, ובעינן שלא יבדול מהן כל זמן בין השמשות, (**של ח' ימים**) - פי', לאפוקי כשאמר: איני בודל מהן כל ביה"ש של עיו"ט הראשון, דאז חיילא קדושה עכ"פ בבין השמשות של שאר יומי, ואסור מיו"ט שני עד סוף יו"ט, **ואי** אמר סתם: איני בודל מהן כל בין השמשות, אפשר דכלול בזה כל שמונת הימים, **הרי זה מסתפק מהם בכל עת שירצה** - פי' אפילו כשהן תלוין, וכ"ש דהתנאי מהני להנות מהן כשיפלו, **שהרי לא הקצה אותם, ולא חלה עליהם קדושת הסוכה, ולא נחשבו כמותה.**

[טו]**ודוקא שמתנה בזה הלשון, אבל אם אמר: אני מתנה עליהם לאוכלם כשיפלו, אינו כלום.** [טז]**ואם אמר: אני מתנה עליהם לאכלם אימתי שארצה, מהני, שגם ביה"ש בכלל** - מיירי ג"כ שאמר בשעה שתלאם, או עכ"פ קודם ביה"ש.

הגה: וצריך לעשות התנאי קודם בין השמשות הראשון (ד"ע כסברת א"ח שהביא הב"י, ולא כמהרי"ל) - דכיון שנכנס ביה"ש איתקצאי, **ולפי** מאי דמסקינן, דביה"ש מתחיל תיכף אחר שקיעה, צריך לעשות התנאי קודם שקיעה.

ודוקא ביה"ש הראשון, דאל"כ כיון דחייל איסורא בביה"ש קמא, ממילא חייל בכולהו, דכיומא אריכתא דמי לענין זה, ולא מהני תו תנאי, [**ורק** לחומרא אמרינן זה ולא להקל, כגון אם אמר: איני בודל כל ביה"ש של עיו"ט הראשון, לא מהני זה לענין שאר יומי, **ואפשר** הטעם, כיון שייחד ואמר, משמע דמשאר ביה"ש רצונו לבדול מהן].

יש מן האחרונים שכתבו, דבזמן הזה אין נוהגים להתנות - משום דלא בקיאי שפיר בתנאי, **ויש** מאחרונים שמפקפקין בטעם זה, דהלא לשון התנאי מפורש בגמרא, ואין שייך בקיאות.

והכי נהוג בנויין התלוים בסכך; אבל בנויין שנותנים בדפנות, כגון סדינים המצויירים, נוהגין לטלטל מפני הגשמים אפילו בלא תנאי, משום דיש אומרים דאין איסור אפילו בדפנות עצמן, כ"ש בנויין; ומ"מ טוב להתנות עליהם (ד"מ).

הרבה אחרונים השיגו ע"ז, ודעתם דנוי סוכה בודאי אסורים בלא תנאי מדינא, דנוי כסכך הן, **ועיין** בט"ז שהסכים להקל בסדינים המצויירים, שיש חשש מפני גנבים, אנן סהדי שלא תלאן לשם מתחלה להיותן שם תמיד, ע"כ לא איתקצו כלל, ואפילו לא התנו, [**ולפיכך** מותר להסירן מהם אימתי שירצה, ואפי' שלא בשעת הגשם, ואפי' אין שם חשש מן הגנבים, שהרי לא חלה עליהן קדושת הסוכה מעולם]. **ומ"מ** לכתחלה טוב להתנות כמו שכתב הרמ"א, דהיינו שיאמר קודם ביה"ש: איני בודל מהן כל ביה"ש, וכנ"ל.

אות ח'

אבל עצי סוכה דחלה קדושה עלייהו, אתקצאי לשבעה

סימן תרלח ס"א - ולא מהני בה תנאי - אף אם אמר: איני בודל כל ביה"ש, כיון דא"א ליטול ביה"ש משום דקא סתר אהלא, ואיתקצי לכולי שבעה, **משא"כ** בנוי סוכה בס"ב דמהני שם תנאי, **ודע**, דהא דמשמע מסתימת רמ"א דלא מהני תנאי בשום גוונא, ואפי' נפלו, היינו דוקא בשבעת הימים, **אבל** בשמיני שלו דאיסורו הוא רק משום מוקצה, מהני תנאי לכשיפלו שיכול להשתמש בהן.

אבל עצים הסמוכים לסוכה, מותרים; וע"ל סימן תקי"ח ס"ח - ר"ל דשם מבואר, דאם זרק חבילות על הסכך, דאינן בטילות לגבי הסכך, וה"ה הכא בסוכה דמצוה, **וע"ש** במ"ב דביארנו כל פרטי דין זה.

אות ט'

כל אחת יוצא בה ואוכלה למחר

סימן תרסה ס"ב - הפריש שבעה אתרוגים לשבעה ימים, כל אחד יוצא בו ואוכלו למחר - לאו דוקא, וה"ה בלילה מותר, **ובשיטת** ריב"ב מסתפק, איך דינו לענין ביה"ש.

אבל ביומו אסור, שהוקצה לכל אותו היום.

באר הגולה

[יג] ברייתא ביצה ל' [יד] אוקימתא דאביי ורבא שם [טו] טור וש"פ מהא דאביי ורבא לעיל [טז] שם בשם בה"ג

§ מסכת ביצה דף לא. §

אות א'

אין מביאין עצים אלא מן המכונסין שבקרפף

סימן תקא ס"ג - [א]אין מביאין עצים מן השדה, אפי' אם היו מכונסין שם מבערב - מלשון זה משמע, דאפי' הכינן מבערב אסור, [ב]וטעמא אפשר, משום דהוי עובדא דחול לילך לשדה להביא עצים לביתו, **ויש** מפרשים משום דמיחלף במפוזר, ומפוזר אסור משום דמיחזי כמגבב לצורך מחר, והוי כמעמר, **ומטעם** זה אפילו ברה"י אסור ללקטן כשהם מפוזרין וכדלקמיה. **[ג]אבל מגבב הוא בשדה משלפניו** - היינו סמוך למקום בישול קדרתו, דלא הוי עובדא דחול, **וגם** לטעם השני הנ"ל ג"כ שרי, דקדרתו מוכחת עליו שאינו מגבב לצורך מחר.

[ד]ודעת מהרש"ל והב"ח וש"א, לאסור לגבב בשדה אפי' באופן זה, דמיחזי כמגבב במקום גידולו, כיון שהוא בשדה, דחייב משום מעמר, [**ופליגי** על דעת הר"ן, דס"ל דמדינא מותר כיון שהוא לצורך אוכל נפש, אלא משום דלפעמים מחזי כמגבב לצורך מחר, **ואינהו** ס"ל דלא עדיף כלל מקוצר ושארי מלאכות שקודם לישה, שאסור מדינא לכו"ע, וכנ"ל בסי' תצ"ה].

(וכן בחצר לוקח מלפניו) ומדליק שם - ר"ל אפילו בחצר מגבב רק משלפניו לצורך בישול קדרתו עכשיו, **אבל** לגבב מכל החצר להניח אסור, ואין חילוק בין קסמים קטנים לגדולים.

[ה]ומביאין מהמכונסין שברשות היחיד, ואפילו היתה מוקפת שלא לשם דירה, [ו]ובלבד שיהיה בה מסגרת - דכשאין לו מסגרת, אע"פ שמכונס מבערב, הו"ל כשדה, [**ולהביא** מחצר עצים בודאי שרי, דאפי' מקרפף שאינו מוקף לדירה שרי, וכ"ש מחצר, **ואפשר** דבחצר כיון שהוא לפני הבית, סתמא משומר, ואפי' אין לו מסגרת].

ותהיה בתוך תחום שבת - ומשמע דאפילו בסמוך לעיר נמי צריך מסגרת, **והרבה** פוסקים חולקין ע"ז, ולדידהו כל שהוא סמוך לעיר בתוך ע' אמה ושיריים, לא בעינן מסגרת, **והיכי** בעינן מסגרת, מע' אמה ואילך עד תוך התחום, שהוא אלפים אמה, (ע"פ פרש"י - ט"ז), **וכן** הלכה.

ואם חסר אחת מכל אלו - דהיינו שלא היה מכונס, או שחסר מסגרת, או חוץ לתחום, **הרי הן מוקצה** - לפי הטעמים שכתבנו לעיל, דהוי כעובדא דחול, או משום חשש עימור, דין זה הוא לכו"ע, אפילו להפוסקים דמתירין מוקצה ביו"ט בעלמא, בזה עשו חכמים דבר זה למוקצה. **ויש** מפרשים הלכה זו כפשוטו, דאם חסר אחד מתנאים הללו, מסתמא אסח דעתיה מינייהו מלאישתמושי ביו"ט, והויא לה מוקצה, (והוא כפירש"י וסייעתו, דכל הסוגיא הוא משום דאין דעתו עלייהו), **ולפי"ז** למאן דשרי מוקצה ביו"ט, מותר גם בזה, (ואפי' מן השדה אינו אסור רק למאן דאוסר מוקצה ביו"ט), **ולדינא** נכון להחמיר.

(ודע, דאם נתלה דבר זה במוקצה, אם כן אם הכינם להדיא מבערב להסיקם, א"צ לאלו התנאים, דלא אמרינן אין דעתו עלייהו רק בסתמא, כ"כ הט"ז, **ולדבריו** מה שכתבו "מכונסין מבערב", מיירי שלא פירש בהדיא שהוא לצורך יו"ט, **ולדעתי אינו ברור**, דבמקום ששיערו חכמים דאסח דעתיה, אפי' הכינן מתחלה לא מהני, דודאי לא גמר בדעתו, ומצאתי בח"מ שגם הוא עמד על דברי הט"ז).

אות ב'

עלי קנים ועלי גפנים, אע"ג דמכנפי להו ומותבי וכו'

סימן תקא ס"ד - [ז]עלי קנים ועלי גפנים אע"פ שהם מכונסים בקרפף, כיון שהרוח מפזרת אותם, הרי הם כמפוזרין ואסורים - ר"ל דכיון שדרכו של רוח לפזר, לא סמכא דעתיה במה שכנס אותם מעיו"ט, [רש"י], ואפילו מצא אותן מכונסין, אסור משום מוקצה. **ואם הניח עליהם כלי כבד מעיו"ט** - שלא יפזרם הרוח, **הרי אלו מוכנים** - ואפילו מצאן ביו"ט מפוזרין, מותרין, שכבר הוכנו מאתמול.

וכ"ז כתבנו למאן דמפרש הלכה זו משום מוקצה, ולמאן דמפרש הלכה זו משום עימור, טעמא דרישא, דחיישינן שמא בשעה שיבא ליקח אותם יפזרם הרוח ויבוא ללקטם ביחד, וכשמונח עליהם כלי כבד ליכא למיחש להכי ושרי, **ולפי"ז** אם מצא אותן מפוזרין, אסורין ללקטן.

אות ג'

הלכה כרבי יוסי להקל

סימן תקא ס"ג - עין לעיל אות א'.

באר הגולה

[א] **מימרא דשמואל שם, ומתניתין יחידאה היא** [ב] [כתבנו זאת, משום דכל הטעמים שנאמרו בהלכה זו אין מישבים כ"כ בדברי הרמב"ם שהם דברי המחבר, דלטעם רש"י ושאר מפרשים, משום דכיון שאין משתמר אסח דעתה מיניה, לא אתי שפיר מה שהתיר לגבב מן השדה לצורך הדלקה, **וכן** טעם עימור המוזכר ברא"ה ור"ן, לא נזכר כלל ברמב"ם, מלבד שהוא דוחק, דהבאה מן השדה שאין בה חשש עימור כלל גזרינן אטו שמא ימצאם מפזרין ויכנסם, ולגבב גופא בשדה שהוא עצם עימור התירו, ואף שמ"א מישבו, דקדרתו מוכחת עליו, זהו ג"כ דוחק, **וע"כ** דס"ל להרמב"ם, דלא אסור עימור כי אם כשמעמר שיהיו מונחים שם לייבש וכה"ג, אבל לא כשמגבבן כדי להדליקן תיכף] [ג] (מדקאמר אין מביאין, הא במקומם מותר, וס"ל דמ"ש שם במתני' {ל"ג.} ומגבב משלפניו, לאו דוקא בחצר, ולא קאי אחצר כלל - גר"א) [ד] (דבש"ס לא הוזכר להתיר כי אם חצר, דקתני {בברייתא דף ל"ג:} ומגבב בחצר כו', והוא דוקא, אבל בשדה לכו"ע אסור מצד הדין, דבמקום גדולו יש בו משום מעמר - מחה"ש), (ועיין בתוס') [ה] **משנה וגמרא שם** [ו] **כרבי יוסי שם בגמרא וכפי' הרמב"ם וכן דעת העטור** (פי' רש"י דלרבי יוסי בחדא מתרתי סגי, או בפותחת אע"פ שהוא רחוק, ובלבד שיהא בתוך תחום שבת, או בסמוך לעיר אפילו בלא פותחת, וכן כתב הרא"ש ז"ל וכך הם דברי רבינו. **אבל** מדברי הרמב"ם נראה שהוא סובר דלרבי יוסי בין סמוך בין רחוק לא שרי אלא דוקא בפותחת, וכתב הרב המגיד שכן דעת העיטור - ב"י. (**רבינו** ז"ל לא גריס בגמרא: ש"מ דר' יוסי תרתי לקולא קאמר, אלא ש"מ לקולא קאמר, וסובר דכונת הבעיא היא לספוקי במלתיה דר' יהודה, אבל במלתיה דר' יוסי לעולם הוא פשוט לו דצריך פותחת בדוקא, אבל מה שמסתפק הוא, {ר' יוסי אי לקולא קאמר או דלמא לחומרא קאמר, וכהגירסא דדחה רש"י, עיין מגיד משנה}, אם ר"י בעי תרתי ור' יוסי מיקל דלחד סגי, או דר' יהודה בסמוך לעיר סגי, ואתא ר' יוסי להחמיר ולומר דבעי פותחת, ופשיט גמרא, דמדקאמר כל שנכנסים לו בפותחת, משמע דסתם קרפף אית ליה פותחת, ור' יוסי לקולא קאמר דהוא פשוט - לחם משנה) [ז] **מימרא דרבא שם**

מתני' מביאין עצים מן השדה מן המכונס ומן הקרפף אפי' מן המפוזר איזהו קרפף כל שסמוך לעיר דברי ר' יהודה ר' יוסי אומר כל שנכנסין לו בפותחת ואפילו בתוך תחום שבת: גמ' אמר רב יהודה אמר שמואל *אין מביאין עצים אלא מן המכונסין שבקרפף והא אנן תנן מן הקרפף ואפילו מן המפוזרים מתניתין יחידאה היא דתניא *א"ר שמעון בן אלעזר לא נחלקו בית שמאי ובית הלל על המפוזרים שבשדות שאין מביאין ועל המכונסין שבקרפף שמביאין על מה נחלקו על המפוזרין שבקרפף ועל המכונסין שבשדות שבית שמאי אומרים לא יביא ובית הלל אומרים יביא אמר רבא [1]עלי קנים ועלי גפנים אף על גב דמכנפי להו ומותבי כיון דאי מדלי זיקא מבדר להו כמפוזרים דמו ואסורין ואי אתנח מנא מאתמול עלייהו שפיר דמי: איזהו קרפף וכו': אבעיא להו היכי קאמר כל שסמוך לעיר והוא דאית ליה פותחת ואתא ר' יוסי למימר כיון דאית ליה פותחת אפילו בתוך תחום שבת נמי או דלמא הכי קאמר כל שסמוך לעיר בין דאית ליה פותחת בין דלית ליה פותחת ואתא ר' יוסי למימר אפי' בתוך תחום שבת ודוקא דאית ליה פותחת אבל לית ליה פותחת אפילו סמוך לעיר נמי לא ת"ש מדקתני ר' יוסי אומר כל שנכנסין לו בפותחת ואפילו בתוך תחום שבת ש"מ רבי יוסי תרתי לקולא קאמר ש"מ אמר רב סלא אמר רבי ירמיה *הלכה כרבי יוסי להקל: מתני' *אין מבקעין עצים לא מן הקורות ולא מן הקורה שנשברה ביו"ט ואין מבקעין לא בקרדום ולא במגרה ולא במגל אלא בקופיץ: גמ' והאמרת

רש"י

מתני' מביאין עצים · התלושים מן השדה שבתוך התחום ביו"ט: מן המכונס · אם כנסו מערב י"ט דגלי דעתיה דעלייהו סמיך ולאו מוקצה אבל המפוזרין מוקצין: ומן הקרפף · שהוא משתמר ומוקף סביב אפילו מפוזרים שבו לא הקצה מדעתו: סמוך לעיר · ממש: אפילו בסוף תחום שבת · בסופו:

גמ' יחידאה היא · רבי שמעון בן אלעזר קאמר לה דאמר בית הלל הכי שרו ופליגי רבנן עליה: כמפוזרין דמו · ואפילו לא פזרתן הרוח דמסתמא לא סמכה דעתיה סבר מבדר להו זיקא: ואי אתנח מנא עלייהו · להכבידן שפיר דמי דסמכה דעתיה: רבי יוסי לקולא או לחומרא קאמר לא גרסינן דהא מלתיה דרבי יהודה נמי מבעיא לן היכי אתמר וה"ג אבעיא להו היכי קאמר כל הסמוך לעיר והוא דאית ליה פותחת ואתא ר' יוסי למימר כיון דאית ליה פותחת אפי' בתוך תחום שבת נמי או דלמא ה"ק כל שסמוך לעיר בין דאית ליה פותחת בין דלית ליה פותחת ואתא רבי יוסי למימר אפי' בתוך תחום שבת ודוקא דאית ליה פותחת אבל דלית ליה פותחת אפילו סמוך לעיר נמי לא הא שמע מדקתני רבי יוסי אומר כל שנכנסין לו בפותחת ואפילו בתוך תחום שבת ש"מ רבי יוסי תרתי לקולא קאמר והכי פי' היכי קאמר מתני' כל שסמוך לעיר והוא דאית ליה פותחת מפתח שמשתמר והאי דלא תנא ליה בהדיא משום דקא סבר סתמן יש להן פותחת ולהכי קרפיפות אמרה למלתיה ואתא רבי יוסי למימר כיון דאית ליה פותחת לא בעינן סמוך ומילא דאי לית ליה פותחת בעינן סמוך ואשמעי' בהכי מדתלא שריותא בשאין סמוך בפותחת מכלל דסמוך בלא פותחת נמי שרי ומיקל במרתי דרבי יהודה בעי תרוייהו ורבי יוסי סבר בחדא סגי בלאו שתהא שם: או דלמא · כל שסמוך לעיר דקאמר ת"ק בהכי סגי ולא תלא טעמיה כיון דהוי סמוך בין דאית ליה פותחת בין דלית ליה ואתא רבי יוסי למימר הטעם תלוי בפותחת בין סמוך בין רחוק והכי קאמר כל שנכנסים לו בפותחת הוא דמותר ואפילו הוא בתוך תחום שבת דלא מתלי טעמא בסמיכה כלל: תרתי לקולא קאמר · כלומר מדרבי יוסי נשמע לרבי יהודה דלאו תרוייהו בעי ורבי יוסי בתרתי אקיל דמכשיר בסמוך בלא פותחת ובפותחת בלא סמוך דמשמעינן לרבי יהודה דקאמר כל שסמוך לעיר בין דאית ליה פותחת בין דלית ליה פותחת וא"ל רבי יוסי כל שיש לו פותחת אפי' הוא בתוך התחום ולאו סמוך לא בעי פותחת דאי רבי יוסי בפותחת תלא טעמא דאפילו הוא סמוך בעי פותחת לא הוה ליה לסיומי ואפילו בתוך תחום שבת אלא הכי הוה ליה למימר רבי יוסי אומר כל שנכנסין לו בפותחת דכיון דהוה תני כל הוה משמע דצריך פותחת סמוך או רחוק למה לי דסיים ואפילו בתוך תחום שבת אלא לאשמועינן דלא בעי פותחת אלא למשרי שאין סמוך ורבי יהודה דלא בעי תרתי נמי מרישא דרבי יוסי שמע מינה מדנקט כל שנכנסין לה בפותחת כיון דכולהו פותחת אית להו הכי אבעי' ליה למתני רבי יוסי אומר אפילו בתוך תחום שבת: מתני' אין מבקעין עצים לא מן הקורות כו' · לפי סוגיא של גמרא היא מתפרשת: לא בקרדום · סתם קרדום עשוי כמין כלי אומנות שעושין בו אוכפות וסרגות שקורין איישי"ש ויש שעשוי כעין כלי האומן שקורין בירגוא"ה שראשו הקצר דומה לקרדומות שלנו וראשו השני דומה לכלי אומני אוכפות וסרגות הסוסים: ולא במגרה · שיג"ה כעין סכין מלאה פגימות וממהר לקוץ בו עצים וכלי אומן הוא: מגל · דולויי"א או שרפ"א וכולן כלי אומן הן ונראה כעושה בו מלאכה לפיכך אסור: אלא בקופיץ · סתם קופיץ הוא סכין של קצבים דומה לקרדומות שלנו שאינן כלי אומן ויש שעושין בו שני ראשין והשני דומה קצת לקרדום האוכפות כדשמעינן מיניה בגמרא ומיהו סתמיה לאו למלאכת אומן הוא: גמ' והאמרת

תוספות

מן הקרפף ואפילו מן המפוזר · תימה הא הוי מעמר דהוא אב מלאכה וי"ל דלא שייך עמור אלא במקום שגדילים שם כדמוכח בפרק כלל גדול (שבת דף עג:): איבעיא להו היכי קאמר כל שסמוך לעיר והוא דאית ליה פותחת וכו' · אבל לא גרס ר' יוסי לקולא או לחומרא דא"כ משמע דמספקא ליה דרבי יוסי שמא הוא מחמיר יותר מת"ק ולא היא דהא במלתיה דרבי יהודה נמי מספקא ליה היכי אתמר אלא ה"ג היכי קאמר וכו' והכי פי' כל שסמוך לעיר וגם אית ליה פותחת ובעי רבי יהודה תרתי לחומרא דלא"ג דסמוך בעי פותחת והא דלא פי' בדבריו פותחת משום דקסבר סתם קרפיפות יש להן פותחת ואתא רבי יוסי למימר הואיל ואית להו פותחת ואפילו רחוק מן העיר נמי ולא"כ מתניתין מתלי טעמא דלאו סמוך שרי בפותחת מכלל דסמוך שרי אפילו בלא פותחת ותרתי לקולא קאמר רבי יוסי בסמוך בלא פותחת או בלאו סמוך בפותחת או דלמא ר' יהודה סבר כל שסמוך בין אית ליה פותחת בין לית ליה פותחת שרי דקסבר השתא דסתם קרפיפות לית להו פותחת ואתא ר' יוסי למימר דבעי פותחת אפילו בסמוך כ"ש ברחוק אבל סמוכה בלא פותחת אינה מועלת כלום ע"כ פרש"י והקשה הר"ר מקולי נהי דר' יהודה תלי טעמא בסמוכה דוקא אבל פותחת אינה מועלת כלום מ"מ לרבי יוסי אמאי לא דייק כדפי' לעיל ללישנא קמא דמדתלי רבי יוסי טעמיה דשרי בפותחת בלאו סמוך מכלל דסמוך מועיל בלא פותחת דהשתא ללישנא קמא דרבי יהודה דבעי תרתי קאמר לרבי יוסי סגי בחדא כ"ש להאי לישנא דקאמר השתא דלרבי יהודה סגי בחדא בסמוך בלא פותחת ומיכן דע"כ לא מלינן למימר דרבי יוסי תרתי לקולא אית ליה בהאי לישנא כדאמר ללישנא קמא דהואיל ולהאי לישנא נ"ל דרבי יהודה לא קפיד אפותחת ולא ס"ל דסתם קרפיפות אית להן פותחת אלא כל שסמוך בין אית ליה פותחת בין לית ליה פותחת אם כן לא היה לרבי יוסי למתני כל שנכנסים וכו' אלא הכי הוה ליה למתני רבי יוסי אומר אם יש לו פותחת אפילו אם היה בסוף התחום שרי הא אם סמוך שרי בלא פותחת ומדנקט כל משמע דיש קרפיפות דאין להן פותחת רבי יוסי ודאי תלי טעמיה בפותחת דוקא בין סמוך בין רחוק אבל ללישנא קמא ניחא דמלינא לפרושי דרבי יוסי תרתי לקולא אמר וניחא לשון כל שנכנסין דמאי אמרת הוה ליה למתני אם יש לו פותחת אדרבה אי הוה קאמר הכי הוה משמע דרבי יהודה לא קמיירי בפותחת וליתא דעל כרחך רבי יהודה בפותחת איירי אבל ללישנא דכל שנכנסין לו בפותחת משמע דמיירי בפותחת שאם תמצי לומר דלא מיירי רבי יהודה בפותחת אם כן רבי יוסי אי אמר תרתי לקולא קשיא ליה דמאי כל דמשמע דאיירי רבי יהודה בפותחת אדרבה רבי יהודה לא מיירי בפותחת אלא הוה ליה למתני אם יש לו פותחת *והכי משמע לקמן מתוך פירוש רש"י תא שמע מדקתני רבי יוסי וכו' דהכי משמע מדנקט רבי יוסי לישנא דכל הנכנסין ובסיפא דמלתיה אצטריך לסיים ואפילו בתוך תחום שבת ש"מ דרבי יוסי תרתי לקולא קאמר דאי רבי יוסי בפותחת תלי טעמיה דוקא ואפילו הוא סמוך בעי פותחת לא הוה ליה לסיומי ואפילו בתוך התחום אלא הכי הוה ליה למימר רבי יוסי אומר כל שנכנסין בה בפותחת דמאי אמרת דאצטריך לסיומי רבי יוסי אומר (א) בתוך תחום שבת לטעמיה להתיר בפותחת אפילו רחוק מלישנא דכל הנכנסין נפקא וכו' דהכי קאמר כל הנכנסין בפותחת שרי אפילו ברחוק אמאי מסיים בדבריו אפילו בתוך תחום שבת אלא ש"מ דלא בעי לרחוק אלא דוקא אלא למשרי שאינו רחוק וה"ק

עין משפט נר מצוה

יז א מיי' פ"ב מהלכות י"ט הלכה יד טוש"ע א"ח סי' תקא סעיף ג:

יח ב מיי' שם הלכה ע' טוש"ע שם סעיף ד':

יט ג מיי' שם הל' יד טוש"ע שם סעיף ג:

רבינו חננאל

מתני' מביאין עצים מן השדה מן המכונס ומן הקרפף אפילו מן המפוזר · אמר רב יהודה אמר שמואל אין מביאין עצים אלא מן המכונסים שבקרפף ואקשינן עליה והא אנן [תנן] מן הקרפף ואפילו מן המפוזרים שבקרפף [מתני' יחידאה היא] דתניא א"ר שמעון בן אלעזר לא נחלקו ב"ש וב"ה על המפוזרים שבשדות כו' ור' נתן חולק עליו בתוספתא · אמר רבא עלי קנים ועלי גפנים שבקרפף אע"ג דמכנפי ומותבי כיון דאי אתי זיקא מדלי להו ומבדר להו כמפוזרין דמו ואסירי ואי אתנח עלייהו מנא דלא ליבדרינהו זיקא שרו. איבעיא להו ר' יוסי לקולא קאמר דשמע ליה לר' יהודה דאמר איזהו קרפף כל שסמוך לעיר והוא דאית ליה פותחת. ובעי ר' יהודה תרתי סמוך לעיר ופותחת וא"ל ר' יוסי בחדא סגי כל שיש לו פותחת אפילו אינו סמוך לעיר אלא ברחוק בתוך התחום שבת שרי והיינו לקולא או דלמא ר' יהודה חדא בעי סמוך לעיר בלבד וא"ל ר' יוסי בהוא שנכנסין לו ופותחת נמצא לר' יוסי דבעי תרתי סמוך לעיר ופותחת והיינו לחומרא ופשטינא מדוקיא דמתניתין דקתני כל שנכנסין לו בפותחת נמצא דר' יהודה בעי תרתי וא"ל ר' יוסי כל שנכנסין לו בפותחת לא חיישינן ליה ואפילו הוא רחוק שרי דאי ס"ד ר' יהודה סמוך לעיר בלבד בעי ור' יוסי הוא דבעי תרתי אי הכי והוא שנכנסין לו בפותחת הוה ליה למיתני אלא ש"מ לקולא ש"מ. אמר רב סלא א"ר זכאי הלכה כר' יוסי: [מתני'] אין מבקעין [עצים לא] מן הקורות כו' · וסיפא קתני אלא בקופיץ

[תוספתא פ"ג]

לעיל ג: שבת קנו.

הגהות הב"ח

(א) תוס' ד"ה איבעיא להו וכו' ר' יוסי אומר ואפילו בתוך תחום שבת לטעמיה:

גי' רש"א ולא משמע הכי

עין משפט נר מצוה

כ א מיי' פ"ב מהלכות יו"ט הלכה יב סמג לאוין עה טוש"ע א"ח סי' תקח סעיף א:
כא ב ג מיי' שם פ"ד הל' י' סמג שם טוש"ע שם:
כב ד מיי' פ"ב מהל' יו"ט הל' ט טוש"ע א"ח סי' תקיח סעיף ט:
כג ה מיי' פכ"ו מהל' שבת הל' כ טוש"ע א"ח סי' שח סעיף יז:
כד ו טוש"ע א"ח סי' שיד סעיף י:
כה ז שם סעיף ז:
כו ח טוש"ע שם סי' תקיט סעיף ג:

גמרא

והאמרת רישא אין מבקעין כלל אמר רב יהודה אמר שמואל חסורי מחסרא והכי קתני אין מבקעין (א) מן הסואר של קורות ולא מן הקורה שנשברה ביו"ט אבל מבקעין מן הקורה שנשברה מערב יו"ט וכשהן מבקעין אין מבקעין לא בקרדום ולא במגל ולא במגרה אלא בקופיץ תניא נמי הכי אין מבקעין עצים לא מן הסואר של קורות ולא מן הקורה שנשברה ביו"ט לפי שאינו מן המוכן: ולא בקרדום: אמר רב חיננא בר שלמיא משמיה דרב לא שנו אלא בנקבות שלו אבל בזכרות שלו מותר פשיטא בקופיץ תנן מהו דתימא ה"מ קופיץ לחודיה אבל קרדום וקופיץ אימא מגו דהאי גיסא אסור האי גיסא נמי אסור קמ"ל ואיכא דמתני לה אסיפא אלא בקופיץ אמר רב חיננא בר שלמיא משמיה דרב לא שנו אלא בזכרות שלו אבל בנקבות שלו אסור פשיטא ולא בקרדום תנן מהו דתימא ה"מ קרדום אבל קופיץ וקרדום אימא מגו דהאי גיסא שרי האי גיסא נמי שרי קמ"ל: **מתני'** בית שהוא מלא פירות ונפחת נוטל ממקום הפחת ר' מאיר אומר אף פותח לכתחלה ונוטל: **גמ'** אמאי והא קא סתר אהלא אמר רב נחומי בר אדא אמר שמואל באוירא דליבני אני והאמר רב נחמן הני ליבני דאייתור מבנינא שרי לטלטולינהו בשבתא הואיל וחזי למזגא עלייהו שרגינהו ודאי אקצינהו אמר רבי זירא ביו"ט אמרו אבל לא בשבת תניא נמי הכי רבי מאיר אומר אף פותח לכתחלה ונוטל ביו"ט אמרו אבל לא בשבת אמר שמואל חותמות שבקרקע מתיר אבל לא מפקיע ולא חותך שבכלים מתיר ומפקיע וחותך מיתיבי אחד שבת ואחד יו"ט חותמות שבקרקע בשבת מתיר אבל לא מפקיע ולא חותך ביום טוב מתיר ומפקיע וחותך הא מני ר' מאיר היא דאמר אף פותח לכתחלה ונוטל ופליגי רבנן עליה ואנא דאמרי כרבנן ומי פליגי רבנן עליה בחותמות שבקרקע והתניא מודים חכמים לרבי מאיר בחותמות שבקרקע שבשבת מתיר אבל לא מפקיע ולא חותך ביום טוב מתיר ומפקיע וחותך

הוא

רש"י

והאמרת רישא אין מבקעין כלל · *סברה דטעמא דמתני' לאו משום מוקצה תנא בריש' אין מבקעין עצים אלא משום מלאכה וטרחא והכי קאמר אין מבקעין עצים לא מן הקורות הנשברים מערב י"ט ושעומדין להסק ולא מן הקורה כו' וזו ואין צריך לומר זו קתני והיינו דמותבי' והאמרת רישא אין מבקעין כלל והדר תני דבקופיץ שרי: חסורי מחסרא כו' · וטעמא דרישא משום מוקצה: סואר של קורות · המושכבות לארץ של בנין: ולא מן הקורה שנשברה ביו"ט · ואע"ג דהשתא להסקה קיימא בין השמשות לאו להכי קיימא: תניא נמי הכי · כשמואל דטעמא דמתניתין משום מוקצה: לא שנו אלא בנקבות שלו · בראש הרחב שקוצצין בו העץ לרחבו דדמי למלאכת אומן: אבל בזכרות שלו · בראש הקצר שמבקעין בו עצים מותר: פשיטא אלא בקופיץ תנן · וקופיץ כולה זכרות היא: ואיכא דמתני לה · להא דרב חיננא אסיפא דמתניתין ובאתריה דהא דמתני לה להא דרב חיננא אסיפא היו עושין לקופיץ זכרות ונקבות כמו שעשוי כלי אומן שקורין בידגוא"ה: פשיטא ולא בקרדום תנן · משום דכולו נקבות ומילתא שמעינן דכי שרו קופיץ משום זכרות הוא דשריוה: מהו דתימא · ה"מ דאסר קרדום לחודיה דכוליה נקבות ואינו עשוי לבקע אלא לכלי אומן אבל מי שיש לו שני ראשין אחד זכרות כקופיץ ואחד נקבות כקרדום אימא דמוכחא מלתא דלבקע הוא וכי היכי דהאי גיסא שרי האי גיסא נמי שרי קמ"ל: **מתני'** ונפחת · מאליו: נוטל ממקום הפחת · ולא אמרי' מוקצין מחמת איסור הן דאין יכול לפתחו ביו"ט ואסח דעתו מינייהו דכיון דלא הוה פתיחתו איסורא דאורייתא כדמוקמינן לה באוירא דלבני לאו מוקצה נינהו כדאמר גבי טבל בשלהי פרקין (דף לד:) שהוא מוכן אצל שבת שאם עבר ותקנו מתוקן: אף פותח לכתחלה · כדמפרש טעמא בגמרא: **גמ'** באוירא דליבני · סדור של אבנים בלא טיט: דאייתור מבנינא · שנשתיירו לו לאחר שגמר בנינו: שרי לטלטולינהו · דמעתה לאו לבנין קיימי אלא למזגא עלייהו ותורת כלי עליהן: שרגינהו · סדרן זו על זו גלי דעתיה שמקצן לבנין ואסור לטלטולינהו ומתני' נמי נתסר מדרבנן שהרי מטלטלן: א"ר זירא ביו"ט · התיר ר"מ כיון דמדרבנן הוא דאסור ומשום שמחת יו"ט שרי שהרי מותר בו אוכל נפש אבל לא לשבת משום טלטול כרב נחמן: חותמות · פרמדורי"ש: חותמות שבקרקע · כגון דלתות פתחי בורות ומערה הסגורים בקשרי חבלים: מתיר · את הקשר דהא לאו קשר של קיימא הוא שהרי להתיר תמיד הוא עשוי: אבל לא מפקיע · החבל לסתור עבותו וגדילתו: ולא חותך · דהא סתירה היא ויש סתירה בבנין של קרקע: ושל כלים · מתיר ומפקיע וחותך דאין סתירה בכלים: מיתיבי חותמות שבקרקע כו' ביו"ט מתיר ומפקיע וחותך · אלמא חותמות הקשורים אין בהן משום סתירה מדאורייתא ובשבת מדרבנן הוא דאסור

הוא

תוספות

וה"ק כל הנכנסין וכו' היכא אמרינן דבעי פותחת היינו למשרי רחוק אבל סמוך שרי בלא פותחת ש"מ דר' יוסי תרתי אמר לקולא ומדרבי יוסי נשמע לרבי יהודה דבעי תרתי לחומרא דמדקט בדבריו כל הנכנסין א"כ שמעי' לרבי יהודה דבעי תרתי דאל"כ ליסגא דכל קשה ומאי אמרת האי כל דקאמר לטפויי כל הקרפיפות דבעינן שיש להן פותחת הא ר' יוסי תרתי לקולא אמר א"כ הו"ל למיתני אם · כך פירש רבינו שמשון מקוצי:

והאמרת רישא אין מבקעין כלל · קסבר הש"ס דטעמא דמתני' משום דאע"פ דהוו מוכנים להסקה אין מבקעין מטעם מלאכה וטרחא יתירא והיינו זו ואין צריך לומר זו דאפי' עומדים להסק מערב יו"ט אסורין כל שכן קורה שנשברה ביו"ט עצמו והיינו הא דמותבי' והאמרת אין מבקעין וכו' כן פירש רש"י:

אבל קרדום וקופיץ מדהאי גיסא שרי האי גיסא נמי שרי · ופירשו התוספות דאין אנו בקיאין בקרדום היאך הן נעשין ולכך יש לנו לאסור לבקע עצים רק ביד:

ונפחת נוטל ממקום הפחת · פרש"י נפחת מאליו וא"ת אמאי נוטל ממקום הפחת הא הוה מוקצה בין השמשות דאסור לפתחו ביו"ט מדרבנן ומגו דאתקצאי בין השמשות אתקצאי לכולי יומא ופירש בקונט' דכיון דאינו אסור (ב) אלא מדרבנן לפתוח כדמוקים ליה בגמרא באוירא דלבני השתא דנפחת שרי למיכל מינייהו דבמוקצה דרבנן לא אמרינן מגו דאתקצאי לבין השמשות וכו' והכי אמר גבי טבל בשלהי פרקין שהוא מוכן אצל שבת הואיל ואם עבר ותקנו מתוקן דלא הוי מוקצה אלא מדרבנן ולא אמר מגו דאתקצאי וכו' ולא כירה דאמר גבי שבת (דף מג·) גבי סל לפני האפרוחים מגו דאתקצאי אע"ג דאין שם מוקצה אלא מדרבנן וכן גבי גלגל מוכני שיש עליה מעות* ואומר הר"ר משה דלא אמרו אלא כשהמוקצה אינו מסתלק מן העולם כגון מעות שע"ג הכר שאף על פי שנטלם עדיין הן בעולם אבל בטבל מיד שתקנו הטבל מסתלק המוקצה מכל וכל וא"ת והא אמרינן בחולין (דף יד· ושם) השוחט בשבת אסור באכילה ליומא ונסבין חבריא למימר ר' יהודה היא דמגו דאתקצאי לבין השמשות שהיתה חיה אסורה ואע"ג דעכשיו כשנשחטה נסתלק המוקצה מן העולם וי"ל כיון דבין השמשות היתה מוקצה מחמת חסרון מלאכה דאורייתא אמרינן מגו אע"פ שהמוקצה נסתלק מן העולם ומ"מ קשה דהכא הפחת הוי בעולם דומיא דמוכני שיש עליה מעות דהוי המוקצה בעולם אף על פי שאין כאן שהוא במקום אחר ה"נ גבי הפחת הכי איתא לכך"ל דאתיא האי סתמא כרבי שמעון דלית ליה מוקצה וא"ת מאי קאמר לעיל בריש מכילתין (דף ב:) גבי יום טוב סתם לן תנא כרבי יהודה והא הכא סתם לן תנא כרבי שמעון ויש לומר דאין זה סתמא דסתמא הוי אם היה יכול לומר דברי רבי שמעון ולא קאמר אם כן הוה סתם לן תנא כוותיה אבל הכא לא היה יכול לומר דברי רבי שמעון דהא רישא קאמר נוטל ממקום הפחת דמשמע דוקא בדיעבד אבל לכתחלה לא יפתח ולא מצי למימר דברי רבי שמעון *דהא סבירא ליה אף פותח לכתחילה אבל לעיל ניחא דקאמר גבי יו"ט סתם לן תנא כרבי יהודה דלא מיירי אלא במוקצה וא"כ היה יכול למימר דברי רבי יהודה ומדלא קאמר א"כ כהם לן תנא כוותיה:

אמר ר' זירא ביו"ט אמרו · פי' דהתירו מוקצה משום אוכל נפש אבל לא בשבת מכאן יש ראייה לריצב"א שפירש לעיל *) דטלטול מוקצה התירו ביו"ט משום אוכל נפש ·

אין

*) [דף כח: ד"ה גריסת]

רבינו חננאל

מבקעין קשיא רישא אסיפא ותרצה שמואל אין מבקעין מן הקורות ולא מן הקורה שנשברה ביו"ט אבל מן הקורה שנשבר' מעי"ט מבקעין וכשהן מבקעין אין מבקעין לא בקרדום ולא במגל ולא במגרה אלא בקופיץ. תניא נמי הכי אין מבקעין מן הסוור של קורות ולא מן הקורה שנשברה ביו"ט לפי שאינו מן המוכן. ולא בקרדום והני מילי בנקבות שלו והוא הפנימי הרחב אבל בזכרות שלו היוצא מן אחוריו מותר. נמצא זה הקרדום הצד הרחב אסור והצד הצר מותר ופשוטה היא: [מתני'] בית שהוא מלא פירות ונפחת נוטל ממקום הפחת ר"מ אומר אף פותח לכתחלה ונוטל אקשינן לר"מ אף פותח בתחלה ונוטל והא קא סתר אוהלא ופרקינן באוירא דליבני פי' לבנים סדורים אחד ע"ג חבירו ואינו בנין ואקשינן והאמר רב נחמן הני ליבני דאייתור מבניינא שרי לטלטולי בהו בשבת הואיל וחזיין למיזגא עלייהו שרגינהו ודאי אקצינהו ופריק ר' זירא תנא ביו"ט אמרו ולא בשבת כלומר לא אמר רב נחמן שרגינהו אקצינהו אלא בשבת. ור' מאיר לא שרי ואמר פותח כלומר נוטל אלין הלבנים דשרגינהו אלא ביו"ט תניא נמי הכי ר"מ אומר פותח לכתחלה ונוטל ביו"ט אמרו אבל לא בשבת. אמר שמואל חותמות שבקרקע כגון (חרותי') [הדות] וחביות טמונות בקרקע וכיוצא בהן ופיהן חתומין וצרורין מתיר אותן הקשרין שבהן החותמות קשורין והחותמים אבל לא מפקיע ולא חותך *) אחד בשבת ואחד יו"ט קתני מיהת חותמות שבקרקע ביו"ט מתיר וחותך קשיא לשמואל דאמר החותמות שבקרקע מתיר אבל לא מפקיע ולא חותך אחד שבת ואחד יו"ט ופריק שמואל הא ברייתא דקתני ביום טוב מפקיע וחותך לר' מאיר היא דאמר אף פותח לכתחלה ונוטל ומשוי הפקעת החותמות שבקרקע כמו פתיחת הבית כשם שמתיר בבית כך מתיר בחותמות להפקיעם ביו"ט ואנא דאמרי כרבנן דאסרי פתיחת הבית ואמרינן ומי פליגי רבנן עליה דר' מאיר בחותמות שבקרקע שבשבת מתיר אבל לא מפקיע ולא חותך ביו"ט

*) חסר כאן וצ"ל מיתיבי חותמות שבקרקע מתיר בשבת מתיר וכו' ביו"ט מתיר ומפקיע וחותך קתני מיהא וכו'.

מסורת הש"ס

[נ"י סברה]
[עירובין לה:]
[שם ע"ש]
שבת קכב:
[עירובין לה:]
[עי' תוס' שבת קמו. ד"ה מתיר ותוס' עירובין לה. ד"ה נעי]

הגהות הב"ח

(א) גמ' אין מבקעין עצים לא מן הסואר של קורות: (ב) תוס' ד"ה ונפחת וכו' שאינו אסור אלא לפתוח אלא מדרבנן כדמוקי:

דדלמא ס"ל כר"מ דלאף פותח לכתחלה כל"ל וכ"ס בתוס' ישנים. מהרש"א

§ מסכת ביצה דף לא: §

אות א'

אין מבקעין מן הסואר של קורות, ולא מן הקורה שנשברה ביום טוב; אבל מבקעין מן הקורה שנשברה מערב יום טוב

סימן תקא ס"א - [א]אין מבקעין עצים מן הקורות שעומדות לבנין - ומוקצה הם, [אף לצורך גופן ומקומן], שאדם מקפיד עליהם מחמת חשיבותן, ומיחד להם מקום, **ואפילו** להמתירין מוקצה סתם, במוקצה מחמת חסרון כיס מודו.

ולא מקורה שנשברה ביו"ט, אפי' אם היתה רעועה מעיו"ט וקרובה להשבר – (או קורה חדשה דעבידא דפקעה), דיכול להיות דמצפה מע"ש שתשבר, ולא אקצה, [היינו לדעת ר"ש בדף ל:], **מ"מ** אסור, משום דעכ"פ בין השמשות לא היתה שבורה, ותקועה בבנין, ונאסרה ושוב אינה ניתרת, ‹זהו אליבא דר"י - מ"א›, **ועוד** דהויא נולד, דמעיקרא קורה, והויא ככלי, והשתא עצים בעלמא, **ומטעם** זה לא הגיה הרמ"א כאן כמו בסימן תצ"ה, דיש מתירים מוקצה, משום דסמך עצמו על מה שמסיים שם, דאפי' המקילין לא רצו להקל במוקצה דנולד.

[**אבל** בקורה בריאה שנשברה ביו"ט, אף להמתירין מוקצה ונולד, ג"כ אסור, ‹דאפי' לפי מ"ש סי' שכ"ד ס"ז, דבהמה בריאה שמתה מותר לר"ש, היינו משום דמ"מ יושב ומצפה שמא ישחטנו חש"ו, אבל קורה בריאה שנשברה לכו"ע אסור›, **ודוקא** לענין קורה, אבל לענין כלי שנשבר ביו"ט, הסכים המג"א, שבין היתה שלמה מבעו"י או שהיתה רעועה, תליא בדין אם מתירין נולד ביו"ט, ‹דכלי עשוי להשבר, משא"כ בקורה – מ"א›, וכן משמע מהמחבר, שסתם לקמן בס"ו, **והרמ"א** שם לא הגיה עליו, משום דאזיל לטעמה בסי' תצ"ה, וכמו שכתבנו במ"ב].

אבל אם נשברה מעיו"ט - דדינה כסתם עצים העומדים להסקה, **אם אי אפשר להסיקה בלא ביקוע, מבקעין ממנה חתיכות גדולות** - דלאו מלאכה היא אלא עובדא דחול, אבל לא בחתיכות קטנות, דיש בה משום חשש טוחן.

ואע"ג דמכשירין שאפשר לעשות מעיו"ט הוא, **כיון** דא"א לאפות ולבשל בלא עצים, עשו אותה כדיכת מלח, שמותר ע"י שינוי, וגם זה לא התירו אלא בחתיכות גדולות.

אות ב' - ג'

וכשהן מבקעין אין מבקעין לא בקרדום ולא במגל ולא במגרה, אלא בקופיץ

לא שנו אלא בזכרות שלו, אבל בנקבות שלו אסור

סימן תקא ס"א - [ב]ולא יבקע לא בקרדום, ולא במגל, ולא במגירה, אלא בקופיץ - כדי לעשות שינוי, **(פי' סכין של קצבים, ויש עושין בו ב' ראשין [ג]דומה קצת לקרדום, רש"י), [ד]ובצד הקצר שלו, אבל לא בצד הרחב** - מפני שהוא כקרדום.

[ה]ויש מי שאוסר אפילו בקופיץ, לפי שאין אנו בקיאין מהו, ולא התירו אלא בסכין - או לשברו ביד.

[ו]סימן תקא ס"ב - [ז]עצים גדולים קצת וראוים להסקה בלא ביקוע, לא יבקע כלל - ר"ל לא מיבעיא לבקען לחתיכות דקות מאד, דיש בזה חשש טוחן, אלא אפילו לעשותן חתיכות שאינן דקות, ג"כ אסור, כיון שיכול לבשל קדרתו בלא ביקוע, הו"ל טרחא ביו"ט שלא לצורך, ואסור.

ואפי' לשברם ביד, [ח]יש מי שאוסר - דכיון שראוים להסקה בלא שבירה, הו"ל בזה ג"כ טרחא שלא לצורך, וכן הסכימו כמה אחרונים.

והמדקדקים נוהגים ליזהר אף בחוה"מ, שמתקנים כל העצים הקטנים הצריכים לבישול דגים קודם יו"ט, שהרי יכול לבערו בלא ביקוע, **ואף** לבקע בחוה"מ עצים גדולות שא"א לבשל בם כמות שהן, כיון שאפשר להכין קודם יו"ט, יש להכין קודם יו"ט, אם לא שלא היה לו מקודם, **אכן** במקום שדמי עצים יקרים, והוי הפסד ודבר האבוד אם יבערם כמות שהן, (מצוה) [מותר] לחתוך אותם לחתיכות דקות. ‹ע"פ השונה הלכות›.

אות ד'

בית שהוא מלא פירות ונפחת, נוטל ממקום הפחת

סימן תקיח ס"ט - [ט]בית שהוא מלא פירות - ר"ל והיה סתום מכל צד, **מוכנים** - ר"ל לאפוקי אם הכניסם שם לאוצר לזמן רב, דהו"ל מוקצה, **ונפחת** - אפילו ביו"ט, **נוטל ממקום הפחת** - אבל לא יפחות מן הבית יתר כדי ליטול יותר, [אפי' היה הבנין רק מלבנים סדורים בלא טיט].

ולא אמרינן דכיון שהיה בין השמשות סתום, ולא היה אפשר ליטול מהם מחמת איסור סתירת בנין, איתקצאי לכולי יומא, **דאין** זה בכלל מוקצה, כיון שלא היו מוקצין מחמת איסור עצמן, רק שהיו במקום שאין יכולין לילך ליטלן, **ולפי** טעם זה, אפילו היה הבית בריא מקודם, שאין רגילות שיפחת מאליו, [וה"ה אם פתחו עכו"ם לצורך עצמו], ג"כ מותר ליטול הפירות, (**כן מבואר במ"א וש"א, דמדסתם המחבר בשו"ע, ש"מ דס"ל כדעת הרי"ף והרמב"ם, דבכל גווני שרי, וכסברת הרמב"ן דלא שייך בזה מוקצה וכנ"ל**), **וכן** ה"ה במי שיש לו לפתות טמונים בבור, ופתחן העכו"ם ביו"ט או בשבת, דאין בהם משום מוקצה, **אכן** אם עשה העכו"ם לצורך ישראל, אפילו אם הפירות היו של

באר הגולה

[א] משנה וגמרא ביצה דף ל"א [ב] משנה שם [ג] ‹ובשו"ע מהדורת פריעדמאן, מוסיף כאן תיבת "והשני" דומה קצת לקרדום, וכפי מה שכתוב ברש"י› [ד] שם בגמרא כלישנא בתרא, רמב"ם [ה] טור בשם סמ"ק בשם תוס' ‹ד"ה אבל› [ו] ‹מילואים› [ז] כן נראה מדברי הרמב"ם [ח] טור בשם אביו הרא"ש [ט] משנה שם ל"א וכת"ק, ואפי' היה בנין גמור, ב"י לדעת הרמב"ם, והטעם, לפי שאין הפירות מוקצים מחמת עצמן, רמב"ן

עכו"ם, אסור באכילה ובטלטול עד מוצאי שבת ויו"ט בכדי שיעשה, **וצריך** ליזהר בזה בימי הפסח, כשעכו"ם מביא לפתות לישראל, אם יודע שהגוי פתח הבור היום, אוסר ליקח ממנו.

(ואף דהרא"ש והטור העתיקו לדינא כסברת רש"י, דלא התירו כי אם בבית שאינו בנין גמור, רק שהיו מלבנים סדורות בלא טיט, דאין בסתירה זו כי אם איסור דרבנן, אבל בבנין גמור יש בו משום מוקצה מחמת איסור, דאסור אף ביו"ט, וכן הוא ג"כ דעת הרשב"א, ורק שמתיר בבנין רעוע, שמצפה לו שתפול ולא אסח דעתיה מהפירות, מ"מ נקט לדינא [י]כדעת הרי"ף והרמב"ם וכסברת הרמב"ן, משום שהעתיקו ג"כ הר"ן, והמ"מ כתב שכן הוא עיקר, ומ"מ לכתחלה נלענ"ד שאין להקל, שיש הרבה מהראשונים מחמירין בבית שהוא בנין גמור, לבד רש"י ורשב"א והרא"ש הנ"ל, ועיין בתוס' שהחמירו עוד ביותר מזה, דאפילו באוירא דליבני אינו מותר כי אם לר"ש, ע"כ נלענ"ד שאין להקל בזה, וכן בדין הלפתות, כי אם בשעת הדחק).

אות ה'

הני ליבני דאייתור מבנינא, שרי לטלטולינהו בשבתא

סימן שח סי"ז - [יא]לבנים שנשארו מהבנין, מותר לטלטלם, דמעתה לא קיימי לבנין אלא למזגא (פי' לסמוך ולשבת עליהן) עלייהו - והוי תורת כלי עלייהו, דכל דראוי למידי ועומד לכך, תורת כלי עליה, וכמו נסרים ועורות לקמן בסעיף כ"ה כ"ו, **ומותר** לטלטל אפילו מחמה לצל כדין כלי שמלאכתו להיתר. **ומשמע** דאין צריך מחשבה מערב שבת למזגא עלייהו, **ויש** מחמירין בזה.

כתב הפמ"ג, אם נשברו הלבנים, כל שראוי למידי, הוו כדין שברי כלים בסעיף ו"ו וזיי"ן, ע"ש.

ואם סידרן זה על זה, גלי אדעתיה שהקצן לבנין, ואסור לטלטלם - אפילו לצורך גופו ומקומו, דליכא תורת כלי עליהן, ודינייהו כדין אבנים המבואר לקמן בסכ"ב, דלא מהני מחשבה מע"ש לזה.

אות ו'

חותמות שבקרקע, מתיר, אבל לא מפקיע ולא חותך

סימן שיד ס"י - [יב]חותמות שבקרקע, כגון דלת של בור שקשור בו חבל, יכול להתירו, דלאו קשר של קיימא הוא, שהרי עומד להתיר; אבל לא מפקיע וחותך, משום סתירה - דכיון שהוא מחובר לקרקע, יש בו משום בנין וסתירה, (עיין רש"י עירובין, דס"ל דגזירה דרבנן הוא, ולא סותר ממש, ולשיטת התוספות שם אין זה מוכרח).

ודוקא כשעשוי לקיים ע"מ שלא להסירו בשבת - אלא במוצאי שבת, **אבל** אם אין דעתו להסירו אף במו"ש, גם להתירו אסור, דהוי קצת קשר של קיימא, **אבל אם אינו עשוי לקיים כלל, מותר; ומטעם זה מותר להתיר דף שמשימין אותו לפני התנור ושורקין אותו בטיט, שאינו עשוי לקיום. (וע"ל סי' רנ"ט).**

אות ז'

שבכלים, מתיר ומפקיע וחותך

סימן שיד ס"ז - [יג]חותמות שבכלים - הוא לשון סגירה, כלומר שהכיסוי שלהם סגור בקשרי חבלים, **כגון: שידה תיבה ומגדל, שהכיסוי שלהם קשור בהם בחבל, יכול להתירו** - דלאו קשר של קיימא הוא, שהרי להתיר תמיד הוא עשוי.

או לחתכו בסכין, או להתיר קליעתו - ולא מקרי סותר, משום דלאו סתירה גמורה היא זו, ואינו אסור בכלים לכו"ע.

עיין בבה"ל בס"ח, דלדעת הרמב"ם יש איסור להתיר קליעתו.

[יד]ודוקא כעין קשירת חבל וכיוצא בו; אבל פותחת של עץ ושל מתכת, אסור להפקיע ולשבר, דבכלים נמי שייך בנין גמור וסתירה גמורה - ושבירת פותחת של עץ ומתכת, הוי סתירה גמורה.

[טו]סימן תקיט ס"ג - עיין אות ח'.

אות ח'

אחד שבת ואחד יום טוב

סימן תקיט ס"ג - [טז]להתיר ולהפקיע ולחתוך חותמות שבכלים ושבקרקע, ולשבר פותחות, כדינם בשבת כך דינם ביו"ט, (וע"ל סי' שי"ד ס"ז) - וסעיף יו"ד, ששם מבואר הדין בכל פרטיהם.

---

§ מסכת ביצה דף לב. §

אות א'

מסיקין בכלים, ואין מסיקין בשברי כלים

סימן תקא ס"ו - [א]כלים שנשברו ביו"ט - היינו שנשברו כ"כ שאין ראוין לכעין מלאכתן הראשונה, **אין מסיקים בהם מפני שהם נולד** - דמעיקרא כלי והשתא שבר כלי, ואסורים בטלטול, ולכך אסור להסיק בהם, **ואפי'** אין מטלטלן כלל, אלא שורפן במקומן שמונחין שם, ג"כ אסור, דמעשה הדלקה שעושה בכלי שנדלקת על ידו, חשיב כטלטול.

‹המשך ההלכות בעמוד הבא›

באר הגולה

י ‹ונראה שטעמו, משום דכיון דלא אוקימנא באוירא דליבני אלא משום דקשיא לרבי מאיר, אית לן למימר דתנא קמא מיירי בכל ענין, הילכך כיון דקיי"ל כתנא קמא, אפילו בבית בנוי בנין גמור שרי - ב"י› יא שם קכ"ד וביצה ל"א יב ביצה ל"א ול"ב יג ביצה ל"א ול"ב מימרא דשמואל יד טור בשם אביו הרא"ש שם בעירובין אמתני' דנתנו במגדל ובגמרא ל"ה וכ"כ התוס' שם וש"פ טו ‹ע"פ מהדורת נהרדעא› טז ציינתיו לעיל סי' שי"ד סעיף ז' וסעיף י' א שם ל"ב וכרבי יהודה, ושבת כ"ח וקכ"ד

הוא דאמר כי האי תנא דתניא חותמות שבקרקע מתיר אבל לא מפקיע ולא חותך אחד שבת ואחד יו"ט ושבכלי בשבת מתיר אבל לא מפקיע ולא חותך ביום טוב מתיר ומפקיע וחותך תרצת לך רישא אלא סיפא קשיא הא מני ר' נחמיה היא *דאמר כל הכלים אין ניטלין אלא לצורך תשמישן א"ר נחמיה מאי איריא שבת אפילו יום טוב נמי וכי תימא שניא ליה לר' נחמיה בין שבות שבת לשבות יום טוב ומי שניא ליה והתני חדא *מסיקין בכלים ואין מסיקין בשברי כלים ותניא אידך מסיקין בין בכלים בין בשברי כלים ותניא אידך אין מסיקין לא בכלים ולא בשברי כלים ומשני לא קשיא הא ר' יהודה הא ר"ש הא ר' נחמיה תרי תנאי ואליבא דר' נחמיה: **מתני'** אין פותחין את הנר מפני שהוא עושה כלי ואין עושין פחמין ביום טוב ואין חותכין את הפתילה לשנים ר' יהודה אומר חותכה באור: **גמ'** מאן תנא דפחיתות נר מנא הוא *אמר רב יוסף ר' מאיר היא דתניא *כלי חרס מאימתי מקבל טומאה משנגמרה מלאכתו דברי ר' מאיר ר' יהושע אומר משיצרפו בכבשן א"ל אביי ממאי דלמא עד כאן לא קאמר ר' מאיר התם אלא דחזי לקבולי ביה מידי אבל הכא למאי חזי לקבולי ביה פשיטי איכא דאמרי אמר רב יוסף ר' אליעזר בר' צדוק היא דתנן *אלפסין חרניות טהורות באהל המת וטמאות במשא הזב ר' אליעזר בר' צדוק אומר אף טהורות במשא הזב לפי שלא נגמרה מלאכתן א"ל אביי דלמא עד כאן לא קאמר רבי אליעזר ברבי צדוק התם אלא דחזי לקבולי ביה מידי אבל הכא למאי חזי לקבולי ביה פשיטי תנו רבנן אין פותחין את הנר ואין עושין אלפסין חרניות ביום טוב רבן שמעון בן גמליאל מתיר באלפסין חרניות מאי חרניות אמר רב יהודה ערניות מאי ערניות אמר אביי צעי חקלייתא ואין עושין פחמין פשיטא למאי חזי תני רבי חייא לא נצרכה אלא למוסרן לאוליירין לבו ביום ובו ביום מי שרי *כדאמר רבא להזיע וקודם גזרה הכא נמי להזיע וקודם גזירה: ואין חותכין את הפתילה לשנים מ"ש בסכין דלא דקמתקן

רש"י

הוא דאמר כי האי תנא · שמואל דאמר לעיל דאפי' ביו"ט אינו מפקיע דאמר כי האי תנא דאמר נמי בחותמות שבקרקע דאפילו ביו"ט אין מפקיע : **תרצת לך רישא** · דמלתא דשמואל בחותמות שבקרקע דמסייע ליה האי תנא : **סיפא קשיא** · דאמר שמואל ושל כלים אפילו בשבת מתיר ומפקיע וחותך והאי תנא תני ושל כלים בשבת מתיר אבל לא מפקיע ולא חותך: **הא מני רבי נחמיה היא** · כלומר לעולם מותר להפקיע ולחתוך דאין בהם משום סתירה והאי תנא גופיה אם יכול להפקיע ולנתק בידו שרי והא דקאמר משום טלטול סכין קאמר ורבי נחמיה היא דאמר בערובין (דף לה:) אפי' תרווד ואפילו טלית אין ניטלין אלא לצורך תשמיש שהן מיוחדין לו וסכין לאוכלין הוא דמיוחד ולא לחותמות וכהא לא סבירא ליה לשמואל כוותיה : **אי סבי'** דרבי נחמיה היא : **שבות שבת** · דטלטול שבות הוא ולא החמיר בטלטול יום טוב כבשל שבת : **מסיקין בכלים** · דבני טלטול נמי ניננהו ומטלטלן נמי להסיקן : **אין מסיקין בשברי כלים** · שנשברו ביו"ט דהשתא לא חזו לטלטול ואי משום דחזו להסקה אתמול לא להוי קיימי : **מסיקין בין בכלים כו'** · דלית להו מוקצה : **אין מסיקין לא בכלים** · דאין ניטלין אלא לצורך תשמישן וכ"ש בשברי כלים דטלד הוא והא רבי נחמיה היא ומליגתא ר"ש וקמייתא רבי יהודה וש"מ ביו"ט א"ר נחמיה דהא הסקה ביו"ט קאי : **תרי תנאי** · חד אמר שני ליה שבות שבת משבות יו"ט וחד אמר לא שני ליה: **מתני' אין פותחין את הנר** · ליטול אחד מן הבילים של יוצר ולחתוב אגרופו לתוכו לחקוק נר קרויי"ל בלע"ז מפני שעושה כלי : **ואין עושין פחמין** · דאינהו נמי כלי ניניהו לצורפי זהב ופתילה נמי כלי היא להדלקה שצריכה עשייה ותקון : **חותכה באור** · בגמרא מפרש מאי שנא אור מסכין : **גמ' דפחיתת נר מנא הוא** · קודם שלרפו בכבשן : **משנגמרה מלאכתן** · חקיקתם : **משיצרפו** · משיחזקם ע"י צירוף האור בכבשן מצרף בלשון חכמים מחזק ומקשה כלי חרס וכלי מתכו' בדבר המחזקן בין (ביד) [במים] בין באור : **ולמאי** · דס"ל לר"מ בנר כשאר כלי חרס בשלמא שאר כלי חרס גדולים הם ואם אינן ראויין למים ויין ולדבר לח מפני שממתן חזו מיהו לדבר יבש כגון פירות אבל נר קטן הוא וכי לא חזי למלתיה למאי חזי ומשני חזי לקבולי ביה פשיטי : **איכא דאמרי אמר רב יוסף** · מתני' דקתני פחיתת הנר מנא הוא ר"א ברבי צדוק היא דאמר לפני חקיקה לאו מנא הוא אבל חקיקה משוי ליה מנא : **אלפסין חרניות** · מפרש לקמן קערות של בני עיירות שאינן בני כרכים גדולים ואין מקפידין על כלים נאים ומשנפשטה הקערה של חרס אוכלין בה בשר ואין ממתינין עד שתתחקק ותצרף בכבשן : **טהורות באהל המת** · דלגבי אהל המת בעינן תוך לכלי חרס דכתיב וכל כלי פתוח (במדבר יט) משמע דיש לו פתח וכן לכל טומאת מגע : **וטמאות במשא הזב** · שהזב מטמא כלי חרס בהסטו דנפקא לן בתורת כהנים *וכל כלי חרש אשר יגע בו הזב וגו' (ויקרא טו) ודרשינן התם זה הסטו וכיון דמטמי ליה הסט מאבראי לא בעי תוך וקסבר ת"ק כלי ניניהו הואיל ומשתמשין בהן כמות שהן הלכך מקבלין טומאה בדבר הראוי לטמאן : **ר"א אומר** · אין להם שום טומאה דלאו כלי ניניהו : **לפי שלא נגמרה מלאכתן** · חקיקתן הא נחקקו מטמאות מדאפלוג באלפסין אלמא לר"א חקיקה מהויא להו מנא : **דחזי לקבולי מידי** · משנתחקקו ומיהו קודם חקיקה לא דסופן ליחקק : **לאוליירין** · מחמי חמין ומרחצאות ואע"ג דלצורך י"ט הן עושין : **מי שרי** · להחם והלא גזרו על הרחיצה במסכת שבת (*דף מ.) ואפילו הוחמו מבעוד יום וכל שכן להחם חמין לא הותר מעולם : **להזיע** · מכנים הפחמים לתוכו ובני אדם נכנסין ומזיעין וקודם שגזרו על הזיעה נשנית משנה זו :

תוספות

אין פותחין את הנר · פירש רש"י ליטול אחד מן הגולמים של יוצר ולתחוב אגרופו בתוכו ולחקוק נר שעושה כלי ותימה א"כ פשיטא דאסור דאפילו אין עושה כלי גמור מ"מ אסור להתחיל את הכלי וע"ק מאי קא אמר עלה בגמרא מאימתי מקבלין טומאה משעה שנגמרה מלאכתן הואיל והוי כלי והא כיון דהוי קודם אפייתו בתנור אם כן הוי כלי אדמה וכלי אדמה אין מקבלין טומאה לכן נראה לפרש דאין פותחין את הנר דרגילין לעשות בחורין קודם אפייתו קש או דבר אחר כדי לשמור האויר בשעת אפייה שלא יפלו המחיצות יחד ויסתום האויר ולאחר אפייתו קלה מסלקין אותו דבר שבתוכו ועל זה קאמר אין פותחין את הנר כלומר שאין מסירין מה שבתוכו דהוי כמו גמר כלי וגמרה מלאכתו ולפי שרגילין לאחר שסלקו מה שבתוכו שמחזירין אותו לתנור כדי לצרפו היטב קאמר בגמרא מאן תנא דפחיתת נר מנא הוא וקאמר ר"מ היא דקאמר דמקבלין טומאה כשסלק מה שמשימין בתוכו אע"פ שלא החזירו אותו עדיין לתנור אלמא דפחיתת נר היינו גמר כלי ורבי יהושע קאמר משיצרפו בכבשן דאינו כלי עד שיחזיר אותו לתנור כדי לצרפו אם כן לדידיה פחיתה הוה שריא :

אלפסין חרניות טהורות באהל המת · פי' רש"י קערות של עיירות ואין מקפידין על כלים נאים ומיד כשנפשט הכלי של חרס אוכלין בה ואין ממתינין עד שתתחקק ותצרף באש והן טהורין באהל המת שאין להם תוך ובעינן כלי פתוח וטמאות במשא הזב דהזב מטמא כלי חרס בהסטו כדנפקא לן* מכלי חרס אשר יגע בו הזב ואיזהו מגעו שהוא ככולו הוי אומר זה הסטו דלא בעינן תוך ותימה דהואיל דאין להם תוך היכי מטמא בהסטו הא אמרינן *כל שאינו בא לכלל מגע אינו בא לכלל הסטו לכך נראה כפי' ר"ת ערניות יש להן תוך אלא שמכוסות למעלה ועומדות ליפתח ואותם של כפרים אין מקפידין ואוכלין כך עליהן וטהורות באהל המת דהא כלי צמיד פתיל טהור באהל המת ומיהו טמאים בהסטו הואיל ועומדין ליפתח כדאמרינן* גבי צמיד פתיל שמא תסיטם אשתו וקאמר נמי* כלי צמיד פתיל נצול באהל המת ואינו נצול בהסטת נדה שבנדה : וקטמה

עין משפט נר מצוה

כז א מיי' פ"כ מהלכות יו"ט הלכה יב סמג לאוין סה טוש"ע א"ח סי' תקח סעיף א :

כח ב מיי' פ"ד מהלכות יו"ט הלכה ח סמג לאוין סה טוש"ע א"ח סי' תקיד סעיף ז :

כט ג מיי' שם הל' ו סמג שם טוש"ע שם סי' תקג סעיף א :

ל ד מיי' וסמג שם טוש"ע א"ח סי' תקיד סעיף ח :

לא ה מיי' פ"י מהל' כלים הלכה א :

מסורת הש"ס

שבת קמו. עירובין לה. [תוספתא דשבת פט"ז]

[לקמן לג.] שבת [כט:] כט. קכד: קמג. מ"ש

גליון הש"ס גמ' א"ר ר' נחמיה · עיין ר"ש פ"ב מ"ד דכלים :

תוספתא דכלים פ"ג

עדיות פ"ב מ"ה פ"ה

פי' תוי"ט ספ"ד דכלים

כתובות כז:

[נקרא כתיב וכלי חרש]

[דף לח:]

בתורת כהנים עיין רש"י ויקרא טו יב

[חולין קכד: ועיין תוס' שבת סד: ד"ה שטוחים ורש"י שם ד"ה ודין ועוד רש"י ב"ק כה: ד"ה סכין]

[גיטין סא:]

[נדה דף ה:]

רבינו חננאל

ביו"ט מתיר ומפקיע וחותך הא דלא כשמואל דשמואל אמר וחותמות שבכלים מתיר ומפקיע וחותך אחד יו"ט ואחד שבת ואוקמה שמואל לר"נ דאמר אפילו טלית ואפי' תרווד אינו ניטל בשבת אלא לצורך תשמישן לפיכך אסור בשבת ליטול סכין להפקיע או לחתוך בה ואליבא דהאי תנא דתני דשני ליה לר' נחמי' בין שבות דשבת לשבות יו"ט אבל סיפא דהא מתניתא מסייע ליה לשמואל דקתני סיפא וחותמות שבקרקע מתיר אבל לא מפקיע ולא חותך אחד שבת ואחד יו"ט כשמואל: אין פותחין את הנר מפני שעושאו כלי ואמרינן מאן תנא דפחיתת הנר משוי ליה מנא אמר רב יוסף ר' מאיר היא דתנן כלי חרס מאימתי מקבל טומאה ר' מאיר אומר משתגמר מלאכתו וכיון שפתח לו מקום לצוק בתוכו שמן כבר נגמרה מלאכתו ותכ"א עד שיצרפנו בכבשן ויכשר להדליק בו ודחה אביי להא דרב יוסף ואמר דלמא עד כאן לא קאמר ר' מאיר התם משנגמרה מלאכתו הוי כלי ומקבל טומאה אלא משום דאע"ג דלא חזי למיכל ביה ולאשתמושי בגויה עד שיצרפנו בכבשן השתא מיהא חזי לאנוחי בגויה מידי הכא האי נר קודם שיצרפנו בכבשן למאי חזי ופרקינן הכא נמי כיון שעשה לו פתח חזי לקבולי ביה פשיטי רב אשי מתני' לה הכי אמר רב יוסף ר"א ב"ר צדוק [היא] דתנן אלפסין חרניות טהורות [באהל המת טמאות] במשא הזב ר' אלעזר בר' צדוק אומר אף טהורות במשא הזב לפי שלא נגמרה מלאכתן פירוש אילו אלפסין חרניות סתומות הן דתניא אין פותחין את הלפסין סתומים רשב"ג מתיר. גרסינן בירושלמי תני לפסין סתומין שעשאן מעיו"ט לא יפתחם ביו"ט מפני שהוא כמכשיר [כלי] ביו"ט ורשב"ג מתיר תמן תנינן. ועל אלפסין חרוניות שהן טהורות כו' אתייה דהכא כסתמא דתמן ודיחידאה דתמן כסתמא דהכא. וקי"ל כלי חרס פתוח אינו מטמא באהל המת שנאמר וכל כלי פתוח אבל מטמא במשא הזב כי כלי הוא אע"פ שאין פתוח ור' אלעזר ב"ר צדוק אומר אינו כלי עד שיפתח ופתיחתו היא גמר מלאכתו צעי חקלייתא פירוש קדירות של בעלי כפרים : ירושלמי ר' בא בשם רב יהודה בקעת טמבה בכותל בשביל שלא תסכסך פירוש מלשון ליחכה נירו וסכסכת אבנוו תני אין מכבין את הבקעת בשביל לחוס עליה ואם בשביל שלא תעשן הבית או הקדירה מיתר א"ר חנינה בשאין שם אויר אבל יש שם אויר משליכה לאויר ודיוא"ן עושין פחמין אפי' לאליירין שצריכין להחם ביום כדי להזיע שהיתה שנויה קודם גזירה מותר: ירושלמי א"ר נסא ויאות כן אנן אמרין תרא קלוריתא שרי משיף וסכחל מינה ביו"ט א"ר מנא כאן לשימור כאן לרפואה: ואין חותכין הפתילה לשנים ביו"ט

עץ שמחתין בו האש, כיון שהוא מיוחד לכך, הרי הוא כלי, ואם נשבר ביו"ט, אסור להסיקו וכנ"ל.

אבל אם ראוין לכעין מלאכתן הראשונה, דהיינו שברי עריבה לצוק לתוכן מקפה {מאכל עב}, ושברי זכוכית לצוק לתוכן שמן, ככלים שלמים הן, ומסיקין בהן.

ועי"ל בסי' ש"ח ס"ו, בט"ז ובה"ל שם, [דהיינו לפי מאי דהבאתי שם דעת שארי אחרונים, דאפי' בשאינם ראוין לכעין מלאכתן, כל שראוין לשום מלאכה, לאו נולד הוא, א"כ ה"נ בענינינו עדיין לאו בכלל שברים הוא].

(ואם הסיק בכלים, אסור להפוך באש לאחר שהודלקו במקצת) - ר"ל שהודלקו כ"כ עד שאין ראוין לכעין מלאכתן הראשונה, וכנ"ל, **(דאז הוי שברי כלי, אלא אם כן ריבה עליהם עצים מוכנים) (המגיד ור"ן).**

ובלא היפך באש, אף שנהנה מן המוקצה, שנתבשל שם תבשילו, לית לן בה, דמוקצה מותר בהנאה, היכי שההנאה באה מאליה ואינו עושה מעשה בידים.

אבל מסיקין בכלים שלמים - דאף דכלי אינו עומד להסקה, מ"מ הלא קי"ל דכל הכלים ניטלין אפילו שלא לצורך תשמישן המיוחד להן, [גמרא, ודלא כרבי נחמיה]. **ומיירי** שאין לו עצים לצורך תבשילו, דאל"כ עבר על בל תשחית.

ולפעמים אסור להסיק אף בכלים שלמים, כגון עכו"ם שלקח עצים של ישראל ועשה מהן כלי ביו"ט, דהו"ל נולד, דמעיקרא עצים והשתא כלי, [**ואם** העץ היה של עכו"ם, תליא הדבר אם שייך נולד בדבר שגמרו בידי אדם, אבל בלאו סברא זו אין להקל, דנולד שייך גם בשל עכו"ם].

[ג]**או בכלים שנשברו מבעוד יום** - ואם ראוין לכעין מלאכתן הראשונה, דינם כשלמין, ואסור להפוך בהם לאחר שהודלקו במקצת וכנ"ל.

[ב]**סימן תקא ס"ז** - [ד]**שקדים ואגוזים שאכלו מערב יו"ט, מסיקין בקליפיהם ביו"ט; ואם אכלם ביו"ט, אין מסיקין בקליפיהם** - וה"ה בתמרים, כשאכלן ביו"ט אין מסיקין בגרעיניהן, ואפילו הקליפין והגרעינין ראוין למאכל בהמה, **והטעם**, מפני שאתמול היו מחוברין וטפלין להאוכל, ונחשבין כאוכל עצמו שהוא ראוי לאכילת אדם, ועכשיו אין ראוין רק לאכילת בהמה, והו"ל נולד, **ודוקא** תמרים חשובים שאין נשאר מהם על הגרעינין כלום, אבל תמרים רעים הואיל ונשאר מעט מן האוכל על הגרעינין, מותר לטלטל הגרעינין אגב האוכל.

הגה: גם אין להסיק עם האגוזים והשקדים עצמן - דאין מוכנים להסיק כלל, שאין דרך כלל להניח אוכלין על האש, משא"כ בכלים, מפני צורך האוכלין ביו"ט אפשר להסיק לפעמים בכלים פחותים, [**ומ"מ** זהו דבר חדש, שימצא דבר שמותר בטלטול ואסור בהיסק].

אלא א"כ הם עדיין בקליפה (ב"י) - דאז מוכנים קצת להיסק אגב קליפתן.

ומיהו בירושלמי איתא, דמותר להסיק באוכלין גופייהו, וכן פסק הרשב"א.

ולפידים שנשארו מיו"ט ראשון שכבו - וה"ה פתילה שנדלקה בשבת ונכבית, **מותר לחזור ולהדליקם אפילו ביו"ט שני של ראש השנה, או יום טוב אחר שבת (הרא"ש ומרדכי וב"י)** - ור"ל לאפוקי ממי שרוצה לאסור, מטעם דעצים שנדלקו ונכבו, וה"ה פתילה שנכבית, נוחים אח"כ ביותר להדלקה מעצים ופתילות חדשות, ונמצא שהכביה שנכבו בשבת הכשירתם למחר להיות נדלקים בטוב, והוא דומה למאי דקי"ל: ביצה שנולדה בשבת אסורה ביו"ט שלאחריה, משום הכנה, **ובעלי** סברא זו הוסיפו עוד יותר, דאלו עצים או פתילות שנכבו ביום א' של ר"ה, אסורים למחרתו, דכיון דשני ימים של ר"ה אינו מספיקא, הוי להו כשני ימים טובים בפני עצמם, וכשתי קדושות, ואין קדושה אחת מכינה לחברתה, וכמו ביו"ט אחר שבת, **ובעל** הגה"ה חולק על סברת אלו הפוסקים, וס"ל דזה לא מקרי הכנה כמו ביצה שנולדה, שהרי גוף העצים או הפתילה היו בעולם מכבר, אלא שנשתבחו.

והנה אף דהרמ"א סתם כדעת המקילין, מטעם דרבו המתירין, מ"מ לכתחלה טוב ונכון לצאת ידי הכל, דהיינו להכין מבעוד יום פתילות חדשות שיהיו על יום טוב, **ואם** לא הכין, יראה עכ"פ להדליק הפתילות מצד השני, [והמחמיר תע"ב].

[ה]**סימן תקיד ס"ד - הגה: ושיורי שמן ופתילה מותרין אפילו ביו"ט אחר שבת, או שני ימים טובים של ר"ה (ב"י בשם רוב הפוסקים)** - ור"ל לאפוקי מדעת הפוסקים שס"ל, דאם כבו בשבת אסור להדליקן אח"כ ביו"ט, וכן אם כבו ביו"ט ראשון של ר"ה, אסור להדליקן ביום שני, קמ"ל דשרי, **ועיין** לעיל בסוף סי' תק"א במ"ב, מש"כ בזה בשם האחרונים, דלכתחלה טוב להחמיר, [היינו שיכין פתילות חדשות מבעוד יום], **ועכ"פ** יראה להדליק הפתילות מצד השני.

אות ב'

אין פוחתין את הנר, מפני שהוא עושה כלי

סימן תקיד ס"ז - [ו]**אין פוחתין נר של חרס, דהיינו בעודו רך כמו ביצים של יוצר, למעד אותו ביד לעשות לו בית קבול, מפני שהוא עושה כלי** - וה"ה לפעמים כשעדיין הוא רך משימין קש או שאר דבר באוירו מדופן לדופן, כדי שלא יפלו הדפנות יחד, אסור ליטול הקש מתוכו ביו"ט, מהאי טעמא, (עיין תוס'), **וכן** שני כלים שהם מחוברין יחד בתחלת עשייתן, כגון שני נרות או כוסות וכה"ג, אין פוחתין אותן לשנים, שהוא כמתקן כלי, **ואם** נדבקו ממילא אח"כ דרך עראי, מותר לפותחן.

באר הגולה

ב שבת קכ"ד | ג ‹מילואים› | ד ברייתא שבת כ"ט וכרבי יהודה, רמב"ם, ועיין לקמן סימן תקי"ד | ה ‹מילואים ע"פ הגר"א וב"י›

ו משנה ביצה ל"ב וכפי' רש"י

אות ג'

ואין עושין פחמין ביום טוב

סימן תקב ס"א - [ז]**ואין עושין פחמים** - הטעם, דהוא כלי לצורפי זהב, [רש"י], וגם דהוא מכבה, [ר"ן].

אות ד'

ואין חותכין את הפתילה, רבי יהודה אומר חותכה באור

סימן תקיד ס"ח - [ח]**אין חותכין הפתילה לב'** - על ידי סכין, דהוא בכלל תיקון מנא, [גמרא], שמתקן ועושה מפתילה אחת שתים, [ואפי' א"צ לפתילה השנית], **וה"ה** אם היתה ארוכה ביותר, ואין נאה לו, וחותך ממנה כדי לקצרה, ג"כ אסור, דהוא ג"כ בכלל תיקון מנא, (ואם רוצה לנתק ביד, צ"ע).

אא"כ ע"י [ט]**שנותן שני ראשיה בפי שני נרות ומדליקה באמצע** - ויהיו שני נרות דולקות, ולא מוכח אז דלתקוני מנא קמכוין, אלא להדלקה בעלמא קמכוין, [רש"י], [י]**והוא שיהא צריך לשתיהן** - דאם אינו צריך, א"כ מוכח דלתקון מנא קמכוין.

ודע דדין זה, הוא הדין בנר של שעוה או של חלב שלא היה דלוק עדיין, ורוצה לחתכו לשנים בסכין, אסור, **אך** להדליק באור באמצע שיעשו מהם שני נרות דולקות, שרי.

אות ה'

משיצרפו בכבשן

רמב"ם פט"ו מהל' כלים ה"א - [יא]**אין כלי חרס מקבל טומאה עד שתגמר מלאכתו, ומאימתי הוא גמר מלאכתו, משיצרפו בכבשן.**

באר הגולה

ז **משנה שם ל"ב** ח **שם במשנה** ט **שם וכרבי יהודה וכדתני רבי חייא, טור בשם הרי"ף ורמב"ם פ"ד** י **ירושלמי הביאו הרא"ש** ‹פי' רש"י נותן ראשיה בתוך שתי נרות, אם צריך להדליקן כאחת, ומדליק באמצע. משמע דאם אין צריך להדליק שניהם, לא, והכי איתא בירושלמי - רא"ש› **יא** ‹לכאורה יש לתמוה על הפוסקים, שסתמו משנתנו {אין פוחתין את הנר} להלכה, ושם לית הלכתא כר"מ. **ומצאתי** בב"י סי' תקי"ד, דהגמי"י בשם איזה ראשונים דחוה באמת מהלכה מטעמא דאמרן. **ונ"ל** דמפרשי, דלאו אעיקר דינא קאמר מאן תנא, דזה לכו"ע אסור, וכמו שתמהו התוס' על פרש"י, רק על לשון: מפני שהוא עושה כלי, דמשמעו דכלי גמור הוא ואף לענין טומאה, ומדויק הלשון: מאן תנא דפחיתת נר מנא הוא, וראיה לדבר, דבברייתא דלקמן דתני נמי הא דאין פוחתין, אה"נ לא מסיימא טעמא דמפני שהוא עושה כלי, ואף דדרך ברייתא לפרושי יותר מהמשנה, והיינו משום דאתיא כחכמים דאינה כלי עד שיצרפוה, ואפ"ה אסור ביום טוב, ונכון בס"ד - רש"ש›

לב א מיי' פ"ד מהל' יו"ט הל' ו טוש"ע א"ח סי' תקיד סעיף ח:
לג ב מיי' שם הלכה ג טוש"ע שם סעיף י:
לד ג ד מיי' שם הל' ו טוש"ע שם סעיף ט:
לה ה מיי' פ"ד מהל' יו"ט הלכה ח ופכ"ב מהלכות שבת הל' ו סמג לאוין סה טוש"ע א"ח סי' תקח סעיף א: רס"ל ס"א לייריה ועיין בהרא"ש
[תוספתא פ"ג]
לו ו מיי' פ"ג מהלכות יו"ט הל' י טוש"ע א"ח סי' תקז סעיף ד:
לז ז מיי' שם פ"ד הלכה יא טוש"ע א"ח סי' תקב סעיף ג:
לח ח מיי' שם פ"ה הלכה ג סמג שם טוש"ע א"ח סי' תקכב סעיף ד:
לט ט מיי' שם פ"ג הלכה י טוש"ע א"ח סי' תקז סעיף ד:
מ י כ ל מיי' שם טוש"ע שם סעיף ז:
מא מ מיי' פ"ד שם הלכה יג:
מב נ מיי' שם הל' יד סמג שם טוש"ע א"ח סי' תקב סעיף א:
[וע"ע תוס' שבת דף קלח. ד"ה כסא]

דקמתקן מנא באור נמי קא מתקן מנא תני ר' חייא *חותכה באור בפי שתי נרות אמר רב נתן בר אבא אמר רב *מוחטין את הפתילה ביום טוב מאי מוחטין אמר רב חנינא בר שלמיא (*משמיה דרב) לעדויי חושכא תני בר קפרא *ג' דברים נאמרו בפתילה ג' להחמיר וג' להקל להחמיר אין גודלין אותה לכתחלה ביו"ט ואין מהבהבין אותה באור ואין חותכין אותה לשנים להקל ממעכה ביד ושורה בשמן וחותכה באור בפי שתי נרות ואמר רב נתן בר אבא אמר רב עתירי בבל יורדי גיהנם הם כי הא דשבתאי בר מרינוס אקלע לבבל בעא מנייהו עסקא ולא יהבו ליה מזוני מיזן נמי לא זנוהו אמר הני מערב רב קא אתו דכתיב ונתן לך רחמים ורחמך *כל המרחם על הבריות בידוע שהוא מזרעו של אברהם אבינו וכל מי שאינו מרחם על הבריות בידוע שאינו מזרעו של אברהם אבינו ואמר רב נתן בר אבא אמר רב כל המצפה על שלחן אחרים עולם חשך בעדו שנאמר נודד הוא ללחם איה ידע כי נכון בידו יום חשך רב חסדא אמר אף חייו אינן חיים ת"ר *ג' חייהן אינם חיים ואלו הן המצפה לשלחן חבירו ומי שאשתו מושלת עליו ומי שיסורין מושלין בגופו ויש אומרים אף מי שאין לו אלא חלוק אחד ות"ק אפשר דמעיין במניה:

מתני' *אין שוברין את החרס ואין חותכין הנייר לצלות בו מליח *ואין גורפין תנור וכירים אבל מכבשין ואין מקיפין שתי חביות לשפות עליהן את הקדרה *ואין סומכין את הקדרה בבקעת וכן בדלת *ואין מנהיגין את הבהמה במקל ביום טוב ורבי אלעזר בר' שמעון מתיר:

גמ' מ"ט משום דקא מתקן מנא ואין גורפין תנור וכירים תני רב חייא בר יוסף קמיה דרב נחמן *ואם אי אפשר לאפות אלא אם כן גורפו מותר דביתהו דר' חייא נפל לה אריחא בתנורא ביומא טבא אמר לה ר' חייא *חזי דאנא רפתא מעלייתא בעינא *)א"ל רבא לשמעיה טוי לי (א) בר אווזא ואזדהר מחרוכא א"ל רבינא לרב אשי אמר לן רב אחא מהוצל דמר שרקין ליה תנורא ביומא טבא אמר ליה אנן ארקתא דפרת סמכינן והנ"מ (ב) הוא דצייריה מאתמול אמר רבינא וקטמא שרי: ואין מקיפין שתי חביות: אמר רב נחמן אבנים של בית הכסא מותר לצדדן ביום טוב איתיביה *רבה לרב נחמן אין מקיפין שתי חביות לשפות עליהן את הקדרה אמר ליה שאני התם משום דקא עביד אהלא א"ל רבה זוטא לרב אשי אלא מעתה בנה אצטבא ביו"ט דלא עביד אהלא הכי נמי דשרי א"ל התם בנין קבע בנין עראי לא אסרה תורה וגזרו רבנן על בנין עראי משום בנין קבע והכא משום כבודו לא גזרו ביה רבנן (א) אמר רב יהודה האי מדורתא מלמעלה למטה שרי מלמטה למעלה אסור וכן

א) עירובין קא.

תוספות

וקטמא שרי · פרש"י לגבלו ולטוח בו דלאו בר גבול הוא וקימה דלאמרינן בשבת (דף יח:) דאפילו בכתישת מים על (ג) העפר בעלמא הוא חייב משום מגבל דקאמר התם אחד נותן את האפר ואחד נותן את המים האחרון חייב וי"ל דהכא ר"ל קטמא שרי כלומר וקטמא שרי לסתום הסדקים של תנור שלא יוליא האור כמו שהוא יבש בלא נתינת מים עליו ועוד יש לומר דה"ק וקטמא שרי כגון שנגבלו מערב יום טוב (ד) ושרי בלא [*גיבול]:

מלמטה למעלה אסור · משום דהוי דרך בנין וכן הוי טעמא דסוכה ולא"ת היכי מהדרין שלחן שאין רגלים על גבי ספסלים שלו דמתחלה משימין הספסלים ואח"כ משימין עליהם את השלחן וי"ל דהואיל ואין להם מחיצות שרי וכל הני מיירי דלית להו מחיצות לגדדים המגיעות לארץ וקימה דלאמר בשבת (דף לג: ושם) מחזירין קדרה על גבי כירה והתם (דף קלח.) קאמר מאן דלית ליה מחזירין דאפילו בשבת מחזירין וי"ל דכל הנך אין אסורין אלא היכא שמתקן האהל והמחיצות אבל אם עשה האהל בלא מחיצות שרי והתם גבי כירה המחיצות הוו עשויות מתחלה וכן פר"ת גבי ביעתא כגון שיש בוליס מכאן ובוליס מכאן וא"ל על גביהן והאור תחת אויר ולא כפי' רש"י שפי' בוליס שמסדרין על גבי אסכלה דכיון דליכא מחיצות לא הוי כעין בנין אלא כרה"י כדפרים *וגם פורי' לא מיירי כגון

רש"י

דקמתקן מנא · אחת היתה ועושה אותה שתים: **בפי שתי נרות** · נותן שני ראשיה בתוך שתי נרות אם צריך להדליקן כאחת ומדליק באמצע דלא מוכח דלתקוני מנא מכוין אלא להדלקה בעלמא: **לעדויי חושכא** · כשהיא נפסית בראשה פחם מעבירה: **לעדויי** · להסיר חושכא. פחם המחשיך אורה: **נאמרו בפתילה** · ביו"ט: **ממעכה ביד** · תקון כלאחר יד הוא: **יורדי גיהנם הן** · שאינן מרחמים לעשות לדקה: **עסקא** · סחורה להשתכר למחצית שכר: **מזוני** · שאל מהם מזונות מיזן נמי לא זיטהו: **ונתן לך רחמים** · שתרחם על הבריות: **כאשר נשבע לאבותיך** · מי שיש לו רחמים מזרעו של אבות: **בעדו** · כנגדו כמו שכת בעדו (איוב א) כלומר חשך פרוס לפניו הכל עליו כחשך: **נכון בידו** · מזומן אצלו: **מי שאין לו אלא חלוק אחד** · אין יכול לכבסו וכנים מלערין אותו: **דמעיין במניה** · מפלה את כליו מן הכנים: **מתני' אין שוברין** **את החרס** · כשצולין דגים על האסכלא שקורין גראדיל"א בלע"ז חותכין קנים או קש שבלים או שוברין חרסים או חותכין נייר ושורין במים וסודרין הנייר על גב האסכלא מפני שהמתכת מתחמם ושורף את הדג: **מליח**. דג: **ואין גורפין תנור וכירים** · אם נפל לתוכו מן הטפל והטיח אין גורפין אותו דמתקן מנא הוא ואתיא כרבנן *דאמרי מכשירי אוכל נפש אסירי: **מכבשין** · מכבשין את האפר והעפר שיהא חלק משפילו ומשווהו שלא יגע בפת שמודבקים בדפנותיו וישרפו מכבשין פרימבר"א: **מקיפין** · מקרבין זו אצל זו כמו (*אין) מקיפין בריאה (חולין דף נ·) וכמו לתרום שלא מן המוקף (גטין דף ל:) הייט סמוך וכמו מקפת וקורא לה שם (נדה דף עא:): **לשפות עליהם קדרה** · והאור בין שתי החביות: **לשפות**. להושיב כל הושבת קדרה על האור קרי שפיתה כשאין לו כלי ברזל שקורין טרפיי"ד או שאין לו כירה של חרס חלולה ואסר לה משום דדמי לבנין ומדרבנן משום דמתחזי כאהלא: **ואין סומכין קדרה בבקעת** · קסבר לא נתנו עצים אלא להסקה לפיכך מוקצין הן *אצל כל תשמיש: **וכן בדלת** · השתא משמע וכן אין סומכין קדרה בדלת ובגמרא פריך עלה: **ואין מנהיגין את הבהמה במקל** · ברשות הרבים השתא קס"ד משום דאין משתמשין בעצים שלא נעשו כלי מערב יום טוב דלא נתנו אלא להסקה: **גמ' ואם אי אפשר לו כו' מותר** · כר"י: **אריחא** · חצי לבינה ונתק מכותל התנור: **רפתא מעלייתא בעינא** · כלומר גרפי התנור: **טוי לי אווזא** · צלה לי אווז בתנור שתנוריהם היו קטנים ופיהן למעלה ותולה הצלי לתוכו וסותם פיו והוא נצלה: **ואזדהר מחרוכא** · שלא יתחרך כלומר גרוף את התנור שלא יהא בו בשוליו דבר גבוה כמו אריח או אבן שהוסק בתנור שנוגע בצלי ושורפו: **דמר** · רב אשי: **שרקין ליה תנורא** · עבדי אדוני טחין סביבות כסוי פי התנור בטיט שלא יצא חומו כשהצלי בתוכו שהרוח קשה לצלי ותימה לן מלתא משום דגבול טיט תולדה דלישה הוא: **ארקתא דפרת סמכינן** · על שפתו של פרת אנו נסמכים בדבר שאין אנו צריכים לגבל טיט שבשפת פרת טיט מגובל הוא: **והוא דצייריה מאתמול** · עשה בו סימן ונתקו לצד אחר: **וקטמא שרי** · לגבלו ולטוח בו דלאו בר גבול הוא: **אבנים של בית הכסא** · אבנים גדולות שמלדדין אותן להיות כמין מושב חלול ויושבין עליהם בשדות במקום המיוחד לבית הכסא: **דקא עביד אהלא** · שיש לו גג אבל הכא ליכא גג: **אצטבא** · כסא של בנין לבנים וטיט: **בנין עראי** · שאינו להתקיים: **והכא** · גבי בית הכסא משום כבוד הבריות לא גזור: **האי מדורתא** · היסק גדול שעושין לפני שרים כדרך בנין עושין לו כתלים מד' רוחות וסודרין עצים למעלה ודומה לאהל: **מלמטה למעלה** · לסדר העצים של כתלים תחלה לעשות עליהם הגג אסורין שדרך בנין הוא: **מלמעלה למטה** · להתחיל תחלה מן הגג ואח"כ יסדרו תחתיו עצי הכתלים שרי: וכן

רבינו חננאל

ביו"ט כו' ואוקימנה חותכה באור בפי שתי נרות ופי' כגון שהיתה פתילה ארוכה מכנים קצה הפתילה בפי הנר וקצתה האחרת בפי נר אחרת ומדליקה באמצע ומנתקת ונמצאו ב' נרות דולקין. מוחטין הפתילה ביו"ט עדוי חשכה פירוש המתעבה בקצה הפתילה כמין גחלת ומתעכב האורה מותר לחותכה: תני בר קפרא בפתילה ג' דברים להחמיר אין גודלין אותה לכתחלה ביו"ט. ואין מהבהבין אותה באור ואין חותכין אותה בשנים וג' דברים להקל ממעכה ביד ושורה בשמן וחותכה באור בפי ב' נרות: אמר רב עשירי בבל יורדין לגיהנם. כי הא דשבתי איקלע לבבל כו' ואמר נמי כל המצפה לשלחן חבירו עולם חשך בעדו שנאמר נודד הוא ללחם איה וגו': ת"ר ג' (דברים) שחייהן אינם חיים המצפה לשלחן חבירו ומי שאשתו מושלת עליו ומי שיסורין בגופו ופשוטין הן: אין שוברין חרס ואין חותכין נייר לצלות בו מליח ביו"ם משום דמתקן מנא ואין גורפין תנור וכירים ואם אי אפשר לו לאפות אא"כ גורפו מותר. שרקין ליה תנורא פירוש טחין פי התנור בטיט כאשר נותנין הפת או הצלי בתוכו א"ל רב אשי לרבינא אנן ארקתא דפרת סמכינן לה כלומר אין אנו גובלין טיט ביו"ט אלא נוטלין מן העפר המלוחלח אשר על שפת נהר שהוא כעין טיט ובו טחין פי התנור וזה הטיט שבשפת פרת מעיו"ט מכינין אותו. ואפר כירה מותר לגבל ולטוח בו שאינו בן גיבולי אין מקיפין ב' חביות אחת מכאן ואחת מכאן לשפות עליהן הקדירה: ירושלמי משום בונה שנמצא עושה כמין כירה ועלית הקדירה אהל אבל אבנים לבית הכסא מותר לצדדן אחת כנגד אחת אמר רב יהודה האי מדורתא מלמטה למעלה (שרי) [אסור] דרך

מסורת הש"ס

תורה אור דברים יג · איוב טו
[גי' הערוך מוהטין ועי' בשבת לג.] [בהרא"ש ליתא וכן בערוך ערך כם ליתא אלא הכי איתא מאי מוהטין עדויי חשוכי] [שבת קכה. וע"ש תוס' גי'] [פסחים קיג:] [עיין תוס' דמותק מלת אין] [שבת קכה.] [לעיל כט:] [כסף רבא]

הגהות הב"ח

(א) גמ' טוי לי אווזא כצ"ל ותיבת בר נמחק: (ב) שם והנ"מ כצ"ל ותיבת הוא נמחק: (ג) תוס' ד"ה וקטמא וכו' על האפר בעלמא הוא: (ד) בא"ד שגבלו מעיו"ט ושריק בלא גבול:

גליון הש"ס רש"י ד"ה ואין סומכין וכו' אצל כל תשמיש. עיין לקמן דף לג ע"ב ברש"י ד"ה לא יטול:

§ מסכת ביצה דף לב: §

אות א'

חותכה באור בפי שתי נרות

סימן תקיד ס"ח - אא"כ ע"י [א]שנותן שני ראשיה בפי שני נרות ומדליקה באמצע - ויהיו שני נרות דולקות, ולא מוכח אז דלתקוני מנא קמכוין, אלא להדלקה בעלמא קמכוין, [רש"י].

אות ב'

מוחטין את הפתילה ביום טוב

סימן תקיד ס"י - [ב]מותר להסיר הפחם שבראש הנר כשהוא דולק - היינו מה שכבר נשרף ונעשה פחם, ועי"ז מחשיך הנר, מותר להסירו, **ומדסתם** המחבר, משמע דאפי' בכלי מותר. **[ג]אבל אינו חותך ראש הפתילה בכלי** - דהכא הוא מגוף הפתילה, והוא בכלל תיקון מנא, **וי"א** דכונת המחבר להחמיר גם לענין פחם, דאסור להסירו בכלי, ‹דאי אפשר לצמצם שלא יחתוך מגוף הפתילה מה שלא נעשה פחם עמו, וזה אסור - ט"ז›, [ומה שכתב המחבר "ראש הפתילה" הוא לאו דוקא].

וכ"ז מדינא, אבל אנו במדינתנו נהגו להחמיר, בין בנר של שמן ובין בנר של שעוה וחלב, שלא למחוט כל עיקר אפילו פחם, בין ביד בין בכלי, ‹שמא יבואו למחוט בכלי שהוא אב מלאכה - ט"ז›, **ואין** היתר אלא לנפץ הפחם באצבעו, שאינו מכבהו בידים, [**ואע"פ** שמפילו לארץ והוא כבה, מותר, הואיל ואינו מתכוין לכך, ואפי' אם נאמר דהוא פ"ר, מ"מ הלא הוא פ"ר דלא ניחא ליה, וגם כבוי הוא משאצ"ל, לא גזרו בזה רבנן], **ואצ"ל** שמותר להטות באצבעו את ראש הפתילה, כדי שתדלק יפה.

אות ג' - ד'

אין גודלין אותה לכתחלה ביו"ט, ואין מהבהבין אותה באור ממעכה ביד, ושורה בשמן

סימן תקיד ס"ט - [ד]אין גודלין את הפתילה - פי' כששוזרה עביד כלי ביו"ט, [מאירי, **וצ"ע** תיפוק לי משום טויה, **ואפשר** דאי משום טויה לחוד, הלא הוא דוקא כרוחב הסיט, ומשום כלי חייב כל שהוא ראוי להדלקתו]. [**ולאו** דוקא ע"י שזירה, אלא כל שראויה להדלקה ע"י עשייתו, הוא בכלל איסור, ולפי"ז אם לוקח חתיכת צמר גפן, ומותחה ועושה אותה כמין פתילה, ג"כ אסור, **ואין** זה בכלל ממעכה ביד דשרי, דשם היא מתוחה כבר, וממעכה כדי להקשותה].

(ומסתברא דאפי' ביד אסור, דטויה ביד גם כן חייב, ואפי' פחות מכשיעור הלא הוא אסור מן התורה, וכן מוכח מלשון השו"ע, שכתב אבל ממעכה בידו כדי להקשותה, מוכח דלגדלה לכתחלה אפילו ביד אסור).

ועיין באחרונים, דה"ה דאסור להתיר קליעת הפתילה, או להתיר נר של שעוה הקלועה, ואפילו אם מכוין לצורך הדלקה.

ולא מהבהבין אותה - להסיר הנימין כדי שתדלק יפה, וגם בזה משום תיקון מנא. **אבל אם אינה קשה כל צרכה, יכול למעכה בידו כדי להקשותה** - דתקון כלאחר יד הוא, [רש"י]. **ומותר לשרותה** - כדי שתדלק אח"כ יפה בו ביום, **בשמן (שאין בו נר דלוק) (ב"י בשם הרוקח)** - דכשנר דולק ושורה בתוכו, נתמעט השמן קצת, ואמרינן בעלמא: המסתפק מן השמן שבנר חייב משום מכבה.

[ה]סימן תקיד ס"ו - [ו]אין נותנין נר על גבי אילן מעיו"ט, דחיישינן שמא יבא להשתמש באילן - דביו"ט פשיטא דאסור, דהנחה בכלל שימוש הוא, **אלא** אפילו אם הניח מעיו"ט על דעת שיהיה מונח שם ביו"ט, אסור, דכיון דביו"ט מותר לטלטל הנר, חיישינן שיבוא ליטול משם, וגם זהו בכלל שימוש דאסרו חכמים, וכנ"ל בסי' של"ו, וזהו מה שסיים המחבר: שמא יבואו וכו'.

[ז]סימן תקיד סי"א - [ח]המדליק נר של יו"ט, צריך לברך: אקב"ו להדליק נר של יום טוב - שהדלקת נר ביו"ט ג"כ מצוה היא כמו בשבת, **ואם** חל בשבת, אומר: של שבת ושל יו"ט, **וגם** ביו"ט שני של גליות צריך לברך.

אות ד'* [ט]

כל המרחם על הבריות, בידוע שהוא מזרעו של אברהם

רמב"ם פי"ט מהל' איסורי ביאה הי"ז - וכן כל מי שיש בו עזות פנים או אכזריות ושונא את הבריות ואינו גומל להם חסד, חוששין לו ביותר שמא גבעוני הוא, שסימני ישראל האומה הקדושה: ביישנין רחמנים וגומלי חסדים, ובגבעונים הוא אומר: והגבעונים לא מבני ישראל המה, לפי שהעיזו פניהם ולא נתפייסו ולא רחמו על בני שאול, ולא גמלו לישראל חסד למחול לבני מלכם, והם עשו עמהם חסד והחיום בתחלה.

רמב"ם פ"י מהל' מתנות עניים ה"ב - כל המרחם מרחמין עליו, שנאמר: ונתן לך רחמים ורחמך והרבך; וכל מי שהוא אכזרי ואינו מרחם, יש לחוש ליחסו, שאין האכזריות מצויה אלא בעכו"ם, שנאמר: אכזרי המה ולא ירחמו.

אות ה'

אין שוברין את החרס, ואין חותכין הנייר לצלות בו מליח

סימן תקח ס"א - ואין שוברין את החרס, ואין חותכין את הנייר, לצלות עליהם - שכשצולין דגים על האסכלא, שוברין חרס או חותכין נייר, ושורין אותו במים, וסודרן ע"ג האסכלא שלא ישרף הדג, [רש"י], וביו"ט אסור משום תיקון מנא.

באר הגולה

א משנה ביצה ל"ב וכרבי יהודה וכדתני רבי חייא, טור בשם הרי"ף ורמב"ם | ב שם מימרא דרב | ג טור בשם הרמב"ם ‹ומדברי רש"י והרא"ש נראה, שאין מותר להעביר אלא ראש הפתילה שהוא עשוי פחם, אבל לחתוך גוף הפתילה לא, וכן יש לדקדק מדברי הרמב"ם - ב"י› | ד ברייתא שם | ה ‹מילואים› | ו מימרא דרב שבת מ"ה | ז ‹מילואים› | ח הג' אשר"י והמרדכי בשם הירושלמי ושאר פוסקים | ט ‹ע"פ מהדורת נהרדעא›

סימן שמ סי"ג - [יא]**אין שוברים החרס ואין קורעין הנייר** - כדי להניח עליהם וכה"ג, **מפני שהוא כמתקן כלי** - ומיירי בשאין מקפיד על המדה, דאל"ה יש בו גם משום מחתך, [**דגם** בקורע ביד יש בו משום מחתך, ועיין במש"כ בסי' שכ"ב בבה"ל].

ואם קורע נייר לקרעים כדי לקנח את עצמו בהן, או לשאר איזה תשמיש, חייב משום קורע, שהוא קורע ע"מ לתקן, **והמחבר** שלא הזכיר כאן הטעם משום קורע, (דלא שייך שֵם קורע ע"מ לתקן כי אם כשקורע איזה דבר באמצע, והוא צריך לתיקון שניהם, **משא"כ** כשקורע איזה דבר מהבגד מן הצד, וכונתו לתקן בזה את הבגד שהיה ארוך, **או** מקולקל בשפתו, והחתיכה הנקרעת לא יתוקן בזה כלל, לא שייך בזה שם קורע ע"מ לתקן כי אם שם אחר, דהיינו מתקן מנא, שהוא מתקן בזה את הבגד, **ולכך** בענינגו שהוא קורע איזה חתיכת נייר מדף שלם כדי להשתמש בו איזה דבר מה, ובדף שנקרע ממנו הנייר הזה אינו מתקנו כלל, **ואפשר** דמקלקלו ג"כ, אין זה בכלל קורע ע"מ לתקן, **ולפי"ז** אם קורע הנייר לכמה קרעים, וצריך לכל אחד להשתמש בו, הוא חייב, דהוא קורע ע"מ לתקן, **אבל** לשיטת רש"י, דס"ל דכל דבר שהתיקון מנכר תיכף בעת הקריעה גופא, לא שייך בזה שם קורע כלל, כיון דעושה כלי בקריעתו, א"כ הכא נמי דמשוי ליה מנא בקריעתו, לא שייך בזה שם קורע כלל).

אות ו'

ואין גורפין תנור וכירים, אבל מכבשין

סימן תקז ס"ד - [יב]**תנור שנפל לתוכו מטיח הטיט** - מיירי בתנורים שבימי חכמי הש"ס, וכדמסיים לקמיה, שהיו כמו קדרה, והפת היו טוחין בכותלי התנור, וא"כ הגחלים שבקרקע התנור אין יכולים להפסיד לפת, רק טיח טיט או לבנה שנופל, והוא מגיע לפעמים עד מקום שהעיסה טוחה בכותל וחורך, **אם אפשר לאפות ולצלות בו בלא גריפה, ולא יתחרך הפת או הצלי, אסור לגרפו, מפני** [יג]**שהוא מטלטלו שלא לצורך** - והרי הוא מוקצה, דהא אינו ראוי לשום דבר. **אבל מותר להשכיב** [יד]**האש והאפר שבו, כדי שיהיה חלק ולא יגע בפת כלל, אע"פ שאם היה נוגע בו לא היה כדי לחרכו** - דאם יוכל לחרוך הפת, אפילו גריפת הטיט מותר וכדלקמיה.

מותר להשכיב האש והאפר - מפני שכל זמן שהוא חם אין עליו שם מוקצה, וכדלעיל בסי' תצ"ח סט"ו, [**וכתב** המ"א, דאפי' אם נצטנן, אם חזר והוחם בו ביום, שרי, דאין מוקצה לחצי שבת]. **ולכאורה** לפי"ז, א"כ גם להוציא לגמרי את האפר מן התנור שרי, ומאי שנא משכיבין דנקט, וכן מוכח בסמ"ג, **ואפשר** משום דיש אש באפר, ובגריפת האפר יכבה האש, אכן בהשכבה אפשר ליזהר שלא יכבה האש, וכההיא דלעיל סימן תק"ב ס"א בהג"ה, **אכן** אח"כ מצאתי בפי' המשניות להר"מ, ומוכח דסובר דאפי' אפר לבד אסור להוציא, ואפשר דשיטתו, דגם זה חשיב כתיקון התנור, או משום דהוא טרחא יתירה, אחרי דאפשר לאפות בלא"ה.

(**וכתבו המפרשים**, דהטיח והעפר שנפל מכותלי התנור, אסור להשכיב, שהרי הם מוקצה, והוא לא לצורך, שהרי הפת לא יתחרך, **ובאמת** אף שמשמע כן מרא"ש וטור, מ"מ אפשר דשארי פוסקים לא ס"ל כן, שהרי רש"י והאו"ז והרא"ה והר"ן ומאירי פירשו, דהאי "אבל מכבשין" אטיח ועפר קאי, **אלא** דבאמת מרש"י אין הוכחה, שהרי אוקמי מתניתין כרבנן דמכשירי או"נ אין דוחין יו"ט, ופי' ב"אבל מכבשין", כדי שלא יגע בפת וישרפנו, וכיון דהטיח יכול לשרוף, שפיר מתיר, דמוקצה לצורך אוכל נפש מותר לטלטל, וגם להרא"ש מותר בכה"ג, וכמו שמסיים המחבר, **אלא** דהר"ן פירש, ד"אבל מכבשין" אעפר קאי, **ואפשר** שטעם הר"ן וסייעתו דלא חשו למוקצה, דס"ל דהתירו חכמים בכגון זה, שאינו מטלטל לגמרי אלא מכבש, **וגם** שהרי מיירי שמכבש לאחר שהסיק, וטיח הטיט חם, וס"ל דלא גרע זה מאפר חם שראוי לצלות בו ביצה וכיוצא, וה"נ דכוותיה, **אם** לא שהיה הטיח בתנור מאתמול בין השמשות שהיה צונן, וחל עליו שם מוקצה, דהוא עפר בעלמא, ומיגו דאיתקצאי ביה"ש איתקצאי לכולי יומא).

אות ו'* [טו]

ואין מקיפין שתי חביות לשפות עליהן את הקדרה

סימן תקב ס"א - עיין דף לג. אות א'.

אות ז'

ואין סומכין את הקדרה בבקעת, וכן בדלת

סימן תקב ס"ג - [טז]**אין סומכין את הקדרה ולא את הדלת, בבקעת** - דעצים להסקה הן עומדין ולא לדבר אחר, ולכן אפי' בבקעת יבשה שנכונה להסקה, אסור לטלטלה לצורך דבר אחר, ובכלל מוקצה הוא לזה. **ודעת** כמה אחרונים, דהמחבר אזיל לשיטתו, דפסק בסי' תצ"ה ס"ד, דמוקצה אסור ביו"ט, **אבל** לדעת הפוסקים המתירין מוקצה ביו"ט, מותר לסמוך בבקעת יבשה שראויה להסקה, אבל בלחה כיון שאינה ראויה להסקה, אסור, דדינו כאבנים, [זהו טעם התוס' (ל"ג. ד"ה והלכתא), **וכתב** בב"מ, דבשעת הדחק יש לסמוך להקל בבקעת יבשה].

אות ח'

ואין מנהיגין את הבהמה במקל ביום טוב

סימן תקכב ס"ד - [יז]**אין מנהיגין בהמה במקל** - אפילו אזמניה להמקל מאתמול לכך, דשוב לית ביה משום מוקצה, אסור, דמחזי כמאן דאזיל לשוק למוכרה, [**דאי** לא אזמניה, המקל מוקצה, דלא ניתנו עצים אלא להסקה].

באר הגולה

[י] (ע"פ מהדורת נהרדעא) [יא] רמב"ם [יב] משנה וגמרא שם ל"ב [יג] (וכן פירש הרא"ש שם, דלא כרש"י שפי' משום תקוני מנא – גר"א) [יד] לשון הטור לדעת הרא"ש אביו (וכתב ב"י אבל העפר לא, שהוא מוקצה, דלא כרש"י, שרש"י אזיל לשיטתו שפי' משום תקוני מנא – גר"א) [טו] (ע"פ רש"י עירובין דף ק"א. ד"ה וכן קדרה – כדתנן במסכת ביצה (לב, ב): אין מקיפין שתי חביות לשפות עליהן את הקדרה, ואמר רב יהודה: אסור להקיף חביות תחלה להקריבן זה אצל זה, ואחר כך יתן הקדרה עליהן, שזה דרך בנין, אבל יאחוז הקדרה באויר, ואחר כך יקיף חביות תחתיה) [טז] משנה שם ל"ב, וסיים הרמב"ם: דלא התירו לטלטל עצים אלא להסקה בלבד [יז] משנה שם ל"ב וכת"ק

אות ט׳

ואם אי אפשר לאפות אלא אם כן גורפו, מותר

סימן תקז ס״ד - [יח]אבל אם יש בטיח שנפל לתוכו כדי לחרך הפת או הצלי אם היה נוגע בהם, [יט]אף על פי שבלא גריפה היה אפשר לאפות ולצלות בו - ר״ל שלא היה נשרף, **כיון שהיה מתחרך מותר לגרפו, דחשיב טלטול לצורך** - וכפי שיבואר לקמן ס״ס תק״ט בהג״ה, דמותר לטלטל מוקצה לצורך אוכל נפש, **וכתבו** הפוסקים, דכ״ז בשנפל הטיח היום, או אפילו אתמול ולא ידע מזה, או שלא היה לו שהות לתקנו, **אבל** בהיה יכול לתקן מאתמול ולא תיקן מחמת שכחה, אסור לגרוף, ככל מכשירין שאפשר לעשות מבע״י, שאסור לעשות ביו״ט.

[כ]ודוקא בתנורים שלהם שהיו מדבקים הפת סביבם, ואין צריכים לגרפם אלא מהטיח שנפל לתוכו - הלשון מגומגם קצת, ובר״ש שממנו נובע דברים אלו איתא כן: דלא התירו חכמים לגרף אלא טיח של תנור, דהוא רק טלטול מוקצה, אבל לגרף גחלים, דבא לידי כיבוי עי״ז, לא התירו, **וכ״ז** בתנורים שלהם שהיו מדבקים הפת בכותלי התנור, וא״כ אין הגחלים שבתחתיתו יכולין לשרוף הפת, אלא לחרך מעט, ולא יהיה הפת יפה, ומשום זה לא התירו גריפת גחלים שבא לידי כיבוי, **אבל תנורים שלנו** - שאופים בתחתית התנור, **כיון שאי אפשר לאפות בהם בלא גריפה** - שתשרף, **מותר לגרפו מהאפר והגחלים** - ואפילו במכבדת טבולה במים אם צריך לזה, וכדלקמיה בס״ה, **ואע״פ שהוא מכבה, אי אפשר בלא כן, וכשם שמותר להבעיר לצורך אוכל נפש, כך מותר לכבות לצורך אוכל נפש, והרי זה כמניח בשר על הגחלים** - לצלותו, שאע״פ שמכבה הגחלים בתחלתו, מותר, מפני שהוא לצורך אוכל נפש, **וכן נהגו.**

ואין זה כמיתוק החרדל בגחלת של עץ בתוכו, דאסור, **מפני** שהחרדל ראוי לאכול בלי כיבוי גחלת בו, אלא מפונקים מכבים גחלת בתוכו, **ועוד** שאפשר זה ע״י כיבוי גחלת של מתכת, והוא ראוי ומצוי יותר.

(עיין בביאור הגר״א שכתב דזהו לגירסת רש״י וש״פ בשבת קל״ד, אבל הרי״ף אוסר כיבוי לצורך או״נ, ומה דמותר בשר ע״ג גחלים, עיין במ״א, ובאמת כדבריו כתב ג״כ הר״ן).

ואם התנור גדול, והגחלים מונחים במקום אחד בתנור, ושאר התנור פנוי, שיכול לאפות הפת בלי גירוף, אלא דאתא לגרף הגחלים כדי שלא יהיו סמוכין לפת, ושמא יהא נחרך בקצתו, אסור, [וע״י עכו״ם שרי], **וכן** אם גרף התנור מהגחלים הגדולים, ונשארו גחלים קטנים וניצוצות, באופן שלא ישרף הפת, רק אפשר שיהא נחרך קצת במקום שיגעו, אסור לגרפם פעם שניה משום כיבוי, [וע״י עכו״ם שרי].

אות י׳ - כ׳ - ל׳

ארקתא דפרת סמכינן

והני מילי דציירה מאתמול   וקטמא שרי

סימן תקז ס״ז - [כא]מותר לסתום פי התנור - כגון ע״ש שחל ביו״ט, שצריך להטמין התבשילין למחר, או ביום טוב גופא, שיצטמק המאכל יותר, **בטיט ורפש שעל שפת הנהר** - שמפני רוב המים מצוי שהם מרוככים, ואינם צריכין גיבול, [רש״י ושארי פוסקים], **ואע״ג** דמ״מ צריך למרח אותם ע״ג התנור בשעת סתימה, וממרח ג״כ אב מלאכה היא, **מירוח** שאני, שא״א לעשותה מעיו״ט ומותר לצורך אכילה.

[כב]והוא שרככו מאמש - הלשון מגומגם, דהא איירינן במרוכך, **או [כג]עשה בו סימן** - משום הכנה, **ונתקו לצד אחר** - דאל״ה עושה גומא בנטילתו.

(והנה דברי המחבר ראשיתם הם דברי הרמב״ם, וסופם הם דברי רש״י, ותימה שהרכיבם יחד, ובאמת דברים נפרדים הם ומחולקים בפירוש דברי הש״ס וכמו שנבאר, דאיתא בגמ׳ א״ל רבינא לרב אשי אמר לן רב אחא מן הוצל דמר שרקין ליה תנורא ביומא טבא, {ופי׳ רש״י דהקושיא היא משום מגבל ביו״ט}, א״ל אנן ארקתא דפרת סמכינן, {ופירש״י שא״צ לגבל טיט ששפת פרת טיט מגובל הוא}, והה״מ דציירה מאתמול, {פירש״י עשה בו סימן ונתקו לצד אחר}, עי״ש, ולפי״ז טיט שעל שפת הנהר הוא משום לתא דגיבול, וציירה מאתמול הוא משום הכנה, והרמב״ם כפי הנראה פירש להיפך, שהשאלה היתה בשביל טיט מוקצה, וע״ז השיב לו דאנן ארקתא דפרת סמכינן, והוי לן כמוכן ועומד, וע״ז מסיימינן והוא דציירה מאתמול, ר״ל שגבלו, דאל״ה מאי מהני לן במה שמוכן כיון שצריך לגבל, ואם כן דברי המחבר שהעתיק שתי הסברות ביחד, וכתב: או עשה וכו׳, מוקשים מאוד, וצ״ע, ולולא יראתי הייתי אומר, שצ״ל: ועשה בו סימן וכו׳, והיינו שחשש המחבר לצאת גם לדעת רש״י, וצ״ע).

וברפש או טיט מרוכך שברחוב, שתלושים הם מן הקרקע, דעת מ״א שא״צ שום סימן וניתוק, רק שיהיה דעתו עליהו מעיו״ט לסתום בהם פי התנור, (דדוקא בטיט שבנהר שעדיין מחובר לקרקע, צריך לנתקו מאתמול, אבל טיט שמונח ברחוב תלוש הוא, ולא בעי סימן - מ״א), **ומהלבוש** משמע, שאין לחלק בזה, (**דבודאי בטלים הם ע״ג קרקע, וצריך מערב יו״ט לעשות סימן במקום שירצה ליקח, ולנתקו לצד אחד, כדי שיהא מוכן ממש, ולא במחשבה בעלמא).**

אבל לגבל טיט ביו״ט, אסור - וה״ה עפר, דבר גיבול הוא, [**ואפי׳** יש לו טיט או עפר מוכן בביתו, אלא שהם יבשים, ורוצה ליתן עליהם מים ללחלח, ג״כ אסור, דהרבה פוסקים פסקו כרבי, דנתינת מים זהו גיבולו, ואפי׳ לר׳ יוסי בר״י, מסתברא דאיסורא עכ״פ איכא]. (**עייןברא״ש דמוכח מיניה, דאפי׳ כבר נתן עליו מים מבע״י, אפ״ה אסור ביו״ט לגבלו).**

באר הגולה

יח **כן פי׳ הרא״ש שם** ‹גמ׳ שם תני כו׳. ואם א״א כו׳ א״ל רבא לשמעיה כו׳ - גר״א› **יט** ‹שם דביתהו כו׳ א״ל כו׳ - גר״א. ‹**משמע** אף דיהיה ראוי לאכילה שיחרך קצת, אפ״ה שרי לגרוף משום דבעי ריפתא מעליא - דמשק אליעזר› **כ** ‹כנ״ל דאם א״א מותר - גר״א› **כא** **מימרא דרב אשי שם ל״ב** **כב** **כפי׳ רמב״ם** **כג** **כפי׳ רש״י שם**

יש שכתבו הטעם, דגיבול זה לסתום התנור הוא רק מכשירי אוכל נפש, שאינו מותר רק בא"א לעשותו מעיו"ט, והכא הלא אפשר היה לגבלו מקודם, [הרשב"א], **ולפי** טעם זה, יש בזה איסור תורה, [**ולפי"ז** אם גיבלו מעיו"ט, ולמחר נתייבש הטיט כגון בימי הקיץ, אפשר דמותר שפיר לגובלו, או עכ"פ ליתן מים בטיט ללחלחו]. **ויש** שכתבו, דלסתום התנור כדי שיתבשל, או כדי שיצטמק המאכל, מיקרי אוכל נפש גופיה כהבערה, ואפ"ה אסרו חכמים, משום דיאמרו דמגבל לבנין, [הרא"ה]. **והיינו** אפי' למאן דס"ל דאוכל נפש גופיה מותר לגמרי, אפי' בהיה לו לתקן מעיו"ט, הכא אסור מדרבנן, **ולסברא** זו, אפי' גיבל מאתמול ונתייבש למחרתו, ג"כ אסור לגבלו, או אפי' לתת מים בתוכו, דאכתי מיחזי כמגבל לבנין, **וע"י** עכו"ם יש להקל, דהוא שבות דשבות לצורך יו"ט].

[כד] **ומותר לגבל אפר לסתום בו פי התנור** - לא מיבעיא למ"ד שאין חייבין בשבת על גיבול אפר, משום דאין מתדבק ע"י הגיבול, בודאי שרי, **אלא** אפי' למ"ד בגמרא, דבדבר שאינו בר גיבול כגון באפר, משעה שנתן בו מים חייב, מ"מ הכא מותר, דהא לצורך אוכל נפש הוא, **ושני** הטעמים דלעיל לא שייכי גבי אפר, שהרי מעיו"ט לא היה אפשר לו לגבל, שאפר אינו מחזיק מים ומתייבש, **וטעם** שני דמחזי כמגבל לבנין, ג"כ לא שייכי באפר, שאין מגבלין אפר לבנין, וכו"ע ידעי דלצורך התנור מכין לה, **ומ"מ** אם יש לו טיט מגובל, אסור לגבל אפר ביו"ט, [דאף לענין הוצאה דהותרה מטעם "מתוך", אם אינו לצורך כלל, אסור, **ומה** גם דבאוכל נפש גופיה, יש מחמירין באפשר לעשות מעיו"ט, וכ"ש בזה].

ויש שכתבו להחמיר בגיבול אפר ביו"ט, [ר"ת ור"י, ‹תוס' ד"ה וקטמא› וסוברים דבשבת חייב, וה"ה ביו"ט, ואין מחלק כחילוק הרשב"א והרא"ה הנ"ל, ומהרש"ל הסכים לדבריהם], **ואע"פ** שאינו כן מעיקר הדין, [שהרי הר"ח והרי"ף ורש"י והרמב"ם ועטור ושבלי לקט והרשב"א והרא"ה והר"ן, כולם כתבו להיתר], מ"מ המחמיר תע"ב, **וכ"ז** מיירי באפר שהסיקו מעיו"ט דאינו מוקצה.

אות מ'

אבנים של בית הכסא מותר לצדדן ביום טוב

רמב"ם פ"ד מהל' יום טוב הי"ג - אבנים של בה"כ מותר לצדדן ביו"ט, בנין עראי הוא ומשום כבודו לא גזרו.

[כה] **סימן שיב ס"י -** [כו]**אבנים גדולות שמצדדין אותן כמין מושב חלול, ויושבים עליהם בשדות במקום המיוחד לביה"כ, מותר לצדדן** - היינו להעמיד הדפנות שמכאן ומכאן, **אבל** להניח אבן למעלה על שתיהן, אסור משום אהל, אף דאהל עראי הוא, כ"כ מ"א, **אבל** הא"ר ומאמ"ר מתירין גם בזה, ‹וז"ל: דגמ' משמע דאה"נ שאם הוצרך לעשות אהל עראי, [כז] דשרי משום כבוד הבריות›.

ואע"ג דבנין עראי הוא, לא גזרו ביה רבנן משום כבוד הבריות - י"א דוקא אם היו האבנים מוכנים מכבר לזה, דאל"ה לא הותר איסור מוקצה בשביל זה, דלא מצינו שהותר אלא לקינות.

[כח] **סימן שט"ו ס"א - אסור לעשות אהל בשבת ויו"ט אפילו הוא עראי, ודוקא גג, אבל מחיצות מותר** - דעיקר אהל הוא הגג שמאהיל עליו, ולכן גזרו בו משום אהל קבע, **משא"כ** מחיצות עראי לחוד, לא נחשב כאהל כלל. **ואין מחיצה אסורה אא"כ נעשית להתיר סוכה, או להתיר טלטול. הגה: אבל מחיצה הנעשית לצניעות בעלמא, שרי** – ‹לכאורה יש להקשות מהא דאיתא בביצה ל"ב, אבנים של ביה"כ מותר לצדדן ביו"ט, ומסיק שם הטעם, דאף דמחיצה לבד בלא גג חשיב בנין עראי ואסור בעלמא, הכא משום כבודו לא גזרו רבנן, **הרי** מפורש דגם במחיצת עראי בלא גג ג"כ אסור, אף דאין ע"ז שם אהל עראי, אסור מטעם בנין עראי, **ואפשר** דמחיצת אבנים שאני, דדרך בנין קבע הוא, וכשמצדדן בקרקע לבנין קבע, חייב משום בונה, וכדאיתא בריש פרק הבונה, ולהכי חמיר טפי, **ולפי"ז** יתכן לומר, דהא דמתירין מחיצת עראי לצניעות, היינו נמי דוקא בדבר שאין דרך לעשותה תמיד לקבע, כגון בוילון או מחצלת וכיו"ב, **אבל** אם יעשה מחיצת עראי של אבנים ולבנים זה על גב זה, אסור, **ויותר** נראה לומר, דדוקא במחיצה שעשויה תמיד כדי להפסיק בין הרשויות, אמרינן כיון דהיא אינה מתרת, וגם היא עראי, לא חשיבא, **משא"כ** כשמצדד אבנים כדי לישב עליהן, חשיבא טפי, דלאו משום מחיצה אייתינן עלה, כי אם משום גזרת אצטבא, ע"ש בגמרא›.

אות נ'

האי מדורתא, מלמעלה למטה, שרי, מלמטה למעלה, אסור

סימן תקב ס"א - [כט]**העושה מדורה ביו"ט, כשהוא עורך את העצים אינו מניח זה על זה עד שיסדר המערכה, מפני שנראה כבונה** - היינו כשעושה [ל]שתי שורות משני הצדדים, ומניח עצים עליהם מלמעלה, דאז נראה כאהל, **אבל** שורה אחת להניח זה על זה, מותר, **ודוקא** אם מסדר גם השורות שמן הצדדין ביו"ט, אבל אם היו מסודרים מבע"י, מותר להניח עצים עליהם מלמעלה. **אלא או שופך העצים בעירבוב; או עורך בשינוי, כיצד, מניח עץ למעלה, ומניח אחר תחתיו ואחר תחתיו עד שהוא מגיע לארץ.**

---

§ מסכת ביצה דף לג, §

אות א'

וכן ביעתא, וכן קדרה, וכן פוריא, וכן חביתא

סימן תקב ס"א - וכן הקדרה, אוחז אותה ומכניס האבנים תחתיה, אבל לא יניחנה על גבי האבנים - היינו כשסדרן היום, אבל אם היו מונחים שם מאתמול, מותר להניח הקדרה עליהם, וכנ"ל. ‹תוס' ל"ב: ד"ה מלמטה›

‹המשך ההלכות בעמוד הבא›

באר הגולה

[כד] **טור בשם רש"י אהא דאמר רבינא וקטמא שרי** [כה] ‹ע"פ מהדורת נהרדעא› [כו] **ביצה ל"ב מימרא דרב נחמן** [כז] ‹לא ידעתי מאי כבוד הבריות שייך בזה, הא אפשר לתקן הגג תחלה - מחה"ש› [כח] ‹ע"פ הבה"ל› [כט] **מימרא דרב יהודה שם ל"ב ול"ג ול' הרמב"ם** [ל] [מ"א], ‹ועיין ברש"י. **וכ'** המחה"ש: ד' מחיצות הוא לאו דוקא, דאפי' ב' מחיצות אסור, אם עושה עליהם גג ע"י עצים, דזה מיקרי אהל, דהא אסור ליתן שתי אבנים וקדרה על גבם›

המביא פרק רביעי ביצה לג

מסורת הש"ס

וכן ביעתא. בילים גסות הגמות ע"ש כלי חלול כעין טרפי"ד לו על האסכלה אין מושיבין את הכלי תחלה ואח"כ יסדר עליו אלא יאחזנו בידו ויושיב הבילה עליו ואח"כ יושיב הכלי על הגחלים שלא יעשנו כסדר בנין: **וכן קדרה**. שמושיבין על ב' חביות לא *יקיפנה תחלה ואח"כ יושיב הקדרה עליהם אלא העליונה יתלה באויר ויאחזנה בידו ויסדרו החביות תחתיה סביב: **וכן פוריא**. מטות הסריס שפורקין אותן ומחזירין לא יזקוף הכרעים תחלה לתת הארוכות בכרעים ואח"כ יפרוס העור למעלן שסומכין עליו אלא פורס העור תחלה ויאחזוהו בני אדם בידיהם ואח"כ יביאו הארוכות ויקבעו הרצועות של עור בהן ואח"כ יזקפו הכרעים ויתנו הארוכות לתוכן: **וכן חביתא**. חביות שמסדרים באוצר ומושיבין אחת על גבי שתים: **בדלת ס"ד**. ומי זה הסומך קדרה בדלת והלא תשבר: **אימא וכן הדלת**. אין סומכין אותו בבקעת: **ור"ש מתיר**. דלית ליה מוקצה: **בהא אפי' ר"ש מודה**. כלומר הך פלוגתא לאו במוקצה היא ואפי' ר"ש מודה כאן דאסור ולא משום מוקצה אלא נראה כמוליכה ממקום למקום שהוא צריך להנהיגה הרבה כגון למכור בשוק: **חנגא**. מחול ועל שם שבני אדם סובבים והולכים בשוק כעין סובבות במחולות קרו ליה חנגא: **חזרא**. ענף עץ שהוא חד כקוץ וראוי לתקעו בכלי כמין שפוד וללגות בו: **ר"נ אסר**. ביו"ט משום דמוקצה ניהו לטלטל שלא עשאו לכלי מבעוד יום: **ברטיבתא**. שאינו ראוי לטלטלו אפי' להסקה דכ"ע לא פליגי דאסור: **מה לי לצלות בו**. לתחבו לתוכו: **מה לי לצלות בגחלתו**. הרי ראוי לטלטלו לעשותו גחלת ולצלות בה: **והלכתא כו'**. הך הלכתא אליבא דמאן דאית ליה מוקצה אקבע אבל אנן כר"ש ס"ל בין במוקצה בין בדבר שאינו מתכוין וכר' יהודה במכשירי אוכל נפש וכולהו שרו בין חזרא בין סמיכת קדרות והקפת חביות ומדורתא וקדרה וכל האמוראים שהסכו את אלו למעלה תלמידי דרב הוו ורב סבר לה כרבי יהודה במוקצה ואנן קיימא לן כרבי שמעון: **דרש רבא כו'**. דכרבי יהודה ס"ל: **לדיר**. דיר עצים: **אוד**. עץ לעשות אוד להתור פורגי"ן בלע"ז וטעמא משום דלא נתנו אלא להסיק אא"כ נעשה כלי מבעוד יום: **ואוד שנשבר**. ביו"ט: **ושדי מעיה לשונרא**. השלך בני מעים לחתול ולר' יהודה אסור לטלטלו ולתתו לחתול דמאתמול מוכן לאדם היה ולא לכלבים דקאמר אם לא היתה נבילה מע"ש אסורה: **כיון דמסרחי**. אם יניחם לצורך מחר והיום לא היה צריך להם מאתמול דעתיה עלוייהו להשליכם לחתול: **מתני' נוטל אדם קיסם משלפניו**. ממה שלפניו בבית: **לחצוץ בו שיניו**. ליטול בשר החוצץ בין שניו בורגיי"ר בלע"ז ומשלפניו לאו דוקא דלר"א אף מן החצר כמי דקאמר כל מה שבחצר מוכן הוא ורישא לא אתא לאשמועינן אלא היתר טלטול עצים אף שלא להסקה דאפלוג רבנן בה כדלקמן בברייתא בגמרא והא דנקט משלפניו משום רבנן דפליגי דאפילו משלפניו להדליק אין לחצוץ לא: **מגבב**. קסמין דקין וקשין מן החצר ומדליק בהן: **וחכ"א מגבב משלפניו ומדליק**. אבל מן החצר לא הואיל ודקין הן וטורח לקוששן מאתמול לאו להכי קיימי ודקאמרת נוטל קיסם *לחצוץ שניו (ב) (מאתמול) אנן אית לן דאף משלפניו לא יטול אלא להדליק דלא נתנו [אלא] להסקה ובתרתי פליגי: **ואין מוציאין אש מאור**. משום דמוליד: **מן המים**. נותנים מים בכלי זכוכית לבנה ונותנו בחמה כשהשמש חם מאד והזכוכית מוציאה שלהבת ומביאין נעורת ומגיעים בזכוכית והיא בוערת כך שמעתי *) בפיוט יוצר שיסד אחד מגאוני לומברדיא"ה: **מן העפר**. קרקע קשה כשחופרים אותה מוציאה אור כעין גרגישתא שלנו ממקום מחפורת שלה: **רעפים**. טייבל"ש: **אין מלבנין**. באור ובגמרא מפרש טעמא: **גמ'** אוכלי

כגון מטה שלנו שאין לה מחיצות אלא שיש לה מחיצות אך תימה דאמר בשבת (דף קמ:) האי פרונקא (*אפלגא) דסוכה (ג) אסירה והתם המחיצות הוו עשויות כבר וי"ל דשאני התם דאהל ורחב הסוכה יותר מדאי נעשה כאהל פרש"י דרב יהודה דהכא ס"ל כרבי יהודה דאוסר מוקצה ודבר שאין מתכוין אבל אנן ס"ל כר"ש ודבר שאין מתכוין מותר ודוחק הוא לומר דכל הני מילתא דלא כר"ש אלא נראה לומר דאפילו ר"ש מודה דהוייא הכא אסור דהא דא"ר שמעון דבר שאין מתכוין מותר היינו כגון שעושה דבר שאין מתכוין לעשותו אבל הכא מתכוין לעשות מה שהוא עושה:

והלכתא יבשתא שרי רטיבתא אסור. פרש"י דהלכתא אקבע אליבא דמאן דאית ליה מוקצה ולא נתנו עצים אלא להסקה אבל אנו דקי"ל כר"ש שרי אפי' חזרא רטיבתא ודוחק הוא לומר דר"ש פליג דמאי דפסיק הש"ס וי"ל דאפילו לר"ש דנהי דאית ליה שנתנו עצים שלא להסקה היינו בדבר הראוי להסקה אבל רטיבתא אין ראויין להסקה:

דרש רבא וכו'. פירש רש"י דכר' יהודה ס"ל וע"כ לא תכנס ליטול אוד דלא נתנו עצים אלא להסקה *ודוחק הוא לומר דהש"ס קיימא דלא כהלכתא אלא ודאי דאפילו ר' שמעון מודה דאסור משום דהוי כתקוני מנא:

ושדי מעיה לשונרא. פירש"י דלרבי יהודה הוה אסור לטלטלן ליתן לחתול דמאתמול מוכן לאדם הוה ולא לכלבים וא"ר יהודה דאם לא היתה נבלה מעיו"ט אסור ליתן לכלבים וגם אינו ראוי ליתן לאדם לפי שאין דרך בני אדם לאכול בני מעים ביו"ט דבלאו הכי יש להם הרבה לאכול וא"ת וכי משום שאינו אוכל מהן הוו מוקצין א"כ היכי מטלטלין בשר חי דחזיא לכוס במסכת שבת (דף קכח.) הא אינו אוכל מהן משום שיש לו הרבה לאכול וי"ל דמיירי שכבר הסריחו ולא הוי חזי לאדם ולר' יהודה היה אסור ומשני כיון דמסריחי כלומר כיון דודאי מסריחי דעתידין להסריח דעתו לכלבים:

רבי אליעזר אומר נוטל אדם קיסם משלפניו. פירש"י לאו דוקא משלפניו דה"ה משלאחריו כמו דקתני כל מה שבחצר מוכן הוא אלא נקט משלפניו משום רבנן דפליגי א"כ דשרו דוקא להדליק אבל לחצוץ בו שניו לא ותימה דהא משמע בפרק המוציא (שבת דף פא: ושם) דדוקא קתני דבעי התם אבנים של בית הכסא מהו להעלותן אחריו לגג וקא פשיט ליה דשריא ופריך מיתיבי ר"א אומר נוטל אדם קיסם משלפניו דדוקא משלפניו אבל בכל החצר לא ואת אמרת דיכול להעלות לגג וי"ל דאה"נ דודאי דוקא קאמר כדמשמע התם ואף על גב דקאמר כל מה שבחצר מוכן הוא היינו דוקא גבי אכילה משום דאדם קובע לו מקום לאכילתו והיה לו להכין אבל גבי אש לא שייך דפעמים שאינו עושה מדורה ביו"ט וכן מחלק התם בין אבנים לקיסם:

וחכמים אומרים מגבב משלפניו ומדליק. פרש"י דבתרתי פליגי דאפילו להדליק דוקא משלפניו ולחצוץ שניו אפילו משלפניו לא דעצים לא נתנו אלא להסקה וקשה לפירושו דחכמים סבירא להו דלא כהלכתא דפליגי בפלוגתא דרבי שמעון ורבי יהודה לכן נ"ל דטעמא דרבנן דלכך אסור לחצוץ שניו גזירה משום שמא יקטום וכן מסיק נמי בגמרא: פטור

וכן ביעתא *וכן קדרה וכן פוריא וכן חביתא ואין סומכין את הקדרה בבקעת וכן בדלת בדלת ס"ד אלא אימא וכן הדלת: תנו רבנן אין סומכין את הקדרה בבקעת וכן הדלת *לפי שלא נתנו עצים אלא להסקה ורבי שמעון מתיר ואין מנהיגין את הבהמה במקל ביו"ט ור' אלעזר בר' שמעון מתיר לימא ר' אלעזר בר' שמעון כאבוה סבירא ליה דלית ליה מוקצה לא בהא אפילו ר' שמעון מודה משום *דמחזי כמאן דאזיל לחנגא: חזרא רב נחמן אסר ורב ששת שרי ברטיבא כולי עלמא לא פליגי דאסור כי פליגי ביבשתא מאן דאסר אמר לך לא נתנו עצים אלא להסקה ומאן דשרי אמר לך מה לי לצלות בו מה לי לצלות בגחלתו איכא דאמרי ביבשתא כולי עלמא לא פליגי דשרי כי פליגי ברטיבתא מאן דאסר דלא חזי להסקה ומאן דשרי אמר לך הא חזי להיסק גדול והלכתא יבשתא שרי רטיבתא אסור *דרש רבא אשה לא תכנס לדיר העצים ליטול מהן אוד ואוד שנשבר אסור להסיקו ביו"ט *לפי שמסיקין בכלים ואין מסיקין בשברי כלים למימרא *דרבא כר' יהודה סבירא ליה דאית ליה מוקצה והא אמר ליה רבא לשמעיה טוי לי בר אווזא ושדי מעיה לשונרא התם כיון דמסרחי מאתמול דעתיה עלויה: **מתני'** ר' אליעזר אומר *נוטל אדם קיסם משלפניו לחצוץ בו שיניו ומגבב מן החצר ומדליק שכל מה שבחצר מוכן הוא וחכמים אומרים מגבב משלפניו ומדליק אין מוציאין את האור לא מן העצים ולא מן האבנים ולא מן (א) העפר *ולא מן הרעפים ולא מן המים ואין מלבנין את הרעפים לצלות בהן: **גמ'** אמר רב יהודה אוכלי

*) נ"ל בפירוש ספר יצירה. שכן נמצא מפורש בפי' לספר יצירה לר' שבתי דונולו שרופא מלומבארדיא הי"ל.

[נ"ל יקיפם]

[סוטה מ. נדרים סב: ב"ק קב.]

[שבת נג:]

שבת קמג.

[לעיל ג. וש"נ] [שבת קמב:]

שבת פא:

[במשנה שבמשניות ליתא ועי' תוי"ט]

[משלפניו]

עין משפט
נר מצוה

מג א מיי' פ"ד מהל' יו"ט הל' טו טוש"ע א"ח סי' תקב סעיף א וסי' שטו סעיף ו:

מד ב מיי' פ"ב מהל' יו"ט הלכה יג טוש"ע שם סעיף ג בהג"ה:

מה ג מיי' פ"ד שם הלכה יא סמג לאוין עה טוש"ע א"ח סי' תקז סעיף ג:

מו ד מיי' פ"ב שם הלכה יד סמג שם טוש"ע או"ח סי' תקא סעיף ג:

מז ה מיי' פ"ד שם הלכה א' סמג שם טוש"ע או"ח סי' תק"ג סעיף א:

מח ו מיי' שם פ"ג הלכה יא טוש"ע א"ח סי' תקט סעיף א:

רבינו חננאל

דרך בנין אבל אם אוחז העץ למעלה ונתן אחר תחתיו ועוד אחר תחתיו עד שמגיע למטה בקרקע כיון שאינה דרך בנין מותר וכן אם מבקש לצלות ביצים בענין הזה הוא עושה אוחז העליונה ונותן אחרת תחתיה וכן אוחז את הקרשים ומניח את הרגלים: אין סומכין הקדרה שלא תפול בבקעת וכן אין סומכין דלת בבקעת שלא נתנו עצים אלא להסקה ור' שמעון מתיר ואסיקנא ר' שמעון אינו מתיר אלא כגון זה אבל להנהיג בהמה ביו"ט במקל אוסר משום שנראה כהולך לדרך רחוקה. פירוש חזרא מטיני קוצים מהו ליטול מהן עץ [כמין שפוד לצלות בו צלי ואסיקנא והלכתא יבישא שרי רטיבא אסור. דרש רבא לא תכנס אשה לבין העצים ליטול מהן עץ] להכינו אוד שנמצאת עושה כלי ואוד שנשבר ביו"ט אסור להסיק בו ביום. שמסיקין בכלים ואין מסיקין בשברי כלים. למימרא דרבא כר"י סבירא ליה באיסור שברי כלים והא רבא אמר לשמעיה טוי לי בר אווזא ושדי מעיה לשונרא דלא כר' יהודה דתנן ר' יהודה אומר אם לא היתה נבלה מע"ש אסורה לפי שאינה מן המוכן. ודחינן התם נמי מוכן הוא דכיון דמסרחי מאתמול הוה בדעתיה למשדינהו לשונרא: [מתני'] ר' אליעזר אומר נוטל אדם קיסם לחצות בו שיניו ומגבב מן החצר ומדליק וחכ"א מלפניו מגבב ומדליק: אמר רב יהודה

הגהות הב"ח

(א) במשנה ולא מן העפר ולא מן המים כצ"ל ותיבות ולא מן הרעפים נמחק: (ב) רש"י ד"ה וחכ"א כו' לחצוץ שניו אנן אית לן כצ"ל ותיבת מאתמול נמחק: (ג) תוס' ד"ה מלמטה וכו' האי פרונקא אפלגא דסוכה שרי אכולים כוכה אסירא והתם

גליון הש"ס

מתני' ולא מן הרעפים. ברי"ף ורא"ש ליתא ועיין בתוי"ט: תוס' ד"ה דרש כו' ודוחק הוא לומר. עיין מהרש"א ועיין תשובת מהרשד"ם ח"א סי' י"ד:

וכן המטה, אוחז (הקרשים) למעלה ומכניס הרגלים תחתיהם; אפילו ביצים, [א]לא יעמיד אותם שורה על גבי שורה עד שיעמדו כמו מגדל, אלא ישנה ויתחיל מלמעלה למטה; [ב]וכן כל כיוצא בזה, צריך שינוי.

הגה: וכן שלחן שיש לו דפנות - דאל"ה אין שם אהל ע"ז בלא מחיצות, **המגיעות לארץ (תוס')** - וכשמגיע פחות משלשה טפחים סמוך לארץ, דעת הב"י דכלבוד דמי, וכן מסיק המ"א להחמיר בזה, [ובודאי נבון להחמיר], **צריך שינוי; אבל מותר להושיב שלחן שלנו על רגליו, ואין בזה משום בנין.**

ויש אומרים דאפילו מגיע לארץ, כל זמן שאינו צריך לאויר של תחתיו, שרי (טור) - ומהאחרונים משמע, דלפי"ז הכי נמי גבי ביצים, אין לאסור אלא כשמניח אחת על גבי שתים, ויש אויר כדי להניח אש ביניהם לצלותן כולן יחד.

סימן שטו ס"ו - [ג]כשמסדרים חביות זו ע"ג זו, אחת ע"ג שתים, אוחז בידו העליונה ויסדר התחתונות תחתיה; אבל לא יסדר התחתונות תחלה, ויניח העליונה עליהן - משום דעביד כעין אהל כשמסדר אח"כ העליונה מלמעלה, שהוא כגג על המחיצות, **ואף** דבאהל צריך לאויר שתחתיו בין המחיצות, הכא נמי צריך לאויר שביניהם, שהיו מתעפשין אילו לא היה אויר ביניהם.

(ואע"ג דדבר שאין מתכוין שרי, היינו כשעושה איזה דבר ואינו מכוין שיצא הדבר הזה מה שהוא יוצא על ידו, כגון שהוא גורר ספסל ע"ג קרקע, ואינו מתכוין שיעשה חריץ עי"ז, **משא"כ** כאן שמתכוין לעשות מה שהוא עושה, תוס' ‹ד"ה מלמטה› ושאר פוסקים).

אות ב'

והלכתא: יבשתא שרי, רטיבתא אסור

סימן תקב ס"ג - [ד]אין סומכין את הקדרה ולא את הדלת, בבקעת - דעצים להסקה הן עומדין ולא לדבר אחר, ולכן אפי' בבקעת יבשה שנכונה להסקה, אסור לטלטלה לצורך דבר אחר, ובכלל מוקצה הוא לזה. ‹**דעצים** הן מוקצים ביו"ט כמו בשבת, אפי' למאן דשרי מוקצה, כמ"ש סי' ש"ח ס"ז, דבעצים ואבנים לכו"ע אסור - מ"א›. ‹**ומיהו** לר' שמעון מותר ביו"ט, ביצה ל"ג ע"א, היינו הואיל ויבש ראוי להסקה ביו"ט, מתיר נמי לשאר מלאכות, **ומ"מ** לדידן אף למ"ד מוקצה ביו"ט שרי, כה"ג שאין כלי אוסר ביו"ט - פמ"ג›.

ודעת כמה אחרונים, דהמחבר אזיל לשיטתו, דפסק בסימן תצ"ה ס"ד, דמוקצה אסור ביו"ט, **אבל** לדעת הפוסקים המתירין מוקצה ביו"ט, מותר לסמוך בבקעת יבשה שראויה להסקה, **אבל** בלחה כיון שאינה ראויה להסקה, אסור, דדינו כאבנים, [זהו טעם התוס'], ‹ודלא כרש"י ע"ש›, **וכתב** בבית מאיר, דבשעת הדחק יש לסמוך להקל בבקעת יבשה.

הגה: אבל מותר לצלות בו (הרי"ף) - היינו שתוחב בו הבשר לצליה, **ודוקא** בעץ יבש שראויה להסקה, ומטעם דאמרינן: מה לי לצלות בו, מה לי לצלות בגחלתו, אבל בעץ לח, אסור לצלות בשר, [גמרא ופוסקים], **ודוקא** אם ראוי לצלות עליו כך בלא תיקון, אבל לתקנו ביו"ט שיהא ראוי לצלות עליו, אסור.

[ה]וכ"ש שמותר להסיק בו עם שאר עצים, אע"ג שאינו ראוי להסיק בפני עצמו (ר"ן) - ר"ל ומטעם זה אסור להשתמש בו לשום דבר וכנ"ל, מ"מ להיסק עם שאר עצים יבשים מותר, **והנה** אף דדין זה איירי בלחים, ודינא דצליה איירי ביבשים דוקא, וכנ"ל, **מ"מ** שייך בזה כ"ש, דיותר מסתבר להתיר בלח בהיסק גדול של שאר יבשים, מלהתיר יבש לצלות בו.

אות ג'

אשה לא תכנס לדיר העצים ליטול מהן אוד

סימן תקז ס"ג - [ו]אסור ליקח עץ מבין העצים - בין לח ובין יבש, אף שראוי הוא להסקה, **לחתות בו האש בתנור, דהוי ליה [ז]מתקן מנא** - ואפילו אינו מתקנו כלל, מ"מ הרי עושהו לכלי ביו"ט, **ודוקא** אם לא הכינו מעיו"ט. [**וכתב** הפמ"ג, דוקא לברור עץ ארוך ודק שראוי לחתות אש, אז נראה כמתקן, **הא** ליטול עץ סתם בלי ברירה, באקראי, לחתות אש, ולא מיחד עתה לכך, י"ל דשרי ביבש עכ"פ].

וה"ה דאסור ליקח עץ לעשות ממנו בריח להבריח הדלת מטעם זה, אא"כ הכינו מעיו"ט, וכן כל כה"ג, [ודי בהכנה בעלמא אף שלא תקנו].

אות ד'

מגבב משלפניו ומדליק

סימן תקא ס"ג - [ח]אבל מגבב הוא בשדה משלפניו - היינו סמוך למקום בישול קדרתו, דלא הוי עובדא דחול, **וגם** לטעם

באר הגולה

[א] ‹כך פירשו התוס' (ד"ה מלמטה) והרא"ש והר"ן, ולאפוקי מרש"י (שמסדרין על גבי אסכלא), דכיון דלא עביד השתא מחיצות, לא הוי דרך בנין ושרי - ב"י›. ‹לא גרסינן: דלא עביד השתא מחיצות, אלא הכי גרסינן: כיון דליכא מחיצות, וכן מצאתי בתוס' - דרישה› [ב] ‹רש"י פי' דכל זה דלא כהלכתא וכו, אבל התוס' כתבו דדוחק הוא לומר דכל הני מילי דלא כר"ש, אלא נראה לומר דאפי' ר"ש מודה הכא דאסור וכו' ע"ש {הובא בבה"ל בסמוך} - ב"י› [ג] **ביצה ל"ג** [ד] **משנה שם ל"ב, וסיים הרמב"ם: דלא התירו לטלטל עצים אלא להסקה בלבד** [ה] ‹והר"ן כתב, אהא דאמרינן רטיבא אסור, לאו למימרא דרטיבא אסור למיתביה בהיסק גדול, אלא לומר כיון דרטיבא לא חזי אלא על ידי תערובת, לא אמרינן מה לי לצלות בו מה לי לצלות בתערובת גחלתו, כיון שאינו ראוי לצלות בגחלתו בפני עצמו, כדרך שהוא צולה בו לבדו, ע"כ - ב"י› [ו] **מימרא דרבא שם ל"ג** [ז] ‹פי' רש"י... והרא"ש כתב שר"ת פי' (תוס' ד"ה דרש רבא), משום דמיחזי כמתקן כלי לכבד בו את התנור, וכן פי' בה"ג, **וכתב** רבינו ירוחם, דלפי' רש"י, למאן דלית ליה מוקצה שרי, ולפי' ר"ת והה"ג אסור לכו"ע, ופשוט הוא - ב"י› [ח] ‹ס"ל דמ"ש במתני' ומגבב משלפניו, לאו דוקא בחצר, ולא קאי אחצר כלל - גר"א›. ‹**זה** דברי רמב"ם, ובמשנה איתא: ר"א אומר נוטל אדם קיסם משלפניו לחצוץ בו שיניו, ומגבב מן החצר ומדליק, שכל מה שבחצר מוכן הוא, וחכ"א מגבב משלפניו ומדליק. **ובריית**א איתא: ת"ר מגבב מן החצר ומדליק, שכל מה שבחצר מוכן הוא, ובלבד שלא יעשה ציבורין ציבורין, ור"ש מתיר, במאי קמפלגי, ת"ק סבר מיחזי כמאן דמכין למחר, ור"ש ס"ל קדירתו מוכיח עליו. **ופסק** הרמב"ם כחכמים

דמיחזי כמגבב לצורך מחר, והוי כמעמר, ג"כ שרי, דקדרתו מוכחת עליו שאינו מגבב לצורך מחר. **(וכן בחצר לוקח מלפניו) ומדליק שם** - ר"ל אפילו בחצר מגבב רק משלפניו לצורך בישול קדרתו עכשיו, **אבל** לגבב מכל החצר להניח אסור, ואין חילוק בין קסמים קטנים לגדולים.

[ט]**ודעת** מהרש"ל והב"ח וש"א, לאסור לגבב בשדה אפילו באופן זה, דמיחזי כמגבב במקום גידולו, כיון שהוא בשדה, דחייב משום מעמר, [**ופליגי** על דעת הר"ן, דס"ל דמדינא מותר כיון שהוא לצורך אוכל נפש, אלא משום דלפעמים מחזי כמגבב לצורך מחר, **ואינהו** ס"ל דלא עדיף כלל מקוצר ושארי מלאכות שקודם לישה, שאסור מדינא לכו"ע, וכנ"ל בסי' תצ"ה].

אות ה'

אין מוציאין את האור לא מן העצים ולא מן האבנים ולא מן העפר, ולא מן הרעפים ולא מן המים

סימן תקב ס"א - [י]**אין מוציאין אש לא מן העצים ולא מן האבנים** - כגון שחוככין זו בזו או מכין זו בזו עד שתצא האש, **ולא מן העפר** - קרקע קשה, כשחופרין אותה מוציאה האור, [רש"י, והר"ן פי', צפיעי בקר אחר שנרקבו], וכן כה"ג כשיחכך רגבי אדמה אלו זו בזו, יוציאו אור, **ולא מן המים** - היינו שנותנין מים בכלי זכוכית לבנה ונותנין בחמה, וכשהשמש חם מאד מקרבין אליו נעורת פשתן, והיא בוערת, [רש"י].

מפני שבכל אלו הוא מוליד אש ביו"ט, [גמרא], והואיל ואפשר להמציא אש מעיו"ט שיהיה מוכן לו ביו"ט, לא הותר להוליד ביו"ט, דלא עדיף משארי מכשירין שאפשר לעשותן מבע"י דאסור.

ובדיעבד אם עבר והוציא, מותר להשתמש בהם, (**דלא כט"ז שמחמיר בזה, וכ"ש שאין לאסור התבשיל שנתבשל בזה האש**).

(**ולענין** **עיקר האיסור אם הוא דאורייתא או דרבנן, דעת הט"ז שהוא דאורייתא, ומדברי הרע"ב משמע שהוא דרבנן**).

ועיין בתשובת כתב סופר, שאוסר להדליק צינדהאלץ, שקורין שוועבעלעך, ע"י שיתחוב אותו באפר כירה חם, שאין בו אש רק חום אש, דהלא ממציא דבר חדש, **וכן** לחכך הצינדהאלץ בברזל חם מלובן, כמו בתנור ברזל, כתב ג"כ דלא נראה להתיר, **אבל** אם יש שם גחלת בוערת, מותר ליגע בה הצינדהאלץ שתדליק, אף שאין בהגחלת שלהבת קשורה, **וגם** מגחלים עוממות מצדד שם דשרי.

אות ו'

ואין מלבנין את הרעפים לצלות בהן

סימן תקח ס"א - [יא]**אין מלבנים את האבנים לצלות או לאפות עליהם** - והאחרונים כתבו, דנוסחא האמיתית הוא "הרעפים", והוא לבנים שמכסין בהם הגג, **אבל** אבנים מותר ללבן, דלא שייך בהן חיסום, **מפני שמחסמן** - פי' שבליבון זה הם מתחזקים, והו"ל כמתקן מנא, **ומדלא** חילק המחבר בין ישנים לחדשים, ש"מ דס"ל דאפי' בישנים אסור, מפני שבשעה שמלבנן מתחזקין יותר, **ויש** מן הפוסקים שס"ל, דדוקא בחדשים שצריכין לחיזוק אסור, אבל לא בישנים.

באר הגולה

דמתניתין, ויש כאן חומרא וקולא, חומרא, דאפי' בחצר אין היתר אלא מלפניו, דהיינו בסמוך לו, דלא כחכמים דברייתא, וקולא, מדלא הזכירו חכמים דמתני' בפירוש חצר, ש"מ אפי' בשדה מותר משלפניו אם מדליק שם - ט"ז› [ט] ‹דבש"ס לא הוזכר להתיר כי אם חצר, דקתני {בברייתא דף ל"ג:} ומגבב בחצר כו', וס"ל דהוא דוקא, אבל בשדה לכו"ע אסור מצד הדין, כיון דהוי במקום גדולו יש בו משום מעמר - מחה"ש› [י] **משנה ביצה ל"ג** [יא] **משנה ביצה ל"ג וכפי' הרמב"ם, אהא דאיתא שם בגמרא ואמרי לה לחסמן, כמ"ש הרב המגיד שם** ‹משנה בפרק המביא כדי יין, וכבר כתבתי בסימן תק"ב, דבגמרא אוקמינן לה ברעפים חדשים, אבל ישנים מישרי שרי, וכן כתב רבינו ירוחם, שמותר ללבן רעפים ישנים לצלות עליהם. **אבל** הרמב"ם כתב סתם, אין מלבנין את הרעפים לצלות או לאפות עליהם מפני שמחסמן, ולא חילק בין חדשים לישנים. **וכתב** הרב המגיד, שנראה שהוא מפרש דכי אמרינן בגמרא אמר רבי יוחנן הכא ברעפים חדשים עסקינן מפני שצריך לבדקן ואמרי לה מפני שצריך לחסמן, הכי קאמר, ואמרי לה אפילו ישנים אסור מפני שמחסמן בכל שעה שמלבנן, **אי** נמי הכי קאמר, מפני שצריך ללבנן כל כך עד שיחסמו, **וזהו** שבהלכות לא הביאו אלא המשנה כפשטה, ולא חילקו בין חדשים לישנים, לפי שהם פוסקים כלשון אחרון וכפי מה שפירשתי, **אבל** הרשב"א פסק גם כן כלשון אחרון, וכתב דוקא רעפים חדשים, עכ"ל - ב"י›

אוכלי בהמה אין בהן משום תקון כלי איתיביה רב כהנא לרב יהודה *ממטלטלין עצי בשמים להריח בהן ולהניף בהן לחולה ומוללו ומריח בו ולא יקטמנו להריח בו ואם קטמו פטור אבל אסור לחצוץ בו שיניו לא יקטמנו ואם קטמו חייב חטאת א"ל השתא פטור אבל אסור קא קשיא לי חייב חטאת מבעיא אלא כי תניא ההיא בקשין קשין בני מלילה נינהו חסורי מחסרא והכי קתני מוללו ומריח בו קוטמו ומריח בו בד"א ברכין אבל בקשין לא יקטמנו ואם קטמו פטור אבל אסור לחצוץ בו שיניו לא יקטמנו ואם קטמו חייב חטאת תני חדא קוטמו ומריח בו ותניא אידך לא יקטמנו להריח בו אמר רבי זירא אמר רב חסדא לא קשיא הא ברכין הא בקשין מתקיף לה רב אחא בר יעקב בקשין אמאי לא מאי שנא מהא דתנן ישובר אדם את החבית לאכול ממנה גרוגרות ובלבד שלא יתכוין לעשות כלי ועוד הא רבא בר רב אדא ורבין בר רב אדא דאמרי תרוייהו כי הוינן בי רב יהודה *הוה מפשח ויהיב לן אלותא אלותא אע"ג דחזיא לקתתא דנרגי וחציני לא קשיא הא ר"א הא רבנן דתניא ר"א אומר נוטל אדם קיסם משלפניו לחצוץ בו שיניו וחכ"א לא יטול אלא מאבוס של בהמה ושוין שלא יקטמנו ואם קטמו לחצוץ בו שיניו ולפתוח בו הדלת בשוגג בשבת חייב חטאת במזיד ביו"ט סופג את הארבעים דברי ר"א וחכ"א *אחד זה ואחד זה אינו אלא משום שבות ר"א דקאמר התם חייב חטאת הכא פטור אבל אסור רבנן דקא אמרי התם פטור אבל אסור הכא מותר לכתחלה ולית ליה לרבי אליעזר הא דתנן שובר אדם את החבית לאכול ממנה גרוגרות ובלבד שלא יתכוין לעשות כלי אמר רב אשי כי תניא ההיא במוסתקי: ומגבב מן החצר: ת"ר מגבב מן החצר ומדליק שכל מה שבחצר מוכן הוא ובלבד שלא יעשה צבורין צבורין ורבי שמעון מתיר במאי קא מפלגי מר סבר מחזי דקא מכניף למחר וליומא אחרינא ומ"ס קדרתו מוכחת עליו: אין מוציאין את האור וכו': מ"ט משום דקא מוליד ביום טוב: ואין מלבנין את הרעפים: מאי קא עביד אמר רבה בר בר חנה א"ר יוחנן הבא ברעפים חדשים עסקינן מפני

שצריך

אוכלי בהמה. כגון קש ועלי קנים אין בהם משום תקון כלי ומותר לקטום ולתקן קש של שבלין בשבת לחצוץ שניו: **להניף.** וונטלוי"ר בלע"ז משום הבלה: **ומוללו.** בין אצבעותיו להוציא ריחו: **ולא יקטמנו להריח בו.** שיהא מקום הקטימה לח וריחו נודף גזירה דלא ליתי לקוטמו לחצוץ בו שניו דהתם כלי משוי ליה והיכא איסורא דאורייתא: **פטור.** דלאו לשם כלי: **חייב חטאת.** בשבת ויש עצי בשמים שהן אוכלי בהמה ואפ"ה חייב: **א"ל.** רב יהודה השתא פטור אבל אסור קא קשיא לי כלומר תשובה גדולה היא להשיבני אם מלתא ברייתא אומרת לחצוץ בו שניו פטור אבל אסור אף היא היתה תשובה לדברי שאני אומר מותר לכתחלה וכל שכן שהבאת לי חיוב חטאת אבל אינה תשובה דכי תניא ההיא בעצי בשמים קשין שאינן ראויין למאכל בהמה: **קוטמו ומריח בו.** ואפי' לכתחלה דהא אף לחצוץ בו שניו שרי אלא אורחא דמילתא נקט שאין דרך רכין לתקן לחצוץ: **בקשין אמאי לא.** להריח בו מי גזור רבנן כשאין מתכוין לכלי אטו מתכוין: **והשובר אדם חבית.** מגופה שיש בה גרוגרות ואוכל ובלבד שלא יתכוין ליפות השבירה להיות לה לפה שתהא עוד כלי: **הוה מפשח.** לשון בלע"ז כשמפשח בידו ענפים מעץ גדול כמו ויפשחני (איכה ג) עשה לי גדר בסעיפות בענפי עצי הדס סביבות דלכי כדי שלא אלא כדרך שעושין בני הערים שקורין פליי"ש: **הוה מפשח.** לן מן התלושין: **אלותא.** מקלות גדולים כמו ולא באלה ולא ברומח במסכת שבת (דף סג.): **ואע"ג דחזיא לקתתא דנרגי וחציני.** שהיא קשה וראוי לעשות ממנו בית יד לקרדום ולפסל שקורין דולוי"ר והוא היה שוברה להריח: **לא יטול אלא מן האבוס של בהמה.** דדבר הראוי לאכילה מוכן לכל צורך אבל עצים הואיל ורכין לדבר האסור כגון לעשות כלים לא הכינו לטלטלן אלא להסקה: **שלא יקטמנו.** אקיסם קאי: **אחד זה ואחד זה.** אחד שבת ואחד יום טוב: **אינו אלא משום שבות.** דקטימה תקון כלי כלאחר יד הוא ולא תקון מעליא הוא אלא א"כ מחתכו וממחקו בסכין והשתא קא מהדר לתרוצי קושיא דלעיל הא דתני לעיל בקשין לא יקטמנו להריח ר' אליעזר דאמר בקוטם לכלי חייב חטאת הכא גבי קוטם להריח פטור אבל אסור גזירה שמא יקטמנו לכלי והא דרב יהודה דמפשח להריח כרבנן דאמרי בקוטם לכלי פטור אבל אסור הכא להריח מותר לכתחילה: **ולית ליה לרבי אליעזר כו'.** והא הכא דכי מתכוין לעשות כלי איכא חיובא דאורייתא וכי לא מתכוין לא גזור רבנן לכתחילה: **כי תניא ההיא.** דמותר: **במוסתקי.** חבית שבורה שמדבקין שבריה בזפת של עץ שקורין שף שעושין הימנו זפת וקורין אותו רייסיג"א וריחו דומה לריח לבונה ובלשון ערבי קורין אותו מוסתקי"י ומדבקין בו קערות חרס הנשברים כך אמר לי רבי שמואל המכונה חסיד מן ברבשט"א וכיון דרעועה היא ליכא למגזר בה שלא יתכוין לעשות כלי:

שלריך

פטור אבל אסור קא קשיא לי חייב חטאת מבעיא · פרש"י תשובה גדולה היא להשיבני דאפי' פטור אבל אסור קא קשיא לי כ"ש דחייב חטאת קא קשיא לי אבל לא קשיא לי כלל דהתם מיירי בקשין שאינן ראויין למאכל בהמה וקשה מאי מאריך בלשונו השתא פטור אבל אסור קא קשיא לי לשני ליה לאלתר התם מיירי בקשין וע"ק דמשמע דבקשין מתסר לרב יהודה ובסמוך מתיר רב יהודה אף להריח דאמר דמפשח ויהיב אלותא וכו' ואר"ת דגרסי' כגרסת דר"ח דגרים א"ל ופ"ם דרב יהודה משיב לרב כהנא פשיטא דהברייתא נשנית בטעות דהא לא דקאמר פטור אבל אסור קא קשיא לי דלדרכה מותר לגמרי ואפי' לכתחלה חייב חטאת מבעיא כ"ש דנשנית בטעות כיון דקתני חייב חטאת וא"ל רב כהנא לרב יהודה מלינן לשנויי לך דהברייתא מיירי בקשין שאין ראויין כלל למאכל בהמה ולכך זהו להריח פטור אבל אסור לחצוץ בו שניו חייב חטאת אבל לדידך קשה דבקשין נמי קא אמרת דמותר להריח כדקאמר מפשח ויהיב אלותא וכו' וא"ת רב יהודה לא הוה מודה ליה דרב יהודה ס"ל דלחצוץ שניו פטור אבל אסור ולהריח מותר אפי' לכתחלה אף על גב דקשין הן להריח מותר:

כי הוינן בי רב יהודה הוה מפשח לן כו' · ומיירי להריח כדמסיק דסבר כרבנן דאמרו התם גבי לחצוץ שניו פטור אבל אסור ולהריח מותר אפי' לכתחלה ולא גזרו שמא יקטום וא"ת למה נמנעו כשחל יו"ט במ"ש מלהריח בשמים משום שמא יקטום והא לא חיישינן כדמוכח הכא אליבא דרב יהודה דס"ל כרבנן וגם אין שייך לפרושי טעמא משום אש ניכנס שמתחיל לשרוף ולהסריח ולכך מברכינן בכל מ"ש דעלמא וכשחל יו"ט במ"ש אז אין האש מתחיל לשרוף ולהסריח ולכך לא מברכינן דהא גם ביו"ט שובת דה"ל גם במוצאי יו"ט אמאי לא מברכינן אבשמים וגם אין לפרש דהא דמברכינן אבשמים במ"ש משום נפש יתירה שאבד ומריח הבשמים ומישב דעתו עליו וכשחל במ"ש אז אינו מפסיד נפש יתירה דביו"ט אית ליה נשמה יתירה דה"ל במוצאי יו"ט אמאי לא מברכינן אבשמים ולי ליכא הני טעמי א"כ מ"ט דמברכינן אבשמים במ"ש וי"ל לעולם טעמא דמברכי' אבשמים במ"ש הוי משום נשמה יתירה וביו"ט ליכא נשמה יתירה [א] וא"ת אמאי לא מברכין אבשמים כשחל יו"ט להיות במ"ש כיון דיש לו מאכלים חשובים ומוטבים מישב דעתו ממילא בלא ריח בשמים*):

כי תניא ההיא במוסתקי · מזופפת ורעועה פירש רש"י דלא חיישינן לתקון כלי דהואיל ורעועה הרבה יחוס עליה דשמא יקלקל החבית ועושה נקב לכל הפחות שיוכל וה"ר ילחק פירש במסכת ערובין (דף לד: ושם בד"ה ואמאי) דכיון שהם מדובקים בזפת ואין החתיכות שלמות לא הוי שום תקון כלי:

הכא

*) [וע"ע תוס' פסחים קב: ד"ה רב]

עין משפט נר מצוה

מט א מיי' פי"א מהל' שבת הלכה ח סמג לאוין סה טוש"ע א"ח סי' שכב סעיף ד וסי' תקיט סעיף ד:

נ ב מיי' שם טוש"ע א"ח סי' שכב סעיף ס:

נא ג מיי' פכ"ג הל' ג שם סמג שם טוש"ע א"ח סי' שי"ד סעיף א:

נב ד מיי' פי"א שם הלכה ז סמג שם טוש"ע א"ח סי' שכב סעיף ד:

נג ה טוש"ע שם סי' שיד סעיף א:

רבינו חננאל

אוכלי בהמה אין בהן משום תיקון ומותבינן עליה מטלטלין עצי בשמים להריח ולהניף לחולה כו' ופרקינן כי תניא ההיא בקשין. קשין בני מלילה נינהו ואוקימנא הכי מוללו ומריח בו קוטמו ומריח בו בר"א ברכין אבל בקשין לא יקטמנו ואם קטמו פטור אבל אסור לחצות בו שיניו לא יקטמנו ואם קטמו חייב חטאת' תני חדא קוטמו ומריח בו ואוקימנא ברכין ותניא אידך לא יקטמנו ואוקימנא בקשין ואקשינן בקשין אמאי לא והא תנן שובר אדם חבית לאכול ממנה גרוגרות ובלבד שלא יתכוין לעשותה כלי ועוד הא רבא ורבין בני רב אדא אמרי דרב יהודה הוה מפשח ויהיב להו אלוותא פישחי פירוש עצי קציעות שמעשנין בהן ואע"ג דהוו קשין וחזו לקתתא דנגרי וחציני ופרקינן אלא לא קשיא הא דתני קוטמו רבנן והא דתני לא יקטמנו ר' אליעזר. דתניא ר' אליעזר אומר נוטל אדם קיסם משלפניו לחצות בו שיניו וחכ"א לא יטול אלא מן האבוס של בהמה ושוין שלא יקטמנו בין ממה שנטל לפניו ובין מה שנטל של בהמה ואם קטמו לחצות בו שיניו ולפתוח בו דלת בשבת בשוגג חייב חטאת ביום טוב במזיד לוקה מדברי ר אליעזר וחכ"א אחד זה ואחד זה בין ביו"ם בין בשבת אינו אלא משום שבות ר' אליעזר דקתני התם קטמו לחצות בו שיניו ולפתוח בו דלת חייב חטאת הכא לא יקטמנו לכתחלה להריח בו ואם קטמו פטור אבל אסור ורבנן דאמרי אפילו קטמו לחצות בו שיניו ולפתוח בו דלת אינו חייב אלא משום שבות הכא קוטמו להריח בו לכתחלה. פירוש במוסתקי כמו קציעות מיודקין בתוך החבית:

פיסקא אין מוציאין אור לא מן העצים ולא מן האבנים ולא מן העפר ולא מן המים מ"ט דמוליד ביו"ם. ואין מלבנין הרעפין לצלות עליהן בשר ופירוש אין מצרפין הקדרות באש ואוקמה ר' יוחנן דמתכוין לבודקן אם מקבלין האור כלומר

מסורת הש"ס

[תוספתא שבת פ"ז]

שבת קמו.

גליון הש"ס

גמ' שם מפשח. וכן כלישנא דמתני' אילן שנפשח פ"ד מ"ז דשביעית: שם וחכ"א אחד זה ואחד זה. עיין שבת דף קמו ע"ב רש"י ד"ה שלא יקטום:

הגהות מהר"ב רנשבורג

א] תוס' ד"ה כי הוינן וכו' וביו"ט ליכא נשמה יתירה. נ"ב עיין רשב"ם בפסחים דף קב ע"ב בד"ה ובמולאי אמר ינה"ק וכו' בסס"ד

§ מסכת ביצה דף לג: §

אות א'

אוכלי בהמה אין בהן משום תקון כלי

סימן שכב ס"ד - [א]אוכלי בהמה - ר"ל דבר שראוי לאכילה לבהמה, **אין בהם משום תיקון כלי** - ומשמע בגמ' דאפי' אין עומד בשבילם, [דשם מיירי לענין עצי בשמים], כגון עצים רכים שראוי להם לאכילה, ג"כ לא מתקריא עליהם שם כלי.

ומותר אף בטלטול, דדבר הראוי לאכילה מוכן הוא לכל הצורך.

לפיכך מותר לקטום, [ב]אפילו בסכין, קש או תבן ולחצוץ בו שיניו - ואפילו הוא מקפיד על המדה, אין בזה שום חשש איסור מחמת מחתך, כיון דדבר אוכל הוא.

ויש שסוברין, דדוקא כגון זה, שעושה ממנו כלי בתחלה, לא שייך תיקון כלי, **אבל** אם מתקן כלי העשוי כבר בדבר אוכל, כגון שיש נקב בכלי, ונוטל חתיכת לפת וחותכו לפי מדת הנקב, שייך בזה תקון כלי, **ועיין** בנשמת אדם, דלדידיה יש בזה חיוב חטאת.

סימן תקיט ס"ד - [ג]לקטום קש או קיסם או תבן או עצי בשמים, דינן ביו"ט כדינן בשבת, (כדאיתא סי' שכ"ב ס"ד).

אות ב'

מטלטלין עצי בשמים להריח בהן, ולהניף בהן לחולה, ומוללו ומריח בו

סימן שכב ס"ה - [ד]מותר לטלטל עצי בשמים להריח בהם - דלא מקצה דעתיה מאלו העצים מעיקרא, **ולהניף בהם לחולה** - ה"ה לבריא, אלא אורחא דמלתא נקט.

ומוללו להריח בו - צ"ל "וקוטמו ומוללו", מלילה היינו, שמוללו בין אצבעותיו כדי להוציא ריחו, וקטימה נמי משום זה, שמקום הקטימה הוא לח וריחו נודף.

[ה]אחד קשים ואחד רכים - היינו אפילו קשים שאינם ראוים כלל למאכל בהמה, אפ"ה מותר לקטמם ולפשח בהם כל מה שירצה, בין שפושח עץ גדול או קטן, [**ואפי'** כדי ליתן לחבירו, מצדד הפמ"ג להתיר].

והסכימו הרבה אחרונים, דהא דמותר לקטום בקשים, היינו דוקא ביד, [ו]אבל לא בכלי, אף דהוא קוטם רק כדי להריח, ואינו מכוין כלל לעשותה כלי, **ולכך** אסור לקטום ההדס בסכין, גזירה דלמא אתי לקטום לחצוץ בו שניו, ובזה חייב, (**ואם מקפיד על המדה, כגון שקוטם** איזה שיעור ממנו ליתן לחבירו, **אסור גם ביד**). [**וברכים** מותר אף בכלי, דהם בכלל אוכלי בהמה, ומטעם זה אף לחצוץ בו שיניו מותר ברכין, וכמו שכתב רש"י שם] ‹ד"ה אוכלי›.

ואפילו ביד, אינו מותר לקטום בקשין רק להריח, אבל לחצוץ בו שניו אסור לכו"ע.

ודוקא בכל זה, שהוא רק להוסיף ריח ע"י המלילה והקטימה, **אבל** אסור להוליד ריח, כגון להניח בשמים בבגד וכדומה כדי שיהיה הבגד מריח, אסור, [**וכן** ליתן שפינגרא"ד באוכלין מוליד ריח].

אות ב'*

לחצוץ בו שניו לא יקטמנו, ואם קטמו חייב חטאת

רמב"ם פי"א מהל' שבת ה"ז - הנוטל קיסם של עץ מלפניו וקטמו לחצות בו שיניו או לפתוח בו את הדלת, [ז]חייב.

אות ג'

שובר אדם את החבית לאכול ממנה גרוגרות, ובלבד שלא יתכוין לעשות כלי

סימן שיד ס"א - [ט]אין בנין וסתירה בכלים, [ח]והני מילי שאינו בנין ממש, [יא]כגון חבית, הגה: שאינה מחזקת ארבעים סאה (ת"ס) - היינו אמה על אמה ברום ג' אמות, עם עובי הדפנות, בלא עובי הלבזבזים והרגלים {לבזבזים הוא כמו זר סובב אצל שפתה}, **[יב]שנשברה ודיבק שבריה בזפת, יכול לשברה ליקח מה שבתוכה** - עיין בפמ"ג שמצדד, דהיתר השבירה הוא אפילו שלא במקום שמדובק בזפת.

דאילו היא מחזקת מ' סאה, הו"ל כאהל, ואית ביה משום בנין וסתירה, אפילו בנין וסתירה כל דהו, (**ועיין** בא"ר שהביא, דדעת הרשב"א, דבחבית רעועה כזה, אפי' מחזקת ארבעים סאה אין שייך בה שם סתירה, **ונראה** דיש להקל ע"י א"י, דבלא"ה הוא איסור דרבנן, דהרי הוא מקלקל).

שאינו בנין ממש - אבל בנין גמור וסתירה גמורה שייך גם בכלים, **ולכן** דוקא בדיבק שבריה בזפת יכול לשברה, דאין זה סתירה גמורה, **אבל** אם היתה שלמה, הוי סתירה גמורה ואסור, אפילו בכלי קטן.

ובלבד שלא יכוין לנקבה נקב יפה שיהיה לה לפתח, דא"כ הוה ליה מתקן מנא - וה"ה אם מתיז ראשה מלמעלה, ומכוין ליפות השבירה שתשאר עוד כלי, [כן משמע מרש"י ביצה ל"ג: ד"ה והתנן, ופשוט].

עיין בט"ז, דמשמע דאפילו אם הנקב הוא נקב קטן שאינו עשוי להכניס ולהוציא, ג"כ אסור עכ"פ מדרבנן, אפילו בחבית כזו שהיא רעועה,

---

באר הגולה

[א] **שם מימרא דרב יהודה** [ב] «מדמינן שם לשבירת חבית דאיירי בכלי - גר"א» [ג] **ציינתיו לעיל סי' שכ"ב ס"ד** [ד] **שם ברייתא** [ה] **שם בגמ' אליבא דחכמים** [ו] «ומלשון רש"י משמע אפי' בקוטם בכלי נמי תיקון לאחר יד הוא, אא"כ מחתכו וממחקו - קרבן נתנאל» [ז] «ע"פ מהדורת נהרדעא» [ח] «עיין במ"מ שהרבה לתמוה, היכי מצי לפסוק כר"א ודלא כרבנן» [ט] **שם קכ"ב וכרבא** [י] **הרא"ש בעירובין אהא דרב ושמואל ל"ה** [יא] **שבת קמ"ו במשנה** [יב] **הכי מוקי לה בביצה ל"ג** «ואע"ג דהתם לא מוקי לה במוסתקי אלא לר"א, מיהו גם לרבנן איכא לאוקומי הכי, דרבנן לא פליגי עליה דר"א אלא משום דאיהו ס"ל דבקטימת קיסם לחצות בו שיניו חייב חטאת, ורבנן נמי אי הוו מחייבי הוו מודו דאסור לקטום ולהריח, הילכך בתיקון כלי דשייך ביה בנין, מודו רבנן דאסור לשבר החבית לאכול ממנה גרוגרות, אי לאו דאיירי במוסתקי, דבנין גמור וסתירה גמורה שייכא שפיר בכלים - ב"י בשם הרא"ש»

ואם הוא נקב גדול שעשוי להכניס ולהוציא, יש בו איסור תורה, וכן משמע בביאור הגר"א.

אבל אם היא שלמה, אסור לשברה - מטעם סתירה, ואף דבעלמא קי"ל דסותר אינו חייב אלא כשהוא ע"מ לבנות, דאל"ה מקלקל הוא, מדרבנן מיהו אסור. **אפי' בענין שאינו עושה כלי** - ר"ל שאינו עושה נקב לפתח, אלא שוברה.

[יג] **ובביאור** הגר"א הסכים להפוסקים דס"ל, דאין סתירה בכלים אפילו כשעושה שבירה בכלי שלמה, **אם** לא כשעושה אותה כלי ע"י השבירה, דאז חייב עכ"פ לכו"ע משום מכה בפטיש.

(ודע, דאף דמדעת רש"י ‹שבת דף קמ"ו. ד"ה שובר› משמע, דבמקלקל היכי שהוא לצורך שבת מותר לכתחלה, תוס' ורא"ש ור"ן פליגי עליה – מ"א, ונ"מ מזה גם לענין שאר מלאכות, **ואפשר** דגם רש"י מודה בשאר מלאכות, **ואפילו** להפוסקים דס"ל דאף כלי שלם מותר לשברו וליקח ממנו האוכל, טעמייהו רק משום דס"ל דאין שייך שם סתירה כלל בכלים, **אבל לא** משום דמקלקל הוא, **ולא** מצינו שום שבות שיהיה מותר ע"י ישראל משום שהוא לצורך שבת, וע"כ פשוט דאין להקל בזה כלל).

אות ד'

[יד] בשוגג בשבת חייב חטאת

סימן שכב ס"ד - אבל קיסם שאינו אוכל בהמה, אפילו ליטלו כדי לחצוץ בו שיניו, אסור - ר"ל אפילו נטילה סתם בלי קטימה, אסור משום מוקצה כשאר עצים, **וכ"ש** אם ירצה לקטמו כדי לחצות בו שיניו, דאסור משום שבות, דהוא כעין תיקון כלי.

ואף דיש בזה משום כבוד הבריות, שפעמים שנראה הבשר שבין השינים לחוץ, וגנאי הוא לו, אעפ"כ אסור, דהיה לו להכין קיסם מאתמול במקום הסעודה, **ולפי"ז** אם הזמינו חבירו לסעודה בשבת, ולא היה אפשר לו להכין שום דבר מאתמול לחצות בו שיניו, מותר לו לטלטל קיסם לחצות בו שניו, אם אין לו דבר אחר, [**עיין** בפמ"ג שמצדד, דה"ה דמותר לקטום הקיסם ביד כדי לחצות בו שיניו, אם א"א לו לחצות בו בלא זה, דהוא רק שבות], **אך** במקום שאין נחשב לו זה לגנאי, אסור.

ודוקא אם יקטמנו ביד, דאז פטור מחטאת, משום דהיא מלאכה כלאחר יד, ואסור משום שבות, כמו שכתבנו, **אבל** אם יקטמנו בכלי כדי לחצות בו שניו, או לפתוח בו הדלת, אז היא מלאכה גמורה, שמשוהו כלי עי"ז, וחייב.

אות ה'

במוסתקי

סימן שיד ס"א - עיין לעיל אות ג'.

---

§ מסכת ביצה דף לד. §

אות א'

לחסמן

סימן תקז ס"א - [א]**אין מלבנים את האבנים לצלות או לאפות עליהם** - והאחרונים כתבו, דנוסחא האמיתית הוא "הרעפים", והוא לבנים שמכסין בהם הגג, **אבל** אבנים מותר ללבן, דלא שייך בהן חיסום, **מפני שמחסמן** - פי' שבליבון זה הם מתחזקים, והו"ל כמתקן מנא, **ומדלא** חילק המחבר בין ישנים לחדשים, ש"מ דס"ל דאפילו בישנים אסור, מפני שבשעה שמלבנן מתחזקין יותר, **ויש** מן הפוסקים שס"ל, דדוקא בחדשים שצריכין לחיזוק אסור, אבל לא בישנים.

אות ב' – ג'

דרסה, או שטרפה בכותל, או שרצצתה בהמה, ומפרכסת ושהתה מעת לעת ושחטה, כשרה

צריכה בדיקה

יו"ד סימן נח ס"ב - העוף שדרסו אדם ברגליו או טרפו לכותל, או שרצצתו בהמה, או שנחבט על דבר קשה, חוששין לו. הגה: וכן אם נפל אבן או דבר קשה על גופו, וכן בבהמה אם הוא בדבר שיש לחוש בבהמה.

יו"ד סימן נח ס"ג - נפולה שאמרנו שחוששין לה, אם לא עמדה אסור לשחוט אותה עד שתשהה מעת לעת, ואם שחטה בתוך זמן זה, אפילו בדקוה ומצאו אותה שלימה מכל איבריה, טריפה. ואם שהתה מעת לעת ואח"כ שחטה, צריך לבדקה כנגד כל החלל כולו, מקדקד הראש עד הירך, אם ימצא בה טרפות מהטרפות שמנו חכמים, או שנתרסק אבר מהאברים שבפנים ונפסד צורתו, ה"ז טריפה.

‹המשך ההלכות בעמוד הבא›

באר הגולה

[יג] ‹והרשב"א והר"ן חולקים ע"ז, וס"ל דאין בנין וסתירה כלל בכלים, ודוקא לר"א מוקמינן במוסתקי, דלחכמים כיון דפטור אבל אסור, במקלקל מותר לכתחלה, וכן מוכח הסוגיא די"ט שם, דפריך דוקא לר"א "ולית ליה הא דתנן", משמע דלחכמים ניחא ואף בשלימה - גר"א› [יד] השייכות לגמרא זה אינו מובן, דזהו שיטת ר"א דמחייב חטאת, וחכמים פטרי דהוי תיקון כלאחר יד, ופסקינן כוותייהו, וסעיף זה איירי מצד איסור מוקצה ואיסור דרבנן דיש בתיקון זה, ורק המ"ב כתב, דאי עביד התיקון בכלי דחייב חטאת, אבל זהו אליבא דחכמים ולא משום שיטת ר"א› [א] **משנה ביצה ל"ג וכפי' הרמב"ם, אהא דאיתא שם בגמרא ואמרי לה לחסמן, כמ"ש הרב המגיד שם** ‹משנה בפרק המביא כדי יין, וכבר כתבתי בסימן תק"ב, דבגמרא אוקמינן לה ברעפים חדשים, אבל ישנים מישרי שרי, וכן כתב רבינו ירוחם, שמותר ללבן רעפים ישנים לצלות עליהם. **אבל** הרמב"ם כתב סתם, אין מלבנין את הרעפים לצלות או לאפות עליהם מפני שמחסמן, ולא חילק בין חדשים לישנים. **וכתב** הרב המגיד, שנראה שהוא מפרש דכי אמרינן בגמרא אמר רבי יוחנן הכא ברעפים חדשים עסקינן מפני שצריך לבדקן ואמרי לה מפני שצריך לחסמן, הכי קאמר, ואמרי לה אפילו ישנים אסור מפני שמחסמן בכל שעה שמלבנן, **אי** נמי הכי קאמר, מפני שצריך ללבנן כל כך עד שיחסמו, וזהו שבהלכות לא הביאו אלא המשנה כפשטה, ולא חילקו בין חדשים לישנים, לפי שהם פוסקים כלשון אחרון וכפי מה שפירשתי, **אבל** הרשב"א פסק גם כן כלשון אחרון, וכתב דוקא רעפים חדשים, עכ"ל - ב"י›

שצריך לבדקן ואמרי לה מפני שצריך להסמן תנן התם דרוסה או שטרפה בכותל או שרצצתה בהמה ומפרכסת ושהתה מעת לעת ושחטה כשרה א"ר אלעזר בר ינאי משום ר' אלעזר בן אנטיגנוס צריכה בדיקה בעא מיניה ר' ירמיה מרבי זירא מהו לשחטה ביום טוב מי מחזקינן רעותא ביום טוב או לא אמר ליה תנינא אין מלבנין את הרעפים לצלות בהן והוינן בה מאי קא עביד ואמר רבה בר בר חנה א"ר יוחנן הכא ברעפים חדשים עסקינן מפני שצריך לבדקן אמר ליה אנן מפני שצריך להסמן מתנינן לה: תניא אחד מביא את האור ואחד מביא את העצים ואחד שופת את הקדרה ואחד מביא את המים ואחד נותן בתוכו תבלין ואחד מגיס כולן חייבין והתניא אחרון חייב וכולן פטורין לא קשיא הא דאייתי אור מעיקרא הא דאייתי אור לבסוף בשלמא כולהו קא עבדי מעשה אלא שופת את הקדרה מאי קא עביד אמר רבי שמעון בן לקיש הכא בקדרה חדשה עסקינן ומשום לבון רעפים נגעו בה: ת"ר תנור וכירים חדשים הרי הן ככל הכלים הנטלין בחצר אבל אין סכין אותם שמן ואין טשין אותן במטלית ואין מפיגין אותן בצונן כדי לחסמן ואם בשביל לאפות הרי זה מותר: תנו רבנן מולגין את הראש ואת הרגלים ומהבהבין אותן באור אבל אין טופלין אותם בחרסית ולא באדמה ולא בסיד ואין גוזזין אותן במספרים ואין גוזזין את הירק בתספורת שלו אבל מתקנין את הקונדס ואת העכביות ומסיקין ואופין בפורני ומחמין חמין באנטיכי ואין אופין בפורני חדשה שמא תפחת: ת"ר אין נופחין במפוח אבל נופחין בשפופרת ואין מתקנין את השפוד ואין מחדדין אותו ת"ר אין מפצעין את הקנה לצלות בו מליח אבל מפצעין את האגוז במטלית ואין חוששין שמא תקרע: **מתני'** ועוד אמר רבי אליעזר עומד אדם על המוקצה

ערב

רש"י

שצריך לבודקן · אם יוכלו לקבל לבונה הלכך ביו"ט לא דלמא פקעי ואשתכח דטרח שלא לצורך: **ואמרי לה שצריך לחסמן** · להקשותם בהסק ראשון הם מחזקין ומתקשים הלכך אע"ג דלצורך יו"ט נמי הוא דהא צולין עליהם מיהו כיון דבהסק זה נעשה כלי אסור: **תנן התם** · באלו טרפות: **דרוסה** · **וטרפה בכותל** · אדם שדרס על העוף או שזרקו וחבטו בכותל: **או שרצצתה בהמה ומפרכסת** · ואינה יכולה לעמוד: **ושהתה מעת לעת** · יום א' שלם ושחטה כשרה: **א"ר אלעזר בר' ינאי משום ר"א בן אנטיגנוס צריכה בדיקה** · כי שהתה מעת לעת נמי צריכה בדיקה לאחר שחיטה שמא נשתברו רוב צלעותיה או נשברה השדרה ונפסק החוט שלה או אחד משאר מיני טרפות ושהייה דמעת לעת אצטריך דאי לא שהתה אע"פ שבדקה ולא מצא סימן טרפות טרפה שזו היא אחת משמנה עשרה טרפות ונקרא רסוקי אברים שאבריה מתפרקין כולן ואע"פ שאין רושם ניכר בה וזהו סימנה אם שהתה מעת לעת בידוע שלא נתרסקו אבריה דקים להו לרבנן דמסוכנת דרסוק אברים אינה חיה מעת לעת אבל שאר מיני טרפה חיה כל שנים עשר חדש: **מהו לשחטה ביו"ט** · מי חיישינן הואיל וצריכה בדיקה ואיתילד בה רעותא: **מי מחזקינן רעותא** · בגוה משום חשש איסור מלאכה ביו"ט דלמא משכחת טרפה ונמצא שוחטה שלא לצורך בשלמא שאר בהמות אע"ג דמחמרינן אנפשין ובדקינן מיהו סמכינן ארובא ורוב בהמות אינן טרפות הכא מאי: **ביו"ט** · כלומר משום חומר מלאכה ביו"ט: **מפני שצריך לבדקן** · וחיישינן דלמא פקעי אלמא מחזקינן רעותא משום חומר יו"ט שלא ללבנן: **מפני שצריך לחסמן** · ולא משום חשש פקיעה אלא דודאי משוי ליה מנא בהסק זה: **שופת את הקדרה** · מושיבה רקנית על האור: **מגיס** · מנער בכף שקורין קומיב"ר: **כולן חייבין** · מביא את האור משום מבעיר את הגחלת דכשהוא מוליכה היא מתלבנה מרוח הליכתו ומביא את העצים לאור משום מבעיר שופת קדרה לקמיה מפרש מאי עביד נותן מים ותבלין ומגיס משום מבשל שאף הוא אב מלאכה: **דאייתי אור מעיקרא** · כולהו עבדי מעשה כדפרישי': **דאייתי אור לבסוף** · איהו הוא דעבד והנך לא עבדי מידי: **בקדירה חדשה עסקינן** · שטוחין אותה רקנית על האור לחסמה: **ומשום לבון רעפים נגעו בה** · משום הך גזירה גופה שאסרו ללבן רעפים נגעו גם בזו: **חדשים** · וכ"ש ישנים: **הרי הן ככל הכלים הנטלין** · בשבת בחצר דחזו למיתב בגוייהו מידי: **אין סכין אותן שמן** · להחליקן ולנאותן: **טשין** · שפין: **ואין מפיגין אותן** · לאחר הסקן אין מפיגין הסקן בצונן לחסמן שמתקשין ע"י הצונן וכולהו משום דמתקן מנא: **ואם** · להפיגה בשביל לאפות שהוסקו הרבה וחושש שלא תשרף הפת מותר: **מולגין** · ברותחין: **אין טופלין אותם** · בסיד להסיר שערן דהוי דרך העבדנין: **ואין גוזזין אותן במספרים** · דמחזי כצריך לשער: **ואין גוזזין סירק** · התלוש שיש בו ראשי עלין נרקבין וכמושין אין גוזזין אותן בתספורת שלו שגוזזין בה מן המחובר דמאן דחזי סבר שלקטן היום: **קונדס ועכביות** · מיני ירקות הן שיש טורח בתקונן: **פורני** · הן תנורים שלנו הגדולים ופיהם בצדם ולא חיישינן למרחא אם יש לו אוכלין הרבה דלא סגי ליה בתנור: **שמא תפחת** · ע"י שחדשה היא ונמצא טורח שלא לצורך: **אין נופחין במפוח** · דמחזי כאומן עושה מלאכה: **ואין מתקנין את השפוד** · ודלא כר' יהודה אי נמי בגרלס מערב י"ט ודברי הכל: **אין מפצעין את הקנה** · לתת קרומיותיו תחת המליח על האסכלא שעושה כלי דכל מידי דעביד להשתמש בו הוי תקון כלי: **ואין חוששין שמא תקרע** · ואפי' נקרעת לא אכפת לן דאין זה קורע על מנת לתפור: **מתני' ועוד אמר ר' אליעזר** · משום דתנא אחת לקולא גבי מוקצה והדר אמר אחריתי קאמר ועוד וקשיא לי בגוה והא אפסקוה רבנן במילי טובא באין מוליכין את האור והנך דבהדיה והיינו מלתא אחריתי דלאו מלתיה ואמאי לא אותביניה בעירובין (דף כג·) גבי ועוד דר' יהודה בן בבא דאותביה מר"א דסוכה ושנינן לא אפסקוה אלא במלתיה ואלו אותבי' מהא לא הוה ליה לשניי הכי ואומר אני שנגרסת המשנה שלא כסדר: **עומד אדם על המוקצה** · הצריך הזמנה והזמנה מועלת לו כגון אחזי ולא אחזי דאמר באין לדין (לעיל, דף כה:):

ערב

תוספות

הכא בקדרה חדשה עסקינן · ומשום לבון רעפים נגעו בה ויש נזהרים שלא לבשל בתחלה בקדרה חדשה ולא היא דהכא בקדרה רקנית דאז שייך בה לבון רעפים שסופתה קודם שמביא המים אבל כשמבשלין בה מתחלה לא שייך בה לבון רעפים:

מולגין הראש והרגלים · אבל כל גופו של גדי אסור הואיל ויכול להפשיט הקלה לעשות טפי:

ואין מפיגין אותן בצונן כדי לחסמן · ואם בשביל לאפות הרי זה מותר · וקשה דלמאי דאמר לעיל אסור לחסמן לא"כ שהוא עושה נמי כדי לצלות עליהם וי"ל דשאני בין רעפים לתנור דתנור (שאני) כיון דהוא עושה ע"י משקין שאני דליכא ודאי חוסמן:

ואין אופין בפורני חדשה שמא תפחת · וא"ת והא דאמרינן לעיל ואם בשביל לאפות מותר וי"ל דהכא שאני בפורני שהוא גדול ויש לחוש יותר שמא תפחת:

אין נופחין במפוח כו' · פירש ר"י מדלא מפליג בין מפוח של אומנין ובין מפוח של בעל הבית כי היכי דמפליג בשל אומן בין מפוח לשפופרת משמע דכל המפוחין אסורים אפילו של בעל הבית נמי ויש ליזהר שלא לנפח בו כלל מיהו העולם נהגו בו היתר ע"י להפכו מלמעלה למטה ואומר מ"ה הר"ר פרץ כ"ע דיש לדחות מה שפיר' מדלא מפליג וכו' דשמא הא עדיפא ליה דכולי בשל אומן קא מיירי:

ועוד אמר ר' אליעזר עומד אדם כו' · פרש"י משום דקאמר ר"א חדא לעיל גבי נוטל אדם קיסם קאמר הכא ועוד אחריתי לקולא והקשה רש"י הא אפסקו במילי טובא באין מוליכין האור והיינו במלתא אחריתי דלא אמרו בה רבי אליעזר ורבנן וא"כ לא שייך ביה למימר ועוד דהכי מוכח בעירובין (דף כג: ושם) דכל היכא דאפסקוה בדבר דלא איירו בה לא שייך למימר ועוד ע"כ נראה לפירוש רש"י דהגרסא מהמשנה משובשת היא בספרים והא דאמר ר' אליעזר עומד אדם כו' יש להיות קודם ההיא דאין מוליכין וכו' וקשה דא"כ גם סדר הגמ' אינו כמשפט ור"ת אומר דהיכא דהוו תרוייהו לקולא שפיר קאמר ועוד אע"ג דאפסקו במילי אחריני והא דאמרינן בעירובין דלא שייך למימר ועוד הייט היכא דהוו חדא לחומרא וחדא לקולא והא דאפסקוה זהו לפי שרוצה לשנות מילי דאור גבי הדדי:

[אולי צ"ל איירו]

[ועי' תוס' מגילה כח: ד"ה ועוד]

עין משפט נר מצוה

נד א מיי' פ"ג מהל' י"ט הל' יא טוש"ע א"ח סי' תקח סעיף א:

נה ב ג מיי' פ"ג מהל' שחיטה הלכה כ סמג עשין סג טוש"ע י"ד סי' נז סעי' ג:

נו ד מיי' פ"ב מהל' י"ט הלכה ד סמג לאוין עה טוש"ע א"ח סי' תקח סעיף ח:

נז ה מיי' פ"ג מהל' שבת הלכה ד:

נח ו מיי' פ"ג מהלכות י"ט הל' יא סמג לאוין עה טוש"ע א"ח סי' תקז סעיף ו:

נט ז מיי' שם הל' י סמג שם טוש"ע א"ח סי' תקז סעיף ד:

ס ח ט מיי' וסמג שם טוש"ע א"ח סי' תקז סעיף ו ז:

סא י מיי' שם הל' יא טוש"ע שם סי' תקז סעיף ג:

סב כ מיי' שם הלכ' י טוש"ע א"ח שם:

סג ל מיי' פ"ד שם הלכה ז טוש"ע א"ח סי' תקג סעיף א:

סד מ מיי' שם הלכה ח טוש"ע א"ח סי' תקח סעיף א:

סה נ טוש"ע שם סעיף ב:

מסורת הש"ס

צ"ל ליבונן

חולין דף נ'

[שם: וש"נ]

[תוספ' שבת פי"ב ע"ש]

[תוספ' פ"ג]

[תוספ' שם]

שם

שם

[לעיל כח:]

גליון הש"ס

רש"י ד"ה ואין חוששין כו' דאין זה קורע ע"מ לתפור. קשה לי הא מ"מ אסור מדרבנן ולמאי לא כתב רש"י כפשוטו דהכא בכל דבר שאין מתכוין מותר ופסיק רישיה לא הוי דהא לא הוי רק חשש שמא תקרע:

רבינו חננאל

כלומר אם נגמר' מלאכתן ולא יתבקעו ואמרי לה מפני שצריך לחסמן לסתום הנקבים · ובעינן למפשט מהא[בהא] דתנן דרוסה או שטרפה בכותל או שרצצתה בהמה והיא מפרכסת ושהתה מעת לעת ושחטה כשרה ותני עלה ר' אלעזר בן אנטיגנס אומר משום ר' אליעזר בן ינאי אפי' שהתה מעת לעת צריכה בדיקה וכיון שצריכה בדיקה לא שחטינן לה ביו"ט כשם שאין מלבנים הרעפים · ואוקימנא משום דצריך לבודקן · ודחה ר' זירא ואמר אנן מפני שצריך לחסמן מתנינן לה · ת"ר אחד המביא את האור ואחד שופת קדרה חדשה בלא מים · ומשום ליבון נגעו בה · ואחד נתן בה מים ואחד נתן בה בשר ואחד נתן בה תבלין ואחד מגיס בה כולן חייבין והוא שהיה אור מקודם לכן שכולן עשו מעשה הנותן עצים משום מבעיר והנותן מים משום מחמם והנותן בשר משום מבשל כו' · ואם לא הביא האור אלא אחר כולן אינו חייב אלא הנותן האור בלבד : ת"ר תנור וכירים חדשים נטלין בחצר כשאר הכלים אבל אין סכין אותן בשמן · ואין טשין אותן במטלית ואין מפיגין אותן בצונן לחסמן כדי לתקנן ואם בשביל לאפות מותר · ת"ר (אין) מולגין את הראש ואת הרגלים · פירוש מרתיחין אותן בחמין להעביר השיער מעליהן ומהבהבין אותן באור אבל לא טופלין אותם בחרסית ולא באדמה · ואין גוזזין אותן במספרים ואין גוזזין הירק בתספורת שלו אבל מתקנין את הקונדס ואת העכביות · ומסיקין ואופין בפורני ומחמין חמין באנטיכי · פירוש אנטיכי כדתנן אנטיכי אע"פ שגרופה אין שותין ממנה והני מילי בשבת אבל ביו"ט מותר · ואין אופין בפורני חדשה שמא תפחת : ת"ר אין נופחין באור במפוח אבל נופחין בשפופרת ואין מתקנין השפוד ואין מחדדין אותו ואין פוצעין קנה לצלות בו מליח אבל פוצעין אגוזים במטלית ואין חושש משום קריעה : אלו כולן פשוטות הן והלכות הן : מתני' א"ר אלעזר עומד אדם על המוקצה ע"ש

אות ד׳

או לא

סימן תצח ס"ח - [ב]**עוף שנדרס ברגלים ויש לחוש שנתרסקו איבריו, ולכן צריך שהייה מעת לעת** - כדי שיצא מחשש ריסוק איברים, **ובדיקה אחר שחיטה** - דנהי דבודאי לא נתפרקו איבריו מדשהה מעל"ע, מ"מ שמא אירע ריעותא באיברים הפנימים, ונטרף עי"ז, **מותר לשחטו ביו"ט** - היינו אחר ששהה מעל"ע, אף שהוא מחוסר בדיקה עדיין, **ולפי** דעת הג"ה ביו"ד, דאין אנו בקיאין בבדיקת כל האיברים, לא משכחת דין זה לדידן, והרמ"א לא העיר בזה, שסמך על מה שכתב ביו"ד.

ולא חיישינן שמא ימצא טריפה, אע"ג דאתיליד ביה ריעותא - דאע"ג דצריך בדיקה, מ"מ כיון שהיה לו מתחלה חזקה דכשרות, דרוב בהמות ועופות כשרות הן, מותר לשחטו, דמעמידין אותו בחזקת היתר. **וה"ה** בספק נקובה בקוץ וכה"ג, דמותר לשוחטו, **וכ"ש** היכא דליכא ריעותא כלל, רק שיש מקומות שמצויות טריפות הרבה כמו כשירות, דאין לנו לחוש שמא ימצא טרפה, דמעמידין אותה בחזקת היתר, דרוב בהמות שבעולם כשרות הן.

[ג]**ויש** חולקים אעיקר דינא דמחבר, וסוברין דאין לשחוט במקום דאיכא ריעותא, וה"ה במקום שהטריפות מצויות כמו כשרות, **ועיין** בשע"ת שכתב, דמכ"ש אם רובן טריפות, אפילו רק מחמת חומרות האחרונים, דאסור לשחוט ביו"ט.

ולמעשה הכריעו האחרונים, דיש לחוש לדעה זו, ולהחמיר אפי' במחצה על מחצה, והוא שהמחצה טריפות שמצוי הם טרפות גמורות מצד הדין, [**ולענ"ד** במקום שהוא צורך גדול יש לעיין בדבר, דדעת המחבר הוא דעת כמה ראשונים, ואם נסבור דלענין שחיטה אמרינן מתוך שהותרה וכו', הוא רק ספיקא דרבנן, וצ"ע]. **אבל** אם רק מחמת חומרות האחרונים, מותר לשחוט ביו"ט אם הוא לצורך, וה"ה במסוכנת מחמת הפסד ממון, **אבל** בלא"ה המנהג שלא לשחוט שום בהמה ביו"ט, אפי' היכא דלא שכיחי טריפות כ"כ, שמא תמצא טרפה, **אבל** עוף נוהגין לשחוט ביו"ט.

אות ה׳

לא קשיא: הא דאייתי אור מעיקרא, הא דאייתי אור לבסוף

רמב"ם פ"ט מהל' שבת ה"ד - אחד נתן את האור, ואחד נתן את העצים, ואחד נתן את הקדרה, ואחד נתן את המים, ואחד נתן את הבשר, ואחד נתן את התבלין, ובא אחר והגיס, כולם חייבים משום מבשל, שכל העושה דבר מצרכי הבישול הרי זה מבשל. אבל אם שפת אחד את הקדרה תחילה, ובא אחר ונתן את המים, ובא אחר ונתן את הבשר, ובא אחר ונתן את התבלין, ובא אחר ונתן את האור, ובא אחר ונתן עצים על האור, ובא אחר והגיס, [ד]**שנים האחרונים בלבד חייבין משום מבשל. השגת הראב"ד: אחד נתן את האור ואחד נתן את העצים ואחד נתן את הקדרה. א"א בגמרא (ביצה לד)** [ה]**מוקים לה בקדרה חדשה ומשום לבון רעפים נגעו בה.**

איתא בתוספתא: אחד נתן את האור, ואחד נתן את העצים, ואחד נתן את הקדרה, ואחד נתן את המים, ואחד נתן את הבשר, ואחד נתן את התבלין, ובא אחר והגיס, כולם חייבים, **היינו** שהנותן האור חייב משום מבעיר, דכשהוא מוליך גחלת ממקום למקום הוא מתלבה מרוח הליכתו, **והנותן** העצים ג"כ חייב משום מבעיר, כ"כ רש"י, **ואידך** כולהו משום מבשל, וגם מגיס נמי מטעם זה, שכל העושה דבר מצרכי בישול הרי זה מבשל, וכמ"ש הרמב"ם, **והנותן** את הקדרה מיירי בחדשה, וחייב משום שמתלבן ומתחזק הקדרה ע"י שנותנה על האש, [ו]ועיין במגדול עוז - מ"ב סימן שי"ח סי"ט ס"ק קי"ח.

אחד נתן את הקדרה, ואחד נתן את המים, ואחד נתן את הבשר, ואחד נתן את התבלין, [ז]ואחד נתן את העצים, ואחד הביא את האור, ובא אחר והגיס, שנים האחרונים חייבים, **וכתב** הרב המגיד, דלד"ה כל שאין בבישולו חיוב, כגון במבושלת כל צרכו, אין בהגסתו חיוב, **וב"י** כתב בשם הכלבו, דכשהיא על האש [ח]חייב בהגסה אפילו במבושל כל צרכו - מ"ב סימן שי"ח סי"ט ס"ק קי"ח.

באר הגולה

[ב] **בעיא שם ל"ד ולא נפשטא, ונקיט לה הרא"ש והרמב"ם והרשב"א לקולא** ‹משום דאין כאן ספיקא דאורייתא, דקימ"ל מתוך שהותרה שחיטה לצורך כו' - פר"ח›

[ג] ‹דנקטינן בה לחומרא, דהו"ל ספק דאורייתא - ב"י›. ‹**י"ל** משום דצריך צורך קצת, **אבל** לדעת הרשב"א י"ל, אפי' אי ס"ל נמי דבאין צורך כלל אסור מה"ת, מ"מ הכא מיקרי צורך, כיון דמכח הספק הוצרך לו לשחוט שמא יהיה כשר - שפת אמת›

[ד] ‹כתב מורי הרב הגדול כמה"ר יעקב בי רב תנצב"ה בזה"ל, צריך לעיין שני דברים, א' באומרו שנים האחרונים בלבד חייבים, ולמה לא יהיה חייב גם מי שנתן את האור, וע"ק דבגמרא מסקינן שהאחרון בלבד חייב וכולם פטורים - כסף משנה, ע"ש באריכות›

[ה] ‹והרב לח"מ בפ"ג מהל' שביתת יום טוב כתב, דלפי מש"כ הרב המגיד שם, דלדעת רבינו אין חילוק בין חדשה לישנה, משו"ה לא הזכיר רבינו חדשה, והא דאמרינן בגמ' בקדירה חדשה ומשום ליבון רעפים נגעו בה, היינו ללישנא קמא דקאמר משום שצריך לבודקן, אבל ללישנא דצריך לחוסמן, אפי' ישנים - יצחק ירנן, וכמ"ש המגיד משנה לעיל, הובא באות א'. ‹**ואינו** נראה לענ"ד, דהיכי מצינו למימר דהגמ' ללישנא קמא קאמר, והרי בברייתא קתני חייב, דמשמע חייב חטאת דומיא דכל הני דתני בברייתא, וכן כתב הרא"ש {הובא לקמן באות ה'*} דהך תירוץ כלישנא בתרא, יעו"ש, **ומה** שנראה לענ"ד, הוא דחיוב חטאת ליכא אלא בחדשה, ומשו"ה קאמר בגמ' בקדירה חדשה, והא דלא שנא ליה לרבינו בין חדש לישן, היינו לענין איסורא, דאיסורא מיהא איכא אף בישנה. **ויש** להוכיח זה ממ"ש רבינו לקמן בהל' ו', וכן המבשל כלי אדמה עד שיעשה חרס, חייב משום מבשל, הרי שלא חייב אלא בכלי שלא הוסק עדיין כלל, דהיינו חדש, ועיין מש"כ הרב המגיד שם, **ואפשר** דרבינו לא הזכיר בדין זה חדשה שסמך על מה שכתב שם - שמחת עולם›

[ו] ‹ואני אומר איני מבין מה בא לחדש הראב"ד ז"ל בלשון זה, ואם רצה לתפוס עליו מפני שכתב סתם ולא הפריש בין חדשים לישנים כריש לקיש, הא ודאי לאו קושיא היא ושפיר עבד ר"מ ז"ל, דריש לקיש לא אתא אלא לאשמועינן עובדא דשופת את הקדרה מאי מעשה קא עביד - מגדל עוז. **לא** בא למעט ישנה, אלא ר"ל חדשה שהיא ריקנית, וה"ה דאפילו ישנה וריקנית - בני שמואל›

[ז] כן הוא הגירסא הנכונה כפי מה שהגיה הגר"א בהגהותיו על התוספתא, וכן הוא לפי מה שמצא הב"י מוגה בספרי הרמב"ם, וא"צ עתה לשום דוחק שנדחק מהר"י בי רב בהכ"מ, ע"ש - מ"ב שם

[ח] [ולא אדע הטעם, דמאי עדיפא הגסה מבישול ממש, וכל הפוסקים מודים דבמבשל כל צרכו אין בו משום בישול, וכן איתא בתוספתא בהדיא, ועכ"פ בדיעבד בודאי אין לאסור בזה, וכדעת שאר פוסקים]

אות ה'* [ט]

הכא בקדירה חדשה עסקינן, ומשום לבון רעפים נגעו בה

סימן תקב ס"ד - [י]לדידן, מותר לבשל בקדירות חדשות ביו"ט - היינו משום דיש אוסרים לבשל בקדירה חדשה ביו"ט, כמש"כ הרמ"א, משום דבבישול הראשון מתחזקת הקדירה, דקודם הבישול ניכר בה פליטת המים מבחוץ, ויש בזה משום תיקון מנא, **ודעת** המחבר כרבינו ירוחם, דבקדירות שלנו, נגמר בישולן כבר אצל היוצר, ולכן מותר לדידן לבשל בקדירה חדשה.

הגה: ויש אוסרין [יא](הרא"ש והטור), וכן המנהג, אם לא על ידי הדחק; ולכן נהגו כשקונין קדרות חדשות בפסח, מבשלין בהם קודם יום טוב (ד"ע).

ודעת המ"א לחלק, דכלים המצופין שקורין גליזיר"ט, מחזיקין מים בטוב אף קודם בישול, ולכן מותר לבשל בהן ביו"ט אף בתחלה, **והמנהג** להחמיר הוא רק בכלים שאינם גליזירט, וכ"כ שארי אחרונים.

אות ו'

אין סכין אותן שמן, ואין טשין אותן במטלית, ואין מפיגין אותן בצונן כדי לחסמן; ואם בשביל לאפות, הרי זה מותר

סימן תקז ס"ה - [יב]תנור וכירים חדשים, אין סכין אותם בשמן, ולא טשין אותן במטלית - שדרכן היה לסוך לתנורים בעודן חדשים בשמן, ולשפשף אותן, כדי להחליקן ולצחצחן, ואסור משום תקון כלי, [רש"י].

אבל מותר להסיקן [יג]אפילו היסק ראשון - ולא דמי למלבן את הרעפים כדי לצלות עליהן, שאסור כדלקמן בסימן תק"ח, וכמו כן למבשל בקדרה חדשה, שאסור לכמה פוסקים, וכדלעיל בס"ס תק"ב, ומשום דמתחסמת {מתחזקת} בליבון ובהיסק זה, וכגומר כלי ביו"ט דמי, **צ"ל** דתנור אינו נתחסם בהיסק שמסיקין בו בפנים, **ודעת** מ"א, דתנורים שבזמנינו מתחסמין שפיר ע"י היסק ראשון, ואסור, **ויש** חולקין עליו, וכמש"כ בס"א.

[**והרא"ה** כתב בחידושיו עוד טעם דלא דמי להא דרעפים, שברעפים הוא מתקנו ונעשה כלי למלאכה אחרת, חוץ מלאכה זו של צליה, משא"כ בתנור, שאינו מתכשר למלאכה אחרת בזה חוץ מאפיה ובישול, **ולפי** טעמו זה, יש להתיר ביו"ט קדירות חדשות לבישול].

ובלבד שלא יפיגם בצונן כדי [יד]לחסמן - שע"י הצונן הבא להם אחר היסק בעוד שהם חמין, מתחזקין יותר, והו"ל מתקן מנא.

[טו]ואם הוסקו יותר מדאי, והוצרכו להפיגן בצונן כדי לאפות בהן - שלא ישרף הפת, **מותר** - אע"פ שממילא מתחסם, לית לן בה. **ואע"ג** דגבי ליבון רעפים, לא משגחינן במה שכונתו כדי לצלות עליהם, ואסור, **שאני** התם, שתיקונו של רעפים הם קודם לתשמיש שישתמש בהם אח"כ לצורך יו"ט, **אבל** הכא הרי הפת מוכן להניחו בתנור, אלא שצריך לקרר מעט התנור, וא"כ בתיקונו הוא מתקן הפת, ושרי, **ויש** שכתבו, דהפגת צונן אינו עושה רק חיסום כל דהו, ולהכי שרו חכמים כל שאינו מכוין להדיא לחסמה.

[טז]לפיכך מותר לשרות במים המכבדת שמכבדין בה התנור, אע"פ שמכבה - ר"ל אם הוסק התנור יותר מדאי, וחושש שלא ישרף הפת, שורה המכבדת במים כדי לצנן בו את התנור, וגם כדי לגרוף בו עוד הגחלים הדקים שנשארו אחר הגריפה הראשונה, וכ"ז שרי אע"פ שמכבה, כיון שהוא צורך אוכל נפש, **וכבר** כתבנו, דבזה, וכן בההיא דמפיג התנור, הוא דוקא אם בלא זה יתקלקל הפת, אבל אם לא יתקלקל, רק שיהיה מתחרך מעט ולא יהיה נאה, אסור, מאחר שהוא מכבה.

וכתבו הפוסקים, דלאחר שכיבד התנור, אסור לטבול המכבדת במים, שלא תשרף מפני ניצוצי אש שיש בה, שהרי הוא כיבוי שלא לצורך אוכל נפש, ואפילו אם הוא צריך לה עוד לאפיה ביום זה, [**וסיים** הגר"ז, דכל זמן שאפשר לו להשאיל מכבדת אחרת, אסור, אע"פ שתשרף כולה, **והנה** הפמ"ג מביא, דדוקא בשעה שמתקן האוכל שרי לכבות, ולא קודם לכן, משמע מניה דס"ל, דאפי' אין לו ממי להשאיל אסור, **ועיין** בפמ"ג שמסתפק, אם ע"י עכו"ם מותר בכה"ג, **ונראה** דאם יהיה קשה לו אח"כ להשיג לשאול, יש להקל ע"י עכו"ם].

אות ז'

מולגין את הראש ואת הרגלים ומהבהבין אותן באור; אבל אין טופלין אותן בחרסית, ולא באדמה, ולא בסיד; ואין גוזזין אותן במספרים

סימן תק ס"ד - [יז]מולגין הראש והרגלים - ברותחין, אחר המליחה, כדי להשיר השיער, **ומהבהבים אותם באור** - וה"ה דמותר להטמין אותו ברמץ.

דהוי מלאכה לצורך אוכל נפש, **ופשוט** דלדעת היש מחמירין לעיל בסימן תצ"ה, דאף באוכל נפש גופא, אם אפשר לו לעשות מעיו"ט אסור ביו"ט, מיירי כאן בשלא היה לו פנאי למולגו מעיו"ט, דידוע שאינו מתקלקל אם היה מולגו מעיו"ט, **או** דמיירי ששחטו ביו"ט גופא.

באר הגולה

ט ‹ע"פ הב"י› י פי' קדירות שלנו שכל תיקונן נגמר בתנור של יוצרים, ולא דמי לקדירה חדשה דאמר ריש לקיש שם ל"ד, סמ"ג והמרדכי ור"י וב"י יא ‹כתב הרא"ש, מהכא משמע דהלכתא כלישנא דאמר דטעמא דאין מלבנין את הרעפים מפני שצריך לחסמן, דקאמרינן הכא בקדירה חדשה עסקינן ומשום ליבון רעפים נגעו בה, והיינו משום חיסום דאיכא חיוב חטאת משום מכה בפטיש, אבל משום שצריך לבדקו ליכא חיוב חטאת, ומכאן יש ללמוד שאין לבשל בקדירה חדשה ביום טוב, דחסומי קא מחסם להו, וקא חזינא דמדייתי ואין מחזיקין מים עד שיבשלו בהם פעם אחת - ב"י. ‹**ועיין** בתוס' ד"ה הכא› יב ברייתא שם ל"ד יג הרא"ש שם וכן כתב הטור יד פי' לחזקן טו שם בברייתא טז טור בשם ר"מ מרוטנבורג יז ברייתא שם ל"ד, ודין מליגת הגדי בסימן תצ"ט

אבל אין טופלין אותם בסיד ולא בחרסית ולא באדמה - כדי להסיר השער, **דמתחזי כעיבוד; ואין גוזזין אותם במספרים, שנראה כעושה לצורך השיער.**

[יח]**סימן תצט ס"ב** - [יט]**אסור למלוג גדי** - דהיינו ליתנו ברותחין לאחר המליחה, כדי להעביר השער, **אא"כ מולגו לאכול העור** - דמתוך שעורו רך יש שאוכלין אותו ביחד עם הבשר, והוי לצורך אוכל נפש, וכמו שמותר למלוג הראש והרגלים, וכדלקמן בסימן ת"ק.

והרבה פוסקים חולקין בזה, דלא התירו למלוג רק הראש והרגלים, דנהיגי בכך, אבל מליגת כל הגוף אינו אלא למפונקים ביותר, ואינו צורך כל נפש, וגם נראה יותר כמעשה חול, **ונכון** להחמיר לכתחלה, [ומ"מ מי שרוצה להקל, לא נוכל למחות בידו].

כתבו הפוסקים, דבעוף דלא שייך הפשט, לכו"ע מותר למלוג ולהבהב כל הגוף.

[כ]**סימן תצט ס"א** - [כא]**אין מרגילין ביו"ט, כיצד הוא מרגיל, זה המוציא כל בשר מרגל אחד, כדי שיוציא כל העור שלם ולא יקרע, מפני שטורח בהפשט זה טורח גדול ואין בו צורך למועד** - משמע מלשון זה, דאם מפשיט העור דרך שתי הרגלים, דהיינו שחותך מרגל האחד עד השני בין שני רגלים האחרונים, ועי"ז מפשיט העור שלם, דשרי, דלאו טרחא רבה היא כ"כ. **ויש** מחמירין בכל גווני שלא להפשיט העור שלם, דעכ"פ הוא טרחא יתירא שלא לצורך יו"ט, [**ואף** אם אינו מפשיט כלל דרך הרגלים, רק דרך הפה עד זנבו, דלאו בכלל מרגיל הוא, ג"כ אסור, דעכ"פ הוא טרחא יתירה].

אות ח' – ט'

ואין גוזזין את הירק בתספורת שלו
אבל מתקנין את הקונדס ואת העכביות

סימן תקי ס"ו - [כב]**אין גוזזין את הירק** - פי' התלוש, שיש בו ראשי עלין נרקבין, **במספרים** - בתספורת שלהם, **שדרכן לחתכם בהן מן המחובר** - דמאן דחזי סבר שחתכו היום מן המחובר, [רש"י].

(**וכתב** הפמ"ג, אבל לחתוך ירק דק דק שרי ביו"ט, כטחינת תבלין, ור"ל אף דבשבת אסור, **הא** בכלי שלהם, כעין סכין קבוע בדף עץ, שקורין ברוסיא שעטקוואניצע, י"ל אסור, שדרך לעשות לימים הרבה, עכ"ל).

סימן תקי ס"ז - [כג]**מתקנים את הקונדס והעכביות** - שיש טורח בתיקונן, ושרי, דהוי הכל צורך אוכל נפש, וה"ה שאלאטי"ן ירק מר, מותר להוציא מימיו.

אות י' – כ'

ומסיקין ואופין בפורני, ומחמין חמין באנטיכי
ואין אופין בפורני חדשה, שמא תפחת

סימן תקז ס"א - [כד]**אופין בפורנ"י,** [כה]**דהיינו תנורים שלנו הגדולים ופיהם בצדם** - ואע"פ שצריכה היסק גדול ונפיש טרחא, [משמעות רש"י ושאר מפרשים, ועיין לקמן ס"ו], ולא חיישינן ג"כ שיאמרו לצורך חול הוא אופה, **והוא** שצריך לפת הרבה, שנזדמנו לו אורחים רבים וכדומה, או שאין לו תנור קטן, [עולת שבת מדברי רש"י].

ובלבד שלא תהא חדשה - היינו שלא הסיקו אותה קודם היסק של אפיה זו, [כו]**דחיישינן שמא תפחת** - מעזיבת התנור ותפול על הפת, **ויפסד הלחם וימנע משמחת יו"ט** - ואפילו היה ההיסק מבעוד יום, ג"כ אסור לאפות, וכדמסיים טעמא, דחיישינן וכו', [ב"ח לדעת הרמב"ם, **ובברכי** יוסף כתב, דאף לרש"י שהאיסור הוא משום טורח שלא לצורך, ג"כ אסור, וכן משמע מסתימת לשון הברייתא, וצ"ל, דאף שהסיקה מבעוד יום מ"מ טורח ברדיית הפת וכדו'].

ונתבאר בפוסקים, דדוקא בפורני שהיא גדולה חיישינן שמא תפחת, אבל בתנורים לא חיישינן לזה, [תוס'], וכדמשמע לקמן סעיף ה',

ומשמע ממחבר, דתנורי פת שלנו הוי כפורני שבזמן הש"ס, וא"כ יש לנו לאסור לאפות בתנור חדש, **אכן** האחרונים צדדו להקל בזמננו, שהתנורים נעשים מלבנים, ונותן טיט בין לבנה לחברתה להדביקן יחד, והם חזקים ואין מצוי כלל לפחת.

[**ובתנורים** קטנים שבזמננו, הנקראים קאבלע"ס, לכו"ע נקראים קטנים].

אלא שיש מצדדים לאיסור בתנורים שלנו, מצד היסק ראשון שמיבש התנור ומחזקו, והוא תיקון מנא, אם לא שהוסק מבעוד יום, [מ"א] ‹עיין בס"ה›, **ויש** מקילים בכל גווני, **ואם** נעשה מכמה ימים ונתייבש, אף שלא הוסק עדיין, לית לן בה אף לדעת המחמירים.

ומחמין חמין באנטיכי, (פי' יורה גדולה) - והרבותא הוא כנ"ל לענין פורני, **ומיירי** ג"כ שצריך להרבה חמים, או שאין מוצא מיחם קטן וכנ"ל.

אות ל'

אין נופחין במפוח, אבל נופחין בשפופרת

סימן תקכב ס"א - [כז]**ואין נופחין במפוח** - משום שדומה למלאכת אומן, [רש"י], **אלא בשפופרת.** [כח]**ונהגו היתר במפוח של בעלי בתים ע"י שינוי, להפכו מלמעלה למטה** - אבל במפוח גדול של אומנין, אפילו ע"י שינוי אסור. **ואין** בכלל מפוח מה שנופפין על האש בבגד, או בכלי העשוי לכך מנוצות, דאין זה דומה כלל למפוח.

באר הגולה

יח ‹ע"פ הב"י והגר"א, וז"ל הב"י: דברי בה"ג כתבם הרא"ש, וגם התוספות כתבו שם (לד. ד"ה מולגין) שאסור למלוג כל גופו של גדי, הואיל ויכול בהפשטה, הקלה לעשות טפי› **יט** **טור בשם בה"ג ועיין לקמן סימן ת"ק** **כ** ‹מילואים› **כא** **ברייתא בכורות ל"ג וכפי' רמב"ם** **כב** **ברייתא ביצה ל"ד** **כג** **שם, והם מיני ירקות שיש טורח בתיקונם** **כד** **ברייתא ביצה ל"ד** **כה** ‹רש"י ד"ה פורני כו' - גר"א› **כו** **רמב"ם** **כז** **ברייתא שם ל"ד** **כח** **תוס' שם**

אות ל'* [כט]

ואין מתקנין את השפוד ואין מחדדין אותו

סימן תקט ס"ב - [ל]**שפוד שרוצים לצלות בו, והיה ארוך יותר מדאי, אסור לחתכו ולא לשרפו** - דעי"ז עושה אותה לכלי, [וע"כ אף אם לא היה לו שהות לתקנו מעיו"ט, אסור, וכן כתב הא"ר והגר"א. **והנה** המ"א כתב דדוקא בשאפשר לתקנו מערב יו"ט, וכונתו לדעת הרמ"א דלעיל דמתיר בנשבר, והכא לא הגיה כלום, וע"כ דמיירי בשאפשר לתקן מבעו"י, **וא"כ** לפי מאי דמחמירין האחרונים בנשבר משום תקון מנא, כדעת המאור והר"ן, גם בזה אסור מדינא אף בא"א לו לתקן מערב יו"ט, **אבל** באמת נראה לענ"ד דהיכא דאיכא עשיית כלי גמור, גם לרש"י וסייעתו אסור, וכדמוכח בדף ל"ב במשנה וברש"י שם בעמוד ב' ד"ה בפי, וכ"כ הרא"ה, דמשום מכשירין לכו"ע לא הותר לעשות כלי מתחלה, **ושפוד** שנשבר ראשו וצריך לחדד קצת כדי שיהא ראוי לתחוב עליו, ס"ל דזהו לא מקרי תקון כלי גמור, **וכן** בח"א הסכים לאסור בכל גווני, ודלא כמג"א].

אות מ'

אין מפצעין את הקנה לצלות בו מליח

סימן תקח ס"א - [לא]**ואין פוצעין את הקנה לעשותו כמו שפוד לצלות בו** - וה"ה דאין פוצעין אותו לחצאין, לתתו תחת הדג על האסכלא, דכל מידי דעביד להשתמש בו, הוי תקון כלי, [רש"י].

אות נ'

אבל מפצעין את האגוז במטלית, ואין חוששין שמא תקרע

סימן תקח ס"ב - [לב]**פוצעים אגוזים במטלית** - ומכה על המטלית כדי לשבור הרבה אגוזים בבת אחת, **ולא חיישינן שמא תקרע** - דאפילו תקרע לא איכפת לן, דאינו חייב אלא בקורע ע"מ לתפור, [רש"י], **וגם** הוא דבר שאינו מתכוין, [ומה שרש"י לא כתב טעם זה, (עיין בגליון הש"ס), משום דזה לא הוי רק לר"ש, וטעם רש"י הוא אליבא דכו"ע].

באר הגולה

[כט] ‹ע"פ הגר"א› [ל] **מרדכי בשם אבי העזרי** ‹שם ל"ד. ואין מתקנין וכו', וכפי' הרז"ה משום תקוני מנא, ופי' דנרצף, שנעקם לגמרי, דשוויה מנא הוא, אבל נרצם, שנעקם מעט, ולכן שרי. **ומ"א** פירש באפשר לעשותו מאתמול, והוא כפי' רש"י שם, **אבל** מדסתם {השו"ע} משמע כמ"ש - גר"א› [לא] **כפי' הרמב"ם שם** [לב] **ברייתא שם**

סו א מיי' פ"ב מהל' י"ט הלכה ס:
סז ב מיי' פ"ה מהל' מעשר הלכה כא: [ועי' לעיל ב: תוד"ה דלמא במכרבי הש"ס]
[וס וס כ"ג וכן אי' בירושלמי]
סח ג מיי' שם פרק ד הלכה יא:
סט ד מיי' פ"ג שם הלכה ג:
ע ה מיי' פכ"ג מהל' שבת הלכה טו וטכ"ס הלכה כס:
[שטמנו לאכול בשבת כצ"ל]

ערב שבת בשביעית ואומר מכאן אני אוכל למחר וחכמים אומרים עד שירשום ויאמר מכאן ועד כאן: **גמ'** תנן התם *תינוקות שטמנו תאנים מערב שבת ושכחו ולא עשרו למוצאי שבת לא יאכלו אלא אם כן עשרו ותנן נמי *המעביר תאנים בחצרו לקצות בניו ובני ביתו אוכלין מהן *עראי ופטורים בעא מניה רבא מרב נחמן שבת מהו שתקבע מוקצה למעשר בדבר שלא נגמרה מלאכתו מי אמרינן כיון דכתיב וקראת לשבת עונג קבעה ואפילו בדבר שלא נגמרה מלאכתו או דלמא בדבר שנגמרה מלאכתו קבעה בדבר שלא נגמרה מלאכתו לא קבעה א"ל שבת קובעת בין בדבר שנגמרה מלאכתו בין בדבר שלא נגמרה מלאכתו א"ל ואימא שבת דומיא דחצר מה חצר אינה קובעת אלא בדבר שנגמרה מלאכתו *אף שבת לא תקבע אלא בדבר שנגמרה מלאכתו א"ל לימוד ערוך הוא בידינו שהשבת קובעת בין בדבר שנגמרה מלאכתו בין בדבר שלא נגמרה מלאכתו אמר מר זוטרא בריה דרב נחמן אף אנן נמי תנינא ועוד אמר רבי אליעזר עומד אדם על המוקצה ערב שבת בשביעית וכו' טעמא דשביעית דלאו בר עשורי הוא הא בשאר שני שבוע הכי נמי דאסור מ"ט לאו משום דשבת קבעה לא שאני התם כיון דאמר מכאן אני אוכל למחר קבע ליה עלויה אי הכי מאי אריא שבת אפילו בחול נמי הא קמ"ל דטבל *מוכן הוא אצל שבת שאם עבר ותקנו מתוקן והלא

ערב שבת בשביעית · שאין מעשר נוהג בה ואין מחוסר אלא הזמנה וה"ה במעושר ובשאר שני שבוע אלא אורחא דמלתא נקט דסתם מוקצה לאו מעושר הוא דגרוגרות ולמוקים הן סתם מוקצה ואין רגילין לעשר קודם גמר מלאכה: **ואומר מכאן אני נוטל למחר** · וסגי בהכי דיש ברירה: **עד שירשום** · בסימן דאין ברירה: **גמ' תינוקות שטמנו תאנים** · בשדה או בגנה לאכילת שבת ושכחו ולא עשרו כו' לא יאכלו ואף על גב דקי"ל אין טבל מתחייב במעשר לאוכלו אכילת עראי עד שיראה פני הבית או פני החצר בב"מ בהשוכר את הפועלים (דף פח:) אכילת שבת חשובה ועראי שלה הרי הוא קבע והרי הוטמנו לאכילת שבת והוקבעו והאי דנקט תינוקות רבותא היא דאשמעינן דיש להם מחשבה ע"י מעשה המוכיח וכדאמרינן בהכל שוחטין (חולין דף יג:) ותאנים דבר שנגמרה מלאכתן הוא דאע"ג דחשב עליהן לקציעות או לגרוגרות ושמעינן מינה דבדבר שנגמרה מלאכתו שבת קובעת למעשר בלא ראיית פני הבית ובדבר שלא נגמרה מלאכתו לא שמעינן אי קבעה אי לא קבעה: **ותנן המעביר תאנים** · השוטח תאנים בחצרו: **לקצות** · ליבשן לעשות מהן קציעות ולאחר שנעשו קציעות דורסן בעגול: **בניו ובני ביתו אוכלין מהן עראי ופטורין** · מלמעשר דאין חצר קובעת בראיית פנים אלא בדבר שנגמרה מלאכתו ומבעיא ליה לרבא שבת מי הוה כחצר או עדיפא מיניה: **מהו שתקבע מוקצה למעשר** · מוקצה היינו לא נגמרה מלאכתו: **בדבר שלא נגמרה מלאכתו** · לישנא יתירה הוא והוא פי' של מוקצה ונכתב בספרים: **כיון דכתיב וקראת לשבת עונג** · כיון דאקרי אכילה דידיה עונג קבעה שאין בה עוד שם עראי אלא שם קבע: **שבת קובעת** · אם יחדה לשבת אסורה אף למוצאי שבת ואם לא יחדה לשבת בשבת אסור לכל שאכילתה לעולם קבע היא קרויה אבל למוצאי שבת מותר כדלקמן: **על המוקצה** · וסתמיה לא נגמרה מלאכתו עד עתה: **שביעית** · לאו בר עשורי היא נפקא לן במכילת' מואכלו אביוני עמך ויתרם תאכל חית השדה (שמות כג) מה חיה אוכלת שלא במעושר אף אדם אוכל שלא במעושר: **הכי נמי דאסיר** · לאכול למחר משום מעשר: **מאי טעמא** · בשאר שני שבוע לא הא בשאר שני שביעית לא קבע למעשר בלא ראיית פני הבית ואפי' בבית אינו נקבע אלא בכניסתו דרך שערים כדאמרינן בהשוכר את הפועלים (ב"מ דף פח·) וזה כשנכנס לא נקבע דהא לא נגמרה מלאכתו ואמר לעיל דאין חצר קובעת אלא בדנגמר ובית וחצר שוין כדאמרי' התם בהשוכר ואמאי נקט מתניתין שביעית למיסר שאר שנים לאו משום קביעות דשבת: **שאני התם כו'** · דאיהו אחשבה בדבורו שקראה אכילה: **אי הכי** · דטעמיה משום דבוריה הוא: **מאי אריא שבת** · מאי אריא דאשמעינן הך בשבת לשמעינן בחול ובסדר זרעים והכא ליפלגו בהכנה דגוזלות כדאפלגו ב"ש וב"ה בברירה: **הא קמ"ל דטבל מוכן הוא כו'** · להכי נקט גבי שבת לאשמועינן מלתא אחריתי אגב אורחיה דאצטריך לאפלוגי בהכנה תנא נמי הא בהדיה דבשאר שני שבוע אינו אסור משהזמינו אלא משום מעשר בלבד אבל הכנה איתא שאם בא אדם אחד ועבר ותקנו מתוקן ומותר לאכול ולא אמרינן לא מהניא ליה הזמנה כל זמן שלא נתקן דהא מוקצה מחמת אסור טבל הוא ואסחיה מדעתיה קמ"ל כיון דהגבהת תרומה ומעשר מדאורייתא בשבת שרי אין זה מוקצה מחמת איסור והכי שמעינן ליה ממתניתין מדקתני עומד אדם על המוקצה לכתחלה בשביעית ולא תני למידק מינה איסור בשאר שני שבוע אלא הכי קאמר הא בשאר שני שבוע לא יעמוד ויאמר כן דקבע ליה בדבוריה ומחייב במעשר ולמחר אכיל ליה בטבליה דאי ס"ל לתנא דאיסור מוקצה נמי לא פקע מיניה הכי הוה ליה למתני העומד על המוקצה ערב שבת בשביעית ואומר מכאן אני אוכל למחר הרי זה מן המוכן ודייקינן מיניה הא בשאר שני שבוע אינו מוכן אי נמי עומד אדם על המוקצה ע"ש בשביעית ואומר מכאן אני אוכל למחר והרי זה מן המוכן ודייקינן מינה הא בשאר שני שבוע אינו מוכן אבל השתא לא משמעינן מדיוקא דמתניתין איסור אלא משום מעשר: והלא

ואומר מכאן אני נוטל · מקשה בירושלמי מחלפא שטתייהו דב"ש לעיל *קאמר לא יטול אלא א"כ נענע והכא קאמר דבאמירה בעלמא סגי דהא ר"ה שמותי הוא [א] וי"ל דלא קשה דלא מחלפא שטתייהו דמוקצה דבעלי חיים *עדיף ומחמירין טפי אבל קשה דמחלפא שטתייהו דב"ה דלעיל קאמר דבאומר *מכאן אני נוטל למחר סגי והכא קאמר דבעי שירשום ויש לומר דשאני הכא דלאקלייה בידים:

תינוקות שטמנו וכו' · ואע"ג שיכולין לאכול אכילה עראי עד שיראו פני הבית או פני החצר מ"מ אכילת שבת חשובה ועראי שלו קבע וכיון שטמנו *בשבת לאכול הוקבעו אע"פ שעבר שבת ונקט תינוקות לרבותא אע"פ שאין להם מחשבה גדולה מעשה יש להם:

בניו ובני ביתו אוכלין אכילה עראי · פי' בירושלמי דוקא בניו אבל איהו גופי' אקבעינהו דגלה בדעתו להניחם שם *כך:

הא בשאר שני שבוע לא · דשבת אקבעינהו וקלא דשמעתין כל היכא דר"ל שקובע בלא ראיית פני הבית כמו אם הכניסן דרך [דרך גגות וקרפיפות] (שערים)

אי הכי מאי אריא שבת אפי' בחול נמי · אי הכי דטעמא משום דקבעי' בדבורו אפילו בחול נמי וכו' משום דלא צריך לאשמועינן הכנה ומכאן אני נוטל לפיכך נקט שבת והא מתני' קמשמע לן תרתי דדבורו קובע ואשמועינן דין הכנה דא"ל לשמעינן בחול דבורו קובע דהוי רבותא טפי ופלוגתא דהכנה לשמעינן במקום אחר בפירות מתוקנים אם כנסן לאוצר(א) בצריך שירשום ואומר סגי לומר מכאן אני נוטל משמע מדנקט שבת לענין טבל דשבת קובע בטבל בשאר ימי שבוע א"נ ה"פ לשמעינן בחול דדבורו קובע ובהכנה לפלגו פלוגתא דב"ה וב"ש גבי גחלות כדאיתא לעיל ולא נהירא כדפרישית לעיל דלא שייך פלוגתייהו בבעלי חיים:

הא קמ"ל דטבל מוכן הוא אלא כו' · לכך נקטינהו לענין שבת דלהגב אורחיה דהכנה שבת אשמועינן חדוש אחר דהיכא דהזמינו לשבת דאיט אסור אלא משום מעשר המעורב(ג) ואם בא אדם ותקנו מתוקן ולא אמרינן הואיל ונתקלה בשביל מעשר שבתוכו נתקלה לכל היום הואיל והגבהת תרומות ומעשרות לא הוי אלא מדרבנן והכי דייק ליה מדתני עומד אדם על המוקצה וכו' משמע הא בשאר שני שבוע לא יעמוד לכתחלה הא אם עבר ותקנו מתוקן אבל אי ס"ל לתנא דמשום איסור מוקצה לא תקנו כשעבר ותקנו הכי הל"ל העומד על המוקצה ע"ש בשביעית ואומר מכאן אני נוטל למחר הרי הוא מן המוכן ודייקינן מינה הא בשאר שני שבוע אינו מן המוכן: והלא

רבינו חננאל

ע"ש כו' · בעא מיניה רבא מרב נחמן דבר שלא נגמרה [מלאכתו] ועדיין פגין הן ולא נתחייבו במעשרו כדתנן (מעשרות פ"א) אימתי הפירות חייבין במעשר התאנים משיבחילו כו' ונכנסה השבת ונכנסת עליהן קובעתן ולענין לכל דבר הראוי לו לשבת · ואפילו אלו הפגין וכיוצא בהן וכגון והאבטיחין קודם שיפקסו קודם שישלקו אע"פ שלא נתחייבו במעשר כיון דלענין עונג אוכל הן כמו שנגמרה מלאכתן לענין מעשר דמי וחייב לעשר או לא · א"ל שבת קובעת כי האי גוונא וחייב לעשר · ואקשינן עליה שבת קובעת וחצר קובעת כשם שהחצר אינה קובעת אלא בדבר שנגמרה מלאכתו דתנן במעשרות פרק ג' המעביר תאנים בחצירו לקצות בניו ובני ביתו אוכלין מהן עראי ופטורין כך שבת לא תקבע אלא בדבר שנגמרה מלאכתו · אמר (לך)[ליה] תלמוד ערוך הוא בידינו ששבת קובעת את המוקצה למעשר ואפילו בדבר שלא נגמרה מלאכתו · ואמרינן אף [אנן] נמי תנינא ועוד א"ר אליעזר עומד אדם על המוקצה ערב שבת כו' ודייקינן מדקתני בשביעית ש"מ משום דלאו בת עשורי היא ולפיכך שרי למיכל מיניה אפילו בשבת · הא בשאר שני שבוע אסור לאכול בשבת עד שיעשר דשבת קבעה · ופרקינן לאו משום דשבת קבעה אלא משום דפירש ואמר מכאן אני אוכל למחר · אמירתו היא שקבעתו דגלי דעתיה דנגמרה בהכי כמה שהוא עכשיו היא נגמר מלאכתו והאי אפילו בחול אמירתו קובעתו למעשר ואמאי לא תני בחול אלא בע"ש קמ"ל דטבל מוכן הוא אצל שבת שאם עבר ותיקנו מתוקן · ולא מיבעיא בשביעית דלאו בת עשורי היא שרי אלא אפילו בשאר שני שבוע' אם אמר במוקצה מכאן אני אוכל למחר מוכן הוא וחייב במעשר ואם עבר ותקנו מותר לאכול סמכו בשבת ואקשינן

יש מוחקין תיבת כך וי"א שצ"ל שהכניסם שם כך ר"ל אלא כשהכניסם כיס ע"מ שמם שירצו לאכול לא יהא מוקצה

מעשרות פרק ד מ"ב

מעשרות פרק ג מ"א [לקמן לה.] [תיבת עראי ליתא במשנה]

[לקמן לה: שבת מג:]

הגהות הב"ח

(א) תוס' ד"ה אי הכי וכו' אם כנסן לאוצר צריך שירשום ולומר סגי לומר וכו' בפלוגתא דב"ה: (ב) ד"ה הא קמ"ל וכו' המעורב בו ואם כנה:

הגהות הגר"א

[א] תוס' ד"ה ואומר כו' שמותי הוא ומשני דמוקצה דב"ח עדיף ומחמירין טפי ומקשה דמיחלפי שיטתייהו דב"ה דלעיל קאמרי באומר זה וזה אני נוטל למחר סגי והכא קאמר דבעי שירשום ומשני דשאני הכא דלאקלייה בידים כצ"ל וא"צ ואף שי"ל דשוה הוא בלשון לפי דברי רבה שם (דף י') מ"מ אין משמעות הלשון דבעי שירשום:

גליון הש"ס

גמ' אף שבת לא תקבע. עיין פסחים דף קה ע"א:

§ מסכת ביצה דף לד: §

אות א'

עד שירשום, ויאמר: מכאן ועד כאן

רמב"ם פ"ב מהל' יום טוב ה"ט - העומד על המוקצה מערב יום טוב בשנה השביעית, שכל הפירות הפקר, צריך שירשום, ויאמר: מכאן ועד כאן אני נוטל; ואם לא רשם, לא יטול.

[א]**סימן תצה ס"ד - [ב]וכל מוקצה שאינו בעלי חיים, כגון אוצר של פירות ועצים** - ר"ל ודעתו היה מתחלה רק להסתפק ממנו לאחר זמן, וה"ה בפירות העומדים לסחורה, או במוקצה של גרוגרות וצמוקים שלא נתייבשו לגמרי, [רש"י, **והיינו** מפני שראוין עכשיו לקצת בני אדם עכ"פ, לכך מהני הכנה, דאי עדיין לא נתייבשו כלל, אינם ראויים לשום אדם, ואין מועיל הכנה], **סגי כשיאמר: מכאן אני נוטל, ואין צריך שירשום (רבינו ירוחם)** - דאותן שיקח למחר, הרי הם כמו שהוברר למפרע דלהם כוון בהכנתו, דבמלתא דרבנן קי"ל דיש ברירה.

(כתב הח"א, נראה דחנוונים שדרכם למכור תמיד, הרי הוא כאלו אמר).

וקאי לסברא הראשונה דמוקצה אסור, דלהמתירין מוקצה א"צ אמירה אלא בגרוגרות וצמוקים, משום דמסתמא דחינהו בידים כשהעלן לגג ליבשן, ואפילו בשבת אסור, וכדלעיל בסימן ש"י ס"ב.

ובבעלי חיים לא מהני בשיאמר: מכאן אני נוטל, אלא צריך לפרט: זה וזה אני נוטל, וכמבואר לקמן סימן תצ"ז ס"י.

ודע, דיש כמה פוסקים [הרמב"ם בפ"ב מהל' יו"ט] דפליגי ע"ז, ודעתם דלא סגי בשיאמר: מכאן וכו', אלא צריך שירשום בסימן המקום שבדעתו לאכול, **וסברתם**, דכיון שהם מוקצים מחמת מעשה שעשה בהם להקצותם, כגון גרוגרות וצמוקים שהעלם לגג ליבשן, או אפילו פירות שהכניסם לאוצר, הרי הקצם בידים למכירה, לא סגי בהכנה כל דהו להוציאם ממוקצה, עד שיברר יפה הפירות שבדעתו לאוכלם, ויתן בהם סימן, [תוס' ד"ה ואומר].

ולהלכה יש להחמיר כסברא האחרונה עכ"פ לענין גרוגרות וצימוקים שהעלן לגג, [דכיון דלא חזו לגמרי, חיישינן דלמא אתי לאימלוכי, ולא גמר בדעתו ליטול מהם עד שירשום, דכולי האי לא יחזור בו, **ומ"א** כתב סברא אחרת להחמיר, כיון דאינם ראויים לכל אדם, איכא למיחש שיטלטל ויניח עד שיברור הראויה], **ובפירות** שמכניסם לאוצר, אפשר דיש לסמוך אסברא קמא, [דהכא לא שייך סברות הנ"ל, **והיינו** אפי' אם נתפוס להחמיר במוקצה דיו"ט, סגי בהזמנה מועטת, דהיינו ב"מכאן", ולא בעינן שירשום, **ובספר** בית מאיר מצדד להקל אפי' בגרוגרת וצמוקים, דסגי בהזמנה ד"מכאן", ולא בעינן שירשום].

ומותר להכין מיום טוב ראשון לשני, בב' ימים טובים של גליות (כל בו) - ר"ל דבכגון זה של פירות ואוצר, שא"צ לעשות מעשה ובאמירה בעלמא הוי הכנה, מותר להכין אפילו ביו"ט גופיה מיום אחד לחבירו, **דממ"נ** אם יום ב' קודש, הרי היום חול ומותר להכין, ואם היום קודש ומחר חול, הרי א"צ הכנה כלל, ונמצא שאינו מתקן שום דבר בהכנתו דליאסר עליו, **והיכי** אסרינן הכנה מיו"ט לחבירו, היכא שהוא עושה מעשה, דחיישינן שמא מחר חול, ונמצא שעשה מעשה ביו"ט לצורך חול, וכההיא דסימן תק"ג.

וכן במוקצה דבע"ח, כגון תרנגולת העומדת לגדל ביצים, לא יכול להזמין מיו"ט לחבירו, אא"כ זימן מעיו"ט, (**אולי** כיון דצריך אומד כמה צריך לו למחר, וגם צריך לסמן בטביעת עין איזה הם כדי שיזכור היטב, הוי כעובדא דחול). **ולפי"ז** לפי מה שכתבנו להחמיר במוקצה דאקצייה בידים כגון גרוגרות וצמוקים, שצריך לרשום, אם שכח לרשום בעיו"ט ונזכר ביו"ט, אסור לעשות שום סימן להכין פירות ליו"ט שני, דשמא מחר חול, ונמצא שעשה סימן ביו"ט לצורך חול.

ועיין לעיל סימן ש"י כל דיני מוקצה.

אות ב'

תינוקות שטמנו תאנים מערב שבת, ושכחו ולא עשרו, למוצאי שבת לא יאכלו אלא אם כן עשרו

רמב"ם פ"ה מהל' מעשר הכ"א - תינוקות שטמנו תאנים לשבת, ושכחו לעשרן, לא יאכלו למו"ש עד שיעשרו.

[ג]**יו"ד סימן שלא סקי"ב - תינוקות שטמנו תאנים לשבת, ושכחו לעשרן, לא יאכלו למוצאי שבת עד שיעשרו** - שהרי יחדום לשבת - ש"ך.

אות ג'

המעביר תאנים בחצרו לקצות, בניו ובני ביתו אוכלין מהן עראי ופטורים

רמב"ם פ"ד מהל' מעשר הי"א - [ד]המוליך פירותיו ממקום למקום, אף על פי שהוא נכנס בהן לבתים ולחצרות בדרך, לא נקבעו, אלא אוכל עראי עד שיגיע למקום שהוא סוף מגמתו; וכן בחזרה.

אות ד'

שבת לא תקבע אלא בדבר שנגמרה מלאכתו

רמב"ם פ"ג מהל' מעשר ה"ג - אחד משעה דברים קובע הפירות למעשרות: החצר, והמקח, והאש, והמלח, והתרומה, והשבת; וכולן אין קובעין אלא בדבר שנגמרה מלאכתו. השגת הראב"ד: אחד מששה דברים קובע הפירות

באר הגולה

א «ע"פ הגר"א» ב «כר"א בסוף המביא במתני' ל"ד, וכמ"ש רש"י שם דפליגי בברירה, ואנן קי"ל דבדרבנן יש ברירה - גר"א» ג «ע"פ מהדורת נהרדעא» ד «משנה שם פ"ב מ"ג - כסף משנה» «**הנה** לא ציין הכסף משנה למשנה שהביא הגמ' פ"ג מ"א, ובאמת יסוד של משנתינו הוא חלוק מהדין שמביא הרמב"ם, ולכאורה העין משפט מביאו רק משום שהוא ענין דומה. **ועיין** ביד אליהו ומקדש דוד, שמתרצים אמאי לא הביא הרמב"ם בחיבורו דין משנה פ"ג מ"א»

וכו'. א"א [ה]ולמה לא מנה הכובש אף על פי שלא כבשן אלא בחומץ, שהמשנה מנאן שנים.

אות ה'

שאם עבר ותקנו מתוקן

רמב"ם פכ"ג מהל' שבת הלכה ט"ו - המגביה תרומות ומעשרות בשבת או ביו"ט בשוגג, יאכל ממה שתיקן; במזיד לא יאכל עד מו"ש; ובין כך ובין כך תיקן את הפירות.

רמב"ם פכ"ה מהל' שבת הכ"ה - חבית של טבל שנשברה, מביא כלי ומניח תחתיה, הואיל ואם עבר ותקנו מתוקן, הרי הוא כמתוקן.

---

§ מסכת ביצה דף לה. §

אות א'

הנוטל זיתים מן המעטן, טובל אחת אחת במלח ואוכל; ואם טבל ונתן לפניו עשרה, חייב

רמב"ם פ"ה מהל' מעשר הי"ח - הנוטל זיתים מן המעטן, טובל אחד אחד במלח ואוכל; ואם מלח ונתן לפניו, חייב, וכן כל כיוצא בזה.

אות ב'

וחכמים מתירין

רמב"ם פ"ג מהל' מעשר ה"ד - [א]וכן התורם פירות שלא נגמרה מלאכתן, מותר לאכול מהן עראי; [ב]חוץ מכלכלת תאנים, שאם תרמה קודם שתגמר מלאכתן, נקבעה למעשר.

אות ג'

היה אוכל באשכול ונכנס מגנה לחצר... לא יגמור

רמב"ם פ"ד מהל' מעשר הי"ז - היה אוכל באשכול בגנה ונכנס מן הגנה לחצר, אף על פי שיצא מן החצר, [ג]לא יגמור עד שיעשר.

[ד]יו"ד סי' שלא סצ"ב - היה אוכל באשכול בגנה, ונכנס מן הגנה לחצר, אע"פ שיצא מן החצר, לא יגמור עד שיעשר.

אות ד'

חשכה בלילי שבת... לא יגמור

רמב"ם פ"ה מהל' מעשר [ה]ה"כ - פירות שנגמרה מלאכתן וחשכה עליהן לילי שבת, נקבעו, ולא יאכל מהן אפילו לאחר השבת עד שיעשר.

[ו]רמב"ם פ"ה מהל' מעשר הכ"ג - היה אוכל [ז]באשכול וחשכה עליו לילי שבת, לא יגמור אכילתו בשבת עד שיעשר; [ח]ואם הניחן לאחר שבת ה"ז גומרו.

[ט]יו"ד סימן שלא סקי"ד - היה אוכל באשכול וחשכה עליו ליל שבת, לא יגמור אכילתו בשבת עד שיעשר; ואם הניחן לאחר השבת, הרי זה גומרו - באכילת עראי, ואינו מעשר, שכיון שהניחו מידו ופסק מן האכילה כדי שלא לאכלו בשבת, היאך יקבענו שבת, שהרי גלה דעתו שלא לאכול ממנו בשבת - ש"ך.

אות ה'

אחד שבת ואחד תרומה ואחד חצר ואחד מקח, כולן אין קובעין אלא בדבר שנגמרה מלאכתן

רמב"ם פ"ג מהל' מעשר ה"ג - אחד משש דברים קובע הפירות למעשרות: החצר, והמקח, והאש, והמלח, והתרומה, והשבת; וכולן אין קובעין אלא בדבר שנגמרה מלאכתו. השגת הראב"ד: אחד משבה דברים קובע הפירות וכו'. א"א ולמה לא מנה הכובש אף על פי שלא כבשן אלא בחומץ, שהמשנה מנאן שנים.

[י]יו"ד סימן שלא ספ"ג - אחד מו' דברים קובע הפירות למעשרות: החצר, והמקח, והאש, והמלח, והתרומה, והשבת; וכולם אין קובעין אלא בדבר שנגמרה מלאכתם.

באר הגולה

[ה] ‹טעמו, דמדקתני הכובש המולח, משמע דכובש בחומץ קובע, וי"ל לדעת רבינו, שמאחר שלא אמרו בירושלמי חומץ קובע כמו שאמרו מלח קובע, ע"כ לומר דחומץ אינו קובע, והא דקתני מתניתין הכובש המולח, חדא קתני, ופרושי קא מפרש, הכובש ומאי כובש היינו המולחו, לאפוקי כובש שלא במלח, א"נ כובש היינו שישרה אותם במים ומלח, וכן פי' רבינו בפי' המשנה - כסף משנה› [א] ‹וכן מובא לשון זה בשו"ע יו"ד סי' של"א ספ"ג› [ב] ‹אע"ג דעתיד למלאותה או לחפותה, כיון שאין המלוי תיקון בגוף הפרי - דרך אמונה› [ג] ‹עיין תוס' ד"ה ר"א, דאשכול הוה דבר שלא נגמרה מלאכתו, {וכן הוא ברש"י}, וא"כ צ"ע מש"כ כאן הרמב"ם לא יגמור עד שיעשר, הא אין החצר קובע בדבר שלא נגמרה מלאכתו, כדכתב הרמב"ם כאן פ"ג ה"ג, ונראה לומר דכאן מיירי בבעה"ב שלקט אשכול, ואין דעתו ללקט יותר, דהוי גמר מלאכתו - דרך אמונה. ולכאורה לפי"ז אין דין זה שייך לסוגייתינו, וכן יש להעיר בדינים שבאות ג', וצ"ע› [ד] ‹ע"פ מהדורת נהרדעא› [ה] ‹כצ"ל ע"פ מהדורת נהרדעא› [ו] ‹ע"פ מהדורת נהרדעא› [ז] ‹ומיירי שנגמרה מלאכתו, דאל"כ אין שבת קובע, כנ"ל פ"ג ה"ד, וכגון שליקט אשכול ואין דעתו ללקט יותר, דהוי גמר מלאכתו - דרך אמונה› [ח] ‹משנה בפ"ח דתרומות (מ"ג) וכרבי יהושע. ומ"ש ואם הניחן לאחר השבת הרי זה גומרו, יש לתמוה על זה, ממאי דאתמר עלה בירושלמי שם ובגמרא דידן ס"פ המביא כדי יין בשם רבי נתן אליבא דר"א, ומיניה נשמע לרבי יהושע, דאפי' הניחם לאחר השבת לא יגמור, ורבינו עצמו כתב כן בספ"ד גבי חצר, וצ"ל דרבינו גריס גבי חצר כגירסת ספרים דידן, וגבי שבת גריס איפכא, לא כשאמר ר"א יגמור ימתין למו"ש ויגמור, אלא בשבת עצמה יגמור, כלומר ומינה נשמע לר"י דאמר לא יגמור, היינו בשבת דוקא, אבל אם הניחה יגמור - כסף משנה. ‹ושמעתי מקשים, דהמעיין בסוגיא יראה בעיניו דאין מקום לגירסא זו, דהתם פריך לר' אליעזר מדידיה אדידיה, וא"כ מאי משני - משנה למלך› [ט] ‹ע"פ מהדורת נהרדעא› [י] ‹ע"פ מהדורת נהרדעא›

והלא מותרו חוזר ושמעינן ליה לרבי אליעזר דאמר כל היכא דמותרו חוזר לא קבע דתנן* *הנוטל זיתים מן המעטן טובל אחת אחת במלח ואוכל ואם טבל ונתן לפניו *עשרה חייב ר"א אומר מן המעטן טהור חייב מן המעטן טמא פטור מפני שהוא מחזיר את המותר והוינן בה מאי שנא רישא ומאי שנא סיפא וא"ר אבהו רישא במעטן טהור וגברא טמא דלא מצי מהדר ליה סיפא במעטן טמא וגברא טמא דמצי מהדר ליה מתניתין נמי במוקצה טהור וגברא טמא דלא מצי מהדר ליה והלא מוחזרין ועומדין הן אלא אמר רב שימי בר אשי ר"א קא אמרת רבי אליעזר לטעמיה דאמר תרומה קובעת וכ"ש שבת דתנן* פירות שתרמן עד שלא נגמרה מלאכתן ר"א אוסר לאכול מהן עראי "וחכמים מתירין ת"ש מסיפא וחכ"א עד שירשום ויאמר מכאן ועד כאן טעמא דע"ש בשביעית דלאו בר עשורי הוא הא בשאר שני שבוע דבני עשורי נינהו אסורים מ"ט לאו משום דשבת קבעה לא שאני התם כיון דאמר מכאן ועד כאן אני אוכל למחר קבע ליה אי הכי מאי אריא שבת אפילו בחול נמי הא קמ"ל *דטבל מוכן הוא אצל שבת שאם עבר ותקנו מתוקן ורמינהי *היה אוכל באשכול ונכנס מגנה לחצר ר"א אומר יגמור רבי יהושע אומר "לא יגמור חשכה בלילי שבת ר"א אומר יגמור ר' יהושע אומר "לא יגמור *התם כדקתני טעמא ר' נתן אומר לא כשאמר ר"א יגמור בחצר יגמור אלא יוצא חוץ לחצר ויגמור ולא כשאמר (א)ר"א יגמור בשבת ויגמור אלא ממתין למוצאי שבת ויגמור כי אתא רבין א"ר יוחנן "אחד שבת ואחד תרומה ואחד חצר ואחד מקח כולן אין קובעין אלא בדבר שנגמרה מלאכתן שבת לאפוקי מדהלל דתניא *המעשר פירות ממקום למקום לקצור וקדש עליהן היום א"ר יהודה הלל לעצמו אוסר

חצר

הדרן עלך המביא

רש"י

והלא מותרו חוזר · היכי מצית למימר דקביעותא משום דבורא הוא והלא אפי' נטל הרבה מן הטבל בחול ונותן לפניו דמחזי דקבע ליה באכילה מרובה אם דבר הראוי להחזיר המותר אחר אכילתו למקום שנטלו משם הא שמעינן ליה לרבי אליעזר דאמר לא קבע בנטילה קמייתא וכל שכן בדבורא בלא מעשה לא מקבע : **מעטן** · כלי גדול שעוברין בו את הזיתים כדי שיתחממו ויתבשל שמנן בתוכן ויהא נוח להוציאו בבית הבד : **טובל אחת אחת במלח ואוכל** · בלא מעשר ולא אמרינן טבולן במלח משוי ליה קבע הואיל ואחת אחת הוא אוכלן מיד : **מן המעטן טהור חייב** · לעשר שאין ראוי להחזיר מותרו כדמוקי לה לקמיה בגברא טמא שנטמא במגעו וכשמחזירן מתערבין הטמאים עם הטהורים ומטמא השמן וכיון דאין ראוי להחזיר מותרן ודאי כי שקלינהו מעיקרא אדעתא למיכל לכולהו שקלינהו והויא אכילת קבע : **מן המעטן טמא פטור** · מפני שראוי להחזיר המותר וכי שקלינהו מעיקרא בריפא אדעתא למיכל פורתא והאהדורי מותר שקל : **מאי שנא רישא** · דאין יכול להחזיר משום דמעטן טהור והא אפשר להיות גם הוא טהור : **וא"ר אבהו** · כולה בגברא טמא מתוקמא רישא דמעטן טהור לא מצי למהדר וא"ת הרי נטמאו זיתי המעטן כשנטל מהן ויש לומר דלא טמא אלא מקום מגעו ויכול לסלקן משם : ה"ג רישא במעטן טהור וגברא טמא דלא מצי למהדר סיפא בגברא טמא ומעטן טמא דמצי למהדר : **ומשני מתני' נמי** · דקבע דבוריה במוקצה טהור וגברא טמא עסקינן דלא מצי למהדר מותרו : **ופרכינן והלא מוחזרין ועומדין** · והלא לא נטלן אלא דבורא בעלמא הוא וכיון דכי נטלן ואפשר בחזרה מהניא ליה חזרה ולא מקבע כי לא אפשר בחזרה נמי ולא נטלן אלא דבורא בעלמא אין לך חזרה כזו דאפילו משקל נמי לא שקלינהו : **ה"ג אלא אמר רב שימי בר אשי כו'** · אלא לעולם שבת הוא דקבעה במתני' וכי מסלקת ליה למר זוטרא מסייעתיה דלא לסייעי' לאבוה ממתני' הכי תסלקיה : **ר"א קא אמרת** . מניה מייתית סייעתא דשבת קבעה אף בשלא נגמרה מלאכתן : **ר"א לטעמיה דאמר תרומה קובעת** · דבר שלא נגמרה מלאכתו שאם הגביה תרומתו נאסר לאכילת עראי עד שיפריש שאר מעשרות : **וכ"ש שבת** · דחשיבא אכילתה אבל רבנן אימא לך כי היכי דפליגי בתרומה פליגי בשבת : **ת"ש מסיפא** · דלא אפלוג רבנן עליה אלא לענין ברירה אבל מודו ליה דדוקא ע"ש בשביעית הא בשאר שני שבוע אסור משום מעשר : **דטבל מוכן הוא כו'** · כדפרי' והכא לא מלי למפרך והרי מותרו חוזר כדפריך לעיל אליבא דר"א משום דרבנן שמעינן להו דאפילו מותרו חוזר דחילא עליה קביעותא הלכך איכא למתלי טעמייהו דרבנן במתני' נמי משום דאיהו קבעיה ולא משום שבת : **ורמינהי** · דר"א אדר"א אליעזר : **היה אוכל באשכול** · וסתם אשכול לאו גמר מלאכה היא דסתם ענבים לדריכה קיימי : **ונכנס מגנה** · שלקטם משם ובא לו לחצר : **ר"א אומר יגמור** · אם רצה לגמור בחצר יגמור אכילתו דאין חצר קובעת דבר שלא נגמרה מלאכתו : **רבי יהושע אומר לא יגמור** · קסבר חצר קובעת דבר שלא נגמרה מלאכתו : **הכי גרסינן חשכה לילי שבת רבי אליעזר אומר יגמור** · אם רצה לגמור כי היכי דאמר בחצר אמר בשבת יגמור אכילתו דאין שבת קובעת דבר שלא נגמרה מלאכתו ומתניתין אוקימנא טעמא דר"א דבשאר שני שבוע לא משום דשבת קבעה דמשום דבוריה לא מליכא למימר דהא לרבי אליעזר מותרו חוזר : **הכי גרסינן רבי נתן אומר לא כשאמר רבי אליעזר יגמור בחצר יגמור אלא יצא חוץ לחצר ויגמור ולא כשאמר יגמור בשבת יגמור אלא ימתין כו'** · ותרוייהו אדרבי אליעזר קאי דאית ליה לרבי אליעזר שבת קבעה ומיהו למוצאי שבת יגמור דלא דמיא לתינוקות שטמנו תאנים דתנן בהו לעיל למוצאי שבת לא יאכלו דהתם לאכילת שבת יחדום הלכך קבעה עלייהו אבל זו לא יחדה לשבת יש ספרים שהיא כתובה בהם בשבוש וכן גרסינן לה במשנה דמסכת מעשרות דרבי נתן בתוספתא דמעשרות הכי איתמר : **ואחד מקח** · אם מכרן לחבירו קודם גמר מלאכה לא אמרינן אחשבינהו בהכי ולאטריכא ליה לרבי יוחנן לאשמועינן משום דאיכא למאן דאמר קבעה כדלקמן : **שבת** · איצטריך לרבי יוחנן למימר : **לאפוקי מדהלל** · דלית הלכתא כוותיה אלא כרבנן דפליגי עליה : **הלל לעצמו** · הלל לבדו אוסר משמע דכל דורו חלוקין עליו :

תוספות

והלא מותרו חוזר · ולרבי אליעזר אפי' נטל הרבה מן הטבל בחול לא הוי קביעות כדמוכח בסמוך בדבר הראוי להחזיר מותר וכל שכן דדבורו אינו קובע :

רישא במעטן טהור וגברא טמא דלא מצי למהדר · וא"ת והרי נטמאו זיתי המעטן כשנטל מהן וי"ל דלא טמא אלא מקום מגעו ויכול לסלקו מלמעלה שלא יגע באחרים ומ"מ אינו ראוי להחזיר המותר לפי שמתערבים הטהורים עם הטמאים כך פ"ה אי נמי כגון שנטלו בפשוטי כלי עץ או שנתן לו חברו :

והלא הן מוחזרין ועומדין · דלא נטלן אלא בדבורא בעלמא ואין לך חזרה גדולה מזו דאפי' בראוי להחזיר לא מקבע כ"ש בלא נטל כלל :

אלא אמר רב שימי וכו' · ודאי לר' אליעזר קובע שבת אפילו בלא נגמרה מלאכתו כמו גבי תרומה אבל לרבנן דמתירין גבי תרומה לא ידעינן גבי שבת :

תא שמע מסיפא · דלא פליגי רבנן אלא דוקא בברירה :

[**שאני** התם כיון דאמר מכאן] · והכא לא שייך למפרך והלא מותרו חוזר דלרבנן לית להו הך סברא *דלעולם מותרו קובע :

(ג)**רבי** אליעזר אומר יגמור בשבת אלא כו' · וא"ת מ"ש מתינוקות שטמנו דלמוצאי שבת לא יאכלו ויש לומר דהתם יחדום לאכילת שבת אבל הכא לא יחדום לשבת כפי' רש"י אי נמי דהתם מיירי בתאנים דנגמרה מלאכתן אבל הכא מיירי באשכול שלא נגמרה מלאכתו :

אחד שבת (ג) אינו קובע וכו' אינו קובע אלא בדבר שנגמרה מלאכתו · ואם תאמר מאי נפקא מינה כיון דאינו קובע אלא בדבר שנגמרה מלאכתו וי"ל דנפקא מינה דקובע אפי' קודם ראיית פני הבית:

שבת לאפוקי מדהלל · ובדין הוא דהו"מ למנקט לאפוקי מדרבי אליעזר דאמר קובע אפי' בדבר שלא נגמרה מלאכתו ומשום הכי לא נקטיה משום דלאו רבותא הוא דבלאו הכי אין הלכה כמותו דשמותי הוא ומ"מ קאמר בסמוך תרומה לאפוקי מדרבי אליעזר דלא אשכח תנא דאמר תרומה קובעת במעשר בדבר שלא נגמרה מלאכתו אלא רבי אליעזר :

עין משפט נר מצוה

עא א מיי' פ"ה מהל' מעשר הל' יח :

עב ב מיי' שם פ"ג הלכה ד :

עג ג מיי' פ"ד שם הלכה יז :

עד ד מיי' פ"ה שם הלכה כב :

עה ה מיי' פ"ג שם הלכה ג :

דלעולם אפי' מותרו חוזר קובע כצ"ל

מסורת הש"ס

מעשרות פ"ד מ"ג

[פיאה עשרה ליט' במשנה]

מעשרות פ"ב מ"ד

[לעיל לד: ע"ש]

תרומות פ"ח מ"ג

[לא יגמור מתניתין רבי נתן דתניא ר' נתן אומר כו' כצ"ל מסר"מ]

תוספתא דמעשרות פ"ג [וכם איתא המעביר ע"ש]

רבינו חננאל

ואקשינן ואמאי מחייב ר' אליעזר בדבר שלא נגמרה מלאכתו והלא מה ששייר סכדי אכילתו מחזירו אצל העיקר שנטלו ממנו עד שתגמר מלאכת הכל כאחת ושמעינן ליה לר' אליעזר דכי האי גוונא לא קבע דתנן במעשרות פרק ד' הנוטל זיתים מן המעטן טמא פטור מפני שמחזיר את המותר · ואוקימנא לרישא במעטן טהור וגברא טמא דלא מצי לאהדורי מה שישאר לו מן הזיתים וסיפא במעטן טמא וגברא טמא דאכיל מאי דאכיל ומאי דאשתייר ליה מן זיתיא מהדר להו למעטן ולפיכך פטור · ופרקינן מתניתין נמי במעטן טהור וגברא טמא ואקשינן והלא מתניתין מוחזרין ועומדין הן כלומר עדיין לא נגע בהן כלל אלא דיבור בלבד אמר מיכן אני נוטל למחר · אמר רב שימי בר אשי ר' אליעזר לטעמיה [דאמר] אפילו תרומה קובעת וכל שכן כשאומר מיכן אני אוכל למחר דתנן במעשרות פרק ב' פירות שתרמן עד שלא נגמרה מלאכתן ר' אליעזר אוסר לאכול מהן עראי וחכמים מתירין · ת"ש מסיפא וחכ"א עד שירשום ויאמר כו' · כענין הראשון ופשוטה היא . הנה העמדנו טעמא דר' אליעזר משום דאמר מיכן אני אוכל למחר קבעה לה שבת עילוה · ורמי דר' אליעזר אדר' אליעזר דתנן בתרומות פרק ח' היה אוכל באשכול ונכנס מגינה לחצר ר' אליעזר אומר יגמור ר' יהושע אומר לא יגמור · חשכה בלילי שבת ר' אליעזר אומר יגמור כו' הנה כיון שהיה אוכל באשכול מערב שבת וחשכה בלילי שבת כאילו אמר מיכן אני נוטל כיון שתופס בידו האוכל ואוכל וא"ר אליעזר יגמור ולא קבעה שבת ומשנינן התם כדתני ר' נתן בירושלמי *) דתני ר' נתן לא שאמר ר' אליעזר משום שהתחיל באשכול בהיתר יגמור אלא שר' אליעזר אומר ימתין עד מוצאי שבת ויגמור. ש"מ · אבל בשבת לא משום דקבעה לה שבת כי האי גונא · א"ר יוחנן אחד שבת ואחד חצר ואחד תרומה ואחד מקח כולן אין קובעין אלא בדבר שנגמרה מלאכתו . שבת לאפוקי מהלל דתניא המעביר פירות ממקום למקום וקדש עליהן היום · א"ר יהודה הלל עצמו אוסר ומדקאמר וקדש עליהן היום שמע מינה דבדבר שלא נגמרה מלאכתו [הוא] דאם נגמרה מלאכתו מאי איריא קדשה שבת אפילו בחול נגמרה מלאכתו אסור ·

חצר

*) עס בפ"ח הלכה ב' והוא תוספתא דתרומות פ"ז .

הגהות הב"ח

(א) גמ' ולא כשאמר יגמור כצ"ל ותיבות ר' אליעזר נמחק: (ב) תוס' ד"ה ולא כשאמר ר' אליעזר יגמור בשבת יגמור אלא כו' וא"ת כצ"ל: (ג) ד"ה אחד שבת וכו' אינו קובע אלא כצ"ל ותיבות אינו קובע נמחק:

עו א מיי' פ"ה מהל' מעשר הלכה ד :
א ב מיי' פ"ה מהל' י"ע הל' ה טוש"ע א"ח סי' תקכא סעי' א :
ב ג טוש"ע שם סי' שלח סעיף ז :
ג ד מיי' פכ"ה מהל' שבת הלכה כג טוש"ע שם וסי' תקכא סעיף ב :
ד ה מיי' שם הל' כד טוש"ע א"ח סי' שלח סעיף ח וסי' תקכא סעיף ג :
ה ו מיי' פ"ז מהל' ביאת מקדש הלכה ט סמג לאוין שח :
ו ז מיי' פ"ה מהל' נזירות הל' יד :
ז ח מיי' פ"א מהל' כלים הלכה ח :
ח ט מיי' פכ"ב מהל' שבת הלכה כ סמג לאוין סה טוש"ע א"ח סי' שא סעיף מה :
ט י מיי' פ"ד מהל' מתנות עניים הל' א :
[נ"ל במה אשה ד' סס.]
י כ מיי' פכ"א מהל' שבת הלכה ב ופכ"ו הל' טו סמג לאוין סה טוש"ע א"ח סי' שלג סעיף א :
ועי' תוס' שבת קמו: ד"ה מי]

מקח· אצטריך לאשמועינן לאפוקי מהאי תנא דקתני ר' יעקב מחייב דלית הלכתא כוותיה אלא כרבי יוסי ברבי יהודה דפוטר : **ס"ג מקח כדתנן הלוקח תאנים כו'**. אצטריך לאשמועינן דהלכתא כי הך ולא כאידך מתני' דפליגי עליה לקמיה : **הלוקח תאנים מעם הארץ במקום שרוב בני אדם דורסין**. שרוב בני המקום עושין תאניהם קציעות ודורסים אותם בעגולים הוו להו כתם תאנים דבר שלא נגמרה מלאכתו : **אוכל מהן עראי**. דאין מקח קובע בדבר שלא נגמרה מלאכתו וכולהו כשלא ראו פני הבית קא מיירו : **ומעשרן דמאי**. כשבא לעשרן מעשרן דמאי כדין כל הלוקחים מעם הארץ שאין צריך להפריש תרומה דלא חשידי עלה ולא אמרינן הני ודאי לא מעשרי דקודם גמר מלאכה לא עשרינהו עם הארץ דקסבר האי תנא יש שמעשרין קודם גמר מלאכה ומדה טובה היא ואזלינן ביה לקולא : **רוב עמי הארץ מעשרין הן**. מדאזלינן לקולא דקאמר מעשרן דמאי וחומרא בעלמא היא דאחמור לאפרושי מספיקא אחר מעשרות שנחשדו עליהן : **ולאפוקי מהא דתנן**. אדרבי יוחנן קאי רבי יוחנן דאמר לעיל מקח אינו קובע בדבר שלא נגמר מלאכתו אתא לאשמועינן דהלכתא כי הא דאמרי' לעיל ולאפוקי מהך : **המחליף**. הייט מקח : **לקצות**. דהייט לא נגמר : **חייב**. דמקח קבע אפי' בשלא נגמר : **לאכול חייב**. זה שדעתו לאכול חייב דלדידיה גמר מלאכה הוא :

תורה אור

חצר לאפוקי מדרבי יעקב דתנן* המעביר תאנים בחצרו לקצות בניו ובני ביתו אוכלין מהן עראי ופטורים מן המעשר ותני עלה רבי יעקב מחייב ור' יוסי בר' יהודה פוטר תרומה לאפוקי מדרבי אליעזר דתנן *פירות שתרמן עד שלא נגמרה מלאכתן ר"א אוסר לאכול מהן עראי וחכמים מתירין מקח (*כדתנן) הלוקח תאנים מעם הארץ במקום שרוב בני אדם דורסין אוכל מהן עראי ומעשרן דמאי שמע מינה תלת ש"מ מקח אינה קובעת אלא בדבר שנגמרה מלאכתו וש"מ *רוב עמי הארץ מעשרין הן וש"מ מעשרין דמאי מעמי הארץ אפי' בדבר שלא נגמרה מלאכתו ולאפוקי מהא דתנן* המחליף פירות עם חבירו זה לאכול וזה לאכול זה לקצות וזה לקצות זה לאכול וזה לקצות חייב רבי יהודה אומר לאכול חייב לקצות *פטור :

הדרן עלך המביא

*משילין ^ב פירות דרך ארובה ביו"ט *אבל לא בשבת ^ג ומכסים פירות בכלים מפני הדלף וכן כדי יין וכדי שמן *ונותנין כלי תחת הדלף בשבת : **גמ'** אתמר רב יהודה ורב נתן חד תני משילין וחד תני משחילין אמר מר זוטרא מאן דתני משילין לא משתבש ומאן דתני משחילין לא משתבש מאן דתני משילין לא משתבש דכתיב °כי ישל זיתך ומאן דתני משחילין לא משתבש דתנן *השחול והכסול שחול שנשמטה ירכו כסול שאחד מירכותיו גבוהה מחברתה אמר רב נחמן בר יצחק מאן דתני משירין לא משתבש ומאן דתני מנשירין לא משתבש מאן דתני משירין לא משתבש דתנן* רבי ישמעאל אומר ^ו נזיר לא יחוף ראשו באדמה מפני שמשיר את השער ומאן דתני מנשירין לא משתבש דתנן ^ז השחור והזוג של ספרים אע"פ שנחלקו טמאין ומאן דתני מנשירין לא משתבש דתנן ^ח *מי שנשרו כליו במים מהלך בהם ואינו חושש אי נמי מהא דתנן ^ט *איזהו לקט הנושר בשעת קצירה: תנן משילין פירות דרך ארובה ביו"ט עד כמה א"ר זירא א"ר אסי ואמרי לה אמר רבי אסי א"ר יוחנן כאותה ששנינו ^י *מפנין ארבע וחמש קופות של תבן ושל תבואה מפני האורחים ומפני בטול בית המדרש ודלמא שאני התם דאיכא בטול בית המדרש אבל הכא דליכא בטול בית המדרש לא א"נ התם היינו טעמא דארבע וחמש קופות שרי משום שבת *דחמירא ולא אתי לזלזולי ביה אבל יו"ט דקיל ואתי לזלזולי ביה כלל כלל לא אי נמי לאידך גיסא התם היינו טעמא דליכא הפסד ממון אבל הכא דאיכא הפסד ממון אפילו טובא נמי התם

מעשרות פ"ב מ"ה | דברים כח

השחור והזוג של מספרים. פ"ה שחור תער שאין בית יד שלו מחובר ופורקין אותו לפעמים ואף על פי שנחלקו מקבלין טומאה שראוין למלאכתן כל אחד לעצמו וקשה דבית יד למאי חזי לעצמו ונראה דשחור נמי הוי מספרים אלא שהן קטנים וזוג של מספרים הוא גדול מן השחור ושני סכינים לזה ולזה והקטנים נקראים שחור על שם שמשחירין את השער אלמא לשון השפלה הוא :

מי שנשרו כליו בדרך. כאן משמע שהוא לשון נשירה מלשון פירות הנושרין ולא כמו שפירש רש"י בפרק *חבית (שבת דף קמו: ושם) לשון שרייה ומיהו לכך קאמר הכא [א"נ] כהא דתנן איזהו לקט זה הנושר בשעת קצירה דהאי איכא לדחויי ולפרושי לשון שרייה כדפירש הקונטרס* : בדטיבלא

הדרן עלך המביא

משילין **פירות דרך ארובה**. מי שיש לו חטין ושעורין שטוחין על גגו להתייבש וראה גשמים ממשמשין ובאין התירו לו לטרוח ולהשליך דרך ארובה שבגג והן טפלין לארץ דליכא טרחא יתירא ודוקא ארובה דכל ארובה מלמעלה למטה היא בתקרת הגג אבל חלון כגון גג שמוקף מחילה וחלון בכותל וצריך להגביהו עד החלון ולהשליכו לא טרחינן כדלקמן : **ומכסין את הפירות**. ולא אמרינן טורח שלא לצורך יום טוב הוא דשרו ליה רבנן משום הפסד ממון : **דלף**. גשמים הטופפים מן הגג : **וכן כדי יין**. נמי מכסינן מפני הדלף : **תחת הדלף**. לקבלו בתוכו מפני טנוף הבית : **גמ' לא משתבש**. דכולהו לשון השפלה נינהו : **כי ישל זיתך**. אילן זית יפיל את פירותיו ולא יגיעו לבשול : **הכסול והשחול**. מומין בבכור משום שרוע שאחד מאבריו גדול מחבירו : **שנשמטה ירכו**. אלמא לשון השפלה הוא : **שאחד מירכותיו גבוהה**. מקום חבורה בכסלים והוא בוקא דאטמא גבוה למעלה מן הכסלים וקרוב לגב האליה יותר מחבירו : **אדמה**. גלייס"א : **מאן דתני**. כלומר אי הוה תנא דתני הכי לא משתבש : **השחור**. תער על שם שמשחיר את השער אלמא לשון השפלה הוא : **והזוג של מספרים**. יש להן שני סכינין להכי מקרו זוג ויש להן תליות ופורקין אותן זה מזה : **אע"פ שנחלקו**. מקבלין טומאה שראוין למלאכה כל אחד לעצמו : **שנשרו**. נפלו במים : **מהלך בהן**. והן מתנגבין והולכין ואינו חושש שיחשדוהו שכבסן : **עד כמה**. יהא בהן דלא אמרינן טרחא יתירא הוא : **מפני האורחים**. שזימן לאכול ואין מקום להסב : **בטול בית המדרש**. שאין לתלמידים מקום לישב : **ודלמא**. התם הוא דשרינן כולי האי דאיכא בטול בית המדרש והוא הדין לכבוד אורחים אבל משום הפסד ממון לא שרו רבנן כולי האי : **אי נמי לאידך גיסא**. יש לתת טעם לצד אחר שיתירו כאן יותר משם : התם

לעיל דף לד: | מעשרות פ"ג מ"א ע"ש | [מעשרות פ"ב מ"ד] | [נ"ל כדתניא] | [שבת יג. כג. כתובות כד. גיטין סא. מנחות לא.] | ירושלמי ל"ג אבל לא בשבת | בכורות דף מ. | נזיר דף מב. | כלים פי"ג מ"א | שבת דף קמו: | פאה פ"ד מ"י | שבת קכו: | [לעיל ג: לקמן לו.] | [עי' יש של שלמה]

[לקמן לו. שבת קכד.] | לקמן לו. שבת דף מג.

רבינו חננאל

חצר לאפוקי מדר' דתנן המעביר תאנים בחצירו לקצות בניו ובני ביתו אוכלין מהן עראי ופטור שקציעתן היא גמר מלאכתן והואיל ועדיין לא עשאן קציעות אוכלין מהן עראי ופטורין. תני עלה ר' מחייב*) ור' יוסי ב"ר יהודה פוטר. תרומה לאפוקי מדר' אליעזר דתנן פירות שתרם מהן תרומה עד שלא נגמרה מלאכתן ר' אליעזר אוסר לאכול מהן עראי מן הפירות שהוציא מהן תרומה כי התרומה קובעתם ואוסרתם וחכמים מתירין. מקח לאפוקי מדתניא הלוקח פירות מעם הארץ ממקום שבני אדם דורסין אוכל מהן עראי. ומעשרן דמאי. שמע מינה תלת. שמע מינה מדקתני ממקום שבני אדם דורסין לא נגמרת מלאכתו עדיין שהרי לא נדרסו **) וקתני אוכל מהן עראי ולא קבע מכלל שהמקח קובע אפילו בדבר שלא נגמרה מלאכתו [דגרס בהדיא בירושלמי במעשרות פ"ב ר' יוסי בשם ר' אילא אומר (כל מעשר שני) [אוכל מהן] עראי [משום] (מעשר שני) דבר שלא נגמרה מלאכתו ושמע מינה רוב עמי הארץ מעשרין. מדקתני מעשרן דמאי ואין מעשרן ודאי. ושמע מינה מעשרין עמי הארץ אפי' בדבר שלא נגמרה מלאכתו דהא פירות הללו לא נגמרה מלאכתן ולא מחייבינן ליה לעשורינהו ודאי אלא דמאי מספק. אי נמי מקח לאפוקי מדתנן זה לאכול וזה לקצות חייב הנה הלוקח לקצות לא נגמרת מלאכתו וקתני חייב שמע מינה דסבר דמקח מחייב אפילו בדבר שלא נגמרה מלאכתו : הדרן עלך המביא כדי יין

משילין פירות. אבל לא בשבת. פירוש משילין משלשלין מאן דתני משילין לא משתבש דכתיב כי ישל זיתך. משחילין דתנן השחול והכסול. שחול שנשמטה ירכו כו'. וכן משירין ומשחירין כולם טעם אחד הוא מלשון הורדה ושלשול : ירושלמי תני היה שם חלון משחילין דרך חלון משילין פירות כמה כאותה ששנינו אפילו ד' ה' קופות של תבן ושל תבואה כו' הכא

*) גי' רבינו רבי מחייב וכ"ה בירושלמי פ"ג דמעשרות ומיהו שם לא מיירי בהעבירן לקצות וצ"ע. **) אינו מובן ואולי דמסתפינא י"ל דגי' רבינו היה אסור לאכול עראי וכ"ה בתוספתא פ"ב ובירושלמי שם ושפיר גרס רבינו לאפוקי מדתניא ויתיישב בזה קושית הסמ"ק כאן ומתיבות וקתני עד מע"ש שלא נגמרה מלאכתו היה הגהה מאיזה תלמיד שהיה לפניו גי' דידן ודו"ק ·

§ מסכת ביצה דף לה: §

אות א'*[א]

פירות שתרמן עד שלא נגמרה מלאכתן... וחכמים מתירין

יו"ד סימן שלא ספ"ג - אחד מו' דברים קובע הפירות למעשרות: החצר, [ב]והמקח, והאש, והמלח, והתרומה, והשבת; וכולם אין קובעין אלא בדבר שנגמרה מלאכתם.

אות א'

לאכול חייב, לקצות פטור

רמב"ם פ"ה מהל' מעשר ה"ד - המחליף עם חבירו זה לאכול וזה לאכול, שניהן נקבעו למעשרות, שהרי לקחו בתלוש; זה לקצות וזה לקצות, שניהן לא נקבעו, שאין המכר קובע דבר שלא נגמרה מלאכתו, כמו שביארנו; לקח האחד פירות שהחליף לאכילה, ולקח האחר חליפיהן להקצותן, זה שלקח לאכילה חייב לעשר, וזה שלקח להקצותן לא נקבע למעשר.

אות ב'

משילין פירות דרך ארובה ביום טוב

סימן תקכא ס"א - [ג]משילין פירות דרך ארובה ביו"ט, (פי' מן "כי ישל זיתך", כלומר מפילין הפירות לארץ) - פי' שיש לו פירות על הגג, וראה גשמים ממשמשים ובאים, ואפשר שיבוא לידי הפסד, התירו לו חכמים לטרוח ביו"ט, ולהורידם לבית דרך ארובה, והוא חלון העשוי בתקרת הגג, על ידי חבל, או להשליכם, דכיון שאין בזה טורח כ"כ, התירו לו מפני הפסד ממונו, **אבל** בלא הפסד לא.

[ד]**ואפילו** היה לו פירות הרבה שם, [היינו אפי' יותר מה' קופות, דבשבת אסור], מותר לו לסלק כולם משם, [**ובזה** ג"כ קילא משבת, דשם קי"ל דאסור לפנות כולם, והכא שרי].

אות ג'

אבל לא בשבת

סימן שלח ס"ז - [ה]מי שיש לו פירות בראש הגג, ורואה מטר שבא, אסור לשלשלם בשבת דרך ארובה שבגג - דטורח שלא לצורך שבת הוא, **הא** פירות לצורך היום שרי, שלא יטנפו בגשמים.

אות ד'

ומכסים פירות בכלים מפני הדלף, וכן כדי יין וכדי שמן

סימן שלח ס"ז - [ו]אבל מותר לכסותן - הנה ביש"ש החמיר בזה, והביאו המ"א, ‹וז"ל: ויש"ש פסק כרש"י דאסור לכסותן, ע"כ. **דס"ל** דכמו לטלטל לא הותר כי אם ביו"ט, ה"ה דלכסותן לא הותר כי אם ביו"ט, ולא בשבת - מחה"ש›, **אבל** האליה רבה ושארי אחרונים הוכיחו מהגמרא דמותר, ‹דבברייתא {ל"ו.} קתני פורסין מחצלת על גבי לבנים בשבת, ויותר מזה קתני בברייתא לעיל דף ג: אחד ביצה שנולדה בשבת וכו', אבל כופה עליה כלי מפני הפסד ממון - נתיב חיים›.

[ז]**ואפי' לבנים שהם מוקצים** - כגון שהן סדורות ועומדות לבנין, **מותר לכסותן מפני הדלף** - אבל אסור לטלטלן ממקומן, אף שאין לו במה לכסות.

סימן תקכא ס"ב - [ח]מותר לכסות פירות או כדי יין או לבנים, מפני הדלף - ואפילו הלבנים הם מוקצה, כגון שהן סדורות ועומדות לבנין, מותר לכסות אותם שלא ימחו.

אות ה'

ונותנין כלי תחת הדלף בשבת

סימן שלח ס"ח - [ט]מותר ליתן כלי תחת הדלף בשבת - שדולף דרך התקרה וכוצא בזה.

[י]**ואם נתמלא, שופכו ומחזירו למקומו; והוא שיהא הדלף ראוי לרחיצה** - דאין על המטר היורד שם מוקצה או נולד, ויכול לשתותו או לרחוץ ממנו, וה"ה אם הוא ראוי רק לשתיית בהמה.

[יא]**אבל אם אינו ראוי, אסור, משום שאין עושין גרף של רעי לכתחלה** - פי' אין עושין דבר שימאס, על סמך שיהיה מותר אח"כ להוציאו כגרף של רעי, **ואם** אפילו יתרצה שישאר כך ולא יזיזנו ממקומו, ג"כ אסור, (**דעיקר הטעם דאסור להעמידו תחת הדלף, הוא משום שאין מבטלין כלי מהיכנו, דלא יהיה יכולת בידו להזיזו אח"כ ממקומו כיון דאית ביה מוקצה, וכדאיתא בגמרא, אלא משום דאי הוי שרי לעשות גרף של רעי לכתחלה, לא היה קרוי כלל בטול כלי מהיכנו, כיון שמותר ליטול אח"כ ולשופכו, אבל כיון דקי"ל דאין עושין גרף של רעי לכתחלה, א"כ הרי הוא מוכרח להתרצות לכתחלה שיהיה מונח שם בקביעות, ומעתה הוי שפיר בטול כלי מהיכנו**).

(והנה דין זה העתיק המחבר מהרמב"ם, [יב]**והטור פליג ע"ז, ועיין בח"א שכתב, דבמקום צורך גדול יש לסמוך על הטור, דפסק שאפילו**

באר הגולה

[א] ‹ע"פ מהדורת נהרדעא› [ב] ‹עיין רש"י ד"ה אוכל: וכולהו כשלא ראו פני הבית קא מיירו. ובחי' מנחת שלמה תמה, הרי כשלא נגמרה מלאכתן, אפילו ראו פני הבית אין הבית קובע› [ג] **משנה ביצה ל"ה** [ד] ‹דכיון דמילי דרבנן נינהו, נקטינן האיבעיא לקולא - מחה"ש› [ה] **משנה ביצה ל"ה** [ו] **לפי' רבינו יונה והביאו הטור והרא"ש** ‹וז"ל: מתוך פי' רש"י משמע דמכסין את הפירות איירי ביום טוב, ויותר נראה כדברי רבינו יונה, דבשבת דקתני בסיפא קאי אהני תרי בבי, דמדקתני רישא ביום טוב אבל לא בשבת, ובסיפא קתני בשבת, משמע דקאי אתרי בבי› [ז] **שם בגמרא** [ח] **ציינתיו לעיל סימן של"ח ס"ז** [ט] **משנה שם** [י] **ברייתא שם** ‹דף ל"ו:› [יא] **רמב"ם** [יב] ‹דהא דמוקים לה בגמרא (לו.) בדלף הראוי, היינו דוקא לרבי יצחק דאמר אין כלי ניטל אלא לצורך דבר הניטל, וא"כ לדידן דקי"ל דלא כרבי יצחק, אפי' בדלף שאינו ראוי שרי - ב"י. **ואע"פ** דקא מבטל כלי מהיכנו, התירו לו מפני טינוף הבית - ב"ח›

באינו ראוי מותר ליתן כלי תחתיו, והנה מה שאנו נוהגים ליטול בבוקר מי הנטילה תוך כלי, אף שהם בודאי אינם ראוים לרחיצה ולא לשתיית בהמה, וכן המים אחרונים שנוטלים לתוך כלי, ע"כ משום דס"ל כהטור, ועוד נ"ל, דזה לא מיקרי אינו ראוי, דאין עליהם שום איסור אלא מפני שרוח רעה שורה עליהן, ולא מקרי אינו ראוי רק אם הוא מעורב בטיט שיורד מן הגג, או שיש עליהם איסור עכ"פ מדרבנן, וכמו גבי טבל מדרבנן).

ואם נתן כלי תחת דלף שאינו ראוי לרחיצה, מותר לטלטלו במים המאוסים שבו - היינו אף קודם שנתמלא, **ודוקא** כשהוא נתון במקום שישיבתו קבועה שם, דמאוס עליו, והוי כגרף של רעי שהתירו לטלטלו להוציאו לאשפה מפני כבודו, אם הוא עומד במקום שישיבתו קבועה שם, וכנ"ל בסי' ש"ח סל"ד ע"ש.

סימן תקכא ס"ג - "ליתן כלי תחת הדלף - שדולף דרך התקרה, כדי שלא יטנף את הבית, **כדינו בשבת כך דינו ביו"ט. (וע"ל סימן של"ח ס"ח).**

אות ו'

השחול והכסול: שחול, שנשמטה ירכו; כסול, שאחד מירכותיו גבוהה מחברתה

רמב"ם פ"ז מהל' ביאת המקדש ה"ט - ששה בידים וברגלים ואלו הן: הפסח; ומי שנשמטה יריכו, "הוא שרוע האמור בתורה; מי שאחת מירכותיו גבוהה מחברתה; מי שנשבר עצם ידו, והוא שיהיה ניכר; מי שנשבר עצם רגלו, והוא שיהיה ניכר, אף ע"פ שאינו ניכר כשעומד, אם ניכר כשיהלך ה"ז מום; מי שרגליו מבולמות מחמת עצמן ובריתן, אבל אם היו מבולמות מחמת הרוח, אינו מום.

אות ז'

נזיר לא יחוף ראשו באדמה, מפני שמשיר את השער

רמב"ם פ"ה מהל' נזירות הי"ד - נזיר חופף על שערו בידו וחוכך בצפרניו, ואם נפל שער אינו חושש, שהרי אין כוונתו להשיר, ואפשר שלא ישיר; אבל לא יסרוק במסרק, ולא יחוף באדמה, מפני שמשרת את השער ודאי, ואם עשה כן "אינו לוקה.

אות ח'

השחור והזוג של ספרים, אף על פי שנחלקו, טמאין

רמב"ם מהל' כלים פי"א ה"ח - הסייף והסכין העקום כמו מגל, והרומח ומגל יד ומגל קציר, "וזוג מספריים קטנים של בעלי בתים, וזוג מספריים גדולים של ספרים, שנחלקו, כל חלק מהן מקבל טומאה, מפני שהוא עושה מעין מלאכתו.

אות ט'

מי שנשרו כליו במים מהלך בהם ואינו חושש

סימן שא סמ"ה - מי שנשרו כליו במים - בין ע"י מי הגשמים, או שנפל בנהר ונתלחלחו כליו, **הולך בהם "ואינו חושש שמא יבא לידי סחיטה** - שלא אסרו על האדם הבגדים שלובש אותן, **ואפילו** אם נשרו כליו לבד, הוא לובשן מתחלה ומהלך בהם, **ומסתבר** דהיינו דוקא אם אין לו בגדים אחרים, [דאל"ה, הלא מבואר לקמיה בהג"ה, דבגדים השרוים במים אסור לטלטלם]. **(ויזהר שלא ינערם** מן המים, שניעור הוא ג"כ בכלל סחיטה, וכדלקמן בסימן ש"ב ס"א).

אות י'

איזהו לקט, הנושר בשעת קצירה

רמב"ם פ"ד מהל' מתנות עניים ה"א - איזהו לקט, זה הנופל מתוך המגל בשעת קצירה, או הנופל מתוך ידו כשמקבץ השבלים ויקצור; והוא שיהיה הנופל שבלת אחת או שתים, אבל אם נפלו שלש כאחד, הרי שלשתן לבעל השדה; והנופל מאחר המגל או מאחר היד, אפילו שבלת אחת אינה לקט.

אות כ'

מפנין ארבע וחמש קופות של תבן ושל תבואה מפני האורחים, ומפני בטול בית המדרש

סימן שלג ס"א - אוצר של תבואה או של כדי יין, אע"פ שמותר להסתפק ממנו - למאכלו ולמאכל בהמתו, שאינו מוקצה, דקי"ל כר"ש דלית ליה מוקצה אלא בגרוגרות וצמוקים שהניח ליבשן, משום דדחינהו בידים, ולא חזיין עד שיתייבשו.

אסור להתחיל בו לפנותו - היינו אפילו פחות מד' וה' קופות, משום טרחא, או משום עובדין דחול. **אבל** מותר לעשות שביל ברגליו לכאן ולכאן דרך הליכתו ויציאתו, דזה לא הוי בכלל פינוי.

ומשמע דאם התחיל מע"ש, שרי לפנותו בשבת פחות מד' וה' קופות, אף לדבר הרשות.

באר הגולה

יג גם זה שם יד ‹רבינו נמשך אחר התורת כהנים, דקתני בפרשת אמור שרוע שנשמטה ירכו, ע"כ, ולכך לא כלל בו מי שאחת מירכותיו גבוהה מחברתה, דלפי' רש"י הוא שרוע האמור בתורה – מעשה רוקח. **ורש"י** שכתב: הכסול והשחול – מומין בבכור משום שרוע. משמע דשניהם נכלל בשרוע, **אבל** הראש יוסף כתב: ומש"כ רש"י בגמרא שחול וכסול מומי הבכור דשרוע, קאי רק אכסול, אבל שחול הוא שאחת מבוקא נשמטה זהו מומו› טו ‹וכתב הכ"מ, משום דאינו מתכוין להשיר, וקי"ל כר' שמעון דבר שאינו מתכוין מותר. **ותימה** דהא כאן הוה פסיק רישא, דאף ר"ש מודה, **אבל** נראה פשוט דלהכי אינו לוקה, דלא עדיפי מהעביר סם על ראשו, דפסק לעיל הי"ב דאינו לוקה – רש"ש› טז ‹ופי' רבינו השחור, מספריים קטנים – כסף משנה› יז ‹כלבו. ורש"י פי' ואינו חושש שיחשדוהו שכבסן›

אלא לדבר מצוה, כגון שפינהו להכנסת אורחים או לקבוע בו בית המדרש - [יח]ואפילו בענין שיש בו טורח יותר, כגון להגביהם ולשלשלם בחלונות שבכותל, או להורידם בסולמות, או לטלטלם מגג לגג.

וכיצד מפנהו, אם היה האוצר גדול, מפנה ממנו חמשה קופות - ולא יותר משום טרחא, **(שבכל קופה שלש סאים)**.

לא היה בו אלא ה' קופות, מפנה מהם ד' קופות, אבל כולו לא יפנה, שמא יבא להשוות גומות - היינו שמא יראה גומות בקרקעות האוצר ויבוא להשוותם, **ואפילו** אין שם אלא ג' או ד' קופות אסור. (**במרוצף** תלוי בפלוגתא לקמן בסימן של"ז סעיף ב' ובהג"ה שם).

הגה: וכל שבות שהתירו משום צורך מצוה, מותר ג"כ לצורך אורחים - שבעה"ב המזמנם עושה מצוה, וכמו שאחז"ל: דגדולה הכנסת אורחים יותר מהקבלת פני השכינה. (**לא כל שבות התירו לצורך מצוה, דהא שבות דשבות דוקא י"א התירו למצוה, הא שבות לחוד ודאי לא, אלא דוקא כי האי גוונא עובדין דחול וכדומה**).

ולא מקרי אורחים, אלא שנתארחו אצלו בביתו, או שזימן אורחים שנתארחו אצל אחרים; אבל כשזימן חבירו לסעוד אצלו, לא מקרי אורחים, ואינו סעודת מצוה רק סעודת רשות - ומ"מ אם מזמין חבירו שיבוא לכבוד האורח, אז גם הוא נחשב כאורח לענין דשרי לפנות בשבילו.

באר הגולה

יח ‹דכיון דמידי דרבנן הוא, נקטינן לקולא, ומשום ביטול בית המדרש או מפני האורחים שרי בכל גווני – ב"י›

§ מסכת ביצה דף לו. §

אות א'

אבל לא יגמור את האוצר כולו, דלמא אתי לאשויי גומות

סימן שלג ס"א - אבל כולו לא יפנה, שמא יבא להשוות גומות - היינו שמא יראה גומות בקרקעות האוצר ויבוא להשוותם, **ואפילו** אין שם אלא ג' או ד' קופות אסור. (**במרוצף** תלוי בפלוגתא לקמן בסימן של"ז סעיף ב' ובהג"ה שם).

אות ב' – ג'

אין מטלטלין מגג לגג, אפילו כשגגותיהן שוין

לא ישלשלם בחבל בחלונות, ולא יורידם דרך סולמות

סימן תקכא ס"א - [א]ולא ישלשלם בחלונות - ר"ל אם היה הגג מוקף במחיצות, ובאחד מן המחיצות היה חלון, אסור להורידם דרך שם בחבל, דאיכא טרחא יתירה להעלותם עד החלון ולהורידם, [רש"י] **ואפילו** אם ירצה רק להגביהם עד החלון ולהשליכם דרך שם ארצה, גם כן אסור, דהיה בזה עכ"פ טרחא להעלותם, **אמנם** אם היה החלון נמוך שוה לגג, דליכא טרחא יתירה, מסתברא דמותר כמו דרך ארובה.

ולא יורידם בסולמות - ר"ל אם היו מונחים בשקים, ליקח השקים ולהורידם למטה דרך הסולם, וה"ה במדרגות שלנו אסור, דהוי טרחא יתירה, ‹רש"י – מ"א›.

ולא יטלטלם מגג לגג, אע"פ שהן שוין - שאין אחד גבוה מחבירו, היינו שאין ארובה בגג זה, ורוצה להוליכם לגג הסמוך לו שיש בו ארובה, להפילם דרך שם, אסור, דנחשב טרחא יתירה, **וכ"ש** שלא במקום הפסד, בודאי אסור לטלטלם מגג לגג.

אות ד'

ואפילו אוירא דלבני

סימן תקכא ס"ב - [ב]מותר לכסות פירות או כדי יין או לבנים, מפני הדלף - ואפילו הלבנים הם מוקצה, כגון שהן סדורות ועומדות לבנין, מותר לכסות אותם שלא ימחו.

סימן שלח ס"ז - [ג]אבל מותר לכסותן - הנה ביש"ש החמיר בזה, והביאו המ"א, ‹וז"ל: ויש"ש פסק כרש"י [ל"ה: ע"ש] דאסור לכסותן, ע"כ. **דס"ל** דכמו לטלטל לא הותר כי אם ביו"ט, ה"ה דלכסותן לא הותר כי אם ביו"ט, ולא בשבת – מזה"ש›, **אבל** הא"ר ושארי אחרונים הוכיחו מהגמרא דמותר, ‹דבברייתא קתני פורסין מחצלת על גבי לבנים בשבת, ויותר מזה קתני בברייתא לעיל דף ג: אחד ביצה שנולדה בשבת וכו', אבל כופה עליה כלי מפני הפסד ממון – נתיב חיים›.

[ד]ואפי' לבנים שהם מוקצים - כגון שהן סדורות ועומדות לבנין, **מותר לכסותן מפני הדלף** - אבל אסור לטלטלן ממקומן, אף שאין לו במה לכסות.

אות ה'

בדלף הראוי

סימן שלח ס"ח - [ה]מותר ליתן כלי תחת הדלף בשבת - שדולף דרך התקרה וכוצא בזה.

[ו]ואם נתמלא, שופכו ומחזירו למקומו; והוא שיהא הדלף ראוי לרחיצה - דאין על המטר היורד שם מוקצה או נולד, ויכול לשתותו או לרחוץ ממנו, וה"ה אם הוא ראוי רק לשתיית בהמה.

אבל אם אינו ראוי, אסור, משום שאין עושין גרף של רעי לכתחלה - פי' אין עושין דבר שימאס, על סמך שיהיה מותר אח"כ להוציאו כגרף של רעי, **ואם** אפילו יתרצה שישאר כך ולא יזיזנו ממקומו, ג"כ אסור, (**דעיקר הטעם** דאסור להעמידו תחת הדלף, הוא משום שאין מבטלין כלי מהיכנו, דלא יהיה יכולת בידו להזיזו אח"כ ממקומו כיון דאית ביה מוקצה, וכדאיתא בגמרא, **אלא** משום דאי הוי שרי לעשות גרף של רעי לכתחלה, לא היה קרוי כלל בטול כלי מהיכנו, כיון שמותר ליטול אח"כ ולשופכו, **אבל** כיון דקי"ל דאין עושין גרף של רעי לכתחלה, א"כ הרי הוא מוכרח להתרצות לכתחלה שיהיה מונח שם בקביעות, ומעתה הוי שפיר בטול כלי מהיכנו).

(והנה דין זה העתיק המחבר מהרמב"ם, [ז]והטור פליג ע"ז, ועיין בח"א שכ', דבמקום צורך גדול יש לסמוך על הטור, דפסק שאפילו באינו ראוי מותר ליתן כלי תחתיו, והנה מה שאנו נוהגים ליטול בבוקר מי הנטילה תוך כלי, אף שהם בודאי אינם ראוים לרחיצה ולא לשתיית בהמה, וכן המים אחרונים שנוטלים לתוך כלי, ע"כ משום דס"ל כהטור, ועוד נ"ל, דזה לא מיקרי אינו ראוי, דאין עליהם שום איסור אלא מפני שרוח רעה שורה עליהן, ולא מקרי אינו ראוי רק אם הוא מעורב בטיט שיורד מן הגג, או שיש עליהם איסור עכ"פ מדרבנן, וכמו גבי טבל מדרבנן).

ואם נתן כלי תחת דלף שאינו ראוי לרחיצה, מותר לטלטלו במים המאוסים שבו - היינו אף קודם שנתמלא, **ודוקא** כשהוא נתון במקום שישיבתו קבועה שם, דמאוס עליו, והוי כגרף של רעי שהתירו לטלטלו להוציאו לאשפה מפני כבודו, אם הוא עומד במקום שישיבתו קבועה שם, וכנ"ל בסי' ש"ח סל"ד ע"ש.

סימן תקכא ס"ג - [ח]ליתן כלי תחת הדלף - שדולף דרך התקרה, כדי שלא יטנף את הבית, **כדינו בשבת כך דינו ביו"ט. (וע"ל סימן של"ח ס"ח).**

‹המשך הלכות מול עמוד ב'›

באר הגולה

[א] ברייתא וגמרא שם [ב] ציינתיו לעיל סימן של"ח ס"ז [ג] לפי' רבינו יונה והביאו הטור והרא"ש ‹לשון הרא"ש הובא לעיל דף ל"ה: בהערות› [ד] שם בגמרא [ה] משנה שם [ו] ברייתא שם ‹דף ל"ו:› [ז] ‹לדברי הב"י והב"ח שמסבירין הטור, ע"ל דף ל"ה: בהערות› [ח] גם זה שם

מסורת הש"ס

עין משפט נר מצוה

יא א מיי' פכ"א מהל' שבת הלכה כ ופכ"ו הלכה טו טוש"ע א"ח סימן שלג סעיף א:

יב ב ג מיי' פ"ה מהל' יו"ט הלכה ה טוש"ע א"ח סימן תקכא סעיף א:

יג ד מיי' פכ"ה מהל' שבת הלכה כג כה טוש"ע א"ח שם סעיף ב וסימן שלח סעיף ז:

יד ה ו מיי' פכ"ה מהלכות שבת הלכה כד כה טוש"ע א"ח סי' שלח סעיף ח וסימן תקכא סעיף ג:

טו ז ח מיי' פכ"ה שם הלכה כה טוש"ע א"ח סימן שטו סעיף ד:

טז ט מיי' פ"א שם הלכה ו טוש"ע א"ח סימן שלו סעיף א:

התם תנן *אבל לא את האוצר ואמר שמואל מאי אבל לא את האוצר *אבל לא יגמור את האוצר כולו דלמא אתי לאשויי גומות הכא מאי התם הוא בשבת דאסור משום דחמיר אבל יום טוב דקיל שפיר דמי או דלמא התם דאיכא בטול בית המדרש אמרת לא הכא דליכא בטול בית המדרש לא כל שכן והכא תנן משילין פירות דרך ארובה ביו"ט ואמר רב נחמן לא שנו אלא באותו הגג אבל מגג לגג לא ותניא נמי הכי *אין מטלטלין מגג לגג אפי' כשגגותיהן שוין התם מאי (*כל שכן שבת דחמירא או דלמא) הכא הוא דאסור משום יום טוב דקיל ואתי לזלזולי ביה אבל *שבת דחמירא ולא אתי לזלזולי בה שפיר דמי או דלמא מה הכא דאיכא הפסד פירות אמרת לא התם דליכא הפסד פירות לא כל שכן הכא (*תנן) *לא ישלשלם בחבל בחלונות ולא יורידם דרך סולמות התם מאי הכא ביום טוב הוא דאסור דליכא בטול בית המדרש אבל שבת דאיכא בטול בית המדרש שפיר דמי או דלמא הכא דאיכא הפסד פירות אמרת לא התם דליכא הפסד פירות לא כל שכן תיקו: ומכסין את הפירות: אמר עולא *ואפילו *אוירא דלבני ר' יצחק אמר פירות הראוין ואזדא ר' יצחק לטעמיה *דאמר ר' יצחק אין כלי ניטל אלא לדבר הניטל בשבת תנן מכסין את הפירות בכלים פירות אין אוירא דלבני לא הוא הדין דאפי' אוירא דלבני ואיידי דתנא רישא משילין פירות תנא סיפא נמי מכסין את הפירות תנן וכן כדי יין וכן כדי שמן הכא במאי עסקינן בטיבלא הכי נמי מסתברא דאי סלקא דעתך כדי יין וכדי שמן דהתירא הא תנא ליה רישא פירות כדי יין וכדי שמן אצטריכא ליה סלקא דעתך אמינא *להפסד מרובה חיישו להפסד מועט לא חיישו קמ"ל תנן *נותנין כלי תחת הדלף בשבת בדלף הראוי תא שמע *פורסין מחצלת על גבי לבנים בשבת דאיתור מבנינא דחזי למזגא עלייהו תא שמע *פורסין מחצלת על גבי אבנים בשבת באבנים מקורזלות החזין לבית הכסא תא שמע פורסין מחצלת על גבי כוורת דבורים בשבת בחמה מפני החמה ובגשמים מפני הגשמים *ובלבד שלא יתכוין לצוד התם נמי דאיכא דבש אמר ליה רב עוקבא ממישן לרב אשי התינח בימות החמה דאיכא דבש בימות הגשמים מאי איכא למימר לא נצרכא אלא לאותן שתי חלות אותן שתי חלות מוקצות הן הכא במאי עסקינן שחשב עליהם אבל לא חשב עליהם מאי אסור אדתני ובלבד שלא יתכוין לצוד לפלוג ולתני בדידה במה דברים אמורים שחשב עליהן אבל לא חשב עליהם אסור הכי קאמר אע"פ שחשב עליהן ובלבד שלא יתכוין לצוד במאי אוקימתא כרבי יהודה דאית ליה מוקצה אימא סיפא ובלבד שלא יתכוין לצוד אתאן לרבי שמעון דאמר דבר שאין מתכוין מותר ותסברא דרבי שמעון והא אביי ורבא דאמרי תרוייהו *מודה רבי שמעון בפסיק רישיה ולא ימות לעולם כולה רבי יהודה היא והכא במאי עסקינן דאית ביה כוי ולא תימא לרבי יהודה ובלבד שלא יתכוין לצוד

אלא

רש"י

הכא תנן כו' · כלומר ועוד שאלה אחרת: אלא יגמור את האוצר · אם לא היו שם אלא ארבע או חמש קופות שהתירו לו במקום שיש יותר כאן לא התירו לפנותן כולן ולגלות את הרצפה דלמא הוי בה גומא ומשוה לה: והכא תנן · כלומר ועוד יש לשאול: באותו הגג · שהארובה בגג שהפירות בו: אין מטלטלין · בפירות שבגג שבא להצילן מפני הגשמים קא מיירי ואפילו בגגותיהן של שני בתים שוין שאין זה גבוה מזה שיהא שם טורח עלייה וירידה: בחלונות · כגון אם מוקף מחיצה ואין בו ארובה אבל יש חלון במחיצה לחצר או לבית לא ישלשלם בשקין דרך החלון בחבל מפני שיש טורח להעלות מן הגג לחלון ומשם לארץ: סולמות · כל מדרגה קרי סולם ואף הכבשים שלנו: ואפילו אוירא דלבני · לבנים הסדורים ומוקצים לבנין וגשמים טופפים ומתירא שלא ימוחו מותר לטלטל כלים לצרכן ולכסותן ולא אמרינן הואיל והן עצמן אין נטלין אף הכלי לא ינטל לצרכן: ור' יצחק אמר · דוקא פירות הראוין לטלטול הוא דשרו רבנן לטלטל כלים לצרכן אבל מידי דלאו בר טלטול אין כלי ניטל לצרכו: אלא לדבר הניטל · לצורך דבר הניטל: ואיידי דתנא רישא · פירות הראוין דעל כרחך בדחזי לטלטול אצטריך למנקט שהרי מטלטל הן עצמן ומשילן נקט נמי לענין כסוי פירות הראוין ומיהו סיפא לאו דוקא והוא הדין ללבני: תנן וכן כדי יין · מכדי בהני לא איירי לעיל וכיון דתנן הכא וכא לאשמועינן דברים אחרים לבד פירות היה לו להשמיעו לבנים וכ"ש אלו: הכי גרסינן הכא במאי עסקינן בדטיבלא · כלומר לא בא להשמיעך כי אם כיוצא בלבנים (*וכדברך) דהנך כדי יין דקא מוסיף ותני בדטיבלא עסקינן שאסורים בטלטול דאשמועינן ברישא פירות הראוין דומיא דמשילין והדר נקט להנך לאשמועינן אף שאין ראוין: הפסד מועט · גשמים הטופפין על יין הפסד מועט הוא עד שתחסך ויסלקם אבל הפירות מרקיבין: נותנין כלי תחת הדלף · הרי שהכלי ניטל לקבל בו מוקצה כי האי דלא חזי למידי: בדלף הראוי · שהן צלולין וראוין לבהמה: על גבי אבנים · שנגובין לבנין וכשהן מתלחלחין צריך לחזור ולנגבן שאינן מקבלות את הטיט יפה והבנין שוהה ליבש: מקורזלות · אגוד"ש: לבית הכסא · לקנח: שתי חלות · של צפיחות מניחין בכוורת כשרודין אותה ומהן פרנסה לדבורים כל ימות הגשמים אותן שתי חלות מותר לכסות כל דבש הכוורת עשוי עליות עליות של חלות: מוקצות ניהו · לדבורים: דחשב עלייהו · לאדם: אדתני ובלבד שלא יתכוין לצוד · משמע דלא ימצא לחלק את דבריו ולאסור עד שדלג מאיסור טלטול לאיסור צידה: לפלוג ולתני בדידה · באיסור טלטול גופיה יכול לחלק את דבריו ולמצוא לך איסור לדבר בדלא חשב עלייהו לא יטלטל המחצלת לצרכם: הכי קאמר אף על פי שחשב עליהם כו' · אף כשחשב בא ללמדך שיש לך איסור במתכוין לצוד ואף על גב דעיקר להצלה מפני הגשמים מכוון: במאי אוקימתא כרבי יהודה · כלומר מדהוה לך לתרולי ארישא הא מני ר' שמעון דלית ליה מוקצה ומהדרת אשנויי דחיקי למימר משום שתי החלות כרבי יהודה בעית לאוקמא משום דרבי יצחק דמותבינן ליה הנך תיובתא אית ליה מוקצה כר' יהודה: ובלבד שלא יתכוין לצוד · ואף על פי שהוא צדן: דאית בה כוי · חלונות יש בדפנותיה ואף על פי שמכסה את פיה אינן נצודין אם לא יכסה גם את החלונות ולא תימא ובלבד שלא יתכוין אלא בלבד שלא יעשה מצודה שלא יסתום החלונות: *פסיקא · כיון דאית ליה לרבי יהודה דבר שאין מתכוין אסור למה ליה למיתני ובלבד שלא יעשה מצודה דהא צידה אב מלאכה היא:

תוספות

בדטיבלא · וא"ת והא אמרי' לעיל בסוף המביא (דף לד:) דטבל מוכן הוא שאם עבר ותקנו מתוקן ובפרק כירה (שבת מג.) נמי לא חשבי ליה מבטל כלי מהיכנו כיון דחזו א"כ אכתי תקשי לן דטבל אין אוירא דלבני לא וי"ל דעולא יאמר לך דמ"מ חשיב ליה כדבר שאינו ניטל כיון דבשבת מיהא לא חזי כל כמה דלא תקנו דאסור לפנותו בשבת כדתנן בפרק מפנין (שם קכו:) אבל לא את הטבל: במאי אוקימתא · פרש"י דלא אשכחנא דמוקי לה כרבי יהודה בהדיא אלא מדדחיק נפשיה כי פריך והא מוקצות ניהו ולא קאמר רבי שמעון היא אלמא משמע ליה דאתיא כרבי יהודה:

אלא

רבינו חננאל

הכא אמר רב נחמן לא שנו אלא באותו הגג אבל מגג לגג אפילו גגותיהן שוין לא ותניא נמי הכי · ותוב הכא תניא לא ישלשלם בחבל בחלונות ולא יורידם דרך סולמות התם משום ביטול בית המדרש מאי שרי אי אסיר ולא איפשיט · מכסין פירות בכלים מפני הדלף ר' יצחק אמר פירות ממש שאין כלי ניטל אלא לדבר הניטל בשבת · עולא אמר אפילו אוירא דלבני. תנן וכן כדי יין וכדי שמן כלומר פירות אין לבנים לא ופרקינן אלו הכדות טבל הן שהן חשובין כלבנים שאינן ראוין לאכול מהן היום· ועוד אקשינן לר' יצחק נותנין כלי תחת הדלף הנה אינן פירות ופירק בדלף הראוי להשתמש בהן וכן פורסין מחצלת ע"ג כוורת דבורים בשבת בחמה מפני החמה ובגשמים כו' · ופירק כוורת נמי בדאיכא דבש בגווה שהן פירות.ובלבד שלא יתכוין לצוד כלומר כשפורש מחצלת על

מהו

[שבת קכו:]

[רש"ל מ"ז]

[לעיל כ: לה:]

[ג"ל תניא]

[גי' הערוך אארא]

שבת מג. [כל הסוגיא ע"ש כמה שינויים]

לעיל לה: שבת מג.

שבת מג.

שם

[שבת קכד: וש"נ]

[צ"ל וכדרך]

שבת פה. קג. קיא: קיז. קכ: קלג. קמג. סוכה לג: כתובות ו. כריתות כה.

עיין לעיל

אלא אימא ובלבד שלא יעשנה מצודה פשיטא מהו דתימא *במינו נצוד אסור שלא במינו נצוד מותר קמ"ל רב אשי אמר מי קתני בימות החמה ובימות הגשמים בחמה מפני החמה ובגשמים מפני הגשמים קתני ביומי ניסן וביומי תשרי דאיכא חמה ואיכא גשמים ואיכא דבש: ונותנין כלי תחת הדלף בשבת: *תנא אם נתמלא הכלי שופך ושונה ואינו נמנע בי רחוא דאביי דלוף אתא לקמיה דרבה אמר ליה זיל עייליה לפוריך להתם דלהוי כגרף של רעי ואפקיה יתיב אביי וקא קשיא ליה *וכי עושין גרף של רעי לכתחלה אדהכי נפל בי רחוא דאביי אמר תיתי לי דעברי אדמר אמר שמואל גגרף של רעי ועביט של מימי רגלים מותר להוציאן לאשפה יוכשהוא מחזירו נותן בו מים ומחזירו סבור מינה גרף של רעי אגב מנא אין בפני עצמו לא ת"ש* ידההוא עכברא דאשתכח בי אספרמקי דרב אשי אמר להו רב אשי נקטה בצוציתה ואפקוה: **מתני'** יכל שחייבין עליו משום שבות משום רשות משום מצוה בשבת חייבין עליו ביו"ט ואלו הן משום שבות ילא עולין באילן ולא רוכבין על גבי בהמה ולא שטין על פני המים *ולא מטפחין ולא מספקין ולא מרקדין ואלו הן משום רשות [ה] לא דנין ולא מקדשין ולא חולצין ולא מיבמין ואלו הן משום מצוה *לא מקדישין ולא מעריכין ולא מחרימין ולא מגביהין תרומה ומעשר כל אלו ביו"ט אמרו קל וחומר בשבת *אין בין יו"ט לשבת אלא אוכל נפש בלבד: **גמ'** לא עולין באילן גזרה שמא יתלוש ולא רוכבין על גבי בהמה גזרה שמא יצא חוץ לתחום שמע מינה *תחומין *דאורייתא אלא גזרה שמא יחתוך זמורה ולא שטין על פני המים גזרה שמא יעשה חבית של שייטין: ולא מטפחין ולא מספקין ולא מרקדין: *גזרה שמא יתקן כלי שיר: ואלו הן משום רשות לא דנין: והא מצוה קעביד לא צריכא דאיכא דעדיף מיניה: ולא מקדשין: והא מצוה קעביד לא צריכא דאית

רש"י

מהו דתימא דבר שבמינו נצוד · שהדרך לצוד את בני מינו כגון חיה ועוף אסור אבל הא דאין במינו נצוד שרי קמ"ל: **רב אשי אמר** · לעולם כדקנינן מעיקרא דאיכא דבש למאכל אדם ודקשיא לך בימות הגשמים מי איכא דבש לא קשיא דמי קתני ימות החמה וימות הגשמים: **שופך** · לחוץ: **ושונה** · יחזירנו למקומו תחת הדלף: **ואינו נמנע** · מלשטות כל היום אם צריך לכך: **בי רחוא דאביי דלוף** · הדלף היה נופל על הרחים שלו והיו עשוין כמין וגמוחים מפני הגשמים ולא היה מספיק לכלים הצריכים לתת תחת הדלף: **זיל עייליה לפוריך לשם** · לבית שהוא שם דלהוי כגרף של רעי שיהא מאוס הרחים לך להיות לפני מטתך ואתה מותר לטלטלו ולהוציאו לחוץ כדאמר לקמן דגרף של רעי מותר להוציאו לאשפה: **וכי עושין גרף של רעי לכתחלה** · וכי מותר לגרום שיהא הדבר מאוס כי היכי שיוליאו: **תיתי לי דעברי אדמר** · תבולתי את בשכרי שעברתי על דברי רבי: גרף ועביט כלי חרס הן אלא של רעי קרוי גרף ושל מימי רגלים קרוי עביט: **נותן בו מים ומחזירו** · דמתוקן מחמת מאוס הן ואי לאו הכי לא מצי לטלטלינהו ולהוליאו הוא דשרו ליה משום כבודו: **סבור מינה** · מדשמואל היו סבורים התלמידים דדוקא גרף נקט דלאגב מנא שרי לטלטל את הרעי אבל בפני עצמו ליטול את הרעי או דבר מאוס ממש בידו ולהוציאו לא שרו ליה: **באספרמקי** · בשמים: **בצוציתה** · בזנבה: **מתני' כל שחייב עליו** · מדברי סופרים שלא לעשותו בשבת משום שבות או משום רשות שיש בו קצת מצוה אבל לא מצוה גדולה וקרוב הוא להיות דבר הרשות ויש בו איסור מדברי סופרים: **או משום מצוה** · או שיש בו מצוה ממש ואסרוהו חכמים לעשות בשבת: **חייבין עליו** · שלא לעשותו ביו"ט: **ואלו הן** · דברים שאסורין משום שבות שהטילו עליו שום מצוה לשבות מהן ואין בעשייתן שום מצוה: **לא עולין באילן כו'** · כולהו מפרש בגמרא אמאי גזור בהו רבנן: **אין מטפחין** · כף על ידך: **ולא מספקין** · כף ביד: **ולא מרקדין** · ברגל וכולן לשמחה ולשיר ובגמרא מפרש גזרה שמא יתקן כנגדן כלי שיר דקא עביד מנא: **ואלו הן משום רשות** · כלומר שהיה לנו להתירן משום שהן קרובין למצוה ואסרום חכמים הואי דקרו ליה רשות משום הנך דבעי למתני בסיפא דהוו מצוה גמורה ולגביהן קרי להנך מציעי רשות ולהנך קמאי קרי שבות דאיסור שבות גמור יש בהן לפי שאין בהן לד לסלק גזירות חכמים מעליהן שאין בהן לתלותה מצוה: **לא דנין** · דין: **ולא מקדשין** · אשה ובגמרא מפרש אמאי קרי ליה רשות (ומאי טעמא גזור עלייהו): **ולא מקדישין** · הקדשות: **מעריכין** · ערכך עלי ונותן כפי שנים כמו שכתוב בפרשת ערכין (ויקרא כז): **ולא מחרימין** · הרי בהמה זו חרם וסתם חרמים לבדק הבית: **גמ' שמא יעלה ויתלוש** · דהוי אסורא מדאורייתא דהייט קולר שתולש מן המחובר: **שמא יצא חוץ לתחום** · מתוך שאינו מהלך ברגליו אינו רואה סימני התחומין: **שמע מינה תחומין מדאורייתא** · מדגזור רכיבה אטו תחומין דאי מדרבנן לא הוו אסרי מלתא אחריתא משום דידיה: **שמא יחתוך זמורה** · להכותה והוי קולר מן המחובר: **חבית של שייטין** · כלי של גומא שאורגין אותו ועושין כמין חבית ארוכה ולמדין בו לשוט: **הא מצוה קא עביד** · ואמאי קרי ליה רשות: **ולא מקדשין הא מצוה קא עביד** · שנושא אשה לפרות ולרבות ואמאי קא קרי ליה רשות:

דאית

משום

תוספות

אלא אימא ובלבד שלא יעשנה מצודה · פ"ה ובלבד שלא יכסה בו כל החלונות דלר' יהודה אסור ולר' שמעון מותר וגם מעיקרא כי בעי לאוקומי כר' שמעון משמע ליה דבכל ענין מיירי אפילו לעשות כעין מצודה לסתום כל החלונות ותימה דהא מודה ר"ש בפסיק רישיה ולא ימות והכא ודאי הן נצודות ופירש הר"ר משה מאייבר"א דלר"ש נמי מיירי שיש חור קטן בכוורת אך אינו נראה וא"כ לא הוי פסיק רישיה ולא ימות ולר"ש מותר ורבי יהודה דאסר אפילו דבר שאינו מתכוין בעי חור גדול שיהא נראה לדבורים לצאת מן הכוורת:

שופך ושונה · למה דס"ד דאיירי לעיל בדלף שאינו ראוי לו קשה היכי מטלטל ליה הא הוה ליה ככלכלה והאבן בתוכה דאמר בסוף כירה (שבת דף מז. ושם) דלית בה *פירי וי"ל דשרי משום דהוי כגרף של רעי וכן משמע מדמייתי ליה הכא:

תיתי לי דעברי אדמר · אע"ג דאמרינן לעיל פ' יו"ט (דף כא: ושם) דאין עושין גרף של רעי לכתחלה ס"ל לרבה דהכא שרי משום פסידא דבי רחיא או משום דלא מקרו לכתחלה כל כך הכא כיון שהיו הגשמים כבר מזלפין בבית אין כל כך לכתחלה כמו מזמנין נכרי:

שמא יעשה חבית של שייטין · פ"ה שלוקחין קנים ועושה כעין חבית ושט בהן וקשה דהא תנן *ואלו טהורין בכלי חרס טבלא שאין לה לבזבזין וחבית של שייטין אלמא דחרס הוא לכן נ"ל שהוא כלי חרס שאין לו פתח ומתוך כך אינו יכול להשתקע במים לפי שאין המים יכולין ליכנס לתוכו ולכך לף על פני המים:

והא מצוה קא עביד · פ"ה וה"ל למחשבינהו בהדי איך דסיפא ממצוה ומשני לא צריכא דאיכא דעדיף מיניה ולכך אינו מצוה כל כך דומיא דהגי דסיפא ולפי זה יכול להיות דגם בדליכא דעדיף מיניה אסור וכן פירש נמי גבי לא מקדשין הא מצוה קא עביד כו' ומשני דאית ליה אשה ובנים משמע אפילו אין לו אשה ובנים מ"מ אסור וקשה דאמר פרק דיני ממונות (סנהדרין דף לה.) לפיכך אין דנין לא בע"ש ולא בערב יו"ט דהיכי לעביד לדייניה במעלי שבתא ולקטליה בשבת אין רציחה דוחה שבת ולא תשני משום דאין דנין משמע התם דבשמתא ליכא עדיף מנייהו שפיר דנין ויש לייסב דניחא ליה להש"ס למימר טעמא לאסור מן התורה ולא לאסור אלא מדרבנן ור"ת פי' דהא מצוה קא עביד ואמאי גזרו כו' ומשני לא צריכא דאית ליה אשה ובנים אבל אם אין לו אשה ובנים מותר לקדש דמצוה קא עביד וקשה דבפ"ק דיומא בירושלמי גבי כהן גדול מתקנין לו אשה אחרת פריך והרי קונין לו קנין בשבת ומשני אין שבות במקדש ולשני דשרי כיון דמצוה קא עביד דהא כיון שמתה אשתו מצוה לו לישא אשה אחרת ועוד קא עביד מצוה דכתיב וכפר בעדו ובעד ביתו (ויקרא טז) אלא ודאי י"ל כפירוש הקונטרס ולא קשיא מההיא דסנהדרין דהא קאמר הכא טעמא שמא יכתוב וכיון דישבו כבר בדין מערב יו"ט וכתבו דברי המזכין ודברי המחייבים מבעוד יום כדקאמר התם אם כן לא שייך למגזר ועוד י"ל כפירוש ר"ת ולא קשיא מההיא דכהן גדול דשמא חד מתרי טעמי נקט והדר מסיק התם בירושלמי דיומא אמר רבי מונא הדא אמר' הדין דכונסין ארמלין צריך לכונסן מבעוד יום שלא יהא כקונה קנין בשבת ואיתא נמי בריש כתובות בירושלמי ומפרש התם טעמא דעד שלא *קנה אינו זכאי במציאתה ולא במעשה ידיה ולא בהפרת נדריה משכנסה זכאי בכולם ונמצא כקונה קנין בשבת והשתא נמי איכא לאוקמי בשיש לו אשה ובנים ומהאי טעמא דאין מקדשין לפי שנראה כקונה קנין אסור כמו כן לתת גט בשבת*:

רבינו חננאל

הכוורת ירידתה למוצלת מעט מחוץ לנקב שנכנסין ויוצאין בו הדבורים · כי אם ישלשל המוצלת בדפני הכוורת במקום הנקב אין הדבורים יכולין לצאת ונמצא כצודה בשבת או ביו"ט ואע"פ שאין במיני דבורים ניצוד: נותנין כלי תחת הדלף בשבת תנא נתמלא הכלי שופך ושונה ואינו נמנע · ירושלמי א"ר חנינא עשו אותה כנהרות ומעינות שבאו מחוץ לתחום ותני כן נהרות ומעינות שבאו מחוץ לתחום ממלא מהן בשבת ואצ"ל ביו"ט · בי ריחייא דאביי דלוף א"ל רבה עייליה לפורייך התם כי היכי דליהוי האי דלף כגרף של רעי ועביט של מימי רגלים ואפקיה א"ל וכי עושין גרף של רעי לכתחלה ארשקלו ושרו נפל בי ריחייא דאביי אמר תיתי לי דעברי אדמר' אמר שמואל גרף של רעי ועביט של מימי רגלים מותר להוציאן לאשפה *) תניא נמי הכי · כשמחזיר הכלי נותן בו מים ומחזירו ואסיקנא דגרף של רעי מוציאין אותו אפילו בפני עצמו בלא כלי מהדרא עכברתא דאשתכח באספרמקיא דרב אשי ואמר להו שקלוה בצוציתא מלשון ציצית הראש ואפקוה: **מתני'** כל שחייבים עליו משום שבות ומשום רשות ומשום מצות בשבת חייבין עליו ביו"ט אלו הן משום שבות לא עולין באילן גזרה שמא יתלוש: **ירושלמי** אין עולין לאילן בין לח בין יבש רבי אחא בשם רבי אמר אסור לדוש על גבי זמורה בשבת היא שורשי אילן היא קולמי כרוב בגבוהין ג' אבל אינן גבוהין כארץ הם מפני מה אין עולין באילן שמא ישכח ויאכל או שמא ישכח וירעיד · ולא רוכבין על גבי בהמה מפני שהוא מצווה על שביתת בהמתו כמו שנאמר למען ינוח שורך וחמורך וגו' · גמרא דידן לא רוכבין על גבי בהמה גזרה שמא יחתוך זמורה ולא שטין על פני המים גזרה שמא יעשה חבית של שייטין לא מספקין ולא מטפחין ולא מרקדין גזרה שמא יעשה כלי שיר: **ירושלמי** לא מספקין ספוק הבא מחמתו כדכתיב ויספוק את כפיו ולא מטפחין מיפוח שהוא לרצונו ר' יונה וחברייא חורינא אמר בין הכן בין הכן אסור ור' יונה אמר אחורי ידיהן שרי דהוה סכין ביומי והוו מטפחין אחורי ידייהו בשבתא בהלולא דר' שמעון בר' הוו מטפחין אחורי ידיהון בשבתא עבר רבי מאיר ושמע קלהון אמר רבותינו התורה השבת שמע רבי קליה אמר מי הוא זה שבא לרדותינו בתוך ביתנו שמע רבי מאיר קליה דרבי ועדק נפקין פריי בתריה מיפרי אפרה רוחא פקוליה מן על קדליה דרבי מאיר אדיק רבי מן כותא וחמא קדליה דר' מאיר מן אחורי אמר לא זכיתי לתורה אלא על רחימית קדליה דר' מאיר מן אחוריי ר' יוחנן ור"ל תרוויהון אמרי לא זכינן לאורייתא אלא על דחזינן אצבעתיה דר' מן גלגיקין דידיה · ולא מרקדין ריקוד עקר רגלו אחת ומניח אחת קיפוץ ב' רגליו כאחת

*) כ"ה הגי' ג"כ בר"ף תניא נמי הכי גרף של רעי וכו'.

עין משפט נר מצוה

יז א מיי' פכ"ה מהל' שבת הלכה כד סמג לאוין סה טוש"ע א"ח סימן שטז סעיף ו וסימן תקכב סעיף ג :

יח ב מיי' פכ"ו שם הלכה יג טוש"ע א"ח סימן שלח סעיף לד וסימן תקכד סעיף ה :

יט ג טוש"ע שם סימן לח :

כ ד טוש"ע שם סעיף לד :

כא ה מיי' פ"א מהל' יו"ט הלכה יז :

כב ו מיי' פכ"א מהל' שבת הלכה ו סמג לאוין סה טוש"ע א"ח סימן שלט סעיף ה וסימן תקכד סעיף א :

דליים נס סירי לא וי"ל כצ"ל

כג ז מיי' שם הלכה ט סמג שם טוש"ע א"ח סימן שלט סעיף א וסימן תקכד סעיף א :

כד ח מיי' פכ"ג שם הלכה ט סמג שם טוש"ע שם וסימן שלט סעיף ג :

כה [ח] מיי' שם הלכה יד טוש"ע א"ח סי' תקכד סי"א וסימן שלט סעיף ד :

מסורת הש"ס

[שבת קכא:] · לעיל כה: · [שבת קמג.] · לעיל ג. · שבת קמח: · פסחים סה: · [שבת קכג.] · קמח: · [כלים פ"ב מ"ג] · [עיין תוספות חגיגה ח. ד"ה משום] · [עיין תוספות חגיגה יז: ד"ה דכתיב] · [עיין תוספות לעיל ג. ד"ה תנן] · [ועי' תוספות לעיל יז. ד"ה מ"ש ותוספות ערוכין עה. ד"ה ומקני ותוספות גיטין עז: ד"ה ותיזיל ותוספות ב"ב קנו: ד"ה קונין]

גליון הש"ס · רש"י ד"ה ולא מספקין על ירך · עיין מו"ק כה ע"ב תוד"ה אבל.

אות ו' - ז' - ח'

פורסין מחצלת על גבי אבנים בשבת

פורסין מחצלת על גבי כורת דבורים בשבת, בחמה מפני החמה, ובגשמים מפני הגשמים

ובלבד שלא יתכוין לצוד

רמב"ם פכ"ה מהל' שבת הכ"ה - פורסין מחצלת על גבי אבנים בשבת, או על גבי כוורת דבורים, בחמה מפני החמה, ובגשמים מפני הגשמים, ובלבד שלא יתכוין לצוד, [ט]שהרי נוטלה בכל עת שירצה.

סימן שטז ס"ד - פורסין מחצלת ע"ג הכוורת, (מקום שמתכנסים בו הדבורים לעשות דבש) - בחמה מפני החמה ובגשמים מפני הגשמים, **ובלבד שלא יכוין לצוד, וגם הוא בענין שאינו מוכרח שיהיו נצודים, כי היכי דלא להוי פסיק רישיה** - כגון שלא יהדק המחצלת על הכוורת כ"כ, כדי שיוכלו הדבורים עכ"פ לצאת בדוחק, **או** שיש בכוורת איזה חור קטן, ויכולים לצאת משם, ואע"ג שאין נראה להדיא להדבורים עי"ז, אפ"ה שרי, דקי"ל כר"ש דדבר שאין מתכוין מותר, **אבל** כשאין בו חור כלל, אז הוי פסיק רישיה, ואסור אפילו במילתא דרבנן.

(**ועיין בא"ר שתמה על השו"ע, דלפי מש"כ: וגם הוא בענין שאינו מוכרח וכו', דהיינו שיכולים הדבורים להשתמט ממקום צידתם, אפילו אם היה מתכוין לצודם ג"כ שרי, דהרי מ"מ אינם ניצודים, שיכולים לצאת, 'והוכיח זה מגמרא עי"ש, ונ"ל דהכונה במש"כ השו"ע: וגם הוא בענין וכו', היינו שיש שם בכוורת חור קטן, וכמ"ש התוס' (ד"ה אלא), דבכה"ג לא שרי כי אם לר"ש, ודוקא בשאינו מתכוין, אבל חור גדול אם היה בכוורת, אפילו במתכוין שרי, דהרי מ"מ אינם ניצודים כלל).**

אות ט'

מודה רבי שמעון בפסיק רישיה ולא ימות

סימן שלז ס"א - דבר שאין מתכוין, מותר - זה לשון הרמב"ם: דברים המותרים לעשותן בשבת, ובשעת עשייתן אפשר שתיעשה בגללן מלאכה אחרת, ואפשר שלא תיעשה, אם לא נתכוון לאותה מלאכה מותר, וכן כוונת המחבר, **והוא שלא יהא פסיק רישיה** - פירוש, שבודאי תיעשה המלאכה האחרת.

הלכך גורר אדם מטה כסא וספסל - פי' כיון דדבר שאינו מתכוין מותר, הלכך גורר, דאע"ג דבגרירתו מצוי שיעשו חריצים בקרקע, ואיכא בזה משום חשש חופר, דהוא תולדה דחורש, אפ"ה לאו פסיק רישא הוא, אפילו בקרקע שאינה מרוצפת, דאפשר שפיר שלא תחרוץ בקרקע. [**וחופר** גמור לית בזה, דאינו חופר כדרכו במרא וחצינא, אלא כלאחר יד, ובפרט כשגורר בבית ולא בשדה, דמקלקל הוא ע"י החריצים, ומדרבנן הוא דאסור, **ומ"מ** דע, דהא דקי"ל דבר שאינו מתכוין מותר, הוא אפי' במקום דבמתכוין איכא איסור דאורייתא].

בין גדולים - דמיטרח ליה לישאם על כתפו, **בין קטנים** - דיכול ליקחם על כתפו, אפ"ה מותר לו לגררם על הארץ, **ובלבד שלא יתכוין לעשות חריץ.**

כתב המג"א, דגדולים ביותר אסור לגרור על הארץ, דפסיק רישא הוא, דבודאי יעשה חריץ, **ואפילו** מרוצף בקרקע של שיש אסור לגרור, דגזרינן מרוצף אטו אינו מרוצף, [**ומסתברא** דאם כל העיר מרוצף באבנים או בקרשים, יש להקל בזה, **ואפי'** אם נחמיר לקמן בכיבוד, הכא קיל טפי, דאפי' באינו מרוצף לית בזה גררא דאורייתא מכמה אנפי, אחד, דהחריץ שיעשה, הוא בזה רק חופר כלאחר יד, ועוד, דהוא מקלקל ע"י הגומות שנעשים בבית ולא מתקן, **ועל** כולם, הלא אינו מכוין לזה, והוא רק פסיק רישא דלא ניחא ליה, וגם בזה לכו"ע הוא רק איסור דרבנן, **ומבואר** לעיל בסי' שט"ז ס"ג בהג"ה, דדעת הרמ"א שם מוכח דס"ל בעלמא, דאם הוא תרי דרבנן, מותר בפסיק רישא דלא ניחא ליה].

ומותר לרבץ הבית - להזות מים על קרקע הבית כדי שלא יעלה האבק, **כיון שאינו מתכוין להשוות גומות, אלא שלא יעלה האבק** - ואע"ג דכמה פעמים מתמלאים הגומות בעפר ובאבק, לאו פסיק רישא הוא. **ואפילו** בקרקע שאינה מרוצפת מותר.

---

§ מסכת ביצה דף לו: §

אות א'* [א]

מהו דתימא במינו נצוד אסור, שלא במינו נצוד מותר

סימן שטז ס"ג - כל שבמינו נצוד, חייב עליו; אין במינו נצוד, פטור אבל אסור - ואפי' אם הוא צדן לאיזה צורך, ג"כ לא חשיב צידה. **הלכך, זבובים אע"פ שאין במינן נצוד, אסור לצודן** - ודבורים, משמע בב"י דהוא בכלל דבר שבמינו ניצוד, [ומה דקאמר בביצה: מהו דתימא דבר שבמינו נצוד וכו', ר"ל, קמ"ל דדבורים נמי במינן ניצוד], **אבל** שאר פוסקים פליגי עליה וכן משמע מהגר"א, [שציין דמסוגיא זו מוכח, דדבר שאין במינו ניצוד אסור, משמע דהוא מפרש כפשוטה, וע"כ דדבורים אין במינן ניצוד], **וחגבים** טהורים, לדעת רש"י הוא דבר שבמינו ניצוד, והרמב"ם אין סובר כן, **ודגים** הוא בכלל דבר שבמינו ניצוד.

באר הגולה

ט ‹שאסור לבטל כלי מהיכנו – מראה הפנים› י ‹שם: הכא במאי עסקינן דאית ביה כוי, ולא תימא (לר' יהודה) ובלבד שלא יתכוין לצוד, אלא אימא ובלבד שלא יעשנה מצודה, ע"כ, (ואי תימא דצריך שלא יתכוין לצוד) למה לי ולא תימא וכו', כפשטיה אתיא נמי שפיר, שלא יתכוין לצוד, אף דיש מקום לצאת, מ"מ צריך שלא יתכוין, גם מאי פריך שם פשיטא, הא קמ"ל טובא דאף בזה צריך שלא יתכוין – א"ר› א ‹ע"פ השער הציון›

אות א'

תנא אם נתמלא הכלי, שופך ושונה ואינו נמנע

סימן שלח ס"ח - [ב]**מותר ליתן כלי תחת הדלף בשבת** - שדולף דרך התקרה וכוצא בזה.

[ג]**ואם נתמלא, שופכו ומחזירו למקומו; והוא שיהא הדלף ראוי לרחיצה** - דאין על המטר היורד שם מוקצה או נולד, ויכול לשתותו או לרחוץ ממנו, וה"ה אם הוא ראוי רק לשתיית בהמה.

סימן תקכא ס"ג - [ד]**ליתן כלי תחת הדלף** - שדולף דרך התקרה, כדי שלא יטנף את הבית, **כדינו בשבת כך דינו ביו"ט. (וע"ל סימן של"ח ס"ח).**

אות א'** [ה]

זיל עייליה לפוריך להתם, דלהוי כגרף של רעי, ואפקיה

סימן שח סל"ז - [ו]**במקום דאיכא פסידא** - היינו שיבא לידי הפסד אם ישאר הגרף שם, שיגנב שם, או שאר קלקול עי"ז, **והוא** מונח בבית באיזה חדר מקום שאין דר שם, או שמונח בחצר במקום שאין דריסת רגלו שם, דאל"ה היה מותר להוציאו, וכנ"ל בסל"ד, **מותר להכניס מטתו אצל גרף של רעי ולקבוע ישיבתו שם** - כגון מטתו לשכב עליה, או שיכניס שלחנו ויאכל שם, **כדי להוציאו** - דעי"ז נחשב כאלו דירתו שם, וממילא מותר להוציא הגרף, **אבל** ישיבה בעלמא שם לא מהני.

אות א'*** [ז]

וכי עושין גרף של רעי לכתחלה

סימן שח סל"ו - [ח]**אין עושים גרף של רעי לכתחלה, דהיינו להביא דבר שעתיד לימאס כדי להוציאו לכשימאס** - בגמרא ‹כ"א› משמע, דאפי' אם לא עשה כדי להוציאו, אלא דבר העשוי לבסוף להוציאו, ג"כ אסור, **שאף** שהתירו להוציא הדבר המאוס, מ"מ לעשות לכתחלה דבר שיהיה בודאי אח"כ מאוס לפניו ויוציאנו, אסור, (**דאם** הוא ספק שיהיה מאוס, אין לאסור), **והא** דנקט השו"ע "כדי להוציאו", משום סיפא נקט, דבדיעבד אין לאסור אף שהכניסו באופן זה. (עיין בביאור הגר"א דס"ל, דדעת השו"ע הוא דאפילו במקום הפסד אסור לעשות לכתחלה, **ולא** הותר כי אם במה שמביא בסעיף שאח"ז, שהוא מביא עצמו אל הגרף), ‹וז"ל: כשני התירוצים של תוס' שם [ד"ה תיתי] לחומרא - גר"א›, ‹**דרק** במקום הפסד, וגם שכבר היה הגרף של רעי, רק שמביא שם מטתו, אבל לא להביא דבר שעתיד למאוס - דמשק אליעזר›.

[ט]**ואם עבר ועשאו, מותר להוציאו.**

אות ב'

גרף של רעי ועביט של מימי רגלים, מותר להוציאן לאשפה

סימן שח סל"ד - [י]**כל דבר מטונף, כגון: רעי וקיא וצואה, בין של אדם בין של תרנגולים, וכיוצא בהם, אם היו בחצר שיושבים בה** - היינו שדרים בה, כמו החצרות העשויות לפני הבתים, שהוא מקום דריסת הרגל, **מותר להוציאם לאשפה או לבית הכסא** - משום כבודו, **וה"ה** אם הוא מונח במבוי במקום דריסת הרגל, מותר לסלקו לצדדים.

[יא]**ואפי' בלא כלי** - קמ"ל דלא תימא דלא התירו לטלטל רק אגב כלי.

בגמרא איתא, דעכבר מת הנמצא מותר להוציאו בידים, מטעם גרף של רעי, [**ודוקא** אם הוא במקום שמאוס בעיניו].

ואם היו בחצר שאינו דר שם - בין שהוא חצר אחרת, או שהוא חצר שאחורי בתים, או שהוא מונח באשפה שבחצר, **אסור להוציאם** - דהא לא חזי למידי, והוא מוקצה כאבן, **וה"ה** הגרף ועביט בלא רעי ומי רגלים, ג"כ אסור, כיון שהוא מקום שאין דר שם, **ואם** הוא מלא וא"א לפנות עליו, מותר להוציאו ולהחזירו משום כבוד הבריות.

ואם ירא מפני התינוק שלא יתלכלך בה, מותר לכפות עליה כלי - אשמעינן בזה, דלא תימא דאין כלי ניטל אלא לצורך דבר הניטל.

סימן תקיח ס"ה - [יב]**להוציא גרף של רעי ולהחזירו, כדינו בשבת כך דינו ביו"ט. (וע"ל סי' ש"ח סעיף ל"ה)** - וכן מה שמבואר שם בענין זה בסעיף ל"ד ובסעיף ל"ו, ג"כ שייך בעניננו לענין יום טוב.

אות ג'

וכשהוא מחזירו, נותן בו מים ומחזירו

סימן שח סל"ה - [יג]**אע"פ שמותר להוציא גרף של רעי ועביט של מי רגלים, אסור להחזירם, אא"כ נתן לתוכם מים** - אע"פ שהוא כלי, מ"מ הוא בכלל מוקצה מחמת גופו, משום דמאיס הרבה, **וחמיר** מסתם מוקצה מחמת מיאוס, דקי"ל בריש סי' ש"י דמותר, דגרף הוא כאבן ודומיהן, **ורק** להוציאן ממקום שדר שם התירו משום כבודו, אבל להחזירן צריך מים, דאז מטלטלן ע"י המים.

ודוקא כשהם ראוים עדיין לשתיית בהמה, דאל"כ אף המים גרף הן.

כתב המ"א, דבעודו בידו מותר להחזיר אף בלא מים, **ועיין** בא"ר ובפמ"ג שמפקפקין בזה.

והנה מדסתם השו"ע, משמע דאפילו א"צ להוציא בו צואה ומי רגלים, שרי להחזירו ע"י מים, **ויש** מחמירין בזה כמ"ש בב"י, [טעמייהו, דלא

באר הגולה

[ב] משנה שם [ג] ברייתא שם [ד] גם זה שם [ה] ‹ע"פ מהדורת נהרדעא› [ו] שם בעובדא דאביי וכרבה וכפי' התוס' ‹ד"ה תיתי› והרב המגיד [ז] ‹ע"פ הבאר הגולה› [ח] שם ‹ל"ו› ובדף כ"א [ט] הרמב"ם [י] לשון הרמב"ם ממשנה וגמרא דשבת קכ"א כפי גירסת הרי"ף [יא] ‹שם - גר"א› [יב] ציינתיו לעיל בסימן שח סעיף ל"ד [יג] טור מהא דביצה ל"ו

התירו ע"י ככר ותינוק [יד]אלא למת בלבד, וע"כ מה דהתירו ע"י מים, היינו כשצריך לו להוציא בו עוד צואה או מי רגלים, **אבל** אי צריך לו לפנות עליו, בזה אפשר דאפי' בלא מים שרי להחזיר, משום כבוד הבריות]. **ועיין** בספר א"ר שמכריע, דאם הוא מקום המשתמר, לא יכניסנו שלא לצורך.

גרף ועביט שניהם של חרס, אלא של רעי נקרא גרף, ושל מי רגלים נקרא עביט, וה"ה אם הוא של עץ, **ועיין** לעיל בסימן פ"ז לענין אם הוא של מתכות.

אות ד'

דההוא עכברתא דאשתכח בי אספרמקי דרב אשי, אמר להו רב אשי: נקטה בצוציתה ואפקוה

סימן שח סל"ד - ואפי' בלא כלי - קמ"ל דלא תימא דלא התירו לטלטל רק אגב כלי.

בגמרא איתא, דעכבר מת הנמצא מותר להוציאו בידים, מטעם גרף של רעי, [**ודוקא** אם הוא במקום שמאוס בעיניו].

אות ה'

כל שחייבין עליו משום שבות משום רשות משום מצוה בשבת, חייבין עליו ביום טוב

רמב"ם פ"א מהל' יו"ט הי"ז - כל שאסור בשבת בין משום שהוא דומה למלאכה או מביא לידי מלאכה, בין שהוא משום שבות, הרי זה אסור ביום טוב; אלא אם כן היה בו צורך אכילה וכיוצא בה, או דברים שהם מותרים ביום טוב כמו שיתבאר בהלכות אלו. וכל שאסור לטלטלו בשבת, אסור לטלטלו ביום טוב; אלא לצורך אכילה וכיוצא בה. וכל שמותר בשבת, מותר ביום טוב. ויש ביום טוב מה שאין בשבת, איסור מוקצה, שהמוקצה אסור ביום טוב ומותר בשבת, מפני שיום טוב קל משבת אסרו בו המוקצה, שמא יבואו לזלזל בו. השגת הראב"ד: מפני שיו"ט קל משבת אסרו בו המוקצה שמא יבואו לזלזל בו. א"א [טו]לא הכל שוין בזה.

אות ו'

לא עולין באילן

סימן שלו ס"א - אין עולים באילן, בין לח בין יבש - ואפילו אם כבר נתייבש לגמרי, שאין בו שום לחלוחית כלל, וגם נשרו עליו וענפיו ופירותיו, דלא שייך בו אח"כ שום חשש תלישה, אפ"ה אסור בכל גווני, משום סייג וגדר, **ויש** מקילין בזה בימות החמה, שמנכר לכל שהוא יבש.

ואין נתלים בו - וה"ה דאין נשענין ונסמכין בו, **ואין משתמשין במחובר לקרקע כלל** - כגון להניח חפץ על אילן, או להוריד איזה דבר מאילן, או לקשור בו בהמה וכיוצא בזה, **גזרה שמא יעלה ויתלוש** - עלים או ענפים או פירות, ויתכוין לתלשם, ואתי לידי חיוב חטאת.

ודוקא בגבוה מן הארץ ג"ט וכדלקמן.

עלה באילן בשבת בשוגג, מותר לירד - אע"ג דבירידה זו משתמש באילן, אעפ"כ אין לאסור עליו, דגם בישיבתו משתמש הוא.

סימן תקכד ס"א - [טז]אין עולין על גבי אילן - עיין לעיל בסימן של"ו, שם מבואר פרטי הדין וטעמיהן.

אות ז'

ולא רוכבין על גבי בהמה

סימן שלט ס"א - [יז]אין רוכבין על גבי בהמה. (וע"ל סי' ש"ה סי"ח מדין הליכת קרון).

סימן תקכד ס"א - ולא רוכבין על גבי בהמה - עיין לעיל בסימן ש"ה סי"ח.

אות ח'

ולא שטין על פני המים, ולא מטפחין, ולא מספקין, ולא מרקדין

סימן תקכד ס"א - ולא שטין על פני המים, ולא מספקין להכות כף על ירך, ולא מטפחין להכות כף על כף, ולא מרקדין.

סימן שלט ס"ב - [יח]אין שטין על פני המים - בידיו ורגליו, שגם רגליו עקר מן קרקע המים, [דאל"ה אינו אסור]. **והטעם**, שמא יעשה חבית של שייטין, והוא כלי של גומא שאורגין אותו ועושין כמין חבית ארוכה, ללמוד בו לשוט על המים, [רש"י].

סימן שלט ס"ג - [יט]אין מטפחין להכות כף אל כף, ולא מספקין להכות כף על ירך, ולא מרקדין - בין באבלו ובחמתו לעורר הצער, ובין מחמת שמחה, **גזירה שמא יתקן כלי שיר** - לעורר האבל או השמחה, [**ובחמתו** צ"ע, דאפי' נימא דבעי לקלא כגון להשמיע צערו לרבים, הא מ"מ אינו דרך שיר ואמאי אסור].

באר הגולה

יד ‹ונראה שיש להשיב, דאם לא יתירו לו החזרה ע"י נתינת המים, לא יוציאנו כדי שלא יפסיד את כליו, כשיוציאם לאשפה ויניחם שם, ע"כ – ב"י. **ולי** נראה דלא קשה מידי, דכלי שרי – מ"א› טו ‹דין המוקצה להיותו נוהג ביום טוב, הוא כדעת הרב אלפסי ז"ל, שפסק פ"ק שיש מוקצה ביום טוב, וכדאוקימתא דר"נ דריש פ"ק (ביצה ב') דאמר יום טוב דקיל ואתי לזלזולי ביה סתם לן תנא כר' יהודה דמחמיר, שבת דחמירא ולא אתי לזלזולי סתם לן תנא כר"ש דמקל. **ויש** מן הגאונים חולקין ואומרין שאין מוקצה ביום טוב יותר משבת. **ולזה** כתב בהשגות א"א לא הכל שוין בזה, ע"כ. **וכבר** הכריע בעל המאור והרמב"ן והרשב"א ז"ל כדברי ההלכות ורבינו, והביאו ראיות לזה ועיקר – מגיד משנה› טז משנה ביצה ל"ו יז משנה בביצה ל"ו יח משנה שם יט משנה בביצה ל"ו ושם בגמ'

אות [ח']

לא דנין, ולא מקדשין, ולא חולצין, ולא מיבמין

סימן תקכד ס"א - ולא דנין, ולא מקדשין, ולא כונסין, ולא מיבמין, ולא מגרשין, ולא חולצין, ולא מקדישין, ולא מחרימין, ולא מפרישין תרומה ומעשרות - וה"ה חלה, ועיין לעיל בסימן תק"ו סעיף ג' וד', שם מבואר פרטי הדין.

הגה: ודין פדיון הבן, כדינו בשבת כך דינו ביו"ט, וע"ל סי' של"ט סעיף ד' - ר"ל דשם מבואר דבדיעבד מה שעשה עשוי.

סימן שלט ס"ד - [כ]אין דנין - היינו אפילו דיני ממונות, שמא יבוא לידי כתיבה, **וה"ה** נמי דסדור הטענות לבד לפני הדיינים ג"כ אסור, שמא יכתבו הדיינים דברי טענותיהם, **אבל** לקבול ולהציע דברים, כגון על טענות בתולים, מותר.

ותיקן רבנו גרשם מאור הגולה שלא לבטל התמיד בשבת, היינו התפלה הקבועה בצבור לביהכ"נ, **אם** לא שביטל כבר ג' פעמים בחול ולא הועיל, או בשביל טענות הקהל.

הגה: ולכן אסור לתפוס ולהכניס לבית הסוהר מי שנתחייב איזה עונש כדי שלא יברח, וכל שכן שאסור להלקותו, דהוי בכלל דין - וגם יכול לבוא לידי חבורה בשבת.

ואיתא בירושלמי, על מה דכתיב: לא תבערו אש בכל מושבותיכם וגו', מכאן לבתי דינין שלא יהו דנין בשבת, **היינו** מי שהיה מחויב הבערה, גלתה התורה דלא יענישוהו בשבת, ומינה ילפינן דה"ה לכל עונש, **ואיתא** בספר החינוך, הטעם: שרצה הקב"ה לכבד יום זה שימצאו בו הכל מנוחה, גם החוטאים והחייבים, משל וכו', **והמחבר** מיירי מתחלה בדיני ממונות, דבזה ג"כ אסור מדרבנן.

ואם יברח, אין עלינו כלום (ב"י ס"ס רס"ג בשם שבולי הלקט) - ואין בכלל זה, אם אחד רוצה לברוח כדי לעגן אשתו, דבזה מותר היה לחבשו, **וכן** מותר לקבל עדות מאיש מסוכן וקרוב למות, על אשה שמת בעלה, היכא דחיישינן שלא ימצא אח"כ עדות אחרת.

ולא מקדשין - גם זה מחמת גזירה שמא יכתוב, **אבל** לא מטעם דהוא כקונה קנין בשבת, דהא בקידושין לבד בלא חופה לא קנאה עדיין ליורשה ולמציאתה ולמעשה ידיה.

וכן אם אפילו היו הקידושין מבעוד יום, מבואר בהמחבר לקמיה, דאסור להכניסה לחופה בשבת, **והיינו** מטעם דע"י החופה קונה אותה לכל הדברים האלו הנ"ל, והוי כמקח וממכר דאסור בשבת.

הגה: [כא]ויש מתירין לקדש היכא דאין לו אשה ובנים (ר"ת) - וה"ה ביש לו בנים ואין לו אשה, ג"כ מותר לדעה זו, דמצוה קעביד, [כב][רעק"א], כדאמרינן ביבמות מקרא "בבקר זרע את זרעך ולערב אל תנח ידך".

ולפסר דס"כ סכניסס לחופס שרי (סמ"ג) - אף דע"י החופה קונה אותה לכמה דברים וכנ"ל, אפ"ה כיון דלית ליה אשה ובנים ויש בזה מצות פו"ר, ס"ל דיש להקל בזה.

ולע"ג דלא קי"ל הכי - ר"ל דמעיקר הדין קי"ל כשיטת רש"י ושארי ראשונים, דקדושין ואף החופה אסור בשבת ויו"ט, **מ"מ סומכין על זה בשעת הדחק, גם כי גדול כבוד הבריות; כמו שרגילין שלפעמים שלא היו יכולים להשוות עם הנדוניא ביום ו' עד הלילה, דעושין החופה והקידושין בליל שבת, הואיל וכבר הכינו לסעודה ולנשואין** - ר"ל ויש הפסד רב עי"ז, **והוי בזיון לכלה ולחתן אם לא יכנוס אז** - ועיין בח"א שכתב, שאין להקל בכל זה רק אם נשלמו השלשה פרטים, דהיינו: אם לא קיים פו"ר עדיין, ויש הפסד רב הואיל וכבר הכינו, וגם ביוש לחתן וכלה אם לא יכנוס אז, **ועיין** מה שכתבנו לעיל, דלדעת ר"ת אף ביש לו בנים, כיון שאין לו אשה ג"כ מצוה קעביד ומותר, ואפשר דס"ל דאין סומכין עליו בזה. **ומ"מ לכתחלה יש ליזהר שלא יבא לידי כך. (ועיין בטור אבן העזר סימן ס"ג).**

ובביה"ש בודאי אין להחמיר בדיעבד, דלא גזרו על שבות בין השמשות לצורך מצוה לכו"ע, **אך** לכתחלה יש ליזהר מאד שלא לאחר כ"כ, כי כמה עבירות באין עי"ז, טלטול מוקצה של הנרות, וגם כמה נשים ההולכות לחופה מאחרות זמן הדלקת הנרות עי"ז ומדליקות בביה"ש, ויותר טוב היה שלא להדליק אז כלל, **וע"כ** מה נכון מאד למי שהיכולת בידו, שלא לעשות הנשואין כלל בע"ש, ובפרט סמוך לחשכה, כי אף אם הנשואין יהיה בזמנם, עכ"פ מסתעף מזה עוד כמה קלקולים וכנ"ל.

אם נתאחר החופה עד חשכה, ובידי השושבינין נרות, אף דקי"ל דמוקצה כל זמן שהוא בידו מוליכו למקום שירצה, **מ"מ** הכא יתן הנרות לא"י, דכל שאפשר לסלק המוקצה מידו מחוייב לסלק.

ולא חולצין - שמא יכתוב שטר חליצה לחלוצה, **ואפילו** לקבוע מקום לחליצה, ‹דצריך לקבוע מקום לחליצה אף במקום שיש ב"ד קבוע בכל יום, ויאמרו הג' לב' הנוספים, נלך למחר ונשב במקום פלוני כדי לחלוץ שם - כנה"ג›, אסור, שלא יהא נראה כאלו דנין בשבת, **ויכול** לקבוע בליל מו"ש שתהיה החליצה ביום א', ‹דבלילה שלפני יום המחרת נמי שרי לקבוע מקום - פמ"ג›, **ואם** יש צורך גדול, יכול לקבוע אפילו בבין השמשות בע"ש על

באר הגולה

[כ] משנה ביצה ל"ו **[כא]** ‹כן פי' והא מצוה קעביד, אמאי אסור, ל"צ כו' - גר"א, וכ"כ בתוס' ד"ה והא מצוה› **[כב]** ‹וז"ל: נלע"ד דלר"ת אף ביש לו בנים אלא שאין לו אשה מותר, ממה שהקשו בתוס' על הירושלמי, דלשני גבי כה"ג כיון דמתה אשתו דמצוה קעביד לישא אחרת, ולא ניחא להו דמ"מ יקשה להו בכה"ג שיש לו בנים מאי איכא למימר, אע"כ דגם בזה שרי. **וכתב** הראש יוסף: ומדברי התוס' דכאן משמע, כל שאין לו אשה אע"פ שיש לו בנים מאשה אחרת, הוה מצוה, ואית ליה אשה ובנים תרוייהו ממש, **ומפירש"י** לכאורה לא יראה כן, אלא כל שיש לו בנים לחוד וליכא כי אם דברי קבלה, תו אין כ"כ מצוה ורשות קרי ליה. **וכתב** השפת אמת וז"ל: מיהו מ"ש רש"י דקצת מצוה איכא משום לערב אל תנח ידך, אין מובן לי, דמשמעות הגמ' נראה דמיירי דוקא ביש לו נמי אשה, דליכא מצוה זו ג"כ, אבל ביש לו בנים ולא אשה, שפיר הוי בכלל משום מצוה מטעם לערב אל תנח ידך, **וי"ל** קצת, דכיון דכבר קיים מצות פו"ר, אינו אלא מצוה דרבנן, כמ"ש הרי"ף והרא"ש ביבמות ע"ש, ואין דוחין שבות משום הכי, **אכן** מדברי התוס' שהקשו מהירושלמי ביומא, משמע דאם אין לו אשה, הוי מצוה להתיר לקדש ביו"כ›

יום א', אם א"א בענין אחר, (דאם א"א בענין אחר יכולין לקבוע בערב על דעת כמה ימים – פמ"ג).

ולא מיבמין - דבמה שמיבם אותה נקנית לו להיות אשתו לכל דבר כנשואה ממש, והוי כקונה קנין בשבת, [**ואפי'** אם יקדש אותה בכסף ויתייחד אתה מבעו"י, לכו"ע לא מהני זה ביבמה להיות כאשתו, דעיקר כניסת היבמה היא בביאה], **ועוד** שמא יכתוב כתובה.

ואין כונסין - היינו אפילו קידש אותה מבע"י, אסור להכניסה בשבת לחופה, דבחופה קונה אותה לכמה דברים וכנ"ל.

ולא מקדישין - שום דבר לגבוה, שיאמר: הרי זו הקדש, משום דכיון שמקדיש באמירתו החפץ להקדש, הרי מוציאו באמירה זו החפץ מרשותו לרשות גבוה, ודמי למקח וממכר, **משא"כ** לפסוק צדקה לעניים מותר, וכן כשיאמר: הרי עלי להקדש כך וכך, ג"כ מותר.

ולא מעריכין - שיאמר "ערכי עלי" או "ערך פלוני עלי", שנותן להקדש כפי שניו, דהוי כמקח וממכר.

ולא מחרימין - בהמה או שום דבר לגבוה, שיאמר: הרי דבר זה חרם, והכל מטעם הנ"ל.

ולא מפרישין תרומות ומעשרות - וה"ה חלה, **שהוא** דומה כמקדיש אותן פירות שהפריש, **ועוד** שהוא כמתקן דבר שאינו מתוקן.

ואם עבר והפריש במזיד, לא יאכל בין לו בין לאחרים עד מו"ש, מטעם קנס, **ואם** היה בשוגג, מותר אפילו לו מיד, וה"ה בחלה.

[כג]**ואין פודין הבן** - אפי' בכלי ששוה ה' סלעים, שדומה למקח וממכר.

ואין לומר יתן המעות לכהן בע"ש, וכשיגיע היום ל"א בשבת, שאז הוא זמן פדיה, יחול הפדיון, **לפי** שאז לא יוכל לברך, שכיון שעדיין לא חלה המצוה עליו, איך יאמר "וצונו", **ובשבת** נמי לא יוכל לברך, כיון שאז אינו עושה כלום, לכן ימתין עד אחר השבת.

ואפילו אם כלו לו בע"ש כ"ט יום וי"ב שעות ותשצ"ג חלקים משעה, {שהשעה נחלקת לתתר"ף חלקים כידוע}, שהוא החשבון של כל חודש אם יתחלק השנה לי"ב חלקים בשוה, **אפ"ה** לא יפדוהו ביום ו"ו, לפי שהחודש שבתורה הוא שלשים יום שלמים, ולכן צריך שיגיע ליום ל"א בשעת הפדיון, וכיון שיום ל"א הוא בשבת, ידחה עד אחר שבת.

ואין מגרשין - אפי' בגט שנכתב קודם שבת, שמא יבא לכתיבה, [כד]**אא"כ הוא גט שכיב מרע (דתקיף ליה עלמא)** - היינו שרוצה לגרש אשתו כדי שלא תזקק ליבום, התירו לו לגרש בשבת, כדי שלא תטרף דעתו עליו אם לא יעשו רצונו, **ומיירי** באופן דלית ביה פסול משום מוקדם, כגון שכשנכתב הגט מע"ש לא נכתב בו זמן היום, אלא כתוב בו "שבוע זו" סתם, דכשר בכה"ג.

[כה]**וכולם אם נעשו שוגגין או מזידין או מוטעין, מה שעשו עשוי** - אכל המבואר בסעיף זה קאי, **חוץ** מהפרשת תרומות ומעשרות, דבארנו לעיל דאם הפריש במזיד אסור בו ביום.

שוגג הוא, כגון ששכח שהיום שבת, או שחשב שדבר זה מותר לעשות.

[כו]**סימן תקכד ס"ב** - [כז]**שכיב מרע דתקיף ליה עלמא טובא, שרי לגרש אפילו בשבת.**

אות ח'*[כח]

ולא חולצין

אה"ע סימן קסט ס"ז - אין חולצין בשבתות ולא בימים טובים; ומיהו בחוה"מ שפיר דמי. (וי"א דאין לחלוץ בערב שבת ועיו"ט, וכן נוהגין).

אות ח'**[כט]

ולא מגביהין תרומה ומעשר

רמב"ם פכ"ג מהל' שבת הי"ד - אין דנין בשבת ולא חולצין ולא מיבמין ולא מקדשין, גזירה שמא יכתוב; ואין מקדישין ולא מעריכין ולא מחרימין, מפני שהוא כמקח וממכר; ואין מגביהין תרומות ומעשרות, שזה דומה למקדיש אותן פירות שהפריש, ועוד מפני שהוא כמתקן אותן בשבת.

אות ח'***[ל]

אין בין יום טוב לשבת אלא אוכל נפש בלבד

סימן תצה ס"א - [לא]**כל מלאכה האסורה בשבת אסורה ביום טוב** - בין שאיסורה מן התורה, ובין שאיסורה משום שבות, **וכן** כל דבר שאסור לעשותו בעצמו, אסור לומר גם לעכו"ם לעשותו, כמו בשבת.

חוץ ממלאכת אוכל נפש - כדכתיב בקרא: אך אשר יאכל לכל נפש הוא לבדו יעשה לכם.

באר הגולה

כג ריב"ש בתשובה וכתבי מהר"ר ישראל והר"ן שם | כד גיטין ע"ז | כה ירושלמי וכתבוהו הרי"ף ורא"ש | כו (מילואים) | כז ציינתיו לעיל סימן של"ט | כח (ע"פ מהדורת נהרדעא) | כט (ע"פ מהדורת נהרדעא) | ל (ע"פ מהדורת נהרדעא) | לא משנה ביצה ל"ו ומגילה ז'

§ מסכת ביצה דף לז. §

אות א'

ומצוה בגדול ליבם

אה"ע סימן קסא ס"ד - מצוה על הגדול ליבם (או לחלוץ); לא רצה (או שאי אפשר לו לחלוץ או לייבם, כגון שהיה נשוי אחותה) (ריב"ש סי' קנ"ט), חוזרין על כל האחים זה אחר זה דרך גדילתן; לא רצה, חוזרים אצל הגדול ואומרים לו: עליך המצוה, או חלוץ או יבם; לא רצה לא לחלוץ ולא ליבם, כופין אותו לחלוץ ואין כופין אותו לייבם.

אות ב'

עיסה לאפרושי מינה חלה, [א]מפרשינן ויהבינן לכהן

סימן תקו ס"ג- [ב]הלש עיסה ביו"ט, יכול להפריש ממנה חלה - אע"ג דאין מגביהין תרומות וכו' ביו"ט, משום דנראה כמתקן, או כמקדיש, **בלש** ביו"ט לא גזרו, ואפילו באין לפניו כהן, או במקום שהחלה נשרפת, **דכיון** דמותר ללוש לכתחלה ביו"ט, משום דפת חמה עדיף טפי, התירו לו ג"כ לתקן עיסתו ולהוציאה מידי טבל. **ולהוליכה לכהן (שרי, אפי' הפרישה מאתמול)** - ולא אמרינן היה לו להוליכה מאתמול, ואפי' צריך להעבירה דרך ר"ה, ג"כ שרי, דהוצאה מותר ביו"ט.

אות ג'

מעלה את הראשון על מנת לשוחטו ואינו שוחטו וכו'

סימן תצח ס"י - [ג]אותו ואת בנו שנפלו לבור, מעלה את הראשון ע"מ לשוחטו, ואינו שוחטו - שמוצא לו עלילה, שמא חבירו שמן ממנו, **וחוזר ומערים ומעלה את השני** - דבהמות בעלמא שנפלו, בודאי מותר לו להעלותו אע"פ שאינו שוחט מהם, כיון שראויין לשחיטה, ואפשר יצטרך לו בתר הכי, **אבל** אותו ואת בנו שע"כ חדא לא חזיא, ומטלטל שלא לצורך, וע"כ צריך להערים, **והתירו** לו להערים משום צער בעלי חיים, ומשום הפסד ממונו.

רצה זה שוחט, רצה זה שוחט - ומשמע דעכ"פ מחויב לשחוט אחד מהם, **אכן** הרבה פוסקים הביאו בשם הירושלמי, דאם רוצה אח"כ שלא לשחוט אחד מהם, ג"כ הרשות בידו, דעכ"פ העלאה היתה בהיתר, **ומ"מ** כתב בעבודת הקודש להרשב"א, דראוי לחוש ולהחמיר ולשחוט אחד מהם, שלא יהא ניכר ההערמה.

אות ד'

הבהמה והכלים, כרגלי הבעלים

סימן שצז ס"ג- [ד]כשם שאין אדם רשאי להלך בשבת וביו"ט אלא אלפים אמה לכל רוח, כך כליו ובהמתו אין יכול שום אדם להוליכם חוץ לאלפים אמה של בעליהם - אפילו היה בתוך תחומו של המוליך, דבמקום שאדם קונה שם שביתתו, קונים שם כליו ובהמותיו, דנגררים אחריו, **וה"ה** פירותיו וכל דבר השייך לו.

ומיירי ביו"ט, דלית ביה משום איסור הוצאה כי אם משום תחומין, דבשבת הלא אסור להוציא חוץ לד"א, **א"נ** מיירי במלבוש שלובש האדם עליו, דבזה ליכא משום הוצאה כי אם משום איסור תחומין, דהמלבוש נגרר אחר בעליו, [**ועוד** משכחת לה, למי שכלתה מדתו בחצי העיר המוקפת חומה, דאז הוא אסור לילך יותר, ואחרים מותרים לטלטל בכל העיר כיון שמוקפת חומה, וקמ"ל דאסורים להוליך הכלים של זה שכלתה מדתו בחצי העיר].

[ה]ואם עירבו בעליהם לרוח א', אין שום אדם יכול להוליכם לרוח האחרת אפילו פסיעה א', במקום שאין הבעלים יכולים לילך. הגה: ועיין לעיל סוף סימן ש"כ, אם מותר למסור בהמה לעכו"ם במקום שיש לחוש שיוליכה חוץ לתחום - דשם מבואר להיתר, ועי"ש במ"ב דיש מחמירין, והעולם נוהגין היתר, **אכן** לצוותו שיוליכנו חוץ לתחום אסור.

אות [ד']

המוסר בהמתו לבנו או לרועה, הרי אלו כרגלי הבעלים

סימן שצז ס"ד - [ו]המוסר בהמתו לבנו, הרי הוא כרגלי האב - ולא כרגלי הבן המוליכם, לפי שדרך בני אדם להפקיד כליהם ביד בניהם, ואין כונתם למסור ברשותם, **ולפי"ז** אפילו מסר לו מע"ש נמי דינא הכי.

[ז]והרבה חולקין על פסק המחבר, וס"ל דבנו לא עדיף מאחר, ולהכי אם הוא רגיל תמיד למוסרו לבנו לרעותה, דינו כמו מסרה לרועה בס"ה, דאפילו מסרה לו בשבת גופא, הרי הוא כרגליו. [**אכן** נראה דאף להמחבר, אם היה בנו רועה קבוע, ורגילין הכל למסור לו בהמותיהם, מודה גם המחבר דהוא כרגלי הבן, ואפי' מסרה לו בשבת, דאז יש לו שם רועה אחר, דמוסר שביתתו אצלו, ולא נגרע כלל מפני שהוא בן].

‹המשך ההלכות מול עמוד ב'›

באר הגולה

א ‹קשה, למאי מסיים ויהבינן לכהן, וכי לא ידענו דמותר לתת לכהן, אלא דה"ק, דטבילי האידנא לא גזרו משום דאין מקדישין, ומ"מ משום מתקן אסור, וע"כ יהבינן לכהן בו ביום דלא הוי כמתקן, ונהי דודאי שרי להפריש חלה אפילו בשא"א ליתן לכהן, מ"מ כל מה דאפשר לעשות דלא כמתקן, דהיינו למיהב לכהן מיד, עבדינן - מרומי שדה› ב **שם בגמ' ל"ז** ג **ברייתא שם ל"ז וכרבי יהושע הסכמת הפוסקים** ד **משנה ביצה ל"ז ובגמרא שם** ה **שם ל"ז** ו **משנה שם ל"ז** ‹וזה פירושה לדעת רבינו: משנתינו דקתני במוסר לרועה הרי היא כרגליו, היא בשני רועים, [ואפי' מעיו"ט, והיינו שמסרה לשניהם, וכדלקמן עמוד ב' אות א'-ב'], לפי שלא קנאה א' מהם, והרי היא ברשות בעלים, ורבי דוסא היא ברועה אחד, וכן פירשו בהלכות, **ודיקא** נמי דמשנתנו היא בשני רועים, דקתני לבנו או לרועה, אי אמרת בשלמא בשני רועים, אבל ברועה אחד קנאה הרועה, היינו דאיצטריך למיתני בנו, לאשמועינן דאע"ג דהוא יחיד, לא קנה, לפי שדרך בני אדם למסור כליהן וחפציהן לבניהם, ואינן מחשיבין אותם כאילו הוציאם מרשותם, **אלא** אי אמרת דרועה דמתני' ברועה אחד, ל"ל למתני בנו, פשיטא, השתא ברועה דעלמא היא ברשות בעלים, בבנו לא כ"ש, כן נ"ל לדעת רבינו. **ויש** פי' אחר בזה, שלא לחלק בין בנו לרועה, והם מפרשים ג"כ בשני רועים, שיש שם בעיר שני רועים, אע"פ שלא מסרה אלא לאחד מהם, כיון שמסרה לו ביו"ט הרי היא כרגלי הבעלים, לפי שכיון שיש שם שנים, לא היה מוכרח זה למוסרה למי שמסרה, אבל ברועה א' א"א שלא למסרה לו, ולפיכך אפי' מסרה ביו"ט הרי היא כרגלי הרועה, זו היא שיטת רש"י ושאר המפרשים ז"ל - מגיד משנה›, ‹**ולסברת** רש"י ז"ל הכי דייק, דמדקתני לבנו או לרועה, משמע דתרווייהו קיימי, והיינו ב' רועים - ראשון לציון› ז [א"ר בשם הרשב"א, ועוד כמה פוסקים, רש"י ורא"ש וטור ורבנו ירוחם]

דאית ליה אשה ובנים: לא חולצין ולא מיבמין: והא מצוה קא עביד לא צריכא דאיכא גדול *ומצוה בגדול ליבם וכלהו טעמא מאי גזרה שמא יכתוב: ואלו הן משום מצוה לא מקדישין ולא מעריכין ולא מחרימין: גזרה משום מקח וממכר: ולא מגביהין תרומות ומעשרות: פשיטא תני רב יוסף לא נצרכא אלא ליתנה לכהן בו ביום וה"מ פירי דטבילי מאתמול אבל פירי דטבילי האידנא כגון עיסה *לאפרושי מינה חלה מפרשינן ויהבינן לכהן והני משום רשות איכא משום שבות ליכא והני משום מצוה איכא משום שבות ליכא א"ר יצחק לא מבעיא קאמר לא מבעיא שבות גרידתא דאסור אלא אפי' שבות דרשות נמי אסור ולא מבעיא שבות דרשות דאסור אלא אפי' שבות דמצוה נמי אסור: כל אלו ביו"ט אמרו: ורמינהו *משילין *דרך ארובה ביו"ט אבל לא בשבת אמר רב יוסף לא קשיא הא ר"א הא ר' יהושע דתניא *אותו ואת בנו שנפלו לבור ר"א אומר מעלה את הראשון על מנת לשוחטו ושוחטו והשני עושה לו פרנסה במקומו כדי שלא ימות ר' יהושע אומר *מעלה את הראשון ע"מ לשוחטו ואינו שוחטו וחוזר ומערים ומעלה השני רצה זה שוחט רצה זה שוחט א"ל אביי *ממאי דילמא עד כאן לא קאמר ר"א התם אלא דאפשר בפרנסה אבל הכא דלא אפשר בפרנסה לא א"נ עד כאן לא קאמר ר' יהושע התם אלא דאפשר לאערומי אבל הכא דלא אפשר לאערומי לא אלא אמר רב פפא לא קשיא הא בית שמאי הא בית הלל דתנן* ב"ש אומרים אין מוציאין לא את הקטן ולא את הלולב ולא את ספר תורה לרה"ר וב"ה מתירין דלמא לא היא עד כאן לא קא אמרי בית שמאי התם אלא אהוצאה אבל אטלטול לא אטו טלטול לאו צורך הוצאה הוא:

מתני' *הבהמה והכלים כרגלי הבעלים [ו] המוסר בהמתו לבנו או לרועה הרי אלו כרגלי הבעלים *כלים המיוחדין לאחד מן האחין שבבית הרי אלו כרגליו ושאין מיוחדין הרי אלו במקום שהולכין [ח] השואל כלי מחבירו מעיו"ט כרגלי המשאיל *וכן האשה ששאלה מחברתה תבלין ומים ומלח לעיסתה הרי אלו כרגלי שתיהן *ר' יהודה פוטר במים מפני שאין בהן ממש: **גמ'** מתניתין דלא

רש"י

דאית ליה אשה ובנים · שני זכרים לב"ש או זכר ונקבה לב"ה והוו לא מיפקד כולי האי כדאמרינן ביבמות (דף סב:) ומיהא קיים מצוה איכא כדאמר *בבקר זרע את זרעך ולערב אל תנח ידך (קהלת יא): **מצוה בגדול** · האחים ליבם ונפקא לן מוהיה הבכור (דברים כה): **שמא יכתוב** · פסק דין לדינין ושטר אירוסין לקדושין ושטר חליצה לחולצת וכתובה ליבמה: **משום מקח וממכר** · דלמקח וממכר דמו שמוציא מרשותו לרשות הקדש ומקח וממכר *אסור מן המקרא דכתיב ממצוא חפצך ודבר דבר (ישעיה נח) אי נמי מקח וממכר אתי לידי כתיבה שטרי מכירה ולא"ת הויא לה גזרה לגזרה *טולה חדא גזרה היא: **תני רב יוסף אפי' ליתנם לכהן בו ביום** · דליכא למימר לאו מוכחא מלתא הוא דלתקוני קבעה מכין דאין ידוע שהוא צריך לשיריים ורואים שמוליך תרומה לכהן ומחזי דטלה מלתא משום שמחת יו"ט דכהן שצריך לה הוא אפ"ה אסור: **והני משום רשות איכא משום שבות ליכא** · אמתניתא קאי דקאמר אלו הן משום רשות וכו' אין בהן משום שבות והלא אסרום כדאמרינן כל שחייבין עליו אלמא כלהו לאסורא והני בתראי משום מצוה איכא בעשייתו ומשום שבות ליכא לאסרה בשבת בתמיה והלא אסרום והיכי פלגינהו תנא דמתני' דבקמאי אדכר שבות ובאמצעי ובתראי לא אדכר שבות: **ס"ק לא מבעיא כו'** · כלומר כולם משום שבות יש בהן והראשונים איסור יש בהן ואין בהן לא מצוה והאמצעיים יש בהן שבות ואע"פ שיש בהן קצת מצוה והאחרונים מצוה גמורה הן ואעפ"כ גזרו עליהן שבות ולא זו אף זו קתני לא מיבעיא קמאי הוא דאסירי דה"ל שבות גרידתא כלומר שעבר על השבות דאין עבירה זו שמץ מצוה אלא אפי' מלעי דה"ל שבות דאיכא רשות קרבות מצוה גבה נמי אסור: **משילין פירות כו'** · אלמא גזרו שבות על שבת שלא גזרו ביו"ט: **הא ר' אליעזר** · סיפא דקתני אין בין יו"ט לשבת דכל שבות דגזרו על שבת גזרו על יו"ט ואפי' בהפסד ממון ר"א היא שלא התיר להעלות אותו ואת בנו מפני הפסד ממון ורישא דקתני משילין ביו"ט מפני הפסד ממון ר' יהושע היא: **אותו ואת בנו** · שאין מותרין לשחוט שניהן היום: **דאפשר לאערומי** · דלא מוכחא מילתא דלהצלת ממונו מכוין דהרואה אומר הראשון שהעלה כחוש הוא והשני יפה הימנו: **אבל הכא לא אפשר לאערומי** · דהכל יודעין שלא יניחם ואינו עושה אלא להציל ומזלזלין באיסור יו"ט: **אין מוציאין את הקטן וכו'** · דלא הותרה הוצאה שלא לצורך וגבי טלטול שלא לצורך נמי גזרינן ואפי' גבי הפסד ממון ולב"ה דאמרי הוצאה שלא לצורך מותרת מה"ת בטלטול נמי לא גזור רבנן: **אטו טלטול לאו צורך הוצאה הוא** · תחילת הוצאה ע"י טלטול היא וכל מה שגזרו איטו אלא משום הוצאה והאי דלא גזרו על טלטול כלים ואוכלים מפני שלא יוכלו לעמוד בהן לבטל עונג שבת ושמחת יו"ט: **מתני' הבהמה והכלים כרגלי הבעלים** · אין אדם יכול להוליכה ביו"ט אלא במקום שבעליה יכולין לילך ואם לא ערב יש לה אלפים לכל רוח העיר ואם ערב לצפון גם היא תלך לצפון ולא לדרום: **ושאינן מיוחדין** · לאחד מהן אלא לכולן: **הרי אלו כמקום שהולכין** · למקום שכולן יכולין לילך מותר להוליך את הכלים אבל אם ערב אחד מהם לסוף אלפים לצפון והשאר לא ערבו הוא מעכב על ידם מלהוליכם לדרום אפי' פסיעה אחת מפני חלקו והן מעכבין על ידו מלהוליכם לצפון אלא אלפים שהן מותרין בהן: **הרי הוא כרגלי השואל** · שהרי קנה שביתתו אצלו בין השמשות דבין השמשות שהוא כניסת היום קונה שביתה: **ביו"ט** · ואם שאלו ביו"ט משתכה: **הרי הוא כרגלי המשאיל** · לפי שקנה שביתה אצל בעליו: **האשה ששאלה מחברתה תבלין** · לקדרתה: **ומים ומלח לעיסתה הרי אלו** · הקדרה והעיסה: **כרגלי שתיהן** · אין מוליכות אותם אלא למקום ששתיהן יכולות לילך דכיון דביו"ט שאלה קנו התבלין או המים והמלח שביתה אצל בעליהן: **שאין בהן ממש** · אין ניכרות לא בקדרה ולא בעיסה הלכך אין מעכבות הולכתן ובגמ' מוקי לה בתבשיל עבה שאין המים ניכרים בו ובמלח לא פליג דמוקמינן לה בגמ' במלח אסתרוקית שהיא גסה וניכרת: **גמ' מתני'** · דקתני המוסר בהמתו לרועה ביו"ט הרי אלו כרגלי הבעלים ולא כרגלי הרועה דלא

תוספות

משום מקח וממכר · פרש"י דלמקח וממכר דמו שמוציאן מרשותו לרשות הקדש ומקח וממכר אסור מן המקרא דכתיב ממצוא חפצך ודבר דבר אי נמי מקח וממכר אתי לידי כתיבת שטרי מכירה ואם תאמר הוי לה גזרה לגזרה טולה חדא גזרה: **ורמינהו** משילין פירות דרך ארובה וכו' · ותימה דאמרינן במגילה (דף ז:) אין בין יו"ט לשבת אלא אוכל נפש בלבד ואמאי לא פריך ליה ממשילין *וכו' וע"ק אמאי לא פריך לאלתר מב"ה דמתירין הוצאה ביו"ט שלא לצורך ובשבת אסור וי"ל דהתם לא פריך ממתני' משום שהיה יודע שהיה יכול לדחות דהא דקאמר התם אין בין יו"ט לשבת כו' ה"מ דברים שהן דאורייתא אבל מילי דרבנן איכא טובא בינייהו והכא מיירי בשבות דרבנן ולכך לא מייתי מהוצאה דאיסורא דאורייתא ומ"מ קאמר שפיר בסמוך הא ב"ש דהכי מדמה דכיון דב"ש מחמירין גבי הוצאה שלא לצורך כך הם מחמירים גבי טלטול דרבנן כדמסיק במסקנא דטלטול משום הוצאה הוא דאסור: ושמואל

רבינו חננאל

כאתת א"ר אלעזר כל משמיעי קול אסורין בשבת וסמקנא אקשי אתרעא בשבתא לא: ואלו הן משום רשות לא דנין והא מצוה קעביד דאיכא דעדיף מיניה ולא מקדשין בדאית ליה אשה ובנים דלאו מצוה קעביד ולא חולצין ולא מיבמין בדאיכא את גדול ממנו דאמרינן מצוה בגדול לייבם וכולהו מאי טעמא לא גזרה שמא יכתוב: ירושלמי תני ר' חייא דנין דיני ממונות בע"ש ואין דנין דיני נפשות ואלו הן משום מצוה לא מקדישין ולא מעריכין מאי טעמא משום דמחזי כמקח וממכר ולא מגביהין תרומות ומעשרות הני מילי דטבילי מאתמול אבל דטבילי ביו"ט כגון הלש עיסה לאפרושי מינה חלה וכיוצא בה מפרשינן ויהבינן ליה לכהן הני משום רשות אין משום *) מצוה לא כו' ופריק ר' יצחק לא מיבעיא קאמר לא מיבעיא שבות גרידתא דאסור אלא אפילו שבות דמצוה אסור וק"ש שבות דרשות תנא **) אין דנין ולא מקדשין ולא מגרשין ולא ממאנין ולא חולצין ולא מייבמין רשות לא מקדישין ולא מעריכין ולא מחרימין ולא מגביהין תרומה ומעשרות כל אלו ביו"ט ק"ו בשבת אין בין יו"ט לשבת אלא אוכל נפש בלבד וכולן שעשו ישראל בין אנוסין בין שוגגין בין מזידין בין מוטעים מה שעשו עשוי בשבת ואין צריך לומר ביו"ט: אין בין יו"ט לשבת אלא אוכל נפש בלבד והתנן משילין פירות כו' ופריק רב יוסף לא קשיא מתניתין דהכא ר' אליעזר היא ומתניתין דמשילין ר' יהושע דתניא אותו ואת בנו שנפל לבור ר' אליעזר אומר מעלה את הראשון כו' ודחי אביי דלמא עד כאן לא קאמר ר' אליעזר גבי הבהמה שהיא בבור עושה לו פרנסה במקומה ואינו מעלה אותה משום דאפשר לה בפרנסה במקומה אבל גבי פירות שהן בגג אי אפשר שלא יפסידם אלא אם כן משילן הכי נמי דשרי אי נמי עד כאן לא קשרי ר' יהושע אלא בהערמה דמחזי כמלעון לשחוט אבל להשיל פירות בהדיא משום שלא יופסדו לא· תדחה זו ושני רב פפא לא קשיא מתניתין דמשילין בית הלל דמתירין ומתני' דהכא בית שמאי היא דתנן אין מוציאין את הקטן ולא את הלולב ולא את ספר תורה לרשות הרבים ובית הלל מתירין · ושדינן לאוקמה למתניתין אפי' לבית שמאי דטלטול בעלמא הוא ונדחה . וכרב פפא קי"ל דהא דקתני אין בין יו"ט לשבת אלא אוכל נפש בלבד דברי בית שמאי הן יחידאה חלל פליגי עלייהו: ירושלמי אין בין יו"ט כו' והא סקילה ביו"ט כרת בשבת ואין כרת ביו"ט מכות ואין מכות בשבת וא"ת בדברים של אוכל נפש והא קתני משילין פירות ביו"ט כו' ועוד שורקין עצי בשמים למילה ביו"ט אבל לא בשבת א"ר יוסי והוא שמל ותו דתני מודים חכמים לר' מאיר בחותמות שבקרקע כו' מהו להדליק נר של

*) אולי צ"ל משום שבות ליכא והני משום מצוה כו'. **) כתוספתא דמכילתין פ"ד ושם הג' אלו הן משום רשות לא דנין וכו' ולא מיבמין ואלו הן משום מצוה לא מקדישין וכו' וכצ"ל.

עין משפט נר מצוה

כה א מיי' פ"ב מהל' יבום וחליצה הל' ו סמג עשין נג טוש"ע אה"ע סי' קסה סעיף ד:
כו ב מיי' פ"ה מהלכות יו"ט הל' ח טוש"ע א"ח סי' שכט סעיף ב:
כז ג מיי' שם פ"ב הלכה ג טוש"ע א"ח סימן תקח סעיף י:
[עיין תוספות ב"ב יב. ד"ה אמר]
כח ד מיי' פ"ה מהלכ' יו"ט הל' ט טוש"ע א"ח סימן שא סעיף ג:
כח [ד] מיי' שם הלכה יא טוש"ע שם סעיף ד:
כט ה טוש"ע שם ס"ח:
כט [ה] מיי' שם הלכה יו טוש"ע שם סעיף יא:
ל ו מיי' שם הלכה כ טוש"ע שם סעיף יב:

פירות דרך ארובה כצ"ל

מסורת הש"ס

[יבמות סב:]
יבמות כד לע.
[עיין פרש"י לעיל כו: ד"ה אין מוסקין]
לעיל ס.
[לעיל לה:]
שבת קיז: קכב. [תוספתא פ"א]
[לעיל כו.]
[שבת קכב. פ"ש]
שם קכב. לעיל יב.
עירובין נז:
שם

גליון הש"ס

רש"י ד"ה משום מקח וממכר וכו' אסור מן המקרא. עיין לעיל דף כז ע"ב ד"ה אין מוסקין:

עין משפט נר מצוה

לא א ב מיי' פ"ה מהלכות יו"ט הל' יא סמג עשין מד"ס א טוש"ע א"ח סימן תג סעיף ה:

לב ג מיי' שם הלכה יח טוש"ע שם סע"ו:

[ועי' תוספות יומא ט. ד"ה דברי ותוספות בכורות מט. ד"ה דכולי]

לג ד מיי' שם הלכה כ טוש"ע שם סעיף י:

לג [ד] מיי' פ"ו מהל' שמיטה הל' ב:

לד ה מיי' פ"ח מהל' שמיטה ויובל הל' כ:

ושמואל אמר אף חבית אסורה · דלית ליה ברירה ותימה דבפרק מי שאחזו (גיטין דף עה:) דאמר דלתקון שמואל בגיטא דשכיב מרע אם ימות יהא גט ואם לא ימות לא יהא גט ולכי מיית הוי גיטא אלמא אית ליה ברירה וה"נ דייק בר"ה כל הגט (שם דף כה: ושם) וי"ל דהיינו דוקא תולה בדעת אחרים אבל תולה בדעת עצמו כי הכא לית ליה ברירה:

לאיסור מוקצה לא חששו · אנן סהדי דכל אחד מנייהו אקלי דעתיה מחלקו של חבירו ואם היו רוצין לאכלה כאן אינה אסורה משום מוקצה לומר כל חלק וחלק יונק משל חבירו ויש כאן מוקצה ולהוליכה איש לתחומו אתה אוסר עליהן מפני יניקה זאת אם יש לחוש צריך לחוש אף משום מוקצה כפ"ה וקשה מאי יניקת מוקצה יש כאן והלא חלק חבירו מותר לו לאכול אם נתן לו חבירו דאמר לעיל* משלחין ביו"ט בהמה חיה ועוף בין חיין בין שחוטין ומפרש רבינו שמואל לאיסור מוקצה שהבהמה גדלה ומוסיפה שמעטית ביום טוב ולא אסרת להו למיחש להכי אע"ג דסבירא ליה כרבי יהודה במוקצה לאיסור תחומין שחלק כל אחד יונק ומתגדל משל חבירו חששו לאסרה בכך:

והוינן

דלא כר' דוסא דתניא ר' דוסא אומר ואמרי לה אבא שאול אומר הלוקח בהמה מחברו מערב יו"ט אע"פ שלא מסרה לו אלא ביו"ט הרי היא כרגלי הלוקח *והמוסר בהמה לרועה אע"פ שלא מסרה לו אלא ביו"ט הרי היא כרגלי הרועה אפי' תימא ר' דוסא ולא קשיא *כאן ברועה אחד כאן בשני רועים דיקא נמי דקתני לבנו או לרועה שמע מינה *אמר רבה בר בר חנה א"ר יוחנן הלכה כר' דוסא ומי אמר ר' יוחנן הכי והאמר ר' יוחנן *הלכה כסתם משנה *ותנן הבהמה והכלים כרגלי הבעלים ולאו אוקימנא כאן ברועה אחד כאן בשני רועים ת"ר *שנים ששאלו חלוק אחד בשותפות זה לילך בו שחרית לבית המדרש וזה ליכנס בו ערבית לבית המשתה *זה ערב עליו לצפון וזה ערב עליו לדרום זה שערב עליו לצפון מהלך לצפון כרגלי מי שערב עליו לדרום וזה שערב עליו לדרום מהלך לדרום כרגלי מי שערב עליו לצפון ואם מצעו את התחום הרי זה לא יזוזנה ממקומה אתמר שנים שלקחו חבית ובהמה בשותפות רב אמר *חבית מותרת ובהמה אסורה ושמואל אמר חבית נמי אסורה מאי קסבר רב אי קא סבר *יש ברירה אפי' בהמה תשתרי ואי קסבר אין ברירה אפילו חבית נמי אסורה לעולם קסבר יש ברירה ושאני בהמה דקא ינקי תחומין מהדדי אמרי ליה רב כהנא ורב אסי לרב לאיסור מוקצה לא חששו לאיסור תחומין חששו שתיק רב מאי הוי עלה ר' הושעיא אמר יש ברירה ור' יוחנן אמר אין ברירה וסבר ר' הושעיא יש ברירה והתנן *[ד] המת בבית ולו פתחים הרבה כולן טמאים נפתח אחד מהן הוא טמא וכולן טהורים חשב להוציאו באחד מהן או בחלון שיש בו ארבעה על ארבעה מצלת על הפתחים כולן ב"ש אומרים והוא שחשב עליו עד שלא ימות המת וב"ה אומרים אף משימות המת ואתמר עלה *אמר *ר' הושעיא לטהר את הפתחים מכאן ולהבא מכאן ולהבא אין למפרע לא אפוך ר' הושעיא אמר אין ברירה ור' יוחנן אמר יש ברירה ומי אית ליה לר' יוחנן ברירה *והאמר רב *אסי א"ר יוחנן *האחין שחלקו לקוחות הן ומחזירין זה לזה ביובל וכי תימא כי לית ליה לרבי יוחנן ברירה בדאורייתא אבל בדרבנן אית ליה ובדרבנן מי אית ליה *והתני איו ר' יהודה אומר אין אדם מתנה על שני דברים כאחד אלא אם בא חכם למזרח עירובו למזרח ואילו לכאן ולכאן לא

והוינן

דלא כר' דוסא : **כאן ברועה אחד** · שאין בעיר אלא רועה אחד כל בני העיר מעמידין בהמתם ברשותו ונקנית שביתתו הלכך בין מוכר בין לוקח דעתו שלא תקנה הבהמה שביתתו אלא אלא בשביתת הרועה ומתני' בשני רועים דלא ידעינן להי מנייהו הויא לה דעת בעלים הלכך הרי הן כרגלי הבעלים אם אינם אלא הרועה מבעוד יום : **דיקא נמי** · דמתני' בשני רועים : **שנים ששאלו חלוק** · מבעוד יום להיות ברשות שניהם : **זה לילך בו שחרית** · של יו"ט לבית המדרש : **וזה לילך בו ערבית** · של יו"ט לבית המשתה : **עליו לצפון** · על מנת אותו חלוק להוליכו לצפון : **זה שערב עליו לצפון מהלך** · ומוליכו לצפון : **כרגלי מי שערב לדרום** · מה שרגליו של דרומי יכולין לילך לצפון מוליכו זה לצפון ולא יותר : **וזה שערב עליו לדרום** · מוליכו(א) זה לדרום כרגלי מי שערב עליו לצפון כמו שרגליו של צפוני מותרות לילך לדרום מוליכו זה ולא יותר מפני חלקו של צפוני כגון אם נתנו שניהם עירובן בסוף אלף אמה זה לצפון להיות לו שלשת אלפים לצפון ואלף לדרום שהרי ממקום עירובו יש לו אלפים אמה לכל רוח וזה לדרום לסוף אלף להיות לו שלשת אלפים לדרום ואלף לצפון אין יכולין להוליכו אלא אלף אמה לכל צד ששניהם מותרים בהם : **ואם מצעו עליו את התחום** · התוס שבת מצפון לדרום ארבעת אלפים שנים לצפון ושנים לדרום ואם נתנו עירובן זה לסוף אלפים לצפון וזה לסוף אלפים לדרום ונמצא תחום שלם ממצע להפסיק בין שני עירוביהן לא יזוז ממקומו לא לצפון ולא לדרום שהצפוני אין לו לדרום אפילו פסיעה וכן הדרומי לצפון שממקום עירובו יש לו אלפים לכל רוח שהרי לכך ערב שהפסלק שביתתו ממקום ביתו ותקנה במקום עירובו : **שנים שלקחו** · מעיו"ט לחלקן ביו"ט : **חבית מותרת** · להוליך כל אחד חלקו למקום שערב : **ובהמה אסורה** · להוליך אלא למקום ששניהם הולכים : **אפי' חבית אסורה** · דאין ברירה וי"ל חלק שבא לזה היה ראוי לחברו ובין השמשות קנה חלק זה שביתת חברו : **לעולם קסבר יש ברירה** · הלכך חבית מותרת ואתי בהמה שהיתה בחייה בין השמשות וכל אבריה בחייה יונקים זה מזה ומשתכה ינק כל אבר ואבר משל חברו ואין כאן לברור : **ינקי תחומין** · חלקי הבהמה שראוין לשני תחומין : **לאיסור מוקצה לא חששו** · אנן סהדי דכל חד מינייהו אקלי דעתיה מחלקו של חברו ואם היו רוצים לאכלה כאן אינה אסורה עליהם משום מוקצה לומר כל חלק ינק מחבירו ויש כאן מוקצה ולהוליכה איש לתחומו אתה אוסר עליהם מפני יניקה זו אם יש לחוש צריך לחוש אף משום מוקצה : **יש ברירה** · וחבית ובהמה מותרין : **אין ברירה** · ושניהם אסורין : **המת בבית כו'** · מפורש בפרק קמא : **ואתמר עלה א"ר אושעיא** · הא דאמרי ב"ה אף משימות המת חשב מועלת לטהר כלים הבאים בפתחים ממחשבה ואילך הוא דקאמרי אבל כלים דמעיקרא לא דאין ברירה לומר הוברר דקודם שימות נמי דעתיה להאי פתחא : **אפוך** · קמייתא : **לקוחות הן** · ולא אמרינן הוברר לכל אחד חלק ירושתו וירושה אינה חוזרת ביובל אלא שמא חלק הבא לזה לא היה שלו והרי החליפו חלקיהם והוו להו לקוחות ומחזירין זה לזה ביובל : **בדאורייתא** · לעמוד כנגד דבר תורה כגון יובל לא סמכינן אברירה : **אבל בדרבנן** · לעמוד כנגד איסור תחומין דרבנן סמכינן אברירה הלכך חבית ובהמה מותרים : **ובדרבנן מי אית ליה והתני איו** · שם חכם : **אין אדם מתנה על שני דברים כאחד** · בעירובין תנן מתנה אדם על עירובו ומניח שני עירובין ששמע שעתיד חכם לבא סמוך לעירו בתוך ד' אלפים לדרום ברבים ואינו יודע אם למזרח אם למערב אומר אם בא חכם למזרח ערובי שבמזרח יקנה לי שביתה בא למערב ערובי שבמערב יקנה בא לכאן ולכאן אם יבאו שנים למקום שארצה אלך ואברור למחר יהא ערובי דבין השמשות קונה לאותו רוח למפרע ואי אפשר כן אלא ע"י ברירה דכי בורר למחר אומרים הוברר דבין השמשות נמי דעתיה לגבי האי ובא ר' יהודה לחלוק ולומר אינו מתנה על שני חכמים לומר למחר אברור דכי בורר למחר מי יימר דערוב של אותו רוח קנה לו בין השמשות והוברר למפרע לא אמרינן : **אלא אם בא חכם כו'** · על חכם אחד ואינו יודע לאיזה רוח יבא אפשר להתנות :

והוינן

מסורת הש"ס

[לקמן מ.] [שבת מו. וש"נ] לקמן מ. [דף יז:] עירובין נ: ע"ש [חולין קלט:] עירובין מח. [לעיל י. אהלות פ"ז מ"ג] [לעיל י. ע"ש] [פי' תוספות עירובין מח. ד"ה אמר] גיטין כה. מח. ב"ק סט: בכורות נב: נז. עירובין לו: חולין יד: יומא נו:

יש גורסין רב אשי עיין בסדר הדורות

הגהות הב"ח

(א) רש"י ד"ה וזה שערב עליו לדרום מוליכו כצ"ל ותיבת זה נמחק:

רבינו חננאל

של בטלת א"ר אבינא תני בית שמאי אוסרים ובית הלל מתירים : הבהמה והכלים כרגלי הבעלים כו' · אוקימנא בב' רועים לפיכך כרגלי הבעלים אבל הא דתני ר' דוסא הלוקח בהמה מחבירו מעיו"ט אע"פ שלא נתנה לו אלא ביו"ט הרי היא כרגלי הרועה אוקימנא ברועה אחד א"ר יוחנן הלכה כרבי דוסא · המוסר בהמתו לבנו או לרועה הרי הוא כרגליו כלים המיוחדים לאחד מן האחים כרגליו ושאין מיוחדין למקום שכולן הולכין : ת"ר שנים ששאלו חלוק אחד זה לילך בו שחרית לבית המדרש וזה לילך בו ערבית לבית המשתה וזה עירב עליו לצפון וזה עירב עליו לדרום וזה שעירב לצפון מהלך כרגלי מי שעירב עליו לדרום וזה כו' *) אם יש בו אלפים אמה לכל רוח ואם יערב לצפון בסוף אלף מקיר העיר והוצה יש לו רשות להלך לצפון ג' אלפים ובדרום אלף בלבד וזה פירושו כגון שעירב אחד מהן לצפון בסוף אלף והאחד בסוף אלף לדרום נשאר לזה שעירב לצפון אלף בדרום כלומר יש לו רשות להלך אלף בדרום שנשארו לו מן האלפים שבצפון וכן הדין בחבירו ואם מיצעו עליו את התחום הרי אלו לא יזוזו ממקומו כלומר אם עירב האחד בדרום בסוף אלפים נמצא שהעתיק רשותו מן העיר ושבת בסוף אלפים אמה **) [להלך בדרום אמה] ואין לו בצפון אפילו אמה אחת וכן אם עירב חבירו לצפון בסוף אלפים העתיק אלפים שהיו לו בדרום לצפון ולא נשאר לו בדרום כלום וכיון שחלוק זה קנה שביתה כרגלי שניהן וזה אין לו בצפון כלום רשות להלך בו והאחר אין לו בדרום רשות להלך אפילו אמה אחת לא יזוזו ממקומן וזה פירוש אם מיצעו עליו את התחום · איתמר שנים שלקחו חביות בשותפות ביו"ט וזה צריך לילך בדרום וזה צריך לילך בצפון אמר רב חבית מותרת לחלקה וליטול זה חציה בצפון וזה חציה בדרום אבל הבהמה אסורה ואע"ג (דאין) [דיש] ברירה וכיון שחלקו ונוטל זה חציה וזה חציה נתברר כי כל אחד מה שלקח הוא חלקו המגיעו מאתמול . ולמה אוסר רב משום דקא ינקי תחומין מהדדי פירוש הבהמה איבריה יונקין זה האבר אגב זה האבר ואי אפשר שלא נשאר מזה התחצי לזה ומזה החצי לזה · ואקשו לרב [לאסור] מוקצה לא חששו כלומר הבהמה כולה אתמול מוקצה היתה ואנו שהשין אותה ביו"ט לאיסור שינק זה החצי חששו שתיק רב ור' יוחנן אמר אפילו חבית נמי אסורה וקי"ל כר' יוחנן · איתמר רב אמר יש ברירה ור' יוחנן אמר אין ברירה· ואקשינן וסבר ר' (יוחנן) יש ברירה והתנן המת בבית ולו פתחים הרבה כולן טמאים נפתח אחד מהן כו' וכבר פירשנוהו למעלה ופירק אפיך רב אושעיא אמר אין ברירה ור' יוחנן אמר יש ברירה· ומי אית ליה לר' יוחנן ברירה והאמר ר' אסי א"ר יוחנן האחין שחלקו הרי הן כלקוחות ומחזירין זה לזה ביובל וא"ת יש ברירה למה מחזירין כיון שלקחו נתברר כי זהו חלקו המגיעו שהורישו אביו מתחלה · וא"ת שאני ירושה שהיא מן התורה ולפיכך אין לו ברירה אבל בדרבנן אית ליה ברירה ומי אית ליה ברירה כלל והתני [איו] ר' יהודה אומר אין אדם מתנה על ב' דברים כאחד

*) אולי צ"ל דאדם יש לו אלפים אמה וכו'. **) אולי צ"ל להלך בדרום עוד אלפים אמה.

אות ה'

כלים המיוחדין לאחד מן האחין שבבית, הרי אלו כרגליו, ושאין מיוחדין, הרי אלו כמקום שהולכין

סימן שצז ס"ח - [ח]כלים המיוחדים לאחד מהאחים שבבית - ר"ל שאין האחין משתמשין בהן, **הרי הם כרגליו** - אע"פ שיש להן חלק בהם, מ"מ חיילא עלייהו שביתת זה שמשתמש בהם, ואין לאחים כח לאסור ולהקנות עליהם את שביתתם.

ושאינן מיוחדים, אין יכולים להוליכם אלא למקום שכולם יכולים לילך - לאפוקי אם אחד עירב אלף אמה למזרח, והשני אלף אמה למערב, אין יכולין להוליך את הכלים אלא כשיעור אלף אמה מכאן ואלף אמה מכאן, שכולן יכולין לילך, מפני שכולן שותפין בו, וכל אחד מעכב על חבירו.

אות [ה']

השואל כלי מחבירו מערב יום טוב, כרגלי השואל; ביום טוב, כרגלי המשאיל

סימן שצז סי"א - [ט]השואל כלי מחבירו מעיו"ט, אפי' לא לקחו עד הלילה, הרי הוא כרגלי השואל - היינו אף שלא משך הכלי מעיו"ט, ומדינא לאו ברשותיה עדיין, מ"מ כיון שהבטיחו להשאילו מעיו"ט, העמידו ברשותיה ביה"ש לענין קנית עירוב.

ואם שאלו ממנו ביום טוב, אע"פ שדרכו לשאלו ממנו בכל יום טוב, הרי הוא כרגלי המשאיל - דלא אמרינן דברשותו אוקים, דכיון דלא אתי לבקש ממנו מבע"י, סבר דילמא אינש אחרינא אשכח לשאול ממנו.

אות ו'

וכן האשה ששאלה מחברתה תבלין ומים ומלח לעיסתה, הרי אלו כרגלי שתיהן

סימן שצז סי"ב - [י]האשה ששאלה מחברתה מים ומלח לעיסתה, ותבלין לקדירתה - וה"ה מים ומלח לקדרתה, **ביו"ט, הרי העיסה ותבשיל כרגלי שתיהן** - ואינה רשאה להוליך העיסה והתבשיל כי אם במקום ששתיהן יש להן רשות לילך, כיון שנתערב בה דבר שקנה שביתה אצל אחר.

---

§ מסכת ביצה דף לז: §

אות א' – ב'

והמוסר בהמה לרועה, אע"פ שלא מסרה לו אלא ביו"ט, הרי היא כרגלי הרועה

כאן ברועה אחד, כאן בשני רועים

סימן שצז ס"ה - [א]מסרה לרועה, אפילו נתנה לו ביו"ט, הרי הוא כרגלי הרועה - ואפי' לרועה עכו"ם, דהרי הוא כחפצי עכו"ם דקי"ל דקונה שביתה, ואינו נמשך אחר בעלים ישראל.

אפי' נתנה לו ביו"ט - דכבר מעיו"ט דעתו היה שלא לקנות שביתה אצלו, אלא אצל הרועה שמסר לו למחר, **ודע**, דמש"כ "יו"ט" לאו דוקא, דשייך זה גם לענין שבת, וכן דין דס"ח וס"ט וסי"א, **ושארי** הדינין שייך רק ביו"ט, ומשום גררא דאינך נקט לכולהו כאן.

ומשמע מסתימות לשון המחבר, דאפילו יש כמה רועים בעיר, כיון שהוא מסר רק לאחד, הרי הוא כרגלי הרועה, [וכשיטת הרמב"ם והרי"ף, שמחלקים רק במסירה לרועה אחד או לשנים], **ודלא** כרש"י דתלוי רק במה דיש ב' רועים, **ועי"ל** ל"ז. בהערות פי' המגיד משנה בדברי הרמב"ם], **אבל** כמה פוסקים חולקין ע"ז, [רש"י והרשב"א והרא"ש וסיעתם], וסוברין דהיכא שיש שני רועים בעיר, ומסר לאחד ביו"ט, הרי הוא כרגלי הבעלים, מאחר שלא הוברר מעיו"ט בשעת קניית שביתה למי ימסור למחר, נשאר ממילא ברשות הבעלים, **אם** לא שרגיל תמיד למסור לאחד מהם, דאז הרי הוא כרגלי הרועה ההוא, [כן משמע מרש"י ד"ה כאן, **וכ"ש** אם אמר מעיו"ט לרועה, שלמחר ימסור לו, דמהני].

ואם מסרה לשני רועים, הרי היא כרגלי בעליה, מפני שלא קנה א' מהם - ר"ל דבכגון זה שיש כמה רועים, אין דרכו למסור שיהיה ברשותם לענין קנין שביתה, [**נראה** שטעמו, דכמה פעמים נותן כל אחד עירובו למקום אחר, ובאופן כזה יתמעט התחום לבהמתו, שלא יהיה לה כי אם ב' אלפים אמצעים, ולהכי אין דעתו שיהיו נמשכין אחר הרועים].

ומסתימת המחבר משמע, דלא שני לן בין אם מסר לשני רועים מע"ש, בין אם מסר להם בשבת, **אבל** רבים חולקים ע"ז, וס"ל דבמסר להם בע"ש, אין נ"מ בין רועה אחד לכמה רועים, ובכולן הרי הוא כרגלי הרועים, ואין מוליכין אותם אלא למקום ששני הרועים יכולים להלך, **אכן** אם בשעה שמסרה להם לא בירר לאיזה מהם מסר שמירתו, ולמחר בשבת בירר שמוסר שמירתו לאחד מהם, הרי הוא כרגלי הבעלים, כיון שלא בירר מע"ש, **וכן** אם מסר לשני הרועים בשבת גופא, דעת רוב הפוסקים דהרי הוא כרגלי הבעלים, [מאחר דלדעת רש"י וכל הפוסקים העומדים בשיטתו, לא אמרינן כרגלי הרועה אלא היכי דליכא אלא רועה אחד בעיר, ואז אמרינן דהוברר ביהש"מ, וגם דעת הרי"ף נוכל לומר דס"ל כן].

אות ג'

שנים ששאלו חלוק אחד בשותפות, זה לילך בו שחרית לבית המדרש וזה ליכנס בו ערבית לבית המשתה, זה ערב

באר הגולה

[ח] משנה שם [ט] משנה וגמרא שם [י] משנה שם [א] שם ברייתא וכרבי דוסא

עליו לצפון וזה ערב עליו לדרום וכו'; ואם מצעו את התחום, הרי זה לא יזיזנה ממקומה

סימן שצז ס"ט - [ב]**שנים ששאלו חלוק** - מבעוד יום, להיות ברשות שניהם, וקי"ל לקמיה סי"א, דע"י שאילה הוי כרגלי השואל, **זה לילך בו שחרית וזה לילך בו ערבית** - אין הכונה על הערבית של יו"ט שני, דבזה יכול כל אחד להוליך בזמן שאילתו עד מקום שעירב, דשתי קדושות הן, ואם אחד קדוש השני חול, ואין האחד אוסר על חבירו, [**ורק** יהא צריך להביאו קודם ביה"ש בתוך תחומו של השני, כדי שיהא מותר גם לו להוליך עד מקום שרשאי], **אלא** הכונה על הערבית שלפני שחרית, דשאילתן הוא ליום אחד, **לא יוליכו אלא למקום ששניהם יכולים לילך** - דכל אחד אוסר על חבירו, אם עירב זה לכאן וזה לכאן. [ג]**ואם עירב זה לסוף אלפים למזרח וזה לסוף אלפים למערב, לא יזיזוהו ממקומו** - דהא זה לא יוכל לילך למזרח כלום, וכן השני למערב, וכן שייך דבר זה בסעיף הקודם.

אות ד'

חבית מותרת ובהמה אסורה

סימן שצז ס"י - [ד]**ב' שלקחו בהמה בשותפות ושחטוה ביום טוב, אע"פ שלקח כל א' מנתו, הרי כל הבשר כרגלי שניהם; אבל אם לקחו חבית של יין וחלקוה ביום טוב, חלקו של כל א' מהם כרגליו** - דכשחלקו אמרינן דלמפרע מעיו"ט הוברר כל חלק, וקנה שביתת בעליו, דבדרבנן יש ברירה, ואמרינן דכל חלק שהגיע לאחד הרי הוא כאלו היה ברור לו ומובדל מעיו"ט. **ובבהמה** א"א לומר כן, דאפילו אם נאמר שהוברר כל אחד מעיו"ט, מ"מ הלא בע"כ יונק כל אחד מחלק חבירו בזמן ביה"ש, שהוא זמן קניית עירוב, וכל אבר מעורב מחלקו ומחלק חבירו, ולכן הרי הוא כרגלי שניהם להחמיר, וכאלו לא חלקו.

(דע, דדין זה אף שהמחבר העתיקו בלי מחלוקת, מ"מ נראה דיש להקל בו לצורך גדול, כי דין המחבר הוא רק דעת הרי"ף והרמב"ם, אבל שארי ראשונים פליגי על זה, היינו רש"י ‹ד"ה יש ברירה, מפני שהוא סובר שרב הודה שאין לחוש ליניקה, ועל כן פי' לדעת רבי הושעיא, שבין חבית ובין בהמה מותרים›, והמאור והעטור והריא"ז והרא"ש והטור, דהיכי דמקשי רב כהנא ורב אסי לרב ושתיק, אודויי אודי להם, וע"כ במקום צורך בודאי יש להקל, ובפרט שהוא מילתא דרבנן).

אות [ד']

המת בבית, ולו פתחים הרבה, כולן טמאים וכו'

רמב"ם [ה]פ"ז מהל' טומאת מת ה"ב - המת בתוך הבית ובו פתחים הרבה, בזמן שכולם נעולים, כולם טמאים, והיושב בצד כל פתח מהן תחת התקרה היוצא על הפתח, נטמא; נפתח אחד מהן או שחשב להוציאו באחד מהן, ואף על פי שחשב אחר שמת המת, אפילו חשב להוציאו בחלון שהיא ארבעה על ארבעה, [ו]הציל על הפתחים כולן, ואין טמא אלא כנגד הפתח שנפתח או שחשב עליו, והשאר טהורין מפני שהן נעולין, והרי אין הבית כקבר סתום.

אות ה'

האחין שחלקו, לקוחות הן, ומחזירין זה לזה ביובל

רמב"ם מהל' שמיטה ויובל פי"א ה"כ - האחין שחלקו כלקוחות הן, ומחזירין זה לזה חלקו ביובל, [ז]לא תבטל חלוקתן מכמות שהיתה; וכן הבכור והמייבם אשת אחיו, [ח]מחזיר ביובל חלק שנטל, [ט]ונוטל החלק שכנגדו.

---

§ מסכת ביצה דף לח. §

אות א'

וכי לית ליה... ברירה בדאורייתא, אבל בדרבנן אית ליה

רמב"ם פ"ה מהל' יו"ט ה"כ - וכן האשה ששאלה מחברתה מים או מלח, ולשה בהן עיסתה או בשלה בהן תבשיל, הרי העיסה או התבשיל כרגלי שתיהן; וכן שנים שלקחו בהמה בשותפות ושחטוה ביו"ט, אע"פ שלקח כל אחד מנתו, הרי כל הבשר כרגלי שניהן; אבל אם לקחו חבית בשותפות וחלקו אותה ביו"ט, הרי חלקו של כל אחד כרגליו, הואיל ותחומין מדברי סופרים, יש ברירה בהן, ונחשוב כאילו חלק שהגיע לזה היה ברור לו ומובדל בחבית מערב יום טוב, וכאילו לא היה מעורב; ואין אתה יכול לומר כן בבהמה, שחלק זה שהגיעו אפי' נחשוב אותו שהיה מובדל בבהמה מערב יו"ט וכאילו היה ברור, הרי ינק מחלקו של חבירו כשהיתה הבהמה קיימת, שכל איבריה יונקין זה מזה, ונמצא כל אבר ואבר מעורב מחלקו וחלק חבירו, לפיכך הן כרגלי שניהן.

‹המשך ההלכות מול עמוד ב'›

באר הגולה

[ב] **ברייתא שם ל"ז** [ג] ‹רש"י ד"ה עליו לצפון: ע"מ אותו חלוק להוליכו לצפון. צ"ע דהא א"צ לערב על דעת ליקח החלוק, וסגי במה שמערב לילך, וממילא אמרינן דהבהמה והכלים כרגלי הבעלים – הגרי"ש אלישיב› [ד] **ברייתא שם** ‹לכאורה אינו אלא מימרא› **וכרב, הרי"ף והגאונים ורמב"ם** [ה] ‹ע"פ מהדורת נהרדעא› [ו] ‹והנה רבינו ז"ל לא ביאר בזה דעתו בפירוש במה שכתב מציל, אי הוא למפרע או מכאן ולהבא – כתר המלך› [ז] ‹היינו שאין נשאר כך, אלא אח"כ חוזרין וחולקין כבתחלה, שהרי ספק הוא שמא אין ברירה, ולא הוצרכו רק לקיים מצות חזרה, ואח"כ חוזרין ונוטלין כבתחלה, **ולכאורה** אפי' מסכימים שניהן שלא להחזיר, לא מהני, דהא מצוה עליהן להחזיר מספק, כמו בכל מכירה דלא מהני תנאי – דרך אמונה› [ח] ‹עד אחר היובל – דרך אמונה› [ט] ‹ואח"כ חוזר ונוטל חלקו כבתחלה שני החלקים וכנ"ל – דרך אמונה›

והוינן בה מ"ש לכאן ולכאן דלא דאין ברירה מזרח ומערב נמי אין ברירה וא"ר יוחנן וכבר בא חכם אלמא לית ליה לר' יוחנן ברירה אלא לעולם לא תיפוך ^אוכי לית ליה לרבי אושעיא ברירה בדאורייתא אבל בדרבנן אית ליה דרש מר זוטרא הלכה כרבי אושעיא *אמר שמואל ^בשור של פטם הרי הוא כרגלי כל אדם ^גשור של רועה הרי הוא כרגלי אותה העיר: ^דהשואל כלי מחבירו מערב יו"ט: פשיטא ^הלא צריכא שלא מסרו לו אלא ביו"ט מהו דתימא לאו ברשותיה אוקמיה קמ"ל מסייע ליה לר' יוחנן דא"ר יוחנן השואל כלי מחבירו מערב יום טוב אף על פי שלא נתנו לו אלא ביו"ט הרי הוא כרגלי השואל: ^וביו"ט כרגלי המשאיל: פשיטא ^זלא צריכא דרגיל ושאיל מיניה מהו דתימא ברשותיה קא מוקים ליה קמ"ל מימר אמר דלמא משכח איניש אחרינא ואזיל ושאיל מיניה: וכן האשה ששאלה מחברתה: כי סליק רבי אבא אמר יהא רעוא דאימא מלתא דתתקבל כי סליק אשכחיה *לר' יוחנן ורבי חנינא בר פפי ור' זירא ואמרי לה ר' אבהו ור' שמעון בן פזי ור' יצחק נפחא ויתבי וקאמרי אמאי ולבטיל מים ומלח לגבי עיסה אמר להו ר' אבא הרי

רש"י

והוינן בה כו'. דקא ס"ד זימנין דחכם לא בא עד לאחר בין השמשות כגון שחשכה לו בתוך התחום שבאותו מקום בית המדרש או בתוך ד' אלפים והוא מכיר אילן או גדר לסוף אלפים למקום שחשכה לו ואמר שביתתי תחתיו דיכול להלך משחשכה ד' אלפים אמות כדאמר בעירובין (דף מה:) הלכך היכא דבשעת קניית עירוב לא אתי חכם לההוא אתרא והדר אתא מי יימר דקנה ההוא עירוב למפרע דלמא חכם בין השמשות לא היה דעתו לבא לכאן אי לא סמכינן אברירה לומר הוברר דלרוח זה היה חכם עתיד לבא וזה התנה דלמקום שיבא החכם יהא ערובו קונה למפרע: וא"ר יוחנן גרסינן: **וכבר בא חכם.** הא דאמר רבי יהודה אם בא חכם למזרח וכו' דעל חכם יכול להתנות בשכבר בא קודם בין השמשות עסקינן אך זה אינו יודע לאיזה רוח בא וקאמר לאותו רוח שבא לו יהא ערובי קונה דאין קייתו על ידי ברירה אלא קייה ודאית ולמחר גלוי מילתא בעלמא הוא דלרוח שישמע זה שהיה בו החכם קנה ערובו ומדאצטריך ר' יוחנן לאוקמה בשכבר בא חכם ש"מ לית ליה ברירה ואפי' בתחומין דרבנן: **אלא לעולם לא תיפוך.** ורבי אושעיא הוא דאמר יש ברירה ודקשיא לך לטהר את הפתחים מכאן ולהבא: **בדאורייתא.** כגון טומאת מת לית ליה ברירה ודרך יציאתה הלכה למשה מסיני כדאמרי' בסוכה (דף ו.) דהלכות טומאה הכי גמירי להו: **אבל בדרבנן.** כגון תחומין אית ליה: **שור של פטם.** שמפטם שוורים למכור: **הרי הוא כרגלי כל אדם.** אפי' בן עיר אחרת שבא לכאן ע"י עירוב מוליכו למקומו דכיון דאורחיה לזבוניה מאתמול אוקמיה ברשותיה דמאן דאתי למחר וזבין ליה: **שור של רועה.** אדם שמגדל בהמות שלו ופעמים שמוכר מהן לשכיניו ומכיריו: **הרי הוא כרגלי אנשי אותה העיר.** אלפים אמה לכל רוח ואפילו עירב רועה זה ד' אלפים אמה לרוח אחת אינו מעכב על אחד מבני אותה העיר שלקחו הימנו ביו"ט מלהוליכו לרוח שכנגדה אלפים דמאתמול אוקמיה ברשות בני העיר לפי שרגילין ליקח הימנו אבל כרגלי בני עיר אחרת לא דאין לרועה שם סוחר בהמות כמו פטם שיכירוהו בני עיר אחרת ליקח הימנו: **פשיטא.** דכי שאלו מבעוד יום ברשותיה קאי: **קמ"ל כו'.** והשואל דקא תני בדבורא בעלמא ולא משך מבעוד יום וקמ"ל כיון דאסמכיה ברשותי' אוקמיה: **ביו"ט הרי הוא כרגלי המשאיל פשיטא.** כיון דרישא בדבורא בעלמא מוקמינן וסיפא נמי הכי איתא דאפילו דבורא לא הוה אלא ביו"ט: **מימר אמר.** האי משאיל: **דלמא.** כיון דלא אתי ואמר לי איניש אחרינא אשכח: **כי סליק רבי אבא.** כשרצה לעלות או כשהיה בדרך אמר תפלה זו: **יהא רעוא.** כי אמטי להתם: **אימא מילתא.** דשמעתתא: **דתתקבל.** לחכמי המקום שלא אבוא: **כי סליק.** כלומר כי מטא להתם: **אמאי.** כרגלי שתיהן לבטל איסור תחומין דמים ומלח דזוטרי לגבי עיסה דנפישא: **אמר להו רבי אבא.** ומשום דחלקה של זו מועט בה יאבד שמה מלקרות על עיסה זו וכי מי שנתערב לו כו' יאכל הלה זה שהרוב שלו: וחדי

תוספות

והוינן בה מ"ש כו' מזרח ומערב · מי אין ברירה. פ"ה דס"ד דהחכם בא בשבת על ידי אילן או גדר ואמר שביתתי תחתיו מבעוד יום ועל ידי כך בא בשבת מחוץ לתחום וקשה דהאיך יכול לבא בשבת משני לדדי העיר למזרח ולמערב כיון שיש יותר מד' אלפים בינתיים לכן נ"ל כדפ"ה בעירובין (דף נו: ושם*) דלעולם אינו יכול לבא בשבת רק מרוח אחת ומ"מ לריך ברירה דשמא לא יזוז ממקומו דהא קאמר ואם לא בא חכם לא לכאן ולא לכאן הרי הוא כבני עירו והא דקאמר למזרח ולמערב לאו דוקא דאם כן יהא משמע דלריך למזרח משום מערב ולמערב משום מזרח אלא רולה לומר למזרח או למערב נמי אין ברירה דשמא לא יזוז ממקומו ועוד אמר הר"י דיכול להיות דהחכם בא משני לדדי העיר בשבת ואפילו בלא אילן וגדר כגון שהוא קרוב לשם אלפים של עיר מלפונה והוא רולה להתקרב לתוך ד' אלפים של עיר לרוח מזרחית לפונית או לרוח מערבית לפונית מפני שיש שם מקום יפה לדרוש ואין נגד העיר ממש מקום פנוי לדרוש רק בשני מקומות אלו ואין האדם מניח ערובו למזרח ממש ולמערב ממש אלא מתקרב הוא לצד החכם כל מה שיכול ומניח ערובו לאלפים אמה של רוח מזרח לצד לפון וכן לאלפים אמה של רוח מערבי לצד לפון ונמלא שהוא יכול להתקרב עד תוך אלפים של מקום שביתת החכם שהוא מהלך כל אלכסון של ד' אלפים לצד לפון ע"י ערובו ומניח למזרח או למערב והא דקאמר למזרח ולמערב ר"ל למזרח תחומי העיר או למזרחו של חכם וקל להבין: **ואמר** רבי יוחנן וכבר בא חכם אלמא לית ליה לר' יוחנן ברירה. וא"ת ליטני ליה דיש חלוק בין תולה בדעת עלמו לתולה בדעת אחרים לכאן ולכאן לא משום דתולה בדעת עלמו אבל למזרח ולמערב דתולה בדעת החכם אית ליה ברירה וי"ל דר' יוחנן סבר דאין חלוק בין תולה בדעת עלמו לתולה בדעת אחרים והא דקאמר מ"ש הייתו ר' יוחנן דקאמר הכי כדי לבא לתרץ שכבר בא חכם וכי האי גונא אשכחנא (*בבבא בתרא) דקאמר וכמה אמר ר' ילחק וכו' והיינו מילתיה דר' ילחק וא"ת מאי פריך מדתני או לרבי יוחנן הא ע"כ ל"ל דלרבי יוחנן אית ליה ברירה לר' יהודה דסבר ליה דאין חלוק בין תולה בדעת עלמו לתולה בדעת אחרים דהכי אמרינן בפרק בכל מערבין (עירובין דף לו: ושם) דקאמר התם מתנה אדם על שני דברים כו' ר' יהודה אומר אם היה אחד מהם רבו ילך אחר רבו ואם הוו שניהם רבותיו למקום שירלה ילך דאית ליה ברירה וקאמר עלה בגמרא ליתא למתני' מדתני או ופריך אדרבה ליתא לדאיו מקמיה מתני' דמתנה אדם על ערובו ומשני התם משום דתניא הלוקח יין מבין הכותים פי' מסייע ליה לדתנא הוי כמי חדא מקמי תרתי כו' והקשה ר"י התם אדרבה ליתא לדאיו וההוא דהלוקח דלית להו ברירה משום דתנן בפרק מי שאחזו (גיטין דף עג.) מה היא באותן הימים הרי היא כאשת איש לכל דבריה ולכי מיית הוי גיטא [ודייקינן מינה דאית ליה לר"י ברירה] והתנן נמי בעה"ב שאמר מה שלקטו עניים היום יהא הפקר אלמא כולהו הכי מתני' אית להו ברירה לר"י וא"כ שמי תרתי מקמי תלת ומשני לעולם איתא לדאיו דכולהו מתניתין איירי בתולה בדעת אחרים ומשום הכא אית להו ברירה אבל איו מיירי בתולה בדעת עלמו ואם כן לר' יוחנן דלית ליה הך חילוק על כרחך אית ליה דליתא לדאיו מקמי הך תלת מתני' ומאי פריך לר' יוחנן מדתני איו ושמא משום דבעי לתרץ לעולם לא תיפוך הקשה קושיא קלה אע"ג דשמא לר' יוחנן לית ליה דאיו עוד תירץ הר"ר שמשון משא"נ דאפי' ליתא לדאיו דר' יהודה לא אמרה מ"מ חד תנא מעלמא אמרה ולכך מיישב ר' יוחנן הברייתא שכבר בא חכם כו' ואם כן פריך שפיר:

ולבטיל מים ומלח לגבי עיסה. פרש"י הואיל ועיסה נפישא ותימה הא הוי דבר שיש לו מתירין שאפי' באלף לא בטיל וי"ל דה"מ מין במינו אבל מין בשאינו מינו כי הכא בטל שפיר והכי מפרש בהדיא בירושלמי ועוד דלא דמי לשאר איסורים דהדבר תלוי בטעם אבל הכא איסור תחומין תלוי בשם בעלים על החפץ ובכאן שם בעל העיסה עלויה ולא שם בעלת המים והמלח ולכך יש לו להתבטל אע"ג דיהיב טעמא ולא בטל בשאר איסורים ורבי אבא מהדר להו דאין שם בעלת המים והמלח בטל מכאן כמו שאין שם בעל הקב בטל בעשרה קבין דנפישי:

הרי

רבינו חננאל

כאחר אלא אם בא חכם למזרח עירובו כו'. ומקשינן עלה מ"ש לכאן (מכאן) [ולכאן] דלא דאין ברירה למזרח ומערב נמי אין ברירה [ופריק ר' יוחנן לעולם אין ברירה] ולמה אם בא חכם למזרח עירובו למזרח משום שכבר בא חכם. וחוזרו לעולם לא תיפוך. ור' אושעיא הוא דאית ליה ברירה. וכי אית ליה ברירה בדרבנן אבל בדאורייתא לית ליה. דרש מר זוטרא הלכה כר' אושעיא. אמר שמואל שור של פטם ששחטו ביו"ט הרי הוא כרגלי כל אדם. משום דאית ליה קלא וכל איניש דעתיה עילויה מאתמול. אבל שור של רעי*) כרגלי אנשי אותה העיר: השואל כלי מחבירו מערב יו"ט. אע"פ שלא נתנו לו אלא ביום טוב הרי הוא כרגליו. אבל השואל ביו"ט הרי הוא כרגלי המשאיל ואע"ג דרגיל דשאיל מיניה תדיר ולא אמרינן כמאן דמשאיל ליה מעיו"ט דמי **) וכולן ברשותא דמשאיל קני שביתה הרי הן כרגלי המשאיל ואין רשות לשואל (להלך) [להוליך הכלי] אלא במקום שמותר למשאיל לילך: האשה ששאלה מחברתה תבלין ומים לעיסתה הרי הן כרגלי שתיהן. ר' יהודה פוטר במים. מפני שאין בהן ממש. אשכחינהו ר' אבא לרבנן דיתבי וקא הוו בפתגייתין וקאמרי וליבטלו מים ומלח לגבי העיסה כי הוא הרוב אמר להו ר' אבא

*) נ"י רבינו שור של רעי הרי הוא כרגלי אותה העיר (וכ"ה הג"י בר' המאירי ז"ל כאן) והוא מלשון המקרה במלכים א' ה' ועשרים בקר רעי.

**) אולי ז"ל וכל ברשותא דשואל קני שביתה קמ"ל דהכי כן כרגלי המשאיל וכו'.

עין משפט נר מצוה

לה א מיי' פ"ה מהל' יו"ט הל' כ:

לו ב מיי' שם הל' מו טוש"ע או"ח סי' תצ סעי' ו:

לז ג מיי' שם טוש"ע שם סעיף ז:

ד"ה מזרח ומערב

לח ד הדו מיי' שם הל' יז טוש"ע שם סעי' יא:

[לקמן מ.]

גירסת רש"ל אשכחיה לר' אבין

הרי שנתערב לו קב חטין בעשרה קבין חטין של חבירו יאכל הלה וחדי אחיכו עליה אמר להו גולתיכו שקלי הדור אחיכו עליה אמר רב אושעיא שפיר עבוד דאחיכו עליה מאי שנא חטין בשעורים דלא קאמר להו דהוה ליה מין בשאינו מינו ומין בשאינו מינו בטיל חטין בחטין נמי נהי דלרבי יהודה לא בטיל לרבנן *מבטל בטיל אמר ליה רב ספרא *משה שפיר קאמרת ולא שמיע להו הא דאמר רבי חייא קטופאה משמיה דרב *הבורר צרורות מגרנו של חבירו חייב לשלם לו דמי חטים אלמא כילא חסריה הכא נמי כילא חסריה. א"ל אביי ולא שני ליה למר בין ממון שיש לו תובעין לממון שאין לו תובעין א"ל וליטעמיך הא דאמר רב חסדא *נבלה בטלה בשחוטה לפי שאי אפשר לשחוטה שתעשה נבלה שחוטה אינה בטל' בנבלה לפי שאפשר לנבלה שתעשה שחוט' הכי נמי דכי אית לה בעלים לא בטלה וכי תימא הכי נמי והא תניא א"ר יוחנן בן נורי *חפצי הפקר קונין שביתה אע"פ שאין להם בעלים דומין כמי שיש להם בעלים א"ל מי קא מדמית איסורא לממונא איסורא בטיל ממונא לא בטיל וטעמא מאי אביי אמר גזרה שמא תעשה עיסה בשותפות רבא אמר *תבלין לטעמ' עבידי וטעמ' לא בטיל ורב

וחדי. וישמח בדבר שלא עמל בו כך זו אין שמה בטל מכאן הואיל וקנו המים שביתה אצלה דהא לא קשיא לן משום שהשאילתן לה או נתנתן במתנה יהא מותר דהא אמר ביו"ט הכי הוא כרגל המשאיל דבתר בין השמשות אזלינן וכי קשיא להו משום מעוטא ורובא קא קשיא להו: **גולתיכו שקלי**. מלבושכם לקחתי שאתם משחקים עלי: **גולתא**. תכריך נאה שמתעטף בו תחת טליתו וכשיושב מעביר טליתו וזה נראה: **מאי שנא חטין בשעורים דלא קאמר להו**. למי שנתערב לו קב חטין בי' קבין שעורין של חבירו יאכל הלה וחדי מכלל דסבירא ליה בה דודאי יאכל וחדי דכיון דשאינו מינו הוא בטל מועט במרובה: **חטין בחטין נמי כו'**. פלוגתא דרבי יהודה ורבנן במנחות בהקומץ רבה (דף כג.): **אמר רב ספרא**. לרב אושעי': **משה**. ביקרא דמשה קא משתבע*: **שפיר קא אמרת**. בתמיה כלומר אמאי קא מודית להו בחוכא ולאקשויי אמתני': **ולא שמיע להו**. להנך רבנן דמקשו אמתני' הא דאמר וכו': **משלם לו דמי חטין**. שאין דרך לבוררן והן נמכרין בתוך החטין: **אלמא כילא חסריה**. מפני שחסר מדתו מתחייב לו ואע"ג דלא מידי שוו וכ"ש מים ומלח דלא בטלי במעוטייהו דמידי דטעמיה הוא משום חיובא דממונא לא בטיל במיעוטה: **אמר ליה אביי**. לרב ספרא והיכא מתרצא מתניתין בהכי: **ולא שני ליה כו'**. ומתני' ממון שאין לו תובעין היום הוא דאושלתינהו ניהלה עד לאחר יו"ט ואין לה בעיסה זו אלא איסור שביתה משום ממונא המעורב בה וכיון דמעוטא ברובא הוא וממון שאין לו תובעין הוא לא חשיב ממונא ולבטל: **אמר ליה**. רב ספרא לאביי ומשום דאין לו תובעין פקע שם ממונא מיניה וטח ליבטל וכי טעמא דבטול ברוב בבעלים ולא בעלים קאי: **ולטעמיך הא דאמר רב חסדא נבלה בטלה בשחוטה**. אליבא דר"י אמר' במנחות דאמר מין במינו לא בטיל מין בשאינו מינו בטיל ותני רבי חייא נבלה ושחוטה בטלות זו בזו לר"י ואשמעינן רבי חייא דכי אמר ר"י היכא דאפשר לו להיות כמותו אבל אי אפשר לו להיות כמותו מין בשאינו מינו הוא ובטל ופריש רב חסדא דהאי אפשר ולא אפשר דרבי חייא בתר המבטל דהוא רובא אזלינן דאם אפשר לו להיות כמועט בהלכותיו הוי מין במינו ואי לא הוי מין בשאין מינו הלכך כזית נבלה שנתערבה בהרבה זיתים של שחוטה בטלה כמי שאינה שם והנוגע בהן אין טמא דמין בשאין מינו הוא דאי אפשר לשחוטה שהוא המבטל להיות מטמא במגע ובמשא כנבלה אבל שחוטה שנתערבה בנבלה דרובה נבלה אין השחוטה בטלה להיות הנוגע בהן טמא ודאי לשרוף תרומה על מגעו לפי שאפשר לנבלה שהוא המבטל שתעשה טהורה כשחוטה דלכי מסרחה ואינה ראויה לגר שוב אין קרויה נבלה: **הכי נמי**. דאי הוו לה בעלים לא בטלה: **וכ"ת הכי נמי ושני'**. דמשום דלאו בעלים לא פקע חשיבותא דממונא: **דאמר רבי יוחנן חפצי הפקר**. הנמלאים קונין שביתה והמוצא מוליכן ממקום מציאתן אלפים לכל רוח ואינו מוליכן למקום שערב שם דיש להם שביתה לעצמן אלמא חשיבי בלא בעלים ושפיר תנן במתני' דאע"ג דאין לו תובעין לא לבטול: **ר' יוחנן בן נורי אומר כו'**. ולא בהדיא תנן לה הכי אלא מדבריו שמעטה בפ' מי שהוציאוהו (עירובין דף מה:): **א"ל**. אביי לרב ספרא אכתי מתני' לא מתרצא דאפי' יש לו תובעין איכא לאקשויי ליבטל מדמייתית על זה הבורר צרורות מי קא מדמית איסורא לאפסודי ממונא איסורא אמור רבנן לבטיל ברובא אבל ממונא לא בטיל מועט ברוב להיות קנוי ממון המועט לבעליו של מרובה ומתני' נמי לא קאמרי' דלפקע רוב ממונא אלא חבירתה להפסיד אלא איסור תחומין שיש לה בה הוא דקשיא לן דלבטל: **וטעמא מאי**. הש"ס בעי לה דכיון דלאו תירוצא נינהו הנך שנויי טעמא דמתני' דלא בטיל מאי הוא: ה"ג אביי אמר כו' ורבא אמר כו' ולא פליגי אלא מר שני עיסה ומר קדרה: **אביי אמר גזרה שמא תעשה עיסה בשותפות**. אי אמרת מים ומלח לא אסרי עלה אתי למימר כמי בעיסה שותפות דיוליכוה כל אחת ואחת למקומה: **ורבא אמר כו'**. ולא פליג אדאביי אלא מר שני חדא ומר שני חדא:

שיש

הרי שנתערב לו קב כו'. ואם תאמר הא פרכא אמאי המתין להקשות אותה עד כאן דהא בכל דוכתא דקאמר חד בתרי בטיל מצי למפרך הכי וי"ל דלא מצי למפרך בעלמא הכי דאין לדמות איסור לממונא אבל הכא במתני' ממונא אע"ג דאיכא איסור תחומים מ"מ איסור התחומים אינו בא אלא משום דעת הבעלים דבעלמא בשאר אסורי חד בתרי בטיל אבל הכא הכי פריך דודאי מי שנתערב לו קב חטין כו' משום בטול לא פקע שם בעלים ה"נ משום בטול לא פקע שם בעלים וקנו מים ומלח שביתה אצל בעלים ולא בטיל:

וחדי. וישמח לבו בדבר שלא עמל בו כך זו אין שמה בטל מכאן הואיל וקנו המים שביתה אצלם והא לא קשי' דמשום שהשאילתו לו [או נתנתה] במתנה יהא מותר דהא אמר ביו"ט הרי הוא כרגלי המשאיל דבתר בין השמשות אזלינן וכי קשיא להו משום מעוטא ורובא קשיא להו לשון הקונ':

נהי דלר' יהודה לא בטיל לרבנן מבטל בטיל. מכאן נראה דהלכה כרבנן מין במינו בטיל שפיר דהא סתמה דהש"ס קאמר הכי*:

הכי נמי דכי אית ליה בעלים לא בטיל. פרש"י אלא ודאי בטל וא"ת והא רב ספרא אתא לקיי' תירוץ דרבי אבא ור' אבא קאמר דאפילו אין לו תובעין לא בטיל כמו במתניתין כ"ש הכא שיש לו והיכי מייתי ראיה דאפילו יש לו תובעין בטל ואדרבה תקשי ליה לנפשיה וי"ל דבשלמא רב ספרא לא קשה ליה דשאני איסורא מממונא אע"ג דיש לו תובעין והכא מיירי באסור נבלה שנתערבה בשחוט' כו' לכך בטל אע"ג דיש לו תובעין ורב ספרא מייתי הכי אלמא מידי דשייך ביה ביטול יש לו תובעין אין מועיל כלל לומר הואיל ויש שם בעליו עליו אינו בטל אלא מבטל שפיר אלמא לא תליא מילתא כלל בתובעין אם כן מתניתין נמי אע"ג דאין לו תובעין כיון דלא שייך ביה בטול דממונא הוא ואסור תחומין בא על ידי הבעלים ושם בעליו עליו קנו שביתה אצלו ולא שייך בו בטול: **וכי** תימא הכי נמי דלא שייך והתני' רבי יוחנן בן נורי אומר חפצי הפקר כו'. אלמא אע"ג דאין לו תובעין קנו שביתה במקומן וא"ת מאי פריך מר' יוחנן בן נורי הא פליגי רבנן עליה דרבי יוחנן ואנן ס"ל כרבנן דאמרי לא קנו שביתה אלא כרגלי המוצאן הואיל ולית להו תובעין הכי נמי במתני' נימא הכי וי"ל דהכי מייתי דעד כאן לא פליגי רבנן עליה דר' יוחנן בן נורי אלא היכא דאין שייכות הבעלים כלל כגון חפצי הפקר דקנו שביתה במקומן אבל היכא דיש להם שייכות הבעלים כגון במתני' אפי' רבנן מודו דאזלינן בתר בעלים אפי' היכא דליכא תובעין השתא ומדרבי יוחנן נשמע לרבנן דכי היכי דלרבי יוחנן חפצי הפקר קנו שביתה במקומן אע"ג דאין להן תובעין לרבנן נמי היכא דהיו להם תובעין אע"ג דהשתא לית להן קנו שביתה במקומן:

רבא אמר עבידי כו'. פ"ה דאביי יהיב טעמא לעיסה ורבא שני קדרה ולא פליגי ודוחק לכן נראה דאביי שני עיסה וה"ה קדרה שמא תעשה בשותפות ורבא שני קדרה והוא הדין עיסה דמלח יהיב טעמא בעיסה ומים חשיבי דעיקר העיסה נעשית ממים:

משום

עין משפט נר מצוה

לט א מיי' פט"ו מה' מ"א הלכה יב סמג לאוין קמא טוש"ע י"ד סי' לח סעיף ג וסי' קט סעיף א:

מ ב מיי' פי"ח מה' מכירה הל' יג סמג לאוין קע טוש"ע ח"מ סי' רכט סעיף ג:

מא ג מיי' פ"ו מה' מא"ס הל' ב סמג לאוין קמא:

ב"ב דף לג: ע"ש

[ועי' תוס' פסחים ל. ד"ה אמר ותוס' חולין לז. ד"ה אמר רבא]

מסורת הש"ס

[שבת קמא: וש"נ]

[נסוכה לט. פרש"י משה גדול הדור ובחולין צג. פרש"י תלמיד חכם]

מנחות דף כג. [בכורות כג. ע"ש]

עירובין ד' לח: מה: מו: ודף לג:

[חולין ו.]

רבינו חננאל

אי הכי כי המעט בטל ברוב . מי שנתערב לו קב חטין בי' קבין של חבירו יאכל הלה וחדי. שחקו עליו . אמר להן וכי מלבושיכם לקחתי שתשחקו על דברי כו'. **א"ר** אושעיא שפיר עבוד דאחיכו עליה למה לא אמר חיטין שנתערבו בשעורין משום דהוו ליה מין בשאינו מינו (ולא בטיל)(ובטיל) חיטין בחיטין נמי *)לר' יהודה דס אין מבטל דם ולא בטיל הא לרבנן מין במינו בטל ברוב . **אמר** ליה רב ספרא לר' הושעיא משה שפיר קאמר להו לא שמיעא להו הא דאמר רבה ב"ר חייא קטופאה משמיה דרב הבורר צרור מגרנו של חבירו משלם לו דמי חיטין כלומר כיון שהיה (מורה)(מוכר)כמו שהוא בצרורותיו ללוקח לא בישלו ולפיכך חייב לשלם לו . וכ"ש חיטין בחיטין כך אלו המים והמלח כיון שעתידה ללוש בהן העיסה וכי לא תתקיים לישה אלא במים ולא בישלתם וזה דומה לזה . א"ל אביי לרב ספרא ולא שני ליה למר בין ממון שיש לו תובעין לממון שאין לו תובעין . כגון מי שנתערב לו חיטין בחיטין או מי שבורר צרור מגרנו של חבירו דוראי לא בטל והאיך ידמו למי שכבר השאילם ואילו תובעין (לעולם)(ולעולם) דוראי בטל . ואקשינן אלא הא דאמר רב חסדא במסכת מנחות פרק ג' נבילה בטלה בשחוטה שאי אפשר לשחוטה שתיעשה נבילה . הא נבילה דכי אית לה תובעין למה בטלה. 'פריק איסורא בטיל וממונא לא בטיל. פירוש חתיכת בשר נבילה שנתערבה בחתיכות בשר שחוטה בטלה טומאת הנבילה (מן) [בין] החתיכות כולן ואינן מטמאה במגע **) ולא אפילו באחת מהן . כי לעולם לא יתכן להיות השחוטה כנבילה לטמא במגע ובמשא . וכי היכי כל היכא דלית ליה תובעין לעולם הפל . והא נכסי הפקר לית להו תובעין וא"ר יוחנן בן נורי דקנו שביתה . ופרקינן נהי דקנו שביתה מיבטל לא בטלי ברובה . אביי אמר לעולם מים ומלח בטילין לגבי עיסה ומתניתין גזירה היא שמא יעשו עיסה בשותפות כיון דידעי כי משאלת מים ומלח העיסה ההיא ברגלי שתיהן כ"ש העושה בשותפות . רבא אמר תבלין ומלח לטעמא עבידי וטעמא לא בטיל . כי הנה הוא בעצמו לא נתערב

*) נ"ל נמי דלר' יהודה אין דם מבטל דם ולא בטיל וכו' . **) נראה דצ"ל ואפי' נגע בכל אחת מהן .

אות ב'

שור של פטם, הרי הוא כרגלי כל אדם

סימן שצז ס"ו - [א]שור של פטם - שמפטם שוורים למכור, **כרגלי מי שלקחו לשחטו ביו"ט** - היינו שאפילו אם הוא מעיר אחרת, ובא לכאן ע"י עירוב, מוליכו למקומו, **והטעם**, שדרך שור כזה לקנותו גם מעיירות אחרות מפני שהוא מפוטם, ודעת בעליו מאתמול היה גם עליהם להקימו ברשות מי שיקחנו.

[ב]וכן אם שחטו בעליו ביו"ט ומכרו בשרו, כל א' מהלוקחים מוליך מנתו למקום שהוא הולך - מפני שדעת בעליו היה לחלקו למי שיבוא, ואפילו מעיירות אחרות וכנ"ל, **והוי** זה כבור של הפקר שהוא מסור לכל, דהוא כרגלי הממלא, וכדלקמיה בסי"ד, [מהרמב"ם, וכתב כן כדי שלא תקשה מס"י לגבי בהמה של שותפין, ע"ש. **וי"א** עוד, דהקילו בזה משום תקנת הטבח והלוקחים, ומשום שמחת יו"ט]. ‹**ולא** שייך לומר שינקו זה מזה כבס"י, כיון שלא נתייחדו עליה שם הבעלים מערב יו"ט, משא"כ בס"י, שנתייחד עליה שם הבעלים - ערוה"ש›.

אות ג'

שור של רועה, הרי הוא כרגלי אותה העיר

סימן שצז ס"ז - [ג]שור של רועה - היינו אדם שמגדל בהמות, ופעמים שמוכרו לשכניו ומכיריו, רש"י, **כרגלי אנשי אותה העיר** - אלפים לכל רוח, ואפילו אם עירב הרועה הזה לצד אחד, אינו מעכב עליהם מלהוליך אלפים לרוח האחר של העיר, דמאתמול אוקים ברשותם לפי שרגילין ליקח ממנו, רש"י, (**ואם** **הלוקח עירב**, **יכול להוליכו למקום שעירב**).

ומשום דכיון שאינו מפוטם אין דרך לקנותו מעיירות אחרות, דשור כזה ימצאו כל אחד במקומו, ולכן אין דעת בעליו אלא על בני עירו, והרי הוא כרגלם, [ד]רש"י, (**ואם** **בא בן עיר אחרת שעירב לכאן ולקחו ביו"ט**, **יכול להוליך עד אלפים אמה**, **דעכ"פ לא גרע מאנשי העיר**).

(**ולענין** **הרועה גופא אם לא מכר**, **פשוט דהרי הוא כרגליו**, **ולא אמרינן שחשב להוציא מרשותו אלא אם לבסוף מכר**, [ה]**וכן מוכח מרש"י ד"ה הרי**, **ע"ש**).

(**ומסתברא** **בפשיטות**, **דהיינו דוקא של רועה שדרכו לפעמים למכור**, **וע"כ אמרינן דאף שמכרו ביו"ט**, **דעתו היה מעיו"ט לאוקמי ברשותיה של מי שיקחנו אח"כ**, **ולהכי אינו נגרר אחר רגלי המוכר**, **אבל** **באדם דעלמא שאין דרכו למכור בהמות**, **הולכין אחר המוכר**, **כיון דביה"ש היתה אצלו**).

אות ד' – ה' – ו' – ז'

השואל כלי מחבירו מערב יום טוב

לא צריכא שלא מסרו לו אלא ביום טוב

ביום טוב כרגלי המשאיל

לא צריכא דרגיל ושאיל מיניה

סימן שצז סי"א - [ו]השואל כלי מחבירו מעיו"ט, אפי' לא לקחו עד הלילה, הרי הוא כרגלי השואל - היינו אף שלא משך הכלי מעיו"ט, ומדינא לאו ברשותיה עדיין, מ"מ כיון שהבטיחו להשאילו מעיו"ט, העמידו ברשותיה ביה"ש לענין קנית עירוב.

ואם שאלו ממנו ביום טוב, אע"פ שדרכו לשאלו ממנו בכל יום טוב, הרי הוא כרגלי המשאיל - דלא אמרינן דברשותו אוקים, דכיון דלא אתי לבקש ממנו מבע"י, סבר דילמא אינש אחרינא אשכח לשאול ממנו, גמרא.

---

§ מסכת ביצה דף לח: §

אות א'

מבטל בטיל

[י]יו"ד סימן צח ס"א - וכן אם הוא מין במינו, כיון דליכא למיקם אטעמא, משערים בס'.

יו"ד סימן צח ס"ב - אם נתערב מין במינו ונשפך, בענין שאין יכולין לעמוד עליו לשערו, אם נודע שהיה רובו היתר, מותר; ואם לא נודע שהיה רובו היתר, אסור.

יו"ד סימן קט ס"א - חתיכה שאינה ראויה להתכבד שנתערבה באחרות מין במינו יבש ביבש, (דהיינו שאין נבלל, והאיסור עומד בעצמו אלא שנתערב ואינו מכירו), חד בתרי, בטיל.

באר הגולה

[א] **שם מימרא דשמואל ל"ח** [ב] **רמב"ם** [ג] **שם ל"ח** [ד] ‹וצ"ע דזהו שיטת הרמב"ם, וז"ל: מפני שדעת בעליו למכרו לאנשים אחרים חוץ מאנשי אותה העיר מפני שהוא מפוטם והכל שומעין שמעו ובאין לקנותו, ע"כ, דתלוי בהשור אם הוא מפוטם, **אבל** לרש"י תלוי באם יש לו שם סוחר, **והעולת** שבת כתב, דנ"מ בבשר משור שאינו מפוטם כשהמוכר הוא מפטם שוורים, **אבל** המאמ"ר כתב, דשפיר יש לכוין פירש"י לדברי הרמב"ם, ואנו לא מצאנו לאחד מהפוסקים שהזכיר מחלוקת בזה, ואפשי פלוגתא לא מפשינן› [ה] ‹שרש"י כתב "שלקחו הימנו ביו"ט", ומשמע דדוקא אם למעשה לקחו - תולדות יעקב› [ו] **משנה וגמרא שם** [ז] ‹ע"פ מהדורת נהרדעא›

אות ב'

הבורר צרורות מגרנו של חברו, חייב לשלם לו דמי חטים

חו"מ סימן רכט ס"ב - לפיכך הבורר (צרור) מתוך גרנו של חבירו, נותן לו דמי חטים כשיעור צרור שברר, שאילו הניחו היה נמכר במדת חטים - ‹ואע"ג דקי"ל גרמא בנזקין פטור, האי דינא דגרמי הוא, ומזיק בידים הוי, דהיזקו נעשה מיד›. **ואם תאמר: יחזירנה, הרי אמרו: אסור לערב כל שהוא** - ‹דלא נהגו למכור כמות שהוא אלא בעודו בתוכו, אבל לאחר שנפרד הצרור וניטל מתוכו, מהיכי תיתי להזיק ללוקח בידים, לחזור ולערבו ולמכור לו צרור בעד חטין ותבואה – באה"ט›.

אות ב'* [ח]

נבלה בטלה בשחוטה, לפי שאי אפשר לשחוטה שתעשה נבלה, שחוטה אינה בטלה בנבלה וכו'

רמב"ם פ"א מהל' שאר אבות הטומאה הי"ז - נבילה שנתערבה בשחוטה, אם רוב מן השחוטה, בטלה הנבילה בשחוטה ואין הכל מטמא במגע; [ט]אבל אם נשא הכל נטמא, שא"א לשחוטה שתחזור נבילה; [י]אבל הנבלה אפשר שתטהר כשתסרח, לפיכך תבטל. הגהת הראב"ד: אבל הנבילה אפשר. א"א חסרון דעת אני רואה בכאן, דכולה מילתא במנחות אליבא דר"י היא, דאמר מין במינו לא בטיל, ואיכא מ"ד דבתר המבטל אזלינן, דאי לא אפשר למבטל דהוי כבטל, הוי מין בשאינו מינו ומבטל לה, ומש"ה נבילה בשחוטה דלא אפשר לשחוטה שהוא המבטל להיותו כנבילה לטמא, ואף על פי שהנבילה יוצאה מידי טומאה ע"י מסרחת והוי כשחוטה, אנן בתר מבטל אזלינן, והוי מין בשאינו מינו ובטלה, מ"מ כל אותה הסוגיא אליבא דר"י היא, [יא]אבל לרבנן לא שנא הכי ולא שנא הכי בטלה ברוב; ודוקא למגע, אבל למשא לא.

אות ג'

תבלין לטעמא עבידי, וטעמא לא בטיל

רמב"ם פט"ז מהל' מאכלות אסורות ה"ב - כיצד, שאור של חיטין של תרומה שנפל לתוך עיסת חיטין של חולין, ויש בו כדי לחמץ, הרי העיסה כולה מדומע; וכן תבלין של תרומה שנפלו לקדרת חולין, ויש בהן כדי לתבל, [יב]והן ממין החולין, הכל מדומע, ואע"פ שהשאור או התבלין אחד מאלף; וכן שאור של כלאי הכרם לתוך העיסה, או תבלין של ערלה לתוך הקדרה, הכל אסור בהנייה.

---

§ מסכת ביצה דף לט. §

אות א'

הגחלת כרגלי הבעלים, ושלהבת בכל מקום

סימן שצז סי"ג - [א]לקח מחבירו ביו"ט גחלת, לא יוליכנה אלא כרגלי הנותן - דהואיל ויש בה ממש, הרי היא כשאר הכלים. **אבל אם הדליק נר או עץ משלהבת חבירו, הרי הוא כרגלי זה שהדליק** - דהואיל ששלהבת אין בה ממש, לא חל עליה שביתת בעליה.

אות ב'

גחלת של הקדש מועלין בה, ושלהבת לא נהנין ולא מועלין

רמב"ם פ"ב מהל' מעילה הי"ג - גחלת שפקעה מעל המזבח, בין לפני חצות בין לאחר חצות, לא נהנין ולא מועלין; אבל גחלת של קדשי בדק הבית מועלין בה; והשלהבת לא נהנין ולא מועלין.

אות ג'

גחלת של עבודה זרה אסורה, ושלהבת מותרת

יו"ד סימן קמב ס"א - כשם שהעבודות כוכבים אסורים בהנאה, כך כל הנאות הבאות ממנה אסורות, אפילו אם שרפה אסור ליהנות בגחלתה ואפרה; אבל מותר ליהנות משלהבתה - ‹כתב הט"ז, פי' כשאין שם אלא השלהבת לחוד, אבל אם השלהבת קשורה בגחלת, פשיטא שאסור לחמם משלהבת טפי מגחלת גרידא, והיתר דשלהבת הוא לפי שאין בה ממש. **ונראה** פשוט דבגחלת אפילו עוממות ואינם לוחשות אסור, כיון שיש שם ממש, ולא שנא הנאה רבה או זוטא, דהא כתיב ולא ידבק בידך מאומה, וא"כ אפילו דיעבד אסור, **והב"י** כתב דדוקא לכתחלה אסור, וכתב עליו הב"ח שכן הוא פשוט, **ולענ"ד** לא דקו בזה כלל, עכ"ל, וכ"כ הש"ך, דאף בדיעבד אסור אם נהנה מגחלתה – באה"ט›.

‹המשך ההלכות בעמוד הבא›

באר הגולה

ח ‹ע"פ מהדורת נהרדעא› ט ‹ופירש"י [בכורות כ"ג] טעמא דמטמא במשא, דהא מ"מ הטומאה נשא – כסף משנה›, ‹**זה** הטעם הוא שלא יטמא במגע, אבל במשא בכל אופן מטמא, ועל שלא מטמא במגע היה להרמב"ם ליתן טעם זה – שבט סופר› י ‹רבינו שלא הזכיר השחוטה שנתערבה בנבלה, למאי ענין כתב לשון זה – נאם דוד› יא ‹ואפשר לומר דלרווחא דמילתא כתב רבינו, דאפילו למאן דס"ל כר"י דמין במינו לא בטיל, מודה בהא, ובפלוגתא דר"ח ורב חסדא, כתב כרב חסדא דבתרא הוא – כסף משנה› יב ‹מוכח מלשון הרב, דליכא איסור מחמץ או מתבל אלא דוקא במין במינו – פר"ח› א **משנה שם**

ורב אשי אמר *משום דהוי ליה דבר שיש לו מתירין וכל דבר שיש לו מתירין אפילו באלף לא בטיל: רבי יהודה פוטר במים: מים אין מלח לא א) והא תניא ר' יהודה אומר *מים ומלח בטלין בין בעיסה בין בקדרה לא קשיא הא *במלח סדומית הא במלח אסתרוקנית והתניא ר' יהודה אומר *מים ומלח בטלין בעיסה ואין בטלין בקדרה מפני רוטבה לא קשיא הא בעבה הא ברכה: **מתני'** 'הגחלת כרגלי הבעלים ושלהבת בכל מקום 'גחלת של הקדש מועלין בה ושלהבת לא נהנין ולא מועלין *המוציא גחלת לרה"ר חייב ושלהבת פטור: **גמ'** ת"ר *חמשה דברים נאמרו בגחלת הגחלת כרגלי הבעלים ושלהבת בכל מקום גחלת של הקדש מועלין בה ושלהבת לא נהנין ולא מועלין 'גחלת של ע"ז אסורה ושלהבת מותרת המוציא גחלת לרשות הרבים חייב ושלהבת פטור 'המודר הנאה מחבירו אסור בגחלתו ומותר בשלהבתו מאי שנא שלהבת ע"ז דשריא ומאי שנא דהקדש דאסירא ע"ז דמאיסה ובדילי אינשי מינה לא גזרו בה רבנן הקדש דלא מאיס ולא בדילי אינשי מיניה גזרו ביה רבנן: 'המוציא גחלת לרשות הרבים חייב ושלהבת פטור: והא תניא *המוציא שלהבת כל שהוא חייב אמר רב ששת כגון שהוציאו בקיסם ותיפוק ליה משום קיסם בדלית ליה שעורא דתנן* 'המוציא עצים כדי לבשל ביצה קלה אמר אביי כגון דשייפיה מנא משחא ואתלי ביה נורא ותיפוק ליה משום מנא בחספא ותיפוק ליה משום חספא בדלית ליה שעורא *דתנן חרס כדי ליתן בין פצים לחבירו דברי ר' יהודה אלא הא דתנן המוציא שלהבת פטור היכי משכחת לה כגון דאדייה אדויי לרה"ר: **מתני'** *בור של יחיד כרגלי היחיד ושל אנשי אותה העיר כרגלי אנשי אותה העיר ושל עולי בבל כרגלי הממלא: **גמ'** רמי ליה רבא לרב נחמן תנן בור של יחיד כרגלי היחיד ורמינהו *נהרות המושכין ומעינות הנובעין הרי הן כרגלי כל אדם אמר (*רבא) הכא במאי עסקינן *)במכונסין ואתמר נמי א"ר חייא בר אבין אמר שמואל במכונסין: ושל עולי בבל כרגלי הממלא: אתמר מילא ונתן לחבירו רב נחמן אמר כרגלי מי שנתמלאו לו רב ששת אמר ט'כרגלי הממלא במאי קא מיפלגי מר סבר בירא דהפקרא הוא ומר סבר בירא דשותפי הוא איתיביה רבא לרב נחמן *הריני עליך חרם המודר אסור הרי

*) [פי' שאין נובעים]

רש"י

שיש לו מתירין · למחר יוליכנה לו היום יוליכנה כאן: **סדומית** · דקה היא מאד ובטלה ותדע שהסדומית דקה היא דאמרינן (חולין דף קה:) מפני מה אמרו מים אחרונים חובה מפני שמלח סדומית יש שמסמאה את העינים אלמא דקה היא מאד ונדבקת ביד ואינה ניכרת: **ואין בטלין בקדרה מפני רוטבה** · הניכר לעינים ומתניתין פוטר במים תנן לא שנא עיסה ולא שנא קדרה דמתניתין כתרתי איירי מדקתני תבלין דהיינו לקדרה: **עבה** · תבשיל עבה שאין רוטבו ניכר והוי כעיסה: **מתני' ושלהבת** · כגון הדליק נר בשלהבת חברו אינו מעכב באיסור תחומין: **מועלין בה** · הנהנה ממנה מביא אשם: **ושלהבת לא נהנין** · לכתחלה מדרבנן ואם נהנין לא מועלין אין חייבין קרבן מעילה דלית ביה ממשא: **המוציא שלהבת פטור** · מפרש בגמרא: **גמ' גחלת של ע"ז** · שנאמר ולא ידבק בידך מאומה מן החרם (דברים יג) אסור בגחלתו ומותר בשלהבתו: **מאי שנא של ע"ז דשרי** · לגמרי דאפילו מדרבנן לא גזור בה דקתני מותרת ובשל הקדש קתני לא נהנין: **הקדש לא מאיס ולא בדילי אינשי מיניה** · הלכך אי שרית בה לשלהבת אתי למישרי בגחלת ומעול: **כל שהוא** · בלא שיעור: **הא דתני חייב כשהוציאו בקיסם** · דכיון דיש לו דבר להדבק בו חשובה היא ככל שהוא ומתניתין דקתני פטור כדאוקימנא לקמן בדאדייה אדויי שהיתה דולקת ברשות היחיד סמוך לרשות הרבים ונפח בידו ונתק שלהבת והפריח' לרשות הרבים: **ותיפוק ליה משום קיסם** · אמאי תני המוציא שלהבת כל שהוא חייב בלאו הכי נמי חייב משום קיסם: **בדלית בה שיעורא** · להוצאת שבת: **ביצה קלה** · שהיא קלה לבשל מכל הביצים ושיעורו חכמים בו ביצת תרנגולת: **אביי אמר הא דתני חייב כגון דשייפיה למנא משחא כו'** · ומשום דיש לה דבר להאחז בו היא חשובה אבל בקיסם לא סבירא ליה לאביי משום דמועט הוא וממהר לכבות אי נמי רבותא אשמעינן אביי ואפי' בחספא בעלמא כמי שהיא נאחזת כל כך חשיבא הוצאה: **חרס** · לענין הוצאת שבת: **כדי ליתן בין פצים לחבירו** · פצים כמו פציני פתחים (סוכה דף יח.) ופציני חלונות (ב"ב דף יב.) הקבועים בחומה והן של עץ וסודרין אותם למטה ולמעלה ומשתי רוחות ופעמים שהן קצרין ברוחב ומושיבין שנים זה בצד זה וצריך להושיבן בשוה שלא יהא זה נמוך מזה ולא יהו עקומים וכשהאחד נוטה נותן לתחתיו חרס או אבן להשוותו או בשאין די ברוחב שניהם מבדילן זה מזה מעט ונותן חרסים דקים ביניהם: **אלא הא דתנן** · מתני' פטור היכי משכחת לה: **ומשני דאדייה אדויי** · כמו וידו אבן בי (איכה ג): **מתני' כרגלי היחיד** · אין מוליכין המים אלא כרגלי בעל הבור: **כרגלי אנשי העיר** · אלפים לכל רוח חוץ לעבורי': **ושל עולי בבל** · העשויין לעוברי דרכים באמצע הדרך ועשאום בני הגולה לשתות בעלותם: **כרגלי הממלא** · מפני שהוא הפקר והפקר נקנה בהגבהה ואם בא אחד ושאל לו מימיו אינו מוליכן אלא כרגליו ולית ליה דרבי יוחנן דאמר חפצי הפקר קונים שביתה לעצמן במקומן וכ"ת א"כ הוה ליה למימר הרי הן כרגלי כל אדם ואמאי קתני כרגלי הממלא קסבר יש ברירה להחמיר ואמרינן הוברר דמאתמול כמי הוברר להאי גברא חזו וברשותיה קיימי ובעירובין (דף מה:) נמי דלא כרבי יוחנן בן נורי מתוקמא: **גמ' נהרות המושכין** · היינו סתם נהרות שיש להם משך להלאה ממקום מקור נביעתן: **ומעינות הנובעין** · ואין יוצאין מגומות נביעותן לימשך הלאה: **הרי הן כרגלי כל אדם** · אין להם שום שביתה לא במקומן ולא כרגלי הבעלים ולא כרגלי הממלא אלא כל אדם מוליכן ברגליו דכל מידי דנייד לית ליה שביתה והכי מפרש' בעירובין בפרק מי שהוציאוהו: **מילא ונתן לחברו** · וכגון שמילא לצורך חבירו דאי מלאו לעצמו הא תנן בהדיא כרגלי הממלא: **כרגלי מי שנתמלאו לו** · דנעשה זה שלוחו וקנה לו: **רב ששת סבר בירא דהפקרא הוא** · והמגביה מציאה לחברו לא קנה חברו כדאמרינן בבבא מציעא בשנים אוחזין (דף י.) דהוי תופס לבעל חוב במקום שחב לאחרים אלא המגביה קנה ורב נחמן סבר בירא דשותפי הוא לא הפקירוהו בני הגולה אלא נתנוהו לכל ישראל שיהו שותפין בו וכשאמר זה לחבירו למלאות לו מחלקו והלך בשליחותו נעשה שלוחו ואין זה מגביה מציאה: **המודר אסור** · מי שהוטל עליו הנדר אסור ליהנות מזה שנדר הנדר דה"ק ממוני עליך הקדש: הרי

תוספות

משום דהוי דבר שיש לו מתירין וכל דבר שיש לו מתירין וכו' · ואם תאמר והא [פרישית] לעיל דלא שייך דבר שיש לו מתירין אלא במין במינו וי"ל דאין הכי נמי דלא אמרינן ליה אלא במין במינו והכא גבי תחומין שאני דחמירי כאילו הוי מין במינו בעלמא כיון דממונא הוא ועי"ל דכיון דהעיסה איגה נלושה אלא ע"י המים והקדרה נתקנה בשביל התבלין אם כן כשערב זה בזה הוי כאילו מין אחד:

הקדש דלא בדילי אינשי גזרו רבנן · וקשה דבפ"ק דפסחים (דף ו.) קאמר אם של הקדש הוא אין צריך לכסותו מפני שבדלים ממנו אלמא משמע דהקדש בדילי מיניה וי"ל דאין הכי נמי דלגבי חולין בדלין ממנו אבל לגבי ע"ז לא בדילי מיניה:

ותיפוק ליה משום מנא · וא"ת ולבטיל מנא אגב שלהבת דהכי אמר בשבת פרק המצניע (דף צג:) פחות מכשיעור בכלי פטור אף על הכלי דהוי הכלי בטל אגב האוכלין וי"ל דשאני הכא דליכא חשיבותא בשלהבת לבטל הכלי לגבה דלית בה ממש:

והתנן

עין משפט נר מצוה

מב א מיי' פ"ט מהל' יו"ט הלכה טז טוש"ע א"ח סימן שנו סעיף יג:

מג ב מיי' פ"ב מהלכות מעילה הלכה יג:

מד ג מיי' פ"ז מהלכות ע"ז הל' י טוש"ע יו"ד סימן קמב סעיף ח:

מה ד מיי' פ"ו מהלכות נדרים הלכה יא טוש"ע יו"ד סימן רכא סעיף יב:

[שהוא קשה ולכך מלח לא בטל אבל מלח אסתרוקנית שהוא רפה בטלה ערוך ערך בן]

מו ה מיי' פי"ח מהל' שבת הלכה ס:

מז ו מיי' שם הלכה ד:

מח ז מיי' פ"ה מהלכות יו"ט הל' יד טוש"ע א"ח סי' שצו סעיף יד:

ירושלמי וכו'ף ורא"ש כאן וז דהמוליא ופכו'

מט ח מיי' שם טוש"ע שם סעיף טו:

נ ט מיי' שם טוש"ע שם סעיף טז:

נא י מיי' פ"ה מהלכות נדרים הלכה ה סמג לאוין רמב טוש"ע יו"ד סימן רכד סעיף א:

רבינו חננאל

רב אשי אמר ע העיסה מחר מותרת והויא לה דבר שיש לו מתירין ולא בטיל אפילו באלף ר' יהודה פוטר במים מפני שאין בהן ממש כלומר נבלעין הן · ואקשינן לר' יהודה מלח לא בטיל והתניא ר' יהודה אומר מים ומלח בטלין בין בעיסה בין בקדרה · ופרקינן לא קשיא מתניתין במלח סדומית שאינו נימוח במים אלא עד שישחק בריתא במלח איסתרוקנית. והתני ר' יהודה אומר מים ומלח בטלין בעיסה ואין בטלין בקדרה מפני רוטבה כלומר בעיסה נבלעו ואינן ניכרין ולפיכך בטלו וברוטב הנה המים ניכרין · ופרקינן הא דתניא בטלין בקדרה ברוטב עבה והא דתניא אין בטלין ברכה: הגחלת כרגלי הבעלים · אבל שלהבת כגון המדליק מנר לנר וכיוצא בזה כרגלי כל אדם כלומר אין בה ממש לקנות שביתה: ת"ר ה' דברים נאמרו בגחלת גחלת כרגלי הבעלים גחלת של הקדש הנהנין ממנה מועלין בה וגחלת של ע"ז אסורה והמוציא גחלת לרה"ר חייב והמודר הנאה מחבירו אסור בגחלתו ומותר בשלהבת שלו כלומר מדליק מנרו וכיוצא בו מותר והרי הוא כרגלי כל אדם ואם היא של הקדש לא נהנין ולא מועלין ואם משל ע"ז היא מותרת והמוציא שלהבת ברה"ר כגון שנפחה בפיו וכיוצא בזה ודחה השלהבת מרשות היחיד לרשות הרבים פטור וזה פירוש דאדייה אדויי. אבל אם הוציא שלהבת בקיסם שהוא חתיכת עץ אע"פ דליכא בהאי עץ שיעור כדי לבשל ביצה קלה או שנא משחא בחספא פחות מסת שראוי לתתו בין פצים לחבירו או פתילה דולקת וכיוצא באלו חייב ואינו פטור בשלהבת אלא בזמן דאדייה אדויי כמו שפירשתי למעלה: **מתני'** בור של יחיד כרגליו. ורמינהי נהרות המושכין ומעינות הנובעין כרגלי כל אדם והא סתמא קתני דאפי' [של] יחיד וקתני כרגלי כל אדם וא"ל רב נחמן לרבא מתניתין במכונסין כגון מי גשמים בדוחיות וכיוצא בהן *) הנובעין כרגלי כל אדם ושל אנשי העיר כרגלי אנשי אותה העיר ושל עולי בבל כרגלי הממלא · איתמר מילא מים מבור של עולי בבל ונתנם לחבירו רב נחמן אומר כרגלי מי שנתמלאו לו קסבר בירא דשותפי נינהו ומחלקו נתן רב ששת אמר כרגלי הממלא קסבר בירא דהפקירא הוא והממלא הוא הזוכה בהן · איתיביה רבא לרב נחמן מהא דתנן בנדרים פרק השותפין שנדרו הנאה זה מזה אמר ראובן לשמעון הריני עליך חרם שמעון

*) נ"ל אבל מים הנובעין כו'.

מסורת הש"ס

לעיל ג: [יבמות פא. ב"מ נג.]

ר' יהודה פוטר בין במים בין במלח לא קשיא כצ"ל רש"ל

עירובין נו:

[תוספתא פ"ד] [וכן הגיה כאן מברכין על השלהבת ואין מברכין על הגחלת ע"ש]

[כריתות נג. תוספתא שבת פ"ט] שבת פט:

שם פב. ב"ב כ:

עירובין מה.

שם מו. מח. שבת קמח: [תוספתא פ"ד]

נדרים מ. מז:

גליון הש"ס

תוס' ד"ה משום וכו' · עיין בר"ש פ"ו מ"ג דשביעית:

הגהות מהר"ב רנשבורג

א] נראה והא תניא ר' יהודה אומר מים ומלח נעלים בין בעיסה בין בקדרה · נ"ל ר"י פוטר בין במים וכין במלח כך גרסת מהרש"ל וזו היפה גרסת רש"י בד"ה ואין בטלין וכו' · ודו"ק:

אות ד'

המודר הנאה מחבירו, אסור בגחלתו ומותר בשלהבתו

יו"ד סימן רכא סי"ב - המודר הנאה מחבירו, אסור בגחלתו ומותר בשלהבתו.

אות ה'

המוציא גחלת לרשות הרבים חייב, ושלהבת פטור

רמב"ם פי"ח מהל' שבת ה"ה - המוציא... [ב]גחלת כל שהוא, והמוציא שלהבת פטור.

אות ו'

המוציא עצים, כדי לבשל ביצה קלה

רמב"ם פי"ח מהל' שבת ה"ד - המוציא עצים, כדי לבשל כגרוגרת מביצת התרנגולים, טרופה בשמן ונתונה באלפס; המוציא קנה, כדי לעשות קולמוס המגיע לראשי אצבעותיו, ואם היה עבה או מרוסס, שיעורו כעצים.

אות ז'

בור של יחיד כרגלי היחיד, ושל אנשי אותה העיר כרגלי אנשי אותה העיר, ושל עולי בבל כרגלי הממלא

סימן שצז סי"ד - [ג]בור של יחיד, הרי הוא כרגלי בעליו - ואם מילא מהם אחר, אינו יכול להוליכן רק למקום שבעליו מוליכן, ואם עירב בעליו למזרח, אין יכול זה להוליכן לצד מערב אפי' פסיעה אחת. **ובמים** מכונסין ממי גשמים או שלגים מיירי, **דאלו** בבאר מים נובעין כמו בארות שלנו, אף שהוא של יחיד, הרי הוא כרגלי הממלא, וכמש"כ בסעיף שאחר זה, [רש"י ור"ח ור"ן וריטב"א, **ובחי'** הרשב"א הביא פי' אחר, דכל שאין המעין מושך אלא עומד במקומו כמו בארות שלנו, דין מכונסין להם, **ומ"מ** לדינא יש להקל ככל הני רבוותא הנ"ל שהם רבים, וכפשטות הש"ס, ובפרט שהוא מילתא דרבנן].

ושל אותה העיר, כרגלי אנשי אותה העיר - ואם מילא אינש אחרינא דלאו מהאי מתא, לא מצי מפיק אלא ככל העיר, דאי לא עירבו כלל, מוליך אלפים לכל רוח, **ואי** עירב חד מבני העיר למזרח, אוסר עליו שלא יהיה יכול לטלטל לכל רוח אלא אלפים מן העיר למזרח, [**ואם** עירבו מקצתן למזרח ומקצתן למערב, אינו רשאי לזוז מהעיר וחוצה לה אפי' פסיעה אחת, וכדבס"ט], **וכ"ז** באינש אחרינא, אבל בני העיר, כל אחד יכול להוליך למקום שעירב, כמו גבי חבית של יין בסעיף י', **וכן** אם נתנן לא' שאין מבני העיר, יכול להוליכן כרגלי הנותן.

ושל הפקר, כרגלי הממלא - דכל מידי דהפקירא, מאן דמגבה ליה קני, ואמרינן הוברר הדבר למפרע בין השמשות דלהאי גברי חזי, וברשותיה קיימא, **ואפילו** נתן הממלא לאחרים לאחר שמילאן ביו"ט לצורכו, הרי הן כרגליו, [רש"י].

אות ח'

נהרות המושכין ומעינות הנובעין, הרי הן כרגלי כל אדם

סימן שצז סט"ו - [ד]נהרות המושכים - אע"פ שאין נובעין, **ומעיינות הנובעים** - אע"פ שאין יוצאין ממקום נביעתן לימשך הלאה, [ה]**הרי הם כרגלי הממלא** - אפילו אינם הפקר, כגון ששייכים לאיזה עיר או ליחיד, **והטעם**, דכיון דניידי לא קנו שביתה אצל בעליהם, [רש"י, ומים הנובעין גם כן בכלל ניידי הוא], והרי הם כרגלי הממלא אותם, שאז קנו שביתה בשביתתו, כיון שנפסקו אז ממקום נביעותם, או ממקום הלוכם.

[ו]**היו באים מחוץ לתחום לתוך התחום, ממלאים מהם בשבת, ואין צריך לומר ביום טוב** - הואיל ולא קנו שביתה כלל חוץ לתחום מפני דניידי.

גשמים היורדים מעיו"ט סמוכים לעיר, [וסמוכין מקרי כל שהוא תוך התחום של עיר, **ויש** שכתבו דוקא כנוס הרבה בתוך התחום, אבל לא בסוף התחום], וכ"ש כשירדו בעיר עצמה, הם כרגלי אנשי אותה העיר, **והטעם**, משום דאנשי העיר סמכו דעתם עלייהו, **אבל** כשירדו ביו"ט, הרי הם כרגלי הממלא.

אות ט'

מילא ונתן לחבירו... כרגלי הממלא

סימן שצז סט"ז - [ז]מילא מים מבור של הפקר לצורך חבירו, הרי הם כרגלי הממלא - אף אחר שמסרם לידו, והטעם, דאף דקיי"ל המגביה מציאה לחבירו קנה חבירו, היינו משום מיגו דזכי לנפשיה זכי נמי לחבריה, וכיון דלא זכי אלא מכחו, הרי הם כרגליו.

באר הגולה

ב ‹ותמיהני דהא בגמ' [ביצה לט.] מבואר, דאין זה אלא באדיי אדויה, אבל אם הוציאו בקיסם או בחרס, חייב, אע"ג דבקיסם והחרס ליכא שיעורא, ע"ש, והיה לו לבאר זה - ערוה"ש› ג **משנה שם** ד **ברייתא שם** ה **כפי' הרא"ש, וכן איתא בתוספתא, וכן דעת הר"ן** ‹פי' רש"י, הרי הן כרגלי כל אדם: אין להם שביתה לא במקומן ולא כרגלי הבעלים ולא כרגלי הממלא, אלא כל אדם מוליכם כרגליו. **אבל** הרא"ש כתב שהן כרגלי הממלא, והכי איתא בתוספתא, וכן דעת הר"ן - ב"י. ‹**ובטעמא** דמלתא דנובעין כרגלי הממלא, ולא כרגלי כל אדם, אעפ"י דלא שייך לומר הוברר למפרע, שנובעין לא קנו שביתה כלל, מ"מ עשו חז"ל במידי דלא קנו שביתה ביה"ש, שיהיו כרגלי הזוכה ראשון, ולא כרגלי כל אדם - ראש יוסף› ו **רמב"ם וכתב הרב המגיד שהוא מסוגיא דפרק מי שהוציאוהו מ"ו** ז **שם בגמרא וכרב ששת, כתב הר"ן שכן נראה דעת הרי"ף ודעת הרמב"ם** ‹כרב ששת שם וכפי' ר"ת שם {עיין תוס'}, וכגי' דרב ששת סובר דקנה חבירו, ומטעם מיגו דזכי כו', לכך כרגלי הממלא - גר"א›

ועיין בבה"ל שהרבה חולקין ע"ז, (ובאמת רוב ראשונים חולקים ע"ז, ודעתם, דהרי הם כרגלי המתמלא, לפי מה דקיי"ל בכל מקום המגביה מציאה לחבירו קנה חבירו, והם [ח]רש"י ורשב"ם מובא בתוס'... **ובאמת** מכל הני ראשונים מוכח, דאפילו עודן ביד הממלא, ג"כ אסור להוליכם כרגליו, אלא כרגלי מי שנתמלא בשבילו, דהרי אינם שלו, אלא שייכים הם למי שנתמלא בשבילו, דהמגביה מציאה וכו' קנה חבירו, וע"כ מסתברא לפסוק שלא כדברי המחבר, רק כרגלי שנתמלא בשבילו, ובפרט אם כבר הגיעו ליד מי שנתמלא).

ודע, דאם הבור מים היה של שותפות, ומילא לצורך שותפו, לכו"ע כרגלי מי שנתמלאו בשבילו, שהרי מחלקו נתן לו, דבדרבנן קי"ל דיש ברירה, ואינו זוכה כלל מחלק הראשון, [גמרא].

אות י'

הריני עליך חרם, המודר אסור; הרי אתה עלי חרם, הנודר אסור; הריני עליך ואתה עלי, שניהם אסורים זה בזה

יו"ד סימן רכד ס"א - ראובן שאמר לשמעון: הריני עליך חרם, או הרי אתה אסור בהנאתי, ראובן מותר בהנאת שמעון, ושמעון אסור בהנאת ראובן; ואם אמר לשמעון: הרי אתה עלי חרם, ראובן אסור בהנאת שמעון, ושמעון מותר בהנאת ראובן; הריני עליך חרם ואתה עלי, שניהם אסורין ליהנות זה מזה.

באר הגולה

ח ‹לכאורה ר"ל, דלרש"י כל הסוגיא הולך על צד דהמגביה מציאה לחבירו לא קנה חבירו, ואילו אנן קימ"ל דקנה חבירו, וא"כ הוי כרגלי מי שנתמלאו לו, וכן לרשב"ם›

*הרי אתה עלי חרם הנודר אסור הריני עליך ואתה עלי שניהם אסורים זה בזה *ומותרין בשל עולי בבל ואסורין בשל אותה העיר *ואלו הן דברים של עולי בבל הר הבית הלשכות והעזרות ובור של אמצע הדרך ואלו הן של אותה העיר (א) הרחוב ובית הכנסת ובית המרחץ ואי אמרת בירא דשותפי הוא אמאי מותר והתנן *השותפין שנדרו הנאה זה מזה אסורים ליכנס לחצר לרחוץ בבור (ב) לרחוץ ה"נ והבא במאי עסקינן למלאות מר מדידיה קא ממלא ומר מדידיה קא ממלא וסבר רב נחמן יש ברירה והתנן *האחין השותפין כשחייבין בקלבון פטורין ממעשר בהמה וכשחייבין במעשר בהמה פטורין מן הקלבון ואמר רב ענן לא שנו אלא שחלקו גדים כנגד טלאים וטלאים כנגד גדים אבל חלקו גדים כנגד גדים וטלאים כנגד טלאים אומר זהו חלקו המגיע משעה ראשונה לכך ורב נחמן אמר *אפילו חלקו גדים כנגד גדים וטלאים כנגד טלאים אין אומר זה חלקו המגיע משעה ראשונה לכך אלא דכולי עלמא בירא דהפקרא היא (ג) אלא הבא *במגביה מציאה לחבירו קא מיפלגי מר סבר *קנה ומר סבר לא קנה: **מתני'** *מי שהיו פירותיו בעיר אחרת וערבו בני אותה העיר (ד) להביא אצלו מפירותיו לא יביאו לו ואם ערב הוא פירותיו כמוהו

מי

הרי אתה עלי חרם · הכי קאמר ליה הרי ממוך עלי כשהם חרמים שהן לבדק הבית הלכך הנודר אסור ליהנות משל המודר דכתיב לא יחל דברו (במדבר ל) ורשאי הוא לאסור עצמו בממון חברו : **ומותרין בדברים של עולי בבל** · שעשו בני הגולה לפי שהפקירום לכל ישראל ונתנום להם ולא להיותם שותפין בו שיהא להם כח לאסור זה חלקו על זה : **של אותה העיר** · שהן דרין בה מפני שהן שותפין בהן וזה אסור מפני חלקו של זה : **הכא במאי עסקינן למלאות** · הא דקתני ובור של אמצע הדרך מותרין לא לכל תשמיש הותרו כגון לירד ולרחוץ בתוכו דבירא דשותפין הוא וכשהתירו למלאות מימיו התירו דסמכינן אברירה ואמרי' מר מדידיה קא ממלא מים שעלו בכדו הן המבוררין מן השמים לחלקו : **האחים השותפין** · אחים שהן שותפין בירושת אביהן: **כשחייבין בקלבון פטורין ממעשר בהמה וכשחייבין במעשר בהמה פטורים מן הקלבון** · כל ישראל הוזקקו לתת מחצית השקל לקרבנות לבור והטילו חכמים עליהם להוסיף מעה קטנה להיות קלבון לפרוטרוט מפני שהן חלאי שקלים חתיכות דקות וטוחן לאבד ופעמים שמחליפין אותן *במנים ונותנין הקלבון בחלוף ואף כשמלטרפין שנים לתת שקל שלם הטילו עליהם שני קלבוני' שלא לפחות מחבריהם ולמעט את ההקדש אבל האב שוקל בשביל שני בניו שקל שלם ופטור מקלבון שני : מעשר בהמה נוהג בכל שנה בולדות הנולדים ועדר של שותפין פטורים הולדות ממעשר כדתניא בבכורות (דף נו:) כל פטר שגר בהמה אשר יהיה לך (שמות יג) ולא של שותפות ופרכינן והא בבכור כתיב ומשנינן אם אינו ענין לבכור דאיתיה בשותפות דכתיב ובכורות בקרכם ולאכם (דברים יב) תנהו ענין למעשר יכול אפי' קנו בתפיסת הבית כגון אחין שלא הספיקו לחלוק ירושתן עד שנולדו להם ולדות ת"ל יהיה הלכך אחים שהן שותפין שנשותפותן לאחר חלוקה כגון שחזרו ונשתתפו חייבין בקלבון כשאר שנים המתחברין לשקל שלם ופטורים ממעשר בהמה דשותפין בעלמא נינהו דבטלה לה תפיסת הבית וכשחייבים במעשר בהמה כגון שנשתתפו משנפלה להם הירושה דקיימא תפיסת הבית פטורין מן הקלבון כאילו היה אביהן קיים שממונן אחד ופוטרן יחד : **ואמר רב ענן לא שנו** · דבשביל חלוקה בטלה תפיסת הבית מנייהו : **אלא כשחלקו** · על פי שום בדמים גדים כנגד תישים זקנים או כנגד טלאים דבטלו מהן שם ירושה ונתנו בה תורת לקוחות וכי חזרו ונשתתפו הוו להו כלקח זה בשלו וזה בשלו מן השוק ונתערבו ואין כאן עוד שם תפיסת הבית אלא שם שותפות אבל חלקו טלאים כנגד טלאים וגדים כנגד גדים דזהו משפט ירושה לכל אחד חלק בכל מין ומין אומרים זה חלקו המגיעו דיש ברירה ועדיין שם יורשים עליהן וכשחזרו ונשתתפו חזרה תפיסת הבית למקומה ויש פוטרים הטעם משום לקוחות דתנן הלוקח פטור ממעשר בהמה (בכורות דף נה:) וטעות הוא בידם דכשהולדות לקוחין הן פטורין מלהתעשר אבל הלוקח עשר בהמות וילדו חייבין במעשר והכא לגמרי פטר להו : **אין אומרים כו'** · ופטור אלמא אין ברירה אלא על כרחך לרב נחמן בירא דהפקרא הוא מדלא אסרו ביה מודרי הנאה (ה) גבי מילה ונקן לחברו : **במגביה מציאה לחברו קא מפלגי** · לא גרסינן במגביה מציאה קנה חברו קמפלגי ולא גרס מר סבר קנה חבירו כו' דאם כן קשיא דרב נחמן אדרב נחמן דאבעי לן לפרושי הכא דרב נחמן סבר קנה חברו דקאמר כרגלי מי שנתמלאו לו ובשנים אוחזין (ב"מ דף י.) אמרינן רב נחמן ורב חסדא דאמרי תרוייהו המגביה מציאה לחברו לא קנה חברו אלא ה"ג במגביה מציאה לחברו קא מפלגי ותו לא ופי' במגביה מציאה לחברו קא מפלגי ודכולי עלמא לא קנה חבירו בהגבהתו של זה אלא אם קנה המגביה אם לא קנה פליגי רב נחמן סבר לא קנה המגביה דלאו אדעתיה למקני אלא מי שנתמלאו לו קנאם במשיכה כשיקבלם כשבאו לרשותו ודעתו לקנות דכי אמר לא קנה חברו כל זמן שהוא ביד המגביה אמרינן דיכול לומר אני אזכה בה לעצמי אבל משנתנה לו קנה דתנן התם [דף ט:] ואם משנתנה לו אמר אני זכיתי בה תחלה לא אמר כלום ורב ששת סבר קנה המגביה תחלה ומידו קבלה הלכך כרגלי המגביה ולית דגרס כמו שכתוב בספרים ומפרשין הכי רב נחמן סבר קנה חבירו מתנתן לו ורב ששת סבר לא קנה חברו אלא המגביה: **מתני' לא יביאו** · מפירותיו הואיל והוא לא ערב לשם דהכל כרגלי הבעלים : **ואם ערב הוא** · ללכת לשם : **פירותיו כמותו** · ומותר להביאם ·

מי

[והתנן השותפין · מגופיה הוי מצי למידק דהא בה"כ ובית המרחץ מטעם שותפין אלא זאת פשוט יותר]: ה"ג **הכא** במגביה מציאה לחברו קנה חבירו קמפלגי · דרב נחמן אית ליה קנה חברו ולכך קאמר כרגלי מי שנתמלאו לו כו' והקשה רש"י דבהדיא קאמר רב נחמן בפ"ק דב"מ (דף י. ושם) דמגביה מציאה לחברו לא קנה חברו אלא נראה לרש"י דה"ג במגביה מציאה לחברו קמפלגי ותו לא וה"פ רב נחמן סבר לא קנה המגביה דלא היה בדעתו למקני והוי הפקר עד שבאו ליד מי שנתמלאו לו והוא קנאם במשיכה דדעתו היה לקנות ואע"ג דמגביה מציאה לחברו לא קנה חברו הייתו כשעודה ביד המגביה לפי דמצי למימר אני זכיתי לעצמי אבל כשנטלה חברו זכה מן ההפקר כיון דמגביה לא הגביה לקנות לו כדתנן התם ואם משנתנה לו אמר אני זכיתי בה תחלה לא אמר כלום לכך הוי כרגלי מי שנתמלאו לו ורב ששת אמר מגביה מציאה לחברו קנה המגביה תחלה וזה קבלה מידו הלכך הוי כרגלי הממלא ודוחק הוא למחוק גרסת הספרים ועוד אין סברא לרב ששת שיקנה המגביה בלא מתכוין לכ"נ לרשב"ם לפרש שיש ליישב גרסת הספרי' ומה שהקשה רש"י לא קשה מידי דשאני התם דקאמר טעמא משום דהוי תופס לבעל חוב במקום שחב לאחרים דאחרים לא ימלאו המציאה אח"כ לפיכך קאמר רב נחמן דלא קנה אבל הכא אית ליה לרב נחמן שפיר דקנה מי שנתמלאו לו דלא הוי חב לאחרים דהא איכא הרבה מים דיכולים אחרים למלאות ועוד אומר ר"ת דיש לקיים גרסת הספרים וה"פ מר סבר המגביה מציאה לחברו קנה חבירו הייתו רב ששת ולכך קאמר כרגלי הממלא דמאיזה טעם אמרינן המגביה מציאה לחברו קנה חברו דמגו דזכי לנפשיה זכי נמי לחבריה והואיל ואתי מכחו דין הוא שיהא כרגלי הממלא ור"נ ס"ל לא קנה חברו והשתא ניחא ההיא דב"מ *דגם הוא לא קנה דלא נתכוון לקנות וא"כ הרי הן הפקר כל זמן שלא באו לידי מי שנתמלאו לו ולכשיבאו לידו יזכה בהן מן ההפקר לפיכך הן כרגליו (לישנא אחרינא במגביה מציאה לחברו קא מפלגי ולא גרסינן מר סבר קנה חברו וכו' דא"כ קשיא דר"נ אדר"נ דמבעיא לפרושי הכא ר"נ סבר קנה חברו דקאמר כרגלי מי שנתמלאו לו ובשנים אוחזין רב נחמן ורב חסדא אמרי תרווייהו המגביה מציאה לחברו לא קנה חברו בהגבהתו של זה ולא קנה המגביה דלאו אדעתיה למקני אלא מי שנתמלאו לו קנאן במשיכה כשיקבלו שיבאו לרשותו ודעתו לקנות דכי אמרינן לא קנה כל זמן שביד המגביה אמר דיכול לומר לו אני אזכה לעצמי בה תחלה אבל משנתנה לו קנה דתנן התם אם משנתנה לו אמר אני זכיתי בה תחלה לא אמר כלום ורב ששת סבר קנה המגביה ומידו קבלה זה הלכך כרגלי הממלא ואית דגרס כמו שכתוב בספרים ומפרש הכי רב נחמן סבר קנה חברו משנתן לו רב ששת סבר לא קנה חברו אלא המגביה לשון הקונטרס) :

אלא

רבינו חננאל

שמעון המודר אסור אם א"ל הרי אתה עלי חרם ראובן הנודר אסור הריני עליך ואתה עלי שניהן אסורין ושניהן מותרין בדבר של עולי בבל (ואסור) [ואסורין] בדבר של אותה העיר. אלו הן דברים של עולי בבל הר הבית הלשכות והעזרות ובור שבאמצע הדרך אלו הן דברים של אותה העיר הרחבה ובה"כ ובית המרחץ והתיבה והספרים ואי אמרת האי בור של עולי בבל דשותפי הוא אמאי מותרין והתנן השותפין שנדרו זה מזה הנאה אסורין ליכנס לחצר ופריק רב נחמן לירד לרחוץ בזה הבאר אסור דהא בכל הבאר הוא רוחץ ואסור אבל למלאות מים מתוכו אמרינן כל אחד מחלק שיש לו מתוכו כלומר משלו ממלא. ואקשינן וסבר רב נחמן שוה המים שבאו מן הן בעצמן חלקו וכי יש ברירה והתנן בשקלים סוף פרק ראשון [ובשלישי דחלין פרק ראשון] ובבכורות פרק אחרון האחין השותפין שחייבין בקלבון פטורין ממעשר בהמה והן שבבר חלקו כדתנן בבכורות פרק אחרון חלקו ולבסוף נשתתפו חייבין בקלבון ופטורין ממעשר בהמה פירוש חייבין בקלבון דכיון דחלקו נעשו כרחוקין ותנן השוקל על ידו ועל יד חבירו חייב בקלבון ופטור ממעשר דכיון דחלקו הרי הן כלקוחות ותנן הלקוח או שנתנו לו במתנת פטור ממעשר בהמה · ושחייבין במעשר בהמה שעדיין לא חלקו וירשו בהמה אז אם ועדיין לא חלקו חייבין במעשר בהמה דתנן בתפיסת הבית חייבין ואם לאו פטורין ופטורין מן הקלבון כי ממון אחד הביאו הסלע כי עדיין לא חלקו כך היתה חובת הקלבון אם היו

עין משפט נר מצוה

נב א מיי' פ"ו מהל' נדרים הלכה ב טוש"ע יו"ד סימן רכד סעיף א :

נג ב מיי' שם הלכה ד סמג לאוין רמב טוש"ע יו"ד סימן רכו סעיף א :

נד ג מיי' פ"ו מהלכות בכורות הלכה י ופ"ג מהלכות שקלים הלכה ד ס :

נה ד מיי' פ"ו מהלכות בכורות שם הל' י :

נו ה מיי' פי"ז מהל' גזילה ואבידה הלכה ג טוש"ע ח"מ סימן רסט סעיף א :

נז ו מיי' פ"ה מהלכות יו"ט הלכה יג טוש"ע א"ח סימן שצז סעיף יז :

מסורת הש"ס

נדרים מ. מז:

נדרים מה: ב"ק נה: ב"ב נז:

חולין קכ: בכורות נו: [שקלים פ"א מ"ז]

ס"א במעות

[ב"מ ח. י.]

הגהות הב"ח

(א) גמ' של אותה העיר הרחבה ובית המרחץ ובית הכנסת והתיבה והספרים וכו' כצ"ל: (ב) שם להוון כצ"ל ותיבת לרחוץ נמחק: (ג) שם דהפקרא היא והכא במגביה כצ"ל ותיבת אלא נמחק: (ד) שם במשנה וערבו בני אותה העיר לבא אצלו לא יביאו לו מפירותיו ואם ערב הוא פירותיו כמוסו כצ"ל : (ה) רש"י ד"ה אין אומרים וכו' מודרי הנאה והכא גבי :

גליון הש"ס

תום' ד"ה הכא במגביה וכו' דגם הוא לא קנה · עי' ע"ז דף סב ע"א תוספות ד"ה נקוט :

אחים ולא חלקו וקנו מתפיסת הבית (או) [אם] הביאו שניהם סלע פטור מן הקלבון ואמרינן התם בבכורות פטורין בזה ובזה שחלקו בבהמה ולא חלקו בכספים *) אע"ג דחלקו בהמה גלו דעתייהו דלשותפי קיימי וליחייבו בקלבון קמ"ל * ואמר רב ענן לא שנו [אם] חלקו האחין פטורין ממעשר בהמה אלא כגון שחלקו גדיים כנגד גדיים וטלאים כנגד טלאים אבל חלקו [illegible] ורב נחמן אמר אפילו חלקו [illegible] אין אומר זה הוא חלקו המגיעו משעה ראשונה לכך [illegible]

*) נ"ל וקמ"ל דאע"ג דחלקו בבהמה סד"א דגלו דעתייהו וכו'

§ מסכת ביצה דף לט: §

אות א'

ומותרין בשל עולי בבל, ואסורין בשל אותה העיר

יו"ד סי' רכד ס"א - ומותרים בדברים שהם [ט]בשותפות לכל ישראל, כמו הר הבית והעזרות; ואסורין בדברים שהם בשותפות לבני אותה העיר, כמו בהכ"נ והתיבה והספרים.

אות ב'

השותפין שנדרו הנאה זה מזה, אסורים ליכנס לחצר כו'

יו"ד סימן רכו ס"א - שנים שהם שותפים בחצר ונדרו הנאה זה מזה, [י]אם יש בו דין חלוקה, חל הנדר ואסורין ליכנס בו, עד שיחלקו ויכנס כל אחד בשלו.

אות ג'

האחין השותפין, כשחייבין בקלבון פטורים ממעשר בהמה; וכשחייבין במעשר בהמה פטורין מן הקלבון

רמב"ם פ"ג מהל' שקלים ה"ד - האחין שעדיין לא חלקו מה שהניח להם אביהם, וכן השותפים שנתנו שקל על ידי שניהם, פטורין מן הקלבון; בד"א בשותפין שנשאו ונתנו במעות השותפות, [יא]ונשתנה עין המעות; אבל אם הביא זה מעותיו וזה מעותיו וערבום, ועדיין לא נשתנו המעות ולא הוציאום, הרי אלו חייבין בקלבון; נשאו ונתנו ואחר זמן חלקו וחזרו ונשתתפו, חייבין בקלבון עד שישאו ויתנו בשותפות זו האחרונה וישתנו המעות. **השגת הראב"ד: וכן השותפין שנתנו שקל על ידי שניהם פטורין מן הקלבון. א"א לא מצאתי לזה שרש לא בגמרא ולא בתוספתא ולא בירושלמי, ואני אומר שהטעהו מה שראה במקצת ספרים, האחין והשותפין, והוא טעות סופרים ואינו כן, [יב]אלא האחין השותפין.**

רמב"ם פ"ג מהל' שקלים ה"ה - האחין והשותפין שהיה להן בהמה וכספים וחלקו בכספים, חייבים בקלבון, אע"פ שעדיין לא חלקו הבהמה; חלקו הבהמה ולא חלקו הכספים, פטורין מן הקלבון עד שיחלקו הכספים, ואין אומרין הרי הם עומדין לחלוקה. **השגת הראב"ד: עד שיחלקו הכספים ואין אומרים הרי הן עומדים לחלוקה. א"א בירושלמי, אמר ר' מנא הדא דתימא בשלא היתה הבהמה רוב, אבל היתה הבהמה רוב, הן עיקר נכסין.**

אות ד'

אפילו חלקו גדים כנגד גדים וטלאים כנגד טלאים כו'

רמב"ם מהל' בכורות פ"ו ה"י - הלוקח טלאים שנולדו בשנה זו או שנתנו לו במתנה, הרי הם פטורים מן המעשר, עד שיולדו ברשותו; לפיכך השותפין שנשתתפו בבהמות, והביא זה מאה טלאים וזה מאה טלאים, וערבום ונשתתפו בהן, הרי המאתים פטורים מן המעשר, שכל טלה מהן כמכור; [יג]וכן האחים שירשו טלאים מאביהם, הרי הן פטורין מן המעשר; אבל הנולדים להם בשותפות לאחר מכאן מאלו הבהמות, בין לשותפין בין לאחים, חייבין במעשר. וכן אם היו שותפין במעות וקנו בהמות ממעות השותפות, והאחים שקנו בהמות ממעות הירושה, הרי הנולדים מהם לאחר מכאן חייבין במעשר, שהרי ברשותן נולדו והרי הן כאיש אחד. חלקו האחים והשותפין אחר שנולדו להן הבהמות ברשותן וחזרו ונשתתפו, הרי אלו פטורין מן המעשר, שבשעה שחלקו נעשו הכל לקוחין והלקוח פטור, וכשחזרו ונשתתפו הרי נשתתפו בבהמות ועדיין לא ילדו להן ברשותן אחר שיתוף זה השני; ואף על פי שחלקו גדיים כנגד גדיים וטלאים כנגד טלאים ועשרה כנגד עשרה, הכל פטורין מן המעשר והרי הן כלקוחין.

אות ה'

במגביה מציאה לחבירו... קנה

חו"מ סימן רסט ס"א - המגביה מציאה לחבירו, אעפ"י שלא אמר לו כלום, זכה בה - ‹פי' ראובן שאמר בשעה שמגביה המציאה מע"ג קרקע, הריני מגביה מציאה זו כדי לזכות בה לשמעון, קנאה שמעון, {ואע"פ ששמעון לא א"ל שיזכה בעדו - ערוה"ש}, ואין ראובן יכול לחזור בו, עכ"ל הסמ"ע. **ולי** נראה דאפי' לא אמר כלום, אם מודה שהיתה כונתו לכך, וכן משמע מדברי הפוסקים, ש"ך - באה"ט›.

באר הגולה

[ט] ‹אבל בלשון השו"ע סי' רכ"ד שכתבו ומותרין בדברים שהם בשותפות לכל ישראל, משמע שהוא מדינא לא משום שהפקירו. ועיין בפי' המשנה שפי' הרמב"ם משום שאין לכל אחד כ"א זכות מעט מאד, שאין לאחד מהם שום רשות, שלכן גם בכאן אף שאינו הפקר, לא נחשב הזכות לכל אחד מהן כיון שהוא לכלל המדינה - אג"מ יו"ד ח"ב סי' ל"ט›. ‹**ולכאורה** הגמ' מבואר דאי הוי דשותפות הוי אסור, וצ"ע, **ועיין** ברש"י "ולא להיות שותפין בו שיהא להם כח וכו'", יש משמעות שהם שותפים, אבל לא כ"כ כדי שיהא להם כח לאסור זה חלקו של זה›

[י] ‹ע"ש דאם אין בו דין חלוקה, לא חל הנדר ומותרין ליכנס בו, דיש ברירה, דכיון דעל כרחך שלחבירו קנוי לו החצר ללכת בכולו, אין כח בידו לאסרו עליו, דהוי כאוסר על חבירו את של חבירו, דקאמרינן דכל עידן דעייל בחצר, רואים כאלו מקום דריסתו קנוי לו לבדו, דעל תנאי זה ניקנית להם החצר מתחלה, כיון שאין חבירו יכול לכופו›

[יא] ‹שלקחו בו דברים אחרים, דאז כיון שנכסים אלו נלקחו תחלה בשותפות, ולא היה ניכר מעולם איזה לזה ואיזה לזה, הו"ל כאדם א' שמביא שקל שלם דפטור מקלבון - שקל הקודש›

[יב] ‹ואין בזה השגה, מאחר שבקצת ספרים כתוב כן, והמגדל עוז הביא כמה ראיות להחזיק דברי רבינו - כסף משנה›

[יג] ‹והנה להרמב"ם יתפרש המשנה שאמרה: קנו מתפוסת הבית חייבין, על הנולדין לאחר מכאן. **דהרמב"ם** גורס במשנה, האחים והשותפים, דדין אחד להם, ואחים שירשו בהמות פטורים כמו שותפים, ושניהם הנולדים אצלם לאח"כ חייבין, **ולרש"י** אין דיניהם שוה, דשותפין פטורין לעולם אפילו הנולדים אח"כ, ואחים שירשו בהמות חייבים במעשר, אא"כ חלקו וחזרו ונשתתפו, דאז פטורים לעולם כשותפים, וכן אם קנו בהמות מתפוסת הבית חייבין במעשר, ואם חלקו אח"כ ונשתתפו פטורין לעולם כמ"ש, דרש"י גריס במשנה האחין השותפין - ערוה"ש›

אות ו'

מי שהיו פירותיו בעיר אחרת, וערבו בני אותה העיר כו'

סימן שצז סי"ז - [יד]**מי שהיו לו פירות מופקדים בעיר אחרת רחוקה ממנו, ועירבו בני אותה העיר לבא אצלו, לא יביאו לו מפירותיו, שפירותיו כמוהו** - והרי הוא לא הניח עירוב, (ובתוספתא סוף ביצה איתא: ואם יש שם {ר"ל במקום הפירות} אפוטרופוס מנהיג נכסיו של בעל הפירות, מביאין על פי אפוטרופוס אם הוא עירב, עכ"ל, ופשוט הוא, דהו"ל כמו רועה המובא בסעיף ה').

---

§ מסכת ביצה דף מ. §

אות א'

מי שזמן אצלו אורחים, לא יוליכו בידם מנות, אלא אם כן זכה להם מנותיהם מערב יום טוב

סימן שצז סי"ח - [א]**מי שזימן אצלו אורחים ביו"ט, לא יוליכו בידם מנות למקום שאין בעל הסעודה יכול לילך בו** - וה"ה אם הזמינם מבעוד יום, כל שלא זיכה להן, הרי הם ברשות בעל הסעודה, שקנו שביתה אצלו, [כן משמע מרש"י ‹ד"ה מי שזימן, דמעיר אחרת ע"כ הזמינם מעיו"ט› ופשוט], וכדמסיים: אא"כ זיכה וכו', **אא"כ זיכה להם מערב יו"ט ע"י אחר במנות אלו.**

אות ב'

הלכה כרבי

חו"מ סימן שצג ס"א - הכניס פירותיו לחצר (בעל הבית) שלא ברשות ואכלתן בהמתו של בעל הבית, פטור; ואפי' היה בעל החצר טוחן, והביא זה חטים לטחון שיש‏תכר בהן בעל החצר, אפילו הכי מקרי שלא ברשות (טור ס"א); ואם הוחלקה בהם והוזקה, בעל הפירות חייב; ואם הכניס ברשות, פטור - ‹המכנים, אם הוזקה בהמת בעל החצר בהם, וגם בעל החצר פטור בנזקי הפירות כשבהמתו הזיקן, דנהי דנתן לו רשות, מ"מ לא קיבל עליו שמירתן, והיה לו להבעל הפירות לשמרן, ונתינת רשות אינו מועיל רק לפטור את המכנים, אבל לא לחייב את בעל החצר בשמירתן›. [ב]**(ויש חולקין (טור בסי' רל"א וסימן של"ח בשם ר"י והרא"ש), כמו שיתבאר לקמן סוף סימן של"ח)** - ‹דסתם נתינת רשות הוי כקבלת שמירה מנזקין שלו - ערוה"ש›. [ג]**ואם קבל עליו בעל הבית לשמור את הפירות, בעל הבית חייב.**

[ד]**חו"מ סימן שצח ס"ה - אם הכניסו ברשות בעל החצר, פטור בעל השור; ואם הזיק שור בעל (החצר) לשור הנכנס ברשות, פטור, [ה]אא"כ קבל עליו בעל החצר שמירתו. הגה: [ו]וי"א דכיון דנתן לו רשות ליכנס הוי כאלו קבל עליו שמירתו; ודוקא בנזקין דאתו ליה מבעל החצר, אבל בנזיקין דאתו ליה מעלמא, אינו חייב עד שיקבל עליו שמירתו (טור בשם ר"י והרא"ש).**

[ז]**חו"מ סימן רצא ס"ג - בקש מחבירו שיתן רשות להכניס בהמתו או פירותיו לחצירו, ונתן לו רשות ולא פירש כלום בשמירתן, [ח]אינו חייב בשמירתן כלל.**

אות ג'

כגון שיחד לו קרן זוית

סימן שצז סי"ז - בד"א [ט]כשייחד להם קרן זוית - דהיינו שאושליה ביתא, ואמר ליה: הא ביתא קמך, שאין כאן קבלת שמירה, לפיכך הרי הם ברשות בעליו, **ופשוט** דה"ה שארי אופנים שאין עליו חובת שמירה מן הדין, ע"פ המבואר בחו"מ ריש סימן רצ"א.

(**והוא** כפירש"י ‹ד"ה שיחד› ור"ח וכן פירש הרא"ה ומאירי ורא"ש וטור ורי"ו, **אכן** באמת לשון המחבר שהוא לשון הרמב"ם אינו מורה כפירוש זה, אלא דעיקר הדבר תלוי בייחד לו מקום, דהעמידו ברשותו לענין עירוב, ובמסרו לנפקד בלא יחוד מקום, העמידו ברשות הנפקד, ולא תלי הדבר כלל בחיוב שמירה, ואפילו שכרו להדיא שישמור, [י]אעפ"כ ביחוד מקום קאי ברשותיה לענין עירוב, **ומשמע** עוד מלשונו, דהאי ייחד לו קרן זוית קאי על המפקיד, והיינו כנ"ל, וכבר העיר בזה בנשמת אדם, עיי"ש שהאריך איך לנקוט לדינא).

[יא]**אבל אם לא ייחד להם** - אלא קיבלן תחת רשותו, ובאחריותו קיימי, **הרי הם כרגלי זה שהם מופקדים אצלו** - ולפי"ז אם הם לא עירבו, אסור לו להביאן אצלו ואפילו כשעירב, [גמרא].

וכ"ז כשהניח פירות בסתם, ואח"כ נמלך ליטול מהן ביו"ט, אבל אם היה הדבר עומד ליטול מהן ביו"ט, הם ברשות בעליהן בכל אופן, [כן מוכח בגמרא, **דהנפקד** גופא מקני ליה כשביתת בעל הפירות, וכמו בשור של פטם דמקני ליה כשביתת כל א', **ואפי'** לא ידע הנפקד שבדעת בעל הפירות ליקחם, מ"מ אם בעל פירות חשב בעת קניית שביתתו להשתמש בהם למחר, מותר להביאן, דקנו שביתתו, **וראיה** מש"ס דאמר: ושמואל אמר וכו', מי ניחא לה דלוקמי ברשותיה, ורב פליג על זה, דמסתמא כיון דאוקמא ברשותיה לענין שמירה, ניחא לה דלוקמי ברשותיה גם כן לענין עירוב, **אמנם** בעניננו דחשב בהדיא ביהש"מ, א"כ גם לרב לא ניחא לה לאוקמיה ברשות הנפקד לענין זה].

באר הגולה

[יד] משנה שם [א] משנה שם [ב] שפסקו כחכמים שם במשנה וכרב שפסק כן שם בגמ' וכמ"ש בסוף שצ"ג – שם בסי' שצ"ח [ג] כרבי שם במשנה וכשמואל דפסק כוותיה [ד] ‹ע"פ מהדורת נהרדעא› [ה] פסק כדברי רבי שם במשנה וכשמואל שפסק כן [ו] שפסקו כחכמים שם במשנה וכרב שפסק כן שם בגמ' וכמ"ש בסוף שצ"ג [ז] ‹ע"פ מהדורת נהרדעא› [ח] כ"כ הטור בשם הרי"ף, וכ"כ הב"י בשם הרמב"ם, כרבי שם במשנה, דהכי פסיק שמואל הלכתא כוותיה, וכתב הרי"ף וקי"ל דהלכתא כוותיה בדיני [ט] הכי מפרש לה שם בגמ' אליבא דרב דקימ"ל כוותיה ‹אף דהגמ' אינו מפרש כן רק על סיפא דמשנה {אם עירב הוא פירותיו כמוהו}, ולא על הרישא {ועירבו בני אותה העיר... לא יביאו לו}, ובזה איירי השו"ע, היינו משום דהרישא יכול לדחות כמ"ש התוס', אבל לפי מה שמפרש הגמ' כשייחד לו קרן זוית, גם הרישא מיירי כן› [י] ‹וזהו ממש סברא של ושמואל: אמר אנא דאמרי אפי' לרבנן וכו'› [יא] שם בגמרא וכרב

עין משפט נר מצוה

נח א מיי' פ"ה מהל' יו"ט הלכה יב טוש"ע א"ח סימן תקג סעיף יח :

נט ב מיי' פ"ג מהל' נזקי ממון הלכה יד סמג עשין סו טוש"ע ח"מ סימן שצג סעיף ח :

ס ג מיי' פ"ה מהלכות יו"ט הלכה יג טוש"ע א"ח סי' שצ סעיף יז :

סא ד ה מיי' פ"ב מהלכות יו"ט הל' כ סמג לאוין עה טוש"ע א"ח סימן תצז סעיף ב וסימן תקו סעיף ג :

סב ו מיי' פכ"ו מהל' שבת הלכה יד סמג לאוין סה טוש"ע א"ח סימן שי סעיף ב :

מסורת הש"ס

ב"ק מז: נח: ב"מ פח: · [שבת קכח.] · לעיל לח. · [לעיל לז:] · לעיל יז: · שבת מה: קנו. · שבת מה: [תוספתא פ"ד] · שבת מה:

מי שזומן אצלו אורחים לא יוליכו בידם מנות אלא אם כן זכה להם מנותיהם מערב יו"ט: **גמ'** איתמר המפקיד פירות אצל חבירו רב אמר כרגלי מי שהפקידו לו ושמואל אמר כרגלי המפקיד לימא רב ושמואל דאזדו לטעמייהו דתנן* אם הכניס ברשות בעל החצר חייב רבי אומר לעולם אינו חייב עד שיקבל עליו בעל הבית לשמור ואמר רב הונא אמר רב הלכה כדברי חכמים ושמואל אמר הלכה כרבי לימא רב דאמר כרבנן ושמואל דאמר כרבי אמר לך רב אנא דאמרי אפי' לרבי עד כאן לא קאמר רבי התם אלא דבסתמא לא קביל עליה נטירותא אבל הכא הא קביל עליה נטירותא ושמואל אמר אנא דאמרי אפי' לרבנן עד כאן לא קאמרי רבנן התם אלא דניחא ליה לאיניש דניקום תוריה ברשותיה דבעל חצר דאי מזיק ליה לא מיחייב אבל הכא מי ניחא ליה לאיניש דליקום פירה ברשותיה דחבריה תנן ואם ערב הוא פירותיו כמוהו ואי אמרת כרגלי מי שהפקידו אצלו כי ערב הוא מאי הוי אמר רב הונא אמרי בי רב כגון שיחד לו קרן זוית ת"ש מי שזומן אצלו אורחים לא יוליכו בידם מנות אא"כ זכה להם מנותיהם מערב יו"ט ואי אמרת כרגלי מי שהפקידו אצלו כי זכה להם ע"י אחר מאי הוי ה"נ כיון שזכה להם ע"י אחר כמי שיחד לו קרן זוית דמי ואיבעית אימא זכה שאני רב חנא בר חנילאי תלא בשרא בעברא דדשא אתא לקמיה דרב הונא א"ל אי את תלית זיל שקיל ואי אינהו תלו לך לא תשקול ואי איהו תלא מי שקיל והא *רב הונא תלמיד דרב הוה ואמר רב כרגלי מי שהפקידו אצלו שאני עברא דדשא דכמי שיחד לו קרן זוית דמי א"ל רב הלל לרב אשי ואי אינהו תלו ליה לא שקיל *והאמר שמואל שור של פטם הרי הוא כרגלי כל אדם א"ל רבינא לרב אשי ואי אינהו תלו ליה לא שקיל והאמר *רבה בר בר חנה א"ר יוחנן הלכה כר' דוסא א"ל רב אשי לרב כהנא ואי אינהו תלו ליה לא שקיל והתנן* הבהמה והכלים כרגלי הבעלים אלא שאני רב חנא בר חנילאי דגברא רבה הוא וטריד בשמעתיה וה"ק ליה אי את תלית אית לך סימנא בגווה ולא מסחת דעתך מניה זיל שקיל ואי אינהו תלו לך מסחת דעתך ולא תשקול: **מתני'** *אין משקין ושוחטין את המדבריות אבל משקין ושוחטין את הבייתות ואלו הן הבייתות הלנות בעיר מדבריות הלנות באפר: **גמ'** למה לי למימר משקין ושוחטין מילתא אגב אורחיה קמ"ל דלשקי איניש בהמתו והדר לשחוט משום סרכא דמשכא *ת"ר אלו הן מדבריות ואלו הן בייתות מדבריות כל שיוצאות בפסח ורועות באפר ונכנסות ברביעה ראשונה ואלו הן בייתות כל שיוצאות ורועות חוץ לתחום ובאות ולנות בתוך התחום רבי אומר אלו ואלו בייתות הן אלא אלו הן מדבריות כל שיוצאות ורועות באפר ואין נכנסות לישוב לא בימות החמה ולא בימות הגשמים ומי אית ליה לרבי מוקצה והא בעא מיניה ר' שמעון בר רבי מרבי *פצעילי תמרה לר"ש מהו א"ל אין מוקצה לר"ש
אלא

רש"י

מי שזומן אצלו אורחים · מעיר אחרת ויבואו אצלו על ידי עירוב : **לא יוליכו** · לאחר סעודה מנות בידם לביתם לסעודת הלילה : **אלא אם כן זכה להם** · ע"י אחר : **מנותיהם מערב יו"ט** · שמסרם בעל הבית זה לאדם אחר במשיכה ואמר לו זכה במנות הללו לפלוני ולפלוני דזכין לו לאדם שלא בפניו והיו שלהם מבעוד יום ילך כרגליהם : **גמ' אם הכניס ברשות** · שורו וקדרותיו ופירותיו לחצר חברו בעל חצר חייב בנזקין ורישא דהך מתני' בבבא קמא דכי אמר ליה עול עול ואנטר קאמר ליה : **לימא** · הך פלוגתא דהכא כי הך אזלא משום דאמר רב הלכה כרבנן דקיימי ברשותיה לענין שמירה הוא הדין לתחומין : **אמר לך רב** · בהך אנא דאמרי אפי' לרבי דאילו רבי לא פליג אלא בדלא פריש אלא עול סתמא אמר ליה וסבר רבי עול ואנטר את קאמר ליה אבל מפקיד פירות דהכא לאו בסתמא עסקינן אלא בדקביל לנטירותא: **ושמואל אמר אנא דאמרי** · בהא אפי' לרבנן עד כאן לא קאמרי רבנן התם דקיימי ברשות בעל חצר אלא לענין שמירה דכיון דסבירא להו דמסתמא עול ואנטר לך קאמר ליה כ"ש דבעל השור מינח ניחא ליה דמוקי שורו ברשותו דבעל חצר לשמרו דאי מזיק האי שור לבעל חצר לא מיחייב עליה אבל הכא לענין תחומין מי ניחא ליה לאוקים כו' : **תנן ואם ערב הוא פירותיו כמוהו** · אלמא כרגלי המפקיד ניהו : **שיחד לו קרן זוית** · דאושליה ביתא הלכך ברשות המפקיד הן אבל הכא דמשכן שומר וקבל עליו שמירתן הרי הן כרגליו : **אא"כ זכה** · וכי זכה מיהא מוליכין והרי בידו הופקדו לאחר זכייה וש"מ כרגלי המפקיד הן : **זכה שאני** · שהרי כל עצמו לא עשה אלא להוציאו מביתו ולהעמידו בביתה שלהן וברשותן : **תלא בשרא בעברא דדשא** · בבית אושפיזכניה שנתנו לו טבחי העיר מבעוד יום והוא היה בן עיר אחרת שמערבין לו לבוא לכאן : **ה"ג א"ל אם את תלית זיל שקיל ואי אינהו תלו לך** · לצרכך לא תשקול להוליכן לעירך ולקמיה מפרש טעמא ואזיל : **שאני עברא דדשא** · כלומר שאני הכא דתליגא איהו גופיה בעברא דדשא והם לא קבלוהו מידו לשמרו דכמי שיחד לו קרן זוית דמי : **א"ל רב הלל לרב אשי ואי אינהו תלו ליה לא שקיל והאמר שמואל שור של פטם הרי הוא כרגלי כל אדם** · אלמא כיון דהוקמיה במחשבתו ברשות כל מי שיקנהו מותר הקונה להוליכו למקומו והכא נמי הא ברשותיה אוקמיה במחשבתו ברשות כל מי שיקחנו : **א"ל רבינא לרב אשי ואי אינהו תלו ליה לא שקיל והא"ר יוחנן הלכה כר' דוסא** · דאמר הרי הוא כרגלי הרועה אלמא כיון דאין רועה בעיר אלא הוא ואנן סהדי דכל מי שיש לו בהמה דעתו שתהא כרגליו אמרינן בתריה אזלה וכל שכן הכא דאוקמוה בהדיא ברשותיה ולדעתא דידיה תלו ליה : **כרגלי הבעלים** · וכיון דלצרכו תלאוה שם הוה ליה איהו בעלים : **אלא שאני רב חנא בר חנילאי כו'** · וטעמא לאו משום תחומין אלא רב הונא דאורי ליה הכי תלמידיה דרב הוה ורב אמר בשחיטת חולין (חולין דף נה.) בשר כיון שנתעלם מן העין אסור ואפי' תלוי ביתד בבית ישראל ורב חנא אגב טרדא דשמעתיה משכח שאר עסקיו : **וה"ק ליה** · רב הונא : **אי את תלית** · מידי דעביד איניש בידיה לא מנשי ולא מסח דעתיה : **ואי אינהו תלו לך** · אתה לא היה דעתך לכך והם אינם זהירים בשלך ואסחו דעתייהו ולא תשקול לשון אחר משום מוקצה : **מתני' אין משקין ושוחטין את המדבריות** · משום מוקצה ובגמרא מפרש אמאי נקט משקין : **גמ' מילתא אגב אורחיה** · דתנא דה"ל לאורויי בבהמות מי מותרת ומי אסורה נקט אורחיה בלישנא דמשמע מינה מילתא חדתי בדרך ארץ : **משום סרכא דמשכא** · שתהא נוחה להפשיטה שהוא נדבק יותר מדאי בבשר : **ונכנסות** · לישוב : **ברביעה** · במרחשון : **פצעילי תמרה** · תמרים שאין מתבשלות באילן לעולם וגודרין אותן מהאילן ועושין להן חותלות הן כלי כפות תמרים וכונסין אותן לתוכן ומתבשלות : **מהו** · לאכול מהן ביום טוב :
אלא

תוספות

ת"י [**אלא** אם כן זכה להן · תימה ל"ל זכה אפי' בירר חלק כל אחד ואחד נמי מידי דהוה אשואל דאמרינן לעיל (דף לח.) אע"פ שלא נתנו לו אלא ביו"ט וכו' וי"ל דשואל דעתיה טפי אכלי מאורחים על מנות] . [**תנן** ואם עירב הוא פירותיו כמוהו · מרישא דקתני ואם ערבו בני אותה עיר לא יביאו לא מצי למידק דאיכא למימר דלא ערבו הנפקדים]: **פצעילי** תמרה · פ"ה תמרים שאינם מתבשלין באילן לעולם וגודרין אותן מן הדקל ועושין להם תותלות וכונסין לתוכן ומתבשלות ומבעיא לר"ש מהו לאכול מהן ביו"ט ולא נהירא דפצעילי תמרה לא משמע הכי אלא פירושו דהוי פגי תמרה שסופן להיות נגמרין ומתוקין יפה יפה ועדיין לא נתבשלו ופוצעין אותם אחת לשנים בסכין ומעלין אותן לגג ליבשן ולא הוו כגרוגרות ולמוקין דלא דחינהו בידים דלא היו ראוין מעולם :

הדרן עלך משילין וסליקא לה מסכת ביצה

רבינו חננאל

עמהן ופירק רב ששת זיכה שאני · מי שהיו לו פירותיו בעיר אחרת ועירבו בני אותה העיר לבוא אצלו לא יביאו לו מפירותיו ואם עירב פירותיו כמותו: איתמר המפקיד פירות אצל חבירו רב אמר כרגלי המופקדין אצלו ושמואל כרגלי המפקיד · לימא אזדו לטעמייהו דתנן בב"ק בפרק שור שנגח את הפרה אם הכניס ברשות בעל חצר חייב רבי אומר בכולן אינו חייב עד שיקבל עליו בעל הבית לשמור · ואתמר אמר רב הונא אמר רב הלכה כחכמים ושמואל אמר הלכה כרבי אמר לך רב אנא דאמרי אפילו לר' עד כאן כו' וכבר פירשנוהו במקומו והא דתנן אם עירב פירותיו כמוהו דשמעינן מינה כרגלי המפקיד אוקמה רב בדיחד להן [קרן זוית] ולא קיבל להיות מופקדין אצלו לפיכך ברשות בעליו עומדין' רב חנא בר חנילאי תלא בישרא בעיברא דדשא והפקידו אצל בעל הבית בערב יו"ט ואתא ביו"ט לגבי רב הונא וא"ל מהו למישקליה ולמיזל היום בתחום שלי א"ל אי אנת תלית ליה בעיברא דדשא מוכחא מילתא דלא אפקדתיה לגבי מריה דביתא ואע"ג דאמר רב כרגלי המופקדים אצלו בכי האי גוונא מודי רב דהוא כרגלי המפקיד · ואי אנת אפקדתיה גבייהו ואינהו תלו לא תשקול · ואקשינן וכי האי גוונא אי אינהו תלו והאמר שמואל שור של פטם כרגלי כל אדם דכיון דמכרוי עליה כל אדם דעתיה עילויה וכ"ש זה שכבר קנה א"ל רבינא לרב אשי א)ואי הוו איהו תלי שקיל והא"ר יוחנן הלכה כר' דוסא דאמר הלוקח בהמה מחבירו מעיו"ט אע"פ שלא נתנה לרועה אלא ביו"ט הרי הוא כרגלי הרועה ואוקימנא ברועה אחד א"ל רב אשי לרב כהנא ואי אינהו תלו לא שקיל והתנן השואל כלי מחבירו מערב יו"ט כרגלי השואל · הנה אע"פ שהן ברשות המשאיל כרגלי השואל הוו · הכי קאמר רב הונא אלא רב חנא בר חנילאי גברא רבה ומריד בשמעתיה הוא אי איהו תלא גלי דעתיה דכי יהיב סימנא שקיל ליה ולא מסח דעתיה · ואי אינהו תלו לא חייש דלמא משתלי ליה ב) ומסח דעתיה מיניה : מי שזומן אצלו אורחין לא יביאו בידם מנות אא"כ זכה להן במנותיהן מערב יו"ט : [כתני'] אין משקין ושוחטין המדבריות אבל משקין ושוחטין את הבייתות · למה לי למיתנא משקין מילתא אגב אורחיה קמ"ל דלישקי איניש בהמתו והדר לישחוט מ"ט דכי איכא סירכא משמטא ג) ת"ר אלו הן מדבריות כל שיוצאות ורועות בפסח ונכנסות ברביעה [ראשונה] בייתות שיוצאות ורועות חוץ לתחום ובאות ולנות בתוך התחום · ר' אומר אלו ואלו בייתות הן · אלו הן מדבריות שיוצאות

א) נראה דצ"ל ואי אינהו תלו ליה לא שקיל. ב) נראה דרבינו ז"ל ס"ל דכיון דמסח דעתיה מיניה אסור משום תחומין וכן פי' הרב המאירי ז"ל בשם המפרשים ז"ל ואולי דכוון על רבינו ז"ל. ג) כ"ה ג' הרי"ף ז"ל ועי' בש"ך יו"ד סימן ל"ט ס"ק ל"ט .

אות ד' – ה'

אין משקין ושוחטין את המדבריות, אבל משקין ושוחטין את הבייתות

אלו הן מדבריות ואלו הן בייתות: מדבריות כל שיוצאות בפסח, ורועות באפר, ונכנסות ברביעה ראשונה; ואלו הן בייתות, כל שיוצאות ורועות חוץ לתחום, ובאות ולנות בתוך התחום

סימן תצז ס"ב - [יב]דגים ועופות וחיה שהם מוקצה, אין משקין אותן ביו"ט, ואין נותנים לפניהם מזונות, [יג]שמא יבא ליקח מהם - לאכלם, ובבהמה טמאה דלא שייך זה, מותר לכו"ע.

כתבו האחרונים, דוקא לפניהם ממש אסור ליתן, אבל אם נותן ברחוק קצת מהם, והם באים ואוכלים, לית לן בה, כיון דעושה הכירא, מדכר ולא אתי ליקח מהם.

מדתלה הטעם במוקצה, משמע דה"ה בהמה, כגון בהמה מדברית המבואר לקמן בסי' תצ"ח ס"ג, או כגון אווז ותרנגולת העומדת לגדל ביצים, אף דלא שייך בהן צידה, כיון דהם מוקצה אסור להשקותן וליתן לפניהם מזונות, שמא יבוא לאכול מהן ביו"ט. [**ודע**, דכ"ז אם נסבור דמוקצה אסור ביו"ט, והמחבר אזיל בזה לטעמיה, שפסק בסי' תצ"ה דמוקצה אסור ביו"ט, **אמנם** לי"א שמביא בהג"ה לעיל שם, דמוקצה מותר ביו"ט, א"כ כ"ש דנותנים לפניהם מזונות, אם הוא דבר שניצוד ועומד].

אבל לקמן בסעיף ז' סתם המחבר כדעת הפוסקים, דתלוי הדבר בצידה, דכל שאין מחוסרין צידה מותר ליתן לפניהם מזונות, **וכתב** הפר"ח דכן נוהגין העולם, וכן הוא העיקר, עי"ש.

וכל מה שאסור לאכלו או להשתמש בו מפני שהוא מוקצה, אסור לטלטלו.

סימן תצח ס"ג - [יד]בהמות שיוצאות ורועות חוץ לתחום, ובאות ולנות בתוך התחום - [טו]לאו דוקא בכל יום, אלא אפילו שבאים לפרקים ללון, **הרי אלו מוכנות, ולוקחין מהן ושוחטין אותן ביום טוב** - ואפילו לא באו מבעוד יום אלא בלילה, דלא חשב עלייהו כלל ביה"ש, נמי מותרין, דכבהמות בייתיות דמי, וא"צ לחשוב עליהם, **אם** רק לית בהו איסור תחומין, כגון שבאו מאליהם וכדומה.

אבל הרועות והלנות חוץ לתחום - היינו שדרכם להיות רועות כל הקיץ עד חודש חשון, ואח"כ באות לביתם, [ש"ס], מ"מ כל ימי הקיץ אין דעת אנשי העיר עליהם, **אם באו ביו"ט, אין שוחטין אותן ביו"ט, מפני שהן מוקצין, ואין דעת אנשי העיר עליהן** - ולמאן דשרי מוקצה ביו"ט, מותרים, **ויש** מי שכתבו דלכו"ע אסור, דכיון שאין נכנסות לתחום העיר כל ימי הקיץ, הוי להו כגרוגרות וצמוקים שהעלם לגג ליבשן, דלכו"ע אסוחי אסח דעתייהו מנייהו עד שיתייבשו, וכמבואר לעיל בסי' ש"י, [מ"א בשם יש"ש, וכדעת העיטור דפסק כתירוץ קמא בש"ס, **וס"ל** דתירוצא קמא לאו לרבי בלחוד קאתי, ואאינם באים לבית לעולם, כמו שפירש רש"י, אלא אבל מדבריות קאי].

ומיירי דלית בהו איסור תחומין, כגון שבאו מאליהם, או עירבו לאותו צד, או לענין להתיר אותם לישראל אחר, דאל"כ בלא"ה אסורין, שהרי באו מחוץ לתחום.

(**ומשמע מזה, דאם באו בערב יו"ט, שוב נפקע מנייהו שם מדברי, ומן הסתם הוי להו מוכנים, ופשוט דדוקא בדידע בהו ביה"ש, אכן הרב המאירי כתב להדיא, דאפילו באו מערב יו"ט, דמסתמא לאו דעתיה עלייהו, אא"כ זימנם בפירוש מערב, עי"ש, וצ"ע לדינא**).

והני מילי בבהמות ישראל, [טז]אבל של אינו יהודי לית בהו משום מוקצה, דאין הא"י צריך הכן - וכמו שפירשנו לעיל בסי' תצ"ז סט"ו, ולהכי אפילו היו מהבהמות הלנות בכל ימות הקיץ שלא בבית, לית לן בה.

אא"כ באו בשביל ישראל, שאז אסור - עכ"פ לישראל זה שהובא עבורו, מטעם איסור תחומין, ולישראל אחר מותר.

[יז]לפיכך - הלשון מגומגם קצת, דאינו מסיים מענינא דרישא, ובאמת המחבר מתחיל עתה מענין אחר, וחסר כאן איזה תיבות, וכצ"ל: "**ודוקא כשידוע שלנו חוץ לתחום, ולא בספק, לפיכך**" **אינו יהודי שהביא בהמה במקולין (פי' מקום ששם שוחטים הבהמות)** - שיש מקומות שהנכרים מביאין בהמות במקולין של ישראל, וישראל שוחט ומוכרים הבשר, **אם ידוע שלנות** - צ"ל "שלנו" **חוץ לתחום, אסורות** - היינו בעיר שאין רובה נכרים, דאמרינן מסתמא לצורך ישראל הביאם, [מ"א, ור"ל גם לצורך ישראל, דאף מחצה על מחצה אסור].

ואם ספק, מותרות אפילו באו לצורך ישראל, שהמוקצה הולכים בספיקו להקל - ר"ל באיסור של חוץ לתחום, וקרי ליה נמי מוקצה, **אבל** בספק מוכן, בודאי לחומרא אזלינן, וכדלעיל סי' תצ"ז ס"ג וד', [ובאמת לא שייך כלל בעבו"ם אם לנה בבית או בשדה, כיון שאין הכנה לעבו"ם]. **והמחבר** בכאן החזיק בשיטת הפוסקים, דתחומין

באר הגולה

יב **שם במשנה** ‹דף כ"ג›. ‹**כמ"ש** בסוף יו"ט, אין משקין כו', **והא** דפריך בגמ' שם ל"ל למימר משקין, ר"ל למה נקט השקאה דוקא, **דלא** כהר"ן שם שכתב דהשקאה מותר, וזהו שכתב הרמב"ם ושו"ע לשון משקין – גר"א› יג **פי' תוס'** ‹שם כ"ג: ד"ה ואין נותנין› **וכ"כ הרמב"ם** יד **משנה ובריתא שם מ' וכת"ק** טו ‹שעד כאן לא נחלקו חכמים על רבי, אלא שדעתם שאע"פ שבהמות אלו נכנסות ללון בעיר בחורף, אין זה מבטל מהם שם מדבריות בחודשי הקיץ, אבל חודשי הקיץ הוא זמן קצוב שלא נכנסות כלל, ובזמן זה מקצה דעתו מהם, אבל אם גם בחודשי הקיץ נכנסות לפעמים, הרי אינו מקצה דעתו מהם – מ"ב המבואר› טז **הר"ן שם ע"פ הירושלמי** יז **ארחות חיים בשם הרשב"א**

קילא ולא מחמרינן בספיקה, **וכבר** תמהו האחרונים, דבכמה מקומות פסק כדעת הפוסקים להחמיר גם בספק תחומין, ובס"ד יתבאר.

ואם הביאום לצורך הא"י - ר"ל ואז מותר אפי' היא עיר של ישראל, **או אפילו סתם בעיר שרובה א"י, מותר, שכל המביא לצורך הרוב מביא.**

[יח]**סימן תצח ס"ד** - [יט]**בהמות הידועות ללון חוץ לתחום, ונמצאו בעיר ביום שני** - כתבו המפרשים דט"ס הוא, וצ"ל "ביו"ט", **אני אומר: שמא מבערב הכניסן וחוץ לחומה לנו, ומותרות** - היינו הך דס"ג, אלא דרבותא קמ"ל, שאפילו הבהמות שרואים היום אצל עכו"ם ידועות לנו שדרכם ללון חוץ לתחום, וגם בערב יו"ט לא היו עוד בעיר, וסד"א דגם עתה היה כן, אלא שהעכו"ם הביאם בעיר היום לצורך המקולין, **קמ"ל** דגם בזה לא נפק מכלל ספיקא, דשמא שפיר הביאם מאתמול, רק היו חוץ לחומה, ובבוקר הכניסם לעיר.

וכל שכן השחוטות בבוקר - ר"ל שמביאן הנכרי למקולין לשחוט אותן בבקר, **שחזקה מבערב הכניסן לתוך התחום** - כדי שלא יאחר הזמן, וגם שאין מצוי כ"כ לילך עם הבהמות בלילה.

וכ"ז הוא כפי שיטתו בס"ג, דבתחומין תלינן להקל כל זמן שאינו ברור לנו, וכבר כתבנו דהמחבר בעצמו מחמיר בזה בכמה מקומות, **ודעת** המ"א שלא להקל, רק בשהעכו"ם שרוי בעיר, ובהמות מצויות לו תוך התחום, דבזה לא מחזקינן איסורא, או ביו"ט שני, ומטעם ס"ס, וכדלעיל בסימן תצ"ז ס"ד.

אות ד'*[כ]

דלשקי איניש בהמתו והדר לשחוט, משום סרכא דמשכא

יו"ד סימן לט סי"ב - [כא]**טוב להשקות הבהמה סמוך לשחיטה** - כ"כ הכל בו קבלה מרבותיו ומאת זובחי הזבח הבקיאין, בהמה שלא הושקתה מים קודם לשחיטה, כולה מלאה סרכות דקות וקשות כו', **ואמר** הגאון אמ"ו ז"ל, שנ"ל שיצא להם זה ממאי דאמרינן בש"ס סוף ביצה (דף מ') ל"ל למימר משקין ושוחטין, מלתא אגב אורחא קמ"ל, דלישקי איניש בהמתו והדר לשחוט, משום סירכא דמשכא, ופירשו רש"י והר"ן, שתהא נוחה לפשוט, שהעור נדבק ביותר בבשר, **ונראה** שהם פירשו, משום סירכות דמתנתקות מחמת השקאה, וראיה מצאתי לדבריו, ממאי דאיתא להדיא בהרי"ף, דאי איכא סירכא משתמטא - ש"ך.

(**ועיין** תבואות שור ופרי חדש שהביאו בשם לבוש, טוב להשקות מים צוננים יע"ש - פמ"ג.)

אות ו'

אין מוקצה לרבי שמעון אלא גרוגרות וצמוקין בלבד

סימן שי ס"ב - אין שום אוכל תלוש הראוי לאכילה מוקצה לשבת - דבדבר שאינו אוכל, אף לר"ש יש מוקצה לפעמים, כגון מוקצה מחמת חסרון כיס, **וכן** בדבר שאינו כלי, כגון מעות וצרורות ואבנים וכיו"ב, **ובדבר** שהיה מחובר מבע"י, ג"כ לכו"ע הוי מוקצה, שאין דעתו עליו מאתמול, ועיין בב"י.

דתמרים ושקדים ושאר פירות העומדים לסחורה, מותר לאכול מהם בשבת - דאע"ג דעומדים לסחורה, דעתו עליהם לאכול מהם כשירצה.

ואפי' חטים שזרעם בקרקע ועדיין לא השרישו, (מותר לטלטלן) - דאי השרישו, היה חייב משום עוקר דבר מגידולו, **ועיין** במאירי שכתב, דדוקא כשלא היו הזרעים עדיין מכוסין בעפר.

וביצים שתחת התרנגולת - ר"ל שהושיב התרנגולת על הביצים מבע"י כדי לגדל אפרוחים, **מותר לטלטלן** - ר"ל דאע"ג דדחינהו בידים מלהשתמש בהן, מ"מ כיון דחזיין ללקטן ולאכול, לא הוו מוקצה, **דלכשיהיו** מוקצה בעינן שני פרטים: דחינהו בידים, ולא חזו, וכמש"כ בסוף הסעיף.

וכן תמרים הלקוטים קודם בישולן, וכונסין אותם בסלים והם מתבשלים מאליהן, מותר לאכול מהם קודם בישולן - דאפילו כשהכניסו בסלים, עדיין איכא דאכיל להו הכי.

אבל גרוגרות וצמוקים שמניחים אותם במוקצה לייבשן - רחבה שאחורי הבתים קרוי מוקצה, **אסורין בשבת משום מוקצה, שהן מסריחות קודם שיתייבשו** - שכשהניחן ליבשן ונשתהו מעט, שוב אינן ראויין לאכילה עד שיתייבשו.

דכיון שיודע שיסריחו הסיח דעתו מהם, וכיון דאיכא תרתי: דחינהו בידים, ולא חזו, הוי מוקצה - היינו אפילו בטלטול אסורין, דהרי הן כאבנים ועפר.

ואפילו היה אוכל מן הענבים עד שחשכה, והותיר והניחן במוקצה, או העלן לגג ליבשן לעשות אותן צמוקין, **אפ"ה** שם מוקצה עליהן, דהשתא כיון דהניחן לייבשן אסח דעתיה מינייהו.

ודוקא גרוגרות וצמוקין, אבל שארי פירות שהעלה לגג ליבשן, אין בהם משום מוקצה, דהם חזיין לאכילה אף קודם שיתייבשו.

באר הגולה

יח (מילואים) יט שם בשם הרשב"א כ (ע"פ מהדורת נהרדעא) כא שם בכל בו, כי הבהמה שלא הושקתה מים סמוך לשחיטה כולה מליאה סירכות דקות (כמ"ש בסוף יו"ט, ל"ל משקין כו', וכפי' הרי"ף שם, דאי איכא סירכא משתמטא, וכ"כ הרמב"ם שם בפירוש, ואם יש שם סירכא חלושה נשמטת - גר"א)

רבינו חננאל 80

משילין פרק חמישי ביצה

אלא גרוגרות וצמוקין בלבד איבעית אימא הני נמי כגרוגרות וצמוקין דמי ואיבעית אימא לדבריו דר"ש קאמר וליה לא ס"ל ואיבעית אימא לדבריהם דרבנן קאמר להו לדידי אין מוקצה אלא לדידכו אודו לי מיהת היכא דיוצאות ורועות בפסח ונכנסות ברביעה ראשונה דבייתות הן ואמרו ליה רבנן לא מדבריות הן :

אלא בגרוגרות וצמוקין · שהן מתחלה ראויין לאכילה והוא דחה אותן בידים להעלותן ליבשן ושוב אינן ראויין עד שייבשו אבל אלו לא דחה אותן בידים ואיכא דאכיל מנייהו הכי קא סלקא דעתיה מדפריש ליה מילתיה דר"ש אלמא כר"ש ס"ל : **איבעית אימא הני** · מדבריות שאין נכנסות לישוב כלל כגרוגרות וצמוקין דמיין שמקצה אותן מאללו בידים : **ואיבעית אימא** · אין מוקצה לר"ש קאמר ליה אבל לדידי יש מוקצה: **אלא"א** מתני' לדבריהם דרבנן דאית להו מוקצה קאמר להו :

שיוצאות ורועות באפר ואין נכנסות בישוב לא בימות החמה ולא בימות הגשמים ומקשינן ומי אית ליה לר' מוקצה כלל דקתני אלו הן מדבריות והא בעא מיניה ר' שמעון ב"ר מר' פצעילי תמרה לר' שמעון מהו ואמר ליה אין מוקצה לר' שמעון אלא גרוגרת וצימוקין בלבד איבעית אימא הני נמי כגרוגרות וצימוקין דמו ואיבעית אימא לדבריו דר' שמעון קאמר וליה לא סבירא ליה ואיבעית אימא לדבריהם דרבנן קאמר להו לדידי אין מוקצה לדידכו דאית לכו מוקצה אודו לי מיהא דהיכא דיוצאות בפסח ונכנסות ברביעה דבייתיות הן ואמרו לו לא מדבריות הן : תוספתא מי שזימן אצלו אורחים לא יוליכו בידם מנות אלא אם כן זיכה להן על ידי אחר מנותיהן מערב יום טוב מה הן מוציאין מבית המשתה חת'כה א) דקלוסתא וביצה מתובלת ר' שמעון בן גמליאל אומר מקום שנהגו לחלק אגוזים וקליות בעורלם יוליכו בניו ובני ביתו קטנים הולכין עמו לבית האבל ולבית המשתה למקום שנהגו ולא יתן מסנותיו לבנו ולבתו של בעל חבית מפני האיבה · אין חפין ואין מתגרדין ביום טוב ב) אבל מדיחין את הכלים בנתר ג) ושפין כלי כסף בקרקסין · אין חפין את הכלים בנתר ביום טוב · אבל מדיחין אותן במלח ובמורסן בשבת ואין צ"ל ביו"ט · אלו הן המדבריות היוצאות בפסח ונכנסות ברביעה בייתיות כל שלנים בתוך התחום · רבי אומר אלו ואלו היוצאות חוץ לתחום אע"פ שאין נכנסין לתוך התחום אלא משחשכה מותר לשוחטן ביום טוב · ואלו הן מדבריות הרועות באפר לעולם · מיהא שמעינן דכל מידי דחזי לאינש דעתיה עילויה ואפילו הא דאמר רב נחמן עז לחלבה ורחל לגיזתה ותרנגולת לביצתה ד) קיימא לן כרבי ותורי דרדיא ותמרי דעסקא באנו למחלוקת רבי יהודה ורבי שמעון הא בהדיא קיימא לן הלכתא כרבי שמעון ואף על פי דביום טוב קיימא לן כרבי יהודה הני מילי כגון נולד ומוקצה מחמת איסורו וכיוצא באלו אבל הני כולו שרי ביום טוב :

א) בתוספתא ספ"ד הגי' תפיכות וגלוסקאות ומנה מתובלת . ב) בתוספתא כאן הגי' ואין מדיחין את הכלים בנתר ביו"ט אבל מדיחין אותן במלח ובמורסן וכו' וע"ע בשבת דף נ' ע"א ובב"י או"ח ס"ס שכ"ג ודו"ק היטב . ג) בתוספתא ספ"ד איתא ואין שפין כלי כסף בקרקטין ומיהו רבינו אפשר דגרים בתוספתא דשפין כלי כסף וכו' וכ"ה בירושלמי בילה פ"ד הלכה ג' ובירושלמי שם הגי' בקרטיקון כמש"כ רבינו וכ"ה במוסף סערוך בערך גרתיקון ובערך קרטס ע"ש . ד) נראה דצ"ל והרנגולת לביצתה ותורא דרדיא ותמרי דעסקא באנו למחלוקת ר"י ור"ש קיי"ל דשרי דהא בהדיא קיי"ל וכו' ועי' ברי"ף שהביא לדעת רבינו ע"ש היטב .

הדרן עלך משילין פירות וסליקא לה מסכת ביצה

אחר השלמת המסכת יאמר זה וויעיל לשכחה בעזה"י

*) **הדרן** עלך מסכת ביצה והדרך עלן דעתן עלך מסכת ביצה ודעתך עלן לא נתנשי מינך מסכת ביצה ולא תתנשי מינן לא בעלמא הדין ולא בעלמא דאתי :

יאמר כן שלש פעמים ואחר כך יאמר זה :

יהי רצון מלפניך יי' אלהינו ואלהי אבותינו שתהא תורתך אומנותנו בעולם הזה ותהא עמנו לעולם הבא **) חנינא בר פפא רמי בר פפא נחמן בר פפא אחאי בר פפא אבא מרי בר פפא רפרם בר פפא רכיש בר פפא סורחב בר פפא אדא בר פפא דרו בר פפא :

הערב נא יי' אלהינו את דברי תורתך בפינו ובפיות עמך בית ישראל ונהיה כולנו אנחנו וצאצאינו וצאצאי עמך בית ישראל כולנו יודעי שמך ולומדי תורתך : מאויבי תחכמני מצותיך כי לעולם היא לי : יהי לבי תמים בחקיך למען לא אבוש : לעולם לא אשכח פקודיך כי בם חייתני : ברוך אתה יי' למדני חקיך : אמן אמן אמן סלה ועד :

מודים אנחנו לפניך ה' אלהינו ואלהי אבותינו ששמת חלקנו מיושבי בית המדרש ולא שמת חלקנו מיושבי קרנות שאנו משכימים והם משכימים אנו משכימים לדברי תורה והם משכימים לדברים בטלים אנו עמלים והם עמלים אנו עמלים ומקבלים שכר והם עמלים ואינן מקבלים שכר אנו רצים והם רצים אנו רצים לחיי העולם הבא והם רצים לבאר שחת שנאמר ואתה אלהים תורידם לבאר שחת אנשי דמים ומרמה לא יחצו ימיהם ואני אבטח בך :

יהי רצון מלפניך ה' אלהי כשם שעזרתני לסיים מסכת ביצה כן תעזרני להתחיל מסכתות וספרים אחרים ולסיימם ללמוד וללמד לשמור ולעשות ולקיים את כל דברי תלמוד תורתך באהבה וזכות כל התנאים ואמוראים ותלמידי חכמים יעמוד לי ולזרעי שלא תמוש התורה מפי ומפי זרעי וזרע זרעי עד עולם ויתקיים בי בהתהלכך תנחה אותך בשכבך תשמור עליך והקיצות היא תשיחך : כי בי ירבו ימיך ויוסיפו לך שנות חיים : אורך ימים בימינה בשמאלה עושר וכבוד : יי' עוז לעמו יתן יי' יברך את עמו בשלום :

יתגדל ויתקדש שמיה רבא בעלמא דהוא עתיד לאתחדתא ולאחיא מתיא ולאסקא לחיי עלמא ולמבני קרתא דירושלם ולשכלל היכליה בגוה ולמעקר פולחנא נוכראה מארעא ולאתבא פולחנא דשמיא לאתריה וימליך קודשא בריך הוא במלכותיה ויקריה בחייכון וביומיכון ובחיי דכל בית ישראל בעגלא ובזמן קריב ואמרו אמן : יהא שמיה רבא וכו' יתברך וכו' על ישראל וכו' יהא שלמא וכו' עושה שלום וכו' :

*) [פי' סגון על זה תמצא בס' סחיים שחיבר אחי הגאון מהר"ל מפראג בס' זכיות ח"א פ"ג] **) [בסיומא וסוף תשובת הרמ"א ז"ל וכן בסוף יש"ש בב"ק כתוב רמזים על הזכרת שמות אלו] :

מילואים להלכות יום טוב

§ סימן תצו – דיני יו"ט שני של גליות §

סעיף א- בגליות שעושין שני ימים טובים מספק, כל מה שאסור בראשון אסור בשני, והיו מנדין למי שמזלזל בו - במזיד, ואפילו זלזל בו בדבר שהוא משום שבות, או בתחומים דרבנן, נמי מנדין אותו, **וכתבו** האחרונים, דאפילו חיללו ע"י עכו"ם נמי הוא בנידוי, דכל מה שאסור בראשון אסור בשני.

ונתבאר בפוסקים, דיו"ט שני חמור בזה מיו"ט ראשון, דביו"ט ראשון אין מנדין רק בעבר על איסור דאורייתא, אבל על שבות דרבנן אין מנדין, רק מלקין אותו מכת מרדות, משא"כ ביו"ט שני, **והטעם**, משום דיו"ט שני כל עיקרו אינו אלא מדרבנן, א"כ כי עבר בו על איזה דבר שהוא, הרי הוא כעוקר את כולו, ולהכי החמירו עליו, **משא"כ** ביו"ט ראשון, שאינו עוקרו במה שעבר על שבות, שהרי באיסור דאורייתא שבו לא עקרו, **ויש** פוסקים חולקים בזה, ולדידהו אין חילוק כלל בין יו"ט ראשון לשני, והדבר תלוי רק לפי ראות עיני הדיינים, במה שרואין לפי הענין, אם להקל עליו במלקות, או להחמיר עליו בנידוי, רק שהרשות בידם אפילו לנדותו.

כתבו האחרונים, דאם עשה הדבר על פי הוראת חכם שטעה, אין לנדותו, שהרי שוגג הוא.

ואע"ג דעכשיו בקיאין אנו בקביעות החודש לפי החשבונות שבידינו, מ"מ חששו חכמים שמא מרוב הצרות והטלטולים בגלותנו ישתכח החשבון, ויבואו לעשות חסר מלא ומלא חסר, ויאכלו חמץ בפסח, וע"כ הניחו הדבר בחו"ל כמו שהיו בימים הראשונים.

ואם הוא צורבא דרבנן, לא היו מחמירין לנדותו אלא היו מלקין אותו - ושיעור מכת מרדות, יש בזה דיעות בין הפוסקים, עיין במ"א וא"ר.

סעיף ג- בני ארץ ישראל שבאו לחוצה לארץ, אסורים לעשות מלאכה ביום טוב שני ביישוב, אפילו דעתו לחזור - דנותנין עליו חומרי מקום שהלך לשם, ואפילו בצנעא אסור, {דמלאכה א"א לעשות כ"כ בצנעא שלא יתוודע - מ"ב סימן תס"ח ס"ק י"ז}, **ומ"מ** אם עשה מלאכה אין מנדין אותו.

ולאפוקי אם יצא מן הישוב ובא לו למדבר, א"צ להתנהג כמנהג חו"ל, כיון שאין דעתו להשתקע שם.

כתבו הפוסקים, דישוב נקרא ישוב של ישראל דוקא, וכל זמן שלא הגיע לעיר של ישראל, א"צ להתנהג כחומרי אותה המדינה, [היינו בדעתו לחזור, **ומשמע** דאפי' בפרהסיא, כיון דכל איסורו הוא רק מפני המחלוקת]. **וכתבו** עוד, דתוך התחום הוי כתוך העיר, וצריך להתנהג כחומרי אותו מקום.

וכל זמן שלא הגיע ליישוב, אפילו אין דעתו לחזור, מותר, לפי שעדיין לא הוקבע להיות כמותן.

אבל אם הגיע ליישוב, ואין דעתו לחזור, נעשה כמותן, ואסור בין במדבר בין ביישוב - ר"ל אחר שנכנס לישוב, אפילו יצא אח"כ למדבר, לא נפקע חיובו.

ואפילו לישוב נכרים, דכיון שאין דעתו לחזור, נמשך אחרי המדינה שבא לשם, מכיון שהגיע לישוב של בני אדם, **ויש** מי שמקיל גם בזה כמו בדעתו לחזור, ובעי שיגיע דוקא לישוב של ישראל.

וכל חוץ לתחום אין נותנין עליו חומרי מקום שהלך לשם - ר"ל בין בדעתו לחזור בין באין דעתו לחזור, כל שלא הגיע לתחום הישוב, מקרי לא הגיע לישוב עדיין.

כתבו הפוסקים, בני א"י שבאו לחו"ל ודעתו לחזור, וחל יו"ט ב' בע"ש, א"צ לערב עירובי תבשילין, מפני שהוא דבר שבצנעא, ולכן אין צריך לנהוג בזה כחומרי המקום שהלך לשם, כיון שדעתו לחזור, **ומטעם** זה צריכים הם להתפלל תפלת י"ח בלחש ביו"ט שני, וכן להניח תפילין בצנעא, כיון שדעתו לחזור, נותנין עליהם חומרי המקום שיצאו משם, **אבל** צריכים ללבוש מלבושי יו"ט, מפני שהוא דבר של פרהסיא.

ובן חו"ל שבא לא"י, אם דעתו לחזור למקומו, צריך לעשות שני ימים יו"ט, ומ"מ תפלת יו"ט צריך להתפלל בביתו בצנעא, **אכן** אם דעתו שלא לחזור למקומו לעולם, יתנהג כבני א"י.

כתבו האחרונים, דמי שעוקר דירתו עם אשתו ובניו ממקום למקום, לישא וליתן ולהרויח, אע"פ שבשעת עקירתו היה דעתו לחזור למקומו, כמי שאין דעתו לחזור דמי, דסתמא דמילתא כיון דעקרינהו לאינשי ביתיה, כל שמוצא פרנסתו מרווחת באותו מקום שהלך לשם, אינו זז משם, [**והעולת** שבת מסיים על זה: וצ"ע להלכה]. **וכתבו** עוד, דמי שאין דעתו לחזור, אע"פ שאשתו נשארה במקומה הראשון, אפ"ה אין דעתו לחזור מיקרי.

§ סימן תצז – דיני הכנה ביום טוב §

סעיף טו - אינו יהודי שהביא דורון לישראל ביו"ט, בני יונה קטנים משובכות שיש לו בעיר, כיון שאין צריכים צידה - שהרי קטנים הם שאינם פורחין, וכדלעיל בס"ט, **מותרים** - אף למי שהביאם, דשל ישראל בכה"ג אין איסורם רק משום שלא הזמינם, ואקצי דעתיה מהם ערב יו"ט, והכא שהם של נכרי, הנכרי לא אקצי דעתיה מהם, וממילא מוכנים הם לכל, **ואם** הביאם הנכרי מחוץ לתחום, אסורין למי שהביא, ומותרין לאחר.

סעיף טז - השוחט בהמה ביו"ט, טוב לו שלא יבדוק עד שיפשיט, שאם תמצא טריפה לא יהא רשאי להפשיטה - שהרי היא מלאכה שלא לצורך אכילה, וכן עוף שנטרפה בשחיטה, אסור למרוט הנוצות, **ואפי'** להפשיט בדרך שאינו אסור אלא משום שבות, [כגון להפשיט את העור בחתיכות, שמפסיד להעור ואינו אלא מקלקל, או שמפשיט אותה שלא כדרכה, דהיינו בקוץ או בקנה], גם כן אסור, **ולא** שרינן ליה משום טעמא דלמא מימנע ולא שחיט ויתבטל משמחת יו"ט, שהרי אפשר ליה להפשיט קודם בדיקה.

ולהפשיט עכ"פ מותר קודם שבדקה, שאין חוששין שמא תטרף, שרוב בהמות כשרות הן. [**ואם** כבר נולד בה ספק טרפה, אם מותר להפשיט עד שנשאל למורה הוראה אם כשרה היא, עיין במאמר מרדכי שהוכיח מן הב"ח דמותר, והוא מפקפק בזה].

סעיף יז - אם נמצאת טריפה, אסור לטלטלה - ואפילו עומדת בחמה ותסרח, אסור להניחה במקום צל, **ולא** התירו זה משום שמא מימנע ולא שחיט, כיון שיוכל לשחטה במקום צל, או להעמידה שם עכ"פ קודם הבדיקה.

ויש שכתבו דלהכי לא חששו לשמא מימנע ולא שחיט, דמשום שמא ימצא טריפה לא מימנע, דלא שכיחא טריפות, **ומשום** זה יש שכתבו, דהאידנא דמחמרינן בטריפות הריאה בכמה חומרות, שכיחי טריפות, ושפיר איכא למיחש שמא ימנע ולא שחיט, כשלא נתיר לן עכ"פ להצניע הטריפה במקום מוצנע שלא יתקלקל, וע"כ יש להתיר בזמן הזה להצניע, [**ועיין** בא"ר דמפקפק ע"ז, וכן בשולחן עצי שטים פסק לאיסור,

רק באווזין ותרנגולין דליכא בהו טריפות הריאה, מוקמינן אדינא ואסורים בטלטול, [**וכתב** בחמד משה, דאווזות שמלעיטין אותם, ושכיח בהו טריפות הוושט כידוע, שפיר איכא גם בהו טעמא דמימנע ולא שחיט, אם יאסרו לו טלטול להצניע].

וכל זה הוא לשיטת המחבר, דמוקצה אסור ביו"ט, וכדלעיל בסימן תצ"ה, **אבל** לי"א שהביא הרמ"א שם, דמוקצה שרי, גם בענייננו שרי, כן כתבו כמה פוסקים, **ויש** מהן שסוברין, דבהמה שנטרפה הוי נולד, דמעיקרא הויא חזיא לאכילת אדם, והשתא עומדת היא לאכילת כלבים, וא"כ גם לי"א אסור, שהרי כתב שם בהג"ה דמחמירין בנולד.

(**ומיירי** בשלא היתה מסוכנת, דבמסוכנת, **אפילו** לשיטת המחבר אין בה מוקצה).

(**כתב** הגר"ז, הבודק בהמה ביו"ט, יבדקנה במקום שיהא אפשר להניחה שם אם תהיה טרפה, **לפי** שאסור לטלטלה כשתמצא טרפה ממקום זה למקום אחר, **וכן** חכם המורה הוראה, בדבר שיהא אסור לטלטלו אם יאסור, לא יורה עד שיניחוהו מקודם במקום המיוחד לו, כי אחר שיאסור יהא אסור לטלטלו, עכ"ל).

אבל מותר למכרה לא"י כדרך שהתירו מכירה לישראל, שלא ישקול ולא יזכיר סכום דמים, ואם אינו מאמינו, יקח ממנו משכון.

וכתבו האחרונים, דה"ה בבהמה כשרה, מקום שאין מנקר לנקר האחוריים, מותר למוכרו לנכרי בדרך המבואר כאן.

[**וא"ר** הוסיף עוד, דאפי' בשר כשר מותר למכור לנברי, אם אין מוצא למכור לישראל, ומטעם דאם לא כן מימנע ולא שחיט].

וכ"ז אם חושש שמא יסרח ויתקלקל עד אחר יו"ט, אבל אם אפשר לו לשמרו, לא שרינן מכירה ביו"ט, בין בטריפה ובין באחוריים, **ואפילו** בחושש שיסריח לא שרינן, אלא א"כ שחטה ביו"ט או בערב יו"ט סמוך לערב, שלא היה לו שהות למכור קודם יו"ט, הא אם היה לו שהות, אסור בכל גווני.

§ סימן תצח – דיני שחיטה ביום טוב §

סעיף יב - השוחט בהמה ביו"ט, אינו רשאי לתלוש הצמר לעשות מקום לסכין - דהוי עוקר דבר מגידולו, ואף דהוא כלאחר יד, דאין דרך להסיר הצמר על ידי תלישה, רק על ידי גזיזה, עכ"פ מדרבנן אסור.

(**והמ"א** כתב, דאם תולש בכלי, הוא גוזז, **ולאו** מוכרח הוא, דאפשר דדוקא אם גוזז בכלי, אבל תולש בכלי מקרי עוקר מגידולו כלאחר יד, וכן משמע קצת מפירש"י, ובטור יו"ד ג"כ משמע כדברינו, אח"כ מצאתי בשעה"מ שמצדד ג"כ כדברינו, **אכן** ברא"ש משמע כהמ"א, דתולש צמר בכלי מקרי דרך גזיזה, וכן משמע שם בפר"ח שבידינו).

אלא מפנהו (בידו) - ולא בכלי משום דנראה כגוזז, **ומושכו אילך ואילך, ואם נתלש נתלש** - ואין בו איסורא, דהו"ל דבר שאינו מתכוין, שאינו מתכוין לתלוש אלא לפנות, **ולא** יזיזנו ממקומו, אלא ישאר שם מסובך עם שאר צמר הצואר.

ואם היה צמר מסובך על הצואר שא"א לפנותו, ואין לשחוט כך כמבואר ביו"ד, ולא היה באפשרו מעיו"ט, לזה י"ל דשרי לעשות כן ביו"ט.

סימן תצח – דיני שחיטה ביום טוב

סעיף יג- השוחט את העוף, לא ימרוט את הנוצה כדי לעשות מקום לסכין - דמריטת נוצה הוא תולדה דגוזז, דעוף דרכו במריטה, (וחמיר מתלישת הצמר, דשם מקרי כלאחר יד, וכאן דרכו בהכי), **ומ"מ** לפנות בידו ולמשוך אילך ואילך, וכנ"ל בסי"ב, מותר גם בנוצות.

ואע"ג שאחר השחיטה מותר למרוט הנוצה, ואיסור גוזז שייך אף לאחר מיתה, **לא** אמרינן מה לי מחיים מה לי לאחר השחיטה, דלאחר שחיטה שאני, שכיון שכבר הותרה בשחיטה לאכול, וא"א לאוכלה בלי מריטת נוצה, מותר למורטה כמו שמותר לצלותה ולבשלה, **וכן** בבהמה מותר לאחר שחיטה להפשיט את עורה מטעם זה, אע"ג דהפשט אב מלאכה הוא, **אבל** בעוד שלא נשחטה, כל מאי דעביד, מכשירי אוכל נפש שאפשר לעשות מאתמול הוא, ואסור.

הנה בב"י הביא דעת הרמב"ן שמיקל בזה, והוא הסכים לדינא לאיסור כרוב הפוסקים החולקים עליו, וכמו שסתם כאן, **ומ"מ** נהגו עכשיו השוחטים למרוט, מפני שאומרים שא"א לשחוט בלא זה, וסומכין על דעת הרמב"ן, **ומ"מ** בודאי אם אפשר לשחוט בלא מריטה, רק שיפנה בידו, יש להחמיר וכנ"ל.

(**ונוצה דעזים**, הוא הדבר הדק שעל העזים שממנו עושים בגדים, ע"ז אמרו בגמרא דאורחיה בתלישה כמו נוצת העוף – אבל שערה דינו כמו צמר בהמה – וכששוחט עז יש ליזהר מאוד, שלא למרוט מן הצואר השער הדק שעל גבה, ויש בזה **איסור דאורייתא**, **וסברת הרמב"ן** שהתיר בעוף, מטעם דסוף של המלאכה הזו להיות נדחית ביו"ט, שימרטנה אחר שחיטה, לא שייך בזה, דהא סופו להפשיט העור כולו).

§ סימן תקה – דין החולב בהמה ביום טוב §

סעיף א- אקדים לזה הסימן הקדמה קצרה, והיא: אסור לחלוב בהמה שעומדת לחליבה או לגדל ולדות ביו"ט, אפילו דעתו לאכול מיד, משום מפרק דהוא תולדה דדש, דכיון שאינה עומדת לאכילה, יש עליה שם פסולת, ודומה לדש שמפריד התבואה מקשין שלה, **ובזה** אין חילוק בין אם חולב אותה לתוך כלי שיש בה אוכלין או לתוך כלי ריק, **אבל** אם היא עומדת לאכילה, דהיינו לשחטה, אין עליה שם פסולת, ואין דומה לדש, דכולה אוכל היא, וע"כ אם חולב לתוך קדרה שיש בה אוכלין, שרי, דמשקה הבא לאוכל כאוכל דמי, והוי כמפריד אוכל מאוכל, **אבל** אם חולב לתוך כלי ריק, גם בזה אסור החלב משום נולד, דמעיקרא אוכל והשתא משקה, [וממילא אסור לחלוב, דהוי החליבה שלא לצורך יו"ט]. **ודעת** הגר"א, דגם בזה עיקר האיסור משום מפרק, כיון דנעשה משקה, זו היא דעת השו"ע, **ויש** מן הראשונים שסוברין, דאפילו בהמה העומדת לחלבה, מותר לחלוב אותה לתוך הקדרה שיש בה אוכלין, [דאף דדישה אסורה ביו"ט, בזו התירו, כיון דאוכל הוא, כל לתקוני אוכל שרי, דא"א לעשותו מעיו"ט, דהיה מתקלקל ומחמיץ], ויתבאר לקמיה.

בהמה שהיא עומדת לאכילה, ורוצה לחלוב אותה לאכול החלב - ר"ל בו ביום, דלצורך מחר בכל גווני אסור, **אם לקדירה שאין בה אוכלין, אסור** - היינו אף דדעתו ליתן אח"כ החלב לתוך אוכל, מ"מ כיון דהשתא אין בהקדרה אוכל, יש על החלב שם משקה, וממילא יש עליה שם נולד, דמעיקרא כשהיתה בדדי בהמה היה על החלב שם אוכל, ככל הבהמה שהיתה עומדת לאכילה, והשתא משקה.

ואם יש בה אוכלין, מותר - דבזה לא הוי על החלב שם נולד, דיש עליה שם אוכל, כיון דבאה לאוכל, ומעיקרא ג"כ אוכל, כיון דהבהמה עומדת לאכילה.

וכגון שבא החלב לתקנו - שיש בקדרה כ"כ אוכלין כפי צורך החלב לתיקונו, או עכ"פ שרוב החלב יהיה נצרך להאוכל, ועי"ז שרי אף מיעוט החלב הנשאר שאינו צריך להתבשיל.

או שיש בה פרורין והחלב נבלע בהם - היינו נמי שעכ"פ רוב החלב נבלע בהפירורין.

אבל החולב כל צאנו, לא הותר מפני פרוסה שנותן בכלי - מילתא דפשיטא נקט, והעיקר דאין ניתר החלב ע"י מעט לחם שנותן בתחתית הכלי, כל כמה דאין רוב חלב נבלע בו, **ויש** למחות בהמון שעוברין ע"ז.

אבל בהמה שעומדת לגדל ולדות או לחליבה, אסור לחלוב אפילו לתוך אוכלין, **ואף** החלב שנטף מדדיה ממילא, אסור משום נולד.

ודע, דיש מן הראשונים שמקילין אפילו בבהמה העומדת לחליבה או לגדל ולדות, [וכנ"ל, ואין עליה שם נולד, אם לא שדרכו לקבץ החלב לעשות מהן גבינות], **ונראה** דבמקום מניעת שמחת יו"ט, שאין לו מה יאכל כי אם מאכלי חלב, יש לסמוך ע"ז להקל - ח"א, (**דלדעת הרמב"ם**, בחולב לאוכלין, אף בשבת הוא רק מדרבנן, משום דאין דרך פריקה בכך, **ומלבד** כל זה, עצם דין איסור חליבה ביו"ט, אף שלא לתוך אוכלין, אם הוא לצורך אותו היום, לכמה פוסקים אין בו איסור דאורייתא, משום דאוכל נפש הוא, **ולא** מיבעי להרמב"ם דדישה עצמה ביו"ט ג"כ אינו מן התורה, ואפילו לשיטת הרמב"ן והרשב"א דס"ל דהוא מן התורה, מ"מ בחולב ליו"ט ס"ל להרמב"ן דהוא מדרבנן, דהוא מדברים שמלאכתו ליומו, דהתירה התורה באוכל נפש, דאם יחליב מעיו"ט יתקלקל, וכמו אפיה ובישול, **אבל** רש"י משמע דס"ל, דחולב כדרכו הוא דאורייתא משום מפרק, וכן הרשב"א מבואר דהוא דאורייתא, **ומ"מ** כיון דעיקר האיסור לכמה פוסקים הוא דרבנן, **אין** בידינו למחות ביד המקילין, בחולב לאוכלין אף מבהמה חולבת, במקום מניעת שמחת יו"ט), **ויותר** טוב אם אפשר לו, לעשות החליבה לאוכלין ע"י עכו"ם.

סימן תקה – דין החולב בהמה ביום טוב

הגה: ואינו יהודי החולב בהמה ביום טוב - היינו בעומדת לאכילה, או שחולב בהמה שלו, דלית ביה משום מוקצה, ואפילו בעומדת לחליבה כעומדת לאכילה דמי, דאל"כ אפי' להמתירין מוקצה ביו"ט, דהביא הרמ"א בסי' תצ"ה ס"ד, אם אין עומדת לאכילה, נמצא שהחלב המופרד ממנה יש עליו תורת נולד, ואנו מחמירים בנולד ביו"ט – גר"ז.

וישראל רואהו - דאם אין רואהו, אסור לישראל לעולם לשתותם, כדאיתא ביו"ד, **יש להקל** - היינו אפילו אם חלבו לקדרה ריקנית, דלא מקרי נולד, מפני שהישראל עצמו היה מותר לחלוב אותה לקדרה שיש בה אוכלין, וע"כ בכלל מוכן הוא - מ"א וש"א, [**ולא** הבינותי, א"כ בישראל נמי, היכא שחולב בהמה העומדת לאכילה לתוך הקערה, דאסור משום נולד, נימא דמוכן הוא, הואיל והיה יכול לחלוב לתוך הקדירה, אלא ע"כ השתא דחלבו לתוך הקערה שייך שם נולד, דמעיקרא אוכל והשתא משקה, ה"נ בעכו"ם נימא הכי, ואף דמוקצה לא שייך ביה, נולד שייך בו, **ועיין** בביאור הגר"א שמסיק ג"כ להקל, אבל מטעם אחר, שדעתו שם דאין בחולב לתוך הקערה משום נולד, היכא דבהמה עומדת לאכילה, או בבהמת עכו"ם דאין בזה משום מוקצה, ורק דאם ישראל החולב, יש בו עב"פ משום מפרק, דמעיקרא אוכל והשתא משקה, אבל בעכו"ם דלא שייך זה, שרי].

ובבית מאיר כתב, דאף לדעה זו אין להקל כי אם בחולב לתוך אוכלין, **ולא** בא לחדש לדעה זו כי אם דבנכרי החולב בהמה שלו מותר אפילו בעומדת לחליבה, דאין מוקצה בשל עכו"ם וכנ"ל.

אך נהגו בו איסור, ואין לשנות - היינו דבקדרה ריקנית אסור אף לעכו"ם החולב, **אבל** אם הוא חולב לתוך אוכלין מבהמה שלו, אף אם היא עומדת לחליבה, שרי וכנ"ל, **וכן** ישראל מותר לחלוב מבהמת עכו"ם, אפילו עומדת לחליבה, לתוך אוכלין, דאין מוקצה בשל עכו"ם וכנ"ל.

מיהו ביום טוב של גליות מותר ביום טוב שני - ר"ל אפילו נחלב לתוך קדרה ריקנית, ובהמה העומדת לחליבה, שאחד מהם ודאי חול, **אכן** אם נחלב בשבת, אפילו לתוך אוכלין ומבהמה העומדת לאכילה, אסור ביו"ט ראשון שחל אחריו ביום א', משום הכנה, אבל ביום ב' שרי, **אבל** ביו"ט של ר"ה, חשוב שני הימים כיום אחד, וכל היכא דאסור ביום א' אסור ביום ב'. **ונכרי** שמסיח לפי תומו, שאותו החלב [של ישראל] נחלב ביו"ט א' של גליות, נאמן ומותר ביום שני.

ודין סחיטת בוסר הוא כמו בשבת, דנקטינן דאסור לסוחטו אפילו לתוך האוכלין, וכנ"ל בסימן ש"כ ס"ה, **וע"ש** בבה"ל, דהכרענו שם, דאפילו ע"מ לאכול לאלתר אסור.

ואם מותר לומר לאינו יהודי לחלוב בהמתו בשבת, ע"ל סימן ש"ה סעיף כ'.

וע"ל סימן תק"י סעיף ה', אם מותר להעמיד חלב ולעשות גבינה ביום טוב.

§ סימן תקט – כמה דינים פרטיים להלכות יו"ט §

סעיף ג - עופות שממלאים אותם בשר וביצים, מותר לתפרם ביו"ט - דמכשירין שא"א לעשות מבעוד יום הוא.

והוא שיתקן מעיו"ט החוט, וישימנו במחט - ר"ל מבע"י, דאם ישימנו ביו"ט, גזרינן שמא יחתוך החוט ג"כ, וזה בודאי אסור, דהא אפשר לעשותו מבע"י.

ואם לא שמוהו במחט מבע"י, אסור ליתנו במחט ביו"ט, אם לא ששם מעיו"ט ונלקח ממנו החוט ביו"ט, דאז מותר ליתן החוט במחט ביום טוב, ויחתוך הנשאר אחר תפירתו וכדלקמיה.

ויזהר שלא יחתוך החוט ביו"ט - קודם התפירה, לעשות אותו כדי מדתו, דהוא בכלל תקון כלי, **אבל** לאחר התפירה, מה שנשאר מן החוט מותר לחתוך.

הגה: וכן נהגו לשרוף החוט הנשאר בעוף לאחר שתפרו בו - פי' דהחוט שנשאר לאחר התפירה, מותר אף לחתוך, דזה א"א מעיו"ט, אלא שנהגו לשרוף, **אבל** קודם התפירה, אסור אף לשרוף, דלשרוף ולחתוך דין אחד להם.

סעיף ד - מותר לחתוך ביו"ט אגד גדיים ועופות מקולסים - צלויין ראשו על כרעיו ועל קרבו, נקרא מקולס, **וחוטים תפורים** - ר"ל שהיו תפורים זה לזה בעת הצליה, **ואף** דכתב מתחלה, דיזהר שלא לחתוך החוט, **היינו** קודם התפירה, משום דעי"ז מתקנו לתפירה, וחשיב כמתקן כלי, **משא"כ** הכא דהוא אחר התפירה, ואין כאן תקון, ואף בשבת מותר.

וכן יכולים לשרוף פתילה או סמרטוט שקושרים בו העוף - שאין בזה תקון כלי.

סעיף ה - מותר ללבן ביו"ט כלי ברזל שאפו בו פלאדי"ן של גבינה, ואחר הליבון יאפו בו פשטיד"א של בשר - דכיון דהתירא בלע, אין צריך ליבון גמור שתשרף קליפתה, אלא סגי בליבון קצת, עד שקש נשרף עליו מבחוץ, לפיכך מותר, דבליבון כזה אין נראה כמתקן כלי, אלא כמחממה לאפות בה.

והוא שכשיתלבן יתנו אותו על המאכל מיד - ואז אפי' היה אפשר לו ללבן הכלי מעיו"ט, ג"כ שרי, דהרי צריך לו עכשיו חמום הכלי בשביל אפיית המאכל, **אבל** אם ימתין מלאפות עד שיצטנן ויחממה מחדש, נמצא דהליבון הראשון היה רק כדי להכשיר הכלי, ונראה כמתקן, **ואף** אם לא היה אפשר לו ללבן מעיו"ט, ג"כ אסור, [כיון שיש בו משום תיקון כלי], **ויש** מאחרונים שמקילים כשאי אפשר לו ללבן מעיו"ט, **מיהו** עכ"פ לכו"ע אין להורות כן לאחרים, וכדלעיל בס"א בהגה.

כתב מ"א, מכאן משמע, שבחול מותר להגעיל כלי מחלב לבשר או איפכא, והעולם נוהגין איסור בדבר, עי"ש הטעם, **והפמ"ג** כתב, דהמנהג להטריף מקודם, **ועיין** מה שכתבנו לעיל בסימן תנ"א במ"ב, בשם החתם סופר.

סימן תקט – כמה דינים פרטיים להלכות יו"ט

אבל אם הוא בלוע מנבילה וכיוצא בה, אסור ללבנו אפילו לאפות בו דבר היתר - שצריך ליבון גמור עד שיהא ניצוצות נתזין הימנה, ונראה כמתקן כלי.

ואף אם לא היה אפשר לו ללבן מעיו"ט, כגון שנטרפה ביו"ט גופא, ג"כ אסור מטעם זה, **ולדעת** היש מקילין דלעיל, גם בזה שרי מצד הדין, [דלא חשיב תקון מנא, דהא אפשר להשתמש בו בצונן], **אך** אין להורות כן לאחרים וכנ"ל.

הגה: וה"ה דאסור להגעיל כלי ביו"ט - אפילו אם רוצה להשתמש בהכלי אח"כ לצורך יו"ט, דבישול מי ההגעלה הלא לא הוי לצורך אוכל נפש, כי אם להכשיר הכלי להשתמש בו אח"כ, וזה היה אפשר לעשותו בעיו"ט.

ואם לא היה אפשר להכשיר הכלי מעיו"ט, כגון שנטרפה היום וכה"ג, רבים מהאחרונים מקילים מצד הדין, [דאין לחוש בזה משום תיקון כלי, דיוכל לומר דלהדיח עושה כן], אך אין להורות כן לאחרים וכנ"ל, **אכן** אם היה לו מים רותחין שהרתיחן לצורך אוכל נפש, מותר להורות לאחרים להגעיל בהן, [וכשהיה בהן ששים נגד הכלי שמגעיל].

ומותר ללבן שפוד שצלו בו בשר שאינו מלוח, ורוצה לחזור ולצלות בו ביום טוב - דכיון דמדינא א"צ ליבון והגעלה, רק שנהגו ללבנו, לא חשיב תקון כלי ע"י הליבון, ומותר אפילו היה באפשרו ללבנו קודם יו"ט.

סעיף ו - אין נוקבין נקב חדש בחבית ביו"ט - אפילו לצורך שתיה, שהרי אפשר לנקבה מעיו"ט, וכל דינו כמו בשבת לעיל בסימן שי"ד, **ואם** לא היה אפשר לו לנקבה מעיו"ט, מותר לו לנקבה ביו"ט, כדין מכשירי אוכל נפש, **אכן** אין מורין כן, וכנ"ל בס"א בהג"ה.

סעיף ז - להטביל כלי חדש ביו"ט, דינו כמו בשבת, כדאיתא בסימן שכ"ג ס"ז - דיש מחמירים, מפני שאסור להשתמש בו בלי טבילה, נראה כמתקן כלי ע"י הטבילה, וה"נ ביו"ט.

ורק אם לא היה אפשר לו להטביל מעיו"ט, מותר לו להטביל ביו"ט לד"ה, לצורך תשמישו היום, דהרי הוא מכשירי אוכל נפש, **אך** אין מורין כן לאחרים, וכנ"ל בס"א, **אכן** אם היה הכלי הזה כלי זכוכית, דחיוב טבילתו הוא רק מדרבנן, [ואין חשיב תקון כ"כ], מצדד הפמ"ג, דיכולין אף להורות כן לאחרים לטבלו לצורך היום, אם לא היה אפשר לו לטבלו מעיו"ט.

הגה: ודין הדחה ושפשוף כלים ביו"ט, דינו כמו בשבת, כדאיתא סי' שכ"ג. ומותר לטלטל מוקצה לצורך אוכל נפש ושמחת יו"ט - כגון לטלטל האפר כדי לאפות במקומו, **או** לטלטל האבנים המונחים על הפירות, כדי לאכול הפירות, **אבל** לאכול או ליהנות מדבר המוקצה גופא, כגון להסיק במוקצה וכה"ג, אסור.

§ סימן תקי – כמה דברים האסורים לעשות ביו"ט, ואיזה מהם מותרים ע"י שינוי §

סעיף ג - אין מסננים החרדל במסננת שלו - דמיחזי כבורר, שמשליך עי"ז הסובין שלו, [**ואף** למה דפסק הרמ"א לעיל, דאף להניח שרי, משום דבורר הותר ביו"ט, ג"כ אסור, משום דעשוי לימים הרבה, ואפשר ג"כ דדמי לנפה וכברה], **אבל** בורר ממש לא הוי, שגם הפסולת ראוי לאכילה.

לכאורה משמע מזה, דאם מסנן על דבר אחר שלא כדרכו, מותר, ודומיא דס"ב, דלא החמירו אלא בנפה וכברה, משום שכן דרך ברירתו בחול.

כתב המ"א, דאם לא היה אפשר לסנן מעיו"ט, מותר לסנן אפי' במסננת, (**אבל לפי דעת המחבר לעיל בסי' תצ"ה, דסובר דבאוכל נפש עצמו אין לחלק, ואפי' באפשר שרי, א"כ ע"כ מה דאסרינן לסנן החרדל, היינו משום דדרך לעשותו לימים הרבה, ולכו"ע אסור, וא"כ אין חילוק כלל בין אפשר לאי אפשר, דבסינון החרדל בכל גווני אסור, משום דדרך לעשותו לימים הרבה, אם לא ע"י שינוי**).

ואין ממתקין אותו בגחלת של עץ - כדרך שרגילין בחול, להניח בתוכו גחלת, וע"י כן מתמתק.

והטעם משום כיבוי, ואע"ג דהוי לצורך אוכל נפש, הא אפשר לעשותו מאתמול, ואסרוהו מדרבנן, ולפי"ז אם אי אפשר לעשותו מאתמול, שרי, **ויש** מחמירין, שאפילו באופן זה אין לעשות כי אם ע"י שינוי, [משום דדרך לעשות כן לימים הרבה, **ובפרט** דיש ראשונים דסברי, דמיתוק החרדל אין זה בכלל צורך אוכל נפש גמור, דאפשר בלא זה].

אבל בשל מתכות, מותר - דאיננו בוער, וליכא כיבוי מדאורייתא, ואע"ג דיש בו איסור כיבוי מדרבנן, התירו משום שמחת יו"ט, **ואם** מותר ע"י אבנים, עיין במחצית השקל.

וכתב המ"א, דמהאי טעמא מותר ליתן שפוד של מתכות מלובן לתוך משקה, כדי שיתחמץ, אם ראוי לשתותו בו ביום, **ועיין** בביאור הלכה, דלהפוסקים שסוברין דצירוף הוא דאורייתא, אין להקל בזה.

סעיף ד - אין תולין המשמרת ביו"ט לסנן בה שמרים - היינו שמותח פי המשמרת ע"ג כלי בעיגול, ונעשה כאוהל על חלל הכלי, ומשו"ה אסרו, דהוי כעובדא דחול.

אבל אם היתה תלויה ועומדת, מותר ליתן בה שמרים לסננן – (אף דהוי מלאכה גמורה, דבשבת חייב חטאת ע"ז, ביו"ט מותר משום דהוי אוכל נפש, **ואף** דלעיל אסור בורר ע"י נפה וכברה, התם משום דע"י כלים אלו דרך לעשות לימים הרבה, והוי כעין קצירה וטחינה, **אבל** כאן אף שהוא על ידי כלי, דרך לעשותה לפי שעה).

ומיירי באופן שאם היה עושהו מאתמול לא היה טוב כ"כ, דאל"ה אסור משום בורר, וכמו גבי חרדל לעיל בס"ג, **וכתב** הפמ"ג, דע"י שינוי מותר בכל גווני.

סימן תקי – כמה דברים האסורים לעשות ביו"ט, ואיזה מהם מותרים ע"י שינוי

ומערים ותולה אותה ליתן בה רמונים, ואחר כך נותן בה שמרים - פי' אף אם לא היתה תלויה מבע"י, יכול להערים ולתלותה ליתן בה מתחלה רמונים, ונותן בה רמונים מתחלה, **אבל** כשאינו נותן בה רמונים, מוכחא מילתא שעושה משום שמרים, ואסור.

הגה: ושאר דיני סינון, ביו"ט כמו בשבת, כדאיתא סימן שי"ט - רמז בזה מה שמבואר לעיל שם בס"י, דאסור לסנן מים בסודר משום ליבון, וע"ש במ"ב, וה"ה כאן.

סעיף ה - אין עושין גבינה ביו"ט - דגבינה מעלי טפי כשהיא ישנה, וא"כ הו"ל למעבד קודם יו"ט, **ואפילו** לאותן הפוסקים דסוברין בסימן תצ"ה, דאוכל נפש עצמו מותר אפילו היה אפשר לעשותה קודם יו"ט, **הכא** אסור, מפני שדרך לעשותו לימים הרבה, והוי עובדא דחול, **ולפי"ז** אפילו אם אי אפשר לו לעשותה קודם יו"ט, י"ל דאסור, **מיהו** ע"י שינוי יש להקל, [**וי"א** דדוקא בשא"א לעשותה מעיו"ט, יש להקל ע"י שינוי].

(ואין מעמידין חלב ביו"ט) - דהיינו ע"י קיבה או שארי דברים, שיתקבץ החלב ויקפא ויתברר הקום, **וכן** אסור לעשות סיראוויטקע, דהיינו שנותן מעט חומץ בחלב, כדי שיתברר המי חלב, דזה הוא בורר ממש, ודרך לעשותו לימים הרבה, [**וכן** להעמיד החלב במקום חם כדי שיקפא, גם זה הוא בכלל בורר].

ועיין בפמ"ג שמסתפק, אם מותר לעשות דבר זה בעצמו לחולה שאין בו סכנה.

וה"ה דאין עושין חמאה מן החלב ביו"ט - הטעם ג"כ משום בורר וכנ"ל, [ור"ל שדרך לעשותו לימים הרבה], **ואפילו** ע"י עכו"ם יש להחמיר, **ויש** מקילין בזה אם הוא לצורך שמחת יו"ט, [דהוא שבות דשבות לצורך מצוה], **ואין** להקל אלא לצורך גדול, [דלדעת הרשב"א, דבורר הוא מלאכה דאורייתא, בודאי אין להקל ע"י עכו"ם, **וגם** בלא"ה, לית בחמאה כ"כ משום שמחת יו"ט, אם לא שאין לו מה יאכל].

[**ועיין** בעו"ש, דמקיל בא"א לעשותו מעיו"ט שהיה טרוד, **ולפי** הפמ"ג, כל שנעשה לימים הרבה, אפי' בא"א לעשותו מבעו"י אסור, **ומ"מ** ע"י עכו"ם נראה דיש להקל].

ומותר לקלוט בעצמו שומן הצף על פני החלב, שקורין סמעטענע, אפילו בשבת, ורק כשיגיע סמוך לחלב יזהר להניח קצת מהסמעטענע עם החלב שלמטה, **ודוקא** כשצריך לאכלו בו ביום, דאל"ה אסור משום הכנה מיו"ט לחול, **ואם** א"צ לו, רק חושש שיפסיד ויתקלקל, מותר לעשותו ע"י עכו"ם.

ובספר מו"ק כתב, דגם בעשיית חמאה הנ"ל, ג"כ מותר ע"י עכו"ם, אם הוא חושש שיתקלקל הסמעטענע אם לא יעשנה חמאה.

סעיף יא - אין מביאין עצים לא בחבל ולא בקופה ולא במחצלת - ר"ל אפילו ממקומות המותרין להביא, וכנ"ל בסימן תק"א ס"ג, אפ"ה לא יביאם כרוכים בחבל וכו', שלא יעשה כדרכו בחול, **אבל מביא במטפחת ובחיקו.**

[**ויש** לעיין, אם בזה ג"כ דוקא אם מביא ממקום למקום, אבל מזוית לזוית או באותה חצר מותר להניח בקופה, כמו בס"ח, **או** דלמא מה שהניח העצים בתוך הקופה, זהו גופא עובדא דחול, וצ"ע].

§ סימן תקטו – דין דברים הבאים ביום טוב מחוץ לתחום §

סעיף ב - אפילו תלשן הא"י או צדן לעצמו, או נפל מן האילן מעצמו, או ניצוד מעצמו, אסור לאכלו בו ביום ולטלטלו - משום מוקצה, כיון שהיה מחובר מעיו"ט בין השמשות, ומוקצה דמחובר, או מפני שהיה מחוסר צידה, אסור לכו"ע, [היינו אפי' לר"ש], **ובפירות** יש בו עוד איסור, משום שמא יעלה ויתלוש, לכך אסרו באכילה ובטלטול.

אף למי שלא הובאו בשבילו - פי' דמתחלה תלשן לעצמו, ואח"כ נמלך להביא לישראל, אסור באותו היום אפי' לאחר, כיון דהאיסור משום מוקצה, אין נ"מ מזה לזה.

אבל לערב, מותרין מיד במוצאי יו"ט, אף למי שהובאו בשבילו - ואפילו לערב היה יו"ט, כגון שני יו"ט של גליות, דהאסור בראשון משום מוקצה, מותר בשני לכו"ע, **ורק** בשני י"ט של ר"ה אסור גם בשני, דכיומא אריכתא דמי, **וגם** בשבת הסמוך ליו"ט, אסור משום הכנה כנ"ל.

ודוקא אם הביאן מתוך התחום, אבל אם הביאן מחוץ לתחום, אף דהתלישה היה לעצמו, אסור עכ"פ משום תחומין למי שהובא בשבילו בכדי שיעשו, כמבואר בס"ה.

סעיף ג - אפילו אם הוא ספק אם נלקטו או ניצודו היום, אסורים - זה נמי קאי בעכו"ם שליקט לעצמו, דאין בו אלא איסור מוקצה, מ"מ גם בספק אסור, דספק מוכן אסור, **ולהכי** לא הזכיר כאן המחבר לענין כדי שיעשו, דכשלקטן לעצמו א"צ כדי שיעשו, כנ"ל בסעיף הקודם.

אכן אם ודאי לקטן או צדן היום, ורק ספק אם לקטן וצדן בשביל ישראל, אם צריך להמתין בכדי שיעשו, תלוי במחלוקת המבואר בסי' שכ"ה ס"ז, ומתבאר בדברי האחרונים שם, דיש להקל לצורך מצוה.

עוד מבואר שם, דאם היו שני הספיקות יחד, אם נלקטו היום, ואם נלקטו בשביל ישראל, ביומן אסורים, דאפילו ודאי לא בשביל ישראל לקטן, אסור משום ספק מוכן כנ"ל, **אלא** דבערב מותרין מיד משום ס"ס, ואפילו היה יו"ט בערב, כגון שני יו"ט של גליות.

אכן בנכרי שהביא דורון לישראל, או הביא למכור בעיר שרובה ישראל, אסור בכדי שיעשו, כמבואר בס"א, דחשבינן להו כודאי נלקטו היום

סימן תקטו – דין דברים הבאים ביום טוב מחוץ לתחום

ובשביל ישראל, [**ואף** דכמה פוסקים ס"ל דדורון נמי בכלל ספק הוא, מודו בדורון דאסור, דלדידהו גם מספק אסור בכדי שיעשו]. (**ומ"מ יש נ"מ לדינא, אם יהיה לזה עוד ספק, כגון ספק אם יש במינו מחובר, א"כ לדידהו הוי ס"ס ומותר לערב**).

אפילו אם ספק וכו', אסורים - עיין בט"ז ובאר הגולה, דאפילו ביו"ט שני יש לאסור, ובמאמר מרדכי מפקפק ע"ז, **והפ"ח** מכריע, דלענין ליקוט יש לאסור, משום דיש פוסקין שסוברין, דכל שיש מאותן המינין במחובר, דרכן של בני אדם ללקוט אותן ביומן שמביאין, **אבל** לענין צידה מותר ביו"ט שני, דלא שייך טעם הנ"ל, והו"ל ספיקא דרבנן.

אבל אם ניכר בהם שלא נלקטו ושלא ניצודו היום - שהיו הפירות כמושין, וכן דגים שנס ליחן ואדמומית שתחת לחייהן, שבודקין אותן שם, **מותר למי שלא הובאו בשבילו** - דקי"ל לקמן בס"ה, דהבא מחוץ לתחום בשביל ישראל זה, מותר לישראל אחר אפילו בו ביום.

ואם לא באו מחוץ לתחום, מותר אף למי שהובאו בשבילו.

הגה: אינו יהודי מסיח לפי תומו שלא נלקט היום או נצוד היום, נאמן - הטעם, לפי שהוא אינו משביח בדבריו, ואדרבה מגרע, כי יותר טובים הניצודים והנלקטים היום, **ומיירי** שאין הנכרי יודע שאסור לישראל מה שנילקט וניצוד היום, דאל"ה אמרינן דמתכוון להשביח מקחו. **(ועי"ל סי' תקי"ג ס"ו).**

ואפילו אם העכו"ם הביא בראש השנה, והסיח לפי תומו שנילקט בערב ר"ה, [ובזה אין נ"מ אם הפירות נאכלין חיין או לא], או שהביא ביו"ט אחר שבת, והסיח לפי תומו שנלקט בערב שבת, ג"כ נאמן, **מיהו** אם היה פירות שאין נאכלין חיין, והביאן ביו"ט שאחר שבת, או שהביאן בשבת, והוא מסל"ת שנלקטו מע"ש, אסור לאכלן ביו"ט, דדלמא נלקטו בשבת, ויש בהו איסור דאוריתא לדעת איזה פוסקים, ואינו נאמן במסל"ת באיסור דאורייתא, [**טעמם**, דכיון שאין נאכלין חיין, א"כ אין ראוי לאכילה ביום השבת, דהא אין יכול לבשלן, וניכר שהוכנו ליו"ט שלאחריה, **ודוקא** אם הוא יום א' של יו"ט, אבל אם הוא יום ב' של יו"ט, לית ביה אלא איסורא דרבנן לכו"ע, ועכו"ם נאמן].

סעיף ד - א"י שהביא דורון לישראל, מדברים שיש במינם במחובר - וה"ה מדברים שמחוסרין צידה, **ביו"ט ראשון של ר"ה שחל להיות בה' בשבת** - ולא נקט יו"ט של גליות, דאזיל לשיטתיה בס"א, דהותר אפילו ביום שני, **יש מתירים לאכלם בשבת בכדי שיעשו** - דלא אמרינן הכנה משני ימים מקודם, כי אם מיום אחד, **והגם** דבשבת לא שייך עשייה, מ"מ לא עדיף מאלו אקלע יום חול אחר ר"ה, דהיה צריך להמתין במוצאי ר"ה בכדי שיעשו.

ויש אוסרים - טעמם, דכיון דקי"ל בעלמא דשני ימים של ר"ה כיומא אריכתא דמיא, הוי כיום אחד לפני שבת, וממילא צריך להמתין במו"ש בכדי שיעשו, **ולדעה** זו, אפילו נשרו או ניצודו מאליהן, ג"כ אסור ביום השבת, ולמו"ש מותר בזה מיד.

הגה: ולדידן דנוהגין להחמיר בשני ימים טובים של גליות, נמי דינא הכי - ר"ל דיש בזה ג"כ שני דעות הנ"ל, **ורק** יש בזה נ"מ, דבשני ימים של ר"ה, אסור בשבת לדעת האוסרין, אפילו נשרו מאליהן, משום איסור הכנה, **משא"כ** בשני יו"ט של גליות, בנשרו מאליהן ביום א', או לקטן הגוי לעצמו, מותר במוצאי יו"ט ראשון מיד, כנ"ל בס"ב.

ולענין הלכתא נראה דבשני ימים טובים של ר"ה יש להחמיר בשבת - ר"ל כדעת האוסרין למעלה, **ועיין** בט"ז שכתב בשם רש"ל, דבמוצאי שבת מותר מיד, וא"צ בכדי שיעשה, אם לא דהובא ביום ו'־ו', **אבל** בחידושי רע"א השיג עליו, דמהרש"ל לא איירי כלל בשני ימים של ר"ה, ודעתו, דבשני ימים של ר"ה צריך להמתין במו"ש בכדי שיעשו.

אבל בשני יו"ט של גליות יש להקל בשבת שהוא לאחריהן - דלא גזרינן שמא יאמר לעכו"ם ביו"ט א', שהוא שני ימים קודם שבת, להביאן בשבת, [ובמ"א מלת "בשבת" ליתא], וע"כ מותר בליל שבת לאחר כדי שיעשו, **וה"ה** אם חל שני י"ט של גליות ביום א' וב', והעכו"ם הביא לו בשבת, שמותר לאכול ביו"ט א' בערב אחר כדי שיעשו, [**לאפוקי** של ר"ה דכיום אחד חשיבי, אסור עד מוצאי יו"ט של ר"ה, **ולדעת** רע"א הנ"ל, אסור עד אחר כדי שיעשה].

ודוקא בפירות שאין צריכים הכנה ביו"ט שלפני השבת, אבל דבר שצריך להכין ביו"ט שני לצורך השבת, אסור, מאחר דנהיגין לאסור ואף לטלטל ביו"ט שני - פי' כגון דגים שצריכין בישול, ובשבת אסור לבשלם, וביו"ט שני נמי א"א לבשלם, שהרי מוקצין הם, ואסורין אפי' לישראל אחר, **אם לא לצורך אורחים וכיוצא בזה** - ואף דלצורך אורחים מקילינן, מ"מ חל עלייהו שם מוקצה כל זמן דלא נזדמנו לו אורחים.

ומ"מ מותר לבשל ע"י עכו"ם בע"ש, בענין שאין בו משום בשולי עכו"ם, ועל דרך שנתבאר ביו"ד, לצורך אכילת שבת, לאחר שימתין בליל שבת בכדי שיעשה, **כיון** שאיסור הטלטול ביום ב' אינו אלא חומרא בעלמא, [דלרוב הראשונים מותר ביו"ט ב' אף באכילה].

וכ"ז כשיש לו ממין זה בתוך ביתו לכבוד שבת, אבל אם אין לו ממין זה בתוך ביתו, והוא צריך לו לכבוד השבת, מותר לטלטלו ולבשלו בעצמו לכבוד השבת, [לאחר שהמתין במוצאי יו"ט א' בכדי שיעשה], רק שיזהר מלטעום ממנו עד שימתין בליל שבת בכדי שיעשו.

סעיף ו - עד עתה כתב דיני דורון, ועתה איירי בהביא עכו"ם למכור סחורתו בשוק, **בעיר שרובה אינם יהודים, מן הסתם כל המביא לצורך הרוב מביא** - וא"כ אם הוא דבר שאין במינו במחובר, שרי לאלתר לאכול, ובלבד שלא יזכיר לו סכום דמים, רק יקח ממנו בהקפה, ולא ישא ויתן עמו על דבר המקח, **ולא** יטלטלם חוץ לד"א, כיון שהובא מחוץ לתחום, וכנ"ל בס"ה, **ואם** הוא דבר שיש במינו במחובר, או מחוסר צידה, אסור באותו יום משום מוקצה, ולערב מותר באכילה, וא"צ להמתין בכדי שיעשו.

וכתבו הפוסקים, דאם אנו רואין שעי"ז שאנו מתירין לקנות מהם, הם מרבין להביא, אסרינן להו לקנות מהם, **אבל** מן הסתם אין חוששין שמא ירבה להביא גם בשביל ישראל, ומותר ליקח ממנו בעיר שרובה עכו"ם.

ומ"מ עכו"ם המביא דגים למכור בעיר שרובה עכו"ם, אף בסתם יש לחוש שירבה להביא בשביל ישראל, אם נתיר ליקח ממנו, כיון שדרך ישראל לקנות דגים לכבוד יו"ט, **וזה** תלוי לפי הענין, לפי ראות עיני המורה, דאם העיר כולה עכו"ם, רק אנשים יחידים ישראלים נמצאים שם, אין לחוש לזה.

הגה: מחלה על מחלה, ‹אסור› - דמסתמא לצורך שניהם נעשה, וע"כ צריך גם בזה להמתין עד כדי שיעשה, **וי"א** דהוי ספק אם בשביל ישראל או בשביל עכו"ם, [**ולדעה** זו יהיה קולא לענין כדי שיעשה, לדעת המקילין בספק, **ועיין** בגר"ז שהאריך, דלדינא עיקר טעמא, דעל דעת שניהם נעשה].

או שידוע שלוקט לצורך שניהם - וה"ה בהביא מחוץ לתחום לצורך שניהן, וכ"ש בשכוון רק בשביל ישראל, **אסור** - ר"ל דבזה אפי' אם רוב עכו"ם, כיון שמכוין בפי' גם בשביל ישראל, אסור, [**ואין** כדאי לזוז מדבריו, ברוב עכו"ם וכוון גם לישראל, אם לא שיצטרף לזה עוד ספק].

ובעיר שרובה ישראל, כל כמה דלא ידעינן דהביא בשביל עכו"ם, מן הסתם תלינן שבשביל ישראל הביא, שהם רובא, **ואם** הוא דבר שיש במינו במחובר או מחוסר צידה, אמרינן דליקט וצד בשביל ישראלים למכור להם, וצריך להמתין עד בכדי שיעשו וכנ"ל בס"א.

(**ומסתפקנא אם רוב הקונים ממין זה ישראלים, אם אזלינן בתרייהו, אם לא, אח"כ מצאתי בט"ז שכתב כן בפשיטות, וכ"כ האחרונים, ולפי"ז בענין דגים, שמצוי להיות רוב הקונים על שבת ויו"ט ישראלים הרבה שדרין שם, אף אם הם מיעוט נגד העכו"ם, אסור מדינא לקנות שם דגים ביו"ט מן העכו"ם, אף אם יודע שלא ניצודו היום, משום דבודאי אדעתם הביא מחוץ לתחום, דחשיב לענין זה כעיר שרובה ישראל, אכן לענ"ד יש לי מקום עיון בזה להיפך, דאפילו אם רוב העיר ישראלים, יש לכאורה סברא להתיר לקנות מהם ביו"ט, אם יודע שלא ניצוד היום, דהלא ישראל הקונה מהם ביו"ט מוכרח ליקח מהם בהקפה בעלמא, בלי מעות ובלי פיסוק דמים, שאסור לישא וליתן עמו אודות המקח, ובלי משקל כראוי בימות החול, כמש"כ הפוסקים, א"כ דעתו בודאי קרובה למכור לעכו"ם, ואדעתם הביא מחוץ לתחום, והנה אם מביא ביום שני של יו"ט, אפשר שהביא אדעת ישראל, שיקנו ממנו היום בערב למוצאי יו"ט שהוא חול, ולפיכך צריך להמתין לערב בכדי שיעשו, כדי שלא יהנה ממה שעשה הנכרי בשבילו ביום טוב, אבל אם הביא ביום טוב ראשון בגולה, שלערב הוא ג"כ יו"ט, ולישראל לא ימכור אלא בהקפה ובלא פיסוק דמים וכנ"ל, מסתבר יותר דאדעתיה דעכו"ם הביא, שיוכל ליקח מעות מיד – אם לא שיש לו לעכו"ם בעיר כמה ישראלים ממכיריו שסומך עליהם, יש לומר דאדעתם הביא – אכן מדסתמו הפוסקים דרוב ישראל אסור, ולא חילקו בין יו"ט ראשון לשני, ש"מ דלא ס"ל הסברא שכתבנו, ובטל דעתי נגד דעתם**).

וצדדו האחרונים, דכ"ז בהיה הנכרי בן עיר, ויצא חוץ לעיר לצוד וללקוט, הא בנכרי כפרי שהביא סחורתו לעיר, נראה דלא שייך כלל לשער בעיר שהביא לתוכה, אם הוא רוב נכרים או ישראלים, אלא אפילו הם ישראלים אזלינן בתר רוב עלמא, ורוב נכרים הם, ואדעתייהו ליקט וצד, ואף שהביא אותם למכור לעיר, אמרינן שאח"כ נמלך והביאן לכאן, **ולפי"ז** אין להם דין צידה בשביל ישראל, ואסורים רק ביו"ט א' משום מוקצה, ובליל שני מותרין מיד, **ואם** הובא מחוץ לתחום, אף דההבאה היה בודאי בשביל ישראל, עכ"פ די אם ממתין בליל מוצאי יו"ט א' כדי שיעשה, **ובספר** מור וקציעה מפקפק ע"ז, דסוף מעשה במחשבה תחלה, ובודאי אדעתא דעיר זו ליקט וצד, **אכן** אם היה העכו"ם ידוע שמביא תמיד סחורתו לעיר זו למכור, פשוט דלכו"ע אמרינן דאדעתא דעיר זו ליקט וצד.

סעיף ז - אם הוא ספק אם באו מחוץ לתחום, אם הוא אינו יהודי השרוי עמו בעיר - היינו בתוך התחום, **ופירות המצויים בעיר, מותר** - דכיון שהוא שרוי בתחום, וגם הפירות מצויין הם בתוך התחום, אין חוששין שאלו הפירות הביאן מחוץ לתחום, דאדרבה אמרינן כאן נמצאו וכאן היו.

(**בים של שלמה ר"ל, דה"ה לענין מחובר, אם יש לאותו עכו"ם גם פירות תלושין בביתו, ופירות מחוברין חוץ לתחום, תלינן שמתלושין לקח, וה"ה לענין דגים, שיש לו בביתו שניצודים מערב יו"ט, לא חיישינן שהלך לצוד, אבל בא"ר הסכים לאסור בכל גווני, וכן בפמ"ג**).

ואם לאו, אסור - דאם הוא שרוי חוץ לתחום, אף דפירות מצויין בתוך התחום, תלינן שהביאן ממקומו מחוץ לתחום, **וכן** להיפך, אף שהוא בתוך התחום, כיון שאין פירות מצויין שם, חיישינן שהביאן מחוץ לתחום.

ואף דספיקא דרבנן לקולא, אסור בזה, משום דהוי דבר שיש לו מתירין לאחר יו"ט, **וכבר** כתבנו לעיל בסי' שכ"ה במ"ב בשם האחרונים, להקל בזה בערב מיד, **ויש** שמקילין בעיקר דבר זה, ולדידהו בספק חוץ לתחום לקולא אזלינן, וגם ביו"ט גופא שרי, **ולדינא** עיקר כסברא ראשונה, **ויש** שצדדו להקל בזו ביו"ט שני, משום דהוי ס"ס, וע"ל סי' תצ"ז סמ"ג, מה שכתבנו בזה, **וע"ל** סי' שכ"ה, ביאר המחבר פרטי דינים בסעיף זה, וכאן קצר.

סעיף ח - דבר שאין במינו במחובר, שהובא לישראל ביום טוב ראשון של ר"ה, מותר בשני - בכדי שיעשו, אע"ג דלענין מחובר מחמרינן בזה לכו"ע, וחשבינן ליה כיומא אריכתא, וכדלעיל בס"א, בתחומין דקילא לא מחמרינן בזה, [**ואע"ג** דאין שייך כאן עשייה דהא שניהם יו"ט, וא"כ היה לנו לגזור גם עד מוצאי ר"ה בכדי שיעשו, **כיון** דעיקר משום קנס הוא, שמא יאמר לו להביאם, ודי שקנסו בראשון ולא יותר, כיון דהוא מדרבנן]. **והוא הדין לשבת ויו"ט הסמוכים זה לזה** - פי' אם הובא בשבת מותר במו"ש בכדי

סימן תקטו – דין דברים הבאים ביום טוב מחוץ לתחום

שיעשו, ואע"ג שחל אז יום א' של יו"ט, וה"ה בחל שבת אחר יו"ט, ולא שייך כאן הכנה.

סעיף ט - ישראל ששיגר דורון לחבירו ע"י אינו יהודי מערב יו"ט, ונתעכב האינו יהודי והביאם ביום טוב מחוץ לתחום, מותר אפילו למי שהובא בשבילו לאכלם - ולא שייך הכא למיגזר, שמא יאמר לו לעכו"ם להביא, דכל זה במביא העכו"ם פירותיו בשביל ישראל, אבל הכא אין לעכו"ם זה שום שייכות והיכרות לישראל המקבל, ורק שליחותיה דישראל קמא הוא דעביד.

וכתבו הפוסקים, דכל זה דוקא בנתעכב העכו"ם בדרך, אבל אם המשלח היה יודע שלא יגיע עד יו"ט להמקבל, הרי זה אסור באכילה למי שהובא בשבילו, ולערב בכדי שיעשו, כיון שנעשה איסור בשבילו.

וכתבו עוד, דאפי' בנתעכב דמותר, מ"מ אם הדורון הוא דבר שיש במינו מחובר, או דגים שיש במינו מה שניצוד היום, יש לחוש שמא החליף עכו"ם בגרוע ממנו, שנלקטו או שניצודו אצלו היום ביו"ט, ואין לקבל ממנו, אא"כ חתום בחותם, ועל דרך שנתבאר ביו"ד, [**ומ"מ** כתבו, דישראל שקנה מעיו"ט דבר שיש במינו במחובר, והפקידו ביד עכו"ם בלי חותם, מותר למחר ליקח ממנו ולהשתמש בו, אף שאינו מכיר היטב אם זהו שהפקיד אצלו, לא מחזקינן ריעותא שהחליף באחר שנלקט ביו"ט, מאחר דמצא טוב ויפה כמו שהניח, ולית ליה ריעותא].

אבל אסור לכל ישראל לטלטלם חוץ לד"א, או חוץ לעיר המוקפת חומה, או חוץ למבצר שידוע שהוקף חומה לדירה - כנ"ל בסעיף ה'.

הגה: ודוקא שהיה דעתו מאתמול - ר"ל שהמקבל ידע שיגיע לו דורון מפלוני, וסמך ע"ז, **דלית ביה איסור מוקצה; אבל אם לא היה דעתו מאתמול, אע"ג דלית ביה איסור תחומין** - פי' דליכא למיסר משום בא מחוץ לתחום, כיון דאין להנכרי שום שייכות לישראל המקבל וכנ"ל, **אסור משום מוקצה, דכל של ישראל צריך הכנה מבעוד יום, ואפילו למי שלא הובא בשבילו אסור.**

ודעת כמה אחרונים להקל בזה, דלא שייך בזה מוקצה, דהבעלים לא הקצום, דדעת הבעלים היה להקנותם בזה להאכילם לו, **ומצד** המקבל ליכא מוקצה, דלא יהא אלא פירות הפקר שבאו מחוץ לתחום, שמותר לאכלן, אע"פ שלא היה דעתו עליו.

ואין לאסור אלא בהיה לו לישראל עצמו פירות חוץ לתחום, והביאם לו הנכרי ביו"ט, דכיון דידעו בהן הבעלים מבע"י, ואסחו דעתא מינייהו, כיון שלא הביאם לתוך התחום מעיו"ט, הוו להו מוקצה. **ויש** מקילין גם בזה, שהרי בעיקרו לא הסתלק מהם, ולא הכניסם לאוצר וכדומה, אלא שריחוק המקום עיכבו מלהשתמש בהם, ולא שייך בזה איסור מוקצה, ודינו כמש"כ המחבר בס"ה, עי"ש, [**ובמאירי** מבואר ג"כ דלא שייך בזה מוקצה, שאין תורת מוקצה אמורה, אלא באיסור מוקצה שהוא שוה לכל, אבל חוץ לתחום אינו מוקצה למי שהוא תוך התחום לאותן פירות, הלכך לא חל עלייהו דין מוקצה כלל].

וכתב הא"ר, דיש לסמוך עלייהו בשעת הדחק, **וכל** זה למאן דאית ליה איסור מוקצה ביו"ט, אבל למאן דלית ליה איסור מוקצה ביו"ט, לא שייכא כלל כל עיקר הגה זו.

§ סימן תקיז – באיזה אופן מותר ליקח ביו"ט מן החנוני מיני מאכל §

סעיף א - לומר לחנוני לתת לו ביצים או אגוזים או שאר מיני מאכל ומשתה, דינו ביום טוב כמו בשבת, (כמו שנתבאר לעיל סימן שכ"ג ס"ד) - וע"ש במ"ב כל פרטי הדינים למעשה.

ואם הוא אינו יהודי, אסור ליקח ממנו דבר שבמינו במחובר או שבמינו מחוסר צידה, אא"כ ניכר בהם שלא נלקטו ושלא ניצודו היום; וכן לא יקח ממנו ביצים, שמא נולדו היום.

אבל דבר שאין בו משום מחובר ולא משום צידה ולא משום נולד, מותר ליקח ממנו אפילו הובא היום מחוץ לתחום - ר"ל שהובא לעכו"ם החנוני, **ודוקא** בעיר שרובה עכו"ם, דמסתמא בשביל עכו"ם הובא לו, כנ"ל בסימן תקט"ו ס"ו, **אבל** בעיר שרובה ישראל או חציה, אסור ליקח ממנו, דמסתמא בשביל ישראל הובאו, וצריך להמתין עד לערב יו"ט ראשון ובכדי שיעשו, וכדלעיל בסי' תקט"ו ס"ה.

וכן קמח שנטחן היום, בעיר שרובה אינם יהודים - היינו שרוב הלוקחים פת וקמח הם נכרים, **מותר ליקח ממנו, דאדעתא דאינו יהודי טחני ליה** - ומשום מוקצה ליכא, דחטים נמי חזי לכוס בין השמשות, או לעשות מהן קליות ודייסא, וה"ה שיפון ושעורים, [**עוד** יש טעם, משום דגמרו בידי אדם].

והוא הדין ליקח ממנו פת שאפה בו ביום - ר"ל אפילו ידוע שהקמח נטחן היום, כיון שהוא בעיר שרוב הלוקחים הם עכו"ם, מסתמא אדעתם היה הטחינה וההרקדה. **אבל** אם רוב לוקחים פת וקמח הם ישראל, ודאי אסור ליקח קמח, דמסתמא אדעתם נטחנו, אא"כ ידוע שנטחן מאתמול.

[**ודע**, דלדעת המ"א לא התיר השו"ע בפשיטות ליקח, כי אם מיד החנוני שהוא לוקח מן הנחתומין, אבל מן הנחתום בעצמו אין להתיר ליקח ביו"ט, כי אם בשעת הדחק, וכדלעיל בסי' שכ"ה ס"ד לענין שבת, **אבל** הבית מאיר ובגדי ישע מפקפקין על חילוקו, ודעתם דאין חילוק בין חנוני לנחתום, ומאי דמתיר השו"ע כאן בפשיטות, כתב הבית מאיר, משום דביו"ט סמך המחבר עצמו על דעת המקילין שם, **ולפי** דבריהם, שלא בשעת הדחק בשבת, גם בחנוני אין להקל].

סימן תקיז – באיזה אופן מותר ליקח ביו"ט מן החנוני מיני מאכל

עיין ב"י וד"מ, שיש שמחמירין בזה, (ליקח קמח ופת שנטחן ונאפה היום), ובשו"ע סתם להקל כדעת המתירין, **וכתב** הח"א, דאין להקל כי אם בעת הצורך.

ואם היה ידוע לו שהטחינה וההרקדה היה מעיו"ט, אז מותר אפילו בעיר שרובה ישראל, דהאפיה הלא היא מלאכה המותרת ביו"ט.

(וכן אם נאפה בשבת שלפניו) - ר"ל דלא אסרינן ליה משום הכנה שמכין משבת ליו"ט, הואיל דמעיקר הדין אף בשבת גופא מותר לאכול, **דאף** דמשום חומרא דשבת מחמירין שלא בשעת הדחק, לעיל בסימן שכ"ה ס"ד, עכ"פ ביום טוב שלאחריו אין להחמיר.

וכתבו האחרונים, דכ"ז מיירי ששומת הלחם היה ידוע, וא"צ עתה לישא וליתן עמו בעד דמי המקח, דאל"ה גם גבי ישראל אסור, כדלעיל בסימן שכ"ג, וע"ש יתר הפרטים שצריך ליזהר גבי ישראל, וה"ה גבי עכו"ם.

עוד כתבו, דאם אינו מאמינו העכו"ם בלי נתינת המעות, מותר להניח לו משכון ע"ז, **אבל** אסור לקרוא העכו"ם לביתו ולהראות לו המעות שיקח בעצמו, דהוי עכ"פ עובדא דחול, **ואפילו** ע"י עכו"ם אסור לקנות.

[**והנה** הח"מ כתב, שאסור ליתן לעכו"ם מעות מעיו"ט שיתן לו פת ביו"ט, **ולענ"ד** אחרי שהתירו חכמים לילך אצל חנוני הרגיל אצלו וליקח ממנו ביו"ט, ופי' שם רש"י, דכיון שרגיל אצלו מאמינו בלא נתינת מעות ביו"ט, א"כ מאי גריעותא כשהקדים לו מעות מבע"י].

סעיף ב - ישראל שאמר לאינו יהודי מבע"י: תקנה לי יונים למחר - ר"ל לצורך יום טוב, **לא יפה עושה** - פי' בין שנתן לו מעות לקנות לו למחר, ובין שאמר לו: קנה ממעות שלך, ואני אחזיר לך, בכל ענין אסור, **ואפילו** אם הגוי קונה בלא מעות, אפ"ה אסור, כיון שהעכו"ם פוסק סכום המעות ביו"ט, **והטעם**, דכל מה שאסור לעשות ע"י ישראל בעצמו, אסור לומר לעכו"ם לעשותו ביו"ט, אפילו אם מצוהו מעיו"ט לזה.

אבל אם עשה כבר, מותר לאכול מהם ביו"ט - (וקשה מדוע שרי, הא כיון שעשה הנכרי דבר האסור לעשות ביו"ט, צריך להמתין בכדי שיעשו - רעק"א), **והוא שלא יהיו מפריחין** - פי' דאז ליכא בהם משום צידה, דכיון שאינם יכולים לפרוח, הו"ל כניצודין ועומדין, **אבל** אם הם מפריחין, איכא למיחש שמא ניצודו היום, ואע"פ שניצודו בשביל גוים, או אפילו ניצודו ממילא, מ"מ ידוע דכל דבר שמחוסר צידה מבע"י אסור משום מוקצה.

והזמנה כשאר יוני ישראל אינם צריכין, דשל עכו"ם א"צ הכנה, **וכל** זה כשהובא מתוך התחום, או אפי' מחוץ לתחום ובעיר שרובה עכו"ם, דאדעתם הובאו, **אבל** בעיר שרובה ישראל, ומחוץ לתחום, אסור לאכלם עד לערב בכדי שיעשו, וכנ"ל בסי' תקט"ו.

אבל אם רגיל בכך, אסור לאכול מהם - היינו עד לערב ובכדי שיעשה, כדי שלא יהנה ממה שקנו עבורו ביו"ט, **דאין זה חשוב דיעבד, כיון שרגיל בכך.**

§ סימן תקכה – דין הלואה ביו"ט §

סעיף א - הלוואת יו"ט - היינו שהקיף לו החנוני מיני מאכל ומשתה, **נתנה ליתבע בדין** - ר"ל שנזקקים לו בב"ד אחר היו"ט אם מסרב לפרוע, **והרבותא** הוא, משום דאיכא מאן דאמר בגמרא דס"ל, דבדין אינו יכול לתבוע, אלא בינו לבין עצמו, דאם יהיה ניתן ליתבע, אתי למכתב, **קמ"ל** דלא קי"ל הכי, אלא כאידך מאן דאמר, דאם לא יכול לתבוע לא יתן לו מתחלה, וימנע עי"ז משמחת יו"ט.

(ועי' סי' ש"ז סעיף י"א) - ר"ל דשם מבואר לענין שבת, דיזהר מלומר לשון הלואה, אלא יאמר: תן לי, וה"ה לענין יו"ט, וע"ש בהג"ה ובמ"ב, דכל הדינים שייך גם לכאן, **וכן** מה שפסק השו"ע דהלואת יו"ט ניתנה ליתבע, ה"ה דהלואת שבת ניתנה אח"כ ליתבע.

סעיף ב - גבאי צדקה גובין מהחצרות ביו"ט - היינו מיני מאכל ומשקה, **אבל לא יכריזו כדרך שמכריזין בחול, אלא גובין בצנעה** - דאף דמותר להכריז על דבר מצוה, שאני הכא דאפשר בצינעא.

ונותנים לתוך חיקם, ומחלקים לכל שכונה ושכונה בפני עצמה.

§ סימן תקכו – דין מת ביו"ט §

סעיף ב - מת ביו"ט ראשון, אסור להלינו עד יו"ט שני כדי שיתעסקו בו ישראל - או כדי שילוו אותו אשתו ובניו חוץ לתחום, דמוטב שיקברוהו עכו"ם ביום א', והוא שבות שאין בו מעשה, משיקברוהו ישראלים, ויעברו אשבות בידים.

ומשמע דאפי' בת"ח שכבודו ביותר להקבר ע"י ישראלים, ג"כ לא משהינן ליה.

ויש מן האחרונים שכתבו, דאם השהו אותו ליום ב', לא יקבר על ידי ישראל אלא ע"י עכו"ם, (מנחם עזריה, ומסיים ע"ז הא"ר, **ואם** אין עממים, צ"ע אם יש לקברו ע"י ישראל, **ולענ"ד** נראה פשוט בזה, דבודאי אין משהין אותו עד אחר יו"ט, וקוברין אותו ע"י ישראל, דכי מה פשע המת שהשהו אותו, **אלא** דגם עיקר דינו דמנחם עזריה ג"כ אינו נראה, דהא לכמה רבוותא קיי"ל דמן הדין צריך להשהות אותו עד יו"ט ב', ונהי דאנן לא נקטינן כהנך פוסקים, ואדרבה יותר טוב לקברו ביומו, מ"מ לא מצינו דאם השהה אותו דליקנסיה למת שלא לקברו ע"י ישראל, במקום דלכמה פוסקים היה צריך לעשות כן לכתחלה, ותו דגם עיקר דינו דמחבר אינו מוסכם, והראב"ד הלא עשה הלכה למעשה להשהות לת"ח ליו"ט שני, כדי שיקבר על ידי ישראל, ואם כן אף שאין להקל לכתחלה

אפילו בת"ח נגד סתימת המחבר, אבל לקנסו מנ"ל, מה גם דהקנס הוא למת, ולא שייך למקנסיה דלא פשע מידי, א"כ עכ"פ בדיעבד יש לסמוך ולקברו ע"י ישראל, ובפרט אם הוא ת"ח, דזילא מילתא לקוברו ע"י עממין, כן נראה לענ"ד).

(וכ"ז הוא לפי סברת המחבר, דלרמ"א בס"ד, בלא"ה קוברין ע"י עממין אף ביו"ט שני).

סעיף ג - בשבת וביום הכפורים לא יתעסקו בו כלל, אפילו על ידי עממין, אפילו להוציאו על ידיהם ולהניחו בכוך (פירוש בחפירה) העשויה מאתמול - אע"ג דאינו אלא טלטול על ידי נכרי, לא רצו להתיר משום כבוד המת, דאדרבא כבוד המת הוא שלא יתחלל שבת ויוהכ"פ דחמירי על ידו, **וכל** פרטי דין זה מבואר לעיל בסימן שי"א עיי"ש.

סעיף ה - החופר קבר למת ביו"ט שני - וה"ה הנותן בד לתכריכין וכדומה, **מותר לו ליטול שכר** - ובלבד שלא יזכרו סכום המקח, וכ"ש שלא ליקח מעות, אלא אחר יו"ט יבאו לחשבון, **וגם** בזה איכא מאן דאמר דאסור, דאין ליקח שכר שבת, אלא דיש שמתיר במקום מצוה, וכדמבואר לעיל בסי' ש"ו ס"ה, [**ויש** שכתבו, דהכא לכו"ע מותר אח"כ ליטול שכר, דכיון דע"כ עשאו כחול בשביל כבודו של מת, ממילא הוא כחול גם להמקבל].

מיהו אם אין החופר רוצה לחפור אלא א"כ יקצצו עמו דמים, או יתנו לו כסף מזומן ביו"ט, אע"ג שעבירה הוא בידו, מ"מ יש לקרובי המת ליתן לו, דיו"ט שני לגבי מת כחול שויוהו, [**והיש"ש** כתב, דאם אינו רוצה כי אם בשכר, מטעין אותו ואין נותנים לו אח"כ, **ודוקא** באין אחר זולתו, דאל"כ, וכי רק עליו חל חובת החפירה, ועדיין צ"ע].

סעיף ו - מותר ללות המת ביו"ט ראשון תוך התחום - ר"ל עד אלפים אמה ולא יותר, אע"ג דעד ג' פרסאות לכו"ע אינו אלא מדרבנן, לא התירו משום לויה גרידא, [**ומצאתי** בס' שלחן שלמה, דבני חבורה אותן שנושאין את הארון, מותרים לילך אפי' ביום א' חוץ לאלפים, דדוקא לויה גרידא דאינו אלא כבוד בעלמא, לא מתירין, אבל הכא בזיון הוא למת למסור אותו ע"י עכו"ם בלחודייהו, **איברא** לשון העו"ש משמע, דחוץ לתחום אסור אף לשאת המת, וצ"ע לדינא, **וגם** לבעל שלחן שלמה שמתיר, צ"ע אי מותר לחזור למקומם].

וביו"ט שני אפילו חוץ לתחום - אפילו חוץ לתחום ג' פרסאות, ואע"ג שאין בהם צורך למת, אלא מלוין אותן מפני הכבוד בלבד, אפ"ה שרי דכחול שויוה רבנן, [**וכתבו** אחרונים, דדוקא לכבודו של מת, הא לכבוד אבלים אסור, **ויהיה** מיירי באופן שהמת היה מונח בביה"ק, והמתינו בקבורתו עד שיבא אביו לשם, והלכו עמו עוד אנשים, דבזה מלוין רק את אביו, וליכא כבודו של מת].

וחוזרין למקומם בו ביום - ואפילו יצאו חוץ לכמה מילין, מותרין ג"כ לחזור לביתם, שאם יאסרו אותם, יהיו נכשלים לעתיד לבא, שלא ירצו לילך ולהתעסק בצרכי המת ובהלויתו.

ומסתברא דכ"ז אם אין שם במקום הקברות מושב יהודים בתוך התחום, הא אם יש שם, ושיכולים שם לאכול ולישב, לא נתיר להם לחזור, דבשביל זה שאי אפשר להם לחזור לאכול ולשוב לביתם פעם אחד, לא ימנעו ללות המת, [**מיהו** עד ד' אלפים אפשר דמותר בכל גווני, שהרי עכ"פ הוא יוצא ברשות].

(**ויש** להסתפק במקומות שהביה"ק הוא רחוק מאד, עד שאין שום אדם מלוה עד ביה"ק בשום פעם, רק יש אנשים מחברה קדישא שקבועים תדיר לשאת המת שם, ובאים על שכרם, אם התירו בדידהו לחזור, ואי שייך בהו טעמא כדי שלא תכשילם, שהרי הם שכורים והולכים בשביל שכרם, **ואם** בשביל שיצטרכו האבלים לשלם ביותר בעבור זה, צ"ע אם מתירים להו בשביל זה לחזור כמה מילין, **מיהו** ד' אלפים אמה בודאי יכולין לחזור, שהרי עכ"פ לא גרע מכל היוצאין ברשות שיש להם ד' אלפים בהבלעה, אבל ביותר מד' אלפים שמתירין אנו רק בשביל טעמא שלא תהא מכשילן, צ"ע אם שייך בזה).

(**ועוד** מסתפקנא, אם גבי האבלים נמי אמרינן דחוזרין למקומם, דלכאורה בדידהו לא שייך דמימנע, דודאי לא ימנעו ללות אביהם בשביל זה, ולא שייך אלא באנשים דעלמא, **ומסתימת** הפוסקי' משמע שאין לחלק בזה, וצ"ע).

ונתבאר בהפוסקים, דמ"מ אם יכול לקצר דרכו, לא נתיר לו לחזור בדרך ארוכה.

וכן מותר להחזיר כלי הקבורה שהוליכו עמהם חוץ לתחום - ומוקצה אינם, דהרי כלים שמלאכתם להיתר הם, דשמא יצטרך להם למת אחר בו ביום, וא"כ מותר לטלטלם אפי' לא יצטרך להם רק לשמרם שלא יגנבו, **וכיון** שכבר מטלטלם, אפילו ימצא סמוך לחומת העיר מקום שמור להניחם, ג"כ א"צ, אלא מותר לישאם עד ביתו, [**וכ"ש** אם יודעים בודאי שיש עוד מת, ושמצטרך להם כלים אלו, בודאי מותר].

סעיף ז - המלוים את המת אסורים לרכוב על בהמה, אפי' ביו"ט שני - וה"ה לילך בספינה, ואפילו בתוך התחום נמי אסור, **ואע"ג** דמתירין ללות חוץ לתחום, שאני רכיבה דאיכא חשש חתיכת זמורה, שהיא מלאכה דאורייתא, ולא ניתר בשביל לויה שאינה מעיקרי צרכי הקבורה, **ועוד** דברכיבה איכא זילותא דיו"ט טפי מהליכה ברגליו.

ואפילו האבלים - ומשמע דאפילו אי אפשר במקום הזה לילך ברגליו, וישאר בלי לויה, ג"כ אסור.

אבל הקוברים שצריכים לקברו, אם אי אפשר, מתירים להם ביו"ט שני לרכוב ע"ג בהמה - וה"ה דמותרין הקוברין לילך בספינה, **ומיהו** לא ירכבו בעיר, מפני האומות שלא יאמרו עליהן שמחללין יו"ט.

(**עיין** בט"ז, דר"ל שיש להם טורח קצת לילך ברגל, ושרי, ואזיל לשיטתיה שכתב בתחלה, שעיקר דין המחבר מגומגם אצלו, **אבל** לפי מה שפי' המ"א וא"ר, דמשום זילותא דיו"ט הוא, אין להתיר ברכיבה אלא א"כ יש טורח גדול לילך ברגליו, וכ"כ בס' נהר שלום והגר"ז).

סעיף ח - אם נודע לבני עיר אחת, שישראל מת רחוק משם ד' או חמשה ימים, ולא ניתן לקבורה - והיה מונח בין העכו"ם, **אע"פ שלא יוכלו להגיע לו עד לאחר המועד, מותר לצאת לדרך ביו"ט שני כדי למהר קבורתו.**

ואע"ג דלא התיר המחבר לעיל בסעיף ד', לעשות שום מלאכה בשאין בדעתו לקוברו בו ביום, **שאני** הכא דהיה מוטל כבר כמה ימים בין העכו"ם, והוא מת מצוה, וצריך למהר כל מה דאפשר כדי שלא יתנוול, **וכתב** המג"א, ומיהו אם מונח שמה בבית, אין להקל, [**ובבה"ל** ביארנו, דאפי' מונח בבית, אם הוא תחת יד עכו"ם, הוא כמוטל בשדה, ואעפ"כ אין להקל בזה רק לילך ברגליו, ולא לרכוב].

הגה: ומותר להביא מת ביו"ט שני מחוץ לתחום העיר לקברו בקבורת ישראל, אע"פ שהיה אפשר לקברו במקומו - כבר כתב כן המחבר בס"ד, ולא חזר הרמ"א וכתבו אלא משום חידושו, דאפילו אין המת כאן, אלא שנודע להם שיש מת מחוץ לתחום, מותרים לילך לחוץ לתחום להביאו משם לעירם, לקוברו באותו יום בקברות ישראל, [**ואף** שבשעה שהולכים לשם לא מינכר שהולכים לדבר מצוה, לית לן בה]. (**ולפענ"ד שאין להקל בזה, אלא במקום שהמת השתהא כבר**).

(וה"ה במת שמונח כאן והשתהא, לילך חוץ לתחום ולהביא תכריכין וכדומה מצרכי הקבורה לקוברו בו ביום, יש להתיר).

(**ולרכוב** על סוסים בודאי אסור, **אכן** היכא דיש חשש של אכילת כלבים, כתב בא"ר שמותר אפי' לעשות מלאכה ביו"ט שני כדי להצילו).

(**ודע**, דכ"ז שכתבנו הוא ביו"ט שני, אבל לא ביו"ט ראשון, דאין מת מצוה דוחה שבת ויו"ט, **אכן** ע"י עכו"ם יש להתיר).

סעיף ט - נפלים אין קוברין אותן ביו"ט ואפי' ע"י עממין, שהרי הם כאבן ואסורים אף בטלטול, (**ומיהו אם נשתהה, א"נ** שחושש שמא ישתהא, י"א שמתוך שמותר לטלטלו מדין גרף של רעי, מותר ג"כ לקברו, **וצ"ע**).

תינוק שמת בתוך ל', אם גמרו שערו וצפרניו, הוא בחזקת בן קיימא, ודינו כמת גדול - ונקבר ביום א' ע"י עכו"ם, וביום ב' ע"י ישראל, **אע"פ שאין אנו יודעים אם כלו לו חדשיו, דרוב נשים יולדות ולד קיימא** - ומיתתו תלינן באיזה סיבה.

ויש חולקין בזה, דכיון דמת איתרע רובא, דהא רוב בני קיימא אינם מתים בתוך ל', ומסתמא נפל היה, **ויש** להחמיר לקוברו ע"י עכו"ם, [וגם ביום א' מותר ע"י עכו"ם].

ובלא גמרו, אפי' מת ביום ל' גופא, אינו בחזקת בן קיימא, ודינו כנפל, **ומיהו** ע"י עכו"ם אפשר להתיר אפילו בלא גמרו שערו וכו', דעכ"פ הוא ספק בן קיימא.

סעיף י - נפלים שנהגו להסיר ערלתן בצרור אבן או בקנה, אסור אפילו ביו"ט שני של גליות - נראה דלאו בנפלים ודאים קאמר, דהא אינהו אסור לקוברם ביו"ט, וא"כ בלאו הכי לא שייך למוהלן, דהא מלין אותן על קברן, וכמו שכתב המחבר ביו"ד, **אלא** אנפלים דסעיף ט' קאי, שמחזקינן להו לענין קבורה בחזקת בני קיימא, ומטפלין בקבורתם ביום טוב, ואפילו הכי לקיים המנהג למולן אין להתיר, שאין זה מצרכי קבורה, [**והדברים** מגומגמים, שהרי אסא בודאי אינו מנהג של תורה, ואפ"ה מותר למיגז אסא מן המחובר, וכ"ש מנהג זה שהוא מנהג חשוב כמבואר ביו"ד, שהוא כדי שירחמו עליו מן השמים ויקיימוהו לתחית המתים, מכ"ש שהוא כשאר צרכי קבורה שהוא לכבודו, שמאוסה היא הערלה כמבואר בנדרים, וגם לתועלתו, וצ"ע].

הגה: ואסור לקברו ביו"ט, אלא מניחו עד למחר - לפי מה שבארנו דברי המחבר, אין דברי הרמ"א מדוקדקין כ"כ, שהרי אהא דסעיף ט' לא פליג רמ"א, **אם** לא משום דהמחבר סתם וקאמר נפלים, ושלא לטעות דדוקא הערלה אין מסירין, קמ"ל דמי שהוא בחזקת נפל גם לקוברו אסור.

ועוד י"ל, דגם בספק נפל כההיא דסעיף ט', דעת רמ"א שמוטב להניח קבורתו עד אחר יו"ט, כדי שיסיר ערלתו לפני הקבורה, **ולא** קוברין ספק נפל אלא במת לאחר שמלו אותו, או בנפל נקבה, וכ"כ איזה אחרונים.

מיהו בתינוק שלא מלו אותו מחמת חולי וכה"ג, ומת לאחר שלשים, בודאי קוברין אותו ביו"ט, ומסירין אז גם ערלתו, [דבאמת הוא מחתך בשר בעלמא, אלא שהוא מעשה חול, ומותר משום כבודו].

ודע, דיש מן אחרונים שחולקין אעיקר דיני דנפלים, ולדידהו קבורת נפלים נמי מצוה, וא"כ אפשר שיש עכ"פ להתיר ביו"ט ב' ע"י עכו"ם, [**ובבית** מאיר כתב, דאף שמצוה לקבור נפל, אינו משום כבוד חיים ומתים, דלידחי יו"ט, אלא הוא דלא יהא מושלך מפני הטומאה].

סעיף יא- אין קורעין על המת אפי' ביו"ט שני, אפילו קרוביו - דאין זה מצרכי המת, ומיהו לערב צריכין לקרוע.

סעיף יב- כשמת בליל יו"ט שני, משכימין וקוברין אותו קודם תפלה; כשמת ביום, קוברין אותו אחר האכילה - ויש שכתבו, דמוטב לקברו בשעה שאומרים פיוטים, ויזמינו עשרה בני אדם עכ"פ לקבורתו, [**ואפי'** במת בלילה נמי, משום שאי אפשר להקדים כ"כ, ובודאי ימשך לתוך זמן ק"ש ותפלה, ובפרט כהיום שנעשה גם ביום ב' על ידי עכו"ם, בודאי אינם זריזים].

ואם הוא אדם חשוב שחייבים כולם ללוותו, **יוציאוהו לאחר התפלה**, וילווהו עד ביה"ק ויניחוהו שם, וילכו לאכול, ואח"כ יקברוהו, [דעל פי הדחק י"ל, כיון שהתחילו בהוצאתו, אין עוברים בזה על דברי המדרש ד"לא תאכלו על הדם"], **ומ"מ** אם הכל מוכן, דהיינו הקבר והתכריכין, ואפשר לקוברו קודם אכילה בענין שלא ימנעו עי"ז משמחת יו"ט, עדיף טפי לקוברו קודם אכילה, דבמדרש סמכו על קרא ד"לא תאכלו על הדם", שאסור לאכול סעודה קבוע קודם שנקבר המת.

וביום טוב ראשון שהוא על ידי עממין, אפילו מת בלילה, קוברין אחר האכילה או אחר התפלה, [**דטעמו** של דבר ד"משכימין"

כתב בלבוש, שלא להמשיך האנינות הרבה, ומיהו ביום א' שהוא על ידי עכו"ם, ואינם זריזים, בודאי יומשך לתוך התפלה, וע"כ טוב יותר לאחר התפלה].

וכ"ז למחבר, דיו"ט ב' הוא ע"י ישראל, אמנם לדידן דנוהגין אפילו ביו"ט ב' ע"י עממין, א"כ יו"ט ראשון ושני שוין.

הגה: ודין לדוק כדין ביו"ט, עיין ביו"ד סימן ת"א סעיף ו'.

§ סימן תקכז – דיני עירוב תבשילין §

סעיף י - המערב לאחרים, צריך לזכות להם ע"י אחר - כדי שיהיה להם חלק בתבשילין, ושיוכלו לסמוך ע"ז לבשל.

וכל מי שמזכים על ידו בעירובי שבת, מזכין על ידו בעירובי תבשילין; וכל מי שאין מזכין על ידו באותו עירוב, אין מזכין על ידו בזה, (וע"ל סימן שס"ו) - ובהני דאיכא פלוגתא שם, כגון באשתו שמעלה לה מזונות, או בבנו גדול שסמוך על שלחנו, שמסקינן שם דבדיעבד סומכין לקולא, ה"ה הכא.

וכתבו האחרונים, דכ"ז באשתו שאוכלת עמו, אבל אם מעלה לה מזונות והיא מבשלת בפני עצמה, א"כ אינה נטפלת בתר קדירת הבעל, וצריכה עירוב באפי נפשה, ומיגו דזכיא לנפשה יכול לזכות ע"י גם לאחרים, [**וכ"ש** אשה הגרה בבית בעל הבית, שאינה נטפלת, אלא שצריכה ע"ת לעצמה אם יכולה לערב, ואם לא, צריכין להניח בעדן עירוב, או יוצאין בעירוב של גדול העיר].

סעיף יא - צריך הזוכה להגביה העירוב מן הקרקע טפח - וה"ה אם היה העירוב מונח על איזה דבר, שצריך להגביהו טפח.

סעיף יב - חוזר ונוטלו מיד הזוכה, ומברך: על מצות עירוב, ואומר: בדין יהא שרא לן לאפויי ולבשולי ולאטמוני, ולאדלוקי שרגא - ויש שכתבו גם "לאפוקי", והיינו הוצאה, **מיהו** בדיעבד אם לא הזכירן להני תרתי, ‹"לאדלוקי שרגא ולאפוקי"›, לכו"ע אין להחמיר, דנכללים ב"למעבד כל צרכנא", [**דהא** הרבה פוסקים לא הצריכום לומר אפי' לכתחילה, ואפי' לא עירב כלל מותר להדליק לחד מאן דאמר, וכ"ש בזה], **ולמעבד כל צרכנא** - ושוב מותרין כל המלאכות, וכתבו האחרונים דגם שחיטה נכללת בזה, ומ"מ לכתחלה טוב לפרט ב"בהדין" גם שחיטה, **מיו"ט לשבת, לנא ולפלוני ופלוני, או לכל בני העיר הזאת.**

ומוכח דעת הרמ"א לקמן בסעיף כ', דאמירה זו מעכב, **ויש** חולקין בזה ואומרים שאין זה אלא לכתחלה, הא אם שכח לית לן בה, כיון שהכין תבשיל להתיר לו הבישול, ויתבאר לקמן בסעיף כ'.

הגה: ומי שאינו יודע בלשון הקודש, יוכל לאמרו בלשון לע"ז שמבין - כלומר צריך לומר, שהרי צריך לומר שסומך ע"ז, ואם אינו מבין מה שאומר, א"כ לא סמך עליהם בפיו, [**ובפרט** לרמ"א בס"כ, דהאמירה מעכב].

(**ואם** מניח עירוב בשליחות, והתבשיל הוא של המשלח, **אם צריך לברך** עליו, כתב הגר"ז שתלוי בזה, **אם האמירה הוא עיקר, יש לו לברך, אבל** למאן דס"ל דהאמירה אינו מעכב כלל, **אין לו לברך, מאחר שאין עושה כלום**).

סעיף יג - אע"פ שהניח עירוב, אינו יכול לבשל מיו"ט ראשון לשבת - פי' כשחל יו"ט ראשון ביום ה', דהא יכול לבשל ביום ו' שהוא יו"ט שני, [**דאם** חל ביום ו"ז, פשיטא דמותר אף שהוא יום ראשון, והעולם טועין בזה], **ואפילו** אם יודע שיהיה לו אונס ביו"ט שני, שלא יוכל לבשל בו, ועירב מתחלה על מנת כן שיבשל ביום ראשון, [דאל"ה בודאי לא מהני], לא מהני, דלא תקנו עירוב אלא מיום הסמוך לשבת, ולא מיום שלפניו, **ובפרט** בזמנינו שיום טוב שני כחול מדאורייתא, שאילו היה יום חול בינתים, בודאי לא מהני עירוב לבשל מיו"ט לשבת.

ובדיעבד אם עבר ובישל, או שגג ובישל, דעת הט"ז להתיר כדלקמן סעיף כ"ג, **וכ"ש** אם לא בישל מאכלים אחרים לשבת.

סעיף יט - מי שלא עירב, מותר להדליק נר של שבת - דלהדלקת הנר א"צ עירוב, ולדעה זו אין אומרין בנוסח "בהדין עירובא" "ולאדלוקי שרגא".

ויש אוסרין - הרבה אחרונים הסכימו דעיקר כדעה זו, ולכך אנו אומרין בנוסח "בהדין עירובא", גם "לאדלוקי שרגא", דגם זה ניתר על ידי העירוב, **אלא** דאם הניח העירוב ולא אמר, אין אסור בדיעבד, דממילא נגרר גם זה, [**להמאירי** הוא בכלל אפיה ובישול שהיא ע"י הבערה, וה"ה הדלקה, **ולכלבו** הוא בכלל "למעבד כל צרכנא"], **אבל** אם לא הניח כלל, אסור, ורק נר אחד מותר להדליק בכל אופן, **ויש** מקילין כדעה ראשונה להדליק כל מה שרוצה, **ולכתחלה** נכון שיקנה לאחרים, והם ידליקו לו, או יסתפק בנר אחד.

§ סימן תקכט – דיני שמחת יום טוב §

סעיף א - מצות יו"ט לחלקו, חציו לבית המדרש, וחציו לאכילה ושתייה - דבחד קרא כתיב: עצרת תהיה לכם, ובחד קרא כתיב: עצרת לה' אלהיך, וע"כ אחז"ל דצריך לחלקו, חציו לה', דהיינו לתורה ותפלה, וחציו לכם, דהיינו לאכילה ושתיה בשביל עונג יו"ט, **וע"כ** יש לגעור בחזנים המאריכים יותר מחציו של יום, [**וכ'** המ"א בשם מהרש"ל, דמה שמאריכים החזנים בניגונים, אין זה בכלל חציו לה' וחציו לכם]. **וכ'** הפוסקים, דכך הוא הדרך הנכון, בבוקר מקדימין לילך לבהכ"נ ולבתי מדרשות, ומתפללין וקורין בתורה בענינו של יום, ומתפללין מוסף, **וחוזרין** לבתיהם ואוכלין, והולכין לבתי מדרשות ושונין עד חצי היום, **ואח"כ** כשבא זמן מנחה מתפללין תפלה המנחה,

וחוזרין לבתיהם להתענג בשמחת יו"ט שאר היום עד הלילה, כדי לקיים "חציו לכם".

ואל יצמצם בהוצאת יו"ט - שכל מזונותיו וציאותיו של אדם קצובים לו מראש השנה, חוץ מהוצאות שבתות ויו"ט, שאם פיחת פוחתין לו, ואם מוסיף מוסיפין לו.

(אבל בשאר הימים צריך כל אדם לצמצם בהוצאותיו – טור, ומקורו מהא דאיתא בגמרא: מזונותיו של אדם קצובים לו מראש השנה וכו', ופירש"י, ליזהר מלעשות יציאה מרובה, שלא יוסיפו לו אלא מה שפסקו לו, עכ"ל, וזהו תוכחת מרובה על זמנינו, שבעו"ה הרבה אנשים עוברין ע"ז, ולא ישימו לב איך להתנהג בהוצאות ביתם, להרחיק דברים המותרים, ורבים חללים הפילה הנהגה הרעה הזו, שמביאה את האדם לבסוף עי"ז לידי גזל וחמס, וגם לחרפה וכלמה, והרבה סיבות יש שגורמים להנהגה רעה הזו, והסיבה הגדולה שבכולן הוא ע"י הנשים שדעתן קלות, ואינן רואות הנולד, ואשרי למי שיאמץ לבבו ולא ישגיח לפיתויים, וינהל הוצאות ביתו בחשבון, כפי ערך הרוחתו ולא יותר).

וצריך לכבדו (כמו בשבת) - דהיינו רחיצה בחמין בעיו"ט כמו בע"ש, ע"ל סי' ר"ס, **וכן** שילבש כסות נקיה, ולא ילבש מלבושי חול, וכמו לענין שבת, ע"ל סי' רס"ב סעיף א' ב', וה"ה לענין יו"ט. **ועיין** סימן ר"נ, שצריך כל אדם להשתדל בעצמו להכין שום דבר לצורך שבת, אע"פ שיש לו משרתים, וה"ה לענין יו"ט.

ולענגו כמו בשבת - דכתיב: וקראת לשבת עונג לקדוש ה' מכובד, וימים טובים נאמר בהן "מקרא קודש", **וגם** בת"כ איתא: מקרא קודש, קדשהו, ובמה אתה מקדשו, במאכל ומשתה וכסות נקיה.

(ולפי"ז הא מסיים ע"ז הקרא: וכבדתו מעשות דרכיך ממצוא חפצך ודבר דבר, ומבואר כל זה לעיל בסי' ש"ו וש"ז, באיזה חפצים מותר לדבר בשבת, ושלא יהא דיבורך של שבת כדיבורך של חול, וא"כ ה"ה ביו"ט, דהקרא קאי על שניהם).

הגה: ואסור לאכול ממנחה ולמעלה בעיו"ט, כמו בשבת - היינו מזמן מנחה קטנה, (ולאו דוקא, דאף חצי שעה קודם זמן מנחה קטנה, דהיינו מתשע שעות ולמעלה).

והאי לישנא ד"אסור" לאו דוקא, דגם בע"ש אינו איסור, אלא מצוה להמנע מלקבוע סעודה מתשע שעות ולמעלה.

שזהו מכלל הכבוד - כדי שיאכל בליל יו"ט לתיאבון.

(ועיין בא"ר ובש"א שכתבו, דאין לעשות מלאכה בעיו"ט מן המנחה ולמעלה, כמו בע"ש).

מיהו אם עיו"ט שבת, יכול לקיים סעודה שלישית, ויאכל מעט פת לכבוד יו"ט - ר"ל אפילו אם שכח או עבר ולא קיים סעודה שלישית קודם זמן מנחה קטנה, יכול לקיים אח"כ, **אך** אז מצוה לכתחלה ליזהר שיאכל רק מעט פת, כדי שיאכל בלילה לתיאבון, [והיינו יותר מכביצה פת, שהוא שיעור סעודה שלישית, **אכן** באמת הוא יכול לאכול יותר, אך שלא יהיה שיעור קביעת סעודה, דהיינו כרגילותו בחול, **ולכתחילה** טוב יותר שיאכל קודם זמן מנחה קטנה, שאז יוכל לאכול ולקבוע סעודה כמה שירצה], **וה"ה** כשחל יו"ט ראשון בשבת, שייך כל אלו הדברים.

(עיין במ"א שכתב, דה"ה ביו"ט ראשון יש למנוע מלקבוע סעודה מט' שעות ולמעלה, שהוא עיו"ט שני, כדי שיאכל בלילה לתיאבון, והעתיקוהו האחרונים, **ולענ"ד** אין דין זה ברור, אחרי שבאמת העיקר הוא יו"ט ראשון, דאנן בקיאין בקביעא דירחא, ואף דבודאי אנו צריכין להחמיר בו מלעשות שום מלאכה, וכן כל השבותין כמו ביו"ט ראשון, אם לא לצורך חולה, היינו לענין עצם יו"ט כשכבר בא זמנו, **אבל** שנחמיר מלאכול ביו"ט ראשון בעת שתאב לאכול, כגון בחג השבועות שהיום גדול, ונשויהו לספיקא שמא היום חול והוא עיו"ט, וכדי שיאכל בלילה לתיאבון, מנין לנו דבר זה).

ומלוה ללוש פת בעיו"ט לכבוד יום טוב, כמו בערב שבת, כמו שנתבאר לעיל סי' רמ"ב.

וחייב לבצוע על שתי ככרות - בשתי הסעודות שאוכל ביו"ט וכדלקמיה, שגם ביו"ט לא היה יורד המן כמו בשבת, והיה יורד בעיו"ט כפלים.

ולקבוע כל סעודה על היין - היינו גם באמצע סעודה, מלבד מה שקידש על היין מתחלה, וכמו לענין שבת, **וגם** מצוה לאכול בשר, וכל זה אם ידו משגת.

ואיתא בע"ג דף ה', שתקנו להרבות בסעודה ביו"ט הראשון של פסח, [לפי שהוא יום גאולה וחירות], **ובעצרת**, [שהוא יום מתן תורה], **ובר"ה**, [לפי שהוא תחילת השנה עושין בן לסימן טוב], **וביו"ט** האחרון של חג, [לפי שהוא חשוב והוא רגל בפני עצמו, **אבל** יו"ט ראשון של סוכות לא, לפי שהעם טרודים במצות סוכה וד' מינים, ואין פנאי להכין הרבה].

ובגדי יום טוב יהיו יותר טובים משל שבת - משום דחייב בשמחה, וזהו ג"כ בכלל שמחה, **ופשוט** דכל זה ג"כ בידו משגת.

ולא נהגו לעשות בו סעודה שלישית - כי אם שתי סעודות ערבית ושחרית, וחייב לאכול בהן פת, **ואם** לא אכל בליל יו"ט, יאכל ביום שני פעמים, ויקדש בשחרית הקידוש של לילה, וכמו לענין שבת.

והנה יש מאחרונים שכתבו, דאף דאין נוהגין לעשות סעודה שלישית בפת, מ"מ טוב שיאכל פירות, **ויש** שכתבו, שמזה נתפשט המנהג לאכול ביו"ט תבשיל אחד יותר בשחרית, שיחשב במקום סעודה, ואע"ג דבשבת אין מועיל זה לענין סעודה שלישית.

(וביו"ט מאחרין לבא לבית הכנסת) - כדי לטרוח בסעודת יו"ט קודם שילכו לבהכ"נ, **(וממהרין לצאת, משום שמחת יו"ט)** - והאידנא שמאריכין בפיוטים ובניגונים בין יוצר אור וק"ש, וקרוב לודאי שיעבור זמן ק"ש, צריך להשכים בכל יום טוב, כדי לקרות ק"ש בזמן הראוי.

סעיף ב - חייב אדם להיות שמח וטוב לב במועד, הוא ואשתו ובניו וכל הנלוים אליו - והוא מצות עשה מן התורה, דכתיב: ושמחת בחגך, ונוהגת גם בנשים.

עיין ברמב"ם, דגם חוה"מ הוא בכלל מועד לענין שמחה, **אבל** לענין כבוד ועונג אין חייב בחוה"מ, דלא נאמר בהן "מקרא קודש", [הגר"ז]. [**והנה** עצם דין זה מוכח מהרמב"ם, **אכן** מש"כ דלא נאמר בהן "מקרא קודש" צ"ע, דהרי הרמב"ם עצמו סובר ד"מקרא קודש" קאי גם על חוה"מ, **וכן** הוא גם כן מנהגנו בתפלת מוסף בחוה"מ, שאומרים: מקרא קודש זכר ליציאת מצרים, וצ"ע, **ודעת** המ"א בסי' תק"ל, דחייב לכבד חוה"מ במאכל ובמשתה וכסות נקיה, שלא ינהג בהן מנהג חול, **אלא** דחיובו בכל זה קיל מיו"ט, **ואפשר** דגם הגר"ז מודה לזה - הובא מסי' תק"ל ס"א, ע"ש].

כיצד משמחן, הקטנים נותן להם קליות ואגוזים; והנשים קונה להם בגדים ותכשיטין כפי ממונו – (ואם אין ידו משגת, יקנה להם לכל הפחות מנעלים חדשים לכבוד יו"ט).

(**והאנשים**, בזמן שבהמ"ק היה קיים, היו אוכלין בשר השלמים לשמחה, וכדכתיב: וזבחת שלמים ואכלת שם ושמחת וגו', **ועכשיו** שאין בהמ"ק קיים, אין יוצאין ידי חובת שמחה אלא ביין, שנאמר: ויין ישמח לבב אנוש, **אבל** בשר אין חובה לאכול עכשיו, כיון שאין לנו בשר שלמים, ומ"מ מצוה יש גם באכילת בשר, כיון שנאמר בו שמחה).

וחייב להאכיל לגר ליתום ולאלמנה עם שאר עניים - שנאמר: והלוי והגר והיתום וגו', **אבל** מי שנועל דלתי חצרו, ואוכל ושותה הוא ובניו ואשתו, ואינו מאכיל ומשקה לעניים ולמרי נפש, אין זו שמחת מצוה אלא שמחת כריסו, ועל אלו נאמר: זבחיהם כלחם אונים להם כל אוכליו יטמאו, כי לחמם לנפשם טמא הוא, ושמחה כזו קלון הוא להם, שנאמר: וזריתי פרש על פניכם פרש חגיכם - רמב"ם.

וגם בזוה"ק מפליג מאוד בעונש מי שאינו נותן לעני מסעודתו ביו"ט ר"ל, והעתיקו דבר זה כל האחרונים, ונתפרסם גודל החיוב לכל ישראל, וע"כ אינו מצוי שישאר עני ביום טוב בלי סעודה, **אבל** מה נעשה עם האומללים והנדכאים בעיר שמתביישין לפשוט יד ולבקש, וע"כ נהגו באיזה מקומות, שקודם יו"ט הולכין נבוני לב לבתי העשירים לקבץ עבור אלו המרי נפש, ואשרי האנשים שמשימין עין ע"ז, שמזכין לעצמן ומזכין לכל אנשי העיר.

(דין תענית ביו"ט, כמו בשבת, וע"ל סי' רפ"ח) - משמע מהרמ"א, דדעתו לענין תענית חלום דצריך להתענות ביו"ט, **ועיין** בא"ר שהביא בשם דרשות מהר"ש, שלא להתענות ביום שעולין לדוכן, מפני שאמר הש"ס: דליקום מקמי כהני דפרסי ידייהו ולימא וכו', **ומאריך** בענין זה, ולבסוף מביא בשם אחרונים, דהמנהג פשוט להתענות, **ומ"מ** מסיק לבסוף, דהיכי דיש עוד צד להקל, יש להקל בזה יותר מבשבת.

יש שכתבו, דמי שמתענה תענית חלום, כיון שאינו מקיים "חציו לכם", צריך להיות כולו לה', דהיינו ללמוד או לומר תפלות ובקשות, **אבל** בד"מ חלק ע"ז, דכיון דמתענה מקרי "כולו לה'", **ועוד** דהטעם שהתירו להתענות, משום דכיון דנפשו מרה לו התענית עונג לו, א"כ מקרי "לכם".

סעיף ג - אדם אוכל ושותה ושמח ברגל - ואפילו הוא מסגף עצמו מפני תשובה בכל ימות השנה, שלא לאכול בשר ושלא לשתות יין, בשבתות ויום טוב וחנוכה ופורים חייב לאכול ולשתות.

ולא ימשוך בבשר וביין ובשחוק וקלות ראש, לפי שאין השחוק וקלות ראש שמחה אלא הוללות וסכלות, ולא נצטוינו על ההוללות והסכלות, אלא על שמחה שיש בה עבודת היוצר - ומדת החסידים אשר השם לנגדם תמיד, ובכל דרכיהם ידעוהו, בעת שמחתם אז יותר ויותר משבחין להקב"ה אשר שימחם.

סעיף ד - חייבים בית דין להעמיד שוטרים ברגלים, שיהיו משוטטים ומחפשים בגנות ובפרדסים ועל הנהרות, שלא יתקבצו שם לאכול ולשתות אנשים ונשים, ויבואו לידי עבירה; וכן יזהירו בדבר זה לכל העם, שלא יתערבו אנשים ונשים בבתיהם בשמחה, ולא ימשכו ביין, שמא יבואו לידי עבירה; אלא יהיו כולם קדושים - וגם תמיד יש חיוב להזהיר ולמחות ע"ז מי שיש בידו, אלא שברגל מצוי הקלקול ביותר, [**ובעו"ה** נתפרץ קלקול זה בזמנינו באיזה מקומות גם בימות החול, ועון גדול הוא, ומי שיש בידו למחות, בודאי מחוייב למחות].

מילואים להלכות תחומין • סימן שצז

§ סימן שצז – דין שביתת היחיד וכליו ומהלך אלפים אמה §

סעיף א - כל אדם יש לו אלפים אמה לכל רוח - והוא תקנת חכמים, דמן התורה מותר להלך עד י"ב מיל, כשיעור מחנה ישראל במדבר שהחזיקה י"ב מיל, וביותר מזה אסור, וכדכתיב: אל יצא איש ממקומו, והאי "ממקומו" קאי על המחנה, **והרבה** פוסקים חולקים ואומרים, דגם חוץ לי"ב מיל אינו אסור מה"ת, והאי "אל יצא" אינו אלא אזהרה לענין הוצאת כלים מרשות לרשות.

חוץ מארבע אמותיו - דמקומו של אדם בכל מקום ששובת הוא ד"א כדלעיל, ומשם יש לו אלפים לכל רוח, נמצא דיכול להלך מעמידת רגליו אלפים וד"א.

[**ולפי** דעה ראשונה לעיל בסי' שצ"ו, אם בירר לו הד"א בצד אחד, כגון שהלך הב' אלפים וד"א, הפסיד הד"א מצד השני, ואין מודדין לו לצד השני רק אלפים ולא יותר, **ולדעת** הי"א שם יש לו ד"א לכל רוח, **אך** כבר ביארנו שם דהלכה כדעה שניה].

או מהמקום ששבת בו - פי' דאם שבת במקום מוקף מחיצות, חשיב כולו כד"א, ויש לו אלפים סביב המקום ההוא.

סעיף ב - קדש עליו היום בבקעה, ואינו יודע תחום שבת, מהלך - לבד הד"א, **אלפים פסיעות (בינוניות)** - והיינו חצי אמה מקום מצב הרגל, וחצי אמה הוא בין רגל לרגל בפסיעה בינונית, **שהם תחום שבת** - ומיירי שהוא צריך ללכת לאיזה צורך שבת, ומקרי מדידה של מצוה, דשרי כדלעיל בסימן ש"ו ס"ז.

⟨**ופשוט דאם הוא אדם ארוך, שפסיעה בינונית שלו הוא יותר מאמה, דצריך לשער באדם בינוני דעלמא, שהרי יותר מאלפים אמה אסור לילך בשבת, ואסמכוהו אקרא, וכן פשוט דאם הוא אדם ננס, שפסיעותיו קצרות ואינו מחזיק כשיעור אמה, יוכל לילך יותר מאלפים, והשו"ע מיירי באדם בינוני**⟩.

ספר

הלכתא ברורה

מסכת מועד קטן

כולל כל הלכות חול המועד

שבשו"ע ובמשנה ברורה

בשילוב תמצית דברי הביאור הלכה והשער הציון

וכל הלכות קריעה ואבילות שבשו"ע ונו"כ

ושאר ההלכות הנמצאות על הדף

מסודרות על הדף ע"פ ציוני ה'עין משפט'

בתוספת מקורות של הבאר הגולה

לאסוקי שמעתתא אליבא דהלכתא

§ מסכת מועד קטן דף ב. §

אות א'

משקין בית השלחין במועד ובשביעית

רמב"ם הל' שמיטה ויובל פ"א ה"ח - משקין בית השלחין בשביעית, והיא שדה הזריעה שצמאה ביותר.

סימן תקל"ז ס"א - [א]דבר האבד - ר"ל שאם לא יעשהו עכשיו יבא לידי הפסד, **מותר לעשותו בחול המועד בלא שינוי** - ואם הדבר אצלו בספק, עיין במ"א שמקיל, ובח"א כתב שיעשהו ע"י עכו"ם ולא בעצמו, **ועיין** בבה"ל שצידדנו, דכונת המ"א הוא ג"כ אם אותו החשש שהוא חושש הוא מצוי שיבוא, ואז נראה דיש להקל גם ע"י עצמו, (אפילו למאן דאית ליה דמלאכת חוה"מ עיקרו הוא מן התורה, **ואם** אינו מצוי ההפסד, יש להחמיר אפילו למאן דאית ליה דאיסור מלאכת חוה"מ הוא מדרבנן), **אכן** יראה לעשות בצנעא אם אפשר, (ואם אי אפשר בצנעא מותר בפרהסיא). **ועיין** בפמ"ג שכתב, דלדברי המ"א יש להקל נמי בספק צורך המועד, והיינו ג"כ אם בעיניו קרוב שיהיה זה לצורך המועד. **(מיהו בכל מה דאפשר להקל בטרחה יעשה) (כל בו).**

[ב]לפיכך בית השלחין (פי' הארץ הצמאה) - ועיפה למים, שאם לא ישקנה תמיד תפסד, **שהתחיל להשקותה קודם המועד, מותר להשקותה, שכיון שהתחיל להשקותה קודם לכן, אם לא ישקנה עכשיו תפסד** - אבל אם לא התחיל, לא תפסד ע"י איחור איזה ימים, ואסור, [**ולפי"ז** אין חילוק בין אם מניעת ההשקאה קודם מועד היה מחמת עצלות או מחמת אונס, דבכל גווני אסור, **וכן** לטעם הרמב"ם שכתב, שאם לא השקה אותה קודם המועד, יהיה לו עתה טרחא יתירה להשקותה במועד, וזה אסור אפי' במקום הפסד, ג"כ אין חילוק בין עצלות לאונס].

(הנה מוכח בברייתא דף ו' ע"ב, דאפילו בלא התחיל להשקותה קודם המועד, אם היתה שדה מטוננת מותר, והיינו שהיתה לחה ועתה נתייבשה, ומטעם דכיון שהיתה לחה דינה כמו שהתחיל להשקותה, דתפסד אם לא ישקנה, **אכן** להרמב"ם ההיתר בשדה לחה, הוא דוקא בשעדיין היא לחה, ומטעם דא"צ להשקאה רבה, ולית בה טרחא יתירא אף בזרעים שלא שתו לפני המועד, ולהכי שרי, **ולפי"ז** אם נתייבשה אין להקל לדעת הרמב"ם. והנה המחבר העתיק דין דשדה לחה בס"ז לענין שדה אילן, ובאמת מן הברייתא מוכח דה"ה לענין זרעים שלא שתו).

אבל שדה [ג]הבעל - פי' שדי לה במטר השמים, **שאין משקין אותה [ד]אלא להשביחה יותר, אסור להשקותה.**

אות ב'

אבל אין משקין לא ממי הגשמים, ולא ממי הקילון

סימן תקל"ז ס"ב - אבל לא ידלה וישקה מן הבריכה - מים מכונסין בבור עמוק, **או ממי הגשמים מקובצים, מפני שהוא טורח גדול** - שצריך לדלות בכלי. **ואפי'** אינו דולה, אלא ממשיך מהן ברגל, דהיינו שהבור או מקום המקובץ מהגשמים מלא על כל גדותיו, דאז א"צ לדלות, אסור, מפני שסופו לדלות כשיחסרו.

אות ג'

ואין עושין עוגיות לגפנים

סימן תקל"ז ס"ה - [ה]אין עושים החריצים שבעקרי הגפנים כדי שיתמלאו מים - דהוא טרחא יתירא, [רש"י דף ד:] ‹ד"ה הא בחדתי›, ואסור אף דאיכא פסידא.

אות ד'

עושין את האמה בתחילה בשביעית

רמב"ם פ"א מהל' שמיטה ויובל ה"ט - ועושין עוגיות לגפנים, ועושין את אמת המים בתחלה, וממלאין את הנקעים מים.

אות ה'

ומתקנין את המקולקלות במועד

סימן תקל"ז ס"ו - [ו]אמת המים - היינו החריצין העשויין בקרקע, שבהם המים הולכות סביבות השדה ומשקות אותו, ונקרא אמה, לפי שהוא רחב אמה ועמוק אמה, **שנתקלקלה, מתקנין אותה** - אבל אין עושין אותה לכתחלה, וה"ה אם נסתמה לגמרי, שלא נשאר אפי' טפח, ג"כ אסור לתקנה, דזה הוי כעשיה לכתחלה.

אות ו'

ומתקנין את קלקולי המים שברשות הרבים, וחוטטין אותן

סימן תקמ"ד ס"ב - [ז]בורות ומעיינות של רבים שנפל בהם עפר ואבנים ונתקלקלו, מותר לתקנם.

אות ז'

ומתקנין את הדרכים ואת הרחובות ואת מקוות המים כו'

סימן תקמ"ד ס"א - [ח]צרכי רבים מותר לעשותה בחוה"מ - ויש בזה שני חלוקים, דאם הוא מעשה אומן, אינו מותר אא"כ שהוא צורך המועד, **ואם** הוא מעשה הדיוט, שרי אפילו אם הוא רק צורך אחר המועד.

‹המשך ההלכות מול עמוד ב'›

באר הגולה

[א] משנה מו"ק י"א וי"ב וכרבי יוסי ובגמרא שם [ב] משנה שם ב' ודף ו' וכרבי אליעזר בן יעקב הסכמת הפוסקים ‹דף ו: רבי אליעזר בן יעקב אומר זרעים שלא שתו מלפני המועד לא ישקם במועד, וחכמים מתירין›. ‹**אף** דמש"כ בס"ב: אפי' בבית השלחין לא התירו אלא היכא דליכא טרחא יתירה, הוי דלא כראב"י, כדמבואר בגמ'›. ‹**ועוד** נ"ל טעמא דפוסק דוקא בשתה קודם המועד, מהא דאיתא שם ב. דמוקי הגמ' מתניתין כר' יהודה, דאמר אין משקין אלא שדה בית השלחין שחרבה, ומפרש הגמ' שחרבה ממעין זה ויצא לה מעין אחר, ופרש"י שחרבה מעינה שרגילה לשתות ממנו, דכיון שרגילה לשתות אי לא משקה לה עכשיו איכא פסידא, הרי גם ר' יהודה דסתם מתניתין כוותיה, לא התיר רק בשתה לפני המועד – דמשק אליעזר› [ג] פי' שדי לה במטר השמים [ד] שם בגמרא [ה] משנה ב' וגמרא שם [ו] משנה שם גמרא שם [ז] שם במשנה [ח] משנה ריש מו"ק וברייתא ה'

משקין

*בית השלחין במועד *ובשביעית בין ממעיין שיצא בתחילה בין ממעיין שלא יצא בתחילה *אבל אין משקין לא ממי הגשמים ולא ממי הקילון *ואין עושין *עוגיות לגפנים ר' אלעזר בן עזריה אומר אין עושין את האמה בתחילה במועד ובשביעית וחכמים אומרים *עושין את האמה בתחילה בשביעית *ומתקנין את המקולקלות במועד (א) *ומתקנין את קלקולי המים שברשות הרבים וחוטטין אותן *ומתקנין את הדרכים ואת הרחובות ואת (ב) מקוות המים ועושין כל צורכי הרבים ומציינין את הקברות *ויוצאין אף על הכלאים: **גמ'** השתא יש לומר ממעיין שיצא בתחילה דאתי לאינפולי משקין ממעיין שלא יצא בתחילה דלא אתי לאינפולי מיבעיא אמרי אצטריך אי תנא מעיין שיצא בתחילה הוה אמינא הכא הוא דבית השלחין אין בית הבעל לא משום דאתי לאינפולי אבל מעיין שלא יצא בתחילה דלא אתי לאינפולי אימא אפילו בית הבעל נמי קא משמע לן לא שנא מעיין שיצא בתחילה ולא שנא מעיין שלא יצא בתחילה בית השלחין אין בית הבעל לא ומאי משמע דהאי בית השלחין לישנא דצחותא היא דכתיב *ואתה עיף ויגע ומתרגמינן ואת משלהי ולאי ומאי משמע דהאי בית הבעל לישנא דמייתבותא היא דכתיב *כי יבעל בחור בתולה ומתרגמינן ארי כמה דמיתותב עולם עם בתולתא יתייתבון בגויך בנייך מאן תנא *דפסידא אין הרווחה לא *ואפילו במקום פסידא מיטרח נמי לא טרחינן אמר רב הונא ר' אליעזר בן יעקב היא דתנן *רבי אליעזר בן יעקב אומר מושכין את המים מאילן לאילן ובלבד שלא ישקה את השדה כולה אימור דשמעת ליה לרבי אליעזר הרווחה דלא טורחא במקום פסידא מי שמעת ליה אלא אמר רב פפא הא מני רבי יהודה היא דתניא *מעיין היוצא בתחילה משקין ממנו אפילו שדה בית הבעל דברי רבי מאיר רבי יהודה אומר *אין משקין אלא שדה בית השלחין שחרבה רבי אלעזר בן עזריה אומר לא כך ולא כך יתר על כן אמר רבי יהודה לא יפנה אדם אמת המים וישקה לגינתו ולחורבתו בחולו של מועד מאי חרבה אילימא חרבה ממש למה לי דמשקי לה (ג) אמר אביי שחרבה ממעיין זה ויצא לה מעיין אחר רבי אלעזר בן עזריה אומר לא כך ולא כך לא שנא חרב מעיינה ולא שנא לא חרב מעיינה מעיין שיצא בתחילה לא וממאי דלמא עד כאן לא קאמר רבי יהודה בית השלחין אין בית הבעל לא אלא מעיין שיצא בתחילה דלמא

רש"י

משקין בית השלחין במועד. שדה שהיא עומדת בהר וצריך להשקותה תמיד משקין אותה אפילו בחולו של מועד לפי שהוא לו הפסד גדול אם אינו משקה אותה ודבר של הפסד התירו חכמים לטרוח בו בחולו של מועד כמו שאנו מוכיחין במסכת חגיגה (דף יח) דכתיב (דברים טז) ששת ימים תאכל מצות וביום השביעי עצרת לה' אלהיך מה שביעי עצור בעשיית מלאכה אף ששה עצורים בעשיית מלאכה אי מה שביעי עצור בכל מלאכה אף ששה עצורין בכל מלאכה תלמוד לומר השביעי שביעי עצור בכל מלאכה ואין ששה עצורין בכל מלאכה הא לא מסרן הכתוב אלא לחכמים לומר לך איזו מלאכה אסורה בחוש"מ ואי זו מותרת ומלאכה שיש בה הפסד אם אינו עושה אותה כגון להשקות בית השלחין התירו חכמים: **ובשביעית.** מפרש בגמרא: **ממעיין שיצא בתחלה.** דעכשיו מתחיל לנבוע שעדיין לא החזיקה דרכה: **בין ממעיין שלא יצא בתחלה.** אלא מעיין נובע מזמן מרובה: **אבל לא ממי גשמים.** משום דאית ביה טירחא יתירא כדמפרש בגמרא: **גמ' דאתי לאינפולי.** הקרקע שסביבה דעדיין לא החזיקה דרכה: **משקין.** בחולו של מועד ולא חיישינן דלמא נפיל ואזיל וטרח טירחא יתירא: **מעיין שלא יצא בתחלה.** שכבר החזיק דרכו: **מיבעיא.** דמשקה ממנו בחולו של מועד: **בית הבעל.** שדה הוא בעמק ואינו צריך להשקותה ואין בה הפסד אם אין משקה אותה: **קא משמע לן.** מתניתין דתני בין ממעיין שלא יצא בתחילה: **בית השלחין אין בית הבעל.** אפילו ממעיין שלא יצא בתחילה לא: **(יגישלסי).** וה"א מתחלף בחי"ת: **מאן תנא.** דמתני' דפסידא שרי למיטרח בה בחוש"מ כגון בית השלחין: **הרווחה לא.** כגון דבית הבעל דאסור להשקותה מאחר שאין בה הפסד שאין צריך להשקותה אלא להרווחה דמילתא לשוויה אפלי חרפי: **אפילו במקום פסידא מיטרח לא טרחינן.** דקתני מתניתין אבל לא ממי גשמים כו' משום דאית ביה טירחא: **מושכין המים מאילן לאילן.** בחולו של מועד אם יש מים תחת אילן אחד עושין דרך קטן מאילן לאילן כדי שימשכו המים מאילן זה לאילן אחר: (ד) **לא ישקה את השדה כולה.** בבית הבעל קמיירי דהרווחה היא אלמא דהרווחה דמילתא אסר ר' אליעזר: **אילימא חרבה ממש.** שנעשה בור למה לי למשקה לההיא דהא אין לה תקנה לעולם: **שחרבה ממעיין זה ויצא לה מעיין אחר.** שחרב מעיינה שרגילה לשתות ממנו דכיון שרגילה לשתות אי לא משקה לה עכשיו אית ליה פסידא יתירא אפילו הכי לא שרי ר' יהודה אלא ממעיין שילא לה דלאו טירחא הוא אבל מי גשמים ומי קילון דטירחא הוא לא שרי אפילו לבית השלחין ועוד חזינן דקאמר רבי יהודה לא יפנה (ה) מים כו' אלמא דלא שרי ר' יהודה טירחא יתירא אלמא מתני' ר' יהודה היא דהא רהב"ע ל"ש חרב מעיינה ממעיין שילא לה בתחילה ול"ש לא חרב תרוייהו אסר: דלמא

תוספות

משקין בית השלחין. שדה שאינה מסתפקת במי גשמים וצריך להשקותה תמיד ואם אין משקין אותה תדיר נפסדת והלכך משקין אותה בחוה"מ ומשום פסידא שרו ליה רבנן כדאמרינן בפ' אין דורשין (חגיגה דף יח: ושם) תניא אידך ששת ימים תאכל מצות וביום השביעי עצרת לה' אלהיך מה שביעי עצור אף ששה עצורים אי מה שביעי עצור מכל מלאכה אף כל ששה עצורים מכל מלאכה תלמוד לומר השביעי ה"א יתירה השביעי עצור מכל מלאכה ואין הששה עצורים מכל מלאכה הא לא מסרן הכתוב אלא לחכמים ללמדך איזה יום אסור ואיזה יום מותר איזו מלאכה אסורה ואיזו מלאכה מותרת:

וחוטטין אותה. שאם נתמלאה הבור מותר לחטט להעמיקו שהעפר תיחוח אבל לחופרה בתחילה שהקרקע קשה לא משום דאיכא טירחא יתירא:

ומציינין. דליכא טירחא:

ויוצאין על הכלאים. מצוה הוא ללאת כדאמרינן בגמ' ולא דמי להני אחריני דקתני ומתקנין דהאי חובה הוא כדמוכח בגמרא:

עיף ויגע. צמא למים כדכתיב *הרויתי נפש עיפה (ירמיה לא):

מאן תנא פסידא אין. משום דאשכחן לקמן דרבי מאיר פליג עלה דמתני' והאי סתם מתניתין לא אתיא אליביה כשאר סתמי משום הכי קבעי הש"ס מאן תנא:

מושכין אמת המים כו'. שאם יש שם מים תחת אילן זה יכול למושכם במועד תחת אילן אחר משום דאילן כבית השלחין דמי וצריכין למים טפי והא דתנא מושכין ולא תנא משקין אורחא דמילתא קתני דבענין זה רגילין להשקות אילנות:

יתר על כן אמר רבי יהודה. עוד היה מחמיר יותר אפילו בבית השלחין קא אסר להפנות משום דהוי טירחא יתירא:

לגינתו ולחורבתו. של בית השלחין גינה מקום זרעים חורבה מקום שחרבו אילנותיו וחרשו וזרעו ונטעו ושמא הוא צריך למים יותר ולא זו אף זו קתני אי נמי חרב ביתו ועשאו גינה וצריכה מים תדיר יותר משאר בית השלחין ומשום דאיכא טירחא יתירא לא: אם

עין משפט נר מצוה

א א מיי' פ"ז מהלכות יו"ט הלכה ב ופ"א מהלכות שמטה הלכה ח סמג לאוין עה ועשין דרבנן ב טוש"ע א"ח סי' תקלז סעיף א:

ב ב מיי' פ"ז מהלכות יו"ט שם טוש"ע שם סעיף ב:

ג ג מיי' פ"ח מהלכות י"ט הלכה ג טוש"ע שם סעיף ה:

ד ד מיי' פ"א מהלכות שמטה הלכה ט:

ה ה מיי' פ"ח מהלכות יו"ט הלכה ג טוש"ע שם סעיף ו:

ו ו מיי' שם פ"ז הלכה י טוש"ע שם סי' תקמד סעיף ב:

ז ז מיי' שם טוש"ע שם סעיף א:

ח ח מיי' פ"ח מהלכות י"ט הלכה יא:

ט ט מיי' שם פ"ז הלכה כ טוש"ע שם סי' תקלז סעיף א ב:

[הנוסחא הישנה ונפש עיפה למים לא נמצא בתנ"ך עיין תוי"ט]

י כ מיי' שם טוש"ע שם סעיף א:

רבינו חננאל

משקין בית השלחין במועד ובשביעי' בין ממעין שיצא בתחלה ובין ממעין כו' ומקשינן השתא יש לומר ממעין שיצא בתחלה דחיישינן דלמא אתי לאינפולי ובני ליה אמרת משקין ממעין שכבר יצא וניתקן ועמד מיבעיא. ופרקינן איצטריך לאשמועינן דאפי' ממעין ישן דליכא חששא דלמא נפיל ובני ליה אין משקין אלא בית השלחין שהן נפועין וצמאין למים מלשון שלהי כדמתרגמי' והוא עיף ומשלהי. אבל בית הבעל שכבר גדל והשריש שרשים בקרקע כמו בעל באשתו כדכתיב והולידה והצמיחה. בין ממעין שיצא בתחלה ובין ממעין שלא יצא בתחלה אין משקין שדה בית הבעל. ואמרינן מאן תנא דחייש לפסידא דבית השלחין כדי שלא יפסידו וייבשו והתיר להשקותם ואפי' הכי לא התיר אלא דבר שאין בו טורח. אבל להשקות ממי גשמים וכיוצא בהן שיש טורח בהן לא התיר. אמר רב הונא ר' אליעזר בן יעקב היא דתנא ר' אליעזר בן יעקב אומר מושכין מים מאילן לאילן אבל לא ישקה את כל השדה ודחינן אימור דשמעת לר' אליעזר דלא שרי הרווחה מדקתני לא ישקה את כל השדה ... ובא רב פפא ואוקמה לר' יהודה ל"ש מעין שיצא בתחלה ולא שנא מעין שלא יצא בתחלה אין משקין אלא בית השלחין. והא דקתני מעין שיצא בתחלה איירי דאמר ר' מאיר מעין שיצא בתחלה משקין ממנו אפי' שדה

הגהות הב"ח

(א) מתני' ומתקנין את קלקולי המים. נ"ב ע"י פרש"י בדף ה ע"א: (ב) שם ואת מקוות המים ועושין: (ג) גמ' דמשקי לה ואמר אביי שחרבה כו' לא חרב מעיינה ממעיין שילא בתחלה: (ד) רש"י ד"ה שלא ישקה: (ה) ד"ה שחרבה כו' דקאמר לא יפנה אדם אמת המים כו' אלמא וכו' ל"ש חרב מעיינה ול"ש לא חרב כל השדה אבל שלא להחריבה מי שמעת ליה. ובא רב פפא ... יהודה דהתני אין משקין ממעין היוצא בתחלה אלא שדה בית השלחין שחרבה. תרוייהו אסר מעיין שילא לה בתחלה כצ"ל וכו"ד:

גליון הש"ס מתני' ובשביעית בין ממעיין. עיין לקמן דף ו ע"ב תוס' ד"ה מרבלין:

עין משפט נר מצוה

יא א מיי' פ"ח מהלכות שבת הלכה כ:

יב ב מיי' שם הלכה ד:

יג ג מיי' פ"א מהלכות כלאים הלכה ב סמג לאוין רעט טוש"ע י"ד סי' רצז סעיף א:

יד ד מיי' פ"א מהלכות שמטה הלכה ב סמג לאוין ער וסמג עשין קמט:

[שמעם לקמן סייג וגדר רש"י פ"ו כד. וע"ש בתוס']

תורה אור

דלמא אתי לאינפולי אבל מעיין שלא יצא בתחילה דלא אתי לאינפולי אפילו בית הבעל נמי אם כן מתניתין אמאן תרמייה אלא לרבי יהודה לא שנא מעיין שיצא בתחילה ולא שנא מעיין שלא יצא בתחילה בית השלחין אין בית הבעל לא והאי דקתני מעיין שיצא בתחילה להודיעך כחו דר' מאיר דאפילו מעיין היוצא בתחלה משקין ממנו אפילו שדה הבעל אתמר המנכש והמשקה מים לזורעים בשבת משום מאי מתרינן ביה רבה אמר משום חורש רב יוסף אמר *משום זורע אמר רבה כוותי דידי מסתברא מה דרכו של חורש לרפויי ארעא האי נמי מרפויי ארעא אמר רב יוסף כוותי דידי מסתברא מה דרכו של זורע לצמוחי פירא הכא נמי מצמח פירא אמר ליה אביי לרבה לדידך קשיא ולרב יוסף קשיא לדידך קשיא משום חורש אין משום זורע לא לרב יוסף קשיא משום זורע אין משום חורש לא וכי תימא כל היכא דאיכא תרתי לא מיחייב אלא חדא והאמר רב כהנא *זומר וצריך לעצים חייב שתים אחת משום נוטע ואחת משום קוצר קשיא איתיביה רב יוסף לרבה *המנכש והמחפה לכלאים לוקה רבי עקיבא אומר אף *המקיים בשלמא לדידי דאמינא משום זורע היינו דאסירא זריעה בכלאים אלא לדידך דאמרת משום חורש חרישה בכלאים מי אסירא אמר ליה משום מקיים והא מדקתני סיפא ר"ע אומר אף המקיים מכלל דתנא קמא לאו משום מקיים הוא כולה ר' עקיבא היא ומאי טעם קאמר מאי טעם המנכש והמחפה בכלאים לוקה משום מקיים שר"ע אומר אף המקיים מאי טעמא דר' עקיבא דתניא *שדך לא תזרע כלאים (ויקרא יט) אין לי אלא זורע מקיים מניין תלמוד לומר כלאים שדך לא תנן משקין בית השלחין במועד ובשביעית בשלמא מועד משום טירחא הוא ובמקום פסידא שרו רבנן אלא שביעית בין למאן דאמר משום זורע ובין למאן דאמר משום חורש זריעה וחרישה בשביעית מי שרי אמר אביי בשביעית בזמן הזה ורבי היא דתניא *רבי אומר °וזה דבר (דברים טו) השמטה שמוט בשתי שמיטות הכתוב מדבר אחת שמיטת קרקע ואחת שמיטת כספים בזמן שאתה משמט קרקע אתה משמט כספים ובזמן שאי אתה משמט קרקע אי אתה משמט כספים רבא אמר אפילו תימא רבנן אבות אסר רחמנא תולדות

רש"י

דלמא אתי לאינפולי. אבל ממעיין שלא יצא בתחילה אפילו בית הבעל נמי שרי רבי יהודה ומתניתין דקתני נמי ממעיין שלא יצא בתחילה בית השלחין אין בית הבעל לא לאו רבי יהודה היא: **אם כן מתניתין אמאן תרמייה.** לא ר"א בן יעקב כדאמרן ולא כר"מ דשרי אפילו בית הבעל ולא כר' אלעזר בן עזריה דאפילו בית השלחין לא שרי ממעיין שיצא בתחילה: **אלא לרבי יהודה ולא שנא כו'.** ומתניתין ר' יהודה היא: **להודיעך כחו דרבי מאיר.** דאפילו ממעיין שיצא בתחילה שרי אפילו לבית הבעל: **מנכש.** תולש עשבים רעים מתוך הטובים וכי עקרי להו למאי הכי טפי: **משקה מים בזרעים.** שורק מים בעיקרי העשבים: **משום מאי מתרינן ביה.** דמאי מלאכה קא חשבינן ליה דודאי קוצר לא חשבינן שאינו מתכוין ליטול העשבים אלא לתקן עשבים הטובים שבשדה: חורש וזורע וקוצר אבות מלאכות הן בפרק כלל גדול (שבת דף עג.): **לרפויי.** לרכך: **משום חורש אין משום זורע לא.** אמאי מיחייב בתרוייהו הא עביד תרוייהו ואשכחינן במלאכה דמיחייב תרתי: **זומר.** בשבת: **וצריך לעצים חייב.** משום קוצר שהרי צריך לעצים וחייב משום נוטע דמשום הזימור גדלי טפי: **המחפה.** שמכסה את הזרעים בעפר: **לוקה.** משום לא תזרע כלאים (ויקרא יט): **אף המקיים.** שרואה כלאים זרוע ואינו מבטלו: **בשלמא לדידי דאמינא.** דמנכש הוי משום זורע משום הכי מנכש בכלאים לוקה דהא אסירא זריעה בכלאים דכתיב לא תזרע: **חרישה.** לצורך זריעת כלאים מי אסירא דבשעת חרישה ליכא כלאים כלל: **אמר ליה.** מנכש אינו לוקה אלא משום מקיים: **תלמוד לומר כלאים שדך לא.** ואע"ג דכתיב לא תזרע כלאים *דורשין ודורשין לא כלאים לא יהא כלאים מכל מקום שחייב אתה לבטלו: **בשלמא מועד.** משום הכי שרי דלא אסיר בשום מלאכה אלא משום טירחא: **וכל מקום פסידא שרו רבנן.** למיטרח בחולו של מועד במקום פסידא כדפרישנן לעיל: **בין למאן דאמר משום חורש.** דפליגי רבה ורב יוסף לעיל במשקה מים לזרעים דחד אמר משום חורש וחד אמר משום זורע: **חרישה בשביעית מי שרי.** הא נפקא מבחריש ובקציר תשבות דאמרינן אם אינו ענין לשבת שאינו צריך שהרי כבר נאמר כל מלאכה תנהו ענין לשביעית: **בשביעית בזמן הזה.** דרבנן: **ורבי היא.** דאמר דהוא מדרבנן ומילתא דפסידא שרו רבנן: **וזה דבר השמטה שמוט.** כתיב בהשמטת כספים אמאי כתיב תרי זימני שמטה שמוט: **בזמן שאי אתה משמט אף קרקע כו'.** מכלל דאיכא זמן דלא משמט קרקע ואיזה זה בזמן הזה: **אפילו תימא רבנן.** דפליגי עליה דרבי ואמרי דשביעית בזמן הזה דאורייתא: **אבות מלאכות.** אסר רחמנא בשביעית: תולדות

תוספות

אם כן אמאן תרמייה. ואם נפשך לומר ממאי דרמינן אליבא דר' יהודה יותר מר"א כמו דאקשינן לעיל לר"א הכי נמי פרכינן אליבא דרבי יהודה ומאי אלימא להש"ס מילתא דרבי יהודה דמוכח מיניה דמתניתין אתיא אליביה יותר מדרבי אליעזר איכא למימר משום דבתרתי מילי אשכחן בהדיא במילתיה דר"י כמו במתניתין דפסידא אין הרווחה לא ובמקום פסידא נמי מיטרח לא טרח אבל לר"א ליכא לאוכוחי ממילתיה אלא חד מילתא כדלעיל דהרווחה אסיר הלכך ניחא ליה לאוקמי כר' יהודה ולא כרבי אליעזר: **כחו** דר' מאיר דמיקל. ואם תאמר וליתני שלא יצאו בתחילה להודיעך כחו דר' יהודה דמחמיר (א) כח דהתירא עדיף: **משום** מאי מתרינן. דאין אדם לוקה ולא נהרג אלא בהתראה שמתרינן בו לא תעשה כך איסורא כדמפקינן בסנהדרין (דף מא.) מקרא דצריך לפרש שם האיסור בהדיא: **קא** מרפויי ארעא. דבתר עיקר המלאכה אזלינן ודומה לחורש ורב יוסף אע"ג דעיקר מלאכה דומה לחורש מחשבת הנפש לאו לרפויי ארעא ובהכי פליגי דרבה סבר לבתר המעשה מדמינן לה ולא אחר המחשבה ורב יוסף סבר בתר מחשבה אזלינן דהויא עיקר ולא אזלינן בתר הדמיון: **וצריך** לעצים. אבל אם אין צריך לעצים לא נאמר בו דחייב משום קצירה דלא דמיא לקצירה דקוצרין למאכל או מידי שצריכין לאיזה דבר כגון רפואה וכיוצא בהן ואי לאו שקוצרין לצורך גופו פטור דלא מיחייב אפילו משום תולדה דתולדה צריך שתהא דמי לאב מלאכה: **חייב** שתים. קשיא לרבה דאזיל בתר הדמיון דהכא זומר לא דמי כלל לנוטע ואעפ"כ חייב משום נוטע וקשיא לרב יוסף דאפילו אינו מתכוין לצמוח הגפן כיון דודאי מצמחה מחמת הזימור חייב משום נוטע דהא סתם קאמר רב כהנא אפילו לא חישב ליטע ואי קשיא הא דאמרינן בדוכתא אחריתי (כתובות דף לז.) משום רשעה אחת אתה מחייבו ואי אתה מחייבו משום שתי רשעיות תריץ הכי כגון דאיכא מיתה ומלקות אבל תרתי מילי דאסירן דדמיין להדדי בשתי מלקיות תרווייהו חד רשעה הוא ולא ממעטי מרשעתו דכל שם מלקות חד רשעה הוא והכי נמי אמר במס' פסחים בפ' כל שעה (דף כד: ושם) אמר אביי אכל פוטיתא לוקה ארבע ואע"ג דרב כהנא אמורא הוא מקשי מיניה לרבה ורב יוסף משום דגברא רבה הוה כדאשכחן (ב"ק דף קיז.) במעשה דר' יוחנן דהוה תריץ טובא °וקשיא ל"ג כיון דלאו תנא הוא לא חשיב ליה כל כך ופליגי עליה:

מסורת הש"ס

[שבת עג:]

[תוספתא כלאים פ"א] מכות כא: ע"ז סד.

[ועי' פי' ר"ח במכות ובכל מקום פי' הסמנגן אתר]

גיטין לו. קדושין לח:

הגהות הב"ח

(א) תוס' ד"ה כחו כו' דר' יהודה דמחמיר וי"ל כח דהתירא:

רבינו חננאל

שדה הבעל תנא איתו נמי מעין שיצא בתחלה. אתמר המנכש פי' החופר בית הזרעים והממשיך מים לזרעי' בשבת משום מאי מתרינן ביה. רבה אמר משום חורש מה דרך החורש לרפויי ארעא הכא נמי מרפי ארעא ניגהו. ורב יוסף אמר משום זורע. מה דרך הזורע לאצמוחי פירא הכא נמי קא מצמחי פירא. ומקשי אביי לתרווייהו ואמאי לא מתרינן ביה משום חורש ומשום זורע דהא דמיא להא ודמיא נמי להא. וכי תימא כל היכא דאיכא מלאכה מעין שתים לא מחייבינן אלא חדא. והאמר רב כהנא הזומר וצריך לעצים חייב שתים אחת משום זורע ואחת משום קוצר ולאפירוקי לנפשייהו איתיביה רב יוסף לרבה המנכש פי' חופר אצל הכלאים ולוקח העפר ומחפה בו את הכלאים כדי שיצמח והמחפה בכלאים לוקה. ר' עקיבא אומר אף המקיים. בשלמא לרב יוסף דא' מנכש משום זורע חייב היינו דאסירא זריעה בכלאים. אלא לרבה דאמר משום חורש חרישה בכלאים מי אסירא. ופריק רבה מאי לוקה דקתני משום מקיים בכלאים וכולה ר' עקיבא היא. ומה טעם קאמר והכי קתני המנכש והמחפה בכלאים לוקה. מ"ט משום מקיים שר' עקיבא אומר אף המקיים בכלאים לוקה. פי' מקיים בכלאים שמצא שדה זרועה כלאים ועבדה הוא וצמחה ונתקיים הכלאים בעבודתו שנעשה לו הצמחה והפרחת פירי. מ"ט אמר קרא לא תזרע כרמך כלאים. אין לי אלא זורע תבואה בכרם מקיים מנין תלמוד לומר לא כלאים. כלומר האי לא דכתב רחמנא דרוש אותו בזורע דהוה ליה למכתב לא תזרע כרמך ולישתוק. ואנא ידענא דאין זריעה אלא בתבואה פי' ומדלא שמעינן שאסר זריעת התבואה בכלאים. *)למה עוד אמר כלאים כדכתיב וזרעתם את השנה ההיא ונו' אבל באילנות נטועה היא כדכתיב ונטעתם כל עץ מאכל. כלאים דכתב רחמנא למה לי לרבות המקיים בכלאים בלאו. ומקשינן לרבה ורב יוסף ממתניתין דתנן משקין בית השלחין במועד ובשביעית. בשלמא מועד משום טירחא הוא דאסורה וכל מקום פסידא שרו רבנן. אלא בשביעית בין למ"ד משקה מים לזורעים חייב משום זורע. ובין למ"ד חייב משום חורש תרווייהו חרישה וזריעה בשביעית אסירי היכי שרו ופירק אביי בשביעית בזמן הזה. ורבי היא דתניא רבי אומר וזה דבר השמטה שמוט כתיב שמיטה וכתיב שמוט בב' שמיטות הכתוב מדבר אחת שמיטת קרקע ואחת שמיטת כספים. בזמן שאתה משמט קרקע כו'. והאידנא דאין שמיטת בקרקע שא"י בידי עובדי כוכבים היא. שביעית בזמן הזה דרבנן ובמקום פסידא שרו רבנן. רבא אמר לא תימא מתני' רבי היא ולא רבנן. אלא אפי' תימא רבנן הניכוש והחיפוי בכלאים תולדות נינהו ובשביעית

*) לכאורה נראה שצ"ל שאסר זריעת התבואה בכלאים כדכתיב וזרעתם את וכו' ונטעתם כל עץ מאכל למה עוד אמר כלאים לרבות המקיים כו'.

גליון הש"ס תוס' ד"ה חייב שתים וכו' וקשיא ל"ג. עיין כ"ב דף נג ע"ב:

דע דכל צרכי רבים מותר, אפילו כיונו מלאכתן במועד, וגם בפרהסיא ובטורח גדול, **והטעם** שהתירו בכיון מלאכתו, דכל צרכי רבים אינם נגמרים אלא בשעה שהם בטלים כולם ומתחברים יחד, ואם לא יעשו עכשיו יתבטל הדבר, **ולכן** אם יש להם מנהיג שהרשות בידו לעשות לבדו, אסור לו לכוין מלאכתו במועד.

(עיין סימן תקמ"ב ס"א, דבמלאכות המותרות בעינן דוקא שיהיו בחנם, ועיין במ"א ובמאמ"ר ונהר שלום, שהסכימו כולם, דאם הם לצורך מצוה, מותר ליטול עבורם שכר, ועיין במחה"ש שכתב, דבצרכי רבים בלא מצוה, אסור ליטול שכר, **אבל** מפמ"ג משמע, דבצרכי רבים לחוד ג"כ מותר ליטול שכר, וטעמו, דהוא ג"כ כצורך מצוה דמיא, וכן נראה מפשטיות המשנה, וגם מי ירצה לעשות כל צרכי רבים בלא שכר).

כגון לתקן הדרכים ולהסיר מהם המכשולות - בגמרא ‹דף ה.› איתא דמחוייבין בזה, שלא יהיה כשופך דמים אם יארע מכשול, **ואפילו** מעשה אומן שרי בזה, כיון שדבר זה צריך גם במועד.

ולציין הקברות כדי שיזהרו מהם הכהנים; ולתקן המקואות - [ואם התיקון הוא מעשה אומן, בעינן שיהא נגמר בחוה"מ], **וה"ה** דלכתחלה ג"כ מותר לעשות מקוה בחוה"מ, ודומיא דחפירת בור המבואר בס"ב, **ודוקא** כשתהיה נגמרת בחוה"מ ותהיה צורך המועד, דאל"ה אסור דהוא מעשה אומן.

אות ח'

ויוצאין אף על הכלאים

רמב"ם פ"ז מהל' יו"ט הי"א - ויוצאין שלוחי ב"ד להפקיר את הכלאים, ופודין את השבוים ואת הערכין ואת החרמים ואת ההקדשות, ומשקין את הסוטות, ושורפין את הפרה, ועורפין את העגלה, ורוצעין עבד עברי, ומטהרין את המצורע, ומציינין על הקברות שמיחו הגשמים את ציונן כדי שיפרשו מהן כהנים, שכל אלו צרכי רבים הן.

אות ט' - י'

דפסידא אין, הרווחה לא

ואפילו במקום פסידא, מיטרח נמי לא טרחינן

סימן תקל"ז ס"א - עיין לעיל אות א'.

סימן תקל"ז ס"ב - [ט]אפילו בבית השלחין לא התירו אלא היכא דליכא טרחא יתירא, כגון מן המעיין, בין חדש - שהתחיל לנבוע מחדש, וקמ"ל דלא חיישינן כיון שחדש הוא, דלמא יפלו כותליו, [גמרא], ואתי לתקן במועד, א"נ דלמא אתי לאיתויי ממקום אחר, והוי טרחא יתירא, **בין ישן, שהוא ממשיכו** - ברגליו **ומשקה** - אבל כל שדולה בדלי או בכד אסור.

אות כ'

אין משקין אלא שדה בית השלחין שחרבה

סימן תקל"ז ס"א - עיין לעיל אות א'.

---

§ מסכת מועד קטן דף ב: §

אות א'

משום זורע

רמב"ם פ"ח מהל' שבת ה"ב - הזורע כל שהוא חייב; הזומר את האילן כדי שיצמח, הרי זה מעין זורע; [א]אבל [ב]המשקה צמחין ואילנות בשבת, הרי זה תולדת זורע וחייב בכל שהוא; וכן השורה חיטין ושעורין וכיוצא בהן במים, הרי זה תולדת זורע וחייב בכל שהוא.

אות ב'

זומר וצריך לעצים חייב שתים

רמב"ם פ"ח מהל' שבת ה"ד - כל זרע שקצירתו מצמחת אותו ומגדלתו, כגון אספסתא וסלקא, הקוצרו בשגגה חייב שתי חטאות, אחת מפני שהוא קוצר, ואחת מפני שהוא נוטע; וכן הזומר והוא צריך לעצים, חייב משום קוצר ומשום נוטע.

אות ג'

המנכש והמחפה לכלאים לוקה

יו"ד סימן שצ"ז ס"א - הזורע שני מיני זרעים כאחד בארץ ישראל, לוקה, שנאמר: שדך לא תזרע כלאים; ואחד הזורע (או המנכש) או המחפה, כגון שהיתה חטה אחת ושעורה אחת, או פול אחד ועדשה אחת מונחים על הארץ, וחיפה אותם בעפר, בין בידו בין ברגלו בין בכלי, לוקה.

[ג]יו"ד סימן שצ"ו ס"א - הזורע שני מיני תבואה או שני מיני ירקות עם זרע הכרם, הרי זה לוקה שתים, אחת משום שדך לא תזרע כלאים (ויקרא יט, יט), ואחת משום לא תזרע כרמך כלאים (דברים כב, ט); ואינו לוקה משום לא תזרע כרמך כלאים (דברים כב, ט) עד שיזרע בא"י חטה ושעורה וחרצן במפולת יד; וכן אם חפה אותם בעפר, לוקה.

באר הגולה

ט משנה שם ב'

א ‹הרי שכתב לשון חלוק, דלזומר קראו מעין, ולמשקה את הצמחין קראו תולדה. והאבות הם אשר היו במשכן, ומעין אבות הן הדומין לאב בדמיון גמור, אלא שחלוקה ממנה באיכות הפעולה או באיכות הנפעל, כגון הקוצר והבוצר, והתולדות הם הדומין לאב במקצת - שו"ת רבי בצלאל אשכנזי›

ב ‹כתב הרב המגיד, מימרא פ"ק דמו"ק אתמר המנכש וכו', ופסק רבינו כרב יוסף, עכ"ל. **ויש** לתמוה שהרי במנכש פסק רבינו בסמוך כרבה, דהוי תולדת חורש, {וז"ל: המנכש בעיקרי האילנות והמקרסם עשבים או המזרד את השריגים כדי ליפות את הקרקע, הרי זה תולדת חורש}, **ואפשר** שרבינו מפרש דתרי גווני מנכש הוו, וההוא דמו"ק הוי משום זורע, דהיינו שעוקר העשבים רעים, והוא סבה שיצמחו ביותר העשבים הטובים, והאי הוא דהוי תולדת זורע, ומנכש דנקט הכא, היינו שחופר בעיקרי האילנות, האי הוא דהוי תולדת חורש. **ומ"מ** יש לתמוה למה השמיט רבינו מנכש דמו"ק - כסף משנה›

ג ‹ע"פ מהדורת נהרדעא›

אות ד'

בשתי שמיטות הכתוב מדבר, אחת שמיטת קרקע ואחת שמיטת כספים וכו'

רמב"ם פ"ט מהל' שמיטה ויובל ה"ב - אין שמיטת כספים נוהגת מן התורה אלא בזמן שהיובל נוהג שיש שם שמיטת קרקע, שהרי ישוב הקרקע לבעליו בלא כסף, ודבר זה קבלה הוא, אמרו חכמים בזמן שאתה משמיט קרקע אתה משמיט כספים, בכל מקום בין בארץ בין בחוצה לארץ, ובזמן שאין שם שמיטת קרקע, אין אתה משמיט כספים בשביעית אפילו בארץ.

[ד]חו"מ סימן סז ס"א - אין שמיטת כספים נוהגת מן התורה אלא בזמן שהיובל נוהג. ומדברי סופרים שתהא שמיטת כספים נוהגת בזמן הזה, בכל מקום. הגה: כן הוא הסכמת הפוסקים. אבל י"א דאין שמיטה נוהגת בזמן הזה; ונראה שעליהם סמכו במדינות אלו, שאין נוהגים דין שמיטה כלל בזמן הזה; והמנהג היו נוהגים עדין בזמן הרא"ש, כמו שכתוב בתשובה שהיה צווח ככרוכיא לבטל המנהג, ולא השגיחו ביה; וכבר כתבו גם כן האחרונים ז"ל טעם למנהג שאין נוהגין שמיטה, כמבואר בדברי מהרי"ק שורש ל"ב, ומהר"ר איסרלן בת"ה סימן ש"ד, ובמהרי"ל, ואין לדקדק אחריהם.

§ מסכת מועד קטן דף ג. §

אות א'

למימרא: דאהני תולדות מיחייב, אאחרנייתא לא מיחייב

רמב"ם פ"א מהל' שמיטה ויובל ה"ב - אינו לוקה מן התורה אלא על הזריעה או על הזמירה ועל הקצירה או על הבצירה, ואחד הכרם ואחד שאר האילנות.

רמב"ם פ"א מהל' שמיטה ויובל ה"ג - וזמירה בכלל זריעה ובצירה בכלל קצירה, ולמה פרטן הכתוב, לומר לך על שתי תולדות אלו בלבד הוא חייב, ועל שאר התולדות שבעבודת הארץ, עם שאר האבות שלא נתפרשו בענין זה, אינו לוקה עליהן; אבל מכין אותו מכת מרדות.

אות ב' - ג' - ד'

מנין לניכוש ולעידור ולכיסוח

מנין שאין מקרסמין, ואין מזרדין, ואין מפסגין באילן

מנין שאין מזבלין, ואין מפרקין, ואין מאבקין, ואין מעשנין באילן... כל מלאכה שבשדך לא, וכל מלאכה שבכרמך לא

רמב"ם פ"א מהל' שמיטה ה"ד - כיצד, החופר או החורש לצורך הקרקע, או המסקל או המזבל, וכיוצא בהן משאר עבודת הארץ, וכן המבריך או המרכיב או הנוטע, וכיו"ב מעבודת האילנות, מכין אותו מכת מרדות מדבריהן.

רמב"ם פ"א מהל' שמיטה ה"ה - אין נוטעין בשביעית אפילו אילן סרק, ולא יחתוך היבולת מן האילנות, ולא יפרק העלין והבדים היבשים, ולא יאבק את צמרתו באבק, ולא יעשן תחתיו כדי שימות התולעת, ולא יסוך את הנטיעות בדבר שיש לו זוהמא כדי שלא יאכל אותו העוף כשהוא רך, ולא יסוך את הפגין, ולא ינקוב אותן, ולא יכרוך את הנטיעות, ולא יקטום אותם, ולא יפסג את האילנות, וכן שאר כל עבודת האילן, ואם עשה אחת מאלו בשביעית מכין אותו מכת מרדות.

אות ה'

יכול... ולא יעדר תחת הגפנים

רמב"ם פ"א מהל' שמיטה ויובל ה"ז - סוקרין את האילן בסקרא, וטוענין אותו באבנים, [א]ועודרין תחת הגפנים; והמקשקש בזיתים, אם להברות את האילן אסור, ואם לסתום את הפצימים מותר.

אות ו' - ז'

יכול... ולא ימלא נקעים מים   **ולא יעשה עוגיות לגפנים**

רמב"ם פ"א מהל' שמיטה ויובל ה"ט - ועושין עוגיות לגפנים, ועושין את אמת המים בתחלה, וממלאין את הנקעים מים.

אות ח'

מדרבנן, וקרא אסמכתא בעלמא

רמב"ם פ"א מהל' שמיטה ויובל ה"ג - לעיל אות א'.

אות ט' - י'

אברויי אילן אסור   **סתומי פילי שרי**

רמב"ם פ"א מהל' שמיטה ויובל ה"ז - לעיל אות ה'.

אות כ'

החורש בשביעית... אינו לוקה

רמב"ם פ"א מהל' שמיטה ויובל ה"ד - לעיל אות ב' ג' ד'.

באר הגולה

ד ‹ע"פ מהדורת נהרדעא›

א ‹בריש מו"ק, ורש"י כתב דל"ג לה, משום דלעיל קתני מנין לעידור שאסור, ורבינו נראה שלא היה גורס ההיא דמנין לעידור דאסור - כסף משנה. ‹**ואחרי** נשיקת ידי ורגלי קדשו, ליתא כן ברש"י {וגם לא נמצא ברש"י כת"י}, אלא דהוקשה לו מדאמרו ברישא דברייתא, וכתב: קא תריץ לקמן בעוגיות הא בחדתי הא בעתיקי, וה"ה לעידור, עכ"ל יעו"ש. הרי להדיא דגריס לה ומחלק בין חדתי לעתיקי כמו גבי עוגיות - בית מועד›

תולדות לא אסר רחמנא דכתיב °ובשנה השביעית שבת שבתון יהיה לארץ שדך לא תזרע וגו' מכדי זמירה בכלל זריעה ובצירה בכלל קצירה למאי הלכתא כתבינהו רחמנא *למימרא דאהני תולדות מיחייב אאחרנייתא לא מיחייב ולא והתניא שדך לא תזרע וכרמך לא תזמור אין לי אלא זירוע וזימור מנין לניכוש ולעידור ולכיסוח ת"ל שדך לא כרמך לא ילא כל מלאכה שבשדך ולא כל מלאכה שבכרמך מנין שאין מקרסמין ואין מזרדין ואין מפסגין באילן ת"ל שדך לא כרמך לא ילא כל מלאכה שבשדך ולא כל מלאכה שבכרמך מנין שאין מזבלין ואין מפרקין ואין *מאבקין ואין מעשנין באילן ת"ל שדך לא כרמך לא יכל מלאכה שבשדך לא וכל מלאכה שבכרמך לא יכול לא יקשקש תחת הזיתים ולא יעדר תחת הגפנים ולא ימלא נקעים מים ולא יעשה עוגיות לגפנים ת"ל שדך לא תזרע זריעה בכלל היתה ולמה יצתה להקיש אליה לומר לך מה זריעה מיוחדת עבודה שבשדה ושבכרם אף כל שהיא עבודה שבשדה ושבכרם מדרבנן וקרא אסמכתא בעלמא *וקשקוש בשביעית מי שרי והא כתיב °והשביעית תשמטנה ונטשתה תשמטנה מלקשקש ונטשתה מלסקל אמר רב עוקבא בר חמא *תרי קשקושי הוו חד אברויי אילני וחד סתומי פילי אברויי אילן אסור סתומי פילי שרי איתמר החורש בשביעית ר' יוחנן ור' אלעזר חד אמר לוקה וחד אמר אינו לוקה לימא בדר' אבין אמר רבי אילעא קמיפלגי דאמר *רבי אבין אמר ר' אילעא כל מקום שנאמר כלל בעשה ופרט בלא תעשה אין דנין אותו בכלל ופרט וכלל מאן דאמר לוקה לית ליה דרבי אבין אמר רבי אילעא ומאן דאמר אינו לוקה אית ליה דר' אבין לא דכולי עלמא לית ליה דרבי אבין אמר ר' אילעא מאן דאמר לוקה שפיר ומאן דאמר אינו לוקה אמר לך מכדי זמירה בכלל זריעה ובצירה בכלל קצירה למאי הלכתא כתבינהו רחמנא למימר דאהני תולדות הוא דמיחייב אתולדה אחרינא לא מיחייב ולא והתניא שדך לא תזרע וכרמך לא תזמור אין לי אלא זירוע וזימור °מנין לעידור ולקשקוש ולכיסוח ת"ל שדך לא כרמך לא לא כל מלאכה שבשדך ולא כל מלאכה שבכרמך ומנין שאין מקרסמין ואין מזרדין ואין מפסגין באילן ת"ל שדך לא כרמך לא לא כל מלאכה שבשדך לא וכל מלאכה שבכרמך לא מנין שאין מזבלין ואין מפרקין ואין מעשנין באילן ת"ל שדך לא כרמך לא כל מלאכה שבשדך לא וכל מלאכה שבכרמך לא יכול לא יקשקש תחת הזיתים ולא יעדר תחת הגפנים ולא ימלא נקעים מים ולא יעשה עוגיות לגפנים תלמוד לומר שדך לא תזרע זריעה בכלל היתה ולמה יצתה להקיש אליה לומר לך מה זריעה מיוחדת עבודה שבשדה ושבכרם אף כל שהיא עבודה שבשדה ושבכרם מדרבנן וקרא אסמכתא בעלמא

כי

רש"י

תולדות. כגון משקה זרעים שלא היה במשכן לא אסר רחמנא: **זמירה בכלל זריעה.** שדרכו של זומר לאמוקי פירי כזורע: **בצירה.** בענבים כקצירה בתבואה וקצירה אב מלאכה היא בפ' כלל גדול (שבת דף עג:) בצירה בכלל קצירה דשניהם תולשין: **זימור.** מחתך ענפים יבשין של גפן: **עידור.** חופר תחת הגפנים לרפויי ארעא: **כיסוח.** בעשבים שחותך הרעים מן הטובים ולא הייני ניכוש דמעקר העיקרים מן הקרקע דלזה אין עוקרין אלא חותכין למעלה: **תלמוד לומר שדך לא כרמך לא.** מדלא כתיב לא תזרע שדך לא תזמור כרמך אלא שדך לא תזרע כרמך לא תזמור משמע שדך לא כרמך לא: **מקרסמין.** הייני זימור אלא שקרסום שייך באילנות: **מזרדין.** מחתך ענפים יבשים ולחים לפי שיש לאילן ענפים יותר מדאי: **מפסגין.** סומכים האילן שהוא רענן יותר מדאי: **מזבלין.** מניחים זבל בעיקרי האילן: **מפרקין.** אבנים שעל עיקרי האילן: **מאבקים.** ששרשיו גלויין ומכסין אותו באבק: **מעשנין.** עושין עשן תחת האילן כדי שינשרו התולעים שעליו: **יקשקש.** הייני עידור אלא שעידור בגפנים וקשקוש בזיתים: **עוגיות.** חופר גומא תחת הגפן ליתן בו מים: **זריעה בכלל היתה.** ובשנה השביעית שבת שבתון וגו': **אף כל עבודה שהיא בשדה ובכרם.** כגון כל הני (א) פרטי ילא קשקוש ועידור ומים בנקעים ועוגיות שאינן בשניהן כו': **לא יקשקש תחת הזיתים ולא יעדר כו'.** ואם תקשי הא אסר עידור לעיל קא תריץ לקמן בעוגיות הא בחדתי והא בעתיקי והוא הדין לעידור: (ב) **כל הני מדרבנן.** אבל מדאורייתא לא הוי אלא זמירה ובצירה כדאמרינן לעיל הני אין מידי אחרינא לא: **מלסקל.** להוציא אבנים מן הכרם: (ג) **סתומי פילי.** שמסתם בקעים של אילן: **שרי.** דלית ביה משום פסידא: **אברויי אילני אסור.** דהוי משום רווחא והאי דשרי קשקוש היינו סתומי פילי והאי דאסיר היינו אברויי אילני: **כל מקום שנאמר כלל בעשה ופרט בלא תעשה.** כגון הכא דכתיב (ויקרא כה) ובשנה השביעית שבת שבתון יהיה לארץ כלל היינו עשה שדך לא תזרע וכרמך לא תזמור פרט היינו לא תעשה: **אין דנין אותו בכלל ופרט וכלל.** ואף על גב דכתיב כלל בתריה כגון הכא דכתיב בתריה (שבת) שבתון כלומר אין לו דין לאמר כלל ופרט וכלל שכתובין כולו בעשה או בלאו דאמר כלל ופרט וכלל אי אתה דן אלא כעין הפרט דמרבי כל מידי דדמי לפרט אלא דייניכן ליה בכלל ופרט הואיל דנשתנה מאחר כלל ופרט וכלל ואמרינן אין בכלל אלא מה שבפרט הני אין מידי אחריכא לא: **דכולי עלמא לית להו דרבין כו' מאן דאמר לוקה שפיר.** כדאמר דדרשינן בכלל ופרט וכלל: **אחרינא לא.** להכי חורש אינו לוקה:

תוספות

אף כל שבשדה ושבכרם. וכל הני עבודות דלעיל נוהגות בין בשדה ובין בכרם ואפילו שיש מהן שאין עתה נוהגין כן י"ל שבמקומן היו עושין כך ורגילין לעשותן בשדה ובכרם: **אין** דנין אותו בכלל ופרט וכלל. הכי הוה שמיע ליה לר' אילעא דכיון דהפרט בלא תעשה הכלל האחרון אינו מוציא הפרט ממשמעותיה ואינו כלל ופרט וכלל דדייניכן ליה בכלל ופרט ולא נהירא לי דמנלן דרבי אילעא ס"ל הכי אימא דהפרט שהוא בלא תעשה בטל אבל הכלל עומד במקומו לפי דבריו ועוד לפי לשון זה קשה לי אמאי פריך דכולי עלמא לית להו דר' אבין והא הוה מצי לתרוצי דכולי עלמא אית להו דבכל מקום סוגיית הש"ס היא דכיון דמצי למימר דכולי עלמא אית להו סברת האמורא לא מתרצינן לית להו ולימא הכי דכולי עלמא אית להו דרבי אבין מאן דאמר אינו לוקה שפיר ומאן דאמר לוקה סבירא ליה כי הך ברייתא דמפקא ליה לתולדות מקרא וקסבר לאו אסמכתא הוא אלא דרשה גמורה היא ולי נראה דהא לימא בדר' אבין אמר ר' אילעא וכו' קאזיל בכה"ג דליכא הכא אלא כלל ופרט דכלל בתרא לא חשיב כיון דהאי כלל בקרא אחרינא וחשיב בכלל המרוחק זה מזה כיון דלא הוו בחד קרא דהכי מוכח בפ"ק דפסחים (דף ו: ושם) דאיכא למאן דאמר כיון דהוו בתרי קראי לא מיצטרפי למיהוי כלל ופרט וכלל והכא נמי לא הוי אלא כלל ופרט והכי איכא (ד) הגירסא [בירושלמי דכלאים] בפ"ח חד אמר לוקה סבר לה כרבי אילעא דאינו נדון בכלל ופרט כיון דהפרט בלא תעשה הפרט בטל והכלל במקומו עומד ולפיכך אמר כל החורש בשביעית לוקה וחד אמר החורש בשביעית אינו לוקה לא סבר להא דר' אילעא אלא דנין אותו בכלל ופרט הכי אין מידי אחריכא לא ודחי לה דכולהו אית להו דרבי אילעא מאן דאמר לוקה שפיר ומאן דאמר אינו לוקה מכדי זמירה בכלל זריעה ובצירה כו' ואם נסבר לומר למאי דאמר לוקה אמאי כתב רחמנא זמירה ובצירה שמא קסבר דאלו יתירא אתי אי נמי קסבר כרם משדה לא הוה יליף הלכך הוצרך למיכתב בין בשדה בין בכרם:

עין משפט נר מצוה

טו א מיי' פ"א מהלכות שמטה הלכה ב ג:
טז ב ג ד ה מיי' שם הלכה ד ה:
יז ה מיי' שם הלכה ז:
יח ו ז מיי' שם הל' ט:
יט ח מיי' שם הלכה ג:
כ ט מיי' שם הל' ו:
כא כ מיי' שם הל' ד:

רבינו חננאל

ובשביעית אבות אסר רחמנא תולדות לא אסר רחמנא שמעינן לה מדכתיב שדך לא תזרע וכרמך לא תזמור. מכדי (זריעה) [זמירה] מכלל (זמירה) [זריעה] היא דכיון שזומר ועוקר צומח ובצירה בכלל קצירה למאי הלכתא דכ' רחמנא ללמדך דאהני תולדות מיחייב בשביעית אתולדות אחרנייתא לא מיחייב. איני והתניא שדך לא תזרע וכרמך לא וגו' אין לי שחייב בשביעית אלא זורע וזומר בלבד מנין למנכש ולעודר ולמכסח ת"ל שדך לא וגו' פי' הוה ליה למכתב לא תזרע ואנא ידענא דאין זריעה אלא בשדה. שדך דכתב רחמנא למה לי לרבות כל מלאכות שבשדה. מנין שאין מזבלין ואין מפרקין ואין מאבקין ואין מעשנין ת"ל כרמך לא לרבות כל מלאכות שבכרם שאסורות. קתני מיהא דמנכש אסור בשביעית ופרקינן האי איסורא מדרבנן היא וקרא אסמכתא כו'. יכול לא יקשקש תחת הזיתים ולא יעדר תחת הגפנים ולא ימלא נקעים מים ולא יעשה עוגיאות לגפנים בין אילן לחברו ת"ל שדך לא תזרע. זריעה וזמירה בכלל שבת שבתון יהיה (לכם) [לארץ] היו ולמה יצאת להקיש אליה לומר לך מה זריע' מיוחד' עבודת שדות וכרמים אף כל עבודת שדות וכרמים למעוטי קשקוש ועידור וביקוע ועישון דעבודת אילנות הן ולא עבודת שדות וודעים. והלכך שרי קשקוש בשביעית פי' *) תרי קישקושי הוו חד לאברויי אילני כלומ' להברות האילן כגון גיזום שאמרו במס' ע"ז ואסור וחד לסתומי פילי לסתום הסדקין ושרי. איתמר החורש בשביעית ר' יוחנן ור' אלעזר חד אמר לוקה. סבר לה כר' אלעא דא' מקום שאתה מוצא כלל בעשה כגון ובשנה השביעית שבת וגו' שבת לה' הרי כלל כל מלאכות שביעית. ועוד פרט בלא עשה שנאמר שדך לא תזרע וכרמך לא תזמור. א"ר אלעא כי האי גוונא אין דנין אותו בכלל ופרט **) ונאמר אין בכלל אלא מה שבפרט. זריעה וזמירה וקצירה ובצירה אין מידי אחרינא לא אלא הריני דן בכלל ופרט וכלל שנאמר ואת ענבי נזירך לא תבצור שנת שבתון יהיה לארץ. ומרבה כל מלאכה ואפילו החורש בשביעית לוקה. וחד אמר החורש בשביעית אינו לוקה לא סבר לה דר' אלעא (דאמר) [אלא ס"ל] דנין אותו בכלל ובפרט. הני אין כלומר אלו בלבד המפורשין הם במלקות מידי אחרינא לא ודחינא לא דכ"ע אית להו דר' אלעא מ"ד לוקה שפיר. ומ"ד אינו לוקה מכדי זמירה בכלל זריעה ובצירה כו': ירושלמי בשביעית פ"ב (ס"ג) מיבלין מעבירין הינבלת מפרקין בעלין מאבקין עושין להן אבק מעשנין מתנינן לה מוהמין מתליעין בשביעית מה בין זוהם לעושה בית המוזהם אינו אלא כמושיב שומר. עושה בית מציל עליה והיא גדילה מחמתו. מה בין מחפה באבנים ובתבן ובקש שהוא מותר למחפה בעפר שאסור המחפה בקש ובתבן ובאבנים אינו אלא כמושיב שומר. המחפה בעפר עושה לו טינא והיא גדילה מחמתו: כ' אתא רב

*) נראה דחסר בדברי רבינו וצ"ל אוי והא כתיב והשביעית תשמטנה וכו' מלקשקש ומשניך תרי קשקושי. **) גירסת רבינו סוכה כתוס' ד"ה אין דנין כשם רבינו לפי מה שהגיה הב"ח וסדין עמו דאלו בירושלמי שם אדרבה הגירסא כמו גירסת הש"ס כאן ע"ש.

מסורת הש"ס

[פי' מסירין האבק מעליהן. ערוך]

[סוכה מד:]

שם ע"ז כ:

[סנהדרין קיז.]

הגהות הב"ח

(א) רש"י ד"ה אף כל כו' כגון כל הני פרטי דסיפא ילא קשקוש כו': (ב) ד"ה לא יקשקש וכו' והוא הדין לעידור וס"ד ואח"כ מ"ה כל הני מדרבנן אבל מדאורייתא כו': (ג) ד"ה סתומי פילי כו' נ"ב עי' פרש"י בפ' הרוחה דף מד ע"ב: (ד) תוס' ד"ה אין דנין כו' והכי איתא הגירסא בפר"ח חד אמר:

גליון הש"ס גמ' מנין לעידור ולקישקוש ולניכוש כצ"ל נעכ"ד:

תורה אור

כי אתא רב דימי אמר יכול ילקה על התוספת ונסיב לה תלמודא לפטורא ולא ידענא מאי תלמודא ומאי תוספת ר' אלעזר אמר חרישה והכי קאמר יכול ילקה על חרישה דאתיא מכלל ופרט וכלל ונסיב ליה תלמודא לפטורא דאם כן כל הני פרטי למה לי ור' יוחנן אמר ימים שהוסיפו חכמים לפני ראש השנה והכי קאמר יכול ילקה על תוספת ראש השנה דאתיא °מבחריש ובקציר תשבות ונסיב לה תלמודא לפטורא כדבעינן למימר לקמן מאי ימים שלפני ראש השנה כדתנן *עד מתי חורשין בשדה אילן ערב שביעית בית שמאי אומרים כל זמן שיפה לפרי וב"ה אומרים [א] *עד העצרת וקרובין דברי אלו להיות כדברי אלו *ועד מתי חורשין שדה הלבן ערב שביעית משתכלה הלחה וכל זמן שבני אדם חורשים ליטע מקשאות ומדלעות ר' שמעון אומר א"כ נתנה תורה שיעור לכל אחד ואחד בידו אלא בשדה הלבן עד הפסח ובשדה האילן עד העצרת (*וב"ה אומרים עד הפסח) ואמר ר' שמעון בן פזי אמר רבי יהושע בן לוי משום בר קפרא רבן גמליאל ובית דינו נמנו על שני פרקים הללו ובטלום אמר ליה רבי זירא לר' אבהו ואמרי לה ריש לקיש לר' יוחנן ורבן גמליאל ובית דינו היכי מצו מבטלי תקנתא דב"ש וב"ה והא תנן *אין ב"ד יכול לבטל דברי בית דין חבירו אלא אם כן גדול ממנו בחכמה ובמנין *אשתומם כשעה חדא אמר ליה אימור כך התנו ביניהן כל הרוצה לבטל יבוא ויבטל דידהו היא הלכה למשה מסיני היא דאמר ר' אסי אמר ר' יוחנן משום ר' נחוניא איש בקעת בית חורתן *עשר נטיעות ערבה וניסוך המים הלכה למשה מסיני אמר רבי יצחק כי גמירי הלכתא שלשים יום לפני ראש השנה ואתו הני תקון מפסח ומעצרת ואתנו בדידהו כל הרוצה לבטל יבוא ויבטל והני הלכתא נינהו קראי נינהו (*דתנן) °בחריש ובקציר תשבות ר' עקיבא אומר אין צריך לומר חריש וקציר של שביעית שהרי כבר נאמר °שדך לא תזרע וכרמך לא תזמור אלא חריש של ערב שביעית שנכנס

שמות לד | שמות לד | ויקרא כה

כי אתא רב דימי. מארץ ישראל לבבל: **אמר.** שמעית דאמרי בא"י יכול ילקה על תוספת: **ונסיב עליה תלמודא לפטורא.** ולא ידענא מאי תוספת ולא פטור: **רבי אלעזר אמר חרישה.** בשביעית להכי קרי ליה תוספת דלא נפיק עיקרו מן התורה אלא מכלל ופרט וכלל כדאמרי' לעיל: **ונסיב תלמודא לפטורא.** כדאמרינן הני אין: **דאם כן.** דהוי לקי: **כל הני פרטי.** דפריט בהדיא דאסור בשביעית זריעה וזימור קצירה ובצירה: **למה לי.** דכתב רחמנא אלא למימרא דאהנך הוא דלוקה וכו' שמע מינה אחרישה לא לקי: **ימים שלפני ראש השנה.** של שביעית שהוא תוספת על השביעית: **דאתיא מבחריש ובקציר.** כדאמר לקמן אם אינו ענין לשביעית שהרי כתיב שדך לא תזרע וכרמך לא תזמור תנהו לענין ששית שנכנס לשביעית דשביעית נמי אסור: **כדבעינן למימר לקמן.** גמר שבת שבתון משבת בראשית: **כל זמן שיפה לפרי.** כלומר כל זמן שחרישה יפה לפירות שגדלו בששית דהיינו נמי קרוב לעצרת אבל מכאן ואילך לא דהוי כמתקן פירות שביעית: **שדה לבן.** של תבואה: **משתכלה הלחה.** שכלין הגשמים של שנה ששית דעד ההיא שעתא מהני חרישה לזריעה דשנה זו אבל משתכלה הלחה אינו יכול לחרוש דמחזי כחורש לצורך שביעית דהיינו כל זמן שבני אדם חורשין ליטע מקשאות: **נתנה תורה שיעור לכל אחד ואחד בידו.** כלומר נתת דבריך לשיעורין שפעמים זה חורש קודם חבירו ליטע מקשאות: **על שני פרקים.** דפסח ועצרת: **ובטלום.** דחורשין עד ראש השנה: **תקנתא דשמאי והלל.** דרבי שמעון דאמר עד פסח ועד עצרת והיינו אליבא דב"ש וב"ה: **כך התנו.** שמאי והלל בשעת תקנתם: **דידהו היא.** תקנתם היא: **חורתן.** מקום: **י' נטיעות.** המפוזרות בתוך בית סאה שהוא נ' על נ' חורשין כל השדה שלה בשבילן בערב שביעית עד ר"ה ואמרי הני הואיל וילדות הן איכא פסידא יתירא לכך חורשין עד ראש השנה אבל זקינה אין חורשין עד ראש השנה אלמא דהלכה למשה מסיני הן: **וערבה.** להקיף המזבח: **כי גמירי הלכתא.** דאין חורשין לזקינה עד ראש השנה אבל חורשין עד שלשים יום לפני ראש השנה: (א) **ואתו.** בתקנה דידהו דהרחיקו עד הפסח ועד העצרת: **וכל הרוצה לבטל יבא ויבטל.** ורבן גמליאל דבטל לא בטל אלא מפסח ומעצרת עד שלשים יום לפני ראש השנה:

רבי אלעזר אומר חרישה. מהא ליכא למימר (ג) תספיים דר' אלעזר לעיל דאמר אינו לוקה דאיכא למימר דרבי אלעזר לא שמיע ליה הא דאמר לקמן דהתירו תוספת שביעית הלכך הוה אמר הכי דליכא לפרש מילתא דרב דימי אלא בחרישה אבל לדידיה אסור ולוקה דלא ס"ל אי נמי דכיון דאיתא בהדיא כי הך דלעיל במילי דחרישה אינו לריך לומר תספיים דאין לדך הש"ס לומר תספיים בדבר המפורש בהדיא כל כך:

יכול ילקה על תוספת של ראש השנה. ואם תאמר מלקות מנלן והלא לא כתיב בתוספת לאו אלא עשה גרידא בחריש ובקציר השבות איכא למימר דמבחריש ובקציר מפקינן דלריך תוספת כלומר שהשביעית מתחלת משנה הששית וכל דין שביעית יהיה לששית דהכי קאמר רחמנא דשביעית מתחלת מקודם שנת שביעית וא"כ הוא כשביעית:

עד עצרת. דהיינו יותר דבכל מקום בית שמאי לחומרא ובית הלל לקולא לבד מאותן דברים דקחשיב בעדיות (פ"ה):

וקרובים דברי אלו. קא משמע לן דאין ב"ש מחמירין אלא מעט על ב"ה ולאשמועינן מילתייהו דבית שמאי פירש הכי:

כל הרוצה לבטל יבא ויבטל. שמא יתקלקלו הקרקעות ואינן מגדלין תבואה בלא חרישה לאחר זמן זה התנו שיהא כח להתיר לצריכים שחשו להפסד רבים שלא יגרמו רעה לעולם:

הלכה למשה מסיני. מהכא איכא לדקדק מדשרא רחמנא ילדה מכלל דזקינה אסורה הרי על ידי הלכה למשה מסיני נאסרה תוספת שביעית אבל להתירא לאוד לילדה לא אצטריך דמהיכא תיתי לאסור:

נטיעות. תנן במסכת שביעית פרק קמא עד אימתי נקראו נטיעות ר' אלעזר בן עזריה אומר עד שיחולו רבי יהושע אומר בת שבע שנים רבי עקיבא אומר נטיעה כשמה אילן שנגמם פירוש שנחתך והוציא חליפין מטפח ולמטה כנטיעה מטפח ולמעלה כאילן דברי רבי שמעון:

ניסוך המים. והא דאמרינן בעלמא (שבת דף קג:) מ"ם יו"ד מ"ם לרבות ניסוך המים מן התורה אינו אלא אסמכתא בעלמא כפר"ח:

שהרי כבר נאמר שדך לא תזרע וגו'. ואח"כ כתיב את ספיח קצירך לא תקצור אלמא קצירה לא אצטריך ואפילו אם תימצי לומר חרישה צריכה דאזהרת חרישה לא אשכחן אלא הכא מיהא קצירה לא אצטריך ולההיא דרשא דאתיא קצירה אתיא חרישה כיון דכתביניהו גבי הדדי אי נמי ס"ל לר"ע כי ההיא דאמרן לעיל דלוקה על חרישה וכדאמרינן טעמא לעיל סבר ר' עקיבא ותרוייהו מיותרין ואליבא דר' עקיבא קשרים ואזיל דר' עקיבא סבר אם אינו ענין לשבת תנהו גבי שביעית(ג) ובמשמעות שבא להחמיר ולא להקל ולא בעי לאוקמי בשבת כר' ישמעאל להקל דהכי עדיפא ליה ור' ישמעאל עדיפא ליה לאוקמי בשבת דפשטיה דקרא מיירי ביה ואפילו להקל מלאוקמי בשביעית דלא מיירי ביה ולהחמיר:

אלא

עין משפט נר מצוה

כב א ב ג מיי' פ"ג מהלכות שמיטה הלכה ד סמג לאוין רסו:

כג ד מיי' פ"ג מהלכות ממרים הלכה ב:

כד ה מיי' פ"ג מהל' שמיטה הלכה ה:

כה ו מיי' פ"ז מהלכות לולב הלכה כ:

כו ז מיי' פ"י מהלכות תמידין הלכה ו:

[נ"ל דתניא משום דבמכ' דשביעית לא מצאתי ר' עקיבא אלא ממשמעתו דת"ק שהרי כבר נאמר כו' לא נזכר במשנה דשם וכ"מ בכס"מ שם בפירושו בשביעית דהך דמייתי הכא לא בר"ס ע. בברייתא היא וכן ספרי גרסי' דתניא]

מסורת הש"ס

שביעית פ"א מ"א | שם פ"ב מ"א ע"ש | [ליתא במשנה דשביעית] | מגילה ב. גיטין לו: עדיות פ"א מ"ה ע"ז ל. | [שבת מז. סוכה מד. קידושין לט. חולין כה.] | סוכה לד. מד. תענית ג. זבחים קי: | שביעית פ"א מ"ד ר"ה ט. מכות ח:

רבינו חננאל

רב דימי אמר יכול ילקה על התוספת ונסיב לה תלמודא לפטורא. מאי תוספת. ר' אלעזר אמר חרישה שהיא תוספת על הזריעה ועל הקצירה דאתיא מכלל ופרט *) א"כ כל הני פרטי למה לי לפטורא פרטינהו הזורע והזומר וקוצר ובוצר למה לי אלא ללמדך דאהני דזומר ובוצר הוא דמיחייב אתולדות אחריניתא לא מיחייב. ור' יוחנן אמר ימים שהוסיפו לפני ר"ה להיות חורשין באילן ערב שביעית עד העצרת אע"פ שנהנה האילן בחרישה זו בשנה השביעית ובשדה הלבן עד הפסח. וכך אמרו יכול ילקה על תוספת ר"ה וכר"ע דמרבה להו מבחריש ובקציר תשבות ואמר אין צ"ל חריש וקציר של שביעית שהרי כתיב שדך לא תזרע אלא חריש של ערב שביעית שנכנס בשביעית כו' ונסיב לה קרא לפטורא כראמרן. ירושלמי בשביעית [פ"ק ה"א] **) באיסור הללו התירו ובאו אחרי כן בשעה שאסרו והתירו למקרא סמכו בחריש (ובחריש) [ובקציר] איזהו חריש אסור בחריש שקצירו אסור. ואיזהו חריש של ערב שביעית שיצא למוצאי שביעית וכשהתירו למקרא סמכו (והא) כתיב הכא בשביעית שבת. וכתיב בשבת בראשית שבת מה ערב שבת בראשית אתה מותר לעשות עד שתשקע החמה אף ערב שבת שביעית אתה מותר לעשות עד שתשקע א"כ למה נאמר עד העצרת שעד כאן יפה לפרי. ומיכן ואילך מנבל פירותיו. ומקשינן היכי מבטל ר"ג תקנת הלל ושמאי והתנן אין ב"ד יכול לבטל דברי ב"ד חבירו אא"כ גדול ממנו בחכמה ובמנין ופרקינן תיקנו שמאי והלל תקנה זו והתנו שכל הרוצה לבטל יבוא ויבטל. ומקשינן וכי דבית הלל ושמאי הן והא הל"מ הן דא"ר יוחנן עשר נטיעות והן אלו ששנינו במס' [שביעית] פרק ראשון עשר נטיעות מפוזרות בתוך בית סאה חורשין כל בית סאה בשבילן עד ר"ה. פירוש מהכא שמעינן שהנטיעות הן שמותר לו לחרוש להן בששית עד ראש השנה. אבל האילנות שכבר עשו פירי ויקנו אין להן בששית עד ר"ה ובתחלת פרק ראשון ממס' שביעית עד מתי חורשין שדה האילן ערב שביעית בש"א כל זמן שהוא יפה לפרי שהחרישה תועיל לפירות שבאילן שהן הפירות השנה הששית אבל אם נכנס הקיץ ונגמרו הפירות ואין החרישה מועלת לאותן הפירות כלום נאמר בחרישה שהחרישה אותו העת אינה מועלת לשנה הששית כלום ונעשה כאילו הוא חורש בשביעית ושיערו ב"ה אותו העת עצרת וקרובים דברי אלו להיות כדברי אלו. ומנא תימרא דשני לן בין נטיעה לאילן [כדתנן במס'] שביעית פ"א עד אימתי נקראו נטיעות כו' ר' אלעזר בן עזריה אומר עד שיחולו. ר' יהושע אומר בת שבע שנים ר' עקיבא אומר נטיעה כשמה. אילן שנגמם פי' שנחתך והוציא חליפין מטפח ולמטה כנטיעה מטפח ולמעלה כאילן. דברי ר' שמעון [מכיון] [אלמא] דשני לן בין נטיעה לאילן. ש"מ מדהתיר לחרוש לנטיעות עד שנים ע'.

הגהות הב"ח

(א) רש"י ד"ה ואתו כ"ש וכ"ה וגזרו מפסח ומעצרת ואתו בתקנתא דידהו:

(ב) תום' ד"ה ר"א כו' מהא ליכא למימר לעיל תספיים דר"א דאמר וכו' לא שמיע ליה. נ"ב כלומר לא סבירא ליה הא דאמר דהתירו תוספת שביעית ולכך סוס אמר הכי משום דליכא לפרש כנ"ל: (ג) ד"ה שהרי כו' תנהו גבי שביעית ובמשמעותיה דקרא שבא להחמיר:

וכו' ועד העצרת דכל הרוצה לבטל כו' לא בטל אלא הפסח והעצרת עד ל' כו' כנ"ל והד"א:

*) נראה דצ"ל ונסיב לה תלמודא לפטורא דא"כ כל הני. **) נראה דצ"ל ר"ג ובית דינו התירו לאיסור ב' פרקים הללו. ר' אחא בשם ר"י בשעה שאסרו למקרא סמכו ובשעה שהתירו למקרא סמכו בשעה שאסרו למקרא סמכו בחריש ובקציר וכו' איזהו חריש שקצירו אסור זהו חריש של ערב שביעית שנכנס לשביעית ויוצא למוצאי שביעית וכו'.

הגהות הגר"א [א] גמ' וב"ה כו'. נ"ב בירושלמי [שביעית פ"א] ולמה לא תניתוה מקולי ב"ש ומחומרי ב"ה שמעין שאין סגשמים מצויין ואין אילנות מצויין [דלא כתוס' ד"ה עד עצרת]:

§ מסכת מועד קטן דף ג: §

אות א' - ב' - ג'

בשדה אילן... עד העצרת

אלא: בשדה הלבן עד הפסח, ובשדה האילן עד העצרת נמנו על שני פרקים הללו ובטלום

רמב"ם פ"ג מהל' שמיטה ויובל ה"א - עבודת הארץ בשנה ששית, שלשים יום סמוך לשביעית אסורה הלכה למשה מסיני, מפני שהוא מתקנה לשביעית; ודבר זה בזמן שבית המקדש קיים הוא שנאסר מפי השמועה; וגזרו חכמים שלא יהיו חורשים שדה האילן ערב שביעית בזמן המקדש אלא עד העצרת, ושדה הלבן עד הפסח; ובזמן שאין מקדש מותרין בעבודת הארץ עד ראש השנה כדין תורה.

אות ד'

אין בית דין יכול לבטל דברי בית דין חבירו, אלא אם כן גדול ממנו בחכמה ובמנין

רמב"ם פ"ב מהל' ממרים ה"ב - בית דין שגזרו גזרה או תקנו תקנה והנהיגו מנהג ופשט הדבר בכל ישראל, ועמד אחריהם בית דין אחר ובקש לבטל דברים הראשונים ולעקור אותה התקנה ואותה הגזרה ואותו המנהג, אינו יכול עד שיהיה גדול מן הראשונים בחכמה ובמנין. **השגת הראב"ד: א"א ולא אפילו אליהו ובית דינו, הואיל ופשט איסורן בכל ישראל, [א]כדאיתא בע"ז.**

היה גדול בחכמה אבל לא במנין, במנין אבל לא בחכמה, אינו יכול לבטל את דבריו, אפילו בטל הטעם שבגללו גזרו הראשונים או התקינו, אין האחרונים יכולין לבטל [ב]עד שיהו גדולים מהם. **השגת הראב"ד: א"א עיטור שוקי ירושלים בפירות קשיא עליה, שהראשונים תקנוהו, ור' יוחנן בן זכאי ביטלה אחר חרבן, מפני שנתבטל הטעם לראשונים, [ג]ולא היה גדול כראשונים.**

והיאך יהיו גדולים מהם במנין הואיל וכל בית דין ובית דין של שבעים ואחד הוא, זה מנין חכמי הדור שהסכימו וקבלו הדבר שאמרו בית דין הגדול ולא חלקו בו.

אות ה'

עשר נטיעות... הלכה למשה מסיני

רמב"ם פ"ג מהל' שמיטה ויובל ה"ה - היו עשרה אילנות לתוך בית סאה או יתר, בין עושין בין אינם עושין, [ד]חורשין כל בית סאה בשבילן; עשר נטיעות מפוזרות לתוך בית סאה, חורשין כל בית סאה בשבילן עד ראש השנה, ודבר זה הלכה למשה מסיני.

אות ו'

ערבה... הלכה למשה מסיני

רמב"ם פ"ז מהל' לולב ה"כ - הלכה למשה מסיני שמביאין במקדש ערבה אחרת חוץ מערבה שבלולב, ואין אדם יוצא ידי חובתו בערבה שבלולב, ושיעורה אפילו עלה אחד בבד אחד.

אות ז'

וניסוך המים הלכה למשה מסיני

רמב"ם פ"י מהל' תמידין ה"ו - כל שבעת ימי החג מנסכין את המים על גבי המזבח, ודבר זה הלכה למשה מסיני, ועם ניסוך היין של תמיד של שחר היה מנסך המים לבדו.

באר הגולה

א ‹נ"ל שלמד כן רבינו מדאמרינן בע"ז פרק אין מעמידין (דף ל"ו), בכל ב"ד יכול לבטל דברי ב"ד חבירו חוץ מי"ח דבר, שאפילו יבא אליהו ובית דינו אין שומעין לו, ומשמע לרבינו דה"פ, בכל תקנות ב"ד יכול ב"ד אחר לבטל דבריו, חוץ מי"ח דבר וכיוצא בהם, שהם דברים שנעשו סייג לתורה, דמאי רבותא די"ח דבר משאר תקנות, **דהנהו** דפ"ק דביצה דביצה שנולדה ביום ר"ה אסורה ביום ב', אין שם סייג לאסור ביום שני של ר"ה יותר משני ימים של שאר ימים טובים, **וההיא** דעיטור שוקי ירושלים בפירות, ודאי דאין שם משום סייג, וכן בההיא דפרוזבול דאמר שמואל אי איישר חילי (מהלל) אבטלינה, אין בו סייג לתורה, כמו שהוכחתי למעלה. **וכיון** ששיטה זו אפשרית, אין כח ביד הראב"ד לדחותה מפני שיטתו, דלא שני ליה בין תקנות שהם לסייג לתקנות שאינם לסייג, וכולי טעמא תלי בפשט איסורן או לא פשט – כסף משנה› ב ‹בפרק קמא דביצה (דף ה') אמרינן, דדבר שנאסר במנין, אף על פי שנתבטל הטעם, צריך מנין אחר להתירו, ומשמע לרבינו דהיינו מנין גדול ממנו, וה"ה דבעינן שיהיה חכם ממנו, וחדא מינייהו נקט – כסף משנה› ג ‹קושית הראב"ד איני מכיר, דמי אמר לו שריב"ז לא היה גדול כראשונים – כסף משנה› ד ‹עד העצרת – דרך אמונה›

§ מסכת מועד קטן דף ד. §

אות א'

יצא קציר העומר שהיא מצוה

רמב"ם פ"ז מהל' תמידין ה"ו - מצותו להקצר בלילה בליל ששה עשר, בין בחול בין בשבת.

אות ב' ג' ד' ה' ו' ז' ח'

נהרות המושכין מים מן האגמים, מותר להשקות מהן בחולו של מועד

הני אגמים דבבל כמיא דלא פסקי דמו

הפסיקות והבריכות שנתמלאו מים מערב יום טוב, אסור להשקות מהן בחולו של מועד; ואם היתה אמת המים עוברת ביניהן, מותר

אף על פי שאין רובה של אותה שדה שותה, כיון דקא משכא ואתיא, מימר אמר: אי לא שתיא לחד יומא, תשתי לתרי ותלתא יומי

בריכה שנוטפת מים משדה בית השלחין זו, מותר להשקות ממנה שדה בית השלחין אחרת

והוא שלא פסק מעיין ראשון

סימן תקל"ז ס"ג - [א]נהרות המושכין מן האגמים, מותר להשקות מהם בית השלחין במועד, והוא שלא פסקו - ר"ל שאינו פוסק בשום פעם, אלא מושך תמיד מן האגמים, **וגם** האגמים גופא צריך שלא יפסקו תמיד, [כן מוכח בגמרא, דדוקא באגמי דבבל, דאין דרכן לפסוק מהן מים, ע"ש ברש"י, דלהכי לא גזרינן דלמא מפסקי מי אגמים ואזיל וטרח ואייתי מנהר אחר]. **אבל** אם דרכן לפסוק בשום פעם, אף דעכשיו יש ריבוי מים בהם, באופן שבכל חוה"מ לא יצטרך לדלות בדלי, ויוכל להמשיך ברגלו, אפ"ה אסור משום לא פלוג, דשמא יהיה נדמה לו שיש בו מים די על כל חוה"מ, ובאמת אינו כן, ויבוא לדלות בדלי.

[ב]וכן הבריכות שאמת המים עוברת ביניהם, [ג]מותר להשקות מהן - היינו מן הבריכות ע"י המשכה, ולא חיישינן דלמא פסקי וטרח ואזיל ואייתי ממקום אחר, דאי פסקי יכול ליקח מאמת המים.

ועיין בב"י שכתב בשם הנ"י בשם הראב"ד, דדוקא כשאמת המים נכנס בתוך הבריכות, אבל אי לא עיילה לגווה, אע"ג דנכנס לתוך השדה, אסור, דאיכא למיחש דלמא אתי למטרח ולאתויי, **ובחי'** הריטב"א כתב דלאו דוקא, כל שעוברת בסמוך לשדה ממש קרי ביניהם.

ועיין בטור וב"י וט"ז, לענין חריצין הנעשין להמשיך בתוכן מים מן הנהר לצורך שדות, אימתי מותר להשקות מהן את השדות בהמשכה.

[ד]וכן בריכה שנטפה מבית השלחין - היינו בית השלחין שהוא גבוה, והיה מעין נובע מצדו, ובצד אחר היה בית השלחין נמוך, ובין אלו בית השלחין היה בצד בית השלחין הנמוך בריכה קטנה, וכשמשקין בית השלחין הגבוה ממעין שלו, נוטפין טיפין טיפין מתוך בית השלחין הגבוה לתוך הבריכה הנמוכה, [רש"י]. **ועדיין היא נוטפת, מותר להשקות ממנה בית השלחין אחרת** - ר"ל בית השלחין הנמוכה, ואע"ג דבריכה עבידה דפסקא, ואפשר דאזיל וטרח ומייתי ממקום אחר, הואיל ומטפטף עדיין מבית השלחין הגבוה מים שבאו ממעינו, אמרינן דבוודאי לא פסקא.

[ה]והוא שלא פסק המעיין המשקה בית השלחין העליונה - אבל אי פסק המעיין, אע"ג דעדיין מטפטף מבית השלחין הגבוה לתוך הבריכה, אין משקין מהבריכה לבית השלחין הנמוך, דלמא פסק, ואזיל וטרח ומייתי ממעיין אחר.

אות ט'

אפילו ערוגה אחת, חציה נמוך וחציה גבוה, לא ידלה ממקום נמוך וישקה למקום גבוה

סימן תקל"ז ס"ב - [ו]אפילו ערוגה אחת, חציה גבוה וחציה נמוך, אין דולים ממקום נמוך להשקות מקום גבוה - וכ"ש כשהם שתי ערוגות, ואחת גבוה מחבירתה, אין דולין מהתחתונה להשקות העליונה, [שם בגמרא].

אות י'

מדלין לירקות כדי לאוכלן, ואם בשביל לייפותן אסור

סימן תקל"ז ס"ד - [ז]ירקות שרוצה לאכלן במועד - אין הכונה דוקא כשרוצה לאכול בעצמו, אלא ר"ל שיהיו ראוין לאכילה במועד, ועומדין לימכר, **יכול לדלות מים להשקותן כדי שיגדלו ויהיו ראוים למועד** - דכל שהוא לצורך אוכל נפש, אפילו טרחא יתירא התירו, **ועיין** בפמ"ג שכתב, די"ל דוקא צורך המועד באוכל נפש, הא לצורך המועד מכשירי אוכל נפש וכדומה, י"ל דטרחא יתירא אסור, **אמנם** בחידושי הרמב"ן כתב בהדיא, דמכשירי אוכל נפש כאוכל נפש, וכעין שהתירה התורה והשוה מכשירי אוכל נפש כאוכל נפש כשאי אפשר לעשותן מעיו"ט.

אבל אם אינו רוצה לאכלן במועד, ועושה כדי להשביחן, אסור - אפי' בהמשכה בלא הדלאה, דאז היה מותר אם היה חשש פסידא, דהיינו בבית השלחין, אבל בזה שא"צ אלא להשבחה בעלמא, אסור, [תוס' והרב המגיד ושארי פוסקים].

באר הגולה

א מימרא דרבי זירא שם | ב ברייתא שם | ג ‹וציין העין משפט: אע"פ שאין רובה של שדה וכו', והובא בטור ובט"ז, והשו"ע לא הביאו, וצ"ע›

ד ברייתא שם וכאוקימתא דרבי ירמיה | ה כאוקימתא דאביי שם | ו ברייתא שם וכרבי אלעזר ברבי שמעון | ז ברייתא שם

מסורת הש"ס

עין משפט נר מצוה

כז א מיי' פ"ז מהלכות תמידין הלכה ו סמג עשין קלט :

כח ב ג ד ה ו ז ח מיי' פ"ח מהלכות יו"ט הלכה א טוש"ע א"ח סי' תקלז סעיף ג :

כט ט מיי' שם הלכה ג טוש"ע שם סעיף ג :

ל י מיי' שם טוש"ע שם סעיף ד :

שנכנס לשביעית וקציר של שביעית שיצא למוצאי שביעית ר' ישמעאל אומר מה חריש רשות אף קציר רשות יצא קציר העומר שהוא מצוה אלא אמר רב נחמן בר יצחק כי גמירי הלכתא למישרי ילדה קראי למיסר זקינה וכיון דהלכתא למשרי ילדה לאו ממילא זקינה אסירה אלא הלכתא לרבי ישמעאל קראי לר' עקיבא ור' יוחנן אמר רבן גמליאל ובית דינו מדאורייתא בטיל להו מאי טעמא גמר שבת שבת משבת בראשית מה להלן היא אסורה לפניה ולאחריה מותרין אף כאן היא אסורה לפניה ולאחריה מותרין מתקיף לה רב אשי מאן דאמר הלכתא אתיא גזרה שוה עקרה הלכתא ומאן דאמר קרא אתיא גזרה שוה עקרה קרא אלא אמר רב אשי רבן גמליאל ובית דינו סברי לה כרבי ישמעאל דאמר הלכתא גמירי לה וכי גמירי הלכתא בזמן שבית המקדש קיים דומיא דניסוך המים אבל בזמן שאין בית המקדש קיים לא: אבל לא ממי הגשמים וממי הקילון: (א) בשלמא מי קילון איכא טירחא יתירא אלא מי גשמים מאי טירחא איכא אמר ר' אילעא א"ר יוחנן גזירה מי גשמים אטו מי קילון רב אשי אמר מי גשמים גופייהו לידי מי קילון אתו וקמיפלגי בדר' זירא דאמר ר' זירא אמר רבה בר ירמיה אמר שמואל נהרות המושכין מים מן האגמים מותר להשקות מהן בחולו של מועד מר אית ליה דרבי זירא ומר לית ליה דרבי זירא גופא אמר ר' זירא אמר רבה בר ירמיה אמר שמואל נהרות המושכין מים מן האגמים מותר להשקות מהן בחולו של מועד איתיביה רבי ירמיה לרבי זירא אבל לא ממי גשמים ולא ממי קילון אמר ליה ירמיה ברי הני אגמים דבבל כמיא דלא פסקי דמו תנו רבנן הפסיקות והבריכות שנתמלאו מים מעיו"ט אסור להשקות מהן בחולו של מועד ואם היתה אמת המים עוברת ביניהן מותר אמר רב פפא והוא שרובה של אותה שדה שותה מאותה אמת המים רב אשי אמר אע"פ שאין רובה של אותה שדה שותה כיון דקא משכא ואתיא מימר אמר אי לא שתיא לחד יומא תשתי לתרי ותלתא יומי ת"ר בריכה שנוטפת מים משדה בית השלחין זו מותר להשקות ממנה שדה בית השלחין אחרת והא עבידא דפסקא אמר ר' ירמיה ועדיין היא מטפטפת אמר אביי והוא שלא פסק מעיין ראשון תניא ר' שמעון בן מנסיא אומר שתי ערוגות זו למעלה מזו לא ידלה מן התחתונה וישקה את העליונה יותר על כן אמר *רבי אלעזר בר שמעון אפילו ערוגה אחת חציה נמוך וחציה גבוה לא ידלה ממקום נמוך וישקה למקום גבוה תנו רבנן מדלין לירקות כדי לאוכלן ואם בשביל לייפותן אסור רבינא ורבה תוספאה הוו קא אזלי באורחא חזו להוא גברא דהוה דלי דוולא בחולא דמועדא אמר ליה רבה תוספאה לרבינא ליתי מר לשמתיה א"ל והתניא מדלין לירקות כדי לאוכלן א"ל מי סברת מאי מדלין מדלין מיא מאי מדלין מדלין

[תוספתא פ"א]

שנכנס לשביעית. כל שיש לו ליכנס לשביעית שאסור לחרוש לפני ר"ה: **מה חריש רשות.** בכל מקום: **קציר העומר.** מותר לקצור בשבת: **שהיא של מצוה.** תע"ש שמלא קצור קוצר דבעינן קצירה לשמה אבל אם מלא חרוש אינו חורש: **הלכתא למישרא ילדה.** עשר נטיעות עד ר"ה: **קראי למיסר זקינה.** שלשים יום קודם ראש השנה ואתו בית שמאי והלל וגזרו מפסח ועד עצרת: **ממילא שמעת מינה.** דזקינה אסור לחרוש: **אלא הלכתא לרבי ישמעאל.** דלא נפיק ליה מקראי דדריש לקרא לדרשה אחרינא להוציא קציר העומר: **מדאורייתא בטלו.** כלומר אשכחו סמך מן התורה להכי בטלו הלכתא: **מאן דאמר הלכתא.** דלפני ר"ה אסור: **אתא גזירה שוה עקרה להלכתא.** כלומר משום גזרה שוה דאינהו גמירו מנפשייהו משבת בטלו הלכתא הא אין אדם דן ג"ש מעצמו: **כי גמירו הלכתא בזמן שבית המקדש קיים.** וכי סברו רבן גמליאל ובית דינו בזמן שאין בית המקדש קיים: **גזירה מי גשמים.** דלמא אתי למעבד מי קילון: **מי גשמים נמי אתי לידי מי קילון.** כלומר כי מדלו מינה (ג) דלא הויא מליאה נעשית ממילא מי קילון שאינו מלא וטירחא מלאתה: **נהרות המושכין מן האגמים.** השתא משמע ליה מי אגמים עבידא דפסקי: (ג) **מותר להשקות מהן בחולו של מועד.** ולא גזרי דלמא פסיקא מי אגמים ואזיל וטרח ואייתי מן נהר אחר: ר' אילעא אמר ר' יוחנן דאמר גזרינן מי גשמים אפילו היכא דלא פסקי אטו מי קילון מדקאמר רב אשי מי גשמים לידי (ד) קילון אתי מכלל דר' יוחנן אסר אפילו דלא אתיא לידי מי קילון לית ליה דר' זירא דלא גזר: **מיתיבי אבל לא מי קילון.** דלמא מפסקי וטרח להוציא מן העמוק הכא נמי ממאי לא ניחוש דלמא מפסקי מי אגמים: **א"ל כמיא דלא פסקי דמו.** וליכא למיחש: **פסיקות ובריכות.** חדא מילתא היא: **אם אמת המים עוברת ביניהן.** בין הבריכות הללו מותר להשקות ממי גשמים דאי פסקי מי גשמים משקה מאמת המים: **והוא שרובה של אותה שדה שותה מאותה אמת המים כו'.** שיכול להשקות רוב השדה בפעם אחת מאותה אמת המים אבל אם אינו יכול להשקות בפעם אחת מאותה אמת המים רוב של שדה אינו משקה מפסיקות ובריכות דלמא מפסיק ואזיל: **תישתי לתרי או תלתא יומי.** מהכיא אמת המים ולא טרח ומייתי מאמת המים אחרינא: **בריכה שנטפה משדה בית השלחין זו מותר להשקות ממנה בית השלחין אחר.** בית השלחין שהיה גבוה והיה מעיין נובע מלדו ובלד אחד היה בית השלחין נמוך ובין אלו בית השלחין היה בלד השלחין הנמוך בריכה קטנה וכשמשקים בית השלחין הגבוה מן המעיין נוטף טיפין מן בית השלחין הגבוה לתוך הבריכה הנמוכה מותר להשקות אותו בית השלחין הנמוך מאותה בריכה אע"ג דבריכה עבידא דפסקא אזיל ומטפטף בו מבית השלחין הגבוה מים שבאו לו מחמת המעיין: **והא עבידא דפסקא.** בריכה ואזיל ומייתי (ה): **עדיין היא מטפטפת.** מבית השלחין גבוה לתוך הבריכה דודאי לא פסקא: **אמר אביי והוא שלא פסק מעיין.** המטפטף מבית השלחין גבוה לבריכה מותר להשקות מבריכה לבית השלחין נמוך אבל אי פסיק מעיין אע"ג דעדיין מטפטף מבית השלחין גבוה לתוך הבריכה אין משקין מן הבריכה לבית השלחין נמוך דלמא פסיק ואזיל וטרח ומייתי ממעיין אחר: **לא ידלה מן התחתון וישקה לעליון.** דאיכא טירחא יתירא: **מדלין לירקות.** משמע שהוא דולה מים ומשקה לירקות כדי לאוכלן בחולו של מועד: **ואם בשביל לייפותן.** שיגדלו הירקות אסור דהרווחה היא: **דהוה דלי דוולא.** דולה דליות מים לירקות וחכמים לא התירו כי אם לבית השלחין בלבד:

שלופי

אלא אמר רב נחמן בר יצחק. האי אלא קאי אהאי דרבי יצחק (ו) לעיל כי גמירי הלכתא לשלשים יום לפני ראש השנה דהיינו באילנות זקנים לא תימא דלהכי אתיא הלכתא אלא סבר רב נחמן דלאיסור שלשים לפי אומר חכמים ואף האמירו בהם בדבריהם ויש דמשבשי ליה להאי אלא דרב נחמן ואין להאריך בדבריהם: **מה** להלן היא אסורה לפניה ולאחריה מותרין. ואי קשיא והא מפקינן מקרא במס' יומא פרק בתרא (דף פא:) דצריך לעשות תוספת גבי שבת בין בכניסתה בין ביציאתה להוסיפה מחול על הקודש איכא למימר ההוא פורתא לא קא חשיב כיון דלא הוי אלא כל שהוא וכי ההוא שיעורא נמי יהא מודה רבן גמליאל דצריך להוסיף: **אלא** אמר רב אשי רבן גמליאל כו'. כלומר ודאי מדאורייתא בטיל ולאו היינו טעמא כדקאמר אלא סבירא ליה כרבי ישמעאל וקא דייק רבן גמליאל מה שייכא תוספת שביעית גבי ניסוך שניתנו למשה גבי הדדי (ז) דבכל מקום שונה הני שלשה ביחד לכך ניתנו אלא ודאי למילף סמכינהו רחמנא: **בשלמא** מי קילון כו' אלא מי גשמים. מיירי בכי האי גוונא דקים לן דלא פסקי וליח בהו איסור אלא מהאי טעמא דמפרש אבל אי פסקי אית להו איסורא כדלקמן דבכל מידי דפסיק איכא איסורא משום דאזיל ומייתי ממקום רחוק כיון שהתחיל להשקות שלא יפסיד שדהו הלכך איכא לאוקמי הכא דלא פסקי:

מדלין

רבינו חננאל

עד ר"ה מכלל שאין הורשין לאילן עד ר"ה. ומן ההלכה שטענו. ולא מדב"ש וב"ה וערבה וניסוך המים הל"מ הן. ופריק ר' יצחק כי אתאי הלכתא א) פי' כדתנן בשביעית בפ' שני אין נוטעין ואין מבריכין ואין מרכיבין ערב שביעית פחות משלשים יום קודם ר"ה ואתו ב"ש ובית הלל התקינו מפסח לשדה לבן ומעצרת לשדה האילן ושקלו וטרו כי אתאי הלכתא למישרא ילדה. פי' כגון עשר נטיעות המפוזרות בבית סאה שהל"מ לחרוש להן כל בית סאה עד ר"ה למישרי ילדה להתיר החרישה לנטיעה שהיא ילדה.קראי למיסר זקינה פי' בחריש ובקציר שלמדנו ממנו איסור הרישה קודם ר"ה האיסור הזה לאילן שכבר עשה פרי וכבר זקן ואקשינן וכיון שהלכה להתיר החרישה לנטיעה הלא מתוך זאת אתה למד שהחרישה לאילן אסורה. (והשבנו שר' ישמעאל הוא שלמד איסור החרישה מן ההלכה דר' ישמעאל מוציא בחריש ובקציר לטעם אחר להתיר קצירת העומר בשבת ולפיכך הוא נצרך להלכה ללמד איסורי החרישה). ואסיקנא לה ר' ישמעאל סבר הל"מ הוא פי' כי הוא מוציא בחריש ובקציר לטעם אחר להתיר קצירת העומר [בשבת] ור"ע פליג עליה ואמר לאו הל"מ נינהו אלא קרא פי' מן בחריש ובקציר נינהו. ור' יוחנן אמר ר"ג מדאורי' שרא להו גמר שבת שבת בראשית בג"ש מה ערב שבת בראשית מותר לעשות מלאכה עד שתחשך כלומר לפניה ולאחריה מותר אף ערב שביעית מותר עד ר"ה פירוש לפניה ולאחריה מותר. ודחי רב ששת מ"ד הלכה אתאי גזרה שוה ועקרתה להלכתא כו' אלא אמר רב אשי ר"ג ובית דינו סברי לה כר' ישמעאל דאמר הלכתא גמירי לה וכי גמירי הלכתא בזמן שבהמ"ק קיים דומיא דניסוך המים. אבל בזמן שאין בית המקדש קיים לא ולפיכך התיר. אבל אין משקין את השלחין לא ממי הגשמים ולא ממי הקילון ומקשינן בשלמא מי הקילון שהן כמו ביב מושך מים וצריך לדלות ולהשקות דאיכא טירחא לא. אלא מי גשמים דפתיחה סגי ליה מאי טירחא איכא. א"ר יוחנן גזירה כו'. רב אשי אמר גשמים גופייהו כשפוסק המטר אתי לידי מי קילון. כלומר צריך למלאות מהן בדלי במקום שנתקבצו ופליגא בהא דר' זעירא דאמר נהרות המושכין מן האגם מותר להשקות מהן בחולו של מועד. ר' יוחנן אית ליה דר' זירא. ואסיקנא דהני נהרות המושכין מן האגמים מותר משום דאגמי בבל כמיא דלא פסקי דמו. ת"ר הבריכות והפסיקות שנתמלאו מים ג) בחולו של מועד דחיישינן שמא יפסקו ויבואו למלאות בדלי ואם היתה אמת המים עוברת עליהן מותר. אמר רב אשי ואע"פ שאין רוב אותה שדה שותה מאותה אמת המים שרינן. מ"ט כיון דמשכה אותה אמת המים ואתיא לה לא חייש לפסידא מימר אמר אי לא שתי לחד יומא שתי לתרי ותלתא יומא: תנו רבנן בריכה שנטפה מים. כלומר נתמצו ונתקבצו בתוכה התמצית שלחין אחרא. תנינן המים המתמצין משדה בית השלחין משקה בית השלחין אחר כ"ז שמטפטפת ולא פסק מעין ראשון. ור"ש בן מנסיא אומר ב' ערוגות זו למעלה מזו לא ידלה מן התחתונה וישקה לעליונה ואפי' ערוגה אחת חציה נמוך וחציה גבוה לא ידלה מן הנמוך וישקה את הגבוה. ת"ר מדלין מים כו'. ואסיקנא

הגהות הב"ח

(א) גמ' בשלמא מי קילון. נ"ב לרמב"ם קילון כור עמוק וכן מי גשמים שמתקבצי' מהם אגמים ובשאר פוסקים יתמו המים הכלים לאגמים

(ב) ...ולפיכך להשקות מהם מדלי: (ג) רש"י ד"ה מי גשמים כו' כי מדלו מינה עד דלא הוי ... כו' וד"ה רבי אילעא כו' הד"א: (ד) ד"ה ר' אילעא כו' לידי מי קילון: (ה) ד"ה והא ... ממעיין אחר הס"ד: (ו) תוס' ד"ה אלא כו' אהאי דר' יצחק דלעיל דקאמר כי גמירי ... ואף: (ז) ד"ה אלא אר"א כו' דבכ"מ שונה הני שלשה ביחד. כ"ב אבל רש"י ... דף לד דאלו שלשה נשאלו בבית המדרש ושמע השומע וגרסה כסדר ששמעם:

א) נ"ל כי אתאי הלכתא ל' יום לפני ר"ה פי' כדתנן וכו'. ב) נ"ל שנתמלאו מים מעיו"ט אסור להשקות מהן בחולו של מועד.

מדלין שלופי כדתנן *המדיל בגפנים כשם שהוא מדיל בשלו כך הוא מדיל בשל עניים דברי ר' יהודה רבי מאיר אומר בשלו רשאי ואינו רשאי בשל עניים אמר ליה והתניא מדלין מים לירקות כדי לאוכלן אמר ליה *אי תניא תניא: ואין עושין עוגיות לגפנים: מאי עוגיות אמר רב יהודה בנכי *תניא נמי הכי אלו הן עוגיות בדידין שבעיקרי זיתים ושבעיקרי גפנים איני והא רב יהודה שרא לבני בר ציתאי למעבד בנכי לכרמיהון לא קשיא *הא בחדתי הא בעתיקי: ר' אלעזר בן עזריה אומר אין עושין את האמה: בשלמא מועד משום דקא טרח אלא שביעית מאי טעמא פליגו בה רבי זירא ורבי אבא בר ממל חד אמר מפני שנראה כעודר וחד אמר מפני שמכשיר אגפיה לזריעה מאי בינייהו איכא בינייהו דקא אתו מיא בתריה מאן דאמר מפני שמכשיר אגפיה לזריעה איכא ומ"ד מפני שנראה כעודר ליכא ולמאן דאמר מפני שנראה כעודר ליחוש מפני שמכשיר אגפיה לזריעה אלא איכא בינייהו דקא שקיל מיניה ושדי לבראי למאן דאמר מפני שמכשיר אגפיה לזריעה ליכא למ"ד מפני שנראה כעודר איכא ולמ"ד מפני שמכשיר אגפיה לזריעה ליחוש מפני שנראה כעודר עודר נמי כי קא שקיל בדוכתיה מנח ליה אמימר מתני לה מפני שנראה כעודר וקשיא ליה דרבי אלעזר בן עזריה אדר' אלעזר בן עזריה ומי אמר ר' אלעזר בן עזריה כל שנראה כעודר אסור ורמינהי *עושה אדם את זבלו אוצר ר' מאיר אוסר עד שיעמיק שלשה טפחים או עד שיגביה ג' טפחים היה לו דבר מועט מוסיף עליו והולך רבי אלעזר בן עזריה אוסר עד שיעמיק שלשה או עד שיגביה שלשה או עד שיתן על הסלע ר' זירא ור' אבא בר ממל חד אמר כגון שהעמיק וחד אמר זיבלו מוכיח עליו: ומתקנין את המקולקלת במועד: מאי מקולקלת אמר רבי אבא *שאם היתה עמוקה טפח מעמידה על ששה טפחים פשיטא חצי טפח על שלשה טפחים כיון דלא עבר מיא לא כלום הוא טפחיים על שנים עשר דקא טרח טירחא יתירא לא טפחיים על שבעה מהו *הכא חמשה קא מעמיק והכא חמשה קא מעמיק או דלמא כיון דאיכא טפח יתירא איכא טירחא טפי תיקו אביי *שרא לבני בר המדך לשחופי נהרא רבי ירמיה *שרא להו לבני סבותא למיכרא נהרא טמימא רב אשי שרא להו לבני מחא מחסיא לאקדוחי נהר בורניץ אמר כיון דשתו מיניה רבים כרבים דמי ותנן עושין כל צורכי רבים: ומתקנין את קילקולי

רש"י

שלופי. כשהירקות רצופין נוטל מהן מבינתיים לאוכלן מותר ליפותן אסור בשביל ליפותן אותם שנשארים: **המדיל.** תולש בגפנים ששכן ביחד יותר מדאי: **בשל עניים.** בפאה א"נ עוללות שאין לו לא כתף ולא נטף: **בנכי.** בורות תחת הגפנים וזיתים ונותן בהם מים: **עוגיות.** עגול סביב כמו עג עוגה ועמד בתוכה (תענית דף יט.) ובדידין נמי הן גומות: **ליפוי.** מקום: **למעבד בנכי.** עוגיות והיכי שרי והא תנן אין עושין עוגיות: **הא בחדתי.** שמתחלה לא היו שם עוגיות אסור לעשות בחולו של מועד דאיכא טירחא יתירא אבל עתיקי שכבר היו לו שם עוגיות ונסתמו מותר לחזור ולחופרן בחולו של מועד: **מפני שנראה כעודר.** לצורך שביעית שהרי חופר כעודר: **שמכשיר אגפיה לזריעה.** כשחופר האמה ומניח העפר שבאמה על שפת האמה מתקן אגפיה לזריעה דעביד לה ארעא רכיכא: **דקא אתו מיא בתריה.** דכי חפר באמה אתו לאלתר מים בהדי חפירה: **מ"ד מפני שמכשיר אגפיה לזריעה איכא.** אע"ג דאתי מיא בתריה דהא שדא ארעא רכיכא אגפי האמה: **ומ"ד מפני שנראה כעודר ליכא.** דהא אתי מיא ובעודר ליכא מים ולכך לא דמי לעודר: **אלא.** לעולם דלא אתו מיא בתריה והיכא בינייהו דשקיל ושדי לבראי דחפיר באמה ושדי עפר לבראי רחוק מאגפי אמה דלא מכשיר אגפיה לזריעה: **מאן דאמר מפני שנראה כעודר איכא.** דהא חפיר ולא אתו מיא בתריה: **בדוכתיה מנח ליה.** דלא שדי ארעא לבראי דלא עביד אלא מרכך ארעא אבל הכא שדי לבראי לכך לא דמי לעודר: **אמימר מתני.** בהדיא הא דאמר ר' אלעזר אין עושין את האמה בשביעית מפני שנראה כעודר: **עושה אדם זבלו אוצר.** שמכניס כל זבלו בשביעית בשדה ולא אמרינן נראה כמזבל שדהו בשביעית: **עד שיעמיק שלשה טפחים.** ומכניס הזבל לשם דמוכחא מלתא דלא עביד כדי לזבל שדהו בשביעית: **היה לו מעט זבל.** בתוך השדה קודם שביעית מוסיף עליו זבל והולך בשביעית ואין צריך להעמיק: **רבי אלעזר אוסר.** אפילו אם היה שם מעט זבל קודם שביעית להוסיף עליו בשביעית: **עד שיעמיק שלשה.** או שיתן זבל על הסלע שבשדה דלא נראה כמזבל והיכי שרי רבי אלעזר לחפור ולהעמיק בשביעית ולא חייש לנראה כעודר: **כגון שהעמיק.** קודם לכן כלומר הא דאמר רבי אלעזר עד שיעמיק לא אמר עד שיעמיק בשביעית אלא שהיה עמוק קודם שביעית: **וזבלו מוכיח עליו.** כלומר אע"ג דמעמיק בשביעית הוא נראה כעודר ואסור הכא מותר שהרי זבלו שמניח לשם מוכיח עליו דלא עביד משום עודר: **שאם היתה עמוקה טפח.** כלומר שלכתחילה היה שם אמת המים בת ששה טפחים ונסתמה עד טפח (א) מעמידה על ששה טפחים כלומר חוזר ומעמיק אותן חמשה טפחים שנסתמה: **חצי טפח על שלשה.** אם היתה בתחלה בת שלשה טפחים ונסתמה עד חצי טפח דודאי אינו חוזר וחופר אותן שני טפחים ומחצה אע"ג דהוי דומיא דהיתה עמוקה טפח ומעמידה על ו' טפחים: **כיון דמעיקרא לא עברי בה מיא.** כלומר ודאי באמה בת שלשה טפחים לא עברי בה מיא שפיר לא קודם לכן ולא עכשיו הוי טירחא דלא צריך: **טפחיים על שנים עשר.** דלכתחילה היתה של שנים עשר ונסתמה עד שני טפחים ונסתמה עד י' טפחים אסור להעמיק עוד עד י' טפחים על אותן שנים הראשונים משום דהוי טירחא יתירא דקא מעמיק כל כך ולהגביה קרקעית הגומא למעלה מששה טפחים: **טפחיים על שבעה טפחים.** ונסתמה עד שני טפחים: **מהו.** להעמיק אותן חמשה שנסתמו: **הכא חמשה קא מעמיק.** דהיתה עמוקה טפח ומעמידה על ששה ולא הוי טירחא יתירא להעמיק כל כך בקרקע: **והכא.** נמי לא מעמיק במועד אלא חמשה טפחים: **כיון דאיכא טפח יתירא.** דלא צריך כל הטפח [דפני כד'] **איכא טירחא טפי.** שטורח עצמו בשביל אותו טפח יותר מדאי: **לשחופי נהרא.** לנקור ענפי אילנות הגדלים בנהר: **למיכרא נהרא טמימא.** לפתוח מקור המעיין שנסתם: **לאקדוחי נהרא.** לפנות טירטון שבאמצע הנהר: **בורניץ.** שם הנהר: קילקולי

תוספות

מדלין לירקות. ממקום עמוק קרי דילוי ואע"ג דאיכא טירחא יתירא בשביל לאכול התירו אבל לייפות אפילו ליכא טירחא לא התירו: **כך** מידל בשל עניים. דכי אסר רחמנא ליקח עוללות ה"מ בשעת בצירה כדכתיב (דברים כד) כי תבצור כרמך לא תעולל איסור עוללות עלייהו:

מפני שמכשיר אגפיה לזריעה. וכראית חרישה ממש ססבורין הרואין שלכך מתכוין אי נמי חשיב ליה עבודת קרקע ממש ואע"ג שאינו מתכוין לכך מיהו מלאכה היא ואע"ג דאמר ר' שמעון דבר שאין מתכוין מותר הא אמרינן *מודה ר' שמעון בפסיק רישיה ולא ימות ורבנן סברי כיון דע"י שינוי עביד ליה לאו מלאכה היא ומותר דלא שמיה חרישה:

זבלו מוכיח עליו. דליכא למיחש להא דמאן דחזי החפירה (*לא) חזי ליה (ב) לזבל שבחפירה:

*) [נ"ל הא וכן איתא לאתויי כתוי"ע דשביעית פ"ג מ"ג]

עין משפט נר מצוה

עיין מעב"ג

לא א מיי' פ"ח מהלכות י"ט הלכה ג טוש"ע א"ח סי' תקלג סעיף ה:

לב ב מיי' פ"ב מהלכות שמיטה הלכה כ:

לג ג ד מיי' פ"ח מהל' י"ט הלכה ג סמג לאוין עה טוש"ע א"ח סי' תקלג סעיף ו:

לד ה ו מיי' שם הלכה ד סמג שם טוש"ע א"ח סי' תקמד ס"ב:

שבת קג.

רבינו חננאל

ואסיקנא מדלין מים לירקות כדי לאוכלן ואם בשביל לייפותן אסור. ולית האי מדלין מלשון שלופי כדתנן המדל בגפנים כו' [ואין עושין עוגיות] פי' עוגה והן בדידין שבעיקרי אילנות כדתנן במס' כלים פ' כ"ט יד הבדיד ד' והנ"מ בחדתא אבל בעתיקא למיעבד בנכי שרי: (מתני') [פיסקא] ר' אלעזר בן עזריה אומר אין עושין את האמה בתחלה בין [במועד ובין] בשביעית. ומקשינן בשלמא במועד משום טירחא אלא שביעית אמאי לא. ופרקינן כיון שחופר נראה כעושה מלאכה בשביעית בשדה. וי"א מפני שמכשיר אגפיה לזריעה כלומר כיון שחופר נמצא כחורש באמצע ומכשיר הצדדין לזריעה כו'. אמימר מתני לה מפני שנראה כעודר. וקשיא ליה ומי א"ר אלעזר הכי שכל החופר ומעמיק נראה כעודר. והא איהו דאמר שחופר עד ג' ולא גזר משום עודר דתנן במס' שביעית פ"ג עושה אדם זבלו אוצר ר"מ אוסר עד שיעמיק ג' טפחים או עד שיגביה ג' או שיתן על הסלע ופרקינן ר' זירא ור' אבא בר ממל חד אמר כגון שהעמיק קודם לכן וחד אמר זבלו מוכיח עליו שאינו עודר: פיסקא. וחכ"א עושה אדם אמת המים בתחלה בשביעית ומתקנין את המתקלקלות במועד. מאי מקולקלות. א"ר אבהו שאם היתה עמוקה טפח חופרה ומעמידה עד ששה טפחים נמצא מוסיף ה' טפחים. ומיבעיא לן אמה שיש בת טפחיים מהו להפור ה' האחרות ולהעמידה על ז' טפחים דחמשה נמי הוא דקא מוסיף ועלתה בתיקו: ומתקנין קילקולי המים שברה"ר. אביי שרא לבני בר הרמך לשחופי נהרא. ור' ירמיה שרא לבני סבותא למכרא נהרא סתום ולפותחו ור' אשי שרא לאקדוחי נהר ביצין אמר כיון דשתו מיניה רבים כרבים דמי ותנן עושין כל צורכי רבים: פיסקא

מסורת הש"ס

פאה פ"ז מ"ה

[שבת קנז: וש"נ]

[תוספתא פ"א ע"ש תוספתא דשביעית פ"א]

[שביעית פ"ג מ"ג]

הגהות הב"ח

(א) רש"י ד"ה אם היתה כו' ונסתמה עד טפח ומחזור ומעמידה עד ששה: (ב) תוס' ד"ה זבלו כו' חזי ליה נמי לזבל:

§ מסכת מועד קטן דף ד: §

אות א'

הא בחדתי, הא בעתיקי

סימן תקל"ז ס"ה - [א]אין עושים החריצים שבעקרי הגפנים כדי שיתמלאו מים - דהוא טרחא יתירא, [רש"י], ואסור אף דאיכא פסידא.

ואם היו עשויות ונתקלקלו - ועדיין ניכר החריץ מעט, אפילו פחות מטפח, דאילו נסתם לגמרי, הוי כחדתי, **הרי זה מתקנן במועד** - דליכא טרחא כולי האי, **(אבל אסור להעמיקן יותר מבראשונה) (המגיד)** - וה"ה דאסור להרחיבן.

אות ב'

עושה אדם את זבלו אוצר

רמב"ם פ"ב מהל' שמיטה ויובל ה"ב - והרוצה לעשות כל שדהו שלש שלש אשפתות לתוך בית סאה, עושה; והרוצה לעשות זבלו אוצר, עושה.

אות ג' – ד'

שאם היתה עמוקה טפח, מעמידה על ששה טפחים

הכא חמשה קא מעמיק והכא חמשה קא מעמיק

סימן תקל"ז ס"ו - [ב]אמת המים - היינו החריצין העשויין בקרקע, שבהם המים הולכות סביבות השדה ומשקות אותו, ונקרא אמה, לפי שהוא רחב אמה ועמוק אמה, **שנתקלקלה, מתקנין אותה** - אבל אין עושין אותה לכתחלה, וה"ה אם נסתמה לגמרי, שלא נשאר אפי' טפח, ג"כ אסור לתקנה, דזה הוי כעשיה לכתחלה, [ג][**כן** מוכח מרש"י שפירש מימרא דר' [ד]אבהו לענין דבעינן שישאר טפח, **והא** דבס"ה סגי שיהיה ניכר החריץ מעט, וכאן בעינן טפח, כתבו הפוסקים, משום דבאמת המים בעינן שיקלחו שם המים, לא סגי בפחות מטפח].

היתה עמוקה טפח, חופר בה עד ששה - דזהו שיעור אמת המים, וצריך לצמצם השיעור לא [ה]יותר ולא פחות, דזהו שיעור אמת המים שיעברו בה המים שפיר, וכן ברוחב האמה דבעי ששה טפחים, **ואפילו** היתה אמה זו עמוקה יותר משששה טפחים קודם שנתקלקלה, [ו]אינו רשאי לתקן בה עכשיו אלא עד ששה טפחים בלבד.

מלשון זה משמע דס"ל, דאפי' לא היתה חפורה מבעיו"ט אלא טפח, מותר לחפור בחוה"מ יותר, וכ"ש כשהיתה חפורה ונסתמה עד טפח, **אבל** מלשון הגמרא דקאמר: ומתקנין את המקולקלת, משמע דוקא לתקן המקולקל מותר, אבל לחפור מחדש אסור בכל גווני, מ"א, וכן משמע מכמה פוסקים, [**עיין** בביאור הגר"א דהטעם של המחבר, משום דהרמב"ם מפרש [ז]כפי' שני שברש"י, **אכן** באמת כמה ראשונים פירשו כפי' ראשון שברש"י וכדברי המ"א, עיין בנמ"י בשם הראב"ד, וכן הנמ"י גופא, וכן הריטב"א כתב על פי' השני שאינו נכון, וכן האשכול, כולם מפרשים כפי' ראשון וכפשטות הש"ס].

היתה עמוקה טפחיים, מעמיק עד שבעה - שזהו ג"כ הוספה בחפירה חמשה טפחים, **ואם** היתה עמוקה שלשה, אפשר דאסור לחפור עד שמנה, דטרחה יתירא היא להשליך העפר לחוץ מעומק האמה - מ"א, **ונכון** להחמיר בזה, דבמאי דהקיל השו"ע עד שבעה, ג"כ יש מהפוסקים שמחמירין בזה, [**דבאמת** הוא בעיא דלא איפשטא בגמ', ואפשר דהרמב"ם שמיקל אזיל לשיטתו, דס"ל דמלאכת חוה"מ הוא מדרבנן, משא"כ לאידך פוסקים, וצ"ע].

אות ה' – ו'

שרא לבני בר המדך לשחופי נהרא

שרא להו לבני סכותא למיכרא נהרא טמימא

סימן תקמ"ד ס"ב - [ח]בורות ומעיינות של רבים שנפל בהם עפר ואבנים ונתקלקלו, מותר לתקנם.

באר הגולה

[א] **משנה ב' וגמרא שם ד'** [ב] **משנה שם וגמרא שם** [ג] ‹עיין רש"י כת"י ד"ה לא כלום הוא: דחצי טפח לא חשיב ולא מידי, והוי כאילו התחלה ואסור› [ד] ‹כן הוא ברי"ף› [ה] ‹לכאורה היינו אם לא היה יותר בתחילה, משא"כ אם היה שבעה מתחילה וכדלקמן› [ו] ‹כיון דעכשיו אינה אלא עמוקה טפח, משא"כ כשעמוקה טפחיים וכדלקמן› [ז] ‹"א"נ אפי' לא חפר בה עדיין אלא טפח, מעמיקה עד ששה", וחסר זה הלשון ברש"י שלנו, וברש"י שעל הרי"ף ישנו שם - גר"א, ‹וכן הוא ברש"י כת"י› [ח] **שם במשנה**

§ מסכת מועד קטן דף ה. §

אות א'

חוטטין בורות של יחיד בשיחיד צריך להם

סימן תקמד ס"ב - [א]אבל בורות שיחין ומערות של יחיד, אסור לחפור אותם מחדש, ואפי' צריך להם עתה - אפי' אין לו מה ישתה אלא מפני דוחק הרבה, אסור, **ואם** אין משיג לשתות כלל, מותר גם לחפור מחדש במועד. **ואם היו עשוים כבר ונתקלקלו, אם צריך להם עתה, מותר לתקנם** - ר"ל דאז די בתיקון מעשה הדיוט בעלמא, [היינו ליטול הצרורות והעפר שנפל לתוכן], ולהכי שרי גם ביחיד לצורך המועד, [**אבל** לא יחטוט לתוכו, ולא יסוד אותם בסיד, גמרא].

אות ב' – ג'

בשל רבים כשרבים צריכין להם, דאפילו חפירה מותר

ואין חופרין בורות שיחין ומערות של רבים, בשאין רבים צריכין להם

סימן תקמד ס"ב - [ב]בורות ומעיינות של רבים שנפל בהם עפר ואבנים ונתקלקלו, מותר לתקנם, [ו]ואפי' אין רבים צריכים להם עתה - היינו דכונתם בשביל אחר המועד, **כיון שאינו מעשה אומן** - התירו במלאכת רבים, לפי שצרכי רבים אינם נגמרים אלא בשעה שהם בטלים ומתחברים כולם, וכדלעיל.

וה"ה דמותר לעשות מעשה הדיוט, מחוץ לעיר חריץ שיבואו המים על ידו מהנהר לעיר, כדי שישתו בהרוחה, ואף שלא יגמר במועד, כיון שהוא צורך רבים, **וגם** בזה מותר אפילו אם כיון מלאכתו במועד, והוה טרחא יתירא ופרהסיא.

אבל לחפור להם בורות מחדש, שהוא מעשה אומן - שצריך לטוח יפה כדי להחזיק מימיה, **אם הרבים צריכים להם עתה, מותר, [ז]אפילו אם כוונו מלאכתן במועד, ואפילו בפרהסיא ובטירחא יתירתא** - קאי גם על ריש הסעיף.

ואם אין צריכים להם עתה, לא יעשו - היינו אפילו לא כיונו מלאכתן במועד וגם בצנעא.

אות ד'

דכי אין יחיד צריך להם, אפילו חטיטה נמי אסור

סימן תקמד ס"ב - ואם אין צריך להם עתה, אסור לתקנם - דביחיד אפילו מעשה הדיוט אסור, כי אם לצורך המועד. [ה]**אבל מותר להמשיך מים לתוכן, אפילו אין צריך להם עתה** - פי' שמקבלין מי גשמים בכלים מן הגג, ומוליך אותן לבור, אף שאין צריך להם עתה, שיש בבור מים די לכל ימי הרגל, אפ"ה מותר, לפי שאין בזה טורח מרובה, [**והריטב"א** הביא [ו]פירש"י והסכים כן, דההיתר היינו דוקא שלא ע"י כלים, דא"כ טורח גדול הוא, **אלא** שממשיכין שם ע"י חריץ או אמה, והכונה דרק דרך חריץ או אמה המתוקנין כבר]. **אבל** לעשות חריץ ולהביא מים דרך שם אסור.

אות ה'

יוצאין לקווץ את הדרכים, ולתקן את הרחובות ואת האסטרטאות, ולמוד את המקואות

סימן תקמד ס"א - [ז]צרכי רבים מותר לעשותה בחוה"מ - ויש בזה שני חלוקים, דאם הוא מעשה אומן, אינו מותר אא"כ שהוא צורך המועד, **ואם** הוא מעשה הדיוט, שרי אפילו אם הוא רק צורך אחר המועד.

דע דכל צרכי רבים מותר, אפילו כיונו מלאכתן במועד, וגם בפרהסיא ובטורח גדול, **והטעם** שהתירו בכיון מלאכתו, דכל צרכי רבים אינם נגמרים אלא בשעה שהם בטלים כולם ומתחברים יחד, ואם לא יעשו עכשיו יתבטל הדבר, **ולכן** אם יש להם מנהיג שהרשות בידו לעשות לבדו, אסור לו לכוין מלאכתו במועד.

(**עיין סימן תקמ"ב ס"א**, דבמלאכות המותרות בעינן דוקא שיהיו בחנם, **ועיין** במ"א ובמאמ"ר ונהר שלום, שהסכימו כולם, דאם הם לצורך מצוה, מותר ליטול עבורם שכר, **ועיין** במחה"ש שכתב, דבצרכי רבים בלא מצוה, אסור ליטול שכר, **אבל מפמ"ג** משמע, דבצרכי רבים לחוד ג"כ מותר ליטול שכר, וטעמו, דהוא ג"כ כצורך מצוה דמיא, **וכן** נראה מפשטיות המשנה, וגם מי ירצה לעשות כל צרכי רבים בלא שכר).

כגון לתקן הדרכים ולהסיר מהם המכשולות - בגמרא איתא דמחוייבין בזה, שלא יהיה כשופך דמים אם יארע מכשול, **ואפילו** מעשה אומן שרי בזה, כיון שדבר זה צריך גם במועד.

ולציין הקברות כדי שיזהרו מהם הכהנים; ולתקן המקואות - [ואם התיקון הוא מעשה אומן, בעינן שיהא נגמר בחוה"מ], **וה"ה** דלכתחלה ג"כ מותר לעשות מקוה בחוה"מ, ודומיא דחפירת בור המבואר בס"ב, **ודוקא** כשתהיה נגמרת בחוה"מ ותהיה צורך המועד, דאל"ה אסור דהוא מעשה אומן.

‹המשך ההלכות מול עמוד ב'›

באר הגולה

[א] שם ורמב"ם ממסקנת הגמרא שם [ב] שם במשנה [ג] אוקימתא דרבי יוחנן שם [ד] הרא"ש שם בשם הראב"ד [ה] ברייתא שם ‹כונסין מים לתוכן› [ו] ‹לא נמצא ברש"י שלנו, וגם לא בכת"י› [ז] משנה ריש מו"ק וברייתא ה'

גמרא

קילקולי המים שברה"ר וכו': חטיטה אין חפירה לא אמר ר' יעקב אמר ר' יוחנן לא שנו אלא שאין רבים צריכין להם אבל רבים צריכין להם אפילו חפירה מותר וכי רבים צריכין להם מי שרי והתניא חוטטין בורות שיחין ומערות של יחיד ואין צריך לומר של רבים ואין חופרין בורות שיחין ומערות של רבים ואין צריך לומר של יחיד מאי לאו בשרבים צריכין להם לא בשאין רבים צריכין להם דכוותה גבי יחיד שאין יחיד צריך להם חטיטה מי שרי והתניא בורות שיחין ומערות של יחיד כונסין מים לתוכן אבל לא חוטטין(א) ולא שפין את סדקיהן ושל רבים חוטטין אותן ושפין את סדקיהן ואלא מאי בשיחיד צריך להם דכוותה גבי רבים בשרבים צריכין להם חפירה מי אסור והתניא בורות שיחין ומערות של יחיד כונסין מים לתוכן וחוטטין אותן אבל לא שפין את סדקיהן ולא חוטטין לתוכן ולא סדין אותן בסיד ושל רבים חופרין אותן וסדין אותן בסיד אלא לא קשיא הך קמייתא תריץ הכי חוטטין בורות של יחיד *בשיחיד צריך להם ואין צריך לומר בשל רבים בשרבים צריכין להם דאפילו חפירה מותר ואין חופרין בורות שיחין ומערות של רבים בשאין רבים צריכין להם ואין צריך לומר של יחיד דכי אין יחיד צריך להם דאפילו חטיטה נמי אסור אמר רב אשי מתניתין נמי דיקא דקתני עושין כל צורכי רבים כל לאתויי מאי לאו לאתויי חפירה לא לאתויי הא דתניא יוצאין לקווץ את הדרכים ולתקן את הרחובות ואת *האסטרטאות ולמוד את המקואות וכל מקוה שאין בו ארבעים סאה מרגילין לתוכו ארבעים סאה ומנין שאם לא יצאו ועשו כל אלו שכל דמים שנשפכו שם מעלה עליהם הכתוב כאילו הם שפכום ת"ל °והיה עליך דמים הא בהדיא קתני לה ומתקנין את הדרכים ואת הרחובות ואת המקואות ועושין כל צורכי רבים לאתויי מאי לאו לאתויי חפירה שמע מינה: ומציינין את הקברות: אמר ר"ש בן פזי רמז לציון קברות *מן התורה מנין תלמוד לומר °וראה עצם אדם ובנה אצלו ציון א"ל רבינא לרב אשי הא מקמי דליתי יחזקאל מאן אמר וליטעמיך הא *דאמר רב חסדא דבר זה מתורת משה רבינו לא למדנו מדברי יחזקאל בן בוזי למדנו °כל בן נכר ערל לב וערל בשר לא יבא אל מקדשי (*לשרתני) מקמי דליתי יחזקאל מאן אמר אלא גמרא גמירי לה ואתא יחזקאל ואסמכה אקרא הכא נמי גמרא גמירי לה ואתא יחזקאל ואסמכה אקרא רבי אבהו אמר מהכא °וטמא טמא יקרא טומאה קוראה לו ואומרת לו פרוש וכן אמר רבי עוזיאל בר בריה דרבי עוזיאל רבה טומאה קוראה לו ואומרת לו פרוש והאי להכי הוא דאתא ההוא מיבעי ליה לכדתניא וטמא טמא יקרא *צריך להודיע צערו לרבים ורבים מבקשין עליו רחמים א"כ ליכתוב וטמא יקרא מאי וטמא טמא שמעת מינה תרתי אביי אמר מהכא °ולפני עור לא תתן מכשול רב פפא אמר (ג) °ואמר סלו סלו פנו דרך רב חיננא אמר °הרימו מכשול מדרך עמי ר' יהושע בריה דרב אידי אמר °והודעת להם את הדרך (אשר) ילכו בה מר זוטרא אמר °והזרתם את בני ישראל מטומאתם רב אשי אמר *°ושמרתם את משמרתי עשו משמרת למשמרתי רבינא אמר °ושם דרך ארנו בישע אלהים אריב"ל *כל השם אורחותיו זוכה ורואה בישועתו של הקדוש ברוך הוא שנאמר ושם דרך אל תקרי ושם אלא ושם דרך ארנו בישע אלהים רבי ינאי הוה ליה ההוא תלמידא דכל יומא הוה מקשי ליה בשבתא דריגלא לא הוה מקשי ליה קרי

[מקורות בגליון: דברים כב | יחזקאל לט | יחזקאל מד | ויקרא יג | ויקרא יט | ישעיה נז | ישעיה נז | שמות יח | ויקרא טו | ויקרא יח | תהלים נ]

רש"י

קילקולי מים. כגון אבנים שנפלו מחמת הבור: חוטטין. נפלו לבורות בקרקעית הבור מעלה אותן במועד: אבל לא חוטטין אותן. אי אמרת בשלמא הא דקתני ההיא ברייתא שלמעלה (ג) של יחיד הייט בשיחיד צריך לו איכא לאוקמי האי דקתני האי ברייתא אבל לא חוטטין בשאין יחיד צריך לו אלא אי אוקמת לה הא דחוטטין בשאין יחיד צריך לו א"כ האי דקתני אבל לא חוטטין במאי מוקמת לה: אלא מאי בשיחיד צריך לו כו'. כלומר במאי מוקמת האי דקתני חוטטין בשרבים צריכין להן והתניא כו' של רבים חופרין אותן: אלא קשיא קמייתא. דקתני אין חופרין בורות של רבים בשרבים צריכין לו קשיא להא ברייתא דקתני הכא של רבים חופרין אותן: אלא תריץ הכי. ואין צריך לומר בשל רבים דאפילו חפירה מותר ולא קשיא לרבי יוחנן דאמר לא שנו כו': מתניתין נמי דיקא. דבשרבים צריכין לו דחפירה נמי מותר: לקווץ את הדרכים. לפנות קוצים שבדרכים: מרגילין להיות בתוכו ארבעים סאה. שמרגילין שיהא (ד) נוגע במקוה אמת המים כדי שיהא בו ארבעים סאה: כל דמים שנשפכו שם. כגון בקוצים שבדרכים: הא. דקאמרת דלאתויי הני נמי בהדיא קתני במתני' מתקנין כו' אלא והאי הא דקתני ועושין כל צורכי רבים לאתויי חפירה קא אתו: ומציינין את הקברות. שעושין סימנים על הקברות בסיד כדאמר במרובה (ב"ק דף סט.) של קברות בסיד דחוור כעצמות כדי שלא ילכו אוכלי תרומה לשם: דכתיב וראה עצם וכו'. יחזקאל מתנבא על העתיד לבא שיטהו ישראל ליוצים על עצמות הפגרים המושלכין (ה) ורמז הוא שלא בא הכתוב *אלא להזהיר וללמד שיהא אדם עושה ציון: כל בן נכר (ו) וערל בשר. שמתו אחיו מחמת מילה ולא רצו למול שיראים פן ימות גם הוא כאחיו לא יבא אל מקדשי לשרתני שאסורין בעבודה: גמירי. מסיני: טומאה קוראה לו פרוש. כלומר עשוה סימנים על הטומאה כדי שיהא פורש ופורש: (ז) ולפני עור לא תתן מכשול. כלומר עשו דבר על הטומאה שלא יהו נכשלים בה טמאי תרומה וטהרות: והזרתם. ומתרגמינן ותפרשון: עשו משמרת למשמרתי. לאוכלי תרומה דכתיב בה משמרת דכתיב (במדבר יח) ואני נתתי לך את משמרת תרומותי שלא יהו מטמאים: ושם דרך. שעושין סימן באיזה דרך ילכו: ארנו בישע אלהים. זה השם אורחותיו המחשב הפסד מצוה כנגד שכרה ושכר עבירה כנגד הפסדה ושם כמו שמין: בשבתא דריגלא לא הוה מקשי ליה. משום דאתו כולי עלמא לפירקא ואי מקשי ליה ולא הוה מצי לפרוקי הוה מכסיף:

[עיין במשנה דלעיל ב.] [עי' תוס' ב"ב קמז. ד"ה מנין] [תענית יד: יומא עה: סנהדרין כב: פג: זבחים יח:] [סוטה לב: נדה סו. שבת סו. חולין עח.] [יבמות כא.] [סוטה ה:]

תוספות

לאתויי הך דתניא. קא סלקא דעתיה דהאי דקפריך הכא דבכלל מתקנין הדרכים לא הוי קוון דרכים דסיקון משמע שמתקן הגבשושיות והגומות הלכך פריך הכי ומתרץ כל אלו בהדיא קתני להו דהוו בכלל מתקנין כו' א"נ האי דמקשה הך קושיא לא היתה מתניתא שגורה בפיו ולא הוי ידע *דגרס בה ומתקנין את הדרכים: והיה עליך דמים. פי' רבינו חננאל נקיט ליה להאי קרא מפרשת *מעקה דדמי להאי דהוי מכשול מתקני' עם הגמרא יש ללמד שאסור להשקות קרקעות אלא אותן דהוו דבר האבד שיתקלקלו התבואה והאילנות הנטועים בה והוא הדין לשאר עבודת קרקע אסור בחולו של מועד והא דאמרינן דמותר להשקות הני מילי כגון מאמת המים העוברת בשדה עצמו דליכא טירחא יתירא ומותר לתקן בורות שיחין ומערות של יחיד ושל רבים מותר לחפור לכתחילה כיון דצריכי למים דהכי תניא לעיל כדפרישית: רמז לציון. דהאי קרא לא כתיב אלא לעתיד אבל לא בזמן הזה ומיהו משני דאיכא למילף מהתם: הא מקמי דליתי יחזקאל. כלומר לדידך דאמרת דבזמן הזה הוי א) *מדאורייתא אם כן מקמי דליתי יחזקאל הוה ליה להקדוש ברוך הוא לאשמועינן דצריך ציון ומתרץ הרבה דברים דקים לן דאסורין מן התורה דלא כתיב בקרא אלא בהלכה עד דאתא יחזקאל והאי הכי נמי: רב פפא אמר סלו סלו. כל חד וחד נקיט מאי דהוה מסיק אדעתיה ולא פליגי אלא אורחיה דמלתא דכל חד מסיק אדעתיה מאי דלא מסיק חבריה אדעתיה: בשבתא דריגלא. שבת של יום הרגל שהיו דורשין והיו מתקבלין כל בני העיר לשמוע הלכות של רגל: אין

עין משפט נר מצוה

לה א מיי' פ"ח מהל' י"ט הלכה ד סמג לאוין עה טוש"ע א"ח סי' תקמד סעיף ב:

לו ב ג מיי' פ"ז שם הלכה י סמג לאוין שם טוש"ע שם:

[עי' תוס' פסחים לז. ד"ה אלא וכו']

[משם לא מוכח מידי ושם כתיב קרא אחרינא ונראה דצ"ל מפ' מקלט הספק מחילופי גרסאות]

לז ד מיי' שם פ"ח הלכה ד סמג וטוש"ע שם:

לח ה מיי' שם פ"ז הלכה י סמג שם טוש"ע שם סעיף א:

לט ו מיי' פי"ח מהלכות טומאת מת הלכה ט סמג עשין רלג:

מ ז מיי' פ"י מהלכות טומאת צרעת הלכה ו סמג עשין רלה:

[ועי' תוס' ב"ב קמז. ד"ה מנין]

רבינו חננאל

פיסקא וחוטטין אותו חטיטה אין חפירה לא ותריצנא הכי חוטטין בורות שיחין ומערות יחיד בשיחיד צריך להן וא"צ לומר של רבים וכי רבים צריכין להם אפי' חפירה נמי שרי ואין חופרין של יחיד דכי אין יחיד צריך להן אפי' חטיטה נמי אסור אמר רב אשי מתניתין נמי דיקא דקתני עושין כל צרכי רבים לאתויי מאי לאו לאתויי חפירה. ודחינן לא לאתויי הא דתניא יוצאין לקווץ את הדרכי' ולתקן את הרחובות והאסטרטאות ולמוד המקואות וכל מקוה שאין בו מ' סאה מרגילין לתוכו מ' סאה. ומניין שאם לא יצאו ותיקנו כל אלו כל דמים שנשפכו שם מעלה אני עליהם כאילו הם שפכום שנאמר ועשית מעקה לגגך וגו' וכתיב והיה עליך דמים. ופריק הא בהדיא קתני לה. מתקנין את הדרכים כו' כל צרכי רבים לאתויי מאי לאתויי חפירה של רבים שהיא מותרת ש"מ. תניא בורות שיחין ומערות של יחיד כונסין לתוכן מים במועד אבל לא חוטטין אותן ולא שפין את סדקיהן ושל רבים חופרין אותן וסדין אותן בסיד. ומציינין את הקברות רמז לציון מנא לן מדכתיב וראה עצם אדם ובנה אצלו ציון ועד דלא אתא יחזקאל מאן אמרה אלא גמרה גמירי לה ויחזקאל אסמכה אקרא. רבי אבהו אמר מהכא וטמא טמא יקרא. טומאה קוראה לו ואומרת פרוש וש"מ נמי כל מי שאירע בו דבר כגון המצורע וכיוצא בו צריך להודיע לרבים ורבים מבקשין עליו רחמים שנא' וטמא טמא יקרא ורבנן אחריני נמי אמרי מהני קראי. ולפני עור לא תתן מכשול. וכתיב הרימו מכשול מדרך עמי והודעת להם את הדרך ילכו בה. רב אשי אמר ושמרתם את משמרתי עשו משמרת למשמרתי. רבינא אמר ושם דרך ארנו בישע אלהים. וכל השם אורחותיו זוכה ויושב ורואה בישועתו של הקב"ה שנאמר ושם דרך ארנו בישע אלהים קרי ביה ושם דרך. ר' ינאי הוה ליה ההוא תלמידא כל שתא הוה מקשי ובשבתא

הגהות הב"ח

(א) גמ' אבל לא חוטטין אותן ולא שפין: (ב) שם רב פפא אמר מהכא ואמר סלו כו' רב חיננא אמר מהכא הרימו כו' ר"י בריה דר"א אמר מהכא והודעת כו' מר זוטרא אמר מהכא והזרתם כו' רב אשי אמר מהכא ושמרתם כו' רבינא אמר מהכא ושם דרך כו': (ג) רש"י ד"ה אבל כו' ברייתא שלמעלה חוטטין של יחיד הייט: (ד) ד"ה מרגילין כו' שיהא נוגע במקום כו' נ"ב נראה דפי' זה הוא של רבינו הלוי דס"ל דזכה טעונה מים חיים אבל לדעת רש"י דס"ל דלא בעי' מים חיים נ"ל מרגילין לתוכו מ' סאה היינו מי גשמים עי' בפ' במה אשה שבת דף סה ע"ב ובבכורות דף נה ע"ב: (ה) ד"ה דכתיב כו' הפגרים המושלכין בארץ ורמז הוא (בלא בא הכתוב וכו' עושה ציון) תא"מ ונ"ב ס"א שלא בא הכתוב להזהיר ולומר שיהא אדם עושה ציון דמש"ה א"צ ציון דכיון שאין מטמא באהל מכסהו בקרקע ואין צריך לציון: (ו) ד"ה כל בן נכר ערל לב שנתנכרו מעשיו לאביו שבשמים בנושא ערל לב ועע"ז כדמפרש בפ"ב דמנחות וערל בשר שמתו כו': (ז) ד"ה ולפני כו' ועהרות הס"ד ואח"כ מה"ד ושם דרך. עשו דרך סמוי לנכת בו הס"ד:

גליון הש"ס

גמ' ת"ל וראה עצם אדם. עי' נדה דף נז ע"א תוס' ד"ה וכנה:

הגהות מהר"ב רנשבורג

א) תוס' ד"ה הא מקמי וכו' מדאורייתא. ע"כ עיין נדה דף נז ע"א דמדרבנן הוא וצ"ע. ועיין בב"ב קמז ע"א תוס' ד"ה מנין כו' ודו"ק שוב נדפס ספר יד דוד והאיתי שהרגיש בזה:

קרי עליה °ושם דרך אראנו בישע אלהים תנו רבנן *"אין מציינין לא על כזית מן המת ולא על עצם כשעורה ולא על דבר שאינו מטמא באהל אבל מציינין על השדרה ועל הגולגולת על רוב בנין ועל רוב מנין המת "ואין מציינין על הודאות אבל מציינין על הספיקות ואלו הן הספיקות סככות ופרעות ובית הפרס *"ואין מעמידין ציון במקום טומאה שלא להפסיד את הטהרות *"ואין מרחיקין ציון ממקום טומאה שלא להפסיד את ארץ ישראל וכזית מן המת אינו מטמא באהל והא (*תניא) *אלו שמטמאין באהל כזית מן המת אמר רב פפא הכא בכזית "מצומצם עסקינן דסוף סוף מיחסר חסר מוטב ישרפו עליו תרומה וקדשים לפי שעה ואל ישרפו עליו לעולם ואלו הן הספיקות סככות ופרעות *סככות אילן המיסך על הארץ פרעות [א] *אבנים פרועות היוצאות מן הגדר בית הפרס כדתנן *"החורש את הקבר הרי הוא עושה בית הפרס וכמה הוא עושה מלא מענה מאה אמה ובית הפרס מי מטמא באהל *והאמר רב יהודה אמר שמואל "מנפח אדם בית הפרס והולך ורב יהודה בר *אמי משמיה דעולא אמר "בית הפרס שנידש טהור אמר רב פפא לא קשיא כאן בשדה שאבד בה קבר כאן בשדה שנחרש בה קבר ושדה [ב] שנחרש בה קבר בית הפרס קרי ליה אין והתנן *שלשה בית הפרס הן °שדה שנאבד בה קבר 'ושדה שנחרש בה קבר "ושדה [ג] בוכין מאי שדה בוכין רב יהושע בר אבא משמיה דעולא אמר שדה שמפטירין בה מתים וטעמא מאי אמר אביי משום יאוש בעלים נגעו בה ושדה שנחרש בה קבר לא בעי ציון והא תניא *"מצא שדה מצויינת ואין ידוע מה טיבה יש בה אילנות *בידוע שנחרש בה קבר אין בה אילנות בידוע שאבד בה קבר °ר' יהודה אומר עד שיהא שם זקן או תלמיד לפי שאין הכל בקיאין בדבר אמר רב פפא כי תניא ההיא בשדה שאבד בה קבר דציינוה יש בה אילנות בידוע שנחרש בה קבר אין בה אילנות בידוע שאבד בה קבר ולידוש דלמא אילנות מגואי וקבר מבראי כדאמר עולא בעומדין על הגבולין הכא נמי בעומדין על הגבולין ודלמא

קרי עליה ושם דרך. שמחשב בשעות אי זה מהן להקשות אי זה מהן שלא להקשות: **אבל מציינין על השדרה.** שאע"פ שאינה אלא עצם אחד מטמא טומאה באהל: **רוב בנינו.** כגון עצמות גדולות כגון קוליות ואע"פ שאין בו רוב מנינו: **רוב מנינו.** רוב העצמות ואע"פ שאין בו רוב בנינו: **אין מציינין על הודאות.** הואיל דברור לכולי עלמא דאית ביה טומאה ודאית לא מטלטלי באותו מקום טהרות: **אבל מציינין על הספיקות.** שיש עליהן אהל כגון סככות ופרעות(א) הסמוכות לרה"ר הסמוך לבית הקברות דמספקא לן בהו טומאה דכיון דיש עליהן אהל רגילים לקבור שם במקום צנוע: **סככות ופרעות ובית הפרס.** מפרש לקמן: **אין מעמידין הציון על הטומאה שלא להפסיד טהרות.** שאם הטומאה ממש תחת הציון אינו מרגיש עד שבא על הציון פתאום ויטמאו הטהרות שהרי הטומאה תחת הציון אלא עושין הציון סמוך לטומאה ברחוק כל שהוא וכשבא על הציון מרגיש מן הטומאה ואינו הולך עליה: **אין מרחיקין את הציון ממקום טומאה.** יותר מכל שהוא: **שלא להפסיד ארץ ישראל.** שכשרואה הסימן מיד פורש ונמצא ארץ ישראל בטומאה שלא לצורך: **וכזית מן המת אינו מטמא באהל.** דקתני אין מציינין על כזית מן המת ולא על כל דבר שאינו מטמא באהל: **אמר רב פפא.** לעולם כזית מטמא באהל והא דקתני אין מציינין בכזית מגומגם עסקינן דמחסר חסר בקרקע ולהכי אין מציינין: **ישרפו עליו [תרומות] וטהרות שעה אחת.** דכל העובר על אותו כזית כשנקבר מחדש שורפין טהרותיו דעדיין לא חסר: **ואל ישרפו עליו לעולם.** שאם מציינין אותו שורפין עליו (על) כל תרומה שעוברין על אותו ציון לעולם שלא לצורך שהרי חסר וזימנין דלא חזי ליה כגון בלילה וכי הדר חזי ליה ואמר נטמאת תרומתי ושרף לה והיא לא נטמאת דההיא כזית כבר חסר וכשאין מציינין אותו אין שורפין עליו אלא מחדש שלא חסר: **אילן המיסך על הארץ.** וטומאה תחת נוף אחד ואינו יודע תחת איזה נוף עושה ציון: **בית הפרס.** *חצי מענה תלם אחד של מאה אמה: **מנפח אדם.** ההולך לשחוט פסחו דאם יש עצם כשעורה המטמא בהיסט מתפזר ברוח ועושה פסח בבית הפרס אזיל לו ואי מטמא באהל היכי אזיל עליה: **בשדה שאבד בה קבר.** קתני דמלייניו דמטמא באהל אבל בשדה שנחרש בה קבר אין צריך לציין ולא מטמא באהל דנימא מחרישה סלקיה לטומאה: **שלשה בית הפרס הן.** שאין הולכין בו אוכלי תרומה: **שמפטירין בה את המתים.** שכשמביאין מתים ממקום למקום לקבור כשבאין בשדה סמוך לעיר נפטרין אלו שהביאום ממקומן והולכין להם ובאין אנשי המקום (ג) ומקבלין אותן ורוחצין אותן שם וקוברין אותן: **וטעמא מאי.** חוששין ביה משום טומאה: **משום יאוש בעלים.** לפי שהביאום ממקום רחוק נדלדל אבר ונפל שם ונתייאשו אלו על אלו והניחוהו שם: **ושדה שנחרש בה קבר לא בעי ציון.** דקא מתרלת הא דקתני מנפח אדם בית הפרס כשנחרש: **ואינו יודע מה טיבה.** אם הוא שדה שנחרש בה קבר ויכול לילך בניפוח ואם מפני שנאבד בה קבר ואינו יכול להכנס בה בנפיחה דמטמא באהל: **יש בה אילנות בידוע שנחרש.** השדה לצורך האילנות ויכול להלך שאינו מטמא באהל אלמא מדקתני בה מצא שדה מצויינת דמציינין בית הפרס שנחרש: **אין בה אילנות בידוע שאבד בה קבר.** ולא נחרש ומטמא באהל: **רבי יהודה אומר.** לעולם לא הוי בחזקת שנחרש עד שיהא שם זקן או ת"ח שיהא יודע שנחרש: **אמר רב פפא.** לעולם בית הפרס שנחרש לא בעי ציון והאי דקתני בידוע שנחרש בה קבר בשדה שאבד בה קבר וציינה לאחר: **יש בה אילנות בידוע שנחרש.** לאחר שציינוה ולעולם בית הפרס שנחרש לא בעי ציון: **אין בה אילנות בידוע שאבד בה קבר.** ולא נחרש: **וליחוש דלמא אילנות מגואי וטומאה מאבראי.** ולא נחרש במקום טומאה מבחוץ לאילנות אלא בין האילנות והוי שדה שאבד בה קבר ולא נחרש ואמאי קאמר בידוע שנחרש בה קבר: **בעומדין האילנות על הגבולין.** של רשות הרבים דודאי ליכא טומאה מבראי דלא קברי אינשי ברשות הרבים אלא בין האילנות הויא טומאה ונחרש בשביל האילנות: ודלמא

אין מציינין. אין צריך לציין ואי גבי יום טוב מיירי הברייתא אלא לפרש אסור לציין (ג) ואסור לטרוח ביום טוב: **עצם כשעורה.** והוא הדין יותר מכשעורה כדמוכח בסמוך אינו מטמא באהל והאי דנקט כשעורה משום דהכי שיעורא מטמא במגע דהכי הלכה למשה מסיני כדאמרינן בשחיטת חולין (חולין דף קכה:): **שאינו מטמא באהל.** א] כגון תרווד רקב כדאיתא בהעור והרוטב (חולין דף קכו: ושם) ושדה שנחרש בה קבר כדלקמן בשמעתין ואפילו איכא ספק טומאה שמטמא בהיסט בלא נגיעה לא הצריכו ציון דהיסט לאו מילתא דשכיחא היא שידרוס על קנה שטומאה עליו ולכך לא החמירו חכמים לציין משום היסט: **אילן המיסך על הארץ.** סמוך לבית הקברות דמספקא לן אי איכא טומאה תחתיו אי לא מסתמא אמרינן דמת תחתיו כיון דדרך מקום נטוע הוא ולכך בעי ציון ע"א דידעינן ודאי דאיכא טומאה תחת נוף אחד של אילן ויש הפרש בין נוף לחבירו ואין ידוע באיזה מקום ישנה והכי נמי איכא לפרש גבי אבנים שיש אבנים זו אצל זו הבולטות מן הגדר: **מנפח אדם בית הפרס והולך.** דמסתמא ליכא למימר שהגיעה המחרישה עד המת וליכא לאחזוקי מקום טהור בטמא מספק אלא חכמים החמירו משום חומרא דטהרות ומשום הכי הקילו (ד) דליכא ספיקא דאורייתא הם אמרו והם אמרו ולא היו רגילים לקבור מתים בעומק כי השתא בזמן הזה הילכך לא חיישינן שמא המת בעומק תחת המחרישה ומן הדין אפילו נפוח לא צריך כי אם חומרא בטהרות שהחמירו חכמים בדבר ואמאי לא חייש שיהא מת בקרקע ואין נוגע בו ומטמא באהל אי נמי בלא המאהילים מן הגלדים הוו מטמאין לאדם באהל אלא שמע מינה דלא מטמא באהל: **יש בה אילנות בידוע שנחרש בה קבר אין בה אילנות בידוע שאבד בה קבר.** דתניא התם (תוספתא דאהלות פי"ז) שדה שאבד בה קבר אינה ניטעת כל נטע וכגון שראויה לאילנות ויש לנו לומר דמסתמא אם לא שאבד בה קבר היו נוטעים בתוכה °אי נמי בידוע לאו דוקא ואגב דנקט רישא בידוע נקט סיפא בידוע וכן נ"ל לפי' הקונטרס: אם

מא א ב ג ד ה מיי' פ"ח מהל' טומאת מת הלכה ט סמג עשין רלג: מב ו מיי' שם פ"ב הל"א סמג עשין רלג: מג ז ח מיי' פ"ח מהל' ק"ש הלכה ח: מד ט מיי' פ"ח מהל' טומאת מת הלכה ו סמג עשין לג: מה י מיי' שם הלכה ה סמג שם: מו כ מיי' שם פ"ח הלכה ד: מז ל מיי' שם הלכה י ופ"י הלכה ז: מח מ מיי' שם פי"ט הל"י:

[עי' גירסת התוס' לקמן ו. ד"ה דאמר] [צ"ל תנן] [תוספתא דאהלות פי"ז] [ועי' תוס' פה"ג ברכות יט:]

[תוס' אהלות פ"ח] [לקמן ו.] [אהלות פ"ב] [אהלות פ"ח מ"ב נזיר נד:] אהלות פי"ז מ"א [תמורה יג. ע"ש] ברכות יט: עירובין ל: פסחים צב: חגיגה כה: כתובות כח: נדה נז. בכורות כט. אהלות פי"ח מ"ב מ"ג מ"ד תוספתא דאהלות פי"ז [עיין תוס' כתובות כח: ד"ה ביתספר] נ"ל שנ"ל מלא

רבינו חננאל

וכשבא דרילא לא הוה מקשי והוה קרי עליה ושם דרך אראנו בישע אלהים: ת"ר אין מציינין על כזית מצומצמת מן [המת] דסופו מיחסר חסר. ותנן באהלות פרק שני אלו אם חסרו טהורין כזית מן המת כזית נצל כו' ולא על הבשר שפיר מתאכל והולך ולא על עצם כשעורה ולא על כל דבר שאינו מטמא באהל אבל מציינין על השדרה ועל הגלגלת ועל רוב בנינו של מת ועל מנינו. ואין מציינין על הוודאות אלא על הספיקות. ואלו הן הספיקות סככות ופרעות פי' דתנן באהלות פ' ח' הויין *) והגדריות כו' עד והסככות והפרעות (אינן)[שהן] יכולין לקבל מעויבה כו' ואלו הן הסככות אילן המיסך על הארץ והפרעות אבנים היוצאות מן הגדר ומציינין על בית הפרס בשדה שאבד בה קבר ואין מעמידין ציון במקום טומאה עצמה שלא להפסיד את הטהרות אלא מרחיקין מעט. ואין מרחיקין ציון ממקום הטומאה שלא להפסיד את א"י. ואין מציינין על השדה שנחרש בה קבר וכ"ש שנידש. תניא ג' בית הפרס הן. שדה שנחרש בה קבר ושנאבד בה קבר ושדה בוכים. פי' דתנן באהלות פרק י"ח ג' בית הפרס הן החורש את הקבר נטעת כל נטע כו'. עד ומטמאין במגע ובמשא ואינן מטמאין באהל. שדה שנאבד בה קבר בתוכה כו' עד ומטמא במגע ובמשא ובאהל. מאי שדה בוכים שדה שמפטירין בתוכה מתים. פי' דתנן באהלות פרק י"ח שדה בוכים לא ניטעת ולא ניזרעת ועפרה טהור כו' מ"ט יאוש בעלים נגעו בה ומקשינן שדה שנחרש בה קבר לא בעיא ציון והתניא מצא שדה מצויינת ואין ידוע מה טיבה. יש בה אילנות בידוע שנחרש בה קבר. אין בה אילנות בידוע שאבד בה קבר. ופריק רב פפא כי תניא ההיא בשדה שאבד בה קבר וציינוה אם יש בה אילנות בידוע שאחרי שציינוה שנחרש אותו הקבר. וניחוש דלמא אילנות נואי. פי' לא חרשו מקום הטומאה וטומאה מבראי קאי. ואמרינן בשאילנות עומדין

*) שם במשנה איתא וכגזוזטראות.

הגהות הגר"א

[א] גמ' פרעות פרעות סולאין מן הגדר כצ"ל (כ"ה במשנה דאהלות פ"ח מ"ב ובנזיר נד ב ועי' תוי"ט באהלות שם): [ב] שנחרש. נ"ל שאבד: [ג] בוכין. נ"ב ובתוספתא (פי"ז דאהלות) גרסינן בוכין (וכן פי' בערוך לחד פי'):

הגהות הב"ח

(א) רש"י ד"ה אבל מציינין כו' כגון סככות ופרעות הסמוכות לרשות הרבים. נ"ב עי' פרש"י במס' נדה דף נו ע"א וז"ל אילן המיסך על הארץ והוא סמוך לדרך בית הקברות וזימנין דמתרמי בין השמשות וקברי התם כו': (ב) ד"ה שמפטירין כו' ובאין אנשי המקום כו'. נ"ב לשון הערוך בערך בך ונקרא בוכים שכן דרך כשמתוועדין יחד אלו עם אלו כולם בוכים ועי' בתוס' כתובות ס"פ דם הנדה: (ג) תוס' ד"ה אין כו' אסור לציין דאסור לטרוח: (ד) ד"ה מנפח כו' ומשום הכי הקילו דכיון דליכא ספיקא:

הגהות מהר"ב רנשבורג

א] תוס' ד"ה שאינו וכו' כגון תרווד רקב וכו'. נ"ב כדכיהם תמוהים לכאורה שם מפורש דמטמא באהל וכן הוא משנה מפורשת פ"ב דאהלות ויעוי' באהלות בספר תוספות לדוד עמד על דבריהם ותוספות ויעוי' גם כספר יד דוד:

גליון הש"ס

תוס' ד"ה יש בה אילנות וכו' אי נמי בידוע לאו דוקא. עיין נדה דף סד ע"ב תוס' ד"ה ע"ג כולם:

הגה: ודוקא צרכי רבים כאלו, שהם צריכים לגוף האדם - וה"ה לתקן מרחץ לצורך רבים, שיש בהן צער הגוף אם לא ירחוץ, [ומשום דא"א שלא יצטרך אחד מהן למרחץ, היינו שא"א לו בשום אופן בלא מרחץ], **ובזה** ג"כ דוקא אם יהיה נגמר בחוה"מ ותהיה צורך המועד, אם הוא מעשה אומן, [**אבל** לצורך יחיד אסור לתקן לו מרחצו במועד, אפי' מעשה הדיוט, דיחיד אפשר לו בלא מרחץ, או לילך למקום אחר].

אבל שאר צרכי רבים כגון בנין בהכ"נ (ב"י בשם תשובת הרשב"א), אסור לעשות ‹מלאכת אומן› **במועד** - לרבותא נקט, דאפילו בנין ביהכ"נ שהוא מצוה כדי להתפלל בו במועד בעשרה, ואפילו אין להם מקום אחר להתפלל בעשרה, ג"כ אסור, שזה אין צורך לגוף האדם, **ואפילו** התחילו מכבר לבנותו, וא"צ במועד אלא להשלימו, אסור מפני שהוא צריך מעשה אומן לזה.

כתבו הפוסקים, דבזה"ז הוי בנין ביהכ"נ דבר האבד, דחיישינן שאם ימתין עד אחר המועד, יעכבו העכו"ם מלבנותו, **ובספר** מאמר מרדכי כתב, דהכל לפי המקום והזמן, ואין לדיין אלא מה שעיניו רואות. [**וע"י** עכו"ם שרי בכל ענין, והיינו כשיגמר בחוה"מ ויוכלו להתפלל בו].

כתב בשערי תשובה, נהגו לסדר צרכי רבים בחוה"מ, למנות גבאים ופרנסים, **ונ"ל** דאם צריך לכתוב בענין זה, לא יכתוב כתב אשורית, כי אם משיט"א, או כתב שלנו, דבכתב אשורי שהוא מעשה אומן, הלא לא הותר צרכי רבים כי אם כשהוא לצורך הגוף וכנ"ל.

והוא הדין דלשאר צרכי מצוה אסור לעשות מלאכת אומן במועד (ריב"ש) - ר"ל דמעלת המצוה לא מהני להתיר בשביל זה מלאכת אומן, אף כשצריך לה במועד, **ומעשה** הדיוט מותר לצורך המועד, אף כשאין בה מצוה, וכנ"ל בסימן תקמ"א ס"ה.

אות ו'

מציינין את הקברות

רמב"ם פ"ח מהל' טומאת מת ה"ט - כל המוצא קבר או מת או דבר שמטמא באהל מן המת, חייב לציין עליו, כדי שלא יהיה תקלה לאחרים; ובחולו של מועד היו יוצאין מב"ד לציין על הקברות.

אות ז'

צריך להודיע צערו לרבים, ורבים מבקשין עליו רחמים

רמב"ם פ"י מהל' טומאת צרעת ה"ו - מצות עשה שיהיה המצורע המוחלט מכוסה ראש כל ימי חלוטו, ועוטה על שפם כאבל, ופורם בגדיו, [ח]ומודיע העוברים עליו שהוא טמא, שנאמר: והצרוע אשר בו הנגע וגו'.

[ט]רמב"ם פ"י מהל' טומאת צרעת ה"ח - המצורעת אינה פורעת ואינה פורמת ולא עוטה על שפם; אבל יושבת היא מחוץ לעיר, ומודיעה לאחרים שהיא טמאה; ולא המצורעים בלבד, אלא כל המטמאים את האדם חייבין להודיע לכל שהן טמאין, כדי שיפרשו מהן, שנאמר: וטמא טמא יקרא, הטמא מודיע שהוא טמא.

---

§ מסכת מועד קטן דף ה: §

אות א' ב' ג' ד' ה'

אין מציינין לא על כזית מן המת

ואין מציינין על הוודאות, אבל מציינין על הספיקות

ואין מעמידין ציון במקום טומאה, שלא להפסיד את הטהרות

ואין מרחיקין ציון ממקום טומאה, שלא להפסיד את ארץ ישראל

בכזית מצומצם עסקינן

רמב"ם פ"ח מהל' טומאת מת ה"ט - כל המוצא קבר או מת או דבר שמטמא באהל מן המת, חייב לציין עליו, כדי שלא יהיה תקלה לאחרים; ובחולו של מועד היו יוצאין מב"ד לציין על הקברות. אין מציינין על כזית מצומצם מן המת, לפי שסופו יחסר בארץ. ובמה מציינין, בסיד ממחה ושופך על מקום הטומאה. אין מעמידין את הציון על גבי הטומאה, אלא יהי עודף מכאן ומכאן בצידי הטומאה, שלא להפסיד את הטהרות. ואין מרחיקין את הציון ממקום הטומאה, שלא להפסיד את ארץ ישראל. ואין מציינין על הוודאות, שהרי הן ידועין לכל; אלא על הספיקות, כגון שדה שאבד בה קבר והסככות והפרעות.

אות ה'*[א]

סככות ופרעות

רמב"ם פי"ג מהל' טומאת מת ה"ב - בד"א בשהיה האהל חזק ובריא, אבל אהל רעוע אינו מביא את הטומאה

באר הגולה

[ח] ‹הא דכתיב: וטמא טמא יקרא, פירש חז"ל בפ"ק דמו"ק שני דברים: האחת טומאה קוראת לו ואומרת לו פרוש, כלומר שמחוייב להודיע לכל שהוא טמא ושלא יקרבו אליו כדי שלא יטמאו בנגיעתם בו, ופי' זה הביא הרמב"ם, **אך** בגמ' איתא עוד פירוש, שצריך להודיע צערו לרבים ורבים מבקשין עליו רחמים, והרמב"ם לא הביא זה, ונראה דס"ל דזה אינו לעיכובא – ערוה"ש. ‹**אמנם** מציון העין משפט נראה, דאדרבה הודעה זו של הרמב"ם אינו משום שלא יטמאו, אלא כדי שיבקשו עליו רחמים, אבל לא משמע כן מהלכה ח', וצ"ע› [ט] ‹ע"פ מהדורת נהרדעא› [א] ‹ע"פ מהדורת נהרדעא›

ואינו חוצץ בפני הטומאה מן התורה, אבל מד"ס מביא את הטומאה ואינו חוצץ; כיצד, שריגי האילנות הסוככים על הארץ והן הנקראים סככות, ואבנים היוצאות מן הגדר הסוככות על הארץ והן הנקראין פרעות, אם יכולין לקבל מעזיבה בינונית והן עומדין, הרי אלו מביאין וחוצצין מן התורה; ואם אינן ראויין לקבל מעזיבה בינונית אלא הן נופלים, הרי אלו מביאין מדבריהם ואינן חוצצין, וכן כל כיוצא בהן.

השגת הראב"ד: ואם אינם ראויים לקבל מעזיבה בינונית. א"א

ק"ל מאי דאמרינן בתוספתא, פרעות היוצאות מן הגדר, היו נתונות ע"ג הגדר, רואין אותן כאילו אבנים כבושות עליהן, התרפו רואין אותן כאילו הן של מתכת; ועוד שנינו במשנה פרק יש מביאין וחוצצין, העוף ששכן מביא וחוצץ, ועוף מי מקבל שום מעזיבה; אלא לא אמרו מקבל מעזיבה אלא בסככות ופרעות שהן מובדלות זו מזו ויש מעט אויר ביניהם, וזו היא הגריעות שבהן, ואפילו שיכולים לקבל מעזיבה אינם אלא מדבריהם לא להביא ולא לחצוץ, ובזמן שהן דבוקות אפילו התרפו מביאין וחוצצין מן התורה וחייבין עליהן על ביאת מקדש, [ב]תמצא כל זה בתוספתא דאהלות ובסיפרא.

אות ו׳

<u>החורש את הקבר הרי הוא עושה בית הפרס, וכמה הוא עושה, מלא מענה מאה אמה</u>

רמב"ם פ"י מהל׳ טומאת מת ה"א - איזהו בית הפרס, זה המקום שנחרש בו קבר, שהרי נתדקדקו עצמות המת בתוך העפר ונתפרסו בכל השדה, וגזרו טומאה על כל השדה שנחרש בה הקבר, אפילו חרש על גבי הארון, ואפילו היה מושקע ברובדין ובאבנים, ואפילו היה על גבי הארון רום שתי קומות, הואיל וחרש על קבר ה"ז עושה בית הפרס; עד כמה הוא נעשית בית הפרס, מאה אמה על מאה אמה ממקום הקבר.

אות ז׳ – ח׳

<u>מנפח אדם בית הפרס והולך</u>

<u>בית הפרס שנידש טהור</u>

רמב"ם פ"ו מהל׳ קרבן פסח ה"ח - מי שבא בבית הפרס, הרי זה מנפח והולך, ואם לא מצא עצם ולא נטמא, שוחט ואוכל פסחו, ואף על פי שהלך בבית הפרס, שטומאת בית הפרס מדבריהן כמו שביארנו בהלכות טמא מת, ולא העמידו דבריהם במקום כרת כמו שביארנו; וכן בית הפרס שנדוש, טהור לעושה פסח.

אות ט׳

<u>שדה שנאבד בה קבר</u>

רמב"ם פ"ח מהל׳ טומאת מת ה"א - שדה שאבד קבר בתוכה, עפרה מטמא במגע ובמשא כבית הפרס, [ג]שמא נדוש הקבר בה ויהיו עצמות כשעורה בתוך עפרה; וכל השדה כולה המאהיל עליה נטמא, ואם העמיד בתוכה אהל, נטמא כל מה שיש באהל, שמא האהל שהעמיד באותה שדה על הקבר הוא מאהיל.

אות י׳

<u>ושדה שנחרש בה קבר</u>

רמב"ם פ"י מהל׳ טומאת מת ה"א - עיין לעיל אות ו׳.

אות כ׳

<u>ושדה בוכין</u>

רמב"ם פ"ח מהל׳ טומאת מת ה"ד - שדה בוכים, והוא המקום הקרוב לבית הקברות שהנשים יושבות שם ובוכות, אעפ"י שעפרה טהור, שהרי לא הוחזקה שם טומאה; אין נוטעין אותו ואין זורעין אותו, שלא להרגיל רגל אדם לשם, שמא יש שם טומאה, [ד]מפני שהוא קרוב לבית הקברות כבר נתייאשו בעליו ממנו, לפיכך אפשר שיבא אדם ויקבור בו, מפני זה חששו לו; ועושין מעפר מקום זה תנורים לקדש, שהרי לא הוחזקה שם טומאה. **השגת הראב"ד: אין נוטעין אותו כדי שלא להרגיל רגל אדם וכו׳. א"א שלנו יפה משלו, [ה]שלא ללכלך בגדי המתקבלים שם בעפר התיחוח.**

באר הגולה

[ב] ‹ולדעת רבינו י"ל דההיא דהתרפו ל"ק, דהתם מיירי להביא טומאה מדבריהם, **וההיא** דעוף ששיכן דמיתניא גבי הנך שמביאין וחוצצין, י"ל דאה"נ שצריך שיהיה ראוי לקבל מעזיבה בינונית, ולא תיקשי לן עוף מי מקבל שום מעזיבה, שיש עופות גדולים שהם ראויים לקבל, **ועי"ל** שרבינו כתב בפירוש המשנה דאיירי בעוף קשור בכותל, דהשתא מקבל הוא מעזיבה – כסף משנה› **ועיין** ברש"י ותוס׳, ויש שיטות הרבה בסככות ופרעות› [ג] ‹ויש להבין, למה לו על טעם מגע ומשא לומר הטעם שמא נדוש הקבר, הרי כמו דבטומאת אהל חיישינן שמא האהיל על הקבר, כמו כן במגע ובמשא שמא הוא העפר שכנגד הקבר – ערוה"ש› [ד] ‹בפ"ק דמועד קטן טעמא מאי, אמר אבימי משום יאוש בעלים נגעו בה, ודברי רבינו בפירושה מבוארים בדבריו – כסף משנה› [ה] ‹דבריו ע"פ דברי רבינו שמשון, שכתב משום יאוש בעלים וכו׳, שהבעלים מתייאשים ממנה והו"ל מצר שהחזיקו בו רבים שאסור לקלקלו, **אבל** קשה שלפי זה אינו ענין לטומאה, ולא היה לתנא לשנותו לענין טומאה – כסף משנה›

אות ל'

<u>מצא שדה מצויינת, ואין ידוע מה טיבה, יש בה אילנות, בידוע שנחרש בה קבר; אין בה אילנות, בידוע שאבד בה קבר</u>

רמב"ם פ"ח מהל' טומאת מת ה"י - מצא שדה מצויינת ואין ידוע מה טיבה, אם אין בה אילנות, בידוע שאבד בה קבר; יש בה אילנות, בידוע שנחרש בה קבר כמו שיתבאר - ‹ולא כתב רבינו דדוקא בעומדים על הגבולים ובמסובכים, משום דסמיך אואיבעית אימא, דלפ"ז ברייתא בכל גווני מיתניא - כסף משנה›, ‹**דכיון** שהציון הוא אצל האילנות, דאין מרחיקין ציון ממקום הטומאה, מסתמא גם הקבר שם. **ולפי** תירוץ זה א"צ גם לתירוץ הקודם שעומדות על הגבולין, דאפילו בלא"ה בוודאי הקבר אצל האילנות כיון דהציון הוא שם, {לכאורה ר"ל כיון דהציון כולל גם מקום זה} - ערוה"ש›.

רמב"ם פ"י מהל' טומאת מת ה"י - עיין לקמן אות מ'.

אות מ'

<u>רבי יהודה אומר: עד שיהא שם זקן או תלמיד, לפי שאין הכל בקיאין בדבר</u>

רמב"ם פ"י מהל' טומאת מת ה"י - מצא שדה מצויינת ואין יודע מה טיבה, אם יש בה אילן, [ו]בידוע שנחרש קבר בתוכה; אין בה אילן, בידוע שאבד קבר בתוכה כמו שביארנו; והוא שיהיה באותו מקום זקן או תלמיד חכם, [ז]שאין כל אדם בקיאין בכך ויודעין שמותר לנטוע בזו ואסור לנטוע באחרת. השגת הראב"ד: שאין כל אדם בקיאין בכך וכו'. א"א לא כי, אלא שאין הכל זריזים לקוץ ממנה האילנות, שהרי אין מקיימין בה אילני מאכל, [ח]ואין בה אילנות דקאמר, שרואין שנקצצו ממנה, בידוע שלכך נקצצו.

באר הגולה

[ו] ‹והטעם, משום דתנן שדה שנחרש בה קבר, ניטעת, ושדה שאבד בה קבר, אינה ניטעת ואין מקיימין בה אילנות - כסף משנה› [ז] ‹מבואר מיניה, דאם יש בה אילן, זהו משום דהיה שדה שנחרש בה קבר מתחילה, דמותר לנטוע בו אילן וכנ"ל בכסף משנה, דלזה צריך בקיאות איזה מותר ליטע בו, **וא"כ** איך מפרש תירוץ דרב פפא, דלפרש"י ודאי מתחילה היה שדה שנאבד בה קבר מדציינוה, ורק מדקיים האילנות, ע"כ חרשה אח"כ, ולזה אין צריך בקיאות איזה מותר ליטע בו, **ודלמא** ס"ל כפי' הר"ש בתירוץ רב פפא, וז"ל: יש אילנות בידוע שנחרש בה קבר, כלומר ובטעות ציינוה› [ח] ‹ואיני יודע למה דחה פי' רבינו, שפירושו דאין בה אילנות הוא כפשוטו - כסף משנה›

§ מסכת מועד קטן דף ו. §

אות א' - ב' - ג'

מצא אבן מצויינת, תחתיה טמא; שתים, אם יש סיד ביניהן, ביניהן טמא, ואם אין סיד ביניהן, ביניהן טהור

הכא כשהסיד שפוך על ראשיהן ומרודה לכאן ולכאן

מצר אחד מצוין, הוא טמא, וכל השדה כולה טהורה; שנים, הם טמאין, וכל השדה כולה טהורה; שלשה, הם טמאין, וכל השדה כולה טהורה; ארבעה, הן טהורין, וכל השדה כולה טמאה

רמב"ם פ"ח מהל' טומאת מת הי"א - מצא אבן מצויינת, תחתיה טמא. היו שתים, אם יש סיד ביניהם, ביניהם טמא; ואם אין סיד ביניהן אלא על ראשיהן, אם יש [א]חרש ביניהן, טהור שאין זה אלא בנין; ואם אין חרש ביניהן והיה הסיד מרודד על ראשיהן מכאן ומכאן, ה"ז ציון וטמא. מצא מצר אחד מצויין, הוא טמא וכל השדה טהורה, וכן שניה וכן שלישית; מצא ד' מצריה מצויינין, הן טהורין וכל השדה כולה טמאה, שאין מרחיקין הציון ממקום הטומאה. השגת הראב"ד: אם יש חרש ביניהם טהור וכו'. א"א אנן [ב]חורש גרסינן, ואם יש שם חורש אף על פי שיש שם סיד, אם היה הסיד משופע ביניהם טהור, דאמרינן אגב חרישה נפל הסיד באמצע ואין שם טומאה; אבל אם אין שם סיד, לעולם ביניהן טהור אע"פ שאין שם חורש, שלא הצריכו חורש אלא בשיש ביניהם סיד, וכן היא הסוגיא במו"ק.

אות ד'

באחד באדר משמיעין על השקלים

רמב"ם פ"א מהל' שקלים ה"ט - באחד באדר משמיעין על השקלים, כדי שיכין כל אחד ואחד מחצית השקל שלו, ויהיה עתיד ליתן.

אות ה'

ועל הכלאים

רמב"ם פ"ב מהל' כלאים הט"ו - באחד באדר משמיעין על הכלאים, וכל אדם יוצא לגינתו ולשדהו ומנקין אותו מן הכלאים; ובט"ו בו יוצאים שלוחי ב"ד ומסבבים לבדוק.

אות ו'

בחמשה עשר בו קורין את המגילה בכרכים

סימן תרפח ס"א - כרכים המוקפים חומה מימות יהושע בן נון, אפילו אינן מוקפין עכשיו, קורין בט"ו, אפילו אם הם בחוצה לארץ - כי בזמן מרדכי בעת הנס, כתיב שהיהודים שבכל מקום נלחמו ביום י"ג, ונחו ביום י"ד, ועשו אותו משתה ושמחה, **ובשושן** ניתן ליהודים להלחם עם העכו"ם גם ביום י"ד, ולא עשו יו"ט עד ט"ו, **וכיון** שבאותו זמן נחלקו לשני ימים, ולכן כשקבע מרדכי ואסתר בהסכמת אנשי כה"ג לקבוע פורים לדורות, חלקו ג"כ אותו לשני ימים, **והיה** ראוי לתקן שכל עיר שהיא מוקפת חומה כמו שושן, יהיה דומה לשושן לעשות בט"ו, והיה ראוי לתלות הכבוד בשושן, ולתקן שכל עיר שהיא מוקפת חומה מימות אחשורוש יקראו בט"ו, **אך** כיון שא"י היתה חריבה באותו עת, ויהיה לפ"ז עיירות המוקפות בחו"ל חשובות מהם, וע"כ תקנו לכבוד א"י, שכל עיר שהיא מוקפת מימות יהושע בן נון יקראו בט"ו, אע"פ שאין מוקפות עכשיו, והשאר בי"ד, **לבד** שושן, אע"פ שאינה מוקפת מימות יהושע בן נון, אפ"ה קורין בט"ו מפני שבו נעשה הנס.

אות ז' - ח'

כאן בבכיר, כאן באפיל

לא שנו אלא שאין ניצן ניכר, אבל ניצן ניכר, יוצאין עליהן

רמב"ם פ"ב מהל' כלאים הט"ו - עיין לעיל אות ה'.

רמב"ם פ"ב מהל' כלאים הי"ז - וחוזרין שלוחי בית דין בחולו של מועד הפסח לראות האפיל שיצא; וכלאים שהנצו אין ממתינים להן, אלא יוצאין עליהן מיד ומפקירין את כל השדה אם יש בה אחד מעשרים וארבעה.

אות ט'

כאותה ששנינו: כל סאה שיש בה רובע זרע ממין אחר

[ג]רמב"ם פ"ב מהל' כלאים ה"ז - הזורע שדהו מין מן המינין, וכשיצמח ראה בו כלאים, אם היה המין האחר אחד מעשרים וארבעה בשדה, הרי זה ילקט עד שימעטנו מפני מראית העין, שמא יאמרו כלאים זרע בכוונה; בין שהיה המין האחר שצמח תבואה וקטנית בתבואה וקטנית, או זרעוני גינה בתבואה וקטנית ובזרעוני גינה; ואם היה הצומח פחות מיכן, אינו צריך למעטו.

רמב"ם פ"ב מהל' כלאים הט"ז - בראשונה היו עוקרין ומשליכין, והיו בעלי בתים שמחים שמנקין להן שדותיהן, התקינו שיהיו מפקירין את כל השדה שימצאו בו כלאים; והוא שימצאו בה מין אחר אחד מארבעה ועשרים, אבל פחות מיכן לא יגעו בה.

באר הגולה

[א] «והתוס' גרסי אע"ג דליכא חרס, וזו היא גירסת רבינו, ומפרש דביש חרש ביניהם מוכיח שאינו ציון קבר, אלא בנין היא, שכן דרך לשום חרשים הנקראים שוקף בבנין – כסף משנה» [ב] «גירסתו גירסת רש"י, וכבר כתבתי שגירסת רבינו כגירסת התוס' – כסף משנה» [ג] «ע"פ מהדורת נהרדעא»

ודלמא טומאה מגואי ואילנות מבראי במסובכין ואיבעית אימא הא אמרן *אין מרחיקין ציון ממקום טומאה שלא להפסיד את א"י ר' יהודה אומר עד שיהא שם זקן או תלמיד לפי שאין הכל בקיאין בדבר אמר אביי שמע מינה צורבא מרבנן דאיכא במתא כל מילי דמתא עליה רמיא אמר רב יהודה *מצא אבן מצויינת תחתיה טמא שתים אם יש סיד ביניהן ביניהן טמא ואם אין סיד ביניהן ביניהן טהור ואע"ג דליכא חורש והתניא *מצא אבן אחת מצויינת תחתיה טמא שתים אם יש חורש ביניהן ביניהן טהור ואם לאו ביניהן טמא אמר רב פפא הכא כשהסיד שפוך על ראשיהן ומרודה לכאן ולכאן אי איכא חורש ביניהן ביניהן טהור דאימור מחמת חורש הוא (א) דאיקפל ואי לא סיד דביני ביני הוא וטמא א"ר אסי מצר אחד מצוין הוא טמא וכל השדה כולה טהורה שנים הם טמאין וכל השדה כולה טהורה שלשה הם טמאין וכל השדה כולה טהורה ארבעה הן טהורין וכל השדה כולה טמאה דאמר מר *אין מרחיקין ציון ממקום טומאה שלא להפסיד את א"י: ויוצאין אף על הכלאים: ואכלאים בחולו של מועד נפקינן ורמינהו *באחד באדר משמיעין על השקלים ועל הכלאים בחמשה עשר בו קורין את המגילה בכרכים ויוצאין לקווץ את הדרכים ולתקן הרחובות ולמוד המקואות ועושין כל צורכי רבים ומציינין את הקברות ויוצאין על הכלאים רבי אלעזר ורבי יוסי בר חנינא חד אמר כאן בבכיר כאן באפיל וחד אמר כאן בורעים כאן בירקות א"ר אסי א"ר יוחנן לא שנו אלא שאין ניצן ניכר אבל ניצן ניכר יוצאין עליהן מאי שנא בחולו של מועד דנפקינן אמר רבי יעקב אמר רבי יוחנן משום שכר פעולה דמוזלי גבן אמר רב זביד ואיתימא רב משרשיא שמע מינה כי יהבינן להו שכר מתרומת הלשכה יהבינן להו דאי סלקא דעתך מדידהו יהבינן להו מאי נפקא לן מינייהו כל כמה דבעו ליתן להו ועד כמה אמר רב שמואל בר יצחק כאותה ששנינו *כל סאה שיש בה רובע

ודלמא טומאה מגואי · ולא בין האילנות ולא נחרש במקום טומאה : (ב) ממסובכין · שאין עומדין בשורה אחת סביב הגבולין אלא מסובכין בכל השדה דודאי נחרש כל השדה בשביל האילנות : הא אמרן אין מרחיקין ציון ממקום טומאה · וכיון שסמוך לאילנות הציון ודאי טומאה בין האילנות היא ונחרש בשביל האילנות : כל מילי דמתא עליה רמיא · דתלמיד בקי הוא : מצא אבן אחת מצויינת · בסיד תחתיה טמא ומפי מורי הזקן אבן אחת מצויינת שיש סיד על גבה דאינו צריך להרחיק הציון מן האבן לפי שהאבן גבוה על גבי קרקע ורואה את הציון מיד קודם שיהא נוגע בו אבל בשדה מרחיקין לה ציון בסמוך דזמנין לא חזי ציון עד דאתי ונגע ומאהיל: שתים · מצויינות תחתיהן טמא אבל ביניהן אם יש סיד ביניהם על הארץ טמא דמשום ציון הוא : ואע"ג דליכא חורש · שלא חרש ביניהם מעולם טהור כי ליכא סיד : אם אין חורש ביניהן טמא · ואע"ג דליכא סיד לפי שאין את האבנים שמכאן ומכאן לא חשב לציון ביניהם : הכא · דקתני כי ליכא חורש טמא כגון סיד שפוך על ראשי אבנים ומרודה לכאן ולכאן ביניהן דאי איכא חורש מחמת חורש הוא (ג) דאיקלף שנקלף מן האבנים ונפלו שם ביניהם וטהור ואי לא סיד דביני ביני הוא ומחמת ציון נעשה שם להודיע שיש גם ביניהם טומאה: אין מרחיקין ציון ממקום טומאה · ולהכי ציון כל ארבעה מצריו דתהא כל השדה נטמאה וכיון דמצר אחד לא סגי לכולה דאין מרחיקין ציון ממקום טומאה : ואכלאים בחולו של מועד נפקינן ורמינהו באחד באדר משמיעין על השקלים · שיהו ישראל מביאין תרומת שקלים בניסן דכתיב בחדשו לחדשי השנה חדש והבא לי קרבן מתרומה חדשה : בכרכים · המוקפין חומה מימות יהושע בן נון : ולמוד המקואות המים · מקוואות המים של מ' סאה שחוסרין אותן מן הזבל שנכנס לתוכן כל ימות הגשמים ואחר דלא פריך נמי בגמרא אשאר מתני' דסני ומתקנים הדרכים והרחובות בחולו של"מ והכא תנא בט"ו באדר משום דלאו פירכא הוא דבדין הוא דמתקנין להו תרי זימני דכי מתקן בט"ו באדר אתו גשמים ומקלקלי להו והדרי ומתקני להו בחולו של מועד אבל אכלאים כיון דעקרו להו לגמרי בחמשה עשר באדר למה לי למיפק בו בחולו של מועד ולהכי קא מיבעיא: כאן בבכיר כאן באפיל · על הבכירות יוצאים בט"ו באדר על האפילות בחולו של מועד דפסח : בורעים · על התבואה יוצאין בט"ו באדר שקודמין לירקות : לא שנו · דאין יוצאין עליהם קודם אדר וקודם חולו של מועד : משום שכר פעולה דמוזלי גבן · כלומר שיכול לשכור פועלין בזול לפי שאינן עוסקין במלאכה בחולו של מועד : שמע מינה · מדעסקינן לשכור פועלים בזול : כי יהבינן להו · שכירות לפועלים דבטלי כלאים : דאי סלקא דעתך מדידהו · דבעל הבית (ד) יהיב להו אמאי יוצאין להכי בחולו של מועד משום שכר פעולה לבטלו בכל זמן אף על גב דליכא שכר פעולה בזול וכל מה דבעי ליתב להו אלא מתרומת הלשכה יהבינן להו וכל כמה דמצינן לצמצם מעות דהקדש עבדינן : ועד כמה · הוי כלאים דחייב לבטלו :

אם יש סיד ביניהם · הציון הוא מסיד כדתנן פרק ה' דמעשר שני (מ"א) ומייתי לה פרק מרובה (ב"ק סט. ושם) אם יש סיד ביניהם לא ידענא כמה : אע"ג דליכא חרס · גרסינן ומגלתי מפרש חרס דומה הוא לחרסית ואין לבן כמו סיד וג"ל פירושו אם יש חרסית ביניהם (ה) דומה שמציינין להודיע שהוא טהור שעד שם אין בית הקברות שאינה לבן בינתים : אמר רב פפא כשהסיד שפוך · פירוש ודאי כי ליכא סיד וחרסית טהורין אבל כשהוא מרובה ושפוך על ראשו אז צריך חרסית שאם יש חרסית יש לתלות שנתן לצידי האבן חרסית והסיד נתחבר בו ונצרפו הסיד שעל ראשו טמא ואם אין חרסית א"כ סיד הוא של ציון ביניהם ולפירוש הקונטרס גרסינן אף על גב דליכא חורש (ו) ומפרש ביניהם טהור דלאנתקא לה טומאה דהוי לה קבר שנחרש ותימה לי נהי דטהור מטומאת אהל טהור לא הוי דהוי כמו שדה שנחרש בה קבר ושמא טהור מאהל קאמר א"כ לגמרי ע"י דישה וניפוח א"כ ביניהם איכא טובא ספיקות ושרי ספק אי איכא ציון (ז) הטומאה שביניהם אי לא ואפילו איכא ציון הרי נחרש ומגלתי מפרש דהשתא סלקא דעתיה דה"ה אם יש ביניהם חורש טהור דודאי לא היה שם טומאה דאם היה ביניהם לא היה חורשו אדם דמה לי אמאי לא פריך דקתני בקמייתא אם יש סיד ביניהם ביניהם טמא אע"ג דליכא חורש והכא קתני אם יש חורש ביניהם טהור ואע"ג דליכא סיד וג"ל דסלקא דעתיה דהך בתרייתא איירי בדליכא סיד דכי ליכא סיד לא היה טהור לגמרי דהא אין מציינין אלא על הטומאה (ח) וכי חורשו לא יהא טהור ולהכי לא מקשה כי אם מסיפא דברייתא קמייתא דאיירי בדליכא סיד: דאמר מר אין מרחיקים · כך פירש בתוספתא וקונט' ובספרים מגלתי דאמר מר אין מעמידין ציון כו' ולפי זה אינו נותן טעם למה כל השדה טהורה אלא נותן טעם למה תחתיהן טהורין דאין מעמידין ציון במקום הטומאה ונהי דברות אחד או שנים או שלשה יש לנו לומר דכל תחתיה טמא כי אין הטומאה בפחות מן הציון אבל בארבעה יש לתלות הטומאה בכל השדה לפיכך תחתיהן טהורים : ואכלאים בחולו של מועד נפקינן · במשנה פי' מאי טעמא לא נקשה על איך ובירושל' מקשה מציינין על הקברות ולא כבר צייגו ומתרץ כגון שירד שטף מים של גשמים ושטפו : בט"ו קורין את המגילה · הוי מצי למתני בי"ד בו *) (בכפרים) אלא משום דט"ו זמן דדברים אחרים הוא כגון ומתקנין את הדרכים וכו' : דמוזלי גבן · למ"ד לקמן (דף יג.) שכר פעולה שאין לו מה יאכל שרי ניחא שיכולין ליטול שכרן אלא למאן דאמר אסור לא ידעינן היכן ישכרו פועלים במועד ושמא יש לומר דהני דמצות התירו : מתרומת הלשכה · אין להקשות הא אית בהן מעילה דלב ב"ד מתנה עלייהו ובפרק בתרא דכתובות (דף קו. ושם) איכא מילי טובא שנוטלין שכרן מתרומת הלשכה : שיש בה רובע · פירוש כשרוצה לזרוע דהא קתני סיפא ר' יוסי אומר יבור והא לא שייך בנזרע כבר ובפרק המוכר פירות (ב"ב דף לד: ושם) מייתי לה מיהו במתניתין דאיירי בנזרע כבר יש לומר דלא פליגי :

*) [נ"ל כבה"ג עיירות] ואין

עין משפט נר מצוה

מט א ב ג מיי' פ"ח מהלכות טומאת מת הלכה יא :
נ ד מיי' פ"א מהלכות שקלים הלכה ט סמג עשין מה :
נא ה מיי' פ"ב מהל' כלאים הלכה טו :
נב ו מיי' פ"א מהל' מגילה הל' ד סמג עשין דרבנן ד טוש"ע א"ח סי' תרפח סעיף א:
נג ז ח מיי' פ"ב מהל' כלאים הלכה טו והלכה יז :
נד ט מיי' שם הלכה טו :

רבינו חננאל

עומדין על הגבולין וניחוש דלמא טומאה גואי ואילנות על הגבולין בראי · ופרקינן במסובכין · איבעית אימא כדאמר אין מרחיקין ציון ממקום הטומאה שלא להפסיד את א"י . ר' יהודה אומר עד שיהא שם זקן או תלמיד שתיקן זה הציון לפי שאין הכל בקיאין בדבר . ש"מ צורבא מדרבנן דאיתיה במתא כל מילי דמתא עליה רמיא . אמר רב יהודה מצא אבן אחת מצויינת תחתיה טמא שתים אם יש סיד ביניהן טמא ואם לאו טהור ואם היה הסיד שפוך על ראשיהן ומרודה לכאן ולכאן*) איכא חרש ביניהן טמא דאמרי' מחמת חרש הוא דאיקפל ואם לאו סיד דביני ביני הוא וטהור. א"ר אסי מצא ציון מצד אחד הוא הצד טמא וכל השדה טהורה וכן ג' הן טמאין וכל השדה טהורה ד' השדה כולה טמאה והציונין שהציון בהן טהורין . דאמר מר אין מרחיקין ציון ממקום טומאה שלא להפסיד את א"י כו' : ויוצאין אף על הכלאים . ומקשינן איני דבחולו של מועד יוצאין על הכלאים והתנן בט"ו באדר יוצאין על הכלאים. ופרקינן בבכיר יוצאין בט"ו באדר. באפיל יוצאין בחולו של מועד וי"א כאן בורעים וכאן בירקות וא"ר יוחנן לא שנו בחולו של מועד אלא שאין ניצן ניכר פי' ציץ שלהן ניכר . אבל אם הציץ שלהן ניכר שהוא כלאים יוצאין לאלתר ואין שוהין אותן עד חולו של מועד . ומ"ש בחולו של מועד יוצאין על הכלאים א"ר יוחנן משום שכר פעולה עת שהפועלים בטלין ונשכרין בזול לעקור הזרעים ולהשליכן ובעינן למיתן להו אגריהו מתרומת הלשכה . והני מילי במשנה שהתקינו להיות עוקרין הכלאים בלבד מתוך התבואה ומשליכין . אבל מה שהתקינו להיות מפקירין כל השדה כולה יוצאין אפי' בשאר הימים . ועושין כל צרכי רבים .

מסורת הש"ס: [לעיל ה:] · [תוספתא שקלים פ"א] · [לעיל ה:] · מגילה יג: כת. שקלים פ"א מ"א · כלאים פ"ב מ"א ב"ב לד.

ירושלמי אלו הן צרכי רבים דנין דיני נפשות ודיני ממונות ודיני מכות ופדיון שבוים ודיני ערכין והחרמין וההקדשות וההשקאות ועריפת עגלה וטהרת מצורע ורציעת עבד עברי . וכן מפרקין מגעל מעל האמום אבל אין מחוירין . ומציינין על הקברות . והלא ציין באדר כגון שרבו המים ושטפום' ויוצאין אף על הכלאים והלא כבר יצאו מאדר תיפתר שהיתה השנה אפילה ולא היו הצמחים ניכרים באדר : מתני'

*) אולי צ"ל אי איכא חרס ביניהן טהור כו' דביני ביני הוא וטמא ואולי דרבינו היה לו גרסא אחרת .

הגהות הב"ח

(א) גמ' דאימור מחמת חורש הוא דאיקלף ואי לא סיד : (ב) רש"י ד"ה מסובכין נ"ל במסובכין : (ג) שם ד"ה הכא כו' מחמת חורש הוא הס"ד ואח"כ מה"ד דאיקלף כו' וטהור הס"ד ומה"ד ואי לא כו' : (ד) ד"ה דאי ס"ד מדידהו דבעל הבית יהבינן להו אמאי : (ה) תוס' ד"ה אע"ג כו' אם יש חרסית ביניהם שאינה לבן בינתים דומה שמציינין וכו' אין בית הקברות הס"ד: (ו) ד"ה אמר כו' אע"ג דליכא חורש ביניהם טהור ומפרש דלאנתקא כו': (ז) בא"ד אי איכא ציון על הטומאה שביניהן : (ח) בא"ד אם לאו על הטומאה ואפילו חורשו לא:

רובע זרע ממין אחר *ימעט והתניא התקינו שיהו מפקירין כל השדה כולה לא קשיא כאן קודם תקנה כאן לאחר תקנה דתניא *בראשונה היו עוקרין ומשליכין לפני בהמתן והיו בעלי בתים שמחין שתי שמחות אחת שמנכשין להם שדותיהן ואחת שמשליכין לפני בהמתם התקינו שיהו עוקרין ומשליכין על הדרכים ועדיין היו שמחין שמחה גדולה שמנכשין שדותיהן התקינו שיהו מפקירין כל השדה כולה:

מתני' *ר"א בן יעקב אומר מושכין את המים מאילן לאילן ובלבד שלא ישקה את כל השדה זרעים שלא שתו לפני המועד לא ישקם במועד וחכמים מתירין בזה ובזה:

גמ' אמר רב *יהודה אם היתה שדה מטוננת מותר תניא נמי הכי *כשאמרו אסור להשקותן במועד לא אמרו אלא בזרעים שלא שתו מלפני המועד אבל זרעים ששתו לפני המועד מותר להשקותן במועד ואם היתה שדה מטוננת מותר ואין [א] משקין שדה גריד במועד וחכמים מתירין בזה ובזה אמר *רבינא שמע מינה האי תרביצא שרי לתרבוצי בחולא דמועדא שדה גריד מאי טעמא דאפלא משוי לה חרפא ה"נ אפלא משוי לה חרפא ת"ר [ב] מרביצין שדה לבן בשביעית אבל לא במועד והא תניא* מרביצין בין במועד בין בשביעית אמר רב הונא לא קשיא הא ר"א בן יעקב הא רבנן תניא אידך מרביצין שדה לבן ערב שביעית כדי שיצאו ירקות בשביעית ולא עוד אלא שמרביצין שדה לבן בשביעית כדי שיצאו ירקות למוצאי שביעית:

מתני' צדין את האישות ואת העכברים משדה האילן ומשדה הלבן כדרכו במועד ובשביעית *וחכ"א משדה האילן כדרכו ומשדה הלבן שלא כדרכו ומקרין את הפירצה במועד ובשביעית בונה כדרכו:

גמ' מאי אישות אמר רב יהודה בריה שאין לה עינים אמר רבא בר ישמעאל ואיתימא רב יימר בר שלמיא מאי קרא *כמו שבלול תמס יהלך נפל אשת בל חזו שמש ת"ר צדין את האישות ואת העכברים משדה האילן ומשדה הלבן כדרכו *ומחריבין חורי נמלים כיצד מחריבין רשב"ג אומר מביא עפר מחור זה ונותן לתוך חור זה והן חונקין זה את זה אמר רב יימר בר שלמיא משמיה דאביי והוא דקאי בתרי עברי נהרא והוא דליכא גשרא והוא דליכא גמלא והוא דליכא מצרא

עד

רובע · הקב אחד מכ"ד בסאה: **סכי גרס ימעט** · שאם זרע רובע הקב ימעטנו ויעקרנו: **והתניא כל השדה כולה** · ולא אמרת ימעט: **שמנכשין שדותיהן** · שלוחי ב"ד משלהן דמטטלין הכלאים מאליו מתכנס: **מתני' מושכין המים מאילן לאילן** · דהוי כשדה בית השלחין דפסידא יתירא איכא אבל לא ישקה את השדה כולה שדה בית הבעל: **זרעים שלא שתו לפני המועד** · שלא היו מלומדין לשתות תמיד לפני המועד: **לא ישקם במועד** · דהואיל ולא משקה להו תדיר לפני המועד לא הוי ליה פסידא אי לא משקה להו במועד: **וחכמים מתירים בזה ובזה** · להשקות את כל השדה כולה ולהשקות במועד זרעים שלא שתו לפני המועד והאי חכמים היינו ר"מ דאמר לעיל (דף ב:) משקין ממנו אפי' שדה בית הבעל: **גמ' אמר רב יהודה** · הא דאמר ר"א אבל לא ישקה [ג] את השדה כולה אבל אם היתה שדה מטוננת לחה ויבשה מותר להשקותה אע"ג דהוה שדה בית הבעל דכיון דהויא לחה עד השתא אי לא משקה לה הוי פסידא יתירא: **שדה גריד** · יבשה מעולם שאין צריך להשקותה: **בזה ובזה** · בשדה גריד ובזרעים שלא שתו לפני המועד: **תרביצא** · גינה: **שרי לתרבוצי** · לזלף עליה מים אע"ג דליכא פסידא לתרבוצי להשקות לשון אין מכבדין ואין מרבצין היינו השקאה פורתא כדי שיצאו הירקות וכדמפרש באידך ברייתא לקמיה ומשקין היינו השקאה גמורה של בית השלחין: **אפלא לשווי חרפא** · דליכא פסידא ואפ"ה שרי להשקותה כך ולהשביחה ה"נ בגינה מרבצין: **שדה לבן** · בית הבעל: **הא** · דקתני אבל לא ישקם במועד היינו ר"א בן יעקב דאמר אבל לא ישקה את כל השדה כולה והא דתני בין במועד בין בשביעית היינו חכמים דמתירין להשקות אפי' כל השדה: **כדי שיצאו בשביעית** · אבל לא ישקה בשביעית כדי שיצאו בשביעית: **מתני' צדין האישות** · בשדה האילן במועד מפני שמפסידין בו: **כדרכו** · שאין צריך לשנות בצידה: **ובשביעית** · אע"ג דמתקן השדה: **בשדה האילן** · צד כדרכו מפני שהפסד מרובה הוא: **ובשדה לבן שלא כדרכו** · והיינו יכול לצוד כדרכו בשדה לבן משום דלא מפסיד כולי האי בשדה לבן: **ומקרין את הפירצה** · שאם נפלה מקצתה חוזר ומתקנה במועד: **ובשביעית בונה כדרכו** · מתחילה אע"ג דמיחזי דעביד נטירותא לפירי: **גמ' בריה שאין לה עינים** · וחופר בקרקע: **מאי קרא** · דאישות בריה שאין לה עינים: **דכתיב כמו שבלול תמס יהלך** · שבלול שקורין לימצו"ן תמס יהלך כלומר כשיוצא חוץ מנרתיקו (א) רירות טפלות ממנו עד שהוא נימוח ומת תמס כמו ונמס: **נפל אשת בל חזו שמש** · כלומר כך אישות נופלות פתאום לארץ ומתים דלא חזו: **וחונקין זו את זו** · מפני שמריחין את העפר ואין מכירין באותו עפר: **והוא דקאי בתרי עברי נהרא** · דכיון דאיכא הפסק מים בין הני תרתי חורי נמלים אין מכירים הני בעפר דהני: **גישרא** · גשר: **גמלא** · שאין לו גשר אלא מנסר אחד: **ומצרא** · עדיין קטן מגמלא אין יכול להלך עליו אלא כשקושרים חבל אחד משני עברי הנהר בשתי יתידות ואוחזין בו והולכין על אותו גשר צר אבל אי איכא חד מהן מכירין הני בחורי דהני:

עד

ואין משקין שדה גריד · פי' בית הבעל לפי שהוא רגיל להיות יבש וגריד בדל"ת וכן פירש בערוך [ובתוס'] הרב ברי"ש כמו חמרא מיגרר גריר (פסחים דף קז:):

וחכמים מתירין בזה ובזה · והאי תרי פלוגתא דהכך ברייתא היינו כעין פלוגתא במתניתין ות"ק דהכא הוא ר"א בן יעקב: **שרי** לתרבוצי · וקשה הא קיימא לן משנת ר"א (ב) קב ונקי ועוד הקשה בתוספות דרבינא גופיה דאמר לעיל (דף ד') מדלין ירקות כדי לאוכלן אבל לייפותן אסור אלמא הרווחא אסור ותירץ דתרבילא איכא כ"א השקאה פורתא ולפ"ז נראה דה"פ דהאי תרבילא שרי לתרבולי אפילו לראב"י דכי היכי דשרו רבנן אפלא לשווי חרפא גם לראב"י יתיר ג"כ השקאה פורתא או שמא סבר כר"א בהשקאה ופליג בהרבצה וי"מ דפלוגתא דשדה גריד לאו היינו פלוגתא דמתני' דמיירי בה ראב"י וחכמים ופליגי באפלא לשווי חרפא ת"ק חשיב ליה הרווחא ואסור ורבנן סברי דלאו היינו הרווחא דיש אוהב יותר אפלא ויהיו נגמרים יותר ומבושלים בטוב ור"ח פי' אמר רבינא שמע מינה האי תרבילא פי' שדה שאין זרוע עדיין שכבר השקוהו קודם מותר להשקותו במועד לזורעו אחר המועד דסבר לה כראב"י דאמר זרעים ששתו לפני המועד (ג) וקסבר תרבילא הוי כמו זרעים ששתו לפני המועד דהיינו שם תרבילא שהרבילוהו קודם המועד (ד) ומקשינן עלה שדה גריד אסור משום דאי משקי ליה האידנא יבכיר קודם אבל לא פסיד תרבילא נמי אי משקה האידנא קדים ובכיר ולא פסיד וזה השיטה הולכת דסבירא לן כראב"י כך פירש ר"ח: **מרביצין** שדה לבן בשביעית · לגבי שביעית פי' הקונטרס השקאה פורתא ונראה שחזר בו ממה שפירש במשנה משקין בית השלחין במועד ולגבי שביעית שרי אפילו בית הבעל ואני פירשתי במשנה דשביעית נמי לא שרי אלא בבית השלחין כדפי' בקונטרס כאן אבל ק"ל שמא הכא איירי בהשקאה גמורה דפליגי לגבי מועד ראב"י ורבנן ופלוגתייהו הוי בהשקאה מרובה ואדרבה נראה לי דמיירי בהשקאה גמורה אלא לגבי שלחין שצריך השקאה נקט משקין וגבי בית הבעל קרוי הרבצה לכן נראה יותר פי' הקונטרס שבמשנה ולפי' דהכא נ"ל דהשקאה גמורה אסורה בבית הבעל והרבצה מועטת שרי בשביעית ובמועד אסור אפילו הרבצה מועטת לר"א בן יעקב ולרבנן שרי אפי' השקאה גמורה:

צדין את האישות במועד ובשביעי' · תימה מאי קמ"ל בשביעית והלא אין זו עבודת קרקע ורבי יהודה מאי טעמא לאסר כדרכו וי"ל דודאי צריך למיסקל אבנים מתוך שדהו כשמפנה האישות ותנן פ"ג דשביעית המסקל שדהו נוטל העליונות ומניח התחתונות הנוגעות בארץ וכן גרגיר של צרורות וכו' אישות מפורש בירושלמי חולדה:

עד

רבינו חננאל

מתני' ר' אליעזר בן יעקב אומר מושכין המים כו' אמר רב הונא אם היתה השדה מטוננת פי' לחה כגון שרבו המים מקודם ועדיין לחה והיתה קיימת מותר. תניא כוותיה כשאמרו אסור להשקות במועד לא אמרו אלא זרעים שלא שתו מלפני המועד אבל זרעים ששתו מלפני המועד מותר להשקותן. ואם היתה שדה מטוננת מותר ואין משקין שדה גריד במועד פי' כדתנן בנזיקין בפ' איזהו נשך כל ימי גריד אחד כל ימי רביעה אחד. וחכמים מתירין בזה ובזה. אמר רב כהנא ש"מ האי תרביצא פי' שדה זרועה *) עדיין שכבר השקוה מקודם מותר להשקותה גם במועד לזורעה אחר המועד. ומקשינן עלה גריד אמאי אסור משום דאי משקת ליה האידנא מקדים ליה ובכיר. תרביצא נמי אי משקת ליה האידנא קדים ומציץ בכיר. ולא איפריק והא דתניא מרביצין בשביעית אבל לא במועד ר' אליעזר בן יעקב היא והא דתניא מרביצין בין במועד בין בשביעית רבנן היא. תניא מרביצין שדה לבן בערב שביעית כדי שיצמחו ירקות בשביעית ולא עוד אלא שמרביצין שדה לבן בשביעית כדי שיצמחו ירקות במוצאי שביעית. אישות פי' בריה שאין לה עינים כדכתיב נפל אשת בל חזו שמש: ירושלמי אישות זה חולדה: ת"ר צדין את האישות ואת העכברים משדה אילן ומשדה הלבן · ומחריבין חורי נמלים · כיצד עושה מביא עפר תיחוח עם הנמלים מחור זה ונותן לתוך חור זה והן חונקין זה את זה · והוא דקיימי אילן החורין בתרי עברי נהרא וליכא התם לא גשר ולא גמלא ולא מיצרא ולא תיתורא שיכולין לחזור בחור שלהן וכמה יהא בין חור לחור פרסה · רבי

*) נ"ל שדה שאינה זרועה עדיין וכו' תרבילא נמי וכו' קדים ובכיר כנ"ל וכ"ה בתוס' כאן בשם רבינו.

עין משפט נר מצוה

נה א מיי' פ"ז מהל' כלאים הלכה א טוש"ע יו"ד סי' רלז סעיף ה:

נו ב מיי' שם הל' טו:

נז ג מיי' פ"ח מהל' יו"ט הלכה ג סמג לאוין עה טוש"ע א"ח סי' תקלז סעיף ז:

נח ד מיי' שם הל' ד:

נט ה מיי' שם הל' ג טוש"ע שם:

ס ו מיי' פ"א מהלכות שמיטה הלכה ט ופ"ח מהלכות יו"ט הלכה ג:

סא ז מיי' פ"ח מהלכות יו"ט הלכה ה טוש"ע א"ח סי' תקלז סעיף יג:

סב ח מיי' שם הלכה ו טוש"ע שם סי' תקמ סעיף א:

סג ט מיי' פ"ב מהל' שמיטה הלכה יד:

[בשאלתות פרשת סכרכה סי' קע איתא ר"א בן יעקב אומר כשאמרו כו']

מסורת הש"ס

תורה אור

[שקלים ג. שם פרק א מ"ב]

לעיל ב.

[בשאלתות פ' סכרכה א' רב הונא]

[שם א' רבא]

[עיין ר"ש פ"ב דשביעית מ"י]

פ"א ר' יהודה וכן גירסת התוספות [וכן גרי"ף והרא"ש וכן בשאלתות פרשת סכרכה סי' קע וכן בספרים דלקמן ז. ר' יהודה אומר וכו']

תהלים נח

[תוספתא פ"א]

הגהות הב"ח

(א) רש"י ד"ה דכתיב כו' רירות טפלות · נ"ב כלומר כל שעה שהולך ניתה טפלת ממנו: (ב) תוס' ד"ה שרי וכו' משנת ר"א בן יעקב קב: (ג) בא"ד ששתו לפני המועד מותר להשקותן במועד וקסבר תרבילא כו': (ד) בא"ד ומקשינן עלה שדה · נ"ב לשון הרי"ף וז"ל דהא דקאמר שדה גריד מ"ט כו' הוא קושיא על רבינא ולא פריק ולכך לית הלכתא כוותיה ע"ש:

הגהות הגר"א [א] גמ' משקין נ"ל מרביצין (וע' כ"י): [ב] שם ת"ר אין מרביצין שדה לבן בשביעית ולא במועד כצ"ל: [ג] רש"י ד"ה אמר רב יהודה הא דאמר ר"א אבל לא ישקה כו' · נ"ב אבל הטור פי' דקאי אסיפא אזרעים שלא שתו (וכן פי' הב"י):

§ מסכת מועד קטן דף ו: §

אות א'

ימעט

יו"ד סימן רצז ס"ה - זרע שנתערב בו זרע אחר, אם היה אחד מכ"ד, כגון סאה של חטים שנתערבה בכ"ד סאה של שעורים, הרי זה אסור לזרוע את המעורב, עד שימעט את החטים או יוסיף על השעורים, ואם זרע לוקה; וכל שהוא כלאים עם הזרע, מצטרף לאחד מכ"ד; כיצד, כ"ד סאה של חטים שנתערבו בם שני קבין שעורים ושני קבין עדשים ושני קבין פולין, ה"ז לא יזרע הכל, עד שימעט סאה של תערובות ויבור מקצתה, או יוסיף על החטים, שהשעורים והעדשים והפול כולם כלאים עם החטים.

[א]יו"ד סימן רצז ס"ח - הזורע מין מן המינים, וכשצמח ראה בו כלאים, אם היה המין האחר אחד מכ"ד בשדה, ה"ז ילקט עד שימעטנו, מפני מראית העין, שמא יאמרו כלאים זרע בכוונה; בין שהיה המין האחר שצמח תבואה וקטניות בתבואה (וקטניות), או זרעוני גנה בתבואה וקטניות ובזרעוני גנה; ואם היה הצומח פחות מכאן, אינו צריך למעטו.

אות ב'

בראשונה היו עוקרין ומשליכין לפני בהמתן וכו'

רמב"ם פ"ב מהל' כלאים הט"ז - [ב]בראשונה היו עוקרין ומשליכין, והיו בעלי בתים שמחים שמנקין להן שדותיהן, התקינו שיהו מפקירין את כל השדה שימצאו בו כלאים; והוא שימצאו בה מין אחר אחד מארבעה ועשרים, אבל פחות מיכן לא יגעו בה.

אות ג'

מושכין את המים מאילן לאילן, ובלבד שלא ישקה את כל השדה

סימן תקלז ס"ז - [ג]מושכין את המים מאילן לאילן - פי' שעושין סביב האילן חפירות למלאות אותן מים, ותו אין בזה טורח הרבה לעשות חריץ שימשכו בו המים מאילן לאילן, [**והתירו** זה במועד, משום דאילנות דַמְיָן לבית השלחין, שצריכין למים טפי, תוס' בדף ב', ‹וכ"כ רש"י›.

ובלבד שלא ישקה את כל השדה - דאף אם לא ישקה כולה, ליכא פסידא לאילנות, דאף שע"י ההשקאה יהיה הרוחה לאילנות, לא שרינן [ד]טרחא רבה בשביל הרוחה, [**ואף** באופן שהשדה היתה שייך רק לאילנות, שאין בה זרעים וירקות].

‹ומיירי כשהיו נטועים האילנות עשרה לבית סאה, אבל אם היו רצופות, מותר להשקות כל השדה›.

אות ד'

זרעים שלא שתו לפני המועד לא ישקם במועד

רמב"ם פ"ח מהל' יום טוב ה"ד - זרעים שלא שתו מלפני המועד, לא ישקם במועד, מפני שהן צריכין מים רבים ויבא לידי טורח יתר.

[ה]סימן תקלז ס"א - [ו]לפיכך בית השלחין (פי' הארץ הצמאה) - ועיפה למים, שאם לא ישקנה תמיד תפסד, **שהתחיל להשקותה קודם המועד, מותר להשקותה, שכיון שהתחיל להשקותה קודם לכן, אם לא ישקנה עכשיו תפסד** - אבל אם לא התחיל, לא תפסד ע"י איחור איזה ימים, ואסור, [**ולפי"ז** אין חילוק בין אם מניעת ההשקאה קודם מועד היה מחמת עצלות או מחמת אונס, דבכל גווני אסור, **וכן** לטעם הרמב"ם שכתב, שאם לא השקה אותה קודם המועד, יהיה לו עתה טרחא יתירה להשקותה במועד, וזה אסור אפי' במקום הפסד, ג"כ אין חילוק בין עצלות לאונס].

‹הנה מוכח בברייתא דף וי"ו ע"ב, דאפילו בלא התחיל להשקותה קודם המועד, אם היתה שדה מטוננת מותר, והיינו שהיתה לחה ועתה נתייבשה, ומטעם דכיון שהיתה לחה דינה כמו שהתחיל להשקותה, דתפסד אם לא ישקנה, אכן להרמב"ם ההיתר בשדה לחה, הוא דוקא בשעדיין היא לחה, ומטעם דא"צ להשקאה רבה, ולית בה טרחא יתיראי אף בזרעים שלא שתו לפני המועד, ולהכי שרי, ולפי"ז אם נתייבשה אין להקל לדעת הרמב"ם. והנה המחבר העתיק דין דשדה לחה בס"ז לענין שדה אילן, ובאמת מן הברייתא מוכח דה"ה לענין זרעים שלא שתו›. ‹עיין בהראב"ד לקמן בסמוך›.

אות ה'

אם היתה שדה מטוננת מותר

רמב"ם פ"ח מהל' יו"ט ה"ג - ומושכין את המים מאילן לאילן, ובלבד שלא ישקה את כל השדה; ואם היתה שדה לחה מותר להשקות את כולה. [ז]השגת הראב"ד: א"א הברייתא (מו"ק ו) שונה את זה על זרעים שלא שתו לפני המועד, והוא שונה אותו על כל השדה של אילנות, ואולי מדעתו למד מזה לזה.

באר הגולה

[א] ‹ע"פ מהדורת נהרדעא› [ב] ‹רבנו הביא התקנה השניה המבואר במו"ק ו: שהיו משליכין להפקר, ולא הביא התקנה הראשונה שהיו משליכין לפניהן, כדי לקצר - דרך אמונה› [ג] **משנה שם ו' וכרבי אליעזר בן יעקב** [ד] ‹**ולכאורה** מש"כ "טרחא רבה" הוא לאו דוקא, וכמבואר בס"א בבית הבעל, דאף המשכה בלא טורח אסור בהרווחה, וכן נראה מלשון הנימוקי יוסף שממנו מקור הדברים - מ"ב המבואר› [ה] ‹ע"פ הבאר הגולה› [ו] **משנה שם ב' ודף ו' וכרבי אליעזר בן יעקב הסכמת הפוסקים** [ז] ‹לפי הקרית מלך ההשגה שייך להלכה ג', ודלא כמו שנדפס בהלכה ד', דשם אינו מובן, וכמו שהקשו המפרשים›

סימן תקלז ס"ז - [ח]ואם היתה שדה לחה, מותר להשקות את כולה - שכיון שהיתה לחה במים מקודם, אין בה טורח יותר ע"י ההשקאה, [רמב"ם, **והגר"א** משמע, דלדעת הטור ונ"י, דמפרשים מימרא דרב יהודה בזרעים, אין לנו מקור לענין אילנות, דבזה דאינו אלא להרוחה אפשר דבכל גווני אסור להשקותה כולה]. ‹**דלפרש"י** אם היתה שדה מטוננת, קאי על ראב"י, ומסיים רש"י: אע"ג דהוה שדה בית הבעל, הרי דס"ל כן בכל שדה בית הבעל אף דליכא אילנות שם כלל, **אבל** הרמב"ם ושו"ע אינו נראה כן, דס"ל דאין היתר בלחה רק בשדה שיש בה אילנות, {ודלא כהראב"ד והבה"ל לעיל}, רק דבלחה שרי להשקות אפי' כל השדה, אבל באין שם אילנות כלל, לא מהני לחה, **אבל** הטור ונ"י פי' דרב יהודה קאי על שדה בית השלחין, דאית ליה לראב"י דאין היתר להשקות רק בשתו קודם למועד, אבל בלחה שרי, **אמנם** בשדה בית הבעל אף כשיש שם אילנות לא מהני לחה, ואין היתר רק להשקות במקום הנצרך לאילנות - דמשק אליעזר›. [**ולהרמב"ם** דוקא כשעדיין לחה, שאין בה טורח רב להשקותה, **ולדעת** רש"י הוי להיפך, דדוקא אם נתייבשה, דאז הוי פסידא אם לא ישקנה].

אות ו'

מרביצין בין במועד בין בשביעית

רמב"ם פ"א מהל' שמיטה [ט]ה"ח - משקין בית השלחין בשביעית, והיא שדה הזריעה שצמאה ביותר; וכן שדה האילנות אם היו מרוחקין זה מזה יתר מעשר לבית סאה, מושכין את המים מאילן לאילן, אבל לא ישקו את כל השדה; ואם היו מקורבין זה לזה [י]עשר לבית סאה, משקין כל השדה בשבילן; וכן [יא]עפר הלבן מרביצין אותו במים בשביעית בשביל האילנות שלא יפסדו.

רמב"ם פ"ח מהל' יו"ט ה"ג - ומושכין את המים מאילן לאילן, ובלבד שלא ישקה את כל השדה; ואם היתה שדה לחה מותר להשקות את כולה; ומרביציו את השדה במועד, שכל הדברים האלו אין בהן טורח יתר. השגת הראב"ד: ומושכין את המים מאילן לאילן ובלבד שלא ישקה כל השדה. א"א משנת ראב"י אני רואה בכאן, דראב"י הוא דאמר שלא ישקה כל השדה, והוא אמר נמי זרעים שלא שתו קודם המועד לא ישקה אותם במועד, וחכמים מתירין בזה ובזה (מו"ק ו) בין באילן בין בזרעים, והכי איתא בירושלמי, וזה המחבר תופס דברי ראב"י; ולא ידעתי מי עשאו מכריע על דברי חכמים, ואם יאמר רב יהודה הכריע, דמפרש לדעת ראב"י, הלא [יב]רבא למד היתר מדברי חכמים; [יג]ואם יאמר הלא הקשו על רבא מגריד ועמדה הקושיא, לפי שלא נחלקו בגריד ודמו התרביצא לשדה גריד שהוא אסור להשקותו; א"כ למה אמר שמרבילין את השדה במועד, [יד]וסוף דבר כל הדברים צריכין תקון גדול.

אות ז'

וחכמים אומרים: משדה האילן כדרכו, ומשדה הלבן שלא כדרכו

סימן תקלז סי"ג- עיין לקמן דף ז. אות א' ב'.

אות ח'

ומקרין את הפירצה במועד

סימן תקמ ס"א- עיין בדף ז. אות ג' ד' ה' ו'.

באר הגולה

ח **רמב"ם מהא דשדה מטוננת שם בגמרא** ט ‹לכאורה כצ"ל› י ‹עיין לעיל בבה"ל הובא באות ג', דכשהם י' לבית סאה אסור, ומותר רק אם הם פחות מזה, וצ"ע› **יא** ‹הוא קרקע תיחוח ולח ויש בה אילנות, דעת רבנו דהיינו אילנות הנטועין יותר מעשר לב"ס, שאמרנו שאסור להשקותן רק למשוך מאילן לאילן, אבל מותר להרביצן, היינו השקאה מועטת - דרך אמונה› יב ‹הוא רבינא בספרים שלנו, ועיין בהגהה בצד הגמרא› יג ‹פי' דמפרש הראב"ד, ד"ואין משקין שדה גריד במועד" הוא סיומא דברייתא, ואח"כ הא דקאמר "וחכמים מתירין בזה ובזה", הוא פיסקא בפני עצמה, ודלא כפרש"י, ועלה דחכמים דמתניתין קאי אמר רבינא, ש"מ מדהתירו חכמים דמשנתנו להשקות את כל השדה וזרעים שלא שתו, מכלל דמותר לתרבוצי תרביצא, **וקאמר** מ"ט וכו' קושיא היא, ודלא כפרש"י דסייעתא הוא, והק"ק שדה גריד מ"ט אסור אליבא דכו"ע דאין בזה מחלוקת, הואיל דאפלא משוי ליה חרפא, א"כ תרביצא נמי אפילו רבנן דמתני' מודים דאסור, דה"נ אפלא משוי ליה חרפא, ואין לדמות תרביצא להשקאת כל השדה וזרעים שלא שתו, אלא לשדה גריד, ולפי"ז קם מלתא דרבא בקושיא, **וזהו** מש"כ הראב"ד דהרי רבא רצה ללמוד מדברי חכמים דמתניתין, מכלל דהלכתא כחכמים, ואע"ג דקמה מלתא דרבא בקושיא, היינו משום דמדמה הש"ס תרביצא לשדה גריד, ובשדה גריד מודים חכמים, ומ"מ שמעינן מיהות דרבא רצה ללמוד מדבריהם, מכלל דהלכה כוותייהו, **ומסיים** הראב"ד, א"כ למה אמרו וכו', פי' ואפילו תימא דחכמים דמתניתין נחלקו אף על שדה גריד, וא"כ מדפריך בעל הש"ס עלה דרבא משדה גריד, מכלל דהלכתא כרבי אליעזר בן יעקב, דא"כ קשה האיך אחז החבל בתרי ראשים, ופסק ומרביצין את השדה במועד, ובגמרא אוקמו הך ברייתא כרבנן דראב"י - מרכבת המשנה› יד ‹דעת רבינו וההלכות, שמה שאמרו בגמ' שם "האי תרביצא שרי לתרבוצי בחולא דמועדא", ר"ל בשדה בית הבעל והשקאה מועטת, ודחו בגמרא שם זה לדעת ראב"י, וכן נדחה בהל', **ומה** שהזכיר רבינו ומרביצין את השדה, ר"ל בשדה בית השלחין, והוא נמשך אחר ראש הפרק, והיא ברייתא הנזכרת פ' מי שהפך (דף י"א:) גבי אבל, ומרביצין את שדהו משתגיע לעונת מים שלו, ופי' לפי שהוא דבר האבד אפי' קודם זריעה, ולזה נתכוון רבינו בכאן, ובזה נסתלקה השגת הר"א ז"ל שהקשה איך פסק רבינו כראב"י, ופסק שמרביצין את השדה, ובגמ' דחו הא דתרביצא לדעת ר"א - מגיד משנה›. ‹**וא"ת** לדעת רבינו ז"ל דהרבצה בבית הבעל אסורה ובבית השלחין מותרת, א"כ כשהקשו בגמרא (דף ו' ב) תרי ברייתות, חדא דאמרה מרביצין שדה לבן בשביעית אבל לא במועד, וחדא דאמרה מרביצין בין במועד בין בשביעית, אמאי לא תירץ דהך מתניתין בין במועד איירי בבית השלחין, ואחריתי הוי שדה לבן, ואמאי דחקו ואמרו הא ראב"י הא רבנן. **וי"ל** דמשמע ליה לגמרא דהך "מרביצים בין במועד", הוי כולל בין שדה לבן בין בית השלחין - לחם משנה›

אות ט׳

ובשביעית בונה כדרכו

רמב"ם פ"ב מהל' שמיטה הי"ד - [טו]אסור לו לבנות גדר בשביעית בין שדהו לשדה חבירו; [טז]אבל בונה גדר בינו ובין ר"ה, ומותר להעמיק עד הסלע, ומוציא את העפר וצוברו בתוך שדהו כדרך כל מעמידין זבל; וכן אם חפר בור ושיח ומערה בשביעית, צובר העפר בתוך שדהו כדרך כל החופרים.

באר הגולה

טו ‹ירושלמי - כסף משנה› **טז** ‹והנה במו"ק שם (ז) אמרו, ואע"ג דמחזי כמאן דעביד נטירותא לפרי, וצ"ע דהא באמת עביד נטירותא לפרי, דמה"ט סותם את הפרצה שלא יגנבו את הפירות, **וי"ל** דאין כונתו לשמור פירות שביעית שהתורה הפקירתן, אלא לשמור שאר השנים, ועוד לשמור האילנות שלא ישברוהו, שהאילנות אינם הפקר רק פרי האילנות הפקר, ומותר לו לשמור שלא יקלקלו האנשים מה שהתורה לא נתנה להם רשות, וגם אפשר לגדור מפני גוים ובהמות, שאסור לתת להם פירות שביעית - דרך אמונה›

§ מסכת מועד קטן דף ז. §

אות א'

כיצד כדרכו: חופר גומא, ותולה בה מצודה; כיצד שלא כדרכו: נועץ שפוד, ומכה בקורדום, ומרדה האדמה מתחתיה

סימן תקל"ז סי"ג - [א]אישות ועכברים שמפסידים בשדה אילן, מותר לצודן כדרכו, שחופר גומא ותולה בה המצודה; ואפילו בשדה הלבן הסמוכה לשדה האילן מותר לצודן כדרכו, שיוצאין ממנה ומפסידים האילן.

אישות הוא שרץ קטן שאין לו עינים, [גמרא], ודרכו לחפור בפנים הקרקע, וכאשר ימצא בשדה, יקלקל האילנות ע"י חפירותיו.

ואם אינה סמוכה לשדה האילן, אין צדין אותן אלא על ידי שינוי - דלא מפסיד כולי האי בשדה לבן, [רש"י]. **[ב]שנועץ שפוד בארץ ומנענעו לכאן ולכאן עד שנעשית גומא, ותולה בה המצודה.**

[ג]ויש אומרים שבשדה הלבן הסמוכה לשדה האילן, אינו מותר אלא ע"י שינוי; ואם אינה סמוכה לשדה האילן, אסור אפילו ע"י שינוי.

(זה תלוי בגרסת הש"ס, עיין בב"י ובביאור הגר"א. ולענ"ד, בדין הראשון, דהיינו בסמוכה לשדה אילן, בודאי אין למחות ביד המיקל, אחרי דרוב ראשונים מקילין בזה, **ואפילו** בדין האחרון, דהיינו באינה סמוכה לשדה אילן, אין לנו בהדיא מי שמחמיר בזה כי אם הרמב"ם לבד, וע"כ ע"י עכו"ם בודאי יש להקל).

אות ב'

כשאמרו משדה לבן שלא כדרכו, לא אמרו אלא בשדה לבן הסמוכה לעיר, אבל בשדה לבן הסמוכה לשדה האילן, אפילו כדרכו

סימן תקל"ז סי"ג- עיין לעיל אות א'.

אות ג' ד' ה' ו'

בהוצא ודפנא

צר בצרור ואינו טח בטיט

כותל החצר בונה כדרכו

כותל הגוחה לר"ה, סותר ובונה כדרכו מפני הסכנה

סימן תקמ ס"א - [ד]בנין, אפילו כל שהוא אסור - היינו אפילו לצורך המועד, דלא הותר משום זה אלא מלאכת הדיוט. **[ה]ואם נפרץ גדר גנתו, (או כותל חצירו שבינו לחבירו) (מרדכי והגה"מ)** - דליכא למיחש לגנבי, אלא משום שאר אנשים שיכנסו שם, וליכא כ"כ פסידא, **בונהו מעשה הדיוט, [ו]דהיינו שמניח אבנים זו על זו ואינו טח בטיט** - דהטיחה בטיט הוא מעשה אומן.

ודוקא זה שעושה אותה עם מלאכת הגדר, משא"כ להטיח הגג בטיט, מעשה הדיוט הוא, ושרי לצורך המועד, וכן עשיית סולם מעשה הדיוט הוא, ושרי לצורך המועד - ט"ז, **ועיין** בפמ"ג, דלהטיח סדקים שבגג, מעשה אומן נקרא כדלקמן בס"ג, והכא (בהט"ז) מטיחו רק שיהא חלק {ובמדינתינו אין מצוי זה}, **ובעשיית** סולם ג"כ, אם מייפיהו כדרך האומנים, בודאי מעשה אומן הוא, ואסור אף לצורך המועד.

[ז]או גודר אותו בקנים וגומא וכיוצא בהם - משמע לכאורה דדוקא תיקון פרצה בעלמא, הא לגדור כל הגינה, מעשה הדיוט נמי אסור.

וכן אם עשה [ח]מעקה לגג, בונה אותו מעשה הדיוט - (דהיינו כנ"ל בריש הסעיף לענין גדר).

(עיין בחי' הריטב"א שכתב, דמתני' מיירי בגג דלא רגילי להלוך בו, שאינו חייב במעקה, אלא שהוא בעצמו רוצה לעשות משום שמירה, ולפיכך אמרו בירושלמי דסגי בג' טפחים, **דאי** משום מצות מעקה, למה לא יעשה כדרכו, **אבל** שארי הפוסקים סתמו בזה ולא חילקו).

[ט]אבל כותל חצר הסמוך לרשות הרבים שנפל, בונהו כדרכו - דעי"ז שהוא סמוך לר"ה איכא פסידא יתירא, דעייל שם גנבי, ודבר האבד הוא, ולא בעי שינוי, **וה"ה** בכותל לחצר שבינו לחבירו שנפל, אם יש שם אנשים שחשודים על הגנבה, או אם דרים שם עובדי כוכבים, מותר לבנותו כדרכו.

באר הגולה

[א] **משנה מו"ק ו' וכדפי' רשב"ג בברייתא שם** ‹לכאורה צ"ל ר' שמעון בן אלעזר›, **טור בשם אביו הרא"ש וכ"כ הרי"ף ורי"ץ גיאות** ‹משנה בפ"ק דמו"ק צדין את האישות ואת העכברים בשדה האילן ובשדה הלבן כדרכו במועד ובשביעית, רבי יהודה אומר {ודלא כגירסתינו, עיין בצד הגמ'} בשדה האילן כדרכו ובשדה הלבן שלא כדרכו, ובגמרא (ז) תניא רבי שמעון בן אלעזר אומר, כשאמרו בשדה הלבן כדרכו, לא אמרו אלא בשדה לבן הסמוכה לאילנות, שמא יצאו משדה לבן ויחריבו את האילנות, **כך** היא גירסת הרי"ף והרא"ש, אע"פ שבספרים דידן בגמרא כתוב בענין אחר, **ומשמע** דהלכה כסתם מתניתין וכדפירש ר"ש בן אלעזר, והילכך בשדה האילן ובשדה הלבן הסמוך לשדה האילן, צדין אותן כדרכן, אבל בשדה הלבן שאינו סמוך לשדה האילן, אין צדין אותן כדרכן, ומיהו שלא כדרכן מיהא משמע לרבינו דצדין אותן - ב"י› [ב] **ברייתא שם ז' וכפי' הרמב"ם** ‹רש"י מפרש, שע"י נעיצה זו, ממעך את האישות בתוך הקרקע. **ורמב"ם** פי', שעושה הגומא שלא בדרך חפירה, רק ע"י נעיצת שפוד, ואח"כ מניח שם מצודה, וכן נראה, דלפי' רש"י הו"ל למיתני בקיצור, שלא כדרכו שלא ע"י מצודה, וגם לשון צדין שבמשנה לא משמע כן - שפת אמת› [ג] **טור בשם הרמב"ם ולפי גירסתו ולזה הסכים הרב המגיד** ‹שבמקום רבי יהודה אומר, הוא גורס וחכמים אומרים, {כגירסתינו} ופסק הלכה כמותם, **ונראה** שהוא גורס בדברי רבי שמעון בן אלעזר, כשאמרו בשדה הלבן שלא כדרכו, לא אמרו אלא בשדה הלבן הסמוך לאילנות, {ודלא כגירסתינו}, ואחכמים קאי, **ואפילו** אי גריס ביה כדרכו כגירסת הרי"ף והרא"ש, דהשתא ע"כ קאי את"ק, סובר הרמב"ם דמדת"ק נשמע לחכמים, דכיון דת"ק כי שרי בשדה הלבן כדרכו, איירי דוקא בשדה הלבן הסמוך לאילנות מהדרי, א"כ חכמים נמי אשדה לבן הסמוך לאילנות, ואמרי דאינו צד אלא שלא כדרכו, וממילא משמע דכשאינה סמוכה לאילנות, אינו צד כלל ואפילו שלא כדרכו - ב"י› [ד] **משמעות הגמרא דמו"ק ז'** [ה] **משנה שם ז'** ‹לכאורה צ"ל ו'› [ו] **ברייתא שם ו'** ‹לכאורה צ"ל ז'› [ז] **אוקימתא דרב יוסף שם** [ח] **משנה שם י"א** [ט] (**אוקימתא דרב יוסף וברייתא שם ו**)**מימרא דרב חסדא שם ז'**

עד כמה עד פרסה: רבי יהודה אומר משדה האילן כדרכו ומשדה הלבן שלא כדרכו: תנו רבנן *כיצד כדרכו חופר גומא ותולה בה מצודה כיצד שלא כדרכו נועץ שפוד ומכה בקורדום *ומרדה האדמה מתחתיה תניא (*ר"ש בן אלעזר) אומר ב כשאמרו משדה לבן שלא כדרכו לא אמרו אלא בשדה הסמוכה לעיר אבל בשדה לבן הסמוכה לשדה האילן אפילו כדרכו שמא יצאו משדה הלבן ויחריבו את האילנות: ומקרין את הפירצה במועד: כיצד מקרין רב יוסף אמר *בהוצא ודפנא במתניתא תנא 'צר בצרור ואינו טח בטיט אמר רב חסדא לא שנו אלא כותל הגינה אבל ה כותל החצר בונה כדרכו לימא מסייע ליה *כותל *הגוהה לרשות הרבים סותר ובונה כדרכו מפני הסכנה התם בדקתני טעמא מפני הסכנה ואיכא דאמרי תא שמע כותל הגוהה לרה"ר סותר ובונה כדרכו מפני הסכנה מפני הסכנה אין שלא מפני הסכנה לא לימא תיהוי תיובתיה דרב חסדא אמר לך רב חסדא התם סותר ובונה הכא בונה ולא סותר התם נמי ליסתור ולא ליבני א"כ מימנע ולא סותר אמר רב אשי מתניתין נמי דיקא דקתני ובשביעית בונה כדרכו דהיכא אילימא דחצר צריכא למימר אלא לאו דגינה ואע"ג דמיחזי כמאן דעביד נטירותא לפירי שמע מינה:

מתני' ר' מאיר אומר רואין את הנגעים (*בתחלה) להקל אבל לא להחמיר וחכמים אומרים לא להקל ולא להחמיר:

גמ' תניא רבי מאיר אומר *רואין את הנגעים להקל אבל לא להחמיר רבי יוסי אומר לא להקל ולא להחמיר שאם אתה נזקק לו להקל אף להחמיר אמר רבי נראין דברי רבי מאיר במוסגר ודברי רבי יוסי במוחלט אמר רבא בטהור כ"ע לא פליגי דלא חזו ליה [א] בהסגר ראשון דכ"ע לא פליגי דחזו ליה כי פליגי בהסגר

רש"י

עד כמה · מרוחקין הני תרי חורי נמלים דכי איכא בינייהו וליכא גישרא דאין מכירין הני בחורי דהכי: **עד פרסה** · אי ליכא פרסה בינייהו אע"ג דאיכא נהרא וליכא מעבר מכירין הני בחורי דהכי: **נועץ שפוד** · במקום שהן מצוין ומרדה האדמה וממעך אותן: **הוצא** · (א) ענפי דקל דתמרים: **דפנא** · בייר וקעבד גדר מדפנא ומגדל אותה מהולי הדקל: **צר בצרור** · מניח אבנים זה על גב זה: **אמר רב חסדא לא שנו** · דאמר מתני' מקרין אבל אינו בונה כדרכו: **בכותל גינה** · דליכא פסידא יתירא אי עיילי בה אינשי: **אבל בכותל חצר בונה כדרכו** · דאיכא פסידא יתירא אי עיילי בה גנבי וגנבי ממוניה: **גוהה** · שוחה ונטוי: **סותר ובונה כדרכו** · דהיינו כותל חצר מסייע ליה לרב חסדא: **מפני הסכנה** · שלא תפול על הולכי ברשות הרבים: **שלא מפני סכנה לא** · קשיא לרב חסדא דאמר בכותל חצר בונה כדרכו אע"פ דליכא סכנה: **תריץ** · לא קשיא לרב חסדא דהא דקתני במקום סכנה היינו דסתר לה כשגוהה ובונה לה שפיר: **הכא** · דקאמר רב חסדא שלא במקום סכנה בונה כדרכה כשהיא סתורה קודם לכן אבל לא סתר לה במועד: **התם** · במקום סכנה לסתור משום דאיכא סכנה ולא ליבני דבבנין ליכא סכנה: **א"כ** דלא בני: **ממנעי ולא סתרי** · והוי סכנה: **מתניתין נמי דיקא** · כרב חסדא דגינה אינו בונה במועד כדרכו: **אלא לאו גינה** · ובשביעית בונה כדרכו אבל במועד אינו בונה כדרכו: **מתני' רואין את הנגעים להקל** · כלומר רואה הכהן נגע בתחלה במועד לטהר: **לא להחמיר** · שאם רואה הכהן שהוא טמא אינו אומר כלום שאם מטמאו נמצא מצטער במועד ורחמנא אמר (דברים טז) ושמחת בחגך: **גמ' שאם אתה נזקק לו להקל אתה נזקק לו להחמיר** · כלומר מאחר שרואהו הכהן אומר בין הוא טמא בין הוא טהור: **א"ר נראין לי דברי ר' מאיר במוסגר** · שרואין ודברי רבי יוסי במוחלט: **בהסגר ראשון** · שאם מטהר ליה משמח ליה אי לא מטהר ליה לא מטמא ליה יותר מדמעיקרא אלא מסגר ליה פעם שניה:

בהסגר

תוספות

עד כמה עד פרסה · דאין מכירין זה את זה ביותר מפרסה אפי' בלא נהר א"כ ה"פ כשיש נהר מתי קרויין מכירין עד פרסה אבל ביותר מיקרי אין מכירין ודוקא דאיכא נהר: **תניא ר"ש בן אלעזר אומר** · לא ידענא מה הוא אם הוא תנא שלישי או שמא מילתיה דת"ק מפרש או שמא י"ל דרבי יהודה מודה בשדה לבן הסמוכה לשדה האילן וחכמים מיירי בשדה הסמוכה לבית השלחין לא בשדה הסמוכה לבית האילן ונראה לי דגרסינן הכי בשאלתות שדה לבן מתירין חכמים ויש ספרים שכתוב בהן כשאמרו בשדה לבן שלא כדרכו לא אמרו אלא בשדה לבן הסמוכה לעיר וקאי על דברי רבי יהודה כו': **אמר רב אשי מתניתין נמי דיקא**. פסק בתוס' דהר"ר פרץ דהלכתא הכי דכותל חצר מותר לבנותו ופירש דהיינו דוקא במקום סמוך לרה"ר שיש לו לחוש לגנבים אבל בין חצר לחצר ומשום בני חצר אסור לבנותו כדרכו: **אמר רבי נראין דברי ר"מ במוסגר** · מה שפירש בקונטרס דמוסגר אסור לתשמיש המטה לא נהירא מנין לו דהא תנן בפרק קמא דמגילה (ד' ח:) אין בין מוסגר למוחלט אלא פריעה ופרימה משמע דלענין תשמיש המטה שוין דלמאן דאמר מוחלט מותר כל שכן דמוסגר מותר ולמ"ד דמוחלט אסור ה"ה מוסגר אסור דהא מוחלט מאי טעמא דאסור משום דאיכא ק"ו לימי חלוטו כדאמרינן בשמעתין והכי נמי ק"ו לימי הסגירו וגמרינן ימי הסגר מימי ספרו ואי משום דאין טעון פריעה ופרימה בימי ספרו נמי אין טעון פריעה ופרימה והא דקאמר התם בגמרא הא לענין שילוח טומאה זה וזה שוין ה"ה לענין תשמיש המטה הן שוין אלא לא פסיק ליה לאיסור או להיתר וגם מה שפירש בקונט' דמוסגר אינו משתלח חוץ לג' מחנות מזה חזר בו דהא בפרק קמא דמגילה (ד' ח:) קאמר הא לענין שילוח זה וזה שוין ולפי זה קשה מאי שייך צוותא דאשתו וצוותא דעלמא במוסגר ובמוחלט בשלמא צוותא דעלמא יש ליישב שהוא *צריך פריעה ופרימה כשהוא מוחלט וטמא טמא יקרא ופורש מבני אדם בימי חלוטו יותר מבימי הסגירו אבל לתשמיש שניהן שוין ע"כ נראה דהא דקאמר מר סבר צוותא דעלמא ניחא ליה ומר סבר צוותא דאשתו עדיף אמוחלט קאי וה"פ נראין דברי ר' מאיר במוחלט דרואין דאי תחילה נמי טמא הוה ואי מטהר ליה מאי אפסדיה לצוותא דאשתו אינו חושש לצוותא דעלמא עדיפא ליה ונראין דברי ר' יוסי במוסגר דמטמא ליה ופסיד צוותא דעלמא שיהיה טעון פריעה ופרימה וטמא טמא יקרא וצריך לפרוש מבני אדם וגם יפסיד שיצטער שעד עתה היה מצפה להיות טהור ואין מצפה עתה ליטהר ותנא אחרינא סבר צוותא דאשתו ניחא ליה והכי פירושו נראין דברי ר' מאיר דרואין במוסגר דאי מטמא ליה לא יפסיד דשניהן מוסגר ומוחלט דינם שוה חוץ מפריעה ופרימה ובהך הפסד אינו חושש אפי' קרינא ליה הפסד צוותא דעלמא כדפי' אינו חושש אלא אצוותא דאשתו אבל מוחלט אין רואין דאי מטהר ליה יפסיד צוותא דאשתו דקסבר צוותא דאשתו עדיפא ליה מצוותא דעלמא וקצת ק"ל מהו נראין דברי ר"מ הא לית ליה לרבי מאיר כלל דהכהן מתיב לומר ואי בעי שתיק ור' (ג) קסבר דלעולם כהן אינו רשאי לשתוק כלל ולדברי ר' לא תמצא בשום אחד רואין להקל ולא להחמיר דאינו רשאי לשתוק כלל והכי הוה ליה למימר נראין דברי ר' יוסי כו' ואין נראין דברי ר' יוסי כו' והכי איתא בשמעתין דטיפת חלב (חולין ד' קטי): **בהסגר** ראשון כולי עלמא לא פליגי · מה שפירש בקונטרס בסוף הסגר ראשון ומשום הכי רואין אי טהור שפיר ואי עומד בעיניו תחילה נמי בבית הכלא היה עומד וקשה דלמא פשה הנגע ויהיה טמא מוחלט והכי משמע בנגעים פ"א דארבע מראות הללו מצטרפין זה עם זה לפטור את העומד סוף שבוע שני להחליט את שנולד בו מחיה או שער לבן בתחילה בסוף שבוע ראשון או בסוף שני לאחר הפטור להחליט את שנולד בו פיסיון בסוף שבוע ראשון או בסוף שבוע שני ויש לפרש בהסגר ראשון כ"ע לא פליגי דחזי ליה הוי הטעם משום דלטהרו או לטמאו לא שייך למדרש עד שעה שצריך לטמאותו דהיינו בסוף הסגר שני אבל בסוף הסגר ראשון ראוי הוא להסגיר עוד ולא יטמאנו וכל זה דוחק לכך נראה דדברי רבינו יצחק בהסגר ראשון היינו תחילת הסגר ראשון שיכול (ג) לשמח בכן דהא לא שייך לטהרו או לטמאו בהסגר שני והוא בתחילת הסגר שני שמא אינו יכול לשתוק והוא הדין בסוף הסגר שני:

לטהרו

עין משפט נר מצוה

סד א מיי' פ"ח מהל' י"ט הל' כ טוש"ע א"ח סי' תקלז סעיף יג:
סה ב מיי' שם טוש"ע שם:
סו ג ד ה ו מיי' פ"ח מהל' י"ט הלכה ו סמג לאוין עה טוש"ע א"ח סי' תקמ סעיף ד:
סז ז מיי' פ"ו מהל' י"ט הלכה טו:

[בשאלתות אי' ר"א ב"ר]

[בערוך אי' הנוהה וכ"א בשאלתות וכ"ה בתוספתא ולקמן יג.]

מסורת הש"ס

[צ"ל ומרדה כן אי' בתוספ' פ"א וכ"א בשאלתות]

[לקמן יא.]

[תוספתא פ"א לקמן יג.]

[עי' כתוי"ט]

[תוספתא פ"א]

רבינו חננאל

ר' יהודה אומר, צדין משדה האילן כדרכו ומשדה הלבן שלא כדרכו: ת"ר כיצד כדרכו חופר גומא ותולה בה מצודה. כיצד שלא כדרכו נועץ שפוד ומכה בקורדום ומרדה בעפר תחתיה: ומקרין הפירצה במועד. רב יוסף אמר בהוצא ודפנא במתניתא תנא צר בצרור כלומר עולה באבנים זו על גב זו ואינו טח בטיט. אמר רב חסדא לא שנו שמקרין את הפירצה אלא כותל גינה [אבל כותל חצר] שנפל בונה כדרכו אמר רב אשי מתני' נמי דיקא דעל כותל גינה אמר' המשנה ומקרין את הפירצה במועד דקתני ובשביעית בונה כדרכו דהיכא אי נימא דחצר צריכא למימר דבונה בשביעית וכי בנין בשביעית מי אסיר אלא לאו דגינה *) (ובונה כדרכו מפני הסכנה שלא יפול על בני אדם) ואע"ג דמיחזי כמאן דעביד נטירותא לפירי. תניא כותל הגוהה לרה"ר סותר ובונה כדרכו מפני הסכנה שלא יפול על בני אדם: **מתני'** דמ"א רואין את הנגעים וכו' תניא ר' מאיר אומר רואין את הנגעים להקל כדי לטהרו אבל לא להחמיר שאם אתה נזקק לו להקל אתה נזקק לו להחמיר שנא' לטהרו או לטמאו. א"ר נראין דברי רבי מאיר במוסגר כי רואין להקל לטהר אבל לא להחמיר שאם יראה כי הוא טמא ישתוק ואוקמה דבה בהסגר שני. ור' מאיר סבר בכהן תליא מילתא

*) אלו תיבות המוקפים נראה שמיותרים כאן.

גליון הש"ס

תוס' ד"ה אמר רבי נראין וכו' צריך פריעה ופרימה כשהוא מוחלט וטמא טמא יקרא. עיין תוי"ט פ"א דמגילה:

הגהות הב"ח (א) רש"י ד"ה הוצא הוצי דקל הס"ד ומה"ד דפנא ענפי עץ שקורין לו"ר ופרי שלו קורין בייי"ש וקעבד גדר: (ב) תוס' ד"ה אמר רבי כו' ואי בעי שתיק ודרבי יוסי קסבר דלעולם כו' ולדברי ר' יוסי לא תמצא: (ג) ד"ה בהסגר כו' תחילת הסגר ראשון שיכול לשתוק דהא:

הגהות הגר"א [א] גמ' בהסגר שני דכ"ע נ"ב דחזי ליה כי פליגי בהסגר ראשון כצ"ל:

עין משפט נר מצוה

סח א מיי' פ"ט מהל' טומאת צרעת הל' ו סמג עשין רלה :
סט ב מיי' פ"ט שם הלכה ח :

מסורת הש"ס

תורה אור

בהסגר שני מר סבר בכהן תליא מילתא אי טהור אמר ליה טהור ואי טמא שתיק ומר סבר לטהרו או לטמאו כתיב אמר מר אמר רבי נראין דברי רבי יוסי במוחלט ודברי ר' מאיר במוסגר והתניא איפכא תנאי היא אליבא דרבי מר סבר צוותא דעלמא עדיף ליה ומר סבר צוותא דאשתו עדיפא ליה למימרא דמוחלט מותר בתשמיש המטה אין והתניא וישב מחוץ לאהלו שבעת ימים שיהא אסור בתשמיש המטה ואין אהלו אלא אשתו שנאמר לך אמור להם שובו לכם לאהליכם א) ר' יהודה אומ' שבעת ימים יספרו לו ימי ספירו ולא ימי חלוטו ר' יוסי בר' יהודה אומר ז' ימי ספירו ק"ו לימי חלוטו וא"ר חייא דנתי לפני רבי לימדתנו רבינו יותם לא היה לו לעוזיהו אלא בימי חלוטו אמר לו אף אני כך אמרתי במאי קמיפלגי ר' יוסי בר' יהודה סבר גלי רחמנא בימי ספירו וכ"ש בימי חלוטו ומר סבר מאי דגלי גלי ומאי דלא גלי לא גלי למימרא דבכהן תליא מילתא אין והתניא וביום הראות בו יש יום שאתה רואה בו ויש יום שאי אתה רואה בו מכאן אמרו חתן שנולד בו נגע נותנין לו ז' ימי המשתה לו ולביתו ולכסותו וכן ברגל נותנין לו שבעת ימי הרגל דברי רבי יהודה א) ר' אומר אינו צריך הרי הוא אומר וצוה הכהן ופנו את הבית אם ממתינים לו לדבר הרשות כל שכן לדבר מצוה מאי בינייהו אמר אביי משמעות דורשין איכא בינייהו ורבא אמר דבר הרשות איכא בינייהו ורבי יהודה מהתם לא גמרינן דחידוש הוא דהא

ויקרא יג · במדבר יב · דברים ה · יחזקאל מד · ויקרא יג · ויקרא יד

נקמן סו: · [תוספתא נגעים פ"ח] · [זבחים ז: יד: מנחות נב:] · נגעים פ"ג מ"ב [בכורות לד:]

בהסגר שני · דאי מטמא ליה מחליט ליה בטומאה תמורה ומלטער ליה : מר · ר"מ דאמר רואה להקל לטהר אבל לא לטמא : סבר בכהן תלא רחמנא · דאי מטמא ליה הוי טמא ואי לא בעי מטמא ליה לא הוי טמא ולהכי חזי ליה להקל אבל לא להחמיר דאי חזי ליה דהוי טמא לא לימא ליה כלום ולא הוי טמא : ומר · ר' יוסי דאמר לא להקל : סבר לטהרו ולטמאו כתיב · דכי חזי ליה כהן דטמא לא מצי למשתק ודלמא הוי טמא ונמלא מלטערו שמטמאו במועד : והא תניא איפכא · דברי ר"מ במוחלט דברי ר' יוסי במוסגר : מר סבר צוותא דאשתו עדיף ליה · ולהכי חזי ליה במועד בהסגר שני דאי מטהרו משמחו ואפי' מטמא ליה ומחליט ליה ומשדר ליה חוץ מג' מחנות ולית ליה צוותא דאינשי דעלמא אפ"ה לית ליה לערא דהא אית ליה צוותא דאשתו ומותר הוא באשתו להתיחד עמה בימי חלוטו ודברי ר' יוסי במוחלט דאפי' מטהר ליה דאע"ג דשרי ליה למחנה ישראל אית ליה לערא דלית ליה צוותא דאשתו דאסור הוא דכיון דמטהר ליה מחלוטו מיבעי ליה למימני שבע ימי ספירו ובימי ספירו אסור בתשמיש המטה דכתיב וישב מחוץ לאהלו שבעת ימים ואהלו זו אשתו דכתיב שובו לכם לאהליכם : ומר סבר צוותא דעלמא עדיף ליה · האי תנא דאמר א"ר נראין דברי ר"מ במוחלט ודברי ר' יוסי במוסגר סבר צוותא דעלמא עדיף ליה ולהכי חזי בימי חלוטו דאי מטמאו לא מטמא יותר מדמעיקרא ואי מטהרו משמחו דאית ליה צוותא דעלמא אף על גב דאסור בתשמיש המטה צוותא דעלמא עדיף ליה ודברי רבי יוסי במוסגר דלא חזי ליה דלמא מטמא ליה חוץ לג' מחנות ולית ליה צוותא דעלמא ומלטער ליה : ימי ספירו · אסור בתשמיש המטה ולא ימי חלוטו : יותם לא היה לעוזיהו אלא בימי חלוטו · כלומר לא נתעברה אמו דיותם אלא בימי חלוטו דעוזיהו היה מלורע ולא נזקק לאשתו בימי ספירו אלא בימי חלוטו : אף אני כך אמרתי · דמלורע מותר בתשמיש המטה דוישב מחוץ לאהלו בימי ספירו כתיב : ורבי סבר מאי דגלי גלי · להכי אמרי' ימי ספירו ולא ימי חלוטו : למימרא דבכהן תליא מילתא · פריך בין לר"מ בין לרבי יוסי דר"מ אומר בהדיא אי טמא שתיק ורבי יוסי קאמר אין רואין כלל מכלל דרבי יוסי סבר אי לא בעי לא חזי ליה ולא הוי טמא : נותנין לו ז' ימי המשתה · דלא חזי ליה דלמא מטמא ליה : ולכסותו · אם נראה הנגע בכסותו : אם ממתינין לדבר הרשות · הרי ממתינין לו שאין מטמאין עד שמפנה כל הכלים שבבית וילפי' מינה דבטומאה דבגופיה נמי ממתין לדבר הרשות דומיא דהכא כיון דאשכחן דבטומאה דגופיה ממתינין לו לדבר הרשות כ"ש דממתינין לו לדבר מצוה כגון חתן וברגל : משמעות דורשין · דמר דריש מהאי קרא ומר דריש מהאי קרא : דבר הרשות איכא בינייהו · רבי יהודה דמפיק מביום הראות בו ומכאן אמרו חתן ורגל דהייט מצוה ממתינין לו אבל לדבר הרשות אין ממתינין לו בטומאה דגופיה ורבי סבר דבדבר רשות נמי ממתינין לו כדאמרי' לעיל דרבי יליף טומאה דגופיה להמתין לו מטומאה דביתו : לא גמרינן · דהוי חידוש ומחידוש לא ילפינן דכל היכא דאיכא חידוש אין לך דבר בו אלא חידושו :

לטהרו או לטמאו כתיב · בפ' בתרא דנזיר (דף סה: ושם) דריש מיניה פתח הכתוב בטהרה תחילה גבי ספק שער לבן קודם לבהרת והתם דריש מדכתיב לטהרו ברישא והכא דריש מגופיה דקרא : ה"ג בתורת כהנים שבעת ימים יספרו וכו' · ולפי שנכתב (א) בפסוק בתר ואחרי טהרתו וגו' כתבוהו כאן : יותם לא היה לו לעוזיהו אלא בימי חלוטו · פירש הר"ר קלונימוס דכתיב (ישעיה ז) ובעוד ששים וחמש שנה יחת אפרים מעם והיינו מנבואת עמוס אע"פ שישעיה אמרה וישעיה נתנבא בשעה שנתנגע עוזיהו כדמוכח קרא שהיה רעש ע"י שרעשו עליונים לשורפו ותחתונים לבלעו הוא מוגה לנבואת עמוס שנתנבא שנתים לפני הרעש וישראל גלה יגלה מעל אדמתו (עמוס ז) שאז נגזרה גזירה וכמה יש עד גלות הושע בן אלה שהיה בשנת שש לחזקיהו חשבונו ס"ה שנים ב' שנים קודם נגעו וכ"ה דנגעו דעוזיהו נתנגע כ"ה שנים לפני מותו וי"ו דיותם ושש עשרה דאחז ושש לחזקיה היה הגלות הרי ס"ה שנים ויותם בן כ"ה שנים כשמלך וא"כ היה עיבורו בימי חלוטו מכל מקום אין ר' יוסי בר' יהודה מוקשה די"ל דנתנגע בסוף השנה ועיבורו היתה בתחילת השנה ובפי' נביאים פרש"י חשבון זה וכן מוכיח בסדר עולם ומאחר שזה אמת כמלא שלריך לייסב והלא עוזיהו וירבעם מלכו כאחת דהא ירבעם מלך מ"א שנה וא"כ כשמת היה מ"א למלכות עוזיהו והכתוב אומר בשנת שלשים ושמנה לעזריה מלך יהודה מלך זכריה בן ירבעם וא"כ חסר ג' שנים וי"ל דמלך ג' שנים בחיי אביו וכן הגיה במקלת פירושים דהכי הוה מעשה דזכריה מלך בחיי ירבעם אביו ג' שנים : מאי דלא גלי לא גלי · יש מקשין למה אין רבי דורש ק"ו הא אדם דן ק"ו מעלמו *) ושמא יש שם פירכא או שמא מלורע חידוש הוא א"כ ז' ימים משמע מיעוט להפוקי ימי חלוטו ואידך דמצטריך לגופיה מיהו (ג) מדכתיב ביה לו שמע מינה למעוטי : ב] ויש יום שאי אתה רואה בו · תימה לר"מ למה אינו רואה להקל ועוד למאי דפי' רבינו יצחק דלכולי עלמא בתחילת הסגר רואין להקל לעולם יכול לראות ועוד ופינו את הבית עד שיראו למה טורח לפנות שמא ימצא טהור : משמעות דורשין איכא בינייהו · ר' דורש מופינו וביום אצטריך למידרש ביום ולא בלילה כדלקמן וי"ו לא משמע ליה ור' יהודה דורש מוביום אבל ופינו את הבית שנא אצטריך לרבי יהודה אפי' חבילי קש וחבילי עלים כדתנן בנגעים (פ' י"ב מ"ה) לרבי יהודה : דבר הרשות איכא בינייהו · דרבי יהודה סבר חידוש הוא ואין ללמוד הימנה שאר המתנות ומביום הראות בו לא משמע אלא המתנה דמצוה דמשמע דתלוי הדבר בקביעת היום כגון רגל והוא הדין לחתן ורבי סבר לרבות נמי המתנה שאינה מצוה וגמרינן שפיר להמתנה מופינו כל דבר הרשות בבית לא פליגי דהא בהדיא כתיב ופינו את הבית אלא דבר הרשות דגופיה איכא בינייהו ולאו נראה לפרש שאר דברי רשות כגון חבילי קש ופלוני בבתים ג] דלרבי יהודה דאמר חידוש הוא לא ילפינן :

*) [כדאיתא נדה יט:]

רבינו חננאל

אי טהור א"ל טהור אי טמא שתיק דבמילתא דכהן תליא מילתא ועד שאמר טמא בחזקה קאי ואמר ר' נראין דברי ר' יוסי שאמר אין רואין כלל במוחלט והתניא איפכא נראין דברי ר' מאיר במוחלט ודברי ר' יוסי במוסגר ופרקינן תרי תנאי ואליבא דרבי. האי תנא דתני אמר רבי נראין דברי רבי מאיר במוחלט שרואין סבר דלמא אחזי ליה לטהרו וצוותא דעלמא עדיפא ליה מצוותא דאשתו והאי תנא דתני אמר ר' נראין דברי ר' יוסי במוחלט סבר אי חזי ליה טהרה מצריכו לספירת שבעה ואוסרו באשתו שהיה מותר בה כל ימי חלוטו וצוותא דאשתו עדיפא ליה מצוותא דעלמא לפיכך קתני נראין דברי ר' יוסי דאמר אין רואין במוחלט כו' ואמרינן למימרא דר' סבר מוחלט מותר באשתו · ואמר הין . והתניא דרבי סבר המוחלט מותר באשתו דתניא וישב מחוץ לאהלו שבעת ימים שיהא כמנודה וכאבל שאסור בתשמיש המטה ואין אהלו אלא אשתו כדכתיב שובו לכם לאהליכם בז' ימי ספרו ולא בז' ימי חלוטו דברי רבי ורבי יוסי אומר *) דנתי לפני ר' לימדתנו רבינו יותם לא היה לעוזיהו אלא בימי חלוטו א"ל אף אני אומר כן כי בימי חלוטו מותר הוא ואינו אסור בתשמיש המטה אלא בימי ספרו ולא אמרינן ק"ו אלא בימי ספרו דגלי רחמנא ביה איסורא אסיר אבל חלוט דלא גלי ביה רחמנא איסורא שרי · למימרא דבדיבורא דכהן תליא מילתא דכתיב וביום הראות בו בשר חי יטמא ומה ת"ל וביום לימא ובהראות בו יטמא וביום למה לי אלא יש יום שאתה רואה ויש יום שאי אתה רואה מכאן אמרו חתן שנולד בו נגע נותנין לו ז' ימי המשתה ולאיצטליתו ולכסותו וכן ברגל נותנין לו כל ימי הרגל דברי רבי ר' יוסי אומר אינו צריך הרי הוא אומר וצוה הכהן ופנו את הבית אם ממתינין לו לפנות את כליו שהוא דבר הרשות ק"ו שממתינין לו בימי חתונתו ובימי הרגל שמצוה לשמוח בהן. ור' יהודה מצוה **) בכהן לא גמרי' דחידוש הוא דהא עצים ואבנים בעלמא לא מיטמו והכא מיטמו בנגעים הלכך חדוש הוא ומחדושא לא גמרינן ופשוטה היא .

הגהות הב"ח

(א) תוס' ד"ה ה"ג כו' ולפי שנכתב בפרק בתרא ואחרי טהרתו. נ"ב פירוש דהאי קרא דיחזקאל שבעת ימים יספרו לו מיירי אם נטמא כדמוכח בפרק בתרא דף ע"ו מסכת יבמות והתוס' בהדיא לגמרי לא היה צריך לאשמועינן דהאי מיושב מחוץ לאהלו גבי דריש ספירו ולא ימי חלוטו אלא אגב דמייתי להאי קרא בפ' בתרא כתבוהו כאן: (ב) ד"ה מאי כו' מדכתיב ביה לו. נ"ב עיין בספרי דדריש לו משמע ימי ספירו ולא ימי חלוטו :

*) נ"ל דכיון ד"ע לכאורה ואולי דטס"ס ונ"ל דברי ר' ר' יוסי בר"י אומר בימי ספירו ק"ו לימי חלוטו וא"ר חייא דנתי וכו'. **) אולי צ"ל מצוה מכלום לא גמרינן.

הגהות מהר"ב רנשבורג

א] גמ' רבי אומר אינו צריך כו'. כ"כ ותימה דבסמוך קאמרינן איכא דרבא ורבי אומר אצטריך וכו' וא"כ מאי אינו צריך דקאמר הכא ונ"ע ב"ש י"ל דסוגיית הברייתא דא"ל לקרא לדבר מצוה וס"ל רק לכתוב לדבר הרשות דגופיה ולא כמילתא דאתיא בק"ו סדר או גופיה הוי הדבר מצוה דגופיה : ב] תוס' ד"ה יש יום שאי אתה רואה בו. ע' על דבריהם בשו"ת ח"ס מה שכתב מהרש"א דקושייתם אינה אלא למאן דאמר מסגירין. ע' בזה : ג] ד"ה דבר הרשות איכא בינייהו כו' דלר' יהודה דאמר חידוש הוא לא ילפינן. עיין קרבן אהרן פ' תזריע דף קנ"ח :

הגהות מהר"ב לנדא

א] גמ' רבי יהודה אומר שבעת ימים יספרו לו. צ"ל רבי אומר וכן הוא בתורת כהנים ועיין בתוס' חולין דף קמא ע"א ודו"ק :

ועיין מ"א, דלא התירו אלא דבר אחד, דהיינו לבנותו אם הוא כבר סתור, אבל לסתרו אם הוא רעוע, ולבנותו מחדש, לא התירו, אם לא מפני הסכנה וכדלקמיה, [**עיין** ביד אפרים ובבית מאיר שתמהו על זה, ודעת הבית מאיר, דהא דקמקשה הגמרא: התם נמי לסתור ולא ליבני, הוא חוזר למה שאמר מתחלה "לימא מסייע ליה", ודחי הגמרא דלא הוי סייעתא, ועל כן קמקשה: התם נמי לסתור ולא ליבני, אבל לפי דעת רב חסדא דקיימא לן כוותיה, לא קמקשה מידי, **וכן** מוכח ג"כ בחי' ריטב"א, דלדעת רב חסדא דס"ל היכא דאיכא חשש גנבי מותר לבנות, לא מקשינן מידי לסתור ולא ליבני, **וא"כ** ע"כ מה דמשני מקודם התם סותר ובונה הכא בונה ולא סותר, אפשר דמיירי היכא דאם לא יסתור ליכא חשש דגנבי, אבל בכותל רעוע שיש חשש שגנבים יסתרו הכותל ויגנבו, שרי לסתור ולבנות, **וכן** מוכח ג"כ מלשון הרמב"ם, דהא דקמשני הגמרא: דאם לא כן ממנע ולא סתיר, הוא אפילו אם לא נסבור כרב חסדא, אבל לרב חסדא, בלא"ה שרי, דסתירה מותר מפני הסכנה, ובניה מותר לרב חסדא משום פסידא, שכתב: סותרו מפני הסכנה ובונהו כדרכו, וכן העתיקו בשו"ע, ולא כתב: סותרו ובונהו מפני הסכנה כלשון הברייתא, וכן מוכח בלבוש. **אמנם** לבסוף מצדד הבית מאיר ומשני בדוחק דברי המ"א בשם המרדכי. **ולמעשה** נראה להורות כדברי הפרי מגדים שכתבתי בפנים], **וכתב** הפמ"ג, דאפשר שאם הוא רעוע כ"כ שיש חשש ברור, וכ"ש היכא שיש חשש שיבואו הגנבים גם לידי עסקי נפשות, שרי לסתור ולבנות, ובלבד שלא יכוין מלאכתו במועד, [**ומיהו** היכא שיש חשש עסקי נפשות, אין לקנוס אף אם כיון מלאכתו במועד].

[י]ואם היה נוטה ליפול, סותרו מפני הסכנה ובונהו כדרכו - דאם לא נתיר לו לבנות, ימנע ולא יסתור, [**ובלבוש** כתב עוד טעם דמתירין לו, כדי שלא יבא לידי הפסד].

הגה: ואפילו אינו נוטה רק לחצר או למבוי, מותר לסתרו מפני הסכנה ולחזור ולבנותו; וכן בשאר דברים דאיכא למיחש לסכנה – (דהיינו אפילו בכותל חצר שבינו לחבירו שהוא רעוע, ויש שם אנשים שחשודים גם על עסקי נפשות, וכמו שכתבתי במ"ב), **בונה וסותרו כדרכו (ב"י בשם רבינו ירוחם וני"י).**

אות ז'

וחכמים אומרים: לא להקל ולא להחמיר

רמב"ם פ"ז מהל' יו"ט הט"ז - [יא]אין רואין את הנגעים במועד, שמא ימצא טמא ונמצא חגו נהפך לאבל.

---

§ מסכת מועד קטן דף ז: §

אות א'

למימרא דמוחלט מותר בתשמיש המטה, אין

רמב"ם פ"י מהל' טומאת צרעת ה"ו - מצות עשה שיהיה המצורע המוחלט מכוסה ראש כל ימי חלוטו, ועוטה על שפם כאבל, ופורם בגדיו, ומודיע העוברים עליו שהוא טמא, שנאמר: והצרוע אשר בו הנגע וגו'; אפילו כ"ג שנצטרע פורע ופורם, שעשה דוחה את לא תעשה; ואסור בשאילת שלום כל ימי חלוטו כאבל, שנא': ועל שפם יעטה, שיהיו שפתיו דבוקות; אבל קורא ושונה ודורש; ואסור לספר ולכבס כל ימי חלוטו; ונוהג בכל הדברים האלו אפילו בשבתות וימים טובים; והרי הוא מותר ברחיצה ובסיכה ובנעילת הסנדל ובתשמיש המטה; וזוקף את מטתו כשאר העם.

אות ב'

הרי הוא אומר וצוה הכהן ופנו את הבית, אם ממתינים לו לדבר הרשות כל שכן לדבר מצוה

רמב"ם פ"ט מהל' טומאת צרעת ה"ח - חתן שנראה בו נגע, נותנין לו כל שבעת ימי המשתה, וכן אם נראה בבגדיו או בביתו, אין רואין אותן עד לאחר המשתה, וכן ברגל, נותנין לו כל ימות הרגל, [א]שנאמר: וצוה הכהן ופנו את הבית וגו', אם המתינה תורה לדבר הרשות שלא יטמאו כליו, קל וחומר לדבר מצוה.

באר הגולה

י בריית‏א שם וכגירסת הראב"ד ושאר פוסקים דלא גרסי לרשות הרבים יא ‹ויש שם סוגיא שמשמע שאם חל שביעי של הסגר ראשון בחול המועד, דחזי ליה, כדאיתא התם, ורבינו כתב משנה כפשטה, **ואפשר** שהוא סובר דאליבא דחכמים דמתניתין אין רואין כלל – מגיד משנה› א ‹בפ"ק דמו"ק איכא מאן דמפיק להאי דרשא מקרא ד"וביום הראות בו", ואמרינן מאי בינייהו, אמר רבא דבר הרשות איכא בינייהו, דלמאן דמפיק ליה מקרא ד"ופנו" אף לדבר הרשות ממתינין, **ורבינו** ז"ל שפסק כרבא, הי"ל לבאר כל זה, **ואף** אביי דאמר משמעות דורשין, נראה דס"ל דלכו"ע אף לדבר הרשות ממתינין, וכמ"ש התוס' שם (דף ח') ד"ה נפקא, **ובלא"ה** הי"ל לרבינו לפסוק כרבא נגד אביי, ודו"ק – משנה למלך›

§ מסכת מועד קטן דף ח. §

אות א'

ביום ולא בלילה

רמב"ם פ"ט מהל' טומאת צרעת ה"ו - אין רואין את הנגעים אלא ביום, בין להסגיר בין להחליט בין לפטור, שהרי בכל הענין הוא [א]אומר: ביום וביום.

אות ב'

למעוטי סומא באחת מעיניו

רמב"ם פ"ט מהל' טומאת צרעת ה"ה - חלל פסול לראיית נגעים, שנאמר: אחד מבניו הכהנים, בכהונתם; אבל בעלי מומין כשירים לראיית נגעים; ובלבד שלא יהיה סומא ואפילו באחת מעיניו, ואפילו כהן שכהה מאור עיניו לא יראה את הנגעים, שנאמר: לכל מראה עיני הכהן.

אות ג'

אבל הוא לו

יו"ד סימן תג ס"ד - [ב]אין מלקטין עצמות אביו במועד - ‹כדי שלא לעורר עליו את האבל במועד›, **ואין צריך לומר עצמות שאר קרובים** - ‹דמ"מ התעוררות אבילות איכא - לבוש›.

אות ד'

לא יעורר אדם על מתו, ולא יספידנו קודם לרגל ל' יום

סימן תקמז ס"ג - [ג]כל ל' יום לפני המועד, אסור להספיד על המת שמת לו לפני שלשים יום קודם המועד - שאין המת משתכח מן הלב עד אחר שלשים יום, [גמרא], ואי יספידו פחות מל' יום לפני הרגל, יבוא עי"ז לבכות ולהצטער ברגל, דעדיין לא שכחו, [ד]**ואפילו** אם המספיד אינו נוטל שכר עבור זה, רק בחנם לשם מצוה, ג"כ אסור, **ואין** נ"מ בין אם המספיד הוא אדם אחר, או אחד מן האנשים שמוטל עליו אבילותיו.

(**משמע מלשון זה, דאפילו הוא עדיין תוך ל' יום למיתתו, מ"מ כיון שמזמן ההספד עד הרגל הוא פחות משלשים יום, אסור, ועיין ביו"ד סימן שמ"ז בפת"ש שם**). ‹הובא לקמן בסמוך›.

ואפילו על ת"ח שמת, [מטעם דאין בזמנינו דין ת"ח], **ובתשובת** עולת שמואל מתיר לעשות הספד על אדם גדול, אפילו על שמועה רחוקה אם לא היתה שעת הכושר מקודם, וכן מצדד בנחל אשכול ע"ש, ועיין בשע"ת, [**וטעם** המקילין, דנהי דאין אנו מחזיקין להם לת"ח לענין שלא להקל אף במועד עצמו, עכ"פ להחמיר אף קודם הרגל שמא יבא לעורר צער במועד, בזה מחזיקין להן לת"ח].

וקודם ר"ה ויו"כ, אי חשיב כרגלים לענין זה, צ"ע - פמ"ג, **ובישועות** יעקב מיקל בר"ה ויו"כ, **ועיין** בתורת אדם במה שמביא בשם ר"נ גאון, שבחודש אלול מותר.

[ה]**ואפילו אם יש לו הספד בלא זה, כגון שמת לו מת בתוך שלשים, שמותר לספדו, אפילו מת ערב הרגל** - מפני שהוא לו חדשה, והמרירות קבוע לו בלבו, ואינה מיתוספת בשביל ההספד, **וזה** מותר אפי' אם המספיד נוטל שכר, ואפי' על שאר כל אדם שאינו ת"ח, **אסור להספיד עמו על המת שמת לפני שלשים יום קודם המועד** - דעכ"פ ע"י זה מיתוסף לו עוד צער במועד.

אפי' מת ערב הרגל – (**ואם הוא אחר חצות, וכן בע"ש, צ"ע אי מותר להספידו, דאפשר דכמו שא"א צדוק הדין בע"ש ועיו"ט אחר חצות, כן הוא לענין הספד, אם לא לת"ח שמספידין עליו בע"ש ועיו"ט, וכן בע"פ אחר חצות, דלא עדיף מחוה"מ דמספידין עליו, ואף דאנו מחמירין בחוה"מ שלא להספיד אפילו על ת"ח, כמ"ש הפוסקים, מ"מ לענין ע"ש ועיו"ט בודאי אין להחמיר בזה**).

[ו]**סימן תקמז ס"ד - מי שבאה לו שמועה בתוך ל' יום קודם הרגל, [ז]נראה לי שמותר לספדו, ואע"פ שהיא רחוקה** - דהמרירות כבר קבוע בלבו בלא ההספד, ודינו כמת בתוך ל' יום קודם הרגל, שמותר להספידו קודם הרגל.

באר הגולה

[א] ‹משמע מדבריו דתופס דברי אביי, דאי לרבא תיבת "וביום" לא אתא אלא ליש יום שאין אתה רואה, לומר שאין רואין נגעי חתן או ברגל, ולא מפיק ראית יום אלא מפסוק "נראה לי, ולא לאורי", א"כ קשה, אמאי כתב הרמב"ם: שהרי בכל הענין הוא אומר ביום וביום, הכי הול"ל: דכתיב ביום - ראשון לציון› [ב] **הרמב"ם ממשנה מו"ק ח. וכרבי יוסי, כפי הכלל שבידינו, ר"מ ורבי יוסי הלכה כרבי יוסי** [ג] **משנה שם ח', ואפי' בחנם כשמואל שם, טור בשם הראב"ד והרא"ש והרמב"ם** [ד] [ט"ז, והיינו, לדעת שמואל דפסקו כמה ראשונים כוותיה. **ובאמת** לפי מה דהביא בב"י בשם הרמב"ן, דאף הוא מודה במת תוך ל' לרגל שמותר להספידו, אף דסבר דטעם המשנה הוא כרב, אין ראיה מהשו"ע ‹ממה דאוסר רק אם מת לפני ל' יום› דפסק כשמואל, ואף הא דס"ג וס"ד ניחא לדעת הרמב"ן ג"כ, ע"ש טעמו בתורת האדם. ‹**שרש"י** ז"ל שכתב: שאם מת לו מת בתוך שלשים יום לפני הרגל לא ישכור ספדן כו', ונראה משום דאזיל בשיטת רב דאוסר בשכר משום מעשה שהיה, לכך כתב דאפילו בחדש אסור, ולא ס"ל כהרמב"ן - בית אפרים›, **אכן** באמת רוב ראשונים פסקו כשמואל, הלא המה הרמב"ם והראב"ד והסמ"ג והרא"ש והריטב"א, והנמ"י העתיק ג"כ דברי הראב"ד, ובאשכול משמע גם כן שמצדד להורות כשמואל, **והפוסקים** כרב הוא רק הרי"ץ בן גיאות והתוספות והרמב"ן והרשב"א - שעה"צ] [ה] **כפי' הראב"ד** ‹כד הדר ספדנא במערבא אמרי יבכון עמיה כל מרירי ליבא, ופי' בנמ"י כד הדר ההוא ספדנא בעיר וצועק שיבכו עמו כל מרי נפש כי הוא יודע לספוד כהוגן, ומי שהיה לבו דוה עליו הולך וסופד על קרובו. **וכתב** רבינו ירוחם, פי' לא יעורר, לא ישכור ספדן לעורר על מתו שמת זה כמה ימים. **והראב"ד** פי', מת לו מת במועד, לא יעורר אחרים שהם מרי נפש על קרוביהם שמתו שיבכו עמו – ב"י› [ו] ‹מילואים› [ז] **ב"י מהירושלמי**

דהא עצים ואבנים בעלמא לא מטמאו והכא מטמאו ורבי אמר אצטריך דאי כתב רחמנא וביום הראות בו הוה אמינא לדבר מצוה אין לדבר הרשות לא כתב רחמנא וצוה הכהן ואי כתב רחמנא וצוה הכהן הוה אמינא הני אין דלאו טומאה דגופיה אבל טומאה דגופיה אימא מיחזא חזיא ליה צריכא אמר מר יש יום שאתה רואה בו ויש יום שאי אתה רואה בו מאי משמע אמר אביי א"כ ליכתוב רחמנא ביום מאי וביום שמע מינה יש יום שאתה רואה בו ויש יום שאי אתה רואה בו רבא אמר כולה קרא יתירא הוא דא"כ לכתוב רחמנא ובהראות מאי וביום שמע מינה יש יום שאתה רואה בו ויש יום שאי אתה רואה בו ואביי ההוא מיבעי ליה °ביום ולא בלילה ורבא ביום ולא בלילה מנא ליה נפקא ליה °מלכל מראה עיני הכהן ואביי ההוא מיבעי ליה °למעוטי סומא באחת מעיניו ורבא נמי מיבעי ליה להכי אין הכי נמי ואלא ביום ולא בלילה מנא ליה נפקא °יליה מכנגע נראה לי בבית לי ולא לאורי ואביי אי מהתם הוה אמינא הני מילי טומאה דלאו דגופיה אבל טומאה דגופיה אפילו לאורו נמי קא משמע לן: **מתני'** ועוד אמר ר' מאיר מלקט אדם עצמות אביו ואמו מפני ששמחה היא לו ר' יוסי אומר *אבל הוא לו *לא יעורר אדם על מתו ולא יספידנו קודם לרגל שלשים יום: **גמ'** ורמינהו *המלקט עצמות אביו ואמו הרי זה מתאבל עליהם כל היום ולערב אין מתאבל עליהן ואמר רב חסדא *אפילו צרורין לו בסדינו אמר אביי אימא מפני ששמחת הרגל עליו: ולא יעורר על מתו: מאי לא יעורר על מתו אמר רב כד הדר ספדנא במערבא אמרי יבכון עמיה כל מרירי ליבא: קודם הרגל שלשים יום: מאי שנא שלשים יום אמר רב כהנא *אמר רב יהודה אמר רב מעשה באדם אחד שכינס מעות לעלות לרגל ובא ספדן ועמד על פתח ביתו ונטלתן אשתו ונתנתן לו ונמנע ולא עלה באותה שעה אמרו לא יעורר על מתו ולא יספידנו קודם לרגל שלשים יום ושמואל אמר לפי

רש"י

דהא עלים. פשוטי כלי עץ לא מקבלי טומאה: **ורבי אמר אצטריך.** כלומר אע"ג דיליף טומאה דגופיה מטומאה דלאו גופיה לדבר הרשות מוטה הכהן אצטריך ביום הראות בו: **אבל טומאה דגופיה אימא לא.** דלא יליף טומאה דגופיה מטומאה דלאו גופיה לדבר הרשות מוטה הכהן דהוה אמינא חידוש הוא קמ"ל וביום הראות דהיינו טומאה דגופיה דממתינין לו לדבר מצוה והוא"ל ושכחן דממתינין לטומאה דגופיה מיהא לדבר מצוה לית ליה נמי כח למילף מוטה הכהן דממתינין לטומאה דגופיה לדבר הרשות נמי אף על גב דחידוש הוא: **כולה קרא יתירא.** כלומר כולה תיבה דביום הראות קרא יתירא: **מראה עיני הכהן.** משמע ביום שיכול לראות: **לי ולא לאורי.** שאין צריך לאור הנר דהיינו ביום ובההוא שעתא נמי וכל הכהן אלמא דאין רואין אלא ביום: **קמ"ל.** וביום הראות בו דבו היינו טומאה דגופיה: **מתני' מלקט אדם עצמות אביו ואמו.** ומוליכן למקום אחר לקוברן בקברות אבותם: **מפני ששמחה היא לו.** שקוברן בקברי אבותיו ולא מלטער במועד: **ר' יוסי אומר.** לא ילקט מפני שאבל הוא לו: **לא יעורר על מתו.** אם מת לו מת חדש או חדשים קודם המועד לא יעורר מפרש בגמ' כד הדר ספדנא כלומר שלא ישכור ספדן לחזור על קרוביו לומר בכו עמי כל מרי נפש: **לא יספידנו.** שאם מת לו מת בתוך שלשים יום לפני הרגל לא ישכור ספדן להספידו ושלשים יום אתרוייהו קאי וטעמא דשלשים יום מפרש בגמ': **גמ' הרי הוא מתאבל עליהן.** וקשיא לרבי מאיר דאמר מפני ששמחה היא לו: **אפילו צרורין בסדינו.** שאינו מלקטן ואינו רואה אותן הרי זה מתאבל כל זמן שלא נקברו: **מפני ששמחת הרגל עליו.** כלומר הרבה הוא עוסק בשמחת הרגל ואינו מלטער במלקט עצמות אביו ואמו: **יבכון עמיה.** (אפילו) הכי אסור למימר במועד היינו לא יעורר על מתו: **אמר רב (נחמן) מעשה כו'.** כלומר שהיו לו מעות מזומנין לצורך לעלות לרגל ונתנתן אשתו להספדנים ונמנע מלעלות לרגל:

תוספות

דהא עלים ואבנים לא מטמאו. ואפ"ה מטמאו כאן עלים ואבנים לאו דוקא דהא תנן במסכת נגעים (פי"ב מ"ה) לרבי יהודה אפילו חבילי קש וחבילי תבן וא"כ צריך לומר א] דרבי נמי מודה לר' יהודה וכן משמע מדלא מסיק דרבי סבר לה כר' שמעון דפליג התם: **מאי** משמע ביום יש יום שאתה רואה. משמע לאביי דר' יהודה דריש ו"ו וכן פ"ק דסנהדרין (דף יד: ושם) גבי ושפטו ופ' אלו מגלחות (מ"ק דף כז:) גבי ונתתם וקשה דרבי יהודה גופיה לא דריש ו"ו דהא אמר ימיר בפ"ק דתמורה (דף ב:) ובסוף פרק טרף בקלפי (יומא ד' מט:) גבי והאיש ושמא דריש ליה לדרשה אחרינא מיהו הכא קשה טפי כיון דר' יהודה דריש ו"ו מאי טעמא לא אמר רבא דהכא נמי דריש ו"ו למה חולק על אביי הים לו להזכירה ושמא רבא קאמר אפילו לא דריש ר' יהודה ו"ו הכא איכא למדרש יש לישבה: **נפקא** ליה מכנגע נראה לי ולא לאורי. תימה דהא לעיל אמר רבא לר' יהודה חידוש הוא ולא גמרינן מיניה ב] ולפירוש שפירש דרבי יהודה לטעמיה דמצריך ופינו עלים ואבנים ניחא דלענין פינו דוקא חידוש ועוד י"ל כיון דלאורו (א) אינו יכול לראות בלא נר א"כ פוסל מטעם ראיה יש לנו ללמוד הימנו כיון דחזינן דבעלמא נמי אשכחנא קפידא בראיה טפי מעולי רגלים *דבעינן שתי עיניו ובעינן נמי שלא יהא יום המעונן ותימה דהכא משמע דרבא ממעט לילה מהאי קרא ובפ' אחד דיני ממונות (סנהדרין ד' לד: ושם) מייתי קרא וביום הראות בו והיינו כאביי(ג) וי"ל דאורחיה דהש"ס(ב)לאתויי דרשות הפסוקים יותר ושמא אי לא כתב כנגע נראה לי הוה מוקמינן וביום הראות למעוטי לילה וכן בפ' קמא דמגילה (דף כ.) ולא מוהלין אלא ביום דריש התם מביום השמיני ביום ולא בלילה ובפ' ר' אליעזר דמילה (שבת קלב. ושם) דריש מיניה ביום אפילו בשבת ולא נילות ימים וכו' ולא לילות ובפ' (ב"ק דף סו.) מייתי שבח נעורים לאביה מבנעוריה בית אביה וכרש פ"ק דקדושין (דף ג:) מוקי לה בהפרת נדרים דוקא ושבח נעורים נפקי מוכי ימכור וגו' וכן בפ' קמא דקדושין (ג: יד:) מייתי ספר כורתה ולא דבר אחר כורתה מספר כריתות ובפרק [המביא גט] (גיטין דף כא:) מפקי לה רבנן מוכתב לה °וספר כריתות אצטריך לדרשה אחרינא ומיהו תימה היאך נוכל ליישב הסוגיא דפרק אחד דיני ממונות (סנהדרין דף לד:) אליבא דרבא דמייתי לה התם למיגמר דין ביום מנגעים ובשלמא אי מייתי מוביום הראות בו מצינו לאוקמי בגמר דין אלא כנגע ג] נראה לי היינו תחילת דין (ג) ואביי דאמר אי מהתם הני מילי דטומאה לאו דגופיה *וקיימא פירכא דלעיל דמגופיה דאית ליה לאביי משמעות דורשין איכא בינייהו דמשמע דרבי יהודה לא דריש מופנה הוה דריש ליה נמי שפיר ואצטריך וביום הראות ע"כ נראה לי דה"פ לעיל משמעות דורשין איכא בינייהו רבי סבר דביום הראות אצטריך לדרשה אחרינא דביום ולא בלילה כדפרישית נמי לעיל ורבי יהודה סבר דתרוייהו דרשינן ואיצטריך לתרי קראי כי היכי דאית ליה לרבי דמופנה ה"א טומאה דלאו גופיה קמ"ל וביום ומביום לא שמעינן אלא לדבר מצוה קמ"ל ופינו ולפי זה לכ"ע ממתינין לדבר הרשות דהא תרוייהו דרשי ופינו כדפרישית ד] ומלתא דאתיא מק"ו טרח וכתב לה קרא דהיינו דבר מצוה וקשה קצת אליבא דרבי יהודה שמה שיש בחומרא חידוש אין ללמוד הימנו קולא דקאמר משום דחידוש הוא דהא עלים ואבנים לא מטמאו אין ללמוד ממנה אלא דכוותיה אמרינן פרק כל הבשר (חולין ד' קח. ושם) בשר בחלב חידוש הוא ופירש רבינו יעקב דאי תרי ליה כולי יומא בחלבא שרי וכי מבשל ליה אסור והחידוש אינו מן האיסור דבהדי הדדי אסור והאי לחודיה והאי לחודיה שרי דהא כלאים נמי כל חדא שרי ובהצטרפות אסירי כדמסיק בפ' אלו עוברין (פסחים דף מד:) א] משמע כשהאיסור חידוש אין ללמוד ממנו קולא מהאי טעמא היה מיישב רבינו יצחק בר אברהם היא דעדים זוממין דחידוש הוא*: **ורמינהו** המלקט כו'. במס' שמחות (פרק יב ע"ש) והוה מצי לשנויי הא מני ר' יוסי היא דאמר במשנה אבל הוא לו: **ולערב** אינו מתאבל ואמר רב חסדא. בלא דרב חסדא הקשה היטב אלא כך רגילות הש"ס אגב גררא להביא פירוש הברייתא דאפילו צרורין לו בסדינו אינו מתאבל לערב ויש מפרשים דארישא קאי אפילו צרורין לו בסדינו כמה ימים צריך להתאבל כל זמן שרואה אותן ופי' קמא ניחא טפי אבל לא שייך הכא כל כך לפירוש ראשון דהא תוספא אינו מתאבל לערב לא מצי להקשות על המשנה כי אם מרישא וצריך לומר דמייתי סיפא אגב גררא והא דרב חסדא אגב גררא:

א) [וכ"כ תוספות מגילה כ. ובסנהדרין לד: בד"ה דכתי' ובזבחים קיז. ד"ה והתורה] ב) [בגמ' שם לא מייתי שום קרא ערש"י שם ותוספות]

דקא

עין משפט נר מצוה

ע א מיי' פ"ט מהלכות טומאת צרעת הלכה ו סמג עשין רלד:

עא ב מיי' שם הל' ה:

עב ג מיי' פי"א מהל' אבל הלכה ג סמג לאוין עה ועשין דרבנן ב טוש"ע י"ד סי' תג סעיף ד:

עג ד מיי' שם הלכה ו ופ"ו מהלכות י"ט הלכה כד סמג לאוין עה טוש"ע א"ח סי' תקמז סעיף ג וטוש"ע י"ד סי' שמז סעיף א:

עד ה ו מיי' פי"ב מהל' אבל הלכה ח טור ש"ע י"ד סי' תג סעיף א:

[וע"ע תוספות מנחות נא: ד"ה וי"ו ותוספות סנהדרין יד. ד"ה וכ"ש]

[כדאיתא ריש חגיגה]

רבינו חננאל

ועוד אמר ר"מ מלקט אדם עצמות אביו ואמו במועד: *) אוקמא מפני ששמחת הרגל עליו ואינו מתאבל עליהן אבל בשאר הימים זולתי השער המלקט עצמו' אביו ואמו מתאבל עליהן כל היום ולערב אינו מתאבל עליהן אמר רב חסדא ואפילו צרורין בסדינין: ירושלמי תני המעביר ארון ממקום למקום אין בו משום ליקוט עצמות ר' יוסי אומר לעולם אין בהן משום ליקוט אלא אם (חסר בכ"י) **) כר אחא דאמר יש ליקוט עצמות בארון של עץ והורה לו שלא להטמאות כר' יוסי דאמר אין ליקוט עצמות בארון ואפי' של עץ תני ליקוט עצמות אין אומרים עליהן קינין ונהי. ואין אומרין עליהן ברכת אבלים ולא תנחומי אבלים ואלו הן ברכת אבלים שאומרים בבהכ"נ. ותנחומי אבלים שאומרים בשורה. תני' אבל אומרים עליהן דברי' רבנן דקיסרי אמרי (רבנן) ק' ילוסין. ולא יעורר על מתו. איזהו עירעור מוכירו בין חמתים. הספר מספידו בפני עצמו. תני אשה לא תעורר על לווייתה

*) נ"ל אמר אביי אימא מפני וכו'.

**) לפניו בירושלמי כגי' אלא המעביר באפיקרסין ממקום למקום וכו' ר' מנא הורי לר' הלל לקבוע ולהתאבל כר' אחא דאמר כו'.

הגהות מהר"ב לנדא

א) תוס' ד"ה נפקא לי' וכו' משמע כשהאיסור חידוש אין ללמוד ממנו קולא. נ"ל כשהאיסור חידוש אין ללמוד ממנו איסור. ועי' בתוס' סנהדרין כו ע"א ד"ה ואין לך וכו' ועי' בנודע ביהודה תניינא בהשמטות לסי' נ"ו בחלק יו"ד.

שמחות פי"ב

[בכת"י שוכב"י איתא ואמרי לה כו']

וקיימא פירכא דלעיל דמגופי' ואיצטריך וביום הראות והא לית ליה לאביי משמעות כו' עד לא דריש ומופנה הוי דריש ליה נמי שפיר ע"כ נראה לי כצ"ל וכ"ה בחילופי גרסאות

[וע"ע תוס' סנהדרין כו. ד"ה אין לך]

הגהות הב"ח

(א) תוס' ד"ה נפקא כו' ועוד י"ל כיון דלאורו לא אינו אלא משום דאינו יכול לראות בלא נר כו' קפידא בראייה כגון שולי רגלים: (ב) בא"ד וי"ל דאורחיה דהש"ס כו'. נ"ב וכה"ג כתבו התוס' במסכת סוכה בדף כד ובדף ל ע"ש: (ג) בא"ד היינו תחלת דין הס"ד ואח"כ מה"ד ואביי אי מהתם ה"א הני מילי טומאה דלאו דגופי' וקשה דלעיל מ"ל פירכא דמגופיה דאית ליה לאביי כו' דמשמע דר' יהודה דלא דריש מופנה הוה דריש ליה נמי שפיר אלא דאיצטריך לחבילי קש וחבילי עלים לכך דריש וביום הראות כו' דמופנה ס"א ס"מ טומאה דלאו כו' הימנו קולא דקאמר הכא חידוש הוא כו' ממנה אלא דכוותיה דהכי אמרינן פ' כל הבשר כו' ופירש רבינו יעקב דזהו חידושו דאי תרו ליה. נ"ב שם בדף קח קאמר בפתח דבשר בחלב חידוש הוא ופירש בקונטרס דחידושו דשניהם מין היתר זה לבדו וזה לבדו וכשנתערבו נאסרין וכתוס' הקשו עליו דטעם זה לא יתכן דבפרק אלו עוברין דף מד ובפ' ג' מינים דף לח קאמר כהדיא דאין זה חידושו דהא כלאים נמי הכי הוא אלא זהו חידושו דאי תרו כו':

גליון הש"ס

תוס' ד"ה נפקא ליה וכו' וספר כריתות איצטריך לדרשה אחרינא. וע"ע תוס' זבחים דף קיז ע"א ד"ה והתורה ובכריתות דף טו ע"א תוס' ד"ה ערות:

הגהות מהר"ב רנשבורג

א] תוס' ד"ה דהא וכו' דרבי נמי מודה לר' יהודה. נ"ב עי' כמ"ל פי"ד מהלכות טומאת צרעת הלכה ד ודוק: ב] ד"ה נפקא לי' וכו' ולפי' שפי' דר"י לטעמיה דמצריך ופינו בעלים ובאבנים ניחא. נ"ב עיין במ"ל הנ"ל: ג] בא"ד נ"ל היינו תחלת דין. נ"ב כאן הס"ד ואח"כ מתחיל הדיבור ואביי וכו'. וכ"כ בס' שמע שלמה ס' תזריע ועי' בקרבן אהרן דף קלח ריש ע"ב: ד] בא"ד ומלתא דאתי' מק"ו טרח וכתב לה קרא. נ"ב כוונת דבריהם כמ"ש לעיל עה"ג דלא היה צריך קרא דוביום הראות וגו' לכתוב משמעותו לדבר מצוה רק הו"ל לפרש להדי' דבר הרשות דגופי' ודו"ק כי משמעות קרא דביום משמע להדי' לדבר מצוה וכמ"ש תוס' לעיל ד"ה דבר הרשות כו' ולק"מ קו' מהרש"א בזה על התוס':

[ח]סימן תקמז ס"ה - [ט]נראה לי שמה שאנו נוהגים בתשלום השנה לספוד המת ולהזכיר נשמתו, אינו בכלל זה - דאדרבה דעתו להפסיק עי"ז אבילותו, שהרי קודם לכן לובשים שחורים, ואח"כ מסירין אותם ולובשין לבנים, ב"י, **ומותר לעשותו בתוך ל' לרגל -** אבל במועד גופא, בודאי אסור להספידו אף באופן זה. «עיין בש"ך שמ"ז ס"ג, הובא לקמן». [**משמע** דלובשים שחורים עד תום י"ב חודש, ואין זה בכלל קדיש שמפסיק בי"א חודש, דענייננו הוא רק משום אבילות, **ויש** שמסירין השחורים ג"כ בי"א חודש]. **ואין** זה מה שנוהגין להזכיר נשמות ב"אל מלא רחמים", שזה אף ברגל עצמו מותר, ואינו הספד אלא שמתפללין עליהן, [**ואין** זה דומה למה שהולכין על הקבר ומזכירין נשמות, ואומר שם "אל מלא רחמים", שזה הוי בכלל הספד שאסור, ודוקא לאחר תשלום השנה מותר, שעי"ז מפסיק האבילות, **וכמדומה** שגם בזה נוהגין העולם להקל, לילך תמיד לפני הרגלים].

יו"ד סימן שמז ס"א - [י]מי שמת לו מת לפני שלשים יום הסמוכים לרגל, לא יספדנו משיכנסו שלשים יום הסמוכים לרגל - «שלא יהא עצב ברגל - לבוש», **ואפילו יש לו הספד בלא זה, כגון שמת לו מת בתוך שלשים שמותר לספדו, ואפי' מת (ערב) הרגל, אסור להספיד עמו על המת שמת לו לפני שלשים יום קודם המועד -** «בתשו' שבו"י כתב, דדוקא מת לו מת, אבל בעלמא להספיד לכבוד תורתו, שרי - רעק"א».

(**עיין** בשו"ת בית אפרים שהאריך הרבה בדין זה, והוכיח שדעת גדולי הראשונים, דכל שהוא עדיין תוך למ"ד יום למיתתו, אף על פי שהוא תוך שלשים לרגל, שרי, דכל כה"ג מת חדש מקרי, **ודוקא** אם בשעת ההספד כבר עברו ל' יום ממיתתו, והוא בתוך ל' לרגל, אז הוא מתישן ואסור, וכן דעת הרדב"ז, **ומ"מ** מסיק שאין לזוז מדברי השו"ע, אשר קיימו וקבלו עליהם כל ישראל, **אכן** אם הוא צורך שעה, שמת גדול הדור שמוטל על כל הת"ח להספידו, ומפני כבודו של חכם, יש להספידו אפי' תוך ל' לרגל, וכן עשה מעשה בעצמו, וכתב שגם הגאון מהר"ר יעב"ץ ז"ל כתב שיש צדדים להתיר, **אך** מש"כ דעל מתו המחוייב להתאבל דוקא אסור, צ"ע ע"ש. **ועיין** בס' אגודת אזוב בקונטרס אלון בכות, שכתב בשם שבו"י, שהורה להתיר להספיד תוך ל' יום קודם הרגל לת"ח משום כבוד התורה, והוא ז"ל דחה ראייתו, **אך** כתב דהיינו דוקא במקום שיש שם קרובי המת, אבל במקום שאין שם קרובי המת, לא שייך איסור זה לכו"ע, ע"ש טעמו ונימוקו, **שוב** עיינתי בשבו"י, וראיתי שגם הוא ז"ל ירד לחילוק זה, דדוקא על מתו דמריר ליביה טובא, ויש חשש, לרב שיוציא כל ממונו מה שהכין לכבוד הרגל, ולשמואל לפי שאין המת משתכח מן הלב ואתי למספד ברגל, **אבל** אם אינו מתו, רק שמספידו בשביל כבוד תורתו, אינו מתעורר ההספד בלבו כ"כ, ולא חיישינן, וטעם דכבוד התורה כתב רק לסניף בעלמא, ע"ש. **וכתב** עוד בספר אגודת אזוב שם, דר"ה ויוה"כ אינם כרגלים לענין זה, ע"ש - פת"ש).

[יא]יו"ד סימן שמז ס"ב - [יב]מי שבאה לו שמועה בתוך שלשים יום קודם הרגל, נראה לי שמותר לספדו, אע"פ שהיא רחוקה - «כיון שלא שמע עד עכשיו, בזה יסיר עצבונו שיספידהו כראוי - לבוש». «**שהרי** צערו נמשך מיום השמועה, ולא יתוסף לו צער - ערוה"ש».

[יג]יו"ד סימן שמז ס"ג - מה שאנו נוהגין בתשלום השנה לקונן ולהזכיר נשמות, נראה לי שאינו בכלל זה, ומותר לעשותו סמוך לרגל - «דאדרבא דעתם להפסיק ע"י כך אבלותם - ערוה"ש». **וכתב** העט"ז, ואנו נוהגין להזכיר אפילו פעם הראשון אפילו בתוך הרגל - ש"ך.

«**ולפי"ז** הדבר פשוט, שהזכרות שלנו שהש"ץ אומר "אל מלא רחמים", אין בזה חשש כלל, שהרי גם ברגל האחרון מזכירים נשמות, וכן בכל שבתות השנה, לבד כשמברכים ר"ח, דזהו תפלה, ונודרים לצדקה בעדם - ערוה"ש».

אות ה' - ו'

<u>המלקט עצמות אביו ואמו, הרי זה מתאבל עליהם כל היום, ולערב אין מתאבל עליהן</u>

<u>אפילו צרורין לו בסדינו</u>

יו"ד סימן תג ס"א - [יד]המלקט עצמות אביו, [טו]או של שאר קרובים שמתאבלים עליהם - «מסתמא שעל ידי הליקוט לבו מתחמם בקרבו ומעורר לו אבילותו מחדש, לפיכך אמרו ז"ל... - לבוש», **מתאבל עליהם כל היום כולו -** «אפי' הוא לא לקטן ולא ראה אותן אלא צרורות לו בסדינו - ערוה"ש», **[טז]בכל הדברים הנוהגים באבל, בכפיית המטה ועטיפת הראש ונעילת הסנדל ותשמיש המטה ורחיצה וסיכה; ולערב אין מתאבל עליהם, [יז]אפילו צרורים לו בסדינו.**

[יח]היה עומד ומלקט, וחשכה לו, מותר ביום שלאחריו; לפיכך אין מלקטין אותם סמוך לחשכה, כדי שלא יהיה נמצא שלא התאבל על ליקוט עצמות אביו - «ויש לדקדק, דדוקא באביו ואמו אין לעשות כן, אבל בשאר קרובים מותר - ערוה"ש».

(ואין אנינות בליקוט עצמות) - כלומר שיאסר קודם שיקברו העצמות באכילת בשר ושתיית יין, כדין אונן לעיל סימן שמ"א, **(רק חל עליו אבלות מיד) (טור בשם הרא"ש)** - אף קודם שקברם, וע"ל סימן שע"ה ס"ז - ש"ך. «**ולפי** מה דמבואר מחת"ס בסמוך, יש לו דין אנינות דפטור מן המצוות».

באר הגולה

ח «מילואים» ט שם י ציינתיו באו"ח סי' תקמ"ז יא «מילואים» יב ג"ז שם יג «מילואים» יד ברייתא מו"ק דף ח. טו הרמב"ן וכ"כ הרא"ש מברייתא דאבל רבתי טז שם וכ"כ רבינו ירוחם יז כפי' התוס' שם יח ברייתא באבל רבתי וכתבוהו הרמב"ן והרא"ש

כהן אינו רשאי ללקוט עצמות אביו, דשמא נחסר אביו, סא"ז מ"ו, **פירוש** אם נחסר כל שהוא מאביו אסור ליטמא לו, כדלעיל סוף סי' שע"ג, עכ"ל דרישה - ש"ך.

(**עיין** בתשובת חתם סופר, שכתב ע"ד קברות ישנות שאינם משומרות כי שולטין במתיהם, וגם שטף מים רבים אליו יגיעו, ורוצים לפנותו אל בית הקברות חדשה, **פשוט** דמצוה לפנותו, כמ"ש הרב ר"ס שס"ג, **וגם** זה פשוט שצריכים הקרובים לקרוע ולהתאבל ביומו, **וכל** היודע כי יפנו היום עצמות קרוביו, פטור מכל המצות עד שהביאם למנוחתם בקבר, **ואחר** הקבורה מתאבל עד הערב, **וחייב** לקרוע בשעת פינוי או בשעת שמועה, **אבל** טוב לעשות תקנה ואיסור שלא להודיע לשום אדם שהגיע היום פינוי עצמות קרוביו, רק בעלי חברא קדישא ג"כ יבררו כל יום ביומו אנשים שלא יגיע לקרובי עצמם ביום ההוא, והוא מגמילת חסד, דהתורה חסה על ישראל וביטול זמניהם, **ושוב** אחר שנעשה תקנה זו בפומבי ע"י הרב ובד"צ, שוב אם יארע שאמר לו עד א' כן, א"צ להאמינו, כיון שהוא עבריין ועובר על תקנת הקהל. **ומ"ש** מהר"ם פישלש בתשובת נו"ב, הובא קצת לעיל ר"ס שס"ג, א' מהטעמים שלא יפנו העצמות מפני ביטול מצות באותו היום, ולא כתב אותה תקנה הנ"ל, **היינו** לפי שהיה עיר קטנה, וביום א' החל וכלה כל העצמות הקבורים, א"כ באותו היום ידעו כל בני העיר כו'. **ובענין** קבורת העצמות, שאם יקברו כל מת בפ"ע, ימלאו קברות החדשה בעצמות ולא ישאר מקום שם קבר, **הנה** לשון הטור והשו"ע לקמן ס"ח, ונותן כל אחד לעצמו בארון של ארזים, הפרישה הוכיח דליכא קפידא בקבורתם בגומא א', דדוקא בעירוב עצמות קפיד רבי עקיבא, אבל אם לא יתערבו ויהיו מונחים עצמות מב' מתים בגומא אחת, ליכא קפידא, **ומה** שאמר ר"ע להניחם בארון ארזים, היינו להניח בארון א' עצמות כמה מתים כל גל בפני עצמו כו', **ואף** אם לא יהיה כן כוונת הטור, לדינא נ"ל כי דברי הפרישה נכונים, **ומהיות** טוב יעשו ארון ארוך, ובין כל עצמות מת א' יעשו בתוכו מחיצה של עפר דק, וטוב יותר של חרס או רעפים שאינו ממהר להתעכל, שאף אם יתעכלו נסרי הארון ויפלו העצמות לחוץ, יהיו מובדלים במחיצה הנ"ל. **ואם** רוצים יכולים להעמיק הגומא, אך באופן שלא יגיעו שם מים, ויכולים לעשות כמה ארונות זע"ז בהפסק עפר, **בתנאי** שתהיה המחיצה המפסקת בין עליונה ותחתונה מעובה קצת יותר, באופן שלא יכבד משא העצמות העליונה על התחתונים, דא"כ הוי גנאי יותר מדאי, **ובארון** עצמו יכולים לעשות הפסקות מחיצות של חרסים כנ"ל, אבל בגובה בין ארון לארון צריך דוקא הפסק עפר שראוי שיתעכל כל העליון, אבל להפסיק במחיצה של חרס בגובה אינו נכון, דאינו ממהר להיות עפר, ומצוה שיעשה עפר, כמ"ש הטור וב"י סי' שס"ג, ע"ש באריכות - פת"ש).

עין משפט נר מצוה

[כדאיתא בכורות מט:]

עה א מיי׳ פי״א מהלכות אבל הלכה ו:

עו ב ג מיי׳ פ״ח מהל׳ י״ט הלכה ח סמג לאוין עה טוש״ע א״ח סי׳ תקמו סעיף יא:

עז ד מיי׳ שם הלכה ד:

עח ה מיי׳ שם הלכה ח טוש״ע שם:

עט ו מיי׳ פ״ז מהלכות י״ט הלכה טו סמג לאוין עה טוש״ע שם סעיף י:

פ ז מיי׳ פ״ז מהלכות י״ט הלכה טו ופ״י מהלכות אישות הלכה יד סמג לאוין שם טוש״ע שם סי׳ תקמו סעיף א ב וטוש״ע אה״ע סי׳ סד סעיף ו:

פא ח מיי׳ פ״ז מהלכות י״ט הלכה כ טוש״ע א״ח שם סעיף ה:

פב ט י מיי׳ פ״ז מהל׳ י״ט הלכה כ טור ש״ע שם סי׳ תקמא סעיף ה:

פג כ מיי׳ שם פ״ח הלכה יג טוש״ע שם סעיף ג:

פד ל מיי׳ שם פ״ז הלכה טז ופ״י מהל׳ אישות הלכה יד טוש״ע אה״ע סי׳ סב סעיף ג:

לפי *שאין המת משתכח מן הלב שלשים יום מאי בינייהו איכא בינייהו דקעביד בחנם:

מתני׳ אין חופרין כוכין וקברות במועד אבל מחנכין את הכוכין במועד ועושין נברכת במועד וארון עם המת בחצר רבי יהודה אוסר אלא אם כן יש עמו נסרים:

גמ׳ מאי כוכין ומאי קברות אמר רב יהודה כוכין בחפירה וקברות בבנין תניא נמי הכי אלו הן כוכין ואלו הן קברות כוכין בחפירה וקברות בבנין: אבל מחנכין את הכוכין: כיצד מחנכין אמר רב יהודה שאם היה ארוך מקצרו במתניתא תנא *מאריך בו ומרחיב בו: ועושין נברכת כו׳: מאי נברכת אמר רב יהודה זו בקיע והתניא הנברכת והבקיע אמר אביי ואיתימא רב כהנא גיהא ובר גיהא: וארון עם המת בחצר: תנינא להא דתנו רבנן עושין כל צורכי המת גוזזין לו שערו ומכבסין לו כסותו ועושין לו ארון מנסרין המנוסרין מערב יו״ט רבן שמעון בן גמליאל אומר אף מביאין עצים ומנסרין בצינעא בתוך ביתו:

מתני׳ *אין נושאין נשים במועד לא בתולות ולא אלמנות ולא מייבמין מפני ששמחה היא לו אבל מחזיר הוא את גרושתו ועושה אשה תכשיטיה במועד רבי יהודה אומר לא תסוד מפני שניוול הוא לה *ההדיוט תופר כדרכו והאומן מכליב ומסרגין את המטות רבי יוסי אומר ממתחין:

גמ׳ וכי שמחה היא לו מאי הוי אמר רב יהודה אמר שמואל וכן אמר רבי אלעזר אמר רבי אושעיא ואמרי לה אמר ר׳ אלעזר אמר ר׳ חנינא לפי שאין מערבין שמחה בשמחה רבה בר [רב] הונא אמר מפני שמניח שמחת הרגל ועוסק בשמחת אשתו אמר ליה אביי לרב יוסף הא דרבה בר [רב] הונא דרב הוא דאמר רב דניאל בר קטינא אמר רב *מנין שאין נושאין נשים במועד שנאמר ושמחת בחגך ולא באשתך עולא אמר מפני הטורח רבי יצחק נפחא אמר מפני ביטול פריה ורביה מיתיבי כל אלו שאמרו אסורין לישא במועד מותרין

רש״י

לפי שאין המת משתכח מן הלב שלשים יום. כלומר כיון דמת אין משתכח מן הלב שלשים יום אם מספידו פחות משלשים יום לפני הרגל אתי למיספד ברגל דעדיין לא שכחו: דעביד בחנם. מ״ד משום מעות שזימן לרגל כיון דספדן עביד בחנם שפיר דמי ומ״ד לפי שאין המת משתכח מן הלב שלשים יום בחנם נמי אסור:

מתני׳ אין חופרין כוכין וקברות. לצורך מתים שדרכן לחפור כוכין וקברות לזמנן לצורך מתים שימותו דטירחא יתירא הוא: מחנכין. מפרש בגמ׳: נברכת. בריכה של כובסין וליכא ביה טירחא כולי האי: וארון עם המת בחצר. שהמת שם מותר לעשות ארון ולנסר הנסרים מתחילה לצורך הארון ולעשותו כולו אבל לא בחצר אחרת שלא יאמרו מלאכה אחרת היא: ר׳ יהודה אוסר. להביא עצים ולעשותן נסרים לצורך הארון אא״כ היו מנוסרים בתחילה קודם י״ט:

גמ׳ גיהא ובר גיהא. (א) בריכה גדולה שעושין בחצר שיכנסו בו כל השופכים בקוע בר גיהא בריכה קטנה שעושין סמוך לגדולה כדי שיכנסו המים היוצאין מן הגדולה לקטנה שהיא מליאה ונכנסין לקטנה: וארון עם המת בחצר. כלומר כשמת בחצר (שפיר דמי) דמוכחא מילתא דלצורך המת עבידה מאי למיעבד ארון ובאותה חצר: מנסרין המנוסרין. יש עמו נסרין מתוקנין מערב המועד לעשותן במועד לצורך ארון גדול:

מתני׳ מפני ששמחה היא לו. מפרש בגמ׳: מחזיר גרושתו. דליכא שמחה כל כך: ועושה אשה תכשיטיה. הני תכשיטין דקא מפרש בגמ׳: לא תסוד. בסיד מפני שניוול הוא אלא לאחר עכשיו במועד שהיא תסוד בסיד ולמטערת: ומסרגין את המטות. בגמ׳ מפרש:

גמ׳ מאי הוי. וכי שמחה אסורה ביו״ט: דאין מערבין שמחה בשמחה. כלומר בעינן לישמח בשמחת מועד לחודיה: מפני הטורח. ליטרח לצורך נישואין וטירחא במועד אסור: משום ביטול פריה ורביה. דאי שרי נשואין ביו״ט אין אדם נושא אשה כל השנה כולה אלא ממתין עד המועד שיהא עושה סעודה אחת למועד ולנשואין:

מותרין

תוספות

דקא עביד בחנם. ונראה דהלכה כרב באיסורי ואפילו לשמואל י״ל דלא אסירי אלא ע״י ספדנא אבל הוא עצמו שרי יותר מתאפק מלערו על ידי לעקה וישמח לאחר זמן: אין חופרין כוכין וקברות במועד. פי׳ בקונטרס לצורך מתים הוא עושה אפילו כשאין לריך עתה כדתנן בהמוכר פירות (ב״ב דף ק:) המוכר מקום לחבירו לעשות לו קבר עושה רחבה של מערה אבל לצורך המת שמת כבר מותר אפילו ביו״ט שני למיגז ליה גלימא ולמיגז ליה אסא כדאמר בפ״ק דבילה (דף ו. ושם) כ״ש חול המועד ואע״פ שיש לחלק דחול המועד דאורייתא ויו״ט שני דרבנן כמו יו״ט שני דעצרת ויו״ט שני דשביעי של פסח ושמיני עצרת אין נראה דבכל יום שני קאמר בבילה ועוד כל ענין מלאכה חמיר טפי י״ט שני מחול המועד וכמו שפירש בקונטרס דאיירי בחופר מחיים כך פר״ח אבל לאחר מיתה שרי והא דתנינן כוכין וקברות אפילו בלא מת וארון דוקא עם המת שמא כשחופר הוא רגיל לחפור בבית והוי הכירא דצריך למת נראה לי והא דלא שרי הכא לר׳ יהודה אלא מנסרים המנוסרים מערב יו״ט והתם שרי למיגז ליה גלימא ואסא שמא נסרים יכולים למצוא מנוסרים הרבה אבל גלימא ואסא לא ימצא עשויים או שמא בנסירת נסרים יש קול ופירסום גדול וי״מ דאין חופרין מיירי אפילו לאחר מיתה דומיא דמחנכין דמשמע לאחר מיתה דמפרש בגמ׳ שאם היה ארוך מקצרו ומחיים אין רגילות לשנותו כי אינו יודע מי ישים בו ויש לפרש שעושה לצורכו או לצורך אחר וכמו שפירש שהיו עושין והא דשרינן בפ״ק דבילה (דף ו׳ ושם) למיגז ליה גלימא ואסא היינו דוקא כדפרישית שלא ימצא גלימא ואסא עשוי מערב יו״ט אבל כוכין וקברות ימצא הרבה שהיו רגילים לחפור מחיים ומהאי טעמא יכול להיות מותר בזמן הזה לפי שאין עושין כוכין וקברות מחיים: ועושין נברכת במועד. תימה ואמאי לריך במועד והלא אין מכבסין במועד וי״ל לצורך כל אותם שהתירו חכמים לכבס לקמן בפרק בתרא (דף יג:) וי״מ לרחוץ את המת ותכריכין: וארון עם המת בחצר. אמרינן בירושלמי אמר רבי מנא הדא דאמר במת שאינו מפורסם אבל במת שמפורסם עושין לו ארון אפילו בשוק כהדא דרבי חנינא חברייהו דרבנן דמך בחול המועד עבדי ליה ארון בשוקא ונראה דלדידן שיש קהלות מועטין חשבינן להו מפורסם לכולהו מתים: גיהא ובר גיהא. פי׳ ר״ח מחמלן ונדיין דפרק לא יחפור (ב״ב דף יט.) וליתא דהתם תנן מרחיקין את הנברכת שלשה טפחים וקאמרינן בגמ׳ לא שנו אלא מן החמלן אבל מן הנדיין ארבע אמות ובתוספתא* תני מרחיקין את הנברכת ואת הבקיעה שלשה טפחים: ומנסרין בצנעא. והכור בפרהסיא ויש ליתן טעם דלא דמי להאי (שבת דף קמו:) דכל שאסרו חכמים משום מראית העין כו׳ ודמי טפי להאי דפ׳ אע״פ (כתובות ס. ושם) ליגור שעלו בו קשקשים כו׳: אבל מחזיר גרושתו. בירושלמי הדא דתימא מהנישואין פירוש גרשה אחר נישואין והחזיר אבל לא מן האירוסין: לפי שאין מערבין שמחה בשמחה. גזירת הכתוב כדדריש לקמן מקרא דשלמה ובירושלמי דריש מדכתיב מלא שבוע זאת וטעם נראה קצת דכמו שאין עושין מצות חבילות* דבעינן שיהא לבו פנוי למצוה אחת ולא יפנה עצמו הימנה וכן שמחה בשמחה יהיה לבו פנוי בשמחה: בחגך ולא באשתך. °עיקר דרשה הוא ולא אסמכתא כדאמרינן פ״ק דחגיגה (ד׳ ח: ושם) ורב אשי האי בחגך מאי דריש ביה: מפני הטורח. ומתניתין הכי פי׳ מפני ששמחה היא לו וטורח בה יותר מדאי: מפני ביטול פריה ורביה. ומתני׳ ה״פ מפני ששמחה היא לו ומשהה אותה ברצון עד הרגל שיהא שמח או שיהיה פנוי והא דקתני אבל מחזיר גרושתו שאין שמחה לו ולא שייך עירוב (ב) בשמחה ולא מניח שמחת הרגל וגם ביטול פריה ורביה אין כאן שהיה לו אשה כבר וסתמא דמילתא יש לו בנים וגם אין רגיל לשהות דבר זה עד הרגל וסעודת ברית מילה מותר לעשות בחול המועד דליכא שמחה כדאמרינן פ׳ קמא דכתובות (ד׳ ח׳) דלא מברכין שהשמחה במעונו משום דאית ליה צערא לינוקא אי נמי כיון שזמנו קבוע אין לבטל זה מפני זה אבל סעודת פדיון הבן צריך עיון אם מותר לעשות במועד ואין לומר הא זמנה קבוע תיכף בזמנה שלא בזמנה היאך יהא מותר ונראה לי דקיימא לן כרב אשי דדריש בחגיגה בפ״ק (ד׳ ח: ושם) בחגך ולא באשתך ולאו איסור לערב שמחה בשמחה ועי״ל דלא חשיבי שמחה בשמחה כי אם סעודת נישואין לבד:

איבעי

מסורת הש״ס

[ברכות נח: ע״ש] [תוספתא פ״א] [לקמן יח:] [לקמן יג. פסחים נה:] חגיגה ח: [דב״כ פ״א] [ברכות מט.]

רבינו חננאל

במועד שנאמר העתידין עורר לויתן: קודם לרגל שלשים יום. דאמר רב מעשה באחד שקבץ מעות לרגל בא ספדן ועמד על פתח ביתו נטלן ונתנן לו ונמנע לעלות לרגל התקינו שלא יעורר כו׳: [מתני׳] אין חופרין כוכין וקברות במועד. פי׳ להקבר בהן לאחר הרגל תניא הן הן כוכין הן הן קברות אלא שהכוכין בחפירה והקברו׳ בבנין. ומחנכין את הכוכין. כיצד מחנכין אותן. אמר רב יהודה אם היה ארוך מקצרו במתניתא תנא מאריך ומרחיב בו. ועושין נברכת במועד. מאי נברכת. גוהא בר גוהא פי׳ ירושלמי נברכת זה בקיע. ועושין ארון עם המת בחצר. פי׳ שאם יעשו את הארון בחוץ יאמרו כל העם מותר לעשות במועד שאינן יודעין שמת לו מת. כדתניא עושין כל צרכי המת גוזזין שערו ומכבסין את כסותו ועושין לו ארון מנסרין את המנוסרין מעיו״ם. ר״ש בן גמליאל אף מביא עצים ומנסרן בצינעא לתוך ביתו: ירושלמי ל״ש אלא באדם שאינו מפורסם כלומר אינו אדם חשוב אבל אם הוא אדם חשוב עושין לו ארון אפילו בשוק כר דמך ר׳ חנינא חברין דרבנן עידו ליה ארון בשוק. והכל מודים שלא יקוץ ארזים ודכותיה לא יחצוב לו אבנים ואם היו חצובות פלוגתא דר׳ יהודה ורבנן: מתני׳ אין נושאין נשים במועד כו׳. מ״מ א״ר חנינא מפני שמערבין שמחת הרגל בשמחת אשתו רב אמר משום שנאמר ושמחת בחגך ולא באשתך. עולא אמר מפני הטורח רבי יצחק נפחא אומר משום ביטול פריה ורביה שאם אתה מתירו להכניסה במועד אף מעבירה הוא בכל השנה כולה שלא יבטל ממלאכתו ומכניסה ברגל ונמצא מבטל כל אותה שנה. ומותבינן כל אלו שאמרו כגון בתולות אלמנות כו׳ אסורות לישא במועד ומותרין בערב הרגל קשיא

הגהות הב״ח

(א) רש״י ד״ה גיהא ובר גיהא נברכה בריכה גדולה שעושין כו׳ היוצאין מן הגדולה כשהיא מליאה כו׳ כצ״ל והיכא לקטנה נמחק: (ב) תוס׳ ד״ה מפני ביטול כו׳ ולא שייך עירוב שמחה בשמחה ולא:

גליון הש״ס

תוס׳ ד״ה בחגך כו׳ עיקר דרשה כו׳. ועי׳ כתובות דף מז ע״א תוס׳ ד״ה דמסר:

§ מסכת מועד קטן דף ח: §

אות א'

לפי שאין המת משתכח מן הלב שלשים יום

רמב"ם פי"א מהל' אבל ה"ו - [א]לא תעורר אשה על מת שלה שלשים יום קודם לחג, כדי שלא יבא החג והם דוים, שאין המת משתכח מן הלב שלשים יום; במה דברים אמורים במת ישן, אבל אם מת בתוך שלשים יום סמוך לחג, מעוררת.

אות ב' - ג'

אין חופרין כוכין וקברות במועד

אבל מחנכין את הכוכין במועד

סימן תקמז סי"א - [ב]אין חופרים כוכין בחפירה וקברות בבנין בחול המועד, להיות מוכנים למת שימות - שהיה דרכן לחפור כוכין להיות מזומנים לצורך מתים שימותו, דטרחא יתירא היא, [רש"י. **והיינו** בסתם, אבל במפרש למי חוצב, אין חוצבין לגוסס קבר עד שימות, אפי' בחול, כי היכי דלא ליתרע מזליה]. **אבל מחנכין אותה, [ג]שאם היה ארוך מקצרו או מאריכו או מרחיבו.**

אבל לצורך המועד לקבור בו מת בתוך המועד, חופרין אפילו בתחלה בתוך המועד, [כן הוא דעת הטור ושו"ע דסתמו כן להלכה. **ודע**, דאף הראב"ד והרז"ה שאוסרין לחפור אף לצורך המת שמת כבר, היינו דוקא חפירת כוכין שהם חקוקין בכתלי המערה שדומה לבנין, וכ"ש קבר שהוא בבנין ממש, אבל קברות שהם בחפירת קרקע כמו שאנו נוהגין, אף לדעת האוסרין מותר].

[ד]סימן תקמז סי"ב - [ה]אין לתלוש עשבים ועפר בחול המועד בבית הקברות כמו שנוהגים לעשות בחול - בא"ר כתב, דזה מיירי שליקטן לצורך ביה"ק, **אבל** מה שתולשין אחר קבורת המת זכר לתחיה, שרי, **ובספר** מאמר מרדכי מפקפק ע"ז, וכתב דפשטיות השו"ע אינו כן, **וכן** המנהג שלא לתלוש בחוה"מ.

(דין צדוק הדין במועד, עיין ביו"ד סי' ת"א ס"ו).

כשא"א צדוק הדין, אין אומרין ג"כ שבחו של מת, דהא נמי מרגיל ההספד, וא"כ אסור לדרוש עליו, אלא לחכם בפניו, וכ"ש ביו"ט דאסור, [**ועיין** בפמ"ג שמסתפק לענין ת"ח ביו"ט, אף דהספד אסור, אפשר דלדרוש בפניו מותר, והגאון רבי ברוך פריינקל מסכים דאסור]. **ובזמנינו** אין דין ת"ח, וכנ"ל במ"ב ס"ג.

המתענה תענית חלום בחוה"מ, צריך למיתב אחר המועד תענית לתעניתו, **וטוב** שיהיה אחר אסרו חג.

אות ד'

ועושין נברכת במועד

רמב"ם פ"ח מהל' יו"ט ה"ד - [ו]ועושין נברכת במועד. השגת הראב"ד: ועושין נברכת במועד. א"א לא נמלט מן הטעות שטועין בו רבים, שהם סוברים נברכת כמו עוגיאות, וטעו טעיות גדולות ידועות לכל מבין, וכי אינה אלא מענין חפירת הקבר, וכן אמרו בירושלמי, נברכת זו הבקיע, וכן כל שהוא תושב נקרא בקיע, והוא החפירה שאנו עושין עכשיו למת, והם היו עושין אותם לקבר שעה עד שיחפרו לו כוך או בנין נאה, ואותו הבקיע עושין במועד עד לאחר המועד שיעשה לו כוך או קבר לפי כבודו.

אות ה'

שאם היה ארוך מקצרו

סימן תקמז סי"א - עיין לעיל אות ב' ג'.

אות ו'

עושין כל צורכי המת: גוזזין לו שערו, ומכבסין לו כסותו, ועושין לו ארון מנסרין המנוסרין מערב יום טוב. רבן שמעון בן גמליאל אומר: אף מביאין עצים, ומנסרן בצינעא בתוך ביתו

סימן תקמז ס"י - [ז]עושין כל צרכי המת בחוה"מ; גוזזין שערו, ומכבסים כסותו - ותופרין תכריכין אפילו מעשה אומן, **[ח]ועושין לו ארון בחצר שבו המת, כדי שיהא ניכר שהוא לצורך המת.**

ואם לא היו להם נסרים, [ט]מביאים קורות ונוסרים מהם נסרים בצינעה בתוך הבית - ואם א"א בצנעא, עושין בפרהסיא, **ודוקא** בפרהסיא דלגבי ישראל, אבל בפרהסיא דלגבי עכו"ם לא, אפילו בדלא אפשר - מ"א, **והא"ר** מיקל אף לגבי עכו"ם, היכי דלא אפשר.

באר הגולה

[א] ‹משנה פ"ק דמו"ק (דף ח') לא יעורר אדם על מתו ולא יספידנו קודם לרגל שלשים יום - כסף משנה. ‹**ומפני** שדבר זה מצוי בנשים יותר, כתב רבינו לא תעורר אשה, אע"ג דבמתני' תנן לא יעורר אדם וכו' - רדב"ז› [ב] **משנה וגמרא שם** [ג] **כדמפרש רב יהודה שם** [ד] ‹מילואים› [ה] **הג' מיימוני בשם הר"מ** [ו] ‹משנה שם: אין חופרים כוכין וקברין במועד, אבל מחנכין את הכוכין, ועושין נברכת במועד וכו'. פירש"י ז"ל נברכת: בריכת כובסין, ולית בה טרחא כולי האי, וכן פירשו הגאונים ז"ל, נברכת של כובסין, והיא חפירה שחופרים בה לכבס בה בגדי פשתן, ומי שאין לו אלא חלוק אחד כמבואר פרק שביעי. **אבל** הראב"ד ז"ל והאחרונים הקשו על פירוש זה, ופירשו שהוא מענין הקברות. **והר"א** ז"ל פירש שהוא קבר שעושין למת לשעה עד לאחר המועד שיחפרו לו קבר נאה, לפי שהוא סבור שאסור לחפור קבר כתקנו אפילו למי שמת בחוש"מ, כמ"ש בהשגות, **ואין** פי' זה נכון כמו שיתבאר בסמוך. **אבל** הרמב"ן ז"ל פירש, שהוא תוספת חפירה לקבר העשוי כבר, והותרה לצורך המתים שימותו. **ורבינו** כתב לשון המשנה, אבל ממה שכתבה בסמוך לחפירת בורות, ולא כתבה למטה בדין חפירת הקברות, נראה שהוא מפרשה כפירש"י ז"ל והגאונים ז"ל, **והעיקר** כפירוש הרמב"ן ז"ל - מגיד משנה› [ז] **ברייתא שם ח'** [ח] **משנה שם** [ט] **שם בברייתא וכרשב"ג** ‹כרשב"ג בברייתא דסתם מתני' כוותיה, דרבי יהודה דמתני' היא ת"ק דברייתא - גר"א›

[י]**ואם היה אדם מפורסם, עושים אפילו בשוק** - שהכל יודעים שהוא לצורך המת. [יא]**אבל אין כורתין עץ מן היער לנסור ממנו נסרים לארון** - אבל מותר לקוץ הדס, [ואפי׳ ביו״ט שני מותר], שהכל יודעים שהוא לצורך המת להעביר הסרחון, משא״כ ארזים, יסברו שקצצו לצורך בנין, ואפילו באדם מפורסם אסור, **אכן** היכי דא״א בענין אחר, י״א דמותר לקוץ אף מהמחובר, ואפילו לאדם שאינו מפורסם, **וע״י** עכו״ם בודאי יש להתיר. **ואין חוצבין אבנים לבנות בהם קבר** - ר״ל לחצוב מן ההר, אבל אם הם חצובין כבר, ורוצה לחלקן ולעשות מהן קבר, דינו כמו נסירת הקורות וכנ״ל.

[יב]**ובמקום שהיהודים מעט דרים במקום אחד, והכל יודעים כשיש מת בעיר, הכל חשוב כמפורסם.**

אות ז׳

אין נושאין נשים במועד, לא בתולות ולא אלמנות, ולא מייבמין, מפני ששמחה היא לו; אבל מחזיר הוא את גרושתו

סימן תקמו ס״א - [יג]**״אין נושאין נשים במועד, לא בתולות ולא אלמנות, ולא מיבמין** - דאין מערבין שמחה בשמחה, [גמרא, **ועוד** יש טעמים, דכתיב ״ושמחת בחגך״ ולא באשתך, **וגם** שמא יבטל עי״ז מפריה ורביה, דאם נתיר לישא במועד, ישהא כל אחד עד המועד, דאז לבו פנוי, וגם דעי״ז לא יצטרך להוציא הוצאות על הסעודה, דיסתפק במה שהוציא לשמחת יו״ט], **ואפילו** נשואין בלבד בלא סעודה, ג״כ אסור, [כן מוכח בדף י״ח: מברייתא דתנא דבי שמואל, ע״ש. **ועיין** בכתובות דף מ״ז במהרש״א שם, דאף למאן דס״ל דנשיאת נשים במועד הוא איסור דאורייתא, הוא דוקא נשואין עם סעודה, אבל נשואין בלא סעודה או סעודה בלא נשואין, כגון שהיה הנשואין בערב הרגל והסעודה בלילה, אף למאן דאוסר אינו אלא מדרבנן].

וכתבו האחרונים, דהא דאין מערבין שמחה בשמחה, דוקא באדם אחד, אבל מותר לשני בני אדם, לפיכך מותר לעשות חופת יתום ויתומה או עני, עם שמחת נשואי בניו ביום אחד, **אכן** משני אחים או שתי אחיות, או אח ואחות, נזהרין שלא לעשות ביום אחד, [מה דאיתא בט״ז ״בשבוע אחת״, ט״ס]. ‹עיין אבה״ע סי׳ סב ס״ב ובערוה״ש, הובא לקמן›.

[יד]**ומותר לארס** - דהיינו אפילו לקדש, דבאירוסין לבד ליכא שמחה, וכ״ש שמותר להתקשר בתנאים לשידוך בחוה״מ, כנהוג בינינו.

ובלבד שלא יעשה סעודת אירוסין, הארוס בבית ארוסתו בשעת אירוסין - ר״ל אימתי אסור לעשות סעודת אירוסין, דוקא אם נעשית בבית ארוסתו, וגם בשעת האירוסין, אבל אם חסר תנאי אחד, מותר, וכדמפרש לקמיה.

בשעת אירוסין - והיינו כשעושה האירוסין בתוך הסעודה, או שעושה הסעודה תיכף אחריה, הא זמן מופלג י״ל דשרי אף באותו יום, **ויש** מאחרונים שמחמירין בזה, **וכשעושה** האירוסין ביום זה והסעודה ביום אחר, בודאי יש להקל, [דזה אפי׳ בנישואין שרי, וכדלקמיה בס״ג].

והסעודה שרגילין לעשות אחר כתיבת התנאים, הט״ז אוסר, כמו לענין אירוסין, **אבל** שארי אחרונים מקילין בזה, דלא חשיב שמחה כאירוסין, **ועכ״פ** אם אינו עושה סעודה גמורה, כי אם מרקחת וכדומה, בודאי אין להחמיר, [**ואפילו** בסעודה גמורה, הוא דוקא כשעושה בשעת התנאים, אבל שלא בשעת מעשה אין להחמיר כלל].

[טו]**ומותר לעשות ריקודין ומחולות** - ואפילו בבית ארוסתו, דזה לא מיקרי שמחה. **ולעשות סעודת הארוס עם מריעיו שלא בבית ארוסתו, וכן לסעוד הארוס בבית ארוסתו שלא בשעת אירוסין, מותר** - דכל זה לא נקרא סעודת אירוסין.

[טז]**סימן תקמו ס״ב** - [יז]**״מותר להחזיר גרושתו מן הנשואין** - דאינה שמחה לו כ״כ, **ולענין** סעודה משמע בב״י דיש להחמיר, ויש מאחרונים שמצדדין להקל, [**ובשם** תשו׳ כתב סופר, דהמיקל בזה אין מזחיחין אותו, דכיון דתחילת הנישואין לא מקרי שמחה, גם ע״י סעודה לא הוי שמחה], **ולעשות** הסעודה שלא ביום הנשואין, בודאי יש לסמוך להקל, [דאף בנישואין אשה חדשה, דעת השו״ע, דאם עשה בערב הרגל מותר לעשות הסעודה ברגל, משום דעיקר שמחה רק ביום הנישואין, ופשוט דבמחזיר גרושתו אין להחמיר, כנלע״ד].

אבל אם גירשה מן האירוסין, אסור להחזירה ולכונסה, ואפילו לארס אותה בלבד ולעשות סעודה, ג״כ אסור, דכיון דלא נשאה מעולם, היא עתה חדשה לו ואיכא שמחה.

[יח]**סימן תקמו ס״ד** - [יט]**״מותר לעשות ברגל סעודת ברית מילה, וכן סעודת פדיון הבן** - ואין נ״מ בין היו בזמנן ובין שלא בזמנן, דלא חשיבי שמחה אלא סעודת נישואין ואירוסין בלבד.

אבה״ע סי׳ סד ס״ו - [כ]**״אין נושאין נשים בחוה״מ לא בתולות ולא אלמנות ולא מיבמין** - דין זה נתבאר באו״ח סי׳ תקמ״ו, ‹ס״א› ושם נתבאר דארוסין מותר, **וערב** הרגל מותר לישא, ‹שם ס״ג, הובא לקמן דף ט.› ‹**וכתב** מהרי״ט, דדוקא בשחרית, אבל לא סמוך לחשכה – באה״ט›, אע״פ שז׳ ימי המשתה נמשכים בימי הרגל, דלא אסרו רק יום הראשון של הנשואין, משום דעיקר שמחה חד יומא, ואין מערבין שמחה בשמחה, ‹דכמו שאין עושין מצות חבילות חבילות, כדי שיהא לבו פנוי למצוה אחד, כמו כן צריך שיהא לבו פנוי לשמחה אחד – ערוה״ש, וכ״כ בתוס׳›, ועוד טעמים אחרים הנזכרים בגמ׳ - ח״מ.

{**וכתב** הרשב״א דמותר לעשות סעודה ברגל, דעיקר השמחה הן הנישואין, לכן **אם היו לו נישואין קודם הרגל, אפי׳ לא עשה סעודה, מותר לעשות סעודה ברגל, וכן פסק בשו״ע שם**, ‹ס״ג, ע״ל בדף ט.›, **ובש״ג** אצל המרדכי כתב

באר הגולה

[י] ירושלמי כתבוהו הרי״ף והרא״ש [יא] ירושלמי [יב] תוס׳ שם והטור ושאר פוסקים [יג] משנה מו״ק ח׳ [יד] מימרא דשמואל י״ח [טו] הריב״ש בתשובה [טז] ‹ע״פ הבאר הגולה› [יז] שם במשנה ח׳ [יח] ‹ע״פ הבאר הגולה› [יט] התוספות שם ‹ד״ה מפני ביטול› [כ] משנה וגמ׳ מו״ק דף ח׳ ע״ב, ונתבאר באו״ח סי׳ תקמ״ו ע״ש

בשם הריטב"א, אסור לעשות סעודה ביו"ט, אא"כ נכנסו פנים חדשות מעצמן – ב"ש. ‹וז"ל: ומיהו אם נכנסו לו פנים חדשות מעצמן, אפשר שמברכין ברכת חתנים, לפי שחתן טעון ברכה כל ז' שיש פנים חדשות, אפשר לומר שאין מבטלין הברכה משום שמחת המועד›. ‹ולכן המנהג שלא לישא כלל בערב הרגל, מג"א – ערוה"ש›.

אבל מחזיר גרושתו מן הנשואין, אבל לא מן האירוסין.

אות ח'

ועושה אשה תכשיטיה במועד

סימן תקמו ס"ה - [כא]**עושה אשה כל תכשיטיה במועד.**

אות ט' – י'

ההדיוט תופר כדרכו והאומן מכליב

סימן תקמא ס"ה - [כב]**מי שצריך לו בגד במועד, אם היה הדיוט ואינו מהיר באותה מלאכה** - סימן אחד הוא, דסתם אומן מהיר, **הרי זה עושה אותו כדרכו** - וכל מי שיודע להוציא מלא מחט בבת אחת, או שיודע לכוין אמרא בשפת חלוקו, [שיהיה שוה, ולא פעם רחב ופעם קצר, והוא מעוקם, טור, ורש"י פירש באופן אחר, ע"ש], תו אינו בכלל הדיוט, אלא אומן, ודיניה כדלקמיה.

(ועיין בש"ג שכתב בשם ריא"ז שהביא מירושלמי, דה"ה לענין מנעלים, ונ"ל דלענין הדיוט תופר כדרכו לא התירו במנעלים, ומוכח כן מגמ' פסחים, והטעם אפשר, דבבגד בהדיוט שיצטרך לתפור אחת אחת, ולא כמלא מחט כאומן, זהו גופא הוא שינוי, **משא"כ במנעלים, אף האומן צריך לתפור אחת אחת, ממילא אין כאן שינוי**).

תינוק שנולד בחג, אסור לעשות לו בגדים חדשים במועד למול אותו, ולא מיקרי לצורך המועד לכבוד אביו לישא אותו להמילה, דיכול לכורכו בחתיכת שיראין, [ולכן אסור אף מעשה הדיוט].

בח"א נסתפק, הצריך לתפור לצורך המועד, ואין לו חוטים במה לתפור, אם מותר לטוות חוטים בשביל זה.

ואם היה אומן מהיר, הרי זה עושה אותה מעשה הדיוט, דהיינו שיעשה תפירות רחבות, ותפירה אחת למעלה ואחת למטה, כשיני הכלב; הגה: וכל אדם יחמיר על עצמו לתפור בשינוי זה - כי רוב בני אדם יכולים להוציא מלא מחט בבת אחת, והם בכלל אומן. **ולא מהני לאומן לתפור על ידי שישנה באחיזת המחט בידו, אלא בענין שינוי הניכר (תכ"ד)** - היינו שיהיה ניכר בתפירה עצמה, ולא בענין אחר.

(עיין בח"א שכתב, דאם אינו מוצא אומן שיעשה באופן זה, והוא צריך לצורך המועד, מותר ליתן שכר לפועל שאין לו כי אם לחם לכו"ע, כדי שיהיה לו צרכי יו"ט בריוח, והנה באמת הוא אזיל לשיטתיה, שמצדד שם בנ"א כהא"ר, דאין לו מה יאכל היינו שאין לו צרכי יו"ט בריוח, ולהכי פה דהבע"ב צריך להבגד למועד, סומך על הא"ר, ומ"מ אין ברור לדינא, דלהמ"א שם בודאי אין להקל, כי אם ע"י מי שאין לו מה יאכל ממש).

ודע, דבין להדיוט שעושה אותה כדרכו, ובין לאומן שעושה מעשה הדיוט, אינו מותר כי אם כשעושה אותה לעצמו, או בשביל אחרים בחנם, **אבל** כשעושה אותה בשביל אחרים בשכר, אסור אף שהוא לצורך המועד, אם לא שאין לו מה יאכל, וכדלקמן בסימן תקמ"ב, [**אם** לא בבגד שהוא קרוע ביותר, ואם לא יתקננו יתקרע לגמרי ע"י לבישתו, והוא צריך לו במועד, דהוא בכלל דבר האבד וכנ"ל, דזה מותר לתקן ע"י אחרים בשכר, כדלקמן סי' תקמ"ב ס"א בהג"ה].

(מצאתי דבר חידוש שחילק הריטב"א מדעתו בזה לדינא, דה"מ בשאפשר לבעה"ב לעשות אותה מלאכה ע"י אחרים, היינו עכו"ם אפילו בשכר, או לישראל בחנם, **אבל** אם אי אפשר לו להשיג אנשים אחרים אלא אלו, והם רוצים דוקא בשכר, מותר, הן לדבר האבד, או צורך המועד, ולא מצאתי זה בפוסק אחר, וגם לדידיה לצורך המועד שהתיר, הוא דוקא ע"י שינוי, דלא עדיף הפועל מעצמו).

אות כ'

ומסרגין את המטות

סימן תקמא ס"ב - [כג]**מסרגין המטות, (פי' הוא כעין האריגה, אלא שבסריגה יש ריוח מה בין חוט לחוט)** - פי' שעושין בה חבלים שתי וערב, לשכוב בה במועד, **וכ"ש** כשהם במטה מכבר, אלא שנעשו רפויים, דמותר למתחן, **ודוקא** לצורך המועד, דאל"ה אף זה אסור, **ואפילו** לצורך המועד, דוקא שלא כיון מלאכתו למועד.

אות ל'

לפי שאין מערבין שמחה בשמחה

אבה"ע סימן סב ס"ב - [כד]**יש לאדם לישא נשים רבות כאחת ביום אחד, ומברך ברכת חתנים לכלם כאחת; אבל לשמחם, צריך לשמוח עם כל אחת שמחה הראויה לה, אם בתולה ז' ימים, ואם בעולה ג' ימים,** [כה]**ואין מערבין שמחה בשמחה** - שנ': מלא שבוע זאת ונתנה לך גם את זאת, רמב"ם - ח"מ. **הגה: ואין לעשות חופות ב' אחיות ביחד** - ‹משום עין הרע – לבוש›. ‹משום התערבות שמחה בשמחה›. **וי"א דאף בשתי נכריות יש ליזהר שלא לעשותן כאחת** - ‹ר"ל בזמן אחד ביום אחד – ערוה"ש›, **משום איבה, שמא יכבדו אחת יותר מחבירתה; ואין נזהרין מזה, ואדרבה יש מכוונים לעשות חופות עניות עם חופות עשירות, משום מלוה** - ‹ואין כאן קנאה – לבוש›. ‹אבל בשתי אחיות או שני אחים או אח ואחות, ודאי דיש ליזהר – ערוה"ש›.

באר הגולה

כא משנה שם | כב לשון רמב"ם ממשנה ח' ומגמרא שם (י.) | כג משנה שם וכת"ק שם בגמרא (י.) | כד לשון הרמב"ם בפ' הנזכר, וכתב ה"ה דבר ברור הוא ויש לו סמך בפ"ק דמו"ק וכו' ‹אין נושאין נשים במועד› ומיעקב אבינו | כה שם במו"ק דף ח' ע"ב מימרא דרב יהודה אמר שמואל וכו', וכתבו התוס' שבירושלמי דריש לה מדכתיב מלא שבוע זאת וגו'

§ מסכת מועד קטן דף ט. §

אות א'*[א]

מותרין לישא ערב הרגל

סימן תקמו ס"ג - [ב]הכל מותרים לישא בערב הרגל [ג]ולעשות סעודה ברגל, בין בתולות בין אלמנות - שאין עיקר השמחה אלא תחלת הנשואין, ואע"פ שמשמחין בסעודת הנשואין כל ז', שרי.

ומשמע דאפילו בלילה שרי לעשות סעודה, דהוא יום אחר, **ועיין** במ"א דדעתו, דהלילה נגרר אחר היום, ואסור לעשות סעודה הראשונה בלילה, וכתב דמטעם זה נהגו במדינותינו שלא לישא כלל בעיו"ט, **אכן** בשעת הדחק כתב הא"ר והמור וקציעה, דמותר לישא ערב הרגל ולעשות סעודה בלילה.

[**ועיין** בדברי מ"א, דדעתו בעצם איסור הנישואין ברגל, דהוא דאורייתא, ולכן החמיר שלא לעשות הסעודה בלילה, דהוא חשש דאורייתא, **והא"ר** ובגדי ישע דחה דבריו, דסעודה בלא נישואין הוא רק איסור דרבנן לכו"ע, **והחמד** משה דחה דבריו מטעם אחר, דמ"ע של שמחה אינו נוהג בלילה ראשונה, ואינו אלא דרבנן, וא"כ אין להחמיר בזה].

והאחרונים כתבו, דיש ליזהר לכתחלה לעשות הנשואין בשחרית, כדי שיהא יכול לשמוח עמה יום אחד קודם הרגל, וגם שיהא יכול לעשות סעודה ראשונה בחול, **ואם** מאיזה סיבה נתאחר והוא שעת הדחק, מתיר הא"ר לישא אפילו סמוך לחשיכה.

אות א'

תלמיד שנפטר מרבו ולן באותה העיר, צריך ליפטר ממנו פעם אחרת

יו"ד סימן רמב סט"ז - הגה: והנפטר מרבו ונטל ממנו רשות ולן בעיר, צריך לחזור וליטול ממנו רשות; ודוקא שלא אמר לו מתחלה שרוצה ללון בעיר, אבל אם הגיד לו בשעה שנטל רשות, א"צ לחזור וליטול ממנו רשות - זהו מהר"ן, שכתב כן ממאי דאיתא ברי"ף, וז"ל, כתיב ביום השמיני שלח את העם, וכתיב ביום עשרים וארבע שלח את העם, מכאן לתלמיד הנפטר מרבו ולן באותה העיר, שצריך ליפטר ממנו פעם שניה, עד כאן, **וכתב** הר"ן, פי' שמיני של חג הוא כ"ב בחודש, הרי שלקחו רשות לפי שהיה דעתם לשוב לבתיהן ביום כ"ג, ומפני שנשארו שם היום ההוא ולנו בעיר, הוצרכו לקחת רשות פעם שנית ביום כ"ד, **אבל** ביום כ"ג אף על פי שלנו הלילה אחר כ"ב, לא היו צריכין לקחת רשות, משום דאדעתא דהכי שיסעו למחר שהיה כ"ג לקחו רשות, עכ"ל, **ותימה** גם אהר"ן גופיה, דהדבר פשוט דט"ס הוא בהרי"ף, וצ"ל: וכתיב ביום כ"ג לחודש, שכן הוא בד"ה ב' ו', ובש"ס מו"ק דף ט' סוף ע"א, וברש"י והרא"ש שם, ובפירוש רש"י ורד"ק בד"ה שם, **אם** כן לפי מה שכתב הר"ן, ולפי מה דמשמע פשטא דקרא, שלקחו רשות משלמה ע"ד לשוב לבתיהן ביום כ"ג, מוכח דבכל ענין צריך לחזור וליטול רשות, **ואפי'** תימא דלא מוכח בקרא מידי, מ"מ מנ"ל לחלק, וצ"ע - ש"ך.

[**ומ"מ דברי הר"ן נכונים, דקשה לו, לאיזה צורך נטלו רשות פעמים, אחת ביום השמיני שהוא יום כ"ב, דהיינו שיסעו ביום כ"ג, דהא א"א ליסע ביום כ"ב שהוא יו"ט, ולמה להו ליטול רשות שנית ביום כ"ג, אלא ע"כ שביום כ"ג חזרו מדעתם ליסע בו ביום, אלא ליסע למחר ביום כ"ד, וזהו שכתב הוצרכו לקחת רשות פעם שניה ביום כ"ד, פי' בשביל נסיעת יום כ"ד, ואם יראה לך דוחק לפרש כן, יש להגיה "על יום כ"ד", לפי"ז** נלמד הכל שפיר, דהגמ' דיליף דהלן בעיר צריך ליטול רשות שנית, הוא כיון שהוצרכו ליטול רשות ביום כ"ג בשביל נסיעת יום כ"ד, ולא היה די בנטילת רשות יום כ"ב, **ומדנטלו** רשות ביום כ"ב על יום כ"ג, ש"מ **דאותה לינה של לילה אחר כ"ב לא היה מחייב אותם ליטול רשות שנית, דאל"כ לא היה שום צורך בנטילת רשות של כ"ב על כ"ג, אלא ודאי כיון דהיה קבוע שיסעו בכ"ג, די ברשות של כ"ב, אלא דאח"כ ביום כ"ג נתחרטו ללון עוד לילה אחת, הוצרכו שנית בשביל כ"ד, נמצא הכל נכון** בס"ד - ט"ז].

זה אינו כלום, דודאי הש"ס לא דייק אלא ממאי שנטלו רשות פעם שנית, דהא כבר נטלו רשות ביום כ"ב, אבל מה שנטלו רשות ביום כ"ב לא קשה מידי, דשמא חששו שלא יוכלו ליטלו רשות למחר ביום כ"ג, או משום שהיו נפטרים ממנו ביום כ"ב בשמחת החג נטלו ממנו רשות, **גם** מה שאמר יש להגיה "על יום כ"ד", לשון שאינו מתוקן הוא, ועוד דלפי"ז גם מה שאמר אח"כ, אבל ביום כ"ג וכו', צריך להגיה "אבל על יום כ"ג", **ועוד** דפשטא דקרא דמלכים דכתיב: ביום השמיני שלח את העם וגו', התם כתיב "את העם" דהיינו שנפטרו ממנו, ואח"כ "ויברכו את המלך וילכו לאהליהם", אבל הכא כתיב, "וביום כ"ג לחודש השביעי שלח את העם לאהליהם", משמע דביום כ"ג נסעו לדרכם, **וכך** כתב הרד"ק, וכן משמע להדיא מפירש"י, וכן מצאתי בתוספתא... משמע דהלכו לביתם ביום כ"ג - נקה"כ.

באר הגולה

[א] ‹ע"פ מהדורת נהרדעא› [ב] **ברייתא שם, דעיקר שמחה דנשואין ביום ראשון הוא** [ג] **הרשב"א בתשובה** ‹וז"ל: שאלת הא דאמרינן אין נושאין נשים במועד, ומותר לישא ערב הרגל משום דעיקר שמחה חד יומא, אי דוקא בשאכלו סעודה ראשונה מסעודת נישואין ערב הרגל, משום דאין שמחה אלא במקום סעודה, או אפילו לא אכלו אלא בנישואין לחוד. **תשובה**, נראין הדברים בין עשה סעודה בין לא עשה סעודה, שעיקר השמחה הן הנישואין, ואין מערבין אותה שמחה עם שמחת הרגל, אבל הסעודה טפילה היא לעיקר השמחה, וזהו שאין עיקר השמחה אלא יום אחד, שהוא תחלת הנישואין, ואף על פי ששמחין בסעודות הנישואין כל שבעה - ב"י›

פה א טוש"ע יו"ד סי' רמב סעיף כו בהגה"ה :

מותרין לישא ערב הרגל. כלומר מותר לכתחלה ואע"ג דשבעת ימים של סעודה יהיו ברגל: עיקר שמחה. דנישואין חד יומא ובשאר יומי לא חשיב מערב שמחה בשמחה: עיקר טירחא. דנישואין ביום ראשון דנישואין: לחד יומא לא משהו איניש. כלומר כיון שאינו יכול להתחיל אלא בערב הרגל אין ממתינין עד הרגל דלמא מתרמי מלתא דלא מצי מתחיל בערב הרגל ולא מתחיל כל הרגל: ושבעת ימי'. יומי שמחה להכא ולהכא לחנוכת הבית ולרגל: ודלמא מינטר לא נטרינן. נישואין עד הרגל כי היכי דלא נגמר שלמה אבל אי מתרמי ליה עביד : אי הכי. דהיכא דאי איקרי ליה עביד איבעי ליה לשורי בבנין עד הרגל כי היכי דליתרמי ליה חנוכת הבית ברגל: אמה כליא עורב. הגג כלה ומקלר למעלה עד כאמה ומחפין אותו שם בברזל ובמסמרים כדי שלא ישבו העורבים עליו זהו לא חשיב כבנין: ודלמא אמה כליא עורב נמי לורך בנין הוא. להכי לא שייריה אלא כל היכא דאיתרמי ליה לנישואין ברגל לא ידעינן מנלן דלא עבדינן: שמע מינה הני לחוד. דלא מצי למיעבד ליה ביחד אפילו מתרמי: לא עשו ישראל יום הכפורים. לפי ששבעה ימים שלפני סוכות כל יום עשו שמחה ומשתה דכתיב ויעש שלמה בעת ההיא את החג שבעת ימים ושבעת ימים ארבעה עשר יום: וקרבן יחיד. של נשיאים: דאיסור סקילה. דחמור מכרת: וקרבן לבור. דמה שהיו מקריבין בימי חנוכת הבית קרבן לבור הוא: התם. במשכן דגבוה הוו קרבנות: הכא. בחנוכת הבית דהדיוט משתה: הכא נמי לעבדו. קרבנות מיכל לא ליכלו: ביום השביעי. ומשמע לן יום ז' היינו שבת: דלמא שביעי לקרבנות. שאם הקריב נשיא ששי בערב שבת מקריב נשיא שביעי באחד בשבת ומאי שביעי שביעי לקרבן נשיא: ביום עשתי עשר יום. האי יום יתירא משמע מה יום רלוף שאין בו הפסק אף כולהו י"א יום רלוף דליכא הפסק בינתיים אפילו בשבת: דלמא ימים הראוין. למשתה עביד משתה לאפוקי יום הכפורים: גמר יום יום מהתם. מנשיאים דמשכן דגמרינן מתרי קראי דהוו רלופים אפילו בשבת אף משתה דחנוכת הבית הוו י"ד רלופים ואפילו [ביוה"כ]: כ"ד רננות. כתיבי בפרשה בין רנה ותחנה ותפלה ובקשה: פרשת נדרים. מסכת נדרים: ביום השמיני. של חג היינו בעשרים ושתים: וכתיב וביום עשרים ושלשה. אלמא דבעשרים ושתים ובעשרים ושלשה איפטרו מיניה: של לורה. כלומר חכמים: פלס מעגל רגלך. כלומר שקול מלות ועיין בהן איזו מלוה גדולה ועשה הגדולה: וכתיב ארח חיים פן תפלס. דמשמע כל מלוה שתבא לידך עשה אותה בין גדולה בין קטנה ואל תניח קטנה מפני הגדולה: מלוה שאפשר לעשותה ע"י אחרים. תפלס פלס מעגל רגלך שתעשה אתה הגדולה וחבריך יעשו קטנה וכמלוה :

מותרין לישא ערב הרגל קשיא לכולהו לא קשיא למאן דאמר משום שמחה עיקר שמחה חד יומא הוא למ"ד משום טירחא עיקר טירחא חד יומא הוא למ"ד משום ביטול פריה ורביה לחד יומא לא משהי איניש נפשיה ודאין מערבין שמחה בשמחה מנלן דכתיב °(מ"א ח) ויעש שלמה בעת ההיא את החג וכל ישראל עמו קהל גדול מלבוא חמת עד נחל מצרים [לפני ה' אלהינו] שבעת ימים ושבעת ימים ארבעה עשר יום ואם איתא דמערבין שמחה בשמחה איבעי ליה למינטר עד החג ומיעבד שבעה להכא ולהכא ודלמא מינטר לא נטרינן והיכא דאתרמי עבדינן איבעי ליה לשורי פורתא שיורי בנין בהמ"ק לא משיירינן איבעי ליה לשורי *באמה (א) כליא עורב אמה כליא עורב צורך בנין הבית הוא אלא מדמייתר קרא מכדי כתיב ארבעה עשר יום שבעת ימים ושבעת ימים למה לי שמע מינה הני לחוד והני לחוד א"ר פרנך א"ר יוחנן אותה שנה לא עשו ישראל את יום הכפורים והיו דואגים ואומרים שמא נתחייבו שונאיהן של ישראל כלייה יצתה בת קול ואמרה להם כולכם מזומנין לחיי העולם הבא מאי דרוש אמרו קל וחומר ומה משכן שאין קדושתו קדושת עולם וקרבן יחיד דוחה שבת דאיסור סקילה מקדש °דקדושתו קדושת עולם וקרבן צבור ויום הכפורים דענוש כרת לא כ"ש אלא אמאי היו דואגים התם צורך גבוה הכא צורך הדיוט הכא נמי מיעבד ליעבדו מיכל לא ניכלו ולא לישתו אין שמחה בלא אכילה ושתיה ומשכן דדחי שבת מנלן אילימא מדכתיב °(במדבר ז) ביום הראשון וביום השביעי דלמא שביעי לקרבנות אמר רב נחמן בר יצחק אמר קרא °(שם) ביום עשתי עשר יום מה יום כולו רצוף אף עשתי עשר כולן רצופין ודלמא ימים הראויין כתיב קרא אחרינא °(שם) ביום שנים עשר יום מה יום כולו רצוף אף שנים עשר יום כולן רצופין ודלמא הכא נמי ימים הראויין אם כן תרי קראי למה לי ומקדש דדוחה יום הכפורים מנלן אילימא מדכתיב ארבעה עשר יום ודלמא ימים הראויין גמר יום יום ממשכן מדהתם יצתה בת קול ואמרה להם כולכם מזומנין לחיי העולם הבא ומנלן דאחיל להו דתני תחליפא *°(מ"א ח) ביום השמיני שלח את העם ויברכו את המלך וילכו לאהליהם שמחים וטובי לב על כל הטובה אשר עשה ה' לדוד עבדו ולישראל עמו לאהליהם שהלכו ומצאו נשיהם בטהרה שמחים שנהנו מזיו השכינה וטובי לב שכל אחד ואחד נתעברה אשתו בבן זכר על כל הטובה שיצתה בת קול ואמרה להם כולכם מזומנין לחיי העולם הבא לדוד עבדו ולישראל עמו בשלמא לישראל עמו דאחיל להו עון יום הכפורים אלא לדוד עבדו מאי היא אמר רב יהודה אמר רב *בשעה שביקש שלמה להכניס ארון למקדש דבקו שערים זה לזה אמר שלמה עשרים וארבע רננות ולא נענה פתח ואמר °(תהלים כד) שאו שערים ראשיכם וגו' ולא נענה כיון שאמר °(דה"ב ו) ה' אלהים אל תשב פני משיחך זכרה לחסדי דוד עבדך מיד נענה באותה שעה נהפכו פני שונאי דוד כשולי קדירה וידעו הכל שמחל לו הקב"ה על אותו עון ר' יונתן בן עסמיי *ורבי יהודה בן גרים תנו פרשת נדרים בי ר' שמעון בן יוחי איפטור מיניה באורתא לצפרא הדור וקא מפטרי מיניה אמר להו ולאו איפטריתו מיני באורתא אמרו ליה למדתנו רבינו *תלמיד שנפטר מרבו ולן באותה העיר צריך ליפטר ממנו פעם אחרת שנאמר ביום השמיני שלח את העם ויברכו את המלך וכתיב °(דה"ב ז) וביום עשרים ושלשה לחדש השביעי שלח את העם אלא מכאן לתלמיד הנפטר מרבו ולן באותה העיר צריך ליפטר ממנו פעם אחרת א"ל לבריה בני אדם הללו אנשים של צורה הם זיל גביהון דליברכוך אזל אשכחינהו דקא רמו קראי אהדדי כתיב °(משלי ד) פלס מעגל רגלך וכל דרכיך יכונו וכתיב °(שם ה) אורח חיים פן תפלס לא קשיא כאן במצוה שאפשר לעשותה ע"י אחרים כאן

איבעי ליה למינטר עד החג. כדי שלא יתבטלו ישראל ממלאכתן כל כך: איבעי ליה לשורי באמה כליא עורב. שלא היה צורך הבנין כ"כ ואע"פ שהוא מהבנין כדי שלא יביאו הטומאה אין זה צורך כל כך וגם בשעת הבנין בזמן שלא היה השכינה שורה בו לא היה צורך*:

[עי' תוספות שבת ל. ד"ה מכלא ותוס' מנחות קז. ד"ה כליא ובערכין ו. ד"ה כגון]

[שבת ל. ערכין ו. ע"ש מנחות קז.] מדות פ"ד מ"ו

[שבת ל. ע"ש]

שבת ל. סנהדרין קז:

שבת נג:

רבינו חננאל

קשיא לכולהו. ופרקינן מאן דאמר משום שמחה חד יומא הוה והוא יום הכנסת הכלה בערב יום טוב. וכן נמי מי שאמר משום טרחא *) כר' אבא דאמר עלת כלתא נפקת טרחותא מאן דאמר משום פריה ורביה לחד יומא לא משהי נפשיה. ומנ"ל דאין מערבין שמחה בשמחה דכתיב ויעש שלמה את החג וכל ישראל עמו קהל גדול מלבוא חמת עד נחל מצרים לפני ה' אלהינו שבעת ימים ושבעת ימים ארבעת עשר יום ואסיקנא מדמייתר קרא מכדי כתיב ארבעה עשר יום שבעת ימים ושבעת ימים למה לי אלא ש"מ שמחת חינוך לבד ושמחת החג לבד. אמר רבי פרנך א"ר יוחנן אותה שנה לא צמו ביוה"כ דכתיב שמחה ואי שמחה בלא אכילה מאי דרוש ק"ו ומה משכן שאין קדושתו קדושת עולם דהא יש אחריו קדושה וקרבן הנשיאים קרבן יחיד הוא ולא קרבן צבור ודחי שבת שהוא איסור סקילה. והקריבו בשבת כדכתיב ביום עשתי עשר יום. ביום ביום דכתב קרא למה לי אלא ללמד מה יום כולו רצוף אף שנים עשר כולן רצופין הקריבו בהן והשבת בכללן. מקדש קדושתו קדושת עולם דאין אחריו היתר וקרבן צבור ויוה"כ דאיסור כרת הוא לא כ"ש דנידחי ליה והיו דואגין שמא נתחייבו כלייה דאמרי התם במשכן לא דחו שבת אלא בהקרבת קרבנות דצורך גבוה נינהו אבל יום הכפורים דאסור באכילה ושתיה שהוא צורך היום. יצאת ב"ק ואמרה להן כולכם מזומנים לחיי העולם הבא שלא נתכוונתם אלא למצוה. ומציין שמחל להם שנא' וביום השמיני שלח את העם ויברכו את המלך וילכו לאהליהם שהלכו ומצאו נשיהן טהורות שמחים שנהנו מזיו השכינה וטובי לב שכל אחד ואחד נתעברה אשתו וזכר על כל הטובה אשר עשה ה' לדוד עבדו שהודיע לכל שמחל לו עון בת שבע ומיתת אוריה שלא נענה שלמה בנו בעת שדבקו שערים זה בזה ולא נפתחו שיכנס הארון אלא כשאמר ה' אלהים אל תשב פני משיחך זכרה לחסדי דוד עבדך מיד נודע לכל שמחל הקב"ה לדוד עבדו אותו עון ולישראל עמו שיצאת ב"ק ואמרה כולכם מזומנים לחיי העולם הבא. ר' יונתן בן עבראי ור' יהודה בן גרים תנו נדרים בי רשב"י איפטור מיניה באורתא בצפרא נמי אתו וקא מיפטרי אמר להו ולאו כבר איפטריתו אמרו לו לימדתנו רבינו תלמיד הנפטר מרבו ולן וכו' שדר לגבייהו בריה ליברכיה אזל אשכחינהו דמפרשי פלס מעגל רגלך במצוה (שאי אפשר) [שאפשר] לעשותה ע"י אחרים אבל

הגהות הב"ח

(א) גמ' באמה כליא עורב נ"ב לשון כלוי ומניעת העורבי' מליישב וכן פי' הערוך אלא שכתב דבמקדש ראשון לא היה צריך כליא עורב ע"ש והתוס' בפרק ר' עקיבא כתבו דמוכח כאן שהיה במקדש ראשון כליא עורב :

*) דברי ר' אבא נמצא בירושלמי כאן הלכה ז' א"ר בא עלת כלתא נפקת טרחותא.

גליון הש"ס גמ' דקדושתו קדושת עולם. עיין שבועות דף טז ע"ב תוס' ד"ה קדושתו :

עין משפט נר מצוה

[פ"ק דשבת סוף הלכה ב]

פו א ב מיי' פ"ג מהל' יום טוב הלכה ג סמג לאוין עה טוש"ע א"ח סי' תקמו סעיף ה :

פז ג מיי' פ"ט מהלכות ע"ז הלכה א סמג לאוין מה טוש"ע י"ד סי' קמח סעיף א :

[צ"ל שני]

רש"א

כאן במצוה שאי אפשר לעשותה ע"י אחרים. עשיית מצוה עדיף שהרי מפסיקין אפילו לר"ש בן יוחי לעשות סוכה ולולב כדאי' בירושלמי* אבל בהפסקה דתפלה פוק"ש אין מפסיקין לר"ש בן יוחי (ג) א) ובירושלמי זה שננו וזה שננו ואין מפסיקין שנה מפני שנה :

פוקסת. פי' בקונטרס מתקנת שער שלא יתפזר וקשה דבפרק המצניע (שבת דף צד: ושם) אמר (ד) דמתחייב בשבת משום טוה ועוד דסורקת הו"ל למיתני כמו גבי נזיר (נזיר מב.) ובפ' קמא דכתובות (דף ד: ושם) *פירש בקונטרס קליעת שער וקשיא דבפרק המצניע שנויה גודלת ופוקסת ואין לפרש מעבירת סרק על פניה דהכא תני תרוייהו וגם בפ' *קמא דכתובות ויש לפרש דמתקנת שערה בידיה חוץ לצעיף ור"ח מפרש שנותנת חוטין של בלק (ס) [דקין] על פניה להאדים הבשר והיינו טוייה והאי דקורא ליה בירושלמי טובע שהוא מאדים הבשר וכנין נמי שייך בתיקון האשה למאי דמפורש סוף המצניע (שבת דף צה.) משום בונה ומייתי דוכין את הגלגל : **סטכת**. בפרק כל הקרבנות (מנחות דף פו:) מפרש דשמן המור הוא סטכת ובפ' קמא דמגילה (דף יג.) מאי שמן המור רב הונא אמר רבי חייא סטכת :

תורה אור

כאן במצוה שא"א לעשותה ע"י אחרים הדר יתבי וקא מבעי להו כתיב °יקרה היא מפנינים וכל חפציך לא ישוו בה הא חפצי שמים ישוו בה וכתיב °כל חפצים לא ישוו בה דאפילו חפצי שמים לא ישוו בה כאן במצוה שאפשר לעשותה ע"י אחרים כאן במצוה שאי אפשר לעשותה ע"י אחרים אמרו ליה מאי בעית הכא אמר להו דאמר לי אבא זיל נבייהו דליברכוך אמרו ליה יהא רעוא דתזרע ולא תחצד תעייל ולא תיפוק תיפוק ולא תעייל ליחרוב ביתך וליתוב אושפיזך לבלבל פתורך ולא תחזי שתא חדתא כי אתא לגבי אבוה א"ל לא מבעיא דברכוני לא בירכן אבל צעורי צעורן א"ל מאי אמרו לך הכי והכי אמרו לי א"ל הנך כולהו ברכתא נינהו תזרע ולא תחצד תוליד בנים ולא ימותו תעייל ולא תיפוק תעייל כלתא ולא לימותו בנך דליפקן תיפוק ולא תעייל תוליד בנתא ולא ימותו גוברייהו וליהדרו לותיך ליחרוב ביתך וליתוב אושפיזך דהאי עלמא אושפיזך והההיא עלמא ביתא דכתיב °קרבם בתימו לעולם אל תקרי קרבם אלא קברם לבלבל פתורך בבני ובנתא ולא תיחזי שתא חדתא דלא תמות אנתך ולא תנסב אינתתא אחריתי ר' שמעון בן חלפתא אפטר מיניה דרב א"ל (*אבוה) זיל לגביה דליברכך א"ל יהא רעוא דלא תיבייש ולא תתבייש *אתא גבי אבוה א"ל מאי אמר לך א"ל מילין בעלמא הוא דאמר לי א"ל ברכך ברכתא דברכן קודשא בריך הוא לישראל ותנא בה דכתיב °ואכלתם אכול ושבוע והללתם וגו' ולא יבושו עמי לעולם וידעתם כי בקרב ישראל אני וגו' ולא יבושו עמי לעולם: ועושה אשה תכשיטיה: ת"ר *אלו הן תכשיטי נשים כוחלת ופוקסת ומעבירה(*סרק) על פניה ואיכא דאמרי מעברת [א] *סרק על פניה של מטה דביתהו דרב חסדא מקשטא באנפי כלתה יתיב רב הונא בר חיננא קמיה דרב חסדא ויתיב וקאמר לא שנו אלא ילדה אבל זקנה לא א"ל האלהים אפילו אמך ואפילו אימא דאימך ואפילו עומדת על קברה דאמרי אינשי בת שיתין כבת שית לקל טבלא רהטא: ר' יהודה אומר לא תסוד: תניא רבי יהודה אומר *אשה לא תסוד (א) מפני שניוול הוא לה ומודה ר' יהודה בסיד שיכולה לקפלו במועד שמטפלתו במועד שאע"פ שמצירה היא עכשיו שמחה היא לאחר זמן ומי אית ליה לרבי יהודה האי סברא והתנן *רבי יהודה אומר נפרעין מהן מפני שמצר *אמרו לו אע"פ שמצר עכשיו שמח הוא לאחר זמן אמר רב נחמן בר יצחק הנח להלכות מועד דכולהו מצר עכשיו ושמח לאחר זמן נינהו רבינא אמר כותי לענין פרעון לעולם מצר *אמר רב יהודה בנות ישראל שהגיעו לפירקן ולא הגיעו לשנים עניות טופלות אותן בסיד עשירות טופלות אותן בסולת בנות מלכים בשמן המור שנאמר °ששה חדשים בשמן המור *מאי שמן המור רב הונא בר חייא אמר סטכת *)רב ירמיה בר אבא אמר שמן זית שלא הביא שליש תניא רבי יהודה אומר אנפיקנון שמן זית שלא הביא שליש ולמה סכין אותו שמשיר את השער ומעדן את הבשר *רב ביבי הוה ליה ברתא טפלה אבר אבר שקל בה ד' מאה זוזי הוה ההוא כותי בשבבותיה דה"ל ברתא טפלה בחד זמנא ומתה אמר קטלא ביבי לברתי אמר רב נחמן רב ביבי דשתי שיכרא בעיין בנתיה טפלא אנן דלא שתינן שיכרא לא בעיין בנתין טפלא :

ההדיוט

וכמצוה שא"א לעשות ע"י אחרים. אל תפלס אלא מצוה שבא לידך בין גדולה בין קטנה עשה : **וכל חפציך לא ישוו בה**. שתבטל כל חפציך בשביל שתעסוק בתורה : **חפצי שמים ישוו בה**. כלומר שאם יש לך לעסוק במצוה תבטל תלמוד תורה ועסוק במצוה : **דאפילו חפצי שמים לא**. דמבטל מצוה ועוסק בתלמוד תורה : **תעייל ולא תיפוק תיפוק ולא תעייל**. משמע ליה בסחורה תעייל ולא תיפוק שתביא סחורה ולא תמכרנה תיפוק ולא תעייל שתוליא בסחורה במקום אחר ולא תביאנה : **תעייל כלתא**. שדרך כלתא הולכת אלל הבעל : **ולא תיפוק**. דלא לימות בנך דהדרי נפקי מיניך והדרי לבי נשייהו : **שתא חדתא**. זו שנה ראשונה של נישואין דכתיב כי יקח איש אשה חדשה לא יצא וגו' (דברים כד) : **ליחרב ביתך**. בית קברתך דלא תמות אלא תחיה לאורך ימים : **לא תבוש ולא תתבייש**. לא תבוש אחריני כדי שלא תתבייש שלא תבא לידי כך פן תתבייש : **ותנא בה**. ושנה בה לא יבושו עמי לעולם והיינו לא תבייש ולא תתבייש : **כוחלת**. נותנת כחול בין עיניה כדי שדומות נאים : **פוקסת**. מחלקת שערה לכאן ולכאן* : **ומעברת סרק על פניה**. סם אחד כדי שתראה אדומה : **סכין על פניה של מטה**. כדי להעביר שער של מטה : **היכא מיקשטא**. כי הני קשוטין כדאמר הכא : **באנפי כלתה**. שהיתה כל כך זקינה שהיתה לה כלה שהיא אשת בנה : **לא שנו**. הא דאמר עושה אשה תכשיטיה : **אלא ילדה**. בחורה שדרכה בכך ולהכי הוי לה שמחה במועד : **אבל זקינה לא**. והיכי עבדא אשתך הכי דמיקשטא הא הויא זקינה : **ואפילו עומדת על פתח קברה**. שריא להתקשט : **לקל טבלא רהטא**. פירוש קשקוש הזוג ר"ל מיני זמר בהילולא וכי היכי דרהטא ילדה בת שית לקל הילולא הכי עבדא (ג) בת שיתין והכי נמי מיקשטא : **שניוול הוא לה**. שנגנאי הוא לה וניוול בסיד ומצטערת בסיד : **שיכולה לקפלו במועד**. אע"פ שהיא מנוולת בסיד : **שמחה היא לאחר זמן**. במועד לסוף המועד לאחר שקפלתו את הסיד שטפלה לפי שמשיר את השער ומעדן את הבשר והואיל דהאי סיד משמחתה לאחר זמן להכי שרי לה לטופלו במועד אע"פ שהיא מלירה עכשיו : **ומי אית ליה לרבי יהודה האי סברא**. אע"ג שהיא מלירה עכשיו שמחה וכו' : **נפרעים מהם**. מהכותים ביום חגם מפני שהוא מלטער דכל אדם שפורע מילר אבל לא משלמים להם ממון ביום חגם לפי שמשמחם ביום חגם ומודה לע"ז כדפי' במס' ע"ז : **שמח הוא לאחר זמן**. שפרע לו ולמאי נפרע מהן אבל לרבי יהודה לא אית ליה האי סברא דמשום שמילר עכשיו שרי והיכי אית ליה האי סברא גבי טפול אע"ג שהיא מלירה עכשיו שמחה היא לאחר זמן : **הנח להלכות מועד**. להכי א"ר יהודה הכא דשרי אע"פ שהיא מלירה כו' : **דכולהו הלכות מועד**. דשרי משום האי טעמא נמי שרו כגון אפיה ובישול דמלטער השתא כשהוא אופה ומבשל ולהכי שרי דשמח הוא כשהוא אוכל אפייתו ובישולו בי"ט : **כותי לעולם מילר**. שפורע ולהכי לא אית ליה לר' יהודה התם אע"פ שמילר שמח וכו' אבל לעיל גבי טפול אית ליה לר' יהודה אע"פ שמלירה עכשיו שמחה לאחר זמן : **שהגיעו לפירקן**. לשיער : **ולא הגיעו לשנים**. שאינן בנות י"ב שנה ויום אחד שעדיין אינו דין שיהא להן שער ובושות על כך : **עניות טופלות**. השיער בסיד ומשירות אותן : **אנפיקנון**. היינו אנפיקינון דקתני התם במנחות (דף פה:) אנפיקינון לא יביא היינו אותו שמן שטושין מזיקים : **שלא הביאו שליש**. שלא בישלו שליש : **ולמה סכין אותו**. אבל הכי קא מהדר דקאמר טופלין כו' : **ושקל בה ארבע מאה זוזי**. שנתייפת ונטל מבעלה כך : **טפלה כולה בחד זימנא**. דסבר למיעבד כרב ביבי ומתה : **בעיין בנתין טפלא**. דשכר מגדל השער ומעבה את הבשר :

תופר

מסורת הש"ס

כן פי' הערוך ערך פקס ועיין פי' רש"י שבת סד: ד"ה ולא הפקוס ושני הפירושים שכבלם שם לד: ד"ה וכן פוקסת

[צ"ל לבריה כ"כ בע"י] [כי]

[צ"ל שרק פי' רש"י וכן גי' הערוך]

ע"ז ו:

שם ב.

שבת פ: ע"ש פסחי' מג. ע"ש

מגילה יג. מנחות פו. ע"ש

*) [פי' רש"י מנחות פו. ד"ה סטכת]

רבינו חננאל

אבל מצוה שאי אפשר לעשותה ע"י אחרים אורח חיים פן תפלס. תוב כתיב יקרה היא מפנינים וכל חפציך לא ישוו בה הא חפצי שמים ישוו בה במצוה (שאפשר) לעשותה ע"י אחרים. כל חפצים לא ישוו בה במצוה (שאי אפשר)[שאפשר] לעשות ע"י אחרים אמר להו אבא שדרני לגבייכו דתברכון יתי אמרו ליה תהא רעוא דתזרע ולא תחצד פי' דתוליד בנים ולא תקברהון תעייל ולא תיפוק תעייל כלתך לביתך ולא תוציא תיפוק ולא תעייל תוציא בנות לבית בעליהן ולא ימותו בעליהן וישובו אליך ליחרב ביתך וליתוב אושפיזך. פי' יחרוב ביתך הרבה והוא מקום הקבר שאתה עתיד להקבר בו כי הוא מקום של אדם. כלומר תאריך ימים בעולם הזה הנקרא אושפיזא. וישאר מקום קברך הרב הנקרא ביתך שנאמר קרבם בתימו לעולם. לבלבל פתורך. כלומר יהיו לך בנים הרבה ובלבלו שלחנך ולא תיחזי שתא חדתא דלא תימות אתתך ותיתנב אחריתי א"ל ר' לבריה זיל לגבייה רש"ב חלפתא דליברכך אזל לגביה א"ל תהא רעוא דלא תיבוש ולא תתבייש. א"ל אבוה כדי ברכך בברכתא דברכינהו הקדוש ב"ה לישראל ותנא ביה שנא' ואכלתם אכול ושבוע וגו': ועושה תכשיטיה במועד: ת"ר אלו הן תכשיטי נשים כוחלת ופוקסת*) נוטלת שערה וצפרניה ומעבירת סרק על פניה איכא דאמרי סכין על פניה של מטה. דביתהו דרב חסדא הוה מתקשטא באנפי כלותיה כו'. ואפי' עומדת על פתח קברה דאמרי אינשי בת שיתין כבת שית לקל טבלא רהטא. ר"י אומר לא תסוד כו'. תניא ר' יהודה אומר אשה לא תסוד במועד מפני שניול הוא לה אם היא תשאר בסיד. ומודה בסיד שיכולה לקפלו במועד ואע"פ שמצירה עכשיו שמחה היא לאחר זמן. ומי אית ליה לר' יהודה האי סברא והתנן בגמ' ע"ז ר' יהודה אומר נפרעין מהן מפני שהוא מיצר כו'. ופירק רב נחמן בר יצחק הנח להלכות מועד דכולהו אע"פ שמצירות עכשיו שמחות לאחר זמן. אמר רב יהודה אמר רב בנות ישראל שהגיעו לפירקן ולא הגיעו לשנים עניות טופלות אותן בסיד עשירות בסולת בנות מלכים בשמן המור והוא סטכת איכא דאמרי שמן זית שלא הביא שליש. תניא אפיקנון שמן זית שלא הביא שליש סכין אותו שמשיר

*) כ"ה נוסחת הברייתא בירושלמי כאן הלכה ז' :

הגהות הב"ח

(א) גמ' אשה לא תסוד במועד מפני שניוול כו' מפני שמילר הוא אמרו לו אע"פ שמילר הוא עכשיו שמח : (ב) בא"ד השין

(ג) רש"י ד"ה לקל טבלא כו' הכי עבדא לרהוט בת שיתין : (ג) תוס' ד"ה כאן כו' בן יומי כדאמרינן בירושלמי זה שננו : (ד) ד"ה פוקסת כו' דבפרק המצניע אמר דפוקסת מתחייבת בשבת : (ס) בא"ד השין של בלק והוא תקון על פניה .

גליון הש"ס

תוס' ד"ה כאן במצוה וכו' וק"ש אין מפסיקין. להדיא איתא בשבת דף יא ע"א דלק"ש מפסיקין וצ"ע :

הגהות הגר"א

[א] גמ' וא"ד מעברת סרק ע"פ של מטה כצ"ל. (וכ"ה ברש"י ורי"ף ורא"ש ומרדכי) :

הגהות מהר"ב רנשבורג א] תוס' ד"ה כאן במצוה שאי אפשר וכו' ובירושלמי זה שננו וכו'. הוא מלשון ושננתם כמ"ש מהרש"א. וכן הוא בלשון הירושלמי הנ"ל זה שינון וזה שינון :

§ מסכת מועד קטן דף ט: §

אות א'* [א]

במצוה שאפשר לעשותה על ידי אחרים

רמב"ם מהל' תלמוד תורה פ"ג ה"ד - היה לפניו עשיית מצוה ותלמוד תורה, אם אפשר למצוה להעשות ע"י אחרים, לא יפסיק תלמודו; ואם לאו, יעשה המצוה ויחזור לתלמודו.

[ב]**יו"ד סימן רמו סי"ח - ת"ת שקול כנגד כל המצות. היה לפניו עשיית מצוה ות"ת, אם אפשר למצוה להעשות ע"י אחרים לא יפסיק תלמודו; ואם לאו, יעשה המצוה ויחזור לתורתו** - ‹דאע"ג דתורה עדיפא, אין סברא שתדחה המצוה מכל וכל בשביל התורה, כיון שיכולין להתקיים שתיהן, שהרי יכול אח"כ לחזור ללימודו - לבוש›.

אות א' - ב'

אלו הן תכשיטי נשים: כוחלת, ופוקסת, ומעבירה סרק על פניה

בסיד שיכולה לקפלו במועד שטופלתו במועד

סימן תקמו ס"ה - [ג]עושה אשה כל תכשיטיה במועד; [ד]כוחלת, ופוקסת, (פי' מחלקת שערה לכאן ולכאן, רש"י) - ויש שפירשו, שעושה כמין עבותות, **והתוספות** פירשו, שנותנת חוט של בצק על פניה, כדי להאדים הבשר.

ומעבירת סרק על פניה, וטופלת עצמה בסיד - הסיד משיר השער ומעדן הבשר, **וכיוצא בו, [ה]והוא שתוכל לסלקו במועד** - אסיד קאי, הטעם, שכל שהיא טופלת בסיד מצירה היא, שניוול הוא לה, אלא כיון ששמחה הוא לה כשתסלק הסיד, ע"כ מותר מפני שמחת יו"ט שתהיה אח"כ.

(המחבר העתיק לדינא שיטת הרמב"ם וסמ"ג להחמיר, מ"מ לאו דבר ברור הוא, שמצאתי לכמה ראשונים דס"ל, דר' יהודא פליג על רבנן, והלכה כרבנן, דאף אם לא תוכל לסלקה במועד, ג"כ מותר, והוא הרי"ץ גיאות המובא במגיד משנה, והאו"ז המובא בהג"א, וכן הוא דעת האשכול, וכן מצדד בריטב"א להקל, ועיין בהגר"א דמקור הרמב"ם הוא מירושלמי, ושיטת הפוסקים המקילין הוא כפשטיה דתלמודא דילן, ובפי' המשנה להרמב"ם ג"כ פסק כרבנן להקל, ורק בחיבורו חזר בו ונקט שיטת הירושלמי, דלכו"ע דוקא באופן זה מותר).

[ו]**ומעברת שער [ז]מבית השחי ומבית הערוה, בין ביד בין בכלי** - אבל מראשה אסור גילוח ותספורת בחוה"מ, באשה כמו באיש.

[ח]**ומעברת סכין על פדחתה** - כלומר שמעברת השער בסכין.

(וכ"ז מותר מפני שזה צורך הגוף הוא, וכעין אוכל נפש, ולפיכך עושה כדרכה בלא שינוי, ובטרחא רבה).

(בגמרא איתא, דכל הני תכשיטין בין בילדה בין בזקנה שרי, דאף זקנה רצונה בטבעה להתקשט, ועיין בפמ"ג שכתב, דאף בשאין לה בעל, אכן לענין סיד, משמע בגמרא דלא שייך כי אם בילדה, וכן נראה גם מפירוש המשנה להרמב"ם שם).

אות ג'

אמרו לו: אף על פי שמצר עכשיו, שמח הוא לאחר זמן

יו"ד סימן קמח ס"א - שלשה ימים לפני חגם של עובדי עבודת כוכבים... וכן אסור להשאיל ולשאול - [שאלה שייך בדבר החוזר בעין, כגון חפץ, והלואה שייכא במעות דלהוצאה ניתנה - ט"ז], **ולהלוותן (בלא רבית), ללוות מהם ולפורען, וליפרע מהם מלוה בשטר או על המשכון.**

באר הגולה

[א] ‹ע"פ מהדורת נהרדעא› [ב] ‹הוספה פשוטה› [ג] **משנה שם** [ד] **ברייתא שם ט'** [ה] **הרמב"ם דס"ל דת"ק לא פליג ארבי יהודה** [ו] **שם** ‹ברמב"ם› **ושם בברייתא** ‹גירסת הרי"ף, ומעברת סרק על פניה, וא"ד ומעברת סכין על פניה שלמטה, ובירושלמי שם נוטלת שערה... והאי נוטלת שער אינה תגלחת, מדלא קאמר ומספרת או מגלחת, אלא בגוף קאמר - גר"א› [ז] ‹בירושלמי שם: נוטלת שערה וצפרניה ומעברת כלי על פניה - גר"א, **והאי** נוטלת שער אינו שער ראשה, דזה אסור בחוה"מ, לבד מהשנוים באלו מגלחים, אלא בשער הגוף קאמר, דהיינו שער בית השחי - דמשק אליעזר› [ח] ‹טור וכגירסת הרא"ש: ומעברת סכין על פדחתה - גר"א›

§ מסכת מועד קטן דף י. §

אות א'* [א]

כל שאינו יכול להוציא מלא מחט בבת אחת... כל שאינו יכול לכוין אימרא בחפת חלוקו

רבי יוחנן אמר מפסיע, רבה בר שמואל אמר שיני כלבתא

סימן תקמא ס"ה - [ב]**מי שצריך לו בגד במועד, אם היה הדיוט ואינו מהיר באותה מלאכה** - סימן אחד הוא, דסתם אומן מהיר, **הרי זה עושה אותו כדרכו** - [ג]וכל מי שיודע להוציא מלא מחט בבת אחת, או שיודע לכוין אמרא בשפת חלוקו, [שיהיה שוה, ולא פעם רחב ופעם קצר, והוא מעוקם, טור, וקאי אתפירת האימרא – ב"י, [ד]ורש"י פי' באופן אחר, ע"ש], תו אינו בכלל הדיוט, אלא אומן, ודיניה כדלקמיה.

ואם היה אומן מהיר, הרי זה עושה אותה מעשה הדיוט, [ה]**דהיינו שיעשה תפירות רחבות,** [ו]**ותפירה אחת למעלה ואחת למטה, כשיני הכלב; הגה: וכל אדם יחמיר על עצמו לתפור בשינוי זה** - כי רוב בני אדם יכולים להוציא מלא מחט בבת אחת, והם בכלל אומן. **ולא מהני לאומן לתפור על ידי שישנה באחיזת המחט בידו, אלא בעינן שינוי הניכר (תה"ד)** - היינו שיהיה ניכר בתפירה עצמה, ולא בענין אחר.

אות א'** [ז]

תוס' ד"ה הדיוט: והיכא דבגדיו או מנעליו מקורעין וכו'

סימן תקמא ס"ד - [ח]**אסור לתקן מלבושיו ומנעליו הקרועים** - אע"פ שיתקרעו יותר אם לא יתקן, אסור, דלא מיקרי דבר אבד אלא שעיקר הדבר נפסד, אבל בשביל מעט תוספות קלקול לא, **ואם** יתקרעו לגמרי כשלא יתקנם, מותר אף ע"י ישראל לתקן, וא"צ שינוי, דהוי דבר האבד, [**והא"ר** מפקפק ע"ז, דהרי יכול לתקן זה ע"י שינוי וכדלקמיה, ולמה נתיר כדרכו, ‹**דכיון** שאינו דבר האבד מעצמו, אלא אם יהא לבוש בו יהיה אז דבר האבד, א"כ הרי עיקר היתר הוא שיהא אפשר להיות לבוש בו, וממילא בודאי דלא עדיף מאין לו בגד כלל כבסמוך, דלא התירו אלא מעשה הדיוט – משנה הלכה›, **ואם** יכול לקנות מנעלים חדשים, בודאי אין להקל, דתו לא הוי בכלל דבר האבד].

וה"מ כשצריך לילך בהם בחוה"מ, הא אין צריך להם בחוה"מ, פשיטא דאסור, דיניחם ולא ישתמש בהם עד לאחר המועד, **ודע**, דבכל זה אין חילוק בין אם נתקרעו במועד או שנתקרעו לפני המועד.

וכן אסור לומר לא"י לתקנם - רבותא נקט המחבר, דאף דבזה יש קצת הפסד אם לא יתקנם, אפ"ה אסור, וכ"ש בשאר דברים, וכדלקמן בריש סימן תקמ"ג.

(מיהו ע"י שינוי שרי לתקנס קלת לצורך המועד) - היינו אם היה אומן צריך שינוי, והשינוי מבואר בס"ה, אבל אם הוא הדיוט, תופר כדרכו וכדלקמיה, **וכ"ז** אינו מותר רק בצריך למועד.

(הנה תיבת "קצת" לא נזכר בשום פוסק, ואף בלבוש ועוד איזה אחרונים שהעתיקו דברי הרמ"א, לא הזכירו דדוקא קצת, **וטעמם פשוט, דכיון שהוא ע"י שינוי, לא גרע זה ממי שעושה בגד מתחלה, דמבואר בס"ה דכשהוא לצורך המועד, מותר האומן לעשות ע"י שינוי, ואפשר דכונת הרמ"א, דכיון שרצונו לתקן הוא רק לצורך המועד, לא יתקנם לגמרי, רק שישתהא התיקון עד לאחר המועד, ועדיין צ"ע**).

אות א'

ושוין שאין מפשילין חבלים לכתחלה

סימן תקמא ס"ב - [ט]**מסרגין המטות, (פי' הוא כעין האריגה, אלא שבסריגה יש ריוח מה בין חוט לחוט)** - פי' שעושין בה חבלים שתי וערב, לשכוב בה במועד, **וכ"ש** כשהם במטה מכבר, אלא שנעשו רפויים, דמותר למתחן, **ודוקא** לצורך המועד, דאל"ה אף זה אסור, **ואפילו** לצורך המועד, דוקא שלא כיון מלאכתו למועד.

אבל אין מפשילין חבלים בתחלה - ר"ל שאין גודלין החבלין משום זה, [מ"א וכדעת רוב הפוסקים, (רש"י ומג"מ ונמ"י ורי"ו), ודלא כבגדי ישע שחשב שדעת רש"י הוא יחידאה].

[י]**ויש** מחמירים שלא להטילם במטה במועד, אפי' הם מגודלין מכבר, **ומה** שהתירו חכמים לסרג במטה, היינו כשהמשיכן בנקבי המטה קודם המועד, [או שהיו קשורין למטה מצד אחד, **והב"י** צייר כגון שהיו פעם א' במטה והוסרו משם, **והשיג** ע"ז במאמ"ר, דזה נחשב כמפשיל לכתחילה].

אות ב'

מעמידין תנור וכירים

סימן תקמ ס"ז - **ובין כך ובין כך** - ר"ל בין אפשר שייבש הטפילה, ובין לא אפשר שייבש, [יא]**בונים על חרס של תנור ועל הכירה הטפילה שלהם** - היינו הטיחה שעליהם בטיט, כדי שישתמר חומו, **משום** דאפשר לאפות בתוכן אע"פ שלא נתייבשה הטפילה שעליהן, כיון שעיקר התנור והכירה נתייבשו.

‹**המשך ההלכות מול עמוד ב'**›

באר הגולה

א ‹הוספה פשוטה› **ב** **לשון רמב"ם ממשנה ח' ומגמרא שם** (י.) **ג** ‹וכתב הרא"ש: ולא איפסיקא הלכתא כמאן, הלכך המכיר בעצמו שהוא יודע באחד מאלו, לא יתפור במועד – ב"י› **ד** ‹ע"ש בב"י דגורס ברש"י "שאינו יודע לחתוך", **משא"כ** לגרסתינו ברש"י "שאינו יודע לתחוב", יתכן שכוונת רש"י שקאי על תפירת האימרא כהטור› **ה** ‹נ"ל דנסתרסו התיבות, ומלות "שאינו תופר ביושר" שבדבור הראשון, שייכים לדבור הב', ומלות "שאינו תופר כדרכו תוחב זה בסמוך זה" שבדבור הב', שייכים לדבור הא' – רש"ש. ‹**ופי'** מכליב, מרחיק התפירות זו מזו, ועושה אותן רחבות – מגיד משנה, **ומבואר** ממה דלא העירו המפרשים על השו"ע, דלא הוי כרש"י, היינו משום דהיינו הך, מי שמפזר התפירות, עושה אותם רחבות› **ו** ‹וכתב הרא"ש: הכא נמי לא איפסיקא הלכתא כמאן, הלכך אומן הצריך לתפור לצורך המועד, יעשה כחומרי שניהם, תפירות רחבות, ותפירה אחת למעלה ואחת למטה כשיני הכלב – ב"י› **ז** ‹ע"פ הב"י› **ח** **הרא"ש שם ושאר פוסקים אהא דתנן הדיוט תופר כדרכו ח'** **ט** **משנה שם וכת"ק שם בגמרא** (י.) **י** ‹פירשו הפוסקים, מסרגין היינו כשעשוין כבר במטה אלא שמבולבלין, מותר ליישרן, אבל לא מפשילין, היינו כשלא היה במטה אסור ליתנן בתחלה במטה – בגדי ישע, וא"ר ולבוש› **יא** **משנה י' וכפי' רמב"ם** ‹מעמידין תנור וכיריים וריחיים. ופירש הרא"ש: מעמידין, היינו שמתקנים אותו יפה על עמדו כדי להשתמש בהם. **ומדברי** הרמב"ם נראה, דהיינו לומר שבונין על חרס התנור והכירה הטפילה שלהם – ב"י. **ועיין ברש"י**›

ההדיוט תופר כדרכו: היכי דמי הדיוט אמרי דבי רבי ינאי כל שאינו יכול להוציא מלא מחט בבת אחת רבי יוסי בר חנינא אמר כל שאינו יכול לכוין אימרא בחפת חלוקו: והאומן מכליב: מאי מכליב רבי יוחנן אמר מפסיע רבה בר בר שמואל אמר שיני כלבתא: מסרגין את המטות: מאי מסרגין ומאי ממתחין כי אתא רב דימי אמר פליגי בה ר' חייא בר אבא ור' אסי ותרוייהו משמיה דחזקיה ור' יוחנן חד אמר מסרגין שתי וערב וממתחין שתי בלא ערב וחד אמר מסרגין שתי בלא ערב וממתחין שאם היה רפוי מתחו איני והא תני רב תחליפא בר שאול ושוין שאין מפשילין חבלים לבתחלה בשלמא למאן דאמר מסרגין שתי וערב וממתחין שתי בלא ערב היינו דקתני רב תחליפא בר שאול ושוין שאין מפשילין חבלים לבתחלה אלא למאן דאמר מסרגין שתי בלא ערב וממתחין שאם היה רפוי היה מתחו השתא שתי וערב אמרת לא חבלים לבתחלה מיבעיא קשיא א"ל רב נחמן בר יצחק לרבי חייא בר אבין מי איכא למאן דאמר מסרגין שתי בלא ערב והתנן *רבי מאיר אומר המטה משישרוג בה שלשה בתים אלא כי אתא רבין אמר במסרגין כולי עלמא לא פליגי דשתי וערב אלא כי פליגי בממתחין מר סבר ממתחין שתי בלא ערב ומר סבר שאם היה רפוי ממתחו מיתיבי מסרגין את המטה ואין צריך לומר שממתחין דברי ר' מאיר ר' יוסי אומר ממתחין אבל לא מסרגין וי"א אין ממתחין כל עיקר בשלמא למאן דאמר ממתחין שתי בלא ערב היינו דאתו יש אומרים לאיפלוגי אלא למאן דאמר שאם היה רפוי ממתחו ליש אומרים ממתחו נמי לא אין כיון דאפשר לממליה במאני לא טרחינן: מתני' *מעמידין תנור וכירים וריחים במועד ר' יהודה אומר אין מכבשין את הריחים בתחלה: גמ' מאי מכבשין רב יהודה אמר מנקר ריחיא רב יחיאל אמר בת עינא מיתיבי מעמידין תנור וכירים במועד ובלבד שלא יגמור מלאכתן דברי רבי אליעזר וחכמים אומרים אף יגמור רבי יהודה אומר משמו מעמידין את החדשה ומכבשין את הישנה ויש אומרים אין מכבשין כל עיקר בשלמא למאן דאמר מכבשין מנקר ריחיא היינו דמשכחת לה בישנה אלא למאן דאמר בת עינא ישנה בת עינא למה לה כגון דקא בעי לארווחי טפי פורתא רב הונא שמעיה לההוא גברא דקא מנקר ריחיא בחולא דמועדא אמר מאן האי *איתחיל גופיה דקא מחיל חולא דמועדא סבר לה כיש אומרים דרש רב חמא *נוקרין ריחים במועד משום (א) רבי מאיר אמר אפילו סוס שרוכב עליו וחמור שרוכב עליו *(ומותר) ליטול צפרנים בחולו של מועד אבל

רש"י

תופר כדרכו. בחולו של מועד: **היכי דמי הדיוט.** שאינו אומן שתופר כדרכו: **מלא מחט בבת אחת.** שאינו יכול ללקוט כימי התפירה של חלוק כדי לתפור כשהוא תופר תוחב תחיבות הרבה כמלא אורך המחט ואח"כ מושכה מן הבגד ונמלאו תפירות הרבה במשיכה אחת והיודע לעשות כן אומן הוא: **שאינו יכול לכוין אימרא בחפת חלוקו.** שאינו יודע לתחוב אותו בגד עב שעושין ממנו אימרא בחפת חלוקו אלא שבמקום אחד מקרבו ובמקום אחד מרחיבו: **האומן.** החייט מכליב: **מפסיע.** שאינו תופר ביושר אלא מפזר התפירה ולהכי קרי מכליב שדומין תחובי המחט לשיני הכלב רחוקות זו מזו כשיני הכלב: **כלבתא.** שאינו תופר כדרכו (ג) תוחב זה בסמוך זה אלא שתוחב המחט פעם אחת למעלה ופעם אחת למטה ולהכי קרי ליה כלבתא דהכי קיימי שיני הכלב שן אחד גבוה מחבירו: **מסרגין שתי וערב.** שאורגין מטה של חבלים בשתי וערב: **שתי בלא ערב.** שמותח השתי ואינו אורג בה הערב: **שאם היה רפוי.** זה שנארג ימים רבים והיו החבלים רפויין ותלוין למטה שאינן מתוחין ממתחן: **ושוין.** רבי מאיר ור' יוסי: **שאין מפשילין חבלים לבתחלה.** שאין גודלים חבלים לכתחלה: **המטה.** לעולם אינה מקבלת טומאה עד שיסרג בה ג' בתי נירין שהשתי כבר מתוח ואורג בה שלשה בתי נירין דערב אלמא דמסרגין קרי שתי וערב: **היינו דאתו יש אומרים לאפלוגי.** דאפילו שתי בלא ערב לא מצי: **ממתח נמי לא.** בתמיה אתו יש אומרים למיסר נמי מתוחי ואמאי הא לא קעביד מלאכה ואי לא עביד הכי לא מצי למיזגא עלה: **אין.** ודאי אתו יש אומרים למיסר נמי מתוחי משום דאו"ל ואפשר למלייה למטה במאני עד לעיל והדר מצי למירמא עלייהו כרים וכסתות למיזגא עלייהו: **לא טרחינן.** דהוי טורח דלא צריך: **מתני' מעמידין תנור וכירים.** שעושין אותם לכתחלה כדאמרינן לקמן תנור תוכו חלול מקום שפיתת (ג) שתי קדירות כירה מקום שפיתת קדירה אחת: **מכבשין.** א] בגמ' מפרש: **גמ' מנקר ריחיא.** שכשהיא ישנה וחלקה ואין החטין יכולין לפרך מנקרין אותה אותכין אותה כדי שלא יהא שוה כדי שיפרכו החטין תחתיה: **בת עינא.** נקב שעושין באמצע הריחים שהתבואה נופלת לתוכה: **היינו דמשכחת לה בישנה.** לפי שהישנה צריכה לכך שכבר היא חלקה לפי שתדיר היא טוחנת: **אלא למאן דאמר.** דמכבשין היינו בת עינא ישנה בת עינא למה והלא כבר א"א לה בת עינא שכבר היא ישנה מלטחון ואי לא הוי לה בת עינא לא מצי למיטחן: **כגון דבעי לארווחי.** האי בת עינא טפי וכי האי גוונא משכחת לה בישנה: **מנקר ריחיא.** בישנה: **איתחיל גופיה.** יתחלל גופו: **מותר ליטול.** להן לפרוס כדרך המושך עכשיו לסוסים שלנו דאי לא עביד ליה הכי הוה ליה לצערא ולא מצי אזיל אבל

תוספות

ההדיוט תופר כדרכו. נראה דוקא לצורך המועד אבל בחנם למה יתירו אפילו על ידי שינוי מיהו לא איירי בדבר האבד דהיכא דאיכא דבר האבד קיימא לן כר' יוסי דאין מצריך שינוי בדבר האבד והיכא דבגדיו או מנעליו מקורעין ואם יניח אותן עד לאחר מועד יתקלקלו ראיתי רבותי שאין מקילין כלל להתיר אפילו על ידי נכרי כדאמרינן לקמן (דף יב.) כל שאינו עושה אינו אומר לנכרי ועושה ושמא לא היו חושבים אותו דבר האבד או שמא אין כל דבר האבד מותר בלא שינוי דבפ' מקום שנהגו (פסחים דף נה:) משמע דוקא שולי רגלים מתקנין מנעלים במועד*: **במסרגין** כולי עלמא לא פליגי דשתי וערב. תימה היאך מותר לעשות מלאכה כי האי בלא שינוי: **ממתוחי** נמי לא. בלאו הכי נמי נראה דמצי לאקשויי היכי קאמר ר' יוסי שאם היה רפוי ממתחו אבל לא מסרגין שתי וערב הא אפילו בשתי בלא ערב אסור: **כיון** דאפשר למלויי במאני. משמע דאין מותר אלא לצורך המועד: ה"ג **רבי** יהודה אומר אין מכבשין את הריחים בתחילה. ובחדשה קאמר דהא בגמרא מתיר ישנה ואין נראה לומר דבגמ' דמתיר ישנה משום ר' אליעזר קאמר והא משמיה דידיה כי למה נדחוק לעשות מחלוקת חנם ועוד דלכתחילה משמע חדשה ואם תאמר כבוש מאן דכר שמיה י"ל תנא קמא אמר מעמידין ובחדשה קאמר ומשמע אפילו כבוש ור' יהודה אוסר בכבוש ולית דגרים ר' יהודה אומר מכבשין את הריחים ולא גרס לכתחילה והיא היא אבל עתה קשיא יותר כבוש מאן דכר שמיה תנא קמא נמי שרי יש לומר דת"ק שרי העמדה בעלמא שאין זה בנין גמור (ד) וה"ה דאסר כבוש בין בחדשה בין בישנה ור' יהודה שרי כבוש בישנה וגירסא ראשונה נראה לרבי ומעמידין נראה דוקא העמדה דתנור אין זה בנין בתחילה אלא הוא עשוי כבר אבל אינו מחובר בקרקע וצריך לחברו ולטפלו בארץ כדמפרש בפרק כל הכלים (שבת דף קכה:) אי נמי כי ההוא דפ' המביא כדי יין (ביצה לד.) גבי תנור דבי"ט אין סכין אותו ואין עשין אותו במטלית וכו' הכא במועד שרי ולקמן במשנתין נמי קאמר ושוין שאין גודלים תנור בתחילה ובירושלמי תני ר' חלפתא ובלבד שלא יגלחנו בתחילה ופירש בתוספ' דלא ידע מאי גילוח ול"נ דגרסינן שלא יגדלנו: **סוס** שרוכב עליו. פי' בתוספתא לצורך המועד משמע שאסור לרכוב בחנם : למישקל

עין משפט נר מצוה

פח א טוש"ע א"ח סי' תקמא סעיף ב:

פט ב מיי' פ"ח מהלכות י"ט הלכה יג טוש"ע שם סי' תקמ סעיף ז:

צ ג ד מיי' שם טור ש"ע שם סעיף ח:

צא ה מיי' שם הלכה טו טוש"ע שם סי' תקלו סעיף א:

[ועי' בפסחים תוס' ד"ה שולי רגלים]

רבינו חננאל

שמשיר את השיער ומעדן את הבשר: ההדיוט תופר כדרכו בתלמו"ד א"י מפור"ש לפיב"ך כתבנ"ו והגהנת"ו ז"ה. דבי ר' ינאי אמרי כדרכו ממלא את המחט. מכליב אחת אחת ר' יוחנן א' כדרכו (אפי') אחת אחת. מכליב. כפסיע. כלומר מדלג. מתני' מסייע לר' יוחנן הרצענין מכלבין במועד אין תימר חדא חדא היינו אורחייהו כך היא אומנותן *) של מפסע. ר' יוסי ב"ר חנינא אומר המזווג את האמריות **) זהו אומן וכל מי שאינו מזווג אינו אומן א"ר סימן הדיוט תופר כיסין כיסין. מסרגין את המטות, ר' יוסי אומר ממתחין. ר' חייא בר אבא ור' אמי פליגי תרוייהו משום דחזקיה ור' יוחנן (אמרו) חד אמר מסרגין כגון ארינה שתי וערב ממתחין שתי בלא ערב. וחד אמר מסרגין שתי בלא ערב. ממתחין שאם היה רפוי ממתחו. איני והתני ר' חלפתא בן שאול ושוין פי' ת"ק ור' יוסי שאין מפשילין חבלים לכתחלה. ומתמה רב נחמן בר יצחק מי איכא מ"ד מסרגין שתי בלא ערב. והתנן ר"מ אומר המטה משיסרוג בה שלשה בתים מי אפשר לעשות בית בלא שתי וערב אלא כ"ע מסרגין שתי וערב כי פליגי בממתחין. ולא איפשיט לן בהדיא האי מיתוח מה הוא אי שתי בלא ערב. או אם היה רפוי ממתחו. אפשר למימליא במני. אפשר למלאות רפיון חבלי המטה בכסתות הרבה: [מתני'] מעמידין תנור וכירים במועד ר"י אומר אין מכבשין את הריחים במועד בתחלה. מאי מכבשין. רב יהודה אמר מנקר ריחיא פי' כיון שיעמדו הריחים מלטחון מנקרין בהן נקרין קטנים כמין חידודין כדי לטחון במהרה רב יחיאל אמר בת עינא. ומקשינן עליה דרב יחיאל ומפרק כגון דנקרה ובעי לארווחי בית טפי רב הונא שמע להוא גברא דהוה מנקר ריחיא בחולו של מועד אמר מאן האי דמחיל י"ט לאיתחיל גופיה. והרב הונא סבר לה כי"א דאמרי אין מכבשין כל עיקר. דרש רב חמא נוקרין ריחים בחולו של מועד משום רבינו אמרו אפי' סוס שרוכב עליו וחמור

מסורת הש"ס

כלים פט"ז מ"א

עירובין קד.

[נ"ל מותר]

*) בירושלמי שם מגיה אלא כי אנן קיימין במספסא. **) לפנינו בירושלמי איתא כל שהוא מזווג את האמריות זהו הדיוט ופסוק דסה"ס ול"ל בגי' רבינו ז"ל.

הגהות הב"ח

(א) גמ' נוקרין ריחים במועד משום רבינו אמרו (אפילו) סו"א וכו' בס"א נ"ב ליה. עוד נ"ב ונראה דרבינו הוא ר' יוסי כמ"ש התוס' בפ"ק דחולין: (ב) רש"י ד"ה כלבתא כו' כדרכו נ"ב לתוחב זה: (ג) ד"ה מעמידין כו' מקום שפיתת קדירה אחת כירה מקום שפיתת שתי קדירות: (ד) תוס' ד"ה רבי כו' שאין זה בנין גמור אבל בנין בתחילה אסור וה"ה דאסור כבוש:

גליון הש"ס

מתני' מעמידין תנור וכירים וריחים כצ"ל:

הגהות מהר"ב רנשבורג

א] רש"י ד"ה מכבשין בגמ' מפרש. נ"ב עי' לעיל דף ט ע"ב בתוס' ד"ה כפלגתא וכו' ועיין ודו"ק:

אבל חמרא דריחיא לא *רב יהודה שרי למישקל טופריה לחמרא דריחיא ולאוקומי ריחיא ולמיבני אמת ריחיא ולמיבני אוריא (*רבא) שרא לסרוקי סוסיא ולמיבני אקרפיטא ולמיבני איצטבא רבא שרא למישקל דמא לבהמה בחולא דמועדא א"ל אביי תניא דמסייע לך מקיזין דם לבהמה ואין מונעין רפואה לבהמה בחולו של מועד רבא שרא לכסכוסי קורמי מ"ט מעשה הדיוט הוא אמר רב יצחק בר אמי אמר רב חסדא *קיטורי *בירי אסיר מ"ט מעשה אומן הוא אמר רבא *מאן דמתקיל (א) ארעא אדעתא דבי דרי שרי אדעתא דארעא אסיר היכי דמי מוליא *במוליא ונצא בנצא (ב) אדעתא דבי דרי שקל מוליא ושדא בנצא אדעתא דארעא ואמר רבא האי מאן דזכי זיכי אדעתא דציבי שרי אדעתא דארעא אסיר *היכי דמי שקיל רברבי ושביק זוטרי אדעתא דציבי שקל רברבי וזוטרי אדעתא דארעא ואמר רבא האי מאן דפתח מיא לארעיה אדעתא דכוורי שרי אדעתא דארעא אסיר היכי דמי *פתח תרי בבי חד מעילאי וחד מתתאי אדעתא דכוורי פתח חד בבא אדעתא דארעא ואמר רבא האי מאן דפשח דיקלא אדעתא דחיותא שרי אדעתא דדיקלא אסיר היכי דמי *שקיל כוליה מחד גיסא אדעתא דחיותא מהאי גיסא ומהאי גיסא אדעתא דדיקלא ואסיר ואמר רבא הני תמרי תוחלני מיגזרינהו שרי מייצינהו אסיר רב פפא אמר *כיון דמתלעי *כפרקמטיא האבד דמי ושרי ואמר רבא *פרקמטיא כל שהוא אסור א"ר יוסי בר אבין *ובדבר האבד מותר רבינא הוה ליה ההוא עיסקא דהוה מזדבן בשיתא אלפי שהייה לזבוניה בתר חולא דמועדא וזבניה בתריסר אלפי רבינא הוה מסיק זוזי בבני *אקרא דשנואתא אתא לקמיה דרב אשי א"ל מהו למיזל האידנא עלייהו א"ל *כיון דהאידנא הוא דמשכחת להו ביומי אחריני לא משכחת להו כפרקמטיא האבד דמי ושרי תניא נמי גבי ע"ז כי האי גוונא הולכין ליריד

רש"י

אבל חמרא דריחיא. שכך עושין שהיו טוחנים אגב חמורים לא מצי למישקל להחזיר חמרא לפרצוי דלא מצי למטחן במועד אלא לצורך מועד כדמפרש לקמן פרק מי שהפך (דף יב:) הלכך טחינה מועטת יכול לטחון בחמור ולא מרעי ליה גידול לפרצוי: **לאוקומי ריחיא.** להעמיד להשים הריחים זו על גב זו: **אמת ריחיא.** העץ שהריחים בנוי עליו: **ולמיבני אוריא.** רפת בקר: **לסרוקי סוסיא.** להסריק סוסים במסרק של ברזל: **למיבני אקורפיטא.** מה שמשימין התבואה לתוכו לפני סוסים שקורין מנייטור"א בלע"ז: **איצטבא.** בנין אבנים: **למישקל דמא.** להקיז: **לכסכוסי.** גיהוץ שקורין קוביל"ר: **קרמין.** בגדים: **מעשה הדיוט.** דמותר לעשותו בחולו של מועד דלאו מעשה אומן הוא: **קיטורי בירי אסיר.** למיעבד במועד שכך היו עושין שהיו נוטלין כלים חלוקין והיו מחליקין עליהן בית יד של חלוקיהם מעשה אומן הוא ואסור ל"א לכוין קמטין שאדם עושה בבית יד שממלאים אותה בקנה של שבלים חלקים ומקמטין פרונצלי"א בלע"ז: **דמתקיל סיקלא.** שחופר משם האדמה לצורך הגורן לחבוט שם חטין לצורך המועד הייט אדעתא דבי דרי ושרי: **אדעתא דארעא.** שחופר שדהו לצורך זריעה אסור משום דדמי כחורש בי"ט: **מוליא במוליא.** שנוטל הקרקע ממקום גבוה ומניחו שם על גבי מקום גבוה הייט מוליא במוליא: **או נצא בנצא.** שחופר במקום נמוך ומניחו במקום נמוך דהייט אדעתא דארעא ואסור דזה דרכו של חורש שדהו (ג) שאינו משגיח באיזה מקום שירד המחרישה בקרקע אפילו במקום נמוך חורש והייט דומיא דחרישה ואסור: **אבל שקל מוליא.** שנוטל הקרקע ממקום גבוה: **ושדא בנצא.** במקום נמוך הייט אדעתא דבי דרי אדעתא דגורן שכך דרכו של גורן שמשוה הגרנות וזה מותר: **דזכי זיכא.** שמכבד את הקרקע מעצים קטנים שעליה שנוטלם: **אדעתא דציבי.** אם ליקטן אדעתא דעצים להסיקן דנקט רברבי ושבק זוטרי: **אדעתא דארעא.** דלהכי ליקטן שרוצה לזרוע הקרקע שלוקט גדולים וקטנים אסור (ד): **אדעתא דכוורי.** שעושין המים שיוצאין מן הגומא של ביבר לחוץ אם לצורך שיצאו המים וישיירו הדגים מותר: **כגון דפתח תרי בבי.** אחד שבו נכנסין המים לגומא ונכנסין אף הדגים לגומא ואחד שהמים יוצאין חוץ לגומא והדגים משתיירים בתוכה ולוקחים אותם שרי דהייט אדעתא דכוורי: **דארעא.** דפתח חד בבא שבו נכנסים המים לגומא ואידך פתח שבו יוצאין המים לחוץ לא פתח: **אדעתא דארעא.** שכשהגומא מליאה מים יוצאין המים למעלה ומשקין כל השדה וכי האי גוונא אסור: **דפשח דיקלא.** שזומר הדקל מן הענפים שבו: **אדעתא דחיותא.** דראויין למאכל בהמה דנקט מן הענפים דמחד גיסא בין לחין בין יבשין לצורך מאכל בהמה הייט דחיותא ושרי: **דנקיט מהאי גיסא.** דדיקלא ומהאי גיסא ענפים יבישין שבו הייט אדעתא דדיקלא ואסור: **הני תמרי תוחלני.** תמרים שלא נתבשלו כל צרכן: **מיגזרינהו.** לחותכן לשנים ולאוכלן הכי בי"ט שרי דלצורך יום טוב קעביד: **מייצינהו אסור.** לכובשן במשוי ומוליא ליחה שבהן לחוץ הייט אסור שעכשיו אינן נתלעים אלא לעשות מהן לימוקים לאכלן בחול הוא מכוין ואסור לתקן ביום טוב מאכל דחול: **כיון דמתלעי.** אי לא דמייצינהו: **כדבר האבד.** כלומר כסחורה שאדם יכול לעשותה במועד כדי שלא יפסיד בה אם לא עשאה הכי נמי מצי למייצינהו דאי לא עביד הכי מיתלעי ושרי: **פרקמטיא כל שהוא.** לעשות סחורה בחולו של מועד: **ובדבר האבד מותר.** שאם יש לו הפסד אם לא יעשנה לאותה סחורה מותר לעשותה אבל בחנם שלא להרויח אסור: **הוה מסיק זוזי.** שהיו חייבין לו מעות באותו מקום:

תוספות

למישקל טופרי. פירש (ה) בתוספתא דה"ה לדין שמותר לתקן ברזלים דקרקע קשה ומתקלקל ומשום שאין ברזלים בימי חכמים שאין צריך רק למשקל טופריה שהיה הקרקע מצוננת כמו ברזל"ה היה אסור: **איצטבא** ואקרופיטא. ענייני ספסל וקלת הם חלוקים כדאמרינן בריש פרק עשרה יוחסין (קדושין דף ע.) ליתיב מר אקרופיטא אמר ליה מי סני ספסל כדאמרי רבנן או אצטבא כדאמרי אינשי: **ואין** מונעין רפואה מבהמה. שיש בה מלאכה איירי אבל רפואה שאין בה איסור מלאכה רק גזירה משום שחיקת סממנין אפילו בשבת איכא מאן דשרי והלכה כמאן דשרי כדאי' בפ' במה בהמה (שבת דף נג:) דרבה הלכה כרבי ישבאב דלית ליה גזירה משום שחיקת סממנין ברפואה לבהמה פי' דלסרוקי סוסיא שפירש בקונטרס אושטרי"ל בלע"ז אין נראה לי דהא קי"ל דבין קירוד ובין קירצוף שרי (ו) כדאמרי' סוף פרק שני דביצה (דף כג.) לר' שמעון דאמר דבר שאין מתכוין מותר וקיימא לן כוותיה אלא ענין אחר הוא: **כסכוסי.** פי' בקונטרס אפטיי"ר בלע"ז ויש מפרשים ליקיי"ר ולשון כסכוס משמע כן כדאי' פ' חולין (שבת דף קמא: ושם) מכסכסין מכסכסין ואין מכסכסין מחמת נבי טיט: **קיטורי** בירי. גרסינן ברי"ש ולא בידי בדלי"ת (ח) והוי מענין בירית טהורה בפ' במה אשה יוצאה (שם דף סג:) (ובפרק חזקת הבתים) (ב"ב דף נד): **מוליא** במוליא ונצא בנצא אדעתא (ס) דבי דרי שקל מוליא ושדי בנצא אדעתא דארעא. [א] וכן גרס רבינו גרשון ורב אלפס גרס בהפך מוליא במוליא ונצא בנצא אדעתא דארעא מוליא בנצא אדעתא דבי דרי משמע שיותר קרקע שוה צריך לחרוש מלידוש ואיפכא מסתברא טפי דלדידן צריך קרקע שוה לידוש יותר מלחרוש ושמא לפי שהיו דשין במורגין אין צריך קרקע שוה ויש מפרשים כדי לעשות דיר של בהמה*): **פרקמטיא** כל שהוא. פי' רבינו יצחק בתשובתו כי רבינו יעקב לא היה חושב הלואת רבית פרקמטיא והא דאמר רבינא הוה מסיק זוזי בבני אקרא דשנואתא משמע דחשיב פרקמטיא ולא שרי אלא משום דבר האבד היה אומר רבינו יעקב דסחורת יין היתה כדאמרינן באיזהו נשך (ב"מ עג:) רבינא הוה יהיב זוזי לבני אקרא דשנואתא ושפכי ליה טפי כופייתא אבל הלואה דשולחנות בקביעות וחילוף נראה (י) דחשיב פרקמטיא: **ובדבר** האבד מותר. פירוש בדבר שאם לא ימכרנה עתה שמא לא ימכרנה יפה פעם אחרת ויפסיד מן הקרן אבל אם לא יפסיד מן הקרן אלא שלא ירויח כל כך אין זה חשוב דבר האבד וכל שכן לקנות סחורה שמא תהיה יותר ביוקר אחר המועד אבל לקנות יין כשר בתוך המועד מותר והר"ר יוסף פירש דיש לאסור דאף על פי שלא ימלא בזול הרי ימלא ביוקר ואין זה דבר האבד:

*) [ועי' תוס' ב"ב נד: ד"ה מוליא]

עין משפט נר מצוה

צב א מיי' פ"ח מהל' י"ט הלכה טו סמג לאוין עה טוש"ע א"ח סי' תקמ סעיף ח:
צג ב מיי' שם טוש"ע א"ח סי' תקלו סעיף ג:
צד ג טוש"ע א"ח סי' תקמ סעיף ס:
צה ד מיי' שם הלכה טו טוש"ע שם סעיף ו:
צו ה מיי' שם הלכה טו טוש"ע א"ח סי' תקלו סעיף ג:
צז ו מיי' שם הלכה יד טוש"ע א"ח סי' תקמה סעיף ג [ו מיי' שם טוש"ע שם]:
צח ז מיי' פ"ח הלכה יב שם וס"ב מהל' זכיה ומתנה הל' ד עד הלכה ט טוש"ע א"ח סי' תקלו סעיף ט:
צט ח טוש"ע א"ח שם סעיף ד:
ק ט טוש"ע שם סעיף ח:
קא י טוש"ע שם סעיף יא:
קב כ טוש"ע שם סי' תקלט סעיף ב:
קג ל מ מיי' פ"ז הלכה כב טוש"ע שם סי' תקלט סעיף ח:

רבינו חננאל

חישור שרוכב עליו פירש לימול צפרניו. אבל חמור הטוחן בריחים לא ר' יהודה שרא לימול צפרנים של חמור הטוחן בריחים ולאוקמי ריחיא ולמבני אמת הריחים ולמבני אוריא פי' אוריות סוסים רבא שרא לסרוקי סוסיא ולמיבני אקרפיטא ואיצטבא. רבא שרא למשקל דמא תניא נמי הכי מקיזין דם לבהמה. ואין מונעין רפואה לבהמה בחולו של מועד. רבא שרא לכסכוסי קירמי. ופירשו הגאונים *) ... אמר רב חסדא קיטורא בידא אסיר מעשה אומן הוא ... אמר רבא מאן דתקיל תיקלא **) ... מוליא במוליא ונצא בנצא ... אדעתא דבי דרי עביד ושרי ... אדעתא דארעא ואסיר. וכן מאן דזכי זכיא ... אדעתא דציבי ושרי שקיל רברבי וזוטרי אדעתא דארעא עביד ואסיר. וכן מאן דפתח מיא בארעיה ... אדעתא דכוורי הוא ושרי ... וכן מאן דפשח דיקלא מחד גיסא אדעתא דחיותא שרי מהאי גיסא ומהאי גיסא אדעתא דדיקלא ואסיר. והני תמרי תוחלני שרי למגזרינהו מייצינהו אסור. בתניתא בפרק אין דורשין אומר שם משלא משכחת תוחלא ... ורב פפא התיר את זאת מפני שמתליעין. רב פפא אמר כיון דמתלען כפרקמטיא האבד דמי ושרי. ואמר רבא פרקמטיא כל שהוא אסור. א"ר אסי בר אבין ובדבר האבד מותר. רבינא הוה ליה עיסקא דהוה מזדבנא בשיתא אלפי שהייה לבתר מועדא וזבנה בתריסר אלפי. רבינא הוה מסיק זוזי בבני אקרא דשנואתא אתא לקמיה דרב אשי א"ל מהו למיזל האידנא א"ל כיון דהאידנא משכחת להו וביומי אחריני לא משכחת להו

מסורת הש"ס

[צ"ל רב וכ"ה ברא"ש ובערוך ערך אקרפטא]
[דקים וקרום ביוא. ערוך]
[גבי' פי' תקמא המעתיק נוסח הגמ' קטורי בי ידי ע"ש]
ב"ב נד.
[שם]
[שם]
[שם]
[לקמן יח.]
[עי' ב"מ עג:]

הגהות הגר"א

[א] תוס' ד"ה מוליא במוליא כו' וכן גרס ר"ג כו' ... מוליא בנצא אדעתא דבי דרי כצ"ל:

הגהות הב"ח

(א) גמ' אמר רבא מאן דמתקיל תיקלא ... (ב) ... (ג) רש"י ד"ה או נצא כו' שאינו משגיח באיזה מקום ... (ד) ד"ה אדעתא דארעא ...

גליון הש"ס תוס' ד"ה ואין מונעין וכו' אין נ"ל דהא קיי"ל. עיין ברא"ש דהגירסא הכא רב. ונלפ"נ דף לשיטתיה ס"ל דבר שאין מתכוין אסור. ואסור קרצוף בי"ט:

אות ג' - ד'

וריחים במועד **נוקרין ריחים במועד**

סימן תקמ ס"ח - [יב]**נוקרים את הרחיים** - שכשהיא חלקה ואין החטין יכולין לפרך, מנקרין אותה כדי שלא יהיה שוה, כדי שיפרכו החטין תחתיה. [יג]**ופותחים להם עין, (פי' נקב שעושים באמצע הרחיים)** - אף דמעשה אומן הוא, ובעלמא אף לצורך המועד מותר רק ע"י שינוי, הכא שרי במעשה אומן, דחשיב כמכשירי אוכל נפש. [יד]**ואפילו** בחדשים מותר, כיון שהוא לצורך המועד.

(עיין בב"י, דהרא"ש בשם הראב"ד אוסר לפתוח להם עין, וכן סתם הטור, ומ"מ לדינא העתיק בשו"ע להקל כדעת הרמב"ם, משום דהרב המגיד הביא בשם הגאונים והרמב"ן להקל בזה, וק"ק, דהרבינו ירוחם הביא דדעת רוב הפוסקים כהראב"ד).

[טו]**ומעמידים אותם** - היינו שמתקנים אותם יפה על עמדם, כדי להשתמש בהם, הרא"ש.

אות ה'

ומותר ליטול צפרנים בחולו של מועד

סימן תקלו ס"א - [טז]**מי שצריך לרכוב במועד לטייל, או לצורך המועד** - וה"ה לראות פני חבירו, **ולא נסה ללכת ברגליו, יכול ליטול צפרני הסוס ולתקן ברגליו** - צ"ל "ולתקן ברזליו", וכן הוא בדפוס הראשון, **ודוקא** במדינות שאבנים מצוים שם, ואין הבהמות יכולות לילך בלא ברזלים, **אבל** במקומות שהעפר תיחות, ואין אבנים מצוים שם, ואין רגילים שם לעשות ברזלים, אסור, **והאוכף והרסן וכל צרכי רכיבה, ובלבד שלא יכוין מלאכתו במועד.**

אבל שלא לצורך המועד, או שלמוד ללכת ברגליו, אינו מותר רק הרכיבה, אבל לא לתקן צרכי רכיבה.

ולהרויח ממון שלא לצורך המועד, מותר לרכוב, אבל לא יתקן צרכי רכיבה. (**ואם הוא מטייל מא"י לחו"ל**, אסור לתקן צרכי רכיבה).

הגה: ומותר לרכוב במועד אפילו מעיר לעיר, אפילו בחנם, וכן נהגו - דברכיבה ליכא שום מלאכה, ב"י, **אלא שאסור לתקן כל צרכי הרכיבה אם אינו רוכב לצורך או לטייל [יז](ב"י).**

(והנה לפי טעם הב"י, לכאורה דוקא ברכיבה, דאפילו ביו"ט לא הוי רק שבות, ולא גזרינן זה בחוה"מ, אבל במחמר, דיש בזה בשבת ל"ת גמורה דלא תעשה מלאכה אתה ובהמתך, דקבלו חז"ל דזה קאי על פעולה שנעשה ע"י אדם ובהמה, דהיינו מחמר, לכאורה אין להקל כשהוא בחנם, **אכן** כד מעיינינן יש להקל בזה מכח ס"ס, אחד דשמא הלכה כהפוסקים דס"ל, דאין אדם מצווה על שביתת בהמתו ביו"ט, דלא איתקש יו"ט לשבת רק לענין ל"ט מלאכות, ולא לענין עשה דשביתת בהמתו ולאו דמחמר, **וכדעת** הג"ה לעיל רמ"ו ס"ג, ומש"כ בסי' תצ"ה ס"ג, אין מוציאין משא על הבהמה ביו"ט, הוא רק מדרבנן, **ואפי'** אם נאמר כהפוסקים דס"ל, דיו"ט ושבת שוין הן מן התורה גם לענין זה, שמא הלכה כהר"ן דס"ל, דלאו דמחמר לא נאמר רק בר"ה, שהאדם חייב עליה כשהוציא, לזה אסרה התורה גם כשמוציא משא על הבהמה, אבל לא בחצר, **וחולק** שם על הרשב"א דס"ל, דלאו דמחמר שייך בכל גווני, **וא"כ** לפי מה דנהגו העולם לתפוס בכמה דברים שאין לנו בזה"ז ר"ה דאורייתא, א"כ לא שייך לאו דמחמר מן התורה כלל רק מדרבנן, וא"כ אין לנו לאסור בחוה"מ, **אמנם** בסי' שמ"ה הבאנו בבה"ל, דעת כמה ראשונים דס"ל, דיש ר"ה מה"ת גם בזמנינו, מ"מ אין לנו למחות ביד המקילין בזה, דיש להם על מי לסמוך).

---

§ מסכת מועד קטן דף י: §

אות א'

רב יהודה שרי למישקל טופריה לחמרא דריחיא, ולאוקומי ריחיא, ולמיבני ריחיא, ולמיבני אמת ריחיא

סימן תקמ ס"ח - ומעמידים אותם - היינו שמתקנים אותם יפה על עמדם, כדי להשתמש בהם, [א]**ובונים אמת המים של רחיים** - שטוחנין על ידה, **וקוצצים צפרני החמור של רחיים** - היינו החמור המגלגל הריחיים, דגידול צפרניו מרעי ליה, ולא מצי למיזל כ"כ, **וכל** הני משום דהוא לצורך המועד.

הגה: ומותר לחדד סכין במועד; וסכין שנשבר במועד מותר לעשות אחרת (המגיד) - ואפילו אפשר לו בשאלה, דכיון דמלאכת אוכל נפש הוא, מותר, ואפילו מעשה אומן, וא"צ שינוי.

באר הגולה

[יב] משנה שם וכת"ק וכדמפרשי רב יהודה ורב יחיאל בגמרא שם [יג] רמב"ם ‹הא דאיפליגו רב יהודה ורב יחיאל בפירוש מכבשין, כתב הרא"ש בשם הראב"ד, דרב יהודה סבר דוקא מנקר ריחיא דמעשה הדיוט הוא, אבל בת עינא לא דמעשה אומן הוא, ורב יחיאל אמר בת עינא וכ"ש מנקר ריחיא, והלכה כרב יהודה, מדדרש רב חמא נוקרים ריחיים במועד, ומכדי רב חמא הלכה למעשה אתא לאשמועינן, ואם איתא דבת עינא נמי שריא, איבעי ליה למימר נוקרים ריחים ועושין לה בת עינא, עכ"ל. וכך הם דברי רבינו. **אבל** הרמב"ם פסק בפרק ח', שפותחין עין לריחיים, וכתב הרב המגיד שכן דעת הגאונים, שניקור הריחיים ובת עין שלהם מותר, ואפילו לגמור מלאכתן כדרכו, וכן הסכים הרמב"ן ז"ל, עכ"ל - ב"י› ‹**רבנו** פסק בפי' מכבשין, כר' יהודה וכר' יחיאל, וס"ל דלא פליגי, א"נ דקיי"ל בתרווייהו לקולא - מרכבת המשנה› [יד] ‹כתב הרא"ש: אין מכבשין את הריחיים בתחלה, פי' חדשה, אבל ישנה מכבשין, כתב הראב"ד: ומסתברא מדאמר רבי יהודה אין מכבשין בתחלה, מכלל דרבנן שרו אפילו חדשה, והלכתא כתנא קמא, והביא ראיה לדבר מדאיתא התם דרש רב חמא נוקרין ריחיים במועד, ומדלא מפליג בין חדשה לישנה, אלמא בכל גווני שרי, וכן נראה דעת הרמב"ם, שסתם וכתב בפרק ח': נוקרים את הריחיים, ולא חילק בין חדשה לישנה - ב"י› [טו] ‹הגם שבס"ז בנוגע תנור וכירים, פי' הרמב"ם והמחבר "מעמידים" דהיינו לעשות הטפילה, הכא בס"ח בריחיים, כתבו כלשון המשנה "ומעמידין אותם", ומסתמא פירושו כהרא"ש, דהיינו לתקנו אותו יפה על עמדו› [טז] **מימרא דרב חמא י. וכמש"כ הרא"ש** ‹ותוס' ד"ה למישקל› [יז] ‹מדברי הרא"ש, ודלא כתוס' ד"ה סוס›

[א] **מימרא דרב יהודה שם** ‹וכפי' הרמב"ם פ"ח מהל' יו"ט הי"ג, ודלא כרש"י›

ומשמע דבנשבר קודם המועד אסור, כיון דאינו אלא מכשירי אוכל נפש, [**דבאוכל** נפש גופא שרי בכה"ג, ואפי' בכיון מלאכתו במועד]. **ומוכח** מהט"ז, דכ"ז הוא באם היה יכול לעשותו מעיו"ט, וכיון והניח המלאכה ליו"ט, אבל אם לא כיון, שרי, [ואפי' היכי שאפשר בשאלה, ואפי' אם לא היה אנוס, **דכללא** דאפשר לעשות ואי אפשר לעשות, אינו אלא ביו"ט גופא, אבל בחוה"מ די לנו להחמיר בכיון מלאכתו במזיד לעשותה במועד, אבל אם לא כיון, אלא מתוך התעצלותו נמשך הדבר עד חוה"מ, נראה דשרי, **אחר** כתבי זאת מצאתי לבעל שלחן עצי שטים, להחמיר באפשר לעשותן מעיו"ט, ודלא כט"ז, ולא התיר בזה אלא מעשה הדיוט, וצ"ע].

אות ב'

לסרוקי סוסיא

סימן תקלו ס"ב - [ב]מותר לסרוק הסוס כדי ליפותו - דהוא בכלל צרכי רכיבה, שהתירו כשצריך לרכוב לצורך המועד או לטייל, [כן משמע מהרמב"ם דדינו שוה עם נטילת צפורני הסוס]. **ועיין** בב"ח, דאפי' במסרק שמשיר נימין, דביו"ט אסור משום פס"ר, בחוה"מ שרי.

אות ג'

ולמיבני אקרפיטא

סימן תקמ ס"ה - [ג]מותר לבנות מעשה הדיוט, אבוס שתאכל בו הבהמה - דכל דבר שאינו צורך אוכל נפש, אע"פ שהוא צורך המועד, לא התירו לעשות מלאכה כי אם בשינוי.

אות ד'

ולמיבני איצטבא

סימן תקמ ס"ו - [ד]מותר לבנות מעשה הדיוט, אצטבא לישב או לישן עליה - הטעם כנ"ל. **נסר** שמחברין לו רגלים כעין ספסל שלנו, מעשה הדיוט הוא, **ואפשר** דלהחליקו ברהיטני מעשה אומן הוא, **וה"ה** לענין אבוס של בהמה הנ"ל. **ועיין** בטור, דלדעת הרא"ש אפילו אצטבא של אבנים מותר לעשות לישב עליו, אם עושיהו מעשה הדיוט, **ורבינו** פרץ חולק ע"ז.

אות ה'

מקיזין דם לבהמה, ואין מונעין רפואה לבהמה בחוש"מ

סימן תקלו ס"ג - [ה]אבל מקיזין לה דם, ואין מונעין ממנה כל רפואה, [ו]אפי' אם יש בה מלאכה - דאורייתא.

אות ו'

שרא לכסכוסי קירמי, מאי טעמא, מעשה הדיוט הוא

סימן תקמא ס"ג - [ז]מותר למעך בגדי פשתן בידים אחר הכיבוס, כדי ללבנן ולרככן - לפי מה שכתב לקמיה בהג"ה, האי בידים לאו דוקא, דה"ה דמותר לגלגל אותם ע"י כלי כנהוג.

עיין סימן ש"ב ס"ה, דשם לענין שבת אסור לעשות כן בבגדי פשתן, ואפילו בחלוק אם מתכוין כדי ללבנו אסור, **והכא** מותר אפילו במתכוין ללבנו, ודוקא כשצריך לו במועד.

[ח](**ומותר להחליק הבגדים עם הזכוכית** - היינו עם אבן עגולה של זכוכית, **כדרכן, הואיל והוא לצורך המועד) (סמ"ג ורבינו ירוחם)** - ומשמע דלא חשיב זה כי אם מעשה הדיוט, **ובח"א** העתיק, דמותר להחליקן בכלי כדרכן, משמע דס"ל דזכוכית לאו דוקא, דה"ה שאר כלים הרגיל להחליק בהן, **ולפי"ז** מותר להחליק גם בכלי ברזל חלק, שנוהגין חייטים להחליק, דהכל מעשה הדיוט הוא, ומותר לצורך המועד.

אות [ו']

קיטורי בירי אסיר, מאי טעמא, מעשה אומן הוא

סימן תקמא ס"ג - [ט]אבל אין עושין קשרי בתי ידים, מפני שהוא מעשה אומן - [י]היינו לקמט, שקורין קרונצלי"ן בלשון אשכנז, **ודוקא** כשהקמטין אינם מתפשטין כשלובשן, דכיון דהקמטים חזקים כ"כ, הו"ל מעשה אומן, ואסור אפי' לצורך המועד, **ולפי"ז** אסור לקמט הענק שקורין קאלנע"ר בעצים המיוחדין לכך, דעי"ז נשאר מקומט אף כשלובשו.

אות ז'

מאן דמתקיל ארעא, אדעתא דבי דרי שרי וכו'

סימן תקלז ס"ט - [יא]אסור להשוות השדה לצורך חרישה; ואם ניכר שמכוין כדי לדוש לצורך המועד, כגון שמשווה כולה, מותר - שיותר צריך קרקע שוה לדוש מלחרוש, **והרבה** ראשונים ס"ל להיפוך, וע"כ תרוייהו אסירי - ב"ח, **וכן** משמע מביאור הגר"א, שיש לחוש לדברי אלו ראשונים, וכ"כ בטוש"ע חו"מ ער"ה - גר"א, עיין לקמן סי"ט, **ואפשר** דגם הוא מודה להב"ח דתרווייהו אסירי.

באר הגולה

ב רמב"ם וסמ"ק מהא דרבא שם ג מהא דרב יהודה שם י' וכפי' הטור בשם אביו הרא"ש וה"ה ‹ולמבני אוריא, ופי' הטור אבוס - גר"א. ‹וז"ל הטור: כן ארוות סוסים דשרי, לאו בנין גמור, אלא להושיב האבוס של בהמה למקומו, וא"א הרא"ש ז"ל כתב בסתם, ונראה שדעתו להתיר אפילו של בנין. ‹**וכתב** הרב המגיד, אוריא פי' אבוס של בהמה. **וכתב** הרמב"ן, דדוקא במעשה הדיוט, וכן נראה דודאי לא עדיף מעשיית מעקה שאינו מותר במעשה אומן. **וכתב** רבינו ירוחם {וכן פי' רש"י}, ובונין אוריא, פי' רפת בקר, וכן אוריות הסוסים, שהוא דבר האבד, שמזיק לבהמה כשאינה שוכבת יפה - ב"י. ‹**לכאורה** היה צריך העין משפט לציין דין זה על מימרא דרב יהודה דלעיל, ולמיבני אוריא, והוא ציין על מימרא דרבא, ולמיבני אקרפיטא, וכפי' רש"י, **ודלא** ככל הראשונים, וכן רש"י על הרי"ף, שפירשו, מין אצטבא או ספסל, ע"ש› ד מהא דרבא ה ברייתא ומימרא דאמוראי שם י' ו תוס' שם ז מימרא דרבא שם וכפי' רמב"ם וסמ"ג ‹כסכוסי קרמי מותר, פי' שממעכין בגדי פשתן בידים אחר הכיבוס כדי ללבנן ולרככן - טור. כך הם דברי הרמב"ם וכן פירש סמ"ג - ב"י› ח ‹וכתב עוד {סמ"ג}, ור"י פירש שמחליקין את הבגדים באבן זכוכית לאחר הכיבוס, והוא גיהוץ - ב"י. ‹**והן** ב' פירושים שכ' תוס' ד"ה כסכוסי, {אנפשייר ולוקייר} - גר"א, ‹אנפשייר, דהיינו להחליק הבגדים בזכוכית שהוא גיהוץ, ולוקייר, דהוא למעך הפשתן - דמשק אליעזר› ט שם י ‹כן פי' רש"י - מ"א. ‹**ועוד** פי' רש"י, דקטורי בי ידי היינו שהיו נוטלין כלים חלוקים והיו מחליקין עליהם בית יד של חלוקיהם, מעשה אומן הוא ואסור, ורבינו ירוחם כתב, שהחלקה זו נקראת כסכוסי קרמי, דשרי רבא - ב"י› יא מימרא דרבא שם וכפירש"י שם טור ור"י

חו"מ סימן ערה סי"ז - המפצל זמורות הגפן או שדיני אילנות וכפות תמרים בנכסי הגר, אם דעתו לעבוד האילן, קנה; ואם דעתו להאכיל העצים לבהמה, לא קנה; כיצד, היה כורת מכאן ומכאן, חזקתו שנתכוין לעבודת האילן; היה כורת מרוח אחת, אינו מתכוין אלא לעצים.

חו"מ סימן ערה סי"ח - וכן המלקט עצים ואבנים מן השדה, אם דעתו לתקן הארץ, קנה; ואם דעתו לעצים, לא קנה; כיצד, לקט הגס והדק, הרי זה בחזקת שנתכוין לתקן הארץ; לקט הגס ולא הדק, הרי זה בחזקת שנתכוון לעצים. (ואפילו אמר שכיון לתקנה, לא קנה, דבעינן שיהיו מעשיו מוכיחין) (טור).

חו"מ סימן ערה סי"ט - וכן המשוה פני הארץ, אם דעתו לתקן הארץ, קנה; ואם דעתו להשוות מקום שיעמיד בו גורן, לא קנה; כיצד, היה לוקח עפר ממקום גבוה ונותנו למקום הנמוך, הרי זה מתקן הארץ; ואם אינו מקפיד על זה, אלא משליך העפר והצרורות בכל מקום בלא הקפדה, הרי זה בחזקה שאינו מתכוין אלא להשוות מקום לדוש בו.

חו"מ סימן ערה ס"כ - וכן הפותח מים לתוך הארץ, אם לתקן הארץ, קנה; ואם לצוד דגים, לא קנה; כיצד, עשה מקום שיכנסו בו המים בלבד, ה"ז מתכוין לתקן הארץ; עשה שני פתחים, אחד להכניס ואחד להוציא, הרי זה מתכוין לצוד דגים.

[יב]**סימן תקמ ס"ב - "מותר ליטול גבשושית שבבית** - שלא יתקל בם, ומותר ליטול אפי' כדרכו, דאע"ג דמלאכה גמורה היא, ובשבת חייב ע"ז משום בונה, ואינו דבר האבד, ולצורך המועד בעלמא אינו שרי כי אם בשינוי, **אפ"ה** מתירינן אפילו כדרכו, משום דנטילת גבשושית לית בה טורח.

אות ח'

האי מאן דזכי זיכי, אדעתא דציבי שרי וכו'

סימן תקלז ס"י - [יג]"אסור ללקט עצים מן השדה ליפותו לחרישה; ואם ניכר שמכוין לצרכו שצריך לעצים, כגון שנוטל הגדולים ומניח הקטנים, מותר.

אות ט'

האי מאן דפתח מיא לארעיה, אדעתא דכוורי שרי, אדעתא דארעא אסיר

סימן תקלז ס"ח - [יד]"אסור לפתוח מקום לשדה כדי שיכנסו בה מים להשקותה - דהוי כמזבל שדה במועד וכנ"ל (סי"ד).

ואם עושה כדי לצוד דגים כדי לאכלן במועד, כגון שפותח למעלה מקום שיכנסו, ולמטה מקום שיצאו, מותר - דהיינו שעושה למטה חור קטן שיזובו המים משם, וישארו הדגים ניצודין מאליהן, [רש"י], ואע"פ שממילא השדה שותה מהמים, שרי, דדבר שאין מתכוין הוא.

דאף על פי שכונתו לדגים, בעינן שיהיו מעשיו ניכרים, לכך יש לפתוח שני פתחים, הא חד פתח, אף על פי שכונתו לדגים, אסור, כיון שאין מעשיו ניכרין, ומתחזי כמו שמכוין להשקותה, **וכתב** הריטב"א בחידושיו, דכ"ז רק לענין איסור לכתחלה, אבל בדיעבד לא קנסינן ליה, אם הוא אומר שדעתו להיתר, וכן הדין לענין סעיף טי"ת ויו"ד וי"א.

כדי לאכלן במועד - עיין בב"מ שדעתו, דאינו אסור רק אם כונתו כדי להשאיר כל הדגים אלאחר המועד, אבל אם כונתו כדי לאכול מהן, אפי' אין דעתו כדי לאכול כולן, שפיר דמי, **אולם** מביאור הגר"א דמדמה זה להא דתנן בדף י"ג ע"ב, הדשושות עושין בצנעא לצורך המועד, ושם הלא כתב המחבר לעיל בסימן תקל"ג ס"א, שלא יערים לטחון יותר בכונה, **אכן** דין הערמה גופא לאו מלתא ברירה היא לאיסור, ועיין בפמ"ג שמסתפק ג"כ בזה.

אות י'

האי מאן דפשח דיקלא, אדעתא דחיותא שרי, אדעתא דדיקלא אסיר

סימן תקלז סי"א - [טו]"אסור לקצץ ענפי האילן לתקנו; ואם ניכר שמכוין בשביל הענפים להאכילן לבהמתו ולא לתקנו, כגון שקוצץ כולן מצד אחד, מותר.

ובכל הדברים האלו וכיו"ב, תרתי בעינן, שיהא כונתו להיתר, ומעשיו יהיו מוכיחין וניכרין שלדעת צורך ההיתר הוא עושה, כמ"ש, **אבל** אם כונתו לאיסור, אע"פ שמעשיו מוכיחין שלצורך ההיתר הוא עושה, **וכן** אם כונתו לענין היתר, ואין מעשיו מוכיחין עליו, אסור.

אות כ'

כיון דמתלעי, כפרקמטיא האבד דמי, ושרי

סימן תקלג ס"ג - [טז]"פירות שנתבשלו קצת ונאכלין ע"י הדחק, מותר ללקטן כדי לאכלן; ואם לקטן לאכלן והותיר, וחושש שמא יתליעו אם לא יכבשם להוציא ליחה מהם, יכול לכבשם - ר"ל אע"ג דשוב לא יהיו ראוין לכל ימות החג, וא"כ טרח רק לימי החול, [רש"י], אפ"ה שרי, דהוי דבר האבד.

באר הגולה

יב (ע"פ הגר"א וז"ל: כמש"ש י: מוליא כו', דאין אסור אלא לצורך חרישה) | יג פסקי תוס' פ"ק דמו"ק וסמ"ג וסמ"ק ושאר פוסקים | יד גם זה שם | טו מימרא דרבא שם | טז גם זה שם | יז שם י: וכרב פפא ופי' הרא"ש (אמר רבא הני תוחלני מיגזרינהו שרי. וכתב הרא"ש: פי' תמרים שלא נתבשלו כל צרכן, מותר ללקטן במועד לצורך אכילה.. ורש"י פירש בענין אחר - ב"י)

[יח]**אבל אסור ללקטם תחלה כדי לכבשם** - (עיין במ"א שכתב, דכונת השו"ע הוא אפי' לא ימצא אחר המועד, דליקוט הוא מלאכה גמורה, ואינה מותרת אלא בדבר האבד, ועבור רווח לא מיקרי פסידא, ולדידיה מיירי השו"ע כשהיו הפירות של הפקר, או שרוצה לקנות מא"י - פמ"ג, [**ואין** דין זה מוסכם לאיסור, אם לא דהפירות הם של הפקר, וכדלקמן], ור"ל דאלו אילן של ישראל, ויתקלקלו לאחר המועד, בודאי הוא דבר האבד, ושרי).

ואם הוא דבר שאינו נמצא אחר המועד - וה"ה אם יתייקר אח"כ, וכמו בפרקמטיא לקמן סימן תקל"ט ס"ה, **מותר לקנותו ולכבשו** - אע"ג דאינם ראוים למועד עצמו, **והטעם**, דמדמינן לה לפרקמטיא דשרי בכהאי גוונא, וכדלקמן בסימן תקל"ט ס"ה.

(עיין בביאור הגר"א, דהוא רק לתירוץ קמא דהראב"ד שהובא ברא"ש, דלא מצרכינן שיהיה ראוי דוקא למועד אלא למציאה, ולחילוק זה, בשארי דברים מותר אפי' לטרוח במלאכה, כגון שצריך למלוח ולכבוש וכדו', **ולפי"ז** אם אין בנמצא לאחר המועד, מותר אפי' לקנותו קודם ליקוט, וילקוט ויכבוש, **ומה** דלא הזכיר המחבר, אפשר כדי למעוטי, דאם בנמצא לקנות אחר המועד, אסור אפילו לקנות מלוקטים, **ומה** שאוסר תחלה ללקטם, מיירי כשהוא בנמצא לאחר המועד, **ועוד** נוכל לומר דרישא מיירי בפירות של הפקר ומדמי ליה למציאה).

(אבל לתירוץ בתרא דהראב"ד, דפרקמטיא שאני דלאו מלאכה היא כלל, אלא מעשה חול בעלמא, אבל מלאכה לא התירו משום רווחא, אא"כ איכא פסידא, והשקאה היא מלאכה גמורה וכן במליחה, ואיכא עוד במליחה טרחא יתירא, **ולפי"ז** בודאי אסור אפילו לקנות כדי לכבוש, אף שלא ימצא לאחר המועד, וכ"כ בחידושי רע"א, ומתמה על השו"ע שלא נקט לדינא כתירוץ בתרא).

(והנה מפמ"ג הנ"ל משמע, דאפילו לקנותו אצל עכו"ם קודם ליקוט, וללקטם אח"כ, אסור, וכתב זה לדעת המ"א, דמלאכה גמורה כגון ליקוט אסור אפילו לא ימצא לאחר המועד, כל כמה דליכא פסידא, **והנה** לפי"ז החזיק המ"א בתירוץ בתרא דהראב"ד, **ולפי"ז** קשה מה דהתיר המחבר לכבשו, וכבר הקשה זה הגרע"א בחידושיו, ונשאר בקושיא, **ואפשר** לדחוק ולומר, דסבר המחבר דמליחה קיל טפי, מטעם דמעיקר הדין אין עיבוד באוכלין, ולפיכך אע"פ שנקט כראב"ד בתירוץ שני, מ"מ לענין מליחה מיקל טפי מראב"ד).

אות ל' - מ' - נ'

פרקמטיא כל שהוא אסור ובדבר האבד מותר

כיון דהאידנא הוא דמשכחת להו, ביומי אחריני לא משכחת להו, כפרקמטיא האבד דמי ושרי

סימן תקל"ט ס"א - [יט]**כל סחורה אסורה; אפילו כל שהוא**, [כ]**בין לקנות בין למכור** - מפני הטורח, (וכל מה שאסור הוא אפילו ע"י עכו"מ).

ואפילו אם הלוה מעות על מנת שיתנו לו אחר כך יין או סחורה אחרת בפרעון חובו כדי להשתכר, אינו יכול לילך [כא]**ולתובעם** - אפי' לא התנה שיתנו לו במועד, **ועיין** בבה"ל, דאפילו אינו צריך לילך למקום אחר לתבוע, שהם באותה העיר, ג"כ אסור, דמה שמקבל הסחורה מהם הוא ענין מקח וממכר, **ונקט** "לילך" משום סיפא, דאם אינם מצויים לו אח"כ, מותר לילך אחריהם אפילו בעיר אחרת.

(לכאורה משמע מלשון זה, דדוקא בכה"ג שהסחורה עדיין לא היה קנויה לו עד עכשיו, אבל אם היה קנוי לו מכבר, ועתה רוצה להוליכו לביתו, אין כאן איסור, שאינו עושה סחורה במועד, **ומ"מ** יש למנוע מזה מטעם אחר המבואר בסימן הקודם ס"ג, שאסור להסיע ממונו מעיר לעיר, וה"ה באותה העיר כמבואר שם במ"ב, **אכן** אם הוא חושש שיבוא לידי הפסד כשישאר שם, מותר).

אלא אם כן אינם מצויים אחר המועד, דהוה ליה דבר האבד אם לא ילך בחול המועד למקומם ויתבעם - וה"ה אם מטעם אחר יוכל לבא לידי הפסד אם לא יתבע עכשיו, **ודוקא** אם לא כיון לכתחלה זמן קבלת הסחורה במועד.

הגה: מיהו אם מזדמן לו ריוח מרובה במועד, יכול למכור בצינעה; ויוציא לשמחת יו"ט יותר ממה שהיה דעתו להוציא (ב"י) - וה"ה דבכה"ג יכול לקנות, [**וכתב** מחצה"ש, שצריך להוציא גם כן קצת מן הריוח אשר מאמיד בדעתו שישא לו סחורה ההיא לשמחת יום טוב].

הטעם, דאף דמשום ריוח מרובה בלבד אין להתיר, אא"כ הוא בודאי אינו מצוי תמיד לאחר המועד כבס"ה, **הכא** דבלא"ה יש פוסקים שמתירין למכור בצנעא, סמכינן עלייהו היכא דנזדמן לו ריוח מרובה, **ומ"מ** צריך להוציא מהן קצת לשמחת יו"ט.

[**ואף** דזה מותר בס"ד אף בפרהסיא, וגם בלא ריוח מרובה, **אבל** שם אם יש לו מעות בלא"ה בריוח להוציא לשמחת יו"ט, לא מקילינן, והכא אפי' בכה"ג מותר].

ודוקא לענין מכירה וקניה דלאו מלאכה היא, אבל בדבר שהוא משום מלאכה, אין חילוק לכו"ע בין צנעא לפרהסיא.

באר הגולה

יח טור | יט מימרא דרבא י' | כ הרא"ש | כא מעובדא דרבינא שם (עיין תוס' ד"ה פרקמטיא, דסחורת יין היתה {ודלא כרש"י}, ולא שרי אלא משום דבר האבד)

[כב]**סימן תקלט ס"ב** - [כג]**מי שהלוה לחבירו מעות, מותר לתבעו בחול המועד לגבות מעותיו** - והיינו אפי' לילך לעיר אחרת ולתובעם שם, ואפי' אם יכול למצאם שם אחר המועד ג"כ, **דגבית** חוב בעלמא אין זה בכלל סחורה, ואפי' למיקם עמם בדינא ודיינא שרי.

[כד]**ואין צריך לומר שמותר לגבות חובו מן העכו"ם** - דשם אפילו לקבל סחורה ממנו כההיא דסעיף א', ג"כ שרי, מפני שהוא כמציל מידו, וכמבואר בס"ח.

[כה]**סימן תקלט ס"ג** - **מכר לחבירו פרקמטיא קודם מועד,** [כו]**יש מי שאוסר לתבוע דמיה במועד** - טעמו, דכל משא ומתן של סחורה, בין בסוף כההיא דס"א, ובין בתחלה כההיא דסעיף זה, אסור, **אא"כ יהא הלוקח אדם שאינו מצוי במקום המוכר ונזדמן לו בחול המועד, דהוי כדבר האבד.**

[כז]**ולי נראה שכיון שזקף עליו המעות בחובו קודם המועד, הוה ליה כהלואה, ומותר לגבות ממנו בחוה"מ, אפילו הוא אדם שמצוי במקום המוכר** - והנה אף שהב"ח הסכים מדינא לסברא הראשונה, מ"מ כהיום שאנו רואין שהחובות מתקלקלין, נוהגין לתבוע בדין אף בעד פרקמטיא בחוה"מ, דחשבינן לדבר האבד.

הגה: וכן מותר לקבול במשפט בשביל חובותיו המותרים לתבוע (מרדכי) - ר"ל דחובות המותרים לתבוע בחוה"מ כמבואר בסעיפין הקודמין, ותבעו לישראל בדין ישראל קודם המועד ולא ענהו, מותר לקבול בחוה"מ אף לפני ערכאות של עכו"מ, [**דחובות** האסורים לתבוע, כמו ההיא דס"א, אסור לקבול ולתבוע גם בפני עכו"ם שיתנו לו הסחורה במועד, אם לא שהוא דבר האבד].

ומ"מ נראה דהיינו דוקא לקבול בע"פ, אבל לכתוב משום זה, אסור, [דכמה אחרונים כתבו, דכתב של לשונות העמים נקרא מעשה אומן, ואפי' אם נימא דהוא מעשה הדיוט, הלא בעינן צורך המועד דוקא], **אם** לא דהוא דבר האבד, [דהיינו אם יניח הדבר עד אחר המועד יוכל לבא לידי הפסד, יכול לכתוב ע"י עצמו, **ואף** דהט"ז משוה כהיום סתם חובות לדבר האבד, לא כתב לסמוך ע"ז רק לענין תביעה בדין שאיננה מלאכה]. **ואם** צריך להמעות להוציא אותם על יו"ט, אפשר דמותר לכתוב ע"י עכו"מ.

וכן מותר לעשות זקיפה עם חובותיו במועד כדי להבטיחן - ר"ל שע"י הזקיפה יהיו חובותיו בטוחין, **דכל זה בכלל דבר האבד ושרי (המגיד וב"י)** - בנ"י מבואר, דזה קאי על עכו"ם, ור"ל דאפילו אם נחמיר בישראל שלא לתבוע חובותיו במועד, דהרי יכול לתבוע אחר המועד, בעכו"ם ודאי מותר לתבוע ולעשות זקיפה, דאצלו בודאי בכלל דבר האבד הוא.

[**ולפי"מ** דמבואר בס"ב, דאפי' אצל ישראל מותר לתבוע, ופשוט דה"ה מותר לזקוף חובותיו, אין אנו צריכים לטעם שמסיים רמ"א, דדבר האבד הוא, **ואפשר** דכלל רמ"א בזה להתירה אצל עכו"ם, אפי' חובות של משא ומתן, **אבל** א"כ יהיה מוכח מזה, דבישראל אסור, וצ"ע].

(מלשון זה "דכל זה בכלל דבר האבד" משמע, דקאי על שני הדינים, אבל לפי מה שהתנה בעצמו בדין הראשון, דדוקא בחובות המותרים לתבוע, ובע"כ מיירי דתובע מישראל, דאינו דבר האבד אם ימתין לאחר המועד, וא"כ מה דמסיים: דכל זה בכלל דבר האבד, מגומגם הוא, דבדבר האבד הלא מותרין כל החובות).

[כח]**סימן תקמה סי"א** - **מותר לקבול בשביל חובותיו בחוה"מ** - היינו בבהכ"נ, וע"ל סי' תקל"ט ס"ג בהג"ה.

[כט]**סימן תקלט ס"ד** - [ל]**אם יש לו סחורה שאם לא ימכרנה עתה יפסיד מהקרן, מותר למכרה** - (ואפילו אם ספק שמא יפסיד, ג"כ מותר, ונראה עוד, דאם נצרך למעות לשלם חובותיו שהגיע זמנם בחוה"מ, ואם לא ישלם יגיע לו הפסד, ומוכרח בשביל זה למכור סחורתו במועד, חשיב כדבר האבד).

[לא]**אבל אם לא יפסיד מהקרן, לא** - היינו אף שהוא סבור עתה להרויח הרבה, דהעברת ריוח לא מקרי פסידא.

[לב]**ומ"מ אם הוא בענין שאם ימכרנה עתה יהיו לו מעות בריוח ויוציא יותר לשמחת יו"ט** - (וה"ה לחוה"מ), **מותר למכור** - ומ"מ יהיה החנות סגורה, ופותחה במקצת כשבא הקונה ליקח.

ויוציא יותר לשמחת י"ט - כל מקום שנזכר לשון זה, א"צ להוציא כל הריוח, ודי במקצתו.

[לג]**ונראה לי שלא נאמרו דברים הללו אלא במי שיש לו מעות מועטים, וחס עליהם מלהוציא כל כך לשמחת יו"ט, ואלו היו לו מעות בריוח היה מוציא יותר; אבל מי שיש לו מעות בריוח להוציא לשמחת יו"ט ככל אשר יתאוה, ואין בדעתו להוציא כל כך, לא נתיר לו למכור כדי שיוציא יותר** - (דעת הט"ז, דדוקא אם הוא מופלג בעשירות,

---

באר הגולה

[כב] ‹ע"פ הגר"א וז"ל: תוס' שם ד"ה פרקמטיא כו', דלתבוע חוב גרידא א"צ שיהיה דבר האבד, כי אינה פרקמטיא. וראיה ממש"כ אין כותבין שט"ח במועד כו', ומדקאמר אם אין לו כו', משמע דרישא מיירי אף שלא לצורך המועד, אבל הלואה מותר וכ"ש פרעון - גר"א› [כג] **הרא"ש שם בשם תשובת ר"י בשם ר"ת** [כד] **הגהות אשר"י בשם רש"י וה"ה** ‹כתב שם בהגהות אשיר"י... הקפה של גוי שחייב לישראל בלא משכון, מתיר רש"י לקבלו במועד - ב"י› [כה] ‹ע"פ הגר"א וז"ל: יש מי שאוסר, טור, ולמד מהא דרבינא - גר"א› [כו] **טור** [כז] **ב"י לדעת ר"ת** [כח] ‹ע"פ הגר"א וז"ל: עיין סי' תקל"ט ס"ג› [כט] ‹ע"פ הבאר הגולה והב"י› [ל] **מימרא דרבי יוסי בר אבין שם והרא"ש שם מהנך דמייתי שם ומן הירושלמי** [לא] ‹אבל המגיד משנה כתב וז"ל: ומדברי רבינו נראה... וכן פי' הראב"ד ז"ל וקצת המפרשים, שהעברת ריוח נקרא דבר האבד, ע"כ. וכן משמע מרש"י ד"ה ובדבר האבד› [לב] **הרא"ש שם מהירושלמי בעובדא דרבי אושעיא ועובדא דר' יונה** [לג] **ב"י ושכן נראה מהמרדכי פ"ק דמו"ק ומדברי הרמב"ם**

אבל בלא"ה אף שיש לו מעות בריוח, חשוב הכל כדי חייו של אדם בזמנינו, ומתירים לו למכור כדי שיוציא יותר לשמחת יו"ט, ובספר נהר שלום מפקפק על דבריו).

[לד]**סימן תקל"ט ס"ה - אם הוא דבר שאינו מצוי תמיד לאחר המועד, [לה]כגון ספינות או שיירות שבאו, או שהם מבקשים לצאת, ומכרו בזול או לקחו ביוקר, מותר לקנות ולמכור [לו]אפילו שלא לצורך תשמישו, אלא לעשות סחורה ולהשתכר** - פי' דאף דנתבאר בסעיף הקודם, דלא מקרי דבר האבד אא"כ כשאם לא ימכור עתה יפסיד מהקרן, אבל בשביל ריוח לבד אינו מותר, אא"כ יוצא עי"ז יותר לשמחת יו"ט, **כ"ז** בריוח המצוי, שאפשר לו למכור סחורתו אחר המועד ג"כ, אבל בריוח שאינו מצוי תמיד, כמו שמפרש, בשביל זה גופא ג"כ התירו לו, דכדבר האבד דמיא.

(דוקא באופן זה, אבל לקנות מהם בערך השוה, נראה דאפילו הוא לצורך תשמישו, כל שאינו לצורך המועד, אסור).

והוא הדין לירידים הקבועים מזמן לזמן - וכן יומא דשוקא הנקרא קרסנ"י טאר"ג, שהוא דבר דלא שכיח ובא מזמן לזמן, **ואפשר** דה"ה כשחל שבוע שלפני פסחם בחוה"מ, וידוע דאז קונים הרבה, חשיב כיומא דשוקא דלא שכיח.

(ואפילו מעיר לעיר מותר ליסע בכה"ג) (ד"ע) - (אע"ג דזהו בודאי הוי טרחא מרובה, ובסימן תקל"ז מבואר דהרוחה אסור לטרוח בשבילה, **צ"ל** דמיירי באיש שעסקו ומחייתו תמיד לנסוע על ירידים, וכיון דחייו ופרנסתו תלוי בזה, הכל הוא בכלל דבר האבד ושרי).

[לז]**אבל מקומות שיש להם יום השוק יום אחד בשבוע, אינו מותר למכור ולקנות ביום השוק שבתוך המועד** - אם לא שע"י הריוח יוציא יותר לשמחת יו"ט וכנ"ל בס"ד, **שאין זה דבר האבד, שאם אינו נמכר ביום השוק שבתוך המועד, ימכר ביום השוק שלאחר המועד** - ודוקא כשמשער בודאי שעכ"פ לא יפסיד אז מהקרן.

הגה: ותגר שקונה מזה ומוכר לזה וחוזר וקונה ומוכר, מותר, דהוי דבר האבד - דאם ימכור היום, יחזור ויקנה מחדש וימכור ביום השני, ואם ימנע מלקנות ולמכור היום, יפסיד בודאי הריוח, **ועיין** במ"א שהעלה, דאעפ"כ אינו מותר למכור רק בביתו, ולא לישב בחנות בפרסום.

(עיין ט"ז שהביא בשם רש"ל וז"ל, שאר ימי השוק אין להתיר כלל לישב בחנות, אם לא שהחנות סגורה ופתוחה במקצת כשבא ליקח, וכ"ז כדי להוציא לשמחת יו"ט, עכ"ל, **ונראה** דיצא לו ממה דמבואר בסי"א, לענין פירות כסות וכלים, דאפילו בצנעא אינו מותר כי אם לצורך המועד, ועל כן התנה שיוציא לשמחת יום טוב, דאית בזה התירא דריש ס"ד, **וכתב** מחצית השקל, שהרבה מהאחרונים קראו תגר על קלות שנוהגין בעו"ה בענין משא ומתן בחוה"מ, ולא מצאתי להם תקנה, כי אפילו לדעת המ"א, שמשוה דין חנוני לתגר, אינו מותר כי אם כשהחנות סגורה ופתוחה במקצת כשבא הקונה ליקח, **אלא** שבספר א"ר כתב וז"ל, ואפשר שחשבו לדבר האבוד, דאם לא ישבו כ"כ זמן כל ימות החג בחנות, יתמעט המשא ומתן מישראל, וגם כיון שא"א למחות שיסגרו הכל חנויותיהם, וכ"ש כשיש סוחר נכרי בעיר, א"כ אם הירא וחרד יסגור חנותו לבדו, ירגילו קוניו לילך לסוחר אחר, והוי דומיא קצת להלואה, לאותן שרגילין אצלו, שהתיר בסי"ג מהאי טעמא, וסיים הא"ר: שעכ"פ אין ללמוד מלאכה מזה, כי אינו דומה לפרקמטיא שיש צדדי קולות הרבה בפוסקים, עכ"ל, **א"כ** עדיין לא מצינו תקנה, שפעמים עושה מלאכה גמורה בחנות, כגון שמוכר איזה סחורה בחנות, כגון חתיכת פשתן או שאר בגד, ומחתך ממנו לפי מדתו הצריך להקונה, דע"ז יש חיוב משום מחתך, **אם** לא לאדם שיש עליו נושים עם שט"ח {וועקסלי"ן} שהגיע זמן פירעון שלהם, ואם לא יפדם יהיה לו מזה ודאי הפסד, וידוע דבשביל דבר האבד מותר לעשות מלאכה ג"כ, **אכן** לפי מה שכתב המ"א, דמי שאין לו מה יאכל, אף שהותר לו לעשות מלאכה, מ"מ לא יעשה בפרהסיא, דמי יודע שאין לו מה יאכל, וה"נ בענינינו, **או** מה דאיתא בסימן תקל"ח, מכניס אדם פירותיו מפני הגנבים, ומ"מ יכניסם בצנעא, ומשום שלא יהיה אוושא מילתא כ"כ, וה"נ בענינינו, אין לך אוושא מילתא טפי ממה שהחנויות פתוחות להדיא כל היום בחוה"מ, ויש בזה ביזוי מועד, **וע"כ** בודאי טוב ליזהר שיהיה החנות סגורה ופתוחה במקצת כשבא הקונה ליקח, וגם יוציא קצת מן הריוח יותר לשמחת יו"ט, וכמו שכתב הט"ז בשם רש"ל).

[לח]**סימן תקל"ט ס"ז - המלוה את חבירו על חפץ או על סחורה, על תנאי שאם לא יפרע לו לסוף ח' ימים שיהא קנוי לו** - ר"ל אחר ח' ימים, [לט]**יש מתירים** - שאין זה פרקמטיא אלא הלואה, ועיקר הקניה יהיה אחר ח' ימים.

[מ]**ויש אוסרים** - שאם אתה מתיר לעשות כן, יתירו כל מקח וממכר שבעולם, ויערימו שלא יהיה המקח חל אלא אחר המועד, ובתוך המועד יהיה הלואה.

ולדינא בודאי טוב להחמיר כהיש אוסרין, **ומ"מ** אין למחות ביד המיקל וסומך על דעה ראשונה, מאחר שבאמת אין כונתו להערים, [והוא מלתא דרבנן].

[מא]**סימן תקל"ט ס"ח - [מב]עכו"ם שפרע לישראל יין בחובו, מותר לקבלו ממנו, דכמציל מידו דמי** - דהוא בכלל דבר האבד אם לא יקבל עכשיו.

באר הגולה

לד (מילואים) | לה ירושלמי והביאו רא"ש שם והרמב"ם | לו טור לדעת אביו הרא"ש, וכן דעת ה"ה שם לדעת רמב"ם, ושכ"כ הראב"ד וקצת מפרשים, וכתב הב"י שכן נראה ג"כ בדברי הרי"ף והגאונים | לז רא"ש וכמו שפי' הב"י וכ"כ בתשובותיו | לח (מילואים) | לט טור בשמם | מ שם לדעת הטור וכ"כ בהגהות אשר"י פ"ק דמו"ק | מא (מילואים) | מב הרא"ש בפ"ב דמו"ק

[מג]**סימן תקל"ט ס"ט** - [מד]**מי שצריך לקנות יין בעת הבציר לצורך שתיית כל השנה, ואם יעבור המועד לא ימצא כמו שמוצא עתה** - ר"ל שלא ימצא כ"כ בזול כמו שמוצא עתה, **דבר האבד הוא; ומותר לקנות ולתקן החביות ולזפותן** - אע"ג דתקון החבית הוי מלאכה גמורה, מ"מ כיון דמותר לקנות, מותר ג"כ לתקן הכלים הצריכים לזה, **ובלבד שלא יכוין מלאכתו במועד.**

(עיין בב"י, שיש הרבה פוסקים שמחמירין בקניית יין לצורך חול, וע"כ נראה דיש לנהוג כמו שכתב הג"א בשם או"ז, דאף לדעת המתירין, הוא דוקא בצנעא, וכ"כ בספר שולחן עצי שטים).

[מה]**אבל יותר מכדי צורך שתייתו** - לכל השנה, **לא יקנה** - דהא יהיה ביכולתו לקנות לשנה הבאה בעת הבצירה לצורך שתייתו, וא"כ מוכח שקונה כדי להרויח, והוי כשאר סחורה דאסור לקנות ולמכור בחוה"מ כדי להרויח, וכנ"ל בס"ד.

הגה: ואם הוא דבר שאינו מצוי אח"כ להרויח בו, מותר - ר"ל שקניית היין לא יהיה מצוי אחר המועד כלל להרויח בו, ולכן שרי אפילו לקנות כדי להרויח, דהוא דומיא דשיירא וירידים המבואר בסעיף ה', **אבל** כשימצא, רק שיהיה יותר ביוקר ולא יוכל להרויח בו כ"כ, אסור - [ח"א].

(**האחרונים** טרחו ליישב דברי הרמ"א והמחבר, שלא יהיו סותרין זה את זה, ולא לההיא דס"ה, דכיון דהמחבר מיירי שאינו מוצא אחר המועד כמו שמוצא עתה, והוא ממש הציור כדברי הרמ"א, אמאי אוסר יותר מכדי צורך שתייה, והלא בס"ה מתיר כגון זה, ועיין מש"כ בשם הח"א במ"ב, ולדבריו אינו סותר הרמ"א לדברי המחבר).

ויש מן האחרונים שסוברין, דהיכא שנזדמן לו קניית היין בזול מאד, והוא ריוח מרובה שאחר המועד אין מצוי כלל ריוח כזה, מותר, דהוא דומיא דשיירא הנ"ל, (**דהתירא הנ"ל הוא דוקא בריוח מרובה שמגיע ע"י השיירא וכיו"ב, ובאופן זה התיר הרמ"א, והמחבר לא מיירי באופן זה**) - [ב"ח].

(ועיין בא"ר שהוא מפרש דברי הרמ"א כפשטיה, ודעתו, דכיון דסבור בקנייתו כדי להרויח, וריוח כזה לא ימצא אם יקנה אחר המועד, שאחר המועד יוקיר המקח של היין, בודאי שרי כההיא דסעיף ה', והמחבר דאוסר יותר מכדי שתייתו לשנה, לא מיירי בקונה כדי להרויח, ולכן אסור, דטרחא יתירא בכדי הוא).

(ובמ"ב העתקנו דעת הח"א והב"ח, ונראה דלמעשה יוכל לסמוך על דעת הב"ח, לקנות גם אם יוכל למצוא סחורה זו גם לאחר המועד, אם יש לו רווח מרובה בדבר, והמקיל כא"ר גם ברווח מועט, כל שקונה לצורך סחורה - מ"ב המבואר, ג"כ אין מוחין בידו).

[מו]**סימן תקל"ט סי"ג** - [מז]**להלוות לכותי בריבית לאותם שרגילים ללוות ממנו, מותר משום דהוי דבר האבד** - שאם לא ילוה להם וילכו למקום אחר, ירגילום לבא אליו ולא יבואו עוד אצלו, ובזה אין צריך להוציא בשמחת יו"ט.

ולאותם שאינם רגילין ללוות, ג"כ מותר, והוא שיקחו רבית של שבוע ראשון ויוציאנו בשמחת יום טוב - היינו יותר ממה שהיה מוציא אם לא היה מרויח ריוח זה, **ובזה** אפילו באופן המבואר בס"ד להחמיר, כגון מי שיש לו מעות בריוח וכו', ע"ש, הכא שרי, [מח]**משום** דכמה פוסקים סוברין, דהלואה אינו דומה כ"כ לפרמקטיא, התם יש טורח גדול בדקדוק שיווי המקח, ומתוך טרדתו ימנע משמחת יו"ט, וגם לפעמים יקנה ביוקר ויצטער, משא"כ בהלואה, לפיכך מקילינן יותר, **ומה"ט** שרי נמי להלוות לישראל בריבית בדרך היתר, ומותר ג"כ לעשות עיסקא ליתן לו מעות.

הגה: ומותר ליקח ערבות במועד על הלואה שיעשה אחר המועד - היינו דכיון דההלואה הוא אחר המועד, לא חשיב כלל עושה סחורה במועד.

[מט]**סימן תקל"ט סי"ד** - [נ]**הלואה דשולחנות בקביעות וחילוף** - (הלואה דשולחנים העוסקים בקביעות בהלואה וחילוף - ערוה"ש). **אסור** - דבכה"ג הוי פרקמטיא לדברי הכל.

באר הגולה

[מג] (מילואים) [מד] גם זו שם [מה] טור [מו] (מילואים) [מז] טור בשם אביו הרא"ש [מח] (עיין תוס' ד"ה פרקמטיא. **ועכ"פ** כשהוא בריבית הוי יותר חמור מסתם הלואה, דמותר בלא שיוציא כלום לשמחת יו"ט וכדלעיל ס"ב, דבריבית יש מחמירין ומדמין אותן לפרקמטיא, עיין בלבוש) [מט] (ע"פ הב"י) [נ] תוס' בפ"ק דמו"ק (ד"ה פרקמטיא, ודלא כהגהת הב"ח)

§ מסכת מועד קטן דף יא. §

אות א'

ולוקחים בהמה עבדים ושפחות בתים שדות וכרמים וכו'

יו"ד סימן קמט ס"ג - הולכים ליריד של עובדי כוכבים ולוקחים מהם בהמה, עבדים ושפחות ובתים ושדות וכרמים, וכותב ומעלה בערכאות שלהם - כתב הטור בשם הרא"ש, דאפילו ביום חגם שרי, משום דדלמא לא משכח ליה אלא ביריד, והוה ליה דבר האבוד. **וכתב** הר"ן דהיינו דוקא בדברים שצריך להם לעצמו, אבל להשתכר בהן לא, דהנאת ריוח לא מקרי דבר האבוד, ומביאו ב"י וד"מ. **מיהו** כל זה מדינא, אבל האידנא הכל שרי, כמ"ש הרא"ש וטור ושאר פוסקים, דלאו עובדי ע"ז הן, וכדלעיל ס"ס קמ"ח ולקמן ס"ד, **וכ"כ** הב"ח ס"ס זה, דהאידנא אין חוששין לשום דבר, ונהגו היתר אף ביריד ביום אידם, ואפילו נותנים מכס לכומרים - ש"ך.

אות ב' – ג'

רב שרא לחייא בר אשי למיגדל אוהרי בחולא דמועדא, מאי טעמא, מעשה הדיוט הוא

אבל איזלי אסור, מאי טעמא, מעשה אומן הוא

סימן תקמא ס"א - [א]מותר לעשות מצודות דגים מערבה, שהוא מעשה הדיוט - ודוקא לצורך המועד, **אבל לא הארוגים מחוטים, שהוא מעשה אומן** - ולא הוי בכלל מכשירי אוכל נפש, כמו תנור וסכין, דמותר שם אפילו מעשה אומן, **משום** דלא מקרי מכשירין אלא דבר המכשירו לאכילה, כי התנור ע"י האפיה, וסכין ע"י השחיטה, משא"כ ברשתות.

הגה: ומותר לתקן הפתילות לנרות בחוה"מ - לצורך מועד, **דמעשה הדיוט הוא (נ"י ור' ירוחם וב"י)** - ויש שמחמירין בזה, ואף לגדל מצמר גפן דלאו שזור, ג"כ יש ליזהר לעשות מקודם, **ועיין** בח"א שכתב, דלכתחלה נכון להכין מעיו"ט, אכן בדיעבד מותר לגדל מצמר גפן, וכן בברכי יוסף כתב, דהמנהג פשוט להתיר.

עוד כתב הח"א, דלכו"ע אסור לעשות נרות של חלב, ופשיטא של שעוה, דאיכא ג"כ מירות, וכמדומה שנוהגין היתר לצורך מועד, עכ"ל, **ובפמ"ג** משמע דיש ליזהר בזה.

אות ד' – ה'

רב יהודה שרא לאמי תנורא למיגדל תנורי

כאן בימות החמה, כאן בימות הגשמים

סימן תקמ ס"ז - [ב]תנור וכיריים שאפשר שייבשו ויאפה בהם במועד, עושין - אפילו מעשה אומן, כיון שהוא צורך אוכל נפש, **ואם** היה אפשר לו לעשות מעיו"ט, וכיון מלאכתו לעשותן במועד, נראה דאסור, וכדלקמן סוף סעיף ח' בהג"ה, עיי"ש במ"ב.

ואם לאו, אין עושין אותם - בהא אסור אפילו מעשה הדיוט, כיון דלאו צורך מועד הוא.

ואם הזמן הוא קור, מותר להעמיד תנור בית החורף להסיק הבית, אפילו אם אינו ראוי לאפות בו, דהכל חולים אצל צינה, [**ועיין** בשלחן עצי שיטים, דאפי' מעשה אומן שרי בזה, כיון שהוא צריך לגוף האדם, **ולענ"ד** יש לעיין בזה, דלענין מרחץ של רבים, שהוא ג"כ צריך לגוף האדם, דעת הרא"ש שם להחמיר, דדוקא מעשה הדיוט, **ואפשר** משום דהכל חולים אצל צינה עדיף טפי, וצ"ע].

וה"ה אם נשבר החלון, בענין שאם לא יתקנו ישב בקור, ג"כ מותר לתקנו.

(וה"ה עשיית קדרות ולפסין שרי בכהאי גוונא) (נ"י והמגיד).

אות ו'

עושין מעקה לגג ולמרפסת מעשה הדיוט, אבל לא מעשה אומן

סימן תקמ ס"א - וכן אם עשה [ג]מעקה לגג, בונה אותו מעשה הדיוט – (דהיינו כנ"ל בריש הסעיף לענין גדר).

(עיין בחי' הריטב"א שכתב, דמתני' מיירי בגג דלא רגילי להלוך בו, שאינו חייב במעקה, אלא שהוא בעצמו רוצה לעשות משום שמירה, ולפיכך אמרו בירושלמי דסגי בג' טפחים, **דאי** משום מצות מעקה, למה לא יעשה כדרכו, **אבל** שארי הפוסקים סתמו בזה ולא חילקו).

אות ז'

שפין את הסדקין ומעגילין אותן במעגילה ביד וברגל, אבל לא במחלצים

סימן תקמ ס"ג - [ד]סדקים [ה]שבגג - שהמים יורדים דרך שם, **מותר לסתמן ביד וברגל** - דהיינו שבועט ביד וברגל לסתום הסדקין, **ואפילו** הוא עושה יפה יפה כעין שעושין בכלי אומנות, ג"כ שרי, דכ"ז נקרא מעשה הדיוט, שם במשנה.

אבל לא בכלי אומנות - דהוא מלאכה גמורה, ויש בה טורח, ואסור אפילו לצורך המועד.

(**ודוקא** כשעושין מפני חשש הגשמים, אבל אם באו גשמים ממש, ועדיין ידלוף בבית, עושה כדרכו, שאין אדם דר במועד בדירה סרוחה, ועוד שאין לך דבר האבד גדול מזה).

ודע, דכל דבר שמתירין לצורך המועד במעשה הדיוט, הוא דוקא שלא יכוין מלאכתו במועד, שם.

<המשך ההלכות מול עמוד ב'>

באר הגולה

א	מימרא דרב מר"ק י"א ופי' בנמוקי יוסף, אוהרי מצודות של דגים עשויות מזמורות, והדיוט יכול לעשותן, איזלי רשתות של מטוה, וכן פי' הרא"ש – ב"י

ב	שם י"א מהא דרב יהודה	ג	משנה שם י"א	ד	משנה שם י"א	ה	טור ונ"י – גר"א, ודלא כרש"י

מסורת הש"ס

עין משפט נר מצוה

יריד של עכו"ם. יומא דשוקא: **ומעלה בערכאות.** לקיימן בחתימתן דכיון דהשתא הוא דמשכח להו וליומא אחרינא לא שרי: **אוסרי.** שלדין בו דגים שקורין רוש"א: **איולי.** רשתות שלדין בו עופות: **למגדל תנורא.** לעשות התנור מחדש: **מהולתא.** נפה: **בימות החמה.** כלומר כשיש ימות החמה כגון בפסח דחבול עלמא שאין יורדין בו גשמים מותר לעשות בו תנור לפי שלאלתר יבש ויכולין לאפות בו פת ברגל לצורך הרגל: **כאן בימות הגשמים.** כלומר כשיורדין הגשמים ברגל כגון בסוכות אין עושין תנור לפי שאינו יבש לאלתר עד לאחר הרגל ועבד טירחא שלא לצורך הרגל:

*ליריד של עכו"ם *ולוקחים בהמה עבדים ושפחות בתים שדות וכרמים וכותב ומעלה בערכאות שלהן מפני שהוא כמציל מידן רב ישרא לחייא בר אשי למיגדל אודרי בחולא דמועדא מאי טעמא מעשה הדיוט הוא אבל איולי אסור מאי טעמא מעשה אומן הוא רב יהודה שרא לאמי תנורא למיגדל תנורי ולרב' בר עשבי למיגדל מהולתא איני והא תני רבה בר שמואל ושוין שאין גודלין תנור לכתחלה לא קשיא כאן בימות החמה כאן בימות הגשמים: **מתני'** עושין מעקה לגג ולמרפסת מעשה הדיוט אבל לא מעשה אומן שפין את הסדקין ומעגילין אותן במעגילה ביד וברגל אבל לא במחלצים הציר והצינור והקורה והמנעול והמפתח שנשברו מתקנן במועד ובלבד שלא יתכוין לעשות מלאכתו במועד וכל כבשין שהוא יכול לאכול מהן במועד כובשן: **גמ'** היכי דמי מעשה הדיוט רב יוסף אמר *בהוצא ודפנא במתניתא תנא צר בצרור ואינו טח בטיט: שפין את הסדקין ומעגילין אותן במעגילה: השתא במעגילה אמרת שרי ביד וברגל מיבעיא הכי קאמר שפין את הסדקין ומעגילין אותן כעין מעגילה ביד וברגל אבל לא במחלצים: הציר והצינור והקורה והמנעול והמפתח שנשברו מתקנן במועד: ורמינהי *עד ימיו היה פטיש מכה בירושלים כו' עד ימיו אין מכאן ואילך לא לא קשיא כאן בדנפחי כאן בדנגרי מתקיף לה רב חסדא יאמרו קלא רבה אסיר קלא זוטר שרי אלא אמר רב חסדא לא קשיא הא במגלי הא בחציני רב פפא אמר כאן קודם גזירה כאן לאחר גזירה רב אשי אמר הא ר' יהודה הא ר' יוסי דאמר ר' יצחק בר אבדימי *מאן תנא שינוי במועד בדבר האבד דלא כר' יוסי אמר רבינא כמאן מדלינן האידנא קביותא דדשא בחולא דמועדא כמאן כר' יוסי: כבשין שהוא יכול לאכול במועד כובשן: (א) בדיתא לבאי כוורי אזיל כולי עלמא צוד אייתו כוורא שרא להו רבא למימלח מיניהו אמר ליה אביי והא תנן כבשין שהוא יכול לאכול מהן במועד כובשן אמר ליה כיון דמעיקרא אדעתא דאבילה אייתינהו ואי שביק להו פסדי *כפרקמטיא האבד דמי ושרי ואיכא דאמרי שרי להו רבא מיצד מיזל אייתויי ומימלח אמר ליה אביי והא אנן כבשין שהוא יכול לאכול מהן (ג) כובשן תנן אמר ליה הני נמי מיתאכלי אגב איצצא כי הא דשמואל עבדו ליה שיתין איצצי ואכל רבא איקלע לבי ריש גלותא עבדי ליה שיתין איצצי ואכל רב איקלע לבי רב שפיר אייתו לקמיה ההוא כוורא תילתא בישולא תילתא מילחא ותילתא טוויא אמר רב אמר לי אדא ציידא כוורא סמוך למיסרחיה מעלי ואמר רב אמר לי אדא ציידא כוורא טוויא באחוה אסוקיה באבוה מיכלי בבריה אשתי עליה אבוה ואמר רב אמר לי אדא ציידא כוורא תחלי וחלבא ליטעון גופא ולא ליטעון פוריא ואמר רב אמר לי אדא ציידא כוורא תחלי והלבא מיא ולא שיכרא ולא חמרא:

הדרן עלך משקין בית השלחן

מתני' מעקה למרפסת. כותל קטנה העושין על האיצטבות שלפני העליות גדולות כעין שיש על שפת נהר רייכים: **שפין את הסדקין.** שבתנור: **ומעגילין אותן במעגילה.** שגוללין על קרקעות התנור עץ גדול עגול כדי לסתום הסדקין: **ביד וברגל.** (ג) שלוקח בידו עץ וטועטין ביד על התנור לסתום הסדקים או בוטע ברגלו על קרקעות התנור: **מחללים.** עץ כעין רגל שדוחקו במעזיבה לסתום הסדקין ויש בו מעשה אומן יותר ממעגילה: **ציר.** רגל הדלת כמו הדלת תסוב על צירה (משלי כו): **צינור.** הוא החור שבאסקופה התחתונה כמו *ציטרא דדשא: **הקורה.** מה שעל הפתח שהחזור בו הדלת וקורין אוברטו"ר: **מנעול.** בלבדור"א: **ובלבד שלא יתכוין לעשות מלאכתו במועד.** כשיש לו לתקן כל אילו בשאר ימות השנה ומניחו עד המועד: **וכבשין.** של ציר כלומר דגים ושאר דברים שכובשים במלח שיכול לאוכלן במועד שלא יהא צריך להמתין באכילתן עד לאחר המועד שיהו נכבשין מהר וראוין לאכול מיד: **גמ' הוצא.** הוצי דקל: (ד) **דופנא.** עבדי לחיים של גדר: **ואינו טח בטיט.** זה הוא מעשה הדיוט: **מעגילה.** דרך אומנות יותר: **ביד וברגל.** דלאו מעשה אומן הוא לא כל שכן: **כעין מעגילה.** ולא מעגילה ממש אלא כעין מעגילה ביד וברגל: **עד ימיו.** של יוחנן כ"ג היה פטיש מכה בירושלים בחולו של מועד והוא גזר עליו ובטלו אלמא אסור ומתני' קתני ומתקנין מנעול ומפתח: **מתניתין דמתקנין אלו בחוש"מ בדנגרי.** במנעול של עץ שרי דלא הוי קלא רבה: **בדנפחי.** דפטיש היינו קורנס אסור דהוי קלא רבה ואולודי קלא אסור: **מגלי.** מסר הגדול שרי דלא מוליד קלא כלום: **בחליני.** ברד"א אסיר דהוי אולודי קלא טפי: **לאחר שגזר.** יוחנן כ"ג: **הא ר' יהודה הא ר' יוסי.** בפירקא דלקמן (דף יב.) דרבי יוסי לא בעי לשנויי לדבר האבד ומתני' דשרי הכא כל הני בלא שינוי ר' יוסי היא:

כמאן מדלינן האידנא קביותא דדשא. כשיולאין מסמרים של עץ מן הקורה שעל הפתח דשרי למיעבד בלא שינוי: **בדיתא.** שם נהר: **לבאי.** שם מקום: **כוורי.** הכי עשו דרך לנהר שילאו מימיו ונשתיירו שם דגים הרבה: **למימלח.** (ה) הרבה אע"פ שאין יכולים לאוכלן במועד שהרי היו מלוחין הרבה: **כבשין.** בחומץ ובמלח שקורין קונפוסט"א והכא נמי כיון שמלחן הרבה כדי להגניען או לא חזו במועד: **אמר ליה הני נמי.** (ו) דמלחינהו: **מתאכלי.** במועד: **אגב איצצא.** שמושך המלח מהן: (ז) **שיתין איצצי.** כלומר רוחצין אותו הרבה פעמים מללי ליה ששים זימני: **רב איקלע.** במועד: **תילתא מילחא.** אגב איצצא: **סמוך למיסרחיה מעלי.** כלומר יפה הוא לאחר זמן שנילוד יותר מהיא שעתא דנילוד: **טוויא באחוה.** במלח שהמלח נבראת מן המים כדגים: **אסוקיה באבוה.** לאחר שצלאו נותנו במים צונן: **אכליה בבריה.** מטילין אותו בציר היוצא מן הדגים ואוכלין אותו: **משתיא עליה אבוה.** ששותין עליו מים שדגים נבראו מן המים: **לטעון גופא.** כלומר לאחר אכילתו מהלך הרבה קודם שישן: **ולא לטעון פוריא.** לא ישן לאלתר אחריהם: **תחלי.** שחלים: **מיא ולא שכרא.** מוטב לשתות אחריהן מים ולא שכר: הדרן עלך משקין בית השלחן

כוורא סמוך למסרחיה מעלי. ובזמן הזה תופסים סכנה למיכל סמוך לסירחון וגם משתי עלה אבוה דאגב בסמוך דמעלי ושמא נשתנו כמו הרפואות שבש"ס שאינן טובות בזמן הזה או שמא נהרות דבבל מעלו לו טפי ויש מפרשים דכוורא לא בכלל דגים מיירי ושם דג ששמו כוורא ומשונה בדברים הללו משאר דגים כדאמרינן פ' כל הבשר (חולין דף קט:) אסר לן גירותא שרא לן לישנא דכוורא ואין נראה שיהא בכל הלשונות של דגים טעם אחד:

הדרן עלך משקין בית השלחן

קד א מיי' פ"ט מהלכות ע"ז הלכה יד טוש"ע י"ד סי' קמט סעיף ג:

קה ב ג טוש"ע א"ח סי' תקמא סעיף א:

קו ד ה מיי' פ"ח מהל' י"ט הלכה יג טוש"ע א"ח סי' תקמ סעיף ו:

קז ו מיי' שם הלכה ו טוש"ע שם סעיף א:

קח ז מיי' שם פ"ז הלכה ה טוש"ע שם סעיף ג:

קט ח מיי' שם פ"ח הלכה ז טוש"ע שם סעיף ד:

קי ט מיי' שם פ"ז הלכה ד טוש"ע שם סי' תקלח סעיף ו:

קיא י מיי' שם הלכה ו טוא"ח סי' תקלג:

קיב כ מיי' שם טוש"ע שם סעיף ד:

רבינו חננאל

להו כפרקמטיא האבוד דמי ושרי. רב שרא לר' חייא בר אשי למיגדל אתורי. פי' במס' גיטין בסוף פרק הניזקין (דף ס' ע"ב) ומפרשי רבנן אוולי שבאו מעולא תרגום ויביאו מטוה כד עזיל ומפרשי אוהורי אלפכוך. מ"ט מעשה הדיוט אבל איולי אסיר מ"ט מעשה אומן הוא. רב יהודה שרא לאביי תנוראה למגדל תנורא בחולי דמועדא. ולרבא בר עישבי שרא למגדל מהולתא בחולי דמועדא. ועושין מעקה לגג ולמרפסת מעשה הדיוט אבל לא מעשה אומן. היכי דמי מעשה הדיוט בהוצא ודפנא. במתניתא תנא צר בצרור ואינו טח בטיט ושפין את הסדקין ומעגילין אותן במעגילה ביד וברגל אבל לא במחלצים: **מתני'** הציר והצינור והקורה והמנעול והמפתח שנשברו מתקנן במועד ובלבד שלא יכוין מלאכתו במועד. איני והא תנן בסוף מס' סוטה עד כל ימיו פטיש היה מכה בירושלים עד ימיו של יוחנן כהן גדול אין מיכן ואילך לא. ופריק רב הונא האי פטיש דאסיר מיכן ואילך בדנפחי. והא דתנן הצינור כו' בדנגרי הוא ושרי. מתקיף ליה רב חסדא ונדחה ופריק בחציני אסיר ומתניתין דהכא במגלא ושרי *) קודם גזירה פירש קודם גזירת יוחנן כ"ג ורב אשי אמר מתני' דהתם ר' יהודה היא ומתני' דהכא ר' יוסי דאמר רב יצחק בר אבא מאן תנא דבעי שינוי במועד בדבר האבד דלא כר' יוסי דאי ר' יוסי הא אמר זולף וגומר וגף כדרכו. אמר רבינא כמאן מדלינן האידנא כו'. וכבשין שיכול לאכול מהן במועד מכבשן. רבא שרא לבני בדיתא לבאי למיצד ולמימלח א"ל אביי והתנן כבשין שיכול לאכול מהן מכבשן, שיכול אין לא יכול לא. א"ל הני נמי מתאכלי אגב איצצא כשיכבשום דחוקים כי הא דשמואל עבדו ליה ששים איצצי ואכל. פי' מיני תבשיל. אמר רב אמר לי אדא ציידא כוורא סמוך למיסרחי מעלי. ותוב אמר דג טוויא באחוה פירוש המלח מן הים והדג מן הים נמצאו שניהן אביהן הים והן כמו אחים. וא"ל מלח הדג במלח שהוא אחיו וצלה אותו במלח. אסוקיה באבוה. פי' כשתעלהו מן האש שוטפהו במים מלוחין שהן אביו אוכליה בבריה פירוש אכול אותו בבנו והוא ציר של דגים שהוא יוצא מן השמנונית של הדג כבנו, וכשתאכלהו שתה אחריו המים כי באותה העת ובאותו מקום היו אומרים להם הרופאים כשתאכל דגים שתה אחריו המים ולא יין **) או יין ולא שכר. כוורא תחלי וחלבא ליטעון גופא ולא ליטעון פוריא. פי' כשיאכל אותם עד שיתעכלו במעיו לא ישן כי השינה מיד מזיקתו: הדרן עלך משקין בית השלחן.

*) נראה דצ"ל רב פפא אמר כאן קודם גזרה כו'. **) לפנינו בגמ' הגרסא להיפך. ואולי דרבינו היה לו גי' אחרת.

הגהות הב"ח

(א) גמ' בדיתא לבאי כוורא. נ"ב כך הוא גירסת האלפס בפומבדיתא לבאי כוורא ופי' הר"ן פוס שם המקום היושב על נהר בדיתא לבאי כוורא לדו והביאו דגים רבים שנתייבש הנהר ומתו הדגים עכ"ל: (ג) שם והא אנן כבשין שהוא יכול לאכול מהן במועד כובשן תנן: (ג) רש"י ד"ה ביד וברגל (שלוקח בידו עץ) תא"מ וכ"נ נ"ל טעות: (ד) ד"ה דופנא כו'. נ"ב עי' לעיל בפירושו בדף ז' ע"א: (ה) ד"ה למימלח הרבה אע"פ: (ו) ד"ה א"ל הני נמי אע"ג דמלחינהו: (ז) ד"ה אגב כו' המלח מהן הס"ד ואח"כ מה"ד עבדו ליה שיתין איצצי כלומר רוחצין אותו הרבה פעמים הס"ד ואח"כ מה"ד שיתין איצצי ששים פעמים הס"ד:

[עירובין מז. ע"ז יג.]

[כתובות יח:]

[לעיל ז.]

[מע"ש פ"ה סוטה מז:]

[לקמן יב: ע"ש]

[לעיל י:]

עין משפט נר מצוה

א א מיי' פ"ג מהל' י"ט הלכה ג טוש"ע א"ח סי' תקלח סעיף א:

[פי' תוס' דחגיגה יח. ד"ה תלו ותוס' ע"ז כב. ד"ה מיסוק ליה]

ב ב מיי' פ"ה מהלכות אבל הלכה י טוש"ע י"ד סי' שפ סעיף י:

ג ג מיי' שם:

ד ד ה טור יו"ד סי' שם:

ה ו מיי' שם הלכה יא טוש"ע שם סעיף יב:

ו ז ח מיי' שם טוש"ע שם סעיף יד:

ז ט מיי' שם הלכה יב טוש"ע שם סעיף יג:

ח י מיי' שם הלכה יג טוש"ע שם סעיף יז:

ט כ מיי' שם טוש"ע שם סעיף יח:

י ל מ' טוש"ע שם סעיף כא:

מתני' מי שהפך את זיתיו ואירעו אבל או אונס או שהטעוהו פועלים טוען קורה ראשונה ומניחה לאחר המועד דברי ר' יהודה רבי יוסי אומר זולף וגומר וגף כדרכו: **גמ'** פתח באבל וסיים במועד אמר רב ששא בריה דרב אידי זאת אומרת דברים המותרין במועד אסורים בימי אבלו רב אשי אמר לא מיבעיא קאמר לא מיבעיא בימי אבלו דמדרבנן הוא ושרי אלא אפילו במועד דאיסור מלאכה מדאורייתא במקום פסידא שרו רבנן תניא כוותיה דרב ששא בריה דרב אידי אלו דברים העושין לאבל בימי אבלו זיתיו הפוכין טוענין לו וכדו לגוף ופשתנו להעלות מן המשרה וצמרו להעלות מן היורה ומרביצים שדהו משתגיע עונת המים שלו ר' יהודה אומר אף זורעין לו שדה ניר ושדה העומדת לפשתן אמרו לו אם לא תזרע בבכיר תזרע באפל אם לא תזרע פשתן תזרע ממין אחר רבן שמעון בן גמליאל אומר זיתיו הפוכין ואין שם אומן אלא הוא כדו לגוף ואין שם אומן אלא הוא פשתנו להעלות מן המשרה וצמרו להעלות מן היורה ואין שם אומן אלא הוא הרי זה יעשה בצינעא יתר על כן אמר רבן שמעון בן גמליאל אם היה אומן לרבים וספר ובלן לרבים והגיע עת הרגל ואין שם אומן אלא הוא הרי זה יעשה האריסין והחכירין והקבלנין הרי אלו יעשו אחרים בשבילן החמרין הגמלין והספנין הרי אלו לא יעשו ואם היו מוחכרין או מושכרין אצל אחרים הרי אלו יעשו שכיר יום אפילו בעיר אחרת לא יעשה היתה מלאכת אחרים בידו אע"פ שבקיבולת לא יעשה אף על פי שבקיבולת ולא מיבעיא שאינה קיבולת אדרבה קיבולת כדידיה דמי אלא אימא בין קיבולת בין שאינה קיבולת לא יעשה היתה מלאכתו ביד אחרים בביתו לא יעשו בבית אחר יעשו מריון בריה דרבין ומר בריה דרב אחא בריה דרבא הוה להו ההוא גמלא דתורא בהדי הדדי איתרע ביה מילתא במר בריה דרב אחא בריה דרבא ופסקיה לגמליה אמר רב אשי גברא רבה כמר בריה דרב אחא עביד הכי נהי דלפסידא דידיה לא חייש אדאחרים לא חייש והא תניא אם היו מושכרין או מוחכרין אצל אחרים הרי אלו יעשו והוא סבר *אדם חשוב שאני

אמר

רש"י

מי שהפך את זיתיו. שהזמינן ליתנם על גבי הבד להוציא מהן שמן: **ואירעו אבל.** בשאר ימות השנה שלא סמוך לרגל ואינו יכול ליתנם על גבי הבד לפי שאבל אסור בעשיית מלאכה: **או אונס.** היינו מילתא אחריתי כלומר מי שהפך את זיתיו לפני הרגל ואירעו אונס ולא היה יכול ליתנם על גבי בית הבד ובא הרגל: **או שהטעוהו פועלים.** שהשכיר ליתנם על גבי בית הבד קודם הרגל ולא באו: **טוען קורה ראשונה.** כלומר נותנן על גבי בית הבד ברגל וטוחן עליהן הקורה פעם אחת דאי לא עביד הכי איכא פסידא יתירא: **ומניחה.** כו שלא יסחוט יותר עד לאחר המועד: **זולף וגומר כדרכו.** כלומר טוחן על גבי בית הבד וטוחן הכל כל מידי דשפוך קרי זילוף: **גמ' פתח באבל וסיים במועד.** דקתני מי שהפך את זיתיו ואירעו אבל ולא פירש אם יכול לטעון קורה באבילות אם לא אלא מילי דמועד קא פריש דכי אירע לו קודם המועד אונס טוען קורה ראשונה במועד: **אסור בימי אבלו.** כלומר להכי לא פריש דאסור לו לטעון אפילו קורה ראשונה בימי אבלו: **לא מיבעיא בימי אבלו.** דאין אסור במלאכה אלא מדרבנן דשרי לטעון קורה ראשונה: **אלא אפילו.** חולו של מועד דאסירא ביה מלאכה מדאורייתא דכתיב (שמות כג) את חג המצות תשמור שבעת ימים לימד על כל החג שהוא אסור: **במקום פסידא שרו רבנן.** לטעון קורה ראשונה: **העושין לאבל.** אחרים אבל הוא עצמו אינו רשאי: **כדו לגוף.** מגופת החבית: **וזיתיו הפוכין.** נותנין אותן על בית הבד וטוענין לו קורה ראשונה אבל הוא עצמו אינו עושה היינו כרב ששא דאמר דברים המותרין בחוה"מ אסורין בימי אבלו: **ופשתנו להעלות מן המשרה.** כל הני איכא בהו פסידא אי לא עביד להו: **משקיע עונת המים שלו.** כשהגיע זמנו להשקות השדה שכך היו נוהגין כל אחד ואחד משקה כל השדות שבבקעה איש יומו או שבוע אחד: **שדה ניר.** שדה חרושה: **שדה העומדת לפשתן.** שאם לא תזרע עכשיו מכאן ואילך אינו ראוי לפשתן: **אמרו לו.** לא תזרע שדה ניר ושדה פשתן שאם לא תזרע בבכיר בשדה ניר תזרע באפל ולא הוי פסידא יתירא: **בלן.** שומר בית המרחץ ומשמשן בבית המרחץ ונוטל מכל אחד שכרו: **והגיע עת הרגל.** שהכל צריכין לו הרי זה יעשה כיון דאית ליה פסידא ואיכא נמי צורך רבים ול"ג הכא בצינעא דהא רבים הוא: **האריסין.** מקבלי השדות לשנים לשליש ולרביע: **החכירים.** שקיבל לשמירה ולעבודה לסכום כך וכך כורין אני נותן לך ממנה: **והקבלנים.** שקיבלו לשומרה לזמן פלוני בסכום כך וכך בין יהיה הרבה או מעט הרי אלו יעשו אחרים בשבילם: **הגמלים והספנים הרי אלו לא יעשו.** לא ישכירו לכתחילה לפי שהמלאכה שלהם הוא: **ואם היו מוחכרין או מושכרין.** הם או בהמתם אצל אחרים למהלך חדש או חדשים הרי אלו יעשו הם לעצמן ולא יפסידו כל שכרן ובעלים נמי לא יפסידו והכא לא קתני על ידי אחרים שהרי הן בעצמן מושכרין אבל אריסים אפשר להם על ידי אחרים בעבודת קרקע: **שכיר יום.** אחד ואפילו בעיר אחרת ואין יודעין שם שהוא אבל וליכא משום מראית העין: **לא יעשה.** הואיל ובידו לחזור כדאמרינן (ב"ק דף קטז:) פועל חוזר ואפילו בחצי היום וליכא פסידא כולי האי: **אם היתה מלאכת אחרים בידו.** בביתו כגון בגד לארוג הואיל וברשותיה לגומרו לאחר זמן הרי (א) אלו לא יעשו: **ואע"פ שבקיבולת.** אחרים היא שקיבל עליו למיתות אותו בגד לאורגו בכך וכך: **קיבולת.** לעשות בכך וכך (שרי): **כדידיה דמיא.** והסור אבל שאינה קיבולת דלא הוה כדידיה שרי: **בביתו.** של אבל לא יעשו אותו (ב) משום חשד שיאמרו הוא בעצמו מסייע במלאכה אי נמי שלא יאמרו בימי אבלו השכירו לזה הפועל: **גמלא.** למד בקר בין שניהם שור אחד לזה ושור אחד לזה: **איתרע ביה מילתא.** אבילות: **פסקיה לגמליה.** הפסיק שורו מן הצמד ולא שלחו לחרוש בשדה לפי שהיה אבל ומצוה על שביתת בהמתו מדרבנן: **לפסידא דידיה לא חייש.** דלא קא מעבד ארעא מגמליה משום דאבל הוא: **לפסידא דאחריני.** כגון מריון לא חייש דלא קא משדר לגמליה הוי ליה פסידא דלא הוה ליה בהמה לחרוש וכיון דשרי כדתניא אם היו מוחכרין וכו' הוה ליה למיחש אפסידא דחבריה: **הוא סבר.** מר בריה דרב אחא: **אדם חשוב שאני.** דהא והא אסור לדידיה למיעבד:

מקבלי

תוספות

רבי יוסי אומר זולף וגומר וגף כדרכו. פי' בקונטרס לישנא אחרינא וגף משום (א) דאיכא פסידא שמוליכן בלא מגופה וי"ל דצריך לכסותו מפני השרצים ומיהו מגופה לא היה צריך דדיו בכיסוי מועט *ושמן חדש מתקלקל: **אפילו** חול המועד דאסורה במלאכה מדאורייתא *פרק קמא (דף ג. בד"ה מסקין) פירשתי: **רבי** יהודה אומר אף זורעים כו'. במתניתין מחמיר רבי יהודה וכאן מיקל: **בורין** לגוף. ספרים אחרים כדו: **רבן** שמעון בן גמליאל אומר כו'. ואף על גב דרבן שמעון בן גמליאל נמי מודה לדרב ששא בריה דרב אידי דאסורין בימי אבלו מודה היכא דאין שם אומן אלא הוא דשרי ובצינעא (ד) יעשו ע"י אחרים משום פסידא דמשכיר שרינן וגבי אבלו דשרינן הוא עצמו באין שם שיעשה כמותו ואומן לרבים וספר וכו' משום דצורך דרבים ורגילא שריא לעיל ויש מפרשים דהא דשרינן לאבל עצמו (ה) בשלא ימצא אחרים כדמשמע הלשון ואין שם אומן אלא הוא אבל לכתחילה צריך לעשות על ידי אחרים מיהו לפי הטעם הזה לא ידענא בחמרין וספרין כשמושכרין אצל אחרים למה אין מצריך בסמוך על ידי אחרים ולפי טעם קמא ניחא דאין מי שיעשה דבר זה באותו שיש (ו) אומנות דחמר וגמל וספן:

אמר

רבינו חננאל

מי שהפך את זיתיו לפתחן ואירעו אבל או אונס או שהטעוהו הפועלים ונכנס המועד טוען קורה ראשונה ומניחה לאחר המועד דברי ר' יהודה. ר' יוסי אומר זולף וגומר *) כדרכו ומקשינן מתניתין באבל ולא פירש אם מותר לעשות מלאכתו במקום פסידא אם לאו. ותקן ומורה לנו בחולו של מועד שמותר במקום פסידא. ופירק רב ששא בריה דרב אידי זאת אומרת דברים המותרין בחה"מ אסורין לעשותן בימי אבלו. תניא כוותיה אלו דברים שעושין לאבל בימי אבלו. פירוש התירו חכמים פסידא לעשות לו אחרים ולא הוא אבל ע"י אחרים התירו לו להפוך זיתיו ולגוף ולהעלות פשתנו מהמשרה וצמרו מן היורה ומרביצין שדהו משתגיע עונת המים שלו. ר' יהודה אומר אף זורעין כו' ר' שמעון בן גמליאל אומר זיתיו הפוכין פשתנו במשרה צמרו ביורה ואין שם אומן אלא הוא הרי זה עושה בצנעא בתוך ביתו וכן היה אומר אם היה ספר או בלן לרבים והגיע הרגל ואין שם אלא הוא הרי זה יעשה. האריסין והחכירין והקבלנין בשדותיו הרי אלו יעשו אבל החמרין והגמלין והספינה שלו לא יעשה בהן מלאכה בימי אבלו ואם היו מקודם מושכרין ביד אחרים עושין. שכיר יום שלו אפילו בעיר אחרת לא יעשה היתה מלאכת אחרים בידו בין בקיבולת בין שאינה בקיבולת לא יעשה היתה מלאכתו ביד אחרים בביתו לא יעשה בבית אחר יעשה. מריון ומר בריה דרב אחא הוו שותפי אירע ביה במר בריה דרב אחא אבל. שדר ופסקיה לגמליה. אמר רב אשי והתניא אם היו מושכרין אצל אחרים שרו ודחינן הני מילי באיניש דעלמא אבל אדם חשוב אפי' מושכרין לא:

אמר

מסורת הש"ס

שמחות פ"ה

[לקמן יב. שבת נא. וש"נ]

ס"א אינו

*) רבינו לא גרס וגף גבי זיתים וכ"כ כרש"י בהלסס וכנ"י שם דלא גרסינן וגף.

גליון הש"ס

גמ' לא מיבעיא בימי אבלו דמדרבנן. עיין לקמן דף יד ע"ב תוס' ד"ה עשה דיחיד:

הגהות הב"ח

(א) רש"י ד"ה אם היתה כו' לאחר זמן הרי לא יעשה אף על פי שבקיבולת כו' כן צריך להיות והד"א ותיבת אלו נמחק: (ב) ד"ה בביתו של אבל לא יעשו אותו אחרים משום חשד: (ג) תוס' ד"ה רבי יוסי כו' דאיכא פסידא כשמוליכן. נ"ב לשון הר"ן וגף לא גרסי גבי זיתים משום דאין דרך לעשות לזיתים מגופה דאפי' הניחו מגולה לא פסדי וכן נמצא בפרש"י בהלסס ובנימוקי יוסף ע"ש אבל בלבון אחר פירש דגרסי' ליה אע"ג דליכא פסידא לזיתים בלא מגופה מ"מ ודאי כשמוליכין אותן איכא פסידא שניתז השמן בלא מגופה: (ד) ד"ה רשב"ג כו' ובלינעא והאריסין יעשו: (ה) בא"ד דשרינן לאבל עצמו היינו דוקא בשלא ימצא: (ו) בא"ד באותו שיש לו אומנות:

אות ח'

הציר והצינור והקורה והמנעול והמפתח שנשברו, מתקנן במועד

סימן תקמ ס"ד - [ו]**ציר הדלת** - כמו "הדלת תסוב על צירה", רגל הדלת הסובבת, [רש"י], **והמפתח, (והמנעול)** [ז]**(גמרא),** [ח]**והצנור** - הוא חור שבאסקופה התחתונה שהדלת סובב בו, [רש"י], **והקורה** - הוא המשקוף שעל הפתח, מה שחוזרת בו הדלת, [רש"י], [ט]**בין שהם של עץ, בין שהם של ברזל** - ר"ל אף שבו נשמע קול הפטיש כשמתקנו, [מוכח בגמרא], **שנשברו** [י]**אפילו מעיו"ט, יכול לתקנם בלא שינוי, מפני שזה הפסד גדול הוא, שאם יניח הפתח פתוח ודלתות שבורות, נמצא מאבד כל מה שבבית** - [יא]וה"ה לתקוע המשקוף במסמרים שרי, אם יש לחוש לגנבי, ואם לאו אף זה אסור.

(ולכן מותר - ואפילו מעשה אומן וכנ"ל בס"א, **ובלבד שלא יכוין מלאכתו במועד) (רבינו ירוחם)** - היינו שלא התירו אלא בשכח מעי"ט לתקן, ולא במכוין להניח לתקן במועד.

אות ט'

ובלבד שלא יתכוין לעשות מלאכתו במועד

סימן תקלה ס"ו - [יב]**המכוין מלאכתו והניחה למועד ועשאה במועד, ב"ד מאבדין אותה ממנו ומפקירים אותה לכל** - רבותא קאמר, לא מיבעי אם עדיין לא עשה המלאכה, אין הב"ד מניחין אותו לעשות המלאכה, אע"פ שהוא דבר האבד, ויאבד הדבר ההוא מעצמו, **אלא** אפילו עבר ועשה, ב"ד מאבדין הדבר ההוא בידים.

אות י'

וכל כבשין שהוא יכול לאכול מהן במועד, כובשן

טור סימן תקלג - וכן כל דבר אסור לכבשו, אא"כ יהא ראוי לאכול ממנו במועד; אבל אם הוא דבר שאינו נמצא אחר המועד, מותר לקנותו ולכבשו.

אות כ'

שרי להו רבא מיצד מיזל אייתויי ומימלח

סימן תקלג, ס"ד - [יג]**צד אדם דגים כל מה שיכול לצוד** - ומשמע דאפילו הוא מוכח בודאי שהוא יותר מכדי הצורך למועד, ג"כ שרי, **ולא** דמי לקמח בס"א וכה"ג, דאינו מותר אלא בכדי צורכו בהרוחה, שאני הכא שאין כל דג שוה בטעמו, ועל כל צידה י"ל שמא ימצא משובחים ביותר, והוא כבוד יו"ט. **ומולח הכל במועד, שהרי אפשר שיאכל מהם במועד, אם יסחוט אותם בידו פעמים רבות עד שיתרככו** - ר"ל דלא דמי לס"ג, דלא שרי ללקטם כדי לכבשם, התם שאני דמכובשים אינם ראוים לאכול במשך איזה ימים, וא"כ הוא רק הכנה לימי החול, **משא"כ** בדגים אפשר ע"י הדחק לסחוט ולאכול, וא"כ אפשר דיהנה מזה גם ביו"ט, ולאו לצורך חול בלחוד טרח, [רש"י, **ואע"ג** דהשתא שכולם לפניו, אפשר לו לבחור רק המשובחים ולמולחם, **י"ל** כיון דמן התורה אין עיבוד באוכלין, הקילו לו למולחם כולם, כיון דעכ"פ לעת עתה אין מבורר לו איזה מהם לבחור כשירצה לסחוט ולאכול].

(ומותר לעשות בפרהסיא, שניכר לכל שהוא לצורך המועד) (מרדכי) - וכמו שמותר בתבלין בסימן תקל"ט ס"י, **ומשמע** לפי"ז דלאו דוקא בצודה לעצמו, אלא אפילו בצייד שאומנותו ופרנסתו מזה, ג"כ מותר בפרהסיא, **ועיין** מה שנכתוב לקמיה, שיש חולקין בזה.

זבובים ויתושים אם הם מצערין את האדם, מותר להורגן בחוה"מ, דאין לך צורך אדם גדול מזה, ואע"ג דמצי להבריחם, מיד יחזרו עליו.

[יד]**סימן תקלט ס"ו** - [טו]**מציאה, אסור לטרוח ולחפש עליה** - אף שלא ימצא אותם לאחר המועד, **ולא** דמי לשירא שאינה מצויה, דשרינן לעיל מקח וממכר משום רווחא, **דשאני** מקח וממכר דחיי אדם ופרנסתו תלוי בזה, ודעתם ע"ז תמיד, הלכך חשיב פסידא, **משא"כ** במציאה דהוא רק רווחא בעלמא, **כגון נהר שהציף דגים על שפתו, אסור לאספם כדי לכבשם, אלא א"כ יהיו ראויים לאכול מהם במועד.**

---

§ מסכת מועד קטן דף יא: §

אות א'

זולף וגומר וגף כדרכו

סימן תקלח ס"א - [א]**מי שהפך את זיתיו** - פי' דרך הוא שנותנן במעטן לאחר לקיטה, וצוברן שם ומניחן כדי שיתחממו ויתבשלו מאליהן, ונותנן בבית הבד, ודרך הוא שמהפכין אותן כשמכניסן, ואם היה מניחן מלתקנן מיד אחר שהפכן פסדי.

(ודעת הרמב"ם, דמותר גם להפוך אותם לכתחלה, וטעמו, דכיון שנתנן במעטן והגיע זמנן להפוך, אם לא יהפוך אותם הוי דבר האבד, **ועיין** בחי' הריטב"א שכתב, דהכל לפי המקום והזמן, דבאתריה דהרמב"ם גם ההפיכה גופא הוי מכלל דבר האבד).

או שהיה יינו בבור - אותו כלי שהיין נופל בו מן הגת קרוי בור, ואם לא יריק היין משם ויתנם בחבית, יתחמץ היין כשיעמוד שם בבור

באר הגולה

[ו] שם במשנה [ז] ‹לכאורה ר"ל משנה› [ח] פי' הוא חור שבאיסקופה התחתונה שמחזר בו הדלת [ט] משמעות הגמרא שם [י] מהא דתנן ובלבד שלא יכוין מלאכתו במועד [יא] ‹גמ': כמאן מדלינן האידנא קביותא דדשא, וברש"י שם› [יב] משנה שם י"ב [יג] רמב"ם כאיכא דאמרי משמיה דרבא שם י"א [יד] ‹ע"פ הבאר הגולה› [טו] רמב"ם כאיכא דאמרי משמיה דרבא שם י"א ‹דמעיקרא אדעתא דאכלי אייתינהו כו', דבלא"ה היה אסור לצוד, וא"כ בשארי מציאות אסור - דמשק אליעזר› [א] משנה מו"ק י"א

מגולה, **ואירע אונס** - שמחמתו לא היה יכול לגמור פעולת הזיתים והיין קודם המועד, **או ששכח, או נתעצל, שהיה סבור שהיה יכול לשהות לאחר הרגל** - "עד לאחר הרגל", כצ"ל, ור"ל שסבר שאפילו אם ישהא בזיתים ההפוכין עד לאחר הרגל ולא יגמור פעולתן, ג"כ לא יתקלקלו, וכן כה"ג לענין היין שבבור.

ולא עשה קודם הרגל - ועכשיו במועד רואה שאם יניחם כך עד אחר יו"ט יהיה לו מזה הפסד, **מאחר שהוא דבר האבד, [ב]זולף וגומר** - דמותר לגמור פעולת הזיתים והיין כדרכן בחול, דהיינו שטוחן הזיתים הניתנין שם בבית הבד, וסוחטן כמה פעמים עד שיוגמר סחיטתן, [ג][גמרא], ומכניסן לחבית כדרכן תמיד.

כל מידי דשפוך קרי זילוף, [רש"י], וכן לענין יין, קרי זילוף מה ששופך היין מן הבור ומריקו בחביות.

ומזפת החביות, [ד]בין קטנות בין גדולות - נקט לתרווייהו, דבכל א' יש צד בפני עצמו להקל, הקטנות, דיינה מועט ולא נפיש פסידייהו אף אם יזוב מעט מהן, מ"מ מותר דאין טרחת זפיתתן מרובה, **והגדולות** אף דטרחתן מרובה, מותר משום דנפיש פסידייהו, [גמרא].

(בגמרא איתא, זופתין חביתא, וע"ש ברש"י ובנ"י, ומשמע מינייהו דמפרשי בשל יין, וכן משמע מהרמב"ם, ומדברי המחבר משמע, דה"ה בחבית של שמן).

וגף (פירוש סותם פי מגופתן) בחביות, כדרכו, בלא שינוי; הגה: וה"ה דיכול לתקן החביות לקשרם בעקלים - שקורין רייפין, מפני שהוא דבר האבד אם לא יעשהו.

אבל לא יכוין מלאכתו במועד, אלא יעשה הכל קודם המועד אם יודע שיצטרך במועד.

[ה]וכן שולה פשתנו מן המשרה - היינו שמעלהו משם כשיכלה זמן שרייתו, דאל"ה יתקלקל הפשתן. (מקיצור פסקי הרא"ש וכן מן הטור משמע, דאף בזה יעשה בצנעא, כמו בס"ב).

וכל כיוצא בזה מדבר האבד, [ו]ובלבד שלא יכוין מלאכתו במועד - אכל הסעיף קאי, היינו שהיה ביכולתו לזה בשאר ימות השנה, או קודם הרגל או לאחר הרגל, והוא מצמצם אותם למועד.

[ז]סימן תקל"ח ס"ה - [ח]מי שיש לו סחורה, שאם לא יהפכנה ממטה למעלה תתקלקל, מותר להפכה בחוה"מ.

אות ג'

זאת אומרת דברים המותרין במועד, אסורים בימי אבלו

יו"ד סימן שפ ס"י - [ט]כל הדברים שהתירו במועד משום צורך המועד - כלומר כל הדברים שלא התירו במועד משום דבר האבד וכה"ג, אלא משום צורך המועד - ש"ך, **כולם אסורים באבל, אפילו על ידי אחרים** - (דלא איתקש אבל למועד אלא לענין דבר האבד, דמה שייך צורך באבל, אם לא כשאין לו מה יאכל - ערוה"ש).

[י]יו"ד סימן שפ ס"ד - [יא]אפילו דבר האבד, אסור האבל לעשות, בין הוא, בין עבדיו ושפחותיו, ובניו ובנותיו שמעשה ידיהם שלו - פירוש אפי' הם גדולים אם סמוכים על שלחנו, עכ"ל טור ועט"ז, ור"ל כל שכן קטנים כשסמוכים על שלחנו, **אבל** אם אינם סמוכים על שלחנו, אפי' קטנים מעשה ידיהן לעצמן, כמו שנתבאר בחו"מ סימן ע"ד ס"ב - ש"ך.

אות ב'* [יב]

אלא אפילו במועד, דאיסור מלאכה מדאורייתא

סימן תקל' ס"א - [יג]חוה"מ אסור בקצת מלאכות, ומותר במקצתן. הגה: לפי צורך הענין שהיה נראה לחכמים להתיר.

מלאכות המותרות בחוה"מ הם חמשה: **א]** דבר האבד אם לא יעשנו עתה. **ב]** וצרכי המועד, היינו לצורך אוכל נפש, דמותר אפילו מעשה אומן, אבל שאר צורכי מועד, דוקא מעשה הדיוט. **ג]** ובשביל פועל שאין לו מה יאכל. **ד]** וצרכי רבים. **ה]** ומעשה הדיוט אפי' ליחיד, ויתבאר כל אחד במקומו.

והנה בעיקר איסור מלאכת חוה"מ יש דיעות בין הראשונים, יש שסוברים שהוא מדברי סופרים, מפני שמצינו בתורה שנקראו מקרא קדש, והרי הוא זמן חגיגה במקדש, לפיכך אסרום בעשיית מלאכה, כדי שלא יהיה כשאר ימות החול שאין בהן קדושה כלל, ומ"מ לא החמירו בו כיו"ט ממש, והקילו בה' דברים הנ"ל.

והרבה פוסקים סוברין דהוא מן התורה, והא דהקילו בכמה דברים הנ"ל, הוא על פי הרשות שניתן לחכמים מן התורה במלאכת חוה"מ, לפי צורך הענין להתיר, וכדדרשינן לזה מקרא בחגיגה דף י"ח, וזהו שסיים הרמ"א לפי צורך הענין וכו'.

(והרמב"ן הטיל פשרה, שכל מלאכה שאינו לצורך המועד, ואינו דבר האבד, הוא מן התורה, ושהיא לצורך המועד, היא מותרת אף מלאכת אומן, ואע"ג דאית ביה טירחא יתירא, וכן כל דבר אבוד, אע"פ שאינו לצורך המועד, מותרת ואע"ג שהיא טרחא יתירה, וחכמים מדבריהם אסרו קצת מלאכות, ועיקר חוה"מ ודאי דבר תורה היא, ולזה הסכים הרשב"א והריטב"א, וכן הכריע הב"ח להלכה כשיטה זו והעתיקו המ"א, וכן מדברי הגר"א בביאורו משמע ג"כ שהוא מצדד לשיטה זו,

---

באר הגולה

[ב] שם וכרבי יוסי [ג] ‹שם במשנה, דזהו פי' זולף וגומר› [ד] כשמואל וכרב דימי ‹בדף י"ב› ולקולא, הרמב"ם וכ"כ הטור בשם אביו הרא"ש [ה] משנה שם י"א [ו] שם [ז] ‹מילואים› [ח] נמוקי יוסף בשם הירושלמי [ט] ‹לכאורה אין המקור להלכה זה מכאן, והגם דשייך לפרש מלים של הגמ' באופן זה, לא נמצא כן בהראשונים ואין זה סוגיית הגמ', ועיין לקמן באות ג' בלשון הרמב"ם דמקורו מהכא› [י] ‹ע"פ הבאר הגולה› [יא] כדיוקא דרב שישא בריה דרב אידי ממתני' דתניא כוותיה מו"ק דף י"א: הסכמת הפוסקים [יב] ‹ע"פ הגר"א› [יג] ב"י הכריע מהא דחגיגה י"ח כהנך רבוותא דאיסור מלאכה בחוה"מ הוא מדאורייתא, והתורה מסרה לחכמים, כמ"ש רמ"א בהג"ה

ובתשו' הרשב"א כתב שכן הוא ג"כ דעת חכמי צרפת, והשאגת אריה מצדד ג"כ להלכה דאסור מה"ת, וכן בב"י).

(והנה לפי דעת כל הפוסקים האלו, כשיזדמן איזה ספק במלאכת חוה"מ, לבד מהדברים שלדעת הרמב"ן והרשב"א הם דרבנן, צריך להחמיר, דהוא ספק בשל תורה, וע"ל בסימן תקל"ז בבה"ל דיש חילוקים בענין זה, **ואף** דמשו"ע לקמן בסימן תקל"ו בסופו, וכן בסימן תקל"ח ס"א, ובסימן תקל"ז ס"ו, משמע, דלהלכה תפס כשיטת המקילין, דעיקרו הוא דרבנן, אפשר שלא ראה כל הני ראשונים שהבאתי, **ועכ"פ** אין למהר להקל, כי אם לצורך גדול).

ומאוד יש ליזהר שלא להקל יותר ממה שהתירו חכמים, דאחז"ל המבזה את המועדות, דהיינו שעושה בהן מלאכה כפירש"י, כאלו עובד עכו"ם.

גם חייב לכבד חוה"מ במאכל ובמשתה וכסות נקיה, שלא ינהג בהן מנהג חול, [**וי"ל** דהיינו לכבדו יותר מימות החול בכל זה, אבל אינו מחוייב לדמותו לגמרי בזה ליו"ט, דאף דחוה"מ נקרא ג"כ מקרא קודש, מ"מ כיון דלענין מלאכה מן התורה מותר בחוה"מ, ועכ"פ בדבר האבד מותר לכו"ע, הרי דאין קדושתו חמור כמו יו"ט, ולכן גם לענין כבוד אין לדמותו ליו"ט]. **ועיין** לעיל סימן תקכ"ט ס"ב ובמ"ב שם, דמצות ושמחת בחגיך וגו' קאי גם על חוה"מ, ומבואר שם כיצד משמחן.

ומהרי"ל לבש הקט"א של שבת, [**ובמ"א** משמע לכאורה, דבחוה"מ לבד הו"ר, אין המנהג ללבוש בגדי שבת, ומהרי"ל דעביד לנפשיה הוא דעביד, **ומ"מ** יותר מימי החול בודאי צריך כל אדם לנהוג].

וכתבו האחרונים, דאף דמוכח בסי' קפ"ח ס"ז, דאינו מחוייב לאכול פת דוקא בחוה"מ, ורק דאסור להתענות, **מ"מ** לכתחלה מצוה לקבוע סעודה על הפת, אחת בלילה ואחת ביום, [דומיא דיו"ט דחיובו הוא שתי סעודות], דכיון דמצוה לכבדו באכילה ושתיה, ועיקר אכילה הוא לחם.

מקום שנהגו המון להקל אפילו בדבר שאינו אבד, ובא חכם ואסר להם למגדר מילתא אפילו דבר האבד, אין לחכם אחר להתיר להם.

איתא בירושלמי, אמר ר' אבא בר ממל, אילו היה מי שימנה עמי, התרתי שיהיו עושין מלאכה בחוה"מ, {והיינו מקח וממכר וכה"ג, דבר שאינו מלאכה גמורה}, כלום אסור לעשות מלאכה אלא כדי שיהו אוכלין ושותין ויגעין בתורה, ועכשיו אוכלין ושותין ופוחזין, עכ"ל, **וכתב** הכל בו, נראה מזה שאיסור גדול בשחוק יותר ממלאכה, שכונת השי"ת בנתינת המועד היתה כדי להדבק ביראתו ואהבתו, ולעסוק בתורתו התמימה, עכ"ל.

אות ג'

אלו דברים העושין לאבל בימי אבלו: זיתיו הפוכין, טוענין לו, וכדו לגוף, ופשתנו להעלות מן המשרה, וצמרו להעלות מן היורה, ומרביצים שדהו משתגיע עונת המים שלו

רמב"ם פ"ה מהל' אבל ה"י - אפילו דברים שמותר לעשותן בחולו של מועד, אסור לאבל לעשותן בידו בימי אבלו; אבל אחרים עושים לו, כיצד, היו זיתיו להפוך, וכדיו לגוף, ופשתנו לעלות מן המשרה, וצמרו מן היורה, שוכר אחרים לעשות לו כדי שלא יאבדו, ומרבצין לו שדהו משתגיע עונת המים.

אות ד' - ה'

רשב"ג אומר: זיתיו הפוכין ואין שם אומן אלא הוא, כדו לגוף ואין שם אומן אלא הוא, פשתנו להעלות מן המשרה, וצמרו להעלות מן היורה ואין שם אומן אלא הוא, הרי זה יעשה בצינעא

יתר על כן אמר רשב"ג: אם היה אומן לרבים, וספר ובלן לרבים, והגיע עת הרגל ואין שם אומן אלא הוא, ה"ז יעשה

טור יו"ד סימן שפ - ואם אין שם אחרים שיעשו לו כל אלו דברים האבודים, קאמר רשב"ג שיעשה הוא בעצמו, ופסק רב אלפס דלא כוותיה, וכ"כ הרמב"ם והראב"ד; והרמב"ן פסק כרשב"ג, ולזה הסכים א"א הרא"ש ז"ל. ואם האבל ספר או בלן לרבים והגיע הרגל, קאמר רשב"ג שמותר לו לעשות כיון שהוא צורך רבים, ופסק הראב"ד כמותו; אבל רי"ף לא פסק כן, וכן הוא מסקנת א"א הרא"ש ז"ל.

[יד] יו"ד סימן שפ ס"ה - [טו] אסור לעשות מלאכתו ע"י אחרים (אפי' עובד כוכבים) (מרדכי), [טז] אא"כ הוא דבר האבד, שדבר האבד מותר לאבל לעשות ע"י אחרים; [יז] אפי' דבר האסור במועד משום טירחא, מותר - דדוקא במועד אסרו דברים של טורח מפני כבוד המועד, אבל באבל שעושה ע"י אחרים, מאי איכפת לן בטורח דאחרים, טור - ש"ך, **ואפילו הוא מעשה אומן.**

הגה: וי"א דאם לא יוכל לעשות ע"י אחרים, והוא דבר האבד, מותר לעשות האבל בעצמו (טור בשם הרמב"ן והרא"ש וכ"כ רבינו ירוחם) - אפי' הוא דבר שיש בו טירחא ומעשה אומן, **מיהו** יעשה בצינעה, כן משמע בש"ס - ש"ך, **[יח] ולאחר ג' ימים הראשונים יש להקל, ואפי' תוך ג' והוא הפסד מרובה.**

(**כתב** בספר חמודי דניאל כ"י, נראה קצת שאפשר להתיר להשכיר סוסיו בכדי להאבילם, שזה דבר האבד. **וכתב** עוד, דדבר האבד אפילו לאחר, מותר האבל לעשות, לפיכך מותר רופא לילך בתוך שבעה. **ואם** שלח חולה גדול לאחד שיבא אליו, והוא אבל, מותר לילך, ע"ב - פת"ש).

‹**ואם** לאחר יש ענין דבר האבד, ואינו מוצא פועל למלאכתו רק אבל, עיין בח"א בקונטרס מצבת משה, דצידד להקל - רעק"א›.

‹**יראה** לי דעני שאין לו מה יאכל, אם הוא יחידי באופן שא"א לו להתפרנס מצדקה, או אפילו כשהוא בעיר וא"א לצדקה או לשכניו לפרנסו, כמו בזמנינו שבעוה"ר רבתה העניות, יכול לעשות מלאכה גם ביום ראשון ובעצמו,

באר הגולה

[יד] ‹ע"פ מהדורת נהרדעא› [טו] ברייתא באבל רבתי וכן משמע במו"ק דף י"א: [טז] ברייתא שם [יז] הרמב"ן והסכים הרא"ש וש"פ [יח] ‹ולכן נראה לי דהמיקל לא הפסיד, בפרט לאחר שלשה, שכתב בנמוקי יוסף ריש מי שהפך, דאף לדעת הראב"ד דלא פסק כרבן שמעון בן גמליאל, מ"מ לאחר שלשה ימים מותר לעשות דבר האבד בצנעא, עכ"ל - דרכי משה›

אפילו מעשה אומן, ורק בצינעא, וכ"ש הוא מדבר האבד שהתיר רבינו הרמ"א, דכיון שא"א באופן אחר, האם יגווע הוא וב"ב ברעב ח"ו, ופשוט הוא – ערוה"ש.

אות ו'

הארסין והחכירין והקבלנין, הרי אלו יעשו אחרים בשבילן

יו"ד סימן שפ סי"ב - [יט]**אם האבל הוא אריס בשדה של אחרים, לא יעבוד הוא בעצמו, אבל ע"י אחרים מותר** - שאין זה נקרא מלאכת האבל, אלא מלאכת בעל השדה - ש"ך. ‹ולהאבל מגיע ריוח ממילא, ואין אומרים שאחרים יפסידו מפני אבלותו – ערוה"ש›.

אות ז' – ח'

החמרין הגמלין והספנין, הרי אלו לא יעשו

ואם היו מוחכרין או מושכרין אצל אחרים, הרי אלו יעשו

[כ]**יו"ד סימן שפ סי"א** - [כא]**אבל ששדהו ביד אחרים באריסות** - היינו לשליש ולרביע, **או בחכירות** - שנותן לו סכום מפירות השדה בין עושה מעט או הרבה, **או בקבלנות** - שנותן לו מעות סכום ידוע - ש"ך, **הרי אלו עובדין כדרכן בימי האבל של בעל השדה** - ‹שהרי לא בשבילו הם עובדים אלא בשבילם, ואי משום שעי"ז מגיע לו ג"כ ריוח, מה איכפת לנו, כיון שהשדה ברשותם ולא ברשותו – ערוה"ש›. [כב]**ואפילו נשלם זמן חכירותם קודם ונשארו בשדה כמו שהיו** - ‹דסתם שדה לאריסות קיימא, והוי כאלו מקודם מסר להם על עוד זמן, ומקרי השדה ברשותם, **אבל** להשכיר בימי אבלו ודאי אסור, דאין זה דבר האבד – ערוה"ש›.

יו"ד סימן שפ סי"ד - [כג]**אם יש לאבל חמור או ספינה מוחכר או מושכר ביד אחר** - מוחכר שייך בפירות ושכירות במעות - ש"ך, **הרי זה לא יעשה בימי אבלו של בעל החמור והספינה; אם לא ששכרו קודם שהתחיל האבלות ועדיין לא כלה הזמן** - ‹דשכירות קניא וחשובים כשלו ולא של אבל – לבוש›, **אבל אם כלה הזמן, אסור** - ‹ולא דמי לשדה דמסתמא קיימא לאריסות, והוה כמושכר גם על הזמן הבא, **משא"כ** באלו שאין עומדין להשכיר, והוה עתה כשכירות חדשה ואסור להשכיר בימי אבלו – ערוה"ש›.

[כד]**יו"ד סימן שפ סט"ז** - [כה]**אם האבל מושכר לאחר** - ‹בחמור של האחר או בספינה, ועדיין לא כלה הזמן – ערוה"ש›, **לא יעשה מלאכה בימי אבלו; (אבל ע"י אחרים, שרי) (זהו מהרא"ש)** - משמע אפילו אינו דבר האבד, וכן משמע להדיא בעט"ז, וכתב דאע"פ דלעיל סעיף ב' וה' אסור אפי' ע"י אחרים, מ"מ הכא מותר על ידי אחרים, והוא יקח השכר מן הבעלים, שהרי אין עיקר המלאכה שלו, עכ"ל, **ודין** זה הוציא הרב מהרא"ש שכתב על פירש"י: מה שפי' שאם היה אבל מוחכר או מושכר אצל אחר שיעשה הוא עצמו מלאכה, נ"ל קולא גדולה, דהא אפילו עני המתפרנס מן הצדקה לא יעשה בצינעה בתוך ביתו שלשה ימים הראשונים, ומשום הפסד ממונו מעט שרית ליה לעשות מלאכה בפרהסיא, עכ"ל, **ומשמע** ליה להרב, מדכתב מאי שפירש כו' שיעשה הוא עצמו מלאכה נ"ל קולא גדולה כו', משמע הא על ידי אחרים שרי, **ולפענ"ד** נראה מדמדמי ליה לעני המתפרנס מן הצדקה, משמע דאפי' ע"י אחרים אסור, **ומ"ש** שיעשה הוא עצמו מלאכה נ"ל קולא גדולה כו', כתב כן כלפי מה שפירש"י שם על ואם היו מוחכרים או מושכרים, וז"ל: ואם היו מוחכרים או מושכרים הם או בהמתם אצל אחרים למהלך חדש או חדשים, הרי אלו יעשו הם לעצמם ולא יפסידו שכרם, עכ"ל, **עלה** קאי ואמר: מה שפי' שיעשה הוא עצמו מלאכה קולא גדולה, אלא קאי אבהמתן לחוד וכפי' הראב"ד, ולא כשהיה עצמו מושכר, **אבל** לא נחית הרא"ש לחלק כשהוא עצמו מושכר בין ע"י עצמו לע"י אחרים, וזה נראה דעת הט"ו שלא חילקו בכך - ש"ך.

‹**ונ"ל** דב' הדיעות אמת, דוודאי אם לבעל החמור אין שום נ"מ אם יעשה או לא יעשה, אסור, {**אם** לא בדבר האבד, כגון שצריך ליתן להחמור מזונות, או שמשלם לו בעד כל יום לפי החשבון, דבכה"ג אפי' בחמור שלו לגמרי, אם צריך ליתן לו תבן ומספוא כמו סוסים שלנו, אין לך דבר האבד יותר מזה, **ולכן** בעל עגלה כשהוא אבל מותר לו למסור סוסו לאחר שיסע עמו וישתכר על מזונותיו}, **ואם** יש איזה נ"מ לבעל החמור, כגון שהיה המדובר ביניהם כשיהיה בטל לא יקח כל כך שכר כמו בעשייתו, מותר לו ע"י אחרים בכל גווני, כיון שזהו טובת האחר, ולמה יסבול נזק בעד אבלותו, ולהאבל מגיע טובה ממילא – ערוה"ש›.

אות ט'

שכיר יום, אפילו בעיר אחרת, לא יעשה

יו"ד סימן שפ סי"ג - [כו]**אם יש שכיר יום שעובד שדה האבל, אפילו בעיר אחרת, לא יעשה** - כיון שאינו אצלו באריסות או בחכירות ובקבלנות - ש"ך. ‹וכל השדה היא של האבל – ערוה"ש›.

אות י'

בין קיבולת בין שאינה קיבולת לא יעשה

יו"ד סימן שפ סי"ז - [כז]**היתה מלאכת אחרים בידו, אפילו בדבר תלוש** - שיכול לעשותו בצינעה, וכ"ש דבר מחובר שאינו יכול לעשותו אלא בפרהסיא, **כגון לארוג, בין בקבלנות בין שלא בקבלנות, לא יעשה. הגה: ואם הוא דבר האבד, יעשה על ידי אחרים (ד"ע)** - והעט"ז כתב וזה לשונו, ונ"ל אפילו אינו דבר האבד

באר הגולה

יט ברייתא מו"ק י"א: כ ‹ע"פ מהדורת נהרדעא› כא ברייתא מו"ק י"א: ‹כגי' הראב"ד – גר"א **וז"ל** הרא"ש: וכל זה פירש"י, ומשמע דגרסינן ברישא דהאריסים, "הרי אלו יעשו ע"י אחרים", **ובשום** ספר לא נמצא כך, אלא "אלו יעשו", משמע שהן בעצמן עושין› **וכמ"ש הראב"ד**, בשביל שבעל השדה הוא אבל, לא ימנעו מלעבודה כב הרא"ש ממשמעות הברייתא, ‹וז"ל: והא דאמר אריסין וחכירין וקבלנין הרי אלו עושין, דמשמע לכתחלה, ובחמר ובגמל וספן אסור לכתחלה, פי' הראב"ד כו'› וכתב בשם הראב"ד הטעם, משום דארעא לאריסותא קיימא וכו', וכיון שזה היה אריס מקודם לכן, מסתמא לא מסלק ליה, והו"ל כמי שהיתה אצלו מושכרת מתחילה כג מלשון הברייתא שם וכמ"ש הראב"ד, שבחמור וגמל וספינה הוא דרך בני אדם להחליפו מזה לזה וכל המרבה בשכרו קודם, והיוקר והזול לפי הזמנים כד ‹ע"פ הבאר הגולה› כה שם בברייתא ‹אהא דתניא גבי חמרים וגמלים וספנים אם היו מוחכרים או מושכרים אצל אחרים הרי אלו יעשו, ועיין להלן בש"ך› כו שם בברייתא ‹וז"ל הרא"ש: שכיר יום אפילו בעיר אחרת לא יעשה, פירוש אם יש לאבל שכיר יום לעבודת קרקע, מאי טעמא אריס בדנפשיה קטרח, אבל שכיר יום במלאכת האבל הוא עושה, ע"כ› **ודלא** כרש"י כז שם בברייתא

מותר לעשות ע"י אחרים, כיון שעיקר המלאכה אינו שלו, וכמ"ש בסט"ז גבי הוא עצמו מושכר, עכ"ל, **ודעת** הרב נראה, דדוקא התם שהוא מושכר לחדש או לחדשים שרי, משא"כ הכא, ‹**אף** שזהו של אחרים, מ"מ הרי יכול לעשות אחר האבלות, מרדכי - ערוה"ש›, **ולפי** מ"ש בס"ק י"ז, דבהוא עצמו מושכר, אסור ע"י אחרים, אם לא בדבר האבד, א"כ כ"ש הכא - ש"ך.

[כח]**מותר לקבל מלאכה בימי אבלו לעשות אח"כ** - ‹שהרי אינו עושה כלום אלא דיבור בעלמא, ועוד דשמא יתנוה לאחר, והוי קצת כדבר האבד - ערוה"ש›, **ובלבד שלא ישקול ולא ימדוד כדרך שהוא עושה בשאר פעמים (מרדכי).**

אות כ'

היתה מלאכתו ביד אחרים, בביתו, לא יעשו; בבית אחר, יעשו

יו"ד סימן שפ סי"ח - [כט]**היתה מלאכתו ביד אחרים, בקבלנות בדבר תלוש, בביתו לא יעשו** - ‹שלא יאמרו שהוא ג"כ מסייע בהמלאכה, אי נמי שלא יאמרו בימי אבלו השכירו, רש"י - ערוה"ש›. **וכתב** רבינו ירוחם בשם המפרשים, שמכאן יש ללמוד, שאם היה לאבל מלמד או סופר או פועל, שלא יעשה בביתו, ומביאו ב"י - ש"ך, **בבית אחרים יעשו** - ‹אפילו אין בזה דבר האבד, שהרי בקבלנותן הן עוסקין. **ונ"ל** שאם הוא דבר האבד אם לא יעשו בביתו, שמותרים לעשות בביתו, וזה תלוי לפי ראות עיני המורה - ערוה"ש›.

(ובלבד שקבלו המלאכה קודם שנעשה אבל) (מרדכי ורבינו ירוחם) - ‹ואם שכרן בימי האבלות, אסורים לעשות לו אפילו בבית אחרים - לבוש›.

אות ל' – מ'

מריון בריה דרבין ומר בריה דרב אחא בריה דרבא הוה להו ההוא גמלא דתורא בהדי הדדי, איתרעא ביה מילתא במר בריה דרב אחא בריה דרבא, ופסקיה לגמליה אדם חשוב שאני

יו"ד סימן שפ סכ"א - שני שותפים חנוונים שאירע אבל לאחד מהם, [ל]**נועלים חנותם** - ‹היינו תוך ג' ימים הראשונים, אבל אח"כ מותר - רעק"א›, **שלא יעשה השותף בפרהסיא; אבל יכול לעשות בצינעא בתוך ביתו, אפילו בעסק השותפות. ואם האבל אדם חשוב, והשותפות נקרא על שמו, שאפילו אם יעשהו בצינעא בתוך ביתו ידוע שיש לאבל חלק בו, אסור לשני לעשות אפילו בתוך ביתו.**

‹**שני** אחין או שני שותפין חנונים שאירע אבל באחד מהם, הרי אלו נועלין חנותן, ירושלמי כתבו הרי"ף›. **וגרסינן** בגמרא דידן, מריון בריה דרבין ומר בריה דרב אחא בריה דרבא הוה להו ההוא גמלא דתורי בהדי הדדי, איתרע ביה מילתא במר בריה דרב אחא בריה דרבא ופסקיה לגמליה, אמר רב אשי גברא רבא כמר בריה דרב אחא עביד הכי, נהי דלפסידא דידיה לא חייש לדאחרים לא חייש, והתניא אם היו מוחכרים או מושכרים אצל אחרים הרי אלו יעשו, והוא סבר אדם חשוב שאני. **וכתב** הרא"ש: הרי"ף לא הביא הך עובדא, והביא הירושלמי שני אחים שני שותפין וכו', ולכאורה נראה דפליג אגמרא דידן, דלגירסת הירושלמי יפה עשה דפסק לגמליה, דמלאכת שניהם בטילה. **והראב"ד** הקשה מהירושלמי אגמרא דידן, ותירץ דודאי נועלין חנותן ואין השותף מתעסק בעסק השותפות בפרהסיא, אבל בביתו מתעסק בעסק השותפות, ואע"פ שחולקין בשכר, כמו חמור וגמל וספינה שמוחכרין ביד אחר, הילכך לא הוי ליה למיפסקיה לגמליה, **ומסיק** אדם חשוב שאני, ואית ליה קלא ואמרי בהמתו של פלוני עושה מלאכה בימי אבלו והוי ליה פרהסיא, עכ"ל. **והרמב"ם** ז"ל הלך בדרך הרי"ף ז"ל, שכתב הירושלמי ולא ההוא עובדא. **ורבינו** סתם דבריו כדעת הראב"ד. **ולענין** הלכה כיון שהרי"ף והרמב"ם מסכימים לדעת אחת, הכי נקטינן - ב"י›.

זה ‹מה שפסק המחבר לחלק בין בפרהסיא לבצנעא› **סותר למ"ש בב"י**: ולענין הלכה כיון שהרי"ף והרמב"ם מסכימים לדעת א', הכי נקטינן, **וראיתי** בבדק הבית שתיקן דבריו שבב"י, שצ"ל: הכי נקטינן וכתירוצו של הראב"ד, וכך הם דברי רבינו, עכ"ל, **אבל** צ"ע, דכיון דכתב הכי נקטינן על דברי הרי"ף והרמב"ם, היאך כתב וכתירוצו של הראב"ד, הא ודאי הרי"ף והרמב"ם אין מחלקים בין צינעה לפרהסיא כהראב"ד, וכדמשמע בהרא"ש ורמב"ן ובב"י, ע"ש, ועיין בתשו' מהרש"ל.

‹**עיין** בתשו' משכנות יעקב שכתב, דנראה יותר כהרי"ף והרמב"ם, דלא מחלקי ‹בין צנעא לפרהסיא› **ואסרי** בשותפין בכל גוני, וכן משמע מהירושלמי דלא מפליג כלל, **ומה** שהקשה הרא"ש על הרי"ף וכתב דגמ' דילן פליג על הירושלמי, נ"ל דלא פליגי, דהני תרי עובדא לא דמי כלל, דהך עובדא דמריון, היה לכל א' מהם שור א' שאין ראוי לחרוש לבדו, ועשו שותפות לחרוש כל א' שדהו בשניהם, וכשאירעו האבל פסקינן לגמלא ולא נתן לשותפו לעשות מלאכתו, והרי משועבד ומושכר לו כו', **ואין** זה ענין כלל לשותפים בחנות, שהן שותפים במלאכה ומלאכת שניהם היא, ואידך שליחותא קא עביד ואסור, **ולפי"ז** יש להחמיר בשותפין בחנות אף בצנעא, ובהך עובדא דגמלא דתורא יש להתיר אף בפרהסיא, ע"ש›.

‹**תשובת** רש"ל: ואם אינו בעיר ושלחו שליח להודיע לו, חזקה שליח עושה שליחותו, ואחר השיעור שיגיע לשם צריך זה לסגור חנותו. **רדב"ז**: נ"ל כיון דשותפו האבל אינו בעיר, מי יודע שנודע להשותף, א"כ הוי כמו בצינעה. **גם** הוא ז"ל כתב, דבכתבו לו מכתב שרי, דשמא נאבד הכתב - רעק"א›.

‹**עיין** בתשו' חתם סופר, שנשאל מרב אחד אודות שנהגו בעירו, דאונן מוכר חנותו בסחורות לאחד ממיודעיו, והוא נושא ונותן כל ימי האבל, ואח"כ חוזר ומוכרו לבעלים הראשונים, אי שפיר עבדי. **והשיב**,

---

באר הגולה

כח ‹וכתב עוד שם (במרדכי), תניא (יב א) מקבלין קבולת במועד לעשותה אחר המועד, ובלבד שלא ישקול ולא ימדוד ולא ימנה כדרך שהוא עושה בחול. וה"ה בימי אבלו, עכ"ל - ד"מ› כט שם בברייתא ל **ירושלמי הביאו הרי"ף בפ"ב דמו"ק דאסור לכל, ובעובדא דמריון בריה דרבין וכו' בבבלי דף י"א:** מסיק דבאדם חשוב שאני, ותירץ הראב"ד דבירושלמי איירי בפרהסיא, וכ"כ הרמב"ם, ‹הרמב"ם שם סתם לאסור, אלא דאפשר לפרש דבריו כהראב"ד, דצריך לנעול החנות כיון שהוא בפרהסיא, ודלא כהב"י, אלא כמ"ש בבדק הבית› **ובבבלי איירי בביתו**

הנה שמעתי מגאונים קשישאי, שאם היו שותפים ואחד מקרובי השיתוף גוסס, ציוו לשלוח ע"י אחד מנאמני הקהלה שמבטל השותפות ואינו רוצה להיות עוד שותף עמו, ועי"ז התירו לזה השותף לעסוק במשא ומתן כל ימי האבל, **והזהירו** שלא יגיע לזה האבל שום ריוח מהמשא ומתן של ימי האבל, **ואם** אח"כ נהגו בו טובת עין ומבליעו בחשבון, אין בכך כלום. **והוראה** זו נכונה, שהרי מוכר שלו בשעה שעדיין הקרוב חי כו', אבל בנידון דידן כשזה עומד בחנותו יאמרו שכירו הוא, אפילו ידעו שמכר ע"י נאמני הקהלה, הוא בעיניהם כחוכא ואטלולא והערמה בעלמא, והוא אונן ואינו יכול לענות אמן על ברכה, ומי יתיר למכור סחורתו כו', **אמנם** יש ללמוד קצת זכות על המתירים, דעל הרוב לא יכלו להתבטל מסחורתם כל ז' ימי האבל, וממציאים להם היתר אחר ג' ימים ואומרים שהוא דבר אבד, כשיירא עוברת ואין לו במה להתפרנס וכדומה, ע"כ בחרו הרע במיעוטו לבטל קצת בשעת אנינות, דבלא"ה איכא פלוגתא, ולסמוך אהמיקל באבל שיעמוד אחר בחנותו ע"י הערמת מכירה לאחר, ועי"ז יהיה פנוי להתאבל ימי אבלו כדינו כו', **ואם** כי אין דעתי נוחה מהמקילין, מ"מ אין למחות בכח, ומוטב שיהיו שוגגים, ע"ש).

(**עיין** בתשו' ראנ"ח שכתב, דאפילו אם התנו מתחלה ביניהם שאם יקרה אבל לאחד מהם, יתעסק השותף האחר בעסק השותפות ויטול כל שכר השבוע ההוא, והשותף האחר יטול שכר שבוע אחר כנגדו, אסור, **דכיון** דמשום מראית עין נגעו בה, אפילו התנו מתחלה לא מהני, דלאו כולי עלמא ידעי שהתנו מתחלה, **ואף** דבאיסור שבת אשכחן בעובד כוכבים וישראל שותפין דבבה"ג שרי, ולא חששו למראית עין, שאני התם שהוא דבר ההוה בכל שבת, אמרי אינשי בודאי התנו, אבל בנידון דידן לא סברי אינשי לומר שהתנו, ע"ש).

§ מסכת מועד קטן דף יב. §

אות א'

מקבלי קיבולת, בתוך התחום אסור, חוץ לתחום מותר

סימן רמד ס"א - [א]פוסק אדם (פירוש מתנה) עם האינו יהודי על המלאכה, וקוצץ דמים - היינו קבלנות, שמתנה עמו שיעשה לו איזה מלאכה בשכר דבר קצוב, **ואם** עושה לו בטובת הנאה, ע"ל בסי' רמ"ז ס"ד ובסי' רנ"ב ס"ב.

והאינו יהודי עושה לעצמו, ואף על פי שהוא עושה בשבת, מותר - דכיון שקצץ, אדעתיה דנפשיה קעביד למהר להשלים מלאכתו, דלישראל אין קפידא בזה, דאם לא יעשהו היום יעשהו למחר, **דאם** קובע לו מלאכתו בשבת אסור, כדלקמן סימן רמ"ז ס"א.

בד"א בצנעה, שאין מכירים הכל שזו המלאכה הנעשית בשבת של ישראל היא - היינו שהיא מלאכת צנעה, לפי שאין הכל מכירין שהיא של ישראל וכמו שמפרש, **אבל** אה"נ דאפילו אם הוא עושה אותה בפרהסיא שרי, כיון דהמלאכה עצמה אין ידוע שהיא של ישראל.

ואפי' אם קצת יודעים שהיא מלאכת ישראל, שרי, **ואע"ג** דמבואר לקמן בהג"ה דיש לחוש לאורחים ובני ביתו שיחשדו אותו, **שם** שהיא מלאכת מחובר, וסתם מחובר שם בעליו נקרא עליו, החמירו בו ביותר.

אבל אם היתה ידועה ומפורסמת, אסור, שהרואה את הא"י עוסק אינו יודע שקצץ, [ב]ואומר שפלוני שכר הא"י לעשות מלאכה בשבת; לפיכך הפוסק עם הא"י לבנות לו חצירו או כותלו, או לקצור לו שדהו - ר"ל דסתם מחובר הוי כאלו ידוע ומפורסמת שהיא של ישראל, **[ג]אם היתה המלאכה במדינה** - היינו בתוך העיר שקרוי מדינה לפעמים, **או בתוך התחום** - שרגילין אנשי העיר לפעמים לילך לשם, **אסור לו להניחם לעשות לו מלאכה בשבת, מפני הרואים שאינם יודעים שפסק.**

ואפי' אם הוא עומד במקום שאין ידוע שהוא שלו, ג"כ אסור, דיש לחוש לשכניו שיודעים שהוא שלו, ויחשדוהו ששכירו הוא לימים.

ואע"ג דדרך שדה לאריסות, וא"כ יסברו שלקחה באריסות כמ"ש סימן רמ"ג ס"א, **מ"מ** אסור, דשאני התם דכשיחקרו הדבר ימצא שכן הוא, שהאינו יהודי חולק בפירות, **אבל** הכא שיראו בעת הקציר שאין האינו יהודי נוטל בריוח, ידעו למפרע דלאו אריס היה, ויחשדוהו ששכיר יום היה, דשכיח לשכור פועלים לימים למלאכה.

ואפילו אם מנהג העיר לשכור בקיבולת, דעת הט"ז להחמיר שלא להניח להאינו יהודי לעשות בשדה בשבת ויו"ט, וכ"ש בבנין בית, דאכתי יחשדוהו בשכיר יום, שגם זה הוא רגילות, **ויש** שמקילין בזה כשמנהג כל העיר הוא בקיבולת, (**ועיין** בפמ"ג שכתב, **דלטעם** הר"ן דאסרינן אפילו בקיבולת דשדה, משום דמיחזי לאינשי כשכיר יום, היינו אפילו ידעו שקבלן הוא, לדידהו אין חילוק כל שאין הא"י נוטל בריוח, ויבאו להתיר אף שכירי יום ממש, לפי"ז אפילו נתפרסם ומנהג המקום לשכור רק בקיבולת, ג"כ אסור, וחמיר יותר לשיטתו מלשיטת הט"ז הנ"ל, **אבל** לטעם השו"ע שכתב: "אינו יודע שקצץ, ואומר שפלוני שכר הא"י לעשות לו מלאכה בשבת", משמע דהיכא שנתפרסם שזה האיש שכר בקבלנות, או שמנהג אותו המקום לשכור הפועלים בקבלנות, שרי, והוא מצדד שם להקל בזה, **ולענ"ד** יש לעיין הרבה בזה, דשיטת הר"ן הנ"ל לאו יחידאה הוא בזה, דיש עוד הרבה פוסקים דס"ל כוותיה לדינא, **והנה** בקיבולת דשדה, אם נתפרסם שזה האיש דרכו בקבלנות, או שמנהג המקום כן, לא נוכל למחות ביד המקילין, שבלא"ה יש כמה ראשונים שס"ל, דבשדה מותר קיבולת משום דיתלו באריסות, ונהי דאנן קי"ל להחמיר בזה כסתימת השו"ע כאידך רבוותא, מ"מ באופן זה נראה דיש לצרף דעתם להקל, **אמנם** בקיבולת דבית, שדעת ר"ת להקל יחידאה הוא

באר הגולה

[א] תוס' שם בע"ג כ"א ובשבת י"ז והרא"ש שם בע"ג | [ב] (עיין ברש"י "ואמרי היום בשבת יהב ליה") | [ג] שם מהא דמו"ק י"ב

עין משפט נר מצוה

יא א מיי׳ פ״ו מהל׳ שבת הל׳ יד טוש״ע א״ח סי׳ רמד סעיף א :
יב ב מיי׳ פ״ז מהל׳ יו״ט הלכה כה טוש״ע שם סי׳ תקמג סעיף ג :
יג ג טוש״ע שם סי׳ תקמג סעיף א :
יד ד מיי׳ שם טוש״ע שם סי׳ תקמג סעיף ג :
טו ה מיי׳ שם הל׳ כד טוש״ע שם סעיף א :
טז ו מיי׳ שם הלכה כה טוש״ע שם סעיף ג :
יז ז מיי׳ שם פ״ח הלכה טו טוש״ע שם סי׳ תקלו סעיף ג :
יח ח מיי׳ פ״ו מהל׳ מעילה הלכה ט :
יט ט מיי׳ פ״ח מהל׳ יו״ט הל׳ טו טוש״ע שם סי׳ תקלו סעיף יד :
כ כ מיי׳ פ״ז מהלכות יו״ט הלכה ג (וסי״ג מהל׳ אבל הל׳ ו) טוש״ע א״ח סי׳ תקלח סעיף א :
כא ל מיי׳ פ״ז מהל׳ יו״ט הל׳ ג ופ״ח הלכה ז טוש״ע שם סי׳ תקלז סעיף א :
כב מ מיי׳ שם פ״ח הלכה יד :
כג נ ס מיי׳ שם טוש״ע שם סי׳ תקלח סעיף א :

אמר שמואל *מקבלי קיבולת בתוך התחום אסור חוץ לתחום מותר אמר רב פפא ואפי׳ חוץ לתחום לא אמרן אלא דליכא מתא דמקרבא להתם אבל איכא מתא דמקרבא להתם אסור אמר רב משרשיא וכי ליכא מתא דמקרבא להתם נמי לא אמרן אלא בשבתות ובימים טובים דלא שכיחי אינשי דאזלי להתם ^אבל בחוש״מ דשכיחי אינשי דאזלי ואתו להתם אסור מר זוטרא בריה דרב נחמן בנו ליה אפדנא מקבלי קיבולת חוץ לתחום איקלע רב ספרא ורב הונא בר חיננא ולא עלו לגביה ואיכא דאמרי הוא נמי לא על בגוויה והאמר שמואל מקבלי קיבולת בתוך התחום אסור חוץ לתחום מותר *אדם חשוב שאני ואיכא דאמרי סיועי סייע בתיבנא בהדייהו רב חמא ^שרא להו (א) לאבונגרי דבי ריש גלותא למעבד להו עבידתא בחולא דמועדא אמר כיון דאגר לא קא שקלי שרשויי הוא דקא משרשו ליה ולית לן בה תנו רבנן ^מקבלין קיבולת במועד לעשותה לאחר המועד ובמועד אסור *כללו של דבר כל שהוא עושה אומר לנכרי ועושה ^וכל שאינו עושה אינו אומר לנכרי ועושה תניא אידך *מקבלין קיבולת במועד לעשותה לאחר המועד ^ובלבד שלא ימדוד ושלא ישקול ושלא ימנה כדרך שהוא עושה בחול ת״ר *אין מרביעין בהמה בחולו של מועד ^כיוצא בו אין מרביעין בבכור ולא בפסולי המוקדשין תניא אידך אין מרביעין בהמה בחולו של מועד ר׳ יהודה אומר *תמורה שתבעה מרביעין עליה זכר בשביל שלא תצטנן ושאר כל הבהמות מכניסין אותן לבקרות ת״ר *^אין מדיירין לא בשבתות ולא בימים טובים ולא בחולו של מועד ואם באו מאליהן מותר ואין מסייעין אותן ואין מוסרין להם שומר לנער את צאנם היה שכיר שבת שכיר חדש שכיר שנה שכיר שבוע מסייעין אותן [א] *ומוסרין להם שומר לנער את צאנם [ב] ר׳ אומר ^בשבת בטובה ביו״ט במזונות במועד בשכר אמר רב יוסף הלכתא כרבי: **מתני׳** וכן מי שהיה יינו בתוך הבור ואירעו אבל או אונס או שהטעוהו *^זולף וגומר וגף כדרכו דברי ר׳ יוסי ר׳ יהודה אומר עושה לו לימודים בשביל שלא יחמיץ: **גמ׳** וצריכא דאי אשמעינן קמייתא בההיא קאמר ר׳ יוסי משום דמישחא נפיש פסידיה אבל חמרא דלא נפיש פסידיה אימא מודי ליה לרבי יהודה ואי אשמעינן בתרייתא בההיא קאמר רבי יהודה אבל בהך אימא מודה לר׳ יוסי צריכא אמר רב יצחק בר אבא *מאן תנא שינוי במועד בדבר האבד דלא כר׳ יוסי אמר רב יוסף ^הלכה כר׳ יוסי בעו מיניה מרב נחמן בר יצחק מהו למישע חביתא דשיכרא בחולא דמועדא אמר להו *סיני אמר הלכה *כר׳ יוסי אימור דאמר רבי יוסי בחמרא בשיכרא מי אמר חמרא טעמא מאי משום דנפיש פסידיה שיכרא נמי אית בה פסידא דאמר אביי *אמרה לי אם בר שית סאוי ושייע מבר תמני ולא שייע אמר רב חמא בר גוריא אמר רב הלכות מועד כהלכות כותים *) בהלכה למאי הלכתא אמר רב דניאל *בר קטינא **) (אמרב) לומר שהן עקורות ואין למידות זו מזו דאמר שמואל ^זופתין כוזא ואין זופתין חביתא רב דימי מנהרדעא אמר *זופתין חביתא ואין זופתין כוזא מר חייש לפסידא ומר חייש לטירחא אמר אביי *נקטינן הלכות מועד כהלכות שבת

יש

*) [תיבת בהלכה ליתא ברי״ף ובהרא״ש] **) [ליתא בהרא״ש]

רש״י

מקבלי קיבולת בתוך התחום אסור · ליתן מלאכה לנכרי בקיבולת כי עבדי ליה בשבתא דידעי כולי עלמא ואמרי היום בשבת יהב ליה והא דשרי בית הלל בפ״ק דשבת (ד׳ יז:) ליתן כלים לכובס נכרי בע״ש עם חשיכה ואפי׳ בתוך התחום משום דכביסה בנכרי מידי דלא מינכר וליכא חשדא אבל מידי דמינכר בתוך התחום אסור משום חשדא : **אבל אי איכא מתא דמקרבא להתם** · אותן פועלים נכרים אסורים דאינהו ידעי דהני נכרים עבדי ליה מלאכה ואמרי בשבתא יהב להו : **אסור** · דאמרי היום יהבו ליה : **סיועי הוה מסייע בתיבנא** · שהיה טוען להם תבן למלאכה דהוא ליה והוא מסייע בהדייהו לסור : **לאבונגרי** · מסדרי שולחנות : **למיעבד עבידתייהו** · אם נשבר השלחן שרי לתקנו : **שרשויי** · ריוח בעלמא כדי שסועדים דקא אכלי בהדייהו ולא קא חשיב מלאכה : **מקבלין קיבולת** · נותנה לנכרי לעשותה אחר המועד : **אין מרביעין בהמה** · משום דעביד מלאכה בחולו של מועד : **אין מרביעין** · אין רוחין הבהמה ומביאין עליה זכר : **בבכור** · דקעביד ביה מלאכה וכתיב (דברים טו) לא תעבוד בבכור שורך : **לבקרות** · מקום שיש שם בהמות והיא רובעת מעצמה : **מדיירין** · מכניסין בהמה לשדה כדי שיזבלו ומזבלין השדה : **אין מסייעין אותן** · לבהמה לבא בשדה או אם נכרים הם אין מסייעין להם להסיען ממקום למקום כדי שתזבל כל השדה אפילו בבאין מעצמם : **לנער** · לשמור כגון אם נכרים הם : **שכיר שבת** · שמשכרו כל השבוע לדייר שדהו : **שבוע** · שמיטה : **מסייעין** · כאילו של נכרים הוא : **ס״א ועושה נכרי בשבת ויו״ט ומסייעין במועד** · דלא טרח מלאכה כלומר יכולין לסייע לאותו שכיר לדייר : **ומוסרין לו רועה אחד לנער לצאן** · שמדיירין אותה הואיל והוא שכיר לשבת ממש : **רבי אומר בשבת בטובה** · אם רוצה שום אדם לסייע לאותו שכיר בטובתו עושה כלומר בחנם ולא בשכר : **מתני׳ בתוך הבור** · שלפני הגת אותו כלי שהיין טפל בו מן הגת קרוי בור : **זולף וגומר כדרכו** · כלומר מריק אותו בחבית וגף החבית בתגופה גמורה : **עושה לו למודים** · אינו יכול לגוף כדרכו אלא שיחפה (ג) הייט לימודין בשביל שלא יחמיץ שאם אינו סותמו מחמיץ : **גמ׳ וצריכא** · למימר בתרוייהו בשני בבי דמתני׳ דמשחא ודחמרא ר׳ יוסי אומר זולף כו׳ : **בכסא** · רישא דמתניתין : **קאמר רבי יוסי** · זולף כדרכו : **דמשחא** · יקיר ואיכא פסידא יתירא : **מודה ליה לר׳ יהודה** · דאינו זולף וגף ממש אלא עושה לימודים ערבית : **דלא כר׳ יוסי** · דאמר גומר כדרכו ואינו צריך שינוי : **למישע** · לגוף החבית : **סיני** · *) רב יוסף : **הלכה כר׳ יוסי** · דגף כדרכו : **בר שית סאוי ושייע מבר תמני ולא שייע** · כלומר יפה שכר מוגף שמחזיק ששה סאין משכר שהוא בכלי גדול שמחזיק שמונה סאין : **כהלכות כותים** · דאמרינן (חולין דף ד׳) היכא דלאחזיק אחזיק היכא דלא אחזיק לא אחזיק : **עקורות** · כאשה עקרה שאין לאדם ממנה פרי אלא גופה : **ואין למידין זו מזו** · דאימא כשם שזו מותרת כך זו מותרת כמו בכותים ולא אמרינן כי היכי דמחזיק בהאי מחזיק בהאי אלא לא ילפי הני מהני : **מר** · דאמר זופתין חביתא חייש לפסידא ובחביתא איכא פסידא יתירא אי לא זפתי לה משום דנפיש יינא ובכוזא ליכא פסידא יתירא כוזא כלי קטן : **מר** · דאמר זופתין לכוזא דחייש לטירחא יתירא ובכוזא ליכא טירחא יתירא ובחביתא איכא טירחא יתירא :

*) ברכות סד. הוריות יד.

תוספות

אמר שמואל מקבלי קיבולת בתוך התחום · הא דשרינן כלים לכובס נכרי פירש בקונט׳ דלא מינכר שהוא של ישראל ור׳ יעקב לא היה מחלק ואומר דשרי במועד וגם בשבת דהא ריחים של מים איכא השמעת קול ושרינן בפ״ק דשבת (דף יח. ושם) ובפ״ק דע״ז (דף כא: ושם) שרינן להשכיר שדה לנכרי משום דאריסותיה קעביד וכ״ש קבלנות שאין הבית מתעלה בכך אלא ממהר לעשות ואע״ג דר׳ שמעון בן אלעזר פליג מסתמא הלכה כר׳ שמעון בן גמליאל דקא אסר התם מרחץ במשנה משמע הא שדה שרי כדדייק התם ותניא בפ״ק דשבת (דף יט.) גבי ספינה פוסק עמו על מנת לשבות והינו שובת אלמא אין הנכרי מניח לעשות קבלנותו בשביל ישראל ואיכא מאן דאמר אפי׳ לפסוק אין צריך ובשמעתין דאסר שמואל מפרש רבינו יעקב כאותו פירוש שמעמידין כולהו שמעתא באבל וכדרב ששא דאמר (לעיל יא:) דברים המותרי׳ בחש״מ אסורין בימי אבלו דהוי דאורייתא או כעין דאורייתא אבל במועד הקילו וכ״ש שיש להן להקל בשבת דלא חיישינן כל כך דלא ליזלזל ביה וא״ת כיון דבאבילות איירי שמואל היכי קאמר וכי ליכא מתא דמיקרבא להתם (ג) לא אמרן אלא בשבתות וימים טובים דלא שכיחי דאזלי מדוכתא אבל בחולו של מועד אסור וצריך עיון : **דברי רבי יוסי** · בשמן (ד) תניא מילתא דר׳ יהודה ברישא וכיון דאתחיל מילתא דרבי יוסי מסיים לה וגף ביין לא ידענא אי אבור אי אחבית קאי מיהו לכאורה אחבית קאי דשייך בה מגופה ומדקתני בה זולף וגומר משמע דאבור קאי דאחבית לא שייך משמע דגף אחרי כן וגם עושין לו לימודין משמע דקאי אבור ולית ליה זולף וגומר דאחבית לא שייך לימודין דסגי בכיסוי קטן :

מכנים

רבינו חננאל

אמר שמואל מקבלי קיבולת · פי׳ אם קיבלו קיבולת בתוך התחום אסור · חוץ לתחום מותר . ואסיקנא הני מילי בשבתות ובי״ט דלא שכיחי אינשי דנפקי חוץ לתחום אבל בחולו של מועד דאיכא דנפקי חוץ לתחום אסור מר זוטרא בנו ליה נכרים בקיבולת אפדנא חוץ לתחום ולא עיילי רבנן בההוא אפדנא איכא דאמרי הוא נמי לא על בההוא אפדנא . ואע״ג דאמר שמואל כי האי גוונא שרי אדם חשוב שאני איכא דאמרי עבדיה סייע בהדייהו בתיבנא רב חמא שרא לאבונגרי דבי ריש גלותא למיעבד להון עבידתא בחולי דמועדא מ״ט דכיון דלא אגרא שקלי שרשויי הוא דמשרשי להו כגון דורון הוא ושרי : ת״ר מקבלין קיבולת במועד לעשותה לאחר המועד ובלבד שלא ישקול ושלא ימדוד ושלא ימנה כדרך שהוא עושה בחול וכן אינו נותן בקיבולת לנכרי במועד. כללו של דבר כל דבר שמותר לו לעשותו אומר לנכרי ועושה וכל שאינו מותר לעשותו אינו אומר לנכרי ועושה : ת״ר אין מרביעין בהמה בחולו של מועד . כיוצא בו אין מרביעין בבכור ולא בפסולי המוקדשין · ר׳ יהודה אומר תמורה שתבעה מרביעין עליה בשביל שלא תצטנן ושאר כל הבהמות מכניסין אותן לבקרות : ת״ר אין מדיירין בחולו של מועד פי׳ מכניסין הבהמות לדייר כדי שיטול זבלן לזבל השדות והאילנות ואם באו מאליהן מותר אבל אין מסייעין הרועים

יש

מסורת הש״ס

[שבת נח. וש״נ] [תוספתא פ״ב] [שם] [שם] [עי׳ בתוספתא פ״ב דבכורות] שמחות פ״ס [לעיל יא. ע״ש] [ברכות סב.] [קידושין לא: וש״נ] ג״י ברי״ף ורא״ש בר רב קטינא [עי׳ פרש״י בעירובין ה. ד״ה והאמר ר״ן]

הגהות הב״ח

(א) גמ׳ רב חמא שרא להו לאבונגרי . נ״ב במועד . ומה שנדפס בגליון ס״א ועושה כו׳ נמחק : (ב) רש״י ד״ה עושה כו׳ אלא שיחפה כנסרים הייט לימודין : (ג) תוס׳ ד״ה אמר כו׳ מתא דמיקרבא להתם נמי לא אמרן : (ד) ד״ה דברי ר׳ יוסי בשמן תנן מילתא דר׳ יהודה ברישא וביין תנן מילתא דר׳ יוסי ברישא דכיון דאתחיל במילתא דר׳ יוסי וכו׳ אי אבור קאי אי אחבית וכו׳ משמע דאבור קאי . נ״ב כלומר דפי׳ זולף הייט שסותם וממלא וכשהוא בבור שייך לומר דממלא כל היין לתוך הבור וגומר כדרכו כולו ולהורידו לבור אבל אחבית לא שייך

הגהות הגר״א

[א] גמ׳ שכיר שבוע מסייעין אותן נ״ב במועד . ומה שנדפס בגליון ס״א ועושה כו׳ נמחק : [ב] שם ר׳ אומר בשבת בטובה . נ״ב פי׳ דקאי ארישא כאינו שכיר שבת וכאו מאליהן מותר במועד אפי׳ נותן לו שכר אח״כ ובסיפא שכיר שבת מסייעין כו׳ דוקא במועד לבד ומוסרין לו שומר לנער אף בשכר [עי׳ מ״א] (עמש״ש) [טו״ע] אבל הרמב״ם מפרש אסיפא (וכ״כ המ״מ) לכן השמיט שבת ויו״ט דס״ל דבכה בכל ענין אסור ובמועד כו׳ אף לשכור מותר (ועמ״ש רבינו בא״ח סי׳ תקל״ז) :

גליון הש״ס גמ׳ וכל שאינו עושה אינו אומר · עיין בב״מ דף נ ע״א תוס׳ ד״ה אבל הכא :

בזה, וגם הוא בעצמו חזר בזה כמו שכתב רבינו ירוחם, **יש לעיין אם יש להקל אפילו בנתפרסם וכנ"ל, אח"כ מצאתי בנשמת אדם, שגם דעתו להחמיר בזה, ועי"כ צ"ע למעשה).**

וקיבולת, ‹כשהוא מנהג כל העיר›, הוא דוקא כשכל המלאכה הוא בקיבולת, לאפוקי אם רק האדריכל לבדו הוא קבלן, ושאר המסייעים דרך לשכרם לפעמים ליום, ואפילו אם הוא שכרם הכל בקבלנות, ג"כ אסור, (כ"כ האחרונים, ונ"ל דהכוונה הוא, דאותו בעה"ב דרכו לשכור לפעמים בעצמו את השכירים שתחתיו לשכירי יום, ולכך לא נקרא תו שם קבלנות על הבנין, **אבל** אם הדרך הוא תמיד שאין בעה"ב יודע כלל מכל עסק, רק שהוא שוכר האדריכל, והאדריכל בעצמו דרכו לשכור לפעמים שכירי יום תחתיו, תו הוי זה ג"כ בכלל קבלנות).

איתא בס"ח, מעשה באדם אחד ששכר אינו יהודי לבנות ביתו בקבלנות, והיה האינו יהודי בונה בשבת, והיו מתרעמים עליו ולא חשש לכך, ולא היו ימים מועטים שלא נשאר הקרקע לא לו ולא לזרעו.

הגה: ואפי' אם דר בין העובדי כוכבים - ר"ל שהוא דר מחוץ לתחום העיר, וגם אין עיר אחרת בתוך תחומו, אפ"ה **יש לחוש לאורחים הבאים שם, או לבני ביתו, שיחשדו אותו** - [ואפי' אם המלאכה רחוקה מדירתו, רק שהיא בתוך תחומו דדירתו, נחשב כאילו היה עירו שמה], **ומה** דמקילין לקמיה מבחוץ לתחום, היינו כשרק המלאכה היא שם, אבל הוא בעצמו דר בעיר.

ואם היתה המלאכה חוץ לתחום, וגם אין עיר אחרת בתוך תחומו של מקום שעושים בו מלאכה, מותר - דתו ליכא משום מראית העין, ואינו יהודי כי קטרח בדידיה קטרח.

‹**ואם** יש עיר אחרת בתוך תחומו של מקום, אסור›, וה"ה כשדר שם איזה יהודי בתוך התחום של מלאכה, ג"כ אסור, [דבודאי לא גרע מחשש דאורחים אחרים], ויצוה להאינו יהודי קודם שבת שלא יעשה בשבת.

והנה מתוך מה שנתבאר בזה הסעיף מוכח, דאסור לשכור אינו יהודי בקבלנות לפנות זבלו מחצר, והוא עושה בו בשבת, דהוא מתקן החצר בזה, והוא בכלל מלאכת מחובר, **ויש** מקומות שנוהגין היתר לשכרו ליקח הזבל מרחוב אף שעושה בו בשבת, וכתב המ"א דטעמם, דבשל רבים ליכא חשדא, אבל בשכיר יום פשיטא דאסור, **והאחרונים** השיגו על טעמו, ודעתם דאין נ"מ בזה הענין בין רבים ליחיד, וגם הוא בעצמו כתב לבסוף, דבמקום שאין נוהגין היתר ברחוב אין להקל, ע"ש טעמו דיש חלול ה' בדבר וכדלקמיה.

והנה אפי' אם נאמר דבשל רבים ליכא חשדא, מ"מ הסכים המ"א שאין להתיר לבנות בהכ"נ בשבת בקבלנות, כי בזמנינו שאין האומות שכנינו מניחים לשום אדם לעשות מלאכה בפרהסיא ביום חגם, איכא חילול ה' אם נניח אנחנו לעשות ביום שבת ויו"ט, **ומ"מ** כתבו כמה אחרונים, דאם יש חשש ח"ו שיתבטל הבנין בהכ"נ לגמרי, מותר להניח לאינו יהודי לבנותו כשהוא בקבלנות, ובלבד שיהיה מפורסם לכל שהוא בקבלנות.

וא"י שהכנים לאן של ישראל לדיר שלהן, ע"ל סי' תקל"ז סי"ד.

[ד]**יו"ד סימן שפ סי"ט -** [ה]**היה לו בנין ביד אחרים, בקבלנות, בחול או בחול המועד לא יעשה, אפילו הוא חוץ לתחום העיר** - ואפי' מסרה להם קודם האבל או קודם חוה"מ, אסור מפני מראית העין, שכיון שיכולו בני אדם ללכת שם ויראו המלאכה, יאמרו ראה זה שמסר מלאכתו לאחרים בימי האבל או בחול המועד, ולא ידעי דקבולת הוא גבייהו קודם לכן - ש"ך.

ואם אלו הקבלנים עובדי כוכבים, מותרים לבנותו בשבת ויו"ט שחלו בימי האבל, אם הוא חוץ לתחום העיר ואין עיר אחרת שבה ישראל בתוך תחום של אותו בית - דליכא למיגזר משום חשדא, שאין בני העיר מצוים שם שיבינו שמלאכת אבל או של ישראל היא - ש"ך.

אות ב'

אבל בחוש"מ, דשכיחי אינשי דאזלי ואתו להתם, אסור

סימן תקמג ס"ב - [ו]**אינו יהודי שקבל מערב יו"ט לבנות ביתו של ישראל בקבלנות, אסור להניח לעשות בחול המועד** - ר"ל אף שהוא בקבלנות ולא בשכיר יום, וגם אינו מצויהו שיעשה במועד, וכל דעביד אדעתיה דנפשיה עביד, כדי לגמור במהרה את מלאכתו, **אפ"ה** אסור, שהרואה יאמר שהוא שכיר אצלו, **ואם** כל העיר דרכן לבנות בקבלנות, עיין לעיל בסימן רמ"ד ס"א בבה"ל.

אע"פ שהוא חוץ לתחום - לפי שהולכין לשם בני אדם, ויראו המלאכה ויאמרו בשליחות ישראל עושה, משא"כ בשבת ויו"ט.

ואם בנו באיסור, כיון שהוא בקבלנות ולא בשכיר יום, שרי לדור בו, ‹דעובדא דמר זוטרא מיירי ביו"ט - מ"א›.

[ז]**אבל אם נתן לו מלאכה בתלוש קודם המועד בקבלנות, לעשותה בתוך ביתו של אינו יהודי, מותר** - ר"ל דבזה תו לא אתי לידי חשד, ומותר כיון שהוא בקבלנות.

ופעמים יצוייר היתר אף במחובר, כגון שנתן לו שדה באריסות, דהיינו למחצה או לשליש ורביע, מותר להניחו לעשות במועד, דעביד אדעתא דנפשיה, ולא אתי למיחשדיה שהוא שכיר יום, שהכל יודעין ששדה עומדת לאריסות, **ואפילו** נכרים בני ביתו של ישראל האוכלים אצלו, מסייעים להאריס במועד, אפ"ה שרי, כיון שאין הישראל נותן להם שכר על כך, נמצא שאין באים בשליחותו, [נמ"י], ‹מעובדא דאבונגרי›.

באר הגולה

ד ‹ע"פ מהדורת נהרדעא› ה לשון הטור ממימרא דשמואל וכדמוקים לה רב פפא ורב משרשיא שם י"ב. וכפירש"י בלשון (ראשון) [אחרון], ‹נמצא ברש"י כת"י בלישנא אחרינא, דאיירי לענין אבל, ולא ברש"י דילן› **שאע"פ שקבלו המלאכה בקבולת קודם האבל, אסור מפני מראית העין, שלא יאמרו: ראו זה שמסר מלאכתו לאחרים בימי האבל, ולא ידעי דקבולת הוא גבייהו** ו ברייתא מו"ק י"ב וכדאמר רב משרשיא ז הרא"ש שם בשם הראב"ד והגהות מיימוני בשם סמ"ק

אות ב'*[ח]

בנו ליה אפדנא מקבלי קיבולת חוץ לתחום... ולא עלו לגביה

סימן רמד ס"ג - [ט]אם בנו אינו יהודי לישראל בית בשבת באיסור - היינו שהיה בקיבולת ובתוך התחום, דהוא אסור רק משום מראית עין, דבאמת אדעתיה דנפשיה עביד וכנ"ל, **נכון להחמיר שלא יכנסו בו** - לעולם, ואפילו אחרים, **אבל** מ"מ מותר ליהנות ממנו ולמכרה לא"י. **והאחרונים** כתבו, דבדיעבד יש לסמוך בקבלנות על דעת ר"ת ‹שמתיר לבנות בית בקבלנות›, ומותר לדור בו אפילו לעצמו, **וכן** בסיתות האבנים ותיקון הקורות, אם היה בקבלנות יש להתיר בדיעבד לשקעם בבנין.

אבל אם היו שכירי יום, דמדינא אסור, יש בזה איסור מצד הדין בדיעבד, ולא "נכון" בלבד, כ"כ המ"א, וכן מוכח ג"כ דעת הב"ח לענין שכיר יום, **וכ"כ** הח"א, דבשכיר יום אסור מדינא בענין זה שהוא מילתא דפרהסיא, לו לעולם, ולאחרים בכדי שיעשו, [ויכול למכרו], **ויש** מקילין דאף בכה"ג אינו אסור מדינא כי אם בכדי שיעשו, [ט"ז, ורק נבון להחמיר], **ועיין** לקמן בסי' שכ"ה סי"ד שם במ"ב.

הגה: מיהו אם התנה ישראל עם א"י שלא לעשות לו מלאכה בשבת, והאינו יהודי עשאה בעל כרחו למהר להשלים מלאכתו - ר"ל שעבר על תנאו שהתנה עמו מקודם, **אין לחוש** - דהיינו שאין צריך אפילו למחות לו עוד בעת שעושה המלאכה. **(מרדכי ורבי ירוחם וב"י וע"ל סימן תקמ"ג).**

ועיין במ"א שמפקפק מאד בדין זה, דכיון שהוא מחובר והוי מילתא דפרהסיא, [ודעת הא"ר דמטלטלין בבית ישראל דינו כקרקע], איכא חשדא דרואים שלא ידעו שהתנה, וכן בא"ר נתקשה על עיקר הדין של המרדכי, **וע"כ** אין להקל בזה, אלא יראה למחות לו ולמנעו מפעולתו, [**ופשוט** דבמחאה לכו"ע מהני אפי' בקרקע, דמאי הו"ל למעבד].

וכתב הא"ר, דמ"מ נראה שא"צ ליתן להם מעות כדי שיפסקו, כיון שבכך התנה מתחלה ונרצו לכך, עכ"ד, **ומשמע** מלשונו, דאם לא התנה מתחלה, אין די במחאתו בלבד, אלא צריך לפזר ממעותיו כדי שיפסקו, **ונראה** שטעמו, דפשע, דהו"ל להתנות מתחלה, וצ"ע לדינא.

אות ג'

רב חמא שרא להו לאבונגרי דבי ריש גלותא למיעבד להו עבידתא בחולא דמועדא, אמר: כיון דאגר לא קא שקלי, שרשויי הוא דקא משרשו ליה, ולית לן בה

סימן תקמב ס"א - [י]אפילו מלאכות המותרות - כגון כל דבר שהוא לצורך המועד דבעי שינוי, וכן ההדיוט שהתירו לו לתפור כדרכו, וכן כמה דברים שאינם מלאכה ממש, ויש בהם טרחא, ‹נוסח השונה הלכות›, **אינם מותרות לעשותן אלא לעצמו, או לאחרים בחנם, אבל בשכר אסור** - דקבלת שכר במועד כעובדא דחול דמיא, **יש** מן הפוסקים שסוברין, דאם א"א לו לבעה"ב לעשות המלאכה אלא באלו, והם אינם רוצים אלא דוקא בשכר, מותר ליתן להם, מאחר שהוא לצורך המועד - [הריטב"א].

ומיהו אם אינו נותן לו שכר קצוב, אלא שאוכל עמו בשכרו, מותר - דשוב לא הוי כעובדא דחול, ושרי לצורך המועד.

הגה: ודבר האבד מותר לעשות אפילו בשכר קצוב - דכמו שהתירו לבעה"ב ליתן מלאכתו לפועל שאין לו מה לאכול, ואף כשהוא שלא לצורך המועד, התירו לבעה"ב כדי שיהיה טובה לפועל, **ה"נ** יש להתיר לפועל ליטול שכר בשביל טובת בעה"ב, ור"ל אפילו שלא לצורך המועד, והוא מעשה אומן. (**ולענ"ד** אין דין זה ברור, דבדברי רי"ו מבואר בהדיא בשם רמ"ה, דבחנם, ומשמע שם שגם דעתו נוטה לזה, וכן משמע קצת בחידושי ריטב"א, **אכן** אם א"א לו להשיג עכו"ם לזה, או לישראל בחנם, יוכל להקל לסמוך על דעת ריטב"א הנ"ל, שמתיר אפילו בשכר בזה), **אבל** אם יכול למצוא עכו"ם לזה, נכון שלא ישכור ישראלים.

(נלענ"ד דבדבר שהוא אוכל נפש, מותר לפועל לעשות אפי' בשכר, דאל"ה כל מה שנזכר בסימן תקל"ג דמותר לצורך המועד, כגון הטחינה וקציצת עצים מן המחובר, או להטיל שכר, וכה"ג כל עניני אוכל נפש, יצטרך הכל לעשות בעצמו, דבודאי לא ימצא אנשים שירצו לעשות לו בחנם, ונוכל להסביר בטוב טעם, דכמו שהתירו בדבר אבד לתת שכר, כמבואר בהג"ה, ה"ה לענין אוכל נפש, ובעלמא אוכל נפש עדיף מדבר האבד, דבדבר האבד אסור אם כיון מלאכתו, ובאוכל נפש קי"ל דאפי' כיון מלאכתו מותר, כדאיתא בסי' תקל"ג, אכן לפלא שלא העירו האחרונים בזה, ולפי מה שהבאנו לעיל דברי הריטב"א, דמתיר בכל דבר שהוא לצורך המועד בשכר, אם לא נזדמן לו אנשים שירצו לעשות לו בחנם, א"כ אפשר דאף דבר של אוכל נפש שוה לשאר הדברים שהוא לצורך המועד, ועוד יותר משמע שם מלשונו, דסובר דאף בדבר האבד דינו כן, דאין להתיר ליתן שכר לישראל כ"א כשאין משיג אנשים אחרים עכו"ם, או לישראל בחנם, היוצא מדברינו, דבאוכל נפש אם אין מצוי לו אנשים שירצו לעשות לו בחנם, יוכל להקל ליתן להם שכר. ודע עוד, לענין ספריין וכובסין, באופנים שהתירו להן לספר ולכבס, וכמבואר לעיל בסי' תקל"א ותקל"ד, ג"כ לא ברירא הדבר דדוקא בחנם, דאפשר דכיון דהתירו להן לספר ולכבס כדרכן, אף דבעלמא דבר שהוא לצורך המועד ואינו אוכל נפש קי"ל דבעי שינוי, אפשר משום דעשאום חז"ל כדבר האבד דלא בעי שינוי, וא"כ מסתברא דמותר גם בשכר כמו בדבר האבד).

באר הגולה

[ח] ‹ע"פ מהדורת נהרדעא› [ט] **טור בסי' תקמ"ג מהא דמו"ק י"ב** ‹הטור פוסק כלישנא בתרא, דמיירי בסייע בתבן, ממילא מיירי {דעבר} באיסור גמור, ובזה אמרו דלא יכנוס שם כל אדם, ממילא ה"ה בלא סייע בתבן, דיש עכ"פ בשבת איסור תוך התחום, ובחוה"מ אפי' חוץ לתחום, יש ג"כ דין זה דלא יכנוס שם שום אדם, ובמקום שיש היתר גמור, כגון חוץ לתחום בשבת ולא סייעו בתבן, מותר אפי' לאדם חשוב. **והך** איסור {בדעבר}, אינו איסור גמור מצד הדין כשאר איסורים, מדלא מצינו בו איסור מפורש, רק שאלו אמוראי לא רצו לעייל בגוה, ש"מ דאין איסור להם, רק לכתחלה החמירו על עצמם שלא לכנוס שם, וכן לכל אדם, **וע"כ** כתב שם דנכון להחמיר שלא לכנוס שם אם נבנה באיסור - ט"ז, ‹**נמצא** דלפי הט"ז, הוי סייע בתבן איסור גמור, ואעפ"כ רק נכון להחמיר, וא"כ ה"ה בשכיר יום, משא"כ להמ"א י"ל דסייע בתבן אינו איסור גמור, ולכן רק נכון להחמיר, אבל בשכיר יום הוי אסור מצד הדין› [י] **הרא"ש מהא דרב חמא דשרי לאבונגרי וכו' מו"ק י"ב**

(ודע עוד, דבמ"א ומאמ"ר ונהר שלום מבואר, דכל מלאכות המותרות, אם הם גם לצורך מצוה, מותר ליטול שכר, ועיין בפמ"ג שכתב, לענין מכשירי אוכל נפש עם מצוה, מותר ליטול שכר, משמע מדבריו, דבלא מצוה אסור ליטול שכר, ולענ"ד יש לצדד להקל בזה וכנ"ל, ועכ"פ אם לא נזדמן לו בחנם, בודאי יוכל לסמוך על הריטב"א להקל).

אות ד'

מקבלין קיבולת במועד לעשותה לאחר המועד, ובמועד אסור

סימן תקמג ס"ג - [יא]מותר ליתן לאינו יהודי מלאכה, בקבלנות או בשכיר יום, שיעשנה אחר המועד - פי' שיאמר לו בהדיא שיעשנה אחר המועד, **וה"ה** דלישראל שרי ליתן, ונקט נכרי, דלא נימא דנכרי בודאי לא יקיים ויעשה במועד.

אות ה'

כללו של דבר: כל שהוא עושה, אומר לנכרי ועושה; וכל שאינו עושה, אינו אומר לנכרי ועושה

סימן תקמג ס"א - [יב]כל דבר שאסור לעשותו, אסור לומר לאינו יהודי לעשותו - דעשו חכמינו מועד לזה כשבת ויו"ט, **ואפילו** אם הוא משער, שאם לא ישכור עכשיו העכו"מ לעשות במועד, יצטרך לשלם ביוקר גדול לאחר המועד, אפ"ה אסור, דמה שאינו בידו לא מיקרי היזק. **ומ"מ** אם הוא צריך בחוה"מ לצורך מצוה, שרי ע"י עכו"ם, דהא יש מתירין אפילו בשבת.

אות ו'

ובלבד שלא ימדוד ושלא ישקול ושלא ימנה כדרך שהוא עושה בחול

סימן תקמג ס"ג - ובלבד שלא ימדוד וישקול - כגון שנותן מטוה לאריגת בגד, לא ישקול אותם, **וימנה, כדרך שעושה בחול** - וא"כ כשנותן כליו לכובס עכו"ם לכבס אחר המועד, לא ימנה אותם, **ונראה** דבשביל זה נהגו העולם שלא ליתן לכובס עכו"ם בחוה"מ כלל, מפני שאסור למנותו, ובלא מנין אינו מאמינו.

ובדגול מרבבה כתב, דכלי פשתן מותר ליתן לו שיכבס אחר המועד, ואף למנותם, [משום דכלי פשתן עיקר איסור הכביסה במועד אינו אלא מצד המנהג], **ומאליהו** רבא משמע שאין מחלק בזה, **ובשעת** הדחק יש לסמוך להקל.

הגה: ואף אם יעשה האינו יהודי אח"כ מלאכה, שרי - פירוש א"צ למחות בידו, **הואיל והתנה עמו לעשותה אחר המועד (מרדכי וב"י ורבינו ירוחם).**

אות ז'

אין מרביעין בהמה בחולו של מועד

סימן תקלו ס"ג - [יג]אין מרביעין בהמה במועד - היינו שאין אוחזין הבהמה להביא עליה זכר, דאין בזה צורך המועד, ולא דבר האבד, **אבל** מכניסין לדיר זכרים ונקבות ביחד, ורובעין מעצמן, [גמ']. **ובחול** מותר ואין בזה משום פריצותא, דבעבידתא טריד.

[יד]**ועיין** בא"ר שכתב, דהא דאסור להרביע, הוא דוקא בשאר בהמות, אבל חמורה שתבעה, דאז אם לא ירביעו עליה כשהיא מתאוה לזכר תצטנן ותעקר, מותר להרביע עליה, דהוי דבר האבד, [טו]**ובברכי** יוסף מצדד להחמיר גם בזה.

אות ח'

כיוצא בו אין מרביעין בבכור, ולא בפסולי המוקדשין

רמב"ם פ"א מהל' מעילה ה"ט - ואסור להרביע בבכור או בפסולי המוקדשין.

אות ט' – י'

אין מדיירין לא בשבתות, ולא בימים טובים, ולא בחולו של מועד; ואם באו מאליהן, מותר, ואין מסייעין אותן, ואין מוסרין להם שומר לנער את צאנם; היה שכיר שבת, שכיר חדש, שכיר שנה, שכיר שבוע, מסייעין אותן, ומוסרין להם שומר לנער את צאנם

בשבת בטובה, ביום טוב במזונות, במועד בשכר

סימן תקלו ס"ד - [טז]אין מכניסין צאן לדיר בחוה"מ לזבל השדה - היינו שמכניסין בהמות לשדה, ושוכבות שם בלילה, וכל הלילה מטיילות הבהמות ממקום למקום, עד שמזדבלת כל השדה. **ואע"פ** שאינו בידים, מפני שנראה כמזבל בעצמו, והמזבל הוא תולדה דחורש, מפני שמיפה את הקרקע לזרוע בה.

[יז]**ואם הכניסן האינו יהודי מעצמו, מותר אף בשבת, אפילו אם מחזיק לו טובה על שהכניסן** - ר"ל אפילו מחזיק לו טובה בשבת גופא. **ובלבד שלא יתן לו שכר, ואפילו אינו נותן אלא שכר מזונו אסור; וביו"ט יכול ליתן לו שכר מזונו** - ר"ל לאחר יו"ט, [נ"י], דמזונות לא מיחזי כשכר ממש, וה"ה דיכול ליתן לו מזונות ביו"ט גופא, [רש"י באלפס וכן משמע בר"ח]. **ובלבד שלא יתן לו שכר אחר** - דכשיתן לו, ידעו שעשה מדעת ישראל, ויסברו ששכרו לעשות מלאכה לימים.

ומ"מ היינו דוקא בזה דאינה מלאכה גמורה, אבל עכו"ם העושה מלאכה גמורה ביו"ט בשביל ישראל, אסור ליתן לו שכר מזונו, דמראה שהיה ניחא ליה במלאכתו שעשה בשבילו, [ולא עוד, דצריך למחות בידו בשעה שעושה].

באר הגולה

יא ברייתא שם יב ברייתא מו"ק י"ב יג ברייתא שם י"ב יד [דדעתו כדברי הג' אשרי שפוסק כר' יהודה] טו [אחרי דהרי"ף והרא"ש והרמב"ם והטור העתיקו בסתמא ולא חילקו בין בהמה לבהמה, ש"מ דס"ל דת"ק מחמיר בכל גווני, והלכה כוותיה] טז ברייתא שם י"ב וכרבי יז ‹כן פי' נ"י מש"כ שם ואם באו כו' – גר"א›, ‹**דהא** דרבי בבאו מאליהן מותר לתת להם שכר וביום טוב מזונות, כך פירש"י {בכת"י} – ב"י. **ודלא** כרש"י דילן›

ובחוה"מ, אפי' אם נותן לו שכר אחר, מותר, [יח]ובלבד שלא ישכירנו - ר"ל שלא יאמר לעכו"ם: עשה ואתן לך שכר לאחר המועד, דכל שאין עושה, אין אומר לעכו"מ לעשות - [נ"י].

(ומשמע מלשון הנ"י, דלשלם לו בתוך המועד אסור, ונ"ל שהנ"י אזיל לשיטתיה, דמפרש מה שאמרו בגמרא: ביו"ט במזונות, היינו שאחר יו"ט יתן לו מזונות, וממילא מה שאמרו: במועד בשכר, נמי כה"ג, **אבל** לפי מה שהבאנו מר"ח ורש"י, דיכול ליתן לו מזונות ביו"ט גופא, אפשר דה"ה לענין שכר במועד, אף דלכתחלה אסור לומר לו שיעשה וישלם לו, מ"מ כשיעשה מעצמו מותר לשלם לו בסוף, וצ"ע).

[יט]ולא יסייענו, ולא ימסור לו שומר לנער הצאן, [כ](פי' מוליכה ממקום למקום ומתוך כך הגללים מתנערים) - מפני שנראה כאלו שכרו לעכו"ם מתחלה לשם זה.

[כא]ואם היה האינו יהודי שכיר שבת, שכיר חדש, שכיר שנה, מסייעין אותו [כב]בחוה"מ, ומוסרין לו שומר לנער הצאן - אבל לשכור לו שומר במועד, אסור אפילו בכגון זה.

אבל בשבת ויו"ט אסור לסייעו אפילו בשכיר שנה, וכן למסור לו שומר אסור בשבת ויו"ט.

אות כ'

זולף וגומר וגף כדרכו, דברי רבי יוסי

סימן תקל"ח ס"א - [כג]מי שהפך את זיתיו, או שהיה יינו בבור - אותו כלי שהיין נופל בו מן הגת קרוי בור, ואם לא יריק היין משם ויתנם בחבית, יתחמץ היין כשיעמוד שם בבור מגולה, **ואירע אונס** - שמחמתו לא היה יכול לגמור פעולת הזיתים והיין קודם המועד, **או ששכח, או נתעצל, שהיה סבור שהיה יכול לשהות לאחר הרגל** - "עד לאחר הרגל", כצ"ל, ור"ל שסבר שאפילו אם ישהא בזיתים ההפוכין עד לאחר הרגל ולא יגמור פעולתן, ג"כ לא יתקלקלו, וכן כה"ג לענין היין שבבור.

ולא עשה קודם הרגל - ועכשיו במועד רואה שאם יניחם כך עד אחר יו"ט יהיה לו מזה הפסד, **מאחר שהוא דבר האבד, [כד]זולף וגומר** - דמותר לגמור פעולת הזיתים והיין כדרכן בחול, דהיינו שטוחן הזיתים הניתנין שם בבית הבד, וסוחטן כמה פעמים עד שיוגמר סחיטתן, [כה][גמרא], ומכניסן לחבית כדרכן תמיד.

כל מידי דשפוך קרי זילוף, [רש"י], וכן לענין יין, קרי זילוף מה ששופך היין מן הבור ומריקו בחביות.

אות ל'

מאן תנא שינוי במועד בדבר האבד, דלא כרבי יוסי. אמר רב יוסף: הלכה כרבי יוסי

סימן תקל"ז ס"א - [כו]דבר האבד - ר"ל שאם לא יעשהו עכשיו יבא לידי הפסד, **מותר לעשותו בחול המועד בלא שינוי** - ואם הדבר אצלו בספק, עיין במ"א שמקיל, ובח"א כתב שיעשהו ע"י עכו"ם ולא בעצמו, **ועיין** בבה"ל שצידדנו, דכונת המ"א הוא ג"כ אם אותו החשש שהוא חושש הוא מצוי שיבוא, ואז נראה דיש להקל גם ע"י עצמו, (אפילו למאן דאית ליה דמלאכת חוה"מ עיקרו הוא מן התורה, **ואם** אינו מצוי ההפסד, יש להחמיר אפילו למאן דאית ליה דאיסור מלאכת חוה"מ הוא מדרבנן), **אכן** יראה לעשות בצנעא אם אפשר, (ואם אי אפשר בצנעא מותר בפרהסיא). **ועיין** בפמ"ג שכתב, דלדברי המ"א יש להקל נמי בספק צורך המועד, והיינו ג"כ אם בעיניו קרוב שיהיה זה לצורך המועד.

(מיהו בכל מה דאפשר להקל בטרחה יעשה) (כל בו).

אות מ'

מהו למישע חביתא דשיכרא בחולא דמועדא, אמר להו: סיני אמר: הלכה כרבי יוסי

רמב"ם פ"ח מהל' יו"ט הי"ד - זופתין את החבית כדי שלא יפסד היין, וזופתין את הבקבוק מפני שאין בו טורח, וסותמין פי החבית של שכר כדי שלא תפסד.

אות נ' – ס'

זופתין כוזתא, ואין זופתין חביתא

זופתין חביתא, ואין זופתין כוזתא

סימן תקל"ח ס"א - ומזפת החביות, [כז]בין קטנות בין גדולות - נקט לתרוייהו, דבכל א' יש צד בפני עצמו להקל, הקטנות, דיינה מועט ולא נפיש פסידייהו אף אם יזוב מעט מהן, מ"מ מותר דאין טרחת זפיתתן מרובה, **והגדולות** אף דטרחתן מרובה, מותר משום דנפיש פסידייהו, [גמרא].

(בגמרא איתא, זופתין חביתא, וע"ש ברש"י ובנ"י, ומשמע מינייהו דמפרשי בשל יין, וכן משמע מהרמב"ם, ומדברי המחבר משמע, דה"ה בחבית של שמן).

וגף (פירוש סותם בכן מגופתן) בחביות, כדרכו, בלא שינוי;

הגה: וכ"ה דיכול לתקן החביות לקסרם בעקלים - שקורין רייפין, מפני שהוא דבר האבד אם לא יעשהו. **אבל לא יכוין מלאכתו במועד, אלא יעשה הכל קודם המועד אם יודע שיצטרך במועד.**

באר הגולה

[יח] טור וכפי' הנ"י [יט] שם ברייתא וכת"ק ‹לכאורה אינו ר"ל דרבי חולק ע"ז, רק דכן הוא דברי ת"ק› [כ] ‹רש"י בכת"י בלישנא אחרינא, ודלא כרש"י דילן› [כא] שם [כב] ‹כגירסת ס"א {ורש"י}, היה שכיר כו' "עושה בשבת ויו"ט" {פי' מעצמו כמו אם לא היה שכיר}, {ובהגהת הגר"א על הגמ' לא גרס הני מלים}, "ומסייעין אותו במועד, ומוסרין להם" כו', דקאי {מוסרין לו שומר ג"כ} אחוה"מ לבד, אבל בשבת ויו"ט אין חילוק בין שנה או לא {ואין היתר רק בבא מעצמו} - גר"א› [כג] משנה מו"ק י"א [כד] שם וכרבי יוסי [כה] ‹שם במשנה, פי' דזולף וגומר› [כו] משנה מו"ק י"א וי"ב וכרבי יוסי ובגמ' שם [כז] כשמואל וכרב דימי ולקולא, הרמב"ם וכ"כ הטור בשם אביו הרא"ש

עין משפט נר מצוה

כד א מיי' פ"ז מהלכות יו"ט הל' ב טוש"ע א"ח סי' תקלג סעיף א:
כה ב ג מיי' שם הלכה ו טוש"ע שם סעיף טו:
כו ד מיי' שם טוש"ע שם סי' תקלג סעיף א:
כז ה ו מיי' פ"ז שם הלכה ח טוש"ע שם:
כח ו מיי' פי"ז מהל' מאכלות אסורות הלכה יד סמג לאוין קמב טוש"ע י"ד סי' קיג סעיף א:
כט ח מיי' פ"ח מהל' יו"ט הלכה יד טוש"ע א"ח סי' תקלג סעיף ג:
ל ט מיי' שם פ"ז הל' ג טוש"ע שם סי' תקלח סעיף ג:
לא י כ מיי' שם והל' ד טוש"ע שם סעיף א:
לב ל מיי' שם הל' ד טוש"ע שם סעיף ו:
לג מ נ מיי' שם הל' ג טוש"ע שם סעיף ג:

יש מהן פטור אבל אסור ויש מהן מותר לכתחלה רב הונא חצדו ליה חצדא במועדא איתיביה רבה בר רב הונא לרב הונא טוחנין קמח במועד לצורך המועד ושלא לצורך המועד אסור *דבר שאבוד במועד מותר לעשותו במועד דבר שאינו אבוד במועד אסור במה דברים אמורים בתלושין מן הקרקע אבל מחובר לקרקע אפי' כולו אבוד אסור ואם אין לו מה יאכל קוצר ומעמר ודש וזורה ובורר וטוחן ובלבד שלא ידוש בפרות אמר ליה יחידאה היא ולא סבירא לן כוותיה דתניא כלל אמר רבן שמעון בן גמליאל משום ר' יוסי דבר התלוש מן הקרקע אפילו מקצתו אבוד מותר והמחובר לקרקע אפי' כולו אבוד אסור ואי ר' יוסי ידוש נמי בפרות הא אמר רב יצחק בר אבא *מאן תנא שינוי במועד בדבר האבד דלא כר' יוסי אמר לך ה"נ כיון דכל יומא לאו בפרות דיישי האידנא נמי לאו שינוי הוא ת"ר טוחנין במועד לצורך המועד ושלא לצורך המועד אסור ואם טחן והותיר הרי זה מותר קוצצין עצים במועד לצורך המועד ושלא לצורך המועד אסור ואם קצץ והותיר הרי זה מותר *מטילין שכר במועד לצורך המועד ושלא לצורך המועד אסור ואם הטיל והותיר הרי זה מותר ובלבד שלא יערים ורמינהו מטילין שכר במועד לצורך המועד ושלא לצורך המועד אסור אחד שכר תמרים ואחד שכר שעורים ואע"פ שיש לו ישן מערים ושותה מן החדש תנאי היא דתניא אין מערימין בכך ר' יוסי בר יהודה אומר מערימין רב חצדו ליה חצדא בחולא דמועדא שמע שמואל איקפד לימא שמואל כיחידאה סבירא ליה לא חצדא דחיטי הוה דלא הוה פסיד ורב מאי טעמא עביד הכי אין לו מה יאכל הוה ושמואל לא סיימוה קמיה אי נמי *אדם חשוב שאני ר' יהודה נשיאה נפק (ב) בחומרתא דמדושא ואשתי מיא דאחים קפילא ארמאה שמע ר' אמי *איקפד אמר רב יוסף מאי טעמא איקפד (א) אי משום חומרתא דמדושא הא תניא *השירין והנזמים והטבעות הרי הן ככל הכלים הניטלין בחצר אי משום דאישתי מיא דאחים קפילא ארמאה הא אמר (ג) שמואל בר יצחק אמר רב *כל שנאכל כמות שהוא חי אין בו משום בישולי נכרים אדם חשוב שאני אמר רב חננאל אמר רב קוצץ אדם דקל במועד אע"פ שאינו צריך אלא לנסורת שלו *לייט עלה אביי רב אשי הוה ליה אבא בשלנייא אזל למיקצייה בחולא דמועדא אמר ליה רב שילא משלנייא לרב אשי מאי דעתיך דקאמר רב חננאל אמר רב קוצץ אדם דקל במועד אע"פ שאינו צריך אלא לנסורת שלו הא לייט עלה אביי אמר ליה *לא שמיע לי כלומר לא סבירא לי אישתמיט נרגא בעי למיפסקיה לשקיה שבקיה והדר אתא רב יהודה *שרא למיעקר כיתנא ולמיקטל כשותא ולמיעקר שומשמי אמר ליה אביי לרב יוסף בשלמא כיתנא חזי לחפיפה כשותא חזי לשיכרא אלא שומשמי למאי חזי חזי לנזי דאית בהו רבי ינאי הוה ליה ההוא פרדיסא דמטא זמניה בחולא דמועדא קטפיה לשנה שהיוה כולי עלמא לפרדיסייהו לחולא דמועדא אפקריה רבי ינאי לפרדיסיה ההוא שתא:

מתני' *מכנים אדם פירותיו מפני הגנבים ושולה פשתנו מן המשרה בשביל שלא תאבד ובלבד שלא יכוין את מלאכתו במועד וכולן אם כוונו מלאכתן במועד יאבדו:

גמ' תנא ובלבד שיכניסם בצנעא לתוך ביתו רב יוסף הוה ליה *כשורי עיילינהו בימאמא אמר ליה אביי והתניא ובלבד שיכניסם בצנעא בתוך ביתו אמר ליה צנעא דהני יממא הוא כיון דבליליא בעו גברא יתירי ובעו *מדוכרי דנורא אוושא מילתא: ושולה פשתנו מן המשרה כו': ג) בעי מיניה רבי ירמיה מרבי זירא ג) כוון מלאכתו במועד ומת מהו שיקנסו בניו אחריו אם תימצי לומר צרם

א) [עי' מה שפירשו תוס' שבת מו: ד"ה ולמר עולא ותוס' עירובין סט. ד"ה כיון]
ב) [עי' תוס' בכורות לד: ד"ה כאן] ג) גיטין מד. ע"ש בכורות לד:

תוספות

מכנים אדם פירותיו מפני הגנבים · פירש בתוספות הר"ב דבאסיפת פירות איכא מלאכה כדאמרינן פרק אין דורשין (חגיגה דף יח·) גבי חג האסיף אסיפה במועד מי שרי ואיני יודע מה מלאכה (ד) וצריך עיון אי טרח בגלל מלאכה אסור כי היכי דאסירי בפרקמטיא ולקמן בשמעתין (דף יג.) אמר מועד משום טירחא ולא טירחא הוא ושמא הייט דוקא בדבר שהוא מלאכה:

אם תימצי לומר כרם אזן הבכור ומת קנסו בנו אחריו · משום דאיסורא עשה אבל כוון מלאכתו לא עשה איסורא עדיין ולא צריך להגיה דאוריי' אבל בפ' השולח (גיטין מד· ושם) דגבי מכר ומת (ה) בעי אי קנסו בנו אחריו התם גרסינן ודאי איסורא דאורייתא משום דמכר ומת כמי עבד איסור' אלא דלא הוי דאוריי': נטייבה

רש"י

יש מהן פטור אבל אסור · והא דקתני אין זופתין אסור למיעבד לכתחילה אבל בדיעבד לא הוי חייב והא דקתני זופתין הוי מותר לכתחילה: **למיתגר** · לקצור ורב הונא יש לו מה יאכל הוה ואמאי שרי לה: **אמר ליה** · האי דקתני מחובר אפי' כולו אבוד נמי אסור ר' יוסי היא ויחידאה היא ולא סבירא לן כוותיה: **כיון דכל יומא נמי בפרות דיישי האידנא לאו שינוי הוא** · כי דייש בלא פרות ולעולם ר' יוסי היא והא דאסר בפרות משום דאוושא מילתא היא: **ואם טחן** · במועד לצורך המועד והותיר עד לאחר המועד: **מותר** · לאכלו אחר המועד: **ובלבד שלא יערים** · שלא יעשה הרבה ויאמר לצורך המועד אני עושה ומתכוין כדי שתשתייר לאחר המועד: **מערים ושותה מן החדש** · שיכול לומר לצורך המועד הטילו: **לימא שמואל** · דאקפיד כיחידאה סבירא ליה כההיא מתניתא (ג) במחובר אפי' כולו אבוד נמי אסור ואוקימנא כר' יוסי יחידאה: **חצדא דחיטי דלא הוה פסידא** · להכי איקפד אבל בתלתא דשערי לא סבר לה כר' יוסי דאסיר: **אין לו מה יאכל הוה** · להכי עביד הכי: **לא סיימוה קמיה** · לא אמרו לו דלא הוה ליה מה יאכל להכי איקפד: **אדם חשוב שאני** · רב לא הוה ליה למעבד הכי אפי' אין לו מה יאכל: **נפק** · בחצר בשבת: **בחומרתא דמדושא** · טבעת היא של מתכת ומוחמה של אלמוג: **פירין** · טעסקי"א בלעז: **כל שהוא נאכל כמות שהוא חי** · ומיא שתו אינשי כמות שהן: **אדם חשוב שאני** · יש לו להחמיר על עצמו יותר ולא הוה ליה למיפק בחומרתא דמדושא ולא למישתי מיא דאחים קפילא נכרי: **לנסורת** · עלים דקים שנופלין מן החתיכה: **אבא** · יער: **בשלנייא** · פירוש שם הטיר כלומר היה יער בתוך מקום: **ליפסקיה נרגא בעי ליפסקיה**: **לשקיה** · דרך אתי משום דעבר אדלאבי: **שבקיה** · לאחר דלא קלקיה במועד שהרגים משום דעבר אדלאבי נפל ליה נרגא: **למיעקר כיתנא** · בחולא דמועדא: **למיקטל** · לחתוך: **כשותא** · הומל"ין: **לחפיפה** · לכסות בו מאכל כגון תאנים ותמרים לצורך המועד: **לנזי** · כמו גזייתא דשיכרא (ב"ק דף צה:) לגזי גרעינין דאית בהו בשומשמין לחזו למיעבד בהו משחא: **אפקריה ר' ינאי לפרדיסיה** · משום דעל ידו היה תקלה לעולם דשהו עד לחולו דמועדא וקטפוי: **מתני' שולה** · מעלה: **שלא יכוין מלאכתו במועד** · שיש לו פנאי בשאר ימות השנה והוא משהה לעשות למועד: **יאבדו** · שאסור ליהנות מהן: **גמ' צינעא דידהו יממא הוא** · אפי' בלילה כיממא דמי ולא סגי ליה שלא להכניס להכי מכניסן נמי ביום: **מדוכרי דנורא** · אבוקות: **מהו שיקנסו בניו אחריו** · לבניו נמי יהא אסור אותה מלאכה דכיון דכוון מלאכתו במועד דין הוא שיהא אסורין ליהנות ממנה כשם שהיה אביהם קיים:

לרס

מסורת הש"ס

[תוספ' פ"ב]
[לעיל יא. ע"ש]
[שבת קלט:]
[לעיל יא: שבת נט. וש"נ]
[שבת נח.]
שם מו:
שבת נח. יבמות מו. ע"ז לח.
[קדושין לג: וש"נ]
[עירובין קב: וש"נ]
פי' ג"י קורות כבידשונדוליס
[ג"י כפורבעי מדבר מדוכרי דנורא פי' אבוקות]

רבינו חננאל

ואין מוסרין להם שומר לנער את צאנן ואם היה שכיר שנת שכיר חדש שכיר שבת מסייעין הרועין ומוסרין להם שומר לנער צאנן ר' אומר אם באו בשבת בטובה בלא כלום הנאה אי ביום טוב בטובות בלבד כלומר שכירותכם היא סעודתכם במועד אפי' בשכר אמר רב יוסף הלכתא כרבי: מתני' וכן מי שהיה יינו בבור ואירעו אבל או אונס או שהטעוהו פועלים ר' יוסי אומר זולף וגומר כדרכו. ר' יהודה אומר עושה לו לימודים כו' פירוש לימודים מכסהו וצריכא דאי אשמועינן משחא משום דנפיש פסידיה משום הכי שרי ר' יוסי אבל חמרא כו' אמר ר' יצחק בר אבא מאן תנא שינוי במועד בדבר האבד דלא כר' יוסי דהא ר' יוסי שרי כדרכו בלא שינוי אמר רב יוסף הלכתא כר' יוסי: בעא מיניה מרב נחמן בר יצחק מהו למישעיה לחביתא דשיכרא בחולו של מועד אמר להו רב יוסף דהוא סיני כדגרסינן בסוף הוריות רבה עוקר הרים רב יוסף סיני הוא דאמר הלכה כר' יוסי דאמר זולף וגומר גף כדרכו אמרו ליה אומר דאמר ר' יוסי גף כדרכו בחמרא דאי שבקת ליה מגולה מפסיד שיכרא מי אמר אמר להו שיכרא נמי אית ביה פסידא טובא דאמר אביי אמרה לי אם חביתא דאית בה שית סאוי תמרי או כיוצא בהן ושייעא כח אותו השכר חזק א)כמו חבית שיש בה שמונת סאין ולא שיעא כלומר אם תשאר מגולה יש בשכר הפסד: **אמר** רב הלכות מועד כהלכות כותים למאי הלכתא לומר שעקרות הן ואין למידות זו מזו. דאמר שמואל זופתין כותא ואין זופתין חבית והלא זו וזו זיפות הוא אלא אין למידין זו מזו ב) זיפות הכוזתא אם תשאר בלא זיפות. פי' חייש לטירחא ומר חייש לפסידא מפורש בירושלמי שמואל אמר זפתין גרבא ולא זפתין כוזתא ג) דזיפתא גלידא. רב הונא חצדו ליה בחולא דמועדא איתיביה רבה בר רב הונא והתניא דבר האבד מותר לעשותו במועד ושאינו אבד אסור לעשותו בד"א בתלוש אבל במחובר אפילו כולו אבד אסור ואם אין לו מה יאכל קוצר ומעמר ודש כו'. ובלבד שלא ידוש בפרות. אמר ליה רב הונא הא מתניתא יחידאה היא דהא רשב"ג תני לה משום ר' יוסי ולא סמכינן עליה אי הכי דר' יוסי היא ידוש בפרות דהא ר' יוסי לא בעי שינוי ופרקינן כיון דכל יומא איכא דדיש בלא פרות לאו שינוי **תנו** רבנן טוחנין קמח במועד לצורך המועד שלא לצורך המועד אסור ואם טחן לצורך המועד והותיר מותר כיוצא בו קוצצין קוצצין במועד לצורך המועד ושלא לצורך המועד אסור וכו' וכן מטילין שכר לצורך המועד כו' ובלבד שלא יערים · איני והתניא אע"פ שיש לו שכר ישן מערים ושותה מן החדש. ופרקינן תנאי היא דתניא אין מערימין בכך משום ר' יוסי בר' יהודה אמרו מערימין ואע"ג דלמיחצד למי שאין לו מה יאכל שרי איקפד שמואל עליה דרב ואמר אפילו הכי אדם חשוב שאני. ר' יהודה נשיאה נפק בחומרתא דמדושא ואשתי מיא דאחים קפילא ארמאה. ואיקפד ר' אמי עליה. ואמר רב יוסף תרוייהו שרו להו רבנן חומרתא דמדושא דתניא השירים והצמידים והטבעות הרי הן ככל הכלים הניטלין בחצר ואי מיא דאחים קפילא נכרי האמר שמואל בר רב יצחק כל הנאכל כמות שהוא חי אין בו משום בשולי נכרים ואמרינן אפילו הכי אדם חשוב שאני לא הוה ליה למיעבד הכי. אמר רב חננאל אמר רב קוצץ אדם דקל במועד אע"פ שאין צריך לו אלא לנסורת שלו לייט עלה אביי אול רב אשי למקצץ ההיא אבא ואישתמיט נרגא ובעא למיפסקיה לשקיה ושבקיה והדר רב יהודה שרא למיעקר כיתנא ולמיקטל כשותא ולמיעקר שומשמי אמר אביי בשלמא כיתנא חזי לחפיפה כשותא נמי חזו לשיכרא אלא שומשמי למאי חזו ואמרינן לגזי דאית בהו. רבי ינאי קטף פרדיסאה בחולי דמועדא משום דמטא [זמניה] וחשש לפסידא לשנה אחרת שהו כ"ע לפרדיסייהו וקטפוה בחולי דמועדא אפקר ר' ינאי לפרדיסיה ההיא שתא: **ירושלמי** אמר ילפין מקלקלתא ולא ילפי מתקנייא. ר' יעקב בר אחא בשם ר' אבין פרקמטיא אבידה שריא מטלטלתא במועדא. שיירתא שרי מיזבון מינה במועדא: **מתני'** מכנים אדם פירותיו מפני הגנבים כו'. תניא ובלבד שיכניסם בצינעא לתוך ביתו ואי הוו כעין כשורי דרב יוסף דבליליא בעו גברי יתירי ובעי אבוקות של אש ואוושא מילתא מפי עדיף לעיילינהו ביממא. שולה פשתנו מן המשרה שלא תאבד

א) נראה מוס דרביט סיס גורס ככר תמניא. ב) אולי צ"ל אם תשאר בלא זיפות תפסיד רב דימי וכו' אמר זופתין חביתא ואין זופתין כוזתא פי' מר חייב. ג) אולי צ"ל ופתין גרבא דזיפתא דקקירא ולא זפתין כוזתא דזיפתא גלידא.

הגהות הב"ח

זולף וגומר כל עיקר אלא אבור קאי וקאמר וגף כדרכו דאת"כ כשפתע וממלא סכ"ל מניח מגופה על הבור שכיין כתוכו ומכסהו כדרכו וזה עולה כגירסת הספרים כורו לגוף: (א) גמ' אי משום חומרתא דמדושא הא תניא השירין ל"ב עי' מ"ש פ' הדר דף סט כתוס' ד"ה כיון: (ב) שם הא אמר רב שמואל: (ג) רש"י ד"ה לימא וכו' דבמחובר אפי': (ד) תוס' ד"ה מכנים כו' ואיני יודע מה מלאכה איכא באסיפה וצריך עיון: (ה) ד"ה אם כו' דגבי מכר ומת דבעי אי קנסו בנו אחריו התם ודאי גרסינן איסורא דאורייתא:

§ מסכת מועד קטן דף יב: §

אות א'

<u>דבר שאבוד במועד, מותר לעשותו במועד; דבר שאינו אבוד במועד, אסור</u>

סימן תקל"ז ס"א - [א]דבר האבד - ר"ל שאם לא יעשהו עכשיו יבא לידי הפסד, **מותר לעשותו בחול המועד בלא שינוי** - ואם הדבר אצלו בספק, עיין במ"א שמקיל, ובח"א כתב שיעשהו ע"י עכו"ם ולא בעצמו, **ועיין** בבה"ל שצידדנו, דכונת המ"א הוא ג"כ אם אותו החשש שהוא חושש הוא מצוי שיבוא, ואז נראה דיש להקל גם ע"י עצמו, (אפילו למאן דאית ליה דמלאכת חוה"מ עיקרו הוא מן התורה, **ואם** אינו מצוי ההפסד, יש להחמיר אפילו למאן דאית ליה דאיסור מלאכת חוה"מ הוא מדרבנן), **אכן** יראה לעשות בצנעא אם אפשר, (ואם אי אפשר בצנעא מותר בפרהסיא). **ועיין** בפמ"ג שכתב, דלדברי המ"א יש להקל נמי בספק צורך המועד, והיינו ג"כ אם בעיניו קרוב שיהיה זה לצורך המועד. **(מיהו בכל מה דאפשר להקל בטרחה יעשה) (כל בו).**

אות ב' – ג

<u>ואם אין לו מה יאכל, קוצר ומעמר ודש וזורה ובורר וטוחן ובלבד שלא ידוש בפרות</u>

סימן תקל"ז סט"ו - [ב]אסור לקצור השדה בחוה"מ, אם אינו נפסד אם יעמוד עד לאחר המועד - דאם הוא נפסד, מותר לקצרו, ומסתברא דאפילו אם רק אבוד מקצתו, ג"כ מותר, [דלפי המסקנא בגמ' דאין חילוק בין מחובר ובין תלוש, וע"כ כי היכא דבתלוש קאמרה הברייתא דאפילו אבוד מקצתו מותר, כן ה"ה במחובר].

[ג]ואם אין לו מה יאכל, [ד]אפי' מוצא בשוק לקנות, אין מצריכין אותו ליקח מן השוק - וכן אין מחייבין אותו לשאול מחבירו, **אלא קוצר ומעמר ודש וזורה ובורר כדרכו** - "ובורר וטוחן כדרכו", כצ"ל, ור"ל דאין צריך שינוי, [**דמה** דאסרו לדוש בפרות, הוא משום דאוושא מלתא, כפי' רש"י, אבל לא משום דצריך שינוי כשיטת הרמב"ם, וכן כמה ראשונים העתיקו הטעם דרש"י], **ומ"מ** אין לו לעשות כל אלו מלאכות אלא לפי מה שהוא צריך לאכילתו.

[**ועיין** בחי' הריטב"א שכתב, דהיכא דאין צריך אלא למלאכה אחת, כגון טחינה, מותר לעשות בהרוחה, ורק שלא יערים, **אכן** בזה צריך לעשות הכל בצמצום, **ומ"מ** אם אינו מוצא מי שיעשה לו בצמצום, שאין רוצין לטחון או לקצור לו דבר מועט, עושין אפי' הרבה מפני המועט, שהכל צורך המועד הוא, עכ"ל, **ובזה** נפשט ספיקו של פמ"ג, דמסתפק כשהוצאה אחת הוא לקצור כל השדה או מקצתה, אם הוא בכלל דבר האבד או לא].

[ה]ובלבד שלא ידוש בפרות - משום דאוושא מילתא, ולפי"ז גם בשאר בעלי חיים אסור. **וה"מ שא"צ אלא לו לבדו, [ו]אבל אם הוא צריך לדוש לצורך רבים, דש אפילו בפרות.**

אות ד' – ה' – ו'

<u>טוחנין במועד לצורך המועד, ושלא לצורך המועד אסור; ואם טחן והותיר הרי זה מותר. קוצצין עצים וכו' מטילין שכר במועד לצורך המועד, ושלא לצורך המועד אסור; ואם הטיל והותיר הרי זה מותר. ובלבד שלא יערים מערים ושותה מן החדש</u>

רמב"ם פ"ז מהל' יו"ט ה"ח - מטילין שכר במועד לצורך המועד, ושלא לצורך המועד אסור, אחד שכר תמרים ואחד שכר שעורים; אע"פ שיש לו ישן מערים ושותה מן החדש, שאין הערמה זו ניכרת לרואה, וכן כל כיוצא בזה. השגת הראב"ד: אף על פי שיש לו ישן מערים ושותה מן החדש. א"א הא דלא כהלכתא, דר' יוסי ברבי יהודה הוא דאמר הכי [ז]ופליגי רבנן עליה; אבל בודאי אם החדש טוב לו מן הישן שלא מדרך הערמה, מותר.

סימן תקל"ג ס"א - [ח]מותר לטחון קמח לצורך המועד - שאין לו קמח בביתו, ואפילו יכול לקנות או לשאול מחבירו, וכדלקמן בסי' תקל"ז סט"ו, **וה"ה** דגם שארי מלאכות יכול לעשות בכגון זה, דהיינו קוצר ובורר וכו', וכדמבואר שם בסעיף הנ"ל, [**אלא** דיש פוסקים שכתבו, דבעושה הרבה מלאכות, לא התירו אלא בכדי מחייתו].

אפי' כיון מלאכתו במועד - ר"ל שהיה יכול לתקן מעיו"ט, ומדעתו הניח דבר זה לעשותו בחוה"מ, דבכמה מקומות מחמרינן בזה, אבל בצרכי אוכל לא החמירו בזה.

ולקוץ עצים מהמחובר - להסיק תנורו, [**וגם** בזה אפי' כוון מלאכתו במועד לית לן בה. **ולא** התירו אלא בשצריך להם גופא, אבל בשצריך רק לנסורת, [ט]אסור]. **ולהטיל שכר, בין של תמרים, בין של שעורים** - דאיכא טרחא מרובה, **לצורך המועד.**

ושלא לצורך המועד, אסור; ומיהו א"צ לצמצם, אלא עושה בהרוחה, ואם יותיר יותיר; [י]אבל לא יערים לטחון או

באר הגולה

א משנה מו"ק י"א וי"ב וכרבי יוסי ובגמרא שם ב מעובדא דרב הונא שם ג מעובדא שם ד הרמב"ם שם מדאיקפד שמואל ‹ונראה לי שלמד כן מדאמרינן גבי עובדא דרב, דאין לו מה יאכל הוה, ואפילו הכי איקפד שמואל לחד לישנא משום דאדם חשוב הוא, ואם איתא שלא היה מוצא לקנות, אטו משום דאדם חשוב הוא ימות ברעב, אלא ודאי בשמוצא לקנות מיירי, ואפ"ה מותר לקצור לכו"ע אם אינו אדם חשוב - ב"י› ה ברייתא שם ו ירושלמי כתבוה הרא"ש שם ז ‹ורבינו פוסק להקל בשל דבריהם, דלא אמרינן כן אלא כשיש ספק הלכה כדברי מי, אבל הכא דפליגי רבנן עליה דר' יוסי בר יהודה, ודאי דאין הלכה כר"י בר יהודה - מרכבת המשנה› ‹נ"ב דברים דחוקים הם, דלא אמרינן כן אלא כשיש ספק הלכה כדברי מי, אבל הכא דפליגי רבנן עליה דר' יוסי בר יהודה, ודאי דאין הלכה כר"י בר יהודה - מרכבת המשנה› ‹**ונ"ל** דס"ל להרמב"ם, מדפריך סתמא דתלמודא בפ' תולין (דף קל"ט:) מזה, ומשני הכא לא מוכחא מילתא, ופי' רש"י שאין הכל יודעים שיש לו ישן ע"ש, ש"מ דהלכתא הכי, כנ"ל ברור - מ"א› ‹**ומש"כ** הרמב"ם שאין הערמה זו ניכרת, היינו כתירץ הש"ס הנ"ל, התם לא מוכחא מלתא - מזהו"ש› ח ברייתא מו"ק י"ב ט ‹גמ'› י ברייתא שם וכת"ק, טור בשם אביו הרא"ש וש"פ

לעשות (שכר) יותר בכוונה - ואם בעל הטחנה אינו רוצה לטחון שיעור מועט, יכול לטחון אפילו הרבה, ולא הוי כמכוין להותיר, שהרי טוחן המותר בשביל אותו מועט שהוא צריך.

או אם יש לו קמח (או שכר ישן), לא יערים (לעשות אחר), ויאמר: מזה אני רוצה - ואע"פ שאוכל מזה שטוחן, מ"מ הערמה היא, שהרי א"צ לזה, [כן משמע בגמ', דלמאן דאסר הערמה, גם באופן זה אסור].

ואם הערים, מותר בדיעבד, כיון שאוכל עכ"פ קצת מן הקמח או מן השכר, וכמו שפסק המחבר לעיל בסימן תק"ג ס"א בכה"ג.

ומיהו להמפרשים שפי' שם דדוקא בהזיד, אבל בהערים אסור אף בדיעבד, אפשר דה"ה הכא אסור. [**ואף** שיש לומר דחוה"מ קילא ולכו"ע שרי, לכאורה אין נראה לחלק, שהרי מדברי רש"י בסוגין דמו"ק בד"ה ואם הותיר, שכתב ואם הותיר מותר לאחר המועד, משמע דבלבד שלא יערים דקאמרה הברייתא הוא ג"כ לענין אחר המועד, דאם הערים אסור, **אם** לא דנצרף דעת הרמב"ם דעיקר הערמה שרי, אמנם גם הרמב"ם לא קאמר אלא אהדיא דשכר חדש שאומר בזה אני רוצה, ומשום דלא מוכח מלתא, משא"כ הכא «שעושה יותר בכוונה» דמוכח שפיר, ובפירוש כתב הרמב"ם שאינו טוחן אלא בכדי צרכו, **ובפרט** דטחינה גרע יותר מהא דסימן תק"ג, דהתם עכ"פ מבשל בבת אחת, ולא כן הכא בשופך לתוך כיס של טחינה כמה פעמים, ובשביל צרכו הלא די בשפיכה ראשונה לבד, א"כ הוא טוחן בהדיא שלא לצורך המועד. **ואפשר** דבענינינו מיירי שפיר שלא שפך רק פעם אחד, אלא שהוא יותר מכדי צרכו, וצ"ע בכל זה].

[יא] אבל אם יש לו לחם, מותר לטחון (לפת), דפת חמה עדיף; (וכוא כדין בשכר, אם כחדש עדיף בלא הערמה, שרי) (המגיד) - ר"ל שבאמת החדש עדיף, ואינו מתכוין להערמה, [**דאם** מתכוין רק להערמה כדי להותיר, אסור], **וכן** בחטים ושעורים וכה"ג, אם יש לו קמח מהם שאינו יפה כ"כ, מותר לטחון אחרים שיפים יותר מהם.

ודע דיש פוסקים שסומכים להקל בהערמה, דיש לו ישן ואומר בשכר חדש אני רוצה, ושותה גם מן החדש, **ואין** למחות למי שרוצה לסמוך אסברא זו, [שכן הוא דעת הרמב"ם, ואפי' אם החדש הוא גרוע].

(**וע"כ יש להקל לצרף יי"ש בחוה"מ, דהיינו שמשימין היי"ש ביורה** ומסיקין תחתיה, וירתיח היי"ש ועולה דרך קנים, והקנים יצננו במים אשר ידלו בדלי מן הבור, ועוד כמה מלאכות שיש בזה, אפ"ה מותר כשישתו הישראלים קצת מהן בחוה"מ, **כיון** דגם בשכר מותר להערים כשיש לו שכר ישן, **ואף** דבשכר אינו טוב לשתות כ"כ במהרה מחדש, ולא שייך צורך המועד כ"כ, ובי"ש יכול תיכף לשתות, **ואם** נימא דמלאכת חוה"מ הוא מדרבנן, בודאי מותר להערים, **ואף** אם נימא דאסור מדאורייתא, אפשר ג"כ דע"כ לא אסרו רק בהערמה הניכרת, וכאן לא ניכר, **אכן** בפמ"ג משמע, דלמ"ד מלאכת חוה"מ אסור מדאורייתא, אין להקל אף בהערמה שאין ניכרת, **וע"כ** הנכון להתנהג כמו שכתב בבה"ט בשם תשובת בית יעקב, «במקומות שעושין מחיה ביין שרף, שרופין ביורות ויש להם ריוח הרבה, יש מקום להתיר וליתן הריוח לעניים, כיון שהם אינם עושים מלאכה בעצמם רק ע"י א"י, **ואפי'** ישראל יהיה מסייע מותר, דמסייע אין בו ממש מקרי, כיון דהא"י יכול לעשותה בלי סיוע ישראל».

ומ"מ יש שכתבו, דגם פוסקים אלו אינם מקילים אלא בזה, דאין הערמה ניכרת, שאין הכל יודעים שיש לו שכר ישן, **אבל** לא בטוחן חטים או עושה שכר, ומערים לעשות יותר אלאחר יו"ט, שהכל רואין שהוא טוחן הרבה כדרך שהוא טוחן בחול, [**וכן** בהיה לו קמח ומערים לטחון קמח אחר, ג"כ אפשר דאסור, דמה לי קמח זה או קמח אחר, **אם** לא דהקמח היה מתבואה ישנה, דיכול להערים ולומר, דרוצה לטעום מתבואה חדשה, וכעין ההיא דשכר, **ואם** באמת יפים יותר, לכו"ע שרי].

(**עיין בח"א שכתב וז"ל, בשעת הדחק כגון שלא יוכל לאפות תיכף לאחר המועד, יש לסמוך להתיר לאפות ע"י שצריך קצת לפת אחד, אף שמערים ועושה בכונה יותר, כיון שאין הערמה זו ניכר כ"כ, והנה לפי מה שכתבנו בפנים, אין זה היתר «רק» לדעת המקילים, אכן בנ"א ביאר הדברים יותר, דיש לסמוך בזה אהאי מ"ד בסי' תק"ז ס"ו, דגם בתנורים שלנו אופה אדם תנור פת, אע"פ שא"צ אלא לככר אחד, וכ"ש כשעושה פת אחד או לעקאך אחד גדול, שאין בו אלא טורח אחד, דשרי לכו"ע**).

כתב הח"א, נ"ל דאפילו יש לו פת נקיה, מותר לאפות פת הדראה לצורך חוה"מ, [**ונראה** טעמו, כיון דאינו רוצה לאכול מפת נקיה בחוה"מ, נחשב כאין לו, **אבל** אין לומר שטעמו, משום דכיון דהוי לחם אחר לא מינכרא מילתא, ודומיא דיש פוסקים לעיל, דמתיר להערים לענין שכר חדש אפי' אם החדש גרוע, דכ"ז אינו אלא לדעת הרמב"ם, אבל השו"ע אינו מקיל בזה], **אע"ג** דביו"ט אסור, בחוה"מ שרי, ובלבד שצריך עכ"פ ג"כ קצת במועד ועושה בהרוחה, ואם יותיר יותיר, [**והנה** בזמנינו אין מצוי כ"כ פת הדראה מחטין, אלא שאופין פת שיפון, בזה אין להסתפק כלל, דזה אפי' ביו"ט שרי].

אות ז'

<u>כל שנאכל כמות שהוא חי, אין בו משום בישולי נכרים</u>

יו"ד סימן קי"ג ס"א - דבר שאינו נאכל כמו שהוא חי, וגם עולה על שלחן מלכים ללפת בו את הפת או לפרפרת – [הטעם, דעיקר הגזירה משום חתנות, ודבר שאינו חשוב כ"כ, אין אדם מזמין חבירו עליו – ט"ז], **שבישלו עו"ג, אפילו בכלי ישראל ובבית ישראל, אסור משום בישולי עובדי כוכבים.**

אות ח'

<u>שרא למיעקר כיתנא, ולמיקטל כשותא, ולמיעקר שומשמי</u>

סימן תקל"ג ס"ב - [יב] מותר לעקור פשתן, מפני שראוי לכסות בו את האוכלים - כגון תאנים ותמרים המיבשין אותן בחמה, וצריכין לכסותן בלילה מפני הטל, **וכ"ז** אם הוא עושה לצורך זה, ואפילו בזה לא שרי ליה לעקור אלא בכדי מה שהוא צריך.

באר הגולה

[יא] הרשב"א בתשובה [יב] שם בגמרא מימרא דרב יהודה

וה"ה אם הוא צריך לזרע הפשתן לצורך חפיפה, ששורין אותו והנשים חופפות בו להחליק בשרן ולצחצח מראיהן, דשרי לעקור הפשתן בשביל זה, [ריטב"א ור"ן ומגיד משנה בפי' דברי הש"ס, דחזי לחיפופא], **ואע"ג** דבשביל זה לא היה לו לתלוש רק ראש הגבעול, לא הטריחוהו חכמים לשנות מכפי מה שהוא עושה בחול, ושרי לעקור עם השורש, **וגם** בזה אינו מותר אלא בכדי צרכו וכנ"ל.

ולעקור כשות, שראוי להטיל בו שכר לצורך המועד - צ"ל להטיל בשכר, שמערבין אותו בשכר לתת בו חורפא, **וגם** בזה, אם הוא עושה לצורך זה, וגם רק בכדי מה שהוא צריך למועד, **וכן** לענין שומשמין דלקמיה.

ולעקור שומשמין, [יג]שהיבשים שבו ראויים לאכול מיד - אינו שומשמין שלנו, שהם מאכל גמור, אלא הוא מין זרע שעושין מגרעיניו שמן, או מטגנים אותן בדבש וראוים לאכילה, ואינן ראוים לכל זה אלא בשעה שהן יבשין, אבל הלחים צריך להכמישן ולייבשן, ולא חזו עד לאחר המועד. **ומשמע** דשרי ליה לעקור בלי ברירה, ואח"כ יברור הראוים לאכילה ולשמן, [כן משמע מלשון הש"ס דקאמר, חזיא לנזיא דאית בהו, וכפי' הריטב"א והר"ן. **ועיין** בריטב"א שהביא פירוש רב האי, דחזיא לנזיא, היינו שהגרעינים שלהם ראוין להסקה, ופשוט הוא דגם בשביל הסקה מותר לתלוש, וכמו דמותר לקוץ עצים].

אות ח'* [יד]

הוה ליה ההוא פרדיסא דמטא זמניה בחולא דמועדא, קטפיה, לשנה שהיוה כולי עלמא לפרדיסייהו וכו'

סימן תקל"ז סט"ז - [טו]מי שיש לו כרם אצל כרמו של אינו יהודי, ואינו יהודי בוצר שלו בחוה"מ, ואם לא יבצור הישראל גם את שלו יפסיד, יכול לבצרו, ולדרוך היין - היינו כשהענבים יתקלקלו עד לאחר המועד, **ולעשות החביות וכל צרכי היין בלא שינוי, ובלבד שלא יכוין לעשות מלאכתו במועד.**

ופועלים ישראלים יכולים ליטול שכר, אף שיש להם מה לאכול, ואצלם לא הוי דבר האבד, מ"מ הותר אצלם לעשות בשבילו, **דומיא** דפועל עני שאין לו מה יאכל, דמותר לבעה"ב ליתן לו מלאכה.

(ועיין בלבוש, דדוקא בענינינו שאין יכול להשתמש ע"י עכו"ם, מחמת איסור ניסוך, הא בעלמא ישתמש ע"י עכו"ם, **ולדידיה** בכל דבר האבד אסור לשכור לזה ישראלים שיש להם לאכול, אם לא שאין לו עכו"ם, **ותמה הא"ר דמנין לו זה, ועכשיו מצאתי שכ"כ הריטב"א**).

עיין ט"ז מה שכתב בשם רוקח, [טז]דאדם חשוב צריך להחמיר אף בדבר האבד, [יז]ובבדק הבית מפקפק בזה. **ומ"מ** טוב שיעשה בצינעא, **אם** לא שאירע פעם אחת תקלה על ידו, שהעולם דימו שמותר לעשות לכוין לכתחלה ולהניח המלאכות על חוה"מ, [יח]דאז אפשר דממידת חסידות צריך תו ליזהר בכגון זה מעתה, פמ"ג.

אות ט'

מכניס אדם פירותיו מפני הגנבים

סימן תקל"ח ס"ב - [יט]מותר להכניס פירות מפני הגנבים, אם אינם במקום המשתמר - וגם בזה, וכן בכל דבר האבד, אסור לכוין לכתחלה להשהות עד המועד, ואף דההכנסה הוא רק טרחא בעלמא, [**כל** זה מוכח במשנה שם, וביותר מזה, דאפי' בזה, אם כיון מלאכתו במועד, יאבד].

אות י' - כ'

ושולה פשתנו מן המשרה בשביל שלא תאבד ובלבד שלא יכוין את מלאכתו במועד

סימן תקל"ח ס"א - [כ]וכן שולה פשתנו מן המשרה - היינו שמעלהו משם כשיכלה זמן שרייתו, דאל"ה יתקלקל הפשתן. (מקיצור פסקי הרא"ש וכן מן הטור משמע, דאף בזה יעשה בצנעא, כמו בס"ב).

וכל כיוצא בזה מדבר האבד, [כא]ובלבד שלא יכוין מלאכתו במועד - אכל הסעיף קאי, היינו שהיה ביכולתו לזה בשאר ימות השנה, או קודם הרגל או לאחר הרגל, והוא מצמצם אותם למועד.

אות ל'

וכולן, אם כוונו מלאכתן במועד, יאבדו

סימן תקל"ח ס"ו - [כב]המכוין מלאכתו והניחה למועד ועשאה במועד, [כג]ב"ד מאבדין אותה ממנו ומפקירים אותה לכל - רבותא קאמר, לא מיבעי אם עדיין לא עשה המלאכה, אין הב"ד מניחין אותו לעשות המלאכה, אע"פ שהוא דבר האבד ויאבד הדבר ההוא מעצמו, **אלא** אפילו עבר ועשה, ב"ד מאבדין הדבר ההוא בידים.

וכ"ש אם עשה מלאכה בדבר שאינו אבוד, בודאי ב"ד מאבדין אותה.

ואם לא זכה בה אדם ונשאר עד לאחר המועד, מותר להתעסק בה.

הגה: ואם הוא עושה מלאכת אחרים שא"א לקנסו, כגון חייט או סופר שעושה מלאכת אחרים, היו משמתין ליה ומלקין אותו (ב"י ור"י) - ר"ל או מלקין אותו, והיינו עד שיקבל עליו שלא לעשות, **עיין** בא"ר, שדעתו דמאבדין ממנו כל השכירות.

באר הגולה

יג ‹ופרקינן משום נזייתא דאית בהו, כלומר אותן שמתייבשין במחובר, דהנהו חזו לאכילה או לעשות מהן שמן, אבל אותן שאינן יבשין לא חזו למידי – ריטב"א, ועיין ברש"י› יד ‹ע"פ מהדורת נהרדעא› טו **מעובדא דרבי ינאי שם בבבלי, והרא"ש שם בשם הירושלמי** ‹וז"ל: ובכה"ג איתא בירושלמי אמתניתין דמי שהיה יינו בתוך הבור וכו', ואם הגיע זמן הבציר במועד, אם יש לישראל כרם, צריך הוא לבצור כמו כן, פן יהיה לבער כשיבצרו הגוים סביבות כרמו, כי יפרצו כרמו ויהיה למרמס, וכיון שצריך לבצור, מותר לדרוך וליתנו לחביות פן יפסדו› טז ‹דמההוא עובדא דרבי ינאי יש ללמוד, דאדם חשוב צריך ליזהר אפילו במלאכת דבר האבד, שמא יטעו העולם לומר שכיון מלאכתו במועד – ב"י› יז ‹דשאני התם שאירע תקלה על ידו, ואדרבה משם ראיה דאדם חשוב אין לו ליזהר כל שלא באה תקלה על ידו, דהא רבי ינאי מעיקרא לא היה נזהר, **ועוד** י"ל, דאפילו בתר ההוא עובדא לא נמנע רבי ינאי, אלא דבההיא שתא אפקריה, להודיע לבני אדם שלא כיון מלאכתו במועד, ואף גם זאת מדת חסידות היתה ולא מן הדין – בדק הבית› יח ‹כדמשמע בצד א' של הבדק הבית, דלא מחלק בין ההיא שתא לשאר שנים, כמו שמחלק בצד השני› יט **שם במשנה י"ב** כ **משנה שם י"ב** כא **שם** כב **משנה שם י"ב** כג ‹ורש"י כתב: שאסור ליהנות מהן, משמע דאסיר בהנאה מעצמו ממילא, והיה אפשר לומר דהשו"ע מודה לרש"י, שאפי' לא הפקירו ב"ד, דנאסר מעצמו, **אבל** ממש"כ המ"ב: דאם לא זכה בה אדם ונשאר לאחר המועד, דמותר, זהו דלא כרש"י, ועיין באור החמה›

אות מ' – נ'

ובלבד שיכניסם בצנעא לתוך ביתו

כיון דבליליא בעו גברא יתירי וכו'

סימן תקלח ס"ב - [כד]**ומיהו יעשה בצנעה, כגון שיכניסם בלילה** - כדי דלא ליפוק מיניה חורבא לעלמא. [כה]**ואם הוא דבר שיש בו פרסום בלילה יותר מביום, כגון שצריך להכניסו באבוקות ובקולות, יכניסם ביום. הגה:** [כו]**ואם א"א לעשותן כי אם בפרהסיא, הכל שרי בדבר האבד (המגיד ומרדכי).**

[כז]**סימן תקלח ס"ג** - [כח]**אסור להסיע ממונו מעיר לעיר, אם לא בשביל דבר האבד** - עיין לעיל סי' תקל"ה ס"א, דאפי' באותה העיר, לפנות כליו לחצר אחרת אסור, **ואפשר** דנקט המחבר לשון זה משום סיפא, דבשביל דבר האבד, אפילו מעיר לעיר מותר.

אות נ'* [כט]

כוון מלאכתו במועד ומת, מהו שיקנסו בניו אחריו

סימן תקלח ס"ו - [ל]**ואם מת, לא יקנסו בנו אחריו** - אדלעיל קאי, שכבר עשה אביו, **ופשוט** דדוקא אם עדיין לא זכה בה אדם, אבל אם זכו בה בחייו, כבר נעשה שלהם ואין הבן יורשו, **ואפשר** עוד, דאפילו עדיין לא זכו בה, מכיון שכבר הפקירוה, שוב אין הבן יכול לחזור ולזכות מצד ירושה, אלא הרי הוא כשאר כל אדם לנכסים אלו, **והמחבר** מיירי שמת קודם שהפקירוה. **ומותר לו לעשותה אם הוא דבר האבד** - קמ"ל ג"כ רבותא, דאפילו עדיין לא עשאה, ב"ד מתירין לבנו לעשות המלאכה, כיון שהוא דבר האבד. **ובדבר** שאינו אבוד, פשיטא דאסור לבנו לעשות בחוה"מ.

ואם עשה אביו בדבר שאינו אבוד ומת, י"א דבזה קנסו גם לבנו אחריו, שלא יהנה מזה, למ"ד דמלאכת חוה"מ אסור מן התורה, **אבל** הב"י ועוד כמה אחרונים מפקפקין בזה, (**וסיים** ע"ז הבית מאיר: לכן העיקר לענ"ד כפסק השו"ע, וכמש"כ בב"י, דלבנו תמיד לא קנסינן).

---

§ מסכת מועד קטן דף יג. §

אות א'

שדה שנתקווצה בשביעית, תזרע למוצאי שביעית

רמב"ם פ"א מהל' שמיטה ויובל הי"ד - המעביר קוצים מארצו בשביעית כדי לתקנה למוצאי שביעית, או שסקל ממנה אבנים, אע"פ שאינו רשאי, לא קנסו אותו, ומותר לו לזורעה במוצאי שביעית.

אות ב' – ג'

נטייבה או נדיירה, לא תזרע למוצאי שביעית

נקטינן, הטיבה ומת, בנו זורעה

רמב"ם פ"א מהל' שמיטה ויובל הי"ג - [א]**החורש את שדהו או נרה או זבלה בשביעית כדי שתהיה יפה לזריעה במוצאי שביעית, קונסין אותו ולא יזרענה במוצאי שביעית, ואין חוכרין אותה ממנו כדי לזורעה, אלא תהי בורה לפניו; ואם מת, יזרענה בנו.**

אות ד' – ה'

נקטינן, טימא טהרותיו ומת, לא קנסו בנו אחריו

היזק שאינו ניכר לא שמיה היזק

חו"מ סימן שפה ס"א - המזיק את חבירו היזק שאינו ניכר, כגון שעירב יין נסך ביינו, מן התורה הוא פטור, אבל חכמים קנסוהו לשלם נזק שלם מהיפה שבנכסיו, כדין כל המזיקים; לפיכך אם מת המזיק קודם שישלם, אין קונסין בנו אחריו לשלם; וכן אם היה שוגג או אנוס, פטור, שלא קנסו אלא מזיד.

אות ו'

אין לוקחין בתים עבדים ובהמה אלא לצורך המועד, או לצורך המוכר שאין לו מה יאכל

סימן תקלט ס"ב - [ב]**אין לוקחים בתים** [ג]**ואבנים עבדים ובהמה, [אלא] לצורך המועד** - דהיינו בתים לדור, ואבנים לתקן כותלו, וכדלקמן בסימן תק"מ, ועבדים לשמשו.

ומן העכו"ם י"א דמותר לקנות בתים ושדות וכרמים ועבדים ובהמה, מפני שהוא כמציל מידו, (כ"כ הש"ג בשם תוספתא, והביאו המ"א וא"ר, **והטעם** אינו מוסכם לענ"ד מהפוסקים, דלא קאי האי כמציל מידם על עצם היתר הלקיחה, ורק על הכתיבה והעלאה בערכאות, דמותר במועד מפני שהוא כמציל מידם, א"כ צריך טעם אחר להיתר הלקיחה מעכו"ם ביו"ט, **אכן גם** עצם דין זה לענ"ד לא ברירא הוא, דכל הראשונים לא העתיקו כלל תוספתא זו, ומדהשמיטה הרמב"ם וכל הפוסקים לתוספתא זו, נראה דלא ס"ל כן להלכה, **והטעם** י"ל, כיון דהמשנה סתמה: אין לוקחין וכו' אלא לצורך המועד, ולא חילקה

באר הגולה

כד בברייתא שם כה מעובדא דרב יוסף שם ‹ופרש"י בזה דחוק, {דמשמע דאין חילוק בין יום ללילה, ומתי שירצה יעשה, ודלא כהשו"ע} – רש"ש› כו ‹מהנ"ל, שהתיר רב יוסף ביום אע"ג דפרהסיא הוא, כיון דא"א בלילה – גר"א› כז ‹ע"פ הבאר הגולה וב"י› כח מרדכי שם **מברייתא דלעיל** ‹וכתב עוד המרדכי, תנא ובלבד שיכניסם בצנעא בתוך ביתו, וכ"ש שאסור להסיע ממונו מעיר לעיר אם לא בשביל דבר האבד – ב"י› כט ‹ע"פ מהדורת נהרדעא› ל **בעיא היא ונפשטא** א ‹בירושלמי נתקווצה, תמן אמרי ניטלו קוציה... ונטייבה למאן דמפרש נתקווצה ניטלו קוציה, נטייבה היינו שחרש אותה... ולמאן דמפרש נתקווצה שחרש אותה, נטייבה פירושו שחרש אותה שני פעמים, ורבינו תפס כאן כמאן דמפרש ניטלו קוציה, ונטייבה היינו שחרש אותה פעם אחת לבד – ר"י קורקוס. ‹**ונרה** דקאמר, היינו שנחרשה היטב ביותר, ולעולם אפי' לא חרשה אלא פעם אחת – מראה פנים›, ‹**ודלא** כרש"י, ועיין בתוס'› ב **משנה שם** ג ‹כן הוא גירסת רי"ף ורא"ש וש"פ {דמוסיפין על המשנה אבנים} – גר"א›

צרם אזן בכור קנסו בנו אחריו משום דאיסורא דאורייתא ואם תמצי לומר מכר עבדו לעובד כוכבים ומת קנסו בנו אחריו משום דכל יומא מפקע ליה ממצות הכא מאי גברא קנים רבנן והא ליתיה או דלמא ממונא קנים רבנן והא איתיה א"ל תניתוה *שדה *שנתקווצה בשביעית תזרע למוצאי שביעי' בנטייבה או נדיירה לא תזרע למוצאי שביעית ואמר ר' יוסי בר חנינא *גנקטינן המיבה ומת בנו זורעה אלמא לדידיה קנסו רבנן לבריה לא קנסו רבנן ה"נ לדידיה קנסו רבנן לבריה לא קנסו רבנן אמר אביי *דנקטינן טימא טהרותיו ומת לא קנסו בנו אחריו מאי טעמא *היזק שאינו ניכר לא שמיה היזק לדידיה קנסו רבנן לבריה לא קנסו רבנן: **מתני'** *אין לוקחין בתים עבדים ובהמה אלא לצורך המועד או לצורך המוכר שאין לו מה יאכל: **גמ'** בעא מיניה רבא מרב נחמן שכר פעולה שאין לו מה יאכל מהו א"ל תנינא או לצורך המוכר שאין לו מה יאכל לאתויי מאי לאו לאתויי שכר פעולה א"ל לא פרושי קא מפרש איתיביה אביי *אין כותבין שטרי חוב במועד ואם אינו מאמינו (א) או שאין לו מה יאכל ה"ז יכתוב שאין לו מה יאכל לאתויי מאי לאו לאתויי שכר פעולה שמע מינה מותיב רב ששת *וחכ"א *שלש אומניות עושין מלאכה בערבי פסחים עד חצות החייטין והספרין והכובסין *החייטין שכן *הדיוט תופר כדרכו בחולו של מועד הספרין והכובסין שכן הבאין ממדינת הים והיוצא מבית האסורין מותרין לספר ולכבס בחולו של מועד ואי ס"ד שכר פעולה שאין לו מה יאכל שרי כל מלאכות נמי לישתרו דהא איכא שכר פעולה שאין לו מה יאכל מתקיף לה רב פפא אלא מעתה בנין לישתרי שכן *כותל הנוהה לרה"ר סותר ובונה כדרכו מפני הסכנה מתקיף לה רבינא אלא מעתה לבלר לישתרי שכן כותבין *קידושי נשים גיטין ושוברין אלא אמר רב אשי מועד אארבעה עשר קא רמית מועד משום טירחא הוא ובמקום פסידא שרו רבנן ארבעה עשר משום צורך יום טוב הוא מידי דצורך יו"ט שרו רבנן מידי דלאו צורך יום טוב לא שרו רבנן: **מתני'** *אין מפנין מבית לבית אבל מפנה הוא לחצרו אין מביאין כלים מבית האומן אם חושש להם מפנן לחצר אחרת: **גמ'** והאמרת רישא אין מפנין כלל אמר אביי *סיפא אתאן לבית שבחצר: ואין מביאין כלים מבית האומן: *אמר רב פפא בדיק לן רבא תנן אין מביאין כלים מבית האומן ורמינהו מוליכין ומביאין כלים מבית האומן ואע"פ שאינן לצורך המועד ושנינן ליה *כאן בארבעה עשר כאן בחולו של מועד איבעית אימא הא והא בחולו של מועד כאן במאמינו כאן בשאינו מאמינו

והתניא

רש"י

גרס אזן בכור · חתך מאזנו מעט כדי שיהא בעל מום ויהא מותר לו ואסור לעשות כן משום מום לא יהיה בו (ויקרא כב) כלומר לא תטיל בו מום ואם הטיל בו מום קנסוהו רבנן דלא יהנה ממנו ואם מת אין בניו נהנין ממנו : **משום דאיסורא דאורייתא הוא ·** אבל האי דכוון מלאכתו במועד דלאו איסורא דאורייתא הוא דהא לא מתכוין מותר לגמרי : **מכר עבדו לעובד כוכבים ·** קנסוהו רבנן ויוצא לחירות דלוי ברח מן העובד כוכבים אין ישראל יכול לכופו לעבודתו ואם מת אין בניו יכולין לכופו : **דכל יומא מפקע ליה ממצות ·** דכל זמן שהוא ברשות העובד כוכבים אינו עוסק במצות : **גברא ·** דנתכוון לעשות מלאכה קנסו רבנן שלא ליהנות ממנה : **ממונא קנסו רבנן ·** ואפילו בניו אין יכולין ליהנות ממנה : **שנתקווצה ·** ניטלו ממנה קוצים שבה : **נטייבה ·** מזבלה שמוליך זבל בעגלות ומשאות : **נידיירה ·** על ידי דיר בהמה (ג) וזבלה עבודת קרקע היא (נזבלה) כל הני מדרבנן נינהו ואפ"ה קנסו דלא תזרע למוצאי שביעית : **טימא טהרותיו ·** של חבירו קנסו דחייב לפרוע : **היזק שאינו ניכר הוא ·** דהא בעיניה הוא : **שכר פעולה שאין לו מה יאכל ·** שאין לו לפועל מה יאכל : **מהו ·** שיהו לו מלאכה ולשוכרו כדי שיהא לו מה לאכול : **לאתויי מאי ·** או למוכר הא הני ליה לצורך (ג) המועד אלא לאתויי שכר פעולה שאין לו מה יאכל דמותר : **פרושי קא מפרש ·** לצורך (ד) המועד כיצד כגון שאין לו למוכר מה יאכל ולעולם לא תיפשוט מינה לשכר פעולה : **ואם אינו מאמינו ·** מלוה ללוה : **שאין לו מה יאכל לאתויי מאי ·** אם משום לוה הא קאמר אם אינו מאמינו מותר והכא לא מצי לתרולי פרושי קא מפרש דהכי מיתרמי מילתא דלאם אינו מאמינו שאין לו מה יאכל לאו מילתא היא דהא מותר בלאו הכי : **לאו לאתויי שכר פעולה ·** שאין לו לסופר מה יאכל שרי בחולו של מועד : **כל מלאכה נמי תשתרי ·** בערב הפסח דהא איסתרי שכר פעולה בחולו של מועד אלא תיפשוט מיניה דשכר פעולה שאין לו מה יאכל אסור בחולו של מועד : **מתקיף לה רב פפא ·** אדרב ששת פריך מדפריך מהאי דקתני שלש אומניות עושין מלאכה בערבי פסחים כו' אלמא סבר כל מלאכה שרשאי אתה לעשות בחולו של מועד עושין אותה בערב הפסח : **א"כ בנין ליתשרי ·** בערב הפסח דהא כותל הנוהה לרה"ר מותר לבנותו בחולו של מועד : **מתקיף לה רבינא ·** סבר נמי כרב פפא: ה"נ אלא אמר רב אשי: **משום צורך י"ט ·** שרי כגון הני ג' אומניות ותו לא והוא הדין אם אין לו מה יאכל דלאו צורך י"ט גדול מזה: **מתני' אבל מפנה הוא לחצרו ·** והא משמע ליה עכשיו שמביא מבית שבחצר אחרת לחצרו: **אם חושש ·** שמא יגנבו: **גמ' והא אמרת רישא אין מפנין ·** מבית לבית: **סיפא אתאן לבית שבחצר ·** והכי קתני מפנה הוא מבית שבחצרו לחצרו: **בדיק לן ·** אי ידעינן לתרולי: **בי"ד ·** מוליכין ומביאין כלים: **בחולו של מועד ·** אין מביאין: **כאן במאמינו ·** לאומן אין מביאין דשלא לצורכהו: **אין מאמינו ·** מביאין:

תוספות

נטייבה · או נדיירה · פי' בקונטרס הייינו מלאכה שבקרקע מדרבנן אבל נטלו קוצים אין זו עבודת קרקע ובגיטין (ד' מד: ושם) פירש בקונטרס דבקוצה מלאכה דרבנן וקשיא דאיירי בקוצים תלושים דמתוכרים כל דהו הוי דאורייתא דאמרינן בשבת (ד' קג.) התולש עולשין והמזכר זרדין אם ליפות את הקרקע כל שהוא ואע"ג שאין מכוין ליפות דקאמר התם דפטור גבי שבת כגון בארעא דחבריה אבל גבי שביעית לא בעינן מלאכת מחשבת: **נטייבה ·** פי' בקונטרס זבל בהמות ובפי' ר"ח חורש בה חרישה יתירה ובירושלמי מפרש כן ומ"מ אין נראה שתהא מן התורה וקשה היכי מוכח מיניה בבכורות (ד' לד:) בעיא דגרס אוזן בבכור דהוי דאורייתא ומוכר עבדו נמי כפ' השולח (גיטין מד:) הא גבי עבד דכ"ע (ה) דפקע ממצות חמיר טפי ואומר ר"ת דבשביעית נחמיר כדאמר בקדושין פ"ק (ד' כ·) כמה קשה אבקה של שביעית משום הכי יש לפשוט כל הני אע"ג דאוי להחמיר טפי (ו) מבשום מקום משום דהיו מזלזלין בה כדאמר (*בסוף) הניזקין (דף נד.) שהיו חשודין על השביעית לכך מייתי שפיר מינה :

אין לוקחין בתים עבדים כו' אלא לצורך המועד · פי' הר"ר יוסף הוא הדין בשאר דברים צריך לצורך המועד דהא אסור למכור פירות אלא לצורך המועד אלא רבותא קמ"ל דאפי' הני דהויין בפרהסיא שרי לצורך המועד וצריך עיון אי צריך (ז) הכי ליגנא כמו בההיא דפירות כסות וכלים (לקמן ע"ב) וההיא דלעיל (דף יב:) מכניס פירות מצריך בגמ' ליגנא אע"פ שאינו במשנה :

אין מפנין מבית לבית · בירושלמי מתיר מבית אחר לביתו שערב לאדם לדור בשלו :

בשביל

רבינו חננאל

ובלבד שלא יכוין מלאכתו במועד וכולן שכוונו מלאכתן במועד יאבדו . בעי ר' ירמיה הרי הצורם אוזן בבכור קנסו בנו אחריו משום דהוא איסורא דאורייתא הוא וכן המוכר עבדו לעכו"ם משום דכל יומא מפקע ליה ממצות מכוין מלאכתו במועד קנסו בנו אחריו או לא . ופשטנא א"ר יוסי ב"ר חנינא נקטינן המיבה ומת וזורעה בנו אחריו אלמא לדידיה קנסו . לבריה לא קנסו רבנן : (פיסקא) [מתני'] אין לוקחין בתים ועבדים*) ואבנים אלא לצורך [המועד] או לצורך המוכר שאין לו מה יאכל בעי רבא שכר פעולה מאי פירוש שאין לו לפועל מה יאכל במועד כגון הסופר שאין לו אלא שכר שפר המקנה . וכן כיוצא בו הפועלים מהו שיתירו לו למכור ולקנות כדי שיקנו אלו שכרם . ופשטנא דאפילו לשכר פעולה שרי. ומותיב רב ששת ג' אומניות עושין מלאכתן בערבי פסחים עד חצות החייטין כו' . ואי ס"ד דכל מי שאין לו מה יאכל שרינן לשכר פעולה כל אומניות לישתרי דהא מי שאין לו מה יאכל וצריך שכר פעולה שרי ורב פפא מתקיף הכי כל בנין לישתרי דהא כותל הנוהה לרה"ר סותרו ובונהו כדרכו מפני הסכנה . ורבינא מתקיף כל לבלר לישתרי דהא כותבין גיטי נשים כו'. ופריק רב אשי י"ד אדמועד קרמית מועד משום טירחא ולא פירחא הוא בסקום פסידא שרו רבנן . י"ד משום י"ט הוא מידי דהוי צורך יו"ט שרי ליה רבנן דלא צורך י"ט לא שרו ליה רבנן : ירושלמי א"ר יוסי א"ר אבין קרנא ואגרא קרן **) או ידע דמזבן ופחת מן קרנא יזבן ואי לא לא יזבן ר' חנניא חברין דרבנן אמר פרקמטיא ניגבת מנכסי יתומים קטנים הוין בעי למימר בשיש עדים יודעין הא אין עדים יודעין נעשית כפקדון כך אנו אומרים פקדון לא ניתנה לגבות מנכסי יתומין קטנים מה בינה למלוה מלוה להוצאה ניתנה . וזו לא ניתנה להוצאה . א"ר אבא בר טמל אילו הוה מי שימנה עמי הייתי מתיר המלאכה . כלום אסרו המלאכה בחולו של מועד אלא שיהו אוכלין ושותין ויגיעם בתורה . והאידנא אוכלין ושותין ופוחזין. ריב"ל שאל לרשב"ל . מהו ליקח בתים מן העכו"ם בשבת א"ל תני בשבת מותר כיצד עושה מראה לו כיסין של דינרים והעכו"ם חותם ומעלה בערכאין וכן מצינו שנכבשה יריחו בשבת שנא' כה תעשה ששת ימים וכתיב וביום השביעי תסובו את העיר ז' פעמים וכתיב עד רדתה אפי' בשבת : (פיסקא) [מתני'] אין מפנין מבית לבית אבל מפנה הוא בבית שבחצירו: ירושלמי אין מפנין לא מדירה נאה לדירה נאה ולא מדירה נאה לדירה כעורה ובתוך שלו אפילו מדירה נאה של חבירו לדירת כעורה שלו מפנין מפני ששמחה היא לו להיות דר בתוך שלו אין מפנין מת ולא עצמות מקבר לקבר ממכובד למכובד ולא מבזוי לבזוי . ואצ"ל ממכובד לבזוי ובתוך שלו אפילו ממכובד לבזוי ערב לאדם בשעה שהוא נינח אצל אבותיו : (פיסקא) [מתני'] אין מביאין כלים מבית האומן אם חשש להן מפנן לחצר אחרת ומקשינן והתנינן מוליכין ומביאין מבית האומן ופרקי' הא בי"ד מתני' דהכא בחולו של מועד .

*) רבינו היה גורס במשנה ואבנים וכ"ה בנ"א במשנה שבירושלמי וכ"ה גי' הרי"ף והרא"ש ז"ל ועי' בירושלמי דמפרש איזה צורך מועד שייך באבנים ע"ש. **) לפנינו הגי' בירושלמי אין ידע דלא מזבן והוא פחת מן קרנא וכו' וע"ש כמפרש.

עין משפט נר מצוה

לד א מיי' פ"א מהל' שמיטה ויובל הל' יד סמג לאוין רסו :
לה ב ג מיי' שם הל' יג :
לו ד ה מיי' פ"ז מהל' חובל ומזיק הל' א ג ג סמג עשין ע טוש"ע ח"מ סי' שפה סעיף א :
לז ו מיי' פ"ז מהלכות י"ט הלכה כב טוש"ע א"ח סי' תקלט סעיף יב :
לח ז מיי' שם הל' יב טוש"ע שם סי' תקמה סעיף ו :
לט ח מיי' שם טוש"ע שם סי' תקמ סעיף ג :
מ ט מיי' שם פ"ח הלכה יט טוש"ע שם סי' תסח סעיף ה :
מא י כ מיי' שם הל' טז טוש"ע שם סי' תקלה סעיף א :
מב ל מיי' שם הל' א טוש"ע שם סי' תסח סעיף י :

מסורת הש"ס

שביעית פ"ד מ"ב · גיטין מד: בכורות לד: · [ע' פרש"י עירובין ס. בד"ה והאמר ר"נ] · גיטין מד: בכורות לד: · [גיטין נג. וש"נ] · לקמן יח: · פסחים נה. [תוספתא שם פ"ג] · [פסחים נה:] · [לעיל ז. ע"ש] · [לקמן יח:] · [פסחים נה:] · [לעיל ח:]

הגהות הב"ח

(א) גמ' ואם אינו מאמינו או שאין לו מה יאכל : (ב) רש"י ד"ה נידיירה וכו' עבודת קרקע היא נזבלה כל"ל ותיבת נזבלה נמחק : (ג) ד"ה לאתויי וכו' הא הני ליה לצורך המוכר צ"ל כגון שאין לו מה יאכל : (ד) ד"ה פרושי קא מפרש לצורך המוכר כיצד כגון : (ה) תוספות ד"ה נטייבה וכו' גבי עבד דכולי עלמא דמפקע ליה ממצות חמיר טפי : (ו) בא"ד ראוי להחמיר טפי בשביעית מבשום מקום : (ז) ד"ה אין לוקחין כו' וצ"ע אי צריך נמי ליגנא כו' וכהיא דלעיל גבי מכנים :

דמעכו"ם שרי, וכן בש"ס לא הביאה לתוספתא זו לחלק בזה, אלמא דלא ס"ל להלכה, וביותר, דהמשנה פרטה: אלא לצורך המועד או לצורך המוכר, אלמא דאין לנו עוד אופן היתר, ועוד אפשר לומר, דהרמב"ם וש"פ שלא כתבו היתר זו, מבארים התוספתא בפירוש אחר מהש"ג, דהתוספתא לא באת לחדש דמעכו"ם שרי טפי מישראל, ורק דמעכו"ם נמי שרי, ומיירי נמי לצורך המועד דוקא, ולא הצריכה לבאר זאת, דקאי על המשנה, והוסיפה רק זאת, דמעכו"ם נמי שרי, אף דבדברים אלו צריך לכתוב ולהעלות בערכאות, אפ"ה מותר, דכיון דהלקיחה מותר לצורך המועד, הכתיבה והערכאות נמי שרי משום שהוא כמציל מידם, ורק מ"מ לענין בתים ושדות בארץ ישראל, אפשר דיש להקל מפני ישוב א"י, אבל באופן אחר לענ"ד אין דין זה ברור כלל).

או לצורך המוכר שאין לו מה יאכל, [ד]או לצורך השכיר שמוליך הדברים הנקנים - לבית הקונה, **שאין לו מה יאכל** - והיינו בשביל שהשכיר אין לו מה לאכול, התירו להמוכר והקונה לעשות משא ומתן, כדי שישתכר השכיר, וה"ה הסרסור, **ומשמע** מאחרונים, דדוקא אם האמת כן הוא, שעושים המסחור בשביל זה השכיר, אבל לא שיערימו לסחור, ולומר שכונתם כדי שהסרסור וכדומה ירויחו.

(**עיין** במ"א, **דאפילו יש לו מה לאכול, אך רצונו כדי שירויח ויוציא** יותר לשמחת יו"ט ממה שדרכו להוציא, ג"כ שרי, ‹דלענין לסחור במועד מקילינן, משא"כ במלאכה להמ"א, עיין בשעה"צ בסי' תקמ"ב ס"ב, מובא באות ח'›, **וצריך לעשות בצנעא**).

הגה: ודוקא הכי דאיכא פרסום בקייתן ואוושי מילתא, אבל שאר כלים נהגו לקנותן בצנעה (המגיד) - המ"א וכן שארי אחרונים העלו, שאין להקל גם בשאר כלים שלא לצורך המועד, אם לא שלא ימצאם בזול לאחר המועד.

אות ז'

אין כותבין שטרי חוב במועד, ואם אינו מאמינו או שאין לו מה יאכל, הרי זה יכתוב

סימן תקמה ס"ו - [ה]אין כותבין שטרי חוב במועד - דיכול להמתין לכתוב את השטר אחר המועד, **ואם** כבר נתן לו המעות, אפילו בפני עדים וקנין, מותר לכתוב, דיש לחוש שמא ימותו העדים ויכפור אח"כ, וכמ"ש ס"ה גבי מתנות.

ואם אינו מאמינו מלוה ללוה, (והלוה לריך למעות) - בחוה"מ, אפילו שאינו לצורך המועד, ‹דהו"ל לדידיה דבר האבד - מ"א›, ‹**שאע"ג** שהוא צריך את המעות רק להרווחה, מחייתו של אדם בכך הוא, ללות זה מזה, ואם נאסור את הדבר חשוב פסידא - פמ"ג›, **אבל** כשלוה לצורך אחר המועד, אסור, **ואם** לא ימצא אחר המועד מעות ללות, מותר לכתוב, דהו"ל דבר האבד.

[ו]או שאין לו לסופר מה יאכל, הרי זה יכתוב - לדעת המ"א, לעיל בסימן תקמ"ב, היינו דוקא שאין לו כלל אפילו לחם ומים, **ולהי"א**, היינו שאין לו כדי צרכו לשמחת יו"ט.

אות ח'

לאתויי שכר פעולה

סימן תקמב ס"ב - [ז]כל מלאכה - אפילו שלא לצורך המועד, **מותר לעשותה** - וא"צ שינוי, **על ידי פועל שאין לו מה יאכל, כדי שישתכר וירויח** - ‹ונראה שכפל לשון בא ללמד›, דמלאכה שמקבל בשעה שאין לו מה יאכל, מותר לקבל שכר אפי' הרבה יותר מכדי אכילתו, **אבל** אח"כ אסור לו לקבל לעשות מלאכה אחרת בשל אחרים, אחרונים ‹ט"ז›.

והיינו שאין לו כלל לאכול, אבל אם יש לו לחם ומים, אסור לו לעשות מלאכה - מ"א, [**ודוקא** לענין לסחור במועד מקילינן למי שיש לו בצמצום, ורוצה למכור כדי להרויח ולהוציא בשמחת יו"ט, משא"כ לעשות מלאכה, **ולפי"ז** בחוה"מ פסח לא משכחת להתיר לעשות מלאכה משום דאין לו מה יאכל, דהא עכ"פ יש לכל אחד מישראל מצות לכל ימי החג].

ויש אומרים דאפילו יש לו, רק שאין לו צרכי יו"ט, ג"כ מותר לו לעשות מלאכה - [א"ר].

ואף אם יש לו כלי בית למכור, מותר לעשות מלאכה, ואינו מחויב למכור כלי ביתו, **אבל** אם יש לו סחורות ויכול למוכרם, אסור לו לעשות מלאכה - אחרונים.

ועיין במ"א, דצריך עכ"פ לעשות בצנעא, דהרואה לא ידע שהפועל הוא עני כ"כ, **ומ"מ** אם א"א לו לעשות בצנעא, מותר לו לעשות בפרהסיא, כיון שאין לו מה לאכול כלל, [**ולאפוקי** אם יש לו מה לאכול, ורוצה להרויח לשמחת יו"ט וכדעת הי"א הנ"ל, אין לו להקל בכל גווני בפרהסיא].

(**עיין** בספר מור וקציעה שכתב, **דנ"ל אם יש לו אשה ובנים קטנים שחייב** במזונותם, עושה ג"כ כדי פרנסתם היום, **אבל לא** לצורך אותם שאינו חייב לזונם, אלא יחזרו על הפתחים אם אינם יכולים לעשות בעצמם, עכ"ל, **ולא** נהירא כלל, דהרי המצוה של שמחת החג קאי גם על חוה"מ, ומה שמחה יהיה לו אם בניו יחזרו על הפתחים, **וגדולה** מזו מוכח בשאלתות פרשה ברכה, דאפי' אם יכול להשיג ללות מעות ולקנות, התירו לו לעשות מלאכה, דהיינו לקצור ולטחון את חטיו, דכיון דבעי למיזף עציבא ליה דעתיה, ולא מצי מקיים ושמחת בחגיך, וכ"ש בעניננו. **אכן** בעצם הדין אם יכול להשיג מעות בהלואה בעניננו, יש לעיין, **דהרמב"ם** פסק שם דאפילו הוא עשיר שיש לו מעות, ומוצא לקנות מן השוק, ג"כ אינו מחוייב, וכ"כ הרי"ץ גיאות, **וע"כ** דטעם מפני ששמחת האדם הוא שנהנה משל עצמו, ולא מתבואת אחרים, **משא"כ** בעניננו דבכל גווני יאכל תבואה של אחרים, **אפשר** דע"י הלואה בעלמא לא אמרינן דעציבא דעתיה, **ועכ"פ** כשבניו יחזרו על הפתחים, בודאי עציבא דעתיה, ויתבטל אצלו שמחת החג, בודאי שרי לעשות בעצמו כדי להרויח בשבילם).

באר הגולה

[ד] הגהות אשרי שם [ה] משנה שם [ו] כפי' רש"י שם [ז] שם י"ג בעיא ונפשטא

אות ט'

שלש אומניות עושין מלאכה בערבי פסחים עד חצות: החייטין, והספרין, והכובסין

סימן תסח ס"ה - אפילו במקום שנהגו לעשות, לא יתחיל בתחלת מלאכה בארבעה עשר, אע"פ שהוא יכול לגומרה קודם חצות - ר"ל אפי' אם ירצה לעשותם לצורך המועד, **והא** דהוזכר לעיל, דבמקום שנהגו לעשות עושין, היינו לגמור מלאכות שהתחיל בהן מקודם, או דמיירי בג' אומניות, וכדמסיים.

אלא שלשה אומניות בלבד הם שמתחילים בהם במקום שנהגו לעשות, ועושין עד חצות, ואלו הם, החייטים והספרים והכובסים - ר"ל אם הן לצורך יו"ט, ולא הקילו אלא באלו, מפני שהעם צריכים להם הרבה.

אבל שאר אומניות, אם התחיל בהם קודם ארבעה עשר, הוא שיגמור עד חצות - והוא שעושה אותן לצורך המועד.

הגה: ויש מקילין לומר ששלשה אומניות הנזכרים מתחילין ועושין עד חצות אפילו במקום שנהגו שלא לעשות - פי' מפני שהן צורך גדול למועד, [**ועיין** בש"ס שמסיים, שבג' דברים אלו מצינו בהם לפעמים היתר אפי' בחוה"מ, כגון בחייט במעשה הדיוט, ובשאר דברים לבא ממדינת הים, וכ"ש ערב פסח דקיל טפי].

ואם התחיל מבעוד יום - היינו קודם הנץ של יום י"ד, **בשאר אומנות והוא לצורך המועד, עושין עד חצות, והכי נהוג** - ר"ל ובשאר אומנות, להתחיל אסור בכל גווני, כיון שהוא מקום שנהגו שלא לעשות, **אלא** דאם התחיל קודם יום י"ד, מותר לגמור אם הוא לצורך המועד, עד חצות, ומכיון שהגיע חצות, מחוייב להפסיק באמצע מלאכה.

ורצענין הוא בכלל שאר אומנות, וכ"ז לעשות מנעלים חדשים, אבל לתקן המקורעים ליו"ט, לכו"ע שרי להתחיל ולתקן עד חצות.

וכ"ז במקום שנהגו שלא לעשות, אבל במקום שנהגו לעשות, מותר בין להתחיל בכל המלאכות בין לגמור, לצורך המועד ושלא לצורך.

אות י' – כ'

אין מפנין מבית לבית, אבל מפנה הוא לחצרו

סיפא אתאן לבית שבחצר

סימן תקלה ס"א - [ח]אין מפנין - משום טרחא, **מחצר לחצר, אפילו מכעורה לנאה** - [ט]דרך ר"ה דהוא מפורסם, **וא"כ** אם יש פתח בין שתי חצירות, מותר לפנות מזו לזו, ואפילו דרך כמה חצרות מותר.

ולא לפנות דירתו - צ"ל "לא לפנות דירתו" - הגר"א, וכן הוא בדפוס הראשון שהדפיס המחבר בחייו, **ולא לפנות כליו שאינם לצורך המועד** - משמע דלצורך המועד אף בפרהסיא מותר, דבר שהוא ידוע וניכר שהוא לצורך המועד. **הגה: וכ"ש שאסור להסיע ממונו מעיר לעיר (מרדכי).**

[י]**אבל מפנה הוא מבית [יא]לבית באותה חצר** - דליכא טרחא כולי האי, וגם הוא בצנעא, ואפילו אותו הבית הוא של חבירו.

ואם אין הבתים פתוחים לחצר אלא למבוי, [יב]י"א שמבית לבית הסמוך לו, מותר - דבכלל צנעא הוא, **אבל** מכאן ואילך אסור דהוי פרהסיא, **והב"ח** מצדד דאפי' לבית הסמוך אין לפנות, וכן הגר"א מצדד להחמיר בזה, אם לא שהוא מבוי שאינו מפולש.

הגה: ואם מתירא מחמת גניבה בחצר שדר שם, מותר אפילו מחצר לחצר המשתמר; ואפילו מעיר לעיר, בדבר האבד שרי (הג"א ומרדכי).

[יג]**סימן תקלה ס"ב - [יד]יש מתירים לפנות מחצר של אחר לחצר שלו, ואפילו מנאה לכעורה** - דשמחה לאדם שיהיה דר בשלו, **אבל** לפנות כלים לחצר שלו אין להקל.

ודוקא באופן זה, אבל מפני שאר הנאה, כגון שהיה דר אצל חבירו בחדר אחד [בפני עצמו], ואח"כ שכר לו בית מיוחד [עם כמה חדרים לעצמו], אע"פ שנוח לו יותר, אסור לפנות, דהא אפילו מכעורה לנאה אסור, [**וכתב** הפמ"ג, דאם דר ביחד עם אחד בחדר אחד, יראה דשרי לילך לחדר מיוחד, וכן שכר מחיה וכדומה, דהוי דבר האבד, וצריך להתיישב בזה, עכ"ל]. **מיהו** אם דירה ראשונה היה בין העכו"מ או דומה לזה, יש להתיר לפי ראות עיני המורה.

[טו]**סימן תקלה ס"ג - [טז]הזבל שבחצר אסור להוציא, אלא יסלקנו לצדדים; ואם נתרבה עד שנעשה חצר כרפת, מוציאין אותו לאשפה.**

אות ל'

כאן בארבעה עשר, כאן בחולו של מועד

סימן תסח ס"י - מוליכים ומביאים כלים מבית האומן כל היום, אעפ"י שאינם לצורך המועד.

באר הגולה

ח משנה מו"ק י"ג ט ‹לשון הלבוש: כל דבר שיש בו טירחא יתירה ואינו לצורך המועד, אסרו לעשותו במועד בפרהסיא כדי שיחוג וישמח ולא יזלזל במועד, ע"כ. מבואר דאיסור הוא טרחא בפרהסיא› י **כדמפרש לה אביי שם וכפי' הנמ"י** ‹וז"ל: ורישא הכי קאמר, אין מפנין מבית זה לבית שבחצר אחרת דרך רשות הרבים, אבל מפנה הוא מבית לבית שבאותה חצר, דבצנעא הוא - ב"י› יא ‹ולשון רש"י: מפנה הוא מבית שבחצרו לחצרו, וצ"ע› יב **טור והגהות אשרי** יג ‹מילואים› יד **הרא"ש בשם הראב"ד מירושלמי, ושאין גמ' דידן חולק בזה** ‹והא דקאמר בגמרא סיפא אתאן לבית שבחצר, {אבל לחצר אחרת אסור}, היינו משלו לשלו, או משל אחרים לשל אחרים, אבל משל אחרים לשלו, הכל מותר, וליכא פלוגתא בין גמרא דידן לירושלמי, עכ"ל - ב"י› טו ‹מילואים› טז **ברייתא אוקימתא דרבא פסחים נ"ה**

מא א מיי׳ פ״ח מהל׳ י״ט הל׳ טו טוש״ע א״ח סי׳ תקלד סעיף ג:

מב ב ג מיי׳ פ״ח שם הלכה כג טוש״ע שם סימן תקלט סעיף יא:

מג ד ה ו מיי׳ שם הלכה טו טוש״ע שם סי׳ תקלג סעיף ט:

מד ז מיי׳ פט״ו מהל׳ טומאת אוכלין הל׳ א׳:

מה ח מיי׳ פ״ט מהל׳ י״ט הל׳ כג טוש״ע א״ח סי׳ תקלט סעיף י:

מו ט י כ מיי׳ שם טוש״ע שם סעיף יא:

א ל מיי׳ שם הלכה יז טוש״ע שם סי׳ תקלא סעיף ד:

ב מ מיי׳ שם סמג לאוין עה טוש״ע שם סי׳ תקלד סעיף א:

רבינו חננאל

[מתני׳] מחפין את הקציעות בקש. ר׳ יהודה אומר אף מעבין. סוגיא דשמעתא מחפין בעצים של קש דקים בין בעצים של קש עבים. פירוש קלושי דקים. סומכי עבים מעבין עושין אותן כמין כרי כלומר כמו גדיש: ירושלמי ר׳ יהודה אומר יאבד דבר מועט ואל יאבד דבר מרובה. ר׳ יוסי אומר אל יאבד דבר כל עיקר. כהנא אמר אית מילין דקשין הן (החמירו) מנגעים ואהלות: מוכרי פירות כסות וכלים מוכרין בצינעא לצורך המועד. ר׳ יוסי אומר הן החמירו על עצמן אוקימנא הן החמירו על עצמן שלא יעשו כל עיקר דתניא מוכרי כסות וכלים מוכרין בצינעא לצורך המועד ר׳ יוסי [אומר] תגרי טבריא הן החמירו על עצמן שלא יהו עושין כל עיקר. וכן צדי עכו החמירו על עצמן שלא יהו צדין כל עיקר. חילקא חטה אחת נחלקת לשתים טרגין חדא לתלת טיסני חדא לארבע כי אתא רב דימי אמר האי חילקא כתנא הוא איני והתניא חילקא טרגין וטיסני טמאים אי אמרת חטה דשושה לשתים שלש וארבע וכמו הסולת היינו דאיתמר דאיתכשר ומקבלי טומאה אלא כותנא אמאי טמאה והא לא הוכשרה. ופרקינן כגון דמגלפו ההיא כותנא. פי׳ כוססת. דאי לאו דשרא בהו מיא לא הוה משלם כלומר מתקפלת הקליפה שלהן. ת״ש הנודר מן הדגן אסור אף בפול המצרי יבש ומותר בלח. ומותר באורז חלקא טרגים וטיסני בשלמא למ״ד דשישי היינו דנפקי להו מתורת דגן אלא למ״ד כותנא דגן גמור הוא כדכתיב והחטה והכוסמת ועלתה בתיובתא לרב דימי. רב יהודה שרא להנהו כרופייתא למיזל ולמיזבני בשוקא כי אורחייהו אוקימנא בתבלי והא דתניא חנות הפתוחה לסטיו פותח ונועל כדרכו כו׳ אוקימנא בפירות: ירושלמי צדי חיה ועופות ודגים צדין בחכה ובמכמורת ולא מטעמין בשמחת הרגל ר׳ אמי מקיל לון שמטעמין בשמחת הרגל: הדרן עלך פרק מי שהפך

תוספות

בשביל כבוד יום טוב האחרון · אבל מרישא (ג) דחנות פתוחה לרשות הרבים פותח אחת ונועל אחת ורב הונא מתיר באורחייהו בשוקא לא פריך דיש לאוקמיה בי״ט ולא בחול המועד ולהכי פריך מסיפא דמיירי בחול המועד דהא ערב י״ט האחרון חול המועד: **בתבלין** · פי׳ בקונט׳ כרוב וכרשינין והקשה בתוס׳ רבי פרץ דכרוב וקפלוט אין חשובין תבלין דהא אמרינן (חולין דף ו׳) דתבלין לטעמא עבידי ואפילו באלף לא בטיל ולפת וקפלוט אינו צריך לשער כי אם בששים כדאיתא פרק גיד הנשה (שם דף צז:) (ד) ותבלין כך נידונין כדרכן בפ״ק דביצה (דף יד׳) א״כ אינו כרוב ובערוך פירש מיני בשמים:

הדרן עלך מי שהפך

ואלו מגלחין במועד · משום דתנא בהידך פירקין דברים שעושין לצורך המועד כמו מוכרי פירות דנעשים כדין קתני נמי ואלו נעשים שלא כדין לצורך המועד: **והיוצא** מבית האסורים · שאינו יכול לגלח קודם המועד שאין מניחין לו לגלח ואפילו מניחין לו אינו ערב להדס לגלח בבית האסורין [כ״ה בירושלמי] ומנודה

גמרא

והתניא *מביאין כלים מבית האומן כגון כד מבית הכדר וכוס מבית הזוג אבל לא צמר מבית הצבע ולא כלים מבית האומן ואם אין לו מה יאכל נותן לו שכרו ומניחו אצלו ואם אינו מאמינו מניחו בבית הסמוך לו ואם חושש להם שמא יגנבו [א] א) (*מפנן לחצר אחרת ואם אינו מאמינו) מביאן בצנעה בתוך ביתו תרצת מביאין מוליכין קשיא דקתני אין מביאין וכל שכן שאין מוליכין אלא מחוורתא כדשניין מעיקרא:

מתני׳ ׳מחפין את הקציעות בקש רבי יהודה אומר ׳אף מעבין ׳מוכרי פירות כסות וכלים מוכרים בצנעה לצורך המועד ׳הציידין והדשושות והגרוסות עושין בצנעה לצורך המועד רבי יוסי אומר הם החמירו על עצמן:

גמ׳ פליגי בה רבי חייא בר אבא ורבי אסי ותרוייהו משמיה דחזקיה ורבי יוחנן חד אמר מחפין אקלושי מעבין אסמוכי וחד אמר מחפין בין אקלושי בין אסמוכי מעבין עושה אותו כמין כרי תניא נמי הכי מעבין עושה אותו כמין כרי דברי ר׳ יהודה: מוכרי פירות כסות וכלים מוכרין בצנעה וכו׳: אבעיא להו הן החמירו על עצמן דלא הוו עבדי כלל או דלמא דהוו עבדי בצנעה ת״ש מוכרי פירות כסות וכלים מוכרין בצנעה לצורך המועד ר׳ יוסי אומר תגרי טבריא הן החמירו על עצמן שלא יהו מוכרין כל עיקר ׳צדי חיות ועופות ודגים צדין בצנעה לצורך המועד רבי יוסי אומר צדי עכו הן החמירו על עצמן שלא יהו צדין כל עיקר דשושי חילקא טרגים וטיסני דשין בצנעה לצורך המועד ר׳ יוסי אומר דשושי ציפורי הן החמירו על עצמן שלא יהו דושין כל עיקר אמר אביי חילקא חדא לתרתי טרגים חדא לתלת טיסני חדא לארבעה כי אתא רב דימי אמר כונתא מיתיבי *חילקא טרגים וטיסני טמאין בכל מקום בשלמא למ״ד חדא לתרתי לתלת ולארבעה משום הכי טמאין בכל מקום דאתכשור אלא למ״ד כונתא אמאי טמאין בכל מקום הא לא איתכשור כגון דמיקלפן דאי לאו דשרא להו במיא לא הוה מיקלפא ואמאי קרי ליה חילקא דשקיל חלקיהו מיתיבי *הנודר מן הדגן אסור אף בפול המצרי יבש ומותר בלח ומותר באורז בחילקא וטרגים וטיסני בשלמא למ״ד חדא לתרתי חדא לתלת והדא לארבעה שפיר דנפקו להו מתורת דגן אלא למ״ד כונתא דגן מעליא הוא קשיא רב הונא ׳שרא להו להנהו כרופייתא למיזל לזבוני כי אורחייהו בשוקא איתיביה רב כהנא *חנות פתוחה לסטיו פותח ונועל כדרכו פתוחה לרה״ר פותח אחת ונועל אחת ׳וערב יום טוב האחרון של חג מוציא ומעטר את שוקי העיר בפירות בשביל כבוד י״ט האחרון מפני כבוד י״ט האחרון אין שלא מפני כבוד י״ט לא לא קשיא *הא בפירי הא בתבלין:

הדרן עלך מי שהפך

ואלו ׳מגלחין במועד הבא ממדינת הים ומבית השביה והיוצא מבית האסורין והמנודה שהתירו לו חכמים וכן מי שנשאל לחכם והותר *והנזיר והמצורע (א) מטומאתו לטהרתו ׳ואלו מכבסין במועד הבא ממדינת הים ומבית השביה והיוצא מבית האסורין ומנודה

רש״י

וספניא · סיטוה: כד וכוס לצורך המועד הן אבל צמר וכלים אין לורך המועד: **ואם אין לו** · לאומן מה יאכל נותן לו שכרו: **מפנן לחצר אחרת ואם אינו מאמינו** · בחצר אחרת: **מביאן לתוך ביתו.** אלמא בשאינו מאמינו מביאן: **מוליכין קשיא** · דקתני מתני׳ *דפעמים מוליכין ומתני׳ דהכא קתני אין מביאין כל שכן דאין מוליכין וליכא לתרץ באין מאמינו דמוליכין מאי מאמינו שייך: **כדשניין מעיקרא** · כאן בארבעה עשר כאן בחולו של מועד: **מתני׳ מחפין.** מכסין: **הדשושות** · שדשין וכותשין חיטין לדייסא: **והגרוסות** · שטוחנין פולין לגריסין: **בצנעה** · שמא יאמרו זה לוקח שלא לצורך המועד: **גמ׳ אקלושי** · שמכסהו בענפים מרוחקין זה מזה דלא הוי כסוי גמור: **אסמוכי** · הענפים סומך זה לזה דהוי כסוי גמור: **כמין כרי** · מכנסין אותן ביחד כדי שיהו נוחין לכסות: **החמירו על עצמם דלא עבדי כלל** · ולחומרא: **או דלמא** · החמירו על עצמן לעשות בצנעה מדעתן ואם רוצין לעשות בפרהסיא עושין ולקולא: **דשושי** · דשי תבואה איכא דאמרי דשושי המשברין תבואה חדא לשנים ושורין במים כו׳: **כונתא** · כוססת שלותתין אותן הייטו חילקא: **טמאים בכל מקום.** מקבלין טומאה בין בכפרים בין בכרכים דקיימא לן (פסחים דף מ׳) סולת של בני כרכים מקבלת טומאה שהוכשרה במים ובני כפרים אין מקפידין אסולת נקיה ללתות במים וסולת שלהן טהור שלא הוכשר מעולם אבל חילקא טמאין בכל מקום אפילו בכפרים דאי אפשר להם בלא לתיתה משום הכי טמאין דהא מיתכשר דשרי להו במיא: לעולם הוי כונתא ומיקלפן דשרי להו במיא דשרי קליפה: **דשקיל חלקייהו** · כלומר כשנוטל הקליפה והוי חלק: **כרופייתא** · מוכרי בשמים: **חנות פתוח לסטיו פותח ונועל כדרכו** · הואיל ואינו פתוח לרה״ר כשאר חנויות: **פותח דלת אחד ונועל דלת אחד** · אבל כדרכו לא אינו מוכר כדרכו: **הא בפירי** · שיש לחשוד שקונה לצורך (נ) ימות השנה: **בתבלין** · מוכר כדרכו כגון כרוב וכרשינין הכל יודעין דלצורך המועד הן וליכא חשדא שאין ראוין להתקיים הלכך אפי׳ בפרהסיא מותר:

הדרן עלך מי שהפך

ואלו מגלחין במועד הבא ממדינת הים כו׳ · במועד לפי שהיה אנוס שלא היה יכול לגלח קודם: **ומי שנשאל לחכם** · שנדר שלא לגלח ושאל לחכם במועד: **מטומאתו לטהרתו.** נזיר טמא כשעלה מטומאתו ושוב אינו משמר נזרו ומגלח וכן מצורע שעלה מטומאתו מגלח ברגל לפי שלא היה להם פנאי לגלח קודם הרגל:

גמ׳

[מסורת הש״ס:] ג״ל דפסחים · [פסחים נה:] ע״ש עה״ג · [כ״ה ליתא בפסחים עי׳ בב״י סי׳ תקלד דבספרים שלנו כגוסחא ואם חושש להם שמא יגנבו מביאן בצנעה בתוך ביתו] · מכשירין פ״ג מ״ב · [נדרים נה: תוספתא שם פ״ד] · [תוספ׳ פ״ב] · [לקמן יד:]

הגהות הב״ח (א) מתני׳ והמצורע הטולה מטומאתו: (ב) רש״י ד״ה הא בפירי שקונה לצורך שאר ימות השנה: (ג) תוס׳ ד״ה בשביל כו׳ אבל מרישא דתני דחנות פתוחה כו׳ ערב י״ט האחרון תוס׳ סוף: (ד) ד״ה בתבלין כו׳ כדאיתא פ׳ גיד הנשה ותנן נמי דתבלין נידונין כדרכן בפ״ק:

הגהות הגר״א [א] גמ׳ (מפנן לחצר אחרת ואם אינו מאמינו) תא״מ (וכן ליתא בדפו״י):

הגהות מהר״ב רנשבורג א] גמ׳ מפנן לחצר אחרת ואם אינו מאמינו. זה נמחק וכ״כ בפסחים נה ע״ב כל זה איננו ויעו״ש בתוס׳ ד״ה ואם מקיילה וכו׳ ובמהרש״א שם:

§ מסכת מועד קטן דף יג: §

אות א'

מביאין כלים מבית האומן: כגון כד מבית הכדר, וכוס מבית הזגג; אבל לא צמר מבית הצבע, ולא כלים מבית האומן; ואם אין לו מה יאכל, נותן לו שכרו, ומניחו אצלו; ואם אינו מאמינו, מניחו בבית הסמוך לו; ואם חושש להם שמא יגנבו, מביאן בצנעה בתוך ביתו

סימן תקל"ד ס"ג - [א]מביאין מבית האומן כלים שהם לצורך המועד, כגון כרים וכסתות וצלוחיות - אבל אין מוליכין לבית האומן אפילו לצורך המועד, ‹דמועד חמיר טפי – ב"ח›.

אבל כלים שאינם לצורך המועד, כגון מחרישה או צמר מבית הצבע, אין מביאין - בין שהאומן גמרו במועד או קודם, והטעם משום טרחא, **וי"א** משום שיסברו שנתן לתקנו במועד, ויאמרו שהאומן תקנו במועד, **ולפי"ז** אפילו מבית לבית באותה חצר דליכא טירחא, ואפילו מאומן נכרי, אסור להביא, שיסברו שהבעל הבית צוה לתקנו במועד.

כתב הפמ"ג, דלדבר מצוה אע"פ שאין צורך המועד, י"ל דמאומן עכו"מ שרי להביא. ‹דהא לצורך מצוה מותר לנכרי לתקנו›.

ואם אין לאומן מה יאכל, נותן לו שכרו ומניחן אצלו - ה"ה דאפילו יש לו מה יאכל, ג"כ מותר ליתן לו שכרו, **אלא** ה"ק, אע"פ שאין לו מה יאכל דצריך ליתן לו שכרו, והו"א דמותר ליטלן אצלו כדי שלא יתבענו שנית, קמ"ל דנותן לו שכרו ומניחן אצלו, **א"נ** משום דרוצה לסיים, ואם אינו מאמינו מניחו בבית הסמוך לו, **ואם** יש לו מה יאכל, לא יתן לו שכרו, ואינו רשאי לפנותן לבית הסמוך לו.

ואם אינו מאמינו, מניחן בבית הסמוך לו; [ג]ואם חושש שמא יגנבו, מפנן לחצר אחרת; אבל לא יביאם לביתו [ג]אלא בצנעה - לכאורה צ"ע, אם אין לו מה יאכל, למה לא יביאם בפרהסיא, דהרי מותר ליתן לו לעשות מלאכה, **י"ל** דמ"מ אסור, שהרואה לא ידע שאין לו מה יאכל, **ולפי"ז** כ"ש שאסור לו לעשות המלאכה בפרהסיא.

אות ב' – ג'

מחפין את הקציעות בקש

אף מעבין

סימן תקל"ח ס"ד - [ד]היו לו תאנים שטוחים בשדה ליבש, וירא מהמטר, מותר לחפותם בקש אפי' חיפוי עב - ומוכח בירושלמי, דאפילו לעקור קש מן המחובר, מותר לצורך זה.

אות ד'

מוכרי פירות כסות וכלים, מוכרים בצנעה לצורך המועד

סימן תקל"ט סי"א - [ה]מוכרי פירות כסות וכלים, מוכרין בצנעא לצורך המועד - דאלו דברים מתקיימים לאחר המועד, ואין ניכר שהוא לצורך המועד, ואתו למיחשדיה שלוקחן לצורך חול, ולכן בעי צנעא, [רש"י].

[**ובריב"ש** משמע, דלאו דוקא פירות כסות וכלים, דה"ה שאר דברים שהן לצורך המועד].

וכתבו הפוסקים, דדוקא מוכרים הקבועים שאומנתם בכך כל השנה בעי צנעא, **אבל** בעה"ב המוכר לצורך המועד, לא בעי צנעא.

אות ה' – ו'

הציידין והדשושות והגרוסות, עושין בצנעה לצורך המועד

צדי חיות ועופות ודגים, צדין בצנעה לצורך המועד

סימן תקל"ג ס"ה - [ו]כל מלאכות שהם לצורך המועד, כשעושין אותם אומניהם, עושין בצנעה - ר"ל אף שבאמת היא לצורך המועד, ומיירי במין מלאכה שאינו מוכח להרואה שהיא לצורך המועד, כגון הני דמסיים, דבאדם פרטי שעושה לעצמו אינו עושה בשיעור מרובה, וכו"ע ידעי דלצורך היום הוא, **משא"כ** באומן שעושה הרבה ביחד, אמרי דבמלאכתו הוא עוסק כבשאר ימות השנה, ולאו ליו"ט הוא מכוין.

כיצד, הציידים (של חיות ועופות), והטוחנין, והבוצרים, למכור בשוק, הרי אלו עושים בצנעה לצורך המועד - היינו בין הצידה והטחינה והבצירה, ובין המכירה, [כן מוכח מרש"י במשנה].

הרמ"א השמיט דגים, דסבר דבדגים שאינן מתקיימים הרבה, אפי' בצייד ידעי כו"ע דליומא הוא צודה, ולא אלאחר יו"ט, ובהאי גוונא מותר בפרהסיא, וכמש"כ לעיל בס"ד, **מיהו** כמה פוסקים חולקין בזה, ואסרו לצייד שמלאכתו בכך לצוד דגים בפרהסיא, [**וכן** הוא

באר הגולה

[א] **ברייתא במו"ק י"ג ופסחים נ"ב** [ב] **כגירסת הרי"ף והרא"ש שם** ‹בכל הדפוסים צוין אות זה לעיל על תיבות "מניחין בבית", אך מקומו הנכון הוא כאן – מכון ירושלים›. ‹**והיינו** שגורס השו"ע כגירסא המוקף בגמרא וכגירסת הרי"ף והרא"ש, **דאם** אין גורסין כן, כבר כתבו התוס' בפסחים נ"ה: ד"ה ואם מתיירא וז"ל: וכיון שאין יכול להניחם בביתו ולא בבית הסמוך לו, לא הזקיקוהו להניח בבית שלישי {או לחצר אחרת}, והתירו להביאם בצינעא בביתו, ע"כ. **וכתב** המהרש"א שם: ושמא יגנבו דקתני בהך ברייתא, היינו בבית הסמוך לו, ושמא יגנבו דקתני בהך מתני' דמו"ק {"אם חושש להם"} דמייתי לעיל, היינו מבית האומן, **אבל** בפ' מי שהפך גרסינן בהך ברייתא: ואם חושש להם שמא יגנבו, מפנן לחצר אחרת, ואם אינו מאמינו מביאן בצינעא כו', מהך נראה דהזקיקוהו להניח גם בבית שלישי {או בחצר אחרת}, ע"ש ודו"ק, ע"כ. **ועיין** בב"י דכתב, שהרמב"ם שהוא המקור ללשון השו"ע, גורס כגירסא דידן, ולא כהרי"ף והרא"ש, והיינו בנוגע הגירסא ד"מביאין בצנעא בתוך ביתו", דהם לא גרסי כן› [ג] ‹ואם אינו מאמינו שם בחצר אחרת, וצריך להביאן לביתו, לא יביאן אלא בצנעא – דמשק אליעזר› [ד] **משנה שם י"ג וכרבי יהודה** ‹והב"י והגר"א כתבו: כת"ק וכמ"ד בין אקלושי כו' דתניא כוותיה. **והבאר** הגולה צ"ע, דמדלא התיר המחבר לעשות כמין כרי, אלמא דלא פסק כר"י [כלישנא בתרא דתניא כוותיה], וכן מעורר הדמשק אליעזר› [ה] **משנה שם י"ג** [ו] **משנה שם י"ג וכת"ק**

הגרסא בש"ס לפנינו בברייתא דר' יוסי, וכן גרס בהלכות פסוקות וגם בה"ג וכן גרס בשבלי לקט וכן כתב הנמ"י שם במתניתין וכן נוטה דעת הגר"א, (**ויש להחמיר**).

ועיין בבה"ל, דלענין מכירת דגים, מי שנוהג להקל בפרהסיא אין למחות בידו, דיש לו על מי לסמוך.

כתבו הפוסקים, אם נהגו ציידין שלא לצוד בחוה"מ, רשאין לחזור ממנהגן, [ולהנ"ל מיירי דוקא לצוד בצינעא], ואין זה כמי שנהג מנהג של מצוה, ואדרבה ממעטין הן בשמחת הרגל, **ומבואר** בירושלמי, דציידי חיה ועוף ודגים מותרים לצוד אפילו במצודות גדולות וכה"ג, [והיינו בצינעא], כדי להרבות שמחה ברגל, דאם אי אתה מתיר להם אלא בחכה ומכמורות, אין צדין אלא מעט, וממעטין בשמחה.

מי שיש לו בריכה גדולה, וחופר בצדה שיזובו המים ויצוד הדגים, מצדד במ"א שי"ל שאסור, דמוכחא מילתא טפי שהוא לצורך חול, **ונ"ל** דיש להקל בזה ע"י עכו"מ, אם רוצה לאכול הדגים במועד.

הגה: ומותר לחלוב הבהמה אפילו שלא לצורך המועד, דהוי דבר האבד (תכ"ד וב"י).

אות ז'

חילקא טרגיס וטיסני, טמאין בכל מקום

רמב"ם פט"ז מהל' טומאת אוכלין ה"א - וכן חטין שחולקין אותן ברחיים אחת לשתים ואחת לשלש כדי לעשות מהן מעשה קדירה, כגון הריפות וכיוצא בהן, הרי הן בחזקת מוכשרין בכל מקום, בין של שווקין בין של בתים, מפני שלותתין אותן להסיר קליפתן.

אות ח'

שרא להו להנהו כרופייתא למיזל לזבוני כי אורחייהו בשוקא

סימן תקל"ט ס"י - [ז]מוכרי תבלין או ירק וכל דבר שאינו מתקיים, פותחין ומוכרים כדרכם בפרהסיא, שהכל יודעין שהם לצורך המועד - [ח]והאחרונים הסכימו, דה"ה מוכרי בשמים, דאף שהוא דבר המתקיים, כיון שהוא ניכר דהוא לצורך המועד, **וא"כ** כיון שפותחין לצורך ישראל, אפי' בא נכרי לקנות, מותר למכור לו.

אות ט' - י' - כ'

חנות פתוחה לסטיו, פותח ונועל כדרכו; פתוחה לרשות הרבים, פותח אחת ונועל אחת

וערב יום טוב האחרון של חג, מוציא ומעטר את שוקי העיר בפירות, בשביל כבוד יום טוב האחרון

הא בפירי, הא בתבלין

סימן תקל"ט סי"א - [ט]כיצד, אם היתה החנות פתוחה לזוית, או למבוי - ר"ל שאינו מפולש, דאלו מפולש הוא בכלל ר"ה, [דבגמרא נזכר סטיו, וכן הוא בטור, ולשון המחבר הוא לשון הרמב"ם שהוסיף אף מבוי, ועב"פ כוונתו לשאינו מפולש, דאילו מפולש בודאי לאו בכלל צנעא הוא], **פותח כדרכו; ואם היתה פתוחה לרשות הרבים, פותח אחת ונועל אחת** - ודוקא בזה, אבל שאר דברים, אפילו יושב בפתח החנות והחנות סגורה והדלת פתוחה, אסור, [מ"א בשם מהריב"ל, [י]**ועיין** בפמ"ג שכתב, איני יודע מהו שאר דברים].

[יא]ועיו"ט האחרון של חג הסוכות, מוציא ומעטר את השוק בפירות, בשביל כבוד יו"ט - זהו לענין לעטר השוק בפירות, דא"צ רק בעיו"ט האחרון של חג, ומשום כבוד שמיני עצרת דהוא רגל בפני עצמו, **משא"כ** בעיו"ט האחרון של פסח, דאין בו מצוה לעטר, **אבל** לענין למכור בפרהסיא, אף בעיו"ט האחרון של פסח שרי מפני כבוד יו"ט.

(ומותר לקנות לצורך יו"ט שני של יו"ט האחרון) - דלא נימא כיון דאנו בקיאין בקביעא דירחא הו"ל כחול, ומכין מחוה"מ לצורך חול דאסור, **קמ"ל** דשרי, כי היכי דלא יזלזלו בו.

עיין בחידושי רע"א, דאפילו לעשות מלאכה גמורה, כגון לבשל לצורך יו"ט שני, ג"כ שרי.

באר הגולה

[ז] **מהא דרב יהודה** ‹כן הוא גירסת ב"י› **שם במו"ק** ‹כפרש"י שם - גר"א. דהטעם בתבלין דשרי משום דאינם ראוים להתקיים וא"כ ה"ה בכל הירקות - דמשק אליעזר› [ח] ‹נראה דהני כרופייתא, פירושו מוכרי כרוב וכרשינין, שאינן ראויים להתקיים, ועל פי פירוש זה כתב רבינו ואם הוא מוכר ירק וכו', **אבל** התוס' (ד"ה תבלין) בשם ה"ר פרץ הקשו על פי' רש"י שפירש תבלין כרוב וכרשינין, דאינן תבלין, וכתבו בשם הערוך דפי' כרופייתא, מוכרי מיני בשמים, **וא"כ** מה שנמצא בפירוש רש"י שלנו כרופייתא מוכרי בשמים, אינו מפי' רש"י, אלא הגהה היתה כתובה בגליון והכניסוה הסופרים בפנים, **אבל** רבינו נמשך אחר פי' רש"י, שהרי לא כתב דתבלין שהן בשמים מותר למכור כדרכו, אלמא דס"ל דפי' תבלין הוא ירק כגון כרוב וכרשינין, ונראה דדעת רבינו דפי' רש"י עיקר, דלשון תבלין משמעו בשמים ומשמעו נמי כל מה שנותנין בקדרה לתקן התבשיל, דכל דבר שהוא תיקון לדבר אחר נקרא תבלין, וכיון דהכא צריך לפרש דמותר כדרכו לפי שאינן ראויין להתקיים, א"כ בע"כ ירק הוא ונקרא תבלין לפי שהכרוב והכרשינין הם מתקנין התבשיל, שנותנין טעם בתוכו כמו בצל וקפלוט. **מיהו** במרדכי הארוך מפרש דתבלין היינו בשמים, דמותר למכור בפרהסיא לפי שדרכן ליקח לצורך המועד, ואע"פ שהן דברים המתקיימין עד החול, שרי, ודוקא פירות וכסות וכלים דברים המתקיימים עד החול לא שרי אלא בצנעא, כיון דאית בהו תרתי, חדא שאינו ניכר כ"כ שהוא לצורך המועד, אידך שהן דברים המתקיימים עד החול, **אבל** דברים שאין מתקיימים, אפילו אינו ניכר שהוא לצורך המועד, א"נ דברים המתקיימים וניכר שהוא לצורך המועד, כגון בשמים, שרי, והכי נקטינן - ב"ח› [ט] **ברייתא שם** [י] ‹**מדברי** הפמ"ג נראה שהבין שכוונת המ"א לומר, שדוקא בפירות כסות וכלים התירו כשמוכר לצורך המועד, אבל כשמוכר חפצים אחרים, אף שמוכרם לצורך המועד, צריך לסגור לגמרי את החנות - מ"ב המבואר› [יא] **שם בברייתא וכפי' הרמב"ם** ‹כתב הרמב"ם, דהיינו עיו"ט האחרון של סוכות, וכתב הרב המגיד שכן הוא כדבריו, לפי שיו"ט האחרון של חג הוא רגל בפני עצמו, ומעטרין את השוק לכבוד הרגל, משא"כ ביו"ט האחרון של פסח, ע"כ, **ואפשר** דלענין למכור בפרהסיא אפילו בערב יו"ט האחרון של פסח נמי מותר, ולא הזכיר עיו"ט האחרון של חג הסוכות אלא לענין עיטור השוק בפירות, דבעיו"ט האחרון של פסח אין מעטרין - ב"י›

אות ל'

אלו מגלחין במועד: הבא ממדינת הים, ומבית השביה, והיוצא מבית האסורין, והמנודה שהתירו לו חכמים, וכן מי שנשאל לחכם והותר, והנזיר והמצורע מטומאתו לטהרתו

סימן תקלא ס"ד - [יב]ואלו מגלחין במועד: מי שיצא מבית השביה ולא היה לו פנאי לגלח קודם המועד - כגון שיצא בתוך המועד, או אפי' בעיו"ט סמוך לחשיכה, שלא היה לו שהות לגלח מבעוד יום, [כן מתבאר ברש"י בסוגיין, (ד"ה ואלו) דלא היה לו פנאי היינו שיצא בתוך הרגל, וה"ה בסמוך לחשכה מערב יום טוב כדלקמיה].

ומי שיצא מבית האסורים - ה"נ כשלא היה שהות לגלח בעיו"ט מבעוד יום כנ"ל, **ואפילו היה חבוש ביד ישראל שהיו מניחין לו לגלח** - דכיון שהיה בצער לא גילח.

וכן המנודה [יג]שהתירו לו ברגל - דמקודם היה אסור בתגלחת, ולכן הוי אנוס במה שלא גילח מקודם, **ויש** חולקין בזה וס"ל, דהיכי שהיה יכול לבקש ולפייס שיתירו לו קודם הרגל ולא פייס, הוי פושע ואסור לגלח ברגל, [**הוא** דעת הרא"ש והטור שהעתיקו דעת הירושלמי, דכשלא פייס מקודם הוי לה כפושע, וכן העתיקו בתוספות. **ולכתחילה** טוב לחוש לדעת כל הני רבוותא להחמיר בזה]. **ומ"מ** המיקל יש לו על מי לסמוך, כיון שהוא מילתא דרבנן.

וכן מי שנדר שלא לגלח, ונשאל על נדרו ברגל - ויש חולקין גם בזה, דהוא דוקא אם לא מצא חכם להתיר נדרו עד תוך הרגל, משא"כ אם לא רצה להתיר מקודם, ואח"כ נמלך, לא חשיב אונס, **ודעת** המ"א להקל בזה כדעת המחבר, דלא חשבינן לפושע שהיה לו להתיר מקודם, כיון שקודם הרגל לא היה כלל בדעתו להתיר נדרו, ואח"כ נמלך, [**ע"כ** המקיל לא הפסיד].

וכן הבא ממדינת הים בחול המועד, או שבא בערב הרגל [יד]ולא היה שהות ביום לגלח - ודוקא ממדינת הים דמפרסמא מלתא, אבל בדרך אחר לא - מ"א, **ועיין** במחה"ש, דה"ה משאר מקום רחוק מאד, דמפרסמא מילתא, **ובחי'** ריטב"א כתב, כל שבא חוץ לעיר מקרי ממדינת הים, ואע"פ שאינו מקום רחוק, וצ"ע.

ודוקא שלא בא בישוב עד חוה"מ, דאם בא בעיו"ט במקום ישוב, ובא בזמן שיש עוד שהות מבעוד יום לגלח, אף שלא בא לביתו עד חוה"מ, אין זה אונס, שהיה לו לגלח מעיו"ט בעיר ההוא.

ועיין במ"א שכתב, דאף כשהיה במקום ישוב בשנים או ג' ימים קודם הרגל, ואח"כ בעיו"ט לא היה בישוב, כגון שישב אז על הספינה, ובא לביתו בחוה"מ, או שבא לעיר סמוך לחשיכה, ולא היה שהות ביום לגלח, ג"כ מותר לגלח בחוה"מ, כיון דבעיו"ט גופא היה אנוס.

אות מ'

ואלו מכבסין במועד: הבא ממדינת הים ומבית השביה, והיוצא מבית האסורין, ומנודה שהתירו לו חכמים, וכן מי שנשאל לחכם והותר

סימן תקלד ס"א - אין מכבסין במועד - אפילו לצורך המועד, **והטעם**, כדי שיכבס מעיו"ט לצורך יו"ט, ולא יכנס למועד כשהוא מנוול.

[טו]ואלו שמכבסין: הבא ממדינת הים, והיוצא מבית השביה ומבית האסורין, [טז]ומנודה שהתירו לו חכמים ברגל - דמנודה אסור בכיבוס.

ומי שנדר שלא לכבס, ונשאל ברגל והתירו לו - עיין לעיל בסימן תקל"א סעיף ג' וד', וכל הדברים שמבואר שם בפנים ובמ"ב לענין גילוח, שייך גם בענינינו לענין כיבוס.

באר הגולה

[יב] משנה שם י"ג וי"ד [יג] הרי"ף ורמב"ם, ושלא כדעת הטור ושאר פוסקים, ודלא כירושלמי ‹בירושלמי מקשה, הני למה התירו, והלא פשע שלא בא לפני המועד לפני חכמים להתיר לו, ומשני שכלו לו ל' יום של נדוי במועד, דאין נדוי פחות מל' יום – תוס'› [יד] רבינו ירוחם [טו] משנה מו"ק י"ג [טז] ציינתיו לעיל סימן תקל"א

§ מסכת מועד קטן דף יד. §

אות א'

מטפחות הידים, ומטפחות הספרים, ומטפחות הספג

סימן תקל"ד ס"א - ומטפחות הידים - הטעם, שדרכן להתלכלך תיכף, ואע"כ אפי' אם היה מכבסן מעיו"ט, היו חוזרין ומתלכלכין, ולכן אפי' יש לו הרבה מטפחות, מותר לכבסן, דצריך לכל יום מטפחת אחרת, **אכן** לפי מה שנהגו כעת, שמחליפין רק משבת לשבת, ע"כ אפילו יש לו רק שנים, אין לכבסן בחוה"מ, שדי להם בכביסה שמעיו"ט. **כתב** הח"א, דה"ה פאציילק"ע של חוטים, דינו כמטפחות הידים.

ומטפחות [א]הספרים - היינו ספריים שנותנין המטפחות עליהם כשמסתפרין, **ואית** דמפרשי ספרים ממש, היינו ספרי קודש, **והטעם** בכל זה, הוא כמו במטפחות הידים הנ"ל.

ומטפחות הספג - היינו מה שמסתפגין בהן כשיוצאין מבית המרחץ, **וכתב** ב"י בשם כל בו, דעכשיו נהגו בזה חומרא, וכן ראוי לעשות.

[ב]ובגדי קטנים - כי דרך הקטנים להתלכלך בטיט ובצואה תדיר, **[ג]ובעלת הכתם שנמצא במועד** - וה"ה כשפרסה נדה ביו"ט, וצריכה ללבוש לבנים במועד, [במשנה ‹והנדות› לא נזכר זה, ‹שפירסה נדה דוקא ביו"ט› ומקורו [ד]מדברי הרב המגיד ‹פ"ז הי"ט› מה שכתב בשם רש"י ומפרשים, וכן מוכח מדעת השו"ע שכתב שנמצא במועד].

אות ב'

הזבין והזבות והנדות והיולדות, וכל העולין מטומאה לטהרה

רמב"ם פ"ז מהל' יום טוב הכ"א - הזבים והזבות והנדות והיולדות [ה]וכל העולים מטומאה לטהרה בתוך המועד, הרי אלו מותרין לכבס.

אות ג' – ד'

אנשי משמר ואנשי מעמד אסורין לספר ולכבס, ובחמישי מותרין, מפני כבוד השבת

כדי שלא יכנסו למשמרתן כשהן מנוולין

רמב"ם פ"ו מהל' כלי המקדש הי"א - אנשי מעמד אסורין מלספר ומלכבס כל שבת שלהן, ובחמישי מותרין מפני כבוד השבת; ומפני מה אסרו עליהם לספר ולכבס, כדי שלא יכנסו למעמדם כשהם מנוולין, אלא יספרו ויכבסו מקודם.

רמב"ם פ"ז מהל' יום טוב הי"ט - ואנשי משמר ששלמה משמרתן בתוך המועד, מותרין לגלח, מפני שאנשי משמר אסורין לגלח בשבת שלהן.

רמב"ם פ"א מהל' ביאת המקדש הי"ב - [ו]ואנשי משמר אסורין לספר ולכבס בשבתן, כדי שלא יעלו למשמרתן כשהן מנוולין, אלא מגלחין ורוחצין ומכבסין קודם שיעלו.

אות ד'* [ז]

אבדה לו אבידה ערב הרגל

סימן תקל"א ס"ג - [ח]אפילו אם היה אנוס - כגון שנאבד לו אבידה בערב הרגל, [ט]או להאומן, ולא היה יכול לגלח, **ומפני כך לא גילח בעיו"ט, אינו מגלח במועד** - וכה"ג שארי אונסין, לבד המבוארים להיתר בסעיפים שאח"ז, דהני אונסין מפורסמין וגלוין לכל הוא שא"א להם לגלח מקודם, **אבל** שארי אונסין אינם מפורסמין וידועים, ואם נתיר להם, יבואו להתיר אף שלא מתוך אונס.

והוא הדין למי שהיה חולה - שאמרו שהחולה כשהוא מספר מכביד עליו חליו, **ונתרפא במועד** - אפ"ה אין זה אונס גלוי כ"כ, ויבואו להתיר אף שלא מתוך אונס וכנ"ל.

[**וקשה** טובא, דמי שנדר שלא לגלח והתירו חכם, הלא ג"כ אינו מפורסם, דאטו הנודר נדר בפרהרסיא דוקא, וההיתר הלא ביחיד מומחה ג"כ אינו מפורסם, ואפ"ה התירו, **וביותר** בחולה שעמד מחליו במועד, הלא הוא מפורסם בודאי לרבים שהיה חולה, ואפ"ה אסרו, **אלא** העיקר נראה כמו שכתב הריטב"א, דהני האונס עצמו הוא דבר גלוי וברור, שלא היה באפשר לו, משא"כ בשאר אונסין שאין האונס גלוי ומוחלט, אסרו, דכל אחד יאמר שאנוס היה, שלא היו לו פנאי וכיו"ב. **וזה** נכלל לדבריו בתירוץ הגמרא גבי מי שאבדה לו אבדה, יאמרו כל הסריקין אסורין וסריקי בייתוס מותרין].

‹המשך ההלכות מול עמוד ב'›

באר הגולה

[א] **פי' המגלחים** [ב] **ירושלמי שם** [ג] **מרדכי בשם רבי אברהם** ‹דהא דתנן ואלו מכבסין במועד הבא ממדינת הים וכו', וכל העולים מטומאה לטהרה, פירש רבינו אברהם להביא בעל קרי שאירע לו קרי במועד, ולאתויי נמי בעלת הכתם שנמצא במועד - ב"י› [ד] ‹לשון הרמב"ם [בנוגע גילוח]: וכל היוצא מטומאתו לטהרתו מותר לגלח במועד, ע"כ. **לפי** הנראה רבינו גורס במשנה והנזיר והמצורע והעולה מטומאתו לטהרתו, והטעם לדבר, לפי שהטמא אין לו להתקשט קודם הרגל. **אבל** רש"י ז"ל [כתב יד] כתב: הכי גרסינן ומצורע העולה מטומאתו לטהרתו, דכתיב ביום השביעי יגלח כל שערו, שאם חל שביעי שלו במועד מותר בתספורת, ולא גזרינן שמא ישהה קרבנותיו וכו', עכ"ל. **נראה** מדבריו שהעולין מטומאה לטהרה שהיו יכולין לגלח קודם לכן ולא גלחו, שאסורין, [ועיין רש"י דף י"ח. ד"ה ושעלו] וכן ראיתי למפרשים אחרים ז"ל – מגיד משנה› ‹**מה** שמדייק המ"מ תמוה, דהתם איירי לענין גילוח, אבל בכיבוס הדגיש הרמב"ם שם הלכה כ"א [עיין אות ב'] וכל העולים מטומאה לטהרה בתוך המועד הרי אלו מותרים לכבס, ע"כ. **מכלל** שאם עלו מטומאה לטהרה לפני המועד, אסור להם לכבסה במועד, וצ"ע› [ה] ‹בכיבוס ליכא נידון כלל, והכל גורסין במשנה כן, וכמ"ש התפארת ישראל: שצריכים להחליף בגדיהן שנטמאו› [ו] ‹ומסיים שם במשנה: ובחמישי מותרים מפני כבוד השבת, ואיני יודע מפני מה השמיטו רבינו – כסף משנה› ‹**וכבר** כתב רבינו דין זה לעיל ספ"ו מהלכות כלי המקדש – משנה למלך› [ז] ‹ע"פ מהדורת נהרדעא› [ח] **שם בגמרא** [ט] ‹וכתוב בנמוקי יוסף, דכיון דסלקא בתיקו אזלינן בה לחומרא. וכן נראה שהוא דעת הרי"ף והרא"ש והרמב"ם שהשמיטוה, **אבל** הגהות אשיר"י בשם אור זרוע פסקוה לקולא. **ויש** לתמוה על הרמב"ם והרא"ש שכתבו מלאכת חול המועד דרבנן, למה לא פסקוה לקולא – ב"י›

ומנודה שהתירו לו חכמים וכן מי שנשאל לחכם והותר *מטפחות *הידים ומטפחות הספרים ומטפחות הספג *הזבין והזבות והנדות והיולדות וכל העולין מטומאה לטהרה הרי אלו מותרין ושאר כל אדם אסורין: **גמ'** ושאר כל אדם מאי טעמא אסורין כדתנן *אנשי משמר ואנשי מעמד אסורין לספר ולכבס ובחמישי מותרין מפני כבוד השבת ואמר *רבה בר בר חנה אמר ר' אלעזר מ"ט *כדי שלא יכנסו למשמרתן כשהן מנוולין הכא נמי כדי שלא יכנסו לרגל כשהן מנוולין בעי ר' זירא אבדה לו אבידה ערב הרגל כיון דאנים מותר או דלמא כיון דלא מוכחא מילתא לא אמר אביי *יאמרו כל הסריקין אסורין סריקי בייתוס מותרין ולטעמיך הא דאמר רבי אסי אמר רבי יוחנן *כל מי שאין לו אלא חלוק אחד מותר לכבסו בחולו של מועד התם נמי יאמרו כל הסריקין אסורין סריקי בייתוס מותרין הא אתמר עלה אמר מר בר רב אשי איזורו מוכיח עליו רב אשי מתני בעי ר' זירא אומן שאבדה לו אבידה ערב הרגל מהו כיון דאומן הוא מוכחא מילתא או דלמא כיון דלא מוכחא מילתא כי הנך לא תיקו: ממדינת הים: מתניתין דלא כר' יהודה דתניא *ר' יהודה אומר הבא ממדינת הים לא יגלח מפני שיצא שלא ברשות אמר רבא לשוט דברי הכל אסור למזונות דברי הכל מותר לא נחלקו אלא להרויחא מר מדמי ליה כלשוט *ומר מדמי ליה כלמזונות מיתיבי אמר ר' *נראין דברי ר' יהודה כשיצא שלא ברשות ודברי חכמים כשיצא ברשות מאי שלא ברשות אילימא לשוט והאמרת דברי הכל אסור ואלא למזונות והאמרת דברי הכל מותר אלא פשיטא להרויחא אימא סיפא נראין דברי חכמים כשיצא ברשות מאי ברשות אילימא למזונות הא אמרת דברי הכל מותר ואלא להרויחא והא אמרת נראין דברי רבי יהודה בהא הכי קאמר נראין דברי ר' יהודה לרבנן כשיצא שלא ברשות ומאי ניהו לשוט שאפילו חכמים לא נחלקו עליו אלא להרויחא אבל לשוט מודו ליה ונראין דברי רבנן לר' יהודה כשיצא ברשות ומאי ניהו למזונות שאפילו רבי יהודה לא נחלק עליהם אלא להרויחא אבל למזונות מודה להו אמר שמואל קטן הנולד במועד מותר לגלח במועד שאין לך בית האסורין גדול מזה במועד אין מעיקרא לא מתיב ר' פנחס *כל אלו שאמרו מותר לגלח במועד מותר לגלח בימי אבלו הא אסור לגלח במועד אסור לגלח בימי אבלו ואי

רש"י

גמ' הכי גרסינן ושאר כל אדם מאי טעמא אסורין דכתנן אנשי משמר כו' ואמר רבה בר בר חנה כו' עד כשהן מנוולים · ומתן דמתרגל ולא גילח מקמי רגל ומטי זמן עלייהו לגלח ברגל התמירו רבנן הואיל ולא מזרזי נפשייהו לספר מקמי רגל דלא להוי ברגל מנוולין אם היו מגלחין במועד לא היו מגלחים לפני המועד ונכנסין לרגל כשהן מנוולין: **אבדה לו אבידה** · שלא היה לו פנאי לגלח קודם הרגל: **דלא מוכחא מילתא** · דלא ידעי כולי עלמא דאנוס היה אלא יאמרו הוא מכוון להשהות עד המועד: **יאמרו כל הסריקין אסורין וכו'** · כלומר דבייתוס היה יכול לסרוק תלותיו בלי שהוא לפי שהיה לו דפוס ואעפ"כ אסרו משום דאמרי כל הסריקים כו' הכא נמי כיון דלא מיגליא לכולי עלמא אונסיה יאמרו כולי עלמא אסורין לגלח וזה מותר: **מי שאין לו אלא חלוק אחד** · נמי לאו מוכחא מילתא לכולי עלמא: **איזורו מוכיח עליו** · דמי שאין לו אלא חלוק אחד פושטו ומתעטף במקטריטו וחוגרו באיזורו ועומד ומכבס החלוק ומודיע לכל שאין לו אלא חלוק אחד: **אומן** · כגון ספר שהכל באים אצלו ערב הרגל ורואים שאבדה לו אבידה ואנוס הוא ואינו יכול לספר עצמו: **כי הנך** · דמתניתין דקתני מגלחין דמידע לכל: **מפני שיצא שלא ברשות** · כלומר הואיל ולא יצא ברשות אחרים אלא ברצון עצמו לאו אנוס הוא: **לשוט** · אם יצא שלא לצורך ולא יצא אלא כדי לשוט בעולם ולראותו וחזר במועד: **דברי הכל אסור** · לגלח במועד: **למזונות** · שיצא לחזר אחר מזונות שאין לו מזונות וחזר במועד אחריהן דברי הכל מותר לגלח במועד לפי שיצא באונס: **להרויחא**. שיש לו נכסים הרבה ויצא כדי להרויח יותר: **נראין לי דברי רבי יהודה** · לאסר בגילוח לבא ממדינת הים כשיצא שלא ברשות: **ודברי חכמים** · המתירין כשיצא ברשות: **אילימא לשוט** · דקאמר רבי נראין דברי ר"י ביצא לשוט דהיינו שלא ברשות הא אמרת וכו' ומאי נראין דברי רבי יהודה הלא שניהם מודים בה אלא פשיטא להרווחא ואשמעינן דנראין לו דברי ר' יהודה שאוסר בגילוח: **והא נראין דברי רבי יהודה בהא** · וקשיא דרבי אדרבי דברישא נראה לו דברי ר"י לאסר בהרווחא ובסיפא נראה לו דברי חכמים דמתירין הרווחא אלא ודאי איכא למשמע מהכא דלאו הכי הוא כדקאמרת דבלשוט ובמזונות פליגי: **ה"ק** · לאו היתר דידיה אשמעינן ולא רואה אני קאמר אלא פלוגתייהו קמ"ל במאי פליגי נראין דברי ר"י האוסר לחכמים וכו': **קטן שנולד במועד** · ולו שערות גדולים מותר לגלח במועד שער ראשו המלטרו: **שאין לך בית האסורין גדול מזה** · ממעי אמו שהיה שם ואנוס הוא: **מעיקרא לא** · דאם נולד קודם הרגל אינו מגלח ברגל הואיל והיה יכול לגלח קודם הרגל: ואי

תוספות

ומנודה וכו' ונשאל · בירושלמי מקשה (א) הני למה התירו והלא פשע שלא בא לפני המועד לפני חכמים להתיר לו ומשני שכלו לו שלשים יום של נדוי במועד דאין נדוי פחות משלשים יום וכן מי שנשאל לחכם מוקי לה כשבא בחול המועד אי נמי לפני המועד לא מצאו (ב) בו פתח וגילוח הראש נמי אסור במועד דהא אמר בגמ' שלא יכנסו לרגל מנוולין ואין לך ניוול גדול מזה ושמא לא קאי טעמא בגמרא אלא תספורת אבל גילוח של ראשו אסור משום מלאכה אפילו במקום אונס ושאר גילוח דבעי בגמרא מאי טעמא אסורין והיינו גילוח של יפוי דהוה לך למישרי לצורך המועד אע"פ שהיא מלאכה אבל גילוח כל הראש אסור משום מלאכה והכי (ג) כגון נזיר ומצורע הוא דשרי משום מצוה ולפי זה אסור לגלח ראשו במועד ועוד יש לפרש שנראה שמותר לגלח ראשו במועד וא"ת מאי קא משמע לן נזיר ומצורע יש לומר דס"ד דאסור שלא ישהו קרבנותיהן קא משמע לן דשרי ואי מיירי הכא בשלא היה להן פנאי דוקא והוא כדבעי למימר בגמרא יש לומר דהכי קאמר דנזיר ומצורע העולין מטומאה לטהרה דוקא שעולין עתה אבל עולין מטומאה לטהרה מקודם רגל אסורין:

ושאר כל אדם מאי טעמא אסורין · אע"פ שהוא מלאכה היה לנו להתירה לצורך המועד (ד) א"נ [אף] שיש מלאכות אסורות במועד שאין בהן טורח כגון פרקמטיא מכל מקום זה שהוא ליפוי ראוי להתיר לכבוד מועד ויש מפרשים דקאי על גילוח הראש דאסרינן משום טירחא מכל מקום מקשה דהיה לו להתיר לצורך המועד ואין זה (ה) טעה לפי מה שפירש' המשנה דגילוח כל הראש מלאכה גמורה ואסור: **שאין** לו אלא חלוק אחד מותר לכבסו במועד · ואם תאמר היאך יכבסנו במועד אם כן ישאר במועד בלא חלוק בשעת כיבוס כמו כן היה יכול לכבס קודם המועד ויהיה בלא חלוק בשעת כיבוס וכי תימא כשכבסו קודם מועד ומשום הכי מותר לכבסו במועד א"כ תרתי נמי אם יתלכלכו למה נאסור לו והלא לא פשע י"ל דדי לו בשתי חלוקין אחד ליו"ט ראשון ואחד לי"ט אחרון בירושלמי אמרו בגדי קטנים מותר לכבסן במועד דניכרים שהם קטנים ומתלכלכין כמי שאין לו אלא חלוק אחד (ו): **אומן** שאבדה לו אבידה ערב הרגל · פירש בקונטרס דבאומן מבעי' ליה אבל בני העיר אע"פ שאין להם (ז) אומן אחר לא מיבעיא ליה דפשיטא דאסורים יש להסתפק אם חלה ונתרפא אם מותר לגלח אם מוכחא מילתא כי הני:

מתני' דלא כר"י · תימה לוקמא אפילו כר"י ולמזונות אפי' רבי יהודה מודה ושמא כיון דקתני ר"י אומר הבא וכו' משמע שבא לחלוק על המשנה:

אלא להרווחא והא אמרת נראין דברי ר"י בהא · נראה דל"ג ועוד מכלל דפליגי רבנן אפילו למזונות ובההיא פ"ק דשחיטת חולין (דף יב:) (ח) נראין דברי רבי יהודה שמלאה באשפה ל"ג ועוד:

מסורת הש"ס

[פרש"י ע"ז] [לקמן יח. ותוס' שם ע"ב] · תענית טו: · [שם יז. ע"ש] · פסחים נז. חולין קז: · חולין שם [לקמן יח.] תענית כט: · [תוספ' פ"ב] · [תוספתא שם] · [לקמן יז: תוספתא פ"ב]

עין משפט נר מצוה

ג א מיי' פ"ז מהלכות י"ט הלכה כא טוש"ע א"ח סי' תקלד סעיף א:

ד ב מיי' שם:

ה ג ד מיי' פ"ז מהל' כלי המקדש הלכה יא ופ"ו מהל' י"ט הל' יט ופ"א מהל' ביאת מקדש הלכה יב:

ו ה מיי' פ"ז מהלכות י"ט הל' יח טוש"ע א"ח סי' תקלא סעיף ד:

רבינו חננאל

ואלו מגלחין במועד הבא ממדינת הים ומבית השביה והיוצא מבית האסורין כו'. מ"ט כדתנן אנשי משמר ואנשי מעמד אסורין לספר ולכבס ואמרינן מה טעם שלא יכנסו למשמרתן מנוולין דכיון דיודעין דאסורין לכבס אף הן מספרין ומכבסין מקודם ונכנסין מתוקנין ומנוהצין. הכא נמי כדי שלא יכנסו לרגל מנוולין. בעי ר' ירמיה אבדה לו אבידה ערב הרגל כיון דטרוד הוא באבידתו אנוס הוא ומותר לספר ולכבס במועד או דלמא כיון דלא מוכחא מלתא כמו השבוי ובית האסורים לא. ועלתה בתיקו. פירוש יאמרו כל הסריקין אסורין כו' הא לגבי מצה בפסח איתמר דאסרו רבנן לעשות מצות סריקות מפני שהאשה שוהה עליהן ומחמצתן ואסרו בייתוס עושה בדפוס שאין שם שהייה אלא בפעם אחת קובעה בדפוס ונמצאת המצה מצויירת. ומתמהינן התם יאמרו כל הסריקין אסורין סריקי בייתוס מותרין מי יודע כי בדפוס נעשו הכא נמי יאמרו הכל אסורין לספר ולכבס וזה האיש מותר אבל מי שאין לו אלא חלוק אחד מותר לכבסו בחולו של מועד. כי איזורו מוכיח עליו כלומר כשרואין אדם ערום חגור איזור ורוחץ חלוקו כל רואיו יודעין שאין לו אלא חלוק אחד: הבא ממדינת הים. מתניתין דלא כר' יהודה דתניא ר' יהודה אומר הבא ממדינת הים לא יגלח מפני שיצא שלא ברשות אמר רבה לשוט פי' לשוט כמטייל וכמשתעשע כלומר שלא לצורך דברי הכל אסור למזונות כלומר יצא למדינת הים ודחוק לבקש מחיה דברי הכל מותר. כי פליגי ר"י וחכמים כשיצא להרווחא פירוש להתעשר כלומר לסחור ולהרויח. ר"י מדמי ליה לשוט דהא בכאן מחייתו מצויה ואסיר ורבנן מדמו ליה ליוצא בבקשת מזון ומותבינן עליה. אמר ר' נראין דברי ר' יהודה שיצא שלא ברשות ונראין דברי חכמים שיצא ברשות ואי אמרינן לא פליגי אלא בהרויחא קשיא א) דר"י ואמר נראין דברי ר' יהודה בהרויחא מכלל דפליגי רבנן עליה

לעיל נראין דברי חכמים אלא פליגי אפי' לשוט. והאמרת לשוט דברי הכל אסור. ופרקינן הכי קאמר נראין דברי ר' יהודה לחכמים. ומודה להו כשיצא שלא ברשות ומאי ניהו למזונות שאף ר' יהודה לא חלק אלא בהרווחא וקי"ל כתנא דמתני' דשרי אפי' מאן דנפק להרווחא וכן אמר הגאון ז"ל: אמר שמואל קטן הנולד ברגל מגלחין אותו במועד אין בית אסורין גדול ממעי אמו · איני שאם נולד קודם המועד

א) גרסה דל"ג קושיא דרבי אדרבי דברישא אמר נראין כו' ובסיפא אמר נראין דברי חכמים וכו'.

הגהות הב"ח

(א) תוס' ד"ה ומנודה כו' בירושלמי מקשה ולא הני למה התירו: (ב) בא"ד לא מצאו לו פתח וגילוח כל הראש נמי אסור: (ג) בא"ד והכי כגון נזיר: (ד) בא"ד לצורך המועד אי נמי אף שיש מלאכות אסורות במועד שאין בהן טורח כגון פרקמטיא: (ה) בא"ד ואין זה נראה לפי מה שפי' : (ו) ד"ה אומן כו' ... (ז) בא"ד אומן אחר לא מיבעיא ליה: (ח) ד"ה אלא כו' פ"ק דשחיטת חולין דקאמר נראין דברי רבי יהודה שמלאה באשפה ל"ג ועוד:

ואי אמרת קטן אית ביה פלוגתא נמצאת אבילות נוהגת בקטן והתניא מקרעין לקטן מפני עגמת נפש אמר רב אשי מי קתני הא אסורין דלמא יש מהן אסור ויש מהן מותר אימור ואי תימא רב שישא בריה דרב אידי מתני הכי אמר שמואל קטן מותר לגלחו במועד ולא שנא נולד במועד ולא שנא נולד מעיקרא אמר רב פנחס אף אנן נמי תנינא כל אלו שאמרו מותר לגלח במועד מותר לגלח בימי אבלו הא אסורין לגלח במועד אסורין לגלח בימי אבלו אי אמרת קטן אסור נמצאת אבילות נוהגת בקטן ותניא מקרעין לקטן מפני עגמת נפש אמר רב אשי מי קתני הא אסורין דלמא יש מהן אסור ויש מהן מותר אבל אינו נוהג אבילותו ברגל שנאמר ושמחת בחגך אי אבילות דמעיקרא הוא אתי עשה דרבים ודחי עשה דיחיד ואי אבילות דהשתא הוא לא אתי עשה דיחיד ודחי עשה דרבים מנודה מהו שינהיג נידויו ברגל אמר רב יוסף תא שמע דנין דיני נפשות ודיני מכות ודיני ממונות ואי לא צייתי דינא משמתינן ליה ואי סלקא דעתך אינו נוהג נידויו ברגל משומתת ואתי מעיקרא אתי רגל דחי ליה השתא משמתינן ליה אנן א"ל אביי ודלמא לעיוני בדיניה דאי לא תימא הכי דיני נפשות דקתני ה"נ דקטלינן ליה והא קא מימנעי משמחת יום טוב דתניא ר"ע אומר מנין לסנהדרין (שראו בא') שהרגו את הנפש שאין טועמין כל אותו היום ת"ל לא תאכלו על הדם אלא לעיוני בדיניה ה"נ לעיוני בדיניה א"ל אם כן נמצאת מענה את דינו אתו מצפרא ומעייני בדיניה ועיילי ואכלי ושתו כולי יומא והדר אתו בשקיעת החמה וגמרין לדיניה וקטלו ליה אמר אביי ת"ש ומנודה שהתירו לו חכמים אמר רבא מי קתני שהתירוהו חכמים שהתירו לו חכמים קתני דאזיל ופייסיה לבעל דיניה ואתי קמי דרבנן ושרו ליה מצורע מהו שינהיג צרעתו ברגל אמר אביי תא שמע והנזיר והמצורע (א) מטומאתו לטהרתו הא בימי טומאתו נהיג לא מיבעיא קאמר לא מיבעיא בימי טומאתו דלא נהיג אבל לטהרתו ניגזור שמא ישהה קרבנותיו קמ"ל אמר רבא ת"ש והצרוע לרבות כהן גדול והא כה"ג דכל השנה כרגל לכולי עלמא דמי דתנן כהן גדול מקריב אונן ואינו אוכל שמע מינה נוהג צרעתו ברגל שמע מינה אבל אסור בתספורת מדקאמר להו רחמנא לבני אהרן ראשיכם אל תפרעו מכלל דכולי עלמא אסור

מנודין

רש"י

ואי אמרת בקטן איכא פלוגתא· חילוק דנולד קודם הרגל איט מגלח ברגל ואית לן למימר הואיל ואסור לגלח ברגל אסור לגלח נמי בימי אבלו א"כ נמצאת אתה אומר אבילות אפילו בקטן: **מקרעין לקטן**· את בגדיו: **מפני עגמת נפש**· שיבכו הרואין וירבו בכבוד המת ולא מפני שהוא אבל: **מי קתני הא אסורין**· דמשמע האסורין לגלח במועד אסורין לגלח באבל: **יש מהן אסורין**· בשאר כל אדם שאסורין לגלח במועד (ב) אסורין לגלח בימי אבלן: **ויש מהן מותרין**· כגון קטן זה שנולד קודם הרגל שאסור לגלח ברגל מותר לגלח בימי אבלו: **אתי עשה דרבים**· ושמחת: **ודחי עשה דיחיד**· אבל דכתיב (ירמיה ו) אבל יחיד עשי לך: **דהשתא**· שאירעו במועד: **דנין דיני נפשות**· במועד אבל לא ביום טוב שאסור משום שבות ודייקינן מינה מדדנין במועד מכלל דאי לא ציית נמי משמתינן ליה במועד: **אתי רגל ודחי ליה**· שאינו נוהג נדוי ברגל: **דלמא לעיוני**· הא דתני דדנין לא אמרי' דלימא איש פלוני חייב איש פלוני זכאי ואיכא למידק מינה דאי לא ציית משמתינן ליה אלא מעייני בדין ולא אמרי ליה כלום: **מענה את דינו**· דכי לא אמרו ליה דינו לאלתר דעייני ביה הוה ליה עינוי הדין: **אלא**· לעולם דנין דינו וגומרין ממש במועד ואיכא למידק מינה אי לא ציית משמתינן ליה ואיכא למשמע מינה דנוהג נמי ברגל ודאמרת א"כ מימנע משמחת י"ט הכא במאי עסקינן דאתו מצפרא כו': **ת"ש מנודה שהתירו לו חכמים**· קא סלקא דעתך התירו לכל מנודה נידויו ברגל דאין נידוי נוהג ברגל: **דאזיל ופייסיה לבעל דיניה**· ברגל והתירו לו חכמים כ"ש שבאותו דור: **שינהיג צרעתו**· שלא יבא אל תוך המחנה ולא יגלח: **הא בימי טומאתו נוהג**· צרעתו ברגל: **ניגזור**· שלא יהא מגלח במועד דכיון דגילח צריך להביא קרבן ושמא משהה קרבנותיו עד ליום טוב האחרון ומקריבן ואסור להקריב קרבנות יחיד בי"ט: **לרבות כ"ג**· שנוהג בו צרעת: **הא כהן גדול כל השנה לדידיה כרגל לכולי עלמא דמי**· דתנן כ"ג מקריב אונן מדאמר לו אהרן למשה (ויקרא י) ולא אכלתי חטאת היום ולא אמר למשה והקרבתי מכלל דהקרבה באנינות ולמדו דכ"ג מקריב אונן אבל כולי עלמא אין בשאר ימות השנה אונן אינו מקריב קרבנותיו כדאמרינן לקמן (דף טו:) שלמים בזמן שהוא שלם ולא בזמן שהוא אונן וברגל משלח וכהן גדול אונן מקריב כל השנה אלמא כל השנה לדידיה כרגל דמי וקתני דנוהג בו צרעתו תופשטו לכל מצורע טוהג צרעתו ברגל: **אל תפרעו**· גידול שער והאי קרא גבי מיתה נדב ואביהוא כתיב ומדאצטריך קרא למישרי להו מכלל דאחריני אסורין: **מצורעין**· אע"ג דכתיב וראשו יהיה פרוע הא דריש ליה לקמן להאי פרוע למילתא אחריתי:

תוספות

עשה דיחיד· משמע דאבילות איכא עשה דאורייתא מדלא קאמר ודחי עשה דרבנן והאי דקאמר לעיל (דף יא:) לא מבעיא ימי אבלו דרבנן היינו עשיית מלאכה דנפקא לן (לקמן טו:) באסמכתא מוהפכתי חגיכם לאבל אבל גוף האבילות דאורייתא מיהו נראה לי דשמחת הרגל נמי דרבנן ושמחת הייט בשלמי שמחה כדאיתא בחגיגה (ח·): **מהו** שינהוג נידויו ברגל· א] והקשה הר"ב הא ליכא אלא עשה (ג) ואין עשה דוחה עשה ואפילו עשה ליכא אלא עזרא גזר כדלקמן (דף טז·) והא לאו קושיא היא דהא נידוי דחי לאו דמקלל חברו דאיכא לאו ושמא מסוטה ילפינן ועוד כיון שעבר על דברי הדיינין הרי יש כאן עשה דרבים: **ואי** לא ציית דינא משמתינן ליה· תימה לימא דאי לא ציית דינא נחתינן לנכסיה ב] מיהו פריך שפיר: **ממנעי** משמחת י"ט· הקשה בתוס' הר"א היכי קשה ליה דהא ממנעי משמחת י"ט מאכילה ושתיה וגוף ההריגה דהוא מלאכה לא חיישינן ונראה לי מדאסר רחמנא הבערת בת כהן בשבת מכלל דבמועד שרי אי נמי כיון שהיא מצוה לצורך י"ט קרינא בה: **נמצאת** אתה מענה את דינו· קשיא לן דבפ' אחד דיני ממונות (סנהדרין דף לה·) בשמעתין דלפיכך אין דנין (*בשבת) מוכח דעינוי הדין לא שייך עד שיליכוהו אחר שיגמור הדין וכי תימא דלעיוני דהכא היינו גמר דין ולא יהרגוהו עדיין עד אחר הרגל א"כ אמאי פריך לימא לעיוני בעלמא בלא גמר דין ולא יעשוהו גמר דין עד אחר המועד וי"ל דמשתכחי אף על גב דאיכא סופרי דיינין הכותבים דברי כל אחד מ"מ הסברא אשר בלב משתכח ומהאי טעמא אמרינן (שם) דאין דנין בערב שבת דליכא דאיכא אינשי: **אמר** אביי ת"ש מנודה שהתירו כו'. אביי לטעמיה דדחי ודלמא לעיוני ואין חושב ראייה להוכחה דלעיל ואע"ג דדחי דאי לא תימא דקאמ' לא חש באותו דיחוי ג] ואפי' נראה דיחוי ה"נ מסתברא מ"מ נוכל לומר לעיוני בלאו הכי נמי מסתברא: **והא** כ"ג דכל השנה כולה כרגל כו'· משמע דאם אין מנודה נוהג נידוי ברגל הוא הדין כ"ג אינו נוהג נידוי כלל וקשה דהא *כ"ג דן ודנין אותו ואי לא ציית דינא (לא) משמתינן ליה ולמאי דפרישית לעיל ד] דנוכל לומר למיחת לנכסיה ניחא:

עין משפט נר מצוה

ז א מיי' פ"ה מהל' אבל הלכה ד טוש"ע י"ד סי' שצ סעיף כז:
ח ב מיי' פ"ו מהלכות י"ט הלכה יח טוש"ע א"ח סי' תקלא סעיף ו:
ט ג מיי' פ"י מהלכות אבל הלכה ג טוש"ע א"ח סי' תקמח סעיף ה:
י ד טוש"ע י"ד סי' שלב סעיף א:
יא ה מיי' פ"ז מהל' י"ט הלכה כא טוש"ע א"ח סי' תקמה סעיף י:
יב ו מיי' פי"ג מהל' סנהדרין הלכה ד סמג לאוין רל:
יג ז מיי' שם הלכה ה:
יד ח מיי' פ"י מהל' טומאת צרעת הל' ו סמג עשין רלה:
טו ט מיי' פ"ב מהלכות ביאת המקדש הל' ו:
טז י מיי' שם הל' ח:
יז כ מיי' פ"י מהלכות טומאת צרעת הל' ו:
יח ל מיי' פ"ה מהל' אבל הל' א ג סמג עשין דרבנן ג טוש"ע י"ד סי' שפ סעיף א וסי' שצ סעיף א:

מסורת הש"ס

[לקמן כו:] [ג"י ערוך אגמת נפש] דברים טז [תוספתא פ"ב ע"ש] סנהדרין סג. ע"ש ויקרא יט [אלא כצ"ל וכ"ג הרי"ף] [נ"ל תמרי יעב"ץ] [לעיל יג:] [לקמן טו.] יומא יב: הוריות יב: [כ"ק קי. זבחים טז.]

רבינו חננאל

אסור לגלחו במועד. והתנן כל אלו שאמרו מגלחין במועד מותר לגלח בימי אבלו הא אסור לגלח במועד אסור לגלח בימי אבלו ואי אמרת קטן הנולד קודם הרגל אסור לגלח במועד נמצאת אתה אומר אבלות נוהגת בקטן. והתניא מקרעין לקטן מפני עגמת נפש. ודחי רב אשי מי קתני האסורים לגלח במועד אסורים לגלח בימי אבלן מדיוקא הא אסורין בכאן אסורים בכאן שמעי' מיניה דילמא יש מהן אסור ויש מהן מותר (א) וכי קתני איכא אסורה קתני. איכא דאמרי קטן הנולד בין ברגל בין קודם לרגל מותר לגלחו במועד. דאי אבלות נוהגת ברגל דהוא אבלות מעיקרא דהא חלה עליה אתי עשה דרבים ושמחת בחגך דהוא שמחת לישראל כולו ודחה עשה דיחיד וכ"ש אבלות דאתא לא חיילא דרגל דאכתי לא חיילא עליה דעשה דרבים דוחה לה. מנודה מהו לנהוג נדויו ברגל. פשיט רב יוסף. ת"ש דנין במועד דיני נפשות ודיני ממונות ודיני מכות. וכיון דדיינינן ליה אי לא צאית דינא משמתינן ליה ואי אין נוהג נדויו ברגל מאן הששמת מקמי רגל אתי רגל דחי ליה השתא משמתינן ליה. ופריק אביי דילמא האי דנין דקתני עיוני בדינא בעלמא. דאי לא תימא [הכי] דנין דיני נפשות דקתני דינא ממש הוא ספקינן לדיניה וקטלינן ליה במועד. הא מימנעי דייני משמחת י"ט. דתניא ר"ע אומר מנין לסנהדרין שהרגו את הנפש שאין טועמין כו' ולא איפשיטא בהדיא וקי"ל דהלכתא כרבא ומסקנא דשמעתא כוותיה סלקא: מצורע אסיקנא שנוהג צרעתו ברגל. אבל אסור בתספורת כו'. ב) כר"א דאמר וראשו יהיה פרוע אין פרוע אלא גידול שער דברי רבי אליעזר וכו'.

(א) אולי צ"ל וכי קתני אסורה הא קתני קתני. ב) נראה דחסר כאן וצ"ל מגולע אסור בתספורת כו'.

גליון הש"ס

גמ' נמצאת אבלות נוהגת בקטן. ק"ל הא אדרבה כיון דבקטן לא שייך אבלות אין זה יוצא מן הכלל וכל שאסור במועד אסור בימי אבלו אלא דלמא היינו נמי שהוא אבל ... קטן דאינו אבל וכמועד ... איסור על קטן ... שם לא מיבעיא קאמר. עיין לקמן דף יח ע"ב תוס' ד"ה ואינו אוכל: שם מי קתני הא אסורין. כעין זה זבחים קב ע"א תוס' ד"ה העולם:

הגהות הב"ח

(א) גמ' ת"ש והנזיר והמצורע שעולה מטומאתו: (ב) רש"י ד"ה יש מהן וכו' לגלח במועד יש מהן אסורין לגלח: (ג) תוס' ד"ה מהו וכו' הא ליכא אלא עשה דיחיד ואין עשה דוחה עשה ואפילו עשה ליכא:

הגהות מהר"ב רנשבורג

א] תוס' ד"ה מהו שינהוג וכו' והקשה הרב כו' אלא עזרא גזר כדלקמן. עיין ריטב"א דבור המתחיל כו' ואפילו נראה דיחוי ה"נ מסתברא כו'. בכסף משנה היא מוטה: ב] ד"ה ואי לא ציית כו' מיהו פריך שפיר. עיין יד דוד: ג] ד"ה אמר אביי כו' ... ד] ד"ה והא כ"ג כו' ולמאי דפרישית לעיל בד"ה ואי לא ציית.

אות ה'

ומר מדמי ליה כלמזונות

סימן תקלא ס"ד - [י]והוא שלא יצא מארץ ישראל לחוצה לארץ לטייל - פי' דמארץ ישראל לארץ ישראל, או מחו"ל לחו"ל, אף ביצא לטייל שאינו דבר מצוה, אפ"ה מותר לו לגלח, כשלא היה פנאי לגלח מבעו"י, כיון שיציאתו ברשות היתה, שלא עשה איסור בזה, **אבל** מא"י לחו"ל, אינו מותר אלא ביצא להרויח, או לראות פני חבירו, דהוא חשיב דבר מצוה שמותר לצאת מא"י בשביל זה, **משא"כ** לטייל בעלמא, דבכה"ג אסור לצאת מא"י לחו"ל, לא התירו לו לגלח.

[**והגר"א** הקשה, דמהירושלמי שהביאו מוכח להיפך, דמיירי אף ביצא מא"י לא"י או מחו"ל לחו"ל, והיינו דכיון שהיה יציאתו שלא לצורך כלל, לא התירו לו, וכן נראה [יא]מדעת רש"י, **ומיהו** המיקל יש לו על מי לסמוך].

(**דע דאלו שהתירו לגלח, אפילו כדרכו בלי שינוי, ולכאורה קשה, הלא דבר שאינו אוכל נפש והוא לצורך המועד קי"ל דבעי שינוי, ואולי מפני שהיו עד כה אנוסים בדבר, עשאום חז"ל כדבר האבד, דקי"ל דבדבר האבד א"צ שינוי, ועדיין צ"ע).**

אות ה* [יב]

סימן תקלא ס"א - [יג]מצוה לגלח בערב יו"ט - כדי שלא יכנס לרגל כשהוא מנוול.

[**ואפשר** דאם גילח בתוך ל' יום לא שייך זה, דניוול הוא יותר מל' יום, **ולדידן** במדינותינו, שאין המנהג לגלח רק במספרים, וא"כ אפילו אחר שסיפר עצמו נשאר עליו מעט שער, וממילא אם ישהא אחר זה פחות מל' יום, יתרבה עליו השער יותר מל' יום שלפנים שהיה אז אחר גילוח].

בערב יו"ט - בין קודם חצות ובין לאחר חצות, לבד מע"פ, דאסור להסתפר לאחר חצות, [**עיין** בפמ"ג שכתב, דלכתחילה יגלח קודם חצות, **וציין** ע"ז ממ"ש המ"א בסי' רנ"א בס"ק ה' בשם האר"י, שכתב שלא לגלח אחר מנחה, והיינו אחר שהגיע זמן מנחה, ור"ל מנחה גדולה בע"ש וה"ה בעיו"ט, **ולפמש"כ** בשם האחרונים, דנוכל לסמוך על דעת הפוסקים דמנחה היינו מנחה קטנה, נראה דבעיו"ט כשהזמן דחוק, אפי' לכתחילה יכול לסמוך עליהם, **וכ"ז** לענין לכתחילה, אבל לענין דיעבד הלא ידוע דעת הרמ"א שם בסוף הסימן, דמסתפרין כל היום, **ואף** דהגר"א פקפק ע"ז, לענין עיו"ט כדי שלא יכנס כשהוא מנוול, אין להחמיר, וכן המנהג].

סימן תקלא ס"ב - אין מגלחין במועד - וה"ה סיפור הראש, אלא שדרכן היה לגלח, (**ואפילו ע"י עכו"ם, וכל מה שכתוב לקמיה דמותר, היינו אפילו ע"י ישראל).**

ואף דסיפור וגילוח הוא דבר של יפוי ותיקון הגוף שהוא צורך המועד, אפילו הכי אסרו בתוך המועד, כדי שיזדרז לגלח קודם המועד, דאם היו מותרין לגלח בתוך המועד, היו סומכין עצמן לכתחילה על זה, ויכנסו לרגל כשהן מנוולין, [גמרא וכפי' רש"י והרמב"ם].

[יד]**אפילו אם גילח קודם מועד** - דתו אין בו חשש זה שיכנס לרגל כשהוא מנוול, דהא גילח עצמו גם קודם הרגל, אפ"ה אסור משום הרואין, דהרואה לא ידע שגילח עצמו, ויאמר שמותר לגלח בכל גווני.

סימן תקלא ס"ה - [טו]אע"פ שהתירו להסתפר, לא יסתפר ברשות הרבים אלא בצנעה.

---

§ מסכת מועד קטן דף יד: §

אות א'

מקרעין לקטן מפני עגמת נפש

יו"ד סימן שמ סכ"ז - [א]קטן שמת לו מת, מקרעין לו – [בטור כ' מפני עגמת נפש, פי' כדי להרבות [ב]בהספד – ט"ז].

[**כתב הרי"ץ גיאות, וקטן שהגיע לחינוך, קורעין לו כדרך שמחנכין אותו בשאר מצות, ופירש ב"י, דהיינו אפילו היכא שמת לו מת דלית ביה משום עגמת נפש,** ‹והיינו כגון שמת תינוק – שבט יהודה›. ‹**ובדרישה** כ', דבקטן ממש קורעין לו קצת מפני עגמת נפש, ובקטן שהגיע לחינוך, קורעין לו כדין קריעה טפח – רעק"א›. [ג]**וכתוב בדרישה, מכאן ראיה קצת שקטן שהגיע לחינוך צריך לנהוג כל דיני אבילות, ע"כ – ט"ז]. ולפענ"נ** דדוקא בקריעה אמרינן הכי, דהא כתב הרא"ש מחלוקת רבו מהר"ם וסברתו אם נעשה בן י"ג שנה בתוך ז' ימי אבילות, אלמא דבעודו קטן פשיטא דאין צריך לנהוג אבלות, וכן משמע בטור ומחבר לקמן סי' שצ"ו, ע"ש - נקה"כ. (**כ"כ** גם בדגמ"ר דכן מבואר לקמן סי' שצ"ו ס"ג, ולא שייך כאן חינוך, שמתוך זה אתה מבטלו מת"ת, אבל בקריעה אין כאן ביטול ת"ת, עכ"ד).

[**ונ"ל, דאף ביום שמועה קרובה, דהוה כמו יום הקבורה, כמו שכתוב לקמן סימן ת"ב, הוה דינא הכי, דגם שם איכא עגמת נפש וכבוד למת לעיני הרואים קריעה של קטן, ויש מי שחולק ע"ז,** ‹דלא שייך עגמת נפש אלא בפני המת והיכא דשכיחא רבים, כדי להרבות בבכיה והספד לרבים, ואיכא כבוד המת›, ‹הוא דעת תשו' משאת בנימין – רעק"א›, **ואין בדבריו ממש – ט"ז].**

באר הגולה

| י | **שם בגמ'** | יא | ‹ד"ה מפני שיצא שלא ברשות: כלו' הואיל ולא יצא ברשות אחרים, אלא ברצון עצמו, לאו אנוס הוא, ע"כ. **ולא** הזכיר שהוא משום האיסור לצאת מא"י לחו"ל› | יב | ‹מילואים וע"פ הבאר הגולה› | יג | **פשוט בגמ' מו"ק י"ד** | יד | **טור והג' אשר"י בשם אור זרוע ושאר פוסקים** ‹ר"ל אע"ג דלא שייך טעמא כדי שלא כו', מ"מ אסור כמ"ש שם אמר אביי יאמרו כו'. **ואמר** שם {במשנה} ושאר כל אדם אסורין, משמע דכולם אסורין לבר מהנך דחשיב במתני' – גר"א› | טו | **מרדכי בשם התוספתא** ‹ומשמע מדברי המרדכי דוקא אלו.. כגון היוצא מבית השביה וכו', דמאחר שאסור לאחרים, צריך לגלח בצנעא, אבל לגלח השפה או קטן, דלכו"ע בכה"ג שרי, מותר – ד"מ›, ‹וכ"כ הרמ"א בס"ו› | א | **ברייתא מו"ק דף כ"ו: מפני עגמת נפש שיבכו הרואים** | ב | ‹כ"כ הטור, ורש"י כתב כדי שיבכו הרואין, ולכאורה לא פליגי› | ג | ‹וז"ל הרי"ץ גיאות: מקרעין לקטן מפני עגמת נפש, אבל אין נוהגים בו אבלות, דהא אמרינן א"כ נמצאת אבלות נוהגת בקטן, אלמא אין נוהגים בו אבלות, ומיהו בקטן שהגיע לחינוך נוהגים אבלות, ע"כ. **נמצא** דס"ל דסוגיית הגמ' דהכא עוסק רק קודם שהגיע לחינוך›

אות ב'

קטן מותר לגלחו במועד, לא שנא נולד במועד ולא שנא נולד מעיקרא

סימן תקלא ס"ו - [ד]**קטן מותר לגלח במועד** - דלא שייך ביה טעמא שלא יכנס למועד כשהוא מנוול, דלאו בר מצוה הוא, **ודוקא** שיש לו [ה]שער רב דמצטער עי"ז.

אפילו נולד קודם הרגל - ר"ל אף דהיה יכול לגלחו מקודם, שרי ומטעם הנ"ל, [**ועוד** דקנס הוא, ולא קנסינן לבן בשביל האב שלא גילחו מקודם].

ועיין בפמ"ג שמצדד, דאפי' הוא בן כמה שנים, כל שלא הגיע לי"ג שנים מותר לגלחו במועד, וכן מוכח במ"א.

(ואפילו בפרהסיא שרי) (וכן משמע ממרדכי) - דהכל רואין שהוא קטן, **אך** המ"א מסתפק, דהיכי דהקטן נראה כגדול, אפשר דאין להקל בפרהסיא.

ודוקא לקטן מותר לגלח, דצורך הרגל הוא בשביל הקטן, אבל לעכו"ם אסור לגלח, דלא עדיף משאר מלאכות דאסור לעשותן במועד, אא"כ אין לו מה יאכל.

אות ג'

אבל אינו נוהג אבילותו ברגל

סימן תקמח ס"א - [ו]**הקובר את מתו בתוך הרגל** - בין ביו"ט בין בחוה"מ, **לא חל עליו אבילות ברגל** - [ז]דאתי מ"ע דשמחת הרגל, שהוא עשה דרבים, ודחי אבילות, דהוא רק מצוה דיחיד.

ומ"מ הנר שרגילים להדליק כל שבעה, ידליק תיכף, ואין זה תלוי במה שהרגל מבטל האבילות, או שאינו חל עד אחר הרגל, **רק** שלא ידליק במקום שאוכלים שם, וכ"ש בהחדר שמת שם, שמא מתוך כך יבוא להספידו, אלא ידליק במקום שאין אוכלין שם, **אכן** כיון שאין נהנה לאור זה כלל, לא ידליק בעצמו ביו"ט, אלא ע"י עכו"מ, [**ועיין** בסי' תקי"ד ס"ה בבה"ל], «וז"ל» **(ובשעת הדחק אפשר דיש להתיר, דהוי כעין נר של מצוה, שהוא לכבוד אבותיו).**

אלא לאחר הרגל מתחיל למנות ז' ונוהג בהם אבילות; ומונה שלשים מיום הקבורה - ושמ"ע אינו נחשב בזה רק יום א', [**ואינו** דומה להא דסט"ז, דשם היה חל האבילות שעה אחת קודם לחג, משא"כ בזה]. **ונוהג בשאר השלשים** – «ולא ידענא מאי קאמר, שכנה"ג. **ולענ"ד** נראה דזה עצמו בא ללמדנו, כדעת הרא"ש, דברגל אינו אסור כי אם בדברים האסורים מתורת הרגל – בית מועד», **ככל גזירת שלשים** - דהיינו בגילוח ותספורת ורחיצה בחמין, ועוד דברים המבוארים ביו"ד בהלכות אבילות.

אות ד'

מנודה, מהו שינהוג נידויו ברגל

יו"ד סימן שלד ס"א - [ח]**אפילו פגע הרגל בתוך שלשים יום, אינו מבטל אותו.**

אות ה' – ו'

דנין דיני נפשות, ודיני מכות, ודיני ממונות ואי לא ציית דינא משמתינן ליה

סימן תקמה ס"י - [ט]**דנין בין דיני ממונות** - ר"ל דמועד לא הוי כמו שבת ויו"ט, דאסור לדון בם אפילו נתרצו שניהם, ובזה שרי אם נתרצו הבע"ד לדון בם, **דאלו** לכפות, לפעמים אין יכול לכוף לבע"ד שיבוא בניסן ותשרי, כדאיתא בחו"מ סימן ה' ע"ש, **בין דיני נפשות** - המחבר העתיק לשון הברייתא, ומיירי בזמן הבית, דהיה מוטל עליהם לקיים "ובערת הרע מקרבך".

והיו משמתין ומכין למי שלא קיבל עליו הדין.

אות ז'

לסנהדרין שהרגו את הנפש שאין טועמין כל אותו היום

רמב"ם מהל' סנהדרין פי"ג ה"ד - אין בית דין יוצאין אחר הנהרג. וכל בית דין שהרגו נפש, אסורים לאכול כל אותו היום, הרי זה בכלל "לא תאכלו על הדם". ואין מברין הקרובים על הרוגי בית דין, משום "לא תאכלו על הדם", ודברים אלו אסורין ואין בהן מלקות.

אות ח'

אתו מצפרא ומעייני בדיניה, ועיילי ואכלי ושתו כולי יומא, והדר אתו בשקיעת החמה וגמרינן לדיניה, וקטלו ליה

רמב"ם מהל' סנהדרין פי"ג ה"ה - מי שנתחייב מיתה בחולו של מועד, מעיינין בדינו, ואוכלין בית דין ושותין, ואחר כך גומרין את דינו סמוך לשקיעת החמה, והורגין אותו.

אות ט'

והצרוע לרבות כהן גדול

רמב"ם פ"י מהל' טומאת צרעת ה"ו - מצות עשה שיהיה המצורע המוחלט מכוסה ראש כל ימי חלוטו, ועוטה על שפם כאבל, ופורם בגדיו, ומודיע העוברים עליו שהוא טמא, שנאמר: והצרוע אשר בו הנגע וגו'; אפילו כ"ג שנצטרע פורע ופורם, שעשה דוחה את לא תעשה.

באר הגולה

ד שם וכלישנא בתרא דשמואל לקולא | ה «כן מבואר ברש"י י"ד. ד"ה קטן» | ו טור בשם בה"ג והרי"ף והרא"ש | ז «לכאורה היה צ"ל איפכא, דלא אתי עשה דיחיד ודחי עשה דרבים, כמ"ש הגמ' באבילות דהשתא» | ח «שם י"ד ב' אמר רבא מי קתני כו' - גר"א» | ט ברייתא שם במו"ק י"ד

אות י'

מקריב אונן

רמב"ם פ"ב מהל' ביאת המקדש ה"ו - [י]אם כן מפני מה נשנית אזהרה זו בכהן גדול; שכהן הדיוט שהיה במקדש בעבודתו, ושמע שמת לו מת שהוא חייב להתאבל עליו, אף על פי שאינו יוצא מן המקדש, אינו עובד, מפני שהוא אונן, ואם עבד והוא אונן של תורה, חילל עבודתו, בין בקרבן יחיד בין בקרבן ציבור; אבל כ"ג עובד כשהוא אונן, שנאמר: ומן המקדש לא יצא ולא יחלל, כלומר ישב ויעבוד עבודה שהיה עוסק בה ואינה מתחללת. השגת הראב"ד: אף על פי שאינו יוצא. א"א [יא]וכיון שהוא חייב להתאבל עליו, למה אינו יוצא, ודאי יוצא ומטמא בעל כרחו.

[יב]רמב"ם פ"י מהל' מעשה הקרבנות ה"כ - כל שאינו ראוי לאכול, אינו ראוי לעבוד; חוץ מכהן גדול האונן, שהוא מקריב ואינו אוכל, כמו שביארנו.

אות כ'

ואינו אוכל

רמב"ם פ"ב מהל' ביאת המקדש ה"ח - ואף על פי שכהן גדול עובד אונן, אסור לאכול בקדשים, שנאמר: ואכלתי חטאת היום הייטב בעיני ה'; וכן אינו חולק לאכול בערב.

אות ל'

נוהג צרעתו ברגל

רמב"ם פ"י מהל' טומאת צרעת ה"ו - ונוהג בכל הדברים האלו אפילו בשבתות וימים טובים.

אות מ'

אבל אסור בתספורת

יו"ד סימן שפ ס"א - אלו דברים שהאבל אסור בהם: במלאכה, ברחיצה וסיכה ונעילת הסנדל ותשמיש המטה, ואסור לקרות בתורה, ואסור בשאלת שלום ובכביסה, וחייב בעטיפת הראש ובכפיית המטה, כל שבעה; ואסור להניח תפילין ביום הראשון; ואסור בגיהוץ ובתספורת ושמחה ואיחוי קרע כל ל' יום; (וכל דברי אבלות נוהגין בין ביום בין בלילה) - ‹וכולם אינם אלא מדרבנן, ואסמכוה אקראי - לבוש›.

יו"ד סימן שצ ס"א - [יג]אבל אסור לגלח שערו, אחד שער ראשו ואחד שער זקנו ואחד כל שער שבו, ואפילו של בית הסתרים, כל ל' יום. ושער השפה ומהצדדים, כל שמעכב את האכילה, תוך ז' אסור; אחר שבעה, מותר - תימה, דכאן פסק כדעת הרי"ץ גיאות שבטור, ובב"י כתב דנקטינן כהראב"ד ורמב"ם, דאסור כלל, ואין חילוק בין שערות המעכבים האכילה או לא, ע"ש - ש"ך.

(**כתב** בספר חמודי דניאל כ"י, מותר להעמיד באנקע"ס בשלשים של אבל, אם צריך לכך הרבה, הגם שצריך לגלח הראש קודם עבור זה, וכן בחוה"מ, ע"כ - פת"ש).

(**עיין** בתשו' נו"ב, שכתב דאם אירע ברית מילה, והאבל סנדק או מוהל, אפ"ה אסור בתספורת, ולא דמי למש"כ רמ"א לקמן סי' שצ"א ס"ב בהג"ה בשם מהרי"ל, מכמה טעמים, ע"ש - פת"ש).

באר הגולה

[י] ‹כיון דכתב בהלכה ה': כהן שיצא מן המקדש בשעת העבודה בלבד חייב מיתה, בין כהן גדול בין כהן הדיוט, שנאמר: ומפתח אהל מועד לא תצאו פן תמותו..› [יא] ‹ואיני רואה כאן השגה, שלא כתב רבינו שאסור לו לצאת אלא בשעת עבודה בלבד, ואחר גמר עבודה יצא ויטמא - כסף משנה› [יב] ‹ע"פ מהדורת נהרדעא› [יג] **מו"ק דף י"ד ע"א וע"ב, ומייתי לה מדקאמר ליה רחמנא לבני אהרן ראשיכם אל תפרעו, מכלל דכו"ע מיחייבי**

§ מסכת מועד קטן דף טו. §

אות א'

מנודין... אסורין לספר ולכבס

יו"ד סימן שלד ס"ב - [א]ואסור בתכבוסת ובתספורת ובנעילת הסנדל, כאבל.

אות ב'

ומצורעין אסורין לספר ולכבס

רמב"ם פ"י מהל' טומאת צרעת ה"ו - ואסור לספר ולכבס כל ימי חלוטו.

אות ג'

אלא: בית דין שולחין ומניחין אבן גדולה על ארונו

יו"ד סימן שלד ס"ג - [ב]מנודה שמת, בית דין שולחין ומניחין אבן על ארונו, [ג]ואין קורעין עליו, ולא חולצין, ולא מספידין; והני מילי לאפקירותא ועובר על דברי חכמים, אבל לממונא, כיון שמת פטור מגזירתם, ואין סוקלין ארונו, ומספידין אותו כראוי.

[ד]יו"ד סימן שמה ס"ד - [ה]מנודה שמת, דינו כמאבד עצמו לדעת; אין קורעין ולא חולצין ולא מספידין עליו - ‹והקרובים קורעין - ערוה"ש. ‹ולא עוד אלא שמבזין אותו וסוקלין ארונו, דהיינו שמניחין וכו' - לבוש› **ומניחין אבן על ארונו; והני מילי באפקירותא, כשעובר על דברי תורה, אבל בממונא, כיון שמת פטור מגזירתם, ואין מניחים אבן על ארונו, ומספידין אותו כראוי.**

אות ד'

אבל חייב בעטיפת הראש

יו"ד סימן שפ ס"א - אלו דברים שהאבל אסור בהם: במלאכה, ברחיצה וסיכה ונעילת הסנדל ותשמיש המטה, ואסור לקרות בתורה, ואסור בשאלת שלום ובכביסה, וחייב בעטיפת הראש ובכפיית המטה, כל שבעה; ואסור להניח תפילין ביום הראשון; ואסור בגיהוץ ובתספורת ושמחה ואיחוי קרע כל ל' יום; (וכל דברי אבלות נוהגין בין ביום בין בלילה) - ‹וכולם אינם אלא מדרבנן, ואסמכוה אקראי - לבוש›.

יו"ד סימן שפו ס"א - [ו]אבל חייב בעטיפת הראש, [ח]דהיינו שיכסה ראשו בטלית או בסודר, ויחזיר קצתו על פיו ועל ראש החוטם; [ט]והני מילי שצריך עטיפה, בכל היום; אבל כשבאין מנחמים אצלו, מגלה ראשו לכבודם.

הגה: [י]וי"א שאין נוהגין במדינות אלו בעטיפה [יא](הג' מיימוני) - מפני שמביא לידי שחוק גדול מן העובדי כוכבים ועבדים ושפחות שבינינו, **וכן המנהג פשוט, ואין להחמיר לשנות במה שלא נהגו אבותינו** - מיהו יש לנהוג בעטיפה קצת, דהיינו למשוך הכובע למטה לפני העינים, וכן משמע בב"ח, ועיין לקמן סימן ת' - ש"ך. [**ובשבת** בצינעא ולא בפרהסיא. **וכתב** מו"ח ז"ל, לפי זה מיד כשמתחיל השליח צבור ברכו, אז יגביה האבל את הכובע, דלא להוי מילתא דבפרהסיא, עכ"ל - ט"ז]. ‹**שזה** שמביא לידי שחוק, אינו אלא לפי הילוכם במדינתם בסודר סביב הראש, ועכשיו אצלינו העטיפה למשוך הכובע למטה לפני העינים, **ונכון** לאבל לבלי להסיר הכובע מראשו כל ז', ולישב באופן זה אם אפשר לו - ערוה"ש.

אות ה'

מצורע... מכלל שחייב בעטיפת הראש

רמב"ם פ"י מהל' טומאת צרעת ה"ו - מצות עשה שיהיה המצורע המוחלט מכוסה ראש כל ימי חלוטו, ועוטה על שפם כאבל, ופורם בגדיו, ומודיע העוברים עליו שהוא טמא, שנאמר: והצרוע אשר בו הנגע וגו'.

אות ו'

אבל אסור להניח תפילין

יו"ד סימן שפ ס"א - עיין לעיל אות ד'.

יו"ד סימן שפח ס"א - [יב]אבל אסור להניח תפילין [יג]ביום ראשון - ‹דהיינו ביום קבורה אף שמת אתמול, כ"כ הא"ר - רעק"א. (**עבה"ט** באו"ח סי' ל"ח שכתב בשם מהריט"ץ, דדוקא יום המיתה שהוא יום הקבורה פטור מתפילין יום ראשון, אבל כשהמיתה יום אחר והקבורה יום אחר, חייב בתפילין אפילו ביום ראשון, עי"ש, **ועיין** בדגמ"ר שהביאו ג"ב והשיג עליו, והעלה דאפילו אם הוא יום קבורה לחוד אסור בתפילין, עי"ש. **ועיין** בשו"ת זכרון יצחק, שכתב שגם אביו הגאון בעל משנת חכמים השיג על דעת מהריט"ץ הנ"ל, ע"ש - פת"ש).

‹**כתב** עוד הא"ר שם, דאם מת לו מת ונקבר ביום טוב, דמניח תפילין ביום א' שלאחר יום טוב, דכבר נהגו בדברים שבצנעה, ע"ש, **ובחו"ל** דעושין ב' ימים יו"ט, דיו"ט אחרון עולה ליום א', פשוט דמניח תפילין למחרתו ביום א' שלאחר יום טוב - רעק"א.

באר הגולה

[א] ‹גמרא ובריייתא שם, אבל שאר דברים דסלקא באבעיא, קי"ל ספיקא דרבנן להקל - גר"א› [ב] ברייתא מו"ק דף ט"ו ע"א וכרבי יהודה [ג] רמב"ן בספר ת"ה, שדינו כמאבד עצמו וכו', ויתבאר לקמן סי' שמ"ה [ד] ‹ע"פ מהדורת נהרדעא› [ה] רמב"ן בסת"ה [ו] מו"ק דף ט"ו ע"א [ז] מו"ק ט"ו. מדקאמר ליה רחמנא ליחזקאל ולא תעטה על שפם, מכלל דלכו"ע אסירי [ח] טור בשם פי' רב האי אמימרא דשמואל כל עטיפה וכו', ואמימרא דרב נחמן עד גובי דיקנא שם דף כ"ד. [ט] שם בשם הרמב"ן בסת"ה [י] ‹עיין תוס' כ"א. ד"ה אלו - גר"א› [יא] ומפרש שם משום שחוק העובדי כוכבים [יב] מו"ק ט"ו. מדקאמר ליה רחמנא ליחזקאל פארך חבוש עליך, מכלל דלכו"ע אסור [יג] כרבי יהושע בברייתא שם דף כ"א.

מנודין ומצורעין מה הן בתספורת ת"ש מנודין ומצורעין אסורין לספר ולכבס מנודה שמת ב"ד סוקלין את ארונו ר' יהודה אומר לא שיעמידו עליו גל אבנים כגלו של עכן אלא ב"ד שולחין ומניחין אבן גדולה על ארונו *ללמדך שכל המתנדה ומת בנידויו ב"ד סוקלין את ארונו אבל חייב בעטיפת הראש מדקאמר ליה רחמנא ליחזקאל ולא תעטה על שפם מכלל דכולי עלמא מיחייבי מנודה מהו בעטיפת הראש אמר רב יוסף ת"ש *והן מתעטפין ויושבין כמנודין וכאבלים עד שירחמו עליהם מן השמים א"ל אביי דלמא מנודה לשמים שאני דחמיר מצורע מהו בעטיפת הראש ת"ש ועל שפם יעטה מכלל שחייב בעטיפת הראש ש"מ *אבל אסור להניח תפילין מדקאמר ליה רחמנא ליחזקאל פארך חבוש עליך מכלל דכ"ע אסור א) מנודה מהו בתפילין תיקו מצורע מהו בתפילין ת"ש *והצרוע לרבות כ"ג בגדיו יהיו פרומים שיהו מקורעים וראשו יהיה פרוע אין פריעה אלא גידול שער דברי ר"א ר"ע אומר נאמרה הוייה בראש ונאמרה הוייה בבגד מה הוייה האמורה בבגד דבר שחוץ מגופו אף הוייה בראש דבר שחוץ מגופו מאי לאו אתפילין אמר רב פפא לא ג) אכומתא וסודרא אבל אסור בשאילת שלום דקאמר ליה רחמנא ליחזקאל האנק דום מנודה מהו בשאילת שלום אמר רב יוסף ת"ש *ובשאילת שלום שבין אדם לחברו כבני אדם הנזופין למקום א"ל אביי דלמא מנודה לשמים שאני דחמיר מצורע מהו בשאילת שלום ת"ש ועל שפם יעטה שיהו שפתותיו מדובקות זו בזו שיהא כמנודה וכאבל ואסור בשאילת שלום ש"מ וניפשוט מינה למנודה אמר רב אחא בר פנחס משמיה דרב יוסף מי קתני שאסור שיהא כמנודה וכאבל [קתני] במילי אחרנייתא ואסור נמי בשאילת שלום אבל אסור בדברי תורה מדקאמר רחמנא ליחזקאל דום מנודה מהו בדברי תורה אמר רב יוסף ת"ש מנודה ישונה ושונין לו נשכר ונשכרין לו מוחרם לא שונה ולא שונין לו לא נשכר ולא נשכרין לו אבל שונה הוא לעצמו שלא יפסיק את למודו ועושה לו חנות קטנה בשביל פרנסתו ואמר רב זבוני מיא בפקתא דערבות שמע מינה מצורע מהו בדברי תורה *ת"ש והודעתם לבניך ולבני בניך יום אשר עמדת לפני ה' אלהיך בחורב מה להלן באימה וביראה וברתת ובזיעה מכאן אמרו *הזבין והמצורעין ובועלי נדות מותרין לקרות בתורה ובנביאים ובכתובים ולשנות במדרש ובש"ס בהלכות ובאגדות ובעלי קריין אסורין ש"מ אבל אסור *בתכבוסת דכתיב וישלח יואב תקועה ויקח משם אשה חכמה ויאמר אליה התאבלי נא ולבשי נא בגדי אבל ואל תסוכי שמן והיית כאשה זה ימים רבים מתאבלת על מת מנודין ומצורעין מה הן בתכבוסת ת"ש מנודין ומצורעין אסורין לספר ולכבס ש"מ אבל חייב בקריעה דקאמר להו רחמנא לבני אהרן לא תפרומו מכלל דכ"ע מיחייבי מנודה מהו בקריעה תיקו מצורע מהו בקריעה ת"ש בגדיו יהיו פרומים שיהו מקורעין שמע מינה אבל חייב בכפיית המטה דתני בר קפרא

דמות

א) [עי' תוס' יבמות נה ז: ד"ה הקשה כ"ר לאביי"ה וכו'] ג) [פי' כומתא מגבעת רכה שהיא כמלא הראש ואין עולה למעלה מן הראש. ערוך]

רש"י

מנודין ומצורעין מהו · להכי קאמר להו בהדדי : מנודה שמת וכו' · סיפא דברייתא היא : כגלו של עכן · דכתיב (יהושע ז) ויקימו עליו גל אבנים גדול : והן מתעטפין · מפורש במסכת תענית לאחר שהתענו שלש עשרה ת"ל : מנודה לשמים · כי הני שאני דחמירי ולהכי לריכי עטיפת הראש אבל אחרים אינן לריכין עטיפת הראש : יעטה · משמע עטיפת הראש : פארך · זה תפילין : דבר שהוא חוץ מגופו אף הוייה. האמורה בראש ראשו יהיה פרוע משמע מגולה כענין דכתיב ופרע את ראש האשה (במדבר ה) דבר שהוא חוץ מגופו ולא אמרינן משער שהוא מגופו : מאי לאו · שיהא ראשו מגולה מתפילין : אכומתא וסודרא · כלומר שיהא ראשו מגולה מכומתא וסודרא אבל תפילין מניח : דהא א"ל רחמנא ליחזקאל האנק דום · כלומר בדבר זה תנהוג אבילות שתדום ולא תשאל לשלום : ת"ש · דתני גבי תעניות הן יושבין כמנודין ואבלים כו' : שפם · משמע שפתותיו מדובקות : מי קתני כמנודה · שאסור בשאילת שלום : מוחרם · שמחרימין בחרם לאחר ל' יום לאחר הנדוי א] : בפקתא דערבות · בשוק של אותו מקום : בעלי קריין אסורין · לפי שבא להם מחמת שמחה וקלות ראש וליכא אימה:

דמות

תוספות

מנודין ומצורעין מה הן בתספורת · ומדראשו יהיה פרוע לא בעי לאוכוחי דלית ליה דר"א דמוקי לה לקמן בתספורת תדע דלקמן בעי לאוכוחי מינה הנחת תפילין כר"ע · ולא כרא"ה לו לדברי רב פפא דמוקי ראשו יהיה פרוע אכומתא וסודרא :

וראשו יהיה פרוע · לריך עיון אי פליגי הכי בראשיכם אל תפרעו ובגדיכם לא תפרמו דלעיל מייתי (א) עליה תספורת לאבל ולא מייתי מיניה למצורע דמשמע דסבר כר"ע ופליג אדר' אליעזר דלפרישית לעיל ושמא ר"ע לא פליג אדרבי אליעזר דפריעת הראש הייע גידול שער בין במצורע בין באבל ותרוייהו דורש ר"ע ולעיל דלא מייתי מיניה למצורע משום דמסכת ברייתא בהדיא מייתי לה ואע"ג דברייתא דסוגיא מייתי אבל אינו נוהג אבילותו ברגל ומניח המשנה דלקמן ומייתי קראי דומשמחת לפי שלריך לפרש מכאן מתני' דאבל אינו נוהג אבילותו ברגל אבל ראשו יהיה פרוע דמיירי בגידול שער דומה לו דבר פשוט וניחא ליה לאתויי ברייתא :

אסור בשאילת שלום דקאמר ליה רחמנא ליחזקאל האנק דום · דמשמע שתיקה משאילת שלום ומתלמוד תורה נמי משמע בסמוך מהאנק דום והא דהיה יחזקאל נוהג אבילות בהאנק דום וכל שאר דברים לא היה עושה שהיה לריך להראות בקלת דברים שהוא נוהג ולא נוהג דינו אלא למשל :

שידהו שפתותיו מדובקות · לעיל דדרשינן מיניה עטיפת הראש ושמא תרוייהו משמע ע"כ מדכתיב שפם ולא כתיב שפה :

ובועלי נדות מותרין · אחר טבול לנקרי אבל לקריו לריך טבילה ולרבי יהודה משמע הסם דלא לריך טבילה לדברי תורה לבעל קרי היכא דלא נטהר ע"י טבילה זו בפרק מי שמתו (ברכות דף כו:) כמשמעת ולכאורה דס ובעל קרי שראה זיבה לריכין טבילה ור' יהודה פוטר והא דהכא בלא טבילה כרבי יהודה לריך לייסב דאיירי רבי יהודה בסיפא דהך ברייתא בפ' מי שמתו (שם דף כב:) וקאמר רבי יהודה שונה הוא בהלכות דרך ארץ וליכא למימר דלרבי יהודה נמי בועלי נדות חייבין טבילה כמו בעל קרי בעלמא דהשתא ומה בעל קרי שראה זיבה אחר כך שהיה חייב כבר פוטר רבי יהודה בועל נדה לא כל שכן מיהו לכאורה נ"ל דלא פליגי רבי יהודה ורבנן אלא בהני טומאות דדומיא דקרי הוי דהיינו דטומאה יוצאה עליו מגופו אבל בטומאת שרצים מודה רבי יהודה דבהדי בעל קרי לריך טבילה א"כ ה"ה בועל נדה מודה דלא חשיב טומאה יוצאה מגופו ואפילו מאן דבעי למימר בפרק אלו דברים בפסחים (דף סח.) ובפ"ק דיומא (דף ו:) דמשתלח חוץ לשתי מחנות כמו בעל קרי מ"מ לא חשיב טומאה יוצאה מגופו ורבי יהודה נמי הלריך טבילה לדברי תורה · בתוספ' פי' דכיון דטומאת בועל נדה מכח קרי רבי יהודה מודה דלריך טבילה :

ה"ג מנודין ומצורעין מה הן בתכבוסת ת"ש מנודין ומצורעין אסורין לספר ולכבס · ובספר הרב לא היה כתוב כל זה והיה קשה לרב למה לא בעי ליה ותירץ דכבר מייתי לעיל הך ברייתא דגבי תספורת והוא הקשה לקמן גבי עשיית מלאכה דמיבעי ומביא ברייתא דמתניא ונשכרין ותירץ דהתם דמצורע קאי בתיקו קא בעי מנודה ומייתי לברייתא דלעיל ורחילה

רבינו חננאל

מנודה הוכן מצורע דתניא מנודין ומצורעין אסורין לספר ולכבס. מנודה שמת ב"ד סוקלין את ארונו. ר' יהודה אומר לא שיעמידו עליו גל אבנים כגל של עכן אלא ב"ד שולחין ומניחין אבן על ארונו כו'. אבל חייב בעטיפת הראש מדאמר ליה רחמנא ליחזקאל לא תעטה על שפם מכלל דכ"ע אסירי וכן מנודה דתנן והן מתעטפין ויושבין כמנודין וכאבלין עד שירחמו עליהן מן השמים ודחי אביי ודלמא מנודה לשמים דחמיר חייב בעטיפת הראש אבל מנודה לבני אדם לא. ולקולא עבדינן ולא מחייבינן למנודה בעטיפת הראש [illegible]

עין משפט נר מצוה

יט א מיי' פ"ו מהלכות ת"ת הלכה ד סמג לאוין רט ועשין לט טוש"ע יו"ד סי' שלד סעיף ג:
כ ב מיי' פ"י מהלכות טומאת צרעת הלכה ו סמג עשין רלה:
כא ג מיי' פ"ו מהלכות ת"ת הלכה ד סמג שם טוש"ע יו"ד סי' שלד סעיף ג:
כב ד מיי' פ"ה מהל' אבל הלכה א יט סמג עשין דרבנן ג טוש"ע יו"ד סי' שפו סעיף א וסי' שפח:
כג ה מיי' פ"י מהלכות טומאת צרעת הלכה ו סמג עשין רלה:
כד ו מיי' פ"ד מהלכות אבל הלכה ט סמג עשין דרבנן ג טוש"ע יו"ד סי' שפח סעיף א וסי' שפח סעיף א [טוש"ע א"ח סי' לח סעיף ה]:
כה ז ח ט מיי' פ"י מהל' טומאת צרעת הלכה ו סמג עשין רלה:
כו י מיי' פ"ה מהל' אבל הלכה א כ סמג עשין דרבנן ג טוש"ע יו"ד סי' שפה סעיף א:
כז כ מיי' פ"ג מהלכות תפלה הל' ח טוש"ע א"ח סי' פח:
כח ל מיי' פ"י מהלכות טומאת צרעת הל' ו סמג עשין רלה:
כט מ מיי' פ"ז מהל' ת"ת הל' א טוש"ע יו"ד סי' שלד סעיף ב:
ל נ ס ע פ מיי' פ"ז מהלכות ת"ת הל' ד ה טוש"ע יו"ד סי' שלד סעיף ג:
לא צ מיי' פ"י מהל' טומאת צרעת הל' ו סמג עשין רלה:
לב ק מיי' פ"ד מהל' ק"ש הל' ח טוש"ע א"ח סי' פח:
לג ר מיי' פ"ה מהלכות אבל הלכה ג סמג עשין דרבנן ג טוש"ע יו"ד סי' שפט סעיף א:
לד ש מיי' פ"ח מהל' אבל הלכה א סמג עשין דרבנן ג טוש"ע יו"ד סי' שמ סעיף א:
לה ת מיי' פ"י מהל' טומאת צרעת הל' ו סמג עשין רלה:
לו א מיי' פ"ה מהלכות אבל הלכה א יח סמג עשין דרבנן ג טוש"ע יו"ד סי' שפז סעיף א וסי' שפח סעיף א:

מסורת הש"ס

ברכות יט. עדיות פ"ה מ"ו | תענית יד: | סוטה כח. כתובות: ע"ש [מס' שמחות פ"ו ברכות יח.] | [לעיל יד:] | יחזקאל כד | תענית יב: | ס"א | ברכות כב. | [תוספתא דברכות פ"ב] | לקמן יז: | שמואל ב יד | ויקרא י | שם יג

הגהות הב"ח | גליון הש"ס

(א) תוס' ד"ה וראשו כו' דלעיל מייתי מיניה איסור תספורת לאבל: | תוס' ד"ה ובועלי נדות וכו' ובתוספ' פי' דכיון דטומאת בועל נדה. עיין תוס' לעיל ח ד"ה ג"כ מהל' גילוח מקדם:

הגהות מהר"ב רנשבורג א] רש"י ד"ה מוחרם שמחרימין בחרם לאחר ל' יום לאחר הנדוי. נ"ב לאחר ששים לקמן דף טז ע"א ואולי כוונת רש"י אחרי שלשים השניים דהיינו לאחר שלשים שם ושונין לאחר ששים:

‹**וכתב** בספר אליה רבה באו"ח סי' ל"ח, דיש להסתפק באם שמע אחר שהתפלל ערבית, דקי"ל לעיל סוס"י שע"ה, דאותו יום אינו עולה ומונה מיום המחרת, אי מניח תפילין ביום שני שנקרא לו ראשון, **ומדברי** הט"ז לקמן סי' ת"ב סי"א משמע דמניח תפילין, עכ"ד, **ועיין** בספר חומות ירושלים שכתב, דשם לא משמע כן, ודעתו שיניח בלא ברכה ויכסה אותם, ע"ש - פת"ש). ‹**לחומרא** אמרינן למנות מיום מחר, ולא לקולא לענין לפטור מתפילין, וכן נראה עיקר לדינא – ערוה"ש›.

ואם שמע שמועה קרובה, דינה כיום קבורה דאסור להניח תפילין - ש"ך.

[יז]ואחר שהנץ החמה ביום שני, מותר להניח - ויש פוסקים דאינו אסור אלא ביום ראשון, וביום ב' מותר מיד אפי' קודם הנץ החמה, וכן פסק הב"ח - ש"ך.

‹**ועיין** במג"א סי' ל"ח, דביום ב' אם באו פנים חדשות, אינו מניח עד שילכו, ואם הניח אינו חולץ, **ועיין** בד"מ כאן כתב בשם המרדכי, דביום ג' אפילו באו פנים חדשות מניח, **ולענ"ד** דברי המרדכי תמוהים, דהרי ר"א אמר מג' ואילך אם באו פנים חדשות אינו חולץ, עיין בסוגיא, א"כ מנ"ל לומר לדינא דבג' מניח, וצ"ע – רעק"א›.

‹**והנוהגין** בתפילין דר"ת, לא יניחום כל ימי האבלות, **וראיתי** מי שכתב בשם האריז"ל להניחם, ולאו מר בר רב אשי חתום עלה, ובפרט לפי הטעם המבואר בזוהר פ' פנחס ברעיא מהימנא ע"ש – ערוה"ש›.

‹**ואין** להקשות, מאי שנא תפילין שאינו מבטל אלא יום אחד, ותלמוד תורה מבטל כל ז', וכי חמור תפילין מתלמוד תורה. **דאין** זו קושיא, דתלמוד תורה יש בה משום שמחה, דכתיב פקודי ה' ישרים משמחי לב, ושמחה אסורה כל ז', אבל בתפילין אין בהן אלא משום פאר, וסגי שלא יתפאר יום ראשון ואחר כך מותר {שאין עיקר מרירותיה דאבל שמצטער הרבה אלא יום ראשון}, **ועוד** שהרי אבל חייב בקריאת שמע, וקי"ל דקריאת שמע שחרית וערבית פוטר תלמוד תורה, והרי אינו מבטל מתלמוד תורה כלל כל ז', **אבל** תפילין אף על גב דקילו מתלמוד תורה, סגי שיבטל מהם יום אחד – לבוש›.

[יח]סימן לח ס"ה - [יט]אבל ביום ראשון אסור להניח תפילין - דתפילין נקראין "פאר" בפסוק, ואבל מעולל באפר, ואין נאה לתת פאר תחת אפר.

ואפילו ביום שנקבר שאינו יום המיתה, כיון שהוא יום ראשון לאבילות ולמנחמים, **וע"כ** אפילו אם נקבר בלילה, לא יניח תפילין ביום.

אבל אם מת או נקבר בחוה"מ, מניח תפילין בין בחוה"מ, ובין לאחר המועד, אף שהוא יום ראשון לאבילות, מ"מ כבר נחמוהו מנחמים במועד, **והפמ"ג** מפקפק בהנחה בחוה"מ, דמ"מ יום מר הוא לו היום הראשון, **ועכ"פ** צריך ליזהר שלא לברך עליהן, ובלא"ה המנהג שלא לברך על תפילין בחוה"מ.

וכן כשנקבר ביו"ט שני, יניח תפילין באסרו חג, דיו"ט שני עולה למנין שבעה, ויום שאחר המועד יחשב לשני.

וכן אם שמע שמועה קרובה, דהיינו בתוך שלשים אפי' ביום ל' עצמו, ג"כ דינו כיום הקבורה, **ולכן** אפי' אם שמע בלילה, לא יניח תפילין ביום, **ואפי'** בא לו שמועה קרובה כשכבר הניח תפילין והתחיל להתפלל, חולצן.

ואם שמע שמועה רחוקה, דהיינו לאחר שלשים, שאין האבילות רק שעה אחת, מותר להניח תפילין, וכ"ש שא"צ לחלצן, **וע"כ** אם בא לו השמועה באמצע פסוקי דזמרה וכה"ג, לא יחלוץ התפילין, רק יחלוץ מנעליו משום אבילות, **ואם** ע"י השמועה בא לידי בכי, צריך לחלצן.

מכאן ואילך חייב - דכתיב: ואחריתה כיום מר, ש"מ דעיקר מרירות הוא יום ראשון.

משמע דחייב מיד, ויש פוסקים דביום ב' אין להניח קודם הנץ, ע"כ מהנכון להמתין מלהניח עד אחר הנץ.

אפי' באו פנים חדשות - לנחם אותו, ומשמע דמניח לכתחלה, **אבל** האחרונים מסקי דאין להניח בפניהם תפילין עד שילכו להם, **אלא** דאין חולץ אם הניח קודם שבאו פנים חדשות.

אות ז' – ח' – ט'

והצרוע לרבות כהן גדול

בגדיו יהיו פרמים, שיהו מקורעים

וראשו יהיה פרוע... גידול שער

רמב"ם פ"י מהל' טומאת צרעת ה"ו - מצות עשה שיהיה המצורע המוחלט מכוסה ראש כל ימי חלוטו, ועוטה על שפם כאבל, ופורם בגדיו, ומודיע העוברים עליו שהוא טמא, שנאמר: והצרוע אשר בו הנגע וגו'; אפילו כ"ג שנצטרע פורע ופורם, שעשה דוחה את לא תעשה. ואסור בשאילת שלום כל ימי חלוטו כאבל, שנא': ועל שפם יעטה, שיהיו שפתיו דבוקות; אבל קורא ושונה ודורש; ואסור לספר ולכבס כל ימי חלוטו.

אות י'

אבל אסור בשאילת שלום

יו"ד סימן שפ ס"א - עיין לעיל אות ד'.

יו"ד סימן שפה ס"א - [כ]אבל אסור בשאלת שלום.

באר הגולה

[יד] טור בשם אביו הרא"ש, וכך הם דברי הרמב"ן בסת"ה [טו] ‹ע"פ מהדורת נהרדעא› [טז] מועד קטן כ"א וכדעת הרי"ף שם [יז] מו"ק דף ט"ו. ומייתי לה מדקאמר ליה רחמנא ליחזקאל האנק דום, ופי' רש"י כלומר בדבר זה תנהג אבילות ולא תשאל לשלום, וכמ"ש התוס' שם, שיהיה צריך להראות בקצת דברים שהיה אבל, ולא היה נוהג דיני אבל אלא למשל

אות כ'

ובשאילת שלום שבין אדם לחבירו כבני אדם הנזופין למקום

סימן תקעה ס"ז - כשמתענים על הגשמים ועברו י"ג תעניות אלו ולא נענו, ממעטין במשא ומתן ובבנין של שמחה - לאו דוקא, אלא ה"ה לכל בנין שאין צריכין, דאינו נעשה אלא לנוי ולהרוחה בעלמא, **ודע** עוד, דשל שמחה קאי גם אמשא ומתן, דאינו אסור אלא של שמחה, כגון צרכי חופה לבנו.

(מא"כ כותלו) - של בנין שמחה, כגון בית חתנות לבנו, **(נוטה ליפול)** - ואפילו אין בו סכנה.

וממעטין באירוסין ונישואין - פי' שאין מארסין כלל, **אלא אם לא קיים מצות פריה ורביה. וממעטין בשאילת שלום בין אדם לחבירו; ותלמידי חכמים לא ישאלו שלום אלא כנזופין וכמנודים למקום, ועם הארץ שנתן להם שלום, משיבין לו בשפה רפה וכובד ראש.**

אות ל'

מצורע... ואסור בשאילת שלום

רמב"ם פ"י מהל' טומאת צרעת ה"ו - ואסור בשאילת שלום כל ימי חלוטו כאבל, שנא': ועל שפם יעטה, שיהיו שפתיו דבוקות.

אות מ'

אבל אסור בדברי תורה

יו"ד סימן שפ ס"א - עיין לעיל אות ד'.

יו"ד סימן שפד ס"א - [יח]אבל, כל [יט]שבעה ימים אסור לקרות בתורה, נביאים וכתובים, משנה, גמרא, הלכות ואגדות - דכתיב פקודי ה' ישרים משמחי לב - ש"ך.

(**עיין** בתשו' חכם צבי שכתב, דטעמא הוא מפני שיכול ללמוד דברים הרעים שבירמיה והלכות אבילות, **ולכן** ברגל שאסור ללמוד דברים באלה, מותר ללמוד כל דבר, דאינו נכון לישב בטל, עי"ש. **וצ"ע**, דהא לקמן סי' שצ"ט איתא, דנוהג ברגל בדברים שבצנעא, וממילא דאסור בת"ת, כמ"ש בסי' ת' דתלמוד תורה הוי דבר שבצנעא. **מיהו** למ"ש בסי' שצ"ט שם בשם תשו' דת אש, אתי שפיר. **ועיין** בשע"ת באו"ח סי' תקנ"ד סק"א, שכתב בשם מחזיק ברכה, דבט"ב יכול לעלות לתורה ולהפטיר, כיון דהוי דברים הרעים, וכו"ע אסירי בתורה כמוהו, ע"ש - פת"ש).

אות נ' - ס' - ע' - פ'

מנודה, שונה ושונין לו, נשכר ונשכרין לו

מוחרם, לא שונה ולא שונין לו, לא נשכר ולא נשכרין לו

אבל שונה הוא לעצמו שלא יפסיק את למודו

ועושה לו חנות קטנה בשביל פרנסתו

יו"ד סימן שלד ס"ב - המנודה... ומותר בדברי תורה; שונה, ושונין לו; נשכר, ונשכרין לו. והמוחרם, לא שונה ולא שונין לו; לא נשכר ולא נשכרין לו; וכן אסור להנותו יותר מכדי חייו (תשובת רשב"א); אבל שונה הוא לעצמו, שלא ישכח תלמודו, ועושה לו חנות קטנה כדי פרנסתו.

אות צ'

הזבין והמצורעין ובועלי נדות מותרין לקרות בתורה ובנביאים ובכתובים, ולשנות במדרש ובתלמוד, בהלכות ובאגדות

רמב"ם פ"י מהל' טומאת צרעת ה"ו - ואסור בשאילת שלום כל ימי חלוטו כאבל, שנא': ועל שפם יעטה, שיהיו שפתיו דבוקות; אבל קורא ושונה ודורש.

[כ]יו"ד סימן רפב ס"ט - כל הטמאים, אפילו נדות, מותרים לאחוז בס"ת ולקרות בו - «דדברי תורה אינם מקבלים טומאה, כי הם קדושים וטהורים ומבריחים כל טומאה – לבוש», **והוא שלא יהיו ידיהם מטונפות או מלוכלכות** - «וכן אם נגעו בבשרן במקומות המכוסין, או חפפו ראשן, דאז אסורים ליגע בכתבי קדש וכ"ש בס"ת עד שירחצו ידיהם – ערוה"ש».

[כא]סימן פח ס"א - כל הטמאים קורין בתורה וקורין ק"ש ומתפללין.

אות ק'

ובעלי קריין אסורין

סימן פח ס"א - כל הטמאים קורין בתורה וקורין ק"ש ומתפללין, חוץ מבעלי קרי שהוציאו עזרא מכל הטמאים, ואסרו בין בד"ת בין בק"ש ותפלה עד שיטבול, כדי שלא יהיו ת"ח מצויין אצל נשותיהן כתרנגולין - וגם כי הקרי בא מקלות ראש, וד"ת צריך להיות באימה ויראה ברתת וזיע, כמו בעת נתינתה.

ואח"כ בטלו אותה תקנה, והעמידו הדבר על הדין, שאף בעל קרי מותר בד"ת ובקריאת שמע ובתפלה, בלא טבילה ובלא רחיצה דתשעה קבין - שהיתה גזירה שאין רוב

באר הגולה

יח בריתא מו"ק כ"א. ומייתי לה שם דף ט"ו. מדקאמר ליה רחמנא ליחזקאל האנק דום יט הרמב"ן בסת"ה, ולא דמי לתפילין, דד"ת שאני דכתיב בהו משמחי לב כ «ע"פ מהדורת נהרדעא» כא «ע"פ מהדורת נהרדעא»

הצבור יכולין לעמוד בה, ובטלוה משום ביטול תורה, ומשום ביטול פריה ורביה.

ומ"מ מי שירצה לנהוג ולטבול, תע"ב, **ודוקא** אם עי"ז לא יעבור זמן ק"ש ותפלה, **ואפשר** דאפילו אם עי"ז יתבטל מתפלה בצבור, ג"כ אין נכון להחמיר בזה, [דכיון דבטלוה, אין להחמיר במידי דאתי לידי קולא].

וכן פשט המנהג - ומ"מ יש אנשי מעשה שנוהגין בתקנה זו, וטובלין את עצמן לקריין, ואם קשה עליהם הטבילה, רוחצין את עצמן בט' קבין.

כתבו האחרונים, שארבעים סאה מים שאובים כשרים לטבילה זו, וכן הט' קבין הוא ג"כ במים שאובים, **ואפילו** משלשה כלים, ובאופן שלא יפסיק משפיכת כלי אחד עד שיתחיל השני, **אבל** יותר מג' כלים אין מצטרפין לשיעור ט' קבין.

והנך ט' קבין צריך שישפוך עליו, אבל לא לטבול בתוכם, בין אם הם בכלי או בקרקע, דכל שהוא דרך טבילה בעינן דוקא ארבעים סאה, ובקרקע, כשאר טבילות, **ומ"מ** אם נכנס חציו למקוה, ולא הרכין ראשו לטבול חצי גופו אשר בחוץ, רק שפכו עליו מלמעלה ט' קבין, מועיל לטהר.

כתב בספר מטה אפרים, דבעת שפיכת הט' קבין על האדם, יש לו לעמוד זקוף, ושתי ידיו מונחים נגד לבו, ולא ידחק אותם בחיבוק הרבה, רק בריווח קצת כדי שיבואו המים גם שם, **ויזהיר** לשופכים עליו שישפכו כנגד גופו ממש.

ושיעור ט' קבין, עיין בבה"ט שהוא שיעור ט"ו קווארט פוליש, **עיין** בספר מטה אפרים הנ"ל שכתב, דבקווארט שלנו צריך כ"ד קווארט לשפיכת ט' קבין, **ובשעת** הדחק שאין הכלים מחזיקין כ"כ, יש להקל בי"ח קווארט.

וכן יש ליזהר בכל זה, אותם שנוהגים להטהר בער"ה ועיו"כ ע"י ט' קבין.

כתב במ"א, דאף הנוהג טבילה לקרי, דוקא בריא, או חולה ששמש מטתו, אבל חולה שראה קרי לאונסו, פטור מכלום, (**קצת** נראה, דחולה נקרא לענין זה, מי שהוא חלוש), ואין לו רק לרחוץ אותו מקום שלא יהיה מלוכלך מש"ז, **וכן** בריא שראה מים חלוקים, פטור מכלום, דלא גזר עזרא ע"ז לענין ד"ת ותפלה, ורק לענין תרומה טמא משום מים חלוקים.

(**ודע** עוד, דמה שמסתפק בשע"ת לענין חציצה בטבילת בעל קרי, מצאתי בספר האשכול שכתב בהדיא, דאין פוסל חציצה בזה, **אך** ביש חציצה ברוב גופו, משמע שם דפוסל גם בזה).

אות ר'

אבל אסור בתכבוסת

יו"ד סימן שפ ס"א - עיין לעיל אות ד'.

יו"ד סימן שפט ס"א - [כב]**אבל אסור לכבס כסותו** [כג]**כל שבעת הימים, אפי' במים לבד** - (משום שני דברים, הא' משום מלאכה, דאסור בין ע"י עצמו ובין ע"י אחרים, כמ"ש בסי' ש"פ, [וזה לכאורה נלמד מדף י"ז: וכמ"ש הבאה"ג], **והאחת** איסור לבישה, אף שנתכבס קודם לכן, שהרי למדוה מהאשה התקועית דכתיב בה בגדי אבל - ערוה"ש), (ובגדי אבל היינו שאינם מגוהצים ומכובסים - לבוש), **ולאחר שבעה, מותר** - היינו כשאין מגוהץ, או לדידן דגיהוץ שלנו ככיבוס שלהם, כדלקמן בסוף הסי' - ש"ך.

אות ש'

אבל חייב בקריעה

יו"ד סימן שמ ס"א - [כד]**מי שמת לו מת, והוא מהמתים** [כה]**שראוי להתאבל עליהם** - כאשר יתבאר לקמן סי' שע"ד, **חייב לקרוע עליו** - מדרבנן ואסמכוה אקרא - ש"ך. (וכך אמרו חז"ל במו"ק, אבל שלא פירם חייב מיתה, דכתיב: ובגדיכם לא תפרומו ולא תמותו, הא אחר שלא פירם חייב מיתה, **וזהו** כענין שאמרו העובר על דברי חכמים חייב מיתה, דאסמכתא בעלמא הוא, דפשטיה דקרא על בני אהרן קאי, דאם הם יפרומו יתחייבו מיתה - ערוה"ש).

(**כתב** ברכי יוסף, כל קריעה טוב שתהיה ע"י אחר, דמתבייש ממנו, ואיכא עגמת נפש טפי, שאחר קורע כסותו והוא שותק ומקבל עליו דינו יתברך, מהר"י מלכו. (ועיין לקמן סי"ד בשם הערוה"ש איפכא). **וכתב** עוד, אם קרע לו חבירו יותר מדאי, חייב, דהו"ל למידק, **ואף** על ידי עצמו אינו רשאי לקרוע אלא כדינו, דקא עבר על בל תשחית - פת"ש).

אות ת'

מצורע... שיהו מקורעין

רמב"ם פ"י מהל' טומאת צרעת ה"ו - מצות עשה שיהיה המצורע המוחלט מכוסה ראש כל ימי חלוטו, ועוטה על שפם כאבל, ופורם בגדיו, ומודיע העוברים עליו שהוא טמא, שנאמר: והצרוע אשר בו הנגע וגו'.

אות א'

אבל חייב בכפיית המטה

יו"ד סימן שפ ס"א - עיין לעיל אות ד'.

יו"ד סימן שפז ס"א - [כו]**אבל חייב בכפיית המטה.**

[כז]**יו"ד סי' שפז ס"ב -** [כח]**עכשיו לא נהגו בכפיית המטה, מפני שיאמרו העובדי כוכבים שהוא מכשפות, ועוד שאין המטות שלנו עשויות כמטות שלהן כדי שיהא ניכר בהם כפייה** - (שמטות שלהן לא היו ראשיהן בולטין כעין שלנו, והיה ניכר בהן

באר הגולה

[כב] מימרא דרב חסדא מדיוקא דברייתא תכפוהו אבליו וכו' שם דף י"ז: [כג] הרמב"ן בסת"ה, וכ"נ מדברי הרמב"ם בפ"ה ה"א, וקי"ל הלכה כדברי המקיל באבל, (ודלא כריב"א הובא בטור, דאסר כל ל') [כד] מימרא דרב תחליפא וכו' מו"ק דף כ"ד. [כה] יתבאר בסי' שע"ד [כו] מו"ק דף ט"ו. מדקתני בר קפרא וכו' [כז] (מילואים) [כח] טור בשם אביו הרא"ש (עיין תוס' כ"א. ד"ה אלו - גר"א)

הכפיה, שרגליהם למעלה, אבל מטות שלנו ראשיהם בולטין, ואין הכפייה ניכר בהן, לפיכך לא שייך בהן כפייה – לבוש. ‹ולדעתי יש עוד טעם, מפני שאין ישיבתינו על המטות – ערוה"ש. ‹ומ"מ ראוי להפך הכר והכסת – רעק"א.

מ"מ אסור לו לישב על גבי ספסל או כרים וכסתות, כי אם על גבי קרקע. ‹ולא דוקא על הקרקע, אלא על ספסל קטן או על כרים וכסתות, הגרע"א – ערוה"ש.

אם לא חולה וזקן שיש להם צער בישיבה על גבי קרקע, מותרים להשים כר קטן מתחתיו. ‹ומי שהוא חלוש בבריאותו או מעוברת, לא ישבו כלל על הארץ, אלא על מקום גבוה – ערוה"ש.

מיהו יכול לילך ולעמוד, וא"צ לישב כלל רק כשהמנחמים אצלו צריך לישב ע"ג קרקע - ש"ך.

‹ובע"ש איזה שעות קודם הלילה, יקומו מהארץ, וסמוך להדלקת נרות ינעלו מנעלים – ערוה"ש.

וה"ה דכשרוצה לישן, דצריך לישן ע"ג קרקע. (ועיין בתשו' פנים מאירות שחולק על זה). ‹ומותר להציע כרים וכסתות על הקרקע ולישן עליהם, תפל"מ – רעק"א. ‹ועכשיו רבים נהגו שלא לישן כל ז' ע"ג קרקע, אפשר מפני שטבעם חלוש, והוי כחולים לענין זה – באה"ט. ‹וכן המנהג – ערוה"ש.

מיהו המנחמים ‹דמעיקר הדין מחוייבים ג"כ לישב ע"ג קרקע כמבואר בס"א› יושבים ע"ג ספסל, דמסתמא מחיל להו, כ"ז מבואר בדרישה - ש"ך.

עין משפט
נר מצוה

לז א מיי' פ"י מהלכות טומאת צרעת הל' ו סמג עשין רלה:
לח ב מיי' פ"ה מהל' אבל הל' א ו טוש"ע י"ד סי' שפ סעיף א:
לט ג מיי' פ"ג מהלכות תענית הל' ד טוש"ע א"ח סי' תקעה סעיף ג:
מ ד מיי' פ"ה מהלכות אבל הלכה א ג סמג עשין דרבנן ג טוש"ע י"ד סי' שם סעיף א:
מא ה מיי' פ"ג מהלכות תענית הל' ד טוש"ע א"ח סי' תקעה סעיף ג:
מב ו מיי' פ"י מהל' טומאת צרעת הל' ו:
מג ז מיי' פ"ה מהל' אבל הל' א ו טוש"ע י"ד סי' שם סעיף א:
מד ח טוש"ע י"ד סי' שלד סעיף ב:
מה ט מיי' פ"ג מהל' תענית הלכה ד טוש"ע א"ח סי' תקעה סעיף ג:
מו י מיי' פ"י מהלכות טומאת צרעת הל' ו:
מז כ מיי' פ"ה מהלכות אבל הלכה א ה סמג עשין דרבנן ג טוש"ע י"ד סי' שם סעיף א:
מח ל מיי' פ"י מהלכות טומאת צרעת הל' ו:
מט מ נ ס מיי' פ"ב מהלכות ביאת מקדש הלכה יא סמג לאוין שג:

תוספתא דתענית פ"א

[וע"ש תוספות ד"ה וקרע ובתי' נדה ז: ד"ה הקשה ס"ד רהבי"ם]

דמות דיוקני נתתי בהן ובעונותיהם הפכתיה כפו מטותיהן עליה מנודה *מצורע מה הן בכפיית המטה תיקו אבל אסור בעשיית מלאכה דכתיב והפכתי חגיכם לאבל מה חג אסור במלאכה אף אבל אסור במלאכה מנודה מהו בעשיית מלאכה אמר רב יוסף ת"ש *כשאמרו אסור בעשיית מלאכה לא אמרו אלא ביום אבל בלילה מותר וכן אתה מוצא במנודה ובאבל מאי לאו אכולהו לא אשארא ת"ש מנודה שונה ושונין לו נשכר ונשכרין לו שמע מינה מצורע מהו בעשיית מלאכה תיקו אבל אסור ברחיצה דכתיב ואל תסוכי שמן ורחיצה בכלל סיכה מנודה מהו ברחיצה אמר רב יוסף ת"ש *כשאמרו אסור ברחיצה לא אמרו אלא כל גופו אבל פניו ידיו ורגליו מותר וכן אתה מוצא במנודה ובאבל מאי לאו אכולהו לא אשארא מצורע מהו ברחיצה תיקו *אבל אסור בנעילת הסנדל מדקאמר ליה רחמנא ליחזקאל ונעליך תשים ברגליך מכלל דכולי עלמא אסור מנודה מהו בנעילת הסנדל אמר רב יוסף תא שמע *כשאמרו אסור בנעילת הסנדל לא אמרו אלא בעיר אבל בדרך מותר הא כיצד יצא לדרך נועל נכנס לעיר חולץ וכן אתה מוצא במנודה ובאבל מאי לאו אכולהו לא אשארא מצורע מהו בנעילת הסנדל תיקו *אבל אסור בתשמיש המטה דכתיב וינחם דוד את בת שבע אשתו ויבא אליה מכלל דמעיקרא אסור מנודה מהו בתשמיש המטה אמר רב יוסף ת"ש כל אותן שנים שהיו ישראל במדבר מנודין היו ושימשו מטותיהן א"ל אביי ודלמא מנודה לשמים שאני דקיל והא אמרת חמיר ספוקי מספקא ליה זיל הכא קמדחי ליה וזיל הכא קמדחי ליה מצורע מהו בתשמיש המטה ת"ש דתניא וישב מחוץ לאהלו שיהא כמנודה [א] וכאבל *ואסור בתשמיש המטה ואין אהלו אלא אשתו שנא' לך אמור להם שובו לכם לאהליכם שמע מינה ונפשוט נמי למנודה אמר רב הונא בריה דרב פנחס משמיה דרב יוסף מי קתני שאסור שיהא כמנודה וכאבל במילי אחרנייתא ואסור נמי בתשמיש המטה אבל אינו משלח קרבנותיו דתניא *ר"ש אומר שלמים בזמן שהוא שלם ולא בזמן שהוא אונן מנודה מהו שישלח קרבנותיו אמר רב יוסף ת"ש כל אותן שנים שהיו ישראל במדבר מנודין היו ושלחו קרבנותיהן א"ל אביי ודלמא מנודה לשמים שאני דקיל והאמרת חמיר ספוקי מספקא ליה ומדחי ליה מצורע מהו שישלח קרבנותיו ת"ש דתניא ואחרי טהרתו אחר פרישתו מן המת שבעת ימים יספרו לו אלו ז' ימי ספירו וביום באו אל הקודש אל החצר הפנימית לשרת בקודש יקריב חטאתו

עמוס ח / שמואל ב יד / יחזקאל כד / שמואל ב יב / ויקרא יג / דברים ה / יחזקאל מד / שם

תענית יג. / [עי' ברא"ש פ"ס נג] / שם [פסחים נד:] / [לקמן כ:] / ביום חיטבו כתיב בכהן הדיוט כצ"ל כפי' התוספות / [לקמן כא.] / [זבחים טז:] / [וכחגיגה טז:]

דמות דיוקני · בצלם אלהים עשה את האדם (בראשית ט): [כשאמרו חכמים גבי עברו אלו ולא נענו (תענית דף יג:) אסור במלאכה וכו' וכן אתה מוצא במנודה]: מאי לאו אכולהו · קאמר דמנודה אסור: לא אשארא · דקתני(א) אעטיפת הראש דאמרי' התם (דף יד:) בהתענית לצבור מתעטפין ויושבין כמנודין: ורחיצה בכלל סיכה · דכתיב ותבא כמים בקרבו וכשמן בעצמותיו (תהלים קט): כשאמרו אסור ברחיצה · בתענית צבור: אכולהו · ארחיצה נמי דמנודה אסור: לא אשארא · קאמר דמנודה אית ליה דין הכי דתעניות צבור: כשאמרו אסור בנעילת הסנדל · בתענית צבור: ויבא אליה · לאחר אבילות: מנודין היו · למקום: ספיקא הוא · אי קיל אי חמיר: זיל הכא ומדחי · לדקולא *אזלי בהדייהו: לפיכך נקראים שלמים בזמן שהוא שלם · בדעתו שדעתו מיושבת עליו: יספרו לו · לעיל מיניה כתיב ואל מת אדם לא יבא לטמאה ובכהן משתעי ואחרי טהרתו דהיינו מפרישתו מן המת משיפרים מן המת מונין שבעת ימי הזאתו שבעת ימים אחרים יספרו לו מדאפקיה רחמנא בלשון ספירה ולא נקט הזאה שמעינן שבעת ימי ספירו אם נטהר: וביום באו · ביום שטהרתו · כתיב בכהן גדול:

ורחיצה בכלל סיכה · תימה דבעי מהו ברחיצה ואמאי לא בעי מהו בסיכה: לא אשארא · דמיירי התם בסוף פ"ק דתענית (דף יג:) בנעילת הסנדל ועשיית מלאכה ותשמיש המטה לא קאי דהא מנודה שרי במלאכה אלא אנעילת סנדל סוף פ"ק דתענית (שם) מסיק הלכתא אבל אסור בין בחמין בין בצונן אבל לרחוץ פניו ידיו ורגליו בחמין אסור בצונן מותר ולסוך אפילו כל שהוא אסור ובתוס' הרב פי' קשיא ליה מאי שנא בט' באב ויוה"כ אסור לרחוץ אפילו אצבעו כדמשמע בפרק בתרא דיומא (דף עז:) ומביאין לו מטפחת כו' והא תרוייהו מסיכה נפקי אבילות מאי תסוכי שמן יום הכפורים מוסף לא ספרי (ניד' י) ובסם רשב"ם דלפי המסקנא דמסיק בפ"ק דתענית דאבל מותר לרחוץ פניו ידיו ורגליו בצונן הוא הדין ט' באב ויוה"כ ותימה אמאי לא מייתי בסוגיין דתענית ההיא דמטפחת כו' ובסם רבינו תם שמעתי שהיה אוסר לרחוץ כלל בט' באב ויוה"כ חוץ מידיו שחרית דחשיב להו כמו מלוכלכות בטיט וצואה הואיל ואינו יכול ליגע בפיו ועיניו *משום בת מלך: לא אשארא · פי' לא קאי אנעילת סנדל אלא ארחיצה וזיל הכא קמדחי ליה קמדחי ליה דלעשיית מלאכה לא קאי כדפרישית לעיל וא"ת ואמאי לא פשיט מר"א דסוף פרק הזהב (ב"מ דף נט:*) קרע את בגדיו וחלץ מנעליו וי"ל דשמא היה מחמיר על עצמו אי נמי מספקא ליה כי היכי דמספקא לן: ושמשו מטותיהן · בכל הני דלעיל לא מייתי מבני המדבר דלא ידעי היאך היו נוהגין אלא הא פשיטא לן שהיו משמשים מטותיהן שהרי הם היו פרים ורבים וכן גבי שלחו קרבנות דבסמוך שמא יש להוכיח הכי מן הפסוקים: וישב מחוץ לאהלו · פי' בימי ספרו ובימי חלוטו פליגי בה לעיל (דף ז:) כי האי גוונא אמרינן אבל אסור להניח תפילין ולא בכל ימי אבלו קאמרינן אלא יום ראשון בלבד ושני כדלקמן (דף כא.): ואחרי טהרתו · פי' בקונטרס דבטומאת מת איירי ז' ימים ימי הזאתו יספרו לו איירי בימי ספירו וכמו מילתא אחריתי קמ"ל וביום באו לעבודה יביא כהן הדיוט עשירית האיפה וחטאתו כמו חינוי וקדושתו לעבודה מילי מילי קאמר וקשה אמאי לא מפרש ליה בכהן גדול ויש לומר משום דבכהן הדיוט איירי דכתיב כי אם לאב ולאם ואילו כ"ג לא יטמא לאביו ולאמו ולא ניחא ליה למימר כדאמרינן בקדושין (דף עח:) רישא בכהן גדול וסיפא בכהן הדיוט ועוד דלא הוה קמ"ל מידי אבל כהן הדיוט ביום חינוכו אינו כתיב בקרא בפירוש מיהו קשה לן כיון דמילי מילי כתיב אמאי ר"ש אומר בבאו מקריב בזמן שראוי לביאה (ב) וקשה דבפרק תמיד נשחט (פסחים דף סב· וסס) דקאמרינן כל הזבחים ערל וטמא משלחין קרבנותיהן ועוד דהכא נמי לא משמע דאיירי אלא במצורע דהאי דבעי מצורע מהו שישלח קרבנותיו מייתי ליה ונראה לי דר"ש לאפוקי מצורע אתי דרבי יהודה דריש ביום באו ביום שמתחנך לעבודה ור"ש מוקי לביום באו דקאי אלעיל דאיירי במצורע ולא איירי מידי בעשירית האיפה אלא בא לומר דבמצורע דאיירי בקרא כשיטהר ויכנס לעזרה דהיינו לאחר ימי ספרו אז יקריב חטאתו או שאר קרבנותיו ובתוספות פי' דערל וטמא משלחין קרבנותיהן (ג) בטומאה שרץ ולא בטומאה מגופו והקשה על זה מהא דאמרינן במגילה פ"ק (דף ח·) מזובו ולא מנגעו משמע דאם יטהר מזובו יביא קרבן אע"פ שהוא מצורע וכמו כן קשה למאי דפרישית ותירץ דלא איירי התם לענין קרבן אלא שיהא טהור מדין משכב ומושב דחמירא הוה טפי מבמצורע וע"ע בפרק כל הזבחים שנתערבו (זבחים עד: וסס) ובפרק כל הגט (גיטין דף כח: וסס) *מפורש קלת דיני סמיכה שצריך בעלים ואם כן אין טמא מביא קרבנותיו [ועי' תוס' יבמות קד: ד"ה דאמר]: מתריצן

רבינו חננאל

אבל אסור בעשיית מלאכה שנאמר והפכתי חגיכם לאבל מה חג אסור בעשיית מלאכה אף אבל אסור. מצורע תיקו אבל מנודה מותר במלאכה. אבל אסור בנעילת הסנדל מדכתיב ביחזקאל ונעליך תשים ברגליך. מכלל דכ"ע אסירי. כשאמרו אסור בנעילת הסנדל לא אמרו אלא בעיר אבל בדרך מותר. יצא לדרך נועל. נכנס לעיר חולץ. וכן המנודה. מצורע תיקו. אבל אסור בתשמיש המטה שנאמר וינחם דוד את בת שבע אשתו ויבא אליה. מכלל דמעיקרא אסיר. מנודה מהו ת"ש כל השנים שהיו ישראל במדבר היו כמנודים והיו משמשין מטותיהן. ודלמא שאני מנודה לשמים דקיל והא אמרת מנודה לשמים חמור הוא ספוקי מספקא ליה אזיל הכא מדחי ליה אזיל הכא מדחי ליה. מצורע מהו בתשמיש המטה ולא איפשיטא בהדיא. אבל אינו משלח קרבנותיו שנאמר שלמים בזמן שהוא שלם ולא בזמן שהוא אונן מנודה מהו ולא איפשיטא מצורע מהו

גליון הש"ס

גמ' הא כיצד יצא לדרך. עי' לקמן דף כו ע"א תוס' ד"ה אם יכול: תוס' ד"ה לא אשארא דמיירי כו' משום בת מלך. עי' שבת דף קמ ע"א: ד"ה לא אשארא פי' לא קאי כו' וזיל הכא קמדחי. וכן כתבו כל הפוסקים ותמיה לי לפי ההלכה בתענית דף יג ע"א דבתענית צבור מותר ברחיצת כל גופו בצונן אם כן על כרחך הך ברייתא מיירי ברחיצת חמין וממילא וכן אתה מוצא במנודה ובאבל לא קאי על רחיצה דהא באבל אפילו אצבע אסור בחמין ובמבואר שם להדיא דקאי אשארא וא"כ מוכח דקאי אנעילת סנדל ונפשט דמנודה אסור בנעילת סנדל וצע"ג:

הגהות הב"ח

(א) רש"י ד"ה לא אשארא דקתני התם אעטיפת הראש: (ב) תוס' ד"ה ואחרי כו' בזמן שראוי לביאה דפ' תמיד נשחט כו' כצ"ל ותיבת וקשה נמחק: (ג) בא"ד ובתוס' פי' כו' משלחין קרבנותיהן איירי בטומאת שרץ:

הגהות הגר"א [א] נמ' כמנודה מכיתו וכאבל כו' כצ"ל:

§ מסכת מועד קטן דף טו: §

אות א'

מצורע מה הן בכפיית המטה

רמב"ם פ"י מהל' טומאת צרעת ה"ו - והרי הוא מותר ברחיצה ובסיכה ובנעילת הסנדל ובתשמיש המטה, וזוקף את מטתו כשאר העם.

אות ב'

אבל אסור בעשיית מלאכה

יו"ד סימן שפ ס"א - [א]אלו דברים שהאבל אסור בהם: במלאכה.

אות ג'

כשאמרו אסור בעשיית מלאכה, לא אמרו אלא ביום, אבל בלילה מותר

סימן תקעה ס"ג - ואסורים בהם בעשיית מלאכה ביום, אבל לא בלילה.

אות ד'

אבל אסור ברחיצה דכתיב: ואל תסוכי שמן, ורחיצה בכלל סיכה

יו"ד סימן שפ ס"א - אלו דברים שהאבל אסור בהם: במלאכה, ברחיצה וסיכה.

[ב]יו"ד סימן שפא ס"א - [ג]רחיצה כיצד, אסור לרחוץ [ד]כל גופו, אפילו בצונן; אבל פניו ידיו ורגליו, בחמין אסור - (עיין בספר תפארת למשה שכתב, דגם בפושרין אסור כל שנתחמם אצל האור, משום לא פלוג, וגם אין דרך לרחוץ בחמין יותר מדאי, וכשאסרו רחיצת חמין, פושרין אסרו - פת"ש). **בצונן, מותר. ואם היה מלוכלך מטיט וצואה, רוחץ כדרכו ואינו חושש.**

הגה: וכל זה מדינא אינו אסור רק שבעה, אבל אח"כ מותר ברחיצה, אלא שנהגו האידנא לאסור (כל) רחיצה כל ל' יום (מהרי"ס והגהמיי"), ואפי' לחוף הראש אסור (לקמן סימן ש"צ ובא"ז) - «היינו בחמין, ובצונן מותר - ערוה"ש», **ואין לשנות המנהג, כי מנהג קדוש הוא ונתייסד על פי ותיקין (א"ז בשם רשב"א)** -

[באור זרוע נתן טעם למנהג, דחיישינן דילמא אתא למסרק רישיה דאסור כל שלשים, וא"כ לדידן דשרי לסרוק ראשו, כדאיתא סימן ש"ץ, היה מותר לרחוץ, ורש"ל נתן טעם, דאסרו משום תספורת, כי כן דרך הנכנס במרחץ לגלח שערות ראשו, ע"כ, **ואין להקשות** א"כ בחול המועד דאסור תספורת, ליהוי נמי רחיצה אסורה מטעם זה, **נראה** ליישב, דבחוה"מ יש איסור על כל העולם, ורבים לא יהיו נכשלים, אבל באבילות דאיסור על היחיד הוא, יש לחוש שמא ישכח באבילות ויגלח שערו כשאר בני אדם, **וסברא** זו מצינו בפרק חבית במשנה: אבל עשרה בני אדם, ופירש"י הואיל ומרובים הם מדכרי אהדדי - ט"ז].

(**לפי"ז** אפשר דאם פגע הרגל של פסח או סוכות בתוך שבעה, שאז לא בטל ממנו גזירת שלשים, כדלקמן סי' שצ"ט, מותר לרחוץ בחוה"מ, דלא שייך גזירה דתספורת, דהא אסור בלא"ה משום חוה"מ, ובזה לא יהיו נכשלים כיון שיש איסור על כל העולם. **איברא** דקשה לי על טעם זה של רש"ל, דא"כ אמאי לא אסרו רחיצה על אביו ואמו אף לאחר ל' כל זמן שאסור לגלח, דהיינו עד שיגערו בו חביריו, כדלקמן סי' ש"צ ס"ד - פת"ש).

אלא שנהגו האידנא - לאסור רחיצה כל ל' כו'. כצ"ל, וכן הוא בעט"ז, ולא כמו שנדפס בספרים: כל רחיצה כל ל', דודאי רחיצה בצונן ליכא איסורא כלל - ש"ך. «**נ"ל** כוונתו, דלפי הגירסא "כל רחיצה כל ל' יום", היה במשמע דהרמ"א בא להוסיף ב' חומרות, הא' במהות הרחיצה, דהמחבר מתיר רחיצת פניו ידיו ורגליו בצונן, ומצד המנהג אוסרים כל רחיצה אפי' פניו ידיו ורגליו בצונן. **הב'** במשך הזמן, דאסור כל ל', **ולזה** כתב הש"ך להגיה דצ"ל "רחיצה כל ל'", היינו דכל מה דאוסר המחבר מדינא כל ז', אסור מצד המנהג כל ל', דהיינו כל גופו בצונן, או פניו ידיו ורגליו בחמין, אבל פניו ידיו ורגליו בצונן קיימא אדינא, דאפילו בתוך ז' שרי, **ומה** דכתב הש"ך דודאי רחיצה בצונן ליכא איסור, היינו רחיצת פניו ידיו ורגליו בצונן, **וראיה** לזה מדברי הש"ך לקמן סי' שצ"ט סקט"ז, דאמאי לא תירץ בפשוטו דהרמ"א מיירי התם מרחיצת כל גופו בצונן, **אלא** ודאי דגם זה אסור כל ל', וברחיצת פניו ידיו ורגליו ליכא לאוקמי, דזהו גם בלא רגל מותר תוך ז', **ובזה** מיושב דברי הרמ"א באו"ח סי' תר"ו ס"ד, מותר לרחוץ ולטבול ערב יו"כ אף על פי שנהגו איסור רחיצה כל ל' וכו', והא יכול לקיים טבילת מצוה בהיתר, אלא ודאי דגם בצונן כל גופו אסור כל ל', **אח"ז** ראיתי באליהו רבה שם, שמכח דברי הש"ך דכאן נדחק, דכוונת הרמ"א היכא דאין לו צונן רק חמין, דאילו בצונן בלא"ה מותר כמ"ש הש"ך כאן. **נראה** דהבין דכוונת הש"ך דרחיצה בצונן מותר אפילו כל גופו, ולענ"ד האמת יורה דרכו דכוונת הש"ך כמ"ש - רעק"א».

(**ועיין** בדגמ"ר שכתב, דדוקא פניו ידיו ורגליו, אבל כל גופו גם בצונן אסור לדידן כל שלשים, ע"ש, **ועיין** בתשו' תשואת חן שהאריך בזה, והעלה דירא שמים יחוש לאסור לעצמו אף בצונן רחיצה כל גופו, אבל לאחרים יש להורות להקל, ודוקא בע"ש דאיכא צורך מצוה קצת, אבל רחיצה של תענוג בנהרות יש לאסור, ע"ש - פת"ש).

«**ואני** תמה, דהא לפי טעם השני שנתבאר, וודאי דלא שייך זה בצונן, דרק הנכנס למרחץ דרכו לגלח ראשו ולא הרוחץ בצונן, וטעם הראשון דסריקת הראש לא שייך לדידן כמ"ש, וא"כ מאיזה טעם נאסר בצונן, **ועוד** דרחיצה סתם אינו אלא בחמין, וא"כ כיון דהמנהג נאמר סתם רחיצה, אינו אלא בחמין, **ועוד** דבתענית שם אמרו כל שהוא משום תענוג בחמין אסור בצונן

באר הגולה

[א] ברייתא מו"ק דף כ"א. ומייתי לה שם דף ט"ו ע"ב מקרא שנאמר: והפכתי חגיכם לאבל, מה חג אסור בעשיית מלאכה וכו' [ב] «ע"פ מהדורת נהרדעא» [ג] ברייתא מו"ק דף ט"ו: ויליף לה שנאמר: התאבלי נא ולבשי בגדי אבל ואל תסוכי שמן, ורחיצה בכלל סיכה, ופי' רש"י, שנאמר: ותבא כמים בקרבו וכשמן בעצמותיו, והרמב"ם שם, שהרחיצה קודמת לסיכה, שנאמר: ורחצת וסכת [ד] מסקנת הגמרא תענית דף י"ג:

מותר, אלמא דבצונן ליכא תענוג, וא"כ למה לנו לאסור, ואי משום אבלות, הא שם אבלות אינה אלא שבעה, **ומ"ש** הגרע"א ראיה מהש"ך עצמו בסי' שצ"ט סקט"ז דאמאי לא תירץ דרמ"א מיירי בצונן, לפמ"ש אתי שפיר, דסתם רחיצה הוא בחמין, כדמוכח מכל המקומות שהבאנו, וכן נ"ל מדברי אור זרוע הגדול ודו"ק - ערוה"ש›.

‹**הדבר** פשוט, דמי שאינו בקו הבריאה אף שאינו חולה, אלא שלחזק בריאותו צריך אמבטי של חמין, שיש להתיר בתוך ל', כיון דאינו מדינא, אין לאסור כשנוגע לבריאותו, **אבל** בתוך ז' אסור, אא"כ הרופא צוה לעשות לו כן, אף על פי שהוא חולה שאין בו סכנה, דבמקום חולי לא גזרו, כמו אמירה לעכו"ם שבות שהותרה בשבת לחולה שאין בו סכנה, כמ"ש באו"ח סי' שכ"ח - ערוה"ש›.

[ה]יו"ד סימן שפא ס"ב - [ו]סיכה כיצד, אסור לסוך אפי' כל שהוא, אם מכוין לתענוג; אבל אם הוא להעביר הזוהמא מותר, [ז]וא"צ לומר משום רפואה, כגון שיש לו חטטין בראשו - ‹או צרעת בגופו, או מפני איזה מיחוש. **וכל** מין סיכה אסור, בין בשמן בין בבורית, וכ"ש בסיכות שיש בהם ריח טוב, כמו מיני פרפומ"א וכיוצא בהם. **ואיסור** הסיכה הוא בין בגופו בין בשערו, בין איש בין אשה - ערוה"ש›.

אות ה'

לא אמרו אלא כל גופו, אבל פניו ידיו ורגליו מותר

סימן תקעה ס"ג - ואסורים ברחיצת כל הגוף בחמין, לפיכך נועלין את המרחצאות; אבל פניו ידיו ורגליו בחמין, וכל גופו בצונן, מותר.

אות ו'

מצורע מהו ברחיצה

רמב"ם פ"י מהל' טומאת צרעת ה"ו - והרי הוא מותר ברחיצה ובסיכה ובנעילת הסנדל ובתשמיש המטה, וזוקף את מטתו כשאר העם.

אות ז'

אבל אסור בנעילת הסנדל

יו"ד סימן שפ ס"א - אלו דברים שהאבל אסור בהם: במלאכה, ברחיצה, וסיכה ונעילת הסנדל.

[ח]יו"ד סימן שפב ס"א - [ט](אבל) אסור בנעילת הסנדל, [י]דוקא של עור; אבל באנפליא של בגד או של גמי או של שער או של עץ, מותר, שאין מנעל אלא של עור; ואם הוא של עץ ומחופה עור, אסור.

אות ח'

מנודה מהו בנעילת הסנדל

יו"ד סימן שלד ס"ב - [יא]ואסור בתכבוסת ובתספורת ובנעילת הסנדל, כאבל - ‹וכן פסק באו"ח סי' תקנ"ד סי"ז ולקמן סי' שפ"ב ס"ד. **וכתב** הש"ך ותימה, דבב"י פסק כאן דמותר בנעילת הסנדל, וכ"כ הריב"ש ס"ס קע"ג בשם הרשב"א, והכי נהוג. **גם** א"צ קריעה ועטיפת ראש וכפיית המטה כאבל, ומותר ברחיצה וסיכה ותשמיש המטה ובתפילין ושאלת שלום, כן הסכמת רוב הפוסקים, עכ"ל - באה"ט›.

אות ט'

לא אמרו אלא בעיר, אבל בדרך מותר

סימן תקעה ס"ג - וכן אסור בנעילת הסנדל בעיר.

אות י'

מצורע מהו בנעילת הסנדל

רמב"ם פ"י מהל' טומאת צרעת ה"ו - והרי הוא מותר ברחיצה ובסיכה ובנעילת הסנדל ובתשמיש המטה, וזוקף את מטתו כשאר העם.

אות כ'

אבל אסור בתשמיש המטה

יו"ד סימן שפ ס"א - אלו דברים שהאבל אסור בהם... ותשמיש המטה.

[יב]יו"ד סימן שפג ס"א - [יג]אבל אסור בתשמיש המטה, [יד]אבל בשאר דבר קורבה מותר, אפי' במזיגת הכוס והצעת המטה והרחצת פניו ידיו ורגליו - ‹נ"ל טעמא דלא גזרו באבל, שאין הכל היו יכולין לעמוד בו, שאין להם מי שישמשם - לבוש›, **בין באבלות דידיה בין באבלות דידה** - כתב הפרישה, פירוש אפילו באבילות דידה, דאיכא למיחש יותר הואיל והוא אינו אבל, דהכל ממנו ולא ממנה, עכ"ל, **ולא** דק, דאדרבה באבילות דידיה איכא למיחש יותר, דאם יצרו מתגבר עליו נשמעת לו דכיון דאינה אבלה, כדאיתא בפ"ק דכתובות דף ד', ע"ש - ש"ך.

[טו]**(אבל חבוק ונשוק יש להחמיר) (רבינו ירוחם)** - ‹ראיתי נדפס בשם הגאון מו"ה זלמן ווילנא זצ"ל, שכן מפורש בתרגום קהלת, עת לחבוק ועת לרחוק מחבק, עידן בחיר לגפפא איתתא, ועידן בחיר לרחקא מגפפא, בשבעת ימי אבלא, עכ"ל - רעק"א›.

באר הגולה

ה ‹מילואים› ו ג"ז מסקנת הגמרא שם ז הרמב"ן בסת"ה ח ‹ע"פ מהדורת נהרדעא› ט ברייתא מו"ק דף ט"ו: ויליף מדקאמר ליה רחמנא ליחזקאל ונעליך תשים ברגליך, מכלל דלכו"ע אסור י רמב"ן בסת"ה, ויליף לה מדין איסור נעילת הסנדל ביוה"כ, וציינתיו באו"ח בסי' תרי"ד יא ברייתא מו"ק דף ט"ו ע"א יב ‹ע"פ מהדורת נהרדעא› יג מו"ק דף ט"ו: ומייתי לה מדכתיב וינחם דוד את בת שבע אשתו ויבא אליה, מכלל דמעיקרא אסור יד טור בשם הראב"ד בספר בעלי הנפש מברייתא כתובות דף ג: טו רבינו ירוחם

[טז]**ומותרת לאכול עמו בקערה; ומותרת לישן עמו הוא בבגדו והיא בבגדה** - ‹מפני שאין הכל יש לו שני כלים או ב' מטות - לבוש›, **אבל** בלא בגדים אסור אפי' סינר מפסיק, אפילו בשבת ורגל, טור ורמב"ן - ש"ך, **ומיהו משום "לך לך אמרינן נזירא" יש להחמיר שלא ישן [יז](עמה) במטה כלל.**

אות ל'

מצורע מהו בתשמיש המטה

רמב"ם פ"י מהל' טומאת צרעת ה"ו - והרי הוא מותר ברחיצה ובסיכה ובנעילת הסנדל [יח]ובתשמיש המטה, וזוקף את מטתו כשאר העם.

אות מ' - נ' - ס'

אבל אינו משלח קרבנותיו

מנודה מהו שישלח קרבנותיו

תא שמע, דתניא: ואחרי טהרתו, אחר פרישתו מן המת, שבעת ימים יספרו לו, אלו שבעת ימי ספירו

רמב"ם פ"ב מהל' ביאת המקדש הי"א - האבל אינו משלח קרבנותיו כל שבעה, אפילו יין או עצים או לבונה; וכן מצורע אינו משלח קרבנותיו, כל זמן שאינו ראוי לביאה אל המחנה אינו ראוי להקרבה; אבל המנודה יש בו ספק אם משלח אם אינו משלח, [יט]לפיכך אם הקריבו עליו נרצה.

באר הגולה

[טז] שם בשם הראב"ד שמעתא דכתובות שם **[יז] כן הוא בטור** **[יח]** ‹ומה שכתב שמותר בתשמיש המטה, אע"פ ששם {בדף ט"ו} אמרו במצורע אסור בתשמיש המטה, {ובתוס' כתבו דאיירי בימי ספרו}, בפ"ק דמו"ק (דף ז' ע"ב) איפליגו תנאי אם אסור בתשמיש אף בימי חלוטו, ופסק רבינו כמ"ד מותר, משום דרבי ור' חייא סברי כוותיה, ומתני' דפירקא בתרא דנגעים הכי משמע, דקתני בימי ספרו ואסור בתשמיש המטה, מכלל דעד השתא היה מותר - כסף משנה›. ‹**והביא** העין משפט הלכה זו דימי חלוטו, אע"ג דכאן איירי בימי ספרו› **[יט]** ‹נראה דטעמא, משום דמייתי התם למפשטה מדתניא כל אותן שנים שהיו ישראל במדבר מנודים היו ושלחו קרבנותיהם, ודחי אביי דילמא מנודה לשמים שאני דקיל, קיל והא אמרת חמיר, ספוקי מספקא ליה ומדחי ליה, **וכיון** דחזינן דמנודין לשמים שלחו קרבנותיהם לכתחלה, אפילו אם תימצי לומר דמנודה לשמים קיל ממנודה לבריות, מסתיין דנימא דהיינו דמנודה לבריות לא ישלח קרבנותיו לכתחלה, אבל לומר דאף בדיעבד לא נרצה, אין לנו - כסף משנה›

§ מסכת מועד קטן דף טז. §

אות א׳ - ב׳ - ג׳

דמשדרין שליחא דבי דינא, ומזמנינן ליה לדינא

דקבעינן זימנא

זימנא בתר זימנא

חו״מ סימן יא ס״א - כיצד מזמינים בעל דין לדין, שולחים לו בית דין שלוחם, שיבא ליום המזומן לדין; לא בא, מזמינים אותו פעם שנית; לא בא, [א]מזמינים אותו פעם שלישית; לא בא, ממתינים לו כל היום; לא בא, מנדין אותו למחרתו. במה דברים אמורים, במי שהיה בכפרים ויוצא ונכנס; אבל מי שהוא מצוי בעיר, אין קובעים לו זמן אלא פעם אחת, ואם לא בא כל אותו יום, מנדין אותו למחרתו.

אות ד׳

דאי מתפקר בשליחא דבי דינא, ואתי ואמר, לא מיתחזי כלישנא בישא

חו״מ סימן יא ס״א - והשליח ב״ד נאמן לומר: הקלני, או הקלה הדיין, או לא רצה לבא לדין, ומשמתין (פירוש כנדוי או החרם שם מיתה) אותו על פיו; אבל אין כותבין עליו פתיחא של שמתא, עד שיבואו שנים ויעידו שנמנע לבא; ואין שליח ב״ד חייב באמירת דברים משום לשון הרע.

חו״מ סימן ח ס״ה - אף בשליח ב״ד אסור לנהוג קלות ראש; והמצערו, יש רשות לבית דין להכותו מכת מרדות; והשליח נאמן כשנים להעיד שביזהו, כדי לנדותו. הגה: והשליח ב״ד יכול להגיד לב״ד, ואין בזה משום לשון הרע (מיימוני פרק כ״ה דסנהדרין וגמרא פ׳ אלו מגלחין); וכן יוכל בעצמו לעשות דין במסרב בו, להכותו, וכן אם הזיקו (בממונו) פטור (ר״י וני״י). ועי״ל ריש סימן י״א.

אות ה׳

ומנלן דמשמתינן

חו״מ סימן ב ס״א - כל בית דין, אפילו אינם סמוכים בא״י, אם רואים שהעם פרוצים בעבירות (ושהוא צורך שעה) (טור), היו דנין בין מיתה בין ממון, בין כל דיני עונש, ואפילו אין בדבר עדות גמורה. ואם הוא אלם, חובטים אותו על ידי עובדי כוכבים. (ויש להם כח להפקיר ממונו ולאבדו כפי מה שרואים לגדור פרצת הדור) (טור בשם הרמב״ם בפרק כ״ד מסנהדרין) - {סיים שם הטור ז״ל, ולקנוס אלם ולנדותו ולהחרימו ולקללו ולהכותו ולתלוש שערו ולאסרו בבית האסורים ולהשביעו בשם על כרחו שלא עשה ושלא יעשה הדברים, ובכל יהיה דעתו (פי׳ של דיין) לשם שמים, ואל יהיה כבוד הבריות קל בעיניו כו׳ - סמ״ע}. **וכל מעשיהם יהיו לשם שמים.**

יו״ד סימן שלד סמ״ג - על כ״ד דברים מנדין את האדם, ואלו הן: (א) המבזה את החכם, אפילו לאחר מותו. (ב) המבזה שליח ב״ד. (ג) הקורא לחבירו עבד. (ד) המזלזל בדבר אחד מדברי סופרים, וא״צ לומר מדברי תורה. (ה) מי ששלחו לו ב״ד וקבעו לו זמן, ולא בא. (ו) מי שלא קבל עליו את הדין, מנדין אותו עד שיתן.

אות ו׳

דאכיל ושתי בהדיה, וקאי בארבע אמות דידיה

יו״ד סימן שלד ס״ט - אם ראו ב״ד קושי האיסור והעבירה, מחרימין גם האוכל ושותה עמו והיושב בד׳ אמותיו.

אות ז׳

דפרטינן חטאיה בציבורא

רמב״ם פכ״ד מהל׳ סנהדרין ה״ז - וכן יש לדיין לנדות ולהחרים מי שאינו בן נידוי, כדי לגדור פרץ כפי מה שיראה לו, והשעה צריכה לכך; ויאמר שנידהו והחרימהו [ב]על דעתו, ויפרסם חטאו ברבים, שנאמר: אורו מרוז אמר מלאך ה׳ אורו ארור יושביה כי לא באו לעזרת ה׳.

אות ח׳

דמפקרינן נכסיה

חו״מ סימן ב ס״א - עיין לעיל אות ה׳.

אות ט׳ - י׳

דנצינן ולייטינן ומחינן ותלשינן שיער ומשבעינן

דכפתינן ואסרינן ועבדינן הרדפה

רמב״ם פכ״ד מהל׳ סנהדרין ה״ח - וכן יש לדיין לעשות מריבה עם הראוי לריב עמו, ולקללו ולהכותו ולתלוש שערו, ולהשביע באלהים בעל כרחו שלא יעשה או שלא עשה, שנאמר: ואריב עמם ואקללם ואכה מהם אנשים ואמרטם ואשביעם באלהים.

באר הגולה

א ‹בהגוזל בתרא (ב״ק קיג.) אמר רב חסדא קובעין זמן שני וחמישי ושני זימנא וזימנא בתר זימנא ולמחר כתבינן. ופי׳ רש״י, קובעין זמן ליום שני בשבת, ואם לא יבא מזמנין אותו ליום חמישי, ואם לא יבא מזמנין אותו ליום שני, ועד למחר לא כתבינן שטר פתיחא, שכל היום ממתינין שמא יבא - ב״י› ב ‹שם דהכי סברא דגברא רבה פלוני, פי׳ שצריך השליח ב״ד כשמשמת לאחד בשליחות ב״ד, שיאמר לו: דעת פלוני הרב לנדותך על זה, שאם לא יאמר לו משמו של הרב הגדול, אין להאשימו כשלא חש לדבריו, לפי שסובר שאומר השליח מדעתו, אבל כשמזכיר לו הב״ד ולא חש, ראוי הנדוי לחול עליו, וזהו שכתב רבינו: ויאמר שנדוהו או החרימו על דעתו, פי׳ על דעתו של גדול הב״ד, וכדפרישית - כסף משנה. ‹**ולכאורה** משמע מהרמב״ם, דא״צ לומר בשמו של הרב אלא כשהוא אינו בן נדוי, וצ״ע›

זו עשירית האיפה שלו · שמביא כהן הדיוט כשמחנכין אותו לעבוד תחילה כדכתיב (ויקרא ו) זה קרבן אהרן ובניו אשר יקריבו לה' ביום המשח אותו עשירית האיפה ולמרינן (מנחות דף נא:) ובניו לרבות עשירית האיפה של כהן הדיוט לחינוך ולאו אקראי דלעיל קאי אלא מנות כהנים בעלמא הוא דקאמר יחזקאל אלמא שלא היה יכול להקריב קרבנו עשירית האיפה עד שנטהר מטומאת מת והוא הדין מצרעתו: **אמר רבא וכו'** · איידי דאיירי במנודה מפרש להו: **ומזמנינן ליה לדינא** · לבעל דין: **זימנא בתר זימנא** · דאי לא אתי ההוא זימנא קבעינן ליה זימנא אחריתי: **קראו שם** · שמתאתורה אור כלומר שמחא לפרעה שהעביר המועד כלומר שהעביר אותו מועד שמחיו[ך] לו אחר מועד ראשון: **דאי מספקר בשליחא דרבנן** · כלומר שחירף שליח ב"ד ושליח אמר חירפני: **העיני האנשים ההם תנקר** · אי לאו דשליח דא"ל למשה משה לא הוה ידע: **הכי סברא דגברא פלניא** · דעת פלוני שבא לנדות את פלוני דצריך לנדותו משמו של אותו חכם: **אמר מלאך ה'** · ברק אמר לשמו שהוא שלוחו של מקום: **ומחרימין** · בארור: **ופרטינן חטאים** · דאמרי לאנשי עירו משום הכי והכי משמתינן ליה: **כוכבא הוה** · מזליה דסיסרא: **דמפקרינן נכסים** · דמאן דלא ציית להו לרבנן: **יחרם (ב)סוס וכל רכושו** · דהפקר ב"ד הפקר מהכא נפקא לן בכל דוכתי: **ואריב עמם ואקללם** · לאותם שהושיבו נשים נכריות: **דכפתינן** · ידיו ורגליו: **ואסרינן ליה** · שקושרין אותו על העמוד להלקותו: **הרדפה** · קא מפרש רב יהודה בריה דרב שמואל לרודפו מיד דכיון דלא ציית דינא מנדין אותו: **ושונין** · ומנדין אותו פעם אחרת: **לממונא** · שחייב ממון לחבירו ולא רצה לשלם ע"פ ב"ד: **לאפקירותא** · מבזה תלמידי חכמים: **לא חל עליה שמתא ל' יום** · ואין שמתא פחותה מל' יום: **קא בעו רבנן למיעל** · שצריכין לו: **טוט אסר טוט שרי** · כלומר מלי למישרי ליה אע"ג דלא חל עליה ל' יום דאותו סופר שנדוהו יכול להתיר לו ומישרי ליה בתוך ל' יום: **לא אתו אחריני ושרו ליה** · מדמהדר איהו כפניה למישרי: **שנידה לכבודו** · ולא לשם שמים אלא שהתריז נגדו ודאי כיון דתני אין מנודה לרב ודאי לא נידה אלא בשביל כבודו דאי במילי דאיסורא הוי כמי שמנודה לרב דאין חכמה ואין עצה וגו' (משלי כא) וקתני אין מנודה לרב אבל לשאר עלמא מנודה: **כל אחד מיפר חלקו** · מדקתני חלקו איט מופר: **לא אתו אחריני ושרו** · מדקתני חלקו אינו מופר לעולם אפי' שרו ליה אחריני: **נזיפה** · גערה כלקמן: **נדוי שלנו** · כגון בבל: **כנזיפה שלהן** · ארץ ישראל: **צריך רבי** · רבי אבוה דר"ש הוה: **מה רבי אומר בדבר זה** · אין רבי בעולם יודע דבר זה: **א"ל לאבוה** · לפי תומו ולאו משום לישנא בישא: **לאיתחזויי ליה** · לבקר את רבי שהיה חולה שקבל עליו יסורין: **אמר ליה בר קפרא איני מכירך** · רמז לו שאינו רוצה לראותו: **חמוקי ירכיך** · כמו חמק עבר (שיר ה):

זו עשירית האיפה שלו דברי רבי יהודה ר"ש אומר °*בבאו יקריב בזמן שראוי לביאה ראוי להקרבה בזמן שאינו ראוי לביאה אינו ראוי להקרבה אמר רבא (א) מנלן דמשדרין שליחא דבי דינא ומזמנינן ליה לדינא דכתיב °וישלח משה לקרא לדתן ולאבירם בני אליאב ומנלן דמזמנינן לדינא דכתיב °ויאמר משה אל קרח אתה וכל עדתך לקמי גברא רבה דכתיב °לפני ה' את ופלניא דכתיב אתה והם ואהרן דקבעינן זימנא דכתיב מחר וזימנא בתר זימנא דכתיב °קראו שם פרעה מלך מצרים שאון העביר המועד ומנלן דאי מתפקר בשליחא דבי דינא ואתי ואמר לא מיתחזי כלישנא בישא דכתיב °העיני האנשים ההם תנקר ומנלן דמשמתינן דכתיב °אורו מרוז דהכי סברא דגברא *רבה דכתיב °אמר מלאך ה' ומנלן דמחרמינן דכתיב אורו ארור דאכיל ושתי בהדיה וקאי בארבע אמות דידיה דכתיב יושביה ומנלן דפרטינן חטאיה בציבורא דכתיב °כי לא באו לעזרת ה' ואמר עולא *בד' מאה שיפורי שמתיה ברק למרוז איכא דאמרי גברא רבה הוה ואיכא דאמרי כוכבא הוה שנאמר °מן שמים נלחמו הכוכבים ומנלן דמפקרינן נכסיה דכתיב °וכל אשר לא יבא לשלשת הימים בעצת השרים והזקנים יחרם כל רכושו והוא יבדל מקהל הגולה ומנלן דנצינן ולייטינן ומחינן ותלשינן שיער ומשבעינן דכתיב °ואריב עמם ואקללם ואכה מהם אנשים ואמרטם ואשביעם ומנלן דכפתינן ואסרינן ועבדינן הרדפה דכתיב °הן למות הן לשרושי הן לענש נכסין ולאסורין מאי לשרושי אמר אדא מרי אמר נחמיה בר ברוך אמר רב חייא בר אבין אמר רב יהודה הרדפה מאי הרדפה אמר רב יהודה בריה דרב שמואל בר שילת משמיה דרב מנדין לאלתר ושונין לאחר ל' ומחרימין לאחר ששים א"ל רב הונא בר חיננא הכי אמר רב חסדא מתרין ביה שני וחמישי ושני ה"מ לממונא אבל לאפקירותא לאלתר ההוא טבחא דאיתפקר ברב טובי בר מתנה אימנו עליה אביי ורבא ושמתוהו לסוף אזל פייסיה לבעל דיניה אמר אביי היכי ליעביד לישרי ליה לא חל שמתא עליה תלתין יומין לא לישרי ליה קא בעו רבנן [א]למיעל א"ל לרב אידי בר אבין מידי שמיע לך בהא א"ל הכי אמר רב תחליפא בר אבימי אמר שמואל *טוט אסר וטוט שרי אמר ליה ה"מ לממונא אבל לאפקירותא עד דחיילא שמתא עליה תלתין יומין אלמא קסבר אביי הני בי תלתא דשמיתו לא אתו תלתא אחריני ושרו ליה דאיבעיא להו הני בי תלתא דשמיתו מהו למיתי תלתא אחריני ושרו ליה ת"ש *מנודה לרב מנודה לתלמיד מנודה *לתלמיד אינו מנודה לרב מנודה לעירו מנודה לעיר אחרת מנודה לעיר אחרת אינו מנודה לעירו מנודה לנשיא מנודה לכל ישראל מנודה לכל ישראל אינו מנודה לנשיא רשב"ג אומר אחד מן התלמידים שנידה ומת חלקו אינו מופר ש"מ תלת שמע מינה תלמיד שנידה לכבודו נידויו נידוי ושמע מינה כל אחד ואחד מיפר חלקו וש"מ הני בי תלתא דשמיתו לא אתו תלתא אחריני ושרו ליה אמר אמימר הלכתא הני בי תלתא דשמיתו יאתו בי תלתא אחריני ושרו ליה א"ל רב אשי לאמימר והא תניא רשב"ג אומר אחד מן התלמידים שנידה ומת חלקו אינו מופר מאי לאו אינו מופר כלל לא עד דאתו בי תלתא אחריני ושרו ליה ת"ר אין נידוי פחות מל' יום ואין נזיפה פחות מז' ימים ואף על פי שאין ראיה לדבר זכר לדבר שנאמר °ואביה ירק ירק בפניה הלא תכלם שבעת ימים אמר רב חסדא נידוי שלנו כנזיפה שלהן ונזיפה דידהו שבעה ותו לא והא ר"ש בר רבי ובר קפרא הוו יתבי וקא גרסי קשיא להו שמעתא א"ל ר"ש לבר קפרא דבר זה צריך רבי א"ל בר קפרא לר"ש ומה רבי אומר בדבר זה אזל א"ל לאבוה איקפד אתא בר קפרא לאתחזויי ליה א"ל בר קפרא איני מכירך מעולם ידע דנקט מילתא בדעתיה נהג נזיפותא בנפשיה תלתין יומין שוב פעם אחד גזר רבי שלא ישנו לתלמידים בשוק מאי דרש *חמוקי ירכיך *)כמו חלאים מה ירך בסתר

מתרין בו שני וחמישי ושני · פירש בקונטרס שני מתרין בו תחילה ומנדין אותו וכן בחמישי ובשני אחר מחרימין וה"ל שלשים יום ויש מפרשים קודם שינדוהו כלל יתרו בו וכן משמע בפרק הגוזל בתרא (ב"ק דף קיג.): וטרקיה

*) [כמו חלאים אין חלאים אלא רבנן כדגרסינן בנדרים מט. וכן שמתפשטין כחוטה סוית מעשה ידי אומן · ערוך בערך חמק]

רבינו חננאל

ר"ש אומר כתיב כאן בבאו יקריב עצמו בזמן שראוי לבא בקדש יקריב בזמן שאינו ראוי לביאה אינו ראוי להקרבה · אמר רבא מנ"ל דמשדרינן שליחא מבי דינא ומזמנינן ליה לדינא לקמיה גברא רבה שנאמר ויאמר משה אל קרח אתה וכל עדתך היו לפני ה' ופלניא בעל דינך שנא' אתה והם ואהרן ומנ"ל דקבעינן להו זימנא שנאמר מחר · ומנ"ל דקבעינן זימנא בתר זימנא שנאמר קראו שם פרעה מלך מצרים שאון העביר המועד · העביר המועד שקבעו

נ א ב ג מיי' פכ"ה מהלכות סנהדרין הל' ח טוש"ע ח"מ סימן יא סעיף א:
נא ד מיי' שם הלכה ו סמג לאוין רח טוש"ע שם וסימן ח סעיף ה בהג"ה:
נב ה מיי' פ"ז מהלכות ת"ת הלכה יד ופכ"ה מהלכות סנהדרין הלכה ו טוש"ע י"ד סימן שלד סעיף מג:
נג ו מיי' פ"ז מהלכות ת"ת הלכה יג טוש"ע י"ד סי' שלד סעיף ט:
נד ז מיי' פכ"ד מהל' סנהדרין הלכה ו:
נה ח מיי' שם הלכה ו טוש"ע ח"מ סימן ג בהג"ה:
נו ט י מיי' שם הלכה ח והלכה ט:
ס"א פלניא שוטעים ס
נז כ מיי' פ"ז מהלכות ת"ת הלכה ד טוש"ע י"ד סימן שלד סעיף א:
[שבועות לו.]
נח ל מיי' פכ"ה מהל' סנהדרין הלכה ח טוש"ע י"ד סימן שלד סעיף א בהג"ה וטוש"ע ח"מ סימן ק סעיף ג:
נט מ מיי' פ"ז מהלכות ת"ת הל' יג טוש"ע י"ד סימן שלד סעיף א:
ס נ מיי' שם הל' י"ג טוש"ע י"ד סי' שלד סעי' יג:
סא ס מיי' פ"ז שם הל' יג טוש"ע שם סעיף טו:
סב ע מיי' שם טוש"ע שם סעיף כ:
סג פ מיי' שם טוש"ע שם סעיף כא:
סד צ מיי' שם טוש"ע שם סעיף מה:
סה ק טוש"ע שם סעיף כו:
סו ר מיי' פ"ו שם הל' ט טוש"ע שם סעיף כה:
סז ש ת טוש"ע שם סעיף א:

הגהות הב"ח: (א) גמ' אמר רבא מנלן דקבעינן דוכתא ומשדרינן שליחא דבי דינא דכתיב וישלח וכו' כצ"ל ותיבות ומזמנינן ליה לדינא נמחק: (ב) רש"י ד"ה יחרם כל רכושו כו' ותיבת סוס נמחק:

הגהות הגר"א: [א] גמ' למיעל. כ"ב נ"ל למיזל (ועיין ר"ן ופרש"י שבריף):

[נ"ל וביום בואו] [יבמות פט:] [פי' תוספות מנחות לה: ד"ה עם] [לקמן יז.] [פי' תוספות סנהדרין ח. ד"ה מפיקנא] [סוכה מט: ע"ש]

רמב"ם פכ"ד מהל' סנהדרין ה"ט - וכן יש לו לכפות ידים ורגלים, [ג]ולאסור בבית האסורים, [ד]ולדחוף ולסחוב על הארץ, שנאמר: הן למות הן לשרושי הן לענש נכסין ולאסורין.

אות כ'

ושונין לאחר שלשים, ומחרימין לאחר ששים

יו"ד סימן שלד ס"א - [ה]ואין נדוי פחות משלשים יום; [ו]ואם אינו חוזר בו, שונים לנדותו לאחר שלשים יום; ואם אינו חוזר בו, ממתינים לו עוד שלשים ומחרימין אותו. [ז]אפילו פגע הרגל בתוך שלשים יום, אינו מבטל אותו.

אות ל'

מתרין ביה שני וחמישי ושני

יו"ד סימן שלד ס"א - העובר על דבר איסור, [ח]מנדין אותו לאלתר - משמע אפי' בלא התראה, מיהו בב"י משמע דאפי' לדבר איסור לא נהגו לנדות אלא לאחר התראה, ש"ך. **הגה: אבל מכח ממון, אין מנדין אותו, עד שיתרו בו ג' פעמים, דהיינו ב' ה' ב' (טור) מן הבית דין, כמו שיתבאר בחו"מ סימן י"א.**

חו"מ סימן ק ס"ג - שלמו השלשים יום ולא הביא, ב"ד כותבין אדרכתא מיד על נכסיו, ואם לא ימצאו לו נכסים, אין מנדין אותו. אבל אם יאמר: איני רוצה לשלם, כותבין אדרכתא על נכסיו, ואם אין מוצאין לו נכסים מתרין בו בה"ב, ואח"כ מנדין אותו, ועומד (בנידויו) עד שישלם לו או עד שיטעון שאין לו כלום וישבע על זה. ואם עמד בנדויו ל' יום ולא תבעו להתיר נדויו, מנדין אותו ל' יום, ואם עמד בהם מחרימים אותו. ומשפטי הנידוי והחרם נתבאר בטור יורה דעה סימן של"ד.

אות מ'

הני מילי לממונא, אבל לאפקירותא לאלתר

יו"ד סימן שלד ס"א - עיין לעיל אות ל'.

אות מ'* [ט]

אימנו עליה אביי ורבא ושמתוהו

יו"ד סימן רמג ס"ז - [י]מי שהעידו עליו שביזה ת"ח, אפילו בדברים, (אפילו שלא בפניו), בית דין היו מנדין אותו - ברבים, **ואין מתירים לו עד שירצה החכם שנידוהו בשבילו.**

אות נ'

טוט אסר, וטוט שרי

יו"ד סימן שלד ס"ג - הא דאמרינן סתם נידוי ל', היינו לענין כשמנדין אותו אומרים: פלוני יהא בנידוי שלשים יום; ומ"מ אם חוזר בו, אם היה הנידוי בשביל ממון או אפקירותא [יא]ופייס לבעל דינו, מתירין אותו לאלתר.

אות ס'

מנודה לרב מנודה לתלמיד, מנודה לתלמיד אינו מנודה לרב

יו"ד סימן שלד סט"ו - [יב]מנודה לרב, מנודה לתלמיד. (אבל אינו מנודה לשאר החכמים) - ‹אפי' הם קטנים ממנו›. **(ב"י בשם הרמב"ם). [יג]מנודה לתלמיד שנידה לכבודו, אינו מנודה לרב, אבל מנודה הוא לשאר העם (שאינן חכמים; אבל לא לחכמים, אפילו קטנים ממנו) (ב"י ממשמעות לשון הרמב"ם)** - ‹והש"ך מביא הרבה פוסקים דסברי, דמנודה לשאר החכמים שהם כמותו, כל שאינן גדולים ממנו, ולפי"ז כ"ש ברב שנידה, שמנודה לשאר החכמים, **מיהו** נראה שכ"ז אם התלמיד הוא ת"ח שראוי לנדות לכבודו, וכדלקמן סי"ח, עכ"ל›. **[יד]ודוקא במנודה שלא בפני הרב, אבל בפני הרב, אפקירותא היא** - ‹הוא מן התלמיד, והתלמיד עצמו צריך נידוי - באה"ט›. **ואי פליג ליה רביה יקרא, שפיר דמי.**

באר הגולה

[ג] ‹אבל רש"י פי' ואסרינן ליה - שקושרין אותו על העמוד להלקותו› [ד] ‹והרדפה יש בו פירושים, ודעת רבינו שהוא לדחוף ולסחוב על הארץ - כסף משנה. ‹**בגמרא** דידן איתא בהדיא מאי הרדפה כו', אבל עיין בנ"י שהביא גירסא: אמר רב פפא נצבא דקני, {ופי' שם, שקושרין קנים זו בצד זו, וקושרים אותו ביניהם, כדי שלא יעמוד בריוח בבית האסורין}, ויתכן שרבנו מפרש כך {לדחוף ולסחוב} - קרית מלך להגר"ח קנייבסקי› [ה] **ברייתא שם** (דף ט"ז.) [ו] **מימרא דרב יהודה וכו' שם** [ז] **ממשמעות הגמ' שם דף י"ד:** ‹אמר רבא מי קתני כו' - גר"א› [ח] **מימרא דרב חסדא** ‹ה"מ לממונא, אבל לאפקירותא לאלתר› **וכו' מועד קטן דף ט"ז.** [ט] ‹ע"פ מהדורת נהרדעא› [י] **מהא דשמתיה אביי ורבא לההוא טבחא וכו' מו"ק דף ט"ז. משנה ו' פ"ה דעדיות שנידו את עקביא מפני שאמר על שמעיה ואבטליון דוגמא השקוה וכו'** [יא] ‹הרא"ש וז"ל: הקשה הראב"ד ז"ל לדברי הרי"ף שפסק דלית הלכתא כאביי דאמר (טז) לאפקירותא בעי דליחול עליה שמתא שלשים יום, אלא שרינן ליה לאלתר אי פייסיה לבעל דיניה, א"כ מאי האי דקתני בברייתא אין נידוי פחות משלשים יום, אי דפייסיה לבעל דיניה, הא אמרת דלאלתר שרינן, ואי לא פייסיה, לבתר שלשים יום אמאי שרינן ליה, **וי"ל** דמיירי בפייסיה לבעל דיניה, והכ"ק אין מנדין אותו תחלה לפחות משלשים יום, ואם חזר מתירין אותו מיד, מ"מ מתחלה מנדין אותו לדעת ל' יום, וכן אומרים בשעת הנידוי: יהא בנידוי שלשים יום - ב"י› [יב] **ברייתא שם דף י"ז ע"א** [יג] **שם בגמרא, דאי במילי דשמיא אין חכמה ואין תבונה וגו', וכדלקמן סעיף י"ז** [יד] **טור בשם הראב"ד וכ"כ אביו הרא"ש**

אות ע׳

מנודה לעירו מנודה לעיר אחרת וכו׳

יו"ד סימן שלד ס"כ - [טו]מנודה לעירו, מנודה לעיר אחרת; (אפילו גדולה ממנה) (טור). מנודה לעיר אחרת, אינו מנודה לעירו - ‹כתב הש"ך, דהב"ח פי׳ דהיינו במנודה מחמת כבוד דאפקיר כנגדם, אע"פ שלא הפקיר בבי דינא, **אבל** במנודה לב"ד מחמת דלא ציית דינא או באפקירותא דב"ד לדבר עבירה, דינו שוה בין לעירו ובין לעיר אחרת, דלכל ישראל הוא מנודה וחייבים לנהוג בו נידוי, וכ"פ הלבוש, עכ"ל›. **הגה: אבל מנודה לשאר העיירות כיולא בעיר שנידוהו** - ‹אבל לא לעדיפי מינה – באה"ט›.

אות פ׳

מנודה לנשיא מנודה לכל ישראל וכו׳

יו"ד סימן שלד סכ"א - [טז]מנודה לנשיא, מנודה לכל ישראל; מנודה לכל ישראל, אינו מנודה לנשיא.

אות צ׳

תלמיד שנידה לכבודו, נידויו נידוי

יו"ד סימן שלד סמ"ה - עיין לקמן דף יז. אות א׳.

[יז]יו"ד סימן רמג ס"ח - [יח]החכם עצמו היה מנדה לכבודו לעם הארץ שהפקיר כנגדו - (כתב בהגמ"י בשם הרמ"ך, דה"מ היכא שביזהו וגינהו בדברים אשר הם גנאי לת"ח, **אבל** אם לא ביזהו, אלא שאינו מכבדו בקימה והידור, אין בזה כלום, **ועיין** בתשו׳ אא"ז פנים מאירות שהקשה ע"ז מש"ס מו"ק דף ט"ז, בההיא איתתא כו׳, ע"ש - פת"ש). **[יט]ואין צריך לא עדות ולא התראה** - ‹דחזקה על תלמיד חכם שאינו עושה שלא כדין – לבוש›. **ואין מתירין לו עד שירצה החכם. [כ]ואם מת החכם, באים שלשה ומתירים לו. ואם רצה החכם למחול לו ולא נידהו, הרשות בידו.**

הגה: וי"א שבזמן הזה אין ת"ח יכול לנדות לכבוד עלמו, ולא לעשות דינא לנפשיה. ויש חולקים, ובלבד שיהא מוחזק וראוי לכך. (וע"ל ס"ס של"ד) - (עיין בתשב"ץ שהאריך בזה, וכתב דמצינו למדין שאין לעשות לכבודו, אלא חכם אשר ראוי למנות פרנס על הצבור, והצריכו בו תנאים, **הא׳**, שלמד כל התלמוד בענינים הנוהגים, לאפוקי הלכתא למשיחא, **התנאי** הב׳, שיהא תלמודו שגור בפיו, וידע להוציא ממנו דינין על קו היושר, **התנאי** הג׳, שלא פירש מתלמודו לעניני העולם שלא לצורך הכרחי לפרנסתו, או לצרכי צבור המוטלים עליו, שאם שנה ופירש, יותר גרוע הוא מע"ה, **התנאי** הד׳, שלא יהא סני שומעניה, שאם היה כן אין ראוי לחוש לכבודו, ואדרבה שרי לבזוייה, **מיהו** י"ל שלא נאמרו דברים אלו אלא בשיש שם חכמים גדולים ממנו, אבל אם אין שם גדול ממנו נדויו נדוי, דיפתח בדורו כשמואל בדורו, {**פשוט** דזה קאי רק אב׳ התנאים הראשונים}, **וה"מ** דצריך תנאים הנ"ל, לענין אם נידה לכבודו, אבל אם נידה מפני עבירה שהיה חייב עליו נידוי, אם נידה אותו אפי׳ קטן שבישראל, אפילו עבד ואפילו שפחה, נידויו נידוי. **וכתב** עוד, שאין כח ביד הקהלות לגדור גדר למנוע החכמים שלא ינדו לכבודם, וכן אין כח בידם למנוע שום אדם שלא ינדה לאפרושי מאיסורא, **וכל** כחן אינו אלא שלא יהא רשות ביד אחד העם לגזור על דבר עבירה, אלא ביד חכמי המקום, עכ"ד - פת"ש).

אות ק׳

כל אחד ואחד מיפר חלקו

יו"ד סימן שלד סכ"ו - נידוהו ג׳, אין השנים יכולין להתירו, אא"כ יתן להם השלישי רשות; אבל שלשתן מתירין לו, [כא]ואפי׳ זה שלא בפני זה, אע"פ שהיו ביחד בשעת הנידוי. ואם היו רבים בשעה שנידוהו, צריך שיתירו כולם; וכל אותם שנמלכו בהם בשעת הנידוי, חשובים מהמנדים וצריך שיתירו גם הם - ‹או בני אדם כנגדם חשובים כמותם. **וכתב** הטור בשם הראב"ד אם נידוהו ואינו יודע מי נידהו, אין אחרים יכולים להתירו, אלא הנשיא – באה"ט›, ‹שמא המנדה היה אדם גדול שאינו נמצא כיוצא בו – מים חיים›.

אות ר׳

הני בי תלתא דשמיתו, אתו בי תלתא אחריני ושרו ליה

יו"ד סימן שלד סכ"ה - [כב]ג׳ שנידו והלכו להם, וחזר בו מהדבר שנידוהו בגללו, מתירין לו ג׳ אחרים. [כג]ויש מי שאומר שצריך שיהיו גדולים כמותם [כד](בחכמה ויראה וגדולה ושנים) (כן משמע מהטור) - ‹כתב הראב"ד, והיינו כשבאין להתיר תוך זמן הנדר, אבל כשישלים הזמן, כל ג׳, או יחיד מומחה מתירין לו. **א"נ** כשנידהו יחיד אפי׳ אינו מומחה על דבר עבירה, כשישלים לו הזמן מתירין לו כל ג׳ או יחיד מומחה, אבל נידוהו רבים, צריכים רבים כמותן להתירו, עכ"ל – באה"ט›.

אות ש׳ – ת׳

אין נידוי פחות מל׳ יום, ואין נזיפה פחות משבעה ימים

נידוי שלנו כנזיפה שלהן

יו"ד סימן שלד ס"א - [כה]ואין נדוי פחות משלשים יום... [כו]בד"א דנידוי שלשים יום, בנידוי דידהו, אבל נידוי דידן כנזיפה דידהו, שהיא ז׳ ימים; ונזיפה דידן, חד יומא.

באר הגולה

[טו] ברייתא דף ט"ז. [טז] שם [יז] ‹ע"פ מהדורת נהרדעא› [יח] ל׳ הרמב"ם מהא דתלמיד שנידה לכבודו נידויו נדוי, מו"ק דף ט"ז. [יט] שם מהא דאמר רב יוסף האי צורבא מרבנן עביד דינא לנפשיה במילתא דפסיקא ליה, וכפי׳ הראב"ד דלנדותו קאמר אם ביזהו, אע"פ שאין שם עדים, ריב"ש [כ] שם ‹טור בשם הרמב"ם› [כא] ‹ואע"ג דשמתוהו בהדי הדדי, לא צריכי למישרייה בהדי הדדי, ודייק מדקתני "חלקו", אלמא מיפלגא מילתא לחלקים – ב"י› [כב] ג"ז רמב"ם ממימרא דאמימר הלכתא וכו׳ מו"ק טז. [כג] טור בשם הראב"ד וכ"כ הרא"ש בשמו [כד] כ"כ הרא"ש בשמו [כה] ברייתא שם (דף ט"ז.) [כו] מימרא דרב חסדא שם דף ט"ז ע"א

עין משפט נר מצוה: סח א טוש"ע י"ד סימן שלד סעיף א:

מסורת הש"ס: [דף ס.] סוכה מט: פסחים ד. [כריתות ח.] [פסחים ד. וש"נ] נ"ל אגב [ברכות יח.] ישעיה מח

אף דברי תורה בסתר · דכתיב בסיפיה דקרא מעשה ידי אומן התורה מעשה אומנתו של הקדוש ברוך הוא: (א) רב בר אחוה דרבי חייא דהוא בר אחתיה ורבה בר בר חנה בר אחוה דר' חייא [דלאו] בר אחתיה כדאמרינן בסנהדרין*: **עייא** · כך כינה שמו של ר' חייא לשון גנאי: **ראה מי קורא לך** · כלומר לא מכאן: **תא** · בוא אלי והדר שלח ליה לא תיתי: **וזה** · שליח שני לא ראיתי: **ברצות ה' דרכי איש גם אויביו ישלים אתו** · כי הוא על כרחו בא: **מאי טעמא עבדת הכי** · דשנית בשוק: **ביומא דכלה** · דרשה שהכל מצויין שם: **מוקים ליה בצדקה** · דמיבעי למיעבד בסתר: **מר עוקבא** · כתלמיד לשמואל דשמואל גדול בתורה יותר ממר עוקבא: **כי יתבן בדינא כו'** · משום דמר עוקבא היה נשיא: **חייקי ליה דוכתא** · מגמיכין לו מקום כשיושב בדין: **כי היכי דמשתמעי ליה מיליה** · דשמואל רביה בתורה: **איטריד** · מר עוקבא בדינא שהיה מחשב בדין ולא אידכר ליה למיזל בתר שמואל: **לא נגה לך** · כלומר לא סגי לך דאזילנא בתרך: לישרי

לישרי לי מר בסיגריה · הב לי רשותא למיהדר: **ידע** · מר עוקבא: **דנקט** · שמואל בדעתיה משום דאזיל בתריה: **מי שמעת שמתא מפומיה** · אי שמית לך: **פסיק סידרא** · לימד פרשיות: **מכלל דאיכא ראשונים** · והלא לא מצינו שאמר דוד דברי אלא במקרא תורה או"ה דדברי לשון נבואה: **אתה שאול** · שנולדת במזלו: **והוא דוד** · שנולד במזל שלך: **איבדתי כמה דוד** · שהוא צדיק ממך: **שגיון** · שגגה היתה לו: **משונה במעשיו** · צדיק גמור: **שהקים עולה של תשובה** · שהוא שב תחלה ונתן דרך לשבים כדאמרינן בפ"ק דע"ז (דף ה:) לא דוד ראוי לאותו מעשה אלא שאם חטא יחיד אומרים לו כלך אצל דוד שמחל לו הקב"ה אותו עון אף אתה חזור בתשובה: **צור ישראל** · מושל באדם אני מי מושל בי כי צדיק מושל בי ומבטלה: **עירא היאירי** · הוה מתני לדוד *אגב כרי' וכסתות ודוד הוה מתני לרבנן על גבי קרקע: **ראש לג' אבות** · שהוא הולך לפניהם לעוה"ב: **מעדן עצמו** · כופף עצמו ידיו ורגליו ביחד ויושב לארץ: **בדבר אוריה החתי** · כתלו לו מאתים: תלמיד

*אף דברי תורה בסתר יצא רבי חייא ושנה לשני בני אחיו בשוק *לרב ולרבה בר בר חנה שמע ר' איקפד אתא ר' חייא לאיתחזויי ליה א"ל *עייא מי קורא לך בחוץ ידע דנקט מילתא בדעתיה נהג נזיפותא בנפשיה תלתין יומין ביום תלתין שלח ליה תא הדר שלח ליה דלא ליתי מעיקרא מאי סבר ולבסוף מאי סבר מעיקרא סבר *מקצת היום ככולו ולבסוף סבר לא אמרינן מקצת היום ככולו לסוף אתא א"ל אמאי אתית א"ל דשלח לי מר דליתי והא שלחי לך דלא תיתי א"ל זה ראיתי וזה לא ראיתי קרי עליה °ברצות ה' דרכי איש גם אויביו ישלים אתו מ"ט עבד מר הכי א"ל דכתיב °חכמות בחוץ תרונה א"ל *אם קרית לא שנית ואם שנית לא שילשת ואם שילשת לא פירשו לך חכמות בחוץ תרונה כדרבא דאמר רבא כל העוסק בתורה מבפנים תורתו מכרזת עליו מבחוץ והא כתיב °לא מראש בסתר דברתי ההוא ביומי דכלה ור' חייא האי חמוקי ירכיך מאי עביד לה מוקי לה בצדקה ובגמילות חסדים אלמא נזיפה דידהו תלת יומין נזיפת נשיא שאני °ונזיפה דידן כמה הוי חד יומא כי הא דשמואל ומר עוקבא כי הוו יתבי גרס שמעתא הוה יתיב מר עוקבא קמיה דשמואל ברחוק ד' אמות וכי הוו יתבי בדינא הוה יתיב שמואל קמיה דמר עוקבא ברחוק ד' אמות והוו חייקי ליה דוכתא למר עוקבא *בציפתא ויתיב עילויה כי היכי דלישתמען מיליה כל יומא הוה מלוי ליה מר עוקבא לשמואל עד אושפיזיה יומא חד איטריד בדיניה הוה אזיל שמואל בתריה כי מטא לביתיה א"ל לא נגה לך לישרי לי מר בתיגריה ידע דנקט מילתא בדעתיה נהג נזיפותא בנפשיה חד יומא ההיא איתתא דהוות יתבה בשבילא הוות פשטה כרעה וקא מנפיה *חושלאי והוה חליף ואזיל צורבא מרבנן ולא איכנעה מקמיה אמר כמה חציפא ההיא איתתא אתאי לקמיה דר"נ אמר לה מי שמעת שמתא מפומיה אמרה ליה לא אמר לה זילי נהוגי נזיפותא חד יומא בנפשיך זוטרא בר טוביה הוה קפסיק סידרא קמיה דרב יהודה כי מטא להאי פסוקא °ואלה דברי דוד האחרונים א"ל אחרונים מכלל דאיכא ראשונים ראשונים מאי נינהו שתיק ולא אמר ליה ולא מידי הדר א"ל אחרונים מכלל דאיכא ראשונים ראשונים מאי היא א"ל מאי דעתך דלא ידע פירושא דהאי קרא לאו גברא רבה הוא ידע דנקט מילתא בדעתיה נהג נזיפותא בנפשיה חד יומא ודאתן עלה מיהא אחרונים מכלל דאיכא ראשונים ראשונים מאי היא °וידבר דוד לה' את דברי השירה הזאת ביום הציל ה' אותו מכף כל אויביו ומכף שאול אמר לו הקב"ה לדוד °דוד שירה אתה אומר על מפלתו של שאול *אלמלי אתה שאול והוא דוד איבדתי כמה דוד מפניו היינו דכתיב °שגיון לדוד אשר שר לה' על דברי כוש בן ימיני וכי כוש שמו והלא שאול שמו אלא מה כושי משונה בעורו אף שאול משונה במעשיו כיוצא בדבר אתה אומר °על אודות האשה הכושית אשר לקח וכי כושית שמה והלא ציפורה שמה אלא מה כושית משונה בעורה אף ציפורה משונה במעשיה כיוצא בדבר אתה אומר °וישמע עבד מלך הכושי וכי כושי שמו והלא צדקיה שמו אלא מה כושי משונה בעורו אף צדקיה משונה במעשיו כיוצא בדבר אתה אומר °הלא כבני כושיים אתם לי (*בית) ישראל וכי כושיים שמן והלא ישראל שמן אלא מה כושי משונה בעורו אף ישראל משונין במעשיהן מכל האומות *א"ר שמואל בר נחמני א"ר יונתן מאי דכתיב °נאם דוד בן ישי ונאם הגבר הוקם על נאם דוד בן ישי שהקים עולה של תשובה °אמר אלהי ישראל לי דבר צור ישראל מושל באדם צדיק מושל יראת אלהים מאי קאמר א"ר אבהו ה"ק אמר אלהי ישראל לי דבר צור ישראל אני מושל באדם מי מושל בי צדיק שאני *גוזר גזרה ומבטלה °אלה שמות הגבורים אשר לדוד יושב בשבת וגו' מאי קאמר א"ר אבהו ה"ק ואלה שמות גבורותיו של דוד יושב בשבת בשעה שהיה יושב בישיבה לא היה יושב על גבי כרים וכסתות אלא על גבי קרקע דכל כמה דהוה רביה עירא היאירי קיים הוה מתני להו לרבנן על גבי כרים וכסתות כי נח נפשיה הוה מתני דוד לרבנן והוה יתיב על גבי קרקע אמרו ליה ליתיב מר אכרים וכסתות לא קביל עליה תחכמוני אמר רב אמר לו הקב"ה הואיל והשפלת עצמך תהא כמוני שאני גוזר גזרה ואתה מבטלה ראש השלישים תהא ראש לשלשת אבות °הוא עדינו העצני בשהיה יושב ועוסק בתורה היה מעדן עצמו כתולעת ובשעה שיוצא למלחמה היה מקשה עצמו כעץ על שמונה מאות חלל בפעם אחת שהיה זורק חץ ומפיל שמונה מאות חלל בפעם אחת והיה מתאנה על מאתים דכתיב °איכה ירדף אחד אלף יצתה בת קול ואמרה °רק בדבר אוריה החתי אמר רבי תנחום בריה דרבי חייא איש כפר עכו אמר רבי יעקב בר אחא אמר ר' שמלאי ואמרי לה אמר ר' תנחום אמר רב הונא ואמרי לה אמר רב הונא לתודיה תלמיד

מסורת הש"ס: שבועין קלופין רש"י סנהדרין כו. ד"ה חושלא והיא כיסה מגופה קליפתן מתוך עיין מהרש"א · שמואל ב כג · שמואל ב כב · תהלים ז · במדבר יב · ירמיה לח · [נ"ל בני] · עמוס ט · ע"ז ה. · שמואל ב כג · שם · [שבת סג. ב"מ פה.] · שם · דברים לב · מלכים א טו

[עיין תוספות מגילה כה. ד"ס אלמלא] · מתלמת עיין רש"י שבת קמ: ד"ה אליספתא

רבינו חננאל

ר' שלא ישנו לתלמידים בשוק שנאמר חמוקי ירכיך כמו חלאים ואין חלאים אלא רבנן כדגרסינן בנדרים (מט.) מאן חולים רבנן ותנן שמתעסקים בתורת שהיא מעשה ידי אמן ואמר רבי מה ירך זה בסתר אף דברי תורה בסתר והני מילי בשאר ימות השנה · אבל ביומי דכלה לא שנאמר חכמות בחוץ תרונה ברחובות תתן קולה · ונזיפה דידן כמה הוי חד יומא כמר עוקבא כד ידע דנקיט שמואל מלתא בדעתיה נהג נזיפותא בנפשיה חד יומא וכרב נחמן דאמר לההיא דשמעה מפומיה דצורבא מרבנן כמה חציפא הא [אתתא זילי] נהוג בנפשיך חד יומא · מר זוטרא בר טוביה הוה פסיק סידריה קמיה דרב יהודה מטי להאי קרא ואלה דברי דוד האחרונים מכלל דאיכא ראשונים שאליה ולא הגיד ליה · א"ל אטו מאן דלא ידע פירושא דהאי פסוקא לאו גברא רבה הוא ידע דנקיט מילתא בדעתיה נהג נזיפותא בנפשיה חד יומא · פשטה דראשונים הן דברי השיר אשר שר דוד ביום הציל ה' אותו מכף כל איביו ומיד שאול · א"ל הקב"ה שירה אתה אומר על מפלתו של שאול כו'. כיון דידע דחטא חזר והודה כי שגג כדכתיב שגיון לדוד אשר שר לה' על דברי כוש בן ימיני ופי' כי כוש הוא שאול · ולפיכך אמר אלה דברי דוד האחרונים נאם דוד בן ישי נאם הגבר הוקם על שהקים עולה של תשובה · רוח ה' דבר בי ומלתו על לשוני · אמר אלהי ישראל לי דבר צור ישראל אמר לי הוא המושל באדם וצדיק הוא המושל ביראת אלהים הוא מושל בדברו כי מבטל בתחינתו גזירות של הקב"ה הרעות מלבוא על עמו ישראל · יושב בשבת תחכמוני כו' עדינו העצני

הגהות הב"ח (א) רש"י ד"ה רב בר אחוה · נ"ב עיין לקמן בדף כ' ע"א:

גליון הש"ס גמ' דוד שירה אתה אומר. עיין יומא דף כב ע"ב תוספות ד"ה וקאמר: **שם** סוף עדינו העצני · עיין רש"י תענית דף כח ע"א ד"ה בני עדין בן אן:

§ מסכת מועד קטן דף טז: §

אות א'

<u>ונזיפה דידן כמה הוי, חד יומא</u>

יו"ד סימן שלד ס"א - ונזיפה דידן, חד יומא.

§ מסכת מועד קטן דף יז. §

אות [א']

במילי דשמיא

יו"ד סימן שלד סי"ז - במה דברים אמורים, במי שנידוהו מפני שביזה תלמיד חכם; אבל מי שנידוהו על שאר דברים שחייב עליהם נידוי, אפילו נידהו קטן שבישראל, חייב הנשיא וכל ישראל לנהוג בו נידוי, עד שיחזור בתשובה מדבר שנידוהו בשבילו ויתירו לו.

אות א'

עביד דינא לנפשיה במילתא דפסיקא ליה

חו"מ סימן ד ס"א - [א]יכול אדם לעשות דין לעצמו; אם רואה שלו ביד אחר שגזלו, יכול לקחתו מידו - {לשון הטור בסוף סימן זה, או שבא לגוזלו והוא עומד עליו ומציל את שלו, וכתבו מור"ם ג"כ בסמוך - סמ"ע}, **ואם האחר עומד כנגדו, יכול להכותו עד שיניחנו, (אם לא יוכל להציל בענין אחר) (טור)** - ‹נ"ב דוקא היכי דעי"ז מציל עצמו, אבל לקרותו ממזר וחרופים דאין תועלת לענין ההצלה, אינו רשאי, הראנ"ח הובא בכנה"ג - רעק"א›. **אפי' הוא דבר שאין בו הפסד אם ימתין עד שיעמידנו בדין** - ‹כגון בקרקע וכיוצא בזה, דאז אסור להכותו, נה"מ, מ"מ יכול להציל מידו בלא רשות ב"ד - ערוה"ש›.

[ב]יו"ד סימן שלד סמ"ה - [ג]צורבא מדרבנן, יכול לנדות למי שהפקיר כנגדו; ואם דינו פסוק - שחייב נדוי, **כגון שקראו: עבד, הוא מנודה לכל ישראל** - דהוי כנדוהו ב"ד, **ואם אין דינו פסוק, אינו מנודה אלא לקטנים ממנו** - ודוקא כשאינם חכמים מנודה להם, וכמ"ש לעיל סעיף ט"ו לדעת המחבר, ולפי מה שכתבי שם, הכא מנודה אפי' לחכמים כמותו, כל שאין גדולים ממנו, ש"ך. **(ואפי' לא ביזהו בפירוש, רק שכוון לבזותו לפי אומדנא המוכח) (מהרי"ק).**

אות ב'

ההוא צורבא מרבנן דהוו סנו שומעניה וכו'

יו"ד סימן שלד סמ"ב - [ד]חכם, זקן בחכמה, או אב בית דין שסרח, אין מנדין אותו [ה]בפרהסיא לעולם, אלא אם כן [ו]עשה כירבעם בן נבט וחביריו; אבל כשחטא שאר חטאות, [ז]מלקין אותו בצינעא. וכן כל ת"ח שנתחייב נידוי, [ח]אסור לב"ד לקפוץ ולנדותו במהרה, אלא בורחים ונשמטים ממנו. [ט]וחסידי החכמים היו משתבחים שלא נמנו מעולם לנדות תלמיד חכם, ואף ע"פ שנמנים להלקותו אם נתחייב מלקות או מכת מרדות. [י]ואי סני שומעניה כגון שמתעסק בספרי אפיקורוסין ושותה במיני זמר, או שחביריו מתביישין ממנו ושם שמים מתחלל על ידו, משמתינן ליה.

יו"ד סימן שלד סמ"ג - על כ"ד דברים מנדין את האדם, ואלו הן... [יא](כ"ג) חכם ששמועתו רעה.

אות ב'* [יב]

אם דומה הרב למלאך ה', יבקשו תורה מפיו וכו'

יו"ד סימן רמו ס"ח - [יג]הרב שאינו הולך בדרך טובה, אע"פ שחכם גדול הוא וכל העם צריכים לו, אין למדין ממנו עד שיחזור למוטב - דין זה נלמד מפ' אלו מגלחין, דשמתוהו לההוא צורבא מרבנן דאתחייב נדוי, אע"ג דהוו צריכין ליה רבנן, משום דאמר רבה בב"ח אמר ר' יוחנן, מאי דכתיב שפתי כהן ישמרו דעת ותורה יבקשו מפיהו כי מלאך ה' צבאות הוא, אם דומה הרב למלאך ה' יבקשו תורה מפיהו, ואם לאו אל יבקשו תורה מפיו, **וקשה** דבפ"ק דחגיגה אמרינן ורבי מאיר היאך למד תורה מאחר, והא"ר בב"ח אר"י מאי דכתיב שפתי כהן כו', אמר ר"ל ר"מ קרא אשכח ודרש, הט אזנך ושמע דברי חכמים ולבך תשית לדעתי, לדעתם לא נאמר אלא לדעתי, **קשו** קראי אהדדי, ל"ק הא בגדול הא בקטן, **פירש** רש"י, גדול היודע ליזהר

באר הגולה

[א] ‹צורבא מרבנן עביד דינא לנפשיה במילתא דפסיקא ליה, ברש"י משמע שפוסק לעצמו. **ומקשה** הרא"ש איך יכול לפסוק דין לעצמו, הא קרוב הוא אצל עצמו. **ומפרש** הריטב"א דמצינו בב"ק בהמניח (כ"ז ב) דעביד איניש דינא לנפשיה, ויכול לתפוס חפציו שלו משל חבירו שגזלו ממנו, וא"צ להמתין עד שיתבענו לב"ד ויפסקו לו דינו, ויכול אף להכותו אם מפריעו, ואם הנתבע יזיקו שהכהו צריך לשלם לו, והו"א דת"ח לא ינהג כן, שראוי לו שיוותר וימתין לפסק בי"ד, קמ"ל דרשאי אף ת"ח לעשות דין לנפשו. **והראב"ד** ועוד ראשונים מפרשים {עיין לקמן בההלכה הסמוך} דמיירי שעבר עבירה, ויכול הת"ח לפסוק בעצמו שזה עבירה שצריך לנדות עליה, ומנדה אותו וכולם צריכים לנהוג בו כמנודה, אם לא שיבררו הדבר וימצאו שטעה - הערות הגרי"ש אלישיב› [ב] ‹ע"פ הבאר הגולה› [ג] **מימרא דרב יוסף מו"ק דף י"ז ע"א וכפי' הראב"ד הביאו הטור** ‹פי' רש"י אפי' לדון להוציא ממנו ממון ולנדותו אם לא יתן לו, **והראב"ד** כתב ודאי בענין ממון אינו יכול לדון לעצמו, אבל מי שמפקיר עצמו כנגדו, ואם הדין פסוק, כההוא דהקורא לחבירו עבד שהוא בנדוי, יכול לנדותו והוא מנודה לכל ישראל, ואם אין הדבר פסוק, אינו מנודה אלא לו לבדו - טור› [ד] **לשון הרמב"ם ממימרא דרב אויא** ‹עיין בגליון הש"ס› **באושא התקינו וכו' מו"ק דף י"ז.** ‹ופסק כריש לקיש משום דאיהו מריה דתלמודא טפי מרב אויא, ועוד דבירושלמי משמע כוותיה, וזהו שכתב אין מנדין אותו בפרהסיא לעולם, כלומר אפי' חזר וסרח כמה פעמים - ב"י. **ופלא** על הבאה"ג דהביא המקור מדברי רב אויא› [ה] **פי' אלא אומרים לו הכבד ושב בביתך, שם בגמ'** [ו] **ירושלמי** [ז] **ירושלמי בפ' בתרא דהוריות** [ח] **מהא דמר זוטרא חסידא בבלי מו"ק דף י"ז.** ‹מר זוטרא חסידא כי מיחייב צורבא דרבנן שמתא, משמית נפשיה והדר משמית לדידיה, הרי שהיה מנדה לפעמים לצורבא מרבנן, ורב יהודה נמי שמית לההוא צורבא דרבנן דסני שומעניה, כדאיתא בפרק אלו מגלחין (שם), **וכי** היכי דלא ליפלוג אדריש לקיש דאמר ת"ח שסרח אין מנדין אותו, ואמאי דאמר בירושלמי, אין מנדין זקן אא"כ עשה כירבעם בן נבט וחביריו, **צ"ל** דההיא דריש לקיש וירושלמי בחכם זקן בחכמה, כלומר שהוא מופלג בחכמה, **וההיא** דמר זוטרא בחכם שאינו מופלג בחכמה, דההוא מנדין אותו, אלא שאין לקפוץ לנדותו מהרה, כדאשכחן במר זוטרא שהיה מצטער על שהיה צריך לנדותו, והיה מנדה עצמו תחלה להראות שהוא היה מצטער בצערו, **ולא** כתב הרמב"ם שינדה עצמו תחלה כדמר זוטרא, כי ההוא מדת חסידות הוה, ומ"מ יש ללמוד משם שאין לב"ד לקפוץ ולנדותו במהרה - ב"י› [ט] **מהא דרב פפא שם** [י] **טור מדברי אביו הרא"ש שם מעובדא דההוא צורבא מרבנן שם** [יא] **מו"ק דף י"ז.** [יב] ‹ע"פ מהדורת נהרדעא› [יג] **שם מההוא צורבא דרבנן דהוו צריכי ליה רבנן וסני שומעניה וכו' ומימרא דרבי יוחנן מו"ק דף י"ז.**

ואלו מגלחין פרק שלישי מועד קטן יז

תלמיד שנידה לכבודו נדויו נידוי דתניא *מנודה לרב מנודה לתלמיד מנודה לתלמיד אינו מנודה לרב לרב הוא דאינו מנודה הא לכולי עלמא מנודה למאי °אי במילי דשמיא *אין חכמה ואין תבונה ואין עצה לנגד ה' אלא לאו לכבוד עצמו אמר רב יוסף צורבא מרבנן *עביד דינא לנפשיה במילתא דפסיקא ליה *ההוא צורבא מרבנן דהוו סנו שומעניה א"ר יהודה היכי ליעביד לשמתיה צריכי ליה רבנן לא לשמתיה קא מיתחיל שמא דשמיא א"ל לרבב"ח מידי שמיע לך בהא א"ל הכי א"ר יוחנן *מאי דכתיב °כי שפתי כהן ישמרו דעת ותורה יבקשו מפיהו כי מלאך ה' צבאות הוא אם דומה הרב למלאך ה' יבקשו תורה מפיו ואם לאו אל יבקשו תורה מפיו שמתיה רב יהודה לסוף איחלש רב יהודה אתו רבנן לשיולי ביה ואתא איהו נמי בהדייהו כד חזייה רב יהודה חייך אמר ליה לא מסתייך דשמתיה להוא גברא אלא אחוכי נמי חייך בי א"ל לאו בדידך מחייכנא אלא דכי אזילנא להוא עלמא בריחא דעתאי דאפילו לגברא כוותך לא חניפי ליה נח נפשיה דרב יהודה אתא לבי מדרשא אמר להו שרו לי אמרו ליה רבנן גברא דחשיב כרב יהודה ליכא הכא דלישרי לך אלא זיל לגביה דר' יהודה נשיאה דלישרי לך אזל לקמיה א"ל לר' אמי פוק עיין בדיניה אי מיבעי למישרא ליה שרי ליה עיין ר' אמי בדיניה סבר למישרא ליה עמד ר' שמואל בר נחמני על רגליו ואמר ומה שפחה של בית רבי לא נהגו חכמים קלות ראש בנידויה שלש שנים יהודה חבירינו על אחת כמה וכמה א"ר זירא מאי דקמן דאתא האידנא האי סבא בבי מדרשא דהא כמה שני לא אתא ש"מ לא מיבעי למישרא ליה לא שרא ליה נפק כי קא בכי ואזיל אתא זיבורא וטרקיה אאמתיה ושכיב עיילוהו למערתא דחסידי ולא קיבלוהו °למערתא דדייני וקיבלוהו מ"ט דעבד כר' אילעאי דתניא *ר' אילעאי אומר אם רואה אדם שיצרו מתגבר עליו ילך למקום שאין מכירין אותו וילבש שחורים ויתעטף שחורים ויעשה מה שלבו חפץ ואל יחלל שם שמים בפרהסיא שפחה של בית רבי מאי היא דאמתא דבי רבי חזיתיה להוא גברא דהוה מחי לבנו גדול אמרה ליהוי ההוא גברא בשמתא דקעבר משום °ולפני עור לא תתן מכשול דתניא ולפני עור לא תתן מכשול במכה לבנו גדול הכתוב מדבר ריש לקיש הוה מנטר פרדיסא אתא ההוא גברא וקאכיל תאיני רמא ביה קלא ולא אשגח ביה אמר ליהוי ההוא גברא בשמתא א"ל אדרבה ליהוי ההוא גברא בשמתא אם ממון נתחייבתי לך נידוי מי נתחייבתי לך אתא לבי מדרשא *א"ל שלו נידוי ושלך אינו נידוי ומאי תקנתיה זיל לגביה דלישרי לך לא ידענא ליה אמרו ליה זיל לגבי נשיאה דלישרי לך דתניא °נידהו ואינו יודע מי נידהו ילך אצל נשיא ויתיר לו נדויו *אמר רב הונא באושא התקינו אב בית דין שסרח אין מנדין אותו אלא אומר לו °הכבד ושב בביתך חזר וסרח מנדין אותו מפני חילול השם ופליגא דריש לקיש *דאמר ריש לקיש תלמיד חכם שסרח אין מנדין אותו בפרהסיא שנאמר °וכשלת היום וכשל גם נביא עמך לילה כסהו כלילה *מר זוטרא חסידא כי מיחייב צורבא מרבנן שמתא ברישא משמית נפשיה והדר משמית לדידיה כי הוה עייל באושפיזיה שרי ליה לנפשיה והדר שרי ליה לדידיה *אמר רב גידל אמר רב ת"ח מנדה לעצמו ומיפר לעצמו אמר רב פפא תיתי לי דלא שמיתי צורבא מרבנן מעולם אלא כי קא מיחייב צורבא מרבנן שמתא היכי עביד כי הא *דבמערבא °מימנו אנגידא דצורבא מרבנן ולא מימנו אשמתא מאי שמתא אמר רב שם מיתה ושמואל אמר שממה יהיה ומהניא ביה כי טיהרא בתנורא ופליגא דריש לקיש דאמר ריש לקיש כשם שנכנסת במאתים וארבעים ושמונה איברים כך כשהיא יוצאה ממאתים וארבעים ושמונה איברים כשהיא נכנסת דכתיב °והיתה העיר חרם חרם בגימטריא מאתים וארבעים ושמונה הוו כשהיא יוצאה דכתיב °ברוגז רחם תזכור רחם בגימטריא הכי הוו אמר רב יוסף שדי שמתא אגנובתא דכלבא ואיהי דידה עבדה דההוא כלבא דהוה אכיל מסאני דרבנן ולא הוו קא ידעי מנו ושמתו ליה איתלי ביה נורא בגנובתיה ואכלתיה ההוא אלמא דהוה קא מצער ליה להוא צורבא מרבנן אתא לקמיה דרב יוסף א"ל זיל שמתיה א"ל מסתפינא מיניה אמר ליה שקילי פתיחא עליה כל שכן דמסתפינא מיניה א"ל שקליה אתתיה בכדא ואחתיה

תלמיד חכם שנידה לכבודו · כבר פירשתי למעלה: **עביד (איניש) דינא לנפשיה** · דאמר ליה את מחייבת לי הכי והכי שודאי הוא לו ולא ספק: **סנו שומעניה** · שיוצאין עליו שמועות רעות: **צריכי ליה רבנן** · דאתריה דהוה רבהון: **ואם לאו אל יבקשו תורה** · הואיל וסנו שומעניה תורה אור הא דצריכי ליה רבנן לאו כלום הוא דמוטב דלא ילפי מיניה: **אתא איהו** · האי מנודה נמי בהדייהו: **מאי דקמן** · כלומר היכי מתרמי דעל האי סבא ר' שמואל בר נחמני האידנא לבית המדרש: **שמע מינה** · דלהכי איתרמי דאתא האידנא לבי מדרשא דלאו מזליה הוא דלישרי ליה: **וטרקיה אאמתיה** · נשכו למנודה באמתו: **ולא קבלוהו** · דהדרא עכנא למערתא ולא פתחה פיה: **דייני** · ראשי ב"ד וחסידים עדיפי מינייהו: **מאי טעמא** · קבלוהו: **דעבד כרבי אילעאי וכו'** · בהני שמועות רעות: **מה שלבו חפץ** · עבירה והואיל ואין מכירין אותו שם ליכא חלול השם (א)ואמר לן רבי משום רב האי גאון ויעשה מה שלבו חפץ רוצה לומר דודאי כיון שלבוש שחורים וכו' אני ערב בדבר שאינו חפץ מכאן ואילך בעבירה: **דקא עבר משום ולפני עור לא תתן מכשול** · דכיון דגדול הוא שמא מבעט באביו והוה ליה איהו מכשילו: **שלך אינו נידוי** · דלאו בדינא שמתיה: **הכבד** · בלשון הזה אומרים לו עשה עצמך כאדם שכבד עליו ראשו ושב בביתך בלשון כבוד אומר לו (ג)לישנא אחרינא הכבד התכבד כבודך שתשב בביתך: **כסהו** · אל תבזה אותו בפרהסיא: **כלילה** · שחשיכה ואין אדם רואה: **משמית נפשיה** · משום יקרא דההוא צורבא מדרבנן: **מימנו אנגידא** · מלקות ומלקות יפה להם יותר משמתא והוו מלקי להו: **ומהניא כי טיהרא בתנורא** · כשומן שטוחין את התנור ונבלע בתוכו שאין יוצא לעולם כלומר מכה לכל מאן דמשמתינן ליה דלא נפקא מיניה לעולם: **ופליגא דר"ש ב"ל** · דאמר יוצאה: **גנובתיה** · זנב: **דידה עבדא** · ומלקי ליה: **מסתפינא מיניה** · דגברא אלמא הוא: **שקיל פתיחא עלויה** · כתוב עליו שמתא: **שקליה** · לכתב שמתא: ואחתיה

וטרקיה. נשכו אמתו ויש מפרשים מדה כנגד מדה משום דמתחבר בזנות: **ולא** קיבלוהו · דהדרא ליה עכנא: **דעבד** כר' אילעאי · ולכך לא קיבלוהו אע"פ שהיה תלמיד חכם וי"נ דעבד כר' אילעאי ומשום הכי קיבלוהו דייני:

אם רואה אדם שיצרו מתגבר עליו · וכתב ר"ח חס ושלום לא הותר לו לעשות עבירה אלא ע"י כך יכנע לבו בפ"ק דקדושין (דף מ. ושם) פירשתי:*

נידוי מי נתחייבתי לך · אע"פ שמשמתין בעבור ממון כדאמרינן לעיל (דף טז.) הני מילי לממונא י"ל שהיה לו לקרותו לב"ד תחילה שמא יפרע ועוד דבב"ד נמי צריך שני וחמישי ושני כדפירשתי לעיל וכדמשמע בפרק הגוזל בתרא (ב"ק דף קיג.) ולא דמי לאיסורא (*דמכין) לאלתר כדאמר *בההוא גברא דקאכל תמרי שנשרו בשבת וכן [ריש] פרק הדר (עירובין דף סג.) ובשם רבינו תם שמעתי שהיו רגילין באותו מקום שאוכלין באילנות ונותן דמים והשתא לא היו עוברים על הגזל:

משמית נפשיה · משום לצער שצריך לנדות ת"ח א"כ כדי שיהא זכור להתיר והא דלא התיר לחבירו מתחילה כדאמרינן בשבועות פרק קמא (דף יד.) יבא זכאי ויכפר על החייב לכך טוב כשיתיר לחבירו שיהא הוא מותר קודם: שלא

מסורת הש"ס: [לעיל טז.] · מגלי' [א] כא · מלאכי ב · ויקרא יט · חגיגה טו. קדושין מ. · מלכים ב יד · מנחות לט: · הושע ד · [מדרים ז:] · [נדרים ז: וע"ש ספיקות] · פסחים נב. · יהושע ו · חבקוק ג

הגהות הב"ח: (א) רש"י ד"ה מה שלבו כו' ואמר לן רבי כו' נ"ב ולפ"ז ס"ק מ"ש קבלוהו וכ"ה במקצת פרש"י : (ב) ד"ה הכבד כו' לישנא אחרינא · נ"ב וכן משמע סי' קרא במלכים ב יד :

גליון הש"ס: גמ' אי במילי דשמיא · עיין תוס' סנהדרין דף ע"א ד"ה מסיקנא : שם למערתא דדייני וקבלוהו · עי' שבת דף פ"א תוס' ד"ה אי איכא : שם אמר רב הונא באושא התקינו · עיין פ"ז מהל' ת"ת ירושלמי אמר איה :

עין משפט נר מצוה:
סט [א] מיי' פ"ו מהל' ת"ת הלכה יד טוש"ע י"ד סימן שלד סעיף יז :
סח א מיי' פ"ב מהל' סנהדרין הלכה יב טוש"ע ח"מ סימן ד :
ע ב מיי' פ"ו מהל' ת"ת הל' יד ופ"ז הלכה א טוש"ע י"ד סימן שלד סעיף מב וסעיף מג :
[ועי' תוס' חגיגה טז. ד"ה ויעשה וכו']
עא ג מיי' פ"ו מהלכות ת"ת שם ופ"ו מהל' ממרים הלכה ה טוש"ע י"ד סי' שלד סעיף מג :
עב ד מיי' פ"ו מהלכות ת"ת שם · טוש"ע שם סעיף לג וסעיף מג :
[נ"ל דמגדין]
[לא נמצא בשום מקום]
עג ה מיי' שם פ"ז הל' ד :
עד ו מיי' שם הל' א טוש"ע שם סעי' מב :
עה ז מיי' שם הלכה יא טוש"ע שם סעי' לג :
עו ח מיי' שם הלכה א טוש"ע שם סעי' מב :

רבינו חננאל

העצני כו' עד רק בדבר אוריה החתי כולן פשוטין הן · עדינו שהיה מעדן עצמו להיות מיושב דעת בדברי תורה וכשיוצא למלחמה קשה כעץ · אמר רב הונא ת"ח שנידה לכבודו נידויו נידוי דדייק מדתניא מנודה לתלמיד אינו מנודה לרב לרבו הוא לכ"ע מנודה והני מילי לכבוד עצמו אבל במילי דשמיא אין חכמה ואין תבונה לנגד ה' · אמר רב יוסף צורבא מרבנן עביד דינא לנפשיה · במלתא דפסיקא ליה · כגון הקורא לחבירו עבד יהא בנידוי וכיוצא בו · ההוא צורבא מרבנן דהוה סני שומעניה שהיה שם שמים מתחלל על ידו · כגון הא דגרסינן בסוף יוה"כ מי שיש בידו חילול השם · יצחק דבי ר' אמי אמר כל שחביריו מתביישין משמועתו היכי דמי דאמרי שרי ליה מריה לפלוני · אבל הא דאמר רב כגון אנא דשקילנא בישרא כו' · ודאמר ר' יוחנן כגון אנא דאי מסגינא ד' אמות בלא תורה ובלא תפילין על עצמן בלבד אמרו ולא על זולתם שהיו מחמירין הרבה על עצמם . הלא תראה שכל אחד כך אמר כגון אנא אבל כ"ע כדאמרן וכגון אלישע אחר שהיה מתעסק בספרי מינין ושותה במיני זמר דגרסינן זמר יווני לא פסק מביתו · אמרו עליו על אחר שהיה עומד מבית המדרש הרבה ספרי מינים היו נושרין לו מחיקו וגרסינן נמי השותה במיני זמר כו' וכל צורבא מרבנן דהכי עבידיה מתקריה סנו שומעניה · ואמר רב יהודה כהווא צורבא מרבנן דהוו סני שומעניה כדאמרן היכי נעביד ביה נשמתיה צריכי ליה רבנן לא נשמתיה קא מתחלל שם שמים · א"ל רבה בר בר חנה הכי אמר ר' יוחנן מ"ד כי שפתי כהן ישמרו דעת ותורה יבקשו מפיהו כי מלאך ה' צבאות הוא · אם דומה הרב למלאך ה' צבאות יבקשו תורה מפיהו ואם לאו אל יבקשו תורה מפיהו · שמתיה רב יהודה ולא שרייא לשמתיה לא הוא ולא ר' יהודה נשיאה ואמר רב יהודה בעידנא דשכיב בדיותנא דאפילו לגברא רבא כי האי לא חניפי ליה ולא אשכח חד דשרי ליה עד דטרקיה זיבורא אאמתיה ושכיב עיילוה למערתא דחסידי ולא קיבלוה עיילוה למערתא דדייני וקיבלוה · מאי סני שומעניה דעבד כר' אילעאי דתניא ר' אילעאי הזקן אומר אם רואה אדם שיצרו מתגבר עליו פירוש מבקש לשתות במיני זמר ולשמוח בשמחת המרנילה לידי עבירה כגון זה אמר ילך למקום שאין מכירין אותו וילבש שחורין ויכסה שחורין ויעשה מה שלבו חפץ כגון אכילה ושתייה במיני זמר וכיוצא בהן אבל דבר עבירה שיש בה דין אדם או דין שמים ואפילו חייבי לאוין או חייבי עשה וכ"ש למעלה שאיסורן איסור עולם ח"ו שהתיר ר' אילעאי ואפילו בסתר אלא דבר שפירשנו למעלה הוא שאמר לעשות · ואפילו דברים הללו לא התירן לו אלא אמר כמשיא עצה לעשות כך כדי להבריח את יצרו להשלים תאותו וכיון שיראה עצמו לבוש שחורין ועטוף שחורין משתבר יצרו ונכנע ואינו עושה וזה צורבא מרבנן עשה כר' אילעאי ולבש שחורין ונתעטף ואחר זה כולן חזר לשתות במיני זמר כגון שהיה עושה [אלישע] ולפיכך שמתיה רב יהודה תנא דבי ר' ישמעאל ולפני עור לא תתן מכשול זה המכה בנו הגדול שכיון שהוא גדול הוזר גם הוא ומכה אביו זה ונמצא כי אביו גורם לו והכשילו : ריש לקיש הוה מנטר פרדיסא אתא ההוא גברא אכיל תאיני רמא ביה קלא לא אשגח ביה אמר ליהוי ההוא גברא בשמתא · א"ל אדרבה ליהוי ההוא גברא בשמתא · אם ממון נתחייבתי לך נידוי מי נתחייבתי לך אתא שאיל לבי מדרשא [א"ל] שלו נידוי שלך אינו נידוי זיל לגבי נשיאה דלישרי לך · דתנא נידהו ואינו יודע מי נדהו ילך אצל נשיא ויפר לו · ירושלמי הדא אמרה המנדה למי שאינו צריך וחזר הוא ונידהו נידוי השני נידוי · אמר רב הונא באושא התקינו אב בית דין שסרח אין מנדין אותו אלא אומר לו הכבד ושב בביתך חזר וסרח מנדין אותו מפני חילול השם ריש לקיש אמר תלמיד חכם שסרח אין מבזין אותו בפרהסיא שנאמר וכשלת היום וכשל גם נביא עמך

במעשיו יכול ללמוד תורה מפיו, **ואם** כן הוי ליה להרמב"ם וסייעתו לחלק בין גדול לקטן, **וי"ל** דסבירא ליה כמ"ש התוספות שם וז"ל, והא דריש פרק בתרא דמו"ק דשמתוהו כו', איכא למימר דקטנים הוי דגרסי קמיה, וחיישינן דלמא ממשכי, עכ"ל, **אם** כן חזינן דאף בימי הש"ס היו קטנים, וכל שכן בזמן הזה שכולם נחשבים קטנים, כמ"ש אם ראשונים בני אדם אנו כחמורים, ולא כחמורו של רבי פנחס בן יאיר כו', וא"כ בזה"ז אין חילוק, **והגאון** אמ"ו ז"ל תירץ, דס"ל מדקאמר ר"ל ר"מ קרא אשכח כו', משמע ר"מ ס"ל הכי ואנן לא קי"ל כוותיה, והיינו דקאמרי התם בש"ס, דקודשא ב"ה לא קאמר שמעתתא משמיה דר' מאיר, הואיל וגמר שמעתתיה מפומיה דאחר, ע"ש - ש"ך.

אות ב'**[יד]

עיילוהו למערתא דחסידי, ולא קיבלוהו, עיילוהו למערתא דדייני, וקיבלוהו

יו"ד סימן רסב ס"ה - [טו]אין קוברין רשע אצל צדיק - (שאין לו נחת רוח שישכב אצלו, דכתיב: וישליכו את האיש בקבר אלישע ויגע האיש בעצמות אלישע ויחי ויקם על רגליו, ואמרו רבותינו ז"ל, שזה שהשליכו לקבר אלישע היה נביא שקר, ומפני זכותו של אלישע שלא יהא הרשע נקבר אצלו, עשה הקדוש ברוך הוא נס והחייהו וילך לו - לבוש), **אפילו רשע חמור אצל רשע קל. [טז]וכן אין קוברין צדיק וכשר ובינוני** - "וכן אין קוברין צדיק וכ"ש בינוני" כו' כצ"ל, **אצל חסיד מופלג. (אבל קוברים בעל תשובה אצל צדיק גמור)** - (דשוין הן, לבוש). **וכתב** הב"ח, אבל אין קוברין בעל תשובה אצל חסיד - ש"ך.

(**עיין** בתשו' חת"ס, במי שנהרג ע"י רוצח, אם לקברו בקברי אבותיו, או ליחד לו מקום שם קבר בפני עצמו, כי שמעו אומרים דין ד' מיתות לא בטלו, והמחויב מיתת ב"ד אין קוברים אותו בקברי אבותיו. **והשיב** שדברי הני אינשי אין בהם ממש, וגם ראיה ברורה מש"ס סנהדרין מ"ח ע"א, **וכתב** ובכל זאת אילו לא שאלו את פי הייתי מניח להם מנהגם, אבל השתא דאתי לקדמאי, מאתי לא תצא הוראה כזאת, אלא יקברוהו בקברות אבותיו לפי כבודו הראוי לו - פת"ש).

אות ג'

אמרה: ליהוי ההוא גברא בשמתא, דקעבר משום ולפני עור לא תתן מכשל

יו"ד סימן שלד סמ"ג - על כ"ד דברים מנדין את האדם, ואלו הן... [יז](י"ז) המכשיל את העור.

[יח]יו"ד סימן רמ ס"כ - [יט]המכה לבנו גדול, היו מנדין אותו, שהרי עובר על לפני עור לא תתן מכשול. ולא מקרי גדול לדבר זה, רק אחר כ"ב שנה או כ"ד שנה - פירוש: י"א עד כ"ב, וי"א עד כ"ד - ש"ך.

(**כתב** מהרש"ל, שאין לנדותו עד שיעבור כ"ד, אבל מ"מ אסור מכ"ב, **וכל** זה בלא נשא, אבל אם הוא נשוי נקרא גדול בעיני הבריות וכפי לשון בני אדם - פת"ש).

אות ד'

אמרו ליה: שלו נידוי, שלך אינו נידוי

יו"ד סימן שלד סל"ט - [כ]המנדה את חבירו שלא כדין, ואמר ליה הלה: אדרבה, נידוי של שני נידוי; והני מילי, שזה השני הוא גברא רבא (אע"פ שאינו נסמך) (מהרי"ק) - ובמהרי"ק נוטה לומר, דאפילו אינו גדול כמותו, ע"ש, **או שאינו ידוע מי הוא, דחיישינן שמא הוא יותר גדול מהמנודה; אבל אם המנדה שלא כדין תלמיד חכם, והאחר אינו תלמיד חכם, לא** - אע"פ שלא למד מעולם לפני המנודה, מהרי"ק שם, **ולכאורה** קשה דהא כתב מהרי"ק שם, דהיינו דוקא למ"ד שצריך שהמתנדה נידהו, אבל להרמב"ם שסובר שהב"ד נזקקין לו לנדותו, לא שנא ת"ח לא שנא ע"ה, כיון שאין זה חייב נידוי, ב"ד חייבים לנדות המנדה, עכ"ד, ומביאו ב"י, **וא"כ** הא לקמן בסעיף מ"ג העתיק המחבר לשון הרמב"ם, **ואפשר** דהמחבר פליג אמהרי"ק בהא, אלא ס"ל כדפירש הרמ"ד דברי הרמב"ם, דלקמן דמיירי בנידה לת"ח דוקא, ומביאו ב"י, **א"נ** ס"ל כהרשב"ץ דלקמן, והכא מיירי באינו רגיל בכך.

הגה: וכ"ה תלמיד נגד רבו לא יוכל לומר: אדרבה, אלא אם נטל רשות מבית דין (מהרי"ק) - כתב מהרי"ק שם, דמדברי תשובת מהר"מ נראה, דאם פשע הרב ונידה בענין שהו"ל לחוש שמא אינו חייב נידוי, אם אמר התלמיד אדרבה, נידויו נידוי, ומביאו ב"י וד"מ.

מי שאמר לחבירו: אל תעשה דבר זה בנידוי, וזה אומר לו: אדרבה, אף על פי שעושה שלא כדין, מכל מקום נידוי השני גם כן אינו כלום, הואיל ולא נידהו סתם, רק שאמר לו שאל יעשה הדבר בנידוי (ב"י בשם תשובת ריב"ש) - (אין זה אלא מזרז - לבוש), **ואפי'** לדעת הרמב"ם שב"ד נזקקין ומנדין אותו, הכא אין נזקקין.

יו"ד סימן שלד סמ"ג - על כ"ד דברים מנדין את האדם, ואלו הן... [כא](כ"ד) המנדה למי שאינו חייב נידוי - ובא לב"ד להתרעם עליו שנידהו שלא כדין, ב"ד מנדין אותו, עכ"ל עט"ז, והוא מב"י, **ומשמע** דכל שלא בא לב"ד לקבול עליו, אין ב"ד נזקקין לנדותו, וכ"כ בעל מגדול עוז, **ובכ"מ** כתוב שהרשב"ץ בתשובה תירץ בשם ר' שם טוב, דהכא מיירי במי שרגיל בכך, שב"ד נזקקין לנדותו, **משמע** דברגיל אפי' אינו קובל עליו הב"ד נזקקין לנדותו - ש"ך.

[**כתוב** בהגהת מיימוני [כב]דוקא שיודע שאינו חייב נידוי, כי הא דר"ל במועד קטן, אבל מורה שנידה שסבור שזה חייב נידוי, וטעה, אין

באר הגולה

יד (ע"פ הגר"א וב"י) | טו סנהדרין משנה וגמרא דף מ"ז. | טז טור מדברי הרמב"ן בסת"ה עובדא כי נח נפשיה דרב הונא ואסקוהו לא"י וכו' במו"ק כ"ה. | יז מו"ק דף י"ז. | יח (ע"פ מהדורת נהרדעא) | יט מו"ק דף י"ז ע"א | כ הר"י בשם הראב"ד מההוא עובדא דר"ל מו"ק דף י"ז. | כא שם מעובדא דר"ל דא"ל אדרבה וכו' אם נתחייבתי לך ממון נידוי מי נתחייבתי לך | כב (לכאורה חולק על מה דמביא הש"ך ממהרי"ק לעיל,

לנדות המורה. וכתב רש"ל, י"א דוקא אם אותו שנידה שלא כדין הוא ת"ח, אבל לא בעם הארץ והמנדה ת"ח, ומההיא דר"ל אין ראיה, דשמא אותו שנידה ר"ל היה גדול ממנו – ט"ז].

אות ה'

נידוהו ואינו יודע מי נידהו, ילך אצל נשיא, ויתיר לו נדויו

רמב"ם פ"ז מהל' תלמוד תורה ה"י - מי שלא ידע מי שנידהו, ילך לו אצל הנשיא ויתיר לו נידויו.

אות ו'

תלמיד חכם שסרח, אין מנדין אותו בפרהסיא

יו"ד סימן שלד סמ"ב - עיין לעיל אות ב'.

אות ז'

תלמיד חכם מנדה לעצמו, ומיפר לעצמו

יו"ד סימן שלד סל"ג - [כג]תלמיד חכם שנידה לעצמו, מתיר לעצמו, [כד]אפילו נידה על דעת פלוני, ואפילו על דבר שחייב עליו נידוי. [כה]ויש מי שאומר שאם היה חייב נידוי אינו יכול להתיר לעצמו. [כו]ויש מי שאומר שאם היה דרך שבועה, אינו יכול להתיר לעצמו.

אות ח'

מימנו אנגידא דצורבא מרבנן ולא מימנו אשמתא

יו"ד סימן שלד סמ"ב - עיין לעיל אות ב'.

באר הגולה

כג מימרא דרב גידל וכו' מו"ק דף י"ז ע"א ‹ופרק קמא דנדרים ז:› דמהתם משמע דציור של המנדה שלא כדין, הוא דוקא כשאינו יודע שאינו חייב נדוי› כד טור בשם הרמב"ם שם בפ"ז הי"א, וכמו שהוכיח הר"ן לגירסא דגרסי שם פשיטא ‹בנדרים שם› כה הר"ן פ"ק דנדרים בשם הרשב"א וכספרים דלא גרסי פשיטא כו טור בשם אביו הרא"ש בתשובה

עין משפט נר מצוה

[מו"ק טז.]

עד א מיי' פ"ז מהלכות יו"ט הלכה יט סמג לאוין עה טוש"ע א"ח סי' תקלא סעי' ד:

עה ב מיי' שם:

עו ג ד ה מיי' פ"ו מהלכות אבל הל' ז טוש"ע י"ד סימן שצט סעיף ג:

עז ו ז מיי' שם ופ"ז מהלכות יו"ט הלכה יח טוש"ע א"ח סימן תקלא סעיף ו וטוש"ע י"ד סימן שצט סעיף ג:

עח ח מיי' פ"ז מהלכות יו"ט ופ"ד מהלכות כלי המקדש הלכה יג:

עט ט מיי' פ"ד מהל' כלי המקדש הלכה ד:

פ י כ מיי' פ"ה מהל' אבל הל' ג טוש"ע י"ד סימן שפט סעיף ג:

פא ל מיי' שם טוש"ע י"ד סימן שפט סעיף א:

פב מ מיי' שם טוש"ע י"ד סי' שצ סעי' ג:

פג נ מיי' שם טוש"ע י"ד סימן שפט סעיף א:

גי' רש"ל מיס

פד ס מיי' פ"ז מהלכות יו"ט הלכה כ טוש"ע א"ח סי' תקלב סעיף א:

[ע"ש ותוס' ריב"ל]

ואחתיה בי קברי וקרי ביה אלפא שפורי בארבעין יומין אזיל עביד הכי פקע כדא ומית אלמא מאי שפורי שנפרעין ממנו מאי תברא אמר רב יצחק בריה דרב יהודה תברי בתי רמי דתניא *אמר רבן שמעון בן גמליאל כל מקום שנתנו חכמים עיניהם או מיתה או עוני: והנזיר והמצורע מטומאתו לטהרתו: בעא מיניה רבי ירמיה מרבי זירא בשלא היה להם פנאי או דלמא אף בשהיה להם פנאי אמר ליה תנינא *כל אלו שאמרו מותרין לגלח במועד בשלא היה להם פנאי אבל היה להם פנאי אסורים נזיר ומצורע אע"פ שהיה להם פנאי מותרים שלא ישהו קרבנותיהן תנא הכהן והאבל מותרין בגילוח האי אבל היכי דמי אילימא שחל שמיני שלו בערב הרגל איבעי ליה לגלוחי בערב הרגל אלא שחל שמיני שלו להיות בשבת ערב הרגל איבעי ליה לגלוחי ערב שבת דאמר רב חסדא אמר רבינא בר שילא *הלכה כאבא שאול ומודים חכמים לאבא שאול בשחל שמיני שלו להיות בשבת ערב הרגל שמותר לגלח בערב שבת לא צריכא ישחל שביעי שלו להיות בשבת ערב הרגל תנא ברא סבר לה כאבא שאול דאמר *מקצת היום ככולו ויום שביעי עולה לו לכאן ולכאן וכיון דשבת הוי אנוס הוא תנא דידן סבר לה כרבנן דאמרי לא אמרינן מקצת היום ככולו ואכתי לא שלים אבילות דשבעה האי כהן היכי דמי אילימא דשלים משמרתו ערב הרגל איבעי ליה לגלוחי ערב הרגל לא צריכא דשלים משמרתו ברגל תנא דידן סבר כיון *דתנן בשלשה פרקים בשנה היו כל המשמרות שוות באימורי הרגלים ובחילוק לחם הפנים כמאן דלא שלים משמרתו ברגל דמי ותנא ברא סבר אע"ג דשייך בהנך משמרות משמרתיה מידא שלימא ליה תנו רבנן *כל אלו שאמרו מותרין לגלח במועד מותרין לגלח בימי אבלן והתניא אסורים אמר רב חסדא אמר רב שילא כי תניא הכא מותרין בשתכפוהו אבליו אי בשתכפוהו אבליו מאי איריא כל אלו שאמרו אפי' כולי עלמא נמי דתניא *תכפוהו אבליו זה אחר זה הכביד שערו מיקל בתער ומכבס כסותו במים הא אתמר עלה אמר רב חסדא בתער ולא במספרים במים ולא בנתר ולא באהל אמר רב חסדא זאת אומרת *אבל אסור בתכבוסת ת"ר *כשם שאמרו אסור לגלח במועד כך אסור ליטול צפורנים במועד דברי ר' יהודה ורבי יוסי מתיר וכשם שאמרו אבל אסור לגלח בימי אבלו כך אסור ליטול צפורנים בימי אבלו דברי רבי יהודה ורבי יוסי מתיר אמר עולא הלכה כרבי יהודה באבל והלכה כרבי יוסי במועד שמואל אמר הלכה

תוספות

שלא ישהו קרבנותיהן · אע"ג דתגלחת דנזיר לא מעכבא *מכל מקום רגיל הוא לגלח דמצוה הוא לגלח ולשלוח שערו תחת הדוד: **כשחל** שמיני בשבת · כגון שמע שמועה בשבת דקבורתו לא היה בשבת ובירושלמי מוקי לה כשנגררו חיה ונתייאשו לבקש דמונין לו משעה שנתייאשו: **ותנא** דידן סבר לה כרבנן · ואין להקשות מ"מ יגלח ע"ש כמו חל שבעה שלו בערב שבת ערב הרגל דשרו רבנן לגלח ואע"ג דלית להו מקצת היום ככולו באבילות דהתם נשלם האבילות קודם יו"ט אע"ג דמגלח קודם שנשלם דהא לית להו מקצת היום ככולו באבילות והכא מיהא אית להו משום כבוד יו"ט דאשכחן (יומא דף ו:) בזב וזבה דהויא מקצת היום ככולו אבל כשיש עדיין ימי אבילות לא אבל קימה (ג) דהיכי אסרינן מהאי דלא תני מתניתין האבל והכהן מותרים לגלח משום דלית ליה פנאי והא מיבעיא לעיל (דף יד.) באבדה לו אבידה ולא פשיט מדלא תני לה *דאיכא למימר תנא ושייר כמו כן הכי תני ושייר ויש לומר כיון דאשכחנא פלוגתא דאבא שאול ורבנן באבל אית לן למימר דתנא דמתני' ובריייתא בהכי פליגי וכיון דבאבל פליגי בכהן נמי פליגי: **זאת** אומרת אבל אסור בתכבוסת · וא"ת פשיטא דהא אפי' שאר מלאכות אסור וי"ל משום דקתני לקמן (דף כא.) אלו דברים שאבל אסור בהן ולא קתני תכבוסת אי נמי תכבוסת (*חייב) קאמר: ה"ג **ושמואל** אמר הלכה כר' יוסי בזו ובזו דאמר שמואל הלכה כדברי המיקל באבל · וא"ת בעירובין (דף מו. ושם) דאמר *שמואל הלכה כדברי המיקל בעירוב ואמר נמי הלכה כרבי יוחנן בן נורי ומקשה התם תרתי למה לי (ג) כו' וי"ל אילטריך הכא לאפוקי מדעולא וא"ת וכיון דאית ליה לשמואל רבי יהודה ור' יוסי הלכה כרבי יוסי כדאמרינן פרק מי שהוציאוהו (שם:) למה ליה למימר הכא הלכה כרבי יוסי וי"ל לאפוקי מדעולא ואעולא לא קשיא מידי מהתם דאיכא לאוקמי אתמר כדאמר התם:

רש"י

ולפסיק בכדא · תקע בתוך הכד ולא ישמעו : **בי קברי** · דלא שכיחי תמן אינשי : **וקרי ביה** · כלומר תקע ביה אלפין שיפורי : **מאי שפורי** · למה תוקעין תקיעה ושברים : **תברי בתי רמי** · כלומר שמחה משבר בתים גבוהים : **בשלא היה להם פנאי** · דדוקא נקט שלא מטומאתם ברגל לפיכך מגלחין שלא היה להן פנאי לגלח דעדיין לא עלו מטומאתן : **או דלמא אע"פ שהיה להם פנאי** · ולא גילחו קודם המועד מותרים לגלח במועד : **שלא ישהו קרבנותיהן** · בהגלחתן עד לאחר הרגל דנזיר ומצורע אין מביאין קרבנותיהן עד לאחר גילוח כדכתיב בהו קראי הלכך לא קנסינן להו דלא עבדי מקמי רגל דזימנין דלא עביד קמי רגל (א) ומיאחרי להו מועד נמצא משהין הקרבנות ואין קריבין ביום השמיני בזמנן לפיכך אמרו מגלח במועד דמוטב לקרב זמן הקרבה ולא לאחר: **איבעי ליה לגלוחי ערב הרגל** · דתנן מתניתין (לקמן דף יט.) הקובר מתו שלשה ימים קודם הרגל בטלו ממנו גזרת ל' יום ומותר בגילוח הואיל וכבר התחיל יום אחד מן השלשים וזה הואיל ולא גילח ערב הרגל לא יגלח ברגל : **בשבת ערב הרגל** · והוי אנוס דלא מצי לגלח בשמיני ערב הרגל להכי מגלח ברגל : **איבעי ליה לגלוחי ערב שבת** · שהוא שביעי: **הלכה כאבא שאול** · דאפילו לא קבר אלא שבעה ימים קודם הרגל בטלה ממנו גזרת שלשים : **ומודים חכמים לאבא שאול** · אע"ג דבעו שמונה : **בשחל שמיני להיות בשבת ערב הרגל** · דהוי אנוס : **שמותר לגלח בערב שבת** · שהוא שביעי : **תנא ברא דברייתא** · דתני אבל מגלח במועד : **סבר כאבא שאול** · דיום שביעי עולה לכאן ולכאן לשבעה ולשלשים וכיון דכבר התחילו שלשים איבעי ליה לגלוחי קודם הרגל אלא דשבת הוי ואנוס הוא להכי מגלח במועד : **ותנא דידן** · דתני אלו מגלחין ברגל ולא אבל : **סבר כרבנן דאמרי לא אמרינן מקצת היום ככולו** · אלא שבעה שלימין בעינן ואכתי לא שלים אבילות דשבעה קודם הרגל ולא הוי אנוס דאפי' לא הוי שבת לא מצי לגלח להכי אינו מגלח במועד: **דשלים משמרתו ערב הרגל** · בשבת דלעולם לא שלמה משמרה אלא בשבת : **איבעי ליה לגלוחי ערב הרגל** · כלומר בערב שבת שהוא ערב הרגל דהא אמרינן (לעיל דף יד.) אנשי משמר אסורין לגלח ובחמישי מותרין מפני כבוד השבת : **דשלים משמרתו ברגל** · כגון דהוי יום חמישי יום ראשון של רגל דלא מצי לגלח דהוי י"ט ושלים משמרתו בשבת שהוא יום שלישי לרגל : **תנא דידן** · דאמר אינו מגלח במועד : **סבר כיון דתנן בשלשה** רגלים · בשלשה רגלים היו כל המשמרות שוין אלמא כמאן דלא שלים משמרתו דמי ועדיין יש לו חלק באימורי רגלים ולא שלים משמרתו בכל הרגל להכי אינו מגלח ברגל כדקתני אנשי משמר אסורין לגלח : **ותנא ברא** · דאמר מותרין לגלח : **אע"ג דשייך בהנך משמרות** · [שלים] עיקר משמרתיה דידיה להכי מותר בגילוח · הא דתני תכפוהו אבליו מיקל בתער ולא במספרים וקתני בריייתא דכל הני שמותרין לגלח במועד מותרין לגלח בימי אבלו כשתכפוהו אבליו ומגלח במספרים: **הא אתמר עלה** · מדתני תכפוהו אבליו מכבס כסותו מכלל דשאר אבל אסור בתכבוסת:

הלכה

מסורת הש"ס

חגיגה ה: נדרים ז: ע"ש

סוטה טו:

לקמן יט:

[לעיל טז. פסחים ד. וש"נ]

סוכה נה:

[לעיל יד. תוספתא פ"ב]

תענית יג.

[לעיל טו.]

[תוספתא פ"ב]

רבינו חננאל

[illegible]

הגהות הב"ח [illegible]

גליון הש"ס [illegible]

§ מסכת מועד קטן דף יז: §

אות א'

כל אלו שאמרו מותרין לגלח במועד, בשלא היה להם פנאי

סימן תקלא ס"ד - [א]ואלו מגלחין במועד; מי שיצא מבית השביה ולא היה לו פנאי לגלח קודם המועד - כגון שיצא בתוך המועד, או אפילו בעיו"ט סמוך לחשיכה, שלא היה לו שהות לגלח מבעוד יום.

אות ב'

נזיר ומצורע, אף על פי שהיה להם פנאי, מותרים וכו'

רמב"ם פ"ז מהל' יו"ט הי"ט - וכולן שהיה להן פנאי לגלח קודם הרגל ולא גלחו, אסורין; אבל הנזיר והמצורע שהגיע זמן תגלחתן בין בתוך המועד בין קודם הרגל, אף על פי שהיה להם פנאי, מותרין לגלח במועד, שלא ישהו קרבנותיהן; [ב]וכל היוצא מטומאתו לטהרתו מותר לגלח במועד.

אות ג' - ד' - ה'

איבעי ליה לגלוחי בערב הרגל

איבעי ליה לגלוחי ערב שבת

הלכה כאבא שאול

יו"ד סימן שצט ס"ג - [ג]אם קבר את מתו שבעה ימים קודם הרגל, ונהג בהם גזירת שבעה, הרגל מבטל ממנו גזירת שלשים, [ד]אפילו חל יום שביעי בערב הרגל, דמקצת היום ככולו ועולה לכאן ולכאן, ומותר לכבס ולרחוץ ולספר בערב הרגל - כלומר דאע"ג דתספורת נוהג כל ל', וכדלעיל ר"ס ש"צ, הכא בטל ממנו גזרת ל' - ש"ך.

ולרחוץ - ‹וקשה לי, הא רחיצה בלא"ה מותר ביום ז', דרחיצה אין אסור כ"א בז' ימי אבילות, אלא דהרמ"א כתב לעיל סי' שפ"א דמצד מנהג אסור, וצ"ע - רעק"א.

הגה: סמוך לחשיכה (טור) - מה שנרשם כאן טור, הוא טעות, דבטור לא כתב כ"א ע"ש ריב"א, אלא דבחל יום א' דאבילות או יום ו' בערב הרגל, דמותר דוקא סמוך לחשכה, **אבל** נ"ל שהוא מהגהת אשר"י שהביא הב"י באו"ח סי' תקמ"ח, וז"ל, אפי' חל יום ח' או יום ט' בערב הרגל, צריך להמתין עד סמוך ללילה, שאז ניכר שבשביל הרגל הותר, כ"כ ראבי"ה ע"כ - ש"ך.

‹**ואינו** מובן הטעם מה שהצריך דוקא סמוך לחשיכה, והרי כיון דהרגל מבטל ממנו גזירת שלשים, ולכן התירו לו לגלח ולכבס ערב הרגל, א"כ מה לי סמוך לחשיכה או קודם לו, ובאמת מדברי רבינו הב"י מבואר להדיא דכל היום מותר ע"ש, **וראיתי** ש"ך שכתב דטעמו כדי שיהא ניכר שעושה כן בשביל הרגל, **מיהו** הרמ"א וודאי לא נתכוין לזה, שהרי נראה מדבריו דהוא לא כתב זה רק על אם חל שביעי בערב הרגל, ואי מטעם זה, גם בח' וט' הדין כן כמ"ש ראבי"ה, **ונ"ל** דמהטור הוציא דין זה, שכתב וז"ל, אפילו אם חל יום ז' בערב הרגל דמקצת היום ככולו, ועולה תחלתו לסוף ז' וסופו עולה ליום ל', עכ"ל, **דקדק** לומר דסופו עולה לשלשים, ולכן פסק סמוך לחשכה דוקא, אבל בח' או בט' מותר כל היום, **ולא** חייש לטעמא דראבי"ה, דאין לנו לחדש גזירות מעצמנו, **ולפי"ז** אתי שפיר מה שנרשם בשו"ע על דין זה מקורו מהטור - ערוה"ש›.

ובערב פסח מותר בכל אחר חצות, דהיינו מזמן שחיטת הפסח ואילך - זה הוציא הרב מתשובת מהר"י מינץ, וצ"ע דאדרבה משמע שם דע"פ שוה לכל ערב יום טוב לענין כיבוס ורחיצה, דלא הותר אלא סמוך לחשיכה, **וראיתי** בב"ח שהעתיק דברי הרב והשמיט הא דבערב פסח מותר בכל, וצ"ע - ש"ך.

‹**ולפי** דברינו לעיל אתי שפיר, מה דבע"פ התיר אחר חצות, דכיון שהוא זמן שחיטת הפסח, הוי אותה שעה כיו"ט ומבטל הל', ולא סוף היום, **ודעתו** דנפשיה קאמר, וזה אינו מהר"י מינ"ץ, אלא לפי מה שדקדק מהטור - ערוה"ש›.

ועדיף שיגלח קודם חצות, הואיל ואחרים אסורים לגלח אחר חצות (תשו' ר"י מינץ) - דאין עושין מלאכה בערב פסח אחר חצות, וא"כ יצטרך לגלח על ידי עצמו, להכי עדיף טפי קודם חצות, וכן הוא בתשובת מהר"י מינץ שם, **ודלא** כהעט"ז שכתב: הואיל ואחרים הרבה נהגו איסור לגלח אחר חצות, גם הוא ינהוג איסור כו' - ש"ך.

[ה]וכן אם חל שמיני בשבת שבערב הרגל, מותר לכבס ולרחוץ ולספר בערב שבת - (עבה"ט של הרב מהרי"ט ז"ל שכתב בשם שבו"י, דמ"מ אסור בלבישת לבנים ובגדי שבת וחזרת מקומו, ודלא כבה"י שמקיל בזה, ע"ש, **ועיין** בס' בית לחם יהודה שכתב כדעת הבה"י ולא כהשבו"י, ועיין בתשו' תשואת חן שהעלה ג"כ הכי, אך לא מטעמיה ע"ש, **ועיין** בשע"ת באו"ח שם שכתב ג"כ, דהמורה להקל אינו שגגת הוראה, כי יש לו על מה לסמוך, כי גם הב"ח בתשובת החדשות מתיר בזה, **ואפשר** דאי חזי השבו"י דברי הב"ח היה מבטל דעתו והיה מורה הלכה כבה"י, **ומ"מ** לענין לבישת בגדי שבת נראה להחמיר אם הם חדשים ועדיין גיהוצין ניכר הרבה, **ואם** אין לו אחרים אפשר שיש להקל גם בזה, עב"ד - פת"ש).

ואם לא גילח בערב יום טוב או בערב שבת, מותר לגלח אחר הרגל, שכבר נתבטל ממנו גזירת שלשים; אבל בחוה"מ לא יגלח, כיון שהיה אפשר לו לגלח קודם הרגל.

ואם חל שביעי שלו בשבת ערב הרגל, אסור לגלח בערב שבת, ומותר לגלח אחר הרגל, [ו]וכן בחול המועד, כיון שלא היה יכול לגלח קודם הרגל.

באר הגולה

א משנה שם י"ג וי"ד | ב ‹עיין בדברי המגיד משנה הובא בדף י"ד. בהערות› | ג ברייתא שם י"ט: | ד שם וכאבא שאול דאיפסקא הלכתא שם בגמ' כותיה | ה שם גם אליבא דחכמים | ו ברייתא וכדמפרש לה בגמ' שם דף י"ז:

[ז]סימן תקמח ס"ח - [ח]אם נהג שבעה ופגע בו הרגל, מבטל ממנו גזירת ל', [ט]אפילו חל יום שבעה בערב הרגל - דקיי"ל מקצת היום ככולו לענין אבילות, לפיכך יום שביעי עולה לו לכאן ולכאן, תחלת יום השביעי הוא תשלום השבעה, ואח"כ מתחיל יום שמיני, דהוא נחשב מהתחלת שלשים, **וכיון** דהתחיל יום אחד מן השלשים, א"צ לשמור תו כלום לאחר הרגל מן השלשים, דבא הרגל ומפסיקו, **ויותר** מזה, דאפילו בזה היום גופא **מותר לספר ולכבס** - אפילו בגיהוץ, **בערב הרגל** - משום כבוד הרגל.

הגה: וה"ה הרחיצה, לדידן דנוהגין איסור רחיצה כל ל' - ר"ל אף לדידן דבעלמא נוהגין איסור רחיצה כל ל', מ"מ בענינינו אינו חמור מתספורת, **ומותר לרחוץ** - אפילו בחמין, **סמוך לערב** - דהיינו אחר תפלת המנחה, כדי שיהיה ניכר שהוא משום כבוד הרגל, **וזה** הדין הוא אפי' אם חל יום ח' או ט' בערב הרגל, [**הוא** דעת הג' אשרי בשם ראבי"ה, ומה שציינו ברמ"א בשם מרדכי אינו מדויק, דלא נמצא שם באופן זה].

ודוקא בכל עיו"ט, אבל בע"פ מותר בכל אחר חצות, דהיינו מזמן שחיטת הפסח ואילך, דאז הוא יו"ט דאסור במלאכה, ולכן מותר ברחיצה אחר חצות תיכף, וכן בכיבוס, **אבל** לגלח מותר אפילו קודם חצות, כיון דאחר אסור לו לגלח אחר חצות, כדאיתא בהלכות פסח, ‹כהעט"ז מובא בש"ך לעיל›.

וא"צ להמתין עד הלילה (הגה"מ ומרדכי והג"א) - קאי ארחיצה, דאלו תספורת וכביסה בלילה אסור, ובודאי צריך לעשות סמוך לערב, דהיינו אחר תפלת המנחה וכדלקמיה, [**ואף** דרחיצה בחמין אסור ביו"ט בלילה, מ"מ יצוייר כמה פרטים דמותר, כגון שהוחמו מעיו"ט, דלדעת המחבר מותר לרחוץ בזה, **ואף** לדעת הרמ"א אינו אסור רק כל גופו כאחד, אבל לא אבר אבר]. ‹פי' וירחץ בצונן – באה"ג›.

[**והנה** המחבר בס"י משמע, דדי במה שעושה זה אחר חצות, **ואין** לומר דכוונת הרמ"א משום דרחיצה אפשר בלילה לפיכך החמיר טפי, דהמעיין ביו"ד סי' שצ"ט ס"ג בהג"ה יראה דרמ"א החמיר גם בכיבוס ותספורת, **ובשעת** הדחק אפשר דיש לסמוך להקל כדעת המחבר, **ומלשון** המחבר משמע דבעניננו מיקל טפי, שא"צ להמתין עד אחר חצות, ודיינו שנחמיר בזה כמו בס"י].

‹**לדעת רמ"א** שהחמיר דוקא סמוך לערב, לאו דוקא לענין רחיצה, דה"ה לענין לספר ולכבס. **ודע** דמש"כ הרמ"א סמוך לערב, היינו לדעה הראשונה המובאה בס"י, שס"ל שם עד הלילה, כאן מותר סמוך לערב, דאלו להיש מתירין שם, כאן מותר אף קודם חצות›.

ואין צ"ל אם חל יום ח' להיות בשבת ערב הרגל, שמותר לספר בערב שבת – ‹וכן לכבס ולרחוץ, ונקט לישנא "ואצ"ל", משום דכששלמו לו ח' ימים קודם הרגל, בודאי פשיטא דהרגל מבטל גזירת ל', ומותר להסתפר בו ביום, וזה שחל יום ח' שלו בשבת שא"א לו לספר, ומוכרח לעשות זה בע"ש, חשיב כאלו היום יום השמיני, כן משמע בגמרא, ונראה דבזה א"צ להמתין עד אחר תפלת המנחה, ושאני לעיל דצריך שיהא ניכר שהוא משום כבוד הרגל, משא"כ הכא›.

[י]ואם לא גילח בערב הרגל, מותר לגלח אחר הרגל, שהרי כבר נתבטל ממנו גזירת ל'; אבל בתוך הרגל לא יגלח, כיון שהיה אפשר לו לגלח קודם הרגל - פשוט דה"ה לענין כיבוס.

[יא]ואם חל יום שבעה שלו בשבת ערב הרגל, מותר לגלח בחול המועד, כיון שלא היה אפשר לו לגלח קודם.

אות ו' – ז'

שחל שביעי שלו להיות בשבת ערב הרגל

מקצת היום ככולו, ויום שביעי עולה לו לכאן ולכאן

סימן תקלא ס"ז - [יב]אבל שחל שביעי שלו בשבת ערב הרגל, מותר לגלח בחוה"מ - דהרי לא היה יכול לגלחו ערב הרגל.

הגה: מי שהמיר דתו וחזר בתשובה, ודרכו לגלח - פי' במקום שנוהגין שבעלי תשובה מגלחין, דעבודת גילולים דמי למת ולמצורע שטעון גילוח, **מותר לגלח במועד (תה"ד)** - ואפילו חזר בתשובה קודם הרגל, והיה יכול לגלח מקודם, אפ"ה שרי בדיעבד, שהרי אין מצרפין אותו לכל דבר שבקדושה עד שיגלח.

יו"ד סימן שצט ס"ג - עיין לעיל אות ג'-ד'-ה'.

אות ח'

דשלים משמרתו ברגל

רמב"ם פ"ז מהל' יו"ט הי"ט - ואנשי משמר ששלמה משמרתן בתוך המועד, מותרין לגלח, מפני שאנשי משמר אסורין לגלח בשבת שלהן.

רמב"ם פ"א מהל' ביאת המקדש הי"ג - [יג]מי ששלמה משמרתו בתוך הרגל, מותר לגלח ברגל; אבל אם שלמה בערב הרגל, אינו מגלח אלא בערב הרגל.

אות ט'

בשלשה פרקים בשנה היו כל המשמרות שוות וכו'

רמב"ם פ"ד מהל' כלי המקדש ה"ד - ומצות עשה להיות כל המשמרות שוים ברגלים, וכל שיבא מן הכהנים ברגל ורצה לעבוד, עובד וחולק עמהם, ואין אומרין לו: לך עד שיגיע משמרך, שנאמר: וכי יבא הלוי מאחד שעריך וגו'.

באר הגולה

ז ‹ע"פ מהדורת נהרדעא› ח שם במשנה ט שם בגמ' וכאבא שאול י שם ‹י"ט› בברייתא וכאבא שאול יא שם בברייתא בגמ' כאבא שאול יב ברייתא וגמ' שם י"ז יג ‹ברייתא שם, ואמרינן התם דתנא דמתניתין פליג, ואכ"ל יש לתמוה על רבינו, למה פסק דלא כוותיה, [וכן לענין אבילות כשחל יום ז' בשבת ערב רגל, פסק דלא כוותיה, וכדמבואר בשו"ע לעיל], ואפשר שטעמו, מדחזינן דאייתי בגמ' האי ברייתא ומפרש טעמה – כסף משנה›

רמב"ם פ"ד מהל' כלי המקדש ה"ה - בד"א בקרבנות הרגלים ובחילוק לחם הפנים ובחילוק שתי הלחם של עצרת; אבל נדרים ונדבות ותמידין אין מקריבין אותן אלא משמר שזמנו קבוע, ואפילו ברגל, שנאמר: חלק כחלק יאכלו לבד ממכריו על האבות, כלומר חלק כחלק יאכלו בקרבנות הצבור, ואין חלק כחלק בשאר הדברים, שכבר חלקו אותם האבות וקבעום כל משמר ומשמר בשבתו.

אות י' - כ'

כי תניא הכא מותרין, בשתכפוהו אבליו

תכפוהו אבליו זה אחר זה, הכביד שערו מיקל בתער

יו"ד סימן שצ ס"ג - [יד]כל אותם שאמרו מותר לגלח בחוה"מ, אם אירעו אחד מאלו קודם האבילות, ונכנס מיד תוך האבל, אסור לגלח; אבל אם אירעו אחד מאלו, ותכפוהו מיד שני אבלות זה אחר זה, [טו]מגלח כדרכו, בין בתער בין במספרים, ואפילו תוך שבעה. ואדם אחר שתכפוהו אביליו זה אחר זה, מיקל שערו בתער אבל לא במספרים - ‹מפני שיש יפוי יותר במספרים מבתער, לפיכך לא יעשה אלא בתער שאינו כל כך יפוי, **ועוד** שעיקר גילוח של בריות הוא במספרים, לפיכך אבל יעשה על ידי שינוי, ותער הוי שינוי, לפיכך התירו לו בתער, **מיהו** גם זה לא יעשה אלא בשינוי - לבוש›. ‹**דהיא** מיקל, ר"ל שחותך קצת מהשערות, ומניח תוך לראש קצת - תפארת למשה›. **(ובלבד שיעשנו בצינעא) (ב"י בשם הרמב"ן).**

אות ל'

ומכבס כסותו במים

יו"ד סימן שפט ס"א - [טז]וכן כל אותן ששנינו שמותר לכבסן במועד, כגון היוצא מבית השביה ומבית האסורים, והמנודה שהתירו לו חכמים, והנשאל לחכם והותר, והבא ממדינת הים שהלך להרויח - לאפוקי לטיול, **ולא היה לו פנאי לגלח** - והוא הדין כאן לכבס - ש"ך, **אסורים בימי אבלו, [יז]שאם אירעו אחד מהם קודם האבלות, ונכנס מיד לתוך האבלות, אסור לכבס; [יח]אלא אם כן אירעו אחד מהם ותכפוהו מיד שני אבלות זה אחר זה, אז מותר [יט]לכבס אף בנתר וחול ואפילו תוך שבעה, ובלבד שיעשנו בצינעא בתוך ביתו. ואחר שתכפוהו אביליו זה אחר זה, מכבס במים אבל לא בנתר ואהל.**

(עיין בתשו' פנים מאירות, שכתב במי שתכפוהו אבילות, מותר ללבוש לשבת בגד מכובס באפר ומים אף תוך שבעה, באופן שאדם אחר ילבוש תחלה שעה אחת, ע"ש - פת"ש).

[כ]יו"ד סימן שפא ס"ד - [כא]מי שתכפוהו אביליו, שאירעו שני אבילות זה אחר זה, מותר לרחוץ כל גופו בצונן - ‹והיינו בגמר שבעה דאבלות הראשון. **ויראה** לי דה"ה בגמר שלשים להראשון יכול לרחוץ כל גופו בחמין, דאם ברחיצת צונן דז' שאסור מדינא התירו לו, כ"ש בחמין דל' דאינו אלא מנהג שהוא מותר בזה - ערוה"ש›.

אות מ'

בתער ולא במספרים

יו"ד סימן שצ ס"ג - עיין לעיל אות י' - כ'.

אות נ'

במים ולא בנתר ולא באהל

יו"ד סימן שפט ס"א - עיין לעיל אות ל'.

אות ס'

ליטול צפורנים במועד... ורבי יוסי מתיר

סימן תקלב ס"א - [כב]מותר ליטול צפרנים בין דיד בין דרגל - (ר"ל אפילו דרגל דלא מאיס אם יתגדל, ג"כ מותר), **אפילו במספרים** - וכ"ש בסכין או ביד ובשיניו דמותר.

הגה: אבל יש מחמירין ואוסרים - [כג]דסוברין דבזה שייך ג"כ הטעם, כדי שלא יכנס למועד כשהוא מנוול, ויחתכם בערב הרגל, **וכל** הני דמותרין לגלח הנ"ל בסימן תקל"א, מותרין ליטול צפרנים, **ואם** נטלן מערב יו"ט, מותר ליטלן בחוה"מ, דהא יש מתירין לעולם כשגילח מעיו"ט, ואף דאנן לא קיי"ל כן כנ"ל בסימן תקל"א ס"ב, מ"מ לענין זה, דיש בלא"ה הרבה דעות להקל, אין להחמיר.

וכן הוא המנהג להחמיר שלא ליטלן, בין [כד]בסכין בין במספרים - אבל בידיו או בשיניו מותר. **הנוטל** צפרניו בשיניו אין בהן משום מיאוס, גמרא. **אם לא לצורך מצות טבילה, שנוטלן כדרכן בחול (סמ"ק ותוס')** - ר"ל אפילו ע"י עצמן, וא"צ ע"י נכרית כמו לענין אשה שהיא אבלה, מאחר שיש מתירין בכל ענין.

[כה]סימן תקלב ס"ב - [כו]כל רפואה מותר בחול המועד - היינו שמותר לעשות אפילו מלאכה גמורה לצורך רפואה, ואפילו לחולה שאין בו סכנה, **הא** ביו"ט אסור אפילו לשתות דבר שהוא משום רפואה, גזירה אטו שחיקת סממנים.

באר הגולה

יד בברייתות שם דף י"ז: וכדמשני רב חסדא וכו' שם טו רמב"ן בסת"ה, ויליף לה מדתני בההיא ברייתא נמי ומכבס כסותו, וההיא ע"כ תוך ז' היא, דאחר ז' אין אסור בכיבוס טז הרא"ש שם בפסקיו בשם הראב"ד בסת"ה בשם חכמי צרפת שם, מהא דתניא כל אלו שאמרו מותרים לגלח במועד אסורין לגלח בימי אבלו, שם דף י"ז: וה"ה לכיבוס יז מהך ברייתא דלעיל, דה"ה לכיבוס, וכ"כ התוס' שם יח כאוקימתא דרב חסדא וכו' שם יט כדמשני רב חסדא הא דמקשי מברייתא דתכפוהו אבליו כ ‹מילואים› כא אוקימתא דגמ' תענית דף י"ג ע"א וע"ב כב ברייתא מו"ק י"ז וכרבי יוסי, טור בשם הרי"ף ורא"ש ‹אמר רב חייא בר אשי א"ר ובגנוסטרי אסור, וכתבו הרי"ף והרא"ש, וה"מ בימי אבלו, אבל במועד אפילו בגנוסטרי מותר, ואיכא מ"ד דבגנוסטרי אסור, ואנן לא סבירא לן הכי, וכן כתב הרמב"ם - ב"י› כג ‹והגם דזהו שיטת רבי יהודה דפסק הגמ' דלא כוותיה, עיין בגר"א, דרק על מספרים מחמירין, דס"ל דאיסור גנוסטרי קאי גם על חוה"מ› כד ‹עיין רש"י ד"ה גינוסטרי כו', ותוס' ד"ה ובגינוסטרא פי' בערוך כו', וה"ה לסכין עכשיו שדרך ליטלן בסכין, וז"ל הגהת סמ"ק: וכן עיקר דבעינן שינוי, כמ"ש ובגנוסטרא אסור, פי' במספרים, ופי' ר' ברוך דה"ה בסכין, שכן דרך ליטלן בסכין - גר"א› כה ‹מילואים› כו תוספתא, כתבוה הרי"ף ורא"ש בפ"ק דמו"ק

§ מסכת מועד קטן דף יח. §

אות א׳ - ב׳

הלכה כרבי יוסי במועד ובאבל ובגנוסטרא אסור

יו"ד סימן שצ ס"ז - [א]**כשם שאסור לגלח כל שלשים יום, כך אסור ליטול [ב]צפרנים [ג]בכלי** - ‹בין בשל ידים בין של רגלים כלל, שכן דרך ליטלן בכלי, ויש בו משום יפוי - לבוש›. **אבל בידיו או בשיניו, מותר, [ד]אפי׳ תוך שבעה** - ‹ע"י שינוי, שאין כאן לא תענוג ולא שמחה - לבוש›. ‹**בנטילת** צפרנים משמע דלא צריך גערה, הלק"ט - רעק"א›.

[ה]**ואשה שאירע טבילתה אחר שבעה תוך שלשים, אם תטול צפרניה בידיה או בשיניה אינה נוטלת יפה, אלא תאמר לעובדת כוכבים ליטלם בתער או במספרים. הגה: ולאו דוקא עובד כוכבים, אלא הוא הדין ישראלית, וסרכא לישנא דחול המועד נקט (דעת עצמו)** - ולפעד"נ דדוקא נקט עובדת כוכבים, דאלת"ה א"כ אפילו לאיש לשתרי לגלח או ליטול צפרניו על ידי ישראל אחר, אלא ודאי כיון דשלוחו הוא אסור, וא"כ אמאי שרי באשה טפי בשלוחה מבהיא עצמה, **וגם** דוחק לומר דסרכא דלישנא דחוה"מ נקט, דהא המחבר ס"ל באו"ח סי׳ תקל"ב, דמותר ליטול צפרניו בחוה"מ, **אלא** דהגמי"י ס"ל דאסור ליטול צפרניו בחוה"מ, וקאמר דעל ידי עובד כוכבים מותר, דאמירה לעובד כוכבים שבות, ובמקום מצוה לא גזור, **ואם** כן ה"ה באבל, דהא קי"ל אמירה לעובדי כוכבים שבות אפילו בדבר שאינו של שבת, וכדלעיל הלכות כלאי בהמה סי׳ רצ"ז ס"ד, וא"כ הכא דוקא לעובד כוכבים שרי, דאמירה לעובד כוכבים לא אסור אלא משום שבות, ובמקום מצוה לא גזרו, **אבל** לישראל אסור, ודו"ק - ש"ך.

[**תמוה לי**, דאם יש איסור ליטול בעצמה, ודאי גם ע"י ישראלית אסור, דיש משום לפני עור וגו׳, **אבל נראה לי**, שהוצרכו ליטול ע"י ישראלית כדי שיהיה ע"י שינוי, כמ"ש בסמוך, דאילו בידיה או בשיניה אי אפשר לה להסירם היטב כפי הצורך לטבילה]. **זה אינו**, דע"י ישראלית לא הוי שינוי, דא"כ למה אמרו בש"ס ופוסקים ליטלם בידו או בשנוי, הו"ל לומר ע"י אחר, אלא ודאי אין זה שינוי, דכן הוא הרגילות שאחר נוטל צפרניו של חבירו, אלא הנכון כמ"ש בש"ך ודוק - נקה"כ. [**אבל** תימה לי על בעל השו"ע, שהרי פסק בסעיף ה׳, אשה מותרת בנטילת שער אחר ז׳, והיינו כרי"ף ורמב"ם וכמו שכ׳ ב"י, ולמה לא תהיה מותרת כאן ליטול צפרניה ע"י עצמה בלא שינוי, והלא צפרנים אינם חמורים משער]. **לא** קשה מידי, דהכא כיון שאפשר ע"י שינוי לא התיר אלא בשינוי, דכל מה דאפשר לתקן עדיף - נקה"כ. [**ועוד קשיא אפי׳** לדעת רמ"א, והלא בסי׳ שצ"ג ס"ג התירו ליטול צפרנים בשביל למול, ולמה לא נתיר בשביל טבילת מצוה לכולי עלמא]. **לק"מ**, דהתם קאמר מותר לו לתקן צפרנים ולגלחם לצורך המילה, והתם אין כוונתו משום נוי, רק מתקן שתי צפרני אגודל שיש בהם צורך מילה כשהן משופעים ומחודדים, ומתקנן בצדיהן כדי שיהיו מחודדים לצורך הפריעה, וקי"ל - נקה"כ. [**ולא** ראינו נשים נוהגות כן ליטול צפרנים על ידי אחר תוך שלשים - ט"ז]. ‹**דהעיקר**, דגם ע"י ישראלית מותר, ואפילו בעצמה מותרת ליטול אם תטלם יותר יפה, כהט"ז **וכמדומני** שכן המנהג - ערוה"ש›.

אות ג׳

אף בקשו ממנו שפה והתיר להם

סימן תקלא ס"ח - [י]**כל אדם מותר ליטול שפה בחול המועד. הגה: אפילו בפרהסיא** - בין במספרים ובין בתער, ואפילו איננה מעכבת האכילה, [**דע"י** גידול שפה לא יהיה מנוול, וע"כ לא הכריחוהו לגלחו מעיו"ט, **ומ"מ** צ"ל דזה נקרא יפוי ותיקון הגוף וצורך המועד, דאל"ה יהיה אסור מטעם מלאכת גוזז בחוה"מ, **וממ"א** משמע, דלא אסרו כי אם בגילוח הראש, אבל שאר איברים מותר לספר, וצע"ק].

ומי שיש לו שחין בראשו, מותר לגלח השער אפי׳ בתער, ח"א, (**עיין במ"א** שהוכיח, **דמקום מכה שעל היד, אפי׳ כשאינו נוגע לפיקו"נ, מותר להעביר השער, ועיין במה"ש, ומשמע לכאורה מיניה, דאם היה זה בראשו, אסור להעביר השער, ועיין בח"א שהביא ראיה מתוספתא, דאפי׳ בראשו** מותר, דז"ל שם, מי שעלתה לו מכה בראשו, מותר להסתפר במועד, **ולפי** מה שמפרש שם במנחת ביכורים, כונת הברייתא הוא היכי דנתרפא במועד, ולכן מותר מפני שלא היה יכול לגלח מקודם מחמת המכה, **וא"כ** אין שום ראיה לדברי הח"א, **ועכ"פ** היכי שהיה יכול להעביר השער קודם יו"ט, אפשר שאין להקל בשחין שבראשו, **והיכא** שיש לו שחין בראשו ומצטער כל גופו עי"ז, חשוב כחולה, ומותר לעשות לו רפואה).

ומותר להקיז דם, שקורין קע"פ זעצין, (**ואפשר דמיירי** באופן שאין צריך לגלח השער מקודם, או דמיירי שנתהוה לו ההכרח לזה בחוה"מ, או דסבר כלקוטי פרדס דנוגע זה לפקוח נפש, **ולבד** כל זה היכי שהוא צריך לזה כדי שלא יכבד עליו החולי, כבר מבואר בסי׳ תקל"ב, דכל רפואה מותר בחוה"מ, ואפי׳ לחולה שאין בו סכנה).

‹המשך ההלכות מול עמוד ב׳›

באר הגולה

א **ברייתא שם דף י"ז:** ‹זה לשון רבי יהודה דלא פסקינן כוותיה, ורק דאעפ"כ בגנוסטרא אסור, וא"כ מש"כ הבאר הגולה אינו בדקדוק, וצ"ע› ב **פי׳ בין דיד בין דרגל, כמימרא דרב ענן שם דף י"ח.** ‹לכאורה רב ענן בא להקל, והכא הוי לחומרא› ג **מימרא דרב חייא בר אשי וכו׳ שם, וכדעת הרי"ף והרמב"ם, וכן הסכים הרמב"ן בסת"ה, שבכלי אסור כל ל׳ יום** ד **כדעת הרי"ף והרמב"ן בסת"ה והביאם הטור** ה **הג׳ מיימוני בשם הר"מ** ו **שם י"ח וכגירסת הרי"ף ורמב"ם, כמ"ש הרב המגיד שם** ‹והיינו כגירסא דידן, ועיין בב"י דיש גירסא אחרת›. ‹**דבש"ס** איכא פלוגתא, חד {רבי אמי} ס"ל דלא הותר לגלח השפה כי אם כשמעכב האכילה, אבל בלא"ה יש לו דין גילוח הראש, וחד ס"ל דגילוח שפה אינו בכלל גילוח הראש, ולא נאסר כלל ואפי׳ אינו מעכב האכילה, {רב, כפי הבנת מ"א, עיין בשעה"צ}, והכי קי"ל - מחה"ש, **ולפי"ז** קשה מ"ש אבילות, דפסק המחבר {עיין להלן בסמוך} דדוקא אם מעכבת אכילה מותר›. ‹**וכתב** הגר"א וז"ל: וכתב המ"מ, שאף שאמרו דוקא שפה המעכבת או איסטנים, {והכי קימ"ל}, ס"ל להרמב"ם דעל אבל קאי, ולא על חוה"מ, ע"כ, **ולפי"ז** ניחא המחבר, **אבל** ע"ש עוד בהגר"א שהקשה על המ"מ וז"ל: ודבריו צ"ע שהרי באבל כתב הרמב"ם בפ"ו, שאסור לגמרי, {וכמו שהביא הש"ך לקמן בסמוך}, וע"כ צ"ל דס"ל דקאי על חוה"מ›

מסורת הש"ס

עין משפט נר מצוה

פח א ב מיי' פ"ה מהל' אבל הלכה ג סמג עשין דרבנן ג טוש"ע י"ד סי' שצ סעיף ו:

[בערוך נגסטר וגרסינן אמר רב ובגנוסטרי אסור וע"ש שהאריך]

פט ג מיי' פ"ז מהלכות יו"ט הלכה כ טור ש"ע א"ח סי' תקלב סעיף א:

צ ד מיי' שם הלכה כא סמג לאוין סה טור ש"ע א"ח סי' תקלד סעיף א:

צא ה מיי' וסמג שם טוש"ע שם סעיף ג:

*הלכה כרבי יוסי במועד ובאבל *דאמר שמואל הלכה כדברי המיקל באבל פנחס אחוה דמר שמואל איתרע (א) ביה מילתא על שמואל למישאל טעמא מיניה חזנהו לטופרי דהוו נפישן אמר ליה אמאי לא שקלת להו אמר ליה אי בדידיה הוה מי מזלזלת ביה כולי האי *הואי °כשגגה שיוצא מלפני השליט ואיתרע ביה מילתא בשמואל על פנחס אחוה למישאל טעמא מיניה שקלינהו לטופריה חבטינהו לאפיה אמר ליה לית לך *ברית כרותה לשפתים דאמר ר' יוחנן מנין שברית כרותה לשפתים שנאמר °ויאמר אברהם אל נעריו שבו לכם פה עם החמור ואני והנער נלכה עד כה ונשתחוה ונשובה אליכם ואיסתייעא מלתא דהדור תרוייהו סבור מיניה דיד אין דרגל לא אמר רב ענן בר תחליפא לדידי מפרשא לי מיניה דשמואל לא שנא דיד ולא שנא דרגל אמר רב חייא בר אשי אמר רב °ובגנוסטרא אסור אמר רב שמן בר אבא הוה קאימנא קמיה דר' יוחנן בי מדרשא בחולו של מועד ושקלינהו לטופריה בשיניה וזרקינהו שמע מינה תלת שמע מינה מותר ליטול צפרנים בחולו של מועד ושמע מינה אין בהן משום מיאוס ושמע מינה מותר לזורקן איני והתניא *שלשה דברים נאמרו בצפרנים *הקוברן צדיק שורפן *חסיד זורקן רשע טעמא מאי שמא תעבור עליהן °אשה עוברה ותפיל אשה בי מדרשא לא שכיחא וכי תימא זימנין דמיכנשי להו ושדי להו אבראי כיון דאשתני אשתני אמר רב יהודה אמר רב זוג בא מחמתן לפני רבי ומר זוטרא מתני זוג בא מחמתן לפני רבי ובקשו ממנו צפרנים והתיר להם ואם בקשו ממנו שפה התיר להם ושמואל אמר אף בקשו ממנו שפה °והתיר להם אמר אביטול ספרא משמיה דרב (*פפא) שפה מזוית [א] לזוית אמר רבי אמי ובשפה המעכבת א"ר נחמן בר יצחק לדידי דמי לי ואמר אביטול ספרא משמיה דרב (*פפא) פרעה שהיה בימי משה הוא אמה וזקנו אמה ופרמשתקו אמה חרת לקיים מה שנאמר °שפל אנשים יקים עליה ואמר אביטול ספרא משמיה דרב (*פפא) פרעה שהיה בימי משה אמגושי היה שנאמר °הנה יוצא המימה וגו': ואלו מכבסין במועד הבא ממדינת הים: אמר רב אסי א"ר יוחנן *) °מי שאין לו אלא חלוק אחד מותר לכבסו בחולו של מועד מתיב ר' ירמיה אלו מכבסין במועד הבא ממדינת הים כו' הני אין מי שאין לו אלא חלוק אחד לא אמר ליה ר' יעקב לר' ירמיה אסברה לך מתני' אע"ג דאית ליה תרי ומטנפי שלח רב יצחק בר יעקב בר גיורי משמיה דר' יוחנן °כלי פשתן מותר לכבסן בחולו של מועד מתיב רבא *מטפחות הידים מטפחות הספרים

*) תענית כט: לעיל יד. חולין קז:

הלכה כרבי יוסי במועד. דמתיר: איתרע ביה מילתא. בפנחס אחוה *דפנחס הוה אבל: עייל שמואל לישאל ביה טעמא. לדבר על לבו דפנחס: אילו בדידיה הוה. כלומר אילו הוית אבל: מי מזלזלת ביה כולי האי. באבילות דשקלת לטופרך: ואיתרע ביה מילתא. אבילות: שקלינהו לטופריה חבטינהו לאפיה. זרקינהו מרוב כעס והדר מכנס להו לזורקן רשע: ברית כרותה לשפתים. דכתיב ונשתחוה ונשובה אליכם וכן הוה דחזרו תרוייהו: סבור מיניה דיד. מותר בימי אבלו משום דמאיס דרגל לא: גינוסטרי. מספרים: אין בהם משום מיאוס. מדשקל ליה בשיניה: ושדי ליה לאבראי. ועברה עלייהו איתתא אבראי: כיון דאישתני. מההוא דוכתא דהוו מעיקרא אישתני ולא מזקי: ומר זוטרא מתני. בברייתא דבקשו ממנו לפרנים בימי אבלו ולאו משמיה דרב יהודה: ואם בקשו ממנו שפה היה מתיר להם. כלומר אנא חזינא לדעתיה אי שאלו לגלח השפה היה מתיר להם דאין בהם משום כל תשחית פאת זקנך (ויקרא יט): מזוית לזוית. מסוף הפה לסוף האחר מותר לגלח שהרי מעכבת אכילה ושתיה ומאיס: ולדידי. דאגיגא דעתי כל השפה כשפה המעכבת דמי דאגיגא לי דעתי: פרמשתקו. אמתו: אמגושי הוה דכתיב הנה יוצא המימה. מחלוקת במס' שבת (דף עה.) חד אמר חרשי להכי יוצא ליאור בשביל מכשפות ואידך אמר גידופי להכי יוצא שאומר לי יאורי ואני עשיתני: *מטפחות ידים. שמנגבין בהן ידים משום דמאיס: *מטפחות ספגוג. שמנגבין בהן עצמן כשיוצאין מבית המרחץ: ושנלו מטומאתן. במועד: מתני'. דקתני אלו מכבסין אע"ג דאית ליה תרי ומטנפי אבל מי שאין לו אלא חלוק אחד דכולי עלמא שרי: כלי

ואיסתייעא מילתא דהדור. תימה דלמא מדה טובה מרובה והוה ליה לאהדורי הא דאמר עולה בעולמה (כריתות דף יא. ע"ש) לעולם אל יפתח אדם פיו לשטן שנאמר שמעו דבר ה' קציני סדום כו' (ישעיה א): ובגנוסטרי אסור. פי' בערוך שהוא כלי המתוקן ליטול לפרנים וכך שמו ולשון דגנוסטרא אסור משמע שהיה מתיר בין בתער בין במספרים ולאו דוקא בשיניים מיהו קאמר בגמרא רבי יוחנן דשקלינהו בשיניו משמע דוקא בשיניו שרי ותימה דלעיל אמרינן הלכה כר' יוסי במועד לדברי הכל ושמא רבי יוחנן סבר הלכה כר' יהודה ומפרש טעמא דמחמרינן במועד טפי מבאבל ואלא כרב שישא בריה דרב אידי דאמר דברים המותרין בחולו של מועד אסורין בימי אבלו ורבינו תם פירש כשם שמותר בשיניו כך מותר ליטול צפרניו [בזו] מחבירתה דלא זה חשוב שינוי לענין שבת בפ' המצניע (שבת דף צד:) ושמעתי בשם רבי שמשון בר אברהם שבחול המועד מותר ליטול לפרנים לנשים דקתני בירושלמי גבי ועושה אשה תכשיטיה במועד וחשיב טעלת שערה ולפרניה וכ"ע בהלכות גדולות נמי אמרינן והאשה מותרת בנטילת שער לאחר שבעה ונראה דבאשה נשואה דוקא קאמר ומיירי במתעברת סרק על פניה וטופלה בסיד שהוא משום תכשיט שלא תגנה על בעלה אבל בתספורת ממש אסורה וגם בשם רבינו חיים שמעתי שהיה מתיר נטילת לפרנים במועד ובהלכות גדולות פוסק (ב) שבעה אסור בגנוסטרי בשיניו מותר לאחר שבעה מותר אף בגנוסטרי ולא ידענא מנא ליה דברייתא איירי תוך שבעה אי משום דקתני בימי אבלו ה"נ קתני ימי אבלו גבי גילוח והיינו כל שלשים וקאמר כשם שאסור לגלח בימי אבלו כך אסור ליטול לפרניו בימי אבלו משמע כל שלשים ואי סברי כר' יוסי יתירו לגמרי וי"ל דסברי כר' יוסי ומסתבר להו דאפילו רבי יוסי היה אוסר בגנוסטרי תוך שבעה דומיא דמועד או שמא (ג) מעשה דשמואל משמע קלא דשקלינהו לטופריה חבטינהו באפיה למיירי תוך שבעה דוקא דבתוך שבעה היה ובשינוי היה מדקא אמרינן בתר הכי ובגנוסטרי אסור משמע דשמואל לא היה בגנוסטרי ולא השמענא דאסר רק תוך שבעה כשהלך רב פנחס לנחמו:

בקשו ממנו שפה. יש לפרש על ידי שינוי דומיא דלפרנים ונראה דהכא פירוש דוקא לאחר שבעה:

אע"ג דאית ליה תרי ומטנפי. מדלא מסני הכא במאי עסקינן בשלא כיבסו לפני הרגל דלא שריק מי שאין לו אלא חלוק אחד אלא היכא דכבסו לפני הרגל אבל לא כבסו דפשע לא שרי משמע דמי שאין לו אלא חלוק אחד שרי לכבסו במועד אפילו פשע ולא כבסו לפני המועד כך נראה לי ובתוספות מסופק בזה ונראה לי דהכי משמע מדלא מפליג ונראה דגבי אבל לא שריק כשאין לו אלא חלוק אחד דהא אפילו אם היו לו מכובסין אסור ללבוש מה שאין כן ברגל נ"ע בכהן שנשלמה משמרתו ברגל אם מותר לכבס לתנא דלעיל (דף יז:) דתנא כהן ואבל אפילו לתנא דידן אם חל שליש להיות בעי"ט שאסור ברחילה עד הערב ופירש בקונטרס עד הלילה בלונן או עד חול המועד בחמין ואינו מותר לרחוץ מבעי"ט מיהו כשחל שביעי שלו בערב הרגל דאסור לכבס ולרחוץ כל היום מותר לכבס ברגל וצ"ע אם אמת הוא שמותר מאי טעמא לא תני:

הגדה זו יש לה סוד

[עי' פי' שכתבו תוס' נדה יז. ד"ה שורפן וכו' בשם הערוך]

רבינו חננאל

א) איסקא דנדיר והמצורע מטומאתו לטהרתו. אוקימנא כדתניא כל אלו שאמרו מותרים לגלח במועד. בשלא היה להן פנאי. אבל היה להן פנאי לגלח ולא גילחו אסורין והנזיר והמצורע אע"פ שהיה להן פנאי לגלח ולא גילחו מותרין שלא ישהו קרבנותיהם. תנא האבל והכהן מותרין לגלח במועד. אוקימנא באבל שחל שביעי שלו להיות בשבת ערב הרגל. תנא ברא סבר לה כאבא שאול דאמר מקצת היום ככולו. ויום שביעי עולה לו לכאן ולכאן. וכיון דשבת הואי אנוס הוא לפיכך מגלח במועד. ותנא דידן סבר לה כרבנן כו'. כהן נמי כגון דשלים ליה משמרתו ברגל כו'. ושוטה היא: ת"ר

...יתו אבליו זה אחר זה. פי' קודם שישלים ימי אבל זה מת לו מת אחר וכן עוד בתוך ימי אבל זה מת לו מת אחר הכביד שערו מיקל בתער ומכבס כסותו במים. ואמר רב חסדא נוטל שערו בתער ולא ...פריים. מכבס במים לבדם ולא בנתר ולא בחול. וזאת אומרת אבל אסור בתכבוסת: ת"ר כשם שאסור לגלח במועד כך אסור ליטול צפרנים. ור' יוסי מתיר ליטול צפרנים במועד ובאבל. ואסיקנא ...ואל דאמר הלכתא כדברי המיקל באבל. דאמר שמואל הלכתא כר' יוסי במועד ובאבל ל"ש צפרנים דיד ל"ש צפרנים דרגל. אמר רב ובגנוסטרא אסור. אמר רב שמן הוה קאימנא קמיה דר' יוחנן בבי ...שא והוויתיה דשקלינהו לטופריה בשיניה וזרקינהו. ש"מ תלת. ש"מ מותר ליטול צפרנים במועד וש"מ מדשקלינהו בשיניה אין בהם משום מיאוס. וש"מ מדזרקינהו מותר לזורקן. והתניא ג' דברים ...רו בצפרנים קוברן צדיק שורפן חסיד זורקן רשע. מ"ט שמא תעבור אשה עוברה עליהן ותפיל. ופרקינן אשה בי מדרשא לא שכיחא. וכי תימא זמנין דמכנשו ושדי להו לבראי כיון דאשתני ...תני. אמר רב יהודה אמר רב זוג בא לפני רבי ובקשו ממנו מהו ליטול צפרנים והתיר להם. ושמואל אמר גם עשיית שפה בקשו ממנו והתיר להם. ואסיקנא עשיית שפה מזוית לזוית. כלומר אם צריכה ...תקון שרי. אבל מקצתה לא. ב) הנחה כל שהיא מעכבת. פי' אם עשה שפמו והניח מקצתו שאינו עשוי מותר ליטלו כי מעכבתו באכילתו. ג) ובכיוצא בה אמר רב נחמן לדידי שפה כי הנחה מעכבת ...לי. ואלו כולם שאמרו בתוך שלשים יום. אבל בשבעת ימי האבל אסור בכולן. שמואל נכנס לבקר פנחס אחיו בימי אבלו וראה צפרניו גדולים. אמר ליה אמאי [לא שקלית] להו. א"ל אילו בך היה מי ...ת סולול כולי האי. הואי כשגגה שיוצא מלפני השליט. ואירע אבל לשמואל נכנס פנחס אחיו לבקרו שקלינהו לטופריה חבטינהו באפיה. א"ל לית לך ברית כרותה לשפתים שנאמר ואני והנער נלכה עד כה ...תחוה ונשובה אליכם. ואסתייעא מלתא והדרי תרווייהו ואתו. פרעה שהיה בימי משה הוא אמה וזקנו אמה ופרמשתקו אמה זרת לקיים הכתוב ושפל אנשים יקים עליה: מתני' ואלו מכבסין במועד ...ממדינת הים כו'. א"ר אסי א"ר יוחנן מי שאין לו אלא חלוק אחד מותר לכבסו בחולו של מועד. איני והתנינן אלו מכבסין במועד הבא ממדינת הים כו' וחשיב להו לכל מי שהתירו לו חכמים לכבס במועד. ...תני מי שאין לו אלא חלוק אחד בהדייהו. ופרקינן [מתני' אע"ג דאית לי' תרי ומטנפי] שרי לכבסינהו לכלהו. משמיה דר' יוחנן אמרו כלי פשתן מותר לכבסן במועד. והני מטפחות דתנינן במתני' דלאו ...

א) מכאן עד ואסיקנא כשמואל דאמר הלכתא כדברי המיקל שייך לעיל יז ע"ב. ב) פי' סגי' בכה"ג ואולם גי' רבינו יותר נכונה. ג) נ"ל דחסר בדברי רבינו ר' אמי אמר שפה נמי כל שמעכבת וכיוצא בה וכו'.

הגהות הב"ח

(א) גמ' אחוה דמר שמואל איתרע ליה מילתא: (ב) תוס' ד"ה ובגנוסטרי כו' ובה"ג פוסק תוך שבעה אסור: (ג) בא"ד או שמא ממעשה דשמואל משמע קלא מדשקלינהו לטופרים כו' אסור משמע דמעשה דשמואל לא היה:

הגהות הגר"א

[א] גמ' לזוית. נ"ב הנחה כל שמעכבת ר' אמי אמר ובשפה המעכבת. כ"ה גירסת בה"ג ועי' רא"ש מס"ש. (ועמ"ש רבינו בא"ח סי' תקל"א):

גליון הש"ס גמ' אשה עוברה ותפיל. עי' סנהדרין דף נט ע"א תד"ה ליכא: תוס' ד"ה ובגנוסטרי וכו' ולא כרב שישא בריה דרב אידי. לעיל דף יא ע"ב:

כלי פשתן. דלא נפיש טירחא: **מטפחות הספרים**. של פשתן: **הני אין**. אבל שאר כלי פשתן לא: **אפילו דשאר מיני**. כלומר מטפחות דשאר מינין כגון דלמר אע"ג דנפיש טירחא שרי לכבס אבל שאר כלים דשאר מינין לא אבל כלי פשתן שרי לכבס: **משיכלי**. ספלים:

הספרים הני אין כלי פשתן לא אמר ליה אביי מתני' אפילו דשאר מיני אמר בר הידיא לדידי חזי לי ימה של טבריה דמפקי לה משיכלי דמני כיתנא בחולא דמועדא מתקיף לה אביי *מאן לימא לן דברצון חכמים עבדי דלמא שלא ברצון חכמים עבדי: **מתני'** *ואלו כותבין במועד קדושי נשים וגיטין ושוברין דייתיקי מתנה ופרוזבולין איגרות שום ואיגרות מזון שטרי חליצה ומיאונים ושטרי בירורין גזרות בית דין ואיגרות של רשות: **גמ'** אמר שמואל מותר לארס אשה בחולו של מועד שמא יקדמנו אחר לימא מסייע ליה ואלו כותבין במועד קדושי נשים מאי לאו שטרי קדושין ממש *לא שטרי פסיקתא וכדרב גידל אמר רב *דאמר רב גידל אמר רב כמה אתה נותן לבנך כך וכך כמה אתה נותן לבתך כך וכך עמדו וקדשו קנו הן הן הדברים הנקנין באמירה לימא מסייע ליה *אין נושאין נשים במועד לא בתולות ולא אלמנות ולא מיבמין מפני ששמחה היא לו הא לארס שרי לא מיבעיא קאמר לא מיבעיא לארס דלא קעביד מצוה אלא אפילו לישא נמי דקא עביד מצוה אסור תא שמע דתנא דבי שמואל מארסין אבל לא כונסין ואין עושין סעודת אירוסין ולא מיבמין מפני ששמחה היא לו ש"מ ומי אמר שמואל שמא יקדמנו אחר והאמר רב יהודה אמר שמואל *בכל יום ויום בת קול יוצאת ואומרת בת פלוני לפלוני שדה פלוני לפלוני אלא שמא יקדמנו אחר ברחמים כי הא דרבא שמעיה להוא גברא דבעי רחמי ואמר תזדמן לי פלניתא א"ל לא תיבעי רחמי הכי אי חזיא לך לא אזלא מינך ואי לא כפרת בה' בתר הכי שמעיה דקאמר או איהו לימות מקמה או איהי תמות מקמיה א"ל לאו אמינא לך לא תיבעי עלה דמילתא הכי אמר רב משום רבי ראובן בן אצטרובילי מן התורה ומן הנביאים ומן הכתובים מה' אשה לאיש מן התורה דכתיב ויען לבן ובתואל ויאמרו מה' יצא הדבר מן הנביאים דכתיב ואביו ואמו לא ידעו כי מה' היא מן הכתובים דכתיב בית והון נחלת אבות ומה' אשה משכלת ואמר רב משום רבי ראובן בן אצטרובילי ואמרי לה במתניתא תנא א"ר ראובן בן אצטרובילי אין אדם נחשד בדבר אלא א"כ עשאו ואם לא עשה כולו עשה מקצתו ואם לא עשה מקצתו הרהר בלבו לעשותו ואם לא הרהר בלבו לעשותו ראה אחרים שעשו ושמח מתיב רבי יעקב ויחפאו בני ישראל דברים אשר לא כן על ה' אלהידם התם להכעיס הוא דעבוד *תא שמע ויקנאו למשה במחנה לאהרן קדוש ה' רב שמואל בר יצחק אמר מלמד שכל אחד קנא לאשתו ממשה התם משום שנאה הוא דעבוד ת"ש אמר רבי יוסי *יהא חלקי עם מי שחושדין אותו בדבר ואין בו ואמר רב פפא לדידי חשדון ולא הוה בי לא קשיא הא בקלא דפסיק הא בקלא דלא פסיק וקלא דלא פסיק עד כמה *אמר אביי אמרה לי אם *דומי דמתא יומא ופלגא והני מילי דלא פסק ביני ביני אבל פסק ביני ביני לית לן בה וכי פסק ביני ביני לא אמרן אלא דלא פסק מחמת יראה אבל פסק מחמת יראה לא א) ולא אמרן אלא דלא הדר נבט אבל הדר נבט לא ולא אמרן אלא דלית ליה אויבים אבל אית ליה אויבים הוא דאפקוה לקלא: **מתני'** *אין כותבין שטרי חוב במועד ואם אינו מאמינו או שאין לו מה יאכל הרי זה יכתוב אין כותבין ספרים תפילין ומזוזות במועד ואין מגיהין אות אחת אפילו בספר עזרא רבי יהודה אומר כותב אדם תפילין ומזוזות לעצמו

א) שייך לעיל קודם ד"ה אין כותבין.

רש"י

מתני' קדושי נשים. שכתב בשטר הרי את מקודשת לי דאשה נקנית בשטר: **דייתיקי**. שטר צוואה: **פרוזבולין**. שכותב מלוה בשטר שאינו משמט ולא משמיט ליה שמיטה: **איגרות שום**. בכך שמו בית דין שדה זו וכתבו לאחים כך וכך נגדו: **איגרות מזון**. פלוני קבל לזון בת אשתו: **שטרי בירורים**. ביררו ב"ד חלק זה לזה וחלק זה לזה: **גזרות ב"ד**. פסקי דינין: **ואיגרות של רשות**. צווי וקיום של שלטון: **גמ' כדרב גידל**. שכותב תנאי זה בשטר: **ניקנין באמירה**. בלא קנין: **דקא עביד מצוה**. דעוסק בפריה ורביה: **כפרת בה'**. באמונה דקאמר דלא מסייע לגותא כלום הואיל ולא מזמנה (א)ליה כלומר השתא לגינת עלה ולא אסתייעא מילתא: **אמר**. אי לא מנסבא או איהי תמות מקמאי דלא איחזי כד מנסבא לאחר ואצטער בה: **או איהו**. עצמו ימות מקמי דתינסבא איהי לאידך ולהכי מארס במועד שלא יקדמנו אחר ברחמים שתמות היא: **נחשד בדבר**. עבירה: **להכעיס עבוד**. וידעי דלא היה: **בקלא דפסיק**. לא היה ביה: **קלא דלא פסיק**. היה ביה: **דומי**. תשד כמו לא ישא בת דומה (סוטה דף כז.): **אבל סדר נבט**. דבתר דפסיק התחיל קלא נבט נשמע דמיון כמו במסכת תענית (דף ד.) האי צורבא מרבנן דמי לפרלידא דאותי קלא כיון דנבט נבט ופי' זה וזה לשון צמח: **מתני' ואם אינו מאמינו**. המלוה ללוה: **או שאין לו מה יאכל**. לסופר: **אפילו בספר עזרא**. ס"ת של עזרא ולאי שמעתי עזרה בה' ופי' ספר מוגה היה בעזרה שממנו היו מגיהים כל ספרי גולה: **לעצמו**. לקיים זה המלוה אבל לגבור למטור דדרך שכירות הוה חשיב מלאכה כדאמרינן לעיל (דף יב.) *אוכרא דכיון דלאו אגרא קשקיל שרשויי בעלמא הוא ושרי:

תוספות

הספרים. פירוש להסתפר ובמסתפר לכל אותם שהתירו חכמים וי"ג הספרים ומטפחת *הספגנין ובירושלמי קאמר עלה מטפחת הספרים [אין] מכבסין אותן במי רגלים *מפני הכבוד ואין נראה לי להביא ראיה דאיירי בכתבי הקדש דאפילו דאיירי באותן המספר שייך כבוד המסתפרים שנותנין אותן בפניהם וכשמסתפרין אין כבוד להם במטונפין:

העולים מטומאה לטהרה. במצורע איירי דהא מצורע אסור לכבס כדאמר לעיל (דף טו.) ומסופק אם נאמר כן בעולה מטומאה מת ונבילה שצריך לכבס בגדיו או אמרינן דוקא מצורע הואיל ואסור לכבס כל בגדיו שלו מיהו מה שפירש דבמצורע איירי קשיא לן אי אמרינן דמצורע אינו נוהג לרעתו ברגל א"כ מאי איריא עולים מטומאה לטהרה אפילו בימי לרעתו נמי מותר לכבס ברגל דלא מצי למימר לא מיבעיא קאמר כדלעיל (דף יד:) דאם כן לא שייך שמא ישהו קרבנותיהן דבשלמא גילוח הוא בשעת קרבן אבל כיבוס לא שייך לקרבן ויש לומר דכיבוס נמי שייך לקרבן:

מתקיף לה אביי מאן לימא לן. ואע"ג דאביי גופיה שני לעיל מתני' אליבא דרבי יוחנן איהו סובר כן: **ואלו** כותבין במועד. נראה דכל הני הוו דבר האבד פן ימות הנותן או העדים או ב"ד או ילכו למדינת הים:

ואיגרות רשות. בירושלמי מפרש פריסת שלום ויש מפרשים ליווי השלטון כמו אל תתודע לרשות (אבות פ"א מ"י):

אין כותבין שטרי חוב. פירשו בתוספות הוא הדין שטר מכירה דהא בהדי אלו כותבין במועד לא חשיב שטר מכירה ולי נראה דהא דלא קתני משום דאין כותבין שטר מכירה אלא על הקרקע ואמרינן לעיל (דף יג.) אין *מוכרין בתים אלא לצורך המועד ולצורך המועד פשיטא דשרי והוא הדין אם מכר קודם המועד ועתה רוצה לכתוב דשרי במועד דהא נמי דבר האבד רק אם היה לו אונס ולא יכול לכתוב קודם המועד: א)

הן הן דברים הנקנין באמירה. בפ' הנושא (כתובות דף קב:) מפורש: **ומי** אמר שמואל שמא יקדמנו אחר. תימה לי אמאי לא משני הא בזוג שני הא בזוג ראשון כדמשני פרק שני דסנהדרין (דף כב.) ובפרק קמא דסוטה (דף ב. ושם):

ומותר לחוף ולסרוק ראש במועד, אף על פי שמסיר שער, ואין בזה משום גילוח (מרדכי) - וכן כל רחיצה מותר.

[ז]**יו"ד סימן שצ ס"א** - [ח]**ושער השפה ומהצדדים,** [ט]**כל שמעכב את האכילה,** [י]**תוך ז' אסור; אחר ז', מותר** - תימה, דכאן פסק כדעת הרי"ץ גיאות שבטור, ובב"י כתב דנקטינן כהראב"ד ורמב"ם, דאסור כלל, ‹דסברי שלא התירו כן אלא בחוה"מ, אבל באבילות לא - באה"ג›, ואין חילוק בין שערות המעכבים האכילה או לא - ש"ך.

(**כתב** בספר חמודי דניאל כ"י, מותר להעמיד באנקע"ס בשלשים של אבל, אם צריך לכך הרבה, הגם שצריך לגלח הראש קודם עבור זה, וכן בחוה"מ, ע"כ - פת"ש).

אות ד'

מי שאין לו אלא חלוק אחד, מותר לכבסו בחולו של מועד

סימן תקל"ד ס"א - [יא]**ומי שאין לו אלא חלוק אחד** - דחלוק אחד מתלכלך אפילו כיבסו קודם יו"ט, **ויש** מן הפוסקים דס"ל, דכ"ז דוקא בזמן התלמוד, שהיה ניכר בעת שפשט חלוקו לכבסו שאין לו אלא חלוק אחד, שמתחלה היה חוגר איזורו על החלוק, וכשפושטו חוגר חגורו על בגד העליון שלו, **אבל** לפי מנהג מלבושים שלנו, שאין לנו חגור על חלוק שלנו, אין להקל בזה, **ומ"מ** נראה דאם היה החלוק של פשתן, אין להחמיר בזה, [וכדלקמן ס"ב].

[יב]**וכולם מכבסין כדרכן, אפילו בנתר ואהל (פירוש מיני בורית), ובפרהסיא על גבי הנהר** - עיין במ"א, שדעתו להחמיר שלא לכבסן בפרהסיא, דאין הכל יודעים שהיה במדינת הים או בשביה וכה"ג, **לבד** במטפחת הידים, וכה"ג שאר דברים שמותר לכל אדם, יש להתיר בפרהסיא, **אבל** כמה אחרונים מסכימים לדעת הרמ"א דלקמיה, דכיון שמתכבס יפה ע"ג הנהר, והוא לצורך המועד, לא החמירו חכמים בכל השנויין כאן.

הגה: מיהו לא יכבסו רק הצריך להן, דהיינו חלוק אחד (מרדכי וכנ"א); מיהו בגדי הקטנים ביותר, דהיינו אותן שמלפפים בהם ומשתינים ומוציאין רעי בהם, מותר לכבס ד' וה' בפעם אחד, כי צריך להרבה מהם כל רגע - ור"ל לאפוקי סתם קטנים, אין להתיר בכבוס רק חלוק אחד וכנ"ל.

והא דמותר לכבס בפרהסיא, היינו דוקא כשרוחץ על גב הנהר, משום דמתכבס יותר יפה על גב הנהר; אבל אם אינו כובס על גבי נהר, לא יכבס רק בצנעה ולא בפרהסיא, כן נ"ל.

אות ה'

כלי פשתן מותר לכבסן בחולו של מועד

סימן תקל"ד ס"ב - [יג]**כל כלי פשתן מותר לכבסן** - שקלין להתלכלך, ואפילו אם היה מכבסן קודם מועד, ‹רמב"ם›, **וגם** אין טורח בכיבוסן כ"כ, [רש"י].

[יד]**ולא נהגו כן, והוה ליה דברים המותרים ואחרים נהגו בהם איסור, אי אתה רשאי להתירם בפניהם** - ומ"מ כיון דמעיקר הדין שרי, נתפשט המנהג להקל ליתן לעכו"מ לכבס כתונת אחת, ולחוץ לבית, דאע"ג דכל מה שאסור אסור ג"כ ע"י נכרי, מ"מ בזה מקילין, **וליתן** להנכרי שיכבס אחר המועד, בכל ענין שרי, ובלבד שלא ימנה כדרך שהוא עושה בחול.

---

§ מסכת מועד קטן דף יח: §

אות א'

ואלו כותבין במועד וכו'

סימן תקמה ס"ה - [א]**מותר לכתוב שטר קדושין ושטרי פסיקתא, (פירוש שטרי פסיקתא, שאדם פוסק לתת לבנו או לבתו כך וכך)** - הוא כמו כתיבת תנאים בזמנינו.

גיטין ושוברים, דייתיקי, (ופי' דייתיקי, שטר צואה, דא תהא למיקם ולהיות) - הוא צוואת שכיב מרע, **מתנות** - הוא מתנות בריא. **פרוזבולין, (ופירוש פרוזבול, פרוז בולי ובוטי, כלומר: תקנת המלוה שלא יאבד ממונו** - [ע"י שמיטה], **ותקנה ללוה שימצא מי שילונו).**

אגרות שום, (ופירוש אגרת שום, [ב]**ששמו ב"ד נכסי לוה ונתנם למלוה), ואגרות מזון, (ואגרת מזון,** [ג]**שמכרו ב"ד את הקרקע למזון האשה והבנות, וכתבו מעשה ב"ד על זה, או נמי שקבל עליו לזון את בת אשתו).**

שטרי חליצה, ומיאונין - היינו שטרי מיאונין, והוא לקטנה יתומה שהשיאוה אחיה או אמה לדעתה, ויוצאת ממנו במיאון בעלמא, שתאמר: אי אפשי בו, וכותבין ע"ז שטר מיאון.

באר הגולה

ז ‹ע"פ מהדורת נהרדעא› ח כשמואל שם ט כרבי אמי שם י כדעת הרי"ץ גיאת ובה"ג הביאם הטור, ‹שאסור תוך ז' ומותר לאחר ז' - טור›, וכ"כ התוס' שם ‹ד"ה בקשו› יא מימרא דרבי יוחנן שם י"ח יב מרדכי שם יג מימרא דרבי יוחנן שם, וכן הסכמת רוב הפוסקים יד הרא"ש שם וכמ"ש רבינו ירוחם בשמו ‹והמרדכי כתב, דלכאורה משמע בגמרא דאביי ורבא פליגי עליה דרבי יוחנן, וסברי דאסור, ואזלינן לחומרא... והג' מיימוניות החדשות כתבו, דנראה למהר"ם דאסור לכבס כלי פשתן כאביי ורבא, והרא"ש כתב הא דכלי פשתן מותר לכבסן, ואח"כ כתב והאידנא נהוג בהו איסור ואין להתירו - ב"י› א משנה שם ב ‹כן פי' הרמב"ם והרע"ב ודלא כרש"י› ג ‹כן פי' הרמב"ם והרע"ב›

ושטרי ברורין - [ד]שכותבין זה בורר לו פלוני לדיין, וזה פלוני, או שטרי טענתא, **ופסקי דינין** - מה שפוסקים הדיינין.

מי שברח בממון אחרים, מותר לכתוב עליו גזירות הדיינים והרשאה, [דלא גרע מפסק דין]. **אבל** אם הדבר בטוח שיחזור לעירו, אסור.

הטעם בכל זה, י"א משום דכל דבר המזדמן תדיר, אע"פ שבכל פעם ופעם הוא דבר פרטי, כצרכי רבים חשיבא, **ואפשר** דמקרי צורך המועד, הואיל שדבר זה צריכין להם במועד, [וממילא מותר [ה]אף מעשה אומן, מ"מ הנכון לכתוב משיט"א, חוץ מגיטין]. **וי"א** משום דהוי דבר האבד, פן ימותו העדים או ילכו למדינת הים, או ימות הנותן או הב"ד, [תוס'].

הגה: ומותר לכתוב כתובה במועד - מטעם דבר האבד, שמא יבואו לידי ערעור בהסכמת תנאיהם, **וא"כ** במדינתינו שכותבין כל הכתובות בשוה, אסור לכתוב לכו"ע, **אבל** תוספת כתובה, מה שמוסיף הבעל מרצונו, שרי - מ"א, **ועיין** בפמ"ג, דבכתב משיט"א יש להקל אף בזמנינו.

ומיירי שנשא ערב הרגל, דהא אין נושאין נשים במועד, ואף דאסור להתייחד עם אשתו בלי כתובה, צ"ל שהיה שעת הדחק, שאז רשאי לסמוך להתייחד על עידי קנין.

ויש אוסרים (סמ"ק) - טעמם, דהוי כשט"ח.

והלכה כדעה א', ועיין לעיל דבמדינתינו אין להקל כי אם בכתב משיט"א.

אות א'* [ו]

ואיגרות של רשות

סימן תקמה ס"ה - [ז]ואגרות שאלות שלום שאדם שולח לחבירו - הטעם, מפני שאין אדם נזהר מאד בכתיבתו בתיקונו, וכמעשה הדיוט הוא, **ומקרי** צורך המועד קצת מה ששואל בשלום חבירו, דאל"כ אסור אף מעשה הדיוט, כדלעיל בסימן תקמ"א, [**ומצאתי** בריטב"א וז"ל: יש תימה מה צורך יש בזה, וי"ל כגון שהוא לצורך ענייני יו"ט, א"נ מפני שמחת הרגל, שלא יהא בדאגה, ויש בהן צורך למשלח או למי שנשתלח לו, עכ"ל].

[ח]ואפי' על דבר פרקמטיא שאינה אבודה - וכ"ש אם יוכל להגיע לו הפסד כשלא יכתוב, דבודאי מותר.

וכ"ז מותר להמחבר לכתוב אפילו בלא שינוי, **ומ"מ** בכל גווני אין להקל כי אם בשלא כיון מלאכתו במועד, [**דאפי'** מעשה הדיוט וצורך המועד, אינו מותר כי אם כשלא כיון מלאכתו במועד].

(הנה ידוע דאפילו מעשה הדיוט, אינו מותר כי אם לצורך המועד, והכא מאי צורך המועד איכא, **ומצאתי** בפמ"ג שהרגיש בזה, וכתב אפשר דחשיב קצת צורך המועד, וצע"ק, עכ"ל, **ואולי** כונתו, דאל"ה יש לו צער ומונע שמחת הרגל, והוא דוחק גדול, דא"כ נתיר כל ענין סחורה עי"ז, **ובאמת** לא ידעתי מנ"ל להב"י להקל בכתיבה לענין פרקמטיא, **וחפשתי** ומצאתי און לי בספר שבולי הלקט בהדיא, דאפילו אם נתיר לענין שאילת שלום, עכ"פ מכתבים לענין פרקמטיא שאינה אבודה, בודאי יש להחמיר, אם לא בכתיבת משיט"א וע"י שינוי, וגם בזה ימעט כל מה שיוכל).

(ויש אוסרין בשאלת שלום) (טור בשם ה"ג) - וכ"ש לענין פרקמטיא, [ט]טעמם, דכל כתיבה מעשה אומן הוא.

(**עיין** בב"י, דאפילו לדעת המחמירין, מותר לכתוב אגרת של רשות, דהיינו שטרי הממשלה כתבם וציוויים, **ובשיבולי הלקט** ראיתי בשם רב נחשון גאון ובשם ר' יצחק גאון, איגרות רשות הוא כתב שכותב ריש גלותא, ונותן לו רשות ללמד לישראל איסור והיתר, ולהורות להן דברי תורה, עכ"ל, **ולכאורה** הוא כעין כתב סמיכה שנותנין היום).

(ונהגו להחמיר - לשנות, כצ"ל, **אפילו בכתיבה שלנו שהיא כתיבה משיט"א)** - והשינוי הוא שכותבים באלכסון כל השורות, **ואף** דמבואר בס"ז, דכל האסור לכתוב אסור אפילו בשינוי, אם לא שהאותיות חתוכות ושבורות באמצעיתן, **מ"מ** כיון שמדינא מותר לכתוב אגרת שלום בלא שינוי, כמ"ש הרב ב"י, אלא שנהגו לשנות, די בשינוי זה.

וכמה אחרונים כתבו, דבמדינתינו נהגו להקל בכתב משיט"א, וכן בכתב שלנו, דאינו מעשה אומן, ויש להם על מה שיסמוכו, והמחמיר יחמיר לעצמו, **ונוהגין** לשנות קצת, לעשות שורה עליונה עקומה.

(והנה אף דלענין שבת קי"ל, דהכותב בכל כתב ולשון של כל אומה חייב, ומאי גריעא כתב עברית מהן, **צ"ל** דאעפ"כ לענין חוה"מ לא אסרו כי אם כתב שהוא מעשה אומן, וסתם כתב לבד כתב אשורית מקרי מעשה הדיוט, **ובספר** מור וקציעה מאריך בענין זה, ודעתו, שיש להחמיר גם במשיט"א עכ"פ בכתב ידי סופר, וכמו שנהוג להיות לצבור לבלר נאה מיוחד לכתיבותיהם, שהוא מעשה אומן, **לפיכך** נכון שלא יכתוב כתיבה נאה באיזה כתב ולשון שהוא, בין משיט"א בין בכתב העכו"ם, כי הכל כתב הוא לכל אומה ככתבה וכלשונה, עכ"ל, **ואף** שהעולם נהגו להקל בזה, ואין למחות בידן, שיש להם על מי שיסמוכו, מ"מ טוב לחוש לדבריו אם לא לצורך גדול, **ובפרט** לענין פרקמטיא שאינה אבודה, בודאי נכון למעט לכתוב אודות זה בחוה"מ כל מה שיוכל).

באר הגולה

[ד] ‹כן פי' הרמב"ם והרע"ב ודלא כרש"י› [ה] ‹ויש להקשות ממה שמבואר לעיל סי' תקמד ס"א ברמ"א, שלא הותר מעשה אומן לצרכי רבים רק אם זה צרכי הגוף, ומדוע הותר כתיבת שטרות אלו במעשה אומן, ובביאור הגר"א שם יישב, דצורך שטרות אלו נחשב כצורך הגוף - מ"ב המבואר. **ומשמע** מהשעה"צ דלדבר האבד אסור מעשה אומן, ועיין לעיל ס"ד, דמבואר מהמ"ב להיפך, וצ"ע› [ו] ‹ע"פ מהדורת נהרדעא› [ז] **פי' הרי"ף והרא"ש והרמב"ם** ‹ואגרות רשות, פי' שאלת שלום שאדם שולח לחבירו. **ויש** אוסרין, ומפרשים אגרות של רשות, שטרי ממשלה, {דרשות הוא שלטון כמו (אבות פ"א מ"י) אל תתוודע לרשות, כך פירש רש"י - ב"י, עיין בתוס'}, וכן כתב בה"ג, אגרות רשות, ומפרשים רבנן פתקי דרשותא, אבל דיסקי לא, וא"א הרא"ש ז"ל כתב כסברא ראשונה - טור› [ח] **ב"י מהא דהתירו סתם** [ט] ‹כ"כ הגר"א בס"א, ולא משום דלא חשיב צורך מועד› ‹**וז"ל** הט"ז: יש אוסרין הוא ה"ג ורש"י, דפי' רשות היינו שטרי ממשלה דוקא, וסיים ה"ג אבל דיסקיא לא, פי' שאר שטרות, ע"כ›

ודע דבפרקמטיא אבודה, לכו"ע יכול לכתוב אפילו בכתב שהוא מעשה אומן, וא"צ לשנות כלל.

אות ב'

מותר לארס אשה בחולו של מועד, שמא יקדמנו אחר

סימן תקמו ס"א - [י]אין נושאין נשים במועד, לא בתולות ולא אלמנות, ולא מיבמין - דאין מערבין שמחה בשמחה, [גמרא, **ועוד** יש טעמים, דכתיב "ושמחת בחגך" ולא באשתך, **וגם** שמא יבטל עי"ז מפריה ורביה, דאם נתיר לישא במועד, ישהא כל אחד עד המועד, דאז לבו פנוי, וגם דעי"ז לא יצטרך להוציא הוצאות על הסעודה, דיסתפק במה שהוציא לשמחת יו"ט], **ואפילו** נשואין בלבד בלא סעודה, ג"כ אסור, [כן מוכח בדף י"ח: מברייתא דתנא דבי שמואל, ע"ש. **ועיין** בכתובות דף מ"ז במהרש"א שם, דאף למאן דס"ל דנשיאת נשים במועד הוא איסור דאורייתא, הוא דוקא נשואין עם סעודה, אבל נשואין בלא סעודה או סעודה בלא נשואין, כגון שהיה הנשואין בערב הרגל והסעודה בלילה, אף למאן דאוסר אינו אלא מדרבנן].

וכתבו האחרונים, דהא דאין מערבין שמחה בשמחה, דוקא באדם אחד, אבל מותר לשני בני אדם, לפיכך מותר לעשות חופת יתום ויתומה או עני, עם שמחת נשואי בניו ביום אחד, **אכן** משני אחים או שתי אחיות, או אח ואחות, נזהרין שלא לעשות ביום אחד.

[יא]ומותר לארס - דהיינו אפילו לקדש, [יב]דבאירוסין לבד ליכא שמחה, וכ"ש שמותר להתקשר בתנאים לשידוך בחוה"מ, כנהוג בינינו.

ובלבד שלא יעשה סעודת אירוסין, הארוס בבית ארוסתו בשעת אירוסין - ר"ל אימתי אסור לעשות סעודת אירוסין, דוקא אם נעשית בבית ארוסתו, וגם בשעת האירוסין, אבל אם חסר תנאי אחד, מותר, וכדמפרש לקמיה.

בשעת אירוסין - והיינו כשעושה האירוסין בתוך הסעודה, או שעושה הסעודה תיכף אחריה, הא זמן מופלג י"ל דשרי אף באותו יום, **ויש** מאחרונים שמחמירין בזה, **וכשעושה** האירוסין ביום זה והסעודה ביום אחר, בודאי יש להקל, [דזה אפי' בנישואין שרי, וכדלקמיה בס"ג].

והסעודה שרגילין לעשות אחר כתיבת התנאים, הט"ז אוסר, כמו לענין אירוסין, **אבל** שארי אחרונים מקילין בזה, דלא חשיב שמחה כאירוסין, **ועכ"פ** אם אינו עושה סעודה גמורה, כי אם מרקחת וכדומה, בודאי אין להחמיר, [**ואפילו** בסעודה גמורה, הוא דוקא כשעושה בשעת התנאים, אבל שלא בשעת מעשה אין להחמיר כלל].

[י]ומותר לעשות ריקודין ומחולות - ואפילו בבית ארוסתו, דזה לא מיקרי שמחה.

ולעשות סעודת הארוס עם מריעיו שלא בבית ארוסתו, וכן לסעוד הארוס בבית ארוסתו שלא בשעת אירוסין, מותר - דכל זה לא נקרא סעודת אירוסין.

אות ג'

כמה אתה נותן לבנך, כך וכך

אהע"ז סימן נא ס"א - איש ואשה שהיו ביניהם שדוכין, ואמר לה: כמה את מכנסת לי, כך וכך, ואמרה לו: וכמה אתה נותן לי או כותב לי, כך וכך, (ואין חילוק בזה בין נשואין ראשונים לשניים) (כן נראה מהרמב"ן וכ"כ הריב"ש סי' שמ"ה); וכן האב שפסק ע"י בנו ובתו: כמה אתה נותן לבנך, כך וכך, וכמה אתה נותן לבתך, כך וכך. הגה: ודוקא בדברים כאלו, שביד האב לקיים, אבל אם פוסק על בנו שיעשה איזה דבר, כגון לילך אחריה למקום אחר, אינו נקנה באמירה, דאין זה תלוי באב רק בבן (מרדכי פרק הנושא ובפרק מי שמת); עמדו וקדשו, קנו אותן הדברים ואף על פי שלא היה ביניהם קנין, ואלו הן הדברים הנקנים באמירה.

אות ד'

מארסין אבל לא כונסין, ואין עושין סעודת אירוסין, ולא מיבמין, מפני ששמחה היא לו

סימן תקמו ס"א - עיין לעיל אות ב'.

אות ה'

אין כותבין שטרי חוב במועד, ואם אינו מאמינו, או שאין לו מה יאכל, הרי זה יכתוב

סימן תקמה ס"ו - [יד]אין כותבין שטרי חוב במועד - דיכול להמתין לכתוב את השטר אחר המועד, **ואם** כבר נתן לו המעות, אפילו בפני עדים וקנין, מותר לכתוב, דיש לחוש שמא ימותו העדים ויכפור אח"כ, וכמ"ש ס"ה גבי מתנות.

ואם אינו מאמינו מלוה ללוה, (והלוה צריך למעות) - בחוה"מ, אפי' שאינו לצורך המועד, (דהו"ל לדידיה דבר האבד - מ"א, (שאע"ג שהוא צריך את המעות רק להרוחה, מחזיתן של אדם בכך הוא, ללות זה מזה, ואם נאסור את הדבר חשוב פסידא - פמ"ג, **אבל** כשלוה לצורך אחר המועד, אסור, **ואם** לא ימצא אחר המועד מעות ללות, מותר לכתוב, דהו"ל דבר האבד. **[טו]או שאין לו לסופר מה יאכל, הרי זה יכתוב** - לדעת המ"א, היינו דוקא שאין לו כלל אפילו לחם ומים, **ולהי"א**, היינו שאין לו כדי צרכו לשמחת יו"ט.

באר הגולה

[י] משנה מו"ק ח' [יא] מימרא דשמואל י"ח [יב] ולכאורה (הטעם משום) "שמא יקדמנו אחר", **זה** לס"ד, הא למאי דמסיק אירוסין בלא סעודה ליכא שמחה (יבמות מג:), בלאו הכי שרי אירוסין - פמ"ג [יג] הריב"ש בתשובה [יד] משנה שם [טו] כפי' רש"י שם

הגה: ומותר לכתוב שטר מכירה במועד (תוספות) - כגון שמכר לו קרקע לצורך המועד, כגון שהיה צריך לחפור שם טיט לתקן תנורו לצורך המועד, וכה"ג.

אבל כשמכר קודם מועד, אסור לכתוב במועד, אע"פ שיש לחוש שיחזור בהן, כמו שטר אריסות דאסור לקמיה, **אם** לא דהיה לו אונס, או שלא היה לו פנאי לכתוב קודם מועד, ‹ומשום שקצת פסידא יש בזה – מ"ב המבואר›, **והטעם**, דאף שיחזור המוכר או בעל השדה, [טו]ליכא פסידא ללוקח או להאריס, דיכול לקנות שדה או לקבל באריסות במקום אחר, [וה"נ למוכר אינו חשוב פסידא, שיזדמן לו לוקח אחר. **ובתורת** האדם ראיתי הטעם, דהוא רק הנחת ריוח המזדמן במועד, ולא מקרי פסידא להאריס, **ולפי** דבריו אפשר דאף אם היה לו אונס קודם המועד, ולא היה יכול לכתוב, גם כן אסור, וה"ה לענין שטר מכירה, ושלא כדברי התוס' ‹ד"ה אין›, וצ"ע, **אף** דבאמת במ"א לא נזכר שום תנאי לחלק בין היה לו אונס קודם המועד או לא, ואפשר דלטעמו בכל גווני אסור, מ"מ א"א לחלוק על התוס' כל זמן שאין לנו ראיה מבררת לזה, ובפרט שבב"י וכן בד"מ הארוך מביאין את דבריהם להלכה, והעתיקו הט"ז וא"ר ושאר אחרונים]. **ואם** המוכר צריך למעות, ואין הלוקח רוצה ליתן לו כל זמן שאין כותב לו שטר מכירה, נראה דמותר, וכנ"ל לענין הלואה.

אבל אין לכתוב שטר אריסות וקבלנות שקבל קודם המועד (רבינו ירוחם) - ולא אמרינן בזה דהוי דבר האבד וכנ"ל, **מיהו** אם נאנס או לא היה לו פנאי לכתוב קודם המועד, מותר אף לענין חכירות וקבלנות. **באמת** ה"ה בשטר מכירה, אם מכר לו קודם המועד ג"כ אסור וכנ"ל, **אלא** משום דלענין שטר מכירה יכול לצייר היתר כתיבה, כגון שמכרו במועד לצורך המועד, **משא"כ** באריסות וקבלנות, לא שייך לומר שיקבל השדה לצורך המועד, ולהכי שייך תיבת "אבל".

אם שלח שלוחו ליריד, מותר למשלח לכתוב לו אגרת בענין סחורתו, דכל זה הוי דבר האבד, **והיינו** כשלא כיון מלאכתו במועד.

אות ו' – ז'

אין כותבין ספרים תפילין ומזוזות במועד, ואין מגיהין אות אחת אפילו בספר עזרא

כותב אדם תפילין ומזוזות לעצמו

סימן תקמה ס"א - "אסור לכתוב בחוה"מ; ואפילו להגיה אות אחת בספר, אסור - כגון לעשות מרי"ש דלי"ת, וכה"ג, **לפי** שאין זה צורך המועד, ולא מקרי צרכי רבים, כיון שיש להם ספר אחר לקרות בו, **ואפילו** מצא טעות במועד, אסור, [ואפי' בעת הקריאה, אלא צריך להוציא אחרת]. **אבל** להפריד תיבות דבוקים, ‹אולי צ"ל אותיות דבוקים – שונה הלכות›, או אות שהיה רישומו ניכר, שרי להעביר עליו קולמוס, **וס"ת** שהיה חסר תפירה בעמודים, יבקשו איש שאין לו מה יאכל, ויתפרנו, [**ואם** מותר לתופרה ע"י עכו"ם, צ"ע].

[**ומשמע** מדברי הב"י דנקט לדינא, אפי' הס"ת הוא שלו, ותיקונו הוא לצורך עצמו, דעי"ז יש לו ס"ת כשרה, ג"כ אסור לתקן במועד, **ולא** אבין הטעם, דמ"ש מכתיבת מזוזה, דמותר לכתוב לכו"ע לצורך עצמו שצריך לה במועד, **היינו** אפי' לדעת הטור דמחמיר בזה, וכ"ש ליתר הפוסקים דס"ל, דמותר אפי' בשביל אחר המועד, כדי שיהא מזומן לו לקיים מצותו, **הלא** הכא ג"כ, באם חסר בתוכה אות אחת, אין לו מ"ע דכתיבת ס"ת].

(הנה אף שמקור דין זה הוא מהמשנה, ושם מיירי לענין ספר תורה, באמת כלל המחבר בזה אף ספר אחר, כגון ספרי מקרא וגמרא וכה"ג, **אם** לא שהוא ספר שצריך עתה ללמוד בו, ובלא הגהתו לא יוכל ללמוד בו, וכדלקמיה בס"ב).

הגה: ולצורך רבים, יש אוסרים כל שאינו לצורך המועד (ת"ה) - ס"ל דסתם כתיבה מעשה אומן הוא, **ולא** קאי אהגהת ספרים הנ"ל, דשם בודאי הוא מעשה אומן, ואסור לכו"ע אף שהוא צורך רבים, כל שאינו לצורך המועד, **אלא** קאי אסתם כתיבה שהוא לצורך רבים, [כגון שהקהל מבקשים אחר ש"ץ, וכותבים לו אגרת שיבוא, וכל כה"ג].

ויש מתירין (כל בו וב"י) - ס"ל דכל כתיבה זולת ספרים תפילין ומזוזות, אפי' כתיבה מרובע, הוי כמעשה הדיוט, שאין אדם מקפיד לכתוב אותן כתיקונן כ"כ. **ונהגו להקל בכתב שלנו שאינו מעשה אומן** - היינו בכתב משיט"א, [הם אותיות דקות כעין כתב רש"י, או כתב שלנו], דנקטינן לדינא שזה הכתב אינו מעשה אומן, **ועיין** ס"ה דמבואר שם, דאף בזה הכתב נהגו להחמיר לשנות, **מ"מ** בענינינו שהוא צרכי רבים, א"צ לשנות.

סימן תקמה ס"ג - [יח]"כותב אדם תפילין ומזוזות לעצמו - אפילו להניחן אחר המועד, דאלו להניחן בתוך המועד, במקומות שנוהגין להניח בחוה"מ, אפי' לאחרים שרי, וכדלקמן בהג"ה. [**והטור** סתם הדברים, ומשמע קצת דכוונתו דאפי' לעצמו אינו מותר רק כשכותב בשביל להניח בחוה"מ גופא, {להנוהגים להניח בחוה"מ} אבל לא לאחר המועד].

(**ואפילו דיעבד אם כיון מלאכתו במועד, אין לקנסו ושרי לכתוב, כיון דדבר מצוה הוא**).

[יט]סימן תקמה ס"ב - [כ]נראה לי שאם אין להם ס"ת כשר לקרות בו בצבור, מותר להגיהו בחוה"מ כדי לקרות בו בצבור - וה"ה אם חסר איזה אות או תיבה, מותר לכתוב, דצורך המועד הוא, ואפי' מעשה אומן שרי, וכמו שנתבאר בסי' תקמ"ד ס"ב.

(**נראה דה"ה אם יש בביהמ"ד ספר כשר, אך שדרכם להתפלל תמיד בעזרה של ביהמ"ד במנין בפני עצמו, ונפסל הס"ת שלהם ע"י איזה קלקול, ובביהמ"ד יש רק ספר אחד שנצרך לעצמם, מותרים לתקנו בחוה"מ**).

באר הגולה

טז ‹אבל קצת הפסד יש בזה, ולכך כשקונה במועד מותר לו לכתוב, וכן כשקנה קודם המועד והיה לו אונס שלא יכול לכתוב את השטר קודם המועד, ג"כ מותר לכתוב, **משא"כ** להתורת האדם, אינו נחשב לפסידא כלל – מ"ב המבואר› יז משנה מו"ק י"ח יח משנה שם וכרבי יהודה יט ‹מילואים›
כ בב"י דייק מלישנא דהרמב"ם וכ"כ בתרומת הדשן והרוקח

וכן בספרי מקרא וגמרא שצריך לקרות במועד, מותר להגיהם במועד, משום דהוה דבר האבד - תמוה, הא יכול ללמוד בהם אפילו אינם מוגהים, רק יעשה רושם במקום הטעות, ואחר המועד יתקנם, **וצ"ל** דמיירי שמגיה מתוך השכל ולא מתוך ספר אחר, ואפשר שאחר יו"ט ישכח עיון הזה, והוי דבר האבד - ט"ז, **ומ"א** תירץ, דמיירי שאינו יכול ללמוד מתוכו ע"י הרבה טעיותיו, אם אינו מגיה מתחלה, וזה נחשב דבר האבד מה שאינו לומד.

ואם אין להם ס"ת כלל, אם אפשר לכתבו כולה בחוה"מ ע"י סופרים הרבה, יכתבוהו, דצורך המועד הוא לקרות בתורה בצבור במועד – (עיין בביאור הגר"א שכתב, דלפי דברי הג"ה בסי' תקמ"ד ס"א, דדוקא צרכי רבים שהם צריכים לגוף האדם מותר לעשות מעשה אומן, נדחה זה הדין, **והסמ"ג** נתקשה ג"כ בזה, ומיישב קצת, **ונ"ל** עוד לומר, דגם להגר"א, יהיה מותר ספרי מקרא וגמרא להגיהם כדי ללמוד בהם, דהוי דבר האבד, וכמו שכתב המחבר).

הגה: וה"ה שאר ספרים ללמוד בהם (הכ"ד) - ר"ל שצריך ללמוד בהם במועד, מותר להעתיקם כדי ללמוד בהם, **ועיין** בב"י דמשמע שם, דוקא אם הוא צורך רבים, **אבל** מדברי המ"א והגר"א משמע, דאפילו צורך עצמו מותר, [**אכן** יש נ"מ ביניהם, דלדברי המ"א מותר לכתוב משום דהוי דבר האבד, **ולדברי** הגר"א הטעם, משום דעת הרא"ה, דס"ל דמדמינן בס"ת להא דקי"ל, דכותב אדם תפילין ומזוזות לעצמו, וה"ה בשאר ספרים].

[כא]**סימן תקמה ס"ד** - [כב]**מותר לכתוב חשבונותיו ולחשוב יציאותיו** - דהוי דבר האבד שמא ישכח, **ואם** אינו דבר האבד אסור, אא"כ הוא לצורך המועד, שצריך לחשוב מה שמוציא על המועד, **אבל** אז אינו שרי לכו"ע כי אם מעשה הדיוט, כמ"ש סימן תקמ"ד, וע"כ יראה לכתוב אותן בכתב משיט"א, [**ולדעת** הרוקח והרמב"ם אף בדבר האבד צריך לשנות בכתיבתו, כיון דאין כאן הפסד אם ישנה, **אם** לא שכתיבתו הוא לצורך שמחת יו"ט, אז א"צ לשנות]. **ואם** חשבונותיו כתובים כבר, רק שרוצה לסדרם, אסור במועד, **ואפילו** בשאינם כתובים מכבר, יראה עכ"פ שלא לכוין אותם במועד.

הגה: וה"ה הכתבים שכותבים כשמלוין על משכונות, שרי (הגהות מרדכי כל בו ומהרי"ל) - דהוי דבר האבד שמא ישכח, **ופשוט** דה"ה הסחורות שמותר למוכרן בחוה"מ, כגון שהם לצורך המועד, וכנ"ל בסימן תקל"ט ס"י וי"א, מותר החנוני לכתוב ההקפות שמקיף, כדי שלא ישכח.

[כג]**סימן תקמה ס"ז** - [כד]**כל הדברים שמותר לכתוב** - היינו המבוארים לעיל בס"ה, או שהוא דבר האבד, **אפי' בלא שינוי מותר, וכל מה שאסור לכתוב, [כה]אפי' ע"י שינוי אסור** - פי' שעושה שינוי בידו בשעת הכתיבה, כגון שאוחז הקולמוס בין גודל לאצבע, [כיון דעיקר האיסור בחוה"מ משום טורח, ובזה יש יותר עמל וטורח], או שעושה שורות עגולות או עקומות, והכתב עצמו אין בו שינוי, זה אסור, **אבל** אם יש שינוי בכתב עצמו, כגון שעושה האותיות חתוכות ושבורות באמצעיתן, והיו"ד עושה אותו כעין עיגול קטן, זהו מותר, **וזהו** לענין כתיבה מרובע, אבל לענין כתב משיט"א, או כתב שלנו, עיין לעיל בס"ה.

הגה: ובלוחות של שעוה מותר לכתוב, לפי שאינו כתב המתקיים (ב"י בשם א"ח) - ואפשר דה"ה בלוחות שלנו. **כתב** הפמ"ג, מה שכותבין בקנה עופרת על הלוחות מעופצות בסיד וכדומה, אפשר דשרי.

[כו]**סימן תקמה ס"ח** - [כז]**מי ששלחו לשאול ממנו שאלה, ואין השליח רוצה להתעכב עד אחר המועד, מותר לכתבה** - אפילו אם היא שלא לצורך המועד, פן לא ימצא אח"כ ע"י מי לשלחה.

[כח]**וכן מותר להעתיקה** - שישאר אצלו העתקה כדי שלא ישכחנה, **מפני שחשוב דבר האבד.**

[כט]**סימן תקמה ס"ט** - [ל]**ואם שמע דבר חידוש, מותר לכתבו כדי שלא ישכח** - וה"ה דמותר לשמוע לכתחלה כדי לכותבו, **גם** אין חלוק בין אם שמע החדוש מאחר, או חידשו הוא עצמו, דהרבה זימנין מצוי שאדם שוכח מה שחידש כבר, ואינו יכול לחדשו אח"כ, **ואפילו** בלא טעם שכחה, כיון שבכל עת ורגע מוטל על האדם לעמול בתורה ולחדש בה כפי יכולתו, אין שייך לומר ימתין עד אחר יו"ט ואז יכתוב החידוש, דאותו זמן יהיה עליו חיוב אחר, דהיינו שיחדש אח"כ חידושים אחרים, ואם יתעכב בכתיבת החידושים שלמד בתוך המועד, יצטרך ללמוד שנית מה שלמד כבר, ולהזכיר מה שחידש מכבר, וזה יבטלנו מלימוד חידושים אחרים באותה שעה, ואין לך דבר האבד גדול מזה, והעידו על הב"ח ז"ל, שכתב חיבוריו בחוה"מ, **ומ"מ** יזהר בכתיבת חידושיו, שיכתוב כתיבת משיט"א, ואם יצטרך לכתוב איזה אות מרובע, יכתוב אות שבור וכנ"ל.

וכן אם ראה ספר מחודש, מותר להעתיקו אם לא ימצא להעתיקו לאחר המועד.

וחשבון התקופות אסור לכתוב, דאין זה מוציא מלבו כלום ולא ישכחם.

ספר הצריך לו במועד ללימוד, מותר לתקן ולכרוך בעצמו, וכ"ש ע"י א"י, דהוי דבר האבד, **אבל** אסור לתקן קונטרס כדי לכתוב עליו אחר המועד.

כתבו האחרונים, כל מה שמותר לכתוב, מותר לעשות קולמוס ודיו הצריך לזה, **ולשרטט** לצורך דברים המותרים, נסתפק בא"ר, ובלקט הקמח אוסר בזה, מפני שהשרטוט בא רק ליפוי הכתיבה, **ורק** בתפילין ומזוזות שא"א בלא"ה, דאסור בלא זה, שרי.

באר הגולה

כא ‹מילואים› כב תוספתא, כתבוה הרי"ף והרא"ש שם, ופ' הרמב"ם הטעם, דאין אדם נזהר בתיקונן, ונמצאו כמעשה הדיוט, והרשב"א כתב, דשמא לא יזכור ויאבד ממונו כג ‹מילואים, ועיין בתוס' ד"ה דף י"ט. ד"ה וטווה› כד מרדכי בשם הרי"ף כה טור בשם ריב"א כו ‹מילואים› כז תשובת הרשב"א כח טור בשם אביו הרא"ש כט ‹מילואים› ל הג' סמ"ק מהא דמלתא חדתי שאני, תמורה י"ד

§ מסכת מועד קטן דף יט. §

אות א׳ – ב׳

וטווה על ירכו תכלת לציציתו

כותב ומוכר כדרכו כדי פרנסתו

סימן תקמה ס"ג - [א]וטווה על ירכו תכלת (וציצית) לבגדו -

אפי׳ להניחן בבגדו וללובשו אחר המועד וכנ"ל, [דלענין זה הוא דאמרינן לעצמו אין לאחרים לא, אבל למועד גופא, מותר אפי׳ בשביל חבירו, ואינו אסור אלא בשכר]. ‹**ואפי׳ דיעבד אם כיון מלאכתו במועד**›.

ולאו דוקא על ירכו, דאפילו בפלך שרי, [גמ׳], ולא אתי לאפוקי אלא בגלגל, דאוושא מילתא טובא.

[ב]ואם אין לו מה יאכל, כותב ומוכר לאחרים כדי פרנסתו -

היינו אפילו האחרים אינם לוקחים אלא להניחן אחר המועד, שרי, דלא גרע משאר מלאכות, דשרי לבעה"ב לשכור לזה פועל שאין לו מה לאכול, וכדלעיל בסימן תקמ"ב ס"ב, ‹ודוקא בצנעא›. ‹**ואפילו דיעבד** אם כיון מלאכתו במועד, וכנ"ל›.

הגה: [ג]או שיהיו לו כולאותיו יותר בריוח לשמחת יו"ט (טור) -

ר"ל אפילו יש לו מה יאכל, דבעלמא אסור לעשות מלאכה, הכא דהוא מצוה הקילו, כדי שיהיה לו יותר וכו׳, ‹**ולדעת הסוברים לעיל בסימן תקמ"ב, דאין לו מה יאכל, היינו דאין לו כדי צרכו לשמחת יו"ט, דהיינו בשר ויין, ממילא ה"ה בענינינו, והרמ"א שהוסיף או שיהיה לו וכו׳, היינו אפילו יש לו בשר ויין, אך הוא בצמצום, מותר לו לכתוב כדי שישתכר, ויהיה לו יותר בריוח לשמחת יו"ט**›. ‹**ואפילו דיעבד אם כיון** מלאכתו במועד, וכנ"ל›. **אבל** אופן זה אין להקל, רק היכא דהקונה לוקחו כדי לקיים מצות תפילין בחוה"מ גופא, [להנוהגים להניח תפילין בחוה"מ], **אבל** לא כשלוקחו בשביל אחר המועד.

אבל כשאין צריך גם לזה ‹כדי שיהיה לו יותר וכו׳›, שהוא עשיר, אסור לכתוב וליקח שכר. [ד]**אבל** לכתוב בחנם בשביל חבירו, כדי שיהיה יוכל לקיים בחוה"מ מצות תפילין, דעת הטור דשרי, **ואלאחר** המועד לכו"ע אסור, [**דלהטור** מוכח בהדיא בדבריו דהוא רק במועד, וס"ל דר׳ מאיר דשרי באחרים, ור׳ יוסי נמי דס"ל כוותיה בזה, דהוא לא אתי אלא לאקולי, איירי במועד גופא, **וכ"ש** להרמב"ם דר׳ יוסי לאחמורי אתי, כמש"כ הגר"א בביאורו, ולדידיה אין להקל כלל, באחרים בודאי אסור, **ובפרט** דלדידיה כל הענין לענין תפילין הוא רק אלאחר המועד, וכמש"כ בב"י, ור׳ יוסי פליג על ר׳ מאיר בזה], **אך** נ"מ לענין טויית ציצית לאחרים במועד בחנם כדי לקיים המצוה, דלהטור שרי ולהרמב"ם אסור].

ואם כתבן כדי להניחן במועד, בכל ענין שרי (סמ"ג) - אף דמתחלה מיירי ג"כ דכתבן כדי להניחן במועד, זה קאי אדברי המחבר שכתב בריש הסעיף, כותב אדם תו"מ לעצמו, משמע מזה דלאחרים לא יצוייר שום היתר, אם לא שאין לו מה יאכל, **ע"ז** כתב, דזהו דוקא כשכותב בשביל אחר המועד, אבל כשכותב לאחר כדי להניחן במועד גופא, מותר אף בשכר, בין יש לו מה לאכול ‹ועושה להרוחה›, בין אין לו מה לאכול, וזהו מה שסיים, בכל ענין שרי, [**אבל** אין הכונה דמותר אפי׳ לעשיר גמור שא"צ אפי׳ להרוחה].

ואינו אסור רק הכתיבה, אבל עשייתן שרי (ב"י בשם תוס׳)

‹ד"ה וטווה› - קאי לכותב כדי להניחם אחר המועד, דאסור בשכר אא"כ אין לו מה יאכל, **ואהא** קאמר דאינו אסור רק הכתיבה, אבל עשייתן שרי, והטעם, דכיון דצורך מצוה הוא לא גזרו.

אות ג׳

שבת עולה ואינה מפסקת

יו"ד סימן ת ס"א - [ה]שבת אינו מפסיק אבלות - ‹שהרי א"א ז׳ ימים בלא שבת, ואם היה מפסיק לא יהיו לעולם ז׳ ימים, וכבר אסמוכינו אקרא דימי אבילות הם ז׳, לפיכך עולה - לבוש›, **ועולה למנין שבעה, שהרי קצת דיני אבלות נוהגים בו, דהיינו דברים שבצינעא שהם: תשמיש המטה ורחיצה; אבל דברים שבפרהסיא (לא).**

אות ד׳

רגלים מפסיקין ואינן עולין

יו"ד סימן שצט ס"א - [ו]הקובר מתו קודם הרגל, בענין שחל עליו אבילות, ונהג בו אפילו שעה אחת קודם הרגל - פי׳ כל שהוא, ולא בעינן שעה זמניות - ש"ך, [פירוש אפי׳ חליצת מנעל לחוד שנהג מעט, די בכך – ט"ז], **מפסיק האבלות ומבטל ממנו גזרת שבעה; [ז]וימי הרגל עולים לו למנין שלשים, הרי שבעה לפני הרגל, וימי הרגל, ומשלים עליהם השלשים -** היינו ע"פ שנתבאר לקמן מסעיף ז׳ ואילך - ש"ך.

יו"ד סימן שצט ס"ב - הקובר מתו ברגל בחול המועד... ולאחר הרגל מתחיל למנות שבעה.

‹המשך ההלכות מול עמוד ב׳›

באר הגולה

[א] ‹לאו דוקא, דהא מסקנא דגמ׳ בין באבן כו׳ - גר"א. **ואפשר** דגם ציון של העין משפט הוא רק משום לשון השו"ע› [ב] **ברייתא שם י"ט וכרבי יוסי** ‹וכתב הרב המגיד, כדי פרנסתו פי׳ רבינו, אם אין לו מה יאכל, אבל רש"י [והרא"ש] פי׳ כדי פרנסתו בהרוחה, ולא הוי שאין לו מה יאכל, דהתם אפי׳ רבי מאיר מודה דשרי, ע"כ. **ואפשר** שטעמו של הרמב"ם, מפני שהוא סובר דאין מניחין תפילין בחוה"מ, דבכלל יו"ט הוא, וא"כ אין להתיר בכתיבתן יותר מבמלאכה אחרת, **והרא"ש** מפני שסובר שמניחין תפילין בחוה"מ, הוצרך לפרש שהקילו בכתיבתן יותר מבמלאכה אחרת, וכיון דבכל שאר מלאכות אם אין לו מה יאכל עושה, ואם יש לו מה יאכל אלא שאין לו כדי פרנסתו בהרוחה, לא יעשה, צ"ל שבתפילין הקילו, שאפילו יש לו מה יאכל, אם אין לו כדי פרנסתו בהרוחה, כותב. **ולפי** דברי הרמב"ם נראה שצריך לפרש דרבי יוסי לאחמורי מכולהו אתא, דלאחרים בטובה או להערים ולמכור את שלו, אסור, ולא שרי אא"כ אין לו מה יאכל - ב"י› [ג] ‹כפירש"י ותוס׳ שם - גר"א› [ד] ‹דלדידיה רבי יוסי להקל מכולם אתא, וא"כ שרי נמי לאחרים בטובה - ב"י› [ה] **משנה מו"ק דף י"ט.** [ו] ‹ע"פ מהדורת נהרדעא› [ז] **לשון הטור ממשנה מו"ק דף י"ט. וברייתא שם דף כ. וכחכמים** [ח] **בעיא שם דף י"ט: ונפשטא דעולין בדף כ. ומימרא דאמוראי שם** ‹והא הבעי"א היה רק בקברו ברגל, וכמו דמבואר שם בגמ׳ "לא ארישא", עיין רש"י, דבקברו קודם הרגל, ודאי עולה לו, וצ"ע›

וטווה על ירכו תכלת לציציתו: **גמ'** ת"ר כותב אדם תפילין ומזוזות לעצמו וטווה על יריכו תכלת לציציתו ולאחרים בטובה דברי רבי מאיר ר' יהודה אומר מערים ומוכר את שלו וחוזר וכותב לעצמו ר' יוסי אומר כותב ומוכר כדרכו כדי פרנסתו אורי ליה רב לרב חננאל ואמרי לה רבה בר בר חנה לרב חננאל הלכה כותב ומוכר כדרכו כדי פרנסתו: וטווה על ירכו תכלת: ת"ר טווה אדם על ירכו תכלת לציציתו אבל לא באבן דברי ר' אליעזר וחכמים אומרים אף באבן ר' יהודה אומר משמו באבן אבל לא בפלך וחכמים אומרים בין באבן בין בפלך אמר רב יהודה אמר שמואל וכן א"ר חייא בר אבא א"ר יוחנן הלכה בין באבן בין בפלך והלכה כותב ומוכר כדרכו כדי פרנסתו: **מתני'** הקובר את מתו שלשה ימים קודם לרגל בטלה הימנו גזרת שבעה שמונה בטלה הימנו גזרת שלשים מפני שאמרו שבת עולה ואינה מפסקת רגלים מפסיקין ואינן עולין ר' אליעזר אומר משחרב בית המקדש עצרת כשבת רבן גמליאל אומר ראש השנה ויום הכפורים ברגלים וחכמים אומרים לא כדברי זה ולא כדברי זה אלא עצרת ברגלים ראש השנה ויוה"כ כשבת: **גמ'** אמר רב גזרת בטלו ימים לא בטלו וכן א"ר הונא גזרת בטלו ימים לא בטלו ורב ששת אמר אפילו ימים נמי בטלו מ"ט ימים לא בטלו שאם לא גילח ערב הרגל אסור לגלח אחר הרגל

והתניא

רש"י

וטווה על ירכו. החוטין אבל לא בידו בין לאבנוסו ובפלך דדרך חול: **גמ' לאחרים בטובה.** ולא בשכר: **מערים ומוכר שלו.** כן עושה כל ימות השנה. בהרווחה ולא מיירי במי שאין לו מה יאכל: **אבל לא באבן.** שתולה בחוט כדי שיוכל לשזרו יפה: **מתני' הקובר מתו שלשה ימים קודם הרגל.** הואיל ועיקר אבילות אינו אלא שלשה ימים: **בטלה ממנו גזרת שבעה.** דלאחר הרגל אינו צריך למנות יותר: **שמונה ימים.** קודם הרגל בטלה ממנו גזרת שלשים דהואיל והתחיל יום אחד מן השלשים אינו צריך לשמור כלום לאחר הרגל דין שלשים אלא °מותר לאחר בתכבוסת בגיהוץ ותספורת: **שבת עולה.** אינה שבת בימי אבלו עולה למנין שבעה: **ואינה מפסקת.** דלאחר שבת צריך להשלים שבעה ימי אבלות עם השבת: **ורגלים מפסיקין.** דכי קבר מתו שלשה ימים קודם הרגל מפסיק האבילות לגמרי ולאחר הרגל אין משלים כלום: **ואין עולין.** דכי קבר מתו בתוך הרגל לא בטלה ממנו גזרת ז' אין ימי הרגל עולין למנין ז' ימי אבילות אלא לאחר הרגל צריך לישב ז' ימי אבילות זו היא סברתי אבל בהעתק מלאתי ואין עולין דכי קבר את מתו שני ימים לפני הרגל דלא בטלה ממנו גזרת שבעה אין ימי הרגל עולין למנין שבעת ימי אבלו אלא לאחר הרגל צריך לישב ה' ימי אבלות להשלים לשני ימים שנהג לפני הרגל (א) ואני אומר כי טעות סופר הוא דמה שנזכר °שלשה ימים לפני הרגל לאו דוקא ואפילו שעה אחת לפני הרגל בטלה ממנו גזרת שבעה דהרגל מפסיק: **משחרב בית המקדש.** שאין לעצרת תשלומין כל ז' ואינו אלא יום אחד: **כשבת.** ודינו כשבת דעולה ואינה מפסקת: **ראש השנה כשבת.** הואיל ואינו אלא יום אחד: **גמ' גזרת.** שלשים בטלו אבל ימים לא בטלו שלשים יום לא בטלו דעדיין תלויין ועומדים: **מאי טעמא ימים לא בטלו.** כלומר באיזה ענין לא בטלו ימים: **שאם לא גילח ערב הרגל.** דכי בטלו גזרת שלשים ולאבעי ליה לגלוחי ערב הרגל ולא גילח: **אסור לגלח אחר הרגל.** כל שלשים יום:

והתניא

תוספות

וטווה על ירכו תכלת לציציתו. פירוש ע"י שינוי אבל בתפילין לא אפשר בשינוי שצריך כתיבה תמה ובעשיית תפילין וציצית לא איירי במתני' ושמא אין איסור כי אם בכתיבה וטוויה ומה שנהגו לכתוב בעוגל לא מלינו היתר (ב) וכן פירש בתוספות הרב בשם רבנו ואפילו על ידי הדחק על יהודי אחד שתפשום היה התירו בדוחק גם על ידי היפוך שהוא נקרא מלך אחר לא היו מתירין וגם לא אסור משום מלאכה הא אסרינן °אפילו טירחא דלאו מלאכה בפרק קמא (דף ז.) מיהו נהגו לומר דמתני' לא איירי על ידי היפוך ויש שוחבין על ידי חילוק האות וכך היה עושה רבי זקני והרוי"ד שאי אפשר היה כותב בכתב הפוך: **רבי יהודה אומר מערים.** לכאורה מחמיר יותר מרבי מאיר שהתיר לאחרים ובתוספות פירשו דרבי מאיר אינו מתיר אלא בהערמה ולא הבנתי: **רבי יוסי אומר כותב ומוכר כדי פרנסתו.** דשרי לגמרי לאחרים בשכר ודוקא כדי פרנסתו ולכאורה מיקל מכולהו וכן פי' הר"א עוד פי' דכולהו הוי שרי כדי פרנסתו דלאין לו מה יאכל ולא איירי אלא כשיש לו מה יאכל ומחמיר רבי יוסי יותר מכולהו ולישנא לא משמע הכי דהוה ליה למימר אינו כותב אלא כדי פרנסתו מיהו במילתא דרבי יהודה קשה נמי קצת דהוה ליה למימר אינו כותב אלא כדי פרנסתו על ידי אחרים או על ידי הערמה והשתא מתני' אתיא כרבי מאיר ויש מפרשים דכדי פרנסתו נמי לא משמע דלאין לו מה יאכל °שרי דהואיל לצורך מצוה מותר להשתכר בה דבחנם לא ירלה לעשות כן ומתמיהין פירש בתוספות הרב דפליגא אכולהו ותנא אחר הוא והר"י יונה פירש דאתיא כתנא קמא והכי פירושו אין כותבין ספרים תפילין ומזוזות כדי למוכרם או כדי להניחם ועוד פי' דאתיא כרבי יוסי לפי מה שפירש שרבי יוסי מחמיר ואין ראיה מכאן שמותר להניח תפילין דדלמא רבי מאיר ורבי יהודה לטעמייהו דסבירא להו פרק המוצא תפילין (עירובין דף לו: ושם) שבת זמן תפילין [ורב] ורבה בר בר חנה נמי הכי מלי סברי ואע"ג דכולהו אמוראי דפרק הקומץ רבה (מנחות דף לו: ושם) משמע דלית להו שבת לאו זמן תפילין הוא אבל ר' ילחק בן אברהם היה מביא מן הירושלמי להתיר להניח דאמר בירושלמי חד בר נש אובד תפילוי בחולא דמועדא אתא לקמיה דרב חננאל פי' שיכתוב לו לפי שהיה סופר כדאיתא במגילה (דף יח:) שלחיה לקמיה דרבה בר בר חנה אמר ליה זיל הב ליה תפילך ואת כתב לך דתנן כותב אדם תפילין לעצמו אתא לקמיה דרב אמר ליה כתוב ליה פירוש בלא הערמה מתני' פליגא על רב כותב אדם תפילין ומזוזה לעצמו הא לאחר לא רב פתר לה בכותב להניח פירוש רב מעמיד המשנה להניח אחר המועד אבל להניחם במועד שרי ובהלכות גדולות פסק דאסור להניח תפילין בחולו של מועד ולטעם שממעט שבתות וימים טובים מימים ימימה מסתבר שפיר דממעט חולו של מועד ולמאן דדריש (מנחות דף לו:) מלך לאות ילאו שבתות וימים טובים שהן בעצמן אות יש לומר לפי שאין עושין מלאכה כי אם בדבר האבד אבל קשיא למאי דפרישית לעיל (דף ב: ד"ה משקין) דמלאכה דחול המועד מדרבנן היכי ממעט להו יש לומר דאין צריך אות ואם הוא אמת דבחול המועד חייב בתפילין יש לומר הואיל ועושין מלאכה בו אין אות ומימים ימימה נמי לא ממעט אלא יום טוב דחלוק משאר ימים: **הקובר את מתו.** להכי נקט קובר דאבילות מתחלת משעת סתימת הגולל כדאמרינן לקמן (דף כז:): **שלשה ימים.** קך הוא עיקר אבילות לכמה מילי ואמרינן לקמן (שם:) שלשה ימים לבכי: **מאי טעמא לא בטלו.** הכא הוה ניחא טפי לגרוס ימים לענין מאי לא בטלו ואין צריך להגיה דהיא היא: **שאם לא גילח ערב הרגל כו'.** ונראה לי דה"ה לא כיבס ולא רחץ ערב הרגל אם מותר לרחוץ ולכבס מבערב יו"ט ולא רחץ לא יכבס ברגל והשתא ניחא הא דקתני גזרת שבעה בטלו הא ימים לא בטלו ומיהו קשיא לן דקאמר בסמוך שכשם שמלות שלשה מבטלת גזרת שבעה אפילו לתנא קמא דמבטלת אפילו ימים שמביא אבל שאול ראיה למלות שלשים שבטלו לגמרי אפילו ימים והרי"ן פי' דדוקא לא גילח אבל לא כיבס לא דמותר לכבס אפילו לא כיבס שהוא צורך גדול יותר ואין נראה לי טעמו דאם הוא צורך גדול כ"ש דיש לנו לקנסו בשלא עשה קודם הרגל ונכנס ברגל ולפירוש הקונטרס דמפרש לקמן שאם חל שלישי להיות ערב הרגל שאסור ברחילה עד הערב זהו עד שתחשכה אם כן לא שייך לקנסו במה שלא רחץ ולא כבס וא"כ ימים לענין מאי לא בטלו גבי שבעה מיהו יש לומר דאם לא רחץ ברגל אסור לרחוץ אחר הרגל ועוד יש לומר אגב דנקט סיפא גזרת נקט ברישא גזרת ועוד נראה לי דרישא ה"פ שלשה ימים בטלה גזרת שבעה הא שני ימים לא בטלה גזרת מ"מ פי' אמת מדקאמר בסמוך שכשם שגזרת שלשה מבטלת גזרת ז' כו' משמע שזה פשוט אפילו לת"ק והשתא תימה לי דכי משני שאם לא גילח בו תינח סיפא אבל ברישא דקאמר בטלה הימנו גזרת ז' אמאי נקט גזרת ולענין מאי קאמר ימים לא בטלו וי"ל דאגב דנקט סיפא גזרת תנא נמי רישא גזרת ועוד נראה לי דרישא ה"פ שלשה ימים בטלה גזרת ז' הא שני ימים בטלו גזרת הא ימים לא בטלו לענין דנוהג דברים שבצינעא:

והתניא

עין משפט נר מצוה

צח א ב מיי' פ"ז מהלכות י"ט הלכה יג טוש"ע א"ח סי' תקמה סעיף ג:

צט ג מיי' פ"י מהל' אבל הלכה א סמג עשין ב טוש"ע י"ד סי' ת סעיף א:

ק ד מיי' שם הלכה ג טוש"ע שם סי' שלט סעיף ב:

קא ה מיי' שם טור ש"ע שם סעיף ו:

קב ו מיי' שם טוש"ע שם סעיף ח:

אלא כדי פרנסתו סיים בהרווחה שרי וכו' כן הוא גירסת מהרש"ל

רבינו חננאל

ת"ר כותבין תפילין ומזוזות לעצמן ולאחרים בשבת דברי ר' מאיר ר' יהודה אומר מערים ומוכר וחוזר וכותב לעצמו ר' יוסי אומר כותב ומוכר כדרכו כדי פרנסתו. אורי ליה רב לרב חננאל הלכה כותב ומוכר כדרכו כדי פרנסתו: וטווה אדם על ירירו תכלת לציציתו אסיקנא אמר רב יהודה אמר שמואל וכן א"ר חייא בר אבא א"ר יוחנן טווה אדם בין באבן בין בפלך. והלכה כותב ומוכר כדי פרנסתו: מתני' הקובר את מתו ג' ימים קודם לרגל בטלה הימנו גזירת שבעה. קברו קודם לרגל שמונה ימים בטלה הימנו גזירת שלשים מפני שאמרו שבת עולה ואינה מפסקת. רגלים מפסיקין ואינן עולין כו'. אמר רב גזרת בטלו. ימים לא בטלו. פי' גזרת בטלו נדחו גזירת האבילות גבי הרגל שיש לו לגלח וזולתי זה מגזירת האבילות. ואם לא גילח ערב הרגל אסור לו לגלח אחר הרגל. כי ימים לא בטלו

מסורת הש"ס

נזיר טו.

[עי' תוס' לקמן כד. ד"ה עלרת]

תוספ' ע"ז לקמן כד.

הגהות הב"ח

(א) רש"י ד"ה ואין עולין כו' (ואני אומר כי טעות סופר הוא וכו' דהרגל מפסיק) הא"מ ונ"ב הדבר פשוט שאיזה תלמיד טועה כתבו בגליון דהא מוכח לקמן דף כ דלתנא דידן [דוקא שלשה ימים]: (ב) תוס' ד"ה וטווה כו' לא מלינו היתר בזה וכן פירש כו' ואפילו ע"י הדחק אסור ועל יהודי אחד:

גליון הש"ס רש"י ד"ה שמונה ימים וכו' מותר לאחר בתכבוסת. עי' יבמות דף מג ע"א ברש"י ד"ה מקום שמותר וציין לקמן דף כג ע"א תוס' ד"ה כל שלשים: ד"ה ואין עולין וכו' ג"י לאו דוקא. קשה לי הא בהדיא מבואר לקמן דף כ ע"א דלתנא דמתני' דהכא ג"י דוקא כדאמרי' שם הלכה כתנא דידן דאמר שלשה וצ"ע: תוס' ד"ה וטווה וכו' אפי' טירחא דלאו מלאכה. עי' לעיל דף יב ע"ב תוס' ד"ה מכניס:

והתניא *הקובר את מתו שלשה ימים קודם לרגל בטלה הימנו גזרת שבעה שמונה ימים קודם לרגל בטלה הימנו גזרת שלשים ומגלח ערב הרגל אם לא גילח ערב הרגל אסור לגלח אחר הרגל אבא שאול אומר *מותר לגלח אחר הרגל שכשם שמצות שלשה מבטלת גזרת שבעה כך מצות שבעה מבטלת גזרת שלשים שבעה והאנן שמונה תנן *קסבר אבא שאול מקצת היום ככולו ויום שביעי עולה לו לכאן ולכאן *אמר רב חסדא אמר רבינא בר שילא הלכה כאבא שאול ומודים חכמים לאבא שאול כשחל שמיני שלו להיות בשבת ערב הרגל שמותר לגלח בערב שבת כמאן אזלא הא דאמר רב עמרם אמר רב אבל כיון שעמדו מנחמין מאצלו מותר ברחיצה כמאן כאבא שאול אמר אביי הלכה כאבא שאול ביום שבעה ומודים חכמים לאבא שאול ביום שלשים דאמרינן מקצת היום ככולו רבא אמר הלכה כאבא שאול ביום שלשים ואין הלכה כאבא שאול ביום שבעה ונהרדעי אמרי הלכה כאבא שאול בזו ובזו *דאמר שמואל הלכה כדברי המיקל באבל שלשים יום מנלן יליף פרע פרע מנזיר כתיב הכא °ראשיכם אל תפרעו וכתיב התם °גדל פרע שער ראשו מה להלן שלשים אף כאן שלשים והתם מנלן *אמר רב מתנה °סתם נזירות שלשים יום מאי טעמא אמר קרא °קדוש יהיה בגימטריא תלתין הוו אמר רב הונא בריה דרב יהושע הכל מודין כשחל שלישי שלו להיות ערב הרגל שאסור ברחיצה עד הערב אמר רב נחמיה בריה דרב יהושע אשכחתינהו לרב פפי ולרב פפא דיתבי וקאמרי הלכה כרב הונא בריה דרב יהושע איכא דאמרי אמר רב נחמיה בריה דרב יהושע אשכחתינהו לרב פפי ולרב פפא ולרב הונא בריה דרב יהושע דיתבי וקאמרי הכל מודים שאם חל שלישי שלו להיות ערב הרגל שאסור ברחיצה עד הערב בעא מיניה אביי (*מרבא) קברו ברגל רגל עולה לו למנין שלשים או אין רגל עולה לו למנין שלשים °למנין שבעה לא קמיבעיא לי דלא נהגא מצות שבעה ברגל כי קא מיבעיא לי למנין שלשים דקא נהגא מצות שלשים ברגל מאי א"ל אינו עולה איתיביה *הקובר את מתו שני ימים קודם הרגל מונה חמשה ימים אחר הרגל ומלאכתו נעשית ע"י אחרים ועבדיו ושפחותיו עושים בצינעא בתוך ביתו ואין רבים מתעסקין עמו שכבר

רש"י

והתניא. סיעתא: **שכשם (א) שגזרת שלשה מבטלת שבעה.** דכי קבר מתו שלשה ימים לפני הרגל אינו יושב לאחר הרגל כלום: **כך (ב) גזרת שבעה מבטלת גזרת שלשים.** דכי קבר מתו שבעה ימים קודם הרגל בטלה ממנו גזרת שלשים דאפילו לא גילח ערב הרגל מגלח אחר הרגל: **ויום (ג) שבעה עולה לכאן ולכאן.** דחשיב נמי שמיני: **כיון שעמדו מנחמים מאצלו.** היינו ביום ז': **כמאן כאבא שאול.** דאמר עולה לכאן ולכאן דחשיב נמי שמיני דמבטל ממנו גזרת שלשים: **ומודים חכמים לאבא שאול.** ביום שלשים לקבורת מתו דמותר לגלח דלא בעינן שלשים שלימין דאמרינן מקצת היום ככולו: **מנלן.** דשלשים יום אסור בגילוח: **ראשיכם אל תפרעו.** הא שאר אבלים חייבים משמע: **הכל מודים.** אפילו אבא שאול דאמר מקצת היום ככולו: **שאסור ברחיצה עד הערב.** דודאי שלש שלימין בעינן עד הערב ולערב רוחץ בצונן או ימתין עד חולו של מועד וירחץ בחמין: **למנין שבעה לא קמבעיא לי.** דודאי אינו עולה דודאי לא נהגא מצות שבעה ברגל דהא אינו אסור בנעילת הסנדל ואינו נוהג בכפיית המטה: **דקא נהגא מצות שלשים ברגל.** דהא ברגל נמי אסור בגיהוץ ובתספורת כשלשים: **ואין רבים מתעסקין עמו.** כלומר אין צריכין לנחמו אחר הרגל שכבר נחמוהו שבעה ימים ברגל: כל

תוספות

והתניא. בניחותא הקובר את מתו כו'. הקשה בתוספות הרב אמאי לא קאמר כתנאי ורב ששת כתנא קמא א] ושמא משום דברייתא מזכיר לשון בטלו וקאמר לדידיה ימים לא בטלו א"כ לא סבירא הברייתא כרב ששת דקאמר ימים נמי בטלו משום דלשון בטלו משמע בטולו כן נראה לי:

הלכה כאבא שאול. נראה דהלכה כמותו בכל מאי דפליג אתנא קמא בין במקצת היום ככולו בין לענין אם לא גילח מדלא מפליג בהלכה כאבא שאול במקצת היום ככולו ולא בגילח הרי"ן בירושלמי מקשה לרבנן דאבא שאול מה בין יום שלשים ליום שמיני דקאמר מקצת היום ככולו ומגלח ערב הרגל ויום שלשים לא אמר מקצת היום ככולו שיהא מגלח בו ומשני משום כבוד הרגל התירו תדע *שהרי חל שמיני שלו בערב הרגל מגלח ערב הרגל ואילו חל שלשים בשבת אינו מגלח בערב שבת: **אתיא** פרע פרע מנזיר. יש שאומרים שאסור לאבל להיות סורק ראשו לאחר שבעה משום דאמרינן (נזיר דף מב.) נזיר חופף ומפספס אבל לא סורק ואנן ילפינן מנזיר ואין נראה כלל דהא בנזיר אסור ודאי שאפילו תלש שערו אסור אבל לענין אבילות שהוא משום יפוי לא ובשעת מעשה שאלתי ממורי ריב"א והתיר לי והר"ר יום טוב פירש כיון דקיימא לן מקצת יום שבעה ככולו ועולה לכאן ולכאן מקצת היום ככולו ויכול לגלח ביום עשרים ותשעה ב] ובתוספות הרב לא פירש כן דלא אמרינן שיהא יום שבעה לשני ימים לענין שלשים יום:

תלתין הוו. ולבר פדא דאמר בנזיר בפ"ק (דף ה.) נזיר להזיר כ"ט אסור שלשים שרי ונזירות הוא עשרים ותשעה יום לדידיה א"כ סבר על כרחך כדפירש אבא שאול מיהו יש לומר לכתחילה אינו מגלח בנזיר עד שלשים יום מדרבנן כדמשמע הכא ובירושלמי מקשה מן המשנה (שם דף טז.) דאמר גלח ביום שלשים יצא ומשני תמן לשעבר הכא מתחילה והיינו כדפרישית:

שאסור ברחיצה עד הערב. פי' בקונטרס ולערב יכול לרחוץ גופו בצונן אי נמי פניו ידיו ורגליו אבל כל גופו בחמין לא דאסור לרחוץ בי"ט א"כ יש לפרש בחמי טבריא א"נ לשטוף מותר כדאי' פרק כירה (שבת דף לט: ושם) אי נמי בחמין שהוחמו בקרקע ואמר בפרק כירה מחלוקת בחמין שהוחמו בכלי וא"ת מאי שנא דלא אמרינן מקצת היום ככולו בשלישי ובשביעי לרבנן •ובשביעי לאבא שאול שרינן על ידי מקצת היום ככולו וכי תימא משום דאפשר לרחוץ ביו"ט ולא יהא ניוול תינח רחילה אלא כיבוס מאי איכא למימר ואין נראה לר"י דכיבוס שרי בשלישי וי"ל דבאבילות שבעה חמיר טפי בה"ג מפרש הוא הדין רביעי וחמישי אסור עד הערב ע"כ פי' בתוספות *והר"י פירש עד הערב היינו *מבערב י"ט ולאפוקי דלא שרי מן הבקר ונראה דהוא הדין בכיבוס מותר לערב י"ט ולפירושו נראה דשבעה קודם הרגל אליבא דרבנן מותר מבערב י"ט *ומדקאמר הכל מודים פירוש אפילו אבא שאול דשרי בשביעי מן הבקר הכא מודה דלא שרי מן הבקר אלא יש לו דין שביעי לרבנן: **קברו** ברגל רגל עולה לו מן המנין שלשים או אינו עולה. פירש בתוספות דהוא הדין דמיבעיא לן בקברו שני ימים קודם הרגל וקשיא לן דהא בסמוך משמע דפשיטא בקברו שני ימים קודם הרגל דקאמרינן מאי לאו אסיפא לא ארישא משמע דברישא ניחא ליה ושמא היה הרב רוצה לומר דתרוייהו מיבעי ליה וכי פשיט בעי למיפשט הכל ומשני דלא תיפשוט הכל: **דלא** נוהגין מצות שבעה ברגל. ומיהו דברים שבצינעא נוהגין כדמשמע פ"ק דכתובות (דף ד: ושם) דקאמרינן כל אותן הימים הוא ישן בין האנשים והיא ישנה בין הנשים מסייע ליה לרבי יוחנן וכן פירש הרב בשם רבו ממתני' מלי למיפשט דאינו עולה למנין שבעה דקתני מפסיקין ואין עולין ולכל הפחות איירי לענין שבעה ומיהו יש לומר דעתו טעם מנין לו פשוט למתניתין איירי שאינו עולה למנין שבעה אימא לענין שלשים: **ומלאכתו** נעשית ע"י אחרים. אפילו בביתו *אע"ג דאמר לעיל בפ"ב (דף יא:) היתה מלאכתו ביד אחרים בתוך ביתו אסור לעשות בבתיהם מותר וי"ל דהכא מיירי בדבר האבד:

רבינו חננאל

ומקשינן עליה והתניא הקובר את מתו קודם לרגל ג' ימים בטלה הימנו גזירת שבעה. ח' ימים קודם לרגל בטלה הימנו גזירת שלשים ומגלח ערב הרגל. אבא שאול אומר מגלח אחר הרגל. שכשם שמצות שלשה מבטלת גזירת שבעה. כלומר כיון שקיים מצות אבלות ג' יום כו' כן מצות ז' מבטלת גזרת שלשים. ומקשינן כך מצות שבעה והאנן שמונה תנן. ופרקינן אבא שאול סבר מקצת היום ככולו ויום השביעי עולה לו למנין שבעה. ושאר יום השביעי כולו עולה לו למנין שלשים. וכיון שקיים מצות שלשים במקצת היום דיי לו. ומגלח ערב הרגל ואם לא גילח ערב הרגל מגלח לאחר הרגל. ואמרו הלכתא כאבא שאול. קשיא לרב דאמר ימים לא בטלו. ופריק רב כי קאמרינן הלכתא כאבא שאול בשבעה ואין צריך שמונה כרבנן דפליגי עליה. ומודים חכמים לאבא שאול ביום ל' שמקצת היום ככולו ואיפסקא הלכתא כאבא שאול בין ביום שביעי בין ביום שלשים דמקצת היום ככולו. והני מילי בתשלום שבעה ובתשלום שלשים. אבל בזמן שהרגל מפסיק האבלות לא כרב הונא בריה דרב יהושע דאמר הכל מודים שאם חל שלישי שלו להיות ערב הרגל שאסור ברחיצה עד הערב. ואמרינן הלכתא כרב הונא בריה דרב יהושע. ד) בעא מיניה אביי מרבה קברו ברגל

עין משפט נר מצוה

קג א ב ג מיי' פ"ו מהלכות אבל הלכה ו טוש"ע י"ד סי' שצט סעיף ג:

קד ד מיי' שם פ"ח סמג עשין דרבנן ב טור ש"ע שם סי' שצה סעיף א:

קה ה מיי' פ"ג מהל' נזירות הלכה א סמג לאוין רב:

קו ו מיי' פ"ו מהלכות אבל הלכה ו טוש"ע א"ח סי' תקמח סעיף י וטוש"ע י"ד סי' שצט סעיף ה:

מסורת הש"ס

[נזיר טז.] מס' שמחות פ"ו ע"ש

[לעיל יז: פסחים ד. וש"נ]

לעיל יז.

לעיל יח. וש"נ עירובין מו.

ויקרא י

נזיר ה. נב. תענית יז. [סנהדרין כב:]

[צ"ל מרבה]

[תוספתא פ"ב]

הגהות הב"ח

(א) רש"י ד"ה שכשם שמצות שלשה מבטלת גזירת שבעה דכי קבר מתו: (ב) ד"ה כך מצות שבעה מבטלת: (ג) ד"ה ויום שביעי עולה:

גליון הש"ס

הגהות מהר"ב רנשבורג

[ט]סימן תקמח ס"ז - [י]מת לו מת קודם הרגל, ונהג אבילות [יא]אפי' שעה אחת לפני הרגל, בטלה ממנו גזירת שבעה.

אות ה'

ראש השנה ויום הכפורים כרגלים

יו"ד סימן שצט ס"ו - [יב]ר"ה ויוה"כ חשובים כרגלים לבטל האבלות - ‹אף על גב דלא כתיב בהו שמחה, כולהו הוקשו להדדי בתורה, דכתיב: אלה מועדי ה', ויש בכללם ראש השנה ויום הכיפורים - לבוש›.

[יג]סימן תקמח סי"א - [יד]ר"ה ויוה"כ חשיבי כרגלים לבטל האבילות.

אות ו'

עצרת כרגלים

יו"ד סימן שצט ס"ח - [טו]שעה אחת לפני עצרת חשובה כו'.
[טז]סימן תקמח סי"ג- שעה אחת לפני עצרת חשובה כו'.

---

§ מסכת מועד קטן דף יט: §

אות א' - ב' - ג'

מותר לגלח אחר הרגל | **הלכה כאבא שאול**

כשחל שמיני שלו להיות בשבת ערב הרגל, שמותר לגלח בערב שבת

יו"ד סימן שצט ס"ג- [א]אם קבר את מתו שבעה ימים קודם הרגל, ונהג בהם גזירת שבעה, הרגל מבטל ממנו גזירת שלשים, [ב]אפילו חל יום שביעי בערב הרגל, דמקצת היום ככולו ועולה לכאן ולכאן, ומותר לכבס ולרחוץ ולספר בערב הרגל - כלומר דאע"ג דתספורת נוהג כל ל', וכדלעיל ר"ס ש"צ, הכא בטל ממנו גזרת ל' - ש"ך.

ולרחוץ - ‹וקשה לי, הא רחיצה בלא"ה מותר ביום ז', דרחיצה אין אסור כי אם בז' ימי אבילות, אלא דהרמ"א כתב לעיל סי' שפ"א דמצד מנהג אסור, וצ"ע - רעק"א›.

הגה: סמוך לחשיכה (טור) - מה שנרשם כאן טור, הוא טעות, דבטור לא כתב ע"ש ריב"א, אלא דבחל יום א' דאבילות או יום ו' בערב הרגל, דמותר דוקא סמוך לחשכה, **אבל** נ"ל שהוא מהגהת אשר"י שהביא הב"י באו"ח סי' תקמ"ח, וז"ל, אפי' חל יום ח' או יום ט' בערב הרגל, צריך להמתין עד סמוך ללילה, שאז ניכר שבשביל הרגל הותר, כ"כ ראבי"ה ע"כ - ש"ך.

‹**ואינו** מובן הטעם מה שהצריך דוקא סמוך לחשיכה, והרי כיון דהרגל מבטל ממנו גזירת ל', ולכן התירו לו לגלח ולכבס ערב הרגל, א"כ מה לי סמוך לחשיכה או קודם לו, ובאמת מדברי רבינו הב"י מבואר להדיא דכל היום מותר ע"ש, **וראיתי** ש"ך שכתב דטעמו כדי שיהא ניכר שעושה כן בשביל הרגל, **מיהו** רבינו הרמ"א וודאי לא נתכוין לזה, שהרי נראה מדבריו דהוא לא כתב זה רק על אם חל שביעי בערב הרגל, ואי מטעם זה, גם בח' וט' הדין כן כמ"ש ראבי"ה, **ונ"ל** דמהטור הוציא דין זה, שכתב וז"ל, אפילו אם חל יום ז' בערב הרגל דמקצת היום ככולו, ועולה תחלתו לסוף ז' וסופו עולה ליום ל', עכ"ל, **דקדק** לומר דסופו עולה לשלשים, ולכן פסק סמוך לחשכה דווקא, אבל בח' או בט' מותר כל היום, **ולא** חייש לטעמא דראבי"ה, דאין לנו לחדש גזירות מעצמנו, **ולפי"ז** אתי שפיר מה שנרשם בשו"ע על דין זה מקורו מהטור - ערוה"ש›.

ובערב פסח מותר בכל אחר חצות, דהיינו מזמן שחיטת הפסח ואילך - זה הוציא הרב מתשובת מהר"י מינץ, וצ"ע דאדרבה משמע שם דע"פ שוה לכל ערב יום טוב לענין כיבוס ורחיצה, דלא הותר אלא סמוך לחשיכה, **וראיתי** בב"ח שהעתיק דברי הרב והשמיט הא דבערב פסח מותר בכל, וצ"ע - ש"ך.

‹**ולפי** דברינו לעיל אתי שפיר, מה דבע"פ התיר אחר חצות, דכיון שהוא זמן שחיטת הפסח, הוי אותה שעה כיו"ט ומבטל הל', ולא סוף היום, **ודעתו** דנפשיה קאמר, וזה אינו מהר"י מינ"ץ, אלא לפי מה שדקדק מהטור - ערוה"ש›.

ועדיף שיגלח קודם חצות, הואיל ואחרים אסורים לגלח אחר חצות (תשו' ר"י מינץ) - דאין עושין מלאכה בערב פסח אחר חצות, וא"כ יצטרך לגלח על ידי עצמו, להכי עדיף טפי קודם חצות, וכן הוא בתשובת מהר"י מינץ שם, **ודלא** כהעט"ז שכתב: הואיל ואחרים הרבה נהגו איסור לגלח אחר חצות, גם הוא ינהוג איסור כו' - ש"ך.

[ג]וכן אם חל שמיני בשבת שבערב הרגל, מותר לכבס ולרחוץ ולספר בערב שבת - (עבה"ט של הרב מהרי"ט ז"ל שכתב בשם שבו"י, דמ"מ אסור בלבישת לבנים ובגדי שבת וחזרת מקומו, ודלא כבה"י שמקיל בזה, ע"ש, **ועיין** בספר בית לחם יהודה שכתב כדעת הבה"י ולא כהשבו"י, ועיין בתשו' תשואת חן שהעלה ג"כ הכי, אך לא מטעמיה ע"ש, **ועיין** בשע"ת באו"ח שם שכתב ג"כ, דהמורה להקל אינו שגגת הוראה, כי יש לו על מה לסמוך, כי גם הב"ח בתשובת החדשות מתיר בזה, **ואפשר** דאי חזי השבו"י דברי הב"ח היה מבטל דעתו והיה מורה הלכה כבה"י, **ומ"מ** לענין לבישת בגדי שבת נראה להחמיר אם הם חדשים ועדיין גיהוצין ניכר הרבה, **ואם** אין לו אחרים אפשר שיש להקל גם בזה - פת"ש).

ואם לא גילח בערב יום טוב או בערב שבת, מותר לגלח אחר הרגל, שכבר נתבטל ממנו גזירת שלשים; אבל בחוה"מ לא יגלח, כיון שהיה אפשר לו לגלח קודם הרגל.

ואם חל שביעי שלו בשבת ערב הרגל, אסור לגלח בערב שבת, ומותר לגלח אחר הרגל, [ד]וכן בחול המועד, כיון שלא היה יכול לגלח קודם הרגל.

באר הגולה

ט ‹ע"פ מהדורת נהרדעא› | י משנה שם י"ט | יא כחכמים בברייתא שם כ' | יב משנה מו"ק דף י"ט וכרשב"ג דאיפסקא הלכתא כוותיה דף כ"ד. | יג ‹ע"פ מהדורת נהרדעא› | יד משנה שם וכרשב"ג | טו שם | טז ‹פשוט› | א ברייתא שם י"ט: | ב שם וכאבא שאול דאיפסקא הלכתא שם בגמ' כוותיה | ג שם גם אליבא דחכמים | ד ברייתא וכדמפרש לה בגמ' שם י"ז:

ה סימן תקמח ס"ח - ו אם נהג שבעה ופגע בו הרגל, מבטל ממנו גזירת ל', ז אפילו חל יום שבעה בערב הרגל - דקיי"ל מקצת היום ככולו לענין אבילות, לפיכך יום שביעי עולה לו לכאן ולכאן, תחלת יום השביעי הוא תשלום השבעה, ואח"כ מתחיל יום שמיני, דהוא נחשב מהתחלת שלשים, **וכיון** דהתחיל יום אחד מן השלשים, א"צ לשמור תו כלום לאחר הרגל מן השלשים, דבא הרגל ומפסיקו, **ויותר** מזה, דאפילו בזה היום גופא **מותר לספר ולכבס** - אפילו בגיהוץ, **בערב הרגל** - משום כבוד הרגל.

הגה: וה"ה הרחילה, לדידן דנוהגין איסור רחילה כל ל' - ר"ל אף לדידן דבעלמא נוהגין איסור רחיצה כל ל', מ"מ בענייננו אינו חמור מתספורת, **ומותר לרחוץ** - אפילו בחמין, **סמוך לערב** - דהיינו אחר תפלת המנחה, כדי שיהיה ניכר שהוא משום כבוד הרגל, **וזה** הדין הוא אפי' אם חל יום ח' או ט' בערב הרגל, [**הוא** דעת הג' אשרי בשם ראבי"ה, ומה שציינו ברמ"א בשם מרדכי אינו מדויק, דלא נמצא שם באופן זה].

ודוקא בכל עיו"ט, אבל בע"פ מותר בכל אחר חצות, דהיינו מזמן שחיטת הפסח ואילך, דאז הוא יו"ט דאסור במלאכה, ולכן מותר ברחיצה אחר חצות תיכף, וכן בכיבוס, **אבל** לגלח מותר אפילו קודם חצות, כיון דאחר אסור לו לגלח אחר חצות, כדאיתא בהלכות פסח, «כהעט"ז מובא בש"ך לעיל».

וא"ל להמתין עד הלילה (הגה"מ ומרדכי והג"א) - קאי ארחיצה, דאלו תספורת וכביסה בלילה אסור, ובודאי צריך לעשות סמוך לערב, דהיינו אחר תפלת המנחה וכדלקמיה, [**ואף** דרחיצה בחמין אסור ביו"ט בלילה, מ"מ יצוייר כמה פרטים דמותר, כגון שהוחמו מעיו"ט, דלדעת המחבר מותר לרחוץ בזה, **ואף** לדעת הרמ"א אינו אסור רק כל גופו כאחד, אבל לא אבר אבר]. «פי' וירחץ בצונן – באה"ג».

[**והנה** המחבר בס"י משמע, דדי במה שעושה זה אחר חצות, **ואין** לומר דכוונת הרמ"א משום דרחיצה אפשר בלילה לפיכך החמיר טפי, דהמעיין ביו"ד סי' שצ"ט ס"ג בהג"ה יראה דרמ"א החמיר גם בכיבוס ותספורת, **ובשעת** הדחק אפשר דיש לסמוך להקל כדעת המחבר, **ומלשון** המחבר משמע דבענינינו מיקל טפי, שא"צ להמתין עד אחר חצות, ודיינו שנחמיר בזה כמו בס"י].

(לדעת רמ"א שהחמיר דוקא סמוך לערב, לאו דוקא לענין רחיצה, דה"ה לענין לספר ולכבס. ודע דמש"כ הרמ"א סמוך לערב, היינו לדעה הראשונה המובאה בס"י, שס"ל שם עד הלילה, כאן מותר סמוך לערב, דאלו להיש מתירין שם, כאן מותר אף קודם חצות).

ואין צ"ל אם חל יום ח' להיות בשבת ערב הרגל, שמותר לספר בערב שבת – (וכן לכבס ולרחוץ, ונקט לישנא "ואצ"ל", משום דכשלמו לו ח' ימים קודם הרגל, בודאי פשיטא דהרגל מבטל גזירת שלשים, ומותר להסתפר בו ביום, וזה שחל יום ח' שלו בשבת שא"א לו לספר, ומוכרח לעשות זה בע"ש, חשיב כאלו היום יום השמיני, כן משמע בגמ', ונראה דבזה א"צ להמתין עד אחר תפלת המנחה, ושאני לעיל דצריך שיהא ניכר שהוא משום כבוד הרגל, משא"כ הכא).

ח ואם לא גילח בערב הרגל, מותר לגלח אחר הרגל, שהרי כבר נתבטל ממנו גזירת ל'; אבל בתוך הרגל לא יגלח, כיון שהיה אפשר לו לגלח קודם הרגל - פשוט דה"ה לענין כיבוס.

ט ואם חל יום שבעה שלו בשבת ערב הרגל, מותר לגלח בחול המועד, כיון שלא היה אפשר לו לגלח קודם.

אות ד'

הלכה כאבא שאול בזו ובזו

יו"ד סימן שצה ס"א - י כיון שעמדו מנחמים מאצל האבל ביום שביעי, מותר בכל דברים שאסור בהם תוך שבעה, דמקצת היום ככולו; לא שנא מקצת יום שביעי, לא שנא מקצת יום שלשים, כיון שהנץ החמה ביום שלשים, בטלו ממנו גזירת שלשים (רא"ש ורבינו ירוחם) - דביום ל' שאין מנחמים, מותר מיד כשהנץ החמה - ש"ך.

«**ואף** גם בדברים שהתרנו מיום הג' ואילך, אמרינן ביום הג' מקצת היום ככולו, כמ"ש בסי' שצ"ג ס"א ברמ"א ע"ש, **וראיתי** מי שכתב דבג' לא אמרינן מקצת היום ככולו, וזהו נגד דברי השו"ע שם – ערוה"ש». «**עיין** סי' ש"פ ס"ב».

«**וזה** דבר פשוט, דכשאמרינן ביום ז' מקצת היום ככולו, דמותר גם בתשמיש לאחר מקצת היום, **אלא** שיש שחוששין בזה, עיין ט"ז או"ח סוף סי' תקנ"ה, שכ' דמהפוסקים נראה דמותר, אבל בספר חסידים וכן בתשו' מהר"ם מרוטנבורג אוסרים בתשמיש עד הלילה, ע"ש, **והוא** פלאי, שציין לתשו' תקמ"ט, ועיינתי שם ומפורש ממש להיפך, דלכל מילי מקצת היום ככולו, ע"ש וצ"ע – ערוה"ש».

הגה: ובמדינות אלו שאין המנחמין רגילין לבא ביום ז', צריך להמתין עד שעה שרגילין המנחמים לבא בשאר ימים, דהיינו לאחר יציאה מבית הכנסת שרגילין לבא מנחמין, כן נראה לי; ודלא כמו שרגילין להמתין שעה על היום, דאין הדבר תלוי רק בעמידת המנחמין (כן משמע באשר"י).

«**ולכאורה** כיון דמקצת היום ככולו, א"כ גם מקצת לילה די לענין שלשים, שכאשר עבר מקצת ליל השייך ליום ל' בטלה ממנו גזירת שלשים, **דבשלמא** בשבעה א"א להיות כן, דבענין שיעמדו המנחמין מאצלו, והמנחמים באים ביום ולא בלילה, **אבל** לענין שלשים למה לא תחשב מקצת לילה כמקצת, ובאמת כן דעת הרמב"ן והרא"ש בשם הר"ם, **אבל** דעת הרשב"ם והריב"ם דבלילה אין הדבר ניכר ובענין מקצת היום, ולא משום דמעיקר הדין כן הוא, אלא דכן מנהג העולם, וכן סתמו רבותינו בעלי השו"ע – ערוה"ש».

(**ועיין** בשו"ת הרדב"ז שהכריע, דלענין ת"ת ותשמיש המטה דאית בהו מצוה, אית לן למפסק כדברי המקילין דמקצת לילה ככל היום, **אבל** ברחיצה וסיכה ושאר הדברים דלית בהו מצוה, פסקינן כדברי

באר הגולה

ה «ע"פ מהדורת נהרדעא» ו שם במשנה ז שם בגמ' וכאבא שאול ח שם בברייתא וכאבא שאול ט שם «ר"ז» בברייתא בגמ' כאבא שאול י מימרא דרב עמרם וכו' מו"ק דף יט: וכאבא שאול שם

המחמירים דבעו מקצת היום דוקא ולא מקצת הלילה, **ומיהו** צריך להמתין מלשמש בלילה יותר מעט ממה שהוא רגיל, כדי שיהא נוהג גם בו מקצת אבילות - פת"ש).

[**עיין מש"כ בטעם דין זה בסי' ת"ב, ויש בו נפקא מינה לדינא – ט"ז**].

(**עיין** בתשו' גבעת שאול, שנשאל באבל שחל יום שביעי שלו בשבת, אם מותר ללבוש חלוק לבן בבוקר קודם תפלת שחרית, **וכתב** דלפמ"ש הט"ז בסי' ת"ב סק"ה, דאותו אבילות שהוא בקום ועשה, כגון חליצת מנעלים וכפיית המטה, בזו דוקא צריך להמתין עד עמידת המנחמים, **אבל** אבילות שהוא בשב ואל תעשה, כגון גיהוץ ותספורת, סגי בהנץ החמה, ע"ש, **א"כ** הכא בלבישת חלוק דשב ואל תעשה הוא, נמי סגי בהנץ החמה, **אך** באמת דברי הט"ז תמוהין כו', **ע"ש** שהעלה דאף מה שהוא בשב ואל תעשה צריך ג"כ להמתין עד עמידת המנחמים, וה"ה לענין לבישת חלוק לבן דאסור עד אחר התפלה - פת"ש).

אות ה'

סתם נזירות שלשים יום

רמב"ם פ"ג מהל' נזירות ה"א - סתם נזירות שלשים יום, כיצד, מי שאמר: הריני נזיר, אין פחות משלשים יום; ואפילו אמר הריני נזיר נזירות גדולה עד מאד הרבה, הרי זה נזיר שלשים יום, שהרי לא פירש זמן.

אות ו'

כשחל שלישי שלו להיות ערב הרגל, שאסור ברחיצה עד הערב

סימן תקמח ס"י - [יא]**ואם חל אחד מימי האבילות, חוץ מהשביעי, בערב הרגל** - אפילו יום ראשון, **מותר לכבס** - דכיון דבלילה א"א לו לכבס מפני יו"ט, התירו לו ביום מפני הרגל, אבל תספורת אסור עד שלשים, **ולא ילבשנו עד הלילה; וטוב ליזהר מלכבס עד אחר חצות, כדי שיהא ניכר שמפני הרגל הוא מכבס** - לדעת רמ"א לעיל בס"ח לא יכבס עד סמוך לערב.

[יב]**אבל לרחוץ, אסור עד הלילה** - ר"ל אפילו בצונן, דהא אפשר לרחוץ בלילה בצונן, [**ואין** להקשות נתיר בחמין, דהא בחמין אסור לרחוץ ביו"ט, **י"ל** דלפעמים מותר, כגון שהוחמו מעיו"ט, **ואפי'** לדעת רמ"א דמחמיר בזה, ג"כ י"ל בעניננו אין סברא להקל יותר בחמין מבצונן], **ובחוה"מ** מותר אף בחמין, דהא בטל ממנו גזירת שבעה.

[יג]**ויש מתירין לרחוץ אחר תפלת המנחה, סמוך לחשיכה -** משמע דצריך שיתפלל מנחה תחלה, דאז חל עליו קדושת הרגל, מ"א.

ודוקא לרחוץ, אבל שארי דיני אבילות כגון ישיבת קרקע וחליצת מנעל, נוהג עד שתחשך, **ועיין** בישועות יעקב שכתב, דמ"מ בעוד היום גדול נוהג דיני אבילות, אבל סמוך לחשיכה שהוא ביה"ש, ואפשר דאף בזמן תוספות יו"ט, אינו נוהג, **ועיין** בב"ח דכתב, דזמן קבלת שבת חל שתי שעות סמוך לערב, [**ובא"ר** הביא בשם ראב"ן, דמיקל גם בשאר דיני אבילות, מן המנחה ולמעלה].

הגה: ולדידן דנוהגים איסור רחילה כל ל', אסור לרחוץ - ר"ל סמוך לחשיכה, וכן בחוה"מ אסור לרחוץ עד תשלום שלשים, דדינו כמו תספורת; **דהא הרגל לא בטל ממנו רק גזרת שבעה; וה"ה לענין כבוס במקום דנוהגין איסור כיבוס כל שלשים.**

דהא הרגל לא בטל ממנו וכו' - ומ"מ המנהג להקל בזה, כמש"כ הרמ"א ביו"ד סימן שצ"ט ס"ה, [ש"ך ביו"ד שם, ומ"א בעניננו], **ויש** מאחרונים שסוברין, דאין להקל לרחוץ בחמין רק בצונן, [א"ר], **ומ"מ** בחוה"מ בודאי יש לסמוך להקל, [**הגם** דלדעת א"ר בודאי גם בחוה"מ יש להחמיר, **מ"מ** לענ"ד נראה להקל, אחרי שכל האחרונים מקילין, **ומה** שהעתקתי דעתו לענין עיו"ט, משום דבלא"ה הרבה ראשונים ס"ל דאיסור רחיצה הוא עד הלילה, **ומ"מ** אף בזה הרוצה להקל אין למחות בידו], **ואפילו** לדעת המקילין בחמין, הוא דוקא בעיו"ט, וכן בחוה"מ משום כבוד הרגל, **אבל** אחר הרגל אסור ברחיצה וכיבוס עד שלשים, שהרי הרגל לא ביטל ממנו גזירת שלשים, [הש"ך שם].

(**ולפי"ז** המנהג, מי שמת לו מת בע"ש, ובשבת הוא ערב הרגל, מותר לרחוץ בע"ש סמוך לחשיכה בחמין לכבוד הרגל – תרה"ד, והעתיקו הש"ך ומ"א, **ועיין** בא"ר שהשיג עליהם, דהא כתב שם בד"מ דהמנהג בזה להחמיר, **ועיין** בפמ"ג שמסתפק ג"כ, דאף דאנו מקילין בערב הרגל גופא משום כבוד הרגל, אין ראיה מזה להקל גם בע"ש מטעם זה, **ואין** ראיה מהא דמקילין כשחל יום שמיני בשבת, לרחוץ בע"ש, דהתם כבר שלמו שבעת ימי אבילות, ומצדד להקל רק בצונן ע"ש, וכן בחכמת אדם נוטה להחמיר בזה, **ופשוט** דלפי"ז אפי' אם חל יום שביעי שלו בשבת ערב הרגל, יהיה ג"כ אסור לרחוץ בע"ש, וכ"כ בחכ"א שם, **אמנם** בדה"ח בהלכות אבלות, וכן בנו"ב, העתיקו דברי התה"ד להלכה, **היוצא** מכל זה, הרוצה לסמוך להקל, בודאי אין מוחין בידו, אחרי שהש"ך ומ"א ודה"ח העתיקו דברי תה"ד להלכה, והשגת הא"ר הוא רק ממנהגא שכתב שם הד"מ דנוהגין להחמיר).

יו"ד סימן שצט ס"ה - [יד]**אם חל אחד מימי האבלות, חוץ מהשביעי, בערב הרגל, מותר לכבס** - דכבר בטל ממנו גזרת ז', אבל לספר אסור דלא נתבטל ממנו גזרת ל', כיון דאין כאן ז' ימים קודם הרגל, **ולא ילבשנו עד הלילה; וטוב ליזהר מלכבס עד אחר חצות, כדי שיהא ניכר שמפני הרגל הוא מכבס. אבל לרחוץ, אסור עד הלילה** - כיון דאפשר משחשכה - ש"ך. **ויש מתירין לרחוץ אחר תפלת המנחה, סמוך לחשיכה** - ‹משום דרחיצה בחמין א"א ביום טוב – ערוה"ש. [טו]**(וכן נוהגין).**

באר הגולה

[יא] הרא"ש שם בשם הראב"ד [יב] מימרא דרב הונא שם י"ט ‹כתב בה"ג, דלאו דוקא שלישי, דה"ה שאר ימים לבר משביעי, והא דנקט שלישי, משום דלת"ק קודם שלישי הרגל אינו מבטל, כמ"ש שם, ועיין תוס' שם [ד"ה שאסור] והרא"ש – גר"א› [יג] הג' מיימוני בשם ראבי"ה ור"י הלוי ‹עיין תוס' י"ט: ד"ה שאסור – גר"א. וז"ל: פי' עד הערב היינו מבערב בערב יו"ט, ולאפוקי דלא שרי מן הבקר› [יד] ציינתיו באו"ח סימן תקמח ס"י [טו] עיין שם

וכתוב בתה"ד, דאפי' מת לו מת בע"ש, ואותו שבת הוא ערב הרגל, מותר לרחוץ בע"ש לפי מנהגינו. **ואין** להקשות דהיאך כתב הרב וכן נוהגין, *דהא לעיל ר"ס שפ"א כתב הרב, דאנן נהגינן איסור רחיצה כל ל', וכן לעיל ר"ס שפ"ט כתב, דנהגינן איסור כביסה כל ל', **י"ל** דאינו אלא חומרא ומדינא שרי, וכדמשמע מדברי הרב שם, והכא משום כבוד הרגל לא נהגו להחמיר, וכ"כ העט"ז, **ואע"ג** דבאו"ח סי' תקמ"ח ס"ח וס"י, כתב הרב דלדידן דנוהגים איסור רחיצה כל ל', אסור לרחוץ, דהא הרגל לא בטל ממנו רק גזרת ז', וה"ה לענין כיבוס במקום דנוהגין איסור כיבוס כל ל', עכ"ל, **היינו** משום דכך הוא ראוי להורות אי הוי איסור רחיצה וכיבוס כל ל' מן הדין, אבל כאן כתב דמ"מ המנהג אינו כן, וכ"כ הב"ח, [וכ"כ הט"ז], **אלא** דצריך ליישב לאיזה צורך כתב הרב שם כן, כיון דס"ס המנהג אינו כן, **ונ"ל** דס"ל דהא דהמנהג אינו כן, היינו משום כבוד הרגל, והלכך היכא דליכא משום כבוד הרגל, אסור, **ונ"מ** דלאחר הרגל אסור רחיצה וכביסה עד ל', דהרגל לא בטל ממנו רק גזרת ז', כנ"ל ודוק - ש"ך.

(**ועיין** בספר א"ר באו"ח סימן תקמ"ח, שתמה על האחרונים שהביאו דעת התה"ד, ובד"מ כתב להדיא על דבריו, דלדידן דנוהגין איסור רחיצה כל ל', דינו כדין תספורת, ואין להתירו רק כשחל ח' שלו בשבת, וכן נוהגין, ‹וע"ש איך תירץ מש"כ הרמ"א כאן "וכן נוהגין"›, **ע"ש** שהעלה הלכה למעשה להחמיר כדעת הרמ"א בד"מ, **ועיין** בתשובת תשואת חן שהאריך בזה, והעלה ג"כ להחמיר בזה, ע"ש - פת"ש).

***עיין** מה שכתבתי לעיל בגליון, להוכיח מזה דדעת הש"ך דרחיצת כל גופו בצונן נוהגין לאסור כל ל', **ועתה** ראיתי דבתפל"מ לעיל כתב בכוונת הש"ך, דרק חמין אסור, אבל רחיצת כל גופו בצונן מותר, **ובכאן** כתב באמת ליישב קושיית הש"ך כאן, דהרמ"א מיירי לענין צונן כל גופו - רעק"א.

---

§ מסכת מועד קטן דף כ. §

אות א'

ומלאכתו נעשית על ידי אחרים; ועבדיו ושפחותיו עושין בצנעא בתוך ביתו; ואין רבים מתעסקין בו, שכבר נתעסקו בו ברגל; ורגל עולה לו

יו"ד סימן שצ"ט ס"ב - הקובר מתו ברגל בחול המועד, נוהג דין אנינות כ"ז שלא נקבר - [דאילו ביום טוב עצמו יש חילוק, ביום טוב הראשון אינו נוהג אנינות אא"כ רוצה לקברו ע"י עממים, ובשני נוהג אנינות בכל גווני, אבל בחול המועד נוהג לעולם אנינות], **ה"ה** ביום טוב שני, או ביום טוב ראשון כשרוצה לקברו ע"י עממים, חל עליו אנינות, כדלעיל סימן שמ"א ס"א, ולאחר שיקבר כל אלו הדינים נוהגים בו. **ולאחר שנקבר, נוהג דברים שבצינעא** - (עיין בתשו' שער אפרים, דאסור לישא כפיו). **(ומ"מ מותר לייחד עם אשתו (ב"י בשם הראב"ד והרא"ש)** - ‹דרק בחתן מחמרינן בסי' שמ"ב, אבל שלא בחתן דינו כמו נדה שמותר ביחוד - ערוה"ש›. **וע"ל סימן שפ"ג ובאו"ח סימן תקמ"ח); והרגל עולה למנין שלשים, שמשלים עליו שלשים; אפילו קברו בחג הסכות, לא אמרינן דשמיני עצרת מבטל** - [פי' דהו"א דשמיני עצרת שהוא רגל בפני עצמו אתי ומבטל האבילות, כדלעיל ריש סי' זה, היכא דנהג שעה אחת אבילות לפני הרגל, והכי נמי נהג ברגל עצמו קודם שמיני עצרת קצת אבילות, דהיינו גיהוץ ותספורת, כמ"ש בסוף ס"א, קמ"ל דלא אמרינן כן, דליכא חשיבות לשמיני עצרת אלא אם כבר נסתלק משבעת ימי אבלות קודם הרגל, משא"כ בזה. **וכתב** ב"י בשם הג' מיימונית, דה"ה דאין חשיבות לשמיני עצרת להיות נחשב לשבעה ימים שנזכר בסעיף י"א, אלא אם נקבר קודם הרגל, משא"כ אם מת ברגל, לא נחשב שמיני עצרת במנין ל' אלא ליום אחד - ט"ז]. **וכ"כ** הב"ח בשם התוס' ומרדכי ופסק כן, **ודלא** כמהרש"ל בתשו' שכתב, דמבטל הוא דאינו מבטל, הא למנין ז' לענין השלשים עולה שמיני עצרת, אפי' קברו ברגל, **מיהו** בתשו' משאת בנימין פסק כמהרש"ל ע"ש, וכן נראה דעת הדרישה - ש"ך.

[א] **ומתעסקים ברגל לנחמו** - ‹דהא גם בשבת ויו"ט מנחמין אבלים - ערוה"ש›. **הגה: וכל מלאכה המותרת לעשות לו במועד בדבר האבד, מותר לעשות בעצמו** - ‹אף דמדין אבילות אסור בדבר האבד ע"י עצמו, כדאיתא לעיל סימן ש"פ, **צ"ל** הא באמת אבילות חמור בזה ממועד, היינו דבאבילות כיון דאפשר ע"י אחרים ולהם היתר גמור, משה"ה אין מקילין ע"י עצמו, **וא"כ** הכא ברגל דגם על האחרים איכא איסורא מחמת רגל, אין הפרש בין ע"י עצמו או ע"י אחרים - רעק"א›, **ואם אין דבר האבד, נעשית ע"י אחרים בבתיהם** - ‹אם הוא מן הדברים שהתירו לעשות במועד - לבוש›, ‹נעשית ע"י כותים - ערוה"ש›, **ועבדיו ושפחותיו עושין בצינעא תוך ביתו (ב"י בשם רבינו ירוחם)** - ‹צ"ל דקאי על אחר שכלו הז' ימים מיום הקבורה ואילך - רעק"א›.

ולאחר הרגל מתחיל למנות שבעה - (עבה"ט של מהרי"ט ז"ל בשם המג"א, דמניח תפילין ביום ראשון, **ועיין** בתשו' שבו"י שחולק על המג"א, וס"ל שאין מניח תפילין ביום ראשון, וגם ביום השני עד אחר נץ החמה, כמו בשאר ימות השנה כו', ע"ש, **ועיין** בשע"ת באו"ח שם שכתב, דביום השני קודם נץ החמה נראה להתיר - פת"ש).

(**עיין** בשו"ת שיבת ציון, דמי שקבר מתו ברגל ונוהג שבעה אחר הרגל, מחוייבים גם הקרובים להתאבל עמו ולשנות בגדיהם בשבת ראשונה שאחר הרגל, **דלא** כמורה א' שרצה לומר דבבה"ג אין חייבים - פת"ש).

ולכשיכלו שבעה למיתת המת, אע"פ שעדיין לא כלו שבעת ימי האבלות, מלאכתו נעשית על ידי אחרים בבתיהם - ‹דלא כתוס' - גר"א. **ונ"ל** דלא פליגי, דהמחבר דמתיר

באר הגולה

בהג"ה ששם פסק שהוא אסור לדידן דנוהגין איסור רחיצה כל ל' | א | ברייתא שם דף כ.

גמרא

שבבר נתעסקו בו ברגל כללו של דבר כל שהוא משום אבל רגל מפסיקו וכל שהוא משום עסקי רבים אין רגל מפסיקו קברו שלשה ימים בסוף הרגל מונה שבעה אחר הרגל ארבעה ימים הראשונים רבים מתעסקין בו שלשה ימים האחרונים אין רבים מתעסקין בו שכבר נתעסקו בו ברגל ורגל עולה לו מאי לאו אסיפא לא ארישא איתיביה רגל עולה לו למנין שלשים כיצד קברו בתחילת הרגל מונה שבעה אחר הרגל ומלאכתו נעשית על ידי אחרים ועבדיו ושפחותיו עושין בצנעא בתוך ביתו ואין רבים מתעסקין בו שכבר נתעסקו בו ברגל ורגל עולה לו תיובתא כי אתא רבין אמר רבי יוחנן אפילו קברו ברגל וכן אורי ליה ר' אלעזר לרבי פדת בריה אפילו קברו ברגל ת"ר *קיים כפיית המטה שלשה ימים קודם הרגל אינו צריך לכפותה אחר הרגל דברי רבי אליעזר וחכמים אומרים אפי' יום אחד ואפי' שעה אחת א"ר אלעזר בר' שמעון הן הן דברי ב"ש הן הן דברי בית הלל שבית שמאי אומרים שלשה ימים וב"ה אומרים אפי' יום אחד אמר רב הונא אמר ר' חייא בר אבא אמר ר' יוחנן ואמרי לה אמר (א) (*ליה) ר' יוחנן לר' חייא בר אבא ולרב הונא אפי' יום אחד אפי' שעה אחת רבא אמר *הלכה כתנא דידן דאמר שלשה רבינא איקלע לסורא דפרת א"ל רב חביבא לרבינא הלכתא מאי אמר ליה אפי' יום אחד ואפילו שעה אחת יתיב רבי חייא בר אבא ורבי אמי ור' יצחק נפחא אקילעא דרבי יצחק בן אלעזר נפק מילתא מבינייהו מנין לאבילות שבעה דכתיב והפכתי חגיכם לאבל מה חג שבעה אף אבילות שבעה ואימא עצרת דחד יומא ההוא מיבעי ליה לכדריש לקיש דאמר ר"ל משום ר' יהודה נשיאה מנין לשמועה רחוקה שאינה נוהגת אלא יום אחד דכתיב והפכתי חגיכם לאבל ואשכחן עצרת דאיקרי חג יומא חד ת"ר שמועה קרובה נוהגת שבעה ושלשים שמועה רחוקה אינה נוהגת אלא יום אחד איזו היא קרובה ואיזו היא רחוקה קרובה בתוך שלשים רחוקה לאחר שלשים דברי ר"ע וחכמים אומרים אחת שמועה קרובה ואחת שמועה רחוקה נוהגת שבעה ושלשים אמר רבה בר בר חנה א"ר יוחנן *כל מקום שאתה מוצא יחיד מקיל ורבים מחמירין הלכה כרבים חוץ מזו שאע"פ שרבי עקיבא מקיל וחכמים מחמירין הלכה כרבי עקיבא *דאמר שמואל הלכה כדברי המקיל באבל רב חנינא אתיא ליה שמועה דאבוה מבי חוזאי אתא לקמיה דרב חסדא אמר ליה שמועה רחוקה אינה נוהגת אלא יום אחד רב נתן בר אמי אתא ליה שמועה דאימיה מבי חוזאי אתא לקמיה דרבא אמר ליה הרי אמרו שמועה רחוקה אינה נוהגת אלא יום אחד בלבד איתיביה במה דברים אמורים בחמשה מתי מצוה אבל על אביו ועל אמו שבעה ושלשים אמר ליה יחידאה היא ולא סבירא לן כוותיה דתניא* מעשה ומת אביו של רבי צדוק בגינזק והודיעוהו לאחר שלש שנים ובא ושאל את אלישע בן אבויה וזקנים שעמו ואמרו נהוג שבעה ושלשים וכשמת בנו של רבי אחייה בגולה ישב עליו שבעה ושלשים איני והא *רב בר אחוה דרבי חייא דהוא בר אחתיה דר' חייא כי סליק להתם אמר ליה אבא קיים אמר

תורה אור: עמוס ח

מסורת הש"ס: (תוספ' פ"ב) · א) (נ"ל דמשנה) · [נ"ל להו] · [לקמן כה.] · עירובין מו. · [שם] · לעיל יח. ע"ש, לקמן כב. כו: עירובין מו. [בכורות מט. חולין נ.] · נזיר מד. שמחות פי"ב · פסחים ד. [סנהדרין ה.]

רש"י

כל שהוא משום אבל רגל מפסיקו · שצריך להשלימו אחר הרגל כיון דכי ישב שני ימים לפני הרגל צריך להשלים ולישב חמשה ימים אחר הרגל: **כל שהוא משום עסקי רבים** · כלומר תנחומי רבים אין רגל מפסיקו [כדי] שיהא צריך להשלים ולעסוק בו אחר הרגל אלא מתעסקין בו ברגל: **ארבעה ימים הראשונים** · של אחר הרגל רבים מתעסקים בו ומשלימין לשלשה שנתעסקו בו ברגל שכבר נתעסקו בו ברגל שלשה ימים: **ורגל עולה** · למנין שלשים: **מאי לאו אסיפא** · הא דתני דרגל עולה למנין שלשים היינו אסיפא אקברו ברגל ותיפשוט מינה דכי קברו ברגל עולה למנין שלשים וקשיא לרבא דאמר אינו עולה: **לא ארישא** · קא מהדר אקברו שני ימים קודם הרגל רגל עולה לו למנין שלשים דהתם ודאי עולה לו הואיל וכבר התחיל באבילות אבל קברו ברגל לא ידענא: **בתחילת הרגל** · ביום ראשון של רגל וקשיא לרבא: **שכבר נתעסקו ברגל** · כל שבעה: **אפילו קברו ברגל** · רגל עולה למנין שלשים ולא מיבעיא קברו קודם הרגל: **תנא דידן** · היינו תנא א) (דברייתא): **במה דברים אמורים** · שאינה נוהגת אלא יום אחד: **אלה חמשה** · מהני שבעה מתי מצוה דכתיב בקרא (ויקרא כא) בנו ובתו אחיו ואחותו ואשתו: **יחידאה היא** · ולא ר' עקיבא דלר"ע לא שנא אביו ולא שנא שאר קרוביו: **בגינזק** · מקום: **רב בר אחוה דר' חייא דהוא בר אחתיה דר' חייא** · דרבי חייא מכפרי נשא לאה והוליד ממנה איבו ומתה ונשא רחל ולה בת מאיש אחר וממנה נולד רבי חייא ונשא איבו הבת ונולד להן רב ונמצא רב בר איבו בר אחוה דרבי חייא מאבוה ובר אחתיה מאמיה: **כי סליק** · רב מעירו דבבל לא"י רבי חייא רבו היה: **א"ל** · רבי חייא לרב: **אבא קיים** · ר"ל איבו אביך קיים הוא: א"ל

תוספות

שכבר נתעסקו בו ברגל · תנחומין וברכה בשורה והרי"ט דפירש לענין הברלה חולק על מחזור ויטרי"י שפירש בשם רש"י שהיה אומר *שאין עושים הברלה ברגל הואיל וליכא אבילות ולאחר הרגל נמי לא יעשוה הואיל ובטלה סעודה ראשונה פי' דמספקא ליה לרש"י אי הברלה במועד אי לאחר המועד דשמא הברלה איננו עסקי רבים הואיל ויחיד יכול לעשות ועל הברלה פירש לקמן כל יום ראשון אסור לאכול משלו אפי' אוכל שתי פעמים ביום דהא לא קאמר גמרא סעודה ראשונה אלא יום ראשון:

שלשה ימים אחרונים אין רבים מתעסקין בו · פירש בתוספות דהוא הדין דמלאכתו נעשית ע"י אחרים:

אמר רבי יוחנן אפילו יום אחד אפי' שעה אחת · קשיא לי דהא אית ליה לר' יוחנן* הלכה כסתם משנה:

מה חג שבעה · ובירושלמי דייק אימא שמונה כשמונה דחג ומשני שמיני רגל בפני עצמו הוא ומועט לאביו אבל שבעת ימים (בראשית נ) לא מצי לאתויי דהתם קודם קבורה היה ובירושלמי משני דאין למידין מקודם מתן תורה והתם בירושלמי מייתי קראי טובא:

כל מקום שאתה מוצא יחיד מקיל ורבים מחמירין · והוא הדין יחיד מחמיר ורבים מקילין הלכה כרבים ומשום דהכא איירי ביחיד מקיל נקיט הכי וכל מקום לאו דוקא דבהרבה מקומות פוסק כדברי היחיד והיכא דאתמר אתמר ועוד דבעירוב אומר הלכה כדברי המקיל אפי' לגבי רבים מיהו התם היינו ריב"ל ולא רבי יוחנן פר' מי שהוציאוהו (עירובין מו.):

יחידאה היא · ואף על גב דלעיל נקיט וחכ"א:

***איבו קיים** · עדיין לא השיבותיך על איבו כך פי' בקונטרס וקשה שהיה לר' חייא לומר אמך קיימת ולא אימא דמשמע אמו של ר' חייא ועוד דרב היה לו להשיב אבא ולא היה לו לקרות אביו בשם איבו ונראה שר"ח גורס א"ל אבא קיים א"ל אבא קיים אימא קיימת א"ל אימא קיימת פירש ר' חייא היה שואל על אביו ואמו ורב היה משיב לו על אביו ואם שלו ואין לנו להקשות מה לנו לומר דרב בר אחוה דרבי חייא ובר אחתיה בשלמא לפירוש ראשון הביאו לומר מה היה חושש ר' חייא על אביו ועל אמו של רב כי לפירוש זה נמי י"ל דהולכך יפה שלא תאמר מה היה לו לרב להשיב על אביו ואמו שלו כמו כן היה לו להשיב שאר בני אדם קיימין אבל השתא קמ"ל שהיה משיב לו לפי שהיה אחיו של ר' חייא ונוח לו להשמיעו חדשות טובות דלא לימא לא ובשר לקרובים כדאמרינן בריש פסחים (דף ג: ושם) לא ובשר לסוסים ולחמורים וי"ג אמר ליה אבא קיים אמר ליה אימא קיימת א"ל אימא קיימת אמר ליה אבא קיים וכפר"ח וכענין שפירש ר"ח לגירסת ר"ח (ב) ורבי חייא היה שואל על אביו ואמו שלו והוא משיב על אביו ואמו של עצמו ומה שלא היה משיב לו כמו גירסת ר"ח שאם היה משיב לו אבא קיים כשהיה שואל על אביו שלו משום דהוה משמע שהיה משיב לו על אביו של רבי חייא שהיה רגיל לקרות אבי אביו אבא:

עולה

עין משפט נר מצוה

קז א טוש"ע י"ד סימן שצט סעיף ג:
קח ב מיי' פ"י מהלכות אבל הלכה ח טוש"ע שם:
קט ג מיי' שם הלכה ג סמג עשין דרבנן ב וגלאוין עם טוש"ע שם סעיף א:
קי ד ה מיי' שם פ"ז הלכה א סמג שם טוש"ע י"ד סימן תב סעיף א:

רבינו חננאל

והלכתא אפילו יום אחד או שעה אחת נמצאת אומר מי שמת לו מת בתוך הרגל נקים שבעה מיו"ט שני של יו"ט האחרון ואף על פי שיו"ט שני אין נוהג בו אבילות ונקים ל' מהתוא יומא דמית ביה ומאן דשכיב ליה שכבא ביו"ט שני של יו"ט האחרון או ביו"ט שני דעצרת *) נהיג אבל בו ביום דהוא יום קבורה והוא מדאורייתא דכתיב ואכלתי חטאת היום וכתיב נמי ואחריתה כיום מר והוא יום המיתה הלכך יום מיתה מדאורייתא ויו"ט שני מדרבנן אתי דאורייתא ומבטל דרבנן ונהיג ביה אבלות כשאר יומי · מניין לאבלות שהיא שבעה שנאמר והפכתי חגיכם לאבל · מה חג שבעה אף אבלות שבעה · ומניין לשמועה רחוקה שאינה נוהגת אלא יום אחד כבר הקיש הכתוב האבל לחג ומצאנו עצרת שהוא חג והוא יום אחד: ת"ר שמועה קרובה נוהגת שבעה ושלשים שמועה רחוקה אינה נוהגת אלא יום אחד איזו היא קרובה ואיזו היא רחוקה קרובה בתוך שלשים לקבורתו רחוקה לאחר שלשים דברי ר' עקיבא וחכמים אומרים אחת זו ואחת זו נוהגת שבעה ושלשים · אמר רבה בר בר חנה אמר רבי יוחנן כל מקום שאתה מוצא יחיד מקיל ורבים מחמירין הלכה כמחמירין חוץ מזו · שאע"פ שר' עקיבא מקיל וחכמים מחמירין הלכה כר' עקיבא דאמר שמואל הלכה כדברי המקיל באבל · והא דתניא בר"א כי שמועה רחוקה אינה נוהגת אלא יום אחד בה' מתי מצוה פי' בחמשה שמצוה להתאבל עליהן והן בנו ובתו ואחיו ואחותו ואשתו · אבל על אביו ועל אמו אפי' שמועה רחוקה נוהגת שבעה ושלשים לית הלכתא כוותיה דהא יחידאה היא כלומר אלישע בן אבויה וה' זקנים שהיו עמו והורו בשמועה רחוקה לנהוג שבעה ושלשים יחידים הן ולא סבירא לן כוותייהו דהא רב חסדא ורבה הורו על אביו ועל אמו בשמועה רחוקה שלא לנהוג אלא יום

*) כל דברי רבינו אלו הובא בא"ז בה"ב סימן תל"ב בשמו וכן דעת בה"ג ורבינו אלפס ז"ל וע"ש בא"ז ובהרא"ש מש"כ על זה.

הגהות הב"ח

(א) גמ' ואמרי לה אמר ליה ר' יוחנן לר' חייא בר אבא ולרב הונא אפילו יום אחד: (ב) תוס' ד"ה איבו כו' לגירסת ר"ח דר' חייא היה שואל כו' כשהיה שואל על אביו שלו הוה משמע כו' כצ"ל ותיבת משום נמחק:

גליון הש"ס

גמ' אורי ליה רבי אלעזר לרבי פדת בריה · עיין נדה דף ח ע"א תוס' ד"ה ואמר ר' פדת: שם הן הן כעין [illegible]

הגהות מהר"ב רנשבורג

א] רש"י ד"ה תנא דידן היינו תנא דברייתא · נ"ב תנא דמתני' נמי קאמר שלשה ימים קודם הרגל וצ"ע [illegible]

דוקא בבתיהם, מיירי בדבר שאינו אבד - ערוה"ש›. **ועבדיו עושין לו בצינעא בתוך ביתו** - ‹בכל מיני מלאכות אף שלא בדבר האבד - ערוה"ש›.

ואין רבים מתעסקים בו לנחמו אחר הרגל מנין הימים שניחמוהו ברגל, [ב]אבל מראים לו פנים - ‹אף דאינו בתנחומי אבלים, מבקרין אותו כל ימי אבלו - ערוה"ש›. **כגון אם קברו בשלשה ימים האחרונים של רגל, מלאכתו נעשית ע"י אחרים בשלשה ימים אחרונים של אבל.**

[ג]ובמקומות שעושים שני ימים, מונה השבעה מיום טוב שני האחרון, הואיל ומדבריהם הוא עולה מהמנין, ומונה מאחריו ששה ימים בלבד - כתב הב"ח ס"ס זה, דה"ה בשני י"ט של ר"ה, כגון שמת לו מת ביום טוב ראשון של ר"ה, מונה הז' מיו"ט הב', דהוי ג"כ מדבריהם, וע"ש - ש"ך.

(**ועיין** בתשו' ב"ח החדשות שהאריך להחזיק דעה זו, דיום שני של ר"ה עולה לו, וכן יו"ט שני של גליות שחל בשבת, אף על גב דאפילו בא"י לא היה יכול לנהוג אבילות באותו יום, אעפ"כ עולה לו ומשלים עליו ששה, ע"ש, וכן פסק בתשובת רדב"ז, דיום שני של ר"ה עולה, ע"ש, וכ"כ בסוף ספר משאת בנימין, **אכן** בתשו' פרח מטה אהרן לא פסק כן, ומחלק דהיכא דהוי יום שני יום מיתה וקבורה, עולה, אבל אם מת ביום הראשון, דאין ביום ב' אבילות דאורייתא, אז אינו עולה, **ומפרש** כן דברי רדב"ז הנ"ל שכתב דעולה, היינו היכא דהוי יום מיתה וקבורה, והסכים עמו הרב מהר"ר מיכאל הכהן ז"ל, ע"ש - פת"ש).

‹**ועיין** לקמן סי"ג בדברי הט"ז, דעוסק בענין זה, ומחלק בין אם היה הקבורה ביום א' או ביום ב'›.

[ד]סימן תקמח ס"ו - [ה]אע"פ שאין אבילות ברגל, אם מת לו מת ברגל, מתעסקים בו ברגל לנחמו; ולאחר הרגל כשיכלו שבעה למיתת המת, אע"פ שעדיין לא כלה האבלות, מלאכתו נעשית על ידי אחרים [ו]בבתיהם - אף דגם בכל אבל ג"כ מלאכתו נעשית ע"י אחרים בבתיהם, כדאיתא ביו"ד, **אכן** התם דוקא בקבלנות, ובאופן שקבלו המלאכה קודם שנעשה אבל, והכא מותר אפילו בימי אבילות.

ואפי' בדבר שאינו אבד, דבדבר האבד מותר ע"י אחרים אפילו בביתו, ואפי' בימים הראשונים שאחר הרגל, וכדאיתא ביו"ד סי' ש"פ ס"ה, **ועיין** בלבוש שכתב, דאם הוא דבר האבד, מותר לעשות בעצמו, ובמאמ"ר מפקפק עליו, [ז]ע"ש הטעם, **אכן** אם לא יוכל לעשות ע"י אחרים והוא דבר האבד, אפשר דבענינינו יש לסמוך על הי"א המובא שם בהג"ה.

ועבדיו עושים לו בצנעה בתוך ביתו.

ושותף של אבל שמת לו מת ביו"ט, פסק הגאון מהר"ש מפראג, לאסור לפתוח חנותו, כמו בשאר אבילות, **ור"ל** דצריך להמתין ג' ימים אחר יו"ט, כמו דנוהגין בשאר אבילות לענין שותף, כדאיתא שם ביו"ד, כ"כ הבה"ט בשם אליהו זוטא, **אכן** בחכמת אדם הביא בשם א"ר להקל, דהיינו אם מת ביום א' דחוה"מ, מותר להשותף לפתוח חנותו תיכף אחר יו"ט, (דהוא יום השביעי), **וע"ש** בחכמ"א שדעתו, דאפילו מת בערב יו"ט אחרון, ג"כ מותר להשותף לפתוח חנותו תיכף אחר יו"ט, (לדידן דנוהגין לאסור רק ג' ימים), **ועיין** בבה"ל שבירנו דהפריז על המדה, (דבאמת לא דמי כלל, דשם הלא ישב האבל עכ"פ ג' ימים באבלות, משא"כ הכא דעדיין לא ישב כלום), **ודיינו** אם נקיל כא"ר, (דעכ"פ הוא עכשיו יום שביעי ממיתת המת, ולא לתפוס שתי קולות, דהיינו ג' ימים, ובלא התנהגות אבילות כלל, **ובפרט** שהפמ"ג מפקפק גם על קולתו של הא"ר, ודעתו להחמיר בזה כזקנו הגאון מהר"ש).

(**ודע** דלענין שמועה קרובה, פשוט דאע"פ ששלמו כבר שבעה ימים למיתת המת, אסור בסחורה כל האבלות כשאר אבל, וכמש"כ ביו"ד סימן ת"ב, דשמועה קרובה דינו כיום קבורה, וכ"כ הפמ"ג).

ואין צריכים לנחמו אחר הרגל [ח]מנין הימים שנחמוהו ברגל - וכן אין לנחם אבל בע"ש שאחר הרגל קודם "ברכו" בביהכ"נ כנהוג, אם כבר עברו שבעה ימים למיתת המת.

אות א'* [ט]

תוס' ד"ה שכבר נתעסקו בו ברגל

יו"ד סימן שעה סי"א - [י]היכא שצריך למנות שבעה אחר הרגל, וכן אם שמע שמועה בשבת, צריך להברותו הבראה ראשונה שבימי אבלות.

אם שמע שמועה בשבת - צ"ע, דבד"מ ס"ס זה פסק כב"י, שכתב בסי' שצ"ג דמברין בשבת, וכתב שכן פשט המנהג בכל העולם להברות בשבת, ולא נשמע בעולם שום פוצה פה ומצפצף - ש"ך. ‹**ולא** קשה כלל, דבאמת בשו"ע השמיטו זה - ערוה"ש›.

(וי"א שכיון שנדחה יום ראשון אין מברין אותו, וכן נוהגים (במרדכי במו"ק בשם י"א וכ"י), ואפילו היכא דעולה לו למנין ז' כגון במקומות שעושין שני ימים, שהשני עולה) - כלומר ואפי' במקום שעושים ב' י"ט, שהשני עולה למנין ז', וכמו שנתבאר באו"ח סי' תקמ"ח ס"ב, ולקמן סי' שצ"ט סי"ג, סד"א דיש להברותו אח"כ דהא לא נדחה, דהיה לו להברות ביום שני, שהרי שייך ביה אבילות כיון

באר הגולה

[ב] **פי'** שמבקרין אותו כל ימי אבלו, והוא מירושלמי [ג] **שם מדברי אביו הרא"ש שם בפסקיו וכ"כ רבינו ירוחם** [ד] ‹ע"פ הבאר הגולה› [ה] **ברייתא שם י"ט** [ו] **ר"י** ‹ר"ל רבינו ירוחם› [ז] [שמקור הלבוש הוא מדברי רבנו ירוחם המובא בב"י, ודברי רבנו ירוחם אינו מיירי כלל לאחר הרגל אלא לענין תוך הרגל, וכמובא לשונו בב"י ביו"ד סימן שצ"ט וברמ"א שם, **וגם** מדברי התוס' שם י"ט: ד"ה מלאכתו, מוכח דבביתו אפי' ע"י אחרים אינו מותר כי אם בדבר האבד, וכ"ש על ידי עצמו. **ואגב** ראיתי להזכיר שם ביו"ד סי' שצ"ט ס"ה בהג"ה בחי' רעק"א שם ראיתי דבר פלא, שכתב שם דמה שכתב הרמ"א אם אין דבר האבד וכו', צ"ל דקאי על אחר שכלו הז' ימים מיום הקבורה ואילך, המעיין ברבנו ירוחם גופא יראה דקאי על תוך הרגל, וצ"ע] [ח] **כפי' רש"י** (ד"ה ואין) [ט] ‹ע"פ הגר"א› [י] **מרדכי במו"ק**

דעולה למנין ז', קמ"ל דאמרינן בזה ג"כ כיון דנדחה נדחה ואין צריך הבראה - ש"ך.

אות ב'

אפילו קברו ברגל

יו"ד סימן שצ"ט ס"ב - והרגל עולה למנין שלשים, שמשלים עליו שלשים; אפילו קברו בחג הסכות, לא אמרינן דשמיני עצרת מבטל.

אות ב'*[יא]

קיים כפיית המטה שלשה ימים קודם הרגל

יו"ד סימן שצ"ט ס"א - [יב]ודוקא שנהג אבלות באותה שעה, אפילו לא נהג אלא דברים שבצינעא, כגון ששמע שמועה קרובה ביום שבת שחל להיות בערב הרגל, שאע"פ שאינו נוהג אלא דברים שבצינעא - ‹כגון שימנע מת"ת שעה קלה או מרחיצה, ועשה כן בשביל האבלות – ערוה"ש›, **הרגל מפסיק.**

אבל אם שגג (או) הזיד ולא נהג אבילות, או שהיה קרוב לחשכה ולא היה יכול לנהוג, אין הרגל מבטל האבלות; וכ"ש אם לא ידע במיתת המת קודם הרגל, שאין הרגל מבטל, [יג]אלא נוהג ברגל דברים שבצינעא - (עיין בשו"ת דת אש שכתב, דהך דבר שבצנעא אינו אלא תשמיש דוקא, **משא"כ** בת"ת דאינו אסור לאבל אלא משום שמחה, דכתיב פקודי ה' ישרים משמחי לב, וברגל לא נאסר לאבל, ששמחת הרגל הוא דאורייתא, ואבילות הוא דרבנן, **ולכן** התיר לקרות לאבל תוך ז' שיעלה לתורה בשמיני עצרת, **ועוד** כי מנהג קדמונים שקורים כל בני הקהלה לס"ת בשמיני עצרת, ואם יהיה זה בבהכ"נ ולא יעלה לתורה, הוי פרסום, עיין שם - פת"ש).

ולענין מלאכה במועד, דינו כמ"ש הרב בסעיף ב' - ש"ך.

[יד]ומונה שבעה אחר הרגל, ובאותה השבעה מלאכתו נעשית ע"י אחרים, ועבדיו ושפחותיו עושים בצינעה בתוך ביתו, דכיון דכבר נתבטל בשבעת ימי הרגל ממלאכה, אע"פ שלא נתבטל מחמת האבל אלא מחמת הרגל, סוף סוף נהג בדין אבילות בענין מלאכה, הילכך אין להחמיר בו כמו בשאר אבילות ומלאכתו נעשית ע"י אחרים.

וכל ימי הרגל רבים מתעסקים בו לנחמו, הילכך אין מתעסקין בו לנחמו אחר הרגל.

ורגל עולה למנין שלשים - היינו בנודע לו מיתת המת ברגל, אע"פ שלא נודע לו קודם הרגל, דלא גרע מקובר מתו ברגל, **ולא** כמ"ש בב"י, דבנודע לו מיתת המת קודם הרגל מיירי, ואולי לאו דוקא קאמר, או ט"ס הוא, וצ"ל ברגל - ש"ך, ‹צ"ע, דקאי אשגג או הזיד ולא נהג אבילות קודם הרגל, דעולה למנין ל' אי נודע קודם הרגל, ודברי ב"י פשוטים בלי טעות – תפארת למשה›, **שהרי דין שלשים דהיינו גיהוץ ותספורת נוהגים ברגל, [טו]ולא מתורת רגל בלבד אסור בהם, אלא אף מתורת אבל, שהרי מתורת הרגל מותר ללבוש כלים מגוהצים חדשים ולבנים, [טז]ונוטל צפרניו במספרים** - היינו לדעת המחבר באו"ח סי' תקל"ב, אבל אנן קי"ל להחמיר כמ"ש הרב שם, וסתם כאן הדברים לפי שאין כאן מקום דיני מועד - ש"ך, **ושמח שמחת מריעות, והבא ממדינת הים ומבית השביה והשאר שמנו חכמים, מותרין לספר ולכבס, ומדין אבילות אסור בכלם כמו בחול.**

[**זהו** סברת הרמב"ן, והוכיחה מדמיבעיא לן אי רגל עולה למנין ל' או לאו, ולענין ז' לא מבעיא ליה, דודאי אינו עולה כיון דלא נהגא מצות ז' ברגל, דהא אין איסור בנעילת סנדל וכפיית מטה, כי קא מבעיא ליה לענין ל' דקא נהגא מצות ל' ברגל, פירש"י דהא ברגל נמי אסור בגיהוץ ותספורת, **והקשה** הרמב"ן הא מקצת דין ז' נמי נוהג ברגל, דהא אינו מכבס כסותו אפילו במים לחוד, ורבים מתעסקים לנחמו כדין אבל, **אלא** ודאי במנין ל' צריך להיות דכל דין ל' אף מה שאין אסור מחמת הרגל נוהג בו, משא"כ בדין ז' שאין נוהג בו אלא מעט, **והלכך** כתב כאן שאף דין גיהוץ ותספורת נוהג באבל בלא דין הרגל וכמ"ש כאן. **והטור** כתב שמדברי הרא"ש נראה, שאין איסורן מדין אבל יותר מאיסור דרגל, והיינו דסבר אע"פ שאין נוהג איסור מחמת אבילות טפי מרגל אלא מה שאסור ברגל, מ"מ עולה הרגל למנין ל', כיון דעכ"פ נוהג בו איסור, **ופסק** ב"י כרמב"ן דמסתבר טעמיה, וכן פסק בשו"ע, **ובתשובת** מהר"ר בנימין חולק על השו"ע, דלא מסתבר לפסוק כרמב"ן דדבריו דחוים, דאין קושיתו קושיא ממנין ז', דעיקר דין ז' הוא פח"ז נת"ר סי' של ז', דהיינו פריעת ראש חליצת סנדל כו', ‹צ"ל חזרת קרע, והנו"ן של נת"ר הוא נעילת סנדל – מראה כהן›, **ואע"ג** שנוהג דין כיבוס במים, אין זה עיקר דין אבילות, **משא"כ** דין ל', שעיקר הדין הוא גיהוץ ותספורת, והוא נוהג גם ברגל, ע"כ עולה, **ועוד** מאן לימא לן שהקובר מתו ברגל אינו מכבס כסותו במים לבד, דילמא אין ה"נ דמותר, עכ"ד, **ואינם** נראים כלל, דמה שכתב דעיקר דין אבילות הוא פח"ז נת"ר, מי הגיד לו שזה עיקר, דלא הזכירו אלו בגמ' אלא לענין שבת, דפח"ז חוב ונת"ר רשות, אבל כיבוס במים אין שייך לענין שבת כלל, ע"כ לא חשביה בכלל פח"ז נת"ר,

באר הגולה

יא ‹ע"פ הבאר הגולה› יב טור בשם הראב"ד וכ"כ הרמב"ן בסת"ה והרא"ש בשמו, ולמד כן מדקתני בברייתא במו"ק דף כ. קיים כפיית המטה וכו'
ולא קתני הקובר מתו יג מהא דאמר רבי יוחנן דברים שבצנעא נוהג, כתובות דף ד. וכדעת הרמב"ן, וכן פסקו התוס' והרא"ש שם בכתובות, וכתבו
שכן כתב בה"ג יד שם בברייתא במו"ק דף כ. טו שם בשם הרמב"ן בסת"ה, מדקאמר בגמרא כי קא מבעיא ליה למנין ל' דקא נהגא, שם דף
י"ט: ‹עיין באה"ג, ודלא כרש"י שם ד"ה דהא נהגא כו', דאם כדברי רש"י מצות ז' נמי תעלה, שהרי נוהג דברים שבצנעה ורבים מתעסקים בו, אלא ע"כ צ"ל דנהגא כו'
כל מצות ל' קאמר, דאינו אסור דברים שבפרהסיא אלא דוקא דברים שבתוך ז' – גר"א› טז עיין באו"ח סי' תקל"ב בהג"ה שיש נוהגין להחמיר וכן נוהגין

ובאמת אין חילוק בין אלו לכיבוס כלל, וכיבוס הוא נזכר בירושלמי, ואי ס"ד דבמקצת דין ל' סגי, ה"נ היה לנו לומר בדין ז' במקצת, ומש"כ דילמא כיבוס במים ברגל אין אסור מחמת אבל, לא דק כלל בזה, דודאי איסור גמור הוא לכו"ע, דהא דבר שבצינעא נוהג בו איסור, וזה ודאי צינעא הוא, דמי ירגיש בזה שאין מכבס כסותו במים. **והרא"ש** אין חולק אלא על תוספת דגיהוץ ותספורת דהויין מילי דפרהסיא, ע"כ אין בהם איסור נוסף על הרגל, והרמב"ן חשב גם זה לצינעא, דהיינו מה שאין לובש בגד מגוהץ באותן ימים, דמי יאמר שיש לו בגד מגוהץ ואינו לובשו, **גם** מה שחשב עוד הרמב"ן לאיסור נוסף במה שאינו מגלח אף שבא ממדינת הים, אין זה מפורסם כ"כ, וכן שאר הדברים שחשבן כאן, ובאמת דברים נכונים הם לומר כן, ויפה דן הב"י כרמב"ן – ט"ז].

[וראיתי עוד בתשו' הנ"ל, שמעשה היה בחתן שנשא אשה בערב הרגל, ובתוך הרגל מת לו מת, פסק שם דאע"ג דחתן דעלמא שאירע לו אבילות בתוך ז' ימי משתה, אין מונה ל' אלא אחר ימי המשתה, מטעם דהוא עדיף מימי הרגל, דאיהו מותר בגיהוץ ותספורת, כמ"ש סי' שמ"ב, משא"כ חתן זה דימי משתה שלו הם ברגל, ממילא אסור בגיהוץ וכו', **משום** הכי להרמב"ן דלעיל דס"ל דהרגל עולה למנין ל', מטעם איסור נוסף, ממילא זה החתן שמותר באותו תוספת, ע"כ אין עולין לו ימי המשתה שלו, **ולהרא"ש** דעולה לו נמי אפי' אם ימי האבילות אין להם איסור יותר מן הרגל, א"כ הכי נמי דנוהג איסור גיהוץ מחמת הרגל עולה לו ג"כ למנין שלשים, וכן פסק שם למעשה, **ובעיני** יפלא מאד דברים אלו, דודאי גם להרא"ש אין עולה אלא כשיש איסור לאבל מחמת אבלותו, אלא שאותו איסור הוא ג"כ מחמת הרגל, בזה אמר דשפיר עולה, כיון דמ"מ הוא נוהג באותו איסור, דהוא יכול לומר אני עושה מחמת האבילות, ואם יש איסור נוסף מה לי בכך, **משא"כ** בחתן זה שאין בו חיוב אבילות כלל, וזה שנוהג איסור הוא מחמת הרגל לחוד, היאך מצאנו ידינו ורגלינו לומר שיהיה זה נחשב לימי השלשים, הלא אנו רואין שזה נהג איסור דוקא מחמת הרגל לא מחמת אבילות, **הא** למה זה דומה לחתן שהוא תוך שבעת ימי משתה שלו במקום שאי אפשר לו לגהץ, או שהיתה שבועה עליו שלא לגהץ, וכי נימא שיהיה זה נחשב לו למנין ל', הא ודאי ליתא. **על** כן נראה דהאי מילתא שכתב דעולה לחתן ימי משתה שלו למנין ל', חידושא הוא ולא ילפינן מיניה, ואינו עולה לכולי עלמא כמו בשאר חתן, **ואין** זה דומה למש"כ בסימן שמ"ב, דיכול החתן לדחות שבעת ימי משתה ולהקדים שבעת ימי אבילות לטובתו, **דהתם** בימי אבילות תליא מילתא בקום עשה, שצריך לעשות מעשה להראות האבילות, דהיינו חליצת סנדל וכפיית מטה וכיוצא בו, שפיר אמרינן דעל ידי מעשה ההוא מבטל שבעת ימי המשתה שלו, **משא"כ** בדין ל' שאין תלוי במעשה, אלא במה שאנו אוסרין לו גיהוץ ותספורת, בזה ודאי אנו אומרים שאין בידו לבטל, ואם הוא אומר שרוצה לבטל מחמת שבלא"ה יהיה אסור לו מחמת הרגל, הרי אנו רואים בפירוש שהוא אינו רוצה לעשות שום אבילות רק מה שצריך לעשות מחמת הרגל, ובזה ודאי אין עולה לו, כן נראה לענ"ד בדבר זה – ט"ז].

אות ג'

ואפילו שעה אחת

יו"ד סימן שצט ס"א - [יז]הקובר מתו קודם הרגל, בענין שחל עליו אבילות, ונהג בו אפי' שעה אחת קודם הרגל - פי' כל שהוא, ולא בענין שעה זמניות - ש"ך, [פירוש אפי' חליצת מנעל לחוד שנהג מעט, די בכך – ט"ז], **מפסיק האבלות ומבטל ממנו גזרת שבעה; [יח]וימי הרגל עולים לו למנין שלשים, הרי שבעה לפני הרגל, וימי הרגל, ומשלים עליהם השלשים** - היינו ע"פ שנתבאר לקמן מסעיף ז' ואילך.

[יט]סימן תקמח ס"ז - [כ]מת לו מת קודם הרגל, ונהג אבילות [כא]אפי' שעה אחת לפני הרגל, בטלה ממנו גזירת שבעה - לאו דוקא שעה, אלא ר"ל זמן מועט מאד, **ועיין** פמ"ג, דלאו דוקא אם נהג בחליצת מנעל, ה"ה אם נהג בכפיית המטה, או אחד משאר דברים השייכים לשבעה, בטלה ממנו עי"ז גזירת ז', [**כתב** עוד, דאפשר אף אם הזיד, כל שגלה דעתו באחד מהדברים ונהג שעה, בטלה גזירת ז', וצ"ע].

וימי הרגל עולים למנין שלשים; הרי ז' לפני הרגל, והרגל, ומשלים עליהם עד שלשים.

ומטעם שלשים אסור ללבוש בתוך הרגל [כב]כלים מגוהצים חדשים ולבנים, **וכן** מה שהתירו לפעמים לספר ולכבס בתוך הרגל, כגון הבא ממדינת הים, וכל השנויים לעיל בסימן תקל"א ס"ב וסימן תקל"ד, מחמת איסור שלשים אסור בכולם.

[כג]**וחתן** שנשא אשה ערב הרגל, ובתוך הרגל מת לו מת, אין הרגל עולה לו למנין שלשים, שהרי בתוך ז' ימי המשתה היה מותר בגיהוץ ותספורת, ואינו חושש לאבילות כלל, וכדאיתא ביו"ד סי' שמ"ב, **ומה** שהיה זהיר ברגל שלא לגהץ ולספר, הוא מחמת הרגל לחוד, נמצא שלא נהג אבילות ברגל כלל, **וע"כ** צריך לנהוג לאחר שהשלים ימי משתה שלו, ז' ימי אבלות, ואח"כ שלשים.

[כד]ודוקא שנהג אבילות באותה שעה, אבל אם שגג או הזיד ולא נהג אבילות, או שהיה סמוך לחשיכה ולא היה יכול לנהוג, אין הרגל מבטל האבילות, ודינו כדין קובר מתו ברגל - שנוהג בו דברים שבצנעא, ומתחיל למנות שבעה אחר הרגל, וימי הרגל עולין לו למנין שלשים, וכנ"ל בס"א.

באר הגולה

[יז] **לשון הטור ממשנה מו"ק דף י"ט. ובברייתא שם דף כ. וכחכמים** ‹לכאורה ר"ל כמו שציין באו"ח לקמן, הקובר מתו וכו', היינו מהמשנה, אפי' שעה א' וכו' היינו מהברייתא› [יח] **בעיא שם דף י"ט: ונפשטא דעולין בדף כ. ומימרא דאמוראי שם** ‹והא הבעיא היה רק בקברו ברגל, וכמו דמבואר שם בגמ' "לא אריש", עיין רש"י, דבקברו קודם הרגל, ודאי עולה לו, וצ"ע› [יט] ‹ע"פ מהדורת נהרדעא› [כ] **משנה שם י"ט** [כא] **כחכמים בברייתא שם כ'** [כב] [שו"ע יו"ד סי' שצ"ט, כשיטת הרמב"ן ולא כהרא"ש, וכן העתיקו האחרונים לדינא, ודלא כמשאת בנימין]. ‹ועיין לעיל אות ב'* יו"ד סי' שצ"ט ס"א› [כג] [ט"ז ושאר אחרונים, ודלא כמשאת בנימין הנ"ל] [כד] **רא"ש שם בשם הראב"ד מדקתני קיים כפיית המטה**

אות ג'* [כה]

מנין לאבילות שבעה, דכתיב: והפכתי חגיכם לאבל, מה חג שבעה, אף אבילות שבעה

יו"ד טור סימן שעה - מנין לאבלות ז', דכתיב: והפכתי חגיכם לאבל, מה חג ז', אף אבלות ז'; ומשום דאיכא חג שאינו אלא יום אחד, סמכו ליום שמועה רחוקה יום אחד; וכן ל' יום לגיהוץ ולתספורת אסמכוה אקרא, והכל אינו אלא אסמכתא בעלמא, שאין אבלות דאורייתא אפי' ביום הראשון; אבל הגאונים כתבו שאבלות יום ראשון דאורייתא.

אות ד' – ה'

איזו היא קרובה ואיזו היא רחוקה, קרובה בתוך שלשים, רחוקה לאחר שלשים

הלכה כרבי עקיבא

יו"ד סימן תב ס"א - [כו]מי שבאה לו שמועה שמת לו קרוב, אם בתוך ל' יום הגיעה השמועה, [כז]אפילו יום ל' עצמו, הרי זו שמועה קרובה, וחייב לנהוג שבעה ימי אבלות מיום שהגיע השמועה - ‹אע"ג דביום ל' אמרינן מקצת היום ככולו, כמ"ש בסי' שצ"ה, וא"כ כששמע ביום ל' באמצע היום, נאמר דהוי שמועה רחוקה, דאינו כן, דדוקא כשנהג אבלות אמרינן מקצת היום ככולו, ולא בשלא נהג - ערוה"ש›.

[כח]וקורע, ומונה שלשים יום (מיום השמועה) לתספורת עם שאר דברים; כללו של דבר, יום שמועתו הקרובה כיום הקבורה – [מבואר בב"י סימן זה בשם הרמב"ן, דביום השמועה קרובה לא יניח תפילין כמו ביום הקבורה – ט"ז]. **כן** משמע להדיא במחבר גופיה ס"ב, מדכתב בשמועה רחוקה, אם היה לבוש תפילין א"צ לחלצן, מכלל דבקרובה צריך לחלצן, וכ"ש שלא יניחן - נקה"כ.

[כט]ואם שמע מיום ל' ואילך - ‹אפילו בלילה השייך ליום ל"א›, **א"צ לנהוג אלא שעה אחת** - ‹ולאו דוקא שעה שהוא אחד מכ"ד במעת לעת, אלא איזה עת - ערוה"ש›. ‹**דאע"ג** שאמרנו שמועה רחוקה דינה יום אחד, כבר אמרנו ג"כ דלענין אבילות קיימא לן מקצת היום ככולו, לפיכך סגי בשעה אחת - לבוש›, **לא שנא שמע ביום לא שנא שמע בלילה, שאם שמע בלילה [ל]ונהג מקצת אבלות בלילה שעה אחת, עולה לו.**

[לא]ואפילו שמע על אביו ואמו. [לב]והני מילי לענין גזירת שבעה, אבל לענין גזירת שלשים – [פי' מה שתלוי בשאר קרובים במנין שלשים, דהיינו גיהוץ ותספורת, זה נוהג באביו עד שיגערו כו' – ט"ז], **נוהג על אביו ואמו בתספורת עד שיגערו בו חביריו, ובגיהוץ עד שיגיע הרגל ויגערו בו** - ‹עיין מש"כ הפת"ש בסי' שפ"ט ס"ה, אם צריך שיגיע הרגל›.

וכן בשאלת שלום וליכנס לבית המשתה – [ר"ל דברים האסורים בי"ב חדש – ט"ז], **ומונה מיום מיתה ולא מיום שמועה** - ‹דאבילות י"ב אינו אלא משום צער דינו שדנין אותו, ואין הדין תלוי בשמועתו, אלא מיום מיתתו - לבוש›. **לפיכך אם באה לו שמועה על אביו ואמו לאחר י"ב חדש, אינו נוהג אלא יום אחד** - כלומר שעה אחת - ש"ך, **אף בגזירת ל'.**

שיגערו - ‹ואם גערו בו תוך ל', עיין בשכנה"ג מחלוקת הפוסקים האחרונים בזה, (ועיין במ"ש רבינו סי' ש"ץ) - רעק"א›.

באר הגולה

כה ‹ע"פ מהדורת נהרדעא› כו לשון הרמב"ם מברייתא דף כ. כז וכן העלה הרי"ף וכן הכריע הרמב"ן כח וכתב הרא"ש ונוהג בה דין הבראה וכל דיני אבילות כיום קבורה, וכמ"ש רבינו כללו של דבר וכו' כט פלוגתא דתנאי שם דף כ. ואיפסקא הלכתא כר"ע ל ציינתיו לעיל סימן שצ"ה ס"ב לא הרמב"ן והרא"ש מעובדא דרב ורבי חייא שם דף כ. וכגירסת ר"ח ופירושו שם בתוס' ‹שמתו אביו ואמו של רבי חייא›. ‹ככל הני דשם, וכמ"ש שם: א"ל יחידאה הוא כו', ועיין באה"ג - גר"א› לב טור בשם הרמב"ן בבת"ה מסברא

עין משפט נר מצוה

קיא א מיי' פ"ו מהל' אבל הלכה א סמג עשין דרבנן ב טוש"ע י"ד סימן תב סעיף א:

קיב ב ג מיי' שם הלכה ג וסמג שם טוש"ע י"ד שם סעיף ה:

קיג ד מיי' שם הל' א טוש"ע שם סעי' ד:

קיד ה ו מיי' פ"ח שם הלכה ו טוש"ע י"ד סימן שמ סעיף יח:

קטו ז מיי' שם פ"ב הלכה א סמג שם טוש"ע י"ד סימן שעד סעיף ד:

קטז ח ט י מיי' שם הלכה ד ה טוש"ע שם סעיף ו:

קיז כ מיי' שם הל' ה טוש"ע שם וסימן שפא סעיף ו:

קיח ל מיי' שם פ"ח הלכה א סמג שם טוש"ע י"ד סימן שמ סעיף א:

גמרא

אמר ליה אימא קיימת אמר ליה אימא קיימת א"ל אבא קיים אמר ליה לשמעיה חלוץ לי מנעלי °והולך אחרי כלי לבית המרחץ שמע מינה תלת שמע מינה *אבל אסור בנעילת הסנדל ושמע מינה שמועה רחוקה אינה נוהגת אלא יום אחד ושמע מינה *מקצת היום ככולו רבי חייא לחוד רבי אחייה לחוד אמר רבי יוסי בר אבין שמע שמועה קרובה ברגל ולמוצאי הרגל נעשית רחוקה עולה לו ואינו נוהג אלא יום אחד תני רבי אדא דמן קסרי קמיה דר' יוחנן שמע שמועה קרובה בשבת ולמוצאי שבת נעשית רחוקה אינו נוהג אלא יום אחד קורע או אינו קורע רבי מני אמר אינו קורע רבי חנינא אמר קורע אמר ליה רבי מני לר' חנינא בשלמא לדידי דאמינא אינו קורע היינו דלא איכא אבילות שבעה אלא לדידך דאמרת קורע קריעה בלא שבעה מי איכא ולא והתניא איסי אבוה דרבי זירא ואמרי לה אחוה דרבי זירא קמיה דר' זירא °מי שאין לו חלוק לקרוע ונזדמן לו בתוך שבעה קורע לאחר שבעה אינו קורע עני ר' זירא בתריה במה דברים אמורים בחמשה מתי מצוה אבל על אביו ועל אמו קורע והולך כי תניא ההיא לכבוד אביו ואמו ת"ר כל האמור בפרשת כהנים שכהן מיטמא להן אבל מתאבל עליהן ואלו הן אשתו אביו ואמו אחיו ואחותו בנו ובתו הוסיפו עליהן אחיו ואחותו הבתולה מאמו ואחותו נשואה בין מאביו בין מאמו *וכשם שמתאבל עליהם כך מתאבל על שניים שלהם דברי ר"ע רבי שמעון בן אלעזר אומר אינו מתאבל אלא על בן בנו ועל אבי אביו וחכ"א כל שמתאבל עליו מתאבל עמו חכמים היינו תנא קמא איכא בינייהו עמו °בבית *כי הא דאמר ליה רב לחייא בריה וכן א"ל רב הונא לרבה בריה באפה נהוג אבילותא בלא אפה לא תינהוג אבילותא מר עוקבא שכיב ליה בר חמוה סבר למיתב עליה שבעה ושלשים על רב הונא לגביה אשכחיה אמר ליה צודנייתא בעית למיכל לא אמרו לכבוד אשתו אלא חמיו וחמותו דתניא* מי שמתה חמיו או חמותו אינו רשאי לכוף את אשתו להיות כוחלת ולהיות פוקסת אלא כופה מטתו ונוהג עמה אבילות וכן היא שמת חמיה או חמותה אינה רשאה להיות כוחלת ולהיות פוקסת אלא כופה מטתה ונוהגת עמו אבילות ותניא אידך *אף על פי שאמרו אינו רשאי לכוף את אשתו להיות כוחלת ולהיות פוקסת באמת אמרו מוזגת לו את הכוס ומצעת לו מטה ומרחצת לו פניו ידיו ורגליו קשיין אהדדי אלא לאו שמע מינה כאן בחמיו וחמותו כאן בשאר קרובים שמע מינה תניא נמי הכי לא אמרו לכבוד אשתו אלא חמיו וחמותו בלבד אמימר שכיב ליה בר בריה קרע עילויה אתא בריה קרע באפיה אידכר דמיושב קרע קם קרע מעומד אמר ליה רב אשי לאמימר קריעה דמעומד *)מנלן דכתיב °ויקם איוב ויקרע את מעילו אלא

*) [עי' תוספות סנהדרין ס. ד"ה אחא וכו' מה שהגיהו סוגי' דהכא בתימה]

רש"י

א"ל אימא קיימת · בלשון שאילה הוא כלומר (א) שאתה שואל על אבי שאל על אמי שאף היא אחותך: **א"ל** · ר' חייא ואמך אחותי קיימת היא: **א"ל** · רב אבא קיים עדיין לא הבחין עליו וממילא הבין ויש אומרים בניחותא היה רב משיבו על מי שאינו שואל כדי שיבין מן הכלל וקשה בעיני לומר שרב יוציא דבר שקר מפיו: **חלוץ מנעלי** · להתאבל על אחי ואחותי: **והולך כלי אחרי לבית המרחץ** · ללמד הלכה(ב) נתכוין שאין שמועה רחוקה לאחר שלשים נוהגת אלא יום אחד ומקצת היום ככולו: **למוצאי הרגל נעשית רחוקה** · דהוי שלשים יום: **אינה נוהגת אלא יום אחד** · אע"פ דכי שמע עדיין היתה קרובה עולה הרגל להשלים שלשים דהוי שמועה רחוקה: **אינו קורע** · עכשיו דנוהג יום אחד לשמועה רחוקה: **היינו דליכא אבילות שבעה** · כלומר משום דליכא שבעה אינו קורע: **קורע והולך** · אחר שבעה אע"ג דליכא שבעה: **אבל מתאבל עליהן** · על אותן קרובים: **אחיו מאמו** · שלא מאביו דקרא משמע מאביו שלא מאמו: **אחותו נשואה בין מאביו בין מאמו** · דבקרא לא אשכחן אלא אבתולה: **על שניים שלהן** · אבי אביו ועל בן בנו ועל בן בתו ועל בן אחותו: **כל שמתאבל עליו מתאבל עמו** · כלומר מתאבל עם אביו כשהוא מתאבל על אב שלו נמצא זה מתאבל על אבי אביו וכן כל שמתאבל עליו כגון שמתאבל על בנו מתאבל עמו כלומר מתאבל עם בנו כשהוא מתאבל (ג) פי' על בן שלו ונמצא זה מתאבל על בן בנו: **היינו תנא קמא** · של רבי שמעון: **עמו בבית** · דתנא קמא לא בעי שיהא אביו או (בן) בנו עמו בבית ויושב עמו וחכמים בעו עמו בבית: **כי הא** · ענין דא"ל רב לר' חייא וכו': **באפה** · דאיתתך כשהיא אבילה דהאי נמי כל שמתאבל עליו כגון אשתו מתאבל עמו בפניו: **צודנייתא** · סעודות דאבל: **קשיין אהדדי** · דהכא קתני מצעת לו מטתו והכא קתני כופה מטתו: **בשאר קרובי אשתו** · מצעת לו מטתו: **אתא בריה** · הדר אמימר קרע באפיה דבריה: **קם קרע** · פעם שלישית: אודייני

תוספות

עולה לו · פירוש הרגל עולה לו למנין שאינו נוהג אלא יום אחד: **קורע או אינו קורע** · דוקא כענין זה מיבעי ליה לפי שהיה חייב לקרוע בשעת שמועה אבל שמע שמועה רחוקה בחול אינו קורע כלל ואפי' על אביו ואמו וכן קאמר כמי בסמוך כי תניא ההיא בכבוד אביו ואמו והכי משמע לעיל דלא מצינו לר' חייא שקרע אע"פ שהיה אביו ואמו לגירסת ר"ח וא"ת אי מהא משמע דאינו קורע על אביו ואמו אמאי לא קאמר ש"מ דאינו קורע יש לומר דאינו מביא ש"מ כי אם ממה שראינו שעשה אבל ממה שלא ראינו אינו מביא ראיה מכל מקום מדלא קבעי הש"ס כלל אם רבי חייא קרע משמע א"צ לקרוע ובתשובת רבינו זקיני פי' דאינו קורע על שמועה רחוקה אפי' על אביו ואמו והרי"ן וגם בתוס' הרב מסופק והא דאמר בסמוך מי שאין לו חלוק וכו' מיירי כגון שהיה שאול מחבירו או נתמלא קרעים ונראה לי שיש לסמוך יותר על ה"ג מרב נמא גאון דאין קורעים לאחר ל' יום אלא על אביו ואמו בלבד וברכת אבלים נחלקו בה"ג אם שמע בשבת אם חייב לברך ברכת אבלים דים מפרשים דנקרא דברים שבצינעא וי"א כיון דמברכין בג' או בעשרה לאו דברים שבצינעא הוא:

ואחותו נשואה בין מאביו בין מאמו · לא מיבעי מאביו אלא אפי' מאמו נמי:

על שניים שלהם · פי' הטלדים מהן אבל באחיהם ובנשותיהם היה מסופק בתוספות הרב בשם רבו ולא ידענא מאי שנא:

על אבי אביו ועל בן בנו · פירוש בתוספות הרב בשם רבו דהוא הדין אבי אמו ובת בתו:

באפה נהוג אבילות · פירוש בתוספות בכל דיני אבלות נעילת הסנדל ורחיצה וסיכה וכולן כל זמן שהוא בפניה וכפ"ק דכתובות (דף ד:) קאמר עמו בבית ושמא באפה דוקא או שמא בכל הבית:

ומרחצת לו פניו ידיו ורגליו · בחמין קאמר דאילו בצונן היא כמי מותרת:

אלא בחמיו וחמותו · והוא הדין היא נוהגת עמו בחמיה וחמותה והא דקתני לעיל כל שמתאבל עליו מתאבל עמו בכל שאר קרובים קאמר אבל אשתו יש חילוק בין חמיו וחמותו לשאר קרובים:

אתא בריה קרע באפיה · להיות נוהג עמו אבילות ותימה כיון דקרע כבר וכי צריך לקרוע כלל לפני הקרובים ושמא לאשמועינן דבאפיה נוהג אבילות והר"א פירש אתא בריה קרע באפיה לפי שאמימר קרע מיושב ואתא בנו להזכירו שהוא טועה לקרוע מיושב והקריעה זה עשה בנו של אמימר ועל ידי כך נזכר אמימר וקרע פעם שניה מעומד: אלא

רבינו חננאל

אחד · ועוד ר' חייא נהג על אביו ועל אמו בשמועה רחוקה יום אחד ולמדנו ממנו ג' דברים' למדנו כי האבל אסור בנעילת הסנדל · וכי שמועה רחוקה אינה נוהגת אלא יום אחד · וכי מקצת היום ככולו תני ר' אדא קמיה דר' יוחנן שמע שמועה קרובה בשבת ולמו"ש נעשה רחוקה עלה לו ואינה נוהגת אלא יום אחד · וכן א"ר יוסי בר אבין שמע שמועה קרובה ברגל ולמוצאי הרגל נעשית רחוקה אינה נוהגת אלא יום אחד כללו של דבר כל יום שמועה שאינו נוהג בו אבלות כאלו עדיין לא שמע' השומע שמועה רחוקה ברגל קירע או אינו קורע ר' מני אמר אינו קורע ר' חנינא אמר קורע ר' מני אמר אינו קורע דכל היכא דליכא עליה אבלות שבעה אינו קורע איני והא תני איסי אבוה דר' זירא מי שאין לו (אלא חלוק אחד)[חלוק לקרוע] ונזדמן לו חלוק בתוך שבעה קורע לאחר שבעה אינו קורע · הנה קורע בתוך שבעה ואע"פ שאינו נוהג אחר הקריעה שבעה · וכי תימא משום דהיא בתוך שבעה ועוד הא תני ר' זירא בתריה בד"א בה' מתי מצוה פי' חמשה מכלל השבעה שהוא מצוה להתאבל עליהם · אבל על אביו ועל אמו קורע והולך · הנה שאין שם אבלות קורע ופרקינן כי תניא היא דר' זירא לכבוד אביו ואמו: ת"ר כל האמור בפרשת כהנים כהן מיטמא להם אבל מתאבל עליהם · ואלו הן אביו ואמו בנו ובתו אחיו ואחותו ואשתו הוסיפו עליהן אחיו ואחותו בתולה מאמו ואחותו נשואה מאביו וכשם שמתאבל עליהן כך מתאבל על שניים שלהם דברי ר"ע ר"ש בן אלעזר אומר אינו מתאבל אלא על [אבי] אביו ועל בן בנו · וחכמים אומרים כל שמתאבל עליו מתאבל עליהן · וקיי"ל כחכמים · ואוקימנא עמו בבית כגון ראובן שמת לו בן נוהג יעקב אביו עמו בבית בלבד · וכי הא דאמר ליה רב לחייא בריה · ורב הונא אמר לרבה בריה חמיך וחמותך שמתו ואשתך מתאבלת עליהן באפה כלומר בבית עמה נהוג אבלות שלא בפניה לא תנהוג כלל מפני כבוד אשתו א"ל רב הונא לעוקבא לא אמרו לכבוד אשתו אלא חמיו וחמותו בלבד ותניא כוותיה וכדתניא מי שמת חמיו או חמותו כופה מטתו ונוהג אבלות עמה וכן אם מת חמיה או חמותה אינה רשאה להיות כוחלת ופוקסת אלא כופה מטתה

מסורת הש"ס

[לעיל טו:]

[לעיל טז: פסחים ד. וש"נ]

[שמחות פ"ד]

כתובות ד:

ג"ז שם

ג"ז שם

איוב א

הגהות הב"ח

(א) רש"י ד"ה א"ל אימא כו' כלומר עד שאתה שואל: (ב) ד"ה והולך כו' ללמד הלכה לתלמידים נתכוין: (ג) ד"ה כל שמתאבל וכו' כשהוא מתאבל על בן שלו והיכא פי' נמחק:

גליון הש"ס גמ' והולך אחרי כלי · עיין לקמן דף כד ע"ב תוספות ד"ה אלא קרוביו: שם מי שאין לו חלוק · עיין לקמן דף כד ע"א תוספות ד"ה וכל קרע ובתוספות ד"ה כי תניא:

הגהות מהר"ב רנשבורג א] גמ' הוסיפו עליהן אחיו אחותו הבתולה מאמו ואחותו נשואה כו' · נ"ב עיין ריטב"א

§ מסכת מועד קטן דף כ: §

אות א'* [א]

אימא קיימת

יו"ד סימן תב סי"ב - [ב]**מי שמת לו מת ולא נודע לו, אינו חובה שיאמרו לו, ואפילו באביו ואמו; ועל זה נאמר: מוציא דבה הוא כסיל;** [ג]**ומותר להזמינו לסעודת אירוסין ונישואין וכל שמחה, כיון שאינו יודע** - (כתב בספר חמודי דניאל כ"י, אחד בא אצל אחיו בתוך ל' למיתת אחותם, ולא היה רוצה שיתוודע אחיו מזה, נראה דמותר ללבוש בגדי שבת בכדי שלא יצטרך להגיד לו. **ועמש"ל** סוס"י שצ"ג בשם שבו"י לענין תוך שבעה - פת"ש).

[ד]**מיהו אם שואל עליו, אין לו לשקר ולומר: חי הוא, שנאמר: מדבר שקר תרחק** – [נראה דיש לומר בלשון דמשתמע לתרי אפי, דהיינו שאין מבואר בפירוש בדבריו שהוא מת, אלא הלשון סובל לחיים ולמיתה, וראיה מדאיתא ברבי חייא ששאל לרב: אבא קיים, א"ל אימא קיימת, ופירש רש"י דבלשון בתמיה אמר, עד שאתה שואלני על אבי שאלני על אמי, ומתוך זה הבין ר' חייא שמת אביו, שמע מיניה שלא אמר בפירוש שמת – ט"ז].

הגה: ומכל מקום בבניס זכריס, נהגו להודיע, כדי שיאמרו קדיש; אבל בבנות, אין מנהג כלל להודיעם (מהרי"ו) - (עיין בתשו' אא"ז פמ"א שכתב, דבמועד שצריך לנהוג דברים שבצנעא, אסור להודיע משום שמניעת שמחת יום טוב, ומביא ראיה מגמרא מו"ק דף ז' ‹מהא דאין רואים הנגעים במועד› ע"ש. **והורה** ג"כ בפורים כן, שאין להגיד לו עד אחר פורים, ע"ש - פת"ש).

אות א'** [ה]

חלוץ לי מנעלי, והולך אחרי כלי לבית המרחץ

יו"ד סימן תב ס"ב - [ו]**השומע שמועה רחוקה, אין צריך לנהוג כל דין אבלות, אלא דיו בחליצת מנעל; ואין צריך לא עטיפה ולא כפיית המטה, ומותר במלאכה, רחיצה וסיכה ותשמיש המטה ובתלמוד תורה; ואם אין לו מנעלים ברגליו, צריך שיכפה מטתו או יעטוף ראשו, שצריך שיעשה מעשה שניכר בו שעושה משום אבלות** - ‹וזהו לפי מנהגם, ואצלינו שאין לנו כפיית המטה ועיטוף, נ"ל שישב על הקרקע שעה אחת, דאצלינו הוא עיקר האבלות מה שיושבין על הקרקע, אבל בחולץ מנעליו גם זה א"צ - ערוה"ש›.

ואם היה עוסק בתורה או במלאכה, או שהיה רוחץ וסך, ובאה לו שמועה, מפסיק שעה אחת משום אבלות, וחוזר למה שבידו - ‹דאע"ג דמעיקר הדין אין חשש בזה כיון שחולץ מנעליו, מ"מ כיון שדברים אלו אסור בהם כל שבעה, צריך להפסיק מהם - ערוה"ש›, [ז]**אבל אם היה לבוש תפילין, אינו צריך לחלצן** - לפי שאף בשעת אבילות מניח תפילין ואינו חולץ, אלא ביום ראשון לבד, ולא תהא שמועה רחוקה חמורה מיום ב' של אבילות קרובה, עכ"ל רמב"ן - ש"ך, **ומ"מ אינו יוצא ידי אבלות בהפסק זה, וצריך שיעשה מעשה שניכר שעושה משום אבלות, כגון חליצת מנעל או כפיית המטה ועטיפה; ומיהו בחדא סגי.**

[ח]**יו"ד סימן תב ס"ג** - [ט]**אין מברין על שמועה רחוקה** - ‹דלשני הטעמים שכתבתי לעיל סימן שע"ח ס"א בטעם הבראה, לא שייכי הכא – לבוש. **ועש"ש** סי"ב שכתב: שאין בה מרירות כל כך›.

[י]**יו"ד סימן תב ס"ט** - [יא]**שמע שתי שמועות רחוקות ביום אחד, אינו נוהג עליהן אלא** [יב]**יום אחד** - כלומר שעה א'. **היו קרובות, או שמתו לו שני מתים כאחד, מונה לשתיהם כאחד שבעה ושלשים; שמע לזה היום ולזה למחר, מונה לשני מיום שמועה, שבעה ושלשים** - וכן במתו לו שנים זה אחר זה, כדלעיל סימן שע"ה ס"י - ש"ך.

אות א'*** [יג]

אבל אסור בנעילת הסנדל

יו"ד סימן שפב ס"א - [יד]**(אבל) אסור בנעילת הסנדל,** [טו]**דוקא של עור; אבל באנפליא של בגד או של גמי או של שער או של עץ, מותר, שאין מנעל אלא של עור; ואם הוא של עץ ומחופה עור, אסור.**

באר הגולה

[א] ‹ע"פ מהדורת נהרדעא› [ב] ג"ז שם מעובדא דרבי חייא שציינתי לעיל בסעיף ב' ‹אלמא שלא היה רוצה לומר לו כלום אילו לא היה שואלו, ואפילו כששאלו לא השיב לו אלא ברמז בעלמא – מרדכי› [ג] שם בהגהמי"י בשם רש"י [ד] שם במרדכי והגהמי"י וכ"כ התוס' בעובדא דרבי חייא שם. ונלענ"ד שיש ללמוד מעובדא זו כפי גירסת ר"ח וכמ"ש התוס' שם, שלא ישיב להדיא מת, אלא ישיב לו שקרובו אחר קיים, כדי שיבין מעצמו, וכדי להשמיעו חדשות טובות ג"כ [ה] ‹ע"פ מהדורת נהרדעא› [ו] שם בשם הרמב"ן בסת"ה מעובדא דרבי חייא דאתיא ליה שמועה רחוקה וכו', ש"מ תלת וכו' שם דף כ: [ז] שם מעובדא דרבי חייא שהיה לבוש תפילין ‹שלא היה דרכו של אותו צדיק לילך בלא תפלין – ב"י› ולא חלצן, ואפי' בשעת אבילות הוא לובשן, דלא תהא שמועה רחוקה חמורה מיום שני של אבילות קרובה [ח] ‹ע"פ הגר"א, וז"ל: מהא דר' חייא הנ"ל, {דלא מצינו ברבי חייא שעשו לו הבראה}, ועיין תוס' כ"ד ב' ד"ה אלא› [ט] נמוקי יוסף והמרדכי [י] ‹ע"פ הבאר הגולה› [יא] הרמב"ן בסת"ה בשם הרי"ץ גיאות, מעובדא דרבי חייא וכו', וציינתיו לעיל ס"ב, דא"ל דאביו ואמו אינן קיימי [יב] כלומר שעה אחת, דמקצת היום ככולו [יג] ‹ע"פ מהדורת נהרדעא› [יד] ברייתא מו"ק דף ט"ו: ויליף מדקאמר ליה רחמנא ליחזקאל ונעליך תשים ברגליך, מכלל דלכו"ע אסור [טו] רמב"ן בסת"ה, ויליף לה מדין איסור נעילת הסנדל ביוה"כ, וציינתיו באו"ח בסי' תרי"ד

אות א'

מקצת היום ככולו

יו"ד סימן תב ס"א - [טז]**ואם שמע מיום ל' ואילך** - ‹אפילו בלילה השייך ליום ל"א - ערוה"ש›. **א"צ לנהוג אלא שעה אחת** - ‹ולאו דוקא שעה שהוא אחד מכ"ד במעת לעת, אלא איזה עת - ערוה"ש›. ‹**דאע"ג** שאמרנו שמועה רחוקה דינה יום אחד, כבר אמרנו ג"כ דלענין אבילות קיימא לן מקצת היום ככולו, לפיכך סגי בשעה אחת - לבוש›. **לא שנא שמע ביום לא שנא שמע בלילה, שאם שמע בלילה** [יז]**ונהג מקצת אבלות בלילה שעה אחת, עולה לו.**

אות ב' – ג'

שמע שמועה קרובה ברגל, ולמוצאי הרגל נעשית רחוקה, עולה לו, ואינו נוהג אלא יום אחד

שמע שמועה קרובה בשבת, ולמוצאי שבת נעשית רחוקה, אינו נוהג אלא יום אחד

יו"ד סימן תב ס"ה - [יח]**השומע שמועה בשבת או ברגל, ולמו"ש ורגל נעשית רחוקה, אינו נוהג אלא יום א'** - כלומר שעה א' - ש"ך, [יט]**ובשבת ורגל אסור בדברים של צינעא** – [וטעם לזה שאינו נוהג אבילות אחר השבת, אע"ג דביום השבת התחיל והוא ביום השלשים, **דכיון** שאינו מתאבל אבילות גמור באותו שבת רק בדברים שבצינעא, ע"כ אין גזירת אבילות אחריו, ‹**שא"כ** היה מה שהוא גורם חמור מהוא עצמו, שהרי בו עצמו אין כל אבילות נוהג בו, ומחמתו יהא כל דין אבילות נוהג, אין זה בדין שיהא חמור מה שיבואו בגרמתו יותר ממנו - לבוש›, כ"כ ב"י בשם רשב"א, **וכתב** הרמב"ן, דבאותו שבת ורגל אסור בדבר שבצינעא כל אותו יום, ולא אמרינן בזה מקצתו ככולו, כיון שיש עליו חוב ליום שאחריו שעה א', היאך נאמר שיפסיק מאבילות ויחזור לו – ט"ז].

ומכאן פסק הב"ח, לישב במוצאי שבת שעה א' על הארץ ולנהוג אבילות, ואפי' אם חל יום הז' בשבת צריך לנהוג אבילות שעה אחת במוצ"ש, דהא הכא אע"ג דדברים שבצנעא נוהג בשבת, לא נפטר בזה, וצריך לעשות במו"ש מעשה שניכר בו משום אבילות, עכ"ד, [**ודרך** זה הוא רחוק מאד, דהיאך ישלים ביום השמיני מה שהיה חייב בז', אין זה אלא תימה, **ותו** דא"כ אם יש שבת באמצע שבוע של אבילות, היאך ישלים במו"ש מה שחייב לעשות בשבת, הלא אותו אבלות מה שעושה במוצאי שבת הוא משום חיוב יומא גופיה, והיאך תצרפו לעבר ולעתיד – ט"ז]. **ולפענ"ד** לא דמי כלל, דהכא כיון שחכמים חייבו לנהוג אבילות כראוי עכ"פ שעה אחת, וביום השבת אין נוהגין אבילות רק במקצת, א"כ מעולם לא נהג זה דין אבילות כראוי אפי' שעה אחת, לכן חייב למוצאי שבת או למוצאי הרגל לנהוג אבילות שעה א', **אבל** מי שנהג אבילות ז' ימים ותוך הז' חל יום השבת, למה יתחייב באבילות במו"ש, ואפילו זלזל במקצת הימים ולא נהג אבילות, קי"ל לעיל סי' שצ"ז דאין צריך להשלים, וכ"ש יום השבת דנהג אבילות כדינו - ש"ך.

עוד האריך הב"ח להוציא דברי הר' יחיאל מפשטן, ופסק דאם חל יום ז' של אבילות בשבת, צריך לנהוג דברים שבצינעא כל היום, כיון שאינו נוהג בשבת אלא דברים שבצינעא, והביא ראיה ממאי דקי"ל בס"ב, דצריך שיעשה מעשה הניכר משום אבילות, [**ורוצה** לאסור לאותו אבל לקרות בתורה אפי' במנחה, כיון שאין עושה מעשה הניכר בו משום אבילות, **ועפ"ז** כתב ליישב מה שנהגו איזה אנשים כשחל יום ז' בשבת, לישב במוצ"ש שעה אחת על הארץ, כדי לעשות היכר לאבילות שביום השבת לא עשה היכר – ט"ז], **וכל** מעיין ישפוט בצדק, דדעת הר"ר יחיאל דגם בשבת אמרינן מקצת יום ככולו, ונוהג מקצת יום השבת ותו לא, ואין חולק עליו בזה, והכי משמע פשט לישנא דש"ס ופוסקים, דלא לישתמיט חד לפלוגי בהכי, **ולא** דמי לדלעיל ס"ב מטעם שכתבתי בסמוך - ש"ך.

[**ואפי'** בשחרית יש היתר לקרותו בתורה, {דאין לנהוג בו איסור בדברים שבצינעא אלא במקצת היום, דהיינו בשחרית בהנץ החמה}, אלא כיון שבחול ממתין עד אחר התפלה של שחרית, גם בשבת יעשה כן, אבל במנחה יש היתר גמור לקרותו לתורה, ואין עליו דין שביעי לגמרי].

[**ואותן האנשים שיושבים על הארץ במוצ"ש אחר יום השבת שהוא שביעי לאבילות, הם עושים מדעתם ומוסיפים אבילות שלא מדברי חכמים** כלל, **ואפשר** שבא הטעות ההוא ממה שראו בסעיף ו', ‹השומע שמועה רחוקה בשבת או ברגל, אינו נוהג אפילו דברים שבצינעא, ולמוצאי שבת ורגל נוהג שעה אחת, ודיו, ע"כ. עיין במילואים›, שבמוצ"ש ורגל נוהג אבילות שעה אחת, נמשך להם הטעות שבכל שבת של אבילות הם סוברים לעשות כן, **והוא** טעות גמור, דשם הוה החיוב הגמור במוצ"ש משום שמועה רחוקה, משא"כ בזה, **ואדרבה** משם ראיה למה שכתבתי, שהרי כתב שם הרמב"ן דבכל אותו שבת אסורים בדבר שבצינעא, כמו שזכרתי בסעיף ה', והיינו משום שיש עליו עדיין חיוב אבילות במוצאי שבת, **משמע** הא בלאו הכי לא אסור כל השבת, אלא מקצתו ככולו, וכן הוא עיקר בלי ספק, ואין ראיה מאותן אנשים דלאו דסמכי נינהו – ט"ז].

[**ואין** להקשות, הא אמרינן בסימן שצ"ה בענין מקצת היום ככולו של יום השביעי, דתלוי דוקא בעמדו המנחמים מאצלו, ולא סגי בהנץ החמה כמו ביום שלשים, **הא** לאו קושיא היא כלל, דבכל ענין שאמרו מקצתו ככולו, היינו שאותו מקצת צ"ל בו מאותו ענין שחייב בשאר ימים בכולו, **דהיינו** במקום שתלוי האבילות בקום עשה, כגון במנין שבעה שצריך לעשות מעשה בחליצת סנדל וזקיפת המטה וכיוצא בהם, בזה אמרינן דצריך באותו מקצת של יום השביעי לעשות מעשה החיוב עליו, ולא סגי בשב ואל תעשה, ונתנו גבול לזה המקצת עד קימת המנחמים מאצלו, שעד אותה שעה ראוי להיות בקום עשה מה שמוטל עליו בעת ההיא, **משא"כ** לדין ל' שאין עליו חיוב בקום עשה רק בשב ואל תעשה, דהיינו דאסור גיהוץ ותספורת, בזה סגי בהנץ החמה, כיון דכבר נהג איסור בשב ואל תעשה די בכך, **ומשו"ה** בשמע שמועה רחוקה שנוהגת שעה אחת, היינו נמי בקום עשה שצריך לעשות מעשה דוקא, כעין שצריך לעשות בשמועה קרובה שבעה ימים, כן יעשה ברחוקה אותה שעה, וכמ"ש בס"ב

באר הגולה

[טז] פלוגתא דתנאי שם דף כ. ואיפסקא הלכתא כר"ע [יז] ציינתיו לעיל סימן תצ"ה ס"ב [יח] ברייתא שם [יט] שם בשם הרמב"ן בסת"ה, ועיין במ"ש הב"י במה שנשאל הרשב"א, כיון דשמע בשבת שהוא יום ל', הרי היא קרובה וכו'

בסי׳ זה, ומשו״ה כשחל יום שביעי של שבעה ימים בשבת, סגי במקצת אע״ג דאין עושה מעשה באותו מקצת, דהא גם ביום השבת כולו לא יעשה מעשה הניכר, אלא דעולה למנין משום דנוהג בו דבר שבצינעא, ובזה סגי במקצת ממנו, והוי כיום השלשים ממש שזכרנו, כנ״ל **ברור – ט״ז**].

[**אבל אם שמע שמועה בשבת שהוא כ״ט, אז נוהג לאחר השבת שבעה ושלשים, רש״ל – ט״ז**].

‹**ואם** שמע ביום א׳ דרגל שמועה קרובה, דהיינו שהוא יום כ״ח למיתה, וביום ג׳ דרגל נעשה רחוקה, י״ל דמיום ג׳ ואילך אינו נוהג דברים שבצנעה, כמו בשומע שמועה רחוקה ברגל כדבסמוך ס״ו, וצ״ע לדינא – רעק״א.

[כ]**סימן תקמח סי״ז** - [כא]**שמע שמועה קרובה** - היינו שהוא תוך ל׳ שמת קרובו, **בשבת או ברגל, ולמוצאי שבת ורגל נעשית רחוקה, דינו כדין שמע שמועה רחוקה אחר השבת והרגל** - ואינו נוהג אלא שעה אחת במו״ש ורגל, דכיון שלא היה יכול לנהוג אבילות בשעה ששמע, לא חל עליו אבילות כלל.

[כב]**אלא שבשבת וברגל נוהג דברים שבצנעה.**

אות ד׳

אינו קורע

יו״ד סימן תג ס״ד - [כג]**אין קורעין על שמועה רחוקה;** [כד]**ועל אביו ואמו, קורע לעולם. (ובמקום שאין לו לקרוע, אסור להחמיר על עצמו ולקרוע) (א״ז)** - ‹דאין זה חומרא שנאמר שמחמיר על עצמו, דאסור משום בל תשחית - ערוה״ש›. **אם** לא על אביו ואמו, או אדם גדול שהיה רגיל להקשות לו בדבר הלכה דהוי מסתפי מיניה, אם בא לעשות מילתא יתירה לכבודו מותר, כ״כ הב״ח בשם א״ז - ש״ך.

‹**דעושה** כן מפני צער התורה שנחסר במיתתו, וכן על רבו שרוב חכמתו ממנו, קורע עליו אפילו בשמועה רחוקה, כמ״ש בסי׳ ש״מ ע״ש - ערוה״ש›.

[כה]**יו״ד סימן שמ סי״ח** - [כו]**על כל המתים, אם לא שמע אלא לאחר ל׳ יום, אינו קורע** - ‹שאין אז חימום כל כך - לבוש›.

אות ה׳ – ו׳

מי שאין לו חלוק לקרוע, ונזדמן לו בתוך שבעה, קורע; לאחר שבעה, אינו קורע

אבל על אביו ועל אמו, קורע והולך

יו״ד סימן שמ סי״ח - ומי שאין לו חלוק - כגון שהוא פוחח, פי׳ בגדיו קרועים, או שהיה לבוש בגדים שאולים, רמב״ן, או שאין לו רק החלוק התחתון של פשתן, שאותו אין קורעין כדלעיל ס״י בהג״ה, ב״ח - ש״ך, **ונזדמן לו תוך שבעה, קורע; אחר ז׳ אינו קורע.**

[כז]**על אביו ועל אמו, קורע והולך** [כח]**לעולם (כל בגדיו) (מהרי״ו)** - ‹וזה מפני כבודם - ערוה״ש›. ‹**דהא** אפי׳ קרע על אביו אינו מאחה לעולם, כ״ש שאם לא קרע עליו שצריך לקרוע כל אימת ששומע, דודאי לעולם עת חימום הוא לו - לבוש›.

היינו אותן שעליו בשעת שמועה, אבל לא אותן שמחליף, כדלעיל סעיף י״ד, ‹ד״ל דרק כשלא קרע עדיין כלל, קורע לעולם, **הא** כשכבר יצא ידי קריעה אלא שהחליף בגדיו בתוך ז׳, דשוב מתחייב בקריעה כדלעיל סי״ד, אם עבר ולא קרע, אינו קורע לעולם, וכסתימת הדין דסי״ד, **והטעם**, דכל הדין דמחליף קורע, הוא משום כבוד אב ואם, וכן הדין דקורע לעולם, ולשני חומרי כבוד אב ואם לא מחייבינן - נועם מלך›.

אות ז׳

כל האמור בפרשת כהנים, שכהן מיטמא להן, אבל מתאבל עליהן, ואלו הן: אשתו, אביו ואמו, אחיו ואחותו, בנו ובתו. הוסיפו עליהן: אחיו ואחותו הבתולה מאמו, ואחותו נשואה בין מאביו בין מאמו

יו״ד סימן שעד ס״ד - [כט]**כל הקרובים שהכהן מיטמא להם, שהם: אביו ואמו, ובנו ובתו, ואחיו, ואחותו מאביו הבתולה, ואשתו, מתאבלים עליהם** - ‹מפני שהעיקר מה שהתירה התורה טומאת כהן לקרובים הוא מפני אבלות - ערוה״ש›.

‹**ובפשוטו** מתאבל על שומרת יבם כיון דמיטמא לה, כדלעיל סי׳ שע״ג ס״ד, ועיין בכה״ג – רעק״א. (**עיין** בתשו׳ פרח מטה אהרן, דשומרת יבם שמתה, אין היבם מתאבל עליה, ע״ש, **ועיין** בתשו׳ משאת משה חלק עליו, והסכים דחייב להתאבל, **אך** בתשו׳ נחפה בכסף הובא בס׳ בר״י, שקיל וטרי בכל דבריו ומסיק כדברי הרב פרח מ״א, שאינו חייב להתאבל - פת״ש).

[ל]**ועוד הוסיפו עליהם: אחיו מאמו; ואחותו מאמו, בין בתולה בין נשואה; ואחותו נשואה מאביו, שמתאבלים עליהם אף על פי שאין כהן מיטמא להם.**

[לא]**וכשם שהוא מתאבל על אשתו, כך היא מתאבלת עליו. ודוקא אשתו כשרה ונשואה, אבל פסולה או ארוסה, לא** - ‹ואם היה לו קטט עמה והיה דעתו לגרשה, ומתה מתוך הקטט, כתב היש״ש דאינו מתאבל עליה. **ובנתגרשה** על תנאי ומת, עיין שו״ע אה״ע סי׳ קמ״ה ס״ט בהג״ה – רעק״א›.

[לב]**אבל בנו ובתו, ואחיו ואחותו, אפי׳ הם פסולים, מתאבל עליהם; חוץ מבנו ובתו ואחיו ואחותו משפחה וכותית, שאינו מתאבל עליהם.**

באר הגולה

כ ‹ע״פ מהדורת נהרדעא› כא מימרא דרבי יוסי בר אבין שם כב הרא״ש שם בשם הרמב״ן, דכיון דאכתי שמועה קרובה היא, הוי כקובר את מתו ברגל כג כרבי מני שם בגמרא כד שם משמיה דר׳ זירא, וכ״כ הרמב״ן בשם הירושלמי מדברי הרי״ף וכ״כ הרא״ש כה ‹ע״פ מהדורת נהרדעא› כו בעיא ונפשטא שם וכרבי מני דף כ: כז כרבי זירא שם כח טור בשם בה״ג וכן פסק הרמב״ן כט ברייתא מו״ק דף כ: ל שם בברייתא לא מדברי הרמב״ם והרא״ש, וטעמא, דכיון דתלוי אבילות בטומאה, כשם שאשה מיטמאה על בעלה, כך היא מתאבלת עליו לב ממשנה יבמות דף כ״ב.

אות ח' - ט' - י'

כל שמתאבל עליו, מתאבל עמו

בבית **אלא חמיו וחמותו**

יו"ד סימן שעד ס"ו - [לג]"כל מי שמתאבל עליו, מתאבל עמו **אם מת לו מת** - ‹בכל ענייני אבילות, וכן קריעה והבראה, וכל עניינים הנמשכים כל ז', וכן הנמשכים כל ל'. **ואם** לא היה בעיר כשמת לו מת למי ששייך להתאבל עמו, ואפילו בא תוך ז', א"צ לקרוע, רשב"א - רעק"א›.

ודוקא בעודו בפניו, אבל שלא בפניו אין צריך לנהוג אבילות.

חוץ מאשתו, שאע"פ שמתאבל עליה, אינו מתאבל עמה [לד]אלא על אביה או על אמה משום כבוד חמיו וחמותו, אבל על אחיה ואחותה או בנה ובתה מאיש אחר, אינו מתאבל עמה; [לה]ומ"מ אינו יכול לכופה להתקשט, אבל יכולה למזוג לו הכוס ולהציע לו המטה ולרחוץ פניו ידיו ורגליו - ‹כיון שהוא אינו באבלות, אבל כשמת אביה או אמה אינה יכולה לעשות לו דברים הללו, כיון שגם הוא באבלות - ערוה"ש›. **וכן היא אינה מתאבלת עמו, אלא כשמתו חמיה או חמותה; [לו]אבל שאר קרוביו שמתו, אינה מתאבלת עמו.**

(**עיין** בשו"ת תשובה מאהבה שכתב, במי שמת אשת אביו בחיי אביו,

דצריך לנהוג מקצת אבילות עד מוצאי שבת הראשון, דאם משום כבוד חמיו וחמותו מראין אבילות, דאינו אלא סמך בעלמא, מכ"ש כבוד אשת אביו שהוא מן התורה מ"את אביך", **ובדקדוק** גדול נקטו הרמב"ם ושו"ע לקמן ס"ז: אבל על קורבא דקידושין שלהם כגון כו', והשמיטו אשת אביו ובעל אמו וחמיו וחמותו, כי אלו אף על פי שהמה מפאת קורבה דקידושין, מ"מ מתאבל עליהם משום שהוא חייב בכבודם, ע"ש - פת"ש).

הגה: וי"א דהאידנא נוהגין להקל באבלות זה של המתאבלים עמו, דאין זה אלא משום כבוד המתאבלים, ועכשיו נהגו כולם למחול - ‹ויראה לי דהאידנא אף אם יאמר האבל שאינו מוחל, ורוצה שקרובו יתאבל עמו בפניו כפי דינא דגמ', לאו כל כמיניה, כיון דכבר נתבטל מנהג זה - ערוה"ש›.

וכן נוהגין האידנא שלא להתאבל כלל עם המתאבלים (טור בשם הרא"ש ורמב"ן בת"ה והגמי"י), וכל המחמיר בזה אינו אלא מן המתמיהים (הגהות מיימוני) - ואינו כמכבד האבלים אלא כלועג להם, **ואע"ג** דמי שרוצה להחמיר ולהתאבל על מי שאינו צריך, הרשות בידו, וכמ"ש הרב בסוף ההג"ה, **היינו** דוקא כשמתאבל לגמרי כדין אבילות, אבל כשאינו מתאבל אלא לפניו, הוי כלועג לאבל,

נ"ל - ש"ך. ‹**ועוד** יש לחלק בין כשעושה הדבר מצד רצון בעלמא, דבזה הרשות בידו, ובין שעושה מצד הדין, וכיון שכבר נתבטל, זה הוי כלועג בעלמא, באה"ט - ערוה"ש›.

ומ"מ נהגו שכל קרובי המת הפסולין לו לעדות, מראין קצת אבילות בעצמן כל שבוע הראשונה - עיין בחו"מ סי' ל"ג איזהו פסולין לעדות, **ומ"מ** נראה דדוקא פסולי עדות מחמת קורבה דשאר, ולא פסולי עדות מחמת קורבה דקידושין, כדלקמן בסעיף שאח"ז, **דהיינו עד אחר שבת הראשון** - הן סמוך הן מופלג, **וכתב** הב"ח, דכ"ש דאסור לילך לסעודת מצוה כגון ברית מילה עד מוצאי שבת, **שאין רוחצים** - והכי נהוג שאינם רוחצים כי אם בפושרים גמורים - ש"ך, **ואין משנים קצת בגדיהם כמו בשאר שבת** - ‹פי' שמראים קצת אבילות במה שאין משנים כל בגדי חול שלהם ללבוש רק בגדי שבת, אלא משנים רק מקצת בגדי חול שלהם, ומקצת בגדיו לובש של חול - בדי השלחן›, **(גדולי אושטרייך נהגו כך). ויש מקומות שנהגו עוד להחמיר בענייניס אחרים, והעיקר כמו שכתבתי** - ‹והיכי דנהוג נהוג והיכי דלא נהוג לא נהוג, כי מדינא אין כאן שום עיקר, ובסתמא ינהגו כרבינו הרמ"א, שאחריו אנו הולכים - ערוה"ש›.

ובתשו' משאת בנימין כתב וז"ל, קרובי המת שאינן חייבים להתאבל ומ"מ מראין קצת סימני אבילות, ראיתי מקומות חלוקים בזה: **יש** מקומות שנוהגין רק פסולי עדות למת מראין אבילות, אבל הכשרים לעדות אין מראין אבילות כלל, **ויש** מקומות שאפי' שלישי ברביעי מראין אבילות, והיכא דנהוג נהוג, **והיכא** דלא נהוג נראה דאין להראות אבילות רק הפסולים לעדות, וכדעת תרומת הדשן, **מ"מ** נראה דאין כל הקרובים שוים לזה, אלא קרוב קרוב קודם, ואותם קרובים שמן הדין היו חייבים להתאבל ממש, כדאמרינן כל שאתה מתאבל עליו אתה מתאבל עמו, אע"ג דהאידנא לא נהיגין הכי באבילות ממש, מ"מ צריכין להראות אבילות ביום המיתה או ביום השמועה אם הוא תוך ל' עד מוצאי שבת הא', ואין להחליף מבגדי חול לבגדי שבת, וגם אין לרחוץ בחמין גם לא לחוף הראש רק בצונן או במים פושרין, גם אין לאכול חוץ לביתו לא בסעודת מצוה ולא בסעודת מריעות, **אבל** כתונת לבן אין למנוע לכבוד שבת, גם אין לשנות את מקומם בבהכ"נ, אבל במו"ש מותר בכל דבר, בין אם הוא מופלג או סמוך, **ואותן** הקרובים שמן הדין אין מתאבלין, אין להחמיר עליהן ברחיצת חמין וחפיפת הראש, ולא בחילוף בגדי שבת כל כך, ודי להם בבגד העליון של חול, ושלא לאכול חוץ לבית, **וכ"ש** אותן מקומות שנהגו דאפילו הכשרים לעדות מראין קצת אבילות, שאין להחמיר כל כך, עכ"ל. **ומש"כ** להתיר ברחיצת חמין וחפיפת הראש באותן קרובים שאין מתאבלים עם מי שמתאבל עמהן, אין נראה כן מדברי תה"ד והרב, דהא אוסרין ברחיצה על קרובי המת הפסולים לעדות, דהיינו שני בשני, אע"ג שאין מתאבלין, **גם** מש"כ להחמיר שאין להחליף כלל מבגדי חול לשבת באותן שמתאבלין, אין

באר הגולה

[לג] ברייתא מו"ק דף כ: וכאוקימתא דגמ' שם [לד] ברייתא שם [לה] ברייתא שם [לו] כדעת הרמב"ם שם והביאו הטור, וכמ"ש הרמב"ן טעמו הביאו הב"י

נראה כן מדבריהם, אלא משנים רק קצת מבגדיהן, **ומ"מ** נראה דהולכים בדברים אלו אחר המנהג - ש"ך. **(ועיין** בדגמ"ר שהסכים עם המ"ב, וכתב שגם בדברי הרמ"א ז"ל יש ט"ס, שבתה"ד ובד"מ כתוב: וגם לא יחליפו בגדיהם כו', ע"ש - פת"ש).

(עיין בתשו' אא"ז פנים מאירות, דאם אירע רגל שמבטל גזרת שבעה, אז הקרובים שחייבים מדינא להתאבל, ישנו קצת בגדיהם, אבל אותן שאינם חייבים אלא משום כבוד, פטורים, ע"ש - פת"ש).

(עיין בשו"ת אדני פז שכתב, במי שמת לו קרוב מפסולי עדות במקום אחר, ויש לו מתאבלין פה שאין יודעים מזה עדיין, שאין צריך לשנות בגדיו כפי המנהג בשבת ראשונה, כיון דעיקר מנהג זה הוא משום כבוד המתאבלים, וכן משמע ברמ"א, דכתב משום כבוד המתאבלים עמו, א"כ הכא דאינם מתאבלים, פשיטא דפטור, ואפילו איסור יש משום זלזול כבוד שבת, ע"ש. **ולי** נראה דמ"ש רמ"א: ומ"מ נהגו, מיירי אפי' באין כאן קרובים המתאבלים, וכן מבואר בד"מ ע"ש, א"כ צריך לשנות בגדיו - פת"ש).

וכ"ז בשמועה קרובה, או שהיה אצל המיתה; אבל בשמועה רחוקה, אין לאבילות זה מקום כלל (תמצא הכל מבואר בתורת הבית).

מי שרוצה להחמיר על עצמו להתאבל על מי שאינו צריך, או ללבוש שחורים על קרובו, אין מוחין בידו (הרא"ש) - ‹היינו בדבר הרשות, חליצת מנעלים וכדומה, אבל לא לבטל מד"ת, או למנוע עונה מאשתו בליל טבילה, כנה"ג - רעק"א›. **(עיין** בתשו' בשמים ראש שכתב, דמ"מ להתנהג בכל דיני שבעה לא יאות, והדיוט הוא העושה כן - פת"ש).

[לז]**יו"ד סימן שעד ס"ז - [לח]אין מתאבלים עם הקרובים שמתאבלים עליהם, אלא כשמתאבלים על הקורבה דשאר, כגון בנו ואחיו שמתאבל על בן ובת שלהם; אבל על קורבה דקדושין שלהם, כגון שמתה אשת בנו או אשת אחיו או בעל בתו או בעל אחותו, אינו מתאבל עליהם** - ‹והטעם נראה, משום דבעינן שיהיה להמתאבל איזה קורבה ממש עם המת, אבל קורבה דאישות אין הקורבה רק להבעל בלבד או להאשה בלבד. **ובטור** כתב עוד, די"א שלא אמרו להתאבל אלא כשהמת קרוב לו, אבל אחיו מאביו שמתאבל על אחיו מאמו, שאינו קרוב לו כלל, אינו נוהג עמו אבלות, עכ"ל, **וזהו** ג"כ מטעם שבארנו, **ורבינו** הב"י לא הביא זה, לאו משום דלא ס"ל כן, אלא משום דזהו מילתא דפשיטא, שהרי אבלות על אחיו מאמו עיקרו דרבנן, נ"ל - ערוה"ש›.

אות כ'

אינו רשאי לכוף את אשתו להיות כוחלת ולהיות פוקסת; אלא כופה מטתו ונוהג עמה אבילות

יו"ד סימן שפא ס"ו - [לט]אשה לא תכחול ולא תפרקס בימי אבלה, שכל אלו אסורים כרחיצה - מיהו לענין זה חמור מרחיצה, שאסור אחר ז', אם לא באשת איש, ורחיצה שרי מדינא לאחר ז', כדלעיל ס"א - ש"ך, [מ]**ואשת איש אינה אסורה אלא תוך ז', אבל אחר ז' מותרת בכל, כדי שלא תתגנה על בעלה.**

[מא]**כלה שאירעה אבל תוך שלשים יום לחופתה, מותרת להתקשט אפילו תוך ז'. בוגרת שאירעה אבל, כיון שעומדת לינשא, מותרת בכיחול ופירקוס** - ‹שצריכה להתייפות - לבוש›, **אבל אסורה ברחיצת חמין כל גופה** - ‹דרחיצה אינה לעיכובא - ערוה"ש›. ‹**וכן** הוא לשון הטור, ותמוה לי, אמאי דייקי כל גופה, הא אפילו פניו ידיו ורגליו אסורה בחמין, כדאיתא להדיא בסוגיא פ"ק דתענית: אילימא בחמין, אין הבוגרת רשאי, והאמר רב חסדא אבל אסור להושיט אצבעו במים חמים וכו', וצלע"ג - רעק"א›. **(עיין** בתשו' חת"ס, שכתב דט"ס יש כאן, וצ"ל: אסורה ברחיצת חמין וכל גופה בצונן, ע"ש - פת"ש).

[מב]**נערה אבלה, אסורה אפילו בכיחול ופירקוס** - ‹שאינה צריכה להתייפות, כיון שסתמא אין דרכה להנשא בעודה נערה - לבוש›. ‹**אבל** קטנה מותרת וכן קטן, שאינן באבלות ולא שייך חינוך בזה - ערוה"ש›.

אות כ'* [מג]

אמימר שכיב ליה בר בריה, קרע עילויה

יו"ד סימן שמ ס"ד - [מד]כשם שקורע על קרובו שמתאבל עליו, כך קורע בפני קרובו על מת שמת לקרובו - ‹לכבודו של קרובו, ולהודיעו שבצרתו לו צר, לפיכך דוקא בפניו, ושלא בפניו א"צ - לבוש›. ‹**וזה** אינו מעיקר דין תורה, אלא שכך נהגו בימי חכמי הגמ' - ערוה"ש›. **כיצד, הרי שמת בן בנו או אחי בנו או אם בנו** – [פירוש אם גירשה – ט"ז], **חייב לקרוע בפני בנו.**

אות ל'

קריעה דמעומד

יו"ד סימן שמ ס"א - [מה]וצריך שיקרע מעומד - ‹שנאמר: ויקם דוד ויקרע את בגדיו - לבוש›, [מו]**ואם קרע מיושב, לא יצא, (וצריך לחזור ולקרוע) (טור בשם רי"ץ גיאות והרא"ש והגהות מיימוני וב"י לדעת ראב"ד ורי"ף ורמב"ן ומרדכי).**

(ולכתחלה צריך לקרוע קודם שיסתום פני המת) (ב"י בשם סמ"ק) - ‹עיקר מצות קריעה הוא אחר יציאת נשמה, דאז הוי עיקר שעת חימום, לכל הפחות קודם שיסתום פני המת בקבר בעפר - ערוה"ש›, ‹בעוד חימום צערו גדול - לבוש›. **ולעיל** סימן של"ט ס"ג נתבאר, דכשמגיע ל"דיין האמת" קורע האבל - ש"ך, ‹**דהיינו** במקום שנהגו לומר צידוק הדין עם יציאת נשמה - באה"ט›.

באר הגולה

[לז] ‹מילואים› [לח] ג"ז שם בשם הרמב"ם וכ"כ הגהות בשם רש"י ‹וז"ל רש"י כת"י: כל שהוא מתאבל עליו אם הוא מת, כגון אביו ואחיו, אם מת לאביו מת או לאחיו, מתאבל עליהם, וכגון דאתא ההוא מת מקורבה דידיה, ע"כ› [לט] ברייתא כתובות דף ד: ומו"ק דף כ: [מ] טור מדברי הרא"ש בריש כתובות, דמשמע באבל רבתי דכל דין ל' היינו גיהוץ ותספורת אינו נוהג באשת איש [מא] ברייתא אין מונעין מן הכלה וכו', כתובות דף ד. וכפי' הרא"ש [מב] שם [מג] ‹ע"פ הבאר הגולה וב"י› [מד] מעובדא דאמימר שם דף כ: [מה] שם דף כ: ויליף לה מאיוב, דכתיב ויקם איוב ויקרע [מו] מעובדא דאמימר שם, כדעת הרי"ץ גיאת והרא"ש הביאם הטור, ‹ודלא כהראב"ד דס"ל דיצא, דאיכא למימר דאמימר אחמיר אנפשיה – ב"י› וכן נראה מדברי הרמב"ם, וגם הרי"ף אפשר דהכי ס"ל, ב"י

§ מסכת מועד קטן דף כא. §

אות א'

בין יושב בין עומד בין מוטה

אבה"ע פירוש סדר חליצה (אחרי סימן קסט) סס"ד - בכל ענייני החליצה יהיו הדיינים יושבים והיבם והיבמה עומדים. בפרק מצות חליצה: תניא כוותיה דרבה חלצה במנעל הנפרס וכו', והחולצת מן הגדול בין עומד בין יושב בין מוטה חליצתה כשרה. וכתבו התוס' והרא"ש ואע"ג דכתיב ועמד ואמר, אין עמידה מעכבת, מדלא כתיב ויעמוד ויאמר. והא דדריש בספרי ועמד ואמר, אין דברים הללו אמורים אלא בעמידה, אסמכתא בעלמא היא. ולכתחלה בעינן עמידה משום דדמיא לגמר דין. וכ"כ סמ"ג שצריך שישבו הדיינים והאיש ואשה לכתחלה צריכים לעמוד כעין דין, כי ההוא דאתיא לקמיה דרבי חייא בר אבא, א"ל בתי עמדי, וכ"כ נ"י בשם הריטב"א וכ"כ בספר התרומה. ואע"פ שהרמב"ם אינו מצריך עמידה בחליצה אלא בקריאה ורקיקה לבד; וכתב הרב המגיד בשם הרשב"א דחליצה לכתחילה מיושב, ואף ברקיקה הוא מסתפק למה הצריכה הרמב"ם מעומד; וכן נראה שהיא ג"כ דעת הרי"ף, שכתב בסוף סדר חליצה, ואין אומר דבריו אלא בעמידה, משמע דחליצה ורקיקה אפילו מיושב; נהגו העולם להעמידם אפילו ברקיקה וחליצה, וכ"כ הרב המגיד. וכתוב בסדר חליצה לגדולי אשכנז, אם היבם חלש או זקן, נותנים לו מקל בידו לסמוך עליו, אבל לא ישב לכתחלה; ואם א"א כלל אלא יושב, כגון שהוא חולה, חשוב דיעבד, עכ"ל.

אות ב'

ישב על גבי מטה, על גבי כסא, על גבי אודייני, גדולה מכולן אמרו, אפילו על גבי קרקע, לא יצא ידי חובתו

רמב"ם פ"ה מהל' אבל הי"ח - הפך כל מטותיו והיה הוא ישן ע"ג [א]מטות אחרים, או ע"ג כסא או ע"ג ארון או ע"ג קרקע, לא יצא ידי חובתו, אלא ישן ע"ג המטה הכפויה.

אות ג'

אלו דברים שאבל אסור בהן: אסור במלאכה וכו'

יו"ד סימן שפ ס"א - [ב]אלו דברים שהאבל אסור בהם: במלאכה, ברחיצה וסיכה ונעילת הסנדל ותשמיש המטה, ואסור לקרות בתורה, ואסור בשאלת שלום ובכביסה, וחייב בעטיפת הראש ובכפיית המטה, כל שבעה; ואסור להניח תפילין ביום הראשון; ואסור בגיהוץ ובתספורת ושמחה ואיחוי קרע כל ל' יום. (וכל דברי אבלות נוהגין בין ביום בין בלילה) - ‹וכולם אינם אלא מדרבנן, ואסמכוה אקראי - לבוש›.

אות ד' - ה' - ו' - ז'

ואסור לקרות בתורה ובנביאים ובכתובים וכו'

ואם היו רבים צריכין לו, אינו נמנע

תניא, ובלבד שלא יעמיד תורגמן

ולחש הוא לרבי חנניה בן עקביא וכו'

יו"ד סימן שפד ס"א - [ג]אבל, כל [ד]שבעה ימים אסור לקרות בתורה, נביאים וכתובים, משנה, גמרא, הלכות ואגדות - דכתיב פקודי ה' ישרים משמחי לב - ש"ך.

(עיין בתשו' חכם צבי שכתב, דטעמא הוא מפני שיכול ללמוד דברים הרעים שבירמיה והלכות אבילות, **ולכן** ברגל שאסור ללמוד דברים כאלה, מותר ללמוד כל דבר, דאינו נכון לישב בטל, עי"ש. **וצ"ע**, דהא לקמן סי' שצ"ט איתא, דנוהג ברגל בדברים שבצנעא, וממילא דאסור בת"ת, כמ"ש בסי' ת', דת"ת הוי דבר שבצנעא. **מיהו** למ"ש בסי' שצ"ט שם בשם תשובת דת אש, אתי שפיר. **ועיין** בשע"ת באורח חיים סימן תקנ"ד סק"א, שכתב בשם מח"ב, דבט"ב יכול לעלות לתורה ולהפטיר, כיון דהוי דברים הרעים, וכו"ע אסירי בתורה כמוהו, ע"ש - פת"ש).

[ה]ואם רבים צריכים לו [ו]להתלמד, מותר, ובלבד שלא יעמיד תורגמן, אלא יאמר לאחר, והאחר לתורגמן, ותורגמן ישמיע לרבים. הגה: [ז]או ידרוש בעצמו (מרדכי הלכות אבל) - ‹וזהו כדי לעשות איזה שינוי, ובזמנינו לא שייך דין זה - ערוה"ש›.

באר הגולה

[א] ‹בפרק אלו מגלחין שם, ת"ר היה ישן על גבי {מטה ע"ג} כסא על גבי אודייני ע"ג קרקע לא יצא י"ח, אמר ר' יוחנן שלא קיים מצות כפיית המטה, ומשמע לרבינו דברייתא בשכפה מטתו, ואפ"ה לא יצא עד שיישן ע"ג מטה כפויה, והכי דייק מאי דקתני היה ישן ע"ג המטה, דהיינו לומר שכפה מטתו והוא ישן על מטה של אחרים, ובספ"ד כתב רבינו שאינו חייב לישב ע"ג מטה כפויה אלא ביום ראשון בלבד, **אבל** הרא"ש כתב, אם כפה מטותיו וישן על גבי קרקע, יצא י"ח, שאין החובה לישן על המטה כפויה, אלא כפיית המטה היא החובה, כדאמרינן לעיל (דף ט"ו:) תני בר קפרא דמות דיוקני נתתי בכם ובעונותיכם הפכתיה, יהפכו הכל מטתן עליה, ואם הפך מטתו וישן ע"ג קרקע, כ"ש דמילתא יתירתא הוא דעבד, **והא** דקתני ברישא היה ישן ע"ג המטה, פי' שלא הציע על המטה כר וכסת ולא מפץ ומחצלת, אלא ישן על גב החבלים, {ולא כפה מטתו}, ומתכוין לצער עצמו, דומיא דאחריני, והוא סבור שזה עומד במקום הכפיה, קמ"ל דלא יצא ידי מצות כפייה, וכן דעת הראב"ד וכן דעת הרמב"ן בת"ה והביא ראיה מהירושלמי - כסף משנה› **ועיין** ברש"י בד"ה מכולם, שכתב וז"ל: לא יצא עד שיכפה מטתו וישב עליה, עכ"ל, דנראה להדיא דס"ל כדעת כהרמב"ם - בית מועד› [ב] **ברייתא מו"ק דף כ"א. ומייתי לה שם דף ט"ו: מקרא שנאמר והפכתי חגיכם לאבל, מה חג אסור בעשיית מלאכה וכו'** [ג] **ברייתא מו"ק כ"א. ומייתי לה שם דף ט"ו. מדקאמר ליה רחמנא ליחזקאל האנק דום** [ד] **הרמב"ן בסת"ה, ולא דמי לתפילין, דד"ת שאני דכתיב בהו משמחי לב** [ה] **שם בברייתא דף כ"א.** [ו] **טור בשם הרי"ץ גיאות** ‹דוקא בשרבים צריכין לו להתלמד, אבל אם האבל כהן, ואין שם כהן אחר אלא הוא, אסור לקרות, הואיל וסגי לישראל שיקרא במקומו, וכ"ש במקום ת"ח, דרב קרא בכהני - טור› [ז] **כצ"ל מקום הגה זו, וכן מפורש בברייתא שם במעשה דרבי יוסי וכו', וכן משמע בהדיא באשר"י**

אלא מעתה °ועמד ואמר לא חפצתי לקחתה ה"נ והא תניא* °בין יושב בין עומד בין מוטה א"ל התם לא כתיב ויעמד ויאמר הכא כתיב ויקם ויקרע אמר רמי בר חמא מנין לקריעה שהיא מעומד שנאמר °ויקם איוב ויקרע דלמא מילתא יתירתא הוא דעבד דאי לא תימא הכי °ויגז את ראשו ה"נ אלא מהכא °ויקם המלך ויקרע את בגדיו °ודלמא מילתא יתירתא עביד דאי לא תימא הכי °וישכבו ארצה ה"נ והתניא* °ישב על גבי מטה על גבי כסא על גבי אודייני (*גדולה ע"ג קרקע מבולין) לא יצא ידי חובתו וא"ר יוחנן שלא קיים כפיית המטה א"ל כעין ארצה ת"ר (*ואלו) דברים שאבל °אסור בהן *אסור במלאכה *וברחיצה ובסיכה ובתשמיש המטה ובנעילת הסנדל °ואסור לקרות בתורה ובנביאים ובכתובים ולשנות במשנה במדרש ובהלכות ובהש"ס ובאגדות °ואם היו רבים צריכין לו אינו נמנע ומעשה ומת בנו של ר' יוסי בציפורי ונכנס לבית המדרש ודרש כל היום כולו רבה בר בר חנה איתרעא ביה מילתא סבר דלא למיפק לפירקא א"ל ר' חנינא אם היו רבים צריכין לו אינו נמנע סבר לאוקמי אמורא עליה א"ל רב °יתניא ובלבד שלא יעמיד תורגמן ואלא היכי עביד כי הא דתניא מעשה ומת בנו של ר' יהודה בר אילעאי ונכנס לבית המדרש ונכנס ר' חנניה בן עקביא וישב בצדו °ולחש הוא לר' חנניה בן עקביא ור' חנניה בן עקביא לתורגמן ותורגמן השמיע לרבים ת"ר אבל ג' ימים הראשונים אסור להניח תפילין *משלישי ואילך ושלישי בכלל מותר להניח תפילין ואם באו פנים חדשות אינו חולץ דברי ר"א ר' יהושע אומר אבל ב' ימים הראשונים אסור להניח תפילין *משני ושני בכלל מותר להניח תפילין ואם באו פנים חדשות חולץ אמר רב מתנה מאי טעמא דר"א דכתיב °ויתמו ימי בכי אבל משה אמר רב עינא מ"ט דר' יהושע דכתיב °ואחריתה כיום מר ורבי יהושע נמי הא כתיב ויתמו ימי וגו' אמר לך שאני משה דתקוף אבליה ור"א נמי הא כתיב ואחריתה כיום מר עיקר מרירא חד יומא הוא אמר עולא הלכה כר"א בחליצה והלכה כר' יהושע °בהנחה איבעיא להו בשני לעולא חולץ או אינו חולץ ת"ש אמר עולא חולץ ומניח אפי' מאה פעמים תניא נמי הכי יהודה בן תימא אומר חולץ ומניח אפי' מאה פעמים רבא אמר כיון שהניח שוב אינו חולץ והא רבא הוא דאמר *הלכה כתנא דידן דאמר שלשה

מצוה

רש"י

אודייני · מכתשת גדולה: מכולם · אמרו אפי' ישן ע"ג קרקע לא יצא עד שיכפה מטתו וישב עליה: כעין ארצה · כלומר שכפה מטתו וישב עליה ולעולם קריעה מעומד: ואסור לקרות · כדאמרינן לעיל (דף טו.) מדאמר רחמנא ליחזקאל האנק דום והא דאמר (סוכה דף כה.) אבל חייב בכל המצות האמורות בתורה חוץ מן התפילין התם שאר מצות בעלמא אבל הני אית בהו שמחה: רבים צריכים ליה · לדרשה: סבר לאוקמי אמורא עליה · תורגמן: ושלישי בכלל · מותר להניח תפילין דעיקר אבילות אינו אלא ב' ימים: ואם באו פנים חדשות · ביום ג' אפ"ה אינו חולץ תפילין אע"ג דאיכא למיחש דלמא אמרי [בשני] ימים הראשונים נמי הניח תפילין: רבי יהושע אומר וכו' · דעיקר אבילות אינו אלא יום אחד: ואם באו פנים חדשות · ביום שני חולץ תפילין: מ"ט דר"א · דסבר עיקר אבילות שני ימים: דכתיב ויתמו ימי · דמשמע ב' ימים: עיקר מרירא יום אחד · אבל אבילות ב' ימים: הלכה כר"א בחליצה · שאם באו פנים חדשות בג' אינו חולץ והלכה כרבי יהושע בהנחה דבשני מותר להניח תפילין: בשני לעולא חולץ · בשלישי קאמר הלכה כר"א דאמר אינו חולץ אבל בשני לא ידענא אי חולץ אי לא: חולץ ומניח · בשני אפי' מאה פעמים ביום וכי באו פנים חדשות חולץ וכי ליכא פנים חדשות מניח: רבא אמר כיון שמניח · בשני שוב אינו חולץ לפנים חדשות: והאמר רבא · לעיל (דף כ.) בכפיית המטה הלכה כתנא דידן דאמר ג' ימים עיקר אבילות ה"נ נבעי ג' ימים (א) להניח תפילין:

תוספות

אלא מעתה ועמד ואמר ה"נ · משמע ועמד ואמר היינו אפי' מיושב והא דאמרינן פרק מצות חליצה (יבמות דף קו.) בתי עמודי לכתחילה שמא לריך עמידה מדרבנן מיהו קשה דועמדו שני האנשים (דברים יט) דבעינן עומד וי"ל דועמד ואמר ודאי משמע אפי' מיושב כמו ועמדו וקדקו (לעיל דף יח:) אבל ועמד לחוד לא משמע הכי: דאי לא תימא הכי וישכב ארצה וכו' · אע"ג דושכב ארצה כתיב גבי מת כתיב אלא הילד דבת שבע אע"ג דלא כמי אלא על בנו ושמא חוליל והנביא אמר לו מות ימות הרי הוא כמת ואע"פ שהתפלל עליו שימים וכענין זה אמר בירושלמי הקב"ה שהיה יודע שעתיד להיות מבול היה מתאבל על עולמו קודם המבול וכתוב' הרב הקשה כי הסוגיא משונה בתחילה אומר מלתא יתירתא עבד דאי לא תימא הכי והדר מקשה דלא יצא ידי חובתו וה"ל דהכי פי' מלתא יתירתא וה"ל כפה מטתו ושכב ע"ג קרקע וה"ל עבד מלתא יתירתא דליכא למימר ושכב היינו כפיית המטה דהא לא יצא ידי חובתו מכפיית המטה א"ל כעין ושוב וליכא שום יתור וניחא ליה לשנויי הכי מלומר שהיה מלתא יתירתא ולהוכיח קריעה מכפיית המטה:

אלו דברים שאבל אסור בהן · הכא לא חשיב דברים שמצווה עליהן כגון כפיית המטה ועטיפת הראש דלא חשיב אלא מילי דאסור בהן תפילין ושאילת שלום לא חשיב דלאו זה כל ימי אבל כדאמר לקמן תכבוסת לא חשיב דהויא בכלל רחיצה אע"ג דלעיל (דף טו.) מייתי תרי קראי לרחיצה ולתכבוסת אבל הני דלא נוהגים כל השבוע לא לאפוקי מפי' הר"ר ספירל שרבינו שמואל היה מתיר לאבל לעשות מלאכה אחר ג' ימים ומה שאין נוהגין עתה לעשות עטיפת הראש וכפיית המטה סמכינן אהא דאמרינן בירושלמי אכסנאי אינו חייב בכפיית המטה דלא לימרון חרש הוא פי' מכשף וכמו כן אנו בין הנכרים ויש ביניהו עבדים ושפחות ועוד יש ליתן טעם בכפיית המטה לפי שמטות שלנו כך יכולין לשכב בנחת מצד זה כמו מצד זה ואין ניכרת הכפייה דיש להן ד' קונדיסים מלמעלה כעין רגלים וכדאמרינן לקמן דרגש אין לריך לכפותו ועוד יש ליתן טעם בעטיפת הראש שלא היה מביא כי אם לידי שחוק °כענין עטיפת ישמעאלים:

ואסור לקרות בתורה · כתובות רבינו יצחק זקני כתב רבינו יעקב היה אוסר בימי אבלו באיוב וקינות ובדברים הרעים שבירמיה מדלא תני ליה במשנתין כמו ע' בתב שילהי תענית (דף ל.) ובימי זקנותו חזר והתיר ובירושלמי אמר אבל שונה במקום שאינו רגיל משמע ששונה כמו בט' באב שאומר בפרק בתרא דתענית (שם) אבל קורא במקום שאינו רגיל וה"ק התם כל מצות הנוהגות באבל נוהגות בט' באב ואסור לקרות בתורה כו' אבל קורא במקום שאינו רגיל וקורא באיוב וקינות וכו' משמע לכאורה דאבל וט' באב שוין כדקאמר בירושלמי ומיהו אבל שונה במקום שאינו רגיל משמע דהא דוקא שרי ולא באיוב ובקינות ובירמיה ומה שהביא רבי יצחק ראיה לאסור מדקאמר לעיל (ד' טו.) אסור בדברי תורה שנאמר האנק דום ומשמע הכל אין נ"ל ראייה דלא קאמר אלא מדבר המשמחו כדאמר בתענית (ד' ל.) משום שנאמר פקודי ה' ישרים משמחי לב תדע דכולהו לאו דוקא דהא קאמר אסור בתפילין שנאמר פארך חבוש עליך ואינו אסור כל ימי אבלו:

משלישי ואילך · ושלישי חשבינן [מקצתו] ככולו ומדרבנן דהא לא מייתי קרא אלא לשני ימים דכתיב ויתמו ימי בכי אבל משה הר"א והאי ויתמו בתפילין וכן ואחריתה כיום מר טפי מכל שאר מילי דכל שעה שהוא מר נפש מתעולל בעפר ואין זה פאר כדפירש בקונטרס בכתובות (ד' ו:) ריב"א ובט' באב היה אומר ר' יצחק זקני דשרי כמו בשלישי דשרי:

חולץ ומניח אפילו מאה פעמים · פי' חולץ בפנים חדשות ומניח כשילכו וכן כל שעה שילכו מאה פעמים ביום וטעמיה משום בין לר"א בין לרבי יהושע בפנים חדשות אסור לר"א להניח אסור ולרבי יהושע אפי' חולץ:

עין משפט נר מצוה

קיט א מיי' פ"ד מהל' יבום וחליצה הל' ו סמג עשין נג טוש"ע אה"ע סי' קסט סעי' כד:

קכ ב מיי' פ"ח שם הלכה יח:

[וע"ע תוס' יבמות קו. ד"ה בין ותוס' שבועות ל. ד"ה מצוה ותוספות זבחים טז. ד"ה מיושב]

קכא ג מיי' שם הל' ג סמג עשין דרבנן ג טוש"ע י"ד סימן שם סעיף א:

קכב ד ה ו ז מיי' שם הלכה טז סמג שם טוש"ע שם וסימן שפד סעיף א:

[גירסת הרי"ף (דף קלה:) גדולה מבולן אמרו אפילו על גבי קרקע לא יצא כו']

קכג ח מיי' שם פ"ד הלכה ט טוש"ע שם סימן שפח סעיף א:

מסורת הש"ס

יבמות קג. · לקמן כו. ע"ש · [עי' תוס' ב"ב קמד. ד"ה אודייני] · [צ"ל אלו] · [מס' שמחות פ"ו] · [עי' בהר"ן דסוכה (דף כה.) ד"ה אבל חייב וכו' ותבין למה נקט כאן לשנות] · דברים לד · עמוס ח · לעיל כ.

הגהות הב"ח

(א) רש"י ד"ה והאמר רבא כו' נבעי ג' ימים שלא להניח תפילין:

גליון הש"ס

גמ' ודלמא מילתא יתירתא · עיין לקמן דף כו ע"א תד"ה מסכם: תוס' ד"ה אלו דברים וכו' ענין עטיפת ישמעאלים · עי' לקמן דף כד ע"א תוס' ד"ה ושמואל לטעמיה:

רבינו חננאל

מטתו ונוהגת עמו אבלות · אמימר שכיב ליה בר ברא קרע עליה *) א"ל קרעתי מעומד קם קרע מעומד א"ל רב אשי ומנ"ל דבעינן קריעה מעומד א"ל דכתיב ויקם איוב ויקרע אי הכי בענין חליצה דכתיב ועמד ואמר לא חפצתי לקחתה ה"נ דמעומד · והתניא בין עומד בין יושב בין מוטה חליצתה כשרה אלא מהכא ויקם המלך ויקרע את בגדיו ודלמא קריעה מעומד מלתא יתירתא הוא דעבד כמה דעבד וישכב ארצה דלא הוה צריך דהא תניא ישן על גבי מטה ועל גבי כסא ע"ג אודייני גדולה מבולן אפילו על גבי קרקע לא יצא ואר' יוחנן שלא (יצא) קיים כפיית המטה א"ל מאי וישכב ארצה לאו ארצה ממש הוא אלא כעין ארצה כדמפרש בירוש' ר' יוחנן אמר וישבו אתו לארץ אינו כתוב על הארץ אלא לארץ דבר הסמוך לארץ מיכן שהיו ישינין על מטות כפויות וכיון שישן על מטה כפויה ניעור בלילה ונזכר שהוא אבל: אלו דברים שאבל אסור בהן במלאכה ברחיצה וסיכה ובתשמיש המטה ובנעילת הסנדל ואסור לקרות בתורה בנביאים ובכתובים ולשנות במשנה ובמדרש ובתלמוד בהלכות ובאגדות ואם היו רבים צריכין לו אינו נמנע · ומעשה ומת בנו של ר' יוסי בצפורי ובתו של ר' בבית שערים ויצא ודרשו כל היום ואסיקנא ובלבד שלא יעמיד המתורגמן אלא יושב לו אחר בצידו של אבל ולוחש לו והוא משמיע לתורגמן והתורגמן משמיע לרבים · גרסינן

מכלן

בפרק יש בכור לנחלה מת הבן ביום שלשים כיום שלפניו פי' כיום ל"א וחייב לתת ה' סלעים לכהן. ר' עקיבא אומר אם נתן לא יטול ואם לא נתן לא יתן · אמר רב אשי הכל מודים לענין אבלות דיום שלשים כיום שלפניו ובשלשים ואחד שמע והנה **) היא שמועה רחוקה ואינו נוהג אלא יום אחד בלבד כשמואל דאמר הלכה כדברי המיקל באבל: ת"ר אבל שלשה ימים הראשונים אסור להניח תפילין משלישי ושלישי בכלל מניח ואם באו פנים חדשות אינו חולץ דברי רבי אליעזר ורבי יהושע אומר משני ושני בכלל מניח ואם באו פנים חדשות חולץ · אמר עולא הלכתא כרבי אליעזר בחליצה שאם באו פנים חדשות משלישי ואילך אינו חולץ ***) והלכתא כרבא דאמר כיון שהניח אינו חולץ כר' יהושע בהנחה שמיום שני מניח מ"ש דר' אלעזר דכתיב ויתמו

*) אולי צ"ל אמר לא קרעתי מעומד קם וכו' · **) דברי רבינו בכאן הובא ברי"ף כאן בשם איכא מ"ד ועי' היטב מש"כ על דברי רבינו בזה. ***) נראה דצ"ל משלישי ואילך אינו חולץ וכר"י בהנחה שמיום שני מניח והלכתא כרבא דאמר כיון שהניח שוב אינו חולץ.

ויכול לפסוק איסור והיתר ליחיד השואל אותו, אם אין אחר אלא הוא, וצריכין לו (בא"ז ור' ירוחם) - ‹אבל סידור הגט ודיני תורה נראה שאין לו לעסוק בזה, אם לא כשיש הכרח שאם לא יעסוק בזה יבא לידי קלקול, דאז מחוייב לעשות, וזה תלוי לפי ראות עינו בענין זה - ערוה"ש.

אבל אסור לומר הלכה לתלמידיו, וכן נוהגין, אע"פ שיש מקילין (תא"ו בשם י"א) - ‹ומקודם כתב או ידרוש בעצמו, ע"ש, דבעל דיעה זו סובר, ד"רבים צריכים לו" לא מקרי אלא לדרוש ברבים מה שבהכרח לדרוש עתה להורות איסור והיתר להשואלים כשאין שם אלא הוא, והדרשא ברבים הוא כמו בזמן הש"ס שהיו דורשים הלכות, **ונ"ל** דגם בעל דיעה זו יודה, כשהוא ראש ישיבה ואם לא יגיד השיעור יתבטלו הרבה תלמידים מת"ת, דאין לך צרכי רבים יותר מזה - ערוה"ש.

[**בתא"ו כתב, וראיתי לרבותי שהיו מגידים ההלכה אחר ג' ימים, מזה נ"ל במלמד שיכול ג"כ ללמוד ההלכה עם תלמידיו אחר ג' ימים, דזה הוה בכלל רבים צריכים לו, דתינוקות של בית רבן הבל פיהם חביב מלימוד הגדולים, כדאמרינן במס' שבת, אינו דומה הבל שיש בו חטא לאין בו חטא - ט"ז]. כתוב** בבדק הבית בשם א"ח, מלמדי תינוקות י"ל שדינן כרבים צריכים לו, ועוד דמלאכת האבד הוא כשהתינוקות בטלים, ע"כ. ‹**וילמוד** עמהם אפילו ביום ראשון - ערוה"ש.

[**ונראה פשוט שאבל מותר להשתמש בתשמישי התורה כשקורין, כגון גלילה וכיוצא בה, דקריאה לחוד אסור לו משום דכתיב משמחי לב, וכן ראיתי בהג"ה שזה לשונו: הרב ר"ח היה אבל בזמן שני וחמישי, והתפללו סליחות אצלו וקראו בתורה, והוא היה גולל ס"ת כו' - ט"ז].** ‹**ופשוט** הוא שהאבל יכול להיות הגבהה וגלילה והוצאה והכנסה לארון הקודש - ערוה"ש.

[ח] **יו"ד סימן שפד ס"ג** - [ט] **אם אין שם מי שיתפלל להוציא את הרבים ידי חובתן, יכול האבל להתפלל להוציאן** - ‹משמע כשיש אחר, אין לו להתפלל, וכבר חלקו על זה הרבה גדולים, והכריעו שאדרבא מצוה להאבל להתפלל, **ועוד** דזהו להוציא רבים, כמו שהיה בזמן הקדמון שרוב המון לא יכלו להתפלל, ולא כן עתה - ערוה"ש.

הגה: ומצוה להתפלל שחרית וערבית במקום שמת שם, אפי' אין אבל, כי יש בזה נחת רוח לנשמה (א"ז) - ‹בחי' הגרשוני כתב, דאיתא בכל בו, דאין מתפלל בביתו אם המת קטן פחות מבן שנה - רעק"א.

והאבל מצטרף למנין (שם) - ‹ואפילו ביום הראשון, ודלא כמהר"ם לובלין - רעק"א.

(**עיין** בתשו' זכרון יצחק שכתב, דאבל בתפלתו כל ז' לא יאמר פטום הקטורת וסדר הקרבנות המבוארים באו"ח סי' א', וזה נלמד מדין ט"ב כמבואר בסי' תקנ"ט ס"ד, ‹דלא מיקרי סדר היום, שאין כל אדם אומר אותו - מ"ב שם. **ועיין** בספר חומות ירושלים שכתב כן בשם תב"ש, דאבל כל ז' לא יאמר פרשת הקרבנות, מטעם דאבל אינו משלח קרבנותיו, **והוא** ז"ל פקפק בזה, ודעתו נוטה דרשאי, ואפי' באונן אחר הקבורה דהוא דאורייתא, י"ל דשרי כל שאינו אומר יה"ר. **וצ"ע** דאמאי לא כתבו טעם של בעל זכרון יצחק הנ"ל).

אות ז'*

תוס' ד"ה ואסור לקרות בתורה: ובימי זקנותו חזר והתיר

[י] **יו"ד סימן שפד ס"ד** - [יא] **אבל מותר לקרות באיוב ובקינות ובדברים הרעים שבירמיה ובהלכות אבלות. (ועיין באו"ח סימן תקנ"ד סעיף ב')** - ‹שדברים אלו אינן משמחים אלא משברים את לבו - לבוש.

‹**ויש** להסתפק אם מותר לעיין בהם בהעמקה ולחדש בהם חדושי תורה, אם לאו, **וראיתי** ברכ"י שכתב בלשון זה, ראיתי לאחד מהגדולים בימי אבלו שהיה לומד הלכות אבלות בעיון בינו לבין עצמו, ומה שחידש היה כותב ומעלה על ספר, **ולי** נראה דלאו שפיר עביד, דודאי כיון שמעמיק בעיונו ומחדש, אין שמחה לבעל תורה יותר מזה, ולא התירו אלא ללמוד פשטי דינים והשמועות **ולי** נראה עיקר כדברי אותו גדול, דהנה רבינו הב"י בספרו הגדול באו"ח סי' תקנ"ד הביא תשו' מהרי"ל לענין ט' באב, דללמוד בעיון עדיף טפי, ע"ש, ולפי"ז ממילא כיון שלומד בעיון והוא אדם גדול, בהכרח שתתחדש לו איזה חידושי תורה, ומותר לכותבם כדי שלא ישכח, ואין לך דבר האבד יותר מזה, כמו שהתיר אחד מהגדולים לכתוב חידושי תורה בחוה"מ מטעם זה, **ואי** משום שמחה, זהו שמחה דממילא, ומה יעשה האבל אם עסקיו הרויחו לו הרבה מעות ובע"כ הלב שמח, או ילדה אשתו זכר והוא שמח, ומה יעשה האבל בשמחה של מצוה כשמניח תפילין או מתפלל בכוונה אם הגיע למדריגה זו, **ולא** אסרו לאבל אלא שלא יעשה לכתחלה מעשה של שמחה, כמו לימוד התורה שהיא עצם השמחה, אבל מה שהתירו לו והשמחה באה ממילא, לא נאסרה מעולם, **ובוודאי** לישב לכתחלה ללמוד איזה פלפול באבלות ובט"ב בהדברים שהותר לו, אסור, כמ"ש האחרונים באו"ח סי' תקנ"ד, אבל כשנתהוה החידוש מצד הלימוד, מה לו לעשות, **הגע** עצמך, ספר איוב הותרה לו לאבל, ואין לך ספר סתום יותר מאיוב, ועתה אם הוא לומד ונתחדש לו פירוש טוב באיזה פסוק, הימנע את עצמו מזה, אין זה אלא מן המתמיהין, וכנ"ל עיקר לדינא - ערוה"ש. ‹**כתב** הט"ז, דאפילו במקום דמותר ללמוד, היינו שילמוד בפשוטן של דברים, אבל לא דרך פלפול, ואפילו בהרהור לפרש דבר חמור אסור, מטעם שיהיה לו שמחה אחר שיתיישב לו - מ"ב סי' תקנד ס"ב.

[יב] **והני מילי בינו לבין עצמו, אבל אינו לומד עם אחרים, אלא הם יושבים ונושאים ונותנין בהלכות אבלות, ואם טעו, משיבן בשפה רפה, והוא אינו שואל;** [יג] **והני מילי שאין רבים צריכים לו, אבל אם רבים צריכים לו, אפילו בהלכות אחרות מותר, כדאמרינן.**

באר הגולה

[ח] ‹ע"פ הגר"א› [ט] שם בשם תשובת אביו הרא"ש. ‹נלמד מס"א - גר"א. עיין באו"ח סי' קל"א שאין נפילת אפים בבית האבל, ולקמן בסימן שצ"ג כתב הב"י בשם הכל בו, דא"א תחנה ולמנצח ושיר מזמור, ושגם בתפלת ערבית של שבת אצל האבל, אין אומרים ברכה אחת מעין ז', ולא במה מדליקין [י] ‹ע"פ הגר"א› [יא] בסת"ה בשם י"א, וכ"כ הס"ג בשם ר"ת, שחזר בעת זקנותו ממה שהיה אוסר בימי אבלו באיוב וקינות וכו', וכ"כ הטור בשם אביו הרא"ש [יב] שם בברייתא דאבל רבתי [יג] ג"ז שם בשם אביו הרא"ש

‹**והדבר** פשוט שאסור לו לאבל ללמוד בשארי חכמות, וכ"ש לקרא בכתבי עתים או באיזה מחברת שהוא, שלא יסיח דעתו מאבלותו, וכ"ש אם יש לו עונג בקריאתם, דוודאי אסור – ערוה"ש.

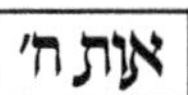

אות ח'

והלכה כרבי יהושע בהנחה

יו"ד סימן שפח ס"א - [יד]אבל אסור להניח תפילין [טו]ביום ראשון - ‹דהיינו ביום קבורה אף שמת אתמול, כ"כ הא"ר - רעק"א.

‹**עבה"ט** באו"ח סי' ל"ח שכתב בשם מהריט"ץ, דדוקא יום המיתה שהוא יום הקבורה פטור מתפילין יום ראשון, אבל כשהמיתה יום אחר והקבורה יום אחר, חייב בתפילין אפילו ביום ראשון, עי"ש, **ועיין** בדגמ"ר שהביאו ג"כ והשיג עליו, והעלה דאפילו אם הוא יום קבורה לחוד אסור בתפילין, עי"ש. **ועיין** בשו"ת זכרון יצחק, שכתב שגם אביו הגאון בעל משנת חכמים השיג על דעת מהריט"ץ הנ"ל, ע"ש - פת"ש).

‹**כתב** עוד הא"ר שם, דאם מת לו מת ונקבר ביום טוב, דמניח תפילין ביום א' שלאחר יום טוב, דכבר נהגו בדברים שבצנעה, ע"ש, ובחו"ל דעושין ב' ימים יו"ט, דיו"ט אחרון עולה ליום א', פשוט דמניח תפילין למחרתו ביום א' שלאחר יום טוב – רעק"א.

(**וכתב** בספר אליה רבה באו"ח סי' ל"ח, דיש להסתפק באם שמע אחר שהתפלל ערבית, דקי"ל לעיל סוס"י שע"ה, דאותו יום אינו עולה ומונה מיום המחרת, אי מניח תפילין ביום שני שנקרא לו ראשון, **ומדברי** הט"ז לקמן סי' ת"ב סי"א משמע דמניח תפילין, עכ"ד, **ועיין** בספר חומות ירושלים שכתב, דשם לא משמע כן, ודעתו שיניח בלא ברכה ויכסה אותם, ע"ש - פת"ש). ‹**לחומרא** אמרינן למנות מיום מחר, ולא לקולא לענין לפטור מתפילין, וכן נראה עיקר לדינא – ערוה"ש.

ואם שמע שמועה קרובה, דינה כיום קבורה דאסור להניח תפילין - ש"ך.

[טז]ואחר שהנץ החמה ביום שני, מותר להניחם - [יז]ויש פוסקים דאינו אסור אלא ביום ראשון, וביום ב' מותר מיד אפי' קודם הנץ החמה, וכן פסק הב"ח - ש"ך.

‹**ועיין** במג"א סי' ל"ח, דביום ב' אם באו פנים חדשות, אינו מניח עד שילכו. ואם הניח אינו חולץ, **ועיין** בד"מ כאן כתב בשם המרדכי, דביום ג' אפילו באו פנים חדשות מניח, **ולענ"ד** דברי המרדכי תמוהים, דהרי ר"א אמר מג' ואילך אם באו פנים חדשות אינו חולץ, עיין בסוגיא, א"כ מנ"ל לומר לדינא דבג' מניח, וצ"ע – רעק"א.

‹**והנוהגין** בתפילין דר"ת, לא יניחום כל ימי האבלות, **וראיתי** מי שכתב בשם האריז"ל להניחם, ולאו מר בר רב אשי חתום עלה, ובפרט לפי הטעם המבואר בזוהר פ' פנחס ברעיא מהימנא ע"ש – ערוה"ש.

‹**ואין** להקשות, מאי שנא תפילין שאינו מבטל אלא יום אחד, ותלמוד תורה מבטל כל ז', וכי חמור תפילין מתלמוד תורה. **דאין** זו קושיא, דתלמוד תורה יש בה משום שמחה, דכתיב פקודי ה' ישרים משמחי לב, ושמחה אסורה כל ז', אבל בתפילין אין בהן אלא משום פאר, וסגי שלא יתפאר יום ראשון ואחר כך מותר, {שאין עיקר מרירותיה דאבל שמצטער הרבה אלא יום ראשון}, **ועוד** שהרי אבל חייב בקריאת שמע, וקי"ל דקריאת שמע שחרית וערבית פוטר תלמוד תורה, והרי אינו מבטל מתלמוד תורה כלל כל ז', **אבל** תפילין אע"ג דקילו מתלמוד תורה, סגי שיבטל מהם יום אחד – לבוש.

[יח]סימן לח ס"ה - [יט]אבל ביום ראשון אסור להניח תפילין - דתפילין נקראין "פאר" בפסוק, ואבל מעולל באפר, ואין נאה לתת פאר תחת אפר.

ואפילו ביום שנקבר שאינו יום המיתה, כיון שהוא יום ראשון לאבילות ולמנחמים, **וע"כ** אפילו אם נקבר בלילה, לא יניח תפילין ביום.

אבל אם מת או נקבר בחוה"מ, מניח תפילין בין בחוה"מ, ובין לאחר המועד, אף שהוא יום ראשון לאבילות, מ"מ כבר נחמוהו מנחמים במועד, **והפמ"ג** מפקפק בהנחה בחוה"מ, דמ"מ יום מר הוא לו היום הראשון, **ועכ"פ** צריך ליזהר שלא לברך עליהן, ובלא"ה המנהג שלא לברך על תפילין בחוה"מ. **וכן** כשנקבר ביו"ט שני, יניח תפילין באסרו חג, דיו"ט שני עולה למנין שבעה, ויום שאחר המועד יחשב לשני.

וכן אם שמע שמועה קרובה, דהיינו בתוך שלשים אפילו ביום ל' עצמו, ג"כ דינו כיום הקבורה, **ולכן** אפילו אם שמע בלילה, לא יניח תפילין ביום, **ואפי'** בא לו שמועה קרובה כשכבר הניח תפילין והתחיל להתפלל, חולצן. **ואם** שמע שמועה רחוקה, דהיינו לאחר שלשים, שאין האבילות רק שעה אחת, מותר להניח תפילין, וכ"ש שא"צ לחלצן, **וע"כ** אם בא לו השמועה באמצע פסוקי דזמרה וכה"ג, לא יחלוץ התפילין, רק יחלוץ מנעליו משום אבילות, **ואם** ע"י השמועה בא לידי בכי, צריך לחלצן.

מכאן ואילך חייב - דכתיב: ואחריתה כיום מר, ש"מ דעיקר מרירות הוא יום ראשון. **משמע** דחייב מיד, ויש פוסקים דביום ב' אין להניח קודם הנץ, ע"כ מהנכון להמתין מלהניח עד אחר הנץ.

אפי' באו פנים חדשות - לנחם אותו, [כ]ומשמע דמניח לכתחלה, **אבל** האחרונים מסקי דאין להניח בפניהם תפילין עד שילכו להם, **אלא** דאין חולץ אם הניח קודם שבאו פנים חדשות.

[כא]יו"ד סימן שפח ס"ב - [כב]מבעי ליה לאבל ליתובי דעתיה לכווני לביה לתפילין שלא יסיח דעתו מהם, אבל בשעת הספד ובכי לא מנח להו - ‹גם בשארי ימים. **וזה** כשהולך כל היום בתפילין, אבל אצלינו שאין מניחים רק בשעת התפלה, לא שייך זה – ערוה"ש.

באר הגולה

[יד] מו"ק ט"ו. מדקאמר ליה רחמנא ליחזקאל פארך חבוש עליך, מכלל דלכו"ע אסור [טו] **כרבי יהושע בברייתא שם דף כ"א.** [טז] **טור בשם אביו הרא"ש, וכך הם דברי הרמב"ן בסת"ה** [יז] ‹והוא מחלוקת הראשונים, דהרי"ף ס"ל, דהא דאמרינן דשני בכלל מותר, אע"ג דאמר תחלה דאסור שני ימים, היינו משום דבשני אמרינן מקצת היום ככלו. **וי"א** כיון דלילה לאו זמן תפלין, אין הלילה עולה, וצריך מקצת מן יום שני, דהיינו אחר הנץ החמה. **וי"א** דמ"מ הלילה עולה – מחה"ש› [יח] ‹ע"פ מהדורת נהרדעא› [יט] **מו"ק כ"א וכדעת הרי"ף שם** [כ] ‹והא בגמרא דמו"ק דף כ"א מסיק רבא, דביום ב' כיון שהניח שוב אינו חולץ, מוכח בהדיא דוקא אם כבר הניח אינו חולץ בפנים חדשות, אבל להניח תחלה בפניהם לא, **ע"כ** נלע"ד דהרי"ף והרמב"ם ס"ל, דכיון דבסוכה דף כ"ה, סתמא דתלמודא קאמר: והני מילי ביום ראשון דכתיב ואחריתה כיום מר, שמע מינה דלית הלכתא כי האי מתניתא, ולא נאסר ביום הב' כלל, לא במקצת היום, ולא בבאו פנים חדשות – נהר שלום. ‹**וכ"כ** הגר"א וז"ל: וסמך על הסוגיא דפ"ב דסוכה, אבל הסוגיא דמו"ק שם דוקא שאינו חולץ בפנים חדשות, וכ"כ ברי"ף פ"ג דמו"ק› [כא] ‹מילואים› [כב] **שם בשם הרמב"ן שם**

מצוה שאני ת"ר אבל ג' ימים הראשונים אסור במלאכה ואפילו עני המתפרנס מן הצדקה מכאן ואילך עושה בצינעא בתוך ביתו והאשה טווה בפלך בתוך ביתה ת"ר אבל ג' ימים הראשונים אינו הולך לבית האבל מכאן ואילך הולך ואינו יושב במקום המנחמין אלא במקום המתנחמין תנו רבנן אבל ג' ימים הראשונים אסור בשאילת שלום משלשה ועד שבעה משיב ואינו שואל מכאן ואילך שואל ומשיב כדרכו שלשה ימים הראשונים אסור בשאילת שלום והתניא מעשה ומתו בניו של ר"ע נכנסו כל ישראל והספידום הספד גדול בשעת פטירתן עמד ר"ע על ספסל גדול ואמר אחינו בית ישראל שמעו אפי' שני בנים חתנים מנוחם הוא בשביל כבוד שעשיתם ואם בשביל עקיבא באתם הרי כמה עקיבא בשוק אלא כך אמרתם תורת אלהיו בלבו וכ"ש ששכרכם כפול לכו לבתיכם לשלום כבוד רבים שאני מג' ועד ז' משיב ואינו שואל מכאן ואילך שואל ומשיב כדרכו ורמינהו המוצא את חבירו אבל בתוך ל' יום מדבר עמו תנחומין ואינו שואל בשלומו לאחר ל' יום שואל בשלומו ואינו מדבר עמו תנחומין מתה אשתו ונשא אשה אחרת אינו רשאי ליכנס לביתו לדבר עמו תנחומין מצאו בשוק אומר לו בשפה רפה ובכובד ראש אמר רב אידי בר אבין הוא שואל בשלום אחרים שאחרים שרויין בשלום אחרים אין שואלין בשלומו שהוא אינו שרוי בשלום והא מדקתני משיב מכלל דשיילינן ליה דלא ידעי אי הכי התם נמי התם מודע להו ולא מהדר להו הכא לא צריך לאודועינהו ורמינהו המוצא את חברו אבל בתוך י"ב חדש מדבר עמו תנחומין ואינו שואל בשלומו לאחר י"ב חדש שואל בשלומו ואינו מדבר עמו תנחומין אבל מדבר עמו מן הצד א"ר מאיר המוצא את חברו אבל לאחר י"ב חדש ומדבר עמו תנחומין למה הוא דומה לאדם שנשברה רגלו וחיתה מצאו רופא ואמר לו כלך אצלי שאני שוברה וארפאנה כדי שתדע שסממנין שלי יפין לא קשיא הא באביו ואמו הא בשאר קרובים התם נמי ידבר עמו מן הצד אין ה"נ ומאי אינו מדבר עמו תנחומין כדרכו אבל מדבר עמו מן הצד ת"ר אבל ג' ימים הראשונים בא ממקום קרוב מונה עמהן בא ממקום רחוק מונה לעצמו מכאן ואילך אפי' בא ממקום קרוב מונה לעצמו ר"ש אומר אפי' בא ביום השביעי ממקום קרוב מונה עמהן אמר מר ג' ימים הראשונים בא ממקום קרוב מונה עמהן א"ר חייא בר אבא א"ר יוחנן והוא שיש גדול הבית בבית איבעיא להו
הלך

תורה אור: תהלים לז

מצוה שאני · כלומר הואיל ומצוה להניח תפילין מאי להניח לאחר בשני: אשה · אבילה טווה בפלך: אלא במקום המתנחמין · סמוך לאבלים: אפי' ב' בניו חתנים · קברתי מנוחם אני מרוב כבוד שעשיתם לי: ואם בשביל עקיבא באתם הרי כמה עקיבא בשוק · שלא הלכתם לנחמו: כ"ש ששכרכם כפול · שלכבוד התורה באתם: לכו לבתיכם לשלום · הרי שאל בשלומן: ורמינהו · דבתוך ל' יום אינו שואל: ונשא אשה · בתוך שלשים יום כגון שאין לו בנים כדלקמן: אינו רשאי ליכנס לביתו · לנחמו משום חלישת דעת דאשה אחרונה קתני מיהת בתוך ל' יום אינו שואל בשלומו כ"ש שהאבל עצמו אינו שואל בשלומו של זה ולעיל קתני משבעה ואילך משיב ושואל כדרכו: אמר רב אידי הוא שואל בשלום אחרים · כלומר תריץ הא דקתני מכאן ואילך שואל כדרכו בתוך שלשים יום דהוא שואל בשלום אחרים שהן שרויין בשלום והא דקתני בתוך ל' יום אינו שואל בשלומו אין אחרים שואלין בשלומו: מכלל דשיילי · בתוך ל' יום וקשיא למאן דהוי בתוך ל' יום אינו שואל: דלא ידעי · כלומר הא דקתני משיב להני דשאלי ליה ולא ידעי דאבל הוא אבל מאן דידע דהאבל הוא לא שאיל ליה בתוך ל' יום: אי הכי · דאוקמת לה בלא ידעי אפי' ג' ימים נמי משיב (למאן דשאיל ליה(א) ולימר דאבל הוא) למאן דלא ידע ושאיל ליה בתוך ג' ימים: התם מודע להו · הא דקתני כל ג' ימים אסור בשאילת שלום אבל מודע להו דאבל הוא ולא מהדר להו: הכא · לאחר ג' לא צריך לאודועינהו למאן דלא ידעי דאבל הוא אלא משיב: ורמינהו בתוך י"ב חדש אינו שואל בשלומו · וקשיא להך דקתני לאחר שלשים יום שואל בשלומו: מן הצד · שאומר לו תתנחם ואינו מזכיר שם המת: הא באבל על אביו ועל אמו · אינו שואל בשלומו עד י"ב חדש: הא בשאר קרובים · שואל בשלומו לאחר ל' יום: התם נמי · שלשים דמוקמת ליה בשאר קרובים: ידבר עמו תנחומין מן הצד · לאחר ל' כי היכי דבאביו ואמו מדבר עמו תנחומין מן הצד לאחר י"ב חדש ואמאי קתני לאחר ל' אינו מדבר עמו תנחומים כלל: ה"נ · ומאי לאחר ל' אינו מדבר עמו תנחומים כדרכו: מונה עמהן · עם האבלים שבאותו מקום הואיל דבמקום קרוב הוה ויכול לבא בתחלת האבילות חשבינן ליה כמו דאתא דאינו מונה אלא ה' ימים עם שאר אבלים: מונה לעצמו · שבעה שלימין: שיש גדול הבית בבית · שבא ומצא גדול הבית בבית מונה עמהן עם אבילי הבית וזה שבא הוא הצעיר ממנו אבל אם היה גדול בדרך ובא בתוך שלשה ימים אפי' ממקום קרוב מונה לעצמו דלא חשיב אבילות דצעיר לאצטרופי גדול בהדיה:
הלך

מכאן ואילך עושה בצינעא בתוך ביתו · פי' בתוספת הרב במתפרנס מן הצדקה קאי והכי משמע לעיל דקאמר לעיל (ד' יט:) הקובר מתו ב' ימים קודם הרגל מונה ה' ימים אחר הרגל ומלאכתו נעשית ע"י אחרים משמע דהאבל אסור כל ז' והתם נמי לא שרינן לעצמו שיהא עושה מלאכה וה"נ תניא במסכת שמחות (פ"ה) אבל כל ז' ימים אסור בעשיית מלאכה הוא ובניו ובנותיו ועבדיו ושפחותיו ובהמתו כשם שהוא אסור לעשות לו כך אחרים אסורים לעשות לו פי' חוץ מזיתיו הפוכים ומלאכת האבד מיום ג' ואילך עושה מלאכה דוקא במי שמתפרנס מן הצדקה ובצינעא אבל אמרו חכמים תבא מארה לשכיניו כו' בר קפרא אומר אף בשלישי לא יעשה כך הביא בתוס' הרב ולכאורה נראה דכיון דילפינן (לעיל דף כ.) מוהפכתי חגיכם לאבל מה חג ז' לענין מלאכה איירי וגם הר"ר מסופק דלמא לעני דוקא קאי אבל בשם רבינו שמואל אמר בכל אבלים קאי מדלא קתני מכאן ואילך עושה עני בצינעא ולא כדפרישית:

מכאן ואילך הולך · פי' בתוספת הרב ועל זה סומכים שבאים בבה"כ בט' באב ואיני יודע אם הוא מנהג טוב ומדבריו מצינו למדין שחושב ט' באב כמו לאחר שלשה ונפקא מינה לענין תפילין כדפי' לעיל:

מדבר עמו תנחומין ואינו שואל · וקשיא למ"ד מכאן ואילך שואל ומשיב: מתה אשתו ונשא אשה אחרת · משמע בתוך ל' יום דאי לאחר ל' יום היכי קאמר אינו רשאי ליכנס לביתו לדבר עמו תנחומין הא בשאר מתים נמי אמרו אינו מדבר עמו תנחומין וצריך לאוקמי באין לו בנים לפי' ר"ת שמתיר לישא אשה אחר שבעה א"כ בהניחה לו בנים קטנים שמותר לישא מיד ולבטול אחר ל' יום לפירוש רבינו יצחק והאריך בתוספות פרק קמא דכתובות (דף ד. וגם בד"ה אבל איפכא) ובליקוטין כתוב בתשובה:

מקום קרוב · פירשו בהלכות גדולות דהיינו י' פרסאות:

אפילו בא ביום שביעי ממקום קרוב · וא"ת והא מקצת היום ככולו וי"ל א] כגון שלא עמדו עדיין מנחמין מאצלו ויש נמי בפ"ק דכתובות (דף ח:) ברכת אבלים בעשרה כל ז' ומסתמא היינו ביום א"כ י"ל מקצת היום ככולו לא הוי בלילה לענין שום דבר כדאמרינן במגילה בפ"ב (דף כ.) דשימור לילה לאו שימור הוא לענין שבעה נקיים:
הלך

רבינו חננאל

ויתמו ימי בכי אבל משה מיעוט ימי אבל שנים ור' יהושע אמר ואחריתה כיום מר יומא קמא בלבד: ת"ר אבל שלשה ימים הראשונים אסור בעשיית מלאכה ואפילו עני המתפרנס מן הצדקה מיכן ואילך עושה בצנעא בתוך ביתו ואשה טווה בפלך בתוך ביתה: ירושלמי תבא מאירה לשכיניו שהצריכוהו לאבל לעשות ולאכול: ת"ר ג' ימים הראשונים אסור לילך לבית האבל מיכן ואילך הולך כדרכו ואינו יושב במקום המנחמין אלא במקום המתנחמין. ג' ימים הראשונים אסור בשאילת שלום · והא כשמתו בני ר"ע באו כל ישראל והספידום הספד גדול ובשעת פטירתן עמד ר' עקיבא על ספסל גדול ואמר אחינו בית ישראל שמעו אפילו בנים חתנים קבר מנוחם הוא בשביל כבוד שעשיתם וכמה עקיבא בשוק אלא כך אמרתם תורת אלהיו בקרבו לא תמעד אשוריו וכ"ש ששכרכם כפול לכו לבתיכם לשלום · ופרקינן כבוד רבים שאני · ומקשינן מיכן ואילך שואל ומשיב כדרכו והתניא המוצא חבירו אבל בתוך שלשים יום מדבר עמו תנחומין ואינו שואל בשלומו לאחר שלשים יום שואל בשלומו ואינו מדבר עמו תנחומין מתה אשתו ונשא אשה אחרת כו' הנה אין שואלין אפילו לאחר ז' בשלומו ופריק רב אידי בר אבין אחרים אין שואלין בשלומו שהוא אינו שרוי בשלום אבל

עין משפט נר מצוה

קכד א מיי' פ"ה מהל' אבל הלכה ח סמג עשין דרבנן ב טוש"ע יו"ד סימן שפ סעיף ב:
קכה ב מיי' שם פ"ה הלכה ט טוש"ע שם סימן שלג סעיף א:
קכו ג מיי' שם פ"ה הלכה כ טוש"ע שם סימן שפה סעיף א:
קכז ד טוש"ע שם בהג"ה:
קכח ה ו טוש"ע שם סעיף ב:
קכט ז ח ט י מיי' שם הלכה כ וטוש"ע שם סעיף א:
קל כ מיי' שם טוש"ע שם סעיף ב:
קלא ל טוש"ע שם:
קלב מ נ מיי' שם פ"ז הלכה ד סמג עשין דרבנן ב טוש"ע שם סימן שעה סעיף ח:

מסורת הש"ס

עיין שמחות פ"ח
[שמחות פי"ד]

הגהות הב"ח

(א) רש"י ד"ה אי הכי כו' נמי משיב למאן דשאיל ליה סה"ד ואח"כ מה"ד התם מודע להו כו' הא דקתני כל שלשה אסור בשאלת שלום ולמאן דלא ידע ושאיל ליה בתוך שלשה ימים מודע להו דאבל הוא ולא מהדר להו כצ"ל:

הגהות מהר"ב רנשבורג

א] תוס' ד"ה אפי' וכו' וי"ל כגון וכו' · נמחק תיבת כגון וכ"צ כיון כנ"ע לענ"ד ור"ל כיון דלקמן דף כב ע"א מוקמינן לדר"ש הוא שבא ומצא מנחמין אצלו א"כ לא הוי מקצת היום ככולו כל זמן שמנחמין אצלו ודוק:

§ מסכת מועד קטן דף כא: §

אות א'

אבל שלשה ימים הראשונים, אסור במלאכה, ואפילו עני המתפרנס מן הצדקה; מכאן ואילך עושה בצינעא בתוך ביתו, והאשה טווה בפלך בתוך ביתה

יו"ד סימן שפ ס"ב - [א]**מלאכה כיצד, כל ג' ימים הראשונים אסור במלאכה** - «היינו כל היום הג' בכלל איסור, ולא אמרינן בזה מקצת היום ככולו, חיי אדם בקונטרס מצבת משה - רעק"א. **ועיין** סי' שצ"ה ס"א», **אפילו עני המתפרנס מן הצדקה** - «דג' ימים לבכי, ואם יעשה במלאכה יסיח דעתו מן הבכי, ועוד דבירושלמי איתא, דכל ג' ימים הנפש מרחף על הגוף - ערוה"ש».

מכאן ואילך, [ב]**אם הוא עני ואין לו מה יאכל** - «אפילו יכול להתפרנס מן הצדקה - ערוה"ש», **עושה בצינעא בתוך ביתו, ואשה טווה בפלך בתוך ביתה** - פירוש אין מתירין לה «כלומר דלאשה לא התירו» אלא מלאכה של צינעה ושל עראי, כגון להיות טווה בפלך בתוך ביתה, **ואם** אינה מספקת בזה, עושה אומנות שלה בצינעה תוך ביתה, עכ"ל טור - ש"ך, «צ"ע למה לא חילק וכתב שגם האיש לא יעשה כי אם בצנעא ועראי - פרישה», **אבל אמרו חכמים: תבא מארה לשכיניו שהצריכוהו לכך** - «אך אם אינו רוצה לקבל, ורוצה יותר להרויח, אין על השכנים עון - ערוה"ש».

(כדרך שמותר לכתוב בחול המועד, כך מותר לכתוב בימי אבלו; אבל לא בענין אחר) (כל זו בשם הר"ס וב"י ס"ס זה).

אות ב'

תנו רבנן: אבל שלשה ימים הראשונים, אינו הולך לבית האבל, מכאן ואילך הולך, ואינו יושב במקום המנחמין, אלא במקום המתנחמין

יו"ד סימן שעג ס"א - [ג]**אבל, ג' ימים הראשונים אינו יוצא לבית האבל ולא לבית הקברות** - אם מת לאחרים מת - ש"ך. **מכאן ואילך, אם מת לאחרים מת** [ד]**בשכונתו, יוצא אחר המטה לבית הקברות** - «והכי פי', אע"ג דאבל אינו יוצא מביתו בשבוע ראשונה כמו שיתבאר, מ"מ לבית האבל היה מותר כיון דשניהם אבלים, ומ"מ בג' ימים ראשונים לא התירו לו גם זה, דכיון דהלוכו בין הרבה אנשים, אסרוהו כמו בהליכה לבהכ"נ, וכמ"ש בס"ב - ערוה"ש».

(**עיין** בה"ט מש"כ: אבל אם מת לו, יוצא אפי' ביום ראשון, כנ"ל, וכן פסק בתשו' חת"ס, דבמתו מחויב לעסוק בלויתו, וכן מפורש במרדכי - פת"ש).

[ה]**ואינו יושב במקום המנחמים, אלא במקום המתנחמים;** [ו]**ואם אין שם כדי מטה וקובריה, יוצא אפי' ביום ראשון ואפי' בשכונה אחרת. הגה: ומקלת יום ג' הרי הוא ככולו (הגהות מיימוני).**

ולא ראיתי נוהגין כן עכשיו, כי אין אבל הולך לבית הקברות ולא לבית האבל כל שבעה; ואפשר שלאו חיוב הוא, אלא רשות, ומאחר שעכשיו אין מתנחמין כמו בימיהם, שב ואל תעשה עדיף - «וכוונתו, דבזמן הקדמון היו סדרים מיושרים בתנחומי אבלים, ולא כן עתה בעוונותינו, שרק ההולך לנחם אבל יושב מעט והולך לו, ואין אצלינו מקומות מיוחדים להאבלים ומקומות מיוחדים להמנחמים כמו שהיה בימי קדם - ערוה"ש».

אות ג'

תנו רבנן: אבל שלשה ימים הראשונים, אסור בשאילת שלום; משלשה ועד שבעה, משיב ואינו שואל; מכאן ואילך שואל ומשיב כדרכו

יו"ד סימן שפה ס"א - [ז]**אבל אסור בשאלת שלום. כיצד,** [ח]**שלשה ימים הראשונים אינו שואל בשלום כל אדם; ואם אחרים לא ידעו שהוא אבל ושאלו בשלומו, לא ישיב להם שלום, אלא יודיעם שהוא אבל** - «מפני שג' ימים לבכי, ואיך יזכור שלום - ערוה"ש».

משלשה עד שבעה, אינו שואל - «דכל ז' הוא אבלות, ואין לו להזכיר שלום - ערוה"ש», **ואם אחרים לא ידעו שהוא אבל ושאלו בשלומו, משיב להם** - «דאחר ג' כשנפסק הבכי, משיב מפני הכבוד - ערוה"ש».

מז' עד ל', שואל בשלום אחרים שהם שרויים בשלום - «ודשאי להזכיר שלום כיון ששלמו עיקר ימי אבלות», **ואין אחרים שואלים בשלומו** - «שהרי אינו שרוי בשלום», **וכ"ש שמשיב למי ששואל בשלומו** - «כשלא ידע - ערוה"ש».

באר הגולה

א בריתא שם ע"ב | ב שם בתוס' בשם פי' הרב, ושכן הוא משמעות הגמרא שם, ושהכי תניא במסכת שמחות, וכ"כ הרמב"ם, וכ"כ כמעט כל הפוסקים כולם. ומפרש בירושלמי הטעם, משום דכל שלשה ימים הנפש טייסא על גופא, סברא דאיהי חזרה גביה, כיון דאיהי חזייא דאשתני זוהרן דאפויי, היא שבקה ואזלא לה. ורבינו ירוחם כתב בשם הראב"ד, משום דאמרו חז"ל, ג' לבכי, ואם יעסוק במלאכה הוא מתעצל בבכי | ג ברייתא מו"ק דף כ"א: | ד רמב"ן בסת"ה בשם ברייתא באבל רבתי | ה שם בברייתא במו"ק | ו ברייתא באבל רבתי, וכתב ב"י: ופשוט הוא שהרי הוא חייב בכל המצות | ז מו"ק דף ט"ו. ומייתי לה מדקאמר ליה רחמנא ליחזקאל האנק דום, ופי' רש"י כלומר בדבר זה תנהג אבילות ולא תשאל לשלום, וכמ"ש התוס' שם, שיהיה צריך להראות בקצת דברים שהיה אבל, ולא היה נוהג דיני אבל אלא למשל | ח ברייתא ומסקנא דגמרא שם דף כ"א:

לאחר ל' יום, הרי הוא כשאר כל אדם. [ט]בד"א בשאר קרובים, אבל על אביו ואמו שואל בשלום אחרים אחר שבעה; ואין אחרים שואלים בשלומו עד אחר י"ב חדש. הגה: ומאחר שאסור בשאלת שלום, כ"ש שאסור להרבות בדברים - «תוך ז' שאינם להכרח - ערוה"ש».

אות ד'

כבוד רבים שאני

יו"ד סימן שפה ס"א - ואם עושה לכבוד רבים, כגון פרנס באים לנחמו, מותר לומר להם: לכו לבתיכם לשלום, דלכבוד רבים שרי - «אפילו בתוך שבעה - ערוה"ש». (נ"י פרק אלו מגלחין והגהות מיימוני ומרדכי הלכות אבל).

ויש מקילין האידנא בשאלת שלום האבל לאחר ל' - על אביו ואמו, ואין טעם להם, אם לא שיחלקו לומר שזה מה שאנו נוהגים לא מקרי שאלת שלום שבימיהם (סברת הרב) - ובאמת אין זה טעם נכון, דא"כ תוך ל' נמי, ולא מצינו לשום פוסק שחילק בכך - ש"ך, «וכמדומני שעכשיו גם בתוך ל' אין נזהרין בזה, ואולי מטעם זה - ערוה"ש». ועיין באו"ח סימן פ"ג.

«ומיהו אפשר לומר, כיון שרוב שאילת שלום שלנו אינו אלא שאומר צפרא טבא, וזה מותר, שאינו שאילת שלום ממש, כדאיתא באו"ח סי' פ"ה, ועוד מביא בב"י שם בשם ר"י, פרישת שלום כמו כריעה, אבל שלום בפה מותר, כמו צפרא דמרי טב וכיוצא בו, ע"ש. וכתב שם בד"מ, דבזוהר משמע דאינו אסור רק כשמזכיר השם, וזה שם לענין שלא יתן שלום לחבירו קודם שיתפלל, וש"מ שכל זה שאנו נוהגין אינו בכלל שאילת שלום - באה"ט».

«ודע, דנ"ל דכשם שאין שאילת שלום בבית האבל כל ז', לא האבל לאחרים ולא אחרים לאבל, כמו כן אחרים זה לזה לא ישאלו לשלום בבית האבל, דבתוך ימי שבעה אין להזכיר שלום בבית הזה - ערוה"ש».

אות ה' - ו'

המוצא את חבירו אבל בתוך שלשים יום, מדבר עמו תנחומין ואינו שואל בשלומו; לאחר שלשים יום, שואל בשלומו ואינו מדבר עמו תנחומין

מתה אשתו ונשא אשה אחרת, אינו רשאי ליכנס לביתו לדבר עמו תנחומין; מצאו בשוק, אומר לו בשפה רפה ובכובד ראש

יו"ד סימן שפה ס"ב - [י]המוצא את חבירו אבל בתוך ל' יום, מדבר עמו תנחומין ואינו שואל בשלומו; לאחר ל' יום, שואל בשלומו ואינו מדבר עמו תנחומים כדרכו, אלא מן הצד, שאינו מזכיר לו שם המת - «שלא לעורר אבילותו - לבוש», אלא אומר לו: תתנחם - «ועכשיו לא נהגו בתתנחם לאחר ל' - ערוה"ש».

[יא]מתה אשתו ונשא אחרת, אינו נכנס לביתו לדבר עמו תנחומין - «שלא להטיל שנאה בינו ובין אשתו, שתראה שזוכר את הראשונה בפניה - לבוש». «שאין זה דרך ארץ לפני האשה החדשה - ערוה"ש».

מצאו בשוק, אומר לו: תתנחם, בשפה רפה ובכובד ראש; אבל [יב]אם לא נשא אחרת, מדבר עמו תנחומין עד שיעברו ג' רגלים - «כיון שכל כך מתאבל עליה שאינו נושא אחרת - לבוש, כדלקמן סי' שצ"ב ס"ב - ש"ך. «ואח"כ לא יזכיר לו כלל, דכבר הפיג צערו - ערוה"ש».

אות ז' - ח' - ט' - י'

הוא שואל בשלום אחרים, שאחרים שרויין בשלום; אחרים אין שואלין בשלומו, שהוא אינו שרוי בשלום

דלא ידעי

התם מודע להו, ולא מהדר להו

הכא לא צריך לאודועינהו

יו"ד סימן שפה ס"א - עיין אות ג'.

אות כ'

הא באביו ואמו, הא בשאר קרובים

יו"ד סי' שפה ס"ב - [יג]ועל אביו ועל אמו מדבר עמו תנחומין כל י"ב חדש; לאחר י"ב חדש מדבר עמו מן הצד.

אות ל'

אבל מדבר עמו מן הצד

יו"ד סימן שפה ס"ב - עיין לעיל אות ה' - ו'.

אות מ' - נ'

אפילו בא ביום השביעי ממקום קרוב, מונה עמהן והוא שיש גדול הבית בבית

יו"ד סימן שעה ס"ח - [יד]מי שמת לו קרוב, ולא ידע עד שבא [טו]למקום שמת שם המת, או למקום קבורה - דוקא שבא אצלם למקום שמת או למקום קבורה, אבל אם לא היה לא מקום מיתה ולא מקום קבורה, כל אחד מונה לעצמו - ש"ך.

אם היה במקום קרוב [טז]שהוא מהלך י' פרסאות שאפשר שיבא ביום אחד - «דשיעור מהלך אדם בינוני הוא עשרה פרסאות ליום - ערוה"ש», (בס' חמודי דניאל כ"י כתב, צריך לשער דוקא בפרסאות שהם שמונה אלף אמה, ולא מה שאנו נוהגין לקרות פרסה, וגם צ"ע שעכשיו אין כל אדם יכול לילך עשרה פרסאות ביום א', ע"כ - פת"ש).

באר הגולה

ט בריית ומסקנא בגמרא שם | י בריית ומסקנא דגמרא שם | יא שם בברייתא | יב טור בשם הרמב"ן בסת"ה | יג ברייתא שם דף כ"א: | יד ברייתא מו"ק דף כ"א: | טו הג"א שם בשם א"ז | טז הרא"ש שם בשם הגאונים וכ"כ הרמב"ם וכ"כ התוס' בשם בה"ג

‹ונראה דעכשיו שנתרבו מסילות הברזל ונוסעים במהירות גדול, מקרי מקום קרוב כל שביכולת לבא ביום אחד על המסילה, דזיל בתר טעמא, וכמדומני שכן מורין עתה הלכה למעשה – ערוה"ש.

[יז]**אפי' בא ביום הז',** [יח]**אם מצא מנחמים אצל גדול הבית, אפי' שננערו לעמוד, הואיל ומצא מנחמים (דהיינו שנוהגים עדיין קצת אבלות) (טור ורשב"א בתשו')** – ‹"והוא שבא ומצא מנחמין אצל אבלים", כלומר עדיין לא נסתלקו מן האבלות – ר"ח, ‹כגון שמצאן עדיין בחליצת סנדלים ועטיפת הראש, הואיל ומצאן עם גדול הבית קודם שנגמר כל האבילות, והתאבל עמהם, אותו המעט עולה לו לשבעה – לבוש**, עולה, ומונה לו עמהם תשלום שלשים יום** – ‹ואם בא ביום שבת והוא יום ז', י"ל דבעינן בא קודם הנץ החמה – רעק"א.

ואם לא מצא מנחמים, מונה לעצמו; וכן אם היה במקום רחוק, אפילו בא ביום שני, מונה לעצמו שבעה ושלשים מיום שבא.

באר הגולה

[יז] כרבי שמעון שם בברייתא, דאיפסקא הלכתא כוותיה שם בגמ' דף כ"ב. [יח] כדמפרש שם ר' חייא בר גמדא וכו'

§ מסכת מועד קטן דף כב. §

אות א' - ב'

מונה עמהן

דאתא בגו תלתא

יו"ד סימן שעה ס"ח - [א]**הגה: וי"א דאפילו אם בא אחד, ואין הגדול בבית רק שהלך ללורך המת** - ‹כגון לעשות לו מצבה ובנין לקבר - לבוש›, **אם חזר תוך ג' ימים הוי כאילו הוא בבית, והבא תוך ג' מונה עמהם (וכן הוא בטור)** - לא ידענא למה הצריך שיבא תוך ג', דהא לסברא זו דהטור א"צ רק שהגדול יחזור תוך ג', ואפי' בא הקרוב ביום ז' מונה עמהן, ואפשר דנקט תוך ג' לרבותא... **או** אפשר משום שהרב נטה לסברת הרא"ש דבתראי הוא, וכמ"ש בד"מ הבאתיו לעיל, ‹עיין למטה›, וספוקי מספקא ליה בדעת הרא"ש, הא דמחלק בין תוך שלשה, אי קאי אגדול וכדעת הטור, או אקרוב הבא וכדפרישית, ‹עיין למטה בהערה›, הלכך אזיל הכא והכא לחומרא, ודו"ק - ש"ך.

ויש להקל כסברא זו - ‹והש"ך אינו פוסק כרמ"א זה, עיין לקמן›.

וכל שדינו למנות עמהם, אפי' אם חזר אח"כ לביתו, מונה עמהם (הרשב"א) - ‹דגריר בתרייהו כיון שגדול הבית עמהם - לבוש›.

[ב]**יו"ד סימן שעה ס"ט** - [ג]**במה דברים אמורים, כשלא שמע שמת עד שבא; אבל אם נודע לו ביום השני והתחיל להתאבל, לא יקצר אבלותו בשביל שבא אצלם** - ‹כתב הב"ה בשם רשב"א, דאם בא גדול הבית אצלו ביום הב' והודיע לו שמת המת, אינו מונה עמו, דהבא נגרר אחר הנמצא, ולא הנמצא אחר הבא - רעק"א›.

אות ג'

מכי מהדריתו אפייכו מבבא דאבולא, אתחילו מנו

יו"ד סימן שעה ס"ב - [ד]**מי שדרכם לשלוח המת למדינה אחרת לקוברו, ואינם יודעים מתי יקבר** - ‹מלשון זה משמע

באר הגולה

א ‹הרב נמשך אחר מש"כ הב"י, שדעת הרמב"ם שהעתיק המחבר דבריו כאן, כדעת הרי"ף, שהשמיט מלכתוב דין דהלך גדול לבה"ק כו', ‹**לפי** שהם ז"ל סבורים שאותה סוגיא אליבא דת"ק איתמר, אבל לר"ש לא שנא לן בין תוך ג' לאחר ג', דאפי' בא ביום הז' והוא שבא ממקום קרוב ומצא גדול הבית בבית, **אבל** אם בא ממקום רחוק, ואפי' בא ממקום קרוב אם לא מצא גדול הבית בבית, מונה לעצמו, **וגדול** הבית שהלך לבה"ק אינו מונה אלא משיסתם הגולל, ואפי' חזר אצל בני הבית ביום הג', והם מונין משיחזרו פניהם, **והבא** ממקום קרוב מונה עם גדול הבית, דאחריו הוא נגרר, לא אחר שאר בני הבית - ב"י›, עכ"ל, **ומביאו** ד"מ, וכתב עליו: ואני אומר דסברת הרא"ש הוא סברת רבותינו הצרפתים ור"ח, כמבואר מדברי הרמב"ן שהביא ב"י בארוכה, ‹**דמיבעי** ליה הכי, דכי אמרינן אם אין גדול הבית מונה לעצמו, היינו באין שם גדול בבית והבא ממקום קרוב הוא הגדול, אבל היכא דגדול הולך לבה"ק, כי בא אחר ממקום קרוב מונה עמהם, כיון דהגדול שייך נמי באבילות וידע בה, או דילמא גם זה חשיב אין גדול בבית, ומסיק דכי אתא גדול הבית בגו תלתא מונה עמהם הגדול וגם האורח שבא ממקום קרוב, ואי לא אתא הגדול גו תלתא גם האורח מונה לעצמו, כיון דהגדול מונה לעצמו, **ולפי"ז** הא דאמרינן הא דאתא בגו תלתא כו', קאי דוקא על גדול הבית, דעל אחר הבא אין נפק"מ אימת בא - קרן אורה›, **ולכן** נראה דכוותייהו נקטינן, דהלכה כדברי המיקל באבל, ותו דבעלי התוס' ור"ח והרא"ש רבים נינהו, גם הרא"ש בתרא הוא והסכים לסברתן, וכן הלכה, עכ"ל, וע"פ זה כתב הרב כאן וי"א כו' ויש להקל כסברא זו כו'. **אבל** באמת אין דברי הב"י נראים עיקר כמ"ש בספרי, אלא נראה עיקר כמ"ש הרמב"ן לדעת הרי"ף ומביאו ב"י, ‹**דהא** דמיבעי לן, היינו לאלו שהולכין לבית הקברות, אם מונין לעצמן מסתימת הגולל, או שמונין עם היושבין בבית, ומסיק דאי אתא בגו תלתא מונה עמהם, ואי לא אתא בגו תלתא מונה לעצמו, והיינו לרבנן, אבל לר"ש אפילו אתא בשביעי מונה עמהם - קרן אורה›, דס"ל דאפי' בא הגדול אצל בני הבית תוך ז' מונה עמהם, ולא מסתימת הגולל, בין שבא ממקום קרוב או רחוק, וכן אפי' קטן שהלך לבה"ק וחזר תוך ז', מונה עמהן, וכן הבא ממקום אחר לשם ומצא שהלך גדול הבית לבה"ק, כיון שחזר גדול הבית אפי' ביום ז', מונה עמהן, אף זה נגרר עמו, ונמצאו כולם מונין מנין א', והוא שבא זה ממקום קרוב, וא"כ גם דעת הרמב"ם כן, שהוא הלך ממש בדרך הרי"ף רבו, ע"ש. **ודעת** הרא"ש נ"ל, דמפרש הא דאתא בגו תלתא על האחר הבא, ולא הוזכר לדבריו בש"ס אם חזר הגדול לביתו או לא, אלא לעולם היכא דהלך הגדול לבית הקברות, ובא אחר תוך ג', מונה עמהן, לאחר ג' מונה לעצמו, ואם לא הלך לבה"ק, אז אפי' בא ביום הז' מונה עמהן, כרבי שמעון, **אבל** הטור ס"ל, דהרא"ש מפרש הא דאתא בגו תלתא, על הגדול, ודוחק. **ודעת** ר"ח ור"י גאות ורבותינו הצרפתים, שהביא הרמב"ן ופירש דעתם, הכל תלוי במה שהגדול מונה עמהם או לא, דאם הגדול מונה עמהם, אז גם הבא ממקום קרוב מונה עמהם, ואם גדול מונה לעצמו, אז גם הבא מונה לעצמו, וע"כ הוכרח לפרש דבריהם, שהגדול הלך לבה"ק קודם סתימת הגולל, דאם לא כן לא משכחת לה שהגדול מונה לעצמו, **והלכך** לסברתם שחילקו בין תוך ג' לאחר ג', דינא הכי: אם חזר הגדול תוך ג', שאז מונה עמהם ולא מסתימת הגולל, גם הבא מונה עמהם, ואם חזר אחר ג', שאז מונה לעצמו לסברתם, אז גם הבא מונה לעצמו, ואינו מונה עמהם ולא עם הגדול, רק לעצמו, **אבל** כשחזר הגדול ג"כ מן המת קודם סתימת הגולל, שמתחיל מיד למנות עם שאר בני הבית, אף שהולך אח"כ לבה"ק וחזר אחר ג' ימים, מ"מ הרי הוא מונה עמהם, וכיון שמונה עמהם, א"כ גם הבא מונה עמהן בכל ענין, רק שבא ממקום קרוב, **אבל** להרא"ש אינו תלוי במה שהגדול מונה עמהן או לא, אלא הכל תלוי בין אם בא תוך ג' או לא, ואף שאבלות הגדול התחיל בשוה עם שאר בני הבית, יש חילוק בין תוך ג' או לא. **וכן** לענין התחלת אבלות נראה שחולק הרא"ש, שהרי אחר שכתב פירוש דבריו על סוגיא דש"ס דידן, הביא הירושלמי, וכ' עלה הך דהירושלמי לאו מענין סוגיא דשמעתין, אלא איירי בענין התחלת אבלות, והירושלמי השמיענו שיש חילוק כשיש שם גדול, עכ"ל, **ר"ל** דש"ס דידן מיירי כשהתחילו האבילות בשוה, כגון שכולם הלכו לקברות בשעת קבורה, או שגם הגדול נשאר בבית בענין שהתחילו כולם למנות משיסתם הגולל או משיצא המת, אלא דאם אח"כ יצא הגדול לבה"ק לצורך מצבה וכה"ג, יש חילוק בין תוך ג' לאחר ג', **ולפי"ז** היכא שהיה הגדול בשעת קבורה, דהיינו בסתימת הגולל, והאחרים נשארו בבית, לעולם מונין אלו ואלו משיסתם הגולל, ולא הוזכר חילוק דתוך ג' או לאחר ג' בכאן, ובין חזר הגדול לבית או לא, לעולם מתחילין הכל משיסתם הגולל. **וז"ל** המרדכי: אבל אם גדול הבית דר שם במקום שיקבר המת, אז אלו ואלו מונין משיסתם הגולל, עכ"ל, **ובע"כ** לדברי המחבר צריך לתרץ כן, שהרי העתיק דברי הרמב"ם, דמשמע מיניה מיהא בין לפי מה שפי' הוא דבריו בין לפי מה שפירשתי דבריו, דאלו שנשארו כאן מיהא מונין משיצא המת, ולא משיסתם הגולל, אע"ג דהגדול היה בשעת סתימת הגולל בבה"ק, **ולעיל** ס"ב כתב, ואם גדול המשפחה הולך עמו, אף אלו שבכאן אינן מונין אלא משיקבר, **אלא** ודאי התם מיירי דגדול הבית דר במקום שיקבר, **והאי** דר שם, נראה לי, היינו דכיון דדר שם ונשאר שם, הולכים אחריו, אבל אם לא נשאר שם, כי דר שם מאי הוי, ס"ס השתא הוא אצלם. **ולענין** דינא נראה עיקר כסברת הרי"ף והרמב"ם והרמב"ן והסמ"ג ורבינו ירוחם דלעיל, דרבים וגדולים נינהו, ומקילין באבל, וגם רבינו ירוחם בתרא הוא, **וכ'** מהרש"ל, דאף הרמב"ן מודה, היכא שלא נשארו מקצתן בבית, דמונה לעצמו, והביאוהו האחרונים, ומשמע מדבריו שם דמודה להרא"ש, וא"כ אם בא תוך ג' מיהת מונה עמהן, אף שלא נשארו מקצתן בבית ודוק, **אלא** מיהו היכא דהתחיל הגדול למנות עמהן בשוה, ואח"כ הלך לבה"ק לצורך מצבה וכה"ג, נהי דלהרמב"ן בכל ענין מונה עמהן, היינו היכא דחזר הגדול אצלן תוך ז', אבל היכא דלא חזר כלל, מזה לא הוזכר בדבריו, **ונראה** דקי"ל כהרא"ש בהא, דאם בא אחד ממקום קרוב תוך ג' מונה עמהן, דהוי כמי שישנו בבית, ואם בא אחר ג' מונה לעצמו, כיון דאין הגדול שם, **ודוקא** כשהלך להתעסק בצרכי המת, אבל אם הלך בעסק אחר, בכל ענין מונה לעצמו, כיון שלא חזר הגדול תוך ז' - ש"ך› **ב** ‹מילואים› **ג** **טור בשם אביו הרא"ש** **ד** **מימרא דרבא מו"ק דף כ"ב.**

הלך גדול הבית לבית הקברות מהו תא שמע דאמר רבי חייא בר אבא אמר רבי יוחנן אפילו הלך גדול הבית לבית הקברות *מונה עמהן מונה עמהן והתניא מונה לעצמו לא קשיא הא דאתא בגו תלתא והא דלא אתא בגו תלתא כי הא דאמר להו רב לבני הצלפוני דאתו בגו תלתא לימנו בהדייכו דלא אתו בגו תלתא לימנו לנפשיהו אמר להו רבא לבני מחוזא אתון דלא אזליתו בתר ערסא מכי מהדריתו אפייכו מבבא דאבולא אתחילו מנו: ר"ש אומר אפילו בא ביום השביעי ממקום קרוב מונה עמהן: א"ר חייא בר גמדא א"ר יוסי בן שאול אמר רבי והוא שבא ומצא מנחמין אצלו בעי רב ענן נגערו לעמוד ולא עמדו מהו תיקו *גמירי חבריה דר' אבא בר חייא מר' אבא ומנו ר' זירא ואמרי לה חבריה דר' זירא מרבי זירא ומנו ר' אבא בריה דר' חייא בר אבא א"ר יוחנן *הלכה כרבי שמעון בן גמליאל בטריפות והלכה כרבי שמעון באבל כרבי שמעון באבל הא דאמרן כרשב"ג בטריפות דתנן בני מעים שניקבו וליחה סותמתן כשרה דברי רשב"ג מאי ליחה אמר רב כהנא שירקא דמעיא דנפיק אגב דוחקא *אמר מאן דהוא *איזבי ואסיק ואגמרא לשמעתא מפומיה דמריה כי סליק אשכחיה לר' אבא בריה דרבי חייא בר אבא א"ל אמר מר הלכה כרשב"ג בטריפות א"ל אנא אין הלכה אמרי כר"ש באבל מאי א"ל פלוגתא נינהו דאיתמר רב חסדא אמר הלכה וכן א"ר יוחנן הלכה ר"נ אמר אין הלכה ואין הלכה כרשב"ג בטריפות והלכה כר"ש באבל *דאמר שמואל הלכה כדברי המיקל באבל *)על כל המתים כולן מדחה מטתו הרי זה משובח על אביו ועל אמו הרי זה מגונה היה ערב שבת או ערב יום טוב (א) הרי זה משובח שאינו עושה אלא לכבוד אביו ואמו על כל המתים כולן °רצה ממעט בעסקו רצה אינו ממעט

*) שמחות פ"ט

רש"י

הלך גדול הבית לבית הקברות. אחר מטתו לקוברו והשהה שם ג' ימים: **מהו**. מי חשבינן ליה כמאן דהוי בביתיה הואיל ולצורך המת הלך אתו: **מונה עמהן**. דאבילות שלהם התחילה משחזרו פניהם מן המת ואבילות של גדול (ב) עד שיסתום הגולל: **לבני הצלפוני**. מקום: **דלא אזליתו בתר ערסא**. דמאן דאזיל בתר ערסא לא חיילא עליה אבילות עד שנסתם הגולל כשמוליכין המטה מבבל לא"י לקבור ואין כל הקרובים כולם יכולין לעלות עד א"י ומלוין המת פרסה או מיל וחוזרים: **מכי מהדריתו אפייכו מבבא דאבולא**. משער החיצון של העיר ומגרשיה דאתיתו לביתא: **אתחילו מנו**. ימי אבילות אע"ג דלא נקבר המת עד ימים רבים ואע"ג דאבילות אינו חל עד שיסתום הגולל לדידכו דלא אזליתו חזרתכם כנסתם הגולל: ה"ג **והוא שלא עמדו מנחמין מאצלו**. שבא בשביעי שחרית עד שלא עמדו מנחמין אצל זה שבבית: **נגערו לעמוד**. מנענעים ורוצים לעמוד: **אמר מאן דהוא**. אדם אחד מאן דהוה: **מפומיה דמריה**. מר' אבא בריה דרבי חייא או רבי זירא: **אין הלכה אמרי**. כלומר אין הלכה כרבי שמעון: **מדחה מטתו**. ממהר להוליכו: **ממעט בעסקו**. כגון סחורה רבה:

תוספות

הלך גדול הבית לבית הקברות מהו. פי' מי מונה לעצמו או לא דשמא כיון שהוא טרוד בענייני מת וכששמעו הם שמע גם הוא ימנה עמהן או שמא מונה לעצמו ולא ידענא מאי הוי דינא בגדול הבית שבא ממקום קרוב אי מונה עמהן הואיל והוא עיקר ויש ליתן טעם לומר שהוא מונה לבדו הואיל ואינו יודע שהאבילות או טעם להיפך דהואיל משום המת הלך ימנה עמהם:

דאתא בגו תלתא יומין. כשבא גדול הבית בתוך ג' ימים מונה הוא עמהן וכדאמרינן לעיל ג' ימים הראשונים מונה עמהם וקשיא לי דהא קיי"ל כר"ש דאפי' ביום ז' מונה עמהן כדאמרינן לקמן וא"כ מה לי תוך ג' מה לי לאחר ג' ונראה מתוך ה"ג דאפי' לר"ש (בר יוסי) הוי חילוק דתוך ג' ולאחר ג' מקום רחוק ספי' הא דאתא בגו תלתא יומי מונה עמהן אפי' בא ממקום רחוק אתא לבתר תלתא יומי ממקום קרוב אפי' תוך ז' מונה עמהן ובסמוך פירש אפי' לר"ש אתיא הך מילתא ועוד יש לפרש דה"פ הלך גדול הבית לבית הקברות מהו דמיבעיא ליה אם אותו שבא מונה עם השארים וכך פי' ר' יצחק ז"ל והוא כשיש גדול הבית בבית אז מונה עמהן הבא אפי' ממקום קרוב ומצאם אבלים שאע"פ שאבלותם חל מקודם לשלו ומצאם יום או יומים יתיים עמהן *לרבנן כשבא גדול הבית תוך ג' ימים ולר"ש אפי' ביום השביעי ודוקא כשיש גדול הבית בבית כי אז בטל אצלם והכי פי' איבעיא להו הלך גדול הבית לבית הקברות פי' הלך ללות מת עד עיר אחרת וקברו שם מהו שיהא מונה עמהן אותו שבא אצל אבלים שבעיר שמת בה מונה עמהן אע"פ שאין גדול הבית עמהן שם [או לא] דהא דבעינן גדול הבית בבית למעוטי הא נמי קאתי אע"ג דידע בהאי אבילות ושייך בה או דלמא לא אתא למעוטי אלא היכא דאיתא גדול הבית בדוכתא אחריתי דלא ידע בהאי אבילות כלל אבל הלך לבית הקברות כיון דידע בהאי אבילות חשיב אבילות דידהו עיקר ובטל האורח גבייהו א"ל מונה עמהן והתניא מונה לעצמו לא קשיא הא דאתא גדול הבית בגו תלתא יומי מבית הקברות דאז הוא מונה עמהן וגם האורח מונה עמהן אם בא בתוך שלשה לרבנן או בתוך שבעה לרבי שמעון הא דלא אתא גדול הבית בגו תלתא יומי דלא חשיב אבילות דידהו עיקר לימני הא דאתא מעלמא בהדייהו מאחר שאין גדול הבית מונה עמהן ולא מיבעיא לרבנן שאין גדול הבית מונה עמהן כי לא אתא בגו תלתא אלא אפי' לר"ש דאמר אפי' ביום ז' מונה עמהן ה"מ אחר דלא הוה ידע ביה בתחילה ובטל לגבייהו כיון דגדול הבית כמו מני בהדייהו והם תחילת האבילות ועיקרו יותר ממנו שלא ידע בתחילת האבילות אבל החוזר מבית הקברות שהיה בתחילת האבילות אינו מונה עמהן היכא דלא אתא בגו תלתא יומי בין אם יש גדול הבית בין אם אין גדול הבית כי הא דא"ל רב לבני הצלפוני דאתי בגו תלתא אחר החוזר מבית הקברות בגו תלתא לימנו בהדייכו דלא אתו בגו תלתא יומי לימני לנפשייהו עכ"ל ז"ל והירושלמי הרי שבא ומצא אבל בתוך ביתו בשני ובשלישי משלים עמהן ברביעי מונה לעצמו ולפי ר"ש אומר אפי' בז' משלים עמהם ריב"ל אומר הלכה כר"ש כשיש גדול המשפחה בבית אבל כשאין גדול המשפחה מונה לעצמו ולפי הירושלמי היה נ"ל דאינו פוסק כר"ש אלא כשיש גדול המשפחה בבית אבל אם אין גדול המשפחה הלכה כרבנן דבתוך ג' ימים מונה עמהם לאחר ג' מונה לעצמו ולפ"ז אתי שפיר אפי' אליבא דהלכתא דלאתי בגו תלתא לימנו *בהדייכו בגדול הבית בבית דכמו שאין גדול הבית הלכתא כרבנן כמו כן בגדול הבית עצמו והוי דינא כרבנן:

מהדריתו אפייכו אתחילו מנו. אבל אותם ההולכים עם המת משיסתם הגולל בין גדול הבית בין הולך לבית הקברות וכן המנהג ובירושלמי אינו כן דהכי תנן מת שהוליכו אותו ממקום למקום כגון אלו דקברין במקום אחר אית תניי תני אלו שכאן מונין משיצא המת ואלו ששם מונין משנסתם הגולל ואית תני תני והני משנסתם הגולל רב סימון בשם ריב"ל הכל הולך אחר גדול המשפחה ר' יעקב בשם ר' יוסי לחומרין מהו לחומרין שאם היה גדול המשפחה כאן *אלו שכאן מונין משיצא המת ואלו ששם מונין משנסתם הגולל וגדול המשפחה שם אלו ואלו מונין משיסתם הגולל וקשיא מהו לחומרא הא זימנין אזלינן לקולא בתר גדול הבית כגון שגדול המשפחה כאן מונין מיד ומתחילין להתאבל עמו לכבודו מיד כשישמעו משיצא המת מן הבית דהוה קולא לכן נראה לפרש שאם גדול המשפחה כאן אע"פ שלא בפניו אבל עיקר אבילות יתחילו למנות משיסתום הגולל וכן איתא בהדיא ר"ג זוגא דמכת *אחתיה סליק אחיה עמה אמר ליה רבי מנא כיון שיש גדול הבית מסלקת גבי אחוך שלוף סנדלא ובתוספות הרב פירש שהש"ס אינו מחלק כך:

בסדריכו כמו בגדול הבית כבית דבשאין גדול הבית כו' עצמו הוי דינא כרבנן כנ"ל

[פי' נוסחת הירושלמי שבשבת הכא"ש בסימן נט]

[פי' מחה אחותו]

רבינו חננאל

הוא שואל בשלום אחיו שהן שרויין בשלום: ת"ר אבל ג' ימים הראשונים בא ממקום קרוב מונה עמהן ואמר ר' חייא בר אבא אמר ר' יוחנן והוא שיש גדול הבית ואפילו הלך גדול הבית לבית הקברות ובא בתוך ג' מונה עמהן · בא לאחר ג' ומצא שהלך גדול הבית לפני הקברות מונה לעצמו כדאמר להו רב לבני הצלפוני דאתו בגו תלתא לימנן בהדייכו דאתו לבתר תלתא לימני לנפשיה · בא ממקום רחוק בתוך ג' מונה לעצמו מיכן ואילך אפילו בא ממקום קרוב מונה לעצמו ר' שמעון אומר אפילו בא ביום ז' ממקום קרוב מונה עמהם ואוקמה ר' יוסי בן שאול והוא שבא ומצא מנחמין אצל אבלים כלומר עדיין לא נסתלקו מן האבלות כדאמרינן מקצת היום ככולו · ואיבעיא להו נגערו האבלים לעמוד ובא ממקום קרוב ומצאן שעדיין לא עמדו מהו ועמדה בתיקו · אמר משמיה דר' יוחנן הלכה כר' שמעון באבל הא דאמרן דאמר שמואל הלכה כדברי המיקל · הא דאמרינן בגררה בהדין אתרא הלכתא כרשב"ג בטריפות כבר פירשנוה בשחיטת חולין ופשוטה היא · אמר להו רבא לבני מחוזא אתון דלא אזליתו בתר ערסא מכי הדריתו אפייכו מבבא דאבולא אתחילו למימני : ירושלמי הרי שבא ומצא בתוך ביתו בשני ובשלישי מונה עמהן ברביעי מונה לעצמו ר"ש אומר אפילו *) בששי משלים עמהן אריב"ל הלכה כר' שמעון בשאין גדול משפחה אבל אם הוא גדול משפחה מונה לעצמו · בר' מנא שהורה לר' יעקב ארטניא מכיון שאתה גדול סנה לעצמך : על כל המתים המדחה מטתו משובח על אביו ועל אמו מגונה · אלא אם היה ע"ש או עיו"ט או שהיו גשמים מזלפין על מטתו ועושה לכבוד אביו הרי גם זה משובח על כל המתים אם רצה שלא למעט בעסקו אלא אם רצה לישא וליתן בסחורתו כל היום הרשות בידו · אבל על אביו ועל אמו חייב למעט פי' בשאר מתים אינו ממעט

*) בירושלמי הגי' אפילו ברביעי משלים עמהן והדבר פשוט דצ"ל בשביעי וכ"ה בתוס' כאן ד"ה דאתא בשם הירושלמי וכן צ"ל בדברי רבינו .

עין משפט נר מצוה

קלג א ב טוש"ע י"ד סימן שעה סעיף ח בהג"ה :

קלד ג מיי' פ"א מהל' אבל הל' ה טוש"ע שם סעיף ב :

קלה ד ה מיי' שם פ"ז הלכה ד טוש"ע שם סעיף ח :

קלו ו מיי' פ"י מהל' שחיטה הלכה יד סמג עשין סג טוש"ע י"ד סימן מו סעיף א :

קלז ז מיי' פ"ד מהל' אבל הלכה ז סמג עשין דרבנן ג טוש"ע שם סימן שנז סעיף ב :

קלח ח מיי' שם פ"ז הלכה ט טוש"ע שם סימן שפ סעיף כד :

בחילופי גרסאות מוחק מן תיבת לרבנן עד ביום השביעי · וגורס לעיל מינה עם השארים לרבנן כשבא גדול הבית תוך ג' ימים ולר"ש אפילו ביום ז' וכן פי' ר"י וכו'

מסורת הש"ס

חולין נ. ע"ש

[שם]

[ביצה כז.]

חולין נ. [נדה מח.]

[לעיל יח. וש"נ] עירובין מו. לקמן כו:

הגהות הב"ח (א) גמ' היה ע"ש או עיו"ט או שהיו גשמים מזלפין על מטתו ה"ז משובח : (ב) רש"י ד"ה מונה כו' ואבילות של גדול לא התחיל עד שיסתום הגולל

גליון הש"ס גמ' רצה ממעט בעסקו · עיין לקמן דף כו ע"א תוספות ד"ה אם יכול :

דוקא כשאין יודעים מתי יקבר מונים מיד, וכ"כ מפורש הב"ח, דכיון שאין יודעים מתי תהיה סתימת הגולל, הו"ל לדידהו החזרת פניהם כסתימת הגולל, **אבל** מדברי הטור לא משמע כן, וביותר מדברי הנמק"י שכתב הטעם, דאותם שחוזרים פניהם כבר נתייאשו ממנו, ויאוש הוי כסתימת גולל, אבל וכו' עכ"ל, הרי לא תלה הטעם בהעדר ידיעת זמן הקבורה, **וגם** מלשון רבינו הב"י משמע דזה אינו לעיכובא, דאל"כ למה לו לחלק בין הנקבר כאן להנקבר בעיר אחרת, ליפליג בעיר אחרת גופה בין כשיודעים זמן הקבורה ובין כשאינם יודעים, אלא ודאי דלאו דוקא קאמרי, ואורחא דמילתא קאמרי, דכשנקבר שלא במקומו נעלם מהם זמן הקבורה, אבל לא לעיכובא, **ולכן** נלע"ד שכן הדין כמ"ש, ואולי גם הב"ח לא לעיכובא קאמר, וצ"ע – ערוה"ש›.

מעת שיחזרו פניהם מללוות, מתחילין למנות ז' ושלשים ומתחילין להתאבל (ל' הרמב"ס); וההולכים עמו, מונים משיקבר - משמע דוקא כששולחים אותו לעיר אחרת, אבל הקוברים בבית הקברות סמוך לעיר, החוזרים משערי העיר אינן מתאבלין עד שאמרו להם שנקבר, וכמ"ש הרמב"ן וכ"כ ב"י, **ונ"מ** לענין קובר מתו בערב הרגל, וכדאיתא בפוסקים בשם בעל הלכות - ש"ך. **ועיין** לקמן סי' שצ"ט סי"ד, שסתם ולא חילק בין אותה העיר לעיר אחרת, וצ"ע – דגו"מ›.

‹**כתב** השו"ע לקמן סוף סי' שצ"ט, וז"ל: מת לו מת בעיו"ט ונתיירא שמא לא יספיק לקוברו מבעו"י, ומסרו לכותים שיוליכוהו לקברו, כיון שהוציאוהו מהעיר ונתכסה מעיני הקרובים חלה עליהם האבלות, ואם הוא שעה אחת קודם הרגל ונהגו בו אבלות, בטלה לה גזירת ז' אע"פ שנקבר ביום טוב, עכ"ל, **וקשה** דהא בסי' זה נתבאר דכשהקבורה היא בעיר הזאת אין מונים אלא מסתימת הגולל, וא"כ איך בטלה גזירת ז', הלא נקבר ביום טוב, **וצ"ל** דס"ל דיו"ט שאני, [ודלא כהש"ך], דכיון שהישראל אין יכול לקבור בעצמו ביום טוב, א"כ מסולק ידיו מזה, והוי להישראל כאלו נקבר מקודם, ודינו כנקבר בעיר אחרת שמונין אותם שבכאן מחזרת פניהם, דגו"מ, **ולפי"ז** אם אירע כן בערב שבת סמוך לחשכה, נחשב ערב שבת ליום ראשון של שבעה, **אך** הדבר פשוט שאין לעשות כן לכתחלה, אם לא במקום דחק שא"א באופן אחר כפי הנראה לב"ד, שבהכרח לקוברו עתה, **דאל"כ** יניחו הקבורה עד אחר שבת - ערוה"ש›.

‹**ועיין** בסידור תפלה של הגאון מליסא, שכתב דמ"מ אם חלצו הסנדל ונהגו אבילות קודם שבאו הקוברים מביה"ק, והיה סמוך לחשיכה, ואח"כ באו הקוברים מביה"ק בלילה, ואמרו שנסתם הגולל כשהיה יום קצת, אף שהאבלים לא ידעו מזה, רק שמספק נהגו אבילות, עולה להם למנין ז' ול', **וכן** מוכח ממ"ש רמ"א בס"א: היה סבור כו' ואח"כ נודע שטעה, משמע שאם אח"כ נודע שנהג אבילות כדין, עולה לו מה שהתאבל - פת"ש›.

ואם גדול המשפחה הולך עמו, אף אלו שבכאן אינם מונים אלא משיקבר - ‹היינו שהולך הגדול למקום שדר שם ונשאר שם, אבל אם הגדול חוזר אצלם אפילו ביום ז', מונה עמהם משעה שהחזירו פניהם, ש"ך לקמן ס"ק י"ב – רעק"א›.

ומדברי ראב"ן מבואר, דדוקא אם יכול לבא אל הקבר תוך ג' ימים, **אבל** אם אינו יכול לבוא תוך ג' ימים, אלו שבבית מונין מיד, וגדול הבית שבבה"ק משיסתם הגולל, ואין נגררים עמו, ומפ' שם כך בש"ס הא דאתא גו תלתא כו', **ואפשר** גם המחבר וסייעתו מודים לזה, דלא מסתבר כלל אם יקבר המת במקום רחוק, שאלו שבכאן ישבו ימים רבים ולא יתחילו אבלות עד שיקבר, **אף** שפי' ראב"ן בש"ס דחוק, מ"מ הסברא נכונה - ש"ך.

[ח]**וגדול המשפחה היינו דביתא סמוך עליה וגרירי כולהו בתריה, לא שנא אח לא שנא בן קטן; ויש מי שאומר** [ו]**והוא שיהא בן י"ג** - לקמן כתבתי בשם הרשב"א, דמי שמתה אשתו, הבעל נקרא גדול הבית - ש"ך. ‹**ואם** האשה גדול הבית, כגון שהיא אלמנה ויושבת עם בניה, ומת אחד מהבית, אם היא עקרת הבית שמנהגת צרכי הבית, נקראת היא גדול הבית, **ובמקום** שיש איש ואשתו וזרעם, מקרי האיש גדול הבית, כשמת אחד מבני הבית, **וכשמת** האיש צריכין לראות מי יהיה המנהיג תחתיו, אם האשה או א' מבניו, ומי שישאר מנהיג נקרא גדול הבית – ערוה"ש›.

משמע דוקא לחומרא אזלינן בתר גדול המשפחה, דאין מונין אלא משיקבר, אבל אי גדול המשפחה הוא אצל אלו שנשארו כאן, אין מעלה ומוריד, אלא אעפ"כ ההולכים עם המת אין מונין אלא משיקבר, וכדעת התוספות שמביא בית יוסף, **אבל** הטור כתב, דהכל הולך אחר גדול הבית, דאם נשאר כאן, אלו ואלו מונין משיצא המת, וכן נראה דעת הרמב"ן והרא"ש במה שהביאו שם הירושלמי ע"ש, **ולא** עמדתי על סוף דעת ב"י, שכתב וגירסת הרמב"ן בירושלמי מגומגמת כו', שהרי גירסתו אות באות כגירסת הרא"ש, **מיהו** לפי מה שהביא הבית יוסף נוסח הירושלמי, מוכח לענין דינא כדעת התוספות הנ"ל, ונ"ל שגירסא זו עיקר, ונ"ל שכן דעת ראבי"ה שהביא מרדכי, ע"ש - ש"ך.

[י]**יו"ד סימן שצ"ט סי"ד** - [ח]**מת לו מת בערב יום טוב, ונתיירא שמא לא יספיק לקוברו מבעוד יום, ומסרו לעובדי כוכבים שיוליכוהו לקוברו, כיון שהוציאוהו מהעיר ונתכסה מעיני הקרובים חלה עליו אבלות** - וכמו שנתבאר לעיל ר"ס שע"ה - ש"ך, ‹**ואפי'** למה שבארנו שם דנמסר לכתפיים אינו אלא בעיר אחרת, שאני הכא שהרי בכוונה רצונם לסלק את עצמם מזה, ולכן אצלם הוה כלאחר קבורה - ערוה"ש›, **ואם הוא שעה אחת קודם הרגל, ונהג בו אבילות, בטלה לה גזירת שבעה אע"פ שנקבר ביום טוב.**

[**ראיתי** להזכיר פה מה שראיתי במקצת מקומות, כשקוברין מת ביום טוב ראשון ע"י עממים, באין ישראלים ומחזירים העפר לתוך הקבר על המת עד זיבולא בתרייתא, והוא איסור גמור בעיני, דהרי מלאכה גמורה היא ויש בזה משום בונה, ופשיטא דאסור על ידי ישראל, ע"כ יש ליזהר בזה לעשות ע"י עממים, על כל צרה שלא תבוא – ט"ז].

אות ד' – ה'

והוא שבא ומצא מנחמין אצלו

בעי רב ענן: ננערו לעמוד ולא עמדו, מהו, תיקו

יו"ד סימן שע"ה ס"ח - [ט]**אפי' בא ביום הז',** [י]**אם מצא מנחמים אצל גדול הבית, אפילו שננערו לעמוד, הואיל ומצא מנחמים (דהיינו שנוהגים עדיין קלת אבלות) (טור ורמב"ה**

באר הגולה

[ה] טור בשם הרי"ץ גיאת מדברי אביו הרא"ש וכ"כ ש"פ [ו] הגהמי"י בשם הסמ"ק [ז] ‹ע"פ הבאר הגולה› [ח] נתבאר במ"ש בסי' שע"ה ס"ב ‹בשם הרמב"ן בשם ב"ה› [ט] כר"ש בברייתא, דאיפסקא הלכתא כוותיה שם בגמ' דף כ"ב. [י] כדמפרש שם ר' חייא בר גמדא וכו'

בתשו') – ‹כגון שמצאן עדיין בחליצת סנדלים ועטיפת הראש, הואיל ומצאן עם גדול הבית קודם שנגמר כל האבילות, והתאבל עמהם, אותו המעט עולה לו לשבעה – לבוש›. **עולה, ומונה לו עמהם תשלום ל' יום** – ‹ואם בא ביום שבת והוא יום ז', י"ל דבעינן בא קודם הנץ החמה – רעק"א›. **ואם לא מצא מנחמים, מונה לעצמו; וכן אם היה במקום רחוק, אפי' בא ביום שני, מונה לעצמו שבעה ושלשים מיום שבא.**

העולה מזה: מי שמת קרוב ונודע לו במקומו, מונה לעצמו משנודע לו, ואפי' בא אח"כ למקום המת אצל שאר הקרובים שהתחילו כבר להתאבל, לא יקצר אבלתו בשביל זה. **וכן** אם בא אצל הקרובים ואינם במקום המת ולא במקום הקבורה, כל א' מונה לעצמו משעה שנודע לו.

אבל אם לא ידע שמת לו מת עד שבא אצל הקרובים שבמקום המת או מקום קבורה, אם היה במקום קרוב שהוא מהלך י' פרסאות, אפי' בא ביום הז', אם מצא מנחמין אצל גדול הבית, אפי' שננערו לעמוד, הואיל ומצא מנחמין עדיין שנוהגים קצת אבילות, מונה עמהן, דכיון שהגדול מונה עמהם, גם הוא מונה עמהם, **אבל** אם לא מצא אצלם גדול הבית, מונה לעצמו. **וכן** גדול הבית שבא ממקום קרוב, מונה לעצמו.

ואם בשעת קבורה הלכו מקצת הקרובים לבה"ק, מונין עם אלו שבבית, בין גדולים בין קטנים, בין שבה"ק קרוב או רחוק, בין באו תוך ג' בין ביום ז'. **והוא** שבא ומצאו מנחמין אצלם, **אבל** אם לא מצאו מנחמין ביום ז', אותן שהלכו לבה"ק מונין לעצמן משיסתם הגולל.

וכן הבא ממקום אחר לשם ומצא שהלך הגדול לבה"ק, כיון שחזר הגדול אצלם אפי' ביום ז' ומונה עמהם, אף זה נגרר עמהם, ונמצא כולם מונין מנין א', והוא שבא ממקום קרוב. **ודוקא** שנשארו מקצתן בבית, אבל אם לא נשארו מקצתן בבית, מונה לעצמו, אם לא שבא תוך ג'.

ואם לא חזר הגדול תוך ז', שאז הגדול מונה לעצמו משיסתם הגולל, אז הבא ממקום קרוב ג"כ אינו מונה עם אותן שבבית משיצא המת, אלא מונה לעצמו משעה שנודע לו. **וכל** זה שהלך הגדול לבה"ק במקום שאינו דר שם, אבל הלך למקום שדר שם ונשאר שם, אפי' אותן שנשארו כאן שהחזירו פניהם מהמת, הולכים אחריו ומונים משיסתם הגולל.

ודוקא שיכול לבא שם תוך שלשה, אבל אם אינו יכול לבא שם תוך ג', אלו שבכאן מונים מיד, וגדול שבבה"ק מונה משיסתם הגולל.

ואם התחילו אותן שבבית והגדול למנות אבילותן בשוה, הן משיצא המת או משיסתם הגולל, אז הבא ממקום קרוב מונה עמהן בכל ענין, אפי' בא ביום הז' בעוד שנוהגין קצת אבילות, כיון שחזר הגדול קודם שעמדו המנחמין ומונה עמהן.

אבל אם התחילו אבילותן בשוה, והלך הגדול אח"כ לבה"ק להתעסק בצרכי המת לעשות מצבה או בנין לקבר, ולא חזר כלל אחר שבא הקרוב, או שחזר אחר שעמדו המנחמין, אז דינא הכי: אם בא הקרוב תוך שלשה, מונה עמהם, ואם בא לאחר ג', מונה לעצמו.

ואם הלך הגדול לעסק אחר שלא לצורך המת, אפי' בא הקרוב תוך ג', מונה לעצמו, כיון שלא חזר הגדול לביתו. **ואם** בא הקרוב ממקום רחוק, בכל ענין מונה לעצמו. **וכל** שדינו למנות עמהם, אפי' חזר אח"כ לביתו, מונה עמהם.

וכל גדול שבענין זה היינו כמו גדול דלעיל דלעיל סעיף ב', וכן משמע מדברי הפוסקים בהדיא, **מיהו** היכא דאשתו מתה ובאו אחרים ושאר קרובים, הבעל נקרא גדול הבית, מפני שהוא חייב בקבורתה ולטפל יותר מן האח או האב, **ואין** הולכים אחר המצטער יותר, שאין כל הדעות שוות, כ"כ הרשב"א בתשובה - ש"ך.

‹**דוקא** אם הבא הוא נגרר אחר הגדול, כגון בניו וב"ב הסרים למשמעתו או סמוכים על שולחנו ויושבים ודרים בביתו, דאז נקרא הוא גדול הבית לדבר הזה, תשו' שמש צדקה. **וכתב** עוד, הוגד לי מפי מגידי אמת, שזקני העיר הזאת בעלי הוראה לא דנו דין גדול הבית, אלא בבנים לגבי אב, או אחים קטנים לגבי גדולים כשהיו אוכלים מתפיסת הבית, דאז גרירי אבתרייהו, **אבל** באחים הדרים בבית לבדם, ומופרדים איש מעל אחיו, לא דנו דין זה, עכ"ל – רעק"א›.

אות ו'

ואין הלכה כרבן שמעון בן גמליאל בטריפות

יו"ד סימן מו ס"א - ניקבו הדקין, טריפה, ואפילו ליחה שבהן סותמתן, אינה סתימה, ואפילו היא דבוקה בהן הרבה עד שאין יכול להוציא אלא ע"י הדחק.

אות ז'

מדחה מטתו ה"ז משובח; על אביו ועל אמו הרי זה מגונה

יו"ד סימן שנז ס"ב - [יא]**כל המתים, הממהר להוציא מטתו הרי זה משובח** - לפי שאין דרך להספיד ולהתאבל עליהם הרבה, הלכך יותר כבוד להם כשנקברים במהרה, משיעמדו הרבה ולא יספידוהו, **אבל על אביו ועל אמו, הרי זה מגונה** - שחייב להספידם ולקונן עליהם הרבה - ש"ך, **אא"כ היה ע"ש או ערב יו"ט, או שהיו גשמים מזלפים על מטתו** – ‹ואין לו מקום מסוכך להעמידם תחתיו, שאז ג"כ הוא משובח שימהר להוציאם, לפי שאינו עושה אלא לכבודם – לבוש›.

אות ח'

על כל המתים כולן רצה ממעט בעסקו וכו'

יו"ד סימן שפ סכ"ד - [יב]**על כל המתים, רצה למעט בעסק סחורה המותרת לו,** [יג]**כגון דבר האבד, ימעט; רצה, אינו ממעט; על אביו ואמו, ימעט** – ‹כל מה שאפשר, אם לא יגיע לו נזק הרבה, דבנזק הרבה פשיטא שגם על אביו ואמו מותר – ערוה"ש›.

באר הגולה

[יא] ברייתא מו"ק דף כ"ב. ורמב"ן ורא"ש [יב] ברייתא מו"ק דף כ"ב: [יג] כפי' הי"מ שהביא הב"י ‹וי"מ סחורה המותרת לו כגון דבר האבד, עכ"ל›, וכ"כ התוס' שם ‹כ"ז›, ‹ולפי"ז תוך ז' מיירי, דאז אסור במלאכה אם אינה דבר האבד, ואף בדבר האבד אינה נעשית אלא ע"י אחרים, **ותמיהא** לי מילתא, היאך אפשר לאסרו במלאכת דבר האבד על אביו ועל אמו, ונמצא מאבד נכסיו, ותו דלישנא דימעט בעסק משמע, שיעשה עסק אלא שימעט בו – ב"י. **ועיין** למעלה בערוה"ש דלפמ"ש אתי שפיר›, **ובכ"מ פי'** ‹דמדברי הרמב"ם פ"ו מתבאר› **דאחר ז' תוך ל' מיירי, דומיא מאי דתנן בפ"ק דתענית דף י"ב: עברו אלו ולא נענו ממעטין במשא ובמתן** ‹דנכון ג"כ למעט בעסקיו אם ביכולתו לעשות כן, והיינו שאין כאן דבר האבד – ערוה"ש›

ממעט על אביו ועל אמו ממעט על כל המתים כולן רצה חולץ רצה אינו חולץ על אביו ועל אמו חולץ ומעשה בגדול הדור אחד שמת אביו וביקש לחלוץ ונמנע ולא חלץ גדול הדור אחר שעמו לחלוץ ונמנע ולא חלץ אמר אביי גדול הדור רבי גדול הדור שעמו ר' יעקב בר אחא ואיכא דאמרי גדול הדור ר' יעקב בר אחא גדול הדור שעמו רבי בשלמא למ"ד גדול הדור שעמו רבי היינו דנמנע ולא חלץ אלא למ"ד רבי יעקב בר אחא אמאי נמנע ולא חלץ רשב"ג נשיא הוה וכולי עלמא מיחייבי למיחלץ קשיא על כל המתים כולן מסתפר לאחר ל' יום על אביו ועל אמו עד שיגערו בו חבריו על כל המתים כולן נכנס לבית השמחה לאחר ל' יום על אביו ועל אמו לאחר י"ב חדש אמר רבה בר בר חנה ולשמחת מריעות מיתיבי ולשמחה ולמריעות ל' יום קשיא אמימר מתני הכי אמר רבה בר בר חנה ולשמחת מריעות מותר ליכנס לאלתר והא תניא לשמחה שלשים ולמריעות שלשים ל"ק הא באריסותא הא בפורענותא על כל המתים כולן קורע טפח על אביו ועל אמו עד שיגלה את לבו א"ר אבהו מאי קרא ויחזק דוד בבגדיו ויקרעם ואין אחיזה פחות מטפח על כל המתים כולן אפילו לבוש עשרה חלוקין אינו קורע אלא עליון על אביו ועל אמו קורע את כולן ואפיקרסותו אינה מעכבת אחד האיש ואחד האשה ר"ש בן אלעזר אומר האשה קורעת את התחתון ומחזירתו לאחוריה וחוזרת וקורעת את העליון על כל המתים כולן רצה מבדיל קמי שפה שלו רצה אינו מבדיל על אביו ועל אמו מבדיל רבי יהודה אומר כל קריעה שאינו מבדיל קמי שפה שלו אינו אלא קרע של תיפלות אמר רבי אבהו מ"ט דר' יהודה דכתיב ויחזק בבגדיו ויקרעם לשנים קרעים ממשמע שנאמר ויקרעם איני יודע שהן לשנים אלא שנראין קרועים כשנים על כל המתים כולן שולל לאחר שבעה ומאחה לאחר שלשים על אביו ועל אמו שולל לאחר ל' ואינו מאחה לעולם והאשה שוללתו לאלתר מפני כבודה כי אתא רבין א"ר יוחנן על כל המתים רצה קורע ביד רצה קורע בכלי על אביו ועל אמו ביד וא"ר חייא בר אבא א"ר יוחנן על כל המתים כולן מבפנים על אביו ועל אמו קורע מבחוץ אמר רב חסדא וכן לנשיא מיתיבי לא הושוו לאביו ולאמו אלא לאיחוי בלבד מאי לאו אפילו לנשיא לא לבר מנשיא נשיאה שכיב א"ל רב חסדא (*לרב חנן בר רבא) כפי אסיתא וקום עלה ואחוי קריעה לעלמא על חכם חולץ מימין על אב ב"ד משמאל על נשיא מכאן ומכאן ת"ר חכם שמת בית מדרשו בטל אב ב"ד שמת כל בתי מדרשות שבעירו בטלין ונכנסין לביהכ"נ ומשנין את מקומן היושבין בצפון יושבין בדרום היושבין בדרום יושבין בצפון נשיא שמת בתי מדרשות כולן בטלין ובני הכנסת נכנסין לבית הכנסת וקורין

רצה חולץ · כתיפו : ונמנע · האבל ולא חלץ משום כבוד גדול הדור שעמו שבקש לחלוץ גם הוא : הלא למ"ד גדול הדור שעמו ר' יעקב ורבי הוה אבל : עד שיגערו בו חבריו · שכבר גידל פרע יותר מדאי : אמר רבה · הא דתניא נכנס לבית המשתה לאחר ל' יום : לשמחת מריעות · סעודה שעושין ריעים והאוהבים זה עם זה ולא הוי שמחה כל כך אבל סעודה דשמחה כגון נישואין לא : הא באריסותא הא בפורענותא · אריסות היינו שמתחיל אחד מהן לעשות סעודה ומלוה לכולם כדי שיעשו גם הם נמי כך לאותה סעודה אינו נכנס עד לאחר שלשים יום אבל בפורענותא שמשלם להם סעודות שנעשו לו יכנס לאלתר שאי אפשר לו שלא לשלם : ואפיקרסותו · שעל ראשו אינה מעכבת כלומר אינו צריך לקורעה : אחד איש ואחד אשה · חייבין לקרוע : האשה · שמת אביה או אמה קורעת חלוק התחתון משום צניעות : ומחזירתו · הקרע לאחוריה : וחוזרת וקורעת העליון והתחתון מכסה לבה : רצה מבדיל קמי שפה · שאינו בשפה שלפני הצואר אלא קמי שפה שלפני הצואר שאינה קרועה וקורע תחתיה כדי שיהיה נראה הקרע : רצה אינו מבדיל · אלא קורע של בית הצואר אע"ג דאינו נראה הקרע דהכל בית הצואר הוא : על אביו ועל אמו מבדיל · קמי שפה כדי שיהא נראה הקרע : קרע של תיפלה · כלומר לא יצא ידי קריעה לפי דנראה דבית צואר הוא הכל : ויקרעם לשנים · אין קורעין אלא שנראה כשנים מבדיל קמי שפה ונראה בית הצואר קרע אחר : שולל · באשטיי"ר : מאחה · קוש"ר תופר כדרכו : קורע בכלי · סכין כדי שלא יפסיד הבגד : קורע מבפנים · תחת המקטורן שלו שאינו קורע מחוץ לעיני הכל : וכן לנשיא · קורע מבחוץ : לא הושוו · רבו ואב ב"ד ונשיא וכל הנך דתני במתניתא לאביו ולאמו : אלא לאיחוי · שאין מאחאים לעולם אבל לא הושוו לאביו ולאמו לקרוע מבחוץ דהא לא הושוו דעל אביו קורע מבחוץ ועל כולן מבפנים : כפי אסיתא · הפוך המכתשת ועמוד עליה וקרע כדי שיראו כל העם כשתקרע : חכם · ממונה על העיר שמבקשים ממנו הוראה : חולץ · כתף מימין : בית מדרשו בטל · אותן שרגילין ללמוד תורה מפיו : וקורין

מעשה בגדול הדור · אין זה מעשה לסתור דהא דנמנע ולא חלץ זהו מפני גדול *הדור שעמו ובמס' שמחות (פ"ט) קתני עלה ואין ראוי לחלק כבוד לו והאחרים הראויין לחלוץ אף על אביו ועל אמו ואם אינן ראויין אינו חולץ כדי שלא יחלקו אחרים ומעשה בר' יעקב כו' :

עד שיגערו בו חביריו · נראה דרגל אינו מבטל דבר זה מדאמרינן בירושלמי רבי שמואל בר אבדימי דמנה תלתין יומין קמי מועדא שאיל לרבי מנא א"ל כל דבר שהוא תלוי בז' ול' הרגל מפסיק ברם הכא עד שישלח פרע ויגערו בו חביריו ויאמרו לו לא מעמנו ובשמחה כמי אשכחנא הכא י"ב חדש ואין רגל מבטל ויש ספרים שכתוב בהן או יגערו בו חביריו בירושלמי ונראה שהוא טעות סופרים כי אם כמו שכתבתי עד שישלח פרע ויגערו בו :

ולשמחת מריעות · פירש בקונטרס סעודות שעושים ריעים והאוהבים זה לזה וכ"נ דדוקא לשמחת מריעות מותר לאחר ל' יום אבל שמחת חתן אסור אפילו לאחר ל' יום · והא תניא לשמחה ל' ולמריעות ל' וה"נ פריך בריש פ"ק דבבא מציעא (דף ג.) והא זה וזה קתני וכן בפ"ק דסנהדרין (דף ח.) גבי זימון בג' וברכת המזון בג' וטובא איכא ויש מקומות שאינו שואל כגון בפ"ק דנדרים (דף ד:) *גבי אסור אסור ובפרק גיד הנשה (חולין דף צח. ושם) גבי אסורות אסורות ובפרק בית כור (ב"ב דף קד.) גבי בית כור אני מוכר לך כבית כור וי"מ ולשמחת מריעות מותר ליכנס לאלתר ואכן בסעודת חתן איירינן הא דאמרינן בירושלמי ובמסכת שמחות (פ"ט) אם היה סעודה של מצוה מותר לא ידענא מהו קורא סעודת מצוה להתיר באבל אם דוקא סעודת קידוש ר"ח פירש הר"א בשם רבינו שמשון דלסעודת ברית מילה מותר ליכנס דלא חשיבא שמחה כדאמרינן בפ"ק דכתובות (דף ח.) דלא מברכינן בה שהשמחה במעונו משום דטרידי וליכא שמחה ולהר"א לא היה פשוט דגרע משמחת מריעות וגם פירש דאסור לאכול אפי' עם המשמשין ואין לחלק בין סעודת המשמשין לסעודה עצמה ופסק דכניסה בלא אכילה שרי דאין שמחה בלא אכילה ושתיה ובתוספות הרב פוסק כלישנא דאמימר דמיקל טפי :

אחד האיש ואחד האשה · ובתוס' הרב פוסק כר"ש בן אלעזר דהלכה כדברי המיקל ולא ידענא מאי קאמר דלקמן (דף כו:) אמרינן אבילות לחוד וקריעה לחוד :

עי' מהרש"א ולפי סברתו יש כאן ערבובי דברים וכצ"ל הדור שעמו ואין ראוי לחלק כבוד לו כדי שלא יחלקו אחרים ובמס' שמחות קתני עלה ואם אין ראוי לחלוץ אף על אביו ואמו לא יחלוץ ומעשה כו' כצ"ל והבותב יכתב · העתק מחילופי גרסאות

קלט א מיי' פ"ח מהל' אבל הלכה ב סמג עשין דרבנן ב טוש"ע י"ד סימן שמ סעיף טו :

קם ב מיי' שם פ"ו הלכה טו סמג שם טוש"ע שם סעיף יז :

קמא ג מיי' שם פ"ו הלכה ג סמג שם טוש"ע שם סימן של סעיף יז :

קמב ד ה ו מיי' שם הלכה ו ז סמג שם טוש"ע שם סימן שצא סעיף ב :

קמג ז ח ט מיי' פ"ח הלכה ב ג סמג שם טוש"ע שם סי' שם סעיף ט י :

קמד י טוש"ע שם סעיף יא :

[עם בנדרים פריך הס"ס אסור אסור ל"ל וכ"כ תוספות בכורות לז: ד"ה א"כ וכו' דבנדרים פריך כן ולכך עריכה לגו לומר דסכלה כדברי תוס' כפ"ל טעות ומ"ש כגון בפ"ק דנדרים גבי אסור אסור שייך לגיל קודם וטובה איכלה וכו' ודע עוד דגם במ"ס תוספות בזה וכפ' בית כור וכו' לריך תיקון גב' כי בב"ב קד. שואל הס"ס ע"ש וכן איתא בתוספות בכורות כצ"ל וע"ש]

קמה כ מיי' שם טוש"ע שם סעיף יב :

קמו ל טוש"ע שם סעיף ג בהג"ה :

קמז מ נ מיי' פ"ח שם הלכה א טוש"ע שם סעיף טו :

קמח ס מיי' שם פ"ט הלכה ג ג טוש"ע שם סעיף יד :

קמט ע מיי' שם טוש"ע שם סעיף יג :

קנ פ צ מיי' שם הלכה כ יד טו טוש"ע שם סעיף יז :

קנא ק ר ש ת מיי' שם טוש"ע שם סי' שדמ סעיף יח :

שמחות פ"ט

הוריות יב:

[לקמן כו. ע"ש סנהדרין ס. ע"ש וע"ע]

[לקמן כו:]

[ג"י הערוך בערך אסיתא לרב נחמן בר אמי]

רבינו חננאל

ממעט על אביו ועל אמו ממעט בעסקי · ואפילו שהוא על ידי אחרים : ירושל' מרבה בעסקי אביו ואמו משמע בתכריכין והספדו · על כל המתים רצה חולץ פי' חליצת כתף · מוציא ידו מתחת הקרע ונמצאת כתיפו חלוצה מן החלוק . רצה אינו חולץ · על אביו ועל אמו חולץ · ומעשה בגדול הדור שמת אביו ובא לחלוץ ובקש גדול הדור (עצמו) [שעמו] לחלוץ ולא חלץ · ואסיקנא גדול הדור (שמת) הוא ר' יעקב בר אחא ובקש רבינו הקדוש הוא גדול הדור שעמו לחלוץ עמו מפני כבודו · ונמנע ר' יעקב ולא חלץ · אבל במיתת רשב"ג אבי רבינו הקדוש כ"ע חייבין לחלוץ דנשיא הוא · קיי"ל היכא דחל יום שמיני של אביו ושל אמו להיות בשבת ערב הרגל מגלח ואפילו ביום ששי בע"ש · דלענין כבוד יו"ט ל"ש אב ואם ול"ש שאר קרובים · הלכה כאבא שאול בזה ובזה · על כל המתים מותר להסתפר לאחר שלשים · על אביו ועל אמו מגדל שער עד שינערו בו חביריו · על כל המתים נכנס לבית המשתה לאחר שלשים יום · ואוקמה אמימר במשתה שמחת מריעות בפורענותא נכנס לאלתר · אבל באריסותא · כלומר הוא אינו פורע אלא מתחיל הוא אחר שלשים יום · אבל על אביו ועל אמו אינו נכנס עד י"ב חדש על כל המתים קורע טפח שנאמר ויחזק בבגדיו ויקרעם לשנים · ואין אחיזה פחותה מטפח · אבל על אביו ועל אמו קורע עד שמגלה את לבו · ואפילו לבוש מאה חלוקים קורע את כולן ומבדיל קמי שפה דבעינן קרע הנראה לשנים קרעים כדכתיב ויקרעם לשנים קרעים ואפיקרסותו אינה מעכבת והאשה על אביה ועל אמה קורעת חלוקה התחתון ומחזרת הקרע לאחוריה וחוזרת וקורעת את העליון · ואינו קורע על אביו ועל אמו בכלי כגון סכין וכיוצא בו אלא בידו קורע ואינו קורע אלא מבחוץ ואינו מאחה הקרע לעולם : ירושלמי זהו איחוי העשוי כארוג אבל על שאר מתים אינו קורע אלא העליון · ואם אינו רוצה להבדיל קמי שפה אינו מבדיל ושולל לאחר שבעה ומאחה לאחר שלשים · והאשה קורעת ושוללתו לאלתר מפני כבודה · ואם רוצה לקרוע בכלי קורע · על אביו ועל אמו קורע מבחוץ · אמר רב חסדא וכן לנשיא · נשיאה שכיב א"ל רב חסדא לרב חנן כפי אסיתא וקום עליה ואחוי קריעה לעלמא · על חכם חולץ מימין על אב ב"ד משמאל · על נשיא מיכן ומיכן · פירוש חליצת כתף · ה"ר חכם שמת מדרשו בטל · אב ב"ד שמת כל מדרשות שבעירו בטילין · ובני הכנסת נכנסין ומשנין את מקומן · היושבין בצפון יושבין בדרום · בדרום יושבין בצפון · נשיא שמת כל בתי מדרשות בטילין ונכנסין לכנסת וקורין

§ מסכת מועד קטן דף כב: §

אות א'

על כל המתים כולן, רצה חולץ, רצה אינו חולץ וכו'

יו"ד סימן שמ סט"ז - [א]**על כל המתים, אם רצה חולץ כתף** – [בסוף פ"ק דב"ק פירש"י על חלוצי כתף, שקרעו בגדיהם עד שנראה כתפיהם, **ובפרישה** פי', מ"ש הטור "פי' חולץ זרועו ומוציא כתפו חוץ לקרע", היינו במקום שהוא פתוח כבר, ולא שיעשה אז קריעה. **ולא** עיין בגמרא שזכרתי – ט"ז], ‹**לחינם** השיג על הפרישה, דהטור ונמק"י אינם מפרשים כרש"י, וז"ל הנמ"י: חייב להוציא זרועו על שפת חלוקו ממקום הקריעה, כדי לבזות עצמו ולהראות הקרע לכל, עכ"ל – ערוה"ש›. **על אביו ואמו, חייב לחלוץ כתף, והולך כך לפני המטה עד שיקבר.** [ב]**ואם הבן אדם גדול, ואין כבודו שילך חלוץ כתף, אין צריך לחלוץ.**

אות ב'

וכולי עלמא מיחייבי למיחלץ

יו"ד סימן שמ סי"ז - [ג]**נשיא דומה לאב, לחליצת כתף, ולקרוע מבחוץ, ולאחוי** - ‹אך בזמה"ז אין לנו נשיא – ערוה"ש›.

אות ג'

על כל המתים כולן מסתפר לאחר שלשים יום וכו'

יו"ד סימן שצ ס"ד - [ד]**על כל המתים מגלח לאחר שלשים; על אביו ועל אמו, עד שיגערו בו חביריו** - ‹ומהני אפי' לגלח ביום הל', אליה זוטא. **ואם** גערו בו תוך ל', פשיטא דלא מהני, דלא גרע משאר אבל – רעק"א›. ‹**וראיתי** לאחד מהגדולים שכתב בשם רבינו ישעיה, דלאו הגערה מתרת, אלא השיעור כדי לגעור מתרת – ערוה"ש›.

הגה: ואין הרגל מהני אם פגע קודם שיגערו בו חביריו (טור).

ועיין באו"ח סימן תקמ"ח - (כ"כ גם המחבר באו"ח סי' תקמ"ח ס"ט ולקמן סי' שצ"ט ס"ד. **ונראה** דה"ה דאין הרגל עם הגערה מהני אם פגע קודם שלשים, וכן מבואר לעיל סי' שפ"ט ס"ה לענין גיהוץ, ‹**ואף** אם פגע רגל תוך ל', לא אמרינן דרגל מבטל ל' ויהיה מהני הגערה, עיין סי' שפ"ט ס"ה, רעק"א›, **אמנם** בשו"ת נו"ב, ע"ד השאלה אם הגיע זמן הגערה בחוה"מ, האריך בזה וסיים: באופן שבחוה"מ ודאי אין להתיר, **ובערב** הרגל אם גערו בו חביריו, יותר ראוי להתיר אף תוך ל', וכל זה נראה להלכה ולא למעשה עד אתיישב בדבר, עכ"ל. **ותימה** שלא זכר כלל מדברי השו"ע דסי' שפ"ט הנ"ל, דלית דין צריך בושש, כי גיהוץ ותספורת שוים. **שוב** מצאתי בשו"ת תשובה מאהבה שתמה עליו בזה, והאריך להביא הרבה פוסקים לאסור, וסיים: דאותם המורים המקילין בתוך ל' על אב ואם מפאת הרגל, וסומכים על הנו"ב הנ"ל, יהיה להם אשר להם, ואל יהי חלקי עמהם, ע"ש - פת"ש).

‹**ועיין** בא"ר בנושא אשה תוך ל' אפילו על אביו ואמו, מותר לגלח, ובמשבצות זהב שם הניח הדין בצ"ע – רעק"א›.

ושיעור גערה יש בו פלוגתא, ונוהגים בג' חדשים (כדעת מהרא"י בפסקיו ואגודה ומהרי"ל והר"ן) - (עיין בתשובת נו"ב שכתב, דמה שאמרו שיעור גערה ג' חדשים, היינו לאלו שמגלחין רק ראשם, אבל לאלו שמגלחין זקנם {ע"י מספרים או במשיחה} שיעור גערה זמן קצר יותר, **וכ"כ** בתשו' חתם סופר, דלבני אשכנז שרגילים לגלח זקנם, שיעור גערה שלשים יום, **ואם** תכפוהו שלשים לאביו ולאמו עם אבילות דרבים מי"ז בתמוז, יסתפר תספורת כל שהוא ביום י"ח תמוז, באופן שלא יהיה ראוי עוד לגערה, ע"ש. **וע"ש** עוד לענין אם הגיע זמן הגערה בחוה"מ, אם רשאי לגלח. **ועיין** בתשו' אדני פז שכתב, דכוונת רמ"א, דלאחר שעברו ג' חדשים שהוא שיעור גערה, מותר לספר עצמו כל זמן שירצה לפי מנהגו הראשון, ע"ש - פת"ש).

ובמקומות אלו נוהגין שאין מסתפרין על אב ואם כל י"ב חדש (מהרי"ל מנהג קצת מקומות), אם לא לצורך, כגון שהכביד עליו שערו, או שהולך בין עכו"ם ומתנוול ביניהם בשערותיו, דמותר לספר (כן השיב הא"ז) - ‹בד"מ הביא הא"ז וז"ל: שאלת אם תוכל לספר אחר אביך תוך יב"ח, כי מתוך שאתה עסוק במזונותיך ומצוי בין השרים, **והנני** מודיעך שלא הוזכר יב"ח לענין גידול שער, רק עד שיגערו בו חביריו, ומה שנוהגין יב"ח אינו אלא חומרא בעלמא לכבוד אביו ואמו, ולכן מותר אתה לספר כדרכך, עכ"ל. **משמע** דמדינא אחר שהמתין שיעור גערה, מותר לגלח אח"כ בכל פעם כדרכו, וא"צ להמתין בכל פעם שיעור גערה, **אלא** דהמנהג להחמיר כל יב"ח, וכיון דהולך בין השרים, א"צ לתפוס חומרא זו, וקם אדינא, דאחר הגערה מגלח כדרכו, **וזהו** כוונת הרמ"א כאן, בתחלה כתב ובמקומות אלו נוהגין כו', ועלה כתב אם לא וכו', והיינו דאז אין לחוש למנהג ההוא, **אבל** קודם זמן הגערה לא מהני מה שהולך בין השרים, **ואחר** שגילח לזמן הגערה, א"צ להמתין עוד שיעור גערה, אלא דמגלח אח"כ כדרכו כפי הרגלו – רעק"א›.

[ה]**סימן תקמח ס"ט** - [ו]**הא דרגל מבטל גזירת שלשים, בשאר מתים; אבל באביו ואמו שאסור לספר עד שיגערו בו חביריו, אפילו פגע בו הרגל לאחר ל' יום, אינו מבטל** - ואם גערו בו אף ביום ל' מותר.

[ז]**יו"ד סימן שצט ס"ד** - [ח]**הא דרגל מבטל גזירת ל', בשאר מתים; אבל באביו ואמו, שאסור (לספר) עד שיגערו בו חביריו, אפילו פגע בו הרגל לאחר שלשים יום, אינו מבטל.**

באר הגולה

[א] שם בברייתא וכפי' רש"י ‹ד"ה רצה חולץ› וכן שאר פוסקים וכל הגאונים [ב] ברייתא באבל רבתי, והרמב"ן למדו מברייתא דלעיל בבבלי שם ‹ז"ל הרמב"ן: ומשום כבודו דרבי נמנע ר' יעקב בר אחא ולא חלץ וכו', וא"ת ומה הכבוד הזה שנוהגין כאן לעבור על המצות ולהקל בכבוד האב שלא יחלוץ הבן עליו, י"ל שהיה ר' יעקב אדם גדול ואינה לפי כבודו לילך בשוק חלוץ כתף ובשרו מגולה, ורצו לנהוג בו כבוד ולחלוץ עמו שלא יתגלה יחידי, והוא חושש לכבודם אע"פ שלא היה חושש לכבוד עצמו, ונמנע ולא חלץ דכבוד תורה עדיף› [ג] שם בברייתא דף כ"ב: [ד] ברייתא שם כ"ב: [ה] ‹ע"פ הבאר הגולה› [ו] הרא"ש שם בברייתא דעל כל המתים כו' שם ‹וכן בתוס' ד"ה עד› [ז] ‹ע"פ הבאר הגולה› [ח] לשון הטור מדברי אביו הרא"ש, מהא דתניא דעל אביו ואמו אינו נכנס לבית המשתה עד י"ב חדש וכו' שם דף כ"ב: ‹מכאן למדנו דדבר שאינו תלוי בשבעה ושלשים אין רגל מפסיק – כסף משנה›, וכ"כ בירושלמי וכ"כ הרמב"ם ‹וכן בתוס' ד"ה עד›

אות ד' – ה' – ו

על כל המתים כולן נכנס לבית השמחה לאחר שלשים יום; על אביו ועל אמו לאחר שנים עשר חדש

ולשמחת מריעות

הא באריסותא, הא בפורענותא

יו"ד סימן שצא ס"ב - [ט]**על כל מתים נכנס לבית המשתה לאחר שלשים יום; על אביו ועל אמו, לאחר י"ב חדש.** [י]**ואף אם השנה מעוברת, מותר לאחר י"ב חדש** - ‹שאפילו רשע גמור אינו נידון יותר מי"ב חדש – לבוש›. [משמע דאחר י"ב חדש הפסיק לגמרי האבילות, מדשרי לילך לבית המשתה, ותמהתי על שיש אנשים נוהגים קצת אבילות גם בחודש הי"ג, מאין להם דבר זה, והוא באמת דבר בטל, וכ"כ מו"ח ז"ל – ט"ז].

[יא]**ומיהו שמחת מריעות** - שעושים ריעים זה עם זה, שאוכלים ושותים זה עם זה היום, וחוזרים ואוכלים עם זה למחר - ש"ך, **שהיה חייב לפרוע אותה מיד, מותר לעשותה מיד אחר ז'** - ‹מפני שהוא מחוייב לפרוע›, **אבל אם אינו חייב לפרעה,** [יב]**אסור ליכנס לה עד ל'** - ‹ודוקא פרעון מותר לו לעשות, אבל ליכנס לאחר בתוך ל' לסעודה, אף שהאחר חייב לו, אסור לו ליכנס – ערוה"ש›. [יג]**ועל אביו ועל אמו, אע"פ שחייב לפרעה, אסור (עד) לאחר י"ב חדש.**

הגה: ובחבורת מלוה, כגון שמשיא יתום ויתומה לשם שמים, ואם לא יאכל שם יתבטל המעשה, מותר לאחר ל' - ‹ונ"ל דלאו דוקא יתבטל השידוך לגמרי, אלא שלב החתן והכלה יהיו כמצטערים, **ויראה** לי עוד, דאם באמת תתבטל השידוך, גם באביו ואמו מותר בתוך ל', דאין לך מצוה רבה כזו, ובודאי לא העמידו חכמים גזירתן בענין כזה, אלא דלאו דוקא הוא – ערוה"ש›.

אבל תוך ל' אסור לכל סעודת מלוה שבעולם (טור בשם הראב"ד) - משמע אפי' בשאר קרובים, וכן משמע בעט"ז, וכן הוא להדיא בהראב"ד, **וכן** לענין שאלת שלום לעיל סימן שפ"ה, ולענין נשואין לקמן סימן שצ"ב, אין חילוק בשלשים בין אביו ואמו לשאר קרובים, **והב"ח** לא פירש כן, ולפעד"נ כמ"ש - ש"ך. ‹**ולענ"ד** הא חזינן דבסעודת מריעות תוך ל' שרי, ועל אביו ואמו כל יב"ח אסור, הרי דקי"ל דעל שאר קרובים תוך ל' מותר יותר מעל אביו ואמו אחר ל', וכיון דמשיא יתום מותר תוך יב"ח, מכ"ש תוך ל' לשאר קרובים, אח"כ בא לידי ספר דגול מרבבה, ומצאתי שכוונתי לדעתו בזה – רעק"א›. (**ועיין** בתשו' נו"ב שכתב, דנראה לו דעת הב"ח מוכרח, דק"ו הוא, ומה סעודת מריעות שאפילו חייב לפרעה אסור באב ואם תוך י"ב חודש, מותר בשאר קרובים תוך ל' כו', ע"ש - פת"ש).

אבל סעודת מלוה דלית ביה שמחה, מותר ליכנס בה, כגון פדיון הבן או סעודת ברית מילה - ‹דזה שאסרו אינו אלא על סעודת נשואין שאומרים שם "שהשמחה במעונו", אבל כל היכא דליכא "שהשמחה במעונו", מותר בסעודת מצוה, ולפי"ז סעודת פדיון הבן או בר מצוה או סיום מסכתא, כולם מותרים – ערוה"ש›, **ומותר לאכול שם אפי' תוך שבעה, ובלבד שלא יצא מפתח ביתו** - ‹זהו בשבעה דאסור לו לילך, אבל משבעה ואילך לא שייך זה כמובן – ערוה"ש›. **ויש אוסרין בסעודת ברית מילה (מרדכי)** - ‹דאיקרי ששון – לבוש›.

והמנהג שלא לאכול בשום סעודה בעולם - ‹כלומר לא של רשות ולא של מצוה, דכל סעודת מצוה נאסרה – ערוה"ש›, **כל י"ב חדש** – [וה"ה תוך ל' על שאר קרובים – ט"ז], **אם הוא חוץ לביתו; ובתוך הבית מקילין שאוכל בביתו בסעודת ברית מילה, וכ"ש בשאר סעודות שאין בהם שמחה** - (ובסיום מסכת, עי"ל סי' רמ"ו בש"ך ס"ק כ"ו. **וסעודת** בר מצוה משמע ביש"ש פ' מרובה שדינו כסיום מסכת, **והיינו** אם הנער דורש, או שהוא ממש ביום שנעשה בר מצוה, דגמ"ר - פת"ש).

אבל בסעודת נישואין יש להחמיר, כן נראה לי - ‹אבל בסעודת יתום ויתומה גם לפי המנהג מותר. **ונלע"ד** במקום ההכרח יש לסמוך על דיעות המקילות, דהלכה כדברי המיקל באבל, **ובשמחת** בניו ונכדיו ודאי מותר – ערוה"ש›.

(**עיין** בתשו' אדני פז שכתב, דאם שכח והיה על סעודת זכר בליל שבת, שרי ליה לילך למחר בשבת על סעודת ברית מילה, דאם לא ילך יהיה מלתא דפרהסיא, ע"ש, **ואין** זה ברור – פת"ש).

אבל שהוא בעל ברית או מוהל, ילבש בגדי שבת עד לאחר המילה - (עיין בשו"ת נו"ב שפקפק על זה, ‹שהמוהל ילבש בגדי שבת›, ומ"מ כתב בסוף שמבטל דעתו נגד דעת מהרי"ל שמתיר, וכדאי הוא מהרי"ל לסמוך עליו, ע"ש - פת"ש).

ומותר ליכנס למילה לאכול שם, אם הוא לאחר ל', אף על פי שאין המילה בביתו (ב"י בשם תשובת מהרי"ל) – [תמוה לי שהרי בתשובת מהרי"ל סי' קט"ז משמע דאחר ז' מותר, וב"י מביאו]. **לא** קשה מידי, דהמעיין בתשו' מהרי"ל עצמו, כי הב"י הביאו בקוצר, יראה לעינים, דלא מתיר לו באביו ואמו... דלא שרי אלא לאחר שלשים, **ומש"כ** מהרי"ל שם בשם מהר"ם, דתוך ל' של אביו היה בעל ברית ורחץ, מ"מ לא ס"ל להקל בזה כמהר"ם, א"נ רחץ שאני דמותר מדינא מיד לאחר ז', כדלעיל סי' שפ"א - נקה"כ. [**שוב ראיתי בדרכי משה שהכריע כן מסברא דנפשיה, לאסור עד לאחר ל', והנה דבר פשוט שעל אביו ואמו קאי זה, דאלו בשאר קרובים פשיטא שמותר לאחר שלשים, דאין לומר דקמ"ל איסורא תוך ל', דא"כ היה לו לומר ואסור כל ל', אלא דעל אביו**

באר הגולה

ט ברייתא שם דף כ"ב: י הרא"ש שם בשם ראבי"ה ושאר פוסקים משמו, ודייק לה מדקתני י"ב חודש, ולא קתני שנה יא כדמתני אמימר שם, ולאלתר לאו דוקא אלא אחר ז' יב ברייתא שם וכדמשני שם בגמרא יג כ"כ הרי"ף והרא"ש והרמב"ם והרמב"ן בסת"ה

ואמו קאי, ובשאר קרובים אפי' תוך ל' שרי אחר ז' ימים], נ"ל שיש חסרון בדבריו, וכך צ"ל: אלא דעל אביו ואמו קאי, ומו"ח ז"ל כתב דעל אביו ואמו קאי, ובשאר קרובים אפי' תוך ל' שרי אחר ז' ימים, והוא תמוה וכו' - נקה"כ. [והוא תמוה, דבהדיא כתב הרא"ש פרק אלו מגלחין, דתוך ל' שוה בשאר קרובים לאביו ואמו]. אלא שקשה לי עליו למה מביא אח"כ בס"ג בסתם דברי מו"ח ז"ל, דבתוך ל' בשאר קרובים מותר ביתום ויתומה, ועיין בש"ך ס"ק ג' וה' - נקה"כ. [ומ"מ אין להקל בתוך ל' של אביו ואמו נגד הכרעת רמ"א – ט"ז].

אות ז' – ח' – ט'

על כל המתים כולן קורע טפח, על אביו ועל אמו עד שיגלה את לבו

על כל המתים כולן, אפילו לבוש עשרה חלוקין, אינו קורע אלא עליון; על אביו ועל אמו קורע את כולן

ואפיקרסותו אינה מעכבת

יו"ד סימן שמ ס"ט - [יד]על כל המתים, קורע עליו טפח בבגד [טו]העליון, ודיו - «ואם קרע בבגד התחתון, לא יצא, וצריך לקרוע העליון, תשו' תורת חסד, אבל בתשו' פרח מטה אהרן כתב דיצא - רעק"א», **ועל אביו ואמו** - «שבטלה ממנו מצות כיבוד הוא חמור יותר, לפיכך» **קורע כל בגדיו, אפילו הוא לבוש י', עד שמגלה לבו; [טז]ואם לא קרע כל בגדיו, לא יצא, וגוערים בו** - «כמי שעובר על מצות עשה מדברי חכמים - לבוש», **וכל זמן שאותו הבגד עליו** - «שהלך בו בשעת מיתתם - ערוה"ש», **אומרים לו: קרע, אפי' לאחר ל'** - «עיין במקור הדין בהרא"ש שכתב, דהוי כמי שאין לו חלוק ונזדמן לו אח"כ, דחייב לקורעו, וע"ל סי"ח, וכן הוא להדיא לקמן סי' שצ"ו. **ועל** מת אחר, אם לא קרע כלל, גוערין בו כל זמן שהבגד עליו תוך ז', אבל לאחר ז' לא - רעק"א».

«**תמוה**, כיון שלא קרע כל בגדיו כדין, הרי לא קיים עדיין מצות קריעה, ולמה פי' בשו"ע דוקא אותו בגד שהיה עליו באותה שעה – תשובות והנהגות».

כתב מהרש"ל, דנהיגין דעל אב ואם מקרעין מצד שמאל, ועל כל שאר קרובים כגון בניו ואחיו מצד ימין, וכן מצאתי, עכ"ל, **וכתב** הב"ח, דכן נוהגין בקהלות, ומ"מ היינו מצד המנהג, אבל מדינא משמע דמצד שקורעין על אביו ואמו קורעין גם על שאר קרובים, כדמשמע בש"ס ופוסקים וטשו"ע לקמן סעיף כ"ב, **ואפשר** דהתם כיון שכבר קרע מצד א', לא נהגו להחמיר בכך ולקרוע בצד השני, אלא סגי בהוספה - ש"ך. «**ואם** שינה בין בזה ובין בזה, יצא - ערוה"ש». «**עיין** לקמן סי"ב בט"ז».

יו"ד סימן שמ ס"י - [יז]אפרקסותו, אינו צריך לקרוע: [יח]יש מפרשין שהוא בגד הזיעה הדבוק לבשרו, [יט]ויש מפרשים דהיינו בגד העליון שקורין קאפ"ה - «ובלשוננו אויבע"ר בגד או מאנטו"ל או פלאס"ץ או בגד חורף - ערוה"ש». [**הטעם בזה** בב"י בשם סמ"ג, שאינו אלא לצניעות, וכן פסק בסמ"ק, שאין קורעין הגלימא העליונה שקורין גרינ"ק, וזהו הטעם שכתב רמ"א שאין נוהגין לקרוע הסרבל העליון – ט"ז].

[כ]ופשט המנהג שלא לקרוע הקאפ"ה על שום מת, אפילו על אביו ואמו, [כא]ולקרוע על אביו ואמו גם החלוק שקורין קאמיז"ה. (כל זה בשם רבותיו הפוסקים וסמ"ק לפי' הערוך). הגה: ובמדינות אלו אין נוהגין כן, אלא אין קורעין החלוק של פשתן שהוא בגד הזיעה, ולא הסרבל העליון - «וצ"ע על המנהג, הא בגמ' לא מיעטה רק בגד אחד, וצ"ל דס"ל דמיעטה הסרבל, והחלוק א"צ למעט כלל, דפשיטא שלא יגלה בשרו - ערוה"ש».

הסרבל העליון – [ור"ל מה שקורין בל"א רא"ק, **ובספר** משאת בנימין כתוב שהרא"ק צריך קריעה מן הדין, שהוא מלבוש גמור, ולא בא רמ"א כאן לפטור אלא המלבוש שקורין שו"ל מנטי"ל, שהוא בגד שראשו מקיף האדם סביב צוארו ומשתלשל למטה, שהולכין בו קצת זקנים בקראקא לצניעות בבית הכנסת, ולא הביא שום ראיה לדבריו, והם תמוהים מאד בעיני, דבשו"ל מאנטי"ל אין הולכין לבית הקברות, ואיך ירמוז עליו רמ"א במה שאינו בנמצא, כי אותו מנטי"ל הוא לכבוד והידור, ואין האבל הולך בבגד כזה בעת צרתו, **ובאגודה** פרק אלו מגלחין כתב בהדיא וז"ל: י"מ כמו קאפ"ה בצרפת, או סרבל, הואיל ולצניעות נעשית, ובשבתו בביתו אינו לובשו, עכ"ל, **והרי** גם הרא"ק אין אדם לובשו בביתו, **ובספר** הנ"ל מביא דברי אגודה אלו לראייה לו, ואמר שהאגודה לא נתכוין לזה, כי אין אותו הרא"ק בנמצא אלא במדינה זאת, **ואתפלא** מאד על זה, דמה בכך, דודאי דין אחד להם, דכך לנו מלבוש הרא"ק כמו הקאפ"ה במדינות אחרות, דאידי ואידי מלבוש עליון קרי להו, דהא אין האדם הולך בו בביתו, ואם לפעמים לובשו בביתו, דעתו בטילה נגד הרוב בני אדם. **ועוד** אני אומר, דאין ראוי אפי' להחמיר ולקרוע הרא"ק, דהוי חומרא דאתא לידי קולא, דהיינו בשאר מתים שדין הוא לקרוע הבגד העליון לחוד, וזה ודאי אינו נכון שלא לקרוע רק הרא"ק, ולצאת בו ידי קריעה בבגד שהוא אינו חייב ודאי קריעה, וכמ"ש ב"י בשם הגה' מיימוני, שתמה על הר"מ בקריעת המקטורי"ן בדרך זה, והיינו ממש ברא"ק שבמדינה זו, **ע"כ** נראה לענ"ד ברור, דדברי רמ"א בסרבל העליון, דהיינו רא"ק שלנו, דאין צריכין קריעה, דאף שהוא מלבוש חשוב, מ"מ לאו בחשיבות תליא מילתא, אלא במה שהוא לובש תמיד, כן נ"ל – ט"ז].

תמה על המשאת בנימין ולק"מ, דהרי המשאת בנימין כתב שם, שכן ראה רבותיו נוהגין, וטעמו מבואר, דדוקא השו"ל מנטי"ל, שאינו הולך בו אלא לצניעות, ואפי' כשרוצה לילך בשוק לעסקיו או לבית חבירו, אינו לובשו, רק כשהולך לבהכ"נ לובשו משום צניעות וכבוד השם, א"כ לא הוי מלבוש, ובבגד כה"ג מיירי האגודה והסמ"ק, **אבל**

באר הגולה

[יד] ברייתא מו"ק דף כ"ב: [טו] לשון מהרש"ל: לענין קריעה נהיגי כן, על אב ואם משמאל, ושאר קורבות כגון בניו ואחיו מצד ימין, וכן מצאתי [טז] כן דקדק הראב"ד מהברייתא, «וז"ל: ואפרקסותו אינה מעכבת, מדלא קאמר אינו צריך לקורעה, משמע דלכתחלה צריך, דמצוה לקורעה על אביו ועל אמו, (ודלא כרש"י והשו"ע), אלא שאם לא קרעה לא עכב המצוה ויצא ידי קריעה, מכלל דאם לא קרע שאר הבגדים כולם לא יצא ידי קריעה, וגוערין בו כעובר על מצות עשה דרבנן», וכתבוה הרמב"ן והרא"ש, והטור כתבו בקיצור [יז] שם בברייתא [יח] טור בשם הערוך וכ"כ הרמב"ם [יט] סמ"ג בשם רבני צרפת «ושני הפשטים הם דלא כרש"י» [כ] סמ"ק (וכל זו בשם ר"י) «כשיטת הסמ"ג» [כא] «כמו שאר כל הבגדים – בדי השלחן»

בראק שלובשו כשהולך בשוק, ומי שהולך בשוק בלא ראק גנאי לו, וכאחד מן הפחותים יחשבו, הוי מלבוש, **ומה** שתמה, דהא בשו"ל מנט"ל אין הולכין בו לבית הקברות, ואיך ירמוז עליו רמ"א כו', **לק"מ**, דמה בכך שאינו הולך בו לבה"ק, אטו בגד שצריך קריעה, אם לא לבשו בשעה שהלך לבה"ק, לא יצטרך קריעה אח"כ, **ועוד** דהא כתב במ"ב שם, דדרך קצת זקנים מקראקא ללובשו בבהכ"נ בשעת תפלה, וכן כשמת לו מת בבה"ק כו' - נקה"כ.

אבל שאר בגדיו, קורע באביו ואמו - כלומר עד שמגלה לבו, וכדלעיל סעיף ט' - ש"ך, **ובשאר מתים, המלבוש העליון תחת הסרבל (סמ"ג בשם רבותינו הצרפתים).**

אות י'

האשה קורעת את התחתון, ומחזירתו לאחוריה, וחוזרת וקורעת את העליון

יו"ד סימן שמ סי"א - [כב]**אחד האיש ואחד האשה שוים לענין קריעה, אלא שהאשה קורעת התחתון ומחזירתו לאחריה, וחוזרת וקורעת העליון** - כלומר בקריעת אב ואם, שצריך לקרוע כל הבגדים, האשה קורעת התחתון תחלה ומחזירה לאחוריה, וחוזרת וקורעת העליון, כדי שלא תגלה את לבה, ויבואו האנשים העומדים שם לבוא לידי הרהור, **ואע"ג** דכתב הרב בסמוך, דאין נוהגין לקרוע החלוק, מ"מ כשמגלה החלוק נמי איכא פריצות, כמו מגלה לבה, כ"כ הב"ח בסעיף י' - ש"ך.

‹**והנה** זהו לפי הבגדים שלהם, אבל שלנו שא"א להחזיר לאחריה, אינה צריכה לקרוע כל בגדיה - ערוה"ש›.

אות כ'

על כל המתים כולן רצה מבדיל קמי שפה שלו, רצה אינו מבדיל; על אביו ועל אמו מבדיל

יו"ד סימן שמ סי"ב - [כג]**על כל המתים, אם רצה מניח שפת הבגד שלימה, וקורע מהשפה ולמטה** - ‹באופן שלא יתראה הקרע כ"כ בגלוי כב' חתיכות בפני עצמן, רק בתוך הבגד יהיה הקרע›. **ועל אביו ואמו,** [כד]**צריך לקרוע כל השפה** - ‹שיראו הכל שהקרעים מובדלים לשנים - ערוה"ש›.

אות ל'

כל קריעה שאינו מבדיל קמי שפה שלו, אינו אלא קרע של תיפלות

יו"ד סימן שמ סי"ב - (וי"א אף על שאר מתים צריך לקרוע השפה [כה]**(מרדכי), וכן נוהגין) (מהרי"ו)** - ‹דכתיב: ויחזק בבגדיו ויקרעם לשנים, ממשמע שנאמר "ויקרעם" איני יודע שהן לשנים, אלא שנראים קרועים כשנים, דהיינו שקורע השפה - לבוש›.

[**כתב** רש"ל, דנוהגין דעל אביו ואמו מקרעין מצד שמאל, ועל שאר קרובים כגון בניו ואחיו מצד ימין, וכן מצאתי, עכ"ל, **אבל** במהרי"ל כתוב, דקרע לבנו על אמו בצד ימין. **ומו"ח** ז"ל כתב, מיהו מסתברא כיון דעל אביו ואמו צריך לקרוע עד שיגלה לבו, והלב משמאלו, על כן צריך לקרוע משמאל לגלות לבו, וכן נוהגין בקהילות ע"פ רש"ל - ט"ז]. ‹**ובדיעבד** אין זה מעכב - קש"ע. ‹ע"ל ס"ט בש"ך›.

אות מ' - נ'

על כל המתים כולן שולל לאחר ז', ומאחה לאחר ל'; על אביו ועל אמו שולל לאחר שלשים, ואינו מאחה לעולם והאשה שוללתו לאלתר, מפני כבודה

יו"ד סימן שמ סט"ו - [כו]**על כל המתים, שולל (פי' תופר תפירה בלתי שוה) לאחר ז'; ומאחה** - [היינו תפירה שוה, ט"ז], **לאחר ל' יום** - מותר ג"כ לשלול בערב הרגל, ודוקא סמוך לערב לאחר שהתפללו מנחה, מהרי"ו - ש"ך. ‹**ויש** לעיין בדבריו, דמשמע שבא לומר כן אף לדעת הרמ"א, שכתב שאין חילוק אם פגע בהם הרגל או לא, וא"כ למה יהא מותר לו לשלול בערב הרגל, **מיהו** לפי מה שנהגו האידנא כדבסמוך, דהרגל מבטל ז' ול', יהיה מותר ערב הרגל סמוך לערב - בדי השלחן›.

(ואין חילוק אם פגע בהם הרגל או לא) (הגמ"י בשם ראבי"ה)

- כלומר אע"ג דרגל מבטל גזרת ז' ול', כדלקמן סי' שצ"ט, היינו דוקא לענין אבילות, אבל לענין קריעה וכל מילי דקריעה, בעינן ז' ול' ממש, כ"כ ב"י בשם הגמ"י בשם ראבי"ה, והוא בתשו' מיימוני - ש"ך.

‹**משמע** בפשוטו שאין עולה כלל, ומונין ל' יום ממש, **אולם** לענ"ד המעיין בתשו' מיימוני יראה, דימים שלפני הרגל עולים לשבעה, ורגל בעצמו, אף עצרת ור"ה, עולים לז', ומשלים עד ל'. **ויום** א' שלפני ר"ה ור"ה עצמו, הם י"ד יום, וז' שלפני יוה"כ ויוה"כ, י"ד, הרי כ"ח, ומותר לאחות הקרע ב' ימים אחר יוה"כ, ועל אביו ואמו מותר לשלול, **ועיקר** החידוש, שאין הרגל דלאחר ז' מבטל כל השלשים לענין איחוי - רעק"א›.

מיהו האידנא נהגו לאחות הקרע כל שפסק האבלות, **ונראה** דמשום דטעמא דראבי"ה, דאמרינן בש"ס דאבילות לחוד וקריעה לחוד, **ואנן** קיי"ל כהרמב"ן, לקמן סעיף ל', דכשם שאין מתאבלין על הקטן, כך אין קורעין, דהא דאמרינן בש"ס אבלות לחוד וקריעה לחוד, היינו לומר דלית ביה האי כללא דהלכה כדברי המיקל באבל, אבל לענין כל שאר מילי אין חילוק, וכמ"ש הרמב"ן שם ומביאו ב"י, וכתב דהכי נקטינן, **וכן** לקמן סי' שצ"ט שכתבו הפוסקים סתמא שהרגל מבטל גזרת ז' ול', משמע דכל הגזרה ששייך בז' ול' מבטל מכל דבר, כנ"ל - ש"ך.

על אביו ואמו שולל לאחר ל' יום, ואינו מאחה לעולם - (כתב ברכ"י, אף להסיר כל אותה חתיכה כולה אשר בה הקרע, ולהניח חתיכה אחרת תחתיה, אינו רשאי, ודלא כהט"ז ‹סי"ט›. בית דוד - פת"ש).

והאשה שוללת לאלתר - ‹אפי' תוך ז' - ערוה"ש›, **מפני כבודה.**

באר הגולה

[כב] שם בברייתא וכרשב"א [כג] שם בברייתא וכת"ק ‹כפי' הנמק"י ולא כפרש"י› [כד] פי' כדי שיהיו הקרעים מובדלים לשנים [כה] כר' יהודה שם בברייתא [כו] ברייתא שם דף כ"ב:

הגה: וכל זמן שאסור לשלול, אפילו לחבר ראש הקריעה ע"י מחט, אסור. ויש מקומות שנהגו להחמיר אפי' על שאר מתים, שלא לשלול תוך ל', ואז אפי' ראש הקריעה אסור לחבר ע"י מחט (מהרי"ו).

אות ס'

ע"כ המתים, רצה קורע ביד, רצה קורע בכלי; על אביו וכו'

יו"ד סימן שמ סי"ד - [כז]על כל המתים, רצה קורע ביד רצה קורע בכלי; על אביו ואמו, ביד - «שיש בו עגמת נפש יותר, לבוש». «ואם התחלת הקריעה א"א ביד, קורע מעט בסכין, ומושך הקריעה בידו טפח, ואע"ג דבידו יתקלקל הבגד יותר מבסכין, מ"מ על אביו ואמו אין קריעה אלא בידו דוקא ולא בסכין, **ולא** ביד של אחרים, **וגם** על שארי מתים דמותר בסכין, מ"מ צריך הוא לחתוך בעצמו ולא ע"י אחרים, דכן משמע מלשון הגמ' והפוסקים - ערוה"ש». «**עיין** לעיל ס"א בפת"ש דהביא איפכא».

אות ע'

על כל המתים כולן מבפנים; על אביו ועל אמו קורע מבחוץ

יו"ד סימן שמ סי"ג - [כח]על כל המתים יש לו לקרוע בפנים שלא בפני אדם - «בפנים בחדר שלא בפני העם - לבוש», «דצריך להיות בצנעא, והוא בא' משני אופנים, או שקורע שלא בפני אדם, ואז א"צ להכניס ידו בפנים, או שיכניס ידו לפנים - בדי השלחן», **לפיכך** - «גם כשקורע בחוץ» **יש לו להכניס ידו בפנים** - «תחת חלוקו, לבוש», **וקורע בצינעא** - «והיינו שלובש המקטורן שלו, והיינו הבגד העליון שיוצא בו לרחוב, שאותו א"צ לקרוע, ונותן ידו מבפנים תחת המקטורן וקורע בצינעא», **אבל על אביו [ואמו], אינו קורע אלא מבחוץ בפני כל אדם** - «פושט הבגד העליון וקורע לפני הכל מבחוץ - ערוה"ש».

אות פ' - צ'

וכן לנשיא

על חכם חולץ מימין, על אב בית דין משמאל, על נשיא מכאן ומכאן

יו"ד סימן שמ סי"ז - [כט]נשיא דומה לאב, לחליצת כתף, ולקרוע מבחוץ, ולאחוי - «אך בזמה"ז אין לנו נשיא - ערוה"ש».

כל [ל]הקורעים על חכם שמת, כיון שהחזירו פניהם מאחורי המטה שוללין, [לא]ומאחין למחר. וחכם שבאה שמועתו, שולל בו ביום ומאחה למחר. [לב]ועל נשיא ועל רבו מובהק, שולל למחר ואינו מאחה לעולם.

[לג]על חכם, חולץ מימין; ועל אב ב"ד, משמאל - «וניכרת יותר חליצה של שמאל - ריטב"א», **ועל נשיא, מכאן ומכאן. [לד]ועל אביו ואמו ועל רבו מובהק, רצה מכאן רצה מכאן, ואם רצה, חולץ שתיהן. (וי"א דעכשיו בזמן הזה לא נהגו לחלוץ כתף כלל, (כל בו בשם ר"י) וכן נוהגין האידנא)** - «ואפשר משום דחשיב לן זילותא רבה, ואפילו לשפל ועני שבישראל, והו"ל כמו אין כבודו שבימיהם, נ"ל - לבוש». «**דלפי** בגדים שלנו, כמעט הוא מהנמנעות אם לא לחלוץ כל הבגד כידוע, ולכן הכל מוחלים על כבוד זה - ערוה"ש».

אות ק' - ר' - ש'

חכם שמת, בית מדרשו בטל

אב בית דין שמת, כל בתי מדרשות שבעירו בטילין וכו'

נשיא שמת, בתי מדרשות כולן בטילין, ובני הכנסת נכנסין לבית הכנסת וקורין שבעה ויוצאין

יו"ד שדמ סי"ח - [לה]חכם שמת, בית מדרשו בטלה - «שלא ילמדו בו, כדי שלא יתעצלו מהספידו», **שסופדין אותו כל שבע, אבל שאר מדרשות, עוסקין בתורה אפילו בשעת הספד** - «וכוונתו כשכבר הספידוהו או שמעו הספד אחד - ערוה"ש», **ואחר ההספד אין תלמידיו מתקבצים בבית מדרשו, [לו]אלא מתחברים שנים שנים ולומדים בבתיהם** - «לומר שאין להם רב שילמדו ממנו, ויהיה להם עגמת נפש להתאבל עליו - לבוש».

אב"ד שמת, כל מדרשות שבעיר בטלין - «ומבטלין ת"ת כל ז', כדי שיהיו כולן פנויין ומתעסקין בהספדו», **והרגילין להתפלל בבהכ"נ משנים מקומם** - «היושבים בדרום ישבו עתה בצפון, והיושבים בצפון יושבין בדרום, וכן בכל הצדדים יראו לשנות מזה לזה ומזה לזה - ערוה"ש».

נשיא שמת, כל בתי מדרשות שבכל מקום שמספידין אותו בטלים, ואחר ההספד אין נכנסים לבית המדרש, אלא מתחברים שנים שנים ולומדין בבתיהם. וכל בני העיר [לז]מתפללים בבית האבל, בין בחול בין בשבת - «מפני כבודו וכבוד החיים», **חוץ מקריאת התורה בשבת ושני וחמישי, שקורין בבהכ"נ** - «ונ"ל אפילו אם יש גם ס"ת בבית הנשיא, כדי שלא לבטל הבהכ"נ לגמרי - ערוה"ש», **ולא [לח](יטיילו) בשוק, אלא יושבים משפחות משפחות ודוים כל היום** - «וכבר אין אצלנו נשיא זה הרבה מאות בשנים, ולא שייך עתה דין זה - ערוה"ש».

«**ואין** הכוונה בחכם ובאב"ד ובנשיא, שלא יעסקו בתורה כל שבעה, שהרי א"א להספיד כל היום וכל הלילה ז' ימים רצופים, דההספד הוא שעות אחדות, אלא שלא ילמדו בבהמ"ד, ויתחברו שנים וילמדו בבתיהם אחר ההספד שבכל יום ויום - ערוה"ש».

באר הגולה

[כז] שם כי אתא רבין וכו' [כח] לשון הרמב"ם ממימרא דרבי חייא בר אבא וכו' שם, ותוספ ב' פירושים: פי' רש"י «בכת"י», בפנים בחדר ומבחוץ בפני העם [וכן פי' בסמ"ג ובס' האשכול, מדקאמר שם כפי אסיתא וכו']. ופי' הרי"ץ גיאות, שמכניס ידו תחת חלוקו וקורע, וכן פי' הרמב"ן [מדקאמר מבפנים ומבחוץ, ולא אמר בפנים ובחוץ]. וברש"י שלפנינו כפי' הרמב"ם «אולי צ"ל הרמב"ן», דהרמב"ם כבר כתב דתפס כב' הפירושים, ורש"י שלפנינו באמת פי' כהרמב"ן» [כט] שם בברייתא דף כ"ב: [ל] שם בעובדא דרב חסדא דף כ"ה. [לא] רמב"ם, וכתב הב"י דדייק מדקתני שוללין לאלתר, ולא קתני מאחין, ולא אשמעינן בגמ' דמותר בו ביום [לב] שם ברמב"ם «ועיין בדף כ"ה: ובהערה שם, מחלוקת רמב"ם ורמב"ן בנוגע קריעה לרבו עד שמגלה את לבו, ומקורם מהגמ' כאן» [לג] ברייתא שם [לד] ברא"ש שם מדלא פירש בברייתא וכ"כ הטור [לה] ברייתא מו"ק דף כ"ב: [לו] טור מדברי אביו הרא"ש בשם הראב"ד [לז] «עיין רש"י ד"ה וקורין, שכל אחד מתפלל בביתו» [לח] כן הוא ברמב"ם, והם דברי ר"י בן קרחא בברייתא שם

§ מסכת מועד קטן דף כג. §

אות א'

ואין אומרים שמועה ואגדה בבית האבל

יו"ד סימן שעח ס"ז - [א]ואין אומרים שמועה ואגדה בבית האבל - ‹מפני שיש בו שמחה - לבוש›, **אלא יושבין ודוממים** - ‹ולפי"ז יש לתמוה על מנהגינו שכמה לומדים משניות בבית האבל, וגם גמ' לומדים אנשי חברה ש"ס כשהמת היה מהחברה - ערוה"ש›.

אות ב'

אבל, שבת ראשונה אינו יוצא מפתח ביתו, שניה יוצא ואינו יושב במקומו, שלישית וכו'

יו"ד סימן שצג ס"ב - [ב]אבל, שבוע הראשון אינו יוצא מפתח ביתו - ‹יציאה מפתח ביתו אינו מהדברים האסורים באבל, אלא שממילא כן הוא, דכיון שאסור במלאכה ובמשא ומתן ולטייל, מה יעשה חוץ לביתו, **ועוד** כדי שיתבודד בביתו ולא ישכח אבלותו כשילך אצל בני אדם - ערוה"ש›.

[ג]ואפילו לשמוע ברכות חופה או ברכות המילה - אע"ג דאבל חייב בכל המצות, היינו במצות עשה שבגופו, כגון ציצית ותפילין או למול את בנו, **אבל** לילך לחופה או למילה לשמוע הברכות בשביל גמילות חסד, אין לו לצאת מפתח ביתו, תשובת הרא"ש - ש"ך. ‹**דאינו** רשאי לבא למקום כנופיא - ערוה"ש›.

הגה: מיהו המיקל לצאת בלילה - ‹לאחר שכלה רגל מן השוק - רעק"א›, **מפני הצורך, לא הפסיד (ת"ה)** - ‹כשיצא בלילה ואינו מתערב עם חבורת בני אדם, והולך יחידי או אחד או שנים הולכים עמו, ליכא כאן קפידא›. **והא דאסור לצאת חוץ לביתו, היינו דוקא לטייל, או למשא ומתן וכדומה; אבל אם שלח מושל אחריו (מרדכי) [ד]או שצריך לילך בדרך, או לשאר דברים הצריכים לו הרבה, כגון דבר האבד, מותר לו לצאת (תוס' סוף מו"ק** ‹כ"ז. סד"ה אם›**), וכן נוהגין** - ‹ולא הזכיר לילה, והענין כן הוא, דודאי כשתלוי בו לבחור איזה זמן לצאת, ודאי דיותר טוב לצאת בלילה ולא ביום, מפני תמיהת בני אדם, **אבל** בשלח מושל אחריו או לדרך או לדבר האבד, שאין תלוי בו באיזה זמן לבחור, יכול לצאת אפילו ביום, ולכן לא הזכיר לילה, **רק** יתעטף שלא יכירוהו בני אדם, **ומ"מ** על המורה להבין ענין המוכרח לצאת ואולי א"צ כלל לזה - ערוה"ש›.

ודין נעילת סנדליו, עיין לעיל סימן שפ"ב - ‹כלומר דשם נתבאר דבדרך מותר בנעילת הסנדל, רק שישים אפר בתוך המנעלים - ערוה"ש›.

[ה]שניה, יוצא ואינו יושב במקומו ואינו מדבר; שלישית, יושב במקומו ואינו מדבר. הגה: ואם רוצה שלא לישב במקומו בשבוע שלישית ולדבר, הרשות בידו.

ועכשיו נוהגין שאין יושבין במקומם כל שלשים; ועל אביו ואמו כל י"ב חדש; ואין למנהג זה עיקר, מ"מ אין לשנות מן המנהג, כי כל מקום לפי מנהגו - ‹ולענ"ד נראה דיש למנהג זה שורש, דכבר כתבנו דכל מנהגי תנחומין אין אתנו, וכמעט שנבטלו כל המנהגות הקדמוניות, ולכן גם זה א"א לנו לחלק בין שבת שני לשלישי ובין שלישי לרביעי, ולכן תפסנו בדין בהמ"ד כבדין שארי אבלות, שלשים, ועל אביו ואמו י"ב חודש, ונכון הוא, **ואין** זה סתירה לדברי הגמ', כי דברי הגמ' בענין זה הוא רק מנהגא בעלמא, והיכי דנהוג נהוג, והרי בזמן הגאונים וכן באשכנז ובזמן הריב"ש נשתנו המנהגים, וזהו שמסיים רבינו הרמ"א: כי כל מקום לפי מנהגו - ערוה"ש›.

[ו]רביעית, הרי הוא כשאר כל אדם. [ז]אפילו לא שלמו שלשה שבועות, כגון שמת באמצע שבוע, מיד כשכלה אותו שבוע ושנים שאחריו, חשוב שבוע הבא רביעית.

אות ג' - ד' - ה' - ו'

כל שלשים יום לנישואין; מתה אשתו, אסור לישא אשה אחרת, עד שיעברו עליו שלשה רגלים

ואם אין לו בנים, מותר לישא לאלתר, משום ביטול פריה ורביה

הניחה לו בנים קטנים, מותר לישא לאלתר, מפני פרנסתן לאחר שלשים יום

יו"ד שצב ס"א - [ח]אסור לישא אשה כל ל' יום, אפילו בלא סעודה; ולאחר שלשים, מותר, [ט]אפילו על אביו ואמו, ואפילו לעשות סעודה - ‹ואע"ג דבשארי דיני אבלות שלשים, הוה י"ב חודש באביו ואמו, מ"מ בנשואין לא רצו חז"ל להחמיר כיון שצריך ליקח אשה, ועשו אותם לענין זה כשארי קרובים - ערוה"ש›.

[י]ומותר לקדש אשה אפילו ביום המיתה - [שמא יקדמנו אחר ברחמים - ט"ז], **[יא]והוא שלא יעשה סעודה, אא"כ עברו שלשים יום. (וי"א דגם לארס אסור כל ל' יום) (טור והרא"ש [יב]ורמב"ן, וכן עיקר)** - מיהו לקשר עצמו בשידוכין בלא אירוסין, ודאי שרי אפי' ביום המיתה, ב"ח. ‹רק שלא יעשו סעודה תוך ל' - ערוה"ש›.

באר הגולה

[א] ברייתא שם דף כ"ג. [ב] ברייתא מו"ק דף כ"ג. [ג] תשובת הרא"ש, וכתב הא דאבל חייב בכל המצות, היינו במצות עשה שבגופו, כגון ציצית ותפילין או למול את בנו, אבל לילך לחופה ולמילה לשמוע ברכה בשביל גמילות חסד, אין לו לצאת מפתח ביתו, וכ"כ הטור ורבינו ירוחם בשם המפרשים [ד] וכתב מהרש"ל בסוף מו"ק, שנוהגים ליקח עפר במנעלים כשהולך [ה] שם בברייתא [ו] שם בברייתא [ז] טור, ובסי' שצ"ט כתבו בשם ה"ר שמעון [ח] לשון הטור מברייתא מו"ק דף כ"ג. [ט] מדברי אביו הרא"ש שם בשם ר"ת, דלא אסרו אלא בית השמחה דליכא מצוה, וה"ר יוסף הביא ראיה לדבריו ממסכת שמחות [י] רמב"ם, ולמדו מדין האירוסין בט"ב, ‹ואפי' בט"ב עצמו מותר ליארס, שלא יקדמנו אחר - שו"ע סי' תקנ"א ס"ב›, וציינתיו באו"ח בסי' תקנ"א [יא] כן פי' בכ"מ ובב"י בתירוץ ב', דס"ל לרבינו דהא דאסר רבי יוסי כל ל' יום מפני האיבול, יבמות דף מ"א. ‹רבי יוסי אומר כל הנשים יתארסו חוץ מן האלמנה מפני האיבול שלשים יום›, איירי בסעודה [יב] כרבי יוסי, ושאני ט' באב דאבלות ישנה היא

ואלו מגלחין פרק שלישי מועד קטן כג

רבי יהודה אומר לא הוצרכו · בירושלמי פוסק הלכה כדברי המוסיף בימים (שבעה) ולאחי כשהייתי קטן רבינו יצחק זקני שלא היה יושב במקומו עד שבוע רביעי ולא ידעתי טעמו שאם היה סובר כר' יהודה א"כ יסבור כמותו בשבעה שאינו יוצא מפתח ביתו מיהו י"ל בהא אשכחנא טובא לעיל דאבילות שבעה וקי"ל הכי ושמא טעמו כרבנן ומשום דלריך ליושב במקומו ואינו מדבר וטוב יותר שישב חוץ למקומו דשמא אין אסור לדבר כי אם במקומו: **עד** שיעברו שלשה רגלים · עד שיהיה שלשה רגלים בלא שמחה ולא ישכח אהבת אשתו אי נמי כדי שישא אשה אחרת ולא יהא זכור מן הראשונה [שלא] יהא ב' דעות במטה ועוד פן יזכירנה אהבת אשתו לקנטרה ודומיא דהכא אמרי' לעיל (ד' כא:) מתה אשתו ונשא אשה אחרת אינו רשאי ליכנס לביתו כו' פירש ה"ר יונה דאין שייך לפסוק כרבי יהודה דאמר שני רגלים משום דקי"ל לעיל (ד' כב:) כדברי המיקל באבל דהא מילתא דפליגי בה הכא אין זו באבל דימי אבלו כלו להן:

ואמר לאחותה בבית הקברות. לאו דוקא שהאבל כל שבעה אסור וריב"א מפרש דזו היא האשה שאומר בזבחים פ' טבול יום (ד' ק) שמתה בערב הפסח ואמרי' לעיל דאפי' יום אחד אפילו שעה אחת בטלה ממנו גזרת שבעה ומיהו משמע שסובר כאותו הפירוש שפי' למעלה בשם ה"ר יונה שאסור ברמילה עד הערב זהו מבעוד יום ודין הניחה לו בנים קטנים מיד *מותר לישא ולבעול וכן אין לו בנים פירשתי בתוספות יבמות (ד' מג: ושם*) וכן בכתובות פ"ק (ד' ד·*) ובתשובות ומה שאמר במס' שמחות (פ"ז) בהאי מילתא דנסיב לאלתר ולא בא עליה עד זמן מרובה והאי דאמרינן אין לו מי שישמשנו מותר ואין לריך להמתין שלשה רגלים כתבתי במקום אחר:

[כד"ה שלני] [כד"ה אבל]

וקורין שבעה · בספר תורה דאין מתפללין יחד בבית הכנסת אלא כל אחד ואחד מתפלל בביתו: **לא הולרכו לומר שבת ראשונה** · שודאי לא ילא מפתח ביתו: **כל שלשים יום לנישואין** · עד שלשים יום לאחר אבלו אינו יכול לישא אשה: **ואחד כלים ישנים יולאין מתוך המכבש** · פירוש שהן כחדשים: **בגרדא דסרבלא** · מלבוש לבן מגוהץ ישן: **כרבי** · דאמר לא אסרו לבן אלא חדש: **בחימולתא** · חלוק: **רומיתא** · שבא מרומי: **כרבי אלעזר** · דאמר לא אסרו אלא לבנים וזו אדומה היתה: אפסוקי

וקורין שבעה ויוצאין רבי יהושע בן קרחה אומר לא שילכו ויטיילו בשוק אלא יושבין ודומין *ואין אומרים שמועה ואגדה בבית האבל אמרו עליו על ר' חנינה בן גמליאל שהיה אומר שמועה ואגדה בבית האבל *ת"ר *אבל שבת ראשונה אינו יוצא מפתח ביתו שניה יוצא ואינו יושב במקומו (א) שלישית יושב במקומו ואינו מדבר רביעית הרי הוא ככל אדם רבי יהודה אומר לא הוצרכו לומר שבת ראשונה לא יצא מפתח ביתו שהרי הכל נכנסין לביתו לנחמו אלא שניה אינו יוצא מפתח ביתו שלישית יוצא ואינו יושב במקומו (ב) רביעית יושב במקומו ואינו מדבר חמישית הרי הוא ככל אדם *ת"ר *כל שלשים יום לנישואין מתה אשתו אסור לישא אשה אחרת עד שיעברו עליו שלשה רגלים רבי יהודה אומר רגל ראשון ושני אסור שלישי מותר *ואם אין לו בנים מותר לישא לאלתר משום ביטול פריה ורביה *הניחה לו בנים קטנים מותר לישא לאלתר מפני פרנסתן *מעשה שמתה אשתו של יוסף הכהן ואמר לאחותה בבית הקברות לכי ופרנסי את בני אחותך ואעפ"כ לא בא עליה אלא לזמן מרובה מאי לזמן מרובה אמר רב פפא *לאחר שלשים יום *ת"ר כל שלשים יום לגיהוץ אחד כלים חדשים ואחד כלים ישנים יוצאין (ג) מתוך המכבש רבי אומר לא אסרו אלא כלים חדשים בלבד רבי אלעזר בר' שמעון אומר *לא אסרו אלא כלים חדשים לבנים בלבד אביי נפיק *בגרדא דסרבלא כרבי רבא נפיק בחימוצתא רומיתא סומקתא חדתי כרבי אלעזר בר' שמעון: מפני שאמרו שבת עולה ואינה מפסקת: בני יהודה ובני גלילא הני אמרי יש

[שמחות פ"י ע"ש] [שמחות פ"ז] [שם וע"ש] [שם וע"ש]

כל שלשים יום לגיהוץ · דוקא גיהוץ אסור אבל בלא גיהוץ כגון כיבוס מותר דאמרינן לקמן (ד' כו:) אל תכבו למת הא כיצד שלשים יום לגיהוץ ולתספורת ובמסכת שמחות (פ"ז) שלשים יום לגיהוץ כיצד כו' ובירושלמי גזרת שלשים גיהוץ ותספורת אבל כיבוס משמע דשרי מדאמרינן פ' החולץ (יבמות מג:) גבי אלמנה מפני היאבול וקאמר היאבול אלא שלשים יום ופריך קל וחומר מה במקום שאסור לכבס מותר לארס במקום שמותר לכבס אינו דין שמותר לארס והדתניא במסכת שמחות (פ"ז) שמונה ימים קודם הרגל אסור לכבס ולספר הרשות בידו לא ספר לא כיבס ערב הרגל אסור לספר ולכבס עד שישלימו שלשים יום משמע דכיבוס נמי אסור נראה ההוא כיבוס היינו גיהוץ ומתחר דכיבוס שלנו נמי שרי לדידן כדאמרי' פ"ק דכתובות (ד' י:) ופ"ד דתענית (ד' כט:) דגיהוץ שלנו כיבוס שלהן והקשה ה"ר שמואל מוורדו"ש דהא בשמעתין דאביי נפיק כו' והא בבבל הוו קיימי דגיהוץ דלדידהו אינו אלא כיבוס ומ"מ אסרי ותירץ רבינו יצחק דפעמים שהיו מכבסים מתוך כלים מגוהצין או שמא פעמים שמכבסין אומנין יודעין לגהץ כבארץ ישראל והא דתניא בתוספתא (פ"ב) כל אלו שאמרו מותר לספר במועד מותר לספר בתוך שלשים יום אבל כל אלו שאמרו מותר לכבס במועד אסור בתוך שלשים יום של אבל לריך לומר דכיבוס נמי היינו גיהוץ ומורי ריב"א ז"ל היה אוסר לכבס בתוך שלשים יום ואין נראה לו לדחות כל אלו והא דקאמר בפרק החולץ (יבמות ד' מג: ושם) מקום שמותר לכבס היינו בהני דהתירו לגלח ולכבס בריש פירקין (ד' יג:) בא ממדינת הים ויולא מבית האסורין ומה שאסור שם בתשעה באב לכבס היינו דוקא טעמא שיכול להמתין אחר תשעה באב הואיל ואיסורו אינו מושך כל כך וגרסינן ספיר במקום שמותר לספר כדפרישית ולא לייבשו באשה או בגילוח כל הרא"ש כדברי המפרשים שרולים לייש גירסת הספרים והארכתי בתוספות יבמות (נ"ג שם) וגרסינן לקמן (ד' כו:) אל תכבו כו' הא כיצד שלשים יום לתכבוסת ולתספורת והא דאמר לעיל (ד' טו·) אבל אסור בתכבוסת משמע לאחר שבעה שרי התם במים איירי ולא בנתר וחול וזה יוכל להיות מותר לאחר שבעה בתוספות הרב כך פירש לאסור ובשם רבו פירש היתר ולפי מה שפירש דכיבוס אסור כמו גיהוץ ניחא קושיית ה"ר שמואל מוורדו"ש מיהו מורי לא היה מפרש ממש לאסור כל כיבוס אלא היה מפרש דהאי ברייתא דאסרה כיבוס היינו בא"י דכיבוס שלהן כגיהוץ שלנו והאי דקתני גיהוץ ולא כיבוס היינו בבבל מיהו לפי זה לא היה אסור לדידן כי אם גיהוץ אכן היה ר"י מפרש בלא ראייה כמו שפירש רבינו יצחק הזקן דבבבל היו פעמים אומנים מא"י יודעין לגהץ וכלי פשתן אין בהן משום גיהוץ וחולק על הש"ס ירושלמי דקתני התם כל שלשים יום לגיהוץ אסור ללבוש כלי נמר מגוהצין חדשים וכלי פשתן מגוהצים לבנים פירש בתוספות הרב דהא דאסרי גיהוץ דוקא ללבוש אבל לגהץ מותר והא דקתני כל שלשים יום לגיהוץ הייט אסור ללבוש כלים מגוהצין כו' עד מותר להוליך כלים לגיהוץ בתוך שלשים ואיני יודע אם היה אומר הרב היתר בכיבוס תוך שבעה ומחלק נמי בין לכבס או ללבוש מיהו רבינו יצחק זקני מפרש בתשובתו דאפי' לכבס ולהגיח אסור מדאסרינן בפרק בתרא דתענית (ד' כט.) לכבס ולהגיח ועוד פירש בתשובתו דכיבוס שלנו מותר בט' באב כדאמרינן דגיהוץ שלנו ככיבוס שלהן משמע דכיבוס שלנו אינו ככיבוס שלהם והכי איתא בהדיא בפ"ק דכתובות (ד' י:) מיהו לענין ימי אבילות אסור בסיבום שלנו אפי' בתשעה באב מחמירין העולם בכיבוס שלנו מתוך המנהג כמו שהחמירו לענין אבילות דבשר מליח דשרי בהלכה ורגילין לנהוג בו איסור ומיהו איני מבין מנין לו להקל בתשעה באב יותר מימי אבלו דאדרבה בפרק בתרא דתענית (שם) נראה לי שמחמיר יותר לענין גיהוץ כלי פשתן בימי אבלו מבמועד ובמטפחות ידים השיב רבינו שאף על פי שהתירו במועד אסורין בימי אבלו כדאמרינן לעיל (דף יז:) כל שאמרו מותר לגלח במועד כו' והתניא אסורים ומוקי לה בתכפוהו אבליו: **רבא** נפיק כו' · ופי' בתוספות דאביי ורבא הלכה כרבא וא"כ מותר ללבוש כלים מגוהלין לבועין אפילו חדשים או ישנים אפילו לבנים וכן פסק ר"ח:

יש

רבינו חננאל

וקורין שבעה ויוצאין ודוין(א)ולא יטיילו בשוק ואין אומרים שמועה והגדה בבית האבל. אמרו על ר' חנינא בן גמליאל שהיה אומר שמועה והגדה בבית האבל: ת"ר אבל שבת ראשונה אינו יוצא מפתח ביתו. שניה יוצא ואינו יושב במקומו. שלישית יושב ואינו מדבר. רביעית שוה לכל אדם. ר' יהודה אומר לא הצריכו לומר שבת ראשונה שהכל נכנסין אצלו לנחמו אלא שניה אינו יוצא מביתו. שלישית יוצא ואינו יושב במקומו. רביעית יושב ואינו מדבר. חמישית שוה לכל אדם.ב) והיכן דרגילין אבלים לצלויי כנסת קרמי ואתו ויתבי במקום אבלים מצלו. ואיכא נמי בבבל דעבדי הכי: ת"ר כל שלשים אסור לישא.מתה אשתו אסור לישא אחרת עד שיעברו עליו שלש רגלים. ר' יהודה אומר רגל ראשון ושני אסור שלישי מותר ואם אין לו בנים מותר לישא לאלתר משום ביטול פריה ורביה. הניחה לו בנים קטנים מותר לישא אשה לאלתר מפני פרנסתן. ומעשה שמתה אשתו של יוסף הכהן ואמר לאחותה ועריין הן בבית הקברות לכי ופרנסי בני אחותך ואעפ"כ לא בא עליה אלא לאחר שלשים וכן עשה ר' טרפון ומפורש בתלמוד א"י: ת"ר כל שלשים יום לגיהוץ אחד כלים חדשים ואחד כלים ישנים יוצאין מתחת מכבש רבי אומר לא אסרו אלא כלים חדשים בלבד אביי נפק בגרדא דסרבלא כו'. רבא נפק ג) בהמיצתא רומניתא סומקתא חרתי כר' [אלעזר בר'] שמעון וקיי"ל כרבא ואליבא דר' אלעזר בר' שמעון: ירושלמי ב' אחין. ב' שותפין. ב' טבחין ב' חנוונין שאירע לאחד מהן דבר הרי אלו נועלין חנותן ופועלים עושין בצינעא במקום אחר: מתני' מפני שאמרו שבת עולה ואינה מפסקת בני יהודה ובני גלילא דהני אמרי יש אבלות

עין משפט נר מצוה

קנב א מיי' פי"ג מהל' אבל הל' ט טוש"ע י"ד סי' שעה סעיף ז:

קנג ב מיי' שם פ"ו הלכה ב סמג עשין ב טוש"ע שם סי' שלג סעיף ב:

קנד ג ד ה ו מיי' שם פ"ו הל' ה טוש"ע שם סי' שלב סעיף א ב:

קנה ז מיי' שם פ"ה הל' ג ופ"ו שם הלכה ד סמג עשין דרבנן ב טוש"ע שם סי' שפט סעיף ב:

מסורת הש"ס

הגהות הב"ח

(א) גמ' שניה יוצא ואינו יושב במקומו ואינו מדבר שלישית יושב במקומו: (ב) שם ואינו יושב במקומו ואינו מדבר רביעית יושב כו': (ג) שם ואחד כלים ישנים יוצאין מתחת המכבש רבי אומר:

גליון הש"ס

גמ' שבת ראשונה אינו יוצא. עיין לקמן דף כו ע"א תוס' ד"ה אם יכול: שם בגרדא דסרבלא כרבי. עיין לקמן דף כד ע"ב תוס' ד"ה ברכת אבילים: תוס' ד"ה ואמר לאחותה וכו' מותר לישא ולבעול. נ"ל שכינה ולבעול ט"ס הוא:

א) כ"ה גרסת הרי"ף ויושבין ודוין כו'. ב) וכן הביא הרמב"ן ז"ל בס' תה"א בשער האבלות בשם רב האי גאון ז"ל ועי' בהא"ש כאן. ג) כ"ה גי' הערוך בערך המילתא וע"ע בערך חמלתא והרי"ף ז"ל גרס בהמיינותא רומייתא.

יו"ד שצ"ב ס"ב - [יג]מתה אשתו, אסור לישא אחרת עד שיעברו עליה שלש רגלים – [לאו משום תוספת אבילות, אלא כדי שתשתכח הראשונה מדעתו בשעה שיהיה עם השניה, וע"י שמחת הרגלים הוא שוכח הראשונה – ט"ז]. ‹א"נ, כדי שיהיה ג' רגלים בלא שמחה, ולא ישכח אהבת אשתו, {עיין תוס' הביא הב' פשטים}. **ואין** חילוק בין כשנשאה בתולה או אלמנה, ובין זיווג ראשון לשני, ובין היתה בריאה לחולנית, ובין היתה ביניהם שלום או קטטה, דלא פלוג רבנן בגזירתם, ומי יודע עוד כמה טעמים נסתרים בזה – ערוה"ש›.

(אבל ליכנס לבית המשתה, דינו כמו בשאר קרובים) - לעיל סי' שצ"א, וכן כל שאר אבילות אינו נוהג רק ל' יום כמו בשאר קרובים - ש"ך.

[יד]וראש השנה ויום כפורים אינם חשובים כרגלים לענין זה – ‹דדרשינן ולא תתורו אחרי לבבכם, מכאן אמרו חכמים ז"ל לא ישתה אדם בכוס זה ויתן עיניו בכוס אחר, ואמרו עלה, לא נצרכה אלא לשתי נשיו, הלכך צריך הרחקת זמן, וראש השנה ויום הכיפורים אינם כרגלים לדבר זה, שאינם מרוחקים בזמן, אלא קבעו הדבר והזמן ברגלים מרוחקים, **אע"ג** שאין הרחקת הזמן שוה בהם, שהרי אם מתה באסרו חג דאחד מן הרגלים, צריך להמתין שנה תמימה, ואם מתה קודם רגל אחד סמוך לו, כגון קודם עצרת, צריך להמתין יותר משאם מתה קודם סוכות, ומתה קודם סוכות, ממתין יותר משמתה קודם פסח, **מ"מ** שמחת הרגלים מסייעת לשכחה מדעתו – לבוש›.

[**באגודה** פסק דחשיבי כרגלים אף לענין זה – ט"ז]. **לא** ידעתי למה הביאו, דהא כל הפוסקים חלוקים עליו, וכן דעת כל האחרונים, וטעמייהו מסתבר - נקה"כ. ‹**ומיהו** נראה לפי המנהג שכתב רמ"א שרבים מקילין ובעל נפש יחוש לעצמו, אבל אם עברו ג' רגלים עם ר"ה ויוה"כ, יוכל לסמוך על בעל אגודה – באה"ט›.

(**עיין** בדגמ"ר שכתב, דשמיני עצרת חשוב רגל בפני עצמו גם לענין זה, ע"ש. **ועיין** בתשו' חת"ס, דחותנו הגאון ר"ע איגר זצ"ל כתב עליו, שלא נראה כן מהרא"ש פרק אלו מגלחין ע"ש - פת"ש).

(**וע"ש** עוד במי שחלתה אשתו בערב פסח, ושבקה חיים ביום ג' דחוהמ"פ, ורוצה לישא אשה ביום כ' אדר שני, שעבר עליו יותר מיב"ח, אך לא ג' רגלים, **דעת** חותנו הגאון הנ"ל להתיר, והוא ז"ל האריך בזה והסכים עמו, כי יש הרבה צדדים להקל, ע"ש - פת"ש).

[טו]ואם לא קיים מצות פריה ורביה, או שיש לו בנים קטנים, [טז]או שאין לו מי שישמשנו – ‹נ"ל אם הוא בעל עסק, כמו חנוני או עסק אחר, שא"א לסמוך על אנשים זרים, זהו ודאי הוה כאין לו מי שישמשנו – ערוה"ש›, **מותר לקדש מיד ולכנוס אחר שבעה** - כתב הב"ח דהיינו לדעת המחבר, דמתיר בס"א לקדש ביום המיתה, ולא קיי"ל הכי, אלא רשאי לקדשה ולכנסה מיד אחר ז' - ש"ך, [ותימה על רמ"א שלא כתב כאן כלום – ט"ז], **לק"מ** דסמך אמ"ש לעיל בסמוך - נקה"כ,

[יז]ולא יבא עליה עד לאחר שלשים יום; [יח]אלא אם כן לא קיים מצות פריה ורביה, שאז מותר לבא עליה אחר שבעה.

הגה: וה"ה בשאר אבלות, אפילו באבלות דאביו ואמו, מותר לישא ולבא עליה אחר שבעה, אם לא קיים פריה ורביה.

י"א דאף מי שהוא עשיר ויכולת בידו לשכור לו משרתים ומשרתות, מ"מ אם אין בתו או כלתו אצלו בביתו שתוכל לשמשו בחפיפת הראש או שאר דברים שמתביישים מאחרים, מקרי אין לו מי שישמשנו, וכל כיוצא בזה (פסקי מהרא"י) ‹ומקורו מתשו' ריצב"א› – ‹משמע דחפיפת הראש ע"י כלתו מותר, ומ"מ לעיין בראשו ליטול כנים אסור, וגם בחפיפה יש להחמיר, תשו' חינוך בית יהודה – רעק"א›,

ולכן נתפשט המנהג שרבים מקילין בענין ונושאין נשים תוך שלש רגלים, ובעל נפש יחוש לעצמו.

(**עיין** בתשובת חינוך בית יהודה שכתב, דכוונת הרמ"א שסומכין על קולא של ריצב"א הנ"ל: אם אין בתו כו', וע"ז כתב: בעל נפש יחוש לעצמו שלא לסמוך על קולא הנ"ל, דכל הראשונים פירשו סתמא אין לו מי שישמשנו, שאין בידו לשכור משרתים, **וגם** דקדק הרמ"א וכתב: ונושאין נשים תוך ג' רגלים, לומר אע"פ שמקילין כדעת ריצב"א, עכ"ז מחמירין להמתין ב' רגלים כר' יהודה, ‹דאף דקי"ל כהשו"ע דצריך ג' רגלים, מ"מ בשעת הדחק יש לסמוך על דעת המקילים בשני רגלים – ערוה"ש›, וגם הריצב"א צירף צדדים להקל לאחר ב' רגלים דוקא, **והרוצה** לפרש דברי הרמ"א שנוהגין להקל אפילו כשאין צדדים הנ"ל שחידש הריצב"א, הוא מגלה פנים שלא כהלכה, דחס ליה להרמ"א ז"ל לעקור דין המפורש בגמרא, ולכתוב שבעל נפש יחוש לעצמו, כאילו הוא מדת חסידות, ע"ש שהאריך בזה. **ועיין** בתשובת שבו"י שנשאל ע"ז, אם כוונת רמ"א דוקא היכא שיש צדדי היתר הנ"ל, או בכל ענין, **וכתב** דאף דבתשו' חינוך ב"י החמיר בזה מאד, חזינן דהעולם נהגו להקל בכל ענין, והעתיק שם צדדי היתר שכתב מהרא"י בזה, **וכתב** עוד ע"ז, דאפשר לומר עוד טעם להיתר, כי בכל יום פרוץ מרובה ורבו בעלי עבירות, ע"כ כדי לשמור אותו מן החטא טוב שלא לאחר, וזה גם כן כוונת רמ"א: ובעל נפש יחוש לעצמו, היינו אם יכול לאוקים נפשו מן העבירה, **וכתב** עוד, מדכתב הרמ"א: יחוש לעצמו, משמע דהוא עצמו יחוש לדבר להחמיר, אבל אם הוכן עצמו לקידושין ונישואין, אין להמורה לעכב סידור קידושיו, ולא כמו שעלה על דעת מורה אחד. **וכתב** עוד, שמונין מיום המיתה, ואין להחמיר כלל בשמועה רחוקה, ע"ש - פת"ש).

(**ובתשו'** חת"ס העלה להתיר לרב גדול א' שמתה אשתו, ורוצה לישא אשה אחרי ב' רגלים, **יען** כי אף שיש בביתו בתו וכלתו, אך לא

באר הגולה

[יג] שם במו"ק בברייתא וכת"ק, כדעת הרמב"ם והביאו הטור, וכתבו התוס' בשם רבי יונה, ולא שייך כאן לומר דקי"ל הלכה כדברי המיקל באבל, דימי אבלו כלו להן, וטעמא דשלש רגלים, כדי שישא אחרת ולא יהיה זוכר מן הראשונה ויהיו ב' דעות במטה [יד] ברא"ש שם ושאר פוסקים [טו] שם בברייתא [טז] ירושלמי פ"ד דיבמות [יז] שם בברייתא וכדמפרש רב פפא [יח] טור בשם ר"ת, וכ"כ הרא"ש גם בשם הראב"ד, ושכן נראה מדברי הרי"ף

הורגלו לשמש ביתו לפי כבוד רב ות"ח כמותו, ולפי כבוד הנכנסים הנכבדים המשכימים לפתחו, אבל הרבנית המדוברת לו הנהיגה בית בעלה הראשון בקהלה גדולה, **ובצרוף** כי האלמנה המדוברת היא בת ת"ח גדול ואלמנת ת"ח גדול, וגלי ים עברו על ראשה כו', ומצוה רבה להרנין לב האלמנה להוציא ממסגר נפשה, לכן פשוט להתיר לישא אותה אחר ב' רגלים, עש"ב - פת"ש). ‹**ואין** זה רק הוראת שעה ודו"ק - ערוה"ש›.

(**עיין** בדגמ"ר, וז"ל, ונראה דמה שנתפשט המנהג להקל, הוא מטעם כיון שבמדינות הללו מארסין ביום החופה, ואם לא יכנוס לא יארס ג"כ, ויש לחוש שמא יקדמנו אחר, **וכי** היכא שמותר לארס בחוה"מ ובט' באב משום שמא יקדמנו, ה"נ מותר אפילו לישא תוך שלש רגלים, כיון שבמדינתנו אין מארסין רק בשעת נישואין, **ואף** שבשביל זה לא נתיר לישא בחוה"מ או מר"ח אב עד התענית, מ"מ באיסור של שלש רגלים שהוא קיל, שהרי התירוהו בשביל שאין לו מי שישמשנו וכיוצא, יש להתיר ג"כ מטעם שמא יקדמנו, ‹**וטעם** חלוש הוא - ערוה"ש›, **ואפילו** כבר נתקשר בשידוכין, איכא למיחש לחזרה, **ובימי** הגמרא וכן עתה בשאר מדינות שמארסין ושוב אחר זמן נושאין, אסור לישא תוך שלש רגלים, דכיון שכבר אירס ליכא חשש שמא יקדמנו, עכ"ל. **ועיין** בתשו' חת"ס שהוסיף ליתן טוב טעם לקולא הנזכר לעיל, וכתב דחזי לאצטרופי, ע"ש - פת"ש).

‹**והירא** את דבר ד' יקיים דברי חכמים כתקונם, וימתין ג' רגלים, אם אין אחד מהג' התירים שנאמרו בגמ' וירושלמי: אם אין לו בנים, אם הניחה לו בנים קטנים, ואם אין לו מי שישמשנו - ערוה"ש›.

מי שתפשו השר ואינו רוצה להניחו מתפיסתו עד שישא אשה - ‹אותה אשה שהוא רוצה לתת לו - לבוש›, **תוך שלש רגלים אחר מיתת אשתו, יש מתירין משום צער דידיה, וכן נראה לי עיקר** - ‹שאם מפני חיי הבנים התירו לו, כל שכן מפני חייו, שאפשר שימות מצער התפיסה, ועוד דלא גרע צער התפיסה ממי שאין לו מי שישמשנו - לבוש›. ‹**וכבר** תמה רבינו הב"י בספרו הגדול על האוסר, וכתב דאפילו בספק שמא לא יקיים השר את דברו, ג"כ יש להתיר, דאין לך צער יותר משבוי, ולכן לא הביא דין זה - ערוה"ש›.

(**עיין** בתשו' חת"ס שהעלה, דמי שהתירו לו לישא בתוך שלשים ע"פ המבואר בשו"ע, פשוט דמותר לכבס וללבוש, **דלרוב** הפוסקים אינו מן הדין לאסרו, ונהי דנהגינן להחמיר כריב"א כמבואר בשו"ע סי' שפ"ט ובש"ך שם, הכא אין להחמיר דנפק מיניה קולא בימי חתונתו, ומכ"ש באיסור רחיצה דלכו"ע אינו אלא חומרא. **ולענין** תספורת פשוט ג"כ, דביום חתונתו ממש מותר להסתפר וליטול צפרנים, **אמנם** בשאר יומי אם לא גילח ביום הנשואין, אסור לו לגלח נמי בשאר ימים, **ואם** גילח באותו היום, אזי יש להתיר לו גם בשארי הימים שבתוך ימי המשתה לגלח, [**כן** הוא הלשון בסוף התשו' שם, אך מתוך פלפולו שם מבואר דלא קאמר רק על תספורת הזקן הנהוג במדינתו ומצער הרבה], **אם** אין שניהם אבלים, אבל אם גם היא אבילה, אזי לא הותרו אלא בכיבוס ורחיצה ולא בתספורת, **וכתב** עוד דעכ"פ אין הנשואים מבטלים ממנו גזירת שלשים, אלא אחר ימי הנשואים חוזר להשלים ימי אבלו הנשארים, וימי הנשואים עולים, **ולא** דמי לקובר מתו קודם רגל, שהרגל מבטלו לגמרי, דהתם אמרו הטעם באגדה, שהרגל מבטל מהנשמה דין שמים, וזה שייך ברגל דרבים, אבל הכא ביו"ט שלו אין הדין מתבטל מהנשמה, ונהי שמצות שמחה דוחה לאיבול, מ"מ כשעברו ימי השמחה חוזר להשלים, ע"ש - פת"ש).

והיא שמת בעלה, אינה מתאבלת אלא ל' יום, **אלא** שאסורה ליארס ולינשא עד ג' חדשים משום הבחנה, כדאיתא ביבמות, עכ"ל טור, וכ"כ הפוסקים, **וכתב** המרדכי, הטעם שאין האשה צריכה להמתין ג' רגלים, משום דאשה בכל דהו ניחא לה, ושוכחת אהבת הראשון לאחר ל' יום, **ואם** אירע שנשאת תוך ל' יום לאבילותן של שאר קרובים, לא תבעל, כן דעת הרמב"ם לפי מה שפירש הב"ח דבריו ע"ש - ש"ך. ‹**בפשוטו** י"ל דמיירי בהיתר, וכההיא דהג"ה בסוף סי' זה, **והיכא** דהוא אינו אבל, כגון שנהג אבילות קודם הרגל ובטלתו הרגל, והיא לא שמעה עד אחר הרגל, דהוי אצלה קרובה, דאסור לבעול מצד אבילות דידה - רעק"א›.

[**והנשים** נוהגות שמתאבלות שנה תמימה על בעליהן, ואיני יודע להם סמך וראיה, ואולי עושות בשביל בניהם שמתאבלין י"ב חדש - ט"ז].

אות ז'

לא אסרו אלא כלים חדשים לבנים בלבד

יו"ד סימן שפט ס"ה - [יט]כל שלשים יום אסור ללבוש (או להציע תחתיו) (ב"י בשם רבינו ירוחם) בגד מגוהץ, והוא שיהא לבן וחדש, ואפי' הוא של פשתן - ‹דמתקלקל מהרה - לבוש›.

[כ]ועל אביו ועל אמו, אסור עד שיגיע הרגל אחר שלשים ויגערו בו חביריו - (משמע דתלתא בעינן, אחר ל', והגיע הרגל, והגערה, **אמנם** בשו"ת תשובה מאהבה כתב, דלאו דוקא נקט השו"ע, ולא למימרא דהני תלתא בעינן, **אלא** ר"ל הרגל אינו מבטל כמו הגערה, גם ל' לא מהני, אלא בעינן דוקא הגערה ולאחר ל', **אבל** ודאי הגערה אחר ל' מהני, ולא בעי רגל, **ומה** דנקטי הטור והשו"ע בלשונם רגל, בהווה נקטו, כמ"ש הרא"ש, משום דברגל דרך ללבוש כלים מגוהצים כו', ועמש"ל סי' ש"צ סק"ג - פת"ש).

[כא]יו"ד סימן שפט ס"ו - [כב]גיהוץ: י"א צק"ל בלשון ערב - ‹נראה דזהו כעין פרע"ס שלנו - ערוה"ש›, **וי"א דהיינו כיבוס במים ואפר, או בנתר ובורית.**

[כג]יו"ד סימן שפט ס"ז - [כד]אחר שבעה מותר לגהץ, בין לעצמו בין לאחרים; לא אמרו שלשים יום לגיהוץ, אלא ללבוש - ‹דבשבעה אסור במלאכה משא"כ בשלשים - ערוה"ש›. ‹**ואע"ג** דבשבוע שחל ט"ב להיות בתוכה אסור לגהץ, התם חמיר טפי דאבילות דרבים הוא - לבוש›.

‹המשך ההלכות מול עמוד ב'›

באר הגולה

יט שם בסת"ה והרא"ש שם בפסקיו בשם הראב"ד ‹כרבא כ"ג א' - גר"א› | כ ברייתא באבל רבתי וכ"כ הרמב"ן בסת"ה והרא"ש שם בפסקיו | כא ‹מילואים› | כב עיין במש"כ באו"ח סימן תקנ"א | כג ‹מילואים› | כד לשון הטור מדברי הרמב"ן בסת"ה

עין משפט נר מצוה

קנו א מיי' פ"ד מהל' אבל הל"ז סמג עשין מד"ם ב טוש"ע י"ד סי' שמא סעיף א וטוש"ע א"ח סי' קנט סעיף ה :

קנז ב מיי' פ"י שם הלכה א סמג עשין ב טוש"ע י"ד סי' ת סעיף א :

יש אבילות בשבת · בדברים שבצנעא מיירי כדפירש בקונט' ובסמוך נמי לימא כתנאי מייתי פלוגתא דרשב"ג ורבנן דהוי דברים שבצנעא והכי משמע קצת בירושל' דלעיל אמתניתין דהשבת עולה פליגי רבי יוחנן וריב"ל אם אסור בשבת בתשמיש המטה משמע דפליגי כעין פלוגתא דהכא ואליבא דרבי יוחנן יש שאומרים שם מותר ואותו חולק על הש"ס שלנו דא"ר יוחנן בפ"ק דכתובות (דף ד· ושם) אע"פ שאמרו אין אבילות בשבת אבל דברים שבצנעא נוהג וקצת קשה לי תימה בשמעתין אביי אשכחיה לרב יוסף דפרים סודרא אריסיה אמר ליה לא סבר לה מר אין אבילות בשבת אמר ליה הכי אמר ר' יוחנן דברים שבצנעא נוהג שמא היה סבור דפרים סודרא אריסיה הוה דברים שבפרהסיא וכמאן דאמר פריעת הראש הוא ולא היה מחלק בין ביתו בין חוץ לביתו והוא השיב לו בביתו חשיב לצנעא : **מאן** דאמר יש אבילות בשבת מדקתני עולה · פירש הר"ח ז"ל מדקתני ולא פירש ואין בה אבילות אלמא אבילות נוהג בה דאם לא כן היה לו לפרש הכי בהדיא אע"ג דעולה לא נהג בה אבילות דכיון דעולה משמע דנוהג בה אבילות ומשני איידי דקתני סיפא אין עולין שהם תנא ברישא עולה שהם ולא נהגא ופירש ר' שמעון ז"ל מרבו מאן דאמר יש אבילות דקתני עולה משמע דעולה לכל מנין שבעה ולאבילות שינהג בשבת מה שנהג אתמול ומתוך כך תעלה שבת לחשבונו כשם שע"ש עולה לחשבונו מ"ד אין אבילות בשבת דקתני אינה מפסקת אע"ג דחשיבא כולי האי לבטל אבילות בגוה מ"מ אינו מפסיק דאל"כ פשיטא וקפריך ואלא הא דקתני עולה דמשמע דנוהג אבילות כשאר ימים ומשני איידי דקתני גבי י"ט אין עולין לגמרי לא למנין ולא לאבילות משום שמחה דכתיב בהן כדפרישית תנא רישא נמי עולה באותו לשון עצמו דתנא בי"ט תנא בשבת דלא להפליג בלשון המשנה ומיהו עולה דשבת *איתו למנין דלאבילות לא סלקא אלא אי נהגא אבילות בגויה וא"כ לפי פירוש זה ואלא הא דקתני עולה ומשני לעולם לא נהגא ואיידי דתנא כו' וא"כ המשנה אין שטת הש"ס לומר איידי דתנא הא תנא נמי הא אלא במילתא דאמת אלא דלא צריכי אבל דברים נראים שקר אין לו לשנות ועוד יש להקשות לפי מה שמפרש אי הכי ליתני שבת איתו עולה והוי דומיא דסיפא יותר עד כאן לשון הר"ח ובתו' הרב מקשה דמשמע אפילו למאן דאמר דלא נהגא עולה למנין שבעה וא"כ ברגל נמי אע"ג דלא נהגא יהא עולה ולעיל אמרי' לענין שבעה לא קמבעיא ליה דלא נהגא מצות שבעה ברגל ומתרץ אע"ג דשבת עולה רגל איתו עולה הואיל ואין אבילות כלל משום דכתיב בהן שמחה שבת מיהא לא כתיב שמחה אפילו איכה נוהגת עולה בירושלמי מפרש טעמא דשבת דאין אבילות נוהג בו משום דכתיב (משלי י) ברכת ה' היא תעשיר ולא יוסיף עצב עמה ושבת כתיב ביה ברכה* : **ואינו** אוכל בשר ואינו שותה יין · נראה דכי היכי דשרי בפרק בתרא דתענית (דף ל:) גבי ערב תשעה באב בשר כל זמן שאינו כשלמים ויין מגתו הכי נמי שרי באונן מיהו אין רגילין לנהוג בהן היתר לא בכאן ולא בתשעה באב תימה משמע דאונן חמור מאבל דלא מצינו אבל שיהא בו איסור בבשר וביין ולענין קדשים אשכחן דאבל אוכל בקדשים ואונן אסור ובשאר דברים החמירו באבילות בכפיית המטה ונעילת הסנדל ועטיפת הראש וטובא איכא ובאונן שרי וי"ל דדברים שהן משום אבל מותר גבי אונן ובאבילות אסורין אבל דברים שאינם אסורין משום אבילות אלא משום שיש לו להיות טרוד בקבורת מתו ולא ימשך אחר דברים אחרים כגון אכילת בשר ושתיית יין אסירי באונן דוקא ותשמיש המטה דמשמע בסמוך דאסור באונן בהא נמי שמא ימשך או שמא שמחה יתירתא ותוספה כך מצאתי ובתגלחת ובתכבוסת לא ידעינן אי שרי באונן ואין ללמוד איסור לגלח מדתני' במס' שמחות* היה מגלח ואמרו לו מת אחד מקרוביו הרי זה יגמור משמע הא לא התחיל אסור דלמא בשמועה איירי ולאחר שנקבר ובשם ריב"א כתבתי דתגלחת אסור דנפקא לן מראשיכם אל תפרעו (ויקרא י) הא כולי עלמא אסירי ואינהו אוננים הוו ובתשמיש המטה דאסרינן בסמוך ורצו להתיר בנגיעות כדאמרינן פ"ק דכתובות (דף ד· ושם) ובאבילות אסרו דקאמרינן התם מכניסין את המת לחדר ובועל בעילת מצוה ופורש והא דקאמרינן התם אבילות דהכא קילא ואתי לזלזולי בה ומקשה מאי קולא אילימא דקתני בועל בעילת מצוה משום דלא חיילא אבילות עליה אינו רוצה לומר שאין קולא בדבר אלא הכי קאמר אין קולא באבילות כי אם בנגיעות ולא אתי לזלזולי באבילות : **ואין** מברכין עליו · פירש בקונטרס בברכות פרק מי שמתו (דף יח· ושם) ברכת המוציא ואין מזמנין ברכת המזון ותימה גבי המוציא מה שייך לומר אין מברכין עליו בשלמא גבי ברכת המזון שייך צירוף אלא גבי המוציא מאי שייך צירוף ויש לפרש דבגמרא קאמרינן דאין מברכין עליו אלא מצוה לחלק דהוו כשנים שאכלו שמצוה ליחלק ואין זה האונן מצטרף עמהן ואין מזמנין עליהן עמהן לומר נברך שאכלנו משלו ואי לא הוה תני אלא חדא הוה אמינא לענין נברך שאכלנו משלו דאין מצטרף אבל מצטרף להיות להם דין שלשה לברך אחד מהן בעבור חברו להכי תני תרתי וריב"א מפרש דאין מברכין ומזמנין חדא לומר נברך שאכלנו משלו וחדא לברך בשם כמו שמזכירין שם בעשרה פירש בקונטרס בפרק מי שמתו (ג"ז שם) ואינו מברך אין צריך לברך ברכת המזון משמע מפירושו דאין אסור לברך ובשמעתין נמי פירש כענין זה ומיהו מדקאמר בריש פרק מי שמתו התם למאן דאמר [תוך] ארבע אמות הוא דאסור פירש רבינו יצחק בברכות דאיכא איסור לברך וגם בתוספות הרב פירש דאסור לברך ותימה לרבי יצחק דהשתא נהגו לברך ולזמן והיה אומר דלא איירי הכא רק כשהוא עוסק בצרכי המת שאין לו להתבטל מן המצוה אבל בשעה שאינו עוסק שרי אי נמי בשעה שאחרים עוסקים והוא אינו עושה כלום ומיהו בירושל' אינו משמע כן והכי איתא התם *אינו אוכל כל צרכו ואינו שותה כל צרכו כו' ואינו מברך ואם בירך אין עונין אחריו אמן ואם ברכו אחרים אינו עונה אחריהם אמן ואם משום ביטול מצות עסק במתו מה ביטול יש בעניית אמן מיהו נראה לי משום שמיעת הברכה שלא תהיה אמן יתומה ועוד דאמרינן לקמן הן עומדין ומתפללין והוא יושב ומצדיק עליו את הדין ומשמע שאינו עוסק בו כלל אלא יושב ודומם ונראה דאסור לברך ושוב מצאתי בירושל' דריש פרק מי שמתו תני אם רצה להחמיר על עצמו אין שומעין לו למה מפני כבודו של מת או משום שאין לו מי שישא משאוי ופריך והא תניא פטור מנטילת לולב וקא סלקא דעתיה דמיירי ביום טוב ובו אינו טרוד לישא במשאוי ומשני תפתר בחול פירוש בחולו של מועד ופריך והתניא פטור מתקיעת שופר אית לך למימר בחול ולא ביום טוב אמר ר' חנינא מכיון שהיו זקוקים להביא לו ארון ותכריכין דתנינן תמן מחשיכין על התחום לפקח על עסקי כלה ועל עסקי המת להביא ארון ותכריכין נמי כמו שהוא נושא משאוי דמי *משמע דפליג בשבת וביום טוב דאינו מברך במאי דאמרינן מיהו הא קשיא לן דאמרינן בסיפא בשבת מברך ומזמן וצריך עיון :

יש אבילות בשבת והני אמרי אין אבילות בשבת מאן דאמר יש אבילות בשבת דקתני עולה מאן דאמר אין אבילות בשבת דקתני אינה מפסקת אי סלקא דעתך יש אבילות בשבת השתא אבילות נהגא אפסוקי מיבעיא ואלא הא קתני עולה איידי דקבעי למיתנא סיפא אינן עולים תנא רישא עולה ולמאן דאמר יש אבילות בשבת הא קתני אינה מפסקת משום דקבעי למיתנא סיפא מפסיקין תנא רישא אינה מפסקת לימא כתנאי *מי שמתו מוטל לפניו אוכל בבית אחר אין לו בית אחר אוכל בבית חברו אין לו בית חברו עושה לו מחיצה עשרה טפחים אין לו דבר לעשות מחיצה מחזיר פניו ואוכל ואינו מיסב ואוכל ואינו אוכל בשר ואינו שותה יין ואין מברך ואין מזמן ואין מברכין עליו ואין מזמנין עליו ופטור מקריאת שמע ומן התפלה ומן התפילין ומכל מצות האמורות בתורה ובשבת מיסב ואוכל ואוכל בשר ושותה יין ומברך ומזמן ומברכין ומזמנין עליו [א]וחייב בקריאת שמע ובתפלה ובתפילין ובכל מצות האמורות בתורה *רבן גמליאל אומר מתוך שנתחייב באלו נתחייב בכולן ואמר ר' יוחנן [ב]תשמיש המטה איכא בינייהו מאי לאו בהא קא מיפלגי דמר סבר יש אבילות בשבת ומר סבר אין אבילות בשבת ממאי דלמא עד כאן לא קאמר תנא קמא התם אלא משום דמתו מוטל לפניו אבל הכא דאין מתו מוטל לפניו לא וע"כ לא קאמר ר"ג התם דאכתי לא חל אבילות עליה אבל הכא דחל אבילות עליה הכי נמי

בעא

אפסוקי מבעיא · כלומר מי צריכא למימר דאינה מפסקת : **אין מברך** · להוציא אחרים ידי חובתן : **מתוך שנתחייב באלו** · קריאת שמע כו' נתחייב בכולן : **תשמיש המטה איכא בינייהו** · הא דאמר נתחייב בכולן סבר מותר בתשמיש המטה ותנא קמא סבר אסור בתשמיש המטה : **מר** · דאסר בתשמיש סבר יש אבילות בשבת : **ומר** · דשרי סבר כשמואל דאמר אין אבילות בשבת : **עדיין לא חלה אבילות עליו** · דלא נקבר

אבל

רבינו חננאל

אבלות בשבת מדקתני בסתני' ושבת עולה : והני אמרי אין אבלות בשבת מדקתני אינה מפסקת דאי ס"ד יש אבלות בשבת [השתא אבלות] נהיג אפסוקי דלא מפסקא מיבעיא כו'. לימא כתנאי מי שמתו מוטל לפניו אוכל בבית אחר וכו'. עד ובשבת מיסב ואוכל בשר ושותה יין ומברך ומזמן ומברכין עליו ומזמנין עליו וחייב בתפלה ובק"ש ובתפילין ובכל מצות האמורות בתורה. ר"ג אומר מתוך שנתחייב באלו כך נתחייב בכולן א"ר יוחנן תשמיש המטה איכא בינייהו. מאי לאו בהא קא מיפלגי ת"ק סבר יש אבלות בשבת ור"ג סבר אין אבלות בשבת אפילו תשמיש המטה שרי ודחינן ממאי דלמא עד כאן לא קאמר ת"ק הכא דאסור בתשמיש המטה אלא משום דמתו מוטל לפניו כו' :

גליון הש"ס

גמ' וחייב בק"ש ובתפלה ובתפילין ובכל מצות. בברכות בברייתא זו איתא וחייב בכל מצות האמורות בתורה ובר"פ שם חייב בק"ש ותפלה ובכל מצות האמורות בתורה :

רש"א

משמע דפליג בשבת כצ"ל

מסורת הש"ס

ברכות יז: שמחות פ"י

[במס' שמחות פ"י כדסכא אבל בברכות יח. איתא ר"ש בן גמליאל]

איתו אלא למנין דלאבילות ולא נהגא אבילות כצ"ל

[ויברך אלהים את יום השביעי כ"ס במד"ר ויחי פ"ק]

פ"ה ה"ח

שמחות פ"ו

[כה]יו"ד סימן שפט ס"ח - [כו]יש מי שאומר דהאידנא ליכא איסור גיהוץ, שהרי אמרו גיהוץ שלנו ככיבוס שלהם - «ולפי"ז כל מיני גיהוץ שלנו מותר ללבוש בשלשים, **ואין** נוהגין כן, דודאי לבנים וחדשים נוהגים איסור, ואפילו בצבועים נהגו איסור בחדשים, ורק בישנים מקילים - ערוה"ש».

[כז]יו"ד סימן שפט ס"ב - [כח]מותר לכבס בגדי קטנים שמת אביהם - «דקטנים א"א שלא להחליף בגדיהם, ומותר לכבסם בבית, דהכל רואים שזהו בגדי קטנים - ערה"ש».

[כט]יו"ד סימן שפט ס"ג - [ל]אסור ללבוש תוך שבעה כלים חדשים צבועים וישנים יוצאים מתחת המכבש (פי' כלי לעצור בו הבגדים) - «והדין הזה אין בו רבותא כלל, שהרי אפי' כיבוס במים בלבד אסור, וכן ללבוש המכובסים מקודם במים בלבד אסור, כמו שנתבאר, וכ"ש הני, **אלא** משום דלענין שלשים כתב בס"ה, והוא שיהא לבן וחדש, קמ"ל דבשבעה אסור בכל - ערוה"ש».

הגה: י"א דאסור ללבוש בגדי שבת תוך ד' שבועות הראשונים, אבל אח"כ מותר אפילו על אביו ואמו, וכן לעשות בגדים חדשים; אבל נהגו איסור כל י"ב חודש.

«**וזה** כמאה שנה שלא נחה דעת גדולי הדור לילך בבגדי חול בשבת, דהוי פרהסיא, וכן בשבת חזון, והנהיגו לילך בבגדי שבת, ובגד חשוב חדש ודאי אסור, אבל בגדים פשוטים כמכנסים וכיו"ב, **וגם** בגד חול כשיש הכרח לזה מותר לעשות, דאין זה בגד חשוב, **ובכל** בו כתב, דאם איש אחר ילבוש אותו ב' או ג' ימים, מותר בגד חדש, **ונראה** דהתיר באופן זה גם בגד חשוב, ויש לסמוך על זה אם צריך לכך - ערוה"ש».

(**עיין** בתשו' אא"ז פנים מאירות, שפסק באשה בתוך ל' לימי אבלה שהיתה יולדת, והגיע זמנה לילך לבהכ"נ כמנהג ארצנו, ובאותו יום כמו יום טוב שלה, ולובשת בגדי יקר ועדי זהב, **דמותרת** ללבוש בשבת זה בגדי שבת, אך לא בגדי יום טוב, שלא תזוח דעתה מלשכוח ימי אבילות, וגם אינה צריכה לשנות מקומה, ע"ש. **ועיין** בתשובת שבו"י, שנשאל אשה שיש לה פדיון הבן והיא תוך ימי אבלה, אי מותר ללבוש בגדיה, כיון שמנהג הנשים ללבוש בגדיהן החשובים בשעת הפדיון, **והשיב** כיון דלפי דעת כמה פוסקים מברכים שהשמחה במעונו, הוי לדידה באותו פעם כרגל, ותלביש עכ"פ בשעת הפדיון בגדי שבת, ע"ש - פת"ש).

[לא]יו"ד סימן שפט ס"ד - [לב]אסור תוך שבעה לכבס ולהניח - הטעם משום דאסור בעשיית מלאכה, **בין ע"י עצמו בין ע"י אחרים. ואם היתה כסותו בקבולת ביד אחרים** - ובבית אחרים, וכדלעיל סימן ש"פ סעיף י"ח ע"ש - ש"ך, **מכבס אותו כדרכו, כמו שאר מלאכתו בתלוש שביד אחרים בקבולת** - «לא כשכיר יום, אלא שלוקח מכל בגד כך וכך - ערוה"ש».

§ מסכת מועד קטן דף כג: §

אות א'

מי שמתו מוטל לפניו, אוכל בבית אחר; אין לו בית אחר, אוכל בבית חברו; אין לו בית חברו, עושה לו מחיצה עשרה טפחים; אין לו דבר לעשות מחיצה, מחזיר פניו ואוכל. ואינו מיסב ואוכל, ואינו אוכל בשר, ואינו שותה יין, ואין מברך, ואין מזמן, ואין מברכין עליו, ואין מזמנין עליו, ופטור מקריאת שמע, ומן התפלה, ומן התפילין, ומכל מצות האמורות בתורה. ובשבת, מיסב ואוכל, ואוכל בשר, ושותה יין, ומברך, ומזמן, ומברכין ומזמנין עליו, וחייב בקריאת שמע ובתפילה ובתפילין ובכל מצות האמורות בתורה

יו"ד סימן שמא ס"א - [א]מי שמת לו מת שהוא חייב להתאבל עליו - אפילו אינו מוטל לפניו, אלא מוטל עליו לקברו, כל דין אונן עליו וכמו שיתבאר - ש"ך, **קודם קבורה** - «לא ינהג בפניו קלות ראש, כדי שלא יאמרו על המת, אדם קל היה, ולכך אין זה טרוד בקבורתו ואינו חושש במיתתו, והו"ל גנאי גדול למת ובכלל לועג לרש הוא, שאין לך לועג לרש גדול מזה, אלא יתראה לכל שהוא נטרד ונבהל על מיתתו, וגם שהוא טרוד ומתעסק בקבורתו. לפיכך אמרו... - לבוש», **אוכל בבית אחר** - [דהוה כלועג לרש, כן פירש"י בפרק מי שמתו, **והא** דלא אסרו גם באחר מטעם זה, לפי שדוקא בחייב בקבורתו יש חשש במה שאינו עוסק בקבורתו ויושב לאכול בפני המת - ט"ז]. **ואם** אינו לפניו, מותר לאכול בבית שהוא שם, פרישה, וכ"כ הב"ח, אוכל בבית אחר מיירי במוטל לפניו ואיכא משום לועג לרש אם אוכל בפניו, **וזה** ודאי אסור אפי' בשבת, ע"כ - ש"ך, «שמראה שאינו חושש לו ואוכל בפניו - ערוה"ש».

(**באמת** פליגי אהדדי, דודאי להט"ז שכתב: לפי דדוקא בחייב בקבורתו כו', א"כ בשבת שאינו רשאי לעסוק בקבורתו, מותר, **ולהש"ך** שכתב: דאפי' בשבת אסור, ודאי דס"ל דגם אחר אסור, «וכ"כ רעק"א». **שוב** מצאתי בספר תפל"מ שכתב בהדיא כן, דלהש"ך גם אחר שאינו קרובו אסור לאכול לפניו, והא דתניא: מתו, משום אכילת בשר ויין, ע"ש. **ולענין** דינא נראה להחמיר כהש"ך - פת"ש).

קודם קבורה - הוא אונן, ואסור בכל הדברים שאונן אסור בהן, אבל לאחר קבורה, אפי' באותו יום שמת, אין דין אונן עליו - ש"ך.

אין לו בית אחר, אוכל בבית חבירו; אין בית לחבירו - כגון שהוא שרוי בין העובדי כוכבים - ש"ך, **עושה לו מחיצה ואוכל; [ב]ואפי' מחיצה של סדין סגי, אם תקע שולי הסדין בענין**

באר הגולה

כה «מילואים» כו שם וכ"כ הנ"י. וכתב הכל בו בשם ר"מ, במקום שאסור ללבוש חדשים, אם מניח לאחר ללבשן ב' או ג' ימים, הכל מותר, ונלע"ד דוקא בצריך להם כז «מילואים» כח בהלכות שמחות כט «ע"פ הבאר הגולה» ל טור בשם הרמב"ן בסת"ה, דס"ל כר"א בר שמעון בברייתא שם דף כ"ג. דמקיל, וקימ"ל דהלכה כדברי המקיל באבל, ולא הקיל אלא בגזירת ל', אבל בגזירת שבעה נחמיר דומיא דכיבוס לא «מילואים» לב שם א ברייתא מו"ק דף כ"ג: וברכות דף י"ז: ב הרשב"א שם בתשובה

שאינו ניטל ברוח – «וגובה מחיצה הוא י' טפחים». [ג]**ואם אין לו דבר לעשות מחיצה, מחזיר פניו ואוכל** – «להורות דעושה זה מכח ההכרח, ואינו מביט בהמת בעת אכילתו. **ונ"ל** דשתיית עראי או אכילת עראי אין קפידא לאכול או לשתות בחדר זה, ואינו זקוק לצאת, אך שיחזיר פניו, מחמת דבארעי ליכא כל כך לועג לרש כמובן – ערוה"ש».

ובין כך ובין כך, [ד]**ואפילו הוא בעיר אחרת** - משמע אפי' יש לו מי שיתעסקו עמו בעירו שמת, דין אונן עליו, והיינו כדעת הרא"ש שחולק אר"ת ומביאו הטור, **אבל** הב"ח פסק כר"ת, דקרובים שבעיר אחרת אין דין אונן עליהם, אא"כ אין למת קרובים המתאבלים עליו בעירו, שמוטל עליהם לקברו, **אבל** אם יש לו קרובים המוטל עליהם לטפל בעירו, אין דין אונן על אותן הקרובים שבעיר אחרת, ע"ש - ש"ך, «**ומ"מ** למעשה נראה שצריכין אנו לילך אחר השו"ע, ולכן מי שהודיעו לו ע"י הטעלעגרף שמת לו מת, ינהוג אנינות עד זמן הקבורה כפי השערתו – ערוה"ש».

[ה]**אינו מיסב ואוכל** - פי' על השלחן - ש"ך, «ר"ל שלפעמים לא הטו על מטה, אלא על השלחן שאוכלים עליו – בדי שלחן», או על המטה, «לאכול בהסיבה כדרך החשובים על צדו השמאלית, וזהו כדי להראות הכנעה ושאוכל רק מפני ההכרח – ערוה"ש».

«**במסכת** שמחות איתא ג"כ: ואינו אוכל כל צרכו, ובירושלמי איתא: ולא אוכל כל צרכו ולא שותה כל צרכו – הגהת שו"ע». «**והפוסקים** לא הביאו זה, משום דלא נזכר זה בש"ס שלנו – ערוה"ש».

ואינו אוכל בשר ואינו שותה יין – «כדי להראות צער ושאינו אוכל ושותה בהרחבה, וגם פרפראות נ"ל שאין לאכול, דאינו מותר רק מה שהוא הכרח – ערוה"ש». «**מהר"י** אלפאנדרי נסתפק, אם מותר בתבשיל בשר וחמר מדינה – רעק"א», (**עיין** בתשו' נו"ב בתשובה מבן המחבר, שכתב דאונן מותר ברוטב של בשר - פת"ש). «**ולכן** בתבשיל של בשר אין חשש, וכן שארי משקין לשתות מעט לפחוכי צערא נראה דשרי, ולכן מותר לשתות מעט יי"ש ומי דבש ושכר, אבל לא הרבה – ערוה"ש».

ואינו מברך ברכת המוציא – «כיון שטרוד במחשבת צרכי קבורה דהויא ליה מצוה, והעוסק במצוה פטור מן המצוה – לבוש».

«**ונוטל** ידיו ואינו מברך, מהר"י אלפאנדרי – רעק"א», (**כתב** בספר חמודי דניאל כ"י, נראה דאונן אע"פ שמותר לאכול בלא ברכה, חייב בנטילת ידים, בין במים ראשונים בין באחרונים, ע"ש, **ולענ"ד** צ"ע בזה. **שוב** ראיתי בספר ברכי יוסף, שכתב דפשיטא ליה דאונן חייב בנט"י, דנט"י הוי משום גזירה משום סרך תרומה, ולפי"ז דהוי גזירה דרבנן, אין ספק דחייב, דכולהו לאוין מדאורייתא ודרבנן האונן חייב, **והביא** דמהר"י אלפאנדרי נסתפק בזה, ובשו"ת מכתם לדוד הסכים כן דחייב, **ומ"מ** נראה דהאונן יטול ידיו ולא יברך, ע"ש - פת"ש).

«**ליטול** ידיו לאכילה מותר משום נקיות, אבל אינו מברך על נט"י, וכן כשהולך לנקביו נוטל ידיו ואינו מברך אשר יצר, וכן נט"י שחרית נוטל ואינו מברך, וגם ברכת התורה לא יברך, ויברך אחר הקבורה, **וכן** לא ילמוד ולא יאמר תהילים ולא שום תחנה ובקשה, וגם קדיש לא יאמר כיון שפטור מכל המצות, **ויש** שנהגו שאחרים אומרים תהילים והאונן אומר קדיש, ונראה שלא נכון לעשות כן – ערוה"ש».

ולא ברכת המזון - (כתב בספר חכמת אדם, דאם אכל ונקבר המת ועדיין לא נתעכל המזון שבמעיו, צריך לברך בהמ"ז, ע"ש, וכ"כ הגאון מהר"י ז"ל מליסא בסדור תפלה שלו, **וכן** ראיתי בכתבי הרב הגדול מהר"ר דניאל זצ"ל, אך כתב דטוב שיאכל מעט קודם, **וכתב** עוד הגאון מהר"י ז"ל מליסא, וכן באשר יצר, אם עשה צרכיו בעודו אונן, חייב לברך אשר יצר אחר שנקבר המת, אפי' כל היום - פת"ש). «**ולענ"ד** לא נראה כן, דכיון שבשעת האכילה ועשיית צרכיו היה פטור, אינו חל עליו חיוב עוד, ואפילו להסוברים שצריך להבדיל, זהו מפני שזמן חיובה נמשכת עד יום ד', משא"כ באלו שהחיוב אינו אלא בשעת מעשה, וכן נ"ל עיקר לדינא – ערוה"ש».

ואין מברכים עליו ולא מזמנין עליו, [ו]**אפילו אם אוכל עם אחרים שמברכים, לא יענה אחריהם אמן.**

ופטור מכל מצות האמורות בתורה - (עיין בתשובת ח"צ, דדוקא מצות עשה פטור, אבל מצות לא תעשה חייב כשאר אנשים, ע"ש. **ועיין** פרי מגדים באו"ח שכתב, דאונן בע"פ מחצות, עשה דתשביתו, או בחוה"מ לאו דבל יראה, אין מוזהר עליה כו', ע"ש, **ועיין** בספר חומות ירושלים מה שהשיג עליו - פת"ש).

(**וכתב** בשו"ת בית יהודה, שאונן פטור ממצות בדיקת החמץ, ויבדוק לו אחר, **ובספר** תשובה מאהבה כתב, שבפראג נוהגין שהאונן מקנה חלקו לשותפו, וגם בזה לענין חמץ יתנה במתנה לאחר, ואז יברך האחר ג"כ, משא"כ אם אינו בודק מחמת הקנאה רק דרך שליחות, צ"ע אם יברך. «**ואונן** בליל ראשון של פסח לא יאמר ההגדה, מפני שיש בזה אריכות דברים ומוטב לשמוע מאחר, ואמנם בדליכא אחר מחויב לאמר בעצמו – ערוה"ש». **ועיין** בתשובת נו"ב שכתב, דאם הוא אונן בימי הספירה בלילה, ומקום הקברות רחוק מן העיר, באופן שיהיה אונן כל הלילה ההיא וכל יום המחרת, **ואם** לא יספור בלילה לא יוכל לברך גם בימים שאחריו, יספור באותו לילה בלא ברכה, ואז יכול לברך בשאר ימים, ע"ש. **ועיין** בתשו' שבות יעקב, דמי שהתחיל להתפלל או לקרות שמע, ונעשה אונן פתאום, יגמור ולא יפסיק, כיון דהא דאונן לא יקרא את שמע או יתפלל הוא רק מדרבנן, ע"ש - פת"ש).

[ז]**ואפילו אם אינו צריך לעסוק בצרכי המת, כגון שיש לו אחרים שעוסקים בשבילו** - «צריך ליזהר בכל זה, שאין הכל יודעין שיש לו עוסקין אחרים, ויודעים שזה קרובו, ויהיה גנאי למת אם יראו שלא יהא נזהר, ויאמרו אינו חושש במיתתו שאדם קל היה – לבוש».

(**כתב** בספר חמודי דניאל כ"י, מי שמת לו מת ר"ל, והוא קודם התפלה, אם יש לו קוברין, אין להגיד לו כדי שיתפלל, **אך** אם מוטל עליו להתעסק, צריך להגיד לו - פת"ש).

באר הגולה

ג שם בברייתא | ד טור בשם אביו הרא"ש | ה שם בברייתא | ו ירושלמי כתבוהו הרא"ש שם והרמב"ן בסת"ה | ז הרא"ש ושכן משמע בירושלמי

[ח]וי"א שאפילו אם ירצה להחמיר על עצמו לברך או לענות אמן אחר המברכין, אינו רשאי (ועיין באו"ח סי' ע"א) – ‹אי משום כבוד של מת, אי משום שיהא פנוי לעסוק בצרכי המת – ערוה"ש›.

(**עיין** בשו"ת ארבעה טורי אבן, שנשאל באשה אחת שמתה בשבת, והיו לה בנים וגם אחים, ואירע לאחים יאר צייט במוצאי שבת על אמם, אם רשאים האחים לכנוס לבהכ"נ במו"ש להתפלל ולומר קדיש כדין יא"צ, **והורה** להתיר, ואף שהסכימו האחרונים באו"ח סימן ע"א כדברי י"א אלו, דאף כשיש מי שישתדל לצרכי קבורה אסור להחמיר על עצמו, **מ"מ** הכא כו"ע מודים דרשאים האחים להתפלל ולומר קדיש, דכיון שיש לאשה בנים, א"כ ליכא רק מפני כבודו של מת, א"כ הא גם מה שמתפללין ואומרים קדיש הוא כבוד של מת, כבוד אמם, **ועוד** דכבוד אמם קודם, דגם המת חייב בכבוד אמו, **אף** דבמתים חפשי, מ"מ לגבי האחים בודאי קודם כבוד אמם לכבוד אחותם, עכ"ד. **ונראה** דלטעם האחרון, דכבוד אמם קודם לכבוד אחותם, יש להתיר ג"כ היכא שאינם אחים לה רק מצד האב, ויש להם יא"צ על אמם, דאז לא שייך לומר דגם המת חייב בכבוד אמם, אפ"ה שרי, **אך** לענ"ד דבריו צ"ע, דהא כבוד המקום קודם לכבוד אביו ואמו, כמו שכתב לעיל סימן ר"מ סעיף ט"ו, **ואפ"ה** אונן פטור מכל המצות, וע"כ משום דהחמיר הקב"ה בכבודו של מת יותר מכבודו, וא"כ פשיטא דקודם לכבוד אביו ואמו, וצ"ע לדינא – פת"ש). ‹**והוראת** הארבעה ט"א תמוה בעיני, והוא נגד הירושלמי והפוסקים, ואין להורות כן – ערוה"ש›.

[ט]ובשבת ויו"ט – ‹שהכל יודעים שאינו טרוד בקבורתו – לבוש›, **אוכל בשר ושותה יין** – ‹ובסוגיא איתא: בשבת מסב ואוכל – רעק"א›, **(אם ירצה) (רבינו יונה)** - דכיון שהוא מתכוין למצוה, אם ירצה יאכל, ואם ירצה לא יאכל, שאינה חובה על האדם שיאכל בשר וישתה יין בשבת, שהרי אמרו עשה שבתך חול ואל תצטרך לבריות, הלכך בכל דבר שהוא מצוה, חייבים לעשותו בשבת, אבל זה רשות הוא, אם ירצה יאכל בשר וישתה יין, ואם לא ירצה יניח, עכ"ל תר"י, **ומשמע** דברכות ותפלה חייב בשבת וביו"ט, וכן נראה ממה שסדר הרב האי "אם ירצה" קודם "ומברך" - ש"ך.

‹**עיין** בתשו' ושב הכהן שהעלה, דקאי רק על שבת, אבל ביום טוב מחויב לאכול בשר, ועכ"פ לשתות יין, (כיון שהוא חייב מצד הדין לקיים מצות שמחה, גם אונן חייב, אם אינו רוצה לקברו), ואפילו בליל יום טוב האחרון, עיין שם – רעק"א›. ‹**ואפי'** בליל י"ט הראשון חייב כל אדם ג"כ בשמחה כמו בשאר ימי החג, ולכן גם אונן בליל ראשון כיון שאינו רוצה לקברו בלילה חייב בשמחה, ואינו רשאי להחמיר על עצמו, ע"ש – פת"ש›.

ומברך, וחייב בכל המצות, [י]חוץ מתשמיש המטה שאסור בו – ‹ומ"מ אסור בד"ת לדעת הי"א סעיף ה' בהגה, תפל"מ, וכ"כ בספר שמחת הנפש, שאין קורין אותו לעלות לתורה ואסור בד"ת – רעק"א›.

(**עיין** בספר ברכי יוסף להגאון חכם חיד"א ז"ל באו"ח סימן תקנ"א, שיש מקילין בשבוע שחל ט"ב, לאכול בשר מבושל שנשתייר מסעודת שבת, וראיה מהא דאיתא בחולין י"ז, אברי בשר נחירה כו', וכתבו הפוסקים להקל בדרבנן, ע"ש. **ולפי"ז** גם כאן יש מקום קצת להתיר בחול במה שנשתייר מסעודת שבת, דפשיטא דהא דאונן אסור לאכול בשר הוא מדרבנן, **מכ"ש** לפמ"ש התוספות במו"ק, דמדינא מותר אונן בבשר כל זמן שאינו כשלמים, דהיינו שעבר שני ימים משחיטתו, אלא שאין רגילין בו היתר, עיין שם, **ואם** כן מה שנשתייר משבת בודאי עברו עליו שני ימים, דע"כ נשחט בערב שבת. **אמנם** לפי מה שכתב בתשובת נודע ביהודה, נסתר היתר הנ"ל, ופשיטא דגם לענין שבוע שחל תשעה באב אין להקל בזה - פת"ש).

(**עיין** באו"ח סי' תרצ"ו ס"ז לענין מי שמת לו מת בפורים, אם מותר בבשר ויין, **ועיין** בתשו' ושב הכהן שהאריך בזה, והעלה שאונן אסור בבשר ויין בפורים, ע"ש - פת"ש).

(**עיין** בתשובת ש"ב גבעת שאול, דמותר לילך לשמש בסעודת ברית מילה אם פרנסתו בכך, ‹אם הוא בשבת ויו"ט›, ובלבד שלא יאכל שמה, ‹ואף דאסור בשמחה, בסעודת מילה דלית בה שמחה ודאי דשרי, דאין שמחה בלא אכילה ושתיה, ובפרט שיפסיד שכרו אם לא ילך, ודאי דמקלינן כה"ג – שם›, **ובחול**, וכן בסעודת נשואין, אף כה"ג אסור - פת"ש).

(ומותר לילך לבהכ"נ בשבת - ‹וצריך לילך לבהכ"נ בשבת - ערוה"ש›, **ואף בחול אין בו איסור, רק מאחר שאסור להתפלל, מה יעשה שם) (כל בו)** - ‹מזה משמע דאונן אינו מצטרף לעשרה - רעק"א›.

(**עבה"ט** של הרב מהרי"ט ז"ל, ומש"כ דאונן בחול אין מצטרפין לכל דבר שבקדושה, עיין בתשובת פרח מטה אהרן, שגם דעתו כן, ע"ש שהאריך בזה. **ומש"כ** בשם נקה"כ, שלא יאמר קדיש עד אחר הקבורה, **עיין** בתשובת אבן שהם שחולק על נקה"כ, וכתב כהט"ז, דבשבת יאמר קדיש אף קודם קבורה, ע"ש, וכן משמע בתשובת שער אפרים, וכן פסק בתשובת נחלת שבעה, **וכן** העלה בתשובת שבות יעקב, אלא שכתב שלא ראה נוהגין כדעת הט"ז בזה, מ"מ היכא דנהוג נהוג, וכן אם הורה המורה כדבריו לא מהדרינן עובדא, **ומנהג** עיר הקודש תוב"ב, שאומר קדיש בסיועת חזן הכנסת שאומר אחריו, ע"ש - פת"ש).

[יא]ואם צריך להחשיך על התחום כדי לעסוק בצרכי המת, חל עליו אנינות ליאסר בכולן משעה שמתחיל ללכת כדי להחשיך על התחום. [יב]ואם רוצה לקברו ביו"ט ראשון על ידי עממין, אסור בכולן - ‹שאע"פ שעממין יקברוהו, מ"מ כיון שהוא צריך להמציא לו צרכיו, כגון ארון ותכריכין, הוה ליה כשאר אונן שאסור בכולן - לבוש›. **וכ"ש ביו"ט שני** - של גליות, **שהוא בעצמו יכול**

באר הגולה

[ח] תוס' שם ‹ד"ה ואין› במו"ק בשם הירושלמי בעיא ולא איפשטא, וטור ושאר פוסקים [ט] שם בברכות בברייתא שבת, וכתב הרא"ש דה"ה ליו"ט [י] כת"ק דרשב"ג וכדמפרש בגמרא שם דף כ"ג: במו"ק, וכן פסקו הרי"ף שם והרמב"ם והרא"ש [יא] תוס' שם בשם רבי נתנאל וכ"כ הרא"ש [יב] טור מדברי אביו הרא"ש שם

לקברו - כמו שנתבאר באו"ח סי' תצ"ו ס"ב - ש"ך, **שחלו עליו כל דיני אנינות.**

(**עיין** ש"ך שכתב, דזה קאי איו"ט שני של גליות, (ומשמע לאפוקי יו"ט שני של ר"ה), והראה מקום לאו"ח סי' תצ"ו ס"ב, **ואא"ז** הרב הגדול מהר"נ הירץ זצ"ל בגליון יו"ד שלו השיג עליו, דמש"כ באו"ח שם: חוץ מיו"ט שני של ר"ה, קאי על לכחול את העין, **אבל** לענין מת אין חילוק, ואפי' ביו"ט שני של ר"ה שרי, כמ"ש באו"ח סי' תקכ"ו סעיף ד', ע"ש - פת"ש).

שחלו עליו כל דיני אנינות - (עיין בספר ישועות יעקב מהגאון ש"ב אב"ד מלבוב שכתב, דבזה, אם א"צ לעסוק בצרכי המת, כגון במקום שיש חבורה, והקרובים סומכים עליהם בענין קבורת המת, חייבים בכל המצות, דלא שייך כאן מפני כבודו של מת, שאין כבוד המת שיתעסקו בו יותר מכדי צרכו ביום טוב, עיין שם עוד - פת"ש). (**ולא** נהירא - ערוה"ש).

ובמהרי"ל כתב בשם מהר"ש, על מת שמת בשמיני עצרת לעת ערב, שמותר להאבל לקדש בליל שמחת תורה שאחריו, משום דאין אנינות ביום טוב, ע"כ, **ועיין** בדרישה שביאר טעמו, דכיון דביו"ט שני נוהגין איסור לתפור התכריכים ולחפור הקבר ושאר מלאכות, וכמ"ש באו"ח סימן תקכ"ו, א"כ אינו מוטל עליהם הרבה, ולכן אין דין אנינות נוהג בלילה כי אם ביום, **ולפי"ז** ה"ה בכל ליל יום טוב שני שאינו נוהג בו דין אנינות, **אבל** דוחק לחלק כן, **אלא** נ"ל דמהר"ש לא ס"ל כרא"ש, אלא ס"ל כסמ"ג וכיש פוסקים דש"ס דידן, וחולק אירושלמי, ובכל ענין אין אבילות נוהג ביום טוב שני אפי' ביום, והכי משמע לישנא דמהר"ש, משום דאין אבילות ביו"ט, **ולפי"ז** לדידן דקי"ל כהרא"ש א"כ ה"ה בלילה אסור לקדש - ש"ך.

וכ"ש ביו"ט שני – [נראה דהיינו ביום שהוא זמן קבורה, **אבל בלילה שלפניו, דהיינו מוצאי יו"ט הראשון, מותר כמו ביום ראשון, וכן פסק במהרי"ל הלכות יו"ט, שהורה מהר"ש על מת שמת בשמיני עצרת, שמותר להאבל לעשות קידוש בערב ליל שמחת תורה, משום דאין אנינות ביו"ט, ונראה שמזה הטעם פסק, שאין דרך לקבור בלילה** – ט"ז]. (**ואין** הלשון משמע כן, ועוד דא"כ בכמה מקומות שהממשלה אינה מנחת לקבור בלילה, נימא ג"כ דאין אנינות בלילה - ערוה"ש). **נמשך** לדברי הדרישה, (לכאורה ר"ל דהוי כעין סברתו), **ועיין** בש"ך לא כתבתי כן - נקה"כ.

(**עיין** במג"א סי' תקמ"ח סק"ח שמתיר, וחולק על הש"ך - פת"ש). (דהא דיו"ט שני כחול שויוה רבנן לגבי מת ונוהג בו אנינות, זהו ביום אבל בלילה הקודמת לא תקנו, ולפי"ז בכל יום טוב שני אין דין אנינות נוהג בליל יום טוב השייך ליום השני, וכן יש להורות, וזהו גם דעת הדרישה שהביא הש"ך, אא"כ רוצה לקוברו בלילה, דאז חלה עליו אנינות עד אחר הקבורה – ערוה"ש).

(יש אומרים דתלמיד על רבו מובהק - (חייב להתעסק בכל צרכיו, ואסור וכו' - לבוש), **אסור לאכול בשר ויין כל זמן שמוטל לפניהם** [יג]**(הגהות אשר"י)** – [זה קאי על ימות החול – ט"ז]. **וכן** כתב המחבר לעיל סימן רמ"ב סעיף כ"ז ולקמן סימן שע"ד ס"י בסתם - ש"ך. (**ולא** ראינו המנהג הזה – ערוה"ש).

(**ועיין** בספר תפארת למשה שכתב דצ"ע, קטן שמת תוך למ"ד דאין מתאבלין עליו, וכן בן ח' והנפלים, אי אסור באבילת בשר ויין כל זמן שלא נקבר, כיון שמוטל עליו לקוברו, או אינו אסור, כמו שאין כהן מטמא להם, **ונראה** דבקטן תוך ל' יש להחמיר, כיון דרוב לאו נפלים, אלא דבאבל מקילים, עכ"ד. **ולענין** אם חייב בכל המצות, צ"ע. **שוב** ראיתי בברכי יוסף שכתב, מת לו בן תוך ל' ללידתו, משמע בירושלמי ס"פ נושאין על האנוסה, דאין לו אנינות - פת"ש).

סימן קצט ס"ה - [יד]**אונן בחול, שהוא פטור מלברך** - פי' כל זמן שמתו מוטל לפניו, כבסימן ע"א, **אין מזמנין עליו** - ואפי' להאומרים שאם רצה להחמיר ולענות ולברך הרשות בידו, [ומיירי בשיש לו מי שישתדל עבורו בצרכי הקבורה, אבל לא מסרו עדיין לכתפים], **מ"מ** כיון שהוא פטור אינו מצטרף, **ועיין** בסי' ע"א, לענין אם יש חבורה בעיר המיוחדים להוצאת המת ומסרהו להם. **ואפילו** בדיעבד אם בירך להוציא לאחרים, לא מהני, דכל שהוא בעצמו פטור מן הדבר, אין יכול להוציא לאחרים.

[טו]**סימן תקמח ס"ה** - [טז]**אע"פ שאין אבילות נוהג במועד, אנינות נוהג בו; שאם מת לו מת בחול המועד, אסור בדברים שאונן אסור בהם** - שאסור בבשר ויין, וכל הדינים השייכים לאנינות, עיין ביו"ד סי' שמ"א.

ואם מת ביו"ט ואינו רוצה לקברו בו ביום - שהנכרים אינם רוצים לקוברו, [מ"א], **אין עליו דין אנינות** - [דביו"ט שני אפי' אינו רוצה לקוברו חל עליו אנינות, דכחול שויוהו רבנן, **וא"כ** ע"כ זה קאי על יו"ט א', ובזה הלא אסור לקוברו ע"י ישראל, ומה תלוי ברצונו, לכך פי' שהעכו"ם אינם רוצים לקוברו. **וה"ה** אם יכול להשיג עכו"מ לקברו, אך שהוא ממאן בזה, **ודלא** כהפמ"ג, **דהטעם** דבנקבר ע"י עכו"ם חל אנינות, משום דצריך להמציא לו ארון ותכריכין, וא"כ בזה שממאן לקבור על ידם, ממילא א"צ להכין צרכי קבורה, ואין חל עליו אנינות].

אלא אם כן צריך להחשיך על התחום להכין לו צרכי קבורה, אז חל עליו דין אנינות משעה שמחשיך - אבל לא מקודם, **וגם** דוקא אם הוא מחשיך, אבל אם אינו מחשיך, אע"פ שהוא סמוך לערב, חייב בכל המצות.

כתב המ"א, דוקא בשעה שהוא מחשיך, אבל בליל יו"ט שני חייב בכל המצות, **דדוקא** ביום של יו"ט שני אמרינן דכחול שויוהו רבנן, אבל לא בלילה שלפניו, כיון שאין דרך לקבור בלילה, **ולפי"ז** היכא דמת לו מת בשמ"ע, מותר לקדש בליל שמחת תורה, ולברך "המוציא" ובהמ"ז.

אבל אם מת ביו"ט שני והוא רוצה לקברו בו ביום - לאו דוקא, אלא ר"ל כל שהיכולת בידו לקברו, (חל עליו אנינות,

---

באר הגולה

[יג] וכתב עוד שם שמשמע בירושלמי שהתלמידים מטמאין לרבם דמי שמתו מוטל לפניו וכו' מו"ק כ"ג [יד] ברכות י"ח ומו"ק כ"ג [טו] (ע"פ הבאר הגולה) [טז] הרא"ש אברייתא

[דכחול שויוהו רבנן], **ולאפוקי** אם אי אפשר לקברו מחמת חג העכו"ם, או אונס אחר, לא חל עליו דין אנינות.

או ביו"ט ראשון ורוצה לקברו ע"י אינו יהודי - ‹כלומר שיכולת לקוברו בו ביום - פמ"ג, ועיין לעיל בשעה"צ›, **חל עליו אנינות.**

ואונן ברגל אסור בד"ת, דהוא אסור בשמחה, ופקודי ד' ישרים משמחי לב, וכ"ש שאסור לעלות בתורה - מ"א, **והנה** מדבריו משמע, דאף בשעה שאינו רוצה לקברו וביו"ט ראשון, או כגון בלילה שאין דרך לקברו, אפ"ה אסור בד"ת, **ועיין** בדגו"מ שמשיג ע"ז, דכיון שאז אין דין אנינות עליו, למה יהא אסור בד"ת, ‹וז"ל: ותדע, מדאמרו במסכת מו"ק דף כ"ג: איכא בינייהו תשמיש, ולא אמר תלמוד תורה, א"כ מכלל דלכו"ע שרי בתלמוד תורה›, וכן מפקפק ע"ז בספר בגדי ישע. ‹**ועיין** לעיל מש"כ רעק"א, דהביא דברי תפארת למשה דאוסר בת"ת, וז"ל: דהא ד"ת כצנעה דמי, והא דאמרינן תשמיש איכא בנייהו, ולא קאמר תורה איכא בנייהו, חדא מנייהו נקט, גם אפשר ללמוד הלכות אבילות, משא"כ תשמיש אין לו התיר כלל›. ‹ונראה להחמיר כן, דהא קי"ל בסי' ת ס"א, דאבל אסור ללמוד בשבת, מפני שאבילות בדברים שבצינעה נוהג בשבת, ולענין איסור שמחה גם האונן בכלל איסורא דאבילות, וכמש"כ הרמ"א בסי' שמא ס"ה, ולימוד התורה אסור משום שמחה, וקשה להבין שיטת הדגמ"ר - בדי השלחן›.

אות ב'

תשמיש המטה איכא בינייהו

יו"ד סימן ת ס"א - "**שבת אינו מפסיק אבלות** - ‹שהרי אי אפשר שבעת ימים בלא שבת, ואם היה מפסיק לא יהיו לעולם שבעה ימים, וכבר אסמוכינו אקרא דימי אבילות הם שבעה, לפיכך עולה - לבוש›, **ועולה למנין שבעה, שהרי קצת דיני אבלות נוהגים בו, דהיינו דברים שבצינעא שהם: "תשמיש המטה ורחיצה; אבל דברים שבפרהסיא (לא).**

באר הגולה

יז **משנה מו"ק דף י"ט.** יח ‹וציון העין משפט צ"ע, דאיירי באונן ולא באבל, והגמ' מחלק ביניהם›

§ מסכת מועד קטן דף כד. §

אות א'

אבל שלא פרע ושלא פירם, חייב מיתה

רמב"ם פ"ח מהל' אבל ה"א - [א]אבל חייב לקרוע על מתו, שנאמר: ובגדיכם לא תפרומו ולא תמותו, הא אחר חייב לפרום.

[ב]יו"ד סימן שמ ס"א - [ג]מי שמת לו מת, והוא מהמתים [ד]שראוי להתאבל עליהם - כאשר יתבאר לקמן סי' שע"ד, **חייב לקרוע עליו** - מדרבנן ואסמכוה אקרא - ש"ך, ‹וכך אמרו חז"ל במו"ק, אבל שלא פירם חייב מיתה וכו', **וזהו** כענין שאמרו העובר על דברי חכמים חייב מיתה, דאסמכתא בעלמא הוא, דפשטיה דקרא על בני אהרן קאי, דאם הם יפרומו יתחייבו מיתה – ערוה"ש›.

אות א'* [ה]

אבל אסור לשמש מטתו בימי אבלו

יו"ד סימן שפג ס"א - [ו]אבל אסור בתשמיש המטה.

אות ב' – ג'

פח"ז חובה | **אף פריעת הראש רשות**

יו"ד סימן ת ס"א - [ז]שבת אינו מפסיק אבלות - ‹שהרי אי אפשר שבעת ימים בלא שבת, ואם היה מפסיק לא יהיו לעולם שבעה ימים, וכבר אסמוכינו אקרא דימי אבילות הם שבעה, לפיכך עולה – לבוש›, **ועולה למנין שבעה, [ח]שהרי קצת דיני אבלות נוהגים בו, דהיינו דברים שבצינעא שהם: תשמיש המטה ורחיצה; אבל דברים שבפרהסיא (לא), דהיינו [ט]להסיר עטיפתו** - "אבל דברים שבפרהסיא דהיינו להסיר עטיפתו, אינו נוהג, ‹ר"ל שאינו נוהג אבילות בעטיפת הראש, אלא צריך להסיר עטיפתו›, וצריך ללבוש מנעליו ולזקוף המטה" כו', כן ראוי להיות - ש"ך.

[י](ודוקא כשהוא מעוטף עטיפות ישמעאלים כמו שנתבאר לעיל סי' שפ"ו, אבל קצת עטיפה שנוהגים בקצת מקומות כל ל', א"צ להסיר בשבת, הואיל ויש לו מנעלים ברגליו) (מהרי"ו) - לא ידעתי מה ענין מנעלים ברגליו לכאן, דמאן דמתיר משום מנעלים ברגליו, מתיר אפי' בעטיפת ישמעאלים, כדמשמע בש"ס ורמב"ן, **ובאמת** במהרי"ו כתב דהכא מותר מטעם כיון שנוהגים בעטיפה זו גם אחר ז' ימי אבילות, דלא אסרינן דבר שבפרהסיא אלא מה שאינו רק תוך ז', **ואח"כ** כתב דמותר ג"כ מטעם דמנעלים ברגליו, עיין שם, **ובעט"ז** השמיט האי סיומא דהואיל ויש לו מנעלים ברגליו - ש"ך.

כתב הב"ח, דמהרי"ו מיירי באותה עטיפה שהוא לבוש שקורין קאפ"א, לפי מה ששמעתי שנוהגים להתעסק בה כל ל', **אבל** לשום הכובע לפני העינים שנוהגים במלכותינו כל ז' בלחוד, דזהו נקרא עטיפה לדידן, הוי פרהסיא בשבת, אם לא יגביה הכובע כדרך כל אדם, **הילכך** מיד שמתחיל הש"ץ ברכו, חייב להגביה הכובע, ע"כ - ש"ך.

[יא]וללבוש מנעליו, [יב]ולזקוף המטה מכפייתה, ושלא ללבוש בגד קרוע, אלא מחליפו, ואם אין לו להחליף מחזיר קרעו לאחריו - והאידנא לא נהגו לדקדק בזה, ואפשר דמנעלים מוכיחים עליהן, וכמ"ש הגהמ"י ומביאה בית יוסף, דהיכא דמנעלים ברגליו, אין צריך לחזרת קרע, עיין שם - ש"ך.

[יג]ות"ת הוי דבר שבצינעא, אבל לחזור הפרשה - כתוב בדרישה בשם מהרש"ל, דה"ה לחזור שנים מקרא ואחד תרגום מותר, ע"ש - ש"ך, **כיון שחייב אדם להשלים פרשיותיו עם הציבור, הוי כקורא את שמע ומותר** – [ובאגודה כתב: ונראה לאיסור, **וכתב** רש"ל להכריע, דבחול אסור, ובשבת שרי, שהוא זמנו והוא מחובת היום, עכ"ל – ט"ז]. ‹**באשל** אברהם כתב, דאפשר אם חל יום ז' בשבת, צריך להמתין עד אחר יציאה מבהכ"נ, וישלים קודם אכילה – רעק"א›.

‹**ועיין** בספר בית הלל בהג"ה לבן המחבר שכתב, לפי דברי הי"א באו"ח סי' רפ"ה, שעד רביעי בשבת הוי לאחר שבת לענין שיקרא הסדר שמו"ת, וא"כ כשישלים הז' ימי אבילות בא' או בב', אינו רשאי לקרות בשבת הסדר שמו"ת, אחר שיכול להשלים עד רביעי בשבת, עכ"ד, **ועיין** בשאלות ותשובות ארבעה טורי אבן שחולק עליו, וסובר דלעולם צריך לקיים המצוה כתקנה לקרות בשבת עצמו. **וכתב** עוד שם, דאסור ללמוד משניות מסכת שבת כמנהגו בכל שבת, ע"ש - פת"ש›.

‹**וראיתי** לאחד מהגדולים שכתב, שמי שרגיל ללמוד בכל יום ח"י פרקים משניות, יכול ללמוד אותם גם בשבת שבימי אבלו, ולפי"ז אם יש לו שיעור קבוע ללמוד גמ' ופוסקים, ג"כ יכול ללמוד באותו שבת, וכן אם הוא רגיל ללמוד בכל שבת סדר הפרשה עם פירש"י, ג"כ יכול ללמוד, **אבל** ראיתי לאחד מהגדולים שכתב להיפך, דפרש"י של הסדרא אסור, וכן מי שרגיל לקרא בכל יום בספר חק לישראל, אסור באותו שבת, דלא התירו רק חיוב כללי כשנים מקרא ואחד תרגום, שכל ישראל עושין כן, **ואמנם** לענ"ד, כיון דלדעת הירושלמי גם בחול מותר ללמוד בדבר שאינו רגיל, וכן מתיר הירושלמי למי שהוא להוט אחר התורה, וכן יש מהסוברים דת"ת לא נאסרה רק יום ראשון כתפילין, ונהי דלא קיי"ל כן, מ"מ המיקל בשבת שבתוך האבלות במה שנתבאר, יש לו עמודים גדולים לסמוך עליהם – ערוה"ש›.

באר הגולה

[א] ‹כתב הרמב"ן דקריעה דרבנן היא, וקרא אסמכתא בעלמא, ומיתה זו שאמרו הוא כענין העובר על דברי חכמים חייב מיתה, עכ"ל, וכן נראה מדברי רבינו – כסף משנה› [ב] ‹ע"פ מהדורת נהרדעא› [ג] **מימרא דרב תחליפא וכו' מו"ק דף כ"ד.** [ד] **יתבאר בסי' שע"ד** [ה] ‹ע"פ מהדורת נהרדעא› [ו] **מו"ק דף ט"ו: ומייתי לה מדכתיב וינחם דוד את בת שבע אשתו ויבא אליה, מכלל דמעיקרא אסור** [ז] **משנה מו"ק דף י"ט.** [ח] ‹כתבו התוס' ד"ה הכי: פסק בה"ג כר' יוחנן [דדברים שבצינעא נוהג], לאפוקי מרב ושמואל דאמרי לעיל תשמיש המטה רשות, וכתבו בד"ה בעא: ר' יוחנן לא קיבל משמואל [דאין אבילות בשבת], דאיהו ס"ל דברים שבצינעא נוהג [ויש אבילות בשבת]› [ט] **כמימרא דשמואל שם דף כ"ד.** [י] ‹דשמואל לא פליג ארב אלא משום דשמואל לטעמיה כו' – גר"א› [יא] **טור בשם אביו הרא"ש שם בפסקיו, כיון דהאידנא אין רגילין לילך יחף, מדאמרינן לאו כו"ע עבידי דסיימי וכו' שם** [יב] **שם במימרא דשמואל** [יג] **טור מדברי אביו הרא"ש בפסקיו וכ"כ הגהמי"י בשם הר"מ**

בעא מיניה ר' יוחנן משמואל יש אבילות בשבת או אין אבילות בשבת אמר ליה אין אבילות בשבת יתבי רבנן קמיה דרב פפא וקאמרי משמיה דשמואל אבל ששימש מטתו בימי אבלו חייב מיתה א"ל רב פפא *אסור אתמר ומשמיה דר' יוחנן אתמר ואי שמיע לכו משמיה דשמואל הכי שמיע לכו אמר רב תחליפא בר אבימי אמר שמואל *אבל שלא פרע ושלא פירם חייב מיתה שנאמר °ראשיכם אל תפרעו ובגדיכם לא תפרומו ולא תמותו וגו' הא אחר שלא פרע ושלא פירם חייב מיתה אמר רפרם בר פפא תנא באבל רבתי אבל אסור לשמש מטתו בימי אבלו ומעשה באחד ששימש מטתו בימי אבלו ושמטו חזירים את גויתו אמר שמואל*פח"ן חובה נת"ר רשות פריעת הראש חזרת קרע לאחוריו זקיפת המטה חובה נעילת הסנדל תשמיש המטה רחיצת ידים ורגלים בחמין ערבית רשות ורב אמר *אף פריעת הראש רשות ושמואל מאי שנא נעילת הסנדל דרשות דלאו כולי עלמא עבידי דסיימי מסאניהו פריעת הראש נמי לאו כולי עלמא עבידי דמגלו רישייהו שמואל לטעמיה דאמר שמואל °כל קרע שאינו בשעת חימום אינו קרע °וכל עטיפה שאינה כעטיפת ישמעאלים אינה עטיפה מחוי ר"נ °עד גובי דדיקנא א"ר יעקב א"ר יוחנן לא שנו אלא שאין לו מנעלים ברגליו אבל יש לו מנעלים ברגליו מנעלין מוכיחין עליו כל קרע שאינו בשעת חימום אינו קרע והא אמרו ליה לשמואל נח נפשיה דרב קרע עליה תריסר מני אמר אזל גברא דהוה מסתפינא מיניה א"ל לרבי יוחנן נח נפשיה דר' חנינא *קרע עליה תליסר אצטלי מלתא אמר אזל גברא דהוה מסתפינא מיניה שאני רבנן דכיון דכל שעתא מדכרי שמעתיהו כשעת חימום דמו א"ל רבין בר אדא לרבא אמר תלמידך רב עמרם תניא אבל כל שבעה קורעו לפניו ואם בא להחליף מחליף וקורע °בשבת קורעו לאחוריו ואם בא להחליף מחליף ואינו קורע כי תניא ההיא בכבוד אביו ואמו אותן קרעין מתאחין או אין מתאחין פליגי בה אבוה דרב אושעיא ובר קפרא °חד אמר אין מתאחין וחד אמר מתאחין תסתיים דאבוה דרב אושעיא דאמר רב אושעיא אין מתאחין ממאן שמיע ליה לאו מאבוה לא מבר קפרא רביה שמיע ליה אמר רבא אבל מטייל באונקלי בתוך ביתו אביי אשכחיה לרב יוסף דפרים סודרא ארישיה ואזיל ואתי בביתיה א"ל לאו סבר לה מר אין אבילות בשבת א"ל הכי א"ר יוחנן *דברים שבצינעא נוהג: ר"א אומר משחרב בית המקדש עצרת כשבת וכו': אמר רב גידל בר מנשיא אמר שמואל הלכה כר"ג ואיכא דמתני להא דרב גידל בר מנשיא אהא °כל ל' יום *תינוק יוצא בחיק ונקבר באשה אחת ושני אנשים אבל לא באיש אחד ושתי נשים אבא

רש"י

אבל רבתי · מסכת שמחות: **גוייתו** · כל גופו והיכא דאמרי אבל שלו: **פריעת הראש** · שמגלה האבל ראשו בשבת ואינו מתעטף וחזרת קרע לאחוריו וזקיפת המטה חובה בשבת: **נעילת הסנדל** · דלאו כולי עלמא סיימי מסאנייהו בשבת ולא מוכח דאבל הוא: **לאו כולי עלמא מגלי רישייהו** · בשבת ואע"פ שמתעטף לא מיחזי כאבל: **בשעת חימום** · בשעת התחלת הצער בשעת מיתה: **וכל עטיפה שאינה כעטיפת ישמעאלים** · הלכך כיון דכל ימי שבוע שהוא אבל מתעטף כישמעאל אם אינו עוטה בשבת נראה כנוהג אבילות דכ"ע לא נהיגי בעטיפה זו אלא אבלים בלבד: **מחוי ר"נ** · עטיפת ישמעאלים: **גובי דיקנא** · גומות שבלחי למטה מפיו: **לא שנו** · פריעת הראש בשבת דצריך לגלות חוטמו ושפמו וזקנו שהיה מכוסה בימי אבלו להודיע כי אין אבילות בשבת: **אלא שאין מנעלים ברגליו אבל יש מנעלים ברגליו מנעלין מוכיחים עליו** · דאינו אבל אבל לגלות ראשו אינו צריך ואם בא להתעטף בצינעא אפי' כעטיפת הישמעאלים אין בכך כלום: **דמסתפינא מיניה** · בקושיות: **מחליף וקורע** · אע"פ שאינו שעת חימום: **כבוד אביו** · שנו אבל לכולי עלמא אין קורע אלא בשעת חימום: **ממאן שמיעא** · לרב אושעיא הא דאמר אין מתאחין שמע מינה האי דאמר אין מתאחין אבוה דרב אושעיא: **אונקלי** · סייפיג"ש חלוק שקורעו: **בתוך ביתו** · שבצינעא מותר לנהוג אבילות בשבת: **דפרים סודרא ארישיה** · בשבת משום עטיפה דנהיג אבילות: **כל ל' יום יוצא בחיק** · בן ל' יום מוליכו בחיק לבית הקברות ולא בארון: **אבל לא באיש אחד** · שאין מתייחדין עם האשה: דלוסקמא

תוספות

בעא מיניה ר' יוחנן משמואל · מיהו ר' יוחנן לא קיבל משמואל דלדידיה סבירא ליה דברים שבצינעא נוהג כדפרישית לעיל:
הא אחר שלא פרע כו' · אע"ג דפשטי' דקרא הא אחר פורע ופורס ואם הם יעשו ימותו נראה דאסמכתא בעלמא הוא דהא לא מייתי להו סוף פרק הנשרפין (סנהדרין דף פג·) גבי אלו שבמיתה:
ושמואל לטעמיה · פי' בתוספ' הרב דרב סבר דעטיפת הראש שאינה כעטיפת ישמעאלים הויא עטיפה ומסתמא רב ושמואל הלכה כרב יש מפרשין דרחיצת ידים דקאמר הכא רשות היינו כמ"ד פרק במה מדליקין (שבת דף כה:) דבלא אבילות הוא רשות אבל לר"נ בר יצחק דאמר התם ואני אומר מצוה באבל נמי הוי מצוה ולא רשות ונראה דלא צריך למימר הכי אלא הכי פירושו הכא דמשום אבילות אינו חובה להראות אבילות בשבת:
לא שנו שאין לו מנעלים ברגליו · תימה דכי היכי דמנעליו מוכיחין עליו אמאי לא אמרי' אחד מהני מוכיחין ונמלא דאינו חובה כי אם האחד ושמא במנעלים יש הוכחה יותר:
וכל קרע שאינו בשעת חימום אינו קרע · נראה דהא דאמר לעיל (דף כ:) מי שנזדמן לו חלוק בתוך ז' אע"פ שאינו שעת חימום שמא דוקא כגון שקרע כבר והכא מיירי בשלא קרע עדיין א"נ כגון שאין לו חלוק בשעה ראשונה חייב לקרוע כשיהיה לו אפי' שלא בשעת חימום ולי נראה דבכל שעה שיוכל להתחמם על מתו אפי' לזמן מרובה אחר מיתתו קרוי שפיר בשעת חימום כמו שאמרו ברבנן משום דמדכרי שמעתייהו הוא הדין נמי בכל מת שיוכל להתחמם עליו והא דפריך בסמוך ולא משני הכי משום דבלאו הכי משני שפיר:
כי תניא ההיא בכבוד אביו ואמו · ומכאן קשה לי על מה שפי' למעלה (דף כ:) *)דגרסי' רבי חנניא מי שאין לו אלא חלוק אחד דמיירי בכה"ג דמחליף וקורע דהא גבי אביו ואמו אמר הכא מחליף וקורע כל שבעה ולעיל (שם) אמרי' על אביו ואמו קורע לעולם וצ"ע:
הכי א"ר יוחנן דברים שבצינעא נוהג · פסק בהלכות גדולות כר' יוחנן דאפוקי מרב ושמואל דאמרי לעיל תשמיש המטה רשות ודברים שבצינעא הוא ובפ"ק דכתובות (דף ד·) נמי קאמר עלה מסייעיה לר' יוחנן דאביי ורבא סברי כוותיה ואע"ג דקיימא לן (לעיל דף יח· כב·) הלכה כדברי המיקל ה"מ במחלוקת של תנאים אבל במילתא דאמוראי לא אמרן מספקא לי כי היכי דשרי בתוך ביתו הני דברים דקריעה אי הוה אסור נעילת הסנדל בצנעא וכל שאר דברים:
עצרת כשבת · וכ"ש ר"ה ויוה"כ ר"ג אומר ר"ה ויוה"כ כרגלים וכ"ש עצרת לאחר חורבן ולישנא לא אתי שפיר דהוה ליה למתני ר"ג אומר אף ר"ה ויוה"כ כו':
וחכמים אומרים לא כדברי זה כו' · ולא שייך למימר היינו תנא קמא דנימא כולהו אתו לפרש מילתא דתנא קמא כי ההיא דלא ירבה לו נשים בפרק ב' דסנהדרין (דף כא·) והניא (דהמקדש*):
הלכה כר"ג · תימה כיון דאמר שמואל (לעיל דף יח· כב·) הלכה כדברי המיקל באבל אמאי איצטריך למיפסק הלכה כר"ג וי"ל דחומרא נמי היא דאם קברו סמוך לחשיכה ולא היה לו שעה אחת לנהוג בו אבילות או קברוהו נכרים ביום טוב או שמע שמועה קרובה ביום טוב אם הם כרגלים אינם עולים למנין שבעה ואם הם כשבת עולים:

*) אבל סגי' שם מי שאין לו חלוק לקרוע כו' ואולי גיר' אחרת היתה לפניהם ועיין במהרש"א

מסורת הש"ס

ויקרא י · [עי' תוס' ב"ק נב: ד"ה שנכר] · [כתובות ד·] · קדושין פ: שמחות פ"ג · [שייך במשנה דלעיל יט·] · [ג"ז שייך למשנה דלעיל יט·] · [נ"ל דהמזכה מקדש(ד' פג·) ועיין תוספות פסחים פג· ד"ה ר' שמעון אומר ודף קטו: ד"ה והוקם ותוס' עירובין מח· ד"ה ר' יהודה]

עין משפט נר מצוה

קנח א מיי' פ"ה מהל' אבל הל' א סמג עשין מד"ס ב: קנט ב ג מיי' פ"י שם הל' א סמג שם טוש"ע יו"ד סי' ת סעי' א: קס ד מיי' פ"ח שם הל' ג סמג שם טור יו"ד סי' שם: קסא ה ו מיי' פ"ט שם הל' יב טוש"ע יו"ד סי' שמ: קסב ז מיי' פ"ו שם הל' א טוש"ע יו"ד סי' ס סעי' ג: קסג ח מיי' שם הל' א טוש"ע יו"ד סי' שם סעי' יד: קסד ט מיי' שם פי"ב הל' י סמג שם טוש"ע יו"ד סי' שנג סעי' ד:

רבינו חננאל

בעא מיני' ר' יוחנן משמואל יש אבילות בשבת אי לא · א"ל אין אבילות בשבת · אמרי רבנן משמיה דשמואל אבל ששימש מטתו חייב מיתה · א"ל רב פפא אסור אתמר ומשמיה דר' יוחנן אתמר אמר רב תחליפא אמר שמואל אבל שלא פרע ראשו ולא פירם בגדיו חייב מיתה שנאמר ראשיכם אל תפרעו ובגדיכם לא תפרומו ולא תמותו מכלל שאחר שלא פירע ושלא פירם חייב מיתה · אמר רפרם תנא באבל רבתי אבל אסור לשמש מטתו ומעשה באחד ששימש מטתו בימי אבלו ושמטו חזירים את גויתו. אמרו משמיה דשמואל פח"ן חובה · פריעת הראש. חזרת קרע לאחוריו · זקיפת המטה לעשותן בשבת [חובה] להודיע שאינו נוהג אבל בשבת· אבל נ'ת'ר' · נעילת סנדל · תשמיש המטה· רחיצת ידים ורגלים בחמין רשות · ורב אמר אף פריעת הראש בשבת רשות · מקשינן לשמואל מ"ש נעילת הסנדל דאמר רשות דלאו כ"ע מסני במסני· פריעת הראש נמי לאו כ"ע עבידי דמגלי רישייהו · ופרקינן שמואל לטעמיה דאמר כל קרע שאינו בשעת חימום אינו קרע · וכל עטיפה שאינה כעטיפת ישמעאלים אינה עטיפה · פי' עטיפת ישמעאליםדאמר שמואל מכסה שפמו וזקנו וחוטמו במצנפתו או בטליתו · והוא אלמתה בלשון ערב · ובשבת צריך לגלות חוטמו ושפמו וזקנו שהיה מכסה בימי אבלו כי אין אבל בשבת אבל לגלות ראשו אין צריך. ועוד כמה מכסי מחוי רב נחמן עד גובי דדיקנא · א"ר יוחנן לא שנו אלא שאין מנעלין ברגליו אבל יש מנעלין ברגליו מנעליו מוכיחין עליו · וקיי"ל כרב דאמר פריעת הראש נמי בשבת רשות . ואם בא להתעטף בצנעא כעטיפת ישמעאלים אין בכך כלום **) ולא בעי עטיפה כולי האי · דהא רב יוסף דהוא בתרא עבד כרב . אמר רבא אבל מטייל באונקלי בתוך ביתו · ואונקלי היא מצנפת כגון מצנפת של בת"ג כדגרסינן בסוף מנחות · מעשה בחוני ושמעי בני שמעון הצדיק הלבישו באונקלי והגרו בצלצול · אביי אשכחיה [לרב יוסף] דפרים סודרא ארישיה כעטיפת ישמעאלים וקאזיל ואתי בביתיה · א"ל לא סבר לה מר אין אבילות בשבת א"ל דברים שבצנעא נוהג · וקשינן הוב לשמואל וכל קרע שאינו בשעת חימום אינו קרע · והא אמרו ליה לשמואל נח נפשיה דרב וקרע עליה תליסר כברי מאניה · ור' יוחנן קרע על ר' חנינא י"ג אצטלי דמלתא · א"ל אזל ליה גברא דהוה מסתפינא · הנה קרעו בשעת שמועה שלא בשעת חימום · ופרקינן שאני רבנן דכיון דכל שעתא מדכרי שמועתיה שעת שמועה כשעת חימום דמי · רבא אמר מהכא דתניא אבל כל שבעה קורעו לפניו ואם בא להחליף חלוק מחליף וקורע החלוק שלובש הנה קריעתה שלא בשעת חימום · ופרקינן כי תניא ההיא שקורע כל חלוק שלובש אפילו כל שבעה בכבוד אביו ואמו: (ירושלמי הרי שהיה מחליף בגדיו) תשלום הברייתא ובשבת קורעו לאחוריו כראשון חורת [קרע לאחוריו בשבת חובה] ואם בא בשבת להחליף חלוקו מחליף ואינו קורע· הרי שהיה מחליף בגדיו[כל]שבעה חייב לקרוע כולן· אותן קרעין מתאחין או אינן מתאחין. אסיקנא הלוקת אבוה דר' אושעיא ובר קפרא : ירושלמי אבל שבא מן הדרך והיה רגליו קיהות מותר לרחוץ שאין רחיצה צונן רחיצה · תני אבל ומנודה שהיו מהלכין בדרך מותרין בנעילת הסנדל · ולכשיבואו לעיר יחלוצו וכן בט' באב · וכן בתענית צבור · תני מקום שנהגו לשאול בשלום אבלים בשבת שואלין · ר' אושעיא המא אבלין בשבת ואמר להו שלום עליכם כמנהג מקומו · ר' יוסי בן חלפתא הוה משתבח בר"מ קומי ציפוראי · אדם גדול קדוש צנוע הוא · חד (יומא) זמן חמון ליה שאיל בשלום אבילא בשבת · ותו אמרו ליה ר' אהן הוא דאת משני שבחיה אמר להן [מה עביד] א"ל שאיל בשלום אבילייא בשבתא · אמר לון בעיך אתון מידע חיילית · אתא להודעאן דאין אבלות בשבת דכתיב ברכת ה' היא תעשיר · זו ברכת שבת · ולא יוסיף עצב עמה · זו אבלות כמו דאמר נעצב המלך אל בנו · תני ארוסתו לא מתאבל

**) הכא כי"ל לדבר גם נהול לא להתעטף כעטיפת ישמעאלים לבל. ע"כ חוזה ד"ה ואמו.

ואם קראו את האבל לעלות לתורה, צריך לעלות, שאם היה נמנע, היה דבר של פרהסיא; ורבינו תם היו קורים אותו בכל פעם שלישי, ואירע בו אבלות ולא קראו החזן, ועלה הוא מעצמו, ואמר כיון שהורגל לקרותו שלישי בכל שבת, הרואה שאינו עולה אומר שבשביל אבלות הוא נמנע, והוי דברים של פרהסיא.

(וכן אם הכהן אבל, ואין כהן אחר בבהכ"נ, מותר לקרותו; אבל בענין אחר, אסור) [יד]**(הגהות מיימוני)** - (עיין בתשו' חת"ס, שהאריך קצת מדוע השמיט הרמ"א הא דאיתא בהגמיי' בשם מהר"ם מרוטנבורג, דטוב שיצא מבהכ"נ קודם שיקראו לתורה, ‹**נראה** דס"ל, דלומר לו אינו כדאי, דזה הוי כפרהסיא, ולכן טוב שיצא מעצמו קודם קה"ת, אבל כשהתחילו לקרות, לא יצא, דמינכר טובא והוי כפרהסיא, ולכן יקראו אותו - ערוה"ש›, **ובסוף** כתב מ"מ פשוט, במקום דכהן רגיל לצאת מבהכ"נ כדי לקרוא ישראל במקומו, א"כ גם כשהוא אבל ליכא אבילות פרהסיא כולי האי אם יוצא מבהכ"נ, **ומ"מ** אם אינו יוצא וקורים אותו, אין בכך כלום - פת"ש).

[**וכתב רש"ל** בתשובה, דאבל שיום מילת בנו בשבת, אין לו לעלות לתורה, אע"פ שנהגו בקצת מקומות שאבי הבן הוי חיוב לעלות ביום מילת בנו, מ"מ לא מקרי פרהסיא – ט"ז]. ‹**וליתא** לדידן דנוהגין לעשות שורה, והעולים עושים מי שבירך בעד אבי הבן, אין לך פרהסיא גדולה מזו, ושפיר דמי להעלותו לתורה – פר"ח›.

(**עבה"ט** של הרב מהרי"ט ז"ל בשם רש"ל, ועיין בתשו' דת אש שדעתו אינו כן, **וכתב** דאם אירע לאבל בשבת שתוך ז' הוא חיוב לעלות לתורה, כגון אם אשתו יולדת או שהוא יא"צ, מותר לעלות לתורה, דאם אינו עולה, יהיה אבילות דפרהסיא, ע"ש - פת"ש).

(**עיין** בתשו' גבעת שאול שכתב, דמה שנוהגים העולם בע"ש תוך ז' ימי אבילות, לישב על כסא וספסל וללבוש מנעלים תיכף אחר חצות היום מפני כבוד שבת, טעות הוא, וראוי לכל בעלי תורה למחות ולגעור באותם אנשים המקילים בדבר זה ולבטל מנהגם, ע"ש. **ועיין** בשו"ת שיבת ציון שכתב, דאבל בע"ש משעה שהקהל קבלו עליהם שבת, דהיינו באמירת ברכו, פסק דין אבילות, דאז הוא הכנסת שבת, **וכן** נוהגין, שהאבל עומד בע"ש למנחה בחליצת מנעלים חוץ לבהכ"נ, וקודם שמתחיל החזן ברכו קוראים להאבל שיכנוס, ונועל מנעליו, **וכל** זה אם האבל דר במקום שמתפללין בצבור, והיחיד נגרר אחר הצבור, **אבל** אם האבל דר במקום שאין שם מנין עשרה, ודאי שאין האבל רשאי להקדים לקבל עליו שבת בעוד היום גדול כדי לפטור עצמו מדיני האבילות, **ואף** שהוא נוהג בכל שבתות השנה להוסיף הרבה מחול על הקודש, אפ"ה בע"ש שבתוך האבילות אינו רשאי להסיר מעליו חיוב דיני אבילות קודם זמן מנחה קטנה, שהוא ב' שעות ומחצה קודם הלילה, **אבל** מזמן מנחה קטנה רשאי להקדים, ע"ש - פת"ש).

‹**אבל** לא ילבש מנעלים עד סמוך לשבת, והיינו מפלג המנחה ולמעלה, שהוא שעה ורביע קודם הלילה. **ויכול** ללבוש כתונת נקיה, דאין זה תענוג, אלא להסיר הזיעה והערבוביא, **וראיתי** מי שכתב, שיכול ללבוש גם בגדי שבת, ואין מנהגינו כן, ורק פושטין הבגד שבו הקריעה ולובשין בגד אחר, אבל לא בגדי שבת, **ורק** בתוך שלשים לובשים בגדי שבת, וגם בתוך שלשים יש שאין לובשין בגדי שבת, אבל בתוך שבעה לא ראינו מי שילבש בגדי שבת. **ומהרי"ל** לא היה מברך הילדים בשבת שבתוך אבלות כדרכו בכל השבתות, דאין זה ממילי דפרהסיא. **ואצלינו** המנהג בהרבה מקומות, שהאבל ממתין בע"ש קודם קבלת שבת בהפרוזדור של בהכ"נ או של בהמ"ד, וקודם קבלת שבת מכריז השמש: לכו נגד האבל, וקמים העם ממקומם ויוצאים נגדו, והוא נכנס לבהכ"נ או לבהמ"ד, **וכמה** שאין רצונם בזה, ועושים מנין בביתם לקבלת שבת - ערוה"ש›.

אות ד'

כל קרע שאינו בשעת חימום אינו קרע

טור יו"ד סי' שמ - וכשם שקורע על קרובו שמתאבל עליו, כך קורע על מת שמת לקרובו; וכתב הרמב"ן שאינו קורע אלא בפני קרובו, כדרך שאומרים באבילות, שאינו מתאבל עם קרובו אלא בפניו; וא"א הרא"ש ז"ל כתב, כיון דקריעה אינו אלא בשעת חימום, קורע מיד אפי' שלא בפניו.

[טו]**יו"ד סימן שצו ס"א -** [טז]**אבל שלא נהג אבלותו תוך שבעה, בין בשוגג בין במזיד, משלים אותו כל שלשים** - ‹אבל כשעברו ל', לא שייך לנהוג אבלות אפי' על אביו ואמו, דעיקר אבלות הוא רק ל', וראיה לזה משמועה רחוקה דאינו נוהג אלא שעה א' - ערוה"ש›.

חוץ מהקריעה, שאם לא קרע בשעת חימום, אינו קורע אלא [יז]**תוך שבעה; חוץ מאביו ואמו שקורע אפי' לאחר שבעה.**

‹**בתפל"מ** כתב, דהיינו אם נהג אבילות ולא קרע, אינו קורע אחר ז', אבל אם לא נהג אבילות כלל, בענין שצריך לנהוג להשלים כל ל', קורע ג"כ כשנוהג דין ז', ע"ש, **ומפסקו** של הרב כנה"ג בתשובתו בספר בעי חיי, מבואר דלא ס"ל הכי, דבכל ענין אינו קורע - רעק"א›.

כתב הב"ח, דהיכא שהיה אנוס, כגון שהיה חולה ומסוכן שאי אפשר לקרוע, או כגון שאין דעתו צלולה ומיושבת עליו, וחזר לבוריו ולדעתו אחר שבעה, שחשוב עכשיו כשעת חימום, **דלא** דמי לשוגג או מזיד דעבר שעת חימום, כיון שהיה בריא בשעה ששמע שמת לו מת, וחייב באותה שעה, **אבל** זה לא נתחמם אלא בשעה שחזר לבוריו ודעתו צלולה ומיושבת, ובאותה שעה חל עליו חובת קריעה, ע"כ - ש"ך.

[**לענ"ד נראה, אם היה חולה ודעתו אינה מיושבת מחמת חולי, לא אזלינן בזה בתר שעת חימום, דהא אין יודע להתחמם, אלא כשתבוא לו דעה צלולה כשאר כל אדם, אז הוה חימום שלו, אבל לא אכפת לן במה שהוא אינו יכול לקרוע מחמת שהוא מסוכן בחליו, דסוף סוף ידע בחימום בעת ההיא, ועל כן פטור אח"כ מלקרוע, כנ"ל – ט"ז**]. ‹דחוק

באר הגולה

יד וכתב רש"ל בתשובה, דאבל שיום מילת בנו בשבת, אין לו לעלות בתורה, אע"פ שנהגו בקצת מקומות שאבי הבן הוי חיוב לעלות ביום מילת בנו, מ"מ לא מקרי פרהסיא | טו ‹פשוט› | טז טור בשם הראב"ד, וכ"כ הרמב"ן בסת"ה והרא"ש בשמו, ולמד כן מדקתני בברייתא במו"ק דף כ. קיים כפיית המטה וכו' ולא קתני הקובר מתו ‹ש"מ בעינן קיום אבלות קודם הרגל, שאם לא קיים אבלות קודם הרגל שוגג או מזיד, אין רגל מפסיקו שלא יהא חוטא נשכר, ומינה ילפינן לכל אבל שלא נהג אבלותו תוך שבעה, שישלים אבלותו - ב"י› | יז ‹והמקור מדף כ: ע"ש, אבל מסוגיא זה מבואר דאף תוך ז' נחשב שלא בשעת חימום, וכמו שהקשה תוס' ד"ה וכל, וע"ש מה שתירץ›

הוא, דע"פ רוב דעת החולה רפוי הוא, ולא מיקרי אז שעת חימום כלל, וקורע אח"כ דהוה אז שעת חימום הגמור, ודו"ק - ערוה"ש. ‹**תמוה** מה שאין מזכיר דברי חמיו כדרכו - באה"ט›.

אות ה' – ו'

וכל עטיפה שאינה כעטיפת ישמעאלים אינה עטיפה עד גובי דדיקנא

טור יו"ד סימן שפו - אבל חייב בעטיפת הראש, פי' שיכסה ראשו ולא יהא ראשו מגולה; ואמר שמואל כל עטיפה שאינה כעטיפת ישמעאלים אינה עטיפה, ואמר רב נחמן על גובי דיקנא; וכתב רב האי, [יח]דיקנא הוא שער שעל הלסתות, ועטיפה זו למעלה מן החוטם; וישמעאלים נראין עדיין שמחזירין קצת המצנפת על פניהם ועל ראש החוטם שלהן.

יו"ד סימן שפו ס"א - [יט]אבל חייב בעטיפת הראש, [כ]דהיינו שיכסה ראשו בטלית או בסודר, ויחזיר קצתו על פיו ועל ראש החוטם.

אות ז'

בשבת קורעו לאחוריו, ואם בא להחליף מחליף ואינו קורע

יו"ד סימן ת ס"א - עיין לעיל אות ב' - ג'.

אות ח'

חד אמר: אין מתאחין

יו"ד סימן שמ סי"ד - [כא]על כל המתים, אם בא להחליף תוך ז' ימים, מחליף ואינו קורע; על אביו ואמו, אם מחליף תוך ז', קורע כל הבגדים שהוא מחליף, ואינו מאחה לעולם, כמו בפעם הראשון - היינו בחול, אבל בשבת אף על אביו ואמו מחליף ואינו קורע, **ואם** אין לו להחליף, מחזיר הקרע לאחוריו, כדאיתא בש"ס, **מיהו** היינו דוקא כשמחליף בבגדים של חול, אבל בבגדי שבת נוהגין איסור, כדלקמן סי' שפ"ט סעיף ג' - ש"ך.

(על כל המתים יכול להחזיר קרעו לאחריו תוך שבעה, אבל לא באביו ואמו) (רבינו ירוחם בשם [כב]הראב"ד).

[כתב מו"ח ז"ל בשם מהר"ר מנחם מ"ץ, בגדים ישנים שהיו יודעים שלבש אותם קודם מיתת אביו, יכול ללובשן אחר ז' בלא קריעה, עכ"ל – ט"ז]. ‹**ואיני** יודע הרבותא בזה, דהא הגמ' לא אסרה רק תוך ז', ואי משום חשדא, שיאמרו שלובש בגד חדש, הישן ניכר לכל, וצ"ע - ערוה"ש›.

אות ח'* [כג]

דברים שבצינעא נוהג

סימן תקמח ס"ד - זה שאמרנו שהקובר מתו ברגל לא חלה עליו אבילות, הני מילי דברים של פרהסיא; [כד]אבל דברים שבצנעה נוהג - היינו רחיצה בחמין ותשמיש ות"ת, נוהג בכל זה אבילות ואסור, **ויש** מתירין בת"ת, ומ"מ לענין לעלות לתורה ברגל לצרפו למנין הקרואים, נראה דלכתחלה אינו כדאי.

ולא ישנה כסותו, ‹ללבוש בגדי חול, אלא לובש בגדי יו"ט›, אע"ג דשאר אבל משנה ברגל, מ"מ זה שלא התחיל עדיין באבילות, אין לנהוג כן ברגל, **גם** אין משנה מקומו, הואיל ולא שינה קודם יו"ט, [פמ"ג, **וע"ש** שמסתפק לענין בגד חדש].

ולענין תפילין בחוה"מ ביום ראשון שמת לו מת, ע"ל בסי' ל"ח במ"ב ס"ק ט"ז, ועיין בשע"ת בסימן זה.

(מיהו מותר לישן עם אשתו בחדרו ואין צריך שמירה).

יו"ד סימן שצג ס"ב - ולאחר שנקבר, [כה]נוהג דברים שבצינעא - (עיין בתשו' שער אפרים, דאסור לישא כפיו - פת"ש), **(ומ"מ מותר לייחד עם אשתו)** - ‹דרק בחתן מחמרינן בסי' שמ"ב, אבל שלא בחתן דינו כמו נדה שמותר ביחוד - ערוה"ש›. **(וע"ל סימן שפ"ג ובאו"ח סימן תקמ"ח).**

אות ט'

כל שלשים יום תינוק יוצא בחיק וכו'

יו"ד סימן שנג ס"ד - [כו]תינוק בן ל' יום, מוציאים אותו בחיק לבית הקברות, ולא בארון - וכתוב בא"ז, דהיינו דא"צ להוציאו ‹במטה› אלא בחיק, אבל אם רוצים להוציאו במטה הרשות בידם, ומביאו הב"ח - ש"ך, **ונקבר באשה אחת ושני אנשים; אבל לא באיש אחד ושתי נשים, משום יחוד** - ‹דאפילו בשעת אנינות יצרו של אדם מתגבר עליו - ערוה"ש›.

[כז]ואין עומדים - פי' אין צריך לעמוד **עליו בשורה** - ר"ל שהיה כל אחד אומר לו תתנחם - ש"ך, **ואין אומרים עליו ברכת אבלים ותנחומי אבלים, ואפילו אם קים לן שכלו לו חדשיו.**

באר הגולה

[יח] ‹עיין ברש"י, ומשמע קצת מפרישה דהוי אותו השיעור› [יט] **מו"ק ט"ו. מדקאמר ליה רחמנא ליחזקאל ולא תעטה על שפם, מכלל דלכו"ע אסירי** [כ] **טור בשם פי' רב האי אמימרא דשמואל כל עטיפה וכו' ואמימרא דרב נחמן ע"ג דיקנא שם דף כ"ד.** [כא] **ברייתא דף כ"ד.** [כב] **מדין דלעיל דמחליף ואינו קורע** ‹כי כמו שמחליף, כך אם רצה להחזיר קרעו כל שבעה, בשאר מתים מחזיר - ב"י› [כג] ‹ע"פ הכסף משנה, עיין לקמן בהערה› [כד] **התוס' והרא"ש בריש כתובות והרמב"ן בסת"ה** [כה] **מהא דאמר רבי יוחנן דברים שבצנעא נוהג כתובות דף ד. וכדעת הרמב"ן וכן פסקו התוס' והרא"ש שם בכתובות וכתבו שכן פסק בה"ג** ‹כתב הרמב"ן, שיש כת מן החכמים כדברי רבינו {דאין נוהג אפי' דברים של צנעא במועד}, וטעמם משום דהא דקאמר בריש כתובות (דף ד') מסייע לרבי יוחנן דאמר אע"פ שאין אבילות במועד, אבל דברים שבצינעא נוהג, היא השמועה האמורה בפ' אלו מגלחין (דף כ"ד) אביי אשכחיה לרב יוסף דפריס סודרא ארישיה בשבת, אמר ליה לא סבר לה מר אין אבילות בשבת, אמר ליה הכי אמר רבי יוחנן דברים שבצינעא נוהג, והם מפרשים דדוקא בשבת לפי שהיא עולה, הנהיגו בה בצנעא, אבל ברגלים שמפסיקין ואינם עולים, לדברי הכל אינו נוהג לא בצנעא ולא בפרהסיא, עכ"ל. **ונראה** מדבריו שהיו גורסים בההיא דרבי יוחנן דריש כתובות, "דשבת" במקום "דמועד", **והרמב"ן** חולק על סברא זו, והאריך לטעון עליה והעלה דדברים שבצינעא נוהגים במועד, וכן פסקו התוס' והרא"ש בריש כתובות - כסף משנה פ"י מהל' אבל ה"ג› [כו] **ברייתא שם דף כ"ד. וכת"ק** [כז] **פי' רש"י, כשחוזרין מבית הקברות עוברים לפני האבל בשורה וכל אחד אומר לו תתנחם, וברכת אבלים, ברכה שאומרים ברחבה, ותנחומי אבלים, שהולכים כל שבעה לביתו לנחמו**

אבא שאול אומר אף באיש אחד ושתי נשים ואין עומדין עליו בשורה ואין אומרים עליו ברכת אבלים ותנחומי אבלים בן שלשים יוצא בדלוסקמא רבי יהודה אומר לא דלוסקמא הניטלת בכתף אלא הניטלת באגפיים ועומדין עליו בשורה ואומרים עליו ברכת אבלים ותנחומי אבלים *בן י"ב חדש יוצא במטה ר"ע אומר הוא בן שנה ואבריו כבן שתים הוא בן שתים ואבריו כבן שנה יוצא במטה ר' שמעון בן אלעזר אומר היוצא במטה רבים מצהיבין עליו אינו יוצא במטה אין רבים מצהיבין עליו ר"א בן עזריה אומר ניכר לרבים רבים מתעסקים עמו אינו ניכר לרבים אין רבים מתעסקים עמו ומה הן בהספד רבי מאיר בשם רבי ישמעאל אומר עניים בני שלש עשירים בני חמש רבי יהודה אומר משמו עניים בני חמש עשירים בני שש ובני זקנים כבני עניים אמר רב גידל בר מנשיא אמר רב הלכה כרבי יהודה שאמר משום רבי ישמעאל דרש ר' ענני בר ששון אפיתחא דבי נשיאה יום אחד לפני עצרת ועצרת הרי כאן ארבעה עשר שמע רבי אמי ואיקפד אמר אטו דידיה היא דרבי אלעזר א"ר אושעיא היא דרש רבי יצחק נפחא אקילעא דריש גלותא יום אחד לפני עצרת ועצרת הרי כאן ארבעה עשר שמע רב ששת איקפד אמר אטו דידיה היא דר"א אמר ר' אושעיא היא דא"ר אלעזר א"ר אושעיא מנין *לעצרת שיש לה תשלומין כל שבעה שנאמר °בחג המצות ובחג השבועות(א) מה חג המצות יש לה תשלומין כל שבעה אף חג השבועות יש לה תשלומין כל שבעה *אדבריה רב פפא לרב אויא סבא ודרש יום אחד לפני ראש השנה וראש השנה הרי כאן ארבעה עשר אמר רבינא הלכך יום אחד לפני החג וחג ושמיני שלו הרי כאן עשרים ואחד יום רבינא איקלע לסורא דפרת א"ל *רב חביבא מסורא דפרת לרבינא אמר מר יום אחד לפני ראש השנה וראש השנה הרי כאן ארבעה עשר אמר ליה אנא מסתברא כרבן גמליאל הוא דאמינא: **מתני'** אין קורעין ולא חולצין ואין מברין אלא קרוביו של מת °ואין מברין אלא על מטה זקופה: **גמ'**

רש"י

דלוסקמא · ארון: **ואין עומדין עליו בשורה** · אין צריך לעמוד עליו בשורה כשחוזרין מבית הקברות עוברין לפני האבל בשורה וכל אחד אומר לו תתנחם: **ברכת אבלים** · ברכה שאומר ברחבה כדאמר בכתובות (ד' ח:): **תנחומי אבלים** · כל שבעה הולכין לנחמו בביתו: **הניטלת בכתף** · באדם אחד: **באגפיים** · בשני בני אדם דרך כבוד: **ואבריו כבן שתים** · שאבריו גדולים: **מצהיבין** · מרגישין ומצטערין: **ניכר לרבים** · שהיו מכירין כבר שהיה רגיל לצאת מן הבית: **מה הן בהספד** · כמה יהא גדול שמטוה להספידו: **עניים בני שלש** · לפי שהעני מצטער על בניו יותר מן העשיר לפי שאין לו שמחה אחרת: **יום אחד לפני עצרת** · היה אבל: **הרי כאן ארבעה עשר** · דעצרת חשוב כשבעה וזהו יום שלפני עצרת חשוב ז' דסבר כי הא תנא דלעיל (ד' כ:) דאמר אפילו יום אחד אפילו שעה אחת וכמאן דאמר עצרת כרגלים: **מתני' על מטה זקופה** · יושבין המנחמין: **חולצין** · כתפיהן:

תוספות

אבא שאול אומר אף באיש אחד ושתי נשים · מפורש במסכת קדושין (דף פ: ושם) אע"ג דאין איש אחד מתייחד עם שתי נשים בשעת אבילות דטרידא שרי:

ואין אומרים עליו ברכת אבלים · פירש בקונטרס דמיירי בלא כלו לו חדשיו ומיהו אפי' מיירי בכלו לו חדשיו נהי דמתאבלים עליו כדאיתא בפרק ר"א (שבת ד' קלו: ושם) ובפרק יש בכור לנחלה (בכורות דף מט:) מ"מ אין מחמירין עליו כל כך לצערו כדאשכחן בהני דסמוך דלפי מה שהוא גדול מחמירין לכבודו:

ברכת אבלים ותנחומי אבלים · שמנחמים אותו בדברים:

לעיל (ע"א) פירש בקונטרס דאם בא להחליף בגדים שכבסו קודם הרגל ללבוש בגדים שהן מכובסין כי חלוק הוא מלבוש ומכאן *משמע שר' שמעון היה מתיר בגדים שכבסו קודם הרגל ובתוס' פי' אם בא להחליף ללבוש בגדים שאינם מכובסים כי חלוק הוא מלבוש ורגילים ללובשו ולהחליף בלא כיבוס ור' יצחק זקיני סובר כך ועל פירש"י הקשה דאי שרי בגדים שכבסו קודם אבלו ומסתמא הכי נמי שרי בגדים המגוהצים קודם אבילות וא"כ מכין לו למעלה דאביי כרבי *מנא ב"ר אלעזר בן שמעון שמא מקודם אבלו היו מגוהצין וי"ל דמדשרו הכי דוקא ולא חדשים לבנים ש"מ דסבירא להו הכי ומיהו זהו המנהג עתה שמלבישין אותו לאדם אחר יום או חצי יום ואין זה קרוי בגד מכובס לדידיה:

רבי עקיבא אומר בן שנה כו' · ולא סגי בי"ב חדשים ובמסכת שמחות *נראה לי ר"ע כו' פירוש דלא בעי ג' שנים ואם מת ביום שלשים פוסק בפ' יש בכור (בכורות ד' מט:) שלשים יום באדם אינו נפל ויום שלשים לענין אבילות כיום שלפניו ואינו מתאבל וה"ה מסתמא לענין בכור:

דרבי אלעזר א"ר אושעיא היא · והא דלא מייתי ברייתא דר"א בן יעקב דמפיק תשלומין מוקראתם ובקצרכם איזהו חג שאתה קורא וקוצר הוי אומר זה חג השבועות וריש לקיש אמר חג הקציר איזהו חג שאתה חוגג וקוצר בו הוי אומר זה עצרת ויש לומר דלא ידעינן כמה ימים אי לאו מדרבי אושעיא כדאיתא פרק אין דורשין (חגיגה דף יז: ושם) אלא קשיא מנא ליה דעצרת כרגלים בזמן הזה הא ליכא תשלומין והכי דמתני' הכי משמע מדקאמרי עצרת כרגלים משמע לגמרי מיהו היא גופא מנא ליה י"ל כיון דעצרת חד יומא ונחשב כמו פסח וסוכות בזמן שבית המקדש קיים לענין תשלומין חשיב נמי לדידן כרגל דפסח וסוכות מיהו בר"ה ויום הכפורים משמע דלא סבירא להו הכי דליהוו חשיבי כשבעה ימים מדלא נקט אלא עצרת ולית ליה דרבן גמליאל ורב פפא דבסמוך דאמרי אפילו ר"ה ויוה"כ ישנן כרגלים דלעולם הוא במקום פסח וסוכות הקשה בתוספות הרב מה אנו צריכים שיהא ראש השנה כשבעה ימים בלאו הכי נמי מותר לגלח ערב יום כפורים דהוי קובר את מתו שמונה ימים קודם יום כפורים דבטלה הימנו גזרת שלשים ותירץ דנפקא מינה אם לא גילח ערב יום כפורים דאינו מגלח אחר יום כפורים אבל עתה דחשבינן ראש השנה כשבעה ויום הכפורים כשבעה וערב ראש השנה כשבעה ימים קודם ובין ראש השנה ליום כפורים שבעה ונקיט ליה בתר יום כפורים שני ימים ומגלח ואין נראה לי תירוץ זה דהא קיימא לן כאבא שאול דאמר לעיל (ד' יט:) מגלח אחר הרגל אלא יש לפרש דנפקא לן מינה לענין שמועה רחוקה דחשבינן לה שמועה רחוקה בהני שני ימים אחר יום כפורים וזהו דוחק גדול כי זה אינו מפורש בשום מקום שתחשב שמועה רחוקה פחות משלשים יום ויותר היה יכול לומר לענין דחשבינן אחר ראש השנה שבת שלישית דאמר לעיל יושב במקומו מיהו אין זה נראה שום קושיא כלל דהא דאמר שמונה ימים קודם הרגל בטלה ממנו גזרת שלשים יום היינו דוקא היכא דנהגו אבילות שבעה ימים אבל זה שלא נהג אבילות כי אם יום אחד לא אמרינן יום כפורים מבטל שלשים ותמהתי למה לא פירש הרב כך כי דבר זה פשוט ובסמוך פירש כענין זה הרב יום אחד לפני החג וחג ושמיני שלו הרי כאן כ"א יום דודאי בהכי אומרים דשמיני עצרת הרי כ"א יום אבל מת ברגל שלא נהג אבילות קודם הרגל לא הוי שמיני עצרת כי אם יום אחד למנין שלשים כך נראה לי ולפי זה יודע הבירור כך פירש הרב ופירש בהלכות גדולות דהשתא דאית לן תרי יומי אי שכיב ליה שיכלה ביום טוב ראשון לא ינהוג אבילות עד מוצאי יום טוב שני (ימים) והוא יום טוב שני עולה למנין שבעה ואי שכיב ביום טוב שני הואיל ונהג אבילות דכיון דיום טוב שני דרבנן אתי אבילות דאורייתא דיום ראשון דהוי מן התורה כדאמרינן בזבחים (ד' ק:) ומבטל יום שני דרבנן ואין נראה לר"י וגם אין נוהגין כלל ובמקום אחר פירשתי:

אלא קרוביו · ירושלמי ולבד קרובים הראוין להתאבל כדכתיב דרבי אבין דמך במועדא לא גמל ר' מנא חסדא אמר בתר מועדא ניעבדה ליה יקרא ופסיק חכם שמת הכל כקרוביו מברין עליו אלו ואלו נראה לי מכאן משמע שיש הבראה בלא אבילות *כגון ברגל ולקמן (ד' כה:) אמר אפי' רבו שלמדו חכמה אינו יושב עליו אלא יום אחד והמהאי אם לא נערך הבראה לשמועה רחוקה ולא מצינו ברבי חייא שעשו לו הבראה אלא קאמר לעיל (דף כ:) והולך כלי אחריו לבית המרחץ ושמא לענין הבראה החמירו משום כבוד החכם:

עין משפט נר מצוה

קסה א ב ג ד מיי' פי"ב מהל' אבל הל' י והל' יא טוש"ע יו"ד סי' שנג סעי' ה:

קסו ה מיי' פ"ט שם סמג עשין מד"ס ג טוש"ע יו"ד סי' שמד סעיף ד:

קסז ו מיי' פי"ט שם הל' ג סמג שם טוש"ע יו"ד סי' שנט סעי' ח:

קסח ז מיי' פי"א מהל' חגיגה הלכה ז:

קסט ח מיי' פי"ג מהל' אבל הל' ג סמג שם טוש"ע יו"ד סי' שעט סעי' ט:

קע ט מיי' שם הל' ד טוש"ע שם סעי' יא:

משמע שר"ש היה מתיר בגדים שכבסו קודם אבלו וכתוס' פי' כל"ל

קעא י מיי' פ"ז מהל' י"ט הל' כב ופי"א מהל' אבל הל' ב סמג שם ולאוין עה טוש"ע א"ח סי' תקמז סעי' ו וטוש"ע יו"ד סי' שמ סעי' כב:

דאביי כרבי ורבה כראב"ש פי' רש"ש

קעב כ מיי' שם טוש"ע א"ח שם סעי' ד וי"ד שם סעי' ד:

קעג ל מ מיי' שם הל' ג טוש"ע א"ח שם סעי' ח וי"ד שם:

פ"ג גרסי' בן ג' שנים יוצא במטה ר' עקיבא כו' פי' דלא בעי ג' כו' כל"ל

רבינו חננאל

כר"ג · איכא דאמרי להא דרב גידל אתא דתניא תינוק כל ל' יום יוצא בחיקו ונקבר באשה אחת ובשני אנשים אבל לא באיש אחד ושתי נשים · אבא שאול אומר אף באיש אחד ובשתי נשים · ואין עומדין עליו בשורה ואין אומרין עליו ברכת אבלים ותנחומי אבלים. בן ל' יום יוצא בדלוסקמא · ר' יהודה אומר לא דלוסקמא הניטלת על הכתף אלא הניטלת על אגפיים · ועומדין עליו בשורה ואומרין עליו ברכת אבלים ותנחומי אבלים · בן י"ב חודש יוצא במטה · ר' עקיבא אומר בן שנה ואבריו כבן שנתיים ואבריו כבן שנה יוצא במטה · רבי שמעון בן אלעזר אומר היוצא במטה רבים מצהיבין עליו · ר' אלעזר בן עזריה אומר ניכר לרבים רבים מתעסקין בו · אין ניכר לרבים אין רבים מתעסקין בו · מה הן בהספד · ר' מאיר אומר משום ר' ישמעאל עניים בני שלש עשירים בני חמש · ר' יהודה אומר משום ר' ישמעאל עניים בני חמש

מסורת הש"ס

[שמחות פ"ג ע"ש]

דברים טז

[ע' פרש"י ביצה כט:]

בב"מ סח. סני' רב חנינא

הגהות הב"ח

(א) גמ' בחג המצות ובחג השבועות ובחג הסוכות מה חג המצות:

גליון הש"ס

תוס' ד"ה אלא כו' כגון ברגל · עיין לעיל דף כ ע"א תוס' ד"ה שמע

[עיין תוס' כתובות מז: ד"ה מטה דרכים שאני]

עשירים בני שש · ובני זקנים כבני עניים · אמר רב גידל בר מנשיא אמר שמואל הלכה כר' יהודה שאמר משום ר' ישמעאל · ירושלמי: ירושלמי תני אין מראין פנים לא בר"ה ולא ביוה"כ · [illegible]

§ מסכת מועד קטן דף כד: §

אות א׳ - ב׳ - ג׳ - ד׳

לא דלוסקמא הניטלת בכתף, אלא הניטלת באגפיים. ועומדין עליו בשורה, ואומרים עליו ברכת אבלים ותנחומי אבלים

בן שנים עשר חדש יוצא במטה

היוצא במטה רבים מצהיבין עליו, אינו יוצא במטה אין רבים מצהיבין עליו

ניכר לרבים רבים מתעסקים עמו, אינו ניכר לרבים אין רבים מתעסקים עמו

יו״ד סימן שנג ס״ה - [א]בן ל׳ יום גמורות, יוצא בגלוסקמא (פי׳ ארון, וייטס בארון: ת״י וטוון יתיה בגלוסקמא, ערוך; ונמ״י פי׳ נסר רחב) הניטלת באגפיים (ופי׳ אגפיים, זרועות) – [גמרא מו"ק כ"ד: לא דלוסקמא הניטלת בכתף אלא הניטלת באגפיים. ופירש"י: לא בדלוסקמא הניטלת בכתף: באדם אחד, אלא הניטלת באגפיים: פירוש בשני בני אדם דרך כבוד – ט״ז].

פי׳ בנסר רחב שאינו ניטל אלא על הכתפים, ואין צריך מטה גדול - ש"ך.

‹**בנ"י** לא בדלוסקמא כו׳, כלומר כ"כ גדולה שלא תהיה ניטלת אלא על כתיפו אלא בדלוסקמא קטנה הניטלת באגפיים על זרועותיו, {וכמ"ש הגהת השו"ע}, עכ"ל, **ודברי** הט"ז הם פירש"י, וצ"ע - רעק"א›. ‹**שהש"ך** הוא דלא כמאן, וגם דלא כהגמ׳, ומקורו בלבוש, וכתב על הלבוש בהג׳ מהר"א אזולאי: ואפשר שנפל טעות בדברי המחבר›.

ועומדין עליו בשורה, ואומרים עליו ברכת אבלים ותנחומי אבלים. בן י״ב חדש, יוצא במטה. [ב]וכל היוצא במטה, רבים [ג]מצהיבים עליו; ושאינו יוצא במטה, אין רבים מצהיבים עליו. [ד]וכל הניכר לרבים, רבים מתעסקין בו; וכל שאינו ניכר לרבים, אין רבים חייבים להתעסק בו.

אות ה׳

עניים בני חמש, עשירים בני שש; ובני זקנים כבני עניים

יו״ד סימן שדמ ס״ד - [ה]קטן, בן כמה שנים יהיה כשמספידין עליו, עניים [ו]בני חמשה - שהעני מצטער על בניו יותר מהעשיר, לפי שאין לו שמחה אחרת - ש"ך, [דעשירים יש להם שמחה בממון שלהם – ט״ז], **עשירים בני ששה** - ‹שאז הם חביבים על אבותיהם ויש להם עגמת נפש במיתתם – לבוש›. **בני זקנים כבני עניים** – ‹שגם הם שמחים מאד בבניהם – ערוה"ש›.

[ז]אבל צדוק הדין וקדיש, אומרים על תינוק משעברו עליו שלשים יום. הגה: ואין נוהגים כן, אלא עד שיהיה בן י״ב חדש שיוצא במטה, כדלקמן סי׳ שנ״ג ס״ה - ובכאן ק"ק לובלין, נוהגין שעל בן ל׳ אומרים צדוק הדין וקדיש, וכמדומה לי שגם בשאר קהלות נוהגין כן, וכן ראוי לנהוג - ש"ד.

אות ו׳

יום אחד לפני עצרת ועצרת, הרי כאן ארבעה עשר

יו״ד סימן שצט ס״ח - [ח]שעה אחת לפני עצרת חשובה כשבעה; ועצרת, כיון שאם לא הקריב קרבנות עצרת בעצרת יש לו תשלומין כל שבעה, חשוב כשבעה; הרי י״ד, ומשלים עליהם ט״ז אחרים; [ט]ויום שני של עצרת עולה למנין הט״ז - כיון דיום טוב שני אינו אלא מדבריהם - ש"ד.

[י]סימן תקמח סי״ג - [יא]שעה אחת לפני עצרת חשובה כז׳; ועצרת, כיון שאם לא הקריב קרבנות עצרת בעצרת יש לו תשלומין כל ז׳, חשוב כז׳; הרי י״ד, ומשלים עליהם (עוד) י״ו; ויום שני של עצרת עולה למנין הי״ו - אחרי דאנו בקיאין בקביעא דירחא, ועיקר יו"ט אינו אלא יום א׳.

אות ז׳

מנין לעצרת שיש לה תשלומין כל שבעה

רמב״ם פ״א מהל׳ חגיגה ה״ז - מי שלא חג ביום טוב הראשון של חג הסוכות, חוגג את כל הרגל וביום טוב האחרון שהוא שמיני, ואף השמיני תשלומי ראשון הוא; וכן מי שלא חג ביום חג השבועות, חוגג כל שבעה, ויש לו תשלומין כל ששת ימים שלאחר חג השבועות; ודבר זה מפי השמועה נאמר, שחג השבועות כחג המצות לתשלומין.

אות ח׳

יום אחד לפני ראש השנה, וראש השנה, הרי כאן י״ד

יו״ד סימן שצט ס״ט - [יב]שעה אחת לפני ר״ה, בטלה ממנו גזירת שבעה מפני ר״ה; [יג]וגזירת ל׳ מבטל ממנו יום כפורים; ומגלח ערב יום כפורים. וה״ה לקובר מתו בשלשה בתשרי, שמגלח בערב יוה״כ - ‹דכלו ז׳ ימים בערב יום כיפור, ועולה לכאן ולכאן, ומגלח בו ביום – לבוש›.

‹**ונ"ל** דמגלח אפילו בבוקר, ואפילו לרבינו הרמ"א דבכל ערב רגל אינו מותר אלא בסמוך לחשיכה, כמ"ש בס"ג, בעיוה"כ מודה, דנחשב בעצמו קצת כיו"ט – ערוה"ש›.

באר הגולה

[א] שם בברייתא וכדמפרש רבי יהודה שם [ב] לשון הרמב״ם מברייתא דרשב״ג ‹כ״כ בב"י, ולא בן אלעזר› שם [ג] פי׳ מרגישין ומצטערין, ערוך [ד] שם ומדברי ראב״ע שם [ה] ברייתא מו״ק כ״ד: וכר׳ יהודה משום ר׳ ישמעאל [ו] דזהו שמחתם שאין להם ממון לשמוח בהם [ז] טור בשם רב האי וכ״כ הרמב״ן בסת״ה [ח] שם [ט] ציינתיו לעיל סוף ס״ב [י] ‹ע"פ הבאר הגולה› [יא] שם וכדאמר ר״א א״ר אושיעא [יב] שם בגמ׳ אדבריה רב פפא לרב אויא סבא וכו׳ [יג]ברא״ש בשם הרז״ה והרמב״ן ז״ל, וכ״כ הגהמי״י שלזה הסכים הר״מ, וכ״כ הגה״א בשם א״ז

(קשה לי, אמאי לא כתב הטושו"ע דיום ר"ה נחשב לז' ימים כמו עצרת בס"ח, וכדאיתא להדיא בסוגיא, ואף דלענין גילוח ליכא נ"מ, דהא בעיוה"כ ממילא רשאי לגלח, מ"מ נ"מ דאחר ר"ה הוי שבוע ג' לענין יושב במקומו, כמו בסעיף י"ב, וצ"ע – רעק"א).

[יד]סימן תקמח סי"ד - [טו]שעה אחת לפני ראש השנה, בטלה ממנו גזירת שבעה מפני ראש השנה, וגזירת שלשים מבטל ממנו יום הכפורים, ומגלח בערב יוה"כ.

[טו]וה"ה לקובר מתו בשלשה לתשרי, שמגלח בערב יום הכפורים - דהוא יום שביעי, ועולה לכאן ולכאן, וכנ"ל בס"ח, וכ"ש דמותר רחיצה וכיבוס, **ועיין** לקמן בסימן תר"ו במ"א, דמצדד שם לענין רחיצה שעה או שתים קודם חשיכה ולא קודם, (כשחל תוך שבעה), **ובענינינו** שנשלם שבעה, אפשר להקל אפילו קודם, (ואף לדעת הרמ"א בס"ח, שאינו מתיר לרחוץ רק מאחרי תפילת המנחה, מ"מ מותר אפי' קודם שעה או שתים – מ"ב המבואר).

אות ט'

יום אחד לפני החג, וחג, ושמיני שלו, הרי כאן כ"א יום

יו"ד סימן שצט סי"א - [יז]שעה אחת לפני החג והחג, הרי י"ד; ושמיני עצרת שבעה, הרי כ"א; [יח]ויום שני של שמיני עצרת, הרי כ"ב; ומשלים עליהם ח' אחרים.

[קשה, ליחשב שמיני עצרת כרגל בפני עצמו גם לענין ביטול ל', כיון דנתבטל ז' קודם החג, והחג נחשב לשבעה, הרי י"ד, כמו דאמרינן ביו"כ בסעיף י', תירץ הרא"ש, דשאני הכא שלא נהג דין ל' כלל, ואע"ג שנהג גיהוץ ותספורת, מ"מ הרי בלאו אבילות נמי *אסור באלו מחמת הרגל, **וצ"ע** לתרץ זה אליבא דרמב"ן, דס"ל דיש באבילות איסור נוסף על איסור הרגל, כמוזכר לעיל סימן זה סעיף א', א"כ קשה למה לא יבטל שמיני עצרת את שלשים, כיון שכבר נהג בדין שלשים בתוספת האיסור, **ונראה דמ"מ** יש כאן שינוי משאר שלשים בחול, דהתם יש היכר בעיקר הדין גיהוץ ותספורת, משא"כ כאן שאין היכר אלא בתוספת, וזה אין הוכחה כ"כ, ודי בזה שנאמר שהרגל עולה למנין הל', אבל לא לענין דליהוי כנהג מקצת שלשים ממש, לענין שיבא שמיני עצרת ויבטל לגמרי שאר הל', כנ"ל – ט"ז].

*יש לעיין, הא מצד הרגל היה מותר לגלח, כיון דהיה אנוס ולא היה לו היתר לגלח קודם הרגל, וכמו חל ז' שלו בשבת ערב הרגל, דמותר לגלח ברגל, ועיין תשו' נוב"י – רעק"א.

(**עיין** בתשו' נו"ב שכתב, דלפמ"ש הרא"ש הטעם דאין שמיני עצרת מבטל גזירת ל' לגמרי, אף דכבר נהג גזירת ל' בחוה"מ דהיינו גיהוץ ותספורת, זה אינו אסור מחמת אבילות, דבלא"ה אסור משום הרגל, **לפי"ז** יתחדש לנו דין חדש, דלר"ת דס"ל דמי שגלח בערב הרגל מותר לגלח בחוה"מ, א"כ מי שגילח ערב החג ואח"כ מת לו מת שעה אחת לפני החג, שלזה איסור תספורת בחוה"מ הוא רק מטעם שלשים, א"כ שמיני עצרת יבטל גזירת ל' לגמרי, **והניח** בצ"ע, משום דבגמ' לא חילקו בכך - פת"ש).

[יט]סימן תקמח סט"ז - [כ]שעה אחת לפני החג והחג, הרי י"ד, ושמיני עצרת שבעה - דהוא חשוב רגל בפני עצמו, ונוטל עליו שבעה ימים, ואף דשמיני עצרת גופא אין לו תשלומין לקרבנותיו כמו עצרת בסי"ג, מ"מ כיון דהוקשו כל המועדים כולהו להדדי, מדכתיב אחר כל המועדים: אלה מועדי ד', ע"כ דין אחד להם, **הרי כ"א יום, ויום שני של שמיני עצרת הרי כ"ב, ומשלים עליהם ח'** - ר"ל אף בחו"ל שעושין שני ימים, נחשב יום שני לענין שלשים כשאר ימות החול, שלא יהיה צריך אח"כ להוסיף עוד רק ח' ימים.

[כא]סימן תקמח סי"ב - [כב]נהג שעה אחת לפני הפסח, אותה שעה חשובה כשבעה, ושמנה ימי הפסח, הרי ט"ו, ומשלים עליהם (עוד) ט"ו.

[כג]סימן תקמח סט"ו - [כד]שעה אחת לפני יוה"כ, בטלה ממנו גזירת שבעה מפני יוה"כ; וגזירת שלשים מבטל ממנו החג, ומגלח בערב החג - וכ"ש שמותר רחיצה וכיבוס, דאיסורן עד ל' אינו אלא מנהגא, **וזמן** הגילוח והשאר, הוא כמבואר בס"ח בהג"ה.

[כה]יו"ד סימן שצט ס"ז - [כו]נהג שעה אחת לפני הפסח, אותה שעה חשובה כז', וח' ימי הפסח הרי ט"ו, ומשלים עליהם ט"ו אחרים.

[כז]יו"ד סימן שצט ס"י - [כח]שעה אחת לפני יום הכפורים בטלה ממנו גזירת ז' מפני יום כפורים, וגזירת ל' מבטל ממנו החג, ומגלח בערב החג.

אות י'

אין קורעין... אלא קרוביו של מת

סימן תקמז ס"ו - [כט]אין קורעין על המת בחול המועד, אלא לקרוביו [ל]שהם חייבים להתאבל עליו - אבל מי שאינו חייב, ורוצה לקרוע מפני הכבוד, אסור, **ואפילו** לקרוביו, דוקא אם מת בחוה"מ, אבל אם מת ביו"ט, אין לקרוע במועד עד אחר יו"ט, דההיא שעתא לאו שעת חימום, ולאו שעת שמועה הוא.

[לא]וכן על חכם - ששואלין אותו דבר הלכה בכל מקום ואומר, ואפילו אינו יודע לישא וליתן בה, **ואין** בזמנינו ת"ח כזה, **או על אדם כשר; או אם עמד שם בשעת יציאת נשמה.**

באר הגולה

[יד] (ע"פ מהדורת נהרדעא) [טו] שם מימרא דרב פפא [טז] רמב"ן וכ"כ הטור [יז] מימרא דרבינא שם דף כ"ד: [יח] מדברי הרא"ש ורבינו ירוחם וכמ"ש לעיל [יט] (ע"פ מהדורת נהרדעא) [כ] מימרא דרבינא שם [כא] (מילואים ע"פ הבאר הגולה) [כב] מימרא דרב ענני בר ששון שם כ"ד [כג] (מילואים) [כד] שם (רמב"ן וכ"כ הטור) [כה] (מילואים ע"פ הבאר הגולה) [כו] ממימרא דאמוראי שם ע"ב [כז] (מילואים) [כח] שם ושם (בהרא"ש בשם הרז"ה והרמב"ן ז"ל, וכ"כ הגהמיי' שלזה הסכים הר"מ, וכ"כ הגה"א בשם א"ז) [כט] משנה שם כ"ד [ל] הרא"ש שם בשם הראב"ד מירושלמי [לא] ברייתא שם כ"ה

השתא מפרש ואזיל את דבריו הקודמין: **ועל קרוב שחייב להתאבל עליו ועל חכם, קורע** [לב]**אפילו אינו בפניו, אלא שבאה לו שמועה במועד, אם הוא בתוך שלשים יום** - אבל אם הוא לאחר שלשים, אינו קורע במועד, אפילו על אביו ואמו.

ועל אדם כשר, אינו קורע אא"כ ידע בין מיתה לקבורה - ואם עמד בשעת יציאת נשמה, חייב לקרוע אפילו באיננו אדם כשר, **ועיין** ביו"ד סימן ש"מ ס"ו בהג"ה, שנהגו להקל אפילו באדם כשר, אא"כ עומד עליו בשעת יציאת נשמה.

הגה: [לג]**ויש חולקים** - דס"ל דאין קריעה כלל בחוה"מ.

ונהגו בני אשכנז שלא לקרוע במועד כי אם על אביו ואמו; ועל שאר המתים קורעים לאחר המועד (מהרי"ל ותה"ד) - לעשות פשרה בין אלו שתי הדעות, **והיינו** אשכנז ממש, אבל בפולין נהגו לקרוע על כולם. **ובמקום שאין מנהג, יש לקרוע על כולם** - דמעיקר הדין הלכה כדעה הראשונה.

יו"ד סימן ת"א ס"ב - [לד]**אין קורעין בחוה"מ אלא מי שהוא חייב לקרוע (כדאיתא בסי' ש"מ),** [לה]**אבל מי שאינו חייב, ורוצה לקרוע מפני הכבוד, אסור** - [לו]‹כלומר לאפוקי מי שרוצה לקרוע על מת בשביל חכמתו ויראתו, או שהוא אדם כשר, או רבו, או שעומד בשעת יציאת נשמה, באלו אין קורעין בחוה"מ. **וכבר** נתבאר לעיל סי' ש"מ, דמנהגינו לבלי לקרוע בחוה"מ ע"כ המתים בחוה"מ לבד על אביו ואמו, **וע"ש** דבמקום שאין מנהג יש לקרוע על כולם, דכן הוא מעיקר הדין, שעל ז' מתי מצוה מותר וצריך לקרוע בחוה"מ - ערוה"ש›.

[לז]**יו"ד סימן שמ סל"א** - [לח]**אין קורעין ביום טוב,** [לט]**אפי' ביו"ט שני של גליות, אפילו קרובים של מת** - ‹דלענין קריעה לא שוי יו"ט כחול לגבי מת - לבוש›. [מ]**אבל בחול המועד, קורעין על כל אחד כפי מה שהוא, אם עומד בשעת יציאת נשמה או אם הוא אדם כשר או חכם, על כל אחד כדינו שנתבאר** - (עיין במשנה למלך שכתב, דאם מת ביו"ט ראשון, אינו יכול לקרוע בחול המועד, אלא ידחה הקריעה עד אחר החג כשיתחיל להתאבל, **ומה** ששנינו אין קורעין אלא קרוביו של מת, מיירי שמת בחוה"מ, דכיון דהוי שעת חימום הותרה אצלו, **אבל** מת ונקבר ביו"ט, כיון דנדחה הקריעה דאין יכול לקרוע ביו"ט, נדחה נמי עד זמן האבל - פת"ש).

הגה: וי"א דנוהגין שאין לקרוע בחול המועד, רק על אביו ואמו; ועל שאר מתים - כלומר קרוביו, **קורעין לאחר המועד (ת"ה)** - אבל על שאר אדם כשר, נהגו להקל שלא לקרוע כלל, כדלעיל סעיף ו' בהג"ה, **ובמקום שאין מנהג, יש לקרוע על כולם** - כתוב בתשובת משאת בנימין, דהיינו בכל מלכות פולי"ן, דאילו באשכנז נהגו שלא לקרוע כי אם על אב ועל אם, וכמ"ש הרב באו"ח סימן תקמ"ז סעיף ו', אבל במלכות פולין יש לקרוע על כולם - ש"ך.

[**לפי** שבמרדכי מביא דעות שאין לקרוע כלל בחוה"מ, על כן מכריעין לחלק בין אב לשאר קרובים], **ואין** חילוק בין יום קבורה ליום שמועה, רק בין אביו ואמו ושאר קרובים - ש"ך, [**אבל** במקום שאין מנהג יש לקרוע על כולם בחוה"מ, דהעיקר כההיא דעה שקורעין בחוה"מ, דמשמעות המשנה כך היא – ט"ז].

[מא]**יו"ד סימן שמ סל"ב** - [מב]**שמע ברגל שמועה קרובה, קורע** - ‹דיום שמועה יום חימום הוא כיום הקבורה›, **ואפילו אם אחר הרגל תהיה רחוקה** – [פי' דאמרינן בגמ' ‹כ:›, אין קריעה בלא שבעה, **והו"א** דבכאן אינו קורע, כיון שלא ינהוג שבעה אחר המועד, דהא יהיה רחוקה, קמ"ל דלא כן הוא, דלא אמרו אין קריעה בלא שבעה, אלא אם שמע ביו"ט עצמו דאינו יכול לקרוע, ולאחר הרגל יהיה רחוקה ולא ינהוג אז אבילות אלא יום א', בזה לא יקרע אפי' אחר הרגל, **אבל** בשמע שמועה קרובה בחול המועד, דיכול לקרוע, קורע בחוה"מ, אע"פ שאחר הרגל יהיה רחוקה ולא ינהוג אלא יום אחד, מ"מ עכשיו זמן קריעה היא לו, דאין הרגל מפסיק אלא האבילות ולא קריעה – ט"ז]. **והרי** היה ראוי לשבעה ושלשים, אלא שהרגל הפסיקו מן האבילות, ואינו מפסיק הקריעה – לבוש›.

ואפילו לפי מנהגינו לעיל סעיף ל"א, דאין קורעין על שאר קרובים בחוש"מ, לא נהגו כך אלא היכא דיכול לקרוע אחר הרגל, **אבל** היכא דנעשית רחוקה לאחר הרגל, דאין יכול לקרוע אחר הרגל, בהא ליכא מנהג, ויש לתפוס כהלכה וכרוב הגאונים, נ"ל - ש"ך.

וכתב מהרש"ל, היכא דשמע שמועה רחוקה, אינו קורע ברגל אפילו על אביו ואמו, ע"כ, עכ"ל ב"ח - ש"ך. [אלא קורע אחר הרגל, ‹כדלקמן סי' ת"ב ס"ד›, דמאחר שנפסק ממנו אבילות, לא חמיר הקריעה לדחות הרגל, עכ"ל – ט"ז]. (**ועיין** בתשו' מהרי"ט שלא פסק כן - פת"ש).

אות כ'

ולא חולצין... אלא קרוביו של מת

סימן תקמז ס"ז - [מג]**אין חולצין כתף אלא קרוביו של מת** [מד]**המחוייבים להתאבל עליו, או על חכם** - ועיין ביו"ד סימן ש"מ סי"ז בהג"ה, דעכשיו לא נהגו לחלוץ כתף כלל, ואפילו בחול.

יו"ד סימן ת"א ס"ד - [מה]**אין חולצין כתף במועד, ואין מברין בו, אלא קרוביו של מת.**

באר הגולה

[לב] הרא"ש שם בשם הראב"ד מירושלמי [לג] ‹דס"ל דמתני' בחול איירי, {אבל בחוה"מ אין קורעין על שום אדם} - גר"א› [לד] משנה שם דף כ"ד: [לה] שם בגמ' דף כ"ה. [לו] ‹תימה, דזהו כנגד הגמ', וכנגד השו"ע בסי' ש"מ וסי' תקמ"ז דבסמוך› [לז] ‹ע"פ הבאר הגולה› [לח] משנה מו"ק דף כ"ד: ‹משמע דדוקא בחולו של מועד קאמר דקורעין קרוביו, אבל ביו"ט אפילו יו"ט שני של גליות אין קורעין – ב"ח› [לט] רמב"ם וכ"כ הרמב"ן בסת"ה [מ] משנה וגמרא שם [מא] ‹מילואים› [מב] טור בשם הרמב"ן בסת"ה [מג] שם במשנה כ"ד [מד] ציינתיו לעיל [מה] שם במשנה

אות ל' – מ'

ואין מברין, אלא קרוביו של מת

ואין מברין אלא על מטה זקופה

סימן תקמז ס"ח - [מו]מברין בחוה"מ - ‹בתוך ביתו›, **והוא שלא יברו [מז]ברחבה** - ‹שהוא בפרהסיא גדול וזלזול המועד - לבוש›, **אלא קרוביו של מת; ולא יברו האבל בתוך ביתו אלא על מטות זקופות, [מח]לפי שאין כפיית המטה ברגל כלל.**

יו"ד סימן תא ס"ד - [מט]אין חולצין כתף במועד ואין מברין בו אלא קרוביו של מת; [ג]אבל הקרובים מברין - ‹וזה שנתבאר בסי' שע"ז, דאחר הרגל מברין ביום שנוהג אבלות, זהו הבראה אחרת לבד דחוה"מ, **אך** רבינו הרמ"א כתב שם, דאנחנו אין נוהגין בהבראה שלאחר המועד. **אמנם** עתה כמדומני שאין נוהגים בחוה"מ בהבראה - ערוה"ש›. **[נא]וה"ה לחנוכה ופורים ור"ח. [נב]וכשמברין, אין מברין אלא על מטות זקופות.**

[נג]אבל ביו"ט, אפילו ביו"ט שני, אין קורעין ולא חולצין ולא מברין - ‹אף דהמחבר פסק סי' שצ"ט סי"ג, דאם יום מיתה וקבורה ביו"ט ב', מתאבלין, אפ"ה אין מברין, א"כ משמע דהבראה קיל יותר, וא"כ אמאי בחוה"מ הוא בהיפוך, דאין מתאבלין ומ"מ מברין, **וצ"ל** דהבראה אינו ענין לאבילות, אלא דהוא כעין הספד, ומש"ה אין מברין ביו"ט ב', אבל בחוה"מ מברין, דמ"מ לא הוי הספד, כ"כ תפל"מ - רעק"א›.

אות מ'* [נד]

תוס' ד"ה אלא: ולא מצינו ברבי חייא שעשו לו הבראה

יו"ד סימן שעה סי"ב - [נה]אין מברין על שמועה רחוקה - ‹שאין בה מרירות כל כך - לבוש›.

---

§ מסכת מועד קטן דף כה. §

אות א' – ב'

חכם שמת הכל קרוביו **הכל קורעין עליו**

יו"ד סימן שמ ס"ז - [א]על חכם ועל ת"ח [ב]ששואלין אותו דבר הלכה בכל מקום ואומרה, קורעין עליו אפי' לאחר קבורה, ביום שמועה, [ג]אם הוא תוך ל' יום; [ד]וקורע עליו בשעת הספדו - אם לא קרע בשעת שמועה, **וכתב** הב"ח, מיהו דוקא כשהספדו תוך ל', אבל לאחר ל' אין קורעין אפי' בשעת הספד - ש"ך.

(לא קרע ביום שמועה, וכבר עבר זמן הספדו, ולא קרע, [ה]שוב אינו קורע) (כך משמע בטור וב"י) - ‹אפילו הוא תוך ל', דשעת חמום של ת"ח אינו אלא או בשעת שמועה, או בשעת ההספד דאז מתעורר החימום - ערוה"ש›.

[ו]וקורעין עליו עד שמגלין את לבם - ולהי"א שבס"ח, כ"ש הכא שאינו קורע אלא טפח, **[ז]ובסי'** רמ"ב יישב הב"י מש"כ שם הרמב"ם דברבו קורע עד שמגלה לבו. **ומש"כ** כן בחכם, הניח בצ"ע, ע"ש - ש"ך.

וכבר נהגו תלמידי חכמים בכל מקום לקרוע זה על זה טפח, אע"פ שהם שוים - ‹וחיוב הקריעה על החכם הוא לכבודו, וחכם השוה לו אינו חייב בכבודו›, **ואין אחד מהם מלמד את חבירו** - ‹מ"מ נהגו לקרוע שיעור טפח מיהת - בדי השלחן›.

הגה: י"א שאין קורעין על חכם, אא"כ הוא רבו, או שיודעין משמועותיו שחדש, דהיינו רבו, (כך משמע בטור, הרא"ש והגמי"י בשם הר"מ) - בשו"ע נרשם: כך משמע בטור, וליתא, אלא אדרבה בטור משמע איפכא, **אלא** הוא דעת הר"מ שהביא הרא"ש והגמי"י בשם י"א, שהביא ראיה מדאמרינן בש"ס, כי נח נפשיה דרב ספרא, לא קרעוה רבנן עליה, אמרי לא גמרינן מיניה, אמר ליה אביי מי תניא הרב שמת, חכם שמת תניא, ועוד כל יומא שמעתתיה בפומן בבי מדרשא, **והרא"ש** כתב, ולי נראה הפך דבריו, וה"פ, ועוד אפי' אי תנן הרב שמת, כל יומא שמעתתיה בפומן, והרי הוא רב שלנו, עכ"ל, **וכתב** ב"י, ונ"ל שדברי הרא"ש מבוארין בטעמן, ומינה לא תזוז. **ולי** נראה דברי הר"מ ברורין בטעמן, דלפירוש הרא"ש קשיא, אטו לא ידעי רבנן דכל יומא שמעתתיה בפומן, אלא דהוה ס"ל דזהו לא מיקרי רב, וקאמר אביי דהוי רב, ועיקר חסר מן הספר, והכי הו"ל למימר, ועוד דכיון דשמעתתיה בפומן הוי רב שלנו, **ותו** מנ"ל לאביי הכי, דלמא רבנן ס"ל דשמעתתיה בפומן לא הוי רב, ותו ל"ל האי ועוד, דהא רב ספרא עכ"פ חכם הוי, **אלא** ה"פ, מי קתני הרב שמת, חכם שמת תניא, דהיינו שידעינן משמועותיו שחדש, ועוד כל יומא שמעתתיה בפומן, כלומר עוד כל היום שמועותיו בפינו, וא"כ אנו יודעין משמעתתיה שחדש, וזה ברור - ש"ך.

באר הגולה

[מו] שם במשנה [מז] ‹טור, ומפרש מש"כ במתני' ואין מברין, ר"ל מברין ברחבה, וכמ"ש שם בחכם הכל מברין עליו ברחבה, ומשמע דבלאו רחבה בלא"ה מותר, ובחוש"מ איירי כנ"ל, אבל ברמב"ם כתב סתם: אין מברין כו' - גר"א. **וכן** הביאו השו"ע ביו"ד, סתם, עיין בסמוך› [מח] ‹ונראה דרש"י מפרש כהראשונים דמיירי בשאר ימות השנה, דמפרש על מטה זקופה יושבין המנחמין, ר"ל דלקמן אמרינן דמי שלבו גס בו באבל, יושב עם האבל ואוכל עמו סעודת הבראה, וקאמר במתני' דמי שאין לבו גס בו כ"כ, דהיינו שאינו מהז' קרובים, הוא יושב על מטה זקופה, **אבל** להראשונים דמיירי במועד, קשה, הא פשיטא שאין כופין המטה במועד, וי"ל דהו"א דבסעודת הבראה שאני, דאז הו"א דכופין אע"פ שהוא מועד, קמ"ל - הגרי"ש אלישיב› [מט] **שם במשנה** [נ] **טור וכדעת אביו הרא"ש בפסקיו, וכ"כ הרמב"ן והרמב"ם ושאר פוסקים, לאפוקי מהר"ם מארץ האי וסמ"ג וסמ"ק, שכתבו שאין עושין הבראה בחוה"מ,** ‹והביאו ראיה מהירושלמי› **ועיין בב"י** [נא] **סמ"ג** [נב] **שם במשנה** [נג] **רמב"ם וכ"כ הרמב"ן בסת"ה וכ"פ הר"ן** [נד] ‹ע"פ הגר"א› [נה] **מרדכי ונ"י במו"ק**

[א] **שם מדברי אביו הרא"ש מדברי הראב"ד, נלמד מעובדא דרב ספרא דלעיל, ומעובדא דרבי בון שם בירושלמי** [ב] **ממימרא דרבי יוחנן בבלי שבת דף קי"ד. ושכ"כ רב משה בתשובה** [ג] ‹דף כ: וכרבי מני וכמ"ש לקמן בסעיף י"ח - גר"א› [ד] **ברייתא שם דף כ"ה.** [ה] ‹כן משמע בגמ' שם, סבור מאי כו', א"ל תנינא חכם כו', אבל בלא"ה לא - גר"א› [ו] **רמב"ם, נלמד משיעור קריעה דאביו** [ז] ‹הובא בדף כ"ה: בהערה›

גמ' ואפי' חכם והתניא *חכם שמת הכל קרוביו הכל קרוביו סלקא דעתך אלא הכל כקרוביו הכל קורעין עליו והכל חולצין עליו והכל מברין עליו ברחבה לא צריכא דלאו חכם הוא ואי אדם כשר הוא חיובי מיחייב למיקרע דתניא מפני מה בניו ובנותיו של אדם מתים כשהן קטנים כדי שיבכה ויתאבל על אדם כשר יבכה ויתאבל ערבונא קא שקיל מיניה אלא מפני שלא בכה והתאבל על אדם כשר שכל הבוכה ומתאבל על אדם כשר מוחלין לו על כל עונותיו בשביל כבוד שעשה לו דלאו אדם כשר הוא אי דקאי התם בשעת יציאת נשמה חובי מיחייב דתניא רבי שמעון בן אלעזר אומר *העומד על המת בשעת יציאת נשמה חייב לקרוע למה זה דומה לספר תורה שנשרף שחייב לקרוע דלא קאי התם בשעת יציאת נשמה כי נח נפשיה דרב ספרא לא קרעו רבנן עליה אמרי לא גמרינן מיניה אמר להו אביי מי תניא הרב שמת חכם שמת תניא ועוד כל יומא שמעתתיה בפומין בבי מדרשא סבור מה דהוה הוה אמר להו אביי תנינא חכם כל זמן שעוסקין בהספד חייבין לקרוע סבור למיקרע לאלתר אמר להו אביי תניא חכם בכבודו בהספידו כי נח נפשיה דרב הונא סבור לאותובי ספר תורה אפורייה אמר להו רב חסדא מילתא דבחייה לא סבירא ליה השתא ליקום (ליה) ליעבד ליה דאמר רב תחליפא *אנא חזיתיה לרב הונא דבעי למיתב אפוריי והוה מנח ספר תורה עליה וכף בדא ארעא ואותיב ספר תורה עילויה אלמא קסבר *אסור לישב על גבי מטה שספר תורה מונח עליה לא הוה נפיק פוריא מבבא סבור לשלשולי דרך גגין אמר להו רב חסדא הא גמירנא מיניה חכם כבודו דרך פתח סבור לאשנויי מפוריא לפוריא אמר להו רב חסדא הכי גמירנא מיניה חכם כבודו במטה ראשונה דאמר רב יהודה אמר רב מנין לחכם שכבודו במטה ראשונה שנאמר *וירכיבו את ארון האלהים אל עגלה חדשה פרוס בבא ואפקוה פתח עליה רבי אבא ראוי היה רבינו שתשרה עליו שכינה אלא שבבל גרמה ליה מתיב רב נחמן בר *חסדא ואמרי לה רב חנן בר חסדא *היה היה דבר ה' אל יחזקאל בן בוזי הכהן בארץ כשדים *טפח ליה אבוה במסנדליה א"ל לאו אמינא לך לא תיטרוד עלמא מאי היה שהיה כבר כי אסקוה להתם אמרו ליה לר' אמי ולר' אסי רב הונא אתי אמרו כי הוינן התם לא הוה לן לדלויי רישין מיניה השתא אתינן הכא אתא בתרין אמרו (*ליה) ארונו בא ר' אמי ור' אסי נפוק ר' אילא ור' חנינא לא נפוק איכא דאמרי רבי אילא נפק ר' חנינא לא נפק דנפק מאי טעמיה דתניא ארון העובר ממקום למקום עומדים עליו בשורה ואומרים עליו ברכת אבלים ותנחומי אבלים דלא נפק מאי טעמא דתניא ארון העובר ממקום למקום אין עומדין עליו בשורה ואין אומרים עליו ברכת אבלים ותנחומי אבלים קשיין אהדדי לא קשיא כאן ששלדו קיימת כאן שאין שלדו קיימת ורב הונא שלדו קיימת הוה דלא נפק לא סיימוה קמיה אמרי היכא נינחיה רב הונא ריבץ תורה בישראל ור' חייא ריבץ תורה בישראל הוה מאן מעייל ליה אמר להו רב חגא אנא מעיילנא ליה דאוקמתיה לתלמודאי כי הוינא בר תמני סרי שנין ולא חזי לי קרי (א) ומשמע ליה קמיה וידעי בעובדיה דיומא חד אתהפיכא ליה רצועה דתפלין ויתיב עלה ארבעין תעניתא עייליה הוה גני יהודה מימיניה דאבוה וחזקיה משמאליה אמר ליה יהודה לחזקיה קום מדוכתיך דלאו אורח ארעא דקאים רב הונא בהדי דקאים קם בהדיה עמודא דנורא חזייה רב חנא איבעית זקפיה לארוניה ונפק אתא והאי דלא איענש ענש משום דזקפיה לארוניה דרב הונא כי נח נפשיה דרב חסדא סבור לאותובי ספר תורה אפורייה אמר להו ר' יצחק *מילתא דלרביה לא סבירא ליה אנן ניקום נעביד ליה סבור למישלל קרעייהו דלא אמר להו ר' יצחק בר אמי *חכם כיון שהחזירו פניהם מאחורי המטה שוללין כי נח נפשי' דרבה בר הונא ורב המנונא אסקינהו להתם כי

רש"י

גמ' לספר תורה· דתורה קרויה נר שנאמר (משלי ו) כי נר מצוה ותורה אור ונשמה נקראת נר דכתיב (שם כ) נר *(אלהים) נשמת אדם: שמעתתיה בפומין· והוי כמאן דגמרינן מיניה: מאי דהוה הוה· הואיל דלא קרעו בשעת מיתה תו לא קרעי: למקרע לאלתר· בלא הספד: לאותובי ס"ת אפורייה. ולומר קיים זה מה שכתוב בזה: לא הוה נפיק פוריא מבבא· דזוטר הוה בבא: מפוריא לפוריא· לתתו במטה אחריתא קטנה שתלא דרך הפתח: אל עגלה חדשה· אותה עגלה שהיגרוהו פלשתים בה ובאותה עגלה הביאו דוד מבית אבינדב לעיר דוד: פרוס בבא· שברו הפתח והרחיבוהו: שבבל גרמה לו· שאין שכינה שורה בחוץ לארץ: טפח ליה אבוה· רב חסדא בסנדלא שטפח לו לרב נחמן על סנדלו כאדם שנוגע על רגל חבירו בחשאי כדי שלא ישמעו העומדים סביב מטתו דרב הונא ע"א הכהו בסנדלו: לא תטרוד עלמא· לא תטרח בקושיות: שהיה כבר· כלומר ההיא שעתא הוה ולא יותר ויש אומרים שהיה כבר בארץ ישראל ששרתה עליו רוח הקודש: כי אסקוה להתם· לארץ ישראל לקוברו שכל הנקבר שם נקבר בלא חטא *שנאמר העם היושב בה נשוא עון כדאיתא בכתובות (דף קיא·*): לדלויי רישין· דאדם חשוב היה והוה לן בושת לדלויי רישין: ואתי להכא· דסבורין שהוא חי: שלדו· גופו קיימת יונאין: לא סיימוה קמיה· דשלדו הוה קיימת: רב הונא ריבץ תורה· כדאמרי' פרק שני דייני גזירות (כתובות דף קו·) כי קיימי רבנן ממתיבתא דרב הונא ומנפצי גלימייהו מכסי ליה ליומא באבקא: רבי חייא ריבץ תורה· כדאמרינן בבבא מציעא (דף פה:) אנא עבדי ליה לתורה דלא תשתכח מישראל: מאן מעייל ליה· מי ילך להכניסו לקבורה אצל רבי חייא: איתהפיכא ליה רצועה דתפילין· השחור בפנים דרצועה שחורה נראה בחוץ הלכה למשה מסיני: איבעית· נבעת ונפחד: זקפיה לארונא· דרב הונא לקמיה עמודא דנורא דלא ליזקיה: כי

תוספות

וכף כדא אארעא ואנח עליה ספר תורה· ונראה דאפילו הספר תורה מונח בגבוה ממנו לא שרי מדלא אותבוה לספר תורה בגבוה ממנו וכן פירשתי במנחות בפרק הקומץ רבה (דף לב:) *ושם הארכתי:

ורבי חייא ריבץ תורה וכו'· והקשה בתוספות הרב דמשמע בירושלמי *שרב הונא מת קודם רבי חייא דאמר ליה לרבי חייא ארוט בא והכא משמע שרבי חייא מת קודם רב הונא ונראה לי דרב הונא אחר היה ואותו שבימי רבי חייא אין זה רב הונא תלמידו דרב ע"כ ומיהו קשה בירושלמי קאמר בעובדא דהכא רב הונא ריש גלותא ולפי הענין של הירושלמי היה משמע דזקפיה ר' חגא לארוניה דרב הונא כדי שלא יהא יושב אצל הצדיקים והכי איתא בפי' רבינו חננאל דרב הונא ריש גלותא:

חכם כיון שהחזיר פניו· פירוש חכם שמת כיון שהחזיר פניו אותו שקרע וגרסינן אפילו חכם שקרע על החכם כיון שהחזיר פניו שולל לאלתר דמשום כבודו של חכם הקורע התירו דגנאי הוא ללכת בבגד קרוע ולא נהיר':

שפטו

רבינו חננאל

מת וא"ר ירמיה ובלבד הראויין להתאבל· אוקימנא למתני' באדם שאינו חכם ולא כשר ולא היה עומד שם בשעת יציאת נשמה· אבל בחכם ובכשר חייב לעולם אע"פ שלא היה שם· דתניא חכם שמת הכל חייבין עליו כקרוביו הכל קורעין הכל חולצין והכל מברין והכל עומדין ברחבה· ואי אדם כשר הוא אע"פ שאינו חכם חייב· דתניא מפני מה בניו ובנותיו של בני אדם מתים כשהן קטנים מפני שלא בכה והתאבל על אדם כשר· שכל הבוכה ומתאבל על אדם כשר מוחלין לו על כל עונותיו· ואי עומד על המת בשעת יציאת נשמה חייב· דתניא ר' שמעון בן אלעזר אומר העומד על אדם בשעת יציאת נשמה חייב לקרוע למה זה דומה לס"ת שנשרף שחייב לקרוע· כי נח נפשיה דרב ספרא לא קרעו רבנן עליה· אמרו לא גמרינן מיניה· אמר להו אביי מי תניא הרב שמת חכם שמת תניא· ועוד שמעתתיה בפומין כל יומא בבי מדרשא· סבור מאי דהוה הוה· אמר להו אביי תניא חכם כבודו בהספדו· כי נח נפשיה דרב הונא סבור לאחותי ס"ת אפורייה אמר להו מלתא דבחייה לא סבירא ליה כו'· לא הוה נפיק פורייה לבבא סבור לשלשולי כו'· ואסיקנא חכם כבודו להוציאו דרך פתחים ולא דרך גגות· וכבודו במטה ראשונה ולא ממטה למטה שנאמר וירכיבו את ארון האלהים אל עגלה חדשה· סתרו להו לבבי ואפקוה· פתח עליה ההוא ספרנא ראוי היה רבינו שתשרה עליו שכינה אלא שבבל גרמה לו· והתניא דכתיב היה היה דבר ה' אל יחזקאל בן בוזי הכהן בארץ כשדים על נהר כבר מאי היה היה שכבר הוה· תניא ארון העובר ממקום למקום עומדין עליו בשורה ואומרין עליו ברכת אבלים ותנחומי אבלים· אוקימנא בשלדו קיימת· אבל אין שלדו קיימת לא: ירושל' בתחלת משקין (הלכה ה) תני ליקוטי עצמות אין אומרים עליהן קינים ונהי ולא ברכת אבלים ולא תנחומי אבלים. ואלו הן ברכת אבלים *) (מה שאומרים בשורה· אבל אומרים עליהן דברי קילוסין· אמרו מנחייה נכנסה בבית הכנסת· אלו הן תנחומי אבלים מה שאומרים בשורה· אבל אומרין עליהן דברי קילוסין):אמרי מנחייה גבי ר' חייא שריבץ תורה כמותו· אמרי מאן ניעייליה· א"ר חנא אנא מעיילנא דאוקמתיה לתלמודא כד הוינא בר תמני סרי ולא חזי לי קרי ומשמע לי קמיה וידענא עובדיה: יומא חד אתהפיכא ליה רצועא דתפילי ויתיב בתעניתא עייליה הוי גני יהודה בריה מימיניה וחזקיה משמאליה· א"ל יהודה לחזקיה קום מדוכתיך דלאו אורח ארעא דקאי רב הונא אבראי· בהדיה דקם· קם בהדיה עמודא דנורא הוייה רב חנא איבעית וזקף לארוניה דרב הונא ונפק· והא דלאו מיענשו דבי ריש גלותא משום

*) דברי רבינו כאן בשבוש וכצ"ל ברכת אבלים מה שאומרים בבהכ"נ אלו הן תנחומי אבלים מה שאומרים בשורה אבל אומרים עליהן דברי קילוסין [וכ"ה בירושלמי פסחים פ"ח ה"ח ובירושלמי דמכילתין נדפס בשבוש וגם חסר שם פירוש דתנחומי אבלים].

עין משפט נר מצוה

קעד א ב מיי' פ"ט מהל' אבל הל' יא סמג עשין ב טוש"ע י"ד סי' שמ סעי' ז:

[עיין שם בתוס' ד"ה אסור ליגע]

[סוף כלאים ובכתובות פי"ב]

קעה ג מיי' שם טוש"ע שם סעיף יז:

קעו ד מיי' פ"י שם הלכה ב טוש"ע י"ד סי' תא סעיף ד:

קעז ה ו מיי' שם פ"ט הל' יא ופ"ב הל' ב טוש"ע י"ד סי' שמ סעיף ו:

קעח ז מיי' שם פ"ט הלכה יא טוש"ע שם סעיף ס:

קעט ח מיי' שם הל' ג טוש"ע שם סעי' לו:

קפ ט מיי' שם הל' יג טוש"ע שם סעי' ו:

קפא י מיי' פי"ב הלכה ב טוש"ע סי' שנ סעי' ג:

קפב כ מיי' פ"ד מהל' תפילין הלכה ו טוש"ע שם סי' רכב סעיף ז:

קפג ל מ מיי' פ"ט מהל' אבל הל' ב טוש"ע שם סי' שנג סעי' ג:

קפד נ מיי' שם הלכה ז סמג עשין מד"ס ג טוש"ע שם סי' שמ סעיף ח:

[בע"י ליתא]

[מנחות לב: ע"ש]

קפה ס מיי' שם פ"ט הלכה יב טוש"ע שם סי' שמ סעיף יז:

מסורת הש"ס

[צ"ל ס']

שבת קה: [תוספתא פ"ב]

[משמע ליה לגמ"ם דמיירי אפי' באינו כשר כ"כ תוס' בשבת שם ד"ה דתניא]

דכל הדר בא"י שרוי בלא עון

ומנין אף סמתים פ"ל וכפר אדמתו עמו עיין בילקוט חלק ב סוף רמז תתלג' ובע"י בפרש"י לא גרס כדאיתא בכתובות וטוסיף ואין ישיבה בארץ אלא לקבורה ע"ש

[צ"ל רב חסדא]

[ב"ק נג: ב"ב כב·]

[צ"ל להו]

הגהות הב"ח

(א) גמ' ומשמע ליה קמיה· נ"ב פירוש שהייתי משמש לפניו:

גליון הש"ס

גמ' מילתא דלרביה לא ס"ל אנן ניקום נעביד· עיין בבא קמא דף יז ע"א תד"ה אלא שהגיהו:

וכן נהגו להקל במדינות אלו - כתב הב"ח, משמע דס"ל שאפילו שאר חכם שאינו שוה לחכם שמת, אלא קטן ממנו, נמי אינו קורע, **ולפענ"ד** ליכא למ"ד הכי, שהרי בברייתא מפורש, חכם שמת הכל כקרוביו, הכל קורעין עליו, וכדקאמר אביי בש"ס, מי קתני רב שמת, חכם שמת תניא, אפילו אינו רבו, וכמו שדקדק הרא"ש מהך דאביי, ומפורש בב"י, עכ"ל, **ולא** עמדתי על סוף דעתו, דהרי הר"מ קאמר הכי, ומפרש דהך דחכם שמת, היינו שיודעין משמועותיו שחדש, ועפ"ז הם דברי הרב, וכבר כתבתי בסמוך שדברי הר"מ ברורין. **ומשו"ה** אני תמה שלא נהגו לקרוע אפי' על חכם שיודעין משמועותיו שחדש, ואפי' על גדול ממנו, ואין להם על מה שיסמכו, **ואולי** ס"ל דלא נקרא ת"ח אלא כשיודע דבר הלכה בכל מקום ואפי' במסכת כלה, כדאיתא בש"ס, וכבר כתב האגודה פ"ק דחולין, דעתה בעונינו אין ת"ח, דהא אין יודע אפי' במסכת כלה, עכ"ל, והביאו מהרי"ל ומהרי"ו בתשובותיהם, כמש"ל סי' י"ח ס"ק כ"ט, וצ"ע - ש"ך.

‹והירא דבר ד' יקיים המצוה כתקונה, ויכול לקרוע בשולי הבגד, והמדקדקין קורעין בשולי הבגד בהאונטע"ר שלאק, ויכולין לאחותה מיד - ערוה"ש›.

אות ג'

והכל חולצין עליו

יו"ד סימן שמ סי"ז - [ח]על חכם, חולץ מימין.

אות ד'

והכל מברין עליו ברחבה

יו"ד סימן תא ס"ד - [ט]ובחול המועד מברין הכל על החכם לתוך הרחוב, כדרך שמברין את [י]הקרובים, שהכל כקרוביו.

[יא]סימן תקמז ס"ט - [יב]על החכם מברין הכל בחול המועד בתוך הרחבה, כדרך שמברין את האבלים, שהכל אבלים עליו.

אות ה' – ו'

אדם כשר... חיובי מיחייב למיקרע

שכל הבוכה ומתאבל על אדם כשר, מוחלין לו על כל עונותיו בשביל כבוד שעשה לו

יו"ד סימן שמ ס"ו - [יג]על אדם כשר, שאינו חשוד על שום עבירה ולא על שום ביטול מצוה, ולא סני שומעניה, אע"פ שאינו גדול בתורה, ואע"פ שלא עמד בשעת יציאת נשמה, חייב לקרוע עליו - והב"ח כתב, דלהר"ר יונה אדם כזה לא נקרא אדם כשר, ואינו נקרא אדם כשר לקרוע עליו אף שלא בשעת יציאת נשמה, אלא כשנוהג מנהג כשרים, לחזור אחר מצות ג"ח, ‹שמהדר אחר מצות, וטורח להשיג מצות גמילות חסדים - ערוה"ש›, וכן נראה דעת הרמב"ן, והכי נקטינן, ע"כ - ש"ך.

והוא שעומד שם בין מיתה לקבורה - מלשון זה משמע קצת, שאינו חייב לקרוע אלא בפניו. **ולי** נראה כהרא"ש והטור, דאפי' עומד בביתו חייב לקרוע, אפי' אינו עומד עליו, כשידע בין מיתה לקבורה, כ"כ הב"ח, ועיין שם שהאריך, **ולי** נראה גם דעת המחבר כן, שהרי כתב באו"ח סי' תקמ"ז ס"ו, ‹עיין לעיל דף כ"ד: אות י'›, ועל אדם כשר אינו קורע אא"כ ידע בין מיתה לקבורה, ע"ש, **מיהו** האידנא נהגו להקל בכל ענין - ש"ך.

‹**עיין** בספר תפל"מ, שכתב דצ"ע אי אשה כשרה ג"כ דינא הכי, כיון דאינו תלוי בתורה, או י"ל דצ"ל בעל תורה אלא שאינו גדול, משא"כ אשה, ע"ש - פת"ש›.

ותלמידי חכמים פטורים מקריעה זו - ודעת הראב"ד והרא"ש גבי כי נח נפשיה דרב ספרא דסבור רבנן דלא למיקרע עליה כו', נראה להדיא דתלמידי חכמים חייבים, ‹דקדק משום דהיה אחר הקבורה סברי דפטירי, אבל קודם הקבורה היו מחוייבים, אע"פ שסברי דחכם כאדם כשר ותו לא, עיין למטה בהערה בב"י›, ע"ש - ש"ך.

‹**עש"ך** שכתב דמדברי הראב"ד והרא"ש נראה דאף ת"ח חייבים, **ועיין** בספר אגודת אזוב, שהשיג עליו וכתב, דעד כאן לא כתבו דת"ח פטורים מקריעה זו, אלא באדם כשר שאינו חכם כמותם, מטעם דהוי בזקן ואינו לפי כבודו, דדין הקריעה הוא כדין עמידה והידור, שאין הגדול עומד מפני הקטן, **אבל** אם היה חכם כמותם, ‹כמו שהיה רב ספרא›, אף ת"ח חייבים, **וע"ש** שמביא ראיה לזה, דא"א שיחלוק שום אדם ע"ז ויאמר שת"ח חייבים בקריעה דאדם כשר הקטן מהם, דהא איתא במגילה כ"ח, ההוא דהוה תני הלכתא כו', ע"ש, **ולענ"ד** יש לדחות, עיין בפרש"י שם, ובסוטה דף כ"ב, ועיין בתוס' גיטין דף ל"א ע"ב, ודו"ק - פת"ש›.

הגה: [יד]וי"א דאין חייב לקרוע על אדם כשר, אלא אם כן עומד עליו בשעת יציאת נשמה; אבל חייב לבכות ולהתאבל עליו (ר"ן והגהות מיימוני בשם ראב"ה), וכן נהגו להקל - ‹וגם עתה לא נהגו בקריעות אלו - ערוה"ש›.

באר הגולה

[ח] ברייתא שם כ"ב: [ט] ברייתא וגמ' שם דף כ"ה. ומימרא דרב פפא שם דף כ"ז: [י] ברמב"ם שם איתא אבלים, שהכל אבלים עליו, וכ"כ המחבר באו"ח סי' תקמ"ז וע"ש [יא] ‹ע"פ מהדורת נהרדעא› [יב] ברייתא שם כ"ה [יג] טור וכדברי הראב"ד דמוקי לעובדא דרב ספרא שם דף כ"ה. דאלו חכמים לא היו שם בשעת פטירתו אלא באו לאחר קבורתו, ‹דהא רב ספרא אדם כשר הוה, והכל קורעים על אדם כשר ואפי' בחול המועד, והראב"ד מתרץ, דהני מילי באותם שעומדים בין מיתה לקבורה, אבל אלו החכמים לא היו שם בשעת פטירתו של רב ספרא, ולאחר קבורה באו, ואינם חייבים לקרוע באדם כשר, והם היו סבורים דחכם נמי כאדם כשר ותו לא, אלא אם כן היה רבו - ב"י›, והביאו הרמב"ן שם בסת"ה [יד] ‹ולגירסא שלנו במו"ק כ"ה. ואי אדם כשר הוא חיובי מיחייב למיקרע, מבואר כסברא ראשונה, וצ"ל דסברא אחרונה לא גרס תיבת למיקרע, וכגירסא דשבת, וכן ברא"ש דמו"ק שם ליתא - גר"א›

אות ז'

העומד על המת בשעת יציאת נשמה, חייב לקרוע

יו"ד סימן שמ ס"ה - [טו]העומד בשעת יציאת נשמה של איש או אשה מישראל, חייב לקרוע (טור בשם רמב"ן, [טז]וב"י אף לדעת רש"י) - ‹דהנשמה נקראת נרו של הקב"ה, וכשרואין שנכבית, דעד כה קיימה תורתו ומצותיו, ועכשיו נפסק המעיין, צריך לקרוע - ערוה"ש›.

[**בטור בשם הרמב"ן הכריע כן, דלא כפירש"י** ‹בכת"י› **הטעם, דדומה לס"ת שנשרף, היינו שעדיין היה יכול ללמוד, וא"כ לא היה צריך לקרוע על אשה, דקשה על זה, היאך יקרע על העתיד, אלא הטעם, דדמיון בעלמא הוא לס"ת שנשרף, שהוא הפסד גדול וחרדה רבה, וע"כ קורעין גם על אשה, וכתב** רש"ל, שלפי פרש"י משמע דקורעין על קטן, **אבל בפרק האורג פירש"י ומהרא"ם והרא"ש, שאין לך ריק בישראל שאין בו תורה ומצות, וא"כ מש"ה קורעין נמי על אשה,** ‹דהא אשה איתא במצות, וגם בתורה איתא, שהרי צריכה ללמוד מעשה המצות שהיא חייבת - ב"י›, **ולא על קטן, וכנ"ל, עכ"ל, וכתב מו"ח ז"ל, מיהו בקטן שלומד מקרא, צריך לקרוע לכו"ע, עכ"ל – ט"ז].**

או אשה - וכן תינוק קטן, **מיהו** לא נהגו לקרוע על הקטן, וכ"כ מהרש"ל, **מיהו** בקטן שלומד מקרא, צריך לקרוע לכל הפירושים, כ"כ הב"ח - ש"ך.

‹**ובספר** ערך לחם כתב בשם הרדב"ז, שקורעין אפי' על הקטן, אבל לא על הקטנה. **וכתב** עוד בשם הנ"ל, עמד בשעת יציאת נשמה בשבת, פטר מלקרוע במו"ש - באה"ט›. (**ועיין** בספר תפל"מ שכתב, דחייב לקרוע במוצאי שבת, {וראיה מפרק האורג דף ק"ה ע"ב ע"ש, ‹דלא אמרינן כיון שנדחה ידחה, דאל"כ מאי פריך: חיובי מחייב, הא התם בשבת איירי›, **ומשם** מוכח נמי דגם על הקטנה קורעין, דלא כהרדב"ז, ע"ש ודוק}, **אך** כתב דהיינו דוקא כל זמן שלא נקבר, אבל אי לא קרע עד אחר קבורה, פטור, ע"ש, **ועיין** בתשו' חתם סופר, שאין דעתו כן, וכתב דתלמוד ערוך הוא, דכיון שלא קרע בזמנו, שוב אינו קורע, אא"כ איכא חימום חדש, **והוא** במו"ק כ"ה, כי נח נפשיה דרב ספרא, לא קרעו רבנן כו', סבור מה דהוה הוה, א"ל אביי תנינא חכם כל זמן שעוסקין בהספדו וכו', מבואר מזה דאדם אחר שאינו חכם, מה דהוה הוה, וכיון שלא קרע בשעת יציאת נשמה, שוב לא יקרע, והוא פשוט, ע"ש - פת"ש).

(**ועיין** עוד ברדב"ז שם, שכתב דמי שהיה עם המת, אפי' החזיר פניו בשעת יציאת נשמה, חייב לקרוע, כיון שיכול לראות, **וכל** מי שאין יכול לראות, אף על פי שהוא בבית אחד עם המת, אינו חייב לקרוע - פת"ש).

[יז]**ואפי' אם לפעמים עשה עבירה לתיאבון** - ‹וראיה מאבשלום שאביו בכה עליו – גר"א›, (**ואפי'** היא עבירה חמורה שהיו חייבים עליה מיתת ב"ד, אם לא עשה להכעיס רק לתיאבון, קורעים עליו, אם לא שהמיר דת, תפל"מ), **או שמניח לעשות מצוה בשביל טורח** - ‹כיון שאינו עושה משום כפירה או להכעיס, עדיין נר אלהים מקרי, שעוסק בשאר מצות – לבוש›, ‹דמ"מ ישראל כשר הוא – ערוה"ש›.

הגה: אבל רגיל לעשות עבירה - אף לתיאבון, **אין מתאבלין** - ואין קורעין **עליו (מרדכי), וכ"ש על מומר לעבודת כוכבים** - ‹ועל שנהפך לישמעאל – ערוה"ש›.

וי"א שמומר שנהרג בידי עובד כוכבים, מתאבלין עליו (הגהת אשר"י ואו"ז) - דחזקה שהרהר בתשובה, עכ"ל עט"ז, ולא דק, דא"כ כ"ש נהרג ע"פ ב"ד, **והטעם** הוא בהגהת אשר"י וא"ז, דכיון שנהרג הו"ל כפרה, והיינו כדאיתא בש"ס, דכיון דשלא כדין מקטל הו"ל כפרה - ש"ך, **וכן מומר קטן שהמיר עם אביו או אמו, דהוי כאנוס (מרדכי בשם ר"י ומביאו ב"י סימן שמה). וי"א דאין מתאבלין, וכן עיקר (שם בשם ר"ח).**

משמע דאף במומר שנהרג בידי עובד כוכבים, עיקר דאין להתאבל עליו, וכ"כ בעט"ז, וי"א דאין מתאבלים עליהם וכן עיקר, עכ"ל, **וצ"ע,** שבד"מ לא הביא אלא הגהת אשר"י והא"ז, שכתבו דמתאבלים עליו, ולא הביא שום חולק, **ולפעד"נ** שא"א לחלוק על זה, והוא שנ"ל שיצאה להם כן מש"ס פרק נגמר הדין, דמומר שנהרג בידי עובד כוכבים, כיון דלא מיקטל כדין, הוי ליה מיתתו כפרה ומתאבלים עליו, עיין שם, **וכן** משמע מדברי הר"מ שהביא הרא"ש בפרק אלו מגלחין, ע"ש - ש"ך.

הפורשים מדרכי צבור, אע"פ שאין מתאבלין עליהם, מתאבלין על בניהם (או"ז). וע"ל סי' שמ"ה.

[**רבינו גרשון ישב על בנו שהמיר דתו י"ד יום, דק"ו לשכינה י"ד יום, כ"כ בהגהות אשר"י – ט"ז].** ‹ע"ל סי' שמה ס"ו בלבוש›.

אות ח'

לספר תורה שנשרף, שחייב לקרוע

יו"ד סימן שמ סל"ז - [יח]הרואה ס"ת שנשרף - וה"ה נקרע ונחתך ונמחק בזרוע, בין מישראל בין מעובדי כוכבים, דהכל תלוי כשרואה החלול השם בזרוע, ב"ח, **[יט]או תפילין, [כ]או אפילו מגילה אחת מהנביאים או מהכתובים, קורע שתי קריעות** - אחת על הכתב וא' על הגויל, ‹דשניהם נתקדשו בשם - לבוש›, **[כא]ודוקא ששורפין אותה בזרוע, וכמעשה שהיה** - ששרף יהויקים את המגילה - ש"ך.

[**משמע** דוקא בשריפה, **אבל בשאר כליון לא, וכן פסק ב"י דהכי משמע בירושלמי, ולא משמע הכי בגמרא שלנו, שהרי אמרינן דבת נעמיתא הוי בעית למיבלע תפילין של רבי אבהו, אמר חייבינא שתי**

באר הגולה

טו **ברייתא דרשב"א שם דף כ"ה.** טז ‹כפי' רש"י שבידינו אין כתוב כמ"ש הרמב"ן בשמו {עיין ט"ז}, שבפרק האורג כתב: שאין לך ריק שבישראל שאין בו תורה ומצות, ובפרק אלו מגלחין כתב: לספר תורה, דתורה קרויה נר וכו', והשתא לפי מה שפי' בפרק אלו מגלחין, פשיטא דעל אשה נמי חייב לקרוע, שהרי נשמה קרויה נר, לא שנא דאיש לא שנא דאשה, וגם למה שפי' בפרק האורג שאין לך ריק שבישראל וכו' {עיין ט"ז} - ב"י› יז **טור בשם מהר"מ מרוטנבורג** יח **דף כ"ו. בברייתא** יט **מעובדא דתפילין שם** כ **הרא"ש ממגילה ששרף יהויקים** כא **שם בגמ'**

קריעות, אמרו ליה הכי אמר שמואל לא אמרו אלא בזרוע וכמעשה שהיה ביהויקים, ולא אמרו שלא אמרו אלא בשריפה דוקא, ובירושלמי אמרו בלשון זה, לא אמרו אלא על ס"ת ששרפו מלך ישראל בזרוע, והנה ע"כ מלך ישראל לאו דוקא, כמו שכתב ב"י גופיה, והוא משמעות כל הפוסקים, ממילא נמי מה שזכר שריפה הוא נמי לאו דוקא, כיון דבגמרא שלנו ליתיה, ע"כ ודאי שריפה לאו דוקא, וכן פסק מו"ח ז"ל - ט"ז).

(עיין בתפל"מ שכתב, דצ"ע אם קורעין על תלמוד ומדרש וכדומה, כיון דניתן לכתוב משום עת לעשות, ומהאי טעמא מצילין מפני הדליקה, ע"ש - פת"ש). ‹אם ח"ו שורפים או מאבדים בזרוע ספרי הגמ' והפוסקים, ג"כ צריך לקרוע - ערוה"ש›.

(עיין בספר תפל"מ שכתב, דצ"ע אם ראה ס"ת שנשרף בשבת, או שמע ברכת השם בשבת, אי צריך לקרוע במוצאי שבת - פת"ש).

אות ט'

חכם כבודו בהספידו

יו"ד סימן שמ ס"ז - עיין לעיל אות א' - ב'.

אות י'

סבור לאותובי ספר תורה אפורייה.. מילתא דבחייה לא סבירא ליה, השתא ליקום (ליה) ליעבד ליה

יו"ד סימן שנג ס"ב - [כב]**אין מניחין ס"ת על מטתו של חכם** - ‹שאין כבודו בכך, שיזלזלו בכבוד ספר תורה עבורו - לבוש›, ‹אפי' הוא אלוף וגאון ויחיד בדורו›. **דוקא** על מטתו, אבל לפניו על גבי קרקע או ספסל, מותר - ש"ך. ‹לגדול הדור, **ובזמננו** גם זה לא נהיגי, כי אין הדור ראוי לכך בעוה"ר, וכ"ש שאין לומר: קיים זה מה שכתוב בזה - ערוה"ש›.

אות כ'

אסור לישב על גבי מטה שספר תורה מונח עליה

יו"ד סימן רפב ס"ז - [כג]**אסור לישב על המטה שס"ת עליה** - וראוי להחמיר שיהא מקום הס"ת גבוה ממנו י' טפחים, ולא יפחות מג' טפחים, דכל דבציר מהכי לא חשיב גובה כלל, בית יוסף, **ונראה** דמדת חסידות קאמר, אבל מדינא סגי בגובה טפח לכו"ע, כדאיתא בירושלמי ופוסקים הובאו בב"י - ש"ך.

הגה: וכל שכן שאסור להניחה ע"ג קרקע - (עיין בספר תפארת למשה שכתב, דאם נפלו ספרים הרבה בפעם אחת ע"ג קרקע, אם יש שיהוי וטורח אם יגביה כל אחד בפני עצמו, משאם יניחנו כולו כאחד זה ע"ג זה בארץ, יגביהם כאחד, כדאמרינן פ"ב דעירובין מצאן צבתים ‹מחשיך עליהן כו', ומפרש בגמ' כל שאילו מביאן אחד אחד וכלים אחר שקיעת חמה, מחשיך ע"ש›, וי"ל דהתם בשבת שאני, עכ"ד, ע"ש - פת"ש).

וה"ה שאר ספרים (ב"י בשם הר"ר מנוח ובשם א"ח וכל בו) - וכתב הר"ר מנוח, דוקא שלא בשעת זמן בית המדרש, ‹אך בגובה טפח ודאי שרי - ערוה"ש›, **אבל** בזמן בית המדרש והמקום צר לתלמידים, מותר לישב בשוה עם הספרים והפירושים, **וכך** נהג הר"ר משולם בדרש"י, אך כשלא היה במקום בית המדרש, היה מדקדק שיהא הספר נתון ע"ג דבר אחר כל שהוא, עכ"ל, **וכתב** בעל ספר א"ח בסוף ספרו, ונראה שאין להקל בדבר, שלא יראה כמזלזל בכבוד הספרים, עכ"ל ב"י ומביאו ד"מ - ש"ך.

ואפילו על המדרגות שעושין לפני ארון הקודש, אסור להניח ספרים (מהרי"ל) - ‹דהוא כארץ שהולכים עליה - גר"א›. **ולא יניח אדם ס"ת על ברכיו וב' אלילי ידיו עליו (הגמ"י); וה"ל דהוא הדין שאר ספרים** - ‹דהא משום בזיון הוא - גר"א›. ‹**ונראה** דזהו בקורא לעצמו, דבקריאה בציבור לא שייך זה כמובן, ורק שלא להניח אצילו עליו שייך גם בציבור, ויש ליזהר בזה - ערוה"ש›.

אות ל' - מ'

חכם כבודו דרך פתח

חכם, כבודו במטה ראשונה

יו"ד סימן שנג ס"ג - [כד]**כבודו של חכם להוציאו דרך הפתח, ולא לשלשלו דרך גגות; ובמטה ראשונה, ולא לשנותו ממטה למטה** - ‹ובזמה"ז לא נהיגי כן - ערוה"ש›.

אות נ'

כאן ששלדו קיימת, כאן בשאין שלדו קיימת

יו"ד סימן שמה ס"ח - [כה]**ארון העובר ממקום למקום, אם שלדו** [כו]**(פירוש השדרה והצלעות) קיימת, עומדין עליו בשורה ואומרים עליו ברכת אבלים ותנחומי אבלים, אם יש אבלים שמתאבלין עליו; ואם אין שלדו קיימת, אין עומדין עליו בשורה ואין אומרים עליו ברכת אבלים ולא תנחומי אבלים.**

[כז]**יו"ד סימן שסא ס"ה -** [כח]**ארון העובר ממקום למקום, אם שלדו קיימת, צריכין ללוותו כמו בשעת הוצאת המת.**

אות נ'* [כט]

היכא נינחיה, רב הונא ריבץ תורה בישראל, ורבי חייא ריבץ תורה בישראל הוה

יו"ד סימן שסב ס"ה - [ל]**אין קוברין רשע אצל צדיק** - ‹שאין לו נחת רוח שישכב אצלו, דכתיב: וישליכו את האיש בקבר אלישע ויגע

באר הגולה

כב מעובדא כי נח נפשיה דרב הונא שם דף כה. כג שם ממימרא דרב תחליפא, אנא חזיתיה לרב הונא וכו' מו"ק דף כ"ה. וכתב הב"י בשם ה"ר מנוח, דבזמן שבית המדרש והמקום צר לתלמידים, מותר לישב בשוה עם הספרים ופירושים כד שם כה ברייתות מו"ק דף כ"ה. וכדמוקי להו שם בגמרא כו ‹והוא כפי' הערוך, ודלא כפרש"י דשלד היינו גופו - בדי השלחן› כז ‹ע"פ הבאר הגולה› כח מו"ק דף כ"ה. כט ‹ע"פ הבאר הגולה› ל סנהדרין משנה וגמרא דף מ"ז.

האיש בעצמות אלישע ויחי ויקם על רגליו, ואמרו רבותינו ז"ל, שזה שהשליכו לקבר אלישע היה נביא שקר, ומפני זכותו של אלישע שלא יהא הרשע נקבר אצלו, עשה הקב"ה נס והחייהו וילך לו - לבוש›, **אפילו רשע חמור אצל רשע קל.** [לא]**וכן אין קוברין צדיק וכשר ובינוני** - "וכן אין קוברין צדיק וכ"ש בינוני" כו' כצ"ל, **אצל חסיד מופלג. (אבל קוברים בעל תשובה אצל צדיק גמור)** - ‹דשוין הן, לבוש›. **וכתב** הב"ח, אבל אין קוברין בעל תשובה אצל חסיד - ש"ך.

(**עיין** בתשו' חת"ס, במי שנהרג ע"י רוצח, אם לקברו בקברי אבותיו, או ליחד לו מקום שם קבר בפני עצמו, כי שמעו אומרים דין ד' מיתות לא בטלו, והמחויב מיתת ב"ד אין קוברים אותו בקברי אבותיו. **והשיב** שדברי הני אינשי אין בהם ממש, וגם ראיה ברורה מש"ס סנהדרין מ"ח ע"א, **וכתב:** ובכל זאת אילו לא שאלו את פי, הייתי מניח להם מנהגם, אבל השתא דאתי לקדמאי, מאתי לא תצא הוראה כזאת, אלא יקברוהו בקברות אבותיו לפי כבודו הראוי לו - פת"ש).

אות נ'** [לב]

דיומא חד אתהפיכא ליה רצועה דתפילין, ויתיב עלה ארבעין תעניתא

סימן כז סי"א - צריך שיהיה השחור שברצועות לצד חוץ [לג]**ולא יתהפכו, בין של יד בין של ראש** - ואם נתהפכו, מדת חסידות הוא להתענות או לפדות בצדקה.

ואין להקפיד שלא יתהפכו אלא מה שמקיף את הראש ואת הקיבורת פעם אחת, אבל מה שכורך אח"כ, וכן מה שמשתלשל לפניו מהרצועה של תש"ר, אין צריך להקפיד כלל שלא יתהפך, לפי שאינו מעיקר המצוה, **ומ"מ** משום נוי המצוה ראוי להפוך, שיהיה השחור לצד חוץ אפילו בהמותר.

הנה בשל יד, שהוא רואה כשהוא מניח, יכול לראות שלא יתהפך לא הקשר ולא הרצועה, **ובשל** ראש, דאינו רואה כשהוא מניח סביב ראשו, ימשמש היטב בידו ממקום הקציצה בכל צד, וירגיש אם מונחין כראוי.

אות ס'

חכם, כיון שהחזירו פניהם מאחורי המטה, שוללין

יו"ד סימן שמ סי"ז - כל [לד]**הקורעים על חכם שמת, כיון שהחזירו פניהם מאחורי המטה שוללין,** [לה]**ומאחין למחר. וחכם שבאה שמועתו, שולל בו ביום ומאחה למחר.** [לו]**ועל נשיא ועל רבו מובהק, שולל למחר ואינו מאחה לעולם.**

באר הגולה

[לא] טור מדברי הרמב"ן בסת"ה מעובדא כי נח נפשיה דרב הונא ואסקוהו לא"י וכו' במו"ק כ"ה. [לב] ‹ע"פ הבאר הגולה› [לג] מועד קטן כ"ה [לד] שם בעובדא דרב חסדא דף כ"ה. [לה] רמב"ם, וכתב הב"י דדייק מדקתני שוללין לאלתר, ולא קתני מאחין, ולא אשמעינן בגמרא דמותר בו ביום [לו] שם ברמב"ם

עין משפט נר מצוה

קפו א מיי' פ"ט מהל' אבל הלכה יב טוש"ע י"ד סי' רמב סעיף כה : [עיין לדף כו']

תוספות

שפעו מרזבי דליפורי דמא · מפרש בירושלמי דיהב נפשיה על גזרתם פירוש נשפך דמו על יחוד השם תוספתא פ"א שנתן נפשו על המילה :

ועל רבו שלמדו חכמה · בפרק אלו מציאות (ב"מ דף לג. ושם) פליגי רבי יהודה ורבי יוסי שרבי יהודה אומר כל שרוב חכמתו הימנו ורבי יוסי אומר אפילו לא האיר עיניו אלא במשנה אחת זהו רבו ומסיק שם עולא אמר תלמידי חכמים שבבבל קורעין זה על זה כרבי יוסי ס"ל ופוסק רב ששת כרבי יוסי ופי' רבינו חננאל דהכי הלכתא ובשאלתות דרב אחאי*) פוסק כרבי יהודה דאמר כל שרוב חכמתו הימנו ומפרש בפר' אלו מציאות בתוספתא דהיו קורעין קריעה[דאין] מתאחה וכן פירש רבי יצחק בר יהודה ויותר היה נראה לי דמעשה רב דשמואל עבד כרבי יוסי כדאי' התם ורבא נמי מפרש מילתא דרבי יוסי ורבי אלעזר בירושלמי נמי עבד כוותיה ושמא היו מחמירין על עצמן:

*)[פרשת קרח סי' קלא] ברכת

גמרא

תורה אור

כי מטו אגישרא קמו גמלי אמר להו ההוא טייעא מאי האי אמרו ליה רבנן דקא עבדי יקרא אהדדי מר אמר מר ניעול ברישא ומר אמר מר ניעול ברישא אמר דינא הוא דרבה בר הונא ליעול ברישא חליף גמליה דרבה בר הונא נתור כביה ושניה דההוא טייעא פתח עליה ההוא ינוקא גזע ישישים עלה מבבל ועמו ספר מלחמות *קאת וקפוד הוכפלו לראות בשוד ושבר הבא משנער קצף על עולמו וחמס ממנו נפשות ושמח בהם ככלה חדשה רוכב ערבות שש ושמח בבא אליו נפש נקי וצדיק כי נח נפשיה דרבינא פתח עליה ההוא ספדנא תמרים הניעו ראש על צדיק כתמר נשים לילות כימים [על משום לילות כימים] א"ל רב אשי לבר קיפוק ההוא יומא מאי אמרת אמר ליה אמינא אם בארזים נפלה שלהבת מה יעשו איזובי קיר לויתן בחכה הועלה מה יעשו דגי רקק בנחל שוטף נפלה חכה מה יעשו מי גבים א"ל בר אבין ח"ו דחכה ושלהבת בצדיקי אמינא ומאי אמרת אמינא בכו לאבלים ולא לאבידה שהיא למנוחה ואנו לאנחה חלש דעתיה עלייהו ואתהפוך כרעייהו ההוא יומא לא אתו לאספודיה והיינו דאמר רב אשי *לא בר קיפוק חליץ ולא בר אבין חליץ רבא כי הוה אתא לדגלת א"ל לבר אבין קום אימא מילתא קאי ואמר באו רוב שלישית במים זכור ורחם תעינו מאחריך כאשה מבעלה אל תזניחנו כאות מי מרה (חנין יוחנן זירא אבא יעקב יוסי שמואל חייא מנחם סימן) רבי חנין חתניה דבי נשיאה הוה לא קא הוו ליה בני בעא רחמי והוו ליה ההוא יומא דהוה ליה נח נפשיה פתח עליה ההוא ספדנא שמחה לתוגה נהפכה ששון ויגון נדבקו בעת שמחתו נאנח בעת חנינתו אבד חנינו אסיקו ליה חנן על שמיה כי נח נפשיה דר' יוחנן פתח עליה ר' יצחק בן אלעזר קשה היום לישראל כיום בא השמש בצהרים דכתיב והיה ביום ההוא (עמוס ח) והבאתי השמש בצהרים ואמר ר' יוחנן זה יומו של יאשיהו כי נח נפשיה דר' יוחנן יתיב רבי אמי שבעה ושלשים אמר רבי אבא בריה דרבי חייא בר אבא רבי אמי *דעבד לגרמיה הוא דעבד דהכי אמר ר' חייא בר אבא אמר ר' יוחנן *אפילו רבו שלימדו חכמה אינו יושב עליו אלא יום אחד *כי נח נפשיה דרבי זירא פתח עליה ההוא ספדנא ארץ שנער הרה וילדה ארץ צבי גידלה שעשועיה אוי נא לה אמרה רקת כי אבדה כלי חמדתה כי נח נפשיה דרבי אבהו אחיתו עמודי דקסרי מיא דרבי יוסי *שפעו מרזבי דציפורי דמא דרבי יעקב אתחמיאו כוכבי ביממא דר' אסי איעקרו כל אילניא דר' חייא נחיתו כיפי דנורא מרקיעא דר' מנחם (בר' יוסי) אישתעו צלמנייא והוו למחלצייא דר' תנחום בר חייא איתקצצו כל אנדרטיא דר' אלישיב איתרתו שבעין מחתרתא בנהרדעא דרב המנונא נחותו כיפי דברדא מרקיעא דרבה ורב יוסף נשוק כיפי דפרת אהדדי דאביי ורבא נשוק כיפי דדגלת אהדדי כי נח נפשיה דר' משרשיא טעון דיקלי שיצי ת"ר ואלו

רש"י

כי מטו אגישרא · כשהגיעו לעבור בדף של גשר קלר שמעכשיו לא היו יכולין לעבור זה בלד זה אלא זה אחר זה : **קמו גמלי** · עמדו הגמלים טעוני המטות במקומן : **טייעא** · סוחר ישמעאלים : **רבנן** · דשכיבי רבה בר רב הונא ורב המנונא : **עבדי יקרא** · דהא לא בעי האי למיעל מקמי האי : **נתור כבי** · לחייו משום דבזי לרב המנונא : **ספר מלחמות** · ספר תורה לישנא אחרינא שנלחם רבה ורב המנונא ונקבר כדי דההוא טייעא לישנא אחרינא גזע ישישים זה רבה בר רב הונא דהוא בן גדולים בן רב הונא דהוא ראש גולה ועדיף מנשיא דארץ ישראל ועמו ספר מלחמות עמו רב המנונא : **קאת וקיפוד הוכפלו** · קללה כמו וירשוה קאת וקיפוד (ישעיה לד) כלומר קללה באה והוכפלה בעולם : **לראות שוד ושבר** · זה שקצף הקב"ה על עולמו : **נשים לילות כימים** · הספד על שפס לילות כימים בתורה : **בר קיפוק ובר אבין** · הוו ספדני (דנח נפשיה) : (**בההוא יומא** · דנח נפשיה) : **חלש דעתיה** · דהאי מדמי ליה לשלהבת והאי לחכה: **ובההוא יומא** · דנח נפשיה לא ספדוהו משום דאירע להו תקלה על ידו : **לא בר קיפוק ולא בר אבין חליץ** · משום דאיתהפכו כרעייהו ותניא (יבמות דף קב:) האי מאן דמסגי אלוחתא דכרעיה לא חליץ דהתורה אמרה וחלצה נעלו מעל רגלו ולא מתחת לרגלו : **אתי לדגלת** · חדקל : **רוב שלישית** · ישראל נקראו שלישית ורבא שקול כרוב ישראל ואמר ליה קום ואמור מילתא כלומר בקש רחמים : **כאות כמי מרה** · שאשה סוטה נבדקת בהן : **בעת חנינתו** · דולד : **אבד חנינו** · אביו המחננו : **והבאתי השמש בצהרים** · שקיעת השמש בצהרים : **יומו של יאשיה** · שנהרג יאשיה קרי יומו שמש : **לגרמיה** · לדעתיה : רבי זירא היה מבבל ובא ועלה בארץ ישראל והיינו דקאמר ארץ שנער הרה וילדה ארץ צבי גדלה שעשועיה ואהכי קרי ליה רבי זירא ורב זירא*: **אוי נא לה אמרה רקת** · יכולה לומר כן רקת היא טבריא : **אחיתו** · הורידו דמעות: **איתחמיאו כוכבי** · נראו הכוכבים בשעה שהעולם מרוב לער : **כיפי דנורא** · אבנים של אור : **אישתעו צלמנייא** · נימוחו פרצוף שלהן : **והוו למחלצייא** · כלומר נחלקה ונתמעכה כל צורת פרצוף של ללמיסוטר' המתכבות מפני צורת החסיד שנשקעה: **דרבי מנחם** · בכן של קדושים שלא נסתכל אף בצורה של זוזא כדאמרינן בערבי פסחים (דף קד·): **והוו למחלצייא** · כמו שהחלקה במעגל ובמחלצים שבה מעוכין טיט הכותל : **אנדרטא** · צורת הצלמים שעושין על שם המלך שמת : **שבעין מחתרין** · דגנבים דבזוזותיה לא הוו אתו גנבים : **נשוק כיפי** · אבנים : **כיפי דדגלת** · כיפאות של גשרים נשקברו ונשקו זו את זו : **שילי** · קולים : ואלו

רבינו חננאל

משום דזקיף ארונית דרב הונא · כלומר זכותו מגינת עליהם דהוא מרבי ריש גלותא' א"ל רב אשי לרב קיפוק בהא יומא דנח נפשיה דרבינא מאי אמרת עליה · פירוש בר קיפוק הוה ספדנא וכן בר אבין ושאלינהו מהו ההספד שתספדו עליו · וכיון שאמר לו בר קיפוק בארזים נפלת שלהבת מה יעשו אזובי קיר · כלומר כ"ע לגביה כאזוב גבי ארז נינהו כולהו · ובר אבין אמר בכו לאובדין ולא לאבידה כו' חלש דעתיה דרב אשי אמר שויתון לגביה כאזוב של קיר והוא כארז מכלל שהוא גדול ממני · נעשה להן חולי ונהפכו רגליהן שאינן יכולין להלך ולא יצאו בהספד' והיינו שאמר רב אשי כיון שרגליהן של אלו הפוכות אינן ראוין לחליצה · כי נח נפשיה דר' יוחנן יתיב עליה ר' אמי שבעה ושלשים' ואסיקנא אפילו רבו שלמדו תורה אינו יושב עליו אלא יום אחד · וא"ר יצחק בר אמי *)תניא חכם כיון שהחזיר פניו מאחורי המטה שולל · פתח עליה ההוא ספדנא · ארץ שנער הרה וילדה · פי' שנער בבל · ארץ צבי א"י · רקת זו טבריא שמת בה ·

*) לפנינו בגמ' ליתא זה לעיל סוף עמוד א' ועי' בתוס' שם ד"ה חכם.

[סנהדרין קט']

[נ"ע ברבי סימאי ועי' תוס' שבת קמט: ד"ה ודוקני ותוס' פסחים קד: ד"ה לא ותוס' ע"ז כ: ד"ה ר"ג]

מסורת הש"ס

[פי' אלפי' שמות רשת כאות לכאות כשמתו ערוך]

יבמות קב' [ע"ש]

[ברכות מח' וש"נ]

מגילה ו'

[וע"ע רש"י כתובות מג. ד"ה אמר ר"ג ועי' תוס' מנחות מו: ד"ה ר"מ אמר]

§ מסכת מועד קטן דף כה: §

אות א'

אפילו רבו שלימדו חכמה, אינו יושב עליו אלא יום אחד

יו"ד סימן רמב סכ"ה - [א]כשימות רבו, קורע עליו כל בגדיו עד שמגלה לבו. [ב]וי"א שאינו קורע אלא טפח. [ג]ואינו מאחה לעולם - זהו אליבא דכו"ע - ש"ך, **[ד]ומתאבל עליו בחליצה וכל דיני אבילות [ה]מקצת יום המיתה, או מקצת יום השמועה.**

‹עיין בתשו' שער אפרים שכתב, במי שגייר גרים בא"י, והכניסן תחת כנפי השכינה, ואח"כ מת, מחוייבים לקרוע עליו כדין רבו - פת"ש›.

[ו]יו"ד סימן שעד ס"י - [ז]על רבו שלמדו חכמה נוהג דיני אנינות – [ונכון להם שלא לשתות יין ולא לאכול בשר כל היום עד לאחר קבורה], ‹וקורע עליו›, **[ח]אלא שמברך ומזמן** - ‹דנוהג אנינות לחומרא, אבל לקולא לפוטרו מברהמ"ז אין סברא - ערוה"ש›. **ומתאבל עליו בחליצת סנדל וכל דיני אבילות [ט]יום אחד** – [בסימן רמ"ב מבואר דסגי במקצת יום ראשון – ט"ז]. **(וכתב הב"י בשם רבי שמחה, שצריך לשנות מקומו בבהכ"נ, מיהו במקצת היום סגי).**

באר הגולה

[א] רמב"ם, מדמשוי בו לאביו במו"ק דף כ"ב. בברייתא דאלו קרעים שאינם מתאחים, כך בשיעור קריעה השנוי עמהם [ב] **טור בשם הרמב"ן בסת"ה, מהא דא"ר חסדא וכן לנשיא וכו' וכדמשני שם בגמ' וכפי' רש"י שם דף כ"ב:** ‹אמר ר' חייא בר אבא אמר ר' יוחנן, על כל המתים כולם מבפנים על אביו ועל אמו קורע מבחוץ, אמר רב חסדא וכן לנשיא, מתיבי לא הושוו לאביו ולאמו אלא לאיחוי בלבד, מאי לאו אפילו לנשיא, לא לבר מנשיא. **ופירש** רש"י, לא הושוו רבו ואב בית דין ונשיא וכל הנך דתני במתניתא לאביו ולאמו אלא לאיחוי, שמעת מינה נשיא בשאר כל חומרי אביו ואמו הרי הוא כשאר כל המתים, וכן רבו שלימדו חכמה אינו אלא כשאר כל המתים, ואפילו בקריעה מבחוץ - ב"י›, **ומהירושלמי וכו', ולזה הסכים הרא"ש, ועיין בב"י מ"ש ליישב דעת הרמב"ם** ‹שהוא סובר דעד שיגלה את לבו, בכלל אינו מתאחה הוא, דהא דאינן מתאחין, נפקא לן בגמרא מדכתיב (מ"ב ב יב) באלישע ויחזק בבגדיו ויקרעם לשנים, ממשמע שנאמר ויקרעם, איני יודע ששנים, אלא מלמד שקרועים ועומדין שנים לעולם, ומהתם איכא למשמע דעד שיגלה את לבו קרע, דבהכי מינכר שהם קרועים לשנים, דאי לא קרע אלא טפח, לא הוה מינכר שהם קרועין לשנים - ב"י› [ג] **טור בשם הרמב"ם שם מדמשוי ליה בברייתא לאביו, וציינתיו לעיל** [ד] **טור בשם רא"ש ורמב"ן, ופי' בחליצה, חליצת המנעל** [ה] **טור, וכהא דאמר רבי חייא בר אבא א"ר יוחנן אפי' רבו וכו' שם דף כ"ה:** [ו] ‹ע"פ מהדורת נהרדעא› [ז] **מסוגיית הירושלמי פ"ג דברכות** [ח] **בית יוסף, ועיין לעיל סי' רמ"ב סעיף כ"ה, וסימן ש"מ סעיף ח'** [ט] **מימרא דר' יוחנן מו"ק דף כ"ה ע"ב**

§ מסכת מועד קטן דף כו. §

אות א'

הקורע על אביו ועל אמו

יו"ד סימן שמ סט"ו - [א]**על אביו ואמו שולל לאחר ל' יום, ואינו מאחה לעולם** - (כתב ברכ"י, אף להסיר כל אותה חתיכה כולה אשר בה הקרע, ולהניח חתיכה אחרת תחתיה, אינו רשאי, ודלא כהט"ז (סי' ט). בית דוד - פת"ש).

אות ב'

ועל רבו שלימדו תורה, ועל נשיא, ועל אב בית דין

יו"ד סימן שמ סי"ז - [ב]**ועל נשיא ועל רבו מובהק, שולל למחר ואינו מאחה לעולם.**

[ג]**יו"ד סימן רמב סכ"ה** - [ד]**כשימות רבו, קורע עליו כל בגדיו עד שמגלה לבו.** [ה]**וי"א שאינו קורע אלא טפח.** [ו]**ואינו מאחה לעולם** - זהו אליבא דכו"ע - ש"ך, [ז]**ומתאבל עליו בחליצה וכל דיני אבילות** [ח]**מקצת יום המיתה, או מקצת יום השמועה.**

אות ג'

ועל שמועות הרעות

יו"ד סי' שמ סל"ו - [ט]**קורעין על שמועות רעות** - (ע"ל אות ט' י"א.

אות ד'

ועל ערי יהודה, ועל המקדש, ועל ירושלים

יו"ד סי' שמ סל"ח - [י]**הרואה ערי יהודה בחורבנן, או ירושלים או בית המקדש, חייב לקרוע. (ועיין באו"ח סי' תקס"א).**

סימן תקסא ס"א - [יא]**הרואה ערי יהודה** - ולא ערי ישראל, דלא חשיבי כ"כ, **בחורבנן** - אפילו יושבין בהן ישראל, כיון שהישמעאלים מושלים עליהם מקרי בחורבנן, **אומר: ערי קדשך היו מדבר, וקורע. (ואינו חייב לקרוע אלא כשמגיע סמוך לכס, כמו מן הצופים לירושלים) (ב"י)** - דרחוק יותר לא חשיבה ראיה, כמו להלן, **ולפי** מה שביארנו לקמיה, דכמה פוסקים פליגי ע"ז וסוברין דאין שיעור לדבר, אלא דממקום שרואה חייב לקרוע, ה"ה בענינינו.

אות ה'

וקורע על מקדש ומוסיף על ירושלים

סימן תקסא ס"ב - [יב]**ואם בא דרך המדבר, שאז רואה המקדש תחלה, קורע על המקדש טפח, ואח"כ כשיראה ירושלים מוסיף על קרע ראשון כל שהוא** - וא"צ טפח, משום דעיקר מצות קריעה יצא בפעם ראשונה, שהיא מן המקדש, שקדושתה יותר מירושלים, ונכללת בתוכה.

אות ו'

אביו ואמו

יו"ד סי' שמ ס"א - [יג]**מי שמת לו מת, והוא מהמתים** [יד]**שראוי להתאבל עליהם** - כאשר יתבאר לקמן סי' שע"ד, **חייב לקרוע עליו** - מדרבנן ואסמכוה אקרא - ש"ך, (וכך אמרו במו"ק, אבל שלא פירם חייב מיתה, דכתיב: ובגדיכם לא תפרומו ולא תמותו, הא אחר שלא פירם חייב מיתה, **וכענין** שאמרו העובר על דברי חכמים חייב מיתה, דאסמכתא הוא, דפשטיה דקרא על בני אהרן קאי, דאם הם יפרומו יתחייבו מיתה - ערוה"ש).

אות ז'

ורבו שלימדו תורה

יו"ד סימן שמ ס"ח - [טו]**על רבו שרוב חכמתו ממנו: אם מקרא, מקרא; ואם משנה, משנה; אם גמרא, גמרא;** [טז]**קורע כל בגדיו עד שמגלה לבו** - (כעל אב ואם), [יז]**וי"א שאינו קורע אלא טפח** - (כבגד אחד). **ואינו מאחה לעולם** - (כבאביו ואמו). **ואפילו משמועה רחוקה, קורע עליו לעולם** - (כאביו ואמו, מפני שלעולם ברבו הוי שעת חימום - ערוה"ש). [יח][כתב ברוקח, על רבו שלמדו חכמה יושב עליו יום אחד או שעה אחת אבילות - ט"ז].

ואם לא למד רוב חכמתו ממנו, אינו קורע עליו אלא כדין שאר מתים שהוא מתאבל עליהם - (והיינו קריעה טפח מיד, וגם לא בשמועה רחוקה). [יט]**ואפילו לא למד ממנו אלא דבר אחד, בין קטן בין גדול, קורע עליו. הגה: וי"א דקרע של רבו שאינו מובהק, נמי אינו מתאחה (טור בשם הרא"ש וב"י בשם רש"י ותוס' והר"ן)** - (וכמדומני שאין המנהג כן - ערוה"ש).

תלמידי חכמים שיושבים ביחד ומקשים ומפרקין זה לזה ולומדים ביחד, י"א שדינן כרב שאינו מובהק - (שכיון שמקשין ומפרקין זה לזה, כל אחד מקבל מחבירו, לפעמים זה מזה, ולפעמים זה מזה - לבוש).

וי"א שדינן כרב מובהק (אלו שני הסברות בטור).

באר הגולה

[א] ברייתא שם דף כ"ב: [ב] שם ברמב"ם [ג] (ע"פ מהדורת נהרדעא) [ד] רמב"ם, מדמשוי בו לאביו במו"ק דף כ"ב. בברייתא דאלו קרעים שאינם מתאחים, כך בשיעור קריעה השנוי עמהם [ה] טור בשם הרמב"ן בסת"ה, מהא דא"ר חסדא וכן לנשיא וכו', וכדמשני שם בגמ' וכפי' רש"י שם דף כ"ו: ומהירושלמי וכו', ולזה הסכים הרא"ש, ועיין בב"י מ"ש ליישב דעת הרמב"ם [ו] טור בשם הרמב"ם שם מדמשוי ליה בברייתא לאביו, וציינתיו לעיל [ז] טור בשם רא"ש ורמב"ן, ופי' בחליצה, חליצת המנעל [ח] טור, וכהא דאמר רבי חייא בר אבא א"ר יוחנן אפי' רבו וכו' שם דף כ"ה: [ט] ברייתא שם דף כ"ו. וכדמפרש בגמרא [י] שם בברייתא [יא] מימרא דר"א מו"ק כ"ו [יב] הרמב"ם לפי פירושו שם בגמרא, הא דפגע במקדש וכו' (והרמב"ם כתב, דכשהוא בא מדרך המדבר, פוגע במקדש קודם שיראה את ירושלים - ב"י, (עיין רש"י) [יג] מימרא דרב תחליפא וכו' מו"ק דף כ"ד. [יד] יתבאר בסי' שע"ד [טו] כרבי יהודה בברייתא ב"מ דף ל"ג. דפסק ר' יוחנן שם כוותיה [טז] רמב"ם, וכדין קריעה שעל אביו, והביאו הטור [יז] שם בשם הרמב"ן בסת"ה ואביו הרא"ש [יח] (והוא זה מפורש בשו"ע סי' רמב סכ"ה [הובא לעיל אות ב'], ומיוסד על הגמ' דף כ"ה: וכדמבואר בבאה"ג שם) [יט] מימרא דאמוראי שם בב"מ

מסורת הש"ס

עין משפט נר מצוה

*ואלו קרעין שאין מתאחין "הקורע על אביו ועל אמו "ועל רבו שלימדו תורה ועל נשיא ועל אב ב"ד "ועל שמועות הרעות ועל ברכת השם ועל ספר תורה שנשרף "ועל ערי יהודה ועל המקדש ועל ירושלים "וקורע על מקדש ומוסיף על ירושלים "אביו ואמו "ורבו שלימדו תורה מנלן דכתיב °ואלישע ראה והוא מצעק אבי אבי רכב ישראל ופרשיו אבי אבי זה אביו ואמו רכב ישראל ופרשיו זה רבו שלימדו תורה מאי משמע כדמתרגם רב יוסף רבי רבי דטב להון לישראל בצלותיה מרתיכין ופרשין ולא מתאחין מנלן דכתיב °ויחזק בבגדיו ויקרעם לשנים קרעים ממשמע שנאמר *ויקרעם איני יודע שלשנים אלא מלמד שקרועים ועומדים לשנים לעולם אמר ליה ריש לקיש לרבי יוחנן אליהו חי הוא אמר ליה כיון דכתיב °ולא ראהו עוד לגבי דידיה כמת דמי "נשיא ואב בית דין "ושמועות הרעות מנלן דכתיב °ויחזק דוד בבגדיו ויקרעם וגם כל האנשים אשר אתו ויספדו ויבכו ויצומו עד הערב על שאול ועל יהונתן בנו ועל עם ה' ועל בית ישראל כי נפלו בחרב שאול זה נשיא יהונתן זה אב ב"ד על עם ה' ועל בית ישראל אלו שמועות הרעות א"ל רב בר שבא לרב כהנא ואימא עד דהוו כולהו א"ל על הפסיק הענין ומי קרעינן אשמועות הרעות והא אמרו ליה לשמואל קטל שבור מלכא תריסר אלפי יהודאי במזיגת קסרי ולא קרע לא אמרו אלא `ברוב צבור וכמעשה שהיה ומי קטל שבור מלכא יהודאי והא א"ל שבור מלכא לשמואל תיתי לי דלא קטלי יהודי מעולם התם אינהו גרמי לנפשייהו דא"ר אמי לקל יתירי דמזיגת קסרי פקע שורא דלודקיא "על ברכת השם מנלן דכתיב °ויבא אליקים בן חלקיה אשר על הבית ושבנא הסופר ויואח בן אסף המזכיר אל חזקיהו קרועי בגדים *ת"ר "אחד השומע ואחד השומע מפי השומע חייב לקרוע והעדים אינן חייבין לקרוע שכבר קרעו בשעה ששמעו מאי הוי הא קא שמעי השתא לא ס"ד דכתיב °ויהי כשמוע המלך חזקיהו ויקרע את בגדיו המלך קרע והם לא קרעו ולא מתאחין מנלן *אתיא קריעה קריעה "ספר תורה שנשרף מנלן דכתיב °ויהי כקרא יהודי שלש דלתות וארבעה (א) ויקרעה בתער הסופר והשלך אל האש אשר אל האח וגו' מאי שלש דלתות וארבעה אמרו ליה ליהויקים כתב ירמיה ספר קינות אמר להו מה כתיב ביה °איכה ישבה בדד אמר להו אנא מלכא א"ל °בכה תבכה בלילה אנא מלכא °גלתה יהודה מעוני אנא מלכא °דרכי ציון אבלות אנא מלכא °היו צריה לראש אמר להו מאן אמרה °כי ה' הוגה על רוב פשעיה מיד קדר כל אזכרות שבה ושרפן באש והיינו דכתיב °ולא פחדו ולא קרעו את בגדיהם מכלל דבעו למיקרע אמר ליה רב פפא לאביי אימר משום שמועות הרעות א"ל שמועות רעות בההיא שעתא מי הוו א"ר חלבו אמר רב הונא הרואה ספר תורה שנקרע חייב לקרוע "שתי קריעות אחד על הגויל ואחד על הכתב שנאמר °אחרי שרוף המלך את המגלה ואת הדברים רבי אבא ורב הונא בר חייא הוו יתבי* א] קמיה דרבי אבא בעא לאפנויי שקליה לטוטפתיה אחתיה אבי סדיא אתאי בת נעמיתא בעא למיבלעיה אמר השתא איחייבין לי שתי קריעות א"ל מנא לך הא והא בדידי הוה עובדא ואתאי לקמיה דרב מתנה ולא הוה בידיה אתאי לקמיה דרב יהודה ואמר לי הכי אמר שמואל לא אמרו °אלא בזרוע וכמעשה שהיה ערי יהודה מנלן דכתיב °ויבאו אנשים משכם משילו ומשמרון שמונים איש מגולחי זקן וקרועי בגדים ומתגודדים ומנחה ולבונה בידם להביא בית ה' וגו' א"ר א) חלבו אמר עולא ביראה "אמר ר' אלעזר הרואה ערי יהודה בחורבנן אומר °ערי קדשך היו מדבר וקורע ירושלים בחורבנה אומר °ציון מדבר היתה ירושלם שממה וקורע בית המקדש בחורבנו אומר °בית קדשנו ותפארתנו אשר הללוך אבותינו היה לשריפת אש וכל מחמדינו היה לחרבה וקורע: קורע על מקדש ומוסיף על ירושלים: ורמינהו °אחד השומע ואחד הרואה כיון שהגיע לצופים קורע וקורע על מקדש בפני עצמו ועל ירושלים בפני עצמה לא קשיא "הא דפגע במקדש ברישא הא דפגע בירושלים ברישא תנו רבנן "וכולן ראשין לשוללן ולמוללן וללקטן ולעשותן כמין סולמות אבל לא לאחותן אמר רב חסדא ובאיחוי

א) [בהלכות ליתא אמר ר' יהודה הרואה כו']

רש"י

ואלו קרעין כו'. בהלכ רבתי במסכת שמחות (פ"ט): ברוב צבור. רוב ישראל. וכמעשה שהיה. בשאול ויהונתן: גרמו לנפשייהו. דמרדו ביה והא דקאמר לא קטלי יהודי רוצה לומר בחנם: לקול יתירי. לקול כנורות שמרדו: [ב] אתיא קרע קרע (*מדוד): שלש דלתות וארבעה. כלומר ארבעה פסוקים: אנא מלכא. ומלכה לא כתיב כלום: היו צריה לראש. שהנכרי ראש ולא אתה: משום שמועות רעות. על הגלות איבעי למיקרע: את המגילה. זה הגויל: ואת הדברים. זה הכתב: הצפה. לא שקיל להו נעמיתא איבעי לי למיקרע על הגויל ועל הכתב דהוי"מ כנשרף: בזרוע. שאין יכול להצילו: וכמעשה שהיה. דיהויקים אבל דנעמיתא דמלי להציל לא מיקרע: הא דפגע במקדש ברישא. כגון שנכנס לירושלים בשדה צופים ומגדל דלא ראה ירושלים עד שראה בית המקדש קורע על המקדש ומוסיף על ירושלים אבל בשלא נכנס בחיבה ופגע בירושלים ברישא קורע על ירושלים בפני עצמה ועל המקדש בפני עצמו: כל הקרעים ראשין לשוללן ולמוללן. לקפל בגד בתפירה: כמין סולמות. שאין מלקטין זה סמוך לזה אלא זה רחוק מזה שמלקט ברוחב כעין מעלות סולמות: מתוך

תוספות

ברכת השם מגלן. ועל ברכת השם דנכרים פליגי הכא בירושלמי איכא דאמרי דבשקה ישראל מומר הוה אבל דנכרי לא ואיכא דאמרי נכרי הוה ובפרק ארבע מיתות (סנהדרין דף ס.) נמי פליגי בה בש"ס שלנו ובירושלמי הוה ריש לקיש קורע על ברכת השם: ואחד השומע מפי השומעים. פירש בתוס' כגון מן העדים שאומרים זה ואם הוא אומר יכה יוסי את יוסי אין קורעין על זה וכן משמע בפ"ד מיתות (שם דף נו.): אתיא קריעה. תימה אם כן נילף כל קריעות שלא יתאחו מקריעה קריעה ושמא לא מיסתבר ליה: קדר כל האזכרות. תימה והא (ג) דקרעה בתער הסופר משמע כל המגילה ובירושלמי לא גרסינן האזכרות: לא אמרו אלא בזרוע. ובירושלמי גרס ששרפה מלך ישראל בזרוע: משכם משילו. לא שייך הכא למיפרך ואימא עד דאיכא תלתא אבל קצת קשה דאימר מילתא יתירתא היא דמגלחי זקן (ג) ומתגודדים כתיב בהאי קרא ויש לומר דלא שייך למימר דלא נילף כלל אלא קריעה ולעיל (ד' כא.) הכי קאמר כמי נהי דנגמרת שפיר קריעה מ"מ לא תילף מינה מעומד: ובאיחוי

רבינו חננאל

וי"א דאין צריכין לקרוע אלא על רבו שלמדו רוב חכמתו, אבל חברים הלומדים זה עם זה, או שהאיר עיניו בדבר אחד, אינו אלא חומרא בעלמא, והיכא דנהוג נהוג, והיכא דלא נהוג לא נהוג, ואין מורין כן (מרדכי בשם השאלות והגמי"י בשם הר"מ). ולכן נהגו להקל במדינות אלו.

יו"ד סימן רמב סכ"ה - עיין לעיל אות ב'.

אות ח'

נשיא ואב בית דין

יו"ד סימן שמ סי"ז - [כ]**נשיא דומה לאב, לחליצת כתף, ולקרוע מבחוץ, ולאחוי -** ‹שכן כתיב גבי דוד: ויחזק בבגדיו ויקרעם וגו' על שאול ועל יונתן ועל עם ה', על שאול זה נשיא, ועל יונתן זה אב"ד וכו' - לבוש›. ‹**אך** בזמה"ז אין לנו נשיא - ערוה"ש›.

אות ט' – י'

ושמועות הרעות

ברוב צבור

יו"ד סימן שמ סל"ז - [כא]**קורעין על שמועות רעות, כגון שנקבצו רוב הצבור למלחמה ושמעו שנגפו לפני אויביהם,** [כב]**אפילו לא נהרגו אלא המיעוט מהם. (וה"ה אם הלכו בשבי) (נ"י) -** ‹דשבי קשה מחרב - לבוש›.

קורעין כו' - דכתיב: ויחזק דוד בבגדיו ויקרעם על שאול ועל עם ה' כי נפלו בחרב, **וכתב** ב"י בשם רבינו ירוחם, דלפי הפסוק נראה שחייב להתאבל כל היום, ‹ולכאורה ר"ל ולא רק מקצת היום›, ולפיכך אינו שולל עד למחר, ע"כ. **ונראה** דה"ה דמאחין למחר - ש"ך. (**ודבריו** תמוהין, דהרי מבואר בסוף הסימן, דקריעה שעל שמועות רעות הוא מקרעים שאין מתאחין לעולם, וכן הוא בש"ס, ומצאתי בדגמ"ר שתמה על הש"ך בזה, גם הגאון מהר"ר דוד דעסא ז"ל תמה עליו בזה - פת"ש).

אות כ' – ל' – מ' – נ' – ס'

על ברכת השם

אחד השומע ואחד השומע מפי השומע חייב לקרוע; והעדים אינן חייבין לקרוע, שכבר קרעו בשעה ששמעו

ספר תורה שנשרף

שתי קריעות: אחד על הגויל ואחד על הכתב

אלא בזרוע

יו"ד סימן שמ סל"ז - [כג]**השומע ברכת השם -** [שאמר יכה יוסי את יוסי – ט"ז], [כד]**ואפי' ברכת הכינוי -** (עיין בס' תפל"מ שכתב, דר"ל אפי' כינוים הנמחקים, כגון חנון ורחום, חייב לקרוע, ע"ש - פת"ש), **(אפי' אמרו בלשון לעז הוי כינוי) (נ"י), חייב לקרוע -** ‹דכתיב: ויבא אליקום בן חלקיה ושבנא הסופר ויואח בן אסף המזכיר אל חזקיה קרועי בגדים על דברי רבשקה, על גידופין ששמעו מפי רבשקה, כדכתיב: אשר שלחו מלך אשור לחרף אלהים חי - לבוש›.

והוא שישמענה מישראל - ‹דרבשקה ישראל משומד הוה›. [**דאם** היינו קורעים על עובדי כוכבים, יתמלאו כל הבגדים קרעים – ט"ז], ‹שהרי הם מחרפין ומגדפין בכל יום - לבוש›. **לדעת** הרמב"ן והטור, בשם המיוחד חייב לקרוע אפי' בעובד כוכבים, **ופי'** שם המיוחד, בין בכתיבתו בין בקריאתו - ש"ך. (**עיין** בספר משנת חכמים שכתב, דאע"פ שהשומע מפי עובד כוכבים א"צ לקרוע, אם בא ישראל ואמר ששמע מפי עובד כוכבים שגידף, כיון דעתה שמע הגידוף מפי הישראל, חייב לקרוע, **וה"ה** השומע עצמו שחוזר הגידוף, כיון דבעת ששמע מעובד כוכבים לא היה קורע, מחוייב עתה לקרוע, ע"ש - פת"ש).

(וי"א דבזמן הזה מומר דינו כעובד כוכבים) (ג"ז שם) - ‹אע"ג דרבשקה ישראל משומד הוה, בזמנם לא הוו שכיחי משומדים, אבל בזה"ז נפישי משומדים ופקרי טפי, ואם אתה מחייב לקרוע, נתמלא כל הבגד קרעים, כמו בגוים ויותר - לבוש›. **והב"ח** חלק על זה לפי מה שפירש הוא דברי הרמב"ם והסמ"ג, דאפי' בישראל מומר חייב לקרוע, ואין דבריו מוכרחים ע"ש - ש"ך.

[כה]**ואפי' השומע מהעדים היאך בירך פלוני, חייב לקרוע -** כלומר כגון ששמע מהעדים שפלוני בירך השם, אע"פ שאין העד מוציא הגדוף מפיו ממש, חייב השומע מפי העד לקרוע, **וא"צ** לשמוע משני העדים, אלא אפי' מאחד מן העדים, **וה"ה** כשאינו עד שהעיד בב"ד, אלא ששמע הגדוף ממש, כל השומע מפי אותו ששמע הגדוף ממש, אע"פ שזה לא הוציא מפיו הגדוף ממש, אלא שאמר פלוני גידף השם, חייב השומע לקרוע, **אבל** השומע מפי אחד: פלוני גידף השם, והוא עצמו לא שמע הגידוף ממש, אלא שמעו מפי אחד מהעדים, אין זה האחרון חייב לקרוע, כל זה כתוב בספר תורת האדם דאיתא בירושלמי, עכ"ל ב"ח - ש"ך.

(**ועיין** בספר משנת חכמים שהביא, דדעת הרמב"ם וסמ"ג והתוס' דלא כהירושלמי, וכל שאומר שפלוני גידף ולא הוציא הגידוף כלשונו מפיו, א"צ לקרוע, ותמה על הש"ך שלא הביא כלל דעתם. **והעלה**, דלהם שומעין להקל בדרבנן, דמצותו של קריעה הוא מדרבנן, **וכתב** עוד, דגם דין השני של הירושלמי, דהשומע מפי אחד כו', הוא רק לשיטתו, דאף שלא הוציא השומע הגידוף מפיו כי אם שאמר שפלוני גידף, חייב לקרוע, לכן מחלק בין שני לשלישי, **אבל** למש"ל דשומעין להקל כדעת הרמב"ם וסמ"ג, דכל שלא שמעו מפי השומע שהוציא לשון הגידוף מפיו א"צ לקרוע, גם דין זה ליתא, דבכה"ג ודאי גם אם שמעו מפי השלישי חייב לקרוע, ע"ש - פת"ש), ‹**וז"ל**: וכן נראה מלשון השו"ע שכתב בלשונו: אפי'

באר הגולה

[כ] שם בברייתא דף כ"ב: [כא] ברייתא שם דף כ"ו. וכדמפרש בגמרא [כב] רמב"ן בסת"ה ‹וכמעשה שהיה - נמ"י› [כג] שם בברייתא [כד] כר' חייא סנהדרין דף ס. [כה] ברייתא שם ומו"ק דף כ"ו.

השומע מפי העדים חייב לקרוע, ומדנקיט "העדים" ולא נקט "השומע מפי השומע", ע"כ דדוקא אם שומע מפי עדים, דבכדי שיעידו בב"ד בגמר דין היו מוציאין הגידוף מפיהם, מש"ה חייבין לקרוע, משא"כ בשומע מפי אחר, עכ"ל.

[כו]**והעדים אינם צריכים לקרוע פעם אחרת** - (כתב בספר משנת חכמים, אם בא א' ואמר שפלוני גידף, והוצרך לקרוע, ושוב בא א' והגיד כן, א"צ לקרוע, כיון שכבר שמע וקרע, וכדאמרינן בעדים דא"צ לקרוע לפי שכבר קרעו כו', דאין חילוק בזה, ע"ש - פת"ש).

(**עיין** בספר משנת חכמים שכתב, דפשוט דבזמן שאין דנין דיני נפשות רק שמנדין אותו, כמבואר בחו"מ סי' תכ"ה, אין לבדוק עדים של מגדף כמו שהיו בודקים בזמן שהיו דנין, **דדוקא** כדי לקיים מצות סקילה היו מוציאין השם בפירוש וגם לשון הגידוף, אבל לענין להרחיקו מקהל ולחייבו נידוי, אין להעדים להוציא שם שמים מפיהם, ואצ"ל הלשון גידוף, ואם אומרים שפלוני גידף, מרחיקין אותו ומנדין אותו, **ולכן** הניח בצ"ע דברי השו"ע שכתב: ואפילו השומע מהעדים, דמהיכי תיתי יוציאו העדים הגידוף בזמן ההוא, ע"ש. **ולפי** דברי הש"ך, שאין העד מוציא הגידוף מפיו כו', אתי שפיר, **אך** כבר הוכיח הוא ז"ל בריש דבריו, מדכתב מהעדים, ולא נקט מפי השומע, משמע דס"ל כדעת רמב"ם וסמ"ג הנ"ל - פת"ש).

אות ע' - פ' - צ'

אמר רבי אלעזר: הרואה ערי יהודה בחורבנן, אומר: וכו' אחד השומע ואחד הרואה, כיון שהגיע לצופים קורע; וקורע על מקדש בפני עצמו ועל ירושלים בפני עצמה הא דפגע במקדש ברישא, הא דפגע בירושלים ברישא

סימן תקסא ס"א - [כו]**הרואה ערי יהודה** - ולא ערי ישראל, דלא חשיבי כ"כ, **בחורבנן** - אפילו יושבין בהן ישראל, כיון שהישמעאלים מושלים עליהם מקרי חורבנן, **אומר: ערי קדשך היו מדבר, וקורע. (ואינו חייב לקרוע אלא כשמגיע סמוך לכס, כמו מן הצופים לירושלים) (ב"י)** - דרחוק יותר לא חשיבה ראיה, כמו להלן, **ולפי** מה שביארנו לקמיה, דכמה פוסקים פליגי ע"ז וסוברין דאין שיעור לדבר, אלא דממקום שרואה חייב לקרוע, ה"ה בענינינו.

סימן תקסא ס"ב - הרואה ירושלים בחורבנה, אומר: ציון היתה מדבר שממה - ‹צ"ל: ציון מדבר היתה ירושלם שממה - לבושי שרד›, **וקורע** - יש שכתבו, שמסתברא שיום שרואה אדם תחלה ירושלים בחורבנה, שיאסור אותו היום כולו בבשר ויין. **וכשרואה בית המקדש, אומר: בית קדשינו ותפארתנו אשר הללוך בו אבותינו היה לשרפת אש וכל מחמדנו היה לחרבה, וקורע** - עיין ב"ח, שחייב להשתחות ולקרוע את בגדיו, ולבכות ולהתאונן ולהתאבל על חורבן בהמ"ק, ולקונן ולומר "מזמור לאסף" וכו' עד סוף, **וכשקורע** מברך ואומר "ברוך דיין אמת" {אך בלי שם ומלכות} "כי כל משפטיו צדק ואמת, הצור תמים פעלו כי כל דרכיו משפט, אל אמונה ואין עול צדיק וישר הוא, ואתה צדיק על כל הבא עלינו" וכו'.

[כח]**ומהיכן חייב לקרוע, מן** [כט]**הצופים** - פי' דלא חשיב ראיה מריחוק מקום, אלא משהגיע לצופים דהוא מקום סמוך לירושלים חשיב ראיה, כ"כ ב"י, **אבל** כמה פוסקים כתבו, ד"צופים" הוי פירוש, כל מקום סביב לירושלים שיכולין לראות משם.

עוד כתבו, דמשהגיע לצופים צריך לקרוע אע"פ שעדיין לא ראה אותה.

כתב הא"ר, כל שקרע וראה קצת, אף שלא ראה בטוב, כשיגיע א"צ לקרוע עוד, **הא** לכתחלה יש לו להמתין עד שיגיע למקום צופים.

ואח"כ כשיראה המקדש קורע קרע אחר - וירחיק ג' אצבעות, **וכל קריעה טפח.**

[ל]**ואם בא דרך המדבר, שאז רואה המקדש תחלה, קורע על המקדש טפח, ואח"כ כשיראה ירושלים מוסיף על קרע ראשון כל שהוא** - וא"צ טפח, משום דעיקר מצות קריעה יצא בפעם ראשונה, שהיא מן המקדש, שקדושתה יותר מירושלים, ונכללת בתוכה. **והנכנס** עתה למקום מקדש, חייב כרת, שכולנו טמאי מתים, וקדושה הראשונה קדשה לשעתה וקדשה לעתיד לבוא.

אות ק'

וכולן רשאין לשוללן, ולמוללן, וללוקטן, ולעשותן כמין סולמות, אבל לא לאחותן

סימן תקסא ס"ד - כל הקרעים האלו בידו - ולא בכלי, **ומעומד, וקורע כל כסותו שעליו עד שיגלה את לבו** - ולכן יקרע מצד שמאל, כי הלב בשמאל. **ואינו מאחה קרעים אלו לעולם** - [לא]היינו תפירה מבפנים, ואחרת עליה מבחוץ - טור, [לב]**ורש"י** פירש, תפירה מיושרת. **אבל רשאי** - למחר, **לשללן למללן ללקטן ולתופרן כמין סולמות** - תפירות שאינן מיושרות.

יו"ד סימן שמ סל"ט - [לג]**כל אלו הקרעים** - ‹שאין מתאבלין עמה לא ז' ולא ל' ולא י"ב, כגון שמועות רעות ושריפת ס"ת וכיוצא בהן - לבוש›, **רשאי למוללן** - שאוחז ב' ראשי הקרע בין האצבעות וכורכן יחד, ותוחב שתים או שלש תפירות, **לשללן** - תפירה רחבה שתפר הרבה במשיחה אחת, **ללקטן** - שאורג כל הקרע ראשו על סופו, ותוחב במחט ב' או ג' פעמים, **לעשותן כמין סולמות** - פי' כמעלות הסולם, שתופר ב' תפירות, וחוזר ותופר למטה, והניח בין תפירה לתפירה הפסק - ש"ך, [לד]**למחרתו; אבל אין מתאחין לעולם.**

באר הגולה

[כו] שם בברייתא [כז] מימרא דר"א מו"ק כ"ו [כח] ברייתא שם [כט] פי' דלא חשיב ראיה מריחוק מקום אלא משהגיע לצופים חשיבי ראיה, ב"י [ל] הרמב"ם לפי פירושו שם בגמ' הא דפגע במקדש וכו' ‹וז"ל: דכשהוא בא מדרך המדבר, פוגע במקדש קודם שיראה את ירושלים›, ‹עיין רש"י› [לא] ‹פי' הראב"ד {באיחוי אלכסנדרי} שהיא התפירה שלנו שוה מלמעלה ובולטת מלמטה, **והרמב"ן** פי' דאיחוי סתם היא התפירה השוה מלמעלה ובולטת מלמטה, ואיחוי אלכסנדרי היא השוה מלמטה ולמעלה, והכי איתא בירושלמי איזה הוא האיחוי כאריג, **ודברי** הראב"ד ז"ל עיקר, שאין תפירה שלא תהא בולטת מלמטה, וסתם איחוי היא התפירה שתופרים מבפנים, ואיחוי אלכסנדרי היא תפירה אחרת שעושין מבחוץ, ומשוה התפירה שאינה ניכרת כלל ודומה לאריג - רא"ש. ‹**הרי** שלדברי הראב"ד, הוי איחוי אלכסנדרי תפירה שלנו כפשטה, תפירה אחת, ולהרא"ש בעינן עוד תפירה אחרת עליה, וכ"כ הטור, **וא"כ** לא דמי להדדי, ומש"כ הרא"ש שדברי הראב"ד עיקר, צ"ל ע"כ דלענין זה דבריו עיקר, דהתפירה הוא בולטת מלמטה לעולם, לאפוקי מדברי הרמב"ן - תשו' פני יהושע› [לב] ‹ברש"י כת"י איתא: תפירה יפה› [לג] **שם בברייתא** [לד] **כ"כ הנ"י ורבינו ירוחם בהדיא, וכ"נ מדברי הרמב"ם והרמב"ן ז"ל**

עין משפט נר מצוה | מסורת הש"ס

ובאיחוי אלכסנדרי ת"ר הקורע מתוך השלל מתוך המלל מתוך הלקט מתוך הסולמות לא יצא מתוך האיחוי יצא אמר רב חסדא ובאיחוי אלכסנדרי ת"ר ראשי להופכו למטה ולארחתו ר' שמעון בן אלעזר אוסר לאחותו וכשם שהמוכר אסור לאחותו כך הלוקח אסור לאחותו ולפיכך מוכר צריך להודיעו ללוקח ת"ר תחילת קריעה טפח ותוספת שלש אצבעות דברי רבי מאיר רבי יהודה אומר תחילת קריעה שלש אצבעות ותוספת כל שהו אמר עולא הלכה כרבי מאיר בקריעה והלכה כרבי יהודה בתוספת תניא נמי הכי רבי יוסי אומר תחילת קריעה טפח ותוספת כל שהו ת"ר אמרו לו מת אביו וקרע מת בנו והוסיף תחתון מתאחה עליון אינו מתאחה מת בנו וקרע מת אביו והוסיף עליון מתאחה תחתון אינו מתאחה מת אביו מת אמו מת אחיו מת אחותו קורע קרע אחד לכולן רבי יהודה בן בתירה אומר על כולן קרע אחד על אביו ואמו קרע אחד לפי שאין מוסיפין על קרע אביו ואמו מאי טעמא אמר רב נחמן בר יצחק לפי שאינן בתוספת אמר שמואל הלכה כרבי יהודה בן בתירה ומי אמר שמואל הכי והאמר שמואל הלכה כדברי המיקל באבל אבילות לחוד קריעה לחוד עד היכן קורע עד טיבורו ויש אומרים עד לבו אע"פ שאין ראיה לדבר זכר לדבר שנאמר וקרעו לבבכם ואל בגדיכם הגיע לטיבורו מרחיק שלש אצבעות וקורע נתמלא מלפניו מחזירו לאחוריו נתמלא מלמעלה הופכו מלמטה והקורע מלמטה ומן הצדדין לא יצא אלא שכהן גדול פורם מלמטה פליגו בה רב מתנה ומר עוקבא ותרוייהו משמיה דאבוה דשמואל ולוי חד אמר כל שבעה קורע לאחר שבעה מוסיף וחד אמר כל שלשים קורע לאחר שלשים מוסיף מתקיף לה רבי זירא מאן דאמר כל שבעה קורע אמאי דלא ניתן לשוללו אלא הא דאמר מר האשה שוללתו לאלתר ה"נ התם משום כבוד אשה הוא מאן דאמר כל שלשים קורע אמאי דלא ניתן לאחותו אלא לאביו ולאמו דלא ניתן לאחותו לעולם ה"נ התם משום כבוד אביו ואמו הוא ת"ר היוצא בבגד קרוע לפני המת הרי זה גוזל את המתים ואת החיים רשב"ג אומר האומר לחבירו השאילני חלוקך ואלך ואבקר את אבא שהוא חולה והלך ומצאו שמת קורע ומאחו וכשיבא לביתו מחזיר לו חלוקו ונותן לו דמי קרעו ואם לא הודיעו הרי זה לא יגע בו ת"ר חולה שמת לו מת אין מודיעין אותו שמת שמא תטרף דעתו עליו ואין מקרעין בפניו ומשתקין את הנשים מפניו ומקרעין לקטן מפני עגמת נפש וקורעין על חמיו ועל חמותו מפני כבוד אשתו ואמר רב פפא תנא באבל רבתי אבל לא יניח תינוק בתוך חיקו מפני שמביאו לידי שחוק ונמצא מתגנה על הבריות: ואין מברין על מטות זקופות: ת"ר ההולך לבית האבל אם היה לבו גס בו יברוהו על מטות כפויות ואם לאו יברוהו על מטות זקופות רבא איתרע ביה מילתא על לגביה אבא בר מרתא דהוא אבא בר מניומי רבא זקיף אבא בר מרתא כפי אמר כמה לית ביה דעתא להאי צורבא מרבנן תנו רבנן ההולך ממקום למקום
אם

(תורה אור; יואל ב; לעיל יח. וש"נ ערכין טו.; לעיל כב:; שמחות פ"ט; שם [תוספתא כ"מ פ"ח]; לעיל יד:; אלא)

רש"י

מתוך השלל. שלא קרע אלא בשלל: מתוך האיחוי. מקרע האיחוי: ובאיחוי אלכסנדרי. דהוה כשלם: ראשי להופכו למטה. שהופך הקרע למטה והופך שלמטה למעלה ומאחהו ועושה בית הצואר ולובשו: ותוספת שלש. כגון שמוסיף קרע אחר על אותו קרע כגון שאירעו אבל אחר: עליון אין מתאחה. שקרעו על אביו ועל אמו: שאינן בתוספת. כלומר אין בדין שמוסיף עליהן: הגיע לטיבורו. ומת לו מת אחר: מרחיק שלש אצבעות. בצד אותו קרע וקורע: נתמלא. קרעים מלפניו מחזירו לאחוריו וחוזר וקורע לפניו: כל שבעה. אם מת לו מת קורע קריעה אחרת: לאחר שבעה מוסיף. על קרע ראשון: דלא ניתן לשוללו. תוך שבעה כלל ולהכי מוסיף ביה מיחוי כקרע אחד אבל לאחר שבעה דבכבר שללו קורע כל השלילות ומוסיף כל שהו דמיכבר דעל מת אחר קרע: אשה שוללתו לאלתר. אפילו תוך שבעה: הכי נמי. דמוסיף דקורע השלילה ומוסיף בה טורחא דקא מיבכר וקא פסיק כל שבעה קורע ואפילו אשה: משום כבוד אשה הוא. ולא מן הדין: משום כבוד אביו. ולא מן הדין והוי כאיחוי לפיכך מוסיף בו לאחר שלשים: כבגד קרוע. קודם לכן גוזל הכל שמראה להן שקרע על המת: ואם לא הודיעו. שהולך לבקר את אביו: יברוהו. לאותו שבא על מטות כפויות: אבל ההולך ממקום למקום יגלגל

תוספות

ובאיחוי אלכסנדרי. בירושלמי איזהו איחוי אלכסנדרי כל שאין מקומו ניכר ובמסכת שמחות (פ"ט) מפרש כל שאחהו כל צורכו: כך הלוקח אסור לאחותו. לא שמעתי אם מותר למוכרו לנכרי נהי דלוקח אסור לאחותו אם הוא נכרי מותר ולא"ע דמוכר צריך להודיע ללוקח היינו כדי שלא יעשה לוקח איסור אבל אין אנו חוששין אם יתפרנו הנכרי ולכאורה היה מותר* ועוד צ"ע והאי וכשם שהמוכר כו' הוי פי' לתנא קמא בלא הפיכה ולר"ש בן אלעזר אפילו על ידי הפיכה ובמאי דפליגי נראה דהלכה כתנא קמא וכן פירש הר"א: תחילת קריעה שלש אצבעות. לא ידענא *ממאי מפיק טעמא דלעיל (ד' כב:) מפקינן טפח מויחזק אין אחיזה פחות מטפח: תניא נמי הכי. רבי יוסי סובר כן ורבי יוסי הלכה כמותו לגבי דרבי מאיר ורבי יהודה בפרק מי שהוציאוהו (עירובין ד' מו:) ועוד דה"ל מכריע: קורע קרע אחד על כולן. במסכת שמחות (פ"ט) א"ל מת אביו וקרע והוא אינו אלא אמו יצא מתה אמו והוא אינו אלא אביו יצא מת אביו מתה אמו וקרע והוא אינו אלא אחד מן הקרובין יצא אחד מן הקרובין וקרע והוא אינו אלא אביו או אמו לא יצא ובירושלמי אמרו לו מת ראובן וקרע ואמרו שמעון היה יצא אמרו לו מת ראובן וקרע ואח"כ אמרו לו קיים היה ומת אית תנא לא יצא וכן קרע על אביו ונמצא בנו אם מת על אחר אין צריך לקרוע כמה הוא על אחר כדי דבור ובסוף פרק בתרא דנדרים (דף פז.) כמו כן היא שנויה: אמר רב נחמן בר יצחק לפי שאינן בתוספת. תימה מאי מוסיף לפרש הטעם מן הברייתא ופירש הר"א בשם רבינו שמואל דלא גרסינן לפי שאין מוסיפין בברייתא והר"י הקשה בתוספות מאי שייך בתוספת נראה לי דמאי לממר דסבירא כמאן דאמר עד טיבורו אי נמי עד שיגלה את לבו אין זה כל כך כמו עד לבו מיהו יותר נראה לי דקאמר רב נחמן בר יצחק לפי שאינן בתוספת שצריך לקרוע עד לבו ואם אירע כך שלא קרע עד לבו מ"מ כיון דלא עשה כמו שהיה צריך אומר אין שייך תוספת מיהו לפירושו קסבר רב נחמן בר יצחק כיש אומרים עד לבו ואפילו למאן דאמר בסמוך עד טיבורו יש ליישב כמו שפי' שאין צריך לקרוע על אביו ועל אמו רק עד שיגלה את לבו מכל מקום אם קרע טפי שפיר משום כבוד אביו ואין כאן בל תשחית: פורם מלמטה. בפ' בתרא דהוריות (ד' יב:) מפרש מה קורע למטה אם בגואר: לפי שאין מוסיפין על אביו ואמו. פי' בקונטרס דלכולהו קאי דבין אם קרע על אביו קודם בין קרע על אחד מקרוביו קודם ולא ידענא מנא ליה דלישנא משמע דוקא על קרע אביו ואמו שהיה קודם:
אם

עין משפט נר מצוה

קצט א מיי' פ"ט מהל' אבל הלכה ג:
ר ב ג מיי' שם סמג עשין ב טוש"ע י"ד סי' שמ סעיף כ:
רא ד ה מיי' שם והלכה ד סמג שם טוש"ע שם סעיף יט:
ובמס' שמחות ספ"ט איתא דאסור
רב ו מיי' שם פ"ח הלכה ג י סמג שם טוש"ע שם סעיף ג:
[עי' כלים פכ"ד מ"ב ומ"י] אולי צ"ל פכ"ו
רג ז ח מיי' שם הלכה ט טוש"ע שם סעיף כג:
רד ט מיי' שם הלכה י טוש"ע שם סעיף כא:
רה י מיי' שם הלכה א טוש"ע שם סעיף ב:
רו כ מיי' שם ופ"ז הלכה ו סמג שם וסמג לאוין שא ומיי' פ"ה מהל' כלי המקדש הלכה ו:
רז ל מיי' פ"ח מהלכות אבל הלכה י סמג עשין ב טוש"ע י"ד סי' שמ סעיף כא:
רח מ מיי' שם הלכה ו סמג שם טוש"ע שם סעיף לג:
רט נ מיי' שם הלכה ז טוש"ע שם סעיף לד:
רי ס מיי' שם הלכה ד טוש"ע שם סי' שלה:
ריא ע מיי' שם טוש"ע שם סי' שמ סעיף ד:
ריב פ מיי' שם פ"ד הלכה ב טוש"ע שם וסי' שלא סעיף ח:

רבינו חננאל

על ירושלים: ת"ר ראשי להופכו למטה ולעשות לו איחוי. פי' להפך החלוק לחתכו ולתת בית הצואר שלו שולים והשולים יעשה בית שפה. ר' שמעון בן אלעזר אוסר באיחוי בין מלמעלן בין מלמטה. וכשם שהבעלים אסורין לאחותו כן הלוקח אסור לאחותו. לפיכך צריך המוכר להודיע ללוקח שזה קרע אסור באיחוי הוא. ת"ר וכולן אלו הקרעין רשאין לשוללן למוללן ללוקטן לעשותן בתפירה אחת כעין סולמות שיהא ניכר הקרע. אבל אין רשאין לאחותן באיחוי אלכסנדרית שהוא כמין ארינה. ת"ר הקורע מתוך השלל או מתוך המלל או מתוך הליקוט או מתוך הסולמות לא יצא. אבל אם היה איחוי אלכסנדרית שהוא כאריגה יצא ידי קריעה: ירושלמי כד דמך ר' יוחנן אודי ר' חייא בר אבא לשלול הקרע בו ביום ולנעול הסנדל בו ביום. א"ל ר' תנחום ב"ר חייא לר' חיננא בר פפא ר' עלן. א"ל יסוג תורעתך שכל אותה שנה הדין מתוח כנגד המשפחה דא"ר יוחנן כל שבעה החרב שלופה עד שלשים יום. ומשלשים היא רופפת ואינה חוזרת לתערה עד י"ב חודש. למה"ד לכיפת אבנים שנתרועעה אחת מהן נתרועעה כולן. א"ר אלעזר אם נולד להן בן באותה משפחה נתרפאת כל המשפחה כולה: ת"ר תחלת הקריעה טפח ואם קרע על המת ועוד מת לו מת אחר ובא לקרוע ולהוסיף על הקרע מוסיף ג' אצבעות דברי ר' מאיר *) ותחלת הקריעה ג' אצבעות ותוספת כל שהו. אמר עולא הלכה כר' מאיר בקריעה שתחלת קריעה טפח. והלכתא כר' יהודה בתוספת דדי לו אפילו כל שהו. תניא נמי הכי ר' יוסי אומר תחלת הקריעה טפח ותוספת כל שהו: ת"ר מת אביו וקרע. מת בנו והוסיף תחתיו מתאחה. עליון אין מתאחה. מת בנו וקרע מת אביו והוסיף כו'. ר' יהודה בן בתירה אומר על כולן כגון בנו ובתו אחיו ואחותו ואשתו קורעין להן קרע קרע אחד על אביו ועל אמו קורע קרע אחר. לפי שאין מוסיפין על קרע אביו ואמו פי' לפי שאינו בתוספת טפני שקריעתו על אביו ועל אמו מבדיל קמי שפה שלו וקורע והולך עד שמגיע הקרע אל לבו ומגלה. ובשאר מתים קורע טפח ומוסיף כל שהו עד שמגיע אל לבו. ואע"פ שאין ראייה ברורה אשכחן זכר לדבר כדכתיב וקרעו לבבכם ואל בגדיכם. אמר שמואל הלכה כר' יהודה בן בתירה. איני והאמר שמואל הלכה כדברי המיקל באבל. ור' יהודה לגבי ת"ק מחמיר הוא. ופרקינן כי קאמר שמואל בענין אבלות. ענין קריעה הוא. הלכך הלכתא כר' יהודה בן בתירה. עד היכן קורע עד טיבורו הגיע לטיבורו מרחיק ג' אצבעות וקורע. נתמלא מלפניו מחזירו מלאחוריו נתמלא מלמעלה הופכו למטה (כנגד) כלומר מהפך ועושה שולי חלוקו בית הצואר וקורע למעלה. והקורע מלמטה מן השוליים ומן הצדדין לא יצא. אלא שכ"ג פורם מלמטה. פליגי **) עליה משמיה דאבוה דשמואל ולוי. חד אמר כל שבעה קורע לאחר שבעה אם מת לו מת אחר מוסיף על הקרע הראשון כל שהו. וחד אמר כל שלשים יום אם ימות לו מת אחר קורע [קרע] אחר לאחר ל' יום מוסיף. מתקיף ליה ר' זירא מאן דאמר כל שבעה קורע אמאי אינו מוסיף דלא ניתן לשוללו בתוך ז'. אלא קרע של אשה ששוללתו לאלתר הכי נמי שמוסיפת לאלתר. ופרקינן התם משום כבוד אשה. מ"ד כל ל' יום אם קורע אמאי כו': ת"ר היוצא בבגד קרוע לפני המת הרי זה גוזל את החיים ואת המתים רשבג"א האומר לחבירו השאילני חלוקך כדי שאלך ואבקר את אבי שהוא חולה. ומצאו שמת קורעו. וכשיבא לביתו מאחו. ומחזירו לבעליו ונותן לו דמי קרעו. ואם לא הודיעו כי הולך לבקר את אביו לא יגע בו. ת"ר חולה שמת לו מת אין מודיעין אותו שמא תטרף דעתו של חולה ואין מקרעין לו ומשתקין הנשים מפניו ומקרעין. לקטן פי' על אביו שמת או על אמו. וכיוצא בהן מפני עגמת נפש. וקורע על חמיו ועל חמותו מפני כבוד אשתו: תנא באבל רבתי אבל לא יניח תינוק בחיקו מפני הרבים מפני שמביאו לידי שחוק ונמצא מתגנה על הבריות. ואין מברין אלא על מטות זקופות. ת"ר ההולך לבית האבל אם היה לבו גס בו יברוהו על מטות כפויות. ואם לאו יברוהו על מטות זקופות. רבא איתרע ליה מלתא דאבלות על לגביה רבה זוקף המטה להברותו על אבא בר מרתא וכפה. אמר לית ביה דעתא [להאי צורבא] מרבנן דכפה דהא אין לבו גס בו. ת"ר אבל ההולך ממקום למקום אם יכול לטעום בעסקו כלומר שלא יקנה ולא ימכור [ימעט]. ואם לאו יגלגל עמהן כלומר יקנה

*) חסר כאן וצ"ל ר"י אומר תחלת קריעה ג' אצבעות וכו'. **) צ"ל פליגו בה רב מתנה וכו' משמיה דאבוה דשמואל וכו'.

§ מסכת מועד קטן דף כו: §

אות א'

ובאיחוי אלכסנדרי

רמב"ם פ"ט מהל' אבל ה"ג - כל אלו הקרעים קורע עד שמגלה את לבו, ואינו מאחה לעולם; ואע"פ שאין מתאחין, מותר לשוללן למללן וללקטן, ולעשותם כמין סולמות; ולא אסרו אלא באיחוי אלכסנדרי בלבד. וכל הקורע מתוך השלל או המלל או הלקוט, לא עשה כלום, אבל קורע מתוך האיחוי האלכסנדרי בלבד. אפילו הפך הכלי ונעשה שפתו למטה, לא יאחה.

אות ב' – ג'

הקורע מתוך השלל מתוך המלל, מתוך הלקט, מתוך הסולמות, לא יצא; מתוך האיחוי, יצא ובאיחוי אלכסנדרי

יו"ד סימן שמ ס"כ - [א]הקורע מתוך המלל – [מולל שני ראשי הקרע בין אצבעותיו, וכורכן יחד כעין כריכות ספרים, ותוחב שם שנים וג' תפירות], **ומתוך השלל** – [תפירה רחבה], **ומתוך הליקוט** – [אוגד בידו כל הקרע ראשו עם סופו, ותוחב במחט שתים ושלש פעמים], **ומתוך הסולמות** – [כמעלות הסולם, שתופר שתי תפירות ומפסיק, וחוזר ותופר למטה, שמניח בין תפירה לתפירה הפסק מעט], **לא יצא** – [כיון שבלאו הכי היה כמין קריעה – ט"ז], **אבל מתוך איחוי אלכסנדרי, דהיינו [ב]תפירה שהיא שוה למעלה ובולטת מלמטה, יצא** - והוא שקורין בל"א איב"ר נא"ט, כמו שעושין בתפירת הכתונת, **וי"מ** אותו כמו התפירה שעושין החייטין בבתי שוקיים, שחוזרין וכופפין הבגד היוצא מהתפירה לשני צדדי התפירה, ותופרין אותו בשני צדדיו, ומותחין אותו עד שאין ניכר התפירה, פרישה, ועיין ב"ח - ש"ך.

אות ד' – ה'

אוסר לאחותו

וכשם שהמוכר אסור לאחותו, כך הלוקח אסור לאחותו; ולפיכך מוכר צריך להודיעו ללוקח

יו"ד סימן שמ סי"ט - [ג]כשם שאסור לאחות קרע שאינו מתאחה, כך אסור להפוך צד עליון של בגד למטה, ולאחותו – [נראה דאם בא לחתוך סביבות הקריעה ולהשליכו, ולהושיב שם חתיכת בגד אחר, שרי לאחר י"ב חודש לאביו ואמו, דאין זה בכלל איחוי הקריעה כלל, וכן הסכים מו"ח ז"ל בזה – ט"ז]. ‹ע"ל סט"ו›.

[ד]ואפילו הלוקח אותו אסור לאחותו - ‹דזהו כבוד אביו ואמו, שהקרע שבשבילם לא יתאחה לעולם - ערוה"ש›. **לפיכך אם בא למכרו, צריך להודיעו** - משום מקח טעות, אבל משום איסורא א"צ להודיעו, דהא אפי' בסתם אסור ללוקח לאחותו, ‹כדמסיים המחבר›, כדלעיל סימן ט"ז באותו ואת בנו, רמב"ן, ‹צ"ע, דהא התם אין הדין כן, דמותר להלוקח לשחוט, וכמ"ש הבאה"ג, והב"ח העתיק דברי הרמב"ן בענין אחר – דעת תורה›, **והב"ח** כתב דלא דמי, דהתם דין אותו ואת בנו הכל יודעין, מה שאין כן דין קריעה, דלאו כו"ע דינא דקריעה גמירי - ש"ך.

[ה]ואם מכרו לו סתם, ולא הודיעו, אסור לאחותו עד שידע שאינו מהקרעים שאינם מתאחים - ‹ואין להקשות כיון שאמרו שהמוכר צריך להודיעו, למה אסרו ללוקח לאחותו עד שידע שאינו מן הקרעים שאינם מתאחים, והלא בידוע שמן המתאחים הוא זה, כיון שמכרו לו סתם ולא הודיעו, כדאמרינן לעיל גבי אותו ואת בנו במוכר בהמה לחבירו בד' פרקים בשנה, **דשאני** הכא מפני שרגלים לדבר שזה מן הקרעים שאינם מתאחין, שאילו היה מותר לאחותו, לא היה מוכרו כשהוא מקורע, שהרי הקרע פוחת בדמים, לפיכך אסרו על הלוקח לאחותו ולא סמכו על השתיקה של מוכר – לבוש›.

[ו]ואסור למוכרו לעכו"ם - ‹שודאי יאחנו – לבוש›.

אות ו'

תחילת קריעה טפח ותוספת כל שהו

יו"ד סימן שמ ס"ג - [ו]שיעור קריעה, טפח - ‹דכתיב: ויחזק דוד בבגדיו ויקרעם, ואין אחיזה פחות מטפח›. **[ח]ואם קרע על מת, ובא להוסיף באותה קריעה על מת אחר, אם אחר ז'** - כלומר אם מת לו מת אחר ז', ‹שאם היה רוצה היה שוללו›, **סגי בכל שהוא** - כדלקמן סעיף כ"א - ש"ך, ‹דהקריעה ראשונה שעודנה קרועה עולה גם למת זה›, **ואם הוא בתוך ז', צריך טפח** - ‹שאין הראשונה עולה לו – לבוש›. **[ט]ועל אביו ואמו** - ‹כשמתו אחר המת הראשון – ערוה"ש›, **אפילו אחר ז', קורע עד שיגלה את לבו** - ‹שהם חמורים יותר – לבוש›.

אות ז' – ח'

אמרו לו מת אביו, וקרע, מת בנו, והוסיף, תחתון מתאחה, עליון אינו מתאחה. מת בנו וקרע, מת אביו והוסיף, עליון מתאחה, תחתון אינו מתאחה

באר הגולה

[א] ברייתא מו"ק דף כ"ו: [ב] כפי' הרמב"ן בשם הראב"ד ‹הראב"ד והרא"ש, אבל הרמב"ן חולק, וכתב שהיא שוה למעלה ולמטה, וכמ"ש בירושלמי איזהו האחוי כארוג – גר"א› [ג] ברייתא שם דף כ"ו: וכרשב"א, הרי"ף והרא"ש והרמב"ם וכ"כ הרמב"ן בשם בה"ג [ד] ג"ז שם בברייתא [ה] ברייתא באבל רבתי פ"ט, והא דאיתא לעיל סי' ט"ז ס"ו וסי' שט"ז ס"ו, דבלא הודיעו אינו חושש, שאני הכא שרגלים לדבר דאם היה מן הקרעים המתאחים היה הוא תופרו, שהקרע פוחת בדמים [ו] ג"ז שם באבל רבתי [ז] ברייתא שם [ח] ג"ז שם [ט] שם בברייתא וכרבי יהודה בן בתירא שם ‹עיין בהערה להלן›

הלכה כרבי יהודה בן בתירה

יו"ד סימן שמ סכ"ב - [י]**אמרו לו: מת אביו וקרע, ואחר ז' מת בנו והוסיף, מתאחה התחתון ולא העליון** - ‹דתוך ז' אינו מוסיף אפילו ירצה להוסיף טפח, שכיון שקרע תחלה זה הקרע על אביו, אע"פ שיוסיף עכשיו טפח, לא יהיה קרע של בנו או אחיו ניכר, כי יאמרו שהוא כמתחמם וקורע והולך על אביו, שלפעמים אדם קורע והולך על אביו יותר מעד לבו, **אבל** אם הוא לאחר שבעה, יכול להוסיף על בנו ואחיו בקרע של אביו טפח, דחימום האב כבר הלך לו - לבוש›.

אמרו לו: מת בנו וקרע, ואחר ז' מת אביו, אינו מוסיף, אלא קורע קריעה אחרת, שאין אביו ואמו בתוספת - והב"ח כתב, דאם בקריעה הראשונה שקרע על בנו הבדיל קמי שפה, א"צ קריעה אחרת, וסגי במה שמוסיף על הקרע הראשון, **ואין** זה נראה לענין דינא, דאף לפי פירושו מוכח מהרמב"ן, דלהרמב"ם אפילו הבדיל קמי שפה צריך קריעה אחרת, וכן משמע פשט דבריו, וכתב עליו הרמב"ן שיפה כוון, וכן פסק רבינו ירוחם, וכ"כ נ"י בשם הראב"ד, **וכן** נראה דעת הרב, שאע"פ שכתב לעיל סעיף י"ג, שנוהגין להבדיל קמי שפה על כל המתים, סתם כאן ובסכ"ג כדברי המחבר, וכן העט"ז - ש"ך, ‹וז"ל העט"ז: שאינו נכון לעשות עיקר הקריעה על אחרים, ושל אביו ואמו טפלה להם›. ‹**ועיין** בסכ"ג שמבואר מהשו"ע סברא אחרת וכמו שפי' הש"ך›.

[יא]**יו"ד סימן שמ סכ"ג** - [יב]**מי שמתו לו שני מתים כאחד, או שבאה לו שמועה משנים כאחד, קורע קריעה א' על שניהם** - ‹דהא שניהם חימום אחד הם - לבוש›. [יג]**קרע ואח"כ מת לו מת אחר (תוך ז') (טור), קורע קרע בפני עצמו, בין באותו קרע עצמו שמוסיף בו וקורע עוד טפח, או מרחיק ג' אצבעות וקורע טפח; לאחר ז', מוסיף על קרע ראשון כל שהוא.**

[יד]**מת אביו או אמו ואחד משאר קרוביו, קורע תחלה על אביו או על אמו עד לבו, ומרחיק שלש אצבעות, וקורע טפח על המת האחר** - ‹שאם יקרע על שניהם קרע אחד, אפי' יקרע יותר מעד לבו עד טבורו, לא יהיה ניכר שקרע קריעה על האחד משאר קרוביו, שיאמרו מתוך רוב חימום על אביו או על אמו קרע הכל על אביו או על אמו - לבוש›.

מת אביו וקרע, ואחר ז' מת אחד מהקרובים, מוסיף על קרע הראשון - ‹ומותר להוסיף בקרע אביו, מפני שהוא כל שהוא - ערוה"ש›.

‹**מוסיף** טפח, {משא"כ בהוספה על שאר קרובים די בכל שהוא וכנ"ל}, דחימום האב כבר הלך לו - לבוש›, **ותחתון מתאחה ועליון אינו מתאחה.**

מת אחד מהקרובים וקרע, ואח"כ מת אביו או אמו, בין בתוך ז' בין לאחר ז', מרחיק ג' אצבעות וקורע מן הצד בשפת הבגד, שהרי צריך להבדיל קמי שפה, וקורע עד שמגיע ללבו - משמע אע"פ שהבדיל קמי שפה גם בקריעה ראשונה, מ"מ כיון שצריך גם עתה להבדיל, א"כ כל המוסיף אינו מבדיל, לכך צריך קריעה חדשה, ‹עיין לעיל סכ"ב›, **מתו אביו ואמו כאחד, קורע קרע אחד על שניהם** - ‹דחימום שניהם שוה - לבוש›.

אות ט'

עד טיבורו

יו"ד סימן שמ סכ"א - [טו]**וכן מוסיף והולך עד טבורו** - ‹ומה שאין מוסיף יותר הוא משום צניעות - שבט יהודה›, **הגיע לטבור, מרחיק ג' אצבעות, וקורע; נתמלא לפניו, מחזירו לאחוריו** - וקורע מלפניו, **נתמלא מלמעלה, הופכו למטה** - וישים לו בית צואר מאחריו ויקרענו - ש"ך, ‹ויעשה בית צואר אחר ויקרענו - לבוש›, ‹וזהו כוונת הש"ך, שיעשה שם בית צואר וקורע, אלא שהלשון אינו מדוקדק - ערוה"ש›, **נתמלא מכאן ומכאן, נעשה כמי שאין לו חלוק, שאינו קורע** - ‹אע"פ שיש לו חלוקות הרבה, נעשה זה כמי שאין לו חלוק שאינו קורע, ואין צריך להחליף זה החלוק בחלוק אחר שלם לקרוע בו, דאדרבה אין לך אבילות גדול מזה, שהולך בזה החלוק הקרוע מכל צדדיו, ואע"פ שעל מת זה לא קרע - לבוש›.

אות י'

והקורע מלמטה ומן הצדדין לא יצא

יו"ד סימן שמ ס"ב - [טז]**מקום הקריעה, בכל מקום בבית הצואר לפניו** - ‹כוונתו, מלפניו דוקא למעלה כנגד הלב, ואצל בגדים שלנו שפתוחים לגמרי לפניו, לא שייך לשון בית הצואר, אלא שהם הלכו בבגדים שלא היו פתוחים לגמרי מלפניו, אלא כעין חלוק שלנו, לכן מקרי בית הצואר - ערוה"ש›, [יז]**אבל אם קרע לאחריו,** [יח]**(או בשולי הבגד) (טור) או מן הצדדין, לא יצא** - ‹וכתב בחכ"א בשם רדב"ז, וכן אם קרע לרוחב הבגד לא יצא, מפני שאין נראה שקרע, אלא נראה שנקרע מעצמו - פת"ש›.

באר הגולה

[י] ג"ז שם בברייתא וכר' יהודה בן בתירא שם בגמ', וכפירושו ‹של הרמב"ם› **דריב"ב פליג אסיפא דרישא, ולא ארישא דרישא,** ‹רש"י {בכת"י} פי' דרבי יהודה בן בתירא פליג נמי ארישא, מת אביו וקרע מת בנו והוסיף, מת בנו וקרע מת אביו והוסיף, דקרע של אביו ואמו צריך לעולם שיהא בפני עצמו, ולישנא דברייתא לא משמע הכי, {**וברש"י** דילן מבואר דפליגי על רישא דרישא, ודלמא היינו כשיטת הראב"ד, ע"ש בב"י}, **ומדברי** הרמב"ם נראה שהוא סבר דרבי יהודה בן בתירא לא אכל בבי דרישא פליגי כדפירש רש"י, אלא אסיפא דרישא, **ולפי"ז** הא דקתני לפי שאין מוסיפין על קרע של אביו, הכי קאמר, כשבא לקרוע על אביו, לא יקרע במקום שקרע כבר על אחר, שנמצא שאינו קורע בתחלה על אביו, אלא מוסיף על הקרע הראשון, ולא נכון לעשות כן, והיינו דפריש רב נחמן בר יצחק לפי שאינם בתוספת - ב"י, וכתב הרמב"ן ורבינו ירוחם שכן עיקר [יא] ‹ע"פ הבאר הגולה וב"י› [יב] **לשון הטור מדברי הרמב"ן בסת"ה ושם בברייתא** [יג] **ציינתיו לעיל סעיף כ"א** [יד] **שם וכר"י בן בתירא שם בגמ'** [טו] **שם בברייתא וכת"ק** [טז] **ברייתא שם דף כ"ו:** [יז] **רמב"ם שם** [יח] **וכן כתב הרמב"ם "או מלמטה" כלשון הברייתא, וכפירוש הכ"מ שם** ‹דלמטה היינו בשפת חלוקו - שם פ"ז ה"ו. ‹**לדעת** המחבר שהקריעה דוקא בבית הצואר, הא דקתני דהקורע למטה לא יצא, ר"ל למטה מבית הצואר, ולכך לא הוצרך לפרש דהקורע שולי הבגד לא יצא, דפשוט הוא, **אבל** הרמ"א הולך בשיטת הרי"ץ גיאות דא"צ בית הצואר דוקא, {אף דבסי"ג בעי הרמ"א שיבדיל קמי שפה}, ולמטה דקתני היינו בשולי הבגד. **וקשה** דאף למטה מן הטבור אמרינן לעיל דאינו מקום קריעה, ומשמע התם דאף בדיעבד לא יצא, וצ"ע - בדי השלחן›

הגה: [יט]וי"א שיוצא אם קורע בשולי הבגד - ‹וה"ה אם קרע לרוחב הבגד›, **וכן נהגו להקל לקרוע בשולי הבגד (אלו מנהגים תמצא בסמ"ק ובמהרי"ו ובחי' אגודה ובכל בו) כשקורעין על שאר מתים שאינן מתאבלין עליהם** - כשעומדים שם בשעת יציאת נשמה, כדלקמן סעיף ה', **אבל על המתים שהם קרוביו ומתאבלים עליהם, אינו יוצא בקריעה זו וצריך לקרוע בבית הצואר** - ‹נקט לישנא דהמחבר, אבל ה"ה דמהני להרמ"א גם למטה מבית הצואר {וכנ"ל בהערה} - בדי השלחן›, **וכן נהגו.**

אות כ'

אלא שכהן גדול פורם מלמטה

רמב"ם פ"ח מהל' אבל ה"א - אבל חייב לקרוע על מתו, שנאמר: ובגדיכם לא תפרומו ולא תמותו, הא אחר חייב לפרום; ואין קריעה אלא מעומד, שנאמר: ויקם המלך ויקרע את בגדיו; ומהיכן קורע, מלפניו; והקורע מאחריו או מן הצדדין או מלמטה, לא יצא ידי חובת קריעה; אלא כהן גדול שהוא פורם מלמטה.

רמב"ם פ"ז מהל' אבל ה"ו - כהן גדול חייב בכל דברי אבילות, [כ]אלא שאסור לו לקרוע בגדיו למעלה, ולגדל פרע, ולצאת אחר המטה.

רמב"ם פ"ה מהל' כלי המקדש ה"ו - ואינו קורע על מתו כשאר הכהנים, שנאמר: ובגדיו לא יפרום, ואם קרע לוקה; אבל קורע הוא מלמטה כנגד רגליו.

אות ל'

כל שבעה קורע, לאחר שבעה מוסיף

יו"ד סימן שמ סכ"א - [כא]קרע על המת, ומת לו מת אחר תוך ז', קורע קרע אחר - היינו שבאותו קרע מוסיף וקורע עוד טפח, או מרחיק שלש אצבעות וקורע עוד טפח, כדלקמן סעיף כ"ג - ש"ך, **לאחר ז', מוסיף על קרע הראשון כל שהוא.**

מת לו מת שלישי אחר ז' של שני, מוסיף עליו כל שהוא - כתב הד"מ, משמע אם מת לו מת תוך ז' לשני, אע"פ שקרע על שני קרע אחר, מ"מ אין להוסיף כל שהוא על הקרע ראשון כו', **ולי** נראה איפכא, שבתוך ז' של שני צריך טפח, **ואפשר** הכי נמי קאמר, אין להוסיף עליו כל שהוא, אלא צריך טפח, ודוחק - ש"ך. ‹**ותימה** לי על הבנת הרב ש"ך בדברי הד"מ, דכוונתו דתוך ז' לשני לא בעינא אפי' תוספות כל שהו, **וכי** משום דהוא מת ג', ישתנה דינו מהשני דבעי טפח כשמת תוך ז' לראשון, **והדברים** ברורים, דר"ל דאין לייחס קרע ג' למת א', ויוסיף כל שהו בקרע א', אלא אזלינן בתר מת דסמיך ליה, וכיון דהוא תוך ז' דידיה, צריך טפח, וזה פשוט ודוק - שבט יהודה›. ‹**והכי** פי' הד"מ, דאפי' אם קרע על מת שני קרע בפני עצמו, דהיינו שהרחיק ג' אצבעות מקרע הראשון, אפ"ה אם הוא תוך ז' לשני, אסור להוסיף על מת ג' אפי' על קרע הראשון, אע"פ שהוא לאחר ז' של הראשון, ומוסיף על הקרע הראשון, אלא צריך קריעה בפני עצמו טפח - טל חיים›.

אות מ'

היוצא בבגד קרוע לפני המת, הרי זה גוזל וכו'

יו"ד סימן שמ סל"ג - [כב]ההולך בבגד קרוע לפני המת, שמראה עצמו שקרע, ולא קרע, הרי זה גוזל את החיים ואת המתים - ‹שמרמה את הכל - לבוש›.

אות נ'

האומר לחבירו: השאילני חלוקך ואלך ואבקר את אבא וכו', ואם לא הודיעו, הרי זה לא יגע בו

יו"ד סימן שמ סל"ד - [כג]האומר לחבירו: השאילני חלוקך שאבקר את אבא שהוא חולה - ‹ולא הזהירו שלא יעשה בו קרע אם יצטרך לקרוע - ערוה"ש›, **והלך ומצאו שמת, קורעו** - ‹שכיון שגלה לו שילך לבקר את אביו, ודאי זה אדעתא זה השאילו לו, שאם ימצאנו מת יהא לו רשות לקורעו, כדי שלא יתבייש לומר שאין החלוק שלו - לבוש›, [כד]**ומאחהו** - אע"ג דעל האב אין מאחין לעולם, כדלעיל סט"ו, שאני הכא שאם נתן לו רשות לקרוע שלא יתבייש שם, לא הקנהו, הלכך מאחהו, [כה][וזהו דלא כדעת הטור - ט"ז], **ומחזיר לו חלוקו ומשלם לו דמי קרעו** - ‹מה שהוזל הבגד עי"ז - ערוה"ש›. **ואם לא הודיעו** - שהולך לבקר בו החולה, **ה"ז לא יגע בו** - ונ"ל דאף אם קרע לא יצא, דהוי שואל שלא מדעת, וגזלן הוי, ובחלוק הגזול לא יצא, כדלעיל סכ"ט - ש"ך.

אות ס'

חולה שמת לו מת, אין מודיעין אותו שמת, שמא תטרף דעתו עליו; ואין מקרעין בפניו, ומשתקין את הנשים מפניו

יו"ד סימן שלז ס"א - [כו]חולה שמת לו מת, אין מודיעין אותו, שמא תטרף דעתו עליו - ‹ואפילו אם מת אביו של החולה או אמו, אין מודיעין לו, ואין משגיחין על הקדיש שעליו לומר, דפקוח נפשות קודם לכל דבר, **ומזה** יש ללמוד שאסור לגרום שום צער להחולה, ויראו לשמח לבבו בכל היכולת, **ואם** מת שם אחד בבית, ויש מקום להוציאו למקום אחר עד הקבורה, נ"ל שמחוייבים להוציאו, ואע"פ שאין זה כבוד המת, אבל פקוח נפש דוחה הכל - ערוה"ש›.

באר הגולה

[יט] ‹ז"ל סמ"ק תניא (במסכת שמחות פ"ט) הקורע למטה או מן הצדדין לא יצא, ר' יהודה אומר יצא, ונראה דהלכה כרבנן כו', ומיהו נהגו העולם לקרוע למטה, ושמא סמכו העולם בשאר מתים על ר' יהודה - גר"א› [כ] ‹תנן בפרקא בתרא דהוריות (דף י"ב:) כה"ג פורם מלמטה וההדיוט מלמעלה, ומפרש טעמא ר' ישמעאל בברייתא, דלא יפרום, היינו לומר לא יפרום כדרך שבני אדם פורמין - כסף משנה› [כא] **לשון הרמב"ם וכמ"ד דתוך ז' קורע, שם דף כ"ו: וכן פסקו הרי"ף והרא"ש** [כב] **ברייתא מו"ק דף כ"ו:** [כג] **שם בברייתא משמיה דרשב"ג** [כד] **וכתב הב"י בשם נ"י שאפי' באביו הוא מאחהו, שלא נתן לו רשות אלא לקרוע שלא יתבייש שם** [כה] ‹כתב הרא"ש: יותר ראוי שנגרוס "ואלך ואבקר את החולה" ואיירי באחיו ובאחותו או בבנו, דאילו באביו, כיון שברשות הוא קורע, למה ניתן להאחות, עכ"ל - ב"י. וכן הוא דעת הטור› [כו] **במסכת שמחות**

[כז]**ואין קורעין חלוקו** - פי' לא מיבעיא שאין מודיעין אותו, שמא תטרף דעתו, אלא אפי' נודע לו, אין מצוים לו לקרוע, שמא תגדל דאגתו. **ואין בוכין ואין מספידין בפניו, שלא ישבר לבו, ומשתיקין את המנחמין מפניו** - כתב הב"ח, נראה דה"פ, ולא עוד אלא שאין בוכין ואין מספידין בפניו אף על מת שאינו קרובו של חולה, שלא ישבר את לבו, **פי'** דכיון שרואה החולה הזה שזה הפלוני מת, ובוכין ומספידין עליו בפניו, נשבר לבו מפחדו שמא ימות גם הוא, **ומטעם** זה משתיקין המנחמין בפניו, שע"י המנחמים נזכר למיתת אותו פלוני, ומתפחד שמא ימות גם הוא, **גם** קרוב לפרש, שאין בוכין ומספידין נמי מיירי שמת לו מת ונודע לו שמת קאמר, וכן משתיקין המנחמים על מת שלו - ש"ך.

‹**ודע**, כי החולה אסור לו להחמיר לנהוג אבלות בדבר שיקלקל בריאותו, ואפי' חולה שאין בו סכנה יזהר מישיבה על הקרקע או לילך יחף אם תתקלקל בריאותו ע"י זה, ורק ישמור בדברים שלא יהיה קלקול לבריאותו - ערוה"ש›.

אות ע'

וקורעין על חמיו ועל חמותו מפני כבוד אשתו

יו"ד סימן שמ ס"ד - וכן קורע על חמיו וחמותו - משמע אבל לא על שאר קרובי אשתו - ש"ך, **והאשה קורעת על חמיה וחמותה. (ואין נוהגין עכשיו כן, וכמו שיתבאר לקמן סי' שע"ד לענין אבלות).**

אות פ'

אבל לא יניח תינוק בתוך חיקו, מפני שמביאו לידי שחוק, ונמצא מתגנה על הבריות[כח]

יו"ד סימן שצא ס"א - [כט]**אבל אסור בשמחה; לפיכך לא יקח תנוק בחיקו כל שבעה, שמא יבא לידי שחוק** - ‹ואם היה עושה דבר של שחוק היה לו גנאי, שהוא צריך להתאבל והרי שוחק. **מ"מ** לא אמרו אלא תוך שבעה דהוי ליה גנאי גדול אם ישחוק, וגם הוא בכלל האנק דום, אבל אחר ז' לא אמרו - לבוש›. ‹**ודע** דשחוק הוא ג"כ כקצת שמחה ואינה כשמחה ממש, ואין לאסרה רק בתוך ז', דהשחוק הוא היפך הבכייה, כמו שאמר קהלת: עת לבכות ועת לשחוק, ולכן בשבעה שהבכי מצוי אסור בשחוק, ולא בכל שלשים. **ולשון** השו"ע צריך ביאור, מאי הוא לשון "לפיכך", והרי שמחה אסור כל ל' יום, וזה איסורו רק בז', **וצ"ל** דה"ק, לפיכך כלומר כיון דשמחה אסורה כל ל', ולכן אף דשחוק לא הוי שמחה, מ"מ כל ז' אסורה גם השחוק, כיון דשמחה אסורה ל', ושחוק הוא חלק קצת משמחה - ערוה"ש›.

‹**עיין** מש"כ לעיל סי' שע"ו סק"ב בשם תשו' הר הכרמל, שכתב דבהבדלה שעושה תוך שבעה על הכוס, לא יאמר פסוקי שמחה שקודם לה, רק יתחיל מהברכות, ע"ש. **ועיין** במג"א סי' תכ"ו שכתב, דאבל בז' ימי אבילות לא יקדש הלבנה, **אבל** אם לא השלים אבילתו עד יו"ד בחודש, לא ימתין עד ליל י"א, ויקדש בימי אבלו, ע"ש. **ובתשובת** שבו"י כתב, דמ"מ אין לו לקדש הלבנה עד אחר ג' לבכי, ואפילו אם ככלות ג' לבכי יהיה ליל י"ב לחודש, ימתין, ע"ש. **ובתשו'** שער אפרים כתב, דדוקא אם עובר הזמן שלא יכול לקדש שוב, יכול לקדש בימי אבלו, אבל כשיש עוד זמן לקדש, אינו יכול לקדש בימי אבלו - פת"ש›. ‹**ואפילו** לא ישאר בכלות ימי אבילות רק לילה א', יש לו להמתין עד כלות ימי אבילותו, ולא חיישינן לשמא לא יוכל לקדש בלילה האחרונה, **אך** אם כשימתין יעבור הזמן, יכול לקדש בתוך ימי אבילותו, **ולענ"ד** הדין עם שער אפרים - מ"ב ובה"ל סי' תכ"ו›.

---

§ מסכת מועד קטן דף כז. §

אות א'

אם יכול למעט בעסקו, ימעט, ואם לאו יגלגל עמהן

יו"ד סימן שפ סכ"ג - [א]**ההולך ממקום למקום לסחורה, ושמע שמועה קרובה, אם יכול למעט שלא לעשות שום עסק באותה העיר, מוטב; ואם לאו, שאם לא יקנה באותה העיר לא ימצא, יקנה לצורך הדרך דברים שיש בהם חיי נפש** - ‹ופשוט דמיירי שאין כאן דבר האבד - ערוה"ש›.

אות ב'

משיסתם הגולל

יו"ד סימן שעה ס"א - [ב]**מאימתי חל האבילות, משנקבר ונגמר סתימת הקבר** [ג]**בעפר** - ‹באופן שהארון לא נראה עוד, אע"פ שעדיין לא נתנו האבן על הקבר במקום שהמנהג כן, וכמו שהיה בזמן הקדמון, וזה היה נקרא גולל, {ומבואר מהגמ' דאבילות מאימתי קא מתחלת מסתימת הגולל}, **מ"מ** חל האבלות, דעיקר סתימת הגולל מקרי כשנתנו העפר על פני המת, וישוב העפר על הארץ כשהיה, וזה נקרא סתימת הגולל, משום דע"פ רוב הניחו תיכף אבן על פני הקבר, אבל אין זה לעיכובא - ערוה"ש›.

[**דמש"כ בגמרא עד שיסתום הגולל, פרש"י** ‹בכתובות› **כסוי הארון, ופירש הרמב"ן דהיינו כשנותנין אותו בארון וסותמין הכיסוי בנסרים לדעת ליתן אותו ארון בכוך או קבר אח"כ, אז מונה משעת סתימת הארון, אבל אם מוציאין במטה או בארון פתוח לבה"ק, מונים משיסתום הקבר לגמרי, ור"ת פי' גולל הוא האבן שנותנין על הקבר למעלה לסתמו, ולא לעשות סימן לקבר, וכל זמן שהארון מגולה, דהיינו שלא ניתן עליו עפר עדיין, אע"פ שנשתקע במסמרים, אין אבילות עדיין - ט"ז**]. ‹**חידשו** לרש"י, דכשסתמו את הארון במסמרים באופן שלא יטלוהו עוד מהארון, מתחיל אז האבלות אף קודם קבורה - ערוה"ש›, ‹**עיין** ש"ך לעיל סי' שע"ג ס"ו - רעק"א›.

באר הגולה

[כז] ‹וקשה, דמשמע לחלוקו אין קורעין, אבל אחרים קורעין לפניו, ובברייתא קתני ואין מקרעין בפניו, והיינו אחרים, כ"ש לו, וצ"ע - שלחן גבוה› [כח] ‹והגמ' שבא אחר זה, דאם לבו גס בו יברוהו על מטות כפויות, השמיט הרמב"ם והשו"ע, והלחם משנה מתמיה ע"ז› [כט] **מימרא דרב פפא בשם אבל רבתי מו"ק דף כ"ו:** ‹מה דאבל אסור בשמחה אינו כתוב בגמ', ולפי הסבר הערוה"ש יותר ניחא, דזהו יסוד ההלכה שלא יקח תינוק, משום דאסור בשמחה› [א] **לשון נימוקי יוסף מברייתא מו"ק ריש דף כ"ז ומדברי הרמב"ם** ‹כן פי' בתה"א בשם ר"ח מש"כ יגלגל עמהם {דברים שיש בהם חיי נפש} - גר"א. ועיין ברש"י› [ב] **ברייתא מו"ק דף כ"ז.** [ג] **טור בשם הגאונים ואביו הרא"ש ז"ל וכן נראה מדברי הרמב"ם**

אם יכול למעט בעסקו ימעט ואם לאו יגלגל עמהן תנו רבנן *מאימתי כופין את המטות משיצא מפתח ביתו דברי ר' אליעזר רבי יהושע אומר *משישתם הגולל מעשה שמת רבן גמליאל הזקן כיון שיצא מפתח ביתו אמר להם רבי אליעזר כפו מטותיכם וכיון שנסתם הגולל [אמר להם רבי יהושע כפו מטותיכם] אמרו לו כבר כפינו על פי זקן ת"ר מאימתי זוקפין את המטות בערב שבת מן המנחה ולמעלה אמר רבה בר הונא אף על פי כן אינו יושב עליה עד שתחשך ולמוצאי שבת אע"פ שאין לו לישב אלא יום אחד חוזר וכופה תנו רבנן הכופה מטתו לא מטתו בלבד הוא כופה אלא כל מטות שיש לו בתוך ביתו הוא כופה ואפילו יש לו עשר מטות בעשרה מקומות כופה את כולן ואפילו חמשה אחין ומת אחד כולן כופין ואם היתה מטה המיוחדת לכלים אין צריך לכפותה אלא זוקפו רבן שמעון בן גמליאל אומר דרגש אין צריך לכפותו אלא זוקפו רבן שמעון בן גמליאל אומר דרגש מתיר את קרביטיו והוא נופל מאליו *מאי דרגש אמר עולא ערסא דגדא אמר ליה רבה אלא מעתה גבי מלך *דתנן כל העם מסובים על הארץ והוא מיסב על הדרגש מי איכא מידי דעד האידנא לא אותביניה והשתא מותבינן ליה מתקיף לה רב אשי מאי קושיא מידי דהוה אאכילה ושתיה דעד האידנא לא אוכליניה ולא אשקיניה השתא אוכליניה ואשקיניה אלא אי קשיא הא קשיא (*דתנן) דרגש אינו צריך לכפותו אלא זוקפו ואי ערסא דגדא אמאי אינו צריך לכפותו הא (*תנן) הכופה מטתו לא מטתו בלבד הוא כופה אלא כל מטות שיש לו בתוך ביתו כופה ומאי קושיא מידי דהוה אמטה המיוחדת לכלים דתניא אם היתה מטה המיוחדת לכלים אינו צריך לכפותה אלא אי קשיא הא קשיא רבן שמעון בן גמליאל אומר דרגש מתיר קרביטיו והוא נופל מאליו ואי סלקא דעתך ערסא דגדא מאי קרביטין איתיה *כי אתא רבין אמר ליה ההוא מרבנן ורב תחליפא בר מערבא שמיה דהוה שכיח בשוקא דגילדאי מאי דרגש ערסא דצלא [א] איתמר נמי אמר ר' ירמיה דרגש סירוגו מתוכו מטה סירוגה על גבה אמר רבי יעקב בר אחא אמר רבי יהושע בן לוי *הלכה כרבן שמעון בן גמליאל (*איתמר נמי) אמר רבי יעקב בר אחא אמר רבי אסי מטה שנקליטיה יוצאין זוקפה ודיו *תנו רבנן ישן על גבי כסא על גבי *אודייני גדולה [ב] על גבי קרקע לא יצא ידי חובתו אמר רבי יוחנן שלא קיים כפיית המטה תנו רבנן מכבדין ומרביצין בבית האבל ומדיחין קערות וכוסות וצלוחיות וקיתוניות בבית האבל ואין מביאין את המוגמר ואת הבשמים לבית האבל איני והא תני בר קפרא אין מברכין לא על המוגמר ולא על הבשמים בבית האבל ברוכי הוא דלא מברכין הא אתויי מייתי לא קשיא הא בבית האבל הא בבית המנחמין: **מתני'** אין מוליכין לבית האבל לא בטבלא ולא באסקוטלא ולא בקנון אלא בסלים ואין אומרים ברכת אבלים במועד אבל עומדין בשורה ומנחמין ופוטרין את הרבים אין מניחין את המטה ברחוב שלא להרגיל את ההספד ולא של נשים לעולם מפני הכבוד: **גמ'** תנו רבנן בראשונה היו מוליכין בבית האבל עשירים בקלתות של כסף ושל זהב ועניים בסלי נצרים של ערבה קלופה והיו עניים מתביישים התקינו שיהו הכל מביאין בסלי נצרים של ערבה קלופה מפני כבודן של עניים תנו רבנן בראשונה היו משקין בבית האבל עשירים בזכוכית לבנה ועניים בזכוכית צבועה והיו עניים מתביישין התקינו שיהו הכל משקין בזכוכית צבועה מפני כבודן של עניים בראשונה היו מגלין פני עשירים ומכסין פני עניים מפני שהיו מושחרין פניהן מפני בצורת והיו עניים מתביישין התקינו שיהו מכסין פני הכל מפני כבודן של עניים *בראשונה היו מוציאין עשירים בדרגש ועניים בכליכה

רש"י

יגלגל עמהן. ואינו עושה סחורה בפני עצמו אלא עם חבורה: **אף על גב שאין לו.** לאבל אחר השבת אלא יום אחד: **קרביטיו.** רצועותיו שהוא כעין תרכיפני"א: **ערסא דגדא.** מטה שמייחדים אותה למזל טוב ואין משתמשין בה כלום אלא מייחדין אותה לשרות מזל טוב עליה: **דלדא.** עור: **סירוגו מתוכו.** מכנים רצועות מן חורי עצי המטה: **על גבה.** והעור כפול על העץ: **נקליטי.** עצים יוצאין מתוקנין למראשותיו ולמרגלותיו ונותנין עץ ארוך עליהן ונותן הסדינין עליהם לשמור מהזבובים: **אין מברכין.** על הריח בבית האבל: **סמנתמין.** קרוביו מביאין עניים של אוכלין: **מתני' אסקוטלא.** תמחוי: **פוטרין את הרבים.** שאומרים למנחמין לכו לבתיכם: **אין מניחין מטה במועד ברחוב.** להספידו: **ולא של נשים לעולם.** [illegible]

תוספות

אם יכול למעט בעסקו ימעט. פירש בקונטרס בסחורתו ונראה דבדבר האבד קאמר וכן פי' לעיל (ד' כב:) גבי על כל המתים כולן רלה ממעט בעסקו רלה אינו ממעט וגם הרב פירש לעיל בדבר האבד עושה בצנעה בתוך ביתו נראה לפירושו דהכא איירי באביו ואמו ומשום דהולך בדרך התירו לו שיגלגל עמהם אם אינו יכול למעט דבשאר מתים אינו ממעט כלל אם אינו רוצה ואי איירי הכא בשאר מתים צריך לומר להפך הולך בדרך ואינו נוהג אבילות כל כך ומתנחם יותר אסור להרבות בעסקו יותר מאותו שיושב בביתו ואינו מתנחם וה"ר יוסף פירש דהכא ימעט בעסקו לקנות צרכי סעודה ולפי שהולך בדרך רגיל לקנות צרכי סעודה יותר מבביתו שיש לו קונים עבורו וגם מולא בביתו הרבה משום הכי נקט הולך בדרך ומה שפירש בקונטרס דאיירי כשאמרו לו על מיתת קרוביו כשהיה בדרך לא ידענא אי בעי למימר דאיירי במוליך סחורתו ממקום למקום כדפי' בקונטרס ור"ל דשמא שרי ליה לדידיה למכור סחורתו דכיון דהוליך אותה כבר וטרח בה ולא פשע בהליכתו שלא היה יודע לישב בביתו שיכול לשומרה או שמא הקונטרס ר"ל משום דאמרינן לעיל (דף כג.) שבת ראשונה אינו יוצא מפתח ביתו וזה אינו קושיא דאע"פ שאינו יוצא מפתח ביתו בעיר הא אמרינן (לעיל דף כו:) יצא לדרך (*הולך ונכנס לעיר) אלמא מותר לצאת (בו) ושמא דוקא בדבר האבד מותר לצאת לדרך: **מן** המנחה ולמעלה. פי' בתוספות הרב דמספקא ליה אי מנחה גדולה אי מנחה קטנה דמקודם לכן אינו יושב עליה נראה לי דמכאן סמכו שלא לישב ע"ג כסא וספסל אע"פ שאין ראיה גמורה דשאני מטה הואיל וצריך כפייה ולא מלינו כפייה בכסא וספסל: **ואין** מוליכין לבית האבל. וזאת המשנה על כרחין נסדרה בהיפך ושמא כל זה מן הברייתא דלמעלה כמו שפירש בתוספות בההיא דלעיל ותמיהני מדוע לא פירשו גם כאן כמו שפירש למעלה ושמא בספר הרב היתה כתובה מגוף הברייתא ולא הוצרך לפרשו או לא היה כתוב בספרו כלל ואין מוליכין כו' וכן מוכיח מתוך פירוש התוספות שפי' לא ידענא אי קאי האי בראשונה היו מוליכים אמוגמר ובשמים דאמר אין מברכין הא אתויי מייתינן אי אמתניתין קאי דקתני מברין ואותה הברכה היא בראשונה מוליכין כו' דאמתניתין קאי ועוד כיון שפירש התקינו שיהו הכל מוליכין כו' ומתניתין לאחר תקנה:

מסורת הש"ס

שמחות פי"א

כתובות ד: סנהדרין מו: שבת קנב:

רש"א

סנהדרין כ. ע"ש

נדרים נו. ע"ש סנהדרין שם

[צ"ל דתניא]

[צ"ל תניא] *) ג"ה שם תענית ל: נדרים שם

[מו"ק ט. סנהדרין כ. ע"ש]

[נדרים נו: סנהדרין כ: ע"ש]

[עי' תוס' ב"ק קמד. ד"ה אודייני]

[תוספתא נדה פ"ט]

הגהות הגר"א

[א] גמ' ערסא דגלא אמר כו' כצ"ל. ומלות איתמר נמי ליתא בסנהד' ועי' הגירסא בנדרים: [ב] שם גדולה מזו ע"ג כו' כצ"ל:

עין משפט נר מצוה

ריג א מיי' פ"ו מהלכות אבל הלכה י טוש"ע י"ד סי' שפ סעיף כג:

ריד ב מיי' פ"ה שם הלכה ב סמג עשין דרבנן ב טוש"ע שם סי' שעה סעיף א:

רטו ג ד ה מיי' שם פ"ו הלכה ב טור י"ד סי' ת:

רטז ו ז ח מיי' שם פ"ה הלכה יח טור י"ד סי' שפז:

ריז ט מיי' שם פ"ו הלכה ח ופ"ב מהלכות מלכים הלכה ד:

ריח י מיי' פ"ה מהל' אבל הלכה יח טור י"ד שם:

ריט כ ל מיי' פי"ג שם הלכה ו סמג עשין שם טוש"ע שם סי' שעח סעיף ז:

רכ מ טוש"ע שם:

רכא נ מיי' שם הלכה ז טי"ד סי' תא:

רכב ס מיי' שם פי"א הלכה ג טי"ד שם:

רכג ע מיי' שם ופ"ו מהלכות י"ט הלכה כג טוש"ע י"ד סי' תא סעיף א ועוש"ע א"ח סי' תקמו סעיף א:

[צ"ל טפל נכנס לעיר מולך]

רכד פ מיי' שם פי"ב הלכה ס טוש"ע שם סי' שנז:

רכה צ ק מיי' שם פי"ג הלכה ז טי"ד סי' שעת:

רכו ר מיי' שם פ"ד הלכה א טוש"ע שם סי' שנג סעיף א:

רש"א מ"ז וגורס ואמר

רבינו חננאל

יקנה צרכי הדרך ודברי' שיש בהן חיי נפש: ת"ר מאימתי כופין המטות משיוציאו' המת מן הבית. דברי ר' אליעזר ר' יהושע אומר משיסתום הגולל. וקיי"ל כר' יהושע דאין אבילות נוהגת אלא משיקבר המת ויסתום הגולל: ת"ר הכופה מטתו לא מטתו בלבד הוא כופה אלא כל מטות שיש בבית. ואפילו יש לו עשר מטות בעשר מקומות כופה את כולן. ואפילו ה' אחין ומת אחד מהן כולן כופין. ואם היתה מיוחדת לכלים ואינה עשויה לישן אין צריך לכפותה. דרגש א"צ לכפותו אלא זוקפו ודיו ואמר עולא האי דרגש ערסא דגדא הוא פירוש מטה העשויה לכבוד מול הבית ואין אדם ישן עליה. ונדחו דבריו. ואסיקנא דרגש הוא ערסא דצלא. פירוש מטה של עור. כי פי' צלא עור הוא עור נטוי וקשור בחבלים על המלבנות ומסורגות מלבנות המטה בחבלים הללו והעור בתוכן. וכיון שמעמידין אותה ישנין ע"ג העור. ואמר רשב"ג דרגש מתיר קרביטין והוא נופל. אתמר נמי א"ר ירמיה דרגש סירוגו מתוכו. מטה שנקליטיה יוצאין זוקפה ודיו. כלומר אינו צריך לכפותה: ת"ר מאימתי זוקפין את המטות בע"ש מן המנחה ולמעלה. ואעפ"כ אסור לו לישן עליה עד שתחשך. ובמו"ש אע"פ שלא נשאר לו משבעת ימי אבלו אלא יום אחד כלבד חוזר וכופה מטותיו: ת"ר ישן ע"ג מטה. וע"ג אודיני. וע"ג ספסל ע"ג קרקע לא יצא י"ח. וא"ר יוחנן מפני שלא קיים כפיית המטה: ת"ר מכבדין ומרביצין ומדיחין את הקערות כוסות וקיתוניות וצלוחיות בבית האבל. ואין מביאין מוגמר בבית האבל. ואוקימנא הא דתני בר קפרא אין מברכין על המוגמר ועל הבשמים של בית האבל בהני דמייתי בבית המנחמין: מתני' אין אומרים ברכת אבלים במועד. אבל עומדין בשורה ומנחמין ופוטרין את הרבים: ת"ר בראשונה היו מוליכין בבית האבל עשירים בקלתות של כסף ושל זהב ועניים בסלי נצרים כו' וכן היו משקין בבית האבל את העשירים בזכוכית לבנה. ואת העניים בזכוכית צבועה וכו'. וכן היו מגלין את מתין העשירים. והיו מכסין את פני העניים שהיו שחורין מן הרעב וכו' וכן היו מוציאין מתי עשירים בדרגש ועניים בכליכה כו'. ובכל אלו היו העניים מתביישין. התקינו חכמים לעשות לעשירים כדרך שהן עושין לעניים שלא יחוא

מיד מתחיל האבילות ומעטף ראשו; [ד]אבל אינו חולץ מנעליו עד שיגיע לביתו. ועכשיו נוהגים לחלוץ מנעל אחר סתימת הגולל מיד, כדאיתא בסי' שע"ו - ‹וי"ל טעם המנהג, משום דעטיפת הראש לא נהגו אצלינו, כמ"ש רבינו הרמ"א בסי' שפ"ו ע"ש, וא"כ אין שום היכר לאבלות, ולכן נהגו לחלוץ המנעלים מיד אחר סתימת הגולל - ערוה"ש›.

הגה: (וע"ל סימן שע"ב) - ‹ולא ידעתי כוונתו, ואולי משום דשם נתבאר דגדול כבוד הבריות, ולפי"ז אפשר דרק בבה"ק חולץ מנעליו, אבל כשיחזור לביתו נועלם, משום דבזיון הוא לילך יחף בחוץ, וכמדומני שכן המנהג - ערוה"ש. ‹ובלבוש כתוב: "ועיין לקמן סימן שפ"ב סעיף ה", וכתב שם הרמ"א: י"א שצריך לילך יחף מבית הקברות לביתו אם מת אביו או אמו, ולא ראיתי נוהגין כן›.

היה סבור שנסתם הקבר והתחיל להתאבל, ואח"כ נודע לו שטעה, חוזר ומתחיל האבילות מחדש (הרא"ש) - ‹ולא ידעתי מאי בעי בזה, ואיזה נ"מ יש במה שנהג גם מקודם אבלות, ומאי דהוה הוה, **ונ"ל** דה"פ, כגון שזה היה בעוד יום בשעה שהתחיל להתאבל, ונודע לו שטעה וסתימת הקבר היה בלילה, אין היום העבר מן החשבון של ז' ימי אבלות, וכן מבואר בתשו' הרא"ש שממנו מקור דין זה - ערוה"ש›.

אות ג' – ד' – ה'

מאימתי זוקפין את המטות בע"ש, מן המנחה ולמעלה אף על פי כן אינו יושב עליה עד שתחשך ולמוצ"ש, אע"פ שאין לו לישב אלא יום אחד, חוזר וכופה

טור יו"ד סימן ת - זוקפין המטות בערב שבת מהמנחה ולמעלה, ואעפ"כ לא ישב עליה עד שתחשך, ולמוצ"ש חוזר וכופה אפי' לא נשאר לו אלא יום אחד.

אות ו' – ז' – ח'

הכופה מטתו, לא מטתו בלבד הוא כופה, אלא כל מטות שיש לו בתוך ביתו הוא כופה; ואפילו יש לו עשר מטות בעשרה מקומות כופה את כולן; ואפילו חמשה אחין כו' ואם היתה מטה המיוחדת לכלים, אין צריך לכפותה דרגש, מתיר את קרביטיו והוא נופל מאיליו

טור יו"ד סימן שפז - ולא מטתו בלבד הוא כופה, אלא כל מטות שיש לו בבית; ופי' הראב"ד, כגון מטות אשתו ובניו שמתאבלין עמו; אבל אם יש לו אכסנאין, אינן כופין אע"פ שהמטות שלו, כיון שאינו ישן עליהם אלא מיוחדין לאכסנאין; והרמב"ן כתב, אם יש הרבה מטות מיוחדין לאכסנאין, צריך לכפות כולן; ואם באין אכסנאין, זוקף להם הצורך להם; יוצאין, חוזר וכופן; וא"א הרא"ש ז"ל הסכים לסברת הראב"ד. היו לו י' מטות בי' מקומות, וישן על כולן פעמים כאן ופעמים כאן, כופה כולן, אע"פ שעיקר שכיבתו בבית שהמת בו; דתניא היו לו ה' בתים, בזמן שמשתמש בכולן, כופה כולן, ואם לאו, אינה כופה אלא בבית שמשתמש בו בלבד. חמשה אחין ומת אחד מהן וכולן שוכבין בבתיהם, כולן כופין, אע"פ שאין אחד מהם ישן בבית שהמת שם, שאין מיתת המת גורמת הכפייה, אלא חובת האבל היא; ותניא ד' אחין שהיו אוכלין אצל אביהם, ומת אביהם, בזמן שכל אחד ואחד הולך וישן בביתו, כופה בביתו; ואם לאו, כופה בבית שמשתמש בו בלבד.

מטה המיוחדת לכלים, אינה צריכה כפייה. דרגש, והיא מטה שאינה סרוגה בחבלים, אלא של עור שקושרין אותו ברצועות בארוכות המטה, א"צ כפייה, אלא מתיר הרצועות שהעור קשור בהם, והוא נופל לארץ.

אות ט'

כל העם מסובים על הארץ והוא מיסב על הדרגש

רמב"ם פ"ז מהל' אבל ה"ח - אין אדם נכנס למלך לנחמו, אלא עבדיו ומי שנתן לו רשות להכנס; ואין להן רשות לדבר לו דברי תנחומין, אלא כפי מה שירשה אותם; וכשמברין אותו, כל העם מסובין על הארץ, והוא מיסב על הדרגש.

רמב"ם פ"ב מהל' מלכים ה"ד - מת לו מת, אינו יוצא מפתח פלטרין שלו; וכשמברין אותו, כל העם מסובין על הארץ, והוא מיסב על הדרגש.

אות י'

מטה שנקליטיה יוצאין, זוקפה ודיו

טור יו"ד סימן שפז - מטה שנקליטיה יוצאים, פי' שעצים זקופין לצד ראשה ורגלה, שא"א לכפותה, זוקפה על צידו ודיו.

אות כ' – ל' – מ'

מכבדין ומרביצין בבית האבל וכו' ואין מביאין את המוגמר ואת הבשמים לבית האבל הא בבית המנחמין

יו"ד סימן שעח ס"ז - [ה]מרביצין ומכבדין בבית האבל, ומדיחין קערות כוסות וצלוחיות וקיתונות; ואין מביאין שם לא בשמים ולא מוגמר - ‹שזה יש בו שמחה - לבוש›, [ו]אבל

באר הגולה

ד הרא"ש שם ה ברייתא מו"ק דף כ"ז. ו אוקימתא דגמ' שם מברייתא דבר קפרא ‹וי"מ בבית האבל, היינו כל זמן שהמת מוטל לפניו, מביאין מוגמר לאעבורי ריחו, ומש"ה אין מברכין, ובית המנחמין נקרא אחר שנקבר המת, לפי שאין מנחמין אותו עד שנקבר, כך פי' ר"מ הלוי ז"ל, וכן פירשו בתוס'. **ואחרים** פירשו, שהיה בית למנחמים, ואע"פ שהיה האבל יושב עמהם, היו מביאין כל ז' ימים מוגמר להעביר האסטניסות, אבל בבית שאין שם אלא האבל לבדו, אין מביאין

מביאים אותם בבית שהמת שם – [להעביר הסרחון – ט"ז], **ואין מברכים עליהם.**

אות נ'

אין מוליכין לבית האבל לא בטבלא ולא באסקוטלא ולא בקנון, אלא בסלים

טור יו"ד סימן תא - ואין מוליכין לבית האבל לא בטבלא ולא באסקטלא לא בקנון [ז]ולא בסלים.

אות ס'

ואין אומרים ברכת אבלים במועד, אבל עומדין בשורה ומנחמין, ופוטרין את הרבים

טור יו"ד סימן תא - ואין בו ברכת אבילים שאומרים ברחבה, אבל עומדין בשורה ומנחמין, ופוטרין את הרבים.

אות ע'

אין מניחין את המטה ברחוב, שלא להרגיל את ההספד

יו"ד סימן תא ס"א - [ח]אין מניחין את המטה ברחוב בחול המועד, שלא להרגיל את ההספד, שאסור להרגיל את ההספד בחול המועד, אלא לכבוד ת"ח; [ט]לפיכך אין מוליכין המת לבית הקברות בחול המועד, עד שיהיה כל הקבר מתוקן ומזומן - ‹אבל ת"ח מניחין את המטה ברחוב, ומוליכין אותו לבית הקברות לכבודו, כדי שירגילו עליו את ההספד, אפילו במועד – לבוש›.

סימן תקמז ס"א - [י]חול המועד אסור בהספד ותענית; לפיכך אין מניחין את המטה ברחוב, שלא להרגיל את ההספד; [יא]ומטעם זה אין מוליכין את המת לבית הקברות עד שיהיה הקבר מתוקן - ר"ל כדי שלא ישתהא המת ברחוב ויבואו להספידו.

אות פ'

ולא של נשים לעולם, מפני הכבוד

יו"ד סימן שנה ס"א - [יב]אין מניחין מטה של אשה ברחוב, מפני הכבוד - מפני שקרובה לינוול - ש"ך, ‹דשמא יצא ממנה דם ותתנוול – ערוה"ש›. ‹לא שנא יולדת לא שנא שאר אשה – לבוש›.

[יג]**(ואין עולין בחבר עיר [יד]על האשה) (טור)** - שאין כבוד לחכם שמנהיג העיר, שכל העיר נוהגין ע"פ צוויו, שיהא עולה באשה כשנושאין אותה לקבורה - ש"ך. ‹כלומר שהגדול שבעיר אין כבודו ללוות את האשה – ערוה"ש›.

[בסי' רנ"ד כתב הטור, יש בעיר חבר עיר, פי' אדם גדול, ובברכות ‹ל:› אמרינן, ר' אלעזר בן עזריה אומר אין מתפללין מוספין אלא בחבר עיר, והיינו צבור, ואיך שיהיה פירושו כאן, מ"מ לא בא למעט באשה אלא שאין עומדין בחבורה ברחובה של עיר לענין הנזכר בטור בסימן שע"ו, ‹לענין ברכת רחבה ע"ש, ואצלינו בטלוה כמו שיתבאר שם – ערוה"ש›, ‹וקורין אותו חבר עיר, {היינו אפי' להצד דפירושו אדם גדול}, לפי שעל ידי גדול העיר נתקבצו כולם במקום שהוא עומד שם, לפי שכולם נגררים אחריו, ולכן קורין הקיבוץ על ידו – פרישה›, **אבל** לענין ללוותה פשיטא שאין חלוק בין אשה לאיש, וכמ"ש סי' שד"מ ס"ב, כנ"ל פשוט, וכן משמע בפרישה – ט"ז].

אות צ' – ק'

התקינו שיהו הכל מביאין בסלי נצרים של ערבה קלופה, מפני כבודן של עניים

בראשונה היו משקין בבית האבל, עשירים בזכוכית לבנה, ועניים בזכוכית צבועה, והיו עניים מתביישין; התקינו שיהו הכל משקין בזכוכית צבועה, מפני כבודן של עניים

טור יו"ד סימן שעח - תניא בראשונה היו מוליכין לבית האבל עשירים בקלתות של כסף וזהב, ושותין בזכוכית לבנה, ועניים בסלים של נסרים, ושותין בזכוכית צבועה, והיו עניים מתביישין; התקינו שיהיו עושים לכל בשוה.

אות ר'

בראשונה היו מגלין פני עשירים ומכסין פני עניים, מפני שהיו מושחרין פניהן מפני בצורת, והיו עניים מתביישין; התקינו שיהו מכסין פני הכל, מפני כבודן של עניים

יו"ד סימן שנג ס"א - [טו]בראשונה היו מגלים פני עשירים ומכסים פני עניים, מפני שמשחירים בשנת בצורת, והיו עניים חיים מתביישים; התקינו שיהיו מכסים פני הכל.

באר הגולה

– נמ"י. ‹**ומשמע** ודאי דבית האבל דקאמר, היינו אחר שנקבר המת ובאים להברות האבל – ב"י. **והקשה** בחידושי הגהות על הטור, חסרתי דעת מהבין דברי הב"י, דבית המנחמין נמי ע"כ צ"ל דהאבל יושב עמהן, דאל"כ למאי קרי ליה בית המנחמין, וכיון שכן מה הפרש יש בין בית האבל לבית המנחמין, דהרי בתרוייהו האבל יושב עם המנחמין ביחד, **ויותר** דהא הרב ב"י כל מגמתו לבאר דברי הטור, והאיך פי' לשון הגמ' נגד דעת הטור, שהרי הטור לא התיר אלא בבית שהמת שם, **ולולי** דמסתפינא הוי אמינא דטעות נפל בספרים, ובמקום "בית האבל", צ"ל "בית המנחמין", או אפשר דהמדפיסים דלגו בין תיבת "היינו" ראשון ל"היינו" אחרון, וכן צ"ל: דבית האבל דקאמר היינו בבית שהמת שם, ובית המנחמין היינו אחר שנקבר וכו'. ‹**ועיין** ברש"י, וכצ"ל ע"פ הדקדוקי סופרים ע"פ הכת"י: אין הקרובים המברים את האבל מביאין ענינים של אוכלין. וקשור להמשנה, דאי לסוגייתינו אינו מובן› [ז] ‹וביש ספרים גרסינן "אלא בסלים" וכן הוא במשנה בפרק אלו מגלחין דף כ"ז ע"א, וכן ב"י מביא דברי הרמב"ן שגרס גם כן "אלא בסלים" ע"ש – פרישה› [ח] משנה מו"ק דף כ"ז. [ט] נימוקי יוסף שם [י] משנה מו"ק כ"ז [יא] נ"י שם [יב] משנה מו"ק דף כ"ז. וכרבי אלעזר שם בגמ' דף כ"ח. הסכמת הפוסקים [יג] מברייתא באבל רבתי פרק י"א [יד] הש"ך פי' לפי שאינו כבוד לחכם ללוות אשה, והט"ז פי' כמו חברת רוב עם, ומשום ניוול [טו] ברייתא מו"ק דף כ"ז.

עין משפט נר מצוה

רכז א מיי' פ"ד מהל' אבל הלכה א טור ש"ע י"ד סי' שנב סעיף א:

רכח ב ג ד מיי' פי"א מהלכות שם הלכה ה ופ"ו מהלכות ת"ת הלכה כב סמג עשין ג ולאוין עם טוש"ע שם סי' תא סעיף ס:

רכט ה מיי' פי"ג מהל' אבל הלכה ג סמג עשין ב טוש"ע י"ד סי' שנ סעיף א:

רל ו ז מיי' שם הלכה שם סעיף א ובהג"ה וסעיף ב:

רלא ח ט מיי' שם פ"ד הלכה ט סמג שם טוש"ע סי' שעח סעיף א:

רלב י כ מיי' שם פי"ד הלכה ו סמג שם טוש"ע שם סעי' א וסי' שעח סעיף ב:

רלג ל מ מיי' שם פ"ג הלכה יא סמג שם טוש"ע שם סי' שנב סעיף א:

רלד נ מיי' שם הלכה יב טוש"ע שם סעי' ד:

מסורת הש"ס

נדה סא. [תוספ' נדה פ"ט ועי' תוס' שם ד"ה אלא עממי']

כתובות ח: [תוספתא שם]

[נ"י הערוך צרדא ועי' ב"מ נא. דאיתא התם צדריתא פרש"י בגדי קנבוס]

ישעיה לב

יחזקאל כד

[נ"ל המקשה]

[פי' תכריכין עי' רש"י עירובין מא:]

ירמיה כב

ב"ק טז. מ"ש

[שם]

יומא פו: קדושין מ. סוטה כב. ערכין ל:

[כאלתות פי' כתיפיו]

[לעיל כב:]

[דף כג. ד"ה כל]

*)דפית. כד"ס ובנונסקרי ועי' בהל"ש סי' ק]

[מגילה ג: ע"ש]

[תוספתא פ"ב]

שייך למתני' דף כח ע"ב

בכליכה והיו עניים מתביישין התקינו שיהו הכל מוציאין בכליכה מפני כבודן של עניים בראשונה היו מניחין את המוגמר תחת חולי מעים מתים והיו חולי מעים חיים מתביישין התקינו שיהו מניחין תחת הכל מפני כבודן של חולי מעים חיים *בראשונה היו מטבילין את הכלים על גבי נדות מתות והיו נדות חיות מתביישות התקינו שיהו מטבילין על גבי כל הנשים מפני כבודן של נדות חיות בראשונה מטבילין על גבי זבין מתים והיו זבין חיים מתביישין התקינו שיהו מטבילין על גב הכל מפני כבודן של זבין חיים *בראשונה היתה הוצאת המת קשה לקרוביו יותר ממיתתו עד שהיו קרוביו מניחין אותו ובורחין עד שבא רבן גמליאל ונהג קלות ראש בעצמו ויצא בכלי פשתן *ונהגו העם אחריו לצאת בכלי פשתן אמר רב פפא והאידנא נהוג עלמא אפילו *בצרדא בר זוזא: אין מניחין את המטה ברחוב: אמר רב פפא *אין מועד בפני תלמיד חכם וכל שכן חנוכה ופורים והני מילי בפניו אבל שלא בפניו לא איני והא רב כהנא ספדיה לרב זביד מנהרדעא בפום נהרא אמר רב פפי יום שמועה הוה וכבפניו דמי אמר עולא *הספד על לב דכתיב °על שדים סופדים טיפוח ביד קילוס ברגל תנו רבנן המקלס לא יקלס בסנדל אלא במנעל מפני הסכנה אמר רבי יוחנן *אבל כיון שניענע ראשו שוב אין מנחמין רשאין לישב אצלו ואמר רבי יוחנן הכל חייבין לעמוד מפני נשיא חוץ מאבל וחולה ואמר ר' יוחנן לכל אומרים להם שבו חוץ מאבל וחולה אמר רב יהודה אמר רב *אבל יום ראשון אסור לאכול לחם משלו מדאמר ליה רחמנא ליחזקאל °ולחם אנשים לא תאכל רבה ורב יוסף *מחלפי סעודתייהו להדדי ואמר רב יהודה אמר רב *מת בעיר כל בני העיר אסורין בעשיית מלאכה רב המנונא איקלע לדרומתא שמע קול שיפורא דשכבא חזא הנך אינשי דקא עבדי עבידתא אמר להו ליהוו הנך אינשי בשמתא לא שכבא איכא במתא אמרו ליה חבורתא איכא במתא אמר להו *אי הכי שריא (א) לכו ואמר רב יהודה אמר רב *כל המתקשה על מתו יותר מדאי על מת אחר הוא בוכה ההיא איתתא דהות בשיבבותיה דרב הונא הוו לה שבעה בני מת חד מינייהו הוות קא בכיא ביתירתא עליה שלח לה רב הונא לא תעבדי הכי לא אשגחה ביה שלח לה אי צייתת מוטב ואי לא צבית *זוודתא לאידך מית ומיתו כולהו לסוף אמר לה תימוש זוודתא לנפשך ומיתא °אל תבכו למת ואל תנודו לו אל תבכו למת יותר מדאי ואל תנודו לו יותר מכשיעור הא כיצד *שלשה ימים לבכי ושבעה להספד ושלשים לגיהוץ ולתספורת מכאן ואילך אמר הקדוש ברוך הוא אי אתם רחמנים בו יותר ממני °בכו בכו להולך *אמר רב יהודה להולך בלא בנים רבי יהושע בן לוי לא אזל לבי *אבלא אלא למאן דאזיל בלא בני דכתיב בכו בכו להולך כי לא ישוב עוד וראה את ארץ מולדתו רב הונא אמר זה שעבר עבירה ושנה בה רב הונא לטעמיה *דאמר רב הונא כיון שעבר אדם עבירה ושנה בה הותרה לו הותרה לו סלקא דעתך אלא אימא נעשית לו כהיתר אמר רבי לוי *אבל שלשה ימים הראשונים יראה את עצמו כאילו חרב מונחת לו בין שתי (*ירכותיו) משלשה עד שבעה כאילו מונחת לו כנגדו בקרן זוית מכאן ואילך כאילו עוברת כנגדו בשוק: ולא של נשים לעולם מפני הכבוד: אמרי נהרדעי לא שנו אלא

תורה אור

בכליכה. מטה של מתים: **על גבי נדות מתות.** הכלים שנשתמשו בהן בטומאתן בחיים שנטמאו בנגיעתן שהנדה מטמאה בנגיעתה אדם וכלים: **והיו נדות חיות מתביישות.** שעושין בהן מה שאין עושין לשאר מתות: **קשה לקרוביו.** בתכריכין טובים: **לצרדא.** קנבוס: **בר זוזא.** הנקנה בזוז: **אין מועד לפני חכמים.** שיכולין להספידו: **על לב.** מטפח כנגד הלב: **ביד.** קופץ יד זו לזו: **ברגל.** מכה רגלו בקרקע: **מפני סכנה.** שהופך הסנדל ושובר רגלו: **ניענע ראשו.** שנראה שניחם מעצמו: **לכל אומרים שבו.** כשעומדין לפני הנשיא: **חבורתא איכא.** חבורות הן שאלו קוברין מתים שלהם לבדם ואלו קוברין מתים שלהם לבדם: **ולא ישוב עוד וגו'.** משמע מכאן ואילך לא יעשה לעולם תשובה: אלא

בכליכה. גרס בערוך בשני כפי"ן ול"ת דגרסי כליכה בבי"ת השניה כמו הללו חוזרין לכלובן (ביצה דף כד.) וכמו ככלוב מלא עוף (ירמיה ה) אי נמי כמו מכליב (לעיל דף י.) ופירש הקונטרס כעין סולם והייט כעין תפירות רחוקות זו מזו ומביא הא דאמרינן במדרש נטלו את הכרובים ונתנום בכליכה ואם כן צריך לגרוס בפיוט של חרבן בית המקדש בתשעה באב עמון ומואב הוליאו את הכרובים וכליכה היו בם מסובבים וגרס בב' כפי"ן כגירסת הערוך וכל זה שלא לבייש מי שאין לו וכן איתא במסכת בכורים (פ"ג מ"ז) בראשונה מי שהיה יודע לקרות כו' ומאותה ההלכ' °מביאין ראיה להא דאמר שמנה פסוקים שבתורה יחיד קורא אותם דלא בעי למימר שלא יקרא שליח צבור עמו כי בימיהם לא היה קורא שליח צבור עם הקורא ומה שרגילים עתה לקרות זהו מפני כבודו של קורא שלא לבייש מי שאינו יודע וכדאמר גבי בכורים בראשונה מי שהיה יודע לקרות קורא ומי שאינו יודע לקרות (אינו קורא) מקרין אותו נמנעו מלהביא בכורים התקינו שיהו מקרין את הכל (בכורים פ"ג מ"ז): **ונהג** קלות ראש בעצמו. שצוה כן בשעת פטירתו וי"מ לאחד מבני ביתו בחייו ולשון בעצמו משמע כפירוש ראשון: **°אבל** לא מטפחות. פירוש סופק כפיו זו בזו וא"ת הא תנן פרק משילין (ביצה דף לו:) אין מטפחין ביו"ט ופי' בקונטרס בפרק המביא כדי יין (שם דף ל' בד"ה מרקדין) משום שיר או משום אבל ומאי איריא בי"ט ומשום שמא יתקן כלי שיר אפילו בחולו של מועד אסור משום צער וי"ל דמשום שיר קתני ולא משום אבל: **טפוח** ביד. כדפרישית סופק כפיו זו על זו והכי משמע בהוריות בירושלמי כשתפס רבי יהודה את ריש לקיש שרי רבי יוחנן טפח בחדא ידיה [א"ל] ובחדא ידיה טפחין כו' ומספקין פירש בקונטרס בבילה (דף לו:) כף על ירך ואם כן ויספק את כפיו (במדבר כד) על ירך הן שתי כפים על שתי ירכים ול"ע: ה"ג ר"ח **לא** יקלס במנעל ולא בסנדל מפני הסכנה. פירוש דיחף שרי טפי דנזהר היטב פן ינזק: ה"ג ר"ח **לכל** אומרים להן שבו חוץ מאבל וחולה. פירוש תלמידי חכמים שעומדין צריך לומר שבו אבל וחולה אפילו עמדו אין צריך לומר שבו דלא די שעמדו שאין צריכין לעמוד ואם כן פשיטא שישבו בלא רשות: **יום** ראשון אסור לאכול משלו. פירשתי למעלה אפילו אוכל כמה פעמים באותו יום דלא קתני סעודה ראשונה: **אסורין** בעשיית מלאכה. משמע דבתלמוד תורה שרי ולא אסור אלא חכם שמת דבית מדרשו בטל *מיהו בשעת הוצאת מת אז מבטלין ת"ת כדאמרינן פ' שני דכתובות (דף יז: ושם) ובפ"ק דמגילה (דף ג:) מבטלין ת"ת להוצאת המת ולהכנסת כלה ומיהו היכא דאיכא חבורתא מספקא ליה ועוד האריך רבי יצחק בתשובה והביא ראיה מן הירושלמי: **לגיהוץ** ולתספורת. למעלה° פי' ריב"א היה אומר [שגרסינן] לכבוס ולתספורת ופירש למעלה*) דאשה מותרת בנטילת שער לאחר ז' ובתוספות פירש דלא ידע מנא ליה: **מכאן** ואילך כאילו עוברת כנגדו בשוק. עד י"ב חדש והכי איתא בירושלמי כל שבעה החרב היא שלופה עד שלשים היא רופפת לאחר י"ב חודש היא חוזרת לתערה ולמה הדבר דומה לכפה של אבנים כיון שנזדעזעה אחת מהן נזדעזעו כולם ובש"ס דידן נמי אמרינן (שבת דף קה:) אחד מן האחין שמת ידאגו כל האחין כו': מה

רבינו חננאל

יתא הפרש בין עשירים לעניים: ת"ר בראשונה היו מניחין מוגמר תחת מתים בחולי מעים כו' וכך היו מטבילין את הכלים ע"ג הנשים שהיו מתות נדות וכו' וכך היו מטבילין הכלים ע"ג המתים כשהן זבין והיו בכל אלו החיים מתביישין התקינו שיהו עושין כן לכל. בראשונה היתה הוצאת המת קשה לקרוביו שהיו מוציאין בתכריכין ממון רב והיתה קשה עליהן הוצאתם יותר ממיתתם עד שהיו מניחין ובורחין עד שבא ר"ג וניהג קלות בעצמו וצוה להוציאו בכלי פשתן ונהגו כל העם לצאת בכלי פשתן כמותו. והאידנא נהוג עלמא אפילו בצררא בר זוזא. פי' בחלוק בר זוזא: **מתני'** אין מניחין במועד את המטה ברחוב שלא להרגיל ההספד. אמר רבה בר רב הונא אין מועד בפני ת"ח וכ"ש חנוכה ופורים אלא מספידין בהן. וה"מ בפניו אבל שלא בפניו לא. ויום שמועה כבפניו דמי ומותר אפילו במועד. אמר עולא הספד על לב. שנאמר על שדים סופדים. *) טיפוח ביד. קילוס ברגל שנאמר (יחזקאל ו) הכה בכפך ורקע ברגלך: ת"ר [המקלס] לא יקלס לא במנעל ולא בסנדל מפני הסכנה. א"ר יוחנן אבל כיון שנענע בראשו שוב אין המנחמין רשאין לישב אצלו. ואמר ר"י הכל חייבין לעמוד לפני נשיא חוץ מאבל וחולה. ואמר ר' יוחנן לכל אומר' להן שבו חוץ מאבל וחולה. אמר רב יהודה אמר רב אבל אסור לאכול ביום ראשון משלו שנאמר ולחם אנשים לא תאכל. רבה ורב יוסף בימי אבלם היו מחלפין סעודתן בהדדי. אמר רב יהודה אמר רב מת בעיר כל בני העיר אסורין בעשיית מלאכה עד שינתן לקבורתו. וכל המתקשה על מתו יותר מדאי על מת אחר הוא בוכה. דההיא אתתא דהוו לה ז' בני ומת חד מינייהו והוות מתקשת יותר מדאי. ושלח לה רב הונא ולא אשגחת ביה ומיתו לה כולהו ומתה היא נמי: ת"ר אל תבכו למת יותר מדאי. ואל תנודו לו יותר מכשיעור. הא כיצד ג' לבכי וז' להספד. ל' לגיהוץ ולתספורת מיכן ואילך הרי הוא קישוי. בכו בכה להולך. אמר רב להולך בלא בנים. ר' יהושע בן לוי לא הוה אזיל לבי אבילא אלא אמאן דשכיב בלא בני. כי לא ישוב עוד וראה את ארץ מולדתו. זה שעבר עבירה ושנה בה. מיכן ואילך שאינו מהרהר בתשובה מפני שנעשית לו כהיתר: א"ר לוי אבל ג' ימים הראשונים יראה עצמו כאילו חרב מונחת לו בין כתיפיו. מג' ועד ז' כאילו חרב מונחת בקרן זוית. מיכן ואילך כאילו חרב כנגדו בשוק. ואין מניחין מטה של נשים ברחוב לעולם מפני

*) עי' בערוך ערך עפח ד'.

גליון הש"ס

תוס' ד"ה בכליכה וכו' מביאין ראיה להא דאמר ב"ב ד' טו ע"א:

הגהות הב"ח

(א) גמ' אי הכי שריא (לכו). תז"מ ונ"ב ס"א להו:

§ מסכת מועד קטן דף כז: §

אות א'

ונהגו העם אחריו לצאת בכלי פשתן

יו"ד סימן שנב ס"א - [א]אין קוברין המת בתכריכים יקרים, אפילו לנשיא שבישראל - משום תיקון העולם, שהעניים אינם יכולים לעשות כן, ‹ומתביישים לקבור מתיהם בתכריכים פחותים, והיה יציאת המת לפעמים קשה על הקרובים עד שיניחוהו וילכו להם, שכן היה מעשה›, וגם משום גסות הרוח והשחתה, ‹ומעשה גוים - לבוש›. **וכתב** בד"מ והגהת דרישה בשם נ"י, כל העושה תכריכין נאים למת, מכירין בו שהוא מודה בתחיית המתים ותע"ב, עכ"ל, **ומיירי** שהבגד פשתן יהא נאה, וע"כ נהגו קצת לחזור אחר היפה, אבל בחשובים יותר מדאי ודאי אסור - ש"ך. ‹**ורק** לעשיר יעשו מפשתן טוב, ולעני פשתן פשוט - ערוה"ש›.

יו"ד סימן שנב ס"ב - [ב]נהגו לקבור בבגדים לבנים - ‹לשון הלבוש: בבגדי פשתן לבנים, וכן הוא בטור בשם הרמב"ם, **ושם** ברמב"ם משמע, שגם החוט שתופרין בו יהיה ג"כ של פשתן, ולא של מין אחר, ע"ש. **וז"ל** ילקוט ראובני פ' מקץ: דע שיש סוד גדול בלבישת בגד פשתן, שכל הנפטר שנתלבש בבגדי פשתן, אפי' נפטר בחו"ל, כל קטיגור נהפך לסניגור, **ומעלת** לבישת פשתן בלא לבוש אחרת, ואפי' תינוק שאביו מוחזק שמתו לו בנים הרבה ע"י לילית או רוח רעה, תינוק זה בטוח מכל אלו בסגולת לבישת בגדים אלו, **וסגולת** לבישת בגדי פשתן, שלובש בגד פשתן לבדו ולא מין אחר עמו, אבל נתערב מין אחר אפילו חוט א', פוסל בו כו', עכ"ל - פת"ש›. ‹**לבד** הטלית של צמר - ערוה"ש›.

‹**אם** שכחו להלבישו איזה דבר מבגדי המת, יניחו אותו על הארון בקברו - באר היטב›.

אות ב' - ג' - ד'

אין מועד בפני תלמיד חכם, וכל שכן חנוכה ופורים

והני מילי בפניו, אבל שלא בפניו לא

יום שמועה הוה, וכבפניו דמי

יו"ד סימן תא ס"ה - והני מילי לאיניש דעלמא, [ג]אבל לתלמיד חכם, בין בחול המועד בין בראש חדש, חנוכה ופורים, מענות ומקוננות כדרכן בחול; והני מילי בפניו, אבל שלא בפניו, לא. ויום [ד]שמועה, אפילו רחוקה, כבפניו דמי - ‹ועכשיו אין אצלינו כל הדברים הללו, מיהו למדנו מזה דבחוה"מ ור"ח חנוכה ופורים, טוב למעט בבכיות והספדים, לבד על ת"ח בפניו - ערוה"ש›.

אות ה'

אבל, כיון שניענע ראשו, שוב אין מנחמין רשאין לישב אצלו

יו"ד סימן שעו ס"א - [ה]וכיון שנענע האבל בראשו, בענין שנראה שפוטר את המנחמים, אינם רשאים לישב אצלו - ‹שזה גם כן נחמתו היא, כיון שמראה שרוצה להתנחם בהתבודדותו שילכו הם להם - לבוש›. ‹**וניענוע** ראש הוא בענין המובן שנראה שפוטר את המנחמים ורצונו שילכו להם, ולכן אין מדרך ארץ שישבו עוד, כי להגיד בפה מלא שילכו, אינו מדרך ארץ, לכך היה הסימן שהיה מנענע בראשו. **וכתב** הרמב"ם הטעם, שלא יטריחוהו יותר מדאי, ופשוט הוא, **ובטור** משמע דזהו כאומר לכו לשלום, אלא מפני שהאבל אסור בשאלת שלום לכן מנענע בראשו, ע"ש. **ואצלינו** אין ידוע הסימן הזה, ולכן צריכין המנחמים להרגיש בהאבל כשרוצה שילכו ממנו, וילכו להם לשלום - ערוה"ש›.

אות ו' - ז'

הכל חייבין לעמוד מפני נשיא, חוץ מאבל וחולה

לכל אומרים להם שבו חוץ מאבל וחולה

יו"ד סימן שעו ס"א - (אין אבל או חולה חייבים לעמוד, אפי' מפני נשיא) (פרק א"מ) - ‹מפני שטרודים בצערם - לבוש›. ‹**דלא** הוי קימה שיש בה הידור, ומה"ט גם בט"ב הכי הוא, תשו' שבות יעקב - רעק"א›.

יו"ד סימן שעו ס"ב - [ו]הבא לכבד את חבירו ולקום מפניו, אומר לו: שב; אא"כ הוא אבל או חולה - ‹אם אירע שעמדו מפניו, אף שאין להם לעשות כן, מ"מ אם עשו כן לא יאמר להם שבו - ערוה"ש›, **דמשמע: שב באבלות שלך, שב בחולי שלך.**

הגה: לא יאמר אדם: לא נפרעתי כפי מעשי, או כיוצא בדברים אלו, שאל יפתח פיו לשטן (כן משמע בפרק מי שמתו ובהגהות אלפסי שם) - ‹בשעה שהדין עליו שורה, ולא דמי לשארי זמנים שאומרים בתפלות כעין זה, דהשטן מקטרג בשעת הסכנה, **ומזה** הטעם נ"ל מה שאין אומרים תחנון בבית האבל, מפני שאומרים "חטאתי" וכו', וכ"ש וידוי אין אומרים, שלא לעורר הדינים, אלא יאמר "יה"ר מלפניך שתגדור פרצותינו" וכו', ולא יאמר "חטאתי" וכו', ולכן גם "והוא רחום" לא יאמרו, מפני שיש שם "לא כחטאינו תעשה לנו" וגו', וכיוצא באלו הדברים, ואין להזכירם בבית האבל - ערוה"ש›.

ואל יאמר אדם לאבל: מה לך לעשות כי אי אפשר לשנות, שזהו כגדוף, דמשמע הא אם אפשר לשנות היה עושה - ‹כנגד רצונו של מקום, ואין גידוף גדול מזה - לבוש›, **אלא יקבל עליו גזירת השי"ת**

באר הגולה

[א] ברייתא משמיה דרשב"ג מו"ק דף כ"ז: [ב] טור וכ"כ הרמב"ן בסת"ה [ג] מימרא דרב פפא דלעיל [ד] מעובדא דרב כהנא דספדיה לרב זביד וכו' שם [ה] מימרא דר' יוחנן מו"ק דף כ"ז: דכיון שהוא אסור בשאילת שלום, בזמן שפוטר המנחמין שוחה בראשו, סת"ה בשם הרי"ץ גיאות ‹ורש"י פי' לזה טעם אחר, ומפורש יותר בלשון רבינו יהונתן: כלומר כיון שדרך האבל לעמד בכובד ראש, ואם נענע ראשו והגביהו, הראה לכל שאינו משגיח על אבלותו, שוב אין מנחמין וכו', שהרי הוא מנוחם מעצמו› [ו] מימרא דר' יוחנן דף כ"ז:

מאהבה (ג"י פ' שור שנגח דמשמע כן מגמרא) - ‹וינחמו דכל מה דעביד רחמנא לטב עביד, ואין אנו יודעים מה נקרא טובה ומהו ההיפך, והוא יתברך יודע הכל, וכיוצא בדברים אלו - ערוה"ש›.

[**בפרק שור שנגח ד' וה' איתא כן, שלא רצה עולא לילך לנחם את רבי שמואל בר יהודה, שאמר: מה לי בתנחומין של בני בבל, שאומרים: מה אית לך למיעבד, דמשמע הא אפשר למיעבד עבדי, וזו היא גידוף. ורש"ל דחה זה מהלכה, שאמר הלא גם דוד המע"ה אמר כן: האוכל להשיבו עוד, דמשמע אם היה אפשר להשיבו היה עושה. ותמהני על פה קדוש יאמר כן, דשאני גבי דוד שאמר: למה זה אני צם, האוכל להשיבו עוד, דודאי כל טצדקי תפלות וצומות יש לו לאדם לעשות כדי לבקש שלא ימות לו מת, ועל זה אמר דוד, כיון שכבר מת לא יועילו הצומות, ועל זה סיים ואמר: אני הולך אליו והוא לא ישוב אלי, דלכאורה הוא דבר שאינו מענין תשובה לעבדיו שם, אלא דהכי קאמר: שמא תאמרו דיועילו הצומות שאזכה לראותו בעודו בחיים כשיקום זה הילד בתחיית המתים, לזה אמר יודע אני שלא תהיה תחיית המתים בימי, ועל זה אמר: אני הולך אליו וגו', אבל אותן המנחמים שאומרים: אל תצער עצמך כי מה לך לעשות, אין אומרים על התפלה כן, אלא על הצער, שלא יצער עצמו כיון שא"א בענין אחר, דמשמע הא אפשר בענין אחר שפיר היה מצער עצמו על שלא יהיה כרצון האדם, וזהו גידוף, שמן הראוי להיות כרצון האל יתברך, לא כרצון האדם, וזה ברור לענ"ד].**

אות ח' - ט'

אבל, יום ראשון אסור לאכול לחם משלו מחלפי סעודתייהו להדדי

יו"ד סימן שעח ס"א - [ז]אבל אסור לאכול משלו בסעודה ראשונה - ‹דא"ל הקב"ה ליחזקאל: ולחם אנשים לא תאכל. **וטעמו** של דבר לא נתברר לנו - ערוה"ש›. ‹**וכתב** רבינו ירוחם, והטעם, כי האבל דואג ונאנח על מתו ואינו חושש לאכול, כי רצונו למות גם הוא, על כן צוה השם יתברך לאחרים שיאכילוהו משלהם, לפיכך הפוחת לא יפחות מסעודה ראשונה שהוא עיקר זמן מרירותו, אבל סעודה שניה מותר אפילו היא ביום ראשון. **ולי** נ"ל טעמא, שכל זה בכלל נחמה הוא, שמראין לאבל שמשימין אותו על לבם ולא ישליכוהו אחר גיוום, נ"ל - לבוש›.

[**נראה דאם לא שלחו לו, או שהוא יחידי בעיר, אין חייב לצער עצמו שלא לאכול כלל, דמשו"ה כתב כאן הטור ושו"ע דמצוה על שכיניו שיאכילוהו שלא יאכל משלו, שזהו מיותר לכאורה, אלא הכוונה דעיקר מצוה על השכנים שלא יגרמו שיצטרך לאכול משלו, דאם לא ישלחו לו, יהיה לו היתר לאכול משלו ע"י ההכרח - ט"ז].**

אבל בשניה מותר, [ח]אפילו ביום ראשון - ‹ברוקח פסק כתוספות, דכל היום אסור - רעק"א›.

[ט]ומצוה על שכניו שיאכילוהו משלהם, כדי שלא יאכל משלו - כלומר הסעודה הראשונה מצוה שיאכילוהו משלהם, אבל בסעודה שניה אין כאן מצוה, שהרי יכול לאכול משלו - ש"ך.

[י]ויכול אחד להאכיל את חברו בימי אבלו, והוא יחזור גם כן ויאכילנו בימי אבלו - פירוש אע"פ ששניהם אבלים - ש"ך,

[יא]ובלבד שלא יתנו בתחילה - ‹שאם מתנין, הוה חובה, והוה כמו שאכלו משלהם - לבוש›.

‹**ונראה** דהעיקר הוא הלחם, כלשון הכתוב, וכן לשון הגמ' שם, אסור לאכול לחם משלו, אבל תבשילין יכול לאכול משלו, וכן המנהג שמביאין להאבל לחם [יב]וביצים בלבד - ערוה"ש›.

[יג]יו"ד סימן שעח ס"ג - [יד]אם רצה האבל שלא לאכול ביום הראשון, מותר לאכול משלו אפילו סעודה ראשונה - ביום שני או בלילה שאחר יום ראשון, משלו, אפי' סעודה ראשונה - ש"ך.

ומשמע דאם רצה האבל להתענות באותו היום מותר, וכ"פ הב"ח - ש"ך.

‹**שלא** צוה השם יתברך אלא לאחרים שיברוהו, אבל לא מצינו שצוה עליו לאכול - לבוש›. ‹**אבל** האור זרוע פסק שלא יניחו את האבל להתענות, אא"כ הוא תענית ציבור, **אבל** בימים של עשי"ת אף שהיה דרכו להתענות, לא יתענה אז, שמצוה לאכול סעודת הבראה, ע"ש - ערוה"ש›.

הגה: וכן אם לא הברוהו ביום ראשון, שנמשך עד הלילה, מותר לאכול בלילה משלו, וא"צ הבראה (טור בשם רוב הפוסקים)

- (עיין בתשו' נו"ב שכתב, דמי שמת לו מת וקבר אותו בלילה, מברין אותו בלילה, ואם לא אכל בלילה מברין אותו ביום שאחריו, **ודוקא** בנדחה יום הראשון אמר הרמ"א דא"צ הבראה בלילה, ע"ש - פת"ש).

אות י' - כ'

מת בעיר, כל בני העיר אסורין בעשיית מלאכה אי הכי שריא לכו

יו"ד סימן שמג ס"א - [טו]מת בעיר, כל בני העיר אסורין במלאכה - ‹כדי שהכל יעסקו ויסייעו בצרכי קבורתו - לבוש›.

‹**הטעם** מפני כבוד המת, שכשרק יחידים עסוקים בו אין זה מכבוד המת, ולכן כל בני העיר אסורין במלאכה›. **[טז]שכל הרואה מת** - נ"ל טעות, וצ"ל: "וכל הרואה מת" **ואינו מלווהו עד שיהא לו כל צרכו,**

באר הגולה

[ז] מימרא דרב יהודה אמר רב מו"ק דף כ"ז: [ח] כפי' הרא"ש, דיום ראשון דקאמר רב יהודה הוא סעודה ראשונה, וכיוצא בזה בפסחים דף ל"ו. מימרא דריב"ל יומא קמא וכו', וכ"כ הגהמי"י בשם סמ"ג, דנקטינן באבל הלכה כדברי המיקל [ט] ירושלמי, תבא מאירה לשכיניו שהצריכוהו לאכול משלו, והביאו הרא"ש שם [י] מהא דרבה ורב יוסף מחלפי סעודתייהו להדדי, שם בבבלי [יא] הרא"ש שם [יב] ‹לכאורה לא מצד דין הבראה, אלא דיש מנהג כן› [יג] ‹מילואים› [יד] ירושלמי עובדא דרבי זעירא [טו] מעובדא דרב המנונא וכו' מו"ק דף כ"ז: ‹אינו מובן אמאי לא הביא ממימרא מפורשת דרב יהודה אמר רב, והביא מקורו מעובדא דאיירי בעונש› [טז] לשון הרמב"ן והביאו הטור מעובדא דלעיל ‹וז"ל: וכתב הרמב"ן, מכאן אני שומע, כל הרואה מת ואינו מלוהו עד שיהא לו כל צרכו, בר נדוי הוא. **וכתב** הג' הפרישה: דכמו דלענין עשיית מלאכה מנדין כשאין כאן כדי צרכי קבורה, ה"ה לכל צרכי המת מנדין כשאין כדי כל צרכו›

בר נידוי הוא. [יז]**ואם יש חבורות בעיר, שכל אחת מתעסקת במתים ביומה, מותר ביום שאינה יומה** - ‹דכשיש חבורות הרי יש רבים העוסקים בו - ערוה"ש›. [יח]**בד"א, שלא בשעת הוצאתו, אבל בשעת הוצאתו הכל בטלים, כדלקמן.**

‹**והנה** אצלנו בכל עיר ועיר יש חברה קדישא המתעסקים בהקבורה, וכל בני העיר מותרים במלאכה. **והמנהג**, כשנושאים אדם חשוב לפני החנויות, סוגרים החנויות עד שתעבור המטה, **וכשמת** האדם הגדול שבעיר, כרב הקהלה וכיוצא בו, נועלים החנויות עד אחר הקבורה, **וברשד"ם** מביא, שאצלם על כל מת חשוב עושים כן - ערוה"ש›.

יו"ד סימן שסא ס"ב - במה דברים אמורים שמבטלין תלמוד תורה, ללוותו בשעת הוצאתו; אבל כל זמן שמוטל לקברו, אין מבטלין בשבילו ת"ת, אלא אם יש חבורות בעיר שכל אחת מתעסקת יומה, אותה שאינה יומה מותרת בין בלימוד בין בשאר מלאכות. ובשעת הוצאה, מבטלין מכל שאר מלאכות ובאים ללוותו, אפילו אי לא קרי ותני, דלא מפלגינן בין לא קרי ותני אלא בביטול ת"ת, אבל בשאר מלאכות, אפי' אי לא קרי ותני הכל בטלים ובאים ללוותו. ואם אין חבורות בעיר, כל בעלי מלאכות צריכים להתבטל ולהתעסק בו עד שיקבר; אבל מתלמוד תורה אין צריכים להתבטל אלא בשעת הוצאתו, כדאמרן.

‹**עיין** במג"א סי' קנ"ג שכתב, אנשים שהחזיקו לקבור מתים, אין יכולים למחות באחרים שבאו לקבור, שבעשיית המצוה כל אחד רוצה לזכות, ובמדינתנו שיש חבורות ממונים לכך, נ"ל דצריך ליתן להחברה כמנהגם, עכ"ל. **ועיין** בתשו' חת"ס, כתב על דברי המג"א הנ"ל, דנ"ל דמיירי באנשים שרוצים להיות גם הם תוך חבורתם, והם מונעים אותם, ע"כ כתב שא"א להם למנוע רבים מלעשות מצוה, **אבל** אם האנשים אינם רוצים להיות בתוך החברה, נ"ל דלאו כל כמינייהו להפסידם מחזקת מצותם. **וכתב** עוד, מ"מ היה נ"ל לכאורה דהיינו בשגם הח"ק רוצים לעשות בחנם וכמצות ג"ח, אז הקדימה להם, **אבל** כל שהם רוצים בשכר שקצבו להם, ואחרים רוצים לעשות בחנם או בזול יותר, פשיטא דלאו כל כמינייהו דהנהו להפסיד אחרים, **ואע"ג** דקי"ל דבני חבורה יכולים להסיע על קיצתם, היינו על בני חבורה שלהם, וברצון כולם ובהסכמת הת"ח חבר עיר עמהם, **אבל** לעשות תקנה להוציא ממון על מי שהוא חוץ לחברה שלהם, שיתן מכל מת כך וכך, ואם לא ירצה לא יהיה שום אדם רשאי לקבור מתו, לאו כל כמינייהו כו', **ודברי** המג"א שם שכתב דצריך ליתן להם כמנהגם, אולי כוונתו אם המת שייך לבני ח"ק, שעל בני החברה שלהם יכולים להטיל כמו שנהגו, אבל על מי שחוץ לח"ק לאו כל כמינייהו, **או** אפשר ס"ל להמג"א דמה שנהגו להטיל על החוץ לח"ק, כ"ז נעשה ונתקן מעיקרא מכל בני הקהלה מסתמא וברצון החבר עיר. **ואף** אם כן הוא, היינו דוקא בשיש קצבה לדבר, שכל מי שהוא חוץ לח"ק יתן כך וכך, או מן הממון כך פריצענטין למאה, ויהיה דבר קבוע לכל אפיא שוין, **אבל** כמו שנוהגין בקהלות קטנות, שיהיה מכס בלי קצבה, וכמוכס העומד מאיליו, ישתקע הדבר ולא יאמר, ולא ניחא להו למתי ישראל שיתעסקו בהו אנשים כמו אלו כו', עש"ב - פת"ש›.

‹**ושם** כתב, שפעם אחת נתוודע לו שאורח א' בא לעירו ק"ק פ"ב ונפטר שמה, ולקחו הגבאים דח"ק מהיתומים שהיו עמו סך שמונה מאות זהובים עבור מקום קבר וצרכי קבורה, וכששמעו הדברים האלה עמד מרעיד ושלח לקרוא לראשי הח"ק, **והיתה** תשובתם כי מנהגם מעולם לתת לכל אחד קבר בדמים מועטים, אך בתנאי שלא יבקש לו מקום ידוע מעליות קברות אנשי השם, וכה היה דבריהם עם שני בני המנוח הנזכר, אם לא יבקשו מקום חשוב רק לקברו במקום קבורת האורחים, סגי להם בסך מועט, רק שיקנה מקום קברו, אך אם ירצו מקום לפי כבודו בעליות קברי צדיקים, לא ימכרו בפחות מסך אלף זהובים, ונשאו ונתנו והתרצו הבנים ליתן סך שמונה מאות זהובים כו', **וכתב** דאם כדבריהם כן הוא, אין ספק שכל מנהגיהם מנהג תורה, דמה שנהגו ליקח עכ"פ מחיר מה עבור מקום קבר, שרשו פתוח עלי תלמוד ב"ב דף קי"ב. נמצא צדיק קבור בקבר שאינו שלו, משמע שיש קפידא ע"ז שיהיה קבור בשלו, וממילא כיון שנותנים לו מקום קבר בשיווי הראוי, רק שהיורשים מבקשים לכבד מורישם, יכולים בני הח"ק לעלות דמי מחיר הקרקע כנכסי דבי בר מריון, ואין אונאה לקרקעות בעלמא, מכ"ש במידי דאורחיה למיזבניה בסך מרובה, **רק** זאת לא ידעתי, מי נתן להם רשות לקבור איש נכרי אשר לא נודע מה מעשיו אצל אנשים צדיקים ואנשי מעשה, וכי הכסף יענה את הכל כו', **וגם** מה שאמרו שרצו לקברו במקום המיוחד לאורחים, שרשו פתוח על דברי רמב"ן פ' חיי שרה בפ' גר ותושב, וז"ל, שהיה המנהג להיות להם בתי קברות איש לבית אבותיו, ושדה קברות מיוחד וקברו בו כל הגרים, עכ"ל. **וע"כ** אין בידי להוציא מהח"ק מה שכבר גבאו כו', ע"ש באריכות. **ועיין** בספר כבוד חכמים שהאריך ג"כ בזה, והעתיק שם תקנת דד' ארצות בענין זה - פת"ש›.

[יט]**יו"ד סימן שסא ס"ג -** [כ]**הרואה את המת ואינו מלוהו, עובר משום לועג לרש,** [כא]**ובר נידוי הוא;** [כב]**ולפחות ילוונו ד' אמות** - ‹עיין בתשו' יד אליהו שכתב, דזה מיירי ביש לו כל צרכו, אבל באין לו כל צרכו, פשיטא דצריך ללוותו עד קברו - פת"ש›.

אות ל' – מ'

כל המתקשה על מתו יותר מדאי, על מת אחר הוא בוכה

שלשה ימים לבכי, ושבעה להספד, ושלשים לגיהוץ ולתספורת

יו"ד סימן שצד ס"א - [כג]**אין מתקשין על המת יותר מדאי -** ‹שזהו מנהגו של עולם, והמצער עצמו יותר על מנהגו של עולם, הה"ז טפש,

באר הגולה

[יז] שם מעובדא דרב המנונא ‹וכפי' הנמ"י, ועיין רש"י שפי' קצת באופן אחר› [יח] כדעת הרמב"ן שהביא הטור, וכתב הב"י דמסתבר טעמיה ‹דרמב"ן, וגדול שבאחרונים הוא [יט] ‹ע"פ הבאר הגולה› [כ] מימרא דרחבא וכו' ברכות דף י"ח. [כא] טור מעובדא דרב המנונא וכו' וציינתיו לעיל בסי' שמ"ג [כב] מימרא דרב יהודה אמר רב מו"ק דף כ"ז:

וכל המתקשה עליו יותר מדאי, על מת אחר הוא בוכה; אלא שלשה ימים לבכי, שבעה להספד, שלשים לתספורת ולגיהוץ – ‹מכאן ואילך אמר הקב"ה: אי אתם רחמנים יותר ממני – ערוה"ש›.

(**עבה"ט** של הרב מהרי"ט ז"ל מש"כ בשם ס"ח, אדם שמת בנו או בתו, אל ינשק אותם. **ונ"ל** דדוקא לבנו ולבתו אסור, אבל לשאר מתים מותר, כדכתיב גבי יעקב ויבך עליו וישק לו - פת"ש). ‹**ולא** ינשק לשום מת, כ"כ בספר חסידים – ערוה"ש›.

אות נ'

אבל שלשה ימים הראשונים, יראה את עצמו כאילו חרב מונחת לו בין שתי כתיפיו; משלשה עד שבעה, כאילו מונחת לו כנגדו בקרן זוית; מכאן ואילך כאילו עוברת כנגדו בשוק

יו"ד סימן שצ"ד ס"ד - [כג]**כל שלשה ימים יראה האבל כאילו חרב מונחת לו בין כתפיו; משלשה ועד שבעה, כאילו זקוף כנגדו בקרן זוית;** [כד]**משבעה ועד שלשים, כאלו עובר לפניו בשוק. וכל אותה השנה הדין מתוחה כנגד אותה משפחה;** [כה]**ואם נולד בן זכר באותה משפחה, נתרפאת כל המשפחה.**

---

§ מסכת מועד קטן דף כח. §

אות א'

אפילו שאר הנשים

יו"ד סימן שנ"ה ס"א - [א]**אין מניחין מטה של אשה ברחוב, מפני הכבוד** - מפני שקרובה לינוול - ש"ך, ‹דשמא יצא ממנה דם ותתנוול – ערוה"ש›. ‹**לא** שנא יולדת לא שנא שאר אשה – לבוש›.

[ב]**ואין עולין בחבר עיר** 'על האשה' (טור) - שאין כבוד לחכם שמנהיג העיר, שכל העיר נוהגין ע"פ צוויו, שיהא עולה באשה כשנושאין אותה לקבורה - ש"ך. ‹כלומר שהגדול שבעיר אין כבודו ללוות את האשה – ערוה"ש›.

[**בסי'** רנ"ו כתב הטור, יש בעיר חבר עיר, פי' אדם גדול, ובברכות ‹ל:› אמרינן, ר' אלעזר בן עזריה אומר אין מתפללין מוספין אלא בחבר עיר, והיינו צבור, **ואיך** שיהיה פירושו כאן, מ"מ לא בא למעט באשה אלא שאין עומדין בחבורה ברחובה של עיר לענין הנזכר בטור בסימן שע"ו, ‹לענין ברכת רחבה ע"ש, ואצלינו בטלה כמו שיתבאר שם – ערוה"ש›, ‹**וקורין** אותו חבר עיר, {היינו אפי' להצד דפירושו אדם גדול}, לפי שעל ידי גדול העיר נתקבצו כולם במקום שהוא עומד שם, לפי שכולם נגררים אחריו, ולכן קורין הקיבוץ על ידו – פרישה›. **אבל** לענין ללוותה פשיטא שאין חלוק בין אשה לאיש, וכמ"ש סי' שד"מ ס"ב, כנ"ל פשוט, וכן משמע בפרישה – ט"ז].

אות א'* [ד]

תנו רבנן: מת פתאום, זו היא מיתה חטופה וכו'

טור יו"ד סימן שלט - ת"ר מת פתאום, זו מיתה חטופה; חלה יום א', זו מיתה דחופה; ר"ח ב"ג אומר, זו מיתת מגיפה; ב' ימים, זו מיתה דחויה; ג' ימים, זו מיתת גערה; ד' ימים, זו מיתת נזיפה; ה' ימים, זו מיתת כל אדם. ובאבל רבתי תניא: לד' ימים ולה' ימים, זו מיתה דחופה; לו' ימים, מיתה האמורה בתורה; לז' ימים, מיתה של חיבה; יותר מכן, ביסורין. [ה]**בן נ' שנה, זו מיתת כרת; בן נ"ב שנים, זו מיתת שמואל הרמתי; בן ס' שנים, זו** [ו]**מיתת כל אדם; בן ע' שנים, שיבה; בן פ' שנים, גבורה. ר"ח בן אנטיגנוס אומר, זקן שחלל שבת או אכל חלב, מי מודעני שמתת בהכרת, אלא המת בג' ימים, מת בהכרת; מת לד' וה', מיתה דחופה; לו', מיתה האמורה בתורה; לז', מיתה של חיבה; יותר מכן, ביסורין.**

באר הגולה

כג **ירושלמי סוף מו"ק** ‹וז"ל שם: כל שבעה החרב שלופה, עד שלשים היא רופפת, לאחר שנים עשר חדש היא חוזרת לתערה, ע"כ. **ואינו** מובן אמאי הביא משם שהוא נוסח אחר, ולא מגמ' הכא, וכמו שהביא הגר"א›, **ואיתא שם: למה הדבר דומה, לכיפה של אבנים, כיון שנתרועעה אבן אחת נתרועעה כולה** **כד** ‹כך היא גירסת רבינו, **אבל** בספרים שבידינו הגירסא היא "מכאן ואילך" כאילו עוברת כנגדו בשוק, וכך הוא באלפסי, ופי' התוס' (ד"ה מכאן) מכאן ואילך כאילו עוברת כנגדו בשוק עד שנים עשר חדש, דלאחר שנים עשר חדש חוזרת היא לתערה, **אבל** לגירסת רבינו צריך לפרש, דהך דרבי לוי מיירי בשאר קרובים, ולפיכך אחר שלשים אין לחוש, דשוב אינה עוברת לפניו אפילו בשוק, והך דירושלמי מיירי באביו ואמו, דכל אותן שנים עשר חדש הדין מתוח וכו' – ב"ח›, ‹**ולשון** השו"ע דחוק, דברישא איירי בשאר קרובים, ובסיפא איירי באביו ואמו› **כה** **ג"ז שם משמיה דר' יוחנן** **א** **משנה מו"ק דף כ"ז. וכרבי אלעזר שם בגמ' דף כ"ח. הסכמת הפוסקים** **ב** **מברייתא באבל רבתי פרק י"א** **ג** **הש"ך פי' לפי שאינו כבוד לחכם ללוות אשה, והט"ז פי' כמו חברת רוב עם, ומשום ניוול** **ד** ‹ע"פ מהדורת נהרדעא› **ה** ‹מה שפי' רש"י: "מחמשים שנה ולמעלה", והיינו כדרבה דאמר: מחמשים שנה ועד ששים שנה זו היא מיתת כרת – רא"ם בראשית פרשת לך לך פרק יז› **ו** ‹ולשון הגמ': "זו היא מיתה בידי שמים", **ועיין** בדקדוקי סופרים שהביא שבבבלי כת"י מינכן, במקום "מיתה בידי שמים", כתוב: "מיתת כל אדם", וכן הוא הנוסח בעין יעקב, **וכתב** שזו היא הגירסא האמתית, כדמוכח ממה שסיים בגמ' דכתיב תבוא בכלח אלי קבר, ושם מדבר למעליותא, ועיין במהרש"א›

עין משפט נר מצוה

רלה א מיי' פי"ב מהל' אבל הלכה ה סמג עשין ב טוש"ע י"ד סי' שנה:

מסורת הש"ס

אלא חיה. שמתה מחמת וולד שהיא שופעת: **מת פתאום**. שלא חלה: **מחמשים שנה**. ולמעלה: **והאי דלא חשיב ליה**. בהדי כרת: **כרת דיומי**. שמא ימות מיתה חטופה: **פלגא**. דמכרת דשני מיהא פלטי לי: **מנמנם**. נוסס: **א"ל**. רבא לרב שעורים: **לימא מר**. למלאך המות דלא לצעורי: **שושביניה**. דמלאך המות: **דאימסר מזליה**. איתרע מזליה: **ליתחזי לי מר**. בתר מיתה: **מר לאו אדם חשוב**. לימא ליה מר: **ספין רקיע**. מתוקן למיבעי מיניה: **ביעתותיה**. דמלאך המות: **רגליה דבר נתן**. למיהוי נשיא: **אמאי לא מרחם**. דמתפקדנא למייתי ליה למר בההוא עלמא: **אחוי ליה שוטא דנורא**. וידע דהוא מלאך המות: מתני'

אלא חיה אבל שאר נשים מניחין ר' אלעזר
אמר *אפילו שאר הנשים דכתיב °ותמת שם
מרים ותקבר שם סמוך למיתה קבורה ואמר
ר' אלעזר *אף מרים בנשיקה מתה אתיא שם
שם ממשה ומפני מה לא נאמר בה על פי
ה' מפני שגנאי הדבר לאומרו א"ר אמי למה
נסמכה מיתת מרים לפרשת פרה אדומה
לומר לך מה פרה אדומה מכפרת אף מיתתן
של צדיקים מכפרת א"ר אלעזר למה נסמכה
מיתת אהרן לבגדי כהונה מה בגדי כהונה מכפרין אף מיתתן של צדיקים
מכפרת ת"ר *מת פתאום זו היא מיתה חטופה חלה יום אחד ומת זו היא
מיתה דחופה ר' חנינא בן גמליאל אומר זו היא מיתת מגפה שנאמר °בן
אדם הנני לוקח ממך את מחמד עיניך במגפה וכתיב °ואדבר אל העם בבקר
ותמת אשתי בערב שני ימים ומת זו היא מיתה דחויה ג' נערה ארבעה
נזיפה חמשה זו היא מיתת כל אדם א"ר חנין מאי קרא °הן קרבו ימיך למות
הן חד קרבו תרי ימיך תרי הא חמשה הן חד *שכן בלשון יוני קורין לאחת
הן מת בחמשים שנה זו היא מיתת כרת *חמשים ושתים שנה זו היא
מיתתו של שמואל הרמתי ששים זו היא מיתה בידי שמים אמר מר זוטרא
מאי קרא דכתיב °תבא בכלח אלי קבר בכלח בגימטריא שיתין הוו שבעים
שיבה שמונים גבורות דכתיב °ימי שנותינו בהם שבעים שנה ואם בגבורות
שמונים שנה אמר רבה מחמשים ועד ששים שנה זו היא מיתת כרת והאי
דלא חשיב להו משום כבודו של שמואל הרמתי רב יוסף כי הוה בר שיתין
עבד להו יומא טבא לרבנן אמר נפקי לי מכרת א"ל אביי נהי דנפק ליה מר
מכרת דשני מכרת דיומי מי נפיק מר א"ל *נקוט לך מיהא פלגא בידך רב הונא
נח נפשיה פתאום הוו קא דייגי רבנן תנא להו *זוגא דמהדייב לא שנו אלא
שלא הגיע לגבורות אבל הגיע לגבורות זו היא מיתת נשיקה אמר רבא
חיי בני ומזוני לא בזכותא תליא מילתא אלא במזלא תליא מילתא דהא
*רבה ורב חסדא תרוייהו רבנן צדיקי הוו מר מצלי ואתי מיטרא ומר מצלי ואתי
מיטרא רב חסדא חיה תשעין ותרתין שנין רבה חיה ארבעין בי רב חסדא
שיתין הלולי בי רבה שיתין תיכלי בי רב חסדא סמידא לכלבי ולא מתבעי
בי רבה נהמא דשערי לאינשי ולא משתכח ואמר רבא הני תלת מילי בעאי
קמי שמיא תרתי יהבו לי חדא לא יהבו לי חוכמתיה דרב הונא ועותריה
דרב חסדא ויהבו לי ענותנותיה דרבה בר רב הונא לא יהבו לי רב
*שעורים אחוה דרבא הוה יתיב קמיה דרבא חזייה דהוה קא מנמנם א"ל
לימא ליה מר דלא לצערן א"ל מר לאו שושביניה הוא א"ל כיון דאימסר
מזלא לא אשגח בי א"ל ליתחזי לי מר איתחזי ליה א"ל הוה ליה למר צערא
א"ל *כי ריבדא דכוסילתא רבא הוה יתיב קמיה דר"נ חזייה דקא מנמנם
א"ל לימא ליה מר דלא לצערן א"ל מר לאו אדם חשוב הוא א) א"ל מאן חשיב
מאן ספין מאן *רקיע א"ל ליתחזי לי מר אתחזי ליה א"ל ה"ל למר צערא
א"ל כמישקל בניתא מחלבא ואי אמר לי הקב"ה זיל בההוא עלמא כד
הוית לא בעינא דנפיש בעיתותיה רבי אלעזר הוה קאכיל תרומה איתחזי
ליה ב) א"ל תרומה קא אכילנא ולאו קודש איקרי חלפא ליה שעתא רב
ששת איתחזי ליה בשוקא אמר ליה בשוקא כבהמה איתא לגבי ביתא רב
אשי איתחזי ליה בשוקא א"ל ג) איתרח לי תלתין יומין ואהדרי לתלמודאי
דאמריתו *אשרי מי שבא לכאן ותלמודו בידו ביום תלתין אתא אמר ליה
מאי כולי האי קא דחקא רגליה דבר נתן ואין מלכות נוגעת בחבירתה
אפילו כמלא נימא רב חסדא לא הוה יכיל ליה דלא הוה שתיק פומיה
מגירסא סליק יתיב בארזא דבי רב פקע ארזא ושתק ויכיל ליה ר' חייא
לא הוה מצי למיקרבא ליה יומא חד אידמי ליה כעניא אתא טריף אבבא
א"ל אפיק לי ריפתא אפיקו ליה א"ל ולאו קא מרחם מר אעניא אההוא גברא
אמאי לא קא מרחם מר גלי ליה אחוי ליה שוטא דנורא אמצי ליה נפשיה:

מתני'

ה) [ניכסת הערוך איתרח. כ] [ברכות מח: וש"נ]

במדבר כ, יחזקאל כד, שם, דברים לא, איוב ה, תהלים צ

מה פרה אדומה מכפרת. פירוש על מעשה העגל וכדאמרינן במדרש משל לבן השפחה שטינף פלטירין של מלך אומר המלך תבא אמו וכו': **מיתת** אהרן לבגדי כהונה. דכתיב (במדבר כ) והפשט את אהרן את בגדיו ואהרן יאסף ומת שם וכן פי' בקונטרס ואין לפרש מיתת בני אהרן לבגדי קדש ילבש לפי שאינו סמוך כ"כ: **מה** בגדי כהונה מכפרין. בזבחים כו' (דף פח:). **חטופה** ודחופה. לא ידענא מאי שנא הא ומנא ליה: **ואדבר** אל העם בבקר. פי' וחלתה ומתה: **הן** קרבו וכו'. לאו דוקא דלא אשכחנא דמשה היה חולה וביום מותו כתב הרבה (סוטה יג:) ופסק כמה פסיעות בבת אחת כדפירש בפירוש חומש: **מת** בחמשים זו היא מיתת כרת. בירושלמי (פ"ב דביכורים) דייק מאל תכריתו שבט הקהתי (במדבר ד) ועבודתם עד חמשים דכתיב (שם ח) מבן חמשים שנה ישוב מצבא העבודה ועוד מימי שטותיו ע' שנה דל עשרין דלא איענש עליהן כשתיירו החמשים (לדאי' שבת פט:) ותימה לפי' דהא משמע בשמעתין דבחמשים משנולד קאמר ועוד יהא חמשים לאחר שנתחייב כרת והוא מיתת כל אדם: **ומיתה** בידי שמים בששים. בירושלמי מפיק ממתי מדבר דאמריך* לא מת אחד מהן פחות מבן ששים ומיתה דהכא משמע זו היא מיתה בידי שמים וכרת בחמשים עד ששים ולא ששים בכלל וזהו שזרעו נכרת וי"מ דחמשים היא מיתה שבידי שמים וכי איתא בהדי זרעו הוי כרת וששים מיתת כל אדם ובשבת פרק שני (כה. בד"ה כרת) ובריש יבמות (ב. בד"ה אשת אחיו) הארכתי: **אלא** במזלא תליא מילתא. והקשו בתוספות הא דאמרן בסוף שבת (דף קנו. ושם) אין מזל לישראל וי"ל דלפעמים משתנה ע"י מזל כי הגהו דהתם ופעמים שאין משתנה כדאמרינן בתענית (דף כה.) גבי רבי אלעזר בן פדת דא"ל ניחא לך דאחריב עלמא דאולי אברי' בעידנא דמזוני: **שתין** הלולי. יש מפרשים לאו דוקא: **ספין**. חשוב למחר (הוא) היא מתה ואין כל בריה *ספונה (כתובות עב:) פירוש*) חשובה ובמדרש ילמדנו אין העובדי כוכבים ספונים כלום שנא' (ישעיה מ) כל הגוים כאין נגדו וכן פירש בערוך* והביא עדיין ראיות אחרות: **מאן** רקיע. פי' מתוקן ותפור ונעלות בלות ומטולאות (יהושע ט) תרגום בלן ומרוקעים למחפרות כספות (יחזקאל יג) תרגומו דמחטטים רקיעי חשוך והוא לשון ישמעאל חתיכת בגד תפורה על הקרע בערוך ועוד הביא דאמריך בפ' לא יחפור (ב"ב דף כ.) חזי למרקע לבוש מיהו יש ספרים כתוב שם לקרעא:

*) [ועי' בערוך ערך ספן ג] בלע

רבינו חננאל

מפני הכבוד. אמרי נהרדעי לא שנו אלא חיה דשכיח טינוף אבל של שאר נשים מניחין ר' אלעזר אומר אפילו של שאר נשים אין מניחין שנאמר ותמת שם מרים ותקבר שם תיכף למיתה קבורה א"ר אלעזר אף מרים בנשיקה מתה. אתיא שם שם כתיב הכא ותמת שם מרים וכתיב וימת שם משה עבד ה' מה משה בנשיקה אף מרים בנשיקה. ומפני מה לא נאמר במיתת מרים על פי ה' מפני שגנאי הדבר לאומרו באשה. א"ר אמי למה נסמכה מיתת מרים לפרשת פרה אדומה מה פרה זו מטהרת הטמאים ונקראת חטאת וכל חטאת מכפרת עון כך מיתתן של נשים צדקניות מטהרת ומכפרת עונותיהן של ישראל. וכ"ש מיתתן של צדיקים שמכפרת: ירושלמי בתחלת יוה"כ א"ר יודן בר שלום למה נסמכה מיתת אהרן לשבירת הלוחות ללמדך שמיתתן של צדיקים קשה לפני הקב"ה כשבירת הלוחות' כתיב ובני ישראל נסעו מבארות בני יעקן מוסרה שם מת אהרן. וכי אהרן במוסרה מת והלא בהור ההר מת. אלא כיון שמת אהרן נסתלקו ענני הכבוד וכו' ובקשו ישראל לחזור למצרים וחזרו ח' מסעות ורץ שבט לוי והרג מהן ח' משפחות וגם הם הרגו מן הלוים ד' משפחות לעמרמי ליצהרי לחברוני לעזיאלי כו'. אמרו על מה אירע לנו זה על שלא נתעסקנו בהספדו של צדיק כראוי. מיד ישבו במוסרה והספידו וגמלו לו חסד בהספד כראוי והעלה להן הכתוב כאילו במוסרה מת כו'. א"ר אלעזר למה נסמכה מיתת אהרן לבגדי כהונה לומר לך מה בגדי כהונה מכפרין כדגרסינן (בזבחים דף פ"ח:) אף מיתת אהרן מכפרת: ת"ר מת פתאום זו מיתה חטופה. חלה יום אחד ומת זו מיתה דחופה. ר' חנינא בן גמליאל אומר זו מיתת מגפה שנאמר בן אדם הנני לוקח את מחמד עיניך במגפה וכתיב ואדבר אל העם בבקר ותמת אשתי בערב. חלה יומים ומת זו מיתה דחויה חלה ג' ומת זו מיתת נערה. חלה ד' ומת זו היא מיתת נזיפה. חלה ה' ימים ומת זו היא מיתת כל אדם. שמעינן לה מהאי קרא ויאמר ה' אל משה הן קרבו ימיך למות. קרבו תרי. ימיך תרי הן חד הרי ה' ימים. ואח"כ כתיב למות. מי שמת בן חמשים זו היא מיתת כרת. בן נ"ב זו היא מיתתו של שמואל הרמתי. בן ששים זו היא מיתת כל אדם. א"ר זירא מהאי קרא תבא בכלח אלי קבר. בכל"ח בגימטריא שיתין הוו. בן שבעים שיבה. בן שמונים בגבורות שנא' ימי שנותינו בהם שבעים שנה ואם בגבורות שמונים שנה. אמר רבא מי שמת מחמשים ועד ששים מיתת כרת היא. והא דלא חשיב לה משום כבודו של שמואל הרמתי. רב יוסף כי הוה בר שיתין אמר כבר נפקית מכרת דשני. רב הונא נח נפשיה פתאום. הוו רבנן דייני סובא. תנא להו זווא דמהדייב פי' שם חכם. לא שנו דמיתת פתאום היא מיתת חטופה אלא במי שלא הגיע לגבורות אבל מי שהגיע לגבורות זו היא מיתת נשיקה. אמר רבא חיי בני ומזוני לאו בזכותא תליא מלתא אלא במזלא. דהא רבה ורב חסדא תרוייהו צדיקי גמורי נינהו מר מצלי ואתי מיטרא ומר מצלי ואתי מיטרא. רב חסדא חי' צ"ב שנה. ורבה חיה מ' שנה. בי רב חסדא שיתין הילולי. בי רבה שיתין תכלי. בי רב חסדא נהמא דסמידא לכלבי. בי רבה [נהמא] דשערי לאינשי לא משתכח אמר רבא תלתא בעאי מקמי שמיא. תרי הבו לי וחד לא. הבו לי חכמתיה דרב הונא ועותריה דרב חסדא הבו לי ענותנותיה דרבה בר רב הונא לא הבו לי. רבה הוה יתיב קמיה דרב נחמן והוה רב נחמן גוסס בעי למינח נפשיה. א"ל בעי רחמי דלא ליצערן מלאכא דמיתותא. א"ל ואנת לאו גברא חשיבא נגיה שמיא אנת בעי רחמי עלך א"ל מאן חשוב מן ספון מן רקיע פי' כלומר כיון שנמסר אדם ביד מלאך המות אין שם חשיבותו. א"ל אחרי מיתתו אלי תתראה לי בחלום. ביקש מן הקב"ה כדי שיתראה לו בחלום ונתראה לו. אמר לו היה לך צער בשעת מיתה. א"ל לאו ומשל לו משל כהרמת נימא של שיער מתוך החלב. א"ל אילו היה הקב"ה אומר לי לך חזור וחיי כאשר היית בחייך ואח"כ תמות לא הייתי רוצה שאע"פ שלא היה [לי] צער. אימתו של מה"מ גדולה היא מאד. רבא אתחזי ליה בחלמיה לרב שעורים אחוה. וא"ל הוה לך צערא ואמר לי כי ריבדא דכוסילתא. פי' כמו שריטה ששורטין האומנין בצואר לשנוץ דמו. כנגן אותו הצער היה לי בעת יציאת הנשמה מן הגוף. רב ששת אתחזי ליה מלאך המות בשוק. א"ל כבהמה איתא לגבי ביתא. רב אסי אתחזי ליה מלאך המות. א"ל אתרח לי ל' יומין דאהדריה לתלמודי. דאמריתו אשרי מי שבא לכאן ותלמודו בידו. ביום שלשים אתא. א"ל מאי כולי האי. א"ל דקא דחקא רגליה דבר נתן: מתני'

הגהות מהר"ב רנשבורג

א] גמ' א"ל מאן חשיב מאן ספון מאן רקיע. פי' מי הוא חשוב בעיניו ומאן ספון מי הוא אדם ראוי דליספוו מיניה והייס לדיבורים ומאן רקיע מי מתוקן אלנו. מפי' ע"י קטן: ב] שם א"ל תרומה קא אכילנא ולאו קדש איקרי. פי' לאו תרומה אכילנא דאיקרי קודש ואי קטלית לי קא מטמית לא משמרת תרומתי שצריך לשמרה בטהרה דלא ליס שעתא ולא מת באותו פרק. מפי' הנ"ל:

עין משפט נר מצוה

רלז א מיי' פי"א מהלכות י"ט הלכה כד ופי"ג מהל' אבל הלכה ד סמג עשין ב טוש"ע א"ח סי' תקמז סעיף ג וטוש"ע יו"ד סי' תא סעיף ס:

רלח ב ג מיי' פי"ג מהלכות אבל הלכה ג סמג עשין ב טוש"ע יו"ד סי' שעו סעיף א:

רלט ד מיי' פ"ד מהל' כלי המקדש הלכה ב טוש"ע א"ח סי' קסז סעיף יד בהג"ה וסי' רא סעיף ג:

מתני' **נשים במועד מענות אבל לא מטפחות ר' ישמעאל אומר הסמוכות למטה מטפחות בראשי חדשים בחנוכה ובפורים מענות ומטפחות בזה וזה לא מקוננות נקבר המת לא מענות ולא מטפחות איזהו עינוי שכולן עונות כאחת קינה שאחת מדברת וכולן עונות אחריה שנא' °ולמדנה בנותיכם נהי ואשה רעותה קינה אבל לעתיד לבא הוא אומר °בלע המות לנצח ומחה ה' אלהים דמעה מעל כל פנים וגו': **גמ'** מאי אמרן א) אמר רב ווי לאזלא ווי לחבילא אמר רבא נשי דשכנציב אמרן הכי ווי לאזולא ווי לחבילא ואמר רבא נשי דשכנציב אמרן *גוד גרמא מכבא ונמטי מיא לאנטיכי ואמר רבא נשי דשכנציב אמרן ב) *עטוף וכסו טורי דבר רמי ובר רברבי הוא ואמר רבא נשי דשכנציב אמרן שייול אצטלא דמלתא לבר חורין דשלימו זוודיה ואמר רבא נשי דשכנציב אמרן ג) רהיט ונפיל אמעברא ויזופתא יזיף ואמר רבא נשי דשכנציב אמרן ד) אחנא תגרי אזבוני מיבדקו ואמר רבא נשי דשכנציב אמרן ה) מותא כי מותא ומרעין חיבוליא *תניא היה ר"מ אומר °טוב ללכת אל בית אבל וגו' עד והחי יתן אל לבו דברים של מיתה דיספד יספדוניה דיקבר יקברוניה דיטען יטענוניה דידל ידלוניה ואיכא דאמרי דלא ידל ידלוניה דכתיב °כי טוב אמר לך עלה הנה וגו' ת"ר כשמתו בניו של רבי ישמעאל נכנסו ד' זקנים לנחמו ר' טרפון ור' יוסי הגלילי ור' אלעזר בן עזריה ור"ע אמר להם ר' טרפון דעו שחכם גדול הוא ובקי באגדות אל יכנס אחד מכם לתוך דברי חבירו אמר ר"ע ואני אחרון פתח רבי ישמעאל ואמר רבו עונותיו תכפוהו אבליו הטריח רבותיו פעם ראשונה ושניה נענה ר"ט ואמר °ואחיכם כל בית ישראל יבכו את השריפה והלא דברים ק"ו ומה נדב ואביהוא שלא עשו אלא מצוה אחת דכתיב °ויקריבו בני אהרן את הדם אליו כך בניו של ר' ישמעאל על אחת כמה וכמה נענה ר' יוסי הגלילי ואמר °וספדו לו כל ישראל וקברו אותו והלא דברים ק"ו ומה אביה בן ירבעם שלא עשה אלא דבר אחד טוב דכתיב ביה °יען נמצא בו דבר טוב כך בניו של ר' ישמעאל על אחת כמה וכמה ומאי דבר טוב ר' זירא ור' חיננא בר פפא חד אמר שביטל משמרתו ועלה לרגל וחד אמר שביטל פרדסאות שהושיב ירבעם אביו על הדרכים שלא יעלו ישראל לרגל נענה ר' אלעזר בן עזריה ואמר °בשלום תמות ובמשרפות אבותיך המלכים הראשונים [אשר היו לפניך כן] ישרפו לך והלא דברים ק"ו ומה צדקיהו מלך יהודה שלא עשה אלא מצוה אחת שהעלה ירמיה מן הטיט כך בניו של ר' ישמעאל על אחת כמה וכמה נענה ר"ע ואמר °ביום ההוא יגדל המספד בירושלם כמספד הדדרימון [בבקעת מגידון] *ואמר רב יוסף אלמלא *תרגומיה דהאי קרא לא הוה ידענא מאי קאמר בעידנא ההוא יסגי מספדא בירושלם כמספדא דאחאב בר עמרי דקטל יתיה הדדרימון בר טברימון וכמספד דיאשיה בר אמון דקטל יתיה פרעה חגירא בבקעת מגידו והלא דברים ק"ו ומה אחאב מלך ישראל שלא עשה אלא דבר אחד טוב דכתיב °והמלך היה מעמד במרכבה נכח ארם כך בניו של ר' ישמעאל על אחת כמה וכמה א"ל רבא לרבה בר מרי כתיב ביה בצדקיהו בשלום תמות וכתיב °ואת עיני צדקיהו עור א"ל הכי א"ר יוחנן שמת נבוכדנאצר בימיו ואמר רבא לרבה בר מרי כתיב ביה ביאשיהו °לכן הנני אוסיפך על אבותיך ונאספת אל קברותיך בשלום וכתיב °ויורו היורים למלך יאשיהו *ואמר רב יהודה אמר רב שעשאוהו ככברה א"ל הכי א"ר יוחנן שלא חרב בית המקדש בימיו א"ר יוחנן אין מנחמין רשאין לומר דבר עד שיפתח אבל שנאמר *אחרי כן פתח איוב את פיהו והדר °ויען אליפז התימני *א"ר אבהו מנין לאבל שמיסב בראש שנאמר °אבחר דרכם ואשב ראש ואשכון כמלך בגדוד כאשר אבלים ינחם ינחם כתיב מר זוטרא אמר מהכא °וסר מרזח סרוחים מר וזח נעשה שר לסרוחים אמר ר' חמא בר חנינא מנין לחתן שמיסב בראש שנאמר °כחתן יכהן פאר מה כהן בראש אף חתן בראש וכהן גופיה מנלן *דתנא דבי ר' ישמעאל °וקדשתו לכל דבר שבקדושה *לפתוח ראשון ולברך ראשון וליטול מנה יפה ראשון א"ר חנינא קשה יציאת נשמה מן הגוף

כציפורי

רש"י

מתני' *בלא פירוש: **גמ' לחבילא.** חבלה: **גוד גרמא מכבא.** כפלו הלחיים: **נמטו מיא לאנטיכי.** כלומר הדרי מיא למפרע כלפי למעלה: **שייול אצטלא דמלתא.** כלומר יפה מיתה כמלבוש של מילת: **דשלימו זוודיה.** שכלו לו מזונותיו שהוא עני: **עטוף.** חושך: **אזבוזי.** קיניה: **מותא.** כל אדם מת: (**מרעא חבילא**). **מרעין חיבולייא.** האיסורין הן בבית: **דידל ידלוניה.** כלומר מגביהין בהספד למי שמגביה קולו להספד אחרים: **הטריח רבותיו.** שבאין לנחמו: **משמרתו.** שהושיב ירבעם שלא לעלות לרגל: **מעמד במרכבה.** שלא יכשלו: **ינחם אחרים משמע.** שמנחמין יושבין בראש: **סרוחים.** לשון רבים: **לפתוח בראש.** לקרות בס"ת: **ולברך.** ברכת המזון:

תוספות

בלע המות. כדי לסיים בדבר הטוב משום דמועד קטן הוא סוף סדר מועד ומה"ם מתרץ הרב רבי יעקב מאורליינ"ש הא דאתחיל סדר נשים בס"ו נשים אע"ג דאתחיל בפורענותא לא מתחיל כדאמרינן ביש נוחלין (ב"ב דף קח.) ותיכן דסומכין פורענות דמועד קטן אגל פורענות דיבמות דסמכינן פורענותא לפורענותא ונחמתא לנחמתא*:

צדקיהו מלך יהודה. צדיק גמור היה *אבל במקרא לא מצינו יותר כי אם שצוה להעלות ירמיהו מן הטיט:

ינחם כתיב. בכתובות (דף סט:*) פירשנו בענין אחר שלא כפירוש הקונטרס דהכא:

וליטול מנה יפה ראשון. פי' יש לישראל ליתן לו אבל הוא אין לו ליטול כדאמרינן פ' מקום שנהגו (פסחים דף נ:) הנותן עיניו בחלק יפה כו' מיהו נראה לי דכהן כיון שהוא דינו יכול לראות סימן ברכה ואע"פ שאומרים בפ' הזרוע (חולין קלג.) ונתן ולא שיטול מעצמו אין זה לוקח מתנות כי אם רואה שפיר מה שהוא רוצה ואומר ליתן לו:

[וע' תוס' גיטין נט: בד"ה וליטול מנה]:

הדרן עלך ואלו מגלחין וסליקא לה מסכת מועד קטן

מסורת הש"ס: פרש"י על כל עמוד זה שמלא בעין יעקב פ"ס | מגילה ג: | [בערוך ערך גד בני נמלא פירוש ע"ז] | נדרים סב: כתובות סב. | קהלת ז | משלי כה | ויקרא י | שם ט | מלכים א יד | שם | ירמיה לד | זכריה יב | מגילה ג. | [וע' תוס' ב"ק ג: ד"ה כדמתרגם] | מלכים א כב | ירמיה לט | מלכים ב כב | שם כג | תענית כב: [סנהדרין מח:] | איוב ג | כתובות סט. | איוב כט | עמוס ו | ישעיה סא | ויקרא כא | הוריות יב: נדרים סב. גיטין נט: | [עי' תוס' חולין פז. ד"ס ותיינו] | ירמי' ט | ישעי' כה

[כדאיתא ב"ב יד:] | [כד"ה אמר ר"נ] | [כתוס שלומר להרים התעטפו והתכסו במלבושים הנאים כי זה האיש הבא להקבר אצלכם בן גדולים הוא. ערוך] | [שמשיטו אביו עומר שלא יעלו לרגל ובשל משמרתו ועלה. ג"ל רש"י במלכים] | [ואין דובר אליו דבר וכתיב אחרי כן פתח איוב את פיהו ויענו חבריו כך מלאתי הגי' בתוכחת האדם להרמב"ן ז"ל]

רבינו חננאל

מתני' נשים במועד מענות אבל לא מטפחות מאי אמרן. אמר רבא ווי לאזלא ווי לחבלא. פירוש נשי דשכנציב היו חכמות והיו מענות ואומרות אוי להולך כדכתיב כי הולך האדם אל בית עולמו וסבבו וגו' ואוי למי שהוא ממושכן ונתבע לשלם הפקדון שאצלו. כלומר האדם מתמשכן להשלים רוחו שהיא אצלו פקדון לבעליה. פי' חבלא משכון. פירוש גוד גרמא מכבא ונמטי מיא לאנטיכי דתוך המאכל מן השיניים ויגיע המים באנטיכי. כלומר כיון שנחתך המאכל מפי החולה בוערת בו חוממת מי רגליו בחמות אנטיכי. דתנן אנטיכי אע"פ שגרופה אין שותין הימנה מפני שמחממת הרבה. פי' שייול אצטלא דמלתא לבר חורי דשלימו זוודיה. כלומר רוטה באצטלא של מילת לבנה לבן טובים שירד מנכסיו. ושלמה הצידה שלו הקבורה טובה לו מחיים. ויש שאומרים מי שאין לו בגדים ללבוש ישאל וילך ללות בן טובים של מת ושלמו ימי חייו. עטוף וכסוי טורי דבר רברבי ובר רמי הוה. פי' כמו אדם האומר להרים התעטפו והתכסו במלבושיכם הנאים כי זה האיש הבא להקבר אצלכם בן גדולים הוא. וי"א לבני אדם אומרים התעטפו והתכסו במלבושיכן ועמדו על ההרים וכסו אותן בשעת קבורתו כי בן גדולים ורמים הוא. אחאנא תגרי דעל זבוני מיבדקי. פי' אחינו התגרים שעל קניינם מבדקי. כלומר במקום סחורתן נבדקין הנאמנים הם אם לאו. כמו שאומרים (בעירובין סה) בג' דברים אדם ניכר בכוסו ובכיסו ובכעסו. רהיט ונפיל *) בר אודי ואמבדי יוזפתא יזיף. פי' רץ בכל כחו ונופל בין האוברים ועל המעבורת מלוה לוה. פי' כמו משל הוא. כלומר אע"פ שאדם רץ בכל כחו כל ימיו כשנופל בין האובדים בין אוברי הדרכים. או כשיגיע לעבור בנהר מתחנן למי שמעבירו ואם אין לו גומל בהלואה ואינו מוצא. מותא כי מותא. ומרעא חבוליא. פי' המות של זה כמיתת כל אדם. וארוכות הוליו תוספת כמו הרבית על המלוה. שיש מי שפורע חובו היא המלוה שנתנה לו ודיו, ויש מי שפורע **) המלוה היא נשמתו ותוספת על נשמתו צער חליו. תניא היה ר"מ אומר מ"ד טוב ללכת את בית אבל וגו' והחי יתן אל לבו דברים של מיתה. דיספד יספדוניה דיקבר יקברוניה דטעון יטעוניה דידל ידלוניה. איכא דאמרי לא ידל דארלוגיה כדכתיב כי טוב אמר לך עלה הנה מהשפילך לפני נדיב אשר ראו עיניך. כשמתו בניו של ר' ישמעאל נכנסו ד' זקנים לנחמו. ר' יוסי הגלילי. ור' אלעזר בן עזריה ור' עקיבא ור' טרפון. אמר להן ר' טרפון ראו כי חכם גדול ובקי בהגדות הוא אל יכנס אחד לתוך דברי חבירו אמר להן ר' עקיבא ואני אחרון. פתח ר' ישמעאל ואמר רבו עונותיו תכפוהו אבליו הטריח רבותיו פעמים רבות. נענה ר"ט ואמר ואחיכם כל בית ישראל יבכו את השרפה וגו' ומה בני אהרן שלא עשו אלא מצוה אחת שנאמר ויקריבו בני אהרן את הדם אליו. בניו של רבי [ישמעאל] עאכו"כ שחייבין כל ישראל לבכותם. ראב"ע אומר שחייבין כל ישראל לבכות מהכא שנאמר בשלום תמות ובמשרפות אבותיך המלכים הראשונים אשר היו לפניך כן ישרפו לך הוי אדון יספדו לך וגו' והלא דברים ק"ו ומה צדקיה שלא עשה אלא מצוה אחת שהעלה ירמיה מן הטיט זכה לכך. בניו של ר' עאכו"כ. ריה"ג אומר מהכא וספדו לו כל ישראל וקברו אותו כי זה לבדו יבא לירבעם אל קבר יען נמצא בו דבר טוב. והלא דברים ק"ו ומה אביה בן ירבעם שלא עשה אלא דבר אחד שביטל משמרתו ועלה לרגל. וי"א שביטל פרדסאות שהושיב ירבעם שלא יעלו ישראל לרגל כך. בניו של ר' שעשו כמה מצות עאכו"כ. ר"ע אומר מהכא ביום ההוא יגדל המספד בירושלם כמספד הדרימון בבקעת מגידו. ואמר רב יוסף אלמלא תרגומא דהאי קרא לא הוינן ידעי מאי קאמר בעידנא ההיא יסגא מספדא בירושלם כמספד אחאב דקטל יתיה הדרימון בן טברימון. וכמספד יאשיהו בן אמון דקטל יתיה פרעה חגירא בבקעת מגידו. ומה זה שלא עשה אלא דבר אחד דכתיב והמלך היה מעמד במרכבה נוכח ארם עד הערב החזיק בעצמו שלא יאמרו נוסם הוא ויברחו ישראל ותחלת נפילה ניסה בניו של ר' עאכו"כ שכל ישראל חייב לספוד ולבכות עליהם. א"ל רבא לרבה בר מרי כתיב ביה בצדקיהו בשלום

*) אולי צ"ל כיני אובדי ואמעברי וכו'. **) נראה דצ"ל ויש מי שפורע גם רבית המלוה היא נשמתו וכו'.

הגהות מהר"ב רנשבורג

א] גמ' אמר רב ווי לאזלא ווי לחבילא. פי' אוי לה להליכה כזו שאינה חוזרת ואוי לה למשאוי כזה שנושאים את המת, פ"א אוי להולך למשכבים עליו: ב] שם עטוף וכסו טורא. פי' התעטפו והתכסו ההרים כמתקן שבן גדולים ובן גבוהים היה כמת הזה: ג] שם רהיט ונפיל למעברא ויזופתא יזיף. פי' רהיט חגר וטבחו היה כל ימיו ועכשיו נפל ריקם בלי ממון למעברא כבקיק לעבור מן העולם וצריך ללוות ממון לתכריכין: ד] שם אחנא תגרי אזבוני מיבדקו. פי' אחינו הסוחרים דאזבוני מיבדקו בתכריכים כלום עשרם כגון זה שאין לו מכסיו כמה נקבור ועל מת עני אומרים אותו כדי שירחמו עליו. מע"י קטן: ה] שם מותא כי מותא ומרעין חיבולייא. פי' דמיתתו היה כמיתת כל אדם שהכל מתים. אמנם מרעין חיבולייא שיסורים קשים הו"ל יותר מאשר כ"ת. ג"ז מצאתי בע"י קטן. ונלע"ד דגרס"י בד"ה מרעא חבילא וכו' צ"ל היסורין הן בבית עכ"ל וכצ"ל ופי' דבריו דהיסורים הם כבית ואין ניכרין אף דמיתתו היתה שלימה כמיתת אחרים ונח"ס:

§ מסכת מועד קטן דף כח: §

אות א'

נשים במועד מענות, אבל לא מטפחות... בראשי חדשים, בחנוכה ובפורים, מענות ומטפחות, בזה וזה לא מקוננות. נקבר המת, לא מענות ולא מטפחות

סימן תקמז ס"ב - [א]נשים מענות, דהיינו שכולם עונות כאחת; אבל לא מקוננות, דהיינו שאחת מדברת וכולן עונות אחריה; ולא מטפחות, דהיינו להכות כף על כף; נקבר המת, אף לא מענות.

יו"ד סימן תא ס"ה - [ב]נשים בחול המועד מענות, דהיינו שכולן עונות כאחת; אבל לא מטפחות, דהיינו להכות כף על כף. [ג]בראש חדש, חנוכה ופורים, מענות ומטפחות - ‹כדי לעשות היכר בין ראש חדש חנוכה ופורים לחול המועד, להראות דחול המועד עדיף - לבוש›. **אבל לא מקוננות, דהיינו שאחת מדברת וכולן עונות אחריה. נקבר המת, לא מענות ולא מטפחות.**

[ד]סימן תכ ס"א - [ה]על המת, נשים מענות, שכולן אומרות כאחד; ומטפחות, דהיינו להכות כף אל כף; אבל לא מקוננות, שתהא האחת אומרת והאחרות עונות אחריה - שזהו עיקר ההספד, ואסור בר"ח שהוא כמו יו"ט. **ועיין** ביו"ד, דכל זה באינש דעלמא, ולת"ח מקוננות כדרכן בחול. **ואחר שנקבר המת, לא מענות ולא מטפחות.**

[ו]סימן תרצו ס"ג- [ז]יום י"ד ויום ט"ו אסורים בהספד ותענית לכל אדם בכל מקום, [ח]בין לבני כרכים שהם עושין ט"ו בלבד, בין לבני עיירות שהם עושים י"ד בלבד.

ומקום שנהגו שביום ז' הולכים על הקבר לקונן, אסור בפורים, אלא האבל לבדו ילך לשם עם חזן אחד, ויאמר לו השכבה, **ואפי'** בערב פורים לא ילך לשם, שלא יחשבו העולם שהאבילות נפסק בפורים.

[ט]והנשים מענות בהם, שכולם עונות כאחת, ומטפחות, שמכות כף אל כף; אבל לא מקוננות, שתהא אחת מדברת וכולן עונות אחריה; נקבר המת, לא מענות ולא מקוננות.

אות א'**[י]

דיספד יספדוניה, דיקבר יקברוניה, דיטען יטענוניה, דידל ידלוניה

יו"ד סימן תג ס"י - [יא]המוליך עצמות ממקום למקום, הרי זה לא יתנם בשק או בדסקיא ויניחם על החמור וירכב עליהם, מפני שנוהג בהם מנהג בזיון - ע"ל סי' רפ"ב ס"ג - ש"ך, **[יב]אבל אם מפשילו לאחוריו על החמור, שפיר דמי** - ‹וכן כשיושב בקרון לא ישב על העצמות, אלא מניחן בקרון מן הצד - ערוה"ש›. **ואם היה מתירא מפני הגנבים והלסטים, מותר.**

הגה: [יג]והכי יתן אל לבו דבריס של מיתה: דיספד יספדוניה - ‹דמי שסופד לאחרים יספדו אותו›; **דיקבר יקברוניה; דיטעון יטעיניה; דידל** - ‹בקול לבכות - ערוה"ש›, **ידלוניה. וגדול השלום שניתן לצדיק, [יד]שבשעה שהצדיק נפטר, ג' כתות של מלאכים נותנים לו שלום (הכל בטור והרא"ש וכל בו), ואומרים: יבא שלום** - ‹הראשונה אומרת: יבא בשלום, והשניה אומרת: ינוחו על משכבותם, והשלישית אומרת: הולך נכוחו. ולא דיין לצדיקים שמיתתן בידי הכבוד, שנאמר: וכבוד ה' יאספך, אלא שמקלסין לפניו: יבא שלום יבא שלום, טור - לבוש›. **(כל הכתוב לחיים קדוש יאמר לו).**

אות ב' – ג

אין מנחמין רשאין לומר דבר עד שיפתח אבל

מנין לאבל שמיסב בראש

יו"ד סימן שעו ס"א - [טו]אין המנחמים רשאים לפתוח, עד שיפתח האבל תחלה - ‹וטעמא דמסתבר הוא, כלומר שהוא מתחיל להראות צערו שמצטער מאד על מתו, ואח"כ מתחילין לנחמו, אבל מקודם אין שייך לנחמו, דשמא אינו מצער על מתו - לבוש›. ‹**וידאה** לי הטעם, דענין ניחום אבלים הוא להצדיק דינו של הקב"ה, כמו שאמר איוב, ד' נתן וד' לקח יהי שם ד' מבורך, ולנחמו מעצבונו, ולכן מחוייב האבל מקודם להצדיק דינו - ערוה"ש›.

באר הגולה

[א] משנה שם כ"ח [ב] משנה שם דף כ"ח: [ג] שם במשנה [ד] ‹ע"פ מהדורת נהרדעא› [ה] משנה מועד קטן כ"ח [ו] ‹ע"פ מהדורת נהרדעא› [ז] מהא דתני רב יוסף שמחה מלמד שאסורים בהספד שם בגמ' [ח] מימרא דרבא מהא דמגילת תענית שם [ט] משנה סוף מו"ק [י] ‹ע"פ מהדורת נהרדעא› [יא] ברייתא ברכות דף י"ח. [יב] הרא"ש שם [יג] ברייתא משמיה דרבי מאיר מו"ק דף כ"ח: ובכמה דוכתי [יד] כתובות דף ק"ד. ונלע"ד דהטעם בג' כתות מלאכים אלו, משום דהתורה ומעשה הצדיקים נגמרים בג' דברים, במחשבתם הטובה, ודיבור, ומעשה, וכמ"ש הרמב"ן בפי' החומש בפרשת וירא, ופרי מעשיהם כגמול ידיהם ישלם להם, יה"ר שנזכה ג"כ שזה יהיה חלקנו וכבוד ה' יאספנו, ברוך ה' לעולם אמן ואמן [טו] מימרא דרבי יוחנן וכו' מו"ק דף כ"ח: וכתב הב"י שנראה שמש"כ הרמב"ן בסת"ה בשם רבינו האי, שהאבלים מתחילין ואומרים ברוך דיין האמת, הוא מטעם זה

[טו]והאבל מיסב בראש - ‹ונראה לי שזה גם כן טעמא דמסתברא הוא, שזה ג"כ נחמה לו, שמכבדין אותו - לבוש›. ‹ונ"ל דזה לא שייך אלא כשעושין סעודה בבית האבל, כמו שהיה מקודם די' כוסות משקין אותו, בזה שייך לומר שיושב בראש סביב השולחן, אבל בניחום אבלים שלנו מה שייך יושב בראש, והרי האבל יושב על מקומו - ערוה"ש›.

אות ד'

וקדשתו, לכל דבר שבקדושה, לפתוח ראשון, ולברך ראשון, וליטול מנה יפה ראשון

סימן קסז סי"ד - הגה: ואם הם שוים ואחד מהן כהן, מצוה להקדימו - דכתיב: וקדשתו, ואחז"ל: לכל דבר שבקדושה, לפתוח ראשון ולברך ראשון.

ואם הכהן עם הארץ, ת"ח קודם לו - ואסור להת"ח להקדימו לפניו, ומבזה בזה את התורה, **ואיתא** לקמן בסימן ר"א, דדוקא אם מקדימו לפניו דרך חוק ומשפט כהונה, דהיינו מפני שהוא כהן, **אבל** אם נותן לו רשות לברך שלא מחמת כהונה, רשאי.

ואם הכהן ג"כ ת"ח, אלא שהוא פחות מן השני, טוב להקדימו; אבל אין חיוב בדבר. וע"ל סי' ר"א - ואיתא בגמרא, שמי שנזהר בזה מאריך ימים בכך.

סימן רא ס"ב - לא יקדים חכם ישראל לכהן עם הארץ לברך לפניו דרך חק ומשפט כהונה - ר"ל שמקדימו מפני משפט הכהונה, **ואמרינן** בגמ' דהוא בכלל "משנאי אהבו מות", שמשניא את התורה בפני ההמון, שיאמרו שאינה חשובה כ"כ בראותם שהחכם שפל לפני ע"ה, דאף שהוא כהן, מעלת התורה גדולה ממעלת הכהונה.

אבל לתת לו החכם רשות שיברך, אין בכך כלום - ר"ל אין בזה פחיתות ערך לת"ח, מדאינו מברך בלתי רשותו, **ואפילו** אם הוא אינו כהן, יכול ליתן לו רשות לברך.

אבל כהן ת"ח מצוה להקדימו - ‹היינו כשהוא שוה לת"ח ישראל - עטרת זקנים›, וה"ה כששניהם אינם חכמים, ‹שנאמר: "וקדשתו"›. **ואפי'** אם הת"ח הוא גדול ממנו, דאין עליו חיוב לכבדו מחמת מצות "וקדשתו", מ"מ טוב שיקדים הכהן לפניו, כיון שהוא ג"כ חכם, והעושה כן הוא מאריך ימים.

שנאמר: וקדשתו, לפתוח ראשון - בקה"ת, [רש"י], [יז]**ולברך ראשון** - בסעודה בברכת "המוציא" [סימן קס"ז סעיף י"ד], ובבהמ"ז, וכן להוציא בקידוש, ד"וקדשתו" הוא לכל דבר שבקדושה, **וכתבו** הפוסקים, דבכלל "לפתוח ראשון" הוא להיות ראש המדברים בכל קבוץ עם ולדרוש תחלה, וה"ה בישיבה ידבר בראש, **ועיין** במ"א שמצדד, דהלימוד מ"וקדשתו" הוא דאורייתא, ולא אסמכתא בעלמא, **ומ"מ** אם הכהן רוצה לחלוק כבוד לאחר בכל זה, רשאי, ורק בקריאת התורה אינו יכול למחול. **(וע"ל סי' קס"ז סי"ד).**

אמרינן בגמרא, דהכהן יטול מנה יפה ראשון, ור"ל שישראל צריך ליתן לכהן מנה יפה ראשון לכל המסובין, **והיינו** דוקא בחברים המסובין בסעודה או בצדקה, **אבל** כשהכהן חולק איזה שותפות עם חבירו ישראל, לא, דאדרבה אמרינן בגמרא: כל הנותן עינו בחלק יפה, אינו רואה סימן ברכה לעולם.

וצ"ע למה אין נזהרין עכשיו להקדים לכהן לכל הנך מילי - מ"א, וע"ש שמצדד למצוא קצת טעם למנהג, **ומ"מ** לכתחלה בודאי יש ליזהר בזה.

טוב להקדים הלוי ג"כ לישראל, אם הם שוין בחכמה, בבהמ"ז וב"המוציא", וכן בנתינת הצדקה, דהא מקדימין אותו בקריאה ג"כ לפני ישראל.

באר הגולה

טז **שם וכתובות דף ס"ט: ומייתי לה מקרא** יז ‹עיין מגילה כ"ח. ותוס' שם ד"ה כי, וז"ל: ורש"י פי' דהכא מיירי בברכת המזון, וה"נ משמע לישנא דלא ברכתי, מדלא קאמר ולא קריתי, ע"כ. **וה"ה** להמוציא, דהא הבוצע מברך, **ועיין** רש"י שם ד"ה ולא ברכתי, בסעודה לפני כהן, ע"כ. ויש לפרש דכוונתו ג"כ לברכה שלפני סעודה - גר"א בסי' קס"ז ע"פ הדמשק אליעזר›

אות ד*[יח]

א"ר יהודה אמר רב מנין לאבל שאינו רשאי לישב ע"ג המטה אלא על גבי הארץ, דכתיב: וישבו אתו לארץ. ואמר רב יהודה אמר שמואל מנין למנחמין שאין רשאים לישב ע"ג מטה, דכתיב: וישבו אתו לארץ

יו"ד סימן שפז ס"א - [יט]**אבל חייב בכפיית המטה; [כ]ובשעת שינה ואכילה, יושב על מטה כפויה; אבל כל היום אינו יושב אפילו על מטה כפויה, אלא על גבי קרקע; וכן המנחמים אינם רשאים לישב אלא ע"ג קרקע** - (ענין כפיית המטה נראה שהוא משני טעמים, האחד, מפני שדרכם היה לישב על המטות, והאבל צריך לישב על הקרקע, ולכן כופה מטתו, **מיהו** לא מטעם זה לבד הוי כפיית המטה, שהרי אמרו דאע"פ שישב וישן על גבי קרקע, לא יצא ידי חובתו אם לא קיים כפיית המטה, **וטעמא** דכפיית המטה הוא כדתני בר קפרא, שזהו כביכול כמו שהקב"ה אומר דמות דיוקני נתתי בכם, כי בצלם אלקים עשה את האדם, ובעונותיכם הפכתיה, כפו מטותיהן עליה, **ולכן** אמרו חז"ל, שלא מטתו בלבד הוא כופה, אלא כל מטות שיש לו בתוך ביתו, לבד מטה המשמשת לכלים - ערוה"ש).

(**וכתב** בתשו' דברי יוסף, באבל תוך ז' בעיוה"כ, לאכול סעודה המפסקת בישיבה על כסא או ספסל, המיקל בזה לא הפסיד, **ודלא** כמג"א דמשמע מדבריו בסי' תר"ו שמחמיר בזה אפילו בשעת אכילת סעודה המפסקת, דדהא עד שתחשך קאמר, וכ"כ בתשו' שמש צדקה - פת"ש).

באר הגולה

[יח] (ע"פ הבאר הגולה והגר"א, וז"ל הגר"א: גמ' כ"ח ב' והביאו הרי"ף ורא"ש שם, א"ר יהודה אמר רב אין המנחמין כו', וגירסת הרמב"ן (בתה"א) מנין לאבל שאין רשאי לישב ע"ג מטה אלא ע"ג הארץ, שנאמר: וישבו אתו לארץ, וא"ר יהודה אמר רב {ולמעלה הבאנו גירסת הטור "שמואל"} מנין למנחמין כו', וכ"כ בטור, והכל ליתא בגמרא שלנו, שהשמיטוהו המדפיסים) [יט] **מו"ק דף ט"ו. מדקתני בר קפרא וכו'** [כ] **הרמב"ן בסת"ה ממימרא דרב יהודה אמר רב וכו' שם דף כ"ח:**

§ מסכת מועד קטן דף כט. §

אות [א']

הנפטר מן המת... לך בשלום

רמב"ם פ"ד מהל' אבל ה"ד - והמלוין אותו אומרין לו: לך בשלום, שנאמר: ואתה תבוא אל אבותיך בשלום.

אות [ב']

הנפטר מן החי... לך לשלום

מג"א סימן קי סק"ט - ואל יאמר אדם לחבירו לך בשלום, אלא לך לשלום (גמ') - הנפטר מחבירו אל יאמר לו: לך בשלום, אלא לך לשלום; וכשנפטר מן המת יאמר: בשלום, ולא לשלום - שם במ"ב

אות ב'* [א]

ואמר רבי לוי: כל היוצא מבית הכנסת לבית המדרש, ומבית המדרש לבית הכנסת, זוכה ומקבל פני שכינה, שנאמר: ילכו מחיל אל חיל יראה אל אלהים בציון

סימן קנה ס"א - [ב]אחר שיצא מבהכ"נ, ילך לבהמ"ד - דאיתא בגמרא: היוצא מביהכ"נ ונכנס לבהמ"ד ועוסק בתורה, זוכה ומקבל פני השכינה, שנאמר: ילכו מחיל אל חיל יראה אל אלהים בציון.

והנה בזמנם היה הביהכ"נ מיוחד לתפלה, וביהמ"ד מיוחד לתורה לחוד, והיה דרכם להתפלל בביהכ"נ, **ואף** בזמנינו שמתפללים בבתי מדרשות, מ"מ שייך ג"כ דבר זה, דאחר התפלה ילך להתחבר עם האנשים העוסקים בתורה, במשניות וכדומה, ונאמר עליו הכתוב: ילכו מחיל אל חיל וגו'.

באר הגולה

א ‹ע"פ מהדורת נהרדעא› | ב **טור ממשמעות גמ' דשבת ל"א** ‹לכאורה זהו המקור להמשך דברי השו"ע: ויקבע עת ללמוד וכו', אבל קטע זה לכאורה מקורו מגמ' דילן, וכמו שמציין העין משפט, וכמו שציין הגר"א גמ' דברכות, דשם כתוב ג"כ מימרא דרבי לוי›

כציפורי בפי הוושט רבי יוחנן אמר כפטורי בפי וושט *ואמר *רבי לוי בר חיתא הנפטר מן המת לא יאמר לו לך לשלום אלא לך [א] בשלום הנפטר מן החי לא יאמר לו לך בשלום אלא לך [ב] לשלום הנפטר מן המת לא יאמר לו לך לשלום אלא לך בשלום שנאמר °ואתה תבא אל אבותיך בשלום הנפטר מן החי לא יאמר לו לך בשלום אלא לך לשלום שהרי דוד שאמר לאבשלום °לך בשלום הלך ונתלה יתרו שאמר למשה °לך לשלום הלך והצליח *ואמר רבי לוי כל היוצא מבית הכנסת לבית המדרש ומבית המדרש לבית הכנסת זוכה ומקבל פני שכינה שנאמר °ילכו מחיל אל חיל יראה אל אלהים בציון אמר רב חייא בר אשי אמר רב *תלמידי חכמים אין להם מנוחה אפילו לעולם הבא שנאמר ילכו מחיל אל חיל יראה אל אלהים בציון:

הדרן עלך ואלו מגלחין וסליקא לה מסכת מועד קטן

כציפורי בפי הוושט. כחבל שיש בו קשר וזולא בקושי מן התורן: **פיטורי.** סקוסרין שתי ספינות ביחד: **ילכו מחיל אל חיל.** שילכו מבית המדרש לבית הכנסת ומבית הכנסת לבית המדרש אחר יראה אל אלהים בציון יזכה אל עליון:

הדרן עלך ואלו מגלחין

וסליקא לה מסכת מועד קטן

תורה אור · [נ"ל אמר] · בראשית טו · ש"ב טו · שמות ד · [ברכות סד. ע"ש] · תהלים פד · ברכות סד.

ברכות סד. [ע"ש] · [א] [רמב"ם פ"ד מהל' אבל ה"ד]: [ב] [מג"א סי' קי סק"ט]:

רבינו חננאל

בשלום תמות. וכתיב ואת עיני צדקיהו עור. א"ל הכי א"ר יוחנן שמת נבוכדנצר בחייו. א"ל ביאשיהו כתיב לכן הנני אוסיפך (אל) [על] אבותיך [וגו'] בשלום וכתיב ויורו המורים למלך יאשיהו. ואמר רב יהודה א"ר שעשאוהו ככברה. א"ל הכי א"ר יוחנן שלא חרב ביהמ"ק בימיו. אמר רב יהודה אמר רב א) המנחמין רשאין לומר לישב אלא על הקרקע שנאמר וישבו אתו לארץ וכתיב אחרי כן פתח איוב את פיהו וגו'. ואחרי כן ויען אליפז התימני. א"ר אבהו מנין לאבל שיושב בראש שנאמר אבחר דרכם ואשב ראש ב). מר זוטרא אמר מהכא ומר מרזח סרוחים. מרזח נעשה סר לסרוחים. המרזח הוא האבל כלומר הניזח במרירות ומפורש בכתובות (דף סט). הנפטר מן המת לא יאמר לו לך לשלום אלא לך בשלום שנא' ואתה תבא אל אבותיך בשלום והנפטר מן החי לא יאמר לו לך בשלום אלא לך לשלום. שהרי דוד אמר לאבשלום לך בשלום הלך ונתלה באילן ונהרג. יתרו שאמר למשה לך לשלום הלך והצליח. א"ר חמא בר חנינא מנין לחתן שיושב בראש שנאמר כחתן יכהן פאר וגו'. מה כהן בראש. דתני דבי ר' ישמעאל וקדשתו לכל דבר שבקדושה לפתוח ראשון ולברך ראשון וכו' כך חתן בראש. א"ר לוי כל היוצא מן הכנסת למדרש ומבית המדרש לבית הכנסת זוכה ומקבל פני שכינה שנאמר ילכו מחיל אל חיל יראה אל אלהים בציון:

א) ט"ס נפל כאן כדברי רבינו וכצ"ל אין המנחמין רשאין לישב אלא ע"ג קרקע שנאמר וישבו אתו לארץ ואמר רב יהודה אמר רב אין המנחמין רשאין לומר דבר עד שיפתח האבל שנאמר ואין דובר אליו דבר וכתיב אחרי כן פתח איוב וכו' וכ"ה גי' הרי"ף והרא"ש כאן וגי' הש"ס שלפנינו חסר מימרא קמייתא דרב יהודה א"ר. ב) נ"ל ואשב ראש וגו' כאשר אבלים ינחם מר זוטרא אמר מהכא.

הדרן עלך ואלו מגלחין במועד. וסליקא לה מסכת מועד קטן בס"ד

אחר השלמת המסכת יאמר זה

ומועיל לשכחה בעזה"י

*) **הדרן** עלך מסכת מועד קטן והדרך עלן דעתן עלך מסכת מועד קטן ודעתך עלן לא נתנשי מינך מסכת מועד קטן ולא תתנשי מינן לא בעלמא הדין ולא בעלמא דאתי:

יאמר כן שלש פעמים ואחר כך יאמר זה:

יהי רצון מלפניך יי' אלהינו ואלהי אבותינו שתהא תורתך אומנותנו בעולם הזה ותהא עמנו לעולם הבא **) חנינא בר פפא רמי בר פפא נחמן בר פפא אחאי בר פפא אבא מרי בר פפא רפרם בר פפא רכיש בר פפא סורחב בר פפא אדא בר פפא דרו בר פפא:

הערב נא יי' אלהינו את דברי תורתך בפינו ובפיות עמך בית ישראל ונהיה כולנו אנחנו וצאצאינו וצאצאי עמך בית ישראל כולנו יודעי שמך ולומדי תורתך: מאויבי תחכמני מצותיך כי לעולם היא לי: יהי לבי תמים בחקיך למען לא אבוש: לעולם לא אשכח פקודיך כי בם חייתני: ברוך אתה יי' למדני חקיך: אמן אמן אמן סלה ועד:

מודים אנחנו לפניך ה' אלהינו ואלהי אבותינו ששמת חלקנו מיושבי בית המדרש ולא שמת חלקנו מיושבי קרנות שאנו משכימים והם משכימים אנו משכימים לדברי תורה והם משכימים לדברים בטלים אנו עמלים והם עמלים אנו עמלים ומקבלים שכר והם עמלים ואינן מקבלים שכר אנו רצים והם רצים אנו רצים לחיי העולם הבא והם רצים לבאר שחת שנאמר ואתה אלהים תורידם לבאר שחת אנשי דמים ומרמה לא יחצו ימיהם ואני אבטח בך:

יהי רצון מלפניך ה' אלהי כשם שעזרתני לסיים מסכת מועד קטן כן תעזרני להתחיל מסכתות וספרים אחרים ולסיימם ללמוד וללמד לשמור ולעשות ולקיים את כל דברי תלמוד תורתך באהבה וזכות כל התנאים ואמוראים ותלמידי חכמים יעמוד לי ולזרעי שלא ימוש התורה מפי ומפי זרעי וזרע זרעי עד עולם ויתקיים בי בהתהלכך תנחה אותך בשכבך תשמור עליך והקיצות היא תשיחך: כי בי ירבו ימיך ויוסיפו לך שנות חיים: אורך ימים בימינה בשמאלה עושר וכבוד: ה' עוז לעמו יתן ה' יברך את עמו בשלום:

יתגדל ויתקדש שמיה רבא בעלמא דהוא עתיד לאתחדתא ולאחיא מתיא ולאסקא לחיי עלמא ולמבני קרתא דירושלם ולשכלל היכליה בגוה ולמעקר פולחנא נוכראה מארעא ולאתבא פולחנא דשמיא לאתריה וימליך קודשא בריך הוא במלכותיה ויקריה בחייכון וביומיכון ובחיי דכל בית ישראל בעגלא ובזמן קריב ואמרו אמן: יהא שמיה רבא וכו' יתברך וכו' על ישראל וכו' יהא שלמא וכו' עושה שלום וכו':

*) [פי' כגון על זו תמצא בס' כחיים שחיבר אחי הגאון מהר"ל מפראג בס' זכיות מ"א פי"ג] **) [בכיומא וסוף תשובה הרמ"א ז"ל וכן בסוף יש"ש בב"ק. כתוב רמזים על הזכרת שמות אלו]

פסקי תוספות ממסכת מועד קטן

משקין

א לא חייבה תורה בסרט ועוללות רק בשעת בצירה. ד"ה כן מידי: דף ד ע"ב

ב רבים צריכין אפילו חפירה מותר במועד וכאין צריכין לכן חפירה אסור חטיעה מותר רק שלא יכוין מלאכתו במועד ודיחיד חטיעה נמי אסור. דין זה בגמרא: דף ה ע"א

ג מדליק נרות לרבים במצוות אפילו זוכה להקביל פני שכינה ולכך זכה קיש ויצא ממנו שאול שהיה נר מדליק נרות לרבים:

ד כשמקום הקבר ניכר היטב למעלה אין לציין בפנים למטה ויש מפרשים דדוקא בחול כמועד קאמר. ד"ה אין: שם ע"ב

ה סכות ופרצות בית כפרם אף ברשות הרבים שהתירו חכמים: שם

ו כל שדה שיש בה רובע שנתערב (באוצר) ימעט יפחות מן הרובע או יוסיף על הסאה כיון שכאיסור רק מפני מראית העין עירב במתכוין אפילו חכם אחת אסור. כל איסור דאורייתא שריכה בה בשוגג מותר במזיד אסור. (ד"ה שיש): דף ו ע"א

ז מתקנין דרכים לעולי רגלים ומקוואות: שם

ח כלאי זרעים מותר מן התורה באכילה ובהנאה:

ט שהתחיל לרבנו מים קודם שהיו בו זרעים וזרעו שרי לרבנו במועד. ד"ה שרי: שם ע"ב

י כותל הבר סמוך לרשות הרבים או שיש לחוש לגנבים מותר לבנותו כדרכו אבל בינו ובין חבירו [וכן כותל גינה] אסור אלא טח בגדול או טח בטיט או בהוצא ודפנא ולסתור לכתחילה ולבנות אפילו רעוע אסור אלא דאיכא סכנה שנוטה לרשות הרבים ואם נתפלל שהיה סבור להתחיל לא מיקרי כוון מלאכתו:

יא מצורע בתחילת ראיית הכהן אם יש שם שער לבן מטמאו מיד ודינו כמוחלט שטעון פריעה ופרימה ואם לא ראה שער לבן מסגירו שבעה ימים ובימי הסגירו אין טעון פריעה ופרימה ובשביעי של הסגר אם מצא בו שער לבן או פסה הוא מוחלט אבל עמד בעיניו טעון הסגר שני ובשביעי אם מצא שער לבן או פסה מוחלט ואם עמד בעיניו טהור הוא ומצורע מוסגר ומצורע מוחלט טעונין שלוח חוץ לשלש מחנות ומטמא הבא עמו לבית. בהרפא מהוך מוחלט טעון שתי צפרים ומגלח שערו וטובל ומותר לבא

יב כמתנה ואסור בתשמיש המטה כל שבעה ולסוף שבעה תור ומגלח ולמחרת ביום שמיני טובל ומביא אשמו וחטאתו ועולתו ומנחה ולוג שמן אבל טהור מתוך הסגר אין טעון קרבן ודוקא בשבעת ימי ספרו אסור בתשמיש המטה אבל מוחלט ומוסגר שניהם מותרין. ד"ה אמר רבי וד"ה בהסגר: דף ז ע"א

המלקט עצמות אביו בו ביום אוכל בשר ושותה יין:

יג לספוד מתו קודם לרגל שלשים יום שרי בתנם. ד"ה דקא: דף ח ע"ב

יד אין חופרין כוכין במועד כדי שיהא מזומנין לכשימותו במועד ויו"ט שני מותר למינו ליה אבל. ד"ה אין: שם

טו עושין נברכת לכבס בהן בגדי המת [וס"ס] אחר נרכיו [מותר לעשות בשוק] בזמן הזה שרובן משורשמין. ד"ה ועושין וד"ה וארון: שם

טז יכולין לתקן הארון במועד אף בחצר שאין המת בתוכה ולחפור כוכין לצורך המת: בא"ד

יז מותר להחזיר במועד גרושתו מן הנישואין אבל לא מן האירוסין. ד"ה אבל: שם

יח אשה הטובלת מותרת ליטול צפרניה:

יט הדיוט תופר כדרכו לצורך המועד אומן שבא

כ לתפור ישנה תפירות רחבות אחת למעלה ואחת למטה. לא יאמר לאומן עכו"ם לתקן מלבושיו וכגדיו. דבר האבד היינו שנפסד ומתקלקל. ד"ה סהדיוט: דף י ע"א

מחתכין כמסות אבל לא מסרגין אף שהי בלא ערב. ד"ה מסרגין: שם

כא אין נוקרין רחיים. ד"ה ר' יהודה: שם

כב מותר להטיל ברזלים ברגלי סוסים. ד"ה למשקל: שם ע"ב

כג אסור לבנות בית הרחיים. דין זה בגמרא שם:

כד מותר לבנות מקום שיאכל בו הסוס ולא לבנות בית הסוס: ג"ז שם

כה קידוד וקירצוף כעין שלנו מותר במועד ואסור ביו"ט דהוי פסיק רישיה. ד"ה ואין: שם

כו מותר להחליק יריעה כאבן וכוכית. ד"ה כסכוס: שם

כז אסור לקמט בגדי נשים אף אם לורך המועד ולקמט בית ידיהן. ד"ה קטורי: שם

כח מותר להסיר בשושית כבים. ד"ה מוליא: שם

כט מי שיש לא פרקמטיא למכור ונזדמן לו לוקח או יום השוק שמוכרים שהם ביוקר אסור אבל לצורך כמועד מותר לקנות בגדים וכהמה או שאין למוכר מה שיאכל ומותר למכור כדי לאכול ולשתות

מילואים להלכות חול המועד

§ סימן תקלו – כל צרכי בהמה מותר לעשות בחול המועד §

סעיף ד - אין מושיבין תרנגולת על הביצים לגדל אפרוחים - דאינו צורך המועד ולא דבר האבד.

ואם הושיבה קודם המועד וברחה מעליהם, יכול להחזירה - מדסתם המחבר, משמע דאפילו לא ישבה התרנגולת עליהן עדיין ג' ימים, ולא נתקלקלו הביצים לגמרי, שראוי עדיין למכור הביצים בזול, אפ"ה שרי, דעכ"פ יש הפסד מועט אם לא יחזירנה.

ועיין ברא"ש וטור, דמוכח מדעתם דאין להקל בזה, רק לשיטתם דמלאכת חול המיעד הוא מדרבנן, **אבל** אם נסבור דהוא דאורייתא, אין להקל להחזיר, רק אם ישבה כבר עליהן ג' ימים, דאז אין הביצים ראויין כלל לאכילה, שהתחילו להתרקם, והוי דבר האבד אם לא יחזירנה, **וא"כ** לפי מה שהבאנו לעיל בריש סימן תק"ל, דכמה ראשונים סוברין דמלאכת חוה"מ הוא מן התורה, אין להקל בזה כי אם כשיש לו הפסד מכמה ביצים, דאז יש לסמוך להקל אף תוך ג' ימים לישיבתה.

והוא שיהיה לו בתוך ג' ימים לבריחה - דאז מהני החזרה, וגם אין טורח כ"כ להחזירה, **אבל** לאחר ג' ימים אסור, אפי' יפסידו הביצים, דיש טורח גדול בחזירה, **וגם** אפשר שלא יועיל כלל החזרה, שכבר אזל חמימותה ממנה, [**ועיין** פמ"ג שהוא מסתפק, אם ג' ימים הוא מעת לעת, או דמקצת היום ככולו].

(אבל אסור להושיב אחרת, אפילו מתה הראשונה) - אפילו אחר ג' ימים לישיבתה, דפסדי לגמרי, אפ"ה אסור, ואף דכל דבר האבד מותר בחוה"מ, יש לומר דבטרחא יתירא אין היתר אף בדבר האבד, (**וחפשתי ומצאתי לכמה ראשונים דהקילו בזה בהדיא, ולפי הנראה לא ראום הב"י והרמ"א, דאל"ה לא היו סותמין להחמיר, וע"כ** נראה דבמקום הפסד מרובה יש לסמוך להקל).

§ סימן תקלז – דין מלאכת דבר האבד §

סעיף יב - אין מתליעים האילנות - שנוטל התולעין שנפלו באילנות, אע"פ שנפסד האילן, אסור, דטרחא יתירא הוא.

ולא מזהמין הנטיעות, (פי' מדביקים שם זבל כדי שלא ימות האילן) - כשנשרה קצת קליפתו, מדביקין שם זבל שלא ימות, ואיסורו ג"כ משום טרחא יתירא. **אבל סכין האילנות והפירות בשמן** - דהיינו שקטעו נופו קודם המועד כדי שיוציא נופות הרבה סביב מקום הקטיעה, מותר לסוכו בשמן במקום הקטיעה, כדי שלא ימות, **וכן** הפירות, מותר לסוך בשמן כדי שלא יפסדו, דכל זה לא הוי טרחא יתירא ושרי.

§ סימן תקמח – דין אבילות בחול המועד §

סעיף ב - במקומות שעושין שני יו"ט, מונה השבעה מיום טוב שני האחרון - לאפוקי יו"ט שני הראשון, לא גרע מחוה"מ דאינו עולה מן המנין, **אע"פ שאינו נוהג בו אבילות, הואיל ומדבריהם הוא, עולה לו מן המנין; ומונה מאחריו ששה ימים בלבד.**

ומיירי זה הסעיף שמת בתוך הרגל, דאלו אם מת ביום אחרון, מבואר דעת המחבר לקמיה, דנוהג בו אבילות.

וה"ה בב' יו"ט של ר"ה, בין שנקבר ביום א' ע"י עכו"מ, ובין שנקבר ביום ב', שאינו נוהג בהן אבילות לכו"ע, מ"מ יום ב' עולה לו מן המנין.

הגה: אם יום שני של ר"ה עולה למנין ז', עיין ביו"ד סימן שצ"ט סי"ג בהגהות - ט"ס הוא, כי לא נזכר שם מדין זה.

סעיף ג - הקובר את מתו ביו"ט שני של גליות שהוא יו"ט האחרון - משא"כ יו"ט שני של גליות בתחלת פסח או החג, לא גרע מחוה"מ, **או ביו"ט ב' של עצרת, נוהג בו אבילות אם היה אותו היום יום מיתה וקבורה, הואיל ויו"ט שני מדבריהם, ואבילות יום ראשון של תורה, ידחה עשה של דבריהם מפני עשה של תורה** - דמדהזהירה התורה לטמא לקרובים אפילו לכהנים, וכ"ש דישראלים חייבים לטמא לקרוביהם,

סימן תקמח – דין אבילות בחול המועד

והכל הוא כדי שלא ימנעו מלהתאבל עליהם, ש"מ דביום מיתה חייב להתאבל עליהם.

אבל אם מת מאתמול ונקבר ביום אחרון, יום קבורה מדברי סופרים, ואינה דוחה יו"ט אע"פ שהוא רק מדברי סופרים.

ודוקא ז' מתי מצוה שהם מפורשים בתורה, אבל אותם שהוסיפו עליהם, כמה דאיתא ביו"ד, אין אבילותם אלא מדרבנן.

אבל אם קברו ביו"ט שני של ר"ה, אינו נוהג בו אבילות, ששניהם כיום ארוך.

הגה: ויש חולקים, דסבירא להו דאין נוהג אבילות בשום יו"ט שני, וכן מנהג פשוט ואין לשנות - טעמם, דס"ל דאפילו אבילות יום ראשון הוא רק מדרבנן, ולכך שמחת הרגל עדיפא, דהוא מצוה של רבים.

סעיף יח - שמע שמועה רחוקה - דהיינו אחר שלשים יום, כדאיתא ביו"ד סימן ת"ב ס"א, **בשבת או ברגל, אינו נוהג בהם אפילו דברים שבצנעה; אלא למוצאי שבת או הרגל נוהג שעה אחת, ודיו.**

סעיף יט - שמע שמועה קרובה בשבת, שבת עולה ליום אחד, ולמחר קורע - לאו דוקא, ור"ל במו"ש, **והו"ל יום ששי ז' לאבילות** - ואם שמע שמועה קרובה בשבת ערב הרגל, שבת עולה לו ליום אחד, ויו"ט מבטל גזירת שבעה.

כתב הפמ"ג, קדיש י"ל דאין הרגל מבטל, ויש לו דין שבעה ושלשים, אפילו נהג שעה אחת לפני הרגל.

סעיף כ - אם עשרה ימים אחר החג שמע שמת לו מת בערב החג, אע"פ שאם נמנה שעה אחת לפני החג, שבעה, ושבעת ימי החג, ויום שמיני עצרת, כ"א, ועשרה ימים אחרים, הרי ל"א, אין לזה דין שמועה רחוקה אלא דין שמועה קרובה; שאין הרגל עולה למי שלא נהג אבילות קודם לו כלל, וכל שכן למי שלא היה יודע שמת לו מת.

ומ"מ יולדת שמת לה מת שחייבת להתאבל עליו, וה"ה שאר חולה, ואי אפשר להן להתאבל מחמת חלישותן, כיון שהם ידעו מזה, אך מחמת אונס אי אפשר להן לנהוג אבילות, והרגל פגע בתוך ז', בטל מהן גזירת שבעה, וה"ה לענין שלשים. **ויתר** דיני הפרטים השייכים לענין זה מבואר הכל ביו"ד סימן שצ"ט ע"ש.

מילואים להלכות קריעה ואבילות

§ סימן שמ - ענין הקריעה, שיעורה ומקומה, ועל מי קורעין ובאיזה זמן קורעין §

סעיף כד - אמרו לו: מת אביו, וקרע, ואח"כ נמצא שהוא בנו, יצא ידי קריעה. והוא שנודע לו תוך כדי דיבור - ‹והוי כאילו קרע לשמו›. **ואם לא נודע לו עד אחר כדי דיבור, לא יצא** - ‹דצריך לכוין דעתו בשעת קריעה לשם איזה מת הוא קורע, דכתיב גבי קריעת דוד כשקרע על שאול ובניו, "על שאול ועל בנו", כלומר שהיה מכוין בקריעה אחת לשם שאול ובקריעה שניה לשם בנו - לבוש›.

אבל אם אמרו לו: מת לך מת, וכסבור אביו הוא, וקרע, ואח"כ נמצא שהוא בנו, יצא, אפילו לא נודע לו עד אחר כדי דיבור - ‹דהא סתמא קאמרו ליה, והוא קרע על אותה אמירה, ודאי היה דעתו בקריעה לשם המת מי שיהיה - לבוש›. **והב"ח** פסק דבכה"ג לא יצא ידי קריעה, ולא מיקרי סתם אלא הקורע על מתו לשם מי שהוא, א"צ לחזור ולקרוע אפי' לא נודע לו מי הוא עד אחר כדי דבור, ע"ש וע"ל סי' רל"ד סעיף ל"ג. **וכתב** ד"מ בשם נ"י, דאם א"ל מת לו מת סתם ואינו יודע איזהו, וקרע סתם, ואח"כ נודע לו מי הוא, יצא ידי קריעה, דיש ברירה, ע"כ.

סעיף כה - היה לו חולה, ונתעלף, וקרע עליו, ואח"כ מת; אם מת תוך כדי דיבור של קריעה, אין צריך קריעה אחרת. ואם לאו, צריך קריעה אחרת.

סעיף כו - אמרו לו: מת אביו, וקרע ונהג קצת ימי אבלות, ואח"כ אמרו לו: לא מת, והפסיק, וחזרו ואמרו לו: בפעם הראשון מת כמו שאמרו הראשונים, יצא ידי קריעה - ‹שהרי כדין קרע בשעת חימום - לבוש›. **ולענין** ז' ימי אבילות, קרוב היה לומר, כיון שחלה עליו אבלות ונהגו, אף על פי שבטל מקצת הימים בשוגג, עולין לו, ואין תשלומין לאבלות, ודבר זה צריך תלמוד, רמב"ן.

אבל אמרו לו מת, וקרע, ולא מת, ואח"כ מת, לא יצא ידי קריעה, [דהא אחר כדי דיבור הוא]. ‹אע"פ שלא נודע לו בנתיים שלא מת, דהא בשעת קריעתו עדיין היה חי, ולא היה חל עליו חובת קריעה כלל - לבוש›.

סעיף כח - הקורע בשבת על מתו, אף על פי שחלל שבת - ‹דאין זה מקלקל, כיון דחייב בקריעה הוי תקון - ערוה"ש›, **יצא ידי קריעה.**

סעיף כט - הקורע בחלוק גזול, לא יצא ידי קריעה - דל"ד לקרע בשבת, שגוף החלוק אינה עבירה, ‹אלא בהזמן - ערוה"ש›, אע"פ שהמעשה שעשה הוא עבירה, אבל הכא גוף החלוק הוא עבירה.

סעיף ל - קטן דלא קים לן ביה שכלו לו חדשיו, שמת בתוך ל' או אפילו ביום שלשים - ‹דהוי ספק נפל - לבוש›, **אין קורעין עליו** – [לפי שהקריעה היא דרבנן, וספיקא לקולא]. ‹אך בנפל מן הגג או אכלו ארי וכיוצא בזה, דעת התוס' בבכורות, דמתאבלין עליו ביום ל', ע"ש, וכן קורעין עליו - ערוה"ש›.

אבל קים לן דכלו חדשיו, כגון שבעל ופירש, אפילו מת בתוך ל', קורע ומתאבל עליו. ‹דבר קיימא הוא - לבוש›.

סעיף לה - המשאיל לחבירו חלוק לילך בו לבית האבל, אינו רשאי ליטול ממנו עד שיעברו ימי האבל. (ובחושן המשפט סימן שמ"א סעיף ב' לא פסק כן) - ולענ"ד נראה דל"ק, דשם כ', שאל חלוק מחבירו לילך בו לבית האבל כדי שילך ויחזור, עכ"ל, ר"ל דהשואל בקש מהמשאיל, אם כן לא נתכוין אלא לטובת השואל למלא בקשתו, ויכול לומר לו לא השאלתי לך אלא שתלך ותחזור, **אבל** הכא כתב המשאיל לחבירו כו', ר"ל שהמשאיל בא מעצמו לזכור להשואל במצוה שיקיים מצות ניחום אבלים, א"כ כל יומא ויומא רמיא מצוה עליה, כנ"ל, **ובב"ח** ובסמ"ע כתבו יישובים אחרים דחוקים, גם לא נתישב לפי דבריהם לאיזה צורך כתבו הט"ו דין זה כאן, שאין לו שייכות אלא בח"מ, גם למה הביא בב"י דברי הרמב"ם שבח"מ כאן, **אבל** לדידי א"ש, דבח"מ מיירי לענין ממונא, וכאן לענין איסור, ודו"ק.

§ סימן שמא - מי שמתו מוטל לפניו בשבת או ביום טוב, ודיני האונן §

סעיף ב - מי שמת לו מת בשבת, יאכל במוצאי שבת בלא הבדלה, ולא יתפלל, ולא בבוקר קודם קבורה, ולאחר קבורה יתפלל תפלת שחרית, אם לא עבר זמנה - (כ' המג"א בסימן ע"א, דמיד כשמתחילין להשליך עפר על המת, יקרא

ויתפלל, **ונ"ל** דקודם חצות יתפלל שחרית, אבל ברכת השחר לא יאמר, כיון שבשעת חובתו היה פטור, עכ"ד, ע"ש. **ועיין** בתשובת זכרון יצחק כתב בשם אביו ז"ל, דמ"מ ברכת מקדש את שמך, שהיא שייכא לק"ש, שאנו מקדשים שמו יתברך ברבים, א"כ בשקורא ק"ש יכול לברך ברכה הנ"ל. **אכן** אם כבר עבר זמן ק"ש, אך קורא ק"ש כקורא בתורה, לא יברך. ‹**אך** ברכות יוצר אור ואהבה רבה לא יאמר אם עבר הזמן, רק יקרא ק"ש ויתפלל שמ"ע בלא תפילין, דאבל ביום ראשון אסור להניח תפילין, כמ"ש בסי' שפ"ח – ערוה"ש›. **וכ'** עוד שם, דלפמ"ש בתשובת מהר"ם לובלין, דבליל י"ט אין בו דין אנינות, וידוע דכל ברכת השחר יכול לברך קודם אור היום חוץ מברכת הנותן לשכוי בינה, **א"כ** אונן בי"ט יכול לברך כל ברכת השחר קודם אור היום חוץ מברכת הנותן לשכוי בינה, **וממילא** דאם לא אמר, מחויב לברך אחר הקבורה, אחרי שלא נפטר בעת חובתו. **וכתב** עוד דכשהאונן מתפלל לאחר קבורה עד אחר שבעה, לא יאמר פטום הקטורת וסדר הקרבנות).

אבל תפלת הערב לא יתפלל, שכבר עבר זמנה. ולא דמי לשכח ולא התפלל ערבית שמתפלל שחרית שתים, כיון שבלילה לא היה חייב להתפלל - וכמ"ש בא"ח סימן ק"ח ס"ב.

[**כתוב** בדרישה, מכאן היה נראה דה"ה למתעסק בצרכי ציבור וכיוצא בו בזמן התפלה, שפטור מלהתפלל כמ"ש הטור סימן צ"ג, **ומתוך** העסק עבר זמן אותה תפלה, שגם כן א"צ להשלימה בזמן תפלה שאחריה להתפלל שתים אחד לתשלומין, כיון שג"כ בזמן העסק היה פטור מתפלה, כמו באבילות דהכא, דמה לי אונס דאבילות או עסק מצוה, ולדעתי כ"ש הוא, דהא כשנתעסק בצרכי ציבור גם כן עבד עבודת הש"י, עכ"ל. **ותמה** אני אם יצאו דברים אלו מפיו, דהא כל שהוא אונס מקרי פטור מתפלה, ובהדיא אמרו באונס דמתפלל אח"כ שתים, כמו שכתוב בא"ח סימן ק"ח, **ותו** דכתב בת"ה, במי שהיה טרוד אצל הפקיד מחמת חוב, ולא היה יכול להיפטר אא"כ בהפסד ממון, ובתוך כך עבר זמן התפלה, דמיקרי אונס אף על גב דמחמת ממון הוא, ומתפלל אח"כ שתים, הרי לך בהדיא, אף על גב דהיה פטור באותה שעה מתפלה מחמת טירדא דמיקרי אונס, וה"ה נמי פטור מחמת טירדא דמצוה, **וא"כ** נסתרה דעת בעל הדרישה בזה בפירושו, **והא** דלמד דין זה מן אבילות דהכא, אין הנדון דומה לראיה, דדוקא אם הפטור בא מחמת דבר אחר, דהיינו שהוא עצמו יכול להתפלל בלי שום מניעה, אלא שהאבילות פוטרתו, בזה אין תשלומין אח"כ, דזה נקרא פטור ולא אונס, **משא"כ** אם הפטור מחמת טירדא, אין זה קרוי פטור מצד עצמו, אלא אונס, דהא באמת א"א לו להתפלל, שאין לו פנאי, והוה כמו חולה שאין יכול להתפלל, ועל זה תקנו תשלומין, דמיקרי פטור מחמת אונס כיון שא"א לו, כן נ"ל ברור].

תמה על הדרישה ולק"מ, דדוקא באונס שחייב מן הדין, אלא משום דאנוס הוא פטור, דינא הכי, **אבל** כשלא היה חייב מן הדין כלל, פטור אח"כ, **והלכך** בעסק בצרכי צבור, כיון דאינו חייב כלל מן הדין, משום דהעוסק במצוה פטור מן המצוה, **ובזה** נדחו כל דבריו ודו"ק - נקה"כ.

(**אם** מת לו מת בלילה קודם שהתפלל תפלת ערבית, וכבר הגיע זמן התפלה, צ"ע אם יתפלל למחר בבוקר אחר הקבורה גם תפלת הערב, ולכאורה דמי זה למ"ש כאן בש"ע באם מת בשבת. **אלא** שראיתי באשל אברהם בא"ח סי' ע"א, שכתב אם הגיע זמן תפלת מנחה קודם שמת לו מת, ונתעסק בקבורה עד אחר ערבית, העלה בתשובה בי"ד סי' מ"ב, דאינו חייב להתפלל ערבית שתים, דהא אין החיוב חל עליו אלא ברגע אחרון של יום, דבזמן הקודם לזה אין בו חיוב כ"כ, אלא דיוצא כשמתפלל אז. ע"ש, כ"פ הרב מהר"א, ומהר"מ עשאל ס"ל דחייב, ע"ש, עכ"ל, **וא"כ** בזה אפשר גם הרב מהר"א מודה דחייב להתפלל שחרית שתים, דהא תפלת ערבית חל עליו חיוב מיד בצאת הכוכבים, כמ"ש בא"ח סי' רל"ה סעיף ג', **ולא** דמי לאם מת בשבת, דהתם לא חל עליו תפלת ערבית במו"ש כלל. **שוב** מצאתי בדגמ"ר שכתב כן, דאם מת בלילה צריך להתפלל שחרית שתים. ע"ש). ‹**ויש** חולקין, וכן נלע"ד דהולכין אחר סוף הזמן – ערוה"ש›.

ולענין ההבדלה, יבדיל אחר שיקבר המת - עד סוף יום שלישי בשבת, כמ"ש בא"ח סי' רצ"ט ס"ו. ‹**דלא** דמי לתפלה שאין זמנה אלא בערב, ומה שאמרו שאם שכח ולא התפלל ערבית שיתפלל שחרית שתים, אינו אלא בתורת תשלומין החוב שהיה חייב בלילה, אבל חיוב התפלה כבר עבר, לפיכך אם לא היה חייב בלילה אינו צריך לשלם למחר, **אבל** ההבדלה לא משום תשלומין נגעו בה, אלא החוב הראשון של ההבדלה מן הקדושה מושך אחר השבת כל שלשה ימים, דבתר שבתא מיקרו – לבוש›.

(**עיין** בתשובת אא"ז פנים מאירות, שכתב באונן שלא היה יודע הדין והבדיל במוצאי שבת, אין צריך לחזור ולהבדיל לאחר קבורה שנית, ופסק כן הלכה למעשה).

[**כתב** רש"ל בתשובה, דאם יש לאונן בן לימול, **ועדיין** לא נקבר המת, דמ"מ ימול הבן בבית הכנסת קודם עלינו, כמו בשאר פעמים. **אח"כ** מצאתי בשם רמ"א בכתב יד, שיש לקבור קודם, דאל"כ הוי אונן וא"א לו לברך להכניסו בברית, **דאונן** פטור מכל המצות, **ונראה** שיש לחוש לזה, אם אפשר לקברו קודם שיוצאין מבית הכנסת בשחרית, **דאין** דוחין זריזות המצוה, **אבל אם** א"א, יברך הסנדק וימול אותו בשחרית, **דהא** איתא בסימן ש"ס, מת ומילה, מילה קודמת].

(**עיין** בשו"ת תשובה מאהבה, שהורה כדעת הט"ז גם במילה שלא בזמנה, שקרה לאבי הבן אנינות ביום שנתרפא וראוי למול, דמלין קודם קבורה, דאין חילוק בזה בין מילה בזמנו לשלא בזמנו, והסכים עמו ש"ב הגאון בעל אור חדש ועוד שני גדולים. **וע"ש** שכתב בשם ס' ברכי יוסף בשם תשובת בית יהודה, שמסכים לדברי הרמ"א, דיש לקבור קודם, באופן אם האב הוא המוהל, ולזה הסכים הרב בעל ברכי יוסף ז"ל, ע"ש. **ועיין** בתשובת חתם סופר שכתב, דמשמע שהגאון בעל זכרון יוסף עשה מעשה כהרש"ל, וכן הורה גם הוא ז"ל, ע"ש, **ומשמע** מדבריו דגם אם האב בעצמו המוהל, ימול קודם).

סעיף ג'- מקום שנוהגים שכתפים מיוחדים להוציא המת, ולאחר שנתעסקו הקרובים בצרכי הקבורה

ימסרוהו להם והם יקברוהו, משמסרוהו להם, מותרים הקרובים בבשר ויין - (בתשו' נו"ב מביא ירושל', דכ"ש שחייבים במצות), **אפי' קודם שהוציאוהו מהבית** - אע"פ שלא חל עדיין האבלות, **ששוב אינו מוטל עליהם.**

‹**ולכאורה** לפ"ז בזמנינו זה שבכל מקום יש כתפים מיוחדים, הותרו הקרובים בבשר ויין, ומימינו לא שמענו זה, ואין הדעת נותנת כן, דא"כ כל דיני אנינות יתבטלו ברוב המקומות, שאין הקרובים מזדקקים כלל להתכריכין וצרכי הקבורה, ועל הכל יש חברות העוסקים בזה, והקרובים רק נותנין ממון, וא"כ אין עליהם דין אנינות כלל, וחייבים בכל המצות בתמיה, והרי כבר נתבאר דעל כל האבלים חל אנינות אף אותם שאין הקבורה מוטלת עליהם, והרי יותר מזה פסקו הטוש"ע, דאפילו כשהאבל בעיר אחרת חל עליו אנינות אף שודאי אינו עוסק ואינו יכול לעסוק בצרכי קבורה, **אבל** באמת כוונת אחרת יש בזה, דמיירי כשקוברין המת בעיר אחרת, וה"פ נמסר לכתפים, כלומר שהוא אינו הולך לעיר קבורתו, אלא מסרו לכתפים שיוליכוהו לשם, בטלה האנינות ממנו, ועכ"ז הקרובים ההולכים לשם, נמשך אנינותם עד אחר הקבורה, **אבל** כשהקבורה בהעיר, לא מיבעיא הקרובים ההולכים לבית הקברות, אלא אפילו הנשארים בביתם, נמשך האנינות עד אחר הקבורה, וכן המנהג הפשוט בכל מדינתינו, וראיתי בנו"ב שכתב זה מסברת עצמו בקיצור – ערוה"ש›.

‹**עוד** כתב בתשו' נו"ב, שחוכך לומר דהא דנמסר לכתפים מהני, היינו במקום שמוליכין המת למקום רחוק, ואין אונן הולך עמהם, אבל במקום שגם קרובים הולכים בשעת קבורה, לא מהני מסירה, ע"ש טעמו. **ומטעם** זה נהגו במקומינו, שהאוננים ממתינים להתפלל עד אחר הקבורה, אף שכבר נתפשרו עם הח"ק בעד מקום קבורה, ונתנו להם הוצאות ותכריכין, כיון דבמקומינו גם הקרובים הולכים בשעת קבורה. **ובס'** חכמת אדם התרעם עליהם, ע"ש, ובחנם התרעם›.

הגה: מקום שנושאין המת מעיר לעיר, אם מקום קרוב הוא הוי כאילו מוטל לפניו. אבל אם הוא מקום רחוק, כגון מהלך שני ימים, מותר עד שיגיעו לעיר קבורתו (רבינו יונה) -

‹ובשום אחד מהפוסקים לא נמצא זה, ולכאורה אינו מובן כלל, דכיון דההכנה לקבורה הוי אנינות, והרי גם זה הוא הכנה, דמה לי אם מכין צרכי המת או שמוליכו לקוברו, הלא עוסק בקבורתו, **ויראה** לי הטעם, דכיון דמן התורה בקדשים אין אנינות רק יום המיתה, כמבואר בזבחים שם, א"כ אינו מן הדין לתקן אנינות יותר מיום אחד, **ומ"מ** אם הקבורה במקומו, בהכרח להיות אונן אף כמה ימים עד הקבורה, דאין במה לחלק, **אבל** כשמוליכו לעיר אחרת, דיו יום אחד, ולכן דקדק לומר: מהלך שני ימים, כלומר יותר מיום אחד – ערוה"ש›.

סעיף ד - מי שמת בתפיסה, ולא ניתן לקבורה, לא חל על הקרובים אנינות - דלא קרינן מוטל לפניו, ‹שהרי אינם טרודים בצרכי קבורה – לבוש›, כיון דלא ניתן לקבורה, ‹ומי יודע אם ישתוו עמו - ערוה"ש›, **וגם אבילות לא חל עליהם, כיון שלא נתייאשו מלקברו** - ואפי' המושל רוצה ממון הרבה, מ"מ כיון דבממון תלוי הדבר, ‹משתדלין ומצפים לישועת השם שיערה ממרום רוח המושל›, שאחר כך יתפייס בדמים מועטים, מפני כך לא חלה האבילות עדיין, ‹דאילו בדמים מרובים אסור לפדותו משום תיקון העולם – לבוש›, **אבל** אם היתה הגזירה שלא ליתנו לקבורה מחמת שנאה ולא מחמת ממון, אינה עשוי' ליבטל, וחלה האבילות מיד, כן מתבאר מדברי הרמב"ן ושאר פוסקים.

‹**עיין** בתשובת נו"ב, שכתבו דבמקום שניתן הדת שלא לקבור מיד עד שיעבור מ"ח שעות, חל אנינות מיד, **ולא** דמי להכא, דהכא לא ניתן רשות לקוברו כלל, **ואף** אם יעלה בידם לקוברו, מ"מ אינם מחויבים עכשיו להכין תכריכים מיד ולחתוך נסרים, כיון שאפשר שלא יניחו כלל לקבור ויפסידו לחנם, **אבל** בהדהיא, אף שלא ניתן רשות לקבור מיד, מ"מ יש להם להכין תכריכים, לכן חל מיד אנינות. **מיהו** יש תקנה, שיטהרו תיכף ולשומו בארון שלם נקב מלמטה, ‹שם כתב, לארון הסגור במסמרות›, וגם ימסרוהו לכתפים, אז יש לצרף דעת רש"י דזה מיקרי סתימת הגולל, כיון דאפשר דגם במקום שקרובים הולכים בעת קבורה מהני מסירה. **ונוהג** אבילות לחומרא. **מ"מ** ז' ימי אבילות לא יתחילו עד שיסתום הגולל בקבר. **וע"ש** עוד שנראה מדבריו, דבימות החורף שאף אם ימתינו לא יסריח, אסור לטהרו מיד, שאין זה כבוד›.

‹**ועיין** בתשובת יד אליהו שכתב, במי שמת לו מת בערב שבת ג' או ד' שעות קודם הלילה, ויש מנהג באותה העיר שאין קוברין את המת אחר ב' שעות אחר חצי היום בע"ש, **אף** שיש עדיין זמן רב לקברו, חייב האונן להתפלל מנחה, דה"ל כאילו אינו מוטל עליו לקוברו, ודמי למי שמת בתפיסה, והמנהג ההוא ראוי לבטלו, ע"ש. **ולפי** מש"ל בשם הנוב"י, גם בזה יש עליו דין אונן קודם שבת ופטור מלהתפלל, **ואף** שגם המג"א כתב בסי' תקמ"ח, דאם א"א לקבור מחמת אונס, לא חל עליו אנינות, דדמי למת בתפיסה, ע"ש, **כבר** כתב בתשו' נו"ב שם, דדברי המג"א הוא בי"ט שני, שאם אינו קוברו בו ביום אסור לעשות תכריכין, אבל בחול כו', ע"ש›.

וכן אם קרובי המת בתפיסה, אין אנינות חל עליהם. וכן מי שנהרג בדרך או גררתו חיה או שטפו נהר, ולא נתייאשו מלקברו, אין על הקרובים לא דין אנינות ולא דין אבילות, ומונים לו ז' ושלשים מיום שנתייאשו מלקברו - ‹ולא נתייאשו מקרי, כששלחו לחפש אולי ימצאו, וכשחיפשו ולא מצאו ונתייאשו מלחפש, מקרי נתייאשו – ערוה"ש›.

סעיף ה - כל זמן שלא נקבר המת, אינו חולץ מנעל וסנדל, ואינו חייב בעטיפת הראש וכפיית המטה - ‹וראיה מדוד שרחץ כו', ואבלות למדו ממנו – גר"א›, ‹דהבין דלפי המחבר אונן אינו אסור בכל הדברים שהאבל אסור בהם, כגון רחיצה, ועיין בפת"ש לקמן›, **אבל אסור לישב או לישן על גבי מטה, אפי' כפויה. הגה: וכל שכן שאסור בתשמיש המטה** - דאפי' בשבת אסור, כמ"ש לעיל ס"א.

וי"א דאסור ברחיצה וסיכה ושמחה ושאלת שלום ותספורת ובמלאכה - ‹ומה שכתוב בדוד: וירחץ ויסך כו', שאני, שהמלך מותר ברחיצה, כמ"ש ביוה"כ: והמלך והכלה כו' – גר"א›.

סימן שמא – מי שמתו מוטל לפניו בשבת או ביום טוב, ודיני האונן

(**עיין** בתשו' חת"ס, שכתב דגם דעת הרב"י כן היא, שכתב אינו חולץ כו', ומדפרט הני, ש"מ אינך אסורים, והוא ממש לשון ר"פ שבטור שאסרו בשאר דברים, והא דכתב הרמ"א וי"א, לפי שאינו מפורש בדברי הב"י).

‹**ואף** בנמסר לכתפים, דמותר בבשר ויין, מ"מ בעדונין ושמחה אסור – רעק"א.

אבל מותר לצאת מפתח ביתו.

‹**הרמב"ם** והרי"צ גאות והתוס' סוברים, דכל דיני אבלות אין נוהגין באונן, ורק בתשמיש המטה חולקים התוס', אבל הרמב"ן ורבינו פרץ ס"ל, שנוהג בו כל דיני אבלות לבד מה שהכרח לבלי לאסור הדברים הגורמים עיכוב לצרכי המת כנעילת הסנדל ולילך ברחוב וכיוצא בזה, **ולפ"ז** רבינו הב"י פוסק כהרמב"ם וסייעתו, ורבינו הרמ"א בא להוסיף, דאפילו לשיטה זו אסור בתשמיש המטה כדעת התוס', **וי"א** דאסור ברחיצה וכו', כלומר כדעת הרמב"ן והר"ף, אלא שקיצרו בזה, **והמציין** ברמ"א עירבב הדברים ע"ש ודו"ק, **עיין** פ"ת בשם החו"ס, דגם הב"י סובר כרמ"א, ולענ"ד ברור שאינו כן, ורק לענין לישב על מטה כפויה החמיר, מפני שזה נמצא בשמחות – ערוה"ש.

סעיף ו - המשמר את המת, אפילו שאינו מתו, פטור מקריאת שמע ומכל מצות האמורות בתורה - דעוסק במצוה הוא, ופטור משאר המצות, **היו שנים, זה משמר וזה קורא.**

§ סימן שמב – מי שהכין צרכי חופתו ומת לו מת שחייב עליו אבילות §

סעיף א - מי שהכין כל צרכי חופתו, שאפה פתו וטבח טבחו ומזג יינו - כתב הב"ח, דוקא שהכין כל צרכי חופתו, אבל אם לא הכין הכל, כגון שאפה פתו וטבח טבחו, ולא מזג יינו, או איפכא, דהשתא בע"כ צריך להשתדל להכין לו יין, ידחה החופה וישתדל להכין פעם אחרת גם הפת והבשר, עכ"ל, **ואין** דבריו מוכרחין, דהא עכ"פ אם לא יעשה החופה מיד יפסיד מה שהכין כבר, ושוב אין מכין להם מה שכבר נפסד, דנהי דצריך להשתדל להכין יין, היאך ישתדל להכין פת ובשר, **וראיה** לדבר, שברמזים פ"ק דכתובות לא כתב אלא מי שהיה טבחו טבוח ויינו מזוג ומת אביו של חתן כו', ולא כתב פתו אפויה, **וכן** מ"ש הב"ח, וכצ"ל דהכינו כל התכשיטין כו', אינו מוכרח מטעמא דאמרן, כיון דבתכשיטים נמי איכא הפסד, כמ"ש הר"ן והמחבר, כגון דאיכא תמרוקי הנשים שיתקלקלו.

ומת אביו של חתן, והוא במקום שאינו מצוי למכור, ואם תדחה החופה יפסיד מה שהכין; או שמתה אמה של כלה, ואיכא תמרוקי נשים וקישוטין שאינם מתקיימים - (ואפילו מת לו ג"ב אמו או שאר קרובים, שנשארו מי שיכין לו, מ"מ מכניסים לחופה משום פסידא דידה, והוא הדין איפכא במת אביו, תפל"מ).

(מאחר שאין להם מי שיטרח בעבורם בפעם אחרת), מכניסין את המת לחדר ואת החתן ואת הכלה לחופה, ובועל בעילת מצוה - דאם יקברוהו, יחול עליו אבילות בסתימת הגולל, ושוב לא יוכל לכנוס לחופה עד שיעבור האבילות, **ואע"ג** דאונן נמי אסור בתשמיש המטה וכדלעיל סי' שמ"א, **מ"מ** הכא הקילו והתירו תשמיש לאונן ולא לאבל, ‹ועשאוהו כמי שנתייאש מלקוברו כדי שיהא מותר בבשר ויין ותשמיש המטה – ערוה"ש›, [**מחמת פסידא דאית ליה, ואין לו אב להכין אחר, אבל אחר שנקבר המת מתחיל האבילות, ולא התירו לו כאן איסור אבילות, אלא דחו את אבילות עד אחר ימי המשתה, והכל מחמת פסידא], ומשום** קילותא דקמי' סתימת הגולל לא אתי לזלזולי באבילו' דעיקר ז', דלעולם ימי אבילות מסתימת הגולל ואילך חמורים הם ממי שמתו מוטל לפניו, ומקילתא לחמירתא לא גמירי אינשי.

ופורש - ואסור לבעול שנית אפילו קודם שנקבר המת, משום דאונן אסור בתשמיש, רמב"ן שם.

וכיון שחלה עליו החופה הויא לדידיה כרגל, ונוהג שבעת ימי המשתה ואח"כ נוהג שבעת ימי אבילות - אפי' למ"ד אבילות יום ראשון דאורייתא, טעמא דנוהג ימי המשתה ברישא, משום דב"ד יכולים לעקור דבר מן התורה בשב ואל תעשה, **ולפ"ז** אינו ראוי להתעסק בדברים של שמחה כל אותו היום, אלא שאינו חייב לעשות מעשה דאבילות, והיינו שב ואל תעשה ביום הראשון, עכ"ל העט"ז, והוא מדברי הר"ן שהביא הב"י, **ונראה** דלדידן דקי"ל לקמן סימן שצ"ט ס"ס י"ג, יום ראשון אינו אלא דרבנן, מותר להתעסק בדברי' של שמחה, ומטעם זה השמיטו המחבר והרב דברי הר"ן אלו, **וגם** העט"ז נראה שלא כתבו אלא למ"ד יום ראשון דאוריי', תדע, דהא קי"ל דאפי' גיהוץ ותספורת מותר כל ז', כמ"ש גם העט"ז גופי', ומשמע אפי' ביום הא', והרי אין לך מעשה גדול מזה, אלא ודאי כדפי'.

‹**ואם** בתוך ימי המשתה פגע בו רגל, מפסיק לי' גזירת שבעה, שכנה"ג בשם תשובת עדות ביעקב, **ולענ"ד** דין זה צ"ע, דבפשוטו כיון דעדיין לא חל עליו אבילות, אין הרגל מבטלו, וגוף התשו' אין בידי לעיין בו, וצ"ע לדינא – רעק"א.

‹**ויש** בזה שאלה, כיון שמת קודם החופה, והתרנו לו החופה ושבעת ימי המשתה דדמי לרגל, למה לא יתבטלו ממנו גזירת שבעה לגמרי, **והתשובה** דלא דמי, דהתם הא נהג שעה אחת אבלות קודם הרגל, אבל כאן הא עדיין לא נקבר ולא חלה עליו אבלות עדיין, והוי כמת בתוך הרגל דלא נתבטלו האבלות – ערוה"ש.

וכל שבעת ימי המשתה נוהג בהם דברים שבצינעא, ואסור בתשמיש המטה - וכתב הטור בשם הראב"ד, דדוקא בתשמיש וביחוד אסור, אבל במיני פרישות כמזיגת הכוס והצעת המטה והרחצת פניו ידיו ורגליו, מותר, ולא עוד אלא אפי' בחיבוק ונישוק יש להתיר, וכ"נ מדברי הרא"ש, וכ"נ דעת המחבר, שלא כתב לאסור אלא תשמיש המטה, **מיהו** תימא דבריש כתובות כתב הרא"ש וכן ברמזים שם, דכיון דהאי אבילות קילא ליה מנדה, אינה מוזגת לו הכוס ואינה מצעת לו המטה ואינה מרחצת לו פניו ידיו ורגליו, **ולענין** דינא, גם דעת ר' ירוחם

סימן שמב – מי שהכין צרכי חופתו ומת לו מת שחייב עליו אבילות

דאסור, וכתב וזה לשונו: וכתב הראב"ד, אף על גב דהוא ישן בין האנשים והוא בין הנשים, מותרת במזיגת הכוס ובהצעת המטה, **ותמהו** עליו, וכ' מורי הר"ר אברהם בן אסמעאל נר"ו, כי מאחר שאסור לישן עמה ביחוד, כ"ש שאסור לה למזוג כוס ולהציע לו המטה ולרחוץ פניו ידיו ורגליו, עכ"ל, **וכן** מוכח בש"ס ריש כתובות דף ד', דהא בנדה יחוד שרי כשבעל, ואפ"ה מזיגת הכוס אסור, מכ"ש אבילות דהכא דיחוד אסור, דמזיגה יהא אסור, **וליכא** למימר דלענין נדה יותר מסתבר לאסור מזיגת הכוס כו', ולענין אבילות יותר מסתבר לאסור יחוד, דא"כ מאי פריך ש"ס, למימרא דאבילות קילא ליה מנדה, האמר ר"י ב"ח כל מלאכות שהאשה עושה לבעלה כו', וגבי אבילות תניא כו', **ואפשר** דעת הראב"ד כדקמסיק, אבילות דהכא כיון דאקילו ביה רבנן, אתי לזלזולי ביה, ומן הדין היה מותר אבילות דהכא אף ביחוד, רק דחכמים אסרו ליה יחוד כי היכי דלא לזלזל ביה, א"כ די כשעשו לו היכר בין אבילות דהכא ואסרו לו יחוד כי היכי דלא לזלזל, ומה לנו לגזור עוד ולאסור גם מיני פרישות.

הלכך כל ז' ימי המשתה וז' ימי האבל הוא ישן בין האנשים, והיא ישנה בין הנשים - כ' העט"ז, אף על גב דשאר אבל מותר להתיחד, שאני הכא שאשה חדשה היא לו כו', **ולא** דק, דלפי זה אפילו אירע בו אבילות שבעה תוך ז' ימי המשתה אסור להתיחד, והא ליתא כמבואר לקמן סי' שפ"ג, והאמת שלא עיין בש"ס ריש פ"ק דכתובות, מוכח התם מכל הסוגיא דאין לחלק בין אשתו ישנה לחדשה, **אלא** הכא היינו טעמא כדאמר רב אשי התם, וכדאיתא בפוסקים, דהא אבילות דהכא קילא ליה, שהרי מת לו מת קודם שחלו ז' ימי המשתה, והתירו לו חכמים להכניס את המת לחדר ואת החתן וכלה לחופה כדי לדחות האבילות מעליו, ואיכא למיחש דלמא אתי לזלזולי ביה.

כתב הב"ח, דמיירי בבעולה, אבל בבתולה מותר לייחד, דנהי דאבילות קילא, מ"מ כיון שבעל אסורה לו משום דם נדות שחמיר, וכן נתבאר לעיל סי' קצ"ב.

[**אף** על גב דבכל בעילת מצוה פורש בזמן הזה, מכל מקום כאן מיירי בזמן התלמוד, שלא היו פורשין אחר בעילת מצוה, מ"מ כאן באבילות צריך לפרוש]. **ליתא**, דהא משנה אחרונה היא שפורשים - נקה"כ. [**גם** מה שכתב הטור לדעת הראב"ד שמותר בחיבוק ונישוק, מיירי ג"כ מזמן התלמוד, **ובזה** ניחא נמי מה שיש להקשות על מ"ש שצריך החתן שמירה אחר שבעל בעילת מצוה, **והלא** אמרו בגמרא דדוקא באיסור שהוא אבילות החמירו עליו כאן שצריך שמירה, **אף** על פי שבעל, דלא יטעה להקל עוד כיון שהקילו בו רבנן לענין היתר תשמיש באונן, **אבל** ביש איסור נדה עליו, אין צריך שמירה אם בעל כבר, שבודאי לא נחשד על הנדה, וא"כ לדידן שפורשין אחר בעילות של מצוה כמו בשאר נשים, למה הצריך שמירה בזמנינו, **די"ל** דכיון דבזמן התלמוד היה חיוב בשמירה, אין לנו להקל בזה, דאין בנו כח אלא להחמיר ולא להקל, כן נ"ל].

לא דק, ואישתמיטתיה דברי הרא"ש רפ"ק דכתובות, דכתב להדיא, דלמשנה אחרונה שאמרו דם בתולים כדם נדה, אשתו ישנה עמו, וכ"פ רבינו ירוחם ורמ"א לעיל קצ"ב, וכ"כ ב"י שם שכן נראה דעת הפוסקים, והיינו מטעם דדם בתולין חמיר ליה, וכן נ"ל מוכח דעת התוס'. **אלא** הכא בבעולה מיירי, כמ"ש הב"ח, וכמ"ש בש"ך - נקה"כ.

הגה: יש אומרים שאסורה ליחד עמו ביום כמו בלילה – [בטור כתוב בשם הרא"ש, דלמראית עין היצר מתגבר. **רבים** מקשים מהא דאמרינן גבי ליל יוה"כ, דיש נוהגין להדליק נר כדי שלא ישמש מטתו, **ושבוש** הוא, דהתם לא חיישינן אלא שמא ישכח וישמש, ע"כ הוה היכר ע"י נר, מה שאין כן כאן דחיישינן שמא יעבור במזיד, ומראית עינו יגרום לו זה].

ואין צריך להיות להם שתי שמירות רק הוא בין האנשים או היא בין הנשים. ואם אינם ישנים בחדר אחד, אין צריכין שימור כלל. וי"א דבלילה צריך שתי שמירות, וביום מותר להתייחד עמה. והמנהג ליקח קטן אצל החתן וקטנה אצל הכלה - כתב הב"ח, מיהו צריך שיהו יודעים טעם ביאה, ושאינה מוסרת עצמה לביאה, כמו שמבואר באבן העזר סי' כ"ב, **ואין מתייחדין ביום בלא קטן או קטנה.**

ואף על פי שאבילות בחתן שהכין צרכי חופתו דבר שאינו מצוי הוא, ובדבר שאינו מצוי לא שייך בו מנהג, וכדלעיל סי' ק"כ ס"ק ג', מ"מ כיון דכן המנהג בפירסה כלתו נדה, וכדלעיל סי' קצ"ב ס"ד, ה"ה הכא דחד דינא אית ליה בזה.

ולענין שלשים אינו מונה אלא מז' ימי אבילות ואילך, וכל שבעת ימי החופה מותר בגיהוץ ותספורת – [זהו טעם על מה שאמר תחלה, שאין מונה שלשים אלא מן אחר הרגל, דהיינו שבשאר רגל מונים שלשים מימי הרגל, כיון שאסור גם ברגל בגיהוץ ותספורת מחמת אבילות, **וכאן** מותר בגיהוץ ותספורת, דכתיב מלך ביפיו תחזינה עיניך].

והב"ח כ' דנראה לאסור בגיהוץ ותספורת, דאינו מפורסם דמשום אבל הוא שעושה כן, דשמא לפי שאין לו בגדים מגוהצים, ואין הספר מזומן לספר אותו, והוי דברים שבצנעה כו', **ותימה** היאך הפריז מדותיו לחלוק על הרמב"ן וטור בסברא בעלמא, וכ"ד הרא"ש ורבינו ירוחם, וגם דעת המחבר וכ"כ בתשו' משאת בנימין, **אלא** ה"ט, דחתן כיון דדמי למלך ביפיו תחזינה עיניך, א"כ כל כמה דלא מספר ומגהץ, מפורסם הוא דמשום אבל הוא עושה כן, דהו"ל להשתדל בגדים מגוהצין, וספר לספר, דעליה רמיא למיגהץ ולספר.

אם מת לו מת בתוך שבעת ימי המשתה, כתב הרמב"ם בפי"א דין ז', דמשלים שבעת ימי המשתה תחלה ואח"כ מונה ז' ימי אבלות, ע"ש, ומונה השלשים מימי האבלות, ואין ימי המשתה עולים לו מטעם שנתבאר – ערוה"ש.

(**ועי'** בתשו' שבו"י, באחד שהיה חולה נוטה למות, וצוה לעשות נשואין לבתו, ומת אביה אחר בעילת מצוה, **וכתב** שביום המחרת לא תלך בתו אחר המת ללויה, כיון שהוא רגל דידה, **ואע"ג** דברגל עצמו הולכין

ללוות המת אפילו הרחוקים וכ"ש שאר קרובים, **מ"מ** בכלה שהמנהג שלא לצאת מפתח ביתה עד שבת, כי כל כבודה כו', א"כ אם תלך אחר מטת אביה כאבלים, הוי כאבלות בפרהסיא ואסורה ברגל, וכבר קי"ל דנוהגת שבעת ימי משתה ואח"כ נוהג שבעת ימי אבילות, **ותו** כיון דאביה צוה שיעשו לה נשואין, בודאי ניחא ליה ומוחל על כבודו כו', ע"ש, **ומשמע** דבאביו של חתן כה"ג, צריך לילך ללויה). ‹**והנה** בזמנינו ידוע שהכלה הולכת מיד לרחוב, א"כ ממילא שצריכה לצאת אחר המטה, במקום שנהגו שנשים יוצאות ללויה – ערוה"ש›.

ואם אין לו פסידא, כגון במקום שמצוי לימכור מה שהכין, או אפילו אית ליה פסידא, ומתה אמו של חתן או אביה של כלה או אחד משאר קרוביהם, שנמצא מי שיכין להם לפעם אחרת, לא התירו לדחות האבלות, אלא קובר אותו מיד, ונוהג שבעת ימי אבילות, ואחר כך מכניסין את החתן ואת הכלה לחופה מיד – ‹אפילו תוך שלשים›, **ונוהג שבעת ימי המשתה** – ‹בכל דיניהם, ואין צריך לגרוע שום דבר מחמת השלשים, דהואיל וכבר התחילו להכין הכל, לא הטריחוהו יותר אפילו במתים אחרים – לבוש›.

[מעשה אירע בבתולה שניסת בליל שבת ועדיין לא נבעלה, וביום השבת מתה אמה של הכלה, ונשאלתי כדת מה לעשות באבילות דידה, כי קצת לומדים רצו לדמות דין זה לכאן, **ואני** אמרתי שטעו, דע"כ לא התירו כאן לבעול בעילת מצוה, אלא משום פסידא דסעודה שהכינו כבר, ויצטרכו להוצאה חדשה אם ידחו עשיית החופה עד אחר האבילות, **אבל** כאן שכבר נעשית החופה, רק שלא נבעלה עדיין, בודאי אם ידחו הבעילה אין כאן פסידא דסעודה, דמאי דהוה הוה, שהרי לא יעשו סעודה שנית, ע"כ אסור לבעול, דהא תשמיש המטה אסו' גם קודם הקבור', כמו שכתב הטור ושלחן ערוך בסי' שקודם לזה. **אך** נ"ל לענין אבילות דכלה זאת, שתתחיל מיד ביום א', ותמנה יום ז' ואח"כ תיבעל, **דאין** לומר כיון שחלה עליה החופה ה"ל כרגל, וממילא לא תתחיל באבילות עד שיכלו ז' ימי החופה, כמו מת לו מת ברגל, זה אינו, דז' ימי המשתה תקינו רבנן לשמח חתן וכלה, והם לא ניחא להו בהאי תקנתא, דאם תנהוג תחלה ז' ימי המשתה והיא אסורה לבעלה, תצטרך להמתין ז' ימי אבילות, ותיאסר י"ד יום, **ואפי'** בממון מצינו בכמה דוכתי שיוכל אינש לומר לא ניחא לי בהאי תקנתא, כדאיתא ריש ב"ק ובפרק הכותב לענין איני ניזונית ואיני עושה, כ"ש כה"ג במידי דקיום מצוה שיש להקדים כל מה שאפשר, **ועוד** ראיה מפרק שלוח הקן, דבעינן תשלח יתירה לרבות ציפורי מצורע, דלא תימא דאתי עשה דטהרת מצורע ודחי עשה דשלח, משום דעשה דטהרת מצורע אתי להתיר תשמיש המטה, קמ"ל תשלח יתירה דלא ידחה, ש"מ דמשום היתר תשמיש הייתי אומר דדחי את עשה שכנגדו אי לאו קרא יתירה, ק"ו בבעילת מצוה דיש לדחות מפניה מידי דמדרבנן, דהיינו ז' ימי משתה. **על** כן פסקתי שתתחיל למנות תכף אחר השבת ז' ימי אבלות, ואחר תיבעל בעילת מצוה, כנלע"ד נכון וברור]. ‹**ואינו** כן כמבואר מהרמב"ם, וכבר תמה בזה הדג"מ – ערוה"ש›

[**אחר** הדברים דלעיל ראיתי בספר הדרישה בזה הסי', במה שכתב הטור וכיון שחלה עליו החופה ה"ל לדידיה כרגל, כתב וז"ל, לפי מה שכתבתי לקמן בסימן שס"א והבאתי ראיה מגמרא ופוסקים, דמה שמכסין ראש הכלה בשחרית מיקרי חופה, נ"ל ג"כ לסמוך על זה דאם חלילה אירע אבילות לחתן או לכלה אחר שכיסו ראש הכלה, דאין צריכין לפסוק שבעת ימי המשתה, אלא קוברין המת מיד, ונדחו שבעת ימי אבילות עד אחר שבעת ימי המשתה, כדין אי מת אביו של חתן כאן, עכ"ל. **תמוהין** לי דברי הרב טובא, חדא במאי שחושב כיסוי ההינומא לחופה, דהא כתב רמ"א באבן עזר סי' נ"ה, דהמנהג בינינו לקרות החופה דוקא היריעות על כלונסות כו', דזה החופה הנוהגת עכשיו כו', והרבה פעמים אנו רואים שמסלקין נדוניית החתן אחר כיסוי ההינומא, ואם אין מסלקין אותו כראוי החתן פונה לדרכו, ואין שם עדיין שום חיוב עליו לישאנה מחמת כיסוי ההינומא, והיאך נאמר להקל שכבר חל עליו רגל משעת הכיסוי במקום דליכא פסידא, דהיינו שהוא אבל שלא על אביו, **דאלו** על אביו לא היה לו לבעל הדרישה לבקש היתר מחמת שכבר חל עליו חופה, דבזה אפי' קודם החופה התירו לעשות החופה ואפי' לבעול בעילת מצוה כל זמן שלא נקבר המת. **ובר** מן דין קשה טובא... **ועיקר** והוא דבר פשוט, דלא התירו כאן לעשות ימי המשתה אלא במקום פסידא דהיינו במת אביו של חתן, אזי התירו שני דברים, דהיינו בעילת מצוה כל זמן שהוא אונן, ודחיית אבילות אחר הקבורה עד אחר ימי המשתה, אבל לא באבילות אחר, **ויותר** מזה קשה, ממה שכ' הר"ן פ"ק דכתובות, דאע"פ שחל עליו החופה והוה כרגל, מ"מ לא הקילו אלא בשב ואל תעשה אבילות, אבל אסור לו להתעסק בדברים של שמחה כל אותו יום של מיתה וקבורה, למאן דאמר יום ראשון דאורייתא, **וא"כ** היכי יעשה החופה ביום שנעשה אבל מטעם שכיסו הכלה ביום שנעשה אבל, והרי אין לך מעשה שמחה גדולה מזה, **ואין** לומר שיש לסמוך על מאן דאמר אין שום אבילות דאורייתא, כדאיתא סימן שצ"ח, דהא לא הכריע, ואין שייך כאן לומר הלכה כדברי המיקל באבל, **דהא** בב"י סי' שצ"ט פסק כמאן דאמר דאוריי', **ותו** דכבר כ' הר"ן בתשו' הביאו ב"י סי' רכ"ח, דבכל מילי דמספקא לן אי הוה מן התורה או מדרבנן, מקרי ספק דאוריי' ולחומרא, **ותו** דהא אונן ביום ראשון דאורייתא אפי' להרא"ש, כמ"ש הטור סי' שצ"ח, ובפרק טבול יום דף ק' אמרינן, אפי' נקבר הוה אונן ביום המיתה עד הערב לאכילת קדשים, ומשום הכי כתב הרא"ש בפרק אלו מגלחין, דרבן גמליאל לא רצה לרחוץ ביום המיתה, אף על גב דהוה איסטניס, כיון דיום המיתה דאורייתא, **ועל** כן נראה לע"ד, דבכל אבילות שהוא שלא על אביו של חתן או אמה של כלה, יש לדחות עשיית החופה עד אחר שבעת ימי אבילות, ואף על פי שכבר כיסו הכלה בהינומא, וירויחו בזה הקדמת בעילת מצוה שבעת ימים, וכפי שכתבתי למעלה, כן נראה לע"ד נכון].

האריך הרבה בראיות, וכל ראיותיו מפוקפקות ויש לדחותם, ובפרט מש"כ הר"ן בפ"ק דכתובות דאע"פ כו', דלא קשיא מידי, דאנן קי"ל דרבנן וכדלקמן סי' שצ"ט סי"ג בהג"ה. **אבל** מה שטרח בחנם טרח, שדינים אלו מבוארים ברבינו ירוחם, וז"ל, ואם כנס כבר ולא בעל עדיין ומת, ר"ל באותו יום אחר הנישואין שברכו כבר, מת אחד מקרובי

סימן שמב – מי שהכין צרכי חופתו ומת לו מת שחייב עליו אבילות

החתן לא אביו, י"מ שכתבו שנוהג ימי המשתה ואח"כ ז' ימי אבילות, כמו שמת לו מת ברגל, כי מאחר שברכו ברכת נשואין כבר חלו עליו ימי המשתה, **ואע"פ** שכשמת אביו אמרינן דבועל בעילת מצוה וכו', דנראה דלא חל עליו השמחה עד שיבעול, **שאני** התם דחל האבילות קודם הנשואין, רק שהיה הכל מוכן, ולא אלימא האי שמחה לחייבו ז' ימי המשתה עד שיבעול, ולפיכך בועל קודם שיחולו עליו ז' ימי המשתה, **אבל** כאן שכבר נשא, כבר חלה שמחה עליו בלא בעילה, ולפיכך אין בועל עד שיעברו ז' ימי המשתה וז' ימי האבילות, כ"כ הר"י גיאות והר' דוד כהן בתשובה, **אבל** הרא"ש כתב והורה בזה הלכה למעשה, שינהוג האבילות תחילה, דלא חלה עליו שמחה עד שיבעול, מאחר שאינו אביו המת אלא שאר קרובים, עכ"ל רבינו ירוחם, **והיכא** דליכא פסידא או שיש אחר לטרוח, פשיטא דדין אביו ואמו כשאר קרובים, וכדמשמע בגמ' ופוסקים - נקה"כ.

ועוד כתב רבינו ירוחם שם, דבאביו ואמו שאינן ראוין לטרוח, נוהג אבילות תחילה ואפי' היכא דאיכא פסידא, עכ"ל. **ובמת** אחד מקרוביהם, אך אין קיימים אבי החתן או אם הכלה, כמו שעכשיו היתה ההכנה ע"י אחרים, כמו כן תהיה לפעם אחרת, ולא התירו זה – ערוה"ש. **ונראה** דבזמנינו אפי' מת אביו ואמו, דין שאר קרובים יש להם, דהא שכיח הרבה ששאר קרובים מטריחים עצמם ומכינים צרכי סעודה ותכשיטין לכלה, והלכך בכל ענין נוהג אבילות תחילה, ואין בועל עד שיעברו ז' ימי האבילות, ואח"כ נוהג ז' ימי השמחה כנ"ל. (**ועי'** בתשו' חתם סופר שכתב, דהכי נהיגי עלמא האידנא).

«**ומ"מ** אם בעל ואח"כ מת לו מת, כיון דכבר חלו ז' ימי המשתה, נוהג ז' ימי משתה ואח"כ נוהג ז' ימי אבילות. **ובאלמן** שנשא אלמנה, נראה דנוהג ימי משתה ואח"כ ימי אבילות, עי' אה"ע סימן ס"ד ס"ב. **ובחור** שנשא אלמנה, תליא במחלוקת הפוסקים שם ס"ב, אם נוהג שמחה ג' או ז'. **ולכאורה** יש לדון, דבאלמן שנשא אלמנה דג' ימי שמחה עולין לימי אבילות, למ"ש הר"ן לחלק במה די"ט אחרון עולה לימי אבילות, כיון דהוא יו"ט דרבנן, וז' ימי המשתה אינם עולים, משום דאם נאמר דיעלו לא ינהג אבילות כלל, ואף יום אחרון אינו עולה, דמ"ש יום אחרון משארי ימים, עיין שם, **א"כ** י"ל דבאלמן שנשא אלמנה דליכא אלא ג' לשמחה, שפיר אמרינן דעולין לימי אבילות, וינהוג אבילות ד' ימים, **ומ"מ** אפשר כיון דבנושא בתולה א"א לומר דיעלו, לא פלוג רבנן, ואמרו דמועד דחתן אינו עולה לאבילות, וצ"ע לדינא – רעק"א».

§ סימן שמג – מצות הלווית המת §

סעיף ב- בכפר קטן, אין שואלים שלום זה לזה כשהמת בעיר – «שאינו עת שלום, בד"א בכפר קטן, שהכל צריכין להתעסק עמו, אבל בעיר גדולה שואלין, שאין הכל משגיחין על המת – לבוש».

«נ"ל דה"ה בעיר קטנה אין שואלין שלום זל"ז, כל שהמת נרגש בהעיר, ומזה יראה לי, דכשמת אדם גדול, אפילו בעיר גדולה אין שואלין שלום זל"ז – ערוה"ש». **הגה: וכל שכן שאין שואלים בשלום כשיש מת על בית הקברות** – «ועדיין לא נקבר – ערוה"ש», אפי' בעיר גדולה, **אבל כשאין מת שם, שואלין, ברחוק ארבע אמות מן הקבר** – «ונ"ל דגם בבית האבל אין שואלין בשלום זל"ז, כיון דהוא מקום צער, לא נאה להתראות בשלום. **ויש** מקילים, משום דשאילת שלום שלנו אינו כשאילת שלום שלהם, וחלילה להקל. **ואין** לומר הטעם, משום דבפני המת הוי כלועג לרש, וא"כ בבית האבל לא שייך זה, דמה לועג לרש שייך בזה, אלא הטעם כמ"ש, **ועוד** אולי גם בבית האבל הוי כלועג לרש, כלומר אתם שרוים בצער ואנחנו בשלום – ערוה"ש».

§ סימן שמד – חיוב ההספד וגודל שכרו, וכיצד ועל מי מספידין §

סעיף א- מצוה גדולה להספיד על המת כראוי – «וכי אפשר שכל העיר יספדום, בתמיה, ולכן נראה דעל סתם בני אדם, חיוב ההספד על הקרובים, שהם בוכים ומספידים את המת ומספרים בשבחים מה שיש ביכולת בלתי הפלגות, או במעשה אבותיהם, **אך** על אדם המופלג בחכמה ויראה, זהו חיוב על כל העיר – ערוה"ש».

ומצותו שירים קולו לומר עליו דברים המשברים את הלב, כדי להרבות בכיה ולהזכיר שבחו – «כל המוריד דמעות על אדם כשר, הקדוש ברוך הוא סופרן ומניחם בבית גנזיו, וכל המתעצל בהספדו של אדם כשר, אינו מאריך ימים, וראוי לקברו בחייו, ש"ס».

ואסור להפליג בשבחו יותר מדאי – «מפני שהוא לו למזכרת עון למת, שיאמרו עליו: לא זו שזה לא היה בו, אלא אפי' עון כך וכך עשה, ומתוך כך יבואו לספר בגנותו להזכיר חטאיו – לבוש», **אלא מזכירין מדות טובות שבו, ומוסיפין בהם קצת, רק שלא יפליג.**

[קשה, מה לי שקר מעט מה לי שקר הרבה, **ונראה לתת טעם לזה, דדבר מסתבר הוא, שכל מי שעושה איזה מצוה כגון צדקה וכיוצא בה באיזה שיעור, בודאי אם היה בא לידו דבר הצורך קצת יותר, ודאי לא היה מניח מלעשות גם אותו השיעור, כי לא היה משחית בעבור דבר מועט יותר, וע"כ נחשב לו כאלו עשאו, ואין כאן עדות שקר עליו**].

«**ביאור** הדברים כן הוא, דממילא בהכרח להיות בהם קצת תוספת, דמי יוכל לכוין ממש השבח כמו שהוא, ובהכרח או להוסיף מעט או לגרוע מעט, ומוטב להוסיף מלגרוע, ואין זה הוספה, דכן הוא דרך המדברים, ודברי הט"ז דחוקים – ערוה"ש».

ואם לא היו בו מדות טובות כלל, לא יזכיר עליו – «כלום».

וחכם וחסיד, מזכירים להם חכמתם וחסידותם. וכל המזכיר על מי שלא היה בו כלל, או שמוסיף להפליג יותר מדאי על מה שהיה בו, גורם רעה לעצמו ולמת – «שיהיה מדת הדין מתוח כנגד שניהם, כי דובר שקרים לא יכון – לבוש». [**יש** בירושלמי,

המת יודע ושומע קילוסו כמתוך החלום, וכל שאומרים בפניו יודע עד שיסתום הגולל›.

סעיף ב - כשם שמספידין על האנשים כך מספידין על הנשים כראוי להן, (ונספדות בין האנשים והחכמים)

– ‹ואין זה גנאי. **ואם** אשה חשובה היא, כגון שהיתה בעלת צדקה או עוסקת בצדקות, או החזיקה יד בעלה שיוכל ללמוד, והדריכה בניה בדרך התורה, אומרים הספד לפני מיטתה כמו שמספידין איש חשוב – ערוה"ש›.

סעיף ג - במקום שרגילין להשכיר מקוננות להספיד, חייב להשכיר מקוננות להספיד על אשתו. ואם לא רצה, בא אביה – ‹או קרוביה – לבוש› **ומשכיר, ומוציא ממנו בעל כרחו** – ‹ואם אין מנהג בזה, כמו בזמנינו שלא שמענו המנהג הזה כלל, יספידום בעצמם בדברים ובכיות, אם מעט ואם הרבה – ערוה"ש›.

סעיף ה - בני עשירים ובני חכמים, מוסיפין קצת על שבח מעשיהם - משום כבוד אבותם.

סעיף ו - תינוק שיודע לישא וליתן, מספידין אותו במעשה עצמו; ואם אין לו מעשים, מספידין אותו במעשה אבותיו; ואם אין להם מעשים, מספידין להם במעשה קרוביו.

סעיף ז - הכלה – ‹בתוך ז' ימי המשתה – ערוה"ש›, **מספידין אותה בין במעשה אביה בין במעשה בעלה** - שעולה עמו ואינה יורדת עמו.

סעיף ח - המחותך – [פי' שהוציאוהו חתוך מן הבטן], **והמסורס** – [שיצא הפוך], **והנפלים, ובן ח', וכן בן ט' מת, והעובד כוכבים והעבדים, אין מתעסקין להספד וללוות** - אבל צרכי מטה וקבורה מתעסקין עמהם, טור.

‹אע"ג דעד בן ה' אין מספידין, ופשיטא אלו, אך כשנולד כדרכו אם רצה להספידו רשאי, ובאלו אינו רשאי – ערוה"ש›.

סעיף ט - יורשים שאינם רוצים לפרוע שכר הספדן, מוציאים מהם בעל כרחם - דהספד יקרא דשכבא הוא, ומטעם זה שומעין לו כשאומר אל תספדוהו.

ודוקא שירשו ממון המת, דאל"כ אפילו בניו אין מוציאין מהם בעל כרחו, כדלקמן סי' שמ"ח סעיף ב'.

סעיף י - מי שצוה שלא יספדוהו, שומעין לו - (עבה"ט של הרב מהרי"ט ז"ל שכתב בשם תשו' בית יעקב, דגדול הדור שמת וצוה שלא להספידו, המיקל שלא לשמוע לחכם הלז לא הפסיד, ע"ש. **ועי'** בשו"ת תשובה מאהבה שהאריך בזה, והביא בשם רבי הגאון בעל נודע ביהודה ז"ל, שאמר בעת שהספיד להגאון בעל פני יהושע, אף שצוה שלא להספידו, אין שומעין בזה למי שהוא רבן שכבה"ג, **ושקיל** וטרי בהא, וסיים שאין לו היתר ברור לבטל דברי המת ולהספידו במקום שאמר אל תספידוני, וע"ש עוד מזה. **עוד** כתב בתשו' בי"ע שם, בשני ת"ח בעיר אחת שהיו שונאים זה את זה, ומת אחד מהם, אסור למעט הספד מפני כבוד ת"ח שני, ע"ש).

(אבל אם צוה שלא לנהוג עליו ז' וגזירת שלשים, אין שומעין לו)

– ‹דאלו מצות דרבנן הם, ולאו כל כמיניה לבטלם מקרוביו, דלאו בדידיה תליא מילתא – לבוש›. **אבל** צום האב ואם שלא לנהוג בהם י"ב חדש, כיון דאינו שייך בשאר מתים אלא בכבוד אב ואם, מצוה לקיים דבריהם.

(עי' בספר עיון יעקב שחבר הגאון בעל שבו"י, שחולק על מהרי"ו ועל רמ"א ז"ל, ודעתו דה"ה לענין אבילות שבעה וקריעה שומעין לו, אחרי שהוא ג"כ לכבוד המתים, דמה"ט המאבד עצמו לדעת אין מתאבלין עליו, **וכתב** שעשה כן הלכה למעשה שלא כדברי הרמ"א ז"ל, ע"ש, **ועיין** בשו"ת תשובה מאהבה שהשיג עליו, והעלה דאין לסמוך עליו בזה להקל, ע"ש. **ועי'** בתשו' אבן שהם, דמי שצוה שבנו לא יאמר קדיש עליו, שומעין לו, ע"ש).

סעיף יא - איסור תלישת שיער, וכן שריטה על מת, בסי' ק"פ.

סעיף יב - העם העוסקים בהספד, כל זמן שהמת מוטל לפניהם, נשמטים אחד אחד וקורין את שמע ומתפללין – ‹אבל המספידין עצמם פטורין, ודוקא ביום הראשון, אבל מכאן ואילך חייבים גם המספידין – ערוה"ש›. **אין המת מוטל לפניהם, הם יושבים וקורים, והאונן יושב ודומם; הם עומדים ומתפללים, והוא מצדיק עליו את הדין ואומר: יהי רצון מלפניך ה' אלהי שתגדור פרצותינו ופרצות עמך בית ישראל** – ‹ברחמים – לבוש›.

סעיף יג - לאחר קבורה מפסיקין ההספד, בין בקריאת שמע בין בתפלה – ‹דדוקא בהספד שקודם הקבורה אמרו שנשמטין אחד אחד וקורין ומתפללין ואין מפסיקין ההספד – לבוש›. **(ועיין באורח חיים סימן ע"ב).**

סעיף יד - אין עושין שני הספדים בעיר אחת, אלא א"כ יש שם רוב עם ליחלק לשנים ויהיה בכל הספד עם כדי צורכו – ‹כפי הכבוד – ערוה"ש›.

סעיף טו - אין עושים שני הספדים בעיר אחת, אלא אם כן יש כדי לספר שבחיו של זה ושבחיו של זה – ‹כלומר שיהיו שני מגידי הספד, שזה יגיד על זה, וזה על זה, אבל בלא"ה מספידין אחד וקוברין אותו, ואח"כ מספידין השני וקוברין אותו, או אפשר להספיד השני קודם קבורת הראשון – ערוה"ש›.

סעיף טז - אין אומרים בפני המת אלא דברים של מת - ‹דהמת שומע כל מה שמדברים – ערוה"ש›, **כגון צרכי**

סימן שמד – חיוב ההספד וגודל שכרו, וכיצד ועל מי מספידין

קבורתו והספד; אבל שאר כל דבר, אסור, והני מילי בדברי תורה - משום לועג לרש חרף עושהו, ‹כלומר שזלזול וביזוי יש לו בזה, שאנו עוסקין בתורה והוא אינו יכול›. **אבל במילי דעלמא לית לן בה** - ‹דלית בה משום לועג לרש – לבוש›.

משמע דעת המחבר, דד"ת אפילו חוץ לד' אמות אסור, ומילי דעלמא אפי' תוך ד' אמות שרי, **והב"ח** פסק, דד"ת אסור אפי' חוץ לד' אמות, ומילי דעלמא אינו אסור אלא תוך ד"א, **ודבריו** של מת מותר אפי' בד"ת אפי' תוך ד"א, וכן נהגו לדרוש באגדות ופסוקים אפי' תוך ד"א בפני המת, ויוצאין מענין לענין עד שמגיעין לספר שבחיו של מת, מעסק תורתו וחסידותו ויותר מדות טובות שהיו בו, ע"כ, **וכתב** המרדכי, דכל אותו חדר שהמת מונח בו חשוב כד' אמות, וכן פסק הב"ח, וע"ל סי' שס"ו.

סעיף יז - מותר לומר פסוקים ודרשה לכבוד המת, בתוך ארבע אמותיו או בבית הקברות - ‹שאין זה לועג לרש לכל המתים, כיון שעושין לכבוד זה המת, ניחא לכולהו – לבוש›.

[**דכל שאין לכבוד המת ודאי אסור, ולא כיש שמכוונים להראות מעלתם בדרוש שעל המת, מה שאינו לכבודו, ולאו שפיר קעבדי, ושמעתי הרבה גדולים היו מקפידין על דבר זה**].

[**בספר תורת האדם כתוב, דאין מנהג ולא דרך ארץ להזכיר המת אחר שנים עשר חודש, וכל שאין מגעת שמועה אלא לאחר שנים עשר** חודש, פטורים מהספד, ואין חודש העיבור בכלל, כי לא הוזכר שנה רק י"ב חדש].

סעיף יט - מספידין תלמידי חכמים ונשותיהם בבית הכנסת ובבית המדרש, אבל לא שאר העם.

סעיף כ - חכם ואלוף וגאון, מכניסין אותו לבית המדרש, ומניחין המטה במקום שהיה דורש, וסופדין אותו שם; וכשמוציאים המטה, סופדים אותו עד בית הקברות, וביום הז' עולים לבית הקברות ומבקרין אותו, וכן ביום שלשים ותכלית י"ב חדש, מבקרין ומשכיבין אותו - ‹כלומר שעושין לו הזכרה. **ועתה** לא ידענו ממנהג הזה, אלא עושין הזכרות בבהכ"נ ובבהמ"ד אחר קריאת התורה, ויש שכל שלשים אין עושין הזכרה, וכפי המנהג כן יעשו, ואחר י"ב חדש אין להספיד כלל וגם לא באזכרה – ערוה"ש›.

‹**יש** לתמוה על מה שענין הספד על ת"ח מרופה בידינו מאד, ויש מדינות שאין מספידין כלל, לבד בליטא וזאמוט, **ובאמת** הטעם, דמפני שאין רגילין בזה אין אצלם היודע להספיד לסדר דברי תורה והתעוררות, **ומ"מ** בכל מקום ומקום אם היה עולה על דעתם חובת ההספד לת"ח ויראי אלקים ועוסקי במצות, היו מוצאים מי שיכול להספיד, אך שעזבו הענין הזה לגמרי, **ואולי** הכל מחלו בזה – ערוה"ש›.

§ סימן שמה – דין המאבד עצמו לדעת, ומעדה, והרוגי ב"ד, והפורשין מן הצבור §

סעיף א - המאבד עצמו לדעת, אין מתעסקים עמו לכל דבר, ואין מתאבלין עליו, ואין מספידין אותו, ולא קורעין ולא חולצין - דכתיב: ואת דמכם לנפשותיהם אדרוש וגו', דעון גדול הוא המאבד עצמו לדעת, **וכתב** בתשו' הרשב"א, דאף שאמרו בכל מקום אין מתעסקין עמהם לכל דבר, לא לענין קבורה ותכריכים אמרו, אלא שאין קורעין ולא חולצין כו', ומביאו ד"מ. **אבל עומדין עליו בשורה, אומרים עליו ברכת אבלים וכל דבר שהוא כבוד לחיים.**

משמע שאין קורעין עליו כלל, אפי' האבלים, **אבל** דעת הרמב"ן והטור, שהאבלי' קורעין עליו, והאי אין קורעין, פי' לרחוקים. ‹דדק לרחוקים יש נ"מ בין מה שהוא לכבוד החיים ומה שהוא לכבוד המתים, אבל הקרובים עצמם צריכים לקרוע ולהתאבל כעל כל מתים – ערוה"ש›. (**ולפ"ז** ה"ה דמתאבלין עליו, אלא שאין מספידין עליו, עיין ב"י. **ועי'** בתשובת ח"ס שהראה פנים, שדעת הרמב"ן הלכתא היא, ודחה ראיית הלח"מ, **אך** להלכה למעשה מי ירים ראש נגד הסכמת הרב"י בש"ע, שסתם כהרמב"ם, ובשגם שהלכה כדברי המיקל באבל, **אמנם** מ"מ אומר אני, היכא דאיכא כבוד משפחה נכבדת, אשר יהיה להם לבוז ולכלימה עולמית שאחד מהם קלקל מעשיו, אבל אם יתיר להם המורה להתאבל, אז יאמרו הבריות קמו ביה רבנן במילתא ונתבאר שלא היה לו דין מאבד עצמו, **אזי** יכול המורה להורות לכתחלה להתאבל, אפילו אם באמת נתברר לו שהיה לו כל דין מאבד עצמו לדעת, וראיה מסנהדרין מ"ז כו', ועוד דהעיקר כהרמב"ן, **ונהי** דלענין אבל הלכה כדברי המיקל, אבל לענין פגם משפחה אין הלכה כהמיקל בכבוד בני אברהם יצחק ויעקב, עכ"ד ע"ש).

(**וכתב** עוד בתשו' ח"ס, דאף שמורגל דא"א קדיש אחר מאבד עצמו לדעת, לא ידעתי טעם הגון, וכי מפני שלא עשה מעשה עמיו, לא נצילהו מרדת שחת, ומי לנו אינו עושה מעשה עמיו כאבשלום כו', **אך** נשתרבב המנהג לפי דשאר אבלים לא יניחוהו לחלוק עמהם בקדישים, כי יטענו לאו כל כמיניה להאביד עצמו ולהשליך תיקון נשמתו עלינו, אולי היה חי כמה שנים והיה מת בזמן אחר או במקום אחר, **ולפ"ז** נ"ל פשוט, דאם הבן מקבץ עשרה בביתו באופן שאין הפסד לאבלים, יכול לומר קדיש, **ויאמר** כל י"ב חודש, דטעמא מאי א"א רק י"א חודש, דלא לשוויה לאביו רשע, האי גברא שויה נפשיה רשיעא, וניחא ליה דתהוי ליה כפרה. **אך** לומר קדיש בבבה"נ במקום שיש שאר אבלים, אם הבנים יודעים בעצמם באמת שאביהם איבד עצמו לדעת, אפילו אין האבלים אחרים יודעים מזה, אם אומרים קדיש הרי הם גוזלים המתים הכשירים, ואין כאן לחוש על כבוד משפחה במקום גזילת מתים האחרים. **אמנם** אם יש נדנוד ספק בדבר אי היה דינו כמאבד עצמו לדעת אי לא, אפילו אם החמירו עליו בקבורתו וזלזלו ביה, מ"מ לענין אמירת קדיש הדין עם בניו שיאמרו קדיש, שהרי בני העיר שותפים זע"ז בענין זה, ומיד כשמת אביהם זכו בחלקם,

סימן שמה – דין המאבד עצמו לדעת, ומעודה, והרוגי ב"ד, והפורשין מן הצבור

והשותפים שבאו לדחותם לומר שמת אביהם באופן שהפסידו חלקם, עליהם להביא ראיה, וזה ברור, עכ"ד).

‹**ואם** רשאי לאבד עצמו היכא שיתקפהו יצרו ולא יעמוד בנסיון, עי' בב"י בבד"ה יו"ד סימן קנ"ז, **והגאון** בעל ברכי יוסף בספרו שם הגדולים, כתב דהריטב"א ע"ז דף י"ח כ', דרשאי לעשות כן, **וא"כ** עכ"פ לאו בכלל מאבד עצמו לדעת הוא. **ואם** עושה כן מחמת תשובה, עי' תשובת שבות יעקב – רעק"א.

סעיף ב׳ - איזהו מאבד עצמו לדעת, כגון שאמר: הרי הוא עולה לראש הגג - ‹ואפיל עצמי ואמות, עיין ש"ך – ערוה"ש›, **וראוהו שעלה מיד דרך כעס או שהיה מיצר, ונפל ומת, הרי זה בחזקת שאיבד עצמו לדעת** - וכ' הרמב"ן, אע"פ שלא ראוהו מפיל עצמו, כיון שאמר: הריני עולה לראש הגג ואפיל עצמי ואמות, חזקה לדעת עשה, **וכ'** הב"ח בשם מהרש"ל, דאפי' אמר: ראו שאני עולה כו', ולא ראוהו עולה, אדבוריה לחוד לא סמכינן, ואינו בחזקת מאבד עצמו לדעת, **וכתב** שדבריו נכונים.

(**עי'** בתשו' ח"ס שהאריך לפרש לשון הברייתא בזה פ"ב דשמחות, והיוצא מדבריו, דזה פשוט ומבואר דאפילו אמר: אעלה על הגג ואפיל עצמי, וגם ראינוהו עולה, ואחר זמן מצאנוהו שם נפל ומת, אמרינן שע"י סבה אחרת נפל, **אבל** ראינו שנפל, אף על פי שא"א לברר שהפיל עצמו, מ"מ כיון שראינו נופל מאותה העליה שהבטיח להפיל בה, אמרינן חזקה מדעת עשה, **אבל** אי לא ראינו גם ההפלה, אף על פי שמצאנוהו מת באותו המקום, פשיטא דלא הוי מאבד עצמו לדעת, **ולפ"ז** מ"ש מהרש"ל, דאם לא ראוהו עולה כו', זהו משנה שאינה צריכה, דאפילו ראינוהו עולה, כל שלא ראינוהו נופל, לא מיחשב מאבד עצמו לדעת).

אבל אם ראוהו חנוק ותלוי באילן, או הרוג ומושלך על גבי סייפו, הרי הוא בחזקת כל המתים, ומתעסקים עמו ואין מונעין ממנו דבר.

(**עוד** מבואר בחת"ס, דמ"ש בש"ע אבל אם ראוהו חנוק כו', הכוונה שהוא באופן שנראה בודאי שהוא בעצמו תלה את עצמו, כגון שנמצא תלוי בחדר, והחדר סגור מבפנים, **וכן** מושלך ע"ג סייפו, הוא ג"כ שנראה מהענין שהוא שלט בעצמו, **אף** דודאי איבד עצמו בידו, מ"מ אמרינן שלא מדעת היה, דתלינן רוח רעה ביעתתו, או נתיירא מפני דבר אחד, וכה"ג סבות המתהפכות, **עד** שנשמע מפיו מתוך ישוב הדעת שהוא עולה מחמת כעס כו', **אמנם** הא ודאי, אף אם לא אמר בהדיא הרי הוא עולה כו', אך היה ניכר מתוך מעשיו וכעסו וצערו וההכנות שהוא עושה, כמכין עצמו למיתה, ואח"כ אנו מוצאין אותו חנוק, באופן שנראה שהוא בעצמו עשה, זהו אומדנא דמוכח טובא, והוי כאומר בהדיא).

(**עי'** בתשו' אבן שהם, שנשאל באיש אחד שהלך בדרך הישר, וסיגף עצמו בתענית ובטבילה, ואח"כ האביד עצמו לדעת, וגופא דעובדא הוי, ביום א' הלך לטבול, והגיד להאשה שדרה שמה, אם יבקשוני תמצאוני בבית הטבילה, והלך ושהה שם וחזר לביתו, ולמחר מצאוהו בביתו שוכב מגואל בדם וסכין בידו ופרע ביה"ש, ומקודם באיזה ימים השחיז הסכין ואמר שרוצה לעשותו סכין של שחיטה, ועל הכותל נמצא כתוב בכ"י שתלמידיו יגידו אחריו קדיש, אם נקרא מאבד עצמו לדעת, **והשיב** שלא ימנעו ממנו דבר, חדא, דאין זה מאבד עצמו לדעת, כיון שלא ראוהו מאבד עצמו, **ולא** סמכינן כאן אהוכחה ומה שצוה שיגידו קדיש, י"ל שעלה חולשה בלבו והתייר שימות, **ועוד** די"ל רוח בלבלתו שעשה מתוך שגעון, ולא נקרא מאבד אלא כשעושה בדעת צלולה, **ועוד** דשמא עשה כן מחמת תשובה, ע"ש עוד טעמים).

(**ועי'** בתשו' בשמים ראש, שכתב באחד חסר לחם וחשוף שת, שהלך בפני שנים ואמר מאסתי חיי ואבד עצמו, דאינו נקרא מאבד עצמו לדעת, כל שעשה כן מריבוי צרותיו דאגות ויסורים או עוני גמור, ע"ש. **ועיין** בספר הר אבל שפקפק עליו בה, וכתב דלאו גושפנקא דהרא"ש חתים עלה, ע"ש, **גם** בתשו' ח"ס כתב, דמוכח מר"ח בן תרדיון פ"ק דע"א, דאפי' המיצר ביותר מ"מ מאבד עצמו לדעת הוא, ובזה נדחייף ס' בשמים ראש).

‹**כללו** של דבר, במאבד עצמו לדעת תלינן בכל איזה תליה כל שהוא, כגון לתלות ביראה או בצער או שיצא מדעתו, או שסבור היה שזה מצוה לבלי להכשל בעברות אחרות, וכיוצא באלו הדברים, מפני שזהו באמת דבר רחוק שאדם יעשה נבלה כזו בדעת צלולה – ערוה"ש›.

הגה: מי שגנב וגזל ועל ידי זה נהרג בדין מלכות, מתאבלים עליו, אם אין בו סכנה מפני אימת המלכות, ולא מקרי מאבד לדעת - משמע דר"ל, דל"ת דכיון שגנב וגזל והתיר עצמו למיתה בדיניהם, לא יתאבל עליו, דה"ל מאבד עצמו לדעת, קמ"ל דלא, לפי שהיה סבור שיוכל לברוח, **אבל** משום עבירה דגנב וגזל מתאבלי' עליו, דלא חשוב כפורש מדרכי הציבור דלקמן סעיף ה', כך משמע מדברי הרב, **וכן** כתב הרשב"א בתשובה, דאחד מבעלי עבירה כגזלנים וכה"ג, אינן בכלל הפורשים מדרכי הצבור, ולפ"ז בגנב וגזלן שמתו על מטתן, מתאבלים עליהן, וכתב הב"ח שכן נוהגין, **ואף** על פי שבתשו' מהרי"ו, כתב אמעשה דגנב שנהרג בדיניהם, וז"ל, ומ"ש בספרים שקבל הגונב כו', לא ידענא פירושו, ובודאי שיש לו כפרה וחלק לעוה"ב, דאפי' הרוגי ב"ד יש להם חלק לעוה"ב, אפילו עובדי כוכבים, כדאיתא בפרק נגמר הדין, אומרי' לו התודה שכל המתודה יש לו חלק לעוה"ב, וה"נ מסתמא התודה כמ"ש כו', **אין** ר"ל דדוקא מיתתו שנהרג הוי כפרה, וכמו שהבין הב"ח מדבריו, אלא ה"ה מת על מטתו הוי כפרה כשמתודה, אלא דעובדא דהתם הוי בנהרג, **מיהו** לעיל סי' ש"מ סעיף ה', כתב הרב דברגיל לעשות עבירה אין מתאבלין עליו, ונראה דהיינו כשלא התודה קודם מיתתו.

סעיף ג׳ - קטן המאבד עצמו לדעת, חשוב כשלא לדעת - ‹דהא לאו בן דעת הוא›, **וכן גדול המאבד עצמו לדעת, והוא אנוס כשאול המלך** - שהרג את עצמו לפי שראה שהפלשתים יעשו בו כרצונם ויהרגוהו, **אין מונעין ממנו כל דבר** - ‹דמיעטה התורה שאמרה: ואך את דמכם וגו', למעוטי כגון שאול, שאינו בכלל לנפשותיכם אדרוש, **וכן** מצינו בשאול שנענש על שלא הספידוהו כדכתיב: ויאמר ה' על שאול ועל בית הדמים, על שאול שלא נספד כהלכה – לבוש›.

סימן שמה – דין המאבד עצמו לדעת, ומעודה, והרוג ב"ד, והפורשין מן הצבור

סעיף ה - כל הפורשים מדרכי צבור, והם האנשים שפרקו עול המצות מעל צוארם, ואין נכללים בכלל ישראל בעשייתם, ובכבוד המועדות וישיבת בתי כנסיות ובתי מדרשות, אלא הרי הם כבני חורין לעצמן כשאר האומות, וכן המומרים - «והמהופכים לישמעאלים - ערוה"ש», **והמוסרים, כל אלו** - «שנאי ה', וכתיב הלא משנאיך ה' אשנא, לפיכך... - לבוש» **אין אוננים ואין מתאבלים עליהם, אלא אחיהם ושאר קרוביהם לובשים לבנים ומתעטפים לבנים** - וכתב הטור בשם הרי"ץ גיאות, מכאן שהאבלים וקרובי המת לובשים שחורים, וכל מקום ומקום יש לעשות כפי מנהגו, **ואוכלים ושותים ושמחים** - על שאבדו שונאיו של מקום דכתיב, באבוד רשעי' רנה. (**עי'** בתש' חתם סופר, דמ"מ מחויבים לקברם). **הגה: הפורש מן הצבור ולא רצה לשאת עמהם במסים וארנוניות, מתאבלים עליו, אבל אין כל בני העיר צריכים לבטל ממלאכתן בשבילו לעסוק עמו.**

סעיף ו - קטן בן שנה או שנתיים שהמיר עם אמו - או עם אביו, כדלעיל סי' ש"מ ס"ה בהג"ה, **ומת, אין מתאבלין עליו (ועי"ל סימן ש"מ סעיף ה')** - (עי' בדגמ"ר שתמה על הש"ע בזה שהכריע להקל, **וכ'** ואולי כיון שאבילות דרבנן מקילינן, וא"כ אם נודע ביום ראשון שהוא להרבה פוסקים דאורייתא, יש להחמיר, ע"ש. **עוד** כתב, דע"כ לא היקל הש"ע אלא בשאר קרוביו, אבל אביו של הקטן אם המיר עם אמו, או אמו אם המיר עם אביו, ודאי יש להתאבל, ובפרט אם נודע ביום ראשון, **וכיון** שמתחיל ביום א', שוב עבדינן כר"י ואינו פוסק כל ז', ע"ש).

«**ומצינו** חד גברא רבה שהתאבל על בנו שהמיר דתו ומת, והתאבל י"ד יום, שאמר ק"ו לשכינה י"ד יום, **לא** משום אבילות עשה כן, אלא משום צער עצמו, שמצטער על שלא זכה לשוב בתשובה, ואבד גופו ונפשו - לבוש». «**ועי"ל** סי' ש"מ ס"ה בט"ז».

סעיף ז - מי שנפל בים, או טבע בנהר, או אכלתו חיה, אין מונעין ממנו דבר - «ולא דנינן אותו כהרוגי ב"ד, אף שאמרו דין ד' מיתות לא בטלו וכו', דרישה - בית מאירא».

§ סימן שמו – מי שקרובו צלוב בעיר לא ידור בה §

סעיף א - מי שהיה בעלה עמה צלוב בעיר, או שאשתו עמו צלובה בעיר, או אביו ואמו, ועדיין לא כלה הבשר כולו, לא ישהה בתוכה אא"כ היתה גדולה כאנטוכיא, שאין אלו מכירין את אלו, ולא ישהה בצד זה אלא בצד זה - שהוא גורם לבזות המת, «שמזכירין אותו על ידו לרעה», שאומרים אותו פלוני הצלוב הוא אחיו של פלוני זה. **וכתב** הפרישה, דאם נקבר מותר. «**ואם** כלה הבשר מותר, שלא יזכרוהו עוד לרעה - לבוש».

«**ונראה** מהלשון, דוקא בבעל ואשתו ואביו ואמו יש קפידא, מפני שדרך להזכיר שזה הצלוב הוא בעלה של זו או אביו של זה, ובשארי קרובים אין קפידא, והבית הלל מסתפק בזה, **ויש** דפשיטא ליה דזה"ה בכל הקרובים, עי' ש"ך, **ומלשון** הברייתא נראה כמ"ש, **וכל** זה היה בזמן הקדמון שהיו תולין ולא הניחו לקוברו, ועתה לא שייך זה - ערוה"ש».

וכתב הב"ח, דדוקא צלוב בעיר, אבל במלכותינו שצולבין חוץ לעיר על פני השדה, מותר לשהות בכל העיירות, **וע"כ** אין דין זה נוהג כלל עכשיו.

§ סימן שמח – דין שרפה על המת, והאומר אל תקברוני §

סעיף א - שורפין על המלכים (או על הנשיאים) מטתן וכלי תשמישן - ואין בו משום דרכי האמורי, ולא משום בל תשחית, שזהו כבודם שלא ישתמשו אחרים בכלי תשמישן, ומש"ה שורפים מטתן וכלי תשמישן דוקא, ולא דברים אחרים, **אבל על ההדיוטות אסור** - דאיכא יוהרא והשחתה. «**ומזה** למדנו דאסור לאבד איזה בגד בשביל המת, ורק מה שצריך לתכריכין - ערוה"ש».

סעיף ב - האומר: אל תקברוהו מנכסיו, אין שומעין לו - דלאו כל כמיניה להעשיר בניו ולהטיל עצמו על הצבור, **אלא מוציאין מיורשיו כל צרכי קבורתו בעל כרחו** - אפי' נתן ממון הרבה לאחרים, אין מוציאין מהמקבלין מתנות רק מהיורשים, «**אפילו** לא ירשו אלא מעט, דמקבלי מתנות זכו בשלהם בתורת מתנות, ומה שיורשים היורשים יורשים בכח אביהם, והם חייבים לקוברו - לבוש», **וכן כל מה שרגילין לעשות לבני משפחתו, ואפילו האבן שנותנין על הקבר; והוא שירשו ממון מאביהם** - דאל"כ אין כופין הקרובים, אלא על הכל מוטל לקברו.

«**ויש** מי שאומר דזהו כשצוה שלא לקוברו מנכסיו, אבל בשלא צוה, אם הבן עשיר או שארי קרובים עשירים, כופין אותם ליתן לצרכי קבורה, אף שלא הניח כלום, באה"ט בשם הה"י, **ולענ"ד** גם כשצוה מוציאין מהם, דאמירתו לא מעלה ולא מוריד, ורק שלא יקחו הרבה מעות קבורה מהיורש אפילו היורש עשיר אם הוא לא הניח נכסים, וכן הבעל חייב בקבורת אשתו לפי כבודו וכבודה, ועי' בחו"מ סי' רנ"ג - ערוה"ש».

סעיף ג - אפי' מי שאין לו ממון שצוה ואמר: אל תקברוהו, אין שומעין לו - משום דאיכא בזיונא דחיי, «שיניחו שלדו של אדם סחוב והשלך - לבוש». «**וקוברין** אותו על הוצאות הציבור כפי המנהג - ערוה"ש».

§ סימן שמט – איסור הנאה במת ובתכריכיו §

סעיף א - מת, בין עכו"ם בין ישראל, תכריכיו - ‹כל תכריכיו, דכולם בטלים לגבי המת, שהרי דרך להניחם עליו לקוברם עמו – לבוש›, **אסורים בהנאה** - ‹אף שלא כדרך הנאתן ולצורך חולה – רעק"א. ‹וגם שינוי אינו מועיל – ערוה"ש›.

דכתיב ותקבר שם מרים, וילפינן שם שם מעגלה ערופה, מה עגלה ערופה אסורה בהנאה, אף מת וכל תכריכיו אסורים בהנאה.

עיין בתוס' בב"ק, משמע שמת עכו"ם מותר בהנאה, וכן משמע הרב המגיד - נקה"כ. (**ועי'** בתשו' אבן שהם שהעלה, דמת ישראל אסור בהנאה מה"ת, אבל מת עובד כוכבים אסור מדרבנן, **ומה"ט** כתב שם באחד שחלה חולי שאב"ס, ואמרו הרופאים שיקח עצם ממת לצורך איזה רפואה או מתכריכי המת, דמותר ליקח עצם עובד כוכבים לזה, כיון שאינו אלא מדרבנן, ע"ש).

ודוקא שהזמינם לצרכו ונתנם עליו, אבל בהזמנה לבד, אפילו עשאם לצרכו לאחר שמת, לא נאסרו, דהזמנה לאו מלתא - ‹ולכן זקן שהכין לעצמו תכריכים, יכול לחזור בו ולהשתמש בהם לכל מה שירצה – ערוה"ש›. **וכן אם נתנם עליו ולא הזמינם לכך בתחלה, עדיין לא נאסרו.**

סעיף ב - נויי המת המחוברים בגופו, כגון פאה נכרית וכיוצא בה, אסורים כמו המת עצמו. (ודוקא כשהם קשורים בשערות גופן, אבל אינן קשורים, מותר) - והב"ח פסק דאפי' קלועים בתוכם ואינם קשורים אסורים, אלא כשאינן קשורין בה בכלל דהיינו דתלי בסיכתא, מותרים.

(ולכן מותר ליטול טבעות שבידם של מתים, וכיוצא בזה) - (עי' בספר בכור שור שכתב, דמזה משמע דאם איזה נוי של זהב או מרגליות וכדומה קשור על המת, אסור בהנאה, ולפ"ד הב"ח אפי' קלועים בשערות, **ולכאורה** יש לאסור אפי' הטבעות אם הם מהודקים בחוזק, דהא כתב הרא"ש ריש חולין, דקשירה דכתיב גבי תפלין היינו שמהדקן על ידו כו'. **מיהא** עיקרא דהאי פיסקא תמיהא טובא, דאנן לא שמעינן בסוף פ"ק דערכין לאסור נויי המת, כ"א בתכשיטים כעין גופו, כגון פאה נכרית וכדומה, דהיינו שן תותבת, **אבל** שאר תכשיטין לא נשמע בשום מקום, **ותו** דלא עדיפי תכשיטי כסף וזהב ממלבושי המת, דפשוט אפי' קשורים בו בשעת מיתה לא נאסרו, ולא נשמע מעולם מי שאוסר, **והאריך** בזה והעלה, דאחרי דהרמב"ם וסמ"ג מתירים אפי' שער מת גופיה, וכ"מ דעת התוס' ב"ק, ואף הרשב"א ורמב"ן לא קאסרי כ"א שערות המת עצמו ולא פאה נכרית, **ולכן** יש לסמוך אהמתירין עכ"פ בתכשיטין של כסף וזהב ומרגליות וכדומה, דלא מעין גופה הוא, דאפילו קשורים בה או קלועים בשעת מיתה יש להתיר אותם, ולא להשחית ממונם של ישראל, עיין שם).

בד"א בסתם, אבל אם צוה שיתנו נוי גופו המחוברים בו לבנו או לבתו או לצורך דבר אחר, מותרים - ‹דהוו כאינם מחוברים – לבוש›. **אבל שערו ממש, אפילו אם צוה עליו, אסור בהנאה** - והרמב"ם וסמ"ג פסקו דשערו מותר בהנאה, ואע"פ שבב"י וכ"מ הקשה עליהם, וגם בתשו' הרשב"א האריך לדחות דברי הרמב"ם, המדקדק היטב בסוגיא סוף פ"ק דערכין יראה דהדין עם הרמב"ם - נקה"כ.

הגה: אשה שיוצאת ליהרג, ונכוין בשערה, אף על פי שנגמר דינה, אין שערותיה נאסרים עד שתקטל - ‹שאין גמר דינה אוסרתה אלא מיתה אוסרתה, אע"ג דבהמה שנגמר דינה ליסקל נאסרה מיד, ואסור ליהנות ממנה אפילו מחיים, אדם שאני, דהתם אבעל השור קפיד רחמנא, שיצא נקי מנכסיו בלא שום הנאה מיד שנתחייב בבי"ד – לבוש›.

(**ועי'** בתשו' אא"ז פנים מאירות, בא' שמת והיה בתוך פיו שן תותבת מאיזה עצם נבילה, נשאל הדבר אם ליקח מפיו או לקבור עמו, **ורצה** חכם אחד לומר שיקחו מתוך פיו ולשרפו כמו נויי המת, ולא יקבר עמו מכמה טעמים. **והוא** ז"ל דחה דבריו, וכתב שא"צ לשרפו, רק יניחו כמות שהוא לקבור עמו, ע"ש).

סעיף ג - אם היו אביו ואמו מזרקים עליו כלים, מצוה לאחרים להצילן - שיש בו משום השבת אבדה, דודאי יתחרטו אח"כ, **אם לא נגעו במטה הנקברת עמו** - כלומר שנושאין אותו בה לקבורה.

הגה: ואם הצילן, חייב בשמירתן; ואם החזירן לאביו ולאמו, וחזרו וזרקום, ונאסרו, חייב המחזיר לשלם, דהוי כזרקן למקום גדודי חיות ולסטים.

אבל אם נגעו בה, אסורים - מדרבנן, שגזרו בהן משום דמיחלפי בתכריכי המת, **אם הם של אותו שזורקן עליו** - לאפוקי של אחרים דלא, דאין אדם אוסר דבר שאינו שלו, **והוא שיזרקם על דעת שיקברם עמו** - כגון שיזרקם מתוך מרירות הלב ע"מ לקברן עמו ונגעו במטה הנקברת, **לאפוקי** המצע שמניחים על המת, או הכר וכסת שנותנים תחת מראשותיו, או סדין או טלית שפירסו על הארון או על המטה שמוליכין בה המת לקברו, אינו נאסר.

הגה: הדף שטיהרו עליו, וכל הכלים שמוליכין המת עליהם לקבורה, לא נאסרו, דהרי לא נתנם שם ע"מ לקבור עמו.

סעיף ד - כל המרבה כלים על המת, הרי זה עובר משום בל תשחית.

§ סימן שן – דברים העשויים למת ואין בו משום דרכי האמורי §

סעיף א - אם רצו, מתירין שערות לכלות, ומגלים פני חתנים, ונותנין דיו וקולמוס בצדו - «להראות אלו היה חי היה כותב כתובה לכלתו - ערוך השלחן», **ותולין מפתחו של מת ופנקסו בארונו, משום עגמת נפש. ועושים חופות לחתנים וכלות, ותולין בהם דברים שלא הביאו אוכל נפש** - «ר"ל אפי' אוכלים מותרים כל שלא נתבשלו עדיין כל צרכם, אע"פ שסופם להתבשל, וכגון בוסר של ענבים, א"נ לאידך גסא, דר"ל דכל שיש בו צד אוכל נפש אסורים, אע"פ שכעת עדיין לא נתבשלו, ומדנקט לשון עבר, משמע טפי כפי' קמא - בדי השלחן», **אבל דברים שהביאו אוכל נפש, אסור, מפני שהם נאסרים בהנאה** - והוה בהו משום בל תשחית לאסור אוכל נפש שלא לצורך. **כתב** הב"ח, ומיהו עכשיו לא נהגו לעשות כן, ומעכבין על מי שבא לשנות המנהג.

§ סימן שנא – דין כלאים וציצית למת §

סעיף א - תכריכי המת, מותר לעשותן מכלאים - כדלעיל סי' ש"א סעיף ז'. «**שאין** המתים חייבים במצות, דכתיב: במתים חפשי, **ועוד** דומיא דחיים, שגם בחיים אם אינו מתחמם בהם מותר, הוא הדין במת שאינו מתחמם מהם - לבוש».

סעיף ב - אין קוברין את המת אלא בטלית שיש בו ציצית - «ולא דמי לכלאים, דאע"ג דכשמת פטור מן המצות, מ"מ ציצית שאני לפי ששקולים נגד כל המצות, ועוד דכלאים לא אסרה תורה רק דרך חימום, ובמת לא שייך חימום, דרישה, **והגמ'** שאמרה הטעם משום במתים חפשי, לרווחא דמילתא, והאמת כן הוא, ומ"מ בשביל זה בלבד אפשר לא התרנו זה, רק משום דאיסור כלאים לא שייך כלל בכה"ג, משא"כ בציצית - ערוה"ש».

(**עיין** בשאילת יעב"ץ שכתב, דאין קפידא אם מלבישים את המת בטלית חדש שלא נעשה לשם מצוה, **דלא** כאיזה לומדים שחשבו שאין להלביש המת כ"א בטלית שלבש אותו בחייו למצות ציצית).

(**עיין** בשאילת יעב"ץ שכתב, דמי שלא היה יכול לקיים מצות ציצית בחייו מפני אונס, שהיה מוכה בידיו וכה"ג, אפשר דאין לקברו בטלית, לפמ"ש התוס' בברכות ובמנחות, דמי שלא נזהר בציצית בחייו אין קוברין אותו בהן, דהוי לועג לרש, **אך** אין סברת התוס' מוכרחת כל כך, לכן העושה לו טלית לא הפסיד, ולזה הדעת נוטה כשהניח ממון לעשות משלו, **אמנם** לגבות מעות לצרכו, או לעשות מקופת חברה של ג"ח, הנמנע אין לתפוס אותו על כך, ע"ש).

הגה: וי"א דאין לריך לילית - [כשנפטר רבינו גרשון, אמר: ציצית חוץ, ונחלקו בפירוש דבריו, יש אומרים דרצונו לומר יסירו הציצית מהטלית, ויש אומרים דהכי קאמר שישימו אותן חוץ לארון].

ונהגו לקברו בלילית, אך שפוסלין תחלה הלילית, או כורכין אחד מן הכנפות - והב"ח כתב דאין לפסלן, אלא יש לקשרן זה עם זה, או לכסותם תוך הכנפות, ע"ש.

«**ועכשיו** המנהג הפשוט בכל תפוצות ישראל, שנושאין המת בציצית, וקודם שמניחים אותו בקבר נותקין ציצית אחת מהד' ציציותיו, ויש שנהגו לנתוק אותה בבית קודם הוצאתו לקבורה, אבל טוב יותר לנתקה קודם הקבורה, **ושמעתי** בבירור על שני גדולי הדור, אחד צוה אחד מתלמידיו שיקברו אותו בכל ציציותיו, ואותו תלמיד כשהגיעו להלבשת תכריכיו חש במיעיו ויצא חוץ, ואותם שהלבישוהו לא ידעו מזה, ונתקו אחת מהציציות כנהוג, ותיכף נכנס אותו תלמיד והתחיל לצעוק, ואמרו הגדולים שהיו שם, שזהו אות מן השמים לבלי לשנות, **והשני** כשהניחוהו בקבר עם כל הציציות, נסתבכה אחת מהציציות ביתד שבתוך הקבר וניתקה מעצמה, וראו בחוש שמן השמים גזרו כן. **הראשון** היה הגר"א ז"ל, והשני היה החסיד מוהר"ז ז"ל מהוראדנא בעל יסוד ושורש העבודה, שצוה ג"כ להניחו בכל הציציות - ערוה"ש».

(**ועיין** בתשו' נו"ב, דהלכה כהני אמוראי דפליגי אר"א, וס"ל דכל מתי חוץ לארץ יזכו לעמוד בתחיית המתים, ע"ש).

§ סימן שנב – באיזו בגדים קוברין, ואין האיש מלביש את האשה §

סעיף ג - האיש אינו כורך ומקשר האשה - משום הרהור, **אבל האשה כורכת ומקשרת האיש** - באשה ליכא הרהור כל כך. «**ועתה** ראיתי שמצוין לבן לכרוך החגורה לאמו ולקושרה, וכן הבעל לאשתו, ולענ"ד אין נכון לעשות כן - ערוה"ש».

סעיף ד - מעצימין עיניו של מת; ואם נפתח פיו, קושרין לחייו. ופוקקין נקביו אחר שמדיחין אותו במיני בשמים. וגוזזין שערו. הגה: ולפרניו. ומדיחים אותו היטב בכל מקום, שיהא נקי מכל טומאה - (עיין בתשובת ח"ס, שנשאל אודות הלנת המתים יום או יומים ע"פ פקידות המלכות, ורובם מתנוולים ואין רבים רוצים להתעסק בטהרה ולבישה, אם יש להתיר לטהרו וללבשו מיד ולהלינו אח"כ, ולשנות מנהגם מאז לסמוך הטהרה סמוך לקבורה, מפני שדרכו להתנוול בכל שעה ממאכלות ומשקה רפואות, **והשיב** הנה עיקר מנהג סיכה והדחת המת הוא במשנה שבת ס"פ כ"ג, סכין ומדיחין, וברמב"ם וטוש"ע א"ח סי' שי"א, ומשמעות כולם שאין הדחה זו סמוך לקבורה כו', **ואך** כשאין הקבורה רחוק ממיתה, שפיר דמי להמתין עד שעת קבורה, מטעם שדרכו לחזור ולהתנוול, **אך** באופן שנשתנה עתה ע"פ הפקודה, אזי יש לרחצו ולטהרו ולהלבישו מיד, ולכרוך על המלבושים סדין, ושוב כשיצא בלעו מפיו, יחזרו וינקהו סמוך לקבורה ויסירו הסדין המלוכלך, ומלבושיו ישארו נקיים, ע"ש).

וטחין ראשו בבילים טרופים בקליפתן, שגלגל הוא שחוזר בעולם - (עיין בתשו' ח"ס, שכתב ע"ד למדן א' שהוקם לגבאי דח"ק, ורוצה לשנות מה שנוהגין לזלף על אברי המת יין עם ביצים מעורבים, ואמר שמצא בס' חב"א שמכוער הדבר, **הנה** חפשתי בס' ההוא ולא מצאתי, אך

סימן שנב – באיזו בגדים קוברין, ואין האיש מלביש את האשה

הרי זילוף היין מבואר בירושלמי דשקלים, שעושים זילוף על מטתו, וביצים כתוב בס' מעבר יבק הגדול כו', ומאן ספון ומאן חשוב לבטל זה, בשגם שנזכר ברמ"א ס"ס שנ"ב, עכ"ל. **ואני** חפשתי בס' הנ"ל ומצאתי, והוא בקונטרס מצבת משה סי' ח', אך גם הוא ז"ל לא כתב שמכוער הדבר, רק על מה שנוהגין שטורפין ביצים במים, וכ"א לוקח מעט מן המים ומזה על המת, ואומרים שזהו וזרקתי עליכם כו', ע"ז כתב שזהו מחוקות העמים ומנהג מכוער מאד וראוי לבטלו, אלא ירחצו בו ראשו, ואין זה מכלל הטהרה כלל, ע"ש. **וכ'** עוד בסי' ט' שם, דמה שנהגו לקמוץ ידי המת ולתת לתוך ידו שבט עץ וקורין געפליך, יש לבטל מנהג זה, כי צריך שיהיו ידיו פשוטות, ואם ירצו להחזיק במנהג, יניחו אצלו הגעפליך, ולא יכפופו האצבעות, **וע"ש** בתשו' ח"ס שם, שדעתו שלא לבטל מנהג זה, ע"ש›.

‹**ושופכים** עליו תשעה קבין מעומד, ואוחזין את המת ושופכין עליו הט' קבין, **וכל** מעשה ועניני המת יהא בצניעות כאלו הוא חי, שלא יתבזה, כי הנשמה מכרת בכבוד הגוף ובבזיונו – ערוה"ש›.

§ סימן שנג – היאך מוציאין מת גדול או קטן, ובאיזו מטה §

סעיף ו - תינוק שמת קודם שנימול, מוהלין אותו על קברו, בלא ברכה – ‹שהרי אין מצווין למוהלו אלא כך נהגו›, **וקוראין לו שם** – ‹וטעם המנהג הוא, כדי שכשירחמו מן השמים להיות תחיית המתים, ויהיה כל אחד מכיר אביו ואמו ומשפחתו, יהא גם התינוק הזה ניכר בשמו לאביו ולאמו – לבוש›. ‹**בבכור** שור כתב, דאם שכחו ולא מהלו, יש לפתוח הקבר ולמולו – רעק"א›. ‹**ועיין** לעיל סי' רסג ס"ה›.

סעיף ז - אין מוציאין מת במטה, אלא אם כן היה ראשו ורובו קיים.

§ סימן שנד – עיר שיש בה שני מתים, איזה קודם §

סעיף א - עיר שיש בה שני מתים - ‹אין להוציאם כאחת ולקוברם כאחת, דנצרך לחלוק כבוד לזה ולזה – ערוה"ש›, **מוציאין את הראשון** - היינו אותו שמת ראשון, **ואח"כ מוציאין השני** - ‹עי' שו"ת ברית אברהם, דהטעם הוא משום דהחיוב חל מיד בשעה שמת הראשון טרם מיתת הב'. **ולפ"ז** אם מתו בשבת, ואחד מת קודם להשני, שניהם שוים, דלא שייך ה"ט. **שוב** עיינתי שנית בספר הנ"ל, וראיתי שכתב עוד טעם, כדי שלא יסריח זה שמת מקודם, א"כ אין לחלק›. **ואם היו מלינים הראשון** - כלומר אם רוצים להלין הראשון לכבודו, כדלקמן סי' שנ"ז, **מוציאין השני** - דהא בלא"ה לא יוציאו עכשיו הראשון.

חכם ות"ח, מוציאין החכם. ת"ח ועם הארץ, מוציאין ת"ח. איש ואשה, מוציאין האשה, מפני שקרובה לבית הניוול - ‹שתשפיע דם ותתנוול – ערוה"ש›. ‹**אפילו** מת האיש קודם לה, ואין חילוק בזה בין ילדה לזקינה (למעוברת ומניקה), תשב"ץ. **ואני** מסופק אם בב' נשים א' ילדה וא' זקינה, אם אין הילדה קודמת להוציאה לזקינה שמתה קודם לה {מפני חשש ניוול} – רעק"א›.

‹**ות"ח** ואשה, אם האשה זקנה, הת"ח קודם, ואם היא ילדה, האשה קודמת, אם לא שהוא חכם גדול, דכבוד תורה עדיף, אמנם אם האחרון נפוח ויראים שיתקבע כריסו, מוציאין אותו מקודם, **ופשוט**, דגדול וקטן הגדול קודם – ערוה"ש›.

הוציאו הראשון וקברוהו, אין עומדין עליו בשורה ואין אומרים עליו ברכת אבלים ולא תנחומי אבלים, עד שיוציאו השני - כדי שלא לעכב קבורת השני. **הוציאו השני וקברוהו, באים ועומדים בשורה** - על הא' והשני כאחד, ‹אין עומדין בשורה על שניהם כאחד – ערוה"ש. ועיין בגירסא ישנה בהש"ך›, **מנחמים ופוטרים את הרבים; ואין מנחמים שני אבלים כאחד, אלא אם כן היה כבודם שוה וקילוסן שוה** - אלא מנחמין אותן בזה אחר זה, או נחלקים לשתי כתות.

§ סימן שנו – גבו לצורך המת והותירו §

סעיף א - מת שלא היה לו צרכי קבורה, וגבו לו והותירו, אם כשגבו יחדו לצרכי זה המת - ל"ש מעות או שאר דברים, **ינתנו ליורשיו** - לא משום דקני ליה זה המת בגביי' בעלמא, דהא קי"ל הזמנה לאו מלתא היא, אלא משום דזילותא ה"ל למת זה בגבייה, ואחיל לי' זילותא ליורשיו. ‹**ואין** אשה גובה כתובתה ממותר הזה, ולא ב"ח את חובו, מטעם שנתבאר דרק ליורשיו מוחל זילותיה – ערוה"ש›. ‹**ועי'** ברדב"ז שכתב עוד, דאם הגבאי רוצה לעכב המותר כדי לעשות לו מצבה, והיורש אומר פוק חזי כמה קברות איכא בלא מצבות, וגם זה כאחת מהם, ינתן ליורשיו ולא יבנה בו מצבה, **אלא** דאם מנהג כל בני משפחתו להיות להם מצבה על קברותיהם, הדין עם הגבאי, ועושה לו מצבה, ע"ש›.

ואם לאו, יעשו מהם צרכי מתים אחרים.

§ סימן שנז – איסור הלנת המת, ומתי מותר להלינו §

סעיף א - אסור להלין המת - ‹כלומר לבד העשה דקבור תקברנו ביום ההוא, עובר גם בלא תעשה, ונמצא שעובר בעשה ולא תעשה, **ויש** מי שאומר דרק בלא תעשה עובר, והעשה הוא רק על הרוגי ב"ד – ערוה"ש›. ‹**עי'** בתשו' רדב"ז שכתב, דדוקא אם מלין את מתו כל הלילה עד הבוקר עובר בלאו, **אבל** מקצת הלילה אינו עובר, ואפילו איסורא ליכא, אלא כדי להיות משובח יש למהר להוציא מתו, כדלקמן סעיף ב', ע"ש›.

‹**ועיין** בתשו' חות יאיר, דבדבר יהודי גנב שנתפס ונתלה, והשר היה מבקש סך עצום להניחו לקבור בקבר ישראל, אם היו מחוייבים להוציא ע"ז

סימן שנז – איסור הלנת המת, ומתי מותר להלינו

ממון הרבה כדי שלא יעברו על לאו דלא תלין. **והעלה** דלאו דלא תלין אינו רק על מי שמוטל עליו לקברו, ולא על אחרים, ואין זה שמוטל עליו חייב לבזבז כל ממונו לפייס השר כדי שלא יעבור על לאו זה, מאחר דלא עבר הל"ת בפועל, לא הוי רק כמ"ע, ולא דמי לל"ת בפועל שמחוייב לבזבז כל ממונו, כמש"כ הרמ"א לעיל ר"ס קנ"ז, ע"ש. **ולפ"ז** משמע דעד חומש מחויב לבזבז, כמו דמשמע מדברי הש"ך שם, דבעשה עד חומש צורך לבזבז. **ומ"ש** עוד שם סברא, דאין כאן לאו לא תלין אפי' על מי שמוטל לקברו מאחר שהיה מעבב ומונע, ומפני כך אפילו משום ממון מעכבין קבורה כו', ע"ש לא בריר לי, גם לשונו מגומגם שם וצריך תיקון, **ובאמת** בח"מ סי' ק"ז ס"ב בהג"ה לא נזכר רק דאין על המעכב עבירה, אבל היורש אם אינו משתדל להשוות את הבעלי חובות, י"ל דעובר. **ועי'** בתשו' בשמים ראש, דאפי' היה רשע גמור כל ימיו, אסור להלינו, ע"ש טעמו. **ועי'** במ"א סי' תקכ"ו שהוכיח, דאף בנפלים עובר על לא תלין).

(**ועי'** בתשו' ח"ס, אודות אשר בס' בכורי העתים נמצא אגרות משנת תקל"ב, שהחכם רמ"ד טען להתיר איסורן של חכמי ישראל, באמרו כי רופאי זמנינו אמרו שאין נודע גבול המגביל בין חיים למות, וא"א לידע אלא בעיכול הבשר, והביא ראיה ממתני' סוף נדה, הזב והזבה והנדה כו' מטמאין עד שימוק הבשר, ועוד מרפ"ח דמס' שמחות שמבקרים על המתים עד ג' ימים, (ע"ל סי' שצד ס"ג), ופ"א חי אחד אחרי כן כ"ה שנים והוליד בנים, **וא"כ** ק"ו, ומה משום כבודו של מת להביא לו ארון ותכריכים מלינים, כ"ש מפני פקוח נפשו, ומאז קברו בכוכין, והיה אפשר לדפוק על קברו, אבל בזמנינו שקוברין בארץ ממש, ע"כ החיוב להלינו, אלו דבריו. **אך** הגאון מוהר"ר יעב"ץ מחא ליה מאה עוכלי בעוכלא ולא נשא לו פנים. **וגם** הוא ז"ל האריך בזה לדחות דברי החכם הנ"ל, ושורש דבריו, דבלי ספק כשאמרה התורה לא תלין כו' כי קבור תקברנו, והעובר על זה בשום מת עובר על עשה ול"ת, ע"כ אז נמסר לנו שיעור מיתה, אולי היה אז מסורת מבעלי טבעים הראשונים, אף על פי שנשכח מרופאי זמנינו, ועליהם סמכו חז"ל בהרבה עניני התורה, כמבואר פ' ר"ע דף פ"ה ע"א, **או** כי מרע"ה קבל השיעור מסיני, או שסמכו עצמן אקרא כל אשר רוח חיים באפו, דהכל תלוי בנשימת האף, וכמבואר ביומא פ"ה ע"א. **ולומר** נפל מפולת שאני, זה אינו, וכי קרא נשמת רוח חיים במפולת מיירי, ועוד דבר ידוע בהיפוך, כי במיתה פתאומית יש לחוש יותר שנדמה כמת מחמת בהלה, וכעין חולי שיתוק, שקורין שלאג, ואפ"ה כשפסקה נשימתו שוב אין מחללין שבת, **וע"כ** כלל הוא לכל המתים שזהו שיעור המקובל בידינו, וכל הרוחות שבעולם אם ימלאו חפניהם רוח לא יזיזונו ממקום תורתנו הקדושה, וממתני' דנדה אין ראיה כלל. **והאי** עובדא דמס' שמחות הוא מקרה בעלמא ממקריים הרחוקים א' לאלף שנים, ואפילו מיעוטא דמיעוטא לא הוי, כמו חוני המעגל שישן שבעים שנה, ואינו נכנס בגדר חוששים למיעוט בפ"נ, ורק הביא שם האי עובדא יען כי הדפיקה על המתים הוא ממעשה האמורי והיה ראוי לאסור, לכן אמר שאין בזה מדרכי אמורי כיון שכבר נמצא פ"א שמצא קרובו חי, א"כ המבקר מתו יש לתלות שרוצה לחוש אולי יחיה קרובו, אף על פי שהוא רחוק ומוקצה מן הדעת, כמו מסמר מן הצלוב וכדומה. **וסיים** בהא סלקינן, אנו אין לנו אלא דברי התורה ולקבלת אבותינו, וכל המהרהר מהרהר אחר השכינה, ואיסור הלנת מתים במקומו עומד, זולת במדינות אשר יש קפידא מהמלכות על כבה, עש"ב).

אא"כ הלינו לכבודו, להביא לו ארון ותכריכין או מקוננות, או כדי שיבאו קרובים או להשמיע עיירות - (שלא רבתה התורה שאר מתים שיהיו בבל תלין, אלא דומיא דתלוי, מה תלוי בבזיון, אף שאר מתים דאית ביה בזיון, אבל לכבודו מותר – לבוש).

(**עיין** בתשו' רדב"ז, שנשאל על א' שמת בה' בשבת, ואביו רצה להמתין מלקברו עד מחר עם דמדומי חמה סמוך להכנסת שבת, כדי להצילו מחבוט הקבר, אם מותר לעשות כן, אם זה נקרא לכבודו, וגם אם הועיל להצילו מחבוט הקבר במה שהניחוהו עד סמוך לשקה"ח, **והשיב** דאפי' נימא שניצול ע"י כן מדין חבוט הקבר, מ"מ אסור לעשות כן, ולא נקרא זה לכבודו אלא כגון להביא ארון ותכריכין, אבל ענין העונש לא נקרא כבוד, **וכ"ש** שהדבר ברור שלא הועיל כלום להצילו מדין חבוט הקבר מכמה טעמים).

(**צ"ע** אם נמצא הרוג ולא נודע מי הוא, ולפי אומדנא נראה שהוא בעל אשה אחת, אם מותרים להלינו עד שתבא אשתו אולי תגיד סימנים מובהקים, ואפשר שגם זה מקרי לכבודו כדי שבניו יתאבלו ויאמרו קדיש, עמש"ל סי' שס"ג ס"ק ז' בשם שיבת ציון).

§ סימן שנח – נושאי המטה פטורים מקריאת שמע ומתפלה §

סעיף א - נושאי המטה, וחילופיהן, וחילופי חילופיהן, בין אותם שהם לפני המטה בין אותם של אחריה, מאחר שלמטה צורך בהם - (לפי שאין כח לשאת כל הדרך, ולכן מחליפין מאלו לאלו, כלומר שאלו נושאים ואלו נחים אלו נחים ואלו נושאים, וכן לעולם עד שתגיע המטה לבית הקברות), **פטורים (מק"ש)** - שעוסק במצוה פטור מהמצוה, (ופשוט הוא דאם יש די בנשיאת המטה שישאוהו אותם שכבר התפללו, ילכו האחרים להתפלל, אף שרצונם לשאת המטה).

ושאר המלוין את המת, שאין למטה צורך בהם, חייבים. (ועיין בא"ח סימן ע"ב) - (ואע"ג דגם הלווית המת מצוה היא, מ"מ הא אין שיעור לזה, ומלוים ד' אמות והולכין וקורין ק"ש ומתפללין – ערוה"ש).

סעיף ב - אין מוציאין את המת סמוך לק"ש, כל שאין שהות להוציאו לקברו קודם שיגיע זמן קריאת שמע - שלא להפקיע חובת קריאת שמע, **ואם התחילו להוציאו, אין מפסיקין כדי לקרות. הגה: ויש להמתין מלקברו עד שיוכלו לשער שכבר התפללו רוב הקהל; ואין חילוק בזה בין ק"ש של שחרית לק"ש של ערבית. ויש מקילין בשל ערבית, הואיל וזמנה כל הלילה** - (ועוד כדי שלא לבא לבל תלין, ודע דבל תלין אינו אלא כשמשהין אותו כל הלילה וקוברין ביום, אבל כשקוברין בסוף הלילה, אינו עובר בבל תלין, ואף שיש חולקים בזה, מ"מ כן עיקר לדינא – ערוה"ש). **(מבואר בא"ח סימן ע"ב).**

סימן שנח – נושאי המטה פטורים מקריאת שמע ומתפלה

סעיף ג- במקום שיש כתפים מיוחדים לשאת את המטה, אסורים בנעילת הסנדל, שמא יפסיק סנדלו של אחד מהם, ונמצא מתעכב מהמצוה - ‹טור בשם ירושלמי›.

לאפוקי האידנא שאין לנו כתפים מיוחדים, אלא הכל מסייעים לישא, לית לן בה, ‹דאם יפסק באחד מהם, ישא אחר – ערוה"ש›.

[נ"ל שלא יפה עושים באיזה קהילות, שעושין להם חבורה של נושאי המטה, ואין מניחין אחרים לשאת, דא"כ היו צריכים לילך יחף, והם אין עושין כן]. **ול"נ** דהירושלמי מירי שאין שום אחד נושא כלל, אבל בזמן הזה פשיטא אע"ג דאיכא חבורה, מ"מ אי אירע אונס לאחד, ודאי דשאר אנשים מזורזים ומוכנים לעשות המצוה, **ועוד** נ"ל, דדוקא קאמר בירושלמי סנדלו, וכדאמרינן לענין שבת, דאסור לצאת בו שמא יפסוק, אבל במנעלו דמיהדק ומותר לצאת בו בשבת, וכמו שנתבאר באו"ח סי' ש"א ס"ד, א"כ ה"ה הכא מותר - נקה"כ.

הגה: יש מקומות שנהגו שהאבלים יוצאים ראשון מן הבית, והקרובים והמטה אחריהם, והרחוקים נותנין המת על המטה, ולוקחים האבלים והקרובים המטה על כתפיהם, ואחר כך שאר העם - ‹ובשם ר"י חסיד כתב הרוקח, שכשמוציאין המת מן הבית, יש ליזהר שלא יצא אדם ראשון קודם המת, באה"ט, **אמנם** המתעסקים שמוכרחים לצאת מקודם אין קפידא. **ואין** להשים ארון של מת על ארון אחר שיש בו מת כבר, ויש בזה סכנה – ערוה"ש›. **וי"א כשמגיעים עם המת לקברות, מעמידים אותו כל ד' אמות קודם שנקבר; וכן נהגו האידנא להעמידו ז' ג' פעמים קודם שאומרים עליו צדוק הדין, ובימים שאין אומרים צדוק הדין אין צריך להעמיד אותו** - כתב העט"ז, וטעם ההעמדה שמעתי, כדי להבריח רוחות הטומאה הרוצים להחזיק בו שלא להכניס עמו לקבורה, כי כשמעמידים אותו הולכים להם, **ובימים** שא"א בהם צדוק הדין א"צ להעמיד אותו, כי ביום זה אין כל כך רוחות טמאות מצויות.

§ סימן שנט – מקום יציאת המת והאבלים §

סעיף א- מקום שנהגו לצאת נשים לפני המטה, יוצאות - ‹מפני שהן גרמו מיתה לעולם – ערוה"ש›, **מקום שנהגו לצאת לאחר המטה, יוצאות** - ‹כדי שלא יסתכלו האנשים בהן – ערוה"ש›, **ועכשיו נהגו שאין יוצאות אלא לאחר המטה, ואין לשנות** – ‹כיון דבלפני המטה יש חשש עבירה – ערוה"ש›.

כתב הרמב"ן והטור מתוספתא, מקומות שנהגו להיות אבלים הולכים לפני המטה, הולכים, **וכתב** הב"ח, האידנא ליכא מנהג בהליכת אבלים, אלא הולכים בין שאר העם.

סעיף ב- יש למנוע מלצאת נשים לבית הקברות אחר המטה - כלומר אע"פ שכתב בסעיף א', שנהגו לצאת אחר המטה ואין לשנות, מ"מ לא ילכו לבית הקברות אחר המטה, שאם עושים כן גורמים רעה לעולם ח"ו. ‹כפי העתקת הבאה"ט›.

‹ה"ה לפני המטה אסורים לצאת לבה"ק, אלא שדבר בהווה, דנהגו לצאת אחר המטה, תפל"מ – רעק"א›.

‹**בברכות** נ"א מבואר, דאין לעמוד בפני הנשים בשעה שחוזרות מן המת, שהמלאך המות מרקד לפניהן ויש לו רשות לחבל, ואמרינן שם אי פגע בהן מאי תקנתיה, לינשוף מדוכתיה ד' אמות, אי איכא נהרא ליעבריה וכו', ואי לא ליהדר אפיה ולימא יגער ד' בך השטן עד דחלפי מיניה, ע"ש – ערוה"ש›.

§ סימן שס – מת וכלה ומילה, איזה קודם §

סעיף א- אם פגעו מת וכלה זה בזה, מעבירין המת מלפני הכלה - להכניסה לחופה, **וכן אם אין בעיר כדי לזה ולזה, מקדימין ומכניסין הכלה לחופה, ואחר כך קוברים המת** - דלעולם מצות החיים קודמת למצות המתים, **אבל אחר שנכנסה לחופה, ויש לפניו לנחם אבל ולשמח חתן, תנחומי האבל קודם** - דעיקר מצות הכלה להכניסה לחופה משום לא תוהו בראה וגו'. ‹וכן הוא אומר: לב חכמים בבית האבל וגו' – לבוש›.

וכן הבראת האבל קודם למשתה של חתן - מפני שהחתן אוכל משלו ומאכיל אחרים, והאבל אינו אוכל עד שיאכילוהו אחרים, ‹וכיון שהוא תלוי בדעת אחרים, יקדימוהו – לבוש›, **במה דברים אמורים, שיש בידו ספוק כדי שניהם, אבל אם אין בידו כדי שניהם, משתה החתן קודם** – ‹שכבוד החיים קודם – לבוש›.

(חתן ואבל בצ"ה, יוצא החתן עם שושביניו תחילה, ואחר כך האבל, והמנחמים וכן הקרובים שלהם - ‹אם הם קרובין של שניהם – לבוש›, **אוכלים עם החתן כשירצו ולא עם האבל)** - ‹ואם רוצים אוכלים עם האבל – ערוה"ש›.

המת והמילה, מילה קודמת - ‹דאין למעלה ממצות מילה, שנכרתו עליה י"ג בריתות – ערוה"ש›, ‹דלעולם מצות החיים קודמת למצות המתים – לבוש›. **ואם הוא מת מצוה, מת מצוה קודם** - אכל הסימן קאי, שמת מצוה קודם לכל דבר שבתורה, כדלקמן ר"ס שע"ד. [בטור סיים, שהרי הוא דוחה תלמוד תורה ומקרא מגילה וטומאת כהן ונזיר ופסח ומילה]. [ומת מצוה אמרינן בפ' האשה רבה, דהיינו כל שקורא ואין אחרים עונין, ופירשו התוספות בנזיר דף מ"ג, כלומר שאם המת יכול לקרות, יש לו עונין קרובים, אין זה מת מצוה, וע"ל סי' שע"ד ס"ג, שכתוב בענין אחר].

§ סימן שסא – הלוית המת ובטול ת"ת להלויתו §

סעיף א - מבטלים תלמוד תורה להוצאת המת - פירוש חובה לבטל כן הסכימו הפוסקים, **למאן דמתני לאחרים, אין לו שיעור, אפילו יש עמו כמה אלפים מתבטל בשבילו.**

למאן דקרי ותני, דהיינו שקרא ושנה - משמע תרווייהו בעינן, **אבל** מלשון הריטב"א שהביא ב"י, שאין לך אדם מישראל שאינו או במקרא או במשנה כו', משמע דקרא או שנה קאמרינן, **ועדיין לא שנה לתלמידים, אם יש ס' רבוא אין צריך להתבטל בשבילו** - דנטילתה כנתינתה מסיני, מה נתינת התורה בסיני בס' רבוא, אף נטילתה בס' רבוא. ‹כלומר דזה שלמד תורה בחייו וכשמת נתבטלה, צריך להיות ג"כ בס' רבוא – ערוה"ש›.

למאן דלא קרי ותני, כיון שיש לו מי שיתעסק עמו אין צריך להתבטל בשבילו, והוא שיש שם עשרה - כדי שיוכלו לומר קדיש וברכת אבלים.

(וי"א דעכשיו מן הסתם מבטלין, שאין לך אחד מישראל בזמן הזה שאינו במקרא או במשנה). (ב"י בשם הריטב"א שכ"כ בשם סמ"ג) – ‹וזהו לפי דורותיהם כמובן – ערוה"ש›.

ואשה, י"א שדינה כמאן דקרי ותני - ‹שמן הסתם לומדות כל אחת דיני נשים, ועוד שהרי עושה מה שמוטל עליה, אף על פי שאינה לומדת, אינה מצוה ללמוד, וגם זהירות בלימוד בניה ובעלה, לפיכך דינה כמאן דקרי ותני – לבוש›. **וי"א שדינה כמאן דלא קרי ותני, וכן נהגו באשה ותינוק לקולא.**

ואין מבטלין ת"ת למת, כשיש מי שיתעסק עמו כל צרכו, אלא עוסק בתורה. ואינו צריך לצאת ולראות אם יש עמו כל צרכו אם לאו, אלא כיון שיש שם מי שיעשה מעשה, תלמוד תורה שלו קודם - הל' מגומגם, אבל בטור ניחא, דקאי אמאן דלא קרי ותני, דסגי כשיש לו מי שיתעסקו עמו, וקאמר דאם יש אנשים בעיר שיוכלו להתעסק עמו, א"צ לראות אם מתעסקים עמו, דמסתמא מתעסקים עמו, ות"ת קודם, **אבל** מאן דמתני דאין לו שיעור, ודאי דלעולם צריך ללוותו, וכן למאן דקרי ותני דצריך ששים רבוא, ודאי מסתמא ליכא ששים רבוא, וע"כ גם דברי המחבר צריך לפרש כן, ודו"ק.

[**ונראה** דהדעה הזאת חולקת על מה שכתב רמ"א, דהאידנא מן הסתם מבטלין, ואם כן לפי דברי רמ"א יש לבטל גם בזה, מ"מ רב הלומד עם תלמידיו לא יבטל בשביל זה מן הסתם. נראה לי]

כתב האגודה, מה שרגילין לבטל תלמוד תורה כל זמן שיש מת בעיר, הטעם, פן יהיה צרכי המת נדחה, כי כולם ילכו ללמוד, **ונ"ל** בקהלות שעשו כתות ויש אנשים מיוחדים המתעסקים בו, אדם הלומד לש"ש ואינו רגיל לטפל בם יכול ללמוד, ע"כ, ומביאו מהרש"ל והדרישה, **והב"ח** כתב עליו, ונראה דאפילו למאן דקרי ותני קאמר, דיוכל ללמוד, **אבל** למאן דמתני לאחרים, דאין לו שיעור, צריך לבטל אפי' עשו כתות, **דהא** דתניא מבטלין ת"ת להוצאת המת, אין פירושו מותר לבטל, אלא חובה קתני, עכ"ל, **ולא** הבנתי דבריו, דהא האגודה מיירי שלא בשעת הוצאתו, דיוכל ללמוד אפילו למאן דמתני, דדוקא בשעת הוצאתו צריך לבטל, וכדלקמן סעיף ב'.

ותינוקות של בית רבן אין מתבטלין כלל - פי' אפי' להוצאת המת, ‹אפילו כשמת אדם גדול›, וטעמא כדכ' הטור, שהרי אין מבטלין אותן אפי' לבנין ביהכ"נ, ‹**ולפנינו** בטור איתא בית המקדש ושמא נפל ט"ס בדברי הש"ך – בדי השלחן›, ‹**דאין** העולם מתקיים אלא בהבל תינוקות של בית רבן, **ונראה** דגם המלמד שלומד עמהם לא יתבטל מלימודו עמהם, דאם הוא יתבטל גם הם יתבטלו – ערוה"ש›, **דלא** כהעט"ז שכ' הטעם, שהרי אינן מתעסקים עמו, דהא אין מבטלין אותו אפילו להוצאת המת.

סעיף ד - אפילו במקום שאינו צריך ללוות את המת, צריך לעמוד מפניו – [פי' מפני העוסקים עמו שהם גומלי חסדים, כן הוא בטור בשם ירושלמי, דקאמר אלין דקיימי מקמי מיתא, לא קיימי מקמי מיתא, אלא מקמי אלין דגמלין לו חסד. **וקשה** לי ממ"ש בפרק אלו מגלחין, דכשנשא רבי חגי ארונו של רב הונא למערתא דר' חייא ובניו, א"ל יהודא לחזקיה קום מדוכתיך דלאו אורח ארעא דקאים רב הונא, בהדי דקאים כו', ש"מ דקם מקמי מיתא, **וצריך** לומר דהכא אמר מסתם אדם שאין ת"ח]. **לק"מ**, דהתם יהודא וחזקיה מתים היו, ועמדו מפני רב הונא שבא אליהם, והוי כחי העומד בפני חי שבא אליו - נקה"כ. ‹**ולענ"ד** נראה דכוונת הירושלמי, דגם מפני המלוים יש לעמוד – ערוה"ש›.

(**ומבואר** בט"ז, דאם המת הוא ת"ח חייב לעמוד מפניו לבד, ונפקא מינה אם המתעסקים הם עובדי כוכבים. **ועי'** בתשובת יד אליהו שהשיג על הט"ז. **וע"ש** עוד לענין אם צריך לבטל ממלאכתו כדי לעמוד בפני המת).

[ומ"מ נ"ל ללמוד דבכל דבר מצוה שאדם הולך ומתעסק בה, יש לעמוד לפניו, וכן משמע בפ"ק דקידושין, א"ר יוסי בר אבין בוא וראה כמה חביבה מצוה בשעתה, שהרי מפניהם עומדים בעלי אומניות, ומפני ת"ח אין עומדים, משמע כל מצוה].

§ סימן שסב – לקבור בקרקע, ואם קוברים שני מתים יחד §

סעיף א - ‹מצוה מן התורה לקבור את המת בקרקע, שנאמר: קבור תקברנו, לרבות כל המתים לקבורה, לפיכך› **הנותן מתו בארון ולא קברו בקרקע, עובר משום מלין את המת** - ‹דהא לא קברו›, **ואם נתנו בארון וקברו בקרקע, אינו עובר עליו, ומ"מ יפה לקברו בקרקע ממש, אפילו בח"ל** - ‹דסתם קבור בארץ ממש משמע, ועוד דנוח לו למת יותר לשכב על העפר ממש שנאמר: כי עפר אתה ואל עפר תשוב – לבוש. ‹**ירושלמי**, בצוואתו של רבי, תהא ארוני נקובה, ופי' הרמב"ן, שיטלוהו דף התחתון שבארון וישכיבוהו על הארץ, שקבורות קרקע מצוה, ולא תימא משום חביבותא דא"י, [דכתיב וכפר אדמתו עמו – ערוה"ש], אלא אפי' בח"ל, משום שנאמר: ואל עפר תשוב, עכ"ל – גר"א. ‹**דזהו** תקונו של האדם אחרי החטא של אדם הראשון, והזוהר והמקובלים האריכו הרבה בזה, ופשטא דקרא כן הוא – ערוה"ש.

כלומר אף על פי שהארון קבור בקרקע, מ"מ לא יהא הארון סתום מכל צד, אלא יקבר המת בקרקע ממש. **ובעט"ז** ובפרישה תמהו, על מה שנוהגין עכשיו לעשות לכהנים ארונות שלמים, דהיינו שעושים מלמטה דף ושוכב על הדף, ‹ואנחנו לא שמענו המנהג הזה – ערוה"ש›, ואומרים טעם משום חשיבות כהנים הוא, דהרי אדרבה טוב הוא לשכב על העפר, **ולפמ"ש** בדרישה, דבזמנינו שנותנים חרסית על פיו ועיניו, הוי במקום עפר דבזמנם, ניחא, **עי"ל** דאי אפשר לארונות שעושין עכשיו שלא יהיו נקובים בצדדים, ובנקב סגי, כדאיתא בטור ופוסקים.

‹**אין** מניחים לעובד כוכבים לראות המת בקבר. ספר חסידים – רעק"א.

(**עי'** בתשו' שבו"י שנשאל, אחד שנולד לו מכה ברגלו, והוצרך לחתוך לו רגלו, אי מחוייב לקבור אותו אבר או לא, **והשיב** דאף דבש"ס כתובות דף כ"ב ע"ב משמע דיש לקברו, י"ל אין זה מצד החיוב לקבור, ומי שחושש לעצמו משום סכנה אפשר דאינו מחוייב לקבור, **מ"מ** צריך ליתנו בחדר א' שלא יכנסו שם הכהנים, כי אבר מ"ה מטמא, ע"ש, ועמ"ש בסי' שס"ט סק"ג).

(**עי'** בתשו' חתם סופר שנשאל מרב אחד ע"ד בית הקברות שבעירו, רגילים לקבור להניח הראש לצפון ורגליו לדרום, ופתח שער הכניסה להקברות היה לדרום, ומחמת דוחק המקום שנתמלא רוצים לשנות להתחיל שורה אחרת ממזרח למערב הראש למזרח ורגלים למערב, אם יש קפידא לשנות מהרגילות, כי בסוגיא דב"ב ק"ב מבואר שלא היו מקפידים בצדדים, שהרי חפרו כוכין לאורך ולרוחב המערה, אלא שמצא בסוף ס' החיים שכתב לקבור מצפון לדרום, ולא כתב שום טעם. **והשיב** גם בעיני יפלא, מאין הרגילות לקבוע תחומין ורוחות בקבורת מתים, ובק"ק פ"ב קוברים הראש למערב ורגלים למזרח, **ומ"מ** הנח להם לישראל כו', ומרגלא בפומיה דאינשי, דקוברים הרגלים נגד פתח שערי כניסה ויציאה, לרמוז האמונה בתחיית המתים שעתיד לעמוד מקברו ולצאת דרך השער כו', **והנה** כאשר אנחנו השוכנים באירופא רוצים לנסוע לאה"ק, יש לפנינו ב' דרכים, או לנסוע מצפון לדרום עד הים האמצעי ומשם הופך פניו למזרח א"י, או לנסוע ממערב למזרח קישטאנדינא ומשם הופך פניו לדרום ובא לא"י, **ועי"כ** נכון לקבור או ראשו לצפון ורגליו לדרום, וכמ"ש בס' החיים הנ"ל, או ראשו למערב ורגליו למזרח, **ולפ"ז** אין הוכחה מהש"ס דמיירי בא"י, דמתים קמים ועומדים בא"י, ע"כ אין קפידא ברוחות, משא"כ בח"ל, **ולכן** אם רוצים בני עירו להשכיב ראש למערב ורגליו למזרח, הוי כמו ראש לצפון ורגליו לדרום, ומשום שינוי רגילות אין קפידא, כדמוכח בשילהי נזיר כו', **ומה** טוב אם אפשר שיפתחו עוד שער א' לצד שכנגד רגלי הקבורים, לקיים מנהג הנ"ל, **ואם** גם זה א"א, לקבור ראש למערב פשיטא דהכל מותר, ואין דנין אפשר משאי אפשר, וגדולה מזו בש"ך ס"ק ד' ע"ש.

סעיף ב - **נותנין המת על גביו, ופניו למעלה, כאדם שהוא ישן** - דכל היכא דישכיבו אותו באופן אחר, או מעומד או יושב, ה"ל דרך גנאי. **וכתב** העט"ז, ונוהגין לכסות הארון בדף, ושלא להטיל שום עפר על גופו, מפני שבזיון הוא לו. ‹**ומיהו** מעט עפר שנותנין, כיון שלטובתו עושין, אין זה גנאי, דדוקא הרבה עפר יש גנאי, **ועתה** נהגו ליתן מעט מעפר א"י – ערוה"ש.

סעיף ג - **אין קוברים ב' מתים זה בצד זה, אלא אם כן היה דופן הקבר מפסיק ביניהם** - ‹רוחב ו' טפחים – רעק"א.

(**עי'** בתשו' שבות יעקב שכתב על דבר הרחקת המתים, אף שהדין פשוט ומבואר בטור ששיעור הרחקת מתים בין זה לזה הוא ששה טפחים, **מ"מ** פוק חזי מה עמא דבר, שקוברין זה אצל זה, וזה על גב זה, אף שהוא שלא ע"פ הדין, **נ"ל** דנתפשט המנהג לפי שלא לנו ניתן הארץ רחבת ידים לפנינו, וכמה השתדלות צריכין בכל המקומות ליתן לנו קצת מקום, ודי לעמוד בשלנו במקום מצומצם, ודינים אלו לא נאמרו אלא במקום שהארץ רחבת ידים לפנינו, וכה"ג כתב הט"ז סי' שס"ד סק"ב בדין מת מצוה, **מ"מ** מקום שנתיישב בקרוב ואפשר להרחיק, יש להרחיק, ע"ש).

‹**ואין** שיעור לעובי הדופן שבין קבר לקבר, כן נראה לנו מלשון הטור והש"ע, שאסרו רק זה בצד זה, **וראיתי** לגדולי אחרונים שכתבו דצריך ששה טפחים בין קבר לקבר, כמו בקבר על קבר שיתבאר, **ומביאים** ראיה ממשנה דב"ב, דהמוכר מקומות הקברים בכוכין שצריך הפסק בין כוך לכוך ו' טפחים, ע"ש, **ואני** תמה, למה לא פירשו השיעור כמו בקבר על קבר, ומכוכין דבב"ב אין ראיה לענ"ד, מפני שהיה דרכם במשך הזמן ללקט העצמות מהכוכין ולקוברן במקום אחר, ולכן צריך הפסק גדול מפני שאח"כ יפתחו הקברים ויש חשש התערבות, ולכן צריך ריחוק ו' טפחים, משא"כ בזמה"ז, וגם עתה כמדומני שאין מדקדקין בזה, **מיהו** וודאי אם רק יש ביכולת להרחיק ג' טפחים, צריכין לעשות כן – ערוה"ש.

ולא המת בצד עצמות; ולא עצמות בצד המת. אבל נקבר האיש עם בתו קטנה, והאשה עם בנה קטן ועם בן בנה קטן. זה הכלל כל שישן עמו בחייו, נקבר עמו במותו - נראה דדוקא אקטן הנ"ל קאי, אבל בן גדול אף שמותר עם אביו, וכן בת גדולה עם אמה, אסור לקברה עמהם, **ומ"ש** עם בן בנה הקטן, ה"ה

סימן שסב – לקבור בקרקע, ואם קוברים שני מתים יחד

דהוא מותר עם בת בנו או בתה, אלא במאי דסיים פתח וחד מנייהו נקט, פרישה.

סעיף ד - אין נותנין ב' ארונות זה על זה; ואם נתן, כופין העליון שיפנה. ואם יש ביניהם עפר ששה טפחים, מותר - כתב הב"ח דאפילו אי אפשר לקבור במקום אחר, ולכן צריך למחות בקהלות שהקוברים עושים כן שלא ישימו זה על זה, אלא בדאיכא בבירור הפסקת ו' טפחים, **מיהו** אם אי אפשר לקברו בענין אחר ודאי שרי, ופשוט הוא.

(**וראיתי** בכתב סופר שכתב, דדברי ש"ך סותרים אהדדי, דתחילה כתב אפילו א"א במקום אחר, ומסיים אם א"א בענין אחר שרי. **וכתב** דאין זה סיום דבריו של הב"ח, אלא דהש"ך חולק על הב"ח היכי דא"א, יע"ש. **ולא** זכיתי להבין, דאין כאן סתירה ואין כאן פלוגתא כלל, אלא תוכן הדבר, דהב"ח החמיר אפילו א"א לקבור במקום אחר, אבל מ"מ אפשר להעמיק החפירה בעומק שיהי' בין קבר לקבר ששה טפחים, אז צריך להחמיר ואסור לקבור עד שיהי' ששה טפחים, **אבל** הש"ך כתב, אבל אם א"א בענין אחר, היינו שא"א ליתן ששה טפחים, וגם א"א למצוא מקום אחר, שרי בלי הפסקת ששה טפחים, ובזה גם הב"ח מודה – שבט סופר).

(**ובב"י** כתב, וצ"ע שבת"ה כתב על ברייתא זו, ודוקא בנוגעים, אבל בב' קברות זו למעלה מזו, וקרקעותיו של עליון מפסיק ביניהם ג' טפחים, מותר, עכ"ל. **ובב"ח** כ' דט"ס הוא, וצ"ל ו' טפחים. **ובס"ח** כתב לחלק, דבדופן מפסיק בין זה לזה צריך ו' טפחים, אבל בזה למעלה מזה סגי בג' טפחים. **וכתב** עוד שם, דאם אין לבה"ק מקום פנוי, יוציאו העצמות ויעמיקו לחפור, כדי שישאר אחר שנקבר המת ג' טפחים למעלה מקבר התחתון – רעק"א).

סעיף ו - שנים שהיו שונאים זה לזה, אין לקברם יחד -

(דכשם שלא הוי נוח דעתם זה מזה בחייהם, כן הוא במותם, ואין להם מנוחה בקבריהם – לבוש).

(**ויש** בצוואת רבינו יהודה החסיד, שכשמטהרין את המת אין מהפכין הדף שיטהרו עליו. **וצריכים** לראות שהמת לא יקמץ אצבעותיו, אלא יהיו מופשטים. **ולאחר** שטיהרו את המת לא יניחוהו באותו מקום שטיהרו אותו, אלא ישכיבוהו בבית כנגד הפתח שצריכין להוציאו משם – ערוה"ש).

§ סימן שסג – איסור פינוי המת והעצמות ממקומן §

סעיף א - אין מפנין המת והעצמות, לא מקבר מכובד לקבר מכובד, ולא מקבר בזוי לקבר בזוי, ולא מבזוי למכובד, ואצ"ל ממכובד לבזוי - הטעם, שהבלבול קשה למתים, מפני שמתייראין מיום הדין, וזכר לדבר: ישנתי אז ינוח לי, ובשמואל הוא אומר: למה הרגזתני להעלות וגו'.

(**עבה"ט** של הרב מהרי"ט ז"ל ומ"ש בשם ח"צ, מי שנקבר בקרקעות עובד כוכבים, יכולין להוציאו משם לקברו בקבורת ישראל. **עי'** בתשובת תפארת צבי שפסק גם כן הכי, וכתב עוד, דפשוט שאין למנוע לאלו הרוצים להקבר בקבר חדש, עבור שימשך עי"ז בזיון להמתים הקבורים בבה"ק ישן, דמה להם בזה, מ"מ אין רצונם להתבזות ולהקבר במקום זה, ואינו מחוייב לסבול אף בזיון מועט בשביל חבירו, ע"ש).

(**ועי'** בתשו' נו"ב בשם הגאון מהר"ם פישלש ז"ל, ע"ד קהל שקנו קרקע לקברות לא לצמיתות רק למאה וחמשים שנה, ואח"כ תחזור הקרקע לבעלים לחרישה או לבנין, ועתה קמו בניהם ורוצים לקנות קרקע אחרת שתהא לקנין עולם, אם מותר להם לפנות הנקברים שם ולקברם בקרקע זו שיהיה להם מנוחה לעולם, **והורה** לאסור משלשה טעמים, וכתב דלא דמי לההיא דתשובת ח"צ, דהתם הוי כבודו טפי שלא יהא נקבר עובד כוכבים אצל ישראל, משא"כ הכא, והסכים עמו בעהמ"ח, **והוסיף** עוד טעם לאסור לפנות עתה, כי אולי בריבוי הזמן יחיו מתים, או יוכלו לקנות הקרקע לחלוטין, **אלא** שכתב דזה דוקא אם בטוחים שגם אחר כלות הזמן יהיה להם רשיון לפנות עצמות משם למקום אחר קודם שישוב הקרקע לבעליו, **אבל** אם יש חשש שאח"כ לא יתנו רשות לפנותם, מותר לפנותם עתה, **ועכ"פ** מכאן והלאה כיון שיש בידם לקנות קרקע לחלוטין, לא יקברו עוד במקום הזה).

(**ועי'** בתשו' ח"ס, אודות בה"ק שניתן ליהודים לקבור המתים במגפה ר"ל, ולא ניתן לחלוטין לאחוזה, וגם אינו מוקף חומה ואינו משומר, וע"פ דין של עובדי כוכבים אחר שש שנים מפנים העצמות וזורעים שם, והן עתה מצאו מקום שבקל יכולים להשתדל לפנות בה"ק הזה להוציא המתים ולקברם בבה"ק הישנה, ורובם מהמתים במגפה המה מבני העיר, שיש להם קרובים שוכבים בקברות הישנה, אם מותר לפנות כל הקברות ההם, **וכתב** דפשוט דמותר, ומצוה רבה איכא להשתדל בזה, ולא מבעיא אותם שאבותיהם וקרוביהם שוכבים בקברות הישנה, אלא אפילו שארי מתים, כיון דאינו מוקף חומה ואינו משומר, ועתידים לחללן, **אף** על פי שאפשר ע"י השתדלות והוצאות מרובים יפעלו לבנות חומה סביב ולסגור ולשמרו ושיהיה מוחלט לאחוזה, **מ"מ** מכיון שהוציאו משם כל האנשים השייכים לאנשי העיר שיש להם קרובים שם, ולא נשאר רק אנשים שהתגוררו, מי יכול להטיל על הצבור להוציא הוצאות וטירחא מרובה, ונמצא נשארו בלי שמירה, **ועוד** כיון שאין הקברות של ישראל, הו"ל כצדיק קבור בקבר שאינו שלו, עיין ב"ב ק"ב ע"א, **משא"כ** בה"ק הישנה שהיא של החברה כנהוג, יש לכל הנקברים שם חלק, כמו בהכ"נ של כרכים. **ע"כ** יהיו זריזים לדבר מצוה זו, ע"ש. ועי' מ"ש לקמן סי' ת"ג).

ובתוך שלו - כלומר לפנותו לקברו אצל אבותיו, **אפילו ממכובד לבזוי, מותר, שערב לאדם שיהא נח אצל אבותיו** - מפני שזהו כבוד, וכתב הבית יוסף וד"מ, משום האי כבוד מפנין, ולא משום כבוד אחר.

וכן כדי לקוברו בארץ ישראל, מותר - שהוא כפרתו, שעפר א"י מכפרת, דכתיב: וכפר אדמתו עמו.

(**עיין** בתשובת ר"ל בן חביב, שכתב דאף אם גילה דעתו בחייו בפירוש, דלאו שפיר למיסק מיתנא לארעא דישראל - וכדעת רבי בר קיריא בירושל' סוף כלאים - אפ"ה שרי לבנוהי למיסקיה, ומצוה קא עבדי, **מיהו** היכא דפקיד לבניו בפירוש דלא לסקוהו, אינו רוצה להפריז על המדה ולהורות לבניו שיעברו על דבריו, ע"ש).

ואם נתנוהו שם על מנת לפנותו, מותר בכל ענין. ואם אינו משתמר בזה הקבר, שיש לחוש שמא יוציאוהו עובדי כוכבים, או שיכנסו בו מים – ‹מצוה לפנותו, מפני צער ובזיון המתים – לבוש›, **או שהוא קבר הנמצא, מצוה לפנותו.**

‹**כתב** בר"י, מעשה שמכרו ע"י שבעה טובי העיר מקום קבר לאשה אחת בכתב מפורש, ושם נאמר המקום ההוא בסימניו ומצריו, ויהי היום איש אחד בבלי דעת קבר שמה נפל אשת, **נראה** דמותר לפנות הנפל, דקבר הנמצא מותר לפנותו, וההיא דבתשו' מהר"ר יחיאל באסאן הורה על נדון כזה ממש, דמותר לפנות, ע"ש›.

(יש נוהגין לתת מעפר א"י בקבר), (ויש למנהג זה על מה שיסמוכו) (מדרש תנחומא פ' ויחי) – ‹וסמכוהו אקרא דכתיב: ואת עפרה יחוננו – לבוש›.

סעיף ב - אין מוליכים מת מעיר שיש בה קברות לעיר (אחרת), אלא אם כן מחוצה לארץ, לארץ – משום כבוד המתים הקבורים באותה העיר, שמבזה אותם שלא לנוח אצלם את זה.

‹**ועי'** תשו' זכרון יוסף שדחה טעם זה, דא"כ אף אם הוא מצוה להוליכו משם לא נשמע לו, משום כבוד המתים שבבה"ק שבמקומו, **וכתב** דנ"ל הטעם, משום צער ובזיון המת לטלטלהו למרחוק, ואולי בין כך ובין כך יסריח או יכשלו איבריו ויהיה בזיון המת, כאשר באמת קרה הדבר פעמים רבות›.

‹**ואני** תמה, דהא בע"כ כשצוה לקוברו בביתו, לא שייך טעם שיתקלקל, אלא מפני כבוד המתים, ועכ"ז כשצוה מותר, וא"כ ה"נ כשצוה לקוברו במקום אחר, דדוקא כשאנו עושין מעצמינו הוה בזיון להמתים שבכאן, משא"כ כשעושין ע"פ צוואה, ומה שצוה כן אין זה בזיון להמתים שבכאן, דמסתמא יש לו איזה טעם בזה, וכל אדם על עצמו יכול לעשות כרצונו, **ואדרבא** לענ"ד אם יש חשש שיתקלקל בדרך, אפילו כשצוה אין שומעין לו, ויותר מזה מצאתי בשם ספר חסידים, שאחד צוה לבנו להוליכו למקום אבותיו, והיה הזמן חם וחששו לקלקול, ופסקו שא"צ לקיים צוואתו, ע"ש, אלא הטעם הוא רק משום בזיון המתים, **ואפשר** דלכן כתבו דמותר ליתן עליו סיד וכו', בכדי לקיים צוואתו, ובוודאי כשיש עצה יש לקיים הצוואה, אבל באין עצה אין לקיים – ערוה"ש›.

הגה: או שמוליכין אותו למקום קברות אבותיו – ‹שזה אין בו משום בזיון הקבורים פה, דנוח לו לאדם ליקבר אצל אבותיו – לבוש›. **ואם צוה להוליכו ממקום למקום, או שלוה לקברו בביתו ולא בבית הקברות, שומעין לו.**

ומותר ליתן סיד עליו, כדי לעכל הבשר מהר ולהוליכו למקום אשר צוה (רשב"א) – ‹זהו מתשו' הרשב"א, באחד שצוה להוליכו למקום קבורת אבותיו, ונאנסו ולא יכלו לישא אותו מיד, וקברוהו בכאן, ופסק דמצוה על בניו לקיים צוואתו, והיינו ליתן על כל גופו סיד למהר עיכול הבשר›, [שנאמר: בשרו עליו יכאב, כל זמן שבשרו עליו יכאב, אינו נוח מן הדין], ‹וכשזזין אותו בעוד הבשר קיים, חרד מאימת הדין, ולא כן אח"כ, ולכן יתנו עליו סיד כדי שיתעכל הבשר, ויוליכו אח"כ העצמות למקום קבורת אבותיו – ערוה"ש›.

‹**ולפ"ז** צ"ל מש"כ בס"א, דלקוברו בתוך משפחתו מותר אפילו ממכובד לבזוי, ומשמע להדיא אפילו בלא צוואה, וגם לא להמתין עד עיכול הבשר, **דה"פ** כשהגוף עדיין שלם, כגון שנקבר סמוך לזמן הזה, או שאינו הולכה מעיר לעיר, אלא בזה הבית קברות ממקום למקום. **ולפ"ז** נתבארו כמה דינים בהולכת מת ממקום למקום וכן לטלטל מקברו: דבלא צוואה, אפילו לא נקבר עדיין, אין להוליכו למקום אחר, משום בזיון המתים שבבה"ק דעיר הזאת, אא"כ מחו"ל לארץ או לקברות אבותיו. **וכשצוה** לקוברו במקום אחר, אפילו היו אנוסים עתה לקברו פה, מצוה עליהם לקיים צוואתו גם אח"כ, וכפסקו של הרשב"א, **ורק** אם א"א לקיים צוואתו, ישאר בקברו כפסקו של ספר חסידים. **וכן** אפי' בלא צוואה, אם לכתחלה נתנוהו בקבר זה רק לפי שעה על מנת לפנותו, מותר לפנותו בכל ענין, **וכ"ש** אם אינו משתמר בזה הקבר, ויש חשש שמא יגנבו ממנו התכריכים או לסטים יוציאוהו מקברו, או שיבא עליו מים, או שהוא קבר הנמצא, דמותר לפנותו בכל עת שיכולים לפנותו ולקוברו בבה"ק, וכ"ש להביאו לקבורת ישראל – ערוה"ש›.

‹**עיין** בתשו' שבו"י שנשאל בשעת הדבר, בר מינן, שצוה השררה שלא יקברו המת בקברות אבותיו שיש בעיר, אם לא שישפוך עליו סיד לעכל, ובאם לאו יקברו אותו אל אחד היערים במקום שאין ישוב בני אדם, איזה מהם עדיף. **והאריך** שם לבאר דברי תשו' הרשב"א בזה, והעלה דעדיף לשפוך עליו סיד ולהיות קבור בשכונת קברות, ולא יקבר ביערים בקבורת חמור בלי שום שמירה, שאפשר שהכלבים יסחבוהו וכיוצא בזה, ע"ש. **ועי'** בס' הר אבל, שנשאל מחכם אחד אי שפיר עביד שצוה את בניו אחריו לתת סיד תוך קברו כדי שיתעכל מהרה, **והשיב** אף דדבר זה מותר כמ"ש בי"ד סי' שס"ג, מ"מ אין לעשות התחכמות נגד פעולותיו של הקדוש ברוך הוא כו'. **אמנם** מה שהמנהג להדר אחר עפר ארץ ישראל לפזר על גוף המת, הוא משום שנאמר וכפר אדמתו עמו, **ויש** לזה יסוד בירושלמי כלאים פ"ב סוף הלכה ג', ע"ש, **וכ"כ** בהקדמת נו"ב, שהגאון ז"ל צוה אחריו שאדמת קודש אשר הכין לו יוזר על גופו, ע"ש›.

‹**ובתשו'** נו"ב נשאל באחד שחלה בחולי אבן ר"ל, והרופאים חתכו כדרכם, ולא הועיל ומת, אם מותר לישראל לחתוך בגוף המת כדי לראות שורש המכה, ויבא מזה הצלת נפשות, **והשיב** דאם יש לפנינו חולה אחר בחולי זה, מותר, ואם לאו אסור, ע"ש. **גם** בתשו' ח"ס כתב, דאי הוי לפנינו חולה שיש לו מכה כיוצא בה, ורוצה לנתח המת הלז לרפואתו של זה, קרוב לוודאי דמותר. **וכתב** עוד, בנדון מי שרוצה למכור עצמו בחיותו לרופאים שינתחוהו אחר מותו ללמוד ממנו הלכות הרופאים, **הנה** זה איננו נכנס בגדר פ"נ כלל וכלל, וכיון שאין כאן פ"נ, איכא משום איסור הנאה, וגם משום ניוול, אם על ניוול של עצמו לא חס, וכל שלא חס על כבוד קונו כו', ע"ש›.

סעיף ג - אין מלקטין עצמות, לא מתוך הארון ולא מתוך הקבר, ‹מצד זה› **לצד זה, לקבור שם מת אחר, או**

סימן שסג – איסור פינוי המת והעצמות ממקומן

לצורך המקום – ‹ומן הטעם שאמרנו שאין מפנין מקבר לקבר, משום שמתייראין מיום הדין כו' – לבוש.

‹**דלא** תימא דלהזיז המת מקברו אינו אסור רק כשבשרו עליו, מטעם שבארנו, אבל כשהוא עצמות מותר, קמ"ל דאסור, **וכן** לא תימא דוקא כשמזיזין אותו מקברו לגמרי אסור, אבל בתוך קבר זה לפנותם לצד זה מותר, **קמ"ל** דאסור, דהמת הזה קנה מקומו במקום ששוכב, ואסור להזיזו משם אם לא ע"פ אונס, כגון שהממשלה גזרה לפנותם משם וכיוצא בזה, או שלכתחלה נתנו שם לפי שעה – ערוה"ש.

סעיף ד - מקום שנוהגין לקבור במהמורות (פי' בשוחות עמוקות, מן "במהמורות בל יקומו") – [פי' גומא], **בלא ארון, עד שיתעכל הבשר, ואחר כך מלקטין העצמות וקוברין אותן בארון, מותר** – ‹שעושין כן, משום שכשיתעכל הבשר סימן יפה לו שינוחו עצמותיו מן הדין – לבוש. ‹**ומה** שנהגו כך מסתמא היה להם הכרח בזה, אבל גם כשנעשו עצמות אין לערבב עצמות של שני מתים ביחד, ויתבאר בסי' ת"ג – ערוה"ש.

סעיף ה - ארון שפינוהו, אסור בהנאה - שכל מה שנקבר עם המת אסור בהנאה, כדלעיל ר"ס שמ"ט, **אם הוא של אבן ושל חרס, ישבר; ושל עץ, ישרף.**

‹**עי'** בשו"ת תשובה מאהבה, שהורה על ארון של מת שהושם בתוכו מת, והיה קטן מהכיל והוצרכו לתקן ארון אחר, **דארון** הראשון מותר בהנאה, ומכ"ש דמותר ליתן בתוכו מת אחר, דאחרי שהארון לא היה מן המדה, שלא היה לפי מדת המת, אין זה בכלל צר ביה ואזמניה, ואף על פי שהניחו לשם בדוחק מעוקם לשאת אותו מפונדק עובד כוכבים לבית ישראל כפי הפקודה, בשביל זה לא נאסר, דהא דארון ותכריכין של מת וכיוצא בו אסורים בהנאה, היינו אם הם ראויים לקבור עמו, וע"ש. **ועי'** ספר הר אבל שחולק עליו, והביא דברי הר"ן דמבואר שם, דאף לפי שעה צר ביה ואזמניה קרינן ביה, **ומהך** דס"ס שמ"ט, אין ראיה דשאני מטה דמזומנת לכל המתים.

סעיף ו - המוצא נסרים בבית הקברות – [וכתוב בפרישה, ה"ה חרסים], **לא יזיזם ממקומם** - דחיישינן שמא מארון שפינוהו הם. ‹**ומ"מ** אינו מחוייב לשורפן, כיון שאינו יודע שהם מארון – ערוה"ש.

סעיף ז - אסור לפתוח הקבר אחר שנסתם הגולל, אפילו אם עוררים היורשים לפתחו כדי לבדוק אם הביא שתי שערות – [פי' אם היה גדול, ונפקא מינה לענין מכירתו שמכר אם **הוא מכר**]. ‹**משום** טעמא שכתבנו ס"א וג', שמתיראין מיום הדין כו' – לבוש. ‹**ויש** רבותא בדין זה, דמקודם נתבאר דלהזיזו מקברו למקום אחר אסור, ועתה קמ"ל דאפי' לבלי להזיזו, רק לפתוח הקבר ולראות בגופו מה שצריך, ג"כ אסור – ערוה"ש.

‹**עיין** בסוף שו"ת חות יאיר בתשו' הגאון מהר"ד אופנהיים כתב בשם הגאון מהר"ג ממיץ, בשני מתים שנקברו, ושכחו בב"א להלביש מלבוש א' מן המנהג לתכריכי מתים, ומת אחד היה יותר מבן כ', וא' פחות מכ', **וצוה** לפתוח קבר הקטן להלבישו מה שחסר מן הבגדים, דבקטן ליכא חרדת הדין, אבל הגדול אין לפתוח קברו מטעם חרדת אימת הדין, וכמו שאמר שמואל למה הרגזתני, **והוא** ז"ל הקשה עליו מש"ס ב"ב דף קנ"ה, ע"ש. **ועי'** בתשו' חכם צבי, ועי' בתשו' כנסת יחזקאל מ"ש בזה, והעלה דהגאון מהר"ג ז"ל טב הורה בלי פקפוק, ע"ש. **ועי'** בשו"ת שיבת ציון, בהרוג אחד שנמצא ולא ניכר בו שום צורת פנים, ומתוך הבגדים והכתבים נראה שהוא בעל אשה אחת אשר יצא מביתו זה חצי שנה, וקברו אותו, ואח"כ באה האשה ואמרה שיש לבעלה סימנים מובהקים בגופו, אם מותר לפתוח קברו לראות אחר הסימנים כדי להתירה מחבלי העיגון, **ודעת** הרב מהר"ר אלעזר פלעקלש להתיר, דהרי אפילו לקוחות יכולין לומר אנן זוזי יהבינן, לינוול ולינוול, אם לא מטעם דסימנים עשויים להשתנות, כמבואר במס' ב"ב דף קנ"ד, ‹**דדוקא** לטובת היורשים אין פותחין הקבר לראות, שהם לא אבדו בזה כלום, שלא הוציאו מכיסן, אבל אם הלקוחות דורשים לפתוח הקבר לטובתם, לא חיישינן בניוולו ופותחין ורואין – ערוה"ש, **וא"כ** האשה הזאת שלא תהיה עגונה כל ימיה, תוכל לומר מה לי בניוולו, וסימנים אלו אין משתנים לעולם, ובפרט שזה גם לכבודו, שבניו יתאבלו ויאמרו קדיש. **והרב** המחבר נר"ו חולק עליו, והעלה לאסור, **וחזר** הרב מהרא"פ והודה לדבריו, מטעם דשם יודעין בודאי שזהו המת, אלא שנסתפקו אם הוא קטן, אבל בנ"ד שמא הוא אחר, והניוול בחנם ודאי אין להתיר, ע"ש. **שוב** ראיתי בתשו' כנסת יחזקאל, שכתב בפשיטות דמותר לפתוח הקבר לראותו כדי להתיר אשתו, ואין לאסור מטעם למה הרגזתני, דאף לקברו בשלו מותר לחטט קברו, ק"ו להתיר אשתו, ע"ש, **מיהו** אין ראייתו מוכרחת. ‹**ולענ"ד** עיקר כדברי המתירין, דזכות הוא לו, וכן אם החסירו דבר הכרחי מתכריכין, פותחין הקבר ומשימין שם. **כללו** של דבר, כל שהוא לצורך המת, או לצורך מצוה, או הפסד ממון לאחרים, אין חשש בפתיחת הקבר לראות מה שצריך – ערוה"ש.

‹**עבה"ט** של הרב מהרי"ט ז"ל שכתב בשם שבו"י, במעשה שחפר המתים והפשיטום ערומים, דמותר לחפור ולפתוח קבריהם לראות אם הם ג"כ ערומים, **ודוקא** במתים שנקברו מקרוב, כמו חדש ימים, אבל אותן שנקברים מקודם, אין לחפור כלל מכמה טעמים, ע"ש. **ועי'** בשו"ת ארבעה ט"א שחולק על השבו"י, ופסק דאין לפתוח שום קבר, ע"ש.

§ סימן שסד – איסור הנאה של קבר והאבן והבנין §

סעיף א - קבר של בנין, אסור בהנאה, אבל קרקע עולם של קבר, אינו נאסר - דילפינן מדכתיב וישלך את עפרה אל קבר בני העם, מקיש קבר לעבודת כוכבים, מה עבודת כוכבים אינו נאסר במחובר, כדלעיל סי' קמ"ה, אף קבר אין נאסר במחובר, **אבל** קבר של בנין הוי תלוש ולבסוף חברו, דאסור כמו בית שבנאו לעבודת כוכבים כדלעיל סימן קמ"ה סעיף ג'.

הגה: וי"א דהקרקע שלקחו מן הקבר וחזרו ונתנו עליו, דהוי תלוש ולבסוף חברו, אסור בהנאה (טור בשם הר"ר

יש"ע) - ואיזה הוא קרקע עולם, כגון החופר כוך בסלע, שהוא קרקע עולם שלא נתלש, טור, וכ"ש צדדי הקבר ותחתיתו שאין נאסר, אלא דאשמועינן בכוך, דאפי' העפר שעל גביו אינו נאסר משום דקרקע עולם הוא, וכ"כ בפרישה.

‹**עיין** בתשו' רבינו עקיבא איגר ז"ל, שכתב דאם יש עפר אחר עליו, ויש לתלות שהעפר האסור נתבטל ברוב עפר המותר, אף אם אינו בבירור שיעור ביטול, מותר לדרוס עליו. **וכ'** עוד, לולא דמסתפינא הייתי אומר, דמ"ש הטור בשם ר' ישעיה שהעפר שמכסין בו את המת כו', י"ל דוקא כשיעור כסוי פני המת, שזהו לכבוד המת, **אבל** מה שהוא למעלה מזה, י"ל דעושים שיהא הקרקע שוה שלא יפול הנופל, **ואם** כן מה שחופרים עתה לפינוי המתים, מתערב זה עם זה והוי רוב. **אולם** מדברי הט"ז א"ח סי' תקכ"ו ס"ב ובמג"א שם סק"י לא משמע כן ע"ש›.

‹**ולכאורה** דברי הר' ישעיה מסתברים, דהא מת למדנו מעבודה זרה, ובשם תלוש ולבסוף חיברו הוה כתלוש ונאסר, **אמנם** באמת אין זה דמיון, דכל תלוש ולבסוף חיברו, הוא נתלש ממקום אחר וחיברו במקום אחר, וזהו באמת הטעם דקבר של בנין נאסר, אע"ג דעתה הוא מחובר, דזהו תלוש ולבסוף חיברו, **לאפוקי** עפר הקבר, שחופרין העפר כדי לשום בו המת ולהחזיר העפר לאותו מקום, זהו מחובר גמור, דישוב העפר על הארץ כשהיה, **וזהו** טעמן של כל רבותינו שחלקו אדברי הר' ישעיה, **ותמיהני** על רבינו הרמ"א שחשש לדבריו, והוא יחיד במקום רבים – ערוה"ש›.

ויש אוסרין עוד לישב על האבן שנותנין על הקבר למצבה - (עי' בתשו' יד אליהו, שהביא דיש שני טעמים על זה, אחת מחמת איסור הנאה, וא' משום דהוא בזיון למת, **ונ"מ** דלילך ע"ג הקבר משום הנאה ליכא, דהא אי לא הוי הכא כלל קבר היה יותר טוב לילך על הארץ, ואינו אסור רק משום כבוד המת, ע"כ משום מצוה מותר לילך, **אבל** לישב ע"ג הקבר, דבזה יש הנאה, דאילו לא היה קבר לא היה ראוי לישב עליו, אסור משום הנאה, ובזה לא מהני שום מצוה, ע"ש).

וכתב בהגהת אשר"י, דאסור למכור מצבה שנשברה, ואסור להשען על המצבה, ואסור לדרוך ע"ג הקברים, דאסור בהנאה, וכתב הב"ח שכן נוהגין איסור.

[**ובפרק המוכר פירות פי' רשב"ם, דנושאי המטה שדורסין ע"ג המערות המוקפות מכל צד, כשמביאין את המטה לחצר, דבשביל הילוך לפי שעה לא קפיד ר"ש, עכ"ל, משמע דאין איסור כשדורסין ע"ג הקברים לפי שעה, בהילוך למקום שרוצים לילך שם**].

ויש חולקים ומתירים – [דס"ל דלא אסרו בגמרא אלא קבר של בנין לחוד], ‹**דסבירא** להו דלא דמי אפילו לבנין שעל הקבר, מפני שאינו נחשב כלל מן הקבר, אלא ציון שנותנין עליו אחר כך הוא – לבוש›.

(**עי'** בתשובת הרדב"ז שכתב, דאנו נוהגים בזה להחמיר, שגם המצבה היא בכלל איסור הנאה, ע"ש).

‹**נראה** ברור דכל הקדמונים שהזכירו מצבה, אינו כעין שלנו שמעמידים בצד הקבר, אלא היא על הקבר, **אבל** מצבות שלנו שמעמידין מן הצד, וודאי לא שייך להמת, וכולם מודים שמותרים לישב עליהם, דנעשה רק לציון כדי לידע מקום הקבר – ערוה"ש›.

‹**ודע**, דזה שנתבאר דקבר של בנין אסור בהנאה, פירושו כשבנו בתוך הקבר ונתנו המת שם, אבל אם אחד רוצה להעמיד בנין סביב הקבר, כמו שרגילים לעשות לעשירים ולגדולים, וקורין לזה אהל, אינו בכלל הקבר, שהרי נעשה אח"כ, ואינו שייך המת לכלל, ומשום כבוד החיים עושים כן, כמו במצבות שלנו, כנלע"ד, **אך** אם אומר מפורש שעושה לכבוד המת, אולי חמיר יותר ממצבה שוודאי הוא רק לציון לידע מקום הקבר שהרי כותבין עליו שם המת, **אך** שטות גדול הוא אם עושין לכבוד המת, ולא לכבוד הוא לפניו בעולם האמת, וכמה מהגדולים שצוו שלא יעשו להם כן, וגם לא מצבה יקרה, **וא"כ** אין זה אלא לכבוד החיים ומותר בהנאה – ערוה"ש›.

‹**ודע** שראיתי להגדולים שכתבו, דאסור לישען על המצבה, ואסור לדרוך על הקברים, שאסורים בהנאה, **והנה** במצבות שלנו בארנו לענ"ד דאין בזה איסור, ואף גם לדרוך על הקברים תמיהני על מה שאסרו, וזהו מפני שחששו לדעת הר' ישעיה שהביא הטור, דהעפר שעל המת אסור בהנאה, וכבר בארנו דרוב הפוסקים חולקים עליו, **ואף** גם לדעתו לא ידעתי אם ההילוך על הקבר מקרי הנאה, ולא מצינו בשום מקום שיהא אסור לעבור במקום האסור בהנאה, רק במדיר חבירו מנכסיו, מטעם דויתור אסור במודר הנאה, והוה כאוסרו מפורש בדריכת הרגל, אבל בכל איסורי הנאה לא מצינו שאסור לדרוך עליהם, **ובוודאי** לישב על הקבר או לדרוך עליו דרך דריכה אסור משום בזיון המת, אבל לעבור דרך עליו אין כאן בזיון, ומי לנו גדול ממקום המקדש, שבכל הר הבית היה מותר לילך ולדרוך על הקרקע ועל הריצפה – ערוה"ש›.

(**וכתב** בספר בר"י, מעשה באלמנה שציוותה להניח אבן על קבר בעלה, ואחר ימים הלכה על קבר בעלה וראתה שהאבן היא קטנה, ורצתה להחליפה באחרת יפה הימנו, ולהוסיף מעות למוכר האבנים לכבוד בעלה, **נשאל** מורי ז"ל אי שרי לעשות כן, כיון שהיא אינה נהנית כלל מהאבן הזאת, ואדרבה היא מוסיפה מעות לכבוד בעלה, **או** דילמא כיון שאין נותנין לה האבן אחר בסך מעות שהיא מוסיפה, אלא ע"י האבן הזאת שנותנת למוכר שימכור למת אחר, הרי היא נהנית באבן זו שנאסרה בהנאה, וגם המוכר אותה אח"כ משתכר באיסורי הנאה, **והאריך** מורי ז"ל בתשובה כ"י, והעלה דאסורה למכור או להחליף בשום אופן, דבכל גווני הנאה מקרי, **והרב** מהר"י נבון בספרו קרית מלך רב, צידד להתיר בדין זה, להלכה ולא למעשה, ע"ש).

(**ועי'** בתשו' חתם סופר, אודות חומת בה"ק שנהרסה, ובנו אחרת טובה הימנה תחתיה, אם מותרים זט"ה לבנות מהאבנים הישנים בית שער לכניסת בית החולאים, לפי מה שנוהגים להחמיר במצבת הקברים. **והעלה** דפשוט להתיר מכמה טעמים, ויכולים הגבאים שהם כמו זט"ה לשנותה ולבנות האבנים והלבנים לבנין אחר הצריך לצבור, ע"ש).

הכלים שחופרים וקוברים בהם, מותרים בהנאה, ואין להשתמש בהן אלא מדעת הגבאי, כמו בשאר צדקה.

והא דקבר של בנין אסור לעולם, דוקא שבנאו לשם מת, ונתנו בו אפילו על דעת לפנותו – ‹משום דהוי הזמנה ומעשה – ערוה"ש›, **ואפילו לא נתן בו אלא נפל.**

‹**והר"ן** כ', דבעל דעת לפנותו, אפי' בנאו לשם מת מותר, **אלא** דמיירי דבתחלה הזמינו שיהא למת ולא הניח בו המת לשעתו, ולאח"ז בלא הסכמה

אחרת הניח בו המת, {דאי הסכים אח"כ להניח בו רק אדעתא לפנותו, ס"ל להר"ן דשרי בכל גווני – בה"ל סי ל"ב}, בזה אם ההזמנה שמקודם היה ע"י מעשה בנין, נאסר בהנחת המת סתם שלאח"כ, אף על גב דפניי' להמת, **אבל** אם ההזמנה הוא רק בדיבור, לא נאסר, כיון דההזמנה היה שלא בשעת הנחת המת, **אבל** אם כשהניח המת הזמינו שיהיה מיוחד לכך, או שחשב כך בלבו, נאסר בלא מעשה, ע"ש – רעק"א.

אבל אם בנאו לשמו, ולא נתנו בו, מותר. וכן אם נתנו בו אדעתא לפנותו, ולא הזמינו מתחלה, מותר לאחר שפינהו – ‹דמחוסר הזמנה – ערוה"ש›.

אבל אם נתנו בו על דעת להיות בו עולמית, אסור אפילו לאחר שפינהו, אפי' לא בנאו לשמו – ‹דאין כאן חסרון הזמנה, דכיון דנתנוהו אדעתא להיות שם לעולם, זהו הזמנתו, ובאו ההזמנה והמעשה כאחת – ערוה"ש›.

ואם לא בנאו לשמו, ונתנוהו בתוכו, והוסיף בו דימוס (פירוש נדבך, והוא שורת בנין החומה) לשמו, כולו אסור, אפילו לאחר שפינהו ואפילו שקברו שם על דעת לפנותו – ‹דנאסרה כל הבנין בשביל דימוס זה, ואין הכוונה שדימוס זה בכח לאסור, אלא משום דאינו ידוע לו איזה דימוס הוא – ערוה"ש›, **ואם מכיר הדימוס שהוסיף לשמו, מסירו, והוא לבדו אסור, ושאר הקבר מותר.**

סעיף ב- קבר הנמצא, מותר לפנותו - ולא חיישי' שמא מת מצוה הוא, דמת מצוה קלא אית ליה. **פינהו, מקומו טהור ומותר בהנאה** - שאין אדם אוסר דבר שאינו שלו, ומיירי בקבר של בנין, דאלו במחובר בלאו הכי אין מחובר נאסר. **קבר הידוע** - שנקבר שם מדעת בעל השדה, **אסור לפנותו** – ‹ואם אינו יודע שנקבר שם שלא מדעת בעל השדה, אסור לפנותו – לבוש›, **פינהו, מקומו טמא** - גזירה דרבנן היא, שגזרו טומאה עולמית כדי שלא יפנוהו, **ואסור בהנאה.**

והרמב"ם גורס: קבר הנמצא, מותר לפנותו - וה"פ קבר הנמצא, דהיינו שלא היינו יודעים שהיה שם קבר, מותר לפנותו, דכיון שלא היה ידוע, מסתמא נקבר שם שלא ברשות בעל השדה, **פינהו, מקומו טמא ואסור בהנאה** - כלומר השדה שסביבותיו, היכא דאיכא למיחש לקברים. **קבר הידוע** - שאין שם אלא הוא לבדו, ‹ומסתמא נקבר שם מדעת בעל השדה›, **אסור לפנותו** – ‹כיון שמדעת בעל השדה נקבר שם – כסף משנה›, **פינהו, מקומו טהור ומותר בהנאה** - כיון שידוע שאין שם קברים אחרים. **ונקבר** שם שלא מדעת בעל השדה, מותר לפנותו, ב"י.

(**עי'** בתשו' חות יאיר בתשובת הגאון מהר"ד אופנהיים, במעשה בעיר אחת שנפל בהכ"נ שלהם ורצו לבנות מחדש, וחפרו בעומק כמו קומת איש לבנות היסודות, ונמצא בקרן מערבית דרומית עצמות מתים מחוץ לחפירת היסוד, והשליכו האומנים ראש המת ואברים, ובצד מזרחית רחוק ה' אמות, חפרו שם ונמצא ב' קברים, וא' רחוק מחבירו ו' אמות, ובכותל מזרחית נמצא קבר א', ראשו של מת מונח תוך ב"ה ורגליו לחוץ, ובכותל צפונית רחוק כמו ו' אמות מקבר שנמצא בכותל מזרחית, נמצא בחפירת היסוד ג' קברים, והיו סמוכים זה לזה באורך כמו שתי אמות וכמו רוחב אדם, ולא נמצא שום קרש ולא חרס ולא היה ניכר צורת קבר, ויש עובד כוכבים זקן מסל"ת שעובדי כוכבים נקברו שמה בעת מלחמת השוידי"ן, **והנה** יש לספק בזה הרבה: א', די"ל דהוא שכונת קברות, כיון שנמצא יותר מג', ואסור לפנות, **ואף** דקי"ל במס' נזיר דס"ה וב"ב דף ק"א, דאם יש בין זה לזה מד' אמות עד ח' ה"ז שכונת קברות, וא"כ בנ"ד שרחוקים יותר מן ח' אמות באמה בת ו' טפחים, וגם אותן קברות שבצד צפון אינם רחוקים ד' אמות, אינו שכונת קברות, **אך** י"ל דזה השיעור הוא לפי מנהגם לקבור במערות, אבל בעת בכל ענין הוי שכונת קברות, וא"כ אסור לפנותו, ואם פינהו ממקומו טמא ואסור בהנאה. **ועוד** אף אם נאמר שאין זה שכונת קברות, כי קברות עובדי כוכבים היא, אי צריכה בדיקה בב"ה כדי להציל הכהנים מטומאה. **ועד** היכן יבדוק ועד כמה יעמיק ועד כמה יטפל בזה. **והוצאה** זו על מי רמיא, על הכהנים לחוד או על כל בני הקהלה. **והאריך** מאד לבאר שיטת רש"י ושיטת הרמב"ם ושיטת תוס' בשם ר"י בזה, והעלה דבנ"ד אין שכונת קברות כמבואר בנזיר ס"ה, דאם נמצא שום שינוי בקבורה שיש ידים מוכיחות שהוא עובד כוכבים, מספיקא לא מחזיקן בשכונת קברות, **ואם** כן בנ"ד יש ג"כ ידים מוכיחות שהם עובדי כוכבים, כי ישראל כולם נקברים בחדא מחתא, ובסדר א' מונחים, ודרכיהם זה לקבור שלא כסדר, **ועוד** מאחר שלא נמצא שום חרס או קרש או צורת הקבר, שהרי מנהג ב"י תורה ליתן חרסים ע"ג העינים, **ואת"ל** שהיו ישראלים ונקברו בשעת הדחק בעתים אשר לא כסדרן בעת מלחמה או דבר ר"ל, הרי מפורש במס' שמחות דבשעת דבר ומלחמה אין חזקה לקברות. **נמצא** דפשיטא דמותר לפנות, **וגם** מה שנמצאו בקבר א' הצפונית עצמות ממתים הרבה, היא ג"כ הוכחה, שהרי אין דרך יהודים לקבור בקבר א' מתים הרבה, כדלעיל סי' שס"ב. **ונוסף** ע"ז שיש עובד כוכבים מסל"ת שהמה עובדי כוכבים, ואיסור פינוי הוא רק מדרבנן, מהמנינן לעובד כוכבים מסל"ת. **וא"צ** בדיקה סביב הקברים, כי הכהנים מותרים להלוך, כדלקמן סי' שע"ב, ואף הרא"ש שם מודה בנ"ד, שהוא ספק דלמא אין כאן קבר ועצמות כלל. וגם התפיסה א"צ ליטול. **ולענין** אם המקום מותר בהנאה, פשיטא דמותר, אף אם היו ודאי ישראלים, דהא מסקינן בש"ס דדוקא בקבר בנין, אבל במחובר אין בו איסור הנאה, מכ"ש בנ"ד דקרוב לודאי שעובדי כוכבים המה, ובפרטות שמותר לבנות בהכ"נ, דמצות לאו ליהנות ניתנו, **אך** כל זה לעיקר הדין, אמנם כדי שלא יהא מקום קדוש ובית תפלה במקום חשש טומאה, יש לחפור ולבדוק על כל פני הבהכ"נ לארכו ולרחבו בערך אמה וחצי, כדרך שחופרין שאר קברות, וכל העצמות שנמצאו יפנו, ואם לא ימצאו, העפר טהור, וסביב לב"ה מותרים להלוך בלא בדיקה, כאשר נתבאר. **אמנם** באשר שבמקום א' קברו עצמות המתים, ובאותו מקום אסור לכהנים לילך, דאף ודאי קברי עובדי כוכבים נכון ליזהר, מכ"ש כאן שיש קצת ספק שמא ישראלים הם, ע"כ יפנו עוד מאותו המקום, או יציינו על המקום ההוא. **ולצורך** החפירה, צריך שיתנו כל הקהל אף הישראלים והלוים, כדאיתא בח"מ סי'

קס"ג ס"ג, ובפרט בנ"ד שישראל מוזהר ג"כ על הטומאה ברגל, וגם מצווים ישראלים לשמוע ברכת כהנים, וכל שאינו שומע במזיד אינו בכלל ברכה, א"כ בחדא מחתא המה לשלם מקופת הקהל מה שחופרין בב"ה, ע"ש באריכות גדול).

סעיף ג - מת מצוה, שמצאו אדם בשדה וקברו שם, אפילו שלא מדעת בעל השדה, אסור לפנותו, שמת מצוה קונה מקומו - ‹שזה אחד מעשרה תנאים שהתנה יהושע עם ישראל - לבוש›. **וכל המוצאו צריך לקברו במקום שמצאו** - ‹ולא יזיזנו ממקומו - לבוש›, ‹ואין בעל השדה יכול למחות בו, בין בא"י בין בח"ל - ערוה"ש›, וא"צ להוליכו לקברות. **וכתב** מהרש"ל, ומה שהאידנא אין נזהרים בזה, הוא לפי שאין הארץ שלנו, ואין לנו רשות לקבור בכל מקום, **ואף** אם נקבר אותו לשם, יש לחוש שהעובדי כוכבים יחזרו ויוציאו אותו כדי לפשוט בגדיו מעליו או משום זלזול, ע"כ מוליכין אותו לבה"ק מיוחד, עד כאן, והביאוהו האחרונים. ‹**ועכשיו** לא שייך דינים אלו, לפי שיש בזה חוקים ממשפטי המלכות, ואין ביכולתינו לעשות כרצונינו, ודינא דמלכותא דינא, **וכמדומני** שעתה גם מחוק המלכות כן הוא לקוברו במקום שנמצא - ערוה"ש›.

ואם מצאו על המצר, שצריך לפנותו משם מפני הרבים שלא יאהילו עליו, אם מצאו בין שדה בור (פירוש שאינה חרושה וזרועה) לשדה ניר (פירוש ניר נחרש ולא נזרע), מפנהו לשדה בור. בין שדה ניר לשדה זרע, מפנהו לשדה ניר. בין שדה זרע לשדה אילן, מפנהו לשדה זרע. בין שדה אילן לשדה כרם, מפנהו לשדה אילן - ‹דלמעט בהזיקא עדיף, ואין בעל השדה יכול למחות, דכך היתה התקנה - ערוה"ש›. **ואם שתיהם שוות, מפנהו לקרוב שבהם. ואם שתיהן שוות בקירוב, מפנהו לאיזהו מהם שירצה** - ‹ומ"מ נ"ל דאין לו לקבל ממון מצד א' שיוליכוהו לצד השני - ערוה"ש›.

בד"א, במצאו חוץ לתחום. אבל אם מצאו בתוך התחום, מביאו לבית הקברות. ואינו נקרא מת מצוה, אא"כ מצא ראשו ורובו - [פי' וכ"ש אם נמצא כולו שלם]. ‹דכתיב כי קבור תקברנו, כולו משמע, ורובו ככולו - לבוש›. ‹**אבל** איברים לא נקרא מת מצוה, ואין בו כל הדינים שנתבארו, אלא מוליכן לבה"ק אפילו בריחוק מקום, או לקבור במקום שהבעלים נותנים רשות, **ונ"ל** דה"ה בנפל ליכא דינים אלו - ערוה"ש›.

סעיף ד - אם מצאו ישראל הרוג, יקברוהו כמו שמצאוהו, בלא תכריכין, ולא יחלצו בו אפילו מנעליו. הגה: וכן עושין ליולדת שמתה, או למי שנפל ומת (מהרי"ל). וי"א שמלבישין אותם למעלה מבגדיהם, תכריכין (הגהמי"י בשם ר"י מדורא). ונהגו שאין עושין להם תכריכין כשאר מתים, רק קוברין אותן בבגדיהם, ולמעלה מהם סדין, כשאר מתים.

במהרי"ל כתוב, דאם דם יצא ממנו, אז אין לטהר אותו, כי הדם יסתלק ממנו, אך יקברוהו במלבושיו. **וכ'** הב"ח, ונראה דהיינו דוקא כשמת במלבושיו, אבל בנפל ולא מת מיד, אלא לאחר כמה ימים שכבר פשט מלבושיו, וגם אין דם יוצא ממנו שכבר פסק, ומת על מטתו מכח אותו נפילה, אז ודאי מטהרין אותו ועושין לו תכריכין כשאר בני אדם שמתין על מטתן, **ובדבר** הזה יש חילוק בין נפל מן הגג להרוג, דאלו בהרוג בידי עובד כוכבים, אף על פי שבשעה שמצאוהו כבר פסק הדם, קוברים אותו כאשר הוא נמצא, כדי להעלות חימה ולנקום נקם, וזה אין שייך בנפל מן הגג, **וכן** ביולדת שמתה ודם יוצא ממנה, אין לטהרה, אלא קוברים אותה בלבושיה, אבל אם לא מתה אלא לאחר כמה ימים ושבועות, וכבר פסק הדם, נוהגין עמה כמו בשאר מתים, לטהרה ולעשות לה תכריכין.

שוב מצאתי כתוב, שמעתי הטעם גבי הרוג, דהרי כבר יצאו כל הדמים ממנו והם מובלעים בבגדיו, וחיישינן שמא נבלע בתוכן הרביעית דם שהנפש יוצאת בו, ע"כ יקברוהו כמו שמצאוהו, ולא יחלצו אפילו מנעליו, דשמא הדמים שיצאו עם יציאת הנפש הם בתוך המנעלים, **וע"כ** נוהגין בהרוג, לחפור ולחתור במרא וחצינא בקרקע במקום שנמצא שם ההרוג, וכן כל דמו שיצא ממנו במקום קרוב לו, וקוברין אותו עפר שנבלע בו דמו עם ההרוג, דשמא באותו הדם יצא דם הנפש, **ומזה** הטעם ג"כ במי שנפל מן הגג ומת, או נפל עליו הבית ומת, ונעשה בגופו פצעים וחבורות ומוציא מהם דם, וזה גם כן טעם היולדת, דרובם אינם מתי' אלא מחמת שנעשה באיברים הפנימים שלה פצעים כשכורעת לילד, וע"י כן יצא ממנה דם הרבה נבלעו בכתונת שעל גופה ובשאר בגדים שעליה, והדמים שיצאו עם יציאת הנפש נבלעו בתוכם, **משא"כ** כשאין שם פצעים, ולא יצא מהם דם כלל, דאז אין קוברין אותה בבגדיה אלא בתכריכין כשאר מתים ומטהרין אותם, **ולפ"ז** מי שמת בדרך בקור גדול ושלג, נראה דפושטין מלבושיו ומטהרין ומלבישין אותו בתכריכין, כיון שאין בו פצעים ולא יצא ממנו דם, וכן מי שנטבע במים בבגדיו, דפושטין בגדיו ומטהרין אותו ומלבישין אותו תכריכין, וכמ"ש בסוף ספר מהרי"ל, ע"כ. **ואני** ראיתי בהרבה קהלות נוהגין לטהר כל יולדת ולהלבישה תכריכים, ולהלבישה בגדיה למעלה מהתכריכין, ולמעלה מהם הסדין.

[**והמנהג לקבור בבגדים הנמצאים נטבעים, וכן יולדת שמתה בר מינן בבגדיה, והיותר תמוה, שמלבישין בגדים ומנעלים ליולדת שמתה אפי' כמה ימים אחר לידתה, והוא שלא כדין לפי ע"ד**].

‹**ואם** יש איזה מנהג בזה, יעשו כמנהגם, דאין בזה טעמים ברורים - ערוה"ש›.

(**ועי'** בתשו' חינוך ב"י במי שנטבע בנהר ר"ל, והורה לטהרו ולהלבישו תכריכין, ואף אם יצא דם ממנו לאחר מיתה. **ומעשה** שהיה קול רעם והמית לאחד, והסכימו הגאונים מהר"ר אפרים ומהר"ר ישעיהו בעל של"ה ז"ל, באם נמצא רושם מכה וחבלה בגופו דאפקי דמים, אזי נדון כהרוג, ובאם לאו, הוא כשאר בני אדם).

(**עיין** בתשובת שמן רוקח, שנשאל באשה מעוברת שמתה, ואי אפשר בשום אופן להוציא ולדה, אם יש לפתוח את בטנה ולהוציא את

סימן שסד – איסור הנאה של קבר והאבן והבנין

ולדה, **והשיב** דבגוף המנהג שנהגו להרעיש ע"ז, נעלם ממנו מקום מונח לזה, ובש"ס משמע איפכא דניוול הוא להוציא ולדה אחר מיתה, **ולפ"ז** גם לעכב קבורתה אין מהראוי לעבור על הלנת המת, ובפרט בנשים, **אך** הואיל וכעת הנהוג להרבות מפעלות להוציא ולדה, יש לעכב קבורתה עד יום שלישי, ולאיים עליה בכל איומים ולהרבות מפעלות מה שיש באפשרי, **ואם** ח"ו בתוך הזמן לא תצא ולדה, אז יש לקברה כך, ולא לפתוח בטנה ולזלזל בכבודה ח"ו, ע"ש).

סעיף ה - קבר המזיק את הרבים, כגון שהוא סמוך לדרך, אפילו נקבר שם מדעת בעל השדה, מותר לפנותו, ומקומו טהור – [דלא גזרו עליו מפני הנזק], **ואסור בהנאה** – [דאיסור דאורייתא הוא ולא פקע], **אם** הוא קבר של בנין, לאפוקי קרקע עולם אינה נאסרת, כדלעיל ריש הסימן, **אם קדם הקבר; אבל אם קדם הדרך, מקומו מותר בהנאה** - שהרי אין אדם אוסר דבר שאינו שלו, ולאו כל כמיניה לאסור של רבים.

סעיף ו - קבר שפינהו, היכא דמותר בהנאה, לא יעשנו בית התבן ולא בית העצים ולא בית האוצרות - דגנאי הוא למת לעשות כן. ‹**ויראה** לי, דבית לדור בו אין זה בזיון ומותר – ערוה"ש›.

סעיף ז - החוצב קבר לאביו וקברו במקום אחר, לא יקבר בו הוא עולמית, משום כבוד אביו - עיין בטור דמסיק בשם הרמב"ן, דכיון דטעמא הוא משום כבוד אביו, אפי' קרקע עולם נמי אסור, **אבל אחר, מותר ליקבר בו** - ‹ויראה לי, דכל קרוביו מותרים להקבר בו, לבד בניו ובנותיו של המת, **וה"ה** בשאר דבר שעשה למען אביו, כמו מצבה וכיוצא בזה, שאין לעשותה לעצמו – ערוה"ש›.

‹**אפילו** אם כבר נקבר בו מת ופנוהו, מותר לקבור בו מת אחר, דזה לא מקרי הנאה. ב"ה בשם הרשב"א, **אבל** בטור בתחילת סי' זה בשם רבינו ישעיה לא משמע כן, ועי' בתשו' שבות יעקב. **ובמוהריק"ש** כתב לאסור לקבור בו מת אחר, **ועי'** בתשו' רדב"ז, דנקט בפשיטות כהרשב"א הנ"ל, **ועי'** בת' דבר משה, שכתב ג"כ להקל – רעק"א›.

‹**עי'** בשו"ת שיבת ציון, באחד שהזמין אבן לציון על קבר אביו ונחצב בו שם אביו, ומפני איזה סיבה לא אסתייעא מלתא להעמיד האבן הזאת לציון על קבר אביו, ונתעכב הדבר כמה שנים וביני ביני נשכח מקום קבר אביו, ובהמשך הזמן מת גם הבן, רשאים בניו של הבן ליקח אבן הזאת להעמידה לציון על קבר אביהם, למחוק שם אבי זקינם ולחקוק בה שם אביהם. **ודעת** מורה א' לאסור, כמו בחוצב קבר לאביו, דמצבה דמי לקבר, כמ"ש הרמ"א בס"א, דמצבה אסורה בהנאה כמו הקבר עצמו, אך עכ"פ היורשים רשאים למכור האבן לצורך מצבה למת אחר, כמו בקבר, **והסכים** עמו בעל המחבר נר"ו במה שאוסר להעמיד על קבר הבן, **אך** במ"ש דמותר להיורשים למכור לצורך מת אחר, חולק עליו, דמ"ש בטור וש"ע: אבל אחר מותר ליקבר בו, אין הכוונה דאפילו הבן עצמו רשאי ליתן קבר זה לאחר, אלא מיירי שחצב קבר לאביו במקום הפקר, או בבית עלמין השייך לצבור, ויש רשות לכל אדם לקבור מתו במקום הזה, לכן כתבו דאחר מותר ליקבר בו, **אבל** הבונה קבר לאביו בשדהו, פשיטא דאסור למכור או ליתן לאחר, וא"כ בנ"ד אסורים למכור המצבה, **ואף** שעתה גם הבן מת, מ"מ גם בני בנים חייבים בכבוד זקינם, כמ"ש הרמ"א לעיל סי' ר"מ סעיף כ"ד, **ומ"מ** העלה דהמורה להתיר להיורשים למכור המצבה הזאת למת אחר, אין לתפוש עליו, דיש לו עמודי עולם לסמוך להקל, היינו דעת הרא"ש, שהמצבה אינה נאסרת כלל, **והרי** דעת התוס', דכל שלא נאסר אין בו משום כבוד אביו, **וגם** לצרף דעת מהרי"ק, דבני בנים אין חייבים בכבוד זקינם, **ולפי** הנראה אף איסור זה הוא רק מדרבנן, לכן המיקל לא הפסיד. **וכתב** עוד דמה שהרמב"ם וטור וש"ע נקטו, החוצב קבר לאביו, היינו לשון הת"ק דרשב"ג בברייתא בסנהדרין דף מ"ח, ולא כרשב"ג דאוסר גם בחוצב אבנים לאביו, **אין** זה מלתא דפסיקתא, ותליא בהני דעות, אם הא דקיי"ל כ"מ ששנה רשב"ג במשנתינו הלכה כמותו, הוא דוקא במשנה, או גם בברייתא, ע"ש›.

§ סימן שסה – החופר קבר פטור מק"ש, וכמה מרחיקין הקברות מהעיר §

סעיף א - החופר כוך למת - ‹אפילו המת אינו קרובו – ערוה"ש›, **פטור מקריאת שמע ומן התפלה ומן התפילין ומכל מצות האמורות בתורה** - דעוסק במצוה הוא ופטור משאר מצות. ‹**ואפילו** יעבור זמן ק"ש, ואף על גב דק"ש מצוה עוברת, וקבורת המת אינה עוברת, ולמה לא יקרא ק"ש ואח"כ יגמור הכוך, **אך** בכל ענייני מת לא אמרינן כן משום כבוד המת, דכשהתחיל לעסוק בצרכיו אין לו להפסיק בשביל מצוה אחרת – ערוה"ש›.

ואם הם שנים, והגיע זמן ק"ש, אחד עולה וקורא ק"ש ומתפלל, וחוזר זה וחופר, ועולה חבירו וקורא ק"ש ומתפלל. ודוקא כוך, דלא חפיר ליה אלא חד, אבל אם היה מקום ששנים יכולים להתעסק בו כאחד, פטורים.

‹**ונ"ל** דלאו דווקא בחפירת קבר, אלא ה"ה בכל צרכי המת כשעוסק, אם הוא מוכרח לעסוק בזה, כגון שהאונן אין ביכולתו לעשות דבר זה, או שאין כאן אבלים, פטור העוסק מכל המצות. **ומיהו** נ"ל דכ"ז הוא כשעוסק בחנם לשם מצוה, אבל כשבא בשכרו, כגון הקברנים שנוטלים שכירות בעד טרחתם, לא נקראו עוסקי במצוה שיהיו פטורים ממצוה אחרת, שהרי לא לשם מצוה הם עוסקים, **ומיהו** אם א"א בלעדם, דרק המה ביכולתם לעסוק בזה ולא אחר, אין להם לבטל עשייתם מפני מצוה אחרת, מפני כבודו של מת – ערוה"ש›.

סעיף ב - מרחיקין הקברות מהעיר חמשים אמה - כתב העט"ז הטעם, שלא יפגעו בו תמיד ויתעצבו, **ולא** דק, דהטעם הוא מפני שריחה רע, וכדמשמע בלא יחפור, דקתני מרחיקין את הנבלות ואת הקברות ואת הבורסקי כו', וכן פירש"י ושאר מפרשים שם, וכ"כ הרמב"ם והמחבר בח"מ סי' קנ"ה סכ"ג. ‹**אמנם** בכמה מקומות יש שהקברות בתוך העיר, ואולי מפני שלא היה להם מקום אחר – ערוה"ש›.

§ סימן שסו – דין המוכר קבר, ואשה שירשה קבר ממשפחתה §

סעיף א - המוכר קברו ודרך קברו, מקום מעמדו ומקום הספדו, באים בני המשפחה וקוברין אותו בעל כרחו של לוקח, ומחזירין את דמיו - שגנאי להם שבני המשפחה לא יהיו קבורים במקום אחד כמנהגם, **ואף** על גב דמי שצוה שאל יספידוהו שומעין לו, כדלעיל סי' שד"מ סעיף י', **שאני** התם דאמר כן בשעת מיתה, אבל הכא זוזי אנסוהו, **א"נ** התם לדידיה לחוד, אבל הכא מקום הספדו יורשיו ובני משפחתו נספדים שם, ואיכא פגם שלהן.

סעיף ב - אשה שירשה קבר ממשפחתה, נקברת בתוכו היא - ‹אפילו כשהבעל אומר תקבר אצלי, מפני שאנו אומדים דעתה שיותר נוח לה להקבר בקברה שירשתה›, **אבל לא יוצאי ירכה** - מפני שבניה מתייחסים על שם משפחות אביהם, וגנאי לבני משפחתה ליקבר אצלם, טור, **אלא אם כן ראתה אותם בחייה** - ‹והם ככרוכים אחריה, אין זה גנאי - ערוה"ש›.

סעיף ג - אביה אומר: תקבר אצלי, ובעלה אומר: תקבר אצלי, תקבר אצל בעלה. ויש גורסין תקבר אצל אביה. ואם יש לה בנים, ואומרת: אצל בני, קוברין אותה אצל בניה.

סעיף ד - אביה אומר: לא תקבר אצלי, ובעלה אומר: לא תקבר אצלי, קוברים אותה אצל בעלה - מפני שחייב בקבורתה, כמו שנתבאר בא"ע סימן פ"ט.

§ סימן שסז – קוברים מתי עכו"ם, ושלא יהלך בבית הקברות בתפילין וציצית §

סעיף א - קוברים מתי עובדי כוכבים - היינו שמשתדלין בקבורת מתים עובדי כוכבים, **ומנחמים אבליהם, מפני דרכי שלום** - ‹וכתב הכלבו, הרואה את המת חייב לעמוד מפניו ולנהוג בו כבוד, ואפילו מת שלהם מפני דרכי שלום - ערוה"ש›.

סעיף ב - לא יהלך בבית הקברות או בתוך ד' אמות של מת ותפילין בראשו, משום לועג לרש, ואם הם מכוסים, מותר.

סעיף ג - לא יהלך בבית הקברות או בתוך ד' אמות של מת או של קבר וספר תורה בזרועו ויקרא בו או יתפלל, והוא הדין על פה אסור לקרות, אלא אם כן לכבוד המת, כמו שנתבאר. (וע"ל סימן שד"מ סעיף ט"ז).

(עי' בתשו' מהריט"ץ שכתב, דהא דאסור לקרות ולהניח תפילין תוך ד"א של מת, היינו מי שהיה חייב במצות אלו בעת שהיה בחיים, ואחר מיתתו נעשה חפשי מן מצות אלו, הוי לועג לרש, אבל אשה וקטן שפטורים בחייהם, אין זה לועג לרש, ע"ש, **ועי'** בצל"ח דפשיטא ליה דגם במת קטן ואשה הוי לועג לרש, ע"ש).

(**עי'** בתשו' נו"ב, שנשאל אם הולכים בעת צרה להתפלל על קברי צדיקים, אם נכון ליקח עמהם ס"ת לבית הקברות, **והשיב** דמדברי התלמוד והפוסקים אין מפורש אם באחיזה לחוד יש גם כן איסור, ‹**ואין** זה דומה לתפילין וציצית, שהם מצות שהאדם חייב בהם ואיכא לועג לרש, אבל לישא ס"ת בידיו אין זה מן המצות, ולמה יתראה כלועג לרש - ערוה"ש›, **אלא** שלשונו של הרמב"ם בהלכות ס"ת משמע לאיסור, ‹**שזהו** כאומר: אני אוחז הס"ת ולא אתה, ולא דמי לציצית שיתבאר דכשאינו נגרר על הארץ מותר, דשאני ס"ת שבה כתובים כל המצות - ערוה"ש›, **ועכ"פ** חלילה לעשות כן, דמבואר בזוהר פ' אחרי, שאם ח"ו הספר ההוא חסר אות אחת, גורמים רעה גדולה ח"ו, וא"כ הרי אין לנו ס"ת שיהא בדוק בחסרות ויתרות, ע"ש).

סעיף ד - מותר ליכנס לבית הקברות או לתוך ד' אמות של מת או של קבר, והוא לבוש ציצית, והוא שלא יהא נגרר על הקבר. אבל אם נגרר, אסור משום: לועג לרש, במה דברים אמורים, בימיהם שהיו מטילים ציצית במלבוש שלובשים לצורך עצמן, אבל האידנא שאין אנו לובשין אותו אלא לשם מצוה, אסור, אפי' אינם נגררים. והני מילי כשהציציות מגולים, אבל אם הם מכוסים, מותר - כתב מהרש"ל, והעולם נוהגין היתר בטלית קטן, וכ"כ הב"ח, וסיים הטעם, כיון שהציציות מכוסים.

סעיף ה - יש נוהגין לקשור שני ציציות שבשני כנפים זה עם זה כשנכנסים לבית הקברות, ולא הועילו כלום בתקנתם. (ועיין בא"ח סימן כ"ג).

סעיף ו - כיון שהרחיק ד' אמות, קורא ומתפלל, ואפילו רואה הקבר או בית הקברות. ואם יש שם מחיצה, מותר אחר המחיצה, סמוך אפילו תוך ד' אמות לקבר.

‹**וגם** באמירת קדיש יש להרחיק ד' אמות מהקברים, **ותחינות** נוהגין לומר על הקברים, אף שיש בהם פסוקים, מפני שאומרים זה לכבוד המתים, **וגם** נהגו לומר תהילים אצל מת בעת שכיבתו על הארץ, מפני שעושין זה לכבודו ולתקון נשמתו, וקשה לבטל המנהג, **ומותר** לומר צדוק הדין סמוך לקבר - ערוה"ש›.

§ סימן שסח – שלא לנהוג קלות ראש בבית הקברות §

סעיף א - בית הקברות, אין נוהגין בהן קלות ראש - מפני כבודן של מתים, **(כגון לפנות שם או לאכול ולשתות שם, ואין קורין ואין שונין שם** - ‹משום לועג לרש - גר"א›, **ואין מחשבין שם חשבונות)** - אפילו של רבים, **ואין מרעין בהם בהמות; ואין מוליכין בהם אמת המים; ולא יטייל בהם לקפנדריא (פי' למעבר מצד זה לצד זה); ולא ילקט מהם עשבים; ואם ליקט, (או) שצריך ללקטן לצורך בית הקברות, שורפן במקומן** - אין זה כבוד של מתים, אלא קנסא, או משום שלא יחשדוהו שמוליכם לבהמתו.

(**עי'** בתשו' חתם סופר שכתב, והיינו אפילו שלא ע"ג קבר, אלא מקום שהוקצה לבה"ק לרבים, נאסר בקדושת בה"כ, והסברא נותן כך, דכל שהוקצה למצותו להתפלל בתוכו או ללמוד בתוכו או לקבור בתוכו, הכל הוקצה למצותו ואין ניאותין בהם. **ועובדא** דהאי חסיד במסכת ברכות שלן בבה"ק, י"ל חכמים ותלמידים שרי כמו דשרי בבה"כ, עכ"ד. **ונראה** דדוקא היכא שכבר נקבר באותה השדה אפילו מת א', אז נאסר כל השדה, אבל אם לא נקבר עדיין שום מת, רק ייחדוה לבה"ק, לא נאסר, כמ"ש בא"ח סי' קנ"ג ס"ח בענין בה"כ, דאינו קדוש עד שיתפללו בו, ועי"ש בס"ה ובאחרונים שם. **איברא** דמלשון הש"ג לא משמע הכי, ע"ש, והדברים ארוכים ואכמ"ל).

הגה: וכן אין ליקח מקרקע עולם של קבר, אף על גב דמותר בהנאה. וכל זה אינו אלא משום כבוד המתים, ולכן אם צריך אותו לרפואה, שרי - (עי' בשו"ת שיבת ציון שכתב, דזה דוקא אם הרפואה הוא דוקא מהקבר ולא ממקום אחר, אבל אם יכול למצוא אותן עשבים לקנות בגינה ובשדה, אף שצריך הוצאות ממון בלקיחת העשבים, אסור ללקוט אותם עשבים בבה"ק).

‹**משמע** דוקא של קבר, אבל מה שגדל שלא על קבר ממש, מותר, וה"נ משמע ממ"ש הרמ"א אח"כ: וכן מותר ליהנות מעשבים שעל הקברות או פירות אילנות, משמע דדוקא שעל הקברות הוא דצריכים להך היתירא, דלצורך קברות שרי, אבל שלא על הקברות בלא"ה שרי, וכייל לה בחדא עם פירות אילנות, דבודאי שלא על הקבר ממש בלא"ה שרי, כמ"ש המחבר ס"ב, והיינו כדעת הסמ"ג הובא בב"י, וכן כתב הריק"ש, ולא ילקט עשבים כשהן על הקברות עצמן, ועי' בד"מ, **ובדיבור** הסמוך כתבתי דהב"ח אוסר בעשבים בכל ענין - רעק"א›.

(**עי'** בתשו' חתם סופר שכתב, דה"ה במקום שהחיים יודעים כולם שכך מנהגם, וידעי במיתתם שכך הוא ומוחלים על כבודם, הכל מותר, מאחר שאין כאן איסור הנאה, אלא משום כבוד מתים. **וכ'** עוד דלכאורה הרמ"א כאן אזיל לשיטת המתירים לעיל ר"ס שס"ד תלוש ולבסוף חברו, ‹דאלת"ה העשבים אסורים בהנאה מדינא לכאורה›, **אך** באמת הוא אפילו לדעת יש אוסרים שם, דמ"מ לא נאסרו עשבים הגדילים כו', ‹דהרי לא אתי איסורא אלא מעגלה ערופה, דכתיב בי' כפרה כקדשים, ובקדשי מזבח אין מעילה מן התורה בגידולים - שם›, **ולכך** נוהגים בני ח"ק למכור העשבים לצורך מתים ותכריכיהם, או לצורך רפואות חולים ועניים, ומנהג ישראל תורה ואין להרהר).

וכן מותר ליהנות מהעשבים שעל הקברות או פירות אילנות שעליהם לצורך הקברות, כגון שהמושל עובד כוכבים מרעה בהמות על הקברים, וא"א למחות בידו כי אם בהוצאה מרובה, ואין יד הקהל משגת - ‹הוי כמו: או אין וכו' - ערוה"ש›, **מוכרים דברים אלו כדי להציל הקברות מיד עובדי כוכבים, שזהו כבוד המתים** - ‹וראיה מחזקיה, שקצץ דלתות היכל כו' להציל שאר המקדש - גר"א›, **ואם אין דברים על הקברות למכור לצורך ההוצאה, אם יד הקהל משגת ובידם למחות בהוצאה מועטת, צריכין למחות, אם אין חשש בדבר שהמושל יתגרה בהם ע"י זה; אבל בלאו הכי אין צריכין למחות** - ‹אפילו כשידם משגת להציל בהוצאה מרובה - ערוה"ש›.

(**עי'** בשו"ת שיבת ציון, במעשה שמושל העיר רצה לעשות דרך רבים בבה"ק של היהודים, והדרך יעבור על הקברים ברצפת אבנים, **ודעת** הרב מהר"ר איסרל ליסא, שאין הקהל צריכין לבזבז הרבה להכביד על אנשי הקהילה להוציא הוצאות מרובים כדי לפעול להסב ולנטות הדרך מעל בה"ק, וכמ"ש הרמ"א כאן, והוא מתה"ד. **והרב** המחבר נר"ו האריך לסתור דברי התה"ד, וסיום דבריו: אם אין אני כדאי לחלוק על פסק הרב התה"ד, מ"מ הבו דלא לוסיף עלה, דהיינו שאין יד הקהל משגת, וגם שהוא להצלת הקברות מידו, שאם ימנעו מלרעות שם בהמות של מושל יש לחוש שיקח מהם הקברות, **וגם** שם מה שהיה עובד המושל רועה בהמות בבה"ק, אין זה דבר המתקיים, כי למחר יהיה עבד אחר או מושל אחר אשר לא ירעה בהמות שם, **אבל** בנ"ד לעשות דרך על הקברים, שהוא דבר המתקיים לעולם, ואיכא בזיון המתים כל שעה, וגם יש לחוש שברוב הימים יחפרו שם בדרך ויוציאו עצמות המתים והם ישליכום לחוץ, **לכן** צריכים להשתדל בזה ולהוציא הוצאות כדי יכלתם, אף שיכבד העול על הצבור, **ואם** יעלה הוצאות יותר מכדי יכלתם, טוב לפנות אותן קברות למקום המשתמר).

(**וע"ש** עוד שנשאל על כיוצא בזה בבית קברות ישן אשר פסקו לקבור שם מתים יותר ממאה שנים, ואדון העיר רוצה להרחיב בנין ארמונו, והוא צריך לאותו בה"ק להכניסו תוך הבנין, ורוצה לקנותו במחיר כסף או בחליפין על שדה אחרת, וא"א ליהודים לסרב בזה פן יהפך להם לאויב, ובידו להמציא להם צרות רבות, וגם בידו ליקח בחוקה שלא ברצונם, **והשיב** דאם לא היה כאן חשש רק שיקח בחוקה שלא ברצונם, היינו אומרים מוטב שיקח השר בע"כ ולא ימסרו לו ברצון, **אך** כיון שיש לחוש שיהפך לבבו ויכול להסתעף מזה כמה תקלות ליהודים, לכן אם אפשר להם להפוך לבב השר בריצוי כסף שיבטל דעתו שלא להכניס את בה"ק לתוך בנינו, צריכים להתאמץ בזה ואף להוציא הוצאות הרבה, **ואם** א"א,

סימן שסח – שלא לנהוג קלות ראש בבית הקברות

אזי יראו עכ"פ לפנות הקברים עד מקום שידם מגעת, ויקברו עצמות מכל קבר וקבר בפ"ע בביה"ק החדש, ויזהרו שלא יקברו משני מתים בקבר א').

סעיף ב - אילנות שנוטעין בבית הקברות, מותר ללקט פירותיהם, מאחר שאינם על הקברות עצמם -

כתב הב"ח, מה שנוהגין הגבאים ללקוט הפירות למכרם, והדמים לצדקה, ומקצתם נותנים אותם לעובד כוכבים שומר בה"ק, והעובד כוכבים יעשה לו ג"כ גן בבה"ק, צריך ליזהר שלא יהא אילן נטוע, ולא הגן זרוע, אלא במקום שאין בו ספק קבר. ‹**דוקא** גן או אילנות מותר שלא ע"ג קבר, אבל עשבים אסור, כ"כ הב"ח שם – רעק"א. ‹**דגדלין** מעצמן בכל מקום, על הקברים ועל שאין שם קברים, השתא ודאי אם ירעו בהן בהמה או ילקטו העשבים, איכא חששא דכבודן של מתים, מפני הרואים שיאמרו שמרעין בהמה או לוקטין עשבים מעל הקברים עצמן – שם בב"ח›.

סעיף ג - קבר חדש, נמדד ונמכר ונחלק; והישן, אינו נמדד ולא נמכר ולא נחלק - ‹כתב הטור, פי' אין מודדין אותו כמה מתים נקברים במקצתו, שיתנו אותו מדה למתים אחרים כנגדו, ולא נמכר משום פגם משפחה, ולא נחלק בין היורשים, אלא כולם נקברים שורות שורות לעצמם, והכל משום כבודם של מתים, ובה"ק חדש שאין בו אלא א' לא חששו לכבודו – באה"ט›.

‹**כלומר** קבר חדש שהזמינו לקבר ועדיין לא קברו בו, הזמנה לאו מילתא היא, אבל קבר ישן שכבר הניחו בו מת, אלא שנטלוהו משם לאיזו סיבה, אסור בהנאה, וממילא דלא נמכר ולא נחלק, והמדידה אין איסור, אלא דממילא כן הוא דהמדידה אינה אלא לצורך חלוקה ומכירה, וזו שאסורה במכירה ובחלוקה, מה לו למדוד, עי' בטור וצ"ע – ערוה"ש›.

§ סימן שסט – על איזה טומאה הכהן מוזהר §

סעיף א - הכהן מוזהר שלא ליטמא במת - ‹ולענין כהנים בזה"ז דבלא"ה כולם טמאי מתים, עי' בהשגת הראב"ד וסמ"ג – רעק"א›.

‹**ומדברי** הרמב"ם מתבאר דגם בזמה"ז חייב מלקות, **אבל** הסמ"ג כתב בשם ר"ת, דבזמה"ז כולנו טמאים מטומאת מת, ואין לנו אפר פרה להטהר, ואפילו כהן כיון שנטמא לאחד משמשה מתי מצוה, הרי אין לו טהרה לעולם, ואינו מוסיף ימי טומאה, ולכן אינו לוקה, אבל איסור יש מן התורה – ערוה"ש›.

[**אפילו נפל**]. ‹**ועיין** ברמב"ם רפ"ב מטומאת מת, מפורש שם דאע"פ שלא נתקשרו איבריו בגידין, מטמא באוהל, וכתב המשנה למלך שם, דבציר מארבעים יום אינו נקרא נפל ואינו מטמא, ע"ש. **ועיין** בתשו' נו"ב שנסתפק אם צריך ריקום, וכ' דמ"מ פשיטא לדידן שא"א בקיאין בבדיקת השפיר לידע אם הוא מרוקם, כל שמפלת אחר מ' יום מטמא באוהל, **וצריך** הכהן לפרוש, אם לא שודאי הוא פחות מארבעים יום לשימושה›.

‹**ולכן** אשה שהפילה אחר מ' יום להריונה, אסור לכהן להיות באותו בית שנפל שם, דקודם מ' יום הוה מים בעלמא, אבל אח"כ הוה ספק נפל, וכ"ש בנפל גמור, ואפילו אשתו של כהן הפילה, דאין הכהן מטמא לקרוביו כשהם נפלים, ולפ"ז כשמת לכהן בן או בת או אח או אחות כשהן פחות מל' יום, צריך הכהן לצאת מן הבית – ערוה"ש›.

‹**וכתב** עוד, דאשה שילדה ולד שיש לו צורת חיה ועוף, אינו מטמא באוהל, **ומ"מ** צריך הכהן לפרוש משפיר שאחר מ' יום, ולא הוי ס"ס, שמא לא נתרקם, ואת"ל נתרקם שמא היה צורת חיה ועוף, **דהוי** ספק חסרון ידיעה, ועוד רוב נשים ולד מעליא ילדן, וצורת חיה ועוף לא שכיח, ע"ש›.

‹**ועי'** בתשובת צמח צדק שנשאל, אזור העשוי מעור האדם, אי שרי לכהן לחגור אותו, **והשיב** דלפי דברי השואל דפשיטא ליה דלישראל ודאי שרי, ולא בא בשאלה אלא אי שרי לכהן, נראה דאסור לכהן לחגור אותו מדרבנן, כמ"ש הרמב"ם פ"ג דטומאת מת, דעור האדם אסור לכהן, ואפילו עבדו אסור מדרבנן, **ולפ"ז** אם צריך לאזור ההוא לרפואה, מותר לחגור בו, **אך** באמת נראה דאפילו לישראל אסור, משום דמת אסור בהנאה, ועור המת כבשרו ואסור מדאורייתא, **וא"כ** אפילו לרפואה אסור, ע"ש›.

‹**ועי'** בשאילת יעב"ץ שהעלה, דמת הנשרף במקרה ע"י דליקה, או כגון הקדושים הנשרפין לפי מנהגידם, כהן מטמא לאפרו, אף אם יש לו קוברין ישראלים, **אלא** היכא דאיחרך איחרוכי, בזה יש להחמיר שלא במת מצוה, **והיינו** בכולו קיים וחרוך, אבל בנחסר טהור, **ושוב** הביא דברי ס' לה"פ, שאסור לכהן לטמא לאפר המת, והשיג עליו, ע"ש›.

ולא לכל טומאות הפורשות ממנו, ולא לגולל – [הוא אבן שנותנין על הקבר לציון]. ‹**לענ"ד** נראה דאין זה מצבות שלנו שמעמידים מצד הקבר, אלא הם היו נותנים האבן על הקבר עצמו – ערוה"ש›.

ולא לדופק – [היינו לפעמים סומכין אבן באבנים קטנים].

ולא לאבר מן החי שאין בו כדי להעלות ארוכה אם היה מחובר – ‹רמב"ם, והטור כ': ועל אבר מן החי שיש עליו בשר... להעלות ארוכה, **אך** באמת לא פליגי, דהטור מיירי בדברים המטמאים באהל, ובאהל צריך שיהיה בו כדי להעלות ארוכה, והרמב"ם מיירי לטומאת מגע – ערוה"ש›.

‹**עי'** בתשו' נו"ב שכתב, דכהן שנחתך רגליו, ויש עליהם בשר באופן שמטמאים, דפשוט שאסור להכהן להחזיקם אצלו כדי להראות אשר נעשה בו למען יכמרו רחמים עליו, דאף באמ"ה של עצמו מוזהר, ע"ש, **ועי'** בס' הר אבל שכ', דאם לאו אבר שלם הוא, רשאי ליגע בו, ולא שייך כאן חצי שיעור, כיון דליכא אבר שלם לא חל שם טומאה עליו›.

ולא לאילן המיסך על הארץ וענפיו מובדלים זה מזה, וטומאה תחת אחד מהן ואין ידוע תחת איזה - אף על פי שאין כאן אלא ספק טומאה, הכהן מוזהר עליו, **ומוכח** מכאן דאילן המיסך על המת, דיכול לעמוד תחת ענפיו שאינם מאהילין על המת, דהרי כאן לא אסר לעמוד תחת האילן אלא מטעם דאינו ידוע תחת איזו, פרישה, **או אבנים היוצאים מהגדר וטומאה תחת אחד מהם ואין ידוע תחת איזה, וכן שדה שנחרש בו קבר ואין ידוע מקומו.**

וכל ארץ העמים, אסור לכהן ליטמא בהן - פירוש בזמן שהיה א"י בטהרה, אסור לכהן לילך מארץ ישראל לארץ העמים שהוא

סימן שסט – על איזה טומאה הכהן מוזהר

חוצה לארץ, שהיו העובדי כוכבים קוברים מתיהם בכל מקום. ‹ועכשיו לא נהגו ליזהר, ואולי יש להקל מפני הפרנסה, כי היכי דשרי להציל מיד עובד כוכבים, **א"נ** מפני שכולנו טמאי מתים, הריק"ש – רעק"א›. (**עבה"ט** של הרב מהרי"ט ז"ל בשם שבו"י, שגם בזה"ז כו', ועי' בשבו"י, שגדול אחד השיב עליו בזה, והוא ז"ל חזר וכ' להעמיד דבריו, וסיים: הלואי שידא כל שמעתין ברירין כדבר זה, דדין ארץ העמים נוהג בינינו אף בזה"ז, דלא כדעת אחרונים שנמשכו בזה אחר דברי מהרש"ל, ע"ש).

(**עי'** בתשו' ח"ס, בכהן אחד שנכנס לחצר אחת של ישמעאל, ומצא שם מצבת אבן טמונה בקרקע, והפכה על גבה ונמצא כתוב עליה: פ"נ איש הגון ר' זכריה בן ר' ידידיה נפטר בעי"ב קנ"ט לפ"ק. וזה הוא יותר מתט"ו שנים, והישמעאל בעל החצר אמר שמקובל הוא מאבותיו מעולם, שהיה שם ובסביבות בית הקברות של ישראל. והישמעאל הזה מהימן להאי כהנא, אך אנו מקובלים שהעיר הזאת נתיישבו ישראל שם מאה שנים לכל היותר, ועתה מה יהיה דין הכהנים או הכהן הזה דמאמין להישמעאל. **והנה** מה שמקובלים היהודים שלא היה שם קהלה קודם מאה שנה, אין מזה הכרח, כי ידוע שהיו קהלות גדולות בגלילות האלה בשנים קדמוניות וגורשו היהודים וחזרו ונתיישבו, **ולכן** צריכין לעיין בהך מילתא בג' ספיקות. א', אם נאמין שהיה שם קברות כלל. ב', אם היה שם אולי כבר פינו עצמות משם. ג', אם לא פינו משם אולי כבר נרקבו והיו כלא היו, דאע"ג דמלא תרווד רקב מטמא, היינו שנקבר בארון של שיש ערום, וזה לא שכיח. **והאריך** בזה בעוצם חריפותו ובקיאותו, ומסיק דמטעם לתלות שכבר נרקבו ליכא להתיר, דאוקי להאי גברא ר' זכריה אחזקת צדקות וכשרות, שלא היה בו קנאה, ואין עצמותיו מרקיבים עד שעה א' קודם תחיית המתים. **וגם** מטעם לתלות שמא פינו העצמות, אף על גב דסברא גדולה הוא שפינו, דממ"נ, אי יצאו ישראל מדעתם מן הארץ ההוא, בודאי לא הניחו הקברות בידיהם כו', ואי גורשו מן הארץ, פשיטא דחטטו שכבי והוציאו לחוץ העצמות טרם זרעו ובנו כו', **מ"מ** אין להתיר, די"ל הא דמצינו דהקילו כדאמר ר"ל בנזיר עילה מצאו כו', היינו משום שהוא ספק טומאה בר"ה, אבל האי עובדא דילן בחצר שהוא רה"י לטומאה, אפשר דלא תלינן להקל שמא פינו. **אך** יש להתיר מחמת ספק הא', דשמא לא היה שם טומאה מעולם, דאוקי קרקע בחזקת טהרה, ובחזקת בתולה שעדיין לא נחפר בה קבר, **ואף** שהוא חפורה לפנינו בחריצה או בנין, ממ"נ, אי חפרה בעומק, בודאי מצא העצמות ופינן, **ואי** לא חפרה כ"כ בעומק, תו נימא אוקי מכאן ואילך אחזקתיה, ולא צריך בדיקה בכלל כל היכא דאיכא חזקה וליכא חזקה אחרת מנגדתה, כהסכמת מג"א סי' תל"ז סק"ד, **ואין** לומר דאיכא כאן חזקה מנגדתה, דהמצבה כאן נמצאת וכאן היתה מעולם, ושם מקום קבורה, **ז"א**, דאדרבה נימא פה היה מקום דירת איש מסתת אבנים וחוצב, או שזה היא חצר בה"ק, והועמד שם האבן ולא הספיקו להעמידו, והכל בחזקת טהרה, **ומה** שחוץ לחצר הוא ספק ברה"ר וספיקו טהור, ומזה הטעם אין צורך לטפל אם דברי הישמעאל בזה יש ממש, אף על גב שפשוט שדבריו כלא היה, אך אפילו היה ישראל האומר כן, הלא לא יאמר דבר ברור שבזה המקום ממש היה קבר, אלא שהיה המקום הזה קברות, ויש במשמעות זה שהיה חצר בה"ק, **ועוד** דאין עד א' נאמן להוציא דבר מחזקת טהרתו, וגם יש לצרף הספיקות הנ"ל, שמא פינן ושמא נרקבו, אף על פי שכבר נדחו, מ"מ חזי לאצטרופי, ושרי לכהנים בלי פקפוק לכנוס בחצר ההוא, **ומ"מ** אם יכול בנקל לומר להישמעאל לחפור בעומק אולי ימצא שם עצמות, מה טוב, **וגם** אם ירצה הכהן להחמיר שלא לפסוע על מקום האבן וד' אמות בסמוך לו מכל צד, תע"ב, ע"ש).

הגה: יש אומרים דכהנים אסורים ליטמא לחרב שנטמא במת - דחרב הרי הוא כחלל, וה"ה לכל מיני מתכות, ‹**והוא** דעת ר"ת, דלא אמרינן כלים הנוגעים במת שיהיו כמוהו אלא דוקא בכלי מתכות, וכן דעת רש"י וראב"ד, **אבל** הרי"מ ור"י ורמב"ם ורמב"ן וש"פ חולקין ע"ז, ודעתם שה"ה בכל הכלים ובגדים, לבד מכלי חרס שאינם נעשים אב הטומאה לעולם – גר"א›, **ויש מקילין** - ‹דאע"ג דחומר טומאתו כטומאת מת להיות אבי אבות הטומאה, מ"מ אינו בכלל לנפש לא יטמא הנאמר בכהנים – לבוש›, ‹דאין הנזיר מגלח על זה, וממילא דאין הכהן מוזהר בה – ערוה"ש›, **וכן נהגו להקל ואין נזהרין מזה.**

§ סימן שע – מי הוא החשוב כמת אף על פי שעודנו חי §

סעיף א - מי שנשברה מפרקתו ורוב בשר עמה - ומשמע בש"ס דחולין, דבזקן אפילו בלא רוב בשר מטמא באהל, וכ"כ מהרש"ל, **ומשמעותו** התם, דאם נעשה גיסטרא, שנחתך לרחבו בצואר כולה, או בשדרה עד חללה, או שנחלק לשנים, מטמא באוהל, **וכן מי שנקרע מגבו כדג** - אבל מלפניו לא, **אפילו עדיין הוא חי, חשיב כמת, ומטמא.**

אבל גוסס – ‹בין גוסס בידי אדם ובין בידי שמים – ערוה"ש›, **ומי שנשחטו בו ב' סימנים או פצוע פצעים הרבה, אינם מטמאין, עד שתצא נפשם** - ‹דכתיב: במותם, עד שימותו – לבוש›. ‹**ויש** להסתפק כשנתלה בצוארו ועודנו חי, אם נחשב כמת, **ונראה** דלא נחשב כמת, שהרי אם יתירוהו אפשר להשיבו לתחיה – ערוה"ש›.

ומ"מ אסור ליכנס לבית שיש בו גוסס - פי' אף על פי שטומאה אין כאן, חילול יש כאן, ‹משום דכתיב: להחלו, ופירושו עד שעה שיחלה וימות בה, דהיינו גוסס – לבוש›, **(ויש מתירין)** – ‹דלא משמע להו להחלו לרבות גוסס – לבוש›.

(וטוב להחמיר) - והב"ח כתב דמדינא צריך ליזהר, ואין כאן מקום לפסוק לקולא, ע"ש, ‹ובזמנינו נזהרים הכהנים מזה ויוצאים מבית הגוסס, ויישר כחם שמקדשים את הכהונה – ערוה"ש›, **מיהו** נראה דא"צ להקיצו ולהגיד לו כשיש גוסס, כמו שצריכין להקיצו כשיש מת, כדלקמן סי' שע"ב, **וכן** אם הגידו לו והוא ערום, מותר להמתין עד שילבש עצמו ואח"כ יצא, **וקרוב** הדבר לומר, שא"צ לצאת כלל מבית שיש בו גוסס, דהכי משמע לישנא: דאסור ליכנס לבית כו', משמע דוקא

ליכנס אסור, **אלא** שנכון להחמיר ולצאת, כי מדברי המרדכי ושאר פוסקים משמע דאין חילוק.

(**ועי'** בתשו' בית יעקב שכתב, דלדעת הב"ח דמדינא צריך ליזהר, ואם הטעם משום טומאה, יש לאסור לכהן שהוא רופא מומחה לטמא לגוסס ליכנס לביתו לעשות לו רפואה, ע"ש טעמו, **ועי'** בנ"צ דחיתי דבריו, והעליתי דלכ"ע מותר הרופא כהן ליכנס לביתו של גוסס לעשות לו איזה רפואה, אף אם יש רופא אחר שאינו כהן, ע"ש, **שוב** נדפס תשובת חתם סופר, וראיתי שכתב ג"כ דפשוט יותר מביעא בכותחא, דאפי' להפוסקים דכהן אסור ליכנס לבית הגוסס מעיקר הדין, מ"מ משום ספק פ"נ שרי, ויכניס ויעסוק ברפואתו אם אנו רואים שצריך לרופא, ‹ואם ימות יברח משם - ערוה"ש›, **וגדולה** מזו, דאפילו אחר שהחלטנוהו מת, אם אירע שהרגישו בו שום נדנוד ורפרוף, ימהר הכהן ויחוש ויכנוס משום ס"ס דפ"נ, **אמנם** בענין אם יש רופא אחר שאינו כהן, מפקפק שם, משום דליכא מאן דס"ל כל התורה הותרה אצל פ"נ, ורק דחויה היא, עי' ברא"ש פ' יה"ב סי' י"ד.

ולא ידענא מדוע לא הזכיר מהא דסימן רכ"א ס"ד, דמבואר שם דזה לא תלי כלל אם הותרה ואם דחויה, משום דלא מכל אדם כו'. **וע"ש** עוד בנידון עיר א' שהרופא כהן, ומנימוסי המדינה שאין המתים נקברים עד אחר שבדקו הרופא ומעיד עליו שנתייאש, אם מותר לכהן הזה לכנוס ולבדוק. **ועלה** ע"ד רב אחד, שמו פלאי, להתיר לו אפילו ליגע, **והוא** ז"ל שפך סוללה והאריך בביטול של דבר, שחלילה וחלילה להרהר בזה ואין שום היתר כלל, **ובסוף** כתב שאח"כ התבונן, דהרופא הזה לא ביקש ולא שאל, והוא מהמון הפריצים, והשאלה הוא מכשירי יראי ה', אי מותר להם לקרוא לו, או אסור משום לפני עור, ומשום מסייע ידי עוברי עבירה, **ואם** כך הוא, נ"ל אם אפשר להם להשתדל לסלקו מכל וכל, מה טוב, ואם א"א, א"כ הרי המתים מוטלים בבזיון בלי קבורה, וה"ל מת מצוה שאין לו קוברים שכהן מטמא לו, **ונהי** שאין זה היתר והתנצלות להכהן, מ"מ כיון שהוא אינו שומע לקול מורים, ואין בידינו לסלקו, א"כ לדידן ה"ל מת מצוה ומותר, וזה היתר ברור, ע"ש באורך).

§ סימן שעא - דין אהל היאך מביא הטומאה §

סעיף א - אסור לכהן ליכנס תחת אהל שהמת תחתיו - כתב הרוקח, אשת כהן שמעוברת מותרת ליכנס באהל המת, דס"ס הוא, שמא נפל הוא, או שמא נקבה הוא. (**ועי'** במג"א בא"ח סי' שמ"ג ס"ב שהקשה עליו, דהרי בלא"ה מותר דטהרה בלועה אינה מיטמא, והניח בצ"ע, ע"ש, **ועי'** בתשובת רדב"ז שהקשה ג"כ הכי על הרוקח, ומתרץ דהרוקח מיירי באשה שקרבו ימיה ללדת, ויש לחוש שמא יוציא הולד ראשו, ונמצא שהוא כילוד ואינה טהרה בלועה, ומש"ה כתב דאפ"ה לא חיישינן דאבתי איכא ס"ס).

אפילו הוא גדול הרבה, ואפילו לבית אחר או לעליה אחרת הפתוחים לאותו בית בנקב שיש בו טפח על טפח - (וכ' הרמב"ם, בד"א בעשוי לתשמיש, אבל נקב העשוי לאורה, כגון שפתוח לאויר, שיעורו כפונדיון). **ובית לאותו בית, עד עולם.**

ואם סתם הנקב, מותר לו ליכנס לבית אחר שהסתימה חוצצת, אפילו לא בטלו להיות שם עולמית - (עי' בתפל"מ, דדוקא אם סתם בכלים שאינם מקבלים טומאה דינא הכי, אבל באוכלים, אף שסתם כל הנקב, בעינן שיבטל להיות שם עולמית).

והני מילי, שסתם כל הנקב; אבל אם לא סתם כל הנקב, אלא מיעטו מטפח, אם נתנו להיות שם עולמית, ממעט וחוצץ בפני הטומאה שלא תעבור; ואם לאו, אינו ממעט.

ובמשנה פ"ח דאהלו' אית', דסריגות שבחלונות חוצצין, פירוש שאם היה חלון בין ב' בתים והטומאה בבית א', והיו עצים דקים או טסי ברזל בחלונות בסירוג בקלוע, אף על פי שיש ביניהם אויר, כיון שאין שם פותח טפח אף באחד מהנקבים, הרי זה חוצץ, ולא יצטרפו נקבי הסריגות לפותח טפח, וכ"פ הרמב"ם וכ"כ הסמ"ג וכן כתב הב"ח.

הגה: וכל דבר המקבל טומאה אינו חוצץ בפני הטומאה - [זה קאי גם ארישא, דסותם כל הנקב דמועיל אפילו אין מבטלו שם, מ"מ בעינן שלא יהא דבר המקבל טומאה, אלא צריך לסתמו בעץ או באבן דבר שאינו כלי].

עי' ברמב"ם בהלכות כלים מהו הן הדברים המקבלים טומאה או לאו. (**עי'** במשנה למלך לענין דבר המקבל טומאה מדרבנן, אי חוצץ או לא).

ולא מיקרי סתימה בחלון, אא"כ יכול לעמוד בלא סמיכה - [בפרק לא יחפור כתבו התוס' טעם לזה, דכל שצריך סמיכה, מקרי סתימת עראי, **ועוד** טעם אחר, שהסמיכה לא תהיה על ידי דבר שהוא מקבל טומאה, אף על פי שהדבר עצמו שסותם הוא אינו מקבל טומאה, מכל מקום כיון שהדבר שסומכו מקבל טומאה, הוה כאלו הוא עצמו מקבל טומאה, וכ"פ הר"ש והרמב"ם. **ופשוט** הוא לדברי הכל, כל שמושיב באותו חלון עצים ואבנים כל כך הרבה עד שכותלי החלון מחזיקים אותם, זה ודאי מהני וחוצץ, דאין זה בכלל סמיכה כלל, כנ"ל פשוט].

[**ומעשה שהי'** בטומאה שהיתה בבית סמוך לבית הכנסת, באופן שהיתה נכנסת דרך חלון ביהכ"נ של נשים, וצוה מורה אחד לסתום החלון באותו פרוכת קטן שתלוי שם בקרסי הברזל תמיד, שהוא לצניעות שתולין אותו שם הנשים בשעה שאינן צריכין לראות ביהכ"נ של אנשים, **ואמרתי** שטעה המורה, דבהדיא אמרינן במתניתין דפ' ח' דאהלות, דסדין ומחצלת העשוין כאהלים חוצץ בפני הטומאה, אבל אם אין עשוים כאהלים אין חוצץ, **וכתב** שם הר"ש, כל שהוא עשוי כאהל חוצץ אף על גב דמקבל טומאה, ואם אין עשוי כאהל אינו חוצץ, **וביאר** ברמב"ם פרק י"ג דטומאת מת, שאין עשוי כאהל אלא מתוח בלבד, ואין להם שיפוע אהלים, ואין שם כתלים, עכ"ל, וה"ה כאן, שאין כאן אלא סתימה על החלון, ולא כותל ולא אהל, **ותו** דאותו הפרוכת תלוי בטבעות של ברזל, נמצא דהברזל עושה הקיום, ובהדיא כ' רמב"ם פרק י"ח

דטומאת מת, אם הגיף א' את הדלת וסמכו במפתח כדי שלא יטמא את הבית, וכן אם היה אדם מבפנים או בחוץ סומך את הדלת, אם יכול הדלת לעמוד בפני עצמו, הבית טהור, ואם לאו הבית טמא, לפי שהאדם והכלים הוא שחוצץ בפני הטומאה, והאדם והכלים מביאין את הטומאה ואינם חוצצין, עכ"ל, **וכן כתבו התוס'** בפרק לא יחפור, לענין אם סגר הדלת במפתח, דבעינן דבר החוצץ עומד על ידי דבר שאינו מקבל טומאה, ולשונם אזכיר בסמוך, ה"ה נמי כאן, שהטבעות של ברזל מעמידין את הפרוכת, והם כלים, **וא"ל** ממ"ש במשנה דכלים דף כ"א, דטבעות כלים טהורות, **דהא** איתא בפרק במה בהמה דף נ"ב ברש"י, וז"ל, ומיהו עם הרצועה מקבלת טומאה, אלא שאין מקבלת טומאה לעצמה, עכ"ל, **ממילא** כאן שהטבעות עם אותו פרוכת, הוה ודאי שם כלי עליהם, והוה כמפתח, **ותו** נראה, דאפי' אם אינו מקבל טומאה, מ"מ אינו חוצץ... דבתוס' פרק לא יחפור כתוב טעם, למה אמרינן דאם ינטלו אינם יכולים לעמוד דאינו חוצץ, וז"ל, והיינו טעמא, דסתימת עראי היא, כיון שאינו יכול לעמוד בפני עצמו, **אי** נמי משום דבעינן דבר החוצץ עומד על ידי דבר שאינו מקבל טומאה, **ומיהו** בפי' משניות מצא ר"י דמפרש, דאפי' במפתח שאינו מקבל טומאה איירי, ומטעמא דלא חשיב אהל לחוץ בפני הטומאה כיון שעומד ע"י כלי, אף על גב דאינו מקבל טומאה, עכ"ל... **תחלה** תירצו דמפתח לאו דוקא, **אלא** כל דבר שבעולם אם בא לסמוך בו דבר החוצץ, אינו חוצץ, ולא תליא מילתא במקבל טומאה, אלא סתימה מעלייתא בלא שום סמיכה בעינן, **ואח"כ** כתבו דדוקא מפתח נקט, שהוא מקבל טומאה... ומיירי ממפתח דעלמא שלא נעשה לקרקע, והוא מקבל טומאה, **ואח"כ** כתבו שבפי' המשניות ס"ל, דודאי מפתח דוקא נקט דאינו חוצץ, כיון שהוא על כל פנים כלי, מה שאין כן במידי דאינו כלי לגמרי, ולא תליא מילתא בטומאה... **הנה** לפנינו דמפתח שנועלין בו הדלת פשיטא דאינו חוצץ, ואפי' אינו מקבל טומאה, **אלא** אפי' שאר דבר שאינו כלי לגמרי, אין יכול לסמוך בו הדלת לתירוצא קמא, ובמרדכי פרק לא יחפור כתב כתירוצא קמא, דצריך שיהיה עומד שם בחלון בלא סמיכת דבר אחר, וכ"כ רמ"א בסי' זה בסמוך. **ממילא** נשמע מזה, דלא מועיל חציצת דלת או חלון כל שאינה יכולה לעמוד בלא צירים של ברזל או שאר דבר של ברזל, אף על פי שהם לצורך קרקע, וזה מועיל שלא יקבלו טומאה, מ"מ אינם חוצצים כמו שזכרנו, **ולפ"ז** הא דאמרי' בסעיף ד', דמהני נעילת מפתחים לחצוץ, היינו אם הם בענין שיכולים לעמוד בלא שום סמיכה, ולא ביש לה צירים של ברזל, דאל"כ אינם חוצצין, דהוה כמפתח של משנה דאהלות, **ועיין** מה שאכתוב לקמן, שלא לסמוך להקל כדברי הדרישה לנעול הבית כדי לחוץ, ועל כן בודאי אינו חוצץ].

(**ועי'** בתשו' אא"ז פנים מאירות שהשיג עליו, גם על הדרישה שהביא הט"ז בסק"י).

רוצה להוכיח דלא מועיל חציצת דלת או חלון, כל שאינה יכולה לעמוד בלא צירים של ברזל או שאר דבר של ברזל, אע"פ שהם לצורך הקרקע וכו', **ולפע"ד** זה אינו, דא"כ הא דאיתא במשנה ופוסקים בכמה דוכתי בסתמא, דדלתות וחלונות חוצצין, ה"ל לפרושי דהיינו דדוקא בשיכולין לעמוד לבדן בלא ציר ומפתח הקבוע בהן, **ועוד** אמאי קתני דוקא במתני' דפ"ו דאהלות בקוברי המת כו' שסמכו במפתח, אם יכול הדלת לעמוד בפני עצמו כו', ולא קתני הכי בשום מקום אחר דקתני שהדלת חוצץ, דהיינו דוקא שיוכל לעמוד בלא מפתח שבו, **גם** מה שהבין בדברי הרמב"ם נ"ל דליתא, לפי שאין לשון הרמב"ם כמו שהעתיק הוא, שהוא העתיק לפי הבנתו, **ובאמת** לשון הרמב"ם שם כך הוא: ואם לאו הבית טמא, לפי שנמצא האדם הוא שחצץ בפני הטומאה, והאדם והכלים מביאם ואינם חוצצים, כמו שביארנו, עכ"ל, **הרי** שלא כתב אלא לפי שהאדם הוא שחצץ, ולא הזכיר כלי, לכך נ"ל דכוונת הרמב"ם לומר, דהאדם זה עשה החציצה, היינו שסמכו במפתח, ואי לאו שסמכו במפתח לא היה הדלת יכולה לעמוד בפני עצמה, א"כ האדם הוא שחצץ, והאדם אינו חוצץ, אבל מהמפתח לא מיירי הרמב"ם, דהמפתח לאו כלי הוא הוא כיון שמחובר לדלת, **ומה** שמסיים הרמב"ם: והאדם והכלים מביאים ואינם חוצצים, סירכא דלישנא, דכתב לעיל בפי"ג ה"ד, ואלו מביאים ולא חוצצים האדם והכלים, נקט, והיינו דנקט: כמו שביארנו, זה נ"ל ברור בדעת הרמב"ם, **גם** נראה דהתוס' והמרדכי מודים בזה לדינא, אלא שהם מפרשים המשנה בענין אחר, שהם מפרשים המשנה אם יכול הדלת לעמוד בפני עצמה, היינו בלא המפתח, ומטעם שכתבו, דאל"כ הוי ליה סתימת עראי, **ומטעם** זה נ"ל פשוט, דהתוס' והמרדכי מיירי במפתח שאינו מחובר בדלת, רק שעכשיו סוגרו שם לפי שעה, ולכך הוי סתימת עראי, **ומשכחת** לה דאינו מקבל טומאה אע"פ שאינו מחובר, כגון שמחוסר תיקון, דהיינו שעתיד לשוף או לגרר או לשבץ או לכרכם או להקיש בקורנס, וכדאיתא בספ"ק דחולין וברמב"ם רפ"ח דכלים, **אבל** במפתח המחובר לדלת שהוא עשוי לסגור הדלת, ודאי דלא שייך לומר דהוי סתימת עראי, דהרי עשוי הוא לכך ומחובר שם תמיד, והרי הדלת והמנעול שמחובר בדלת, להכי אינו מקבל טומאה, מטעם שנעשו לקרקע, א"כ כיון דחשיבי כקרקע הרי חשיבי כגוף הדלת עצמה, וא"כ גם בצירים שבדלת וחלונות שנעשו לחברן בדלת ומחוברין בהן וחשיבי כקרקע, לא שייך לומר דהוי סתימת עראי, **ומ"מ** דעת המרדכי והאגודה, דאפי' לא הוי כלי כלל לא הוי חציצה, דבעינן שיעמוד דוקא מעצמו, וכשנויא קמא דתוס', וכן דעת הרב רמ"א, וכ"כ הב"ח, וכל זה ברור ודו"ק - נקה"כ.

[**ומטעם זה יראה דאם יש סתימה בחלון של ברזל שהוא עשוי כמו סבכה** שקורין בלשון אשכנז גיגאטי"ר, והוא של ברזל, אינו מועיל, כיון שהוא מקבל טומאה, ואינו עשוי כעין אהל, {**פי'** שהחלון ההוא בין עלייה לבית, אבל אם הוא באורך הכותל, הוי אהל וחוצץ אפי' אם מקבל טומאה – הגהות הט"ז}, **ועיין** מה שכתבתי מזה בסעיף ד', שעל פי זה אין להתיר לכהן להיות בבית ולסתום הפתח והחלון].

צ"ל דמיירי שהגאטי"ר אינו מחובר בכותל, דאל"כ אינו מקבל טומאה, **ואפשר** ס"ל דדוקא הנך דקחשיב במתניתין אין מקבלין טומאה כשנעשו לקרקע, אבל לא שאר דברים, **אבל** אין נראה כן, דכל שנעשה לקבעו בקרקע אינו מקבל טומאה וחוצץ, ודו"ק - נקה"כ.

סעיף ב - ארובה שבין בית לעליה ואין בה פותח טפח, וכזית מהמת למטה בבית כנגד הארובה, הבית טהור והעליה טמאה - דטומאה בוקעת ועולה, כיון שהיא מונחת

סימן שעא – דין אהל היאך מביא הטומאה

תחת הארובה, [והוה כאלו אין שם אהל עליה], ואף על פי שאין בארובה פותח טפח, ‹כיון שהטומאה תחתיו ממש – לבוש›, **ואין** הטומאה מתפשטת לצדדי הבית, הואיל שיש מקום לטומאה לעלות לארובה שכנגדה, **ואינה** חוזרת ויורדת לבית, כיון שאין בארובה טפח, **שאם** היה בארובה טפח, הוה חשבינן בית ועליה כמו חדר א'.

[**ואין להקשות, יהיה פתח הבית ההוא טמא, משום שסוף הטומאה לצאת דרך אותה פתח, כמו דאמרינן אחר כך בסי' זה, דכאן שאין שם רק כזית מן המת, ועליו אין אהל, הוה כמונח ברשות הרבים, ואינו מטמא כלל בבית, כנ"ל פשוט, ובחנם האריך על זה בדרישה. ומזה למדנו, שאם יש מת בבית בחדר *שאין עליו אהל, אין לכהן להיות בכל הבית, הן מטעם שהטומאה חוזרת ויורדת, הן מטעם שסוף הטומאה לצאת דרך הפתח, דלא הקיל הרא"ש כאן אלא אם אין פתח רק פחות מטפח**].

***אם** כוונתו שאין עליו אהל כלל, לענ"ד אין דבריו נכונים, אלא ע"כ צ"ל שכוונתו שאין עליו אהל, ר"ל על הבית, אבל על העלייה יש אהל, **מ"מ** מש"כ מטעם שסוף הטומאה לצאת, אינו מדוקדק, שמשמע שכל אחד טעם שפני עצמו, **וזה** אינו, כי אם לא היתה הטומאה חוזרת, לא היה שייך לומר סוף הטומאה לצאת, ודוק – עבודת הגרשוני›.

סעיף ג - שני חדרים פתוחים לבית - היינו כששני החדרים כל א' מהם פתחו פתוח לבית בפני עצמו, ושניהם הם לפנים מן הבית, **ובכל אחת חצי זית מהמת, ודלתותיהם נעולים, הבית טמא** - דסוף הטומאה לצאת, ורואה אני כאלו שני החצאי זיתים מונחים בבית, **והם טהורים** - [הואיל ואין בכל אחד אלא חצי זית שהוא חצי שיעור], ואין הטומאה נכנסת בחדרים כיון שדלתותיהם נעולות, **ואם נפתחו, גם הם טמאים** - דחוזרה הטומאה מן הבית לחדרים.

סעיף ד - חצר - כלומר בתי החצר **המוקפת זיזין ואכסדראות** - המה סביב לצד החצר, ולא לצד הב' דהיינו אחורי החצר, לכל בית יש ב' פתחי', וכן חלונות, א' פתוח לצד השני לאחורי החצר אשר אין שם זיזין, ‹וה"פ, דחצר זה מוקף זיזין לצד אחד, כמו להרחוב, ובצד השני ליכא זיזין, ויש בכל בית פתח לצד הזיזין ופתח לצד השני – ערוה"ש›, **וטומאה באחד מהבתים, אם כל פתחי הבתים והחלונות נעולים** - אם כל פתחי הבית והחלונות נעולים כו'. כצ"ל, **ור"ל** כשכל דלתות הבית שהטומאה בתוכו נעולות מכל צד, בין אותו צד הפתוח לחצר בין אותו צד שאחורי החצר, אז **טומאה יוצאת לתחת הזיזין והאכסדראות, (והטעם, משום דהואיל וסוף הטומאה לצאת דרך שם, רואין כאילו יצאה)** - וכל מה שתחתיהן טמא, דכיון דאין מקום לטומאה לצאת אלא דרך שם, חזינן לטומאה כאלו כבר הוא שם, דגזרו חכמים על כל המקומות שסוף הטומאה לצאת כאחד ואין ידוע דרך איזה יצא, ‹והוא הלכה למשה מסיני – לבוש›, **אבל** לא נ"מ מידי במה ששאר פתחי הבתים פתוחים או נעולים, דמ"מ הטומאה יוצאת לתחת הזיזין והאכסדראות, **אי** נמי אשמועינן דאם היו שאר פתחי הבתים פתוחים, אז היו ג"כ הבתים הפתוחים טמאים, וכל מה שבתוכה היה טמא, כי הטומאה יוצאת לתחת הזיזין כיון שסוף הטומאה לצאת, ואח"כ יוצאת מתחת הזיזין ונכנסת לבתים הפתוחים.

(ולכן יש מחמירין לכהנים לילך דרך שער העיר שסוף המת לצאת משם).

(ויש מתירין) – [טעם לזה, דלא אמרינן סוף הטומאה לצאת טמא, אלא באותו פתח שמוציאין תחילה מתוך האהל, ולא מתוך האויר, הואיל ובאותה יציאה נטהר האוהל, ע"כ אותו פתח יטמא, ולא מכאן ואילך], **(והמקיל לא הפסיד במקום שלא נהגו להחמיר).**

‹**עיין** בדגול מרבבה שהכריע להקל כיש מתירין אלו. **ועיין** בתשו' מהרי"ט שכתב, דודאי אילו היה טעם המחמירין משום סוף טומאה לצאת, היה העיקר כדעת יש מתירין, והיה ראוי לבטל המנהג, **אך** באמת הטעם הוא, שמא יביאוהו בפתע פתאום ויאהיל עליהם, ואף שלא מצינו שחשו חכמים בדבר, מ"מ נכון ליזהר במצות כו', **וכתב** דמש"ה הורה אביו הרב המבי"ט ז"ל, במעשה שמת אחד היה בבתים שסביבות השכונה באויר החצר, ומופלגין מפתח החצר ומבתים שסביבות החצר, והורה לכהן א' שהיה חוץ לחצר, שיכנס ביום השבת לביתו ולא יחוש לחומרא של המנהג, מאחר שלא נהגו אלא מפני החשש שמא יבא עליהם המת, בטוחים הם בשבת שלא יבא›.

אמנם אין להחמיר בבית של צדוק הדין, דאדרבה אותו הפתח בא לטמא את האהל, ‹ואמרי' דאין דנין ק"ו מהלכה›, פסקי מהרא"י, ‹**ואע"ג** דרש"י פ"ק דביצה פי' דגזירה דרבנן היא על הפתחים, פ' בתרא פי' להדיא דהלכה מסיני היא, ובפי' משניות פ"ג דאוהלות כתב נמי דגזירה דרבנן היא, **ומ"מ** נראה דמכ"ש יש לחלק דלא גזרו חכמים אלא בפתח הראשון שבו מוציאין המת לאויר העולם – לקט יושר תלמיד של מהרא"י›. **וכתב** בספר מע"מ, שטעם זה יספיק בבית צדוק הדין שאין בו אלא פתח אחד שבו מכנסין ומוציאין את המת, **אבל** אם יש בו ב' פתחים, שבפתח האחד מכניסן ובפתח אחד מוציאין, כמו שיש בבית צדוק הדין שבק"ק פראג, יש להחמיר שאין לכהנים ליכנס באותו הפתח שמוציאין ממנו המת.

ואם נפתח חלון או פתח - שיש בו ד' על ד', **מצד האחר** - שאחורי החצר, **ואותם של צד החצר כולם נעולים** – [צ"ל ואותו של צד החצר נעול], **לחנם** הגיה, דקאי אבית שהטומאה בתוכו, דאותם הפתחים של צד החצר של אותו הבית כולם נעולים, לאפוקי נפתח ג"כ אחד מהן, וכדקתני בתר הכי: ואם נפתח ג"כ אחד מהן וכו' - נקה"כ, **אין הטומאה יוצאת לתחת הזיזין** - שבאותו הפתח ‹שלצד אחורי החצר› יצא, שהרי לצד החצר הוא נעול. **ואם נפתח גם כן אחד מהן לצד הזיזין, הטומאה יוצאת מהבית לתחת הזיזין. וכן אם טומאה תחת הזיזין, נכנסת מתחתיהן לבית** - היינו כשהבית פתוח.

‹**כלל**, דכשאין הוכחה, אמרינן מסתמא יוציאו המת דרך הפתח שלצד הזיזין, ששם הוא עיקר היציאה, ורק כשיש הוכחה שיוציאוהו מצד השני, אז טהור תחת הזיזין – ערוה"ש›.

לכן גגים הבולטים - "וכן גגין הבולטין" כצ"ל, **למעלה לחוץ על פתחי הבתים, וטומאה באחד מהבתים, כל הבתים שפתחיהם פתוחים, טמאים** – [הטעם, שכיון שיש גגין על הפתח של הבתים כולם, ובאחד מהן יש שם מת, הטומאה הולכת דרך פתח ביתו תחת הגגין, ונכנסת לבתים אחרים שהם פתוחים תחת הגג שלהם].

אבל אם הן סתומים, טהורים, **ולפ"ז** אף כשהטומאה באה באיזה בית, אם דעת הכהנים לסגור פתח בתיהן וחלונותיהן ולא לצאת מהן עד אחר הוצאת המת, אין צריכין לצאת מבתיהן, וכ"כ בדרישה, **ולפ"ז** כהן שהוא בבית או בחדר שהטומאה נוגעת אליו, והוא נעול בדלת וחלונות, ונודע לו שהגיע הטומאה אליו, אסור לצאת מן החדר עד אחר הוצאת המת, שהרי כל זמן שלא נפתח החדר לא נכנסת הטומאה לתוכו, וכשיפתח תכנס הטומאה לתוכו.

[**וכתוב** בדרישה, אף אם הטומאה באה מפתח בית הטמא לתחת גגו, ומשם מגג לגג של בית אחר, מ"מ אם דעת הכהנים לסגור פתח בתיהן וחלונותיהן ולא לצאת משם עד אחר הוצאת המת, אין צריכין לצאת מבתיהן, וגדולה מזאת עשיתי, במת עמי ביום השבת, וצויתי להוציאו ולהניחו במרתף שתחת הבית, ופתח המרתף לצד חוץ, ולא היה גג על גבי פתח המרתף, והכהנים נשארו בבית, **אלא** שיש להקשות אהנחת מת במרתף ודלת המרתף סגורה בפתח המרתף, הא בעינן שיהיה ביציאת הקבר פותח טפח, וכמ"ש בסימן שע"ב, דהאידנא דכולו סתום, אפילו יש בו אויר טפח, כל שכנגדו טמא, וה"נ אף שבמרתף הוא חלל גדול סביב המת, מכל מקום ליכא ביציאת הפתח דהמרתף פותח טפח כל זמן שהוא סגור, והכהנים בבית ע"ג המרתף, ‹**בת'** עבודת הגרשוני כ', דכל שלא פרץ פצימיו אין הטומאה בוקעת ועולה - רעק"א›, **מיהו אם** בהדלת הפתח שבמרתף עשוים חורין חורין, כמו שקורין בל"א גיגאטי"ר, אף שאין בחור א' טפח, מ"מ כיון שיש בהצטרפות החורין יחד פתוח כמה טפחים, יש צד להקל, שהוא בכלל יציאתה פותח טפח, עכ"ל. **ותמהני** על פה קדוש יאמר כן נגד המשניות ערוכות הבאתים בתחלת סימן זה, שאין נקבי הגיגאטי"ר מצטרפות לטפח. **ובפירוש** אמרו במשנה פרק י"ב דאהלות, שאין הטומאה יוצאת מהבית כשאין שם נקב טפח במקום א', וא"כ נשארה הטומא' בבית, והוה כקבר סתום ומטמא עד לרקיע, והיאך כ' לקולא מחמת הצטרפות הנקבים להוציא הטומאה, כיון שהמרתף סגור מכל צד, **אף** על גב דאין הדלת מקרי חציצה, כמו שאכתוב בסמוך, מ"מ המרתף סתום, **ע"כ** אין לסמוך על היתר זה דהצטרפות הנקבים כלל].

[זה כתבתי לפי סברתו, שהוא סובר דאם הוא סגור דהוי כקבר סתום, ‹משמע דהט"ז לא ס"ל כן, אלא כיון דלא פרץ את פצימיו, אין לו דין קבר סתום, וכמש"כ לעיל מרעק"א, וחשיב כאן פתוח ולא סתום, **וע"ז** הקשיתי דאין כאן הצטרפות, **אבל** בלא"ה יש לתמוה, דמבואר דבבית שסגרו בדלת ולא פרץ את פצימיו, אין מטמא כל סביביו, אבל כנגד הפתח מטמא, ובפרץ פצימיו מטמא כל סביביו, וה"ה על גביו, **וא"כ** כאן נהי שתחשבו כפתוח, מ"מ מטמא ע"ג המרתף כשיעור שיש מלמטה תוך המרתף, ממקום הנחת המת עד חוץ לפתח, והאיך הלכו הכהנים ע"ג כל המרתף, ותמיהני האיך יצא מכשול כזה מתחת ידי הצדיק בעל הדרישה שלא הרגיש – הגהות הט"ז›. ‹נראה דהט"ז ס"ל, דדין זה של לא פרץ את פצימיו, דמטמא למעלה כנגדו עד חוץ לפתח, הוי הדין כן אף כשיש פותח פתח בהדלת›.

[**גם** מה שכתב להתיר לכהנים לסגור פתחיהם וחלון, **זהו דבר הנמנע, דהא סגירת הפתח ע"י מפתח הוא, ואינו חוצץ, כדאיתא לעיל ר"ס זה** סעיף א', הבאתיו בשם רמב"ם. **נמשך** לשיטתו דלעיל ריש הסי', וכבר כתבתי לעיל דליתא, ואדרבה מן הרמב"ם משמע דחוצץ, **גם** י"ל דהדרישה מיירי היכי דהדלת יכולה לעמוד בלא סמיכה, כמו שעשוי ברוב בתים - נקה"כ. [**ותו דהא הדלת תלויה ע"י צירים של ברזל, ודבר כזה אינו חוצץ, כמו שכתבתי לעיל בראיה ברורה**]. **לא** ידעתי מאי "ותו", הא היינו הך, ובאמת כ"ז אינו וכמ"ש לעיל - נקה"כ. [**ומעולם לא שמענו** לנהוג בהיתר זה לכהנים, **וכמה הקילו רבותינו להיות חס על הכהן שלא להגיד לו עד שילביש עצמו, ולא נהגו בהיתר זה, אלא ודאי דליתיה, כן** נלע"ד ברור].

גם מ"ש ומעולם לא שמענו כו', לאו מילתא היא, היינו משום שדבר נמנע שיהא סגור בחדר כמו יושב בבית האסורים ולא יכנס ויצא, וגם לא יכנסו ויצאו אחרים אליו, **ועוד** י"ל דרבותינו מיירי במקום שא"א לסתום הנקבים - נקה"כ.

‹**ועיין** בתשו' נו"ב שהאריך בזה והעלה כדעת הש"ך, דדלת חוצצת מפני הטומאה, והצירים המחוברים לא מעכבי, **וגם** יכול הכהן לעשות דלת לפנים מדלת, כדי שיוכלו להביא לו איזה דבר, וטרם יפתחו דלת הפנימית יסגרו החיצונה, **אמנם** צריך ליזהר שצירי הברזל שעליה סובבת הדלת יהיה תחלת עשייתם לקבעם בדלת, שאם תחלת עשייתם לכלי, כבר ירדה עליהם טומאה, ושוב אף שקבעה במחובר לקרקע, הרי הם בטומאתם, ודבר הנסמך בהם אינו חוצץ, ע"ש, **וכתב** עוד, שאין חשש אם הדלת עשויה בזכוכית להביא אורה, כי אף שכלי זכוכית מקבל טומאה ואפילו מגבו, מ"מ הא הנך זכוכית לאו כלי קיבול נינהו, ופשוטי כלי זכוכית טהורין, **וגם** אין לחוש אחרי שההכרח לעשות חריצין בעץ שבו יקבע הזכוכית, הוא בית קיבול, וזה מחלוקת הקדמונים, בית קיבול העשוי למלאות אי שמיה בית קיבול, **חדא**, דנראה להכריע שמקבל טומאה מדרבנן אבל לא מה"ת, וא"כ אין חשש לענין לחוץ בפני הטומאה, **אלא** שאין רצוני להכריע, ולכן בתחלה יש לקבוע הזכוכית ע"י מסמרים קטנים של עץ, ולא יעשה נקבים לקבוע בהם המסמרות כו', **אמנם** בלא"ה מה שיעשה מתחלה לקובעו במחובר אינן מקבל טומאה›.

תימה על הדרישה ועליו, האיך סתמו וכתבו דבחור שבדלת המרתף שיעורו כפותח פתח, והא תנן פי"ג דאהלות מ"ג, החור שבדלת שיעורו מלא אגרוף דברי ר"ע, ר"ט אומר כו', וקי"ל הלכה כר"ע מחבירו, וכ"פ הרמב"ם בפי"ד מהל' טומאת מת דין ו', **ובע"כ** צ"ל לדבריהם, דהיינו דוקא בסתם חור שנעשה מתחילה ע"י אומן, אבל בחור שעשוי להוציא ולהביא, דהוי כעשוי לתשמיש, מודה ר"ע לר"ט, ויש סמך לזה מדברי הר"ש וברטנורה שם, ע"ש ודו"ק, **וא"כ** הו"ל לפרושי, דהוא חור שבדלת שעשוי לתשמיש דוקא, **וגם** הרמב"ם שם לא חילק בדבר, מטעם דס"ל דבכל גווני שיעורו כאגרוף, וצ"ע - נקה"כ.

גגים הבולטים כו' - כתב דרישה, הכל תלוי בגג שע"ג הפתח הבית שהמת בתוכו, ומשם באה מהגג שלפני הפתח להגג של הבית השני, ואף שאין הבתים סמוכים זה אצל זה, אלא שיש מחיצה ביניהם מן הצד, אף שאין עליה גג קטן, אם הקורה מונח עליה רחב טפח, דהא כשהטומאה באה מהפתח לגג, והגג מקיף את כל הבית, הרי טומאה מתחת הגג שהוא מן תחת אותה מחיצה, ואותה מחיצה מביא הטומאה תחת הגג הבית הסמוך לה, ונכנסה תוכו דרך פתחים או חורין, **אבל** כשאין גג ע"ג פתח הבית שהמת בתוכו, אף שיש לו גג מן הצד והוא מאהיל על הבתים שסמוכים לה מכל צד, אין הטומאה באה שם, עכ"ל, **ול"נ** שצריך שיהא גג אהל טפח מתחלה עד סוף, אבל כל שיש ביניהם הפסק בחומה גבוהה, אף שהיא עבה כמה טפחים, כיון שאין אהל טפח, שוב אין לטומאה מקום לילך, וכן הסכימו רבים וגדולים, וכן המנהג פשוט.

כתב מהרש"ל והאחרונים בשם תשובת מהר"ח א"ז, במקום שיש עירוב, ועשו קורות שיש בהקיפן טפח ממבוי למבוי, {וכ' הב"ח, שהקור' צריך שתהי' עגולה ג"ט כדי שתהיה רחבה טפח, דכל שיש בהקיפו ג"ט רחבו טפח}, וראשי הקורות נכנסין תחת הגגין שמכאן ומכאן, והטומאה נכנסת תחתיה והקורה מביאה הטומאה מגג לגג ומתפשטת בכל הבתים מכאן ומכאן, א"כ כשיש מת ב"מ באחד מן הבתים, [אין כהן רשאי להיות בשום בית מן הבתים שבמבואות המחוברות ע"י קורה של העירוב, **וזוכרני** כשהיינו לומדים בבית מורי ר"מ ז"ל, והיה פתח פתוח מחצר הרב לחצר בית הכנסת, ומשקוף הפתח היה מגיע מצד א' תחת תקרת הבית שהיה בו מת, ואסר מורי לכהנים לצאת ולבוא דרך אותו הפתח כל זמן שהמת בבית, ע"כ לשון תשובת מהר"ר חיים. **וכתוב** בדרישה, **ונראה** לע"ד וגם שמעתי, דהיינו דוקא במחיצה שיש עליה גג קטן או מחיצה שמשקוף עליה רוחב טפח, ויש בו פתח פתוח לצאת ולבוא דרך תוכה, דנמצא שם משקוף עליה כיון שנכנסין ויוצאים דרך תוכה, אבל מחיצה מושכת מבית לבית ואין גג עליו, וגם אין פתח פתוח בתוך המחיצה, **אפי'** אם הקורה המונח עליו בעובי טפח, וגם גגות הבתים משני צדדי המחיצה בקצה שלהם מאהילים עליהם, מכל מקום אינו מביא הטומאה, כיון דבאמצעית המחיצה אין עליה גג ולא שם תקרה כיון שאין שם פתח, נקרא כסתום באמצע ואין בו כח להוליך הטומאה, עכ"ל. **משמע** מדבריו, באם יש מחיצה פנויה בלא גג עליה, ויש פתח באמצעיתה, מביאה את הטומאה מבית לבית, כיון שמראש המחיצה יש שם אוהל מן הגג של בית הטמא, אף על פי שאין הפתח מגיע עד אותו החלק שהוא תחת הגג, והיינו כיון שיש שם משקוף עליו, מאחר שנכנסין ויוצאין שם, **ותמיהני** מאד על דבר זה, כיון שיש הפסק בחלק המחיצה שהוא סותם קודם התחלת הפתח, בין החלק שמגיע תחת הגג ובין פתח, מי יכניס הטומאה מן תחת הגג להפתח שבאמצע, והלא אפילו ביש הפסק בפחות משלשה לא אמרינן לבוד להחמיר, **וע"כ** לא אסרו שם בתשובה שהבאתי בשם רש"ל, אלא שהתקרה היתה מונחת בלא מחיצה תחתיה, מן תחת הגג של בית הטמא לתחת הגג של בית אחר, נמצא שהיה חלל תחת התקרה מן בית הטמא לבית האחר בלי הפסק מחיצה סתומה, **מה** שאין כן בהך מילתא שיש הפסק מחמת המחיצה הבנויה על הארץ, ואין בה בליטה טפח סמוך לחלק שתחת הגג השני, ודאי אין כאן הבאת טומאה כלל, מידי דהוה אשני בתים סמוכים ואין גג בולט למעלה מהם, דאין נכנסת הטומאה מבית לבית אף על פי ששניהם פתוחים, דהא גגים בולטים בעינן כמ"ש בשולחן ערוך כאן, **ונראה** דאין לחוש לטומאה כשיש מחיצה בנויה, אף על פי שיש פתח באמצעה לא בתוך המחיצה כולה, אלא אם כן יש עליה גם כן גג קטן או בליטה טפח, מן אותו צד שנכנס תחת בית הטמא לחלק המגיע תחת הגג השני].

הגה: ב' גגין שאין נוגעין זה בזה, אף על פי שאין ביניהם רק פחות מג', לא הוי חבור לטומאה, דלא אמרינן לבוד להחמיר – [לכאורה משמע אבל להקל אמרינן לבוד, והוא תמוה, דא"כ לא תמצא טומאה יוצאת או נכנסת דרך נקב, דנימא כלבוד דמי והוה סתום, **ועיינתי** במקור, דכתב מהרי"ו וז"ל: הר"ר יעקב שאלני אם אמרינן לבוד גבי אהל המת, כגון ב' בתים הסמוכים זה לזה בבנין פחות מג' טפחים ומת באחד מהם, והשבתי לו דלא אמרי' לבוד, וראיה מפ"ק דעירובין גבי עור העסלא, ובסוכה פרק הישן גבי קורות הבית שאינם מכוונות, עי"ש בגמרא ורש"י, עכ"ל, **ועיינתי** בפ"ק דעירובין, כתבו שם התוספות, דבטומאה לא אמרינן לבוד, ולא זכרו מחומרא כלל, **ובפרק** הישן דף כ"ב אמרינן... **אלא** ודאי לטומאה לא אמרינן כלל לבוד, וא"כ צריכין לומר, מ"ש רמ"א כאן: דלא אמרינן לבוד, פי' אפי' להחמיר].

ואם היו זה למעלה מזה, אף על פי שאינן נוגעים - ‹מפני הגובה – ערוה"ש›, **אמרינן: חבוט רמי, וכאילו נוגעים** - כתב הב"ח, דאפי' היה הגג העליון הרבה למעלה מג' טפחים, כיון שיש בגגו טפח, אמרי' חביט רמי כו'.

(**עי'** בתשו' גבעת שאול, שכתב בכהן שמת א' בבית הסמוך לביתו שגגיהם נוגעים זה בזה, ואשת הכהן חלתה בעת ההיא כמעט נטתה למות, ושאלה על בעלה מדוע לא בא הביתה לסעודה, כי היה בשבת קודם סעודת שחרית, וכל שערי תירוצים ננעלו, ועיקר הטעם לא יכלו להגיד לה, כי המת הוא אחיה ושמא תטרף דעתה, גלל כן ההכרח שבעלה יבא לביתו מפני פקוח נפש, **ונסתפקו** מה לעשות, אם לצוות לעובד כוכבים להסיר אותו מקצת הגג המאהיל על בית הכהן, או עדיף טפי שיכנס לביתו בלי שום תיקון, דטומאת אהל הוא ג"כ מדרבנן, כמ"ש הש"ך בסי' שע"ב סק"ב. **וכתב** דעדיף טפי לצוות לעובד כוכבים להסיר האוהל, כי מ"ש הש"ך דטומאה כזו היא מדרבנן, ליתא, **ואפילו** לדבריו, מ"מ הך איסור דאמירה לעובד כוכבים קילא טפי מטומאת אהל, דהתם כל שעה ושעה איסורא קא עביד כ"ז ששוהה באוהל המת, **משא"כ** באמירה לעובד כוכבים, דלא עביד איסורא רק פעם אחת).

הכהנים אינן יכולין לכוף לקרובי המת שיוציאו המת ממקומו כדי שהם יהיו רשאים ליכנס לביתם, אם לא במקום שדרך להוציא כל המתים - ‹כלומר דיש מקומות שאין מטהרין בבית אלא על בה"ק, ובשם כשרוצים לטהרו בבית יכולים למחות – ערוה"ש›.

סימן שעא – דין אהל היאך מביא הטומאה

[הטעם בתשובת מהרי"ל, וז"ל, אבל אי רגילין להשהותם משום כבודם, להשמיע עליו רבים שיתעסקו עמו, א"נ לטהרו בביתו, א"כ היאך מצינו לכופן לזלזל נגד המנהג, ולא שייך הכא על המזיק להרחיק עצמו, כיון דאנוס הוא, דהואיל ונהוג נהוג, עכ"ל].

כתב הב"ח, נ"ל דאם הוא נפל, דליכא משום כבוד, כופין אותו להוציאו ממקומו כדי שיכנסו לביתם, [דעל המזיק להרחיק עצמו, ע"כ].

[**ואני תמהתי על דברי התשובה הנ"ל, דהא אין שייך כלל כאן לכוף אותו להוציאו מטעם על המזיק להרחיק עצמו, כדאיתא בח"מ סימן קנ"ה בש"ע סעיף ל"ב, בהיה לו אילן סמוך לבור חבירו, אין בעל הבור יכול לומר הרי שרשי האילן מפסידים לבורי, שזה נזק הבא מאליו לאחר זמן, ובשעה שנטעו אינו מזיקו כו', ק"ו כאן שאין עושה לעולם שום מעשה להזיקו, אלא מן השמים הוא, היאך יכוף אותו, ונראה דעל זה נמי נתכוון בתשובה, במה שכתב דאונס הוא, כלומר דנעשה ממילא, ומה שסיים אחר זה: דהואיל ונהוג נהוג, בלאו הכי ראוי להגיה, דהיאך שייך לומר אונס, כיון שהוא מנהג, ולפי זה גם בנפל אין שייך לכופו להוציאו, כיון שאין שם מזיק עליו, אלא שאם הכהן רוצה לשלוח שם להוציא הנפל אל מקום אחר, אין אבי הנפל יכול לעכב, כיון שהוא ניזוק, וזה לא חסר כלל, כן נראה לע"ד].**

לק"מ, דלא דמיא לאילן שסמוך לבורו, דהתם יש לו הפסד כשיקוץ האילן, לכך אינו יכול לכופו, אבל הכא מאי פסידא, אא"כ משום כבוד, ובנפל ליכא כבוד, ודו"ק - נקה"כ.

(**עי'** במג"א סי' שי"א ס"ק י"ד, שכתב דאם יש כהן חולה שאינו יכול לצאת מביתו, כופין הקרובים להוציא המת מביתו כדי שלא יעבור לאו דאורייתא, ע"ש. **ועי'** בשו"ת דת אש, באשת כהן שילדה בן זכר שאירע המילה בשבת, ובליל שבת מת אחד בשכונתה שמאהיל על בית היולדת, ואבי הבן הוא מוהל בעצמו, **וכתב** דכופין את הקרובים להוציא המת מהבית, חדא, דהעיקר כדעת הטור לקמן סי' שע"ג, שב"ד מצווים גם בקטנים להפרישם מטומאת המת, וא"כ הרי התינוק כמו כהן החולה שאינו יכול להוציאו מן הבית, ‹ובכהן קטן חולה יש לעיין – רעק"א›, **ועוד** כיון שאבי הבן מוהל בעצמו ועליה רמיא המצוה, וא"כ אין יכולים למול התינוק בביתו כי האב כהן, וע"כ צריכם למולו בבהכ"נ, וא"כ יהיה אסור שוב להחזירו לבית אל אמו, דהוי כמו שמטמאים אותו בידים דאסור לכ"ע, ע"ש).

סעיף ה - אסור לקרב בתוך ארבע אמות של מת או של קבר. בד"א, שאין הקבר מסויים במחיצות גבוהות י' טפחים, אבל אם הוא מסויים במחיצות גבוהות עשרה טפחים, או בחריץ עמוק י' טפחים, אין צריך להרחיק ממנו אלא ד' טפחים.

(**עי'** בתשו' ר"ל בן חביב, שכתב דמה שלא כתב הרמב"ם ז"ל שהקבר תופס ד"א לטומאה, אלא כתב המת תופס כו', אולי הטעם הוא, דדוקא תופס המת ממקום שהוא בו ד"א, לא ממקום הקבר, ע"ש).

כ' הדרישה, מכאן מוכח דאפילו תוך ד' אמות של מת המונח לפנינו, אסור לקרב כהן, משום דתופס ד"א, או משום גזרה שמא יגע במת עצמו, אף שהוא מונח לפנינו והכל יודעים שאסור ליגע במת, מ"מ לא מחשב כמו מחיצה גבוהה י' טפחים, וכן המרדכי והג"מ כתבו דאסור וב"י הביאם, ע"ש, **ולא** כמו ששמעתי מקילין לכהן הדורש לעמוד עליו אפי' תוך ארבע אמות של מת, כיון שהמת מונח לפנינו וניכר, עכ"ל, **ולי** נראה שטעם אותן המקילין, דדוקא במת שמונח בבית בהך גוונא דמיירי הטור וכן בהך דמרדכי, וה"ה במת המונח בספינה, דהוי כמונח בבית שהוא מקום קביעתו, תופס ארבע אמות, **אבל** לא המונח על המטה, וכן מחלק הרוקח וז"ל, מת בבית סתום, אסור לכהן ליקרב בתוך ארבע אמות, דמת תופס ד' אמות לטומאה כשהוא בקבר, אבל כשהוא במטה שמוציאין אותו, ובעת צדוק הדין מעמידין אותו, אינו תופס, דאין שם קביעותו, עכ"ל. **ומ"ש** מעמידין אותו, נראה דכ"ש כשנושאין אותו על המטה דאין תופס.

(**עי'** בס' חומות ירושלים, שכתב דצ"ע בתוך ד' אמות של קבר עובד כוכבים - נראה דמיירי שאין הקבר מכוסה, דאיכא ג"כ חשש מגע, או אפשר דתיבת קבר ט"ס הוא, וצ"ל של עובד כוכבים - אי אסור למקרב, או דוקא בטומאת אהל החמירו ד' אמות שלא יאהיל).

(ומותר לכהן לעמוד אצל בית שיש בו מת, ומותר ליגע בכותליו, ובלבד שלא יהא שום דבר מאהיל עליו) - ואין חילוק בין בית פתוח או סתום לענין זה, **והב"ח** כתב דיש להחמיר, דאף בבית סתום אם פרץ פצימתו ומת בתוכו, תופס ד' אמות סביביו, וצריך להרחיק ארבע אמות מהבית, ע"כ, ‹וז"ל החכ"א: ואין חילוק אם הוא סתום או פתוח, אם לא שפרץ פצימיו, דאז דינו כקבר, ע"כ›, **וכ"כ** הרוקח, מת בבית סתום, אסור לכהן ליקרב בתוך ד' אמות.

סעיף ו - מת המונח בספינה, אם היא קטנה שמתנדנדת כשדורכין בה, אסור לכהן ליכנס בה - אפי' חוץ לד"א של מת, כיון שא"א שלא יסיט הטומאה, [**רש"ל** הביא בשם הגהת מיי' וא"ז שפסקו כרבינו משולם, להתיר אפי' בספינה קטנה, רק שלא יהא תוך ד' אמותיו, ויש להחמיר כיון שגם ב"י הביא זה להחמיר], **אבל** אם היא גדולה שאינה מתנדנדת כשדורכים בה, מותר חוץ לארבע אמות של מת.

§ סימן שעב – היתר טומאה במקום מצוה, ודין קברי עובדי כוכבים §

סעיף א - אף על פי שהכהן אסור ליכנס לבית הפרס - הוא שדה שנחרש בו קבר, **(פי': שדה שנאבד בה קבר, ושנחרש בה קבר, ושיעורה מאה אמה), או לארץ העמים, אם היה צריך לילך שם לישא אשה או ללמוד תורה, ואין לו דרך אחרת, יכול לעבור דרך שם, אפילו אם מוצא ללמוד במקום אחר** - ‹דלא מכל אדם, אדם זוכה ללמוד – לבוש›. **וכן אבל**

סימן שעב – היתר טומאה במקום מצוה, ודין קברי עובדי כוכבים

העובר דרך שם, יכול לילך אחריו לנחמו. וכן מטמא בטומאה של דבריהם, לדון עם עובדי כוכבים ולערער עמהם, מפני שהוא כמציל מידם, וכן כל כיוצא בזה – [אבל לא על הקברות, אפילו לדבר מצוה, משום דהאידנא כולם סתומים, ויש בהקברים חלל הרבה, על כן טומאה בוקעת ועולה עד לרקיע, ואפילו נגד צד הריקן שבו, **משא"כ** אי הוה סתום ואין בתוכו חלל טפח, אינו מטמא אלא כנגד הטומאה ממש, לא נגד צד הריקן שבו].

(**עי'** בס' מראה הפנים על הירושלמי, שכתב בכהן היושב ושונה בבית שאין בו אלא טומאה דרבנן, כגון בסוף טומאה לצאת לדעת הש"ך, אפשר דאינו מחויב להפסיק ולצאת, ע"ש. **ועי'** בתשו' חות יאיר שכתב, שראה בכמה קהלות ביו"ט שבא השמועה שנפטר ילד סמוך לבהכ"נ, מיד רצים כל הכהנים חוצה ומבטלין מצות דוכן, **אף** שיש מקום לפקפק, מאחר שאין כאן רק טומאה דרבנן כמ"ש הש"ך, **וגם** לא נקרא הכהן השוהה עובר בל"ת בפועל, **רק** דבזה י"ל דאין עבירה כלל אפי' בעשה, כדק"ל כד יימרון להון כו', ע"ש, **מיהו** אם השמועה באה לאחר שקרא הש"ץ כהנים, צ"ע). **(א"צ** לצאת עד שיגמור הנ"כ, דנ"כ ד"ת וטומאה כזו אינה אלא מדרבנן, **אמנם** אם נודע לכהן קודם שנטל ידיו לעלות לדוכן, טוב יותר שיצא תיכף החוצה, פמ"ג, **ומה** דמספקא לה לפת"ש, פשיטא לה להפמ"ג, ולפלא שלא הביאו – מ"ב סי' קכ"ח ס"ק ח' ובשעה"צ שם).

(**ועי'** בתשו' בתי כהונה, שכ' דמה שנהגו איזה כהנים להשתטח על קברי צדיקים, אין להם על מה שיסמוכו, **דאי** סמכי אהא דאיתא במדרש הובא בילקוט משלי, דאמר אליהו אין טומאה בת"ח, **ליתא**, שכבר כתבו התוס' בפ' המקבל ובפ' הבע"י, שהיה דוחה אותו, ועיקר טעמו משום דהוי מת מצוה, והאריך לבאר מי הכריח להתוס' לפרש כן, **ואי** סמכי אהא דאיתא פ' מי שמת, מדלגין היינו ע"ג ארונות כו', א"כ ה"נ כיון דרוב ארונות יש בהם חלל טפח, הרי אין כאן טומאה דאורייתא, **אבל** להשתטח על קברי צדיקים לא מצינו בזה מצוה ידועה, או כבוד חכמים, **ועוד** דילמא לא נקברו כלל בארונות או נרקבו, והוי כקבר סתום, דהוא טומאה דאורייתא, **ולכן** שלא כדין עושין הנוהגין כן, ע"ש באריכות).

הגה: כהן שהוא ישן ערום, והוא באהל עם המת ולא ידע, אין להגיד לו, אלא יקראו לו סתם שיצא, כדי שילביש עצמו תחלה – ‹ובדרך זה שרי משום כבוד הבריות, ואף על פי שמניחין אותו שוהה בטומאה, הואיל והוא לא ידע ושוגג הוא שרי – לבוש›. **אבל אם כבר הגידו לו, אסור להמתין עד שילביש עצמו** – (עי' בדגמ"ר שחולק ע"ז, וכתב דעב"פ מותר ללבוש הכתונת, דלא כתה"ד ורמ"א, ע"ש, וכן בתשו' אא"ז פנים מאירות השיג על הרמ"א בזה, **גם** הגאון מהר"ר עוזר ז"ל חלק על מהרא"י, והעלה דינא דיכול הכהן לשהות עד שילבש החלוק ובתי שוקיים, אבל אסור לשהות כדי ללבוש גם שאר הבגדים, **אך** בתשובת יריעות האוהל האריך בזה, והשיג על מהר"ר עוזר הנ"ל, והעלה הלכה למעשה כדעת מהרא"י והרמ"א ז"ל, דאסור לו להשהות כלל, אלא ילך משם תיכף בהיותו ערום, ע"ש, גם בתשובת חות יאיר יישב הקושיא על הרמ"א ז"ל).

ודוקא אם הוא באהל המת, שהוא טומאה דאורייתא, אבל אם הוא בבית הפרס או ארץ העמים, שהוא טומאה דרבנן, ילביש עצמו תחלה, דגדול כבוד הבריות, כמו שנתבאר לעיל סי' ש"ג לענין כלאים.

ודוקא אם הוא באהל המת - נראה דוקא נקט באוהל המת, אבל אם בבתים הסמוכים לבית שהמת בתוכו, אף על פי שהן ג"כ טמאים כדלעיל סימן שע"א ס"ד, מ"מ י"ל דאינו אלא טומאה דרבנן, כדאיתא בטור סי' זה ופוסקים עב"י, דדבר תורה אוהל שיש בו חלל פותח טפח טהור, ע"ש ודוק, **וכשהבית** שהמת בתוכו סתום מכל צד, נמי ליכא בבתים הסמוכים טומאה אלא מדרבנן, משום דסוף הטומאה לצאת, ואם כן בבתים הסמוכים בכל ענין ילביש עצמו תחלה. **ודברים** תמוהים הם, דבכל הש"ס והפוסקים נראה להדיא, דכל דיני טומאה הוה הלכה למשה מסיני – ערוה"ש›.

(**ועי'** במגן אברהם סימן שי"א ס"ק י"ד, שחולק על הש"ך במ"ש דבבתים הסמוכים ליכא אלא טומאה דרבנן, דזה אינו, ע"ש, **גם** בתשובת שער אפרים תמה על עמיתו הש"ך בזה, **ועי'** בש"ת בא"ח סי' קכ"ו, שכתב דבדברי שמואל מיישב דגם הש"ך מודה בזה, ולא איירי אלא בסוף טומאה לצאת כמ"ש, וכ"כ בס' חכ"א. **וכ"כ** בתשובת חתם סופר, ‹וז"ל: ולשון הש"ך צע"ג, אחר שכבר כתב שהמשכת טומאה מבית לבית הוא דרבנן, אפי' כשפתוח הבית שהמת בתוכו ומושך טומאה ממקום למקום תחת הזיזים ונכנס לחלונות הכל טהור, א"כ מכ"ש כשהפתח סתום וליכא אלא משום סוף טומאה לצאת, א"כ מאי האי שכ': וכשהבית שהמת בתוכו סתום נמי וכו', מאי "נמי", הלא כש"כ הוא, **אע"כ** האי "נמי" ט"ס הוא, והאי "ודוק" שכ' ט"ס הוא, וצ"ל "ודוקא", **והכי** צ"ל: ודוקא כשהבית שהמת מונח בתוכו סתום מכל צד, פי' אז היא מדרבנן, אבל המשכת טומאה ע"י זיזי' וחורין דאוריי' היא. **שוב** עיינתי ואין צורך להגי', שהרי מיד בתחלת דבריו כ': בבתים הסמוכים לבית שהמת בתוכו אף על פי שהם ג"כ טמאים כדלעיל סי' שע"א ס"ד, ולא מייתי מסעי' א', אלא מסעי' ד', והיינו סוף טומאה לצאת דמיירי התם, וצדקו דבריו בפשיטות›, **ותמה** שם על הפני יהושע שנמשך אחר פשטות דברי הש"ך, ועייל פילא בקופא דמחטא, ע"ש. **עוד** האריך בתשו' חתם סופר בדין טומאה הנמשכת ע"י ביבים הקמורים ובאים תחת הקרקע, דהוא ג"כ דאורייתא, ודלא כתשובת פ"י שהובא בס' מאמר מרדכי ע"ש).

כהן שהוא ישן, ומת עמו באוהל, צריכין להקיצו ולהגיד לו כדי שיצא - דאפילו בלא שהייה קעבר הכהן, **ואף** על גב דלא ידע, מ"מ איסורא עביד בשוגג, ואף על גב דאינו עושה מעשה, איסורא איכא, ולאחריני דידעי מצוה להפרישו, עכ"ל תשובת מהרי"ל, **ס"ל** אף על גב דאינו מעשה, ולאו שאין בו מעשה אין לוקין עליו, איסור דאורי' מיהא איכא, **ולפי** זה משמע דבאיסורא דרבנן א"צ להקיצו, וא"כ למ"ש בסמוך, דהיכא דאינו באוהל עצמו אם המת רק בבית הסמוך לה ליכא אלא איסורא דרבנן, אין צריך להקיצו, **ואפשר** לזה דקדק הרב: ומת עמו באוהל צריכים להקיצו, וע"ל סי' שע"ג ס"ק א'.

‹וכן כהן קטן א"צ להקיצו, וכהן העוסק במצוה א"צ להגיד לו – ערוה"ש›.

סימן שעב – היתר טומאה במקום מצוה, ודין קברי עובדי כוכבים

אבל אם כבר הגידו לו כו', כהן שהוא ישן כו' - (עי' בס' משנת חכמים שכתב, דממרוצת לשון הרמ"א מבואר, דאף שנכנס תחלה בהיתר שהיה חי בעת ההיא, ומת אח"כ, ואף שמת פתאום דלא עשה שום איסור בהליכתו לבית, **ולכאורה** יש לדון בזה כיון דתחלת כניסתו בהיתר, לא יהא השהיה ששוהה אח"כ כמעשה, ובשב וא"ת אמרינן דגדול כבוד הבריות, **ודוקא** אם הכניסה היה באיסור אף שהיה שוגג, חשיב השהיה כמעשה, **אבל** אם היה בהיתר לגמרי לא חשוב השהיה כמעשה, עיין ביבין שמועה שם שהאריך בזה).

(**ועי'** בתשו' שער אפרים במעשה שהיה רחוב מוקף בתים, והלך שם כהן אחד לבית א', ואמרו להכהן שיש פה מת, ויצא מן הבית ועמד תחת הרקיע באמצע הרחוב, ולא יוכל לצאת מן הרחוב כיון שהוא מוקף אהלים, וזה היה בחודש שבט בעת שהקור גדול, ושבת היה, ומוכרח לעמוד שם כל יום השבת וליל מוצאי שבת עד יום א' אחר חצות, אם רשאי לעבור תחת האוהל לילך לאיזה בית או לא, **והאריך** לבאר אם יש כאן איסור דאורייתא או לא, שנוכל להתיר לו, ולא נמצא שם סיום התשובה מאת הרב המחבר ז"ל, **ובנו** בהג"ה שם צידד להתיר, ע"ש, **ועי'** בת' חות יאיר שנשאל על ענין כזה ממש, והעלה ג"כ להתיר לרוץ החוצה דרך בית אחד, **וכתב** דכ"ש אם יצטרך הכהן הלז לנקביו, אם אין בחצר בית הכסא של כבוד, ונראה שאפילו אם יצטרך לקטנים כו', ע"ש, **ומשמע** דה"ה אם בימות החמה והחמה זורחת עליו או גשמים יורדים עליו, דמותר ג"כ).

(**ועי'** בס' הר אבל שכתב בשם ס' נוהג כצאן יוסף, בכהן שהוא בבית המוקף מחיצות ובנוים בתים סביביו, והכהן הוא דרך משל בחדר שבצד מזרח, והמת הוא בחדר שבצד מערב, ואז אין הכהן יכול לצאת לחוץ לרה"ר או לחדר אחרת, **תקנתו** שיניח קרש אחת מפתח החדר שהכהן שם או מחלון אותו החדר עד שער החצר, ואז יכול הכהן לילך מהחדר תחת הקרש עד שיבא לשער החצר, דאז חשיב הכל אוהל אחד ויכול לילך תחתיו עד שיגיע תחת תקרת שער החצר, ואז יכול לצאת לרה"ר, ע"ש).

סעיף ב- קברי עובדי כוכבים, נכון ליזהר הכהן מלילך עליהם; (אף על פי שיש מקילין) (רמב"ם) - מטעם דכתיב אדם כי ימות באוהל וגו', ואתם קרוים אדם ואין העובדי כוכבים קרוים אדם, **אבל** במגע ומשא י"א דאפילו המקילים אוסרים, וכן נראה דעת ב"י, ע"ש, **(ונכון להחמיר)** - (עי' בתשובת ושב הכהן שהעלה, דמדינא יש לפסוק הכי, ע"ש). **(אבל קבר של מומר, מטמא כשל ישראל)** - «ולכן אף להרמב"ם אסור לכהן לילך על בה"ק שלהם, דאולי יש גם מהם, וכמדומני שהכהנים נזהרים מזה – ערוה"ש».

(**ועי'** בתשו' ח"ס ע"ד כהן שיש לו חולי נכפה ר"ל מסוכן מאד, ולפעמים נופל באחת הפחתים, ונמצא בספר שיתן ידו ליד מת ויאמר לחש: קח ממני החולי שאינו מזיק לך ולי אתה מטיב, וכבר ניסה א' רפואה זו ונתרפא, אם מותר הכהן לסמוך לטמא עצמו במגע על מת, **ואם** היה הרפואה בדוקה, פשוט דכיון שיש סכנת נפשות בהחולי אין לך דבר שעומד בפני פ"נ, אך נראה שאין הרפואה בדוקה כ"כ, אי יש לסמוך על הספק. **והעלה** להתיר לעשות פעולה הנ"ל, אם יארע יום שמת עליו מת ישראל בשכונתו באופן שנטמא באותו יום, ושוב יש לסמוך ארש"י ור"ת כו' ע"ש, ועי' בס"ק שאח"ז).

(**עי'** בדגמ"ר שכתב וז"ל, **ולדעת** הראב"ד פ"ה מנזירות הלכה י"ז, דהיכא שכבר טמא שוב אינו מוזהר על הטומאה, א"כ כהנים בזה"ז אינם מוזהרין על הטומאה, **ואף** דלא קי"ל כהראב"ד, מ"מ במת עובד כוכבים איכא ס"ס כו', **ולכן** נלע"ד דמי שרוצה לסמוך בזה להקל לענין טומאת אהל, אין מוחין בידו. **ושוב** כתב, דכל מה שכתבתי נמשכתי אחר דברי המל"מ פ"ג מאבל, דלדעתו סובר הראב"ד שאין איסור כלל לכהן שכבר נטמא לטמא עצמו, **אבל** עכשיו נתתי אל לבי, שאולי לא אמר הראב"ד אלא לענין חיוב מלקות כו', ולכן הדרנא בו מלהתיר לכהן לילך על קברי כו', עכ"ל ע"ש. **ועי'** בתשו' ח"ס, כתב עליו שלא ירד לעומק, והביא דהראב"ד בתמים דעים, פסק להדיא כהרמב"ם ורוב הפוסקים, ע"ש. **עוד** הביא שם דברי הרא"ש בהלכות טומאת כהנים, דמייתי דעת ר"ת, דבאותו יום שנטמא הכהן שוב אין באותו יום תוספת טומאה, ומה"ת מותר לטמאות עצמו עוד, **וכתב** דר"ת מפרש סוגיא דנזיר מ"ב ע"ב כפירוש רש"י שם, נמצא לר"ת ורש"י אי נטמא כבר באותו היום, שוב אין כאן איסור דאורייתא, וכ"פ ר"א ממיץ בס' יראים ע"ש, **והמל"מ** בפ"ג מאבל לא ידע אלא דעת הראב"ד, ולא דעת רש"י ור"ת ורא"מ. **ומסיק** במקום ספק סכנה יש לסמוך כו', ע"ש היטב. **ועי'** בתשו' שבו"י, במ"ש בענין כהני ח"ל אי מותרים לטמאות בטומאה דרבנן. וגם בתשו' ח"ס מ"ש בזה).

§ סימן שעג – איזה כהן מוזהר על הטומאה, ולאיזה מתים מטמא, ועד מתי מטמא §

סעיף א- כשם שהכהן מוזהר שלא לטמאות, כך מוזהרים הגדולים על הקטנים – [פי' הכהנים הגדולים, ובטור כתוב אם מטמאין מעצמן אין ב"ד מצווין להפרישו כו', ש"מ שעל ב"ד יש גם כן אזהרה שלא לטמאות בידים]. «**והאיסור** הזה בין על כהנים גדולים או ישראלים גדולים, שאסור לטמאות בידים לכהן קטן – ערוה"ש».

(ודוקא לטמאותן בידים, אבל אם הקטנים מטמאין מעצמן, עיין בא"ח סימן שמ"ג אי צריך להפרישן) (הרשב"א ומהרי"ו וטור בשם הרמב"ם כתב כאן דאין צריך).

עיין באו"ח סי' שמ"ג - משמע כמו דאמרינן התם דא"צ להפרישן, הוא הדין הכא, «**אבל** אביו מחוייב להפרישו על דרך החינוך - ערוה"ש», **מיהו** הביא הרב שם, די"א דהיינו דוקא שלא הגיע לחינוך, ע"ש, **ובאגודה** כתב, נ"ל על תינוקות הישנים באוהל המת, אין מחייבים להקיצם ולהוציאם, אך מפני חינוך טוב הוא, עכ"ל - ש"ך.

(**עיין** בתשו' ושב הכהן שנסתפק לדעת הרמב"ם, שכתב בפ"ב מהלכות אבל, דטומאת כהן לקרוביו הוא משום אבילות, וכל היכא שאין מתאבל אסור לטמאות, **לפ"ז** בקטן צ"ע אם מותר להטמא לקרוביו, דקטן אינו חייב להתאבל, וא"כ יהיה קטן חמור מגדול בענין זה, **או** י"ל

סימן שעג – איזה כהן מוזהר על הטומאה, ולאיזה מתים מטמא, ועד מתי מטמא

להרמב"ם שכתב שאביו חייב להפרישו כדי לחנכו, והחינוך הוא שיזהר לקיים המצוה כשיגדיל, וכיון דבגדלות מטמא לקרוביו, לא שייך לומר בו חינוך, והניח בצ"ע›.

סעיף ב - אפילו בעל מום, מוזהר מליטמאות, אבל חלל וכהנת, מותרים ליטמא - כתב הב"ח דוקא חלל דאורייתא, אבל של דבריהם כגון שנולד מחלוצה, אסור לטמא, **ואם** הוא נולד מספק חלוצה, הוי כהן גמור לכל דבר, ויתבאר בא"ע סי' ז' ע"ש.

סעיף ג - כל המתים האמורים בפרשה שכהן מטמא להם, מצוה שיטמא להם; ואם לא רצה, מטמאים אותו על כרחו, אחד האיש ואחד האשה - שהיתה כהנת, מצוה לה לטמאות. ‹דכי כתיב בני אהרן ולא בנות אהרן, בלא יטמא, אבל בלה יטמא, לא כתיב מיעוט – לבוש›.

סעיף ד - אלו הם הקרובים שמיטמא להם: אשתו נשואה שהיא כשרה - ‹היינו חופה, ואם מסרה לשלוחי הבעל, דעת רש"י והרא"ה והר"ן דאין מיטמא לה, דלא מקרי נשואה, ודעת תוספות והר"ן דמיטמא לה, ולענין אחותו הוא בהיפוך, **ובמגיני** שלמה כתב לדעת רש"י, דשניהם אין מיטמאין לה, ע"ש, **ואם** היה חופת נדה ומתה עי' אה"ע – רעק"א›.

אבל פסולה, או גרושה - פי' אפי יש לו בנים ממנה, **או ארוסה, לא אונן ולא מיטמא לה; וכן היא, לא אוננת ולא מיטמאה לו** - כלומר אינה מחוייבת לטמא לו, אבל הרשות בידה לטמא.

ומיטמא לאמו, אפילו נתחללה - כגון אחר שנולד כהן זה ממנה, נשאת לכהן כשהיא גרושה, **ולבנו ולבתו דקים ליה שכלו לו חדשיו, או שהם משלשים יום ואילך** - לאפוקי ספק נפל, דאין מטמאין לו, וה"ה לאחיו ולאחותו הקטנים שהן ספק נפלים, אין מטמא להם.

אפילו הם פסולים; חוץ מבנו ובתו משפחה או כותית; ולאחיו ולאחותו מאביו, אפילו הם פסולים, אא"כ הם בני שפחה או כותית; אבל לאחיו ולאחותו מאמו, אינו מיטמא.

(וכן אינו מיטמא) לאחותו ארוסה, אפילו היא ארוסה לכהן - ‹עיין במשנה למלך, שנסתפק אם נתקדשה קדושין דרבנן מהו, מי אתי קדושין דרבנן ודחי עשה דלה יטמא או לא, **והביא** ראיה דאין כח בקדושי דרבנן לדחות העשה דלה יטמא, ע"ש, **אבל** אין ראייתו מכרעת, דהדגמ' דיבמות שהביא, לא מיירי אלא שאין בכח קידושי דרבנן לעבור על ל"ת דלא יטמא, **משא"כ** הכא י"ל דיש בכח קידושי דרבנן לדחות העשה דלה יטמא בשב ואל תעשה. **וכ'** עוד, שמה שלא נסתפק אפילו בנשואה, וכגון קטנה שנשאה דנשואיה דרבנן, היינו משום דנשואה פשיטא דאינו מטמא לה, משום טעמא דבעולה, דקי"ל דאינו מטמא לאנוסה ולמפותה, ואפילו נכנסה לחופה ולא נבעלה, ג"כ אינו מטמא לה אחיה, דכל נשואה בחזקת בעולה, ע"ש›.

ולא לאנוסה ומפותה; אבל מיטמא לאחותו ארוסה שנתגרשה - מן האירוסין, ‹ויראה לי, דאם נתקדשה בביאה, אינו מטמא לה גם משנתגרשה, דהא לאו בתולה היא – ערוה"ש›, **ובוגרת, ומוכת עץ.**

ומיטמא לשומרת יבם - ‹פירוש שומרת יבם של כהן שמתה, יבמה הכהן מטמא לה, ולא משום שהיא כאשתו מן התורה, אלא משום שאמרו שהוא יורש כל כתובתה, ואפילו נכסים הנכנסים ויוצאין עמה, כל שנפלו לה בחיי הבעל, והרי עשו אותו לגמרי כבעל לירושתה, ועתה מי מקרוביה יתעסק עמה בקבורתה, שיאמרו מי שיורשה הוא יקברנה, לפיכך עשו אותה כמת מצוה, דאי קרי ולא ענו ליה הוא – לבוש›, **אפילו אם כתב בכתובתה: אי מיתת בלא בנים תהדר כתובתה לבי נשא (פירוש לבית אביה)** - ‹מכל מקום כשיראו היורשים ששאר יבמים ישראלים חייבי בקבורת יבמותיהם, יסתלקו הם ממנה ולא יקברוה אף על פי שירשו אותה, שיאמרו הרי אנו רואים שאר יבמים ישראלים חייבים לקבור, והרי היא נשארה כמת מצוה דקרי ולא ענו ליה – לבוש›. **וכן** אפילו נשא יתומה קטנה ומתה, דנשואיה הוא רק דרבנן, מ"מ מטמא לה, מפני שיורשה ודינה כמת מצוה – ערוה"ש›.

סעיף ה - כל אלו שמיטמא להם, אפילו שלא לצורך - מיטמא ומצוה ליטמא, **וי"א דדוקא לצורך** - קבורה או להביא לו ארון ותכריכים, ואז מצוה ליטמא, אבל שלא לצורך אסור לטמאות.

הגה: ולסברא הראשונה, אפילו מת לו מת בשבת, שאי אפשר לקוברו בו ביום, שרי לטמאות לו ולשמרו, כדי שלא יהא מוטל בבזיון - ‹תמוהים דברי הרמ"א, דמבואר מדבריו דלסברא האחרונה אסור לטמאות לו כדי שלא יוטל בבזיון, והרי אין לך צורך המת גדול מזה, ואטו הטלה בבזיון אינו כצורך קבורה, וצ"ע – ערוה"ש›.

ונכון להחמיר כסברא האחרונה, שלא לטמאות רק לצורך קבורה ולהביא לו ארון ותכריכין - (כתב הגאון ז"ל מליסא בסדור תפלה שלו, דמ"מ בחול מותר להיות בבית המת שמצוה לטמא לו, אף שאחרים עסוקין עמו, מ"מ צריך להיות שם שאפשר שיצטרכו שום דבר לצורך ארון ותכריכין וכדומה, הוי לצורך קבורה ומותר להיות שם).

והעיקר כסברא הראשונה, וכן המנהג פשוט - נקה"כ.

סעיף ו - אינו מיטמא להם, אלא עד שיסתום הגולל. (ואם דעתו לפנותו, מותר לטמא לו לצורך, עד שיסתום גולל שני) - ע"ל ריש סי' שע"ה בטור מהו גולל, שרש"י פי' גולל, היינו כיסוי הארון, ור"ת פי' גולל הוא אבן שנותנים על הקבר כו', ע"ש, ובב"ח שם כתב דנקטינן כרש"י, **וכתב** הרמב"ן בת"ה ומביאו הטור שם, דלפירש"י כשנותנים אותו בבית בארון וסותמין הכסוי במסמרים ע"ד ליתן הארון בכוך או בקבר, הוי סתימה כו', **והוא** תמה עליו בת"ה, דהיאך אפשר

סימן שעג – איזה כהן מוזהר על הטומאה, ולאיזה מתים מטמא, ועד מתי מטמא

לומר שאם סתמו ארונו בבית שלא יטמא בנו עליו כו', ומביאו ב"י שם, **ולפעד"נ** דמה שפירש"י בכל מקום גולל היינו כסוי הארון, אין ר"ל אפילו סתמו בבית, אלא ר"ל משיסתם כסוי הארון בקבר, **תדע**, דבפרק שואל ד' קנ"ב ע"ב, אמרינן כל שאומרי' בפני המת יודע עד שיסתום הגולל - ופירש"י גם כן התם גולל הוא כסוי שנותנים על ארונו - דכתיב וישוב העפר אל הארץ כשהיה, **פירש"י** גופו קרוי עפר, ומששב אל הארץ כשהי', מיד והרוח תשוב, שאין בו עוד רוח, ע"כ, **ולפי** זה אם נסתם הארון בבית במסמרים, גם לפירש"י בנו מיטמא עליו עד שיסתם בקבר.

סעיף ז - אסור לכהן להתטמא למת, אפילו בעת שמיטמא לקרוביו. לפיכך כהן שמת לו מת, צריך ליזהר ולקברו בסוף בית הקברות, כדי שלא ליכנס לבית הקברות ולא יתטמא בקברות אחרים כשיקבור מתו. הגה: ודוקא לאחר שפירש ממתו, אבל בעוד שהוא עוסק במתו, מותר ליטמאות אף לאחרים - כלומר אין כאן איסור בהליכה, מפני שאז עוסק במתו ומות' לטמאות אז אף לאחרים, אלא האיסור הוא מפני שבחזרה יצטרך לילך על הקברי', וכבר פירש ממתו, **והב"ח** פסק, דאף בהליכה אסור להוסיף טומאה, כיון שאפשר לו לקברו בסוף בית הקברות, וכן נראה דעת המחבר, וכ"כ העטרת זהב דנכון להחמיר כסברא זו, **והמעדני** מלך מיקל בדבר. «וכן המנהג הפשוט, ומה שייך אפשר לקוברו בסוף, ואולי אין המקום הגון לפניו – ערוה"ש».

סעיף ח - כהן שפירשו אבותיו מדרכי צבור, כגון המסורות, לא היה מיטמא להם; ולא להרוגי ב"ד; ולא למי שמאבד עצמו לדעת, ולא לספק, כגון שנתערב ולדה בולד חבירתה, או ספק בן ט' לראשון או בן ז' לאחרון - «הוא אינו מיטמא להם, והם אין מיטמאין לו, כך הוא במתני', וכדאיתא להדיא בש"ע אה"ע סי' ג' ס"ט, **וזהו** דלא כשו"ת בית יעקב – רעק"א». (עי' בתשו' בית יעקב שכתב, דהא דפסקינן כאן דאינו מטמא על הספק, כגון ס' בן ט' כו', דוקא האב על הבן אינו מטמא, אבל הבן מטמא לשניהם משום גזירת הכתוב, דגבי אב הספק כודאי. **ועי'** בנ"צ שהשגתי עליו).

«**ואם** הוא ספק בן ט' לראשון כהן, או בן ז' לשני ישראל, ומת רבו, י"ל דרשאי ליטמא לו, עי' בהרא"ש שהביא ירושלמי דהוא איבעיא דלא אפשטא אם תלמיד יכול ליטמא לרבו, וכתב הרא"ש כיון דלא אפישטא, עבדי' לחומרא, וא"כ י"ל דהוי ס"ס, ספק שהוא ישראל, ואת"ל כהן, שמא מותר תלמיד כהן ליטמא לרבו – רעק"א».

סעיף ט - אין הכהן מיטמא לאבר מן החי מאביו, ולא לעצם מעצמות אביו. וכן המלקט עצמות, אינו מיטמא להם, אף על פי שהשדרה קיימת. חסר ממנו - מן המת **כל שהוא, אפי' הוא מונח אצלו, אינו מיטמא לו, שאינו מיטמא אלא לשלם** - (עי' בתשו' הרדב"ז שכ', דאם נמצאו התכריכין שלימים, והדבר ספק אם הוא שלם או מפורק האיברים, תלינן להקל ומטמא לו, **ואם** הדבר ידוע שנתפרקו אבריו, אף על פי שכל אבריו מונחים בתוך הארון, אינו מטמא לו כדעת המחמירים בזה).

ויש מי שאומר דהני מילי כשחסר לאחר מיתה - או כשחסר בשעת מיתה, כגון שחתכו ראשו, שאינו עכשיו כמו שהיה בחיים, ולא קרינן ביה "לאביו", **אבל אם חסר ממנו אבר בחייו, ומת, מיטמא לו, אף על פי שאינו שלם.**

(וי"א שאינו מיטמא להרוג, דמקרי חסר, ונכון להחמיר) - «עי' ב"י בשם הכלבו, משום דהרוג חשבינן לחסר בכמה דוכתי, **ולא** ידעתי אנה נמצא כן, ואם נמצא אולי הכוונה כשיש באמת איזה חסרון כדרך רוב ההרוגים, אבל כשרואים אותו שלם למה נחשבנו כחסר, וצ"ע ודו"ק – ערוה"ש».

§ סימן שעד – טומאת כהן למת מצוה, לנשיא ולרבו, ועל איזה מת מתאבלין §

סעיף א - מצוה להטמאות למת מצוה, אפילו הוא כהן גדול ונזיר, והולך לשחוט את פסחו, ולמול את בנו, ומצא מת מצוה, הרי זה מיטמא לו - «בתוספות נזיר כתבו, דאפילו לטלטלו מחמה לצל שלא יסריח שרי – רעק"א». «**לא** רק לקבורה מיטמאין כהנים למת מצוה, אלא גם לכל הכבוד שצריך מדינא לעשות למת זה, מיטמאין, **ולכן** רשב"ג שהיה הנשיא וגדול העולם, ולא היה ר' ישמעאל כה"ג יכול לעשות לו שם במקום ההריגה אלא כבוד זה לבד, ליטול ראשו מהקרקע ולומר איך עתה לוחכת את העפר, אף שלא היה להחזיק הרבה זמן, אלא רק זמן קצר עד שהרגו אותו נמי, היה כבוד המחוייבין לעשות לרשב"ג, שאף כהנים מחוייבין – אג"מ».

סעיף ב - אינו נקרא מת מצוה לענין זה, אלא אם כן מצא ראשו ורובו - «או שדרה וגולגולת, טור. **ואינו** כן דעת המחבר, שלא כתב כאן ובס"ס שנ"ג וסי' שס"ד סוף ס"ג וסי' שע"ה ס"ז, אלא ראשו ורובו, והשמיט שדרה וגולגולת שהזכיר הטור בכ"ז, ועב"י – רעק"א».

ואם מצא ראשו ורובו חוץ מאבר אחד, חוזר ליטמא בשביל אותו אבר - כלומר דאע"ג דאינו מטמא עליו אלא כשמצא ראשו ורובו, היינו לטמאות לכתחלה, אבל אם כבר קברו חוץ מאבר א', חוזר לטמאות על אותו אבר, «**ואפשר** דחוזר אפילו לאחר זמן, כיון שעליו היה החיוב מקודם – ערוה"ש», **ובזה** חמור מהקרובים, שאינו מטמא להם אלא א"כ הם שלמים, כדלעיל ס"ס הקודם.

סעיף ג - איזהו מת מצוה, שמצאו בדרך או בעיר של עובדי כוכבים, ואין לו קוברים, וממקום שמצאו אינו יכול לקרות לישראל שיענהו ויבא ליטפל בו ולקוברו, אסור לו לזוז משם ולהניח את המת, אפי' לילך לעיר להביא קוברים, אלא יטמא עצמו ויקברנו - «מבואר להדיא, דאפילו יכול לקוברו ע"י כותים, מקרי מת מצוה וקוברו בעצמו ומטמא לו, **אבל** הסברא תמוה, דלמה נתיר לכהן לטמאות עצמו כשיכול לקוברו ע"י כותים, ומי גרע

ממת ביום טוב ראשון שקוברין ע"י עממין, **ולכן** נלע"ד דוודאי בכה"ג לא נתיר לו לכהן לטמאות א"ע, אלא משום דמסתמא הכותים לא יעשו בחנם אלא בשכר, והכהן אינו מחוייב להוציא הוצאות, כמ"ש רבינו הרמ"א – ערוה"ש›

אבל אם היו ישראל קרובים למקום המת, שהמוצא את המת קורא אותם והם עונים לו ובאים לקברו, אין זה מת מצוה שיטמא עליו הכהן, אלא קורא אותם והם קוברים. באו בני העיר, אם יש לו כל צרכו, מושך את ידיו –

[כתב רש"ל, לעולם הוא מת מצוה עד שיהיו שם נושאי המטה וקובריה. רוקח עכ"ל].

‹**אבל** הטור כתב, אבל אם קרא וכו' לא יטמא אם יש לו שיתא אלפי גברא, ולמאן דמתני אין לו שיעור, וכן לנשיא מטמא לעולם, לרבו לא יטמא אם יש לו שיעור, עכ"ל, ודברי הטור מפורשים בירושלמי, **ומ"מ** כל הפוסקים לא הביאו דברי הטור – ערוה"ש›.

הגה: יש אומרים אם אינו מוצא שיקברוהו רק בשכר, אינו חייב לשכור משלו, אלא מיטמא אם ירצה - ‹אע"ג דלעבור על לא תעשה חייב להוציא כל ממונו לבלי לעבור, **שאני** הכא שהרי אין רצונו לעבור, ומצידו היה הולך לדרכו, אלא שהתורה הטילה עליו לקוברו, ולמה יוציא מכיסו, ולא זה הוא מה שהטילה עליו התורה – ערוה"ש›.

מת הנמצא, ולא ידעינן אם עובד כוכבים ואם ישראל הוא, אזלינן בתר רובא הנמצאים שם - ור"ל דאזלינן בתר רוב העוברים ושבים המצויים שם, או בתר רוב עיירות, אם רובו עובדי כוכבים, א"צ לקברו, ואם רובו ישראל, הוי מת מצוה, **ולא** אזלינן בתר העיר הקרובה, אפי' בקורבה דמוכח, אלא בתר רובו אזלינן, דכל דפריש מרובא פריש ,כן הוא בתשו' הרשב"א.

אם יש שלא נוכל לומר כל קבוע כמחצה על מחצה - אם לא שנוכל לומר כל קבוע כמחצה כו', כצ"ל, **כגון** שידוע שהיו כאן ט' עובדי כוכבים וחד ישראל, ונהרג אחד מהן במקומו, דה"ל קבוע, לא אזלינן בתר רוב עובדי כוכבים, אלא הוי כמחצה על מחצה, **וכ'** העט"ז, ולחומרא, ואין הכהן מטמא, עכ"ל, **ר"ל** דכיון דהוי כמחצה על מחצה, אם כן הוי ספיקא ואזלינן לחומרא וצריך לקברו, ומ"מ אין הכהן מיטמא מספק, כדלעיל סי' שע"ג ס"ח.

(**עיין** בתשו' ח"ס, אודות אחד מאנשי חיל בארץ תוגר שמת בבתי החלאים, ויודע הדבר לג"ח מבני עמינו, ויבוקש הדבר וימצא כי הוא מהול, ויחקרו אצל שומר החלאים ואמר כי לא נודע לו ממנו כי בא אליו בחליו, והנה נמצא לו דמות פסל קשור בצוארו כנהוג אצל בעלי דת ההוא, ונסתפקו אי שפיר דמי להתעסק בקבורתו, **והורה** צורבא מרבנן להשתדל בקבורתו, וכן עשו וגם הביאוהו לקבר ישראל, ועתה פקפקו איזה לומדים על הוראה זו. **והוא** ז"ל האריך בזה והעלה, דוודאי מחוייבים להתעסק בקבורתו, לא מבעיא אם נמצא מת שלא במקום קביעות אנשי החיל, אלא אפילו מת במקום קביעותם, גם כן איכא כמה טעמים לחיוב לעסוק בקבורתו, ולכן יפה עשו בזה שהשתדלו בקבורתו, **אך** מה שקברוהו בקברי ישראל שלא כדין עשו, דאין קוברין רשע אצל צדיק הוא איסורא דאורייתא מהלל"מ, והולכין בספיקו להחמיר. **איברא** אחרי שכבר נקבר אין נראה לחטוטי שכבי מספיקא, ושב ואל תעשה עדיף, עש"ב).

סעיף ה - הגר שנתגייר הוא ובניו, או עבד שנשתחרר הוא ואמו, אין מתאבלין זה על זה. (והוא הדין גר שנתגייר עם אמו, אין מתאבל עליהם) (סברת הרב מהמרדכי הל' שמחות ממעשה שבא לפני ר"י, למאי דקי"ל אבילות יום ראשון דרבנן) - ואע"פ דבמרדכי כ' דגר מתאבל על אמו, ‹אע"ג דאמרינן בפ"ק דקידושין, גר את הגר אינו לא מדברי תורה ולא מדברי סופרים, הנ"מ קורבת האב, אבל קורבת האם יש לו חייס›, **היינו** למ"ד אבילות יום ראשון דאורי', ‹דאמרינן בפ"ב דיבמות, לא גזרו שניות בגרים אף מן האם משום דשניות מדרבנן, אבל אבלות יום אחד שהוא מדאורייתא, חייב, דילמא אתי לאיחלופי בישראל, כדאמרינן פ' נושאין, לענין מינסב נשי דהדדי, **וכיון** דיום אחד מתאבל דהוי דאורייתא, ה"ה לכל שאר האבלות, דלא מצינו יום אחד בלא שאר אבלות – ב"י›, **ולא** לדידן דקי"ל לקמן ס"ס שצ"ט, דהוא מדרבנן, וכן כ' בד"מ.

סעיף ח - תינוק, כל שלשים יום ויום שלשים בכלל, אין מתאבלים עליו, אפילו גמרו שערו וצפרניו - ‹שהוא ספק נפל, וספק אבלות לקולא, ואפילו להרמב"ם שסובר דאבלות יום ראשון דאורייתא, מ"מ כל ל' יום הוא בחזקת נפל – ערוה"ש›, **ומשם ואילך מתאבל עליו, אלא אם כן נודע שהוא בן ח'.**

ואי קים ליה ביה שכלו לו חדשיו, כגון שבעל ופירש ונולד חי לט' חדשים גמורים, אפילו מת ביום שנולד, מתאבלים עליו - (עי' בתשו' מעיל צדקה, שכתב באשה אחת שטבלה לבעלה בכ"ה בניסן, **ונזדקקה** לו בכ"ז בו, ובבוקר נסע בעלה ממנו לדרכו, ונשתהה בדרך עד סוף ימי אלול, והיא נתעברה מביאת ימי ניסן והוכר עוברה והרגישה בו לפעמים בימים אשר בעלה חוץ לביתה, ואח"כ בליל ר"ח שבט המליטה ולד נגמר בשערו וצפרניו, וחי שמונה ימים והלך אח"כ לעולמו, ושנה הזאת היה חשון וכסליו וטבת חסרים, **ונסתפקו** אם חייבים להתאבל על תינוק זה, אי בעינן הני ט' חדשים כולם בני שלשים יום שלמים, ואכתי חסר שני ימים או לא, **והשיב** דחייבים להתאבל עליו אחרי שכבר ידע בבירור שימי עיבורה ללבנה נשלם לה, ועוד לה ימים יתרים, מקרי כלו חדשיו, ע"ש).

(**עיין** בתשו' ח"ס, בנידון תינוק שמת ביום ל"א ללידתו טרם הגיע שעה שנולד בה, **והורה** רב א' להתאבל עליו, דאין מחשבין שעות, **וערערו** עליו, כיון דעכ"פ איכא פלוגתא בתוס' ערכין ל"א, א"כ נהי דסוגיא דעלמא דלכל מילי לא בעי משעה לשעה, מ"מ לענין אבילות דקי"ל הלכה כדברי המיקל באבל, היה לו להקל, **והוא** ז"ל האריך בזה, ומסיק דטב הורה דצריך להתאבל בכה"ג, חדא, דע"כ לא פליגי אלא בשנים, אבל בימים לחשוב שעות ליומא, ליכא פלוגתא כלל, ולכ"ע לא בעי מעל"ע, **ועוד** דהא התוספות הקשו בכמה דוכתי, הא רובא בני קיימא ילדו, ותירצו משום חשש חומרת יבום כו', וכיון דהתם גופא לא מחשבינן שעות, א"כ איך נקל ונחשוב שעות באבילות, **ועוד** דלא אמרינן הלכה כדברי המיקל באבל

סימן שעד – טומאת כהן למת מצוה, לנשיא ולרבו, ועל איזה מת מתאבלין

אלא בפלוגתא דאינו נוגע רק לענין אבילות, אבל בפלוגתא במילי אחרינא ומסתעף מיניה דיני אבילות, ולשאר מילי כבר אפסיק דלא מחשבים שעות, אף על גב דמסתעף מיניה חומרא לענין אבילות, לא ניזל לקולא, **דאלת"ה** גם לענין פדיון בכור נמי, נימא מת ביום ל"א קודם זמן לידתו נאמר הלכה כדברי המיקל לענין ממון לנתבע, ויפטור האב מפדיונו ויטעון קים לי, וזה מבואר הביטול, אע"כ כיון דפלוגתתם לאו לענין ממון איתשל, וכ"כ מורי ז"ל בהפלאה, וה"נ דכוותיה, ע"כ הוראת הרב בלי שום פקפוק, עש"ב).

(ספק בן ט' לראשון (או) ובן ז' לאחרון, שניהם מתאבלים עליו) – [אע"ג דאבילות דרבנן, החמירו כאן בספק, ‹כיון דודאי קרוב לאחד – לבוש›, גנאי היה לו אם לא היו מתאבלין עליו כלל]. (**ועיין** בס' תבת גמא, שכתב דדוקא בשניהם קיימים הדין כן, דגנאי הוא, אבל אם מת אחד, אין השני חייב להתאבל, דאין גנאי, דתולין שהיה של השני, ובמידי דרבנן ספיקא לקולא. **וכתב** עוד שהבן הספק חייב להתאבל על שניהם אם מתו, ואם אחד מת כשהיה קטן, אפשר אינו חייב להתאבל על השני).

(**עי'** בשו"ת השיב רבי אליעזר שכתב דין חדש, הא דגבי ספק בן ט' לראשון או בן שבעה לאחרון נותנים עליו חומרי שניהם, היינו דוקא היכא דהיתה בפנינו כי מלאו שלשה חדשים ולא ניכר עוברה, ואז איתרע לה רובא, **אבל** היכא דלא היתה בפנינו עד אחר ג' חדשים דנשואי שני, תלינן דנתעברה מהראשון והוא בן ט' כדרך רוב הנולדים, וא"כ אין נותנין עליו רק חומרי הראשון ולא חומרי השני, **רק** לענין ירושה אינו יורש אף את הראשון, דאין הולכין בממון אחר הרוב, **אבל** לענין איסורא בודאי הולכין אחר הרוב, ואמרינן דלט' ילדה והוא מהראשון).

סעיף ט - יש מי שאומר דתאומים שמת א' מהם תוך שלשים יום, והשני חי ומת אחר ל' יום, אין מתאבלין עליו - והשני חי [עדיין] אחר שלשים יום כו', כצ"ל. **ור"ל** אין מתאבלין ע"ז שמת תוך ל', ולא אמרינן מדזה הוא חי והוא בן קיימא, אפילו גם זה שמת מסתמא בן קיימא הוי, **דלא** כהעט"ז שכתב שאין מתאבלין על זה השני שמת אחר שלשים, שמסתמא נמי נפל היה, [**ואמר** דהיינו דוקא כשהי' השני ג"כ חולה בשעת מיתת הראשון], **דהא** ודאי ליתא, וכבר השיג עליו הב"ח בזה, [**ובאמת דעתו מתמיה מאד לפטור מאבילות מכח סברא חלושה כזאת**], **וכן** משמע להדיא בא"ז גופיה שממנו מקור דין זה ומביאו בד"מ וז"ל: תשובה על תאומים שמת אחד מהן תוך ל' והשני חי, לא אמרינן מדהשני חי הראשון נמי בן קיימא הוי, ואין מתאבלין עליו, עכ"ל תשובת הרשב"א, וכן פירש בהגה' דרישה ועיקר. ‹**ולא** אמרינן כיון דמטיפה א' ונתחלקה לב', כיון דהשני חי אחר ל' והוא בן קיימא, מוכח דגם הראשון בר קיימא, דאין זה הכרח, דלמא מקצת טיפה נקלט מיד ומקצתה אחר ב' ימים - רעק"א›. **גם** בתשו' מהר"מ מינץ מביא הלכות שמחות בפירוש דקאי על הראשון - נקה"כ. ‹**וכן** הסכים הב"ח והגאון מוהר"ר משה חריף ז"ל, דעל השני שמת אחר ל' ודאי דמתאבלין עליו, **ודלא** כמוהר"ם מלובלין בתשובה ששגג בזה ג"כ, עכ"ל הט"ז – באה"ט›.

סעיף יא - נשיא, אף על פי שהכל מיטמאין לו, אין מתאבלים עליו - ‹מטמאין לו זהו משום כבודו, אבל אין מתאבלין עליו – לבוש›. ‹**רק** לענין טומאה עשאוהו כמת מצוה – ערוה"ש›.

הגה: י"א דאין מתאבלין על בן הראשון או בן הבכור שמת לאדם - ‹כיון שהוא קדוש לה', אין ראוי להתאבל עליו שאינו שלו – לבוש› **(כל בו וריב"ש וב"י הביאו מי שנהגו כן, והם כתבו שהוא טעות); והמנהג הוא מנהג טעות, אלא חייבים להתאבל עליהם. ומ"מ נשתרבב המנהג בעירנו שאין אב ואם הולכים אחר בניהם הראשון לבית הקברות** - אבל על בניהם השני הולכים, אף על פי שהראשון היה נפל, וכן נוהגין.

יש אומרים בשעת הדבר אין מתאבלים, משום ביעתותא - ‹והדמיון פועל בשעת סכנה, לפיכך בעי צילותא – לבוש›.

ושמעתי קצת נהגו כן - ‹ובודאי אם יש חשש פחד בזה, הוי כפקוח נפש, וכן נ"ל דכל חולה אף שאין בו סכנה, אם האבלות יגרום תוספת חולי, אין לו להתאבל – ערוה"ש›.

§ סימן שעה – אימתי מתחיל האבילות, ולמי שמפנין מקבר לקבר §

סעיף ג - אם מפנין את המת מקבר לקבר, אם קברוהו בקבר ראשון על דעת להיות קבור שם עולמית, אלא שאח"כ נמלכו לפנותו משם, אין מונין לו אלא משיקבר בקבר ראשון, אפילו פינוהו תוך ז'. אבל אם בתחלה קברוהו על דעת לפנותו כשיזדמן להם - ‹וכשיזדמן משמע אפילו לאחר זמן רב, והרי זו קבורה קצת›, **מתחילין אבלות מיד; ואם פינוהו תוך שבעה, חוזרין ומונין משיקבר שנית; ואם לא פינוהו עד לאחר שבעה, כבר עבר אבלותם ואין מתאבלין עליו פעם אחרת; ואם מתחלה היה דעתם לפנותו משם תוך שבעה** - ‹אין זו נקרא קבורה כלל›, **אין מתחילין למנות עד שיקבר בקבר השני** - ‹שהוא עיקר קבורתו – לבוש›.

סעיף ד - אם נתנו המת בארון, ונתנוהו בבית אחר לפי שהיתה העיר במצור, מונים לו מיד שבעה ושלשים, אע"פ שדעתם לקברו בבית הקברות אחר המצור, וסתימת ארון הוי כקבורה וחל עליהם אבלות מיד - כלומר אף על גב דקי"ל לעיל סעיף א', דאין אבילות חל אלא משיסתם הגולל, דהיינו משנקבר ונגמר סתימת הקבר בעפר, היינו בעלמא, **אבל** במצור מיד שנתנוהו בבית אחר וסתמו הארון הוי כקבורה, דהוי כשנתיאשו מלקברו, דאע"ג דרוצים לקברו אח"כ בבה"ק, מ"מ השתא במצור ה"ל קבורה מעליותא לדידהו, שהרי אם תלכד העיר לא יקברוהו בענין אחר, וכן נראה בב"י, ‹ונ"ל אפילו אם נסתלק המצור תוך ז' וקברוהו בבה"ק, מ"מ אין מתחילין האבלות מחדש, כיון שלא ידעו אז שיהיה סילוק המצור תוך ז', הוי כשנתייאשו – ערוה"ש›, **ובב"ח** טרח ליישב דברי המחבר בע"א, ע"ש.

סעיף ה - הרוגי מלכות שאין מניחים אותם ליקבר, מאימתי מתחילין להתאבל עליהם ולמנות ז' ושלשים, משנתיאשו לשאול למלך לקברן - ואין חילוק בין נתיאשו תוך ל' או אחר ל', **אף על פי שלא נתיאשו מלגנוב אותם** – ‹דאף על גב שעדיין מתעסקין ומתחבלין לגונבו ולקוברו, מילתא דלא שכיחא היא שיוכלו לגונבו, והוי יאוש שמתייאשין לשאול אותו, הוי כחוזרים מן הקבורה ומתחיל האבילות – לבוש›.

סעיף ו - מי שהודיעוהו שצלבו עובדי כוכבים קרובו בעיר אחרת ונהג אבילות מיד, ואח"כ נודע לו שעדיין עומד בצליבה, אותו אבלות לא עלה לו, וחוזר ומונה משיקבר או משנתיאשו מלקברו (דעת ר"י ורמב"ן) – [מעשה ביהודי אחד שהרגוהו והשליכוהו בנהר רינו"ס, ובעשרה בטבת היה המעשה, ולפני אדר נתיאש בנו מלבקשו עוד, והורה ר' יעקב למנות מעתה שבעה ושלשים, ולאחר שעברו ימי האבילות נמצא אביו בתוך הנהר, והובא לבה"ק, והורה לו הזקן רק לקרוע, והסכים עמו הרמב"ן]. ‹**ומ"ש** שנמצא אחר ימי האבלות, נ"ל דאף אם נמצא בתוך ימי האבלות הדין כן, ורק מעשה שהיה כך הוה – ערוה"ש›.

סעיף ז - מי שטבע במים שיש להם סוף, או שיצא קול שהרגוהו לסטים, או שגררתו חיה, מאימתי מונים, משנתיאשו לבקש.

במים שיש להם סוף - נראה להכי נקט מים שיש להם סוף, לאפוקי שאין להם סוף, דאין מתאבלין עליו כלל, **וכמ"ש** הב"י בשם העיטור בשם תשובת הרי"ף, מי שטבע במים שאין להם סוף, דאין היתר לאשתו, [דבחזקת חי קיים], לא ינהוג אבילות, והא דתניא באבל רבתי טבע בנהר, איכא למימר שנפל ומת, או שנפל למים שיש להם סוף, עכ"ל, **ולפ"ז** מ"ש או שיצא קול כו' או שגררתו חיה כו', היינו נמי בענין שמותרת אשתו להנשא, **ואף** על גב דמדברי רב האי ורב שרירא שהביא הטור משמע, דאפילו לא נתברר שמת, אלא קול יוצא בכך, מתאבלין עליו, **נראה** כיון דנדחו דבריהם בפוסקים, כדאיתא בטור וב"י, נדחו ג"כ בזה, **וכן** כתב הרב בא"ע סימן י"ז ס"ה, דאשתו אסורה להספיד או ללבוש שחורים כל זמן שאין כאן עדות שהוא ראוי להשיאה על ידו, עיין שם.

(**ועיין** בתשו' חינוך ב"י, באחד שנאבד ר"ל ולא נודע מה היה לו, והורה שבניו לא יאמרו קדיש עליו, דג"כ יש לחוש לתקלה כמו באבילות, **וחכם** אחד חולק עליו, ומחלק בין אבילות לאמירת קדיש, **והוא** ז"ל חזר והשיב לו להעמיד דבריו, והסכימו עמו כמה גדולים, **וכתב** דמ"מ יעשו נחת רוח לנשמת המת באופן שלא תבא לתקלה, כגון לברך בהמ"ז ולהפטיר ולהתפלל לפרקים במקום שאינו דוחה שאר אבלים, **ואם** היתום קטן יש לעשות פעולות אחרות, כגון ליתן לצדקה עבורו, ולשכור אחד ללמוד עבורו, ע"ש. **ועי'** בתשו' שבו"י שהקשה מש"ס דכתובות דף ס"ב, דא"ל ר' ינאי כפו מטתו, אף על גב דודאי ע"פ אומדנא כזה שאינו מוכח אין משיאין את אשתו, **ולכן** מחלק, דדוקא בנאבד בעלה אין מתאבלין אא"כ בעדות ברור שמשיאין את אשתו, משא"כ בהלך בעלה למקום קרוב, שאפשר להתוודע הדבר תוך ימי אבלה, אין מוחין להתאבל עליו, כיון דהוא מילתא דעבידא לגלויי, ע"ש עוד).

(**עי'** בתשו' כנסת יחזקאל, כ' אף שמבואר בש"ע שאין מניחין בניו ואשתו להתאבל, אבל אני נוהג מאחר שכבר מפורסם ששולחין שו"ת לרבנים, אני מתיר לבניו להגיד קדיש בביתה לעשות מנין, שבזה איכא פרסומי מלתא ולא חיישינן שיבא אחד ויעיד שפלוני מת סתם, **וגם** לאשתו ובניו אינו מוחה לילך בבגדי חול אף בשבת, **אבל** לא ללבוש בגדי אבל, עכ"ל ע"ש).

(**ועי'** בתשו' ח"ס, אודות נער פנוי שנטבע במים שאל"ס, אי מתאבלין עליו כיון דליכא חשש היתר עגונה, **וכתב** שדבר זה במחלוקת שנוי, דהגאון מהר"ם בן חביב בס' עזרת נשים, פשיטא ליה שלא יתאבלו אפילו על רווק, משום גזירה לגזירה, וכן הוא משמעות הש"ך כאן, ‹**חדא** מדכתב העיטור, דמאי דקתני בטבע נהר, מיירי דיש להם סוף, ולא קאמר דמיירי בפנוי או באשה וקטן, וכן מדנדחק ש"ך אתשו' ר' שרירא גאון ור' האי דס"ל מתאבלים על ידי קול, וקאמר דנדחו דבריהם, ולמה לא קיים דבריהם היכא דליכא חשש היתר עיגון, אע"כ לא פליג›, **אך** בתשו' שבו"י פשיטא ליה טובא דברווק מתאבלים, והשיב על הש"ך, **וכיון** דאיכא פלוגתא בזה, הנה אם היו חולקים בדין אבילות אם ראוי להתאבל על כיוצא בזה, היינו אומרים הלכה כדברי המיקל באבל, **אך** פלוגתתם רק אי נגזור גזירה לגזירה, אבל זולת זה פשיטא דראוי להתאבל על רוב כזה, דאפילו על ספק נפל היה ראוי להתאבל, רק משום שלא להתיר ערוה כו', **א"כ** המיקל בגזירה לגזירה ומחמיר להתאבל אין מוחיחים אותו ותע"ב, ויש לו על מה לסמוך גברא רבא תשובת שבו"י, ע"ש).

(**ועיין** בתשו' משכנות יעקב שבא בשאלה לענין אמירת הבן קדיש אחר אביו אשר מיתתו לא נתבררה בבירור גמור שיהא בה כדי להתיר אשתו. **והאריך** לבאר שהש"ך וקצת תשובות אחרונים לא הרגישו שיש מחלוקת גדולה בזה בעיקר דין האבילות, ורוב פוסקים הראשונים חולקים וס"ל דכל שע"פ רוב הוא מת מתאבלין עליו. **גם** פסק הש"ע גופיה צ"ע בזה, ממ"ש בסי' של"ט ס"ב, מי שאמרו לו ראינו קרובך גוסס כו', **ובתשו'** שבו"י דחק לתרץ הסתירה, ולחלק דגבי גוסס שאינה רחוקה מבעלה רק מהלך ד' ימים, לא חיישינן כו', **אבל** באמת הם דעות חלוקים, ולדעת מהר"ם והרא"ש והטור גם במים שאל"ס אזלינן בתר רובא כו', **וגם** במשאל"ס גופא נמצא מחלוקת מפורשת, כי בת' מהר"ם ב"ב הביא תשובת ר"ש בן אברהם, שכתב בהדיא דהנטבעים במשאל"ס מתאבלין עליהם משעה שנתייאשו לבקש, אף שאשתו אסורה להנשא, וכ"כ בס' הראב"ן, **רק** לענין אנינות הביא שם מחלוקת, אם אסורין בבשר ויין כל זמן שלא נתיאשו לבקש. **ולפ"ז** מאחר דהרשב"א והראב"ן והר"ם וטור ומרדכי כולהו בחדא שיטה קיימו, לחייב באבילות ע"פ רובא, ודאי יש מקום לחייב גם באבילות במשאל"ס, **ובפרט** במקום שנמצא והוכר בט"ע וסימני בגדיו, עם שעדיין לא נתברר כל העדות על מכונו לענין היתר להנשא, **ומה** גם בענין אמירת קדיש שאינו דומה כ"כ לאבילות, כמבואר בתשובת שבות יעקב, ע"ש).

מצאוהו אברים אברים ומכירין אותו בסימני גופו, אין מונין לו עד שימצא ראשו ורובו או יתייאשו מלבקש; ואם נמצא אחר שנתייאשו ממנו, אין הקרובין צריכים לחזור ולהתאבל, אלא הבנים, אם הם שם בשעה שנמצא, מתאבלים אותו היום - אורחא דמילתא נקט, דמסתמא כל שאינן שם לא שמעו באותו היום, **אבל** ודאי אף על פי שאינן שם ושמעו באותו היום, צריכין להתאבל כל אותו היום, **דלא גרע מליקוט עצמות אביו** - ‹ואין צריכין לחזור ולקרוע, שהרי כבר קרעו מיד כששמעו – לבוש›, **אבל אם אינם שם, ושמעו אחר שעבר היום, אין צריכין להתאבל.**

אין הקרובים צריכים להתאבל - כ"כ טור, ותמיה לי, דהא כיון דלא גרע מליקוט עצמות, אם כן גם הקרובים צריכין להתאבל, כדלקמן סימן ת"ג סעיף א' וסעיף ה', **ונראה** דמשמע ליה הכי מדכתב הרא"ש בשם מהר"ם, דאם קברוהו במקום בנו, וידע בנו את קבורתו, לא גרע מיום ליקוט עצמות כו', משמע ליה מהאי לישנא דוקא בנו, **אבל** הדבר ברור משום דמהר"ם שם קאי אעובדא דר' אליקום, שנהרג אחד בדרך וחפשו בנו ואח"כ נמצא, ולא הוזכר שם רק בנו, עלה קאי, **אבל** אה"נ דה"ה שאר קרובים, דהא מייתי ראיה מהא דתניא באבל רבתי, כל שקורעים במיתתו קורעים עליו בשעת ליקוט עצמות, עיין שם, **וגם** דברי רבינו ירוחם מגומגמים, שכתב ואם אחר כך נמצא ההרוג וקברוהו, הורה רבי אליקום דאין מתאבלין עליו אפילו בניו, אבל רבי מאיר כתב דבניו מתאבלין כל אותו היום כדין ליקוט עצמות כו', **ויש** לישב דבריו דנקט בניו והוא הדין שאר קרובים, **א"נ** אתא לאפוקי שאותן המתאבלין עם מי שמתאבלין, כדלעיל סימן שע"ד סעיף ו', א"צ להתאבל כאן, **אבל** דברי הט"ו אי אפשר ליישב כן, וצ"ע.

‹**אין** זה ליקוט עצמות ממש, אלא קבורה ככל המתים, דאלו היה ליקוט עצמות ממש היו כל הקרובים חייבים להתאבל אותו היום, כמ"ש בסי' ת"ג, אלא לענין בניו משום כיבוד אב חשבינן כליקוט עצמות, ומתורץ קושית הש"ך, **ולפמ"ש** דאין זה ממש כליקוט עצמות, י"ל דדוקא כשהם שם כבודו הוא שיתאבלו בניו עליו, אבל כשאינם שם א"צ להתאבל אף כששמעו, **אך** מלשון השו"ע משמע, דכששמעו קודם שעבר היום צריכים להתאבל, וכן יש להורות, **וקריעה** אם לא קרעו מקודם חייבין עתה לקרוע כשמצאוהו - ערוה"ש›.

הגה: אם שלחו מתיהם לעיר אחרת, שדינם להתחיל האבילות משיחזירו פניהם, והתחילו למנות האבילות, ואחר כך נתפס המת ולא ניתן לקבורה זמן ארוך, אין צריכין להפסיק אבלותן, ואין צריכין לחזור ולהתאבל אחר כך, דמאחר שדינם להתחיל מיד, אין צריכין להפסיק - היינו היכא שלא הלך גדול הבית עמהם לעיר אחרת, כדלעיל סעיף ב', וכ"כ ב"י ומביאו בד"מ, **ולהכי** כתב הרב אם שלחו מתיהם לעיר אחרת כו', דאילו בבה"ק שבאותה העיר, אף החוזרים אינם מתאבלים עד שנאמר להם שנקבר, וכמ"ש לעיל ס"ק א'.

סעיף י - מי שהוא אבל, ובתוך ז' מת לו מת אחר, מונה ז' למת אחרון ועולים לו לתשלום שבעה ימי אבילות הראשון - ‹דאין מערבין שמחה בשמחה אמרו וילפוה מקראי, אבל אבילות באבילות לא מצינו שאין מערבין – לבוש›.

סעיף יא - מי שהתפלל ערבית, ועדיין הוא יום, ושמע שמת לו מת, יש מי שאומר שמונה מיום המחרת, ואותו יום אינו עולה – [דהוו תרי קולי דסתרי אהדדי]. ‹**ואם** מניח תפילין ביום המחרת, עי' מ"ש לקמן סי' שפ"ח מזה›. ‹**לחומרא** אמרינן למנות מיום מחר, ולא לקולא לענין לפטור מתפילין, וכן נראה עיקר לדינא – ערוה"ש›.

כתב העט"ז, ולפי מ"ש לעיל ר"ס קצ"ו גבי לובשת לבנים, דהמיקל לא הפסיד, נ"ל דכ"ש באבל דהמיקל למנות יום ששמע ליום א', אף על פי שהתפללו הקהל ערבית לא הפסיד, נ"ל, עכ"ל, **ואין** נ"ל, דהא דין דהכא לקוח ממרדכי בשם מהר"ם ומביאו בת"ה, וילף מינה לענין נדה, **וכ'** שם שאחד מן הגדולים כתב לו בתשובה, שאין לדמות נדה לאבלות, משום דאותה שעה דמתפלל ערבית אינו אלא סניף ותוספת ליום שלאחריו, ואינו עיצומו של יום, ולכך לענין אבלות לא חשיב כיום, דהא סניף הוא ותוספות ליום שלאחריו, **אבל** לענין ספירה לא קפדינן אלא אעיצומו של ז' ימים, ולא על התוספות, עכ"ד, **וא"כ** אנן קי"ל כגדול זה, וכן משמע מדברי הב"ח ושאר אחרונים דמקילין גבי נדה ולא הכא, **ואפשר** גם העט"ז לא קאמר, אלא כשהתפללו הקהל ערבית ולא הוא, דאז אותו יום עולה לו, וכמ"ש בסמוך.

אבל אם הוא עדיין לא התפלל ערבית, כתבו מהרש"ל והב"ח, שאותו יום עולה לו, אף ע"פ שהקהל התפללו ערבית, **אפילו** למ"ד לעיל ס"ס קצ"ו לענין נדה, דבתר צבורא גרירא, **שאני** אשה שרובן אינן מתפללים ונגררות אחר הקהל, לכן אף אם היא רגילה להתפלל לא חילקו בדבר, **משא"כ** הכא, כן כתב מהרש"ל שם. **וכן** כתב הגאון אמ"ו זצ"ל בתשובה, דאם לא התפלל הוא, אף על פי שהצבור התפללו, אותו היום עולה לו, דהא בכה"ג לא עביד תרי קולי דסתרי אהדדי, **ואפי'** למאן דמחמיר לעיל סימן קצ"ו, שאני אבילות דרבנן דקי"ל הלכה כדברי המיקל באבל, **א"נ** יש לחלק דלעיל איירי שהקהל התפללו ערבית, והיא רצתה להקל על עצמה ולעשות יום וללבוש לבנים, לאו כל כמינה לאפוקי נפשה מצבורא, אבל כאן מן השמים שלחו לו אבלות בעודו יום ולא התפלל, יכול לומר לדידי יום הוא, **ומהרש"ל** בתשובה חילק בע"א, ולדעתי הוא חילוק קלוש, ויותר נ"ל כמ"ש, עכ"ל, ודבריו נכונים, **ולפ"ז** אם אירע אבילות זו לאשה שלא התפללה, אותו יום עולה לה, דלא כמהרש"ל, וכן עיקר.

‹**עי'** בתשו' חינוך ב"י, שכתב דדוקא לענין אבילות, אבל לענין היארצייט, אם אירע שמת אחר ערבית ועוד היום גדול, בין שהוא בימות החול בין שהוא בע"ש, לעולם חשבינן לימּמא לקבוע יא"צ ביום שעבר, ע"ש›.

‹**עבה"ט** מ"ש בשם הראנ"ח, ‹אחד שנקבר סמוך לשבת, ותיכף אחר הקבורה הפכו פניהם לבהכ"נ, ולא ישבו על הארץ, אעפ"כ עולה יום ו' למנין ז', דהפיכת פניהם הוי התחלת אבילות›, וכ"כ בתשו' חינוך בית יהודה›. ‹**ואע"ג** דלענין רגל יתבאר בר"ס שצ"ט, דבעינן שינהוג אבלות ממש שעה קלה קודם

סימן שעה – אימתי מתחיל האבילות, ולמי שמפנין מקבר לקבר

הרגל, זהו מפני שהרגל מבטל האבלות לגמרי, וא"א שלא ינהוג אבלות כלל, אבל בע"ש דאינו אלא לענין שיעלה היום בחשבון, לא חיישינן לה – ערוה"ש.

(עי' בתשו' רדב"ז, מבואר שם, דמי ששמע שמועה קרובה בין השמשות, חשבינן בין השמשות מן היום, ומונה אבילות מאותו יום, ע"ש).

§ סימן שעו – מנהג המנחמין, ודין מת שאין לו מנחמים §

סעיף ג - מת שאין לו אבלים להתנחם, באים עשרה בני אדם כשרים ויושבים במקומו כל ז' ימי האבלות, ושאר העם מתקבצים עליהם; ואם לא היו שם עשרה קבועים, בכל יום ויום מתקבצים עשרה משאר העם ויושבים במקומו. הגה: ולא ראיתי נוהגין כן. וכתוב במהרי"ל: נוהגים להתפלל בעשרה כל ז' במקום שנפטר שם האדם, והיינו על אדם שלא היה קרובים ידועים להתאבל עליו, אבל יש לו בשום מקום שמתאבלים עליו, אין צריך (וכזה ראוי לנהוג) – ‹ובספרים מבואר דעיקר תקון המת הוא במקום שמת, והרמ"א עצמו בסי' שפ"ד כתב דראוי להתפלל במקום שמת, שיש בזה נחת רוח לנשמה, ע"ש, **ואולי** גם בשם כוונתו כשאין אבלים במקום אחר – ערוה"ש›.

[באורח חיים סימן קל"א כ', דאין אומרים תחנון בבית האבל, והיינו כל ז' הימים, וכ' הרוקח שאחר גמר התפלה אומרים תחנון. **ואין** קורין שם בבית האבל הלל בר"ח, לפי שיש שם אנינות, לכך אין אומרים: לא המתים יהללו יה, משום לועג לרש, עכ"ל. **וכתב** מו"ח ז"ל, דבימים נוראים אם האבל הגון ולא נמצא כמוהו, הוא קודם להתפלל, אפי' תוך ל' על אביו ואמו, וכן נמצא בהג"ה, ולא כיש מקפידים].

(ועי' בתשו' נו"ב שנתן טעם למה שנהגו, שהאבל הולך למקום אחר והצבור אומרים הלל, ולפי המנהג, גם אם מתפלל בבית שמת שם המת, ואין שם אבלים כלל, אומרים הלל, ע"ש. **ועי'** בתשו' הר הכרמל שכתב, דבבית האבל שאינו בית שמת שם המת, אלא שמת במקום אחר, אומרים הלל, **אך** האבל עצמו בלא"ה אין לו לומר הלל, מטעם שנאמר שם: זה היום עשה ה' נגילה ונשמחה בו, **וכן** בהבדלה שעושה תוך שבעה על הכוס, אף על גב דרשאי להבדיל, אין לו לומר פסוקי שמחה שקודם לה, רק יתחיל מהברכות, **וכל** מה דראוי לאבל שלא לומר, אפילו רצה להחמיר ע"ע ולומר, אינו רשאי מפני כבודו של מת, ע"ש. **ובכתבי** הרב הגדול מהר"ר דניאל זצ"ל כתב, אם אירע לאבל יום ז' בר"ח, יאמר הלל אחר יציאה מבהכ"נ, שאז אינו אבל).

סעיף ד - עכשיו נוהגים שאחר שנגמר סתימת הקבר מעפר (או לאחר שהפך האבל פניו מן המת), חולצין מנעל וסנדל ומרחיקין מעט מבית הקברות - כדי לומר קדיש, לפחות ד"א שהמת תופס ד"א, **ואומרים קדיש דהוא עתיד לחדתא עלמא** - ‹וצדוק הדין אנו אומרים קודם הקבורה – ערוה"ש›. **כתוב** בב"ה בשם א"ח, אם נקבר בלילה, א"א לא צדוק הדין ולא קדיש בבה"ק. ‹וכן בימים שא"א תחנון א"א צדוק הדין, אך קדיש אומרים, ואומרים מזמור מ"ט, שמעו זאת כל העמים וגו', ואח"כ אומר קדיש – ערוה"ש›.

ואח"כ תולשין עפר ותולשין עשבים, ומשליכים אחר גוום - לומר דטומאה זו אינה נטהרת אלא בכעין ג' דברים הללו, מים ואפר פרה ואזוב, רמב"ן, **והכל** בו כתב תולשים עשבים בצרור עפרם וזורקם על ראשו דרך צער, ע"ד ויזרקו עפר על ראשיהם השמימה. **ואומרים** זכור כי עפר אנחנו, וגם הוא רמז לתחיית המתים שיחיו מעפרם, ע"ד ויציצו מעיר כעשב הארץ. ‹**בחוה"מ** אין תולשין עפר, ש"ע א"ח – רעק"א›.

ורוחצין ידיהם במים - ‹ואפשר שנהגו כן לטהר עצמם, כלומר אנו לא פשענו בו למעט ממנו צרכיו וביקורו בעת חליו, ועל דרך שנאמר ידינו לא שפכה את הדם הזה וגו' כפר לעמך ישראל וגו'. **ויש** מהם שאומרים אותו פסוק כפר לעמך ישראל וגו' עד בקרב עמך ישראל – לבוש›.

‹כ' הא"ר א"ח סי' רכ"ד וז"ל: כתב דרשות מהר"ש, כשהיה הולך על הקבר היה אומר: יה"ר שתהיה מנוחתו של פלוני בכבוד וזכותו יעמד לי. **אין** לילך על קבר ב' פעמים ביום א', כתבי האר"י. **כתב** בליקוטים, הקורא כתב שע"ג מצבה, קשה לשכחה, כדאיתא בסוף הוריות – **ושם** איתא דקשה ללימוד, ופירש"י יהא קשה לשמוע, אבל לא דקשה לשכחה, ע"ש – **וי"ל** אהבה רבה עד "באהבה", ומסוגל מאד לשכחה. **המנהג** שאין מעמידין מצבה עד אחר יב"ח, משום דהמצבה נראה לחשיבות, וביב"ח שלו יש לו צער, א"נ דהטעם דהמצבה שלא ישכח אותו מלב, והמת אינו נשכח עד אחר יב"ח. **נוהגין** שלא ליקח דבר קטן וגדול מבית אבל כל משך ז' ימי אבילות, משום שרוח הטומאה שורה שם כל ז'. **עוד** קצת נוהגין שלא למדוד בה"ק תוך ז' למת שנקבר. **הקדמונים** החרימו שלא ליטול מהנהר אחר הלוית המת, כי פעם א' בקשו העובדי כוכבים עלילה והרגו כמה יהודים. **נוהגין** להקפיד שלא ליטול מרא וחצינא כשקוברים מיד חבירו, אלא זורקים לארץ ואח"כ לוקחים. **בשעת** רחיצת הידים מקפידים שלא ליקח הכלי מיד הרוחץ, עכ"ל. **במג"א** כ' בשם מהרי"ל, דיש לרחוץ גם הפנים, וכ"כ בס' מטה משה בשם מהרי"ל, וכתב שכן מצא ג"כ ברוקח – רעק"א›.

הגה: י"א שיושבים ז"פ, מפני שהרוחות מלוות אותו, וכל זמן שיושבין, בורחין ממנו - ועי' בעט"ז שכ', דיש לישב ז"פ בפסוק דכי מלאכיו יצוה לך וגו', ויאמר אתה גבור כו', שיש בזה סוד הקבל' להבריח כחות הטומאה, ע"כ, וכ"כ בפרישה בשם מהרש"ל שקבל כך מאמ"ז, לומר ז' פעמים בפסוק כי מלאכיו גו', ע"ש, [דהיינו בפעם א' עד מלת "כי" ומלת "כי" בכלל. ובפעם הב' עד "כי מלאכיו". ובג' עד "כי מלאכיו יצוה". ובד' עד "יצוה לך". ובה' עד "לך לשמרך". ובו' עד "לשמרך בכל". ובז' עד "בכל דרכיך"].

ובמדינות אלו לא נהגו לישב רק ג"פ אחר שרחצו הידים, ואומרים כל פעם: ויהי נועם וגו', יושב בסתר וגו', וכשנקבר המת ביום טוב, יכולין לישב כך ג"פ כמו בחול. וה"ה אם נקבר סמוך לשבת, עושין כן בשבת. ונהגו להקפיד אם יכנס אדם לבית אחר קודם שירחץ וישב ג"פ, ומנהג אבותינו תורה -

סימן שעו – מנהג המנחמין, ודין מת שאין לו מנחמים

«והקפידא אינו אלא במי שהלך לבה"ק וחזר אחר קבורת המת, וכן הישיבות ז' פעמים או ג' פעמים אינו אלא בענין זה, ולא כשהולכין ללוות מטתו וחוזרין קודם הקבורה – ערוה"ש».

ונמצא במדרשות לומר קדיש על אב - «הוא ענין גדול ובזה מזכים להמת, הן להצילו מגיהנם והן להעלותו במעלות, **אך** עקרי הקדישים הם מה שבתוך התפלה, אבל קדישים שאחר עלינו ושיר של יום אינם אלא בשביל הקטנים, אבל מי שיכול להתפלל לפני העמוד, יגיד הקדישים שבתוך התפלה שהם העיקרים, ושאחר התפלה יניח לקטנים ולא יגזול אותם, ורבים מעמי הארץ טועים לומר דעיקר הקדיש הוא מה שאחר התפלה ונקרא קדיש יתום, ואינם יודעים בין ימינם לשמאלם – ערוה"ש».

ע"כ נהגו לומר על אב ואם קדיש בתרא י"ב חדש, וכן נהגו להפטיר בנביא, ולהתפלל ערבית במוצאי שבתות שהוא הזמן שחוזרין הנשמות לגיהנם, וכשהבן מתפלל ומקדש ברבים, פודה אביו ואמו מן הגיהנם. ונהגו לומר קדיש על האם, אע"פ שהאב חי עדיין אינו בידו למחות לבנו שלא יאמר קדיש על אמו - «משמע דאם שניהם חיים לא יאמר קדיש, וזה דוקא קדיש יתום, אבל קדיש דרבנן יכול לומר».

מצוה להתענות ביום שמת אב או אם - «לכפר על נפשם, ויש אומרים מפני שהוא יום סכנה לבן, שיחלש או ימות בו ביום – לבוש». «**ומי** שקשה עליו התענית, יפדה בממון ויחלקם לעניים. **ונהגו** ללמוד משניות, הן כל י"ב חודש, הן ביום היארצייט, אחר נשמתם, והוא תקון גדול להנשמה, כי משנה אותיות נשמה – ערוה"ש».

(**עי'** בתשו' חות יאיר שכתב, במי שנעדר בלא בן, וצוה שבתו תאמר קדיש, **מדינא** יש לה לומר, דגם בבת יש תועלת ונחת רוח לנפש, מ"מ יש לחוש שעי"ז יתחלשו כח המנהגים של ישראל, וכיון דאיכא פרסום יש למחות, ע"ש. **ועי'** בתשו' נו"ב במ"ש, ועל חיקור דין שלמעלה כו', לע"ד בלא"ה פשיטא שאין לחלק בין אם מת קודם עשרים, דהא כתב הוא עצמו, דלאחר מיתה נענש על כל מעשיו, אפילו משהגיע לעונת הפעוטות כשכבר יודע שהוא עבירה, **ומה** שאמרו בשבת דף פ"ט שיצחק אמר דל עשרים דלא מענשת להו, דשם איירי בעודם בחיים, ע"ש).

שלשה אחין ואיש נכרי - כלומר נכרי שאינו אח שלהן אפי' הוא תושב, **השלשה אחין נוטלין השלשה קדישין והאחר נוטל קדיש אחד** - «כלומר שאין הולכין אחר המת אלא אחרי החיים – ערוה"ש».

ונהגו שאם מגיע לאדם יום שמת בו אביו ואמו, שאומרים עליהם קדיש יתום לעולם, ומי שיודע להתפלל כל התפלה, מתפלל.

ואם יש אבלים אחרים, נהגו שתוך שבעה לאבלם הם קודמים, ואין לו קדיש כלל - כתוב במנהגים, דאפי' הבן ז' הוא נכרי, דוחה את התושב אפי' בן ל' או יארצייט, **וכ"ז** דוקא בשבת שבתוך ז', אבל בחול אינו הולך לבה"ק, **ומשכחת** נמי בחול, ביום הז' לתפלת מנחה, למ"ש המג"א בשם מהר"ן, דלענין קדיש לא אמרינן מקצת היום ככולו – רעק"א. **אך** אם הבן ז' הוא קטן שאינו בר מצוה והולך לב"ה כל ז' לומר קדיש, אז מי שאירע לו מיתת אב ואם תוך אותן ז', יאמר קדיש יתום פעם א', עכ"ל, **ונרא'** דמי שבטלה אבלותו ברגל, כגון שעה א' לפני הרגל דבטלה ממנו גזירת ז' או ל', מ"מ דין ז' ול' יש לו אפי' בחול כמו בשבת, דהרי בדין הולך לב"ה.

תוך שלשים, יש לו קדיש אחד - ליארצייט, ומשמע דאם יש שלשה קדישים כגון בשבת, אומר הבן ל' שני קדישים והיארצייט קדיש אחד, «דבן ל' עדיף מיארצייט». **ובמנהגים** כתוב דיא"צ תושב דוחה את בן ל', «דס"ל דיא"צ עדיף מבן ל'», **מיהו** הלבוש בא"ח סימן קל"ג השיג על זה, וז"ל ול"נ שאין היארצייט דוחה את הבן ל' מכל וכל, אלא די לו בקדיש אחד, עכ"ל, וכן עיקר.

אבל לבן י"ב חדש «במקום בן ל'» אין לו כלום, שהתושב בן שלשים דוחה את התושב בן י"ב בתפלה ובקדיש לפני העמוד, **אך** בקדיש ובפריסת שמע שעל פתח ב"ה שניהם שוין בו ויחלקו בגורל, כ"כ במנהגים, **ויש** מנהגים אחרים בקדיש ופריסת שמע שעל הפתח, ונהרא נהרא ופשטיה, ועיין עוד במנהגים מדינים אלו.

כ' בתשו' מ"ב שדברי המנהגי' סותרי' זא"ז, דמתחלה כ' יום שמת אב ואם לתושב, דוחה את בן ל' מכ"ש בן י"ב חדש לתושב כל אותו יום התענית, דהיינו תפלת ערבית ושחרית ומנחה, וכן הקדישי' של אותו יום שאומרים לפני העמוד, אלמא דסבירא ליה דיא"צ עדיף, **ושוב** כ', דבן י"ב חדש ויארצייט אורח, יש לאורח קדיש א', אבל בן ל' אורח מחלק עמו כל הקדישים והתפלות, אלמא דבן ל' עדיף, **ותירץ** דברישא מיירי שיש הרבה יארצייט, ואיכא דוחק בקדישים ואינו מגיע לכל א' קדיש, אז נדחה הבן ל' מפני היא"צ, והטעם, שאם לא יאמר היא"צ באותו היום קדיש, אז עבר זמנו בטל קרבנו, משא"כ בבן ל' שיוכל לומר למחר, **אבל** היכא דאיכא רווחא בקדישים כגון בשבת, אז הבן ל' עדיף לומר ב' קדישים והיא"צ קדיש א', עכ"ל, [**והסכים עמו הט"ז וכתב שחילוק נכון הוא**], **ולא** משמע הכי ברישא דיש הרבה יארצייט, ועוד מדכתב דוחה את בן ל' מכ"ש בן י"ב חודש כו', אלמא דבגווני דאיירי בי"ב חדש מיירי בל', ובי"ב חדש ודאי מיירי אפילו ביארצייט א', **ועוד** דא"כ מאי כ"ש הוא, דילמא היכא דליכא אלא יארצייט א' אינו דוחה אפילו י"ב חדש, והא דדוחה בן ל' היינו משום דיש הרבה יא"צ, **אלא** נראה דהדברים כפשטן דמיירי שיש רק יא"צ א', ואפ"ה דוחה את הבן ל', דס"ל למנהגים דיא"צ עדיפא מבן שלשים, וכן משמע מהעט"ז שהבאתי דדעת המנהגים כן, **ול"ק** מ"ש בסוף דאורח יא"צ יש לו רק קדיש א', והבן ל' חולק עם תושב בן י"ב, **די"ל** דודאי לענין אורח נגד תושב, בן ל' עדיף, משום דמצי התושב לומר: מן הדין אין ליתן לך כלל, דהרי היכא דשניהם בן ל' או יארצייט או בני י"ב חדש, אין לאורח כלום, אלא כיון דאתה ל' ואני י"ב חדש אתה חולק עמי, **אבל** ביארצייט שזמנו קבוע וגם ידוע לו קודם לכן שנה תמימה ואתה באת בגבולי, די לך בקדיש אחד, אבל בבן ל' ליכא למימר הכי, **ולפי** זה לדידן דקים לן דבן ל' עדיף, א"כ אירע בן ל' תושב תוך ז' לקטן, יש לו ג"כ קדיש אחד, והכי נהוג.

וכתב עוד שם, דהיינו דוקא דליכא אלא יארצייט אחד ובן שלשים אחד, אבל היכא דבן שלשים ויארצייט הם רבים, ואי אפשר ליתן קדיש לכל אחד ואחד, ובע"כ נידחין קצתן, בכה"ג היארצייט עדיף ונדחה הבן שלשים מפני היארצייט, שאם לא יאמר היארצייט קדיש היום, למחר עבר זמנו ובטל קרבנו, מה שאין כן בבן שלשים, ע"כ, **ואף** על פי שהוציא כן מתוך מה שתירץ ליישב דברי מנהגים אהדדי, ואין דבריו מוכרחים בתירוץ זה וכמ"ש לעיל, מ"מ הסברא נכונה, וכן נהגו.

לאחר ל', כל הקדישים של אותו היום הם שלו.

‹**וכתבו** דביום שמפסיק מלומר קדיש, כל הקדישים של אותו היום הם שלו, ורק נותנין ליארציי"ט קדיש אחד, ונראה דגם לבן ל' נותנין קדיש אחד – ערוה"ש›.

[**נראה לי דמי שמת בשבת או בי"ט וא"א לקברו בו ביום, דעכ"פ יאמר קדיש תיכף אחר המיתה, דאין אמירת קדיש תלוי באבילות כלל, אבל בחול אין לעשות כן, דהא כשהוא אונן פטור מן התפלה, כן נ"ל]. ול"נ**, כיון דטעם הקדיש הוא שפודה את אביו מגיהנם, א"כ כל זמן שלא נקבר אין בו דין גיהנם, וכמדומה שכן נוהגין - נקה"כ.

ומונין שבעה ושלשים מיום הקבורה, אף על פי שלא שמע האבל מיד.

ואם נכרי הוא כאחד מבני העיר לענין קדיש זו, הולכים אחר המנהג - יש קהילות דנהיגי דתושב דוחה את האורח, ויש מקומות דנהיגי דשוין הן, **ומקומות** דנהיגי דתושב דוחה את הנכרי, מ"מ פעם ראשונה יש רשות לנכרי להתפלל ולומר קדיש יתום פעם אחת, כ"כ במנהגים, **ונראה** לי דהא דיש לו לאורח קדיש אחד, היינו דהוי כמו תושב בן י"ב חדש, ולפי זה היכא דהתושב אין לו קדיש אחד, כגון שיש כאן בן שלשים וכה"ג, גם לאורח אין לו כלום.

וכתוב במנהגים, דהיכא ששניהם בני שלשים או שניהם יא"צ או שניהם שנים עשר חודש, דוחה את האורח לגמרי מלהתפלל ולומר קדיש על העמוד, **אך** בפריסת שמע וקדיש על הפתח שניהם שוין ויחלקו בגורל, **ואם** תושב ואורח שניהם בני שבעה, יחלקו בגורל, כי לענין שבעה אין שום עילוי לתושב על האורח, ע"כ, **וכתוב** בתשובה מ"ב שם דאפילו בן שבעה אחד גדול ותושב, ובן שבעה אחד קטן ואורח, אפ"ה חולקים בשוה.

כתוב במנהגים, אם אותו שמת יש לו בנים בעיר אחרת, ובאו לשם, אינם נקראים תושבים בשביל אביהם שנקבר שם, רק אותן הדרים תוך הקהלה, **וכל** דרי הקהלה נקראים תושבים, הן אותן שנותנים מס, או משרתי הקהלה, ואפי' עניי העיר שיש להם שם דירת קבע, כולם חשבינן כתושבים, **ואם** אדם קובע דירתו תוך הקהלה, אז משעה שהוא חייב לישא בעול עם דרי הקהלה, חשוב תושב, **אבל** לא משעה שגמר פיסוק המס על ההגמון, אף על גב שצריך ליתן המס להגמון, **וכן** איפכא, מי שעקר דירה מן הקהלה, אז משעה שאינו חייב לישא בעול עם דרי הקהלה, חשוב כאורח, אף על פי שחייב עדיין ליתן המס להגמון, **ואם** יש לבעל הבית מלמד או שמש המושכר לזמן, והוא פנוי שאין לו אשה ובנים, אז גם הוא נקרא תושב, **אבל** אם יש לו אשה ובנים במקום אחר, אז דינו כנכרי, ‹**ואם** לומד עם בנים של כמה בעלי בתים, אף שיש לו אשה במקום אחר, מקרי תושב - רעק"א›, **ואם** בעל הבית מגדל בביתו יתום אפילו בשכרו, ואין לו אב או אם במקום אחר, אז נקרא תושב, **אבל** אם יש לו אב או אם, אינו נקרא תושב, אפילו אם מגדלו בתורת צדקה, מכ"ש אם הוא אצלו בשכר, עכ"ל, **ונראה** דנערים ובחורים הלומדים בישיבה, אפילו יש להם אב או אם במקום אחר, יש להם דין תושב, **ואפי'** בעה"ב שלומד בישיבה, אף על פי שיש לו אשה ובנים במקום אחר, ונותן מס במקום שאשתו ובניו שם, מ"מ דין תושב יש לו במקום שהוא לומד, והכי נהוג.

‹**ועיין** באריכות בדברי הביאור הלכה סימן קל"ב בקונטרוס מאמר קדישין, דמסדר שמה כל אלו ההלכות בטוב טעם›.

(**עי'** בשו"ת דברי אגרת, שהוא ז"ל במדינתו תיקן, שכל האבלים יאמרו כולם קדיש יחד, ע"ש טעמו ונימוקו. **ועי'** בשו"ת הלכות קטנות, שנשאל לפעמים אומרים ג' וד' בני אדם קדיש ביחד, ואחד מקדים לחבירו, עם מי יענה איש"ר, **והשיב** אם באים כל אחד תוך כ"ד של חבירו, יענה עם הראשון, **ואם** יש הפסק ביניהם, יענה אחר כל א' וא'). ‹**ועתה** כולם אומרים קדיש, כי א"א לחלק ביניהם, ולענין להתפלל לפני העמוד, מי שהוא יותר מרוצה יתפלל - ערוה"ש›.

ואין מקום לקדיש זו אלא על אב ואם בלבד, אבל לא בשאר קרובים. ואם אין בב"ה אבל על אביו ואמו, אומר אותו קדיש מי שאין לו אב ואם, בעד כל מתי ישראל. ויש מקומות שנהגו ששאר קרובים אומרים קדיש על קרוביהם כשאין אבלים על אביהם ואמם, ויש מקומות שאפילו יש אבלים על אביהם ואמם, אומרים שאר קרובים, אלא שעושים פשרה ביניהם שאין אומרים כל כך קדישים כמו האבלים על אב ואם; והולכין בכל זה אחר המנהג, ובלבד שיהא מנהג קבוע בעיר.

(**עבה"ט** של הרב מהרי"ט ז"ל בשם תשובת רמ"א, דאם אין לו בן, ראוי ליתן קדיש לבן בנו, אך שאר אבלים יאמרו ב' קדישים והוא קדיש אחד. **ועי'** בשו"ת תשובה מאהבה שכתב, דבמקום שאין אבל על אב ואם, ויש בן הבן שאומר קדיש על זקנו, ויש אחד שאומר בשביל אחד מקרוביו, או שהוא מושכר לומר קדיש בשביל אחד, יקח בן הבן ב' חלקים ואחר חלק א'. **וכתב** עוד, דיש להרהר בזה כמה פרטים, אם א' אומר בשביל זקינו, ואחד בשביל חמיו, **או** אחד בשביל אחיו הגדול, ואחד בשביל זקינו או חמיו, וכיוצא בו כמה גווני אלא שאין רצוני להאריך בדבר שאין לו שורש בש"ס, ע"ש. **ומ"ש** הבה"ט עוד בשמו, וכן לבן הבת, עי' בזה בתשו' קרית חנה בשם הגאון מהר"י בעל כנ"י, שדעתו דבן הבת, וכ"ש הבת, אין להם קדיש כלל בביהכ"נ, **ואם** רוצים לעשות מנין בביתם אז יש רשות לבן הבת או למי שרוצה לומר קדיש בגין המת. **ולנקבה** כלל לא, **ואף** לבן הבן, אין שום עילוי שבעה או שלשים או יא"צ, ע"ש. **ועי'** בתשו' ח"ס שהוכיח, דאין להשכיר שום זכיה במקום האבלים, ולכן הרמ"א כאן נקיט קרובים ושביק שכיר, עש"ב. **עוד** כתב שם ששמע בשם הגאון שב יעקב,

סימן שעו – מנהג המנחמין, ודין מת שאין לו מנחמים

שכל מי שאומר קדיש שמגיע לחבירו, לא הועיל לעצמו ולא הפסיד לחבירו, דמ"מ עולה לנשמת מי ששייך לו, וכתב דהוא מש"ס ב"ק, הגונב עולתו של חבירו והקריבה, פטור כו' ע"ש).

והאבלים אומרים קדיש אפילו בשבת ויו"ט, אבל לא נהגו להתפלל בשבת וי"ט, אע"פ שאין איסור בדבר - וכן בימים נוראים אסור, וכ"פ מהרי"ל, מיהו היכא דליכא דעדיף מיניה מותר. (**ועי'** בתשו' נו"ב, דמותר להתפלל בימי הסליחות ועשי"ת, דלענין זה אינם נקראים ימים נוראים, ע"ש. **ועי'** בתשו' מאיר נתיבים, שהאריך להתיר להתפלל בשבת ויו"ט). (וכ"כ ד"מ בשם הרוקח ור"י מקורבי"ל, **אך** כיון שרבינו הרמ"א בש"ע השמיט זה, ממילא דאין לאבל להתפלל בשבת ויו"ט, אם לא שהוא ש"ץ קבוע, **ומדלא** הזכיר רק שבת ויו"ט, ש"מ דבר"ח ושארי ימים שאין אומרים תחנון, אין קפידא ויכול האבל להתפלל לפני העמוד, **אך** בדרכי משה הביא בשם מהרי"ל, דגם בר"ח בשחרית מפני שאומרים בו הלל, ע"ש, ובש"ע השמיט זה, **מיהו** עכ"פ בר"ח וחוה"מ ערבית ומנחה, וכל שכן שארי ימים שאין אומרים בהם תחנון, יכול האבל להתפלל לפני העמוד בפשיטות, וראיתי מקפידים בזה, ולא נהירא לי – ערוה"ש). **אבל בימות החול, מי שיודע להתפלל יתפלל, ויותר מועיל מקדיש יתום שלא נתקן אלא לקטנים; ומי שאינו יודע להתפלל כל התפלה, יתפלל למנלח ובא לציון וכו'** - (דהקדיש של אחר ובא לציון מעולה מהקדיש שאחר התפלה שאינו מעיקר התפלה – ערוה"ש).

ונהגו שאין אומרים קדיש ותפלה רק י"א חדשים - (אפילו בשנת העיבור – ערוה"ש), **כדי שלא יעשו אביהם ואמם רשעים, כי משפט רשע י"ב חדש** – [עיין מש"כ בסי' ר"מ ס"ט מזה דבר הגון]. (**עי'** בס' חומות ירושלים שכ', דמי שיודע באביו ואמו שהיו רשעים, מאותם שנידונים י"ב חודש, ראוי ומחויב שיאמר קדיש י"ב חודש).

ואם היו אבלים כאן ובאו אח"כ אבלים אחרים, השניים יש להם הקדישים והתפלות כל ל' יום מיום הקבורה, אף על פי שלא שמעו - (כלומר אף על פי שלא היו בעת המיתה והקבורה, מ"מ דין אחד להם עם האבלים שבכאן – ערוה"ש).

י"א דמומר שנהרג ביד עכו"ם, בניו אומרים עליו קדיש - (דאחזיקנן ליה שהרהר בתשובה בעת הריגתו – לבוש), **דוקא** נהרג, אבל מת על מטתו לא, וכן כתבתי לעיל סימן ש"מ, דכשנהרג יש לו כפרה, עכ"ל ד"מ.

§ סימן שעז – דין עבדים ושפחות ומעודה שיש להם אבילות

סעיף א - העבדים והשפחות, אין עומדין עליהם בשורה, ואין אומרים עליהם תנחומי אבלים, אלא אומרים לו: המקום ימלא חסרונך, כשם שאומרים לאדם על שורו וחמורו.

(**ועכשיו** לא שייך דין זה, כי אין לנו עבדים ושפחות – ערוה"ש).

סעיף ב - אבל מנודה, אין מברין אותו, ואין אומרים לו תנחומי אבלים - דכל דבר שהוא משום כבוד לחיים אין עושין לאבל שהוא מנודה.

סעיף ג - מנודה שמת, מנחמים אבליו - (שאם הוא מנודה אין קרוביו מנודים, וחייבים להתאבל עליו, לפיכך נוהגין עמהם כמו עם שאר אבלים – לבוש).

§ סימן שעח – דיני סעודת הבראה לאיש ולאשה

סעיף ב - אשה שאירעה אבל, אין לאנשים להברותה - (משום הרגל עבירה – לבוש), (נ"ל דכשהאיש והאשה שניהם אבלים, יכולים אנשים להביא לשניהם, דהעיקר הוא להבעה"ב, וממילא שגם היא אוכלת – ערוה"ש), **אבל נשים מברין אותה** - (והאשה המביאה נ"ל דא"צ לשאול מבעלה, וגם בלא דעתו ביכולתה להביא, ואין זה כדבר גדול שצריכה דעת הבעל, אלא כדבר קטן שמותר לקבל מהנשים בלא דעת הבעל, אך אם הבעל מוחה בה, אסורה להביא – ערוה"ש).

ואשה נשואה שאירעה אבל, אינה יכולה לאכול סעודה ראשונה משל בעלה - דכיון שחייב במזונותיה כמשלה דמי, **וכן מי שיש לו סופר או שכיר, אם אוכל בשכרו ואירעו אבל, לא יאכל סעודה ראשונה משל בעל הבית** - (וכן מי שהתחייב מזונות לבנו וכלתו או לבתו וחתנו, ואירע להם אבל, לא יאכלו משלו מטעם זה – ערוה"ש). **אבל מי שזן עני או יתום או לבנו ובתו, בלא תנאי, ואירעם אבל, יכולים לאכול סעודה ראשונה משל בעל הבית.**

סעיף ד - היו נוהגים להתענות ביום מיתת החכמים - (מפני הצער, שהיו אומרים הרואה תלמיד חכם שמת כרואה ספר תורה שנשרף דמי – לבוש).

סעיף ה - מי שנקבר בערב שבת סמוך לחשכה קודם ביה"ש, יש מי שאומר שמברין אותו אז - (אף על פי שלא יכנס לשבת כשהוא מתאוה, דס"ל סעודת הבראה נמי מצוה היא כמו סעודת שבת – לבוש). **ולי נראה דכיון שאינו חובה, טוב שלא להברותו אז מפני כבוד השבת, וכן נוהגין.**

סעיף ו - אין מברין על הקטן אא"כ הוא בן שלשים יום שלימים, או קים ליה ביה שכלו לו חדשיו.

סימן שעה – דיני סעודת הבראה לאיש ולאשה

סעיף ח - כיון שנקבר המת, מותר לאכול בשר, ולשתות יין מעט בתוך הסעודה כדי לשרות אכילה שבמעיו, אבל לא לרוות - אבל קודם קבורה אסור בבשר ויין, דהוי אונן, וכלדעיל סימן שמ"א.

סעיף ט - מקום שנהגו להברות בבשר ויין ומיני מטעמים, עושים; ומברין תחילה בביצים - ‹ולא יקלוף האבל עצמו הביצים, דנראה כרעבתנ, ב"ה בשם א"ח - רעק"א›, **או בתבשיל של עדשים, זכר לאבילות** - שאין להם פה כמו אבל שאין לו פה, **ואח"כ אוכלים כל צרכם.**

סעיף י - אין לאכול עם האבל כל כך בני אדם שיתחלקו לשני מקומות - דהוי כסעודת מריעות שיש בה שמחה.

סעיף יג - פריס (פירוש בוצע לחם לברך המוציא) מנחם גדול דבהון - ‹שנאמר פרשה ציון בידיה, מפני שאין מנחם לה, משמע הא יש לה מנחם, הוא פריס, ומסתברא שהגדול פורס שהוא עיקר המנחמים - לבוש›, **ובשבת פריס כאורחיה** - ‹שנאמר ברכת ה' תעשיר, והיא שבת, ולא יוסף עצב עמה - לבוש›. ‹**ובא"ח** סי' קס"ז מבואר, דאין נותנין המוציא ליד האוכל, אלא מניח על השלחן ונוטל, ורק לאבל נותנין ביד, דכתיב פרשה ציון בידיה, ובשבת לא יתן גם לאבל בידו, ע"ש - ערוה"ש›.

§ סימן שעט – דין ברכת המזון בבית האבל §

סעיף א - כשמברכין בהמ"ז בבית האבל, אומר ברכה רביעית כנוסח זו: בא"י אלהינו מלך העולם האל אבינו מלכנו בוראנו גואלנו קדושנו קדוש יעקב - רוענו רועה ישראל המלך הטוב והמטיב לכל אל שבכל יום ויום הוא הטיב הוא מטיב הוא ייטיב לנו המלך החי הטוב והמטיב אל אמת דיין אמת כו', דודאי צריך לומר הברכה מתחלה כתיקון חכמים, **המלך החי הטוב והמטיב אל אמת דיין אמת שופט בצדק וכו'. הגה: לוקח נפשות במשפט שליט בעולמו לעשות בו כרצונו כי כל דרכיו במשפט ואנחנו עמו ועבדיו ובכל אנחנו חייבים להודות לו ולברכו גודר פרצות ישראל הוא יגדור הפרצה הזאת מעלינו ומעל אבל זה לחיים ולשלום** - הוא גמלנו כו' וכל טוב וכו' אל יחסרנו, הרחמן הוא כו'.

(**עי'** בשאילת יעב"ץ שכתב, דמה שנהגו לתת כוס של בהמ"ז לאבל, לא נזכר בשום פוסק, והמנהג בא ממה שאמרו חז"ל שאבל מסב בראש, וכיון שנעשה שר לסרוחים יש לו דין גדול באותה סעודה שמסב בה, וקי"ל גדול מברך אפילו אתא לבסוף, **מיהו** זה דוקא בשבעת ימי אבלו, משא"כ בשאר הימים של יב"ח אין לו דין קדימה לענין זה, ע"ש עוד, ועמש"ל סי' שע"ה סק"ג).

סעיף ב - יש מוסיפים בברכה שלישית: נחם ה' אלהינו את אבלי ירושלים ואת האבלים המתאבלים באבל הזה, נחמם מאבלם ושמחם מיגונם, כאמור: כאיש אשר אמו תנחמנו וכו' - כן אנכי אנחמכם ובירושלים תנוחמו, **בא"י מנחם ציון בבנין ירושלים** - אבל אין לומר מנחם אבלים ובונה ירושלים, דאין חותמים בשתים, **ומשמע** לכאורה דה"ה דאין לומר מנחם ציון ובונה ירושלים, דה"ל חותמים בשתים, **והכי אמרי'** בש"ס פרק שלשה שאכלו, דמושיע ישראל ובונה ירושלים הוה ליה חתימה בשתים דאסור, **אבל** בנחם שאומרים בתשעה באב, איתא בכל הסידורים בא"י מנחם ציון ובונה ירושלים, **וצ"ל** דמנחם ציון ובונה ירושלים כולו חדא מילתא היא.

סעיף ג - י"א בברכת זימון: נברך מנחם אבלים שאכלנו משלו - ‹והם אומרים ברוך מנחם וכו', והמברך חוזר כן, ואם יש עשרה, יאמר נברך אלקינו מנחם וכו', והם עונים כן, וחוזר כן - ערוה"ש›.

סעיף ד - בשבת, אם בירך ביחיד, או בג' אבלים, מברך כדרך שמברך בחול, דצינעא הוא. ואם אכלו אחרים עמו וברכו, אין מזכירין מעין המאורע, דכיון דאיכא אחרים לאו צינעה הוא - ואין אבילות דבפרהסיא נוהג בשבת, כדלקמן סי' ת'.

סעיף ה - אבל מצטרף לתפלה ולזימון, בין לג' בין לעשרה - ומדברי המרדכי נראה, דסעודה ראשונה שמברין את האבל שאסור לאכלה משלו, אין האבל מצטרף בברכת המזון, **וכ"כ** הרוקח, דכשמברכין בהמ"ז בשעת הבראתו אין האבלים מן המנין, כדאמרינן בפ"א דכתובות, **ור"ל** דאמרינן התם, דבברכת רחבה אין אבלים מן המנין, ופי' רש"י שם, דהיינו כשמברין את האבל סעודה ראשונה משל אחרים, כדאמרינן במ"ק היו מברין אותו ברחבה כו', **משמע** להו דה"ה האידנא דליכא רחבה, מ"מ בסעודת הבראה תליא מילתא, **ואע"פ** שהתוס' כתבו במגילה, דבבהמ"ז האבל מצטרף, אפשר דמודה בסעודה ראשונה דהבראה, ולא מיירי אלא בשאר אבילות. (**ועי'** בדגמ"ר, דדוקא לעשרה אין מצטרפין אותו, אבל לזימון של ג' מצטרף, ע"ש).

§ סימן שפ – דברים שהאבל אסור בהם §

סעיף ג - כשם שהוא אסור בעשיית מלאכה, כך הוא אסור לישא וליתן בסחורה ולילך ממדינה למדינה בסחורה - ‹שכל זה בכלל מלאכה יחשב, דחד טעמא שייכא בהו - לבוש›.

סעיף ו - פרקמטיא שלו, בדבר האבד, שאם לא ימכור יפסיד מהקרן, נמכרת על ידי אחרים; אבל אם לא יפסיד מהקרן, אלא שאם ימכרנה עתה ירויח בה יותר

[ט"ז] ‹רעק"א או ש"א או הוספת הסבר› (פת"ש)

משאם ימכרנה אח"כ, אסור – ‹ואינו מדויק, שפתחו בהפסד מהקרן, וסיימו שעתה ירויח בה יותר מכשימכרנה אח"כ, דמשמע שגם אח"כ ירויח רק עתה ירויח יותר, **ונלע"ד** דשני מיני פרקמטיא יש, דאדם שאין פרנסתו קבועה מפרקמטיא זו, אלא שנזדמן לו וקנאה וצריך למוכרה, אצלו לא הותר רק כשיפסיד מהקרן, **אבל** מי שפרנסתו בכך, גם הריוח המוכרח הוי כקרן, דחיותו היא, ובזה האיסור אינו אלא אם גם אח"כ ירויח, אלא שעתה ירויח יותר, דאז אסור, אבל אם אח"כ יצטרך למכור בלא ריוח כלל, מותר, וכמו שאמרו חז"ל, זבין וזבין תגרא איקרי, **ולכן** נראה דמי שהוא סוחר בתבואה או בשארי סחורות, ואירע לו אבלות, ועתה יש סוחרים לקנות ממנו בריוח, ואח"כ יכול להיות שלא ירויח, מותר לו למכור סחורתו ע"י אחרים, והיינו שהוא בעצמו לא ילך לשקול להם הסחורה ולמסור להם, וישלח אחר במקומו, דזהו ממש כדבר האבד, **וכפי** מה שנתבאר דדבר האבד כשאין ביכולת ע"י אחרים יכול לעשות בעצמו, ה"ה בכאן יכול לילך בצינעא אם אין ביכולת ע"י אחרים, ודבר זה תלוי בראיית עיני המורה, כנלע"ד – ערוה"ש›.

(**כתב** בס' חמודי דניאל כ"י, דה"ה אם יש דבר האבד להקונה אם לא יקנה, מותר למכור לו ע"י אחר, ואפשר אפילו ע"י עצמו, ע"ב).

ומ"מ אם שיירות או ספינות באו, או שהם מבקשים לצאת, ומוכרים בזול או לוקחים ביוקר, מותר למכור ולקנות ע"י אחרים, אפילו שלא לצורך תשמישו, אלא לעשות סחורה להשתכר - הטעם, כיון שהוא דבר שאינו מצוי, וכ"מ בט"ו בא"ח סי' תקל"ט ס"ה, **דלא** כנראה מהעט"ז כאן, הטעם דהוי הפסד מרובה, ע"ש.

‹**זהו** ענין אחר, דהנה מקודם נתבאר דאינו רשאי למכור אא"כ יודע בבירור שאח"כ יפסיד מהקרן או שלא ירויח כפי מה שבארנו, אבל בסתמא אסור, **ועתה** אומר שכשבאו שיירות או ספינות לקנות סחורה, זו רשאי למכור בכל ענין, דאמרינן שמסתמא יוזל אח"כ, כדרך המסחור שברבות הקונים הסחורה בתקפה ואח"כ הסחורה נופלת, ובזה לית מאן דפליג, **עי'** ש"ך, ולא פליגי, דלשניהם הוה כדבר האבד, ודו"ק – ערוה"ש›.

‹**אמנם** כשבאו שיירות או ספינות למכור סחורתן, ומי שצריך לסחורה זו עתה הוא עת קנייתן, דאח"כ לא ישיגום או יהיו ביוקר, דעת הרמב"ן שאין האבל רשאי לקנות אא"כ נצרך לו לצרכי ביתו, אבל לקנותם לסחורה אסור, **והרא"ש** חולק עליו, דגם לקנות לסחורה הוי כדבר האבד, כיון שצריך לחיותו – ערוה"ש›.

(**וכתב** בס' חמו"ד כ"י, דזה לא מהני אלא במשא ומתן, אבל אם נזדמן לו איזה מלאכה, אפילו אפשר להשתכר הרבה, אסור, **אך** אם אירע זה בליל ז', אפשר להתיר, שיש אומרים מקצת לילה ככולו, עב"ד).

סעיף ז - להלוות לעובדי כוכבים ברבית, לאותם שרגילים ללוות ממנו, מותר להלוות להם ע"י אחרים, משום דהוי דבר האבד - שאם לא ילוה להם, ילכו לאחרים וילוו להם וירגילום לבא אצלם, ואיכא פסידא, טור.

‹**ומזה** יש לדון על כל מין מסחור תמידי הרגילים ליקח ממנו, ואם עתה לא ימצאו אצלו, יקחו מאחרים וירגילום לקנות אצלם, מותר להאבל למכור להם ע"י אחרים, **אך** בחנות יש דין אחר, דחנות הוה בפרהסיא – ערוה"ש›.

סעיף ח - אי מסיק זוזי באינשי והאידנא משכח להו, ובתר הכי לא משכח להו, שרי לשדורי עלייהו - כלומר לשלוח אחרים שיתבעו המעות מהם, דה"ל דבר האבד.

סעיף ט - אם יש לו דין על אדם, אינו תובע כל ז'. ואם הוא דבר האבד, כגון שביקש לילך למדינת הים, או שעדיו חולים - וירא שמא ימותו, **עושה מורשה ודן עמו** – ‹ויראה לי אם ההכרח שיבא בעצמו לב"ד, מותר אם לא סגי בלא"ה – ערוה"ש›.

סעיף טו - אם היה החמור והספינה ביד אחרים, למחצה, לשליש ולרביע, יש מתירים, ויש אוסרים - דדוקא בקרקע שרי דלאריסות קיימא, משא"כ הכא, ‹דלעולם נקראין על שם הבעלים – לבוש›, ‹**ודוקא** כשהיו מושכרים, דכל זמן השכירות הוא של אחרים מותר, **ונ"ל** דאפילו לדעתם, אם יש בזה דבר האבד מותר, שהרי אפילו בשלו לגמרי מותר – ערוה"ש›.

סעיף כ - אם קבלו אחרים לחרוש ולזרוע שדהו, י"א שמותרין לחרוש ולזרוע בימי אבלו של בעל השדה – ‹כיון שהוא בקבלנות הוי דינו כמו באריסות דסעיף י"א, דאע"ג דהכא כולה מלאכה לבעל השדה ואין הקבלן נוטל חלק בפירות כלום, רק נוטל שכרו והולך לו ונשאר כל השדה לבעלים, **מ"מ** כיון שבשעת המלאכה אין רואין מי העובד עבודת השדה אלא זה הקבלן לבדו כמו האריס, אין כאן איסור מראית העין, דכיון דסתם שדות לאריסות קיימא, יאמרו אמר ודאי גם זה אריס הוא ויש לו חלק בפירות ומותר, **אע"ג** שיראו שלמחר יוצא ממנה זה, והבעל יאכל כל הפירות, לא חיישינן שבאותו הפעם יאמרו למפרע אנו רואין שזה עשה מלאכה בשדהו בשעת אבילותו, דלחשד למפרע לא חיישינן, שאין בני אדם פונין מכל עסקיהן לומר: פלוני זה חרש בכאן והיינו סבורים שהוא אריס ועכשיו בעלים אוכלין כל הפירות והרי נעשה מלאכתו באבילותו למפרע, כולי האי לא חיישינן, לפיכך מותר – לבוש›. **ויש מי שאוסר** – ‹קשה לי, הא בסעיף י"א פסק בפשיטות להקל – רעק"א›. ‹**דכיון** שהוא לבדו אוכל הפירות נקרא הכל על שמו, וזהו מחובר שהכל רואים – ערוה"ש›.

סעיף כב - כבוד הבית, הדחת כוסות והצעת המטות, אין בהם משום מלאכה לאבל; וכן מותר לאשה לאפות ולבשל בימי אבלה (כל הצריך לה, אבל מה שאינו צריך לה אסור) - ‹דלאו כו"ע עשירים נינהו שיש להם משרתים שיעשו להם מלאכות אלו בימי אבלותם, והוי להו גזירה שאין רוב הצבור יכולין לעמוד בה, לפיכך לא גזרו עליהם והתירו לעשות מהם כל הצריך לו ולא יותר – לבוש›.

וכן אשה המשרתת בבית בעל הבית אחד, ואירעה אבל, מותרת לאפות ולבשל ולעשות שאר צרכי הבית, בין שהיא משרתת בחנם בין בשכר – ‹ואף שהיא מרווחת מזה, מ"מ אינה מחוייבת לשכור אחרת במקומה בדבר שבהכרח לה לעשות – ערוה"ש›.

[**ואין להקשות**, הא כתב בסט"ז, אם האבל מושכר לאחרים לא יעשה מלאכה בימי אבלו, **דהתם** מיירי במלאכה גמורה שאסור לאבל בכל גווני, משא"כ במלאכת צרכי הבית דמותר לאשה עצמה, על כן מותר

סימן שפ – דברים שהאבל אסור בהם

אפי' למשרתת, **אבל** עכ"פ לא תעשה המשרתת מלאכה שאינו לצורך הבית אלא להרויח, וכ"ש שלא תצא מן הבית כדין אבל].

[וראיתי מי שהורה לשמש שאירע לו אבל, שיעשה עבודתו וילך לבית הכנסת ולשמש בצרכי הקהל, **ולא יפה הורה**, דטעה בטעם הדין הזה דהיתר משרתת]. (עי' בשו"ת לחמי תודה מהגאון מהר"י באסאן ז"ל, שהשיג על הט"ז בזה, והעלה בשמש בהכ"נ שאירעו אבל, רשאי לילך לבהכ"נ בערב שבת תוך ימי אבלו להכין הנרות ולהדליקן ולעשות שאר צרכי בית הכנסת כדרכו, ע"ש).

[כ' רש"ל בשם אגודה, דאבל מותר להקיז דם. וכתב הכל בו דאבל שעושה מלאכה מנדין אותו].

סעיף כה - על כל המתים אסור עד ל' יום לילך בסחורה למרחוק, דאיכא פרסום גדול ודומה לשמחה שהולך בשיירא גדולה ושמחים הרבה בדרך - ‹כמו שהיה בזמן הקדמון, והאידנא לא שייך דין זה – ערוה"ש›, **באביו ואמו, עד שיגערו בו חביריו ויאמרו: לך עמנו.**

§ סימן שפא – איסור רחיצה וסיכה לאבל §

סעיף ג - יולדת אבלה שצריכה לרחוץ, מותר - אפילו ביום ראשון, ‹ואפילו בחמין – ערוה"ש›, מיהו אם אין לה צורך כל כך, יש להחמיר ביום ראשון, כן כתבו האחרונים. **וכן מאן דאית ליה ערבוביא ברישיה, מותר לחוף ראשו בחמין, דלא גרע מאסטניס (פי' קר הגוף ומלונן), שמותר לרחוץ כל גופו** - (כתב בספר חמודי דניאל כ"י, נראה דכ"ש מי שיש לו ערבוביא במנא שרי בכיבוס, דהא איתא בנדרים, דערבוביתא דמנא גרע מרישיה, ע"כ). **ולא כל מי שאמר: אסטניס אני, מתירין לו, אלא דוקא שהוא ידוע שהוא אסטניס ומתנהג בנקיות, ואם לא ירחץ יצטער הרבה ויבא לידי מיחוש.**

סעיף ה - נדה שנזדמנה זמן טבילתה בימי אבלה, אינה טובלת – ‹דהא אפילו תטבול אסורה לבעלה, ועוד הטבילה בזמן הזה לנשותינו לעולם אינה בזמנה, שהרי סופרים ז' נקיים מספק שהן זבות, ואם כן אפילו למאן דאמר טבילה בזמנה מצוה, בזמן הזה אינה טובלת בימי אבלה שאינה בזמנה – לבוש›.

הגה: וכל שכן שאינה רוחצת ללבוש לבנים - כלומר כיון דטבילה דאיכא למ"ד טבילה בזמנה מצוה, אסורה, כ"ש רחיצה ללבוש לבנים. **ובתשו'** משאת בנימין חלק על הרב, דדוקא טבילה קי"ל דאסור כיון שאינו לצורך, אבל רחיצה ללבון איכא צורך מצוה, הלכך בין בתשע' באב בין בז' ימי אבלה תלביש ותציע כדרכה כשאר ימות השנים, **והרחיצה** צריכה לשנות קצת, וכמ"ש הא"ז, והיינו שלא תרחוץ רק באותו מקום ובין ירכותיה בין בחמין בין בצונן, ע"כ דבריו.

[והוא תימה, דהא לאו רחיצה של תענוג היא ואמאי אסורה, והא דאסו' רחיצה של טבילה, היינו שהיא ללא צורך כיון שאסורה בתשמיש, אבל רחיצה של ליבון אמאי אסורה, **ועל כל פנים** נ"ל דגם רמ"א לא נתכוין כאן לדחות לבישת הליבון לגמרי עד אחר ז', דזה פשיטא שאינו, שהרי אפשר לה ללבוש ליבון בלא רחיצה לגמרי, כמ"ש ביורה דעה סי' קצ"ו סעיף ג' בהג"ה, דאפילו לא רחצה רק פניה של מטה סגי, ובשעת הדחק סגי אפילו בלא רחיצה כלל, רק שהחלוק נקי כו', ולמה נדחה כאן בחנם לבישת הליבון, אלא ודאי שלא נתכוין רמ"א לדחות לבישת הליבון כלל, אלא הרחיצה לחוד הוא דאסור. **ושוב ראיתי בתשו'** משאת בנימין דמתיר אפי' לרחוץ בתוך שבעה ללבוש לבנים, וחולק על רמ"א בכאן, ודבריו נכונים, **אלא** דמ"מ למעשה נראה לי, דאין לה לרחוץ ללבישת ליבון, אלא שתרחץ פניה של מטה, ותלבוש חלוק נקי לא לבן ממש, ותספור שבעה נקיים, כנ"ל ברור ונכון, והמחמיר בזה לדחות לבישת הליבון לגמרי, הוא מן המתמיהים].

אבל מיד אחר ז', אף על פי שנהגו איסור ברחיצה כל ל', מ"מ היא מותרת, רק שתשנה רחיצה קצת, וחלוק לבן תלבוש וסדין לבן תציע, שלא תבא לידי ספק.

‹ונדה שחל טבילתה במוצאי שבת, וביום ו' היא עדיין בימי אבלה, ובשבת יגמורו האבלות, מותרת לעשות לה חפיפה ביום ו', פמ"א – ערוה"ש›.

[**כתב רש"ל**, מהר"ם היה בעל ברית תוך ל' יום של אביו, ורחץ בלילה שלפני המילה, ונתן טעם לדבריו, דהוה כרגל לגביה דידיה, וחומרא בעלמא נהגו אבותינו ברחיצה, עכ"ל].

§ סימן שפב – איסור נעילת הסנדל לאבל §

סעיף ב - חיה מותרת לנעול כל ל' יום, מפני שהצנה קשה לה - וה"ה חולה ומי שיש לו מכה ברגלו, כדאיתא בא"ח סימן תרי"ד ס"ג.

סעיף ג - כל אדם מותר לנעול במקום שיש סכנת עקרב – [לפי מה שכתב המרדכי סוף מו"ק, דאם הולך לפני השר ויש הקפדה עליו אם ילך בלא מנעלים, יתן עפר במנעליו וילך, עכ"ל, ה"ה במקום סכנה ובכל מקום שצריך לילך במנעלים, יעשה כן].

סעיף ד - אבל ומנודה שהיו מהלכים בדרך, מותרים בנעילת הסנדל, וכשיגיעו לעיר, חולצין. ויש מי שאומר שאם היא עיר שרובה עובדי כוכבים, אין חולצין עד שיכנסו לרחוב היהודים - וכתב הרב בא"ח סימן תקנ"ד סעיף י"ז, שכן נהגו. ‹ועכשיו שדרין מעורבין, לא יחלוץ עד שיגיע לחצירו – ערוה"ש›.

סעיף ה - אם צריך לחלוץ מנעל בבית הקברות אחר שנקבר המת, נתבאר בסימן שע"ה. הגה: י"א

סימן שפב – איסור נעילת הסנדל לאבל

שצריך לילך יחף מבית הקברות לביתו אם מת אביו או אמו, ולא ראיתי נוהגין כן - היינו משום רשעת העכו"ם, «שלא ילעגו עלינו», כדאיתא בכל בו על דין זה, ובזה נסתלקה תמיהת הב"ח על הרב, ע"ש, **מיהו** היכא דליכא חשש דרשעת העכו"ם, יש לחלוץ מיד בבית הקברות, כדלעיל ר"ס שע"ה וסימן שע"ו ס"ד. «**ונראה** דעל כל המתים צריך לילך יחף מבה"ק אם רק אפשר, כמו כשליכא חשש לעג, והארץ יבישה – ערוה"ש».

§ סימן שפג – איסור תשמיש המטה לאבל §

סעיף ב - בד"א, בשאר אבלות; אבל אם מת אביו של חתן או אמה של כלה, שמכניסין את המת לחדר ואת החתן ואת הכלה לחופה ובועל בעילת מצוה ופורש ונוהגים ז' ימי המשתה ואח"כ שבעת ימי אבלות, אסור להתייחד עמה כל י"ד יום, אלא הוא ישן בין האנשים והיא ישנה בין הנשים, כדאיתא בסימן שמ"ב - דכיון שהקילו לו רבנן והתירו לו לנהוג ז' ימי המשתה תחלה, חיישינן דאתי לזלזולי ביה. **אבל אם כנס לחופה והתחילו ימי המשתה שלו, ואח"כ מת לו מת, מותר להתייחד עמה כמו בשאר אבלות** - ליכא למיחש דאתי לזלזולי, שהרי לא הקילו לו כלום, שקדמו להן ימי החופה. **וכן** מי שאירעו אבל ברגל, מותר לו להתייחד, כמ"ש הרב לקמן סימן שצ"ט ס"ב, שהרי לא הקילו לו שום דבר, אלא הרגל מעצמו הוא שנקבע, **וגם** לית ביה אפושי שמחה כל כך כמו חתן, כ"כ הפוסקים.

והוא שבעל; אבל אם לא בעל, אסור להתייחד עמה כל ימי האבל, בין בחול בין בשבת - «דעד שלא בעל תקיף יצרא טובא – ערוה"ש».

§ סימן שפד – האבל אסור בתלמוד תורה §

סעיף ב - אם האבל כהן, ואין בב"ה כהן אחר, אסור לו לעלות לקרות בתורה - «כנ"ל בס"א, דוקא שרבים צריכין לו, משא"כ כה"ג שאינו אלא מפני דרכי שלום – גר"א».

כתב הב"ח, ותימה דבסימן ת' בדין שבת כ' הרב, דבאין שם כהן אחר אלא הוא מותר לקרותו, וכאן לא כ' כלום, עכ"ל, **ולק"מ**, דהכא טעמא דאיסורא דאבל אסור בד"ת אתא לאשמועינן, ומדין אבילות בשבת לא מיירי, **אבל** התם דמיירי בכל הסימן מדין איסור אבילות בשבת, קאמר דמותר לעלות, משום דאל"כ ה"ל אבילות דפרהסי', ואין אבילות דפרהסי' נוהג בשבת, והכי משמע התם להדיא, ע"ש.

סעיף ה - אבל שיש לו בנים קטנים, אין לו לבטלם מלימודם - דאין אבילות לקטן, כדלקמן ס"ס שצ"ו. «**אף** על גב שיש לו בו שמחה, בשבילו לא יבטלו בניו מתלמוד תורה – לבוש». «**הא** הדין הוא לפי' הש"ך כשהקטן אבל, משום שאין אבילות לקטן, וא"כ למה נקט כשהאב אבל, דלא משכחת לה אלא במתה אשתו שהיא אימן, ובמת לו בן אחד שהוא אחיהם, דהא דין זה נוגע גם כשבניו הקטנים בעצמן אבלים ולא האב, כגון שגרש לאשתו מכבר ומתה, ובמת להן אח מאם. **אבל** נראה דהשמיעונו, דאף באב הלומד בעצמו עם בניו, והוא והם אבלים, ג"כ הוא בעצמו מחוייב ללמוד עם בניו, ולא מחייבינן אותו שישלחם לימי דאבילות למלמד שבעיר, דהוא כבטלה קצת לבניו מאחר שהורגלו ללמוד עם אביהן, **דהא** לא דמי למלמד אבל, שצריך ללמוד עם תלמידיו שהן אינם אבלים משום הפסד ביטולם, אבל הכא שגם בניו הם אבלים, אף שמותר להן שלא לנהוג אבילות, יהיה אסור ללמוד עמהן מאחר שרשאין גם לנהוג אבילות כשירצו. **והשמיענו** שאף שרשאין להנהיג לקטנים שישמרו דיני אבילות, מ"מ בלימוד התורה מחוייבין לשלחן ללמוד, ואסור לחנכן לאבילות גם לענין איסור לימוד התורה, וממילא כשלומד האב עצמו עמהן, מחוייב גם האב כשהוא ג"כ אבל ללמוד עם בניו הקטנים אף שהן ג"כ אבלים, והוא פירוש נכון – אג"מ».

§ סימן שפה – דין שאלת שלום באבל §

סעיף ג - מקום שנהגו להיות שואלים בשלום אבלים בשבת, שואלים - ואיתא בירושלמי הובא בפוסקים, ר' אושעיא רבא אזל לחד אתר וחמא תמן אבלים בשבתא, ושאל בהון, ואמר להון: איני יודע מנהג מקומכם, אבל שלום עליכם כמנהג מקומי.

וכתב הרמב"ם שהאבל נותן שלום לכל אדם בשבת, שהוא מכלל דברים שבפרהסיא. הגה: ואסור לשלוח מנות לאבל על אביו ואמו כל י"ב חודש, ואפי' בשבת, במקום שנהגו שלא לשאול בשלומו בשבת; אבל במקום שנהגו לשאול בשלומו בשבת, גם זה שרי - «וכתב מ"א באו"ח סי' תרנ"ו, ממשמעות דברי הרמ"א, דבמקום שאין נוהגים אבילות בפורים, דינו כשבת, ומותר לשלוח במקום שנהגו לשאול בשלומו, **וט"ז** כתב שם: אין נראה לסמוך על זה – באה"ט».

[**כתב** מו"ח ז"ל בשם הג"ה בשם רבינו יהודה, אבל תוך ל' אינו יכול להזמין לאחרים, או להזמן עם אחרים, ע"כ, **ונראה** דה"ה כל י"ב חדש על אביו ואמו].

§ סימן שצ – דיני גילוח וסריקה באבל §

סעיף ב - ישב לגלח, ואמרו לו: מת אביו, הרי זה משלים ראשו - «דבאמצע א"א להניח כך שיתראה כמשתגע – ערוה"ש». «**ישב** לגלח – בירושלמי משמע דזהו חד שיעורא עם ההיא דקתני במתני', לא ישב לפני הספר סמוך למנחה, דאמרינן שם מאימתי התחלת תספורת, משיניח מעפורת ספרים על ברכיו – רעק"א». «**וצ"ע** - ערה"ש». **אחד המגלח ואחד המתגלח** – [פי' שבשעת הגילוח נאמר למגלח שמת

סימן שצ - דיני גילוח וסריקה באבל

לו מת, יכול לגמור מלאכתו משום כבוד הבריות], ‹דגנאי הוא למתגלח שילך בחצי ראש גלוח - לבוש›, **ומה שהספר גומר, היינו בדליכא ספר אחר במתא** - ‹אבל אם יש ספר אחר במתא, אסור לזה לגלחו, אלא ישלימנו אחר - לבוש›.

סעיף ה - אשה מותרת בנטילת שער אחר ז'. (הגה: ויש אוסרים אף לאשה, וכן עיקר) - והב"ח פסק דבמקום שדרכה של אשה לגלח שערות אלו, כגון רבוי שערות דצידעא ובת צידעא, מותרת ליטלם אחר ז', ע"ש.

סעיף ו - לסרוק (ראשו) במסרק, מותר, אפילו תוך שבעה - ‹דזהו לאו תענוג אלא צער גדול למי שיש לו ערבוביא בראש, או הרגיל לסרוק בכל יום א"א לו לסבול בלא סריקה - ערוה"ש›.

‹**ובשו"ע** פסק: לסרוק "האשה" במסרק מותר תוך ז', עכ"ל, משמע דדוקא באשה שצריכה שלא יהיו מסוכסכים שערותיה כשתהא טובלת, לא החמירו בה, משא"כ באיש דנכון להחמיר, **אבל** מצאתי שטעות סופר הוא, וצריך להגיה לסרוק "ראשו" וכו', [וכ"כ הט"ז והש"ך], **מיהו** בהג' סמ"ק כתב, והאו"ז אוסר לאיש לסרוק ראשו במסרק כל שלשים יום, אך לאשה מתיר לאחר ז', עכ"ל - ב"ח. **וכך** הביא הש"ך והנקה"כ›. ‹**יש** מתירין לחוף ראשו בצונן אפילו תוך שבעה, ואין נוהגין כן - לבוש›.

§ סימן שצא - אבל אסור בכל מיני שמחה §

סעיף ג - ליכנס לחופה שלא בשעת אכילה, לשמוע הברכות, יש מתירין, ויש אוסרין, אלא עומד חוץ לבית לשמוע הברכות.

הגה: אבל לא יכנס לבית כלל בשעה שעומדים במזמוטי חתן וכלה - ‹וכ"ש בשעה שמזמרים - ערוה"ש›, **וכן נוהגים באשכנז ובמדינות אלו.**

וכל זה בבית שעושין החתונה ואוכלין ושותין ושמחין שם, אבל בחופה שעושין בבית הכנסת - ‹בחצר בהכ"נ - ערוה"ש›, **שמברכין שם ברכת אירוסין ונישואין ואין שמחה כלל, מותר מיד אחר שבעה** - ‹אך אם מזמרין שם כלי זמר, אסור להאבל לשמוע - ערוה"ש›. **ויש אוסרין עד שלשים, וכן נראה לי. ויש מקומות שמחמירין להיות האבל עומד כל י"ב חדש חוץ לבית הכנסת לשמוע הברכות. ומכל מקום נראה דאבל יכול לברך ברכת אירוסין ונישואין תחת החופה שבבית הכנסת.**

וכן יוכל להכניס חתן כדרך ארצנו ששני אנשים מכניסין החתן תחת החופה. ויוכל ללבוש קלת בגדי שבת בשעה שמכניסין - בעט"ז השמיט תיבת קצת, ואולי גם הרב ל"ד נקט, דה"ה דיכול ללבוש כל בגדי שבת, וכן נוהגין, **ובלבד שיהא אחר ל' (ד"ע), וכן נוהגין** - [כתב מו"ח ז"ל, ונראה דכ"ש שיש להתיר לאבל על שאר קרוביו תוך ל' להכניס החתן, דטפי יש להתיר תוך ל' על שאר קרוביו מתוך י"ב חדש על אביו ואמו], כמו בכניסת יתום ויתומה דלעיל, **ולשון** הרב לא משמע כן, אלא נראה כמ"ש בס"ק ג'. (**וכבר** כתבתי בשם נו"ב, דדעת הב"ח מוכרח).

(**וכתב** עוד, דע"כ לא אסר רמ"א להיות משני אנשים המכניסים את החתן תוך ל', אלא היכא שאין בזה דיחוי הנישואין, **אבל** אם יש בזה דיחוי הנישואין לבחור שלא קיים פ"ו, לא החמיר, מאחר שרבים מקילין בכל ענין בשאינו אוכל שם, ואפילו תוך ל' של אב או אם, ובפרט אם כבר הכינו ויש קצת פסידא, ע"ש).

‹ויראה לי, שאם הוא רב בעיר שעליו לסדר קדושין, יכול לסדר גם בתוך ל', אפילו על אביו ואמו, כיון שעליו הדבר מוטל, רק שלא ישמע הכלי זמר - ערוה"ש›.

[ונ"ל דלא התירו אלא להכניס החתן תחת החופה, אבל לא ליכנס לאכול על סעודת החתונה, דהא אפילו במשיא יתום ויתומה לא התירו לאכול בסעודה, **אם לא** בדרך שאם לא יהיה שם יתבטל המעשה, והא ודאי דמשיא יתומה הוה כמו אביה, וטפי הוה מסתבר להתיר מאותו שמכניס החתן תחת החופה, כנ"ל, **שלא** כקצת שנוהגים להקל בזה]. ‹**ובבל"י** כתב, דהמנהג בפולין שהשושבינין הולכין גם לאכול, אלא דבתחלה משמשין קצת - רעק"א. (**עי'** בתשו' אא"ז פנים מאירות, כתב דאותם הנוהגים להקל לאכול שם, יש להם על מה שיסמוכו)›.

יש מתירין לאבל לאכול בסעודת נשואין או ברית מילה עם המשמשין, ובלבד שלא יהא במקום שמחה כגון בבית אחר - ‹דהאיסור הוא רק אם אוכל בבית החתונה שהקרואים אוכלים, אבל בבית אחר כלומר בחדר אחר עם המשמשין, מותר - ערוה"ש›. **ויש אוסרין** - ‹ס"ל דגם זה בית שמחה מקרי - ערוה"ש›, **(הגהות אשירי)** - ‹וכתב שם, וכמדומה לי שאם היה צריך להשלים עשרה להחתן, דמותר ליכנס ולאכול - רעק"א›, **וכן נוהגין, רק שהאבל משמש שם, אם ירלה, ואוכל בביתו ממה ששולחין לו מן הסעודה** - ‹נ"ל דווקא השימוש בבית המבשלות ובבית עריכות המאכלים מותר, ולא להושיט המאכלים להקרואים, דגם זה הוא כשמחה, **והעולם** נוהגים להקל בכך - ערוה"ש›.

יש מתירין לאבל לאכול באותה סעודה של דגים שעושים לאחר הנישואין - ‹היא ביום שאחר החופה - ערוה"ש›, **כי מאחר שכבר פסקו לומר "שהשמחה במעונו" לית ליה היכר שאין שמחה באותה סעודה, ושרי** - [לפי המנהג שכתב רמ"א שלא לאכול בשום סעודה כו', גם זה אסור]. ‹**כלומר** אפילו להאוסרים בכל הסעודות, מ"מ כאן שיש היכר מותר. **ונראה** שאצלם לא אמרו "שהשמחה במעונו" ביום המחרת, כמ"ש הב"ח והש"ך, אבל אצלינו אומרים כל שבעה "שהשמחה במעונו" אם רק עושים סעודה, וא"כ בטל זה ההיתר - ערוה"ש›.

סימן שצא – אבל אסור בכל מיני שמחה

כתב הב"ח, מיהו בליל ב', אף על פי דנוהגים בק"ק קראקא שלא לברך "שהשמחה במעונו", אין לאבל לאכול באותה סעודה, **דל"ד** ליום ב' שכבר בעל בעילת מצוה בליל ב' כפי מנהגם, ולכך עושים סעודה של דגים ביום ב' משום ברכת דגים, כדאיתא פ"ק דכתובות, הלכך אינה נקראת סעודת שמחה, ואין אומרים לא "אשר ברא" ולא "שהשמחה במעונו", **אבל** בליל ב' מקמי בעילת מצוה, דמברכים "אשר ברא", לא נגמרו הנשואין, **ומה** שלא נהגו לומר "שהשמחה במעונו", הוא מפני דמתאספי' שם אנשים ונשים כו', עיין שם.

יש אומרים דאסור לאכול בסעודה בלילה שביום המחרת מת אביו או אמו – ‹הוא יום היארצייט, לנהוג בו כאבלות – ערוה"ש›. (**עי'** בשו"ת מקום שמואל שכתב, דזה איירי בסעודת חתונה שיש שם מזמוטי חתן וכלה ויש בה שמחה, אבל בסעודת ברית מילה ופדיון הבן וסיום מסכתא מותר, ע"ש).

וכ' העטרת זהב, ולא ראיתי נוהגים כן, **ואני** אומר דבר שאינו מצוי לא שייך בו מנהג, כמו שכתב לעיל ר"ס ק"צ, ולא ראינו אינו ראיה, **ואני** ראיתי נוהגים לאיסור, גם לקמן ס"ס ת"ב כתב הרב בסתם לאיסור.

‹**ויש** שכתבו דהאיסור הוא רק ביארצייט ראשון ולא יותר, באה"ט בשם מג"א, **וכמדומני** שגם עתה אין נוהגים להחמיר, ויש להחמיר בשנה ראשונה. **ודע** שראיתי מי שכתב, דמי שפרנסתו מכלי זמר, אם הוא אבל מותר לו לנגן בתוך שנתו לאביו ואמו, ובתוך ל' לשאר קרוביו, כדי שלא יפסיד פרנסתו, באה"ט, **ובוודאי** כן הוא, דאצלו לא שייך שמחה, דבפרנסתו הוא עוסק – ערוה"ש›.

§ סימן שצב – אבל אסור כל ל' יום לישא אשה §

סעיף ג - מי שלא קיים מצות פריה ורביה, ושידך אשה ואחר שהכין צרכי חופה, מת אחי המשודכת, מותר לכנסה ולבא עליה אחר שבעה - כיון דאיכא הפסד בדבר אם לא יכנוס, וגם לא קיים פריה ורביה, ‹אבל בשביל אחד מהם אין מתירין – לבוש›, וע"ל סי' שמ"ב.

[**בטור** איתא בלשון זה, מעשה באחד ששידך, ומת אחי המשודכת קרוב לחופה אחר שהזמין הקרואין, והתיר ר"ת שתכנס לחופה תוך ל' משום פריה ורביה שלו, כיון ששידך זאת ואם לא ישאנה לא ישא אחרת, אבל אם לא שידך, אף על פי שחפץ בזאת יותר מבאחרת, אסור, וכן הורה אדוני אבי הרא"ש הלכ' למעשה, לאחד ששידך והכין כל צרכי החופה, ומתה אחות המשודכת, והוא לא קיים פריה ורביה, והתיר לו לכנוס ולבעול אחר ז' ימים, שיהיה לו הפסד בדבר אם לא יכנוס, אבל בלא הפסד אמר שלא היה מתיר, עכ"ל, **היתר** זה הוא חידוש, דאע"פ שהיא אבילה ואינה חייבת בפריה ורביה, מ"מ התיר לה בשבילו שהוא יקיים פריה ורביה, וזה לא מצינו בגמרא להיתר בהדיא, **והרא"ש** לא סמך על ר"ת להתיר בזה אלא משום הפסד הסעודה שצירף לזה, **ובאבן** עזר סי' י"ד כתב הטור סתם, מי ששידך אשה ואירעה אבל כו', ולא זכר שם משום הפסד הסעודה, והיינו לדינא הוא כן, אבל למעשה אין היתר אלא משום הפסד סעודה וכהרא"ש, וכ"פ בש"ע כאן]. ‹**ואולי** גם בכאן לא כתבו כן בדווקא, אלא משום דבמקור הדין היה המעשה כן, **ונלע"ד** דבשעת הדחק יש לסמוך ולהתיר במשודכתו אף בלא הפסד כדעת ר"ת – ערוה"ש›.

מותר לכנסה – [הך לכנסה, הוא נמי אחר ז' דוקא, דאין לומר משום הפסד מותר לכנסה אפי' תוך ז', דהא כ' הרא"ש פרק אלו מגלחין בשם ר"ת, אפי' במקום פסידא לא התירו לכנוס תוך ז', אף באין לו בנים, דלא התירו אלא באביו של חתן ואמה של הכלה דוקא, וכל שכן שהיא אבילה ואינה מחויבת בפריה ורביה, אלא ודאי כמו שכתבתי, ובפרישה האריך בזה, ולא עיין בדברי ר"ת שכ' הרא"ש בשמו כמו שזכרתי]. ‹**ועיין** בש"ך לקמן דחולק›.

(**ועי'** בשו"ת מאיר נתיבים בשם בנו הגאון מהר"ר שאול אב"ד מלובלין, שהורה באחד שהכין כל צרכי חופת בתו, ואח"כ מתה אשתו היא אם הכלה, **והנה** הדין פשוט מכניסים את המת לחדר כו' כדלעיל סי' שמ"ב, אך שם לא היה אפשר לנהוג כן, כי החתן לא בא עדיין בעת ההיא וא"א להלין המת כ"כ, ועוד מכמה טעמים, **ונשאל** הרב הנ"ל אם מותר לעשות נשואי בתו בתוך ז' ימי אבילות, כי אם יודחו עד אחר שבעה יהיה הפסד גדול, **ופסק** להתיר לעשות הנישואין אחר ג"י הראשונים, חדא דמ"ש הש"ע מותר לכנסה ולבא, נראה דהך לכנסה היינו מיד, מכמה הוכחות, **וגם** הט"ז שמחמיר בזה, היינו בדין דמתה אחות המשודכת, שיש מי שיטרח בעבורה פעם אחרת, אבל כאן שמתה אמה של כלה, יש להקל להתיר לעשות הנשואין אחר ג"י מהקבורה, **וכתב** שהסכים עמו בזה גדול אחד, וגם שמע בבירור שגדול אחד הורה בנדון כזה להתיר אפי' תוך ג"י, ע"ש באריכות).

(**ועי'** בתשו' ח"ס, במי שמתה אשתו ולא קיים פ"ו, ונתרצה לאחות אשתו משום עגמת נפש דידה, ונסתפק השואל, דאולי מותר לישא אותה בתוך שלשים לאבילות שניהם, **ואף** דליכא הכנת צרכי חופה, אפשר סגי לצרף עגמת נפש דידה, שאם ישא אחרת יופסד כל מה שירש הבעל מאחותה, והוי ותם לריק כחכם, ואף על גב דלזה סגי אירוסין בלי נישואין, מ"מ הא כתב הדגמ"ר כו', **והוא** ז"ל כתב דאין להתיר נשואין בשום אופן, דהא אין להתיר בלי טעם בטול פ"ו, כמבואר בש"ס כו', ואבילות דידה שאינה מצווה על פ"ו, אין להתיר אלא בצירוף שנתקשר בשידוכים, ואם לא ישא זו לא יוכל לישא אחרת ויתבטל מפ"ו, וצריך עוד לצרוף פסידא הכנסת צרכי חופה, **ונימא** עתה דעגמת נפש דידה יהיה במקום פסידא, הנה לזה סגי בקישור שידוכים, דממ"נ אם יתבטלו השידוכים, ליכא תו ביטול פ"ו, דישא אחרת, ומשום עגמת נפש דידה לחוד בלא ביטול פ"ו לא שרינן, **ואי** לא יתבטלו ולא יכול לישא אחרת ויהיה בטול פ"ו, א"כ תו ליכא משום עג"נ, ובלי צירוף לא שרינן אבילות דידה, א"כ אין מקום להתיר).

הגה: וכן אם יש לו בנים קטנים ונתרצה לאחות אשתו, מותר לכנסה - מיד, ‹דאל"כ גם בלא אחותה מותר בבנים קטנים כמו שנתבאר, וזה אין לומר דבזה יש יותר רבותא מפני שהיא ג"כ אבילה, דלא נראה כן - ערוה"ש›, **וכן** ודאי מפרש גם בלא קיים פו"ר ואיכא הפסד, וקאי הש"ך גם אדברי המחבר, ואפי' בתוך ג' ימים הראשונים, ודלא כהט"ז - אג"מ).

ויבא עליה אחר שבעה, כן כ' העט"ז, **והב"ח** כתב דלא יבא עליה עד אחר שלשים, **ונראה** דלא פליגי, דהעט"ז מיירי בשלא קיים מצות פריה ורביה, והב"ח איירי כשקיים.

כי היא מרחמת על בני אחותה יותר מאחרת - ולכן מותר אפי' בלא הפסד. ‹**ובאם** נתרצה לאשה אחרת, בעי' שכבר שדכה ויש הפסד, כמו בלא קיים פו"ר – רעק"א›.

§ סימן שצג – מתי האבל יכול לצאת מביתו §

סעיף ג - האבל אינו יוצא בחול לבהכ"נ - ‹ואם הוא אבל על אב ואם, וא"א לאסוף מנין, צ"ע אם מותר לילך לבהכ"נ ולומר קדיש, א"ר – רעק"א›. (**בס'** חב"א בקו' מצבת משה כתב, דזה עפמ"ש בסי' שע"ו, שמצוה להתפלל בבית האבל, וא"כ יש שם י', **אבל** במקום דא"א לכנוף י', ויתבטל ע"ז מקדיש וקדושה וברכו, מותר לילך, **אך** במג"א משמע דמתפלל ביחידי כו', **ולכן** אם יש מנין נגד ביתו באותו חצר, לכ"ע מותר).

אבל בשבת יוצא. (וכן לבית המדרש) (ב"י) - ‹ואינו מובן מה יעשה שמה, הלא אסור בד"ת כל שבעה, **ומזה** ראיה להמרדכי שכתב בשם ר"י, דאבל בשבת מותר בת"ת, ותמיהני למה לא הביאו כלל דיעה זו, וצ"ע – ערוה"ש›. **ואנו נוהגים שבכל יום קריאת התורה יוצא לבה"ה. הגה: ובמדינות אלו נוהגין שאין יוצא אלא בשבת.**

ואם האבל מוהל או בעל ברית - פי' סנדק, **לאחר שלשה, מתפלל בביתו, וכשמביאין התינוק למול, הולך האבל לבית הכנסת. אבל תוך שלשה, לא יצא אא"כ אין מוהל אחר בעיר** - ואז מותר אפילו ביום ראשון. **אבל** אבי הבן פשיטא דאפילו תוך שלשה ימים יצא לכולי עלמא. ‹**דוקא** לילך לבהכ"נ לעמוד על מילת בנו, אבל מ"מ כל דברי אבילות נוהג, א"ר – רעק"א›.

‹**וכדין** מוהל, כן הדין בכהן אבל שרוצה לפדות בן בכור, תוך ג' לא יצא, כיון דיש כהנים אחרים בעיר, ואחר ג' יצא, כנה"ג בספרו בעי חיי – רעק"א›.

ויש מקילין אפילו תוך שלשה, אפי' אם יש מוהל אחר בעיר - הוא הב"י, וק"ק דהרי הבית יוסף כ' דלפי מנהגו שהאבל יוצא לב"ה להתפלל בכל יום קריאת התורה, כ"ש שיצא כדי למול אפילו תוך שלשה ימים ראשונים, ואפילו יש מוהל אחר בעיר, עכ"ל, **וא"כ** מאחר שכ' הרב דאנו נוהגין שאינו יוצא אלא בשבת, למה כ' סברת היש מקילין כאן.

ומותר לו לתקן הצפרנים ולגלח לצורך המילה, אבל אם יש מוהל אחר אסור - ‹היינו כל ל' – רעק"א›.

‹**בד"מ** השמיט תיבת "ולגלח", והוא הנכון לפענ"ד, דמה צורך מילה שייך לגלוח, **ומ"מ** לא רציתי למחוק, דאולי אצפרנים קאי, אלא שהלשון אינו מדוייק, ועוד דא"כ צ"ל "ולגלחם", ודוק – באר הגולה›. (**ועי'** בתשו' אא"ז פמ"א שכ' ג"כ, דהרמ"א קאי על צפרניו, דר"ל שמותר ליטלם אפילו במספרים, דכתבו הפוסקים בגנוסטרא אסור, פי' במספרים, קמ"ל דלצורך מצוה שרי אפילו במספרים). ‹**קאי** ג"כ אצפרנים, אבל גילוח אסור – רעק"א›.

וכן כל דבר מצוה שא"א לעשות בלא האבל, מותר לו לצאת לקיים המצוה - ‹דבר מצוה לא דמי להליכה לבהכ"נ, דכמה אנשים שמתפללים בביתם, משא"כ מצוה הכרחיות שרק בידו לעשותה, **עי'** ש"ך [לעיל מה שהקשה על רמ"א], ולפמ"ש א"ש ודו"ק. **ויכול** לצאת בתוך שבעה לקדש הלבנה, אם יעבור הזמן אחר שבעה – ערוה"ש›.

‹**יולדת** תוך ז', ביום השבת שהולכת לבהכ"נ, לובשת בגדי שבת, ונשים מוליכות אותה לבהכ"נ, ויושבת על מקומה, וחוזרות ומוליכות אותה לביתה, ואין עושין הולקרייש, א"ר – רעק"א›.

סעיף ד - הנוהגים כשהם אבלים שלא לשנות מקומם בבית הכנסת בשבת, יפה הם עושים - ‹דס"ל דהוי להו מילתא דפרהסיא שאין נוהג בשבת – לבוש›. **הגה: וי"א שגם בשבת ישנה מקומו, וכן המנהג פשוט, ואין לשנות המנהג** - דס"ל שאין זה דבר של פרהסיא, שאין אבילות ניכר בזה כל כך, שהרבה פעמים אדם מחליף מקומו אפילו אינו אבל, עכ"ל עט"ז מהנ"י, **ולמ"ש** לקמן ר"ס ת', דאבלות הנוהג כל שלשים נוהג אפילו בשבת, בלאו הכי ניחא.

(**וכתב** בס' חמודי דניאל כ"י, נראה כשאבל משנה מקומו, צריך להרחיק ד' אמות, שבלא זה כחד מקום חשיב, ע"כ, **וכ"כ** המג"א בסי' צ' לענין קובע מקום לתפלתו, דבתוך ד' אמות חשיב מקום א', ע"ש).

(**ראיתי** בתשו' אא"ז פמ"א שפסק, ‹באשה בתוך ל' לימי אבילה והיתה יולדת, והגיע זמנה לילך לבה"כ כמנהג ארצינו›, דאינה צריכה לשנות מקומה, **וכתב** דאף לפי מ"ש הש"ך, מטעם כל האבילות הנוהג כל ל' נוהג אף בשבת, א"כ אין לחלק, **אך** כיון דשינוי מקום גופה בשבת יש בו מחלוקת, והדעת מכרעת ע"פ הדין שלא ישנה מקומו בשבת, במילי דרבנן אזלינן לקולא, עכ"ד).

(**עבה"ט** של הרב מהרי"ט ז"ל שכתב בשם תשו' מהר"ם לובלין, דאם מת לו מת ברגל, אינו משנה מקומו, ע"ש, וכ"כ בתשובת אא"ז פנים מאירות). (**וכתב** עוד הבה"ט שם בשם שבו"י, באחד שמתה לו אחותו ונהג שבעה, ובתוך שבעה בא אביו מן הדרך שלא ידע עדיין ממיתת בתו, מותר לבנו לצאת לקראתו תוך שבעה כדי שלא ירגיש אביו במיתת בתו, עכ"ד, **ועי'** בשבו"י שם, דמשמע מדבריו דדוקא אם בא אביו רשאי משום כבוד אביו, אבל אם בא אחיו אסור).

(**וכתב** עוד שם, דפשוט שהאבל רשאי לילך תוך שבעה אל השררה בשביל הצלת ממון, ע"ש).

§ סימן שצד – שלא להתקשות על המת יותר מדאי §

סעיף ב - במה דברים אמורים, בשאר העם. אבל תלמידי חכמים, הכל לפי חכמתם; ואין בוכים עליהם יותר מל' יום; ואין מספידין עליהם יותר מי"ב חדש; וכן חכם שבא שמועתו לאחר י"ב חדש, אין מספידין אותו - אפי' ביום שמועה. ‹**אפי'** בשנת העיבור לא יספידוהו לאחר י"ב חודש, וכמ"ש גבי קדיש בסוף סי' שע"ו – ערוה"ש›.

סעיף ג - יוצאין לבית הקברות ופוקדים על המתים שלשה ימים, שמא עדיין הוא חי - ‹ואין בו משום דרכי האמורי – לבוש›. **כתב** הפרישה, זה היה דוקא בימיהם שהיו מניחין את המת בכוכין, והיה אפשר לגלות את המת ולראותו. ‹**ובימינו** לא שייך זה, ואין אנו קוברין בלא מיתה ודאית – ערוה"ש›. (**ועי'** בתשו' ח"ס סי' של"ח מ"ש בזה). ‹**והובא** בפת"ש סי' שנ"ז ס"א, ע"ש›.

וכתב עוד הדרישה בשם מהרש"ל, אדם שמת לו מת, ובתוך שלשים נולד לו בן, אין עושין שמחה ומשתה ביום המילה, רוקח, עכ"ל, **וכמדומה** שאין נוהגין כן.

סעיף ה - אחד מהחבורה שמת, תדאג כל החבורה - ‹שמדת הדין מתוח כנגד כל החבורה - לבוש›.

סעיף ו - כל מי שאינו מתאבל כמו שצוו חכמים, ה"ז אכזרי; אלא יפחד וידאג ויפשפש במעשיו ויחזור בתשובה - ‹אולי ינצל מחרבו של מלאך המות - לבוש›.

§ סימן שצה – מקצת יום השבעה והשלשים ככולו §

סעיף ב - שמע שמועה רחוקה בלילה, כיון דסגי בשעה אחת, סלקא, אפילו בלילה - ‹דדוקא מילתא דתליא ביומי, כגון שבעה ושלשים, לא חשבינן הלילה שלפניו לכלום עד שיאיר היום ותנץ החמה, אבל מילתא דתלי בשעות, סלקא אפי' בלילה – לבוש›.

סעיף ג - מי שמת אביו או אמו בראש חדש ניסן, לא אמרינן בכ"ט באדר שאחריו מקצת היום ככולו, אלא צריך לנהוג דברים האסורים בי"ב חדש עד שיכנס ראש חדש ניסן - כיון דתליא בחדשים. [**הטעם** בת"ה, דכל שתלוי במנין ימים, אמרינן מקצת יום האחרון ככולו, משא"כ באבילות דתלוי בי"ב חודש בכל דוכתי, וא"כ אם תאמר מקצת ככולו, לא יצטרך להתאבל רק קצת מחודש האחרון, וזה ודאי אינו]. (**עי'** בתשו' הרדב"ז, שדעתו להקל).

הגה: ונהגו להוסיף עוד היום שמת בו האב או האם לנהוג בו דין י"ב חדש, ונכון הוא - ואפי' חל אותו היום בשבת, נוהג בו דין י"ב חדש, כן הוא בתרומת הדשן.

[**בת"ה** כתב הטעם, משום דאמרינן קדיש וברכו ומתענין בו דיום מיתה הוא כו', ולכך נוהגין ענין אבילות באותו יום, עכ"ל. **ולפי"ז** אפילו עד עולם כל יארציי"ט שלו הוה הדין כן. **ומו"ח** ז"ל כ', דאם השנה מעוברת, מותר ליכנס לבית המשתה לאחר י"ב חודש, כדלעיל סי' שצ"א, ואז אין נוהג דין י"ב חודש ביום שמת בו אביו, ואף על פי שמתענה בו, כיון דכבר נכנס למשתה והפסיק אבילותו, שוב אינו חוזר לאבילותו כו', עכ"ל. **ותמוהים** דבריו, דהא עד עולם צריך לנהוג כן ביום יארציי"ט שלו, וכ"כ רמ"א סי' ת"ב סי"ב, שלעולם אין לאכול בסעודה בלילה של יום היארציי"ט]. **לק"מ**, דסעודת משתה ושמחה שאני, דהיא אסורה בכל יארציי"ט לעולם, וכדכ' הרב לקמן ס"ס ת"ב, כ"ש הכא, ולא קאמר הכא אלא בשאר דיני אבילות, וכמ"ש בש"ך - נקה"כ.

‹**וזהו** לפי שיטת הרמ"א בסי' שצ"א דיארציי"ט הוי כאבלות, אבל לפי"מ שנתבאר שם אינו כן, ע"ש, **אך** לפי האומרים דבשנה ראשונה יש לחוש, ודאי ינהוג כן. **ויראה** לי דאם י"ב חדש שלו כלתה בר"ח ששני ימים ר"ח, א"צ לנהוג אבלותו אלא עד יום ראשון, ואף על פי שלמספר ימי החדש הוא שייך לחדש העבר, מ"מ כיון דהוא ר"ח אין להחמיר בכך – ערוה"ש›.

[**וכתוב** בלבוש, אולי במקומו של רמ"א נהגו כן, כי ברוב המקומות שעברתי לא ראיתי נוהגים כן].

§ סימן שצו – דין אבל שלא נהג אבלותו כל שבעה §

סעיף ב - במה דברים אמורים, בשלא נהג אבלות כלל כל שבעה; אבל אם זלזל במקצת הימים, ולא נהג בהם אבלות, כגון מי שאמרו לו שמת לו מת ביום הא', והיה בעיר אחרת ולא נהג אבלות, וביום השני בא לעירו ונהג אבלות, אין צריך להשלים, ומונה שבעה מיום הראשון - ‹ולאו דווקא כשהיה בעיר אחרת, רק אורחא דמילתא כן אצל בני אדם, דעד שבא לעירו אינו נוהג אבלות, אף שע"פ הדין אינו כן, דכל מה שיכול ליזהר בדרך מחוייב ליזהר, **אבל** ה"ה כשהיה בעיר ולא נהג ביום ראשון אבלות, דמ"מ מונה מיום הראשון, וכ"ש אם לא שמר האבלות באמצע השבעה. **כללו** של דבר, אם רק נהג מקצת אבלות, א"צ לנהוג עוד, אך הוא ישא עונו באם שלא שמר אבלותו במזיד – ערוה"ש›.

(**עי'** בתשו' רדב"ז, במי שבא לו שמועה שמת אביו, ואחד מקרוביו אמר לו שאין השמועה אמת, ואחר שעברו שני ימים א"ל אמת היתה, **וכתב** דקרובו זה לא טוב עשה, והיה סיבה שלא קיים אבילות מן התורה, שהוא יום הקבורה, דיום שמועה קרובה כיום קבורה הוא, אבל לענין הדין אינו מונה אלא מיום השמועה הראשונה, ע"ש).

‹**וכן** הדין כשפסק האבלות מחמת שמועת שקר, כגון שאמרו לו מת לך מת והתחיל לנהוג באבלות, ואח"כ ביום השני אמרו לו שקר אמרו לך, וקם מאבלותו, ואח"כ בעוד ימים אמרו לו שהשני אמר שקר והראשון אמר

אמת, וחזר וישב באבלות, מונה משמועה הראשונה אף שהפסיק כמה ימים באמצע, **ונ"ל** דאם אפילו אחר שבעה באה לו השמועה השלישית ששמועה הראשונה היתה אמת, ג"כ א"צ לנהוג אבלות עוד, כיון שנהג יום ראשון באבלות – ערוה"ש›.

סעיף ג- קטן שמת אביו ואמו, ואפילו הגדיל תוך שבעה, בטל ממנו כל דין אבלות ואינו חייב בו

- ‹כתב בספר חכ"א, משמע דגם אבילות של יב"ח פטור, **ואפשר** שיש לחלק, דבשלמא ז' ול' שהם מצות שקבעו חז"ל באבל, וכיון דהיה פטור בשעת חובתו, אין לו תשלומין, **משא"כ** אבילות יב"ח, שאינו אלא משום כבוד אב ואם, י"ל דעב"פ בזה חייב, עכ"ל›.

[דין זה הוא במחלוקת בין מהר"ם להרא"ש תלמידו, דמהר"ם סבירא ליה חייב להתאבל אחר שיגדיל שבעה ושלשים מיום שנעשה גדול, והוה כשמע שמועה קרובה ברגל שמתאבל אחר הרגל ז' ול', **ואף** על גב דהתם ימי הרגל עולין למנין שלשים, היינו לפי שנהג בהם איסור גיהוץ ותספורת, אבל כאן בקטנותו לא נהג כלום, **ואף** על פי שיש לחלק קצת בין שמע ברגל לנדון זה, דהתם גברא בר חיובא הוא, אלא דיומא הוא דקגרים, אבל הכא גברא לאו בר חיובא הוא כלל, וא"כ נימא כיון דבשעת מיתה לא היה ראוי להתאבל, יפטור עולמית, **הא** ליתא, דאין דיחוי אצל מצות, כדאיתא פרק כיסוי הדם כו', **והרא"ש** חולק, ואומר: תופס אני אותה סברא שיש לחלק בין היכא דגברא בר חיובא הוא ויומא גרים, לקטן דבשעה שהיה לו להתאבל פטור מחמת קטנות, פקע מיניה חיוב אבילות לעולם, ודמי להא דאמר בפרק מי שהיה טמא, קטן שהגדיל בין ב' פסחים, דסבר רבי נתן שני תשלומין לראשון, וכל שאינו זקוק לראשון אינו זקוק לשני, וכן נמי הא דיושבים על שמועה קרובה ז' ול', אינה מצוה בפני עצמה, אלא תשלום לאבלות שהיה לו לעשות מיד אחר הקבורה כשידע, וכשלא ידע תקנו שיש לו תשלומין כל שלשים יום, והיכא דידע ולא נתחייב, לא שייך ביה תשלומין, מידי דהוה אחיגר ביום ראשון ונתפשט ביום שני של חג, דלא שייך ביה תשלומין כו' ע"כ. ‹**ואין** זה ענין למה דקיי"ל אין דיחוי אצל מצות, דוודאי אין דיחוי, מיהו זהו דווקא במצוה שחיובה נתחדשה עתה כמקודם, אבל אבלות אין החיוב רק בסתימת הגולל, ומשם נמשך שבעה ושלשים, אבל כל שהיה פטור בשעת סתימת הגולל, א"א שתחול עליו החיוב – ערוה"ש›. **וכ'** רבינו ירוחם שיש לפסוק כמהר"ם שהוא רבו של הרא"ש, והב"י הכריע כהרא"ש, דהלכה כדברי המיקל באבל, וכן פסק כאן בשו"ע דפטור].

[**ובימי חרפי בא מעשה זה לידי**, בקטן שהגדיל תוך ז', ועיינתי בו והוקשה לי בדברי הרא"ש, שכתב דאבלות הוה בו משום תשלומין, דבזה אין שייך תשלומין, אלא כל יום מן הז' הוא מצוה בפ"ע, דהא פסקינן כאן סעיף ב', אם זלזל במקצת ז' הימים דא"צ להשלים, ולמה כתבו הטור והשו"ע אפי' הגדיל בתוך שבעה. **והרציתי** הדברים הללו לפני מו"ח ז"ל, והשיב לי שבלא"ה סותרים דברי השלחן ערוך זה את זה, דבפרק מי שמתו יש ג"כ פלוגתא בין הרא"ש ורבינו יהודה ובין מהר"ם לענין הבדלה, דרבינו יהודה היה אונן במ"ש ולא הבדיל, ולמחר ביום א' אחר הקבורה לא רצה ג"כ להבדיל, מאחר שהיה פטור בשעת חיוב הבדלה, ודומה לחיגר שנתפשט ביום שני שזכרתי לעיל, והוא איל ונדחה ידחה, **ומהר"ם** חולק שם וס"ל ביום המחרת חייב להבדיל, דהא קי"ל מי שלא הבדיל במ"ש מבדיל והולך כל השבת כולה, **והרא"ש כ'** שם שהוא הסכים לרבינו יהודה, דהא דאמרינן מי שלא הבדיל במ"ש כו', היינו כשלא היה לו יין במ"ש או אונס אחר שלא היה יכול להבדיל, אבל אונן דבשעה שחל עליו חיוב הבדלה היה פטור לגמרי, תו לא מתחייב, ודמיא לחיגר דלעיל, ע"כ, והנה לעיל סי' שמ"א פסק השו"ע שחייב להבדיל, והיינו כמהר"ם, וכאן פסק דפטור כשהגדיל, והיינו כהרא"ש, דטעם אחד לשתי הפלוגתות, ואין ישוב לזה, וע"כ פסק הוא בכל מקום כמהר"ם שהוא רבו של הרא"ש, וגם כאן חייב בז' ושלשים דלא כפסק הש"ע, וכן קבע הוא בחיבורו על היורה דעה כאן].

[**ואני בעניי תמהתי ונפלאתי על פסק זה שנחלקו בו אבות העולם מהר"ם והרא"ש**, ומתירא אני להכניס ראשי החלש בין הרים גדולים מאורי ישראל, ומ"מ עצור במלין לא אוכל, כי תלמוד ערוך הוא פסק זה לפע"ד שלא כדברי מהר"ם ולא כדברי הרא"ש במחילה מכבודם, וע"פ זה יתבאר שפסקי הש"ע הם דברי אלהים חיים. **אמרינן** בפרק נגמר הדין, בהא דאמרינן לא היו קוברין אותן הרוגי בית דין בקברות אבותם, ואי ס"ד כיון דאיקטל הוי ליה כפרה, ליקברו, ומשני מיתה וקבורה בעינן, מתיב רב אדא, לא היו מתאבלין על הרוגי ב"ד אלא אוננין, ואי ס"ד כיון דאיקבר הוה ליה כפרה, ליתאבלו, ומשני בעינן נמי עיכול בשר. רב אשי אמר לעולם לא בעינן עיכול בשר, אלא צערא דחיבוט הקבר פורתא, וטעמא דלא היו מתאבלין, משום דאבילות מסתימת הגולל חיילא, כפרה מאימת הויא מכי חזי צערא דקברא פורתא, הלכך הואיל ואידחו ידחו, **פירש"י** הואיל ונדחו שלא נראו להתאבל בשעת התחלת האבלות, ידחו אף לאחר מכאן, ואף על גב דגבי קובר את מתו ברגל, תנן מונה ז' ימים אחר הרגל, ולא אמרינן הואיל ונדחו ידחו, התם לא אידחו לגמרי, שהרי אמרי' כל שהוא משום עיסקי רבים אין הרגל מפסיקן ורבים באים לנחמו, עכ"ל. **והנה** אתה רואה ק"ו כאן, דמה כאן בפרק נגמר הדין דאחר סתימת הגולל לא היה שום אבילות בעולם, כיון דהמת לא חזי לכך, דלא הוי ליה כפרה עדיין, והיה מן הראוי לומר דאחר שיהיה קצת בקבר ויכופר אז יתחיל אבילות שלו, כדרך שמתחיל בשאר מתים אחר סתימת הגולל, אפ"ה לא אמרינן כן, אלא אמרינן הואיל ואידחי בשעה שמתחיל לשאר העולם, לא יתאבלו עליו כלל אח"כ, ק"ו כאן שהיה אבילות בעולם, והמתאבל לא חל עליו החיוב, פשיטא הואיל ואידחי בשעת החיוב ידחה לעולם, ופשוט דהלכה כרב אשי דבתרא הוא, ותו אני אומר דגם תירוץ הראשון בגמ' אינו חולק על האי סברא דאידחי אידחי... **א"כ** מבואר דלא כמהר"ם שחייב לקטן והגדיל, וגם דלא כהרא"ש, דאילו להרא"ש הפטור משום דהוה תשלומין, וכל שפטור בשעת החיוב אין עליו תשלומין, משמע דאילו במקום שאין תשלומין, הוה חיוב ומודה למהר"ם, והרי כאן בפרק נגמר הדין שאין שם תשלומין, דהא לא היה ראוי לאבילות מתחלה, ואפ"ה אמרינן דפטור אח"כ, **אלא** דבר ברור הוא דהפטור לאו משום דלא שייך ביה תשלומין נגעו בו, אלא משום שחכמים הטילו עליו אבילות מן שעה ראשונה שהמרירות עליו ביותר, דהיינו משיסתום הגולל, ומן אותה שעה הוא מתאבל והולך כפי דינו, אבל כל שנפטר בשעת עיקר המרירות, דהיינו אחר סתימת הגולל, אין עליו שום חיוב

סימן שצו – דין אבל שלא נהג אבלותו כל שבעה

אחר כך, ומשום הכי הרוגי ב"ד וכן קטן והגדיל פטורים לגמרי, כיון שהיו פטורים בשעת עיקר המרירות, **ויפה** מכוון לזה פי' רש"י שהעתקתי, שלא דמי לקובר מת ברגל שחייב בז' ול' אחר הרגל, ששם בשעת עיקר המרירות לא נפטר, שהרי יש עליו קצת אבילות גם ברגל, **ואין כאן דמיון להבדלה שחייב לעשות ביום המחרת, אף על פי שבליל** מ"ש היה פטור, כמ"ש השלחן ערוך בסי' שמ"א, דשם הוא עיקר זמן ההבדלה מתחלה כך, שימשוך זמנה כל השבת או עד ליל ד', ולא אמרינן דאם לא הבדיל במ"ש הוה ההבדלה שאח"כ תשלומין על מ"ש, אלא עדיין זמנה ממש, וזה דומה לתפלת ערבית וק"ש, שאחז"ל במסכת ברכות שזמנה קודם אכילה, וכל העובר חייב מיתה, ואעפ"כ זמנה כל הלילה, כמ"ש בפי' שזמנה כל הלילה, **והכי** נמי ממש כן הוא בהבדלה, וזהו נכלל במה שאמרו, מי שלא הבדיל במ"ש מבדיל והולך כל השבת כולה. **וכן** לא קשה ממה שמצינו בסוכה פרק הישן, בקטן שנתגדל בימי הסוכות, דחייב לעשות סוכה, **התם** נמי זמנה כן הוא כל ז' הימים, ואין בזה משום תשלומין על מה שלא ישב בסוכה בשעת קטנותו, כדאמרינן במתני' שם שאין תשלומין למי שלא אכל בסוכה, **משא"כ** באבילות שהעיקר תלוי בהתחלת האבילות בשעת עיקר המרירות, וכל שלא התחיל לא יגמור, **ע"כ** נראה להלכה ולמעשה כפסק הרא"ש לענין אבילות דפטור כאן, ולא מטעמיה אלא מטעם שאמרנו. ולענין הבדלה כדעת מהר"ם, וכפסק הש"ע בב' המקומות, והם צודקים וברורים, ומקום הניחו לנו רבותינו אבות העולם לזכות בו בסייעתא דשמיא].

האריך להוכיח כהרא"ש ולא מטעמיה מפ' נגמר הדין, ולפענ"ד אין משם ראיה כלל, דהתם לא היה המת ראוי כלל להתאבל עליו שום אדם בעולם, והלכך כיון דכבר נתבטל האבלות ממנו בשעה הראשונה שהוא עיקר המרירות, שוב אין מרירות להתאבל עליו, ולכך אמרינן הואיל ואידחי ידחה, **ורש"י** דמקשה מרגל, היינו דמדמי דרגל נמי אין המת ראוי לשום אדם בעולם להתאבל, **אבל** הכא הרי המת ראוי להתאבל, ומרירות לבו עליו מיד והולך, א"כ מרירות לבו עדיין בו, אלא שהקטן אינו בר חיובא, וכשיגדיל הרי הוא בר חיובא, וזה ברור ודוק, **מיהו** מה שחילק בין הבדלה לכאן נכון הוא, וכן כתוב בש"ך, שבקל יש לחלק ביניהם - נקה"כ.

(**עי'** בט"ז שהאריך להביא ראיה לפסק הש"ע, ועי' בשו"ת שיבת ציון שכתב ע"ז, לכאורה קשה, דהא הט"ז לעיל סי' ש"מ ס"ק ט"ו פסק, שקטן שהגיע לחינוך צריך לנהוג כל דיני אבילות, **ונראה** דעכ"פ יש נפקותא, דמטעם חינוך ליכא אלא כשיש להקטן אב שחייב לחנכו במצות, אבל היכא דליכא אב ליתא לחינוך כלל, כמ"ש המג"א בסי' שמ"ג ובסי' תרי"ז. **עוד** יש נפקותא, אם הקטן הולך לבית הספר ללמוד תורה, והגדיל תוך שבעה, דג"כ לא שייך חינוך, דמתוך זה אתה מבטלו מת"ת, בזה שייך פסק זה דבטל ממנו כל דין אבילות, אבל קטן שהוא עוסק באומנות ואינו עוסק בתורה, ויש לו אב, נוהג אבילות משום חינוך. **והנה** כל זה בקטן בן זכר, אבל בקטנה כתב המג"א בסי' שמ"ג, דאין האב מחויב לחנך בתו, **ואני** ראיתי בתוס' ישנים במסכת יומא דף פ"ב, דהאב חייב לחנך בתו, עכ"ד).

(**עי'** בתשו' חתם סופר, שכ' ע"ד אותן דאיתרע בהו מילתא בשעת הדבר ר"ל, ולא התאבלו אז מחמת ביעתותא, כדלעיל ס"ס שע"ד, **ודאי** דאם עבר זעם בתוך שלשים, צריך להתאבל, כמ"ש בתשו' נ"ש בשם גאון מהר"ם שפירא, דחולה אבל אם נתרפא צריך להתאבל בתוך למ"ד, **דאפילו** הרא"ש דפליג אמהר"ם מרוטנבורג בקטן שהגדיל, מודה הכא, ע"ש, **אלא** שנ"ל פשוט, אם אירע רגל בינתיים, שהרגל מפסיקו, ואף על פי שלא נהג אבילות כלל, ‹דהרגל בעצמותו מפסיק, אפי' לא התחיל כלל להתאבל כך דינו של רגל להפסיק, אך מטעם קנסא שלא יהיה חוטא נשכר, ע"כ אפי' בשוגג מ"מ קצת קנס ופשיעה שייך, צריך לחזור ולהתאבל, אמנם אונס לא - המשך לשונו›.

‹**וחולה** שמת לו מת, אם לא ידע כלל עד שהבריא, בתוך ל' חייב לנהוג אבלות כל שבעה, **ואם** ידע רק שלא היה ביכולתו לנהוג אבלות מפני חליו, אף על פי שזהו הדין שנתבאר, מ"מ נ"ל דא"צ לנהוג אבלות, משום דלא ימלט שלא נהג אף במטתו איזה דבר אבלות שעה קלה בתוך השבעה, אם רק היה שפוי בדעתו, **אבל** כשלא היה שפוי, וודאי יש לו לנהוג אבלות אח"כ כשעדיין בתוך ל' - ערוה"ש›.

§ סימן שצז – דיני עדות לנהוג אבילות על פיהם §

סעיף א- מתאבלין על פי עד אחד, ועד מפי עד, ועובד כוכבים מסיח לפי תומו

- ‹דמילתא דעבידי לגלויי לא משקרי אינשי - ערוה"ש›. **כתב** הרמב"ן: זה הכלל, כל עדות שמשיאים האשה על פיה, הקרובים מתאבלים, וכ"פ הב"ח, ועיין בא"ע סי' י"ז נתבאר עדות שמשיאין האשה על פיה. ‹**ואע"ג** דבאשה יש עוד טעם משום דדייקה ומינסבה, זהו מפני איסור א"א דחמיר טובא, אבל באבלות דקיל די בטעם זה בלבד - ערוה"ש›.

‹**ולענ"ד** נראה דכל שיש חשש בדדמי, א"צ להתאבל עד שתבורר הדבר. **ודוקא** כותי מסיח לפי תומו נאמן, אבל במתכוין להעיד אינו נאמן - ערוה"ש›.

[**כ'** רש"ל וז"ל, עובדת כוכבים שספרה לפי תומה לראובן שמתה אחותו, פסק ראבי"ה שמתאבל על פיה, דנאמנת להחמיר, **וא"מ** פסק דהילכתא כדברי המיקל באבל, ועובד כוכבים אינו נאמן להחמיר במילי דאבילות, **וה"ר** ישעיה אומר דאין עובד כוכבים נאמן במסיח לפי תומו אלא לעדות אשה, או על פירות של עצמו מעיד דשל ערלה הן, **אבל** בכל עדיות דעלמא אין עובד כוכבים נאמן במסיח לפי תומו בין להקל בין להחמיר, ע"כ תשובת אור זרוע עכ"ל]. ‹**ויש** מגמגמים בכותי מסיח לפי תומו דאינו נאמן, עי' ט"ז, **ואם** יודעים שהכותי אינו שקרן, וודאי יש להאמינו - ערוה"ש›.

וכ' עוד הב"ח, היכא שכתבו לאחד שמת קרובו, ואיכא ספק אם הוא תוך ל', חייב להתאבל, דכל כמה דמצינן ליה לאוקמיה אחזקתיה מוקמינן, ואמרינן השתא מקרוב מת, וכן הוא בתשו' ן' לב, **וכן** כ' בתשו' ר"מ מינץ דצריך להתאבל, מטעם דמוקמינן אחזקתיה, [**וזה** כלל דבריו, דיש סברא לומר כיון דהקילו בענין אבילות כיון דספיקא דרבנן הוא, והביא בשם הלכות שמחות דמהר"ם, דאין להחמיר באבילות בספק,

סימן שצז – דיני עדות לנהוג אבילות על פיהם

דחומרא דאתי לידי קולא היא, שנוהג אבילות בשבת בדברים של צינעא, ומבטל תלמוד תורה כל שבעה ימים, **אך** מטעם חזקה נ"ל להחמיר].

[**ולפענ"ד** לא נראה כן, דע"כ לא אמרינן דמוקמינן ליה בחזקת חי, אלא כל שלא ידענו עדיין שמת, משא"כ בדהשתא ודאי מת, שפיר אמרינן דכבר היה מת. **ואין** להקשות מ"ש משאר חזקות שאמרינן חזקה אפי' בכה"ג בהרבה דוכתי, **נלע"ד** לומר, דשאני במיתה דכל חי עומד למות, והוא מועד לכך בלי ספק, ע"כ שפיר אמרינן דודאי כל זמן שאינו מבורר שמת אמרינן עדיין חי הוא, **אבל** כשמבורר שמת, אזלא החזקה לענין שנאמר דהשתא הוא שמת, דאדרבה אמרינן שמעיקרא היה מת כיון שעמד לכך. **וכיון** שזכינו לזה, נימא גם כאן דאין חייב להתאבל מכח ספק מחמת החזקה, דאין לך לומר השתא הוא דמת דוקא, ועל דברים אלו סמכתי עצמי, ופסקתי הלכה למעשה כן שאין חיוב אבילות על זה הספק, **בפרט** אחר היסוד הגדול שהולכין באבל להקל טפי מבשאר מילי דרבנן, **ואין** מן הראוי להחמיר, דאתי לידי קולא לחלל שבת, כמו שזכרנו בתשובה דלעיל].

‹**קשה** לי, דענין זה לא דמי לכל העניינים, שהרי בכאן אף אם נאמר שמת קודם ל', מ"מ היה חיוב עליו להתאבל, אלא שהוא לא ידע, וכיון דחיוב אבלות הוה ודאי, אין ספק מוציא מידי ודאי, **אם** לא שנאמר דאבלות קיל טובא, ואין להחמיר בספק, אבל מצד ענין חזקה איני רואה מקום לפוטרו – ערוה"ש›.

‹**ועי'** בתשובת יריעות האוהל שהעלה כדעת הפוסקים דחייב להתאבל באינו יודע אם הוא תוך למ"ד או לאחר ל', ע"ש, וכן פסק בתשובת רדב"ז, וכ"כ בתשובת יד אליהו, וכן העלה בספר בכור שור ע"ש. ‹**וכיון** שיש פלוגתא, הלכה כדברי המיקל באבל – ערוה"ש›.

מיהו היכא שהוא כתב יד של חכם, אמרי' מסתמא לאחר ל' הוא, דאם איתא דאפשר היה שיגיע הכתב לידו תוך ל', לא היה כותב בסתם אלא היה מבאר ‹שזהו תוך ל' – ערוה"ש›, כ"כ הב"ח.

וכ' בתשו' ר"מ מינץ, דאם אירע שהורו דאין להתאבל מספק, ואח"כ נודע לו למפרע שמת תוך ל', צ"ע אם יחזור ויתאבל או לא, ע"ש, **ולפעד"נ** דצריך להתאבל בכה"ג, וע"ל ר"ס שצ"ו ודו"ק.

צ"ל: "ולפעד"נ דא"צ להתאבל בכה"ג, וע"ל ר"ס שצ"ו ודו"ק", עכ"ל. **ולא** כמו שנדפס, דהא בר"ס שצ"ו משמע דאחר ל' א"צ לחזור ולהתאבל – נקה"כ. ‹**ועי'** בת' רדב"ז, [הובא לעיל בסי' שצ"ו ס"ב], בבא לו שמועה קרובה ואח"כ אמר לו אחד לאיזה סיבה שאין השמועה אמת, ואחר שעברו ב' ימים נודע לו ששמועה הראשונה היה אמת, דאותן ימים עלו לו – רעק"א›.

‹**ועיין** בתשובת בית אפרים, שנשאל במי שכתבו לו שמת אביו זה שמונה ימים, ונפל ספק אם הכוונה שכבר עברו שמונה ימים קודם הכתיבה, וא"כ ביום הגיע האגרת כבר עברו שלשים והוי שמועה רחוקה, או הכוונה כי ביום הכתיבה הוא שמונה ימים, ונמצא כי עדיין לא עברו שלשים והוי שמועה קרובה וחייב לנהוג אבילות, **וכתב** דאע"ג דדעת הב"ח ושאר פוסקים, דבספק אם היא שמועה רחוקה מחויב להתאבל, מ"מ הכא א"צ להתאבל, דמשמעות הלשון נראה שהכוונה שכבר עברו ח' ימים, כמו זה לי עשרים שנה בביתך, וכן זה שנתים הרעב בקרב הארץ, ובפרט שהוא כתב חכם, ודאי מידק דייק וכתב לשון הקרא, **ועוד** יש לצרף דעת קצת גאונים, דשמע ביום שלשים הוי שמועה רחוקה, ואף דלא קיי"ל הכי, מ"מ יש לעשות זה סניף לכאן, ע"ש›.

‹**ועי'** בתשו' יד אליהו, בא' שנכתבו לו ממרחקים, איך שמת אחד, ויש לו שתי משמעות, או שמת רבו או שמת אביו, והוא לאחר שלשים, איך יתנהג בקריעה ואבילות, **והשיב** דממ"נ חייב לקרוע, ועולה לו אף אם נודע אח"כ שהוא אביו, ודומה למ"ש בסי' ש"מ סכ"ד. **ולענין** גידורץ ותספורת א"צ לנהוג, כי ספיקא דרבנן הוא, ע"ש. **וכתב** עוד, דאם הספק הוא בין שני אנשים, שרבו של הא' הוא אביו של השני, וא"כ יש ספק אם הוא אביו של זה או של זה, והוא בתוך שלשים, מחויבים שניהם להתאבל, **דאף** דקיי"ל ספק באבל להקל, שאני הכא דאחד משני האנשים בודאי חייב להתאבל, חייבים שניהם מספק, והוא ג"כ הטעם בסי' שע"ד ס"ח בהג"ה, גבי ספק בן ט' לראשון כו', ע"ש, **ומבואר** עוד שם בלשון השאלה, דאם היה ג"כ ספק אם הוא תוך שלשים, הוי תרי ספיקות ופטורים שניהם›.

סעיף ב - שנים אומרים: מת, ושנים אומרים: לא מת, אינו מתאבל – [הטעם, דכיון דספיקא היא אזלינן בה להקל]. **דמוקמינן** ליה אחזקתיה דחי. **וע"ל** סי' של"ט ס"ב, דבאמרו לו ראינו קרובך גוסס היום ג' ימים, צריך להתאבל עליו.

‹**הדבר** פשוט דאם עד אומר מת ועד אומר לא מת, אינו מתאבל, **אבל** אחד כנגד שנים אינו נאמן – ערוה"ש›.

§ סימן שצח – אבלות יום ראשון דאורייתא §

סעיף א - אבלות יום ראשון, אם הוא יום מיתה וקבורה, הוי דאורייתא – [לאפוקי מת ביום א' ונקבר למחר, או שמועה קרובה], **ושאר הימים, מדרבנן. במה דברים אמורים, בשבעה מתים המפורשים בתורה שכהן מטמא להם** - שהם: אביו ואמו בנו ובתו אחיו ואחותו בתולה ואשתו נשואה, **אבל אותם שהוסיפו עליהם** (**כדאיתא בסימן שע"ד**), **אפילו ביום ראשון הם מדרבנן. ויש אומרים שאף אבילות יום ראשון דמיתה וקבורה הוי דרבנן בכל המתים** - והכי קי"ל כדלקמן סימן שצ"ט סי"ג.

[**בטור סיים**: אלא אנינות לחוד ביום ראשון דהוה דאורייתא, ואנינות לחוד ואבילות לחוד, האסור בזה מותר בזה, ואונן אינו אסור ביום ראשון מן התורה אלא באכילת קדשים ומעשר שני, ועוד החמירו בו חכמים בדברים המפורשים בפרק מי שמתו, עכ"ל, **פי'** אונן הוה ביום המיתה אפילו אחר שנקבר לענין אכילת קדשים ומעשר שני, כדאיתא בפרק טבול יום, **וחכמים** החמירו בו קודם שנקבר לענין אכילת בשר ויין ותשמיש ופטור מכל המצות, והיינו מטעם שמתו מוטל לפניו לקברו, ואז מותר בנעילת סנדל ורחיצה וגילוח וכל מה שאסור משום אבילות דלעיל, **עד** שיסתום הגולל, ואז מותר בבשר ויין, וחייב בכל המצות זולת תפילין ביום ראשון, **ומ"ש** הטור האסור בזה מותר בזה, לאו כללא הוא, דהא תשמיש אסור בשניהם, אלא על שאר החילוקים שזכרנו אמר כן].

§ סימן שצט – דיני אבלות ברגל בראש השנה וי"ט שני של גליות §

סעיף יב - **הקובר את מתו שעה אחת לפני הרגל, אותה שעה והרגל חשובים כי"ד, ומיד אחר הרגל יש לו דין שבוע שלישית לענין שיושב במקומו ואינו מדבר** - כדלעיל סימן שצ"ג סעיף ב', ואנן לא נהגינן הכי כמו שנתבאר שם.

סעיף יג - **במקומות שעושין שני י"ט, מי שמת לו מת ביום טוב שני שהוא יום טוב האחרון של פסח או של חג, או ביום טוב שני של עצרת, וקברו בו ביום, נוהג בו האבלות, הואיל ויום טוב שני מדבריהם, ואבילות יום ראשון שהוא יום מיתה וקבורה של תורה, ידחה עשה של דבריהם מפני עשה של תורה. אבל אם מת בי"ט שני של ר"ה, וקברו בו ביום, אינו נוהג בו אבלות, ששני הימים כיום ארוך הם** - ‹מ"מ אע"פ שהם כיום אחד לחומרא בדיניו המבוארים במקומו, אבל עולה לו למנין שלשים – לבוש›.

במה דברים אמורים בשבעה מתים המפורשים בתורה שהכהן מטמא להם, אבל אותם שהוסיפו עליהם (כדאיתא בסימן שע"ד), אין אבלותם אלא מדרבנן, לפיכך אינו נוהג עליהם אבלות בשום יום טוב. ואפילו באותם שאמרנו שנוהג אבילות ביום טוב שני, אינו קורע.

והעולם נוהגין שלא להתאבל בי"ט שני של גליות על שום מת, אפילו הוא יום מיתה וקבורה. הגה: דסוברין כדעת האומרים שאין שום אבלות דאורייתא, וכן המנהג פשוט, ואין לשנות (ר"ת ור"י ורא"ש).

[ברמב"ם כאן לפני זה בבא אחרת, דהיינו: הקובר את מתו ברגל כו', המקומות שעושין ב' י"ט, מונה השבעה מיו"ט שני האחרון, אף על גב שאין נוהג בו אבילות, לפי שהוא מדבריהם, ע"כ עולה למנין ז', ומונה אחריו ששה בלבד, והשלחן ערוך לא הזכירו כאן, לפי שבאורח חיים סימן תקמ"ח הזכירו]. ‹אגב שיטפא דגירסא נעלם ממנו מה שכתב הש"ע בהדי' דין זה סוף ס"ב – פמ"א›.

[וכתוב במהרי"ל וז"ל, יום שני של ראש השנה איני מורה שיעלה למנין שבעה, ואמר שכן הוא במיימוני, אבל בשאר יום טוב מודה שעולה, עכ"ל, ורא"ה פסק גם הוא היכא שקברו ביום טוב אחרון, אבל קברו ברגל קודם לכן לא, ומ"מ אין לנו אלא כפסק הש"ע בא"ח, די"ט ב' של גליות עולה אפילו מת ונקבר בראשון על ידי עממים, **וטעם** שהחמיר מהרי"ל בר"ה, לפי שהוא כיומא אריכתא עם היום הראשון, וע"כ אין סברא למנות מיום שני כל שמת ונקבר ביום הראשון, דכשם שהראשון אינו עולה למנין ז', כך השני כחד יומא הם, **אבל** אם נקבר ביום שני של ר"ה, נראה פשוט דמונה ממנו, דהא עכ"פ מדבריהם הוא, כמ"ש הטור לדעת הרמב"ן והגאונים, אין בזה עיכוב לומר דהא שייך ליום הראשון, דזה ודאי דהא בכל דצריך מנין ימים ודאי מנינן ר"ה לשני ימים, רק באם הוה הקבורה ביום טוב ראשון של ר"ה, ואז לא מנינן אותו הראשון, אז גריר אבתריה גם יום השני מחמת דיומא אריכתא חשבינן ליה, **משא"כ** בנקבר ביום שני, כן נראה לי ברור].

‹**אבל** י"א דאין חילוק בין ר"ה לשארי רגלים, ואפילו בקברו ביום ראשון, השני עולה לו – ב"ח, ולזה הסכימו כמה גדולים וכן המנהג, כ"כ הבאה"ט בשם גינת וורדים ות"ח ע"ש, **ותימה** על הט"ז שלא הזכיר דברי הב"ח כלל – ערוה"ש›. ‹**ועיין** לעיל ס"ב בדברי הש"ך ופת"ש›.

§ סימן ת – דיני אבלות בשבת §

סעיף ב - **גררתו חיה או הרגוהו לסטים, ובשבת נתייאש מלבקש, כיון דדברים שבצינעא נוהג בשבת, עולה לו ליום אחד** - דכיון דנתייאשו לבקשו הוי ליה כנקבר, כדלעיל סימן שע"ה סעיף ז', ושבת עולה אפילו בתחלת המנין, כדלקמן סימן ת"ב ס"ז.

הגה: אם פגע יום ל' של אבלות בשבת ויום כ"ט בערב שבת, מותר לו לרחוץ בערב שבת, אף במקומות שנוהגין שלא לרחוץ כל שלשים, דהואיל ומדינא שרי לאחר שבעה, אלא שנהגו להחמיר כל ל', בכהאי גוונא שרי משום כבוד שבת. וה"ה כל כיוצא בזה, כגון לחזור אל מקומו בליל שבת וללבוש בגדי שבת, דהא נמי אינו אלא מנהג בעלמא, כמו שנתבאר לעיל סי' שפ"ט וש"נ; ואף על פי שיש לחלק בין רחיצה שאסורה בשבת ובין דברים אלו שאפשר לו לעשות בשבת, מ"מ אין נ"ל לחלק בכך.

‹**עבה"ט** של הרב מהרי"ט ז"ל לענין גלוח, ועי' בתשו' אא"ז פמ"א שכתב, דלהאוסרים גילוח ה"ה ליטול צפרניו בסכין אסר, ופסק כן ע"ש. **ועי'** בתשובת תשואת חן שהאריך בזה והעלה, דמי שאין לבו נוקפו יכול לסמוך ולהקל לכבוד שבת אף בגילוח, עיין שם›. ‹**ומבואר** להדיא, דמה שאסור מדינא דגמ' כל שלשים, כמו גלוח ונטילת צפרניים בסכין, אסור בע"ש בכ"ט לאבלות, **ול"ד** לחל שמיני שלו בשבת ערב הרגל דמותר לגלח מע"ש, כמ"ש בסי' שצ"ט, דבשם התירו מפני כבוד הרגל – ערוה"ש›.

§ סימן תא – דברים הנוהגים בחול המועד

סעיף ג - שמע בחול המועד שמועה קרובה, חייב לקרוע.

סעיף ו - אומרים על המת צדוק הדין וקדיש, כדרכן. וכן ביום טוב שני; אבל ביום טוב ראשון, כיון שאין מתעסקים במת אין אומרים אותו. הגה: ויש חולקין שלא לומר צדוק הדין במועד – ‹מפני שהוא כמו תחנה - לבוש›, **וכן המנהג פשוט במדינות אלו שלא לומר צדוק הדין בכל הימים שאין אומרים בהם תחנון, ולכן אין אומרים ג"כ כשקוברין אחר חצות בערב שבת** – ‹מפני שהוא סמוך לשבת, וכמו שאין אומרים תחנון במנחה מפני שהוא סמוך לשבת - לבוש›. **אבל** בערב ר"ח ובערב חנוכה *אומרים אפי' אחר חצות, דלא עדיפי כע"ש, כ"כ העט"ז, **ומשמע** דה"ה בעי"ט אחר חצות אין אומרים.

*‹**ובע"ש** כ' ע"ז, ול"נ דאם קוברין את המת אחר שהגיע זמן מנחה, אפי' מנחה גדולה, א"א צ"ה, **ובחק** יעקב כ', ופה פראג המנהג שלא לומר אחר חצות בימים אלו, רק בער"ח, לפי שאומרים ג"כ סליחות שקורין יו"כ קטן אחרי חצות, אומרים ג"כ צ"ה, **ובא"ר** שם העיד באופן אחר, שכ' פה פראג נוהגין שא"א אפילו בער"ח, **וסיים** שם וראשון עיקר, והיינו הש"ך כאן, דהא יש פוסקים דאפי' בי"ט לומר, עכ"ל – רעק"א›.

‹**ועיין** בתשובת גבעת שאול, דבערב תשעה באב אחר חצות אומרים צדוק הדין, אף דאקרי מועד, ע"ש›. ‹וכן בתענית אסתר אחר חצות, וערב ל"ג בעומר אחר חצות, שאומרים, **ובי"ד** באייר במקומות שאין אומרים מפני פסח שני, אין אומרים – ערוה"ש›.

י"א שאם קוברים המת בלילה, שאין אומרים קדיש ולא צדוק הדין – ‹ונראה לי דשפיר עבדי, שיש בו סוד שלא להגביר דינא, והבן, וכיון שאין אומרים צדוק הדין, גם קדיש אין אומרים, שאין הקדיש אלא בשביל פסוקי צדוק הדין, נ"ל - לבוש›.

סעיף ז - מת לו מת קודם פורים, ופגע בו פורים, אינו מפסיק האבילות; ומ"מ אין אבלות נוהג בו, לא בי"ד ולא בט"ו, אלא דברים שבצינעא נוהג, וחייב לשלוח מנות. ואף על פי שאינו מתאבל בהם, עולים לו ממנין השבעה, כמו שבת.

ומהרש"ל פסק דצריך לנהוג כל דיני אבילות, ושכן המנהג, והביאו הדרישה, ע"ש, וכ"כ המחבר בא"ח סי' תרצ"ו ס"ד, ‹וז"ל: כל דברי אבילות נוהגים בחנוכה ופורים›. **ודרישה** כתב ליישב דברי המחבר דלא סתרי אהדדי, דבא"ח מיירי שמת לו מת בו ביום, וכאן מיירי שמת קודם לכן, ודוחק. ‹**ויש** שרוצים להגיה באו"ח, דהאי "בחנוכה" צ"ל "בצינעא", וה"ק כל דברי אבלות בצינעא נוהגים בפורים, ובזה מיושב מה שמזכיר שם חנוכה בהלכות פורים, וה"ל להביאו בהלכות חנוכה סי' ת"ע, ששם מזכיר דיני חנוכה בהספד, אלא ודאי שט"ס הוא וצ"ל "בצינעא" – באה"ט›. **והרב** בהג"ה שם פסק כהמחבר כאן, וכ' שכן נוהגין, והב"ח לא הביא אלא דברי מהרש"ל, ע"ש.

§ סימן תב – דין שמועה קרובה ורחוקה

סעיף ו - השומע שמועה רחוקה בשבת או ברגל, אינו נוהג אפילו דברים שבצינעא, ולמוצאי שבת ורגל נוהג שעה אחת, ודיו – ‹והטעם, דכיון שצריך לעשות דבר בפועל ממש מעניני האבלות שעה א' כמו שנתבאר, וזה א"א בשבת ויו"ט, דדברים שבצנעא אינו אלא העדר עשייה, ולכן בהכרח לו לנהוג שעה אחת באבלות במוצאי שבת ויו"ט, וא"כ למה לנו להטיל עליו שינהוג בדברים שבצנעא בשבת ויו"ט עצמם – ערוה"ש›.

סעיף ז - השומע שמועה קרובה בשבת, השבת עולה לו ליום אחד, ולמחר קורע, והוה ליה יום ששי שביעי לאבלות.

סעיף ח - עשרה ימים אחר חג הסכות שמע שמת לו מת בערב החג, אעפ"י שאם נמנה שעה אחת לפני החג ז', ושבעת ימי החג ויום שמיני עצרת (הרי) כ"א, ועשרה ימים אחרים הרי ל"א, אין לזה דין שמועה רחוקה, אלא דין שמועה קרובה, שאין הרגל עולה למי שלא נהג אבלות קודם לו כלל; וכל שכן למי שלא היה יודע שמת לו מת - ומתחיל למנות ז' ול' משעה ששמע. **וכתבו** הב"ח והדרישה בסי' שצ"ט בשם מהרש"ל, דלפי זה, היכא דמת ביום א' ונקבר ביום ב', אף על פי שהקרובים שהיו אצל הקבורה מונים מיום הקבורה, כי אז היתה סתימת הגולל, **מ"מ** אותן שלא היו אצל הקבורה ולא נודע להן שמת עד שהגיע יום ל' מיום הקבורה, א"צ לנהוג אבילות, כיון דיום שמועה דידהו הוא יום ל"א מיום המיתה, וה"ל שמועה רחוקה, דלגבי דין שמועה יום המיתה הוא עיקר, ע"כ. [**דבתר יום המיתה אזלינן בכל מילי**, זולת לענין אבילות דמתחיל מסתימת הגולל]. **ואין** דבריו מוכרחים, גם צ"ע, שמהרש"ל הוציא כן מדברי ר' ירוחם ופוסקים, והרי ר' ירוחם גופיה כתב להדיא בדין זה להיפך, וז"ל, שמועה רחוקה נקראת ששמע שמת לו מת, ושמעה אחר שלשים יום לקבורתו כו', עכ"ל, הרי להדיא דמונין מיום הקבורה, וצ"ע - נקה"כ.

סעיף י - שמע שמועה קרובה בשבת ערב הרגל, כיון דדברים שבצינעא נוהג, עולה לו אותו שבת למנין שבעה - ושוב הרגל מבטל ממנו גזרת ז', כדלעיל ר"ס שצ"ט. ‹ולא אמרינן כיון שאין כל גזירת ז' נוהג בו, לא יעלה לז' אלא ליום א', דכיון שמקיים מקצת גזירת ז' כמו שצוו חז"ל, עולה ג"כ לז' - לבוש›.

סעיף יא - מי שהתפלל כבר ערבית ועדיין יום הוא, ושמע שמועה קרובה, מונה מיום מחר, ואותו יום אינו עולה לו - ע"ל ס"ס שע"ה מ"ש בזה, ‹דאם הוא לא התפלל עדיין, אף שהצבור כבר התפללו, מונה מהיום גם לקולא - ערוה"ש›.

[**הטעם**, דהוי תרי קולי דסתרי אהדדי, כיון דעשה אותו לילה לתפלת ערבית, אל תעשהו יום, **ונראה לי** דאם שמע שמועה קרובה בסוף יום ל' אחר תפלת ערבית, ועדיין יום הוא, ודאי לא אמרינן דהוה לילה מכח התפלה, דלהחמיר אמרינן כן לענין שלא יעלה יום שעבר למנין ז', אבל לא להקל לומר שהוא שמועה רחוקה, אלא צריך להתאבל, ודומה למ"ש בסימן רס"ב לענין מילה, דלא איכפת לן בתפלה, ובזה ודאי מונה מיום שעבר ולא ממחרת, דאל"כ הוה עושה תרי מילי דסתרי, דכיון דחשבת ליה יום דלהוי שמועה קרובה, היאך יתחיל למנות מיום המחרת, דא"כ הוי לילה ואין כאן אבילות לגמרי]. ‹ע' בחזי' הגרשוני שחולק על זה - רעק"א›.

‹**ואם** אחר שהתפללו קהל ערבית מת, ונקבר למחרתו, מ"מ היא"צ ביום המיתה ממש, ואין חושבין לענין זה לילה מכח תפלת ערבית, ת' חב"י - רעק"א›.

סעיף יב - מצוה להתענות יום שמת בו אביו או אמו - ‹בתורת חיים שבועות ד"כ ע"א, כתב רמז לזה מסוגיא דלשם, ע"ש, ולפ"ז יהא ג"כ מצוה להתענות יום שמת רבו - רעק"א›.

ומתענין יום המיתה ולא יום הקבורה - [כתוב בתשובת מהר"ר בנימין, נראה דהיינו דוקא משנה ראשונה ואילך, אבל בשנה ראשונה לעולם עושין היאר צייט ביום הקבורה ולא ביום המיתה, דאל"כ לפעמים לא ישלים אבילות של י"ב חדש, כגון אם מת בע"ש בר"ח שבט, ואין פנאי לקברו עד יום א' שהוא ג' שבט, ואם יהיה לו יאר צייט ביום המיתה בר"ח שבט, גם האבילות יפסוק באותו היום, כי כבר נהוג עלמא שלא להתאבל רק עד היאר צייט, וזה ודאי לאו שפיר, דהאבילות התחיל מיום הקבורה ולא מיום המיתה, וצריך להשלים האבילות עד יום הקבורה שהוא ג' שבט, עכ"ל. **ולא אאמין** שיצאו דברים אלו מפי אותו צדיק, דודאי לא מונה שום אדם י"ב חודש רק מיום המיתה, דאטו מי שלא שמע שמת אביו עד חצי שנה, ודאי לא ימנה רק חצי שנה באבילות. **דמ"ש** בסימן שצ"ד דכל אותה שנה הדין מתוח כו', היינו מן מיתת המת, לא מיום התחלת האבילות, והכי נמי ודאי יסיים האבילות ביום ו' בר"ח שבט, ואז יהיה לו יאר צייט, ומה לנו במה שלא יתאבל י"ב חודש במילואם אם אי אפשר בכך, **ואדרבה** לדידיה יש לתמוה, דהא עכ"פ לא יתאבל יותר מיום ו' שהוא היום דאז כלו י"ב חודש ימי הדין שלו, וירחיק היא"ר צייט מן סיום אבילות שלו, אלא לית מאן דחש לזה. הרחמן יגדור פרצת עמו ישראל, וינחם אותם בבנין ירושלים במהרה בימינו, אמן כן יהי רצון].

תמה על המ"ב שלא כדת, ואדרבה דבריו תמוהין, דמ"ש אטו מי שלא שמע שמת אביו עד חצי שנה כו', אינו ענין זה לזה כלל, **דהתם** לא שמע, ומה לו לעשות, וכיון שכבר יצא חצי שנה, נפטר מהאבילות, דודאי לא יצטרך להתאבל יותר ממשפט רשעים בגיהנם י"ב חדש, וכשיכלו י"ב חדש למת שוב אין כאן אבילות, **אבל** הכא הרי במזיד לא יתאבל י"ב חדש, דהרי משפט י"ב חדש הוא מיום הקבורה, ולכך אין האבילות מתחיל אלא מיום קבורה, ואפי' מי שלא נקבר אלא אחר כמה שבועות, אין האבילות מתחיל אלא מיום הקבורה, וכדלעיל סי' שע"ה, **וא"כ** כשיתחיל להתאבל ביום א', יצטרך להפסיק האבילות ג"כ ביום א', דהא צריך להתאבל כל י"ב חדש שהוא ימי דין שלו, דהיינו מיום הקבורה, וזה ברור. בלע המות לנצח ומחה ה' דמעה מעל כל פנים וגו' - נקה"כ.

ומעולם לא שמענו ולא ראינו לחלק שנות היאר צייט, ולומר דבשנה ראשונה יש לעשות מיום הקבורה, ואחר כך מיום המיתה, **גם** מדברי כל האחרונים שכתבו סתמא דיש לעשות ביום המיתה, משמע גם שנה ראשונה, וכן משמע בת"ה דלקמן דגם בשנה ראשונה עושים היאר צייט ביום המיתה, **ולענין** קושייתו, נראה לי דבלאו הכי נמי קשה, דהא לפעמים משכחת לה דיום המיתה יהא מרוחק הרבה מיום הקבורה, כגון שהוליכו למקום אחרת וכה"ג, כגון שמת בר"ח ניסן ונקבר בי"ד בניסן, דאין האבילות מתחיל אלא מיום הקבורה וכדלעיל סימן שע"ה, והיאר צייט מתחיל מיום המיתה, **ודוחק** לומר דלענין אבילות די"ב חודש אזלינן בתר יום המיתה, **וגם** דוחק לומר דאם אירע בכהאי גוונא יש לעשות היארצייט קודם י"ב חודש, **וכן** משמע בת"ה דלעולם עושים היאר צייט בסוף תשלום האבלות, ולעולם מונים האבלות די"ב חודש משעת הקבורה, שכתב על מי שמת אביו בר"ח ניסן, דמן הדין מיד שיכנס אח"כ ר"ח ניסן שלים האבילות, דהא כבר כלו י"ב חודש, אלא שהעולם נוהגין דאפי' בר"ח ניסן, כל אותו היום אין מבטלין דין אבילות די"ב חודש, ואפשר משום דאמרינן קדיש וברכו ומתענים, כיום שמת בו אביו הוא, לכן נוהגין ענין אבילות באותו היום, אבל מן הדין אין צריך, וגם נ"מ למי שמתענה ואומר קדיש וברכו ביום המיתה, והוא מת ביום ונקבר למחר, דאבילות לעולם מיום קבורה מנינן, עכ"ל, **ע"כ** נראה דלעולם יש להתענות יום המיתה, אלא דאם אירע דיום המיתה מרוחק מיום הקבורה ג' או ד' ימים או יותר, יש להתענות בשנה ראשונה ביום הקבורה, כדי שיעשה היאר צייט בתשלום האבלות, כיון דלא אפשר בענין אחר, וגם כיון דמילתא דלא שכיחא היא, יש לסמוך בכה"ג אמ"ד לעשות ביום הקבורה, ומשנה ראשונה ואילך יתענה ביום המיתה, **אבל** מי שמת אביו ונקבר בו ביום או ביום שלאחריו, יש להתענות ביום המיתה אף בשנה ראשונה, כנ"ל ודו"ק.

(**עש"ך**, ונראה דאם השנה הזאת היא מעוברת, יתענה ביום המיתה, דהא כבר נשלם האבילות בכלות י"ב חודש, כמש"ל סי' שצ"א ס"ב, א"כ לא שייך טעם זה, והוא פשוט).

אם לא מי שהיה אצל הקבורה ולא אצל המיתה - והעט"ז השיג על זה, דהא טעמא הוא דמתענין מפני הסכנה, דריע מזליה ביום זה שמת אביו או אמו, וא"כ אין חילוק ולעולם יש להתענות יום המיתה, עכ"ד, וכן משמע בתשובות מהר"י ברין שהביא בב"ח, **גם** בתשובת משאת בנימין הקשה על דברי הרב, דאטו שני אחים שדרים בעיר אחת, א' מהן היה אצל מיתת אביו, והב' לא היה בעיר כשמת אביו, וקודם הקבורה בא גם הב', שאז הא' יעשה יאר צייט ביום המיתה, והב' למחרתו, ואיכא משום לא תתגודדו, וגם דמי לחוכא ואיטלולא, ואנן

סימן תב – דין שמועה קרובה ורחוקה

בעי' דרכיה דרכי נועם, עכ"ל, **גם** מדברי שאר אחרונים משמע דלעולם מתענין יום המיתה ולא יום הקבורה.

ואם אירע יום זה ביום שאין אומרים בו תחנון, אין מתענין כלל.

(**עט"ז** בא"ח סי' תקס"ח סק"ה, שכתב דה"ה אם אירע לו ברית מילה של בנו ביום ההוא, די"ט שלו הוא, דלא יתענה, ואם רוצה להתענות א"צ להשלים, ע"ש. **ונראה** דה"ה המוהל וסנדק א"צ להתענות יא"צ, עי' בא"ח סי' תקנ"ט ס"ח בהג"ה, **וכ"כ** בתשו' הר הכרמל, וכתב שם דאף לכתחלה מותר לקבל עליו להיות סנדק או מוהל ביום היא"צ, ע"ש).

(**עי'** בתשו' אא"ז פמ"א, בכהן שיש לו יא"צ, וביום זה ניתן לו בן לפדות, מחוייב להשלים והוא יפדה ביום, **אך** לענין ברכה שנהגו שהכהן מברך על היין, כמש"ל סי' ש"ה ס"י בהגה"ה, נראה דלא יברך וליתן לשתות לאחרים, כמו במילה ביום התענית, **דהתם** לא אפשר בע"א, אבל הכא יותר טוב שאחרים יברכו, **ואם** רוצים שהכהן יהיה על הסעודה, יעשו הפדיון סמוך למנחה, והכהן ישלים תעניתו ויבא על הסעודה בלילה, ע"ש. **ועיין** בש"ת בא"ח סי' תקס"א שחולק עליו, וכתב דאף אם נדחה זמן פה"ב, רשאי הכהן לאכול. **אלא** באבי הבן צ"ע. **עוד** כתב שם, שאם אירע שהיה לו סעודת מצוה ביום היא"צ, ופייסוהו שלא יתענה ויבא עמהם בסעודה, ולא רצה מחמת היא"צ, ולולי זה היה נמנה עמהם, הרי קבע עליו בנדר שאף בסעודת מצוה לא יאכל, ואם מתרמי לו יא"צ ויש לו סעודת מצוה כיוצא בה, אסור, וצריך התרה, ולכן יש ליזהר בכה"ג שיאמר שעושה כן בלי נדר, עכ"ד. **ועי'** פמ"ג בא"ח סי' תקע"ג, שכתב בשם תשובת דבר משה, דחתן אין מתענה יא"צ בז' ימי המשתה, ע"ש).

ואם מתו באדר ונתעברה השנה, העיקר להתענות באדר הראשון, אף על פי שיש חולקין, כך הוא עיקר - ‹העיקר להתענות באדר הראשון שבא כשפוסק אבילותו, שהרי בתריסר ירחי תליא מילתא, דאפילו פושעי ישראל אינם נידונים יותר מתריסר ירחי, ואדר הראשון שבא הוא חדש שנים עשר, לפיכך יתענה בו גם כן, **ואף** על פי שאם מת בחודש אחר בשנה שקודם העיבור, אינו מתענה אלא באותו חדש, כגון שמת בחודש ניסן או אחריו באייר או בסיון כו' בשנה שקודם העיבור, אינו מתענה בשנה הבא אלא באותו חדש, והוו שלשה עשר חדשים מיום המיתה עד יום התענית, **היינו** משום דהסכנה היא דוקא באותו חדש שהדין היה מתוח כנגד אביו או אמו, דשמא גרים הפתחון פה למקטרג שיקטרג עליו, אבל שני אדרים חד שמא הוא, לפיכך טוב הוא שיתענה בראשונה בראשון בסוף י"ב חדש, וכיון שהתחיל להתענות באדר הראשון מתענה כל ימיו באדר ראשון – לבוש›.

ובא"ח סימן תקס"ח מסיים הרב: מיהו יש מחמירין להתענות בשניהם, וכ"כ מהרש"ל שכן נוהגין, והביאו הבית חדש.

ואם מתו בשנת העיבור באדר השני, מתענה גם כן בעיבור באדר השני - וה"ה אם מתו בשנת העיבור באדר הראשון, מתענים בשנת העיבור באדר הראשון, וכן כתב מהרש"ל שם, דפשוט שאם מת בראשון או בשני, שכך מתענין בשנים מעוברות.

(**ועי'** בתשו' גבעת שאול, במת אביו בשנת העיבור בער"ח אדר שני שהוא כ"ט לאדר ראשון, יתענה בשנה פשוטה בכ"ט באדר ולא בכ"ט שבט, ע"ש).

ועיין באורח חיים סימן תקס"ח סעיף ז'. ועיין לעיל סימן שצ"א שאין לאכול בסעודה בליל יום שמת בו אב ואם. ואם חל תענית זה בערב שבת, דינו כשאר תענית, ועיין בא"ח סימן רמ"ט, מיהו אם בפעם ראשון השלים, ינהוג כן כל ימיו.

(**עבה"ט** של הרב מהרי"ט ז"ל, ומ"ש עי' בט"ז שם, ר"ל דהט"ז שם סק"ג חולק, וכתב דלא מקרי דרך נדר אא"כ דעתו שינהג כן כל ימיו לעולם, ע"כ המיקל לא הפסיד, ובפרט מי שמצטער, ע"ש. **ועי'** בתשו' חוט השני שכתב, כשאירע היא"צ בתחלה בע"ש, א"צ להשלים כשאירע אח"כ ג"כ בע"ש, אבל כשחל בחול צריך להשלים, **ועי"ש** עוד, דאף כשחל בתחלה בחול, מ"מ כשחל אח"כ בע"ש לא ישלים, דמסתמא לא היה קבלתו על ע"ש כו'. **ועי'** תשובת נחלת שבעה שכתב ג"כ, דאף שחל בחול, מ"מ כשחל אח"כ בע"ש א"צ להשלים, **וכאשר** עשה ביא"צ הראשון שאירע בע"ש, כן יעשה כל ימיו, וכמ"ש הרמ"א, **דלא** כיש טועין לפרש שהכל תלוי ביא"צ הראשון שלאחר יב"ח, דליתא, אלא על יא"צ הראשון שחל בע"ש קאמר, ע"ש. **ועי'** בתשו' חינוך בית יהודה, לא כתב כן, ע"ש. **ועי'** פמ"ג במשבצות שם שכתב להקל כשחל הראשון - ר"ל לאחר י"ב חודש - בע"ש, ודעתו שאף אם יארע בחול לא ישלים, כי בזמנינו הדורות חלושים, ע"ש).

‹**ואם** בתחלה כשהתחיל להתענות, יום שמת בו אביו ואמו או ער"ח, חל בחול, ובחול הלא משלימין, וע"כ יש פוסקים דס"ל דאפי' כשארע אח"כ בע"ש, ג"כ צריך להשלים עד צה"כ, דמסתמא דעתו להתנהג כן תמיד, אם לא כשהתנה בפירוש שאין דעתו להתנהג כן לעולם, **ויש** חולקין ע"ז, וס"ל דמסתמא לא קבל על עצמו להשלים אף בע"ש, **וע"כ** מי שמצטער יוכל לסמוך על המקילין, ולאכול תיכף אחר יציאתו מבהכ"נ אף שהיום גדול – מ"ב סי' רמ"ט ס"ד›.

‹**ונ"ל** דאם אירע שהוא חלוש, א"צ התרה כלל, דלא יהא אלא תענית ציבור וכשהוא חלוש א"צ להתענות, **וטוב** שכל אחד ינהוג בעצמו ביארציי"ט הראשון כשרוצה להתענות, יאמר מפורש שאינו מקבל עליו להתענות בכל שנה, אלא מתי שירצה, **אמנם** אף אם לא אמר כן, אם רק לא גמר בלבו על כל השנים, אין זה נדר, כמ"ש בסי' רי"ד, ויכול בשנה אחרת לאכול – ערוה"ש›.

§ סימן תג – דיני המלקט עצמות §

סעיף ב - כל שקורע עליו בשעת מיתתו, קורע עליו בשעת ליקוט עצמות. וכל שאינו מתאחה בשעת מיתתו, אינו מתאחה בשעת ליקוט עצמות.

סעיף ג - עצמות, אין עומדין עליהם בשורה, אבל אומרים תנחומין לעצמם - ‹בביתם - לבוש›. **ואין מברין עליהם בחבר עיר** - ‹כלו' בפידסום - ערוה"ש›. **אבל מברין עליהם בביתו.**

ואין אומרים עליהם קינה ונהי, אבל אומרים עליהם קילוסין. (דהיינו שבחו של מת, ומשבחין להקב"ה שממית ומחיה) (בטור תמצא מבואר).

סעיף ה - שמע שהיום לקטו עצמות אחד מקרוביו שהוא מתאבל עליהם, אף על פי שלא היה שם, מתאבל עליהם. (אבל שמע שנלקטו אתמול, אין מתאבל עליהם) - «ונקרא לענין זה שמועה רחוקה - ערוה"ש».

(עי' בתשובת חתם סופר, דאשה שמת בעלה ונשאת לאחר, ואח"כ ליקטו עצמות בעלה הראשון, אינה מחויבת להתאבל ביום ליקוט עצמות. **ואפילו** גוף האבילות, כגון שמת ונתייאשו לקברו אחר שכבר נשאת לאחר, עי' סי' שע"ה ס"ו, אפשר שאינה מתאבלת, ומכ"ש יום ליקוט עצמות, **דנשואין** שניים מפקיעים קורבת הראשון לגמרי כו', וממילא שאינה ראויה להראות אבילות על בעל הראשון בפני בעלה השני, ודרכיה דרכי נועם וכל נתיבותיה שלום, ע"ש).

סעיף ו - אין מפרקין את העצמות ולא מפסיקין את הגידים - «דגנאי הוא לו למת, אלא קוברן כמו שמצאן - לבוש».

סעיף ז - ליקוט עצמות אינו אלא משיכלה הבשר - «שכל זמן שלא כלה הבשר, הצורה עדיין ניכרת, וגנאי ובזיון הוא למת, שהוא בזוי אז בעיני העוסקים עמו - לבוש». **כלומר** לענין זה שילקטם הוא בעצמו, וכדמפרש ואזיל, אבל אה"נ דאף כשלא כלה הבשר חייב להתאבל כל היום, כדלעיל סימן שע"ה ס"ז ודוק, **כלה הבשר, אין הצורה ניכרת בעצמות, לפיכך יכול ללקט בידו עצמות אביו ואמו; ואעפ"כ נכון הדבר שלא ילקטם הוא עצמו, מההיא דרבי אליעזר בר צדוק דבסמוך.**

סעיף ח - מלקט אדם עצמות שני מתים כאחד בראש אפרסקל - «זהו מין כלי - ערוה"ש», **מכאן, ובראש אפרסקל מכאן** - «כדי שלא יתערבו - לבוש», **דברי רבי יוחנן בן נורי. ר"א** - «רבי עקיבא - לבוש», **אומר: סוף אפרסקל להתעכל, וסוף עצמות להתעכל, ונמצאו עצמות שני מתים מתערבים, אלא מלקטין ונותנין כל אחד לעצמו בארון של ארזים. אמר רבי אליעזר בר צדוק: כך אמר לי אבא בשעת מיתתו: מתחלה קברוני בבקעה, ולבסוף לקוט עצמותי ותנם בארזים, ואל תלקטם אתה בידך, שלא יהיו בזויות עליך** - «פי' ויהיה זה לך עון שיהא עצמות אביך בזויות עליך כשתלקטם אתה בעצמך, אלא תניח ללקטם ע"י אחרים, ומסיים שם שאמר רבי אליעזר: וכן עשיתי לו, נכנס יוחנן וליקט ופירש עליהם את האפרסקל, ואחר כך נכנסתי אני וקרעתי עליהם ופרשתי עליהם את הסדין, וכשם שעשה אבא לאביו כך עשיתי לו - לבוש».

סעיף ט - המלקט עצמות, והמשמר את המת, והמוליך אותם ממקום למקום, פטור מק"ש ומתפלה ומהתפילין, ומכל מצות האמורות בתורה - «שהעוסק במצוה פטור מן המצוה - לבוש», **בין בחול בין בשבת** - «ליקוט לא שייך בשבת - ערוה"ש», **לא שנא עצמות קרובים לא שנא עצמות רחוקים, בין אם הוא בספינה או בדרך, ואפילו אם הם מלקטים רבים** - דוקא מלקטים רבים, אבל משמרים רבים, זה משמר וזה קורא, וכמ"ש בא"ח סימן ע"א ס"ד, **ואם רצה להחמיר על עצמו, לא יחמיר, מפני כבוד עצמות.**

בלע המות לנצח ומחה ה' אלהים דמעה מעל כל פנים

ספר הלכתא ברורה על מסכת סוכה
וכן ספרי חזרה ברורה: ג' כרכים על כל ו' חלקי משנה ברורה
ניתן להשיג ע"י:
"עם הספר" י. לעוויץ 0047 -377-718
יעקב בלוי 05-266-6245

ספר זה
ספר הלכתא ברורה על מסכת ברכות
ספר הלכתא ברורה על מסכת שבת
ספר הלכתא ברורה על מסכת פסחים
ספר הלכתא ברורה על מסכת ר"ה ויומא
ספר הלכתא ברורה על מסכת תענית מגילה וחנוכה
ספרי חזרה ברורה על יורה דעה: ב' כרכים
ספר חזרה ברורה על דיני חושן משפט ע"פ הסדר של הקשו"ע
עם שאר הספרים המוזכרים למעלה
ניתן להשיג ע"י: www.chazarahmp3.com

1139 East 12th St.
Brooklyn, NY 11230
718 - 646 - 1243
info@chazarahmp3.com

ספר

הלכתא ברורה

מסכת ביצה
ומועד קטן

כולל כל הלכות יו"ט חוה"מ ואבילות

ושאר ההלכות הנמצאות על הדף

שבשו"ע ובמשנה ברורה

בשילוב תמצית דברי הביאור הלכה והשער הציון

מסודרות על הדף ע"פ ציוני ה'עין משפט'

בתוספת מקורות של הבאר הגולה

לאסוקי שמעתתא אליבא דהלכתא

www.ingramcontent.com/pod-product-compliance
Lightning Source LLC
Chambersburg PA
CBHW050643150426
42813CB00054B/1170

9781951948108